中国煤炭工业志

· 省级志系列

内蒙古煤炭工业志

（1991—2015）

（上册）

《内蒙古煤炭工业志》编纂委员会

煤炭工业出版社

·北京·

中国煤炭工业志

· 行政志系列 ·

内蒙古煤炭工业志

（1991—2015）

（上册）

《内蒙古煤炭工业志》编纂委员会

煤炭工业出版社
·北京·

《中国煤炭工业志》
编纂委员会

顾　　　问	王森浩　韩　英　张宝明　范维唐　濮洪九　赵铁锤
	赵岸青
主　　　任	王显政
常务副主任	梁嘉琨　李万疆
副　主　任	彭建勋　姜智敏　田　会　解宏绪　刘　峰　王虹桥
	张　宏　吕　英　孙之鹏　吴晓煜
委　　　员	（按姓氏笔画排序）

　　　　　　卜庆林　卜昌森　王连海　王端武　方佳军　石文怀
　　　　　　田　洪　田光雄　乔乃琛　向二牛　刘银志　刘德忠
　　　　　　许胜铭　孙成坤　孙守仁　孙建军　牟炫甫　严寅初
　　　　　　李　毛　李　勇　李　峰　李　强　李延江　李位民
　　　　　　李建民　李增全　李德东　杨国占　杨显峰　杨照乾
　　　　　　吴卫龙　吴甲春　邹维纲　辛广龙　汪崇鲜　张　勇
　　　　　　张仕和　张应伟　张建公　张绍强　陈永昌　陈养才
　　　　　　邵俊杰　林金本　周寅生　周德昶　庞禹东　庞崇娅
　　　　　　赵　平　赵世民　赵永鑫　赵苏启　胡善亭　贺佑国
　　　　　　凌　文　黄锦生　崔　涛　董宏彬　景宏年　童亚辉
　　　　　　曾昭和　路宁安　廖建湘　阚　兴　戴璐强　魏振宽

总　　　纂	吴晓煜
副 总 纂	陈　昌
编纂办公室	陈　昌　刘新建　张素红　于海宏

《内蒙古煤炭工业志》编纂委员会

主　　任	李　理　冯广存
副 主 任	张占军　张云峰　王剑平　陈　泽
秘 书 长	陈　泽（兼）
副秘书长	王晓波　贾庆明
委　　员	（以姓氏笔画为序）

丁文祥　于宝泉　马宽荣　王　杰　王平云　王启瑞　王焱民
王　浩　王海金　云美厚　田军利　田瑞民　付海慧　任俊青
何永海　师和平　刘宝清　刘增荣　刘仁才　乔　毓　张　志
张铁毅　张福山　张永智　张传利　张国才　张春利　张俊堂
张瑞庭　张奭韬　李子义　李　勇　关图儒　任月龙　任同学
杜金福　杜善周　邵　炜　辛玉平　邬建勋　沈进忠　汪崇鲜
陈志军　严正海　杨飞云　杨成瑜　杨泽余　杨承文　杨锦峰
杨益翔　范学恭　郑怀国　赵学隆　赵春祥　吴二树　呼　和
武召维　金　成　孟红岩　郭永在　郭晨光　郝大庆　贾　光
柳海林　胡茂林　祖志忠　姚建安　侯玉庆　徐晓慧　钱启俊
高　柱　娄亚明　黄振华　高明源　翁占臣　海立鑫　曹广地
曹培恒　韩俊庆　秦　晖　梁洪利　唐际华　康维成　宿威俊
梁思强　戚在成　葛向成　曾宪荣　慕书杰　潘金生　薛瑞军
魏里阳

总 顾 问	薛炎荣
顾　　问	王作储　潘缉尧　武　文　于宝泉

编纂办公室
主　　任	王晓波（兼）
副 主 任	贾庆明（兼）　李柏杉

《内蒙古煤炭工业志》编纂人员

总　　　纂	陈　泽(兼)　王晓波(兼)　刘成法　陈凌霄
审　　　订	王作储　薛炎荣　潘缉尧　薛　军　王建国　王剑平
	贾庆明　翁占臣　锡　林　张永生　靳兴再　崔晓航
	马茂盛　师和平　齐亚平　范文军　徐兴波
统　　　稿	刘成法　王晓波
编 纂 人 员	（以主笔各篇先后为序）
	牛　珍　张兰在　李占山　刘东林　姚海鹏　李惠林
	杨茂生　王东河　杨海军　姜向锋　王凤新　金淑兰
	宝迪巴特尔　李柏杉(兼)　龙　艳　郑慧淑　宣百松
	崔国庆　黎凤仪　张九玲　秦　敏
提供资料和照片人员	见《修志始末》
蒙古文翻译	芙　蓉
蒙古文审订	宝迪巴特尔
英 文 翻 译	阿拉坦嘎日迪
英 文 审 订	尹华东

总　　序

　　志书是中华民族文化宝库中具有独特光彩的瑰宝。修志则是中华民族所特有的历史传承活动，是推动中华文明不断前进的一个重要手段，是文化建设事业中的一个重要组成部分。

　　新中国成立后，党和国家重视志书编纂工作，推动了修志事业的发展。党的十八大以后，修志工作进入新的阶段。2014年2月，习近平总书记在北京市视察时指出，要"高度重视修史修志""把历史的智慧告诉人们，激发我们的民族自豪感和自信心，坚定全体人民振兴中华、实现中国梦的信心和决心"。2014年4月，李克强总理也作出批示："地方志是传承中华文明、发掘历史智慧的重要载体，存史、育人、资政，做好编修工作十分重要。"要"秉持崇高信念，以更加饱满的热情，以求真存实的作风，进一步做好地方志编纂、管理和开发利用工作，为弘扬优秀传统文化，服务经济社会发展作出新的贡献。"

　　全国煤炭行业第一轮修志工作始于1989年。当时的能源部、中国统配煤矿总公司及后来的煤炭工业部、国家煤炭工业局持续组织了修志工作，历时十年，编纂出版了《中国煤炭志》，共30卷，凡3000万字。填补了空白，推动了全国煤矿的文化建设。

　　在国家作出第二轮修志的工作部署之后，中国煤炭工业协会根据《地方志工作条例》的法定要求，在煤炭工业管理体制发生重大变化的情况下，从改革发展的大局出发，主动担当责任，牵头组织协调全国煤炭行业的第二轮修志工作。2012年组建了煤炭工业文献工作委员会；协商组成了《中国煤炭工业志》编纂委员会和编纂办公室。2012年6月印发了《关于续修〈中国煤炭志〉有关工作的通知》，明确了第二轮修志工作的指导思想、组织领导、编纂原则、基本内容、工作方案和措施。先后于2012年10月、2013年11月、2014年12月召开全国煤炭工业文献史志工作年会，对第二轮修志工作予以部署和推动。国家安全生产监督管理总局、国家煤矿安全监察局等有关部门对煤炭行业修志工作给予了大力支持。煤炭行业修志工作得到全面、有序、有效推进。

煤炭行业在第二轮修志中，坚持与时俱进、积极探索、锐意创新，在一些方面取得了新的成果。

一是，在修志过程中认真贯彻党的十八大精神。始终坚持坚定正确的政治方向，沿着正确的轨道前进。

二是，修志规模扩大，形成《中国煤炭工业志》的志书体系。这一志书体系分为三个系列：省级《煤炭工业志》系列（含《新疆生产建设兵团煤炭工业志》）；煤炭专业志系列；煤炭企事业单位志系列。这是煤炭行业第二轮修志的新突破，《中国煤炭工业志》体系更为完整，布局更为科学。

三是，在内容上，突出了改革开放以来煤炭工业的新成就和时代特点。比如，对煤炭工业体制改革、安全生产、环境保护、煤矿关闭破产、兼并重组、文化建设、相关产业等重要内容在编纂中予以重视，时代特色鲜明。这对于总结历史经验教训、促进煤炭工业发展，必将发挥重大作用。

四是，从实际出发，做了一些必要的调整与改进：

志名。第一轮修志时志名为《中国煤炭志》，这次改为《中国煤炭工业志》。省级志由各省区卷改为各省区煤炭工业志，如《中国煤炭志·山西卷》改为《山西煤炭工业志》。

上下限。省级《煤炭工业志》上限自1991年起；专业志、企事业单位志上限起于单位成立。志书下限一般止于2010年底，但可延至2011—2015年的某一年底。

编写大纲。改变了第一轮修志时各省卷一律用全国统一的编写大纲的做法。由各志编委会根据实际自行研究拟定编写大纲，并经《中国煤炭工业志》编委会办公室组织评审，以突出地方特色。

其他有关技术性问题也从实际出发，做了相应变动，有所突破。

五是，依法修志、规范编纂，坚持质量第一。把全部修志工作纳入规范化轨道，坚持依法修志，建立一套较完整的修志工作制度。先后印发了《关于煤炭行业第二轮修志工作的指导意见》《煤炭志书审稿规定》等十余份规范性文件；召开了两次研讨会，以研讨成果指导工作；多次进行培训，提高业务能力；通过评审进行交流，把有关业务资料汇编成册，印发了《修志指要》。这些对提高编纂工作水平、确保志书质量，发挥了很好的作用。

尽管修志工作遇到了较大困难，但全国煤炭行业修志的意志、决心是坚定的，态度积极向上，行动果断有力。各级煤炭管理部门、煤矿安全监察机构、煤炭社团组织、煤炭企事业单位的负责同志从煤炭工业改革发展的大局出发，从对历史负责、对子孙后代负责的高度出发，主动协调，担当责任；加强领导，组织队伍；悉心筹划，精准部署；筹措资金，保证经费；克难求进，狠抓落实。基本上做到了思想、领导、队伍、经费、工作五到位，使全行业的修志工作稳步推进，效果明显。

特别令人感动的是，修志工作人员，包括一些老同志，能够以高度的政治责任心、对煤炭事业和矿工深厚的感情，不怕苦累、甘于奉献、默默无闻、潜心做事、苦心钻研。在困难重重的情况下，心无旁骛修志，专心致志写史。他们这种精神，正是煤炭职工所特有的特别能战斗的精神，反映了煤炭行业的光荣传统与矿工本色。其精神境界令人起敬，其贡献必将载于青史，成为发展煤炭工业的正能量。在此，向所有为煤炭行业修志工作做出贡献、付出心血的同志表示衷心感谢！

修志是一项传承古今、意义深远的神圣事业，其功至伟，其用甚巨。我们坚信，在党的十八大精神指引下，举全国煤炭行业之力，通过广大煤炭史志工作者的共同奋斗，一套体系完整的高质量的《中国煤炭工业志》必将以其独特风采立于志书之林。

王显政

2015 年 3 月 6 日

序

《内蒙古煤炭工业志（1991—2015）》是1999年出版的《中国煤炭志·内蒙古卷》的续志。首轮志书记述了自内蒙古境内发现煤炭至1990年150年煤炭工业发展历程，尤其是十一届三中全会实施改革开放政策后，随着全区经济的好转，煤炭工业得到长足发展。截至1990年底，全区原煤探明储量位居全国第二；原煤产量4761万吨，位居全国第八。

1991—2015年，全区煤炭工业发展历程跌宕起伏，自治区紧紧抓住煤炭2003—2012年的"黄金十年"发展机遇，锐意改革，取得骄人成绩。截至2015年底，全区煤炭查明资源储量5785亿吨，居全国第一位；原煤产量90951万吨，连续6年居全国首位；煤炭调出量由0.15亿吨/年（1991）增加到6.6亿吨/年，为煤炭调出量最多的省区；百万吨死亡率降至0.013，达到世界先进水平。

2005年，全区煤炭工业增加值由1991年的3.57亿元增加到161.3亿元，占全区规模以上工业增加值的14%，开始领先于自治区其他工业的贡献率；2010年，全区煤炭工业增加值1314.03亿元，占全区规模以上工业增加值的27%；2015年，全区煤炭工业增加值3008.9亿元，占全区规模以上工业增加值的16.08%；对自治区财政贡献率连续10年居各行业之首。

取得这些优异成绩得益于国家实施西部大开发的战略和对内蒙古经济的大力支持；得益于自治区党委、政府适时调整引领、保障和促进煤炭工业健康、可持续发展的政策和法规；得益于自治区各级煤矿监管、监察机构创造性地贯彻落实国家、自治区政府制定的政策、法规；更得益于煤炭战线广大干部和职工的勤奋努力和智慧创造。这些辉煌的业绩、先进的理念、先进人物感人事迹都应载入史册，得以传承和弘扬。这一光荣而艰巨的任务落在了续修《内蒙古煤炭工业志》编纂者的肩上。

编纂委员会成立伊始，就明确目标，由多年奋战在煤炭生产第一线，具有丰富经验的专家、管理人员与高校从事地方志编研的教授组成修志队伍，明确各岗位责任，举全行业之力共同将《内蒙古煤炭工业志（1991—2015）》打造成精品志书。

在中国煤炭工业协会、煤炭工业文献工作委员会和自治区地方志办公室的指导下，在各级煤炭行业管理部门、煤矿安全监察机构以及煤炭企业的大力支持下，经过6年的不懈努力，一部资料全面、系统、准确，体例分类科学、归属得当、层次分明，行文规范、图文并茂的《内蒙古煤炭工业志（1991—2015）》将为自治区煤炭工业及相关产业可持续发展发挥资治、存史的重要作用。

在此，我们谨向所有参编人员以及对修志工作给予热情帮助的单位和个人表示诚挚的感谢！

《内蒙古煤炭工业志》编纂委员会

2021年5月

凡　　例

一、本志是首轮《中国煤炭志·内蒙古卷》的续志，记述时间上限为1991年1月1日，下限为2015年12月31日。

二、本志根据"续、补、创"的续修志书原则，在上部志书篇目设置的基础上，将"安全生产""环境保护""煤炭产品运销"等章、节，升格为篇，详加记述；增加"煤化工"篇，取消"煤矿专用器材设备生产与维修"篇、章。全志除概述、大事记、人物外，共设12篇、43章、138节，节下设目和子目，力求层次分明、纲举目张。

三、本志坚持实事求是原则，认真考订史实，力求记述内容完整、准确，突出时代和专业特点。为突出志书的资料性，志书附各类表格550余个、彩色图片780余幅，以增强志书的实用性和可读性。

四、为保持史实的连续性和完整性，对上部志书缺漏之处进行了补充，超出本志时间断限之处，均注明史实发生的时间。

五、本志行文规则以中国地方志指导小组《关于第二轮地方志编纂的若干意见》和《地方志质量规定》为依据，力求行文规范、准确。统计数据遵循2011年7月国家质检总局和国家标准化管理委员会联合发布的《出版物上数字用法》（GB/T 15835—2011）之规定使用统计数据。

六、本志单位名称及称谓按规范书写。第一次使用全称，以后一般使用简称，如国家发展和改革委员会简称"国家发展改革委"、内蒙古自治区人民政府简称"自治区政府"等。一些单位由于改制、改革，名称变动频繁，单位名称前有时间定语的，使用该时间的名称；没有时间定语的，使用2015年底或该单位存续期最后的名称。为节省版面，表格中的个别单位名称用简称，如神华神东煤炭集团有限责任公司简称为"神东集团"、内蒙古伊泰集团有限公司简称为"伊泰集团"。

七、本志坚持"生不立传"的原则。为突出煤炭行业特点，本志对全国劳动模范、先进工作者，全国五一劳动奖章获得者，享受国务院特殊津贴人员，全国煤炭工业劳动模范、先进工作者，全国道德模范，内蒙古自治区劳动模范、先进工作者分别用"传略"和"简介"予以记述；符合多项收录条件的，按获得最高荣誉项记述，如同时获得全国劳动模范和内蒙古自治区劳动模范人物记入全国劳动模范项中；对1991—2015年在自治区煤炭工业局（厅）、内蒙古煤矿安全监察局以及入选自治区重点煤炭企业的国有重点煤炭企业担任正职的领导，分别用"传略"和"简介"予以记述；在多家企业担任主要职务的领导，列入首次担任正职领导职务企业记述，不重复介绍；对自治区级以上人大代表、政协委员和担任自治区煤炭工业局（厅）、内蒙古煤矿安全监察局、国有重点煤炭企业副职的领导，正高级专业技术人员，均列表记述。

　　八、本志资料来源：均采自政府有关部门公布的信息、《中国煤炭工业年鉴》、已出版的自治区煤炭企业志、内蒙古自治区煤炭工业局和内蒙古煤矿安全监察局档案资料以及自治区重点煤炭企业提供的资料；煤炭产量、安全等行业数据以行业主管部门（机构）统计数据为准。

目　　录

（上册）

总序 …………………………………………………………………………… I
序 ……………………………………………………………………………… V
凡例 …………………………………………………………………………… Ⅶ
概述 …………………………………………………………………………… 1
大事记 ………………………………………………………………………… 21

第一篇　煤炭行业管理

第一章　煤炭行业管理体制 ………… 88
　　第一节　自治区煤炭行业主管
　　　　　　部门 ………………… 88
　　第二节　盟（市）煤炭行业管理
　　　　　　部门 ………………… 95
第二章　煤矿安全监察机构 ………… 100
　　第一节　内蒙古煤矿安全
　　　　　　监察局 ……………… 100
　　第二节　派出机构 …………… 102
　　第三节　直属事业单位 ……… 104
第三章　煤炭企业改革 ……………… 106
　　第一节　国有煤炭企业改革 … 106
　　第二节　重点煤炭企业 ……… 114
第四章　政策实施 …………………… 139
　　第一节　关井压产 …………… 139
　　第二节　煤矿整顿关闭 ……… 142
　　第三节　产业升级改造 ……… 150
　　第四节　煤炭资源配置 ……… 154
　　第五节　煤炭企业兼并
　　　　　　重组 ………………… 157
　　第六节　煤炭经营秩序
　　　　　　整顿 ………………… 163

第二篇　煤炭资源与勘查

第一章　煤炭资源分布 ……………… 176
　　第一节　成煤时代 …………… 176
　　第二节　含煤地层 …………… 176
　　第三节　含煤盆地 …………… 180

第四节 主要煤田（矿区）分布及特征…………… 190
第五节 煤炭资源的区位分布…………… 257

第二章 煤田勘查…………… 262
　第一节 机构与队伍…………… 262
　第二节 勘查工作…………… 264
　第三节 勘查成果…………… 282
　第四节 勘查经济技术指标…… 289

第三章 煤层气勘查…………… 292
　第一节 机构与队伍…………… 292
　第二节 勘查工作…………… 292
　第三节 勘查成果…………… 294

第四章 煤炭资源储量及共、伴生资源…………… 296
　第一节 煤炭资源储量………… 296
　第二节 共伴生资源…………… 304

第三篇 矿区建设

第一章 矿区规划…………… 310
　第一节 规划管理与实施……… 310
　第二节 主要新兴矿区开发建设…………… 318

第二章 煤矿工程设计………… 326
　第一节 设计机构与队伍……… 326
　第二节 采矿工程设计………… 350
　第三节 选煤厂工程设计……… 375

第三章 煤矿施工与工程质量监管…………… 385
　第一节 煤矿施工……………… 385
　第二节 工程质量监管………… 396

第四篇 煤炭生产

第一章 生产管理……………… 418
　第一节 煤矿数量、产量及标准化…………… 418
　第二节 生产调度管理………… 432
　第三节 资源储量与"三量"管理…………… 441
　第四节 机电设备管理与维修…………… 447

第二章 井工开采……………… 456
　第一节 开拓与掘进…………… 456
　第二节 采煤方法与工艺……… 465
　第三节 通风与排水…………… 477
　第四节 提升与运输…………… 487
　第五节 供配电与通信………… 497
　第六节 矿井地质与测量……… 506

第三章 露天开采……………… 517
　第一节 穿孔与爆破…………… 517
　第二节 剥离、采煤与运输（开采工艺）…………… 522
　第三节 运　输………………… 535

第四节　疏干与排水……………… 549
　　第五节　供配电…………………… 555
　　第六节　露天煤矿地质测量……… 561
第四章　选煤…………………………… 567
　　第一节　选煤厂数量与规模……… 567
　　第二节　工艺与设备……………… 583

第五篇　煤炭运输与销售

第一章　煤炭产品及流向……………… 596
　　第一节　主要产品………………… 596
　　第二节　产品流向………………… 602
第二章　煤炭运输……………………… 609
　　第一节　铁路建设与运输………… 610
　　第二节　公路运输………………… 648
　　第三节　港口转运………………… 657
第三章　煤炭销售……………………… 664
　　第一节　煤炭销售监管…………… 664
　　第二节　煤炭质量管理…………… 674
　　第三节　煤炭进出口贸易………… 682
　　第四节　煤炭经营企业…………… 688

第六篇　煤　矿　安　全

第一章　安全生产监管与监察………… 716
　　第一节　煤矿安全监管监察
　　　　　　体系……………………… 716
　　第二节　煤矿安全执法检（督）
　　　　　　查………………………… 717
　　第三节　煤矿安全质量标准化
　　　　　　管理……………………… 729
　　第四节　安全培训………………… 740
第二章　煤炭企业安全管理…………… 746
　　第一节　安全管理体制与
　　　　　　机构……………………… 746
　　第二节　安全规章制度建设与
　　　　　　宣教……………………… 754
　　第三节　煤矿安全培训…………… 765
　　第四节　企业安全检查与
　　　　　　处罚……………………… 773
　　第五节　企业安全生产质量标准化
　　　　　　建设……………………… 779
　　第六节　煤矿灾害防治…………… 791
第三章　矿山救护……………………… 805
　　第一节　煤矿应急救援体系
　　　　　　建设……………………… 805
　　第二节　救护队质量标准化
　　　　　　建设……………………… 811
　　第三节　应急演练与事故
　　　　　　救援……………………… 817
第四章　煤矿生产安全事故…………… 822
　　第一节　事故统计与查处………… 822
　　第二节　典型事故………………… 827

（下册）

第七篇　矿区环境治理

第一章　管理体制与机制……………… 856
　　第一节　环境保护管理体制与
　　　　　　机制……………………… 856
　　第二节　矿区水土保持监管与
　　　　　　监测……………………… 866
　　第三节　节能减排………………… 872
第二章　矿区污染防治………………… 882
　　第一节　大气污染防治…………… 882
　　第二节　水污染防治……………… 890
　　第三节　固体废弃物污染
　　　　　　防治……………………… 897
　　第四节　噪声污染防治…………… 899
第三章　煤田（煤矿）灾害
　　　　治理………………………… 900
　　第一节　煤田（煤矿）火区
　　　　　　治理……………………… 900
　　第二节　矿区复垦与绿化………… 922
　　第三节　煤炭矿山地质环境
　　　　　　治理……………………… 938

第八篇　煤　化　工

第一章　炼焦与干馏…………………… 952
　　第一节　炼焦……………………… 952
　　第二节　干馏……………………… 968
第二章　煤制油………………………… 973
　　第一节　神华集团煤直接液化制油
　　　　　　示范工程项目…………… 973
　　第二节　神华集团煤间接液化
　　　　　　示范项目………………… 996
　　第三节　伊泰集团煤间接液化制油
　　　　　　示范项目………………… 1001
　　第四节　伊泰集团新建煤间接液化
　　　　　　项目……………………… 1018
第三章　煤制天然气…………………… 1025
　　第一节　大唐国际克旗煤制天然气
　　　　　　及其配套输气管线示范
　　　　　　项目……………………… 1025
　　第二节　汇能集团煤制天然气示范
　　　　　　项目……………………… 1032
第四章　其他煤化工项目……………… 1037
　　第一节　煤制甲醇………………… 1037
　　第二节　煤制烯烃………………… 1044
　　第三节　甲醇制芳烃
　　　　　　轻烃……………………… 1056
　　第四节　煤制化肥………………… 1058
　　第五节　二甲醚、乙二醇与聚氯乙烯
　　　　　　项目……………………… 1072

第九篇 科技工作

第一章 企业科技管理及研发 …… 1080
 第一节 科技管理 研发
    机构 …………………… 1080
 第二节 科研规划与制度
    建设 …………………… 1087
第二章 科技研发 ………………… 1093
 第一节 煤炭生产技术 ……… 1093
 第二节 煤化工技术研发 …… 1118

第三章 科技成果 ………………… 1128
 第一节 知识产权成果 ……… 1128
 第二节 获奖科技成果 ……… 1145
 第三节 科技成果推广
    应用 …………………… 1149
第四章 科技合作与交流 ………… 1157
 第一节 科技合作 …………… 1157
 第二节 学术交流 …………… 1167

第十篇 多种经营

第一章 发电 ……………………… 1174
 第一节 火力发电 …………… 1174
 第二节 瓦斯及光伏发电 …… 1195
第二章 煤矿机械与矿用
   器材 ……………………… 1199
 第一节 机械制造与维修
    装配 …………………… 1199
 第二节 主要矿用产品
    生产 …………………… 1209
第三章 服务业 …………………… 1216
 第一节 商贸与服务 ………… 1216

 第二节 物业与物流 ………… 1226
第四章 金融业 …………………… 1230
 第一节 发行股票 …………… 1230
 第二节 投资与放贷 ………… 1242
第五章 其他产业 ………………… 1246
 第一节 农林业 ……………… 1246
 第二节 建筑材料 …………… 1252
 第三节 房地产业 …………… 1259
 第四节 铝加工业 …………… 1266
 第五节 化工产品 …………… 1268
 第六节 通用航空业 ………… 1273

第十一篇 教育·医疗卫生

第一章 教育 ……………………… 1278
 第一节 基础教育 …………… 1278
 第二节 中等专（职）业
    教育 …………………… 1289
 第三节 职工培训 …………… 1298

 第四节 高等教育 …………… 1311
第二章 医疗卫生 ………………… 1333
 第一节 医疗 ………………… 1333
 第二节 卫生 ………………… 1358

第十二篇　企业党群工作与文化建设

第一章　中国共产党组织 …………… 1372
　　第一节　组织建设 ……………… 1372
　　第二节　思想建设 ……………… 1388
　　第三节　纪律检查 ……………… 1395
　　第四节　信访维稳工作 ………… 1411
第二章　工会（职代会）、共青团、
　　　　社团组织 ……………… 1414
　　第一节　工会（职代会）
　　　　　工作 …………………… 1414
　　第二节　共青团工作 …………… 1466
　　第三节　社团组织 ……………… 1476
第三章　文化建设 ………………… 1480
　　第一节　文明单位创建 ………… 1480
　　第二节　企业文化建设 ………… 1491
　　第三节　社会公益活动 ……… 1515

人　物

一、人物传略 ………………………… 1529
二、人物简介 ………………………… 1530
　　（一）内蒙古自治区煤炭
　　　　　行业主管部门 ………… 1530
　　（二）内蒙古煤矿安全监
　　　　　察局 …………………… 1532
　　（三）内蒙古自治区国有
　　　　　重点煤炭企业 ………… 1533
　　（四）受中共中央、国务
　　　　　院表彰的先进人物 …… 1565
　　（五）受国家部、委、办
　　　　　表彰的先进人物 ……… 1585
　　（六）内蒙古自治区劳动
　　　　　模范、先进工作者 …… 1615
三、人物表 …………………………… 1637
　　（一）内蒙古自治区煤炭工业
　　　　　厅（局）副职领导 …… 1637
　　（二）内蒙古煤矿安全监察局
　　　　　副职领导 ……………… 1638
　　（三）内蒙古自治区煤田勘探
　　　　　公司（内蒙古自治区煤
　　　　　田地质局）正职领导
　　　　　…………………………… 1638
　　（四）内蒙古自治区部分重点
　　　　　煤炭企业、区直企事业
　　　　　单位正高级专业技术职
　　　　　称人员 ………………… 1639

附　录

一、重要文件 ………………………………………………………………………… 1647
二、企业名录（2015 年底）………………………………………………………… 1695
三、1947—2018 年内蒙古煤炭行业管理机构沿革一览表 ……………………… 1730
四、2015 年自治区部分重点煤炭企业名称一览表 ……………………………… 1732

编纂始末 ……………………………………………………………………………… 1733

内蒙古煤炭工业志（1991—2015）

概　　　述

装满鄂尔多斯原煤的列车穿过黄河大桥运往全国

1991—2015年，是内蒙古自治区煤炭工业发展史上极具特点的重要历史阶段，既是行业经济跌宕起伏的25年，也是行业改革力度最大的25年，其发展速度与规模超过了历史任何时期。25年来，煤炭工业在成为内蒙古重要支柱产业的同时，还带动了自治区电力、冶金、建材、化工、运输等相关行业的同步发展，为国家和自治区国民经济和社会的较快发展作出了重要贡献。

25年来，内蒙古煤炭查明资源储量由2056亿吨增加到5785亿吨，居全国第一位；煤炭生产规模由0.4923亿吨/年增至11.5亿吨/年，提高了近23倍，由全国第八位升至第一位；煤炭调出量由0.27亿吨/年增加到5.1亿吨/年，增长了近18倍，为煤炭调出量最多的省区；煤矿采煤机械化程度由24.5%提高到95%，居全国领先水平；单井平均产能由4.7万吨/年增加到196万吨/年，居全国第一位；原煤入选率由5.2%增加到88%，居全国中等偏上水平；原煤百万吨死亡率由5.769下降到0.013，位居全国领先水平，并达到世界先进水平。2015年，全区煤炭工业总产值3293.60亿元，占全区规模以上工业总产值的18.26%，对自治区财政贡献率居所有行业之首。截至2015年底，全区有煤炭生产企业336户，在册煤矿588处，生产能力11.5亿吨/年。其中，生产煤矿403处，产能8.11亿吨/年；技改煤矿152处，产能1.21亿吨/年；新建煤矿33处，产能2.18亿吨/年。全区煤炭行业从业人员21.59万人。其中，国有重点煤炭企业约11.95万人，地方各类煤炭企业约9.64万人。

一

内蒙古是中国煤炭资源最富集省区之一。在全域118.3万平方千米的土地上，含煤面积12.7万平方千米，约占区域面积的11%。在全区12个盟市的103个旗县（市区）中，有67个旗县（市区）赋存煤炭资源，查明煤产地共422处。在36处亿吨级以上的煤田中，资源储量200亿吨以上的煤田3处，100亿~200亿吨的煤田5处，10亿~100亿吨的煤田13处，1亿~10亿吨的煤田15处，其中，内蒙古东胜煤田与陕西省神府煤田相连的"东胜—神府"煤田是世界七大煤田之一。胜利煤田是中国煤层厚度最大的褐煤类煤田。阿拉善盟二道岭矿区的"太西煤"是中国目前煤炭发热量最高的优质无烟煤。截至2015年底，全区煤炭查明资源储量5785亿吨，在册的588处煤矿动用资源储量762亿吨，占查明资源储量的13%。

内蒙古煤炭资源具有分布广、煤类全、资源量大、开采技术条件较简单的特点。多数富量煤田宜于露天或大型机械化矿井开采。内蒙古煤炭资源的煤种齐全，所占比例为：烟煤66%（其中焦煤9%），褐煤32%，无烟煤2%。烟煤主要分布在西部的鄂尔多斯、乌海、包头等地区，褐煤主要分布在东部的呼伦贝尔、通辽、锡林郭勒、赤峰等地区，无烟煤主要分布在西部的阿拉善地区。

较长时间以来，曾经制约全区煤炭资源开发利用的重要煤田高阶段勘查程度偏低的问题，在"十一五"（2006—2010年）至"十二五"时期（2011—2015年）有了根本性改变，为保障全区煤炭生产和规划产能奠定了良好基础。

二

1991—2015年，内蒙古煤炭工业经济经历了5个"五年计划（规划）"期，大体可以分为3个发展阶段。

第一阶段（1991—2001年），是内蒙古煤炭工业低位运行、产业整顿阶段。根据1992年末国务院对国有重点煤矿提出"三年放开煤价、三年扭亏为盈"的要求，内蒙古自治区内10个国有统配煤矿，到1998年下放到自治区时，全部完成了核定的政策性亏损指标。

在此期间，基本完成了生产和经营秩序整顿工作，全区煤矿数量从3800余处减少到2000余处。煤炭经营企业户数从7600余户压减到1000户以内。

第二阶段（2002—2012年），是内蒙古煤炭工业快速发展阶段。在此期间，国内煤炭市场异常活跃，称之为煤炭行业的"黄金十年"。2002年，内蒙古煤炭产量首次突破1亿吨后，每年以0.5亿~1亿吨的增速递增，到2012年全区煤炭产量突破10亿吨。本阶段是内蒙古煤炭工业投资最集中、经济规模最大的10年，煤炭产能提高迅速，产量大幅攀升，成为全国产煤第一大省区。

第三阶段（2013—2015年），是内蒙古煤炭工业发展的调整阶段。煤炭工业经过10年"黄金期"的高速发展后，煤炭供求关系反转，市场由热变冷。煤炭市场低迷，煤价回落，造成煤炭企业效益大幅下降，到2015年，全区煤炭企业亏损面达到35.8%，停产、半停产煤矿数量占到34%。但困难与压力也为自治区煤炭工业发展倒逼出新的转机，为进一步淘汰落后，发展先进生产力，深化行业改革，推进煤炭企业做大做强创造了有利条件。

（一）行业管理体制改革

1991—2000年，随着国家煤炭工业管理体制的变革，内蒙古自治区煤炭行业管理体制也发生了3次变革。1989年10月，自治区煤炭工业厅加挂中国统配煤矿总公司内蒙古公司牌子，对自治区继续行使煤炭行业管理职能，对国家行使统一管理国有统配煤炭企业职能。1993年3月，国务院机构改革，中国统配煤矿总公司撤销，内蒙古公司牌子随之取消。1994年6月，自治区煤炭工业厅改为煤炭工业局，加挂内蒙古煤炭工业管理局的牌子，退出了自治区政府组成序列，以煤炭工业部管理为主，代表中央和地方政府管理国有重点煤炭企业和行业。2000年1月，内蒙古煤炭工业管理局改组为国家煤矿安全监察局垂直管理机构——内蒙古煤矿安全监察局，与自治区煤炭工业局合署办公，分别代表中央和地方政府行使煤矿安全监察和煤炭行业管理职能。

2001—2010年，自治区煤炭行业管理机构再次经历5次调整。2002年5月，自治区煤炭工业局从内蒙古煤矿安全监察局分立出来，转隶自治区经济贸易委员会（以下简称自治区经贸委），内设3个职能处室，局长高配为副厅级，兼经贸委副主任、党组成员；2003年8月，自治区经贸委撤销，成立自治区推进工业化进程领导小组办公室，自治区煤炭工业局随之转隶；2004年10月，自治区推进工业化进程领导小组办公室改称自治区政府工业办公室（以下简称自治区政府工业办），成立能源处,加挂自治区煤炭工业局牌子;2005年7月,自治区煤炭工业局单设,仍为自治区政府工业办内设机构,内设2个职能处室,局长由自治区政府工业办1名副主任兼任,承担自治区煤矿安全监管和煤炭行业管理职能,在履行职责中具有一定的独立性;2009年6月,自治区政府工业办撤销,设立自治区经济和信息化委员会(以下简称自治区经信委),自治区煤炭工业局随之转隶;2010年6月,内设3个职能处室,承担自治区煤炭生产安全监管和煤炭工业行业管理职责,在履行职责中具有一定的独立性。

这一时期煤矿安全监察机构也发生了3次调整。2002年5月,自治区煤炭工业局划归自治区经贸委管理,与内蒙古煤矿安全监察局分开;2003年10月,自治区安全生产监督管理局成立,与内蒙古煤矿安全监察局合署办公;2005年7月,两局分开,独立行使各自的职责。

2011—2015年,自治区政府加强了煤炭行业管理和安全监管力度。2013年3月,自治区机构编制委员会(以下简称自治区编委会)批准自治区煤炭工业局局长高配为副厅级;2014年7月,自治区编委会批准自治区煤炭工业局为部门管理机构(副厅级),仍隶属自治区经信委,核定职能处室5个、行政编制30名。

2012年11月、2014年8月经自治区编委会办公室批准,先后增设自治区煤炭专业技术服务中心和自治区煤炭安全生产监察总队2个事业单位,为自治区煤炭工业局直属事业单位。

(二)煤炭企业体制改革

1991—2000年,国家将国有统配煤炭企业推向市场,自治区国有煤炭企业面临严重困难。一方面是企业扭亏增盈、减人提效的内部压力,另一方面是星罗棋布的地方小煤矿对煤炭市场的外部冲击。十年间,国有统配煤炭企业煤难销、款难收、薪欠发,内外交困,效益大幅下滑,企业职工生活受到严重影响。经过转换经营机制、强化内部管理、发展多种经营、建立现代企业制度等脱胎换骨般的改革,国有统配煤炭企业逐步渡过难关,重焕生机。

在20世纪80年代国家"有水快流"政策和市场需求的驱动下,乡镇、个体小煤矿数量激增,最高时全区小煤矿曾达到3746处。各类煤矿在提供煤炭能源、助力国民经济发展和获取利益的同时,煤炭资源的无序开采十分严重,相当数量的整装煤田被蚕食破坏,煤矿安全生产形势也异常严峻。"七五"期间(1986—1990年)原煤生产百万吨死亡率上升到7.65,为自治区历史最高时期,其中1990年达到最高点8.673。1991—2000年的十年间,自治区按照中央部署开展整顿办矿秩序、关井压产,打击非法开采、滥采乱挖行为等一系列行动,到2000年底,全区关闭非法小煤矿1737处,全区煤矿数量减少至2009处。

十年间,国有煤炭企业管理体制发生了较大变化。1993年,伊敏煤电公司加入东北电力集团,成为独立核算、自主经营、自负盈亏的企业。1994年,国务院决定撤销中国东北内蒙古煤炭联合集团公司,所属大雁、扎赉诺尔、平庄、霍林河4个矿务局回归内蒙古煤炭工业管理局管理。1995年,万利矿区建设工程从包头矿务局划出,成立万利煤业公司,由内蒙古煤炭工业管理局直接管理。同年,伊敏煤电公司划归华能集团管理,改称伊敏华能东电煤电有限责任公司。1998年,原煤炭部直管的内蒙古"9局（公司）1矿"（乌达、海勃湾、包头、大雁、扎赉诺尔、平庄、霍林河矿务局，准格尔煤业公司、万利煤业公司和宝日希勒第一煤矿）全部下放到自治区管理。同时经国务院同意，乌达、海勃湾、包头矿务局和准格尔煤业公司、万利煤业公司划归神华集团管理。随后，霍林河、平庄矿务局相继下放到所在盟市，组建为集团公司。大雁、扎赉诺尔矿务局建制撤销，与宝日希勒煤炭集团公司，组建呼伦贝尔煤业集团公司。1997年，内蒙古伊煤集团有限公司独家发起成立内蒙古伊泰煤炭股份有限公司，同年发行的"伊煤B股"在上海证券交易所上市，被称为"中国煤炭第一股"。

2001—2010年，神华集团陆续将内蒙古西部5局（公司），按照现代企业制度改制为神华集团准格尔能源有限公司、包头矿业有限公司、万利煤业有限公司、乌达煤业有限公司和海勃湾煤业有限公司。昌汉沟、寸草塔、韩家村等军办煤矿，按照中央部署并入神华集团，更名为神华金峰公司。原神东多种经营公司注销改制为非国有控股企业，更名为神东天隆集团有限公司。2004年8月，呼伦贝尔煤业集团撤销，所属公司分别改制重组。扎赉诺尔煤业公司由华能集团公司重组，大雁煤业公司由山东鲁能集团重组，宝日希勒煤业公司改制为国有、社会法人、自然人持股的混合所有制公司。2005年，宝日希勒煤业公司并入神华集团。同年，霍林河煤业集团与中电投集团重组，组建为中电投霍林河煤业集团公司。2008年，中国国电集团公司控股平庄煤业集团公司。同年，自治区5个直属煤炭企业（内蒙古煤炭供销总公司、内蒙古煤炭进出口公司、内蒙古煤矿设计研究院、内蒙古煤炭科学研究所和内蒙古溢源工贸有限公司）改制，分别成为国有、社会法人和员工持股的产权多元化的混合所有制企业，并以内蒙古煤炭供销总公司为主体，改制注册成立内蒙古怡和能源集团有限公司。2010年，大雁煤业公司划转到国网能源开发有限公司。

2001年，霍林河煤业集团公司牵头11家企业发起设立的内蒙古霍林河露天煤业股份有限公司成立。2007年，其发行的"露天煤业"A股在深圳证券交易所上市，成为"中国露天煤矿第一股"。

2001年开始，自治区国有地方骨干煤炭企业陆续启动体制改革工作。主要为国有股退出，社会法人、企业自然人持股方式。2001年，鄂尔多斯市所属的原伊盟煤炭公司、准格尔旗煤炭工业公司、伊金霍洛旗煤炭工业公司等地方国有煤炭企业全部改制整合重组变更为全员持股的股份制企业。

2001年以来，全区国有重点煤炭企业基本完成了剥离"办社会"、主辅分离、辅业改制等工作。其中，所属74所小学、51所中学、5座医院、10个公安局及所属派出所陆续移交地方政府或进行改制。服务于主业的服务型实体基本完成改制，全员置换了身份。同时6万余名离退休人员移交属地，实行属地化管理。企业卸下包袱，减轻了负担，提高了市场竞争力。

2011—2015年，自治区重点煤炭企业改革进一步深入。2012年，大雁煤业集团随国网能源公司成建制划转神华集团，更名为神华国能大雁集团有限公司；同年，内蒙古伊泰煤炭股份有限公司H股在香港联合交易所主板成功挂牌上市，成为自治区第一家B股加H股上市的企业。2014年，经自治区政府批准，内蒙古怡和能源集团国有产权划转内蒙古交通投资有限责任公司管理。

(三) 矿区（煤矿）规划建设

1991—2000年，国家批复的矿区总体规划3个，总规模6045万吨。在内蒙古自治区规划的大型煤矿建设项目陆续开始实施。其中：1990年批准的准格尔矿区黑岱沟露天煤矿项目一期1500万吨/年，包括露天矿、选煤厂、坑口电厂、丰准铁路等配套项目；1991年批准的神东矿区，总规模为3245万吨/年，是集矿、路、电、港、航为一体的综合性项目；1993年批准的平庄矿区总体规模为1300万吨项目。

十年间，全区设计新建和技改煤矿64处（大型11处、中型6处、小型47处），设计生产能力总计2886万吨/年，净增产能1841万吨/年，其中新建煤矿8处，新增产能804万吨/年；技改煤矿（含改扩建）56处，净增产能1037万吨/年。在此期间，国家重点建设的内蒙古四大露天煤矿相继建成投产。1992年霍林河露天煤矿二期（700万吨/年），1998年后元宝山露天煤矿（500万吨/年）、伊敏河露天煤矿一期（500万吨/年）和准格尔黑岱沟露天煤矿一期（1200万吨/年）陆续竣工投产。1997年，时为自治区最大的井工煤矿补连塔煤矿（300万吨/年）建成投产。

2001—2010年，国家批复了霍林河等25个矿区的总体规划（含调整、修编），总规模85974万~86174万吨/年，其中：2001—2005年批复霍林河等3个矿区的总体规划，总规模10000万吨/年；2006—2010年批复万利等22个矿区的总体规划，总规模达75974万~76174万吨/年。这些矿区大部分为神东、蒙东（东北）国家大型煤炭基地内的主要矿区。

十年间，全区设计新建和技改煤矿413处（大型120处、中型138处、小型155处），设计生产能力61425万吨/年，新增产能41623.5万吨/年，新增产能是上个十年的21.6倍，其中：2001—2005年新建煤矿11处、新增产能2984万吨/年，技改煤矿76处，净增产能40315万吨/年；2006—2010年新建矿井68处，新增产能20565万吨/年；技改矿井258处，净增产能14043万吨/年。在自治区产业政策的调整下，新建技改煤矿平均产能达到149万吨/年。大型井工矿109处，产能30555万吨/年，占设计产能的77.72%，其中超过500万吨/年的4处（超过1000万吨/年的2处）；大型露天矿120处，产能42855万吨/年，占设计产能的69.77%，其中超过1000万吨/年的5处。

2011—2015年，国家批复了上海庙、胜利等9个矿区总体规划（含调整、修编），总规模58750万吨/年。在此期间，全区设计新建和技改煤矿164处，总规模34490万吨/年，净增产能22805万吨/年。其中：新建矿井36处，新增产能19475万吨/年；技改矿井128处，净增产能3330万吨/年。新建技改矿井平均产能超过210万吨/年，比上个十年又增加61万吨/年。新建和技改煤矿中：大型井工矿45处，产能14870万吨/年，占设计产能的89.52%，其中超过500万吨/年的11处；大型露天矿51处，产能22370万吨/年，占设计产能的64.86%，其中超过1000万吨/年的3处。

截至2015年底，全区在建煤矿项目55处。

(四) 煤炭经济运行

"八五"（1991—1995年）、"九五"（1996—2000年）期间，全区原煤产量分别为2.86亿吨、3.64亿吨，同比增长45.92%和27.27%。调出煤炭分别为0.67亿吨、

1.54亿吨，同比增长42.25%和129.85%。全区煤炭工业总产值分别为29.38亿元、56.68亿元，分别占全区规模以上工业总产值的3.76%和7.56%。

"十五"（2001—2005年）、"十一五"（2006—2010年）期间，全区原煤产量分别为8.03亿吨、25.15亿吨，同比增加120.60%、213.20%。10年间全区原煤总产量达33.18亿吨，是自治区成立50多年产量总和（12.68亿吨）的2.6倍。2002年，全区原煤年产量突破亿吨（1.15亿吨）后，2010年达到7.87亿吨，原煤产量10年翻了近10倍。原煤产量从1991年的全国第七位上升到2002年的第三位、2004年的第二位，2010年跃升为第一位。2010年，内蒙古原煤产量占全国的比重由2005年的12%提高到2010年的24%。

"十五"（2001—2005年）、"十一五"（2006—2010年）期间，全区调出煤炭分别为4.38亿吨、13.83亿吨，同比增长了184.42%和215.75%。2010年，全区煤炭调出量已占到全国跨省区煤炭交易量的30%左右。2005年、2010年，全区煤炭工业总产值分别为329.2亿元、2543.7亿元，占全区规模以上工业总产值的10.99%和18.97%。

"十二五"（2011—2015年）期间，全区原煤产量达到49.75亿吨，同比增加97.81%，占全国总产量的1/4左右。2010年以来，全区煤炭产量连续保持全国第一位，调出煤炭29.64亿吨，占全国跨省煤炭交易量的40%以上，调出量同比增长了114.3%。2015年，全区煤炭工业工业总产值为3293.6亿元，占全区规模以上工业总产值的18.26%。全区煤炭行业实现利润328.9亿元，完成税金193.1亿元。煤炭行业利润占全区工业利润比重达到33%，税金总额占到工业税收的38%，对自治区财政贡献率居各行业之首。

（五）煤矿安全生产

"八五"（1991—1995年）、"九五"（1996—2000年）期间，全区煤矿安全生产基本保持平稳向好水平，原煤生产百万吨死亡率分别为5.300、4.511，同比分别减少2.35、0.79，下降30.72%和14.89%。

"十五"（2001—2005年）、"十一五"（2006—2010年）期间，全区煤矿安全生产继续保持向好水平。2005年安全生产水平居全国第三位，2010年升至全国第一位。全区原煤生产百万吨煤死亡率分别为0.872人、0.094人，同比分别减少3.64、0.78，分别下降80.69%和89.22%。

"十二五"（2011—2015年）期间，全区煤矿安全生产继续保持全国最好水平，原煤生产百万吨死亡率为0.03，同比减少0.064，下降68.09%。其中，2015年原煤生产百万吨死亡率达到0.013的世界先进水平。此间未发生重大以上事故。

2015年底，全区277处正常生产煤矿均通过了安全质量标准化达标考核考评，其中，一级94处、二级129处、三级54处。全区有29个单位建立了专职矿山救护队，其中有救护大队8支、中队47支、小队147支，共有指战员1549人，以及187支兼职救护队、2个救援物资储备基地。各级矿山救护队共有专兼职人员5877人，大幅提升了全区煤矿救援力量和应急处置能力。

（六）煤炭外运及输电通道建设

1991—2000年，为化解煤炭产品外运通道瓶颈制约，自治区加快推进铁路建设步伐，打通了包头—朔州、准格尔—大同、集宁—通辽的煤炭铁路外运通道，年货运能力增加4500万吨。1995年，向东北地区运输煤炭的集（宁）通（辽）铁路通车运营，初期年货运能力500万吨；1996年，主要承担神府东胜煤田煤炭外运任务的神（木）朔（州）铁路开通运营，初期年货运能力2500万吨；1997年，为准格尔煤田配套建设的大（同）准（格尔）运煤铁路专线全线开通，通过大同直达中国最大的煤炭换装港秦皇岛煤码头，初期年货运能力1500万吨。

2001—2010年，全区主要运煤铁路、公路的建设和升级改造完成，进一步改善了自治区煤炭运输条件。全区铁路货运总运力由2000年的1.04亿吨增加到6.19亿吨，其中发送煤炭5.01亿吨；公路总里程由2000年的7.6万千米增加到15.5万千米，全区公路的"三横九纵十二出口"主骨架基本建成。完成新建、改建的主要运煤铁路有：呼（和浩特）准（格尔）、准（格尔）东（胜）、东（胜）乌（海）、锡（林浩特）桑（根达来）、临（河）策（克）、两伊（伊敏—伊尔施）、赤（峰）大（板）白（音华）铁路等。

2011—2015年，全区铁路运营总里程由9500千米增加到1.35万千米，居全国首位。全区铁路煤炭发送量由"十一五"的19.06亿吨增加到"十二五"的30.08亿吨，增加11.02亿吨，增长了57.82%；公路总里程增加到近18万千米，居全国第9位，为煤炭外运到周边省区提供了便利条件。主要运煤的鄂尔多斯"三横四纵"铁路网基本形成；锡林郭勒盟到绥中、锦州、曹妃甸港的海运煤炭通道基本打通；建成通达蒙古的甘其毛都、满都拉等煤炭进口口岸铁路；全长1837千米、规划设计输送能力2亿吨/年（北起内蒙古，经陕西、山西等7省区到达江西吉安）的蒙华铁路蒙冀段开通（全线计划2019年完工，为世界上一次建成最长的重载运煤铁路）。

自治区在加大煤炭外运能力的同时，实施"煤从空中走"战略，大力推进电力输送通道建设。截至2015年底，蒙西地区初步形成"三横四纵"500千伏主干网架结构，蒙东地区500千伏电网初步建设。已建成500千伏变电站28处，变电容量4830万千伏安，500千伏线路7576千米。形成了丰镇至万全至顺义、托克托至安定、岱海至万全、元宝山至辽宁、通辽至辽宁、伊敏至黑龙江等向华北和东北地区送电通道；开工建设蒙西至天津、锡林郭勒盟至江苏、上海庙至山东、锡林郭勒盟至山东电力外送通道及配套电源项目，增加了内蒙古向"三华"（华东、华中、华北）地区的输电通道。已建成的11条500千伏外送电通道，年外送电能力达2600万千瓦时。

2015年，全区年输出电量达到1397亿千瓦时，位居全国第一，年输出电量占到全区发电量的近41%，占全国跨省送电量的17%；自治区开工建设的输电工程全部建成后，外送电将达到50%，成为国家"西电东送"的重要能源基地。

（七）生产和经营秩序整顿

1996年8月《煤炭法》颁布实施后，自治区依法展开煤炭生产和经营秩序的整顿工作。到2000年底，全区共关闭非法煤矿1737处，发放煤炭生产许可证1693个，有效地遏制了非法开采煤炭资源的行为。

1999年，自治区发布《内蒙古自治区煤炭经营资格审查暂行管理办法》，明确了自治区实行煤炭经营资格审查制度，凭证从事煤炭经营活动。在全区工商注册煤炭经营企业2366户中，自治区按照"总量控制、合理布局"的原则，到2000年底，发放煤炭经营许可证683个。

按照国务院"争取用三年左右时间，解决小煤矿问题"的战略部署，到2007年，自治区仅用一年半时间，超额完成了国家下达的关井任务。关闭生产规模小、技术装备落后、安全生产条件差的小煤矿812处，地方煤矿关闭率达62%，生产规模在10万吨以下的小煤矿全部退出市场，其中：包头市、乌海市乌达区、兴安盟等瓦斯灾害严重地区的井工煤矿全部关闭。全区煤矿矿井数量由2000年的2009处减少到2005年初的1378处，减少了31%；2010年进一步减少到551处，再次压减60%。单井年均生产能力由2000年的约6.4万吨增加到2005年的17万吨，到2010年的135.6万吨，是全国平均水平的4.5倍，居全国第一位。到2010年，全区共吊注销煤炭生产许可证914个，发放煤炭生产许可证68个；2001—2011年，全区共取缔非法经营企业5300余户，保留合法煤炭经营企业2276户，其中批发企业1441户、零售企业787户、加工企业48户。共吊注销煤炭经营许可证1058个，发放煤炭经营许可证1824个。

2013年，国家取消煤炭生产许可证和经营资格证后，煤炭生产监管按照《煤矿生产能力管理办法》管理，煤炭经营监管由"先证后照"改革为"先办照、后备案"。截至2015年底，全区已对352处煤矿进行了生产能力公告，公告产能75849万吨/年，有51处煤矿由于停产或安全标准化未达标，未进行生产能力公告。全区1435户煤炭经营企业进行了告知性备案。

（八）煤矿灾害治理

2006—2010年，自治区按照"集中连片、业主治理"的原则，采取政府政策引导、企业市场运作的方式，确保了煤田（煤矿）火区灾害治理工作有序推进。自治区财政集中9亿元专项资金，各级政府按比例匹配资金33.5亿元，全区238处煤田（煤矿）火区治理项目全面启动，到2010年底完成了50%的火区治理任务。

2010年，自治区决定利用3年时间，对查明的238处煤田（煤矿）火区进行治理。到2012年底，基本完成231处，完成率97%，完成治理面积9219.87万平方米，累计治理投资200多亿元，抢救和解放煤炭资源10多亿吨，回填复垦绿化面积5169万平方米，占应复垦绿化面积的56%。2011—2015年，自治区全面展开和谐矿区建设，推进煤炭绿色发展，扎实有序推进矿区生态建设和环境保护工作。到2015年，全区588处煤矿（含在建）完成绿化面积792.6平方千米，占矿区总面积的13.5%，占应复垦绿化面积的33%。

截至2015年底，全区有12家煤炭企业入选"绿色矿山"试点单位。全区先后建成4座国家级矿山公园，其中扎赉诺尔国家矿山公园是以露天煤矿采后遗迹景观为主体的地质公园。煤炭矿山的复垦绿化综合治理在部分重点矿区和煤矿取得了突出的成绩，其中神东矿区马家塔露天矿闭坑后的复垦区复垦率达100%，被列为全国生态建设示范基地。

（九）煤炭加工转化

2001年以来，自治区坚持煤炭工业"综合开发、加工转化、高效利用、集约经营"的原则，一大批高技术水平的大型煤电、煤化工项目落户自治区。到2010年底，全区火电装机5406万千瓦，煤制油142万吨、甲醇60万吨、烯烃60万吨、二甲醚20万吨、乙二醇20万吨、聚氯乙烯210万吨、合成氨30万吨、尿素182万吨等，以及煤炭提质455万吨、煤焦油深加工30万吨、焦炭2420万吨。建成的项目有：全国最大的火力发电基地大唐托克托电厂8×600兆瓦，2×300兆瓦（自备）。五期2×660兆瓦建成后，装机总容量将达到6720兆瓦，将成为亚洲最大的火力发电基地。国内首个煤直接液化的神华集团年产108万吨煤制油项目和18万吨煤间接液化项目以及国内首个具有自主知识产权的煤间接液化的伊泰集团年产16万吨煤制油项目，以及具有世界先进水平的大唐多伦年产160万吨煤制甲醇及46万吨煤制烯烃项目。

2011—2015年，全区新增火电装机1854万千瓦，煤制甲醇604万吨、烯烃46万吨、芳烃30万吨、聚氯乙烯235万吨、合成氨438万吨、尿素747万吨、乙二醇20万吨，煤制气17.3亿立方米，以及煤炭提质1248万吨、煤焦油深加工161万吨、焦炭2010万吨。

截至2015年底，在建项目有：神华集团282万吨/年煤制油和伊泰集团200万吨/年煤间接液化项目，中煤蒙大60万吨/年工程塑料、中天合创140万吨/年煤制烯烃、久泰能源60万吨/年甲醇制烯烃等，以及大唐克旗13.4亿立方米/年、汇能12亿立方米/年煤制气等。

截至2015年底，全区竣工投产的选煤厂296处，年处理原煤能力7.98亿吨，单厂平均能力270万吨。选煤能力比1990年的795万吨增长了100倍，其中，煤矿配套选煤厂148处，处理能力4.8亿吨；群矿型洗煤厂148处，处理能力3.18亿吨。全区原煤入选率达到88%，较2010年的40%提高48%。

（十）科技进步

1991—2015年，在国家改革开放不断深化的背景下，内蒙古煤炭工业在科学进步、技术创新和先进技术应用等方面取得了显著成绩，大大提升了内蒙古煤炭产业技术水平。科技进步突出表现在以下方面：一是企业始终是科技研发工作的绝对主力；二是科研项目选题均与企业基本建设、生产和安全息息相关，充分体现科技创新对企业发展的引领作用；三是紧跟国家政策，把握行业发展方向，高度重视在煤炭转化和矿山环境保护等敏感领域的科技工作；四是高素质科研团队和人才年轻化，成为行业科技研发工作的骨干力量。

进入21世纪后，内蒙古各重点煤炭企业已陆续完成改制、兼并、重组，煤矿企业基本实现了"生产规模化、设备现代化、管理信息化、队伍专业化"。尤其是煤矿井下安全避险"六大系统"的建设，标志着先进的数字信息技术已经应用于煤炭生产全过程。

全区科技研发工作以实用型研究为主，理论研究为辅；科研课题主要源自生产一线，重点解决生产中亟待攻克的难关。为尽快掌握先进生产技术，各煤炭企业主动与国内外科研机构、高等院校展开合作，或引进技术人才进行技术攻关和对煤矿实施现代化改造。据不完全统计，2002—2015年，部分重点煤炭企业及大专院校累计获得国家授权发明型和实用新型专利920余项，其中发明类专利120余项；1995—2015年，全区煤炭企业8项科研成果获国家科学进步二等奖；1993—2015年，46项科研成果获国家部委及内蒙古自治区政府科技进步奖；2005—2015年，46项成果获中国煤炭工业协会颁发的煤炭工业科学技术奖。

(十一) 精神文明建设

全区煤炭行业党组织体系一直比较健全。20世纪90年代初，全区统配煤矿及自治区属单位共有党委15个、党总支3个；有基层党委118个、党总支132个、党支部2221个，共有党员26000余名。21世纪以来，随着政府机构改革和煤炭企业体制改革，党组织体系也随之发生较大变化。国有企业随主管单位的变化而变化，地方国有煤矿基本上改制为非公有制企业，党组织仍由企业所在地党委领导。

1995年，《中华人民共和国公司法》《中共中央关于进一步加强和改进国有企业党的建设工作的通知》颁布后，各统配煤矿改制为有限责任公司，明确了公司党委、董事会、总经理班子的关系，企业党组织得到加强。

全区各重点煤炭企业党委坚持"党要管党""从严治党"的方针和解放思想、实事求是、与时俱进的思想路线，紧紧围绕企业改革、发展、稳定的大局，提高各级党组织的凝聚力、战斗力，为企业的改革发展保驾护航。各企业结合不同时期的形势和任务，通过开展学习科学发展观、建设学习型党组织等活动，增强了各级党组织和广大党员坚持党的基本路线、贯彻党的方针政策的自觉性和坚定性，提高了党组织的凝聚力和战斗力，充分发挥了党组织和广大党员在企业两个文明建设中的政治核心、战斗堡垒和先锋模范作用。根据《中共中央组织部关于在个体和私营等非公有制经济组织中加强党的建设工作的意见（试行）》，非公有制地方煤炭企业的党组织坚持将党建工作与生产经营工作紧密结合，形成了党建工作与生产经营相辅相成、同步发展的互动格局。

各企业党委注重发挥各级工会联系群众的纽带作用，组织开展劳动竞赛、劳动保护、文体活动，建设职工之家、职工书屋，以及进行扶贫济困等活动，维护女职工的权益，关心职工身体健康；积极支持共青团组织建设，积极组织青年突击队、志愿活动和大龄青年联谊交友活动。各企业党委坚持社会主义精神文明和物质文明一齐抓。通过组织开展文明单位创建活动，提升企业文明程度；通过开展创先争优活动，涌现出大量先进集体和个人。

各煤炭企业党委加大对企业文化建设的投入，通过企业文化建设把员工的思想尽可能地统一起来，形成一种氛围、一种理念、一种追求、一种精神。按照"深化依存，合作共赢"的原则，认真履行政治、社会、经济三大责任。自治区重点煤炭企业非常重视社会公益事业、倾情回报社会，1990—2015年，累计为赈灾与文化、教育、卫生等社会公益事业捐款几十亿元，仅内蒙古伊泰集团公司捐赠近9亿元。

三

25年间，内蒙古自治区认真贯彻落实全面发展、协调发展和可持续发展的科学发展观，深化体制改革，实施宏观调控，优化煤炭产业结构，整合关闭小煤矿，建设大基地，组建大集团；坚持以人为本，强化安全基础管理，构建煤炭工业安全生产长效机制；强力推进科技进步，推动产业升级，延伸产业链条，发展循环经济，提高了资源综合利用水平，实现了由传统煤炭工业向现代化煤炭工业的转变。自治区煤炭工业基本实现了资源集中化、企业大型化、装备现代化、安全标准化、产品多元化的产业结构调整目标，走出了一条与自治区经济社会发展相适应的资源利用率高、安全有保障、经济效益好、环境污染小的可持续发展道路。

25年来，内蒙古自治区煤炭工业认真贯彻落实中央的各项方针政策，结合自治区实际，针对各时期特点，准确把握煤炭行业发展规律，审时度势，抓住时机，科学施策，在整顿、调整、创新、提高中实现了自我突破、自我超越、自我升华，取得了骄人的成就。这些成就的取得，主要有以下几方面特点。

（一）整顿关闭、技改升级，全力打造现代化煤炭产业

内蒙古煤炭工业通过清理整治、关井压产、整顿关闭、资源整合、技术改造等一系列政策实施和专项行动，全区煤矿数量由"八五"期初最高时的3800余处，经过1998年"关井压产"和2005年的"整顿关闭"，减少到最低时的501处。特别是2005年和2006年，自治区把煤矿整顿关闭与煤炭产业结构调整紧密结合，用时一年半关闭了812处生产规模小、技术装备落后、安全生产条件差的小煤矿，提前一年半完成了国家下达的关井任务。

"关小建大，淘汰落后，发展先进"是内蒙古煤炭行业政策始终坚持的一条主线。内蒙古自治区一手抓关闭非法、淘汰落后，为实施结构调整、资源整合、技术改造创造有利的条件和空间；一手大力推进产业升级改造，提升煤炭产业整体水平。特别是"十五"以来，自治区在"科学规划布局、协调有序发展"的原则下，全力推进实施"发展大产业、培育大集团、建设大基地、形成大集群"战略，决心大、措施到位。先后制订并印发《关于建立我区煤炭资源开发利用最低开采规模制度的通知》《关于加快发展重点煤炭企业的指导意见》《关于进一步强化煤矿安全生产专项整治关闭不具备安全生产基本条件煤矿的决定》《关于加快煤炭产业结构调整的指导意见》《关于促进煤炭工业健康发展的意见》《关于进一步推进煤炭资源整合和有偿使用实施办法的通知》等一系列重要文件和政策，明确：新建井工矿井生产规模不低于年产120万吨；到2007年，年产10万吨以下的小煤矿全部淘汰退出市场；到2010年，年产45万吨以下小煤矿控制在200处之内，年产30万吨以下小煤矿基本关闭。

2008年11月，自治区又出台了《煤矿整顿关闭工作实施方案》，结合自治区实际，分类指导、分批实施，将全区未达到国务院《特别规定》要求的安全生产条件的煤矿，按照停产整顿、关闭取缔、整合技改三类，停产关闭一批，技术升级改造一批。2009年6月，为提高煤炭产业的资源整合进度，加快产业技术升级步伐，自治区出台了《关于进一步完善煤炭资源管理的意见》，提高了新建露天煤矿的办矿条件，明确新建煤矿年开采能力不得低于300万吨。

截至2015年，自治区煤矿数量大幅减少到588处，比2000年的2009处减少了71%，但全区煤炭生产规模却提高了16.4倍，单井规模和生产集中化程度得到大幅提升。2015年，全区煤矿单井平均产能达到196万吨/年，居全国第一位，是全国单井平均产能36万吨/年的5.4倍。其中，自治区国有重点煤矿单井平均产能超过了500万吨/年。全区在册煤矿中，年产120万吨以上大型生产煤矿258处，占全区煤矿总数的43.88%，但产能达到9.79亿吨，占全区总产能的85.13%。其中，千万吨级生产煤矿23处、产能4.2亿吨，分别占煤矿总数和总产能的3.9%和36.5%。到2015年，全区生产规模在30万吨以下的小煤矿全部退出市场；全区矿井采煤机械化程度由2010年的

90%提高到2015年的95%，全员效率达到20吨/工；新建矿井基本上实现机械化生产、自动化控制、信息化管理和数字化监控。

内蒙古自治区不断推进、大力提升煤炭工业现代化水平，到2015年，自治区煤炭工业已经从"八五"（1991—1995年）时期的全国中等水平跃升到全国领先水平。自治区成功地走出了一条由资源合作、产品合作、资本合作到企业合作的低成本扩张之路，中央重点能源企业集团重组兼并了区内所有的10家国有重点煤炭企业，自治区级重点煤炭企业收购重组、整合兼并了一批小煤矿。同时，自治区重点煤炭企业也开始向属地外、区外、国外开发煤炭资源和延伸产业链，使煤炭企业的治理结构、综合实力、发展潜力、竞争能力得到大幅提升。已基本建成4个亿吨级、6个5000万吨级，功能齐全、安全保障、环境优良、社会和谐的大型煤炭生产基地。建设重组2个亿吨级煤炭企业，9个5千万吨级煤炭企业，19个千万吨级以上煤炭企业。2015年，自治区重点煤炭企业产能达到57943万吨/年，占全区煤矿产能的50.39%；营业收入2077亿元，占全区煤炭工业营业收入的69.03%；有15户企业进入全国煤炭百强行列。

（二）转化增值、产业延伸，全力打造绿色循环经济

把内蒙古煤炭资源优势转化为经济优势，在自治区已形成共识。1995年以来，在自治区确立的煤炭工业"综合开发、加工转化、高效利用、集约经营"的发展理念指导下，开始实施"大煤田（矿区）、大煤电、大煤化、大集团"的战略，鼓励煤炭深加工，延长产业链，推行循环经济，规划建设鄂尔多斯、乌海、锡林郭勒、霍林河、呼伦贝尔五大煤化工基地，采用国内外最新技术，建设了一批煤制油、煤制甲醇、煤焦化及其下游系列产品项目。坚持资源配置向煤化工、煤转电产品转化，煤电向环保型循环经济产业转化。特别是煤炭行业的黄金十年（2003—2012年），自治区抓住这一有利时机，相继出台相关政策，强力推进煤炭就地转化增值。

2005年，内蒙古自治区《关于促进煤炭工业健康发展的意见》规定，到2010年全区煤炭就地转化率要达到50%左右。2009年，自治区《关于进一步完善煤炭资源管理的意见》发布，单一开采煤炭项目不再审批，没有煤炭转化的下游产品的煤炭项目，不予配置资源；新开工的煤炭项目就地转化率必须达50%以上；新开工的煤化工项目，不得低于100万吨甲醇当量；电力以30万千瓦以上、60万千瓦装机为主力装机。2012年，自治区《关于印发〈自治区完善煤炭资源配置管理若干规定〉的通知》进一步明确了配置煤炭资源必须按照国家产业政策配置给直接转化煤炭资源的电力、煤炭深加工等项目。焦炭、兰炭等低水平的转化项目，不予配置，进一步提升了煤炭转化项目"质"的要求。

2015年，自治区《关于深化煤炭资源市场化配置的意见》要求用高起点、高标准制定符合市场需求和符合国家产业政策、具有战略前瞻性的煤炭资源配置产业目录，并借鉴国内外先进经验，制定自治区包括能源转化效率、水消耗量、节能减排、安全生产和投资效益等技术经济指标的煤炭深加工产业标准体系。再次把煤炭资源转化政策提升到"转化效率、节能减排、安全生产和投资效益"等综合考量的新高度，低层次、高能耗、不环保、不安全、效率低的转化项目，一律拒之门外，坚决不走以牺牲环境、安全、效率为代价的经济发展之路。

强有力的政策推动和向新、向优、向高的政策指引，吸引了大量投资和转化项目落地内蒙古。截至2015年，全区建成转化项目：火电装机达到7260万千瓦时（总装机10391.3万千瓦时），占比69.9%，位居全国第四位；煤制油142万吨、甲醇664万吨、烯烃106万吨、芳烃7.5万吨、二甲醚90万吨、聚氯乙烯445万吨、合成氨468万吨、尿素678万吨、乙二醇40万吨、煤制气17.3亿立方米，以及煤炭提质1703万吨、煤焦油深加工191万吨、焦炭5215万吨。2015年，自治区煤炭转化消费量2.88亿吨，煤炭转化率达31%。在建项目将新增产能：火电装机330万千瓦、煤制油482万吨、烯烃390万吨、芳烃20万吨、二甲醚420万吨、合成氨725万吨、尿素108万吨、乙二醇140万吨、煤制气42.7亿立方米等。上述项目的建成投产，使内蒙古煤炭资源就地加工转化能力提高到50%以上，煤炭产品的附加值也将大幅提升，并形成综合利用煤炭资源的发展新格局。各建成的转化项目在自身获取效益的同时，还拉动了关联产业的快速发展。

（三）强基固本、科学施策，全力建设安全高效型煤矿

安全是煤矿企业的生命线。尊重生命，是社会文明的重要标志。自治区把抓煤矿安全生产作为第一要务，始终警钟长鸣，紧绷安全之弦不放松。25年间，煤矿安全生产保障水平发生了巨大变化。原煤生产百万吨死亡率从"七五"末的8.67，下降到"十二五"末的0.013，降低了99.85%。这一巨大成绩的取得，除了由于25年来实施的"关小建大、淘汰落后"，推广应用先进采掘工艺、技术和装备等政策措施外，还取决于以下几个方面的工作。

一是完善体系，落实责任。25年来，自治区煤炭行业管理体制虽几经变化，但是安全监管职能始终没有断档，各盟市、旗县煤炭行业安全监管机构也在不断加强。2000年，国家煤矿安全监察体系的建立，形成了"国家监察、地方监管、企业负责"的煤矿安全体系，国家监察、地方监管两条线交汇，组成了强有力的监管网络，有力地推进了全区煤矿安全形势的稳定向好。自治区在多年实践中，逐步摸索出一套完整、行之有效的"监管到矿、责任到人"安全监管责任体系：重点产煤旗县和年产煤炭30万吨以上的煤矿（国家管理的国有重点煤矿和露天煤矿除外）设立安监站，对所辖煤矿实行分片包干、包矿到人、责任到人、奖惩严明的监管办法。全区11个产煤盟市58个旗县区配备了647名专职监管人员。同时，强化煤矿企业为第一责任人的安全主体责任，狠抓煤矿企业负责人、实际控制人的安全生产责任，把安全生产责任落实到煤矿生产过程的每个环节、每个岗位和每位员工，切实完善落实教育培训、隐患排查治理等基本规章制度和各个作业岗位安全操作规程，保证每个岗位员工熟知并严格执行。

二是强制安全建设投入，夯实生产安全基础。近年来，在自治区各级政府的支持下，为生产改造和安全装备注入了大量资金。自治区用国债资金补贴"一通三防"9000万元，企业自筹2.6亿元；自治区各级财政和企业共投入10亿元资金，进一步完成了配套电网建设，全区所有煤矿全部实现双回路供电系统；自治区各级财政投入煤矿安全监测监控资金达1200多万元，鄂尔多斯、乌海、阿拉善等地区率先实现了从盟市、旗县到煤矿的安全监测监控系统建设。2010年，自治区按照试点先行、生产煤矿按期建设完善、建设项目同步建成的原则，全面推进煤矿井下安全避险"六大系统"建设

完善工作。经过4年建设，全区所有生产井工煤矿已建成了紧急避险系统，完善了监测监控系统、压风自救系统、供水施救系统、人员定位系统和通信联络系统。实现了井上和井下的语音通信、人员设备跟踪定位、井下关键位置的图像视频监测监控，以及各种环境参数（CO、NO_2等）的监测监控。在建煤矿按照"三同时"的要求，安全避险"六大系统"与主体工程同时设计、同时施工建设、同时验收投入使用，提高了煤矿安全保障能力。

三是狠抓标准化建设，规范安全管理标准。自治区将安全质量标准化与信息化、现代化建设结合起来，致力于建设高标准的安全高效煤矿。通过安全质量标准化矿井建设，不断改善自治区煤矿安全生产基本条件，使全区煤矿企业在安全装备、安全管理、人才兴安三大方面全面升级。先后出台了《内蒙古自治区井工和露天煤矿安全质量标准化标准及考核评级办法》《内蒙古自治区煤矿安全质量标准化建设动态达标工作实施细则》，为全面深入开展安全质量标准化工作奠定了标准依据。经过两年努力，基本建成了全区煤矿安全质量标准化信息管理系统，并于2015年9月1日起正式启用，实现了煤矿、旗县、盟市、自治区、国家局五级联网运行，提高了安全质量标准化信息化管理水平。同时，进一步完善动态考核制度，严格动态管理。严格执行煤矿自查、盟市检查、自治区重点抽查的考核制度，及时调整达标等级，对降低、取消、提高达标等级的煤矿实现了动态管理。通过深入推进建设煤矿的建设阶段达标，生产煤矿的岗位达标、专业达标和企业达标工作，全面提升煤矿的安全生产管理水平，夯实了煤矿安全生产基础。

四是强化安全监管，高压"打非治违"。通过深入开展"千名干部与万名矿长谈心对话""安全生产月""一矿出事故、万矿受教育"和大力宣贯新《安全生产法》等系列活动，组织开展煤矿事故警示教育，召开煤矿安全工作座谈会，不断强化安全意识、红线意识和底线思维。安全监管结合不同时期特点，及时调整工作部署，确定工作重点，从关闭落后煤矿、严格准入、维护煤矿正常生产秩序等十大方面24项工作入手，明确目标责任，加强监管工作。开展节日煤矿停产复工安全检查、"六打六治""九打九治"、安全隐患排查等一系列专项行动，建立隐患排查治理行动信息报送和舆论监督机制。明确重点盟市、旗县监管监察对象，高压打击非法违规建设生产行为。为遏制较大及以上事故，预判重点防控对象，煤矿安全监管部门会同驻地煤矿安全监察机构，按照"全覆盖、零容忍、严执法、重实效"的要求，关口前移、重心下移，多措并举、靠前监察、严格执法，有力推动了重点防控旗县的煤矿安全生产主体责任落实。特别是通过联合安全生产大检查，有效消除了一批安全隐患和突出问题，有力促进了全区煤矿安全生产形势持续稳定好转。

（四）保护环境、绿色开采，全力创建生态和谐型矿区

2006年，自治区大力展开保护矿区环境，创建和谐矿区工作。坚持资源开发与环境保护并重，坚持煤炭开采与环境治理同步的理念，坚持"谁开发、谁保护，谁破坏、谁恢复，谁治理、谁受益"的原则，积极开展环境治理和水资源保护。加强废弃物、采煤塌陷区、露天坑的治理，实施环境治理保证金制度等措施。特别是中共十八大将生态文明建设纳入"五位一体"发展战略以来，全区地方各级政府和煤矿企业积极探索煤炭生态发展新思路、矿区生态环保新路径、煤矿生态治理新措施，扎实推进矿区复垦

绿化工作，取得了较好的成绩。

一是从治理煤田（煤矿）火区入手，着力解决矿区生态环境问题。自治区印发了《关于加强煤田（煤矿）火区专项治理工作的实施意见》和《关于印发自治区2009年至2012年煤田（煤矿）火区治理工作实施方案的通知》，打响了煤田（煤矿）火区专项治理的3年攻坚战。截至2012年，全区238处火区（包括7个集中治理区）治理，基本完成231处，完成率97%，完成治理面积9219.87万平方米，回填复垦绿化面积5169万平方米，占应复垦绿化面积的56%，累计完成投资211亿元，抢救煤炭资源2亿多吨，解放压覆资源10亿吨。通过3年积极有效的治理，影响全区煤矿生产的煤田（煤矿）火灾基本熄灭，影响煤矿安全生产、破坏生态环境、浪费资源的隐患基本消除，基本完成了自治区确定的煤田（煤矿）火区治理3年攻坚任务，有效改善了矿区生态环境。

二是扎实推进煤矿采空区灾害综合治理工作，巩固火区治理成果。围绕煤矿采空区塌陷出现的各种安全隐患等问题，2012年自治区印发了《关于切实做好煤田（煤矿）火区治理和煤矿采空区灾害综合治理工作的通知》，把煤矿采空区灾害综合治理纳入煤炭行业管理的常态化工作。截至2015年，鄂尔多斯等7个重点产煤盟市编制了《煤矿采空区灾害综合治理总体规划》。自治区煤炭行业管理部门按照"试点先行、先急后缓、有序推进"和治理责任主体、治理方案、治理资金"三到位"原则，批复采空区灾害综合治理单项工程20个，要求"边治理边恢复"，坚决杜绝"以采代治""只采不治"行为。同时还加强了现场踏勘和走访，充分考虑项目实施的社会影响，扎实做好采空区治理项目的社会稳定风险评估工作。

三是加快推动矿区绿化工作，探索煤矿生态环境保护新路径。自治区煤炭行业管理部门在多次调研反复论证的基础上，2013年出台了《关于加快推进矿区绿化和生态环境治理工作的意见》。截至2015年，全区588处煤矿（含在建）已完成矿区绿化面积877.6平方千米，占矿区总面积的15%，占应复垦绿化面积的36.5%，其中2015年投入绿化资金7.5亿元，完成绿化面积85平方千米，矿区生态环境明显好转。煤炭行业的经济效益、生态效益和社会效益逐步实现有机统一。在绿色矿山、和谐矿区建设中，自治区打造出许多煤矿精品示范工程项目。神华北电胜利一号露天矿累计投入绿化资金达1.72亿元，完成绿化面积940公顷，三座排土场绿化率达到100%，2012年被评为"内蒙古自治区绿化模范单位"，同年在国家能源局和《中国能源报》联合举办的中国最美矿山评选活动中被评为"中国最美矿山"。鄂尔多斯市把和谐理念融入各个环节，妥善处理资源开发与环境保护、矿山开采与矿区民生的关系，及时解决矿产资源开发中存在的问题和矛盾，全力维护矿区社会稳定，和谐矿区建设有序推进，促使矿山企业绿化工作常态化、制度化，建立矿山企业营造碳汇林制度，企业每生产10吨煤植一棵树，累计建成碳汇林6400公顷。

四是推广充填开采等绿色环保新技术，提高资源综合利用水平。内蒙古自治区按照国家《煤矸石综合利用管理办法》《促进煤炭安全绿色开发和清洁高效利用的意见》和《煤炭清洁高效利用行动计划（2015—2020年）》，结合自治区实际，积极开展工作，在煤炭绿色生产和煤矸石等固废物综合利用等方面有了明显进步。2014年以来，自治区煤炭行业管理部门指导鄂尔多斯棋盘井、上海庙和赤峰元宝山等煤矸石产出较为集中的8家井工煤矿，推广煤矸石充填开采应用实践。各矿除利用本矿自产矸石外，还"吃掉"大量老旧矸石山，不但产生了良好的生态环保和经济社会效益，还提高了煤炭资源回收率。此外，由于2001年以来全区原煤入选率大幅提升到88%，每年减少矸石外运近8000万吨。到2015年，全区煤炭资源回收率达到65%以上，煤矸石综合利用率达到60%，矿井水复用率达到85%以上，干旱缺水地区的矿井水复用率达到100%，达标排放率达到100%。

四

内蒙古自治区煤炭工业1991—2015年25年的历史，是自治区煤炭工业走出困境、脱胎换骨、改革创新的发展史。25年来走过的是一条不平凡的开拓之路，是科学发展的创新之路。25年来，煤炭生产能力从0.49亿吨/年跃升到11.5亿吨/年，单井平均生产能力从1万多吨/年提升到169万吨/年，煤炭就地转化能力达到40%，从单一的产业结构转化为多元循环发展的产业结构，内蒙古自治区煤炭工业完成了历史性跨越。

然而，内蒙古煤炭工业面临的形势和存在的问题不可小觑。由于世界经济总体复苏乏力，国内经济转型调整，增速放缓，煤炭产能过剩压力增大，煤炭价格大幅回落，以及一些转化项目运行不理想，环保、能耗不达标等问题，使全区煤炭经济运行景气指数下滑。未来较长一段时间，煤炭行业仍将面临能源需求强度下降、能源结构低碳化发展、煤炭开发和利用环境制约增强等因素影响，其中：自治区东部褐煤面对的东北市场，经济增速低于全国平均水平，需求明显不足，面临的市场环境十分疲软；自治区西部乌海焦煤基地主要面对河北的冶金焦市场，受京、津、冀治理大气污染政策调整影响，市场需求萎缩，导致乌海地区煤矿企业和焦化企业开工不足；西部鄂尔多斯地区动力煤主要面对华东市场，竞争也十分激烈。此外，全区还面临着矿区生态环境欠账多，小煤窑时代形成的采空区、火区等灾害因素尚未彻底根治，乌海地区由于煤矿火区、矸石山火区及焦化产业比例过大造成大气污染等突出问题，这些环保生态等方面的问题，都需要在较长的时期统筹解决。资源开采与保护、环境污染与防治等政策的落地，给煤炭行业带来压力的同时，也带来了挑战和新的发展机遇。

回顾25年的历史，在成绩和困难面前，应该看到自治区在推进煤炭工业快速发展转型升级中，对国际、国内经济形势发展、能源市场需求及结构变化，以及对煤炭转化项目的认识和研究等方面，还缺乏系统、科学的前瞻性研究和预判；在各级政府上项目、抓GDP任务的推动下，形成了煤炭产能、部分转化项目产品产能过剩局面；还应该看到自治区在一些行业政策制定方面，存在政府意志与实际脱节的现象，实施中存在效果打折甚至流于形式的问题，没有达到预期效果。

面对新形势和新变化，自治区煤炭行业必须继续认真贯彻落实中共十八大以来有关会议精神和战略部署，深刻理解国家能源发展战略，深入推进煤炭领域革命，准确把握发展态势，正确应对面临的挑战和机遇，紧密结合自治区实际，牢固树立"创新、协调、绿色、开放、共享"的新发展理念，以建设煤电、煤化、煤电冶金一体化产业链，以保护环境、保障民生为重点，加快转型发展步伐，加快构建清洁低碳、安全高效的现代能源体系，促进全区煤炭工业科学发展，有效保障国家能源安全，促进自治区经济社会可持续发展。

展望未来，内蒙古自治区的煤炭工业到 2020 年，煤矿规划数量控制在 550 处以内、产能 13 亿吨左右，安全高效产能占比达到 90%。全区煤电、煤化、煤电冶加一体化比例达到 85% 以上，煤炭就地转化率达到 50%。杜绝重特大安全事故，控制较大事故，减少一般事故。煤矿百万吨死亡率控制在 0.02 以内。发电、建材利用煤矸石量逐年提高，新增煤矸石利用率达到 40% 以上，其余全部回填井下和复垦造田，地面不再形成新的永久性矸石山，历史遗留矸石山全部治理达标。露天矿排土场复垦绿化达到 90% 以上，井工采煤沉陷区治理率达到 80% 以上，矿区生态环境实现良性演替。

自治区煤炭工业将坚持以建设国家清洁能源输出基地和煤化工生产基地为目标，坚定地走规范化发展、集约化发展、绿色发展之路，使煤炭工业成为自治区安全、绿色、健康发展的支柱产业。

内蒙古煤炭工业志（1991—2015）

大 事 记

神华煤直接液化项目生产装置夜景

山 西 人

1991 年

1月14日 经中国统配煤矿总公司验收，海勃湾矿务局老石旦煤矿、乌达矿务局五虎山煤矿进入"全国统配煤矿特级质量标准化矿井"行列。

1月22日 伊敏煤电公司成立。能源部党组成员、总工程师秦中一以及能源部、华能集团公司、东北内蒙古煤炭工业联合公司、东北电管局、呼伦贝尔盟、黑龙江省电管局等单位和部门的领导参加公司成立大会。该公司是改革开放之后，国内成立的第一家煤电一体化企业。

2月10日 自治区主席布赫一行到海勃湾矿务局老石旦煤矿看望干部职工，祝贺广大职工新春愉快，并现场题词："发展煤炭市场，关心职工生活。"

2月28日 自治区煤炭工业厅组织所属煤炭科学研究所，赴蒙古国巴嘎淖尔市就褐煤综合利用等方面的问题进行考察谈判，以进一步达成实质性协议。自治区煤炭工业厅总工程师孙文录任考察团团长，成员由煤炭科学研究所有关专家组成。

3月4日 内蒙古自治区1990年度统配煤矿百万吨死亡率降到1.45，取得安全生产稳定好转的好成绩，受到能源部的通报表彰。

3月10日 能源部命名大雁矿务局为"质量标准化矿务局"。

3月12日 国家计划委员会印发《关于神府东胜矿区总体设计的批复》，同意矿区一、二期建设总规模为3225万吨/年，其中国家统配煤矿2500万吨/年，地方乡镇煤矿725万吨/年。

3月22日 华能精煤公司与伊克昭盟行政公署举行移交仪式，伊克昭盟行政公署将与华能精煤公司合建的上湾煤矿（含营盘湾矿留守处）、武家塔露天煤矿、乌兰木伦煤矿及附属设施全建制移交华能精煤公司。

4月3日 自治区政府批准自治区煤炭工业厅呈报的《陈巴尔虎旗煤田、宝日希勒地方煤矿矿区规划境界的报告》，决定先行开发面积约85.06平方千米、资源储量约20.8亿吨的宝日希勒矿区。

5月4日 能源部命名伊敏煤电公司一号露天矿为中国煤炭工业现代化矿井（露天）。

5月9日 自治区政府在准格尔煤炭工业公司召开"为准格尔项目建设服务"现场办公会议。自治区副主席裴英武、刘作会主持会议，自治区计划委员会、自治区煤炭工业厅、伊克昭盟行政公署、准格尔煤炭工业公司等单位的主要领导参加会议。

5月18日 在全国煤炭爆破器材管理工作会议上，大雁矿务局被能源部评为"爆破器材管理特级矿务局"，第一煤矿被评为"爆破器材管理特级矿"，第二煤矿被评为"爆破器材管理一级矿"。

5月20日 自治区劳动人事厅、计划委员会、煤炭工业厅联合发文，要求在自治区直属煤矿和中央驻自治区境内统配煤矿招收农民轮换工时，应在自治区境内选择经济条件较差、劳动力富余的地区招收，确需从区外招收时，须经自治区劳动人事厅批准。全民所有制煤矿从农民轮换工中留一定比例的生产骨干转为城镇合同制工人，审批手续由有关部门批准。

6月1日 自治区党委书记王群、党委常委陈奎元，自治区副主席阿拉坦敖其尔考察乌达矿区。

6月5日 经自治区批准，包头矿务局、乌达矿务局、海勃湾矿务局按地厅级单位管理，局领导享受地厅级待遇。

6月15日 自治区煤炭工业厅对各

矿务局的安全监察员进行培训、整顿，并向第一批培训合格的208人核发了安全监察员资格证书。

7月12—14日 能源部煤矿改革现场会在大雁矿务局召开。能源部党组书记、部长黄毅诚，国务院经贸办秘书长王一平，能源部总工程师秦中一，中国统配煤矿总公司、东北内蒙古煤炭公司、华能精煤公司、华晋焦煤公司、中国地方煤矿公司的领导以及国务院有关部、委、办，能源部办公厅、各司、能源部所属各矿务局党委书记、局长400余人参加会议。

7月17日 自治区煤炭工业厅批复内蒙古自治区煤田地质综合经营公司（勘测队）更名为内蒙古自治区煤田地质基础工程公司。实行三年目标责任制管理。

7月20日 能源部部长黄毅诚一行到准格尔煤炭工业公司考察。公司经理宋瀚峰向黄毅诚汇报了准格尔黑岱沟露天煤矿项目一期工程建设情况。

8月6日 包头郊区国庆乡五当沟材米二沟煤矿发生瓦斯爆炸重大安全事故，死亡11人，直接经济损失14万元。

8月20日 自治区煤炭工业厅根据《国务院清理整顿个体采煤的通知》，从即日开始严格个体采矿的办矿审批条件，明确井田范围，要求办矿必须符合《乡镇煤矿安全规程》，凡违反《矿产资源法》的一律停止开采。

8月21日 扎赉诺尔矿务局铁北煤矿建成投产。该煤矿自1983年12月20日破土动工到正式投产，历时7年多，是自治区第一座现代化大型矿井，设计生产能力150万吨/年，安装了矿务局第一套综采设备（左下图）。

8月24日 能源部批准平庄矿务局晋升为国家二级先进企业。

9月4日 中华全国总工会副主席郑万通等到大雁矿务局考察调研。

9月15日 自治区主席布赫（下图右）、副主席周维德（下图左一）等考察东胜矿区。

9月23日 中共中央总书记江泽民在中央和内蒙古自治区有关人员的陪同下到伊敏矿区视察工作，并先后到露天矿735高地看望工人，询问生产情况，并听取矿区党政领导对煤电联营建设规划的汇报。

10月2日 自治区党委书记王群到准格尔煤炭工业公司考察。

10月19日 国家计委在北京组织召开准格尔项目建设协调会议。国务院机电设备进口审查办公室、国家能源投资公司、中国统配煤矿总公司、能源部、自治区政府有关负责人和准格尔煤炭工业公司领导参加会议。

11月9日 包头郊区国庆乡脑包沟村杂怀沟煤矿在生产过程中发生一起重大火灾事故，死亡15人，直接经济损失20万元。自治区主席布赫批示"一定要狠抓安全生产，杜绝恶性事故的发生，对责任者要严肃处理，以教育干部和群众"。

11月19日 以莫克辛为团长的苏联埃基巴斯电力局专家代表团一行5人，在能源部相关人员陪同下，到伊敏煤电公司进行为期6天的考察访问。

12月25日 扎赉诺尔矿务局设计生产能力为180万吨/年的灵泉矿三斜井改扩建工程通过国家验收，正式移交生产。该工程自1984年5月开始施工，时年原煤年生产能力45万吨。

1991年 根据国务院《关于立即整顿国营煤矿井田内各种小井的意见》和《国务院关于清理整顿个体采煤的通知》，伊克昭盟对乡镇煤矿的整顿采取"扩建一批、保留一批、联合一批、关闭一批"的政策，完成伊克昭盟西部小煤窑的清理整顿工作。

是年 全区煤炭产量4923万吨，百万吨死亡率5.769。

1992年

2月6日 自治区党委书记王群等一行7人到自治区煤炭工业厅机关给干部、职工拜年。

3月4日 自治区机构编制委员会批准内蒙古自治区煤田地质勘探公司更名为内蒙古自治区煤田地质局。

同日 自治区煤炭工业厅党委决定授予乌达矿务局五虎山煤矿综采二队等26个区队"1991年度六好区队"称号；授予在领导和组织创建六好区队活动中起到典型引路作用的海勃湾矿务局党委和海勃湾矿务局"创建六好区队活动先进单位"称号。

3月5日 乌达矿务局五虎山煤矿、海勃湾矿务局公乌素露天煤矿被中国统配煤矿总公司评为1991年度特级质量标准化矿井，海勃湾矿务局老石旦煤矿被评为一级质量标准化矿井。

3月16日 大雁矿务局矿建处被国家建设部评为"1991年度全国先进施工企业"。

同日 煤炭工业部原部长高扬文（下图前排左二）到大雁矿务局考察职工生活区。

5月3日 华能精煤公司、伊克昭盟行政公署《关于内蒙古东胜煤田开发经营公司移交问题的协议》签字仪式在东胜矿区举行。从1992年5月1日起，东胜煤田开发经营公司及所属单位全建制移交华能精煤公司，后补连煤矿移交伊克昭盟地方管理。

5月9日 国务委员、国家教委主任李铁映视察神府东胜矿区。

5月30日 在能源部和全国煤田地质工会开展的矿际竞赛评比中，平庄矿务局西露天煤矿被评为全国统配煤矿矿际竞赛先进矿。

6月6日 自治区党委书记王群，自治区党委副书记千奋勇和自治区人大常委会副主任布特格其、伊钧华等领导考察伊敏煤电公司。

7月1日 经自治区煤炭工业厅检查验收，包头矿务局救护队达到国家特级标准。救护队1991—1996年连续获得自治区煤炭工业厅授予的"一级标准化矿山救护队"称号。

7月4日 准煤公司举行黑岱沟露天煤矿剥离开工仪式（下图）。

7月8日 内蒙古自治区煤矿设计研究院编制完成《华能精煤公司东胜矿区补连区总体规划和布尔台区规划设计》（规划规模2040万吨/年）。

7月12—14日 以中央统战部副部长张声作为团长的中央"心连心"艺术团到伊敏煤电公司慰问演出。

7月22日 内蒙古煤炭进出口公司在呼和浩特市举行成立大会。该公司与"内蒙古煤炭供销总公司"一个机构两块牌子。自治区煤炭工业厅及有关领导出席挂牌仪式。

7月28日 自治区党委书记王群率自治区计委、农委、煤炭厅、财政厅及伊克昭盟的领导到准格尔煤炭工业公司考察。

8月12日 自治区煤炭工业厅召开西部三局运销系统贯彻落实《全民所有制工业企业转换经营机制条例》座谈会。会议就界定煤炭厅和矿务局两级煤炭运销职权，解放思想，增强商品观念和市场观念，使销售从企业和社会的经济效益出发，逐步使企业适应市场的要求进行深入讨论。

8月16—18日 国务院副总理朱镕基在自治区党委书记王群、自治区副主席云布龙的陪同下，视察神府东胜矿区。朱镕基指示，要将神府东胜矿区建设成为中国特大型能源战略后备基地，进行矿、路、电、港、航系统工程总体规划。

8月17日 自治区煤炭工业厅命名赤峰市宁城县四龙煤矿、伊克昭盟鄂托克旗棋盘井煤矿、呼伦贝尔盟满洲里市煤矿、呼伦贝尔盟额尔古纳右旗拉布达林煤矿为"1991年度省级质量标准化矿井"。

9月3日 霍林河矿务局举行庆祝霍林河一号露天煤矿二期工程移交投产大会（下图）。新矿投产后，矿区形成1000万吨生产规模，跻身特大型煤炭企业行列。能源部、自治区政府发电祝贺。

10月2日 包头矿务局阿刀亥矿被中国统配煤矿总公司评为全国煤炭企业10个扭亏增盈先进单位之一，获奖金50万元。

10月6日 自治区煤炭工业厅召开1992年第七次厅长办公会，落实中国统配煤矿总公司关于限产压库传真电报的指示精神，抓好内蒙古煤炭大中型企业的限产压库工作。会议决定：限产压库可采取分矿、分期停产限产的方式，要求各矿务局年底库存量下降到15天以下的产量。建议乌达矿务局五虎山矿停产压库，海勃湾矿务局老石旦矿停产压库，包头矿务局除阿刀亥矿正常生产外其余全部停产压库。

11月6日 自治区党委书记王群到乌达矿务局考察工作。

11月14日 伊敏煤电公司一露天矿

破碎站移交投产典礼在第一露天煤矿破碎站现场举行。这个破碎站是伊敏煤电工程配套项目之一。全套设备从英国引进，破碎能力每小时1800吨，总投资1000万元。

12月7日 扎赉诺尔矿务局灵泉矿在含水层下开采二槽二左二片工作面一次性试验成功，成为东北内蒙古煤炭工业联合公司首家采用此方法开采成功的矿井，并为含水层下开采找到一条有效途径。

是年 全区煤炭产量5039万吨，百万吨死亡率4.247。

1993年

1月1日 包头矿务局星鹿压铸件厂的混合稀土铝合金压铸开发项目被自治区科委批准列为1993年火炬计划。

同日 包头矿务局阿刀亥矿告别30多年的炮采历史，成功完成"滑移支架配短臂机组放顶煤采煤工艺研究"的课题，实现减人增产、高产高效的目的，由过去炮采月产1.6万吨，提高到机采月产3万吨。

2月20日 乌达矿务局五虎山煤矿被中国统配煤矿总公司评为1992年度特级质量标准化矿井，海勃湾矿务局露天矿被评为一级质量标准化矿井，包头矿务局阿刀亥矿、海勃湾矿务局公乌素露天煤矿被评为二级质量标准化矿井。

2月25日 扎赉诺尔矿务局多种经营公司制定出台《扎赉诺尔矿务局多种经营系统的集体所有制职工调整工资方案》《关于集体所有制职工实行工龄津贴制度的通知》《扎赉诺尔矿务局集体所有制工人退休、退职暂行办法》《关于办理知识分子生活补贴及书报费的通知》等5个有关集体职工利益的方案。

3月2日 扎赉诺尔矿务局、大雁矿务局、平庄矿务局被东北内蒙古煤炭联合公司评为1992年度特级质量标准化矿务局，霍林河矿务局被评为标准化矿务局；平庄矿务局五家矿、古山矿、西露天矿，扎赉诺尔矿务局灵北矿，大雁矿务局一矿、二矿，霍林河矿务局南露天矿被评为特优级质量标准化矿井；平庄矿务局元宝山矿、红庙矿、风水沟矿，扎赉诺尔矿务局西山矿、灵泉矿、灵泉露天矿，大雁矿务局露天矿被评为特级质量标准化矿井。

3月4日 能源部部长黄毅诚（下图左三）考察大雁矿务局。

3月23日 扎赉诺尔矿务局第一张由计算机绘制的"铁北矿采掘工作面平面图"问世，填补了扎赉诺尔矿务局计算机地质绘图技术上的空白。

3月26日 内蒙古自治区煤矿设计研究院与沈阳煤炭设计研究院合作编制完成《胜利露天矿区一号露天预可行性研究报告》（规模1000万吨/年）。

5月4日 全国人大财经委员会副主任委员黄毅诚考察东胜矿区。

5月10日 自治区政府任命高守尧为内蒙古自治区煤炭工业厅厅长。

5月21日 阿拉善盟古拉本地区煤炭联合公司古拉本二号矿井通过验收，移交生产。该矿井设计生产能力为30万吨/年，是阿拉善盟第一座现代化矿井。

6月2日 电力部《关于伊敏煤电公司加入电力集团的批复》同意伊敏煤电

公司加入中国东北电力集团，为独立核算、自主经营、自负盈亏企业，并将呼伦贝尔盟地区电网纳入东北电网的总体规划。

6月11—14日 煤炭工业部副部长范维唐考察宝日希勒煤矿一矿、伊敏煤电公司、扎赉诺尔矿务局。

6月18—20日 煤炭工业部部长王森浩（下图左二）先后考察神东矿区及包头矿务局长汉沟矿、五当沟矿和河滩沟矿。

7月2日 平庄矿务局元宝山露天矿剥离工程测量数据库及图形绘制软件编制、矿技术经济效益预测研究两个项目被东北内蒙古煤炭联合公司立为科研项目。

7月13—17日 国务院副总理邹家华在交通部部长黄镇东、煤炭工业部副部长张宝明、电力部副部长查克明、自治区党委书记王群、自治区主席乌力吉等人陪同下，到伊敏煤电公司、扎赉诺尔矿务局和准格尔煤炭工业公司考察。

7月18日 建设部批准内蒙古自治区煤矿设计研究院煤炭行业设计为甲级资质（矿井、露天、选煤厂），批准内蒙古自治区煤矿设计研究院工程承包公司为甲级资质单位。为自治区煤炭行业首家获得甲级资质的设计单位。

7月21日 伊敏煤电公司举行一期工程开工典礼。国务院有关部委、华能集团、中国电力联合会、东北电力集团以及自治区政府、呼伦贝尔盟公署的领导参加了典礼。

7月22日 自治区主席乌力吉在《对乌达、海勃湾矿务局矿工生活状况调查材料》上批示："根据这次韩杼滨部长意见，尽快与铁路商量，多运些煤，并在其他方面多想办法，解决职工生活问题。望你们拿出一个意见，并加以落实。"

8月1日 中国统配煤矿总公司撤销，内蒙古自治区煤炭工业厅不再加挂"中国统配煤矿总公司内蒙古公司"的牌子。

8月9日 全国人大教科文卫委员会顾问胡克实考察伊敏煤电公司，并应邀为伊敏煤电一期工程开工题词："煤电合一创新路、坚持改革必成功。"

8月26—27日 国务院副总理朱镕基先后到伊敏煤电公司、准格尔煤炭工业公司黑岱沟露天煤矿现场、设备组装厂、选煤厂视察。

本月 煤炭工业部企业管理委员会召开表彰大会，乌达矿务局黄白茨煤矿、包头矿务局阿刀亥煤矿、大雁矿务局第一煤矿、大雁矿务局第二煤矿、平庄矿务局古山煤矿被煤炭工业部授予"全国煤炭工业现场管理先进单位"称号。

10月10日 自治区党委副书记、政协主席千奋勇（下图中）到准格尔煤炭公司考察。

10月15日 国务院批复煤炭工业部

等单位，同意已参加地方养老保险统筹的改由主管部门和单位统筹。内蒙古13户国有重点煤炭企业参加自治区煤炭行业养老保险统筹。

10月24日 在全国总工会第十二次代表大会上，大雁矿务局工会、平庄矿务局工会、扎赉诺尔矿务局供电部列车发电厂工会被授予"全国模范职工之家"称号。

11月3日 扎赉诺尔矿务局工会被煤炭工业部、全国煤矿工会授予"先进工会"称号。

11月4日 大雁矿务局被自治区政府命名为"民族团结进步先进集体"。

12月5日 青海省大通矿务局安监局局长宋万玲一行4人，代表中国地方煤矿总公司对自治区国有地方煤矿通风质量达标矿井进行检查验收。宁城县四龙煤矿、巴林右旗塔布花煤矿、满洲里市煤矿、赤峰市大风水沟煤矿、伊克昭盟棋盘井煤矿达到"甲级通风质量标准"。

12月8日 呼伦贝尔盟额尔古纳旗拉布达林煤矿在撤除工作面支柱放顶时，发生重大中毒事故，造成16人死亡，直接经济损失24万元。该矿井"甲级通风和质量标准化矿井"的命名被取消。

12月11日 伊敏煤电公司被国家环保局评为"1992年度全国环境保护先进企业"。呼伦贝尔盟城市建设环境保护委员会、盟建设局受国家环保局委托，为伊敏煤电公司颁发证书和奖牌。

12月12日 国务委员、国家科委主任宋健在自治区副主席刘作会等领导的陪同下，考察神府东胜矿区。

12月20日 经自治区计划委员会批准，伊克昭盟煤炭集团公司规划建设年产120万吨出口煤基地——纳林庙煤矿一号井开工建设。

是年 全区煤炭产量5514万吨，百万吨死亡率4.824。

1994年

3月1日 国务院印发《关于撤销中国东北内蒙古煤炭集团暨中国东北内蒙古煤炭集团公司的通知》，大雁矿务局、扎赉诺尔矿务局、平庄矿务局、霍林河矿务局划归内蒙古煤炭工业管理局管理。

3月21日 包头矿务局河滩沟煤矿西一采区东翼1020—1070采煤工作面采空区内发生瓦斯爆炸事故，因一氧化碳中毒死亡10人、伤26人，直接经济损失49260元。

4月14日 美国阿克公司杰利等4名专家，就马家塔和武家塔露天矿设计方案到内蒙古自治区煤矿设计研究院进行学术交流。

5月5日 国家重点工业性项目"平庄褐煤固体热载体新技术工业性试验"通过国家计委委托国家教育委员会和煤炭工业部鉴定验收。

5月16日 自治区机构编制委员会印发内机编发〔1994〕38号文件，批准内蒙古自治区煤田地质局级别升格为相当副厅级事业单位，核定副厅级领导职数2名。

6月9—11日 自治区政府在呼和浩特市召开全区地方煤矿工作会议。自治区各盟市、重点产煤旗县领导，各有关厅局、国有重点煤炭企业负责人共120人参加会议。自治区人大常委会副主任刘作会、自治区政协副主席袁明犟出席开幕式。自治区副主席张廷武作报告。煤炭工业部副部长濮洪九出席会议并讲话。自治区副主席沈淑济作会议总结。会议期间，还举行《内蒙古自治区人民政府、煤炭工业部关于改变内蒙古煤炭管理体制的商谈纪要》签字仪式和内蒙古煤炭工业管理局、内蒙古自治区煤炭工业局挂牌仪式。

6月13日 自治区政府印发《内蒙古自治区人民政府、煤炭工业部关于改变内蒙古煤炭管理体制的商谈纪要》。内蒙古自治区煤炭工业厅改为内蒙古自治区煤炭工业局，与煤炭工业部内蒙古煤炭工业管理局为一套机构、两块牌子，共同管理，以煤炭工业部为主。内蒙古煤炭工业管理局为煤炭工业部派出机构，内蒙古自治区煤炭工业局为自治区政府主管煤炭行业的职能部门。

6月15日 煤炭工业部副部长濮洪九在自治区副主席沈淑济、内蒙古煤炭工业管理局局长高守尧等人的陪同下先后到乌达、海勃湾、包头矿务局和阿拉善盟古拉本矿区考察。

6月24日 煤炭工业部《关于内蒙古煤炭工业管理局职能配置、内设机构和人员编制方案》核定局机关行政编制120名（其中煤炭工业部核定编制90名，内蒙古自治区核定编制30名），内设机构13个；下设机关后勤中心，编制20名；离退休干部办公室，编制10名（行政单列编制）；社会保险机构，编制8名。

7月5日 全国政协常委、自治区人大常委会原主任巴图巴根到伊敏煤电公司调研。

7月12—15日 平庄矿务局西露天矿区连续降雨（降雨量达144毫米，其中12—13日25个小时连续降雨112毫米），西露天煤矿生产中断，遭受建矿以来最严重的灾害。采剥场煤沟汇入洪水量27.6万立方米，防洪泵房被淹没。场地大面积滑坡，滑落量59.9万立方米，滑坡总长805米。滑坡使铁道线路弯曲悬空，电柱、信号柱倾倒，电铲、电车被困。直接、间接经济损失合计1092.25万元。

8月29日 伊克昭盟杭锦旗格更召煤矿南大巷发生重大透水事故，死亡24人，直接经济损失100万元。

9月13日 内蒙古自治区煤矿设计研究院举办恢复建院20周年庆典，原煤炭工业部副部长徐达本、自治区党委副书记云布龙等领导出席，有400余人到院祝贺。

9月15日 煤炭工业部企业管理委员会在抚顺召开表彰大会，大雁矿务局被评选为中国煤炭工业优秀企业，包头矿务局阿刀亥煤矿、大雁矿务局第一煤矿入选首批"全国煤炭工业现场管理最佳企业"，霍林河矿务局南露天煤矿、海勃湾矿务局露天煤矿入选第二批"全国煤炭工业现场管理先进单位"。

11月29日 煤炭工业部副部长韩英一行在内蒙古煤炭工业管理局副局长包海等人的陪同下考察了海勃湾矿务局的4矿1厂，听取了海勃湾矿务局局领导的工作汇报，并作指示。

12月20日 经国家计委批准，大雁矿务局第三煤矿建设项目开工建设。

是年 全区煤炭产量6052万吨，百万吨死亡率6.229。

1995年

1月8日 自治区副主席王凤岐、煤炭工业部财劳司司长朱登山、内蒙古煤炭工业管理局副局长臧海民、包头市副市长赵双连等领导到包头矿务局慰问特困职工，并送去慰问金40万元。

1月14日 在全国煤炭工业劳动模范、先进集体表彰会议上，宝日希勒一矿水暖二队队长朱道强，大雁矿务局局长何福林、矿建处职工张培朋、二矿职工王玉臣，准格尔煤炭公司黑岱沟煤矿副矿长白彦芳，伊敏煤电公司田世明，扎赉诺尔矿务局刘洪君、毛胜利，乌达矿务局张福生等12人受到煤炭工业部表彰奖励。

1月18日 平庄矿务局矿区文化宫被中华全国总工会评为"职工文化先进集体"，古山煤矿工会文化馆馆长孙凯被全国总工会评为"职工文化先进工作者"。

3月11日 煤炭工业部同意成立内蒙古煤炭工业社会保险中心，按内蒙古自治区政府批准的内蒙古煤炭社保局名称对外联系工作。中心为内蒙古煤炭工业管理局直属事业单位（县团级），编制8人。

3月20日 扎赉诺尔矿务局铁北矿、灵北矿被煤炭工业部命名为"部级质量标准化矿井"。

4月29日 伊敏煤电公司总经理李顺，伊克昭盟煤炭集团公司党委书记、总经理张双旺，乌达矿务局黄白茨矿采掘工张二毛，平庄矿务局工人牛玉铭荣获"全国劳动模范"称号。

6月3—8日 煤炭工业部副部长王显政一行7人到乌达矿务局、包头矿务局进行工作调研和考察。

6月28日 自治区党委书记刘明祖，自治区主席乌力吉到伊敏煤电公司考察工作。

6月29日 内蒙古煤炭工业管理局印发《关于认真做好全区煤炭工业第三次普查工作的通知》，并成立工业普查领导小组及办事机构，开展全区煤炭工业第三次普查工作。

7月1日 中共中央政治局常委宋平视察神东矿区。

7月27日 伊敏煤电公司露天矿完成煤炭月产量534592吨，提前4天超额完成全月生产任务，并创建矿以来日产31458吨的最高纪录。

同日 煤炭工业部副部长濮洪九（右上图右二）到扎赉诺尔矿务局调研。

8月16日 电力部决定对伊敏煤电公司进行公司化改造，由华能集团控股51%，东北电力集团控股49%。伊敏煤电公司改称为伊敏华能东电煤电有限责任公司。

8月25日 内蒙古煤炭工业管理局根据煤炭工业部《关于省级煤炭管理机构设置安全监察局的通知》要求，决定内蒙古煤炭工业管理局设安全监察局（副局级），原安全监察处同时撤销。

8月31日 自治区科委组织内蒙古及兰州沙漠研究所有关院、所、校专家，对东胜精煤公司矿区风沙危害与水土流失综合治理试验研究课题进行技术鉴定，认为该项研究在矿区环境治理中有所建树，其中露天开采复垦方面取得新的突破，达到国内同类矿区领先水平。

9月20日 大雁矿务局第一煤矿获"中国煤炭工业企业管理优秀奖"，大雁矿务局第二煤矿入选第二批"全国煤炭工业现场管理最佳企业"，大雁矿务局矿建工程处、建筑安装工程公司入选第三批"全国煤炭工业现场管理先进单位"。

10月12日 自治区党委书记刘明祖，自治区主席乌力吉、副主席沈淑济会见与准格尔煤炭公司合作的黑岱沟露天煤矿二期工程项目澳大利亚BHP公司负责人。

10月25日 煤炭工业部副部长张宝明带领煤炭工业部有关司局、国家开发银行、电力规划总院负责人到准格尔煤炭公司现场办公。自治区副主席沈淑济以及自治区有关厅局的负责人参加现场办公会。

10月30日 煤炭工业部副部长张宝明在中国煤田地质总局局长张群生陪同下，到内蒙古自治区煤田地质局117勘探队调研指导工作。

10月31日 内蒙古自治区煤田地质局完成《内蒙古自治区煤炭资源预测与评价》（第三次煤田预测），预测煤炭资源量1.25万亿吨。

11月1日 煤炭工业部批准内蒙古煤矿设计研究院为内蒙古煤炭系统计算机等级培训基地。

11月10日 煤炭工业部副部长张宝明及有关部门负责人到东胜矿区考察。

12月31日 煤炭工业部副部长范维唐到乌达矿务局和海勃湾矿务局慰问困难职工，勉励他们克服困难，共渡难关。

1995年 国务院将华能精煤公司从华能集团独立出来，成立神华集团有限责任公司，为中央直属企业。东胜煤田开发经营公司划归神华集团管理，从事神府东胜煤田内国有煤矿的开发建设及其所属煤矿的管理等工作。

是年 全区煤炭产量7055万吨，百万吨死亡率5.301。

1996年

1月12日 大雁矿务局被煤炭工业部评为1995年度"科技进步十佳企业"。

1月18日 伊克昭盟煤炭集团公司与内蒙古如意公司联合创建的"西蒙煤炭有限公司"成立大会在呼和浩特市召开。自治区党委书记刘明祖、党委秘书长韩茂华到会祝贺并为公司首列运煤专列开出剪彩。

同日 刘明祖一行到包头矿务局考察工作，并到居民区看望生活困难的职工和居民。

1月29—31日 煤炭工业部党组成员范维唐率领煤炭工业部"送温暖慰问组"一行11人，先后到包头、大雁、扎赉诺尔、伊敏、霍林河等矿务局和宝日希勒一矿调研，并送去煤炭工业部拨给各矿务局的困难补助款。

3月18日 内蒙古煤炭工业管理局批复内蒙古煤田地质局成立内蒙古自治区煤田地质工程总公司。

4月10日 平庄矿务局被煤炭工业部命名为1995年度"国有重点煤矿部级质量标准化矿务局"。

5月3日 包头地区发生6.4级地震，给包头矿务局带来直接、间接经济损失约300多万元。为了帮助包头矿务局渡过难关，煤炭工业部筹措资金120万元、企业自筹资金130万元，将这些资金全部分发到包头矿务局所属各单位用于救灾恢复生产。

5月18日 扎赉诺尔矿务局运达碳黑厂生产的碳黑产品在第七届中国国际新技术名优产品博览会上荣获金奖。

5月21日 内蒙古煤炭工业管理局在平庄矿务局组织召开自治区煤炭基本建设工作会议。会议传达贯彻全国煤炭基本建设工作会议精神，总结自治区"八五"期间煤炭基建工作，部署1996年工作，学习推广淮南新集煤矿建设的经验，研究探讨自治区煤炭建设如何进一步深化改革，实现经济体制和经济增长方式两个根本性转变等议题。

5月30日 平庄矿务局元宝山露天矿第一套连续工艺系统第二次联合重负荷性能实验结束。实验总运行时间44.53小时，总运量94899.3立方米，生产能力超过规定的29%。

6月10日 内蒙古煤炭工业管理局

批准乌达矿务局、包头矿务局、海勃湾矿务局分别投资 2515 万元、2145 万元、2395 万元，购买自备车皮 150 节。批准大雁矿务局投资 600 万元建设农副产品加工厂可行性研究报告。

6月14日 自治区政府在乌海市召开解决突出环境问题现场办公会，主要是清理整顿乌海、伊克昭盟两地的小煤矿、小土焦、小洗煤。

6月18日 内蒙古煤炭工业管理局在大雁矿务局召开全区煤炭生产工作会议，总结交流"八五"期间煤炭生产工作经验，落实全国煤炭生产工作会议精神；研究进一步转变经济增长方式，提高经济增长质量的思路和意见；表彰 1995 年质量标准化达标单位；并现场参观大雁矿务局质量标准化矿井。

6月28日 中共中央组织部授予伊克昭盟煤炭集团公司党委"全国先进基层党组织"荣誉称号，总经理张双旺被授予"内蒙古自治区优秀共产党员"称号。

7月1日 平庄矿务局开始实行全员劳动合同制，企业与工龄满 10 年以上的原固定职工协商签订无固定期限劳动合同，与工龄不满 10 年的原固定职工协商签订固定期限劳动合同。全局 21468 名职工在劳动合同书上签字。

7月10日 伊敏华能东电煤电有限责任公司集会庆祝伊敏煤电公司成立 20 周年。全国人大财经委员会副主任黄毅诚，华能集团公司董事长郎成伟，副董事长王鉴三、于新阳，东电集团公司副总经理刘乃福等领导参加会议并讲话。电力部、自治区政府、东北电力管理局发来贺电。

7月12日 全国人大常委会委员、全国人大财经委员会副主任、原能源部部长黄毅诚，全国人大常委会委员、财政部原常务副部长迟海滨到扎赉诺尔矿务局考察。

8月4日 第三十届国际地质大会在北京召开。内蒙古自治区煤田地质局组织的准格尔—东胜野外地质旅行路线（T306）被大会确定为会后旅行路线之一，系全国煤炭系统唯一的一条考察线路。

8月10日 自治区党委书记刘明祖（下图中）考察霍林河矿区。

8月15—20日 内蒙古煤田地质局接待 11 名国外地质专家，开展对鄂尔多斯大型多纪煤田含煤岩系沉积剖面的考察。

8月21日 内蒙古煤炭工业管理局召开全区国有重点煤矿负责人座谈会。自治区副主席沈淑济出席并作指示：一是正确认识煤矿遇到的困难，增强扭亏增盈的信心；二是积极采取措施，促进煤炭经营向好的方面转化；三是提高认识，转变观念，实现"两个转变"。

8月28日 1990 年 7 月 17 日开工建设的大（同）准（格尔）铁路铺轨全线贯通。这是准能公司运煤专用铁路，为 I 级干线单线电气化铁路，位于内蒙古中南部和山西省大同市境内。

9月23日 神华东胜精煤有限责任公司举行成立大会。神华集团公司副董事长、总经理韩英，副总经理蔡德明出席庆典。

9月27日 准格尔煤炭公司在黑岱沟露天煤矿举行黑岱沟露天煤矿暨选煤厂投入试生产庆祝大会和剪彩仪式。

10月17日 煤炭工业部副部长王显政到平庄矿务局考察指导工作，对平庄矿务局质量标准化工作提出具体意见。

11月29日 煤炭工业部副部长范维唐、自治区主席助理于再清、内蒙古煤炭工业管理局局长高守尧看望包头矿务局特困职工，并送去慰问金120万元。

12月1日 《扎赉诺尔矿务局全员劳动合同制实施办法》正式实施。扎赉诺尔矿务局固定职工全部转变为合同制员工。

12月28日 内蒙古煤炭工业管理局聘任全区第一批煤炭工业安全监察员835名。

是年 全区煤炭产量7317万吨，百万吨死亡率4.442。

1997年

1月4日 平庄矿务局"双文明建设一体化"工程被煤炭工业部政研会立项研究。

1月14日 以全国总工会书记处书记李永安为团长的全国总工会检查慰问团一行4人到乌海市慰问困难职工。检查慰问团在乌海市市委书记、市长巴特尔的陪同下，到乌达矿务局五虎山煤矿的3户困难职工家中进行慰问，并送去慰问金。

1月24日 煤炭工业部副部长王显政到准格尔煤炭公司考察工作。

2月15日 自治区主席乌力吉（右上图右二）到霍林河矿区调研。

3月25日 伊敏煤电公司露天煤矿被煤炭工业部命名为部级高产高效煤矿。

5月13日 内蒙古煤炭工业管理局在内蒙古煤矿安全培训中心举办第一期煤炭行政执法人员培训班。

5月19日 17时40分，乌海市巴音陶亥乡滴沥邦乌苏区通达煤矿发生特别重大瓦斯爆炸事故，死亡30人，其中1人下落不明，直接经济损失165万元。21日，煤炭工业部、劳动部、农业部和自治区有关部门负责人赴乌海市，帮助抢险并开展事故调查。

5月28日 俄罗斯联邦布利亚特共和国总统经济顾问布兰顿·欧到扎赉诺尔矿务局考察。

6月28日 大（同）准（格尔）铁路电气化工程全线开通，结束自治区境内没有电气化铁路的历史。

7月22日 参加自治区成立50周年庆典的中央代表团西部分团，在全国政协副主席万国权的率领下，抵达准格尔煤炭公司进行慰问，并会见准格尔煤炭公司领导及劳模代表。

7月25日 中共中央政治局委员、国务院副总理邹家华，国务委员兼国务院秘书长罗干到平庄矿务局元宝山露天矿考察。

同日 伊敏煤电公司被自治区党委、政府授予"自治区民族团结进步先进集体"。这是该公司连续第4次获此殊荣。

同日 大雁矿务局劳动争议委员会被全国总工会评为"先进劳动争议委员会"。

8月8日 伊煤B股在上海证券交易

所上市，总发行流通股数为16600万股，伊克昭盟煤炭集团公司募集资金5.62亿元。

9月2日 准格尔煤炭工业公司更名为准格尔煤电（集团）有限责任公司，为隶属于煤炭工业部的国有独资企业。

9月7—14日 全国人大环境与资源保护委员会主任委员曲格平到神东矿区考察。

9月8日 内蒙古煤炭工业管理局印发《内蒙古自治区颁发煤炭生产许可证规划》。

9月27日 伊克昭盟煤炭集团公司用募集资金购买的550节自备车上线运营。至此，自备车总数达到1871节，成为自治区拥有自备车最多的地方煤炭企业。

10月6日 为贯彻落实中共十五大精神，加快煤炭企业改革步伐，内蒙古煤炭工业管理局成立"企业改革研究办公室"。

12月3日 由内蒙古煤炭工业局牵头，乌海市煤炭局、阿拉善盟煤炭局、乌达矿务局联合对地处五虎山煤矿井田范围内的奇里格沟几家"钉子户"小煤矿进行强制封闭。行动中，共出动铲车2辆、卡车9辆、警员多人，强制扣押了绞车、原煤，并毁闭部分绞车房。

12月26日 自治区党委书记刘明祖率党政慰问团到乌达矿务局慰问职工。

12月30日 霍林河矿务局露天矿与中国矿业大学联合研制开发的煤泥洁净新技术项目，获自治区政府1997年度"科技进步二等奖"。

1997年 伊克昭盟东胜市被列为全国100个重点产煤县（旗、县级市）之一。

是年 全区煤炭产量7909万吨，百万吨死亡率4.615。

1998年

1月4日 中国煤田地质总局党委副书记王辰奎专程到内蒙古自治区煤田地质局走访和慰问特困职工及生产一线干部工人，中国煤田地质总局拨给内蒙古自治区煤田地质局"送温暖"慰问金15万元。

1月12—14日 煤炭工业部总工程师尚海涛率春节慰问团一行17人，到包头矿务局慰问矿工，并发放80万元慰问金。慰问团赴乌达矿务局慰问，并发放慰问款80万元。

1月 历经4年的艰难灭火，内蒙古太西煤集团股份有限公司兴泰煤矿有效控制了火区、火点，恢复了生产。

2月13日 伊敏煤电公司运销处小屯煤场带班班长孙久忠为保护国家财产，与偷煤歹徒搏斗，以身殉职。15日，伊敏煤电公司为孙久忠召开追悼大会。

3月3日 在煤炭工业部、共青团中央联合召开的煤炭系统青年岗位能手和优秀组织奖单位命名表彰大会上，神东精煤公司马家塔矿白福海，平庄矿务局古山煤矿一井机电队技术员牛岗被授予"全国煤炭系统青年岗位能手"荣誉称号；平庄矿务局、神府精煤公司荣获"全国煤炭系统争当青年岗位能手活动优秀组织"奖。

3月9日 扎赉诺尔矿区总体设计通过国家计委终审。

3月30日 内蒙古自治区煤田地质局、中国煤田地质总局水文局和西安航测遥感局共同完成《锡林浩特胜利露天矿区供水水文地质普查报告》。该报告当年获中国煤田地质总局科技进步二等奖。

4月3日 自治区党委书记刘明祖率有关厅局领导到准格尔煤电集团公司考察指导工作。

5月3日 自治区常务副主席周德

海、副主席沈淑济赴北京向国家经贸委、国家煤炭工业局领导汇报煤炭企业改制问题，并与神华集团公司领导商谈有关西三局移交代管问题。

5月20日 自治区政府向国务院上报《内蒙古自治区人民政府关于内蒙古西部国有煤炭企业资产交由神华集团统一运营的请示》。

同日 乌海市海勃湾区黄河工贸（集团）公司煤矿发生洪水溃坝灌入井下事故，造成井下12人死亡、2人受伤的重大事故，直接经济损失180万元。

6月3日 自治区主席云布龙、副主席沈淑济在内蒙古煤炭工业管理局副局长曹安雅陪同下赴北京向国务院副总理吴邦国汇报煤炭体制改革问题。

6月10日 自治区党委书记刘明祖，自治区主席云布龙、副主席沈淑济，在呼和浩特市同神华集团公司董事长叶青座谈包头矿务局、乌达矿务局、海勃湾矿务局交由神华集团公司经营管理事项。

6月11日 内蒙古太西煤集团股份有限公司与中国煤炭工业进出口集团公司签订《备忘录》：同意内蒙古太西煤集团股份有限公司出口计划单列，时间从本月初开始执行。

7月2日 根据国务院《关于改革国有重点煤矿管理体制有关问题的通知》，自本月起，将原煤炭工业部直属和直接管理的94户国有重点煤矿，以及原随煤矿一起上收的，为煤矿服务的地质勘探、煤矿设计、基建施工、机械制造、科研教育等企业单位，下放地方管理。内蒙古地区8个统配煤矿均交自治区管理。

7月10日 自治区副主席沈淑济主持召开自治区煤炭体制改革协调领导会议。内蒙古煤炭工业管理局局长高守尧汇报下放国有重点煤矿管理权问题。

7月11日 伊敏煤电公司被国家民委命名为民族团结进步模范集体。

7月28日 自治区政府在呼和浩特市召开汇报会，向到自治区视察工作的国务院总理朱镕基汇报，会议同意将西三局移交神华集团公司统一运营管理。

8月8日 霍林河地区突发百年不遇特大洪水，矿井被淹，运煤铁路被冲垮，霍煤人众志成城奋力抗洪，积极开展生产自救（下图为抗洪现场）。

8月10—12日 呼伦贝尔盟扎赉诺尔地区持续强降雨，形成百年未遇的洪灾，造成扎赉诺尔矿务局全面停产。洪水淹没西山矿北斜井，1402户房屋受灾，造成直接经济损失19300万元，受灾人数4521人。

8月15—20日 内蒙古煤炭工业管理局局长高守尧陪同国家煤炭工业局行业管理司司长梁嘉琨赴扎赉诺尔矿务局察看灾情，慰问受灾群众。

8月22日 神华神府东胜煤炭有限责任公司成立大会暨挂牌仪式在矿区文体中心举行（下图）。

8月24日 煤炭工业地勘单位实行属地化管理,内蒙古自治区煤田地质局划归内蒙古煤炭工业管理局管理。

8月25日 国家经贸委、国家煤炭工业局与神华集团公司就相关重点煤炭企业接管等有关问题达成协议,形成会议纪要,纪要明确:包头矿务局、乌达矿务局、海勃湾矿务局、准格尔煤电公司、万利煤业公司划归神华集团公司经营管理。26日,国家煤炭工业局副局长王君、神华集团公司副总经理雷景良代表双方在交接仪式上签字。

8月29日 国务院副秘书长石秀诗在呼和浩特市主持会议。国家煤炭工业局局长张宝明、神华集团公司董事长叶青、自治区副主席沈淑济、内蒙古煤炭工业管理局局长高守尧等参加会议。会议落实内蒙古西三局(包头矿务局、乌达矿务局、海勃湾矿务局)、准格尔煤电公司、万利煤业公司交由神华集团公司统一管理事宜。

9月7日 内蒙古太西煤集团股份有限公司的"兰山"牌太西无烟煤被自治区政府命名为内蒙古自治区名牌产品。

9月9日 国家煤炭工业局党组成员、副局长王显政到扎赉诺尔矿务局慰问受灾职工,并代表国家煤炭工业局送慰问金150万元。

9月14日 海勃湾矿务局因拖欠职工工资,各矿退休人员、下岗职工、职工病亡遗属和在职职工近1000人,打着横幅,先在矿务局办公楼门前静坐,堵塞道路交通,后到包(头)兰(州)铁路上静坐,阻断铁路正常运输近3个小时,影响极大。事件在乌海市党委、政府、政法委、公安局和海勃湾矿务局各级领导、信访工作人员的协调下得以化解。

10月11日 国家煤炭工业局副局长王显政到准格尔煤电公司检查工作,对公司组建以来实施"四个统一,两个强化"的管理措施、治理整顿小井生产、保护国家资源、变资源优势为经济优势、实现扭亏增盈等工作,给予充分肯定和表扬。

10月14日 自治区分管煤炭工业副主席召集会议,研究落实国务院总理朱镕基、副总理吴邦国《关于对内蒙古自治区关闭小煤矿问题》的批示精神。

11月8日 准(格尔)东(胜)铁路有限责任公司举行准东铁路(一期)开工庆典。该铁路由伊克昭盟煤炭集团公司发起并控股、内蒙古创业集团公司参股建设。在伊克昭盟行政公署和自治区政府及有关部门的支持下,争取到科威特政府3000万美元贷款以及国家财改预算专项资金1.2亿元、建设银行贷款1.5亿元。

11月22日 伊克昭盟新庙通达煤矿井下火药库发生重大爆炸事故,死亡16人,重伤2人,轻伤7人,直接经济损失120万元。

11月23日 自治区政府决定,平庄矿务局划归自治区煤炭工业管理局管理,霍林河矿务局下放哲里木盟管理。

12月5日 自治区政府组织内蒙古煤炭工业管理局,自治区财政厅、劳动厅和哲里木盟行政公署领导研究霍林河矿务局划归哲里木盟管理的有关事宜。并就霍林河矿务局划转后的企业性质、政策落实、干部管理和改革方向、资产划转等形成会议纪要。

12月9日 中国煤田地质总局局长张世奎一行5人到内蒙古自治区煤田地质局指导和协调地勘单位属地化管理工作。

12月11日 自治区政府印发《关于组建呼伦贝尔煤业集团公司的通知》,撤销大雁矿务局、扎赉诺尔矿务局建制,以原大雁、扎赉诺尔矿务局和宝日希勒煤炭集团公司为主体,组建呼伦贝尔煤业集团公司。

12月26日 呼伦贝尔煤业集团公司举行关井压产现场会，关闭3对（6眼）小井。

同日 自治区党委书记刘明祖，自治区党委常委、纪委书记、总工会主席尤仁，自治区副主席沈淑济以及自治区党委秘书长任亚平，民政厅副厅长达喜道尔基，计划委员会助理巡视员王克山，内蒙古煤炭工业管理局副局长曹安雅等组成的内蒙古党政慰问团到扎赉诺尔矿务局，给部分职工发放慰问金。

12月30日 内蒙古自治区煤田地质局153勘探队在锡林郭勒盟乌兰图嘎煤伴生锗详查项目勘查中，探明煤中锗伴生资源量达1626吨，是国内罕见的特大型伴生矿。

1998年 万利一矿整体移交神华集团，隶属于万利煤炭分公司。

是年 全区煤炭产量7614万吨，百万吨死亡率5.109。

1999 年

1月22日 由国家工商局副局长韩新民为组长，国家煤炭工业局、国家经贸委等部委相关人员组成的煤炭行业关井压产西部检查组一行9人抵达乌海市检查指导工作。24日，督查组向自治区政府通报检查情况。

2月26日 海勃湾矿务局煤矸石综合利用工程——乌海市瑞德化工厂投入试生产。该项工程总投资1900万元，年产冰晶石3000吨、泡花碱6000吨、白炭黑1200吨，年产值可达2700万元，利润450万元，可安置下岗职工300名。

3月24日至4月6日 内蒙古煤炭工业管理局组织由自治区经贸委、财政厅、物价局组成的调研组，走访扎赉诺尔等六大国有重点煤矿和几十处地方国有、乡镇个体煤矿以及12个燃煤电厂，对内蒙古东部区域煤炭产销情况进行调研。

3月24日 自治区政府召开全区煤炭行业关井压产电视电话会议。会议决定全年关闭880处矿井，压产831万吨，原煤总量控制目标3983万吨；颁发煤炭经营资格证的企业控制在745户以内，其中经铁路运销的经营企业181户，非经铁路运销的经营企业564户，取缔非法经营煤炭的企业和个体6800户。

3月25日 自治区政府召开第六次常务会议，讨论通过《内蒙古自治区煤炭管理暂行规定》。4月14日，自治区政府印发《内蒙古自治区煤炭管理暂行规定》。

4月6日 呼伦贝尔盟鄂伦春旗库勒奇兴安煤矿井下东巷掘进工作面，由于工人在井下吸烟，引发重大瓦斯爆炸事故，死亡11人。

4月11日 阿拉善盟古拉本矿区巴彦浩特镇林场大岭煤矿发生一起重大一氧化碳中毒事故，造成11人死亡，直接经济损失42万元。

4月21日 包头市聚福祥煤矿与国庆乡三城湾煤矿3号井之间的采空区内，由于岩石摩擦、撞击产生火花，引起采空区内瓦斯爆炸，涉及两矿，造成10人死亡。

4月21—22日 自治区常务副主席周德海在内蒙古煤炭工业管理局局长高守尧陪同下，赴北京向国务院办公厅、国家煤炭工业局汇报西三局（包头、乌达、海勃湾矿务）有关问题。

4月23日 国务院总理朱镕基在国家经贸委《关于协调解决乌达矿务局煤炭销售问题的报告》上作出批示。

5月3日 自治区政府印发《关于成立呼伦贝尔煤业集团公司的通知》（内政字〔1999〕23号），呼伦贝尔煤业集团公司直属自治区管理，实行总经理负责制。

5月26日 根据《国务院关于改革国有重点煤矿管理体制有关问题的通知》文件精神，国家经贸委、国家煤炭工业局将原隶属于东北煤田地质局所属的第六勘探公司、第九勘探公司、第十四勘探公司、东北煤田地质勘探技术学校划归内蒙古自治区管理。为便于统一管理，自治区机构编制委员会印发内机编发〔1999〕11号文件，同意以上4个单位隶属于内蒙古自治区煤田地质局，并分别更名为内蒙古自治区煤田地质局472、109、104勘探队和内蒙古自治区煤炭工业技术学校。

5月31日 自治区党委召开书记会议，听取包头矿务局、乌达矿务局、海勃湾矿务局煤炭企业走出困境问题汇报，并形成会议纪要。

6月20日 《内蒙古日报》刊登自治区第一批关闭的矿井名单，公布关闭煤矿149个。

7月10日 包头矿务局遭遇百年罕见的特大暴风雨袭击，全局直接和间接经济损失近百万元。

7月12—13日 经自治区政府批准，大雁矿务局改组为呼伦贝尔煤业集团公司大雁煤业有限责任公司，扎赉诺尔矿务局更名为呼伦贝尔煤业集团公司扎赉诺尔煤业公司。

9月2日 内蒙古煤炭工业管理局印发《内蒙古自治区煤炭经营资格审查暂行管理办法的通知》。自此，在自治区范围内，煤炭经营实行资格审查制度。

10月18日 呼伦贝尔煤业集团有限责任公司挂牌运营。国家煤炭工业局、自治区党委和自治区政府分别发贺电和贺信。

10月20日 包头市河滩沟综合煤炭公司二号井，由于班长违章指挥工人用电钻电缆明电爆破，引起瓦斯爆炸，死亡15人，直接经济损失50万元，间接经济损失50万元以上。

11月23—24日 荷兰环境分析与遥感公司总裁罗德里、博士阿崑，荷兰地质调查局博士哈弗，荷兰国际航天航空测量与地球科学院博士维开迪应北京市国土资源遥感公司的邀请，到乌达矿务局调查地下煤火情况，并达成灭火合作意向。

11月24日 准格尔煤电集团公司召开准格尔项目一期工程竣工验收暨投产庆典。准格尔项目一期工程于当日竣工移交、投入生产。

12月13日 包头矿务局白狐沟煤矿煤运科福水渠联办煤矿回采工作面附近与采空区相通的一条长约18米的盲巷内，由于工人井下吸烟，引起盲巷内瓦斯爆炸，造成井下工作的18名工人死亡，地面井口附近冲击波致死2人。直接经济损失70万元，间接经济损失27万元。

是年 全区原煤产量为6621万吨，百万吨死亡率为4.742。

2000年

1月7日 内蒙古煤炭工业管理局改组为内蒙古煤矿安全监察局，为国家煤矿安全监察局的垂直管理机构，同时挂内蒙古自治区煤炭工业局的牌子，实行国家煤矿安全监察局与自治区政府双重领导、以国家煤矿安全监察局为主的管理体制。地方劳动等部门负责的煤矿安全监察职能，全部划归煤矿安全监察局承担。

1月26日 国家煤炭工业局批准《宝日希勒矿区总体规划》。

2月13日 自治区主席云布龙主持召开自治区政府2000年第三次常务会议，研究呼伦贝尔煤业集团、平庄矿务局的改革和发展问题。会议原则同意《平庄矿务局改革与发展方案》《扎赉诺尔煤业公司扭亏脱困实施方案》《大雁煤业公司总体改革和发展实施方案》《宝日希勒煤业股份有限公司总体改革和发展实施方案》；同意平庄矿务局、扎赉诺尔煤业公司、大雁煤业公司实行公司制改革，分别设立有限责任公司。

3月2日 自治区副主席宝音德力格尔主持召开主席办公会议，会议决定，包头煤炭工业学校并入包头钢铁学院，成立包头钢铁学院职业技术学院，为二级学院，实行人财物的统一管理、教育资源的优化配置和合理共享。

3月7日 国家煤炭工业局研究决定，免去高守尧内蒙古煤炭工业管理局局长职务，批准退休。

3月15日 内蒙古自治区煤炭行业关井压产工作通过全国煤炭行业关井压产工作领导小组组织的验收。验收组认为：自治区关闭煤矿质量达到标准，安全生产稳定好转，煤炭经营步入正轨，煤矿秩序得到进一步规范，较好调整和优化煤炭产业结构，有效控制煤炭总量，取得阶段性成果。

同日 呼伦贝尔煤业集团公司及其所属大雁煤业公司、扎赉诺尔煤业公司与中国信达资产管理公司在呼和浩特市签订债权转股权协议，债转股金额合计5.4亿元，其中大雁煤业公司2.2亿元，扎赉诺尔煤业公司3.2亿元。实施债转股后，呼伦贝尔煤业集团公司的资产负债率从56.09%降到39.85%，企业资本结构得到优化。

3月24日 中国信达资产管理公司与准格尔煤电集团公司就债转股事宜在呼和浩特市签约。准格尔煤电集团公司将39.3亿元贷款转股后，资产负债率由57.9%降至15.68%。

4月1日 自治区煤炭工业局组织召开全区煤炭系统恳谈会。会议确定"十五"期间全区煤炭工业的长远发展思路：依托煤炭谋生存，跳出煤炭求发展。这次会议首次提出在全区范围内建设乌海煤化工基地、东胜水煤浆基地、呼伦贝尔通辽煤炭地下气化基地、阿拉善盟无烟煤出口基地的构想。

4月4日 经自治区煤炭工业局与自治区财政厅协商同意，自治区直属的宝日希勒煤矿、万利煤业公司、内蒙古煤炭工业学校、内蒙古煤矿安全培训中心、内蒙古矿业职工大学、海拉尔煤炭工业学校、内蒙古煤矿机械厂等单位的会计管理工作划归各盟市财政局管理。

4月6日 自治区政府召开"全区关井压产暨整顿煤炭经营秩序"电话会议，自治区煤炭工业局副局长臧海民通报国家验收组对自治区煤炭行业关井压产工作验收情况。自治区分管煤炭工业副主席对两年来关井压产工作进行总结，并对如何进一步巩固和发展关井压产成果，全面完成煤炭经营秩序的整顿提出具体要求。

4月19—20日 自治区党委书记刘明祖、主席云布龙和自治区党委办公厅、公安厅等有关部门负责人分别考察伊敏煤电公司地面工业场地和呼伦贝尔煤业集团宝日希勒煤业股份有限公司露天矿，并听取伊敏华能东电煤电有限责任公司、内蒙古呼伦贝尔煤业集团有限责任公司的工作汇报。

5月11日 国家煤矿安全监察局决定，臧海民任内蒙古煤矿安全监察局局长。

5月26日 内蒙古煤矿安全监察局挂牌仪式在呼和浩特市举行。国家煤炭工业局、国家煤矿安全监察局副局长赵铁锤出席内蒙古煤矿安全监察局挂牌仪式并讲话。

6月26日 国家煤矿安全监察局批

准《内蒙古煤矿安全监察局职能配置、内设机构和人员编制方案》。根据方案，内蒙古煤矿安全监察局设6个职能处室和乌海、包头、赤峰、海拉尔4个煤矿安全监察办事处，机关行政编制为60名，办事处总编制为95名。同时，经国家煤矿安全监察局同意，并报中央机构编制委员会办公室批准，内蒙古煤矿安全监察局加挂内蒙古自治区煤炭工业局牌子，增设3个职能处室，编制15名。

7月8日 由平庄矿务局改制组建的内蒙古平庄煤业（集团）有限责任公司举行挂牌仪式。

7月28日 自治区政府在北京怀柔区召开煤矿安全监察管理体制改革后的第一次全区煤炭工业暨煤矿安全监察工作会议。国家煤矿安全监察局局长张宝明、自治区分管煤炭工业副主席出席会议并讲话，自治区煤炭工业局、内蒙古煤矿安全监察局局长臧海民作工作报告。

8月23—27日 原能源部部长、全国人大财经委员会副主任黄毅诚、华能集团公司总经济师邹泽锦先后考察伊敏华能东电煤电有限责任公司和宝日希勒煤业股份有限公司。

9月7日 自治区政府批准《内蒙古自治区安全监察职能划转内蒙古自治区煤炭工业局职能配置、内设机构和人员编制规定》。

同日 内蒙古自治区煤矿设计研究院设计完成的《神华集团马家塔露天煤矿建设方案》（设计规模180万吨/年），获中国煤炭建设协会组织开展的煤炭行业（部级）第九届优秀工程设计三等奖。

10月4日 国家煤矿安全监察局副局长赵铁锤到包头矿务局检查工作。

10月14日 扎赉诺尔煤业有限责任公司举行挂牌庆典（右上图）。

11月13日 自治区党委书记刘明祖考察准格尔煤炭工业公司电厂二期工程建设现场。

11月25日 内蒙古呼伦贝尔煤业集团公司大雁煤业公司第二煤矿井下发生特别重大瓦斯爆炸事故，当时灾区作业人员63人，造成51人死亡，12人受伤（其中重伤2人），直接经济损失277.47万元。26日，国家煤矿安全监察局副局长赵铁锤、自治区分管领导赶赴大雁煤业公司指挥抢险救灾工作。自治区代主席乌云其木格到事故现场和大雁职工总医院分别慰问抗险救灾职工和在事故中受伤的职工。

12月1日 全国煤矿地质工会主席赵永金抵达大雁矿务局，代表全国总工会向"11·25"事故的遇难矿工表示哀悼，向受伤人员表示慰问。

12月12日 准格尔煤电集团公司更名为神华集团准格尔能源有限责任公司。

12月27日 国家经贸委批准内蒙古呼伦贝尔煤业集团、大雁煤业公司、扎赉诺尔煤业公司等6家国有企业签订的《债转股协议及议案》。

12月30日 神东集团补连塔煤矿3202倾斜长壁综采工作面年推进长度5000米，创国内综采工作面推进长度最长新纪录。

是年 全区原煤产量为6964万吨，百万吨死亡率为3.590。

2001年

1月6日 共青团中央书记处常务书记、全国政协常委、全国青联主席巴音朝鲁率领团中央、全国青联志愿者艺术团到伊克昭盟神华集团神府东胜矿区慰问演出。自治区主席乌云其木格出席慰问演出,并代表自治区党委、政府慰问神东公司干部职工,赠送慰问金10万元。

1月8日 自治区党委常委、自治区总工会主席尤仁率自治区慰问团到乌海市慰问。其间,慰问乌达矿务局等煤炭企业职工家属。

1月18日 乌达矿务局改制为神华集团乌达煤业有限责任公司。

1月21日 自治区政府研究决定,呼伦贝尔盟海拉尔煤炭工业学校更名为内蒙古工程技术学校。

2月14日 国务院批准在伊克昭盟实施煤液化项目。项目为国家级重点建设项目,总投资150亿元,由神华集团承建,在伊金霍洛旗上湾地区建设。

3月1日 准能公司举行"神华集团准格尔能源有限责任公司"挂牌仪式。

3月29日 自治区煤矿工会在包头召开工作会议。各直属工会主席、办公室主任、优秀工会工作代表出席会议。会议主题是《抓住机遇、结合特点,突出重点,找准切入点,把煤矿工会的工作搞出特色来》。自治区煤炭工业局、自治区总工会领导出席会议并讲话。会上向19个先进基层工会、43名优秀工会工作者、10名优秀工会之友和完成实绩考核目标的5个突出单位、5个较突出单位,以及财务工作先进集体和个人颁发奖状和证书。

4月 荷兰环境分析与遥感公司、北京国土资源遥感公司、神华集团乌达煤业有限责任公司、内蒙古太西煤集团股份有限公司开展合作对内蒙古西部火区进行治理,并举行《中国内蒙古西部煤田火区治理意向书》签字仪式。

5月8日 包头市杨圪塄矿业有限公司聚福祥煤矿发生一起重大瓦斯爆炸事故,造成11人死亡,5人受伤,直接经济损失60万元。

5月13日 自治区煤炭工业局、内蒙古煤矿安全监察局局长臧海民带领干部职工到呼和浩特市新华广场进行"安全第一安全周"宣传活动(下图)。

6月29日 受国家计委委托,中国国际工程咨询公司及专家组一行9人到呼和浩特,对内蒙古伊泰集团新建内蒙古呼(和浩特)准(格尔)运煤铁路项目进行评估。呼准铁路顺利通过评估。

8月9—10日 在水利部召开的水土保持法颁布实施十周年纪念大会上,神东煤炭公司荣获"全国水土保持先进集体"称号。公司环保管理处处长关三和被评为全国水土保持先进个人。

9月5—6日 自治区党委书记储波一行先后到神东矿区、准能公司考察工作。

9月11日 巴基斯坦驻华大使霍哈尔、商务参赞礼法尔在神华集团公司董事长叶青陪同下到准能公司考察。

10月8日 自治区政府在呼和浩特召开全区关闭整顿小煤矿和安全生产工作

座谈会。自治区分管副主席出席会议并讲话。

是年 全区原煤产量为 8162 万吨,百万吨死亡率为 1.777。

2002 年

1月18日 内蒙古霍林河露天煤业股份有限责任公司举行成立庆典（下图）。

2月11日 呼伦贝尔盟牙克石市矿产资源开发总公司（国有企业）红旗煤矿一号井发生一起重大一氧化碳中毒事故，造成 14 人死亡，直接经济损失 80 万元。

3月28日 中共中央总书记、国家主席、中央军委主席江泽民视察神华集团神东矿区。

4月4—9日 神华集团煤液化项目可行性研究报告评估会议在北京召开。中国国际工程咨询公司受国家计委委托主持会议。国家计委、经贸委、环保总局、开发银行及神华集团和各设计单位代表 120 余人参加会议。

4月8日 神华集团包头矿务局五当沟煤矿关闭破产事项，经全国企业兼并破产和职工再就业工作领导小组批准立项。2003 年 12 月 5 日，包头市中级人民法院裁定包头矿务局五当沟煤矿破产程序终结，12499 人得到妥善安置。

5月8日 自治区机构编制委员会印发《关于印发自治区煤炭工业局职能配置、内设机构和人员编制规定的通知》，自治区煤炭工业局与内蒙古煤矿安全监察局分立，转隶于自治区经济贸易委员会管理，处级建制，内设 3 个处级职能处（室）。局长由自治区经济贸易委员会副主任兼任。

同日 自治区政府任命曹安雅任自治区经贸委副主任，兼煤炭工业局局长。

5月29日 神华海勃湾矿业公司公乌素煤矿和露天煤矿两矿职工、家属因对实施政策性破产不理解，发生近千名职工、家属堵塞 109 国道，围堵办公场所、限制公司主要领导自由，并与现场维护秩序的公安人员发生冲突的 "5·29" 群体治安事件。事件发生后，海勃湾矿业公司党政主要领导和信访保卫处工作人员积极配合乌海市党委、政府及相关部门的工作，连续 4 天 4 夜吃住在现场，耐心细致地做上访人的劝解和疏散工作，最后事件得以较好化解。

6月28日 扎赉诺尔煤业有限责任公司举行建矿 100 周年庆祝大会（下图）。

7月14日 自治区党委书记储波、人大常委会主任刘明祖等领导到伊敏煤电公司考察工作，对公司的城镇建设表示满意，并表示对伊敏二期工程和五牧场煤矿建设等问题给予关注和大力支持。

7月24日 以自治区人大常委会副主任陈瑞清为团长的落实《水污染防治法》检查团到伊敏煤电公司检查工作。检查团认为,公司在落实基本国策,加强环保措施,落实《水污染防治法》等方面做了大量卓有成效的工作。工业废水、生活污水排放达标率为100%,堪称"环保新星"。

8月15日 国务院能源委员会顾问、原能源部部长黄毅诚考察国华准格尔电厂和准能公司黑岱沟露天煤矿。

8月16日 内蒙古庆华集团与蒙古国蒙古之金集团公司合作开发位于蒙古国南戈壁省那林苏海特煤田。集团在阿拉善盟额济纳旗成立庆华—马克那林苏海特有限责任公司。公司所建那林苏海特煤矿2003年投产,同年4月11日,生产首批原煤运进中国境内。

8月18日 国家发展改革委副主任张国宝到伊敏煤电公司考察工作。张国宝对伊敏煤电联营给予充分肯定,希望伊敏进一步把二期工程前期准备工作做好,煤矿部分要搞现代化大规模建设。

8月22日 "神东现代化矿区建设与生产技术"荣获2001年度中国煤炭科技进步特等奖。

9月17日 自治区政府在通辽市召开全区煤炭工作会议,研究煤炭工业深化改革、加快发展的基本思路和具体措施及讨论修订《内蒙古自治区2002—2010年煤炭工业发展规划》。

9月22日 鄂尔多斯市政府与香港海粤电力投资公司共同建设"煤电气化联产与洁净煤发电燃煤综合利用基地项目"签字仪式在鄂尔多斯市举行。项目总投资超过260亿元,选址在达拉特旗境内。

本月 德国、荷兰专家到内蒙古太西煤集团公司,与中国遥感公司合作,对古拉本煤田火区进行航测。

本月 内蒙古太西煤集团股份有限公司超低灰精煤项目被列入国家经贸委、国家发展改革委《关于下达2001年国家重点技术改造项目计划(第八批国债专项资金项目)的通知》中。

10月26日 国家安全生产监督管理总局党组成员、纪检组长赵岸青一行到乌海市督查煤矿企业安全生产工作。

10月31日 包头市石拐区国庆乡脑包沟村常胜煤矿发生一起重大瓦斯爆炸事故,造成14人死亡,直接经济损失61万元。

11月30日 国家发展改革委下达阿拉善盟古拉本煤田灭火工程中央预算内基建投资计划。灭火工程总投资7090万元,其中国家投资4590万元,企业自筹1500万元,地方政府投资1000万元。国家投资列入国家财政计划,分3年下达执行。

12月30日 神东煤炭公司原煤产量5165万吨/年,原煤工效71.49吨/工,均创国内煤炭行业新纪录。连续4次实现千万吨/年跨越。百万吨死亡率0.078。

是年 自治区煤炭产量首次突破亿吨大关,达到11454万吨,同比增长26%;内蒙古煤炭生产总量已升至全国第三位,成为国家西部地区最大的煤炭生产基地。煤矿百万吨死亡率为1.449。

2003 年

1月23日 国家煤矿安全监察局任命曹安雅为内蒙古煤矿安全监察局局长。

2月18日 宝日希勒煤业公司挂牌,组建成国有控股、社会法人参股、员工持股的混合型所有制企业。

4月18—20日 自治区煤炭工业局在内蒙古展览馆举办内蒙古首届煤炭工业展览会。自治区副主席赵双连出席开幕仪式。

5月18日 神华准能公司煤矸石发电厂一期2×150兆瓦（CFB）发电机组工程举行开工奠基仪式。

5月20日 自治区党委书记储波一行到准能公司考察黑岱沟露天煤矿扩建工程和矸石电厂项目前期准备情况。

6月25日 煤炭科学研究总院北京煤化工研究分院专家到扎赉诺尔煤业有限责任公司举办"扎赉诺尔'煤提油'项目和其他煤炭深加工途径的研究"汇报会。对扎赉诺尔褐煤提油的可行性进行多方面论证。

7月4日 呼伦贝尔盟牙克石市牙克石煤矿（牙克石煤炭有限责任公司）一号井右六片回采区工作面轨道巷与工作面切眼联络川交叉点发生一起重大瓦斯爆炸事故，造成22人死亡，6人受伤，直接经济损失130万元。

8月10日 全国人大常委会副委员长盛华仁视察伊敏煤电公司。

8月22日 自治区党委印发政府机构改革方案，撤销自治区经济贸易委员会，成立自治区推进工业化进程领导小组办公室，自治区煤炭工业局转隶该办管理。

9月25日 自治区政府组织开展"安全生产万里行"活动，自治区煤炭工业局、内蒙古煤矿安全监察局领导带队，分东、西两个组同时对煤矿进行安全检查。活动于30日结束，行程万余里。左下图为东部组正在检查平庄煤业六家煤矿主井绞车房。

10月26日 内蒙古自治区安全生产监督管理局成立，与内蒙古煤矿安全监察局合署办公。内蒙古煤矿安全监察局局长兼任内蒙古自治区安全生产监督管理局局长。

11月10日 自治区政府召开主席办公会议，听取中科院山西煤炭化学所专家关于煤间接液化项目的情况的汇报，并形成《内蒙古自治区人民政府主席办公会议纪要》，文件确定内蒙古伊泰集团有限公司为内蒙古自治区煤基合成油项目的业主单位，并成立煤基合成油领导小组。

12月8日 中德科技合作项目防灭火新技术研讨会在神华集团乌达矿业有限责任公司召开。

12月31日 鄂尔多斯市关井压产工作结束，全市由1901处煤矿整合关闭到552处，总的年设计生产能力为4880万吨。当年鄂尔多斯市原煤总产量达到8103万吨，跃居全国地市级产煤市之首。

是年 全区原煤产量为15014万吨，百万吨死亡率为1.066。

2004年

1月16日 内蒙古自治区煤炭工业局对全区303处煤矿作出安全程度评价，其中A类煤矿77处，B类煤矿157处，C类煤矿41处，D类煤矿28处。

2月8日 国家发展改革委印发《国家发展改革委关于审批神华准格尔能源有限责任公司黑岱沟露天煤矿改造项目可行性研究报告的请示的通知》，至此，黑岱沟露天煤矿吊斗铲工艺技术改造项目立项。项目设计概算120570.95万元。

2月12日 黑岱沟露天煤矿吊斗铲

工艺技术改造项目引进8750-65型吊斗铲设备采购合同签字仪式在准能公司举行。准能公司和神华国贸公司、比塞洛斯国际公司三方签署价值5700万美元的吊斗铲采购合同，标志着准能公司露天煤矿技术改造工程全面启动。

2月20日 神华神东煤炭集团科研成果《神东现代化矿区建设生产技术》获国家科技进步一等奖。

2月27—28日 全区安全生产工作会议在呼和浩特市召开。

3月1日 大雁煤业公司被中国煤炭工业技术委员会评为"2003年度煤炭工业科技进步十佳企业"。

3月19—22日 国务院安全生产委员会副主任，国家安全生产监督管理局、国家煤矿安全监察局局长王显政率有关部门负责人先后到包头市、鄂尔多斯市和呼和浩特市调研安全生产工作，并深入神东矿区、乾坤冶炼公司等企业实地检查安全工作。

4月26日 鄂尔多斯市与北京国际电力投资公司在呼和浩特市签订鄂托克前旗上海庙煤电一体化合作项目协议。

4月28日 内蒙古自治区安全生产监督管理局 内蒙古煤矿安全监察局印发《行政工作规则》。

4月30日 乌海市海南区鑫源煤矿发生一起重大透水事故，13人遇难，2人失踪，直接经济损失287.5万元。自治区党委副书记杨利民、自治区副主席赵双连率自治区安全生产监督管理局、自治区总工会、自治区煤炭工业局、内蒙古煤矿安全监察局等有关部门负责人赶赴事故现场指导救援工作。

5月11日 扎赉诺尔煤业有限责任公司实现安全生产两周年，生产事故及原煤百万吨死亡率均为零，取得历史上"双零"的重大突破。

5月15日 神东煤炭公司在文体中心召开神东天隆集团有限责任公司成立大会。6月1日，公司改制为非国有控股企业，企业名称变更为"神东天隆集团有限责任公司"（下图）。

5月19日 自治区政府办公厅印发《关于进一步强化煤矿安全生产专项整治关闭不具备安全生产基本条件煤矿的决定》。

6月11日 中共中央政治局常委、国务院副总理黄菊到神东矿区视察。黄菊肯定"神东煤炭公司是煤炭工业先进生产力的代表"，勉励神东煤炭公司要"好上加好，优上加优"，要在"安全、质量、管理、产量上争第一"。

7月18日 俄罗斯联邦科学院伊尔库茨克科学中心主席团主席、科学院院士米哈伊尔·伊万诺维奇·库茨米恩带领访问团到大雁煤业公司，就煤化工、马铃薯业项目进行考察和洽谈。

7月30日 中国煤炭工业协会命名2003年度高产高效矿井，神东煤炭公司9大矿井榜上有名。在13项煤炭生产新纪录中，神东公司刷新5项。

7月31日 在中国煤炭工业协会公布的"2004年全国煤炭工业100强（以2003年产值为依据）企业"中，自治区有7家企业榜上有名，其中自治区排名首位的内蒙古伊泰集团有限公司列第28位。

8月2日 全国政协副主席、中国社会科学院院长陈奎元（下图中）在自治区党委副书记杨利民的陪同下视察伊敏煤电公司。

同日 自治区政府决定撤销呼伦贝尔煤炭集团公司，所属企业归呼伦贝尔市管理。

8月4日 国家发展改革委能源局副局长王峻在自治区副主席赵双连的陪同下考察伊敏煤电公司。王峻充分肯定伊敏煤电联营试点工作所取得的成绩，要求公司紧紧抓住西部大开发及国家缺电的发展机遇，充分发挥煤电联营优势，加快伊敏煤电联营二期工程建设及三期工程的前期工作。

8月25日 神华煤直接液化项目开工典礼仪式在鄂尔多斯市伊金霍洛旗项目现场举行。神华集团公司董事长陈必亭、自治区党委书记储波、中国煤炭工业协会第一副会长濮洪九等领导出席开工典礼。该项目总建设规模为年产500万吨油品，该项目分二期建设，一期工程总投资245亿元，建成投产后，每年耗煤970万吨，产油320万吨。

8月26日 中共中央政治局委员、国务院副总理曾培炎到神东矿区视察，表扬"神东为满足国民经济发展的需要作出重大贡献"，希望神东继续保持"高产、优质、安全"的新纪录。

8月27日 在国务院召开的全国大型煤炭基地建设座谈会上，神东矿区被规划为建设13个亿吨级大型煤炭生产基地之首。内蒙古伊泰集团有限公司被国务院确定为全国13户亿吨级基地建设的骨干企业之一。

9月21日 国土资源部与国家发展改革委发布《关于设立首批国家规划矿区的公告》（2004年第13号），在规划的19处矿区中，自治区有2处，即东胜矿区和准格尔矿区。

9月23日 自治区党委书记储波、秘书长任亚平到内蒙古太西煤集团兴泰煤化工基地考察工作。

10月1日 自治区政府印发《内蒙古自治区人民政府关于进一步加强煤炭资源矿业权设置及重点转化项目资源配置管理工作的意见》（内政字〔2004〕281号），要求凡取得矿业权的大项目业主必须按照双方承诺和确认的设计规划开工建设，按设计能力如期投产。否则，依法暂停或收回矿业权。对单个项目年消耗500万吨以上的煤化工、煤液化等项目，依据业主申请可以按加工规模需求量的30年予以配置，预留后备资源按20年控制。取得煤炭配置资源和已取得煤炭生产资格的企业，在区内就地转化量必须达到50%以上。

10月18日 自治区政府召开2004年第11次常委会议，审议并原则通过《内蒙古自治区安全生产条例（草案）》。

同日 自治区政府办公厅印发《自治区人民政府工业办公室主要职责、内设机构和人员编制规定的通知》，自治区推进工业化进程领导小组办公室改称为自治区政府工业办公室，内设能源处挂内蒙古自治区煤炭工业局牌子。

10月30日 国内首套煤矿井下移动通信KT18系统在神东公司上湾煤矿开通。KT18井下移动通信系统由地面通信系统和井下通信系统两部分组成，手机为

KTW4 本质安全型，下井人员持手机在井下工作面及巷道内可实现点对点的双向通话，也可以实现与调度固定电话、地面市话、全球移动通信系统手机的通话。该系统为安全生产提供快捷方便的信息通道。

11月6日 中国国电集团公司与内蒙古自治区政府、河北省政府在呼和浩特市签订《合作开发煤电一体化框架协议》。自治区党委书记储波、河北省委书记白克明、常务副省长郭庚茂参加签字仪式（下图）。

11月19—23日 全国煤炭系统首次技能大赛——"神华杯"综采司机技能大赛在神东矿区成功举办。神东煤炭公司选手贺掌良、王连胜分别获得比赛的第一名和第二名。神华集团公司代表队获得大赛团体第二名。

本月 内蒙古自治区煤田地质局472勘探队组织全国38家地勘单位的116台钻机会战白音华煤田二、三号露天矿，勘探面积90平方千米，钻孔549个，钻探工程量12.37万米。提交《白音华煤田二、三号露天矿勘探报告》，查明煤炭资源量235759.12万吨。

12月10日 劳动和社会保障部授予神东煤炭公司国家技能人才培育突出贡献奖。

12月18日 大雁煤业公司第一煤矿机运队被共青团中央授予"青年文明号"称号。

12月31日 神东上湾煤矿应用综采工作面一次采全高生产工艺生产原煤1075万吨，日产45538吨（9月7日），创国内煤矿综采单面年产、日产原煤新纪录，刷新综采工作面月产世界纪录，创建世界第一个千万吨/年综采工作面。矿井原煤工效达到153.7吨/工，回采工作面效率达到926.5吨/工，是国内矿井原煤工效、回采工作面效率最高的煤矿。神华神东煤炭集团公司补连煤矿综采工作面2004年产煤1006万吨，刷新综采工作面年产世界纪录。

是年 全区原煤产量20155万吨，百万吨死亡率为0.491。

2005年

1月16日 全国人大常委会副委员长蒋正华在煤炭工业部原部长王森浩的陪同下到准能公司考察。

3月29—31日 自治区十届人大常委会第十五次会议听取和审议自治区政府工业办公室主任牙萨宁受自治区政府委托所作的《关于贯彻实施〈中华人民共和国煤炭法〉情况的报告》。自治区人大常委会充分肯定自治区政府在贯彻实施《中华人民共和国煤炭法》工作中所取得的明显成效。

4月12日 自治区政府同意将内蒙古自治区煤田地质局隶属关系由自治区政府工业办公室转隶自治区国土资源厅。

4月21日 自治区政府委托自治区政府工业办在呼和浩特市召开内蒙古西部煤炭产需衔接会议。自治区政府工业办主任牙萨宁作关于做好煤炭产需衔接工作的报告。

4月26日 乌海市海南区康海煤矿发生重大瓦斯爆炸事故，造成12人死亡，直接经济损失300万元。

4月29日 全区重点煤矿瓦斯治理现场会在乌海市召开。会议传达全国煤矿瓦斯治理现场会精神,通报全区2005年以来的煤矿安全生产情况和乌海市海南区"4·26"煤矿瓦斯爆炸事故,部署全区煤矿瓦斯治理和关闭小煤矿工作,公布自治区第一批拟关闭的小煤矿名单。

4月30日 内蒙古伊泰集团有限公司张东海、内蒙古平庄煤业(集团)有限责任公司西露天矿荆向斌、神华乌海能源有限责任公司平沟煤矿庄树林、苏海图煤矿弥新成、五虎山煤矿张军、神华神东煤炭集团有限责任公司马宝清、神华准格尔能源有限责任公司杨进京等7人荣获"全国劳动模范"称号。

5月5日 兴安盟突泉县万隆煤矿发生一起重大瓦斯爆炸事故,造成12人死亡,3人受伤,直接经济损失295万元。

5月8日 自治区东部盟市煤矿瓦斯治理现场会在突泉县召开。会议传达了全国煤矿瓦斯治理工作现场会议精神,通报了2005年以来全区安全生产情况和兴安盟突泉县万隆煤矿"5·5"重大瓦斯爆炸事故,部署自治区东部盟市煤矿瓦斯治理和关闭小煤矿工作,兴安盟等5个盟市领导分别汇报了本地区煤矿瓦斯治理的具体措施。

5月12日 自治区政府作出决定,关闭117处不具备安全生产条件的煤矿,并要求6月底前相关部门依法吊(注)销关闭煤矿证照,10月底前各盟市完成117处煤矿的关闭任务并达到"三不留、一毁闭"的关闭标准,11月底前自治区组织关闭煤矿的验收工作。关闭煤矿工作由各盟市政府组织实施,责任人是各盟市分管盟市长及各盟市煤炭管理部门主要负责人,第一责任人为关闭煤矿所在旗、县、区政府旗、县、区长。

5月20—24日 全国人大常委会副委员长李铁映先后深入赤峰市平庄煤业集团公司六家煤矿、神华集团神府东胜煤炭有限责任公司上湾煤矿,下井检查煤矿安全生产情况;慰问困难矿工家庭和井下煤矿工人。

5月22日 以全国人大常委会委员、财经委员会主任委员傅志寰为组长的安全生产执法检查组一行到包头进行《中华人民共和国安全生产法》执法大检查。

5月24日 国家安全生产监督管理总局局长李毅中随同全国人大安全生产法执法检查组在内蒙古自治区检查期间,在鄂尔多斯市作安全生产形势报告。自治区部分厅局负责人,呼和浩特、包头、巴彦淖尔、乌海、阿拉善、鄂尔多斯6个盟市主要领导、分管部门以及鄂尔多斯市各煤矿企业、重化工等高危行业的企业负责人近千人参加报告会。

5月25—26日 全国人大财经委主任委员傅志寰带领安全生产执法检查团到乌海市矿山检查指导工作。考察乌海能源公司平沟煤矿、骆驼山煤矿,对一线职工进行走访慰问。

5月27日 《内蒙古自治区安全生产条例》经自治区第十届人民代表大会常务委员会第十六次会议通过。

5月30日 自治区煤炭工业局在呼和浩特市召开全区煤炭建设工程质量监督工作座谈会。自治区建设厅、内蒙古煤矿安全监察局、自治区国有重点煤炭企业矿区工程质量监督站、盟市煤炭行业管理部门负责人参加了座谈会。自治区煤炭工业局副局长王旺旺参加会议并讲话。

6月9日 自治区政府召开主席办公会议,研究由自治区政府工业办公室和内蒙古煤矿安全监察局共同起草的《关于进一步加强煤矿安全生产工作的意见》。经修改后颁发执行。

6月28日 国务院国有企业监事会

主席季晓南、自治区政府顾问周德海、自治区副主席赵双连等到阿拉善盟乌斯太经济技术开发区出席庆华集团煤焦化二期100万吨工程、物流配送项目开工奠基庆典。

6月28—30日 内蒙古煤矿安全监察局在扎赉诺尔煤业公司召开全区煤矿安全监察会议。内蒙古煤矿安全监察局党组书记、局长曹安雅，党组副书记张海旺，副局长关图儒以及局机关各处室负责人和各分局负责人、科站长参加会议。

7月1日 按照《关于印发〈煤炭生产安全费用提取和使用管理办法〉和〈关于规范煤矿维简费管理问题的若干规定〉的通知》要求，全区煤炭企业开始根据实际产量在成本中按月提取维简费：国有重点煤炭企业按吨煤9.5元提取；非国有重点煤炭企业（含国有企业矿办小井）按吨煤10.5元提取。

7月19—20日 能源部原部长黄毅诚、中国神华股份公司总裁吴元、副总裁王金力一行在自治区副主席郭子明的陪同下到神华北电胜利能源有限公司调研。

7月20—21日 自治区政府在呼和浩特市召开全区煤炭工作会议。各盟市分管副盟市长、重点产煤旗县（区）政府主要领导、自治区有关部门主要负责人和企业代表参加会议。自治区副主席赵双连作了讲话。自治区政府工业办主任牙萨宁作报告。鄂尔多斯市政府、呼伦贝尔市政府、神华集团包头矿业公司、中电投霍林河煤电集团公司、内蒙古棋盘井矿业公司作交流发言。各盟市同自治区政府签订《关闭中小煤矿责任书》。

7月22日 全国人大常委会委员、财经委员会副主任贾志杰，内蒙古自治区人大常委会副主任周维德到扎赉诺尔煤业有限责任公司调研。

7月26日 自治区机构编制委员会印发《关于调整自治区安全生产监督管理和煤炭工业管理体制及机构的通知》，自治区煤炭工业局机构单设，自治区政府工业办能源处不再挂煤炭工业局牌子，仍为自治区政府工业办内设机构，承担自治区煤矿安全监管和煤炭工业行业管理职能，在履行职责中具有一定的独立性。内设行业规划管理处、安全生产监管处两个职能处室。煤炭工业局局长由自治区政府工业办1名副主任兼任。自治区煤炭工业局机关党务、行政事务、人事、后勤服务等工作，由自治区政府工业办负责。

同时，内蒙古煤矿安全监察局不再与自治区安全生产监督管理局合署办公，改为与内蒙古自治区政府工业办公室合署办公。

8月10日 中国煤炭工业协会命名2004年度高产高效矿井（露天）177处，其中神东公司补连塔矿综采工作面2004年产煤1006万吨，刷新综采工作面年产世界纪录。神东公司上湾矿采用综采工作面一次采全高生产工艺，综采工作面年产煤1075万吨，刷新综采工作面年产世界纪录。上湾矿综采队在2004年8月生产原煤104万吨，刷新综采工作面月产世界纪录。

8月20日 全国人大常委会副委员长蒋正华（下图）出席神东矿区举办的"绿色东方——2005中华环境奖"评选、表彰、宣传活动启动大会，并讲话。

8月23日 内蒙古煤炭工业协会发起人会议在呼和浩特召开。自治区有关部门及24家发起单位负责人参加会议。自治区政府工业办公室副主任王进国、煤炭工业局局长王旺旺参加会议并讲话。

9月1日 内蒙古煤矿安全监察局发出公告，截至8月30日，对基本符合标准要求的184处乡镇煤矿颁发《安全生产许可证》。

同日 国家煤矿安全监察局副局长王树鹤等领导到呼伦贝尔监察分局考察，并代表国家煤矿安全监察局向工作在煤矿安全监察执法第一线的同志表示慰问。

9月1—2日 国务院安全生产委员会打击煤矿非法生产联合执法组到乌海市检查工作，实地察看温明矿业公司、摩尔沟煤矿、海矿公司、平沟煤矿等企业的生产情况。

9月4日 中纪委驻国家安全生产监督管理总局纪检组长、党组成员赵岸青到内蒙古煤矿安全监察局呼伦贝尔监察分局检查指导工作。

9月12日 中共中央政治局常委、国家副主席曾庆红到华能伊敏煤电公司视察。

9月14日 平庄煤业集团公司救护大队被国家安全生产监督管理总局矿山救援指挥中心评为全国救护战线先进集体，同时被命名为国家矿山应急救援平庄基地。

9月19—28日 自治区政府有关部门组成5个联合执法督查组，对6个盟市的煤矿整顿关闭工作进行督查并形成整改意见。自治区煤炭工业局印发《关于切实落实自治区督查组对全区煤矿整顿关闭工作督查意见的通知》，要求各盟市安全生产委员会办公室、煤炭行业及煤矿安全监管部门认真落实整改意见。

9月27日 中共中央委员、国务院国有资产监督管理委员会主任李融荣到神东矿区考察调研。

同日 国家安全生产监督管理总局矿山医疗救护中心扎赉诺尔分中心在扎赉诺尔煤业公司成立。

9月28日 神东公司上湾煤矿51104工作面即300米加长大采高综采面和主运系统实现联合带煤试运转，具备了生产条件，成为世界上首个300米加长大采高综采工作面。

9月30日 自治区安全生产委员会办公室、自治区煤炭工业局、内蒙古电力（集团）有限责任公司联合印发《关于立即停止向关闭煤矿供电的紧急通知》，同时公布年度应关闭煤矿名单。包括5月12日自治区政府公告关闭的第一批117处小煤矿和在9月28日《内蒙古日报》公告的2005年第二批关闭32处煤矿，全区已公告关闭小煤矿149处。

10月18日 内蒙古自治区煤矿设计研究院受自治区发展改革委委托编制完成《内蒙古煤炭工业"十二五"规划及2020年展望》。

10月26日 神华准格尔能源有限责任公司荣获"全国精神文明建设工作先进单位"荣誉称号。

10月30日 劳动保障部、全国总工会、全国工商联等部（委）授予内蒙古伊泰集团有限公司"全国就业与社会保障先进民营企业"光荣称号。

11月8日 自治区政府举行煤炭资源开发利用及煤矿整顿工作新闻发布会。自治区政府工业办公室主任、自治区安全生产监督管理局负责人牙萨宁介绍自治区煤炭资源开发利用及煤炭工业发展、煤炭产业结构调整、煤矿安全生产、煤矿整顿关闭和清理纠正入股煤矿工作等情况。自治区纪委常委史继善、内蒙古煤矿安全监察局副局长关图儒、自治区煤炭工业局副局长王作储出席发布会并回答记者的提问。

11月10日 自治区政府印发《煤矿整顿关闭工作实施方案》（内政字〔2005〕280号）。

11月11日 以国家安全生产监督管理总局副局长王德学为组长的国家煤矿安全生产监督组结束对自治区的督查后，与自治区政府交换督查意见。自治区政府党组成员、顾问周德海、副秘书长史青晓及自治区政府工业办、内蒙古煤矿安全监察局、自治区煤炭工业局、监察厅、工商局、国土资源厅、公安厅等部门负责人参加会议。

同日 神华乌达矿业公司巴音赛煤焦有限责任公司13层井发生一起重大瓦斯爆炸事故，事故波及$13\frac{上}{2}$层井，造成16人死亡，3人受伤，直接经济损失406.7万元。

11月14日 部分拟定关闭取缔的小煤矿矿主组织900多人突然集聚呼和浩特市，围堵自治区党政办公区，造成交通阻塞。自治区政府工业办、煤炭工业局主要领导出面与上访代表直接谈话，晓之以理，动之以情，使上访群众认识到小煤矿带来的危害，事件很快化解。

11月20日 神华准格尔能源有限责任公司第二次被国务院授予"全国民族团结进步模范集体"称号。

11月30日 神东公司补连塔煤矿荣获"全国文明单位"称号，受到中央文明委的表彰。

12月10日 自治区政府任命王旺旺为经济与信息化委员会副主任兼煤炭工业局局长。

12月11日 由中国煤炭工业协会主办，鄂尔多斯市政府承办的"2005中国·鄂尔多斯煤矿安全生产专家论坛会"在东胜举行。来自中国煤炭工业协会和有关高等院校的10名专家、教授以及神华集团、内蒙古伊泰集团、汇能集团等企业集团的负责人出席。

12月19—21日 由国务院安全生产委员会办公室副主任、国家煤矿安全监察局局长赵铁锤率领的国家煤矿安全监察局督查组到鄂尔多斯市检查煤矿安全生产工作。

12月23日 12时，神东煤炭分公司当年累计生产原煤过亿吨，率先实现国务院13个亿吨大型煤炭生产基地的规划创建目标。

12月28日 神华宝日希勒能源有限公司举行揭牌庆典。自治区副主席乌兰、呼伦贝尔市政府、神华集团公司领导出席庆典。

同日 在宝日希勒煤业集团有限公司国有产权交易合同签字仪式上，转让方宝日希勒煤业集团有限公司国有产权代表、呼伦贝尔市经济委员会主任白杰，受让方神华集团代表、副总经理韩建国，鉴证方代表、内蒙古产权交易中心主任马志春分别在合同上签字。呼伦贝尔市委副书记杨再明主持仪式。

是年 全区原煤产量为25560万吨，百万吨死亡率为0.513。

2006年

1月6日 内蒙古煤矿安全监察局决定注销通辽市、兴安盟、赤峰市、锡林郭勒盟、包头市17处煤矿的《安全生产许可证》。

1月10日 神东煤炭分公司上湾煤矿连采二队日掘进165米，创国内煤矿连采机掘进日进尺新纪录。月采掘进3668米，创国内煤矿连采机掘进月进尺新纪录。

1月17日 国土资源部与国家发展

和改革委员会发布《关于设立第二批煤炭国家规划矿区的公告》（2006年第1号）。在26处规划矿区中，自治区有6处入围，即锡林郭勒盟胜利矿区、白音华矿区，呼伦贝尔市扎赉诺尔矿区、宝日希勒矿区、伊敏矿区，通辽市霍林河矿区。

2月9日 经自治区政府同意，自治区煤炭工业局印发《关于新增自治区重点煤炭企业的通知》公布第二批入选自治区重点煤炭企业的10家企业的名单。至此，自治区已有30家企业入选自治区重点煤炭企业。

2月13日 内蒙古煤矿安全监察局决定注销自治区28处乡镇煤矿的《安全生产许可证》。

2月15日 内蒙古煤矿安全监察工作会议召开。会议主要贯彻落实全国安全生产工作会议和全区工业暨安全生产工作会议精神。总结2005年安全监察工作，听取煤矿安全监察分局和各直属单位工作汇报，安排2006年工作。吸取乌海市"11·11"重大瓦斯爆炸事故教训。

2月21日 中华环境保护基金会主办的第三届中华环境奖颁奖典礼，授予神东煤炭分公司中华环境奖。神东煤炭分公司是唯一获奖的煤炭企业。

3月13日 3时25分，鄂尔多斯市鄂托克旗荣盛煤矿发生一起重大瓦斯爆炸事故。井下34名作业人员，经救援13人生还，21人遇难，直接经济损失861万元。国家煤矿安全监察局副局长王树鹤、自治区副主席赵双连、鄂尔多斯市党委、政府主要领导赶赴事故现场指导抢险工作。

3月14日 以国家煤矿安全监察局副局长王树鹤为组长，由国家安全生产监察专员和国家煤矿安全监察局、中国煤炭工业协会有关人员组成的煤矿安全督查组到鄂尔多斯市就煤炭生产结构调整和煤矿安全生产工作进行督促检查。督查组还到乌海市督查煤矿整改关闭工作，要求建立健全安全生产责任制，对关闭矿井加强巡回检查，不仅要"关死"，还要"看死"，确保安全隐患降到最低。

3月15日 国家安全生产监督管理总局副局长王显政考察霍林河矿区。

3月25日 大（同）准（格尔）铁路开通万吨重载列车。大准铁路公司万吨重载列车开通试运营剪彩仪式在点岱沟车站举行。

3月30日 鄂尔多斯市煤炭局与煤炭科学研究总院、东胜区政府联合举办"首届鄂尔多斯采矿设备、技术及人才博览会"。在博览会上，地方煤矿企业与参展煤机企业共达成煤矿设备订购合同9项、意向性协议133项、煤矿技术改造"交钥匙"工程协议9项、煤矿专业技术人员引进意向72项，采矿技术服务意向协议16项，协议资金总额近60亿元。

4月18日 扎赉诺尔煤业公司举行灵泉矿300万吨产业升级改造工程开工仪式（下图）。

4月19日 中电投霍林河煤炭集团举行建矿30周年纪念大会，隆重纪念建矿30周年。

5月11日 内蒙古伊泰集团有限公司在准格尔旗大路工业园区举行煤间接液化制油16万吨示范项目开工庆典仪式（下图）。

6月13日 自治区党委书记储波到锡林郭勒盟平庄煤业白音华公司调研。

同日 全国最大的粉煤灰提取氧化铝项目——蒙西集团年产40万吨粉煤灰提取氧化铝项目开工建设。

6月16日 内蒙古煤矿安全监察局决定注销自治区17处国有重点和国有地方煤矿《安全生产许可证》。

6月20日 自治区经委（煤炭工业局）确定并批准了以内蒙古煤炭供销总公司为主体，对区属内蒙古煤炭供销总公司、内蒙古煤矿设计研究院、内蒙古煤炭科学研究所等煤炭二级企业实施整体改制，组建"产权清晰，责权明确，管理科学"的具有现代企业制度的股份制企业的方案。通过改制，将形成国有相对控股、社会法人参股、全体员工持股的产权多元化的混合所有制企业。

6月22日 神华准格尔能源有限公司选煤厂被中国煤炭工业协会评为"全国十佳选煤厂"。

7月31日 美国通用电气公司在鄂尔多斯市东胜区举行煤气化交流会。

7月 自治区东北地区最大的全煤矸石烧结企业——扎赉诺尔煤业有限责任公司控股的满洲里天成建材有限责任公司，举行年产1亿块（折标砖）全煤矸石烧结空心砖项目投产庆典。

8月1日 内蒙古自治区煤炭工业局官网《内蒙古煤炭网》改版后正式开通。受内蒙古自治区煤炭工业局的委托，内蒙古煤炭工业协会对网站进行了全面改版。新网站丰富的内容和强大的服务功能得到了区内外煤炭行业人士和新闻媒体的广泛关注。

8月4日 全国人大环境与资源保护委员会委员姜云宝一行到宝日希勒煤业公司调研煤炭清洁开发利用及生态环境保护工作。

9月1日 内蒙古煤矿职业危害预防学会获准成立。

9月8日 内蒙古伊东煤炭集团有限公司扶贫煤矿综采放顶煤试生产启动仪式在准格尔旗薛家湾举行。内蒙古煤矿安全监察局局长曹安雅及鄂尔多斯市、准格尔旗领导、技术人员共100余人下井观看综采放顶煤的采、掘、放、通、排和瓦斯监测监控等系统的启动全过程。

9月19日 扎赉诺尔煤业有限责任公司露天煤矿召开政策性破产启动会议。扎赉诺尔煤业有限责任公司破产领导小组组长宣读《国家规定露天煤矿列入破产行列》《国家批准露天煤矿进入破产程序》的通知以及《呼伦贝尔市中级人民法院关于露天矿破产的裁定》。

9月21日 准格尔旗政府、内蒙古工业大学和内蒙古伊东煤炭集团有限责任公司三方举行合作建设内蒙古工业大学矿业学院签约仪式。

9月26日 内蒙古煤矿安全监察局印发《煤矿特别重大生产安全事故应急救援预案》。

9月28—29日 首届中国科学发展与人文社会科学创新大会在人民大会堂召开。会上，神东煤炭分公司煤质处被命名为首届中国科学发展创新单位。

9月29日 经国土资源部批准，中国神华能源股份公司研究决定，自2006年10月16日，将武家塔、霍洛湾、大海则3处煤矿的采矿权移交神东天隆集团。

10月17日 自治区煤炭工业局、内蒙古煤炭工业协会、内蒙古日报联合公布"2006年内蒙古自治区煤炭工业50强"。此次公布的内蒙古煤炭工业50强企业的评选主要采用国际通行的排序方式，以2005年度企业销售（营业）收入为入围标准，排序范围涵盖煤炭生产、流通、勘探、科研、设计等各类企业单位。首次上榜的50强煤炭企业中，煤炭生产企业42家，煤炭经营企业7家，煤田地质勘探企业1家。

10月26日 中国企业文化研究会在神东矿区举行神东现代化文化管理论证暨中国企业文化建设示范基地揭牌仪式，确定神东煤炭分公司为"中国企业文化建设示范基地"。神东煤炭分公司成为中国煤炭行业唯一获得这一荣誉的企业。

10月31日 自治区党委书记储波到内蒙古太西煤集团常山工业基地考察工作。

本月 劳动保障部、全国总工会、全国工商联等授予内蒙古伊泰集团有限公司"全国就业与社会保障先进民营企业"称号。

11月13—14日 新华社《经济参考报》、《中国安全生产报》、中央人民广播电台、中央电视台"中国法制"频道、国家安全生产监督管理总局政府网站等5家媒体组成的"煤矿安全监察专题采访组"在内蒙古煤矿安全监察局乌海监察分局进行重点采访。

12月7日 劳动与社会保障部、国资委牵头在神东矿区召开神东煤炭分公司工伤保险现场协调会，最终与山西、陕西、内蒙古三省（区）签署工伤保险统筹协议。

12月21日 国家监督检验检疫总局认定内蒙古伊泰集团公司生产经营的"伊泰洗精煤"产品为"国家免检产品"。

12月30日 就中央媒体披露的准格尔旗黄天棉图地区以灭火为名盗采煤炭资源的事件，自治区政府组织部署公安、监察、煤炭、环保等部门，并抽调警力，突击行动，封停违法煤矿，收缴灭火、采煤设备及工具。经调查取证，最终确定黄天棉图地区6处煤矿为违纪、违法煤矿，并进行相应处罚。

是年 内蒙古煤炭工业协会先后举办3个培训班，对近300人进行职业经理人职业培训和资格认定，同时组织申报高级煤炭职业经理人90多人。截至年底，全区通过初级、中级和高级煤炭职业经理人资格认证的分别为33人、202人和97人。

是年 自治区煤炭产量为29760万吨，煤炭工业总产值达到480亿元。地方煤矿矿井数量由2005年的1310处，整合为498处，煤矿单井生产能力由2005年的平均约12万吨增加到平均约59.76万吨，百万吨死亡率为0.205。

2007年

1月8日 内蒙古煤矿安全监察局第一份煤矿安全监察执法计划上报国家煤矿安全监察局，标志着自治区煤矿安全监察从此有了量化标准。

1月17日 包头市东河区壕赖沟铁矿发生透水事故，35名矿工被困井下。内蒙古煤矿安全监察局派出副局长曲来运、乌海监察分局局长吴月光赶赴事故现场协助救援，成功救出6名被困矿工，并发现重大险情，避免了51人被淹的特大次生事故。

2月6日 伊东集团公司循环经济产业基地列入自治区政府办公厅公布的自治区第一批工业循环经济示范园区和企业名

单（内政办发〔2007〕8 号）。

3 月 1 日 准能公司黑岱沟露天煤矿首次将抛掷爆破技术应用于露天煤矿岩层剥离，一次爆破总量 106 万立方米，使用炸药 985 吨，创国内露天煤矿一次爆破总量、炸药使用量新纪录。

3 月 10 日 内蒙古煤矿安全监察局印发《内蒙古自治区国有煤矿安全生产许可证年检工作实施方案》。

3 月 16 日 华能集团公司与满洲里市政府签订收购扎赉诺尔煤业有限责任公司 10% 产权的交易合同，实现了华能集团公司对扎赉诺尔煤业有限责任公司 100% 的持股权。

3 月 20 日 国内第一大露天煤矿哈尔乌素露天煤矿及选煤厂在准格尔旗开工建设。该项目包括年产 2000 万吨原煤的露天煤矿、配套同等规模的选煤厂、全长 17.8 千米的铁路专用线以及坝系防洪工程。项目总投资 62.84 亿元。

3 月 25 日 神东矿区上湾煤矿建成了世界上首个 6.3 米大采高重型加长工作面，全矿生产原煤 1268 万吨/年，其中综采队生产原煤 1160 万吨，创全国综采队年产最高记录，并创造了一个综采队连续 4 年生产原煤超千万吨的世界纪录。

3 月 28 日 自治区党委书记储波、副主席赵双连在鄂尔多斯市领导的陪同下到内蒙古伊泰煤制油项目现场考察调研。

3 月 30 日 国家安全生产监督管理总局给在处理包头市东河区壕赖沟铁矿 1 月 17 日发生特大透水事故中作出突出贡献的内蒙古煤矿安全监察局乌海监察分局局长吴月光记一等功。

本月 神华准格尔能源有限责任公司与美国比塞洛斯公司就公司从美方引进的吊斗铲在制造商调试过程中发生电气事故的相关赔偿及责任问题达成协议。2 月 19 日 12 时 35 分，吊斗铲在制造商调试过程中发生电气事故，造成火灾，主要电气设备损坏。美方承认其设备缺陷是造成事故的直接原因，无条件赔偿事故造成的直接经济损失。

4 月 18 日 内蒙古霍林河露天煤业股份有限责任公司发行股票（露天煤业 002128）在深圳证券交易所成功上市。

5 月 内蒙古煤炭工业协会会刊《内蒙古煤炭》创刊。《内蒙古煤炭》秉承"联系政府、服务企业、指导行业"宗旨，为全区煤炭行业搭建信息交流平台。会刊发送自治区政府有关部门、盟市煤炭行业主管部门、煤炭企事业单位及会员单位，并与中国煤炭工业协会、山东、河南、宁夏等省区和单位的煤炭类期刊交流，到 2015 年底已印发 60 余期，发行 2 万余册。

5 月 15 日 神华集团准能公司选煤厂粉尘综合治理项目通过国家验收。该项目所用技术在国内煤炭洗选行业尚属首例，是国内粉尘综合治理的一次突破。8 月 18 日，该项目通过内蒙古科技奖励中心科技成果鉴定。

5 月 30 日 被国家安全生产监督管理总局记一等功的内蒙古煤矿安全监察局乌海监察分局局长吴月光作为全国监管监察系统先进个人先进事迹报告团成员在北京作题为"牢记神圣使命 追求无悔人生"的演讲。

6 月 2 日 国务院总理温家宝在财政部部长金人庆、农业部部长杜青林、国务院副秘书长张平和自治区党委书记储波等领导的陪同下，到鄂尔多斯市神华集团上湾煤矿、煤制油项目施工现场、补连塔矿洗煤厂和装煤车站考察。温家宝在考察中提出 3 点要求：第一，通过大型煤矿兼并重组中小煤矿，中小煤矿联合改组等办法建设有实力的煤炭企业，下决心建几个亿吨级的大型煤炭基地；第二，实现煤矿生产的规模化、技术设备现代化、队伍专业化和管理信息化，把煤炭企业办成真正的现代企业；第三，下大力气抓好煤矿瓦斯治理，推进先抽后采，综合利用，确保生产安全。

6月4—5日 全国煤矿整顿关闭工作现场会在鄂尔多斯市召开。在此其间，与会代表赴准格尔旗、伊金霍洛旗现场参观部分关闭整合煤矿。国家安全生产监督总局局长李毅中出席会议并讲话。

6月16日 扎赉诺尔煤业有限责任公司在满洲里市东湖区灵东煤矿举行建设项目开工庆典（下图）。灵东煤矿是呼伦贝尔市第一处年产500万吨的现代化井工矿。

6月18日 白俄罗斯汽车制造联合体220吨大车移交仪式在中电投霍林河煤炭集团南露天矿大车停车场隆重举行，首批5台别拉斯220吨矿用自卸车正式移交公司投入生产一线。

8月10日 参加内蒙古自治区成立60周年庆祝活动的中共中央政治局常委、中央书记处书记、国家副主席曾庆红率中央代表团第一分团抵达乌海市，自治区党委书记储波及乌海市党政军主要负责人陪同，视察各工业园区、企业后，实地考察乌达区棚户区改造项目，并到搬迁户老煤矿工人赵大春家中走访看望。

8月11日 全国人大常委会副委员长乌云其木格（右上图右二）视察伊敏煤电公司。

8月20日 由国家煤矿安全监察局主办，神东公司上湾煤矿承办的全国煤矿本质安全管理体系扩大试点推进会在神东公司上湾煤矿开幕。上湾煤矿和徐州权台煤矿的煤矿本质安全管理体系研究试点取得成功，会议以后将扩大到全国45处煤矿进一步展开试点。

8月26日 自治区煤炭工业局、煤炭工业协会与内蒙古电视台联合举办的《内蒙古每周煤炭产业动态》电视栏目在内蒙古电视台经济生活频道正式开播。该电视栏目是国内第一档周播、专注于煤炭产业的经济信息类栏目，每期20分钟。

8月27日 内蒙古煤炭工业协会在呼伦贝尔举行首届会员代表大会，77名会员代表参加会议。会议选举张双旺为会长。

8月31日 自治区政府在呼和浩特召开全区工业经济安全生产座谈会。受自治区政府委托，内蒙古煤矿安全监察局曹安雅局长在会上通报1—8月全区煤矿安全生产情况，并对后4个月安全生产工作作部署。

9月24日 由中国中煤能源股份有限公司、中国石油化工股份有限公司、上海申能股份有限公司、内蒙古满世煤炭集团股份有限公司四家股东单位投资建设的中天合创能源有限责任公司揭牌仪式在呼和浩特市举行。国家发展改革委副主任张国宝，自治区党委、政府主要领导出席仪式。

9月28日 在北京人民大会堂召开的全国煤炭工业先进集体、劳动模范、先进工作者表彰大会上，内蒙古自治区有15个单位被授予"全国煤炭工业先进集体"称号，25人被授予"全国煤炭工业劳动模范"称号，3人被授予"全国煤炭工业先进工作者"称号（下图）。会前，国务院总理温家宝接见出席表彰大会的全体代表。内蒙古煤炭工业协会委托媒体全程参加内蒙古代表团的表彰过程并制作《"行业楷模，时代标兵"——2007年全国煤炭工业劳动模范授奖纪实》内蒙古专题片，广泛宣传劳动模范的先进事迹。

9月29日 自治区政府印发《内蒙古自治区人民政府关于加强煤田（煤矿）火区专项治理工作的实施意见》。

10月16—18日 自治区煤炭工业局在鄂尔多斯市鄂托克旗棋盘井镇召开全区煤矿整合技改座谈会。各盟市各驻地煤矿安全监察分局、煤炭局及部分煤炭企业负责人80余人参加会议。

10月23日 以国家煤矿安全监察局副局长付建华为组长，国家煤矿安全监察局、国家发展改革委能源局和内蒙古煤矿安全监察局等单位联合组成的中央企业所属大型煤矿安全隐患排查第一督查组一行11人到神华宝日希勒煤业公司督查安全生产隐患排查治理专项行动和大型煤矿安全隐患排查工作开展情况。

10月24日 内蒙古自治区煤田地质局109勘探队被授予"全国地质勘查行业先进集体"称号。内蒙古自治区煤田地质局有5个项目被国土资源部授予"全国地质勘查行业优秀地质找矿项目"，分别是：151勘探队承担的"内蒙古自治区额和宝力格煤田特根召井田煤炭资源勘探"，104勘探队承担的"内蒙古自治区阿鲁科尔沁旗绍根煤田东、西区勘探"，472勘探队承担的"内蒙古自治区锡林郭勒盟贺斯格乌拉南部区露天煤矿勘探"，153勘探队承担的"内蒙古自治区东乌珠穆沁旗道特淖尔一区（南部）煤炭详查"和"内蒙古自治区东乌旗乌尼特煤田包日呼舒井田勘探"。

10月30日 自治区党委书记储波到神华北电胜利能源有限公司考察。

11月20日 国内引进的第一台大型迈步式拉斗铲投入试运行，准格尔矿区黑岱沟露天矿首次实现倒堆剥离内排工艺系统应用；煤炭经单斗汽车—坑边半固定破碎站—带式输送机运至地面选煤厂。

11月28日 国家发展和改革委员会发布《国家发展改革委关于印发国家核准煤炭规划矿区目录（2007年本）的通知》，呼伦贝尔市、通辽市、赤峰市、锡林郭勒盟、鄂尔多斯市、乌海市、阿拉善盟、包头市8个盟市划入国家核准煤炭规划矿区。

12月5日 大雁集团公司提前26天完成年初确定的500万吨原煤生产目标，这是大雁集团公司成立30年来年产原煤首次突破500万吨大关。

12月19日 全区煤炭行业首次特约通讯员工作座谈会召开。会议由内蒙古煤炭工业局、煤炭工业协会联合举办。会议交流了做好煤炭行业信息工作的经验，部署全区煤炭行业信息通讯工作，向首次聘任的50多名特约通讯员发放聘书，并聘请专业教师对聘任的通讯员进行了培训。

12月24日 《大雁矿区总体规划环评报告书审查意见》获国家环境保护总局批准。大雁矿区总体规划范围由大雁矿区和马达吉木区组成，规划面积429平方千米，含集团公司现有生产矿井一矿、二矿和在建矿井三矿及规划中的扎尼河露天矿，年开采总规模达1250万吨。

12月28日 伊泰集团投资2100万元兴建的205千伏太阳聚光光伏示范电站并入华北电网发电。

12月31日 自治区党委书记储波到神华乌达矿业公司考察。

同日 鄂尔多斯市煤矿整合技术改造工作全部完成。地方煤矿由之前的552处减少到276处，总设计生产能力由2004年的4880万吨/年增至14000万吨/年。

是年 内蒙古自治区煤矿设计研究院编制完成的《内蒙古白音华四号露天矿可行性研究报告》获中国工程咨询协会煤炭专业委员会颁发的2007年度煤炭行业（部级）优秀工程咨询成果一等奖，《内蒙古准格尔煤炭规划矿区矿权设置方案》《内蒙古东胜煤炭矿区矿权设置方案》分别获2007年度煤炭行业（部级）优秀工程咨询成果三等奖，《白音华矿区总体规划》获中国煤炭建设协会颁发的2007年度煤炭行业（部级）优秀工程设计三等奖。

是年 全区又有27人通过煤炭行业高级职业经理人资格认定，105人通过煤炭行业中级职业经理人资格认定。

是年 全区原煤产量为35438万吨，百万吨死亡率为0.195。

2008年

1月9日 自治区党委办公厅、政府办公厅发电视贺内蒙古伊泰集团有限公司2007年原煤生产1800万吨、煤炭经营总量超过3000万吨、资产总额和营业收入突破100亿元。

1月18日 经自治区政府同意，自治区经济委员会在其门户网站公布调整后的自治区100户重点企业名单，其中煤炭企业33家。

1月30日 为应对全国煤炭供应紧张局势，支援南方电煤供应，自治区煤炭工业局成立煤炭应急调度办公室并先后两次发出紧急通知，要求自治区33户重点煤炭企业在春节期间正常生产，按电煤合同保质保量完成供煤任务，并要求煤炭生产、经营企业严格按照2008年签订的合同价格优先供应电力、居民生活和化肥用煤，执行完合同量继续签订合同的及提前执行合同的，均不得涨价。对扰乱煤炭经营秩序、哄抬煤价的煤炭生产、经营企业将依法严肃处理。1月21—30日通过铁路运送出区的煤炭每天达57.3万吨。

1月31日 自治区政府授予霍林河露天煤业集团公司、内蒙古伊泰集团、中国神华能源股份有限公司神东煤炭分公司、神华集团准格尔能源有限公司"内蒙古工业20强企业"称号。

2月2日 自治区党委书记储波及自治区党委、政府有关领导到准格尔旗黑岱沟露天煤矿考察鄂尔多斯市支援南方救灾电煤生产情况。

2月16日 全区抗灾保煤工作圆满结束。自治区党委、政府针对我国南方地区发生的大范围雨雪冰冻灾害，成立抗灾保煤指挥中心，确保受灾地区人民群众生活需求，从2月1日至2月16日全区煤炭企业全力以赴挖掘潜力，电煤产量达870.02万吨，外运电煤906.23万吨。其中，鄂尔多斯、乌海地区日均电煤产量保持在55万~56万吨；煤炭外运量逐步上升，由2月2日的51万吨最高升至2月6日的58.99万吨。

2月20日 自治区政府召开2008年第4次主席办公会议，专题听取内蒙古伊泰集团公司工作报告，对伊泰集团提出3个要求：一是要进一步扩大煤炭生产规模，力争"十一五"年产煤炭量达到5000万吨；二是要进一步加大铁路和管网建设力度，为今后发展打好基础；三是要加快煤制油项目建设，尽快启动年产350万吨规模煤制油项目。

2月26日 内蒙古煤矿安全监察局召开全区煤矿安全监察工作会议。会议主要贯彻落实全国安全生产工作会议精神，总结2007年煤矿安全监察工作，安排部署2008年煤矿安全监察工作。

同日 自治区煤炭工业局印发《关于开展煤矿安全生产百日督查专项行动的通知》，并与内蒙古煤矿安全监察局联合组成4个督查组，对全区煤炭企业开展百日安全生产大督查。

3月6日 自治区政府率先颁布实施《内蒙古自治区露天煤矿安全质量标准化标准及考核办法》。国家安全生产监督管理总局、国家煤矿安全监察局和自治区政府对自治区编制的该标准及考核办法非常重视，多次了解编制进程并给予指导。

同日 内蒙古煤炭工业专家技术咨询委员会组建，专家工作部设在内蒙古煤炭工业协会，开展全区煤炭行业的有关项目可研、初设的技术评审。

3月17日 大雁鹤声公司被自治区科技厅等有关部门授予自治区科技名牌企业称号，成为"内蒙古自治区科技名牌企业"十佳之一。

3月18日 国家发展改革委印发《国家发展改革委关于神华集团公司宝日希勒露天煤矿改扩建工程项目核准的批复》（发改能源〔2008〕730号），核准露天矿1000万吨/年改扩建项目。

3月24日 国务院总理温家宝、副总理李克强在相关报告上就内蒙古煤田（煤矿）火区治理作出重要批示。自治区党政主要领导按照国务院调研组的意见迅速抓好落实。

3月26—28日 自治区煤炭工业局、内蒙古煤炭工业协会在鄂尔多斯市举办2008全国煤炭工业及矿业生产、安全技术装备（内蒙古）展览会暨内蒙古煤炭行业50强成就展。

4月11日 中天合创能源有限责任公司的"鄂尔多斯300万吨二甲醚项目"得到国家发展改革委的批准，并被列入《国家煤化工产业中长期发展规划》的示范工程。

4月16日 第三届鄂尔多斯国际煤炭及能源工业博览会在鄂尔多斯国际会展中心开幕。

4月17日 鄂尔多斯市人民政府召开紧急会议。会议要求，要把煤（井）田火区治理工作作为市人民政府2008年1号工程，坚持"统一规划、统筹安排，整体推进、综合治理，先易后难、科学有序，先控制后灭火"的治理原则，保障火区治理工作依法规范进行。

4月29日 以水利部副部长鄂竟平为组长的水利部水土保持监理执法专项行动小组到神华宝日希勒煤业公司检查露天矿水土保持情况。

4月30日 内蒙古煤矿安全监察局印发《煤矿安全监察驻矿责任制及奖罚办法》，按照谁监察，谁负责的原则，煤矿安全监察实行煤矿安全监察员分组、分片包矿责任制。

5月3—4日 中共中央政治局委员、国务院副总理张德江在神东矿区考察时指出，神华、神东为中国煤炭工业争光，为国家经济发展作出巨大贡献。

5月6日 矿山救援指挥中心在呼和浩特召开"内蒙古矿山救护队质量标准化考核规范实施细则"研讨会。内蒙古煤矿安全监察局党组成员、副局长曲来运出席会议并讲话。平庄、神华神东两个国家级矿山救护基地，扎赉诺尔煤业公司救护大队、神华乌达矿业公司救护大队等7个自治区级骨干救护队的大队长和总工程师参加会议。

5月22日 自治区党委书记储波等领导到内蒙古伊泰煤制油公司现场考察指导工作。

同日 神东煤炭分公司被人力资源和社会保障部确定为国家级高技能人才培养示范基地。

5月29日 自治区代主席巴特尔（下图右二）到内蒙古伊泰集团煤制油公司现场考察指导工作后，在准格尔旗主持召开现场办公会，贯彻落实5月28日国务院常务会议精神，研究切实抓好煤炭、电力生产和供应，以保障四川灾区和首都煤电供应，确保2008年奥运会用电需求。

5月30日 自治区煤炭企业纷纷向四川省汶川地震灾区捐款。其中，伊泰集团公司5月13日向四川地震灾区捐赠2000万元，全公司员工捐款135万元，缴纳特殊党费86万余元。

5月31日 中国神华能源股份有限公司与鄂尔多斯市政府就开发利用整装优质煤田在呼和浩特市签订战略合作框架协议。自治区党委、政府领导储波、巴特尔、任亚平、符太增、云峰，神华集团公司党组书记、董事长陈必亭，中国神华能源股份有限公司总裁凌文等出席签订仪式。

6月9日 根据国家产业政策和《内蒙古自治区淘汰落后产能工作实施方案》有关要求，自治区确定2008年淘汰落后生产能力目标：小火电45万千瓦、煤炭600万吨、炼钢10万吨、炼铁255万吨、水泥232万吨、焦炭130万吨、铁合金20.79万吨、电石55.78万吨、铜冶炼0.5万吨、铅冶炼5.2万吨、造纸1.7万吨、酒精0.5万吨。

6月30日 根据自治区经济委员会《关于委属煤炭企业组建集团实施整体改制的批复》，内蒙古煤炭供销总公司、内蒙古煤矿设计研究院、内蒙古煤炭科学研究院等单位由全民所有制改为社会法人参股、职工持股等多元投资的混合所有制独立法人企业。

7月1日 赤峰平庄煤业投资有限责任公司举行挂牌庆典（下图）。

7月7日 全国人大常委会委员长吴邦国、副委员长兼秘书长李建国等在自治区党委书记储波、代主席巴特尔及呼伦贝尔市党政领导陪同下，视察伊敏煤电公司。

7月17日 全国人大常委会副委员长周铁农视察神东矿区。

7月21日 全国政协常委、中国煤炭工业协会会长、国家安全生产监督管理总局原副局长王显政到神华北电胜利能源有限公司参观考察。

7月26日 内蒙古太豪国际物流有限公司举行首批进口原煤通关剪彩仪式。内蒙古太豪国际物流有限公司是太西煤集团与加拿大艾芬豪公司经过4年艰苦细致的谈判和大量的前期调研工作后，合资成立的一家独立法人经济实体。公司注册资金5000万元，主要致力于蒙古国原煤进口边境贸易和相配套的煤炭资源开发项目以及公路、铁路、物流园区等建设项目。

8月11日 神华呼伦贝尔煤、电暨褐煤提质工程开工剪彩仪式在国华宝电2×600兆瓦一期建设现场举行。自治区代主席巴特尔、自治区有关部门和呼伦贝尔市委、市政府有关部门领导出席。

8月14日 联合国工作人员工会主席意马德在准格尔旗大路煤化工基地参观。

8月23日 中国科学院专家组一行11人到神华宝日希勒煤业公司调研。

8月30日 由满洲里市国土局、扎赉诺尔煤业有限责任公司联合筹建的自治区首家矿山博物馆"扎赉诺尔国家矿山博物馆"开馆。

9月9日 自治区代主席巴特尔（下图前排左二）在锡林郭勒盟盟长张国华的陪同下到神华北电胜利能源有限公司调研。

同日 巴特尔到平庄煤业蒙东能源有限公司调研。

9月15日 在杭锦旗境内的神华集团首处千万吨级现代化立井——塔然高勒矿井开工。塔然高勒矿井位于鄂尔多斯市杭锦旗和达拉特旗交界处，井田面积492.65平方千米，设计可采储量11.88亿吨，矿井设计生产能力1000万吨/年，服务年限79.2年。由神华集团公司、神华集团乌达矿业公司、内蒙古北联电能源公司共同出资成立的神华杭锦能源有限责任公司负责开发，神华集团乌达矿业公司负责筹建。

9月20—22日 平庄煤业公司救护大队代表自治区参加在山西孝义举行的第七届全国矿山救护技术比赛，获得了模拟救灾项目三等奖、医疗救护项目二等奖、biopak呼吸器席位二等奖和三等奖。救护大队获得集体三等奖，被国家安全生产监督管理总局、国家煤矿安全监察局、中华全国总工会、共青团中央命名为"全国安全生产示范岗"。

10月9日 工业和信息化部副部长杨学山在自治区政协副主席郑福田、自治区信息办主任张铁网等陪同下到内蒙古伊泰集团公司调研。

10月12日 国家发展改革委核定昌汉沟煤矿（原名万利一矿）矿井生产能力为1000万吨/年。昌汉沟煤矿位于鄂尔多斯市东胜区塔拉壕镇，井田面积92平方千米，工业储量16.2亿吨，可采储量6.4亿吨，服务年限为105.6年。

10月28日 神华乌海能源有限责任公司召开公司成立庆祝大会。该公司由原神华集团乌达矿业公司、海勃湾矿业公司、乌海煤焦化公司、蒙西煤化公司于2008年10月26日重组整合而成，是神华集团有限责任公司下属的全资子公司，属大型国有独资企业。

11月3日 内蒙古煤矿安全监察局印发《内蒙古煤矿安全监察局行政处罚自由裁量权实施细则（试行）》（内煤安办字〔2008〕60号）。

11月4日 乌海市在海勃湾区温馨家园小区举行首批253户采煤沉陷区搬迁户居民入住仪式。2007年开始实施的沉陷区综合治理工程涉及受益户4307户。到2008年底，将有2887户居民搬迁入住，2009年将全部完成搬迁任务。

11月16日 铁道部副部长胡亚东率调研组到伊泰准东铁路公司就大秦线增量、货源西移、路企直通进行调研，并实地察看内蒙古伊泰集团西营子煤炭发运站。

11月18日 神华集团包头矿业公司与包头市劳动和社会保障局签署《神华集团包头矿业公司离退休人员移交属地管理协议书》，离退休人员移交属地，实现社会化管理。

11月19日 《煤化工工程设计防火规范》（国家标准）编制组成立暨第一次工作会议在包头市举行。

11月22日 中华全国总工会书记处书记李世明率调研组到内蒙古伊泰集团公司就工会工作和面对金融危机应采取的措施等问题进行调研。

11月25—26日 全国煤矿安全质量标准化工作座谈会在乌海市召开。会议期间，与会代表分组参观黄白茨煤矿、五虎山煤矿、正兴白云乌素煤矿及阿尔巴斯一矿。

12月7—19日 由文化部、国家广电总局、国家民委和自治区政府主办，内蒙古电视台、鄂尔多斯成龙煤炭集团承办的"成龙煤炭杯"国际蒙古族长调大奖赛在内蒙古电视台举行。大赛分为初赛、复赛、决赛和颁奖晚会4部分，共有来自中国、蒙古国、俄罗斯的350余人参加。

12月19—20日 国务院安全生产委员会抽调国家电力监管委员会、安全生产监督管理总局、水利部、农业部、国资委、煤矿安全监察局等部门的人员，组成安全生产督查组，由国家电力监管委员会副主席史玉波带队，到鄂尔多斯市就安全生产工作进行督查。

12月30日 神华集团鄂尔多斯煤直接液化示范工程第一条百万吨级生产线于14时46分投煤试车，至12月31日7时，打通全部生产流程，顺利实现油渣成型，产出合格的柴油和石脑油。装置连续运行303小时后按计划停车。这标志着中国成为世界上唯一实现百万吨/年级煤直接液化关键技术的国家。

12月31日 国家发展改革委核准内蒙古准格尔矿区珠江集团青春塔煤矿项目，矿井建设规模为600万吨/年，配套建设相应规模的选煤厂和铁路专用线。项目总投资19.04亿元。

是年 全区煤炭产量47270万吨，百万吨死亡率0.053。

2009年

1月8日 自治区党委书记储波、自治区代主席巴特尔在呼和浩特市会见神华集团公司董事长、总经理。储波希望神华集团在今后的发展中，进一步加大在内蒙古的投资力度，抓好重点产业的培育，实现神华集团和内蒙古的互惠双赢。

本月 神华宝日希勒能源有限公司被评为"全国精神文明建设工作先进单位"。

2月27日 自治区政府召开全区安全生产暨煤矿安全监察工作会议。自治区副主席赵双连出席会议并讲话。会上内蒙古煤矿安全监察局局长曹安雅总结2008年煤矿安全监察工作，并对2009年煤矿安全监察工作作出安排部署。

3月20日 9时38分,内蒙古伊泰集团公司16万吨/年煤间接液化工业化示范项目出油,标志着国内首家拥有完全自主知识产权的煤间接液化项目成功。

4月7日 自治区党委书记储波(下图右二)、自治区主席巴特尔(下图右三)到内蒙古伊泰煤制油有限责任公司调研,对公司煤间接液化工业化示范项目成功表示祝贺,并观看刚生产出的柴油。

4月8日 内蒙古伊泰煤制油费托合成装置连续运行446小时后,因合成污油罐加热蒸气盘管加热温度过高、设计时取消阻尼氮气,于凌晨4时30分引起管内混合油气在静电作用下闪爆,发生火灾。在自治区、鄂尔多斯市及准格尔旗各级政府、消防部门的参与帮助下,大火于当日16时扑灭。火灾造成直接经济损失400万元,未造成人员伤亡。

4月15—16日 全国政协常委、中国煤炭工业协会会长王显政,全国政协提案委员会副主任、内蒙古政协原主席王占到内蒙古伊泰集团公司先后考察伊泰京粤酸刺沟矿业有限责任公司、伊泰煤制油有限责任公司、伊泰准东铁路有限责任公司。

5月5—21日 由内蒙古煤矿安全监察局组织东西部培训中心承办的"千人培训"工程分别在包头市和海拉尔市开班。此次培训共3期,每期4天,共培训434人。

5月11日 伊东集团东华能源有限责任公司120万吨甲醇项目开工奠基。

5月17日 自治区主席巴特尔到神华宝日希勒能源有限公司HPU项目工程现场考察。

5月20日 由神东煤炭分公司、万利煤炭分公司、金烽煤炭分公司整合重组的神东煤炭集团有限责任公司成立大会在神东矿区召开。新组建的神东煤炭集团公司拥有17个矿井,其中千万吨级矿井10个(2000万吨/年以上的矿井3个),年生产能力达1.66亿吨。

同日 中国神华能源股份有限公司与鄂尔多斯市人民政府合资组建的新街能源股份有限责任公司成立。该公司负责新街矿区的煤炭资源综合开发和配套铁路、煤化工、煤制天然气等项目建设。

5月21—22日 国家安全生产监督管理总局副局长、国家煤矿安全监察局局长赵铁锤一行到乌海市检查工作,实地考察神华乌海能源西来峰工业园区、五虎山煤矿及乌达矿区棚户区搬迁改造项目进行情况。

6月11日 以煤矿瓦斯为发电燃料的乌海市天洁电力公司一期3台发电机组开始运行发电。项目全部建成投产后,每年可利用瓦斯1411万立方米、发电量为4234万千瓦时、减排甲烷10120吨、减排硫化氢16吨,全年可节省标煤14820吨。

6月12日 自治区政府印发《内蒙古自治区人民政府关于进一步完善煤炭资源管理的意见》,规定今后自治区配置煤炭资源将重点向国家和自治区重点煤炭转化、综合利用项目倾斜。同时,除了招标、拍卖等方式获得的矿权在配置资源时条件适当放宽外,在配置特殊稀缺性煤种资源时,项目的煤炭就地转化率必须达到60%以上。

6月18日 自治区政府印发《内蒙古自治区煤炭价格调节基金征收使用管理办法》，全区从7月1日开始征收煤炭价格调节基金。

6月20日 自治区政府办公厅印发《〈自治区人民政府机构改革〉的通知》撤销自治区政府工业办，设立自治区经济和信息化委员会，自治区煤炭工业局为自治区经信委管理的部门管理机构，内设煤炭行业管理处、煤矿安全生产监管处、煤矿灾害治理处，承担自治区煤炭生产安全监管和煤炭工业行业管理职责，在履行职责中具有一定的独立性。

6月29日 全国人大常委会副委员长路甬祥在自治区党委书记储波陪同下视察神华包头煤化工公司。

7月18日 乌海黑猫炭黑有限责任公司、乌海市泰和煤焦化有限责任公司一期8万吨/年炭黑、15兆瓦炭黑尾气余热发电项目投产。该项目主要利用当地煤焦化企业的副产品煤焦油、蒽油作为炭黑生产原料，焦炉煤气作为炭黑生产燃料，不仅延伸了煤焦化产业链条，也填补了自治区新工艺湿法炭黑产品的空白。

7月27日 自治区矿山应急救援工作座谈会在呼伦贝尔市扎赉诺尔煤业公司召开。

本月 中国煤炭工业协会会长王显政到神华宝日希勒能源有限公司考察调研（下图中）。

8月3—6日 国务院安全生产委员会副主任、国家安全生产监督管理总局党组书记、局长骆琳一行到自治区调研考察安全生产工作。自治区党委书记储波、主席巴特尔会见骆琳一行。

8月8日 自治区主席巴特尔到大唐国际锡林浩特矿业公司胜利东二号露天煤矿进行实地调研。

8月10日 国务院安全生产委员会副主任、国家安全生产监督管理总局党组书记、局长骆琳在内蒙古自治区副主席赵双连陪同下到内蒙古煤矿安全监察局调研。

8月14日 国土资源部部长徐绍史、总工程师张洪涛一行在自治区副主席赵双连陪同下，赴东胜煤田纳林希里煤炭普查项目工区看望、慰问煤田地质勘查一线职工。

8月22日 中共中央政治局常委、国家副主席习近平视察伊敏煤电公司时指出，要一手抓好企业的发展，另一方面要和当地的区域发展相结合；一手要搞好经济发展，另一手要把生态保护做好；一方面要提高企业的经济效益，另一方面要和职工的经济收入、当地群众的收入增长紧密结合起来，形成一种和谐共生、互惠互利的局面。

8月30日 大唐国际克什克腾煤制天然气以及输气管线工程项目在克什克腾煤电化基地开工建设。该项目位于内蒙古赤峰市克什克腾旗达日罕乌拉苏木锡滕海嘎查。项目分3期建设，总投资257.2亿元。

9月1日 内蒙古平庄煤业（集团）有限责任公司在锡林郭勒盟西乌珠穆沁旗举行白音华一号露天煤矿一期（700万吨/年）工程项目开工庆典。

9月2—3日 全国大型煤矿建设现场会暨推进煤炭生产规模化现代化发展论坛在鄂尔多斯市召开。中国煤炭工业协会会长王显政、国家安全生产监督管理总局副局长梁嘉琨、国家煤矿安全监察局副局长黄毅到会讲话。国家能源局副局长吴吟作书面发言。内蒙古煤矿安全监察局局长曹安雅、自治区煤炭局副局长王作储参加会议并在大会发言。

9月8日 根据自治区政府煤田（煤矿）火区治理工作领导小组的要求，自治区煤炭工业局出台《内蒙古自治区2009—2012年煤田（煤矿）火区治理工作实施方案》，并公布各盟市火区治理任务分解表，各盟市责任人（市长、盟长）与自治区政府签订《责任书》。自治区政府每年从财政拨款2亿元用于煤田（煤矿）灭火的前期工作。

9月14—15日 国家安全生产监督管理总局副局长王德学率领国务院安全生产委员会督查组到阿拉善盟、乌海市煤矿企业进行安全生产督查。

9月17日 全区重点矿区煤层气综合利用会在乌海市召开。会议原则通过《内蒙古自治区重点矿区近期煤层气开发利用实施方案》，根据方案，到2010年底前，自治区将以重点矿区为先导，带动全区有条件的地区和企业加快煤层气开发利用，在煤层气勘探、抽采、利用方面取得突破。自治区副主席赵双连出席会议并讲话。

10月14—16日 国务院办公厅秘书二局、国家能源局煤炭司调研考察组到阿拉善盟、乌海市、鄂尔多斯市检查煤田（煤矿）火区治理情况。调研组一行现场检查古拉本、桌子山、黄天棉图煤田（煤矿）灭火工程，在鄂尔多斯市听取自治区的汇报并交换意见。调研组对自治区煤田（煤矿）火区治理工作给予肯定。

10月16—17日 受国家能源局委托，由中国煤炭工业发展研究中心组织的大唐国际发电股份有限公司胜利东二号露天煤矿二期工程项目申请报告评估会在北京召开。来自国家发展改革委，中国煤炭工业发展研究中心，自治区发展改革委，锡林郭勒盟、市政府有关单位以及项目建设相关单位的领导、专家90余人参加会议。

10月18日 中共中央政治局常委、全国政协主席贾庆林到鄂尔多斯市调研。调研期间，分别到亿利能源化工循环经济产业基地、神华鄂尔多斯煤制油分公司、鄂尔多斯集团等地观看生产流程。

11月20日 全区煤矿瓦斯抽采利用及火区治理工作座谈会在呼和浩特召开。自治区煤炭工业局局长王旺旺主持会议。

11月28日 中国国电集团平庄煤业集团公司召开平庄矿务局建局50周年暨煤炭产量突破2000万吨庆典。中国国电集团，赤峰市党委、政府，自治区煤炭工业局等领导出席庆典活动（下图）。

11月30日 国家发展改革委确定内蒙古伊泰煤制油有限责任公司为"煤间接液化国家地方联合工程研究中心"。

12月8日 国家发展改革委发文核准内蒙古汇能煤化工有限公司年产16亿立方米煤制天然气项目。项目建设地点为鄂尔多斯市伊金霍洛旗，总投资88.7亿元。这是国家发展改革委核准的第一个非公有制企业投资的煤制天然气项目。

12月13日 自治区党委书记胡春华考察霍林河矿区。

12月23—25日 国家能源局煤炭司组织华能伊敏煤电有限责任公司伊敏煤电联营二期工程（煤矿部分）竣工验收。

12月25日 自治区政府与中国中煤能源集团有限公司在呼和浩特市就共同开发建设清洁能源问题举行会谈。自治区主席巴特尔，中煤集团董事长吴耀文、总经理王安出席会议。

12月28日 由通辽金煤化工有限公司开发建设，并拥有完全自主知识产权的世界首创120万吨级煤制乙二醇项目一期工程在通辽市经济开发区完成联动试车，并成功生产出合格产品，结束了采用石油技术路线生产乙二醇的历史。

是年 全区原煤产量60375万吨，百万吨死亡率0.055。

2010年

1月1日 内蒙古自治区煤炭工业局官网《内蒙古煤炭网》升级改版正式开通。为更好服务与广大煤炭企事业单位，成为政府与社会公众之间加强联系和沟通的有效载体，《内蒙古煤炭网》采用最新的互联网技术，对网站再次进行升级改版。升级后的《内蒙古煤炭网》增加了多项新的服务功能，充分发挥互联网的优势，成为政府电子政务对外服务窗口，增加了对外宣传、政务公开、咨询服务、网上办事等主要功能。

1月5日 自治区党委书记胡春华一行到神华宝日希勒能源有限公司露天矿和褐煤提质工业试验项目现场调研。

1月13日 国家能源局召集国内十余名院士、专家在呼和浩特市召开煤制油产业发展座谈会。与会专家考察内蒙古伊泰煤制油公司16万吨/年示范工程后，对项目建设给予充分肯定和高度评价。

1月31日 自治区党委书记胡春华，自治区党委秘书长符太增，自治区人大常委会副主任云秀梅以及自治区民政厅、劳动和社会保障厅领导到内蒙古大唐国际锡林浩特矿业公司考察调研，并深入生产现场慰问生产一线的干部职工。

2月4—6日 国家煤矿安全监察局副局长王树鹤带队的国家安全生产监督管理总局督查慰问组对自治区春节、全国"两会"其间的安全生产安排部署情况进行督查，并慰问自治区安监和内蒙古煤监系统的干部职工。

3月1日 7时20分，神华乌海能源公司骆驼山煤矿在基建施工中发生特别重大透水事故。当班井下有作业人员77名，事故发生后，经抢救46人相继升井（其中1人经抢救无效死亡），事故共造成32人遇难，7人受伤，直接经济损失4853万元。事故发生后，中共中央总书记胡锦涛，国务院总理温家宝和副总理张德江立即作出重要批示，要求千方百计抢救被困人员，并做好善后工作。

3月12日 内蒙古自治区政府与宁夏回族自治区政府、中国烟草总公司、神华集团有限责任公司在北京共同签署《内蒙古上海庙矿区煤炭资源整合开发合作协议》。国家发展改革委副主任、国家能源局局长张国宝，内蒙古自治区党委书记胡春华，宁夏回族自治区党委书记陈建国，内蒙古自治区主席巴特尔，宁夏回族自治区主席王正伟，内蒙古自治区党委副书记、副主席任亚平出席签字仪式。

3月17日 内蒙古煤矿安全监察局召开煤矿监察视频会议，强调认真贯彻"两会"精神，深刻汲取神华骆驼山"3·1"特别重大透水事故教训，全力以赴搞好煤矿安全监察工作。

3月21—22日 自治区党委书记胡春华先后到乌海能源公司蒙西化工园区、内蒙古汇能煤电集团和内蒙古伊东集团循环经济产业基地考察煤化工项目。

3月25日 自治区主席巴特尔主持召开主席办公会议，专题研究内蒙古伊泰集团公司煤制油项目建设和发展事项。

3月31日 扎赉诺尔煤业有限责任公司设计年生产能力500万吨的灵东煤矿，开始联合试运转。

4月16—18日 第五届中国鄂尔多斯国际煤炭及能源工业博览会暨国际新能源投融资高峰论坛在鄂尔多斯市康巴什新区举办。以"构建合作交流平台，推动煤炭能源新增长"为主旨，设立煤炭能源企业形象与成果、煤炭能源设备、大型煤炭机械装备3个展区，共有来自美国、德国、英国、瑞士、日本的452家国际煤炭企业参展。

4月28日 伊敏煤电公司"数字露天矿建设"项目在中国煤炭工业协会召开的全国煤炭企业管理现代化创新成果发布会上，荣获管理现代化创新成果一等奖。

4月30日 鄂尔多斯市煤炭企业5年内营造10万亩碳汇林项目启动。从2010年1月1日起，境内所有的煤炭企业每生产10吨煤捐植1棵"减碳树"。具体为：精煤区每产1吨煤捐赠1元植树费用、半精煤区捐赠0.7元、煨煤区捐赠0.4元，由各旗区煤炭管理部门按月集中提取上缴市煤炭局专户储存，造林项目规划、建设工作由各级林业部门组织实施。截至当日，全市已经落实碳汇造林任务1000公顷。

同日 神华准能公司选煤厂厂长武国平、扎赉诺尔煤业有限责任公司露天煤矿汽运段技术员潘凤涛、乌海能源公司煤矿综放队队长魏孝华、平庄煤业西露天煤矿采掘段副段长侯景芳获"全国劳动模范"称号。

5月7日 神华准能公司露天煤矿高台阶抛掷爆破及拉斗铲倒堆剥离关键技术研究与应用项目获自治区科技进步一等奖。

5月20日 由铁道部副部长胡亚东带领的国务院安全生产委员会督查组到内蒙古伊泰集团公司检查安全生产工作。

5月26日 中国科学院副院长李静海率相关科技人员对内蒙古伊泰煤制油项目进行考察。

6月10—11日 大唐国际发电股份有限公司胜利东二号露天煤矿一期工程（1000万吨/年）项目通过由国家能源局煤炭司组织的竣工验收。该露天煤矿是国家煤炭工业"十一五"规划的10个千万吨露天煤矿之一。

6月20日 自治区政府办公厅印发《关于自治区经济和信息化委员会主要职责内设机构和人员编制规定的通知》（内政办发〔2010〕59号），内蒙古自治区煤炭工业局仍为自治区经信委的内设机构，承担自治区煤炭生产安全监管和煤炭工业行业管理职责，在履行职责中具有一定的独立性。下设煤炭行业管理处、煤矿安全生产监管处和煤矿灾害治理处。

6月24—25日 全区煤田（煤矿）火区治理现场会在乌海市、鄂尔多斯市两地分别召开。自治区副主席赵双连出席会议并讲话。

6月25日 中国职业安全健康协会2009年度"神华杯"科学技术奖颁奖大会在北京人民大会堂举行，"伊敏露天矿安全高效生产智能监控系统与管理决策系统"项目获得中国职业安全健康协会2009年度科学技术一等奖。

6月26—27日 外交部副部长傅莹带领欧洲国家驻华使节考察团一行到鄂尔多斯市神华集团鄂尔多斯煤制油分公司项目区、神东公司补连塔煤矿参观考察。

7月12日 自治区党委书记胡春华

到大唐国际克什克腾煤制天然气有限责任公司调研。

7月25日 中央电视台"心连心"艺术团小分队到伊泰煤制油公司厂区慰问演出（下图）。

8月2日 内蒙古煤矿安全监察局局长曹安雅在赤峰市主持召开赤峰市、通辽市、锡林郭勒盟地区煤矿矿长、总工程师座谈会。座谈会的主要任务是认真吸取神华骆驼山煤矿"3.1"特别重大透水事故教训，贯彻落实7月20日国家安全生产监督管理总局安全生产视频会议精神，学习贯彻《国务院关于进一步加强企业安全生产工作的通知》，采取措施，坚决遏制重特大事故再次发生。

8月7日 全国人大常委会副委员长华建敏到内蒙古伊泰煤制油公司考察。全国人大财政经济委员会副主任储波，全国政协常委、中国煤炭协会会长王显政陪同考察。

8月28日 中共中央统战部副部长尤兰田、台盟中央主席黄志贤及中央统战部机关党委领导等一行60多人到内蒙古伊泰集团公司考察党建工作。

9月10日 大雁煤业公司划转到国网能源开发有限公司，更名为国网能源内蒙古大雁集团有限公司，但未办理工商注册变更手续。公司股权结构仍为国网能源开发有限公司70%，华电集团20%，呼伦贝尔市政府10%。

9月12—17日 由神华集团主办的"神华杯"采煤技能国际邀请赛在鄂尔多斯市神华准格尔露天煤矿和补连塔煤矿举行（下图）。来自美国、俄罗斯、德国、澳大利亚、印度、南非、印度尼西亚、越南和中国的12支代表队、150多名选手参加比赛。这是世界煤炭工业史上首次采煤技能大型国际赛事，对各主要产煤国加强技术交流、共享安全实践经验等具有重要意义。来自美国博地能源公司、俄罗斯库兹巴茨公司、澳洲万德公司、印度国家煤炭公司和神华集团等企业的参赛者分别获得总计115个集体和个人奖项。

9月24日 为期3天的第二届中国·内蒙古国际煤炭暨新能源产业博览会、国际风力产业发电博览会在内蒙古国际会展中心开幕（下图），来自国内外280家企

业展示煤炭、新能源领域的先进技术与设备。应邀参展的中国华能、中国神华、中国海油、中国华电等国内知名大型煤炭及能源企业集团，在展示风能、太阳能、热

能等新能源领域的先进技术与设备的同时，也诠释了近年来国内外煤炭及新能源产业的发展成就。

9月27—28日 自治区副主席赵双连带领安全生产委员会成员单位主要负责人就贯彻落实《国务院关于进一步加强企业安全生产工作的通知》精神，进一步做好国庆期间安全生产工作，到呼伦贝尔市检查指导安全生产工作。

10月26日 自治区煤炭工业局在呼和浩特市召开全区推进煤田（煤矿）火区治理工作座谈会。自治区煤炭工业局下达自治区本级第一批火区治理补贴资金分配方案，与火区治理专家研究制定、修改完善火区勘查、专项设计、监测监控和竣工验收等规程规范。

11月1日 自治区政府在乌海市召开部分盟市煤田（煤矿）火区治理会议。自治区副主席赵双连出席会议并讲话。

11月4—6日 内蒙古煤矿安全培训中心举办自治区首期煤田（煤矿）火区治理培训班。鄂尔多斯市、乌海市、包头市、锡林郭勒盟安全生产监管部门的工作人员和部分煤炭企业负责人共190人参加培训。

11月10日 自治区煤炭工业局领导完成对呼和浩特市、巴彦淖尔市煤田（煤矿）火区治理工作的督查和调研。至此，自治区煤炭工业局对全区煤田（煤矿）火区治理工作第一轮督查和调研工作全部完成。

11月15日 国家煤矿安全监察局任命杨泽余为内蒙古煤矿安全监察局局长。

11月16—17日 在2010年中国煤炭企业家高层论坛暨行业表彰大会上，伊敏煤电公司通过第二批AAA级企业信用等级评价结果复检，露天矿"数字露天矿"项目荣获科学技术奖二等奖，露天矿被命名为"2009年度特级安全高效露天矿"。至此，伊敏煤电公司露天矿连续十年荣获全国特级安全高效露天矿光荣称号。

11月19日 投资30亿元的冀中能源邢矿集团30万吨合成氨、52万吨尿素项目在巴彦淖尔市五原县开工建设。河北省副省长张杰辉、内蒙古自治区副主席赵双连出席项目奠基仪式。

11月30日—12月2日 鄂托克旗宏斌煤矿火区治理项目通过由自治区煤炭工业局组织相关部门及专家组成的验收委员会的竣工验收。鄂托克旗宏斌煤矿火区治理项目是自治区首个申请竣工验收的灭火工程。

12月7—11日 国务院安委办副主任、国家安全生产监督管理总局副局长孙华山带领国务院第14督查组到包头市、鄂尔多斯市进行安全督查。

是年 全区煤炭产量78665万吨，百万吨死亡率为0.062。

2011年

1月21日 国土资源部命名表彰全国国土资源管理系统先进集体和先进工作者，内蒙古自治区煤田地质局109勘探队被授予"全国国土资源管理系统先进集体"荣誉称号。

2月25日 内蒙古自治区煤田地质局与中原油田公司在河南濮阳正式签署长期战略合作伙伴协议。双方在勘查开发石油、天然气、煤层气资源和地质资料信息共享、工程承包以及技术服务优先等方面深入合作。

2月28日 随着中国神华第二批注资上市工作的完成，神华集团包头矿业有限责任公司李家壕煤矿、阿刀亥矿、水泉露天煤矿等部分资产完成产权交割，正式纳入中国神华能源股份有限公司上市运作。

3月14日 亿利资源集团携手中国泛海集团、大连万达集团、四川宏达集团、浙江传化集团、上海均瑶集团、内蒙古亿利能源股份公司在京组建绿色清洁能源联合投资企业，并与鄂尔多斯市签约建设绿色清洁能源示范基地。全国政协副主席、工商联主席黄孟复，国家科技部副部长王伟中，自治区主席巴特尔，自治区政协主席任亚平及鄂尔多斯市党政领导出席签约仪式。

3月15日 自治区政府印发《自治区煤炭企业兼并重组方案》，计划到2013年底，全区煤炭生产企业最低规模为120万吨（有条件的地区可提高到300万吨），地方煤炭企业数量控制在80~100户。通过兼并重组，在地方煤炭生产企业中形成1~2户亿吨级、5~6户5000万吨级、15~16户千万吨级的企业，形成营业收入超百亿元的煤炭企业20户。

3月16日 自治区政府在呼和浩特市召开全区煤炭企业兼并重组工作会议，研究部署煤炭企业兼并重组工作。自治区副主席赵双连出席会议并讲话。

4月6—18日 第六届中国鄂尔多斯国际煤炭及能源工业博览会暨首届中国煤化工发展高峰论坛在鄂尔多斯市举行。煤博会期间，100多家能源投资及大型装备制造企业签约项目112个，达成意向性投资接近300亿元，总投资5亿元以上项目17个。

4月11日 自治区党委书记胡春华到内蒙古伊东集团东兴化工有限责任公司调研。

4月23日 鄂尔多斯市乌兰集团总投资105亿元的135万吨合成氨、240万吨尿素援建兴安盟项目在兴安盟乌兰浩特市开工。自治区党委书记、人大常委会主任胡春华，自治区副主席赵双连等领导以及兴安盟、鄂尔多斯市主要领导参加开工仪式。

4月26—28日 "全国煤矿建设项目安全监察工作座谈会"在鄂尔多斯市召开。会议由国家煤矿安全监察局监察司副司长刘志军主持，国家煤矿安全监察局副局长付建华讲话。内蒙古煤矿安全监察局党组书记、局长杨泽余参加会议并致欢迎词。国家煤矿安全监察局机关司、办及各省（直辖市、自治区）煤矿安全监察局有关领导和部门负责人参加会议。

5月4日 全国人大常委会副委员长盛华仁到包头考察煤制烯烃项目。

5月29日 全国政协经济委员会副主任、国家能源局原局长张国宝一行到内蒙古大唐国际克什克腾煤制天然气有限责任公司考察。

5月30日 在2011年科学技术部、国务院国资委、全国总工会联合发布的国家第三批创新型企业名单中，内蒙古伊泰集团公司被确认为国家级创新型企业。

6月15日 内蒙古大唐国际锡林浩特矿业有限公司与太原重工股份有限公司举行WK-75型挖掘机合同签字仪式。

6月24日 国家矿山救援鄂尔多斯基地落成。该基地为国家23个矿山救援基地之一，依托神华神东煤炭集团救护大队，将为周边地区提供快捷、高效的应急救援服务，服务半径150千米。

6月27日 国家安全生产监督管理总局、国家煤矿安全监察局公布2010年度国家级安全质量标准化煤矿的名单，内蒙古59家煤矿企业成为"国家级安全质量标准化煤矿"。

7月11日 全区煤田（煤矿）火区治理现场会在包头市召开。自治区副主席赵双连出席会议并讲话。

7月12日 自治区党委书记胡春华（下图前排右一）到平庄煤业集团公司老

公营子煤矿调研。

8月11日 国家发展改革委主任张平（下图右三）、国家能源局副局长吴吟到神华宝日希勒能源有限公司考察。

8月17日 国家煤矿安全监察局中央企业煤矿安全隐患排查治理分析会在呼伦贝尔市召开。国家安全生产监督管理总局、国家煤矿安全监察局有关司局负责人，部分省（自治区）煤炭行业管理部门、煤矿安全监管部门和省级煤矿安全监察机构主要负责人，16家涉煤中央企业集团总部分管负责人及安全管理部门人员参加会议，国家煤矿安全监察局副局长彭建勋出席会议并讲话。

8月19日 自治区煤炭企业兼并重组工作领导小组召开会议，自治区副主席、领导小组组长赵双连主持会议。会议对批复盟市实施方案、规范工作程序等提出具体要求。

8月26日 国家安全生产监督管理总局副局长杨元元考察呼伦贝尔监察分局，并同分局全体监察人员进行座谈。自治区安全生产监督管理局局长张院忠参加座谈会。

9月17日 根据国家煤矿安全监察局《关于开展煤矿安全许可证专项执法监察的通知》要求，国家煤矿安全监察局煤矿安全许可专项检查组到内蒙古煤矿安全监察局检查指导工作。

9月20日 在第三届全国道德模范评选中，原包头矿务局河滩沟矿二采区退休职工朱清章荣获全国孝老爱亲模范称号。

9月25日 国土资源部副部长汪民一行就和谐矿区建设工作到内蒙古伊泰集团大地精煤矿调研。

9月26日 内蒙古科技大学煤炭学院举行揭牌庆典。

10月3日 内蒙古煤矿设计研究院有限责任公司设计完成《鄂尔多斯市华兴能源有限公司唐家会煤矿选煤厂可行性研究报告》（设计规模1500万吨/年）。

10月9日 自治区政府办公厅印发《关于做好煤炭资源整合工作有关事宜的通知》，对资源整合工作程序，不宜单独设置矿权空白区整合要求作出具体规定。

10月20日 自治区政府办公厅印发《关于加快推进煤炭企业兼并重组工作的通知》，进一步明确兼并重组的工作职责，对简化工作程序、提高工作效率，严禁擅自转让、买卖采矿权作出明确规定。

10月27日 神华准格尔能源有限责任公司负责建设的准格尔矿区煤炭绿色开采及伴生资源综合利用示范基地被确定为国家首批40个示范基地之一。在国土资源部、财政部组织召开的《矿产资源综合利用示范基地建设合作协议》签字仪式上，神华集团公司副总经理韩建国代表神华集团公司及中央矿业企业与国土资源部签署《矿产资源综合利用示范基地建设合作协议》。

11月1日 华能伊敏煤电公司煤电三期扩建工程（煤矿部分）项目被评为"2010年度全国建设工程优秀项目管理成果二等奖"。同时，该项目还被评为煤炭行业优质工程和"太阳杯"工程。

11月5日 内蒙古煤矿设计研究院有限责任公司编制完成《新疆神华矿业公司新疆准东煤田五彩湾矿区五号露天煤矿可行性研究报告》（设计规模1000万吨/年）。

11月17日 蒙古国矿业公司驻中国分公司总经理、煤化工方向技术总监等一行20余人到内蒙古伊泰煤制油公司参观考察。

11月20日 在中国矿业联合会第五次会员代表大会上，准能公司黑岱沟露天煤矿被列入首批37家国家级绿色矿山授牌名单，并获得国土资源部颁发的国家级绿色矿山试点单位牌匾。

11月21日 全区东部煤矿安全生产暨瓦斯防治现场会在赤峰市召开。自治区副主席赵双连出席会议并讲话。

12月5日 内蒙古自治区煤化工标准化技术委员会（SAM/TC01）在呼和浩特成立。第一届委员会由35名委员组成，秘书处承担单位为内蒙古自治区石油化学工业检验测试所。主要职责为煤化工基础标准、管理标准、产品标准、检验检测方法等领域的地方标准制修订及审定工作。

12月6日 国务院安全生产委员会督查组到自治区进行安全生产督查工作。

12月14日 国家能源局召开内蒙古鄂尔多斯市沿黄河产业带煤炭分级利用项目方案汇报会。国家发展改革委原副主任张国宝、国家发展改革委装备及产业司、国家能源局高新技术处负责人，自治区能源局局长王秉军，内蒙古伊泰集团、中科合成油技术公司等企业负责人参加会议。会议原则通过中科合成油公司编制的《煤炭分级利用方案》，认为此方案是传统煤化工升级之路，是高油价时期的反制措施，是后石油化工时代的技术制高点。

12月16日 神华准格尔矿区矿产资源综合利用示范基地揭牌暨神华准格尔矿区煤炭伴生资源循环经济产业项目一期年产100万吨氧化铝示范厂开工奠基仪式在准格尔旗大路工业园区举行。自治区主席巴特尔、国土资源部规划司副司长鞠建华、神华集团领导在准格尔能源公司共同为示范基地揭牌。

12月17日 准能公司黑岱沟露天煤矿煤炭生产突破3000万吨大关，黑岱沟露天煤矿成为国内首处单矿年产原煤3000万吨的露天煤矿。

12月19日 全区西部煤矿安全生产暨瓦斯防治工作会议在鄂尔多斯市召开，自治区副主席赵双连、自治区安全生产监督管理局局长张院忠，自治区经信委副主任白培珠、自治区煤炭工业局副局长出席会议。内蒙古煤矿安全监察局党组书记、局长杨泽余在会上传达全国煤矿瓦斯防治现场会精神，通报全区煤矿安全生产情况。

12月20日 内蒙古伊泰集团公司被中央精神文明建设指导委员会授予"全国文明单位"称号。

12月27日 内蒙古大唐国际锡林浩特矿业公司胜利东二号露天煤矿一期工程荣获"2010—2011年度国家优质工程金质奖"。

12月28日 神华神东煤炭集团商品煤年总产量达到2.002亿吨，同比增长748万吨。标志着神东煤炭集团跃升为国内首个2亿吨级商品煤基地。

是年 全区原煤产量97926万吨，百万吨死亡率0.051。

2012 年

1月4日 自治区党委书记胡春华到兴安盟考察鄂尔多斯市乌兰煤炭集团大化肥项目和圣华新药业公司。

1月12日 自治区党委书记胡春华,自治区主席巴特尔在呼和浩特会见神华集团董事长、总经理一行。

1月17日 内蒙古煤矿安全监察工作会议召开,内蒙古煤矿安全监察局党组书记、局长杨泽余全面总结内蒙古煤矿安全监察局2011年工作,系统分析当前煤矿安全生产面临的形势与问题,安排部署内蒙古煤矿安全监察局2012年工作重点。

1月30日 自治区党委书记胡春华(下图右二)、秘书长符太增、自治区副主席赵双连及有关部门的负责人到准格尔旗大路煤化工产学研创新基地及联科清洁能源技术有限公司考察时,听取煤间接液化技术项目负责人李永旺博士介绍煤制油技术研发和生产情况。

1月31日 根据自治区人力资源和社会保障厅《关于将原"五七工"纳入城镇企业员工基本养老保险的通知》精神,神华集团包头矿业有限责任公司完成原包头矿务局"五七工"参保工作,3754名原"五七工"通过劳动部门审核,顺利纳入包头市城镇基本养老保险范畴。

3月7日 自治区政协主席任亚平在参加全国政协十一届五次会议特邀代表分组讨论政府工作报告和计划报告及预算报告时建议,将内蒙古建设成为国家煤炭深加工基地,同时进一步加快特高压输电通道建设,优化国家能源结构,促进经济长期平稳较快发展。

3月21日 全国非公有制企业党的建设工作会议在北京召开。内蒙古伊东集团党委书记、监事长郝锐军作为自治区非公有制企业党组织书记唯一代表参会,并受时任中共中央政治局常委、中央书记处书记、国家副主席习近平接见。集团党建工作被列为全国19个非公有制企业典型之一作书面交流。

3月22—25日 国家煤矿安全监察局副局长彭建勋带队,国家安全生产监督管理总局、国家煤矿安全监察局、神华集团领导一行到神华神东煤炭集团公司调研。

3月29日 乌兰集团投资300万元在内蒙古大学、内蒙古师范大学分别设立"乌兰集团奖助学基金"。

本月 乌海市华油天然气有限责任公司的年处理焦炉煤气20亿立方米,年产液化气23.8万吨,富氢气9000万立方米,清洁油10万吨项目建成投产。乌海市德晟煤焦化有限责任公司年产20万吨粗苯加氢、20万吨蒽油加氢项目建成投产。

4月9日 国土资源部公布第二批国家级绿色矿山试点单位煤矿部分的名单。自治区伊泰京粤酸刺沟煤矿、华能伊敏煤电公司露天矿、内蒙古伊泰集团大地精煤矿、神东天隆集团武家塔露天煤矿入选。

4月10日 内蒙古伊泰集团再度荣获民政部颁发的"最具爱心捐赠企业"奖。神华集团等3个涉煤企业获"最具爱心捐赠企业"奖。

4月23日 大雁集团随国网能源公

司成建制划转神华集团（2012年9月，更名为神华国能大雁集团有限公司）。

4月25日 国家安全生产监督管理总局公布荣获2011年度"全国安全文化建设示范企业"荣誉称号的81家企业。内蒙古伊泰煤制油有限公司、内蒙古大雁矿业集团有限责任公司雁南煤矿入选。

5月18日 自治区煤炭工业局印发《关于集中开展煤矿安全生产和"打非治违"大检查的通知》，把水患排查治理、汛期安全生产同正在开展的安全生产"打非"行动结合起来，对所辖煤矿进行全面的水患检查。

5月19日 国家安全生产监督管理总局、国家煤矿安全监察局官网公布，全国2011年煤炭产量1000万吨以上且全年实现安全生产零死亡企业共有26家。内蒙古境内神华集团宝日希勒能源公司、神华集团北电胜利能源有限公司、神华集团准格尔能源公司、中国电力投资公司蒙东能源公司、华能集团伊敏煤电有限责任公司、内蒙古伊泰集团有限公司、内蒙古满世煤炭集团股份有限公司、内蒙古汇能煤电集团有限公司共8家企业上榜。

5月20日 全国人大常委会副委员长、全国妇联主席陈至立在自治区主席巴特尔陪同下视察神华包头煤化工公司。

5月22日 在全国矿产资源节约与综合利用经验交流会上，神华神东煤炭集团公司补连塔煤矿、内蒙古东升庙矿业有限责任公司、鄂尔多斯市准格尔旗美日煤炭公司、内蒙古金陶股份有限公司和中国黄金集团内蒙古矿业有限公司5家矿山被评为优秀矿山企业。

7月11日 国家安全监管总局党组成员、副局长杨元元到内蒙古煤矿安全监察局鄂尔多斯分局考察工作。

7月12日 内蒙古伊泰煤炭股份有限公司H股（简称"伊泰煤炭"）在香港联合交易所主板成功挂牌上市（股票代码：3948），成为自治区第一家B股、H股一并上市的企业。自治区副主席布小林出席挂牌仪式。

7月23—24日 内蒙古伊泰集团荣获自治区主席质量奖，奖金100万元，全区共有5家企业荣获自治区主席质量奖。内蒙古伊泰集团成为唯一获此殊荣的煤炭企业（下图）。

8月5日 自治区党委书记胡春华到内蒙古太西煤炭集团有限公司调研。

8月15日 由内蒙古煤矿安全监察局组织的全区国有重点煤矿企业安全生产工作座谈会在锡林浩特市召开。10家中央企业与14家省外国有企业的160名负责人参加会议。国家煤矿安全监察局副局长彭建勋、自治区政府副秘书长曹晓斌出席会议并讲话。内蒙古煤矿安全监察局局长杨泽余主持会议并发言。

8月30日 《伊泰集团志（1988—2010）》荣获内蒙古自治区哲学社会科学优秀成果政府奖二等奖。该部志书是内蒙古伊泰集团有限公司历时4年编纂完成的，于2011年由内蒙古人民出版社出版，也是自治区煤炭企业首部获得自治区政府奖的志书。

8月31日 全区煤田（煤矿）火区治理和采空区灾害综合治理座谈会在呼和浩特市召开。

9月11日 国土资源部部长徐绍史

到伊泰集团公司考察煤制油项目。

9月14日 人力资源和社会保障部、中国煤炭工业协会印发《关于表彰全国煤炭工业先进集体、劳动模范和先进工作者的决定》，内蒙古自治区鄂尔多斯煤炭局等18个单位被授予"全国煤炭工业先进集体"荣誉称号，28人被授予"全国煤炭工业劳动模范"荣誉称号，3人被授予"全国煤炭工业先进工作者"荣誉称号。

10月11日 人力资源和社会保障部副部长王晓初一行到内蒙古伊泰集团有限公司考察就业和人才培养工作后指出，伊泰集团在摸索中走出一条既不同于国有企业，也不同于国外一般的民营企业的、具有中国特色的民营企业发展道路。

10月15日 自治区党委书记胡春华考察乌兰集团支援兴安盟建设项目时，强调对乌兰集团等积极推进项目建设的企业尽快给予落实资源配置相关事宜。

10月17日 内蒙古东华能源有限责任公司120万吨甲醇（一期60万吨/年）项目流程全部打通，联动试车取得成功。公司一期60万吨/年甲醇项目经过全体员工875个日夜的奋战，顺利产出合格产品。

10月17—28日 自治区煤炭工业局与内蒙古煤矿安全监察局联合组成4个督查组，对全区煤矿安全生产重点工作进行督查。

10月25日 自治区党委书记胡春华到伊泰酸刺沟煤矿就煤炭产业发展及安全生产问题进行调研。

11月7日 中国煤炭工业协会发布2011年全国亿吨产煤省（区）名单。内蒙古自治区、山西省、陕西省名列三甲。

11月30日 中国煤炭工业协会发布"2012中国煤炭企业100强"和"2012中国煤炭企业煤炭产量50强"名单。内蒙古15家企业入榜"2012中国煤炭企业100强"，11家企业入榜"2012中国煤炭企业煤炭产量50强"。

12月7日 国家发展改革委检查组一行深入乌海市裕隆利胜煤矿、乌化一矿生产一线检查生产领域"打非治违"专项行动和监管执法工作。

12月16日 截至当日18时，哈尔乌素露天煤矿原煤产量全年累计达3001万吨，成为继黑岱沟露天煤矿之后的又一处年产超3000万吨的露天煤矿，同时也成为全国第一个5年内建成年产原煤超过3000万吨的特大型露天煤矿。

12月20日 内蒙古自治区煤炭工业专业技术服务中心经自治区编办批准成立，为隶属自治区经信委的正处级差额拨款事业单位，核定事业编制20人。

12月26日 全国煤炭工业安全高效矿井（露天）建设经验交流暨表彰会在河南省郑州市召开。自治区有27处矿井（露天）获奖。

是年 全区煤炭产量106194万吨，百万吨死亡率0.031。

2013年

1月4日 由中国煤炭工业协会评审通过，决定命名华能伊敏煤电有限责任公司露天矿为全国特级安全高效露天矿。

1月8日 内蒙古煤矿安全监察局在呼和浩特市召开2012年全区煤矿安全监察工作会议。

1月25日 内蒙古蒙泰不连沟矿井及选煤厂工程荣获"2012—2013年度中国建设工程鲁班奖"，是自治区煤炭行业中首次获此殊荣的工程。

2月1日 国家煤矿安全监察局办公室印发《关于印发内蒙古自治区鄂尔多斯市普查煤矿采空区主要经验的通知》，

肯定鄂尔多斯市组织开展煤矿采空区普查的效果，并对其做法和经验予以推广。

2月18日 国家发展改革委印发《国家发展改革委关于内蒙古新街矿区红庆河煤矿项目核准的批复》，批准内蒙古伊泰广联煤化有限责任公司红庆河煤矿项目矿井建设规模1500万吨/年，配套建选煤厂。

3月1日 自治区机构编制委员会根据自治区煤炭工业发展的需要，同意内蒙古自治区煤炭工业局局长高配为副厅级。同年10月12日，自治区政府在召开的2013年第十三次常务会议上研究同意自治区煤炭工业局增加15个事业编制。

3月17—22日 由国家煤矿安全监察局副局长彭建勋带队的国家安全生产监督管理总局第九督导调研组到自治区就学习贯彻《煤矿矿长保护矿工生命安全七条规定》和安全生产工作督导调研。

3月19日 国家能源委员会专家咨询委员会主任张国宝（下图右四）、中国产业海外发展协会副秘书长振伟率领乌克兰燃料与能源部部长顾问加里夫连科为首的煤制油项目代表考察团一行到内蒙古伊泰集团公司参观考察。

4月19日 在人民大会堂举行的第八届"中华慈善奖"表彰大会上，内蒙古伊泰集团公司第五次荣获"中华慈善奖"。

4月21日 内蒙古伊泰集团公司向四川雅安地震灾区捐款1000万元。4月23日，全国人大常委会副委员长、中国红十字会会长华建敏为内蒙古伊泰集团公司颁发"博爱奖"。

4月26日 内蒙古自治区党委书记王君（下图右三）到内蒙古大唐国际锡林浩特煤业公司考察工作。

4月27日 国家发展改革委颁发伊敏露天矿2200万吨/年生产许可证，标志着伊敏露天矿跨入全国2000万吨级以上露天煤矿行列。

5月7日 自治区党委书记王君到神华宝日希勒能源有限公司和金新化工公司调研。

5月22—30日 由宁夏煤矿安全监察局副局长马毅带队的国家煤矿安全监察异地交叉检查执法组对赤峰监察分局和呼伦贝尔监察分局辖区进行专项监察。

6月5日 自治区政府召开全区安全生产电视电话会议，要求充分认识做好安全生产工作的极端重要性，立即开展全面彻底的安全生产大检查，全力做好安全生产工作，坚决维护人民群众生命财产安全。自治区主席巴特尔出席会议并讲话。

6月13日 准格尔矿区煤炭伴生资源循环经济产业项目通过国家"十二五"科技支撑计划项目评审。

6月25日 由乌兰察布市政府、内蒙古博源控股集团有限公司、中国资源交通集团有限公司、呼和浩特铁路局和中铁十一局共同发起设立的内蒙古西北煤炭交易中心股份有限公司在乌兰察布市成立。自治区副主席王波为公司成立揭牌。

7月16日 财富中文网发布2013财富中国企业500强。煤炭行业有23家公司上榜，内蒙古伊泰煤炭股份有限公司、内蒙古鄂尔多斯资源股份有限公司、内蒙古亿利能源股份有限公司等民营企业上榜。

7月24日 鄂尔多斯煤制天然气工业园暨120亿立方米煤制天然气项目在准格尔旗大路新区开工奠基。自治区党委书记王君，自治区主席巴特尔，自治区党委常委、秘书长符太增，副主席王波和中海油总公司副总经理李辉、北京控股集团公司董事长王东、河北建设投资集团董事长赵会宁等出席奠基仪式，并为开工项目培土奠基。

8月3—4日 由中国煤炭经济30人论坛组委会主办，内蒙古伊泰集团、中国煤炭经济研究院承办，中国煤炭报社协办的"中国煤炭经济30人论坛（CCEF-30）——2013年上半年煤炭经济形势分析会"在内蒙古伊泰集团公司会议中心召开。会议由国家能源局原副局长、中国能源研究会副理事长吴吟主持，中国煤炭经济30人论坛成员、《煤炭蓝皮书（2013）》作者以及煤炭产业上下游相关企业负责人参加（下图）。

8月8日 自治区党委书记王君、自治区主席巴特尔带领自治区推动科学发展现场观摩检查组到内蒙古伊泰煤制油公司检查指导工作。

8月14日 土耳其煤矿考察团一行7人到扎赉诺尔煤业有限责任公司灵泉矿参观考察综放工作面设备运行情况。

8月29日 由全国工商联发布的"2013中国民企500强"揭晓，煤炭行业共有11家大型煤炭非公有制企业上榜，全部来自于内蒙古。11家煤炭企业2012年合计营业收入达到1557.15亿元，户均141.56亿元。

9月3日 自治区政府印发《关于开展为低收入农牧户供应冬季取暖用煤工作的通知》，为全区低收入农牧户每户免费发放一吨冬季取暖用煤或600元现金补贴，由自治区经济和信息化委员会（煤炭局）负责统筹协调工作。当年有311.2万户低收入农牧户享受到这一政策。

9月5日 内蒙古煤矿安全监察局在鄂尔多斯市召开全区煤矿安全生产工作会议。国家安全生产监督管理总局总工程师王树鹤、自治区政府副秘书长曹晓斌出席会议。

同日 航天重型工程装备有限公司及大唐锡林浩特矿业公司举行世界首台多轴16轮矿用重型自卸卡车的交车仪式（下图）。该台卡车额定载重量达220吨，是航天重工集团及大唐集团成功合作的结晶和典范。

9月6日 第五届内蒙古国际煤炭及新能源产业博览会暨国际风力发电产业博览会在呼和浩特市举办。来自美国、印度、南非等国内外11个国家和地区的300多家参展企业参展,展示面积超过2万平方米。为期3天的展会,吸引国内外业内人士及采购团体2万多人参观。

9月17日 自治区政府发布《关于表彰自治区重点区域绿化工作先进单位的通报》,对28个先进单位予以表彰。鄂尔多斯市煤炭局、华能伊敏煤电有限责任公司作为自治区煤炭行业的代表受到表彰。

9月22日 自治区政府按照中央宏观调控政策要求,统筹考虑近期经济运行和长远可持续发展需要,印发《关于促进全区煤炭经济持续健康发展的有关措施的通知》,出台促进全区煤炭经济持续健康发展的近期、中期和长期措施。煤炭企业当年减负22亿元。

9月26日 经国务院和中国证监会批准,动力煤期货历经4年论证研究,在郑州商品交易所挂牌上市。鄂尔多斯市副市长李国俭赴郑州参加动力煤期货上市新闻发布会和动力煤期货服务实体经济座谈会,并代表鄂尔多斯市人民政府与郑州商品交易所签署《动力煤期货战略合作协议》。

9月30日 中国煤炭工业协会公布2012年全国煤炭产量前十名的省(区)名单。内蒙古自治区、山西省、陕西省位居前三甲。

10月10日 国家安全生产监督管理总局、国家煤矿安全监察局对全国427个符合国家级安全质量标准化条件的煤矿进行命名,自治区63处煤矿进入国家级安全质量标准化行列。

11月19日 神华准格尔能源有限责任公司副总经理郭昭华的"露天煤矿交通车辆防撞预警器"和大准铁路公司车辆段副段长张树国的"铁路隧道照明自动控制系统"在第65届纽伦堡国际发明展览会上分别获得银奖和铜奖。

11月27日 内蒙古煤矿安全监察局召开煤矿建设项目安全约谈会,各主管单位的分管负责人和设在自治区的分公司、煤矿建设项目主要负责人,共73人参加约谈。

12月12日 国家能源局煤炭司就煤炭产业发展议题到鄂尔多斯市调研并召开座谈会。自治区发展改革委副主任、能源局局长李杰翔,鄂尔多斯市委、市政府领导出席座谈会。

12月13日 甘其毛都口岸进口蒙古国煤炭达到1000.15万吨,连续三年突破1000万吨大关。该口岸成为2013年全国沿边公路口岸首个进口煤炭突破1000万吨的口岸和中蒙原煤贸易最大的公路口岸。

是年 全区原煤产量为103029万吨,百万吨死亡率为0.028。

2014年

1月6日 自治区煤炭工业局与内蒙古煤矿安全监察局联合启动"千名干部与万名矿长谈心对话"活动。

1月20日 内蒙古煤矿安全监察局召开2013年度煤矿安全监察工作会议。会议通报2013年全区煤矿安全生产情况:全年共发生死亡事故22起,死亡29人,同比死亡人数减少4人,未发生重特大事故;百万吨死亡率0.028,同比下降6.5%,继续保持全国领先水平。

2月22日 国家煤矿安全监察局核定哈尔乌素露天煤矿生产能力为3500万吨/年。

4月16日 第九届鄂尔多斯国际煤

炭及能源工业博览会在鄂尔多斯市开幕。国家能源局原副局长吴吟，鄂尔多斯市委副书记、市长廉素，市委常委、副市长王挺出席开幕式。

5月19日 自治区政府召开全区煤炭经济运行分析座谈会，自治区副主席王波出席会议并讲话。主要产煤盟市分管盟市长、煤炭局长（经信委主任）、自治区相关部门负责人和呼和浩特铁路局、哈尔滨铁路局、沈阳铁路局负责人参加会议。会议研究布置促进煤炭经济稳定运行的相关事宜。

5月20日 自治区政府印发《关于进一步做好为低收入农牧户供应冬季取暖用煤工作的通知》，要求各地区于9月30日前完成为低收入农牧户供应冬季取暖用煤工作，这是继2013年后第二次开展此项惠民工程。

5月28—29日 国家安全监管总局副局长、煤矿安监局局长付建华（下图左二）一行到伊泰集团公司红庆河煤矿就在建矿井的安全问题进行考察调研，并深入神华神东煤炭集团有限责任公司矿井就安全生产问题进行考察调研。

6月4日 神华集团包头矿业有限责任公司运销处与鄂尔多斯亿利煤炭有限责任公司等4家煤炭企业签订20万吨电子交易合同。这是神华集团包头矿业有限责任公司完成的第一笔外购煤电子竞价交易。

6月11—13日 国家安全生产监督管理总局副局长杨元元陪同全国人大法制工作委员会副主任阚珂一行在自治区呼伦贝尔市进行《安全生产法》修订调研。

6月13日 自治区党委书记王君（下图左三）到内蒙古伊东煤炭集团东兴化工公司调研。

6月19日 国家安全生产监督管理总局、国家煤矿安全监察局公布"2013年度一级安全质量标准化煤矿名单"，内蒙古有100处煤矿，其中国有重点煤矿44处，非国有煤矿56处。

6月25日 "2014中美商贸联委会信息产业工作组"在呼和浩特召开"中美内蒙古清洁煤炭交流座谈会"。美国商务部、美国驻华使馆有关代表、自治区煤炭工业局、能源局、国土资源厅、环境保护厅相关负责人，美国博地能源、通用电气、卡特皮勒等11家企业和神华集团、伊泰集团等国内20家企业的代表参加座谈会。会议期间，美国商务部助理副部长钱德拉·布朗、自治区能源开发局总工程师郝大庆分别作主题演讲。中美两国10家企业代表作了交流发言。

6月26日 自治区政府印发《关于进一步做好煤炭企业兼并重组工作有关事宜的通知》，对在2011年3月15日至2014年6月30日期间已按自治区相关要求开展兼并重组的，由盟市制定验收办法并组织验收，报自治区整顿关闭煤矿领导小组办公室备案。从2014年7月1日起，全区煤炭企业兼并重组转入常态化管理，不再确定主体企业名单和指标，不再设定主体企业最低规模，不再设定完成时限，由企业按市场化原则进行。支持和鼓励大型煤炭企业参与电力、化工、有色金属、建材等上下游产业整合并实现一体化发展。

7月1日 自治区政府印发《关于进一步规范煤炭企业税费征收工作的通知》，对涉煤税费进行进一步规范，取消部分收费项目，并要求继续开展涉煤收费清理工作。从7月1日起下调和取消6项收费项目。

7月22日 自治区政府办公厅印发《内蒙古自治区煤炭工业局主要职责、内设机构和人员编制规定》，确定自治区煤炭工业局为自治区经济和信息化委员会管理的部门管理机构（副厅级）。内设综合处、煤炭行业管理处、煤炭经济运行处、煤矿安全生产监管处、煤炭资源与矿区环境保护处。机关行政编制30名（从自治区经济和信息化委员会机关行政编制中划转），其中局长1名（副厅级）、副局长2名、总工程师1名，其他处级职数11名（5正6副）。

8月6日 内蒙古伊泰集团公司通过中国红十字会总会向云南鲁甸灾区捐款1000万元；8月15日下午，中国红十字会在北京举行云南鲁甸地震抗震救灾捐赠仪式。伊泰集团公司获得"博爱"奖牌。

8月21日 《内蒙古煤炭工业志（1991—2015）》编纂委员会成立。

8月25日 国家煤矿安全监察局等三部委组成的检查组到神华乌海能源公司五虎山煤矿检查安全生产工作。

8月29日 自治区党委书记王君、自治区主席巴特尔率自治区推动科学发展现场观摩检查组到鄂尔多斯市乌兰煤炭（集团）有限责任公司兴安盟大化肥项目建设现场调研。

9月9—10日 中央第十四巡回督导组组长胡振民一行到神华宝日希勒能源有限公司检查督导第二批党的群众路线教育实践活动开展情况。

9月16日 在2014年中国矿业循环经济暨绿色矿山建设大会上，神华宝日希勒能源有限公司露天矿被授予第四批"国家级绿色矿山试点单位"。

10月15日 内蒙古伊东资源集团股份有限公司被国务院扶贫开发领导小组授予"全国社会扶贫先进集体"称号。

10月17日 国务院召开全国社会扶贫工作电视电话会议，内蒙古伊东集团以其长期以来在扶贫工作中的突出表现，作为自治区首家民营企业，被授予"全国社会扶贫先进集体"荣誉称号。

10月22日 神华宝日希勒能源有限公司自主研发的煤炭自动平车降高系统通过了由中煤科工集团、内蒙古科技奖励中心、煤炭工业协会科技部以及神华集团公司科技发展部组成的专家验收组的验收。

10月30日 自治区党委书记王君、自治区主席巴特尔率自治区重点工程现场观摩检查组深入鄂尔多斯市，就推动重点工作重点工程进行现场观摩检查，并召开汇报点评会。

11月1日 内蒙古煤矿安全监察局在全区范围内开展为期两个月的煤矿企业安全生产许可证持证条件专项监察。

12月1日 根据《内蒙古自治区财政厅地税局关于印发〈内蒙古自治区煤炭资源税从价计征实施办法〉的通知》的有关程序，自治区财政、地税部门完成盟市煤炭资源税洗选煤折算率的审批工作，并印发《内蒙古自治区煤炭资源税洗选煤折算率表》，自即日起施行。

12月10日 全区为低收入农牧户供应冬季取暖用煤的"暖心煤"补贴发放

工作全部完成，全区 336.7 万户农牧户享受到补贴，比 2013 年多 25.5 万户，初步测算在籍常住农牧户惠及面达到 95%。发放标准为每户 600 元，由所在旗县财政部门直接打入农牧户的"一卡通"。每户按照时价可买到 1.5~3 吨煤，累计发放资金 20.2 亿元，其中自治区补贴 6.0342 亿元，盟市配套 4.8 亿元，旗县配套 9.4 亿元。

12 月 30 日 内蒙古自治区煤田地质局在鄂尔多斯盆地完成自治区第一口页岩气井（鄂页 1 井）勘查施工任务，完钻井深 3568 米，发现具有工业开发价值的气层 4 层。12 月，对底部含气层进行压裂试气，成功点火，稳定产量为 1.95 万立方米/天，最大产能 5 万立方米/天，经专家验收评定为"优质工程"。

是 年 全区原煤产量为 99391 万吨，百万吨死亡率为 0.027。

2015 年

1 月 10—11 日 全国人大常委会常委、中华全国总工会兼职副主席、中国安全生产协会班组委名誉主任委员许振超一行就班组建设工作到神华集团准格尔能源有限责任公司调研。

1 月 13 日 内蒙古煤矿设计研究院有限责任公司编制完成《神华宝日希勒能源有限公司一号露天矿储煤系统工程可行性研究报告》（设计规模 3500 万吨/年）。

1 月 19 日 自治区煤炭工业局在包头内蒙古煤矿安全培训中心召开"新《安全生产法》和煤矿生产能力核定管理工作座谈会"。

本 月 华能伊敏煤电公司露天矿职工创新工作室被自治区总工会命名为"华能伊敏煤电公司王剑红劳模创新工作室"。

3 月 2 日 华能伊敏煤电公司露天矿首次 3501# 电铲大修工作圆满完成。太重 WK-35 型 3501# 电铲的整体大修在国内尚属首例。

3 月 16—19 日 国家煤矿安全监察局副局长杨富一行 4 人对内蒙古煤矿安全生产和《煤矿安全规程》修订工作进行督导，17 日上午，督导组一行在内蒙古煤矿安全监察局组织召开座谈会；19 日，到大雁集团公司雁南矿检查指导工作。

4 月 14 日 《内蒙古煤炭工业志》续修工作暨培训会议在呼和浩特召开（下图）。自治区经济和信息化委员会副主任、煤炭工业局局长部署修志工作，中国煤炭工业文献委员会、自治区地方志办公室负责人出席会议并讲话。内蒙古煤矿安全监察局有关负责人主持会议。来自各盟市行业管理部门和重点煤炭企业的负责人及修志人员 200 余人参加会议。

4 月 16 日 第十届鄂尔多斯国际煤炭及能源工业博览会暨 2015 中国煤化工产业发展高峰论坛在鄂尔多斯市开幕。国家能源局原局长、国家能源咨询委员会委员徐锭铭出席开幕仪式。

4 月 17 日 自治区主席巴特尔到位于乌达区工业园区的内蒙古美方煤焦化公司调研。

4 月 24 日 在国务院国资委、中华全国总工会、中华全国工商业联合会、国家互联网信息办公室共同指导,国务院国资委新闻中心主办的"劳动最美丽——一线故事"系列活动汇报会上,神华宝日希勒能源有限公司代表神华集团公司选送的员工故事《坚守极寒》被评为十大最美故事之一。

4月28日 神华宝日希勒能源有限公司吴险峰、内蒙古霍林河露天煤业有限公司于海洋、内蒙古霍煤鸿骏高精铝业有限责任公司罗星、赤峰平煤投资有限公司徐青春、内蒙古平庄煤业(集团)有限责任公司谢金龙、神华神东补连塔煤矿韩伟、内蒙古双欣能源化工有限公司乔玉华荣获全国劳动模范荣誉称号。

5月2日 国务院国有资产监督管理委员会授予神华集团包头矿业有限责任公司"中央企业信访工作先进集体"荣誉称号。

5月7日 中国煤炭工业协会表彰2014年度全国煤炭工业社会责任报告发布优秀企业15个,内蒙古伊泰集团有限公司、神华神东煤炭集团有限责任公司、神华宝日希勒能源有限公司入选。

5月8日 神华准能集团有限责任公司举行挂牌仪式。神华准能集团公司党委书记、董事长张维世、总经理王启瑞为神华准能集团公司成立揭牌(下图)。

5月21日 国家煤炭安全监察局副局长李万疆一行到神华准能集团有限责任公司调研。

6月4日 自治区政府办公厅印发《关于支持煤炭转化企业与煤炭生产企业重组有关事宜的通知》,支持符合现行配煤政策的新建煤炭转化项目企业与拥有煤炭资源矿业权的企业按企业自愿、市场化运作、政策引导的原则进行,以有效化解煤炭产能过剩,推动煤电、煤化重组并购,构建自治区煤电化整体优势。

6月6日 德国联邦地学与自然资源研究院矿产经济室博士迪特尔、研究员莫伦,国土资源部信息中心、自治区国土资源厅相关人员就煤炭综合利用情况到神华集团准格尔能源有限责任公司调研。

同日 国家开发银行企业局副局长张晋平一行来准能集团公司洽谈合作意愿。

6月9日 自治区调控煤炭总量工作座谈会在呼和浩特市召开。会议通报"三省两公司"协商机制第一次会议精神,传达2015年控产目标和稳定煤炭市场价格措施,研究部署自治区2015年煤炭产量调控工作。

6月24日 国务院国资委大型企业监事会主席寻寰中一行到神华宝日希勒能源有限公司调研。

6月29日 中央统战部国企党外领导干部研讨班学员一行60余人到神华集团准格尔能源有限责任公司参观考察。参观人员对公司在土地复垦绿化、生态农业建设、绿色开采、循环产业发展给予高度评价。

7月2日 自治区煤炭工业局在锡林浩特市召开煤炭转化企业与煤炭生产企业重组座谈会。

7月15日 自治区政府任命庞禹东为自治区经信委副主任兼煤炭工业局局长。

8月31日 自治区煤炭工业局、内蒙古煤矿安全监察局对在全国煤矿第五届职工运动会中获得名次的单位和个人予以通报表彰。由内蒙古白音华海州露天煤矿、乌兰图嘎煤炭有限责任公司、内蒙古李家塔煤矿、华能伊敏煤电公司组成的内蒙古自治区煤矿职工代表团参加7个比赛项目的角逐,被授予"体育道德风尚奖"。

9月8日 由中国安全生产协会班组委主办,神华集团准格尔能源有限责任公司承办的第七届中国班组长论坛暨神华集团准格尔能源有限责任公司班组安全管理标准化研讨会在神华集团准格尔能源有限责任公司召开。全国人大常务委员会委员、中华全国总工会兼职副主席、中国安全生产协会班组委名誉主任委员许振超出席会议并讲话。

9月15日 人力资源和社会保障部、全国博士后管委会联合印发《关于批准合肥国轩高科动力能源股份公司等628个单位设立博士后科研工作站的通知》,批准内蒙古伊泰集团公司和内蒙古伊泰煤制油公司设立博士后科研工作站。

9月30日 中国煤炭工业协会公布2014年全国亿吨级产煤省(区)名单。内蒙古自治区、山西省、陕西省位居三甲。

11月5日 国家煤矿安全监察局副局长杨富(右上图右)到平庄煤业集团公司调研。

11月26日 中国矿业联合会主办的"2015年中国矿业循环经济暨绿色矿山和谐矿区经验交流会"在湖南省郴州市召开。

华能伊敏煤电公司露天矿矿长李树学作为唯一一家煤炭行业典型代表发言介绍伊敏露天矿"生态保护高效复垦模式"。

12月3—4日 2016年度全国煤炭交易会在鄂尔多斯市举行。国家能源局、国家煤矿安全监察局以及来自煤炭、电力、化工、冶金等行业的700多户企业的3000多人参加交易会。自治区副主席王波出席开幕式并讲话。自治区55家煤炭企业与区外148家用户签订《煤炭网签销售协议》,截至4日17时,协议销售总量为2.56亿吨。

12月14日 为低收入农牧户实施的"暖心煤"工程全部完成。全区326万户农牧户享受到冬季取暖用煤补贴,补助标准为600元/户,由旗县财政部门直接打入农牧民的"一卡通"账户。全区共支出供煤资金19.6亿元,其中自治区补贴6.0亿元,占31%;盟市配套4.8亿元,占24%;旗县配套8.8亿元,占45%。

是年 全区煤矿单井平均规模达196万吨/年。全区原煤产量为90957万吨,百万吨死亡率为0.013。

内蒙古煤炭工业志（1991—2015）

第一篇　煤炭行业管理

2011年8月5日，平庄煤业（集团）公司重组并购蒙东能源控股有限责任公司签字仪式

- ○　煤炭行业管理体制
- ○　煤矿安全监察机构
- ○　煤炭企业改革
- ○　政策实施

内蒙古煤炭工业管理机构自 1959 年单设以来，除 1966—1976 年正常管理体系被打乱外，至 2002 年，独立建制的煤炭工业管理机构基本没有大的变化，期间虽有分合、加挂牌子等阶段，但无论是以国家行业主管部门为主管理，还是作为自治区政府的职能部门，都保持着独立建制。机构建制内设机构和人员编制最多的时期是 1994 年 6 月至 2000 年 4 月，设有职能处室 13 个、人员编制 120 名。

2002 年 5 月，内蒙古自治区煤炭工业局与内蒙古煤矿安全监察局分立后，转隶到自治区工业经济管理部门（经贸委、工业办、经信委），成为部门管理或内设机构，级别最低时为处级。内设处室最少时的 2004 年为 1 个（能源处加挂自治区煤炭工业局牌子），人员编制 10 名。随着煤炭工业对自治区财政贡献率的不断增大，煤炭工业管理机构也逐渐得以加强。2013 年 3 月，自治区煤炭工业局局长高配为副厅级。2014 年 7 月，自治区煤炭工业局被列入部门管理机构（副厅级），核定 5 个职能处室、行政编制 30 名。

2000 年 1 月，内蒙古煤矿安全监察局成立，实行垂直管理体制，下设乌海、鄂尔多斯、赤峰、呼伦贝尔 4 个处级建制的监察分局（办事处）和锡林郭勒监察站，形成了完整的国家煤矿安全监察体系。

内蒙古煤炭工业管理机构的职能在 1998 年以前，除承担全区煤矿安全监管和煤炭行业管理职责外，还直管全区国有统配煤矿及相关勘探设计、科研院校、机械制造等企事业单位。此后，随着市场经济改革的深入和政府职能的转变，不再直管国有统配煤矿企业，主要承担全区煤矿安全监管和煤炭行业管理职责。

1991 年以来，全区 12 个盟市中，除呼和浩特和乌兰察布盟两个地区外，其余 10 个主要产煤盟市基本都设有煤炭行业主管部门。2002 年以前，盟市煤炭行业主管部门以管理地方煤矿为主。之后，随着"国家监察、地方监管"的安全责任进一步落实，各盟市的行业管理及安全监管的职责和各级地方政府对煤炭行业管理及安全监管的责任有了较大幅度的提升。

全区国有煤炭企业经过隶属关系变更、改制重组、股改上市等一系列改革，陆续并入神华、华能、华电、大唐、国电、国电投等中央所属企业，成为能源企业的国家队成员，为国有煤炭企业进一步发展提供了制度保证。地方国营煤炭企业也通过并购重组、非公有制改革等，转为民营企业后，激发了企业活力，在生产规模、产量和管理水平等方面都有"质"的飞跃。2013 年入选全区 45 户重点煤炭企业中，民营企业已占到 50% 以上。通过关井整顿，全区煤炭企业也由"多、散、乱"变成"少、精、强"。

20 世纪 90 年代，小煤矿使全国煤炭市场无序竞争加剧，直接导致 20 世纪 90 年代中后期到 21 世纪初的煤炭市场萧条、企业效益大幅度下滑，刚刚由计划配置进入市场经营的国有统配煤矿企业，一度陷入困境。地方小煤矿的快速发展，虽然短期解决了国家经济建设的需求，但带来的乱采滥挖、资源破坏、事故频发等深层次的问题十分严重。在这样的大背景下，1998 年以来，自治区政府按照国家要求，并结合自治区实际，大力推进深化煤炭企业改革、关井压产暨经营秩序整顿、整顿关闭煤矿、淘汰落后产能、资源配置调整、煤炭企业兼并重组、煤矿产业升级改造等一系列产业结构调整及升级的重大改革政策措施，全面提升全区煤炭工业产业水平，完成煤炭企业从"量"到"质"的蜕变。

2015年，内蒙古煤炭工业的行业管理体制、安全生产监察机构、煤炭企业改革及各项监管政策的实施，已经能够全面、有效地适应新形势下全区煤炭工业持续发展的要求，可以为后续煤炭工业的发展提供积极稳妥和良好的管理机制条件。内蒙古自治区已经形成以国家大型煤炭生产基地建设为基础，以自治区重点煤炭企业为骨干的煤炭产业新格局。

第一章 煤炭行业管理体制

第一节 自治区煤炭行业主管部门

一、内蒙古自治区煤炭工业厅

1983年5月，自治区机构改革，将内蒙古煤炭工业管理局改为内蒙古自治区煤炭工业厅，核定行政编制105名，内设处室10个，下属单位有包头矿务局、乌达矿务局、海勃湾矿务局、内蒙古自治区煤炭基建公司、内蒙古自治区煤田地质勘探公司、内蒙古自治区煤炭供销公司、内蒙古自治区煤矿设计研究院、内蒙古自治区煤矿机械厂、内蒙古自治区煤炭工业学校等。

1989年10月，为了适应管理体制变化的需要，经自治区政府同意，中国统配煤矿总公司批准，内蒙古自治区煤炭工业厅加挂"中国统配煤矿总公司内蒙古公司"的牌子，与煤炭工业厅一套机构两块牌子，双重领导机制，担负着行政和企业管理两种职能，对全区统配煤矿实行统一管理，对地方煤矿实行行业归口管理。

1990年6月，自治区党委决定，撤销煤炭工业厅党组，成立党委，下设党委办公室、组织部和宣传部等部门。任命乌海市原市长高守尧为党委书记。

1993年8月，国家决定恢复煤炭工业部，撤销中国统配煤矿总公司，自治区煤炭工业厅加挂中国统配煤矿总公司内蒙古公司的牌子也随之取消。同年5月，煤炭工业厅党委撤销，恢复厅党组。厅党委下设机构随1994年6月机构改革撤销。年底，煤炭厅内设机构有17个：办公室、生产技术处、机电动力处、基本建设处、计划处、安全监察处（局）、财务处、审计处、地质测量处、地方煤矿处、人事处、劳动工资处、煤矿工会、多种经营办公室、记者站、老干部办公室、机关党委。在职人员107人（含党委口6人）。下属单位有包头矿务局、乌达矿务局、海勃湾矿务局、宝日希勒一矿、内蒙古自治区煤炭基建公司、内蒙古自治区煤田地质局、内蒙古自治区煤炭供销公司、内蒙古自治区煤炭科学研究所、内蒙古自治区煤矿设计研究院、内蒙古自治区煤矿机械厂、内蒙古自治区煤炭工业学校、内蒙古自治区煤矿安全技术培训中心等，以及实行行业管理的全区73个地方国营煤矿，2131个乡镇集体煤矿。

1994年3月，国务院决定撤销东北内蒙古煤炭联合公司，内蒙古东部的4个矿务局，即扎赉诺尔矿务局、大雁矿务局、霍林河矿务局、平庄矿务局等单位划归内蒙古自治区煤炭工业厅管理。

1983—1994年内蒙古自治区煤炭工业厅领导任职情况：

厅　　长：宋瀚峰（1983年5月—1986年11月）、廉宝纯（1986年11月—1993年5月）、高守尧（1993年5月—1994年6月）。

副 厅 长：廉宝纯（1983年5月—1986年11月）、胡景芳（1983年6月—1985年3月）、温都斯（1983年12月—1986年11月）、程玉才（1986年12月—1994年6月）、齐尚贤（1987年5月—1994年6月）、包海（1987年4月—1996年6月）。

总工程师：许庆芳（1983年5月—1985年6月）、孙文录（1986年6月—1992年6月）、潘缉尧（1992年6月—1994年6月）。

纪检组长：谢京诚（1992年10月—1994年6月）。

二、内蒙古自治区煤炭工业局、内蒙古煤炭工业管理局

1994年6月13日，自治区政府印发《内蒙古自治区人民政府、煤炭工业部关于改变内蒙古煤炭管理体制的商谈纪要》，内蒙古自治区煤炭工业厅改为内蒙古自治区煤炭工业局，与煤炭工业部内蒙古煤炭工业管理局为一套机构、两块牌子，共同管理，以煤炭工业部为主。内蒙古煤炭工业管理局为煤炭工业部派出机构，同时，内蒙古自治区煤炭工业局为自治区人民政府主管煤炭行业的职能部门。

1994年6月，煤炭工业部就《关于内蒙古煤炭工业管理局职能配置、内设机构和人员编制方案》（煤办字〔1994〕270号）进行批复：局机关行政编制120名，其中煤炭工业部核定编制90名，内蒙古自治区核定编制30名。下设机关后勤中心，编制20名；离退休干部工作办公室，编制10名（行政单列编制）；社会保险机构编制8名。内设11个职能处室和机关党委、纪检组（监察处）、离退休干部工作办公室，其中职能处室有办公室、人事工资处、规划处、基本建设处、安全监察处、生产协调处、调运处、科教处、财务处、审计处、多种经营处。

下属单位有包头矿务局、乌达矿务局、海勃湾矿务局、扎赉诺尔矿务局、大雁矿务局、霍林河矿务局、平庄矿务局、

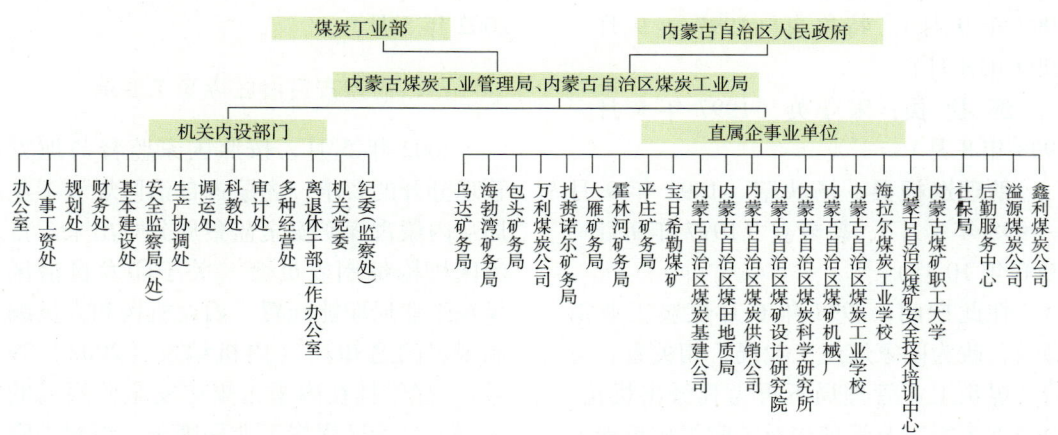

图1-1-1　1997年内蒙古自治区煤炭工业局组织机构示意图

万利煤炭公司、宝日希勒煤矿、内蒙古自治区煤炭基建公司、内蒙古自治区煤田地质局、内蒙古自治区煤炭供销公司、内蒙古自治区煤炭科学研究所、内蒙古自治区煤矿设计研究院、内蒙古自治区煤矿机械厂、内蒙古自治区煤炭工业学校、内蒙古自治区煤矿安全技术培训中心、内蒙古煤矿职工大学、海拉尔煤炭学校等，对全区219个国有煤矿、92个地方国营煤矿、3393个乡镇集体煤矿和36个其他煤矿进行行业管理。

内蒙古煤炭工业管理局负责人由煤炭工业部党组征求自治区党委的意见后任命。

1994—2000年内蒙古煤炭工业管理局领导任职情况：

局　　长：高守尧（1994年6月—2000年3月）。

副 局 长：包海（1994年6月—2000年4月）、臧海民（1994年8月—2000年4月）、李长玉（1996年8月—1999年7月）、曹安雅（1996年8月—2000年4月）、刘锦（1997年8月—1999年7月）。

总工程师：潘缉尧（1994年6月—1999年12月）。

纪检组长：谢京诚（1994年6月—1997年9月）、特格喜（1997年9月—1999年8月）。

巡 视 员：宋守英（1997年9月—1998年8月）。

助理巡视员：杨映壁（1997年9月—1998年4月）、郭金立（1997年9月—2000年10月）。

在此期间，1998年6月煤炭工业部撤销，改为国家煤炭工业局，相关省、自治区煤炭工业管理局不再为其派出机构。内蒙古煤炭工业管理局及统配煤矿负责人改由内蒙古自治区任命。

三、内蒙古自治区煤炭工业局、内蒙古煤矿安全监察局

2000年1月7日，国家煤炭工业局转发《国务院办公厅关于印发煤矿安全监察管理体制改革实施方案的通知》，内蒙古煤炭工业管理局改组为内蒙古煤矿安全监察局。内蒙古煤矿安全监察局挂内蒙古自治区煤炭工业局的牌子，实行国家煤矿安全监察局与自治区政府双重领导、以国家煤矿安全监察局为主的管理体制。

2000年4月，国家煤矿安全监察局以煤安司办字〔2000〕16号文件批复内蒙古煤矿安全监察局设办公室等6个职能处室，行政编制60名；自治区核定内蒙古自治区煤炭工业局编制15名，设规划发展处、行业管理处和企事业改革处，负责全区煤炭行业管理职能。

2000—2002年内蒙古自治区煤炭工业局领导任职情况：

局　　长：臧海民（2000年5月—2002年5月）。

副 局 长：曹安雅（2000年5月—2002年5月）、曲来运（2000年5月—2002年5月）、李长玉（2001年5月—2002年5月）。

总工程师：关图儒（2000年5月—2002年5月）。

四、内蒙古自治区煤炭工业局

2002年5月，按照国家监督与地方管理分开的要求，内蒙古自治区煤炭工业局从内蒙古煤矿安全监察局分立出来。自治区机构编制委员会《关于印发自治区煤炭工业局职能配置、内设机构和人员编制规定的通知》（内机编发〔2002〕29号），撤销挂在内蒙古煤矿安全监察局的内蒙古自治区煤炭工业局牌子，组建内蒙古自治区煤炭工业局，为自治区经济贸易

委员会管理的处级机构。

内蒙古自治区煤炭工业局内设综合办公室、行业规划管理处、企业改革处3个职能处室。单列编制18名（15名从原自治区煤炭工业局划入），其中局长（副厅级，经济贸易委员会副主任兼）、处级领导职数9名，其中正职5名（含副局长2名），副职4名。内蒙古自治区煤炭工业局人事、党务、纪检监察和离退休人员管理等工作由自治区经济贸易委员会管理。

2003年8月，自治区决定撤销经济贸易委员会，改设为自治区推进工业化领导小组办公室（简称自治区政府工业办），内蒙古煤炭工业局随之转隶自治区政府工业办。2004年10月，自治区政府办公厅《关于印发自治区人民政府工业办公室主要职责内设机构和人员编制规定的通知》（内政办发〔2004〕17号），将自治区推进工业化进程领导小组办公室改称自治区政府工业办公室，设职能处室10个。其中能源处挂内蒙古自治区煤炭工业局牌子，在煤炭行业管理和安全监管方面可以独立行文。

2005年7月，自治区机构编制委员会《关于调整自治区安全生产监督管理和煤炭工业管理体制及机构的通知》（内机编发〔2005〕50号），确定内蒙古自治区煤炭工业局机构单设，自治区政府工业办能源处不再挂内蒙古自治区煤炭工业局牌子。内蒙古自治区煤炭工业局仍为自治区政府工业办内设机构，承担自治区煤矿安全监管和煤炭工业行业管理职能，在履行职责中具有一定的独立性。内设行业规划管理处和安全生产监管处2个职能处室。局长由自治区政府工业办1名副主任兼任。所需人员编制和处级领导职数在工业办现行编制内调剂解决。自治区煤炭工业局机关党务、行政事务、人事、后勤服务工作由自治区工业办负责。

2009年6月，自治区政府印发《〈内蒙古自治区人民政府机构改革方案〉的通知》撤销自治区工业办，设立内蒙古自治区经济和信息化委员会，内蒙古自治区煤炭工业局为自治区经济和信息化委员会管理的部门管理机构，内设煤炭行业管理处、煤矿安全监察处，人员编制在经信委统一调配。在煤炭行业管理、煤矿安全监管方面可以独立行文，上行文需要走经信委行文系统。

2010年6月，自治区政府办公厅《关于印发自治区经济和信息化委员会主要职责内设机构和人员编制规定的通知》（内政办发〔2010〕59号），确定内蒙古自治区煤炭工业局承担自治区煤炭生产安全监管和煤炭工业行业管理职责，在履行职责中具有一定的独立性。下设3个处：煤炭行业管理处、煤矿安全生产监管处、煤矿灾害治理处。

2013年3月，自治区机构编制委员会根据自治区煤炭工业发展的需要，同意内蒙古自治区煤炭工业局局长高配为副厅级（内机编发〔2013〕16号）。同年10月12日，自治区政府在召开的2013年第十三次常务会议上研究同意内蒙古自治区煤炭工业局增加15个事业编制。

2014年7月，自治区政府办公厅印发《内蒙古自治区煤炭工业局主要职责、内设机构和人员编制规定》，内蒙古自治区煤炭工业局为自治区经济和信息化委员会管理的部门管理机构（准厅级）。内设综合处、煤炭行业管理处、煤炭经济运行处、煤矿安全生产监管处、煤炭资源与矿区环境保护处。代管单位有自治区煤炭社保局、煤炭专业技术服务中心。机关行政编制30名（从自治区经济和信息化委员会机关行政编制中划转），其中局长1名（副厅级），副局长2名，总工程师1名，其他处级职数11名（5正6副）。

自治区内政办〔2014〕83号文件对内蒙古自治区煤炭工业局职能转变做出明确规定。

1. 被取消的职责

取消审核颁发煤炭生产许可证职责；取消审核颁发煤炭经营许可证职责；取消安全培训机构资格认可（二、三级）职责。

2. 加强的职责

强化煤炭行业法制化建设，规范自治区煤炭行业依法行政，确保煤炭行业法律法规及规程规范的落实；进一步发挥市场的基础性作用，积极推进自治区煤炭行业升级，提升煤炭行业的核心竞争力；完善全区煤炭行业经济运行、安全生产等监测体系，提高信息分析、预测预警能力，推进煤炭行业发展；加快推进煤炭机械化、自动化、信息化和标准化建设，鼓励和扶持煤矿企业推广应用新技术、新装备、新工艺；加强矿区煤炭资源合理开发利用监管加大矿区生态环境恢复和保护及生态治理力度。

3. 主要职责

（1）贯彻落实国家和自治区煤炭工业发展战略及政策研究拟订并组织实施自治区煤炭工业发展规划，推进矿区煤炭合理开发与利用、产业结构调整与升级、科技进步与创新。

（2）负责推进自治区煤炭行业法制化建设，指导规范自治区煤炭行业依法行政，监督煤炭行业法律法规规程规范落实，查处煤炭行业建设、生产、安全及经营活动的违法违规行为。

（3）监测全区煤炭行业经济运行、安全生产等情况，进行相关统计分析、预测预警及发布工作；协调解决煤炭行业运行发展中的问题并提出政策建议。

（4）负责全区煤矿技改项目的审批和建设项目的设计审批、主要建设环节的监管和生产要素备案公告工作；负责全区煤炭洗选加工、焦化等清洁利用项目的设计审查和主要建设环节的审批工作。

（5）承担全区安全生产、煤炭经营监管和煤矿安全质量标准化达标考评、动态监管工作；负责煤矿生产能力核定和管理、淘汰落后产能工作；负责经营秩序监管，煤炭经营企业备案和协调全区煤炭产运销需衔接。

（6）负责煤炭建设工程质量监督管理，落实国家和自治区煤炭工程建设质量管理的法律法规、规程规范及方针政策研究，制定自治区煤炭工业建设工程质量监督管理办法并组织实施。

（7）承担煤矿主要负责人、安全生产管理人员安全资格，煤矿特种工作人员操作资格培训考核及认定工作；监督指导行业从业人员安全、专业培训和考核监管工作。

（8）承担全区煤矿重大危险源监控、隐患排查和瓦斯等级鉴定及抽采利用工作；参与协调全区煤矿重特大安全生产事故的应急救援、抢险救灾、调查处理工作；指导全区煤矿安全生产应急救援体系建设、煤矿矿山救护队监管和应急预案备案审查工作。

（9）负责制定实施全区煤矿灾害治理总体规划及治理项目初步设计审批和验收工作；统筹和监管煤矿火区等灾害的综合治理，以及煤矸石等废弃物的利用和无害化处理工作。

（10）承办自治区政府及自治区经济和信息化委员会交办的其他工作。

2002—2015年内蒙古自治区煤炭工业局领导任职情况

局　　长：曹安雅（2002年5月—2003年1月，自治区经信委副主任兼）、王旺旺（2003年2月主持工作，2005年12月—2011年4月，自治区工业办、经信委副主任兼）、王俊峰（2011年5月主持工作，2013年5月—2015年8月自治区经信委副主任兼）、庞禹东（2015年11月—）。

副局长：王作储（2002年5月—2010年2月）、陈泽（2010年10月—）、王俊峰（2010年10月—2013年5月）、郭银泉（2014年3月—）。

总工程师：李子义（2010年7月—）。

截至2015年底，自治区煤炭工业局内设综合处、煤炭行业管理处、煤炭经济运行处、煤矿安全生产监管处、煤炭资源与矿区环境保护处，代管的二级单位有内蒙古自治区煤炭技术服务中心、煤炭社保局、煤炭生产安全监察总队、劳动服务公司，对中央所属88个煤矿、全区500多个其他所有制煤矿进行行业管理和安全监管。

五、代管事业单位

1. 内蒙古自治区煤炭社会事业保险局

1994年3月，自治区机构编制委员会印发《关于调整设置自治区煤炭工业厅社会保险处的批复》，同意自治区煤炭工业厅增设社会保险处，为厅内设处级机构，承担煤炭厅系统社会保险职能，所需人员在煤炭厅内部调剂。同年6月，煤炭工业部批复《关于内蒙古煤炭工业管理局职能配置、内设机构和人员编制方案》中，同意设置社会保险机构，编制8名。同年8月，内蒙古煤炭工业管理局以内煤局办字〔1994〕第26号文件，同意原自治区煤炭厅社会保险处更名为内蒙古自治区煤炭社会事业保险局。1995年3月，煤炭工业部办公厅印发《关于同意成立内蒙古煤炭工业社会保险中心的批复》（煤办字〔1995〕79号），批准成立社会保险中心，可按内蒙古自治区政府批准的煤炭社会事业保险局名称对煤炭系统外联系工作，为内蒙古煤炭工业管理局直属事业单位（县团级），编制8人。

2002年7月，自治区机构编制委员会印发《关于内蒙古自治区煤炭社会事业保险局机构编制的批复》，撤销自治区煤矿工会，人员并入内蒙古自治区煤炭社会事业保险局。煤炭社保局划归新组建的内蒙古自治区煤炭工业局管理，为自治区煤炭工业局相当于处级的事业单位。重新核定事业编制16名，内设综合办公室、业务一科、业务二科3个科级机构，核定处级领导职数3名（1正2副），科级领导职数5名（3正2副）。经费实行全额拨款。2006年5月，自治区机构编制委员会办公室印发《关于内蒙古自治区煤炭社保局增加内设机构的批复》，批准增设工伤保险科。2008年10月自治区人事厅《关于内蒙古自治区煤炭社会事业保险局参照公务员法管理的通知》，批准煤炭社保局参照《公务员法》管理。

2012年11月，自治区机构编制委员会办公室《关于自治区经济和信息化委员会所属事业单位调整规范意见的批复》，确定内蒙古自治区煤炭社会事业保险局为自治区经济和信息化委员会所属的相当于正处级全额拨款事业单位。内设科级机构4个：综合办公室、业务一科、业务二科、工伤保险科。核定事业编制16名。核定处级领导职数3名（1正2副），科级领导职数6名（4正2副）。

主要职责：承担自治区国有重点煤炭企业职工基本养老保险、工伤保险、井下意外伤害保险管理和经办工作；承担自治区国有重点煤炭企业工伤保险费、井下意外伤害保险费征缴工作。组织和办理自治区国有重点煤炭企业离退休人员和遗属养老保险待遇资格认证工作；承担企业人员退休资格审查和指纹采集工作；为企业离退休人员提供社会保险政策咨询和各项查询服务；建立离退休人员信息管理系统，做好离退休职工的资料统计工作。

2. 内蒙古自治区煤炭工业专业技术服务中心

2012年11月，自治区机构编制委员会办公室《关于自治区经济和信息化委员会所属事业单位调整规范意见的批复》，成立内蒙古自治区煤炭工业专业技术服务中心（挂内蒙古自治区二轻集体工业联社办公室牌子），为内蒙古自治区经济和信息化委员会所属的相当于正处级差额补贴事业单位。内设科级机构4个：咨询科、培训考务科、治理科、监督科。核定事业编制20名。其中，专业技术人员编制14名，其他人员编制6名。核定处级领导职数2名（1正1副），科级领导职数6名（4正2副）。

主要职责：为煤炭企业提供信息咨询、技术服务，开展技术推广及技术交流等工作；承担全区煤矿矿长资格、煤矿企业主要负责人和安全生产管理人员安全资格、特种作业人员操作资格申请材料的审查和考务工作；承担全区煤田（煤矿）火区治理的相关工作；参与辖区内煤炭工业建设项目工程质量的监督规划拟定；承担辖区内煤炭工业建设工程质量的监督检查工作；开展矿区站检测人员的培训考核；承担二轻集体联社办公室的日常工作。

3. 内蒙古自治区煤炭安全生产监察总队

2014年8月，自治区机构编制委员会《关于成立自治区煤炭安全生产监察总队的批复》（内机编发〔2014〕23号），内蒙古自治区煤炭安全生产监察总队为内蒙古自治区煤炭工业局所属的相当于正处级全额拨款事业单位。自治区煤炭安全生产监察总队内设科级机构3个：办公室、监管一支队、监管二支队。核定事业编制15名，核定处级领导职数2名（1正1副）；科级领导职数6名（3正3副）。

主要职责：监督、指导、协调全区煤矿安全生产监管部门执法监察工作和执法监察队伍建设工作；参与重大煤矿生产安全事故应急救援、抢险救灾、调查处理工作。依法承担打击和查处破坏煤炭资源、违法违规开采行为；负责煤矿安全生产非法违法行为及事故隐患排查治理的协调指导，负责受理煤矿安全非法违法行为和事故及安全隐患举报，负责查处重大煤矿安全生产非法违法行为和重大生产事故隐患；负责对国家和自治区审批的重点新建、改建、扩建项目安全与生产设施"三同时"执行情况进行监督检查；依法监督检查全区煤矿企业安全生产主体责任落实情况，对非法违法行为实施行政处

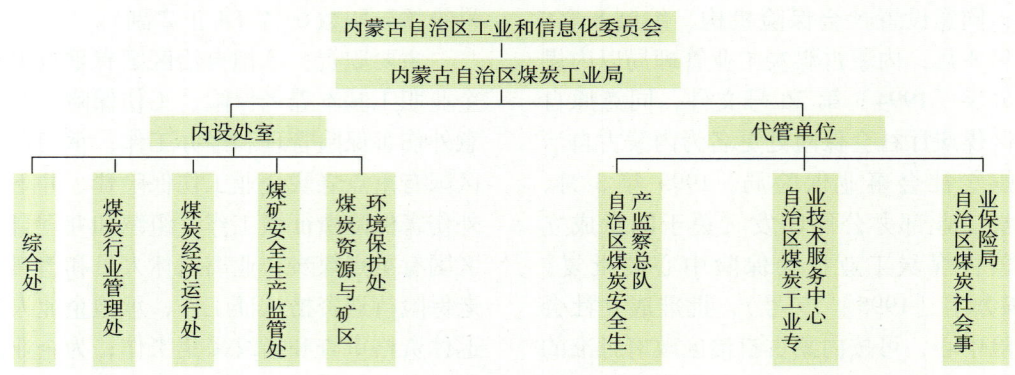

图1-1-2　2015年内蒙古自治区煤炭工业局组织机构示意图

罚；承办自治区政府及自治区煤矿安全生产行政主管部门交办的其他工作。

第二节 盟（市）煤炭行业管理部门

1991年，自治区各盟（市）设立煤炭行业管理机构的有呼伦贝尔盟煤炭工业公司（代行行业管理职能）、赤峰市煤炭管理局、锡林郭勒盟煤炭工业管理处、伊克昭盟煤炭工业处、阿拉善盟煤炭公司（代行行业管理职能），其他盟市的地方煤矿分别由盟（市）矿山资源管理局（包头）、经济处或经委（哲里木盟、巴彦淖尔盟、乌海市）管理。

各旗（县）设置煤炭行业管理机构的有阿拉善盟的左旗和右旗，伊克昭盟准格尔旗、达拉特旗、伊金霍洛旗、东胜市，其余产煤旗（县）在相关部门内设煤炭管理机构，管理73个地方国营煤矿和分布在自治区8盟4市56个旗（县）区的2100余个乡镇、集体、个体煤矿。

随着煤炭工业部的撤销，自治区煤炭行业管理体制及行业主管部门的调整，各盟市的煤炭工业管理体制和机构也发生较大变化。截至2015年底，全区只有乌海市、鄂尔多斯市、锡林郭勒盟设立煤炭工业局（处级建制），其余盟（市）的煤炭行业管理机构分别设在经济和安全生产监管等部门中。各盟（市）煤炭工业局机关工作人员属性各异，有公务员或事业编制，也有自收自支的企业编制。

一、2015年设立煤炭工业局的盟（市）

（一）乌海市

1991年1月—1995年9月，乌海市煤炭工业由乌海市经济贸易委员会和各区政府负责管理。

1995年9月，乌海市委、市政府决定组建乌海市煤炭工业管理局，处级建制，专职于煤炭行业的监管和规划发展。内设5个职能科室：办公室、规划发展科（挂煤焦市场管理办牌子）、安全监察科、财务审计科、培训科，行政编制16名（局长1名，科级干部职数8名，下设局机关事务中心，工作人员7名）。

1996年，乌海市政府将乌海市矿产品销售联合管理总站由市经贸委转隶为市煤炭工业管理局，专职于全市煤炭销售、运输秩序的管理及征收维简费和发展基金。1997年，根据《关于印发〈乌海市直属事业单位"五定"方案〉的通知》精神，更名为乌海市煤炭征费稽查总站，机构规格为正科级，人员编制144名，其中科级领导职数3名。经费性质是自收自支。

2001年，乌海市政府办公厅下发《关于印发市政府办公厅等部门职能配置、内设机构和领导职数规定的通知》，乌海市煤炭工业管理局更名为乌海市煤炭局，隶属于乌海市经济贸易委员会，副处级建制。内设办公室、规划发展科、安全监督管理科3个职能科室，行政编制7名，事业编制3名，其中副处级领导干部1名（局长），科级职数4名（含副局长）。

2006年，乌海市机构编制委员会下发《关于印发乌海市煤炭局事业单位"五定"方案的通知》，乌海市煤炭局的二级单位乌海市煤炭征费稽查总站，机构规格相当于正科级。机构类别为完全公益类，核定编制144名；增设乌海市煤矿安全远程监控中心，机构规格相当于正科级。机构类别为完全公益类，行政编制和领导职数9名。

2014年12月，乌海市委、市政府决定将乌海市煤炭局由准处级部门升格为直属市政府领导的处级机构，更名为乌海市煤炭管理局，并成立党委。局内设国有煤矿管理科、地方煤矿管理科、煤炭行业管理科、财务科，同时设机关事务中心、煤矿安全远程监控中心两个事业单位，核定编制32人，其中公务员9人，事业编制23人。另外，乌海市煤炭征费稽查总站170人，经费自收自支。

乌海市煤炭局升格后，海勃湾区、乌达区和海南区煤炭工业管理局仍由各区政府领导。2015年底，乌海市煤炭管理局对全市51个煤矿进行行业管理，其中国有（神华乌海能源公司）煤矿9个、非公有制煤矿42个。

（二）鄂尔多斯市

1991年7月，伊克昭盟煤炭工业处更名为伊克昭盟煤炭工业管理局，内设人事秘书科、生产技术科、计划经营科、财务审计科、安全检查科。

1993年，伊克昭盟煤炭工业管理局由行政局转为企业局，实行企业化管理，保留行政管理职能，下设综合业务部（分设生产技术科、安全检查科、计划经营科）、办公室（分设秘书科、人事劳资科、政工科）、财务部（分设财务科、审计科、专项资金管理科）。同年3月，伊克昭盟煤炭工业管理局成为无主管企业，之后陆续成立广源煤焦化有限责任公司、鑫源公司、富源公司、北源公司、煤炭建筑安装工程公司、基地建设开发公司、煤炭经营开发公司、金源物资工贸公司、煤焦化公司、欣源煤焦公司、伊克昭开源有限责任公司等。

2001年10月，伊克昭盟撤盟设市，伊克昭盟煤炭工业管理局更名为鄂尔多斯市煤炭局。12月26日，自治区政府批准单独设立鄂尔多斯市煤炭局为煤炭行业行政主管部门，重新列入行政序列。

2002年3月，鄂尔多斯市煤炭局政企分离，负责全市煤炭行业管理，煤炭工业的规划、开发、建设，煤炭行业技术改造，新技术的推广及应用，全市地方煤矿安全生产管理的监督、检查，依法整顿煤炭生产和经营秩序以及全市地方煤炭销售市场管理工作。

截至2015年底，鄂尔多斯市煤炭局内设办公室、技术装备科、规划运行科、安全监管科、法规监督科、应急调度科、财务票证科、教育培训科8个职能科室；内设煤炭设计院、煤炭纠察支队和东、南、西、北4个煤炭联合管理站；下辖矿山应急救援指挥中心、煤炭技术培训学校、煤井田灭火监管支队、国有煤矿安全监

图1-1-3　位于鄂尔多斯市康巴什区的鄂尔多斯市煤炭局办公大楼

管支队、煤炭矿区发展协调服务中心、煤炭信息中心 6 个事业单位。鄂尔多斯市煤炭局对全市 307 个煤矿进行行业管理，其中国有煤矿 53 个、其他所有制煤矿 254 个。

（三）锡林郭勒盟

1990 年 12 月，锡林郭勒盟矿山管理处更名为锡林郭勒盟煤炭工业处（局）、锡林郭勒盟矿产资源管理处（局），一个机构两块牌子。1995 年 5 月，锡林郭勒盟经济委员会改为经济局，煤炭工业管理职能并入经济局，成立煤炭工业管理局，为经济局二级单位。1997 年 1 月，锡林郭勒盟经济局挂盟煤炭工业管理局牌子，一个机构两块牌子。锡林郭勒盟经济局增设煤炭科、安全监察科、审计科，煤炭工业管理局行政编制 7 名、机关工勤人员编制 1 名及科级领导职数 5 名（3 正 2 副）一并划入锡林郭勒盟经济局。

2002 年 4 月，行署办公室印发锡林郭勒盟经济贸易委员会"三定"方案，将锡林郭勒盟经济局更名为锡林郭勒盟经济贸易委员会，挂锡林郭勒盟安全生产委员会办公室牌子，为行署工作部门，是负责区域经济调节的综合经济部门，内设机构 11 个，其中包括煤炭电力科和安全生产科。2004 年 11 月，锡林郭勒盟经济贸易委员会改组为经济委员会，内设机构调整为 8 个，煤炭管理职能划归能源科管理。2005 年 10 月，锡林郭勒盟编制委员会批复加强经委煤炭行业管理职能。

2010 年，机构改革中，在锡林郭勒盟经济贸易委员会的基础上组建经济和信息化委员会，10 月，行署办公厅印发锡林郭勒盟经济和信息化委员会"三定"方案，经济和信息化委员会挂煤炭工业局牌子，将锡林郭勒盟发展和改革委员会的工业行业管理有关职责和锡林郭勒盟安全生产监督管理局的煤矿日常安全监管职能划入经济和信息化委员会，内设机构调整为 16 个，其中包括煤炭行业管理科、煤炭安全生产监管科和煤炭技术推广与灾害治理科。2011 年 10 月，增加 1 名正科级领导职数，任煤炭局副局长，同时核减 1 名副科级领导职数。

2012 年 4 月，经锡林郭勒盟编制委员会批复，锡林郭勒盟煤炭局成立煤炭安全生产执法监察支队和煤炭稽查总站。7 月，锡林郭勒盟行署明确：锡林郭勒盟煤炭局人事、党务、财务管理、后勤保障等工作由锡林郭勒盟经济和信息化委员会负责。同年 12 月，煤炭局增设财务科，增加正科级领导职数 1 名，核减副科级领导职数 1 名。

2013 年 5 月，锡林郭勒盟编制委员会批复成立锡林郭勒盟煤炭局（处级建制），锡林郭勒盟经济和信息亿委员会不再挂锡林郭勒盟煤炭局牌子，其承担的"研究拟定全盟煤炭工业行业发展和产业结构调整意见并组织实施；负责煤矿日常监管工作；履行煤炭生产、经营许可与生产安全管理职责，统筹全盟煤矿火区综合治理和瓦斯综合利用，承担煤炭行业经济运行的宏观指导工作"的职责划入锡林郭勒盟煤炭局，锡林郭勒盟煤炭安全生产执法监察支队（核定人员 16 名）、锡林郭勒盟煤炭稽查总站（核定人员 19 名）隶属关系划转为锡林郭勒盟煤炭局管理。

2015 年底，锡林郭勒盟煤炭局对全盟 43 个煤矿实施行业管理，其中神华北电胜利能源公司露天煤矿、内蒙古大唐国际锡林浩特矿业有限公司二号露天煤矿等央企煤矿 19 个，国有控股煤矿 2 个，非公有制煤矿 22 个。

二、2015 年未单独设煤炭工业局的盟（市）

（一）阿拉善盟

1990 年，阿拉善盟成立经济处，对

外同时挂阿拉善盟交通处、阿拉善盟煤炭管理局、阿拉善盟交通港务监理所4块牌子，内设煤炭科行使煤炭行业管理职能职责，安全科行使煤炭行业安全监督管理职能职责。1996年5月，阿拉善盟成立煤炭管理局，隶属阿拉善盟经济贸易局管理，承担全盟煤炭行业管理和行业安全监管职能职责。2002年4月，阿拉善盟煤炭管理局并入阿拉善盟经济贸易委员会，设煤炭管理科和安全生产监督管理科。2004年10月，煤炭行业安全监管职能移交阿拉善盟安全生产监督管理局。2010年9月，阿拉善盟成立经济和信息化委员会，内设煤炭行业管理和煤矿灾害治理科、煤矿安全生产监管科。

2012年6月，阿拉善盟经济和信息化委员会设立阿拉善盟煤炭工业局，承担全盟煤炭生产安全监管和煤炭工业行业管理职责，在履行职责中具有一定的独立性，下设煤炭行业管理、煤矿灾害治理科和煤矿安全生产监管科。煤矿瓦斯远程监控中心被从盟安全生产监督管理局划转到煤炭工业局，仍为科级全额拨款事业单位，并增加事业编制5名。

2014年11月，阿拉善盟行政公署机构改革，设立经济和信息化委员会（挂阿拉善盟煤炭工业局牌子），内设11个科室，其中煤炭行业管理科和煤矿灾害治理科承担煤炭行业管理和灾害预防与治理职能，煤矿安全生产监管科承担煤矿安全生产监管职能。

2015年底，阿拉善盟经济与信息委员会对全盟27处非公有制煤矿进行行业管理。

（二）巴彦淖尔市

1990年6月，成立巴彦淖尔盟煤炭工业管理局，科级建制，事业编制，隶属于巴彦淖尔盟经济贸易委员会。巴彦淖尔盟煤炭工业管理局下设矿山救护队，科级建制，事业编制。2005年10月，巴彦淖尔市煤炭工业管理局的业务移交巴彦淖尔市经济委员会；煤矿安全监管职能划转巴彦淖尔市安全生产监察局。2011年，巴彦淖尔市煤炭行业的管理职能和煤矿安全管理职责全部划归巴彦淖尔市经济和信息化委员会。截至2015年底，巴彦淖尔市经信委煤炭科对全市4处非公有制煤矿进行行业管理。

（三）包头市

1989年，包头市煤炭工业管理局变更为包头市矿山资源管理局，1992年变更为包头市煤炭工业局，为政府管理机构，履行煤炭行业管理职责。在1995年底机构改革中被撤销。

1997年下半年，重新组建包头市煤炭管理局，与包头市乡镇企业管理局合署办公，设安全管理科和市场管理科两个科室，增加行政编制8人。2002年3月，包头市政府机构改革中将其并入包头市经济和贸易委员会。

2002年3月，煤炭管理职能由包头市经济和贸易委员会承担，设矿山管理处和煤炭市场管理处。2004年7月，包头市安全生产监督管理局成立，为包头市政府直属机构，承担煤矿安全和行业管理职能，设矿山监管科，市场管理职能由包头市经济和信息化委员会承担，设煤炭市场管理处。截至2015年底，包头市安全生产监督管理局对全市16个煤矿，其中国有（神华包头矿业公司）煤矿1个、非公有制煤矿15个进行行业管理。

（四）呼和浩特市

呼和浩特市煤炭工业管理机构设在安全生产监督管理局，由监管一科负责煤矿管理。产煤旗县（土默特左旗、武川县、清水河县）的煤矿管理机构设在经济和信息化委员会或由安全生产监管部门承担。

2015年底，呼和浩特市安全生产监督管理局煤炭科对全市3个煤矿（全部为非公有制煤矿）进行行业管理。

（五）乌兰察布市

乌兰察布市经济和信息化委员会设置煤炭科，负责煤炭行业管理。2015年底，乌兰察布煤矿全部关闭，只有3个非公有制洗煤厂。

（六）赤峰市

1989年3月，赤峰市将成立于1971年的昭乌达盟煤炭工业公司改为赤峰市煤炭工业管理局。1997年7月，市政府决定撤销煤炭工业管理局，成立煤炭工业（集团）总公司，采取逐步过渡的办法，暂挂市煤炭工业管理局牌子，核定事业编制29个。煤炭工业管理局主要负责全市地方煤矿行业管理、规划、生产、培训、设计、安全监察、统计、运销、煤炭物资管理。赤峰市煤炭局（煤炭集团总公司）内设办公室、生产计划科、安全监察科、审计财务科、运销管理科、人事劳动工资科6个科级机构；下设2个二级单位：赤峰市煤炭物资供应站、赤峰市煤矿设计室。

2002年，撤销赤峰市煤炭局，煤炭行业管理职能划归赤峰市经济贸易委员会。赤峰市经济贸易委员会内设安全生产管理科、煤炭管理科。2004年4月，赤峰市安全生产监督管理局增设煤炭管理科，市煤炭行业管理和安全监管职能划转该局。2015年底，赤峰市安全生产监督管理局煤炭科对全市44处（其中国有煤矿7处、非公有制煤矿37处）煤矿进行行业管理。

（七）通辽市

1993年，在盟经委设煤炭工业管理科（对外称"哲里木盟煤炭工业管理局"，科级建制），核定事业编制5名。煤炭工业管理局局长由经委分管领导兼任。2004年，机构改革中，通辽市经委改为通辽市经信委，下设煤炭工业科，编制为2人（正科1人，科员1人），负责通辽市煤炭行业管理工作。2015年底，通辽市经信委煤炭科对全市22处（其中国有煤矿6处、非公有制煤矿16处）煤矿进行行业管理。

（八）兴安盟

1991年1月，兴安盟辖区内煤矿由兴安盟经济局重工业科主管。1998年5月，兴安盟机构编制委员会下发《关于印发〈兴安盟煤炭局"五定"方案〉的通知》（兴机编发〔1998〕34号），成立兴安盟煤炭局，核定编制5人，为盟经济局的科级单位。煤炭行业管理职能由重工业科划归煤炭局。

2010年8月，兴安盟政府机构改革，组建兴安盟经济和信息化委员会，兴安盟煤炭局为经信局的科级单位。2014年4月，兴安盟煤炭工业局改为煤炭和应急救援安全生产科。

（九）呼伦贝尔市

1991年，呼伦贝尔盟煤炭管理局内设安全科、计划科、生产科、财务科、乡镇企业科、办公室6个科室，人员编制26名。1994年，呼伦贝尔盟公署撤销煤炭管理局，其职能划归呼伦贝尔盟经贸委，内设煤炭行业管理办公室，定员6人，设正、副科长各1人，工作人员4人，分别负责生产基建、安全、计划、统计等业务。

2007年9月，根据呼伦贝尔市政府对市域内煤炭工业企业行使管理权限要求，呼伦贝尔市经贸委对煤炭行业办公室人员进行调整，强化其职责权限。2014年4月，呼伦贝尔市经信委设煤炭行业运行管理科、煤炭安全生产监察科和煤炭资源与矿区环境保护科3个科室，负责全市各类煤矿生产、建设、安全技术和资源开发、环境保护管理工作。

第二章 煤矿安全监察机构

第一节 内蒙古煤矿安全监察局

一、与内蒙古自治区煤炭工业局合署办公

2000年5月,根据《国务院办公厅关于印发煤矿安全监察管理体制改革实施方案的通知》(国办发〔1999〕104号)要求,成立内蒙古煤矿安全监察局,代表国家对内蒙古区域内煤矿行使安全监察职能,是国家煤矿安全监察局的派出机构。内蒙古煤矿安全监察局同时挂内蒙古自治区煤炭工业局牌子。内蒙古煤矿安全监察局负责全区煤矿安全监察工作,内蒙古自治区煤炭工业局负责全区煤炭行业管理工作。

图1-2-1 国家煤矿安全监察局副局长赵铁锤为内蒙古煤矿安全监察局揭牌

2000年5月26日,内蒙古煤矿安全监察局成立大会暨挂牌仪式在呼和浩特市举行,自治区分管副主席和国家煤矿安全监察局副局长赵铁锤出席会议并为内蒙古煤矿安全监察局、内蒙古自治区煤炭工业局揭牌。

根据《国家煤矿安监局办公室关于印发内蒙古煤矿安全监察局职能配置内设机构和人员编制方案的通知》,内蒙古煤矿安全监察局设办公室(财务办公室)、安全监察一处、安全监察二处、安全技术装备保障处(职业危害防治处)、事故调查处(行政复议处)、人事培训处6个处室;设纪检组(监察室),与机关党委合署办公。局机关行政编制60名。另外设离退休干部管理处、信息调度中心(均为参公事业编制)和机关服务中心。

内蒙古煤矿安全监察局受国家煤矿安全监察局直接领导。内蒙古煤矿安全监察局领导的任免由国家煤矿安全监察局决定。内蒙古煤矿安全监察局局长兼任内蒙古自治区煤炭工业局领导。2000年5月,内蒙古煤矿安全监察局领导任职情况如下:

局　　长:臧海民(2000年5月—2002年5月)。

副 局 长:曹安雅(2000年5月—2002年5月)、曲来运(2000年5月—2002年5月)、李长玉(2001年5月—2002年5月)。

总工程师:关图儒(2000年5月—2002年8月)。

二、与内蒙古自治区安全生产监督管理局合署办公

2002年5月,根据《内蒙古自治区

机构编制委员会关于调整自治区安全生产监督管理和煤炭工业管理体制及机构的通知》，内蒙古煤矿安全监察局不再挂内蒙古自治区煤炭工业局牌子。2003年10月，内蒙古自治区安全生产监督管理局成立，与内蒙古煤矿安全监察局合署办公。内蒙古煤矿安全监察局局长兼内蒙古自治区安全生产监督管理局局长。内蒙古煤矿安全监察局内设机构及职能不变。

图1-2-2 内蒙古自治区安全生产监督管理局与内蒙古煤矿安全监察局召开合署办公会

2004年11月，局党组决定调整部分处室职能。安全监察一处负责全区国有重点煤矿、地方国有煤矿的安全监察执法工作。安全监察二处负责全区乡镇煤矿的安全监察执法工作。原由安全技术装备保障处（职业危害防治处）承担的煤矿建设工程安全设施的设计审查和验收职责，按照国有重点煤矿、地方国有煤矿和乡镇煤矿的分类，相应划转安全监察一处和安全监察二处。事故调查处（行政复议处）增加矿山救援指挥中心职能。

2005年7月，内蒙古自治区机构编制委员会下发《关于调整自治区安全生产监督管理和煤炭工业管理体制及机构的通知》：内蒙古煤矿安全监察局不再与内蒙古自治区安全生产监督管理局合署办公。

8月26日，自治区副主席赵双连主持召开自治区工业办公室、自治区煤炭工业局和内蒙古煤矿安全监察局领导参加的会议，宣读编办的文件，并宣布自当日起，内蒙古自治区安全生产监督管理局不再与内蒙古煤矿安全监察局合署办公，与自治区工业办合署办公。

2002年5月至2005年7月，内蒙古煤矿安全监察局领导任职情况：

局　　长：臧海民（2002年5月—2003年1月）、曹安雅（2003年1月—2005年7月）。

副 局 长：曲来运（2002年5月—2005年7月）、李长玉（2002年5月—2004年7月）。

总工程师：关图儒（2002年5月—2004年7月）。

巡 视 员：李长玉（2004年7月—2005年8月）。

三、内蒙古煤矿安全监察局独立办公

内蒙古煤矿安全监察局独立办公后，局领导班子成员不再兼任内蒙古自治区安全生产监督管理局职务。各职能处室设置及职责不变。

2005年8月至2015年12月，内蒙古煤矿安全监察局领导任职情况：

局　　长：曹安雅（2005年7月—2010年11月）、杨泽余（2010年11月—）。

副 局 长：曲来运（2005年7月—2012年4月）、关图儒（2005年8月—2014年7月）、贾师文（2012年2月—2013年9月）、张瑞庭（2012年8月—2014年6月）、汪崇鲜（2014年3月—）。

总工程师：贾师文（2010年11月—2012年2月）、张瑞庭（2012年8月—

2014年6月)、王海术(2014年6月—)。

纪检组长：张海旺(2005年8月—2009年7月)、韩嘉平(2009年7月—2012年8月)、冯广存(2012年8月—)。

巡视员：李长玉(2005年8月—2006年10月)、张海旺(2009年6月—2012年1月)、曲来运(2012年4月—2014年1月)、关图儒(2014年7月—2015年12月)、吴月光(2014年7月—2015年12月)。

副巡视员：于宝泉(2012年8月—)。

第二节 派出机构

2000年，经国家煤矿安全监察局煤安司办〔2000〕16号文件批准，内蒙古煤矿安全监察局设乌海、包头、赤峰、海拉尔4个办事处，处级建制，设行政编制95名。2004年，根据《国务院办公厅关于完善煤矿安全监察体制的意见》，各煤矿安全监察办事处更名为区域性监察分局，即呼伦贝尔、赤峰、包头、乌海4个监察分局，级别及编制不变。

一、乌海监察分局

2000年11月，乌海煤矿监察办事处成立，行政编制25人，内设综合室、监察一室、监察二室、监察三室、事故调查室共5个室，2004年更名为乌海监察分局，驻地为乌海市海勃湾区。

分局负责乌海市、阿拉善盟、鄂尔多斯市的鄂托克旗及鄂托克前旗行政区划内煤矿的安全监察执法工作。2015年底，监察分局行政编制24人，监察区域有各类生产煤矿137处，其中国有重点煤矿21处、国有地方煤矿7处、乡镇煤矿109处，年生产能力1.19亿吨。2007年，局长吴月光获自治区五一劳动奖章。

图1-2-3 时任乌海监察分局局长吴月光获自治区五一劳动奖章

二、鄂尔多斯监察分局

2000年6月，包头煤矿安全监察办事处成立，下设综合科、监察科、事故调查科、石拐站和东胜站，人员编制25人。2005年1月，更名为包头监察分局，机构规格和人员编制不变。2006年11月，包头监察分局搬迁至鄂尔多斯市东胜区。同年，经内蒙古煤矿安全监察局批准，撤销石拐站、东胜站，设立监察一室、监察二室、监察三室。2009年8月，包头监察分局更名为鄂尔多斯监察分局。2012年1月，鄂尔多斯监察分局增设监察四室。2014年5月，鄂尔多斯监察分局办公地点搬迁至鄂尔多斯市康巴什新区。

分局负责鄂尔多斯市(鄂托克旗、鄂托克前旗除外)、包头市、巴彦淖尔市和呼和浩特市行政区域内各类煤矿安全监察执法工作。2015年底，监察分局行政编制28人，监察区域共有各类生产煤矿306处(其中鄂尔多斯市283处、包头市15处、巴彦淖尔市5处、呼和浩特市3处)，其中国有重点煤矿72处、地方国有煤矿14处、乡镇煤矿230处，年生产能力7.3亿吨。

三、赤峰监察分局

2000年11月，赤峰煤矿安全监察办

事处成立，2004年更名为赤峰监察分局，行政编制23人，负责赤峰市、通辽市、兴安盟、锡林郭勒盟行政区域内的各类煤矿安全监察执法工作，驻地为赤峰市松山区。2002年5月，将兴安盟内煤矿安全监察执法划归海拉尔办事处。2014年8月，锡林郭勒监察站成立后，赤峰监察分局不再负责锡林郭勒盟区域内煤矿安全监察执法工作。

图1-2-4　国家煤矿安监局副局长付建华（左三）到赤峰监察分局调研

赤峰监察分局内设综合室、监察一室（2014年6月整体划归锡林郭勒监察站）、监察二室、监察三室、事故调查室等5个科室，监察行政区域内有煤矿57处。

2008年底，分局监察区域共有各类生产煤矿100处（其中赤峰地区48处、通辽市16处、锡林郭勒盟36处），其中国有重点煤矿27处、地方国有煤矿17处、乡镇煤矿56处，年生产能力1.8亿多吨。

2015年底，监察分局行政编制23人，监察区域共有各类生产煤矿58处（其中赤峰市38处、通辽市20处），其中国有重点煤矿15处、地方国有煤矿8处、乡镇煤矿35处，年生产能力7920万吨。

四、呼伦贝尔监察分局

2000年11月，海拉尔煤矿安全监察办事处成立，行政编制20人，负责呼伦贝尔市区域内各类煤矿安全监察工作，内设综合室、事故调查室、监察一室、监察二室、监察三室5个科室，驻地为呼伦贝尔市海拉尔区。

2002年5月，根据国家煤矿安全监察局办公厅《关于同意内蒙古煤矿安全监察局赤峰海拉尔煤矿安全监察办事处调整管辖范围的复函》，将兴安盟行政区域内的煤矿安全监察工作由赤峰安全监察办事处交由海拉尔煤矿安全监察办事处监管。至此，海拉尔煤矿安全监察办事处负责呼伦贝尔市、兴安盟两个盟市区域内的煤矿安全监察工作，行政编制调整为22人，2005年1月，更名为呼伦贝尔监察分局，监察区域及人员编制不变。

2015年底，监察分局行政编制20人，监察区域共有各类煤矿43处（其中呼伦贝尔市38处、兴安盟5处），其中国有重点煤矿17处、国有地方煤矿16处、乡镇煤矿10处，年生产能力1.07亿吨。

五、锡林郭勒监察站

2013年9月，自治区政府以《关于商请在锡林郭勒盟增设区域煤矿安全监察分局的函》，商请国家安全生产监督管理总局在锡林郭勒盟锡林浩特市增设煤矿安全监察分局。2014年6月，国家安全生产监督管理总局以《国家安全监管总局办公厅关于内蒙古煤矿安全监察局设立锡林郭勒监察站的通知》，批准成立锡林郭勒盟监察站，但不增加行政编制，其编制由内蒙古煤矿安全监察局内部调剂解决。

2014年8月，锡林郭勒监察站正式成立，下设安全监察一室、监察二室（兼事故调查室），分别负责锡林郭勒盟、乌兰察布市辖区内煤矿的安全监察执法工作，驻地为锡林郭勒盟锡林浩特市。

2015年，监察站行政编制10人，监察煤矿40处（锡林郭勒盟40处、乌兰察布市0处），其中国有重点煤矿18处、地方国有煤矿10处、乡镇煤矿12处，年生产能力1.63亿吨。

第三节　直属事业单位

2009年，根据《中央机构编制委员会办公室关于国家煤矿安全监察系统事业单位机构编制的批复》，确认和增设内蒙古煤矿安全监察局增设统计中心、救援指挥中心、机关服务中心、安全培训中心和安全技术中心5个直属事业单位，均为处级单位。

一、统计中心

统计中心前身为成立于2003年3月的内蒙古煤矿安全监察局信息调度中心，定员5人，负责全区煤矿安全生产调度、通信、统计工作，2006年更名为内蒙古煤矿安全监察局统计中心。统计中心设办公室、统计科、调度室3个职能科室。核定财政补助事业编制14名，其中主任1名、副主任2名、科级4名。各科室人员编制为：办公室2名，其中主任1名；统计科5名，其中科长1正1副；调度室4名，其中主任1名。

主要职责：负责内蒙古煤矿安全监察系统的煤矿安全生产调度统计工作；承担煤矿安全生产应急值守、事故信息处置和事故举报信息的接报工作；承担煤矿生产安全事故、安全监察执法、职业健康统计工作，分析预测本地区煤矿安全生产形势；承担为煤矿安全监察服务的煤炭工业相关统计工作；负责内蒙古煤矿安全监察局政府网站、计算机网络、视频会议系统和局内通信系统管理与维护工作；承办局领导交办的其他事项。

二、救援指挥中心

救援指挥中心于2010年9月成立，核定事业编制14名，下设3个职能科室，经费由中央财政统筹保障。

主要职责：承担内蒙古煤矿安全监察应急管理工作，参与事故抢险救援协调指挥；参与或承办煤矿安全监察应急救援体系建设工作，编制应急救援工作规划及应急预案；承担煤矿安全监察应急救援资源管理和标准化建设、救护技术培训和宣传教育工作，承担救护队伍资质管理工作；承担煤矿应急救援新技术、新装备的推广应用工作，组织、参加矿山救援比武及技术交流活动等工作。

三、机关服务中心

机关服务中心成立于2000年5月，按照机关处室管理。2007年6月，按照国家安全监管总局设立独立法人的要求，机关服务中心成为内蒙古煤矿安全监察局所属事业单位，承担内蒙古煤矿安全监察局机关行政事务及后勤服务管理职责。机关服务中心设办公室、财务科、经营管理科、服务科、车辆管理科5个职能科室。机关服务中心事业编制23名，其中主任1名、副主任3名，科级干部8名。

四、安全培训中心

内蒙古煤矿安全培训中心是原煤炭工业部于1984年投资建设的国家二级安全培训机构，是中编办批准的事业单位，核定事业编制20人。2000年11月28日，按照国家改革煤矿安全监察管理体制的有关规定，内蒙古煤矿安全技术培训中心隶属内蒙古煤矿安全监察局、内蒙古自治区煤炭工业局，作为两局的直属二级单位，承担全区煤矿安全技术培训职责。

截至2015年，中心内设13个科室、4个分校（鄂尔多斯分校、锡林郭勒盟分校、乌海分校和阿拉善盟分校）。培训中心现有教师结构基本涵盖相关的各类专业，并具有向其他领域给予安全技术支持的能力，形成以包头为中心，以鄂尔多斯、锡林郭勒、乌海、阿拉善、赤峰5个培训基地为主干辐射全区的安全培训教育网络体系，构建了短期快速安全技能培训与学历教育相结合的安全培训新体制。

五、安全技术中心

2010年12月，经国家安全生产监督管理总局批准成立，为内蒙古煤矿安全监察局的直属事业单位，编制16人，设主任1名、副主任3名，内设办公室、矿用设备科、职业健康科、安全评价科4个科室。安全技术中心下设内蒙古安科安全生产检测检验有限公司和内蒙古矿山安全与职业危害检测检验中心两个企业。

（一）内蒙古安科安全生产检测检验有限公司

公司现有职工216人，是内蒙古煤矿安全培训中心管理的检测检验中心，成立于2005年，专业种类有采矿工程、安全工程、矿井建设、矿山测量、分析化学等，高级职称7人，中级职称28人，初级职称及技术员50人，注册安全工程师17人。公司内设综合办、调度室、财务部、人力资源部、业务部、技术部、信息部、检测检验部、无轨胶轮车组、实验室10个科室，在主要产煤盟市设9个业务联系站和9个仪器仪表检测实验室。

公司于2005年取得通风机等11项检测检验资质，2006年取得提升机、主排水系统等46项检测检验资质，2007年取得煤矿检测检验项目59项资质，非煤矿山检测检验项目42项资质。截至2015年底，公司共取得煤矿检测检验项目68项、非煤矿山检测检验项目49项资质，其中包括大型机电设备、安全仪器仪表、救护器材、露天采矿设备、无轨胶轮车等检测检验项目。

（二）内蒙古矿山安全与职业危害检测检验中心（简称职检中心）

职检中心是根据国家安全监察总局建立职业危害实验室，开展企业作业场所职业危害因素检测检验的要求，由原培训中心管理的矿检中心于2006年投资建立的一家检测检验机构，2011年划归安全技术中心管理，2013年在工商部门注册为具有独立法人资格的国有企业，注册资金800万元。

职检中心现有职工78人，专业种类有采矿工程、安全工程、物理、化学、医学、预防医学等，高级职称4人，中级职称16人，初级职称及技术员22人，注册安全工程师12人，甲级职业卫生技术服务人员资质36人，内设综合办、财务科、业务科、质量控制科、信息科、检测评价科、实验室7个科室和1个计量站。

职检中心于2006年取得国家安全生产监督管理总局粉尘与噪声检测资质，2007年取得内蒙古自治区质量技术监督局计量认证资质和自治区卫生厅职业卫生技术服务资质，2009年取得自治区卫生厅作业场所建设项目职业病危害预评价和控制效果评价丙级资质，2010年成立内蒙古职业危害检测与鉴定实验室，2013年取得煤矿及非煤矿山职业卫生技术服务乙级资质，2014年取得国家职业卫生技术服务甲级资质，批准的业务范围为：煤炭采选业；金属、非金属矿采选业；化工、石化及医药业；机械、设备、电气制造业。

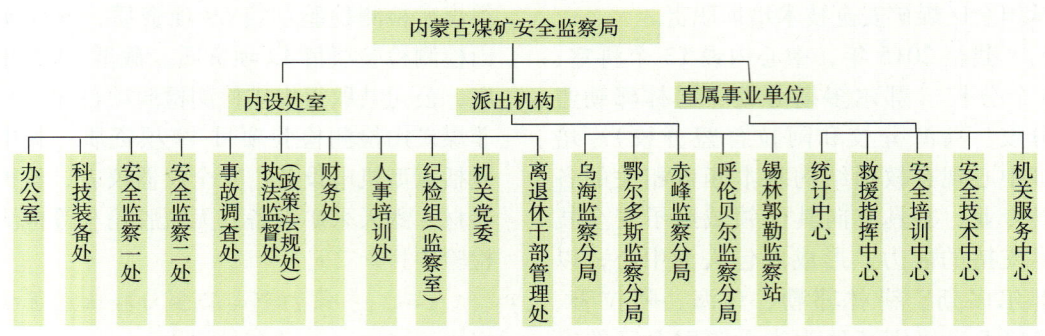

图 1-2-5 2015 年内蒙古煤矿安全监察局组织机构示意图

第三章 煤炭企业改革

第一节 国有煤炭企业改革

一、国有重点煤炭企业

（一）管理体制改革

1991年，内蒙古境内国有统配煤矿企业共10家。隶属关系分别为：扎赉诺尔矿务局、大雁矿务局、平庄矿务局隶属东北内蒙古煤炭工业联合公司；霍林河矿区指挥部、伊敏河矿区建设指挥部隶属能源部；包头矿务局、乌达矿务局、海勃湾矿务局隶属中国统配煤矿总公司内蒙古公司、内蒙古自治区煤炭工业厅；准格尔煤炭工业公司隶属中国统配煤矿总公司。1986年5月，自治区煤炭工业厅将呼伦贝尔盟管理的宝日希勒一矿列入地方统配煤矿管理。各统配煤矿机构设置及下属单位情况见表1-3-1。

1991年以来，内蒙古国有重点煤矿

表 1-3-1 1991 年内蒙古自治区各统配煤矿企业机构设置及下属单位情况表

单位名称	机构设置	下属单位
扎赉诺尔矿务局	办公室、劳资处、干部处、总调度室计划处、地测处、审计处、机电处、通风处、经济研究会、经济开发处、企管处、编制办公室、安监局、监察处、科技环保处、节能计量处、质量监督站、培训处、咨询委员会、卫生处、法律处、建设处、信访处	西山矿、灵泉矿、灵北矿、灵泉露天矿、铁北矿筹备处、建安处、运销处、机电修配厂、多种经营总公司、生活福利处、物资供应处、职工总医院、教育处、水暖厂、离退休管理处、第二列电厂、供电部、职工中专、技工学校、勘探队、救护大队、设计院、局机关、房地产处
大雁矿务局	办公室、总调度信息中心、生产处、机电处、建设处、干部处、财务处、劳资处、加工利用处、通风救护处、审计处、监察处、信访处、卫生处、企管处、经济技术咨询会、爱卫办、公安处、能源计量处、档案馆（处）、科技处、质量监督站、老干部处、法律事务处、检查室、劳动争议调解委员会办公室、安全监察局	一矿、二矿、三矿、矿建处、建筑安装工程公司、电务厂、供应处、运销处、福利处、汽车运输处、林业处、教育处、培训中心、医院、驻双鸭山建设工程指挥部、设计院、党校、房地产处、地质勘探公司、驻庄河水产品经营处、多种经营总公司

表1-3-1（续）

单位名称	机构设置	下属单位
平庄矿务局	办公室、干部处、财务处、供应处、劳资处、计划处、企管处、建设处、审计处、机动处、生产处、通风处、地测处、设计处、信访处、档案处、卫生处、安监局、调度室、行政处、接待处、环保节能处、技术监督处、煤质销售处、信息中心、科研所、法律顾问室、煤气指挥部	六〇五厂、总机厂、基建工程公司、多种经营公司、红庙矿、风水沟矿、元宝露天矿、元宝山矿、五家矿、西露天矿、古山矿、运输部、林场、教育处、局医院、党干校
包头矿务局	办公室、企业管理处、多种经营处、生产技术处、计划处、机电运输处、调度室、地方处、安全监察处、基本建设处、设计处、行政福利处、信访处、劳动保险处、计划生育处、教育处、通讯处、地质测量处、科学技术处、环境保护处、加工利用处、劳动工资处、运销处、供应处、财务处	长汉沟矿、五当沟矿、河滩沟矿、白弧沟矿、阿刀亥矿、机电修配厂、化工厂、大磁综合处、土建工程处、综合建井处、运输处、劳动服务公司、局医院、中学、小学
乌达矿务局	办公室、安监局、调度室、生产处、通风处、动力处、基建处、地测处、运销处、煤炭加工利用处、人事处、计划处、财务处、审计处、劳资处、设计处、企管处、科技处、信访处、卫生处、老干部处、计划生育办公室	黄白茨矿、五虎山矿、苏海图矿、选煤厂、乌尔特矿、发电厂、总机厂、建筑安装工程处、建井处、焦化厂、建筑安装公司、多种经营总公司、一公司、三公司、生活福利处、供应处、劳保处、公安处、林业处、水电处、教育处、职教中心、技工学校、信息中心、液化站、汽车队
海勃湾矿务局	办公室、人事监察处、审计处、质量监督站、老干部服务处、计划处、劳资处、企业管理处、物资供应处、安全监察局、生产调度处、煤质运销处、基建指挥部、设计处、电厂筹备处、多种经营总公司、行政福利处、公安处、机电运输处、职工培训中心、教育处、卫生处、总工程师办公室、地测处、财务处	平沟煤矿、老石旦煤矿、公乌素煤矿、大露天煤矿、总机修厂、第一基建工程处、第二基建工程处、第三基建工程处、综合处
霍林河矿区指挥部	企业管理处、林业处、行政处、配件处、总工程师办公室、财务处、劳资处、法律顾问处、质量监督站、离退休职工管理处、化验中心	南露天矿、建筑工程处、机电修配厂、公共事业处、农牧场、供应处、教育处、职工总医院、多种经营管理处、汽车队、培训处
伊敏河矿区建设指挥部	计划处、工资处、财务处、企管处、建设处、地测处、设计处、安监局、质量监督站、干部处、监察处、审计处、职教处、老干部处、计划生育处、民族事务处、多种经营处、办公室（档案处）、总调度室（生产处）、机电处（信息中心）、科技处（质量检测中心）、矿志办	一露天矿、发电厂、水泥厂、供电部、房地产处、铁合金厂、生活福利处、教育处、公安局、商业局、建工处—建筑工程公司、运销处—铁路运输部、供应处—物资供应公司、职工医院—卫生处、技工学校—党干校、劳动服务总公司—建筑安装公司
准格尔煤炭工业公司	办公室、基本建设处、计划处、技术处、机电处、土地征迁办公室、公安处、劳资处、审计处、财务处、安监处	黑岱沟一号露天矿、发电厂、运输部、通用物资库、油库、煤气厂、汽车厂、消防队、呼市转运站、呼市办事处、矿区维修中心、露天煤矿筹建处、丰准铁路筹建处、公用工程项目部、供应处、行政福利处、公用事业处、医院、学校
宝日希勒第一煤矿	19个科室	5个公司、6个直属单位、1个采区、1个掘进区

管理体制改革分为两个阶段：第一阶段是下放阶段，1994—2006年，国家将国有重点煤矿下放地方管理；第二阶段是重组阶段，自2007年开始，国家实行大基地、大集团战略，原下放到地方管理的国有重点煤矿分别与中央所属大型煤炭、电力集团公司重组。

1. 国有重点煤矿下放自治区

1994年前，内蒙古东部区的扎赉诺尔、大雁、平庄等矿务局和单位均隶属东北内蒙古煤炭工业联合公司管理。1994年3月，东北内蒙古煤炭工业联合公司撤销，其所属的扎赉诺尔矿务局、大雁矿务局、平庄矿务局等国有重点煤矿改由中国统配煤矿总公司和内蒙古自治区煤炭工业局共同管理。

1998年5月19日，根据中央精神，自治区第六届党委第123次书记办公会议专题研究国有重点煤矿下放管理事宜，并形成会议纪要。

（1）自治区政府坚决服从国家关于煤炭管理体制改革的决定。

（2）责成自治区煤炭管理局根据国家关于煤炭管理体制改革的决定，结合自治区的实际，认真研究，并提出符合实际切实可行的实施方案。要求首先研究提出由神华（集团）兼并准格尔煤炭（集团）有限责任公司、西三局组成集团的方案，详述方案的理由，求得国家的理解和支持。若国家只同意西三局下放管理，则应认真地、实事求是地提出请求国家帮助解决的困难。这些方案的提出，一定要符合国家的大政方针和自治区的实际。

（3）自治区煤炭管理局提前研究全区煤炭体制改革问题，逐个深入调查研究，广泛听取各方面的意见，既要听取煤矿领导的意见，也要听取职代会的意见，还要听取所在盟市的意见。要在充分调查研究的基础上，拿出自治区煤炭体制改革的方案，报自治区党委、政府决策。

（4）同意成立自治区煤炭管理体制改革领导小组，由自治区副主席沈淑济负责，煤管局及有关部门负责同志参加，负责自治区煤炭管理体制改革问题。

1998年7月，国务院下发《关于改革国有重点煤矿管理体制有关问题的通知》，从1998年7月起，将原煤炭工业部直属和直接管理的94户国有重点煤矿，以及原随煤矿一起上收的，为煤矿服务的地质勘探、煤矿设计、基建施工、机械制造、科研教育等企业单位，下放地方管理。《通知》要求，本次国有重点煤矿及企事业单位只下放到省、自治区、直辖市，不层层下放。国有重点煤矿下放后，有关省、自治区、直辖市要对各类煤矿统筹安排，进行结构调整和改组，进一步整顿煤炭生产和经营秩序，关闭非法开采和布局不合理、乱采滥挖的各类小煤矿，发挥国有重点煤矿作用，促进煤炭工业健康发展。

1998年8月1日，自治区政府下发《关于认真做好国有重点煤矿下放后管理工作的通知》。从1998年7月1日起，原属煤炭工业部管理的霍林河、平庄、大雁、扎赉诺尔矿务局和宝日希勒煤矿及海拉尔煤炭工业学校（以下简称下放单位）下放内蒙古管理；并要求自接到通知之日，把下放单位的安全生产、扭亏增盈、职工下岗分流、实施再就业工程及社会保障等项工作纳入自治区管理范畴统一安排。

1998年10月6日，国家经贸委、国家煤炭工业局会同财政部、中国人民银行、劳动和社会保障部等有关部门，与内蒙古自治区政府协商，由国家经贸委、国家煤炭工业局与内蒙古自治区政府签订《关于内蒙古国有重点煤矿管理体制改革问题商谈纪要》，明确了平庄矿务局、大雁矿务局、扎赉诺尔矿务局、霍林河矿务局、宝日希勒煤矿下放到内蒙古自治区管理的相关事项。

1998年11月30日，经自治区政府第16次常务会议研究决定：将霍林河矿务局作为重点煤炭企业改革的试点，下放哲里木盟管理；以原大雁、扎赉诺尔矿务局和宝日希勒煤炭集团为主体，组建呼伦贝尔煤炭集团公司；新组建的呼伦贝尔煤炭集团公司和平庄矿务局隶属于自治区煤炭工业局。1999年5月，内蒙古呼伦贝尔煤业集团公司被批准组建并于10月挂牌运营。2004年8月，内蒙古呼伦贝尔煤炭集团公司撤销，所属煤炭企业划归呼伦贝尔市管理。

1998年，平庄矿务局下放到内蒙古自治区管理后组建煤业集团。2003年9月，自治区政府决定，平庄煤业集团划归赤峰市管理。

2. 国有重点煤矿与国家大型能源集团重组

（1）伊敏煤电公司。1991年1月，经能源部批准，伊敏煤电公司成立，由能源部归口管理。1995年，电力工业部决定对公司进行现代化企业改制，由华能集团控股51%，东北电力集团控股49%。董事长单位是华能集团公司，总经理单位是东北电力集团公司。2003年，公司更名为伊敏华能东北煤电有限责任公司。2003年7月，公司更名为伊敏华能煤电有限责任公司。2004年9月，公司重新更名注册为华能伊敏煤电有限责任公司。

（2）乌达、海勃湾、包头矿务局。20世纪90年代中期，全国煤炭市场低迷，煤炭企业亏损严重。乌达、海勃湾、包头矿务局经营陷入困境，因拖欠职工十多个月工资，引发多次恶性群众上访事件。自治区政府财力不足，无力扭转困局，请求中央支持。经国务院领导同意，乌达、海勃湾、包头矿务局交由神华集团统一经营管理。

1998年7月29日，国务院副秘书长石秀诗在呼和浩特市主持召开会议。国家煤炭工业局局长张宝明、神华集团公司董事长叶青、自治区政府副主席沈淑济等参加会议，形成会议纪要，同意将包头矿务局、乌达矿务局、海勃湾矿务局、准格尔煤炭公司、万利煤业公司交由神华集团公司统一管理。

1998年8月19日，自治区政府与神华集团签订《关于将内蒙古西部国有重点煤炭企业交由神华集团公司统一经营管理的会议纪要》：为认真贯彻《国务院关于改革国有重点煤矿管理体制有关问题的通知》精神，根据内蒙古自治区政府的建议，国务院同意将原煤炭工业部直属和直接管理的准格尔煤炭工业公司、乌达矿务局、海勃湾矿务局、包头矿务局、万利煤业（集团）有限责任公司，交由神华集团公司统一经营管理，不再下放给内蒙古自治区，有关划转事宜由国家国有重点煤矿企业下放办公室与神华集团公司具体办理。

（3）扎赉诺尔矿务局。2007年1月，扎赉诺尔煤业公司被中国华能集团公司并购重组，隶属于华能呼伦贝尔能源开发有限公司。

（4）大雁矿务局。2006年7年，内蒙古大雁矿业集团有限责任公司与山东鲁能集团公司重组，成立内蒙古鲁能大雁能源集团有限公司。2009年4月，中国华电集团公司参股内蒙古鲁能大雁能源集团有限公司。2010年11月，山东鲁能集团公司持有的内蒙古鲁能大雁能源集团有限公司70%的股份无偿划转至国网能源开发有限公司。2012年10月，控股股东国网能源开发有限公司更名为神华国能集团有限公司，大雁公司划入神华集团序列。

2013年10月，神华国能集团有限公司收购呼伦贝尔市政府持有的内蒙古大雁矿业集团有限责任公司100%股权和持有的内蒙古鲁能大雁能源集团有限公司10%股权。2014年1月，中国华电集团公司退出内蒙古鲁能大雁能源集团有限公司。2014年11月，内蒙古大雁矿业集团有限责任公司吸收合并内蒙古鲁能大雁能源集团有限公司，为神华国能集团有限公司全资子公司。公司改称为神华国能内蒙古大雁集团有限责任公司（简称"神华大雁集团"）。

（5）准格尔煤炭工业公司。1993年6月，煤炭工业部恢复后，准煤公司划归煤炭工业部管理。1998年6月，国务院机构改革，煤炭工业部撤销，准煤公司暂由新组建的国家经济委员会下设的国家煤炭工业局代管。1998年9月1日，准煤公司划归神华集团经营管理。

截至2015年底，内蒙古原有的11个国有重点煤炭企业全部划归中央所属企业管理，其中准格尔煤炭公司、乌达矿务局、海勃湾矿务局、包头矿务局、万利煤业公司、宝日希勒能煤业公司、大雁矿务局并入神华集团公司；伊敏煤电公司、扎赉诺尔矿务局改制的矿业公司由华能集团控股；平庄矿务局改制成煤业集团公司后，由中国国电集团控股；霍林河矿务局改制为霍林河露天股份有限责任公司后，由中国电力投资集团控股。内蒙古自治区原统配煤矿管理体制重组后归属情况见表1-3-2。

表1-3-2　2015年全区原统配煤矿归属情况统计表

原名称	现名称	重组时间	隶属公司
包头矿务局	神华包头能源有限责任公司	1998-10	神华集团公司
乌达矿务局 海勃湾矿务局	神华乌海能源有限责任公司	1998-10	神华集团公司
准格尔煤炭公司	神华准格尔能源有限责任公司	1998-10	神华集团公司
万利煤业公司	神华新街能源有限责任公司	1998-10	神华集团公司
扎赉诺尔矿务局	扎赉诺尔煤业有限公司	2007-01	中国华能集团公司
大雁矿务局	神华大雁集团有限公司	2012-10	神华国能集团有限公司
宝日希勒煤业公司	神华宝日希勒能源有限公司	2005-12	神华集团公司
伊敏煤电公司	华能伊敏煤电有限公司	1995-04	华能集团公司
霍林河矿务局	中电投蒙东能源集团有限责任公司	2005-04	中国电力投资集团公司
平庄矿务局	内蒙古平庄煤业（集团）有限责任公司	2008-06	中国国电集团公司

（二）企业内部管理改革

1. 建立现代企业制度

1991年以来，自治区境内国有重点煤矿经历次改革后，并建立现代企业制度，增强市场竞争力，逐步走出困境。所有矿务局管理体制全部改为有限责任公司。乌达矿务局改制为乌达矿业公司，海勃湾矿务局改制为海勃湾矿业公司，包头矿务局改制为包头矿业公司，平庄矿务局改制为平庄煤业（集团）公司，扎赉诺尔矿务局改制为扎赉诺尔煤业公司，大雁矿务局改制为大雁煤业有限责任公司，霍林河矿务局改制为霍林河煤业集团有限责任公司。

根据现代企业制度的要求，各公司均成立董事会、监事会和总经理班子。同时成立党委会，党委书记担任董事长或副董事长，以保证党对企业的监督领导作用。各公司建立职工代表大会制度，定期召开职工代表大会，由公司总经理代表公司经理班子向职工代表述职，听取代表对公司改革发展的建议和意见。

2. 股份制改革

（1）内蒙古霍林河露天煤业股份有限公司。1999年，霍林河矿务局组建霍林河煤炭集团公司并完成转制、扭亏两大任务后，公司领导团队开始谋划企业的长远发展问题，探索以煤为主、多元发展的路子，聘请北方交通大学的专家帮助制定霍煤集团发展战略。

图1-3-1　霍煤股份公司在深交所成功上市

在立足煤业求生存，走出煤业求发展的口号下，霍煤集团集中主业优良资产，联合11家企事业单位发起设立内蒙古霍林河露天煤业股份有限公司，于2001年12月18日注册成立，2002年1月18日，正式挂牌运营。

2005年4月6日，霍煤集团与中电投集团签署重组协议，组建中电投霍林河煤电集团公司。公司是按照上市公司要求设立的股份制企业，2007年4月18日，在深交所成功上市，成为中国露天煤矿第一股。

2008年2月18日，以中电霍煤集团公司和白音华煤电公司为主组建的中电投蒙东能源集团公司将原中电霍煤集团、白音华煤电公司所属企业、原中电投东北分公司部分企业和元宝山发电公司统一纳入蒙东能源集团公司管理。2008年2月23日，中电投蒙东能源集团公司煤炭事业部正式揭牌成立，开启了霍林河、白音华"两地四矿"统一专业化管理的新格局。

（2）内蒙古平庄煤业（集团）有限责任公司。2000年3月24日，平庄矿务局同信达公司、华融公司签署《债权转股权协议》及《债权转股权补充协议书》，并经国务院及国家经贸委批准生效。

2004年，平庄煤业集团公司推进资本运营，改变企业的组织结构，参股赤峰平庄热电公司。2005年，公司与中国信达、中国华融共同发起成立赤峰平庄能源有限责任公司。

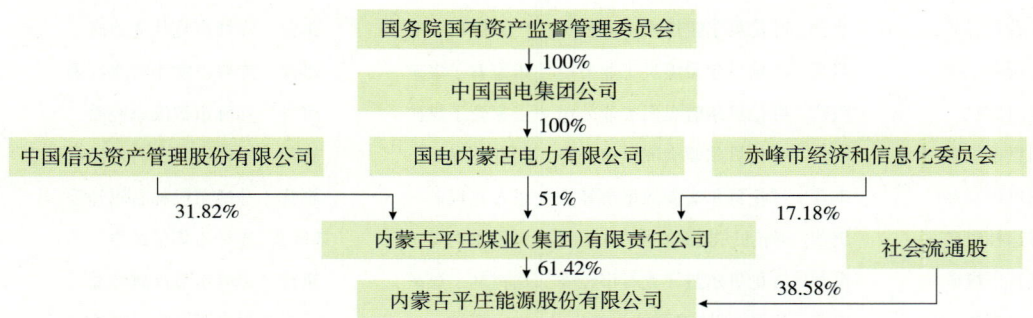

图1-3-2　2015年内蒙古平庄能源股份有限公司组织结构示意图

2006年10月至2007年5月,平庄煤业以重大资产转换和定向增发的方式重组草原兴发公司。草原兴发公司更名为内蒙古平庄能源股份有限公司,平庄煤业集团公司成为平庄能源股份公司的控股股东。

2007年12月10日,中国国电集团公司与赤峰市政府签署平庄煤业股权转让协议。国电集团自2007年4月3日与自治区政府签署《关于投资建设煤电运化项目的合作协议》,启动重组平庄煤业工作。2008年6月4日,国务院国有资产监督管理委员会印发文件,批准赤峰市政府将所持有的平庄煤业3%的国有股权无偿划转给国电集团。此次划转后,国电集团拥有平庄煤业51%的股权,控股平庄煤业的主营业务。

2011年8月,平庄煤业集团公司控股锡林郭勒蒙东能源公司。

(3)神华宝日希勒能源有限公司。1982年8月,宝日希勒第一煤矿开工建设,隶属内蒙古煤炭工业管理局。1985年,煤矿被列入国有统配煤矿,隶属煤炭工业部。1986年5月,内蒙古自治区煤炭工业厅党组将宝日希勒一矿列入地方煤矿管理。1997年1月,呼伦贝尔盟决定,以宝日日希勒一矿(统配煤矿)为主体,联合兼并呼伦贝尔盟地方煤炭集团总公司和陈巴尔虎旗地方煤矿,组建成立宝日希勒煤炭集团公司。1999年5月,内蒙古呼伦贝尔煤业集团公司成立,宝日希勒煤炭公司隶属内蒙古呼伦贝尔煤业集团公司。按照自治区政府的要求,公司更名为宝日希勒煤业股份有限公司。

2002年,公司以建立完善的法人治理结构为切入点,对资产进行优化重组,依法产生股东会、董事会和监事会,形成国有控股、社会法人参股、员工持股的多元化投资主体。2005年12月,公司并入神华集团公司,更名为神华宝日希勒能源有限公司。

二、地方国有煤矿企业

1991年,自治区各盟市所属地方国营煤矿73处,其中盟市所属69处、自治区直属厅局3处、内蒙古军区后勤处1处,具体情况见表1-3-3。

表1-3-3 1991年内蒙古自治区地方国营煤炭企业统计表

单位名称	性质	隶属关系	单位名称	性质	隶属关系
五九煤矿	盟营	呼伦贝尔盟煤炭工业公司	四龙煤矿	县营	赤峰市宁城县经委
大杨树煤矿	盟营	呼伦贝尔盟煤炭工业公司	西桥煤矿	旗营	赤峰市喀喇沁旗经委
宝日希勒一矿	盟营	呼伦贝尔盟煤炭工业公司	青峰煤矿	旗营	赤峰市喀喇沁旗经委
宝日希勒二矿	盟营	呼伦贝尔盟煤炭工业公司	广兴煤矿	旗营	赤峰市克什克腾旗
宝日希勒三矿	盟营	呼伦贝尔盟煤炭工业公司	宋家营子煤矿	旗营	赤峰市翁牛特旗经委
免渡河煤矿	盟营	呼伦贝尔盟煤炭工业公司	王家营子煤矿	旗营	赤峰市敖汉旗经委
满洲里市煤矿	市营	呼伦贝尔盟满洲里市经委	温都花煤矿	旗营	赤峰市阿鲁科尔沁旗经委
满洲里市一井	市营	呼伦贝尔盟满洲里市经委	塔布花煤矿	旗营	赤峰市巴林右旗经委
拉布达林煤矿	旗营	呼伦贝尔盟额尔古纳右旗经委	大风水沟煤矿	郊区营	赤峰市郊区经委
牙克石市煤矿	市营	呼伦贝尔盟牙克石市经委	榆树林子煤矿	旗营	赤峰市敖汉旗经委
联合屯煤矿	旗营	哲里木盟扎鲁特旗煤炭公司	裕民煤矿	县营	兴安盟突泉县经委
黄花山煤矿	旗营	哲里木盟扎鲁特旗煤炭公司	忙牛海煤矿	盟营	兴安盟经济处

表1-3-3（续）

单位名称	性质	隶属关系	单位名称	性质	隶属关系
乌兰图嘎煤矿	盟营	锡林郭勒盟矿山管理处	营盘湾煤矿	盟营	巴彦淖尔盟经济处
锡林浩特煤矿	盟营	锡林郭勒盟矿山管理处	乌拉特前旗煤矿	旗营	巴彦淖尔盟乌拉特前旗经委
跃进煤矿	旗营	锡林郭勒盟西乌旗经委	乌兰布和农场煤矿	盟营	巴彦淖尔盟农管局
玛尼图煤矿	旗营	锡林郭勒盟阿巴嘎旗经委	建丰农场煤矿	盟营	巴彦淖尔盟农管局
乌尼特煤矿	旗营	锡林郭勒盟东乌旗经委	苏独伦农场煤矿	盟营	巴彦淖尔盟农管局
阿拉坦合力煤矿	旗营	锡林郭勒盟东乌旗经委	古拉本煤矿	旗营	阿拉善盟阿左旗煤管局
多伦煤矿	县营	锡林郭勒盟多伦县经委	长山煤矿	旗营	阿拉善盟阿右旗经委
高力罕牧场煤矿	盟营	锡林郭勒盟农管局	百灵煤矿	旗营	阿拉善盟阿左旗煤管局
宝日格斯台牧场煤矿	盟营	锡林郭勒盟农管局	别立贡煤矿	旗营	阿拉善盟阿左旗煤管局
敖尔其格煤矿	盟营	锡林郭勒盟司法局	希热哈达煤矿	旗营	阿拉善盟额济纳旗经委
高头窑煤矿	旗营	伊克昭盟达拉特旗经委	杨圪楞煤矿	市营	包头市矿山资源管理局
酸刺沟煤矿	市营	伊克昭盟东胜市经委	窝尔沁壕煤矿	市营	包头市矿山资源管理局
纳林沟煤矿	旗营	伊克昭盟准格尔旗煤炭公司	悦来窑煤矿	旗营	包头市土默特右旗经委
城坡煤矿	旗营	伊克昭盟准格尔旗煤炭公司	郊区煤矿	郊区营	包头市郊区经委
二道沟煤矿	旗营	伊克昭盟准格尔旗煤炭公司	石拐五一煤矿	区营	包头市石拐区经委
房塔沟煤矿	旗营	伊克昭盟准格尔旗煤炭公司	摩尔沟煤矿	市营	乌海市经委
乌素沟煤矿	旗营	伊克昭盟准格尔旗煤炭公司	东山煤矿	区营	乌海市海南区经委
棋盘井煤矿	旗营	伊克昭盟鄂托克旗经委	巴音赛沟煤矿	区营	乌海市乌达区经委
石圪台煤矿	旗营	伊克昭盟伊金霍洛旗经委	武川露天矿	县营	乌兰察布盟武川县经委
忽吉图煤矿	旗营	伊克昭盟伊金霍洛旗经委	清水河煤矿	县营	乌兰察布盟清水河县经委
巴音陶亥农场煤矿	盟营	伊克昭盟农管局	老窝铺煤矿	自治区营	内蒙古自治区劳改局
罕台川煤矿	旗营	伊克昭盟达拉特旗经委	牛连沟煤矿	自治区营	内蒙古自治区劳改局
巴音乌素煤矿	旗营	伊克昭盟鄂托克旗经委	大兴煤矿	自治区营	内蒙古农管局
巴音胡都格煤矿	旗营	巴彦淖尔盟乌拉特中旗经委	内蒙古军区后勤煤矿	自治区营	内蒙古军区后勤处
乌拉特中旗煤矿	旗营	巴彦淖尔盟乌拉特中旗经委			

1992—2001年，是全区地方国营煤矿企业管理体制变化最快，也是转变最彻底的十年。企业归属去向分为3类：①少数煤炭资源量大、生产设备、经营管理基础较好的企业划归国有企业，如由锡林郭勒盟经济委员会管理的乌兰图嘎煤矿划归神华北电胜利能源有限公司；②改制为民营企业，或股份制企业，如由伊克昭盟鄂托克旗经委管理的棋盘井煤矿改制为民营企业；③在全区煤炭企业关闭整顿中被关闭，或经营不善而倒闭。

改制的地方国营煤矿企业内部管理改革基本分3个阶段：一是实行现代企业制度，政企分开，承包经营（1993—1997年）；二是转制为国有资产控股、职工参股企业（1998—1999年）；三是国有资本退出，企业成建制地转变为非公有制企业（2000—2001年）。鄂尔多斯市地方国营煤炭企业转制最为彻底，至2001年底，全市所有市属、旗属国有企业全部转变为非公有制企业。

截至2015年底，20世纪90年代初的全区73处地方国营煤矿，除少数被国有重点煤炭企业并购外，其余多数煤矿改制为非公有制企业，另有部分煤矿由于产能低、设备差，被淘汰关闭。

第二节　重点煤炭企业

一、自治区重点煤炭企业遴选

2003年12月，自治区为充分发挥煤炭资源优势，建设大型煤炭生产基地，培育大型煤炭企业集团，加快推进自治区工业化进程，将自治区建设成为国家重要的能源基地，形成煤、电、高载能产品，煤、焦、高附加值化工产品，煤气化、液化产品的综合发展格局，自治区政府印发《关于加快发展重点煤炭企业的指导意见》（内政字〔2003〕427号），确定神华集团神东煤炭有限责任公司等20户企业为自治区重点煤炭企业（表1-3-4）。

表1-3-4　2003年内蒙古自治区重点煤炭企业统计表

单位名称	企业性质	单位名称	企业性质
神华集团神东煤炭分公司	国有	神华集团海勃湾矿业公司	国有
神华集团准格尔能源有限责任公司	国有	内蒙古汇能煤电集团有限公司	民营
霍林河煤业集团公司	国有	神华集团万利煤业集团公司	国有
呼伦贝尔煤炭集团大雁煤业公司	国有	内蒙古伊东煤炭集团有限责任公司	民营
呼伦贝尔煤炭集团扎赉诺尔煤业有限责任公司	国有	内蒙古满世煤炭运销有限责任公司	民营
呼伦贝尔煤炭集团宝日希勒煤业公司	国有	内蒙古太西煤集团股份有限公司	民营
伊敏华能东电有限责任公司	国有	内蒙古庆华集团有限公司	民营
平庄煤业集团有限责任公司	国有	内蒙古众兴煤炭集团有限公司	民营
内蒙古伊泰集团有限公司	民营	锡林郭勒白音华煤电有限公司	国有
神华集团乌达矿业公司	国有	鄂尔多斯市蒙泰煤焦有限责任公司	民营

以上20户企业作为自治区煤炭行业的龙头企业，在资源配置、铁路运输、电力供应等方面予以重点扶持。鼓励重点煤炭企业充分发挥自身的资金、人才、技术和设备优势，与电力、铁路以及有资金实力的企业进行广泛的联合，共同参与大型煤炭基地的开发建设。引导和扶持重点煤炭企业加快建立和完善现代产权制度。鼓励重点煤炭企业积极参与开发高新技术产业化示范项目等一系列扶持政策。

2005年，经自治区政府同意，由自治区人民政府工业办公室遴选自治区重点煤炭企业。进入自治区重点煤炭生产企业的基本条件是：①企业现有原煤生产能力不低于100万吨/年，且"十一五"（2006—2010年）期间原煤生产能力规划并达到500万吨/年以上（特种煤可适当放宽），同时企业已取得的后备资源能够满足企业发展需要，且可采储量不低于3亿吨；或规划建设规模在1000万吨/年以上的特大型煤矿企业。②企业矿井将全部实行正规采煤方法；矿井以综采为主，采煤机械化程度将达到90%以上；资源回收率将达到70%以上；新建井工矿规模不低于120万吨、露天矿规模不低于300万吨。③原则上有配套的煤炭深加工和转化项目。

自治区重点煤炭企业实行"优进劣汰""总量控制"的管理原则。自治区重点煤炭企业，特别是新进入自治区重点煤炭企业的单位，要充分把握自治区给予的重点扶持政策，紧紧围绕国家和自治区经济发展的大局,加快发展步伐,积极扩张总量,提高运行质量和效益,为做大、做强自治区煤炭工业奠定基础。自治区政府要求各盟市煤炭主管部门,要高度关注重点煤炭企业的发展,加强对重点煤炭企业的支持和服务,共同促进全区煤炭工业健康可持续发展。

经企业申请、所在地盟市政府推荐、自治区煤炭工业局审核,自治区政府工业办公室于2005年、2006年两批共确定30户自治区重点煤炭企业(表1-3-5),其中2005年确定20家,2006年确定10家。到2007年,30户重点企业煤炭产量达到2.9亿吨,占全区煤炭总产量的81.5%。

表1-3-5　2006年内蒙古自治区重点煤炭企业统计表

单位名称	企业性质	法人	单位名称	企业性质	法人
神华神东煤炭分公司	国有	王 安	内蒙古满世煤炭运销有限责任公司	民营	刘满世
神华准格尔能源有限责任公司	国有	马 军	内蒙古伊东煤炭集团有限公司	民营	杨二喜
神华集团乌达矿业公司	国有	乔俊杰	内蒙古太西煤集团股份有限公司	民营	王以庭
神华集团海勃湾矿业公司	国有	李怀国	内蒙古庆华集团有限公司	民营	霍庆华
神华集团包头矿业有限责任公司	国有	孟来发	鄂尔多斯市乌兰煤炭集团有限责任公司	民营	李玉良
神华集团万利煤业集团公司	国有	王占勇	内蒙古蒙泰煤电集团有限公司	民营	奥凤廷
神华北电胜利能源有限公司	国有	刘子安	内蒙古西蒙煤炭有限公司	民营	连广明
大雁煤业公司	国有	国汉斌	内蒙古特弘煤炭集团公司	民营	丁文祥
神华宝日希勒能源有限公司	国有	阮东平	神东天隆集团有限公司	民营	刘仲田
扎赉诺尔煤业有限责任公司	国有	朱庭海	内蒙古棋盘井矿业有限公司	民营	苗喜明
华能伊敏煤电有限责任公司	国有	戴 为	内蒙古中煤蒙发煤炭有限公司	民营	高 柱
霍林河煤业集团公司	国有	王利民	包头市陆合煤焦有限公司	民营	张满旺
内蒙古平庄煤业(集团)有限责任公司	国有	孙国建	内蒙古海神煤炭集团有限公司	民营	张凤雄
内蒙古伊泰集团有限公司	民营	张双旺	鄂尔多斯市瑞德煤化有限公司	民营	刘 燕
内蒙古汇能煤电集团有限公司	民营	郭金树	内蒙古海洲露天矿业有限责任公司	民营	沈秀成

自治区重点煤炭企业实行动态管理。因企业重组、产量和经济效益下降,2012年入选的30个自治区重点企业剩25家。2013年,自治区工业信息化委员会根据煤炭企业生产规模、主要经济指标完成情况,重新遴选自治区重点煤炭企业。2015年,全区重点煤炭企业45家,其中民营企业27家(表1-3-6)。45个重点煤炭企业煤炭产量达57943万吨,占全区煤炭产量63.67%。百万吨死亡率为0。

表1-3-6　2015年内蒙古自治区重点煤炭企业统计表

单位名称	企业性质	法人	单位名称	企业性质	法人
神华神东煤炭集团有限责任公司	国有	杨 鹏	神华宝日希勒能源有限公司	国有	刘 明
神华准格尔能源有限责任公司	国有	张维世	神华大雁集团有限公司	国有	刘 明
神华乌海能源有限责任公司	国有	杨汉堂	华能伊敏煤电有限责任公司	国有	李树青
神华包头能源有限责任公司	国有	杨锦峰	扎赉诺尔煤业有限责任公司	国有	马乡林
神华北电胜利能源有限公司	国有	李志明	华能北方联合电力有限责任公司	国有	吴景龙

表1-3-6(续)

单位名称	企业性质	法人	单位名称	企业性质	法人
中电投蒙东能源集团有限责任公司	国有	刘明胜	内蒙古太西煤集团股份有限公司	民营	王以庭
中电投锡盟白音华煤电公司露天矿	国有	刘明胜	内蒙古庆华集团有限公司	民营	霍庆华
内蒙古平庄煤业(集团)有限责任公司	国有	祝文东	内蒙古西蒙集团有限公司	民营	连广明
华电内蒙古蒙泰不连沟煤业有限公司	国有	管春峰	内蒙古特弘煤炭集团有限责任公司	民营	丁文祥
华电陈巴尔虎旗天顺矿业有限责任公司	国有	尚希文	内蒙古恒东能源集团有限责任公司	民营	刘海祥
内蒙古大唐国际锡林浩特矿业有限公司	国有	孙 硕	中誉控股集团有限责任公司	民营	温永林
大唐呼伦贝尔能源开发有限公司	国有	陈 榕	内蒙古双欣能源化工有限公司	民营	乔玉华
内蒙古李家塔煤矿	国有	连天俊	内蒙古源通煤化集团有限公司	民营	张世民
内蒙古伊泰集团有限公司	民营	张双旺	内蒙古开远聚祥控股有限公司	民营	赵国明
内蒙古汇能煤电集团有限公司	民营	郭金树	鄂尔多斯市呼能煤炭集团有限责任公司	民营	呼治云
内蒙古伊东资源集团股份有限公司	民营	杨二喜	内蒙古鄂尔多斯羊绒集团有限责任公司	民营	王林祥
满世投资集团有限公司	民营	刘满世	内蒙古赛蒙特尔煤业有限公司	民营	卢亨通
鄂尔多斯市乌兰煤炭集团有限责任公司	民营	郝建平	内蒙古金泰煤业集团有限公司	民营	潘太水
内蒙古蒙泰煤电集团有限公司	民营	奥凤廷	内蒙古星光煤炭集团有限公司	民营	尚文志
神东天隆集团有限责任公司	民营	柳海林	鄂托克旗建元煤焦化有限公司	民营	樊 水
鄂尔多斯市瑞德投资有限公司	民营	刘 燕	伊金霍洛旗东博煤炭有限公司	民营	杜 朴
蒙发能源控股集团有限公司	民营	高 柱	内蒙古源源能源集团有限公司	民营	乔梧义
内蒙古棋盘井矿业有限责任公司	民营	苗喜明			

二、入选全国煤炭工业100强企业

为加快煤炭产业结构调整,促进大企业、大集团的建设与发展,提高煤炭企业的竞争力,并为国内外各界提供全国煤炭企业发展的相关数据和研究信息,中国煤炭工业协会自2003年开始,采取国际通行方式,由企业自主申报,以上一年度企业营业收入(销售收入)为入围标准,排出全国煤炭工业100强企业,按年度发布全国煤炭企业100强名单及其收入金额。

2003年,内蒙古只有4家国有企业入围全国煤炭工业100强。2004年,内蒙古有5家国有企业和伊泰集团公司、满世煤炭运销公司两个民营企业入围。2010年,全区有14家企业入选,其中民营企业11家。2014年,全区有16家企业入选100强行列,其中民营企业13家。若加上名列全国煤炭工业100强企业之首的神华集团公司,自治区境内入选全国100强煤炭企业达17个,位居全国各省(区)入选100强煤炭企业数量之首(表1-3-7)。

由于神华集团在内蒙古境内所属企业神华神东煤炭集团、准格尔能源公司、乌海能源公司、包头煤业公司、神华北电能源公司、神华国电大雁煤业公司、宝日希勒煤业公司销售额全部计入神华集团公司。神华集团公司因此成为全国煤炭工业100强企业之首。这些自治区重点企业的生产经营规模均已达到入选全国煤炭100强企业的标准,如内蒙古大雁煤业公司、内蒙古宝日希勒煤业公司早在2003年就入选,并入神华集团公司后未单独入选。若加上这些企业,内蒙古入选全国煤炭工业100强企业的数量会更多。

表1-3-7　2003—2014年内蒙古入选全国煤炭工业100强企业名单

年度	数量（家）	入选企业及排名
2003	4	内蒙古霍林河煤业集团有限责任公司（45）、内蒙古大雁煤业有限责任公司（63）、扎赉诺尔煤业有限责任公司（66）、内蒙古宝日希勒煤业有限责任公司（93）
2004	7	内蒙古伊泰集团有限公司（28）、内蒙古平庄煤业（集团）有限责任公司（49）、内蒙古霍林河煤业集团有限责任公司（51）、内蒙古扎赉诺尔煤业有限责任公司（61）、内蒙古大雁煤业有限责任公司（68）、内蒙古满世煤炭运销有限责任公司（96）、内蒙古宝日希勒煤业有限责任公司（100）
2005	7	内蒙古伊泰集团有限公司（23）、华能伊敏煤电有限责任（51）、扎赉诺尔煤业有限责任公司（72）、内蒙古大雁煤业有限责任公司（74）、内蒙古满世煤炭运销有限责任公司（86）、神华宝日希勒能源有限公司（90）、内蒙古汇能煤电集团有限公司（94）
2006	12	内蒙古伊泰集团有限公司（23）、内蒙古平庄煤业（集团）有限责任公司（52）、内蒙古庆华集团有限公司（57）、内蒙古西蒙集团有限公司（58）、内蒙古满世煤炭集团有限公司（60）、内蒙古扎赉诺尔煤业有限责任公司（63）、内蒙古汇能煤电集团有限公司（70）、内蒙古中煤蒙发运销有限责任公司（74）、内蒙古大雁煤业有限责任公司（75）、内蒙古特弘煤电集团有限责任公司（80）、内蒙古鄂尔多斯市蒙泰煤电集团有限公司（88）、内蒙古太西煤集团股份有限公司（96）
2007	12	内蒙古伊泰集团有限公司（21）、内蒙古庆华集团有限公司（49）、内蒙古西蒙科工贸集团有限责任公司（53）、内蒙古平庄煤业（集团）有限责任公司（54）、华能伊敏煤电有限责任公司（56）、鄂尔多斯市乌兰煤炭（集团）有限责任公司（58）、内蒙古蒙泰煤电集团有限公司（59）、内蒙古伊东煤炭集团有限公司（60）、内蒙古满世煤炭集团有限公司（64）、内蒙古汇能煤电集团有限公司（68）、内蒙古扎赉诺尔煤业有限责任公司（70）、内蒙古特弘煤电集团有限责任公司（95）
2008	8	内蒙古伊泰集团有限公司（25）、内蒙古蒙泰煤电集团有限公司（45）、内蒙古伊东煤炭集团有限责任公司（46）、华能呼伦贝尔能源开发有限公司（49）、内蒙古西蒙集团有限公司（50）、内蒙古汇能煤电集团有限公司（51）、内蒙古平庄煤业（集团）有限责任公司（53）、神东天隆集团有限责任公司（57）、内蒙古鄂尔多斯市乌兰煤炭集团有限公司（63）、内蒙古满世煤炭集团有限公司（64）、内蒙古蒙发煤炭有限责任公司（73）、内蒙古特弘煤电集团有限公司（79）
2009	11	内蒙古伊泰集团有限公司（20）、中电投蒙东能源集团有限公司（23）、内蒙古伊东煤炭集团有限责任公司（39）、内蒙古汇能煤电集团有限公司（40）、内蒙古蒙泰煤电集团有限公司（53）、内蒙古平庄煤业（集团）有限责任公司（57）、内蒙古西蒙科工贸集团有限责任公司（59）、内蒙古满世煤炭集团有限公司（60）、内蒙古庆华集团（62）、内蒙古蒙发煤炭有限责任公司（67）、内蒙古特弘煤电集团有限责任公司（81）
2010	14	内蒙古伊泰集团有限公司（19）、内蒙古汇能煤电集团有限公司（33）、内蒙古伊东煤炭集团有限责任公司（38）、内蒙古蒙泰煤电集团有限公司（39）、华能呼伦贝尔能源公司开发有限公司（51）、内蒙古满世煤炭集团有限公司（60）、神东天隆集团有限责任公司（55）、内蒙古霍林河露天煤业股份有限公司（57）、内蒙古平庄煤业（集团）有限责任公司（58）、内蒙古西蒙科工贸集团有限责任公司（61）、内蒙古太西煤集团股份有限公司（65）、鄂尔多斯市乌兰煤业集团有限责任公司（67）、内蒙古特弘煤电集团有限责任公司（69）、内蒙古蒙发煤炭有限责任公司（91）
2011	13	内蒙古伊泰集团有限公司（18）、中电投蒙东能源集团有限公司（23）、内蒙古伊东煤炭集团有限责任公司（33）、内蒙古汇能煤电集团有限公司（35）、内蒙古蒙泰煤电集团有限公司（42）、内蒙古满世煤炭集团有限公司（46）、内蒙古鄂尔多斯市乌兰煤炭集团有限责任公司（49）、华能呼伦贝尔能源公司开发有限公司（55）、内蒙古平庄煤业（集团）有限责任公司（58）、内蒙古太西煤集团股份有限公司（60）、内蒙古西蒙科工贸集团有限责任公司（64）、内蒙古特弘煤电集团有限责任公司（66）、内蒙古蒙发煤炭有限责任公司（74）

表1-3-7（续）

年度	数量（家）	入选企业及排名
2012	15	内蒙古伊泰集团有限公司（19）、中电投蒙东能源集团有限责任公司（34）、内蒙古伊东投资集团有限公司（35）、内蒙古汇能煤电集团有限公司（38）、内蒙古蒙泰煤电集团有限公司（40）、内蒙古满世煤炭集团有限责任公司（42）、鄂尔多斯市乌兰煤炭集团有限责任公司（45）、内蒙古特弘煤电集团有限责任公司（49）、华能呼伦贝尔能源公司开发有限公司（50）、内蒙古平庄煤业（集团）有限责任公司（51）、内蒙古太西煤集团股份有限公司（58）、内蒙古蒙发煤炭有限公司（60）、内蒙古博源控股集团有限公司（62）、内蒙古西蒙科工贸集团有限责任公司（65）、内蒙古神东天隆集团有限责任公司（67）
2013	15	内蒙古伊泰集团有限公司（19）、内蒙古伊东资源集团股份有限公司（35）、鄂尔多斯市乌兰煤炭集团有限责任公司（43）、内蒙古汇能煤电集团有限公司（44）、内蒙古特弘煤电集团有限责任公司（45）、内蒙古蒙泰煤电集团有限公司（46）、内蒙古满世煤炭集团有限责任公司（48）、华能呼伦贝尔能源公司开发有限公司（51）、内蒙古平庄煤业（集团）有限责任公司（54）、内蒙古太西煤集团股份有限公司（56）、内蒙古蒙发煤炭有限责任公司（58）、内蒙古博源控股集团有限公司（62）、内蒙古霍林河露天煤业股份有限公司（64）、内蒙古西蒙科工贸集团有限责任公司（68）、内蒙古神东天隆集团有限责任公司（69）
2014	16	内蒙古伊泰集团有限公司（21）、内蒙古伊东资源集团股份有限公司（35）、鄂尔多斯市乌兰煤炭集团有限责任公司（43）、内蒙古蒙泰煤电集团有限公司（44）、内蒙古汇能煤电集团有限公司（45）、内蒙古特弘煤电集团有限责任公司（47）、华能呼伦贝尔能源开发有限公司（48）、内蒙古满世投资集团有限公司（49）、内蒙古太西煤集团股份有限公司（55）、内蒙古平庄煤业（集团）有限责任公司（61）、内蒙古博源控股集团有限公司（64）、内蒙古霍林河露天煤业股份有限公司（65）、内蒙古西蒙集团有限公司（66）、内蒙古德晟实业集团有限公司（68）、神东天隆集团有限公司（72）、内蒙古怡和能源集团有限公司（92）

2015年，煤炭市场持续低迷，多数煤炭企业经营出现亏损。中国煤炭工业协会将遴选100强煤炭企业的标准改为年收入10亿元以上的企业，全区有15家公司进入收入10亿元以上企业行列（未含神华集团）（表1-3-8）。

表1-3-8 2015年进入全国煤炭企业收入10亿元以上企业名单

数量（家）	入选企业及排名
15	内蒙古伊泰集团有限公司（20）、内蒙古蒙泰煤电集团有限公司（41）、内蒙古伊东资源集团股份有限公司（42）、华能呼伦贝尔能源开发有限公司（44）、内蒙古鄂尔多斯市乌兰煤炭集团有限责任公司（47）、内蒙古汇能煤电集团有限公司（48）、内蒙古平庄煤业（集团）有限责任公司（50）、内蒙古博源控股集团有限公司（53）、内蒙古太西煤集团股份有限公司（57）、内蒙古满世投资集团有限公司（58）、内蒙古西蒙集团有限公司（67）、内蒙古霍林河露天煤业股份有限公司（68）、神东天隆集团有限公司（70）、内蒙古特弘煤电集团有限责任公司（79）、内蒙古怡和能源集团有限公司（91）

三、入选全国100强的自治区重点煤炭企业

到2014年，自治区重点煤炭企业中有22个达到全国煤炭100强入选标准（含神华集团在内蒙古境内的企业），其中央企11个（含神华集团所属7个），原煤产量37856万吨；非公有制企业11个，原煤产量17228万吨。这22家企业原煤产量占全区当年原煤总产量的55.52%。

（一）国有重点煤炭企业

1. 神华神东煤炭集团有限责任公司

成立时间及沿革：神华神东煤炭集团有限责任公司由华能精煤东胜分公司与华能精煤神府分公司于1998年8月合并组建而成，其中，华能精煤东胜分公司的前身为1985年6月21日成立的华能精煤伊克昭盟分公司。1987年1月5日，内蒙古伊克昭盟党委将华能精煤伊盟分公司改为内蒙古东胜煤田开发经营公司，地级建制。1992年5月3日，自治区政府从大局出发，将东胜煤田开发经营公司全建制移交华能精煤公司管理。1993年7月，按照华能精煤公司意见，内蒙古东胜煤田开发经营公司更名为华能精煤东胜分公司（非独立法人）。1995年8月8日，国务院批复在华能精煤公司基础上按照现代企业制度组建神华集团公司，为国家投资组建的国有独资企业。

1998年8月，华能精煤东胜分公司

图1-3-3 2009年5月20日，神华神东煤炭集团成立大会会场

与华能精煤神府分公司合并组建神华神府东胜煤炭有限责任公司。2005年4月，神华集团公司将神东煤炭公司、金烽煤炭公司、万利煤炭公司涉及煤炭生产业务的资产重组，注入中国神华能源股份有限公司参与上市，设立为中国神华能源股份有限公司神东煤炭分公司、金烽煤炭分公司、万利煤炭分公司，对神东煤炭公司未上市资产及业务由存续保留的神东煤炭公司负责经营。2009年5月20日，神华集团公司实施大基地、大集团战略，以神东煤炭分公司为基础，将神东煤炭公司、神东煤炭分公司、金烽煤炭分公司、万利煤炭分公司进行跨省区整合，成立神东煤炭集团公司，注册资本45.477亿元，负责神东矿区及配套设施开发建设。

生产规模：截至2015年底，神东煤炭集团公司拥有矿权面积1286平方千米，累计探明资源储量197.97亿吨，保有资源储量173.35亿吨。公司历年所属20处煤矿中，在内蒙古自治区境内有上湾煤矿（1400万吨/年）、补连塔煤矿（2500万吨/年）、马家塔露天煤矿、武家塔露天煤矿、乌兰木伦煤矿、万利煤矿、布尔台煤矿（2000万吨/年）、寸草塔一矿、寸草塔二矿、柳塔煤矿。2015年，集团公司完成商品煤19699万吨，其中内蒙古区域完成商品煤9062万吨（自产煤7815万吨，外购煤1247万吨），占神东煤炭集团公司商品煤总数的46%。2008—2015年神华神东煤炭集团有限责任公司内蒙古区域主要经济指标见表1-3-9。

通信地址：内蒙古自治区鄂尔多斯市伊金霍洛旗乌兰木伦镇。

主要荣誉：2002年，公司名列世界煤炭采掘业500强中国入选企业第一名，2005年获"全国五一劳动奖状"、中华环境奖，2007年煤炭产品获全国质量奖。2004—2013年，公司科研成果获国家科技进步一等奖1项、二等奖3项，获国家能源科技进步奖二等奖1项；2012年被国务院授予全国就业先进企业称号，2013年获煤炭工业科技创新先进企业称号，2014年获煤炭工业两化融合示范企业称号。

表1-3-9　2008—2015年神华神东煤炭集团有限责任公司在内蒙古区域主要经济指标统计表

年度	工业总产值（亿元）	工业增加值（亿元）	资产总额（亿元）	资产负债率（%）	原煤产能（万吨）	生产原煤（万吨）	电力生产（亿千瓦时）	主营业务收入（亿元）	职工人数（人）	工资总额（亿元）	税费（亿元）	利润总额（亿元）
2008	—	54.49	—	—	—	3970	—	—	0	—	—	—
2009	—	—	451.05	23.00	8500	7832	0	207.21	20010	—	—	88.71
2010	281.9	141.50	567.91	23.00	6620	8027	0	277.12	21414	7.20	—	151.29
2011	302.28	281.90	674.03	18.00	8620	8096	0	324.44	22714	17.52	69.89	127.53
2012	366.00	184.00	798.67	13.00	8650	8537	0	340.86	21540	22.80	72.42	135.28
2013	390.37	195.96	529.53	16.00	9430	9067	0	357.76	20972	22.90	80.46	154.44
2014	374.37	187.92	619.05	14.00	8320	8556	0	193.83	17702	20.96	72.91	86.90
2015	293.96	147.59	607.46	12.00	7670	7550	0	199.83	16082	—	47.56	33.29

2. 神华准格尔能源有限责任公司

图1-3-4　2006年9月28日，神华准能公司纪念准格尔项目开发建设30周年

成立时间及沿革：其前身是1986年12月经煤炭工业部批准成立的"煤炭部准格尔煤炭工业公司"，是煤炭工业部直属企业。1998年6月，煤炭工业部撤销，由国家经济委员会下设国家煤炭工业局代管。1998年9月，准格尔煤炭公司划归神华集团经营管理。2001年3月，公司按照现代企业制度要求，改制为神华集团准格尔能源有限责任公司。2005年3月，随中国神华能源股份公司上市，更名为神华准格尔能源有限责任公司。准能公司股东为神华股份公司和中国信达资产管理公司。2013年7月，神华准能集团有限责任公司成立。准能公司所设置的16个职能部门与准能集团公司的职能部门一致，并合署办公。

生产规模：截至2015年底，神华准能公司拥有年设计生产能力分别为3400万吨的黑岱沟露天煤矿和3500万吨的哈尔乌素露天煤矿，以及配套选煤厂；装机容量为2×15万千瓦+2×33万千瓦的煤矸石发电厂；正线全长264千米的大

(同)—准(格尔)单线Ⅰ级电气化铁路,全长16.187千米的点(岱沟)—南(坪)运煤铁路专线和全长179.862千米的准(格尔)—(神)池铁路。还拥有粉煤灰提取氧化铝项目试验工厂;配套的设备检修、供电、供水、通信、计算机网络、污水处理等生产辅助设施。神华2008—2015年准格尔能源有限责任公司主要经济指标见表1-3-10。

通信地址:内蒙古鄂尔多斯市准格尔旗。

主要荣誉:1998年被国家环境保护局评为"全国环境保护先进企业",2002年被评为"中央企业厂务公开先进单位"。2004年,中华全国总工会授予准能公司"全国五一劳动奖";2005年被国务院评为全国民族团结进步模范集体;2008年被中华全国总工会评为全国"安康杯"竞赛优胜单位;2013年准能大准铁路公司被授予"全国工人先锋号"称号等。

表1-3-10　2008—2015年神华准格尔能源有限责任公司主要经济指标统计表

年度	工业总产值(亿元)	工业增加值(亿元)	资产总额(亿元)	资产负债率(%)	原煤产能(万吨)	生产原煤(万吨)	电力生产(亿千瓦时)	主营业务收入(亿元)	职工人数(人)	工资总额(亿元)	税费(亿元)	利润总额(亿元)
2008	75.12	32.70	139.86	12.14	2000	2284	23.30	90.00	8052	5.27	28.70	21.15
2009	118.72	40.86	143.46	31.01	2000	2322	21.52	95.57	8088	5.99	41.27	27.99
2010	145.14	81.93	277.65	31.30	4500	4500	21.48	150.35	8083	7.88	61.70	39.30
2011	179.36	72.50	317.91	25.50	4500	5926	23.00	169.85	8343	9.53	58.51	42.06
2012	178.36	89.27	348.68	21.00	4500	6383	43.98	187.62	8345	9.36	68.56	46.07
2013	198.76	93.38	395.27	22.23	4500	6481	47.57	186.21	8335	9.97	81.23	47.87
2014	204.72	76.63	435.57	22.16	6900	6570	43.30	161.78	8746	10.48	60.59	30.56
2015	158.35	54.78	439.77	20.72	6900	6654	41.10	134.27	8660	10.27	32.08	11.54

3. 神华乌海能源有限责任公司

图1-3-5　2008年10月26日,神华乌海能源有限责任公司成立庆祝大会会场

成立时间及沿革:2008年10月,由原神华乌达矿业公司、神华海勃湾矿业公司、乌海煤焦化公司、蒙西煤化工公司重组整合而成,是神华集团的全资子公司。

企业分布在乌海市、鄂尔多斯市及阿拉善盟境内,产品主要以主焦煤、1/3焦煤、一级和二级冶金焦及煤焦油为主。截至2014年12月底,公司资产总额为226.80亿元。

生产规模:截至2015年,乌海能源公司拥有11处矿井,包括生产矿井8处,煤炭总生产能力1570万吨/年,停产、停建矿井3处,设计能力为430万吨/年;选煤厂12座,洗选总加工能力2815万吨/年;焦化厂5座,焦炭总生产能力550万吨/年;煤焦油加工厂1个,设计加工能力30万吨/年；煤气制甲醇厂2个，设计生产能力40万吨/年；发电厂4座，总装机容量为45万千瓦；粗苯加工厂1个，设计生产能力5万吨/年；苯加氢厂1个，设计生产能力8万吨/年。2008—2015年神华乌海能源有限责任公司主要经济指标见表1-3-11。

通信地址：内蒙古乌海市海勃湾区。

主要荣誉：公司有2个单位获得自治区文明单位标兵荣誉称号，2009年4月，获中华全国总工会颁发的"全国五一劳动奖状"。

表1-3-11 2008—2015年神华乌海能源有限责任公司主要经济指标统计表

年度	工业总产值（亿元）	工业增加值（亿元）	资产总额（亿元）	资产负债率（%）	原煤产能（万吨）	生产原煤（万吨）	电力生产（亿千瓦时）	主营业务收入（亿元）	职工人数（人）	工资总额（亿元）	税费（亿元）	利润总额（亿元）
2008	—	67.80	159.98	65.00	1375	1508	—	129.17	—	—	42.01	26.40
2009	—	51.81	201.24	68.65	1812	1586	—	125.33	—	—	22.87	7.72
2010	178.00	77.00	210.00	132.00	1812	1504	8.25	153.00	26089	—	16.00	7.00
2011	201.49	54.02	255.73	71.37	1730	1486	1.58	178.73	26558	29.44	25.43	5.32
2012	163.23	22.36	244.73	—	1730	1790	25.18	131.64	24315	31.10	17.44	-6.21
2013	162.54	39.95	241.84	—	1730	1908	25.68	116.57	23897	30.56	—	-8.39
2014	106.77	13.77	226.79	—	1730	1722	23.24	78.97	22806	28.62	—	-27.30
2015	53.86	2.88	—	—	1730	1009	19.51	45.28	21906	23.90	—	-29.38

4. 神华包头能源有限责任公司

成立时间及沿革：其前身为1958年3月成立的包头矿务局，隶属于内蒙古煤炭工业管理局。1989年，中国统配煤矿总公司成立后，包头矿务局由中国统配煤矿总公司和内蒙古自治区煤炭厅共同管理。1998年8月被划归神华集团公司。2001年5月改制为神华集团包头矿业有限责任公司。2011年5月，组建成立神华包头能源有限责任公司，注册资金6.6亿元。

生产规模：截至2015年，公司有煤矿3处，产能810万吨。2008—2015年神华包头能源有限责任公司主要经济指标见表1-3-12。

通信地址：内蒙古包头市青山区。

主要荣誉：2003年被评选为全国扶残、救残先进集体，2009年、2010年均被中华全国总工会授予"全国模范职工之家"称号。

表1-3-12 2008—2015年神华包头能源有限责任公司主要经济指标统计表

年度	工业总产值（亿元）	工业增加值（亿元）	资产总额（亿元）	资产负债率（%）	原煤产能（万吨）	生产原煤（万吨）	电力生产（亿千瓦时）	主营业务收入（亿元）	职工人数（人）	工资总额（亿元）	税费（亿元）	利润总额（亿元）
2008	—	6.90	25.54	94.47	966	842	0	35.00	—	—	1.69	1.03
2009	—	3.78	35.38	80.02	210	210	0	16.97	—	—	1.67	0.09
2010	16.30	5.73	52.55	66.80	270	314	0	14.25	2326	1.84	2.90	1.15

表1-3-12（续）

年度	工业总产值（亿元）	工业增加值（亿元）	资产总额（亿元）	资产负债率（%）	原煤产能（万吨）	生产原煤（万吨）	电力生产（亿千瓦时）	主营业务收入（亿元）	职工人数（人）	工资总额（亿元）	税费（亿元）	利润总额（亿元）
2011	24.00	9.00	44.26	44.89	660	408	0	28.7	2614	2.54	4.26	1.67
2012	23.00	6.00	44.00	38.26	660	489	0	19.00	2554	2.00	-1.00	-3.30
2013	20.00	5.00	45.00	47.73	810	934	0	21.00	2695	2.00	-4.00	-4.00
2014	13.00	4.00	41.26	54.38	810	758	0	14.00	2644	2.00	-3.00	-4.00
2015	11.00	14.00	47.00	43.03	810	679	0	11.00	3927	2.00	-6.00	-8.00

5. 神华北电胜利能源有限公司

成立时间及沿革：前身为锡林郭勒盟乌兰图嘎煤矿。2002年4月，锡林郭勒盟行署与山东兖矿集团就开发胜利煤田签订意向性协议，8月双方签署经济合作协议，11月成立兖矿锡林能源化工有限公司开发胜利煤田。2003年2月，锡林郭勒盟行署与兖矿集团签订《合作开发胜利煤田项目协议》。同年10月18日，双方终止协议，兖矿集团公司退出。

2003年5月，自治区政府与神华集团在北京签订《关于综合开发内蒙古胜利煤田的合作协议》。7月，成立神华准格尔能源有限责任公司胜利煤田开发筹备处。12月，在锡林郭勒盟注册成立神华蒙电胜利能源有限公司。2004年4月，在锡林郭勒盟盟委、行署的主持下，神华集团正式接收原山东兖矿集团锡林胜利煤业有限公司的资产和生产经营管理权。4月20日，神华蒙电胜利能源有限公司开发胜利一号露天煤矿准备工程正式启动。8月27日，公司名称由神华蒙电胜利能源有限公司变更为神华北电胜利能源有限公司。

2005年4月，神华北电胜利能源有限公司划归中国神华直接经营管理。2008—2015年神华北电胜利能源有限公司主要经济指标见表1-3-13。

生产规模：煤矿设计能力3000万吨/年，核定产能2000万吨/年。

通信地址：内蒙古锡林浩特市北郊。

主要荣誉：2009年4月，公司被国资委、人力资源和社会保障部评为中央企业先进集体；2014年被中华全国总工会授予"全国五一劳动奖状"。

表1-3-13 2008—2015年神华北电胜利能源有限公司主要经济指标统计表

年度	工业总产值（亿元）	工业增加值（亿元）	资产总额（亿元）	资产负债率（%）	原煤产能（万吨）	生产原煤（万吨）	电力生产（亿千瓦时）	主营业务收入（亿元）	职工人数（人）	工资总额（亿元）	税费（亿元）	利润总额（亿元）
2008	—	4.90	22.82	61.52	1000	1085	0	8.63	—	—	3.37	1.57
2009		5.20	29.10	66.00	1000	1053	0	9.60			1.90	1.00
2010	13.05	8.09	33.73	62.12	2000	1426	0	13.00	514	0.49	4.68	2.46
2011	30.51	14.47	42.16	56.54	2500	2442	0	30.23	540	0.51	14.64	5.94
2012	31.04	1.80	46.80	48.76	2500	2491	0	32.20	587	0.65	9.11	4.50
2013	16.06	9.15	50.16	49.96	2500	1790	0	16.09	610	0.63	4.58	0.60

表1-3-13（续）

年度	工业总产值（亿元）	工业增加值（亿元）	资产总额（亿元）	资产负债率（%）	原煤产能（万吨）	生产原煤（万吨）	电力生产（亿千瓦时）	主营业务收入（亿元）	职工人数（人）	工资总额（亿元）	税费（亿元）	利润总额（亿元）
2014	15.71	9.11	54.69	46.54	2000	1703	0	15.63	621	0.65	4.73	1.85
2015	11.04	6.99	53.67	46.16	2000	1209	0	11.17	663	0.57	2.47	0.02

6. 神华大雁集团有限公司

成立时间及沿革：其前身为1974年成立的大雁矿务局，1998年下放内蒙古自治区管理，1999年转制为大雁煤业有限责任公司，2002年下放呼伦贝尔市管理，2005年更名为大雁矿业集团有限责任公司，2006年7月与山东鲁能集团公司重组，设立鲁能大雁能源集团有限公司。2009年4月，中国华电集团公司参股内蒙古鲁能大雁能源集团有限公司；2010年11月，山东鲁能集团公司持有的内蒙古鲁能大雁能源集团有限公司70%的股份无偿划转至国网能源开发有限公司；2012年10月，控股股东国网能源开发有限公司更名为神华国能集团有限公司，大雁公司划归神华集团序列。2013年10月，神华国能集团有限公司收购呼伦贝尔市持有的内蒙古大雁矿业集团有限责任公司100%股权和持有的内蒙古鲁能大雁能源集团有限公司10%股权。2014年1月，中国华电集团公司退出内蒙古鲁能大雁能源集团有限公司。2014年11月，内蒙古大雁矿业集团有限责任公司吸收合并内蒙古鲁能大雁能源集团有限公司，公司改称为神华国能内蒙古大雁集团有限公司（简称神华大雁集团），为神华集团的全资子公司。主营煤电外生产外，涉及基建施工、矿井建设、生态农业等。

生产规模：截至2015年，集团拥有2处生产煤矿，总产能900万吨/年（原托管煤矿敏东一矿设计能力500万吨/年，于2015年12月移交国神集团）；有热电厂1座，年发电量3.6万千瓦时。2008—2015年神华大雁集团公司主要经济指标见表1-3-14。

通信地址：内蒙古呼伦贝尔市鄂温克旗。

主要荣誉：连续多年被中国煤炭工业协会评为"科技进步十佳企业"、两次获得中国煤炭工业企业最高奖——"金石奖"，并获得内蒙古自治区文明单位、文明企业和"发展创新优秀企业"等多项省部级以上荣誉称号，曾被原国家能源部树为全国煤炭系统的一面旗帜。

表1-3-14 2008—2015年神华大雁集团有限公司主要经济指标统计表

年度	工业总产值（亿元）	工业增加值（亿元）	资产总额（亿元）	资产负债率（%）	原煤产能（万吨）	生产原煤（万吨）	电力生产（亿千瓦时）	主营业务收入（亿元）	职工人数（人）	工资总额（亿元）	税费（亿元）	利润总额（亿元）
2008	—	3.87	28.49	49.63	625	566	—	10.39	—	—	0.80	0.03
2009	—	4.47	9.94	72.84	625	611	—	5.28	—	—	0.56	-0.19
2010	9.48	6.34	13.00	66.00	625	625	2.60	5.00	13894	3.53	0.20	-0.80
2011	10.40	6.60	47.00	64.00	625	605	1.95	10.40	13784	5.20	0.10	-0.10

表1-3-14（续）

年度	工业总产值（亿元）	工业增加值（亿元）	资产总额（亿元）	资产负债率（%）	原煤产能（万吨）	生产原煤（万吨）	电力生产（亿千瓦时）	主营业务收入（亿元）	职工人数（人）	工资总额（亿元）	税费（亿元）	利润总额（亿元）
2012	11.50	6.10	50.00	71.63	960	803	1.68	11.70	12217	6.40	-1.10	-1.80
2013	13.10	6.80	50.70	71.20	1110	984	1.77	23.70	11204	8.20	2.80	0.22
2014	9.82	5.11	80.69	60.72	900	762	1.15	12.96	10177	5.72	-0.61	-3.65
2015	10.25	5.33	67.90	56.21	900	891	1.78	9.07	9896	6.06	-2.50	-5.18

7. 神华宝日希勒能源有限公司

成立时间及沿革： 其前身为宝日希勒第一煤矿，始建于1980年。1985年1月，宝日希勒第一煤矿正式投产，设计生产能力45万吨/年；1997年，组建宝日希勒煤炭集团公司；1999年7月，隶属内蒙古呼伦贝尔煤业集团公司，并完成公司制改革，更名为宝日希勒煤业集团有限公司。2002年，公司完成企业改制和资产优化重组，依法注册成立宝日希勒煤业有限责任公司；2005年12月28日，融入神华集团有限责任公司，成立神华宝日希勒能源有限公司，属国有控股，社会法人、自然人参股的股份制煤炭企业。2005年12月，公司更名为神华宝日希勒能源有限公司。

生产规模： 截至2015年，现有生产矿一号露天煤矿，国家核定产能3500万吨/年；筹建中的二号露天煤矿，设计产能1000万吨/年；有两套地面生产系统，煤炭破碎能力为5000吨/时；23千米的自备铁路专用线与国铁滨州线接轨，铁路装车能力达1200节/日以上，运输能力达3000万吨/年以上。2008—2015年神华宝日希勒能源有限公司主要经济指标见表1-3-15。

通信地址： 内蒙古呼伦贝尔市海拉尔区。

主要荣誉： 2002年以来，公司先后获得"全国煤炭工业优秀企业""全国煤炭工业100强企业""全国煤炭环境保护优秀单位""全国煤炭工业行业级高产高效矿井"等20多项荣誉称号。

表1-3-15　2008—2015年神华宝日希勒能源有限公司主要经济指标统计表

年度	工业总产值（亿元）	工业增加值（亿元）	资产总额（亿元）	资产负债率（%）	原煤产能（万吨）	生产原煤（万吨）	电力生产（亿千瓦时）	主营业务收入（亿元）	职工人数（人）	工资总额（亿元）	税费（亿元）	利润总额（亿元）
2008	11.25	7.54	28.66	33.09	1000	943	0.58	10.94	2785	1.78	1.95	2.08
2009	16.26	10.93	34.88	39.67	1000	1305	0.42	16.27	2954	2.05	3.97	4.06
2010	20.16	15.17	44.78	50.01	1000	1738	0.65	20.17	2840	2.69	4.97	4.43
2011	32.94	22.01	50.48	43.31	1000	2624	0.62	32.45	2771	3.07	11.53	8.75
2012	45.67	25.54	53.33	33.45	3500	3026	0.62	41.71	2671	3.20	13.50	15.01
2013	44.53	27.00	60.89	36.73	3500	3130	0.59	43.55	2531	3.20	10.51	15.87
2014	43.50	21.00	61.21	43.97	3500	2869	0.47	35.36	2542	3.20	13.47	10.51
2015	29.70	18.60	61.83	41.64	3500	2512	—	28.74	2494	3.13	10.33	7.32

8. 扎赉诺尔煤业有限责任公司

成立时间及沿革：其前身为成立于1958年10月的扎赉诺尔矿务局。1999年7月划归新组建的内蒙古呼伦贝尔煤业集团公司。2000年9月改制为国有独资企业——扎赉诺尔煤业有限责任公司。2004年8月，呼煤集团公司解体，划归呼伦贝尔市管理。2007年1月被中国华能集团公司并购重组，隶属于华能呼伦贝尔能源开发有限公司。2012年1月，扎赉诺尔煤业有限责任公司由华能煤业有限公司托管。

生产规模：截至2015年末，有6处生产矿（其中1处露天煤矿），设计生产能力1384万吨/年；1处设计生产能力300吨/年的试生产矿。下设9个生产辅助单位，承担着铁路运输、物资供应、机械加工制造、地质勘测、供电、供暖、供水等服务职能。2008—2015年华能扎赉诺尔煤业有限责任公司主要经济指标见表1-3-16。

通信地址：内蒙古满洲里市扎赉诺尔区。

主要荣誉：2009—2012年公司连续获得"全国企业文化建设优秀单位"荣誉称号，2012年被评为自治区文明标兵单位。

表1-3-16 2008—2015年扎赉诺尔煤业有限责任公司主要经济指标统计表

年度	工业总产值（亿元）	工业增加值（亿元）	资产总额（亿元）	资产负债率（%）	原煤产能（万吨）	生产原煤（万吨）	电力生产（亿千瓦时）	主营业务收入（亿元）	职工人数（人）	工资总额（亿元）	税费（亿元）	利润总额（亿元）
2008	—	5.42	36.39	66.11	694	634	—	7.89	—	—	1.30	-0.05
2009	—	7.56	37.93	57.33	694	726	—	9.01	—	—	1.60	-0.62
2010	17.05	12.26	56.70	69.00	1706	1101	0.35	15.79	14729	4.71	2.43	-1.21
2011	19.93	15.15	57.29	67.40	1384	1368	0.32	19.93	14144	5.30	4.64	0.0137
2012	23.09	16.16	66.19	70.52	1384	1384	0.32	23.06	12425	5.82	5.19	-0.68
2013	22.84	15.87	75.99	71.02	1684	1395	0.36	22.36	12689	7.08	2.05	-3.34
2014	21.57	14.77	71.81	76.80	1684	1426	0.36	22.05	12559	7.93	-0.33	-6.03
2015	15.25	9.72	69.53	88.21	1384	1154	0.37	15.21	12320	6.16	-5.15	-10.23

9. 华能伊敏煤电有限责任公司

成立时间及沿革：其前身为成立于1991年1月的伊敏煤电公司，是能源部直属的国家大型煤电企业。1995年4月，电力部决定对企业进行公司化改造，由华能集团控股51%，东北电力集团控股49%。董事长单位是华能集团公司，总经理单位是东北电力集团公司，公司更名为伊敏华能东电煤电有限责任公司，实行董事会领导下的总经理负责制。2003年7月，公司更名为伊敏华能煤电有限责任公司。2004年9月，公司重新更名注册为华能伊敏煤电有限责任公司。

生产规模：现代化露天煤矿一期建成500万吨/年，二期设计能力净增600万吨/年，三期设计能力净增500万吨。截至2015年，总产能已核增至2200万吨。2008—2015年华能伊敏煤电有限责任公司主要经济指标见表1-3-17。

通信地址：内蒙古呼伦贝尔市鄂温克旗。

主要荣誉：1995年被中华全国总工会授予"模范职工之家"称号，1996年被内蒙古自治区党委评为全区基层党组织建设先进单位，1999年被国家档案局评为国家二级企业档案工作目标管理单位，2003年被评为全国绿化先进单位。

表1-3-17　2008—2015年华能伊敏煤电有限责任公司主要经济指标统计表

年度	工业总产值（亿元）	工业增加值（亿元）	资产总额（亿元）	资产负债率（%）	原煤产能（万吨）	生产原煤（万吨）	电力生产（亿千瓦时）	主营业务收入（亿元）	职工人数（人）	工资总额（亿元）	利税总额（亿元）	利润总额（亿元）
2008	34.84	27.51	151.00	83	1460	1383	107.20	34.01	4319	2.55	16.98	8.35
2009	35.46	25.91	152.60	79	1100	1420	116.37	34.85	4005	2.87	18.58	7.60
2010	39.05	29.29	170.02	77	1960	1550	127.55	37.70	4805	3.12	17.16	8.70
2011	52.25	37.50	180.39	73	1960	2244	172.43	51.66	4742	3.62	23.54	11.75
2012	54.05	40.46	175.76	66	2200	2249	164.74	53.38	4624	3.66	29.85	13.78
2013	52.67	39.01	173.58	66	2200	2071	164.14	51.97	4523	3.94	27.17	11.99
2014	50.90	36.52	170.84	65	2200	2096	164.16	50.23	4525	4.27	19.13	9.20
2015	44.88	32.51	139.39	59	2200	1982	156.11	44.09	4448	4.39	17.09	6.78

10. 中电投蒙东能源集团有限公司

成立时间及沿革：其前身是成立于1992年的霍林河矿务局。1998年底，全国94个国有统配煤矿下放地方管理后，霍林河矿务局被内蒙古自治区作为试点，直接下放到当时的哲里木盟管理。1999年初，霍林河矿务局改制为霍林河煤业集团有限责任公司。2002年1月，霍煤集团发起组建内蒙古霍林河露天煤业股份有限公司。2005年4月，霍煤集团与中电投集团签署重组协议，组建中电投霍林河煤电集团公司。2007年4月，霍煤露天股在深圳证交所上市。2008年2月，以中电霍煤集团公司和白音华煤电公司为主组建的中电投蒙东能源集团公司成立。原中电霍煤集团、白音华煤电公司所属企业、原中电投东北分公司部分企业和元宝山发电公司统一纳入中电投蒙东能源集团公司管理。

生产规模：公司涉足煤、电、化、铝、路、港六大产业，是以煤为基础、电为核心、有色金属一体化、铁路和港口为保障，协调发展的现代化大型能源企业集团。建有北露天矿、南露天矿、扎哈淖尔露天矿原煤产能5500万吨，蒙东能源第二发电公司、霍林河坑口发电厂发电装机1200万千瓦，霍煤鸿骏铝电公司电解铝产能84.3万吨。2008—2015年中电投蒙东能源集团有限公司主要经济指标见表1-3-18。

通信地址：内蒙古通辽市开发区。

主要荣誉：2006年，公司煤炭加工公司主控室获2006年度"全国青年文明号"荣誉称号；2007年，公司南露天煤矿采掘部被评为全国煤炭工业先进集体。2008年获"全国五一劳动奖状"。

表1-3-18　2008—2015年中电投蒙东能源集团有限公司主要经济指标统计表

年度	工业总产值（亿元）	工业增加值（亿元）	资产总额（亿元）	资产负债率（%）	原煤产能（万吨）	生产原煤（万吨）	电力生产（亿千瓦时）	主营业务收入（亿元）	职工人数（人）	工资总额（亿元）	利税总额（亿元）	利润总额（亿元）
2008	—	10.54	41.99	32.11	4000	3606		10.84			1.81	1.30
2009	—	48.80	348.78	73.74	2180	4324		122.14			29.38	12.39

表1-3-18（续）

年度	工业总产值（亿元）	工业增加值（亿元）	资产总额（亿元）	资产负债率（%）	原煤产能（万吨）	生产原煤（万吨）	电力生产（亿千瓦时）	主营业务收入（亿元）	职工人数（人）	工资总额（亿元）	利税总额（亿元）	利润总额（亿元）
2010	188.71	68.64	362.72	68.91	4000	4582	187	159.83	8842	6.06	39.32	24.06
2011	205.04	80.53	365.86	62.43	4800	5740	173	210.00	8818	6.64	—	32.76
2012	227.48	84.28	446.51	63.73	4900	5655	174	259.17	10260	7.83	29.70	21.92
2013	207.83	68.20	424.98	65.50	4900	5447	177	190.52	9109	8.20	26.98	7.47
2014	191.00	57.50	461.13	67.18	4900	5724	199	174.50	9085	8.32	26.85	-2.86
2015	183.03	59.92	448.55	68.70	5500	5660	223	165.50	8973	8.70	24.00	-1.39

11. 内蒙古平庄煤业（集团）有限责任公司

成立时间及沿革：其前身为成立于1959年的平庄矿务局。2000年7月，平庄矿务局改制为国有独资的"内蒙古平庄煤业（集团）有限责任公司"，实现了工厂制转向公司制，开始建立现代企业制度。2003年9月，自治区政府将公司下放到赤峰市管理。2005年，赤峰市与中国信达、中国华融共同发起成立赤峰平庄能源有限责任公司。2007年4月，中国国电集团与内蒙古自治区政府签署《关于投资建设煤电运化项目的合作协议》，启动重组平庄煤业工作。2008年6月，国务院国有资产监督管理委员会批准赤峰市政府将所持有的平庄煤业3%的国有股权无偿划转给国电集团。此次划转后，国电集团拥有平庄煤业51%的股权，对平庄煤业的主营业务控股。

图1-3-6 2000年7月18日，内蒙古平庄煤业（集团）有限责任公司挂牌庆典会场

生产规模：平庄煤业下辖11个原煤生产单位和锡林浩特煤矿、锗业科技公司、赤峰创益物流公司、新疆伊犁公司等4个关联产业项目单位，另有铁路运输公司、水电热力公司、煤炭销售公司等8个生产服务单位。2011年8月，平庄煤业重组并购锡林郭勒蒙东能源控股有限责任公司。2014年2月，平庄煤业启动出资

购买内蒙古国电能源投资有限公司玻璃沟煤矿、黑岱沟煤矿并开展相关工作，两矿的煤炭资源可采储量合计 11.5 亿吨。2013 年托管国电锡林河煤化工有限责任公司。2014 年成功收购黑岱沟煤矿、玻璃沟煤矿探矿权及相关资产。以 61.42% 的股份控股平庄能源股份有限公司（股票代码 000780），以 51% 的股份控股蒙东能源股份有限公司。

截至 2015 年末，平庄煤业初步建成了蒙东、蒙西、新疆三大煤炭基地，形成了平庄矿区、元宝山矿区、白音华煤田一号露天矿区、伊宁矿区和尼勒克矿区、胜利煤田西二露天矿区、鄂尔多斯（玻璃沟、黑岱沟）矿区共 6 个矿区，并代管锡林河公司的贺斯格乌拉矿区。

拥有煤炭资源储量 564843.6 万吨，其中可采储量 312443.5 万吨。2014 年，原煤产能达 5524 万吨，生产原煤 5672 万吨。2008—2015 年内蒙古平庄煤业（集团）有限责任公司主要经济指标见表 1-3-19。

通信地址：内蒙古赤峰市元宝山区。

主要荣誉：1993 年 9 月被自治区党委、政府授予"全区民族团结进步先进集体"称号；1995 年，元宝山煤矿 113 掘进队被评为"全国煤炭工业模范集体"；2005 年 9 月，救护大队被国家安全生产监督管理总局矿山救援指挥中心评为全国救护战线先进集体；2007 年 4 月，救护大队被自治区总工会授予"全区五一劳动奖状"。

表 1-3-19 2008—2015 年内蒙古平庄煤业（集团）有限责任公司主要经济指标统计表

年度	工业总产值（亿元）	工业增加值（亿元）	资产总额（亿元）	资产负债率（％）	原煤产能（万吨）	生产原煤（万吨）	电力生产（亿千瓦时）	主营业务收入（亿元）	职工人数（人）	工资总额（亿元）	利税总额（亿元）	利润总额（亿元）
2008	—	27.35	79.45	38.98	1257	2279	0	42.14			19.61	11.51
2009	—	27.42	82.00	34.70	1888	2139	0	41.22			9.69	7.08
2010	51.01	30.29	89.97	30.53	—	2181	0	55.15	19648	10.68	26.29	11.98
2011	86.35	56.67	167.67	45.87	3738	3776	0	85.89	22389	13.27	41.83	18.52
2012	90.54	48.31	187.86	46.16	3858	4655	0	93.02	22470	15.03	40.47	15.52
2013	74.82	30.99	191.00	47.69	3744	4564	0	76.88	22116	16.26	17.81	-2.01
2014	84.31	40.90	269.19	48.31	5524	5672	0	87.41	22195	17.25	28.21	0.21
2015	51.02	23.72	299.55	59.15	5235	4006	0	62.58	22107	16.84	11.43	-14.43

（二）重点民营煤炭企业

1. 内蒙古伊泰集团有限公司

成立时间及沿革：公司的前身为成立于 1988 年 3 月的伊克昭盟乡镇企业公司，1989 年 11 月，公司更名为伊克昭盟煤炭公司。1997 年 8 月 8 日，"伊煤 B 股"在上海证券交易所交易市场上市交易。1998 年 8 月，公司开始实施产权制度改革。1998 年 10 月，公司由全民所有制企业改组为国有控股企业，总股本 54348 万元，其中国有股 34371 万元，占 63%；职工股 19977 万元，占 37%。1999 年 1 月，公司依据《公司法》制定公司《章程》，设立股东会、董事会、监事会，完善企业法人治理结构。

1999年10月,由国有控股与职工参股组成"伊煤实业集团有限公司",其中国有股34371万股,占63%;职工股19977万股,占37%。2001年12月,伊煤实业集团有限公司更名为内蒙古伊泰集团有限公司。2002年1月,内蒙古伊泰集团开始进行资产重组,国有股全部退出,公司转制为全员持股的股份制企业。6月30日,职工完成身份置换工作。

生产规模:截至2015年底,公司有生产矿井14处,其中酸刺沟煤矿产能1200万吨/年、纳林庙二号井产能300万吨/年;在建煤矿有红庆河煤矿(1500万吨/年)、塔拉壕煤矿(600万吨/年)。煤矿将形成产能3535万吨/年,井田总面积达420.3591平方千米,煤炭资源总储量61.292亿吨。有选煤厂5个(在建2个),产能5000万吨/年。自建铁路及运煤专用线563千米(含复线173千米,在建铁路88.5千米),设计运量能力2亿吨/年;运煤集装站5个,年吞吐量超过1亿吨。煤化工项目5个,总规模636万吨/年,其中煤制油516万吨/年,在建项目产能620万吨/年,其中在新疆项目产能300万吨/年。

2012年7月,"伊泰H股"成功在香港联交所上市交易。2015年,公司总资产达到1054亿元。

图1-3-7 2012年7月12日,自治区副主席布小林(中)在香港联交所交易大厅共同祝贺伊泰集团H股成功上市

公司2002年由地方国有转制为全员持股的股份制企业以来,累计给国家上缴税费520.69亿元,赞助社会公益事业9亿多元。2008—2015年内蒙古伊泰集团有限公司主要经济指标见表1-3-20。

通信地址:内蒙古鄂尔多斯市东胜区。

主要荣誉:2002年被中共中央组织部评为"先进基层党组织";2006年"伊泰洗精煤"被国家质量监督检验检疫总局认定为"国家免检产品";2006年被中华全国总工会确定为"全国模范职工之家、全国双爱双评先进单位";2007年被劳动和社会保障部、中华全国总工会等授予"全国模范劳动关系和谐企业"荣誉称号;2012年入选全国文明单位;2013年获"中国红十字会特级勋章",连续5年获"中华慈善奖"。

表1-3-20 2008—2015年内蒙古伊泰集团有限公司主要经济指标统计表

年度	工业总产值（亿元）	工业增加值（亿元）	资产总额（亿元）	资产负债率（%）	原煤产能（万吨）	生产原煤（万吨）	电力生产（亿千瓦时）	主营业务收入（亿元）	职工人数（人）	工资总额（亿元）	利税总额（亿元）	利润总额（亿元）
2008	83.35	51.68	262.20	63.92	2800	2568	—	158.18	4385	3.82	82.54	54.75
2009	110.45	69.34	320.88	60.67	3200	3667	—	157.43	5237	5.09	88.32	49.70
2010	136.15	93.00	416.12	54.85	3535	5777	—	244.59	5845	6.70	147.36	88.00
2011	177.41	114.7	570.11	51.56	3535	6329	0.70	291.88	6402	7.82	164.85	98.33
2012	153.67	102.00	686.61	55.03	3535	5991	0.66	333.67	7006	8.34	162.72	88.83
2013	129.40	78.00	797.70	60.14	3535	5398	0.73	268.6	7504	8.93	100.05	37.09
2014	106.55	68.59	940.74	63.55	3535	5078	0.67	268.23	7749	8.32	66.28	29.56
2015	48.48	—	1054.06	67.54	3535	3934	0.88	203.44	7396	7.49	35.45	3.97

2. 内蒙古伊东资源集团股份有限公司

图1-3-8 2009年9月10日，伊东集团向准格尔旗教育基金注资200万元

成立时间及沿革：其前身为成立于1985年的准格尔旗煤炭工业公司，与准格尔旗煤炭管理局为一个机构，两块牌子。1998年，公司转制为国有资产控股、职工参股企业，公司改名为准格尔旗煤炭工业（集团）有限责任公司。2000年8月，公司转制为民营企业，更名为准格尔旗伊东煤炭有限责任公司。2002年9月，公司更名为内蒙古伊东煤炭集团有限责任公司。2009年12月，内蒙古伊东投资集团有限公司成立，控股内蒙古伊东煤炭集团有限责任公司，成为伊东集团的母公司，2012年更名为内蒙古伊东资源集团股份有限公司。

生产规模：集团下设7家一级子公司，22家二级子公司。公司坚持煤电化、煤电运"两个一体化"的发展战略，形成煤炭、化工、非煤三大产业板块。现有煤炭储量26亿吨，煤矿15处，煤炭核定产能2410万吨/年，洗选能力2300万吨/年；累计投资170亿元建设沙圪堵循环经济化工园区、大路煤制甲醇化工园区和乌兰察布旗下营氯碱化工园区，实现就地转化煤炭700万吨；年均发电近5亿千瓦时。2008—2015年内蒙古伊东资源集团股份有限公司主要经济指标见表1-3-21。

通信地址：内蒙古鄂尔多斯市准格尔旗。

主要荣誉：2006年获全区非公有制经济纳税贡献十佳企业奖，公司夫贫煤矿获"2007年度全国煤炭工业先进集体"荣誉称号；公司先后被评为国家级循环经济示范试点单位，全国精神文明建设工作先进单位，全国社会扶贫先进集体。

表1-3-21　2008—2015年内蒙古伊东资源集团股份有限公司主要经济指标统计表

年度	工业总产值（亿元）	工业增加值（亿元）	资产总额（亿元）	资产负债率（%）	原煤产能（万吨）	生产原煤（万吨）	电力生产（亿千瓦时）	主营业务收入（亿元）	职工人数（人）	工资总额（亿元）	利税总额（亿元）	利润总额（亿元）
2008	—	57.46	83.28	52.90	1400	1618	—	66.29	—	—	16.36	9.10
2009	—	67.22	103.85	50.36	1700	1200	—	70.76	—	—	11.88	5.77
2010	122.25	85.57	122.25	85.57	2500	3520	4.43	122.25	5490	13.63	5.49	13.63
2011	191.84	74.82	382.72	64.60	3685	4923	5.30	195.22	8100	5.35	47.51	29.46
2012		75.53	532.07	67.00	4945	4980	6.33	193.66			36.16	24.60
2013	201.94	78.76	507.25	68.08	4050	5236	5.20	158.03	8100	5.83	36.67	24.00
2014	213.20	11.26	390.64	66.59	3290	2485	4.70	122.72	9210	0.66	11.32	0.12
2015	64.89	5.14	374.82	67.01	2410	1833	5.32	63.92	7129	0.68	7.05	-11.45

3. 鄂尔多斯市乌兰煤炭（集团）有限责任公司

成立时间及沿革：1995年12月，伊金霍洛旗煤炭工业总公司以3个地方国有煤矿为核心组建伊金霍洛旗煤炭集团公司。1996年1月，公司更名为内蒙古伊金霍洛旗煤炭集团公司。1999年10月，伊金霍洛旗政府同意公司转制为国家控股、内部职工持股的有限责任公司，同时更名为伊金霍洛旗乌兰煤炭有限责任公司。2006年更名为鄂尔多斯市乌兰煤炭（集团）有限责任公司。2008—2015年鄂尔多斯市乌兰煤炭（集团）有限责任公司主要经济指标见表1-3-22。

生产规模：截至2015年底，公司发展成为集煤炭开采、洗选、深加工及转化（煤制化肥、焦油加氢）、热电联产、化工、建材、人造板、机械制造、餐饮住宿、路桥、酿酒、制药、农牧业为一体的大型企业集团，下属企业40多个，现有煤矿10处（井工矿、露天矿各5处），产能1200万吨/年，选煤厂1座，产能300万吨/年。转制为民营企业以来，已向国家上缴税费150多亿元。

通信地址：内蒙古鄂尔多斯市伊金霍洛旗。

主要荣誉：2009年被中国企业文化促进会授予"全国企业文化建设优秀单位"称号。2014年被教育部授予"全国大学生就业最佳企业100强"称号。

表1-3-22　2008—2015年鄂尔多斯市乌兰煤炭（集团）有限责任公司主要经济指标统计表

年度	工业总产值（亿元）	工业增加值（亿元）	资产总额（亿元）	资产负债率（%）	原煤产能（万吨）	生产原煤（万吨）	电力生产（亿千瓦时）	主营业务收入（亿元）	职工人数（人）	工资总额（亿元）	利税总额（亿元）	利润总额（亿元）
2008	—	21	40.8	33.0	600	561	—	25.0	—	—	16.0	10.9
2009	—	21	41.6	21.9	800	1063	—	32.7	—	—	17.9	11.3
2010	80	67	126.0	30.0	1200	1065	0.70	80.0	4800	2.6	18.0	10.8
2011	113	80	138.0	37.3	2000	1759	0.90	113.0	5200	2.8	49.0	30.9
2012	120	80	76.8	34.6	2000	1805	1.00	119.8	6800	3.0	47.2	29.6

表1-3-22（续）

年度	工业总产值（亿元）	工业增加值（亿元）	资产总额（亿元）	资产负债率（%）	原煤产能（万吨）	生产原煤（万吨）	电力生产（亿千瓦时）	主营业务收入（亿元）	职工人数（人）	工资总额（亿元）	利税总额（亿元）	利润总额（亿元）
2013	123	60	83.6	21.0	2000	1808	1.0	122.0	6000	2.8	32.0	17.0
2014	98	61	99.0	40.0	1200	1266	0.95	98.0	6500	3.1	17.0	6.5
2015	48	19	88.0	23.0	1200	950	0.46	48.0	6800	1.9	6.7	1.0

4. 内蒙古蒙泰煤电集团有限公司

成立时间及沿革：公司前身是由原伊克昭盟煤炭集团公司代管的鄂托克前旗焦化厂，2001年10月，伊克昭盟煤炭集团公司转制为非公有制的伊泰集团公司时，鄂尔多斯市市委、市政府决定由伊克昭盟煤炭集团公司副总经理奥凤廷在原鄂托克前旗焦化厂的基础上，组建一个新型煤炭企业——鄂尔多斯市蒙泰煤焦有限责任公司。2004年，公司转制为非公有制企业，改称鄂尔多斯市蒙泰煤焦有限责任公司，2006年改称内蒙古蒙泰煤电集团有限公司。

生产规模：该公司由单一的小焦化企业迅速发展为一家以煤炭生产、运销、转化（热电）为主业、以生态建设及铁路投资为互补的大型能源企业集团。原煤产能540万吨，年均发电6亿多千瓦时。2008—2015年内蒙古蒙泰煤电集团有限公司主要经济指标见表1-3-23。

通信地址：内蒙古鄂尔多斯市东胜区。

表1-3-23　2008—2015年内蒙古蒙泰煤电集团有限公司主要经济指标统计表

年度	工业总产值（亿元）	工业增加值（亿元）	资产总额（亿元）	资产负债率（%）	原煤产能（万吨）	生产原煤（万吨）	电力生产（亿千瓦时）	主营业务收入（亿元）	职工人数（人）	工资总额（亿元）	利税总额（亿元）	利润总额（亿元）
2008	15.72	1.47	13.39	72.12	120	28	3.0840	15.64	736	0.18	3.90	1.69
2009	16.75	2.24	18.70	72.52	120	171	4.6053	16.35	954	0.23	5.23	1.98
2010	32.15	8.58	35.17	60.07	120	210	5.9240	31.52	1151	0.62	9.10	5.93
2011	33.28	6.10	45.16	62.29	120	202	6.0336	32.86	1403	1.06	7.21	3.65
2012	31.18	2.65	60.75	70.72	240	157	6.4747	30.51	1647	1.14	5.30	1.87
2013	31.32	3.56	73.20	71.48	540	284	6.6430	30.38	1637	1.27	3.84	1.64
2014	41.05	5.69	105.42	78.47	540	564	6.2038	39.99	2025	1.09	7.42	4.25
2015	36.18	4.91	110.69	79.57	540	649	5.3831	34.50	1916	0.95	3.58	0.27

5. 内蒙古西蒙集团有限公司

成立时间及沿革：1995年11月，伊克昭盟煤炭集团公司、集通铁路公司和自治区计委所属的呼和浩特如意开发区物资公司联合组建内蒙古西蒙煤炭有限公司。2000年9月，伊克昭盟企业改革领导小组批准西蒙煤炭公司分立转制。2001年，企业负责人率领员工分别收购西蒙公司原各股东股权，建立"法人代表控股、社会法人参股、职工持股"的制度，创设全员持股的模式。同年，公司更名为内蒙古西蒙集团有限责任公司。

生产规模：2002年后，公司提出"煤为基础，多元发展，科技兴企，机制创新"的战略。2003年，公司创办鄂尔多斯通用航空公司，成为国内组建最早的通用航空企业之一。公司还在地产开发、准金融、城市客运、电子工程等方面共下设13家子公司，跨越8个产业板块。2010年，西蒙集团与伊东集团联手，投资建设120万吨/年煤制甲醇项目，其中一期60万吨项目已建成。2014年，公司形成原煤生产能力360万吨，生产原煤550万吨。2008—2015年内蒙古西蒙集团有限公司主要经济指标见表1-3-24。

通信地址：内蒙古呼和浩特市赛罕区。

表1-3-24　2008—2015年内蒙古西蒙集团有限公司主要经济指标统计表

年度	工业总产值（亿元）	工业增加值（亿元）	资产总额（亿元）	资产负债率（%）	原煤产能（万吨）	生产原煤（万吨）	电力生产（亿千瓦时）	主营业务收入（亿元）	职工人数（人）	工资总额（亿元）	利税总额（亿元）	利润总额（亿元）
2008	16.5	7.80	3.70	27.30	210	262	0	16.30	420	0.12	2.50	1.80
2009	5.3	5.26	4.86	27.84	450	148	0	5.29	319	0.09	1.45	1.05
2010	17.2	7.55	24.73	34.09	300	232	0	17.07	679		3.71	2.57
2011	45.5	15.20	41.90	42.10	360	427		45.50	790	0.27	17.60	11.40
2012	61.4	16.30	40.50	55.00	360	360		61.40	750	0.67	16.70	9.10
2013	29.0	7.00	44.00	60.00	360	741		29.00	740	0.60	6.00	3.00
2014	18.4	5.60	15.58	54.49	360	550		18.00	530	0.37	0.80	0.50
2015	2.6	0.26	15.00	51.00	360	66		2.60	410	0.28	-0.10	-0.20

6. 内蒙古太西煤集团股份有限公司

图1-3-9　2011年12月6日，国务院副总理张德江接见全国就业与社会保障先进民营企业代表时同太西煤集团总裁王海霞握手

成立时间及沿革：公司前身是阿拉善盟古拉本地区煤炭联合公司，该公司是生产、加工、销售和组织出口太西无烟煤的国有企业，由古拉本矿区乡镇小煤矿联合组建。1997年，根据国有企业改革形势的要求，以本企业部分国有股出资控股，社会法人股参股，职工募股，共同发起成立内蒙古太西煤集团股份有限公司，注册资本4288万元，其中国有资本占总股本的51%；社会法人股占总股本的7%；职工个人股占总股本的42%。2002年7月，公司进一步深化改革，调整优化产权结构，公司总股本增加至1亿元，其中员工个人股占总股本的81%；国有股占总股本的15%；社会法人股占总股本的4%。2003年9月，经阿拉善盟行政公署批准，内蒙古太西煤集团股份有限公司的15%

国有股（人民币1500万元）一次性全部退出，公司法人等自然人合计持有股份9620万股，社会法人股380万股。公司成为企业法人代表控股、公司员工持股、社会法人参股的股份制企业，改制为股份制民营企业。

生产规模：转制后，公司总资产由转制前的4.7亿猛增到2014年的204亿元；上缴国家利税由转制前的2000万元增加到2014年的近5亿元。2008—2015年内蒙古太西煤集团股份有限公司主要经济指标见表1-3-25。

通信地址：内蒙古阿拉善盟阿拉善左旗。

主要荣誉：2007年9月获"全国煤炭工业先进集体"荣誉称号；2012年4月获"全国节能与循环经济示范企业"奖牌，并被评为"全区模范劳动关系和谐单位"。首批全国绿色低碳企业、荣获"全国五一劳动奖状"。

表1-3-25 2008—2015年内蒙古太西煤集团股份有限公司主要经济指标统计表

年度	工业总产值（亿元）	工业增加值（亿元）	资产总额（亿元）	资产负债率（%）	原煤产能（万吨）	生产原煤（万吨）	电力生产（亿千瓦时）	主营业务收入（亿元）	职工人数（人）	工资总额（亿元）	利税总额（亿元）	利润总额（亿元）
2008	—	11.00	50.00	71.00	300	163	0.45	24.00	4812	1.15	2.70	0.90
2009	—	11.40	67.00	80.00	120	218	3.00	24.08	5108	1.53	3.10	-1.20
2010	32.00	20.00	88.00	83.00	360	372	4.39	35.00	5842	1.80	3.50	0.90
2011	69.00	43.00	129.00	88.00	360	370	4.49	60.09	8022	2.12	10.00	3.00
2012	71.10	44.05	151.00	85.00	1110	825	3.70	65.00	6730	3.30	6.18	-3.80
2013	75.00	46.50	158.00	84.00	930	468	4.75	62.00	6694	3.20	5.30	0.32
2014	74.85	46.38	204.00	52.90	930	470	5.13	61.81	6353	2.85	4.94	0.31
2015	40.40	25.00	233.00	59.00	930	399	3.17	33.25	6328	2.36	3.88	-4.49

7. 满世投资集团有限公司

成立时间及沿革：1991年9月，刘满世承包经营内蒙古军区八一煤矿，走上自主创业之路。1997年6月，准格尔旗满世煤炭运销有限责任公司成立，为非公有制企业。2000年3月，公司更名为内蒙古满世煤炭运销有限责任公司；2005年12月更名为内蒙古满世煤炭集团有限责任公司；2011年11月更名为内蒙古满世投资集团有限公司。2015年6月更名为满世投资集团有限公司。

生产规模：至2015年底，集团共有生产煤矿8处，合计产能1860万吨/年，井田总面积79.32平方千米，煤炭资源总储量76357万吨。公司已经发展成煤炭生产、煤炭物流、煤炭发电、国际投资、煤化工为主营业务，其他产业多元拓展的大型企业集团。截至2015年底，公司累计缴纳增值税49亿元，缴纳企业所得税17.65亿元，累计缴纳税款100.81亿元。2008—2015年内蒙古满世投资集团有限公司主要经济指标见表1-3-26。

通信地址：内蒙古鄂尔多斯市东胜区。

主要荣誉：2006年获自治区政府颁发的"全区非公有制经济纳税贡献十佳企业奖"。

表1-3-26 2008—2015年内蒙古满世投资集团有限公司主要经济指标统计表

年度	工业总产值（亿元）	工业增加值（亿元）	资产总额（亿元）	资产负债率（％）	原煤产能（万吨）	生产原煤（万吨）	电力生产（亿千瓦时）	主营业务收入（亿元）	职工人数（人）	工资总额（亿元）	利税总额（亿元）	利润总额（亿元）
2008	—	9.48	—	—	630	543	0	54.20	—	—	8.16	4.33
2009	—	11.95	51.10	76.46	630	537	0	39.66	—	—	10.33	3.90
2010	—	27.04	71.22	66.64	1690	1429	0	69.92	3200	2.10	24.88	13.93
2011	97.09	44.87	120.07	55.28	1860	1846	0	93.08	6000	2.98	30.57	22.83
2012	74.36	27.37	110.08	55.28	1860	1558	0	71.48	2663	1.90	22.49	9.58
2013	64.20	23.01	101.76	49.17	1860	1743	0	63.46	2562	1.64	16.92	4.67
2014	52.81	16.84	115.70	54.81	1860	1450	0	52.31	2401	1.51	11.24	2.14
2015	42.81	11.42	123.23	66.67	1860	1421	0	42.15	2033	1.47	7.61	1.35

8. 内蒙古汇能煤电集团有限公司

成立时间及沿革：汇能集团的前身是鄂尔多斯市汇能煤业投资有限责任公司，成立于2001年12月，注册资本600万元。2004年12月，注册资本变更为5000万元，公司名称变更为"鄂尔多斯市汇能煤电集团有限公司"。2005年1月16日，公司名称变更为"内蒙古汇能煤电集团有限公司"，属于非公有制企业。

生产规模：截至2015年，公司发展成为以煤炭、电力、化工为主业，集金融、地产、路桥、物流等产业于一体的大型股份制企业集团。公司成立以来，累计生产原煤2.09亿吨，上缴税费223.8亿元，实现销售收入792亿元，已形成每年2830万吨煤炭、21万千瓦电力、4亿立方米煤制气、4亿立方米LNG生产能力。2008—2015年内蒙古汇能煤电集团有限公司主要经济指标见表1-3-27。

通信地址：内蒙古鄂尔多斯市东胜区。

主要荣誉：2013年被自治区政府评为"全区履行社会责任先进企业"。

表1-3-27 2008—2015年内蒙古汇能煤电集团有限公司主要经济指标统计表

年度	工业总产值（亿元）	工业增加值（亿元）	资产总额（亿元）	资产负债率（％）	原煤产能（万吨）	生产原煤（万吨）	电力生产（亿千瓦时）	主营业务收入（亿元）	职工人数（人）	工资总额（亿元）	利税总额（亿元）	利润总额（亿元）
2008	60.70	45.49	67.93	38.42	1080	1414	4.50	60.70	957	0.49	42.89	33.40
2009	68.51	51.67	105.39	29.22	1080	2257	4.11	68.51	1180	0.92	53.38	36.14
2010	107.92	93.66	157.37	29.47	2830	2750	6.63	107.92	1707	1.30	76.39	51.16
2011	142.96	103.00	224.43	27.87	2830	3064	7.27	142.96	1888	1.93	102.99	70.30
2012	99.33	85.00	251.65	24.44	2830	2376	7.54	99.33	2113	2.17	66.56	40.68
2013	98.27	82.00	296.30	24.44	2830	3292	7.73	98.27	2828	2.64	65.02	37.66
2014	80.89	73.19	319.38	21.68	2830	3411	7.95	80.89	3122	3.00	51.58	31.42
2015	62.46	46.81	310.35	18.60	2830	2942	8.43	62.46	3202	3.14	21.98	6.94

9. 内蒙古特弘煤电集团有限责任公司

成立时间及沿革：1998年7月，内蒙古特弘煤炭有限责任公司成立，为非公有制企业，2003年更名为内蒙古特弘煤炭集团有限责任公司，2006年更名为内蒙古特弘煤电集团有限责任公司。

生产规模：公司为现代化能源民营企业，包括：煤炭生产、加工、物流及煤化工；供热发电及垃圾处理；高新技术、复合导光板、光学光电系列灯具及新材料；再生能源生物燃料；金融投资项目等。原煤产能1200万吨，发电能力1.2亿千瓦时。2008—2015年内蒙古特弘煤电集团有限责任公司主要经济指标见表1-3-28。

通信地址：内蒙古呼和浩特市赛罕区

主要荣誉：2005年7月获首届中国·西部民营企业管理与合作论坛贡献奖；2013年获全国就业与社会保障先进民营企业称号。

表1-3-28 2008—2015年内蒙古特弘煤电集团有限责任公司主要经济指标统计表

年度	工业总产值（亿元）	工业增加值（亿元）	资产总额（亿元）	资产负债率（%）	原煤产能（万吨）	生产原煤（万吨）	电力生产（亿千瓦时）	主营业务收入（亿元）	职工人数（人）	工资总额（亿元）	利税总额（亿元）	利润总额（亿元）
2008	—	10.65	10.49	47.87	570	462	1.17	13.46	—	—	0.72	0.62
2009	—	14.47	15.27	42.76	570	507	—	17.67	—	—	2.26	1.65
2010	42.59	29.81	20.35	2.93	1017	1007	1.80	36.40	1120	0.61	3.01	3.13
2011	67.83	2.52	48.13	51.00	1200	1399	1.00	—	1280	0.30	14.02	9.86
2012	99.00	12.00	33.00	36.00	1200	1505	1.00	102.00	1280	0.80	15.00	11.00
2013	90.76	—	42.70	50.00	1200	1500	1.20	—	1280	0.63	21.13	17.50
2014	37.32	11.20	43.30	50.30	1200	441	1.00	27.11	1280	0.70	0.97	0.68
2015	5.23	1.68	31.90	48.62	1200	280	1.00	5.21	830	0.44	0.21	-0.37

10. 神华神东天隆集团有限责任公司

成立时间及沿革：公司的前身是神华集团神东多种经营有限责任公司。1998年8月，为进一步精干主业、搞活辅业，原神府精煤公司和东胜精煤公司两大公司所属的各类型多种经营产业全部合并，组建成立神华集团神东多种经营有限责任公司。1999年9月，神华集团运销公司在鄂尔多斯市所属的多种经营企业也全部划归神东多种经营公司，从而结束了神东矿区多种经营依附主业、分散经营、低水平重复的发展局面，走上"自主经营、独立核算、自负盈亏"的产业化、效益型的发展道路。

2004年5月，神东天隆集团有限责任公司改制为非国有控股股份制企业。公司设立股东会、董事会、监事会及总经理班子。集团公司设职能部门11个，下辖分公司5个，全资子公司15个，参控股公司9个。

生产规模：公司主营煤炭和金属及相关产、运、销产业。支持型产业有煤机维修、零部件物流项目和配套的煤化工项目，是一个以煤炭生产和销售为核心业务，同步发展煤化工，集矿用产品制造加工和专业化服务为一体的综合性大型现代企业。公司原煤产能720万吨，发电能力1.2亿千瓦时。2008—2015年神东天隆集团有限责任公司主要经济指标见表1-3-29。

通信地址：内蒙古鄂尔多斯市伊金霍洛旗。

主要荣誉：2012年，公司入选内蒙古自治区纳税百强企业，2011年被内蒙古自治区列为2011—2013年营业收入超百亿元重点扶植企业。

表1-3-29　2008—2015年神东天隆集团有限责任公司主要经济指标统计表

年度	工业总产值（亿元）	工业增加值（亿元）	资产总额（亿元）	资产负债率（%）	原煤产能（万吨）	生产原煤（万吨）	电力生产（亿千瓦时）	主营业务收入（亿元）	职工人数（人）	工资总额（亿元）	利税总额（亿元）	利润总额（亿元）
2008	48.76	25.84	43.85	28.15	926	1160	0	48.76	2447	1.48	28.09	21.90
2009	43.72	21.72	83.39	22.19	1095	1119	0	43.72	2544	1.44	26.76	17.08
2010	37.82	14.37	63.36	24.16	800	566	0	37.63	2812	1.60	19.55	11.51
2011	37.81	14.38	74.03	24.00	1400	1107	0	37.81	2996	2.40	23.32	11.61
2012	50.38	17.17	83.12	27.00	1590	813	0	50.38	2999	3.31	21.95	12.80
2013	44.97	10.13	79.18	27.81	1590	727	0	44.97	3397	3.05	17.13	6.56
2014	47.85	7.18	82.18	31.34	600	963	0	47.85	3411	3.47	10.56	3.75
2015	45.98	3.91	84.18	34.00	720	926	0	45.98	3510	3.22	7.13	0.66

11. 蒙发能源控股集团有限责任公司

成立时间及沿革： 蒙发能源控股集团成立于1998年（其前身为内蒙古中煤蒙发运销有限责任公司）。二十世纪九十年代末，筹建第一个煤炭装车发运站台。随着国家实施西部大开发以及内蒙古建设清洁型能源重化工基地等重大战略的实施，集团公司以煤炭生产、加工、运输、销售为主导，大力发展先进制造、房地产、现代农业、金融等产业，基本形成了"一纵一横"的产业格局（即："传统能源纵向发展、多元行业横向支撑"）。截至2015年，集团旗下共有全资及控股公司33家，业务遍布国内11个省份和美国、加拿大、蒙古等多个国家，总资产约150亿元，现已跻身中国民营企业500强、中国煤炭企业100强，内蒙古民营企业100强，同时也是内蒙古自治区重点支持的30户煤炭企业。2007年9月，公司更名为内蒙古蒙发煤炭有限责任公司。2012年10月，改称蒙发能源控股集团有限责任公司。

生产规模： 集团以煤炭生产、洗选、运输、销售为主，以新能源开发、多金属矿开采和现代农业、旅游、金融、房地产等产业为辅。集团旗下共有28个控股及参股公司，煤矿4处，资源总储量2.1亿吨，煤炭总产能540万吨/年，配套800万吨/年选煤厂1座，总发运量1500万吨/年的煤炭集装站6处。2008—2015年蒙发能源控股集团有限责任公司主要经济指标见表1-3-30。

通信地址：内蒙古鄂尔多斯市伊金霍洛旗。

主要荣誉： 2007年，被自治区创建劳动关系和谐单位领导小组授予劳动关系和谐企业称号，2008年8月，被内蒙古党委办公厅、政府办公厅授予抗震救灾捐款捐物先进集体称号，并被中华全国总工会授予"模范职工之家"荣誉称号；2012年被自治区总工会授予全区示范化企业工会称号。

表1-3-30 2008—2015年蒙发能源控股集团有限责任公司主要经济指标统计表

年度	工业总产值（亿元）	工业增加值（亿元）	资产总额（亿元）	资产负债率（%）	原煤产能（万吨）	生产原煤（万吨）	电力生产（亿千瓦时）	主营业务收入（亿元）	职工人数（人）	工资总额（亿元）	利税总额（亿元）	利润总额（亿元）
2008	15.25	8.50	20.00	28.50	210	240	0	15.25	335	0.14	8.28	5.28
2009	10.00	5.00	20.00	30.00	210	260	0	10.00	512	0.22	3.28	2.43
2010	17.20	7.55	30.00	34.09	450	342	0	17.07	785	0.35	3.71	2.57
2011	35.40	11.07	41.64	46.59	450	400	0	35.4	895	0.43	13.00	12.48
2012	32.29	11.31	71.14	64.00	540	436	0	32.29	975	0.53	7.60	6.60
2013	25.11	15.00	69.40	63.60	540	502	0	25.11	902	0.50	2.34	-1.89
2014	18.64	9.00	78.80	67.00	540	550	0	18.64	891	0.47	4.37	0.90
2015	9.03	8.27	61.58	60.00	540	440	0	9.03	875	0.42	0.28	-1.34

第四章 政 策 实 施

第一节 关井压产

截至1990年底，全区有各类煤矿1049处，其中国有统配煤矿44处、地方国营煤矿73处、乡镇企业开办煤矿932处。在国家大力发展煤炭工业，"有水快流""国家、集体、个人一齐上"的政策激励下，全区各地，尤其是鄂尔多斯地区的小煤矿蜂拥而上。截至1997年，全区共有各类煤矿（窑）3746处（登记在册），其中国有统配煤矿开办小煤窑219处，地方国营煤矿92处，乡镇、集体、个人煤矿3393处（鄂尔多斯地区1447处），其他部门（部队、劳改、农垦等）所属42处。伴随而来的是人员伤亡事故频发，整装煤田被小煤窑挖得千疮百孔，大量煤炭资源被丢弃井下，并引发火灾。

1992年10月6日，内蒙古自治区煤炭工业厅召开1992年第七次厅长办公会，贯彻中国统配煤矿总公司关于限产压库传真电报的指示精神，落实内蒙古煤炭大中型企业的限产压库工作。会议决定：限产压库可采取分矿、分期停产限产的方式，要求各矿务局年底库存量下降到15天以下的产量。建议乌达矿务局五虎山矿、海勃湾矿务局老石旦矿停产压库，包头矿务局除阿刀亥矿正常生产外，其余矿井全部停产压库。

为保护国家资源和矿工生命安全，1998年，国务院决定在全国范围开展关闭、整顿非法和布局不合理煤矿工作。国务院召开全国关井压产会议后，下达给自治区关井压产任务是：1998年、1999年全区关闭矿井1075处，压减原煤产量1780万吨。

自治区党委、政府及煤炭工业主管部门对关井压产高度重视，并出台一系列政策措施。

一、政策及实施方案

1998年7月，自治区政府决定成立

以分管煤炭工业的副主席任组长，以内蒙古煤炭工业管理局局长、自治区地矿厅厅长任副组长，自治区计委、经贸委、劳动厅、监察厅、环保局、公安厅、工商局、土地局、乡企局、呼铁局、交通厅、内蒙古军区后勤部、武警内蒙古总队等单位为成员的关井压产工作领导小组。

10月7日，自治区政府下发《关于在全区范围内开展煤矿关井压产工作的通知》（内政发〔1998〕103号），该通知根据国家下达的关井任务，自治区政府划定关闭、停产整顿非法和布局不合理煤矿的工作范围：①关闭1997年1月1日以后在国有煤矿矿区范围内开办的各类小煤矿；②关闭1997年1月1日以前在国有煤矿矿区范围内开办、有《采矿许可证》、但无《煤炭生产许可证》的各类小煤矿；③关闭1997年1月1日以前在国有煤矿矿区范围内开办、已经取得《采矿许可证》和《煤炭生产许可证》，但布局不合理、影响国有煤矿发展的各类小煤矿，并给予适当补偿，补偿方式执行国家有关规定；④停产整顿国有煤矿矿区范围以外已经取得《采矿许可证》、但未取得《煤炭生产许可证》的各类小煤矿，凡在1999年2月底前仍未能达到《煤炭生产许可证》发放条件的，坚决予以关闭。

11月3日，自治区煤炭关井压产工作协调领导小组下发《关于内蒙古自治区西部三盟市重点地区煤矿关井压产工作实施方案》。根据主管煤炭工业副主席在自治区西部三盟市煤矿关井压产暨检查小煤窑整顿情况汇报会上的讲话精神，自治区煤炭关井压产工作协调领导小组决定将乌海市、伊克昭盟鄂托克旗、阿拉善盟阿拉善左旗乌素图地区（含乌达、海勃湾两矿务局矿办小井）作为自治区西部关井压产的重点地区。

12月3日，经自治区政府同意，调整自治区煤炭关井压产工作协调领导小组领导成员，组长由自治区主席云布龙担任，副组长由自治区分管煤炭工业副主席、主席助理、煤炭工业管理局局长、地矿厅厅长担任，增补人民银行内蒙古分行、内蒙古电力（集团）有限责任公司和内蒙古集通铁路有限责任公司为自治区煤炭关井压产工作协调领导小组成员单位。

同日，自治区政府办公厅下发《关于在全区范围内开展煤矿关井压产工作的补充通知》，进一步明确关闭、停产整顿非法和布局不合理煤矿的工作范围，同时，提出具体要求：①对应予取缔和关闭的各类煤矿，各有关地区和部门不得为其换发或补发采矿许可证、煤炭生产许可证和营业执照；②对应予取缔和关闭的各类煤矿，全区各级铁路、交通部门不得为其提供运输条件；煤炭供销部门不得购销其所产煤炭；供电部门不予为其供电，其他单位不予转供电；金融机构不予为其开设账户或提供贷款；火工品供应部门不得为其提供火工产品；③对未能按照通知要求完成年度关井压产计划任务的盟市，自治区将相应扣减该地区再就业专项补助资金。具体办法另行制定。

在自治区政府1998年第16次常务会议上，明确要求关井压产工作要按属地管理的原则进行，盟市主要领导是第一责任人，自治区有关部门负责督促检查。对工作不力的地区，自治区将采取适当的经济手段予以制裁。关井压产工作是一项系统工程，煤炭、地矿、工商部门要密切配合，协同作战，计委、经贸委、公安、劳动、监察、环保、乡镇企业、铁路、金融、电力等部门要给予大力支持，由主管煤炭工业的副主席负责召集有关部门，研究制定关井压产的配套政策和措施。自治区煤炭管理局要将关井压产方案、措施和进展情况及时通报国家煤炭工业局和神华集团，以取得理解和支持。

二、主要措施

（一）宣传动员

自治区关井压产工作领导小组多次召开关井压产会议，部署落实国务院提出的煤炭行业实行"下放、关井、监管"政策。1998年底，自治区政府主席云布龙、常务副主席周德海和分管工业副主席主持召开全区煤炭工业工作会议，要求各级政府把关井压产工作提高到政治上同党中央、国务院保持一致的高度来认识；提高到调整产业结构，实现可持续发展战略高度来认识；提高到保护资源环境和人民生命财产安全的高度来认识。自治区分管煤炭工业的副主席代表自治区政府与各盟市主要领导签订《关井压产责任状》，将关井压产工作作为自治区、盟市、旗县的大事，列入各级政府责任目标的主要考核内容。

图1-4-1　2001年自治区政府在呼和浩特召开全区关闭整顿小煤矿和煤矿安全生产工作座谈会

2001年10月8日，自治区政府在呼和浩特召开全区关闭整顿小煤矿和煤矿安全生产工作座谈会，自治区分管副主席出席会议并讲话。

（二）依法办事

首先是加强对关井压产政策的宣传力度，使关井压产的政策做到家喻户晓，人人皆知；其次是对保留、整改、关闭的矿井的业主进行耐心的说服教育，晓之以理，动之以情，使他们心服口服，积极配合关井压产工作；第三是收缴证照，推毁地面设施、封填井口、立碑警示，拍照存档，做到"三不留、一闭毁"（不留人员、火工品、供电设备，毁闭矿井井口）；第四是将关闭矿井登记造册，分送地矿、煤炭、公安、工商等部门，对采矿许可证、煤炭生产许可证、煤矿安全生产许可证、火工品储运证、工商营业执照等分别予以吊销或注销。

（三）关井压产与整顿煤炭经营秩序双管齐下

1999年4月，在关井压产工作进展到高潮阶段，自治区政府适时下发《内蒙古自治区煤炭管理暂行规定》，决定在全区范围内对煤炭经营秩序进行整顿，并成立专门机构，制定实施方案。在关井压产的同时，积极组织实施整顿煤炭秩序工作方案，在较短时间内摸清了煤炭经营企业的基本情况。一些非法经营煤炭的企业被取缔，有史以来第一次形成综合治理煤炭行业的态势。这种态势迫使一些小煤矿的业主主动撤出设备，配合政府关闭井口；迫使经营煤炭的企业积极配合整顿工作，主动申请办理《煤炭经营许可证》。

（四）发挥社会监督作用

根据国家煤炭行业关井压产领导小组办公室文件要求，自治区政府于1999年6月20日和2000年1月19日分别对1998年关闭的1033处矿井、1999年关闭的704处矿井在《内蒙古日报》上进行公告。呼伦贝尔盟、伊克昭盟、乌海市对本地区关闭的矿井也在当地报纸上进行公告，保证关井压产工作的公开性和民主性，有利于社会各界及广大群众对政府工作的监督。

（五）现场督察

自治区关井压产工作领导小组从成立到2000年3月，共组织7次大规模的督察活动，累计有百日之久。1999年1月和3月上旬，自治区关井压产领导小组两次组织地矿、工商、环保、劳动、监察、乡镇企业局、煤炭等部门有关人员分别深入各产煤盟市进行督察。4—6月，自治区有关部门又3次配合国家督察组对12个盟市、12个旗县、23个乡镇、250多处矿井进行现场督察。

三、验收及成效

1999年6月14日，内蒙古自治区煤炭关井压产工作协调领导小组印发《关于印发内蒙古自治区关井压产综合检查验收实施方案的通知》。根据全国关井压产工作的统一部署，为保质保量地完成关井压产任务，自治区关井压产工作协调领导小组于6月下旬对全区关井压产工作进行综合检查验收。

截至2000年底，全区煤矿从1997年的3746处减少至2009处，关闭矿井1737处，压减产能1789万吨，分别完成国家下达任务的161.58%和100.48%，其中关闭矿井1510处，压产1526万吨；取缔矿井227处，压产26.3万吨。在关闭、取缔的矿井中，关闭国有井田范围内的矿井388处，其中布局不合理矿井106处，压产163万吨。1999年，国家给自治区下达煤产量控制目标为4814万吨，实际全区原煤产量为4681万吨，比国家下达总量控制目标减少133万吨，减少约3%。

2000年3月，自治区关井压产领导小组二次组织成员单位的工作人员组成9个验收组，对全区10个盟市、28个旗县的关井压产工作进行验收，抽查关闭矿井575处，占全区关闭矿井总数的33.1%。

从关井、压产、总量控制3项指标看，圆满完成国家下达的计划目标。2000年3月，顺利通过国家关井压产领导小组组织的阶段性验收，使自治区成为全国首批关井压产合格的14个省区之一。截至2000年全区关闭矿井数量见表1-4-1。

表1-4-1 截至2000年全区关闭矿井数量统计表

盟、市	关闭数量（处）	备注	盟、市	关闭数量（处）	备注
阿拉善盟	97		锡林郭勒盟	6	
乌海市	130		赤峰市	104	其中吊销许可证11个
伊克昭盟	787	其中吊销许可证20个	通辽市	82	其中吊销许可证4个
巴彦淖尔盟	44		呼伦贝尔盟	180	其中吊销许可证21个
包头市	161		兴安盟	6	
呼和浩特市	32		矿办小井	108	其中吊销许可证51个

第二节 煤矿整顿关闭

内蒙古自治区从"十五"初期就着力于调整煤炭产业结构，淘汰落后产能工作。到2005年初，全区各类煤矿已由2000年的2009处压减到1378处，其中国有重点煤矿68处，地方煤矿1310处，全区矿井数量比"十五"初期减少了31%。但小煤窑引发的生产安全事故依然高发,重大安全隐患突出,违法、违规开采屡禁不止。为此,2005年8月,全国人大常委会、国务院确定"争取用三年左右的时间解决小煤矿问题"的战略部署。国务院先后发出《国务院关于全面整顿和规范矿产资源开发秩序的通知》《国务院办公厅关于坚决整顿关闭不具备安全生产条件和非法煤矿的紧急通知》(以下简称《紧急通知》)。

一、政策及实施方案

2005年11月,为贯彻落实《国务院关于预防煤矿生产安全事故的特别规定》(国务院令第446号,以下简称《特别规定》)和《紧急通知》精神,自治区政府下发《关于印发煤矿整顿关闭工作实施方案》。

(一)基本原则

坚持"安全第一、淘汰落后、整合重组、综合治理"的原则,结合自治区煤矿资源赋存、布局和矿区双回路供电系统规划等实际情况,按照"分类指导、分批实施"的要求,将全区未达到《特别规定》要求的安全生产条件的煤矿,划分为停产整顿、关闭取缔、整合技改三类。

1. 停产整顿煤矿

未领取煤矿安全生产许可证的,存在《特别规定》第八条所列的十五项重大安全隐患之一的煤矿。

2. 关闭取缔煤矿

未依法取得采矿许可证、安全生产许可证、煤炭生产许可证、工商营业执照,矿长未依法取得矿长资格证和矿长安全资格证(以下简称"六证"),擅自从事生产的;未经规定程序批准,擅自进行建设的;停产整顿煤矿,无力整改或整改无望达标的;停产整顿煤矿,2005年底前不能取得安全生产许可证的;责令停产整顿和停产技改,擅自从事生产的;无视安全监管,拒不停产整顿或明停暗采的;存在水、火、瓦斯等重大安全隐患,难以有效防治的;年生产能力在10万吨以下的;法律、法规等明确规定关闭的煤矿。

3. 整合技改煤矿

本方案下发后,经自治区、盟市重新认定或批准,并按照批准方案实施扩建、技改的;经盟行政公署、市政府组织有关部门鉴定认为,在批准设计的建设工期内,经停产技术改造,能排除《特别规定》第八条所列的十五项重大安全隐患和达到安全生产许可证发放标准的;经盟行政公署、市政府组织有关部门鉴定认为,在规定期限内,经整合技术改造能够达到《内蒙古自治区政府关于促进煤炭工业健康发展的意见》要求的规模、回采率、机械化水平的煤矿。

(二)工作目标

2005年底前,除完成自治区已公告的149处煤矿关闭工作外,对所有达不到"安全生产许可证"标准的停产整顿煤矿,全部予以关闭;2006年6月底前,至少关闭小煤矿661处,占小煤矿总数量的71%,全部达到关闭标准;要求盟市在2006年4月底前验收完毕,于2006年6月底前,自治区进行关闭工作的督查验收;自治区拟定2006年最多保留地方煤矿为500处,保留煤矿必须达到"安全生产许可证"发放标准,否则列入关闭名单,依法予以关闭。

(三)煤矿关闭取缔的标准

(1)各盟行政公署、市政府和旗县政府要在主要媒体上公告关闭矿井名单。

(2)颁发证照部门要依法吊(注)销采矿许可证、安全生产许可证、煤炭生产许可证、工商营业执照。

（3）停止供应电力，切断电源，拆除供电设备设施。

（4）停止供应火工品，剩余火工品由当地公安部门按照国家有关规定进行清理和统一处理。

（5）矿井井筒完全毁闭、填实，平整井口场地，恢复地貌，矿井生产设备、通信线路、供水管路全部拆除，遣散从业人员。

（四）煤矿整合技改的要求

（1）鄂尔多斯地区年产30万~60万吨、其他地区年产30万~45万吨煤矿的整合技改暂由各盟行政公署、市政府审查批准，报自治区煤炭工业局备案。

（2）2005年底前，具备条件应整合的煤矿，要责令其进行整合扩能改造，限期完成整合技改任务；拒不进行整合重组的，按照《特别规定》的要求依法予以关闭，将资源配置给其他进行整合重组的煤矿。

（3）整合重组扩能改造后的矿井，原则上不低于年产30万吨的规模，采煤方法、机械化水平、矿井资源回收率符合内政字〔2005〕209号文件要求。

（五）验收工作要求

1. 关闭煤矿的验收

2005年11月底前，各盟市完成自治区已公告的149处关闭煤矿验收工作；2005年12月底前，自治区督查组对各盟市关闭煤矿进行督查并对关闭工作进行综合评价。2006年4月底前，各盟市完成2006年关闭煤矿的验收工作；2006年6月底前，自治区督查组对各盟市关闭煤矿进行督查并对关闭工作进行综合评价。

2. 停产整顿煤矿的验收

煤矿整改后申请恢复生产的，由各盟行政公署、市政府和旗县政府组织煤矿安全监管部门、煤炭行业管理部门和煤矿安全监察机构及时进行验收。验收合格的，由煤矿安全监管部门、煤炭行业管理部门和煤矿安全监察机构主要负责人签字，并经盟行政公署、市政府和旗县政府主要负责人签字批准，发还暂扣证照，恢复生产。验收不合格的，依法予以关闭。

二、组织机构

2005年9月，自治区政府成立以自治区副主席赵双连为组长，自治区政府副秘书长、自治区政府工业办主任和内蒙古煤矿安全监察局局长为副组长，自治区政府工业办、自治区煤炭工业局、内蒙古煤矿安全监察局、自治区国土资源厅、自治区工商局、自治区公安厅、自治区监察厅、自治区电力公司等单位为成员的整顿关闭工作领导小组。制定《内蒙古自治区人民政府煤矿整顿关闭工作实施方案》，建立工作机制，明确工作职责、目标和要求，落实工作责任制。各盟市也相应成立煤矿整顿关闭工作领导小组。

2005年11月，自治区政府出台《煤矿整顿关闭工作实施方案》，提出全区煤矿整顿关闭工作的具体要求，明确划分煤管、煤监、国土、工商、公安、电力等部门和机构的职责，并指定责任人。进一步加强对整顿关闭煤矿的日常监管，坚决制止未取得采矿许可证的非法煤矿，严肃查处超层越界开采煤矿，对非法违法煤矿依法吊扣营业执照。对关闭煤矿注销爆炸物品使用许可证和储存证，停止供应火工用品，切断关闭矿井的电源；对停产整顿的矿井，按整改方案限量提供火工品和限量供电。各盟市、旗县电力部门及时会同煤炭行业、煤矿安全监管等部门和煤矿安全监察机构，制定落实双回路供电系统实施方案。

自治区政府结合各地实际，制定《煤矿整顿关闭责任书》，责任书中明确了各地关闭煤矿的明细、时限、标准和奖罚措施，并由自治区政府主席在"全区工业经济暨安全生产工作会议"上亲自发授给各盟市和重点产煤旗县主要领导。各盟市、旗县政府根据责任书要求，进一步细化本地区的煤矿整顿关闭工作方案，将关闭煤矿任务逐级分解到基层，落实到具体煤矿和具体责任人。

自治区政府把煤矿整顿关闭工作纳入《2006年度盟市安全生产工作考核办法》中，列入对盟市主要领导和班子的重要考核内容。同时，自治区政府对有关职能厅局实行"分片包干、责任到人"的办法，将全区11个有关井任务的盟市分成五片，由自治区经委、煤管、国土、监察和内蒙古煤矿安全监察局的主要领导分片包干、明确责任，对包干盟市的煤矿整顿关闭工作督查到底，直至完成关闭任务、达到关井标准。自治区还建立煤矿整顿关闭工作日常监督制度，对自治区煤炭工业局进行充实加强，具体负责日常督办事宜。鄂尔多斯市充实煤炭管理队伍，有2000余人对煤炭生产和经营秩序进行监管。

三、主要措施

（一）统一思想认识

2004年以前，内蒙古地方煤矿数量曾达到2000余处，单井平均产量2.2万吨，资源回收率仅为15%～30%，百万吨死亡率最高时曾达7.39，煤炭行业的整体水平与国家大型煤炭基地的地位极不相称，与煤炭工业的健康、可持续发展很不适应。

2004年初，自治区党委、政府根据全区煤炭资源赋存条件较好，但产业布局不尽合理、行业整体水平偏低的实际，提出加快煤炭产业结构调整的总体思路，把关闭整合小煤矿作为落实科学发展观、转变经济增长方式的重要措施，把对关闭小煤矿的思想认识统一到为促进煤炭工业健康发展而关、为提高煤矿安全生产水平而关、为节约能源和有效利用资源而关的高度上。

一是各级政府主动淘汰关闭小煤矿。全区各盟市、旗县政府严格按照自治区的要求，采取有力措施，千方百计、积极主动淘汰关闭小煤矿，提前或超额完成自治区下达的关闭、整合小煤矿任务。如鄂尔多斯市政府、准格尔旗政府与神华准能公司采取联合补偿的办法，将神华准格尔哈尔乌素露天煤矿规划区内的24处小煤矿全部关闭，为大型煤炭企业留出更大的发展空间。包头市石拐区2004年以前有120余处小煤矿，全部是高瓦斯矿井，年产煤炭仅100万吨左右，财政收入仅3000万元，从业人员3200余人；多年来深受瓦斯灾害的困扰，生产安全事故接连不断，原煤百万吨死亡率最高时曾达16。当地政府从安全发展的大局出发，将小煤矿全部关闭，煤矿职工全部转移安置，整体退出煤炭产业。乌海市、鄂尔多斯市鄂托克旗认真吸取当地小煤矿发生的特大瓦斯爆炸事故的教训，在已完成自治区下达的关闭任务基础上，主动实施"二次关闭"，继续关闭安全生产条件不可靠的煤矿50余处。

二是大型煤矿企业主动整合小煤矿。自治区30户重点煤炭企业带头通过兼并、收购、合股、扩股等形式主动整合小煤矿。如伊泰集团公司利用自身优势，在兼并整合6个小煤矿的同时，又在企业内部实施整合重组，将34处矿井整合为14处，改进采煤方法，煤炭资源回收率和安全装备水平有了显著提高。

自治区加大对煤矿整顿关闭工作的宣传力度，通过新闻媒体广泛宣传国家实施煤矿整顿关闭的重大意义，及时报道自治区煤矿整顿关闭工作进展情况。自治区煤炭工业局、内蒙古煤矿安全监察局将

《国务院关于预防煤矿生产安全事故的特别规定》等国家和自治区有关煤矿整顿关闭的一系列法律、法规、政策文件编印成宣传手册，并组成工作组，由主要领导带队亲自发送到各个矿区，同时召开现场会议，由主要领导亲自宣讲，将近年来小煤矿发生事故的典型案例制作成光盘现场播放，从小煤矿由于装备落后、管理混乱、"三违"严重导致事故多发的角度，宣传关闭小煤矿的重要意义，使国家和自治区的煤矿关闭整合政策人人皆知。

（二）联合执法

2005年以来，自治区人大、政府、政协多次联合，组织煤管、国土、工商、公安、监察和内蒙古煤矿安全监察局等部门进行多层面、大范围的煤矿整顿关闭联合执法行动。对检查中发现的关闭矿井井筒毁闭不彻底、地面设施未全部拆除、井口场地未填平及整合技改煤矿存在等待观望、整合技改工作进展缓慢等问题，及时提出整改要求和时限，并对整改落实情况实施跟踪，确保整合煤矿真正整合、技改煤矿真正技改、关闭煤矿按标准关严、关实。

自治区政府主席、分管主席在鄂尔多斯市、阿拉善盟、包头市、赤峰市等地检查工作中，亲自在现场督办关闭煤矿工作，经新闻媒体报道后，引起全社会的普遍关注和高度重视，有力推动全区关闭煤矿工作的进程。各盟市、旗县也多次组织联合执法行动，盟市、旗县长带头深入矿区，针对关井中发现的问题和自治区督查组提出的整改要求，进行现场办公，逐项加以解决和落实。

2005年5月10日，自治区政府决定关闭117处不具备安全生产条件的煤矿，并要求6月底前相关部门依法吊（注）销关闭煤矿证照，10月底前各盟市完成117处煤矿的关闭任务并达到"三不留、一毁闭"的关闭标准，11月底前，自治区组织关闭煤矿的验收工作。关闭煤矿工作由各盟市人民政府组织实施，责任人是各盟市分管盟市长及各盟市煤炭管理部门主要负责人，第一责任人为关闭煤矿所在旗、县、区人民政府旗（县、区）长。

在关闭、整合小煤矿中，自治区、盟市、旗县组织联合督查组开展五轮大范围的联合执法行动，组织和现场督查炸井行动160余次，所有关闭煤矿必须通过旗县、盟市和自治区三级验收。

执法部门主动配合地方政府关闭小煤矿。自治区煤管、国土资源和内蒙古煤矿安全监察局等部门深入各地，与盟市、旗县相关部门对全区地方煤矿进行大量细致的调查摸底，依据矿井规模和安全条件对1310处地方煤矿进行分类排队。依据《内蒙古自治区煤矿整顿关闭工作实施方案》（内政发〔2005〕280号）标准和条件确定全区关闭矿井名单、整合矿井名单、单独保留矿井名单。名单报自治区政府批准后，立即在自治区主流媒体予以公告。对公告关闭的煤矿，自治区煤管、国土、工商和内蒙古煤矿安全监察局等部门依据各自职责，在规定期限内依法吊（注）销相关证照。盟市、旗县政府依据公告名单，在规定期限内，严格按关闭标准实施关闭。

（三）妥善化解矛盾

在《内蒙古自治区煤矿整顿关闭工作实施方案》出台后，900多名被列入关闭名单的煤矿业主采取威胁恐吓、联合上访等手段，抵制煤矿整顿关闭工作的进行。对此自治区各级党委、政府高度重视，及时通过对话、会议或媒体等多种形式向全社会表明政府坚定不移关闭、整合小煤矿的态度和决心，耐心细致做上访人员的说服解释工作，妥善化解了矛盾，确保了关闭、整合小煤矿工作的顺利实施。

2005年9月22日，是包头市九原区黑麻板煤矿关闭的最后期限。当自治区督查组和包头市有关部门组织关闭这个煤矿时，遭到矿主的强烈阻拦并告知井下有人。当时矿井电源已经切断，井下瓦斯浓度急剧上升，情况危急。原来该矿主为了抵制关井，特意安排一批工人和自己的两个双胞胎儿子下到井下，并嘱咐其儿子不见他的亲笔字条，不要上井。面对突发事件，自治区督查组和包头市有关领导在现场开展严肃的说服教育工作，晓以厉害，矿主看到硬顶会造成严重后果，只得通知其儿子带工人升井。随后，工作组炸毁了井筒，拆除了矿井设施，对该矿实施了关闭。

2005年12月5日，包头市37处被列入关闭名单的煤矿业主及工人500余人、乌海市30多处被列入关闭名单的煤矿业主及工人400余人，分别到呼和浩特市围堵内蒙古自治区党委和政府办公楼，造成呼和浩特市新华大街等道路交通中断。自治区党委、政府立即组织信访局、经委、煤炭局和内蒙古煤矿安全监察局等部门的主要领导出面与上访代表直接对话，宣传政策，表明自治区整顿关闭小煤矿决不动摇的决心，指出小煤矿带来的严重危害；包头市、乌海市领导也亲赴呼和浩特市耐心做上访人员的说服劝返工作，并提出解决善后问题的具体方案，稳定了上访人员的情绪，妥善解决了这起大规模群体上访事件。

在妥善解决关闭矿井带来的一系列问题中，各盟市结合本地实际，创造性地开展工作。如乌海市政府针对国有重点煤矿的三产小煤矿关闭后，形成两千多名职工下岗待业的问题，决定在保留煤矿整合技改后，优先安排这些职工再就业。包头市政府针对本地区煤矿属于高瓦斯矿井且多年来事故频发的实际，对井工煤矿全部关闭。关闭后对适合露天开采的煤炭资源进行整合，集中改造为14处露天煤矿，既解决煤矿企业的发展出路，又改善了煤矿安全生产条件。

（四）建立小煤矿正常退出机制

为规范小煤矿的关闭整合，建立正常退出机制，自治区政府出台《关于加快煤炭产业结构调整的指导意见》《关于促进煤炭工业健康发展的指导意见》《关于进一步推进煤炭资源整合和有偿使用实施办法》等一系列政策性文件，对煤矿关闭整合的目标、要求、原则和措施都做了明确规定，用法律、行政、经济等手段，促进小煤矿关闭、整合，促使煤炭产业结构优化升级。从2005年起，新建井工煤矿规模不得低于年产120万吨，新建露天煤矿规模不得低于年产300万吨，整合、技改煤矿必须达到年产30万吨以上的规模。

截至2010年底，全区年产30万吨以下的小煤矿一律淘汰关闭退出市场。整合煤矿可以通过合股、控股、兼并、收购等方式就近整合煤炭资源；整合煤炭资源必须坚持以大并小，以优并差，先关闭后整合的原则；整合煤矿必须进行技术改造，按照建设项目履行审批程序，必须是一个法人主体、一套生产系统；整合技改工程要与安全质量标准化建设和推行采煤机械化相结合，从矿井设计、审查、施工、监理、验收等环节逐一把关，并通过内蒙古煤矿安全监察局"三同时"的专项审查，以保证整合质量。对已纳入整合范围的小煤矿，未按规划和时限要求完成整合和拒不整合的，整合技改期间"假整合真生产""假技改真生产"的，一律列入关闭范围。

2007—2009年，自治区进一步强化小煤矿正常退出机制的政策措施：一是对资源枯竭、开采技术落后、安全保障程度差的煤矿，加快淘汰关闭；二是对不能按批准的设计工期完成资源整合、技术改造项目工程的，依法实施关闭；三是对未在规定时限内达到安全质量标准化要求的，依法实施关闭；四是对发生3人以上死亡事故的，依法实施关闭。这四项政策措施，有力地促进自治区小煤矿的淘汰关闭工作，为在2010年底前淘汰关闭年生产30万吨以下的小煤矿奠定了基础。

自治区党委、政府还因地制宜，注重发挥地质条件优势，促进煤炭资源整合。鄂尔多斯市是自治区的主要产煤盟市，地方煤矿数量占全区60%，煤炭资源丰富，煤层厚、埋藏浅、构造简单、赋存稳定，适合大规模机械化开采，具备煤炭资源整合的良好条件，为此自治区党委、政府确定该市为资源整合重点地区。2005年以来，该市开展以煤炭资源整合为手段、实施采煤方法改革、提高煤矿资源回收率、实行机械化采煤的三年攻坚战，采取股份、兼并、收购等方式将小煤矿全部整合为大中型煤矿。在自治区和鄂尔多斯市鼓励煤矿企业积极投资政策的激励下，整合后的井工煤矿都进行了采煤方法改革，由巷柱式采煤改进为壁式采煤，都采用综采先进工艺，提高生产规模、资源回收率和技术装备水平。截至2015年底，该市有83处地方井工煤矿已实现综合机械化采煤，47处地方井工煤矿正在实施综合机械化采煤改造。

自治区各级政府为促进煤矿关闭整合，采取一系列经济扶持的政策措施。自治区政府为保证整合煤矿的技改建设及安全供电，出资10亿元，解决煤矿双回路供电系统建设问题；同时安排瓦斯监控系统配套资金1200万元，对4个煤矿相对集中的盟市实行集中联网。鄂尔多斯市、旗两级政府对资源整合积极并率先实行机械化采煤的煤矿，在电力、道路等基础设施建设方面给予优先配套，并给予一定的资金补贴。

（五）加强整顿关闭工作宣传

2005年9月，自治区督查组、内蒙古煤矿安全监察局分别在包头市、乌海市、鄂尔多斯市、阿拉善盟召开由旗县（区）长、乡（镇）长、煤矿矿长和安监局、经委、国土局、工商局、公安局等部门参加的7个煤矿安全生产工作现场会，参加人员达1000多人，宣讲《特别规定》和《紧急通知》的主要精神，传达自治区政府关于煤矿整顿关闭工作的要求，并将国家安监总局编印的《重要文件汇编》当场发放到旗区长、乡镇长、矿长和有关部门人员手中。

2005年10月下旬，按照自治区政府的统一安排，自治区工业办、国土厅、内蒙古煤矿安全监察局、鄂尔多斯市的负责人，在内蒙古电视台等区内主要新闻媒体，对国务院两个重要文件进行宣传，并对自治区煤矿整顿关闭工作的有关政策进行宣讲，达到良好的效果。

四、完成情况

国务院要求2007年底关停年产3万吨以下小煤矿，内蒙古在2007年底已淘汰年产10万吨以下的小煤矿。截至2007年上半年，全区关闭812处生产规模小、技术装备落后、安全生产条件差的小煤矿，地方煤矿关闭率达62%，生产规模在10万吨以下的小煤矿全部关闭，其中包头市、乌海市乌达区等瓦斯灾害严重地区的井工煤矿全部关闭，提前一年半时间超额完成国家下达的关井任务。2007年6月4日，全国煤矿整顿关闭工作现场会在鄂尔多斯市召开，国家安全生产监督管理总局局长李毅中出席会议并讲话。

图1-4-2 2007年6月5日,国家安全生产监督管理总局局长李毅中(右图右一)及参加全国煤矿整顿关闭工作现场会与会人员到伊泰集团宝山煤矿参观

2006—2010年,自治区全面落实国家节能减排、保护环境、淘汰落后生产能力的政策,自治区确定到2010年煤炭工业淘汰落后产能2000万吨的目标,其中在整顿关闭小煤矿上,2007—2010年又关闭84处小煤矿。截至2010年底,全区生产煤矿总数减至533处(2009年煤矿总数501处,2010年再关闭煤矿19处,新建竣工煤矿51处,其中国有重点煤矿58处,地方煤矿475处)。

(一)关闭煤矿情况

自治区各盟市、旗县(市、区)政府按照国务院《特别规定》和《紧急通知》的要求,对决定关闭的149处矿井组织实施关闭,并达到以下5条标准:一是各级政府在主要媒体上公告了关闭矿井名单;二是颁发证照部门依法吊(注)销了安全生产许可证、采矿许可证、煤炭生产许可证、工商营业执照;三是已停止供应电力,切断电源,拆除供电设备设施;四是停止供应火工品,剩余火工品由当地公安部门按照国家有关规定进行清理和统一处理;五是矿井井筒毁闭、填实,平整井口场地,恢复地貌;矿井生产设备、通讯线路、供水管路全部拆除,遣散从业人员。

(二)停产整顿煤矿情况

自治区各级政府及有关部门在《特别规定》颁布后,立即采取行动,按照《特别规定》列举的15条重大安全生产隐患和行为,对辖区内的煤矿进行排查。对存在隐患和问题的,及时下达停产整顿通知书,责令停产整改;对拒绝停产整改的,或明停暗开、日停夜开的,一经发现依法予以关闭。内蒙古煤矿安全监察局第一批已公告煤矿195处,报经国家已公告煤矿254处,其余的予以分批公告。

国务院要求全国2007年底关停年产3万吨以下小煤矿,到2006年6月,内蒙古已淘汰年产10万吨以下的小煤矿,提前实现国务院规定的煤矿整顿关闭目标。

(三)取得的主要成效

1. 煤炭产业结构提升

通过煤矿整顿关闭和资源整合,自治区大部分煤矿都进行技术改造,改进采煤方法,机械化采煤已全面展开,煤矿技术装备水平、行业科技含量进一步提高。2010年,全区煤矿中年产300万吨及以上的煤矿28处,年产120万~300万吨的煤矿65处,年产30万~120万吨的煤矿408处,单井(坑)平均产能达到120万吨/年,煤炭资源回收率达到65%以上,机械化采煤装备水平达到90%以上。煤炭产业结构大幅提升。

2. 煤矿安全生产形势好转

经过多年的煤矿整顿关闭工作，自治区煤矿安全生产形势明显好转。从 2006 年起，煤矿事故起数大幅减少，死亡人数明显下降，原煤生产百万吨死亡率从 2005 年的 0.513 降到 2006 年的 0.205、2007 年的 0.195 和 2008 年的 0.053。2009 年，全区生产原煤 6.04 亿吨，发生事故 21 起、死亡 33 人，百万吨死亡率 0.055，居全国先进水平。

第三节 产业升级改造

从 20 世纪 80 年代中期到 90 年代初期，煤炭工业部提出开办地方乡镇煤矿必须具备起码的安全生产条件，消灭独眼井、自然通风、明火放炮、明电照明、明刀闸开关，简称"五消灭"。凡达不到此标准的限期整改，整改后仍达不到的予以关闭。全区共关闭煤矿 180 余处。这一时期采取的政策是放管结合，以放为主，乡镇煤矿数量呈快速增长态势。

1994 年，内蒙古自治区人大常委会依据国务院颁布的《煤炭生产许可证管理办法》，颁布《内蒙古自治区地方煤矿管理条例》，对地方煤矿的生产规模、办矿条件、法律责任等作出规定，国有地方煤矿生产规模不低于 6 万吨/年，集体煤矿和其他煤矿生产规模不低于 1 万吨/年。在《内蒙古自治区地方煤矿管理条例》公布前开办的地方煤矿，限期一年达到规定的开办条件，逾期未达到的，由煤炭行政主管部门会同有关部门提请旗县级以上政府责令关闭。按照法律法规的规定，各级行政机构加大监督检查力度，地方乡镇煤矿通过技术改造，多数煤矿配备小绞车、小矿车、小水泵、小风机、煤电钻等机械电气设备，开采方式以房柱式炮采工艺为主。

2002 年，随着国民经济快速发展，煤炭严重过剩局面开始缓解，但煤矿事故频发。为扭转安全被动局面，自治区实施煤矿整顿关闭与产业升级并举政策。

一、技改政策及实施

2003 年 12 月，自治区政府印发《关于加快发展重点煤炭企业的指导意见》，意见提出将神华集团神东煤炭有限责任公司等 20 家企业作为自治区煤炭行业的龙头企业，并在资源配置、铁路运输、电力供应等方面给予优先扶持，依托 20 家重点煤炭企业建设 7 个 5000 万吨级以上煤炭生产基地，2 个特种煤基地，建成 11 个 1000 万吨级以上的大型或特大型煤炭企业（表 1-4-2）。

表 1-4-2 2004 年内蒙古自治区 20 家重点煤炭企业及基地建设统计表

基地名称	依托企业	保有储量（亿吨）	现有规模（万吨）	规划规模（万吨）	投资估算（亿元）	年度投资（亿元）	消耗方向	开工年份	拟定达产年份	备注
一、5 千万吨级以上基地										
东胜煤炭基地	神华集团神东煤炭公司	145	1787	10000	246	35	电煤、煤炭液化（500 万吨）	2004	2010	同步规划 2000 万千瓦装机
准格尔煤炭基地	神华准格尔能源有限责任公司	264	1200	6620	108	22	电煤、制造水煤浆和超纯煤	2004	2008	同步规划 1440 万千瓦装机
锡盟白音华煤炭基地	锡林郭勒白音华煤电有限公司	140	60	6000	120	17	电煤、煤炭液化（200 万吨）	2004	2010	同步规划 960 万千瓦装机

表 1-4-2（续）

基地名称	依托企业	保有储量（亿吨）	现有规模（万吨）	规划规模（万吨）	投资估算（亿元）	年度投资（亿元）	消耗方向	开工年份	拟定达产年份	备注
霍林河煤炭基地	霍林河煤业集团	117	1000	5000	80	13	电煤	2004	2009	同步规划 300 万千瓦装机
呼伦贝尔煤炭基地	呼煤集团、伊敏东煤电公司	105	300	5000	141	28	电煤、煤炭液化（500 万吨）	2004	2008	同步规划 660 万千瓦装机
锡盟胜利煤炭基地	神华北电胜利能源有限公司	224	60	5000	100	20	电煤、煤炭液化（500 万吨）	2004	2008	同步规划 300 万千瓦装机
内蒙古伊泰集团有限公司		100	1040	5000	120	17	电煤、煤炭液化（2×500 万吨）	2004	2010	同步规划 360 万千瓦装机
二、特种煤基地										
乌海焦煤基地	神华海勃湾矿业有限责任公司	35	870	1100	7	2	冶金工业用煤	2004	2006	
古拉本出口煤基地	内蒙古太西集团、内蒙古庆华集团	3	320	700	11	3	煤炭出口	2004	2007	
三、千万吨煤炭企业										
平庄煤业集团公司	平庄煤业集团公司	15	890	1500	18	5		2004	2007	
鄂尔多斯市汇能煤业投资有限公司	鄂尔多斯市汇能煤电集团有限公司	20	320	1500	35	9		2004	2007	
伊敏东煤电公司	伊敏东煤电公司	55	530	1000	14	4		2004	2007	
神华乌达矿业公司	神华乌达矿业公司	5	362	1000	19	4		2004	2008	
呼煤集团扎赉诺尔煤业公司	呼煤集团扎赉诺尔煤业公司	84	350	1000	20	4		2004	2008	
呼煤集团大雁煤业公司	呼煤集团大雁煤业公司	18	298	1000	21	4		2004	2009	
内蒙古伊东煤炭集团有限公司	内蒙古伊东煤炭集团股份有限公司	10	260	1000	22	6		2004	2007	
呼煤集团宝日希勒煤业公司	呼煤集团宝日希勒煤业公司	105	235	1000	23	4		2004	2009	
神华集团万利煤业有限责任公司	神华集团万利煤业有限责任公司	168	170	1000	25	5		2004	2008	
内蒙古满世煤炭运销有限责任公司	内蒙古满世煤炭运销有限责任公司	10	170	1000	25	5		2004	2008	
内蒙古众星煤炭集团有限责任公司	内蒙古众星煤炭集团有限责任公司	10	100	1000	28	5		2004	2009	
合 计		1528	10322	56420	1183	212				同步规划 6020 万千瓦装机

煤矿改造升级分为相邻煤矿资源整合改造、单矿整合边角资源扩能改造、开采工艺改造、开采方式变更、生产系统改造等，形成一个主体一套生产系统，实现机械化正规开采，大幅提高煤矿生产能力。

自治区政府鼓励区内20户重点煤炭企业收购、兼并中小煤矿实行联合改造，实现规模生产和集约经营，逐步取代和淘汰小煤矿开采方式，采用先进的开采工艺，提高煤炭资源回收率和相关资源的有效利用率及保护水平。对鄂尔多斯、呼伦贝尔、锡林郭勒等富煤地区的整装煤田，原则上井工矿建设规模不低于300万吨/年，露天矿建设规模不低于1000万吨/年。同时，将煤制油项目列为扶持的重点，鄂尔多斯、锡林郭勒、通辽、呼伦贝尔等地区要规划煤制油项目基地。

2005年2月，自治区政府印发《关于加快煤炭产业结构调整的指导意见》，要求从2005年起，集中3年时间对现有的900余处年产10万吨以下的小煤矿进行资源整合重组、扩能技术改造和依法淘汰关闭，解决自治区小煤矿数量过多、产业集中度低、产品结构单一、深加工和就地转化率偏低等结构性矛盾和问题。坚持"保大压小"和"转化增值"的原则，运用资源整合、运力调整、优化资源配置等手段，鼓励建设亿吨级煤炭基地、千万吨级煤炭集团、年生产能力120万吨以上矿井。同年6月，国务院出台《关于促进煤炭工业健康发展的若干意见》，要求加快中小型煤矿的整顿、改造和提高，整合煤炭资源，实行集约化开发经营。鼓励大型煤炭企业兼并改造中小型煤矿，鼓励资源储量可靠的中小型煤矿，通过资产重组实行联合改造。积极推进中小型煤矿采煤工艺改革和技术改造，尽快做到壁式正规化开采。继续淘汰布局不合理、不符合安全标准、不符合环保要求和浪费资源的小煤矿，取缔违法经营的小煤矿。同年8月，自治区政府出台《关于促进煤炭工业健康发展的意见》，要求到2010年，全区矿井全部实现正规回采，采煤机械化水平达到90%以上，煤矿总数控制在600处之内，年产30万吨以下小煤矿全部淘汰关闭，百万吨死亡率下降到0.3以下。

2005年3月，鄂尔多斯市政府印发《鄂尔多斯市地方煤矿提高回采率三年攻坚战实施意见》，确立经过2005—2007年的攻坚战，实现全市地方煤矿采煤方法改革、加快资源整合、提高回采率总体目标：①原煤产量：2007年达到1.5亿吨以上，2010年达到2亿吨以上；②煤矿安全目标：百万吨死亡率达到0.2以下；③资源回采率：2007年50%的煤矿实现正规开采，2010年所有煤矿实现正规开采，资源回采率达到70%以上；④矿井整合目标：2007年10万吨/年以下矿井全部关闭，新建矿井规模达到100万吨/年以上，2010年单井规模达到20万吨/年；逐步减少房柱式采煤方法，推广长壁式采煤方法；2010年矿井数量由现在的572处减为300处；⑤加大对采空区、瓦斯、火区重大危险源的治理工作。

鄂尔多斯市采取的主要措施：①加快大型煤炭基地建设步伐，2010年形成三大煤田、五大基地（准格尔煤田动力煤基地、悖牛川出口煤基地、神东矿区煤转化基地、东胜煤田北部电煤基地、西部焦化基地）；②培育一批大型煤炭企业集团，2010年，鄂尔多斯市23户500万吨/年以上大型煤炭集团产量占全市产量由70%提高到90%；③对于参加资源整合、技术改造并达到和符合鄂尔多斯市产业结构调整要求的煤矿企业，给予政策优惠和资金、技术扶持；对率先实行机械化采煤改革且回采率达到要求的煤矿，政府给予动力、资源、销售配额的优先配置。

二、技改成效

鄂尔多斯市经过3年煤矿技改攻坚战，取得如下成效。

（1）煤矿数量减少，生产集中度提高。2005年初，全市地方煤矿数量552处，单井规模不足10万吨。通过整合关闭，至2007年底煤矿数量减少到276处，2008年减少到267处。2005年初，全市552处地方煤矿产能为4880万吨/年，2008年，267处地方煤矿产能达到15486万吨/年，单井规模59万吨/年；24户地方重点煤矿产量占全市产量70%。

（2）煤矿安全生产水平提高。全市煤炭生产百万吨死亡率由1998年的6，下降到2007年的0.02。

（3）采煤方式发生根本性改变。开展攻坚战以前，全市地方煤矿全部采用房柱式开采。2008年，全市地方煤矿全部实行机械化改造，其中实行综采、高档普采、露天开采的煤矿占全市地方煤矿的66%。已经完成改造矿井的采掘机械化率达65%以上；工效由改造前的2.5吨/（工·日）提高到15吨/（工·日）。

（4）回采率大幅提高。2005年以前，全市地方井工煤矿回采率不足30%，2008年提高到75%以上，露天煤矿回采率达到90%以上。

图1-4-3　2006年9月8日，鄂尔多斯市地方企业首处综采综放矿井——伊东集团扶贫煤矿投产（240万吨/年）

通过不间断改造升级，大部分煤矿实现机械化开采，安全状况根本好转，煤炭产量大幅提升，奠定产煤大省（区）的基础地位，成为国家清洁能源输出基地和现代煤化工生产示范基地。

2015年，全区产煤9.1亿吨，单矿平均产量188万吨/年，机械化程度达到95%，资源回收率达到60%以上，均居全国前列。全区形成神东、准格尔2个亿吨级特大型煤炭生产基地，霍林河、白音华、平庄、呼伦贝尔等4个千万吨级大型煤炭生产基地，总产能7.3亿吨，占全区煤矿总产能的67%。全区形成16家1000万吨级的特大型和大型煤炭企业。原煤生产百万吨死亡率1995年5.301、2005年0.513、2010年0.062、2015年0.013，居全国领先水平。

截至2015年底，全区120万吨/年及以上煤矿产能占比87%，其中1000万吨/年及以上煤矿产能占比达到38%。全国最大的露天煤矿（神华宝日希勒、神华哈尔乌素，产能3500万吨/年）和最大的井工煤矿（神华补连塔，产能2800万吨/年）均在自治区。60万吨/年以下煤矿产能占比只有 4.2%。产业链延伸走在全国前列，全区煤电、煤化一体化比重达到 90%；铝产业中，煤电铝一体化率达到 70% 以上。通过整顿关闭和产业升级改造，全区保留煤矿 588 处，其中井工煤矿 348 处，露天煤矿 240 处，总产能达 115144 万吨，原煤产量达 9.1 亿吨。

第四节 煤炭资源配置

内蒙古煤炭资源丰富，经过多年的发展，在推进大产业、大基地、大煤电战略，煤炭及相关产业在产业升级、产业延伸和产业多元方面实现了跨越式发展，已成为国家重要的能源重化工基地。但自治区工业产业结构单一，以能源为主的工业结构仍未得到根本性的改变。为此，充分发挥煤炭资源配置对推动自治区工业结构调整和经济发展方式转变的重要作用，及时调整和进一步优化煤炭资源配置政策，煤炭资源配置向煤液化、煤转电、煤化工和煤炭综合利用等重大项目倾斜，向通过招商引资引入进行煤炭资源转化的国内外大型企业倾斜，努力实现上下游产业联营、集聚和发展循环经济，有利于继续推动实施产业多元、产业延伸、产业升级战略，有利于扩大非资源性产业规模，有利于抓住机遇，进一步巩固和发展壮大传统优势产业。

一、政策制定

按照自治区党委、政府调整产业结构，推进非煤产业发展，改变"一煤独大"格局的要求，2004 年，自治区政府研究制订《关于进一步加强煤炭资源矿业权设置及重点转化项目资源配置管理工作的意见》《关于加快发展能源重化工业进一步推进煤炭资源优化配置的意见》，要求煤炭开发就地转化率达到 50%。

2009 年，国家能源局主持召开鄂尔多斯上海庙煤田矿权整合会议，下发《内蒙古上海庙矿区煤炭资源开发主体整合协调会会议纪要的通知》，对上海庙矿区 24 个矿权进行整合，最终整合为 4 个开发主体整体开发，并要求自治区进一步加强资源管理和矿权整合管理。同年，根据国家要求，针对自治区煤炭资源配置存在的问题，在充分调研论证的基础上，自治区政府制订出台《关于进一步完善煤炭资源管理的意见》，相应完善了关于煤炭资源配置量、配置条件等具体条款的规定。

(一) 配置煤炭资源范围

(1) 煤炭转化项目十大类：①年产 300 万吨及以上煤制油项目；②年产 100 万吨及以上二甲醚项目；③年产 60 万吨及以上煤制烯烃项目；④年产 20 亿立方米及以上煤制气项目；⑤年产规模达 20 万吨及以上乙二醇项目；⑥年产合成氨 30 万吨及以上的煤制化肥项目；⑦获得国家核准的 30 万千瓦以上的火电项目；⑧具有一定产业化规模的创新型煤化工项目；⑨已获得国家批准的褐煤资源采矿权的褐煤干燥提质项目；⑩经自治区人民政府同意招拍挂取得矿权的企业。

(2) 非资源型产业三大类：①一次性完成固定资产投资规模在 40 亿元以上的大型煤炭、电力、化工、车辆、装备制造及配套项目；②大型新能源制造及配套项目；③大型发酵制药项目。

2012 年，自治区政府将配置煤炭资源范围调整为"除为煤炭转化和深加工项目配置外，不再为其他项目配置"。

(二) 配置煤炭资源的基本条件

(1) 国家和自治区重点煤炭转化和综合利用项目。

(2) 符合国家和自治区产业政策，经自治区人民政府确认，一次性完成固定资产投资在 40 亿元以上的新建大型装备制造项目和高新技术项目。个别技术装备水平居全国同行业领先的项目，经自治区人民政府同意，可适当降低有关条件。

（3）经自治区人民政府批准同意的通过招拍挂方式取得的矿权。

（4）自治区内矿山保有储量服务年限不足10年、职工安置困难大、无接续资源的资源枯竭型国有及国有控股重点煤炭企业。

（5）资源整合中不宜单独设置矿权的边角资源。

（6）现已配置的煤炭资源量超过项目实际需求的企业，新上项目可先利用已配置的煤炭资源。如果新上项目后续资源不足，可按有关规定另行配置接续资源。

（7）已获得国家批准的采矿权并已配置褐煤资源，上褐煤干燥项目，可视为转化项目。但不再为新上褐煤干燥项目配置资源。

（三）配置煤炭资源程序

盟市根据国家产业政策和自治区有关规定对申请配置的项目进行初审，初审合格后由盟市向自治区政府上报申请文件；自治区政府办公厅征求自治区国土厅、发改委、经委（煤炭局）意见，由自治区国土厅汇总意见后，上报自治区政府；自治区政府召开主席办公会议研究；自治区国土厅根据同意后的会议纪要精神，进入国土部门办理程序。

对配套或转化项目的要求：①配套或煤炭转化项目应得到国家和自治区相关部门核准或备案；②建设项目基础出零米；③建设项目主要设备完成订货。

自治区经信委同时要求，非煤转化项目投资额完成50%以上，设备招标完成70%以上。

（四）配置煤炭资源的基本原则

（1）符合总体规划和矿业权设置方案。

（2）煤炭资源和矿区由自治区人民政府在全区范围内统一管理设置。

（3）严格控制向产能过剩的行业配置煤炭资源。

（4）坚持整体布局、整装开发、集约发展、资源节约利用，坚持一个规划井田由一个项目主体开发的原则。

（5）坚持资源开发与生态环境保护统一，遵循"谁利用谁保护、谁破坏谁治理"原则。

（五）配置量的计算办法

（1）煤炭转化和综合利用项目，配置量＝年用煤量×50年÷50%转化率÷60%资源回收率。

（2）装备制造和高新技术项目，一次性固定资产投资在40亿元以上的项目，每20亿元配置煤炭资源1亿吨，一个项目主体配置煤炭资源不超过10亿吨。

（3）符合国家产业政策的PVC项目（包括电石），由自治区经委组建1~2个配套兰炭合资企业，根据自治区确定的生产规模，按1∶1的比例配置。

2012年，自治区政府制定《内蒙古自治区人民政府关于印发自治区完善煤炭资源配置管理若干规定的通知》，2013年配套制定《内蒙古自治区人民政府办公厅关于执行内政发〔2012〕126号文件有关事宜的通知》，进一步提高和规范配置资源的配套项目要求，对配置资源量的计算方法进一步公式化，充分体现客观公正，并对配置资源过程中出现的问题提出针对性措施，禁止企业私自倒卖资源，提出对以往配置的资源进行清理。

二、实施及成效

（一）政策实施

针对政策实施过程中出现的主要问题，自治区政府采取了相应措施。

（1）已取得煤炭资源的转化、配套项

目放缓建设，个别企业甚至以种种理由停止建设，出现套取煤炭资源的问题。2005—2011年，自治区共为41个企业的转化、配套项目配置煤炭资源，配置资源量509亿吨，但转化、配套项目全部建成的企业仅有10个，部分建成的18个，部分在建的3个，未建的7个，停建的3个。

（2）倒卖倒买煤炭资源，部分企业获得资源后，通过各种方式转让获得利益。

（3）由于获取国家采矿许可和核准困难，有的企业取得自治区配置资源文件后就先开工建设煤矿，存在手续不全、非法建设问题。据初步调查，目前手续不全的建设煤矿22处，总产能1.8亿吨。

（4）尚未获取配置煤炭资源的项目，不抓转化、配套项目建设，一味要求政府为其配置资源。

对出现的问题，自治区政府责成有关部门加强对已配置资源的转化、配套项目进行核查，在盟市清查的基础上，自治区审计、国土、发改、经信等部门进行核查，对未达到要求、未兑现承诺建设转化、配套项目的资源，具备收回矿权条件的要收回矿权；不具备收回矿权条件的，由自治区成立投资公司持有对应收回部分股权，参与开发经营。

（二）实施成效

截至2015年底，自治区共为火电、煤化工、装备制造和高新技术产业等四大类158个项目配置937亿吨煤炭资源，配套转化项目兑现率55%（表1-4-3）。

表1-4-3 截至2015年内蒙古自治区煤炭资源配置项目统计表

项目类别	数量（个）	总规模	配置资源量（亿吨）	建成规模	项目兑现率
火电项目	41	4975万千瓦	315	3004万千瓦	60%
化工项目	80		455		47%
其中：煤制油	2	416万吨/年	49	126万吨/年	30%
煤制气	1	40亿立方米/年	22	13.3亿立方米/年	33%
煤制甲醇	22	1514万吨/年	123	580万吨/年	38%
煤制乙二醇	6	230万吨/年	22	110万吨/年	48%
煤制烯烃	5	376万吨/年	100	306万吨/年	81%
煤制尿素	16	1469万吨/年	53	543万吨/年	37%
煤制PVC（PVA）	17	707万吨/年	44	477万吨/年	67%
焦化副产品加工	11		42		60%
装备制造项目	6		32		74%
其中：汽车	2	50万辆/年	20	50万辆/年	100%
工程机械	4		12		34%
高新技术项目	31		135		65%
其中：多（单）晶硅及其深加工	10	2.8万吨/年	21	2.3万吨/年	81%
氨基酸及其衍生制品	4	66万吨/年	12	66万吨/年	100%
其他项目	17		102		60%

通过实施资源配置政策，2004—2015年，自治区政府先后引进五大发电公司、神华、中煤等在内的14家央企，以及兖矿集团、奇瑞、京能等26家区外大型企业在内蒙古地区建设能源化工项目，累计投资1.2万亿元，形成火电装机7601万

千瓦，煤制油、煤制烯烃、煤制乙二醇、煤制尿素等新型煤化工产品产能1700万吨，煤制气产能17.3亿立方米，均居全国第一。

第五节 煤炭企业兼并重组

1998年以来，国家经过大规模的关井压产、整顿关闭政策的实施，取得了较好的效果。但是，煤炭工业长期粗放发展积累的矛盾仍很突出，全国各类煤矿企业多达1.12万个，企业年均产能不足30万吨，产业集中度低、技术落后，煤炭资源回采率低，资源浪费和环境污染严重，生产安全事故多发，不能适应经济和社会发展需要。我区煤炭企业特别是地方煤炭企业在规模化、集约化程度上与煤炭大省的地位不相称。500万吨及以上规模的生产企业仅占6%，而30万吨规模的占到33%。为此，加快煤矿企业兼并重组，减少全区煤炭企业数量和煤矿数量，提高煤矿企业规模和集约化经营程度，提升煤矿安全生产保障水平是进一步调整优化产业结构、提高发展质量和效益、实现煤炭企业长期可持续发展的重大举措。

一、政策及实施方案

2010年，根据《国务院办公厅转发发展改革委关于加快推进煤矿企业兼并重组若干意见的通知》精神，在煤矿整顿关闭工作的基础上，结合全区煤炭企业的实际，自治区政府提出在全区范围内开展煤炭企业兼并重组工作，并于2011年3月15日印发《自治区煤炭企业兼并重组工作方案》，并成立自治区煤矿整顿关闭工作领导小组兼自治区煤炭企业兼并重组工作领导小组，负责全区煤炭企业兼并重组领导工作。

（一）工作主要目标

2010年，全区地方煤炭企业中，1000万吨级及以上的有6家，300万~1000万吨的有22家，120万~300万吨的有56家，120万吨以下的有269家，这样的企业结构，与自治区煤炭产量位居全国前列的地位是不相符的。《方案》提出，从2011年开始，拟利用3年时间，对全区现有地方煤炭企业实施兼并重组。通过政策引导、政府推动、企业自愿、市场化运作的模式，地方煤炭生产企业数量减少到80~100户；煤炭生产企业最低生产规模由30万吨提高到120万吨。

国务院要求全区煤炭企业数量由2010年的353户，2012年底减至100户以内。根据国务院限定的煤炭企业数量，自治区政府下达各盟市煤炭企业数量控制数量（表1-4-4）。

表1-4-4 国家要求2012年底全区各盟市煤炭企业数量控制统计表

盟　市	2010年企业数（户）	2012年末企业数（户）	盟　市	2010年企业数（户）	2012年末企业数（户）
呼和浩特市	3	1	锡林郭勒盟	18	7以内
包头市	9	3以内	鄂尔多斯市	211	58以内
乌海市	20	7以内	巴彦淖尔市	5	1
赤峰市	30	7以内	阿拉善盟	20	5以内
呼伦贝尔市	19	6以内	兴安盟	4	1
通辽市	14	4以内			

注：指标控制数主要依据现有企业数、在建煤矿数量及盟市煤炭产能综合考虑确定。

通过兼并重组，在地方煤炭生产企业中形成1~2户亿吨级、5~6户五千万吨级、15~16户千万吨级以上的煤炭企业，形成年销售收入超百亿元的煤炭生产企业20户，其中2011年底达到8~10户，2012年底达到15~18户，2013年底达到20户以上。到"十二五"末期，全区煤炭企业全部实现机械化开采，原煤生产百万吨死亡率控制在0.04左右，安全生产水平继续保持全国领先。

（二）基本原则

坚持集约发展原则。以资产为纽带，以股份制为主要方式，鼓励和支持煤炭企业兼并重组，提高煤炭生产的集约化发展水平。

坚持规划先行原则。新矿区原则上一个矿区由一个主体开发，现有矿区由大型企业兼并重组小型企业。将兼并重组和资源整合结合起来，减少开发主体，逐步实现集中开发。

坚持市场化运作原则。尊重企业意愿，兼顾各方利益。通过政策引导、政府推动、企业自愿、市场化运作的模式，推进煤炭生产企业兼并重组。兼并重组后的煤炭生产企业要形成一个法人治理结构，一个安全责任主体。

坚持积极稳妥原则。在矿区开发规划指导下，积极稳妥推进煤炭企业兼并重组，成熟一个，发展一个，注重兼并重组实效。

坚持安全生产原则。加强以煤矿安全质量标准化建设为主的煤炭安全基础管理，认真落实安全主体责任，提高煤炭安全生产管理水平。

（三）兼并重组形式

以资源为基础，以资产为纽带，以股份制为主要方式，通过并购、转让、联合、控股等多种有效形式，开展煤炭生产企业兼并重组。煤炭企业兼并重组主要由兼并主体兼并其他企业；鼓励大型煤炭企业联合重组。兼并重组后，新形成的煤炭企业要实现资源、资本、生产、安全、经营、组织等方面的高度有机统一。鼓励自治区内跨地区兼并重组，严禁设置地区障碍，兼并主体要在被兼并对象原注册地设立子公司。

全区煤炭企业兼并重组工作从2011年开始，到2013年底结束。2011年上半年为准备阶段。自治区相关部门制订配套政策。各盟市制订具体工作方案和分年度计划，确定兼并主体和被兼并对象，强化工作措施。自治区审批各盟市工作方案。2011年下半年至2013年为实施阶段。各盟市按照自治区批准的工作方案，全面组织实施煤炭企业兼并重组工作。自治区政府派出指导组，指导各地区的兼并重组工作，协调解决兼并重组中存在的重大问题。凡被确定为兼并主体企业在两年内没有实质性兼并重组工作的，按程序应取消其兼并主体资格。2014年上半年为验收阶段。自治区政府组成检查验收组，检查和验收各盟市兼并重组任务目标完成情况，总结全区煤炭企业兼并重组工作。

（四）兼并重组的范围

自治区煤炭企业成分复杂，既有央企，又有省外国有企业，也有地方企业。2005年以来，全区地方煤炭企业中形成以内蒙古伊泰集团有限公司、内蒙古汇能煤电集团有限公司、内蒙古伊东投资集团股份有限公司、内蒙古满世投资集团有限公司等为主的地方骨干煤炭企业，在生产经营管理、开采机械化水平、专业技术队伍建设等方面，已走在煤炭行业的前列，具备了做大做强的条件。为了避免出现其他地区在煤炭企业兼并重组中出现的类似问题，同时，也考虑推动地方煤炭企业兼并重组要比央企更为顺利的实际，要求参与兼并重组的企业必须是在自治区境内注册、具有独立法人资格和安全生产责任主体的煤炭企业，重点鼓励地方煤炭企业间兼并重组。

自治区以资源配置方式引进的煤炭生产企业参与兼并重组时，项目和资源要一并重组，生产规模以在内蒙古自治区境内已形成的产能确定。

（五）确立兼并重组主体和被兼并对象

按兼并主体、被兼对象和相互重组企业的标准和条件，全区现有的353户地方煤炭企业中，全区约30户兼并主体、151户被兼并对象、172户相互重组企业（包括呼和浩特、包头、兴安盟、赤峰市、巴彦淖尔市无兼并主体）。

确立企业为兼并主体或被兼并对象的基本原则：按照不同的标准和条件，分区域将现有的煤炭企业分成三类。第一类作为兼并重组的主体，第三类作为被兼并重组对象，介于第一类和第三类中间的第二类作为相互重组企业。

三类企业实施兼并重组的基本原则：一是第一类兼并主体可以兼并重组其标准以下的任何煤炭企业，但重点应是第三类被兼并对象；二是列入第三类被兼并对象的煤炭企业只能被其他企业兼并，不得相互重组；三是介于兼并主体与被兼并对象中间的第二类企业主要以相互重组为主。如资金能力、专业技术人员管理能力确实都具备条件的，经审批也可作为兼并主体。经过分类实施，最终控制在分解下达给各盟市的指标数内，达到分类别确定的最低规模要求。同时，为方便开展兼并重组工作，实施意见提出：各地区可按照资产状况、企业规模、管理水平和产业化发展等情况确立兼并主体。

全区地方煤炭生产企业分布在除乌兰察布市外的其余11个盟市。由于煤炭资源赋存条件、开采程度和煤质不同，煤炭企业的生产规模差异较大，最大的地方煤炭企业生产规模达到4000多万吨，最小的生产规模仅为30万吨。为此，将全区产煤区分为三类。对最低规模的确定，主要考虑全区兼并重组后的煤炭企业总数，以及国家能源局即将出台的煤炭企业资质管理规定而设定。

一类产煤区：包括呼伦贝尔市、通辽市、锡林郭勒盟、鄂尔多斯市（不含棋盘井地区），整合后最低规模为300万吨/年。鄂尔多斯市（除棋盘井地区外）生产规模在800万吨及以上且资产优良的地方煤炭企业作为兼并主体，60万吨以下的作为被兼并对象。其余一类产煤区生产规模120万吨及以上且资产优良的企业可作为兼并主体，60万吨以下的企业列为被兼并对象。

鄂尔多斯市按照现有产能规模统计，9户兼并主体，88户被兼并对象，79户相互重组企业。经兼并重组最后控制在（含棋盘井地区）58户以内。呼贝尔市2户兼并主体，11户被兼并对象，6户相互重组企业，经兼并重组最终控制在6户以内；通辽市1户兼并主体，10户被兼并对象，3户相互重组企业，经兼并重组最终控制在4户以内；锡林郭勒盟2户兼并主体，10户被兼并对象，6户相互重组企业，经兼并重组最终控制在7户以内。

二类产煤区：包括包头市、赤峰市、乌兰察布市、乌海市、阿拉善盟、鄂尔多斯市棋盘井地区，整合后最低规模为240万吨/年。生产规模90万吨及以上且资产优良的企业作为兼并主体，45万吨以下的企业列为被兼并对象。

包头市无90万吨以上企业，由90万吨以下的11户企业相互兼并重组，资产优良、规模大的可优先，最终控制在3户以内（现有企业数9户）；赤峰市无90万吨以上企业，由现有企业相互兼并重组，资产优良、规模大的可优先，最终控制在 7 户以内（现有企业数 30 户）；乌海市 3 户兼并主体，12 户被兼并对象，5 户相互重组企业，经兼并重组最终控制在 7 户以内（现有企业数 20 户）；阿拉善盟 5 户兼并主体，10 户被兼并对象，5 户相互重组企业，经兼并重组最终控制在 5 户以内（现有企业数 20 户）；鄂尔多斯市棋盘井地区 7 户兼并主体，10 户被兼并对象，18 户相互重组企业，经兼并重组最终控制在全市 58 户以内。

三类产煤区：包括呼和浩特市、兴安盟、巴彦淖尔市，整合后最低规模为 120 万吨/年。呼和浩特市现有 3 户，兼并重组为 1 户；兴安盟现有 4 户，兼并重组为 1 户；巴彦淖尔市现有 5 户，兼并重组为 1 户。

（六）保障措施

为了保障兼并重组后的大型煤炭企业持续、稳定发展，鼓励煤炭企业积极参与兼并重组，自治区政府在煤炭行业准入、提升生产水平、铁路运力、资源配置、财税政策、投融资、退出机制、安全生产等方面出台 8 项支持政策措施。

优先配置煤炭资源的支持政策。为支持地方煤炭企业做大做强，增加后备资源，实现可持续发展，实施意见提出：对兼并主体在兼并相邻煤矿时，其间不宜单独设置矿权的煤炭资源，对兼并重组后达到"一个矿区一个主体开发"条件的，对兼并主体完成兼并规模超过 500 万吨以上的，对相互重组企业重组后达到 1000 万吨以上的，对通过兼并重组形成特大型煤炭企业的，自治区可给予配置或预留资源的支持政策。

提升生产水平。一方面是鼓励兼并重组企业进行技术改造和资源整合，通过技术改造实现生产机械化和产能有序增加，有利于提高资源回收率，有利于提升安全生产水平；另一方面，对兼并重组后的煤炭企业重新核实产能。目前，全区特别是鄂尔多斯市煤矿生产中，普遍存在产能尚未全部释放的问题。煤炭企业兼并重组后，煤矿管理水平、生产组织水平将发生变化。《自治区煤炭企业兼并重组工作方案》提出对兼并重组后的煤炭企业进行产能重新核实，使生产规模与装备水平、系统能力相匹配。

建立煤炭企业退出机制。对列入被兼并对象的煤炭生产企业主动申请退出煤炭生产领域的，进入自治区产权交易中心，实现合法交易。对于未按时完成兼并重组的煤炭企业责令整改，对不主动积极参加兼并重组的煤炭企业，限期退出市场。对不能严格遵守公平、公正、合理等兼并重组原则的兼并主体，采取以下措施：不新增煤炭资源，采矿许可证到期后不再办理延期手续；不安排铁路运力；不支持项目建设；对不能严格遵守公平、公正、合理等兼并重组原则的相互重组企业或被兼并对象，责令其限期整改，逾期未改的强制退出。

安全生产。《自治区煤炭企业兼并重组工作方案》要求各地区要高度重视和强化煤矿安全生产管理，要求兼并重组主体承担主体责任，坚决杜绝和防止因监管缺位、不到位发生事故。

二、组织机构

2011 年 3 月，自治区政府成立自治区煤矿整顿关闭工作领导小组兼自治区煤炭企业兼并重组工作领导小组，负责全区煤炭企业兼并重组领导工作。自治区政府副主席赵双连任组长，自治区经济和信息化委员会主任、自治区政府副秘书长和自治区经济和信息化委员会副主任、自治区煤炭工业局局长任副组长，组员有自治区国土资源厅、财政厅、工商管理局、人力资源和社会保障厅、安全生产监督管理局、公安厅、监察厅、能源开发局、内蒙古煤矿安全监察局、金融办、国资委、国家税务局、自治区地税局、人民银行呼和浩特中心支行、呼和浩特铁路局、内蒙古电力公司、煤炭工业局负责同志。领导小组下设办公室，办公室设在自治区煤炭工业局，负责领导小组的日常工作。

各盟行政公署、市政府主要负责人是本地区煤炭企业兼并重组工作的第一责任人。兼并重组工作以各盟行政公署、市政府为责任主体，集体民主决策本行政区域内煤炭企业兼并重组的业主选择及重组方案确定。

三、主要措施

（一）宣传动员

2011年2月15日，自治区党委书记胡春华专门听取实施煤炭企业兼并重组，发展大型煤炭企业集团的意见。3月1日，自治区主席办公会议审议通过兼并重组方案，于3月15日正式印发。3月16日，自治区政府在呼和浩特召开全区煤炭企业兼并重组工作会议，深入贯彻落实国务院若干意见精神，安排部署全区煤炭企业兼并重组工作。各盟市、主要产煤旗县区主要领导，煤炭行业管理部门负责人，以及80多家煤炭企业负责人参加会议。自治区经信委主任牙萨宁安排部署工作，自治区政府副主席赵双连出席会议并讲话。

（二）严格审查、批复《煤炭企业兼并重组实施方案》

2011年上半年，各产煤盟市上报了本区域煤炭企业兼并重组实施方案，自治区煤炭企业兼并重组工作领导小组办公室着重对兼并重组的主体或牵头单位是否明确，煤炭企业数量是否在下达的控制数之内，兼并重组完成的时间安排是否在要求的时间内，组织机构是否健全、明确，具体负责的部门职能是否清晰，重组后最低规模是否达到120万吨以上等方面进行了初审。自治区煤炭企业兼并重组工作领导小组召开会议，听取了办公室对部分盟市方案进行初步审查的意见，原则同意并审批了包头市、兴安盟、通辽市、赤峰市、锡林郭勒盟、巴彦淖尔市、鄂尔多斯市的实施方案。随后，相继对阿拉善盟、乌海市和呼伦贝尔市煤炭企业兼并重组实施方案进行了审查批复。

自治区煤炭工业局组织召开全区煤炭企业兼并重组暨"百亿元"煤炭企业培育工作座谈会，听取了各盟市煤炭企业兼并重组工作进展情况的汇报，部署了下一步的工作。之后，自治区经信委、煤炭局领导多次带队到各盟市及煤炭企业，对兼并重组工作进行督查指导，推动煤炭企业兼并重组工作顺利进行。

（三）支持上下游重组

2015年6月4日，自治区政府办公厅印发《关于支持煤炭转化企业与煤炭生产企业重组有关事宜的通知》，对支持煤炭上下游企业重组做出具体规定。

（1）政府支持符合现行配煤政策的新建煤炭转化项目企业（以下简称转化企业）与拥有煤炭资源矿业权的企业按照企业自愿、市场化运作、政策引导的原则进行重组。

（2）拥有煤炭资源矿业权并纳入国家开发规划井田的企业，按照自治区政府确定的煤炭转化项目配煤价款标准与转化企业重组，转化企业所占股权对应资源量达到该井田储量49%以上或经自治区政府认可的，可视为转化企业的自有矿业权；经自治区政府同意，对其新建转化项目按《内蒙古自治区人民政府关于印发自治区完善煤炭资源配置管理若干规定的通知》《内蒙古自治区人民政府办公厅关于执行内政发〔2012〕126号文件有关事宜的通知》规定计算的配煤量达到该井田储量的70%以上，该井田剩余部分煤炭储量按内政发〔2012〕126号文件相关规定处理。由自治区国土资源厅与转化企业、拥有煤炭资源矿业权的企业签订三方协议，并按规定缴纳相关税费后，自治区主管部门优先安排该井田的煤矿核准报批。

（3）拥有煤炭资源矿业权企业没有转化项目的，可自己联系也可委托政府介绍，与转化企业重组，且达到第二条标准的，执行第二条的规定。

（4）支持已配煤的转化企业与合法煤矿通过资源置换等方式进行重组。

（5）转化企业控股煤炭生产企业所属合法煤矿周边有不宜单独设置矿业权的边角资源，可根据煤炭产业政策和开发规划的有关要求配置给该煤矿整合开发，具体程序执行《内蒙古自治区人民政府办公厅关于做好煤炭资源整合工作有关事宜的通知》规定，新增煤炭资源价款按自治区政府确定的煤炭转化项目配煤价款标准缴纳。

（6）按照上述要求转让股权、矿业权的，经自治区政府同意，可不再履行审批程序直接办理相关手续。

（7）认真落实国家关于支持企业兼并重组的税收等相关优惠政策。

（8）转化企业与煤炭生产企业重组中的特殊事项由自治区政府按照"一事一议"的原则可另行研究。

由于个别地区存在畏难情绪，主动性和积极性不强，个别企业存在等待观望现象，全区企业兼并重组工作整体进展缓慢。

四、实施情况

鄂尔多斯市认真落实内蒙古自治区人民政府为鼓励煤炭企业积极参与兼并重组出台的支持性政策措施，多次召开座谈会，听取各旗区煤炭企业兼并重组工作进展情况的汇报，解决工作中存在的困难和问题，对阶段性工作进行安排部署。市煤炭局、经信委领导多次带队到各旗区及煤炭企业进行督查指导，推进煤炭企业兼并重组工作。

根据鄂尔多斯市兼并重组工作方案要求，全市共有149户企业、280处煤矿参与兼并重组。市煤炭局充分发挥行业管理和监督作用，持续加大煤炭企业兼并重组的推进力度，兼并重组保留的42户主体企业全部确定，并经内蒙古自治区煤炭企业兼并重组领导小组办公室备案。兼并重组协议全部签订完毕，并办理了主体接管、手续变更等相关手续。由于全区煤炭企业兼并重组工作进展缓慢，截至2015年底，经自治区煤炭企业兼并重组工作领导小组验收备案企业只有十余家，离国务院下达的任务目标差距较大。主要原因如下：

（1）2010—2012年，全国煤炭市场价格在高位运行，被兼并煤矿业主要价一般都达数亿元之巨，兼并主体企业无力购买。

（2）到2013年，全国煤炭市场价格断崖式下跌。2015年，由于全国煤炭市场持续低迷，近40%的煤炭生产企业处于亏损状态。尽管自治区政府出台多项支持煤炭上下游企业重组的政策，公司既无心，也无力进行兼并重组工作。

自治区企业兼并工作已处于艰难时期，是一项艰巨而长期的任务，需要有关部门深入研究化解矛盾的办法，调动各种有利因素，积极研究和兑现各项优惠政策，稳步推进煤炭企业、关联企业、上下游企业之间，横向和纵向的兼并重组，实现产业结构优化升级，提高产业集中度和企业抗风险能力，提高煤炭工业发展质量和效益，最终实现可持续发展的目标。2015年自治区煤炭企业兼并重组工作领导小组验收备案企业情况见表1-4-5。

表1-4-5 2015年自治区煤炭企业兼并重组工作领导小组验收备案企业统计表

所属地区	兼并主体企业	被兼并企业	兼并方式	备案时间
赤峰市	内蒙古兴通投资集团有限责任公司	元宝山区刘家店元通煤业有限公司刘家店煤矿、通达煤矿、元宝山区元宝山镇四合村煤矿、泰兴煤业有限责任公司煤矿、兴安盟境内的内蒙古兴通煤业有限公司煤矿、霍林郭勒市兴霍煤矿、呼伦贝尔市额尔古纳市新兴煤业有限责任公司煤矿、金鑫煤业有限公司煤矿	股权转让	2013—11
通辽市	通辽市鲁兴煤业有限公司	扎鲁特旗兴旺煤炭有限责任公司（煤矿）、扎鲁特旗联合屯矿区吉源煤矿、通辽市恒源矿业有限责任公司黄花山煤矿	股权转让	2014—01
赤峰市	赤峰宝马煤炭物资有限责任公司	赤峰宝马矿业有限责任公司煤矿、赤峰市建昌营煤业有限责任公司煤矿、赤峰宝山能源（集团）铁东煤业有限责任公司煤矿、赤峰市元宝山区风水沟镇风海煤矿、锡林浩特市锡凌煤矿	股权转让	2014—01
鄂尔多斯市	内蒙古伊泰集团	鄂尔多斯市东达煤炭有限责任公司卯尾巴精煤二矿	全资收购	2014—11
鄂尔多斯市	内蒙古恒东能源集团有限责任公司	准格尔旗阳堡渠煤炭有限公司、鄂尔多斯市白家梁煤矿、内蒙古宇生能源有限责任公司宏亚煤矿、准格尔旗路鑫聚煤炭有限公司煤矿	全资收购股权转让	2014—12
鄂尔多斯市	内蒙古特弘煤电集团有限公司	准格尔旗协华煤炭有限公司	全资收购	2014—12
鄂尔多斯市	亿利资源集团有限公司	鄂托克旗宏斌煤矿	全资收购	2014—12
鄂尔多斯市	内蒙古嘉烨煤业有限责任公司	达拉特旗树林召兴恒煤矿	全资收购	2014—12
鄂尔多斯市	鄂尔多斯市乌兰煤炭（集团）有限责任公司	鄂尔多斯市荣恒矿业有限公司	全资收购	2014—12
鄂尔多斯市	内蒙古广纳煤业（集团）有限公司	鄂托克旗久丰矿业有限公司（煤矿）	全资收购	2015—01
鄂尔多斯市	内蒙古特弘煤电集团有限公司	准格尔旗羊市塔乡乌拉素煤炭有限责任公司	股权转让	2015—03
鄂尔多斯市	内蒙古双欣能源化工有限公司	乌海市蒙港投资有限公司、蒙港公司全资子公司乌海市天裕工贸有限公司煤矿、蒙港公司全资子公司乌海市天誉煤炭有限公司煤矿、准格尔旗鸿鑫纳户沟煤炭有限公司煤矿	全资收购股权转让	2015—03
鄂尔多斯市	内蒙古棋盘井矿业有限公司	内蒙古神隆矿业有限公司、鄂托克旗荣兴西来峰煤矿、弘业集团内蒙古宝丰煤矿有限责任公司	全资收购	2015—08

第六节 煤炭经营秩序整顿

20世纪90年代，伴随煤矿的无序开采，煤炭经营市场也较混乱。1990年，自治区政府制定《清理整顿煤炭生产流通秩序暂行规定》，但未得到很好的贯彻落实。1999年4月，针对煤炭流通秩序严重混乱的局面，自治区政府印发《内蒙古自治区煤炭管理暂行规定》，规定在内蒙古自治区境内设立煤炭经营企业实行资格审查制度。

一、整顿方案与措施

1999年9月，国家煤炭工业局、国家国内贸易局、国家工商行政管理局联合下发《关于贯彻执行〈煤炭经营管理办法〉依法整顿煤炭经营秩序的实施意见》。同年11月，自治区煤炭工业局与自治区工商局联合印发《关于开展煤炭经营资格审查，整顿煤炭经营秩序的工作方案》，决定用两年左右的时间，完成经营秩序整顿工作，而后转入正常发证监管阶段。

（一）建立整顿煤炭经营秩序工作领导机构

为加强整顿煤炭经营秩序工作领导，自治区成立整顿煤炭经营秩序领导小组及办公室，组长由自治区政府分管煤炭工业的副主席担任，副组长由自治区政府相关副秘书长、自治区煤炭工业局局长担任，成员由自治区计委、煤炭局、经贸委、工商行政管理局、质量技术监督局、环保局、土地管理局、交通厅、乡镇企业局、监察厅、公安厅和呼和浩特铁路局等相关负责同志担任。领导小组办公室设在自治区煤炭工业局。全区各盟市、旗县也建立相应的组织机构，设置专职人员。由此，全区集中整顿煤炭经营秩序工作全面展开。

（二）整顿方案与措施

整顿工作分宣传发动和调查摸底、申请审批、清理整顿、检查验收4个阶段进行。

1. 宣传发动、调查摸底

2000年初，自治区煤炭工业局印制煤炭经营秩序宣传小册子3000册，并分发到各盟市煤炭管理部门和自治区有关部门，同时，在《内蒙古日报》上刊登《内蒙古自治区煤炭管理暂行规定》。自治区整顿煤炭经营秩序领导小组办公室编印《整顿煤炭经营秩序简报》，先后共编印38期，通过《整顿煤炭经营秩序简报》及时宣传中央和自治区的有关方针政策和要求，交流全国各地和本区整顿工作的先进经验和做法，推动全区整顿工作；还在《中国煤炭报》和《内蒙古日报》陆续报道整顿工作进展情况。重点产煤盟市通过电视、报纸、公告等形式大力宣传整顿煤炭经营秩序的有关法律、法规和文件。经过自上而下的层层宣传发动，使全区煤炭经营企业对煤炭经营秩序整顿工作有了初步认识，并对取得煤炭经营资格的条件、申请审批程序和审批及时间安排有了了解。

通过各盟市煤炭管理、工商行政、质量技术监督等部门进行大量细致的调查工作，初步摸清全区煤炭经营企业的基本情况：截至1998年底，全区有煤炭经营企业约7600户，其中在工商部门注册企业2360户、未注册的个体摊贩5240户。注册登记的2360户煤炭经营企业中，主营煤炭的企业1526户、兼营煤炭的企业840户；主要经铁路运销煤炭的企业580户；供电力、冶金等主要用户的企业428户；国有企业420户、集体企业580户、私营企业780户、其他类型企业586户。

2. 审批发证

2000年1月，自治区政府按照"总量控制，合理布局"的原则，确定将全区2360户煤炭经营企业减少到600户左右的要求，并将这个控制指标作为对全区煤炭经营企业资格审查、颁发煤炭经营资格证的总量控制依据。各盟市需新增经营企业时，只能在控制量内自行调剂，不得突破控制量。

自治区政府要求煤炭经营企业整顿工作要根据"既要管好，又不能管死"的原则进行,坚持"总量控制、合理布局"的原则,严格按照有关法律、法规和文件规定对煤炭经营企业进行资格审查。要立足于充分发挥各类煤炭经营企业的营销优势,搞活外销,保障内供,开拓和占领区内外煤炭市场,促进自治区煤炭销售总量的增长。要保护国有重点煤矿,坚决禁止非法小煤窑生产的煤炭进入市场,巩固关井压产的成果。通过整顿工作,要加强煤炭市场的管理,依法规范煤炭经营秩序,尽快扭转煤炭市场无序竞争的局面。

2000年2月28日,国家整顿煤炭经营秩序领导小组调研检查组来自治区进行调研检查。国家调研检查组肯定了内蒙古整顿煤炭经营秩序工作起步较早、工作方法得力,并对自治区政府提出了"切实加快发证进度,确保按期完成整顿工作,同时要加强监督检查"的要求。

2000年4月6日,自治区政府召开"关井压产、整顿煤炭经营秩序"工作领导小组全体会议,听取自治区关井压产、整顿煤炭经营秩序领导小组办公室关于两年来关井压产和整顿煤炭经营秩序的情况汇报,通报国家煤炭行业关井压产工作小组内蒙古验收组验收合格和国家整顿煤炭经营秩序领导小组办公室来自治区调研检查的情况,分析形势,进一步明确全面完成整顿煤炭经营秩序工作的措施,并就一些问题提出具体意见。同日,自治区政府召开"全区关井压产暨整顿煤炭经营秩序"电视电话会议,自治区煤炭工业局局长臧海民通报了国家验收组对自治区煤炭行业关井压产工作验收情况;自治区分管煤炭工业的副主席对两年来关井压产工作进行总结,并对如何巩固和发展关井压产成果,全面完成煤炭经营秩序的整顿提出具体要求。

2000年4月,自治区整顿煤炭经营秩序领导小组办公室印发《全区煤炭经营企业总量控制、合理布局实施意见》确定,全区煤炭经营企业原则控制在745户以内,其中,经铁路运销的经营企业181户、非经铁路运销的经营企业564户(表1-4-6)。为鼓励煤炭就地加工增值,对煤炭加工企业未做数量限制。要求各盟市上报审批的煤炭经营企业数量要严格控制在上述指标内,并实行动态管理;要从用户位置、需求数量、城乡环境保护等因素合理布局煤炭经营企业,搞活外销、保障内供;要引导经营企业上规模、上水平,提高服务质量、满足用户需求,建立适应社会主义市场经济要求的"统一开放、竞争有序、管理科学"的煤炭经营体系,促进自治区煤炭工业的结构调整和煤炭销售总量的增长。

表1-4-6 2000年全区煤炭经营企业总量控制指标统计表　　　户

地　区	合计	经铁路运销的经营企业	非经铁路运销的经营企业
呼伦贝尔盟	64	12	52
兴安盟	30	0	30
通辽市	53	8	45
赤峰市	106	26	80
锡林郭勒盟	18	2	16
乌兰察布盟	76	16	60
包头市	195	80	115
巴彦淖尔盟	20		20
乌海市	26	16	10
阿拉善盟	22	6	16
伊克昭盟	75	5	70
呼和浩特市	60	10	50
全区	745	181	564

盟市(旗县)煤炭管理部门对煤炭经营企业填报的材料进行文件材料和现场核查两个方面的初审后,上报自治区煤炭经营资格审查办公室。

自治区煤炭经营资格审查办公室严格按照《内蒙古自治区煤炭经营资格审查暂行管理办法》规定的审批程序和《全区煤炭经营企业总量控制、合理布局实施意见》，对各盟市上报的企业数量按20%以上的比例进行抽查，对抽查合格的盟市进行审批发证，抽查不合格的退回该盟市的全部初审材料，责其重新初审。

截至2000年11月底，全区683户企业取得煤炭经营资格证，其中经营企业417户（经铁路运销的煤炭经营企业152户，非经铁路运销的煤炭经营企业265户），生产企业266户（煤炭加工企业35户，煤矿企业231户），见表1-4-7。

表1-4-7　2000年11月全区颁发煤炭经营资格证统计表　　　　　　　　户

盟市	经营企业			生产企业			合计
	小计	经铁路	非经铁路	小计	煤矿	加工企业	
呼伦贝尔盟	19	6	13	10	10	—	29
通辽市	53	3	50				53
锡林郭勒盟	1	1					1
包头市	154	76	78	25	7	18	179
乌海市	12	11	1	1	1	12	25
伊克昭盟	18	4	14	187	186	1	205
兴安盟	27		27	1	1		28
赤峰市	70	26	44	24	24		94
乌兰察布盟	18	12	6				18
阿拉善盟	7	6	1	5	2	3	12
呼和浩特市	38	7	31	1			39
合计	417	152	265	266	231	35	683

3. 清理整顿

2000年10月，自治区煤炭工业局和自治区法制办公室在呼和浩特市联合举办两期整顿煤炭经营秩序行政执法培训班。自治区各盟（市）、旗（县）煤炭经营管理部门的工作人员167名参加培训。培训内容是通过学习行政执法的有关法律、法规和煤炭经营秩序整顿的相关法律政策，以及外省（区）的先进做法和经验，总结交流前一阶段工作，为推动全区煤炭经营秩序整顿工作第三阶段的实施奠定基础。

自治区地域面积大，交通不便，信息不灵，一些边远地区的煤炭经营户和非铁路运销的企业对整顿煤炭经营秩序的意义和重要性认识不足，对申办煤炭经营资格证进行合法经营持观望态度。自治区政府采取边清理整顿边审查发证的做法，加大宣传力度，动员说服符合条件的企业申办煤炭经营资格证，进行合法经营。对不符合条件的企业，在清理整顿中坚决予以取缔。

全区各盟市积极组建煤炭、工商、技术监督、公安等部门参加的煤炭经营联合执法队伍，采用不同方式，依法对本地区的煤炭经营企业进行清理整顿。工商行政管理部门与煤炭管理部门互相配合，在工商营业执照年检时，对非法煤炭经营企业吊销营业执照或取消其煤炭经营项目。自治区整顿煤炭经营秩序领导小组对主要煤炭用户和运输单位发出通知，要求煤炭用户不得购买、运输单位不得承运无煤炭生产许可证的煤矿、无煤炭经营资格证的煤炭经营企业的煤炭产品。通过采取以上措施，取缔非法煤炭经营企业5300户，煤炭经营秩序大有好转。

4. 检查验收

按照国家对整顿煤炭经营秩序工作的要求，自治区政府制订《内蒙古自治区整顿煤炭经营秩序工作验收细则》。2001年5月又印发《内蒙古自治区整顿煤炭经营秩序工作自查验收办法》，2000年6—9月，自治区检查验收组先后赴阿拉善盟、乌海市、包头市、乌兰察布市、赤峰市、通辽市、呼伦贝尔市、兴安盟、呼和浩特市等10个盟市进行现场抽查，抽查比例为20%，大部分盟市合格率为100%，个别盟市合格率为90%以上，达到预期的效果。

2001年，自治区检查验收组先后赴呼和浩特市、赤峰市、兴安盟、通辽市、呼伦贝尔市等地对当地的整顿煤炭经营秩序工作进行检查验收，通过查阅资料、现场核查、座谈访问等形式，发现和了解工作进展情况和存在问题，及时与当地政府交换意见，研究解决问题的方法，对整顿工作促进较大。针对检查验收中各盟市存在的共性问题，自治区整顿煤炭经营秩序领导小组发出《关于在冬储煤取暖季节加大煤炭行政执法力度的通知》，及时制止非法煤炭经营户在冬储煤取暖季节死灰复燃违法经营煤炭的行为。

5. 实行联合执法

全区各级煤炭经营监管部门与工商、环保、技术监督等部门密切配合，协调一致，从发证开始，坚持无环保和技术监督部门相关支持性手续，煤炭经营监管部门不发《煤炭经营资格证》，无《煤炭经营资格证》工商管理局不发放《营业执照》，税务部门不发《税务登记证》的工作机制，遏制非法煤炭经营，维护煤炭经营市场的正常运行。

煤炭经营的流动性和灵活性较大，而自治区又地域较广，一些企业和个人采取挂靠经营、流动经营或阶段性经营来躲避执法，给打击非法煤炭经营企业和经营摊点带来难度。2008年，自治区各地对无证非法煤炭经营进行集中清理整顿，共清理无证非法煤炭经营摊点200余个，随后又清理取缔约100个无证煤炭经营摊点。

6. 加强煤炭运输和销售环节管理

为堵死非法经营煤炭的渠道，自治区整顿煤炭经营秩序领导小组发文通知，禁止非法煤矿生产的煤炭进入市场，任何单位不得采购；运输单位不得承运非法煤矿和经营企业的煤炭产品，特别是铁路部门不得承运；各煤炭用户，特别是电力冶金等主要用煤企业，不得订购非法生产和经营的煤炭产品。通知下发后，自治区煤炭经营监管部门及时与各煤炭运输部门和主要煤炭用户沟通，通报相关政策及发证情况，得到各方面的积极配合，铁路运输部门不承运无煤炭经营资格证企业的煤炭，主要煤炭用户不购买无煤炭经营资格证企业的煤炭，从运输和销售环节上遏制了非法煤炭经营。对煤炭经营秩序整顿起到了积极作用。

配合公路管理部门，治理公路运输超载超限。煤炭经营监管部门先后多次组织和积极配合公路运输治理超载超限工作，一方面通过规划建设煤炭交易市场，取缔公路两侧的非法煤场，减少煤炭经营摊点；另一方面要求煤炭经营企业不得装卸和经营超载超限车辆的煤炭，从源头上治理公路运输超载超限。自治区整顿煤炭经营秩序领导小组要求用两个月时间，集中清理国道、省道两侧和城市周围非法经营活动。要求主动配合公路运输治理超载超限活动，解决呼包鄂地区违规煤炭经营场点造成道路拥堵的问题。2011年12月，自治区政府明电下发《关于清理整顿煤炭经营秩序的紧急通知》，集中半年的时间坚决取缔非法经营场点行动。

7. 打击不诚信经营行为

随着煤炭市场的好转，煤炭掺杂使假和缺斤短两现象呈上升趋势。2006年6月自治区质监局、煤炭局联合下发文件，要求继续开展"严厉打击在煤炭中掺杂使假等违法行为"专项行动。通知要求，一经发现这类违法行为，将依法吊注销经营许可证。自治区还通过举报方式及时掌握情况，使不诚信经营现象得到有效遏制，净化了自治区的煤炭经营环境。

全区建立煤炭经营企业诚信经营档案。通过检查和举报，将煤炭经营企业的不诚信经营记录在案，对于情节严重、违反法律的移交司法机关处理。情节轻微的通过通报、日常检查和年度验证等形式，来监督企业的改正情况，有效地遏制煤炭经营企业的不诚信经营，净化煤炭经营环境，并在内蒙古自治区煤炭工业局官方网站建立煤炭经营企业查询系统，可随时查询企业经营资格、备案和诚信记录等相关信息。

二、经营行为监管

2001年底，全区集中进行的煤炭经营秩序整顿工作基本完成后，转入煤炭经营企业常态化监管工作中，以发证、检证及查处非法、违法、违规经营企业行为等为主要内容的监管工作。2005年以前工作重点是清理取缔非法无证煤炭经营企业。2005年以后工作重点转为控制煤炭经营企业数量、监管煤炭经营企业经营行为。

1. 结构调整

根据自治区的煤炭产量、经济发展、工矿企业需求、城市建设以及保障居民和农牧区供给等实际，按照"节约土地资源、保护环境、合理布局"的原则，自治区按照逐年科学递增的方式，规划历年全区煤炭经营企业数量。2000年，自治区第一次确定煤炭经营企业原则控制在745户以内，其中，经铁路运销的经营企业181户、非经铁路运销的经营企业564户。为鼓励煤炭就地加工增值，煤炭加工企业未做数量限制。

2003年，自治区通过要求有煤炭主要集散的盟市编制规划，建设煤炭市场，合理布局煤炭经营企业。各盟市相继编制较为完善的规划，并按照规划建设煤炭市场和布局煤炭经营企业。

2006年，自治区政府按照国家发改委《关于认真贯彻〈煤炭经营管理办法〉严格规范煤炭经营资格审查监管有关问题的通知》《关于进一步做好煤炭经营监管实施细则和煤炭经营企业合理布局规划制定等工作的通知》，结合自治区煤炭经营实际，本着"稳定数量、保障供给、优化结构、提高质量、搞活流通"的原则，编制《内蒙古自治区煤炭经营企业"十一五"合理布局规划》。规划的基本原则如下。

（1）总量控制、动态管理。在下达给各盟市煤炭经营企业数量内，继续坚持"优进劣汰、有进有出"的原则，不断优化煤炭经营企业的结构和布局，引导和扶持煤炭经营企业做大做强。

（2）方便供应、适度竞争。根据各地区煤炭生产、消费及运输方式等情况，科学规划煤炭经营企业数量、规模，既满足市场需求，又不过多过乱。

（3）活跃市场、规范经营。各地区要根据社会、经济发展对煤炭需求，合理布局规范的煤炭交易市场，促进煤炭经营企业之间通过竞争提高服务质量、规范经营，维护煤炭经营秩序，创造公平竞争环境。

（4）保护环境、节约土地。各地要结合城市规划、建设和环境保护等要求，合理布局煤炭经营企业，严禁乱布煤场污染环境。规划到2010年，全区煤炭经营企业数量控制在2100户以内，比2005年的1795户净增405户（表1-4-8）。

2007年，国家发改委制定的《煤炭经营企业"十一五"结构调整与合理布局规划》，核定内蒙古煤炭经营企业规划控制数量：2005年为1785户，其中批发经营192户、零售经营1445户、型煤加工经销148户；2010年为2000户，其中批发经营210户、零售经营1580户、型煤加工经销210户。

表1-4-8 2005—2010年内蒙古自治区煤炭经营企业规划统计表　　　　　户

地区	2005年				2006年				2007年				2008年				2009年				2010年			
	合计	批发	零售	加工	合计	批发	零售	加工	合计	批发	零售	加工	合计	批发	零售	加工	合计	批发	零售	加工	合计	批发	零售	加工
呼和浩特市	195	20	175	—	210	20	191	—	209	20	189	—	214	20	194	—	219	20	199	—	224	20	204	—
包头市	477	94	335	48	490	93	350	47	477	93	337	47	477	93	337	47	477	94	335	48	477	94	335	48
鄂尔多斯市	250	18	210	22	291	24	250	25	269	22	225	22	274	22	222	30	279	22	227	30	284	22	230	32
乌海市	99	6	23	70	92	6	29	57	93	6	29	58	98	6	30	62	103	6	30	67	108	6	28	74
乌兰察布市	208	14	194	—	186	11	175	—	192	11	181	—	197	11	186	—	202	12	190	—	207	14	193	—
巴彦淖尔市	42	2	39	1	58	2	55	1	68	2	65	1	83	2	80	1	98	2	96	1	113	2	110	1
阿拉善盟	27	6	16	5	31	7	15	9	35	7	19	9	40	7	24	9	45	7	38	—	50	6	34	10
锡林郭勒盟	63	1	62	—	58	1	57	—	69	1	68	—	84	1	83	—	99	1	98	—	114	5	109	—
赤峰市	147	17	130	—	149	16	133	—	155	16	139	—	160	16	144	—	165	16	149	—	170	17	153	—
通辽市	157	8	147	2	183	8	173	2	181	8	171	2	191	8	181	2	201	8	193	—	211	8	201	2
兴安盟	58	—	58	—	61	—	61	—	78	—	78	—	88	—	88	—	88	—	88	—	108	—	108	—
呼伦贝尔市	72	6	66	—	88	8	80	—	89	8	81	—	104	8	96	—	119	8	111	—	134	6	128	—
合计	1795	192	1455	148	1897	194	1568	135	1915	194	1582	139	2010	194	1665	151	2095	196	1754	145	2200	200	1833	167

2．发证与监管

2001年，全区煤炭经营企业第一次按照新的年检办法进行煤炭经营资格证及工商营业执照的年检。自治区煤炭工业局和工商行政管理局联合印发《关于煤炭经营企业工商年检有关事项的通知》，未取得煤炭经营资格证的企业，工商年检时核销煤炭经营项目或吊销营业执照。全区工商管理部门在煤炭管理部门的协助配合下，按新规定进行煤炭经营企业的工商年检。

截至2002年底，自治区第一次规划设立的749户煤炭经营资格证全部发放完毕，其中经铁路经销煤炭的185户、非经铁路经营煤炭的564户。另外，为煤炭加工、生产企业分别发放经营资格证63户、308户。经过4年努力，全区煤炭经营秩序整顿工作取得明显的成效和积极作用，煤炭经营主体过多过乱、竞争无序，特别是非法经营等现象得到遏制。

2004年8月完成的2003年年检工作，煤炭经营企业合格743户，其中经铁路经销煤炭的168户、非经铁路经营煤炭的575户，合格的煤炭加工企业63户、生产企业240户，全部合计1046户。不合格和未参加年检的企业59户，其中经铁路经销煤炭的9户、非经铁路经营煤炭的50户，加工企业8户、生产企业16户，共计83户。同年12月，国家发改委颁布《煤炭经营监管办法》，原国家经济贸易委员会发布的《煤炭经营管理办法》同时废止。《煤炭经营监管办法》规定煤炭经营资格实行分级审查、分级管理制度，"国家发展和改革委员会负责由国家工商行政管理总局登记的煤炭经营企业的经营资格审查。省、自治区、直辖市政府指定的煤炭经营资格审查部门负责本行政区域内的煤炭经营资格审查。省级煤炭经营资格审查部门根据本行政区域的具体情况，可以规定设区的市有关部门负责煤炭经营资格初审。"明确"取得煤炭生产许可证的煤矿企业销售本企业生产、加工的煤炭产品，不实行煤炭经营资格审查。"

2005年，国家发展改革委印发《关于认真贯彻〈煤炭经营监管办法〉严格规范煤炭经营资格审查监管有关问题的通知》，进一步明确经营企业的经营方式划分为批发、零售和加工三类。考虑到自治区实际，仍按原经铁路经营、非经铁路经营和煤炭加工的划分方式分类。按照国家要求，安排部署继续做好清理整顿工作和制定合理布局总量控制规划工作，通知煤矿生产企业销售本企业生产煤炭的，原办理的《经营许可证》作废。

2006年，经自治区政府同意，自治区煤炭行业主管部门制定印发《内蒙古自治区煤炭经营监管办法实施细则》，确定了2006年度煤炭经营企业总量1824户的调控目标。本着"规范管理、方便供应"的原则，在煤炭主产区和主要集散地建立集中的交易市场，明确了全区煤炭主产区和主要集散地名单。

2008年，自治区煤炭行业主管部门对2006年7月印发的《内蒙古自治区煤炭经营监管办法实施细则》做了进一步修改完善，以内经煤炭字〔2008〕443号

重新下发《内蒙古自治区煤炭经营监管办法实施细则》。新的《内蒙古自治区煤炭经营监管办法实施细则》，考虑到自治区东西部发展差距较大的实际，准入条件上东部区维持原有准入标准，西部区做了相应的提高。西部区煤炭主产区和主要集散地批发企业的注册资本不得低于1000万元，零售企业不得低于500万元。东西部煤炭主产区和主要集散场地均不设立煤炭零售企业。在环保、质检和计量等方面要求煤炭经营企业上规模、上档次。避免煤炭经营企业的低水平重复扩张。按照"经营企业数量和煤炭产量、市场需求相适应"的原则，划分为煤炭主产区和主要集散地，煤炭主产区和主要集散地不设零售企业，储煤场地5000平方米以上，对促进煤炭经营企业优化结构，发挥了重要作用。

2010年，自治区结合年检实际，修订《内蒙古自治区煤炭经营资格年检办法》，2003年制定的《内蒙古自治区煤炭经营资格年检办法》同时作废。新的年检办法变化较大，一是年检时间调整为每年2月1日至4月30日；二是年检内容重点审查转借、买卖资格证和经营场地变化、检验计量和环保设施达标，经营煤炭数量等；三是年检结果分为合格、基本合格和不合格3个档次。2000年以来煤炭经营企业办证及吊（注）销情况见表1-4-9。

表1-4-9 2000年以来煤炭经营企业办证及吊（注）销情况统计表 户

年份	2000	2001	2002	2003		2004		2005		2006		2007		2008		2009		2010		2011		2012		2013	
	办证	办证	办证	办证	吊（注）销	办证	吊（注）销	办证	吊（注）销	办证	吊（注）销	办证	吊（注）销	办证	吊（注）销	办证	吊（注）销	办证	吊（注）销	办证	吊（注）销	办证	吊（注）销	办证	吊（注）销
呼和浩特市	40	30	15	14	19	43	2	85	7	27	16	16	13	21	2	13	7	34	0	1	3	27	2	2	5
包头市	184	45	16	102	71	132	24	144	39	44	32	26	19	2	12	29	1	25	20	5	4	33	6	6	13

第四章 政策实施

表1-4-9（续） 户

年份	2000 办证	2001 办证	2002 办证	2003 办证	2003 吊(注)销	2004 办证	2004 吊(注)销	2005 办证	2005 吊(注)销	2006 办证	2006 吊(注)销	2007 办证	2007 吊(注)销	2008 办证	2008 吊(注)销	2009 办证	2009 吊(注)销	2010 办证	2010 吊(注)销	2011 办证	2011 吊(注)销	2012 办证	2012 吊(注)销	2013 办证	2013 吊(注)销
呼伦贝尔市	25	27	3	13	0	15	1	13	5	18	10	29	16	2	20	14	7	6	0	19	9	2	5	1	
兴安盟	32	19	0	12	4	5	3	5	6	8	5	8	1	5	7	5	0	—	2	0	4	4	6	1	1
通辽市	52	43	6	12	4	14	3	43	5	31	5	20	18	19	7	8	3	22	21	1	10	15	6	2	6
赤峰市	83	59	5	10	51	22	6	34	7	17	9	18	20	14	9	12	5	13	21	0	13	10	7	7	8
锡林郭勒盟	1	3	7	7	2	12	3	41	3	16	1	7	6	9	5	6	3	3	6	—	6	22	3	5	2
乌兰察布市	19	16	7	20	8	62	6	106	6	33	56	38	55	8	17	31	5	11	0	15	11	19	9	4	2
鄂尔多斯市	18	18	22	40	11	84	13	111	10	45	13	8	10	72	9	7	5	49	19	45	2	51	1	24	2
巴彦淖尔市	0	5	1	6	2	1	1	25	0	27	7	12	7	12	0	1	1	17	15	2	7	7	0	3	0
乌海市	22	10	8	9	7	13	4	54	4	17	26	20	8	7	3	12	9	12	15	7	0	10	1	1	2
阿拉善盟	11	1	2	2	2	9	5	11	8	5	6	5	0	7	0	4	0	14	3	13	0	14	0	4	4
二连浩特市	—	—	—	—	—	—	—	—	—	—	—	—	—	—	—	—	—	—	—	—	—	5	0	1	1
满洲里市	—	—	—	—	—	—	—	—	—	—	—	—	—	—	2	—	—	—	—	—	—	3	0	—	—
合计	487	276	91	247	186	426	67	672	100	287	204	202	167	228	67	159	85	238	182	69	57	233	43	68	48

2013年11月，国务院发布《关于取消和下放一批行政审批项目的决定》，在取消和下放68项行政审批项目中，取消"煤炭经营许可证"审批项目。

截至2013年取消"煤炭经营许可证"审批事项前，全区共有煤炭经营企业2427户，其中批发经营企业2008户，零售经营企业389户，煤炭加工企业30户。

2014年7月，国家发展和改革委员会修订的《煤炭经营监管办法》（2014年第13号令）发布，经营煤炭企业进行工商注册后，要向所在地的同级煤炭经营监督管理部门进行告知性备案。自治区结合实际，明确以下要求。

（1）自治区煤炭经营监督管理实行同级备案、属地监督管理制度。企业在所在地工商行政管理局登记注册后，向同级煤炭经营监督管理部门备案，由储煤场所在地煤炭经营监督管理部门负责监督管理。

（2）自治区煤炭行业主管部门负责指导全区煤炭经营监督管理，具体办理国家工商行政管理总局登记注册、住所在自治区，以及自治区工商行政管理局登记注册的煤炭经营企业的告知性备案工作。已办理告知性备案的煤炭经营企业名单在自治区煤炭工业局官方网站汇总公告。

（3）盟市煤炭经营监督管理部门负责行政辖区内煤炭经营监督管理，指导旗县开展事中事后监管等相关工作。盟市、旗县煤炭经营监督管理部门分别办理在同级工商行政管理局登记注册的煤炭经营企业的告知性备案工作，做好日常监督管理工作。

（4）煤炭经营企业在工商行政管理机关办理登记注册后，应在30个工作日内向登记注册的同级煤炭经营监督管理部门办理告知性备案。煤炭经营监督管理部门接到申请后,在10个工作日内完成备案信息与相关证明资料的一致性核对和备案工作,不一致的要进行补正,并将备案情况抄送同级工商、质监、环保、国土资源、税务等部门。

(5)各盟市煤炭经营监督管理部门要加强与相关部门的协调配合。对违反《监管办法》的行为,要依法依规列入违法失信名单,并在做出决定后10个工作日内报自治区煤炭工业局在官方网站予以公示,也可通过本地区公开发行的报刊、网站等媒体,公告煤炭经营企业备案情况,公示违法失信企业名单。

(6)自治区《关于印发〈内蒙古自治区煤炭经营监管办法实施细则〉的通知》《关于印发〈内蒙古自治区煤炭经营资格年检办法〉的通知》即行废止。各地区不符合《监管办法》和本通知要求的,要及时进行修订、废止,及时向社会公布。

截至2015年底,自治区各级煤炭经营企业监管部门备案的煤炭经营企业共1435户(不再区分批发、零售和加工类别)。

三、交易市场和物流园区

自治区政府积极推动各地煤炭经营监管部门探索有效的管理途径,特别是下岗职工为谋生计经营煤炭摊点问题,不符合合法经营煤炭的条件,取缔又较困难,会引发社会问题,建议当地政府规划设立煤炭交易市场,吸引个体摊贩入市交易,既可以规范煤炭交易行为,又可解决下岗职工缺乏经营设施、就业难、污染环境、税费流失等问题,同时也减轻清理整顿的难度,又便于规范管理,有利于企业间互相监督,形成市场竞争,增加市场供给和用户选择。

包头市作为自治区西部的工业中心和交通枢纽,煤炭市场有其独有特点,是自治区最大的煤炭消费和转运地区,是自治区的煤炭生产、消费、集散基地,煤炭调出量和市内消费量均居全区之首。经过近两年的整顿,该市煤炭市场初步建成,并形成了5个分市场,其中:东河区3个、昆都仑区2个。赤峰市喀喇沁旗、林西县、通辽市科尔沁区、呼和浩特市土默特左旗等地都规划建立了煤炭交易市场。鄂尔多斯市建设11个煤炭市场,并依托煤炭市场建设物流园区,建设筒仓存储煤炭,杜绝露天储煤。呼和浩特市的托克托县和土默特左旗,规划建设高标准煤炭物流园区。

截至2015年底,全区共建立16处大型煤炭交易市场。多数地区做到入场经营,煤炭经营秩序明显好转。

内蒙古煤炭工业志（1991—2015）

第二篇　煤炭资源与勘查

锡林郭勒盟西乌珠穆沁旗白音华矿区勘查现场

- ○　煤炭资源分布
- ○　煤田勘查
- ○　煤层气勘查
- ○　煤炭资源储量及共、伴生资源

内蒙古自治区幅员辽阔，煤炭资源极其丰富。全区含煤面积12.7万平方千米，占全区土地总面积的11%。截至2015年底，在全区有勘查工程控制的105个含煤盆地中共提交煤炭总资源量11042亿吨，其中查明煤炭资源量5785亿吨、预测（334?）煤炭资源量5257亿吨；保有煤炭资源量5675亿吨、预测（334?）煤炭资源量5257亿吨，查明煤炭资源量及保有煤炭资源量均居全国第一。另有13个预测含煤盆地和35个预测区，共预测煤炭资源量14029亿吨。全区总煤炭资源量25071亿吨，是中国目前重要的能源保障基地之一。

内蒙古含煤地层分布广泛，发育良好，地质构造简单，层位稳定。聚煤时代集中于晚古生代石炭—二叠纪，中生代侏罗纪、白垩纪，新生代新近纪4个聚煤期。全区煤炭资源分布广、煤类全、资源储量大、埋藏浅、易开发。

内蒙古是全国"露天煤矿"集中地，中国特大型露天煤矿在内蒙古有伊敏露天煤矿、霍林河露天煤矿、元宝山露天煤矿、黑岱沟露天煤矿、哈尔乌素露天煤矿、胜利一号露天煤矿、胜利二号露天煤矿、白音华露天煤矿等。霍林河露天煤矿是中国最早建成的第一座现代化露天煤矿，准格尔煤田是中国现阶段露天开采能力最大的煤田，东胜煤田与陕西省神府煤田合称"东胜—神府"煤田，是世界八大煤田之一。锡林浩特市北郊的胜利煤田是中国煤层厚度最大的褐煤类煤田，阿拉善盟二道岭矿区的"太西煤"，属低灰、低硫、低磷的优质无烟煤，原煤干基低位发热量 27.95×10^6 ~ 35.47×10^6 焦耳/千克，是中国目前发热量最高的煤种之一。

至2015年底，内蒙古12个盟市均有不同程度的勘查成果，提交煤炭资源量最多的是鄂尔多斯市（鄂尔多斯煤盆地）、呼伦贝尔市（海拉尔煤盆地群）、锡林郭勒盟（二连煤盆地群）。在相对缺煤地区找煤新发现的区域有阿拉善右旗的潮水盆地，乌兰察布市四子王旗的沙尔花煤田、供济堂煤产地，呼伦贝尔市大杨树煤田的达尔宾等地区。新发现焦煤类煤产地有鄂尔多斯市的苏亥图勘查区、三北羊场勘查区、苦草洼北勘查区和阿拉善盟的呼鲁斯太、黑山等。

至2015年底，自治区主要承担煤田地质勘查任务的内蒙古自治区煤田地质局、内蒙古煤炭地质勘查（集团）有限责任公司下属有117勘探队、151勘探队、153勘探队、109勘探队、472勘探队、104勘探队、231勘探队、勘测队、科研所、煤炭地质调查院、油气勘查开发总公司等18个二级单位，在职职工5898人。勘查手段已由20世纪80年代末的门类不多发展到现有地质测量、测绘、岩矿化验测试、地震、电法、重力、磁法、测井、油气钻井和油气定向等门类齐全的综合技术勘查手段。技术设备由"八五"期间（1991—1995年）的岩芯钻机TXB-1000型、TK-3型、TK-4型发展到"十二五"时期（2011—2015年）的岩芯钻机XY-1000A型、XY-44型、XY-6BⅡ型、XY-4T型，油气钻机SJ-1500型、ZJ50/3150L型，履带式钻机 YDS-1800A、HYDX-8、XY-6、YX-4型等。设备的不断更新换代不仅减轻了工人的劳动强度，而且提高了生产效率和钻探工程质量。

此外，内蒙古自治区地质矿产勘查开发局所属勘查队伍、内蒙古自治区有色地质勘查局所属勘查队伍、内蒙古自治区地质调查院等；还有中国煤炭地质总局所属勘查队伍（第一勘探局、特种技术勘探中心、地质勘查总院等）、中国建筑材料工业地质勘查中心所属勘查队伍（内蒙古总队、山西总队等）、中国地质调查局西安地质调查中心、山东省地质矿产勘查局所属勘查队伍、天津华北地质勘查总院、陕西省核工业地质调查院、宁夏核工业地质勘查院、东北煤田地质局以及黑龙江、吉林、河北、山西、山东、陕西、宁夏、甘肃、安徽等省（自治区）煤田地质局所属勘查队伍在内蒙古区域完成了大量的勘查工作。

1991—2015年底，据不完全统计，全区累计完成煤勘钻孔52388个，完成钻探进尺2133万米，提交各类煤炭勘查报告972件，提交煤炭资源量8986亿吨。累计勘查含煤面积91783平方千米，占全区总含煤面积的72.27%，为自治区和国家煤炭基地建设作出了贡献。

第一章　煤炭资源分布

第一节　成煤时代

全区含煤地层分布广泛，聚煤作用延续时间相对较长，穿越晚古生代的石炭—二叠纪、中生代的侏罗纪至早白垩世、新生代的新近纪四大聚煤期。其中：晚石炭世—早二叠世的聚煤作用是连续沉积，形成的煤炭资源主要分布在准格尔旗、达拉特旗东部、乌海市、鄂托克旗、鄂托克前旗西部、阿拉善左旗、清水河县和大青山等地，代表性煤田有准格尔煤田、桌子山煤田、大青山煤田、贺兰山（西麓）煤田等。

早、中侏罗世聚煤作用主要在鄂尔多斯市的东胜区、伊金霍洛旗、乌审旗、达拉特旗南部、杭锦旗南部、鄂托克前旗等地，在鄂尔多斯盆地内形成了著名的东胜煤田；聚煤作用在阿拉善盟、包头市及其他地区也有分布，如贺兰山（西麓）煤田二道岭矿区、大青山煤田等。

早白垩世聚煤作用主要在阴山及以北地区，包括海拉尔—二连含煤盆地群、赤峰市的元宝山煤田、平庄煤田、霍林河煤田、扎赉诺尔煤田、宝日希勒煤田、胜利煤田等。

新近纪属于次要聚煤期，聚煤作用形成的煤田、煤产地有乌兰察布市的集宁煤田、赤峰市的广兴源煤产地、亿合公煤产地、武川县流通壕煤产地等。

第二节　含煤地层

含煤地层区划主要依据地壳活动性、古地理与古气候条件、古生物变化等综合因素，采用三级地层分区方案，各级地层分区的界限以相应的构造单元界限为参考，三级地层分区即地层区、地层分区（相对于含煤沉积盆地范畴）、地层小区（相对于煤田或矿区范畴）。内蒙古境内聚煤作用的强度在地质历史中的古生代、中生代及新生代差异较为明显，依据全区各自然断代中大地构造演化历史的不同，将全区含煤地层划分为晚古生代和中、新生代两大阶段。晚古生代共划分3个地层区、9个地层分区、8个地层小区，中、新生代共划分5个地层区、7个地层分区、4个地层小区，三大成煤时代的含煤地层特征如下：

一、古生代含煤地层

1. 羊虎沟组（C_{2y}）

羊虎沟组（C_{2y}）为一套滨海相或海陆交互相的含煤沉积。主要分布在北祁连地层分区、鄂尔多斯地层分区与北祁连地层分区的过渡地带，即桌子山西来峰大断裂以西、贺兰山及腾格里沙漠南缘的庆阳山、黑山等地。在西来峰大断裂以西主要以乌达煤田为中心沉积了一套浅海相—海陆交互相地层，地层最大厚度1680米。煤层在贺兰山（西麓）煤田的呼鲁斯太矿区可达40层，乌达煤田有20层，公乌素井田仅有5层，多为薄煤层。自西来峰断裂由东向西含煤性有逐渐变好之趋势。如黑山煤田，地层总厚度667米，含煤6层，无可采煤层；在红水煤田方家井，地层总厚484米，含煤11层，其中可采煤层9层，可采煤层总厚12.97米，可采含煤系数2.68%。

2. 本溪组（C_{2b}）

本溪组（C_{2b}）为一套海陆交互相的含煤沉积。地层厚度0~35米，一般不含可采煤层，地层主要分布在鄂尔多斯地层分区的西来峰断裂以东的桌子山、准格尔、清水河煤田等地。

3. 太原组（C_{2t}）

太原组形成于晚石炭世晚期，为一套海陆交互相的含煤沉积。本组为内蒙古重要含煤地层之一，主要分布于鄂尔多斯地层分区及北祁连地层分区的准格尔煤田、桌子山煤田及贺兰山（西麓）煤田等地。

太原组在准格尔煤田发育良好，全组含煤5层，6、9号煤层为主要可采煤层，地层总厚12.31~95.00米，可采煤层累厚25.10米，含煤系数为35.56%。太原组在桌子山地区岩性以灰白色中细砂岩，深灰色砂质泥岩、黏土岩、泥灰岩（或钙质泥岩）及煤层为主。在桌子山煤田，有可采煤层4层（编号14~17号），其中16号煤层为主要可采煤层；在乌达煤田，含可采煤10层（编号8~17），其中12号煤层为主要可采煤层。该段地层厚度25~140米，平均80米左右。太原组在庆阳山、黑山地区岩性主要由泥岩、砂岩、石灰岩和煤层组成，地层总厚174.84米，煤层总厚16.32米，含煤系数为9.33%。

4. 拴马桩组（C_{2sh}）

拴马桩组指分布于阴山地区的滨海近岸至湖沼相的含煤地层，主要由灰绿色页岩、灰白色粗粒石英砂岩、含砾石英砂岩、砾岩及煤层组成，残存于乌拉特前旗的大佘太、大青山、卓资县的四号地、察右前旗的口子村等地。拴马桩组在大青山煤田发育较好，含煤10余层，6层可采，可采总厚度平均25.39米。地层厚度70~190米，含煤系数19.53%。

5. 山西组（P_{1sh}）

山西组为一套湖沼陆相的含煤沉积。山西组含煤地层在内蒙古境内广泛分布于鄂尔多斯地层分区及北祁连地层分区的准格尔煤田、桌子山煤田及贺兰山（西麓）煤田等地，含煤性次于太原组，富煤中心大致在桌子山—贺兰山北端一带，向东、向西变差；含煤地层厚度由东向西有增厚趋势，为一套纯陆相含煤地层，是内蒙古重要含煤地层之一。

6. 杂怀沟组（P_{1z}）

杂怀沟组为一套内陆山间盆地型湖沼相的含煤沉积。下部为灰色粗粒砂岩及砾岩，上部为灰、深灰、黑色炭质泥岩、砂岩、黏土岩及煤层。地层厚度50~80米，含煤性比拴马桩组差。杂怀沟组分布于乌拉山、大青山煤田等地。

7. 大红山组（P_{1-2d}）

大红山组为一套纯陆相巨厚层状浅—中深变质的碎屑岩含煤沉积，局部夹火山碎屑岩与中酸性喷发岩，含高变质的无烟煤或已石墨化了的煤层。地层总厚度大于2000米，含3层可采煤层，但均已石墨化。大红山组仅分布在狼山和大青山北侧，为区内次要含煤地层。

二、中生代含煤地层

1. 侏罗纪含煤地层

（1）五当沟组（J_{1-2w}）。五当沟组由原五当沟组和原召沟组合并而成，为一套内陆山间盆地型湖沼相的陆源碎屑岩含煤沉积。五当沟组总厚度450~1700米，在大青山煤田共含A、B、C、D、E、F、G、H、I、J、K、L12个煤组，约30个煤层，可采煤层有12~17层，可采总厚度32米。五当沟组在营盘湾煤产地岩性有变粗趋势。地层总厚度1525米，含煤8~16层，煤层总厚4.30~17.50米，煤层不稳定，结构复杂。五当沟组在昂根煤产地地层总厚度225米，有可采煤层2层，累计厚度3.44米。五当沟组在察右中旗苏勒图煤产地含煤20多层，煤层总厚度0.58~16.10米，其中可采煤层2层，可采煤层累计厚度4.23米。地层总厚度大于428米。五当沟组的赋存范围仅限于阴山地层分区，主要分布在包头市的石拐矿区、乌拉特前旗的营盘湾煤产地、乌拉特中旗的昂根煤产地、察哈尔右翼中旗的苏勒图煤产地等地。

（2）红旗组（J_{1h}）。红旗组包含曾使用的阿拉坦合力群，为一套陆相碎屑岩含煤沉积。红旗组在各地区岩性特征、地层厚度及赋煤情况差别较大，地层厚度300~1047米。红旗组分上、下两个含煤岩段。下含煤岩段含煤性较好，发育3~5个煤组，含煤3~33层，可采煤层2~15层，煤层平均累计厚度8.02~20.29米；上含煤段仅发育一个煤组，含煤1~6层，煤层平均累计厚度0.65~20.05米。红旗组主要赋存在通辽市的联合屯煤产地，兴安盟的牤牛海煤田，锡林郭勒盟的锡林浩特煤产地、马尼特庙煤田等地。

（3）万宝组（J_{2w}）。万宝组为一套陆相碎屑岩夹火山碎屑岩含煤沉积，成煤环境较差，含煤地层厚度变化大，煤层层数多，结构复杂。地层总厚400~1900米。万宝组主要赋存在兴安盟的突泉县牤牛海煤田、通辽市的扎鲁特旗联合屯煤产地一带。

（4）新民组（J_{2x}）。新民组为一套陆相碎屑岩夹火山沉积碎屑岩含煤沉积体系。含煤地层仅限于全组下段，地层厚度502~893米。新民组在多数地区未见底界，局部地区见与二叠系变质砂岩、板岩呈不整合接触。新民组含煤性发育较好的在黄花山煤矿，共含煤20层，其中17层可采，分煤层平均厚度0.63~1.48米，煤层平均累计厚度14.59米；在新民地区目前仅发现薄煤层或煤线。新民组主要分布于赤峰市北部的阿鲁科尔沁旗新民乡、克什克腾旗同兴镇、巴林左旗浩尔吐沟、野猪沟以及林西县和扎鲁特旗等地。

（5）延安组（J_{2y}）。延安组为一套陆相碎屑岩含煤沉积。延安组主要出露于鄂尔多斯市的准格尔旗、东胜区及达拉特旗南部。延安组是自治区境内重要的含煤地层。延安组平均厚度285米，由下至上划分为3个岩段，含6、5、4、3、2五个煤组。延安组一般含煤10~22层，最多可达35层，含可采煤层8~11层，可采煤层累计厚度12.62~21.63米，可采煤层累计平均厚度18.43米，其中4、3两个煤组的煤层连续性好、结构简单、层位稳定。延安组主要赋存在鄂尔多斯盆地。另外，在贺兰山西麓也有延安组含煤地层零星分布，但含煤地层遭受严重的后期构造破坏，连续性变差。发育较好的汝箕沟矿区延安组最大厚度288米，中部含可采煤7层，煤层单层厚度1.22～20.90米，累计总平均厚度33.65米，有巨厚煤层赋存。

（6）龙凤山组（J_{21}）。龙凤山组包含曾使用的青土井群，为一套陆相碎屑岩夹火山岩含煤沉积。龙凤山组在各地厚度变化大，最大厚度可达1500米。本组在阿拉善盟的不同地段其含煤性各有差异，在阿拉善右旗东部的长山、青苔泉、红沙岗等地含煤性较好，见煤10余层，煤层最大厚度9.63米，含可采煤层7～8层，可采煤层累计厚度一般6.0～8.8米。龙凤山组主要赋存在阿拉善地层分区的北山地区和南部的潮水盆地。在北山地区主要出露在额济纳旗的沙林浩林、红柳疙瘩、野马泉、沙婆泉、北山煤窑、石板井、芨芨台子、五道明等地。在阿拉善左旗的庆格勒、吉兰泰一带的含煤地层中夹部分火山岩地层。

全区侏罗纪含煤地层除以上几个主要地层单位外，其他均属次要含煤地层。在鄂尔多斯地层分区的早侏罗世富县组、中侏罗世直罗组，一般都含有不可采煤层或煤线；在赤峰地层分区的喀喇沁旗青峰一带也有晚侏罗世含煤地层赋存（未建组），含可采煤层1层，煤层厚度0.05～9.61米，含煤系数0.1%～3%，埋藏深度小于180米。

2. 白垩纪含煤地层

（1）大磨拐河组（K_{1d}）。大磨拐河组包括曾使用的九峰山组、霍林河组和白彦花群的下部，为一套陆相碎屑岩含煤沉积。大磨拐河组岩性分段性明显，依据沉积特征由下至上划分为4个岩段，其中第三层段称粉砂岩泥岩含煤段（K_{1d^3}），由灰～深灰色泥岩、粉砂岩夹细粒砂岩和煤层组成，地层厚度270～310米。大磨拐河组含煤主要在第三岩段，埋深600～1000米，含煤5～20层，煤层间距10～40米，单煤层平均厚度2～10米，煤层平均累计厚度10～90米，含煤系数4%～18%。主采煤层分布在含煤段的中部，煤层平均厚度4～30米，最大厚度44.85米。煤层主要发育在各盆地边缘靠近盆缘断裂一侧，含煤性较好的有扎赉诺尔、伊敏、大雁、西胡里吐、宝日希勒煤田等。大磨拐河组主要分布于海拉尔含煤盆地群、大兴安岭含煤盆地群和二连含煤盆地群。

（2）伊敏组（K_{1ym}）。伊敏组包括曾使用的白彦花群的上部，为一套陆相碎屑岩含煤沉积。地层厚度550米，一般含3～4个煤组，每个煤组有1～5层煤，各煤层间距8～30米，见煤深度100～500米，煤层平均累计厚度10～80米，平均含煤系数8%～25%。

伊敏组主要分布于二连含煤盆地群及伊敏煤田、扎赉诺尔煤田、大雁煤田和拉布达林煤田等地。

（3）义县组（K_{1yx}）。义县组发育于赤峰市的喀喇沁旗永合营子、小牛群等地，地层厚度在3000米以上，含4个煤组，1煤组煤层厚度0.60米，2煤组煤层厚度0.30～0.90米，3煤组煤层厚度1.00～2.30米，4煤组煤层厚度1.20～4.60米。在永合营子含可采煤层1～3层，均为局部可采煤层，煤层厚度2.40～9.61米。

（4）阜新组（K_{1f}）。阜新组为一套河湖、湖沼相陆源碎屑岩含煤沉积，是赤峰地层分区元宝山煤田、平庄煤田内的主要含煤地层。在元宝山煤田，阜新组平均厚度390米；在平庄煤田，阜新组平均厚度265米。

阜新组在元宝山煤田集中分布在红庙—西元宝山一带，煤层最大厚度可达80~100米，平均厚度30~50米。在平庄煤田5、6煤组为主要可采煤层，煤层最大埋深约1000米，富煤带位于盆地中部。

（5）固阳组（K_{1g}）。固阳组为一套陆源碎屑岩含煤沉积。地层厚度450~2600米，含煤性较差。固阳组主要赋存于固阳煤产地、供济堂煤产地、巴音呼都格煤产地、新民村煤产地等。

三、新生代含煤地层

1. 汉诺坝组（N_{1h}）

汉诺坝组包括曾使用的昭乌达组，为一套内陆河湖相夹火山岩相含煤沉积。

汉诺坝组主要分布于兴和、赤峰市以西的克什克腾旗、翁牛特旗一带，含煤最多7层，夹石层厚度1米左右，煤层最大厚度可达7米以上，地层厚度160米；在察右中旗、察右后旗和凉城县东南一带含煤4层以上，单煤层最大厚度1.65米；在集宁煤田分布范围较大，地层厚度约200米，含5个煤组、7个煤层，主要可采煤层4层，煤层最大累计厚度52.99米。

2. 宝格达乌拉组（N_{2b}）

宝格达乌拉组为一套内陆河湖相含煤沉积，广泛分布于锡林郭勒盟的宝格达乌拉盆地、查干诺尔盆地、乌拉盖盆地以及其南部的山间凹地中。在二连盆地群，岩性以砖红色泥岩、砂质泥岩、粉砂岩、砂岩夹沙砾岩为特点，地层厚度40~100米；在阴山地区，岩性主要为红色、绿色黏土岩、细砂岩夹玄武岩薄层，地层厚度大于426米；在集宁煤田及周边地区，岩性由沙砾岩、砂质黏土及薄煤层组成，岩石固结程度低，地层厚度约200米。

第三节 含煤盆地

内蒙古含煤盆地分布横跨中国东北、华北、西北三大赋煤区，根据区域构造特征和成煤特征划分为六大含煤盆地群，即海拉尔含煤盆地群、大兴安岭含煤盆地群、二连含煤盆地群、阴山含煤盆地群、鄂尔多斯（北缘）含煤盆地群、阿拉善含煤盆地群。

一、海拉尔含煤盆地群

海拉尔含煤盆地群位于呼伦贝尔市中西部，由26个中生代含煤盆地组成，含煤地层为大磨拐河组（K_{1d}）和伊敏组（K_{1ym}），盆地基底为古生界浅变质岩，含煤地层最大埋藏深度1075米，含煤盆地总面积21982平方千米，含煤盆地群总资源量2386.66亿吨，其中探获资源量2011.32亿吨（保有资源量1994.86亿吨），潜在的预测资源量375.34亿吨。煤类以褐煤为主，占92.13%；长焰煤占7.67%；其他煤类占0.20%。海拉尔含煤盆地群中面积最大、资源量最多的是呼和诺尔含煤盆地，勘查、开发、研究程度最高的是扎赉诺尔、宝日希勒、伊敏、大雁、莫拐、五九含煤盆地，著名煤田有扎赉诺尔煤田、宝日希勒煤田、伊敏煤田、大雁煤田、莫拐煤田、五九煤田。在扎赉诺尔、宝日希勒、伊敏煤田划定了3个国家级规划矿区，即扎赉诺尔煤炭国家规划矿区、宝日希勒煤炭国家规划矿区和伊敏煤炭国家规划矿区。海拉尔含煤盆地群共提交各类勘查报告197件，施工钻孔10842个，总工程量4073861.68米。海拉尔含煤盆地群基本情况见表2-1-1。

表2-1-1 海拉尔含煤盆地群基本情况统计表

含煤盆地	面积（平方千米）	主要含煤地层	提交报告（件）	施工钻孔（个）	最大垂深（米）	勘查区 面积（平方千米）	勘查区 资源量（万吨）	预测区 面积（平方千米）	预测区 资源量（万吨）
扎赉诺尔	2712	K_{1ym}、K_{1d}	21	721	855	1035	855997	1677	3048467
宝日希勒	846	K_{1ym}	21	2448	466	846	1574443	—	—
伊敏	1140	K_{1ym}、K_{1d}	26	2075	1009	1140	1942963	—	—
大雁	192	K_{1ym}、K_{1d}	13	844	950	192	242622	—	—
莫拐	100	K_{1d}	6	187	534	100	78187	—	—
五九	103	K_{1d}	9	375	250	103	24129	—	—
红花尔基	2676	K_{1ym}、K_{1d}	9	773	995	2676	5273229	—	—
南屯马达木吉	1238	K_{1d}	5	247	600	864	299385	374	385085
呼和诺尔	3954	K_{1ym}	20	997	644	3954	5998490	—	—
开放山	155	K_{1d}	4	99	338	155	11937	—	—
拉布达林	250	K_{1d}	11	183	632	250	54220	—	—
得尔布	172	K_{1d}	4	74	380	150	61037	22	2411
特兰图	800	K_{1d}	4	223	634	800	632017	—	—
胡列也吐	950	K_{1d}	9	715	906	950	950924	—	—
三角地	50	K_{1d}	4	150	194	50	23981	—	—
西胡里吐	275	K_{1d}	3	54	357	275	118775	—	—
鹤门	54	K_{1d}	3	19	608	54	86021	—	—
红旗牧场	650	K_{1d}	2	—	418	650	5249	—	—
莫达木吉	860	K_{1ym}	5	135	682	639	782715	221	58008
乌尔逊	3514	K_{1d}	5	239	706	2480	839752	1034	131359
免渡河	68	K_{1d}	11	182	345	68	7841	—	—
新宝力格	180	K_{1d}	1	—	700	80	20195	100	11449
完工	142	K_{1d}	—	—	440	—	—	142	13289
乌固诺尔	440	K_{1d}	1	102	890	440	229137	—	—
赫尔洪得	201	K_{1d}	—	—	1075	—	—	201	35898
甘珠尔庙	260	K_{1ym}	—	—	600	—	—	260	67387
合计	21982		197	10842	1075	17951	20113246	4031	3753353

二、大兴安岭含煤盆地群

大兴安岭含煤盆地群行政隶属呼伦贝尔市、兴安盟、通辽市、赤峰市。由23个中生代含煤盆地组成，中南部为主要含煤盆地赋存带。含煤盆地群北部的大杨树煤田含煤地层为白垩系下统大磨拐河组，煤类为长焰煤；含煤盆地群中部的含煤地层为侏罗系下统红旗组和侏罗系中统新民组，煤类为二号褐煤；含煤盆地群南部的平庄煤田、元宝山煤田含煤地层为白垩系下统阜新组，煤类为褐煤；含煤盆地群中的亿合公、广兴源煤产地的含煤地层为新近系上新统宝格达乌拉组，煤类介于泥炭

（柴煤）和褐煤的过度类型，为高灰分低阶褐煤。含煤地层最大埋藏深度1100米，含煤盆地总面积1814平方千米，含煤盆地群总资源量37.87亿吨，其中探获资源量32.23亿吨（保有资源量23.00亿吨），潜在的预测资源量5.64亿吨。煤类以褐煤为主、占84.51%，其次为长焰煤占10.05%，其他煤类占5.44%。

大兴安岭含煤盆地群中面积最大、资源量最多的是元宝山含煤盆地，勘查、开发、研究程度最高的是平庄、元宝山、绍根、大杨树含煤盆地。著名煤田有平庄煤田和元宝山煤田，按煤田总体开发规划划分为平庄、元宝山、四龙3个矿区。大兴安岭含煤盆地群共提交各类勘查报告149件，施工钻孔5875个，总工程量1783855.46米。大兴安岭含煤盆地群基本情况见表2-1-2。

表2-1-2 大兴安岭含煤盆地群基本情况统计表

含煤盆地	面积（平方千米）	主要含煤地层	提交报告（件）	施工钻孔（个）	最大垂深（米）	勘查区 面积（平方千米）	勘查区 资源量（万吨）	预测区 面积（平方千米）	预测区 资源量（万吨）
大杨树	305	K_{1d}	11	313	230	245	8578	60	14398
平 庄	121	K_{1f}	34	1724	1100	121	58210	—	—
元宝山	220	K_{1f}	41	2077	900	220	125551	—	—
牤牛海	100	J_{1h}	11	441	600	100	6677	—	—
黄花山	30	J_{2x}	4	93	300	30	821	—	—
绍 根	221	K_{1f}	6	170	658	221	70168	—	—
联合屯	15	J_{1h}	7	252	182	15	7171	—	—
温都花	7	J_{2x}	2	58	230	7	450	—	—
塔布花	8	J_{2x}	2	53	250	8	399	—	—
公营子	13	J_{2x}	2	10	600	13	2006	—	—
宝龙山	46	K_{1d}	1	93	1000	36	4317	10	3382
双 辽	80	K_{1d}	5	288	850	80	13211	—	—
榆树林子	7	K_{1d}	1	68	200	7	397	—	—
沙力好来	66	K_{1d}	4	78	800	48	1000	18	1278
广兴源	6	N_{2b}	2	8	80	6	503	—	—
亿合公	10	N_{2b}	1	27	216	10	18780	—	—
当铺地	2	K_{1f}	2	15	400	2	77	—	—
永 丰	5	K_{1f}	10	47	410	5	906	—	—
四 龙	25	K_{1f}	3	60	240	25	3063	—	—
宝日勿苏	352	J_{2x}	—	—	200	—	—	352	13693
福 山	107	J_{2x}	—	—	250	—	—	107	7953
巨流河	52	K_{1f}	—	—	500	—	—	52	14622
北沙拉	16	J_{2x}	—	—	600	—	—	16	1096
合计	1814		149	5875	1100	1199	322285	615	56422

三、二连含煤盆地群

二连含煤盆地群行政隶属巴彦淖尔市、乌兰察布市、锡林郭勒盟、通辽市，大部分面积属于锡林郭勒盟。二连含煤盆地群共有含煤盆地51个，形成时代主要为早白垩世，侏罗纪较少，沉积环境全部为陆相沉积，主要含煤地层为白垩系下统大磨拐河组（曾称"白彦花组"）、侏罗系下统红旗组，含煤地层最大埋藏深度1200米（不含预测区），含煤盆地总面积25487平方千米，含煤盆地群总资源量2491.55亿吨，其中探获资源量1672.18亿吨（保有资源量1659.75亿吨），潜在的预测资源量819.37亿吨。煤类以褐煤为主，资源量1339.91亿吨，占80.13%；其次为长焰煤，资源量302.61亿吨，占18.10%；再其次为气煤，资源量28.56亿吨，占1.71%；其他煤类资源量1.10亿吨、占0.06%。

二连含煤盆地群中面积最大是额合宝力格含煤盆地，其次为白音乌拉、巴彦呼硕、乌尼特含煤盆地；资源量最多的是胜利含煤盆地，其次为高力罕、巴彦呼硕、白音华、五间房、霍林河、巴彦宝力格、巴其北含煤盆地；勘查、开发、研究程度最高的是胜利、白音华、霍林河、巴彦胡硕、巴彦宝力格、白彦花、白音乌拉、高力罕、五间房、锡林浩特、乌尼特、马尼特庙、黑城子、西大仓含煤盆地；煤质最好的是巴彦宝力格含煤盆地中的乌优特矿区；岩煤层对比最为困难的是黑城子含煤盆地；构造最为复杂的是马尼特庙、锡林浩特含煤盆地。著名煤田有胜利煤田、白音华煤田、霍林河煤田、白音乌拉煤田、白彦花煤田。在胜利煤田、白音华煤田、霍林河煤田划定了3个国家级煤炭规划矿区，即胜利煤炭国家规划矿区、白音华煤炭国家规划矿区和霍林河煤炭国家规划矿区。二连含煤盆地群共提交各类勘查报告304份，施工钻孔15986个，总工程量5869397.58米。二连含煤盆地群基本情况见表2-1-3。

表2-1-3 二连含煤盆地群基本情况统计表

含煤盆地	面积（平方千米）	主要含煤地层	提交报告（件）	施工钻孔（个）	最大垂深（米）	勘查区 面积（平方千米）	勘查区 资源量（万吨）	预测区 面积（平方千米）	预测区 资源量（万吨）
霍林河	530	K_{1d}	21	2540	1195	530	1178089	—	—
胜利	545	K_{1d}	21	2013	980	545	2385975	—	—
乌套海	430	K_{1d}	3	141	210	290	21684	140	52502
锡林浩特	27	J_{1h}	7	120	230	27	257	—	—
巴彦宝力格	733	K_{1d}	14	628	465	613	1063319	120	307598
巴彦温都尔	100	K_{1d}	3	178	288	100	50172	—	—
马尼特庙	383	J_{1h}	12	232	500	383	32893	—	—
达来	540	K_{1d}	5	128	300	335	146629	205	1722481
白音乌拉	1948	K_{1d}	15	384	561	1540	398624	408	406224
赛汉塔拉	844	K_{1d}	7	195	810	600	225302	244	112565
贺斯格乌拉	176	K_{1d}	9	560	465	176	141803	—	—

表 2-1-3（续）

含煤盆地	面积（平方千米）	主要含煤地层	提交报告（件）	施工钻孔（个）	最大垂深（米）	勘查区 面积（平方千米）	勘查区 资源量（万吨）	预测区 面积（平方千米）	预测区 资源量（万吨）
查干陶勒盖	130	K_{1d}	11	539	730	130	148322	—	—
乌 尼 特	1480	K_{1d}	10	385	600	959	420022	521	738156
额合宝力格	3464	K_{1d}	11	559	730	2107	613277	1357	838146
高 力 罕	1000	K_{1d}	26	1316	700	1000	1739934	—	—
准哈诺尔	326	K_{1d}	3	99	425	270	84589	56	38423
道特漳尔	431	K_{1d}	9	312	470	409	270438	22	46832
巴彦呼硕	1760	K_{1d}	17	680	843	1700	1428929	60	67306
西 乌 旗	116	J_{1h}	10	270	500	116	15030	—	—
白 音 花	533	K_{1d}	14	1027	1177	533	1298076	—	—
五 间 房	934	K_{1d}	3	112	1000	934	1283452	—	—
沙 尔 花	472	K_{1d}	11	275	600	472	342653	—	—
白 彦 华	978	K_{1d}	8	842	785	978	864683	—	—
五七军马场	6	K_{1d}	1	8	400	6	189	—	—
白音霍布尔	824	K_{1d}	3	37	1200	824	298446	—	—
宝 力 格	30	K_{1d}	1	258	250	30	24556	—	—
伊和达布斯	100	K_{1d}	2	62	700	100	97250	—	—
巴 其 北	400	K_{1d}	4	269	900	400	997757	—	—
吉林郭勒	308	K_{1d}	4	480	700	308	227813	—	—
查干诺尔	240	K_{1d}	5	269	500	240	344048	—	—
红 格 尔	225	K_{1d}	2	102	500	180	90412	45	20306
阿 其 图	90	K_{1d}	1	24	359	75	10255	15	7324
赛汗高毕	39	K_{1d}	4	152	468	39	60731	—	—
白音昆地	75	K_{1d}	2	—	470	75	10818	—	—
扎格斯台	371	K_{1d}	2	41	850	201	27245	170	28058
好 鲁 库	80	K_{1d}	2	67	686	80	11894	—	—
西 大 仓	8	K_{1d}	4	94	450	8	16555	—	—
黑 城 子	61	K_{1d}	4	94	700	61	53231	—	—
石 匠 山	75	J_{1h}	3	90	270	75	2468	—	—
即日嘎郎	15	K_{1d}	2	119	300	15	9514	—	—
那仁宝力格	400	K_{1d}	5	260	850	400	245932	—	—
宝力根套海	35	K_{1d}	—	—	—	35	8451	—	—
明 图 庙	1148	K_{1d}	—	—	1000	—	—	1148	1331984
浑善达克	499	K_{1d}	1	3	350	400	15739	99	21991
额尔登苏格	279	K_{1d}	—	—	600	—	—	279	119693

表2-1-3（续）

含煤盆地	面积（平方千米）	主要含煤地层	提交报告（件）	施工钻孔（个）	最大垂深（米）	勘查区 面积（平方千米）	勘查区 资源量（万吨）	预测区 面积（平方千米）	预测区 资源量（万吨）
格日勒敖都	113	J_{1h}	—	—	200	—	—	113	739786
都仁乌力吉	323	K_{1d}	—	—	600	—	—	323	109838
青格勒布拉格	559	K_{1d}	—	—	600	—	—	559	844104
乌兰尚丹	425	K_{1d}	—	—	600	—	—	425	640392
克旗达里诺尔	722	K_{1d}	1	10	—	722	185	—	—
东乌旗乌拉盖	157	K_{1d}	1	12	—	157	14165	—	—
合　　计	25487		304	15986	1200	19178	16721806	6309	8193709

四、阴山含煤盆地群

阴山含煤盆地群行政隶属巴彦淖尔市、包头市、呼和浩特市、乌兰察布市。阴山含煤盆地群共有10个含煤盆地，含煤盆地零星分布，为一套陆相山间盆地沉积建造。成煤期为石炭—二叠纪、早中侏罗世、早白垩世、新近纪中新世，含煤地层为石炭系上统拴马桩组、二叠系下统杂怀沟组、侏罗系中下统五当沟组、白垩系下统固阳组、新近系中新统汉诺坝组。含煤地层最大埋藏深度800米，含煤盆地群总面积974平方千米，含煤盆地群总资源量34.88亿吨，其中探获资源量32.03亿吨（保有资源量29.09亿吨），潜在的预测资源量2.85亿吨。煤类以褐煤为主，占66.05%；其次为焦煤，占13.93%；不黏煤占6.17%，弱黏煤占3.58%，瘦煤占3.37%；其他煤类占6.90%。阴山含煤盆地群中面积最大、资源量最多的是集宁含煤盆地，勘查、开发、研究程度最高的是大青山、集宁、营盘湾含煤盆地，著名煤田有大青山煤田。阴山含煤盆地群共提交各类勘查报告86份，施工钻孔1717个，总工程量527715.07米。阴山含煤盆地群基本情况见表2-1-4。

表2-1-4　阴山含煤盆地群基本情况统计表

含煤盆地	面积（平方千米）	主要含煤地层	提交报告（件）	施工钻孔（个）	最大垂深（米）	勘查区 面积（平方千米）	勘查区 资源量（万吨）	预测区 面积（平方千米）	预测区 资源量（万吨）
供济堂	50	K_{1g}	4	76	300	50	60832	—	—
苏勒图	18	J_{1-2w}	7	58	600	18	1795	—	—
集　宁	415	N_{1h}	12	588	565	375	99471	40	11670
巴音胡都格	101	K_{1g}	3	112	520	70	9893	31	16794
营盘湾	43	J_{1-2w}	8	195	537	43	5695	—	—
固　阳	41	K_{1g}	3	74	800	41	12277	—	—
大青山	226	J_{1-2w}, P_{1z}	37	488	600	226	98589	—	—
流通壕	28	N_{2b}	5	59	203	28	20057	—	—

表2-1-4（续）

含煤盆地	面积（平方千米）	主要含煤地层	提交报告（件）	施工钻孔（个）	最大垂深（米）	勘查区 面积（平方千米）	勘查区 资源量（万吨）	预测区 面积（平方千米）	预测区 资源量（万吨）
昂 根	22	J_{1-2w}	6	53	200	22	2683	—	—
新民村	30	K_{1g}	1	14	300	30	9029	—	—
合 计	974		86	1717	800	903	320321	71	28464

五、鄂尔多斯含煤盆地群

鄂尔多斯（北缘）含煤盆地群行政隶属鄂尔多斯市、乌海市、阿拉善盟、呼和浩特市，主体含煤面积在鄂尔多斯市，其次为乌海市。在晚古生代石炭—二叠纪含煤地层之上又沉积了中生代侏罗纪含煤地层，属于"双代三纪"含煤盆地。两套含煤地层间距东西部小、中部偏西位置相对较大，一般为1500~2800米。鄂尔多斯含煤盆地群在纵向上为两套含煤地层，在横向上为一连续沉积的向斜盆地，东部的清水河煤田、西部的乌达煤田因后期剥蚀而分开。典型煤田有东胜煤田、准格尔煤田、清水河煤田、桌子山煤田和乌达煤田。

晚古生代石炭—二叠纪含煤盆地的面积是鄂尔多斯含煤盆地群的最大面积，约为72302平方千米，两套含煤地层累计含煤面积136563平方千米，累计总资源量20027.50亿吨，占全区煤炭总资源量的79.88%，其中探获资源量7219.09亿吨（保有资源量7152.44亿吨），占全区探获总资源量的65.38%；潜在的预测资源量12808.41亿吨，占全区潜在预测资源量的91.30%。鄂尔多斯含煤盆地群内共提交各类勘查报告553份，施工钻孔19750个，总工程量9844612.52米。鄂尔多斯含煤盆地群内现有生产煤矿400处，年产量59691万吨，约占全区煤炭年产量的67%。鄂尔多斯含煤盆地群基本情况见表2-1-5。

表2-1-5 鄂尔多斯含煤盆地群基本情况统计表

含煤盆地	面积（平方千米）	主要含煤地层	提交报告（件）	施工钻孔（个）	最大垂深（米）	勘查区 面积（平方千米）	勘查区 资源量（万吨）	预测区 面积（平方千米）	预测区 资源量（万吨）
晚古生代盆地	72302	P_{1sh}、C_{2t}	215	6856	5600	8302	12174406	64000	91072000
中生代盆地	64261	J_{2y}	338	12894	2000	40231	60016511	24030	37012077
合计	136563		553	19750	5600	48533	72190917	88030	128084077

鄂尔多斯含煤盆地群由石炭—二叠纪含煤盆地和侏罗纪含煤盆地两部分构成，现分述如下：

（一）石炭—二叠纪含煤盆地

鄂尔多斯石炭—二叠纪含煤盆地为国内最著名的特大型整装含煤盆地之一，根据煤炭资源赋存特征、地理位置及勘查情况，将其含煤区域划分为4个煤田，即清水河煤田、准格尔煤田、桌子山煤田、乌达煤田。准格尔煤田由准格尔煤炭国家规划矿区、准格尔煤田深部勘查区、准格尔煤田预测Ⅰ区、准格尔煤田预测Ⅱ区四部分组成，桌子山煤田由桌子山矿区、棋盘井矿区、上海庙矿区三部分组成。清水河煤田、乌达煤田因后期构造运动和黄河剥蚀的共同作用切割，为相对独立煤田，准格尔煤田、桌子山煤田在地下为连续的统一整体。准格尔煤田"深部勘查区"是指准格尔煤炭国家规划矿区西界与东胜煤炭国家规划矿区东界之间的石炭—二叠纪含煤区域，准格尔煤田"预测Ⅰ区"是指东胜煤炭国家规划矿区东界与东胜煤田深部勘查区西界之间的石炭—二叠纪含煤区域，准格尔煤田"预测Ⅱ区"是指东胜煤田深部勘查区边界线以西与桌子山煤田深部勘查边界线以东的石炭—二叠纪含煤区域。

图2-1-1　2006年内蒙古煤田地质局勘探队施工现场

鄂尔多斯石炭—二叠纪含煤盆地的总体构造形态为一走向近南北向的不对称向斜盆地，东翼宽缓、地层倾角3°~10°，地质构造简单；向斜轴位于预测Ⅱ区的中部，含煤地层埋藏较深；西翼陡峭，地层倾角10°~75°（局部地段出现倒转现象），地质构造相对复杂，沉积期后构造作用改造强烈，对含煤地层的破坏较为严重。向斜盆地东翼现有正在进行煤炭开发的准格尔煤田和清水河煤田，清水河煤田位于黄河东岸；西翼现有正在进行煤炭开发的桌子山煤田和乌达煤田，乌达煤田位于黄河西岸；桌子山煤田在北部被桌子山分割成东西两部分，南部在棋盘井矿区合并为统一整体。鄂尔多斯石炭—二叠纪含煤盆地的含煤地层为石炭系上统太原组和二叠系下统山西组，含煤地层最大埋藏深度1524米（不含预测区）。鄂尔多斯石炭—二叠纪含煤盆地的范围：东起清水河煤田的东部边界线、西至乌达煤田西部边界线，北起乌兰格尔隆起的南缘9号煤层隐伏露头线、南至蒙陕省界。含煤盆地（内蒙古部分）总面积72302平方千米，含煤盆地总煤炭资源量10324.64亿吨，其中探获煤炭资源量1217.44亿吨（保有煤炭资源量1192.48亿吨），潜在的预测煤炭资源量9107.20亿吨，探获煤炭资源量仅占总煤炭资源量的12%，勘查程度相对较低。煤类以长焰煤为主，占53.93%；其次为不黏煤，占32.37%；气煤占7.88%；焦煤占2.50%；1/3焦煤占 1.89%；其他煤类占 1.43%。

鄂尔多斯石炭—二叠纪含煤盆地的煤质变化规律由东向西煤的变质程度逐渐增高，由长焰煤、不黏煤、弱黏煤、气煤、焦煤至无烟煤变化，因而，预测Ⅰ区、预测Ⅱ区因埋藏深度大，虽不是煤炭资源开发的有利地段，但煤层变质程度高、盖层厚度大、封闭性好，依然是煤层气资源开发的最有利区域。著名煤田有准格尔煤田、桌子山煤田和乌达煤田。在准格尔煤田划定了一个国家级规划矿区，即准格尔煤炭国家规划矿区。鄂尔多斯石炭—二叠纪含煤盆地内共提交各类勘查报告 215 件，施工钻孔 6856 个，总工程量 2409199.23 米。鄂尔多斯石炭—二叠纪含煤盆地基本情况见表 2-1-6。

表 2-1-6 鄂尔多斯石炭—二叠纪含煤盆地基本情况统计表

含煤盆地		面积（平方千米）	主要含煤地层	提交报告（件）	施工钻孔（个）	最大垂深（米）	勘查区		预测区	
							面积（平方千米）	资源量（万吨）	面积（平方千米）	资源量（万吨）
清水河煤田		120	C_{2t}	5	44	170	120	19893	—	—
乌达煤田		105	P_{1sh}、C_{2t}	18	381	970	105	58018	—	—
桌子山煤田	桌子山矿区	420	P_{1sh}、C_{2t}	49	1605	1100	420	345591		
	棋盘井矿区	707	P_{1sh}、C_{2t}	29	399	1437	707	325563		
	上海庙矿区	1250	P_{1sh}、C_{2t}	17	409	1524	1250	857599		
准格尔煤田	国家规划区	3300	P_{1sh}、C_{2t}	88	3691	1200	3300	7152179		
	深部勘查区	2400	P_{1sh}、C_{2t}	9	327	1500	2400	3415563		
	预测Ⅰ区	39800	P_{1sh}、C_{2t}	—	—	3200			39800	56635400
	预测Ⅱ区	24200	P_{1sh}、C_{2t}	—	—	5600			24200	34436600
合计		72302		215	6856	5600	8302	12174406	64000	91072000

（二）侏罗纪含煤盆地

鄂尔多斯侏罗纪含煤盆地为国内著名的特大型整装含煤盆地之一，含煤盆地内未划分煤田，统称"东胜煤田"，即广义的"东胜煤田"。根据煤炭资源赋存特征、地理位置及勘查情况，将其含煤区域划分为 5 个含煤区块，即东胜煤田桌子山东麓矿区、东胜煤田上海庙矿区、东胜煤炭国家规划矿区、东胜煤田深部勘查区、东胜煤田深部预测区。鄂尔多斯侏罗纪含煤盆地为一不对称的向斜盆地，地层倾角东小、西大，向斜轴位于杭锦旗的巴拉贡镇—鄂托克前旗的敖勒召其镇一线。

含煤盆地范围：东界为东胜煤田延安组底界东部露头线，北界与鄂尔多斯石炭—二叠纪含煤盆地的北部边界线基本一致（略向内），西界的北部为桌子山东麓延安组底界西部露头线、南部为上海庙矿区延安组底界西部隐伏露头线，南界为蒙陕省界。含煤地层为侏罗系中统延安组，含煤地层最大埋藏深度 1597 米（不含预测区），含煤盆地总面积 64261 平方千米，含煤盆地总煤炭资源量 9702.86 亿吨，其中探获资源量 6001.65 亿吨（保有资源量 5959.96 亿吨），潜在的预测资源量 3701.21 亿吨。煤类以不黏煤为主，占 98.76%；其次为长焰煤，占 0.75%；其他煤类占 0.49%。在东胜煤田划定了一个国家级规划矿区，即东胜煤炭国家规划矿区。鄂尔多斯侏罗纪含煤盆地共提交各类勘查报告338件，施工煤炭勘查钻孔12894个，总工程量7435413.29米。鄂尔多斯侏罗纪含煤盆地基本情况见表2-1-7。

表2-1-7 鄂尔多斯侏罗纪含煤盆地基本情况统计表

含煤盆地		面积（平方千米）	主要含煤地层	提交报告（件）	施工钻孔（个）	最大垂深（米）	勘查区		预测区	
							面积（平方千米）	资源量（万吨）	面积（平方千米）	资源量（万吨）
东胜煤田	桌子山东麓矿区	41	J_{2y}	10	193	950	41	19054	—	—
	上海庙矿区	1250	J_{2y}	31	640	1292	1250	1155510		
	国家规划区	11854	J_{2y}	225	8628	1191	11854	19756803		
	深部勘查区	27859	J_{2y}	72	3433	1597	27086	39085144	773	1786462
	深部预测区	23257	J_{2y}			2000			23257	35225615
	合计	64261		338	12894	2000	40231	60016511	24030	37012077

六、阿拉善含煤盆地群

阿拉善含煤盆地群行政隶属阿拉善盟，与阿拉善盟辖区一致。阿拉善盟区域面积267574平方千米，煤炭勘查区总面积4189平方千米，占1.57%。阿拉善盟的中部为巴丹吉林沙漠、东南部为腾格里沙漠，其下均为沉积型盆地，因自然环境恶劣，到目前为止仍然是煤炭勘查空白区。阿拉善含煤盆地群内的地质勘查程度较低，目前共发现潮水含煤盆地、黑山含煤盆地、贺兰山（西麓）含煤盆地、喇嘛敖包含煤盆地、北山含煤盆地、希热哈达含煤盆地6个含煤盆地，盆地类型为山间盆地和断陷盆地，地质构造相对复杂、对含煤地层的连续性破坏较大。

阿拉善含煤盆地群的主要含煤地层为侏罗系中统延安组、侏罗系中统龙凤山组、石炭系上统太原组、二叠系下统山西组及石炭系上统羊虎沟组、石炭系上统本溪组，羊虎沟组和本溪组目前已并入石炭系上统太原组下段。

含煤盆地群内的含煤地层最大埋藏深度1450米（不含预测区），含煤盆地群总面积4543平方千米，总煤炭资源量92.71亿吨，其中探获煤炭资源量75.18亿吨（保有资源量73.04亿吨），勘查区累计面积4189平方千米；潜在的预测煤炭资源量17.53亿吨，预测区累计面积354平方千米。煤类以贫煤为主，占31.48%；其次为无烟煤占19.96%；长焰煤占16.80%；焦煤占9.35%；肥煤占9.10%；弱黏煤占5.00%；1/2中黏煤占3.86%；瘦煤占3.07%；不黏煤、气煤占1.38%。阿拉善含煤盆地群中面积最大的是潮水含煤盆地，煤炭资源量最多的是黑山含煤盆地，勘查、开发、研究程度最高的是贺兰山

图2-1-2 2009年，内蒙古煤田地质局勘探队在额济纳旗进行地质调查

(西麓)含煤盆地中的二道岭矿区、呼鲁斯太矿区和喇嘛敖包含煤盆地中的新井矿区。著名煤田有贺兰山(西麓)煤田。

阿拉善含煤盆地群共提交各类勘查报告74份,施工钻孔1470个,总工程量856145.37米。基本情况见表2-1-8。

表2-1-8 阿拉善含煤盆地群基本情况统计表

含煤盆地		面积（平方千米）	主要含煤地层	提交报告（件）	施工钻孔（个）	最大垂深（米）	勘查区		预测区	
							面积（平方千米）	资源量（万吨）	面积（平方千米）	资源量（万吨）
潮水含煤盆地		2344	J_{2l}	21	374	800	2344	120016	—	—
黑山含煤盆地		405	C_{2t}	6	348	1370	405	226219	—	—
贺兰山（西麓）含煤盆地	呼鲁斯太矿区	100	P_{1sh}、C_{2t}	10	237	1450	100	94699		
	二道岭矿区	195	J_{2y}	18	103	800	135	73346	60	61655
	周家田预查区	65	C_{2t}	1	9	1200	65	53596		
	巴伦别立预查区	45	P_{1sh}、C_{2t}	1	6	1200	45	13040		
	庙前梁预测区	87	C_{2t}			2000			87	65360
	炭井沟预测区	23	J_{2y}			2000			23	17430
喇嘛敖包含煤盆地	喇嘛敖包普查区	10	C_{2t}	1	14	475	10	446		
	炭井子沟详查区	14	C_{2t}	1	41	1200	14	12124		
	乌兰呼都格预查区	231	C_{2t}	1	9	1200	231	51510		
	大沙蒿勘探区	41	C_{2t}	2	194	1237	41	26106		
	新井预查区	173	J_{2y}	5	35	1200	173	29053		
	巴音白崖子普查区	50	J_{2y}	1	26	660				5352
北山含煤盆地	北山矿区	468	J_{2l}	3	51	800	458	8750	10	2238
	岌岌台预测区	124	J_{2l}			2000			124	13511
	沙婆泉预测区	50	J_{2l}			2000			50	15154
希热哈达含煤盆地		118	J_{2l}	3	23	70	118	37561		
合　计		4543		74	1470	2000	4189	751818	354	175348

第四节 主要煤田（矿区）分布及特征

全区六大含煤盆地群中共有煤田121个,其中有勘查工程控制的煤田108个、预测煤田13个。在有勘查工程控制的煤田中,有特大型煤田14个（资源量大于100亿吨）,大型煤田8个（资源量在50~100亿吨）,中型煤田21个（资源量在10亿~50亿吨）,小型煤田（或煤产地）65个（资源量小于10亿吨）。纳入国家大型煤炭基地建设的煤田有胜利、伊敏、宝日希勒、白音华、霍林河、扎赉诺尔、大雁、元宝山、平庄、东胜、准格尔、桌子山、白彦花等16个煤田,累计面积5.51万平方千米,835件各类勘查报告提交总资源量8303.09亿吨。其他中型以上煤田有呼和诺尔、红花尔基、胡列也吐、乌尔逊、莫达木吉、特兰图、南屯—马达木吉、乌固诺尔、西胡里吐、高力罕、巴彦胡硕、五间房、巴彦宝力格、巴其北、额合宝力格、乌尼特、白音乌拉、查干诺尔、沙尔花、白音霍布尔、道特诺尔、那仁宝力格、吉林郭勒、赛汉塔拉、查干陶勒盖、达来、贺斯格乌拉、黑山、喇嘛敖包、潮水等30个煤田，累计面积2.95万平方千米，268件各类勘查报告提交总资源量2593.19亿吨。所剩62个小型煤田（或煤产地）累计面积7336平方千米，260件各类勘查报告提交总资源量145.75亿吨。13个预测煤田（或煤产地）累计面积3977平方千米，预测资源量393.97亿吨。

一、国家大型煤炭基地煤田

纳入国家大型煤炭基地内的16个煤田主要勘查成果见表2-1-9、表2-1-10。

表2-1-9 全区国家大型煤炭基地内的16个煤田基本情况统计表

煤田名称	面积（平方千米）	主要含煤地层	提交报告（件）	施工钻孔（个）	钻探工程量（米）	最大垂深（米）	矿山数（个）/年产量（万吨）	保有资源量（万吨）合计	（334?）
东 胜	40231	J_2y	338	12894	7435413.29	1597	250/36492	21594602	38004998
准格尔	5700	P_1sh、C_2t	97	4018	1354284.93	1500	46/19071	4790291	5631993
胜 利	545	K_1d	21	2013	601440.32	980	8/4698	2165225	191521
伊 敏	1140	K_1ym、K_1d	26	2075	874125.93	1009	3/2308	1478955	406558
宝日希勒	846	K_1ym	21	2448	454186.36	466	14/3692	1461332	80083
桌子山	2377	P_1sh、C_2t	95	2413	983618.97	1524	95/3500	814759	646545
白音华	533	K_1d	14	1027	320933.99	1177	5/3292	1146322	130872
霍林河	530	K_1d	21	2540	735400.56	1195	20/5791	956873	161591
白彦花	978	K_1d	8	842	194333.01	785	—	788521	76162
扎赉诺尔	1035	K_1ym、K_1d	21	721	269812.06	855	6/1325	414578	397677
大 雁	192	K_1ym、K_1d	13	844	300579.20	950	5/180	173296	48783
贺兰山	345	J_2y、C_2t	30	355	168991.59	2000	18/715	146036	72386
元宝山	220	K_1f	41	2077	609932.89	900	17/1683	85814	—
大青山	226	$J_{1-2}w$、P_1z	37	488	181163.28	600	16/420	51689	20474
平 庄	121	K_1f	34	1724	402639.06	1100	16/610	29512	
乌 达	105	P_1sh、C_2t	18	381	65571.69	970	6/448	26258	
合 计	55124		835	36860	14952427.13	2000	525/84225	36124063	45869643

表2-1-10 全区国家大型煤炭基地16个煤田提交资源量煤类统计表　　　　　　　万吨

煤田名称	合计	褐煤	长焰煤	不黏煤	弱黏煤	1/2中黏煤	气煤	肥煤	1/3焦煤	焦煤	瘦煤	贫瘦煤	贫煤	无烟煤
东 胜	60016513	—	451698	59273013	290715	—		16	1071					
准格尔	10567742	—	6546047	3922834	7079	—	91782							
胜 利	2385975	2322464	63511											
伊 敏	1942962	1724589	196474	2499	2999	597	2829		4842	4546	252	616	2719	
宝日希勒	1574443	1515666	58777											

表 2-1-10（续） 万吨

煤田名称	合计	褐煤	长焰煤	不黏煤	弱黏煤	1/2中黏煤	气煤	肥煤	1/3焦煤	焦煤	瘦煤	贫瘦煤	贫煤	无烟煤
桌子山	1528755	—	—	18202	—	1289	865520	154930	228439	260375	—	—	—	—
白音华	1298076	1298076	—	—	—	—	—	—	—	—	—	—	—	—
霍林河	1178089	1091942	86147	—	—	—	—	—	—	—	—	—	—	—
白彦花	864683	864683	—	—	—	—	—	—	—	—	—	—	—	—
扎赉诺尔	855997	855997	—	—	—	—	—	—	—	—	—	—	—	—
大雁	242622	169712	72910	—	—	—	—	—	—	—	—	—	—	—
贺兰山	234681	—	—	—	—	—	2593	68422	—	70316	22717	—	10789	59844
元宝山	125551	125121	430	—	—	—	—	—	—	—	—	—	—	—
大青山	98591	—	813	15078	9605	—	5010	8817	—	43218	10796	—	2504	2750
平庄	58210	58210	—	—	—	—	—	—	—	—	—	—	—	—
乌达	58017	—	—	—	—	—	2495	7756	1136	44477	—	1495	—	658
合计	83030907	10026460	7476807	63231626	310398	1886	970229	239925	234433	424003	33765	2111	16012	63252

（一）蒙东煤炭基地（内蒙古部分）

1. 胜利煤田

胜利煤田位于锡林郭勒盟锡林浩特市境内，煤田面积545平方千米。煤田地质勘查工作始于1973年，共提交各类勘查报告21件，施工钻孔2013个，完成钻探工程量601440.32米。

煤田成煤于中生代白垩纪，煤田盆地基底由志留—泥盆系和二叠系组成，含煤地层为白垩系下统大磨拐河组。煤田内部为一宽缓的向斜构造，向斜轴向总体方向为NE—SW向。

图2-1-3 2009年，内蒙古煤田地质局在胜利煤田施工现场

煤田内含煤地层含有15个煤组，钻孔见煤层最大厚度305.90米、最小厚度0.44米，见最多煤层226层、见最少煤层2层，一般为8~9层，平均含煤系数

17%，在富煤带中心含煤系数最大可达51%。各可采煤层原煤水分 5.82%～24.31%，原煤灰分 7.29%～39.45%，浮煤挥发分 39.12%～50.58%，原煤全硫 0.32%～3.89%，原煤干基低位发热量 17.29×10^6～20.76×10^6 焦耳/千克，可选性等级为极难选煤，煤类为褐煤、长焰煤，可作为动力用煤和民用煤。

胜利煤田地下水含水层有第四系松散含水层、新近系孔隙承压含水层、煤系地层顶部砂砾岩裂隙孔隙承压含水层，煤田矿床水文地质勘查类型为Ⅱ类Ⅰ型。属二氧化碳—氮气带，各可采煤层煤尘有爆炸危险性，容易自燃。

截至 2015 年底，共提交总资源量 2385975 万吨（褐煤 2322464 万吨、长焰煤 63511 万吨），其中查明资源量 2194454 万吨、(334?) 资源量 191521 万吨；保有资源量 2165225 万吨。资源量计算最大垂深 980 米（表 2-1-11）。

表 2-1-11 胜利煤田可采煤层特征统计表　　　　　　　米

煤层号	总厚度	可采厚度	层间距	可采性	稳定性	煤层号	总厚度	可采厚度	层间距	可采性	稳定性
3	0.19～22.05 / 21.61	1.50～20.87 / 2.10	0.74～58.99 / 14.73	零星可采	不稳定	7	0.10～16.42 / 3.56	1.50～16.18 / 5.22	0.05～26.46 / 8.50	大部可采	较稳定
4	0.25～37.92 / 13.06	1.50～37.67 / 13.85	0.83～99.26 / 24.53	大部可采	较稳定	8	0.14～13.88 / 2.92	1.50～13.88 / 4.08	1.26～37.36 / 13.13	大部可采	较稳定
5	0.10～67.79 / 19.84	1.50～67.52 / 21.40	6.49～51.71 / 24.58	大部可采	较稳定	9	0.05～17.01 / 2.80	1.50～15.55 / 4.17	2.02～124.71 / 30.93	大部可采	较稳定
6上	0.48～4.74 / 1.66	1.50～4.74 / 1.84	0.25～90.88 / 24.06	局部可采	不稳定	10	0.15～12.13 / 3.08	1.50～11.98 / 4.09	1.16～131.33 / 47.59	局部可采	不稳定
6	0.90～123.80 / 33.09	2.81～123.33 / 34.23	0.34～59.93 / 11.02	全区可采	较稳定	11	0.10～24.02 / 3.21	1.50～25.86 / 5.75	42.90～129.07 / 73.76	局部可采	不稳定
6下	0.05～17.83 / 3.90	1.50～17.69 / 4.93	3.06～75.87 / 31.33	局部可采	不稳定	12	0.10～34.60 / 6.51	1.50～29.82 / 9.93			

2. 伊敏煤田

伊敏煤田位于大兴安岭西坡伊敏河中下游的东、西两侧，行政区划隶属于呼伦贝尔市鄂温克族自治旗。煤田含伊敏河东预查区、伊敏露天、伊敏外围普查及五牧场区，面积 1140 平方千米。

煤田地质勘查工作始于 1973 年，共提交各类勘查报告 26 件，施工钻孔 2075 个，完成钻探工程量 874125.93 米。

煤田为一断陷含煤盆地，盆地内部又发育有 3 个次一级的构造单元，即由南向北依次排列的伊敏向斜、五牧场背斜和孟根楚鲁向斜，为相对独立的含煤盆地，构造复杂程度为中等类型。

图 2-1-4 伊敏煤田勘查大会战全景图

含煤地层为白垩系下统伊敏组及大磨拐河组。含煤地层基底为白垩系下统梅勒图组，盖层因后期剥蚀殆尽直接被第四系覆盖。

大磨拐河组广泛发育于伊敏组之下，为本区主要含煤地层之一，地层厚度约450米；伊敏组为本区露天开采目的层，全区发育，地层厚度20～450米，含17个煤层组，以15$_上$、16$_下$发育最好。

伊敏组由上至下含1、2、3、4、5、6、7、8、9、12、13、14、15$_上$、15$_中$、15$_下$、16$_上$、16$_中$、16$_下$、17号共计19个煤层，15$_下$、16$_下$煤层相对稳定，煤层最大垂深698.70米、最小垂深41.04米，煤层累计厚度0.20～91.15米、平均厚度29.31米，可采煤层累计厚度2.89～87.31米、平均厚度34.96米，含煤地层平均总厚度335.78米，平均含煤系数8.7%。大磨拐河组由上至下含18、19、20、22、23-1、23-2、24、25、26-1、26-2、26-3、27-1$_上$、27-1$_中$、27-1$_下$、27-2、27-3、28、29、30、31号共计20个煤层，煤层厚度一般5米左右，埋藏深度一般650米左右，最大埋藏深度大于1000米。煤层累计厚度3.20～78.94米，平均累计厚度24.17米；可采煤层累计厚度0.90～46.41米，平均累计厚度16.92米。平均含煤系数2.50%。

伊敏组各可采煤层特征见表2-1-12，大磨拐河组各可采煤层特征见表2-1-13。

各可采煤层原煤水分4.90%～11.11%，原煤灰分12.61%～24.09%，浮煤挥发分41.21%～46.88%，原煤全硫0.34%～1.18%，原煤干基低位发热量（20.36～23.42）×10^6焦耳/千克，可选性等级为难选煤。煤类以褐煤、长焰煤为主，可作为动力用煤和民用煤。

表2-1-12 伊敏煤田伊敏组可采煤层特征统计表　　　　米

煤层号	总厚度	可采厚度	层间距	可采性	稳定性	煤层号	总厚度	可采厚度	层间距	可采性	稳定性
1	$\frac{4.60～5.40}{4.97}$	$\frac{4.60～5.40}{4.97}$	$\frac{4.95～16.85}{11.50}$	局部可采	较稳定	15$_上$	$\frac{0.25～36.10}{9.83}$	$\frac{1.00～29.64}{9.70}$	$\frac{1.73～136.75}{18.80}$	全区可采	稳定
2	$\frac{2.50～5.75}{4.92}$	$\frac{2.50～5.75}{4.92}$	$\frac{0.37～25.85}{9.93}$	局部可采	较稳定	15$_中$	$\frac{0.30～6.80}{1.23}$	$\frac{1.00～2.35}{1.42}$	$\frac{1.15～26.20}{8.31}$	局部可采	较稳定
3	$\frac{2.57～12.43}{8.17}$	$\frac{2.57～12.43}{8.17}$	$\frac{3.60～12.90}{6.11}$	局部可采	较稳定	15$_下$	$\frac{0.30～3.63}{1.37}$	$\frac{1.00～3.58}{1.74}$	$\frac{4.25～19.10}{8.95}$	局部可采	较稳定
4	$\frac{2.77～9.20}{6.85}$	$\frac{2.77～9.20}{6.85}$	$\frac{9.53～34.50}{18.46}$	局部可采	较稳定	16$_上$	$\frac{0.45～5.60}{2.55}$	$\frac{1.00～5.60}{2.77}$	$\frac{2.65～10.05}{6.06}$	局部可采	较稳定
5	$\frac{0.50～16.33}{8.52}$	$\frac{2.50～16.33}{8.90}$	$\frac{13.00～55.85}{28.11}$	局部可采	较稳定	16$_中$	$\frac{0.30～22.48}{5.30}$	$\frac{1.00～14.00}{5.36}$	$\frac{2.90～73.20}{28.68}$	局部可采	较稳定
9	$\frac{0.30～4.70}{1.88}$	$\frac{1.00～4.70}{2.09}$	$\frac{2.25～13.15}{7.34}$	局部可采	较稳定	16$_下$	$\frac{0.50～57.50}{24.64}$	$\frac{1.04～54.05}{22.45}$	$\frac{1.23～94.15}{36.98}$	全区可采	稳定
14	$\frac{0.20～15.57}{3.67}$	$\frac{1.00～14.04}{3.84}$	$\frac{1.95～50.65}{22.60}$	局部可采	较稳定	17	$\frac{0.32～13.99}{3.07}$	$\frac{1.00～7.61}{2.32}$		局部可采	较稳定

伊敏煤田的含水层分为伊敏组煤系含水层和大磨拐河组煤系含水层。伊敏组煤系含水层分布于伊敏煤田的大部分地区，含水层厚度65～135米，岩性由砂砾岩和煤层组成，为孔隙、裂隙含水层，含水富、导水性强，是区域内主要含水层。大磨拐河组煤系含水层在全煤田内发育，含水层厚度41～595米，岩性由砾岩、砂砾岩、中粗粒砂岩和煤层组成，为裂隙、孔隙含水层，地下水水力性质为承压水。在

煤田南部的伊敏露天区由于含煤地层埋藏浅，地下水来源充足，孔隙、裂隙发育，富、导水性好；在煤田北部的五牧场区含煤地层埋藏深，地下水补给来源少，地层的孔隙、裂隙发育差，富、导水性相对较差。伊敏煤田的矿床水文地质勘查类型为二类三型，工程地质勘查类型为一类三型，瓦斯带在300米以上属二氧化碳—氮气带、在300米以下属氮气—瓦斯带，煤尘具有爆炸危险性，容易自燃，自然发火期1~6个月，地温正常，煤田地质环境类型为第二类，即地质环境质量中等。

表2-1-13　伊敏煤田大磨拐河组可采煤层特征统计表　　　米

煤层号	纯煤厚度	层间距	可采性	稳定性	煤层号	纯煤厚度	层间距	可采性	稳定性
19	$\frac{0.65~10.83}{4.66}$	10.15	局部可采	较稳定	27~1上	$\frac{0.45~9.82}{4.23}$	$\frac{0.95~9.90}{2.16}$	大部可采	较稳定
20	$\frac{8.50~14.85}{11.63}$	$\frac{12.70~64.75}{35.33}$	局部可采	较稳定	27~1中	$\frac{0.30~2.50}{0.91}$	$\frac{0.50~5.75}{2.29}$	大部可采	较稳定
22	$\frac{0.40~21.57}{4.57}$		局部可采	较稳定	27~1下	$\frac{0.35~2.25}{1.03}$	$\frac{4.72~42.14}{14.20}$	大部可采	较稳定
24	$\frac{0.50~11.75}{5.60}$	$\frac{3.30~26.20}{11.55}$	局部可采	较稳定	27~2	$\frac{0.12~1.75}{1.15}$	$\frac{0.83~23.48}{8.20}$	局部可采	较稳定
25	$\frac{0.55~7.22}{2.14}$	27.72	局部可采	较稳定	27~3	$\frac{0.50~4.82}{2.62}$	$\frac{10.82~59.72}{24.86}$	大部可采	较稳定
26~1	$\frac{1.00~22.30}{9.32}$	$\frac{6.31~71.33}{27.22}$	大部可采	较稳定	28	$\frac{0.75~14.31}{7.13}$	$\frac{1.28~61.91}{19.15}$	局部可采	较稳定
26~2	$\frac{0.35~27.20}{13.55}$	$\frac{1.03~48.07}{15.69}$	大部可采	较稳定	29	$\frac{0.50~7.96}{3.00}$	$\frac{2.55~28.54}{15.36}$	局部可采	较稳定
26~3	$\frac{0.30~8.71}{4.05}$	$\frac{2.16~53.32}{31.07}$	局部可采	较稳定	30	$\frac{0.47~3.40}{1.64}$		局部可采	较稳定

截至2015年底，共提交总资源量1942962万吨（褐煤1724589万吨、长焰煤196474万吨、不黏煤2499万吨、弱黏煤2999万吨、1/2中黏煤597万吨、气煤2829万吨、1/3焦煤4842万吨、焦煤4546万吨、瘦煤252万吨、贫瘦煤616万吨、贫煤2719万吨），其中查明资源量1536405万吨、（334?）资源量406558万吨；保有资源量1478955万吨。资源量计算最大垂深1009米。

3. 宝日希勒煤田

宝日希勒煤田与陈巴尔虎旗含煤盆地位置、范围基本一致，行政区划隶属呼伦贝尔市陈巴尔虎旗管辖，煤田面积846平方千米。煤田地质勘查工作始于1972年，共提交各类勘查报告21件，施工钻孔2448个，完成钻探工程量454186.36米。

煤田含煤地层为白垩系下统伊敏组，含煤地层基底为侏罗系上统白音高老组，盖层因后期剥蚀殆尽直接被第四系覆盖。

煤田为一走向近东西的断陷盆地，煤田内部地层平缓，倾角一般在5°左右，局部有微波状起伏，共发现正断层26条、逆断层3条，断距12~80米，构造复杂程度为中等类型。煤田内无岩浆岩。

煤田有6个煤组、含可采煤层14层，含煤地层最大厚度178.08米，一般厚度139.39米，含煤系数21%。主采煤层有1-2、2-1、2-2、3-1、3-3煤层5层，1-2、3-1煤层厚度大是露天开采的主要目的层。宝日希勒煤田可采煤层特征见表2-1-14。

表 2-1-14　宝日希勒煤田可采煤层特征统计表　　　　　　　　　　　　米

煤层号	总厚度	可采厚度	层间距	可采性	稳定性	煤层号	总厚度	可采厚度	层间距	可采性	稳定性
B	$\frac{0.90\sim11.07}{5.89}$	$\frac{1.50\sim10.90}{6.11}$	$\frac{6.35\sim47.69}{23.97}$	局部可采	较稳定	2-2	$\frac{0.30\sim11.05}{4.69}$	$\frac{1.53\sim11.05}{5.12}$	$\frac{0.85\sim38.50}{14.87}$	大部可采	较稳定
1-1	$\frac{1.06\sim21.43}{9.20}$	$\frac{1.50\sim20.06}{9.42}$	$\frac{15.04\sim37.43}{25.63}$	局部可采	较稳定	2-3	$\frac{0.34\sim27.34}{9.75}$	$\frac{1.50\sim17.98}{9.70}$	$\frac{27.34\sim51.00}{41.25}$	局部可采	较稳定
1-2	$\frac{0.50\sim35.10}{16.51}$	$\frac{1.51\sim33.39}{17.25}$	$\frac{0.35\sim12.55}{2.71}$	全区可采	稳定	3-1	$\frac{0.30\sim19.07}{7.79}$	$\frac{1.50\sim19.07}{8.56}$	$\frac{4.25\sim19.10}{8.95}$	全区可采	稳定
1-3	$\frac{0.15\sim3.08}{1.72}$	$\frac{1.50\sim2.22}{1.91}$	$\frac{0.50\sim12.14}{8.25}$	局部可采	较稳定	3-2	$\frac{0.50\sim0.80}{0.68}$		$\frac{0.62\sim28.68}{12.50}$	不可采	不稳定
1-4	$\frac{0.31\sim4.20}{1.74}$	$\frac{1.50\sim4.20}{2.12}$	$\frac{0.28\sim34.27}{5.21}$	局部可采	较稳定	3-3	$\frac{0.15\sim10.08}{2.74}$	$\frac{1.50\sim10.08}{3.45}$	$\frac{4.42\sim40.70}{12.73}$	大部可采	较稳定
1-5	$\frac{0.38\sim4.74}{1.69}$		$\frac{7.33\sim35.06}{18.85}$	不可采	不稳定	4	$\frac{0.22\sim4.95}{1.43}$	$\frac{1.50\sim4.95}{2.25}$	$\frac{0.20\sim23.80}{4.17}$	局部可采	较稳定
2-1	$\frac{0.18\sim20.56}{6.11}$	$\frac{1.52\sim20.56}{6.85}$	$\frac{5.50\sim35.29}{18.22}$	大部可采	较稳定	5	$\frac{0.30\sim4.64}{1.61}$	$\frac{1.51\sim4.39}{1.97}$		局部可采	较稳定

各可采煤层原煤水分 12.36% ~ 19.15%，原煤灰分 12.81% ~ 15.27%，浮煤挥发分 40.75% ~ 43.57%，原煤全硫 0.13% ~ 0.26%，原煤干基低位发热量 20.23×10^6 ~ 21.85×10^6 焦耳/千克，灰熔融性 1130 ~ 1214℃，焦油率 1.91% ~ 6.76%，可选性等级为极难选煤，煤类为褐煤、长焰煤，可作为动力用煤和民用煤。

宝日希勒煤田含水层由第四系和煤系地层裂隙孔隙含水层构成，矿床水文地质勘查类型为一类三型。煤田内含煤地层中各粒级岩层的单向抗压强度 2.0 ~ 16.8 兆帕，属于软弱岩类，工程地质条件为Ⅰ类二型。各主采煤层瓦斯含量 0.01 ~ 0.67 立方米/吨，属于瓦斯风化带。各主采煤层有煤尘爆炸危险性，容易自燃，自然发火期 1 ~ 6 个月，地温正常，煤田地质环境类型为第二类，即地质环境质量中等。

截至 2015 年底，共提交总资源量 1574443 万吨（褐煤 1515666 万吨、长焰煤 58777 万吨），其中查明资源量 1494360 万吨、(334?) 资源量 80083 万吨；保有资源量 1461332 万吨。资源量计算最大垂深 466 米。

4. 白音华煤田

白音华煤田位于锡林郭勒盟西乌旗境内，行政区划隶属白音华苏木和哈日根台苏木管辖，煤田面积 533 平方千米。煤田地质勘查工作始于 1968 年，共提交各类勘查报告 14 件，施工钻孔 1027 个，完成钻探工程量 320933.99 米。

煤田为全掩盖煤田，煤田基本构造为一极平缓的向斜构造，向斜轴两翼地层倾角平缓，约在 10°~15° 以内，但具有不对称性，沿向斜轴方向有明显的波状起伏现象，并向东北倾伏，区内地质构造简单，无岩浆岩。

含煤地层为白垩系下统大磨拐河组的第三段，地层厚度平均约 220 米。在本段地层中含 3 个煤组，8~11 个煤层；煤层总厚平均约 34 米，含煤系数平均约 15%。可采煤层有一煤组、二煤组、三煤组 3 层。各可采煤层特征见表 2-1-15。

可采煤层原煤水分 3.38% ~ 22.94%，原煤灰分 9.38% ~ 39.87%，浮煤挥发分 33.28% ~ 49.54%，原煤全

硫0.74%～0.95%，原煤干基低位发热量20.12×10⁶～21.97×10⁶焦耳/千克，可选性等级为中等可选—极难选煤，煤类为褐煤，可作为动力用煤和民用煤。

表2-1-15 白音华煤田可采煤层特征统计表　　　　　米

普查区	煤厚	一井田	煤厚	一露天	煤厚	二露天	煤厚	三露天	煤厚	四露天	煤厚
一煤组	$\frac{0.20\sim28.01}{9.74}$	1-1	2.40～8.00	1-1	1.25～3.55	1-1	$\frac{1.7\sim9.55}{5.02}$	1上	$\frac{1.51\sim7.60}{4.70}$	上六	$\frac{1.55\sim3.60}{2.84}$
								1中	$\frac{0.35\sim8.11}{2.52}$	上五	$\frac{0.40\sim5.95}{3.29}$
				1-2	2.30～6.04	1-2	$\frac{1.50\sim8.50}{3.24}$	1-1	$\frac{0.30\sim16.22}{3.17}$	一煤层	$\frac{1.30\sim48.90}{25.62}$
								1-2	$\frac{0.36\sim7.15}{2.13}$	一下煤层	$\frac{0.15\sim8.55}{2.70}$
二煤组	$\frac{0.55\sim48.75}{14.66}$	2-1		2-1		2-1上	$\frac{1.64\sim5.78}{3.10}$	2-1上	$\frac{0.28\sim8.08}{3.29}$	二-1煤层	$\frac{0.25\sim6.45}{1.91}$
		2-2	0.45～22.95	2-2	3.65～21.75	2-1中下	$\frac{1.5\sim21.99}{14.63}$	2-1中	$\frac{0.40\sim19.79}{7.27}$	二-2煤层	$\frac{0.20\sim11.28}{2.56}$
		2		2下		2-2	$\frac{1.57\sim4.60}{2.52}$	2-1下	$\frac{0.35\sim13.89}{4.17}$	二-3煤层	$\frac{0.14\sim4.95}{1.41}$
三煤组	$\frac{0.30\sim38.78}{10.08}$	3-1-1	0.18～18.85	3-1	2.25～24.85	3-1	$\frac{2.52\sim20.50}{14.58}$	3-1	$\frac{0.85\sim39.84}{18.31}$	三煤层	$\frac{0.25\sim6.45}{1.91}$
		3-1-2		3-2	0.25～8.50	3-2	$\frac{1.52\sim20.65}{6.47}$	3-2	$\frac{0.15\sim17.75}{1.13}$		
		3-2-2	0.30～10.30			3-3	$\frac{1.55\sim26.37}{7.12}$	3-3	$\frac{0.50\sim19.75}{6.40}$		

煤田地下水含水层有第四系孔隙潜水含水层、基岩裂隙承压含水层、碎屑岩裂隙孔隙承压含水层。煤系地层各含水层段在水平和垂直方向上各向异性，使得其间的水力联系呈不均一性，加之含水层分布范围与煤层分布范围相当，以消耗储存量为主，水量有限，补给微弱，煤田矿床水文地质勘查类型为二类二型。煤田内岩石以碎屑沉积岩为主，层状结构，岩体各向异性。煤层顶底板岩石力学强度低，以软弱岩石为主，稳固性差，工程地质勘查类型为三类二型。各煤层甲烷含量均<10%，属于二氧化碳—氮气带。各可采煤层有煤尘爆炸危险性，容易自燃。

截至2015年底，共提交总资源量1298076万吨（均为褐煤），其中查明资源量1167204万吨、(334?)资源量130872万吨；保有资源量1146322万吨。资源量计算最大垂深1177米。

5. 霍林河煤田

图2-1-5 2005年472队霍林河煤田勘二号井施工现场

霍林河煤田大部位于内蒙古自治区通辽市境内。煤田总体呈北东南西的狭长形展布,面积530平方千米。煤田地质勘查工作始于1967年,共提交各类勘查报告21件,施工钻孔2540个,完成钻探工程量735400.56米。

煤田含煤地层为白垩系下统大磨拐河组,含煤地层基底为晚侏罗纪火山岩系,盖层因后期剥蚀殆尽直接被第四系覆盖。

煤田总体为一半地堑构造。盆地内的白垩系下统大磨拐河组向北西倾斜,倾角一般小于10°,在盆地中心部位近水平,向西北边缘地层逐渐转为向南东倾斜,倾角12°~15°。其走向与盆地展布方向一致,总体为一不对称的宽缓向斜。

含煤地层大磨拐河组不整合或假整合覆于晚侏罗纪兴安岭群火山岩系之上,划分为6个岩段,自下而上为:砂砾岩段、下泥岩段、下含煤段、上泥岩段、上含煤段、顶泥岩段,地层总厚达1700米,其中上含煤段两层(8、9);下含煤段6个煤组:Ⅰ、Ⅱ、Ⅲ、ⅣA、ⅣC、Ⅳ,20个分层:ⅠA、ⅠB、ⅡA、ⅡB、ⅡC、ⅢA1、ⅢA2、ⅢA3、ⅢA、ⅢB、ⅢC、ⅣA1、ⅣA2、ⅣA3、ⅣA、ⅣB、ⅣC1、ⅣC2、ⅣC3、ⅣC。

各可采煤层原煤水分13.41%~19.23%,原煤灰分17.80%~31.82%,浮煤挥发分39.67%~47.69%,原煤全硫0.33%~1.68%,空气干燥基弹筒发热量($Q_{b,ad}$)17.72×10^6~19.87×10^{6}焦耳/千克,可选性等级为极难选煤,煤类以褐煤为主,可作为动力用煤和民用煤。霍林河煤田可采煤层特征见表2-1-16。

表2-1-16 霍林河煤田可采煤层特征统计表　　　　　　　　　　　米

煤层号	总厚度	层间距	可采性	稳定性	煤层号	总厚度	层间距	可采性	稳定性
8	$\frac{1.11~4.85}{1.62}$	$\frac{10~25}{15}$	局部可采	不稳定	ⅢB	$\frac{1~12.80}{4.28}$	$\frac{16.76~67.00}{36.88}$	大部可采	较稳定
9	$\frac{1.10~3.35}{1.57}$		局部可采	不稳定	ⅢC	$\frac{1.05~12.75}{2.77}$	$\frac{0.75~77.50}{23.09}$	局部可采	不稳定
下含煤段					ⅣA1	$\frac{1.05~4.60}{1.59}$	$\frac{16.22~63.16}{32.70}$	局部可采	不稳定
ⅠA	$\frac{1.05~9.30}{2.35}$	$\frac{0.5~103.49}{9.38}$	局部可采	不稳定	ⅣA2	$\frac{1.15~13.20}{2.35}$	$\frac{3.18~64.19}{16.70}$	局部可采	不稳定
ⅠB	$\frac{1~7.55}{2.13}$	$\frac{19.07~70.27}{34.93}$	局部可采	不稳定	ⅣA3	$\frac{1.00~21.53}{3.87}$	$\frac{5.20~33.75}{16.73}$	局部可采	不稳定
ⅡA	$\frac{1~6.92}{2.17}$	$\frac{1.62~51.79}{14.24}$	大部可采	较稳定	ⅣA	$\frac{1.08~16.43}{2.97}$	$\frac{2.155~36.25}{16.75}$	局部可采	不稳定
ⅡB	$\frac{1~13.76}{3.49}$	$\frac{1.70~29.49}{12.17}$	全区可采	较稳定	ⅣB	$\frac{1.05~22.04}{4.75}$	$\frac{32.97~146.21}{62.53}$	大部可采	较稳定
ⅡC	$\frac{1.05~9.74}{2.19}$	$\frac{2.22~47.90}{22.16}$	大部可采	较稳定	ⅣC1	$\frac{1.02~9.49}{2.25}$	$\frac{1.73~61.54}{20.48}$	大部分采	较稳定
ⅢA1	$\frac{1.30~8.01}{1.92}$	$\frac{1.20~17.15}{9.53}$	局部可采	不稳定	ⅣC2	$\frac{1.10~26.60}{8.57}$	$\frac{1.05~75.20}{21.39}$	局部可采	不稳定
ⅢA2	$\frac{1.02~8.35}{2.26}$	$\frac{3.30~35.75}{14.59}$	局部可采	不稳定	ⅣC3	$\frac{1.00~24.60}{3.13}$	$\frac{6.15~99.12}{22.58}$	局部可采	不稳定
ⅢA3	$\frac{1.10~8.42}{2.34}$	$\frac{6.31~69.32}{19.83}$	局部可采	不稳定	ⅣC	$\frac{1.00~27.03}{4.87}$	$\frac{2.10~31.87}{14.63}$	大部可采	较稳定
ⅢA	$\frac{1~16.60}{6.90}$		全区可采	较稳定					

霍林河煤田地下水含水层有松散层含水区、煤系风化带含水区、煤系基底含水区，煤田矿床水文地质勘查类型为二类三型。工程地质条件属于一类～二类二型。各可采煤层具有煤尘爆炸危险性，容易自燃。

截至2015年底，共提交总资源量1178089万吨（褐煤1091942万吨、长焰煤86147万吨），其中查明资源量1016498万吨、(334?)资源量161591万吨；保有资源量956873万吨。资源量计算最大垂深1195米。

6. 扎赉诺尔煤田

扎赉诺尔煤田位于呼伦贝尔市西部，行政区划隶属满洲里市管辖。煤田南北长45千米、东西宽23千米，面积1035平方千米。煤田地质勘查、开发历史较早。1958年以来，多家地勘单位在煤田内做了大量勘查工作，研究程度相对较高，共提交各类勘查报告21件，施工钻孔721个，完成钻探工程量269812.06米。

煤田含煤地层为白垩系下统大磨拐河组和伊敏组，含煤地层基底为白垩系下统梅勒图组、盖层为古近系渐新统。大磨拐河组上部为灰—深灰色巨厚层泥岩、粉砂岩，中夹中、细粒砂岩薄层；中部为泥岩、粉砂岩、砂岩及砾岩，含14个煤层；下部为杂色砾岩、砂砾岩及深灰色粉砂岩、泥岩、夹薄煤线。地层厚度大于1300米。伊敏组以灰白色粉砂岩、砂砾岩、粗粒砂岩、泥岩为主，夹中粒砂岩、细粒砂岩薄层，含17个煤层。与下伏地层大磨拐河组整合接触，地层最大厚度720米。

扎赉诺尔煤田为一走向北东的地堑式断陷盆地。煤田内部为轴向NE17°–NE47°，西翼缓、东翼陡的不对称宽缓向斜构造。西翼地层倾角一般在1°～6°之间，常伴有落差60米以内的正断层；东翼地层倾角一般在10°～16°之间，常伴有落差200～300米的正断层。向斜轴部断裂构造不发育，但伴有小型挠曲，地层具有缓波状起伏。煤田内无岩浆岩。

扎赉诺尔煤田共含4个煤组，有可采煤层18层，平均可采含煤系数4.6%。其中大磨拐河组含Ⅲ、Ⅳ两个煤组，含可采煤层4层，平均可采煤层总厚18.82米，平均可采含煤系数1.7%，主采煤层有Ⅲ1、Ⅳ1煤层2层；伊敏组含Ⅰ、Ⅱ两个煤组，含可采煤层14层，平均可采煤层总厚23.30米，平均可采含煤系数12.7%，主要可采煤层有$Ⅱ_{2-11}$、$Ⅱ_{2-12}$、$Ⅱ_{2-13}$、$Ⅱ_{3-1}$、$Ⅱ_{3-2}$、$Ⅱ_{3-3}$煤层6层。各可采煤层特征见表2–1–17。

表2–1–17 扎赉诺尔煤田主要可采煤层特征统计表　　　　　　　　　　米

煤层号	总厚度	可采厚度	可采性	稳定性	煤层号	总厚度	可采厚度	可采性	稳定性
$Ⅱ_{2-11}$	$\frac{0.63~4.63}{1.68}$	$\frac{1.52~2.90}{2.48}$	局部可采	较稳定	$Ⅱ_{3-2}$	$\frac{0.80~19.98}{12.15}$	$\frac{1.51~18.12}{9.89}$	大部可采	较稳定
$Ⅱ_{2-12}$	$\frac{0.35~19.58}{7.66}$	$\frac{1.50~16.89}{8.26}$	局部可采	较稳定	$Ⅱ_{3-3}$	$\frac{0.20~6.60}{3.52}$	$\frac{1.50~4.96}{6.98}$	局部可采	较稳定
$Ⅱ_{2-13}$	$\frac{0.05~2.57}{1.96}$	$\frac{1.50~2.25}{1.61}$	局部可采	较稳定	$Ⅲ_1$	$\frac{0.44~8.05}{6.11}$	$\frac{1.52~7.20}{6.85}$	大部可采	较稳定
$Ⅱ_{3-1}$	$\frac{0.35~6.30}{3.94}$	$\frac{1.56~5.10}{4.15}$	局部可采	较稳定	$Ⅳ_1$	$\frac{0.20~9.20}{6.22}$	$\frac{1.50~7.64}{5.17}$	大部可采	较稳定

各可采煤层原煤水分6.79%～19.15%，原煤灰分5.78%～39.79%，浮煤挥发分37.93%～47.02%，原煤全硫0.22%～0.44%，原煤干基低位发热

量 $19.68×10^6$ ~ $24.00×10^6$ 焦耳/千克，恒湿无灰基高位发热量 $21.49×10^6$ ~ $22.60×10^6$ 焦耳/千克，精煤回收率 20.6%~47.2%，煤类为褐煤，可作为动力、化工和民用煤。

扎赉诺尔煤田地下水含水层有第四系含水层、煤系地层裂隙孔隙含水层组。第四系含水层全区发育，厚度 19.00~25.58 米，岩性为细砂、中粗砂和砾砂，水位埋深 2.30~4.12 米，单位涌水量 2.206~2.546 升/（秒·米），渗透系数 9.876~18.004 米/天，水力性质为潜水，局部承压水。煤系地层裂隙孔隙含水层组分Ⅱ号煤层含水层、Ⅲ号煤组孔隙裂隙含水层、Ⅳ号煤组含水层、Ⅳ号煤组下基底砾岩含水层4个含水层。其中，Ⅱ号煤层含水层向深部含水层有增厚的趋势，含水规律随着深度的增加裂隙减少，单位涌水量和导水系数也相应减小，含水层厚度 15.39~35.36 米，单位涌水量 0.042~2.631 升/（秒·米）；Ⅲ号煤组孔隙裂隙含水层全区发育，以煤层含水为主的承压水，含水层厚度 2.16~46.00 米，单位涌水量 0.0144 升/（秒·米）；Ⅳ号煤组含水层为承压水，含水层厚度达 100 米以上，单位涌水量 1.179 升/（秒·米），渗透系数 4.21 米/天；Ⅳ号煤组下基底砾岩含水层为承压水，含水层厚度在 50 米以上，岩性为砾岩、砂岩。煤田内矿井正常涌水量 600 立方米/时，最大涌水量为 1300 立方米/时。含煤地层中各粒级岩层的单向抗压强度 0.11~78.43 兆帕，一般 2.58~15.34 兆帕，属于软弱岩类。各主采煤层瓦斯含量 0.10~1.05 立方米/吨，属于瓦斯风化带，为低瓦斯矿井。各主采煤层有煤尘爆炸危险性，容易自燃。煤田地质环境类型为第二类，即地质环境质量中等。

截至 2015 年底，共提交总资源量 855997 万吨（均为褐煤），其中查明资源量 458320 万吨、（334?）资源量 397677 万吨；保有资源量 414578 万吨。另有预测资源量 3048467 万吨，预测面积 1677 平方千米。资源量计算最大垂深 855 米。

7. 大雁煤田

大雁煤田位于大兴安岭西麓海拉尔河中游，行政区划隶属于呼伦贝尔市鄂温克族自治旗管辖，煤田面积 192 平方千米。煤田地质勘查工作始于 1956 年，勘查程度相对较高，共提交各类勘查报告 13 件，施工钻孔 844 个，完成钻探工程量 300579.20 米。

大雁煤田含煤地层为白垩系下统伊敏组和大磨拐河组，含煤地层基底为白垩系下统梅勒图组，盖层因后期剥蚀殆尽直接被第四系覆盖。

煤田为一向斜构造，即大雁—扎尼河向斜，向斜轴的方向为 N40°~80°E，倾向北西，倾角 15°~30°。向斜的浅部比较陡，一般倾角在 15°~20°，中部略缓，深部平缓。煤田内无岩浆岩。

含煤地层伊敏组平行不整合于大磨拐河组之上，共含煤层 15 层，其中 9、10 煤层发育最好，地层最小厚度 230 米，最大厚度 280 米，平均厚度 250 米。大磨拐河组全区发育，为本区最有经济价值的含煤地层，最小厚度 239 米，最大厚度 566 米，平均厚度 451 米，其含可采和不可采煤层 22 层，煤层平均总厚度 43.03 米，含煤系数为 9.6%。

大雁煤田共见全区可采、大部可采和局部可采煤层 29 层，由上到下编号为 9、10、14、15、16、17、18、19、22、25、26、27-1、27（27-2）、28-1、28（28-2）、29、29-1、29-2、30、30-1、30-2、30-3、31、32、33、34、35、36、37 号，其中：全区可采的煤层有 27、28、30 煤组的各煤层，即 27-1、27（27-2）、28-1、28（28-2）、30、30-1、30-

2、30-3 煤层；大部可采煤层 4 层，即 31、33、35、36 煤层，其余为局部可采煤层。9、10 号煤层只发育在本区西部（大雁西区），虽然相对全区为局部可采煤层，但在大雁西区是露天主采煤层。各可采煤层特征见表 2-1-18。

表 2-1-18　大雁煤田可采煤层特征统计表　　　　　　米

煤层号	总厚度	层间距	可采性	稳定性	煤层号	总厚度	层间距	可采性	稳定性
9	$\frac{0.60\sim53.10}{33.65}$	$\frac{0.1\sim19.15}{3.11}$	大部可采	较稳定	28-2	$\frac{0\sim10.76}{3.52}$		全区可采	稳定
10	$\frac{0.40\sim7.2}{2.01}$	—	大部可采	较稳定	30-1	$\frac{0\sim7.43}{2.91}$	$\frac{5.50\sim46.5}{19.54}$	大部可采	较稳定
16	$\frac{0.79\sim5.45}{2.11}$	$\frac{0.1\sim19.15}{3.11}$	局部可采	不稳定	30-2	$\frac{0.20\sim9.91}{3.45}$	$\frac{0.42\sim14.50}{5.38}$	大部可采	较稳定
17	$\frac{0.72\sim7.21}{2.89}$	$\frac{0.30\sim48.55}{12.75}$	大部可采	较稳定	30-3	$\frac{0.47\sim5.47}{1.96}$	$\frac{1.20\sim16.50}{7.65}$	大部可采	较稳定
18	$\frac{0.30\sim13.38}{4.03}$	$\frac{44.50\sim97.03}{65.90}$	大部可采	较稳定	30-4	$\frac{0.27\sim14.20}{3.49}$	$\frac{0.35\sim33.50}{8.95}$	大部可采	较稳定
22	$\frac{0.23\sim3.42}{1.55}$	$\frac{10.50\sim46.5}{23.47}$	局部可采	不稳定	33	$\frac{0\sim9.30}{3.83}$	$\frac{5.40\sim43.50}{17.64}$	局部可采	不稳定
25	$\frac{0.19\sim4.71}{1.42}$	$\frac{10.3\sim58.50}{30.22}$	局部可采	不稳定	34	$\frac{0.44\sim6.79}{1.72}$	$\frac{0.90\sim15.50}{4.41}$	局部可采	不稳定
27-1	$\frac{0.74\sim9.73}{4.33}$	$\frac{0.1\sim23.5}{5.38}$	大部可采	较稳定	35	$\frac{0.15\sim5.97}{1.45}$	$\frac{7.50\sim28.20}{18.72}$	局部可采	不稳定
27-2	$\frac{0.53\sim6.41}{4.18}$	$\frac{0.45\sim42.1}{16.05}$	大部可采	较稳定	36	$\frac{0.54\sim13.23}{2.36}$	$\frac{3.00\sim9.50}{6.78}$	局部可采	不稳定
28-1	$\frac{0\sim10.51}{4.54}$	$\frac{0.35\sim13.50}{6.04}$	局部可采	不稳定	37	$\frac{0.25\sim9.31}{2.17}$	$\frac{31.5\sim98.70}{57.63}$	局部可采	不稳定

各可采煤层原煤水分 9.43%~25.95%，原煤灰分 18.89%~36.57%，浮煤挥发分 40.80%~46.58%，原煤全硫 0.20%~1.05%，原煤干基低位发热量 $15.83\times10^6\sim19.83\times10^6$ 焦耳/千克，为极难选煤，煤类为褐煤、长焰煤，可作为动力用煤和民用煤。

大雁煤田地下水含水层有第四系含水层、煤系风化带裂隙孔隙含水层、煤系地层砂岩孔隙含水层、火山岩风化裂隙带含水层。第四系含水层补给来源主要为大气降水。煤系风化带裂隙孔隙含水层的岩性主要为煤和砂岩，煤层风化带裂隙含水层的含水性强，围岩含水性弱，是矿井直接充水的主要因素。煤系地层砂岩孔隙含水层岩性以中、细砂岩为主，粗砂岩及砾岩为辅，其单位涌水量为 0.727~0.535 升/（秒·米），渗透系数 K 值为 1.90~1.65 米/天，水质类型为重碳酸钾钠水。火山岩风化裂隙带含水层分布在三矿井田南部煤系基底的玄武岩风化裂隙中，补给来源主要为大气降水及第四系含水层的补给。

截至 2015 年底，共提交总资源量 242622 万吨（褐煤 169712 万吨、长焰煤 72910 万吨），其中查明资源量 193839 万吨、（334？）资源量 48783 万吨；保有资源量 173296 万吨。资源量计算最大垂深 950 米。

8. 元宝山煤田

元宝山煤田位于赤峰市境内。煤田面积约为 220 平方千米。煤田勘查、开发的历史较早。1954 年以来，先后有多家地勘单位在煤田内做了大量勘查研究工作，共提交各类勘查报告41件，施工钻孔2077个，完成钻探工程量609932.89米。

含煤地层为下白垩系下统阜新组，含煤地层基底为白垩系下统杏园组、盖层为白垩系上统孙家湾组。阜新组下段为不等粒的砂岩、砂砾岩，夹薄层泥岩及煤线，含煤11组；上段为浅灰色、灰白色砂岩、砂砾岩组成，夹薄层砂质泥岩及泥岩，含少量岩屑及植物化石碎片。煤田为断陷含煤盆地，含煤盆地走向为北东35°~45°，区内形成的元宝山露天向斜，向斜轴部走向北北东13°~18°，倾角3°~8°；红庙单斜走向北东转北西，倾向北东，倾角3°~12°；风水沟向斜，走向35°~40°左右。全区岩煤层倾角总体平缓，近于水平，倾角一般3°~12°。区内无岩浆岩。

煤田含煤地层为白垩系下统阜新组，有可采煤组11个，含可采煤层26个，其中最多分煤层层数128个，最大可采煤组单层124.36米。据统计，阜新组厚度275.5~550.00米，平均389.85米，可采煤层1.50~65.82米，平均厚度为41.63米，含煤系数2.56%~29.92%，平均15.26%。其中主要可采煤层5个，有3、4、5、6、6-0；次要可采煤组7个，有6-2A、6-2、6-1A、6-1、6-2B、7、8；局部可采14个。各可采煤层特征见表2-1-19。

表2-1-19 元宝山煤田可采煤层特征统计表　　　　米

煤层号	总厚度	可采厚度	层间距	可采性	稳定性	煤层号	总厚度	可采厚度	层间距	可采性	稳定性
2	0~4.12	1.50~4.12 / 2.01	18.03~35.35 / 26.37	局部可采	不稳定	6-1	1.50~12.50	1.50~12.50 / 7.85	9.24~28.31 / 20.09	大部可采	较稳定
3-1	0~2.80	1.50~2.80 / 2.01	2.5~24.50 / 18.00	局部可采	不稳定	6-2B	1.50~20.94	1.50~20.94 / 9.52	4.11~31.51 / 19.55	大部可采	较稳定
3-2	0~2.09	1.50~2.09 / 1.77	13.25~28.32 / 20.48	局部可采	不稳定	6	1.50~62.31	1.50~62.31 / 27.71	1.03~61.31 / 18.00	全区可采	较稳定
3	0~9.44	1.50~9.44 / 3.23	29.88~62.46 / 46.00	全区可采	较稳定	6-0	1.50~41.76	1.50~41.76 / 12.52	0.21~23.65 / 17.47	全区可采	较稳定
4-2	0~6.04	1.50~6.04 / 3.11	4.05~24.49 / 11.00	局部可采	较稳定	7-1	1.50~3.26	1.50~3.26 / 1.50	1.04~18.77 / 15.73	局部可采	较稳定
4	0~18.88	1.50~18.88 / 10.77	28.00~45.58 / 38.00	全区可采	较稳定	7	1.50~31.95	1.50~31.95 / 5.13	1.60~25.88 / 16.00	大部可采	较稳定
5-1	0~8.36	1.50~8.36 / 3.58	0.11~28.70 / 10.36	局部可采	较稳定	8-1	1.50~3.27	1.50~3.27 / 2.33	4.05~7.85 / 22.00	局部可采	较稳定
5-2	0~10.21	1.50~10.21 / 5.83	0.16~34.34 / 20.00	局部可采	较稳定	8-2	1.50~3.88	1.50~3.88 / 2.11	2.50~7.26 / 6.00	局部可采	较稳定
5-3	0~18.70	1.50~18.70 / 11.39	0.67~60.40 / 15.88	局部可采	较稳定	8	1.50~9.67	1.50~9.67 / 2.59	2.06~28.90 / 26.61	大部可采	较稳定
5	0~56.13	1.50~56.13 / 20.72	13.60~39.00 / 19.40	全区可采	较稳定	9	1.50~5.82	1.50~5.82 / 1.92	2.20~35.50 / 11.00	局部可采	不稳定
6-2A	0~5.45	1.50~5.45 / 2.67	0.20~12.97 / 6.00	大部可采	较稳定	10	1.50~4.63	1.50~4.63 / 1.60	3.87~33.95 / 14.00	局部可采	不稳定
6-2	0~4.83	1.50~4.83 / 2.20	0.50~11.15 / 4.41	大部可采	较稳定	11	1.50~4.41	1.50~4.41 / 1.50	4.22~25.55 / 11.00	局部可采	不稳定
6-1A	0~11.80	1.50~11.80 / 6.36	0.20~36.72 / 19.72	大部可采	较稳定	12	1.50~2.13	1.50~2.13 / 1.50		局部可采	不稳定

各可采煤层原煤水分 6.79% ~ 19.15%，一般在 10% 左右；原煤灰分多在 16.89% ~ 25.80% 之间，平均 19% ~ 22%；原煤全硫 0.78% ~ 1.28%，浮煤挥发分 37.97% ~ 41.69%，空气干燥基高位发热量 $(18.76 \sim 22.42) \times 10^6$ 焦耳/千克、恒湿无灰基高位发热量 $(21.83 \sim 23.71) \times 10^6$ 焦耳/千克，煤类主要为褐煤二号，可作为动力、化工和民用煤。

元宝山煤田地下水含水层有第四系松散层孔隙潜水含水层、基岩孔隙裂隙含水层、煤系孔隙裂隙承压含水层，其中第四系含水层可划分为孔隙潜水含水层上段、下段、孔隙玄武岩承压含水层。上段含水层厚 0 ~ 30 米，单位涌水量 56.63 ~ 143.1 升/（秒·米），渗透系数 255.4 ~ 636.98 米/天；下段含水层厚度 10 ~ 35 米，渗透系数 122.59 ~ 146.64 米/天；孔隙玄武岩承压含水层厚度 10 ~ 35 米，钻孔单位涌水量 0.3729 升/（秒·米），渗透系数 1.1032 米/天。基岩孔隙裂隙含水层主要为砾石孔隙、裂隙承压含水层和煤系孔隙、裂隙承压含水层。含水层厚度 13.00 ~ 373.10 米，单位涌水量 0.6615 升/（秒·米），渗透系数 0.7543 米/天。煤系孔隙、裂隙承压含水层厚度 50 ~ 400 米，单位涌水量 0.08 ~ 0.1373 升/（秒·米），渗透系数 0.0089 ~ 2.0823 米/天，属于弱至中等富水性含水层。工程地质条件为煤层顶底板岩性不稳定，多为泥岩、砂质泥岩，岩石抗压强度很低，一般不超过 4 兆帕，属层状软弱岩层。泥岩遇水膨胀，巷道维修量大，岩体各相异性，层间软弱夹层多，饱和松散的砂岩稳定性差，易发生工程地质问题，是典型的软岩矿区。各主采煤层瓦斯含量 0.01 ~ 1.75 立方米/吨，属于瓦斯风化带，矿井均为低瓦斯矿井。各主采煤层具有煤尘爆炸危险性，容易自燃。地温梯度大于 3.0 摄氏度/100 米，属地温异常区。煤田地质环境类型为第二类，即矿区地质环境质量中等。

截至 2015 年底，共提交总资源量 125551 万吨（褐煤 125121 万吨、长焰煤 430 万吨），全部为查明资源量；保有资源量 85814 万吨。资源量计算最大垂深 900 米。

9. 平庄煤田

平庄煤田位于赤峰市境内，行政隶属赤峰市元宝山区，煤田面积 121 平方千米。煤田地质勘查工作始于 1957 年，勘查程度相对较高，共提交各类勘查报告 34 件，施工钻孔 1724 个，完成钻探工程量 402639.06 米。

含煤地层为白垩系下统阜新组，主要出露于煤田东南部古隆起附近，聚煤中心在西露天煤矿。含煤地层总体呈单斜构造，全区岩煤层倾角总体平缓，近于水平，倾角一般 3°~12°。地层厚度 44.88 ~ 429.68 米，平均 265.17 米。岩性主要由各类粒级的砂岩、泥岩、可采煤层组成，区内发育有 6 个煤组（即 1、2、3、4、5、6 煤组）。

本区属断陷含煤盆地，受后期构造影响，次生派生断层发育，全区大小断层百条有余，落差 30 ~ 80 米，断距落差最大的有 F_3、F_4 号断层，落差 100 ~ 300 米，均为正断层，F_3 号断层走向延伸大于 15 千米，F_4 号断层走向延伸大于 4 千米。总体构造属中等偏复杂型。

平庄煤田共有 6 个可采煤组、含可采煤层 21 层，含煤地层最大厚度 429.68 米，一般厚度 142.10 米，含煤系数 7.11%。各可采煤层特征见表 2-1-20。各可采煤层原煤水分一般 10.00% 左右，原煤灰分 9.26% ~ 39.97%，浮煤挥发分 36.92% ~ 45.75%，原煤全硫 0.72% ~ 1.22%，原煤空气干燥基高位发热量

$19.86 \times 10^6 \sim 22.19 \times 10^6$ 焦耳/千克，焦油率 $6.01\% \sim 9.02\%$，可选性等级为易选煤，煤类为褐煤，可作为动力用煤和民用煤。

表 2-1-20　平庄煤田可采煤层特征统计表　　　　　　　　米

煤层号	总厚度	可采厚度	层间距	可采性	稳定性	煤层号	总厚度	可采厚度	层间距	可采性	稳定性
1-1	0.14~22.00	$\dfrac{1.50~22.00}{8.00}$	$\dfrac{0.74~18.25}{11.52}$	局部可采	不稳定	5	0.15~5.91	$\dfrac{1.50~5.91}{4.00}$	$\dfrac{1.78~30.00}{9.32}$	全区可采	较稳定
1-2	0.05~15.000	$\dfrac{1.50~15.00}{3.00}$	$\dfrac{12.59~35.55}{23.07}$	局部可采	不稳定	6-1	0.10~5.97	$\dfrac{1.50~5.97}{2.09}$	$\dfrac{0.14~15.35}{3.00}$	局部可采	较稳定
2-2	0.22~39.4	$\dfrac{1.50~39.40}{27.85}$	$\dfrac{5.38~43.23}{18.41}$	全区可采	较稳定	6-2	0.15~8.51	$\dfrac{1.50~8.51}{2.11}$	$\dfrac{0.11~35.10}{4.00}$	局部可采	较稳定
3-2	0.20~1.79	$\dfrac{1.50~1.79}{1.50}$	$\dfrac{1.35~31.59}{12.25}$	局部可采	不稳定	6-3	0.10~7.44	$\dfrac{1.50~7.44}{5.00}$	$\dfrac{0.29~41.93}{5.00}$	局部可采	较稳定
3-1	0.34~3.06	$\dfrac{1.50~5.20}{1.50}$	$\dfrac{1.75~24.56}{13.95}$	局部可采	不稳定	6-4	0.11~9.50	$\dfrac{1.50~9.50}{4.35}$	$\dfrac{0.66~48.60}{30.00}$	全区可采	较稳定
3	0.09~5.20	$\dfrac{1.50~3.06}{1.52}$	$\dfrac{1.40~40.19}{13.41}$	大部可采	较稳定	6-5	0.53~10.11	$\dfrac{1.50~10.11}{6.50}$	$\dfrac{0.24~22.60}{9.00}$	大部可采	较稳定
4-1	0.25~9.12	$\dfrac{1.50~9.12}{2.64}$	$\dfrac{3.75~19.03}{8.86}$	局部可采	不稳定	6-6	0.33~9.54	$\dfrac{1.50~9.54}{5.00}$	$\dfrac{0.25~22.55}{12.16}$	大部可采	较稳定
4-2	0.10~7.57	$\dfrac{1.50~7.57}{2.64}$	$\dfrac{5.04~16.95}{10.06}$	全区可采	较稳定	6-7	0.17~16.05	$\dfrac{1.50~16.05}{7.25}$	$\dfrac{0.37~22.11}{12.79}$	局部可采	较稳定
4	0.25~5.78	$\dfrac{1.50~5.78}{2.16}$	$\dfrac{0.40~9.26}{3.37}$	局部可采	不稳定	6-8	0.05~9.76	$\dfrac{1.50~9.76}{4.32}$	$\dfrac{0.13~60.72}{21.79}$	局部可采	不稳定
5-2	0.38~1.94	$\dfrac{1.50~1.94}{1.50}$	$\dfrac{1.35~10.28}{5.02}$	局部可采	不稳定	6-9	0.14~7.69	$\dfrac{1.50~7.69}{3.46}$	$\dfrac{0.72~21.05}{14.63}$	局部可采	不稳定
5-1	0.50~4.64	$\dfrac{1.50~4.64}{2.09}$									

平庄煤田地下水含水层情况与元宝山煤田类似。煤田矿床水文地质类型为二类一型。煤田内煤层顶底板岩性不稳定，多为泥岩、砂质泥岩，岩石抗压强度很低，一般不超过 14 兆帕，属层状软弱岩层，工程地质条件为二~三类及二型。各主采煤层具有煤尘爆炸危险性，容易自燃，自然发火期 1~3 个月。

截至 2015 年底，平庄煤田共提交总资源量 58210 万吨（均为褐煤），全部为查明资源量；保有资源量 29512 万吨。资源量计算最大垂深 1100 米。

（二）神东煤炭基地（内蒙古部分）

1. 东胜煤田

本志所称的东胜煤田为广义煤田，即包括原东胜煤炭国家规划矿区及东胜煤田深部区、预测区。东胜煤田位于鄂尔多斯盆地北部，行政区划隶属鄂尔多斯市。煤田南北最大长度约 330 千米，东西最大宽度约 351 千米，总面积约为 40231 平方千米。

煤田地质勘查工作始于 20 世纪 50 年代末，先后由石油、地矿、煤炭等部门的地勘单位在煤田内进行勘查工作。共提交各类勘查报告 338 件，施工钻孔 12894

个，完成钻探工程量7435413.29米。

煤田地层层序由下到上由三叠系上统延长组，侏罗系富县组、延安组、直罗组、安定组，白垩系志丹群，新近系和第四系组成，延安组为主要含煤地层。煤田基本构造形态总体为东高西低、走向东西—北西的单斜构造，区内地层倾角多小于5°，有宽缓褶皱，断层稀少，未发现岩浆岩体，构造简单。

含煤地层岩性主要由长石石英砂岩、泥岩、可采煤层组成，厚度133.28~324.35米，平均285.14米。共含5个煤组（即2、3、4、5、6煤组），含煤10~30层，有22个主要、大部、局部可采煤层。可采煤层累计总厚1.63~28.60米，平均15.64米，可采含煤系数1.04%~12.95%，平均7.57%。东胜煤田可采煤层特征见表2-1-21。

表2-1-21 东胜煤田可采煤层特征统计表　　　　　　米

煤层号	总厚度	可采厚度	层间距	可采性	稳定性	煤层号	总厚度	可采厚度	层间距	可采性	稳定性
2-1中	0~1.72	$\frac{0.84~1.72}{1.05}$	$\frac{1.89~24.10}{12.40}$	局部可采	不稳定	4-2中	0~4.53	$\frac{0.80~4.53}{1.77}$	$\frac{9.53~29.5}{19.46}$	全区可采	较稳定
2-1下	0~8.66	$\frac{0.80~8.66}{2.93}$	$\frac{0~34.03}{16.28}$	大部可采	较稳定	5-1上	0~3.70	$\frac{0.88~3.70}{1.64}$	$\frac{0~26.57}{7.58}$	局部可采	不稳定
2-2上	0~11.52	$\frac{0.80~11.52}{1.60}$	$\frac{0~25.85}{9.38}$	大部可采	较稳定	5-1	0~6.62	$\frac{0.85~6.62}{2.24}$	$\frac{0~34.80}{8.94}$	全区可采	较稳定
2-2中	0~9.20	$\frac{0.82~9.20}{2.21}$	$\frac{04~18.65}{3.50}$	全区可采	较稳定	5-1下	0~2.69	$\frac{0.85~2.69}{1.08}$		局部可采	不稳定
2-2下	0~4.60	$\frac{1.10~4.60}{1.78}$	$\frac{0.94~38.32}{16.03}$	局部可采	不稳定	6-1上	0~3.17	$\frac{0.85~3.17}{1.13}$	$\frac{2.13~6.37}{4.27}$	局部可采	不稳定
3-1	0~9.60	$\frac{0.80~9.60}{2.43}$	$\frac{0~19.73}{6.45}$	全区可采	较稳定	6-1中	0~3.23	$\frac{0.80~3.23}{1.31}$	$\frac{1.16~22.56}{6.54}$	全区可采	较稳定
3-1下	0~3.35	$\frac{0.81~3.35}{1.81}$	$\frac{5.55~13.44}{10.02}$	局部可采	不稳定	6-1下	0~3.92	$\frac{0.87~3.92}{1.40}$	$\frac{1.63~25.07}{8.99}$	大部可采	较稳定
3-2上	0~1.50	$\frac{0.98~1.50}{1.00}$	$\frac{3.32~14.21}{6.98}$	局部可采	不稳定	6-2上	0~3.77	$\frac{0.80~3.77}{1.64}$	$\frac{1.53~22.44}{11.12}$	大部可采	较稳定
3-2下	0~3.74	$\frac{0.96~3.74}{1.62}$	$\frac{4.50~28.11}{16.88}$	大部可采	较稳定	6-2中（上）	0~2.53	$\frac{0.88~2.53}{1.31}$	$\frac{0.80~13.54}{8.64}$	局部可采	不稳定
4-1	0~6.96	$\frac{0.86~6.96}{2.04}$	$\frac{0~22.52}{6.40}$	全区可采	较稳定	6-2	0~9.77	$\frac{0.80~9.77}{2.34}$	$\frac{0~26.05}{4.22}$	全区可采	较稳定
4-1下	0~2.52	$\frac{0.82~2.52}{1.13}$	$\frac{1.92~29.30}{13.28}$	局部可采	不稳定	6-2下	0~13.19	$\frac{0.80~13.19}{1.96}$		大部可采	较稳定

各可采煤层原煤水分（M_{ad}）一般在10%左右；原煤灰分（A_d）多在8.22%~9.47%之间，平均8.66%；浮煤挥发分平均值多在35%~37%之间，黏结指数为0；各煤层原煤硫分含量平均值在0.7%~1.4%之间，但多在1%以下，仅在乌审旗一带上部煤层硫分含量超过1%。原煤干燥基低位发热量（$Q_{net,d}$）为$18.72×10^6$~$30.46×10^6$焦耳/千克，平均$27.41×10^6$焦耳/千克。精煤回收率多在80%以上。煤类以不黏煤为主，有少量长焰煤，可作为动力燃料、工业液化和气化用煤。

煤田内的含水岩层有第四系松散层孔

隙潜水含水组，侏罗—白垩系碎屑岩孔隙、裂隙潜水、承压水含水岩组。

第四系冲、洪积层含水层厚度一般为 2~8 米，最厚达 36.19 米（ZK08 孔）。水位埋深一般为 4~15 米，单位涌水量 $q = 0.000611 ~ 1.1574$ 升/（秒·米），渗透系数 $K = 0116 ~ 5.34$ 米/日。

白垩系志丹群含水岩组岩性为黄绿色、紫红色砾岩和砂岩夹粉砂岩、泥岩，含水层厚度一般为 15.52~122.00 米。单位涌水量 $q = 0.0078 ~ 2.04$ 升/（秒·米），水位标高 1302.74~1437.93 米。单井出水量最大可达 2084 吨/天（ZK202 孔）。

侏罗系孔隙、裂隙承压水含水岩组，地层厚度 200~400 米，单位涌水量 $q = 0.00027 ~ 0.0261$ 升/（秒·米），水位标高 1284.98~1334.00 米，矿化度 0.186~0.951 克/升，属孔隙裂隙承压水，浅部为无压水。

区内煤层顶底板岩石抗压强度自然状态平均为 30 兆帕左右，煤层顶底板岩石的稳固性较差。瓦斯含量低，为 0~6.75 立方米/吨。煤尘具有爆炸性，煤的自燃倾向等级为容易自燃—易自燃。地质环境质量中等。

截至 2015 年底，共提交总资源量 60016513 万吨（长焰煤 451698 万吨、不黏煤 59273013 万吨、弱黏煤 290715 万吨、1/3 焦煤 16 万吨、焦煤 1071 万吨），其中查明资源量 22011513 万吨、（334?）资源量 38004998 万吨；保有资源量 21594602 万吨。另有预测资源量 37012077 万吨，预测面积 24030 平方千米。资源量计算最大垂深 2000 米。

2. 准格尔煤田

本志所称准格尔煤田包括准格尔旗东部原准格尔煤炭国家规划矿区和深部区。准格尔煤田位于鄂尔多斯市东部，行政区划属准格尔旗管辖。煤田南北最长处 73 千米，东西最宽处 90 千米，面积 5700 平方千米。其中，煤炭国家规划区面积约为 3300 平方千米，深部区面积 2400 平方千米。煤田地质勘查工作始于 1958 年，共提交各类勘查报告 97 件，施工钻孔 4018 个，完成钻探工程量 1354284.93 米。

煤田的含煤地层为石炭系上统太原组、二叠系下统山西组。在煤田东部的准格尔煤炭国家规划矿区内，含煤 11 层，煤层总厚平均 30.50 米，煤系地层总厚 151 米，含煤系数 20%。其中以太原组含煤性最好，含煤 6 层，为 $6_上$、6、$6_下$、8、9、10 号煤层。以 $6_上$、6 号煤层为主要可采煤层，$6_下$、8、9 号煤层为局部可采煤层。太原组煤层总厚平均 25.10 米，地层总厚平均 56.3 米，含煤系数 45%。山西组含煤性较差，含煤五层，为 1、2、3、4、5 号煤层。其中 4、5 号煤层局部可采，1、2、3 号煤层分布零星，不可采。煤层总厚平均 5.40 米，地层总厚 95 米，含煤系数 6%。

在煤田深部煤层总厚 7.52~45.48 米，平均 28.45 米；纯煤厚度 5.31~34.8 米，平均厚度 22.33 米；夹矸总厚 0.49~15.85 米，平均 6.12 米。山西组厚度 28.20~124.90 米，平均 67.00 米。含煤 1~8 层，煤层总厚平均 3.59 米；单孔见可采煤层 0~5 层，可采煤层厚度平均 2.78 米；平均含煤系数 5.4%，平均可采含煤系数 4.1%。太原组厚度 26.20~94.60 米，平均 52.37 米。含煤 2~11 层，平均 4 层，煤层总厚度平均 24.38 米；单孔见可采煤层 1~6 层，可采煤层厚度平均 18.69 米；6 号煤层为较稳定的全区可采煤层。太原组平均含煤系数 46.6%，平均可采含煤系数 35.7%。各可采煤层特征见表 2-1-22。

可采煤层原煤空气干燥基水分平均值在 4.27% ~ 5.16%，原煤干燥基灰分平均值在 20.68% ~ 22.68%，浮煤干燥无灰基挥发分平均值在 37.29% ~ 37.70%，原煤干燥基全硫平均值在 0.64% ~ 0.83%，原煤干燥基高位发热量平均值在 24.26×10^6 ~ 24.97×10^6 焦耳/千克，原煤干燥基低位发热量平均值在 23.47×10^6 ~ 24.19×10^6 焦耳/千克。煤类以长焰煤为主、不黏煤次之，工业用途主要是动力和气化用煤。

煤田内含水层有第四系冲洪积含水层及基岩含水层。第四系含水层厚度一般 0.5 ~ 3 米。该含水层含孔隙潜水，富水性不均一，分布范围小，矿化度小于 1 克/升，以 $HCO_3 - Ca \cdot Mg \cdot Na$ 型水为主。

表 2 - 1 - 22　准格尔煤田可采煤层特征统计表　　　　　　　　　　　米

煤层号	总厚度	可采厚度	层间距	可采性	稳定性	煤层号	总厚度	可采厚度	层间距	可采性	稳定性
1	$\frac{0.20 \sim 3.00}{1.28}$	$\frac{1.50 \sim 1.65}{1.58}$	$\frac{5.49 \sim 19.00}{10.72}$	不可采	极不稳定	6	$\frac{1.48 \sim 40.05}{17.96}$	$\frac{1.48 \sim 30.44}{14.38}$	$\frac{1.45 \sim 13.77}{5.71}$	全区可采	较稳定
2	$\frac{0.16 \sim 8.85}{2.23}$	$\frac{0.82 \sim 6.35}{2.42}$	$\frac{0.77 \sim 45.24}{16.43}$	局部可采	不稳定	7	$\frac{0.30 \sim 2.95}{1.14}$	$\frac{0.80 \sim 2.95}{1.38}$	$\frac{3.16 \sim 23.91}{13.37}$	不可采	不稳定
3	$\frac{0.18 \sim 16.08}{3.75}$	$\frac{0.80 \sim 11.51}{3.50}$	$\frac{2.30 \sim 36.75}{19.64}$	大部可采	较稳定	8	$\frac{0.20 \sim 13.63}{2.83}$	$\frac{0.84 \sim 8.73}{2.80}$	$\frac{0.43 \sim 20.44}{3.29}$	局部可采	不稳定
5	$\frac{0.20 \sim 6.84}{1.77}$	$\frac{0.80 \sim 6.07}{2.14}$	$\frac{0.52 \sim 9.25}{3.31}$	不可采	不稳定	9	$\frac{0.24 \sim 13.50}{3.94}$	$\frac{0.80 \sim 11.64}{3.24}$	$\frac{0.81 \sim 22.91}{5.66}$	全区可采	较稳定
6上	$\frac{0.21 \sim 5.83}{1.32}$	$\frac{0.80 \sim 5.18}{1.57}$	$\frac{0.52 \sim 9.25}{3.31}$	局部可采	不稳定	10	$\frac{0.16 \sim 3.65}{0.84}$	$\frac{0.80 \sim 2.22}{1.18}$		不可采	不稳定

白垩系下统志丹群含水层厚度 0 ~ 368.49 米，平均 183.49 米，含水层岩性以细、中、粗砂岩为主，水位埋深 16.35 米，单位涌水量 0.00171 升/（秒·米），矿化度 0.28 克/升，为 $HCO_3-Mg \cdot Ca$ 型水。三叠系下统刘家沟组地层厚度 0 ~ 382.20 米，平均 187.45 米，水位埋深 1 ~ 35.62 米，水位标高 965 ~ 1126 米，含水层为砂岩，单井涌水量一般为 30 ~ 60 立方米/天。矿化度小于 1 克/升，水化学类型多为 $HCO_3 - Ca \cdot Mg$ 型。孙家沟组地层厚度 0 ~ 209.8 米，平均 153.87 米，岩性以泥岩、砂质泥岩、粉砂岩为主，间夹砂岩、细砾岩透镜体弱含水层，隔水性较好，流量为 0.033 ~ 0.039L/s，水质为 $HCO_3 - Ca \cdot Mg$ 型，矿化度 0.207 克/升。石盒子组地层平均厚度 280 米，水位埋深 216.75 米，单位涌水量 0.0095L/s，为 $HCO_3-Ca \cdot Mg$ 型水。山西组和太原组含水层岩性为砂岩，水位埋深 99.98 ~ 226.38 米，单位涌水量 0.0014 ~ 0.0091 升/（秒·米），矿化度 0.407 ~ 1.930 克/升。奥陶系含水岩组，据 243、SZ4 为岩溶地层抽水孔：水位标高 864.40 ~ 870.65 米，单位涌水量 1.181 ~ 4.07 升/（秒·米），富水性强。243 孔矿化度 2.831 克/升，为 $CL - Na$ 型水。

煤层顶底板岩石抗压强度值多小于 30 兆帕，为软弱岩类，仅个别地段岩层岩石抗压强度值在 30 ~ 60 兆帕之间，属半坚硬岩类。瓦斯样品的 CH_4 含量为 0.00 ~ 1.39 立方米/吨，平均 0.09 立方米/吨；各种气体总量为 0.03 ~ 9.92 立方米/吨，平均 3.40 立方米/吨，局部气体总量大于 8 立方米/吨。煤尘有爆炸性，自燃倾向性等级为容易自燃—自燃，地温梯度正常。地质环境类型为第二类，即地质环境质量中等。

截至2015年底，共提交总资源量10567742万吨（长焰煤6546047万吨、不黏煤3922834万吨、弱黏煤7079万吨、气煤91782万吨），其中查明资源量4935749万吨、（334？）资源量5631993万吨；保有资源量4790291万吨。预测资源量91072000万吨，预测面积64000平方千米，预测区包括东胜煤田下及深部空白区。资源量计算最大垂深5600米（其中，勘查报告提交资源量计算最大垂深为1500米，预测资源量计算最大垂深为5600米）。

3. 桌子山煤田

本志所称桌子山煤田包括桌子山矿区、棋盘井矿区、上海庙矿区的石炭二叠纪煤田。煤田位于乌海市、鄂尔多斯市西部，行政区划隶属乌海市和鄂尔多斯市鄂托克旗、鄂托克前旗，面积2377平方千米。煤田地质勘查工作始于1954年，共提交各类勘查报告95件，施工钻孔2413个，完成钻探工程量983618.97米。

1）桌子山矿区

桌子山矿区位于千里山断裂与岗德尔西来峰断裂之间，即桌子山背斜两侧。区域可划分为桌子山东缘断裂带、桌子山背斜，构造复杂程度属中等类型。

图2-1-6 2015年117勘探队在桌子山煤田白云乌素矿区水文地质勘查项目施工现场

矿区含煤地层为石炭系太原组、二叠系山西组。太原组厚度21~144米；山西组厚度36~231米，平均113米。煤系地层含煤0~28层，一般为6~13层，平均11层；煤层厚度为1.15~20.78米，平均10.16米；可采煤层厚度0.76~17.25米，平均7.29米；含煤系数0.97%~43.95%，平均7.4%。主要可采煤层为9号和16号煤层。桌子山矿区各可采煤层特征统计情况见表2-1-23。

表2-1-23 桌子山矿区各可采煤层特征统计表　　　米

煤层号	总厚度	煤层间距	可采性	稳定性	煤层号	总厚度	煤层间距	可采性	稳定性
8-1	0~3.36 / 1.74		大部可采	较稳定	15	0~2.00 / 0.64	35.55~56.11 / 44.35	局部可采	不稳定
8-2	0~4.17 / 1.79	0.27~3.05 / 0.92	局部可采	不稳定	16-1	0.25~4.90 / 2.84	0.77~20.58 / 6.00	大部可采	较稳定
9-2	0.45~4.11 / 2.04	0.12~4.84 / 1.93	大部可采	较稳定	16-2	0.67~7.25 / 3.46	0.01~14.57 / 2.05	大部可采	较稳定
9-3	0~2.32 / 0.60	0.02~1.97 / 0.50	局部可采	不稳定	17	0.39~5.70 / 2.05	0.79~12.61 / 4.00	局部可采	不稳定
10	0~1.74 / 0.55	1.76~10.81 / 4.22	局部可采	不稳定					

桌子山矿区各可采煤层原煤水分一般小于1%，各煤层的灰分一般为20%~30%，煤的挥发分一般在30%左右。上部煤层硫分一般小于1%、下部煤层硫分

一般大于 1.5%，发热量一般在 $22 \times 10^6 \sim 30 \times 10^6$ 焦耳/千克。胶质层厚度一般为 20~30 毫米。当理论精煤灰分为 20%，属易选—较难选。煤类为肥煤、1/3 焦煤，煤的黏结性较强、结焦性较好，可作炼焦配煤、动力用煤。

矿区内含水层包括第四系松散层潜水含水层、石炭系—二叠系碎屑岩类承压水含水层及奥陶系石灰岩承压水含水层，矿区水文地质勘查类型为第一~二类、第一型，即孔隙—裂隙充水的水文地质条件简单的矿床。矿区工程地质勘查类型为第三类第一~二型，即层状岩类、工程地质条件简单—中等型的矿床。主要可采煤层 CH_4 含量在 0.09~3.19 毫升/克，曾多次发生瓦斯爆炸。煤尘有爆炸性，易自燃，

地温梯度小于 3℃/100 米，无地温异常。

2）棋盘井矿区

棋盘井矿区位于桌子山煤田中部，在桌子山褶断束的中南部，主要构造线方向近南北向，以压扭性构造为主，次一级构造线则呈东西向展布，以张性构造为主，区域构造较为复杂。未发现岩浆岩侵入。

含煤地层为石炭系上统太原组和二叠系下统山西组，含煤地层总厚度 178.61~224.66 米，平均厚度 200.47 米。含煤 4~16 层，煤层总厚度 10.90~27.20 米，平均 17.05 米，含煤系数 8.51%；含可采煤层 2~5 层，可采煤层总厚度 7.78~20.15 米，平均 10.42 米，可采含煤系数 5.20%。棋盘井矿区可采煤层特征统计情况见表 2-1-24。

表 2-1-24　棋盘井矿区可采煤层特征统计表　　　　　　　　　米

煤层号	总厚度	可采厚度	层间距	可采性	稳定性	煤层号	总厚度	可采厚度	层间距	可采性	稳定性
9	$\frac{2.18 \sim 8.68}{4.19}$	$\frac{1.70 \sim 5.31}{2.91}$	$\frac{1.15 \sim 7.15}{3.32}$	大部可采	较稳定	14	$\frac{0 \sim 1.38}{0.68}$	$\frac{0.70 \sim 1.38}{0.95}$	$\frac{17.60 \sim 33.85}{24.68}$	局部可采	不稳定
10	$\frac{0 \sim 2.02}{0.80}$	$\frac{0.70 \sim 1.82}{1.03}$	$\frac{0.80 \sim 7.19}{5.18}$	局部可采	不稳定	16	$\frac{3.77 \sim 13.00}{6.85}$	$\frac{3.56 \sim 10.60}{6.85}$	$\frac{11.62 \sim 29.06}{18.50}$	大部可采	较稳定
11	$\frac{0 \sim 2.11}{0.88}$	$\frac{0.70 \sim 2.11}{1.00}$		局部可采	不稳定						

可采煤层原煤水分一般小于 5%，原煤灰分一般在 17.31%~39.30%，浮煤挥发分一般在 29.84%~36.21%，原煤全硫一般在 0.43%~2.71%，原煤干基低位发热量 $19.18 \times 10^6 \sim 27.67 \times 10^6$ 焦耳/千克，可选性属中等可选—较难选，洗煤焦碴类型 5~7，一般为 6，黏结指数 65~94，胶质层厚度 8~31 毫米，结焦性好。煤类为 1/3JM、FM36，可作炼焦用煤。

矿区含水层有第四系松散层潜水含水层、古近系半胶结岩层潜水含水层、石炭系—二叠系碎屑岩类承压水含水层、奥陶系石灰岩承压水含水层。水文地质勘查类型为第一~二类，第一~二型孔隙—裂隙充水的水文地质条件简单—中等的矿床。矿区工程地质勘查类型为第三类第二型，层状岩类、工程地质条件中等型的矿床。各主要可采煤层 CH_4 含量在 0.00~1.83 毫升/克，自然瓦斯成分中 CH_4 为 0.03~64.08%，瓦斯分带多属氮气—瓦斯带。煤层具有煤尘爆炸危险性，煤层有自燃倾向，地温正常。环境地质问题较简单。

3）上海庙矿区

上海庙矿区位于鄂尔多斯市西南部，行政属鄂托克前旗管辖。矿区面积 1250 平方千米。

矿区基本构造为多个背斜及向斜组成东西向复式褶皱，并为几组断裂复杂化。

横剖面上呈现西仰东覆的叠瓦状形态，构造比较复杂。

矿区含煤地层为太原组和山西组。太原组厚度 69.09～136.82 米，平均 71.49 米；山西组厚度平均 52.23 米。太原组含煤 3～7 层，含煤总厚平均 6.78 米，可采煤层总厚平均 5.07 米，可采含煤系数 7.09%，其中八煤、九煤为较稳定煤层，其他煤层不稳定。山西组含煤 3～8 层，含煤总厚平均 10.42 米，可采煤层总厚平均 9.47 米，可采含煤系数 18.13%，其中三煤、五煤全区赋存且层位较稳定。

各煤层原煤水分为 1.06%～10.34%，一般为 2% 左右；原煤灰分普遍较高，为中—富灰煤。一、五煤原煤灰分最高，分别达到 35.32% 和 39.96%，但各煤层经洗选后，浮煤灰分均有大幅度下降，一般在 10% 以下；原煤全硫含量变化较大，为 0.33%～4.12%；原煤干基低位发热量 22.42×10^6～29.13×10^6 焦耳/千克，可选性属较难选，煤类为气煤、少量 1/3 焦煤和 1/2 中黏煤。上海庙矿区可采煤层特征见表 2-1-25。

表 2-1-25　上海庙矿区可采煤层特征统计表　　　　　　　　　　　　米

煤层号	总厚度	可采厚度	层间距	可采性	稳定性	煤层号	总厚度	可采厚度	层间距	可采性	稳定性
一	$\frac{0.40～5.00}{1.73}$	$\frac{1.08～5.00}{1.98}$	17.90～42.42 31.76	大部可采	较稳定	八	$\frac{0.38～1.67}{0.96}$	$\frac{0.81～1.67}{1.05}$	$\frac{9.34～21.62}{17.62}$	大部可采	较稳定
三	$\frac{1.39～6.32}{4.28}$	$\frac{1.39～6.32}{4.28}$	2.10～21.35 10.29	大部可采	较稳定	九	$\frac{2.34～5.99}{4.11}$	$\frac{2.34～5.99}{4.11}$	$\frac{18.49～27.38}{23.38}$	大部可采	较稳定
四	0.95	0.95	13.99	局部可采	不稳定	十	$\frac{0.17～0.91}{0.56}$	0.84	$\frac{2.87～8.00}{5.52}$	局部可采	不稳定
五	$\frac{1.74～6.67}{3.46}$	$\frac{1.74～6.67}{3.46}$	5.56	大部可采	较稳定	十一	$\frac{0.34～1.13}{0.62}$	1.13	$\frac{5.70～15.91}{10.40}$	局部可采	不稳定
七	$\frac{0.14～1.31}{0.53(5)}$	1.31		局部可采	不稳定						

矿区含水层有第四系含水层、古近系底部砾岩含水层、石炭二叠系砂岩含水层，基岩含水层主要为砂岩类裂隙孔隙含水，灰岩裂隙岩溶水不发育。矿区水文地质勘查类型为二类二型，即以裂隙充水含水层为主的水文地质条件中等的矿床。岩石以碎屑沉积岩为主，层状结构，属中硬—软弱岩类，工程地质勘查类型属层状岩类简单型。可采煤层 CH_4 的含量 0.00～0.06 毫升/克，占 0.00%～2.65%，CO_2 占 2.14%～11.68%，N_2 占 86.40%～97.86%，瓦斯分带属于氮气带。各可采煤层具有煤尘爆炸危险性，煤层自燃倾向大部分为不易自燃，区内地温正常。地质环境类型为第二类，即矿区地质环境质量中等。

截至 2015 年底，桌子山煤田共提交总资源量 1528755 万吨（不黏煤 18202 万吨、1/2 中黏煤 1289 万吨、气煤 865520 万吨、肥煤 154930 万吨、1/3 焦煤 228439 万吨、焦煤 260375 万吨），其中查明资源量 882208 万吨、（334?）资源量 646545 万吨；保有资源量 814759 万吨。资源量计算最大垂深 1524 米。

4. 白彦花煤田

白彦花煤田位于包头市和巴彦淖尔市境内，行政区划隶属包头市达尔罕茂明安联合旗白音华镇和巴彦淖尔市乌拉特中旗桑根达来苏木，面积为 978 平方千米。煤田地质勘查工作始于 20 世纪 80 年代，共提交各类勘查报告 8 件，施工钻孔 842 个，完成钻探工程量 194333.01 米。

煤田内石炭系上统本巴图组为含煤地层基底，白垩系下统大磨拐河组为含煤地层，区内控制最大厚度 423.39 米。

白彦花含煤盆地构造形态为一宽缓的向斜构造，该向斜中西部宽阔，东部狭窄，南北宽 2~20 千米，东西延伸达 80 余千米，构造较为简单。各可采煤层特征见表 2-1-26。

表 2-1-26 白彦花煤田可采煤层特征统计表

米

煤层号	总厚度	可采厚度	层间距	可采性	稳定性
$1_上$	$\frac{0.20~15.93}{4.66}$	$\frac{1.66~15.93}{6.34}$	$\frac{1.71~22.85}{6.15}$	局部可采	不稳定
1	$\frac{0.25~31.89}{9.20}$	$\frac{1.50~31.89}{10.25}$	$\frac{1.79~17.46}{5.47}$	全区可采	较稳定
$1_下$	$\frac{0.25~9.35}{1.64}$	$\frac{1.50~9.35}{3.18}$		零星可采	极不稳定

白彦花煤田含煤岩段内赋存一个煤组，煤组内含一层主采煤层，即 1 煤层，1 煤层在局部地段上、下分叉出 $1_上$ 煤层和 $1_下$ 煤层两个分层。1 煤层为主要可采煤层，全区发育，煤层厚度大且较稳定，全区大部分可采，资源量占总资源量的 97% 以上。$1_上$ 煤层局部可采，$1_下$ 煤层有一些零星可采点，相互连不成片，零星可采。

可采煤层原煤空气干燥基水分为 5.20%~27.10%，平均 11.50%；原煤干燥基灰分为 10.89%~39.82%，平均 25.80%；浮煤干燥无灰基挥发分为 39.24%~48.25%，平均 44.74%；原煤全硫为 0.22%~6.01%，平均 2.01%；原煤干燥基高位发热量为（15.39~27.36）×10^6 焦耳/千克，平均 20.62×10^6 焦耳/千克；干燥基低位发热量为（14.77~20.05）×10^6 焦耳/千克之间，平均为 19.89×10^6 焦耳/千克。当原煤灰分为 23.39%，拟定灰分为 17% 时，为极难选；拟定灰分为 18% 时，为较难选。煤类为褐煤二号，用途是动力用煤。

煤田内含水层有第四系含水层及白垩系上统、下统基岩含水层。水文地质勘查类型属于以孔隙含水层充水为主的，水文地质条件简单—中等的矿床，即第一类，第一~二型。煤层顶、底板岩性自然状态抗压强度 0.4~9.46 兆帕，平均 2.38 兆帕，属软岩类，岩体质量等级为极坏，工程地质勘查类型属于层状岩类为主的工程地质条件中等的矿床，即第 III 类，第 2 型。瓦斯等级为低级。本区煤尘有较强的爆炸性，煤层为易自燃煤。属有热害异常区。地质环境类型属于第二、第三类，即中等—不良型。

截至 2015 年底，共提交总资源量 864683 万吨（均为褐煤），其中查明资源量 788521 万吨、（334?）资源量 76162 万吨；全部为保有资源量。资源量计算最大垂深 785 米。

5. 贺兰山（西麓）煤田

贺兰山煤田位于阿拉善左旗范围内，行政区划隶属于嘉尔嘎勒赛汉镇、巴伦别立镇、巴彦浩特镇、宗别立镇、乌斯太镇管辖。煤田内包括呼鲁斯太矿区、二道岭矿区、周家田矿区、巴伦别立矿区 4 个主要赋煤区域。煤田东西最宽约 60 千米、南北最长约 100 千米，赋煤面积约 345 平方千米。

煤田地质勘查工作始于 1955 年，共提交各类勘查报告 30 件，施工钻孔 355 个，完成钻探工程量 168991.59 米。

（1）呼鲁斯太矿区

呼鲁斯太矿区含煤地层为石炭系上统太原组、二叠系下统山西组。矿区处于贺兰山俯式背斜构造的西翼、汝其沟—呼鲁斯太向斜东翼一段，其轴线横切矿区北部，区内断裂、小褶皱较发育。矿区为一倾向239°，倾角4°~22°的单斜构造，区内褶曲、断裂发育，构造较复杂。区内无岩浆岩。

太原组含煤25层，可采12层（22、15、13、12、12$_{上1}$、10、10$_{上}$、9、8、7、6、5号）。山西组含煤3层，可采者2层（3、2号）。石盒子组（P_{2S}）含煤3~4层，均不可采。煤系地层平均厚度258.0m，煤层平均总厚度24.69m，含煤系数9.6%。可采煤层平均总厚度20.68m，可采含煤系数8.0%。呼鲁斯太矿区可采煤层特征见表2-1-27。

表2-1-27 呼鲁斯太矿区可采煤层特征统计表   米

煤层号	总厚度	层间距	可采性	稳定性	煤层号	总厚度	层间距	可采性	稳定性
2	$\frac{0.35~9.33}{2.81}$	$\frac{20.5~43.0}{34.8}$	大部可采	较稳定	10$_{上}$	$\frac{0.07~1.28}{0.54}$		局部可采	不稳定
3	$\frac{0.17~23.33}{7.38}$	$\frac{9.0~48.0}{24.6}$	局部可采	较稳定	10	$\frac{0.09~1.85}{0.82}$	$\frac{15.034.5}{22.9}$	局部可采	不稳定
5	$\frac{0.27~3.78}{1.22}$	$\frac{8.0~21.0}{12.1}$	局部可采	较稳定	12$_{上1}$	$\frac{0.09~1.53}{080}$	$\frac{4.2~13.0}{2.6}$	局部可采	不稳定
6	$\frac{0.60~2.25}{1.10}$	$\frac{2.5~43.5}{30.6}$	全区可采	稳定	12	$\frac{0.05~2.42}{0.79}$	$\frac{2.0~5.5}{3.9}$	大部可采	较稳定
7	$\frac{0.61~2.45}{1.48}$	$\frac{0.80~5.5}{2.02}$	全区可采	稳定	13	$\frac{0.06~2.05}{0.66}$	$\frac{6.0~15.0}{10.5}$	局部可采	不稳定
8	$\frac{0.23~3.49}{1.04}$	$\frac{3.0~31.0}{23.3}$	局部可采	较稳定	15	$\frac{0.01~1.30}{0.64}$	$\frac{25.2~64.5}{37.0}$	局部可采	不稳定
9	$\frac{0.03~2.50}{0.83}$	$\frac{15~10.0}{5.13}$	局部可采	不稳定	22	$\frac{0.21~1.55}{0.67}$		局部可采	不稳定

各可采煤层原煤水分均在5.00%以下；原煤灰分平均值在19.58%~25.07%，以中灰煤为主；浮煤挥发分平均值在22.58%~25.85%，为中等挥发分煤；原煤全硫平均值在1.12%~1.54%，为中硫煤；原煤干燥基高位发热量平均值在$25.95×10^6$~$28.18×10^6$焦耳/千克，为中高热值煤。煤类以肥煤、1/3焦煤、焦煤为主，极少数点为瘦煤、贫瘦煤及无烟煤。

呼鲁斯太矿区水文地质条件简单，含水层的富水性弱。区内含水岩组可划分为以下两大类：松散岩类孔隙潜水含水岩组和基岩裂隙潜水—承压水含水岩组，水文地质勘查类型划分为第二类第一型，裂隙充水为主的水文地质条件简单的矿床。工程地质勘查类型划分为第三类第二型层状岩类工程地质条件中等型。煤层CH_4含量为0.00~2.03毫升/克，CO_2含量为0.02~2.85毫升/克，自然瓦斯成分中CH_4含量为0~84.84%，CO_2含量为0.09%~58.62%，瓦斯分带属二氧化碳—氮气带、氮气—瓦斯带及瓦斯带。各煤层均为有煤尘爆炸危险性，为容易自燃—自燃煤，无地温异常。

（2）二道岭矿区

二道岭矿区含煤地层为侏罗系中统延安组。矿区基本呈一不对称菱形的复式向斜构造，其主要构造线方向为NE向，煤系地层最大垂深为1200~1400米。区内断层较发育，大都为走向逆断层，一般倾角较陡，走向延长较远，断距不大。区内无岩浆岩出露。

二道岭矿区含煤层段共含可采及局部可采煤层11层，编号为一至七₂层，平均厚度24.81米，有益总厚18.07米，主要煤层为二₁层及二₂层，深部含煤层段地层厚度加大，大于200米，二煤组发育较好。中部立新井田内煤层一般比较稳定，可采及局部可采煤层共11层，平均总厚26.42米，有益总厚20.63米，主要可采层为二₁层及二₂层。

二道岭矿区煤以低灰、低硫、低磷无烟煤为主。各煤层瓦斯含量一般为8.94~15.71立方米/吨，煤尘爆炸指数小于15%，煤层含硫低、自然发火可能性不大。二道岭矿区煤质化验成果见表2-1-28。

表2-1-28　二道岭矿区煤质化验成果统计表

煤层号	灰分（%）	硫分（%）	发热量（兆焦/千克）	煤类	煤层号	灰分（%）	硫分（%）	发热量（兆焦/千克）	煤类
一	5.23~18.18 10.07	0.43	30.53~35.44 33.00	无烟煤	二₄	5.25~20.06 9.46	0.22	28.49~33.93 31.91	无烟煤
二₁上	5.26~18.87 10.17	0.26	28.95~34.15 32.36	无烟煤	三	5.86~27.03 9.82	0.28	25.72~34.12 32.16	无烟煤
二₁	6.11~20.00 10.19	0.20	29.96~33.18 31.96	无烟煤	四	7.13~23.76 14.96	0.32	27.33~33.47 31.96	无烟煤
二₂	3.00~24.80 9.32	0.32	26.57~35.33 32.23	无烟煤	五	8.59~39.43 14.44	0.38	20.82~32.89 30.02	无烟煤
二₃	5.43~16.97 8.89	0.20	31.81~34.30 33.20	无烟煤	七₁	5.61~29.55 16.72	0.59	24.49~34.46 29.47	无烟煤

二道岭矿区分为两个含水岩层组，即直罗组底部砂岩层组和一层煤顶界至七层煤底界延安组，属水文地质条件简单类型。矿区工程地质勘查类型确定为第三类第二型，即层状岩类，工程地质条件中等型的矿床。瓦斯测定为氮气瓦斯—瓦斯带，瓦斯绝对含量3.78~19.85立方米/吨，一般8.94~15.71立方米/吨，平均12.10立方米/吨，预计属高瓦斯矿井。矿区煤尘无爆炸性危险、不易自燃，无高温异常。

（3）周家田矿区

周家田矿区含煤地层为石炭系上统太原组。该区地层基本构造形态为一向西北方向倾斜的单斜构造，煤系地层倾角变化较大，钻孔内测量10°~20°。在单斜基础上发育有一系列次一级的褶皱，并伴生多条断层。

太原组上段含煤地层厚度为102.33~285.11米，平均196.02米，含9、10、11、12、13、14六个煤组7~20煤层，煤层累计厚度19.36米，含煤系数为9.88%，含可采煤层8层，可采煤层总厚度10.44米，可采煤层含煤系数为5.33%。各煤层中具有对比意义的有8层，即9、10、11-1、11-2、12-1、12-2、13和14煤层，全部为局部可采的不稳定煤层。各可采煤层特征见表2-1-29。

矿区内各可采煤层为中灰—中高灰、中高挥发分、中硫—高硫煤。原煤高位发热量各煤层平均在27.10×10^6~30.13×10^6焦耳/千克，其中10、12-2煤层为中发热量煤，11-2、13煤层为中高发热量煤、9、11-1、12-1和14煤层为高发热量煤。煤类为肥煤和1/3焦煤。

表 2-1-29　周家田矿区可采煤层特征统计表　　　　　　　　　　　　　　　　　　　　米

煤层号	总厚度	可采厚度	层间距	可采性	稳定性	煤层号	总厚度	可采厚度	层间距	可采性	稳定性
9	2.09	2.09		局部可采	不稳定	12-1	0.88	0.88		局部可采	不稳定
			13.86						2.89		
10	0.99	0.99		局部可采	不稳定	12-2	1.07	1.07		局部可采	不稳定
			22.71						35.21		
11-1	2.24	2.24		局部可采	不稳定	13	$\frac{0.87\sim1.01}{0.94}$	$\frac{0.87\sim0.90}{0.89}$	$\underline{17.53\sim25.52}$	局部可采	不稳定
			7.04								
11-2	0.95	0.95		局部可采	不稳定	14	$\frac{0.33\sim0.95}{0.65}$	$\frac{0.33\sim0.80}{0.58}$	21.53	局部可采	不稳定
			5.08								

瓦斯含量中 CH_4 含量为 0.02 毫升/克，CO_2 含量为 0.01 毫升/克，自然瓦斯成分中 CH_4 含量 1.37%，CO_2 含量 0.24%，瓦斯分带属二氧化碳—氮气带。

（4）巴伦别立矿区

巴伦别立矿区含煤地层为石炭系上统太原组、二叠系下统山西组。该矿区地层基本构造形态为一向西北方向倾斜的单斜构造，煤系地层倾角 33°。在单斜基础上伴生多条断层。

山西组含煤地层厚度 142.73 米，含 1、2、3、4 四个煤组 1~10 个煤层，煤层累计厚度 7.62 米，含煤系数为 5.34%。含可采煤层 3 层，可采煤层总厚度 3.18 米，可采煤层含煤系数为 2.23%。太原组含煤地层揭露厚度为 166.11~178.58 米，平均 172.35 米，含 5、6-1、6-2、7、8、11-1、11-2、12-1、12-2 六个煤组 13 个煤层，煤层累计厚度 13.01 米，含煤系数为 7.55%，其中可采煤层 7 层，可采煤层总厚度 8.57 米，可采煤层含煤系数为 4.97%。两组地层共含煤 23 层，可采 10 层，即 2、3、4、5、6-2、7、8、11-1、11-2、12-2，各煤层均为不稳定煤层。各可采煤层特征见表 2-1-30。

表 2-1-30　巴伦别立矿区可采煤层特征统计表　　　　　　　　　　　　　　　　　　　　米

煤层号	总厚度	可采厚度	层间距	可采性	稳定性	煤层号	总厚度	可采厚度	层间距	可采性	稳定性
2	0.81	0.81		局部可采	不稳定	7	0.97	0.75		局部可采	不稳定
			11.85						49.85		
3	1.10	1.10		局部可采	不稳定	8	1.75	1.53		局部可采	不稳定
			22.50						67.16		
4	1.27	1.27		局部可采	不稳定	11-1	2.76	2.28		局部可采	不稳定
			38.35						3.31		
5	1.66	1.27		局部可采	不稳定	11-2	1.12	1.12		局部可采	不稳定
			11.76						13.09		
6-2	0.87	0.87		局部可采	不稳定	12-2	0.75	0.75		局部可采	不稳定
			24.14								

各可采煤层原煤灰分平均值为 12.46%~39.10%，2 和 11-1 煤层为低灰煤，3、4、11-2 和 12-2 煤层为中灰煤，5、6-2 和 7 煤层为中高灰煤，8 煤层为高灰煤（原煤灰分 41.70%）。各可采煤层原煤挥发分平均值为 18.13%~25.24%，3 煤层为中等挥发分煤，其他各可采煤层均为低挥发分煤。各可采煤层原煤干燥基全硫含量较高，平均为 0.29%~4.64%，3 煤层为特低硫煤，2、

4、6-2 和 8 煤层为低硫煤，7 煤层为中高硫煤，5、11-1、11-2 和 12-2 煤层均为高硫煤。各煤层原煤高位发热量平均为 $20.09\times10^6\sim31.01\times10^6$ 焦耳/千克，6-2 和 7 煤层为中低发热量煤，5 煤层为中发热量煤，3、4、12-1 和 12-2 煤层为中高发热量煤，2 煤层为高发热量煤，11-1 煤层为特高发热量煤。煤类较多，3 和 4 煤层为弱黏煤，2 煤层为焦煤，5、7、8 和 11-2 煤层为贫瘦煤，6-2、11-1 和 12-2 煤层为瘦煤。

煤层瓦斯含量中 CH_4 含量 $0.00\sim0.56$ 毫升/克，CO_2 含量 $0.01\sim0.02$ 毫升/克，自然瓦斯成分中 CH_4 含量为 $0.03\sim31.96\%$，CO_2 含量为 $0.13\sim0.55\%$。

截至 2015 年底，贺兰山（西麓）煤田共提交总资源量 234681 万吨（气煤 2593 万吨、肥煤 68422 万吨、焦煤 70316 万吨、瘦煤 22717 万吨、贫煤 10789 万吨、无烟煤 59844 万吨），其中查明资源量 162295 万吨、(334?) 资源量 72386 万吨；保有资源量 146036 万吨。预测资源量 144445 万吨，预测面积 170 平方千米。资源量计算最大垂深 2000 米。

6. 大青山煤田

大青山煤田位于阴山山脉中段的大青山中部，行政区划隶属包头市管辖。煤田东西长约 80 千米，南北最宽约 17 千米，面积 226 平方千米。煤田地质勘查工作始于 1950 年，共提交各类勘查报告 37 件，施工钻孔 488 个，完成钻探工程量 181163.28 米。

大青山煤田含煤地层为石炭系上统拴马桩组、二叠系下统杂怀沟组以及侏罗系中下统五当沟组。含煤地层基底为寒武—奥陶系，盖层为侏罗系中统长汗沟组。

大青山煤田内部呈北东东—南西西向展布，地层走向 N60°—80E°，其构造形态以不对称的复式向斜为主体。主要构造线循此方向延展，构造线多以近东西为主，形成近东西向褶皱即倒转的背向斜及低角度的逆掩断层。

大青山煤田含煤地层为上石炭统拴马桩组和下二叠统杂怀沟组及中下侏罗纪的五当沟组。拴马桩组：地层厚度一般 $70\sim190$ 米，含 CU2 煤组。杂怀沟组：地层厚度 $50\sim180$ 米，含 CU4 煤组。五当沟组：地层厚度 $1600\sim1800$ 米，含 L、K、J、I、H、G、F、E、D、C、B、A 煤组。各煤组特征见表 2-1-31。

表 2-1-31 大青山煤田各煤组特征统计表　　　　米

煤组号	总厚度	结构复杂程度	稳定性	煤组号	总厚度	结构复杂程度	稳定性
A	$\dfrac{0\sim2.90}{1.50}$	较简单	不稳定	H	$\dfrac{0\sim3.54}{2.02}$	复杂	不稳定
B	$\dfrac{0.50\sim6.79}{3.75}$	较简单	不稳定	I	$\dfrac{0\sim10.04}{4.90}$	简单	较稳定
C	$\dfrac{0\sim1.10}{0.83}$	复杂	极不稳定	J	$\dfrac{0.09\sim30.51}{7.70}$	复杂	较稳定
D	$\dfrac{0\sim1.60}{1.00}$	复杂	极不稳定	K	$\dfrac{0\sim7.07}{2.60}$	较简单	不稳定
E	$\dfrac{0\sim0.60}{0.40}$	复杂	极不稳定	L	$\dfrac{0\sim10.00}{4.50}$	较复杂	较稳定
F	$\dfrac{0.20\sim1.80}{0.60}$	复杂	极不稳定	C_{U4}	$\dfrac{0.52\sim4.68}{3.00}$	复杂	不稳定
G	$\dfrac{0\sim5.64}{3.60}$	复杂	较稳定	C_{U2}	$\dfrac{0.50\sim80.00}{24.00}$	复杂	不稳定

各可采煤层原煤水分 0.41%～2.22%、灰分 16.65%～34.35%、挥发分 24.05%～46.85%、全硫 0.29%～0.87%。原煤分析基高位发热量 15.20×10^6～35.93×10^6 焦耳/千克。精煤回收率 20%～31%，煤类主要为焦煤、肥煤、弱黏煤、不黏煤，有少量贫煤、长焰煤和气煤。

大青山煤田地下水含水层有第四系孔隙潜水含水层，侏罗系孔隙、裂隙承压含水层组，石炭、二叠系孔隙、裂隙潜水—承压含水组，寒武、奥陶系裂隙、溶洞含水层。水文地质条件属孔隙—裂隙充水为主的水文地质条件中等型，即第一～二类二型。煤田内岩体的整体稳定性较差，岩石自然状态单轴抗压强度以大于 15 兆帕的硬岩为主，为层状岩类，工程地质勘查类型为三类二型，即中等型。大青山煤田瓦斯涌出量很高，区内矿井多次发生瓦斯爆炸，属于高瓦斯矿井。各可采煤层具有煤尘爆炸危险性，易自燃。

截至 2015 年底，共提交总资源量 98589 万吨（长焰煤 813 万吨、不黏煤 15078 万吨、弱黏煤 9605 万吨、气煤 5010 万吨、肥煤 8817 万吨、焦煤 43218 万吨、瘦煤 10796 万吨、贫煤 2504 万吨、无烟煤 2750 万吨），其中查明资源量 78019 万吨、（334?）资源量 20570 万吨；保有资源量 51689 万吨、（334?）资源量 20474 万吨。资源量计算最大垂深 600 米。

7. 乌达煤田

乌达煤田位于乌海市西部和阿拉善盟东部。煤田地质勘查工作始于 1956 年，共提交各类勘查报告 18 件，施工钻孔 381 个，完成钻探工程量 65571.69 米。

乌达煤田基本构造形态为近似椭圆形向斜，南北最长 15 千米，东西最宽 10 千米，面积 105 平方千米。

乌达煤田主要含煤地层为石炭系上统太原组，含煤地层平均厚 217 米，共含煤 15 层，自下而上计有 18、17、16、15、14、$13_下$、13、$13_{上1}$、$13_{上2}$、$13_{上3}$、12、11、10、9、8 等煤层，煤层平均总厚度 21.56 米，其中 18、$13_下$、8 煤层不可采，余下 12 个可采煤层平均总厚度为 20.59 米，可采含煤系数为 9.49%。各可采煤层特征见表 2-1-32。

表 2-1-32　乌达煤田可采煤层特征统计表　　　　　　　　　　米

煤层号	总厚度	层间距	可采性	稳定性	煤层号	总厚度	层间距	可采性	稳定性
9	$\frac{0.32～5.14}{3.83}$		大部可采	较稳定	$13_{上1}$	$\frac{0.38～2.12}{0.71}$		局部可采	不稳定
		8.00					14		
10	$\frac{0.60～2.39}{2.10}$		大部可采	较稳定	13	$\frac{0.69～2.39}{1.50}$		大部可采	较稳定
		14.14					9.31		
11	$\frac{0.20～1.82}{1.05}$		局部可采	不稳定	14	$\frac{0.65～2.96}{1.00}$		局部可采	不稳定
		25					1.00		
12	$\frac{3.05～7.74}{5.00}$		全区可采	较稳定	15	$\frac{0.73～3.69}{1.87}$		大部可采	较稳定
		6.45					17.63		
$13_{上3}$	1.00		局部可采	不稳定	16	$\frac{0.25～2.56}{1.60}$		大部可采	较稳定
		5					4.50		
$13_{上2}$	$\frac{0.20～2.59}{1.82}$		大部可采	较稳定	17	$\frac{0.10～1.79}{0.89}$		局部可采	不稳定
		5							

各可采煤层原煤灰分 10.40%～38.20%，原煤硫分含量在 0.90%～3.57%。各煤层原煤干燥基高位发热量均大于 24×10^6 焦耳/千克，有的达到 34.61×10^6 焦耳/千克，属高—特高热值煤。各煤层为难选煤煤层。煤类主要为气煤、焦煤、肥煤。

乌达煤田内水文地质条件简单，地下水为第四系潜水和基岩裂隙承压水，水文地质勘查类型为简单型。煤层顶板属较软弱岩层，工程地质勘查类型划分为三类二型。瓦斯含量低，煤尘有爆炸危险，属容易自燃煤。无地温异常，煤田内环境质量差。

截至 2015 年底，共提交总资源量 58018 万吨（气煤 2495 万吨、肥煤 7756 万吨、1/3 焦煤 1136 万吨、焦煤 44477 万吨、贫瘦煤 1495 万吨、无烟煤 658 万吨），均为查明资源量；保有资源量 26258 万吨（全部为查明资源量）。资源量计算最大垂深 970 米。

二、其他中型及以上煤田

1. 呼和诺尔煤田

呼和诺尔煤田位于呼和诺尔含煤盆地的西北部，行政区划隶属呼伦贝尔市管辖。煤田南北最长 80 千米、东西最宽 58 千米，面积 3954 平方千米。煤田地质勘查工作始于 1985 年，共提交各类勘查报告 20 件，施工钻孔 997 个，完成钻探工程量 527743.70 米。

呼和诺尔煤田含煤地层为白垩系下统伊敏组。其构造形态为一宽缓的单斜构造，地层倾角小于 10°。煤田内无岩浆岩。

呼和诺尔煤田含煤地层共有 8 个煤组，含可采煤层 9 层，煤层总厚 0.55～58.45 米，平均 25.29 米，含煤系数 4.80%，主采煤层有 4、8b、10b、10c 煤层 4 层。各可采煤层特征见表 2-1-33。

各可采煤层原煤水分 5.73%～23.94%，原煤灰分 6.66%～38.71%，浮煤挥发分 39.26%～52.12%。原煤全硫 0.08%～2.59%，浮煤全硫 0.06%～2.11%。原煤干燥基高位发热量 16.75×10^6～26.84×10^6 焦耳/千克，恒温无灰基高位发热量 16.85×10^6～22.95×10^6 焦耳/千克。煤类为褐煤，可作为动力、发电和民用燃料。

表 2-1-33　呼和诺尔煤田可采煤层特征统计表　　　　米

煤层号	总厚度	可采厚度	层间距	可采性	稳定性	煤层号	总厚度	可采厚度	层间距	可采性	稳定性
2	$\frac{1.10\sim4.57}{2.05}$	$\frac{1.50\sim3.90}{2.10}$	$\frac{1.08\sim26.54}{15.41}$	局部可采	较稳定	8c	$\frac{0.40\sim3.80}{1.57}$	$\frac{1.65\sim3.55}{2.30}$	$\frac{0.50\sim15.58}{4.45}$	局部可采	较稳定
3	$\frac{0.53\sim5.57}{2.58}$	$\frac{1.55\sim5.55}{2.87}$		局部可采	较稳定	9	$\frac{0.68\sim2.80}{1.85}$	$\frac{1.75\sim2.60}{2.21}$		局部可采	较稳定
4	$\frac{3.10\sim9.70}{6.54}$	$\frac{3.10\sim9.20}{6.25}$	$\frac{59.75\sim102.50}{79.70}$	全区可采	较稳定	10b	$\frac{0.55\sim5.35}{4.20}$	$\frac{1.50\sim6.84}{4.19}$		大部可采	较稳定
6	$\frac{0.25\sim5.28}{1.80}$	$\frac{1.50\sim4.93}{2.59}$		局部可采	较稳定	10c	$\frac{0.60\sim8.60}{3.50}$	$\frac{1.90\sim7.60}{3.46}$	$\frac{0.95\sim9.70}{4.29}$	大部可采	较稳定
8b	$\frac{3.15\sim12.15}{7.08}$	$\frac{3.15\sim10.10}{6.62}$		全区可采	较稳定						

呼和诺尔煤田水文地质勘查类型确定为一～二类二型，即以孔隙、裂隙充水含水层为主，水文地质条件中等的矿床。煤层围岩的工程地质类型确定为：三类三

型，即层状岩类，工程地质条件属复杂型矿床。各可采煤层瓦斯含量 0～0.08 毫升/克。各主采煤层具有煤尘爆炸危险性，容易自燃。煤田地质环境类型为第二类，即地质环境质量中等。

截至 2015 年底，共提交总资源量 5998490 万吨（均为褐煤），其中查明资源量 3677035 万吨、（334?）资源量 2321455 万吨；保有资源量 3677018 万吨。资源量计算最大垂深 644 米。

2. 红花尔基煤田

红花尔基煤田位于红花尔基盆地东南段，行政区划隶属呼伦贝尔市管辖。煤田南北长 64 千米、东西最宽 44 千米，面积 2676 平方千米。煤田地质勘查工作始于 1984 年，共提交各类勘查报告 9 件，施工钻孔 773 个，完成钻探工程量 390058.04 米。

煤田基本构造形态呈一个簸箕状的单斜构造，东南部南部地层倾角逐渐变陡，倾角 4～10°，构造复杂程度为简单类型。

煤田含煤地层为白垩系下统的大磨拐河组和伊敏组。伊敏组含煤地层厚度 1.00～607.80 米，平均 319.05 米；发育 5 个煤组，含 19 层煤，煤层总厚 0.99～74.30 米，平均 30.15 米；含煤系数 9.45%，含煤性较好。大磨拐河组含煤地层厚度 8.45～178.17 米，平均 98.11 米；发育 3 个煤组，含 6 层煤，煤层总厚 0.70～52.83 米，平均 15.37 米；含煤系数 15.67%，含煤性较好。在两组含煤地层中共发育 8 个煤组计 25 层煤层，其中大部可采煤层 5 层，分别是 3-2、3-3、4-2、5-2、5-3 煤层；局部可采煤层 7 层，分别是 1-2、2-3、3-4、4-1、7-1、8-1、8-2 煤层；不可采煤层 3 层，分别是 2-2、4-3、5-4 煤层。红花尔基煤田伊敏组可采煤层特征统计情况见表 2-1-34。

表 2-1-34　红花尔基煤田伊敏组可采煤层特征统计表　　米

煤层号	总厚度	可采厚度	层间距	可采性	稳定性	煤层号	总厚度	可采厚度	层间距	可采性	稳定性
1-2	$\frac{0.45\sim4.45}{2.25}$	$\frac{2.03\sim3.23}{2.50}$		局部可采	较稳定	4-2	$\frac{0.35\sim24.80}{4.76}$	$\frac{1.50\sim24.40}{6.38}$	$\frac{0.79\sim58.60}{17.29}$	大部可采	较稳定
2-3	$\frac{0.54\sim6.44}{3.26}$	$\frac{1.65\sim5.32}{3.89}$		局部可采	较稳定	5-2	$\frac{0.39\sim28.45}{7.14}$	$\frac{1.55\sim27.75}{7.40}$	$\frac{0.15\sim38.94}{9.02}$	大部可采	较稳定
3-4	$\frac{0.25\sim5.29}{1.82}$	$\frac{1.55\sim5.01}{2.46}$	$\frac{1.28\sim41.13}{18.54}$	局部可采	较稳定	5-3	$\frac{0.19\sim23.75}{8.86}$	$\frac{1.70\sim23.20}{10.27}$		大部可采	较稳定
4-1	$\frac{0.44\sim6.29}{1.76}$	$\frac{1.51\sim6.29}{2.42}$		局部可采	较稳定						

各可采煤层的水分（原煤）为 14.40%～17.74%；灰分（原煤）为 13.49%～20.94%，大部分属中灰煤；挥发分（浮煤）平均值为 44.48%～45.65%；各煤层原煤全硫一般为 0.06%～1.39%，大部分属于特低硫煤，部分属于低硫煤；原煤磷含量平均为 0.001%～0.087%，属特低磷分煤；干燥基高位发热量为 22.25×10^6～24.57×10^6 焦耳/千克之间，均为中高发热量煤。煤类为褐煤二号，大磨拐河组个别点的煤层达到长焰煤指标。红花尔基煤田大磨拐河组可采煤层特征统计情况见表 2-1-35。

表 2-1-35　红花尔基煤田大磨拐河组可采煤层特征统计表　　　　　　　　　米

煤层号	总厚度	可采厚度	层间距	可采性	稳定性	煤层号	总厚度	可采厚度	层间距	可采性	稳定性
7-1	$\dfrac{0.91\sim6.47}{3.15}$	$\dfrac{1.63\sim5.95}{3.26}$	$\dfrac{1.52\sim24.22}{8.52}$	局部可采	不稳定	8-1	$\dfrac{0.82\sim34.23}{8.51}$	$\dfrac{1.72\sim33.22}{8.43}$	$\dfrac{1.70\sim44.85}{18.62}$	局部可采	不稳定
7-2	$\dfrac{0.60\sim6.41}{2.41}$	$\dfrac{1.62\sim6.41}{3.43}$	$\dfrac{12.83\sim70.45}{35.64}$	不可采	不稳定	8-2	$\dfrac{0.58\sim16.71}{5.13}$	$\dfrac{0.80\sim16.41}{6.56}$		局部可采	不稳定

红花尔基煤田水文地质勘查类型划分为水文地质条件中等的孔隙充水矿床。煤田岩石工程地质特征为以松散、软弱岩类为主，岩性较复杂，工程地质勘查类型为一类三型。气体成分以氮气为主，体积分数为 97.40%～99.02%；其次为二氧化碳，体积分数为 0.95%～2.22%；甲烷含量甚微，体积分数为 0.01%～2.88%。属二氧化碳—氮气带。各煤层均有煤尘爆炸性，自燃倾向性为自燃—容易自燃煤。

截至 2015 年底，共提交总资源量 5273229 万吨（褐煤 5257923 万吨、长焰煤 15306 万吨），其中查明资源量 3796117 万吨、（334?）资源量 1477112 万吨；全部为保有资源量。资源量计算最大垂深 995 米。

3. 胡列也吐煤田

胡列也吐煤田位于呼伦贝尔市西部，行政区划属新巴尔虎左旗及陈巴尔虎旗管辖，面积为 950 平方千米。煤田地质勘查工作始于 2006 年，共提交各类勘查报告 9 件，施工钻孔 715 个，完成钻探工程量 441307.29 米。

胡列也吐煤田含煤地层为白垩系下统大磨拐河组，煤田基本构造形态为一向斜，向斜轴位于煤田中部，地层倾角一般在 10°左右，并伴有缓波状起伏和断层；经钻探证实，区内发育断层 15 条，且均为正断层。未发现岩浆岩。

胡列也吐煤田共发育 6 个煤层群 59 个煤层，可采煤层 30 层，其中大部可采煤层 15 层（主要可采煤层为 4-14、5-2、5-3 煤层），分别是 4-4、4-6、4-8、4-11、4-12、4-14、5-2、5-3、5-4、5-5、6-4、6-6、6-7、6-8 煤层；局部可采煤层 15 层，分别是 3-2、3-3、3-4、3-6、3-7、4-1、4-2、4-3、4-5、4-7、4-13、6-1、6-2、6-3 煤层；煤层总厚度 2.05～101.80 米，平均 40.46 米；大磨拐河组含煤段地层平均厚度 403.75 米，含煤系数约 10%，可采煤层埋藏深度 31.26～906.30 米。可采煤层特征见表 2-1-36。

各可采煤层的原煤水分 10.33%～20.57%，原煤灰分 5.34%～39.45%，原煤挥发分产率 41.98%～52.23%，原煤干基高位发热量 $18.23\times10^6\sim32.06\times10^6$ 焦耳/千克，原煤全硫分 0.18%～1.57%。区内煤类为长焰煤。

胡列也吐煤田的含水层为第四系砂、砂砾石孔隙含水层和白垩系大磨拐河组砂岩、煤层含水层。水文地质勘查类型为水文地质条件中等的孔隙充水矿床，即一类二型。岩石工程地质特征为以松散、软弱岩类为主，岩性较复杂，断层发育，工程地质勘查类型为一类三型。煤层瓦斯含量较低，属氮气带，即瓦斯分化带。各煤层均有爆炸性，自燃倾向性为自燃—容易自燃煤，地温正常。

截至 2015 年底，共提交总资源量

950924万吨（均为长焰煤），其中查明资源量773340万吨、(334?)资源量177584万吨。资源量计算最大垂深906米。

表2-1-36 呼列也吐煤田可采煤层特征统计表　　　　　　　米

煤层号	总厚度	可采厚度	层间距	可采性	稳定性	煤层号	总厚度	可采厚度	层间距	可采性	稳定性
3-2	$\frac{0.26\sim5.77}{1.83}$	$\frac{0.26\sim5.19}{1.60}$	$\frac{0.95\sim35.43}{9.42}$	局部可采	不稳定	4-12	$\frac{0.40\sim3.70}{1.67}$	$\frac{0.35\sim3.70}{1.50}$	$\frac{1.34\sim47.44}{16.07}$	大部可采	较稳定
3-3	$\frac{0.43\sim3.67}{1.29}$	$\frac{0.39\sim3.11}{1.11}$	$\frac{6.32\sim45.68}{12.82}$	局部可采	不稳定	4-13	$\frac{0.42\sim3.02}{1.40}$	$\frac{0.42\sim2.98}{1.30}$	$\frac{1.56\sim21.41}{3.45}$	局部可采	不稳定
3-4	$\frac{0.40\sim2.40}{1.17}$	$\frac{0.27\sim2.40}{1.04}$	$\frac{7.10\sim24.69}{17.02}$	局部可采	不稳定	4-14	$\frac{0.51\sim9.14}{3.39}$	$\frac{0.25\sim8.86}{3.14}$	$\frac{3.70\sim19.33}{2.10}$	大部可采	较稳定
3-5	$\frac{0.42\sim2.80}{1.52}$	$\frac{0.38\sim2.52}{1.31}$	$\frac{0.31\sim23.15}{8.52}$	局部可采	不稳定S	5-2	$\frac{0.34\sim7.22}{3.57}$	$\frac{0.34\sim6.67}{3.36}$	$\frac{0.28\sim7.32}{2.18}$	大部可采	较稳定
3-6	$\frac{0.68\sim3.35}{1.64}$	$\frac{0.63\sim2.95}{1.41}$	$\frac{0.49\sim37.84}{11.96}$	局部可采	不稳定	5-3	$\frac{0.24\sim10.15}{2.18}$	$\frac{0.24\sim9.37}{2.07}$	$\frac{0.40\sim20.76}{9.18}$	大部可采	较稳定
3-7	$\frac{0.43\sim2.94}{1.41}$	$\frac{0.43\sim2.94}{1.26}$	$\frac{0.35\sim14.80}{23.08}$	局部可采	不稳定	5-4	$\frac{0.25\sim3.30}{1.56}$	$\frac{0.25\sim3.05}{1.32}$	$\frac{0.24\sim20.92}{4.88}$	大部可采	较稳定
4-1	$\frac{0.56\sim2.75}{1.41}$	$\frac{0.35\sim2.68}{1.23}$	$\frac{0.30\sim21.20}{9.12}$	局部可采	不稳定	5-5	$\frac{0.10\sim4.70}{1.46}$	$\frac{0.10\sim4.60}{1.28}$	$\frac{1.91\sim23.50}{38.74}$	大部可采	较稳定
4-2	$\frac{0.18\sim3.55}{1.73}$	$\frac{0.18\sim2.61}{1.33}$	$\frac{0.25\sim17.14}{5.92}$	局部可采	不稳定	6-1	$\frac{0.17\sim4.23}{1.45}$	$\frac{0.17\sim2.94}{1.21}$	$\frac{0.56\sim11.26}{4.00}$	局部可采	不稳定
4-3	$\frac{0.41\sim4.59}{1.49}$	$\frac{0.41\sim4.23}{1.31}$	$\frac{1.28\sim43.58}{10.59}$	局部可采	不稳定	6-2	$\frac{0.23\sim4.02}{1.26}$	$\frac{0.23\sim3.37}{1.13}$	$\frac{0.96\sim18.41}{5.60}$	局部可采	不稳定
4-4	$\frac{0.27\sim4.10}{1.32}$	$\frac{0.27\sim4.10}{1.18}$	$\frac{0.54\sim30.84}{7.85}$	大部可采	较稳定	6-3	$\frac{0.25\sim4.22}{1.59}$	$\frac{0.25\sim4.22}{1.39}$	$\frac{0.98\sim18.62}{4.75}$	局部可采	不稳定
4-5	$\frac{0.58\sim2.48}{1.48}$	$\frac{0.21\sim1.82}{1.20}$	$\frac{2.05\sim12.32}{4.50}$	局部可采	不稳定	6-4	$\frac{0.51\sim6.68}{2.77}$	$\frac{0.51\sim6.68}{2.47}$	$\frac{1.03\sim19.64}{3.87}$	大部可采	较稳定
4-6	$\frac{0.30\sim2.87}{1.26}$	$\frac{0.30\sim2.87}{1.17}$	$\frac{0.33\sim28.65}{8.04}$	大部可采	较稳定	6-5	$\frac{0.30\sim6.66}{2.64}$	$\frac{0.30\sim6.44}{2.33}$	$\frac{1.18\sim16.78}{5.57}$	大部可采	较稳定
4-7	$\frac{0.23\sim3.85}{1.28}$	$\frac{0.23\sim3.38}{1.17}$	$\frac{0.88\sim26.57}{8.47}$	局部可采	不稳定	6-6	$\frac{0.36\sim5.13}{1.45}$	$\frac{0.26\sim2.70}{1.23}$	$\frac{1.20\sim17.05}{7.72}$	大部可采	较稳定
4-8	$\frac{0.20\sim4.58}{1.39}$	$\frac{0.20\sim4.58}{1.31}$	$\frac{8.15\sim60.35}{24.33}$	大部可采	较稳定	6-7	$\frac{0.38\sim3.84}{1.52}$	$\frac{0.38\sim3.11}{1.38}$	$\frac{2.54\sim23.46}{13.26}$	大部可采	较稳定
4-11	$\frac{0.51\sim4.55}{2.01}$	$\frac{0.51\sim4.12}{1.84}$	$\frac{0.40\sim15.40}{4.86}$	大部可采	较稳定	6-8	$\frac{0.24\sim3.03}{1.30}$	$\frac{0.24\sim2.78}{1.17}$			

4. 乌尔逊煤田

乌尔逊煤田位于呼伦贝尔市的西南部，行政区划隶属于新巴尔虎左旗管辖，煤田面积2480平方千米。煤田地质勘查工作始于2006年，共提交各类勘查报告5件，施工钻孔239个，完成钻探工程量107392.95米。

乌尔逊煤田大部分为第四系所掩盖，主要含煤地层为白垩系下统大磨拐河组。

乌尔逊煤田中部为乌尔逊凹陷区，其西侧为嵯岗隆起，东侧为巴彦山隆起，向南进入蒙古国境内。以往地质工作未发现断层存在。该盆地为一向斜构造，东北部略抬起，地层倾角0°~4°，构造简单。

乌尔逊煤田共含煤9层，其中含可采煤层4层，可采厚度1.50~3.52米。煤层总厚平均为 5.33 米，含煤系数 0.69%。本区可采煤层分别为 2、3、4、6 号煤层，其中 4、6 号煤层厚度分别为 0.25～3.10 米和 0.75～3.52 米，属较稳定煤层。2 号煤层有 1 个可采点，3 号煤层有 4 个可采点，均属不稳定煤层。可采煤层特征见表 2-1-37。

各可采煤层原煤水分 11.69%～12.28%，原煤灰分 15.96%～23.89%，原煤挥发分产率 42.42%～45.57%，原煤干基高位发热量 21.60×10^6～24.03×10^6 焦耳/千克，原煤全硫分 0.46%～0.86%。均为低—中灰、特低硫—低硫、高热值的褐煤。

表 2-1-37 乌尔逊煤田可采煤层特征统计表　　　　　　　　　米

煤层号	总厚度	可采厚度	层间距	可采性	稳定性	煤层号	总厚度	可采厚度	层间距	可采性	稳定性
2	0.65～2.50 / 1.33	2.50 / 2.50	2.50～10.12 / 6.46	局部可采	不稳定	4	0.25～3.10 / 1.73	2.45～3.10 / 2.72	28.29～73.90 / 53.76	大部可采	较稳定
3	0.60～1.65 / 1.33	1.50～1.65 / 1.58	6.80～18.40 / 12.31	局部可采	不稳定	6	0.75～3.52 / 1.92	1.90～3.52 / 2.79		大部可采	较稳定

乌尔逊煤田可划分 2 个含水层：第四系、粉细砂承压含水层，白垩下统大磨拐河组孔隙承压水含水段。主要可采煤层的顶底板岩性以泥岩为主，属半坚硬岩类。

截至 2015 年底，共提交总资源量 839752 万吨（均为褐煤），其中查明资源量 651586 万吨、（334?）资源量 188166 万吨；全部为保有资源量。另有预测资源量 131359 万吨，预测面积 1034 平方千米。资源量计算最大垂深 706 米。

5. 莫达木吉煤田

莫达木吉煤田位于呼伦贝尔市西南部，行政区划隶属于新巴尔虎左旗，煤田面积 639 平方千米。煤田地质勘查工作始于 2006 年，共提交各类勘查报告 5 件，施工钻孔 135 个，完成钻探工程量 74616.54 米。

莫达木吉煤田属全掩盖式，地表均被第四系覆盖。白垩系下统大磨拐河组、伊敏组为含煤地层。

莫达木吉煤盆地的构造主体为一轴向北东向的宽缓向斜，地层呈近水平状产出，地层倾角一般在 1°～5°，由轴部向两翼逐渐变陡，沿走向及倾向均具有缓波状起伏，区内构造以断层为主，其构造复杂程度属中等类型。

伊敏组中可采煤层共计 10 层，大磨拐河组煤层不可采。含煤地层发育有 2 组煤层，1-1、1-2、1-3、1-4 煤层为局部可采煤层，2 煤组有 2-1、$2-2_上$、$2-2$、$2-2_下$、2-3、$2-3_下$ 煤层，除 $2-2_下$ 煤层局部可采外，其他均为大部分可采煤层。含煤地层厚度最小 9.20 米，最大 753.04 米，平均 396.94 米，煤层总厚 1.38～47.90 米，平均 19.28 米；含煤系数 4.86%。各可采煤层特征见表 2-1-38。

各可采煤层原煤灰分为 7.35%～36.66%，原煤挥发分为 33.15%～52.00%，硫含量为 0.10%～1.87%，干基高位发热量为 11.90×10^6～28.55×10^6 焦耳/千克，为高热值褐煤，煤类为褐煤二号。

莫达木吉煤田全部被第四系风积、沼泽沉积层覆盖，可划分 3 个水文地质区：第四系沙砾、粗砂承压含水层，下白垩系砂岩孔隙承压水区，基岩裂隙水。水文地质勘查类型为——二类二型。即以孔隙、裂隙充水含水层为主、水文地质条件中等的矿床。工程地质类型为层状岩类，工程地质条件属中等型矿床。各煤层瓦斯含量普遍较低，CH_4含量为0~0.05毫升/克，瓦斯成分中CH_4最少，CO_2次之，N_2最高，划分瓦斯带为二氧化碳—氮气带。有煤尘爆炸危险，煤的自燃倾向等级为易自燃。

表2-1-38　莫达木吉煤田可采煤层特征统计表　　　　　　　　米

煤层号	可采厚度	层间距	可采性	稳定性	煤层号	可采厚度	层间距	可采性	稳定性
1-1	1.56~2.97 / 2.01	2.60~28.43 / 8.67	局部可采	较稳定	2-1上	1.51~3.88 / 2.80	1.06~68.78 / 29.43	局部可采	较稳定
1-2	1.73~2.47 / 2.10	2.95~25.25 / 11.19	局部可采	不稳定	2-2	1.51~8.84 / 4.27	5.83~33.90 / 19.23	大部可采	较稳定
1-3	1.64~2.25 / 1.90	1.90~15.04 / 6.49	局部可采	较稳定	2-2下	1.50~4.57 / 2.50	0.83~65.62 / 29.16	大部可采	较稳定
1-4	1.57~5.88 / 3.95	60.26~130.72 / 103.03	局部可采	较稳定	2-3	1.51~14.28 / 6.54	3.36~93.45 / 33.76	大部可采	较稳定
2-1	1.70~13.80 / 6.08	14.32~67.90 / 28.97	大部可采	较稳定	2-3下	2.54~6.01 / 3.7		大部可采	稳定

截至2015年底，共提交总资源量782715万吨（均为褐煤），其中查明资源量495762万吨、（334？）资源量286953万吨；全部为保有资源量。另有预测资源量58008万吨，预测面积221平方千米。资源量计算最大垂深682米。

6. 特兰图煤田

特兰图煤田位于呼伦贝尔市中部，行政区划隶属陈巴尔虎旗巴彦哈达苏木管辖，煤田面积800平方千米。煤田地质勘查工作始于1985年，共提交各类勘查报告4件，施工钻孔223个，完成钻探工程量56288.17米。

特兰图煤田含煤地层为白垩系下统大磨拐河组，其构造形态总体为近NE45°的单斜构造，地层倾角小于15°。后期构造运动使部分煤系地层隆起抬升，遭受剥蚀，使盆缘主要含煤层段埋深变浅，而盆地中部受走向断层的影响，主要含煤层段埋藏变深。

煤田内共含5个煤组28个煤层，可采煤层12层，其中大部可采煤层3层（2-1、3、4-1煤层），局部可采煤层9层（1-5、2-2、2-3、2-4、4-2、4-3、4-4、4-5、5-2煤层）。含煤地层在勘查区内厚度为62.45~814.60米，平均厚度516.23米；煤层总厚4.44~136.55米，平均厚度34.45米，含煤系数为6.7%；可采的煤层总厚度2.20~128.95米，平均29.20米，可采含煤系数为5.7%。各可采煤层特征见表2-1-39。

各可采煤层原煤水分3.46%~14.87%，原煤灰分9.77%~35.78%，浮煤挥发分37.48%~42.54%，原煤硫含量0.35%~0.95%，原煤干基高位发热量$18.62×10^6$~$27.61×10^6$焦耳/千克。煤类为褐煤。

根据地下水埋藏条件及水力特征，地下水分为第四系孔隙潜水含水层、白垩系碎屑岩类孔隙、白垩系裂隙潜水含水层、基岩裂隙潜水，煤田水文地质勘查类型为水文地质条件中等的孔隙充水矿床，即一类二型。煤田岩层为松散岩层软岩类。煤层瓦斯含量很低，属低瓦斯区。各煤层均有煤尘爆炸性，自燃倾向性为自燃—容易自燃煤。

表2-1-39　特兰图煤田可采煤层特征统计表　　　　　　　　　　　　　　　　　　　　米

煤层号	可采厚度	层间距	可采性	稳定性	煤层号	可采厚度	层间距	可采性	稳定性
1-5	$\frac{2.55~3.00}{2.78}$	0.70~4.06 2.02	局部可采	不稳定	4-1	$\frac{1.59~8.75}{5.37}$	0.31~44.76 16.79	大部可采	较稳定
2-1	$\frac{8.74~12.75}{10.45}$	0.35~0.75 0.57	大部可采	较稳定	4-2	$\frac{1.56~4.77}{2.98}$	3.70~31.54 16.54	局部可采	不稳定
2-2	$\frac{2.43~7.00}{4.72}$	0.45~11.40 4.33	局部可采	不稳定	4-3	$\frac{1.86~3.89}{2.50}$	1.71~58.30 14.57	局部可采	不稳定
2-3	$\frac{2.45~3.40}{2.93}$	2.90~13.25 7.04	局部可采	不稳定	4-4	$\frac{1.95~3.31}{2.48}$	2.50~31.09 13.91	局部可采	不稳定
2-4	5.75	2.60~23.10 9.44	局部可采	不稳定	4-5	2.95	8.50~23.74 14.29	局部可采	不稳定
3	$\frac{33.50~93.70}{62.22}$	19.15~76.23 41.66	大部可采	较稳定	5-2	$\frac{4.39~7.43}{5.91}$		局部可采	不稳定

截至2015年底，共提交总资源量632017万吨（均为褐煤），其中查明资源量460067万吨、（334?）资源量171950万吨；全部为保有资源量。资源量计算最大垂深634米。

7. 南屯—马达木吉煤田

南屯—马达木吉煤田位于呼伦贝尔市中部，行政区划隶属于海拉尔区和鄂温克族自治旗，煤田面积约864平方千米。煤田地质勘查工作始于1986年，共提交各类勘查报告5件，施工钻孔247个，完成钻探工程量123425.07米。

煤田含煤地层为白垩系下统大磨拐河组，全区发育。煤田构造形态为一轴向近N45°E的宽缓向斜，地层倾角一般为2°~5°，由轴部向两翼逐渐变陡，西北翼稍陡于东南翼，西北翼倾角为5°~8°，东南翼倾角为2°~5°，沿走向及倾向均具有缓波状起伏，区内构造以断层为主。

含煤地层中发育5个煤组计16个煤层，煤层由上至下依次编号为1-1、1-2、1-3、2-1、2-2、2-3、3-1、3-2、3-3、3-4、4-1、4-2、4-3、4-4、5-1、5-2，其中3-4煤层全区大部可采，5-1煤层全区可采，其余煤层为不可采煤层。煤层埋深最深632.07米，最浅163.81米；含煤地层总厚平均394.63米；含煤层总厚最大29.11米，最小2.60米，平均17.32米；含可采煤层总厚最大19.77米，最小1.51米；含有益煤层平均总厚13.12米，含煤系数平均为4.4%。其可采煤层特征见表2-1-40。

表2-1-40　南屯—马达木吉煤田可采煤层特征统计表　　　　　　　　　　　　　　　　米

煤层号	总厚度	可采厚度	可采性	稳定性	煤层号	总厚度	可采厚度	可采性	稳定性
3-4	$\frac{0.40~4.97}{3.48}$	$\frac{1.51~4.86}{3.69}$	大部可采	较稳定	5-1	$\frac{1.20~22.82}{10.40}$	$\frac{1.76~17.55}{10.05}$	全区可采	较稳定

各可采煤层原煤水分4.70%~20.96%，原煤灰分7.85%~34.65%，浮煤挥发分38.14%~47.82%，原煤硫含量0.07%~0.56%，煤层干燥基高位发热量17.10×10^6~27.22×10^6焦耳/千克，煤类为褐煤和长焰煤。

煤田的含水层为第四系砂砾石含水层、大磨拐河组煤系含水层。煤田为孔隙含水层为主的矿床，水文地质勘查类型为水文地质条件中等的多因素充水矿床，即一类二型。岩石工程地质特征以松散、软弱岩类为主，工程地质勘查类型为一类三型。煤层瓦斯含量普遍较低，煤层自燃倾向性等级为Ⅰ级，容易自燃煤，各煤层均为有煤尘爆炸危险性。无地温异常。

截至2015年底，共提交总资源量299385万吨（褐煤258469万吨、长焰煤40916万吨），其中查明资源量100096万吨、（334?）资源量199289万吨；全部为保有资源量。另有预测资源量385085万吨，预测面积374平方千米。资源量计算最大垂深600米。

8. 乌固诺尔煤田

乌固诺尔煤田属呼伦贝尔市鄂温克族自治旗管辖，面积约440平方千米。煤田地质勘查工作始于2011年，提交勘查报告1件，施工钻孔102个，完成钻探工程量59730.14米。

含煤地层为白垩系下统大磨拐河组，煤田位于巴彦山隆起中西部，基本构造形态为一东西向椭圆形向斜。

含煤地层厚度146.99～593.01米，含煤4组，共18层，其中可采煤层4层，分别为：1－3煤层均厚2.28米、1－6煤层均厚1.64米、3－1煤层均厚2.77米、3－4煤层均厚11.04米。属中灰、低硫、高发热量的褐煤。

截至2015年底，共提交总资源量229137万吨（均为褐煤），其中查明资源量228388万吨、（334?）资源量749万吨；全部为保有资源量。资源量计算最大垂深890米。

9. 西胡里吐煤田

西胡里吐煤田位于满洲里市西南中蒙边界附近，行政区划隶属于新巴尔虎右旗，面积275平方千米。煤田地质勘查工作始于1984年，共提交各类地质报告3件，施工钻孔54个，完成钻探工程量10854.11米。

煤田含煤地层为白垩系下统大磨拐河组。西胡里吐煤盆地大体呈北东60°方向展布，长25千米，宽6～14千米，含煤盆地总体为一半地堑构造。煤田地层平缓，倾角2°～5°，倾向北西和南东，构造属于简单类型。煤系地层控制厚度61.92～82.88米，平均累厚72.80米。含煤系数17.00%，可采含煤系数15.42%。含29个煤组共30个煤层，可采煤层为2、3、4、9、10、10－2、14、16、20、22、24、27、28、30等14层煤，其余为零星可采或不可采煤层。可采煤层特征见表2－1－41。

各可采煤层的原煤水分平均值为3.76%～31.62%，一般为6%～15%；原煤灰分平均为22.43%；原煤挥发分为36.80%～56.17%，平均为46%左右；原煤硫含量一般为0.2%～1%，个别有大于3%者，平均含量0.45%；发热量（原煤、弹筒分析基）平均值为13.68×10^6～24.10×10^6焦耳/千克。煤类为褐煤二号。

西胡里吐煤田全部为第四系松散层所覆盖。地下水含水岩组主要有第四系孔隙含水岩组及大磨拐河孔隙裂隙承压含水岩组，水文地质勘查类型为二类二型。煤田岩石工程地质特征为以松散、软弱岩类为主，岩性较复杂，断层发育，工程地质勘查类型为一类三型。属低瓦斯矿井，各煤层均有煤尘爆炸危险性，为易自燃—自燃煤。无地温异常。

截至2015年底，共提交总资源量118775万吨（均为褐煤），其中查明资源量63821万吨、（334?）资源量54954万吨；保有资源量63368万吨。资源量计算最大垂深350米。

第一章 煤炭资源分布

表2-1-41 西胡里吐煤田可采煤层特征统计表 米

煤层号	总厚度	可采性	稳定性	煤层号	总厚度	可采性	稳定性
2	$\frac{0.21\sim2.92}{1.50}$	零星可采	不稳定	16	2.45	零星可采	不稳定
3	$\frac{2.53\sim4.96}{3.50}$	零星可采	不稳定	20	$\frac{0.25\sim2.70}{1.67}$	零星可采	不稳定
4	$\frac{9.60\sim14.91}{11.60}$	大部可采	较稳定	22	$\frac{0.48\sim7.24}{4.70}$	零星可采	不稳定
9	$\frac{2.22\sim16.14}{7.42}$	大部可采	较稳定	24	2.07	零星可采	不稳定
10	$\frac{0.63\sim21.77}{9.04}$	大部可采	较稳定	27	$\frac{3.08\sim15.15}{8.37}$	大部可采	较稳定
10-2	$\frac{0.48\sim4.40}{2.00}$	局部可采	不稳定	28	$\frac{2.13\sim16.31}{6.88}$	局部可采	不稳定
14	$\frac{1.66\sim8.45}{5.44}$	局部可采	不稳定	30	$\frac{1.02\sim7.39}{4.21}$	零星可采	不稳定

10. 高力罕煤田

高力罕煤田位于锡林郭勒盟东部，行政区划隶属东乌珠穆沁旗管辖，面积1000平方千米。煤田地质勘查工作始于2007年，共提交各类勘查报告26件，施工钻孔1316个，完成钻探工程量937517.66米。

煤田含煤地层为白垩系下统大磨拐河组。煤田构造总体形态为一近似东西向两翼较平缓不对称向斜构造，轴向N45—74°E，轴部北翼近似东南倾，倾角3°~7°，南翼近似北倾，向外逐步抬起并超覆在兴安岭群之上，倾角3°~13°，总体走向近似东西。

煤田含煤地层厚度在各地不同，变化范围475~2183米。发育4个煤组，8个分煤层，自上而下编号为1、2、3-2、3-3、3-4、3-5、3-6、4煤层。其中3-5、3-6、4煤层在分布范围内大部分可采，结构简单的较稳定煤层；其他各煤层均属结构较简单、较稳定的局部可采煤层。煤层埋深295.90~700.25米。钻孔控制含煤层地层平均厚度404.04米，钻孔见可采煤层平均厚度为24.29米，含煤系数平均6.01%。各可采煤层特征见表2-1-42。

表2-1-42 高力罕煤田可采煤层特征统计表 米

煤层号	总厚度	可采厚度	层间距	可采性	稳定性	煤层号	总厚度	可采厚度	层间距	可采性	稳定性
2	$\frac{0.55\sim4.35}{2.28}$	$\frac{2.35\sim4.35}{3.44}$	$\frac{8.90\sim46.3}{27.41}$	局部可采	较稳定	3-5	$\frac{1.10\sim8.60}{3.72}$	$\frac{1.90\sim8.60}{4.17}$	$\frac{0.55\sim18.55}{7.09}$	大部可采	较稳定
3-2	$\frac{0.65\sim3.95}{2.17}$	$\frac{1.70\sim3.95}{2.73}$	$\frac{0.70\sim9.30}{3.90}$	局部可采	较稳定	3-6	$\frac{2.40\sim13.75}{7.15}$	$\frac{2.40\sim13.75}{7.15}$	$\frac{0.65\sim7.15}{3.19}$	大部可采	较稳定
3-3	$\frac{0.50\sim3.20}{1.52}$	$\frac{1.55\sim3.20}{2.26}$	$\frac{0.35\sim6.85}{3.09}$	局部可采	较稳定	4	$\frac{0.80\sim13.25}{7.03}$	$\frac{2.20\sim13.25}{8.32}$	$\frac{4.30\sim52.45}{25.45}$	大部可采	较稳定
3-4	$\frac{0.35\sim6.20}{2.86}$	$\frac{1.85\sim6.20}{3.69}$		局部可采	较稳定						

各可采煤层原煤水分8.88%~11.33%，原煤灰分19.30%~31.57%，浮煤挥发分41.44%~43.11%，原煤全硫0.28%~0.53%。原煤干基低位发热

量 $18.02 \times 10^6 \sim 22.23 \times 10^6$ 焦耳/千克，恒湿无灰基高位发热量 $20.02 \times 10^6 \sim 21.58 \times 10^6$ 焦耳/千克。煤类主要为褐煤、长焰煤，可作为动力、化工和民用煤。

煤田地下水含水层有第四系含水层、煤系地层裂隙孔隙含水层组和火山裂隙水含水层组。单位涌水量 0.0869 升/（秒·米），渗透系数 0.0634 米/天，属弱富水性含水层。水文地质勘查类型为裂隙含水层、直接充水含水层，水文地质条件中等，即为二类二型。工程地质勘查类型为层状岩类中等型，即第三类二型。各主采煤层瓦斯含量 $0 \sim 0.63$ 立方米/吨，属于瓦斯风化带，均为低瓦斯矿井。各主采煤层具有煤尘爆炸危险性，容易自燃。地温正常。煤田地质环境类型为第Ⅱ类，即地质环境质量中等。

截至 2015 年底，共提交总资源量 1739934 万吨（褐煤 787259 万吨、长焰煤 944738 万吨、不黏煤 7937 万吨），其中查明资源量 1586543 万吨、（334?）资源量 153391 万吨；全部为保有资源量。

资源量计算最大垂深 700 米。

11. 巴彦呼硕煤田

巴彦呼硕煤田位于锡林郭勒盟东部，行政隶属西乌珠穆沁旗巴彦胡硕、柴达木、吉林高勒镇管辖。煤田走向长 60 千米，倾向最宽 35 千米，面积 1700 平方千米。煤田地质勘查工作始于 2004 年，共提交各类勘查报告 17 件，施工钻孔 680 个，完成钻探工程量 334046.48 米。

巴彦呼硕煤田含煤地层为白垩系下统大磨拐河组。含煤盆地是一个反 S 型的断陷盆地，盆地轴向由北段的 NNE 至中段转向 NE、NEE 至南段又转为 NNE 向。盆地内地层微有褶曲，地层倾角平缓一般不超过 10°，最大 20°。盆地被两个 NNW 向的断层切割，将整个盆地分割成 3 个块段，中段垒起，另两段断下。盆地的构造规律推断为一平缓向斜。

巴彦呼硕煤田含煤地层最大厚度 797 米，共 4 个煤组、含可采煤层 11 层。煤层总厚度 $0 \sim 76.90$ 米，平均 30.83 米，平均含煤系数 7.8%。各可采煤层特征见表 2-1-43。

表 2-1-43 巴彦呼硕煤田可采煤层特征统计表　　　　　　　　　　　米

煤层号	总厚度	可采厚度	层间距	可采性	稳定性	煤层号	总厚度	可采厚度	层间距	可采性	稳定性
1-3	$\dfrac{0.25 \sim 7.75}{2.40}$	$\dfrac{1.70 \sim 7.75}{5.23}$	$\dfrac{31.95 \sim 45.75}{37.64}$	局部可采	不稳定	2-6	$\dfrac{0.40 \sim 9.30}{2.39}$	$\dfrac{1.50 \sim 7.10}{4.08}$	$\dfrac{0.75 \sim 9.95}{4.17}$	局部可采	不稳定
1-6	$\dfrac{0.4 \sim 6.65}{2.98}$	$\dfrac{1.55 \sim 6.65}{3.13}$	$\dfrac{56.65 \sim 183.80}{106.88}$	大部可采	较稳定	2-8	$\dfrac{0.30 \sim 4.30}{2.29}$	$\dfrac{1.65 \sim 4.30}{2.39}$	$\dfrac{5.95 \sim 30.20}{18.67}$	大部可采	较稳定
2-1	$\dfrac{0.50 \sim 8.75}{4.49}$	$\dfrac{1.55 \sim 7.40}{4.24}$	$\dfrac{0.45 \sim 46.60}{15.66}$	大部可采	较稳定	3-1	$\dfrac{0.20 \sim 2.40}{1.01}$	$\dfrac{1.50 \sim 2.05}{1.66}$	$\dfrac{38.00 \sim 130.95}{80.42}$	局部可采	不稳定
2-2	$\dfrac{0.35 \sim 19.60}{10.41}$	$\dfrac{10.10 \sim 14.95}{12.57}$	$\dfrac{0.35 \sim 16.20}{4.57}$	大部可采	较稳定	4-1	$\dfrac{0.25 \sim 13.90}{4.27}$	$\dfrac{2.05 \sim 9.50}{4.17}$	$\dfrac{15.50 \sim 69.45}{45.29}$	大部可采	较稳定
2-3	$\dfrac{1.00 \sim 14.50}{6.31}$	$\dfrac{1.60 \sim 10.75}{5.47}$	$\dfrac{4.40 \sim 14.10}{8.69}$	全区可采	较稳定	4-3	$\dfrac{0.25 \sim 3.40}{1.21}$	$\dfrac{1.50 \sim 2.60}{1.91}$	$\dfrac{14.60 \sim 58.15}{26.43}$	局部可采	不稳定
2-5	$\dfrac{1.05 \sim 3.00}{1.81}$	$\dfrac{1.75 \sim 2.55}{2.19}$		局部可采	不稳定						

各可采煤层原煤水分 10.50% $\sim$ 24.90%，原煤灰分 7.76% $\sim$ 46.95%，浮煤挥发分 37.52% $\sim$ 48.29%，原煤全硫 0.21% $\sim$ 1.56%，原煤干基低位发热

量 13.76%×10⁶~26.99×10⁶ 焦耳/千克，原煤干燥基高位发热量 14.30×10⁶~27.79×10⁶ 焦耳/千克。煤类以褐煤为主，长焰煤次之，可作为动力、化工和民用煤。

煤田地下水含水层有第四系松散堆积层孔隙潜水含水层，新近系孔隙裂隙含水层，白垩系下统孔隙、裂隙承压含水层。水文地质类型定为二类一~二型，即水文地质条件简单—中等的裂隙、孔隙充水矿床。含煤地层属于软弱岩类，煤层顶、底板围岩的工程地质类型为三类二型，即层状岩类、工程地质条件中等型。各可采煤层 CH_4 成分为 5.16%~98.51%，平均值为 52.74%；CO_2 成分为 0~2.62%，平均值为 1.49%；N_2 为成分 1.49%~94.84%，平均值 46.47%，属氮气—瓦斯带。各可采煤层具有煤尘爆炸危险性，容易自燃，无地温异常。煤田地质环境类型为第二类，即地质环境质量中等。

截至 2015 年底，共提交总资源量 1428929 万吨（褐煤 1051550 万吨、长焰煤 377380 万吨），其中查明资源量 1259057 万吨、(334?) 资源量 169872 万吨；全部为保有资源量。另有预测资源量 67306 万吨，预测面积 60 平方千米。资源量计算最大垂深 843 米。

12. 五间房煤田

五间房煤田位于锡林郭勒盟东部，行政区划隶属于西乌珠穆沁旗吉林郭勒苏木。煤田南北长 45 千米、东西最宽 25 千米，面积 934 平方千米。煤日地质勘查工作始于 1990 年，共提交各类勘查报告 3 件，施工钻孔 112 个，完成钻探工程量 81061.34 米。

五间房煤田含煤地层为白垩系下统大磨拐河组，含煤地层基底为侏罗系上统白音高老组。煤田为一半地堑型向斜盆地，盆地横剖面不对称，沉降中心靠近主盆缘断裂一侧。地层产状平缓，倾角一般不超过 5°，最大为 14°，无岩浆岩。

大磨拐河组共 3 个岩段，见 7 个煤组，含可采煤层 11 层，平均可采含煤系数 8.7%。四岩段即上含煤段为主要含煤段，发育 1、2、3、4、5 五个煤组 9 层可采煤层；三岩段发育 6 煤组 1 层可采煤层；二岩段发育 7 煤组 1 层可采煤层。其中 2-1、2-2、3-3、4、5 号煤层为全区及大部分可采的主要煤层；2-3、3-1 煤层为局部可采煤层；3-2、6、7 煤层为零星可采煤层。各可采煤层特征见表 2-1-44。

表 2-1-44 五间房煤田可采煤层特征统计表 米

煤层号	总厚度	可采厚度	层间距	可采性	稳定性	煤层号	总厚度	可采厚度	层间距	可采性	稳定性
1	$\frac{0.33~6.90}{0.95}$	$\frac{2.65~6.41}{4.53}$	28.24~87.50	不可采	极不稳定	3-3	$\frac{0.29~18.17}{6.00}$	$\frac{0.83~16.87}{6.44}$	3.01~40.09	大部可采	较稳定
2-1	$\frac{0.22~19.93}{2.61}$	$\frac{1.51~19.93}{8.11}$	12.95~77.09	大部可采	较稳定	4	$\frac{0.33~23.00}{3.76}$	$\frac{0.82~21.12}{4.18}$	2.45~72.60	大部可采	较稳定
2-2	$\frac{0.31~27.45}{6.30}$	$\frac{1.22~26.91}{7.38}$	3.60~126.84	大部可采	较稳定	5	$\frac{0.49~9.24}{4.12}$	$\frac{0.95~8.57}{4.18}$	4.16~65.89	大部可采	较稳定
2-3	$\frac{0.28~25.25}{7.43}$	$\frac{1.10~22.05}{7.97}$	12.39~77.34	局部可采	不稳定	6	$\frac{0.43~2.83}{1.39}$	$\frac{1.23~2.83}{1.96}$	53.83~73.96	零星可采	不稳定
3-1	$\frac{0.26~6.64}{1.70}$	$\frac{0.92~6.64}{2.25}$	3.46~44.77	局部可采	不稳定	7	$\frac{0.31~2.24}{1.32}$	$\frac{1.00~2.03}{1.53}$	213.29~289.29	零星可采	不稳定
3-2	$\frac{0.32~3.20}{1.62}$	$\frac{1.11~3.20}{2.09}$		零星可采	不稳定						

各可采煤层原煤水分 9.13% ~ 11.01%、灰分 17.86% ~ 33.32%、挥发分 42.41% ~ 44.43%、全硫 0.37% ~ 0.96%，原煤干基低位发热量 18.74×10^6 ~ 23.20×10^6 焦耳/千克、干燥基高位发热量 25.28×10^6 ~ 29.15×10^6 焦耳/千克，煤类以长焰煤为主、褐煤次之，可作为民用及动力用煤、化工材料。

五间房煤田地下水含水层有第四系、新近系和白垩系砂岩、砂砾岩孔隙承压水，侏罗系中下统中细粒砂岩孔隙裂隙承压水。属水文地质条件中等的矿床，即一类二型。煤田内岩性较复杂，以软弱的层状碎屑沉积岩为主，岩石质量较差，岩体强度弱，工程地质勘查类型划分为层状岩类中等型，即三类二型。除 2-2 煤层属甲烷—氮气带外，其他煤层均属二氧化碳—氮气带。各可采煤层具有煤尘爆炸危险性，容易自燃，地温正常。煤田地质环境类型为第Ⅱ类，即地质环境质量中等。

截至 2015 年底，共提交总资源量 1283452 万吨（褐煤 392448 万吨、长焰煤 891004 万吨），其中查明资源量 1088899 万吨、(334?) 资源量 194553 万吨；全部为保有资源量。资源量计算最大垂深 1000 米。

13. 巴彦宝力格煤田

巴彦宝力格煤田位于锡林浩特市北巴彦宝力格苏木境内，行政隶属于锡林浩特市管辖。煤田南北最宽 40 千米、东西最长 53 千米，面积 613 平方千米。煤田地质勘查工作始于 1975 年，共提交各类勘查报告 14 件，施工钻孔 628 个，完成钻探工程量 236748.92 米。

巴彦宝力格煤田内含煤地层为白垩系下统大磨拐河组，含煤地层基底为侏罗系。

巴彦宝力格煤田地处二连盆地群东部的巴彦宝力格拗陷内。拗陷内主要为巴彦宝力格向斜，煤田基本构造形态为一不对称向斜构造，向斜轴略有弯曲，其轴部总体方向呈北东向，向斜两翼产状比较平缓，南翼倾向 NW、倾角 8°~10°，北翼倾向 SE、倾角 5°~8°。

大磨拐河组含煤 5 组，一般含煤 7 层，地层厚度 41.30 ~ 358.74 米，平均 165.32 米。煤层厚 1.50 ~ 57.35 米，平均 25.24 米；可采煤层厚 1.50 ~ 56.10 米，平均 24.08 米。含煤系数 15.27%，可采含煤系数 14.57%，总体含煤性较好。可采煤层有 A、B、C、D_1、D_2、E_1、E_2 号煤层。

各可采煤层原煤水分 1.42% ~ 27.91%，原煤灰分 6.70% ~ 40.57%，浮煤挥发分 36.43% ~ 46.34%，原煤全硫 0.32% ~ 3.61%，原煤干基低位发热量平均值在 18.27×10^6 ~ 19.41×10^6 焦耳/千克。煤类为褐煤和气煤。巴彦宝力格煤田可采煤层特征统计情况见表 2-1-45。

煤田地下水含水层有第四系、新近系、白垩系下统大磨拐河组含水层，水文地质类型为二类一型（偏复杂），即水文地质条件简单（偏复杂）的裂隙充水矿床。含煤地层属于软岩类，煤层围岩的工程地质类型为三类二型，即层状岩类、工程地质条件中等型。各可采煤层瓦斯成分甲烷含量为 0~17.45%，二氧化碳为 0~21.10%，氮气为 69.12% ~ 98.71%，属氮气—瓦斯带。各可采煤层具有煤尘爆炸危险性，容易自燃—自燃，属正常地温地区。煤田地质环境类型为第二类，即地质环境质量中等。

截至 2015 年底，共提交总资源量 1063319 万吨（褐煤 802911 万吨、气煤 260408 万吨），其中查明资源量 771771 万吨、(334?) 资源量 291548 万吨；全部为保有资源量。另有预测资源量 307598 万吨，预测面积 120 平方千米。资源量计算最大垂深 465 米。

表 2-1-45 巴彦宝力格煤田可采煤层特征统计表　　　　　　　　米

煤层号	总厚度	可采厚度	层间距	可采性	稳定性	煤层号	总厚度	可采厚度	层间距	可采性	稳定性
A	$\frac{0.15\sim11.70}{4.39}$	$\frac{1.50\sim6.70}{2.13}$	$\frac{9.15\sim93.56}{50.57}$	局部、零星可采	不稳定	D_2	$\frac{0.30\sim21.20}{3.09}$	$\frac{1.50\sim10.70}{2.72}$	3.37	局部可采	不稳定
B	$\frac{0.30\sim25.15}{11.34}$	$\frac{1.50\sim23.50}{8.81}$	$\frac{1.80\sim26.05}{9.58}$	全区可采	较稳定	E_1	$\frac{0.25\sim20.85}{7.60}$	$\frac{1.50\sim15.25}{6.08}$	$\frac{0.45\sim51.78}{20.28}$	全区可采	较稳定
C	$\frac{0.30\sim4.50}{1.65}$	$\frac{1.50\sim2.95}{1.53}$	$\frac{3.26\sim33.15}{14.63}$	零星可采	极不稳定	E_2	$\frac{0.30\sim9.10}{2.27}$	$\frac{1.50\sim5.60}{1.86}$	$\frac{2.50\sim27.35}{11.59}$	局部可采	不稳定
D_1	$\frac{0.21\sim12.15}{5.60}$	$\frac{1.50\sim11.00}{5.02}$		大部可采	较稳定						

14. 巴其北煤田

巴其北煤田位于锡林郭勒盟东部，行政属西乌珠穆沁旗管辖，煤田东西宽约 7.50~18.0 千米，南北长约 41 千米，面积约 400 平方千米。煤田地质勘查工作始于 2006 年，共提交各类勘查报告 4 件，施工钻孔 269 个，完成钻探工程量 105220.86 米。

巴其北煤田含煤地层为白垩系下统大磨拐河组。煤田总体为南北走向的断陷盆地，并伴随一些断裂构造。地层总体为南北走向，呈向东倾的形态，地层倾角一般 5°~10°。构造复杂程度属于简单类型。

大磨拐河组厚度为 40.30~622.52 米，平均 345.77 米。煤层累计厚度 0.40~109.10 米，平均 31.64 米，含煤系数 9.15%；可采煤层累计厚度为 0.80~105.75 米，平均 30.52 米，可采含煤系数 8.83%。煤田内可采煤层自上而下有 2、3、4、5、6、7、8、9 共 8 个煤层。巴其北煤田可采煤层特征见表 2-1-46。

表 2-1-46 巴其北煤田可采煤层特征统计表　　　　　　　　米

煤层号	总厚度	可采厚度	层间距	可采性	稳定性	煤层号	总厚度	可采厚度	层间距	可采性	稳定性
2	$\frac{0.40\sim8.95}{4.53}$	$\frac{0.80\sim8.95}{4.68}$	$\frac{5.20\sim256.61}{88.91}$	大部可采	较稳定	6	$\frac{0.30\sim58.80}{11.15}$	$\frac{0.80\sim58.80}{11.86}$	$\frac{1.43\sim58.35}{14.55}$	全区可采	较稳定
3	$\frac{0.35\sim20.20}{4.30}$	$\frac{0.95\sim20.20}{4.66}$	$\frac{1.92\sim43.50}{15.56}$	局部可采	不稳定	7	$\frac{0.30\sim7.74}{2.06}$	$\frac{1.05\sim7.74}{2.50}$	$\frac{1.65\sim36.40}{11.65}$	大部可采	较稳定
4	$\frac{0.70\sim33.19}{5.60}$	$\frac{1.04\sim33.19}{5.85}$	$\frac{1.05\sim60.15}{16.37}$	局部可采	不稳定	8	$\frac{0.40\sim8.65}{3.69}$	$\frac{1.40\sim8.65}{4.11}$	$\frac{4.65\sim29.10}{11.48}$	大部可采	较稳定
5	$\frac{0.34\sim49.90}{12.28}$	$\frac{0.85\sim49.90}{12.83}$	$\frac{0.45\sim35.35}{7.82}$	全区可采	较稳定煤	9	$\frac{0.35\sim5.12}{2.42}$	$\frac{0.93\sim5.12}{2.53}$		零星可采	不稳定

各可采煤层原煤水分 3.73%~21.90%，原煤灰分 9.20%~40.00%，浮煤挥发分 10.95%~49.75%，原煤全硫 0.35%~0.85%，原煤干燥基高位发热量平均值 17.96×10^6~22.40×10^6 焦耳/千克。煤类为褐煤和长焰煤。

巴其北煤田含水层有第四系孔隙含水层、新近系上新统孔隙含水层、下白垩统上段孔隙含水层、下白垩统中段（含煤段）裂隙含水层、下白垩统下段孔隙含水层。直接充水含水层由煤层、不同粒级的砂岩（除粉砂岩外）夹砂质泥岩、泥岩等构成，为水文地质条件中等的裂隙、孔隙充水矿床。工程地质勘查类型为层状岩类工程地质条件中等偏复杂型矿床。各煤层甲烷体积分数为 2.11% ~ 23.81%，二氧化碳体积分数为 1.86% ~ 13.79%，瓦斯含量为 0.04 ~ 0.16 毫升/克，属低瓦斯矿井。煤尘有爆炸危险性，煤层属Ⅰ-Ⅱ级自燃煤，地温正常。

截至 2015 年底，共提交总资源量 997757 万吨（褐煤 711413 万吨、长焰煤 286344 万吨），其中查明资源量 743742 万吨、（334?）资源量 254015 万吨；全部为保有资源量。资源量计算最大垂深 900 米。

15. 额合宝力格煤田

额合宝力格煤田位于东乌珠穆沁旗乌里雅斯太镇南西 80 千米，行政区划隶属额吉诺尔苏木管辖。煤田南北长 90 千米、东西最宽 40 千米，面积 2107 平方千米。煤田地质勘查工作始于 1987 年，共提交各类勘查报告 11 件，施工钻孔 559 个，完成钻探工程量 262537.60 米。

额合宝力格煤田含煤地层为白垩系下统大磨拐河组，盖层为第四系。

额合宝力格煤田总体呈北东向展布，属宽缓对称向斜，构造复杂程度属简单—中等类型。煤田南北各有一个次级向斜（亚盆），中部为次级隆起，3 个次级构造均具同沉积性质。

煤系地层含煤段一般厚 350 米，最厚达 423.32 米，含可采煤层 2 ~ 12 层。含煤岩段第一煤组含可采煤层 1 ~ 2 层，平均可采累厚 5.62 米，含煤系数 3.01% ~ 12.25%，平均 6.94%；第二煤组含可采煤层 1 ~ 5 层，平均可采累厚 11.56 米，含煤系数为 3.38% ~ 8.49%，平均 5.71%。各可采煤层特征见表 2-1-47。

表 2-1-47 额合宝力格煤田可采煤层特征统计表（特根召井田）　　米

煤层号	总厚度	可采厚度	层间距	可采性	稳定性	煤层号	总厚度	可采厚度	层间距	可采性	稳定性
1	$\frac{0.10 \sim 2.07}{1.10}$	$\frac{0.80 \sim 2.07}{1.27}$	$\frac{0.80 \sim 24.10}{7.46}$	局部可采	不稳定	4	$\frac{0.15 \sim 3.20}{0.97}$	$\frac{0.80 \sim 3.20}{1.39}$	$\frac{0.60 \sim 30.99}{7.78}$	局部可采	不稳定
2	$\frac{0.30 \sim 3.91}{1.81}$	$\frac{0.95 \sim 3.90}{2.11}$		大部可采	较稳定	5	$\frac{0.10 \sim 4.80}{1.68}$	$\frac{0.80 \sim 3.96}{2.30}$	$\frac{0.30 \sim 12.55}{3.61}$	大部可采	较稳定
3	$\frac{0.25 \sim 7.15}{3.39}$	$\frac{1.05 \sim 6.70}{3.45}$	$\frac{1.00 \sim 32.35}{10.43}$	大部可采	较稳定						

各可采煤层原煤水分 3.88% ~ 23.18%、灰分 9.47% ~ 39.87%、挥发分 33.92% ~ 44.82%、全硫 0.05% ~ 1.66%，原煤干基低位发热量 15.73×10^6 ~ 25.63×10^6 焦耳/千克，恒压高位高位发热量 14.57×10^6 ~ 26.40×10^6 焦耳/千克。煤类以褐煤为主，有少量长焰煤和气煤。

煤田地下水含水层有第四系孔隙潜水含水层，新近系、白垩系下统孔隙裂隙承压水含水层。水文地质勘查类型为一类一型—二类一型，即以孔隙、裂隙含水层为主的水文地质条件简单矿床。含煤地层属于软弱岩类，工程地质勘查类型为第三类第二型，即层状岩类中等型。各可采煤层瓦斯含量 0 ~ 0.10 毫升/克。有煤尘爆炸危险性，容易自燃，地温正常。

截至 2015 年底，共提交总资源量

613277万吨（褐煤563163万吨、长焰煤28879万吨、气煤21235万吨），其中查明资源量537798万吨、（334?）资源量75479万吨；保有查明资源量536181万吨。另有预测资源量838146万吨，预测面积1357平方千米。资源量计算最大垂深730米。

16. 乌尼特煤田

乌尼特煤田位于锡林郭勒盟东部，行政隶属东乌珠穆沁旗管辖。煤田南北最宽26千米、东西长75千米，面积959平方千米。煤田地质勘查工作始于1989年，共提交各类勘查报告10件，施工钻孔385个，完成钻探工程量111540.93米。

乌尼特煤田含煤地层为白垩系下统大磨拐河组。区内构造总体为向南东倾斜的单斜构造，其间有小的波状起伏，地层倾角一般3°~8°，施工中未发现断层，构造复杂程度为简单型。

含煤岩段中含煤1~15层，可采煤层5层，平均总厚18.50米，含煤系数16.59%。大部可采煤层两层，即3号煤层和4号煤层；1、2、5号煤层为局部可采煤层。各可采煤层特征见表2-1-48。

表2-1-48 乌尼特煤田可采煤层特征统计表 米

煤层号	总厚度	可采厚度	层间距	可采性	稳定性	煤层号	总厚度	可采厚度	层间距	可采性	稳定性
1	0.30~4.85 / 1.78	1.00~4.85 / 2.40	1.20~42.40 / 14.36	局部可采	不稳定	4	0.25~18.50 / 3.39	0.35~8.85 / 1.58	1.50~32.85 / 9.10	大部可采	较稳定
2	0.40~14.10 / 2.94	1.45~14.10 / 4.30	3.50~64.45 / 26.28	局部可采	较稳定	5	0.50~18.50 / 4.45	0.70~8.85 / 2.87	1.10~21.95 / 13.85	局部可采	不稳定
3	0.40~37.45 / 8.81	1.65~37.45 / 9.92		全区可采	较稳定						

乌尼特煤田内各可采煤层原煤水分10.28%~11.98%，灰分8.76%~9.86%，挥发分44.77%~45.51%，全硫0.18%~3.85%、平均0.48%~0.86%，原煤干燥基低位发热量21.89×10^6~22.76×10^6焦耳/千克、恒湿无灰基高位发热量22.06×10^6~22.23×10^6焦耳/千克，煤类为褐煤二号。

乌尼特煤田地下水含水层有第四系孔隙潜水含水层，古近系孔隙承压含水层，白垩系孔隙、裂隙层间水，基岩裂隙水。水文地质勘查类型为第一类第二型，水文地质条件中等的裂隙、孔隙充水矿床。含煤地层中各类岩石抗压强度均较低，且变化大，为极软岩类岩石，工程地质勘查类型为第三类中等型，即层状岩类、工程地质条件中等型。主要可采煤层甲烷浓度为0~0.87%，含量为0~0.07毫升/克。各可采煤层具有煤尘爆炸危险性，容易自燃，地温正常。煤田地质环境类型为第Ⅱ类，即地质环境质量中等。

截至2015年底，共提交总资源量420022万吨（均为褐煤），全部为查明资源量；保有资源量418723万吨。另有预测资源量738156万吨，预测面积521平方千米。资源量计算最大垂深600米。

17. 白音乌拉煤田

白音乌拉煤田位于锡林郭勒盟境内，行政隶属苏尼特左旗管辖。煤田呈NE—SW方向带状展布，面积约1540平方千米。煤田地质勘查工作始于1986年，共提交各类勘查报告15件，施工钻孔384个，完成钻探工程量94803.20米。

白音乌拉煤田含煤地层为白垩系下统

大磨拐河组。煤田总体呈 NE 方向延伸，赋存形态呈舒缓的向斜构造，轴向为 N60°E，两翼不对称。西北翼较陡，倾角一般 5°~7°；东南翼较缓，倾角 2°~6°。岩煤层产状除表现为宽缓的向斜构造以外，沿走向还出现波状起伏，使煤层底板等高线在走向上多次呈现有规律的封闭形态。

含煤地层含煤 5 层，即 2、3、4、5、6 号煤层，其中 6 号煤层为全区大部可采的主要煤层，其他煤层为局部可采的次要可采煤层。煤层总厚 0.10~49.95 米，平均 15.09 米；利用厚度 0.10~41.79 米，平均 11.88 米。含煤系数 10.05%。各可采煤层特征见表 2-1-49。

表 2-1-49　白音乌拉煤田可采煤层特征统计表　　　　　米

煤层号	总厚度	可采厚度	层间距	可采性	稳定性	煤层号	总厚度	可采厚度	层间距	可采性	稳定性
2	0.20~21.70/3.04	0.20~15.75/2.84	4.85~23.53/17.36	局部可采	不稳定	5	0.20~30.45/3.76	0.10~22.65/2.19	3.53~47.91/12.74	局部可采	不稳定
3	0.20~16.60/2.74	0.20~13.55/2.01	0.75~29.60/10.97	局部可采	不稳定	6	0.10~49.95/15.09	0.10~41.79/11.88	0~44.62/17.08	大部可采	较稳定
4	0.05~18.30/2.43	0.05~11.25/1.34		局部可采	不稳定						

煤田各可采煤层原煤水分 6.25%~24.15%，灰分 10.57%~39.85%，挥发分 48.38%~52.02%，全硫 1.25%~2.88%，原煤干燥基高位发热量 20.02×10^6~22.35×10^6 焦耳/千克，煤类为褐煤。

白音乌拉煤田地下水含水层有第四系孔隙潜水含水岩组、新近系孔隙承压水含水岩组和白垩系孔隙裂隙含水岩组，矿床水文地质勘查类型属第一类—第二类第一型—第二型，即以孔隙、裂隙为主的水文地质条件简单至中等类型矿床。含煤地层属于软岩类，工程地质勘查类型为Ⅲ类二型，即层状岩类中等类型。各可采煤层瓦斯含量 0.10~1.05 立方米/吨，属于瓦斯风化带。煤层具有煤尘爆炸危险性，容易自燃，地温正常。煤田地质环境类型为中等。

截至 2015 年底，共提交总资源量 398624 万吨（均为褐煤），其中查明资源量 342651 万吨、（334?）资源量 55973 万吨；保有资源量 337975 万吨。预测资源量 406224 万吨，预测面积 408 平方千米。资源量计算最大垂深 561 米。

18. 查干诺尔煤田

查干诺尔煤田位于锡林郭勒盟西部，行政区划隶属阿巴嘎旗查干淖尔镇管辖，煤田面积 240 平方千米。煤田地质勘查工作始于 2007 年，共提交各类勘查报告 5 件，施工钻孔 269 个，完成钻探工程量 76261.78 米。

查干诺尔煤田含煤地层为白垩系下统大磨拐河组。煤田构造形态为北东—南西向的查干诺尔向斜，沿向斜轴中部略有起伏，西北翼倾向南东，倾角 4°~6°；南东翼倾向北西，倾角 5°~8°。煤田内断裂相对较少，断层基本分为两组，以北东向为主，北西向次之。

查干诺尔煤田含 2 个煤组，1~5 个煤层，1~40 个独立分煤层。煤层由上而下编号为 1、2_{S2}、2_{S1}、2、2_{X1}、2_{X2}，其中 2 号煤层为区内的主要可采煤层，1、2_{S2} 号煤层为区内的次要可采煤层，2_{S1}、2_{X1}、2_{X2} 号煤层为区内零星分布的不可采煤层。含煤地层厚度 60.57~408.92 米，平均 196.83 米。煤层总厚度 0.36~85.80 米，平均 22.65 米，含煤系数 11.51%。可采煤层厚度 1.55~85.80 米，平均 23.59 米，可采含煤系数 11.98%，含煤性较好。各可采煤层特征见表 2-1-50。

表 2-1-50　查干诺尔煤田可采煤层特征统计表　　　　　　　　　　　　　　　　　米

煤层号	总厚度	可采厚度	层间距	可采性	稳定性	煤层号	总厚度	可采厚度	层间距	可采性	稳定性
1	$\frac{0.20~5.56}{2.13}$	$\frac{1.50~5.65}{2.94}$	$\frac{20.80~86.90}{46.04}$	局部可采	不稳定	2	$\frac{0.50~85.80}{18.65}$	$\frac{1.55~85.80}{19.35}$	$\frac{0.45~28.50}{9.24}$	全区可采	较稳定
2S2	$\frac{0.20~12.30}{3.75}$	$\frac{1.55~12.30}{5.38}$	$\frac{1.15~74.30}{17.45}$	局部可采	较稳定	2X1	$\frac{0.20~3.70}{0.89}$	$\frac{1.50~3.70}{2.00}$	$\frac{1.05~38.70}{11.61}$	不可采	极不稳定
2S1	$\frac{0.20~12.30}{1.47}$	$\frac{1.55~12.30}{3.43}$	$\frac{1.45~48.15}{12.67}$	不可采	不稳定	2X2	$\frac{0.20~3.15}{1.26}$	$\frac{1.50~3.15}{2.01}$		不可采	不稳定

各可采煤层原煤水分为 11.21%~13.84%，原煤灰分 23.34%~30.08%，浮煤挥发分产率 42.76%~46.55%，原煤全硫 1.44%~1.95%，原煤发热量为 $18.70×10^6$~$21.48×10^6$ 焦耳/千克，原煤干燥基高位发热量均大于 $18.20×10^6$ 焦耳/千克。煤类为褐煤二号。

查干诺尔煤田含水层有 4 类，即：第四系孔隙潜水含水层，新近系孔隙裂隙层间水含水层，白垩系下统孔隙、裂隙承压含水层，基岩裂隙水含水层。水文地质类型为水文地质条件简单—中等的裂隙充水矿床。工程地质类型为层状岩类、工程地质条件中等型。各煤层甲烷体积分数 0~0.05%，瓦斯分带均属氮气带。煤尘均有爆炸性，自燃倾向性为自燃—容易自燃煤，地温正常。

截至 2015 年底，共提交总资源量 344048 万吨（均为褐煤），全部为保有查明资源量。资源量计算最大垂深 500 米。

19. 沙尔花煤田

沙尔花煤田位于乌兰察布市与包头市交界处，行政区划隶属四子王旗和达尔罕茂明安联合旗，含煤盆地面积约 472 平方千米。煤田地质勘查工作始于 2006 年，共提交各类勘查报告 11 件，施工钻孔 275 个，完成钻探工程量 325322.84 米。

白垩系下统大磨拐河组为煤田的含煤地层。沙尔花煤田是一个舒缓的凹陷盆地，盆地构造特征为北部、北东部降深深度较大，南部、南西部降深深度较小，形成一个向北东、西南缓倾斜的盆地。含煤地层倾向北东、西南，倾角 5° 左右，构造复杂程度为简单型。

大磨拐河组含煤地层总厚 69.72~932.60 米，平均总厚 293.28 米；可采煤层赋存于 48.83~568.38 米之下，平均 304.15 米。煤层平均总厚为 35.29 米，可采煤层平均总厚为 26.18 米，平均含煤系数为 12.03%，平均可采含煤系数 8.93%。区内煤层赋存特征为层数多，煤层间距大小不等，厚度大，结构中等—复杂。一般含煤 6~8 层，可采煤 4 层，即 5、6-1、6-2、6-3 号煤层，其中 6-1、6-2 及 6-3 号煤层为全区或大部可采的主要煤层。各可采煤层特征见表 2-1-51。

各可采煤层的原煤水分 11.58%~12.49%，灰分 22.64%~29.78%，浮煤挥发分 31.27%~65.36%，全硫 0.49%~6.66%，干燥基高位发热量平均值为

$19.41 \times 10^6 \sim 21.32 \times 10^6$ 焦耳/千克，恒湿无灰基高位发热量均小于 24×10^6 焦耳/千克。煤类为褐煤二号，可作为民用、动力及气化用煤。

表2-1-51　沙尔花煤田可采煤层特征统计表　　　　米

煤层号	总厚度	可采厚度	层间距	可采性	稳定性	煤层号	总厚度	可采厚度	层间距	可采性	稳定性
4	$\frac{0.21 \sim 9.74}{2.60}$	$\frac{1.50 \sim 7.05}{2.78}$	$\frac{2.11 \sim 33.76}{17.18}$	不可采	不稳定	6-2	$\frac{0.23 \sim 47.25}{9.82}$	$\frac{1.52 \sim 41.03}{6.98}$	$\frac{0.20 \sim 53.90}{8.87}$	大部可采	较稳定
5	$\frac{0.16 \sim 18.05}{2.94}$	$\frac{1.51 \sim 10.09}{3.13}$	$\frac{3.90 \sim 88.31}{45.88}$	局部可采	较稳定	6-3	$\frac{0.20 \sim 51.46}{15.15}$	$\frac{1.65 \sim 25.33}{9.47}$	$\frac{13.15 \sim 61.44}{30.50}$	全区可采	较稳定
6-1	$\frac{0.17 \sim 35.35}{9.91}$	$\frac{1.50 \sim 22.53}{5.30}$	$\frac{0.24 \sim 41.90}{6.34}$	大部可采	较稳定	7	$\frac{0.23 \sim 3.22}{1.32}$	$\frac{1.51 \sim 2.03}{1.73}$		不可采	不稳定

含煤盆地内有不连续的基岩裂隙水、碎屑岩类裂隙孔隙含水层、第四系全新统松散岩类孔隙含水层三大类，为裂隙充水为主水文地质条件简单的矿床，工程地质条件中等，地质环境质量中等。煤田各煤层煤尘具有爆炸的危险性，自燃倾向等级为自燃—容易自燃煤，地温正常。

截至2015年底，共提交总资源量342653万吨（均为褐煤），其中查明资源量320111万吨、(334?)资源量22542万吨；全部为保有资源量。资源量计算最大垂深600米。

20. 白音霍布尔煤田

白音霍布尔煤田位于锡林郭勒盟东部，行政区划隶属东乌珠穆沁旗萨麦苏木镇管辖，面积为824平方千米。煤田地质勘查工作始于2007年，共提交勘查报告3件，施工钻孔37个，完成钻探工程量12155.53米。

白音霍布尔煤田含煤地层为白垩系下统大磨拐河组，煤田地质构造总体为轴向北北东向的小型断陷盆地。地层倾角较缓，一般 $5° \sim 8°$，在煤盆地西北部有一宽缓褶曲，构造类型为简单。

大磨拐河组第二岩段为含煤地层，区内揭露厚度 $18.90 \sim 1150.79$ 米，平均为509.82米。含 $1 \sim 5$ 个煤组，可采煤层为5、6、7、8、9、10、11、12、13号共计9层煤，其中11、12号煤层为本区主要可采煤层。12号煤层区内赋存范围最大，结构简单—复杂，煤层厚度变化较大，含煤面积内可采；11号煤层大部可采，二者为较为稳定煤层。5、6、7、8、9、10、13号为局部可采煤层，属不稳定煤层。含煤地层含自然煤层 $0 \sim 36$ 层，煤层平均总厚127.82米，含煤系数25.07%，其中可采煤层平均总厚38.09米，可采含煤系数7.47%。可采煤层特征见表2-1-52。

各煤层原煤干燥基水分 $7.66\% \sim 10.38\%$，灰分 $15.25\% \sim 28.06\%$，原煤干燥无灰基挥发分 $42.95\% \sim 47.85\%$，浮煤挥发分 $41.50\% \sim 45.02\%$，原煤硫分 $0.14\% \sim 2.35\%$，原煤干燥基高位发热量 $19.63 \times 10^6 \sim 25.56 \times 10^6$ 焦耳/千克，煤类为长焰煤。

煤田内主要含水层为第四系粉细砂孔隙潜水、新近系底砾岩含水层及白垩系下统砂岩孔隙承压水。煤田水文地质特点是：富水性弱—中等，水质较差，直接充水因素以孔隙水为主，属于水文地质条件中等的矿床。岩层稳定性差，煤层顶底板、围岩主要为软岩类，强度低，工程地质勘查的复杂程度属中等条件。甲烷含量平均最高是 5 号煤层，为 0.03 毫升/克，余者为 0~0.02 毫升/克，各煤层处于瓦斯风化带之内，有煤尘爆炸危险性，煤层属容易自燃煤，地温正常。

表 2-1-52　白音霍布尔煤田可采煤层特征统计表　　　　　　　　　　　　　　　　　　　　米

煤层号	总厚度	可采厚度	层间距	可采性	稳定性	煤层号	总厚度	可采厚度	层间距	可采性	稳定性
5	$\frac{0.15~10.55}{1.68}$	$\frac{1.00~6.85}{2.15}$	$\frac{2.20~60.70}{31.83}$	局部可采	不稳定	10	$\frac{0.45~11.70}{1.98}$	$\frac{0.85~9.30}{2.36}$	$\frac{12.35~71.75}{29.53}$	局部可采	不稳定
6	$\frac{0.25~5.00}{1.58}$	$\frac{1.10~3.45}{1.97}$	$\frac{16.20~54.05}{29.64}$	局部可采	不稳定	11	$\frac{0.50~13.75}{5.24}$	$\frac{1.25~13.75}{5.95}$	$\frac{2.20~17.55}{11.85}$	大部可采	较稳定
7	$\frac{0.32~2.40}{1.18}$	$\frac{0.80~2.40}{1.31}$	$\frac{7.75~37.50}{22.03}$	局部可采	不稳定	12	$\frac{1.10~44.50}{15.60}$	$\frac{1.10~42.40}{14.65}$	$\frac{2.20~38.95}{14.62}$	全区可采	较稳定
8	$\frac{0.30~10.30}{3.76}$	$\frac{1.25~9.70}{4.25}$	$\frac{4.30~46.45}{20.16}$	局部可采	不稳定	13	$\frac{0.65~4.30}{1.67}$	$\frac{1.05~3.55}{1.88}$	$\frac{1.40~13.95}{5.11}$	局部可采	不稳定
9	$\frac{0.70~17.55}{3.01}$	$\frac{1.15~14.50}{3.23}$		局部可采	不稳定						

截至 2015 年底，共提交总资源量 298446 万吨（均为长焰煤），其中查明资源量 114352 万吨、(334?) 资源量 184094 万吨；全部为保有资源量。资源量计算最大垂深 1200 米。

21. 道特诺尔煤田

道特诺尔煤田位于锡林郭勒盟东部，行政区划隶属东乌珠穆沁旗管辖。煤田东西长 36.7 千米，南北最宽 14.7 千米，面积约 409 平方千米。煤田地质勘查工作始于 2006 年，共提交各类勘查报告 9 件，施工钻孔 312 个，完成钻探工程量 73937.47 米。

煤田含煤地层为白垩系下统大磨拐河组。煤田地质构造总体为轴向北东向的断陷盆地，地层走向近东西向，倾向南，倾角为 5°~9°，为一向南倾的单斜构造。

煤层按其特征划分为 3 个煤组 10 个分煤层，其中 1-2、2-2、2-3、2-4、2-5 煤层为区内发育好的煤层，其他各煤层均属于局部可采煤层。主要含煤地层钻孔揭露平均厚度为 131 米，煤层累计平均厚度为 35.14 米，含煤系数 26.82%；可采煤层累计平均厚度为 32.84 米，可采含煤系数 25.07%。各可采煤层特征见表 2-1-53。

表 2-1-53　道特诺尔煤田可采煤层特征统计表　　　　　　　　　　　　　　　　　　　　米

煤层号	总厚度	可采厚度	层间距	可采性	稳定性	煤层号	总厚度	可采厚度	层间距	可采性	稳定性
1-2	$\frac{1.50~28.80}{14.50}$	$\frac{1.50~28.80}{15.39}$	$\frac{8.60~49.30}{17.90}$	全区可采	较稳定	2-4	$\frac{0.60~9.70}{2.25}$	$\frac{1.50~9.70}{3.43}$	$\frac{1.50~13.65}{5.30}$	局部可采	较稳定
2-2	$\frac{1.65~32.15}{15.32}$	$\frac{1.65~32.15}{15.32}$	$\frac{0.45~12.25}{3.96}$	全区可采	稳定	2-5	$\frac{0.50~4.80}{2.18}$	$\frac{2.35~4.80}{3.02}$	$\frac{1.35~6.30}{3.07}$	局部可采	较稳定
2-3	$\frac{0.70~7.20}{3.51}$	$\frac{1.50~7.20}{3.92}$		大部可采	较稳定						

各可采煤层原煤水分 10.28% ~ 11.98%，灰分 13.41% ~ 19.96%，挥发分 39.51% ~ 42.20%，黏结指数 2，全硫 0.25% ~ 0.51%，原煤干基低位发热量 18.49×10^6 ~ 22.65×10^6 焦耳/千克、恒湿无灰基高位发热量 21.30×10^6 ~ 22.36×10^6 焦耳/千克，煤类为褐煤二号，可作为动力、化工和民用煤。

煤田地下水含水层有第四系松散岩类孔隙水、白垩系碎屑岩类裂隙孔隙承压含水层，水文地质勘查类型为第二类第二型，即裂隙充水的水文地质条件中等的矿床。含煤地层属于软弱岩类，利于露天剥离，不利于井工支护，工程地质勘查类型为第三类第二型，即层状、强度变化大的工程地质条件中等的矿床。各可采煤层瓦斯含量 0.00 ~ 22.90 立方米/吨，属于瓦斯风化带。各可采煤层具有煤尘爆炸危险性，容易自燃，地温正常。煤田地质环境类型为第二类，即地质环境质量中等。

截至 2015 年底，共提交总资源量 270438 万吨（均为褐煤），全部为查明和保有资源量。另有预测资源量 46832 万吨，预测面积 22 平方千米。资源量计算最大垂深 470 米。

22. 那仁宝力格煤田

那仁宝力格煤田位于锡林郭勒盟西部，行政隶属阿巴嘎旗那仁宝力格苏木和青格勒宝拉格苏木管辖，面积约 400 平方千米。煤田地质勘查工作始于 2005 年，共提交各类勘查报告 5 件，施工钻孔 260 个，完成钻探工程量 188259.71 米。

煤田含煤地层为白垩系下统大磨拐河组第四段。煤田基本构造形态为一个宽缓的不对称向斜，东南翼较缓，北西翼较陡，倾角一般 1° ~ 5°，最大 10°左右。

煤系地层大致可分为 7 个煤组，各组含煤层数不等，一般 2 ~ 3 层，总煤层数多达 18 层。4-1、4-2 煤层为主要可采层，5 号煤层为次要可采层，1 号和 7 号煤层为零星可采煤层，2 号煤层和 3 号煤层为局部可采煤层。含煤地层总厚 25.67 ~ 345.53 米，平均总厚为 170.20 米，煤层总厚度 0.60 ~ 43.86 米，平均 13.20 米，平均含煤系数 7.76%。可采煤层特征见表 2-1-54。

各煤层原煤水分 8.33% ~ 10.20%，原煤干燥基灰分 17.38% ~ 39.53%，浮煤挥发分 40.81% ~ 45.81%，原煤硫含量 1.01% ~ 1.82%，原煤干燥基高位发热量 18.73×10^6 ~ 20.35×10^6 焦耳/千克，恒温无灰基高位发热量小于 24.00×10^6 焦耳/千克，煤类为褐煤二号。

表 2-1-54　那仁宝力格煤田可采煤层特征统计表　　　米

煤层号	纯煤厚度	层间距	可采性	稳定性	煤层号	纯煤厚度	层间距	可采性	稳定性
1	1.60 ~ 5.60 / 2.88	46.00 ~ 3.85 / 17.38	零星可采	极不稳定	4-1	1.65 ~ 18.20 / 5.47	17.75 ~ 1.40 / 7.75	大部可采	不稳定
2	1.55 ~ 15.90 / 4.04	60.00 ~ 4.00 / 24.57	局部可采	不稳定	4-2	1.50 ~ 10.20 / 4.21	25.45 ~ 2.65 / 9.80	大部可采	较稳定
3	1.50 ~ 12.65 / 3.05	51.15 ~ 3.80 / 22.71	局部可采	不稳定	5	1.55 ~ 5.05 / 2.67		局部可采	较稳定

煤田地下水可分为第四系潜水含水岩组、新近系—白垩系孔隙、裂隙承压水含水岩组和基岩裂隙承压水含水岩组三种基本类型，煤层直接充水含水层白垩系下统

以孔隙、裂隙承压水为主，水文地质勘查类型为以孔隙含水层为主的水文地质条件复杂矿床。工程地质勘查类型为层状岩类，中等类型。各煤层甲烷含量为 0.03~0.64 毫升/克，瓦斯成分中的甲烷含量为 0.78%~43.69%，瓦斯分带属氮气带和氮气—瓦斯带。煤尘均有爆炸性，自燃倾向性为自燃—易自燃煤，地温无异常。

截至 2015 年底，共提交总资源量 245932 万吨（均为褐煤），全部为保有查明资源量。资源量计算最大垂深 850 米。

23. 吉林郭勒煤田

吉林郭勒煤田位于锡林郭勒盟中东部，行政区划隶属于西乌珠穆沁旗哈拉图苏木、吉林郭勒镇、巴音乌拉苏木管辖。煤田南北最长约 20 余千米，东西最宽约 15 千米，面积 308 平方千米。煤田地质勘查工作始于 2006 年，共提交各类勘查报告 4 件，施工钻孔 480 个，完成钻探工程量 100641.68 米。

全区地表被第四系所覆盖，煤田含煤地层为白垩系下统大磨拐河组。本煤田为吉林郭勒断陷盆地北部和南部坳陷的一小部分，其构造形态为一宽缓的向斜，倾角一般 3°~5°，两翼倾角略大一些，轴向北东 45°左右，与盆地展布方向基本一致。

含煤段内赋存 10 个煤分层，其编号从上至下为 1、2、3、4、5、6、7、8、9、10 个煤分层。全区可采煤层 2 层（5、8 号煤层），大部分可采煤层 2 层（4、10 号煤层），局部可采煤层 1 层（3 号煤层）。煤田的Ⅰ区（北区）和Ⅱ区（南区）含煤性有所不同，其中：Ⅰ区：含煤 10 层，可采煤层 5 层，平均总厚度 35.34 米，可采含煤系数 23.96%。各可采煤层特征见表 2-1-55、表 2-1-56。

表 2-1-55　吉林郭勒煤田Ⅰ区可采煤层特征统计表　　　　　　　　　　米

煤层号	总厚度	可采厚度	层间距	可采性	稳定性	煤层号	总厚度	可采厚度	层间距	可采性	稳定性
3	$\frac{1.03~17.25}{3.28}$	$\frac{1.55~17.25}{3.40}$		局部可采	较稳定	8	$\frac{0.30~41.15}{10.15}$	$\frac{1.75~41.15}{9.02}$	$\frac{4.80~172.90}{51.18}$	全区可采	稳定
4	$\frac{0.25~56.15}{18.78}$	$\frac{2.65~56.15}{18.79}$	$\frac{0.40~56.85}{10.68}$	大部可采	较稳定	10	$\frac{0.30~25.35}{3.18}$	$\frac{1.65~25.35}{4.69}$	$\frac{3.90~93.75}{31.72}$	大部可采	较稳定
5	$\frac{0.45~48.90}{16.57}$	$\frac{1.50~39.75}{11.30}$	$\frac{0.20~77.15}{13.30}$	全区可采	稳定						

表 2-1-56　吉林郭勒煤田Ⅱ区可采煤层特征统计表　　　　　　　　　　米

煤层号	总厚度	可采厚度	层间距	可采性	稳定性	煤层号	总厚度	可采厚度	层间距	可采性	稳定性
3	$\frac{2.85~11.40}{7.99}$	$\frac{4.40~11.40}{8.77}$		局部可采	极不稳定	5	$\frac{0.75~21.70}{5.64}$	$\frac{1.80~8.80}{4.82}$	$\frac{30.60~69.70}{42.43}$	全区可采	稳定
4	$\frac{0.50~15.20}{7.85}$	$\frac{2.90~15.20}{10.41}$	$\frac{9.65~42.95}{27.50}$ $\frac{4.95~55.20}{20.73}$	大部可采	极不稳定	8	$\frac{0.35~11.40}{6.72}$	$\frac{2.25~11.40}{6.87}$		全区可采	稳定

Ⅱ区：含煤 7 层，可采煤层 4 层，平均总厚度 13.42 米，可采含煤系数 9.4%。

各可采煤层原煤水分 14.83%~16.64%，灰分 15.05%~21.34%，原煤挥发分 46.10%~50.60%，浮煤挥发分 44.14%~45.60%，全硫 0.69%~

0.88%，干燥基高位发热量 18.54×10^6 ～ 20.21×10^6 焦耳/千克。各可采煤层煤类均为褐煤二号，可作为民用、动力及气化用煤。

吉林郭勒煤田内以第四系含水层和煤系地层裂隙承压含水层为主，水文地质勘查类型为第四系孔隙水，为一类二型，煤系地层裂隙承压水为二类二型。各煤层瓦斯（CH_4）含量最大为 0.06 毫升/克，最小为 0 毫升/克；瓦斯（CH_4）成分最大为 5.97%，最小为 0%，属二氧化碳—氮气带。各可采煤层煤尘均具爆炸性，各煤层自燃倾向属Ⅰ级易自燃煤，地温正常。

截至 2015 年底，共提交总资源量 227813 万吨（均为褐煤），全部为保有查明资源量。资源量计算最大垂深 700 米。

24. 赛汉塔拉煤田

赛汉塔拉煤田位于锡林郭勒盟西部和乌兰察布市北部，行政隶属锡林郭勒盟苏尼特右旗和乌兰察布市四子王旗所管辖，面积 600 平方千米。煤田地质主要勘查工作始于 1987 年，共提交各类勘查报告 7 件，施工钻孔 195 个，完成钻探工程量 111630.95 米。

赛汉塔拉煤田内大磨拐河组含煤地层形态是一个近南北走向、南浅北深、东陡西缓的断陷盆地，基底起伏较大。含煤层段主要发育在凹陷区。煤田内断层不发育，已被证实和推断的正断层有两条，断距 55～120 米，构造复杂程度为简单类型。煤田内无岩浆岩。

赛汉塔拉煤田含煤层 4 层，各煤层累计平均厚度 6.79 米，煤系地层厚度为 308.93 米，含煤系数 2.2%。主要可采煤层为 3 号煤层。各可采煤层特征见表 2－1－57。

各可采煤层原煤水分 8.29%～22.31%，灰分 16.16%～28.94%，浮煤挥发分 42.32%～46.49%，全硫 1.70%～9.29%（2 煤组原煤干基全硫为 9.29%，达到高硫煤，3 煤组原煤的硫含量 1.70%～5.44%，平均 2.77%），原煤干燥无灰基高位发热量为 18.09×10^6 ～ 24.41×10^6 焦耳/千克，煤类为褐煤一号。

表 2－1－57　赛汉塔拉煤田可采煤层特征统计表　　　　　　米

煤层号	纯煤厚度	层间距	可采性	稳定性
1	0～4.34 / 2.14	22.89～94.30	局部可采	极不稳定
2	0～4.55 / 1.93	57.81 / 19.59～45.75	局部可采	极不稳定
3	0～32.49 / 10.67	34.17	局部可采	不稳定

赛汉塔拉煤田地下水主要含水层为第四系下更新统孔隙水含水层，古近系伊丁曼哈组含水层。水文地质勘查类型为第二类第二型，即裂隙充水的水文地质条件中等的矿床。煤田内含煤地层中各粒级岩层的单向抗压强度 5.7～74.7 兆帕，属于软弱岩类，工程地质条件为第三类第二型，即层状、强度变化大的工程地质条件中等的矿床。可采煤层瓦斯含量均低于 5 立方米/吨，属于瓦斯风化带。各煤层具有煤尘爆炸危险性，地温正常。

截至 2015 年底，共提交总资源量 225302 万吨（均为褐煤），其中查明资源量 195786 万吨、(334?)资源量 29516 万吨；全部为保有资源量。另有预测资源量 112565 万吨，预测面积 244 平方千米。资源量计算最大垂深 810 米。

25. 查干陶勒盖煤田

查干陶勒盖煤田位于锡林郭勒盟东部，行政区划隶属乌拉盖管理区管辖，面积 130 平方千米，由 4 个相邻的赋煤单元组成。煤田地质勘查工作始于 2005 年，共提交各类勘查报告 11 件，施工钻孔 539 个，完成钻探工程量 135201.71 米。

查干陶勒盖煤田内煤层赋存于下白垩统的大磨拐河组中，为一套内陆山间盆地沼泽相的含煤沉积。煤田基本构造形态为一个NE走向的不对称向斜，煤系地层产状平缓，倾角一般小于10°。中部地层产状非常平缓，倾角小于5°，基本为近水平状态。

查干陶勒盖煤田内煤系地层厚度18.75～612.23米，平均244.45米，共含煤15层，自上而下编号为第1～15煤层，煤层总厚度平均42.80米，含煤系数17.5%。主要可采煤层4层（6、9、11、13号），局部可采煤层3层（8、12、14煤层），可采总厚度平均37.70米，可采含煤系数15.4%。见煤点埋藏深度86.80～220.40米，止煤埋藏深度120.08～656.35米。各可采煤层特征见表2-1-58。

表2-1-58　查干陶勒盖煤田可采煤层特征统计表　　　　　　　　　　米

煤层号	总厚度	可采厚度	层间距	可采性	稳定性	煤层号	总厚度	可采厚度	层间距	可采性	稳定性
6	0.60～17.95 / 6.35	0.60～15.95 / 6.32	4.25～58.15 / 27.77	大部可采	较稳定	12	0.45～9.05 / 2.93	0.45～6.75 / 2.81	4.30～55.15 / 32.08	局部可采	不稳定
8	0.35～15.85 / 3.52	0.35～14.20 / 3.14	4.60～41.75 / 21.83	局部可采	不稳定	13	1.55～34.20 / 12.47	1.55～31.35 / 11.91	3.60～78.40 / 34.59	全区可采	较稳定
9	0.40～13.70 / 6.10	0.40～13.70 / 6.40	16.35～123.15 / 56.52	大部可采	较稳定	14	3.20～40.60 / 20.45	3.20～31.65 / 18.61	22.45～156.55 / 100.41	局部可采	较稳定
11	0.60～32.05 / 10.94	0.60～30.90 / 10.76		全区可采	较稳定						

各可采煤层原煤水分2.11%～32.56%，原煤灰分多数为10%～30%，个别为30%以上。浮煤挥发分32.88%～50.98%，原煤干燥基低位发热量17.06×10^6～25.67×10^6焦耳/千克，原煤全硫0.25%～0.70%。煤类为褐煤二号。

本区地下水含水层可分为：第四系含水砂砾层，新近系砂砾岩含水层，煤系地层砾岩、砂岩含水层，煤系基底火山凝灰岩含水层。新近系砂砾岩含水层的单位涌水量为0.5636～1.0935升/（秒·米），煤系地层砾岩、砂岩含水层的单位涌水量为0.562～1.4907升/（秒·米），均属富水性中等至强的含水层。本区水文地质勘查类型以孔隙裂隙含水层为主，水文地质条件中等偏复杂的充水矿床。

截至2015年底，共提交总资源量148322万吨（均为褐煤），全部为保有查明资源量。资源量计算最大垂深730米。

26. 达来煤田

达来煤田位于锡林郭勒盟西北部，行政区划隶属苏尼特左旗管辖。煤田由相邻的达来区和马辛呼都格区组成，面积为335平方千米。煤田地质勘查工作始于2005年，共提交各类勘查报告5件，施工钻孔128个，完成钻探工程量45033.42米。

达来煤田含煤地层为白垩系下统大磨拐河组中岩段。达来区为向西部倾斜的单斜构造，地层倾角3～5°，区内没有发现断裂构造。马辛呼都格区地层为北东走向，略向南东倾斜，倾角4°～6°。总体构造形态为一缓倾斜的单斜构造，其上发育了一些宽缓的波状起伏。煤田构造复杂程度属简单类型。

达来区含煤地层厚度276.80米，由下而上含Ⅰ、Ⅱ两个煤组，其中主要可采煤层为Ⅱ煤组，6层可采煤层。钻孔见煤累计厚度39.90米，最小厚度0.30米，平均厚度9.72米，平均含煤系数3.51%。马辛呼都格区含煤地层最大控制厚度587.21米，含煤9层，累计厚度14.70~202.08米，平均厚度108.39米，含煤系数18.46%。其中有7层为可采煤层，累计厚度48.28~111.68米，平均79.98米，可采含煤系数13.62%。煤田内可采煤层特征见表2-1-59、表2-1-60。

表2-1-59 达来区可采煤层特征统计表

米

煤层号	总厚度	可采厚度	层间距	可采性	稳定性
Ⅰ-1	$\dfrac{0.40\sim5.75}{2.45}$	$\dfrac{2.10\sim5.75}{3.30}$	$\dfrac{15.20\sim47.15}{29.00}$	局部可采	不稳定
Ⅱ-1	$\dfrac{0.30\sim12.10}{3.70}$	$\dfrac{1.50\sim12.10}{4.59}$	$\dfrac{0\sim27.10}{7.10}$	局部可采	较稳定
Ⅱ-1上	$\dfrac{0.25\sim7.50}{2.86}$	$\dfrac{1.50\sim7.50}{4.00}$	$\dfrac{1.85\sim28.95}{10.80}$	局部可采	不稳定
Ⅱ-2	$\dfrac{0.25\sim12.50}{2.80}$	$\dfrac{1.55\sim15.20}{3.97}$	$\dfrac{1.70\sim32.65}{10.20}$	局部可采	不稳定
Ⅱ-3	$\dfrac{0.25\sim11.85}{1.88}$	$\dfrac{1.55\sim11.85}{3.25}$	$\dfrac{1.30\sim26.00}{9.20}$	局部可采	不稳定
Ⅱ-4	$\dfrac{0.40\sim3.55}{1.04}$	$\dfrac{1.50\sim3.55}{2.33}$		零星可采	不稳定

表2-1-60 马辛呼都格区可采煤层特征统计表

米

煤层号	总厚度	可采厚度	层间距	可采性	稳定性
1	7.90	$\dfrac{1.50\sim7.90}{3.10}$	3.70	局部可采	不稳定
2	$\dfrac{0.56\sim2.50}{1.28}$	$\dfrac{1.50\sim2.50}{2.00}$	5.40	局部可采	不稳定
3	$\dfrac{0.50\sim6.50}{2.57}$	$\dfrac{1.58\sim6.50}{3.85}$	$\dfrac{2.65\sim38.02}{15.79}$	局部可采	较稳定
4	$\dfrac{1.39\sim10.98}{5.24}$	$\dfrac{1.50\sim10.98}{6.21}$	$\dfrac{2.75\sim11.35}{5.71}$	可采	较稳定
5	$\dfrac{0.68\sim11.02}{3.76}$	$\dfrac{1.50\sim11.02}{5.41}$	$\dfrac{31.71\sim80.02}{51.31}$	局部可采	不稳定
6	$\dfrac{0.60\sim46.13}{21.94}$	$\dfrac{1.50\sim46.13}{22.16}$	5.08	局部可采	较稳定
7	24.43	$\dfrac{1.50\sim24.43}{11.05}$		局部可采	不稳定

各可采煤层原煤水分5.11%~22.99%，原煤灰分8.92%~39.64%，浮煤挥发分19.85%~52.97%，原煤全硫0.12%~2.84%，各煤层干燥基高位发热量$14.69\times10^6\sim27.74\times10^6$焦耳/千克。煤类为褐煤一号或二号。

达来煤田内含水岩组有四大类，即：第四系松散层孔隙潜水含水岩组，古近系半胶结岩类孔隙潜水含水岩组，白垩系下统大磨拐河组碎屑岩类裂隙孔隙承压含水岩组，基岩裂隙含水岩组。水文地质勘查类型为孔裂隙含水层为主的水文地质条件中等矿床。工程地质勘查类型为层状岩类，工程地质复杂类型。煤层CH_4含量0.01~0.02毫升/克，CO_2含量0.01~0.22毫升/克，自燃瓦斯成分中CH_4体积分数0.24%~0.82%，CO_2含量3.23%~13.73%，N_2含量85.82%~96.20%。各煤层煤尘均有爆炸性，自燃倾向性为自燃—容易自燃煤，地温正常。

截至2015年底，共提交总资源量146629万吨（均为褐煤），全部为保有查明资源量。另有预测资源量1722481万吨，预测面积205平方千米。资源量计算最大垂深300米。

27. 贺斯格乌拉煤田

图2-1-7 2005年贺斯格乌拉煤田生产现场

贺斯格乌拉煤田位于锡林郭勒盟东北

部，行政属乌拉盖开发区管辖，煤田面积约176平方千米。煤田地质勘查工作始于2004年，共提交各类勘查报告9件，施工钻孔560个，完成钻探工程量174845.17米。

贺斯格乌拉煤田含煤地层为白垩系下统大磨拐河组。煤田总体呈北北东向延展，南、北两端呈北东30°～20°展布，中间大段为北东14°左右，略显S型。成煤期后发生的岩浆活动对煤层有不同程度的破坏作用。

含煤地层厚度53.90～525.89米，平均厚度290米左右，赋存有4个煤组，即1、2、3、4煤组，19个分煤层，其中全区可采的有6层，大部可采有8层，不可采有5层，可采及局部可采煤层总厚度9.82～212.44米，平均102.58米，可采含煤系数为35%，各可采煤层特征见表2-1-61。

表2-1-61 贺斯格乌拉煤田可采煤层特征统计表　　　　　　米

煤层号	总厚度	层间距	可采厚度	可采性	稳定性	煤层号	总厚度	层间距	可采厚度	可采性	稳定性
1-1	$\frac{0.90～49.95}{29.02}$	$\frac{45.60～133.89}{105.72}$	$\frac{2.05～49.95}{30.55}$	全区可采	较稳定	3-5	$\frac{0.44～5.20}{1.88}$	$\frac{0.78～84.00}{16.17}$	$\frac{1.50～5.20}{2.15}$	大部可采	较稳定
2-1	$\frac{1.04～57.20}{33.40}$	$\frac{7.75～89.84}{40.42}$	$\frac{4.35～57.20}{33.78}$	全区可采	稳定	3-7	$\frac{0.35～2.85}{1.57}$	$\frac{1.14～14.88}{5.89}$	$\frac{1.50～2.85}{1.85}$	大部可采	较稳定
2-2	$\frac{0.55～25.03}{7.80}$	$\frac{7.61～59.66}{22.90}$	$\frac{1.58～25.03}{8.40}$	全区可采	较稳定	3-8	$\frac{0.06～4.42}{1.84}$	$\frac{7.73～67.44}{23.26}$	$\frac{1.50～4.42}{2.05}$	大部可采	较稳定
2-3	$\frac{0.35～8.32}{2.50}$	$\frac{17.77～110.38}{81.50}$	$\frac{1.50～8.32}{2.43}$	大部可采	较稳定	4-1	$\frac{0.29～15.70}{6.98}$	$\frac{5.02～47.50}{18.18}$	$\frac{1.54～15.70}{6.62}$	全区可采	较稳定
3-1	$\frac{0.35～26.19}{12.10}$	$\frac{3.13～60.53}{15.18}$	$\frac{1.55～26.19}{12.03}$	全区可采	稳定	4-2	$\frac{0.27～10.60}{2.28}$	$\frac{91.55～181.82}{134.25}$	$\frac{1.50～10.60}{3.89}$	大部可采	不稳定
3-3	$\frac{0.29～9.33}{2.07}$	$\frac{3.12～40.41}{13.35}$	$\frac{1.50～9.33}{2.66}$	大部可采	较稳定	4-6	$\frac{0.50～5.95}{2.54}$	$\frac{23.63～66.86}{42.20}$	$\frac{1.60～5.95}{3.16}$	大部可采	不稳定
3-4	$\frac{0.37～12.16}{4.57}$	$\frac{2.07～56.38}{15.71}$	$\frac{1.80～12.16}{4.85}$	全区可采	较稳定	4-7	$\frac{0.48～6.98}{2.08}$		$\frac{1.60～6.98}{2.82}$	大部可采	不稳定

各可采煤层原煤水分5.22%～33.68%，灰分7.02%～39.96%，挥发分46.75%～49.51%，全硫0.19%～2.19%，浮煤全硫0.35%～0.55%，原煤干基低位发热量$17.08×10^6$～$22.70×10^6$焦耳/千克、恒湿无灰基高位发热量$20.54×10^6$～$21.54×10^6$焦耳/千克，煤类为褐煤二号，可作为动力、化工和民用煤。

煤田地下水含水层有第四系孔隙潜水含水层，煤系地层风化裂隙承压含水层组。煤田水文地质勘查类型第四系为一类三型，煤系风化带为二类二型。含煤地层中各粒级岩层的单向抗压强度大多数低于6兆帕，属于软弱岩类，工程地质条件较复杂。各可采煤层瓦斯含量为0.0立方米/千克，属于瓦斯风化带。各可采煤层煤尘有爆炸危险性，容易自燃，地温正常。煤田地质环境类型为第二类，即地质环境质量中等。

截至2015年底，共提交总资源量141803万吨（均为褐煤），全部为保有查明资源量。资源量计算最大垂深465米。

28. 黑山煤田

黑山煤田位于阿拉善盟东南部，行政区划隶属于阿拉善左旗管辖。煤田包括新西井、黑山矿区东西段、青岭等3个勘查区，东西长36千米、南北最宽17千米，面积约405平方千米。煤田地质勘查工作始于1956年，共提交各类勘查报告6件，施工钻孔348个，完成钻探工程量261654.84米。

黑山煤田含煤地层为石炭系上统太原组，其基底为寒武系，盖层为二叠系。煤田总体呈现为一个近东西向复式褶皱，由后黑山背斜，中黑山向斜，前黑山背斜组成。煤系地层无岩浆活动的迹象。

煤系地层厚度为65.83～367.01米，平均厚度212.19米；单孔见煤层数3～33层，埋藏深度372.77～1405.15米，煤层累积全层总厚度（含夹矸）3.0～61.49米，平均全层总厚度（含夹矸）15.06米；可采煤层累计总厚度（含夹矸）0.85～54.18米，平均可采煤层累计总厚度（含夹矸）12.06米，可采含煤系数为5.68%。含7个煤组15层煤，其中4-1、1-3煤层分布面积广、厚度较大、连续性较好，基本全区发育，较稳定，为局部可采煤层；不可采煤层13层。煤田各煤层特征见表2-1-62。

表2-1-62 黑山煤田可采煤层特征统计表   米

煤层号	总厚度	可采厚度	层间距	可采性	稳定性	煤层号	总厚度	可采厚度	层间距	可采性	稳定性
1-1	$\dfrac{0.20\sim4.48}{1.50}$	$\dfrac{0.87\sim3.43}{1.63}$	$\dfrac{3.93\sim24.88}{9.20}$	不可采	不稳定	4-3	$\dfrac{0.20\sim6.62}{1.63}$	$\dfrac{0.71\sim5.90}{1.63}$	$\dfrac{3.93\sim16.56}{7.42}$	不可采	不稳定
1-2	$\dfrac{0.29\sim5.31}{1.25}$	$\dfrac{0.71\sim4.41}{1.52}$	$\dfrac{5.18\sim36.63}{14.96}$	不可采	不稳定	4-4	$\dfrac{0.20\sim2.56}{0.89}$	$\dfrac{0.70\sim2.25}{1.28}$	$\dfrac{1.47\sim12.27}{2.39}$	不可采	不稳定
1-3	$\dfrac{0.20\sim12.31}{3.15}$	$\dfrac{0.70\sim12.31}{3.53}$	$\dfrac{3.69\sim35.31}{10.43}$	局部可采	较稳定	5-1	$\dfrac{0.25\sim4.10}{1.05}$	$\dfrac{0.70\sim3.35}{1.35}$	$\dfrac{5.75\sim79.98}{17.60}$	不可采	不稳定
1-4	$\dfrac{0.20\sim4.21}{1.28}$	$\dfrac{0.70\sim4.21}{1.73}$	$\dfrac{8.26\sim44.69}{22.85}$	不可采	不稳定	5-2	$\dfrac{0.09\sim4.31}{0.90}$	$\dfrac{0.71\sim4.01}{1.17}$	$\dfrac{1.44\sim15.65}{4.21}$	不可采	不稳定
2-1	$\dfrac{0.18\sim4.65}{0.83}$	$\dfrac{0.70\sim3.64}{1.23}$	$\dfrac{17.21\sim62.85}{33.55}$	不可采	不稳定	6-1	$\dfrac{0.15\sim3.24}{0.91}$	$\dfrac{0.70\sim3.24}{1.45}$	$\dfrac{8.07\sim86.21}{33.94}$	不可采	不稳定
3-1	$\dfrac{0.15\sim2.93}{0.82}$	$\dfrac{0.70\sim2.44}{1.21}$	$\dfrac{12.72\sim47.80}{27.92}$	不可采	不稳定	6-2	$\dfrac{0.15\sim2.86}{0.82}$	$\dfrac{0.72\sim2.19}{1.37}$	$\dfrac{1.68\sim20.45}{4.53}$	不可采	不稳定
4-1	$\dfrac{0.15\sim7.33}{2.08}$	$\dfrac{0.72\sim6.31}{2.07}$	$\dfrac{1.19\sim12.95}{5.64}$	局部可采	较稳定	7-1	$\dfrac{0.17\sim3.40}{0.69}$	$\dfrac{0.70\sim3.03}{1.38}$	$\dfrac{11.03\sim37.75}{20.26}$	不可采	不稳定
4-2	$\dfrac{0.15\sim2.76}{0.79}$	$\dfrac{0.80\sim2.35}{1.31}$		不可采	不稳定						

各可采煤层原煤水分0.24%～7.14%，原煤灰分10.65%～37.90%，浮煤挥发分19.21%～36.69%，原煤硫分0.90%～7.68%，原煤干燥基发热量25.86×10^6～27.86×10^6焦耳/千克。可选性为难选煤层。煤类以贫煤为主，有少量瘦煤。

黑山煤田含水层分为第四系松散岩类孔隙水、碎屑岩类裂隙孔隙水、基岩裂隙水三大类。煤层直接充水含水层以二叠系、石炭系基岩裂隙承压水为主，间接充水含水层以煤系地层以上的二叠系、三叠系基岩裂隙承压水为主，富水性可能较弱，水文地质类型为第二类第二型，即以裂隙充水含水层为主的水文地质条件中等的矿床。煤层围岩均由层状沉积碎屑岩组成，工程地质勘查类型为三类二型，即层状岩类工程地质条件中等类型的矿床。瓦斯成分以氮气、甲烷为主，氮气含量大于50%，甲烷含量为0.02%～39.20%，各种瓦斯气体总量0.01～4.18毫升/克，平均0.63毫升/克，各煤层均为瓦斯风化带。可采煤层有煤尘爆炸危险性，煤的自燃倾向为易自燃

—自燃，地温正常。煤田地质环境类型为第二类，即地质环境质量中等。

截至 2015 年底，共提交总资源量 226219 万吨（瘦煤 345 万吨、贫煤 225874 万吨），其中查明资源量 205752 万吨、（334?）资源量 20467 万吨；保有资源量 205181 万吨。资源量计算最大垂深 1370 米。

29. 喇嘛敖包煤田

喇嘛敖包煤田位于阿拉善盟东南部，行政区划隶属于孪井滩生态移民示范区嘉尔嘎勒赛汗镇管辖。煤田东西最长处约 62 千米、南北最宽处约 35 千米，面积约 519 平方千米。煤田地质勘查工作始于 1987 年，共提交各类勘查报告 11 件，施工钻孔 319 个，完成钻探工程量 216325.00 米。

煤田南部为石炭二叠系含煤地层，称喇嘛敖包—乌兰呼都格—炭井子沟矿区，是煤田的主要赋煤区。北部为侏罗系含煤地层，称新井矿区。

1）喇嘛敖包—乌兰呼都格—炭井子沟矿区

矿区地表大部被第四系覆盖，石炭系上统太原组是矿区主要含煤地层。推测在煤田内存在一向斜构造，向斜轴位于煤田中部，向斜轴走向 NNE。构造复杂程度属于中等类型。煤层受构造影响，在矿区东部的炭井子沟分区及西部的喇嘛敖包分区煤层赋存情况与中部的乌兰呼都格分区完全不同。

矿区中部乌兰呼都格分区太原组总厚度平均 642.56 米，煤层自然总厚度平均 4.37 米，含煤系数 0.68%。区内可采煤层 1 层，可采煤层总厚度 0.70～6.60 米，平均 2.44 米，可采含煤系数 0.38%。区内可采煤层赋存深度 352.31～1051.95 米。

东部的炭井子沟分区（包括炭井子沟详查区和大沙蒿勘探区）太原组平均厚度约 1766 米，含可采煤层总数 22 层，其中大部可采煤层 10 层（为 1、2、4、7、8、10、11、12、13、19 煤）、局部可采煤层 5 层（为 5、6、9、14、17 煤）、零星可采煤层 5 层（为 $0_上$、$0_下$、3、15、20 煤层）、不可采煤层 2 层（为 16、18 煤层），煤层平均总厚 14.87 米，含煤系数 0.84%；可采煤层平均总厚 13.63 米，可采含煤系数 0.77%。

西部的喇嘛敖包分区煤系地层厚度为 443.36 米，含煤层或煤线 13 层。由于受褶皱和断裂的破坏，区内煤层的稳定性及连续性较差，无论沿走向及倾向均不稳定，煤层厚度具突变性，煤层稳定程度属不稳定类型。区内共见有局部或零星可采煤层 7 层，编号为：1 号、2 号、3 号、4 号、5 号、6 号、7 号。煤层总厚度 12.74 米，含煤系数 2.87%；可采煤层总厚度 8.91 米，可采煤层含煤系数 2.01%。

据占煤田大部分区域的乌兰呼都格分区煤质资料统计，各可采煤层原煤水分 0.90%～5.15%，原煤灰分 5.27%～32.44%，浮煤挥发分 1.64%～6.32%，原煤全硫为 0.65%～1.19%，原煤干燥基高位发热量（$Q_{gr,d}$）值 $21.01×10^6$～$31.28×10^6$ 焦耳/千克。煤类为无烟煤，其亚类为无烟煤一号和无烟煤二号。

煤田中含水岩类有新生界第四系孔隙水，中生界碎屑岩类孔隙裂隙水，碳酸盐岩裂隙溶洞水和古生界基岩裂隙水四大类。水文地质勘查类型为二类一型，即以裂隙充水含水层为主的水文地质条件简单的矿床。工程地质勘查类型为 III 类 II 型，即层状岩类中等类型矿床。煤层瓦斯含量不高，其中甲烷含量 0.01～0.47 毫升/克，自然瓦斯成分中甲烷占 0.96%～20.27%。煤尘无爆炸性危险，不易自燃，地温正常。

2）新井矿区

新井矿区（包括新井预查区和巴音白崖子普查区）总体呈南段走向近 SN，倾向 E，北段走向 NNE，倾向 SEE 的单斜构造。地层倾角一般为 13°~30°。区内以断裂为主，发现断裂 21 条，按走向分为 NNE（北北东）向，NW（北西）向及 SN（南北）向等，褶曲不甚发育，矿区中北部有 3 个走向近东西的宽缓向背斜。侏罗系直罗组存在闪长玢岩岩脉，岩脉宽 0~0.5 米，延展长度约 20~50 米。

区内含煤地层为侏罗系中统延安组，地层平均厚 229.73 米，平均煤层总厚度为 4.87 米，含煤系数为 2.12%。大部可采煤层一层（1-16 煤），平均厚度为 2.79 米；局部可采煤层 1 层（1-7-1 煤），平均厚度 1.31 米。矿区可采煤层特征见表 2-1-63。

表 2-1-63 新井矿区可采煤层特征统计表   米

煤层号	总厚度	可采性	稳定性	煤层号	总厚度	可采性	稳定性
1-16	$\frac{0.16~6.14}{2.79}$	大部可采	较稳定	1-7-1	$\frac{0~4.16}{1.31}$	局部可采	不稳定

原煤水分 0.65%~3.75%，原煤灰分 11.36%~31.76%，浮煤挥发分为 21.64%~31.72%，原煤全硫 0.11%~1.44%，原煤磷平均值为 0.006%~0.032%，原煤发热量（$Q_{gr,d}$）值在 $21.74×10^6~29.41×10^6$ 焦耳/千克。煤类为不黏煤和 1/2 中黏煤。

矿区含水层分为第四系全新统冲洪积层孔隙潜水含水层，侏罗系中上统层状基岩裂隙含水层，石炭系中统基岩裂隙含水层，寒武系基岩裂隙岩溶含水层。水文地质勘查类型以裂隙充水为主，易于疏干的水文地质条件简单的矿床，即二类一型。煤层顶、底板岩性主要为孔隙式硅钙质胶结的中—厚层沙砾岩和砂岩，局部夹有薄层泥岩和砂质泥岩，工程地质勘查类型为以半坚硬—坚硬岩层为主的层状矿床，即第三类，简单型。煤层中甲烷含量为 0.00~0.03 毫升/克，二氧化碳含量为 0.03~0.23 毫升/克，氮气含量 2.60~10.56 毫升/克；自然瓦斯成分中甲烷含量为 0.00%~1.26%，二氧化碳含量为 1.78%~11.52%，氮气含量为 87.21%~98.04%，瓦斯分带均为二氧化碳—氮气带。煤层具有煤尘爆炸危险性，煤的自燃倾向为不易自燃—自燃，属正常地温区。矿区地质环境类型为第二类地质环境质量简单—中等。

截至 2015 年底，共提交总资源量 124591 万吨（不黏煤 5352 万吨、1/2 中黏煤 29053 万吨、无烟煤 90186 万吨），其中查明资源量 41484 万吨、（334?）资源量 83107 万吨；保有资源量 40852 万吨。资源量计算最大垂深 1237 米。

30. 潮水煤田

潮水煤田位于阿拉善盟南部，行政区划隶属于阿拉善右旗巴彦高勒苏木、巴丹吉林镇、阿拉腾朝克苏木管辖。煤田东西长 91 千米，南北最宽 46 千米，面积约 2344 平方千米。煤田地质勘查工作始于 1959 年，共提交各类勘查报告 21 件，施工钻孔 374 个，完成钻探工程量 158005.93 米。

潮水煤田含煤地层为中生界侏罗系龙凤山组。煤田内煤系地层以开阔平缓的背向斜褶皱为主，翼部倾角 10°~20°，轴向北西，倾向北东，局部发育断裂构造。

潮水煤田内含煤地层厚度 133.97~1161.00 米，平均 752.85 米，其沉积基底为震旦系。共含煤35层，其中可采煤层13层，自上而下为2-1、2-2、2-3、3-1、4-1、5-1、6-1、6-2、7-1、7-3、8-1、9-1、10-1煤层。煤层平均总厚度6.89米，含煤系数0.92%；可采煤层平均总厚度5.37米，可采含煤系数为0.71%。煤田可采煤层特征见表2-1-64。

表2-1-64　潮水煤田可采煤层特征统计表　　　　　　　　　　　　　　米

煤层号	总厚度	可采厚度	层间距	可采性	稳定性	煤层号	总厚度	可采厚度	层间距	可采性	稳定性
2-1	0.30~1.90 / 0.91	0.80~1.90 / 1.29	4.75~17.60 / 12.01	局部可采	不稳定	6-2	0.45~1.19 / 0.82	1.19	19.65~19.75 / 19.70	局部可采	不稳定
2-2	0.30~1.50 / 0.78	1.50	5.38~14.40 / 9.89	局部可采	不稳定	7-1	0.40~1.88 / 0.87	0.80~1.88 / 1.34	52.85~64.50 / 58.68	局部可采	不稳定
2-3	0.20~5.80 / 1.70	0.80~6.15 / 2.34	26.62~87.00 / 50.59	局部可采	不稳定	7-3	0.20~1.44 / 0.82	1.44	3.06~38.94 / 36.00	局部可采	不稳定
3-1	0.36~1.85 / 0.73	0.80~1.85 / 1.20	44.52~86.45 / 59.83	局部可采	不稳定	8-1	0.55~1.94 / 1.16	1.00~1.94 / 1.47	60.44~104.91 / 82.68	局部可采	不稳定
4-1	0.40~1.75 / 0.96	1.00~1.75 / 1.47	50.65~128.88 / 74.91	局部可采	不稳定	9-1	0.43~3.80 / 1.59	3.80	73.05~94.80 / 83.93	局部可采	不稳定
5-1	0.38~1.00 / 0.71	0.95~1.00 / 0.98	53.55~59.20 / 56.38	局部可采	不稳定	10-1	0.44~2.45 / 1.09	0.80~2.45 / 1.63	45.25~77.32 / 62.76	局部可采	不稳定
6-1	0.65~2.00 / 1.25	1.10~2.00 / 1.55		局部可采	不稳定						

各可采煤层原煤水分1.59%~13.18%，原煤灰分6.35%~22.47%，浮煤挥发分34.80%~40.42%，原煤硫分0.23%~0.80%，原煤干燥基高位发热量20.22×10^6~30.45×10^6焦耳/千克。各煤层为中等可选煤层。煤类以长焰煤为主，有少量不黏煤。

潮水煤田地下水分为基岩裂隙水（包括下古生界变质岩基岩裂隙水和火成岩块状基岩裂隙水）、碎屑岩类裂隙、孔隙层间水含水层（侏罗系中统龙凤山组）、第四系松散层孔隙水。煤田为碎屑岩类孔隙、裂隙充分矿床，水文地质条件简单。工程地质条件属层状岩类中等类型。各可采煤层瓦斯成分主要以氮气为主，二氧化碳气体成分次之，最大为4.52毫升/克，属二氧化碳—氮气带。各煤层均属Ⅱ级自燃煤层，地温正常。

截至2015年底，共提交总资源量120016万吨（长焰煤117577万吨、不黏煤2439万吨），其中查明资源量36949万吨、(334?)资源量83067万吨；保有资源量33431万吨。资源量计算最大垂深800米。全区其他30个中型及以上煤田基本情况见表2-1-65，提交资源量见表2-1-66，保有资源量见表2-1-67，提交煤类资源量见表2-1-68。

表2-1-65　全区其他30个中型及以上煤田基本情况统计表

煤田名称	面积（平方千米）	主要含煤地层	提交报告（件）	施工钻孔（个）	钻探工程量（米）	最大垂深（米）	矿山数（个）/年产量（万吨）	预测区 面积（平方千米）	预测区 资源量（万吨）
呼和诺尔	3954	K_{1ym}	20	997	527743.70	644	1/120	—	—
红花尔基	2676	K_{1ym}、K_{1d}	9	773	390058.04	995	—	—	—

表 2－1－65（续）

煤田名称	面积（平方千米）	主要含煤地层	提交报告（件）	施工钻孔（个）	钻探工程量（米）	最大垂深（米）	矿山数（个）/年产量（万吨）	预测区 面积（平方千米）	预测区 资源量（万吨）
高力罕	1000	K_{1d}	26	1316	937517.66	700	—	—	—
巴彦胡硕	1700	K_{1d}	17	680	334046.48	843	—	60	67306
五间房	934	K_{1d}	3	112	81061.34	1000	—	—	—
巴彦宝力格	613	K_{1d}	14	628	236748.92	465	—	120	307598
巴其北	400	K_{1d}	4	269	105220.86	900	—	—	—
胡列也吐	950	K_{1d}	9	715	441307.29	906	—	—	—
乌尔逊	2480	K_{1d}	5	239	107392.95	706	—	1034	131359
莫达木吉	639	K_{1ym}	5	135	74616.54	682	—	221	58008
特兰图	800	K_{1d}	4	223	56288.17	634	—	—	—
额合宝力格	2107	K_{1d}	11	559	262537.60	730	1/300	1357	838146
乌尼特	959	K_{1d}	10	385	111540.93	600	1/271	521	738156
白音乌拉	1540	K_{1d}	15	384	94803.20	561	1/50	408	406224
查干诺尔	240	K_{1d}	5	269	76261.78	500	—	—	—
沙尔花	472	K_{1d}	11	275	325322.84	600	—	—	—
南屯—马达木吉	864	K_{1d}	5	247	123425.07	600	—	374	385085
白音霍布尔	824	K_{1d}	3	37	12155.53	1200	—	—	—
道特诺尔	409	K_{1d}	9	312	73937.47	470	—	22	46832
那仁宝力格	400	K_{1d}	5	260	188259.71	850	—	—	—
乌固诺尔	440	K_{1d}	1	102	59730.14	890	—	—	—
吉林郭勒	308	K_{1d}	4	480	100641.68	700	—	—	—
黑山	405	C_{2t}	6	348	261654.84	1370	1/30	—	—
赛汉塔拉	600	K_{1d}	7	195	111630.95	810	—	244	112565
查干陶勒盖	130	K_{1d}	11	539	135201.71	730	—	—	—
达来	335	K_{1d}	5	128	45033.42	300	—	205	1722481
贺斯格乌拉	176	K_{1d}	9	560	174845.17	465	1/1500	—	—
喇嘛敖包	519	$J_{2y}C_{2t}$	11	319	216325.00	1237	1/30	—	—
潮水	2344	J_{2l}	21	374	158005.93	800	6/32	—	—
西胡里吐	275	K_{1d}	3	54	10854.11	350	—	—	—
合计	29493		268	11914	5834169.03	1370	13/2333	4566	4813760

表 2－1－66　全区其他 30 个中型及以上煤田提交资源量统计表　　　　万吨

煤田名称	111b	121b	122b	331	332	333	合计	(334?)	总计
呼和诺尔	—	—	289	33212	1327147	2316387	3677035	2321455	5998490
红花尔基	—	—	—	—	1285603	2510514	3796117	1477112	5273229

表2-1-66（续） 万吨

煤田名称	111b	121b	122b	331	332	333	合计	(334?)	总计
高力罕	—	—	—	176112	432625	977806	1586543	153391	1739934
巴彦胡硕				99425	363011	796621	1259057	169872	1428929
五间房				169864	435707	483328	1088899	194553	1283452
巴彦宝力格	22047		24463	109298	217073	398890	771771	291548	1063319
巴其北				129508	234175	380059	743742	254015	997757
胡列也吐				190613	46147	536580	773340	177584	950924
乌尔逊					194383	457203	651586	188166	839752
莫达木吉				—	63283	432479	495762	286953	782715
特兰图				140607	19271	300189	460067	171950	632017
额合宝力格	5575	—	12532	13141	138962	367588	537798	75479	613277
乌尼特	293		612	78576	101609	238932	420022	—	420022
白音乌拉	152	—	3013	102613	73904	162969	342651	55973	398624
查干诺尔				27331	41610	275107	344048		344048
沙尔花				21256	36649	262206	320111	22542	342653
南屯-马达木吉	—				38465	61631	100096	199289	299385
白音霍布尔	—	—	—		—	114352	114352	184094	298446
道特诺尔				88242	117952	64244	270438		270438
那仁宝力格	—	—	—	45050	14037	186845	245932		245932
乌固诺尔					112018	116370	228388	749	229137
吉林郭勒				120095	43123	64595	227813		227813
黑山	516	155	143	—	46659	158279	205752	20467	226219
赛汉塔拉					124963	70823	195786	29516	225302
查干陶勒盖		4624	2521	43221	34430	63526	148322	—	148322
达来					31161	25586	89882	146629	146629
贺斯格乌拉		55492	13308	17773	4660	50570	141803		141803
喇嘛敖包			173	3988	8125	29198	41484	83107	124591
潮水	1747	—	1258	836	1571	31537	36949	83067	120016
西胡里吐	—	411	111			63299	63821	54954	118775
合计	30330	60682	58423	1641922	5582748	12062009	19436114	6495836	25931950

表2-1-67 全区其他30个中型及以上煤田保有资源量统计表 万吨

煤田名称	111b	121b	122b	331	332	333	合计	(334?)	总计
呼和诺尔	—	—	272	33212	1327147	2316387	3677018	2321455	5998473
红花尔基	—	—	—	—	1285603	2510514	3796117	1477112	5273229
高力罕	—	—	—	176112	432625	977806	1586543	153391	1739934
巴彦胡硕	—	—	—	99425	363011	796621	1259057	169872	1428929

表2-1-67（续） 万吨

煤田名称	111b	121b	122b	331	332	333	合计	(334?)	总计
五间房	—	—	—	169864	435707	483328	1088899	194553	1283452
巴彦宝力格	22047	—	24463	109298	217073	398890	771771	291548	1063319
巴其北	—	—	—	129508	234175	380059	743742	254015	997757
胡列也吐	—	—	—	190613	46147	536580	773340	177584	950924
乌尔逊	—	—	—	—	194383	457203	651586	188166	839752
莫达木吉	—	—	—	—	63283	432479	495762	286953	782715
特兰图	—	—	—	140607	19271	300189	460067	171950	632017
额合宝力格	5029	—	12175	13141	138962	366874	536181	75479	611660
乌尼特	—	—	340	78576	101609	238198	418723	—	418723
白音乌拉	—	—	—	101568	73904	162503	337975	55973	393948
查干诺尔	—	—	—	27331	41610	275107	344048	—	344048
沙尔花	—	—	—	21256	36649	262206	320111	22542	342653
南屯-马达木吉	—	—	—	—	38465	61631	100096	199289	299385
白音霍布尔	—	—	—	—	—	114352	114352	184094	298446
道特诺尔	—	—	—	88242	117952	64244	270438	—	270438
那仁宝力格	—	—	—	45050	14037	186845	245932	—	245932
乌固诺尔	—	—	—	—	112018	116370	228388	749	229137
吉林郭勒	—	—	—	120095	43123	64595	227813	—	227813
黑山	—	155	88	—	46659	158279	205181	20467	225648
赛汉塔拉	—	—	—	—	124963	70823	195786	29516	225302
查干陶勒盖	—	4624	2521	43221	34430	63526	148322	—	148322
达来	—	—	—	—	31161	25586	89882	146629	146629
贺斯格乌拉	—	55492	13308	17773	4660	50570	141803	—	141803
喇嘛敖包	—	—	73	3988	8125	28666	40852	83107	123959
潮水	—	—	542	836	3026	29027	33431	83067	116498
西胡里吐	—	107	—	—	—	63261	63368	54954	118322
合计	27076	60378	53782	1640877	5584203	12057015	19423331	6495836	25919167

表2-1-68 全区其他30个中型及以上煤田提交煤类资源量统计表 万吨

煤田名称	合计	褐煤	长焰煤	不黏煤	1/2中黏煤	气煤	瘦煤	贫煤	无烟煤
呼和诺尔	5998490	5998490	—						
红花尔基	5273229	5257923	15306	—					
高力罕	1739934	787259	944738	7937					
巴彦胡硕	1428930	1051550	377580						
五间房	1283452	392448	891004						
巴彦宝力格	1063319	802911				260408			

表 2-1-68（续） 万吨

煤田名称	合计	褐煤	长焰煤	不黏煤	1/2中黏煤	气煤	瘦煤	贫煤	无烟煤
巴其北	997757	711413	286344	—	—	—	—	—	—
胡列也吐	950924	—	950924	—	—	—	—	—	—
乌尔逊	839752	839752	—	—	—	—	—	—	—
莫达木吉	782715	782715	—	—	—	—	—	—	—
特兰图	632017	632017	—	—	—	—	—	—	—
额合宝力格	613277	563163	28879	—	—	21235	—	—	—
乌尼特	420022	420022	—	—	—	—	—	—	—
白音乌拉	398624	398624	—	—	—	—	—	—	—
查干诺尔	344048	344048	—	—	—	—	—	—	—
沙尔花	342653	342653	—	—	—	—	—	—	—
南屯－马达木吉	299385	258469	40916	—	—	—	—	—	—
白音霍布尔	298446	—	298446	—	—	—	—	—	—
道特诺尔	270438	270438	—	—	—	—	—	—	—
那仁宝力格	245932	245932	—	—	—	—	—	—	—
乌固诺尔	229137	229137	—	—	—	—	—	—	—
吉林郭勒	227813	227813	—	—	—	—	—	—	—
黑山	226219	—	—	—	—	—	345	225874	—
赛汉塔拉	225302	225302	—	—	—	—	—	—	—
查干陶勒盖	148322	148322	—	—	—	—	—	—	—
达来	146629	146629	—	—	—	—	—	—	—
贺斯格乌拉	141803	141803	—	—	—	—	—	—	—
喇嘛敖包	124591	—	—	5352	29053	—	—	—	90186
潮水	120016	—	117577	2439	—	—	—	—	—
西胡里吐	118775	118775	—	—	—	—	—	—	—
合计	25931951	21337608	3951514	15728	29053	281643	345	225874	90186

三、其他煤田（或煤产地）

全区其他煤田（或煤产地）共计75个，其中小型煤田62个、预测煤田13个，累计面积11313平方千米，占全区煤田面积的8.91%，累计总资源量5658164万吨，占全区总资源量的2.26%。在75个其他煤田中，有煤炭开采的小型煤田26个，有勘查工程控制的小型煤田36个，无勘查工程控制的预测煤田13个。其勘查成果见表2-1-69~表2-1-76。

表2-1-69 全区26个有煤炭开采的小型煤田基本情况表

煤田名称	面积（平方千米）	主要含煤地层	提交报告（件）	施工钻孔（个）	钻探工程量（米）	最大垂深（米）	矿山数（个）/年产量（万吨）	预测区面积（平方千米）	预测区资源量（万吨）
绍根煤田	221	K_{1f}	6	170	97818.66	658	2/300		
拉布达林煤田	250	K_{1d}	11	183	80273.19	632	3/81		

表 2-1-69（续）

煤田名称	面积（平方千米）	主要含煤地层	提交报告（件）	施工钻孔（个）	钻探工程量（米）	最大垂深（米）	矿山数（个）/年产量（万吨）	预测区 面积（平方千米）	预测区 资源量（万吨）
黑城子煤产地	61	K_{1d}	4	94	52400.16	700	1/300	—	—
希热哈达煤田	118	J_{2l}	3	23	12243.26	70	1/30	—	—
马尼特庙煤田	383	J_{1h}	12	232	63289.21	500	9/525	—	—
五九煤田	103	K_{1d}	9	375	98222.89	250	3/76	—	—
清水河煤田	120	C_{2t}	5	44	5723.64	170	3/180	—	—
西大仓煤产地	8	K_{1d}	4	94	28047.96	450	1/120	—	—
西乌旗煤田	116	J_{1h}	10	270	71796.07	500	4/8.8	—	—
双辽煤产地	80	K_{1d}	5	288	212805.30	850	1/139	—	—
开放山煤田	155	K_{1d}	4	99	19898.13	338	1/60	—	—
巴音胡都格煤产地	70	K_{1g}	3	112	39392.14	520	1/60	31	16794
大杨树煤田	245	K_{1d}	11	313	63106.01	230	7/101	60	14398
免渡河煤产地	68	K_{1d}	11	182	39235.12	345	3/85.3	—	—
联合屯煤产地	15	J_{1h}	7	252	54208.29	182	3/6.86	—	—
牤牛海煤田	100	J_{1h}	11	441	122541.64	600	5/75.82	—	—
营盘湾煤产地	43	J_{1-2w}	8	195	58447.93	537	3/90	—	—
宝龙山煤产地	36	K_{1d}	1	93	59645.84	1000	1/80.52	10	3382
四龙煤产地	25	K_{1f}	3	60	17335.17	240	5/2.57	—	—
石匠山煤产地	75	J_{1h}	3	90	24281.71	270	1/	—	—
沙力好来煤产地	48	K_{1d}	4	78	21048.20	800	1/0.29	18	1278
黄花山煤田	30	J_{2x}	4	93	35862.88	300	1/2.01	—	—
温都花煤产地	7	J_{2x}	2	58	10947.94	230	1/9	—	—
塔布花煤产地	8	J_{2x}	2	53	16240.54	250	1/10	—	—
榆树林子煤产地	7	K_{1d}	1	68	30941.39	200	1/30	—	—
锡林浩特煤产地	27	J_{1h}	7	120	17520.23	230	2/36	—	—
合　计	2419		151	4080	1353273.50	1000	65/2409	119	35852

表 2-1-70　全区 26 个有煤炭开采的小型煤田提交资源量统计表　　　　万吨

煤田名称	111b	121b	122b	331	332	333	合计	(334?)	总计
绍根煤田	4863	—	13420	1297	3201	47387	70168	—	70168
拉布达林煤田	101	3194	2568	928	213	19915	26919	27301	54220
黑城子煤产地	11989	—	13569	—	—	27673	53231	—	53231
希热哈达煤田	—	—	426	—	—	496	922	36639	37561
马尼特庙煤田	38	1547	1136	—	20	28538	31279	1614	32893
五九煤田	2475	49	5260	—	55	16060	23899	230	24129

表 2-1-70（续） 万吨

煤田名称	111b	121b	122b	331	332	333	合计	(334?)	总计
清水河煤田	—	—	2716	1292	622	10761	15391	4502	19893
西大仓煤产地	2335	—	3514	—	—	10706	16555	—	16555
西乌旗煤田	753	35	497	—	5304	8441	15030	—	15030
双辽煤产地	449	3020	3795	—	—	3623	10887	2324	13211
开放山煤田	3745	—	1825	2554	—	3813	11937	—	11937
巴音胡都格煤产地	107	2471	2513	71	—	4731	9893	—	9893
大杨树煤田	—	—	3136	—	320	1366	4822	3756	8578
免渡河煤产地	—	15	4190	268	1897	1471	7841	—	7841
联合屯煤产地	406	—	449	—	—	694	1549	5622	7171
牤牛海煤田	2508	—	953	—	206	2968	6635	42	6677
营盘湾煤产地	—	—	882	—	712	3395	4989	706	5695
宝龙山煤产地	—	1213	883	—	—	2221	4317	—	4317
四龙煤产地	2512	—	74	—	—	477	3063	—	3063
石匠山煤产地	—	—	415	—	72	1981	2468	—	2468
沙力好来煤产地	423	—	—	—	—	577	1000	—	1000
黄花山煤田	108	—	176	—	—	442	726	95	821
温都花煤产地	—	—	228	—	—	222	450	—	450
塔布花煤产地	190	—	4	—	—	205	399	—	399
榆树林子煤产地	—	—	1	—	—	396	397	—	397
锡林浩特煤产地	—	—	53	—	—	204	257	—	257
合　　计	33002	11544	62683	6410	12622	198763	325024	82831	407855

表 2-1-71　全区 26 个有煤炭开采的小型煤田保有资源量统计表　　　万吨

煤田名称	111b	121b	122b	331	332	333	合计	(334?)	总计
绍根煤田	4863	—	13420	1297	3201	47387	70168	—	70168
拉布达林煤田	—	2895	1818	928	213	19248	25102	27301	52403
黑城子煤产地	11989	—	13569	—	—	27673	53231	—	53231
希热哈达煤田	—	—	20	—	—	496	516	36639	37155
马尼特庙煤田	—	1530	702	—	20	26259	28511	1614	30125
五九煤田	2453	49	2363	—	8	15681	20554	230	20784
清水河煤田	—	—	310	1292	622	8210	10434	4502	14936
西大仓煤产地	1865	—	3381	—	—	8069	13315	—	13315
西乌旗煤田	203	35	402	—	5304	8396	14340	—	14340
双辽煤产地	—	2609	2459	—	—	3392	8460	2324	10784
开放山煤田	3595	—	122	2554	—	3813	10084	—	10084
巴音胡都格煤产地	—	2429	2513	71	—	4731	9744	—	9744

表 2-1-71（续） 万吨

煤田名称	111b	121b	122b	331	332	333	合 计	(334?)	总 计
大杨树煤田	—	—	174	—	320	1366	1860	3756	5616
免渡河煤产地	—	15	2119	150	1897	1263	5444	—	5444
联合屯煤产地	—	—	73	—	—	579	652	5622	6274
牦牛海煤田	—	—	914	—	206	2762	3882	42	3924
营盘湾煤产地	—	—	24	—	712	3395	4131	706	4837
宝龙山煤产地	—	1087	780	—	—	2221	4088	—	4088
四龙煤产地	4	—	41	—	—	440	485	—	485
石匠山煤产地	—	—	415	—	72	1926	2413	—	2413
沙力好来煤产地	—	—	—	—	—	569	569	—	569
黄花山煤田	—	—	—	—	—	359	359	95	454
温都花煤产地	—	—	—	—	—	218	218	—	218
塔布花煤产地	—	—	4	—	—	198	202	—	202
榆树林子煤产地	—	—	—	—	—	345	345	—	345
锡林浩特煤产地	—	—	—	—	—	181	181	—	181
合 计	24972	10649	45623	6292	12575	189177	289288	82831	372119

表 2-1-72 全区 26 个有煤炭开采的小型煤田提交煤类资源量统计表 万吨

煤田名称	合计	褐煤	长焰煤	不黏煤	弱黏煤	气煤	1/3 焦煤	焦煤	贫瘦煤	贫煤	无烟煤
绍根煤田	70168	66299	3869	—	—	—	—	—	—	—	—
拉布达林煤田	54218	—	36655	—	—	11962	4368	1233	—	—	—
黑城子煤产地	53231	53231	—	—	—	—	—	—	—	—	—
希热哈达煤田	37561	37561	—	—	—	—	—	—	—	—	—
马尼特庙煤田	32893	4748	28145	—	—	—	—	—	—	—	—
五 九 煤 田	24129	—	24129	—	—	—	—	—	—	—	—
清水河煤田	19893	—	19893	—	—	—	—	—	—	—	—
西大仓煤产地	16555	16555	—	—	—	—	—	—	—	—	—
西乌旗煤田	15029	10611	—	231	—	1576	2611	—	—	—	—
双辽煤产地	13211	—	13211	—	—	—	—	—	—	—	—
开放山煤田	11937	11937	—	—	—	—	—	—	—	—	—
巴音胡都格煤产地	9893	9893	—	—	—	—	—	—	—	—	—
大杨树煤田	8578	—	8578	—	—	—	—	—	—	—	—
免渡河煤产地	7841	—	7841	—	—	—	—	—	—	—	—
联合屯煤产地	7171	—	—	7171	—	—	—	—	—	—	—
牦牛海煤田	6677	—	—	713	—	5054	—	254	—	656	—
营盘湾煤产地	5695	—	1016	4593	86	—	—	—	—	—	—
宝龙山煤产地	4317	—	4317	—	—	—	—	—	—	—	—

表2-1-72（续）　　　　　　　　　　　　　　　　　　　　　　　　万吨

煤田名称	合计	褐煤	长焰煤	不黏煤	弱黏煤	气煤	1/3焦煤	焦煤	贫瘦煤	贫煤	无烟煤
四龙煤产地	3063	3063	—	—	—	—	—	—	—	—	—
石匠山煤产地	2468	—	2468	—	—	—	—	—	—	—	—
沙力好来煤产地	1000	—	1000	—	—	—	—	—	—	—	—
黄花山煤田	821	—	713	108	—	—	—	—	—	—	—
温都花煤产地	450	22	428	—	—	—	—	—	—	—	—
塔布花煤产地	399	—	—	399	—	—	—	—	—	—	—
榆树林子煤产地	397	397	—	—	—	—	—	—	—	—	—
锡林浩特煤产地	257	—	56	43	158	—	—	—	—	—	—
合　　计	407852	176734	151178	5580	37719	18592	4368	1509	428	3980	7764

表2-1-73　全区36个未开发的小型煤田基本情况表

煤田名称	面积（平方千米）	主要含煤地层	提交报告（件）	施工钻孔（个）	钻探工程量（米）	最大垂深（米）	矿山数（个）/年产量（万吨）	预测区 面积（平方千米）	预测区 资源量（万吨）
集宁煤田	375	N_{1h}	12	588	158835.07	565	—	40	11670
伊和达布斯煤田	100	K_{1d}	2	62	31336.30	700	—	—	—
红格尔煤田	180	K_{1d}	2	102	31308.37	500	—	45	20306
鹤门煤产地	54	K_{1d}	3	19	5279.36	608	—	—	—
准哈诺尔煤田	270	K_{1d}	3	99	35460.42	425	—	56	38423
莫拐煤田	100	K_{1d}	6	187	91609.36	534	—	—	—
得尔布煤田	150	K_{1d}	4	74	31148.67	380	—	22	2411
供济堂煤产地	50	K_{1g}	4	76	35208.08	300	—	—	—
赛汗高毕煤产地	39	K_{1d}	4	152	65291.48	468	—	—	—
巴彦温都尔煤田	100	K_{1d}	3	178	44462.07	288	—	—	—
扎格斯台煤田	201	K_{1d}	2	41	30775.66	850	—	170	28058
宝力格煤产地	30	K_{1d}	1	258	32051.49	250	—	—	—
三角地煤产地	50	K_{1d}	4	150	18075.40	194	—	—	—
乌套海煤田	290	K_{1d}	3	141	11524.27	210	—	140	52502
新宝力格煤产地	80	K_{1d}	1	—	—	700	—	100	11449
流通壕煤产地	28	N_{2b}	5	59	8413.70	203	—	—	—
亿合公煤产地	10	N_{2b}	1	27	5873.15	216	—	—	—
浑善达克煤田	400	K_{1d}	1	3	2328.23	350	—	99	21991
乌拉盖煤田	157	K_{1d}	1	12	3747.76	—	—	—	—
固阳煤产地	41	K_{1g}	3	74	14595.94	800	—	—	—
好鲁库煤产地	80	K_{1d}	2	67	34510.17	686	—	—	—
白音昆地煤产地	75	K_{1d}	2	—	—	470	—	—	—
阿其图煤产地	75	K_{1d}	1	24	8544.86	359	—	15	7324

表 2 – 1 – 73（续）

煤田名称	面积（平方千米）	主要含煤地层	提交报告（件）	施工钻孔（个）	钻探工程量（米）	最大垂深（米）	矿山数（个）/年产量（万吨）	预测区面积（平方千米）	预测区资源量（万吨）
即日嘎郎煤产地	15	K_{1d}	2	119	12659.29	300			
新民村煤产地	30	K_{1g}	1	14	5397.95	300			
北山煤田	458	J_{2l}	3	51	38924.75	2000		184	30903
宝力根套海煤产地	35	K_{1d}	—						
红旗牧场煤田	650	K_{1d}	2			418			
昂根煤产地	22	J_{1-2w}	6	53	11448.79	200			
公营子煤产地	13	J_{2x}	2	10	6396.10	600			
苏勒图煤产地	18	J_{1-2w}	7	58	14812.19	600			
永丰煤产地	5	K_{1f}	10	47	12513.99	410			
广兴源煤产地	6	N_{2b}	2	8	996.61	80			
五七军马场煤产地	6	K_{1d}	1	8	3369.61	400			
达里诺尔煤田	722	K_{1d}	1	10	5817.13	—			
当铺地煤产地	2	K_{1f}	2	15	3001.80	400			
合　　计	4917		109	2786	815718	2000	—	871	225037

表 2 – 1 – 74　全区 36 个未开发的小型煤田提交资源量统计表　　　　万吨

煤田名称	111b	121b	122b	331	332	333	合　计	(334?)	总　计
集宁煤田	—	4206	602	10496	17001	67166	99471	—	99471
伊和达布斯煤田	—	—	—	—	37317	59933	97250	—	97250
红格尔煤田	9503	—	5829	—	—	75080	90412	—	90412
鹤门煤产地	30360	11250	44411	86021	—	—	86021	—	—
准哈诺尔煤田	—	—	—	—	23997	49254	73251	11338	84589
莫拐煤田	—	14765	7075	2356	1822	52169	78187	—	78187
得尔布煤田	—	12501	29014	41515	19522	61037	—	—	—
供济堂煤产地	—	19736	3928	—	12350	24818	60832	—	60832
赛汗高毕煤产地	41332	—	5512	—	—	13887	60731	—	60731
巴彦温都尔煤田	—	383	393	8280	17030	24086	50172	—	50172
扎格斯台煤田	—	—	—	—	15878	11367	27245	—	27245
宝力格煤产地	—	—	—	15429	3605	5522	24556	—	24556
三角地煤产地	5199	7820	10962	23981	—	23981	—	—	—
乌套海煤田	—	—	—	2430	1591	9853	13874	7810	21684
新宝力格煤产地	—	20195	20195	—	—	—	—	—	—
流通壕煤产地	93	—	—	263	378	553	1287	18770	20057
亿合公煤产地	—	—	—	—	—	18780	18780	—	18780
浑善达克煤田	—	15739	15739	—	—	—	—	—	—

表2-1-74（续） 万吨

煤田名称	111b	121b	122b	331	332	333	合计	(334?)	总计
乌拉盖煤田	—	14165	14165	—	—	—	—	—	—
固阳煤产地	271	—	165	1486	1258	7583	10763	1514	12277
好鲁库煤产地	—	—	—	—	5539	4749	10288	1606	11894
白音昆地煤产地	—	—	—	—	—	10818	10818	—	10818
阿其图煤产地	—	—	—	—	—	10255	10255	—	10255
即日嘎郎煤产地	—	3655	5859	9514	—	9514	—	—	—
新民村煤产地	—	9029	9029	—	—	—	—	—	—
北山煤田	—	—	—	2220	682	5249	8151	599	8750
宝力根套海煤产地	2469	514	5468	8451	—	8451	—	—	—
红旗牧场煤田	—	5249	5249	—	—	—	—	—	—
昂根煤产地	—	193	2401	—	—	89	2683	—	2683
公营子煤产地	—	—	—	—	—	2006	2006	—	2006
苏勒图煤产地	—	—	—	—	60	1338	1398	397	1795
永丰煤产地	—	—	31	—	103	752	886	20	906
广兴源煤产地	—	—	—	—	—	503	503	—	503
五七军马场煤产地	—	—	—	—	—	189	189	—	189
达里诺尔煤田	—	185	185	—	—	—	—	—	—
当铺地煤产地	—	—	—	—	—	77	77	—	77
合计	51199	39283	25936	80988	174351	551790	923547	126138	1049685

表2-1-75 全区36个未开发的小型煤田保有资源量统计表 万吨

煤田名称	111b	121b	122b	331	332	333	合计	(334?)	总计
集宁煤田	—	4206	579	10496	17001	67166	99448	—	99448
伊和达布斯煤田	—	—	—	—	37317	59933	97250	—	97250
红格尔煤田	9503	—	5829	—	—	75080	90412	—	90412
鹤门煤产地	30360	11250	44411	86021	—	86021	—	—	—
准哈诺尔煤田	—	—	—	—	23997	49254	73251	11338	84589
莫拐煤田	—	14765	7075	2356	1822	52169	78187	—	78187
得尔布煤田	—	12501	29014	41515	19522	61037	—	—	—
供济堂煤产地	—	19736	3928	—	12350	24818	60832	—	60832
赛汗高毕煤产地	41332	—	5512	—	—	13887	60731	—	60731
巴彦温都尔煤田	—	383	393	8280	17030	24086	50172	—	50172
扎格斯台煤田	—	—	—	—	15878	11367	27245	—	27245
宝力格煤产地	—	—	—	15429	3605	5522	24556	—	24556
三角地煤产地	5199	7820	10962	23981	—	23981	—	—	—
乌套海煤田	—	—	—	2430	1591	9853	13874	7810	21684

表2-1-75（续） 万吨

煤田名称	111b	121b	122b	331	332	333	合计	(334?)	总计
新宝力格煤产地	—	20195	20195	—	—	—	—	—	—
流通壕煤产地	263	378	553	1194	18770	19964	—	—	—
亿合公煤产地	—	—	—	—	—	9316	9316	—	9316
浑善达克煤田	—	15739	15739	—	—	—	—	—	—
乌拉盖煤田	—	14165	14165	—	—	—	—	—	—
固阳煤产地	—	—	—	1486	1258	7583	10327	1514	11841
好鲁库煤产地	—	—	—	—	5539	4749	10288	1606	11894
白音昆地煤产地	—	—	—	—	—	10640	10640	—	10640
阿其图煤产地	—	—	—	—	—	10255	10255	—	10255
即日嘎郎煤产地	—	3655	5859	9514	—	9514	—	—	—
新民村煤产地	—	9029	9029	—	—	—	—	—	—
北山煤田	—	—	—	2220	682	5249	8151	599	8750
宝力根套海煤产地	2469	514	5468	8451	—	8451	—	—	—
红旗牧场煤田	—	5249	5249	—	—	—	—	—	—
昂根煤产地	—	32	1086	—	—	89	1207	—	1207
公营子煤产地	—	—	—	—	—	2006	2006	—	2006
苏勒图煤产地	—	—	—	—	60	1338	1398	397	1795
永丰煤产地	—	—	31	—	—	187	218	20	238
广兴源煤产地	—	—	—	—	—	15	15	—	15
五七军马场煤产地	—	—	—	—	—	189	189	—	189
达里诺尔煤田	—	185	185	—	—	—	—	—	—
当铺地煤产地									
合计	50835	39122	24433	80988	174248	541018	910644	126138	1036782

表2-1-76 全区13个无勘查工程控制的预测煤田特征统计表

煤田名称	所在含煤盆地群	主要含煤地层	最大垂深（米）	面积（平方千米）	预测资源量（万吨）
明图庙煤田	二连	K_1d	1000	1148	1331984
青格勒布拉格煤田	二连	K_1d	600	559	844104
格日勒敖都煤田	二连	J_1h	200	113	739786
乌兰尚丹煤田	二连	K_1d	600	425	640392
额尔登苏格煤田	二连	K_1d	600	279	119693
都仁乌力吉煤田	二连	K_1d	600	323	109838
甘珠尔庙煤田	海拉尔	K_{1ym}	600	260	67387
赫尔洪得煤田	海拉尔	K_1d	1075	201	35898
巨流河煤产地	大兴安岭	K_1f	500	52	14622

表 2-1-76（续）

煤田名称	所在含煤盆地群	主要含煤地层	最大垂深（米）	面积（平方千米）	预测资源量（万吨）
宝日勿苏煤田	大兴安岭	J_{2x}	200	352	13693
完工煤田	海拉尔	K_{1d}	440	142	13289
福山煤田	大兴安岭	J_{2x}	250	107	7953
北沙拉煤产地	大兴安岭	J_{2x}	600	16	1096
合　　计			7265	3977	3939735

第五节　煤炭资源的区位分布

内蒙古全区 12 个盟市均有煤炭资源分布，但分布范围存在较大的不均衡性。全区赋煤面积最大、煤炭资源量最多的是鄂尔多斯市，赋煤面积最小的是兴安盟，煤炭资源量最少的是呼和浩特市。含煤盆地数量最多的是锡林郭勒盟，煤炭资源勘查、开发程度最高的是鄂尔多斯市和呼伦贝尔市。截至 2015 年 12 月 31 日，全区各盟市境内煤炭资源分布及主要勘查成果汇总如下。

一、阿拉善盟

阿拉善盟位于自治区最西部，区域面积 267574 平方千米，所辖的 3 个旗境内均有煤炭资源赋存，但主要集中在阿拉善左旗的东部、南部。境内有潮水煤田、黑山煤田、贺兰山（西麓）煤田、喇嘛敖包煤田、北山煤田、希热哈达煤田及乌达煤田西南部的察赫勒井田、邦特勒井田和巴彦山丹矿区，共涉及 9 个煤田、矿区或煤产地，累计含煤面积 5359 平方千米（占盟域面积的 2.00%），累计煤炭资源量 930509 万吨（占自治区煤炭资源量的 0.37%），其中 82 件勘查报告提交煤炭资源量 755161 万吨［包括查明资源量 458896 万吨，（334?）资源量 296265 万吨］、6 个煤炭预测区累计预测煤炭资源量 175348 万吨（预测区累计面积 354 平方千米）。

煤质以中、高变质阶段的煤为主，煤类较为齐全，在提交煤炭资源量中有长焰煤 126327 万吨、不黏煤 7791 万吨、弱黏煤 37561 万吨、1/2 中黏煤 29053 万吨、气煤 3783 万吨、肥煤 68422 万吨、焦煤 70316 万吨、瘦煤 23062 万吨、贫瘦煤 1495 万吨、贫煤 236663 万吨、无烟煤 150688 万吨。全盟保有资源量 437510 万吨，（334?）资源量 296265 万吨。

二、乌海市

乌海市所辖的 3 个区境内均有煤炭资源赋存，但主要集中在海勃湾区的南部和海南区。乌海市境内的桌子山煤田和乌达煤田，累计含煤面积 455 平方千米（占市域面积的 25.94%），累计煤炭资源量 400266 万吨（占自治区煤炭资源量的 0.16%），其中 59 件勘查报告提交煤炭资源量 400266 万吨［包括查明资源量 392746 万吨，（334?）资源量 7520 万吨］，无煤炭预测区。

煤质以中变质阶段的煤为主，煤类主要为焦煤和肥煤，在提交煤炭资源量中有 1/2 中黏煤 794 万吨、气煤 29360 万吨、肥煤 146948 万吨、1/3 焦煤 62033 万吨、焦煤 161131 万吨。全市保有资源量 300517 万吨，（334?）资源量 7520 万吨。

三、巴彦淖尔市

巴彦淖尔市所辖的4旗、2县、1区境内只有乌拉特前旗、乌拉特中旗有煤炭资源赋存，煤炭资源主要集中在乌拉特中旗东部的白彦花煤田，其次为巴音胡都格煤产地、营盘湾煤产地、昂根煤产地区，累计含煤面积436平方千米（占市域面积的0.66%），累计煤炭资源量332811万吨（占自治区煤炭资源量的0.13%），其中18件勘查报告提交煤炭资源量316017万吨［包括查明资源量239149万吨，（334?）资源量76868万吨］、1个煤炭预测区共计预测煤炭资源量16794万吨（预测区面积31平方千米）。

煤质以低、中变质阶段的煤为主，煤类主要为褐煤和不黏煤，在提交煤炭资源量中有褐煤307639万吨、长焰煤1016万吨、不黏煤4692万吨、弱黏煤1860万吨、气煤621万吨、肥煤102万吨、无烟煤86万吨。全市保有资源量236666万吨，（334?）资源量76868万吨。

四、鄂尔多斯市

鄂尔多斯市所辖的7旗、2区境内均有煤炭资源赋存。鄂尔多斯市境内的准格尔煤田、东胜煤田及桌子山煤田的东部、东南部区域，最大含煤面积71657平方千米（占市域面积的82.63%），累计煤炭资源量199851492万吨（占自治区煤炭资源量的79.71%），其中481件勘查报告提交煤炭资源量71767415万吨［包括查明资源量27491399万吨，（334?）资源量44276016万吨］、4个煤炭预测区共计预测煤炭资源量128084077万吨（预测区累计面积88030平方千米）。煤质以中变质阶段的烟煤为主，主要煤类为长焰煤、不黏煤、弱黏煤和气煤。在提交的煤炭资源量中，有长焰煤6997745万吨、不黏煤63214049万吨、弱黏煤297794万吨、1/2中黏煤495万吨、气煤929247万吨、肥煤15738万吨、1/3焦煤167558万吨、焦煤144792万吨。全市保有资源量26922050万吨，（334?）资源量44276016万吨。

鄂尔多斯市境内有上、下两套含煤地层，上部为侏罗纪含煤地层、下部为石炭—二叠纪含煤地层，均为自治区境内的重要煤炭资源赋存区，其中：

（1）侏罗纪赋煤区：即广义的东胜煤田，包括东胜煤田国家规划矿区、东胜煤田国家规划矿区深部勘查区、桌子山东麓侏罗纪含煤区、上海庙侏罗纪含煤区及东胜煤田深部煤炭资源预测区5个部分。累计含煤面积64261平方千米（占市域面积的74.10%），累计煤炭资源量97028588万吨（占自治区煤炭资源量的38.70%），其中338件勘查报告提交煤炭资源量60016511万吨［包括查明资源量22011513万吨，（334?）资源量38004998万吨］、2个煤炭预测区共计预测煤炭资源量37012077万吨（预测区面积24030平方千米）。煤质以中变质阶段的烟煤为主，煤类主要为不黏煤、长焰煤，在提交煤炭资源量中有不黏煤59273013万吨、长焰煤451698万吨、弱黏煤290715万吨、1/3焦煤16万吨（桌子山东麓矿区的同一井田内的石炭—二叠纪资源量，上资源储量表时未单独分出）、焦煤1071万吨（桌子山东麓矿区的同一井田内的石炭—二叠纪资源量，上资源储量表时未单独分出）。全市保有资源量21594602万吨，（334?）资源量38004998万吨。

（2）石炭—二叠纪赋煤区：包括桌子山煤田棋盘井石炭—二叠纪矿区、桌子山煤田上海庙石炭—二叠纪矿区、准格尔煤田国家规划矿区、准格尔煤田深部勘查区、准格尔煤田深部预测Ⅰ区、准格尔煤田深部预测Ⅱ区6个部分，累计含煤面积71657平方千米（占市域面积的82.63%），累计煤炭资源量102822904万吨（占自治区煤炭资源量的41.01%），其中143件勘查报告提交煤炭资源量11750904万吨［包括查明资源量5479886万吨，（334?）资源量6271018万吨］、2个煤炭预测区共计有预测煤炭资源量91072000万吨（预测区面积64000平方千米）。煤质以中变质阶段的烟煤为主，煤类主要为长焰煤和不黏煤，在提交煤炭资源量中有长焰煤6546047万吨、不黏煤3941036万吨、弱黏煤7079万吨、1/2中黏煤495万吨、气煤929247万吨、肥煤15738万吨、1/3焦煤167542万吨、焦煤143721万吨。全市保有资源量5327448万吨，（334?）资源量6271018万吨。

五、包头市

包头市所辖的6区、2旗、1县境内只有石拐区、土默特右旗、固阳县、达茂旗有煤炭资源赋存，主要集中在达茂旗白彦花煤田东部区域、达茂旗沙尔花煤田西部区域、大青山煤田、固阳煤产地和新民村煤产地，共涉及5个煤田（或煤产地），累计含煤面积1033平方千米（占市域面积的3.72%），累计煤炭资源量784287万吨（占自治区煤炭资源量的0.31%），其中46件勘查报告提交煤炭资源量784287万吨［包括查明资源量753819万吨，（334?）资源量30468万吨］，无煤炭预测区。

煤质以低、中变质阶段的褐煤、烟煤为主，煤类较齐全。在提交煤炭资源量中有褐煤700112万吨、长焰煤813万吨、不黏煤15078万吨、弱黏煤9605万吨、气煤5010万吨、肥煤8817万吨、焦煤31554万吨、瘦煤10796万吨、贫煤2504万吨。全市保有资源量727053万吨，（334?）资源量30372万吨。

六、呼和浩特市

呼和浩特市所辖的4区、1旗、4县境内只有清水河县、土默特左旗、武川县有煤炭资源赋存，煤炭资源主要集中在清水河县西部的清水河煤田、武川县中部的流通壕煤产地和大青山煤田的东端。累计含煤面积174平方千米（占市域面积的1.01%），累计煤炭资源量54364万吨（占自治区煤炭资源量的0.02%），其中13件勘查报告提交煤炭资源量54364万吨［包括查明资源量19176万吨，（334?）资源量35188万吨］，无煤炭预测区。

煤质以低、中变质阶段的褐煤、烟煤为主，有极少量高变质阶段的无烟煤。煤类主要为褐煤和长焰煤，其中褐煤20057万吨、长焰煤19893万吨、焦煤11664万吨、无烟煤2750万吨。全市保有资源量14126万吨，（334?）资源量35188万吨。另外，在呼和浩特市城区内由"自治区基金项目"施工的2口地热井，在垂深1800米左右均见到白垩系可采煤层，其赋煤范围不清，未计算煤炭资源量。

七、乌兰察布市

乌兰察布市所辖的1个县级市、1区、4旗、5县境内只有集宁区、四子王旗、察哈尔右翼中旗、察哈尔右翼前旗、兴和县和卓资县有煤炭资源赋存，煤炭资源主要集中在集宁区、察哈尔右翼前旗和兴和县的集宁煤田，四子王旗的沙尔花煤田的东部区域、赛汉塔拉煤田的南部区域和供济堂煤产地、苏勒图煤产地。境内涉及的5个煤田（或煤产地）累计含煤面积1145平方千米（占市域面积的2.10%），累计有煤炭资源量517117万吨（占自治区煤炭资源量的0.21%），其中33件勘查报告提交煤炭资源量 392882 万吨［包括查明资源量 381214 万吨，(334?) 资源量 11668 万吨］、2 个预测区共预测资源量 124235 万吨（预测区面积 284 平方千米）。

煤质以低变质阶段的褐煤为主，煤类主要为褐煤、有少量焦煤和无烟煤，在提交煤炭资源量中有褐煤 391087 万吨、焦煤 1398 万吨、无烟煤 397 万吨。全市保有资源量 381191 万吨，(334?) 资源量 11668 万吨。乌兰察布市境内目前虽然没有生产煤矿，但全国最大的"煤炭地下气化、液化试验项目"正在集宁煤田的玫瑰营矿区进行中，前景可观。

八、锡林郭勒盟

锡林郭勒盟所辖的 2 个县级市、9 旗、1 县境内，除了二连浩特市、太仆寺旗和正镶白旗没有煤炭资源赋存外，其他地区均有煤炭资源赋存，煤炭资源主要集中在东乌珠穆沁旗、西乌珠穆沁旗、阿巴嘎旗和锡林浩特市。锡林郭勒盟境内有胜利煤田、乌套海煤田、锡林浩特煤产地、巴彦宝力格煤田、巴彦温都尔煤田、马尼特庙煤田、达来煤田、白音乌拉煤田、贺斯格乌拉煤田、查干陶勒盖煤田、乌尼特煤田、额合宝力格煤田、高力罕煤田、准哈诺尔煤田、道特诺尔煤田、巴彦呼硕煤田、西乌旗煤田、白音花煤田、五间房煤田、五七军马场煤产地、白音霍布尔煤田、宝力格煤产地、伊和达布斯煤田、巴其北煤田、吉林郭勒煤田、查干诺尔煤田、红格尔煤田、阿其图煤产地、赛汗高毕煤产地、扎格斯台煤田、西大仓煤产地、黑城子煤产地、石匠山煤产地、即日嘎郎煤产地、那仁宝力格煤田、宝力根套海煤产地、浑善达克煤田、乌拉盖煤田、明图庙煤田、额尔登苏格煤田、格日勒敖都煤田、都仁乌力吉煤田、青格勒布拉格煤田、乌兰尚丹煤田、霍林河煤田的东南部区域和赛汉塔拉煤田的北部区域，共涉及 46 个煤田（或煤产地），累计含煤面积 22399 平方千米（占盟域面积的 11.06%）。

图 2-1-8　胜利煤田一号露天矿区钻探施工现场

累计煤炭资源量 22501021 万吨（占自治区煤炭资源量的 8.97%），其中 260 件勘查报告提交煤炭资源量 14419877 万吨［包括查明资源量 12638377 万吨，(334?) 资源量 1781500 万吨］、19 个煤炭预测区共计预测煤炭资源量 8081144 万吨（预测区面积6065平方千米）。

煤质以低变质阶段的褐煤为主，煤类主要为褐煤、长焰煤和气煤，在提交煤炭资源量中有褐煤11194120万吨、长焰煤2929159万吨、不黏煤8211万吨、弱黏煤158万吨、气煤285618万吨、贫煤2611万吨。全盟保有资源量12570867万吨，（334?）资源量1781500万吨。

九、赤峰市

赤峰市所辖的7旗、2县、3区境内除了林西县没有煤炭资源赋存外，其他地区均有煤炭资源赋存。煤炭资源主要集中在元宝山区的元宝山煤田、平庄煤田和阿鲁科尔沁旗的绍根煤田，其次有温都花煤产地、塔布花煤产地、榆树林子煤产地、沙力好来煤产地、广兴源煤产地、亿合公煤产地、当铺地煤产地、永丰煤产地、四龙煤产地、白音昆地煤产地、好鲁库煤产地、达里诺尔煤田、宝日勿苏煤田、福山煤田、北沙拉煤产地等18个煤田（或煤产地），累计含煤面积2050平方千米（占市域面积的2.27%），累计煤炭资源量326421万吨（占自治区煤炭资源量的0.13%）。113件勘查报告提交煤炭资源量302401万吨［包括查明资源量300590万吨，（334?）资源量1811万吨］、4个煤炭预测区共计预测煤炭资源量24020万吨（预测区面积493平方千米）。

煤质主要为低变质阶段的煤，煤类主要为褐煤和长焰煤，在提交煤炭资源量中有褐煤284452万吨、长焰煤17100万吨、焦煤22万吨、贫瘦煤428万吨、无烟煤399万吨。全市保有资源量217790万吨，（334?）资源量1811万吨。

十、通辽市

通辽市所辖的1个县级市、5旗、1县、1区境内只有霍林郭勒市、扎鲁特旗、科尔沁左翼中旗、科尔沁左翼后旗和开鲁县有煤炭资源赋存，煤炭资源主要集中在霍林郭勒市的霍林河煤田的主体部分，其他的有黄花山、联合屯、公营子、宝龙山、双辽和巨流河煤产地，共涉及7个煤产地（或煤田），累计含煤面积746平方千米（占市域面积的1.25%），累计煤炭资源量1116382万吨（占自治区煤炭资源量的0.45%）。全市38件勘查报告提交煤炭资源量1098378万吨［包括查明资源量928746万吨，（334?）资源量169632万吨］、2个煤炭预测区共计预测煤炭资源量18004万吨（预测区面积62平方千米）。

煤质以低变质阶段的煤为主，煤类主要为褐煤和长焰煤，在提交煤炭资源量中有褐煤985204万吨、长焰煤103176万吨、贫煤713万吨、无烟煤9285万吨。全市保有资源量868179万吨，（334?）资源量169632万吨。

十一、兴安盟

兴安盟所辖的2个县级市、3旗、1县境内只有科尔沁右翼中旗和突泉县有极少量煤炭资源赋存，煤炭资源只有科尔沁右翼中旗的霍林河煤田东北部和突泉县的牤牛海煤田两处，为自治区境内唯一的缺煤地区。全盟累计含煤面积107平方千米（占盟域面积的0.18%），累计煤炭资源量7521万吨（占自治区煤炭资源量的0.003%）。12件勘查报告提交煤炭资源量7521万吨［包括查明资源量7479万吨，（334?）资源量42万吨］，无煤炭预测区。

煤质以中变质阶段的煤为主，煤类主要为气煤、不黏煤和贫煤，在提交煤炭资源量中有褐煤345万吨、长焰煤499万吨、不黏煤713万吨、气煤5054万吨、焦煤254万吨和贫煤656万吨。全盟保有资源量 4726 万吨，（334?）资源量 42 万吨。

十二、呼伦贝尔市

呼伦贝尔市所辖的 5 市、4 旗、3 自治旗、1 区境内除了扎兰屯市、根河市和阿荣旗没有煤炭资源赋存外，其他地区不同程度地均有煤炭资源赋存，煤炭资源主要集中在呼伦贝尔市的中西部区域。境内有扎赉诺尔煤田、宝日希勒煤田、伊敏煤田、大雁煤田、莫拐煤田、五九煤田、红花尔基煤田、呼和诺尔煤田、开放山煤田、拉布达林煤田、得尔布煤田、特兰图煤田、呼列也吐煤田、三角地煤产地、西胡里吐煤田、鹤门煤产地、红旗牧场煤田、南屯—马达木吉煤田、乌尔逊煤田、莫达木吉煤田、免渡河煤产地、新宝力格煤产地、乌固诺尔煤田、大杨树煤田、完工煤田、赫尔洪得煤田、甘珠尔庙煤田等，共涉及 27 个煤田（或煤产地），累计含煤面积 22287 平方千米（占市域面积的 8.44%），累计煤炭资源量 23889575 万吨（占自治区煤炭资源量的 9.53%）。208 件勘查报告提交煤炭资源量 20121824 万吨［包括查明资源量 14234258 万吨，（334?）资源量 5887566 万吨］、10 个煤炭预测区共计预测煤炭资源量 3767751 万吨（预测区面积 4091 平方千米）。

煤质以低变质阶段的煤为主，煤类主要为褐煤和长焰煤，在提交煤炭资源量中有褐煤 18530625 万吨、长焰煤 1551734 万吨、不黏煤 2499 万吨、弱黏煤 2999 万吨、1/2 中黏煤 597 万吨、气煤 14791 万吨、1/3 焦煤 9210 万吨、焦煤 5779 万吨、瘦煤 252 万吨、贫瘦煤 616 万吨、贫煤 2719 万吨。全市保有资源量 14066651 万吨，（334?）资源量 5887566 万吨。

第二章 煤田勘查

第一节 机构与队伍

一、勘查机构

1991 年 1 月—1992 年 3 月，内蒙古自治区煤田地质勘探公司（1992 年 3 月以后为内蒙古自治区煤田地质局）先后由内蒙古自治区煤炭工业厅和中国煤田地质总局双重管理（以中国煤田地质总局管理为主），即生产任务、年度计划、资金拨付、财务预决算、设备更新等涉及生产的事务由中国煤炭地质总局管理，人员编制、机构设置、干部任免、工资调整、党的关系等由内蒙古自治区煤炭工业厅管理。内蒙古自治区煤炭工业厅是内蒙古自治区煤田地质局的主管部门。自治区煤田勘查管理机构是内蒙古自治区煤田地质勘探公司。

1990—1992 年内蒙古自治区煤田地质勘探公司领导任职情况

经 理：何秀麒（1990 年 12 月—1992 年 11 月）。

副经理：吴子武（1983 年 10 月—1992 年 11 月）、张孝谦（1983 年 10 月—1992 年 11 月）。

总工程师：范永易（1983 年 10 月—1992 年 11 月）。

副总工程师： 马连杰（1990年12月—1992年11月）。

1992年3月4日，内蒙古自治区煤田地质勘探公司更名为内蒙古自治区煤田地质局。1994年5月16日，自治区煤田地质局核定为副厅级事业单位，核定副厅级职数2名。1996年3月18日，内蒙古自治区煤炭工业局批复成立内蒙古自治区煤田地质工程总公司。这期间，内蒙古自治区煤田地质局下设117勘探队、151勘探队、153勘探队、231勘探队、勘测队、科研所共6个处级二级单位。1998年8月24日，全国煤炭工业管理体制改革，内蒙古自治区煤田地质局正式划入内蒙古自治区，实行属地化管理，隶属于内蒙古自治区煤炭工业局。

1999年5月26日，自治区编制委员会下文，同意原隶属于东北煤田地质局的第六勘探公司、第九勘探公司、第十四勘探公司、东北煤田地质勘探技术学校划归内蒙古自治区管理，隶属于内蒙古自治区煤田地质局，并分别更名为内蒙古自治区煤田地质局472勘探队、109勘探队、104勘探队、内蒙古自治区煤炭工业技术学校。2001年11月20日，经内蒙古自治区工商行政管理局审批，内蒙古自治区煤田地质工程总公司更名为内蒙古煤炭建设工程（集团）总公司。2005年，内蒙古自治区煤田地质局划归自治区国土资源厅管理。

1992—2006年内蒙古自治区煤田地质局领导任职情况

局　　长： 王树平（1992年11月—1997年6月）、王振林（1997年6月—2006年4月）。

副局长： 吴子武（1992年11月—1999年1月）、范永易（1992年11月—1996年1月）、莫若平（1996年1月—2006年4月）、王春彦（1996年1月—1999年1月）、邵显珉（1999年1月—）、刘学明（1999年1月—2011年5月）。

总工程师： 翟景峰（1992年11月—1999年1月）、武文（1999年1月—2012年7月）。

2006年5月8日，自治区人民政府批准成立内蒙古煤炭地质勘查（集团）有限责任公司，是由自治区国土资源厅履行出资人职责的国有独资公司。同年7月28日，自治区政府、自治区国土资源厅为内蒙古煤炭地质勘查（集团）有限责任公司成立举行挂牌仪式。到2015年12月31日，机构未变更，管理机构为内蒙古自治区煤田地质局、内蒙古煤炭地质勘查（集团）有限责任公司，一个机构，事、企两块牌子。

2006—2015年内蒙古煤炭地质勘查（集团）有限责任公司领导任职情况

总经理： 莫若平（2006年4月—）。

副总经理： 邵显珉（2006年4月—）、顾振吉（2006年4月—2015年11月）、刘学明（2006年4月—2011年5月）、郎自生（2006年4月—2009年4月）、郝胜发（2011年11月—2014年4月）、杜刚（2011年11月—）。

总工程师： 武文（2006年4月—2012年7月）。

二、勘查队伍

内蒙古自治区煤田地质局、内蒙古煤炭地质勘查（集团）有限责任公司下属19个单位，分布在全区6个盟市。驻呼和浩特市的单位有：局（集团公司）机关、153勘探队、勘测队、科研所、地质调查院、油气勘查开发总公司、公路工程公司、环境研究评价院、矿业开发公司、监理公司、劳动服务公司、生活服务中心、华辰大酒店；驻包头市的单位有：151勘探队；驻鄂尔多斯市的单位有：117勘探队；驻呼伦贝尔市的单位有：109勘探队、231勘探队；驻通辽市的单位有：472勘探队、内蒙古自治区煤炭工业技术学校；驻赤峰市的单位有：104勘探队。

在自治区范围内进行煤田地质勘查工作的勘查单位主要有内蒙古自治区煤田地质局所属的117勘探队、151勘探队、153勘探队、109勘探队、472勘探队、104勘探队、231勘探队、勘测队、煤炭地质调查院等。

1991年自治区煤田地质勘探公司有职工3266人，在职职工2790人，有技术职称人员502人。1995年有职工3341人，在职职工2244人，有技术职称人员448人。2000年有职工7215人，在职职工4307人，有技术职称人员919人。2005年有职工6567人，在职职工3569人，有技术职称人员771人。2010年有职工6693人，在职职工3414人，有技术职称人员684人。2015年有职工5898人，在职职工2232人，有技术职称人员935人。

此外，还有内蒙古自治区地质矿产勘查开发局所属勘查队伍、内蒙古自治区有色地质勘查局所属勘查队伍、内蒙古自治区地质调查院等；还有中国煤炭地质总局所属勘查队伍（第一勘探局、特种技术勘探中心、地质勘查总院等）、黑龙江煤田地质局所属勘查队伍、吉林省煤田地质局所属勘查队伍、东北煤田地质局所属勘查队伍、河北省煤田地质局所属勘查队伍、山西省煤田地质局所属勘查队伍、山东省煤田地质局所属勘查队伍、陕西省煤田地质局所属勘查队伍、宁夏煤田地质局所属勘查队伍、甘肃煤田地质局所属勘查队伍、安徽煤田地质局所属勘查队伍、中国建筑材料工业地质勘查中心所属勘查队伍（内蒙古总队、山西总队等）、中国地质调查局西安地质调查中心、山东省地质矿产勘查局所属勘查队伍、天津华北地质勘查总院、宁夏地质矿产勘查局所属勘查队伍、陕西省核工业地质调查院、宁夏核工业地质勘查院等外省区各行业的地质勘查队伍。

第二节 勘查工作

一、地质调查（地质填图、检测、调查）

（一）装备

第八至十二个五年计划期间（1991—2015年），煤田地质局分别有各类仪器设备为：10台（套）、13台（套）、27台（套）、37台（套）和49台（套）。

（二）工作量

1991—1995年，测绘与地质填图：完成1∶5000地质填图305平方千米，完成1∶10000地质填图1316平方千米，完成1∶25000地质填图520平方千米，完成1∶50000地质填图665平方千米。1∶25000水工环填图410平方千米。完成1∶25000地形测量540平方千米，控制测量完成5秒小三角点6个（1954年北京坐标系）、国家Ⅱ、Ⅲ级控制点12个，四等水准点43个（1954年北京坐标系），工程测量502个，布置观测线30条，观测点数375个。

1996—2000年，测绘与地质填图：完成1∶5000地质填图113.4平方千米，完成1∶50000地质填图1440.3平方千米。

2001—2005年，测绘与地质填图：完成1∶5000地质填图1045.17平方千米，完成1∶10000地质填图2122.16平方千米，完成1∶50000地质填图1115平方千米，完成1∶100000地质填图8260平方千米。完成1∶5000水工环填图498.9平方千米，完成1∶10000水工环填图436.68平方千米，完成1∶25000水工环填图288平方千米，完成1∶50000水工环填图40平方千米。完成1∶10000地形测量268.8平方千米，控制测量GPS点22个（E级、北京54坐标系），工程测量559个点。

2006—2010年，测绘与地质填图：完成1∶2000地质填图62.85平方千米，完成1∶5000地质填图5480.82平方千米，完成1∶10000地质填图4166.32平方千米，完成1∶25000地质填图1071.7平方千米，完成1∶50000地质填图8146.14平方千米，完成1∶100000地质填图297.96平方千米。完成1∶2000水工环填图62.85平方千米，完成1∶5000水工环填图1215.91平方千米，完成1∶10000水工环填图1439.33平方千米，完成1∶25000万水工环填图130平方千米，完成1∶50000水工环填图6376.33平方千米。完成1∶2000地形测量77.85平方千米，完成1∶5000地形测量17平方千米，完成1∶10000地形测量393.6平方千米，完成1∶50000地形测量229.9平方千米；完成控制测量GPS点35个（E级、1980年西安坐标系），GPS点21个（E级、1954年北京坐标系），工程测量575个点；完成路线调查3985.65千米。

2011—2015年，测绘与地质填图：完成1∶2000地质填图565.54平方千米，完成1∶5000地质填图606.23平方千米，完成1∶10000地质填图1426.38平方千米，完成1∶25000地质填图366.28平方千米，完成1∶50000地质填图994.29平方千米。完成1∶5000水工环填图673.27平方千米，完成1∶10000水工环填图2377.34平方千米，完成1∶25000水工环填图1139平方千米，完成1∶50000水工环填图1798.6平方千米。完成1∶10000地形测量206平方千米，完成1∶50000地形测量136.90平方千米；完成控制测量GPS点21个（E级、1980西安坐标系），工程测量201个点。

二、物探勘查

（一）重力、磁法勘查

第八至十二个五年计划期间（1991—2015年），煤田地质局分别有质子磁力仪1台（套）、2台（套）、2台（套）、8台（套）和11台（套）。

1991—1995年，内蒙古自治区煤田地质局共完成磁法勘查项目3个，提交磁法勘查（试验）总结3件。共完成实测物理点3704个，重复检查点135个，基点观测25个，布设测线236条，测线总长130.3千米，网度分别为100米×10米、1000米×100米、500米×50米，控制面积60平方千米，施工验证钻孔10个。

1996—2000年，内蒙古自治区煤田地质局完成磁法勘查项目4个，提交磁法勘查总结报告4件。共完成实测物理点4127个，重复检查点218个，基点观测13个，布设测线220条，测线总长56.9千米，网度50米×10米、500米×50米，控制面积205平方千米，施工验证钻孔6个。

2006—2010年，内蒙古自治区煤田地质局完成磁法勘查项目14个，提交磁法勘查总结报告17件。共完成实测物理点58538个，重复检查点15176个，基点观测58个，布设测线839条，测线总长635.68千米，网度50米×10米、100米×20米、50米×10米，控制面积80平方千米，施工验证钻孔56个。

2011—2015年，内蒙古自治区煤田地质局完成磁法勘查项目26个，提交磁法勘查总结报告26件。完成实测物理点68917个，重复检查点2714个，基点观测79个，布设测线975条，测线总长779.56千米，网度50米×10米，控制面积66.27平方千米，施工验证钻孔72个；

完成磁法测量54.25平方千米，无正式成果资料。

（二）电法勘查

第八至十二个五年计划期间（1991—2015年），煤田地质局分别有各类电法勘查仪器13台（套）、12台（套）、6台（套）、44台（套）和71台（套）。151勘探队电法分队因地勘市场的变化本时期内终止了电法勘探工作。

1991—1995年，内蒙古自治区煤田地质局完成电法勘查项目10个，提交电法勘查报告10件，共完成物理点2498个。

1996—2000年，内蒙古自治区煤田地质局完成电法勘查项目5个，提交电法勘查报告5件，共完成物理点4776个。

2001—2005年，内蒙古自治区煤田地质局完成电法勘查项目7个，提交电法勘查报告7件，共完成物理点187个。

2006—2010年，内蒙古自治区煤田地质局完成电法勘查项目21个，提交电法勘查报告21件，共完成20.6平方千米中梯扫面工作，完成物理点57381个，重复检查点12690个，布设测线637条。

2011—2015年，内蒙古自治区煤田地质局完成电法勘查项目45个，提交电法勘查总结报告45件，完成物理点106040个，测线总长742.1千米，控制面积232.09平方千米，施工验证钻孔68个；另完成激电中梯测量6.83平方千米，激电测深59个点，瞬变电磁勘查项目1个。

（三）地震勘查

内蒙古自治区煤田地质局勘测队物探公司成立于2009年，是自治区唯一一家能独立承担二维、三维地震勘查，实行"设计—采集—处理—解释—提交报告"一体化服务的单位。其业务范围：二维、三维地震勘探，水文地震勘探，石油、天然气、页岩气、煤层气地震勘探，地热物探，工程物探等。

2009年，公司有技术人员5名，管理及其他人员5名；2010年，有技术人员9名，管理及其他人员6名；2015年，有技术人员17名，管理及其他人员12名。

2006—2010年，公司拥有设备：法国Sercel公司最新研发的428数字地震仪2套、LAUX交叉站26个、LAUL电源站25个、检波器2000串、数据传输光缆1根1000米；Sercel公司e428地震数据采集软件2套（Linux平台）、采集站1602道；南方动态GPS19台；中海达动态GPS19台；托普康南方动态GPS4台；中海达静态GPS14台；GPS定位仪5台；国产YB-7841最新最轻便的无线遥爆编码器、译码器5台；好易通对讲机100部、电台6部；YAMAHA发电机2台及其他辅助设备等；SunBlade2000工作站2台,处理软件2套；HPWS8600工作站2台,解释软件4套；资料处理解释辅助设备：服务器1台、台式计算机20台、彩色绘图仪2台、数字化仪1台、扫描仪1台、移动存储设备（存储容量为380G428XLNAS）4台；施工车辆9辆。上述先进设备具备完成大型二维、三维地震勘探所需的硬件设备要求。

2011—2015年增加设备：HPWS8600工作站2台、CGG和Promax资料处理软件2套、资料解释软件2套、Jason和HRS反演软件各两套、检波器2000串、台式计算机20台。增加设备后，科技含量和技术水平进一步提高。

物探公司成立之初仅掌握地震采集技术，资料处理和解释完全依靠外协。2010年成功掌握地震资料常规解释技术，并能独立编制专业地震报告。2015年掌握地震反演、属性分析、煤层分叉合并的解释等先进地震核心技术，同时能独立完成油气地震勘探的资料采集、资料解释并独立编制常规油气和页岩气等非常规油气地震专业报告。

2008—2015年，公司共完成地震勘探项目31个，其中，完成中央地质勘查基金二维地震勘探项目1个，物理点合计24500个，测线长480千米；完成内蒙古自治区地质勘查基金二维地震勘探项目13个，物理点合计60105个，测线长1227.15千米，控制面积3104.72平方千米；完成内蒙古自治区地质勘查基金三维地震勘探项目2个，物理点合计24123个，测线长2986.18千米，控制面积41.66平方千米；完成企业二维地震勘探项目7个，物理点合计33658个，测线长866.65千米，控制面积1901.72平方千米；完成企业三维地震勘探项目7个，物理点合计52980个，测线长6402.22千米，控制面积89.43平方千米。完成页岩气地震勘探项目1个，物理点7838个，测线长度312千米。

（四）物理测井

第八至十二个五年计划期间（1991—2015年），煤田地质局分别有各类测井仪器设备39台（套）、31台（套）、23台（套）、55台（套）和62台（套）。

117勘探队测井分队1991—1995年由模拟测井向数字测井过渡，开始出现模数转换器，即将模拟信号转换为数字信息，进行数字化处理，逐步提高了信息处理的速度和精度。1993年引进了第一台TXSL-3Q型数字测井仪，煤田测井进入了数字化时代。1996—2000年，煤田测井技术工艺维持在1991—1995年水平。2001—2005年，煤田测井采用新型的PSJ-1型数字测井系统和PSJ-2型数字测井系统用于煤田测井，主要进行地层岩性定性解释及煤层定量解释，常用四种参数为视电阻率、自然电位、自然伽马、人工伽马，还能测量声波时差、井径、井斜、井温及井液电阻率等。2006—2010年，煤田测井使用PSJ-1型数字测井系统和PSJ-2型数字测井系统进行煤田测井，主要进行地层岩性定性解释及煤层定量解释，常用四种参数为视电阻率、自然电位、自然伽马、人工伽马，还能测量声波时差、井径、井斜、井温及井液电阻率等。2011—2015年，煤田测井使用PSJ-1型数字测井系统和PSJ-2型数字测井系统进行煤田测井，主要进行地层岩性定性解释及煤层定量解释，常用四种参数为视电阻率、自然电位、自然伽马、人工伽马，还能测量声波时差、井径、井斜、井温及井液电阻率等。

151勘探队测井分队1991—1995年煤田测井淘汰了模拟测井技术，实现了测井技术数字化；测井资料利用电脑进行数字化解释，使测井成果的解释精度更高。只是因为仪器厂家没有开发出测井斜探管，只能继续使用模拟测斜仪JJX-3A，井斜成果只能人工记录。1996—2000年，煤田测井采用了TYSC-3Q型数字测井仪，相比TYSC-2Q型数字测井仪，TYSC-3Q型数字测井仪器大量采用了集成块技术，使仪器的使用和维修更加简便。其他测井技术没有更新。2001—2005年，煤田测井对TYSC-2Q型数字测井仪进行了技术升级，提高到了TYSC-3Q型数字测井仪器水平。其他测井技术没有更新。2006—2010年，测井分队煤田测井采用了PH-2型数字测井仪测斜和自然电位组合探管，使井斜测量数字化。2011—2015年，煤田测井采用了PH-3型数字测井仪，相对TYSC-3Q型数字测井仪，PH-3型数字测井仪器在仪器的小型化和各种测井参数的组合化得到了进一步发展，更贴近测井野

153 勘探队测井分队 1991—2000 年使用的仪器设备仍是 TYFZ-4 型模拟组合测井仪,从全国的测井发展情况看,这一工艺比较落后。内蒙古煤田地质局在 1996 年成立数字测井站(由 151 队代管),把 117 队、151 队、153 队部分测井技术人员和设备集中在一起完成全局的测井任务。因项目少,专业技术人员分散,测井基本上处于停滞不前的状态。2001—2005 年,购置了多套当时最先进的煤田测井数字仪器,因其组合化、轻便化、多功能化、稳定性好和测井信息采集完整资料处理简单等特点,为该队打开测井新局面、创造经济效益做出了一定的贡献。2006—2010 年继续沿用 2005 年的技术工艺。2011—2015 年测井分队在原有工艺技术的基础上,又增加了煤层气测井设备,这期间发挥了更大的作用。

109 勘探队测井分队,1991—1995 年,煤田测井引进了第一台数字车及全套数字测井仪(TYSC-3Q),在此期间主要是学习和实验过程,基本掌握该套数字测井仪的操作和应用。1996—2000 年,煤田测井在伊敏河东勘探中正式运用数字测井技术并与仪器生产厂家合作成功改进了一些应用中的问题。2001—2005 年,模拟仪器正式停止使用,数字测井采集软件在 2004 年更新,由 DOS 系统下 CDPT 更新到 Windows 系统下 CDPTS,进一步提高效率,使操作更简单容易。2006—2010 年,测井工艺及仪器设备相对稳定,只在测井仪器车上进行了改进,使仪器车更灵活更适应野外测井运行。2011—2015 年,煤田测井增加了测井解释软件 Clog-prov2.0 制图功能,使测井解释直接运用 CAD 功能连接制图,2015 年引进铀矿测井设备并引进 γ 测井五点式反褶积分层解释应用软件。

472 勘探队测井分队 1991—2000 年采用模拟测井技术,2001—2015 年采用数字测井技术。

104 勘探队测井分队 1991—2000 年采用模拟测井技术,2001—2015 年采用数字测井技术。

231 勘探队测井分队 1991—2000 年采用模拟信号和静电显影记录;2001—2015 年采用数字测井和电脑自动记录。

内蒙古自治区煤田地质局煤炭地质调查院测井公司 2001—2015 年煤田钻孔测井采用密度三侧向、声波时差、自然电位、测斜;煤田水文钻孔采用密度三侧向、声波时差、自然电位、测斜、井温井液电阻率。

1991—1995 年,全局共计施测钻孔 1360 个,实测米数 469489.69 米。1996—2000 年,全局共计施测钻孔 275 个,实测米数 115389.04 米。2001—2005 年,全局共计施测钻孔 3961 个,实测米数 1398541.74 米。2006—2010 年,全局共计施测钻孔 11461 个,实测米数 5889070.58 米。2011—2015 年,全局共计施测钻孔 4588 个,实测米数 2773640.43 米。

三、钻探

(一)装备

全系统各勘探队 1991—2015 年各类主要钻探设备如下。

1. 钻机

1991—1995 年,全局共有各种类型钻机 53 台/套。117 勘探队共有钻机 17 台/套,其中,岩芯钻机(TK-3)2 台/套、岩芯钻机(TXB-1000A)6 台/套、岩芯钻机(TK-4-600)5 台/套、车载水源钻机(GJC-40H)1 台/套、车载岩芯钻机(DPP-100)1 台/套、水源钻机(TSJ-1000)2 台/套。151 勘探队共有钻机 6 台/套，其中，TK-3 岩芯钻机 4 台/套、TXB-1000 钻机 2 台/套。153 勘探队共有钻机 13 台/套，其中，TXB-1000 钻机 2 台、TK-3 岩芯钻机 5 台、TK-4 岩芯钻机 6 台。109 勘探队共有钻机 2 台/套，其中，XY-1000A 型钻机 2 台。472 勘探队共有钻机 2 台/套，其中，XY-1 型工程钻机 1 台、TXB-1000 钻机 1 台。104 勘探队共有钻机 9 台/套，其中，CA15 钻机 1 台、TSJ-1000 钻机 1 台、TXB-1000 钻机 4 台、SPJ-300 钻机 1 台、吉尔钻机 1 台、TSJ-2000 钻机 1 台。231 勘探队共有钻机 4 台/套，其中，DPP-100 车载岩芯钻机 1 台、TXB-1000 岩芯钻机 3 台、SPJ-300 水源钻机 1 台。

图 2-2-1 117 勘探队桌子山煤田白云乌素煤矿水文地质勘探项目正在施工

1996—2000 年，全局共有各种类型钻机 41 台/套。117 勘探队共有钻机 11 台/套，其中，岩芯钻机 TK-3 型 2 台、岩芯钻机 TXB-1000A 型 2 台、车载水源钻机 GJC-40H 型 1 台/套、车载岩芯钻机 DPP-100 型 1 台、水源钻机 TSJ-1000 型 2 台、水源钻机 ZG-300（SPJ-300）型 1 台、水源钻机 TSJ-2000 型 1 台、水源钻机 SPJT-400 型 1 台。151 勘探队共有钻机 7 台/套，其中，TSJ-1000 水井钻机 1 台、TSJ-2000 水井钻机 1 台、TK-3 岩芯钻机 2 台/套、TXB-1000A 型钻机 2 台/套、大口径灌注桩 GPS-15S 型钻机 1 台。153 勘探队共有钻机 9 台/套，其中，工程钻机 GPS-15S 2 台、TK-3 岩芯钻机 2 台、水源钻机 5 台。109 勘探队共有钻机 2 台/套，其中，XY-1000A 型钻机 2 台。472 勘探队共有钻机 3 台/套，其中，ZKL-800 长螺旋钻机 1 台、XY-1 型工程钻机 1 台、TXB-1000 钻机 1 台。104 勘探队共有钻机 4 台/套，其中，TXB-1000 钻机 2 台、泰山-12 工程钻机 2 台。231 勘探队共有钻机 5 台/套，其中，DPP-100 车载岩芯钻机 1 台、TXB-1000 岩芯钻机 3 台、SPJ-300 水源钻机 1 台。

2001—2005 年，全局共有各种类型钻机 48 台/套。117 勘探队共有钻机 3 台/套，其中，水源钻机 TSJ-1000 型 2 台、水源钻机 TSJ-2000 型 1 台。151 勘探队共有钻机 5 台/套，其中，TSJ-1000 水井钻机 1 台、TSJ-2000 水井钻机 1 台、RG20 石油钻机 1 台、车载水源钻机 SPJ-600 型 1 台、车载水源钻机 SPC-300 型 1 台。153 勘探队共有钻机 7 台/套，其中，工程钻机 GPS-15S 1 台、磨盘钻机 150 型 1 台、水源钻机 TC-300 型 1 台、水源钻机 JPS-1000 型 1 台、水源钻机 SPJ-300 型 1 台、水源钻机 S-400 型 1 台、岩芯钻机 HXY-1500 型 1 台。109 勘探队共有钻机 4 台/套，其中，XY-1000A 型钻机 2 台、XY-44 型钻机 2 台。472 勘探队共有钻机 5 台/套，其中，SPT-450 拖车式水井钻机 1 台、DPP100-3E 钻机 1 台、DDP-3E 钻机 1 台、

XY-44 岩芯钻机 1 台、XY-1B-低速钻机 1 台。104 勘探队共有钻机 15 台/套，其中，SPT-300 水井钻机 2 台、GZ-2000 钻机 1 台、CJF-12 冲击钻机 1 台、TXB-1000 钻机 1 台、重型 2000 钻机 1 台、XY-44 钻机 3 台、红旗 300 岩芯钻机 2 台、130 钻机 1 台、ZJ15 钻机 1 台、XY-5 钻机 2 台。231 勘探队共有钻机 9 台/套，其中，岩芯钻机 XY-44 型 1 台、岩芯钻机 HXY-500 型 1 台、水源钻机 SPJT-400 型 1 台、车载水源钻机 SPC-300（H）型 1 台、岩芯钻机 XY-4 型 4 台。

2006—2010 年，全局共有各种类型钻机 63 台/套。117 勘探队共有钻机 6 台/套，其中，水源钻机 TSJ-1000 型 2 台、水源钻机 TSJ-2000 型 1 台、连云港黄海机械厂 HCR-8 型全液压岩芯钻机 1 台/套、YDX-1800A 型全液压岩芯钻机 2 台/套。151 勘探队共有钻机 8 台/套，其中，TSJ-1000 型钻机 1 台、TSJ-2000 型钻机 1 台、RG20 石油钻机 1 台、车载水源钻机 SPJ-600 型 1 台、车载水源钻机 SPC-300 型 1 台、XY-6B 型岩芯钻机 3 台。153 勘探队共有钻机 7 台/套，其中，JC-30 石油钻机 1 台、TXJ-1600 岩芯钻机 1 台、RT30J 石油钻机 1 台、DZ170/2.8-T 加高底盘钻机 1 台、SPS2000/605 工程钻机 2 台、XY-6B 岩芯钻机 1 台。109 勘探队共有钻机 18 台/套，其中，XY-1000A 型钻机 9 台、XY-44 型钻机 2 台、XY-6B Ⅱ 型钻机 7 台。472 勘探队共有钻机 5 台/套，其中，SPZT400 钻机 1 台、ZJTJ102 钻机 1 台、HFC1045KRC 钻机 1 台、TXJ-1600 钻机 1 台、xy-6B-小口径岩芯钻机 1 台。104 勘探队共有钻机 10 台/套，其中，TXB-1600 钻机 2 台、有 XY-5 钻机 2 台、RT30 钻机 1 台、AG15 钻机 1 台、HXY-6B Ⅱ 岩芯钻机 4 台套。231 勘探队共有钻机 9 台/套，其中，XY-6B 型岩芯钻机 4 台、XY-4 钻机 3 台、XY-44 岩芯钻机 1 台、HXY-5 岩芯钻机 1 台。

2011—2015 年，全局共有各种类型钻机 56 台/套。117 勘探队共有钻机 8 台/套，其中，水源钻机 TSJ-1000 型 2 台、水源钻机 TSJ-2000 型 1 台、连云港黄海机械厂 HCR-8 型全液压岩芯钻机 1 台/套、YDX-1800A 型全液压岩芯钻机 4 台/套。151 勘探队共有钻机 5 台/套，其中，XY-6B 岩芯钻机 3 台、TSJ-1000 型水源钻机 1 台、SPJ-600 车载水源钻机 1 台/套。153 勘探队共有钻机 7 台/套，其中，C30 石油钻机 1 台、TXJ-1600 岩芯钻机 1 台、RT30J 石油钻机 1 台、DZ170/2.8-T 加高底盘钻机 1 台、SPS2000/605 工程钻机 2 台、XY-6B 岩芯钻机 1 台。109 勘探队共有钻机 18 台/套，其中，XY-1000A 型钻机 6 台、XY-44 型钻机 2 台、XY-6B Ⅱ 型钻机 7 台、XY-4T 型钻机 2 台、SJ-1500 型钻机 1 台。472 勘探队共有钻机 3 台/套，其中，SPT-450 水井钻机 1 台、TXJ-1600 钻机 1 台、SPC-600HW 钻机 1 台。104 勘探队共有钻机 5 台/套，其中，HXY-6BⅡ钻机 5 台。231 勘探队共有钻机 10 台/套，其中，XY-6B 钻机 4 台、XY-4 钻机 3 台、HXY-500 钻机 1 台、XY-44 钻机 1 台、TT530TZJSPC1000 钻机 1 台。

2. 水泵

1991—1995 年，全局共有各种型号泥浆泵 69 台。117 勘探队共有泥浆泵 24 台，其中，NBB-250/60 泥浆泵 5 台、TBW-250/40 泥浆泵 18 台、BW-600/30 泥浆泵 1 台。151 勘探队共有泥浆泵 10 台，其中，NBB-250/60 水泵 4 台、TBW-250/40 泥浆泵 6 台。153 勘探队共有泥浆泵 6 台，其中，NBB-200/40 泥浆泵 1 台、NBB-250/60 泥浆泵 1 台、TBW-250/40 泥浆泵 1 台、250NQ50-50 潜水泵 1 台、SJB-1 砂浆泵 1 台、200QJ80-44 井用潜水

泵1台。109勘探队共有泥浆泵15台，其中，WB250/40水泵14台、BW-600/30泥浆泵1台。472勘探队共有泥浆泵2台，其中，4-40潜水泵1台、QY65-7潜水泵1台。104勘探队共有泥浆泵8台，其中，BW-1200泥浆泵1台、250/40泥浆泵1台、850泥浆泵1台、1000泥浆泵1台、GBE-3B泥浆泵1台、150泥浆泵1台、3PNL水泵2台。231勘探队共有泥浆泵4台，其中，TBW-600/30泥浆泵1台、TBW-250/40泥浆泵1台、TBW-200/40泥浆泵2台。

1996—2000年，全局共有各种型号泥浆泵46台。117勘探队共有泥浆泵13台，其中，NBB-250/60泥浆泵4台、TBW-250/40泥浆泵8台、BW-600/30泥浆泵1台。151勘探队共有泥浆泵8台，其中，NBB-250/40水泵4台、BW1100水泵1台、BW800/50水泵3台。153勘探队共有泥浆泵5台，其中，NBB-250/60泥浆泵1台、150FH-65FH泥浆泵1台、SJB-1砂浆泵1台、BW600/30-1泥浆泵1台、150QJ32-96井用潜水泵1台。109勘探队共有泥浆泵13台，其中，WB250/40水泵12台、BW1100水泵1台。472勘探队共有泥浆泵2台，其中，QS15-70潜水泵1台、QY65-7潜水泵1台。104勘探队共有泥浆泵3台，其中，HT-150泥浆泵2台、1000型泥浆泵1台。231勘探队共有泥浆泵2台，其中，TBW-600/30泥浆泵1台、TBW-250/40泥浆泵1台

2001—2005年，全局共有各种型号泥浆泵62台。117勘探队共有泥浆泵9台，其中，NBB-250/60泥浆泵2台、TBW-250/40泥浆泵6台、BW-250/25泥浆泵1台。151勘探队共有泥浆泵5台，其中，BW800/50水泵1台、F-500水泵1台、F-800水泵1台、BW1100水泵2台。153勘探队共有泥浆泵6台，其中，NBB-250/60泥浆泵1台、BW600/30-1泥浆泵1台、BW250泥浆泵1台、150FH-65FH泥浆泵1台、QJ3252潜水泵1台、150QJ-32-95潜水泵1台。109勘探队共有泥浆泵12台，其中，WB250/40水泵10台、WB/250水泵2台。472勘探队共有泥浆泵20台，其中，D125-25×4水泵1台、WQ60-10-40污水泵1台、QS15×70潜水泵1台、32-78潜水泵1台、QY65-7潜水泵1台、D85水泵1台、70潜水泵2台、QS20X66潜水泵1台、78潜水泵1台、108潜水泵1台、52潜水泵1台、Q20-81潜水泵1台、QJ10-70潜水泵1台、QS15-70潜水泵1台、QS80-22潜水泵1台、QS20-81潜水泵1台、QJ20-81潜水泵1台、QJ10-87潜水泵1台、D85-45X2水泵1台。104勘探队共有泥浆泵5台，其中，3NB1300C泥浆泵1台、QW250X泥浆泵2台、青州1300泥浆泵1台、BW200泥浆泵1台。231勘探队共有泥浆泵5台，其中，BW-250/25泥浆泵4台、BW-250泥浆泵1台。

图2-2-2 2009年8月14日，国土资源部部长徐绍史慰问内蒙古煤田地质局117队职工

2006—2010年，全局共有各种型号泥浆泵62台。117勘探队共有泥浆泵9台，其中，NBB-250/60泥浆泵4台、TBW-250/40泥浆泵4台、BW-250/25泥

浆泵1台。151勘探队共有泥浆泵8台，其中，BW800/50水泵1台、F-500水泵1台、F-800水泵1台、BW1100水泵2台、3NBB260-35水泵3台。153勘探队共有泥浆泵7台，其中，NBF500泥浆泵1台、NBB-260/7泥浆泵2台、TBW1200/TB泥浆泵1台、150-32-95潜水泵1台、125-15-90潜水泵2台。109勘探队共有泥浆泵18台，其中，WB250/40水泵9台、WB/250水泵2台、NBB-260/7型水泵7台。472勘探队共有泥浆泵5台，其中，4-40潜水泵1台、81潜水泵1台、70潜水泵1台、200WJ80-22潜水泵1台、125D25×4潜水泵1台。104勘探队共有泥浆泵7台，其中，2105泥浆泵1台、NBB-260/7泥浆泵1台、3NB-1300泥浆泵1台、260/7泥浆泵3台、850泥浆泵1台。231勘探队共有泥浆泵8台，其中，BW-250/25泥浆泵1台、BW300/5YH泥浆泵2台、BD250D泥浆泵1台、NBB-260/7泥浆泵4台。

2011—2015年，全局共有各种型号泥浆泵56台。117勘探队共有泥浆泵10台，其中，NBB-250/60泥浆泵4台、TBW-250/40泥浆泵4台、BW-250/25泥浆泵1台、BW-320A-M泥浆泵1台。151勘探队共有泥浆泵6台，其中，3NBB260-35水泵3台、BW800/50水泵1台、BW1100水泵2台。153勘探队共有泥浆泵6台，其中，NBF500泥浆泵1台、NBB-260/7泥浆泵1台、TBW1200/TB泥浆泵1台、200QJ-32-455/75kW潜水泵1台、200QJ/10-210-15kW潜水泵2台。109勘探队共有泥浆泵18台，其中，WB250/40水泵6台、WB/250水泵4台、NBB-260/7型水泵7台、WB850/5A型水泵1台。472勘探队共有泥浆泵6台，其中，QY65-7潜水泵1台、D85水泵1台、70潜水泵2台、QS20X66潜水泵1台、108潜水泵1台。104勘探队共有泥浆泵4台，其中，3NB-1300C泥浆泵3台、NBB-260/7泥浆泵1台。231勘探队共有泥浆泵6台，其中，BW300/5YH泥浆泵2台、BD250D泥浆泵1台、NBB-260/7泥浆泵2台、3NB-1300泥浆泵1台。

3. 钻探动力

1991—1995年，全局共有各种型号动力机78台。117勘探队共有动力机22台，其中，6135AG柴油机6台、4135AG/100柴油机13台、6135AG/150/75kW柴油发电机组1台、4135AG/100/75kW柴油发电机组1台、195柴油机1台。151勘探队共有动力机15台，其中，6135AG柴油机6台、4135柴油机6台、4135AG柴油机50kW发电机1台、4135AG柴油机75kW发电机1台、6135AG柴油机100kW发电机1台。153勘探队共有动力机5台，其中，4135-50kW柴油发电机组1台、6135-75kW柴油发电机组1台、4135-73kW（100HP）柴油机1台、4135（N）-58kW（80HP）柴油机2台。109勘探队共有动力机15台，其中，4135柴油机15台。472勘探队共有动力机4台，其中，4135柴油机4台。104勘探队共有动力机15台，其中，12V190柴油机2台、H120F柴油机1台、40型电动机6台、150HP柴油机3台、80HP柴油机1台、100HP柴油机1台、X601-6电动机1台。231勘探队共有动力机2台，其中，195柴油机1台、柴油机发动机组195-8kW型1台。

1996—2000年，全局共有各种型号动力机62台。117勘探队共有动力机24台，其中，6135AG柴油机8台、4135AG/100柴油机11台、6135AG/150/75kW柴油发电机组1台、4135AG/100/75kW柴油发电机组1台、195柴油机2台、1105柴油机1台。151勘探队共有动力机13台，其中，6135AG柴油机6台、4135柴油机4台、50kW柴油发电机组1台、75kW柴油发电机组1台、100kW柴油发电机组1台。153勘探队共有动力机6台，其中，4135-50kW柴油发电机组1台、6135-75kW柴油发电机组1台、6135AN-109kW（150HP）柴油机2台、6135AN-120HP柴油发电机组2台。109勘探队共有动力机12台，其中，4135柴油机11台、6100柴油机1台。472勘探队共有动力机3台，其中，4135柴油机2台、6135柴油机1台。104勘探队共有动力机2台，其中，1200HP柴油机1台、发电机组1台。231勘探队共有动力机2台，其中，1115柴油机1台、柴油发动机组195-8kW型1台。

图2-2-3 勘探工人检修设备

2001—2005年，全局共有各种型号动力机52台。117勘探队共有动力机4台，其中，柴油机6135AN-109kW型3台、100kW发电机组1台。151勘探队共有动力机7台，其中，6135AG柴油机4台、12V135柴油机1台、8V190柴油机1台、12V190柴油机1台。153勘探队共有动力机5台，其中，6135-75kW柴油发电机组1台、6135AN-109kW（150HP）柴油机1台、6107-75kW柴油发电机组1台、150HP柴油机2台。109勘探队共有动力机13台，其中，有4135柴油机12台、6135柴油机1台。472勘探队共有动力机2台，其中，4135柴油机1台、4110柴油机1台。104勘探队共有动力机15台，其中，20kW发电机2台、E12V190柴油机3台、490W柴油机2台、6135AZD柴油机2台、50kW发电机组3台、R4105P1柴油机1台、12V135AD柴油机1台、16JV-22马力柴油机1台。231勘探队共有动力机6台，其中，1115柴油机1台、ZH4100G43柴油机1台、24马力柴油机1台、FS1120柴油机1台、4135N柴油机1台、195-15kW柴油机1台。

2006—2010年，全局共有各种型号动力机68台。117勘探队共有动力机6台，其中，24kW发电机组1台、75kW发电机组1台、100kW发电机组3台、ESCM-15/13螺杆空气压缩机1台。151勘探队共有动力机13台，其中，6135AG柴油机4台、12V135柴油机1台、8V190柴油机1台、12V190柴油机1台、YC6B120-T10柴油机3台、YC4D70Z-D20柴油机3台。153勘探队共有动力机7台，其中，P2-12V-190-3柴油机1台、12V/135柴油机2台、8V/236柴油机1台、6105-75kW柴油发电机组1台、K4100D柴油机1台、YC4D702-D20柴油机1台。109勘探队共有动力机18台，其中，4135柴油机7台、6135柴油机4台、6100柴油机7台。472勘探队共有动力机3台，其中，4135柴油机1台、6135柴油机1台、4110柴油机1台。104勘探队共有动力机7台，其中，12V135柴油机1台、1115-09柴油机1台、R4105P柴油机1台、PZ12V190B柴油机1台、6102BQ-28b发电机2台、TZH200-49P发电机1台。231勘探队共有动力机14台，其中，L28柴油机2台、ZH4100G43柴油机4台、ZS1125柴油机1台、ZS1130柴油机

1台、KM160ED-11柴油机1台、R4105ZG53柴油机1台、KM-160柴油机3台、KM4100BT柴油机1台。

2011—2015年，全局共有各种型号动力机54台。117勘探队共有动力机6台，其中，24kW柴油机发电机组1台、30kW柴油机5台。151勘探队共有动力机9台，其中，YC6B120-T10柴油机3台、YC4D70Z-D20柴油机3台、6135AG柴油机3台。153勘探队共有动力机9台，其中，G128ZLN2柴油机1台、12V/13柴油机1台、8V/236柴油机2台、12V-190-3柴油机1台、6135AN-3柴油机1台、6105-75kW柴油发电机组1台、4105柴油机2台。109勘探队共有动力机18台，其中，4135柴油机3台、6135柴油机4台、6100柴油机7台、4108柴油机4台。472勘探队共有动力机3台，其中，4135柴油机1台、6135柴油机1台、4110柴油机1台。104勘探队共有动力机3台，其中，500kW发电机2台、22马力柴油机1台。231勘探队共有动力机6台，其中，XG-50GF柴油机发电机组1台、ZH4100G43柴油机1台、泰山2100柴油机1台、LD2100柴油机发电机组1台、4100柴油机1台、2100A2柴油机1台。

4. 钻塔

1991—1995年，全局共有各种类型钻塔59处。117勘探队共有钻塔17处，其中，17米高直角钻塔13处、18米高直角钻塔2处、24米高人字钻塔1处、18.5米高人字钻塔1处。151勘探队共有17米高四脚钻塔12处。153勘探队共有钻塔4处，其中，17.5米高直角钻塔（加强型）1处、17米高直角钻塔2处、12米高直角钻塔1处。109勘探队共有S22.5米高钻塔15处。472勘探队共有23.5米高四脚钻塔4处。104勘探队共有钻塔3处，其中，22米高钻塔1处、24米高钻塔2处。231勘探队共有钻塔4处，其中，TJA-7型钻塔1处、四角钻塔1处、人字钻塔1处、SJ-23型钻塔1处。

1996—2000年，全局共有各种类型钻塔29处。117勘探队共有自制12.8米高A字钻塔2处。151勘探队共有钻塔7处，其中17米高四脚钻塔5处、24米高A型钻塔2处。153勘探队共有钻塔3处，其中24米高直角钻塔1处、12.5米高人字钻塔2处。109勘探队共有S22.5钻塔12处。472勘探队有23.5米高四脚钻塔2处。104勘探队有TJ-41钻塔1处。231勘探队共有钻塔2处，其中TJA-7型钻塔1处、四角钻塔1处。

2001—2005年，全局共有各种类型钻塔44处。117勘探队共有13米高人字钻塔1处。151勘探队共有钻塔4处，其中，24米高A型钻塔2处、13.5米高A型钻塔1处、27米高A型钻塔1处。153勘探队共有钻塔3处，其中，13.5米高A型钻塔1处、A型18M-30T钻塔2处。109勘探队共有钻塔12处，其中，S22.5钻塔10处、A14.5钻塔2处。472勘探队共有钻塔3处，其中，17.5米高A字型钻塔1处、23.5米高A字型钻塔2处。104勘探队共有钻塔18处，其中，A-27-75A型井架1处、A-24M钻塔1处、A型井架1处、AG15钻塔9处、自制龙门塔2处、HCX-18M钻塔2处、18M自制钻塔2处。231勘探队共有钻塔3处，其中，四角钻塔1处、人字钻塔1处、SJ-23型钻塔1处。

2006—2010年，全局共有各种类型钻塔44处。117勘探队共有钻塔3处，其中，13米高人字钻塔1处、A字钻塔2处。151勘探队共有钻塔6处，其中，24米高A型钻塔2处、27米高A型钻塔1处、SG24钻塔3处。153勘探队共有钻塔4处，其中，JJ75/31A直角钻塔1处、

A 型 A18M-30T 钻塔 1 处、AY22-70 液压钻塔 1 处、JJ170/41-K 直角钻塔 1 处。109 勘探队共有钻塔 18 处，其中，S22.5 钻塔 9 处、A14.5 钻塔 2 处、A22 钻塔 7 处。472 勘探队共有钻塔 3 处，其中，17.5 米高 A 字型钻塔 1 处、23.5 米高 A 字型钻塔 2 处。104 勘探队共有钻塔 6 处，其中，1600 钻塔 2 处、自制钻塔 3 处、JJ50-27A 钻塔 1 处。231 勘探队共有钻塔 4 处，其中，TJA-7 型钻塔 1 处、四角钻塔 1 处、人字钻塔 1 处、SJ-23 钻塔 1 处。

2011—2015 年，全局共有各种类型钻塔 39 处。117 勘探队共有 13 米高人字钻塔 1 处。151 勘探队共有钻塔 6 处，其中，SG24 钻塔 3 处、自制 17.5 米高 A 型钻塔 2 处、24 米高 A 型钻塔 1 处。153 勘探队共有钻塔 5 处，其中，JJ75/31A 直角钻塔 1 处、A 型 A18M-30T 钻塔 1 处、AY22-70 液压钻塔 1 处、JJ170/41-K 型直角钻塔 1 处、A 型 18.5 米高钻塔 1 处。109 勘探队共有钻塔 18 处，其中，S22.5 钻塔 8 处、AY14.5 钻塔 2 处、AY22 钻塔 7 处、AY27 钻塔 1 处。472 勘探队共有钻塔 3 处，其中，17.5 米高 A 字型钻塔 1 处、23.5 米高 A 字型钻塔 2 处。104 勘探队共有钻塔 4 处，其中，1600 钻塔 1 处、自制钻塔 2 处、JJ50-27A 钻塔 1 处。231 勘探队共有钻塔 2 处，其中，J2-1800 型钻塔 1 处、人字钻塔 1 处。

（二）钻探技术工艺

1991—1995 年，117 勘探队主要使用 TK-3 型和 TXB-1000 型岩芯钻机施工，采用肋骨合金钻头钻进；双管取芯器采取岩芯，采取煤芯采用苏联产阿利克幸牌双管单动取煤芯器；使用膨润土和火碱配制的土粉泥浆。151 勘探队使用 TK-3 钻机替换老千米钻机，用阿氏采煤器替换掉双管单动管，泥浆使用把不分散低固相泥浆调整为系统化泥浆；钻头使用复合片钻头（PDC）逐步替换掉硬质合金钻头；引进了绳索取芯钻具获得了成功；在打水文孔洗井方面，引进了洗井工艺替换了老式压风机洗孔，经过现场试验获得了成功，在后续的施工中，得到了广泛的应用。153 勘探队采用硬质合金回转钻头，采用直镶或斜镶，针对软岩及特殊岩层可加焊肋骨片，以加大岩芯管与孔壁的间距，加快排粉；钻进技术参数则根据不同岩层、钻头、使用设备的不同，而选不同的参数；采用先进的仿美式单动双管采煤器采取煤芯，既减少了岩芯管转动对岩煤芯的甩动破坏，又避免了冲洗液对岩煤芯的水动冲刷破坏，有效地保护了岩煤芯及岩煤层结构的完整。用冲洗液为细分散泥浆-黏土泥浆，即用当地的红色黏土加火碱。

图 2-2-4 钻机工人正在提钻

109 勘探队采用硬质合金钻探工艺施工地质孔、水文孔。472 勘探队主要使用 TXB-1000 钻机施工，采用大四肋合金钻头钻进，使用 ϕ89 岩芯管取芯，使用红黏土和火碱配制为土粉泥浆。104 勘探队主要采用正循环泥浆护壁，回转钻进钻探工艺；成井工艺为分级扩孔水文孔；取芯方法分为在正常地层采用 φ89 毫米单管取芯（硬质合金钻头）及 φ108 毫米双管双动取芯（硬质合金钻头），在煤系地层采用 DMD84-1 双管单动取芯；钻具组合采用 φ89 毫米六方主动串杆 + φ50 毫米钻杆 + φ68 毫米钻铤 + 扶正器 + φ89 毫米岩芯管 + φ114 毫米钻头；泥浆类型包括普通泥浆、钙处理泥浆、铬制剂泥浆、煤碱剂泥浆、东煤一号泥浆。231 勘探队主要采用普通岩黄芯钻进，仿美双管单动取芯器，使用黄土泥浆。

1996—2000 年，117 勘探队主要使用 TK-3 型、TXB-1000 型岩芯钻机和车载水源钻机 GJC-40H 型施工，采用肋骨合金钻头钻进；双管取芯器采取岩芯，采取煤芯采用苏联产阿利克幸牌双管单动取煤芯器；使用化学泥浆。151 勘探队在施工石油生产井方面，合理选用不同地层牙轮钻头，并根据地层变化，选用不同型号的钻头，使之系列化；在合理调配泥浆方面，不同地层，调配最佳性的泥浆，满足钻进需要。153 勘探队钻头使用金刚石复合片钻头，各项工艺技术没有显著提高。一般用单管采芯和双管采芯；该队进入乌兰察布盟和锡林郭勒盟施工，为适合当地地层，选用了不分散低固相泥浆——聚丙烯酰胺泥浆。109 勘探队采用硬质合金钻探工艺。472 勘探队主要使用 TXB-1000 钻机施工，采用大四肋合金钻头钻进，使用 φ89 岩芯管取芯，使用红黏土和火碱配制为土粉泥浆。104 勘探队主要采用正循环泥浆护壁，回转钻进钻探工艺；成井工艺为分级扩孔的水文孔；取芯方法分为在正常地层采用 φ89 毫米单管取芯（硬质合金钻头）及 φ108 毫米双管双动取芯（硬质合金钻头），在煤系地层采用 DMD84-1 双管单动取芯；钻具组合采用 φ89 毫米六方主动串杆 + φ50 毫米钻杆 + φ68 毫米钻铤 + 扶正器 + φ89 毫米岩芯管 + φ114 毫米钻头；泥浆类型包括普通泥浆、钙处理泥浆、铬制剂泥浆、KP 共聚物泥浆、东煤一号泥浆、腐殖酸钾泥浆。231 勘探队主要采用普通岩芯钻进，仿美双管单动取芯器以及单管钻进的方式，使用黄土泥浆。

图 2-2-5　内蒙古煤田地质局领导听取岩芯介绍

2001—2005 年，117 勘探队主要使用 TK-3 型、TXB-1000 型岩芯钻机和车载水源钻机 GJC-40H 型施工，采用硬质合金钻头钻进；双管取芯器采取岩芯，采取煤芯采用苏联产阿利克幸牌双管单动取煤芯器；使用化学泥浆。水源钻机 TSJ-1000 型、TSJ-2000 型采用硬质合金钻头无芯钻进；并掌握定向孔（丛式井）施工技术；使用化学泥浆。151 勘探队从单一的石油生产井勘探逐步发展到施工斜井的工艺过程，钻头的工艺、泥浆的使用有了更高的要求。153 勘探队随着复合片钻头的使用，在钻头上加装卡簧座，安装卡簧；在煤系地层选用双管采芯，一般用双动双管，俗称"老双套"；受石油勘探技术的影响，开始使用无固相化学泥浆，根据不同地层需要，选用不同药剂，适当调整性能指标，自行搅拌配制。109勘探队采用硬质合金钻探工艺。472勘探队主要使用TXB-1000钻机施工，采用大四肋合金钻头钻进，使用φ89岩芯管取芯，使用膨润土和火碱配制为土粉泥浆，使用DMG取煤器。104勘探队主要采用正循环泥浆护壁，回转钻进钻探工艺；成井工艺为分级扩孔的水文孔；取芯方法分为在正常地层采用φ89毫米单管取芯（复合片钻头）及φ108毫米双管双动取芯（复合片钻头，在煤系地层采用DMD84-1双管单动取芯；钻具组合采用φ89毫米六方主动串杆+φ50毫米钻杆+φ68毫米钻铤+扶正器+φ89毫米岩芯管+φ113毫米钻头；泥浆类型包括聚丙烯腈、聚丙烯酰胺双聚泥浆外加泥浆处理剂、腐殖酸钾纤维素CMC、磺化沥青润滑剂、火碱等。231勘探队采用大口径水源井施工，使用牙轮钻头加工制作阶梯合金钻头，使用黄土护壁、空压机洗井。

2006—2010年，117勘探队主要使用水源钻机TSJ-1000型、TSJ-2000型、连云港黄海机械厂HCR-8型全液压岩芯钻机、北京天和众邦勘探技术有限公司YDX-1800A进行钻探施工，采用金刚石复合片钻头；取芯全部使用绳索取芯工艺；使用化学泥浆。151勘探队从简单的浅井逐步发展到施工2000米左右的深井；钻探从单一的施工生产井，到能施工石油探井、丛式井等。153勘探队使用复合片钻头；冲洗液使用无固相化学泥浆。109勘探队采用硬质合金钻探工艺。472勘探队主要使用TXB-1000钻机施工，采用大四肋合金钻头钻进，使用φ89岩芯管取芯，使用膨润土和火碱配制为土粉泥浆，使用DMG取煤器。104勘探队在2001—2005年的技术工艺的基础上，对钻具组合及泥浆类型加以改进，钻具组合采用φ89毫米六方主动串杆+φ60毫米钻杆+φ68毫米钻铤+扶正器+φ89毫米岩芯管+φ113毫米钻头；泥浆类型分为在上部四系地层采用低固相泥浆，在正常地层采用无固相泥浆。231勘探队更新使用新型液压钻机，使用单管卡断器并改造合金钻头，使用复合片及金刚石钻头，泥浆采用了化学泥浆。

2011—2015年，117勘探队主要使用连云港黄海机械厂HCR-8型全液压岩芯钻机、北京天和众邦勘探技术有限公司YDX-1800A型全液压岩芯钻机等设备施工；采用金刚石复合片钻头；取芯全部使用绳索取芯工艺；使用化学泥浆。水源钻机TSJ-1000型、TSJ-2000型主要施工水文工程孔，采用金刚石复合片钻头钻进；使用化学泥浆。151勘探队为适应地勘市场的需要采用XY-6B钻机，施工较深探煤孔、煤矿回填孔、水文观测孔等。从钻探工艺上讲对钻探用泥浆有了新的改进。调配优质泥浆，对不同地层进行分段使用不同性能的泥浆。钻头采用PDC系列钻头，按地层情况分级使用，来达到高的转速，得到好的效益，大大地降低了钻探成本。153勘探队使用复合片钻头；冲洗液使用无固相化学泥浆。109勘探队采用硬质合金钻探工艺施工地质孔、水文孔、煤层气孔、铀矿勘查孔，采用硬质合金牙轮钻头施工矿山救援井，采用金刚石钻进绳索取芯施工有色金属勘查孔。472勘探队主要使用TXJ-1600钻机施工，采用四翼复合片钻头钻进，使用φ89岩芯管取芯，使用膨润土和火碱配制为土粉泥浆，使用DMG取煤器。104勘探队钻具组合采用φ89毫米六方主动串杆+φ60毫米钻杆+φ68毫米钻铤+扶正器+φ89毫米岩芯管+φ113毫米钻头；泥浆类型分为在上部四系地层采用低固相泥浆，在正常地层采用无固相泥浆。231勘探队完成了塔上无人改造，采用松散系取芯，并自主研发加工液压推芯器。

（三）钻探冲洗液

1991—2000年，各勘探队基本使用黄土、红土、白土泥浆及加碱泥浆、膨润土泥浆，差别不大。

2001—2010年，有的勘探队使用膨润土、钠羟甲基纤维素、碳酸钠等配制的低固相泥浆、化学泥浆。有的引进石油行业使用的化学无固相泥浆、石油钻井泥浆技术方面聘用资深石油钻井液配制专业技术人员，根据石油钻井不同地层配制不同指标的石油钻井液，如大分子量、大比重钻井液。有的继续使用黄土、红土、白土泥浆及加碱泥浆、膨润土泥浆。

2011—2015年，有的勘探队采用绳索取芯钻进工艺后，开始使用无固相化学泥浆。有的使用黄土、红土、白土泥浆及加碱加纤维素泥浆、化学泥浆、膨润土泥浆、聚丙烯酰胺泥浆。

（四）工作量

1991—1995年，全局共完成钻孔1360个，钻探进尺516804.48米。1996—2000年，全局共完成钻孔275个，钻探进尺121382.86米。2001—2005年，全局共完成钻孔3961个，钻探进尺1443821.49米。2006—2010年，全局共完成钻孔11461个，钻探进尺6145465.41米。"十二五"时期全局共完成钻孔4588个，钻探进尺2825279.15米。

四、测量

（一）测量机构

1. 内蒙古自治区煤田地质局勘测队测绘公司

公司成立于1976年8月。拥有测绘甲级资质证书。2001年通过ISO9000质量体系认证。从事大地控制测量、工程测量、地形地籍测量、航空摄影测量。拥有各类测绘仪器设备近百台。1996年获煤炭工业部"甲级测绘单位"荣誉称号。

2. 109勘探队测绘公司

公司成立于1990年，具有工程测量、大地测量、地图绘制等方面乙级资质。具有完整的内业成图系统，能打印各种图幅资料，具有承揽大型测绘工程项目的能力。

（二）测量队伍

1. 内蒙古自治区煤田地质局勘测队测绘公司

1991年测量人数65人，其中，技术人员23人。1995年测量人数59人，其中，技术人员47人。2000年测量人数45人，其中，技术人员28人。2005年测量人数60人，其中，技术人员49人。2010年测量人数67人，其中，技术人员53人。2015年测量人数66人，其中，技术人员61人。

2. 109勘探队测绘公司

1995年测量技术人员3人。2000年测量技术人员6人。2005年测量技术人员9人。2010年测量技术人员12人。2015年测量技术人员18人。

（三）测量装备仪器

1991—1995年，新增加威尔特DI-20测距仪1台套，C-150、TH-26A对讲机各4部，DJ-160对讲机2部。增加德国产010BJ2经纬仪1台，测距仪1台，NA2水准仪1台。

1996—2000年，新增加SET2B、SET5F全站仪各1台，RS-12蔡司GPS4台，GP88对讲机4部。增加蔡司R12单频静态GPS接收机3台，尼康530型全站仪1台，德国产010BJ2经纬仪1台，测距仪1台，NA2水准仪1台。

2001—2005年，新增加DSZ3水准仪1台，DL-102C电子水准仪2台，DTM-330、SET600、SET510、SET210、GTS-335N各1台，北极星-9600GPS定位仪

5台，小博士 GPS 卫星定位3台，奇遇手持 GPS 2 部，SMARY6100 诺瓦泰动态 GPS 1台，中海达 V8（1+1）动态 GPS 1台。增加美国天宝双频动态 GPS4700 接收机3台，尼康352型全站仪1台，托普康 GTS310 全站仪1台，AL-32X 水准仪1台。增加南方 9600GPS 静态接收机一套（3台）。

图2-2-6 煤田地质勘探队员在野外用餐

2006—2010 年，新增加 B202 索佳水准仪1台，尼康 GTS-335N 全站仪9台，中海达 HD8200G 静态 GPS 13台，奇遇手持 GPS 7部，中海达 V8（1+1）动态 GPS 1台，中海达 V10（1+1）动态 GPS 1台，南方 S86（1+1）动态 GPS 1台，CASS6.1 地形成图软件1套，CASS2008 地形地籍成图软件1套。增加美国天宝双频动态 GPSR6 接收机3台，国产中海达 GPS 接收机6台，尼康530型全站仪1台。

2011—2015 年，新增加尼康 GTS-332N 全站仪1台，S720 手持 GPS 1部，华测 LT30 手持 GPS 2部，中海达 V7-R4（1+1）动态 GPS 7台套，南方 S86T 动态 GPS（1+3）6台套，南方 S86 动态 GPS 7台套，南方 W86T 测绘动态 GPS 5台套，托普康 TOPCONHIPERSR（FC-50）动态 GPS 4台套，惠普 HPZ6200 大幅面绘图仪1台。增加海星达 H32 全能型豪华版 GNSSRTK 系统13套，测深仪 HD310 型1台。

（四）测量技术工艺

1991—1995 年，控制测量采用三角网和测距仪导线两种形式，观测使用测距仪和经纬仪，内业计算使用 PC1500；地形图测量采用经纬仪配合小平板的方法手工绘制；工程点的测量使用测距导线和经纬仪交会法；地形图制印使用晒蓝图的方法。总体测量手段相对落后。平面坐标主要采用侧方交会、前方交会、后方交会等简单测量方法进行工程测量，高程测量采用普通水准路线法进行高程测量。使用 TC-2000 全能电子速测仪，采用半测回法，其测量精度均按最新颁发的工程测量规程执行，质量良好。

1996—2000 年，控制测量后期采用 GPS 网和全站仪导线两种形式，内业计算使用计算机处理平差，测量精度和施工速度明显提高；地形图测量后期使用全站仪，测站人员数量减少，速度明显提高；对讲机的使用，解决了测站与跑尺人员以及测站间远距离联系的困难；工程点使用全站仪测量；地形图制印使用制版印刷的方法。总体测量手段得到提高。采用静态 GPS 测量手段，控制测量工作在时间上、工作量上大大减少；内业制图由手工转向计算机绘制，工作效率得到了极大的提高。

2001—2005 年，控制测量使用 GPS 观测，地形图测量使用全站仪，大面积地形图采用航空摄影测量，工程点使用 RTK 测量，地形图制印使用绘图仪打印的方法。总体测量手段得到进一步提高。外业测绘时常规仪器受通视条件限制不再成为困难，外业数据采集自由灵活；内业制图以 AutoCAD 为平台应用南方

Cass 系列软件绘制各种地形、地籍图件，基本上实现了内外业一体化。采用 E 级 GPS 控制网，GPS 网的布设采用三角网形式，相邻三角形之间均有一条重复基线，保证图形的几何结构强，且有良好的自检能力和约束力。采用国家二等三角点为起算点。

2006—2010 年，控制测量使用 GPS 观测，地形图测量使用全站仪和 RTK 测量，大面积地形图采用航空摄影测量，工程点使用 RTK 测量，地形图制印使用绘图仪打印的方法。随着各种先进仪器设备大量购进，先进的测量手段得到普及。使用单频 HD8200B 型单频 GPS 接收机，内业计算使用随机配套软件进行平差，其结果：最弱边相对中误差 1/560372；点位中误差 0.011 米；高程中误差最大 0.037 米，允许 0.104 米，精度满足要求，仪器检验合格、状态良好。

2011—2015 年，控制测量使用 GPS 观测，地形图测量全部使用 RTK，大面积地形图采用航空摄影测量，组建了自己的航测内业队伍，配套更加齐全。工程点使用 RTK 测量，地形图制印使用绘图仪打印的方法。测量手段跨入了一个新台阶。以 GPS 动态 RTK 测量为主，全站仪极坐标法为辅，水准测量普通的使用 S3 型水准仪，高等级水准测量的使用电子水准仪施测；内业数据处理引进 MapGis、ArcGis 地理信息系统，使生产的图件与国家基础测绘成果图件相统一。151 勘探队测量分队利用测区内及周围的国家三角点，加密 GPS E 级点，点位标石采用混凝土材料制作。外业测量使用中海达 GPS 接收机 5 台，仪器标称精度 5mm±1ppm；高程采用了 GPS 拟合高程。通过已知国家三角点加密的 GPS E 级点其平面和高程均符合《地质矿产勘查测量规范》中的精度要求。

（五）煤田测绘工作量

1991—1995 年，完成控制测量各等级控制点合计 86 个，测区面积合计 3801 平方千米。其中，C 级 GPS 点 21 个，测区面积 3001 平方千米；Ⅳ三角点 4 个，测区面积 800 平方千米；5″三角点 61 个，测区面积 800 平方千米。完成水准测量各等级水准线路合计长度 273 千米。其中，三等水准线路长度 110 千米；四等水准线路长度 163 千米。完成 1 幅 1:50000 比例尺水文地质测绘 264 平方千米。

1996—2000 年，完成控制测量各等级控制点合计 300 个，测区面积合计 6401 平方千米。其中，D 级 GPS 点 124 个，测区面积 3100 平方千米；E 级 GPS 点 110 个，测区面积 2021 平方千米；Ⅳ三角点 11 个，测区面积 120 平方千米；5″三角点 86 个，测区面积 650 平方千米。完成水准测量各等级水准线路长度 1357.9 千米。其中，三等水准线路长度 71.9 千米；四等水准线路长度 1286 千米。

2001—2005 年，完成遥感卫星地形测量各种比例尺地形图测绘面积合计 468.66 平方千米。其中，1:2000 地形图 160 幅，测绘面积 111.9 平方千米；1:5000 地形图 94 幅，测绘面积 356.76 平方千米。完成各种比例尺人工地形图测绘面积合计 740.36 平方千米。其中，1:5000 地形图 36 幅，测绘面积 298.0 平方千米；1:10000 地形图 26 幅，测绘面积 192.36 平方千米；1:25000 水文地质填图 1 幅，测绘面积 250 平方千米。完成控制测量各等级控制点合计 256 个，测区面积合计 833.69 平方千米。其中，D 级 GPS 点 30 个，测区面积 98.34 平方千米；E 级 GPS 点 226 个，测区面积 735.35 平方千米。完成水准测量四等水准线路长度 168.8 千米。

2006—2010 年，完成遥感卫星地形测量各种比例尺地形图测绘面积合计2884.66平方千米。其中，1∶2000地形图246幅，测绘面积199.8平方千米；1∶5000地形图69幅，测绘面积258.26平方千米；1∶10000地形图150幅，测绘面积2426.6平方千米。完成各种比例尺人工地形图测绘面积合计4949.13平方千米。其中，1∶2000地形图167幅，测绘面积151.69平方千米；1∶5000地形图331幅，测绘面积1415.13平方千米；1∶10000地形图187幅，测绘面积2600.21平方千米；1∶50000地形图3幅，面积782.1平方千米。完成各种比例尺水文地质测绘面积729.97平方千米。其中，1∶5000水文地质测绘2幅，面积32平方千米，1∶10000水文地质测绘2幅，面积667.97平方千米。完成控制测量各等级控制点合计1110个，测区面积合计14035.2平方千米。其中，D级GPS点146个，测区面积1402.6平方千米；E级GPS点964个，测区面积12632.6平方千米。完成水准测量四等水准线路长度109.7千米。完成首级图根控制点25个，控制面积150.71平方千米。完成调查面积1552.43平方千米，野外地质调查点405个，实测剖面4条，剖面总长131.21千米。

2011—2015年，完成遥感卫星地形测量各种比例尺地形图测绘面积合计1143.1平方千米。其中，1∶2000地形图857幅，测绘面积760.0平方千米；1∶5000地形图100幅，测绘面积383.1平方千米。完成各种比例尺人工地形图测绘面积合计2964.58平方千米。其中，1∶2000地形图1幅，面积6平方千米；1∶5000地形图59幅，测绘面积748.8平方千米；1∶10000地形图84幅，测绘面积2209.78平方千米。完成1∶50000水文地质测绘2幅，面积2063.7平方千米。完成控制测量各等级控制点合计812个，测区面积合计18457.04平方千米。其中，D级GPS点170个，测区面积760.0平方千米；E级GPS点571个，测区面积17697.04平方千米；其他GPS点71个。完成水准测量四等水准线路长度543.5千米。完成地质调查路线120千米。

五、测试与化验

（一）机构队伍

1. 机构

内蒙古自治区煤田地质局科研所建于1960年，1992年3月更名为"内蒙古自治区煤田地质局科研所（化验室）"，于1990年通过了内蒙古自治区质量技术监督局计量认证授权认证，成立了"内蒙古自治区产品质量监督检验第十五站"。1992年，通过国家煤炭质量监督检验中心审查认可成立"能源部内蒙古自治区煤炭质量监督检验站"。2001年通过了ISO9001质量体系认证。2008年取得了地质勘查甲级资质证书（岩矿测试）、地质勘查乙级资质证书（岩土测试）。2013年取得了中国合格评定国家认可委员会实验室认可证书。具备承担区内外大型地质勘查工程化验的能力。

2. 职工队伍

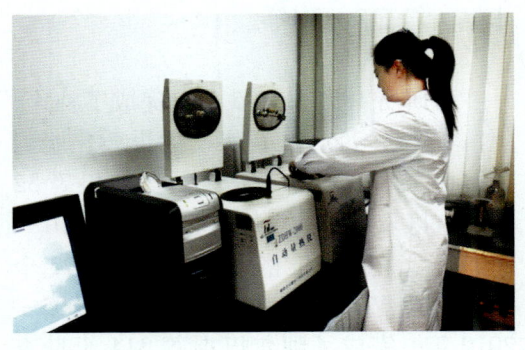

图2-2-7 煤质发热检测

1991年职工队伍人数109人，其中，

专业技术人员54人。1995年职工队伍人数123人，其中，专业技术人员58人。2000年职工队伍人数124人，其中，专业技术人员46人。2005年职工队伍人数139人，其中，专业技术人员41人。2010年职工队伍人数143人，其中，专业技术人员53人。2015年职工队伍人数147人，其中，专业技术人员54人。

（二）技术工艺

1991—2000年，内蒙古自治区煤田地质局科研所只能进行煤中全水、煤的工业分析、煤中全硫、煤的发热量、煤的元素分析，2006—2010年可以开展煤质、水质、岩石力学的测试，2008年之后内蒙古自治区质量技术监督局对煤田地质局科研所计量认证的能力范围有了扩大，增加了岩矿测试等项目。

（1）煤质测试全项：即煤中全水、煤的工业分析、煤中全硫、煤的发热量、煤的元素分析、煤中碳酸盐二氧化碳含量、煤灰熔融性、烟煤黏结指数等。

（2）煤矿水质分析全项：即煤矿水中氟离子、煤矿水中钙离子、煤矿水中钙离子和镁离子、煤矿水碱度、煤矿水中硫酸根离子、煤矿水硬度等。

（3）岩石力学物理测试：即岩石真密度、岩石视密度、岩石孔隙率、岩石吸水性、岩石含水率等。

（三）工作量

科研所1991—1995年，完成了补连、上湾等24个勘查区及煤矿的煤质化验工作；1996—2000年，完成了勃牛川等32个勘查区及煤矿的煤质化验工作；2001—2005年，完成了准格尔旗酸刺沟等22个勘查区及煤矿的煤质化验工作；2005—2010年，完成了阿尔巴斯等314个勘查区及煤矿的煤质化验工作；2011—2015年，完成了白音华等231个勘查区及煤矿的煤质化验工作。

第三节 勘查成果

一、地质勘查类

（一）科研成果

1.《鄂尔多斯盆地聚煤规律和煤炭资源评价（内蒙古部分）研究报告》

国家计划委员会1986年委托煤炭工业部进行鄂尔多斯盆地沉积环境与聚煤规律研究，列为国家"七五"期间开发鄂尔多斯盆地进行前期准备的科研课题，研究报告全面系统地阐述了研究区地层发育特征及古生物特征，建立了完整的地层系统，特别对煤系地层进行了重点研究；运用现代沉积学基本理论，首次用沉积体系链的概念解释聚煤事件3个发展阶段的沉积环境；以创新的思路提出了煤炭资源综合评价的方法及参数首次对研究区煤炭资源进行综合评价。1992年4月，内蒙古自治区煤田地质局提交的《鄂尔多斯盆地聚煤规律资源评价（内蒙古部分）研究报告》，是"七五"期间国家一类地质研究项目，1996年11月荣获煤炭工业部科技进步一等奖。1997年12月，荣获国家科学技术委员会二等奖。

2.《内蒙古自治区煤炭资源预测与评价报告》（第三次煤田预测）

内蒙古自治区煤田地质局于1992年4月—1994年9月进行了第三次煤田预测子课题研究，1995年10月，内蒙古自治区煤田地质局提交的《内蒙古自治区煤炭资源预测与评价报告》（第三次煤田预测），是1991—1995年国家重点地质研究项目，预测煤炭资源量125000亿吨。荣获优秀报告奖。

《内蒙古自治区煤炭资源预测与评价报告》（第三次煤田预测）系统论述了石炭二叠系、侏罗系、白垩系和第三系四套含煤地层分布、岩石特征分布和变化规律，阐述了不同含煤地层化石带、对比关系，按岩石地层、成因地层分别进行了对比，岩石地层划分至段，并进行了岩煤层对比。对30个主要煤田、矿区的煤质特征进行了综合叙述，资料翔实；在煤的工业用途评价方面应用了部分新的试验成果，通过煤类分布规律的叙述，肯定了深成变质、动力变质、岩浆变质、接触变质作用类型的存在和受其影响大致范围。

利用物探提供信息，密切结合聚煤规律的控煤构造研究，进行煤田预测，预测面积约10.5万平方千米，垂深2000米以浅预测资源量12000亿吨，其中可靠级3596亿吨，可能级8251亿吨，推断级403亿吨，1000米以浅预测资源量3097亿吨。在综合考虑了聚煤条件、后期改造和研究程度的基础上，分三种类型采用不同计算方法，分别进行了预测资源量计算，地质依据充分，可信度较高，针对二连盆地群特点，应用数理统计方法，归纳类比数学模型法计算预测资源量，其方法值得借鉴和推广。

3.《内蒙古自治区煤炭资源利用现状调查成果汇总报告》

2011年1月，内蒙古自治区煤田地质局提交的《内蒙古自治区煤炭资源利用现状调查》，是国土资源部部署的重大项目，荣获国土资源部一等奖。

《内蒙古自治区煤炭资源利用现状调查成果汇总报告》建立了内蒙古自治区煤炭核查成果汇总数据库，对于36个煤炭矿区建立了数据库，对414个核查区建立了数据库。数据库汇集了全区煤炭资源的基础数据、附图、附表等内容，形成了扎实的资源储量管理信息平台，为煤炭管理、科学研究、企业运作、勘查部署和合理开发利用提供了基础依据。

通过本次核查，合理划分了矿区，分析了核查前、核查后资源储量变化的原因，基本理清了内蒙古自治区煤炭资源的家底，掌握了资源占用和开发利用情况。核查前上表矿区数530个，530个上表矿区共划分了377个核查单元，比原上表矿区减少了153个；另有37个未上表单元，核查后共划分了414个核查单元。核查前累计查明资源储量351018295千吨，核查后累计查明资源储量358032378千吨，增加了7014083千吨；核查前保有资源储量346583000千吨，核查后保有资源储量352342677千吨，增加了5759577千吨；核查前消耗资源储量4435000千吨，核查后消耗资源储量5689701千吨，增加了1254701千吨。

4.《内蒙古自治区煤炭资源潜力评价报告》

2011年1月，内蒙古自治区煤田地质局提交的《内蒙古自治区煤炭资源潜力评价》，是国土资源部部署的重大项目，荣获国土资源部一等奖。该报告取得成果主要对含煤地层，赋煤构造、煤类及资源储量现状进行了总结。系统地汇编了内蒙古区域地层层序和各时代的岩石特征及其分布规律。根据最新科研成果，明确地划分了煤系地层的含煤时代归属。根据国际上二分法的划法，本次将原石炭系分为下石炭统和上石炭统。原下石炭统臭牛沟组、前黑山组仍划归为下石炭统，而原中石炭统的本溪组（靖远组和羊虎沟组）和原上石炭统的太原组，本次全划归为上石炭统，这样上石炭统下部为本溪组、上部为太原组；阿拉坦合力群对比为红旗组。根据近年来的科研成果，白垩纪聚煤期，二连赋煤带的白音华组划归为大磨拐河组和伊敏组与海拉尔赋煤带统一。

以地球动力学和煤田地质理论为指导，分析研究了内蒙古地质构造的分布规律、形成时代、生成机制及其形态、演化过程。将内蒙古控煤构造划分为东北、华北、西北3个赋煤区和11个赋煤带（海拉尔、大兴安岭中部、松辽盆地西部、大兴安岭南部、二连；阴山、鄂尔多斯盆地北缘、桌子山—贺兰山、宁东南；香山、北山潮水）；运用层序地层学方法对主要含煤盆地的沉积岩石学特征和沉积环境进行剖析，并总结了各聚煤期的聚煤规律。

该报告对自治区煤炭保有资源储量、开采占用、后备资源进行了统计。

通过本次潜力评价了解到自治区的赋煤面积达到13.111万平方千米，与第三次煤田预测相比，增加了1.1245万平方千米；资源总量可达16299.48亿吨，增加了1813.77亿吨。探获率由原来的15%提高到55%，探获资源量翻了两番（4倍），勘查程度有了很大提高。

（二）勘查成果

1991—2015年，全局共提交地质报告567件，其中：勘探246件、普查85件、详查152件、预查69件、调查及评价15件。累计钻探进尺11052753.39米，勘查面积373104.24平方千米，提交查明煤炭资源量44910829.92万吨，提交预测煤炭资源量53456213.05万吨。

1991—1995年共提交地质报告33件，其中：勘探16件、普查8件、详查6件、预查1件、调查2件。累计钻探进尺516804.48米，勘查面积3253.28平方千米，提交查明煤炭资源量2291764.39万吨，提交预测煤炭资源量1270591.27万吨。

1996—2000年共提交地质报告10件，其中：勘探2件、普查3件、详查2件、预查3件。累计钻探进尺121382.86米，勘查面积1675.76平方千米，提交查明煤炭资源量581515.05万吨，提交预测煤炭资源量990684.36万吨。

2001—2005年共提交地质报告118件，其中：勘探64件、普查8件、详查32件、预查10件、调查4件。累计钻探进尺1443821.49米，勘查面积18509.94平方千米，提交查明煤炭资源量6108503.02万吨，提交预测煤炭资源量1531521.89万吨。

2006—2010年共提交地质报告291件，其中：勘探121件、普查57件、详查64件、预查45件、调查4件。累计钻探进尺6145465.41米，勘查面积258823.64平方千米，提交查明煤炭资源量22725041.62万吨，提交预测煤炭资源量45595780.53万吨。

图2-2-8 神华新街能源公司台格庙勘查区煤炭详查工程验收暨详查报告审查会

2011—2015年共提交地质报告115件，其中：勘探43件、详查48件、普查9件、预查10件、调查及评价5件。累计钻探进尺2825279.15米，勘查面积90841.62平方千米，提交查明煤炭资源量13204005.3万吨，提交预测煤炭资源量4067635万吨。勘查成果见表2-2-1、表2-2-2。

二、地测类

1991—2015年，全局共完成各种比例尺地质测量34111.39平方千米。

1991—1995年完成地质测量1936.98平方千米，其中117勘探队完成1:10000地质测量1026平方千米；151勘探队完成1:50000地质测量655.5平方千米，1:5000地质测量1.38平方千米，1:2000地质测量54.1平方千米；472勘探队完成1:5000地质测量200平方千米。

1996—2000年完成地质测量6.9平方千米，其中，153勘探队完成1:5000地质测量2.4平方千米；231勘探队完成1:5000地质测量4.5平方千米。

2001—2005年完成地质测量10475.56平方千米。其中，117勘探队完成1:10000地质测量438.46平方千米，1:5000地质测量73.05平方千米；151勘探队完成1:10000地质测量2042.98平方千米，1:50000地质测量3148.74平方千米，1:25000地质测量153.68平方千米，1:5000地质测量492.8平方千米，1:100000地质测量300平方千米；153勘探队完成1:5000地质测量429.97平方千米，1:10000地质测量20平方千米；109勘探队完成1:5000地质测量160平方千米；472勘探队完成1:10000地质测量267.8平方千米，1:50000地质测量600平方千米，1:100000地质测量1300平方千米；104勘探队完成1:2000地质测量3平方千米，1:5000地质测量215.65平方千米，1:10000地质测量21.16平方千米；231勘探队完成1:5000地质测量12平方千米，1:10000地质测量180平方千米；煤炭地质调查院完成1:5000地质测量223.88平方千米，1:10000地质测量392.39平方千米。

2006—2010年完成地质测量15819.45平方千米。其中，117勘探队完成1:10000地质测量438.46平方千米，1:5000地质测量73.05平方千米；151勘探队完成1:10000地质测量2042.98平方千米，1:50000地质测量3148.74平方千米，1:25000地质测量153.68平方千米，1:5千492.84平方千米；153勘探队完成1:10000地质测量812.1平方千米，1:5000地质测量282.38平方千米，1:50000地质测量1200平方千米；109勘探队完成1:2000地质测量45.9平方千米，1:5000地质测量200.2平方千米，1:10000地质测量658.5平方千米，1:50000地质测量452.1平方千米；472勘探队完成1:10000地质测量393.6平方千米，1:5000地质测量36平方千米；104勘探队完成1:10000地质测量283.05平方千米，1:5000地质测量555.61平方千米；231勘探队完成1:5000地质测量237平方千米，1:10000地质测量572平方千米，1:50000地质测量2080平方千米；煤炭地质调查院完成1:10000地质测量743.76平方千米，1:5000地质测量531.5平方千米，1:1000地质测量385平方千米。

2011—2015年完成地质测量5872.5平方千米，其中，117勘探队完成1:2000地质测量398.04平方千米，1:5000地质测量264平方千米，1:10000地质测量690.6平方千米，1:25000地质测量760平方千米；151勘探队完成1:10000地质测量463.44平方千米；153勘探队完成1:5000地质测量136.66平方千米，1:10000地质测量149平方千米；109勘探队完成1:5000地质测量703.83平方千米，1:10000地质测量1124.26平方千米；472勘探队完成1:50000地质测量136.9平方千米；231勘探队完成1:5000地质测量29.76平方千米，1:10000地质测量176平方千米；煤炭地质调查院完成1:10000地质测量683.66平方千米，1:5000地质测量156.35平方千米。

三、物探类

（一）电法勘探成果

1991—2015 年，全局共完成电法勘查项目 90 个，提交专项报告 88 件。其中：1991—1995 年共完成电法勘查项目 10 个，提交专项电法勘查报告 10 件；1996—2000 年共完成电法勘查项目 5 个，提交专项电法勘查报告 5 件；2001—2005 年共完成电法勘查项目 7 个，提交专项电法勘查报告 7 件；2006—2010 年共完成电法勘查项目 21 个，提交专项电法勘查报告 21 件；2011—2015 年共完成电法勘查项目 47 个，提交专项电法勘查报告 45 件。

（二）地震勘查成果

2008—2015 年，全局共完成地震勘查项目 31 个。提交地震勘查报告 31 份。其中，2013 年编制的《内蒙古自治区东胜煤田纳林才登详查区巴彦淖井田煤炭三维地震勘查报告》荣获中国煤炭工业协会第十六届优质地质报告评选专业地质报告二等奖。

（三）物理测井成果

1991—2015 年，全局共完成测井项目 567 个，完成测井工作量 10646131.48 米。其中，1991—1995 年完成测井工作量 469489.69 米，1996—2000 年完成测井工作量 115389.04 米，2001—2005 年完成测井工作量 1398541.74 米，2006—2010 年完成测井工作量 5889070.58 米，2011—2015 年完成测井工作量 2773640.43 米。

四、测绘成果

（一）控制测量

煤田平面控制测量：1991—2015 年，全局共完成煤田项目各等级平面控制点 2308 个，控制面积 31658.24 平方千米。

煤田水准控制测量：1991—2015 年，全局共完成煤田项目各等级水准线路长度 1352.9 千米。

（二）地形图测量

煤田地形图航空摄影测量成果：1991—2015 年，全局共完成煤田地形图航空摄影测量项目 23 个，完成各种比例尺图幅 1676 幅，完成各种比例尺地形图测绘面积 4434.52 平方千米。

煤田地形图人工测量成果：1991—2015 年，全局共完成煤田人工地形图测绘项目 86 个，完成各种比例尺图幅 914 幅，完成各种比例尺人工地形测绘面积 10750.89 平方千米。祥见表 2-2-1、表 2-2-2。

表 2-2-1　1991—2015 年内蒙古自治区煤田地质局地质勘查结果统计表

时期	提交报告数量（个）	勘探（个）	详查（个）	普查（个）	预查（个）	调查（个）	勘查面积（平方千米）	钻探进尺（米）	测井米数（米）	开动钻机（台）	查明煤炭资源量（万吨）	预测煤炭资源量（万吨）	完成钻孔（个）	甲级孔（个）	甲级孔率（%）	乙级孔（个）	乙级孔率（%）
1991—1995 年	33	16	6	8	1	2	3253.28	516804.48	469489.69	217	2291764.93	1270591.27	1360	835	61.4	335	24.6
1996—2000 年	10	2	2	3	2	—	1675.76	121382.86	115389.04	54	581515.05	990684.36	275	170	61.8	105	38.2
2001—2005 年	118	64	32	8	10	4	18509.94	1443821.49	1398541.74	1219	6108503.02	1531521.89	3961	2073	52.3	1857	46.9
2006—2010 年	291	121	64	57	45	4	258823.64	6145465.41	5889070.58	3434	22725041.62	45595780.53	11461	6082	53.1	4994	43.6
2011—2015 年	115	43	48	9	10	5	90841.62	2825279.15	2773640.43	1367	13204005.3	4067635	4588	1726	37.6	2840	61.9
合计	567	246	152	85	69	15	373104.24	11052753.39	10646131.48	6291	44910829.92	53456213.05	21645	10886	50.3 总平均	10131	46.8 总平均

表2-2-2 1991—2015年区内外其他勘查单位地质勘查结果统计表

勘查单位	报告数量（个）	钻孔数量（个）	钻探进尺（米）	查明的煤炭资源量（万吨）	预测煤炭的资源量（万吨）	总资源量（万吨）
内蒙古自治区有色地质勘查局	1	7	233	2499	—	2499
内蒙古自治区有色地质勘查局六〇九队	1	14	2809	8107	7795	15902
内蒙古自治区有色地质勘查局五一二队	1	7	8235	—	169583	169583
包头市邦兴矿业有限责任公司	1	27	1922	4746	—	4746
包头市聚丰地质勘查有限公司	1	17	10019	4015	—	4015
北京中煤大地技术开发公司	1	38	40533	106663	195489	302152
内蒙古赤峰地质矿产勘查开发院	1	16	4959	—	—	—
霍林河矿务局地质勘探公司	1	70	12315	23684	—	23684
内蒙古地质矿产勘查开发局102地质队	1	108	48029	221584	76162	297746
内蒙古自治区地质矿产开发局108地质队	1	5	913	—	180	180
内蒙古地质矿产勘查开发局第一地质大队	1	15	1927	400	—	400
内蒙古第三地质矿产勘查开发有限责任公司	1	15	2833	14204	—	14204
内蒙古科欣矿业开发咨询有限责任公司	1	19	3192	9314	—	9314
内蒙古联邦地质勘查有限责任公司	1	1	367	85	—	85
内蒙古物华天宝矿物资源有限公司	1	8	1133	45	—	45
内蒙古国土资源勘查开发院	1	11	7901	—	36639	36639
宁夏煤炭地质勘查院	1	7	1019	123	68	191
天津华北地质勘查总院	1		3000			
锡林郭勒盟灵通矿业发展有限责任公司	1	37	2072	1287	—	1287
兴安盟浩展地质勘查有限公司	1	15	5447	3287	—	3287
中国地质矿业内蒙古公司	1	33	17981	276866	760005	1036871
准格尔旗公沟煤炭有限责任公司	1	2	111	1108	5900	7008
陕西省煤田地质局194队	1	19	11212	19851	—	19851
陕西省煤田地质局物探测量队	1	13	8707	19806	—	19806
中国煤炭地质总局地球物理勘探研究院	1		10783	25234	—	25234
中国煤炭地质总局勘查总院	1	37	29671	32752	71144	103896
山东煤田地质局第三地勘队	1	18	7305	7937	—	7937
山东省煤田地质局第一勘探队	1	46	57632	25832	12205	38037
山东中煤物探测量总公司探矿工程公司	1	10	3904	—	—	—
东北煤田地质局103勘探队	1	63	33244	21235	—	21235
甘肃煤田地质局一三三队	1	44	21265	118017	—	118017
内蒙古自治区第二区调地质调查队	1	9	1003	35	35	70
赤峰市矿产资源勘查开发技术咨询服务部	2	9	1366	306	59	365
呼和浩特市博泽勘探有限责任公司	2	15	2534	629	—	629
内蒙古地质矿产勘查院	2	20	10588	821	181316	182137

表2-2-2（续）

勘查单位	报告数量（个）	钻孔数量（个）	钻探进尺（米）	查明的煤炭资源量（万吨）	预测煤炭的资源量（万吨）	总资源量（万吨）
内蒙古自治区第二地质矿产勘查开发院	2	42	35876	189259	377906	567165
内蒙古新汶矿业集团地质勘探公司	2	96	38810	114617	57968	172585
内蒙古自治区地质矿产勘查有限责任公司	2	154	41111	28387	—	28387
宁夏回族自治区矿产地质调查院	2	100	71348	211692	—	211692
陕西省煤田地质局一八五队	2	25	20906	204917	59603	264520
中国煤炭地质总局特种技术勘探中心	2	50	47254	242928	26211	269139
中国煤炭地质总局第一勘探局地质勘查院	2	43	40204	125573	104003	229576
中国建筑材料工业地质勘查中心山西总队	2	68	16854	60641	—	60641
内蒙古第十地质矿产勘查开发院	3	61	15960	5734	—	5734
内蒙古西域矿业开发咨询有限责任公司	3	62	8654	13849	—	13849
宁夏核工业地质勘查院	3	32	22089	79272	113237	192509
宁夏煤田地质局	3	13	8123	16152	13171	29323
中国建筑材料工业地质勘查中心内蒙古总队	3	45	7221	9311	4273	13584
中国建筑材料工业地质勘查中心	3	29	7741	42061	1499	43560
山东省第五地质矿产勘查院	3	236	140324	237213	6389	243602
东北煤田地质局第六勘探公司	3	456	225279	1197548	5301	1202849
东北煤田地质局第十四勘探公司	3	228	93210	28314	8197	36511
内蒙古有色地质勘查局108队	4	325	197620	3202199	1763093	4965292
内蒙古地质矿产勘查开发局109地质队	4	34	8084	984	39364	40348
内蒙古地质矿产勘查开发局115地质队	4	81	46941	156297	66812	223109
内蒙古自治区一一五地质矿产勘查开发院	4	568	327341	4173806	5149316	9323122
内蒙古自治区矿产实验研究所	4	75	43856	125874	51933	177807
河北省煤田地质局物测队	4	259	44865	303035	25264	328299
内蒙古自治区地质矿产勘查开发局	5	82	33870	275304	151750	427054
内蒙古自治区第一地质矿产勘查开发院	5	96	71831	527902	696772	1224674
内蒙古第四地质矿产勘查开发院	5	183	76571	133480	21270	154750
内蒙古自治区地质调查院	5	144	134584	428603	1033969	1462572
陕西省核工业地质调查院	5	123	91530	209175	14185	223360
中国煤炭地质总局第一勘探局地质勘查院	5	216	76416	258322	82850	341172
内蒙古自治区矿业开发总公司	6	222	122560	277127	5584286	5861413
呼伦贝尔市大雁勘测规划设计有限责任公司	6	333	160138	535248	209477	744725
宁夏煤炭勘察工程公司	6	134	114088	302911	10871	313782
东北煤田地质局101勘探队	6	101	56263	637950	99558	737508
内蒙古自治区第六地质矿产勘查开发院	7	325	48742	203149	483	203632
内蒙古自治区地质工程总公司	8	503	205674	1373375	1296707	2670082
内蒙古矿业开发有限责任公司	8	388	318453	757663	890850	1648513

表 2-2-2（续）

勘查单位	报告数量（个）	钻孔数量（个）	钻探进尺（米）	查明的煤炭资源量（万吨）	预测煤炭的资源量（万吨）	总资源量（万吨）
内蒙古义民资源勘查与环境检测有限责任公司	8	68	17612	26474	518	26992
甘肃煤田地质局145队	9	206	58058	21029	58576	79605
内蒙古有色地质矿业有限公司	10	215	160629	244205	287432	531637
内蒙古自治区第五地质矿产勘查开发院	11	531	185031	837170	237218	1074388
宁夏矿业开发公司	11	94	57550	75572	7272	82844
内蒙古自治区第八地质矿产勘查开发院	15	317	138760	389749	300676	690425
内蒙古地质勘查有限责任公司	18	1043	696822	3720985	2751502	6472487
内蒙古自治区第九地质矿业勘查开发院	27	1393	561152	3288525	1914881	5203406
内蒙古龙旺地质勘探有限责任公司	53	3292	1277656	2909944	89381	2999325
合计	344	13886	6549824	29153996	25130604	54284600

第四节 勘查经济技术指标

一、钻探进尺

1991—2015年，内蒙古自治区煤田地质局累计完成钻探进尺11052753.39米。其中1991—1995年完成钻探进尺516804.48米，1996—2000年完成钻探进尺121382.86米，2001—2005年完成钻探进尺1443821.49米，2006—2010年完成钻探进尺6145465.41米，2011—2015年完成钻探进尺2825279.15米。

二、甲级孔率

117勘探队1991—1995年甲级孔率是84%，1996—2000年甲级孔率是95%，2001—2005年甲级孔率是99%，2006—2010年甲级孔率是88%，2011—2015年甲级孔率是30%。

151勘探队1991—1995年甲级孔率是55%，2001—2005年甲级孔率是40%，2006—2010年甲级孔率是67%，2011—2015年甲级孔率是22%。

153勘探队1991—1995年甲级孔率是91%，2001—2005年甲级孔率是97%，2006—2010年甲级孔率是65%，2011—2015年甲级孔率是22%。

109勘探队1991—1995年甲级孔率是80%，1996—2000年甲级孔率是64%，2001—2005年甲级孔率是42%，2006—2010年甲级孔率是47%，2011—2015年甲级孔率是64%。

472勘探队1991—1995年甲级孔率是54%，2001—2005年甲级孔率是12%，2006—2010年甲级孔率是28%，2011—2015年甲级孔率是27%。

104勘探队1991—1995年甲级孔率是33%，2001—2005年甲级孔率是43%，2006—2010年甲级孔率是37%，2011—2015年甲级孔率是65%。

231勘探队1991—1995年甲级孔率是65%，1996—2000年甲级孔率是77%，2001—2005年甲级孔率是99%，2006—2010年甲级孔率是89%，2011—2015年甲级孔率是73%。

内蒙古自治区煤田地质局地质调查院2001—2005年甲级孔率是24%，2006—2010年甲级孔率是9%，2011—2015年甲级孔率是26%。

三、可采煤层采取率

117勘探队1991年可采煤层采取率是87%，1995年可采煤层采取率是82%，2000年可采煤层采取率是94%，2005年可采煤层采取率是92%，2010年可采煤层采取率是91%，2015年可采煤层采取率是89%。

图2-2-9　117勘探队桌子山煤田白云乌素煤矿水文地质勘探项目所取出的岩芯

151勘探队1991年可采煤层采取率是75%，1995年可采煤层采取率是82%，2000年可采煤层采取率是80%，2005年可采煤层采取率是80%，2010年可采煤层采取率是78%，2015年可采煤层采取率是79%。

153勘探队1991年可采煤层采取率是88%，1995年可采煤层采取率是82%，2000年可采煤层采取率是80%，2005年可采煤层采取率是88%，2010年可采煤层采取率是81%，2015年可采煤层采取率是89%。

109勘探队1991年可采煤层采取率是87%，1995年可采煤层采取率是87%，2000年可采煤层采取率是91%，2005年可采煤层采取率是91%，2010年可采煤层采取率是85%，2015年可采煤层采取率是83%。

472勘探队1991年可采煤层采取率是80%，1995年可采煤层采取率是82%，2000年可采煤层采取率是76%，2005年可采煤层采取率是83%，2010年可采煤层采取率是91%，2015年可采煤层采取率是93%。

104勘探队1991年可采煤层采取率是87%，1995年可采煤层采取率是86%，2000年可采煤层采取率是84%，2005年可采煤层采取率是95%，2010年可采煤层采取率是86%，2015年可采煤层采取率是87%。

231勘探队1991年可采煤层采取率是84%，1995年可采煤层采取率是87%，2000年可采煤层采取率是87%，2005年可采煤层采取率是97%，2010年可采煤层采取率是92%，2015年可采煤层采取率是96%。

煤炭地质调查院2005年可采煤层采取率是87%，2010年可采煤层采取率是92%，2015年可采煤层采取率是90%。

四、经营管理

1991—1995年，经营总收入18327.1万元，结余及利润464.57万元，职工年平均收入3631元，在职职工年平均收入3662元。

1996—2000年，经营总收入62833.2万元，结余及利润1022.2万元，资产总额126512.1万元，净资产51175万元，职工年平均收入4088元，在职职工年平均收入4861元。

2001—2005年，经营总收入147122.4万元，结余及利润4706.44万元，资产总额192827.21万元，净资产97833.18万元，职工年平均收入8370元，在职职工年平均收入10639元。

2006—2010年，经营总收入441279.7万元，结余及利润47152.95万元，资产总额 1104738.04 万元，净资产 405622.74 万元，职工年平均收入 34540 元，在职职工年平均收入 46580 元。

2011—2015 年，经营总收入 437339.37 万元，结余及利润 122645.75 万元，资产总额 1992730.67 万元，净资产 1067982.54 万元，职工年平均收入 64700 元，在职职工年平均收入 83420 元。1991—2015 年内蒙古煤田地质局主要经济指标完成情况见表 2-2-3。

表 2-2-3　1991—2015 年内蒙古煤田地质局主要经济指标完成情况统计表

时间	总收入（万元）				结余收入及利润（万元）	资产（万元）					净资产（万元）	职工总人数（人）		职工年人均收入（元）	
	合计	其中				合计	其中					合计	其中：固定职工	合计	其中：在岗职工
		预算内地质工作收入	社会地质工作收入	其他产业收入			流动资产	固定资产	其中：固资产原值	其中：固定资产净值					
1991—1995 年	18327.1	—	—	—	464.57	—	—	—	—	—	—	—	3631	—	3662
1991 年	2166.47	1535.28	186.79	318.72	5.42	—	415.14	3035.04	4237.84	3035.04	—	2790	2614	2365	2390
1992 年	2746.38	1869.23	332.15	265.00	9.94	—	433.16	3875.70	5267.15	3875.70	—	2752	2711	2641	2670
1993 年	3171.56	1714.00	495.45	518.16	33.00	—	438.84	4256.02	5764.21	4256.02	—	2740	2696	3383	3404
1994 年	4731	2568.62	1010.58	936.4	141.02	—	437.19	4397.51	5565.57	4397.51	—	2434	2390	5546	5632
1995 年	5511.69	2426.8	1500.3	1724.48	275.19	—	437.88	4116.66	5939.16	4116.83	—	2244	2194	4223	4217
1996—2000 年	62833.2	—	—	—	1022.2	120512.1	—	—	—	—	51175	—	—	4088	4861
1996 年	11226.8	5258.4	1173.6	4794.8	334.5	19768.2	13088.9	4446.5	6294.1	4446.5	8348	2248	2203	4262	4451
1997 年	13611.3	6193.6	1917.9	5499.8	366.2	25523.2	19153.1	4335.97	6366.07	4335.97	9753.6	2230	2179	3696	4887
1998 年	12565.3	5818.4	1707.1	5039.8	50.9	25305.7	13160.5	9350.1	13665.1	9350.1	10106.5	2223	2137	3681	4438
1999 年	12326.0	6848	2142.1	3335.9	-8.9	23245.8	6867.8	13540.1	14496.1	13540.1	10719.9	4354	4312	3526	4846
2000 年	13103.8	7330.5	2558.5	3214.8	279.5	26669.2	12686.7	10261.3	15670.6	10261.3	12247	4307	4275	4876	5683
2001—2005 年	147122.4	—	—	—	4706.44	192827.21	—	—	—	—	97833.18	—	—	8370	10639
2001 年	16724.0	8100.0	5934.0	2690.0	568	29771.44	13153.1	12092.47	17702.45	12092.47	14372.6	4011	3984	5097	6764
2002 年	18583.9	9946.7	5323.6	3313.6	492	27913.28	10578.66	12893.6	18728.41	12893.6	17220.79	3906	3891	6104	8771
2003 年	39466.9	20133.6	15841.4	3511.9	250.44	34885.56	16422.43	13666.83	20122.14	13666.83	19813.64	3895	3879	7863	9044
2004 年	33709.2	15244.8	13869.5	4614.9	820.7	41029.51	22235.12	14105.32	20592.07	14105.32	21958.81	3909	3894	9089	10918
2005 年	38638.4	14822.4	22644.7	1171.3	2575.3	59227.02	38743.28	15602.02	22794.65	15602.02	24467.34	3569	3536	13700	17700
2006—2010 年	441279.7	—	—	—	47152.95	1104738.04	—	—	—	—	405622.74	—	3450	—	46580
2006 年	66235.88	4503.30	57276.38	4456.20	6338.96	112958.94	83693.99	18749.94	28626.29	18749.94	41931.22	3532	3500	22800	32000
2007 年	97993.56	42744.95	45804.21	9444.40	12113.35	146018.58	118905.16	22422.46	31045.07	22422.46	46559.41	3475	3438	26000	38000
2008 年	98380.49	52561.35	30111.16	15707.98	5255.60	235217.07	225351.27	24531.37	33916.61	24531.37	75375.25	3268	3139	34500	46000
2009 年	99663.93	46650.55	38945.83	14067.55	6445.20	296385.20	253992.76	30794.62	42031.86	30794.62	91081.85	3239	3114	41100	55100
2010 年	79005.84	30899.85	26687.07	21418.92	16999.84	314158.25	265502.56	35845.41	49110.82	35845.41	150674.98	3414	3205	48300	61800
2011—2015 年	437339.37	—	—	—	122645.75	1992730.67	—	—	—	—	1067982.54	—	—	64700	83420
2011 年	85166.56	9525.20	37440.38	38200.98	34325.99	333214.71	283182.66	37142.48	52719.29	37142.48	183179.27	3273	3201	53000	68000
2012 年	100443.38	14957.50	51780.13	33705.75	70818.51	362441.02	303764.17	42556.54	60011.55	42556.54	199116.73	3134	3062	63300	77700
2013 年	98068.88	11685.10	52457.41	33926.37	7389.73	408507.53	348732.41	38570.61	74851.93	38570.65	224729.51	3085	2569	74700	82200
2014 年	75413.37	9549.08	40608.25	25256.04	6246.23	433156.64	370605.76	34934.52	76473.60	34934.52	229450.73	3285	2362	64600	93100
2015 年	78247.18	23147.77	43648.10	11451.31	3865.29	455410.77	374543.96	31992.25	77991.13	31992.24	231506.3	3182	2190	67900	96100

第三章 煤层气勘查

第一节 机构与队伍

一、机构

1991—1999 年，煤层气勘查的具体工作由煤田地质局地质处、科技处及各勘探队地质科、总工办负责完成。2000 年以股份制的形式成立专门从事钻井定向专业技术攻关的技术机构，为煤田地质局的石油钻井技术服务。2001 年成立局属石油勘探开发处，下设定向井技术服务公司。2010 年，煤田地质局油气勘查公司煤层气分公司成立，经过发展成为协作经营 3 个井队的钻井定向综合施工一体化的市场经营单位。2014 年，钻井定向工程处组建水平井技术服务组。

2014 年 7 月 22 日，内蒙古矿业集团有限责任公司绿能非常规天然气勘查开发有限责任公司成立，标志着内蒙古开始有一家国有省属的探采一体化的煤层气、页岩气专业企业。2014 年 9 月 28 日，以内蒙古煤田地质局为依托单位，内蒙古自治区科技厅批复成立内蒙古自治区非常规天然气工程技术研究中心，该中心是内蒙古第一家煤层气、页岩气专业科研单位。

二、队伍

1991—1999 年，内蒙古没有专门从事煤层气工作的队伍。2001 年石油勘查开发处正式成立时，下属队伍主要为租赁 104 勘探队的钻井队。2005 年，内蒙古煤田地质局钻井定向工程处组建，单位职工 21 人。2010 年定向工程处职工人数由 2005 年的 21 人扩大到正式职工 27 人。

截至 2015 年底，内蒙古自治区煤田地质局定向工程处拥有钻井队 1 支，外雇钻井队 4 支，单位正式员工 36 人，临时工 30 余人，进入由单一的定向服务到综合煤层气勘探队伍的建设领域。2015 年，内蒙古矿业（集团）绿能非常规天然气勘查开发有限责任公司成立，组建专门的录井队伍，有职工 37 人。

第二节 勘查工作

一、勘查装备

2000—2002 年，内蒙古自治区煤田地质局定向工程处主要勘查仪器为西安石油仪器"R"型单点测斜仪及"E"型单点测斜仪。2003—2006 年，定向工程处主要勘查仪器为"R"型单点测斜仪、"E"型单点测斜仪、有线随钻车载仪。2007—2011 年，定向工程处主要勘查仪器为"R"型单点测斜仪、"E"型单点测斜仪、有线随钻车载仪、海蓝无线随钻测斜仪。设备具体情况：有国产海蓝（仿美国 QDT）、上海神开 MWD 无线随钻 3 套，国产海蓝、赛维有线随钻 3 套，国产海蓝、赛维电子多点测斜仪器 8 套，国产海蓝、六合电子单点测斜仪器 8 套。

MWD 无线随钻、MWD 有线随钻国内领先的高精度和高可靠性，同时针对国内钻井设备和工况进行优化设计使用，适用于 ϕ118 毫米以上孔径所有井眼的施工，在国内各地区的施工也有较强的适应能力。

1. 无线随钻

内蒙古自治区煤田地质局定向工程处拥有海蓝公司生产的国内先进的无线随钻测斜仪器，可进行大位移天然气井的施工。仪器主要特点：发码速度快、可测量附加参数（泥浆压力）、精度高、工作性能稳定、可扩展地质参数、适应井下工作状况能力强。

2. 有线随钻

内蒙古自治区煤田地质局定向工程处拥有海蓝、赛维车载、拖橇有线随钻3台，能满足各类中深井以上的各类井型、各种工艺的施工。

图2-3-1　海拉尔地区煤层气试采现场

2012—2015年，定向工程处主要仪器设备包括：海蓝产无线随钻测斜仪2套，上海神开产无线随钻测斜仪1套，能独立完成各种要求、各种施工条件的钻探深度的石油、天然气、煤层气钻井工程石油钻机5台。钻井设备有新突破，定向工程处从151勘探队接管1台石油2000型钻机，接管后根据华北油田井控及施工要求，将底座加高，加装电磁刹车，大修12V190柴油机，更新一台TBD234V8柴油机，更换水龙头、配备液压大钳，购置一套双闸板井控装备、购置一套青州1300泥浆泵组、购置西安兴庆石油装备公司固控设备系统、高架油罐以及广西玉发电气公司的柴油发电机组，使该钻机主要设备已经按照石油标准配齐，满足华北油田1600米以下探井及开发井施工要求。通过接管钻机，定向工程处形成了自己钻探加外聘钻机的新局面。

截至2015年底，内蒙古自治区煤田地质局油气勘查开发公司拥有大型钻机68台，包括岩芯钻机49台，水源钻机19台。有2000米钻深GZ2000石油钻机9台、3000米钻深ZJ30-170B钻机7台、4000米钻深ZJ40钻机2台、5000米钻深ZJ50钻机2台以及配套其他工程机械。

2015年，内蒙古矿业（集团）绿能非常规天然气勘查开发有限责任公司主要录井设备有ACE智能录井仪。ACE综合录井仪由正压防爆型仪器房、智能快速气测仪、传感器接线箱、传感器组、计算机系统、输出设备等构成，运行于多台计算机组成的网络平台上，完成实时数据采集、处理、存储和输出等功能。

系统可以直接采集录取气体、工程、钻井液和地质方面有关参数近40余项，并由此派生出相关参数300多项。实时监控、工程应用软件可在任一计算机上运行，通过彩色打印机输出实时报表、曲线、资料解释图表，经多媒体系统输出语音提示及报警。系统能够快速发现油气显示并进行评价、监控钻井参数及有毒气体,确保钻井安全并提高钻井效率。

二、勘查技术

2000—2002年,内蒙古自治区煤田地质局钻井定向工程处为全区进行煤层气勘查、开发工作的唯一专业机构,主要勘查技术为单点定向施工。

2003—2006年,内蒙古自治区煤田地质局钻井定向工程处主要进行煤层气勘查开发工作,主要勘查技术为单点有线随钻定向施工。

2007—2011年,钻井定向工程处和油气勘查开发公司为进行煤层气勘查开发工作的主要单位,定向工程处的主要勘查技术为单点、有线、无线随钻定向施工,石油钻井采取外聘石油钻机的形式施工。2009年,定向井施工已经摆脱最原始的单点测斜仪。油气勘查开发公司在2010年组建煤层气分公司,同时攻克绳索取芯作业难题,结束了绳索取芯靠外雇井队的历史。2011年油气勘查开发公司把ZJ30型钻机调配给煤层气分公司,并新购置空气循环钻机,从而壮大了煤层气分公司的综合实力。

2012—2015年,定向工程处和油气勘查开发公司为进行煤层气勘查开发工作的主要单位,定向工程处主要勘查技术为有线、无线随钻定向施工技术,石油钻井采用自有钻机加外聘石油钻机的形式施工。从2013年开始,定向工程处与"中石油华北油田勘探部"合作,借助定向工程处钻机成本低,占地面积小,全井取芯更为直观的优势,在勘探区块边缘进行石油地质调查钻孔施工,为双方互惠共赢开创一个新的模式。2012年内蒙古自治区煤田地质局油气勘查开发公司攻克斜井绳索取芯技术难题,并把绳索取芯技术对外市场化,成为中石化华东局在延川南区块绳索取芯任务指定单位。2014年油气勘查开发公司组建水平井技术服务组,为矿业权人提供定向、远端对接、地质导向技术,这项新技术的应用已走在全国煤层气勘查领域的前列。

三、勘查工作量

截至2015年底,内蒙古境内已施工煤层气钻井70余口,主要分布在鄂尔多斯含煤盆地的乌审旗、霍林河煤田、牙克石煤田等地区。

第三节 勘查成果

一、成果报告

1996—2015年,基本查明全区主要含煤层气的地层,其面积占全区含煤盆地总面积的90%以上,含煤地层中富含大量的煤层气资源,是煤层气勘查、开发的重要层位。

1996年煤田地质局实施内蒙古煤层气资源评价项目,初步评价了全区煤层气资源条件。

2005年,煤田地质局编制的《内蒙古自治区大青山煤田煤层气资源调查报告》,初步评价矿区煤储层的渗透性和地层压力,预测煤层气资源量,较为系统地评价了大青山煤田的煤层气资源潜力。

2009年煤田地质局编制的《内蒙古自治区准格尔勘查区煤层气地质特征初步评价报告》,系统收集准格尔煤田相关资料,对准格尔勘查区的地层、构造、煤层、煤质、水文地质、围岩特征等煤层气赋存条件进行初步研究。

2012年煤田地质局提交的《二连盆地煤层气(游离气)资源调查选区及评价报告》,对二连盆地群含煤盆地进行梳理,制定该区煤层气资源评价标准,从构造、沉积、煤层特征、储层特征、含气性及裂隙特征等方面对煤层气资源进行初步评价。

2012年煤田地质局提交的《阿拉善及周边地区煤层气勘探前景分析与目标优选报告》，分煤级、分重点区对鄂尔多斯市准格尔煤田煤层气研究区、东胜煤田煤层气研究区、阿拉善左旗黑山煤田煤层气研究区和二道岭矿区煤层气研究区的煤层气条件进行分析，对4个重点研究区进行评价，并对研究区内煤层气资源进行预测，分析煤层气勘查前景，优选阿拉善左旗二道岭矿区的无烟煤区为近期煤层气开发的有利区。

上述成果，对全区煤层气资源评价工作奠定了基础。

二、煤层气资源量

2014年度实施的《内蒙古自治区煤层气资源调查评价》项目，估算全区总煤层气资源量9.94×10^{12}立方米（约占全国总资源量的27%），查明的煤层气资源量3600亿立方米。在全国14个含煤层气大于5000亿立方米的含煤盆地（群）中，自治区境内有鄂尔多斯、二连、海拉尔3个低中阶煤含气盆地。全区低煤阶煤层气总资源量8.53×10^{12}立方米，约占全国低煤阶煤层气总资源量的58%；中阶煤层气总资源量1.4×10^{12}立方米，占全国中煤阶煤层气总资源量的9.7%。

内蒙古自治区煤层气资源主要分布在鄂尔多斯含煤盆地的西部、二连含煤盆地群、海拉尔含煤盆地群、大青山煤田和阿拉善盟，其中《鄂尔多斯盆地聚煤规律研究（内蒙古部分）》确定该盆地煤层气资源量为49000亿立方米，海拉尔含煤盆地群的煤层气资源量1.9×10^{12}立方米、可采资源量8800亿立方米。二连含煤盆地群的煤层气可采资源量20000亿立方米，大青山煤田、桌子山煤田和贺兰山煤田的煤层气资源量2305亿立方米。

内蒙古煤层气资源分布广、资源量大，具有良好的开发潜力。

三、煤层气开发现状

截至2015年底，内蒙古自治区煤层气地面开采量为0，煤矿瓦斯井下抽采利用量有较大突破性发展，主要集中在贺兰山（西麓）煤田的二道岭矿区、大青山煤田的石拐矿区以及乌达煤田。2014年，全区矿井瓦斯抽采量1.25亿立方米，利用5935.68万立方米。

贺兰山（西麓）煤田的二道岭矿区是内蒙古自治区境内高瓦斯矿区之一，到2015年底，矿区内利用井下抽采瓦斯发电项目已初具规模，多处瓦斯发电项目已并网发电。

乌达煤田的五虎山煤矿已建成2套瓦斯抽采系统，抽采规模为抽放能力585立方米/分钟，2014年底，瓦斯抽放量5977.81万立方米，利用率45.89%，瓦斯发电量3.21×10^7千瓦时。神华乌海能源公司平沟煤矿已建成2套抽放系统，共4台泵，抽采规模为640立方米/分，2014年抽放瓦斯536.3万立方米，未利用。黄白茨煤矿已建成高、低压抽放泵各2台，抽放能力320立方米/分。2014年，瓦斯抽放量1931.73万立方米，瓦斯利用率32.72%，瓦斯发电量1.39×10^7千瓦时。

阿拉善盟庆华集团百灵煤炭有限责任公司已建成瓦斯抽采系统的抽放能力为280立方米/分，2014年，瓦斯抽放量1000万立方米，瓦斯利用率为50%，瓦斯发电量2.76×10^7万千瓦时。太西集团松树滩煤矿6×500千瓦瓦斯发电项目的一期3×500千瓦发电工程已经建成运营，2014年，瓦斯抽放量355万立方米，瓦斯利用率95%，瓦斯发电量4.56×10^6千瓦时。安泰新能源乌兰煤矿瓦斯发电项目已建成320立方米/分的抽放能力，瓦斯年抽采量2651万立方米，利用率65%，瓦斯发电量4.14×10^7千瓦时。

图2-3-2 霍林河煤田煤层气勘探现场

2014年，包头市瓦斯年抽采量4320万立方米，利用率100%，年民用瓦斯消耗量1296立方米，石拐工业园区进行煤层气输气管网规划。鄂尔多斯市已建成长蒙天然气输气管线、苏东准天然气输气管线、长乌临天然气输气管线、长呼原油管线。

从开发利用的角度看，虽然目前的开发利用方式比较单一，均为井下瓦斯抽采以及低浓度瓦斯发电，但已经证实内蒙古煤层气具有较好的开发前景。

四、煤层气开发潜力

到2015年内蒙古境内已施工部分煤层气探井与参数井，大部分地区均见到较好的气测显示，初步见到开发前景。

2008年在桌子山中部棋盘井地区成功实施参数井+生产试验井QP-C1井，放喷期间点火成功。

2014年在包头市大青山煤田石拐矿区施工3口煤层气参数井，其中1口井点火成功，见工业气流。

2014年在海拉尔盆地群牙克石区块施工煤层气探井6口，其中3口正在排水降压，初步显示出良好的开发潜力。

2014年在鄂尔多斯含煤盆地的东北缘施工煤层气探井2口，见良好气测显示。

中石油勘探开发研究院廊坊分院在二连含煤盆地群的霍林河煤田施工一口煤层气探井，初步显示出良好的开发前景。此外，长庆油田曾在乌审旗纳林河区块和乌审召区块施工过40余口煤层气井。总之，内蒙古煤层气资源潜力较大，开发前景广阔。

第四章 煤炭资源储量及共、伴生资源

第一节 煤炭资源储量

截至2015年底，在内蒙古境内的105个有勘查工程控制的含煤盆地和13个无勘查工程控制的预测含煤盆地中共提交各类煤炭资源量25071亿吨，其中由1363件煤炭地质勘查报告提交各类煤炭资源量11042亿吨、由13个无勘查工程控制的预测含煤盆地和35个预测区（或预测单元）共计预测煤炭资源量 14029 亿吨（成果主要来自 2011 年 8 月由内蒙古自治区煤田地质局完成的《内蒙古自治区煤炭资源潜力评价报告》）。勘查报告提交煤炭资源量由"2015 年底上《内蒙古自治区矿产资源储量表》"和"2015 年底未上《内蒙古自治区矿产资源储量表》"两部分组成。上矿产资源储量表的总煤炭资源量为 8519 亿吨，其中查明资源量为 4221 亿吨（保有量 4111 亿吨）、潜在资源量（334?）为 4298 亿吨（保有量 4298 亿吨）；未上矿产资源储量表的总煤炭资源量为 2523 亿吨，其中查明资源量为 1564 亿吨（保有量 1564 亿吨）、潜在资源量（334?）为 959 亿吨（保有量 959 亿吨）。以下重点叙述 2015 年底前上矿产资源储量表的煤炭资源/储量情况。

一、资源/储量统计标准

煤炭资源/储量统计时间段为 1991—2015 年，统计节点为 1995 年、2000 年、2005 年、2010 年和 2015 年。统计数据分别来自《内蒙古自治区矿产储量表》第一册"燃料矿产"（内蒙古自治区地质矿产厅，1996 年出版）、《内蒙古自治区矿产资源储量简表》第一册"能源矿产"（内蒙古自治区国土资源厅，2001 年出版）、《内蒙古自治区矿产资源储量表》第一册"能源矿产"（2006 年、2011 年、2016 年出版）。资源/储量统计方式按自治区各盟市、勘查阶段、煤类分别进行统计，2000 年储量简表无"潜在资源量（334?）"。

二、资源/储量

截至 2015 年底，全区上表总煤炭资源/储量 8518.80 亿吨，其中查明煤炭资源/储量 4220.80 亿吨、潜在资源量（334?）4298.00 亿吨；保有煤炭资源/储量 4110.65 亿吨；累计消耗总煤炭资源/储量 110.15 亿吨。提交的查明煤炭资源/储量包括：探明的（可研）经济基础储量（111b）188.89 亿吨、探明的（预可研）经济基础储量（121b）96.66 亿吨、控制的经济基础储量（122b）288.69 亿吨、探明的（可研）边际经济基础储量（2M11）0.016 亿吨、探明的（预可研）次边际经济资源量（2S21）0.045 亿吨、控制的次边际经济资源量（2S22）1.68 亿吨、探明的内蕴经济资源量（331）258.79 亿吨、控制的内蕴经济资源量（332）560.54 亿吨、推断的内蕴经济资源量（333）2825.49 亿吨；保有的查明煤炭资源/储量包括：探明的（可研）经济基础储量（111b）145.31 亿吨、探明的（预可研）经济基础储量（121b）88.07 亿吨、控制的经济基础储量（122b）259.40 亿吨、探明的（预可研）次边际经济资源量（2S21）0.045 亿吨、控制的次边际经济资源量（2S22）1.67 亿吨、探明的内蕴经济资源量（331）257.74 亿吨、控制的内蕴经济资源量（332）560.12 亿吨、推断的内蕴经济资源量（333）2798.29 亿吨。按勘查程度统计：勘探阶段提交资源/储量 2501.14 亿吨，占提交查明资源/储量的 59.26%；详查阶段提交资源/储量 944.27 亿吨，占提交查明资源/储量的 22.37%；普查阶段提交资源/储量 775.39 亿吨，占提交查明资源/储量的 18.37%。

内蒙古境内的 12 个盟市均有煤炭资源分布，但资源量集中度不同，煤炭资源量按上"矿产资源储量表"数额排名前五位的盟市有鄂尔多斯市、锡林郭勒盟、呼伦贝尔市、通辽市、包头市，探明煤炭资源/储量占全区累计探明煤炭资源/储量的比例分别为 51.07%、24.84%、17.64%、2.20%、1.51%，合计占全区探明煤炭资源/储量的97.26%。全区境内资源量小于10亿吨的小型煤田有69个，资源量在10亿~50亿吨的中型煤田有22个，资源量在50亿~100亿吨的大型煤田有11个，资源量超过100亿吨的特大型煤田有19个，资源量按目前各煤田的总资源量确定。19个特大型煤田按资源量降序排列依次为准格尔煤田、东胜煤田、呼和诺尔煤田、红花尔基煤田、扎赉诺尔煤田、胜利煤田、伊敏煤田、达来煤田、高力罕煤田、宝日希勒煤田、桌子山煤田、巴彦呼硕煤田、额合宝力格煤田、巴彦宝力格煤田、明图庙煤田（全为预测资源量）、白音华煤田、五间房煤田、霍林河煤田、乌尼特煤田。适宜露天开采的煤田有准格尔煤田、胜利煤田、白音华煤田、霍林河煤田、元宝山煤田、伊敏煤田、宝日希勒煤田。

1995—2015年，内蒙古自治区各盟市煤炭资源储量见表2-4-1~表2-4-5。

表2-4-1 1995年底全区各盟市煤炭资源储量统计表　　　　　　　　　万吨

项目	累计探明资源储量				探明保有资源储量	预测资源量（334?）
	合计	勘探	详查	普查		
总计	7491584	7105187	372002	14395	7390267	15218989
呼伦贝尔盟	1384699	1195146	189197	357	1361331	1507759
兴安盟	4450	3640	810	—	4397	1889
哲里木盟	726953	726359	594	—	722342	604674
赤峰市	184777	184216	561	—	164417	4565
锡林郭勒盟	814459	814188	271	—	814029	4192131
乌兰察布盟	54	—	32	22	51	24300
巴彦淖尔盟	14933	13341	1351	241	13288	11447
伊克昭盟	3896899	3789412	100298	7189	3895840	7951257
阿拉善盟	58521	58521	—	—	53841	13951
乌海市	294537	294537	—	—	260405	45353
包头市	105627	25828	78888	912	96015	832393
呼和浩特市	5676	—	—	5676	4312	29271

表2-4-2 2000年底全区各盟市煤炭资源储量统计表　　　　　　　　　万吨

项目	累计探明资源储量				探明保有资源储量	预测资源量（334?）
	合计	勘探	详查	普查		
总计	22585619	10752635	4250627	7582358	22401985	—
呼伦贝尔盟	3079988	1568696	450585	1060707	3045222	
兴安盟	6395	5006	1244	145	5128	
通辽市	1212499	1202521	7972	2006	1204844	
赤峰市	177243	163257	13986	—	153505	
锡林郭勒盟	4661868	1972454	1905623	783792	4660426	
乌兰察布盟	25560	—	25560	—	25514	

表2-4-2（续） 万吨

项目	累计探明资源储量				探明保有资源储量	预测资源量（334?）
	合计	勘探	详查	普查		
巴彦淖尔盟	26164	20148	5932	85	21425	—
伊克昭盟	11637708	4987546	934710	5715453	11608115	—
阿拉善盟	77059	62027	15032	—	70226	—
乌海市	353834	352311	—	1523	297781	
包头市	1292356	416254	872079	4023	1277139	
呼和浩特市	34947	2417	17904	14626	32660	

表2-4-3 2005年底全区各盟市煤炭资源储量统计表 万吨

项目	累计探明资源储量				探明保有资源储量	预测资源量（334?）
	合计	勘探	详查	普查		
总计	23533705	12497943	3857006	7178755	23279041	11161
呼伦贝尔市	3069589	2520547	239311	309730	3022055	
兴安盟	5956	5037	775	145	4772	
通辽市	1315296	1302363	10275	2658	1300365	
赤峰市	172186	159936	12250	—	144841	
锡林郭勒盟	5136737	2096419	1909805	1130514	5127289	
乌兰察布市	25534	—	25534		25488	
巴彦淖尔市	21870	17765	4021	85	20716	
鄂尔多斯市	12320674	5859676	745545	5715453	12249919	11161
阿拉善盟	105491	92888	12603	—	97147	
乌海市	388100	385985	593	1523	326986	
包头市	937327	54912	878392	4023	927292	
呼和浩特市	34947	2417	17904	14626	32173	

表2-4-4 2010年底全区各盟市煤炭资源储量统计表 万吨

项目	累计探明资源储量				探明保有资源储量	预测资源量（334?）
	合计	勘探	详查	普查		
总计	36298065	22767174	7218429	6312461	35774491	39636727
呼伦贝尔市	6129495	2121735	1117938	2889823	6058275	4743192
兴安盟	6477	1835	4497	145	5551	24
通辽市	1243086	1232357	7779	2949	1213436	854
赤峰市	251439	236835	14604		209867	
锡林郭勒盟	9037895	5041529	2834085	1162281	9003357	2357339
乌兰察布市	187451	—	187451	—	187405	20870
巴彦淖尔市	255518	29274	226160	85	253997	
鄂尔多斯市	17977744	13547226	2217956	2212562	17736803	32210321
阿拉善盟	148259	104527	24887	18845	138857	50306

表2-4-4（续） 万吨

项目	累计探明资源储量				探明保有资源储量	预测资源量（334?）
	合计	勘探	详查	普查		
乌海市	396781	382610	7046	7125	319955	16565
包头市	628935	69246	555666	4023	614852	237256
呼和浩特市	34985	—	20359	14626	32135	

表2-4-5 2015年底全区各盟市煤炭资源储量统计表 万吨

项目	累计探明资源储量				探明保有资源储量	预测资源量（334?）
	合计	勘探	详查	普查		
总计	42208036	25123257	9433479	7651299	41106454	42980014
呼伦贝尔市	7447531	2911522	2729304	1806704	7279853	4727030
兴安盟	7479	6569	—	910	4727	42
通辽市	928752	797194	128609	2949	869212	164333
赤峰市	269593	258459	11135	—	197818	1606
锡林郭勒盟	10485391	5980902	2498146	2006343	10410230	2433971
乌兰察布市	255037	81943	172688	407	255014	651
巴彦淖尔市	17563	12575	4261	728	15080	706
鄂尔多斯市	21555198	14494653	3238757	3821788	20978677	35268367
阿拉善盟	197489	157770	37429	2289	175874	12206
乌海市	392742	387804	2669	2269	300280	7520
包头市	636554	32581	599808	4165	610032	346638
呼和浩特市	14706	1286	10672	2748	9657	16945

三、煤类与煤质

（一）煤类及分布

内蒙古煤类较为齐全。非炼焦用煤有贫煤、无烟煤、1/2中黏煤、弱黏煤、不黏煤、长焰煤以及褐煤，炼焦用煤有气煤、气肥煤、肥煤、焦煤、1/3焦煤、瘦煤及贫瘦煤。截至2015年底，非炼焦用煤资源量为8414.83亿吨，炼焦用煤资源量为103.98亿吨，分别占总资源量的98.78%和1.22%。非炼焦用煤以不黏煤、褐煤、长焰煤为主，不黏煤资源量5223.10亿吨、褐煤资源量2308.42亿吨、长焰煤资源量834.74亿吨，三者分别占自治区总资源量的61.31%、27.10%、9.80%，总和占自治区总资源量的98.21%。自治区境内大兴安岭中段、阴山东、中段、桌子山、贺兰山北端属于中高变质带，煤类有肥煤、焦煤、瘦煤、贫煤、无烟煤；海拉尔盆地群、二连盆地群以及松辽盆地、固阳煤田、集宁煤田、黑子城煤产地及西大仓煤产地为低变质带，在煤田浅中部煤类以褐煤为主，在煤田深部煤类以长焰煤为主；鄂尔多斯盆地属于中低变质带，由东向西煤的变质程度逐渐增高，煤类有长焰煤、不黏煤和气煤。

1991—2015年，内蒙古分煤类资源量统计结果见表2-4-6～表2-4-10。

表 2-4-6　1995 年底分煤类资源量统计表　　　　　　　　　　　　　万吨

煤	类	探明资源量	保有资源量	(334?)资源量	资源量合计
炼焦用煤	合 计	428415	383524	121397	549312
	气 煤	63984	58176	35055	99039
	气 肥 煤	—	—	—	—
	肥 煤	181825	167441	56163	237988
	焦 煤	169295	144944	28375	197670
	1/3 焦煤	4747	4747	—	4747
	瘦 煤	6339	5991	1806	08145
	贫瘦煤	2226	2226	—	2226
	未分类	—	—	—	—
非炼焦用煤	合 计	7063169	7006743	15097590	22160759
	贫 煤	8629	8294	5886	14515
	无烟煤	28076	23197	24656	52732
	1/2 中黏煤	915	915	—	915
	弱黏煤	8732	8050	15004	23737
	不黏煤	2174068	2171685	6955578	9129646
	长焰煤	1746922	1741829	1000220	2747142
	褐 煤	3095826	3052773	7093789	10189515
	未分类	—	—	2458	2458

表 2-4-7　2000 年底分煤类资源量统计表　　　　　　　　　　　　　万吨

煤	类	探明资源量	保有资源量	(334?)资源量	资源量合计
炼焦用煤	合 计	589430	511602	—	589430
	气 煤	92037	81660	—	92037
	气 肥 煤	31	19	—	31
	肥 煤	268376	246636	—	268376
	焦 煤	205735	161221	—	205735
	1/3 焦煤	4747	4747	—	4747
	瘦 煤	16086	14923	—	16086
	贫瘦煤	2226	2226	—	2226
	未分类	192	170	—	192
非炼焦用煤	合 计	21996191	21890383	—	21996190
	贫 煤	14638	14288	—	14638
	无烟煤	51221	44258	—	51221
	1/2 中黏煤	915	915	—	915
	弱黏煤	97573	96077	—	97573
	不黏煤	9040382	9017179	—	9040382
	长焰煤	2896322	2882593	—	2896322
	褐 煤	9892689	9832575	—	9892689
	未分类	2451	2498	—	2451

表2-4-8　2005年底分煤类资源量统计表　　　　　　　　　　　　万吨

煤　类		探明资源量	保有资源量	(334?)资源量	资源量合计
炼焦用煤	合　计	635861	558930	—	635861
	气　煤	102037	91130	—	102037
	气 肥 煤	31	276	—	31
	肥　煤	295167	245096	—	295167
	焦　煤	215243	199793	—	215243
	1/3 焦煤	9494	9494	—	9494
	瘦　煤	8348	7620	—	8348
	贫 瘦 煤	900	900	—	900
	未 分 类	4643	4621	—	4643
非炼焦用煤	合　计	22897843	22720111	11161	22909004
	贫　煤	18956	15610	—	18956
	无 烟 煤	198655	190816	—	198655
	1/2 中黏煤	4271	1829	—	4271
	弱 黏 煤	114785	115052	11002	125787
	不 黏 煤	9311505	9224326	159	9311664
	长 焰 煤	7938831	2862762	—	7938831
	褐　煤	5308574	10307480	—	5308574
	未 分 类	2266	2238	—	2266

表2-4-9　2010年底分煤类资源量统计表　　　　　　　　　　　　万吨

煤　类		探明资源量	保有资源量	(334?)资源量	资源量合计
炼焦用煤	合　计	871253	768510	94105	965358
	气　煤	216588	204047	86726	303314
	气 肥 煤	2790	2629	—	2790
	肥　煤	272539	251202	5188	277727
	焦　煤	280060	213490	1298	281358
	1/3 焦煤	83670	82375	893	84563
	瘦　煤	9086	8292	—	9086
	贫 瘦 煤	689	667	—	689
	未 分 类	5831	5807	—	5831
非炼焦用煤	合　计	35426812	35005981	39542622	74969434
	贫　煤	14673	12084	—	14673
	无 烟 煤	106417	97716	46580	152997
	1/2 中黏煤	1829	1829	—	1829
	弱 黏 煤	176279	169866	15715	191994
	不 黏 煤	13691826	13515637	31672893	45364719
	长 焰 煤	5657082	5506840	1292315	6949397
	褐　煤	15318752	15243872	6397486	21716239
	未 分 类	459953	458137	117633	577586

表 2-4-10 2015 年底分煤类资源量统计表　　　　　　　　　　万吨

煤类		探明资源量	保有资源量	(334?)资源量	资源量合计
炼焦用煤	合计	955254	828866	84522	1039776
	气煤	264241	251593	53258	317499
	气肥煤	17814	15815	5	17819
	肥煤	175788	144822	—	175788
	焦煤	385450	315675	22993	408443
	1/3焦煤	80842	75032	5578	86420
	瘦煤	19027	14014	2471	21498
	贫瘦煤	2100	2100	10	2110
	未分类	9992	9815	207	10199
非炼焦用煤	合计	41252782	40277588	42895492	84148274
	贫煤	30777	25290	987	31764
	无烟煤	89831	80784	5896	95727
	1/2中黏煤	1886	1886	—	1886
	弱黏煤	207124	200753	137677	344801
	不黏煤	17396033	16970896	34834944	52230977
	长焰煤	7089516	6882022	1257891	8347407
	褐煤	16426566	16105494	6657636	23084202
	未分类	11049	10463	461	11510

(二) 煤质

全区各主要煤田（或煤产地）的煤炭质量不一，根据煤类、发热量、灰分、硫分、可选性等指标划分为优质煤、中质煤、低质煤 3 个等级。

优质煤 90% 分布在东胜煤田，煤类为不黏煤和长焰煤，原煤干基高位发热量（$Q_{gr,d}$）为 $20.40\times10^6\sim33.71\times10^6$ 焦耳/千克、平均值 30.11×10^6 焦耳/千克，原煤干基灰分为 2.87%～32.14%、平均值 9.56%，浮煤挥发分为 26.67%～41.54%、平均值 36.04%，原煤干基全硫为 0.13%～2.94%、平均值 0.88%，属低灰—中灰、特低硫、特高发热量、中等可选的优质煤，可用于动力用煤、气化用煤、形体加工、低温干馏用煤和水煤浆等。

贺兰山煤田的二道岭矿区与宁夏汝箕煤沟矿相邻，为优质无烟煤，干基高位发热量（$Q_{gr,d}$）为 $30.17\times10^6\sim34.39\times10^6$ 焦耳/千克、平均值 31.26×10^6 焦耳/千克，原煤干基灰分为 6.80%～12.93%、平均值 10.53%，浮煤挥发分为 4.44%～6.73%、平均值 5.71%，原煤干基全硫为 0.14%～0.57%、平均值 0.23%，属特低—低灰、特低硫、特高发热量、中等可选的优质煤，可广泛用于煤基活性炭、碳化硅、冷压型焦、特种民用型煤（手炉型煤）等产品的生产，深受国内外用户喜爱。

低煤质主要分布在集宁煤田和赤峰、锡林郭勒盟、通辽、呼伦贝尔等地区，煤类为褐煤。集宁煤田原煤干基高位发热量（$Q_{gr,d}$）为 $12.19\times10^6\sim25.94\times10^6$ 焦耳/千克、平均值 19.63×10^6 焦耳/千克，原煤干基灰分为 12.26%～48.44%、平均值 29.18%，浮煤挥发分为 39.49%～44.72%、平均值 42.47%，原煤干基全硫为 0.78%～8.90%、平均值 2.57%，属中—高灰、中高—高硫、中—高发热量的低质煤。

2015 年底，自治区境内代表性煤田（或矿区）的煤质分析指标统计见表 2-4-11。

表 2-4-11　2015 年底自治区境内代表性煤田的煤质分析指标统计表

项目	煤类	煤质指标					
		M_{ad}（%）	A_d（%）	V_{daf}（浮煤%）	$S_{t,d}$（%）	P_d（%）	$Q_{gr,d}$（MJ/kg）
潮水煤田	长焰煤	11.82	18.91	41.81	0.51	0.003	26.90
二道岭矿区	无烟煤	0.55	10.53	5.71	0.23	0.009	31.26
桌子山煤田	肥煤、焦煤	0.80	26.12	29.24	1.13	0.045	24.19
乌达煤田	焦煤、气煤	0.62	23.98	28.01	2.11	0.019	30.32
大青山煤田	焦煤、瘦煤	0.81	27.97	25.03	0.84	0.022	33.89
东胜煤田	不黏煤、长焰煤	4.63	9.56	36.04	0.88	0.003	30.11
准格尔煤田	长焰煤	5.18	22.98	39.10	1.51	0.028	28.12
集宁煤田	褐煤	10.00	29.18	42.47	2.57	0.015	19.63
白彦花煤田	褐煤	12.86	22.89	40.98	2.37	0.030	18.98
胜利煤田	褐煤	19.61	15.45	43.20	1.26	0.034	18.84
五间房煤田	褐煤	9.90	22.44	42.84	0.58	0.017	22.38
白音华煤田	褐煤	17.46	19.98	45.41	0.83	0.021	19.50
霍林河煤田	褐煤	18.51	24.12	46.92	0.70	0.030	17.97
平庄煤田	褐煤	11.85	18.29	38.02	1.04	0.014	23.36
元宝山煤田	褐煤	12.77	16.31	40.66	1.48	0.018	21.81
绍根煤田	褐煤	8.16	21.52	41.05	1.11	0.017	21.62
呼和诺尔煤田	褐煤	15.38	15.32	45.11	0.42	0.009	19.42
扎赉诺尔煤田	褐煤	9.18	19.82	43.14	0.36	0.009	23.30
大雁煤田	褐煤	16.10	24.32	45.73	0.53	—	17.75
伊敏煤田	褐煤	8.51	18.64	44.78	0.71	0.014	21.65

第二节　共伴生资源

内蒙古含煤地层和煤层中的伴生、共生矿产资源种类较多，含煤地层中有高岭岩（土）、耐火黏土、页岩气、砂岩气、煤层气、石膏和放射性铀等，与煤层共生的矿产资源以煤灰中的三氧化二铝、放射性元素、稀散元素和稀有元素（铀、锗、镓）为主。截至 2015 年底提交矿产资源量的有以下几种。

一、高岭土

高岭土为煤的同体共生矿产，主要分布在鄂尔多斯市东部的准格尔旗和呼和浩特市的清水河县一带。全区与煤共生的高岭土矿床 2015 年底上表矿山 4 处，勘查工作均达到详查程度。

典型矿山有鄂尔多斯市准格尔旗的黄天棉图高岭土矿，矿石类型为陶瓷级高岭土，矿石成分中 SiO_2 平均含量 62.75%、Al_2O_3 平均含量 23.13%、K_2O+Na_2O 平均含量 2.48%、Fe_2O_3 平均含量 1.19%、TiO_2 平均含量 1.06%、$CaO+MgO$ 平均含量 1.00%，白度 44.5%，烧失量 7.93%，塑性指数 12.995%。

截至 2015 年底，累计查明资源量 693 万吨、保有资源量 684 万吨。

二、耐火黏土

耐火黏土为煤的同体共生矿产，主要分布在乌海市、鄂尔多斯市东部的准格尔旗一带。全区与煤共生的耐火黏土矿床 2015 年底上表矿山 7 处，勘查工作有 2 处达到勘探程度、3 处达到详查程度、2 处达到普查程度。典型矿山有乌海市海南区的老石旦硬质耐火黏土矿，矿石类型硬质特级，矿石成分中 Al_2O_3 平均含量 37.86%、Fe_2O_3 平均含量 1.33%、TiO_2 平均含量 1.19%，烧失量 16.04%。

截至 2015 年底，累计查明资源量 20611 万吨、保有资源量 20598 万吨。

三、锗

锗为煤的伴生矿产，主要分布在锡林郭勒盟的胜利煤田和呼伦贝尔市的伊敏煤田。胜利煤田的乌兰图嘎煤炭有限责任公司锗煤露天矿工作程度高，锗矿主要赋存于大磨拐河组的煤层中，锗矿层锗品位 32~670 克/吨、平均品位 126 克/吨，中国国电锡林郭勒蒙东锗业科技有限公司从事锗的初级产品到高端产品的研发、生产和销售，主要产品有高纯四氯化锗、高纯二氧化锗、高纯金属锗、单晶锗及切片，年产各类锗产品折合金属量 30 吨以上。

截至 2015 年底，累计查明资源量 2948 吨、保有资源量 2835 吨。

图 2-4-1　内蒙古煤田地质勘探队探明的锗矿

四、油页岩

油页岩为沉积型矿床，赋存于含煤地层中。主要分布在赤峰市的敖汉旗、奈曼旗，通辽市的科尔沁左翼后旗，鄂尔多斯市的伊金霍洛旗，巴彦淖尔市的乌拉特后旗。全区油页岩矿床 2015 年底上表矿山 7 处，勘查工作有 3 处达到勘探程度、2 处达到详查程度、2 处达到普查程度。

截至 2015 年底，累计查明资源量 211999 万吨、保有资源量 211999 万吨。

五、页岩气

2012 年前内蒙古没有针对页岩气开展工作，2012—2014 年的前半年内蒙古自治区煤田地质局下属各二级单位进行页岩气勘查的前期选区工作，2014 年的后半年自治区相继成立"内蒙古矿业（集团）绿能非常规天然气勘查开发有限责任公司"和"内蒙古自治区非常规天然气工程技术研究中心"，是页岩气勘查、研究、开发的专业性队伍，为今后自治区境内页岩气的大规模勘查、研究、开发奠定良好的基础。自治区页岩气潜在资源量约 300000 亿立方米，主要分布在鄂尔多斯盆地、二连盆地群、松辽盆地西部、海拉尔盆地群。

2014年,绿能公司在鄂尔多斯市鄂托克旗施工的自治区第一口页岩气参数井"鄂页1井",在2015年度对主要的页岩气含气层"太原组1段"进行采样测试、压裂改造、试气等工作,获取较为齐全的页岩气开发技术评价参数,实现最大产能50000立方米/天,试产期间日产气17000~20000万立方米/天的页岩气开发新突破。

图2-4-2 2014年5月30日,内蒙古鄂托克页岩气钻井开钻

截至2015年底,全区页岩气勘查工作提交的各类成果均未达到上"矿产资源储量表"级别。

六、其他资源

镓作为煤的伴生矿产,主要分布在准格尔煤田中部和北部。准格尔煤田未做专门的镓勘查工作,但在煤炭勘查过程中做了大量的镓含量的测试工作。镓主要来源于本溪组铝土矿,常以胶体形式搬运至泥炭沼泽近海湖盆中,在准格尔煤田6号煤层成煤过程中再次富集。典型矿山有准格尔煤田黑岱沟露天煤矿,6号主采煤层中Ga的平均含量为44.8克/吨,煤的高温(550摄氏度)灰化产物中Ga的平均含量为89.2克/吨。

截至2015年底,全区煤中镓未上"矿产资源储量表"资源量,根据准格尔煤田国家规划区煤质化验资料预测,煤中镓资源量为85.7万吨。

内蒙古煤炭工业志（1991—2015）

第三篇 矿区建设

锡林郭勒盟西乌珠穆沁旗白音华矿区2号井建设工地

- 矿区规划
- 煤矿工程设计
- 煤矿施工与工程质量监管

内蒙古各主要煤炭矿区的规范化管理工作始于2004年5月15日《国家发展改革委关于规范煤炭矿区总体规划审批管理工作的通知》（发改能源〔2004〕891号）之后。截至2015年底，经国家和内蒙古自治区两级发展改革委正式批复的煤炭矿区总体规划共33部（多次批准的同一矿区规划以最后一次为准），累计规划建设总规模为125694万～125894万吨/年，规划矿井和露天矿209处，其中矿井171处，建设规模77644万～77844万吨/年；露天矿38处，建设规模48050万吨/年；小煤矿整合区9处，勘查区28个。

1991—2015年，内蒙古的煤炭矿区建设在新老矿区呈现全面展开态势，但受宏观经济环境影响，矿区建设历程转折频繁。1991—2000年，全区新建技改煤矿64处，建设总规模2886万吨/年，其中新建矿井8处、产能804万吨/年，技改扩建矿井56处、产能2082万吨/年。

2001—2010年，全区设计新建技改煤矿总规模达到61425万吨/年，是上一个十年的21倍，新增生产能力41623.5万吨/年，在自治区产业政策的调整下，新建、技改煤矿平均产能达到149万吨/年。2011—2015年，全区设计新建和技改煤矿164处，总规模34490万吨/年，净增产能22805万吨/年。新建、技改矿井平均产能超过210万吨/年，比上个十年增加61万吨/年。

截至2015年底，全区已建成和在建生产能力超过千万吨级矿井13处，即：神华布尔台矿、补连塔矿、上湾矿、塔然高勒矿、黄玉川煤矿、华电不连沟煤矿、伊泰酸刺沟煤矿、红庆河煤矿、中天合创门克庆煤矿、葫芦素煤矿、山东兖矿集团营盘壕煤矿、国电龙王沟煤矿、察哈素煤矿；生产能力超过千万吨级的露天煤矿10处：神华黑岱沟、哈尔乌素、胜利西一和宝日希勒露天煤矿，中电投霍林河南露天、扎哈淖尔、白音华二号和三号煤矿，华能伊敏河露天煤矿，大唐胜利东二露天煤矿。

1991—2015年，内蒙古各煤炭矿区的建设速度较快，但建设经营模式变化较大。老矿区基本沿袭计划经济时期矿区由一个建设主体负责开发承建，而大量新兴矿区基本是多元化建设模式，各建设单位在配置的探矿权和采矿权范围内进行矿井或露天矿建设，基本不承担矿区总体规划要求的矿区性辅助及附属设施建设。

2013—2015年，煤炭市场低迷，企业效益大幅下滑，内蒙古煤企亏损面达到35.8%，各矿区在建煤矿项目55个，其中23个未批先建项目已全部停建。

2000年以前，受设计资质和技术力量的限制，内蒙古境内各重要煤炭矿区、大型以上矿井和露天煤矿、选煤厂的总体规划、可行性研究报告、初步设计等，皆由原煤炭工业部直属的沈阳院、西安院、邯郸院、武汉院等八大设计院承担。内蒙古煤矿设计研究院有限责任公司作为本地主要设计单位，25年间累计设计矿井417处，总规模29811万吨/年，其中技改扩建矿井平均占77.9%；设计露天矿207处，总规模39960万吨/年，其中技改扩建露天矿占88.2%；设计选煤厂220处，总规模67150万吨/年，其中新建比例约占94.1%。

内蒙古煤炭矿区和煤矿的建设施工及管理随着国家市场经济机制改革的不断深入和技术更新而变化巨大，原有的区内施工队伍在很大程度上被弱化和取代。特别是在招投标机制实行以后，煤炭基本建设项目完全进入市场化运行，内蒙古的煤炭矿区和煤矿建设项目施工主体已形成外埠队伍为主的局面，其中仅中煤集团旗下的工程处就有10个，其他大中型施工单位有数十个。各施工单位承担的工程不仅涵盖了矿区、矿井、露天煤矿、选煤厂及附属设施新建或改扩建项目的各个方面，并有一批优质工程获得国家及行业等奖项。

第一章 矿 区 规 划

第一节 规划管理与实施

一、规划管理

煤炭矿区开发与建设的规划管理权限以国家为主。2004年9月、2006年1月，国土资源部、国家发展改革委两次发布公告，先后将内蒙古境内的东胜矿区、准格尔矿区、胜利矿区、扎赉诺尔矿区、白音华矿区、霍林河矿区、宝日希勒矿区、伊敏矿区等8个矿区分批纳入煤炭国家规划矿区。2006年3月，国家发展改革委行文对国家级大型煤炭基地建设规划予以批复，决定在全国规划建设13个大型煤炭基地，基地由98个矿区组成，其中内蒙古的神东、万利、准格尔、包头、乌海5个矿区纳入神东煤炭基地，扎赉诺尔、宝日希勒、伊敏、大雁、霍林河、平庄、白音华、胜利8个矿区纳入蒙东（东北）煤炭基地。文件同时要求，矿区未编制总体规划和需要修改总体规划的，应及时开展编制和修改工作，按程序上报审批。

2004年，《国家发改委关于规范煤炭矿区总体规划审批管理工作的通知》（发改能源〔2004〕891号）下发以后，根据《通知》要求，全区的煤炭矿区总体规划由内蒙古自治区发展改革委或计划单列企业集团负责组织编制，其中煤炭资源储量为中型、规划总规模200万吨/年及以上的矿区，其矿区总体规划文件由内蒙古自治区发展改革委初审并提出意见后，上报国家发展改革委审批；煤炭资源储量为小型、规划总规模200万吨/年以下矿区（产煤区），其矿区总体规划文件由盟（市）级发展改革委报内蒙古自治区发展改革委审批，并报国家发展改革委备案。

按照该项规定，截至2015年底，内蒙古自治区已组织编制并获国家或自治区发展改革委批复的矿区总体规划有神东矿区东胜矿区、准格尔矿区、伊敏矿区等33部，累计总规模为125694万～125894万吨/年，其中国家发展改革委批复的26部矿区总体规划累计建设总规模为124854万～125054万吨/年；内蒙古已组织编制上报待批复的矿区总体规划有纳林希里矿区等2部。内蒙古自治区发展改革委批复的矿区总体规划有阿巴嘎矿区、大西山矿区等6部，累计建设总规模为840万吨/年。

矿区总体规划批复后，内蒙古自治区发展改革委将已审批结果转发至国土资源、煤炭等有关部门、矿区所在地盟（市）、旗（县）人民政府，以及矿区建设主体单位等具体实施。

二、国家计委、能源部管理阶段

1. 准格尔矿区一期工程总体设计

1990年3月，国家计委下发《关于

准格尔矿区一期工程总体设计的批复》（计建设〔1990〕286号）：同意准格尔矿区一期工程煤矿建设规模为年产原煤1500万吨，其中黑岱沟露天煤矿1200万吨，地方煤矿300万吨。同意建设1200万吨/年选煤厂、丰准铁路和坑口电厂等配套项目。

2. 东胜矿区总体设计

1991年3月，国家计委下发《关于神府东胜矿区总体设计的批复》（计燃〔1991〕262号），同意矿区一、二期建设总规模为3245万吨/年，其中东胜矿区的国家统配煤矿1120万吨/年，包括上湾矿井300万吨/年、补连塔矿井300万吨/年、马家塔露天煤矿60万吨/年、武家塔露天煤矿60万吨/年，地方乡镇煤矿300万吨/年，并同意建设上湾400万吨/年选煤厂。

3. 平庄矿区总体规划

1993年5月，能源部下发《关于平庄矿区总体发展规划（设计）的批复》（能源计〔1993〕137号），同意平庄矿区范围面积194平方千米，包括平庄（南部区）和元宝山（北部区）；矿区最终规模确定为统配煤矿1100万吨/年，由生产矿井180万吨/年（古山二井30万吨/年、风水沟矿150万吨/年）、在建矿井590万吨（古山竖井90万吨/年、元宝山露天500万吨/年）、规划矿井330万吨/年（老公营子150万吨/年、元宝山露天深部1号90万吨/年、元宝山露天深部2号90万吨/年）等7处煤矿构成。古山露天作为备用区。另有地方国营和乡镇煤矿产能200万吨/年。

4. 霍林河矿区总体规划

2001年2月，国家计委下发《关于内蒙古霍林河矿区总体规划的批复》（计基础〔2001〕283号），同意划定矿区总面积540平方千米；矿区建设按照分期进行、滚动发展、逐步扩大规模的原则组织实施，近期在充分发挥现有一号露天矿1000万吨/年能力基础上，滚动发展到1500万吨/年，然后，根据市场需求，择机再扩大生产能力，使矿区总规模逐步达到3000万吨/年左右；矿区总体规划推荐的矿田（井）划分方案，共划分沙尔呼热、扎哈淖尔2处露天矿和11处矿井。矿区首先开发建设露天矿，矿井作为露天矿的接续井后续开发。

5. 胜利矿区总体规划

2002年1月，国家计委下发《关于内蒙古胜利矿区总体发展规划的批复》（计基础〔2002〕1793号）：确定划定矿区面积342平方千米，全区初步划定5处露天煤矿、5处井工煤矿和1处露天锗矿。另外，将F11断层以西26.7平方千米的普查区划入胜利矿区，作为矿区开发的后备区。批准矿区内一期建设一号露天煤矿，建设规模为1000万吨/年。矿区最终建设总规模，视煤炭市场需求情况和铁路运输能力而定。

三、国家及地方发展改革委管理阶段

（一）国家发展改革委核准项目

1. 白音华矿区总体规划

2004年10月，国家发展改革委下发《关于内蒙古白音华矿区总体规划的批复》（发改能源〔2004〕2339号），同意划定矿区范围面积约510平方千米。矿区划分为4处露天矿和1个后备区，建设总规模暂定为6000万吨/年，其中一号露天矿700万吨/年、二号露天矿1500万吨/年、三号露天矿1400万吨/年、四号露天矿2400万吨/年。矿区煤炭资源待进一步地质勘探后，下一设计阶段可合理调整露天矿田范围和建设规模。对规划中提出的13个矿井开采的井田先确定为后备区，具体开发方式和建设规模另定。

2. 伊敏矿区河东区总体规划

2006年，国家发展改革委下发《关于内蒙古伊敏矿区河东区总体规划的批复》（发改能源〔2006〕648号），同意总体规划划定的矿区范围面积约264平方千米。矿区划分为2个矿井和1个后备区，河东区初期建设规模1000万吨/年（一、二号矿井均为500万吨/年），后期矿井建设规模达到1800万吨/年，其中一号井800万吨/年、二号井1000万吨/年。后备区待进一步勘查后，再确定开发方式。

3. 绍根矿区总体规划

2006年6月，国家发展改革委下发《关于内蒙古绍根矿区总体规划的批复》（发改能源〔2006〕1173号），同意总体规划划定的矿区范围面积50平方千米。矿区划分为2个大型矿井和1个后备区，建设总规模300万吨/年，其中爱民温都矿井120万吨/年、阿根塔拉矿井180万吨/年。由于后备区已进行石油勘探和开采，待开采结束、经进一步地质勘查后，再确定开发方式。

4. 鄂尔多斯万利矿区总体规划

2007年1月，国家发展改革委下发《关于内蒙古鄂尔多斯万利矿区总体规划的批复》（发改能源〔2007〕32号），同意总体规划划定的矿区范围面积约767平方千米。矿区划分为8个矿井和4处小型煤矿整合改造区，生产建设总规模暂定3840万吨/年，其中万利矿井（万利一、二号井和昌汗沟一号井合并）由180万吨扩建到800万吨/年、高家梁矿井600万吨/年、杨家村矿井500万吨/年、范家村矿井120万吨/年、塔拉壕矿井600万吨/年、碾盘梁矿井120万吨/年、王家塔矿井500万吨/年、李家壕矿井600万吨/年。矿区内划定的4处小型煤矿整合改造区定名为祁家畔、赵油房、酸刺沟和潮脑梁小型煤矿整合改造区。

5. 伊敏矿区河西区总体规划

2007年6月，国家发展改革委下发《关于内蒙古伊敏矿区河西区总体规划的批复》（发改能源〔2007〕1257号），同意总体规划划定的矿区范围面积约145平方千米。矿区划分为3处露天矿和5个矿井开发，生产建设总规模4930万吨/年，其中，初期建设的一号露天矿由500万吨/年分期扩建到2500万吨/年、五牧场矿井300万吨/年；后期建设北露天矿240万吨/年、南露天矿500万吨/年、伊敏二井500万吨/年、伊敏三井90万吨/年、伊敏四井300万吨/年。

6. 扎赉诺尔矿区总体规划

2007年6月，国家发展改革委下发《关于内蒙古扎赉诺尔矿区总体规划的批复》（发改能源〔2007〕1387号），同意总体规划划定的矿区范围面积543.43平方千米。矿区划分为8个井（矿）田，生产建设总规模暂定3084万～3284万吨/年，其中灵泉露天煤矿200万吨/年、灵北矿井84万吨/年，在建矿井灵东立井500万吨/年；灵泉矿井由205万吨/年改扩建到600万吨/年，铁北矿井由205万吨/年改扩建到600万吨/年；新建灵泉矿井500万吨/年、铁南矿井300万吨/年、东山矿井300万～500万吨/年。阿尔公勘查区和铁道北勘查区待进一步勘查后确定开发方式。

7. 鄂尔多斯塔然高勒矿区总体规划

2007年6月，国家发展改革委下发《关于内蒙古鄂尔多斯塔然高勒矿区总体规划的批复》（发改能源〔2007〕1388号），同意总体规划划定的矿区范围面积2379平方千米。矿区划分为5个井田和1个勘查区，建设总规模暂定2600万吨/年，其中塔然高勒矿井1000万吨/年、呼斯梁矿井400万吨/年、红庆梁矿井600万吨/年、油房壕矿井300万吨/年、泊汇海子矿井 300 万吨/年。西南部勘查区勘查程度低，待进一步勘查后确定开发方式。

8. 大雁矿区总体规划

2007 年 9 月，国家发展改革委下发《关于内蒙古大雁矿区总体规划的批复》（发改能源〔2007〕2237 号），同意规划划定的矿区范围总面积 429.02 平方千米。矿区划分为 4 个井（矿）田和 2 个勘查区，生产建设总规模 1250 万吨/年，其中大雁一矿 150 万吨/年、大雁二矿 200 万吨/年、大雁三矿 300 万吨/年、扎泥河露天矿 600 万吨/年。大雁西区和马达木吉 2 个勘查区待进一步勘查后确定开发方式。

9. 鄂尔多斯准格尔矿区总体规划

2007 年 9 月，国家发展改革委下发《关于内蒙古鄂尔多斯准格尔矿区总体规划的批复》（发改能源〔2007〕2496 号），同意总体规划划定的矿区范围，即北部、东部以煤层露头线和黄河为界，南部以田家石畔挠折断裂带和 6 号煤层露头线为界，西部分别以呼准高速公路煤柱线、6 号煤层 +600 米等高线和长滩沟为界，矿区划分为 18 个矿（井）田、1 个勘查区和 1 处小煤矿整合区，生产建设总规模暂定为 16130 万吨/年，其中黑岱沟露天矿 2000 万吨/年、官板乌素矿井 90 万吨/年、哈尔乌素露天矿 2000 万吨/年、黄玉川矿井 1000 万吨/年、罐子沟矿井由 90 万吨/年扩建到 300 万吨/年、唐公塔一号矿井由 60 万吨/年扩建到 240 万吨/年、罐子沟露天矿 1200 万吨/年、长滩露天矿 2000 万吨/年、酸刺沟矿井 1200 万吨/年、青春塔矿井 600 万吨/年、石岩沟矿井 600 万吨/年、唐公塔二号矿井 400 万吨/年、不连沟矿井 1000 万吨/年、孔兑沟矿井 700 万吨/年、唐家会矿井 600 万吨/年、玻璃沟矿井 500 万吨/年、龙王沟矿井 1200 万吨/年、红树梁矿井 500 万吨/年。榆树湾勘查区勘查程度低，待进一步勘查后，确定开发方式和建设规模。

10. 吉林郭勒矿区总体规划

2008 年 2 月，国家发展改革委下发《关于内蒙古自治区吉林郭勒矿区总体规划的批复》（发改能源〔2008〕487 号），同意总体规划划定的矿区范围。同意矿区划分为 4 个矿（井）田和 3 个后备区，建设总规模 2340 万吨/年，其中一号露天矿 300 万吨/年、二号露天矿 1800 万吨/年、一号矿井 120 万吨/年、二号矿井 120 万吨/年、3 个后备区作为二号露天矿后备区，一、二号矿井作为一号露天矿的接续矿井。

11. 鄂尔多斯呼吉尔特矿区总体规划

2008 年 2 月，国家发展改革委下发《关于内蒙古自治区鄂尔多斯呼吉尔特矿区总体规划的批复》（发改能源〔2008〕504 号），同意矿区划分为 7 个井田、2 个勘查区和 1 个远景区，建设总规模暂定 6000 万吨/年，其中梅林庙 1000 万吨/年、门克庆 1200 万吨/年、沙拉吉达 800 万吨/年、母杜柴登 600 万吨/年、巴彦高勒 400 万吨/年、石拉乌素 1000 万吨/年、葫芦素 1000 万吨/年。一号、二号勘查区和远景区待进一步勘查后确定开发方式。

12. 鄂尔多斯神东矿区东胜区总体规划

2008 年 6 月，国家发展改革委下发《关于内蒙古自治区鄂尔多斯神东矿区东胜区总体规划的批复》（发改能源〔2008〕1304 号），同意总体规划划定的矿区范围，北以铜匠川详查区第 11 勘探线为界，南以活鸡兔沟、考考赖沟、陕西省与内蒙古自治区省界为界，东以 5 号煤层露头线、束会川和悖牛川为界，西以补连勘探区和布尔台勘探区的西部边界为界；矿区划分为 17 个矿（井）田和 1 处小煤矿整合开采区，大中型煤矿生产建设总规模 8840 万吨/年，其中生产矿上湾矿井1000万吨/年、补连塔矿井2000万吨/年、乌兰木伦矿井300万吨/年；改扩建武家塔露天矿300万吨/年、霍洛湾矿井300万吨/年、柳塔矿井300万吨/年、万利一寸草塔（一矿）矿井240万吨/年、金峰寸草塔（二矿）矿井300万吨/年、李家塔矿井300万吨/年、温家塔矿井400万吨/年、朝石矿井90万吨/年；新建布尔台矿井2000万吨/年、湾图沟矿井300万吨/年、转龙湾矿井500万吨/年、淖尔壕矿井180万吨/年、赛蒙特尔矿井150万吨/年、满来梁矿井180万吨/年。

13. 宝日希勒矿区总体规划

2009年1月，国家发展改革委下发《关于内蒙古自治区宝日希勒矿区总体规划的批复》（发改能源〔2009〕46号），同意总体规划划定的矿区范围。同意矿区划分为8个矿（井）田和1个勘查区，建设总规模4480万吨/年，其中一号露天矿2000万吨/年、二号露天矿1000万吨/年、谢尔塔拉露天矿700万吨/年、东明露天矿300万吨/年、天顺矿井120万吨/年、呼盛矿井120万吨/年、蒙西一井120万吨/年、西一井120万吨/年。勘查区待进一步勘查后确定开发方式。

14. 白音乌拉矿区总体规划

2009年1月，国家发展改革委下发《关于内蒙古自治区锡林郭勒盟白音乌拉矿区总体规划的批复》（发改能源〔2009〕331号），同意总体规划划定的矿区范围。矿区划分为4个矿（井）田、1个勘查区和1个备用区，其中芒来露天矿1000万吨/年、赛汉塔拉露天矿800万吨/年、沙尔矿井300万吨/年、赛汉塔拉矿井400万吨/年。浩勒勘查区和乌兰备用区待进一步勘查后确定开发方式。

15. 巴彦宝力格矿区总体规划

2009年4月，国家发展改革委下发《国家发展改革委关于内蒙古自治区锡林郭勒盟巴彦宝力格矿区总体规划的批复》（发改能源〔2009〕1012号），同意总体规划划定的矿区范围面积650平方千米。矿区划分为3个井田、3个勘查区，建设总规模2100万吨/年，其中巴彦宝力格矿井800万吨/年、朝克乌拉矿井800万吨/年、大梁矿井500万吨/年。贺根山勘查区、大梁1号勘查区和大梁2号勘查区待进一步勘查后确定开发方式。

16. 贺斯格乌拉矿区总体规划

2009年10月，国家发展改革委下发《关于内蒙古贺斯格乌拉矿区总体规划的批复》（发改能源〔2009〕320号），鉴于贺斯格乌拉矿区与农乃庙矿区相近，含煤面积和资源储量相对较小，两个矿区开发所需的公共、公用工程和设施应当统筹安排，为此，将农乃庙矿区划入贺斯格乌拉矿区。矿区由三个独立的含煤盆地组成，划分为3个井（矿）田，建设总规模2120万吨/年，其中贺斯格乌拉南露天矿1500万吨/年、贺斯格乌拉矿井120万吨/年、农乃庙鲁新矿井500万吨/年。

17. 五间房矿区总体规划

2010年4月，国家发展改革委下发《关于内蒙古自治区锡林郭勒盟五间房矿区总体规划的批复》（发改能源〔2010〕669号），同意矿区由五间房、朝克和乌优特三个独立煤田组成，各煤田均以煤层隐伏露头为界；矿区面积为789.3平方千米。矿区划分10个井田，建设总规模5920万吨/年，其中东一矿井700万吨/年、东二矿井800万吨/年、东三矿井800万吨/年、西一矿井800万吨/年、西二矿井300万吨/年、西三矿井800万吨/年、北一矿井500万吨/年、北二矿井300万吨/年、朝克矿井800万吨/年、乌优特矿井120万吨/年。

18. 鄂尔多斯新街矿区总体规划

2010年6月，国家发展改革委下发

《关于内蒙古自治区鄂尔多斯新街矿区总体规划的批复》（发改能源〔2010〕1911号），同意总体规划划定的矿区范围面积2189平方千米。矿区划分为5个井田、2个勘查区、1个后备区、4个保护区和1个待规划区，建设总规模为4900万吨/年，其中满来矿井300万吨/年、红庆河矿井1500万吨/年、察哈素矿井1500万吨/年、马泰壕矿井800万吨/年、尔林兔矿井800万吨/年。北部普查勘查区、南部普查勘查区和西部后备区待进一步勘查后确定开发方式。

19. 鄂尔多斯高头窑矿区总体规划

2010年7月，国家发展改革委下发《关于内蒙古自治区鄂尔多斯高头窑矿区总体规划的批复》（发改能源〔2010〕1525号），同意总体规划划定的矿区范围面积3110平方千米。矿区划分4个井田、2个小井开采区、3个勘查区、2个保护区和1个待规划区，建设总规模为2300万吨/年，其中高头窑矿井800万吨/年、色连一号矿井500万吨/年、色连二号矿井400万吨/年、城梁矿井600万吨/年。北部勘查区、青春山勘查区和伊金霍洛勘查区待进一步勘查后确定开发方式。

20. 准格尔矿区总体规划（调整）

2011年12月，国家发展改革委下发《关于内蒙古自治区准格尔矿区总体规划（调整）批复》（发改能源〔2011〕2864号），将原规划的龙王沟井田、酸刺沟井田、长滩露天矿田和榆林湾勘查区调整为7处井（矿）田，其中新增东坪、兴隆黑岱沟、麻地梁和小塔沟等4个井（矿）田；调整龙王沟、酸刺沟和长滩露天等3处煤矿的井（矿）田范围。调整后，矿区的井（矿）田由18处增至22处，规划总规模由16130万吨/年增加到17380万吨/年，其中东坪矿井500万吨/年、龙王沟矿井1000万吨/年、兴隆黑岱沟矿井90万吨/年、酸刺沟矿井1200万吨/年、麻地梁矿井300万吨/年、小塔沟露天矿500万吨/年、长滩2000万吨/年。其他井（矿）田原规划内容不变。

21. 霍林河矿区总体规划（修编）

2012年5月，国家发展改革委下发《关于内蒙古霍林河矿区总体规划（修编）的批复》（发改能源〔2012〕1372号），同意总体规划划定的矿区范围面积380平方千米。矿区划分为12个矿（井）田和2个资源整合区，建设总规模9220万吨/年，其中生产煤矿1处：霍林河南露天矿1500万吨/年；改扩建煤矿3处：扎哈淖尔露天矿由1500万吨/年改扩建至2500万吨/年、958金源里井工矿由120万吨/年改扩建至300万吨/年、霍林河露天矿由3个采区整合成一个采区1000万吨/年。全矿区规划新建矿井8处，建设规模3920万吨/年，分别为霍林河一号井600万吨/年、霍林河二号井600万吨/年、霍林河三号井600万吨/年、霍林河四号井500万吨/年、霍林河五号井600万吨/年、霍林河六号井240万吨/年、金正矿井600万吨/年、包尔呼顺矿井180万吨/年。

22. 上海庙矿区总体规划（修编）

2013年2月，国家发展改革委下发《关于内蒙古上海庙矿区总体规划（修编）的批复》（发改能源〔2013〕350号），同意总体规划划定的矿区范围面积约1154平方千米。矿区划分为14个井田，建设总规模6160万吨/年，其中在建榆树井煤矿建设规模300万吨/年。规划改扩建长城一号矿井的建设规模由60万吨/年改扩建到300万吨/年。规划新建井12处，建设规模5560万吨/年，分别为长城二号矿井400万吨/年（一期120万吨/年）、长城三号矿井500万吨/年、长城五号矿井180万吨/年、长城六号矿井180万吨/年、新上海庙一号矿井400万吨/年、鹰骏一号矿井600万吨/年、鹰骏二号矿井600万吨/年、鹰骏三号矿井600万吨/年、鹰骏五号矿井400万吨/年、巴楞矿井800万吨/年、马兰矿井暂定为400万吨/年、陶利矿井暂定为500万吨/年。

23. 胜利矿区总体规划（修编）

2013年9月，国家发展改革委下发《关于内蒙古自治区胜利矿区总体规划（修编）的批复》（发改能源〔2013〕1780号），同意总体规划划定的矿区范围面积422.87平方千米。同意矿区划分为11个矿（井）田，生产建设总规模暂定为16890万吨/年，其中：胜利一号露天矿3000万吨/年、胜利西二号露天矿1000万吨/年、西三号露天矿600万吨/年、东一号露天矿3000万吨/年、东二号露天矿6000万吨/年、东三号露天矿2000万吨/年、锗矿120万吨/年、胜利东一号井600万吨/年、胜利西一号矿井180万吨/年、锡凌煤矿150万吨/年、巴彦温都尔矿井240万吨/年。

24. 查干淖尔矿区总体规划

2013年11月，国家发展改革委下发《关于内蒙古查干淖尔矿区总体规划的批复》（发改能源〔2013〕2404号），确定矿区范围由东区查干淖尔煤田（141平方千米）、西区红格尔煤田（71平方千米）组成。矿区划分为3个井田，规划建设总规模1600万吨/年，其中一号矿井800万吨/年、二号矿井400万吨/年、三号矿井400万吨/年。

25. 胡列也吐矿区总体规划

2014年5月，国家发展改革委下发《关于内蒙古胡列也吐矿区总体规划的批复》（发改能源〔2014〕830号），同意总体规划划定的矿区范围面积414平方千米。同意矿区划分为4个井（矿）田和2个勘查区，规划建设总规模2200万吨/年，其中：嵯北东露天矿1000万吨/年、嵯北西露天矿600万吨/年、嵯北一号矿井300万吨/年、嵯北二号井300万吨/年。东部、西部勘查区待进一步勘查后再确定开发方式。

26. 巴彦胡硕矿区总体规划

2015年12月，国家发展改革委下发《关于内蒙古巴彦胡硕矿区总体规划的批复》（发改能源〔2015〕2865号），同意总体规划划定的矿区范围面积1062平方千米。矿区划分为9个井田，规划建设总规模5000万吨/年，其中柴达木矿井400万吨/年、柴达木东一号矿井400万吨/年、柴达木东二号矿井400万吨/年、巴伦诺尔北矿井400万吨/年、巴伦诺尔一号矿井800万吨/年、巴伦诺尔二号矿井600万吨/年、吉林高勒浩沁矿井800万吨/年、吉林高勒浩沁一号矿井800万吨/年、吉林高勒浩沁二号矿井400万吨/年。

（二）自治区发展改革委核准项目

1. 大西山矿区总体规划

2008年5月，内蒙古自治区发展改革委下发《关于呼伦贝尔额尔古纳大西山煤田矿区总体规划的批复》（内发改能源字〔2008〕823号），同意总体规划划定的矿区范围面积105.49平方千米。矿区划分为两个井田、一个后备区和一个勘查区，即上库力一井60万吨/年、上库力二井90万吨/年。上库力一井后备区、勘查区的开发方式待进一步取得地质勘查结果后确定。

2. 玫瑰营子矿区总体规划

2008年12月，内蒙古自治区发展改革委下发《关于内蒙古自治区乌兰察布市玫瑰营子矿区总体规划的批复》（内发改能源字〔2008〕2642），同意总体规划划定的矿区范围面积272.51平方千米。矿区划分两个井田和一个勘查区，即玫瑰营子一井120万吨/年、玫瑰营子二井60万吨/年。玫瑰营子勘查区、勘查区待进一步取得地质勘结果后确定开发方式。

3. 流通壕矿区总体规划

2010年1月，内蒙古自治区发展改革委下发《关于内蒙古自治区武川县流通壕煤炭矿区总体规划的批复》（内发改能源字〔2010〕114号），同意总体规划划定的矿区范围面积6.75平方千米。矿区由1处露天矿开发，规模为60万吨/年。

4. 玛尼图矿区总体规划

2010年6月，内蒙古自治区发展改革委下发《关于锡林郭勒盟玛尼图矿区总体规划的批复》（内发改能源字〔2010〕2001号），同意总体规划划定的矿区范围面积48.87平方千米。矿区划分为5个井田、3个后备勘查区，建设总规模为150万吨/年，其中达安矿井初期60万吨/年、后期120万吨/年，玛尼图4-5井30万吨/年，苏木矿井30万吨/年，玛尼图94-5井30万吨/年；3个后备勘查区编号为1号、2号、3号。

5. 察哈尔右翼前旗马莲滩矿区总体规划

2011年1月，内蒙古自治区发展改革委下发《关于乌兰察布市察哈尔右翼前旗马莲滩矿区总体规划的批复》（内发改能源字〔2011〕83号），同意总体规划划定的矿区范围面积24.5平方千米。矿区为一个孤立煤产地，确定矿区建设1个矿井，规模为120万吨/年。

6. 楝木沟矿区总体规划

2012年5月，内蒙古自治区发展改革委下发《关于呼和浩特市清水河煤田总体规划的批复》（内发改能源字〔2012〕1018号），同意总体规划划定的矿区范围面积25.03平方千米。矿区划分为1处露天矿和一个勘查区，露天矿建设规模180万吨/年。

（三）待核准项目

1. 鄂尔多斯纳林河矿区

2009年10月，中煤集团南京煤矿设计研究院有限责任公司完成《内蒙古鄂尔多斯纳林河矿区总体规划》，规划确定矿区范围面积2068.68平方千米，规划建设总规模5840万吨/年。矿区划分有8个井田、1个勘查区、1个保护区和1个煤化工区，其中：纳林河一号井400万吨/年、纳林河二号井800万吨/年、纳林河三号井240万吨/年、无定河矿井600万吨/年、补拉滩矿井500万吨/年、陶忽兔矿井600万吨/年、白家海子矿井1500万吨/年、营盘壕矿井1200万吨/年。北部勘查区面积838.51平方千米，待查清地质情况后另定开发方式。该矿区总体规划已上报至国家发展改革委待批。

2. 鄂尔多斯纳林希里矿区

2008年12月，中煤集团沈阳煤矿设计研究院有限责任公司完成《内蒙古鄂尔多斯纳林希里矿区总体规划》，规划确定的矿区范围面积3042.65平方千米，规划建设总规模2300万吨/年。矿区划分有4个井田、1个勘查区、1个远景区，其中：奎腾沟矿井500万吨/年、苏布尔嘎矿井600万吨/年、壕赖苏矿井600万吨/年、纳林希里矿井600万吨/年。勘查区面积462平方千米，待查清地质情况后，另定开发方式。

四、矿区总体规划实施

20世纪90年代初，以8个国有煤炭矿区为主的扎赉诺尔、大雁、伊敏、霍林河、平庄、乌达、海勃湾、包头等矿区，有生产煤矿23处，核定生产能力共2781万吨/年。各矿区内的煤矿生产正规、服务性设施及功能齐备、管理有序。

此时尚处于起步建设阶段的神东矿区东胜区（时属华能精煤公司和地方政府双重领导的东胜煤田开发经营公司建设管理）总建设规模1170万吨/年，投产规模750万吨/年，其中华能精煤公司所属统配煤矿5处750万吨/年（上湾煤矿300万吨/年、武家塔露天矿60万吨/年、乌兰木伦煤矿30万吨/年、补连塔煤矿300万吨/年、马家塔露天矿60万吨/年）。此外，神东矿区东胜区范围内尚有国营外单位办矿4处210万吨/年、地方办矿210万吨/年。

此后的25年间，内蒙古境内建成或在建矿区的数量有了大幅度的增加，其特点表现为：一是特大型、大型矿区数量激增；二是矿区内各煤矿的单井（矿）产能大、开采工艺先进；三是矿区建设主体呈多元化；四是矿区性附属设施的建设数量和规模减少或取消，依托社会化服务成为主流。

据不完全统计，从2004年至2015年底，在国家和自治区两级发展改革委批复建设的27个新兴矿区中，已建成矿区7个，即神东矿区东胜区、准格尔、白音华、宝日希勒、万利、伊敏河东、高头窑等矿区；在建或筹建矿区9个，即塔然高勒、呼吉尔特、吉林郭勒、贺斯格乌拉、白音乌拉、新街、胜利、上海庙、查干淖尔等矿区；拟建矿区11个，即绍根、大西山、玫瑰营子、巴彦宝力格、五间房、流通壕、玛尼图、马莲滩、楝木沟、胡列也吐、巴彦胡硕等矿区。

第二节　主要新兴矿区开发建设

一、神东矿区东胜区

1. 矿区命名与开发建设主体单位

神（木）东（胜）煤田地跨陕北、蒙南，其开发始于20世纪80年代中期。1985年5月15日，经国家计委、国务院压油办批准，正式成立华能精煤公司，并受国家计委委托，负责统一规划神府、东胜煤田的主体工程和基础设施建设。1986年5月—1990年5月，该公司曾委托西安煤矿设计研究院先后编制《神府北部—东胜南部矿区总体规划》《神府东胜矿区总体设计》《神府东胜矿区总体设计（修改）》。1991年3月12日，国家计委下文批准矿区总体设计。

矿区名称和矿区主体建设单位在批复文件中已明确。随着国家改革深化和经济运行机制变化以及矿区管理的需要，神华集团取代华能精煤公司对矿区进行管理。1998年8月，神华集团将原东胜精煤公司和神府精煤公司进行全方位整合，成立"神华神府东胜煤炭有限责任公司"。十年后，矿区的名称也在国家发展改革委2008年6月下发的《关于内蒙古自治区鄂尔多斯神东矿区东胜区总体规划》中有了准确、合理的名称定位。

2. 矿区开发建设

经过20余年的开发建设，神东矿区东胜区总体规划批准的17处煤矿已建成投产16处，其中特大型矿井3处，大型矿井13处，累计公告产能达9665万吨/年；在建矿井1处，规划产能500万吨/年。2015年，矿区实际生产原煤9715.75万吨（不含小煤矿整合区各矿的产能和产量）。矿区内，除主体生产建设单位神华神府东胜煤炭有限责任公司外，还有神东天隆集团有限责任公司、神华金峰煤炭有限责任公司、神华万利煤炭公司、鄂尔多斯乌兰煤炭集团有限责任公司、内蒙古博源煤化工有限责任公司、内蒙古蒙泰煤电集团有限公司、赛蒙特尔农业综合开发有限责任公司等多个煤业公司。矿区内煤炭洗选、煤转化及非煤产业等发展强势，为矿区主业服务的运输道路、供电、供水等系统完整，矿区生态建设工程覆盖面广、效果良好。

矿区内的布尔台煤矿是中国神华能源股份有限公司万利煤炭分公司建设的拥有矿井生产能力、主运输系统提升能力、煤炭洗选加工能力三个世界第一的特大型现代化安全高效矿井。煤矿井田面积192.86平方千米，保有地质储量32.94亿吨，可采储量17.52亿吨。矿井设计生产能力为2000万吨/年，服务年限71.3年。布尔台矿井采用斜井开拓方式，分3个水平开采，采用分区抽出式通风方式。采煤方法为走向（倾斜）长壁综合机械化采煤，全部垮落法控制顶板。矿井主运输为带式输送机，辅助运输为防爆无轨胶轮车。矿井初期开采一盘区，一、二水平同时生产。在一水平布置2个中厚煤层工作面，二水平布置1个综放工作面，3个工作面同时开采达产。布尔台煤矿由中煤集团武汉设计院设计，于2006年5月1日开工建设，2008年3月15日—2009年12月试生产，2011年7月，由国家能源局组织竣工验收后正式投产。与矿井配套建设的年处理原煤3100万吨选煤厂及铁路专用线同时移交生产能力。

二、准格尔矿区

准格尔矿区一期工程总体设计于1989年10月完成，1990年3月31日经国家计委批复。由此，以建设黑岱沟露天煤矿为主的矿区一期工程全面进入初步设计、施工组织设计和施工图设计阶段。该工程主要包括新建1200万吨/年的黑岱沟露天煤矿及选煤厂、2×10^4千瓦的坑口电厂、215.7千米的丰（镇）准（格尔）铁路单线电气化Ⅰ级干线、黄河小沙湾取水工程、矿区辅助附属工程及矿区行政、居住区等32个单项工程，总概算审定为40.92亿元。

1990年7月17日，以丰准铁路开工为标志，准格尔项目一期工程全面进入建设实施阶段。国家计委在考虑多种因素后，于1992年1月13日决定采纳"丰准铁路修新线直接引入大秦线的湖东东站方案"，从此，丰准铁路改为大准铁路。

图3-1-1　神华准能公司哈尔乌素露天煤矿俯瞰图

历经6年建设，高效现代化的黑岱沟露天煤矿及选煤厂已初步建成，经煤炭工业部组织检查，定于1996年9月28日开始投入试生产。同时，坑口电厂、大准铁路丹（洲营）准（格尔）段、黄河小沙湾取水工程等总体设计中所含各单项工程，均建成投入运营与使用，大准铁路于1997年6月28日全线建成通车。

1999年11月20—24日，神华集团公司受国家计委委托，组成"准格尔项目一期工程竣工验收委员会"，对准格尔项目一期工程进行竣工验收。验收委员会同意准格尔项目一期工程1999年11月24日竣工移交，投入生产。至此，准格尔项目一期工程累计完成投资92.53亿元，为国家计委最终批复的概算核定96.71亿元的95.67%。

2005年11月，国家发展改革委核准神华准格尔能源有限公司哈尔乌素露天煤矿项目（发改能源〔2005〕2262号），项目建设内容包括露天煤矿、选煤厂和坝系防洪工程，建设规模为2000万吨/年，采用综合开采工艺。工业场地选择在南坪，配套建设相应规模的选煤厂，项目环保、安全、消防和卫生等设施与主体工程同步建设。2006年5月，经神华股份公司核准，哈尔乌素露天煤矿于2006年5月18日开工，2008年12月31日具备竣工条件，建设工期为31个月。

在随后的十余年中，神华准格尔能源有限责任公司、内蒙古伊泰集团公司及内蒙古蒙泰不连沟煤业有限责任公司等多家公司基于当时的煤炭市场形势和对良好矿区条件及自身发展的需要，在国家发展改革委批复的矿区总体规划及总体规划调整中，划定井（矿）田范围内陆续投资办矿或进行矿区基础设施建设。截至2015年底，总体规划确定的22处井（矿）田中，已建成特大型矿井2处、大型矿井8处、特大型露天矿2处、大型露天矿1处，累计公告产能13590万吨/年。矿区尚有在建矿井3处、未建矿井5处、未建露天矿1处。2015年，矿区生产原煤10438.68万吨。

三、胜利矿区

胜利矿区煤炭资源储量丰富、资源可靠、开采条件优越、外部条件齐备、市场条件稳定，是国家"十五"计划前期研究开发建设的矿区之一。2002年，原《胜利矿区总体规划》得到国家计委批准，其中胜利西一号露天煤矿（也称胜利一号露天矿）被列为矿区内首先开发的矿田。

2013年9月，国家发展改革委根据地区国民经济发展及市场需要，对2012年《修编》的矿区总体规划进行批复，修编总规较2002年版总规的矿区面积净增80.87平方千米，矿（井）田划分数量由6露5井改为7露4井，矿区建设总规模由未定变更为暂定16890万吨/年。矿区内已投产的西一号露天矿和在建的东二号露天矿分别由神华北电胜利能源有限公司、内蒙古大唐国际锡林浩特矿业有限公司经管和承建。改扩建的露天锗矿经营单位为锡林郭勒盟乌兰图嘎煤炭有限责任公司，以上3处煤矿的公告产能为3120万吨/年。矿区内未批先建的西二号、西三号2处露天矿分别由国电蒙东能源集团公司和内蒙古能源发电投资集团有限公司承建，均已被停建。矿区内其他6处规划露天矿未建。2015年，全矿区生产原煤2204.22万吨。矿区内各生产和在建矿井主要配套的煤炭外运铁路和发电厂等辅助工程均已形成并运行。

矿区内首个建成的胜利西一号露天矿进程要点：

2003年7月，神华准格尔能源有限责任公司胜利煤田筹备处成立，开始着手项目前期工作，2003年12月，委托中煤国际工程集团沈阳设计研究院完成了胜利一号露天煤矿可行性研究报告。2006年2月17日，国家发展改革委以《国家发展改革委关于神华北电胜利能源有限公司胜利一号露天煤矿项目核准的批复》(发改能源〔2006〕278号),对建设胜利露天煤矿正式核准,同意神华北电胜利能源有限公司建设胜利一号露天煤矿项目,胜利一号露天煤矿建设规模为2000万吨/年,其中一期工程1000万/年。当年10月10日,中国神华能源股份有限公司以《关于胜利一号露天煤矿初步设计与概算的批复》对胜利一号露天煤矿初步设计与概算进行批复:同意露天矿建设规模一期1000万吨/年,二期视市场情况扩建到2000万吨/年,一次设计,分步实施。露天煤矿建设要与矿区附近电厂建设相衔接,煤炭产品通过锡(林浩特)—桑(根达来)—蓝(旗)铁路外运。生产煤炭主要供应与之配套的正蓝旗上都电厂、锡林浩特市周边的用户和拟建的胜利坑口电厂。

2008年,胜利能源公司成立胜利一号露天煤矿一期工程初步验收移交领导小组,下设验收移交办公室及10个初步验收移交专业组,负责协调各单位单项工程的验收移交工作。

2008年1月,内蒙古煤矿安全监察局受国家煤矿安全监察局委托,组织专家对胜利一号露天煤矿一期工程安全设施及条件进行验收并通过验收。

2008年9月—2009年6月,相继通过了水土保持、消防、环保、档案等有关主管部门验收后,2009年12月,由国家能源局组织专家验收,下发了《关于印发神华北电胜利能源有限公司胜利一号露天矿一期工程项目竣工验收鉴定书的通知》,标志着胜利一号露天煤矿项目一期工程1000万吨/年通过工程竣工验收。

四、白音华矿区

该矿区由已建成的4处露天矿组成。自2005年6月5日起,各露天矿在取得国家发展改革委核准及各相关部门同意建设的一系列文件后,陆续开工建设。至2012年8月,矿区内各矿基建工程结束,并完成竣工验收。本期累计投产煤矿生产能力3100万吨/年,占矿区规划总规模的51.7%。

1. 白音华一号露天煤矿

白音华一号露天煤矿由国家发展改革委发改能源〔2008〕1915号文件核准,初步设计、修改初步设计经内蒙古自治区煤炭工业局分别于2009年和2013年批准。初步设计安全专篇和修改初步设计安全设施设计分别于2009年和2013年经内蒙古煤矿安全监察局批准。

图3-1-2 2009年9月1日,平庄煤业(集团)公司举行白音华一号露天煤矿一期(700万吨/年)工程项目开工庆典

该矿田面积19.92平方千米，设计可采储量65567万吨，可采原煤量73525万吨。露天矿设计生产能力700万吨/年，服务年限约95年。一号露天矿建设主体单位为内蒙古平庄煤业（集团）有限责任公司，初步设计及施工图由中煤科工集团沈阳设计研究院有限公司承担，矿建工程由中铁二十一局集团第一工程有限公司等承担，土建工程由辽宁东煤基本建设有限责任公司等承担，安装工程由赤峰华腾建筑安装工程有限责任公司等承担，工程监理由赤峰蒙域建设监理有限责任公司承担。该矿建设项目于2010年1月开工建设，主体工程于2012年7月完工，共完成单位工程94个，其中：矿建单位工程3个，完成投资约25904万元；土建单位工程71个，完成投资约42851万元；安装单位工程20个，完成投资约11425万元。2015年11月20日，由内蒙古自治区煤炭工业局组织验收后投产。

该矿公告产能700万吨/年，2015年实产原煤762万吨。

2. 白音华二号露天煤矿

白音华二号露天煤矿一期工程项目由国家发展改革委发改能源〔2007〕3537号文件核准，一期工程初步设计由内蒙古自治区煤炭工业局内煤局字〔2008〕158号文件批复。初步设计安全专篇由内蒙古煤矿安全监察局内煤安一处字〔2008〕39号文件批复。

白音华二号露天煤矿矿田面积30.1894平方千米，设计可采储量71460.57万吨，可采原煤量77820.06万吨，按一期工程设计生产能力500万吨/年计算，露天煤矿服务年限141.5年。项目建设主体单位为内蒙古锡林郭勒白音华煤电有限责任公司。露天煤矿一期工程初步设计由内蒙古煤矿设计研究院有限责任公司设计，矿建工程施工由新疆昆仑路港工程公司、中国煤炭国际经济技术合作总公司、中国建筑第六工程局第五建筑工程公司、中铁十九局集团第一工程有限公司承担；土建工程由中国华电工程（集团）有限公司、东北电业管理局烟塔工程公司、中冶天工建设有限公司、通辽市泰丰建设集团有限公司、铁岭市蔚蓝建筑安装工程有限公司、内蒙古第二建设股份有限公司承建。安装工程由北京奥贝玛技术有限公司、唐山冶金矿山机械厂等单位承担。二号露天煤矿建设项目一期工程于2009年12月完成主体工程并进行联合试运转，共完成矿建单位工程13个，剥离工程量6100万立方米，矿建工程投资38453.75万元；土建工程28个，土建工程投资40670.81万元；安装工程20个，安装工程及设备购置投资79647.26万元；其他投资33257.48元。建设项目总投资共计192029.30万元，吨煤投资384.1元。2010年10月31日，由内蒙古自治区煤炭工业局组织竣工验收后投产。

该矿公告产能500万吨/年，2015年实产原煤500万吨。

3. 白音华三号露天煤矿

白音华三号露天煤矿建设项目由国家发展改革委发改能源〔2008〕1723号文件核准，初步设计、修改初步设计分别由内蒙古自治区煤炭工业局内煤局字〔2009〕619号文件和〔2015〕97号文件批复。初步设计安全专篇由内蒙古煤矿安全监察局（内煤安一处字〔2010〕30号）文件批复，修改安全设施设计由内蒙古煤矿安全监察局（内煤安〔2015〕17号）文件批复。

白音华三号露天煤矿矿田面积为46.566平方千米，设计可采储量87170万吨，可采原煤量93031万吨。露天矿设计生产能力1400万吨/年，服务年限约60年。项目建设主体单位为内蒙古白音华蒙东露天煤业有限公司，初步设计及施工图由内蒙古煤矿设计研究院有限责任公司公司承担，矿建工程由华煤集团有限公司等承担，土建工程由沈阳北方建设股份有限公司等承担，安装工程由中国三冶集团有限公司等承担。

白音华三号露天煤矿建设项目于2005年6月开工建设，主体工程于2010年11月完工。共完成单位工程81个，其中矿建单位工程11个，土建单位工程44个，安装单位工程26个。2015年12月9日，由内蒙古自治区煤炭工业局组织竣工验收后投产。

该矿公告产能1400万吨/年，2015年实产原煤1399万吨。

4. 白音华四号露天煤矿

白音华四号露天煤矿一期建设项目由国家发展改革委（发改能源〔2006〕1521号）文件核准，初步设计和初步设计变更分别经内蒙古自治区煤炭工业局〔2006〕275号、〔2011〕465号文件批复，初步设计安全专篇和修改初步设计安全专篇分别经内蒙古煤矿安全监察局内煤安一处字〔2007〕37号和内煤安字〔2012〕25号文件批复。

白音华四号露天煤矿矿田面积为25.0475平方千米，设计可采储量64509万吨，可采原煤量65055万吨。一期工程设计生产能力500万吨/年，服务年限约118年。项目建设主体单位为内蒙古白音华海州露天煤矿有限公司，建设项目初步设计由内蒙古煤矿设计研究院有限责任公司承担，施工图设计由中煤国际工程集团沈阳设计研究院有限责任公司承担，矿建工程由阜新白音华建设工程有限公司等承担，土建工程由中国建筑第六工程局有限公司等承担，安装工程由沈阳工业安装工程股份有限公司等承担。白音华四号露天煤矿建设项目一期工程于2007年5月开工建设，主体工程于2012年8月完工，共完成单位工程90个，其中矿建单位工程36个，完成投资约58943万元；土建单位工程33个，完成投资约30819万元；安装单位工程21个，完成投资约4260万元。2015年10月18日，由内蒙古自治区煤炭工业局组织竣工验收后投产。

该矿公告产能500万吨/年，2015年实产原煤559万吨。

五、宝日希勒矿区

宝日希勒矿区是陈巴尔虎旗煤田先期开发的一部分。矿区煤炭资源丰富、煤质优良、开采技术条件简单，但由于煤田发现时间较晚，勘查程度不足，在较长时间里开发程度不高。1991—2002年，矿区的开发建设主体和管理体制变化频繁，正规矿井稀少而小煤井众多，全矿区最大原煤年产量在300万吨左右。此期间为满足原宝一矿及地产原煤外运需要，1998年7月，宝日希勒煤炭集团公司为宝一矿修建的铁路专用线建成试运营。同年9月12日，宝日希勒露天煤矿破土动工。

图3-1-3　2005年5月16日，宝煤公司举行露天矿工程奠基仪式

2003年，宝日希勒煤业有限责任公司为实现"淘汰小煤井、萎缩井工矿、发展露天矿"的企业战略方针，建成露天煤矿至原宝一矿铁路专用线14.05千

米、完成为露天矿配套的煤炭筛选厂、35千伏输变电工程和矿区热电联产一期工程。2004 年，原宝煤公司煤炭产销突破300 万吨，所属露天煤矿 180 万吨/年改扩建工程开工建设，次年 11 月 16 日，公司对 2 处井工矿停产整顿，结束井工矿爆破落煤落后的采煤工艺，确定单一露天煤矿现代化生产格局。与此同时，矿区完成为千万吨煤矿配套的地面生产系统及铁路专用线站线改造工程。2008 年，露天煤矿千万吨级改扩建工程通过国家发展改革委核准，地面辅助设施全面建成。2010 年，一号露天矿 1000 万吨/年改扩建项目于 12 月 20 日通过国家能源局组织的竣工验收。2011 年，神华宝日希勒能源有限公司开始进行二号露天矿建设的前期工作。2013 年，公司成立专项领导小组开展一号露天矿再次扩建至 3500 万吨/年的生产能力核实工作，2014 年 1 月，一号露天矿通过国家煤矿安全监察局核定产能至 3500 万吨/年。2015 年，二号露天矿建设项目的核准程序尚在进行中。

截至 2015 年底，经国家发展改革委（发改能源〔2009〕46 号）文件批复的矿区总体规划划分的 8 处露天矿和矿井中，除神华宝日希勒能源有限公司为矿区建设生产主体外，300 万吨/年东明露天煤矿、120 万吨/年天顺矿井、120 万吨/年呼盛矿井、120 万吨/年蒙西一井分别由呼伦贝尔东明矿业有限责任公司、陈巴尔虎旗天顺矿业有限责任公司、呼伦贝尔呼盛矿业有限责任公司、呼伦贝尔蒙西煤业有限公司等承建经营。矿区已建成 5 处煤矿，矿区公告产能 4010 万吨/年，其中：露天矿 1 处，2015 年实产原煤量 2511.8 万吨；井工矿 4 处，2015 年实产原煤 826.6 万吨。2015 年，矿区实产原煤 3338.4 万吨。2004—2015 年底全区五个新兴煤炭矿区煤矿建设情况见表 3 - 1 - 1。

表 3 - 1 - 1　2004—2015 年底全区 5 个新兴煤炭矿区煤矿建设情况统计表

矿区	煤矿	规划/公告产能（万吨/年）	建设性质	建设进度	2015 年实际产量（万吨）	建设主体单位	备注
神东矿区东胜区17处	补连塔矿井	2000/2800	改扩	投产	2779.71	神华神东煤炭有限责任公司	—
	上湾矿井	1000/1600	改扩	投产	1578.88	神华神东煤炭有限责任公司	—
	乌兰木伦矿井	300/400	改扩	投产	386.14	神华神东煤炭有限责任公司	—
	武家塔露天矿	300/300	改扩	投产	295.76	神华天隆集团有限公司	—
	霍洛湾矿井	300/300	改扩	投产	276.37	神华天隆集团有限公司	—
	柳塔矿井	300/300	改扩	投产	279.90	神华神东煤炭有限责任公司	—
	寸草塔一井	240/240	改扩	投产	223.25	神华神东煤炭有限责任公司	—
	寸草塔二井	300/270	改扩	投产	255.87	神华金峰煤炭有限公司	—
	李家塔矿井	300/300	改扩	投产	274.89	司法部劳改局	—
	温家塔矿井	400/240	改扩	投产	213.00	鄂尔多斯乌兰煤炭集团有限责任公司	—
	朝阳矿井	90/45	改扩	投产	—	伊金霍洛旗乌兰木伦朝阳煤炭公司	—
	布尔台矿井	2000/2000	新建	投产	1975.64	神华万利煤炭有限公司	—
	湾图沟矿井	300/450	新建	投产	447.00	内蒙古博源煤化工有限公司	—
	转龙湾矿井	500/	新建	在建	—	兖矿集团	—
	淖尔壕矿井	180/120	新建	投产	252.00	鄂尔多斯市天隆淖尔壕煤炭有限公司	—
	赛蒙特尔矿井	150/300	新建	投产	298.58	赛蒙特尔农业综合开发有限责任公司	—
	满来梁矿井	180	新建	投产	178.76	内蒙古蒙泰煤电集团有限公司	—
	计	8840/9665			9715.75		

表3-1-1（续）

矿区	煤矿	规划/公告产能（万吨/年）	建设性质	建设进度	2015年实际产量（万吨）	建设主体单位	备注
准格尔矿区22处	黑岱沟露天矿	2000/3400	改扩	生产	3289.08	神华准格尔能源有限责任公司	—
	官板乌素矿井	90/240	改扩	生产	124.28	内蒙古特弘煤电集团公司	—
	哈尔乌素露天矿	2000/3500	新建	投产	3364.96	神华准格尔能源有限责任公司	—
	黄玉川矿井	1000	新建	未建	—	神华亿利能源有限责任公司	—
	魏家峁露天矿	1200/600	新建	投产	600.00	北联电魏家峁煤电有限责任公司	总称罐子沟露天矿
	长滩露天矿	2000	新建	未建	—	内蒙古汇能煤电集团有限公司	
	酸刺沟矿井	1200	新建	投产	1155.53	内蒙古伊泰集团京粤酸刺沟有限责任公司	—
	青春塔矿井	600	新建	在建	—	内蒙古珠江投资有限公司	
	石岩沟矿井	600	新建	未建	—	内蒙古伊东煤炭集团有限公司	前期准备
	唐公塔二井	400	新建	未建	—		
	不连沟矿井	1000/1500	新建	投产	1407.03	内蒙古蒙泰不连沟煤业有限公司	—
	孔兑沟矿井	700	新建	未建	—		
	唐家会矿井	600	新建	投产	499.00	鄂尔多斯市华兴能源有限公司	—
	玻璃沟矿井	500	新建	在建	—	内蒙古国电能源投资有限公司	已核准拟2017年开工
	龙王沟矿井	1000	新建	已建	—	鄂尔多斯市国源矿业开发有限责任公司	—
	红树梁矿井	500	新建	在建	—	内蒙古开滦宏丰煤炭有限公司	
	罐子沟矿井	90-300/450	扩建	投产	449.00	内蒙古满世集团煤炭有限公司	
	唐公塔一井	60-240/150	扩建	投产	149.80	鄂尔多斯东辰煤炭有限公司	
	东坪矿井	500	新建	未建	—	内蒙古北联电能源开发有限责任公司	
	兴隆黑岱沟矿井	150	技改	投产	—	内蒙古兴隆能源集团有限公司	
	麻地梁矿井	500	新建	投产	—	内蒙古智能煤炭有限责任公司	
	水塔沟露天矿	300	技改	投产	—		
	计	17380/20390			10438.68		
胜利矿区11处	西一号露天矿	3000/2000	扩建	投产	1208.89	神华北电胜利能源有限公司	
	西二号露天矿	1000	规划	已建	—	国电蒙东能源集团公司	未批先建
	西三号露天矿	600	规划	已建	—	内蒙古能源发电投资集团有限公司	未批先建
	东一号露天矿	3000	规划	未建	—		
	东二号露天矿	6000/1000	新建	在建	524.76	内蒙古大唐国际锡林浩特矿业有限公司	
	东三号露天矿	2000	规划	未建	—		
	露天锗矿	120/120	改扩	投产	470.57	锡林郭勒盟乌兰图嘎煤炭有限责任公司	
	东一号井	600	规划	未建	—		
	西一号井	180	规划	未建	—		
	锡凌煤矿	150	扩建	未建	—	赤峰宝马煤炭物资有限公司	
	巴彦温都矿井	240	规划	未建	—		
	计	16890/3120			2204.22		

表 3-1-1（续）

矿区	煤矿	规划/公告产能（万吨/年）	建设性质	建设进度	2015年实际产量（万吨）	建设主体单位	备注
宝日希勒矿区8处	一号露天矿	2000/3500	扩建	投产	2511.80	神华宝日希勒能源有限公司	—
	二号露天矿	1000	规划	未建	—	—	
	谢尔塔拉露天矿	700	新建	核准未建	—	大唐呼伦贝尔能源开发有限公司	
	东明露天矿	300/150	新建	投产	496.10	呼伦贝尔东明矿业有限责任公司	
	天顺矿井	120/120	新建	投产	90.50	陈巴尔虎旗天顺矿业有限公司	
	呼盛矿井	120/120	新建	投产	120.00	呼伦贝尔呼盛矿业有限责任公司	
	蒙西一井	120/120	新建	投产	120.00	呼伦贝尔蒙西煤业有限公司	
	西一井	120	新建	未建	—	—	
	计	4480/4010			3338.40		
白音华矿区4处	白音华一号露天矿	700/700	新建	投产	762.00	内蒙古平庄煤业（集团）有限责任公司	—
	白音华二号露天矿	1500/500	新建	投产	500.00	内蒙古锡林郭勒白音华煤电有限责任公司	
	白音华三号露天矿	1400/1400	新建	投产	1399.00	内蒙古白音华蒙东露天煤业有限公司	
	白音华四号露天矿	2400/500	新建	投产	559.00	内蒙古白音华海州露天煤矿有限公司	—
	计	6000/3100			3220.00		

第二章 煤矿工程设计

第一节 设计机构与队伍

20世纪80年代末期，内蒙古曾有10家煤矿设计勘察单位。随着煤炭行业的发展变革和煤炭企业内部机构的合并重组，截至2015年底，内蒙古尚有自治区级、地级、企业级煤矿设计勘察单位8家，分别为内蒙古煤矿设计研究院有限责任公司、内蒙古煤炭科学研究院有限责任公司、鄂尔多斯煤矿设计院、大雁勘测规划设计有限责任公司、赤峰高达矿山工程设计有限责任公司、鄂尔多斯市神东工程设计公司、扎赉诺尔煤业公司设计院、伊敏河矿区建设指挥部设计院，其中，内蒙古煤矿设计研究院有限责任公司（简称内蒙院）和内蒙古煤炭科学研究院有限责任公司（简称内煤科院）为省级煤矿勘察设计单位。

一、内蒙古煤矿设计研究院有限责任公司

（一）机构设置

内蒙古煤矿设计研究院于1990年9月改制为全民所有制的企业性质。1991年院内设采矿室、露采室、生产系统室、土建室、机电室、技术经济室、测量队、成品室、电算室、情报资料室、计划经营

室、技术室、党委工作部、院行政办公室、纪检委、工会、劳动服务公司（独立法人单位）等17个部门及单位。1995年6月，技术室改为总工程师办公室；9月，注册成立内蒙古自治区煤矿设计研究院工程承包公司；2001年4月，将部分设计室等变更为设计一所（机选、总运）、设计二所（采矿）、设计三所（土建）、设计四所（机电）；2003年10月，增设院安全评价中心；2005年10月，安全评价中心改制为内蒙古安评科技咨询有限责任公司；2007年7月，撤销各所，改设矿井所、露天所、机选总运所，增设工程部、环保所。

图3-2-1　内蒙古煤矿设计研究院有限责任公司所在的办公楼

2008年6月，设计院由全民所有制企业改制为职工持股、社会法人参股的多元投资的混合所有制企业，更名为内蒙古煤矿设计研究院有限责任公司。公司内设党办、纪检委、工会、团委、院办、总工办、财务处、生产经营处等8个党群、行政、技术管理部门，设矿井所、露采所、机选总运所、机电所、土建所、环保所、技术经济所、工程部、新疆乌鲁木齐分公司等9个设计部门和电算站、信息档案处2个设计辅助部门；成立内蒙古新世纪电脑公司（对内出版处）、勘测队2个独立法人单位；内蒙古安评科技咨询有限责任公司、内蒙古三利监理咨询有限责任公司、呼和浩特市智维信息技术有限责任公司等3个参股、控股单位。2010年10月，发起成立中矿绿能（北京）工程技术有限公司（2015年撤回股份）。2012年2月，注销内蒙古自治区煤矿设计工程承包公司。2013年6月，公司发起成立呼市智维信息技术有限公司控股子公司。

截至2015年12月底，内蒙古煤矿设计研究院有限责任公司有矿井所、露天所、机选总运所、机电所、土建所、环保所、技术经济所、工程部、计划经营处、总工程师办公室、新疆乌鲁木齐分公司、电算站、信息档案处、党委办公室、纪检委、工会、团委、行政办公室、财务处、勘测队和内蒙古新世纪电脑公司（独立法人单位），参股呼市智维信息技术有限公司、内蒙古安评科技咨询有限责任公司、内蒙古三利煤炭基建咨询监理有限公司等24个部门及单位。

（二）专业设置

（1）1991—2000年，专业设置以满足煤炭行业甲级资质和矿井、露天、选煤厂以及附属工程设计的要求进行设置。主要有地下开采、露天开采、选煤、机制、供配电、总图、土建、矿建、安全工程、计算机、通信、暖通、给排水、矿山测量、环境工程、工程造价等16个工程技术类专业；财会、图书管理、政工等3个社科类专业。

（2）2001—2008年，由于工程总承包和市政工程设计的需要，将岩土工程、经济分析、企业管理等工程技术类和社科类专业纳入调整为21个工程技术类专业和4个社科类专业。

（3）2009—2015年，专业设置在突出通风、矿建、疏干排水、通信工程、计算机等工程技术领域的基础上，再次调整专业设置，使公司的工程技术类专业和社科类专业达到 30 个。

（三）技术力量及人员结构

截至 1991 年底，设计院职工 240 人中，各类专业技术人员为 191 人，占职工比例为 79.58%，其中高级 30 人、中级 88 人、初级 63 人、实习生 10 人。1992 年，设计院专业技术职称晋升纳入正常轨道，技术人员的技术职称有较大的提升。1995 年底，全院职工 247 人中，199 人有各类专业技术职称，其中高级职称 61 人、中级职称 63 人、初级职称 60 人、实习生 15 人。

1996—2000 年，受内蒙古煤炭行业发展进入低谷和东南沿海地区经济快速发展因素的影响，部分专业技术人员流向内地。2000 年，全院 217 人中，专业技术人员为 188 人，其中高级职称 75 人、中级职称 60 人、初级职称 53 人。

2001—2005 年，内蒙古煤炭行业发展形势好转，基本建设煤矿数量增加，设计人员数量严重不足。为此，设计院开始从各大院校毕业生以及河北、山西各煤炭生产企业中陆续选调部分专业技术人员进行补充。截至 2005 年底，全院员工人数为 262 人，其中，各类专业技术人员为 203 人，占职工比例为 77.48%。专业技术人员结构为：高级职称 62 人、中级职称为 49 人、初级职称为 92 人。

2006—2010 年，设计院内增设环保所、安全评价中心等部门，职工人数增加幅度较大，新增人员学历层次较高。截至 2010 年底，设计院职工人数为 302 人，各类专业技术人员为 221 人，占职工比例为 73.18%，其中正高级职称 4 人、高级职称 54 人、中级职称 67 人、初级职称 96 人。

2011—2015 年，受煤炭行业产能严重过剩和国家去产能政策等因素的影响，煤炭行业发展进入相对停滞期。设计院的主营业务受较大影响，开始向非煤矿山、工程监理、矿山数字化（计算机管理）领域拓展，专业技术人员结构随之发生较大变化。至 2015 年 9 月底，全院职工人数为 296 人，各类专业技术人员 217 人，占职工比例为 73.31%，其中正高级职称 8 人、高级职称 45 人、中级职称 73 人、初级职称 91 人。

图 3-2-2　内蒙古煤矿设计研究院设计人员研究设计方案

（四）资质等级及业务范围

1. 资质等级

1993 年前，内蒙古煤矿设计研究院工程设计和工程咨询资质为行业乙级，工程勘测为丙级资质。1993 年，工程设计资质升级为煤炭行业甲级、建筑行业乙级，工程咨询资质等级为煤炭行业甲级，工程承包资质为煤炭行业甲级，工程勘测为丙级。2005 年，工程设计资质为煤炭行业（矿井、选煤厂、露天矿）甲级，建筑行业乙级，工程咨询资质为煤炭行业甲级，工程承包资质为甲级，安全评价资质为煤炭行业乙级，工程勘测资质为乙级。

2015 年 8 月，设计院及参股、控股公司资质等级为：工程设计资质等级为煤炭行业（矿井、选煤厂、露天矿）甲级、建筑行业乙级、电力行业（变电工程、送电工程）丙级；工程咨询资质等级为煤炭行业甲级；安全评价资质等级为甲级；工程勘测资质等级为乙级；工程监理资质等级为（煤炭协会核发）煤炭建设甲级、矿山工程及市政工程乙级；同时获得生产能力核定、节能评估、地质灾害治理工程设计等方面的设计、咨询、评价等资质。

2. 业务范围

1995年以前，内蒙古煤矿设计研究院主要业务范围为煤炭行业的矿井、露天矿、选煤厂设计，同时扩展向焦化厂、电厂、市政规划等设计领域，服务区域主要为内蒙古范围内。1996—2000年，设计院的设计业务范围不断向焦化、煤化工、建材、市政规划、粮食系统拓展，服务区域拓展到宁夏回族自治区。

截至2005年底，设计院业务范围扩展到安全工程、煤层气抽采、洁净煤工程、铁路、稀有金属加工回收、煤化工、区域产业规划等专业领域。服务区域扩展到陕西省、山西省、河南省、青海省、宁夏回族自治区等产煤省、自治区，2010年业务范围拓展到机械加工制造、低阶煤提质、煤炭物流等专业领域。服务区域扩展到新疆维吾尔自治区以及塔吉克斯坦共和国。

截至2015年底，内蒙古煤矿设计研究院有限责任公司业务范围已包括煤炭行业矿井、露天矿、选煤厂、冶金矿山、电厂及电力工程、焦化厂、低阶煤提质工程、建材行业、煤炭物流等工程的咨询、设计、工程总承包、工程监理；工业及民用建筑、市政工程、公路、铁路、桥涵、生态及环境工程、消防工程、地质灾害治理、职业病防治、水土保持、节能评估、社会稳定风险评价、矿山测量、安全评价、工程造价、数字化矿山工程的咨询、设计以及各类行业国民经济发展规划编制及评估。

服务区域涉及区外的宁夏回族自治区、甘肃省、青海省、新疆维吾尔自治区、陕西省、河南省、河北省、江苏省、山西省、湖南省、辽宁省等11个省、市、自治区以及巴基斯坦、塔吉克斯坦等国家。

（五）主要业绩及获奖情况

1. 可研报告和初步设计

1991—2015年，累计完成：可行性研究报告451项、规模135939万吨，总体规划72项、规模144573万吨，初步设计743项、规模131934万吨，其中矿井初步设计276项、规模26976万吨，露天矿初步设计113项、规模19915万吨，选煤厂初步设计33项、规模6290万吨，其他初步设计321项、规模78753万吨。内蒙古煤矿设计研究院有限责任公司1991—2015年咨询、设计项目概况汇总见表3-2-1。

表3-2-1 内蒙古煤矿设计研究院有限责任公司1991—2015年咨询、设计项目概况统计表

时间（年）	可行性研究报告		总体规划		初步设计									
					矿井		露天矿		选煤厂		其他		初设合计	
	数量（项）	累计规模（万吨）	数量（项）	累计规模（万吨）	数量（项）	累计规模（万吨）	数量（项）	累计规模（万吨）	数量（项）	累计规模（万吨）	数量（项）	累计规模（万吨）	数量（项）	累计规模（万吨）
1991—1995	29	7536	7	11535	28	1758	1	60	2	180	—	—	31	1998
1996—2000	36	1751	12	10768	4	600	1	60	1	60	14	770	20	1490

表 3-2-1（续）

时间 （年）	可行性研究报告		总体规划		初步设计								初设合计	
					矿井		露天矿		选煤厂		其他			
	数量（项）	累计规模（万吨）	数量（项）	累计规模（万吨）	数量（项）	累计规模（万吨）	数量（项）	累计规模（万吨）	数量（项）	累计规模（万吨）	数量（项）	累计规模（万吨）	数量（项）	累计规模（万吨）
2001—2005	102	18514	7	33900	18	1380	4	3020	7	840	36	3770	65	9010
2006—2010	151	56498	28	41070	146	12628	64	7480	5	1240	55	16948	270	38296
2011—2015	133	51640	18	47300	80	10610	43	9250	18	3970	216	57265	357	81140
合计	451	135939	72	144573	276	26976	113	19915	33	6290	321	78753	743	131934

2. 煤炭产业发展规划编制

1995—2015 年，内蒙古煤矿设计研究院有限责任公司参与编制完成各类专项规划 10 部（表 3-2-2）。

表 3-2-2 1995—2015 年参与编制各类煤炭产业发展规划统计表

时间	规划名称	备注
1995 年 12 月	内蒙古自治区煤炭工业发展"九五"规划	自治区经委
2000 年 10 月	内蒙古自治区煤炭工业发展"十五"规划	自治区经委
2003 年 8 月	内蒙古自治区"煤电一体化"发展规划	自治区经委
2004 年 10 月	内蒙古自治区煤炭资源（矿区）专项勘查规划	国土资源厅委托
2005 年 12 月	内蒙古自治区煤炭工业"十一五"规划及 2020 展望	自治区发改委
2006 年 10 月	内蒙古自治区煤炭经营企业"十一五"合理布局规划	自治区煤炭工业局
2010 年 10 月	内蒙古自治区煤炭工业发展"十二五"规划	自治区煤炭工业局
2011 年 4 月	关于煤田配置方案的建议	中煤集团公司
2014 年 6 月	内蒙古自治区包头市煤炭市场发展规划	包头市经信委
2015 年 6 月	呼和浩特市"十三五"煤炭工业及深加工产业发展规划	呼和浩特市发改委

3. 特大型项目的咨询和设计

2001—2011 年，内蒙古煤矿设计研究院有限责任公司共编制完成 2000 万吨及以上煤炭矿区总体规划设计 9 部，总规划规模 42090 万吨（表 3-2-3）。大型以上井工煤矿、选煤厂设计统计表见表 3-2-4。

表 3-2-3 大型矿区总体规划统计表

时间	矿区名称	规划规模（万吨/年）
2001 年 12 月	内蒙古锡林郭勒盟白音华矿区总体规划	6000
2005 年 12 月	神华集团呼伦贝尔煤电石油基地总体规划（其中规划规模）	5300
2007 年 12 月	内蒙古自治区宝日希勒矿区总体规划	6240
2007 年 12 月	锡林郭勒盟西乌珠穆沁旗吉林郭勒矿区总体规划	2000
2008 年 6 月	内蒙古白彦花矿区总体规划	4000
2008 年 6 月	锡林郭勒盟巴彦宝力格矿区总体规划	4180

表 3-2-3（续）

时间	矿区名称	规划规模（万吨/年）
2009 年 11 月	锡林郭勒盟乌尼特煤炭矿区总体规划	3000
2010 年 6 月	内蒙古自治区乌海矿区总体规划	4470
2011 年 11 月	内蒙古自治区东乌珠穆沁旗高力罕煤田（矿区）总体规划	6900
合　计	—	42090

表 3-2-4　大型以上井工煤矿、选煤厂设计统计表

时间	井工煤矿名称	规划规模（万吨/年）
2004 年 10 月	鄂尔多斯亿德资源有限公司黄玉川煤矿初步设计	1000
2009 年 9 月	神东天隆集团有限责任公司煤炭分公司霍洛湾煤矿生产系统改造初步设计	500
2010 年 2 月	内蒙古荣达煤业（集团）有限公司荣达煤矿技改初步设计	600
2010 年 8 月	内蒙古白音华海州露天煤矿有限公司井工矿初步设计	1000
2010 年 10 月	内蒙古伊东煤炭集团有限责任公司石岩沟矿井及选煤厂可行性研究报告	800
2011 年 3 月	国网能源开发有限公司扎尔格楞图矿井及选煤厂可行性研究报告	500
2011 年 10 月	鄂尔多斯市华兴能源有限责任公司唐家会矿井及选煤厂初步设计	1500
2011 年 11 月	内蒙古鄂尔多斯市金牛煤电有限公司城梁矿初步设计	600
2011 年 11 月	新疆神华矿业公司准东煤田五彩湾矿区五号矿可行性研究报告	1000
2012 年 8 月	鄂尔多斯市东辰煤炭有限责任公司唐公塔煤矿改扩建初步设计	600
2013 年 7 月	鄂托克旗建元煤焦公司建元煤矿升级改造初步设计	500
2013 年 9 月	伊金霍洛旗蒙泰煤炭有限责任公司窝兔沟煤矿技改及选煤厂初步设计	500
合　计	—	9100

4. 大型以上露天煤矿咨询、设计

2008—2013 年，内蒙古煤矿设计研究院有限责任公司设计完成特大型露天煤矿 15 项，累计设计规模 22100 万吨（表 3-2-5）。

表 3-2-5　完成特大型露天煤矿设计统计表

时间	露天煤矿名称	规划规模（万吨/年）
2008 年 3 月	锡林郭勒白音华煤电有限责任公司露天矿（白二）初步设计	1500
2008 年 10 月	神华宝希勒能源有限公司露天矿改扩建初步设计	1000
2009 年 3 月	新疆昌吉英格玛煤电投资有限责任公司奇台西黑山露天煤矿可行性研究报告	2000
2009 年 8 月	神华宝日希勒能源有限公司露天煤矿改扩建可行性研究报告	2000
2009 年 10 月	内蒙古霍林河煤业公司白音华三号露天煤矿初步设计	1400
2009 年 10 月	新疆准东煤田五彩湾矿区三号露天矿（神华新疆公司准东露天矿）初步设计	2000
2010 年 7 月	辽宁春城工贸集团有限公司内蒙古锡林郭勒盟吉林郭勒矿区二号露天矿初步设计	1800
2010 年 7 月	宁夏庆华煤化工有限责任公司窑山露天煤矿可行性研究报告	1000
2010 年 8 月	新疆准东煤田西黑山矿区红沙泉一号露天煤矿一期工程可行性研究报告	1000
2010 年 10 月	神华宝日希勒能源有限公司二号露天煤矿可行性研究报告	1000
2011 年 11 月	新疆神华矿业公司准东煤田五彩湾矿区五号露天煤矿可行性研究报告	1000

表3-2-5（续）

时间	露天煤矿名称	规划规模（万吨/年）
2012年3月	新疆准东煤田西黑山矿区红沙泉二号露天煤矿可行性研究报告	2000
2012年12月	神华宝日希勒能源有限责任公司三号露天煤矿可行性研究报告	2000
2013年3月	内蒙古大雁矿业集团有限公司扎尼河露天煤矿扩建工程可行性研究报告	1200
2013年12月	新疆准东煤田五彩湾矿区三号露天煤矿（神华新疆公司准东露天煤矿）初步设计	2000
合计	—	22100

5. 大型煤炭物流系统咨询、设计

2011—2015年，内蒙古煤矿设计研究院有限责任公司设计完成特大型煤炭物流系统设计9项，累计设计规模12300万吨。完成特大型煤炭物流项目统计情况见表3-2-6。

表3-2-6 完成特大型煤炭物流项目统计表

时间	露天煤矿名称	规划规模（万吨/年）
2011年3月	华通恒泰物流有限责任公司大塔煤矿物流园及铁路装车系统可行性研究报告	1000
2011年3月	海北煤炭物流基地建设工程可行性研究报告	1000
2012年4月	呼伦贝尔工业园区煤炭装车系统初步设计	1000
2012年6月	内蒙古蒙泰煤电集团有限公司唐公塔集装站初步设计	1000
2013年6月	内蒙古红暖铁路有限公司头道柳煤炭集运站初步设计	1800
2014年4月	神府万达精煤运销公司准神铁路新庙集装站可行性研究报告	1000
2014年4月	神府万达精煤运销公司准神铁路后红进塔集装站可行性研究报告	1000
2015年1月	神华宝日希勒能源公司一号露天煤矿储煤系统扩能工程可行性研究报告	3500
2015年1月	蒙西至华中地区铁路煤运通道集疏运系统华容煤炭铁水联运储配基地初步设计	1000
合计	—	12300

6. 新工艺、新技术应用

内蒙古煤矿设计研究院有限责任公司各专业新工艺技术、新设备应用情况见表（3-2-7）。

表3-2-7 咨询、设计新工艺技术、新设备应用统计表

时间	应用项目名称	新工艺技术应用
	地采专业	
2008年3月	鄂旗建元煤焦化有限公司建元一矿	薄煤层综合机械化开采技术
2008年12月	内蒙古蒙泰煤电集团有限责任公司满来梁煤矿	煤巷联采机掘进技术
2013年6月	铁集集团内蒙古东林煤炭有限责任公司塬林煤矿	井巷采用冻结法施工，U型钢可缩性支架加钢筋混凝土砌碹支护技术
2013年10月	鄂尔多斯市华兴能源有限公司唐家会煤矿	煤层埋藏大于500米，主斜井采用折返式布置新工艺技术

表3-2-7（续）

时间	应用项目名称	新工艺技术应用
2014年4月	内蒙古满世煤炭集团罐子沟煤矿	煤层较硬、不易放顶，采用布置爆破工艺巷进行超前预裂爆破新工艺技术
2014年6月	内蒙古阿拉善左旗泰升煤炭公司泰源煤矿	沿空留巷巷道布置；矸石充填式开采工艺
2015年5月	准格尔金正泰煤炭有限责任公司金正泰煤矿	采用综采放顶煤回采工艺对遗留边帮煤炭资源回收
2015年10月	中铁资源集团海西煤业公司青海省木里聚乎更八、九煤矿	采用U型钢加钢筋混凝土以及保温层复合井壁支护技术，解决永冻土融沉
	露采专业	
2008年3月	锡林郭勒白音华二号露天煤矿	采煤、剥离"单斗汽车+半固定破碎+胶带输送+排土机"半连续工艺；实现内排前在露天采坑中部留设联络运输通道，解决运输，保障边坡稳定
2009年10月	神华新疆公司准东露天煤矿	露井联合"露天开采、斜井胶带输送"新工艺技术
2012年12月	山西华瑞露天煤矿	露井联合"端帮采煤"工艺，采端帮采煤机应用
	机选专业	
2005年4月	宝日希勒有限公司露天煤矿	率先采用国产2000吨/时一级破碎站和5400吨/时铁路快装站新设备
2010年10月	神华新疆准东煤田五彩湾矿区三号露天煤矿	直径36米圆筒仓，采用仓上刮板环形布料机和仓下双环式卸煤机新设备
2012年3月	蒙泰公司范家村至鄂尔多斯北骄电厂输煤系统	平面三次转变角度，纵向提升40.9米平面大转弯胶带输送机技术
2015年1月	蒙西至华中铁路华容煤炭铁水联运储煤基地	采用准轨三翻翻车机新设备
	机电专业	
1991年5月	内蒙古东胜煤田北部矿区万利川一号井	率先采用660伏供电系统新技术
1992年6月	内蒙古劳改局李家塔煤矿	煤炭系统率先采用对旋式轴流通风机新设备
2009年10月	内蒙古霍林河煤业公司白音华三号露天煤矿	110千伏变电所采用三台主变压器35千伏和10千伏系统分别采用双母线分段结线技术
2012年8月	内蒙古汇能煤电集团巴隆图煤矿	10千伏输电线路采用架空双分裂导线技术
2015年10月	内蒙古李家塔煤矿	风井10千伏输电线路采用全线避雷线技术
	土建专业	
2013年5月	内蒙古牙克石五九煤炭集团胜利煤矿	直径22米圆筒仓，采用灌注桩解决岛状永冻土地基问题
2013年9月	神华新疆准东煤田五彩湾矿区三号露天煤矿	直径36米圆筒仓，采用后张法预应力钢绞线控制仓体裂缝技术
2015年10月	神华乌海能源公司老石旦煤矿	62米大跨度桁架，采用设置滑动支座技术

表3-2-7（续）

时间	应用项目名称	新工艺技术应用
	水暖专业	
2000年1月	神华集团神府东胜煤炭公司公涅尔盖沟水源地	率先采用浅堰取水新工艺技术
2013年5月	内蒙古五九煤集团胜利煤矿	针对岛状永冻土地基，采用管沟周围粗沙回填新技术
	计算机专业	
2014年4月	锡林郭勒盟乌兰图嘎锗煤露天矿	采用综合3S空间技术、三维可视新技术，建立数据库和企业管理信息子网，整合信息孤岛

7. 咨询、设计项目获奖情况

1996年，内蒙古煤矿设计研究院被评为内蒙古建筑行业"十佳"设计院；2008年被评为全国煤炭行业"十佳"设计院；2013年，在2013年度全国勘察设计行业创新型优秀企业评选中排名第21位。

1991—2015年，内蒙古煤矿设计研究院有限责任公司获得咨询、设计奖62项，其中，获全国优秀工程咨询成果奖（国家级）3项，获煤炭行业（部级）46项，获内蒙古自治区工业市政优秀项目奖13项（表3-2-8）。

表3-2-8　内蒙古煤矿设计院历年咨询、设计项目获奖情况统计表

年度	获奖项目名称	奖项名称
1991	自主开发的露天采矿CAD软件	全国工程设计计算机优秀软件三等奖
1995	包头矿务局阿刀亥选煤厂工程设计	内蒙古自治区优秀勘察设计质量三等奖
2003	瓦斯监测系统开发QC小组	内蒙古自治区勘察设计质量三等奖
2006	平庄矿务局老公营子煤矿可行性研究报告 内蒙古锡林郭勒盟白音华矿区总体规划	中国煤炭协会优秀工程设计二等奖 煤炭行业优秀工程咨询成果三等奖
2007	内蒙古白音华四号露天矿可行性研究报告 内蒙古准格尔煤炭规划矿区矿权设置方案 内蒙古东胜煤炭矿区矿权设置方案	煤炭行业优秀工程咨询成果一等奖 煤炭行业优秀工程咨询三等奖 煤炭行业优秀工程咨询三等奖
2008	神华宝日希勒能源有限公司露天煤矿改扩建可行性研究报告 内蒙古鄂托克旗建元煤焦化有限责任公司建元一矿可行性研究报告 内蒙古自治区吉林郭勒矿区总体规划 内蒙古锡林郭勒白音华煤电有限责任公司露天矿（白音华二号露天矿）可行性研究报告、青海木里煤业有限公司聚乎更露天煤矿可行性研究报告	煤炭行业优秀工程咨询成果一等奖 煤炭行业优秀咨询成果二等奖 煤炭行业优秀咨询成果二等奖 煤炭行业优秀咨询成果三等奖 煤炭行业优秀咨询成果三等奖
2009	内蒙古白音华煤田三号露天矿可行性研究报告 神华宝日希勒露天煤矿改扩建可行性研究报告 内蒙古贺斯格乌拉煤田矿区总体规划 内蒙古巴音宝力格矿区总体规划 内蒙古平庄煤业（集团）有限责任公司老公营子煤矿初步设计	煤炭行业优秀工程咨询成果一等奖、全国优秀工程咨询成果二等奖 全国工程咨询成果三等奖 煤炭行业优秀工程咨询成果二等奖 煤炭行业优秀工程咨询成果三等奖 煤炭行业第十四届工程设计二等奖

表 3-2-8（续）

年度	获奖项目名称	奖项名称
2010	内蒙古平庄煤业（集团）有限责任公司老公营子煤矿初步设计	内蒙古自治区优秀勘察设计质量一等奖
	内蒙古宝日希勒矿区总体规划	煤炭行业优秀工程咨询成果一等奖
	内蒙古北方电力魏家峁露天矿可行性研究报告	煤炭行业优秀工程咨询成果一等奖
	内蒙古鄂尔多斯丁家渠煤矿整合改造可行性研究报告	煤炭行业优秀工程咨询成果二等奖
	内蒙古鄂尔多斯诚意煤矿整合改造可行性研究报告	煤炭行业优秀工程咨询成果二等奖
	内蒙古鄂尔斯天隆淖尔壕煤矿可行性研究报告	煤炭行业优秀工程咨询成果三等奖
	内蒙古纳林庙一号煤矿整合改造可行性研究报告	煤炭行业优秀工程咨询成果三等奖
	内蒙古汇能煤电集团巴隆图煤炭有限公司东胜市塔拉壕乡庙沟煤矿初步设计	内蒙古工业市政项目设计二等奖
	乌海市正兴煤焦化有限公司与白云乌素煤矿初步设计	内蒙古工业市政项目设计二等奖
	内蒙古利民煤焦有限公司煤矿初步设计	内蒙古工业市政项目设计三等奖
	伊泰同达煤炭公司丁家渠煤矿初步设计	内蒙古工业市政项目设计三等奖
2012	矿山四维数字化 QC 小组	煤炭行业建设工程优秀 QC 小组一等奖
	内蒙古大雁扎尼河露天矿可行性研究报告	煤炭行业优秀工程咨询成果一等奖
	内蒙古蒙泰满来梁矿井及选煤厂可行性研究报告	煤炭行业优秀工程咨询成果二等奖
	内蒙古东辰唐公塔煤矿改扩建可行性研究报告	煤炭行业优秀工程咨询成果二等奖
	内蒙古宝力根套海矿区总体规划	煤炭行业优秀工程咨询成果三等奖
2013	内蒙古鄂尔多斯唐家会矿井及选煤厂可行性研究报告	煤炭行业优秀工程咨询成果一等奖
	内蒙古牙克石胜利煤矿产业升级改造项目可行性研究报告	煤炭行业优秀工程咨询成果三等奖
	内蒙古四道柳煤矿产业升级改造可行性研究报告	煤炭行业优秀工程咨询成果三等奖
	内蒙古永智煤矿产业升级可行性研究报告	煤炭行业优秀工程咨询成果三等奖
	内蒙古鄂托克旗建元煤矿产业升级项目可行性研究报告	煤炭行业优秀工程咨询成果三等奖
2014	内蒙古伊东集团孙家壕煤矿整合改造项目初步设计	煤炭行业第十六届优秀工程设计二等奖
	内蒙古鄂尔多斯地方煤矿双回路供电建设项目初步设计	煤炭行业第十六届优秀工程设计二等奖
	鄂尔多斯市东辰煤炭公司唐公塔煤矿改扩建项目初步设计	煤炭行业第十六届优秀工程设计二等奖
	内蒙古聚祥煤业集团有限公司阳塔煤矿改扩建项目初步设计	煤炭行业第十六届优秀工程设计三等奖
2015	鄂托克旗建元煤焦化有限公司建元一矿初步设计	煤炭行业第十七届优秀工程设计一等奖
	内蒙古源源能源集团有限责任公司金源里井工矿初步设计	煤炭行业第十七届优秀工程设计三等奖
	乌海市乌化矿业有限公司乌化一矿初步设计	煤炭行业第十七届优秀工程设计三等奖
	鄂尔多斯市正丰矿业有限公司鄂托克旗双欣煤矿初步设计	煤炭行业第十七届优秀工程设计三等奖

二、内蒙古煤炭科学研究院有限责任公司

（一）机构与队伍建设

1. 机构设置

内蒙古煤炭科学研究院有限责任公司前身为内蒙古自治区煤炭科学研究所（简称煤研所），成立于1985年1月22日，隶属于内蒙古自治区煤炭工业厅。1990年，由事业单位改制为全民所有制企业。2008年6月，更名为内蒙古煤炭科学研究院有限责任公司，注册资金700万元。

1991—1995年，煤研所内设机构有：煤炭综合利用研究室、综合设计室、内蒙古源宝煤炭科学技术开发经营公司、内蒙古煤炭新技术推广站、内蒙古煤炭节能测试中心、内蒙古科技经济信息服务中心、办公室、政工科等。1996—2000年，煤研所内设机构调整为煤炭综合利用研究室、综合设计室、节能测试中心、新技术

推广站、多种经营公司，办公室等。2001—2005年，煤研所内设机构再次调整为煤炭综合利用研究室、综合设计室、新技术推广站、节能测试中心、多种经营室、CAD室、办公室、经营计划室等。

图3-2-3　内蒙古煤炭科学研究院有限公司办公的写字楼

2008年10月，内蒙古煤炭科学研究院有限责任公司成立，成为国有参股、社会法人入股、职工持股的混合所有制企业。内部机构改革为：地采室、露采室、土建室、机电室、地灾室、煤综合利用研究室、矿山安全咨询中心、出版部、综合办公室、财务部、计划经营室、总工办等。2011—2015年，内部机构设置为综合办公室、财务部、计划经营室、总工办、地采室、露采室、土建室、机电室、地灾室、煤炭综合利用研究室、出版部等。

2．职工队伍

1995年以前，职工总数最多达92名。1995年，煤研所有职工88人，1996—2003年，在全国煤炭市场低迷情况下，煤炭科研工作难以维系，煤研所面临生存考验，专业人员大量流失，职工人数锐减过半。2004年以来，煤炭行业进入快速发展时期，煤研所将主要业务方向调整为提供煤矿设计和咨询服务。通过多种渠道，从各地选调煤矿开采方面的专业人员，并逐步招收相关专业的毕业生，形成专业配套较为齐全的煤矿设计队伍。2015年，有职工85人，其中具有高级专业技术职称28人，48人具有大学专科以上学历（表3-2-9）。

表3-2-9　内蒙古煤炭科学研究院有限公司职工来源及技术力量结构统计表

人

项目	职工	职称			中共党员	人员来源			
		高级	中级	初级		调入	军转	学校分配	社会招聘
1985年底	22	1	4	15	6	9	—	13	—
1995年底	88	13	23	10	32	44	2	42	—
2005年底	51	23	15	2	26	27	2	19	3
2015年底	85	29	11	32	47	24	1	48	12

（二）专业设置

1992年以前，煤研所主要研究方向为褐煤等劣质煤的提质和煤炭综合利用。专业设置突出煤化工和煤炭综合利用，其他专业多作为配套及辅助。

（三）资质及业务范围

该公司具有的资质等级为：工程设计煤炭行业（矿井）专业甲级、露天煤炭行业乙级，安全评价资质煤炭开采、洗选专业乙级，地质灾害治理工程设计乙级，地质灾害危险性评估资质丙级，工程咨询单位资质丙级（煤炭、电力业）。此外，还具有服务煤炭、矿山采选的节能评估和煤矿生产能力核定的资质，节能评估服务煤炭、矿山采选（表3-2-10）。

业务范围包括：煤综合利用方面研究和技术咨询；煤炭行业（矿井、露天矿、选煤厂）的规划、设计、咨询和技术服务；煤炭行业的安全评价和技术咨询；地质灾害危险性评估及治理工程设计；煤矿及其他矿山的节能评估等。服务区域已拓展至宁夏回族自治区、甘肃省、山西省、贵州省等省区。

表3-2-10　内蒙古煤炭科学研究院有限责任公司资质及变化情况统计表

资质名称	等级	业务范围	发证时间	发证机关	备注
工程设计证书	丙级	—	1993年	内蒙古自治区建设厅	1988年初次领证
	乙级	可从事资质证书许可范围内相应的建设工程总承包业务以及项目管理和相关的技术与管理服务。	2003-02 2008-08	国家建设部 内蒙古自治区建设厅	—
	甲级	煤炭行业（矿井）专业甲级，可从事资质证书许可范围内的建设工程总承包业务及项目管理和相关的技术与管理服务。	2010-10 2015-10	住房和城乡建设部 住房和城乡建设部	延续
工程咨询单位资格证书	丙级	煤炭、火电、市政专用工程（给排水）、规划咨询、编制项目建议书、编制项目可行性研究报告、项目申请报告、资金申请报告、评估咨询、工程设计。	2013-08	国家发改委	—
安全评价机构资质证书	乙级 乙级 乙级	煤炭开采业；煤炭洗选业。	2010-05 2013-05 2016-05	内蒙古煤矿安全监察局 内蒙古煤矿安全监察局 内蒙古煤矿安全监察局	换证 换证
煤矿生产能力核定	—	—	2006-08 2014-10	内蒙古自治区煤炭工业局 内蒙古自治区煤炭工业局	发证 换证
地质灾害治理工程设计	乙级	可以承揽中、小型地质灾害治理工程设计业务。	2009-06 2015-09	内蒙古自治区国土资源厅 内蒙古自治区国土资源厅	发证 换证
地质灾害危险性评估	丙级	可以承揽三级地质灾害危险性评估业务。	2009-06 2015-09	内蒙古自治区国土资源厅 内蒙古自治区国土资源厅	发证 换证
节能评估服务机构	—	编制固定资产投资项目节能评估报告、企业能源审计报告、企业节能规划、节能项目资金申请报告	2011-09	内蒙古自治区经济和信息化委员会	—

（四）主要业绩及获奖情况

（1）科研方面。1991—1995年，承接自治区煤炭工业厅下达的《纳林沟煤矿近水平特厚煤层滑移支架放顶煤工业性试验》《煤炭脱硫方法的调研》《内蒙古乡镇煤矿合理布局及开发研究》《APP改性沥青防水卷材在煤矿建设中的推广应用》等10项科研及新技术推广项目。

2009—2010年，承接自治区发展改革委下达的《内蒙古自治区洁净煤技术开发利用方案研究》。

（2）设计咨询方面。1991—2000年，完成设计咨询项目10余项。2001—2005年，完成设计咨询项目94个，规模为中型以上的项目占50％。2006—2010年，完成设计咨询项目354项，项目显著特点是小（中）型露天矿项目剧增，井工项目以中、大型为主；除自治区内的项目外，还承揽甘肃、山西等省的煤矿设计项目。2010—2015年，共完成设计咨询项目131项，其中井工项目44项、露天项目82项、选煤厂项目5项。自2013年以后，设计咨询项目骤减。

（3）其他方面。2007—2015年，该院在安全评价报告、质量标准化报告、节能评估报告、生产能力核定、勘察验收报告、地质灾害评估报告等方面也取得很好的业绩，总计完成299项，其中安全评价报告180项、质量标准化报告35项、节能评估报告20项、生产能力核定25项、勘察验收报告33项、地质灾害评估报告6项。

1991—2015年，内蒙古煤炭科学研究院工程设计咨询项目荣获各种奖项16项，其中一等奖2项、二等奖6项、三等奖8项（表3－2－11）。

表3－2－11　内蒙古煤炭科学研究院有限责任公司设计咨询项目获奖情况统计表（1991—2015年）

项目名称	所获奖项	获奖时间
古拉本二号井筛分选矸楼	优秀工程设计二等奖	1992年
棋盘井矿业公司三号井改扩建采区巷道布置及机械配备	优秀工程设计三等奖	2006年
昊源煤焦化有限公司伊铁鑫河煤矿技术改造主斜井及装备	优秀工程设计三等奖	2006年
内蒙古中煤蒙发运销有限责任公司呼和乌素矿井水处理车间	建筑结构三等奖	2010年
内蒙古苏家沟股份制井整合改造初步设计	矿井设计工程优秀QC小组三等奖	2011年
内蒙古包尔呼舒高布露天矿可研报告	优秀工程咨询成果二等奖	2011年
内蒙古伊金霍洛旗东博煤矿资源整合可研报告	优秀工程咨询成果三等奖	2011年
内蒙古伊东集团忽沙图煤炭有限责任公司忽沙图二矿技术改造优化初步设计	优秀工程设计二等奖	2012年
内蒙古伊东集团宏鑫煤炭有限责任公司煤矿整合改造设计	优秀工程设计二等奖	2012年
神华集团包头矿业有限责任公司水泉露天煤矿	优秀工程设计三等奖	2012年
内蒙古呼盛煤矿升级改造可研报告	优秀工程咨询成果二等奖	2013年
甘肃万胜甜水堡二矿可研报告	优秀工程咨询成果一等奖	2013年
达拉特旗苏家沟煤炭有限责任公司苏家沟股份制井整合改造优化初步设计	优秀工程设计三等奖	2014年
鄂尔多斯市嘉信德煤业有限公司煤矿整合改造修改初步设计	优秀工程设计一等奖	2015年
呼伦贝尔呼盛矿业有限责任公司呼盛煤矿产业升级改造项目初步设计	优秀工程设计二等奖	2015年

三、鄂尔多斯煤矿设计院

（一）机构队伍

1. 机构设置

鄂尔多斯煤矿设计院前身为伊克昭盟煤矿设计室，成立于1984年4月，隶属伊克昭盟经济委员会管辖。1988年7月，伊克昭盟煤矿设计室更名为伊克昭盟煤矿设计院，隶属于伊克昭盟煤炭工业管理处。1991年成为煤炭工业处直属二级单位，下设办公室、财务室、采煤室、机电室、土建室、经济室、成品室。1993年，设计院实行企业化管理。2001年9月，伊克昭盟煤矿设计院更名为鄂尔多斯市煤矿设计院，设办公室、财务室、采煤室、机电室、土建室、经济室、成品室、安泰安全评价中心。2006年，机构调整为：办公室、财务室、地采室、露采室、机电室、土建室、经济室、成品室、安泰安全评价中心。截至2015年底，鄂尔多斯市煤矿设计院机构设置有办公室、财务室、地采室、露采室、机电室、土建室、经济室、安泰安全评价中心。

2. 技术力量及人员构成

建院初期有职工15人，技术人员10人。2010年底在册人员28人，专业技术人员20人，其中高级工程师3人、工程师5人、助理工程师12人、技师3人、高级经济师1人、会计师2人。2015年，注册人员28人，其中注册工程师6人、高级工程师3人、工程师14人、助理工程师3人、技师1人、高级经济师1人。

设计院专业设置：主要有采矿、矿山机电、机械制造、工业与民用建筑、公用设备、总图运输、经济等专业。采用现代化设计手段，AutoCAD制图，100%计算机出图。

（二）资质等级及业务范围

伊克昭盟煤矿设计室成立时的设计资质为丁级。1993年，设计资质提升为丙级。2003年9月，鄂尔多斯煤矿设计院通过国家煤矿安全评价机构的资质认证，成为具有煤矿安全评价资格的中介机构。2004年2月，经国家安全生产监督管理局批准，设立鄂尔多斯市安泰安全评价中心，与煤矿设计院实行一套人马，两块牌子。2007年7月，经国家建设部核准，鄂尔多斯煤矿设计院设计资质由丙级升级为乙级。

鄂尔多斯煤矿设计院能够承担：①年生产能力90万吨以下井工矿、300万吨露天矿、新建矿井及配套工程的可行性研究、初步设计和施工图设计；②各类中型煤矿的技术改造、扩建设计；③煤矿建设生产期间井巷工程施工、机电设备安装调试、地面生产系统建设、工业与民用生活福利设施建筑等的技术咨询、施工现场技术指导、工程概算、非煤矿类采掘工程的各阶段设计等。

（三）历年主要业绩及获奖情况

1997年1—6月，设计院完成各类设计56部，其中颁证技术改造设计52部，概算总投资809.14万元，设计规模348万吨/年。2000年，完成煤矿矿井技术改造方案设计9部，设计总生产能力102万吨，完成高岭土矿初步设计2部，总生产能力12万吨（表3-2-12、表3-2-13）。

表3-2-12 1990—2002年鄂尔多斯煤矿设计院设计工作量统计表

所在地区	设计项目名称	数量（个）	图纸（张）	所在地区	设计项目名称	数量（个）	图纸（张）
准格尔旗	技术改造施工图	42	179	鄂托克旗	技术改造施工图	116	548
伊金霍洛旗	技术改造施工图	37	162	鄂托克前旗	技术改造施工图	5	21
达拉特旗	技术改造施工图	31	134		煤层开发设计施工图	1	4
东胜区	技术改造施工图	40	72	杭锦旗	技术改造施工图	1	5
	井筒施工设计	1	1	周边地区	技术改造施工图	6	28
乌审旗	技术改造施工图	1	5				

表 3-2-13 2003—2015 年鄂尔多斯煤矿设计院设计项目统计表

完成时间	设计项目名称	数量（个）	设计总规模（万吨/年）	完成时间	设计项目名称	数量（个）	设计总规模（万吨/年）
2003 年	技术改造方案设计	5	87	2012 年	井工煤矿初步设计	1	90
	煤矿资源开发利用方案	4	135		井工煤矿采区接续设计	2	90
	可行性研究报告	1	21		井工煤矿水平延伸（深）设计	2	240
	改扩建初步设计	1	21		煤炭资源开发利用方案	2	—
2004 年	煤矿资源开发利用方案	16	417		灭火专项设计	1	90
	改扩建初步设计	11	248		露天煤矿优化设计	2	210
	初步设计安全专篇	1	21		井工、露天煤矿方案设计	5	420
2005 年	改扩建初步设计	84	2025		煤矿安全质量标准化考核评级	3	
	煤矿资源开发利用方案	3	47		井工、露天煤矿生产能力核定	7	
	改扩建初步设计安全专篇	3	72		与初设配套的安全专篇	5	210
2006 年	改扩建初步设计	25	765		露天煤矿施工图	3	—
	改扩建初步设计安全专篇	2	60		井工煤矿井下紧急避险系统专项初步设计	24	1905
	煤矿资源开发利用方案	2	45		井工煤矿边角煤回收方案设计	1	21
2007 年	改扩建初步设计安全专篇	4	120		井工煤矿水平延深初步设计	1	60
	改扩建初步设计	22	630		井工煤矿采区设计	1	90
	煤矿井田火区治理方案	7	—		井工煤矿盘区优化初步设计	1	90
	回收煤柱项目（试行）初步设计	1	60		井工煤矿技术改造（回采工艺）初步设计	1	30
	技术改造初步设计修改说明	1	—		井工煤矿安全专篇	2	300
2008 年	煤矿项目变更说明	1	—		井工煤矿施工图	67	—
	煤矿改扩建初步设计	9	495		矿产资源开发利用	1	
	技术改造可行性研究报告	1	—	2013 年	露天煤矿优化、变更初步设计	2	240
	改扩建初步设计施工图	1	—		露天煤矿安全专篇	1	120
	井下机电施工图	1	—		生产能力核定	1	
	改扩建初步设计安全专篇	4	—		露天煤矿安全质量标准化考核评级	8	
2009 年	煤矿改扩建初步设计	15	940		与北京煤炭科学研究总院合作完成鄂尔多斯市地方煤矿采空区灾害综合治理总体规划	1	
	边角煤柱回收方案	1	30				
	煤施工图设计	1					
	改扩建初步设计安全专篇	4	240		与北京华宇工程有限公司合作编制完成鄂尔多斯市物流园区总体规划和煤泥煤矸石总体规划	1	
	煤矿资源开发利用方案安全设施设计	1					
	煤矿项目变更说明	1					
	煤矿水平延伸初步设计	1	60		与北京华宇工程有限公司合作编制完成鄂尔多斯市煤矸石和煤泥综合利用规划	1	
	回收煤柱项目（试行）初步设计安全专篇	1	60				
2010 年	煤矿技术改造初步设计	2	150				
	改扩建初步设计	2	120		与北京华宇工程有限公司合作编制完成鄂尔多斯市北部区洁净煤综合利用项目总体规划	1	
	综合机械化开采设计（安全专篇）	1	60				
	煤矿优化初步设计	2	—				
	煤矿资源开发利用方案	2	—				
	改扩建初步设计安全专篇	3	210				
2011 年	井工煤矿优化初步设计	2	135				
	井工煤矿采区接续设计	2	150				
	煤炭资源开发利用方案	1	60				
	灭火专项设计	3	330				
	优化、接续设计安全专篇	4	285				
	露天煤矿安全质量标准化考核评级	5	—				

表3-2-13（续）

完成时间	设计项目名称	数量（个）	设计总规模（万吨/年）	完成时间	设计项目名称	数量（个）	设计总规模（万吨/年）
2014年	井工煤矿水平延深初步设计（联合煤炭工业济南设计研究院有限公司）	1	120	2015年	安全预评价项目	6	—
	井工煤矿改扩建初步设计变更	1	60		井工大巷煤柱回收开采设计	2	120
	井工煤矿大巷煤柱回收方案设计	2	120		露天煤矿改扩建初步设计变更	4	360
	煤矿井下紧急避险系统专项初步设计变更	2	—		露天煤矿采区优化设计	1	60
	井工煤矿开采设计	1	60		露天煤矿生产能力核定	1	200
	露天煤矿优化、变更开采设计	4	450		露天煤矿优化初步设计方案	1	300
	水平延深项目勘测验收报告	1	—		井工煤矿开采设计变更	1	60
	验收井工煤矿井下紧急避险系统建设项目	46	—		煤矿采空区灾害治理工程项目初步设计变更	1	90
	安全预评价项目	1	—		井工煤矿回采工艺初步设计变更	1	60

四、煤炭企业勘察设计单位

内蒙古自治区的煤炭企业勘察设计单位主要有以下五家：大雁勘测规划设计有限责任公司、赤峰高达矿山工程设计有限责任公司、鄂尔多斯市神东工程设计公司、扎赉诺尔煤业公司设计院、伊敏河矿区建设指挥部设计院。

（一）大雁勘测规划设计有限责任公司

1988年，大雁矿务局设计处更名为大雁矿务局设计院，2001年更名为大雁煤业公司设计院。2003年6月12日，大雁煤业公司设计院与大雁勘测公司合并成立大雁勘测规划设计有限责任公司。

1992年，大雁矿务局设计院在矿建设计科、机电设计科、土建设计科、水暖设计科、总图运输测量科、预算科、成品科的基础上增设规划科。2001年，下设矿建科、机电科、土建科、水暖科、测量科、预算科、成品科。

2003年，合并后的大雁勘测规划设计有限责任公司下设8个设计室和勘察、测绘、地测3个分公司、1个技术服务中心。2013年1月，技术中心兴冠公司、基建部质监站部分职工划归勘测设计公司管理，公司设立综合部、生产部、经营部3个部和9个设计室，下设勘察分公司、测绘分公司、3个驻矿地测科、设计室、兴冠公司5个子、分公司。质监站后于11月份脱离勘测设计公司管理。

2004年，大雁勘测规划设计有限责任公司设有建筑、结构、机电、水暖、给排水预算、城市规划、装饰、采矿、建筑艺术10个专业。

2001年，大雁煤业公司设计院有职工32人。2003年，大雁勘测规划设计有限责任公司有员工156人，其中干部62人，中、高级专业技术人员19人，各类专业技术人员48人，占职工总数的40%。从事设计的工作人员24人，其中，中级职称3人、初级职称9人。2013年1月,公司有员工249人。

2004年，大雁勘测规划设计有限责任公司设计室工程设计资质为建筑和煤炭行业丙级。1992—2014年大雁勘测规划设计有限责任公司设计项目统计见表3-2-14。

表3-2-14 1992—2014年大雁勘测规划设计有限责任公司设计项目统计表

年度	完成设计项目名称
1992	矿务局医院改造，住院部、门诊、儿科病房及室外管网、供电线路施工图、二矿浴池施工图、第一中学学生宿舍楼施工图、二矿空气加热室施工图、二矿二水平延深施工图、技工学校施工图等设计，同心（第四中学）、同德（第二中学）中学教学楼设计
1993	建行节能住宅楼施工图、大雁矿区建行营业楼施工图等设计
1994	第二幼儿园施工图、铁东中学教学楼施工图、雁北热电厂主厂房、主控楼、输煤皮带廊、除渣廊、干煤棚、除灰房施工图等设计
1996	第二煤矿二采区供电线路改造、给水泵站改造施工图、雁中西部给水管网改造、二矿雁中区室外供热管网等设计
1997	雁中热电厂初步设计、雁中区东部给水泵站改造、给水管网改造、雁北热电厂至局址配电所和61列电6千伏输电线路、雁北热电厂馈出35千伏送电线路、雁中区兴华路拓宽施工图等设计
1998	政府住宅楼施工图、雁中区兴华组团住宅楼施工图设计，海拉区金海雁大厦小宴会厅设计，雁局宾馆大餐厅设计
2000	一矿西六采区地面6千伏架空供电线路、二矿井下水综合利用一水平三采区井下排水系统设计，大雁矿区索伦宾馆西餐厅设计
2003	雁中区永安路改造施工图、总医院车库及药库、金雁再就业商贸城及临时住宅施工图、第一中学教学楼施工图等设计
2004	一矿、二矿煤场增容及返煤暗道、二矿三水平延深和特莫呼珠煤矿技术改造施工图等设计，实现产值103万元
2005	蒙西一井、呼盛、天顺三个年产60万吨矿井的初步设计、一矿中央采区主通风机配电室工程、二矿三水平暗副井绞车基础工程、三矿联合建筑的改造工程、八中危楼改造设计、富强小区A-B组团小学教学楼设计、五泉山风景区管理办公室方案设计、一矿职工公寓改造工程、教育处办公楼立面改造工程设计、雁中区商业楼、天食小区广场设计、雁北热电厂换热站改造设备安装施工图设计、三采住宅区室外给水管网改造施工图设计、雁中区供热管网改造设计、特莫呼珠煤矿技术改造工程等50余项设计任务
2006	一矿东四采区方案设计及初步设计、一矿中央采区26个单项施工图设计、大海则煤矿改扩建初步设计、蒙西一井（120万吨/年）可行性研究报告及优化修改可行性研究报告、陈旗天顺、呼盛煤矿单项施工图设计31项、一、二矿主通风机改造、雁南煤场改造、通救处办公楼改造、四中教学楼改造方案、运销公司联检楼集配站联检工程、医院外科楼改扩建工程等40余项设计任务
2007	集团公司内部大修、维简工程，井下安全技改工程及一矿、二矿、雁南矿陈旗天顺、呼盛、蒙西煤矿等单项施工图设计200余项
2008	二矿深部采区开发方案设计及部分安全技术改造工程设计等工程项目
2009	一矿东四采区施工图设计、蒙西一井、金源煤矿技术改造可研、呼盛、金鑫煤矿技术改造初步设计、霍林河矿区兴通煤矿施工图设计等矿井设计及部分单位工程设计26项，完成扎尼河露天矿办公楼、宿舍楼、雁北热电厂除尘器改造、牙星煤业公司机加车间等建筑和其他工程施工图及文件设计13项
2010	黑龙关、蒙西一井、金源、呼盛等煤矿矿井及配套工程设计9项；完成一矿东四采区、雁北电厂换热站、科技楼维修、东山自来水室外给水管道改造等维简大修、采煤沉陷区治理等工程设计20余项

表 3-2-14（续）

年度	完成设计项目名称
2011	呼盛煤矿、山西黑龙关、兴安盟庆业煤矿及大杨树利民煤矿、牙克石东山煤矿等 9 处煤矿施工图设计，雁南矿紧急避险系统、雁北电厂换热站、煤都酒店餐厅、天食组团 5 号楼等安全技改、维简大修、采煤沉陷区治理等工程项目设计 10 项
2012	敏东一矿主排水系统扩能改造，大雁矿区供热工程改造工程、雁南矿紧急避险系统、山西潞安集团王家庄煤矿、雁南矿北二采区、水仓等图纸设计，及雁龙小区 8 号、9 号楼等安全技改、维简大修工程设计 10 余项
2013	企业内部共完成矿区环境改造、地面建筑工程、矿井工程及大修维简工程等设计 30 余项。企业外部承揽神宝、扎煤公司能源审计、呼盛矿区采区设计、王家庄煤矿设计、拉布大林非煤矿山设计等工程 14 项
2014	矿区内部完成矿井设备安装、环境治理、棚户区改造、井下基础设施改造等设计工作及敏东一矿职业危害设计等专篇编制工作，全年共完成各类工程设计 70 余项。外部承揽大杨树宏基煤矿、九峰山煤矿设计工作；银座家园、天怡家园建筑设计；额尔古纳市小伊诺盖沟金矿探初步设计及安全专篇、黑山头地区六卡铅锌矿设计工程；五九集团下属四家煤矿环境恢复治理方案、宝矿绿色矿山建设规划；编制神华北电胜利能源审计等多项设计专篇

1992 年，大雁矿务局设计院设计的同心（第四中学）、同德（第二中学）中学教学楼设计获部级 92-Ⅲ 节能型住宅优秀成果奖；1998 年，海拉尔区雁煤经贸大厦小宴会厅荣获内蒙古室内设计大展铜奖，雁局宾馆大餐厅设计获全国设计大赛铜奖；2000 年，大雁矿区索伦宾馆西餐厅设计获内蒙古第三届设计大赛优秀奖。

（二）赤峰高达矿山工程设计有限责任公司（平庄煤业设计研究院）

赤峰高达矿山工程设计有限责任公司前身是平庄矿务局设计处，1991 年 9 月平庄矿务局设计处与平庄科研所合并成立的平庄矿务局设计研究院，隶属于平庄煤业集团公司。2000 年 7 月，企业改制，平庄矿务局设计研究院更名为内蒙古平庄煤业（集团）有限责任公司设计研究院。2002 年 2 月，平庄煤业设计研究院更名为赤峰高达矿山工程设计有限责任公司。2008 年 7 月，平庄煤业推进主辅分离，赤峰高达矿山工程设计有限责任公司划归赤峰平煤投资有限公司管理。

2002 年 2 月，平庄煤业设计研究院更名为赤峰高达矿山工程设计有限责任公司后，下设土建科、水暖科、机电科、矿建科、经济科、办公室。

1991 年，平庄矿务局设计研究院在册职工 45 人。2002 年 2 月，更名为赤峰高达矿山工程设计有限责任公司时有员工 30 人。2005 年 5 月，公司员工减少为 26 人，2008 年 6 月员工减少为 20 人，其中高级工程师 7 人、高级经济师 1 人。

1991—2002 年，公司具有自治区建设厅颁发的煤炭行业丙级设计资质；2003 年 10 月，取得自治区建设厅颁发的建筑行业丙级设计资质；2006 年 3 月，取得自治区建设厅颁发的冶金行业矿山工程设计丙级资质；2010 年 5 月，煤炭行业（矿井）设计资质由丙级晋升为乙级、冶金矿山工程设计资质由丙级晋升为乙级。

赤峰高达矿山工程设计有限责任公司（平庄煤业设计研究院）主要承担平庄煤业老矿区的系统改造、设备更新和扩建工程设计，新建矿井的配套工程设计，包括平庄煤业生产安全系统、煤炭加工运输、供热供水、污水处理、供电配电、道路、桥涵、环境治理等工程设计。1991—2010 年平庄煤业设计研究院完成的主要设计项目见表 3-2-15。

表3-2-15 1991—2010年平庄煤业设计研究院完成的主要设计项目统计表

设计项目名称
1991—1999年完成的主要设计项目
局培训中心教学楼、局直东楼区点式住宅楼、局直华清浴池、局印刷厂、局总医院心血管病房、平庄宾馆、局直高级中学二号教学楼及学生宿舍、煤气厂6千伏线路、东楼区道路、物资供应公司一库道路。技工学校锅炉、古山中学、小学教学楼、太阳神小区及配套工程（一期）、矿务局城区抗震救灾规划、局总医院手术室、局直中学实验楼、六家煤矿文化活动中心、综合商场、液化气站、西园居住小区及配套工程等 　　元宝山煤矿集中供热工程、医院、住宅小区及配套工程等。五家煤矿中、小学教学楼和四井锅炉等。古山煤矿二井主井提升绞车、选煤厂改造工程等。元宝山露天煤矿工业广场锅炉、住宅楼、联合修理车间改造等。风水沟煤矿锅炉增容、多种经营商业楼等。西露天煤矿住宅小区及配套工程、学校教学楼等。红庙煤矿住宅小区及配套工程、选煤厂排矸石系统、矸石（空心）砖厂、一井装车工程、轨道衡等。六五〇火药厂激风干燥工程、供水工程。机电总厂住宅小区及配套工程等。运输部住宅小区及配套工程等
2000—2010年完成主要设计项目
平庄煤业本部中心住宅小区，招待所改造工程，北区锅炉上煤破碎改造工程，西区集中供热锅炉增容改造工程，东楼区东侧新建区住宅室外上下水、热网及消防、外部供电、通信、闭路敷设，新兴小区住宅及配套工程，太阳神小区住宅二期工程，西园小区住宅及配套工程，直属第一小学教学楼，直属第二小学教学楼，宝山路商业中心楼，光明小区住宅及配套工程，西区集中供热改造工程，老局大院住宅，技工学校锅炉改造工程等 　　五家煤矿四井副井地面提升系统及变电所、锅炉安装工程、主通风机系统工程、班前会议室、员工住宅锅炉、热网、室内采暖，矿办公楼采暖改造工程 　　西露天煤矿职工住宅楼和选煤厂储煤仓系统工程。元宝山煤矿集中供热锅炉增容改造工程，住宅区及配套工程，室外热网改造工程，二井、三井的安全监控系统工程，三井的工业广场锅炉改造工程，老年活动中心，公共浴池 　　风水沟煤矿浴池，新建末煤带式输送机走廊，住宅区室外热网改造工程，二采区风井热风炉，二采区水平专用回风巷，二采区+290变电所、泵房、水仓，落地煤场回煤系统工程 　　六家煤矿风选系统及排矸石线路，员工住宅区及配套工程，机修车间吊车安装，井下回煤带式输送机走廊及带式输送机，选煤厂筛分系统及外部供电改造工程，柴油供应站。红庙煤矿风选系统技改工程，变电所，液压支架检修车间，选煤厂动力选煤系统，设备库，招待所 　　元宝山露天煤矿火药库及消防配电工程，雷管库，职工住宅楼及配套工程，办公楼及配套工程，91吨车库，移动机车库，住宅室外热网改造工程，生产系统破碎站基础，二次水源输水工程，生产输煤系统室外消防给水及改扩建工程，选煤厂的选矸石系统，改造选煤厂浴池及食堂，疏干段机电检修车间。古山煤矿选煤厂地量衡，三井工作面箕斗改大倾角皮带改造工程，三井装车及储煤场改造工程，各井口柴油供应站 　　运输部蒸汽机车检修库，元宝山段综合办公楼及配套工程，元宝山段内燃机电气检修车间，住宅区热网改造工程，平庄段办公楼及配套工程。星河水泥公司改扩建工程。圣安公司锅炉安装及外网工程、乳化炸药生产线配套工程、变电所。机电总厂铸造车间改造工程、水源管路。老公营子煤矿运销办公楼。元宝山区部分住宅小区工程。元宝山露天煤矿选煤厂选矸系统改造工程。六家煤矿选煤厂筛分系统改造工程。风水沟煤矿（装车仓）落地煤场回煤系统改造工程 　　平庄东方小区住宅楼、瑞阳四醇生产车间、赤峰草原羊绒厂生产车间、食堂、宿舍工程。元宝山露天煤矿91吨自卸汽车库及检修间工程、元宝山露天煤矿一部食堂、浴池联合建筑工程、元宝山露天煤矿综合实验室及电缆硫化车间联合建筑工程。老公营子煤矿综采设备检修工程。风水沟煤矿一、二采区分煤系统改造工程。古山棚户区改造35号、36号住宅楼、六家棚户区改造住宅楼、宁城八里罕疗养院公寓楼等工程项目

（三）鄂尔多斯市神东工程设计有限公司

1. 机构设置

鄂尔多斯市神东工程设计有限公司是神东公司内唯一的设计专业化服务单位，前身为神东设计院，成立于1999年10月。2003年底并入科技中心，2006年由于申请设计资质的需要，由中国神华能源股份有限公司独家出资，在内蒙古自治区鄂尔多斯市伊金霍洛旗工商局注册成立"鄂尔多斯市神东工程设计有限公司"。为全面提升工程设计专业化服务水平，

2009年12月，神东煤炭集团公司对原科技中心组织机构进行调整，将科技中心设计院设置为集团公司独立处级建制单位，名称变更为神东设计公司。

2012年，神华将鄂尔多斯市神东工程设计有限公司100%股权转让给神东煤炭集团。

2009年，公司按照神东煤炭集团公司《关于科技中心机构设置调整的通知》要求，设计公司设置8个业务科室，即土建室、矿井室、机运室、电气室、露采室、洗选室、经济室和党政办公室。

2. 设计队伍

截至2015年底，公司实际在岗人员68人。

3. 设计资质及业务范围

公司2007年取得煤炭行业乙级设计资质，专业包括矿井、露天矿和选煤厂；2009年取得煤炭行业（矿井）专业甲级设计资质；2011年取得工程咨询丙级资质。

鄂尔多斯市神东工程设计有限公司主要承担神东公司内部新建、改扩建矿井（含露天矿、选煤厂）及配套设施的设计，各矿井（露天矿）水平延伸、采区接续及配套设施的设计，专项资金工程的设计；中长期战略规划及所属矿区总体规划的编制等工作。2010—2015年神东工程设计有限公司重大设计项目见表3-2-16。

表3-2-16 2010—2015年神东工程设计有限公司重大设计项目统计表

年度	项目名称	年度	项目名称
2010	陕西国华锦界能源有限责任公司锦界煤矿改扩建项目（井下部分）	2013	大柳塔煤矿活鸡兔井四盘区开采项目可行性研究报告
2011	大柳塔煤矿大柳塔井下水平开采项目初步设计	2013	石圪台煤矿下水平31煤接续延伸项目初步设计
2012	榆家梁煤矿43煤开采初步设计	2013	寸草塔二矿31煤开拓延伸项目初步设计
2012	哈拉沟煤矿12上及12煤开采初步设计	2014	大柳塔煤矿活鸡兔井四盘区开采项目初步设计
2012	石圪台煤矿改扩建项目初步设计	2014	寸草塔煤矿扩大区22煤开采项目可行性研究报告
2012	乌兰木伦煤矿改扩建项目初步设计	2014	上湾煤矿新建副斜井及工业广场项目可行性研究报告
2012	布尔台煤矿11盘区22中煤开采工程初步设计		
2012	上湾煤矿三盘区12上及12煤开采接续工程初步设计	2015	神东天隆集团公司霍洛湾煤矿二水平开拓延深初步设计
2012	补连塔煤矿五盘区12煤开采接续工程初步设计	2015	寸草塔煤矿扩大区22煤开采项目初步设计
2012	大柳塔煤矿下水平22煤开采接续工程初步设计	2015	上湾煤矿新建副斜井及工业广场项目初步设计
2012	大柳塔煤矿活鸡兔22煤三盘区开采技术改造项目初步设计		

（四）扎赉诺尔煤业公司设计院

1. 公司性质与隶属关系

1990年2月，扎赉诺尔煤业公司设计院成立，隶属扎赉诺尔煤业公司。1991年12月设计院更名为满洲里建筑勘察设计研究院研究二院。2003年，满洲里建筑勘察设计研究院研究二院与大雁矿务局设计院合作，更名为满洲里新华建筑勘察设计公司，隶属扎赉诺尔煤业公司。2008年4月，满洲里新华建筑勘察设计公司解体，部分设计人员分流至扎煤公司基建部设计科，扎赉诺尔煤业公司设计院机构撤销。

2. 机构设置和人员情况

1991 年,满洲里建筑勘察设计研究院研究二院内设土建科、水暖科、机电科、采矿科、概预算科、总图运输科、地质测量科、总工程师室、生产计划科、微机室等 10 个生产科室,设有办公室、综合科、财务科、工会等 4 个辅助科室和 1 个劳动服务公司。2001 年设有综合一室、综合二室、计划科、预算科、财务科、地测科、办公室 7 个科室,2006 年,综合一、二室调整为综合科。

3. 专业设置

1991 年 12 月—1993 年 10 月,主要设置民用建筑和建筑学专业。1993 年 10 月—2008 年 4 月,主要设置民用建筑、工业建筑、建筑物专业。

4. 技术力量及人员结构

1991 年,满洲里建筑勘察设计研究院研究二院有职工 111 人,工程技术人员占 75%。1999 年,设计院有职工 48 人,工程技术人员占 86%,其中有高级职称 9 人、中级职称 24 人、初级职称 8 人。设计人员 33 人,占职工总数的 68%。2007 年,有职工 12 人,工程技术人员占 93%。

5. 资质等级及业务范围

1993 年 10 月至解体时,满洲里新华建筑勘察设计公司为国家乙级建筑设计、丙级勘察研究单位。主要业务为扎赉诺尔矿务局煤炭相关设计,民用建筑和建筑物设计承揽的业务范围主要在呼伦贝尔市、满洲里市、新巴尔虎右旗、陈巴尔虎旗、扎赉诺尔区。

6. 主要业绩

2004 年以来,公司先后设计完成扎煤公司东明煤矿办公楼、宿舍楼;扎赉诺尔交通稽查站;扎赉诺尔玉龙小区住宅楼、新兴小区住宅楼、花园小区综合楼、旺泉小区住宅楼、东福小区住宅楼、富苑小区住宅楼、金盛小区住宅楼;满洲里市合作区府欣小区住宅楼、世兴综合楼、合作区拥军小区住宅楼、怡园小区住宅楼、医保局职工住宅楼、仟鼎木业公司一期和二期工程;新巴尔虎右旗商业楼、金玉小区住宅楼等。

(五) 伊敏河矿区建设指挥部设计院

1. 公司性质与隶属关系

伊敏河矿区建设指挥部设计院前身为伊敏河矿区建设指挥部设计处,1992 年更名为伊敏河矿区建设指挥部设计院。1996 年,设计院撤销改制为伊敏华锋实业有限责任公司。

2. 机构设置和人员情况

1990 年底,设计处下设 6 室 1 科,土建室、水暖室、机电室、总平运输室、经济室、综合办公室和计划科。全处职工 67 人,其中勘测设计 50 人、辅助生产 17 人,有高级工程师 4 人、工程师 12 人 (含经济师 1 人)、助理工程师 20 人、技术员 12 人。

3. 业务范围

设计处面向矿区建设,如建工基地设计、建材基地设计、木工厂和构件厂的设计,生活小区公用和民用建筑施工设计。针对伊敏高寒风大的特点,研发高寒施工中墙体采用岩棉保温,屋面由正铺改为倒铺屋面、聚苯乙烯保温板防寒、防水层采用三元乙丙;用机械循环方式,设计潜埋水管道。

五、部分区外设计单位参与及承担煤矿建设项目

(一) 煤炭工业济南设计研究院有限公司

截至 2015 年,煤炭工业济南设计研究院有限公司承担内蒙古煤炭建设项目 8 项 (表 3-2-17)。

第二章 煤矿工程设计

表 3-2-17 煤炭工业济南设计研究院有限公司承担内蒙古煤炭建设项目统计表

万吨/年

建设项目名称	建设规模	项目地点	开竣工时间	采用先进（新）技术、设备情况及经济成果
伊泰集团纳林庙煤矿二号井	300	鄂尔多斯	2005—2007 年	集中一个高产高效综采工作面生产
伊泰集团宏景塔一矿	300	鄂尔多斯	2005—2007 年	集中一个高产高效综采工作面生产
北联电吴四圪堵矿井	240	鄂尔多斯	2006—2008 年	集中一个高产高效综放工作面生产
北联电黑城子矿井	500	锡林浩特	2006—2010 年	1. 采用冻结法施工；2. 开拓采用立井+暗斜井开拓方式
内蒙古自治区上海庙矿区榆树井矿井及选煤厂	500	鄂尔多斯	2008—2012 年	—
伊泰集团塔拉壕煤矿	500	鄂尔多斯	在建	1. 设计采用单一长壁综合机械化采煤工艺，2. 设计采用块原煤重介浅槽分选、末原煤重介旋流分选，3. 设计确定主、副井采用斜井，风井采用立井的开拓方式
内蒙古昊盛煤业有限公司石拉乌素煤矿	1000	鄂尔多斯	在建	立井井筒采用冻结法施工
内蒙古鲁新能源开发有限公司鲁新矿井	500	锡林浩特	在建	立井井筒采用冻结法施工

（二）山西约翰芬雷华能设计工程有限公司

截至 2015 年，山西约翰芬雷华能设计工程有限公司承担内蒙古煤炭建设项目 5 项（表 3-2-18）。

表 3-2-18 山西约翰芬雷华能设计工程有限公司承担内蒙古煤炭建设项目统计表

万吨/年

建设项目名称	建设规模	项目地点	开竣工时间	采用先进（新）技术、设备情况及经济成果
神华神东煤炭有限责任公司煤制油选煤厂	600	伊金霍洛旗	2006-06—2008-05	30～1.5 毫米重介旋流器
内蒙古唐公塔煤矿选煤厂总承包工程	1000	鄂尔多斯	2009-07—2010-03	+13 毫米块煤浅槽分选
内蒙古银宏能源开发有限公司泊江海子选煤厂总承包工程	1000	东胜区	2011-04—2015-10	块煤浅槽分选、末煤重介旋流器
内蒙华兴能源唐家会煤矿选煤厂建设工程	1500	准格尔旗	2012-04—2016-04	块煤浅槽、末煤重介旋流器
内蒙古鄂尔多斯转龙湾煤矿选煤厂 6.0Mt/a 总承包工程	800	伊金霍洛旗	在建	跳汰两产品（单段，3套）

（三）中煤科工集团南京设计研究院有限公司

截至 2015 年，中煤科工集团南京设计研究院有限公司承担内蒙古煤炭建设项目 5 项（表 3-2-19）。

表3-2-19　中煤科工集团南京设计研究院有限公司承担内蒙古煤炭建设项目统计表

万吨/年

建设项目名称	建设规模	项目地点	开竣工时间	采用先进（新）技术、设备情况及经济成果
国电建投内蒙古能源有限公司察哈素煤矿	1500 一期1000	伊金霍洛旗	2008-10—2012-12	采用综合开拓方式，井下装备一个支护高度6.3m的大采高长壁综采工作面和一个中厚偏薄煤层综采工作面
内蒙双欣矿业有限公司杨家村煤矿	500	东胜区	2009-01—2011-12	采用斜井开拓方式，井下配备一个大采高综采工作面
内蒙古汇能煤电集团尔林兔煤矿	800	伊金霍洛旗	2011-11—2014-06	1.采用斜井开拓方式，井下配备一厚一薄综采工作面；2.选煤厂末煤、块煤全入选
内蒙古伊泰红庆河煤矿	1500	伊金霍洛旗	2012-11—2016-10	1.采用立井开拓方式，井下布置两个大采高综采工作面；2.冻结井壁减薄，三井筒均采用冻结特殊凿井工艺
鄂尔多斯市营盘壕煤炭有限公司营盘壕煤矿	1200	乌审旗	2012-03至今	采用立井开拓方式，井下装备一个支护高度7.2米的大采高综采工作面

（四）中煤西安设计工程有限责任公司

截至2015年，中煤西安设计工程有限责任公司承担内蒙古煤炭建设项目7项（表3-2-20）。

表3-2-20　中煤西安设计工程有限责任公司承担鄂尔多斯市煤炭建设项目统计表

万吨/年

建设项目名称	建设规模	项目地点	竣工时间	采用先进（新）技术、设备情况及经济成果
内蒙古博源煤化工有限责任公司湾图沟煤矿	300	伊金霍洛旗	—	斜井开拓，装备一个综采工作面
鄂尔多斯市昊华精煤有限责任公司高家梁矿井	600	东胜区	—	矿井采用斜井开拓
鄂尔多斯市国源矿业开发有限责任公司龙王沟矿井	1000	准格尔旗	—	矿井采用斜井开拓
中天合创能源有限责任公司门克庆矿井及选煤厂	1200	乌审旗	—	立井开拓，装备2个长壁综采工作面
鄂尔多斯市伊化矿业资源有限责任公司母杜柴登矿井	600	乌审旗	—	立井开拓，装备2个长壁综采工作面
上海庙矿业公司新上海一号矿井及选煤厂	—	乌审旗	—	立井开拓，全井田划分2个开采水平，一井装备两个长壁国产综采工作面
神华集团乌海能源有限责任公司利民煤矿产业升级改造	150	鄂托克旗	—	矿井采用立井混合开拓方式，采煤方法都为一次采全高综采

(五) 大地工程开发（集团）有限公司

截至 2015 年，大地工程开发（集团）有限公司承担内蒙古煤炭建设项目 23 项（表 3-2-21）。

表 3-2-21　大地工程开发（集团）有限公司承担内蒙古煤炭建设项目统计表　　万吨/年

建设项目名称	建设规模	项目地点	竣工时间	采用先进（新）技术、设备情况及经济成果
新矿内蒙古能源有限责任公司上海庙焦化园中心选煤厂浮选系统改造总承包	—	鄂托克前旗	2011 年	—
内蒙古上海庙矿区供水工程、污水再生利用工程	—	鄂托克前旗	2011 年	—
内蒙古上海庙矿区供热工程设计	—	鄂托克前旗	2011 年	—
内蒙古上海庙矿区公路工程设计	—	鄂托克前旗	2011 年	—
内蒙古上海庙矿区西部矿区总体规划	—	鄂托克前旗	2011 年	—
内蒙古鄂尔多斯市准格尔旗龙王沟矿井及选煤厂项目（选煤厂部分）	1000	准格尔旗	2011 年	块煤重介浅槽分选
新矿内蒙古能源有限责任公司横山堡矿井 180 万吨/年工程设计	180	鄂托克前旗	2011 年	
新矿内蒙古能源有限责任公司黑梁矿井 180 万吨/年工程设计	180	鄂托克前旗	2011 年	
新矿内蒙古能源有限责任公司长城矿井 300 万吨/年改扩建工程设计	300	鄂托克前旗	2011 年	
新矿内蒙古能源有限责任公司长城矿井选煤厂改扩建工程设计	180	鄂托克前旗	2012 年	块煤浅槽排矸、末煤有压两产品重介旋流器主再选、粗煤泥采用 TBS 分选、细煤泥浮选
新矿内蒙古能源有限公司中心选煤厂二期工程总承包	1000	鄂托克前旗	2012 年	50~1.0 毫米两产品重介旋流器主再选，1.0~0.25 毫米 TBS 分选
鄂尔多斯市中北煤化工有限公司色连二号矿井选煤厂总包	1000	达拉特旗	2013 年	块煤重介浅槽分选
内蒙古上海庙矿区福城矿至中心选煤厂运煤车道工程设计	—	鄂托克前旗	2013 年	—
内蒙古孔—托皮带运输系统预可行性研究报告	2000	鄂尔多斯市	2013 年	30 千米槽型曲线带式输送机
内蒙古东乌珠穆沁旗乌尼特煤田包日呼舒矿井及选煤厂工程设计	800	东乌珠穆沁旗	2014 年	矿井立井开拓、选煤厂块煤跳汰分选
新矿内蒙古能源有限责任公司长城三号（沙章图）矿井选煤厂工程	500	鄂托克前旗	2014 年	块煤重介浅槽分选、末煤有压两产品重介旋流器主再洗、粗煤泥采用 TBS 分选、细煤泥浮选

表 3-2-21（续） 万吨/年

建设项目名称	建设规模	项目地点	竣工时间	采用先进（新）技术、设备情况及经济成果
内蒙古自治区东乌穆沁旗阿拉达布斯煤田伊和达布斯矿井及选煤厂前期咨询	500	东乌珠穆沁旗	2014 年	矿井立井开拓、选煤厂块煤重介浅槽分选
内蒙古北控京泰能源发展有限公司通格朗煤矿（含选煤厂）可研报告	800	内蒙古	2014 年	矿井立井开拓、选煤厂块煤采用重介浅槽分选
鄂尔多斯市盛鑫煤业有限责任公司选煤厂 EPC 工程总承包	—	鄂尔多斯	2014 年	—
内蒙古昊盛煤业有限公司石拉乌素矿井选煤厂工程设计、采购、施工 EPC	1000	鄂尔多斯	2014 年	块煤重介浅槽分选
新建鄂尔多斯市亚峰煤炭集团有限公司新街煤炭物流园快速装车系统工程项目	—	伊金霍洛旗	2014 年	储煤场、铁路快速装车站
泊江海子矿选煤厂快速装车站	1000	东胜区	2015 年	—
鄂尔多斯市中北煤化工有限公司色连二号矿井勘察设计	1000	达拉特旗	2015 年	主斜井开拓

此外，中煤科工集团沈阳设计研究院有限公司、中煤科工集团武汉设计研究院有限公司、中煤科工集团华宇设计院有限公司、北京圆之瀚设计院有限公司、煤炭工业郑州设计研究院股份有限公司、邯郸设计研究院、合肥设计研究院等设计单位均参与内蒙古煤炭建设项目的设计与咨询。

第二节 采矿工程设计

一、井工煤矿

采矿工程设计在 1991—2015 年经历"双驼峰式"的发展轨迹。在此期间，采矿工程设计水平（技术装备水平）呈现螺旋式或直线式上升，但设计数量呈现为波峰和波谷。"双驼峰"的第一个上升及峰值区间为 1991—1994 年：全区地方、乡镇办矿兴起，但经系统正规设计的煤矿数量较少。

第二个上升及峰值区间为 2002—2012 年，经此 10 年，部分采矿工程的设计水准、理念也达到世界水平，全区矿井全面推广综合机械化开采，出现千万吨级矿井群。

（一）"八五"至"九五"期间（1991—2000 年）

国营煤矿基本实现矿井提升、运输、通风、排水和地面装、运、卸的机械化，但民营煤矿存在产能低下、技术装备落后、安全隐患突出等多种问题。此期间，煤矿设计数量较少。

设计地方国营及民营煤矿井型以中、小型煤矿为主，大型煤矿均为各矿务局或神华集团所有。据统计，1991—2000 年，全区设计矿井数量 64 处，其中大型矿井 11 处，中型矿井 6 处，小型矿井 47 处。最大井型为 300 万吨/年，最小井型 6 万吨/年，设计生产能力总计 2886 万吨。1991—2000 年设计煤矿井型统计见表 3-2-22。

表3-2-22　1991—2000年设计煤矿井型统计表

井型	小型	中型	大型	小计
数量（处）	47	6	11	64
数量占比（%）	73.4	9.4	17.2	100
规模小计（万吨）	696	360	1830	2886
规模占比（%）	24.1	12.5	63.4	100

全区设计新建煤矿8处，净增设计产能804万吨/年；改扩建矿井22处，净增设计产能758万吨/年；技改矿井34处，净增设计产能279万吨/年（表3-2-23）。

表3-2-23　建设工程性质统计表

建设工程性质	新建	改扩建	技改	小计
数量（处）	8	22	34	64
占比（%）	12.5	34.4	53.1	100
净增产能（万吨）	804	758	279	1841

该阶段，改扩建与技改矿井的主要内容为：逐步取缔单斜井（眼）、自然通风等非正规开拓方式的矿井，并转变为主、副双斜井开拓。推广设立专用回风井，主、副斜井采用机械化提升。取缔土法采煤，改造为普采或高档普采，开采工具由电煤钻、截煤机、采煤机取代刨锤、炮钎。

全区设计矿井平均煤层开采深度小于200米，井田开拓方式以斜井、平硐为主，受开采深度要求和施工技术装备限制，立井仅多用于回风井（表3-2-24）。

表3-2-24　按开拓方式分类矿井统计表　　　　处

开拓方式	斜井	平硐	斜井-平硐	斜-立井	露天-平硐
数量	39	16	5	2	2

该阶段，设计采煤方法呈现多样化特点，有巷柱式、房柱式、长壁式、短壁式、刀柱式等，其中，中、小型矿井仍以房柱式和短壁式采煤方法为主，大型煤矿因高档普采、综合机械化开采的推广开始采用长壁式采煤方法。在统计的矿井中，设计采用柱式采煤方法的矿井有41处，采用采空区留设煤柱控制顶板；壁式采煤法23处，采用自然垮落法控制顶板。

该阶段，各地区、矿区、煤矿技术装备水平差距较大，这一点在开采工艺上表现为多样化，在统计的64处设计矿井中，设计采用普采的有50处，数量占比78.1%，工作面支护以单体支柱为主并配合木垛支护；设计采用高档普采的6处，数量占比9.4%，工作面支护以单体支柱为主，落煤设备为采煤机；采用综合机械化开采的有8处，工作面支护以液压支架为主，数量占比12.5%（表3-2-25）。

表 3-2-25　1991—2000 年部分矿井设计统计表　　　　　　　　　　　万吨/年

煤矿名称	所属地区	工程建设性质	设计生产能力	净增产能	开拓方式	采煤方法	开采工艺	顶板控制
神华集团乌达矿业公司黄白茨煤矿	乌海市	改扩建	120	60	斜井开拓	长壁	综采	自然垮落
苏海图煤矿	乌海市	改扩建	120	60	平硐-斜井	长壁	高档普采	自然垮落
霍洛湾煤矿	鄂尔多斯市	改扩建	120	60	平硐-斜井	房柱式	高档普采	煤柱支护
扎赉诺尔矿务局灵泉矿三斜井	呼伦贝尔	改扩建	180	135	斜井开拓	短壁	普采	自然垮落
风水沟煤矿	赤峰市	改扩建	150	60	斜井开拓	长壁	综采+高档普采	自然垮落
准格尔旗纳林庙煤矿	鄂尔多斯市	技改	120	60	斜-立井	长壁	综采	自然垮落
伊金霍洛旗补连塔煤矿	鄂尔多斯市	新建	300	300	斜井-平硐	长壁	综采	自然垮落
神华万利煤炭有限公司万利一井	鄂尔多斯市	新建	120	120	斜井	长壁	综采	自然垮落
神华万利煤炭有限公司万利二井	鄂尔多斯市	新建	180	180	斜井	长壁	综采	自然垮落
内蒙古劳改局李家塔煤矿	鄂尔多斯市	改扩建	120	60	斜井开拓	长壁	综采	自然垮落
上湾煤矿	鄂尔多斯市	改扩建	300	240		长壁	综采	自然垮落
碾盘梁煤矿	鄂尔多斯市	新建	60	60	斜井开拓			—
唐公塔矿井	鄂尔多斯市	新建	60	60	斜井	壁式	高档普采	自然垮落
华侨扶贫煤矿	鄂尔多斯市	新建	60	60	平硐	壁式	炮采	自然垮落
东圪堵煤矿	鄂尔多斯市	技改	60	0	斜-立井	长壁	高档普采	自然垮落
神华东胜煤炭有限公司乌兰木伦煤矿	鄂尔多斯市	技改	60	0	斜井-平硐	长壁	高档普采	自然垮落
阿刀亥煤矿	包头市	技改	60	30	斜井开拓	壁式	高档普采	自然垮落

（二）"十五"期间（2001—2005 年）

2001—2005 年，全区煤炭企业在自治区行业发展政策的指导下，全面开展资源整合重组、技术改造工作。政府鼓励建设亿吨级煤炭基地、千万吨级煤炭集团、120 万吨以上矿井。因此，矿井设计以技术改造和整合技术改造为主。

1. 设计矿井数量与规模

2001—2005 年，全区设计矿井数量 86 处，其中：大型矿井（120 万—600 万吨/年）21 处，数量占比 24.4%，产能占比 86.1%；中型矿井（45 万—90 万吨/年）3 处，数量占比 3.5%，产能占比 2.0%；小型矿井（30 万吨/年及以下）62 处，数量占比 72.1%，产能占比 11.9%。该阶段，煤矿设计井型呈现两极化，大型矿井与小型矿井占据设计煤矿数量的 97.7%。设计最大井型为神华神东集团布尔台煤矿，设计规模 2000 万吨/年，最小井型为 1 万吨/年，为呼伦贝尔盟鄂伦春自治旗大杨树镇守富煤矿、腾飞煤矿。全区设计煤矿的产能规模提升主要依靠大型矿井（表 3-2-26）。

表 3-2-26　2001—2005 年设计煤矿井型统计表

井型	小型	中型	大型	小计
数量（处）	62	3	21	86
数量占比（%）	72.1	3.5	24.4	100
规模小计（万吨）	1050	180	7600	8830
规模占比（%）	11.9	2.0	86.1	100

大型矿井中设计生产能力超过 800 万吨/年的矿井数量有 3 处，分别为万利一矿、布尔台煤矿、上湾煤矿，3 处矿井均隶属于神华集团公司（表 3-2-27）。

表 3-2-27　2001—2005 年部分矿井设计统计表　　　　　万吨/年

煤矿名称	所属地区	工程建设性质	设计产能	净增产能	开拓方式	采煤方法	开采工艺	顶板控制
神华蒙西煤化股份有限公司棋盘井煤矿	鄂尔多斯市	新建	300	300	斜井开拓	长壁	综采	自然垮落
路天煤矿	乌海市		120		斜立井混合开拓	长壁	综采	自然垮落
五虎山煤矿	乌海市	技改	120		斜井开拓	长壁	综采	自然垮落
神华集团海勃湾矿业公司老石旦煤矿	乌海市	技改	120	60	斜立井混合开拓	长壁	薄煤层综采	自然垮落
神华集团海勃湾矿业司公乌素煤矿	乌海市	技改	300	180	斜井开拓	长壁	综采	自然垮落
雁南煤矿	呼伦贝尔市	改扩建	300	120	立井	放顶煤	综采	自然垮落
乌兰木伦煤矿	鄂尔多斯市	技改	300	240	平硐-斜井			自然垮落
伊泰酸刺沟煤矿	鄂尔多斯市	技改	180		斜井开拓	长壁	综采	自然垮落
鄂尔多斯市蒙泰范家村煤业有限责任公司范家村煤矿	鄂尔多斯市	新建	120	—	平硐-斜井	长壁	综采	自然垮落
内蒙古平庄煤业（集团）有限责任公司风水沟煤矿	赤峰市	改扩建	210	120	平硐-斜井	长壁	综采	自然垮落
内蒙古平庄煤业（集团）有限责任公司老公营子煤矿	赤峰市	新建	120		斜井开拓	长壁	综采	自然垮落
内蒙古平庄煤业（集团）有限责任公司红庙煤矿	赤峰市	改扩建	180	60	斜井开拓	长壁	综采	自然垮落
内蒙古伊东煤炭集团有限责任公司窑沟乡扶贫煤矿	鄂尔多斯市	改扩建	120	90	斜井开拓	长壁	综采放顶煤	自然垮落
柳塔煤矿	鄂尔多斯市	技改	300	270	平硐-斜井	长壁	综采	自然垮落
布尔台煤矿	鄂尔多斯市	新建	2000		平硐-斜井		综采	自然垮落
寸草塔煤矿	鄂尔多斯市	技改	240	225	斜井开拓	长壁	综采	自然垮落
金峰寸草塔煤矿	鄂尔多斯市	技改	270	210	斜井开拓	长壁	综采	自然垮落
万利一矿	鄂尔多斯市	技改	800	650	斜井开拓	长壁	综采	自然垮落
唐公沟煤矿	鄂尔多斯市	技改	400	379	斜井开拓	长壁	综采	自然垮落
上湾煤矿	鄂尔多斯市	改扩建	800	500	斜井开拓	长壁	综采	自然垮落
蒙西棋盘井煤矿	乌海市	新建	300		斜井开拓	长壁	综采	自然垮落
中型矿井		—	—					
鄂托克旗利民煤焦有限责任公司利民煤矿	鄂尔多斯市	新建	60	60	立井多水平	长壁	炮采	自然垮落
准格尔旗弓家塔布尔洞沟煤矿	鄂尔多斯市	新建	60	60	斜井开拓	长壁	炮采	自然垮落
内蒙古自治区煤炭供销总公司栗家塔煤矿	鄂尔多斯市	扩建	60	45	斜立井单水平	长壁	炮采	自然垮落

2. 建设工程性质

2001—2005年，全区设计煤矿数量86处，设计总规模6987.5万吨，其中：新建矿井11处，净增产能2984万吨；改扩建矿井13处，净增产能1841万吨；综合机械化技改矿井62处，净增产能2162.5万吨（表3-2-28）。

表3-2-28 建设工程性质分类统计表

建设工程性质	新建	改扩建	技改	小计
数量（处）	11	13	62	86
占比（%）	12.8	15.1	72.1	100
净增产能（万吨）	2984	1841	2162.5	6987.5

3. 开拓方式

受煤层赋存深度、施工条件及技术装备等条件限制，全区矿井设计开拓方式仍以斜井与斜-立井混合开拓为主，两种开拓方式的矿井共67处，占比合计76.8%，且斜-立井混合开拓中的立井多为回风井。设计采用立井开拓方式的煤矿具有典型的地域分布特征，在统计的12处采用立井开拓方式的矿井中，仅有1处位于西部，其余11处矿井均位于呼伦贝尔市、兴安盟、通辽市等东部区。

随着矿井设计机械化程度不断提高，新出现的斜井-平硐（亦称斜硐）开拓方式显示出其独有的优势，煤炭运输采用斜井安装敷设带式输送机提升，辅助运输采用平硐行驶无轨胶轮车提升，其中，布尔台煤矿矿井生产能力、主运输系统提升能力为世界第一（表3-2-29）。

表3-2-29 按开拓方式分类统计表

开拓方式	立井	斜井	平硐	斜井-平硐	斜-立井	小计
数量（处）	12	46	1	7	21	86
占比（%）	14.0	52.3	1.0	8.2	24.5	100

4. 采煤方法、开采工艺与顶板管理方式

随着国家及地方产业政策的不断引导与要求，壁式采煤方法逐渐取代房柱式成为主要的采煤方法。但受技术装备条件限制，该阶段，壁式采煤方法既有长壁开采，又有短壁开采。在统计的86处设计矿井中，采用壁式采煤方法的矿井有82处，占比95.3%，其中：设计采用长壁开采的矿井69处，占壁式采煤矿井的80.2%；设计采用房柱式开采的矿井仅有4处，占比4.7%（表3-2-30）。房柱式采煤方法已经逐渐开始退出正规开采设计。

随着壁式采煤法的推广，自然垮落逐渐成为主要的顶板控制方式，采用壁式采煤方法的矿井，设计均采用自然垮落控制顶板。

表3-2-30 按采煤方法分类统计表

开拓方式	长壁式	短壁式	房柱式	小计
数量（处）	69	13	4	86
占比（%）	80.2	15.1	4.7	100

该阶段，不同井型矿井机械化水平差别较大，中小型矿井的开采工艺设计仍以普采与高档普采为主，大型矿井已基本实现综合机械化开采。在统计的86处设计矿井中，采用综合机械化开采的矿井有21处，其中20处为120万吨/年（含）以上大型矿井，均采用综合机械化采煤工艺。统计的65处中小型矿井，除鄂尔多斯长城煤矿采用综合机械化开采外，设计均采用普采工艺。

从设计数量上，普采工艺仍是中小型矿井主要采用工艺，大型矿井已基本普及

综合机械化开采。采用普采工艺的矿井数量虽然比重较大为74.4%，但是其总产能少，仅有1200万吨，而综采数量占比24.4%，产能占比为85.1%（表3-2-31）。

表3-2-31 按采煤工艺分类设计情况统计表

采煤工艺	普采	高档普采	综采	小计
数量（处）	64	1	21	86
占比（%）	74.4	1.2	24.4	100
规模（万吨）	1200	120	7510	8830
规模占比（%）	13.6	1.3	85.1	100

（三）"十一五"期间（2006—2010年）

1. 设计矿井数量与规模

根据国家发展改革委、国家安全监管总局、内蒙古自治区人民政府的相关文件要求，本阶段设计新建煤矿生产规模原则上不低于120万吨/年，整合技改矿井生产规模均不低于30万吨/年。

2006—2010年，全区设计矿井数量212处，其中：大型矿井88处，占比41.5%；中型矿井（45万~90万吨/年）97处，占比45.8%；小型矿井（30万吨/年及以下）27处，占比12.7%。设计总规模30485万吨（表3-2-32）。

该阶段，大、中型煤矿成为煤矿设计的趋势，两者数量合计占比87.3%。设计最大井型为内蒙古伊泰煤炭股份有限公司酸刺沟煤矿，设计规模1200万吨/年，最小井型为30万吨/年。

表3-2-32 2006—2010年设计煤矿井型统计表

井型	小型	中型	大型	小计
数量（处）	27	97	88	212
数量占比（%）	12.7	45.8	41.5	100
规模小计（万吨）	810	6720	22955	30485
规模占比（%）	2.7	22	75.3	100

2. 建设工程性质

2006—2010年，全区设计煤矿中，新建矿井51处，净增产能12560万吨；改扩建矿井49处，净增产能5385万吨；综合机械化技改矿井112处，净增产能12540万吨。建设工程性质以技改矿井为主，数量占比52.8%，产能占比41.4%。该阶段，煤矿设计净增产能20570万吨，其中新建矿井净增产能占比61%（表3-2-33）。

表3-2-33 2006—2010年设计煤矿建设工程性质统计表

建设工程性质	新建	改扩建	技改	小计
数量（处）	51	49	112	212
数量占比（%）	24.1	23.1	52.8	100
产能（万吨）	12560	5385	12540	30485
产能占比（%）	41.2	17.7	41.1	100
净增产能	12560	3777	4233	20570
净增产能占比	61.0	18.4	20.6	100

3. 开拓方式

全区矿井设计开拓方式仍以斜井与斜-立井混合开拓为主，两种开拓方式的矿井共统计182处，占比合计85.9%。随着开采深度的增加，设计采用立井开拓的矿井数量逐渐增加，同时，随着配套提升设备能力的增加，立井开拓的矿井生产规模逐渐增大。本阶段，采用立井开拓的矿井中，设计规模最大的为神华集团塔然高勒煤矿，生产规模为1000万吨/年。

由于西部开发深部煤炭资源的矿井数量逐渐增加，本阶段，内蒙古西部采用立井开拓的矿井数量增加至7处。在采用斜-立井开拓方式的矿井设计中，副立井为罐笼提升、主斜井为带式输送机提升，井下辅助运输系统采用无轨胶轮车。全区矿井按开拓方式分类见表3-2-34。

表 3-2-34 按开拓方式分类统计表

开拓方式	立井	斜井	平硐	斜井-平硐	平硐-立井	斜-立井
数量（处）	19	124	1	7	3	58
占比（%）	9	58.5	0.5	3.3	1.4	27.4

4. 采煤方法、开采工艺与顶板控制方式

壁式采煤法已经基本取代柱式采煤方法，统计的 212 处矿井中仅有 5 处煤矿设计采用柱式采煤方法。

综合机械化开采已成为主要开采工艺，统计的 212 处矿井中，设计采用综合机械化开采的矿井 179 处，数量占比 84.5%，产能占比 93.9%，充分显示出综采工艺在全区的普及程度（表 3-2-35）。统计的 88 处大型矿井中，仅有 1 处采用普采工艺，为乌海市平沟煤矿，2007 年技改，设计生产能力 135 万吨/年，采用薄煤层炮采工艺。采用普采、高档普采的矿井数量合计 30 处，数量占比为 14.1%，设计规模为 1650 万吨/年，规模占比为 5.4%。非综合机械化开采的矿井，大部分通过改扩建、技改等形式淘汰普采或高档普采（表 3-2-36）。

表 3-2-35 按采煤工艺分类统计表

采煤工艺	普采	高档普采	连采	综采	小计	采煤工艺	普采	高档普采	连采	综采	小计
数量（处）	16	14	3	179	212	规模（万吨）	690	960	210	28625	30485
占比（%）	7.5	6.6	1.4	84.5	100	规模占比（%）	2.3	3.1	0.7	93.9	100

表 3-2-36 2006—2010 年年产 90 万吨及以上矿井（顶板全部垮落法）设计统计表 万吨

煤矿名称	所属地区	工程建设性质	设计生产能力	净增产能	开拓方式	采煤方法	开采工艺
神华乌海能源公司五虎山矿业公司	乌海市	技改	180	60	斜井多水平开拓	长壁	综采
平沟煤矿	乌海市	技改	135	15	斜立井单水平	走向/长壁	薄煤层炮采
塔然高勒煤矿	杭锦旗	新建	1000	—	立井	一次采全高	综采
母杜柴登矿井	鄂尔多斯市	在建	600	—	立井		综采
内蒙古博源煤化工有限责任公司湾图沟煤矿	鄂尔多斯市	生产矿井	300	150	斜井开拓	后退式	综合机械化开采
内蒙古满世煤炭集团有限责任公司罐子沟煤矿	鄂尔多斯市	新建	180				
内蒙古满世煤炭集团有限责任公司点石沟煤矿	鄂尔多斯市	改扩建	120	105	斜井单水平开拓	长壁	薄煤层综采
内蒙古北联电能源开发有限责任公司吴四圪堵煤矿	达拉特旗	新建	240	—	斜井单水平开拓	走向长壁	综放

表 3-2-36（续） 万吨

煤矿名称	所属地区	工程建设性质	设计生产能力	净增产能	开拓方式	采煤方法	开采工艺
中煤蒙发运销有限责任公司呼和乌素煤矿	鄂尔多斯市	改扩建	120	105	斜-立井多水平混合开拓	长壁	综采
鄂尔多斯富安煤炭有限责任公司煤矿	鄂尔多斯市	技改	120	90	斜井单水平开拓	长壁	综采
鄂尔多斯市霍洛湾煤矿	鄂尔多斯市	改扩建	300	270	斜井-平硐多水平混合开拓	走向长壁	综采
内蒙古汇能煤电集团羊市塔煤炭有限责任公司一矿	鄂尔多斯市	新建	120	—	斜井单水平开拓	长壁	综采
准格尔旗公沟有限责任公司煤矿	鄂尔多斯市	技改	120	90	斜井多水平开拓	长壁	综采
内蒙古汇能煤电集团羊市塔煤炭有限责任公司二矿	鄂尔多斯市	新建	120	—	斜井多水平开拓	长壁垮落式	综采
内蒙古自治区李家塔煤矿	鄂尔多斯市	改扩建	300	180	斜-立井多水平开拓	倾斜长壁	综采
准格尔旗弓家塔布尔洞煤炭有限责任公司煤矿	鄂尔多斯市	技改	120	90	斜井多水平开拓	长壁	综采
扎赉诺尔煤业有限责任公司灵泉煤矿	呼伦贝尔市	技改	300	120	斜-立井混合开拓	走向长壁	分层综放
阿鲁科尔沁旗天山煤业化工有限公司爱民温都矿井	通辽市	新建	120	—	立井多水平开拓	长壁	综采
扎赉诺尔煤业有限责任公司灵东矿井	呼伦贝尔市	新建	500	—	立井多水平开拓	走向长壁	综放
鄂尔多斯市东辰煤炭有限责任公司唐公塔煤矿	鄂尔多斯市	改扩建	240	180	斜井-平硐单水平开拓	倾斜长壁	综采
鄂尔多斯市东辰煤炭有限责任公司唐公塔煤矿	鄂尔多斯市	改扩建	150	90	斜井-平硐单水平开拓	倾斜长壁	综采
准格尔旗弓家塔宝平湾煤炭有限责任公司	鄂尔多斯市	技改	120	111	斜井多水平开拓	长壁	综采
内蒙古通大煤业有限责任公司伊敏五牧场煤矿	呼伦贝尔市	新建	300	—		走向长壁	综放
鄂尔多斯市霍洛湾煤矿	鄂尔多斯市	改扩建	300	270		长壁	综采
碾盘梁煤矿一井	鄂尔多斯市	新建	120	—	斜井多水平开拓	长壁分层	综采、高档普采
塔拉壕乡庙沟煤矿	鄂尔多斯市	技改	120	96	斜井多水平开拓	长壁	综采
伊泰煤炭股份有限公司纳林庙煤矿二号井	鄂尔多斯市	技改	300	180	斜-立井单水平开拓	长壁	综采
锡林郭勒盟额吉煤矿井工区	锡林郭勒盟	新建	300	—	斜井多水平开拓	长壁	综采
内蒙古汇能煤电集团富民煤炭有限责任公司煤矿（鄂尔多斯市裕民煤矿）	鄂尔多斯市	技改	120	99	斜井多水平开拓	长壁	综采

表 3-2-36（续）　　　　　　　　　　　　　　　万吨

煤矿名称	所属地区	工程建设性质	设计生产能力	净增产能	开拓方式	采煤方法	开采工艺
内蒙古伊泰煤炭股份有限公司宏景塔一矿	鄂尔多斯市	技改	300	150	斜-立井单水平开拓	长壁	综采
内蒙古鄂尔多斯市有限公司大地精煤矿	鄂尔多斯市	技改	120	75	斜井多水平开拓	长壁	综采
鄂尔多斯市库里火沙兔煤矿	鄂尔多斯市	新建	120	—	斜井单水平开拓	长壁	综采
内蒙古伊泰宝山煤炭有限责任公司宝山煤矿	鄂尔多斯市	改扩建	120	111	斜井-平硐单水平开拓	长壁	综采
内蒙古伊东集团宏鑫煤炭有限责任公司煤矿	鄂尔多斯市	技改	120	96	斜井单水平开拓	长壁	综采、普采
内蒙古伊东集团准格尔旗纳林沟煤炭有限责任公司孙家壕煤矿	鄂尔多斯市	技改	300	225	斜-立井多水平开拓	倾斜长壁	综放、综采
内蒙古伊东集团古城煤炭有限责任公司煤矿	鄂尔多斯市	技改	120	60	斜井单水平开拓	长壁	综采
鄂尔多斯市东胜区刘家渠煤矿	鄂尔多斯市	技改	120	105	斜井多水平开拓	长壁	综采
内蒙古伊泰煤炭股份有限公司纳林庙煤矿一号井	鄂尔多斯市	技改	120	60	斜-立井单水平开拓	长壁	综采
大雁三矿	呼伦贝尔市	新建	180	—	—	—	—
鄂尔多斯市有限责任公司窑沟扶贫煤矿	鄂尔多斯市	改扩建	120	90	斜井多水平开拓	走向长壁	综放
内蒙古伊泰同达煤炭有限责任公司丁家渠煤矿	鄂尔多斯市	技改	120	111	斜井单水平开拓	倾向长壁	综采
内蒙古三维资源集团小鱼沟煤炭有限公司煤矿	鄂尔多斯市	新建	120	—	斜井多水平开拓	长壁	综采、综放
乌海市华资煤焦有限公司滴沥帮乌素煤矿	乌海市	新建	120	—	立井多水平开拓	长壁	综放
内蒙古伊东集团忽沙图煤炭有限责任公司忽沙图煤矿	鄂尔多斯市	新建	120	—	斜-立井单水平开拓	长壁	综采
神华集团海勃湾矿业有限公司露天煤矿四采区井	乌海市	技改	120	75	斜井开拓	长壁全部垮落	综放
内蒙古聚祥煤业集团有限公司阳塔煤矿	鄂尔多斯市	改扩建	120	105	斜井单水平开拓	长壁	综采、螺旋钻
内蒙古棋盘井矿业有限公司三号井	鄂尔多斯市	改扩建	120	—			
鄂尔多斯市蒙泰范家村煤业有限责任公司范家村煤矿	鄂尔多斯市	新建	120	—	斜井多水平开拓	长壁	综放
内蒙古平庄煤业（集团）有限责任公司老公营子煤矿	赤峰市	新建	120	—	立井多水平开拓	—	—
扎赉诺尔煤业有限责任公司铁北煤矿	呼伦贝尔市	技改	300	150	斜井-立井多水平开拓	走向长壁	综采、综放

表3-2-36（续）　　　　　　　　　　　　　　　　　　万吨

煤矿名称	所属地区	工程建设性质	设计生产能力	净增产能	开拓方式	采煤方法	开采工艺
内蒙古益蒙矿业有限责任公司黑城子煤矿	锡林郭勒盟	新建	300	—	立井-暗斜井单水平开拓	走向长壁	综放
锡林郭勒盟多伦煤矿	锡林郭勒盟	改扩建	120	114	—	—	—
内蒙古源源能源集团有限责任公司金源里井工矿	通辽市	新建	120	—	斜-立井多水平开拓	长壁	综采
准格尔旗神山煤炭有限责任公司乌兰哈达煤矿	鄂尔多斯市	改扩建	120	60	斜井多水平开拓	长壁	综采、综放
鄂尔多斯市昊华精煤有限责任公司高家梁煤矿	鄂尔多斯市	新建	600	—	斜井多水平开拓	长壁	综采
内蒙古准格尔旗特弘煤炭有限公司官板乌素煤矿	鄂尔多斯市	改扩建	120	90	斜-立井单水平开拓	长壁	综采、综放
呼伦贝尔福星煤业有限公司蒙西一井	呼伦贝尔市	技改	120	60	斜井单水平开拓	长壁	综放
乌海市天誉煤炭公司四矿	乌海市	技改	120	—	—	—	—
乌海市正兴煤化有限责任公司白云乌素煤矿	乌海市	改扩建	120	90	斜-立井多水平开拓	长壁	综采、综放
鄂托克旗建元煤焦化有限公司建元一矿	鄂托克旗	新建	120	—	立井单水平开拓	长壁	综采
内蒙古中瀛天山能源开发有限公司阿根塔拉矿井	赤峰市	新建	180	—	立井单水平开拓	长壁	综采、综放
内蒙古伊泰煤炭股份有限公司酸刺沟煤矿	鄂尔多斯市	新建	1200	—	斜-立井单水平开拓	长壁	综采、综放
临沂矿业集团有限责任公司榆树井矿井	鄂尔多斯市	新建	300	—	立井多水平开拓	走向长壁	综采
鄂尔多斯市赛蒙特尔农业综合开发有限责任公司赛蒙特尔煤矿	鄂尔多斯市	新建	150	—	斜井单水平开拓	长壁	综采
内蒙古庆华集团阿拉善百灵煤炭有限责任公司百灵煤矿	阿拉善盟	改扩建	180	—	斜-立井多水平开拓	长壁	综采、综放
扎赉诺尔煤业有限责任公司灵露煤矿	呼伦贝尔市	改扩建	300	100	斜井多水平开拓	走向长壁	分层综放
鄂尔多斯市乌兰煤炭集团有限责任公司温家塔煤矿	鄂尔多斯市	改扩建	120	105	斜、立井单水平混合开拓	长壁	综采
内蒙古准格尔旗力量煤业有限公司大饭铺煤矿	鄂尔多斯市	技改	240	0	斜-立井单水平开拓	长壁	综采、分层综放
内蒙古蒙泰不连沟煤业有限责任公司不连沟矿井	鄂尔多斯市	新建	1000	—	斜-立井混合开拓	长壁	综放
内蒙古伊东集团忽沙图煤炭有限责任公司忽沙图二矿	鄂尔多斯市	技改	120	60	斜井多水平开拓	长壁	综采

表 3-2-36（续） 万吨

煤矿名称	所属地区	工程建设性质	设计生产能力	净增产能	开拓方式	采煤方法	开采工艺
鄂尔多斯市有限责任公司东圪堵煤矿	鄂尔多斯市	改扩建	120	30	斜-立井单水平开拓	长壁	综采
内蒙古宇生能源有限责任公司宏亚煤矿	鄂尔多斯市	技改	120	—	斜井多水平开拓	长壁	综采
内蒙古博源煤化工有限责任公司湾图沟矿井	鄂尔多斯市	新建	300	—	斜井多水平开拓	长壁	综采
神华集团包头矿业有限责任公司李家壕矿井	鄂尔多斯市	新建	600	—	斜井多水平开拓	倾斜长壁	综采
乌海市神华君正实业有限责任公司白音乌素煤矿	乌海市	技改	120	105	斜井单水平开拓	走向长壁	综采
内蒙古珠江投资有限公司青春塔煤矿	鄂尔多斯市	新建	600	—	斜井多水平开拓	长壁	综采
内蒙古宝丰矿业有限责任公司煤矿	鄂尔多斯市	改扩建	120	—	斜井单水平开拓	长壁	综采
新奥集团股份有限公司王家塔煤矿	鄂尔多斯市	新建	500	—	斜立井多水平开拓	倾斜长壁	综采
准格尔旗柏树坡煤炭有限责任公司柏树坡煤矿	鄂尔多斯市	技改	120	90	斜井单水平开拓	长壁	综放、综采
鄂尔多斯市天隆漳尔壕煤炭有限责任公司漳尔壕煤矿	鄂尔多斯市	新建	120	—	斜井-立井单水平开拓	长壁	综采
内蒙古双欣矿业有限公司杨家村煤矿	鄂尔多斯市	新建	500	—	斜井-立井混合开拓	长壁	综采
准格尔旗美日煤炭有限公司花图沟煤矿	鄂尔多斯市	技改	120	30	斜井单水平开拓	长壁	综采
内蒙古满世煤炭集团有限责任公司罐子沟一矿	鄂尔多斯市	技改	300	120	斜井单水平开拓	长壁	综采、综放
鄂尔多斯市伊金霍洛旗纳林陶亥镇油房渠煤矿	鄂尔多斯市	技改	90	81	斜井多水平开拓	走向长壁	综采
鄂尔多斯市伊金霍洛旗新庙文玉煤矿	鄂尔多斯市	改扩建	90	81	斜井多水平开拓	长壁	综采、高档普采
内蒙古中煤蒙发运销有限公司温家梁二号平硐接续井	鄂尔多斯市	改扩建	90	60	斜井单水平	长壁采煤方法	综采
内蒙古鄂尔多斯电力冶金股份有限公司白云乌素煤矿	乌海市	新建	90	—	斜井多水平开拓	长壁	综采
准格尔旗云飞矿业有限责任公司串草圪旦煤矿	鄂尔多斯市	新建	90	—	斜井多水平开拓	长壁	综放
鄂尔多斯市正丰矿业有限责任公司鄂托克旗尔格图双欣煤矿	鄂尔多斯市	新建	90	—	走向长壁	高档普采、综采	—
内蒙古科左中旗宝龙山金田矿业有限公司宝龙山煤矿	通辽市	新建	90	—	立井单水平分煤组集中下山开拓	长壁	综采

表 3-2-36（续） 万吨

煤矿名称	所属地区	工程建设性质	设计生产能力	净增产能	开拓方式	采煤方法	开采工艺
鄂尔多斯市伊金霍洛旗昊达煤炭有限责任公司煤矿	鄂尔多斯市	技改	90	81	斜-立井多水平开拓	长壁	综采
内蒙古满世煤炭集团有限责任公司罐子沟煤矿一号井	鄂尔多斯市	新建	90	—	斜井单水平开拓	长壁	分层综放
内蒙古准格尔旗特弘煤炭有限公司官板乌素煤矿	鄂尔多斯市	改扩建	90	60	斜-立井单水平开拓	长壁	高档普采放顶煤
内蒙古伊东煤炭集团有限责任公司准格尔旗煤炭供销公司煤矿	鄂尔多斯市	改扩建	90	81	斜井单水平开拓	长壁	综采
内蒙古伊东煤炭集团有限责任公司宏测煤矿	鄂尔多斯市	改扩建	120	84	斜井多水平开拓	长壁	综采
鄂尔多斯市伊金霍洛旗昊达煤炭有限责任公司煤矿	鄂尔多斯市	改扩建	90	81	斜-立井单水平开拓	长壁	综采
鄂尔多斯市金通煤炭有限公司煤矿	鄂尔多斯市	技改	90	84	斜井多水平开拓	长壁	综采
神华集团包头矿业有限责任公司黑岱沟露天矿东沿帮边角煤回收井	鄂尔多斯市	新建	90	—	斜井单水平开拓	长壁	分层高档普采
内蒙古中煤蒙发运销有限公司温家梁二号平硐接续井	鄂尔多斯市	改扩建	90	60	斜井单水平开拓	长壁	综采
鄂尔多斯市东胜塔拉壕棋盘井联办一矿	鄂尔多斯市	改扩建	90	84	斜井多水平开拓	长壁	综采
鄂尔多斯市东胜区铜川镇杨关煤矿	鄂尔多斯市	改扩建	75		斜井多水平开拓	长壁	综采
准格尔旗富能煤炭有限责任公司崔二圪咀煤矿	鄂尔多斯市	技改	90	57	斜井单水平开拓	倾向长壁	高档普采
准格尔旗美日煤炭有限公司花图沟煤矿	鄂尔多斯市	技改	90	81	斜井单水平开拓	长壁	高档普采、综采
准格尔旗兴隆煤炭有限公司黑岱沟煤矿	鄂尔多斯市	技改	90	30	斜井单水平开拓	长壁	综采、综放
达拉特旗苏家沟煤炭有限责任公司苏家沟煤矿	鄂尔多斯市	技改	90	69	斜井多水平开拓	长壁	综采
鄂尔多斯电力冶金股份有限公司阿尔巴斯二矿	鄂尔多斯市	新建	90		斜井开拓		
乌海市乌化矿业有限责任公司一矿	乌海市	改扩建	90	60	斜-立井单水平开拓	长壁	综采
准格尔旗神陶煤炭运销有限责任公司营沙壕煤矿	鄂尔多斯市	技改	90	75	斜-立井单水平开拓	长壁	综采、综放
内蒙古特弘全盈煤炭有限责任公司煤矿	鄂尔多斯市	技改	90	—	斜井单水平开拓	长壁	综放
准格尔旗隆达煤炭有限责任公司羊市塔镇炭窑渠煤矿	鄂尔多斯市	技改	90	45	平硐-立井单水平开拓	长壁	综采

表 3-2-36（续） 万吨

煤矿名称	所属地区	工程建设性质	设计生产能力	净增产能	开拓方式	采煤方法	开采工艺
呼伦贝尔市牙星煤业有限公司一号井	呼伦贝尔市	改扩建	90	60	斜井单水平开拓	走向长壁	高档普采、综放
内蒙古伊丰矿业有限责任公司煤矿	鄂尔多斯市	改扩建	90	—	斜井单水平开拓	长壁	综采
鄂尔多斯市神通煤炭有限公司煤矿	鄂尔多斯市	技改	90		斜井多水平开拓	长壁	综采
内蒙古燎原煤业有限责任公司煤矿	鄂尔多斯市	技改	90	30	斜井多水平开拓	长壁	综采

（四）"十二五"期间（2011—2015 年）

2010 年 8 月 30 日，国家安全监管总局、国家煤矿安监局印发《关于认真贯彻落实国务院〈通知〉精神切实加强煤矿安全生产工作的实施意见》："严格控制煤矿建设项目设计规模，煤与瓦斯突出矿井设计生产能力应在 45 万吨/年及以上，但不得高于 500 万吨/年；高瓦斯矿井设计生产能力不得高于 500 万吨/年；低瓦斯矿井设计生产能力不得高于 1500 万吨/年"。由此，限制了井工煤矿的最大设计规模为 1500 万吨/年。

2013 年 10 月 2 日，国务院办公厅印发《关于进一步加强煤矿安全生产工作的意见》（国发办〔2013〕99 号）："一律停止核准新建生产能力低于 30 万吨/年的煤矿，一律停止核准新建生产能力低于 90 万吨/年的煤与瓦斯突出矿井"。由此，不再设计 30 万吨/年的新建矿井；又明确规定"新建、改扩建煤矿不采用机械化开采的一律不得核准"，由此，非机械化开采的新建、改扩建矿井也不再设计。

1. 设计矿井数量与产能

2011—2015 年，全区设计矿井数量 72 处，其中：120（含）万吨/年以上大型矿井 45 处，占比 62.5%；中型矿井（45 万~90 万吨/年）26 处，占比 36.1%；小型矿井（30 万吨/年及以下）1 处，占比 0.2%。小型煤矿作为落后产能基本已被淘汰，大、中型矿井成为煤矿设计的趋势，两者数量合计占比 98.6%。大型矿井在数量与产能方面均占据主导地位。该阶段，设计最大井型为内蒙古伊泰广联煤化有限责任公司红庆河矿井，设计规模 1500 万吨/年，最小井型为 30 万吨/年，为伊金霍洛旗新庙乡兴旺煤矿。

大型矿井中设计生产能力超过 500 万吨/年的数量有 11 处。2011—2015 年设计煤矿井型统计见表 3-2-37。

表 3-2-37 2011—2015 年设计煤矿井型统计表

井型	小型	中型	大型	小计
数量（处）	1	26	45	72
数量占比（%）	1.4	36.1	62.5	100
规模小计（万吨）	30	1710	14 870	16 610
规模占比（%）	0.2	10.3	89.5	100

2. 建设工程性质

2011—2015年，全区设计煤矿总规模16610万吨，净增产能13040万吨，其中：新建矿井28处，净增产能11730万吨；综合机械化技改矿井44处，净增产能1310万吨（表3-2-38）。

表3-2-38 2011—2015年设计煤矿建设工程性质统计表

建设工程性质	新建	技改	小计
数量（处）	28	44	72
数量占比（%）	38.9	61.1	100
产能（万吨）	11730	4880	16610
产能占比（%）	70.6	29.4	100
净增产能	11730	1310	13040
净增产能占比	89.9	10.1	100

3. 开拓方式

全区矿井设计开拓方式仍以斜井与斜-立井混合开拓为主，两种开拓方式的矿井共统计54处，占比合计75%。新建矿井中，设计采用立井开拓的比重越来越大，井型也在增加，该阶段统计的28处新建矿井中，10处采用立井开拓，合计生产规模4100万吨/年，占净增产能的35%，设计的最大井型为1300万吨/年。矿井按开拓方式分类情况见表3-2-39。

表3-2-39 按开拓方式分类情况统计表

开拓方式	立井	斜井	平硐	斜-立井	小计
数量（处）	16	36	2	18	72
占比（%）	22.2	50.0	2.8	25.0	100

4. 采煤方法、开采工艺

该阶段，除2处技改矿井（鄂托克旗奋达煤焦建材有限责任公司昌汉哈达煤矿（二井）与顺舸矿业有限责任公司二道岭煤矿）采用伪斜柔性掩护支架采煤法炮采工艺外，其余70处矿井均设计采用长壁综合机械化开采工艺（表3-2-40）。

表3-2-40 按采煤工艺分类情况统计表

采煤工艺	普采	综采	小计	采煤工艺	普采	综采	小计
数量（处）	2	70	72	规模（万吨）	90	16520	16610
占比（%）	2.8	97.2	100	规模占比（%）	0.5	99.5	100

2011—2015年，全区设计规模在120万吨/年以上矿井44处；90万吨/年矿井8处。矿井顶板控制方面，有4处矿井采用自然垮落法，1处矿井采用充填法，其余均为全部垮落法（表3-2-41）。

表 3-2-41　2011—2015 年矿井设计统计表　　　　万吨

煤矿名称	所属地区	工程建设性质	设计生产能力	净增产能	开拓方式	采煤方法	开采工艺
大雁集团公司敏东一矿	呼伦贝尔市	新建	500	—	立井	走向长壁开采	综放
内蒙古同煤矿业投资有限公司色连一号煤矿	鄂尔多斯市	新建	500	—	斜-立井综合开拓	大采高单一长壁	综采
鄂尔多斯市中北煤化工有限公司色连二号煤矿	鄂尔多斯市	新建	400	—	斜井多水平开拓	大采高单一长壁	综采
内蒙古福城矿业有限公司	鄂尔多斯市	新建	120	—	斜立混合布置、石门式开拓	单一走向长壁后退式采煤法	综采
鄂托克前旗长城三号矿业有限公司	鄂尔多斯市	新建	500	—	立井	走向长壁开采	综采
鄂托克前旗长城六号矿业有限公司	鄂尔多斯市	新建	180	—	立井开拓	综采	综采
上海庙矿业有限责任公司榆树井煤矿	鄂尔多斯市	新建	300	—	立井	单一走壁长廊采煤	综采
中天合创能源有限责任公司门克庆煤矿	鄂尔多斯市	新建	1200	—	立井开拓	长壁	综采
中天合创葫芦素煤矿	鄂尔多斯市	新建	1300	—	立井	走向长壁一次采全高	综采
兖州煤业鄂尔多斯能化有限公司营盘壕煤矿	鄂尔多斯市	新建	1000	—	立井开拓	走向长壁	综采
纳林河二号矿井及选煤厂	鄂尔多斯市	新建	800	—	立井开拓	长壁式	综采
内蒙古蒙东能源有限公司伊敏河东区第一煤矿	呼伦贝尔市	新建	500	—	立井多水平开拓	走向长壁	综放
内蒙古盈源煤炭运销有限责任公司玉川煤矿	鄂尔多斯市	新建	120	—	斜-立井开拓	长壁	综采
内蒙古北联电能源开发有限责任公司高头窑煤矿	鄂尔多斯市	新建	800	—	斜井开拓	长壁	综采
呼伦贝尔呼盛矿业有限责任公司呼盛煤矿	呼伦贝尔市	技改	120	—	斜-立井开拓	长壁	综采
内蒙古开滦宏丰煤炭有限责任公司红树梁煤矿	鄂尔多斯市	新建	500	—	斜、立井多水平开拓	长壁	综采
内蒙古棋盘井矿业有限公司煤矿	鄂尔多斯市	技改	180	0	斜立井混合开拓	长壁	综采
内蒙古黄陶勒盖煤炭有限公司巴彦高勒矿井	鄂尔多斯市	新建	400	—	立井开拓	长壁	综采
乌海市天誉煤炭有限责任公司煤矿	乌海市	技改	120	30	斜-立井多水平开拓	长壁	综采

表 3-2-41（续） 万吨

煤矿名称	所属地区	工程建设性质	设计生产能力	净增产能	开拓方式	采煤方法	开采工艺
鄂尔多斯市国源矿业开发有限责任公司龙王沟矿井	鄂尔多斯市	新建	1000	—	斜井单水平开拓	长壁	综采
内蒙古蒙泰煤电集团有限公司满来梁煤矿	鄂尔多斯市	新建	180	—	斜井单水平开拓	长壁	综采
内蒙古牙克石五九煤炭（集团）有限责任公司胜利煤矿	呼伦贝尔市	技改	120	45	斜井多水平开拓	长壁	综采
内蒙古利民煤焦有限责任公司煤矿	乌海市	技改	150	90	斜-立井混合开拓	长壁	综采
准格尔旗荣祥煤焦化有限责任公司山不拉煤矿	鄂尔多斯市	技改	120	60	斜井多水平开拓	长壁	综采、综放
内蒙古伊泰煤炭股份有限公司塔拉壕矿井	鄂尔多斯市	新建	600	—	斜井开拓	长壁	综采
神华蒙西煤化股份有限公司棋盘井煤矿	乌海市	技改	420	120	斜-立井混合开拓	长壁	综采
内蒙古伊泰广联煤化有限责任公司红庆河矿井	鄂尔多斯市	新建	1500	—	立井开拓	走向长壁	综采
内蒙古汇能集团尔林兔煤炭有限公司尔林兔矿井	鄂尔多斯市	新建	800	—	斜井多水平开拓	长壁	综采
达拉特旗苏家沟煤炭有限责任公司苏家沟股份制井	鄂尔多斯市	技改	150	60	斜井多水平开拓	走向长壁	综采
内蒙古友恒煤炭有限责任公司益民煤矿	鄂尔多斯市	技改	120	60	斜井单水平开拓	长壁	综采
内蒙古三维资源集团小鱼沟煤炭有限公司煤矿	鄂尔多斯市	技改	300	180	斜多水平开拓	长壁	综放
内蒙古上海庙矿业有限公司新上海一号煤矿	鄂尔多斯市	新建	400	—	立井多水平开拓	长壁	综采
鄂尔多斯市盛鑫煤业有限公司煤矿	鄂尔多斯市	技改	120	60	斜井开拓	长壁	综采
鄂尔多斯市华兴能源有限公司唐家会煤矿	鄂尔多斯市	新建	500	—	斜-立井混合开拓	长壁	综采、综放
内蒙古福城矿业有限公司麻黄煤矿	鄂尔多斯市	新建	120	—	斜井多水平开拓	长壁	综采
内蒙古伊泰煤炭股份有限公司凯达煤矿	鄂尔多斯市	技改	150	60	斜井开拓	倾斜长壁	综采
伊金霍洛旗呼能煤炭有限责任公司丁家梁煤矿	鄂尔多斯市	技改	120	—	斜井单水平开拓	倾斜长壁	综采

表3-2-41（续） 万吨

煤矿名称	所属地区	工程建设性质	设计生产能力	净增产能	开拓方式	采煤方法	开采工艺
鄂托克旗建元煤焦化有限责任公司建元煤矿	鄂尔多斯市	技改	500	—	立井多水平开拓	长壁	综采
神华乌海能源有限责任公司老石旦煤矿	乌海市	技改	150	—	斜井单水平开拓	长壁	综采、综放
神华乌海能源有限责任公司骆驼山煤矿	乌海市	技改	150	—	斜井开拓	长壁	综采
鄂尔多斯市张家梁煤炭有限责任公司张家梁煤矿	鄂尔多斯市	技改	120	60	斜井多水平开拓	长壁	综采
内蒙古泰升实业集团有限责任公司鄂托克旗泰源煤矿	鄂尔多斯市	技改	120	—	立井单水平开拓	倾斜长壁采煤方法	综采
国电建投内蒙古能源有限公司察哈素矿井	鄂尔多斯市	新建	1000	—	斜井开拓	长壁	综采
伊金霍洛旗呼氏煤炭有限责任公司淖尔壕煤矿	鄂尔多斯市	新建	120	—	斜井多水平开拓	长壁	综采
准格尔旗协华煤炭有限责任公司煤矿	鄂尔多斯市	技改	90	30	斜井开拓	长壁	综采、综放
内蒙古鄂尔多斯煤炭有限公司白云乌素矿区11~15线煤矿	鄂尔多斯市	技改	90	—	井多水平开拓	长壁	综采
鄂尔多斯市正丰矿业有限责任公司鄂托克旗双欣煤矿	鄂尔多斯市	技改	90	—	斜-立井多水平开拓	长壁	综采
伊金霍洛旗蒙泰煤炭有限责任公司窝兔沟煤矿	鄂尔多斯市	技改	90	—	斜-立井多水平开拓	长壁	综采
伊金霍洛旗振兴煤炭有限责任公司振兴煤矿	鄂尔多斯市	技改	90	—	斜井开拓	长壁	综采
内蒙古锦泰城塔煤炭有限公司城塔煤矿	鄂尔多斯市	新建	90	—	斜、立井单水平开拓	长壁	综放
伊金霍洛旗新庙阿会沟致富煤矿	鄂尔多斯市	技改	90	—	斜井开拓	长壁	综采
阿拉善右旗太兴实业有限责任公司煤矿	阿拉善盟	技改	90	—	斜井单水平开拓	走向长壁	综采

1991—2015年，全区设计矿井数量434处，其中大型及以上矿井165处、中型矿井132处、小型矿井137处，设计总产能58811万吨。

二、露天煤矿

（一）"十五"期间（2001—2005年）

2001—2005年，全区设计露天煤矿

1处,即霍林郭勒市巨日河煤矿。

巨日河露天煤矿为原产能2万吨/年,改扩建净增产能28万吨/年。设计露天煤矿采煤方法采用顶板露煤、单斗卡车工艺进行开采,不进行预疏干,采用坑下及防洪堤防排水。

(二)"十一五"期间(2006—2010年)

2006—2010年,由于露天开采资源利用率高、生产过程安全并且易于大型化,特别是煤炭出厂价的提高,以及基建和生产期均采用外包,建设费用较低,因此发展较快。

全区设计露天煤矿数量114处,其中特大型露天煤矿6处,占比5.3%,大型露天煤矿5处,占比4.4%;中型露天煤矿38处,占比33.3%;小型露天煤矿65处,占比57%。

2006—2010年,全区设计露天煤矿数量114处,设计总规模22080万吨,其中:新建露天煤矿17处,净增产能8005万吨;改扩建露天煤矿43处,净增产能6033万吨。

露天煤矿采煤方法采用顶板露煤的方式进行开采,有极少部分急倾斜煤层采用水平分层。开采工艺、疏排方式及设计情况见表3-2-42~表3-2-46。

表3-2-42　2006—2010年设计露天矿生产能力统计表

规模	小型	中型	大型	特大型	小计
数量(处)	65	38	5	6	114
数量占比(%)	57	33.3	4.4	5.3	100
规模小计(万吨)	4350	5430	3800	8500	22080
规模占比(%)	19.7	24.6	17.2	38.5	100

表3-2-43　2006—2010年设计露天煤矿建设工程性质统计表

建设工程性质	新建	改扩建	技术改造	小计
数量(处)	17	43	54	114
数量占比(%)	14.9	37.7	47.4	100
产能(万吨)	8005	9485	4590	22080
产能占比(%)	36.3	43	20.7	100
净增产能	8005	6033	0	14038
净增产能占比	57.0	43	0	100

表3-2-44　设计露天煤矿按采煤工艺分类统计表

采煤工艺	单斗卡车工艺	倒堆工艺	连续工艺	半连续工艺	小计
数量(处)	104	2	0	8	114
占比(%)	91.2	1.8	0	7	100
规模(万吨)	11080	900	0	10100	22080
规模占比(%)	50.2	4.1	0	45.7	100

表3-2-45 设计露天煤矿按疏排方式分类统计表

疏排方式	坑内强排	防洪截水堤（坝）	小计	疏排方式	坑内强排	防洪截水堤（坝）	小计
数量（处）	99	15	114	规模（万吨/年）	21000	1080	22080
占比（%）	86.8	13.2	100	规模占比（%）	95.1	4.9	100

表3-2-46 2006—2010年露天煤矿设计的主要情况统计表　　　　万吨

年份	煤矿名称	设计类别	设计产能	净增产能	开采工艺	疏排方式
2006	神东天隆集团有限责任公司武家塔露天煤矿	改扩建	300	240	单斗汽车+拉斗铲倒堆	采用坑底排水泵站排水方式
2006	内蒙古白音华海洲露天煤矿有限公司白音华四号露天煤矿	新建	500	—	单斗汽车+半连续工艺	采用坑底移动泵站排水方式
2006	内蒙古霍林河露天煤业股份有限公司霍林河一号露天煤矿	技改扩建	1500	800	单斗汽车+半连续工艺	采用坑底移动排水泵站强排方式
2007	内蒙古霍煤亿诚能源有限公司敦德诺尔露天煤矿	新建	120	—	单斗卡车	采用坑底集中泵站排水方式
2007	神华包头矿业有限责任公司水泉露天煤矿	改扩建	120	117	单斗卡车	采用集水坑移动泵站排水方式
2007	内蒙古源源能源有限公司露天煤矿	改扩建	120	110	单斗卡车	采用坑底移动泵站强排方式
2007	准格尔旗召富煤炭有限公司露天煤矿	改扩建	120	108	单斗卡车	采用坑底集中泵站排水方式
2007	准格尔旗昶旭煤炭有限责任公司煤矿	技改	120	75	单斗卡车	采用坑底强排方式
2007	准格尔旗华富煤炭有限公司煤矿 鄂尔多斯市民达煤炭有限责任公司煤矿	技改	150 120	135 108	单斗卡车	采用集中泵站排水方式
2007	西乌旗宝日胡硕煤矿	新建	120	—	单斗卡车	采用坑底集中泵站排水方式
2008	内蒙古满世煤炭集团有限责任公司敖包梁点石沟煤矿（露天）	改扩建	120	105	单斗卡车	采用坑底储水、半固定式泵站排水方式。
2008	内蒙古鄂尔多斯市东胜区铜川镇武媚牛煤矿	技改	120	105	单斗卡车	采用集中泵站排水方式
2008	内蒙古锡林郭勒白音华煤电有限责任公司露天煤矿（白音华二号露天煤矿）	新建	500	—	联合开采工艺	采用坑底储水、半固定泵站排水方式
2008	内蒙古霍煤亿诚能源有限公司敦德诺尔露天煤矿	新建	120	—	单斗卡车	采用坑底设集水坑储水、半固定泵站排水方式
2008	内蒙古海神煤炭集团锡东能源开发有限公司额吉煤矿（露天区）	新建	300	—	单斗卡车	采用集水坑移动泵站强排方式
2009	神华宝日希勒能源有限公司露天煤矿	改扩建	1000	750	单斗卡车	采用坑底移动泵站排水方式

表 3-2-46（续） 万吨

年份	煤矿名称	设计类别	设计产能	净增产能	开采工艺	疏排方式
2009	内蒙古平庄煤业（集团）有限责任公司西乌旗白音华一号露天煤矿	新建	700	—	单斗卡车+半连续开采工艺	采用坑底贮水潜水泵非水方式
2009	华能伊敏煤电有限责任公司煤矿	改扩建	1600	500	单斗卡车+端帮半移动式破碎机半连续工艺系统	采用坑底移动泵站强排方式
2009	鄂尔多斯市永顺煤炭有限责任公司煤矿 内蒙古宝利煤炭有限公司煤矿 鄂尔多斯市瑞德煤化有限责任公司瑞德煤矿	改扩建	120 120 120	75 60 60	单斗卡车	采用坑底移动泵站排水方式
2009	西乌珠穆沁旗意隆煤业有限公司包尔呼舒高布煤矿	改扩建	150	—	单斗卡车	采用集水坑移动泵站强排方式
2009	内蒙古生力资源集团富能煤炭有限责任公司崔二圪咀煤矿	技改	120	—	单斗卡车	采用坑底移动泵站排水方式
2009	北方联合电力公司魏家峁露天煤矿一期工程	新建	600	—	单斗卡车+吊斗铲倒堆开采工艺	采用坑内设集水坑强排方式
2009	中电投蒙东能源集团公司扎哈淖尔露天矿	改扩建	1500	1450	单斗卡车+半固定破碎机+输送机工艺	采用坑内设集水坑强排方式
2009	中电投霍林河煤电集团有限责任公司白音华三号露天煤矿	新建	1400	—	单斗卡车+半连续开采工艺	采用坑底储水潜水泵强排方式
2009	准格尔旗柏树坡煤炭有限公司柏树坡露天煤矿	改扩建	120	90	单斗卡车	采用坑底等中泵站强排方式
2010	锡林郭勒盟乌兰图嘎煤炭有限责任公司锗煤露天矿	新建	120	—	单斗卡车	采用坑底等中泵站强排方式
2010	内蒙古鄂尔多斯市宏丰煤炭有限公司煤矿	新建	300	240	单斗卡车	采用坑底设集水坑、半固定泵站强排方式
2010	内蒙古伊泰西部煤业有限公司安家坡煤矿	—	120	—	单斗卡车	采用坑底集中泵站排水方式
2010	准格尔旗神山煤炭有限责任公司乌兰哈达煤矿	—	120	—	单斗卡车	采用坑底集中泵站排水方式
2010	鄂尔多斯市西部煤炭运销有限公司五圪图精煤矿	—	120	—	单斗卡车	采用坑底集中泵站排水方式
2010	准格尔旗川掌李家渠煤炭有限责任公司煤矿	—	120	—	单斗卡车	采用坑底集中泵站排水方式

表 3-2-46（续） 万吨

年份	煤矿名称	设计类别	设计产能	净增产能	开采工艺	疏排方式
2010	内蒙古伊东煤炭集团有限责任公司栗家塔煤矿高家梁二井	—	120	90	单斗卡车	采用坑底设集水坑，采用移动泵站排水方式
2010	鄂尔多斯市东胜区平梁张大银煤矿 乌海市中科宝诚煤业有限公司露天煤矿 准格尔旗金正泰煤炭有限公司金正泰露天煤矿	技改	120	—	单斗卡车	采用坑底设集水坑，采用移动泵站排水方式
2010	准格尔旗路鑫聚煤炭有限责任公司煤矿	新建	120	—	单斗卡车	采用坑底设集水坑，采用移动泵站排水方式
2010	内蒙古鄂尔多斯市东胜区铜川镇武媚牛煤矿	新建	120	—	单斗卡车	采用坑底设集水坑，采用移动泵站排水方式
2010	内蒙古北联电能源开发有限责任公司铧尖露天煤矿	新建	300	—	单斗卡车	采用坑内强排方式
2010	鄂尔多斯市乌兰煤炭集团有限责任公司后温家梁煤矿	技改	120	60	单斗卡车	采用坑底储水、半固定泵站排水方式
2010	达拉特旗黑塔沟瑞光煤矿 准格尔旗川掌镇石圪图煤炭有限公司煤矿 鄂尔多斯市金运煤炭有限责任公司煤矿 鄂尔多斯市东胜区兴盛联营煤矿	技改	120 120 120 120		单斗卡车 单斗卡车 单斗卡车 单斗卡车	采用坑底储水、半固定泵站排水方式 采用坑底储水、半固定泵站排水方式 采用坑底储水、半固定泵站排水方式 采用坑底储水、半固定泵站排水方式
2010	内蒙古国电能源投资有限公司胜利西三号露天煤矿	新建	600	—	单斗卡车	采用坑底储水、半固定泵站排水方式

（三）"十二五"期间（2011—2015 年）

2011—2015 年，受经济下行和能源需求放缓等因素影响，露天煤矿的发展速度开始放缓。全区设计露天矿数量 92 处，其中：特大型露天矿 2 处，占比 2.2%；大型露天矿 4 处，占比 4.3%；中型露天矿 49 处，占比 53.3%；小型露天矿 37 处，占比 40.2%（表 3-2-47）。

表 3-2-47 2011—2015 年设计露天矿产能统计表

规模	小型	中型	大型	特大型	小计
数量（处）	37	49	4	2	92
数量占比（%）	40.2	53.3	4.3	2.2	100
规模小计（万吨）	2680	7700	2700	4800	17880
规模占比（%）	15	43.1	15.1	26.8	100

2011—2015 年，全区设计露天矿总规模 17880 万吨，其中：新建露天矿 8 处，净增产能 7745 万吨；改扩建露天矿 8 处，净增产能 985 万吨（表 3-2-48）。

表3-2-48 2011—2015年设计煤矿建设工程性质统计表

建设工程性质	新建	改扩建	技术改造	小计
数量（处）	8	8	76	92
数量占比（%）	8.7	8.7	82.6	100
产能（万吨）	7745	1420	8715	17880
产能占比（%）	43.4	7.9	48.7	100
净增产能	7745	985	1035	9765
净增产能占比	79.3	10	10.7	100

露天煤矿开采工艺以单斗卡车工艺为主，占比达94.6%，其次为半连续工艺，占比5.4%。但以开采工艺在建设规模中的占比统计，半连续工艺则远高于单斗卡车工艺。露天矿疏排方式以坑内强排为主，占比达83.7%（表3-2-49～表3-2-51）。

表3-2-49 2011—2015年露天矿采煤工艺分类统计表

采煤工艺	单斗卡车工艺	倒堆工艺	连续工艺	半连续工艺	小计
数量（处）	87	0	0	5	92
占比（%）	94.6	0	0	5.4	100
规模（万吨）	7100	0	0	10780	17880
规模占比（%）	39.7	0	0	60.3	100

表3-2-50 2011—2015年露天煤矿疏排方式分类统计表

疏排方式	坑内强排	防洪截水堤（坝）	小计	疏排方式	坑内强排	防洪截水堤（坝）	小计
数量（处）	77	15	92	规模（万吨）	15770	2110	17880
占比（%）	83.7	16.3	100	规模占比（%）	88.2	11.8	100

表3-2-51 2011—2015年露天煤矿设计的主要情况统计表　　　　万吨

年份	煤矿名称	设计类别	设计产能	净增产能	开采工艺	疏排方式
2011	准格尔旗川掌镇石圪图煤炭有限责任公司露天煤矿	技改	120	—	单斗卡车	采用坑底设集水坑，移动泵站排水方式
2011	鄂托克旗宏斌煤矿	技改	90	—	单斗卡车	采用坑底设集水坑，移动泵站排水方式
2011	乌海市摩尔沟煤炭有限公司煤矿	技改	120	—	单斗卡车	采用坑底设集水坑，移动泵站排水方式
2011	包头市石拐区凯通露天煤矿	技改	90	—	单斗卡车	采用坑底设集水坑，移动泵站排水方式

表 3-2-51（续） 万吨

年份	煤矿名称	设计类别	设计产能	净增产能	开采工艺	疏排方式
2011	内蒙古浩源煤炭有限公司燕家塔煤矿 鄂尔多斯市大源煤炭有限责任公司柳林沟煤矿 达拉特旗黑塔沟瑞光煤矿	技改	120 100 120	40	单斗卡车	地面防排水采用防洪堤、排水沟拦截地表汇水方式
2011	鄂尔多斯市乌兰煤炭集团有限责任公司后温家梁煤矿	技改	120	—	单斗卡车	在达产前不需布置地面防洪设施，随着采掘场的推进，开采后期应有针对性地对矿区进行专门的防洪设计
2011	鄂尔多斯市东胜区潮脑梁煤矿	改扩建	400	355	单斗卡车	地面防排水采用在采场西部设置防洪坝
2011	准格尔旗神山镇永利煤炭有限责任公司永利煤矿	改扩建	120	60	单斗卡车	地面防排水采用在采场西部设置防洪坝
2011	准格尔旗鸿鑫纳户沟煤炭有限公司煤矿	改扩建	120	60	单斗卡车	地面防排水采用在采场西部设置防洪坝
2011	准格尔旗窑沟大伟煤矿有限公司煤矿	改扩建	120	90	单斗卡车	地面防排水采用在采场西部设置防洪坝
2011	准格尔旗新鑫煤炭有限责任公司煤矿 内蒙古特弘全盈煤炭有限公司煤矿 伊金霍洛旗纳林陶亥镇南梁社办煤矿 内蒙古蒙西煤炭有限公司蒙西煤矿 内蒙古鸿远煤炭集团有限公司孙三沟煤矿	改扩建	120 120 90 120 120	60 30 — — —	单斗卡车 单斗卡车 单斗卡车 单斗卡车 单斗卡车	地面防排水采用在采场设置防洪坝
2012	乌海市新星煤炭有限公司煤矿	技改	120		单斗卡车	采用坑底设集水坑，移动泵站排水方式
2012	乌海市温明矿业有限责任公司卡布其煤矿	技改	120		单斗卡车	采用坑底设集水坑，移动泵站排水方式
2012	准格尔旗蒙南煤炭有限公司川宏煤矿	技改	150		单斗卡车	采用坑底设集水坑，移动泵站排水方式
2012	呼伦贝尔东明矿业有限公司东明露天矿	技改	150	—	单斗卡车	地下水控制仍采用预先疏干与坑内强排相结合的方式
2012	内蒙古自治区额合宝力格煤田特根召井田（露天煤矿）	技改	300	—	单斗卡车	露天煤矿地下水控制采用预先降水孔疏干控制方式。采掘场防排水采用集水坑-移动泵站强排方式
2012	大唐国际发电股份有限公司胜利东二号露天煤矿	新建	3000	2000	单斗卡车+带式输送机半连续工艺	地面防排水采用疏排为主、疏截结合的防排水系统。采掘场坑底最低处设潜水泵站排水方式
2012	内蒙古大雁矿业集团有限公司扎尼河露天煤矿	新建	600		单斗卡车+输送机半连续开采	地下水控制采用群井疏干和坑内排水联合方案控制地下水

表3-2-51（续） 万吨

年份	煤矿名称	设计类别	设计产能	净增产能	开采工艺	疏排方式
2012	内蒙古伊东集团古城煤炭有限责任公司煤矿	技改	300	—	单斗卡车	采场东部、排土场西南部修筑截水沟
2012	内蒙古伊东煤炭有限责任公司致富煤矿	技改	90	—	单斗卡车	地面防排水采用防洪堤拦截地表汇水方式，在采场汇水方向设防洪堤
2012	准格尔旗阳渠煤炭有限责任公司煤矿	技改	120	—	单斗卡车	分别在采场北部和内排土场北部修筑简易防洪堤
2012	内蒙古汇能煤电集团巴隆图煤炭有限责任公司煤矿	技改	350	110	单斗卡车	采用坑底储水、半固定泵站排水方式
2012	鄂托克旗荣兴西来峰煤矿	技改	90	—	单斗卡车	在采掘场坑底低洼处设集水坑，采用移动泵站强排方式
2012	乌海市恒实能源实业有限公司煤矿	技改	120	—	单斗卡车	在采掘场坑底低洼处设集水坑，采用移动泵站强排方式
2012	鄂尔多斯市鸿森矿业有限责任公司棋盘井安利煤矿	技改	120	—	单斗卡车	在采场东侧及北侧开挖截（排）水沟
2012	乌海市建安煤矿有限责任公司煤矿	技改	90	—	单斗卡车	在采场西侧外围修筑一条防洪坝
2012	内蒙古星光煤炭集团鄂托克旗华泰煤业有限公司煤矿	技改	120	120	单斗卡车	采用坑底储水、半固定泵站排水方式
2012	准格尔旗路鑫聚煤炭有限责任公司煤矿	技改	120	—	单斗卡车	地下水控制不采用预先疏干方式，与采场排水统一考虑
2012	鄂尔多斯市白家梁煤矿	技改	120	—	单斗卡车	在采场北部修筑防洪堤
2012	准格尔旗云凯煤炭有限责任公司煤矿	技改	120	—	单斗卡车	采场东北方向有一条自然冲沟，西南部地势较低，地面汇水沿已有的排水沟自然排出
2012	鄂尔多斯市大源煤炭有限责任公司柳林沟煤矿	技改	120	—	单斗卡车	地面防排水在采场周边设防洪堤或截水沟
2012	鄂尔多斯市金运煤炭有限责任公司煤矿	技改	120	—	单斗卡车	地面防排水采用防洪堤、排水沟拦截地表汇水方式，在采场汇水方向设防洪堤
2012	内蒙古浩源煤炭有限公司煤矿	技改	120	—	单斗卡车	在采场和西排土场北部修筑防洪堤和截水沟
2012	鄂尔多斯市永恒华煤炭运销有限公司前进煤矿	改扩建	300	210	单斗汽车	不用疏干
2012	准格尔旗汇隆煤炭有限责任公司煤矿	技改	300	—	单斗卡车	在采场北部修筑防洪堤
2012	内蒙古生力资源集团富能煤炭有限责任公司崔二圪咀煤矿	技改	120	—	单斗卡车	采用与坑内汇水一并排出；在采掘场坑底低洼处设集水坑，采用移动泵站强排方式

表 3-2-51（续） 万吨

年份	煤矿名称	设计类别	设计产能	净增产能	开采工艺	疏排方式
2012	内蒙古锡林郭勒盟乌拉盖河矿业有限公司查干陶勒盖露天煤矿	新建	300	—	单斗卡车	采用疏干井疏干方式
2012	内蒙古汇锋地质勘探有限责任公司四子王旗江岸煤田露天矿	新建	300	—	单斗卡车	采用坑内排水泵强排方式
2013	鄂尔多斯市万兴隆工贸有限责任公司准格尔旗东达煤矿	技改	90	—	单斗卡车	在采掘场底低洼处设集水坑，采用移动泵站强排方式
2013	内蒙古宁发矿业有限责任公司二矿 青铜峡市新井煤业有限公司煤矿 乌海市华银煤炭有限公司二矿 乌海市华银煤炭有限公司三矿	技改	120 90 90 90	— 60 — 60	单斗卡车 单斗卡车 单斗卡车 单斗卡车	在采掘场底低洼处设集水坑，采用移动泵站强排方式
2013	乌海市新星煤炭有限责任公司煤矿	技改	120	90	单斗卡车	地面防排水采用外沟里堤布置方式
2013	包头市石拐区凯通露天煤矿	技改	90	—	单斗卡车	采掘场北侧及排土场周边设置地面防洪堤，采用外沟里堤布置方式
2013	陕西宇佳投资置业有限公司羊场煤矿 鄂尔多斯市蒙西鑫源煤业有限公司煤矿 准格尔旗蒙祥煤炭有限公司煤矿 鄂尔多斯市嘉信德煤业有限公司	技改	90 120 180 210	60 90 90 —	单斗卡车 单斗卡车 单斗卡车 单斗卡车	地面防排水采用防洪堤、排水沟拦截地表汇水方式，在采场汇水方向设防洪堤
2013	内蒙古鸿远煤炭集团有限公司孙三沟煤矿	技改	120	—	单斗卡车	采用坑底集中泵站排水方式
2013	内蒙古特弘全盈煤炭有限责任公司煤矿	技改	120	—	单斗卡车	地面防排水采用防洪堤截水方式，采场南部北东－南西向修筑简易防洪堤
2013	准格尔旗窑沟乡厅子壕矿有限责任公司（煤矿）	技改	300	—	单斗卡车	地面防排水采用防洪堤截水方式，采场南部北东－南西向修筑简易防洪堤
2013	神华宝日希勒能源有限公司宝日希勒矿区宝日希勒二号露天矿	新建	1000	—	单斗卡车+半移动破碎机	疏干井疏干
2014	内蒙古太西煤集团股份有限公司蚕特拉煤矿（二号露天矿）	技改	120	—	单斗卡车	采掘场西南侧和工业场地南侧分别设东西向防洪堤，工业场地东侧设近南北向防洪堤
2014	内蒙古太西煤集团股份有限公司蚕特拉煤矿（三号露天矿）	技改	120	—	单斗卡车	采掘场东南、西南处分别设防洪堤。
2014	内蒙古吉林郭勒二号露天煤矿有限公司吉林郭勒二号露天煤矿	新建	1800	—	联合开采工艺	采用坑底储水、半固定泵站排水方式

表 3–2–51（续） 万吨

年份	煤矿名称	设计类别	设计产能	净增产能	开采工艺	疏排方式
2014	大唐呼伦贝尔能源开发有限公司露天煤矿	新建	700	—	单斗卡车+半连续开采工艺	采用预先疏干方式降低地下水水位。采掘场采用坑底储水，潜水泵排水方式
2014	准格尔旗川掌李家渠煤炭有限责任公司煤矿	技改	120	—	单斗卡车	地面防排水采用防洪堤截水方式，采场南部北东-南西向修筑简易防洪堤
2014	准格尔旗新鑫煤炭有限责任公司新鑫煤矿	技改	120	—	单斗卡车	采掘场西侧南北向设简易防洪堤
2014	鄂托克旗千里沟卧龙煤矿	技改	120	—	单斗卡车	采掘场排水采用移动泵站强排方式。地面防排水采用防洪堤截水方式
2014	内蒙古太西煤集团股份有限公司古拉本煤矿	技改	120	—	单斗卡车	采用坑底储水、半固定泵站排水方式
2014	内蒙古太西煤集团股份有限公司兴泰煤矿	改扩建	180	120	单斗汽车	不用疏干
2014	内蒙古太西煤集团股份有限公司哈沙图煤矿	技改	180	150	单斗卡车	采用坑底储水、半固定泵站排水方式

（四）1991—2015 年净增产能

1991—2015 年，全区新建露天煤矿 25 处，净增产能 15750 万吨；改扩建露天煤矿 52 处，净增产能 6896 万吨；累计净增产能 22646 万吨。

三、其他采煤方法

全区仅有地下气化采煤法 1 处，建设单位为乌兰察布新奥气化采煤技术有限公司。2007 年 4 月，该公司在乌兰察布市玫瑰营子矿区内开展无井式煤炭地下气化发电试验项目，并建设发电/甲醇/甲烷联产工业性试验示范基地。2007 年 10 月，成功实现气化炉点火。

该项目在全面技术综合的基础上，借鉴苏联面采单元气化炉的建炉及运行思想，成功地设计并实践首个小规模单元气化炉。该单元炉设计煤气产量 100 万立方米/天，气化煤量 500 吨/天。

自点火运行以来，实现煤气连续稳定生产，单工作面生产规模达到 30 万立方米/天，累计气化煤量 2.8 万吨。以空气为气化剂生产的低热值煤气应用于燃气轮机发电及低热值锅炉燃烧，已经累计发电 111 万度。

第三节 选煤厂工程设计

内蒙古煤炭加工起步较晚，从 20 世纪 90 年代，随着煤炭市场对产品质量要求的提高，煤炭加工得到逐步开展。至今，筛选厂、选煤厂的建设已进入常态。

一、筛选厂

1991—2015 年，全区先后建有筛选厂 4 个，总设计规模为 4300 万吨。

（1）神华神东公司上湾煤矿筛分系统。设计时间 2000 年 6 月，厂址位于鄂尔多斯市伊金霍洛旗乌兰木伦镇，设计规模 300 万吨/年。该筛选厂为新建项目，主要工艺为筛分工艺。

（2）补连塔煤矿筛分系统。设计时

间2001年9月，厂址位于鄂尔多斯市伊金霍洛旗乌兰木伦镇，设计规模1000万吨/年。该筛选厂为新建项目，主要工艺为筛分工艺。

(3) 神华宝日希勒筛分系统。设计时间2005年，厂址位于呼伦贝尔市海拉尔区，设计规模1000万吨/年，该筛选厂为新建项目，主要工艺为筛分破碎工艺。

(4) 神华胜利露天煤矿筛分系统。设计时间2008年，厂址位于锡林郭勒盟锡林浩特市，设计规模2000万吨/年。该筛选厂为新建项目，主要工艺为筛分破碎工艺。

上述4处筛选厂中，上湾及补连塔2处已于2008年前后被纳入两矿选煤厂的筛分车间中。

二、选煤厂

(一) "八五"期间（1991—1995年）

全区设计选煤厂中，采用跳汰工艺的有7处，跳汰+重介工艺的有2处，风选工艺的有1处。合计选煤厂数量为10个，规模为1000万吨。其中：新建选煤厂6处，技改选煤厂3处，改扩建选煤厂1处；大型选煤厂5处，中型选煤厂3处，小型选煤厂2处（表3-2-52）。

乌海地区：采用跳汰工艺的选煤厂3处，跳汰+重介工艺的选煤厂2处，小计5处，其中大型选煤厂2处，中型选煤厂2处，小型选煤厂1处，设计规模为410万吨。

包头地区：采用重介工艺的选煤厂1处，属中型选煤厂，设计规模为30万吨。

鄂尔多斯地区：采用跳汰工艺的选煤厂2处，其中大型、小型选煤厂各1处，设计规模为210万吨。

赤峰地区：采用跳汰工艺的选煤厂1处，风选工艺的选煤厂1处，设计规模为350万吨，均为大型选煤厂。

表3-2-52　1991—1995年内蒙古各盟市选煤厂设计统计表　　　万吨

所属地区	设计时间	选煤厂名称	建设类别	设计规模
乌海地区	1991	乌海市乌达矿务局苏海图选煤厂	技改	90
	1992	乌海市海勃湾矿务局平沟选煤厂	新建	120
	1993	神华乌达苏海图三矿选煤厂	新建	120
	1995	乌海市老石旦选煤厂	新建	60
	1995	乌海市建达选煤有限责任公司五虎山选煤厂	新建	20
包头	1993	包头矿务局阿刀亥选煤厂	新建	30
鄂尔多斯	1991	补连塔选煤厂	新建	90
	1992	伊克昭盟唐公塔煤矿选煤厂	改扩建	120
赤峰地区	1993	古山煤矿选煤厂	技改	150
	1995	西露天煤矿选煤厂	技改	200
合计				1000

(二) "九五"期间（1996—2000年）

全区设计选煤厂中，采用跳汰工艺的选煤厂7处，重介工艺的选煤厂3处，跳汰+重介工艺的选煤厂1处，风选工艺的选煤厂2处，合计选煤厂数量为13处，规模为1510万吨（表3-2-53）。

按建设性质划分：新建选煤厂11处，技改选煤厂2处。

按选煤厂厂型划分：大型选煤厂5处，中型选煤厂7处，小型选煤厂1处。

乌海地区：采用跳汰工艺的选煤厂7处，重介工艺的选煤厂2处，跳汰+重介工艺的选煤厂1处；10处选煤厂设计规模为680万吨,大型选煤厂2处,中型7处,小型1处。

赤峰地区:采用重介工艺的选煤厂1处,风选工艺的选煤厂2处,3处选煤厂设计规模为830万吨,均为大型选煤厂。

表3-2-53 1996—2000年内蒙古各盟市选煤厂设计统计表　　　　　万吨

设计时间	选煤厂名称	建设类别	设计规模
1996年	乌海市信远焦化有限责任公司选煤厂	新建	60
1997年	神华乌海路天选煤厂	新建	120
1997年	乌海市乌达矿务局黄白茨煤矿选煤厂	新建	60
1997年	乌海市铁鑫煤矿选煤厂	新建	60
1998年	乌海市天成煤炭有限责任公司选煤厂	新建	10
1999年	乌海市融鑫焦化有限责任公司选煤厂	新建	60
2000年	内蒙古乌海市凯宏选煤厂(神华乌达矿业)	新建	130
2000年	海勃湾矿务局公乌素选煤厂	新建	60
2000年	乌海市三金煤制品有限责任公司选煤厂	新建	60
2000年	乌海市发展煤业有限责任公司选煤厂	新建	60
1997年	平庄六家煤矿选煤厂	技改	130
1999年	元宝山露天煤矿选煤厂	技改	580
1999年	(赤峰)老公营子煤矿选煤厂	新建	120
合计			1510

(三)"十五"期间(2001—2005年)

全区采用跳汰工艺的选煤厂17处,重介工艺的选煤厂23处,跳汰+重介工艺的选煤厂5处,风选工艺的选煤厂2处,合计选煤厂数量为47处(其中600万吨/年以上的选煤厂数量为3处),设计规模为9260万吨(表3-2-54)。

按建设性质划分:新建选煤厂34处,技改选煤厂9处,改扩建选煤厂4处。

按选煤厂厂型划分:大型选煤厂17处,中型选煤厂29处,小型选煤厂1处。

乌海地区:采用跳汰工艺的选煤厂17处,重介工艺的选煤厂17处,跳汰+重介工艺的选煤厂4处,风选工艺的选煤厂1处,小计39处选煤厂,其中大型选煤厂10处,中型选煤厂28处,小型选煤厂1处(其中神华乌海能源有限公司老石旦选煤厂为扩建项目,规模120万吨/年,净增60万吨/年;乌海市凯鸿煤化有限责任公司黄白茨选煤厂为扩建项目,规模120万吨/年,净增60万吨/年),设计规模为3250万吨。

包头地区:采用重介工艺的中型选煤厂1处,设计规模为90万吨。

鄂尔多斯地区:采用重介工艺的选煤厂5处,跳汰+重介工艺的选煤厂1处,共计6处选煤厂,其中大型选煤厂6处(其中神华神东公司上湾选煤厂为扩建项目,净增700万吨;补连塔选煤厂为扩建项目,净增1200万吨),设计规模为5740万吨。

赤峰地区:采用风选工艺的大型选煤厂1处,设计规模为180万吨。

表 3-2-54 2001—2005 年内蒙古各盟市选煤厂设计统计表　　　　　　　万吨

所属地区	设计时间	选煤厂名称	建设类别	设计规模
乌海地区	2001 年	神华乌海能源有限公司平沟选煤厂	技改	120
	2001 年	乌海市宏达煤焦有限责任公司选煤厂	新建	90
	2001 年	乌海市大地精选煤有限责任公司选煤厂	技改	90
	2001 年	乌海市乌达区通元煤炭发运站选煤厂	新建	30
	2002 年	神华乌海能源有限公司老石旦选煤厂（净增60）	扩建	120
	2002 年	乌海市千钢焦化厂配套选煤厂	新建	60
	2003 年	乌海市东兴公司选煤厂	新建	60
	2003 年	乌海市运兴选煤厂	新建	60
	2003 年	乌海市白永强选煤厂	新建	40
	2003 年	乌海市巩实选煤厂	新建	60
	2003 年	乌海市明星焦化公司选煤厂	新建	60
	2003 年	乌海市鑫型煤焦化有限责任公司选煤厂	新建	60
	2003 年	神华乌海能源有限公司苏海图选煤厂	技改	120
	2003 年	乌海市神华建安煤炭有限责任公司选煤厂	新建	60
	2003 年	乌海市凯鸿煤化有限责任公司黄白茨选煤厂	扩建	120
	2004 年	乌海市海明煤焦化公司选煤厂	新建	90
	2004 年	内蒙古乌海市拉山煤业公司选煤厂	新建	60
	2004 年	乌海市梁柱能源化工公司选煤厂	新建	60
	2004 年	乌海市欣泰煤业公司选煤厂	新建	60
	2004 年	乌海市中进煤业公司选煤厂	新建	60
	2004 年	乌海市温明矿业公司选煤厂	新建	45
	2004 年	乌海市金航焦化公司选煤厂	新建	60
	2004 年	乌海市伟祥洗选有限责任公司选煤厂	新建	60
	2004 年	乌海市榕鑫焦化公司选煤厂	新建	90
	2004 年	乌海市公务素煤炭加工有限责任公司选煤厂	技改	150
	2004 年	神华蒙西华谊选煤有限公司选煤厂	新建	90
	2004 年	乌海市星海选煤有限公司选煤厂	新建	60
	2004 年	乌海市五福煤焦化有限公司选煤厂	技改	70
	2005 年	乌海市宏阳焦化公司配套选煤厂	新建	160
	2005 年	乌海市华资煤焦化公司配套选煤厂	新建	180
	2005 年	乌海市正丰选煤有限责任公司选煤厂	新建	120
	2005 年	乌海市海融煤焦化公司选煤厂	新建	45
	2005 年	乌海市星鑫煤业公司选煤厂	新建	45
	2005 年	乌海市鑫润煤炭销售有限责任公司选煤厂	新建	60
	2005 年	乌海市友谊精煤公司选煤厂	新建	105
	2005 年	内蒙古乌海市公务素煤业加工有限公司选煤厂	新建	90
	2005 年	乌海市乌达矿务局五虎山选煤厂	技改	210
	2005 年	乌海市俊明煤制品有限公司选煤厂	新建	60
	2005 年	乌海市中正工贸公司选煤厂	新建	70
包头地区	2003 年	神华集团包头矿业公司阿刀亥矿选煤厂	技改	90

表3-2-54（续） 万吨

所属地区	设计时间	选煤厂名称	建设类别	设计规模
鄂尔多斯地区	2003年	鄂尔多斯乌兰木伦选煤厂	新建	300
	2004年	神华神东公司上湾选煤厂（净增700）	改扩建	1000
	2005年	神华准能有限责任公司黑岱沟露天矿选煤厂	技改	2000
	2005年	补连塔选煤厂（净增1200）	技改	2200
	2005年	鄂尔多斯市西达选煤有限责任公司选煤厂（一期）	新建	120
	2005年	鄂尔多斯市西达选煤有限责任公司选煤厂（二期）	新建	120
赤峰地区	2002年	红庙煤矿选煤厂	技改	180
合计				9260

(四)"十一五"期间（2006—2010年）

全区设计选煤厂中，采用跳汰工艺的选煤厂6处，重介工艺的选煤厂60处，跳汰+重介工艺的选煤厂1处，风选工艺的选煤厂1处，合计选煤厂数量为68处（其中600万吨/年以上的选煤厂数量为17处），设计规模为26970万吨（表3-2-55）。

新建选煤厂60处，技改选煤厂6处，改扩建选煤厂2处。其中，按选煤厂厂型划分：大型选煤厂59处，中型选煤厂8处，小型选煤厂1处。

乌海地区：采用跳汰工艺的选煤厂3处，重介工艺的选煤厂19处，合计22处，其中大型选煤厂15处，中型选煤厂6处，小型选煤厂1处，小计设计规模为2800万吨。

包头地区：采用重介工艺的选煤厂1处，属大型选煤厂，设计规模为290万吨。

鄂尔多斯地区：采用跳汰工艺的选煤厂3处，重介工艺的选煤厂39处，跳汰+重介工艺的选煤厂1处，合计43处选煤厂，其中大型选煤厂42处（内蒙古伊泰京粤酸刺沟矿业有限责任公司酸刺沟选煤厂为扩建项目，净增600万吨；神华神东煤炭集团公司上湾选煤厂为扩建项目，净增400万吨），中型选煤厂1处，设计规模为23490万吨。

赤峰地区：采用风选工艺的选煤厂1处，属中型选煤厂，设计规模为90万吨。

呼伦贝尔地区：采用重介工艺的选煤厂1处，属大型选煤厂，设计规模为300万吨。

表3-2-55　2006—2010年内蒙古各盟市选煤厂设计统计表 万吨

所属地区	设计时间	选煤厂名称	建设类别	设计规模
乌海地区	2006年	乌海市蒙鑫煤焦化公司选煤厂	新建	240
	2006年	乌海市宏阳焦化公司选煤厂	新建	30
	2006年	神华乌海能源公司骆驼山选煤厂	新建	300
	2006年	神华乌海煤焦化兴荣分公司选煤厂	新建	120
	2006年	乌海市华西焦化厂选煤厂	新建	90
	2007年	乌海市民信选煤有限责任公司选煤厂	技改	120
	2007年	乌海市岳佳焦化厂配套选煤厂	新建	120
	2008年	乌海市三强煤化有限责任公司选煤厂	新建	120
	2008年	乌海市树天焦化公司选煤厂	新建	120

表 3-2-55（续） 万吨

所属地区	设计时间	选煤厂名称	建设类别	设计规模
乌海地区	2008 年	乌海市凯源煤焦化公司选煤厂	新建	90
	2008 年	乌海市万方选煤有限公司选煤厂	新建	120
	2008 年	乌海市银海煤业公司选煤厂	新建	160
	2008 年	乌海市三阳工贸有限责任公司选煤厂	新建	120
	2008 年	乌海市矿友选煤厂（原乌海市泰和煤焦化有限公司）	新建	300
	2008 年	乌海市亨荣贸易有限责任公司选煤厂	新建	120
	2008 年	乌海市温明矿业有限责任公司卡布其煤矿选煤厂	新建	300
	2008 年	乌海市天信精选煤公司年入洗原煤 120 万吨选煤厂	新建	120
	2009 年	乌海市公乌素煤炭加工有限责任公司选煤厂	技改	210
包头地区	2007 年	神华集团包头矿业公司水泉选煤厂	新建	290
鄂尔多斯地区	2006 年	神华集团包头矿业公司乌审旗梅林庙煤矿及选煤厂	新建	1000
	2006 年	神华准能有限责任公司哈尔乌素露天矿选煤厂	新建	2000
	2007 年	神华集团金峰煤炭公司韩家村选煤厂	新建	1000
	2007 年	乌兰木伦选煤厂	技改	600
	2007 年	万利煤业公司布尔台选煤厂	新建	950
	2008 年	鄂尔多斯市昊华精煤有限责任公司高家梁煤矿及选煤厂	新建	600
	2008 年	内蒙古伊泰京粤酸刺沟矿业有限责任公司酸刺沟选煤厂	新建	600
	2008 年	上海庙矿业公司（原临沂矿业集团公司）榆树井选煤厂	新建	300
	2008 年	神华神东公司煤制油选煤厂	新建	600
	2008 年	神华亿利能源有限责任公司黄玉川煤矿选煤厂	新建	1000
	2009 年	内蒙古伊泰京粤酸刺沟矿业有限责任公司酸刺沟选煤厂（净增 600）	技改	1200
	2009 年	鄂尔多斯杭锦旗神华集团塔然高勒选煤厂	新建	1000
	2009 年	神华乌海煤焦化有限责任公司利民选煤厂	技改	210
	2009 年	鄂尔多斯正丰矿业有限公司选煤厂	新建	120
	2009 年	内蒙古蒙泰不连沟煤业有限责任公司不连沟选煤厂	新建	1500
	2009 年	内蒙古博源煤化工有限责任公司湾图沟矿井及选煤厂	新建	300
	2009 年	神华集团包头矿业公司李家壕矿井及选煤厂	新建	600
	2009 年	内蒙古珠江投资有限公司青春塔煤矿选煤厂	新建	600
	2009 年	新奥集团股份有限公司王家塔矿选煤厂	新建	500
	2009 年	内蒙古宇生能源有限责任公司（原内蒙古能源有限责任公司）宏亚煤矿选煤厂	新建	120
	2009 年	神华蒙西煤化股份有限公司棋盘井 400 万吨/年选煤厂	新建	400
	2009 年	鄂尔多斯市西达选煤有限责任公司选煤厂三期	新建	120
	2009 年	内蒙古伊泰集团公司准格尔召选煤厂	新建	1000
	2010 年	内蒙古国电能源投资有限公司玻璃沟煤矿选煤厂	新建	500
	2010 年	伊金霍洛旗振兴煤炭有限责任司振兴煤矿选煤厂	新建	90
	2010 年	准格尔旗柏树坡煤炭有限责任公司煤矿选煤厂	新建	120
	2010 年	内蒙古伊东煤炭集团有限责任公司忽沙图二矿选煤厂	新建	120

表 3-2-55（续） 万吨

所属地区	设计时间	选煤厂名称	建设类别	设计规模
鄂尔多斯地区	2010 年	鄂尔多斯乌兰煤炭集团有限责任公司武家梁煤矿选煤厂	新建	300
	2010 年	神东煤炭集团公司布尔台选煤厂	扩建	550
	2010 年	鄂尔多斯市伊化矿业资源有限责任公司母杜柴登选煤厂	新建	600
	2010 年	内蒙古双欣矿业有限公司杨家村煤矿选煤厂	新建	500
	2010 年	内蒙古满世煤炭集团有限责任公司敖包梁点石沟煤矿选煤厂	新建	500
	2010 年	内蒙古满世煤炭集团有限责任公司罐子沟一矿选煤厂	新建	300
	2010 年	神华神东煤炭集团公司上湾选煤厂（净增 400）	扩建	1400
	2010 年	鄂尔多斯市恒泰煤炭有限公司碾盘梁选煤厂	新建	300
	2010 年	鄂尔多斯市乌兰煤炭集团有限责任公司温家塔煤矿选煤厂	新建	120
	2010 年	内蒙古三维资源集团小鱼沟煤炭有限责任公司煤矿选煤厂	新建	300
	2010 年	鄂尔多斯市西达选煤有限责任公司选煤厂四期	新建	120
	2010 年	内蒙古伊东集团窑沟扶贫煤炭有限责任公司选煤厂	新建	300
	2010 年	内蒙古伊东集团准格尔旗纳林沟煤炭有限责任公司沙咀子煤矿选煤厂	新建	300
	2010 年	内蒙古伊东集团宏鑫煤矿选煤厂	新建	300
	2010 年	内蒙古伊东集团宏测煤矿选煤厂	新建	300
	2010 年	内蒙古伊东集团炭窑渠煤矿选煤厂	新建	150
赤峰地区	2008 年	风水沟煤矿选运区选煤厂	技改	90
呼伦贝尔地区	2009 年	内蒙古通大煤业有限责任公司伊敏五牧场煤矿及选煤厂	新建	300
合计				26970

（五）"十二五"期间（2011—2015 年）

全区设计选煤厂中采用跳汰工艺的选煤厂 22 处，重介工艺的选煤厂 67 处，风选工艺的选煤厂 1 处，合计选煤厂数量为 90 处（其中 600 万吨/年的选煤厂数量为 16 处），设计规模为 31995 万吨。全部为新建选煤厂。其中大型选煤厂 78 处，中型选煤厂 12 处（表 3-2-56）。

乌海地区：采用跳汰工艺的选煤厂 1 处，重介工艺的选煤厂 7 处，共 8 处选煤厂，全部为大型选煤厂。设计规模为 1950 万吨。

巴彦淖尔地区：采用重介工艺的选煤厂 3 处，全部为大型选煤厂，设计规模为 3600 万吨。

鄂尔多斯地区：采用跳汰工艺的选煤厂 15 处，重介工艺的选煤厂 54 处，风选工艺的选煤厂 1 处，合计 70 处，其中大型选煤厂 63 处，中型选煤厂 7 处，设计规模为 25515 万吨。

呼和浩特地区：采用跳汰工艺的选煤厂 1 处，属大型选煤厂，设计规模为 150 万吨。

乌兰察布地区：采用跳汰工艺的选煤厂 2 处，均为中型选煤厂，设计规模为 180 万吨。

锡林郭勒地区：采用重介工艺的选煤厂 2 处，均为中型选煤厂，设计规模为 150 万吨。

通辽地区：采用重介工艺的选煤厂 1 处，属中型选煤厂，设计规模为 90 万吨。

呼伦贝尔地区：采用跳汰工艺的选煤厂 3 处，均为大型选煤厂，设计规模为 360 万吨。

表3-2-56　2011—2015年内蒙古各盟市选煤厂设计统计表　　　　万吨

所属地区	设计时间	选煤厂名称	建设类别	设计规模
乌海地区	2012年	乌海市神华君正实业有限责任公司白音乌素煤矿选煤厂	新建	120
	2013年	乌海市鸿新煤业有限责任公司选煤厂	新建	300
	2013年	乌海市凯源煤化有限责任公司选煤厂	新建	300
	2013年	内蒙古浩友煤炭洗选有限公司选煤厂	新建	180
	2013年	乌海市榕鑫能源实业有限责任公司选煤厂	新建	300
	2013年	天宇能源有限公司选煤厂	新建	300
	2014年	乌海市天誉煤炭有限责任公司300万吨/年重介选煤厂	新建	300
	2014年	内蒙古蒙西矿业有限公司库里火沙兔煤矿及选煤厂	新建	150
巴彦淖尔地区	2011年	神华巴彦淖尔能源有限责任公司选煤厂	新建	1200
	2011年	鑫东能源发展有限责任公司建设选煤厂	新建	2000
	2011年	利隆能源股份有限公司选煤厂	新建	400
鄂尔多斯地区	2011年	内蒙古伊东煤炭集团准格尔旗纳林沟煤炭公司孙家壕煤矿选煤厂	新建	500
	2011年	内蒙古蒙发煤炭有限责任公司呼和乌素选煤厂	新建	500
	2011年	内蒙古盈源煤炭运销有限责任公司玉川煤矿及选煤厂	新建	120
	2011年	准格尔旗聚能煤炭有限责任公司壕赖梁露天煤矿选煤厂	新建	120
	2011年	鄂尔多斯市金利环保技术开发有限公司选煤厂	新建	300
	2011年	内蒙古友恒煤炭有限责任公司益民煤矿选煤厂	新建	120
	2011年	内蒙古开滦宏丰煤炭有限责任公司红树梁矿井及选煤厂	新建	500
	2011年	内蒙古伊泰煤炭股份有限公司凯达选煤厂	新建	600
	2011年	内蒙古银宏能源开发有限公司泊江海子矿井选煤厂	新建	1000
	2012年	内蒙古满世煤炭集团罐子沟煤炭有限责任公司选煤厂	新建	300
	2012年	内蒙古聚祥煤业集团有限公司阳塔煤矿选煤厂	新建	300
	2012年	内蒙古西蒙集团有限公司电力满都拉煤矿选煤厂	新建	300
	2012年	内蒙古准格尔旗力量煤业有限公司大饭铺煤矿选煤	新建	500
	2012年	内蒙古北联电能源开发有限责任公司高头窑矿井选煤厂	新建	800
	2012年	内蒙古鄂尔多斯市国源矿业有限责任公司龙王沟选煤厂	新建	1000
	2012年	鄂尔多斯市佳衡商贸有限公司选煤厂	新建	150
	2012年	内蒙古汇能煤电集团富民煤炭有限责任公司选煤厂	新建	180
	2012年	鄂尔多斯市瑞德丰矿业有限责任公司选煤厂	新建	1000
	2012年	鄂尔多斯市蒙泰范家村煤业有限责任公司范家村选煤厂	新建	600
	2012年	准格尔旗大元煤炭运销有限公司选煤厂	新建	150
	2013年	伊金霍洛旗蒙泰煤炭有限责任公司窝兔沟选煤厂	新建	90
	2013年	内蒙古海华煤炭有限公司江木图南井选煤厂	新建	120
	2013年	准格尔旗荣祥煤焦化有限公司山不拉煤矿选煤厂	新建	120
	2013年	准格尔旗弓家塔宝平湾煤炭有限责任公司煤矿选煤厂	新建	240
	2013年	内蒙古裕兴矿业有限公司煤矿井下选煤系统	新建	60
	2013年	内蒙古伊泰煤炭股份有限公司塔拉壕矿井及选煤厂	新建	600
	2013年	内蒙古伊泰广联煤化有限责任公司红庆河煤矿选煤厂	新建	1500
	2013年	内蒙古汇能集团尔林兔煤炭有限公司尔林兔矿井及选煤厂	新建	800

表 3-2-56（续） 万吨

所属地区	设计时间	选煤厂名称	建设类别	设计规模
	2013 年	鄂尔多斯市宏润选煤有限公司罕台川选煤厂	新建	800
	2013 年	内蒙古同煤鄂尔多斯矿业投资有限公司色连一号矿井选煤厂	新建	500
	2013 年	内蒙古锦泰城塔煤炭有限公司城塔煤矿及选煤厂	新建	90
	2013 年	内蒙古上海庙矿业有限责任公司新上海一号煤矿及选煤厂	新建	400
	2013 年	鄂尔多斯市中北煤化工有限公司色连二号矿井及选煤厂	新建	400
	2013 年	鄂尔多斯市华兴能源有限责任公司唐家会煤矿及选煤厂	新建	600
	2013 年	满世煤炭集团四道柳煤炭有限责任公司忽鸡图村煤矿选煤厂	新建	120
	2013 年	鄂托克旗建元煤焦化有限责任公司选煤厂	新建	300
	2013 年	内蒙古鄂尔多斯煤炭有限责任公司选煤厂四期	新建	120
	2013 年	鄂托克旗新亚煤焦有限责任公司选煤厂一系统	新建	180
	2013 年	鄂托克旗新亚煤焦有限责任公司选煤厂二系统	新建	300
	2013 年	鄂托克旗鑫宇煤化有限公司选煤厂	新建	120
	2013 年	鄂托克旗隆畅煤业有限公司选煤厂	新建	120
	2013 年	内蒙古鄂托克旗佳越煤业有限责任公司选煤厂	新建	120
	2013 年	内蒙古茂达煤业有限公司选煤厂	新建	120
	2013 年	鄂托克旗红雷煤焦化有限责任公司选煤厂	新建	240
	2013 年	内蒙古棋盘井矿业有限责任公司选煤厂一分厂	新建	90
	2013 年	内蒙古棋盘井矿业有限责任公司选煤厂二分厂	新建	120
	2013 年	内蒙古棋盘井矿业有限责任公司选煤厂三分厂	新建	300
鄂尔多斯地区	2013 年	鄂尔多斯市隆达实业集团有限责任公司选煤厂	新建	45
	2013 年	鄂尔多斯市蒙闽煤业有限公司选煤厂	新建	180
	2013 年	鄂托克旗勇创煤业有限公司选煤厂一系统	新建	150
	2013 年	鄂托克旗勇创煤业有限公司选煤厂二系统	新建	150
	2013 年	内蒙古星光煤炭集团有限责任公司（华泰煤业有限公司选煤厂）	新建	120
	2013 年	鄂托克旗神华蒙西华宜煤业有限公司选煤厂	新建	60
	2013 年	内蒙古鄂托克旗昊源煤焦化有限公司选煤厂	新建	60
	2013 年	鄂托克旗卿卿煤业有限公司选煤厂	新建	300
	2014 年	伊金霍洛旗振兴煤炭有限公司振兴煤矿选煤厂	新建	90
	2014 年	伊金霍洛旗呼能煤炭有限公司丁家梁煤矿选煤厂	新建	120
	2014 年	中天合创能源有限责任公司葫芦素矿井选煤厂	新建	1300
	2014 年	中天合创能源有限责任公司门克庆矿井选煤厂	新建	1200
	2014 年	鄂尔多斯市巴音孟克纳源煤炭有限责任公司选煤厂	新建	200
	2014 年	鄂尔多斯市巴音孟克刘家渠煤炭有限公司选煤厂	新建	120
	2014 年	准格尔旗神陶煤炭有限责任公司营沙壕煤矿选煤厂	新建	120
	2014 年	国电建投内蒙古能源有限公司察哈素矿井及选煤厂	新建	1000
	2014 年	内蒙古锦泰能源有限公司长滩煤矿选煤厂	新建	300
	2014 年	内蒙古黄陶勒盖煤炭有限公司巴彦高勒矿井及选煤厂	新建	400
	2014 年	内蒙古恒东集团汇隆露天煤矿选煤厂	新建	300

表 3-2-56（续） 万吨

所属地区	设计时间	选煤厂名称	建设类别	设计规模
鄂尔多斯地区	2015年	准格尔旗永智煤炭有限公司煤矿选煤厂	新建	150
	2012年	蒙泰煤电集团有限公司满来梁选煤厂	新建	1000
	2012年	鄂尔多斯市鄂煤羊市塔选煤有限公司建设选煤厂	新建	300
	2013年	内蒙古鸿远煤炭集团有限公司孙三沟选煤厂	新建	120
	2013年	内蒙古荣泰煤炭有限责任公司选煤厂	新建	120
呼和浩特地区	2015年	清水河县天赐源煤炭有限责任公司天赐源选煤厂	新建	150
乌兰察布地区	2012年	乌兰察布兴和县庙梁物流园祥河选煤厂	新建	90
	2013年	乌兰察布兴和县庙梁物流园洪泰选煤厂	新建	90
锡盟地区	2013年	镶黄旗塬林煤矿选煤厂	新建	60
	2013年	内蒙古东林煤炭有限责任公司选煤厂	新建	90
通辽地区	2013年	科左中旗宝龙山金田矿业有限公司宝龙山煤矿及选煤厂	新建	90
呼伦贝尔地区	2014年	内蒙古牙克石五九煤（集团）有限责任公司胜利煤矿选煤厂	新建	120
	2011年	额尔古纳市新兴煤业有限责任公司选煤厂	新建	120
	2012年	牙克石市免渡河镇双跃选煤厂	新建	120
合计				31995

1991—2015年，全区采用跳汰工艺的选煤厂59处，重介工艺的选煤厂153处，跳汰+重介工艺的选煤厂9处，风选工艺的选煤厂7处，总计选煤厂228处，其中大于600万吨/年的选煤厂数量为36处。按入选能力划分大型选煤厂164处，中型选煤厂59处，小型选煤厂5处。选煤厂设计规模为70735万吨（表3-2-57）。

乌海地区：采用跳汰工艺的选煤厂31处，重介工艺的选煤厂45处，跳汰+重介工艺的选煤厂7处，风选工艺的选煤厂1处，合计84处选煤厂。按产能划分，其中大型选煤厂37处，中型选煤厂43处，小型选煤厂4处，合计设计规模为9090万吨；

巴彦淖尔地区：采用重介工艺的选煤厂3处，均为大型选煤厂，设计总规模为3600万吨。

包头地区：采用跳汰工艺的选煤厂1处，重介工艺的选煤厂2处，合计3处选煤厂。按产能划分，其中大型选煤厂1处，中型选煤厂2处，设计总规模为410万吨。

鄂尔多斯地区：采用跳汰工艺的选煤厂20处，重介工艺的选煤厂98处，跳汰+重介工艺的选煤厂2处，风选工艺的选煤厂1处，合计121处选煤厂。按产能划分，其中大型选煤厂112处，中型选煤厂8处，小型选煤厂1处，设计总规模为54955万吨。

呼和浩特地区：采用跳汰工艺的选煤厂1处，属大型选煤厂，设计规模为150万吨。

乌兰察布地区：采用跳汰工艺的选煤厂2处，均为中型选煤厂，设计总规模为180万吨。

锡林郭勒地区：采用重介工艺的选煤厂2处，均为中型选煤厂，设计总规模为150万吨。

赤峰地区：采用跳汰工艺的选煤厂1处，重介工艺的选煤厂1处，风选工艺的选煤厂5处，共7处，按产能划分，其中大型选煤厂6处，中型选煤厂1处，设计总规模为1450万吨。

通辽地区：采用重介工艺的选煤厂1处，属中型选煤厂，设计规模为90万吨。

呼伦贝尔地区：采用跳汰工艺的选煤厂3处，重介工艺的选煤厂1处，合计4处，均为大型选煤厂，设计总规模为660万吨。

表 3-2-57　1991—2015 年内蒙古自治区选煤厂设计项目统计表

时间跨度	总设计规模（万吨/年）	厂型			洗选工艺			
		大型	中型	小型	跳汰	重介	跳汰+重介	风选
1991—1995 年	1000	5	3	2	7	—	2	1
1996—2000 年	1510	5	7	1	7	3	1	2
2001—2005 年	9260	17	29	1	17	23	5	2
2006—2010 年	26970	59	8	1	6	60	1	1
2011—2015 年	31995	78	12	—	22	67	—	1
总计	70735	164	61	5	61	153	9	7

第三章　煤矿施工与工程质量监管

20 世纪 90 年代后期，部分煤炭国企陆续整建制地划归神华集团有限公司，煤炭施工队伍也随之进行改组，煤炭专业施工队伍进行重新组编，并在很大程度上被弱化。随着市场经济改革的不断深入，煤炭专业施工单位继续兼并重组，部分国有企业转制为民营化管理。

进入 21 世纪后，由于国家经济的快速发展，能源需求不断增加，同时，内蒙古自治区交通和运输能力提升，煤炭基本建设项目逐渐增多，规模增大，煤炭产业发展进入快车道，大型、特大型矿井和露天煤矿、选煤厂的建设任务日趋繁重，特别是盾构凿井技术、冻结凿井技术、大型滑模施工等特殊施工工艺引入，对煤炭行业施工队伍的施工装备、队伍素质以及整体的技术水平提出很高的要求。自治区原有煤炭基建施工单位已不能满足煤炭项目建设的施工要求。尤其是国家基本建设项目实行招投标制以后，煤炭基本建设项目完全市场化运作，因此，区外的煤炭行业施工单位承担了自治区大部分煤炭建设项目的施工任务。

第一节　煤矿施工

一、施工机构队伍

1991 年初，隶属自治区各煤炭企业的施工队伍有扎赉诺尔矿务局建筑安装工程处、包头矿务局土建工程处、平庄矿务局矿建队、乌达矿务局建筑安装工程处、乌达矿务局建井工程处、乌达矿务局建筑安装公司、乌达矿务局机电安装处、乌达矿务局丰华建筑公司、乌达矿务局苏海图矿建筑公司、海勃湾矿务局基本建设第一工程处、海勃湾矿务局基本建设第二工程处、海勃湾矿务局基本建设第三工程处、大雁矿务局矿建工程处、大雁矿务局建筑安装公司、霍林河矿区指挥部建筑工程处、伊敏河矿区指挥部建筑工程处等16家单位。

截至2015年底，区内施工队伍主要承担部分煤矿的矿建、土建和机电安装单位工程的施工任务，大多数施工单位基本归属企业自营，并且进行从专业化向综合性的施工队伍转化。

（一）乌达矿务局建井工程处

乌达矿务局建井工程处1984年7月成立，主要承担黄白茨矿斜井建设、苏海图煤矿301大巷改造工程等重要施工任务。建井工程处设有4个施工队、11个科室，有职工429人。

1990—1994年，建井工程处先后完成黄白茨矿斜井北盘区和南盘区施工任务，经国家有关部门验收，黄白茨矿斜井为优良工程。1995—1999年，建井处主动适应市场竞争，留下少部分队伍继续实施黄白茨矿斜井收尾工程，另大部分人转战神府煤田，成立神府工区和古拉本工区。神府工区承建了活鸡兔回风立井、南翼辅助大巷等工程。古拉本工区承建了托立沟斜井的矿建、土建和安装工程，并承建了哈沙图斜井的回风斜井、950米水平大巷和主风井通风运输斜巷等工程。

2003年8月，乌达矿业公司对黄白茨煤矿进行破产重组，随之撤销建井工程处建制。

（二）内蒙古神华建筑安装有限责任公司

内蒙古神华建筑安装有限责任公司前身是煤炭工业部第八十七工程处（矿建）和第八十八工程处（土建）。1972年改组为内蒙古煤矿第三工程处，隶属于自治区煤炭行业主管部门。1988年划归内蒙古自治区乌达矿务局，更名为乌达矿务局建筑安装工程处，1995年改制成立内蒙古乌达矿务局建筑安装总公司，1998年成立内蒙古乌海市神华建安房地产开发公司（具有二级开发资质），2006年4月企业改制后更名为内蒙古神华建筑安装有限责任公司。公司设12个主业单位、1个房地产开发公司、3个辅业单位、1个全资子公司、2个参股联营单位。企业注册资本5168万元，资产总额21143.68万元。

2001年，建设部批准该公司主项资质为：矿山建筑安装工程一级施工企业，房屋建筑施工总承包一级；矿山工程施工总承包二级、机电安装工程施工总承包二级、市政公用工程施工总承包二级、金属门窗工程专业承包二级、混凝土预制构件专业承包二级、房地产开发二级开发资质。企业员工400多人，拥有各类工程技术经济管理人员307人。

1991—2015年，内蒙古神华建筑安装有限责任公司先后承建神华神府公司26层混凝土框架剪力墙结构的高层住宅楼、内蒙古天一无缝钢管厂冷拔车间厂房（30米跨预应力混凝土屋架）、乌达矿业公司发电厂120米高混凝土烟囱、65米高冷却塔、汇丰硅电150米高混凝土烟囱、乌海市万客隆商贸娱乐中心（22000平方米）、乌海市盈泽园商厦、乌海西火车站、包头万利川冷却塔、神东热电厂冷却塔、黄白茨矿120万吨矿井、黄白茨60万吨选煤厂、乌达矿业公司大漠发电厂、蒙西水泥厂、乌海焦化厂、乌兰热电厂、乌海大学土建工程。

（三）神华大雁集团有限公司矿建队伍

1. 内蒙古大雁矿山建设工程有限责任公司

内蒙古大雁矿山建设工程有限责任公司的前身是1976年成立的大雁矿务局矿建工程处和建筑安装公司。1999年2月10日，企业改制后称为内蒙古雁达矿业建筑安装工程有限责任公司，2004年5月11日更名为内蒙古大雁矿山建设有限责任公司。公司下设综合部、生产部、安检科、财务科、劳资科、企管部、机电装备部、物资供应部，基层设矿建三区、安装队、驻矿项目部等。企业资质为矿山建设总承包二级。有职工1582人，其中大中专以上学历109人，专业技术人员88人。

公司先后承建扎赉诺尔铁北矿、辽宁铁法三台子一井的井巷工程、吉林省通化矿务局砟子矿东立风井井筒工程、平庄矿务局古山立井井巷工程和大雁三矿大井井巷工程、黑龙江双鸭山规模为180万吨的选煤厂、大雁热电厂的设备安装工程。

1998年，公司成功完成"高应力节理化复合型软岩锚喷"的试验和推广。在大雁三矿立井箕斗装载硐室和机头硐室施工中，取得国内在高应力及软岩层、大断面特殊硐室的稳定开挖与可靠支护的首例成功；在通化局砟子矿东风立井施工中，攻克"壁后注浆堵水""抓岩提升""中深孔爆破""快速脱模"四大技术难关。2005年以来，又在神华新街矿区与中铁十一局合作，学习盾构施工井巷工程，承建的矿建、安装工程优良品率达到95%以上，创优质工程百余个，部级等级队76队次，主要经济技术指标均居同行业之首，位居全国100家最大规模建筑企业（矿山建筑业）第35位、同行业最佳经济效益企业第19位。

图3-3-1　大雁矿业公司扎尼河露天矿穹顶仓投入使用

2. 神华大雁工程建设有限公司

神华大雁工程建设有限公司组建于2013年1月，是神华大雁集团为整合基建资源，根据神华集团打造"大建安"战略而将内部的矿建公司、建安公司、机电安装公司等单位进行重组整合形成的。公司注册资金6亿元，已构建形成矿建、土建、安装、露采剥离、园林绿化、房地产开发几大板块，机关"一室五部"（即综合办公室、发展策划部、工程管理部、人力资源部、财务审计部、党群工作部）、基层4家分公司（矿建分公司、建安分公司、机电安装分公司、露采剥离分公司）、3家子公司（即房地产开发公司、园林绿化公司、后勤服务中心）。公司现有在册职工2900人，占大雁集团在岗职工的1/4，其中专业技术人员820人（高级职称150人，中级职称80人），赴外施工人数最多时达1052人。

2013年，大雁工程建设公司确定

"十大"重点工程,其中,土建七项:新疆煤基新材料工程、神延西湾露天矿土建工程、榆林甲醇下游项目土建工程、神东上湾污水处理工程、神东补连塔工业广场工程、布尔台水洗浓缩池工程、神宝公司生产指挥中心工程;矿建三项:上榆泉矿掘进工程、三道沟矿掘进工程、塔然高勒矿掘进工程。借助神华支持,全年完成产值17.8亿元,实现利润557万元,产值占公司总产值的38%。

图3-3-2 大雁工程建设公司承建的神华宝日希勒煤业公司生产指挥中心

2014年,公司取得房屋建筑、矿建工程、市政公用工程施工等3个一级总承包资质,土石方工程、建筑装饰装修工程、机电设备安装工程、起重设备安装工程专业等4个承包一级资质,钢结构工程、建筑防水工程专业2个二级承包资质,化工石油工程施工总承包二级资质,混凝土预制构件专业承包三级资质,并具有房地产开发和园林绿化资质。公司已通过质量管理、职业健康安全管理、环境管理三大标准体系认证。年施工能力达30亿元以上。

建安公司首次在新疆卸储煤工程和北电胜利块煤生产改造工程试行EPC总承包模式。当年,工程建设公司实现收入25.2亿元,同比增加7.3亿元。

2015年,工程建设公司先后承揽工程产值总计16亿元,包括新疆大南湖第一、第二煤矿的运营维护项目,神东公司委托的21项工程,五九集团7个安撤工作面和北电胜利公司的部分工程,神宝公司土地复垦绿化工程,神新能源有限公司乌东煤矿和碱沟煤矿绿化工程、大南湖一矿绿化工程、三道沟煤矿排矸复垦绿化工程等,完成施工产值17.4亿元,同比减少7.2亿元。其中,大雁公司建安公司施工的新疆卸储煤工程实现ERP工程总承包,为大雁公司积累丰富的施工经验。同时,筒仓钢结构安装,单个骨架重量230余吨,吊装高度63米,一举安装成功,创造大雁公司安装史上吨位最大、安装高度最高的纪录。当年,神华大雁集团公司对工程建设产业的经营管理模式和发展路径进行重新定位,确定工程建设"走出去"的战略,由单纯的施工转型到施工和生产运营并重,分流安置人员。

(四)满洲里玉龙建设有限责任公司

满洲里玉龙建设有限责任公司的前身是原扎赉诺尔矿务局建筑安装工程处,1993年7月建筑安装工程处改称建筑安装工程公司,2000年12月21日改制为满洲里金马建筑安装工程有限责任公司,2011年3月8日与满洲里玉龙建设有限责任公司合并称满洲里玉龙建设有限责任公司,为二级建筑企业资质。

1991年—2015年,公司先后完成灵泉矿180万吨/年矿井地面装储系统及配套工程、铁北矿150万吨/年地面生产系统和生活服务系统、露天矿180万吨/年坑下端帮带式输送机房及配套工程、35千伏输变电线路及变电所安装工程、强力带式输送机安装工程、满市二水源给水压力管道施工工程、扎赉诺尔矿区沉陷区综合治理住宅楼室外供热、供水管线以及与之相配套的中小学校、影剧院、商业网点的建设，开发玉龙、强盛、金盛、育林、广源小区及附属配套的建筑工程。2007年，金盛小区住宅楼工程被评为内蒙古自治区级建筑施工安全文明工地。2008年，广源小区工程被评为呼伦贝尔市级建筑施工安全文明工地。

（五）平庄煤业集团公司建设工程队伍

1. 平庄矿务局基本建设工程公司

公司成立于1958年，是原平庄矿务局下属二级单位。1991年10月，公司机关有科室16个，下属科级单位12个，即第一至第四工程队、安装队、机电修配厂、租赁站、机械化施工队、矿建队、劳动服务公司、生活服务公司、化验室。年末有职工1260人，其中干部总数控制在185人以内，机关干部110人、科级干部60人。

1992年11月，公司机关"五部一室"，有定员70人；1993年2月矿建队撤销，成立古山立井建设工区；1994年成立对外工程公司。1997年2月，基建公司实行项目部管理，撤销施工土建队，成立项目部10个，职工总数948人，其中管理人员123人，工程技术人员31人。

公司主要业务是完成矿务局矿建、土建、设备安装等基本建设工程，是具有国家房屋建筑、机电设备安装、矿山施工总承包二级资质的综合性建筑安装企业，同时具有中华人民共和国特种设备（压力管道、起重机械、锅炉）安装改造维修许可证，其专业优势覆盖了工业建筑、民用建筑、机电设备安装、线路架设、矿山建设、路桥施工、挖掘土石方、房地产开发等领域。

从1998年开始，矿务局内部建筑市场逐渐萎缩，国家建设项目已基本完结，局内建筑工程无资金来源的一律不上，基建公司遇到了生存发展的困境。从1999年10月到1999年末，职工全部放假。在此情况下，改制势在必行。1999年5月9日，基建公司向矿务局报送关于改制的请示；6月11日矿务局批复，同意基建公司进行改制。7月14日，矿务局就此事项请示内蒙古煤炭工业管理局；7月15日，内蒙古煤炭工业管理局批复同意基建公司改制。改制的方案是以基建公司为核心，重组各矿、厂所属的土建施工队伍。1991—1998年基本建设工程公司主要经济指标完成情况见表3-3-1。

表3-3-1　1991—1998年基本建设工程公司主要经济指标完成情况统计表

年份	人数	全员效率（元）	完成工作量（万元）	利润总额（万元）	利润率（%）	年份	人数	全员效率（元）	完成工作量（万元）	利润总额（万元）	利润率（%）
1991	1518	3236.3	21319.5	249.4	7.7	1995	1019	2698	26477	70	-2.6
1992	1655	3696.5	22.335	259.9	7.0	1996	1248	3241	25.969	-137	-4.23
1993	1682	5369	31.92	302.4	5.63	1997	2311	6612	28611	280	4.20
1994	1746	7141	40.896	7.0	0.4	1998	1791	5268.8	29418	9.4	0.17

2. 赤峰华腾建筑安装工程公司

1999年9月，由基建公司改制的赤峰华腾建筑安装工程公司挂牌成立，企业注册资本金1.1亿元，固定资产600万元，各种设备460台（件）。年施工能力超亿元。2001年6月，华腾公司对外工程公司改制成立路桥分公司，后改为路桥项目部，承担高速、一级公路路基及桥涵，二级公路路基桥涵、路面工程。

2004年，华腾公司改制为以民营资本为主体的股份制企业。公司机关设立劳动人事部、工程技术管理部、财务部、物资供应部、经济部、综合办公室，后又成立机电部、房管中心。公司下设15个项目部、1个机修厂。

2006年12月23日，华腾公司与赤峰平源建筑工程有限公司、赤峰华厦工程地质勘察有限公司组成了内蒙古平源建工集团有限公司松散联合体，企业房屋建筑资质晋升为一级。

基建（华腾）公司先后完成了元宝山露天煤矿选煤厂、六家煤矿立井建设，完成了平庄"太阳神"小区建设，完成了老公营子煤矿土建、机电设备安装及地面生产系统大型设备管网安装，自主开发了平庄煤业平庄光明小区（原土楼）等项工程，还参与外埠工程建设。2006—2008年，年均施工能力达亿元以上。2000—2008年赤峰华腾建筑安装工程公司主要经济指标完成情况统计见表3-3-2。

（六）神东天隆集团矿建工程有限责任公司

2001年，神东天隆矿建工程有限责任公司成立，是国有大型企业主辅分离改制后的神东天隆集团公司的全资子公司。下设综合部、经营部、市场开发部、工程技术部、安调中心5个职能部门，共有11个工程项目部，注册资金2000万元。企业资质为矿山工程施工总承包二级、房屋建筑施工总承包二级、露天煤矿剥离总承包二级。主要经营矿井建设工程、管网安装工程、煤矿技改工程及矿井生产配套工程。

表3-3-2　2000—2008年赤峰华腾建筑安装工程公司主要经济指标完成情况统计表

年份	人数	全员效率（元）	完成工作量（万元）	利润总额（万元）	利润率（％）	年份	人数	全员效率（元）	完成工作量（万元）	利润总额（万元）	利润率（％）
2000	1262	2216	175.59	-99.6	-4.49	2005	1517	7421	48.92	1.1	0.01
2001	1228	2321	18900	0	0	2006	1706	10036	58.83	110	1.1
2002	1253	5093	40.65	0	0	2007	1085	10710	98.71	-119	1.11
2003	1216	6961	57.25	0	0	2008	1620	16625	102.62	2002	12.04
2004	2279	7200	31.59	85.4	1.19						

公司大型设备有综掘机12台，连采机2台，混凝土输送泵2台，自动液压滑模机1套，10000/660/1140V移动变电设备14台，800毫米带式输送机12部，刮板输送机16部。常用设备如电缆、防爆空压开关等施工配套设备。

2001—2007年，公司承建神华神东煤炭公司大柳塔、补连塔、布尔台等十多处大型煤矿以及神东天隆集团的霍洛湾、淖尔壕等4处主力煤矿的建井和改扩建工程及生产配套工程施工任务。公司共为神东矿区及周边地区建成大型矿井井筒26对，巷道掘进32万米，安装管路28万米，浇筑井下混凝土底板22万平方米，喷浆12万平方米，露天煤矿开采土石方剥离1000万立方米。

2005年3月，神华锦界煤矿副斜井辅运平硐发生长16米、宽7.5米、高约6米的大冒顶，原承建方中铁三局撤离现场后，公司接手该项事故的处理工程，采用短支短掘施工工艺和疏、导、堵、排、截治水方法，安装40台水泵，架设2000

多米管路排水，提前2天完成处理工程。2007年，公司承担修建哈拉沟煤矿中央大巷延伸工程，巷道长1800米、宽5.5米；2012年，在承建的布尔台煤矿井下永久避难硐室建成以后，被神华神东公司树为样板工程，并在当年《人民日报》《中国煤炭报》相继做了报道。

（七）内蒙古源源土石方工程有限公司

内蒙古源源土石方工程有限责任公司成立于1999年3月，隶属于霍林河矿务局。2009年5月，该公司取得建筑业企业资格证书，确定资质等级为土石方工程专业承包三级。公司职工人数随着承包土石方工程数量的不确定而有所波动，最多时为450人，其中技术人员15人。

公司成立以来完成的主要工程：1999—2015年，为内蒙古源源能源集团有限公司露天煤矿958采区累计完成土方剥离量约1350万立方米；1999—2015年，为该公司露天煤矿968采区累计完成土方剥离量约9850万立方米；为神华宝日希勒一号露天煤矿累计完成土方剥离量约3300万立方米。

（八）内蒙古煤炭建设工程（集团）总公司

2001年11月20日，经内蒙古自治区工商行政管理局审批，内蒙古自治区煤田地质工程总公司名称变更为内蒙古煤炭建设工程（集团）总公司。公司具有房屋建筑工程、公路工程、地基与基础工程、煤田灭火、岩矿分析等一级或甲级资质。

总公司下设12个分公司、2个检测中心，有员工近3000人，其中各类专业技术人员400余名。公司拥有专业设备400余台（套），先后完成平庄矿务局泰安小区、文化宫、第二选煤厂、通辽市污水处理厂等上百个工业和民用建筑项目以及呼包、石黄调整公路，武川工业园区，霍林河剥离等工程。

（九）区外施工队伍

截至2015年底，在内蒙古自治区曾承担煤矿基本建设任务的中煤旗下企业有第七十一、七十二、六十八工程有限公司，第三十三、九十二工程处，第三建设集团机电安装工程有限责任公司、矿山建设（集团）有限责任公司、建安集团七十三处、第五建设有限公司第三工程处、第五建设有限公司第五工程处、第一建设有限责任公司机电安装工程处、第九十二工程有限公司等。其他有兖矿新陆建设发展有限公司、宁夏煤炭基本建设有限公司、重庆巨能建设（集团）有限公司、华煤集团有限公司、河南省第二建设集团有限公司、山西安畅建筑工程有限公司、大秦建设集团有限责任公司、河南省第一建筑工程集团有限责任公司、江苏南通六建建设集团有限公司、通州建总集团有限公司、中铁十九局集团有限公司、中国第四冶金建设公司、中国华电工程（集团）有限公司、黑龙江省东安建筑工程有限公司、吉林省吉化华强建设有限责任公司、中铁二十一局集团第一工程有限公司、辽宁东煤基本建设有限责任公司、新疆昆仑路港工程公司、中国煤炭国际经济技术合作总公司、中冶天工建设有限公司、沈阳北方建设股份有限公司、中国三冶集团有限公司、阜新建设工程有限公司、中国建筑第六工程局等数十个。

区外施工单位进驻自治区始于1990年，2010—2012年达到高潮。各施工单位承担的任务涵盖矿井、露天矿建设项目的各个方面。区外企业利用本身的技术优势和先进的管理理念，在自治区绝大多数新建煤矿项目上做出了贡献，不仅保质保量按时交付施工工程，还有一大批优质工程和科技项目获奖。

据不完全统计，区外单位承担过的内蒙古煤矿 235 项矿建、选煤厂、机电安装、土建工程等基本建设项目中，获优质工程或创新工艺、技术进步等奖项的占 22%。特别是中煤第七十二工程公司在扎煤灵东矿井的高寒地区钢筋混凝土井塔冬季快速施工技术、中煤第三十三工程处的不连沟煤矿及选煤厂工程、中煤第六十八工程有限公司的葫芦素矿井主井塔外爬内挂模板施工技术、山东兖矿集团新陆建设发展有限公司在母杜柴登煤矿立井冻结工程（777 米，在建时期世界最深纪录）等，分别获得国优、鲁班等奖项。

二、施工技术及装备

1991 年以来，内蒙古的煤矿建设施工技术与装备水平变化巨大，得益于区内煤炭资源的赋存条件优越、能源市场需求、国家经济实力提升和装备制造业的崛起，促使煤矿施工技术及装备都有了跨越式的提高。

（一）井工矿

20 世纪 90 年代，内蒙古新建或改扩建的煤矿井筒施工工艺仍以炮掘工艺为主，主要装备有凿岩机、耙装机、风镐等。井下大巷掘进部分实现了综掘，综掘设备以 EBZ100、EBZ120 综掘机为主。2001 年以后，在以软到中硬岩层为主的各新建或改扩建煤矿，坡度 15°以下的斜井基本采用综掘机施工，加快了斜井施工进度，提高了施工的安全性。井下大巷掘进基本实现了综掘。为适应大断面井巷的施工，选用的综掘设备功率更大，基本以 EBZ160、EBZ200、EBZ230 综掘机为主。

随着内蒙古大型、特大型煤矿建设项目的不断增加，先进的连续采煤机得到了推广和应用，其配套的连续运输系统、梭车、四臂锚杆钻机等装备，既可以用来开掘巷道，又可以回收边角煤。近年来，掘锚一体机也得到了应用，在掘进巷道的同时可以进行打眼、安装锚杆的工作，极大地提高了掘进和支护效率。例如，已建成投产的不连沟煤矿（公告产能 1500 万吨/年）煤层大巷施工采用连续采煤机，主要配备 12CM15-10D 型连续采煤机 1 台、10SC32-48B-5 型梭车 1 台、PLZ460/150 型破碎机 1 台、CMM25-4 型四臂锚杆钻机 1 台。

黄玉川煤矿在基本建设期间（产能 1000 万吨/年），煤层大巷施工采用掘锚一体机，主要配备 MB670 型掘锚一体机 1 台、10SC32-48B 型梭车 1 台、LY2000/980-10 型连续输送机 1 台。

在立井施工工程领域，2000 年以前普遍采用炮掘或风镐掘进，该方法占用人员多、劳动强度大、施工效率低。2005 年以后小型挖掘机应用到立井掘进施工中，掘进效率得到了提高。

2014 年 6 月，由温州井巷工程建设有限公司为鄂托克旗建元煤焦公司煤矿（500 万吨/年）升级改造工程主立井施工时，其表土段砌初期采用 HXB-55 型矿用电动挖掘机破土出渣，短掘短砌临时支护。下掘至围岩稳定后，绑扎钢筋、支横板浇注混凝土进行支护。井筒基岩段施工采用机械化配套短段掘砌作业方式。立井施工的主要设备选型如下：

凿井井架：IV 改型钢管凿井井架 1 处，全高 25.87 米，总重量 58.541 吨。

提升绞车：采用两套单钩提升，主提升机为 1 台 JK-2.5/20 型凿井提升机，配 11 吨钩头、3 立方米吊桶（400 米以下采用 2 立方米吊桶）、2 台 JZ-10/800 单滚筒稳车牵引；辅助提升机设备选型与主提升机相同。

掘进设备：国产 YT-26 型凿岩机 20 台、0.6 立方米斗容 HSB-55 型电动防爆挖掘机。

排矸系统：井筒吊桶采用坐钩式自动翻矸装置，矸石落地后用ZL50D型装载机装10吨自卸式汽车运至排矸场。

（二）露天矿

自1987年9月中美合资山西平朔安太堡露天煤矿建成后，国内露天煤矿建设数量日渐增多，建设模式也发生了很大变化，不再以单一的建设单位自主建设为唯一形式，逐步引入了外包施工建设模式。1991—2000年，内蒙古除几个国家重点大型露天煤矿仍自主建设外，中小型露天煤矿建设则以外包施工建设模式为主，具有代表性的建设项目是华能精煤公司的马家塔、武家塔露天煤矿。自主建设的大型露天煤矿以未来生产使用的大型设备作为建设设备，建设周期较长。主要设备型号为10~20立方米大型挖掘机、10~150吨自卸卡车，采用单斗－卡车工艺。

外包建设的中、小型露天煤矿以社会施工单位普遍采用的小型设备作为建设设备，建设周期短。主要设备型号为0.5~2立方米小型挖掘机、8~35吨自卸卡车，工艺则多采用单斗－卡车工艺。

这一时期，由内蒙古煤矿设计研究院设计、内蒙古源源土石方工程有限公司施工的宝日希勒露天煤矿采用了17立方米拖拉铲运机工艺建设，有效地解决了第四纪剥离物含水率高、卡车运输困难的难题。

进入21世纪后，随着国家对内蒙古露天煤矿的产能提升力度加大，大型、特大型露天矿建设项目数量剧增，矿山建设装备也随着大型设备的引进、国产设备的大型化进一步加快。

2006—2015年，自治区陆续建成和在建的特大型、大型露天煤矿有哈尔乌素、魏家峁、扎哈淖尔、宝日希勒一号、胜利西一号、胜利东二号、白音华一号至四号矿等，其产能介于700万~3500万吨/年之间。各露天煤矿基建期内均以外包施工建设模式为主，主要设备型号以1.6~20立方米型挖掘机、20~150吨自卸卡车为主，部分大型矿山利用自有设备辅助施工。

图3-3-3 准能公司哈尔乌素露天矿建设现场

2005年，由中国第四冶金建设公司、内蒙古源源能源有限公司承建的扎哈淖尔露天煤矿改扩建项目（500万吨/年改扩至1500万吨/年），矿建工程部分采用工作帮移动坑线多出入沟开拓方式，工作线东西向布置，向北推进，一次全断面降深。剥离采用单斗－卡车间断工艺。剥离台阶水平分层，台阶高度 9～12 米，采掘带宽度 60 米。台阶坡面角 30°（沙）、60°（土）、70°（岩）。露天矿累计完成矿建工程量 6017 万立方米，采场剥离台阶 7 个，剥离工作线总长度 13010 米。形成采煤台阶 2 个，采煤工作线总长度 3450 米，露煤量 500 万吨，保证期 4 个月。主要施工设备为 16 立方米挖掘机 2 台、12 立方米挖掘机 9 台、130 吨自卸卡车 20 台、108 吨自卸卡车 32 台、TR100 汽车 17 台、45 吨汽车 12 台，另有辅助设备 DM45 型钻机 4 台、DM30 型钻机 2 台、D375A-5 型推土机 11 台、WD600-3 型推土机 5 台、L220F 型装载机 5 台等。

三、建矿范例

（一）千万吨级矿井群建设

鄂尔多斯的东胜煤田、准格尔煤田的基本特点是：浅埋深、近水平、煤层稳定、厚度大、煤质优良、资源储量丰富、开采条件简单，具备大产能、高强度、创超一流矿井和露天矿条件。多年来，神华集团、内蒙古伊泰集团、内蒙古蒙泰集团、鄂尔多斯市国源矿业开发公司等在煤田内建设的补连塔、上湾、布尔台、酸刺沟、不连沟、龙王沟等千万吨级矿井群，理性地突破传统煤矿设计规范，构建了以千万吨综采工作面为核心，以"高产、高效、安全、环保"为特征的全新技术体系，形成了"矿建规模化、技术与装备现代化、队伍专业化、管理手段信息化"的矿井基本建设模式。

1. 创立推广斜硐开拓新方式

斜硐开拓方式由神东设计研究院于 1999—2002 年提出，并运用于公司的补连塔矿、上湾矿等技改扩能矿和新建布尔台矿、不连沟矿等矿井中。斜硐开拓也称负坡度平硐，即井口标高高于井底标高，从井口到井下为下坡（小于 6°）。斜硐中的辅助运输是采用以无轨胶轮车运输取代传统斜井中的有轨绞车提升，取消了井底车场和矿井轨道线路。井筒和大巷直接相连，矿井中的材料、设备和人员的运输像在平硐运输一样，实现矿井无轨连续运输。斜硐开拓方式从理论上丰富了矿井井筒形式的内涵，极大地减少了运输环节，提升了运输安全水平，降低了运输成本。此项技术不但在鄂尔多斯地区的国有和多数民营煤矿得到普遍运用，并在全区进行了推广。

2. 矿井无盘区布置简化生产环节

通常的盘区是依煤层的延展方向布置大巷，在大巷两侧划分成若干盘区块。但这种传统划分形式的盘区大巷必须是水平的，煤层大巷也必须布置成水平的，同时工作面推进长度不能太长，一般不超过 1500 米。

为了充分利用东胜煤田煤层赋存的有利条件，大幅度简化矿井的生产环节，提高矿井的集约化生产程度，各大矿井均采用了无盘区划分的方式。其创新实质是，从大巷两翼直接布置长条工作面，取消原来的盘区巷道系统，将大巷—盘区—工作面三级生产环节，简化为大巷—工作面两级生产环节的方式。其保障条件一是无轨胶轮车灵活性能的充分应用，二是其他先进适用的多项技术使无盘区布置成为可能，例如将连续采煤机设备运用于煤巷掘进中，使掘进工作面的掘进速度由一般 2200 米/月到最高达 4656 米/月（上湾矿）；双巷布置使掘进工作面大部分巷道实现全风压通风，解决了长距离掘进的局部通风难题；地面移动变电站直供电技术，取消了盘区供电环节，实现了工作面的单级高压供电，简化了传统矿井的四级供电模式等。

3. 建立高效通风系统

一个矿井的年产能若由 300 万吨提高

到1000万~2000万吨，通风系统的设计变革必须先行。从2001年起，在多个矿井建立了"多巷道、大断面、低风压、大风量"高效通风系统。各矿设计增加1个副井井筒和1条辅助运输大巷，降低进风系统通风阻力；充分利用浅地表开采的特点，在每2~3个综采工作面回风侧的保安煤柱区设计一个小直径（3米）的通风立眼，成倍缩短了矿井回风系统侧的保风流线路，达到降阻的目的；以巷道有效利用面积最大化为原则，选定矩形断面，并确定巷道断面积不超过19平方米。

4. 辅运系统无轨胶轮化

1997—1999年，神东公司组织太原煤科分院进行了防爆低污染无轨胶轮车的国产化研究，全面推行矿井辅助运输系统无轨胶轮化。首台TY6/20FB型井下防爆低污染中型客货胶轮车和TY3061FB型井下防爆低污染轻型自卸胶轮车，作为创新工程，填补了我国煤炭工业井下无轨胶轮辅运设备空白，居于国内领先地位，并从1999年起，在全地区进行推广应用。2000年以后，还推向了国内其他矿区。

（二）神华宝日希勒能源有限公司露天矿改扩建工程

宝日希勒露天矿改扩建工程项目由国家发展改革委2006年核准，设计生产能力由250万吨/年提高到1000万吨/年。项目经3年施工、试运转后，2011年3月20日，由自治区煤炭工业局组织验收，投产。

图3-3-4　宝日希勒露天矿改扩建后的大型现代化工业厂区

该项目的矿建工程施工由内蒙古源源土石方工程有限责任公司、黑龙江永胜水利工程有限责任公司承担，露天矿各项矿建单位工程施工结果符合设计要求。露天矿采用工作帮移动坑线多出入沟开拓方式，工作线南北向布置、向东推进、一次性全断面降深。剥离采用单斗-卡车间断式工艺，挖掘机剥离、自卸卡车运输。露天矿移交生产时，实际完成基建剥离量2208万立方米，超出设计155万立方米；移交剥离工作面5个，剥离工作线总长度7500米；形成采煤工作面2个，采煤工作线总长度2600米；有备采煤量173万吨、可采期2个月。施工期间主要剥离设备为12、16立方米挖掘机，配108吨、130吨自卸卡车。煤矿投产后，在优越的煤炭资源赋存条件下，逐年调整剥离、开采工作线参数，增加剥采和辅助生产设备，增大产能。

2014年1月，国家煤矿安全监察局

对露天矿核定产能为3500万吨/年,2015年,露天矿生产原煤2511.8万吨。至此,宝日希勒露天矿与区内黑岱沟露天矿、哈尔乌素露天矿均已成为国内最大的特大型露天矿。

第二节 工程质量监管

内蒙古煤炭建设工程质量管理和监督,始于1986年国家煤炭工业部建立质量监管体制之时。在近30年的实践中,逐步形成了以行业主管部门及其委托建设工程质量监督机构为核心的依法监管,以业主及其委托的监理单位为关键的过程控制,以勘察、设计、施工单位为实施主体的质量责任,以检测机构为保障手段的、完整的工程质量监督管理体系。

内蒙古行业管理部门从规范基本建设程序和强化建设项目的建设、勘察、设计、施工、监理和检测单位"六方责任主体"入手,狠抓各方质量责任主体法定职责的落实,充分发挥第三方质量管理的作用,使自治区煤炭建设工程质量有了较大的提高。

一、项目业主质量管理

(一)组织机构

自治区辖区内煤炭项目建设企业(项目业主,下同)的工程质量管理职责一般都设置在本企业的基本建设部门,负责本企业建设工程的质量管理工作。由于历史原因,煤炭行业建设工程质量监督机构都设置于国有重点煤矿(矿务局),成为煤炭企业的一个部门(建设工程矿区质量监督站,以下简称矿区质监站)。矿区质监站与企业内部基本建设部门大多为一套人马、两块牌子,管理人员互相兼职,在建设项目的实施过程中,共同行使煤炭建设工程的质量管理职责。

1998年3月,国家颁布实施《中华人民共和国建筑法》。2000年1月,国务院发布施行《建设工程质量管理条例》以来,强化了政府质量监督职能,规范了建设工程各方行为主体的质量责任和义务,维护了建筑市场秩序,提高建设工程质量水平,同时也改变了建设单位在工程质量管理过程中的角色。

《中华人民共和国建筑法》《建设工程质量管理条例》未颁布实施前,建设单位对建设工程负责管理。

《中华人民共和国建筑法》《建设工程质量管理条例》颁布实施后,国家推行建设工程监理,建设单位根据项目建设的需要,依法成立项目法人建设管理机构,开展项目工程建设活动。其程序如下图所示。

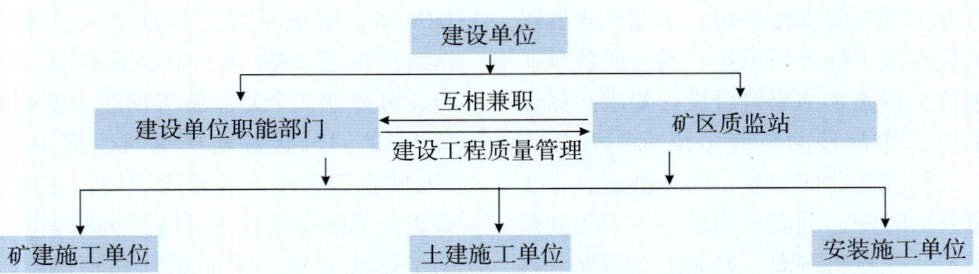

图3-3-5 2000年前建设单位工程质量管理流程图

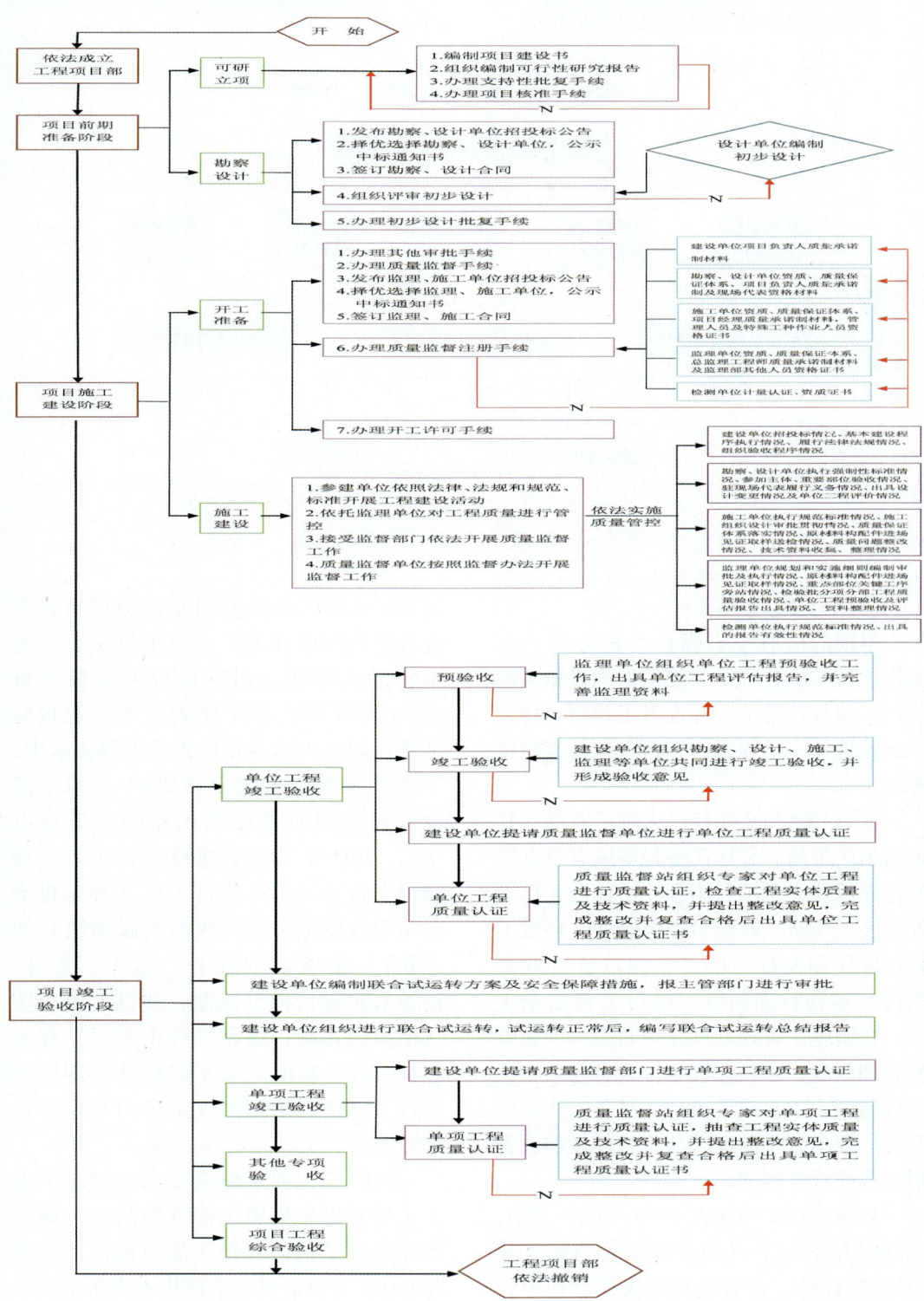

图 3-3-6 2000 年后建设单位工程质量管理工作流程控制图

建设单位建设工程管理组织机构如下图所示。

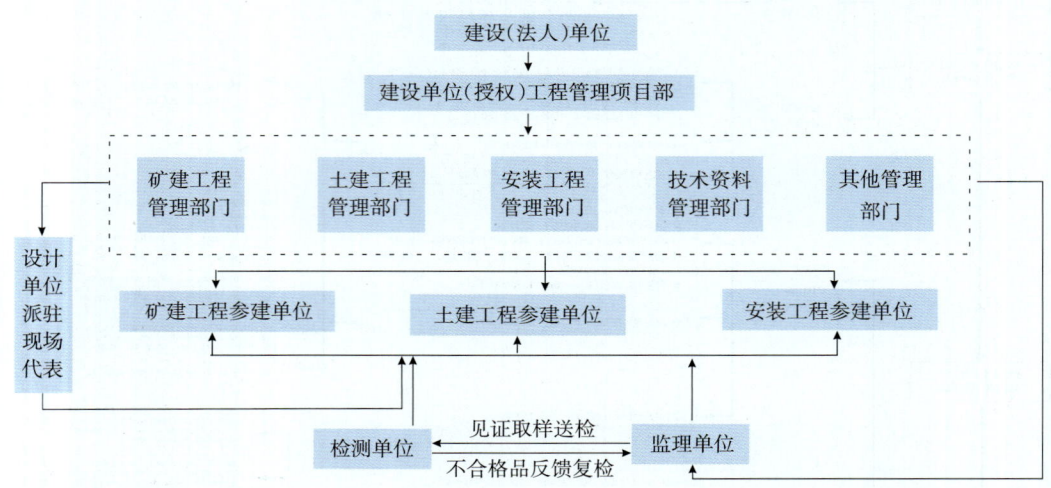

图3-3-7 建设工程管理组织机构图

（二）制度建设

早期的国有重点煤矿（矿务局）在建设项目实施过程中，除依据当时相关的法律、法规及规范、标准对工程项目建设实施管理外，仍探索、完善各项管理制度建设。

在20世纪80年代，大雁矿务局、扎赉诺尔矿务局、平庄矿务局等国有重点煤矿都先后建立了项目工程建设前期工作管理制度，项目工程质量控制制度，项目工程进度控制制度，项目工程造价（资金拨付）控制管理制度，项目工程安全生产、文明施工管理制度，项目工程内业资料管理制度，项目建设单位人员各项工作岗位制度，项目建设单位人员各工作岗位职责、规章管理制度等与工程建设项目管理有关的规章制度。

如神东煤炭公司在1998年成立之初，就制定并下发了《神东煤炭公司基本建设管理制度》，在管理制度执行过程中针对发现的问题，调整下发了《神东煤炭公司关于修订下发基本建设管理制度的通知》《神东煤炭公司基本建设概算管理范围和职责规定》《神东煤炭公司基本建设工程施工招标试行办法补充规定》。2001年，神东煤炭公司将质量标准化管理纳入基本建设质量管理体系中，下发了《神东煤炭公司2001年基本建设工程管理质量标准化标准及考核办法》，2003年又依据建设项目法人治理结构下发了《关于修订下发〈神东煤炭公司项目模拟法人责任制实施细则〉的通知》。在项目的设计、施工、监理、设备采购实行招投标制，项目的建设实行模拟法人制；建设过程中实行工程监理制。这些制度对基本建设的管理模式进行了定位，使神东煤炭公司基本建设按照国家有关规定有序实施。

2014年，神东煤炭公司又制定下发了《神东煤炭集团工程管理制度汇编》，修订完善了包括《神东煤炭集团工程管理办法》《神东煤炭集团成本类备案制及50万元以下核准制专项资金工程管理办法》《神东煤炭集团勘察设计及咨询管理办法》《神东煤炭集团工程项目招投标管理实施细则》等11项管理制度，更深一步细化了建设项目质量管理，提高了对建设项目质量的把控能力。

二、工程监理与检测

（一）工程监理

20世纪90年代初，自治区煤炭行业依据国家和行业规定，对自治区境内煤炭行业建设工程项目开始实行工程监理制度。特别是国家陆续颁布的《中华人民共和国建筑法》《建设工程质量管理条例》和建设部《建设部关于进一步开展建设监理工作的通知》等法律法规，推进了煤炭行业工程监理制度的全面实施。截至2015年底，在自治区备案登记的承担煤炭建设工程监理单位共30家，其中在自治区注册登记的监理单位11家，在埠外注册登记的监理单位19家，其中自治区煤炭行业内规模较大、实力较强的有以下两家公司。

1. 内蒙古三利煤炭基建咨询监理有限责任公司

内蒙古三利煤炭基建咨询监理有限公司是自治区煤炭行业首家监理单位，成立于1995年，是由内蒙古煤矿设计研究院和溢源煤炭有限公司两家共同出资注册的股份公司。几经改制，现隶属于内蒙古煤矿设计研究院有限责任公司，具备煤炭行业甲级监理资质，国家矿山工程和市政公用工程乙级监理资质。公司设财务部、综合部、监理部3个职能部室，截至2015年底，有17个项目监理部，从业人员89人，其中：持有国家注册监理工程师执业资格的15人、煤炭行业监理工程师执业资格的62人、国家注册造价工程师2人；具备一级总监理工程师资格11人、二级总监理工程师资格4人；具有中、高级技术职称15人，中级技术职称62人，占员

工总数的85%以上。现为内蒙古自治区工程建设协会理事单位。监理公司具备丰富的监理经验和雄厚的技术实力，2008年及2009年监理的"内蒙古准格尔旗罐子沟煤矿"及"内蒙古自治区白音华煤矿二号露天煤矿"两个项目均获得中国煤炭建设协会"优秀监理咨询成果奖"。

2. 神东监理有限责任公司

神东监理公司是自治区煤炭行业最大的监理公司，成立于1998年2月，具备煤炭行业甲级和国家乙级监理资质。公司设经营部、综合办公室、工程技术部3个职能部室。

截至2005年，公司有20多个项目监理部，从业人员200多人，其中持有国家注册监理工程师执业资格的20名、煤炭行业监理工程师执业资格的150名；注册国家造价工程师、设备监理工程师、一级建造师10名；具备一级、二级总监理工程师资格10名。80%的员工有中、高级技术职称，具备雄厚的技术实力。连续四年被中国煤炭建设协会评为"全国煤炭行业先进建设监理企业"称号和"优质建设监理企业"称号，并跻身于全国煤炭行业监理企业15强之列，2006年随中国神华能源股份公司一并上市。

（二）工程检测

内蒙古煤炭行业的建设工程检测是随着辖区内建设项目发展的需要开展起来的，检测机构成立初期曾划到矿区质监站管理。2005年，建设部根据《中华人民共和国建筑法》《建设工程质量管理条例》，发布了《建设工程质量检测管理办法》（第141号令），对从事涉及建筑物、构筑物结构安全的试块、试件以及有关材料检测的工程质量检测机构，实施监督管理。按照国家建设部门的管理办法及建设项目工程检测市场化服务的要求，检测机构与质量监督机构陆续分开，部分检测机

构改制走向市场。

截至2015年底，在自治区煤炭行业承担煤炭建设工程质量检测的单位有8家。自治区煤炭行业的检测单位有：赤峰矿安检验检测有限责任公司（原煤炭工业平庄矿区建设工程质量检测中心）、内蒙古兴冠安全节能有限责任公司（原煤炭工业大雁矿区建设工程质量检测中心）、煤炭工业霍林河矿区建设工程质量检测中心、煤炭工业扎赉诺尔矿区建设工程质量检测中心等，其中规模较大、实力较强的有以下3家。

1. 赤峰矿安检验检测有限责任公司

公司成立于1964年，成立初期隶属于平庄矿务局基本建设工程公司管辖，主要职责是矿务局内部工程的质量内控，是矿务局内部的一个试验室，试验设备及仪器较为简单。1986年，煤炭工业平庄矿区建设工程质量监督站（矿区站）成立后，划归矿区站管理，更名煤炭工业平庄矿区工程质量监督站检测中心，长期负责矿区内建设工程建材检测工作。检测中心试验设备逐步配备齐全，试验人员经专业培训，均持证上岗。

2011年，平庄煤业集团公司（原平庄矿务局）进行体制改革，检测中心改制为赤峰矿安检验检测有限责任公司，国有性质，煤炭行业检测综合二级资质。2015年，有人员11人，其中主任1人，技术负责人1人，各类检测员9人。截至2015年底，完成检测服务的项目有：元宝山露天煤矿800万吨/年建设工程、古山立井90万吨/年建设工程、老公营子煤矿120万吨/年建设工程、瑞安煤矿120万吨/年技术改造工程、锡林郭勒盟白音华一号露天矿700万吨/年建设工程等项目的主要建筑材料及工程实体质量检测。

2. 内蒙古兴冠安全节能有限责任公司

公司成立于1986年，隶属于大雁矿务局管辖，位于呼伦贝尔市大雁镇，主要承担矿务局内部建设工程建材的检测、试验工作。2012年，改制成为内蒙古兴冠安全节能有限责任公司，为国有性质，煤炭行业检测综合二级资质，由大雁建安公司管理，2015年底与大雁矿安检测合并，2016年未通过年检，资质取消，不再从事建筑材料检测工作。

截至2015年底，公司资质为矿山安全仪器仪表检测乙级以及非煤矿山安全仪器仪表检测乙级。有员工6人，其中主任1人、检测人员5人。截至2015年底，完成检测服务的项目有：大雁矿业集团公司雁南煤矿300万吨/年地面建筑工程及矿井建设工程、敏东一矿500万吨/年地面建筑工程及矿井建设工程、扎泥河露天矿600万吨/年地面建筑工程及矿井建设工程、牙克石胜利煤矿120万吨/年地面建筑工程及矿井建设工程、宝日希勒煤矿地面建筑工程及矿井建设工程、牙克石五九集团煤矿地面建筑工程及矿井建设工程等建设项目的主要建筑材料及工程实体质量检测。

3. 煤炭工业扎赉诺尔矿区建设工程质量检测中心

检测中心成立于20世纪80年代初，隶属扎赉诺尔矿务局建筑安装处。主要职责是矿务局内部工程的质量内控。1986年，煤炭工业扎赉诺尔矿区建设工程质量监督站（矿区站）成立后，划归矿区站管理，负责矿区内建设工程建材检测工作。2011年，华能扎赉诺尔煤业公司（原扎赉诺尔矿务局）与山东润鲁建筑材料检测技术服务有限公司各出资50%，改制成为煤炭工业扎赉诺尔矿区建设工程质量检测中心。

检测中心现有员工11人，其中主任1人（一级检测师），其他各类试验员10

人。截至 2015 年底，公司完成检测服务的项目有：华能扎赉诺尔煤业公司灵东矿 500 万吨/年建设工程、扎赉诺尔煤业公司灵露矿 300 万吨/年技术改造工程、扎赉诺尔煤业公司铁北矿 300 万吨/年技术改造工程、扎赉诺尔煤业公司灵泉矿 300 万吨/年技术改造工程等建设项目的主要建筑材料及工程实体质量检测。

三、工程质量监督

（一）监督体系

国家从 1984 年开始，按照国务院《关于改革建筑业和基本建设管理体制若干问题的暂行规定》（国发〔1984〕123 号），建立了建设工程质量监督管理制度。按照国家统一部署，1985 年煤炭工业部开始在煤炭行业建立工程质量监督管理体系，组织机构分三级设置，即总站、中心站、矿区站。

煤炭工业建设工程质量监督总站负责煤炭行业建设工程质量监督工作的全面综合管理工作。随着国家政府机构的不断变革，总站历经能源部、中统总公司、国家煤炭局等国家政府部门管理，后由国家煤炭局和国家经贸委授权委托中国煤炭建设协会代行管理。

煤炭工业建设工程质量监督中心站负责本辖区煤炭工业建设工程质量监督工作的组织管理，统一监督管理本辖区各矿区建设工程质量监督站。中心站设在各省（区、直辖市）政府煤炭行业管理部门（能源局、煤炭局或经贸委等）及司法部、新疆建设兵团和中央企业。

煤炭工业建设工程质量监督矿区站负责矿区（辖区）内各类煤炭建设项目的工程质量监督工作。矿区站设在各煤炭矿区和部分地、市，依据《中华人民共和国建筑法》、建设部 1990 年《建设工程质量监督管理规定》、建设部 1993 年《建设工程质量管理办法》、国务院 2000 年《建设工程质量管理条例》等法律、法规及规范、标准，以及总站《关于印发〈煤炭工业建设工程质量监督管理规定〉等四个煤炭建设工程质量监督管理规定、规则、办法的通知》（煤建监字〔2008〕03 号）规定对煤炭建设项目工程质量实施监督。

（二）组织机构与队伍建设

1. 中心站

1986 年，煤炭工业内蒙古建设工程质量监督中心站经煤炭工业建设工程质量监督总站批准成立。由于编制等原因，中心站设置于内蒙古煤炭工业管理局基本建设处，由分管副局长担任站长，基本建设处相关人员负责具体工作。

2002 年，内蒙古成立煤矿安全监察局，自治区煤炭工业管理局减编，基本建设处撤销，中心站的工作由相关人员兼任，职能相对弱化。进入"十五"以来，随着国家煤炭产业结构的调整和优化，自治区煤矿整顿关闭、整合技改工作的全面实施，煤炭建设项目的数量、规模大幅增加。由于自治区煤炭行业管理体制的变更，人员调转频繁，工作衔接断续，中心站职能弱化，严重影响了煤炭建设工程质量管理的连续性。在此期间，自治区煤炭行业建设领域出现了设计市场乱、施工队伍杂、监理人员弱、质量监督滞后等严重问题。

2007 年，内蒙古煤炭工业协会成立后，自治区煤炭工业局为加强中心站的工作，将中心站划归协会管理。协会常务副会长兼任中心站站长，配置了专职人员。同时，成立了煤炭工业内蒙古建设工程质量监督直属站，履行矿区站职责，加强自治区西部地区工程质量监督工作。中心站的职责明确后，自治区煤炭行业的建设工程质量管理工作有所起色。

图3-3-8　中心站被中国建筑业协会工程建设质量监督与检测分会授予
"全国建设工程质量监督系统先进单位"

2010年底，自治区煤炭工业局按照相关政策要求中心站再次收归煤炭工业局管理，由煤炭工业局分管副局长兼任中心站站长，相关处室负责具体管理工作，以提升中心站工作的权威性和监管能力，使全区煤炭建设工程质量监管和工作秩序得到进一步提高。2012年11月，中心站被中国建筑业协会工程建设质量监督与检测分会授予"全国建设工程质量监督系统先进单位"，并多次在全国煤炭行业介绍先进经验。

1998年前，中心站业务管辖扎赉诺尔、大雁、伊敏、宝日希勒、霍林河、平庄、乌达、海勃湾、包头、准格尔等10个矿区站。1998年体制改革后，辖区内矿区站随着所在企业隶属关系的变更，划归到相应中心站管理。截至2015年底，辖区内有煤炭行业矿区站12个。在业务上属于自治区中心站管理的4个，即扎赉诺尔、霍林河、平庄矿区站和直属站；属于神华集团中心站管理的6个，即乌海、包头、准格尔、大雁、宝日希勒矿区站和内蒙古煤焦化站；属于中煤集团中心站管理的1个，即：鄂尔多斯矿区站；总站直属的1个，即：伊敏矿区站。除上述辖区内质监站外，还有部分外省区矿区站，先后接受自治区中心站委托承担建设项目质量监督任务（主要为辖区内的外省区重点煤炭企业投资建设的项目），有山东淄博矿区站、新汶矿区站、兖州矿区站、临沂矿区站和河北建投矿区站等。

2. 矿区站

1990年前，设立矿区质量监督站的国有重点煤矿有：乌达、海勃湾、包头、平庄、霍林河、扎赉诺尔、大雁矿务局。1991年后，神华准格尔能源公司、神东公司、宝日希勒煤业公司、巴彦淖尔能源公司和伊敏煤业公司、中煤西北能源有限公司等央企也先后在自治区境内成立了矿区质监站。

1）业务上属于自治区中心站管理的矿区站

煤炭工业扎赉诺尔矿区建设工程质量监督站。设立于1987年，成立初期隶属扎赉诺尔矿务局管辖，1999年随扎赉诺尔矿务局改制后，隶属华能扎赉诺尔煤业有限责任公司管辖。矿区站设站长1人，技术负责人1人，下设质量监督科、检测中心两个职能科室，配备矿建、土建、安装专业人员。现有员工10人，具有中级职称2人，高级职称2人，检测中心有员工5人，设主任1名，检测员4人。员工来源为公司内部调配。

截至2015年底，监督项目9个，完成8个，缓建1个，分别是：扎赉诺尔矿务局灵泉矿井180万吨/年产业升级工程、扎赉诺尔矿务局铁北矿井150万吨/年建设工程、扎赉诺尔矿务局第二水源建设工程、扎赉诺尔矿务局灵北矿井产业升级工程、扎赉诺尔煤业有限责任公司灵东矿井500万吨/年建设工程、扎赉诺尔煤业有限责任公司铁北矿300万吨/年产业升级工程、扎赉诺尔煤业有限责任公司灵泉矿300万吨/年产业升级工程、扎赉诺尔煤业有限责任公司灵露矿300万吨/年改矿建工程，缓建项目为内蒙古牙克石五九煤炭（集团）有限责任公司新巴尔虎左旗白音查干煤矿60万吨/年改扩建工程。所监督项目中，荣获煤炭行业"太阳杯"和"优质工程"奖3项，其中：项目工程1项、系统工程2项。

煤炭工业霍林河矿区建设工程质量监督站。设立于1986年，成立初期隶属霍林河矿务局管辖，1990年变更名称为能源部东煤公司煤炭基本工程质量监督中心站霍林河矿区分站，东煤公司撤销后，回归自治区管理。2013年，霍林河矿务局改制后，隶属中电投蒙东能源集团有限责任公司管辖。矿区站设站长1人，常务副站长（技术负责人）1人，下设综合办公室、矿建科、土建科、机电科。现有员工10人，具有中级职称7人，高级职称2人。员工来源为公司内部调配。

截至2015年底，监督项目16个，完成16个，分别是：白音华二号露天矿500万吨/年建设工程、扎哈淖尔露天矿1500万吨/年改扩建工程、霍林河南露天矿1000万吨/年技改工程、白音华二三号露天矿1400万吨/年建设工程、霍林河北露天矿100万吨/年技改工程、霍林河南露天矿100万吨/年技改工程等。

煤炭工业平庄矿区建设工程质量监督站。设立于1986年，设立初期隶属平庄矿务局管辖，2000年随平庄矿务局改制后，隶属内蒙古平庄煤业（集团）有限责任公司管辖。矿区站设站长1人，技术负责人1人，配备综合、矿建、土建、机电等专业人员。定员随监督项目的变化而增减，最多时达18人（含检测人员）。员工来源为公司内部调配。

2015年底，监督项目25个，完成21个，正在实施监督4个。完成监督的项目分别是：准格尔项目一期项目、大准电气化重载单线铁路工程、托克托电厂专用线工程、岱海电厂/新丰电厂铁路专用线工程、伊泰阳湾沟煤矿60万吨/年技改工程、伊泰酸刺沟煤矿1200万吨/年建设工程、酸刺沟至周家湾铁路专用线工程、满世集团罐子沟煤矿300万吨/年建设工程、神华哈尔乌素露天煤矿及选煤厂2000万吨/年建设工程、南坪铁路专用线工程、内蒙古大唐国际胜利东二号露天煤矿一期1000万吨/年建设工程、神华北电胜利能源有限公司胜利一号露天煤矿700万吨/年建设工程和铁路专用线工程、北方联合电力魏家峁煤电一体化项目露天煤矿600万吨/年建设工程、黄玉川煤矿选煤厂1000万吨/年建设工程、神华巴彦淖尔能源有限公司选煤600万吨/年、焦化120万吨/年建设工程、伊泰集团凯达煤矿及选煤厂600万吨/年建设工程、神华准能黑岱沟露天煤矿及选煤厂1000万吨/年扩能改造工程、大同至准格尔线增二线二道河至点岱沟段改建铁路工程、神华北电胜利能源有限公司胜利一号露天煤矿1000万吨/年块煤生产系统建设工程、神华北电胜利能源有限公司胜利一号露天煤矿二期2000万吨/年建设工程、内蒙古锦泰能源（集团）有限公司长滩煤矿及选煤厂300万吨/年建设工程。

煤炭工业内蒙古建设工程质量监督直属站。设立于2007年6月，成立初期隶属内蒙古煤炭工业协会管辖，2009年9月划归内蒙古正华煤炭科工贸有限公司管辖。直属站设站长1名，技术负责人1名，下设综合办公室、矿建科、土建科、机电科。员工最多时达20人,近几年由于监督项目减少,人员精减,现有员工6人,具有中级职称2人,高级职称3人。员工来源为煤炭系统内调配和社会招聘。

截至2015年底,监督项目57个,完成47个,正在实施监督10个。监督项目中,1项荣获中国建设工程质量国家最高奖"鲁班奖"(2012—2013年度内蒙古蒙泰不连沟煤业有限公司建设的不连沟煤矿及选煤厂1000万吨/年建设工程),该项目工程同时荣获"2014年国家改革开放35年百项经典暨精品工程"和"国家优质金奖";6项荣获煤炭行业"太阳杯"和"优质工程"奖(其中:项目工程2项、系统工程2项、单位工程2项);3项荣获煤炭行业"优质工程"奖(单位工程)。

2)业务上属于神华集团中心站管理的矿区站

煤炭工业神华准格尔矿区建设工程质量监督站。原名煤炭工业部准格尔矿区质量监督站,设立于1990年5月,设立初期隶属煤炭工业部准格尔煤炭公司管辖,1998年9月随准格尔煤炭公司划归神华集团公司管辖,2001年3月改制隶属神华准格尔能源有限责任公司管辖,更名为煤炭工业神华准格尔矿区建设工程质量监督站,业务由煤炭工业神华建设工程质量监督中心站管理。矿区站下设监督科、试验室两个职能科室,现有员工20人,其中:站长1人,副站长1人,技术负责人1人,监督科8人,试验室8人,司机1人。具有高级职称4人、中级职称3人,初级职称5人。试验室为独立检验检测法人机构,在准格尔旗工商局登记注册,名称为准格尔准能建设工程质量检测有限责任公司。

截至2015年底,监督项目25个,完成21个,正在实施监督4个。完成监督的项目分别是:准格尔项目一期项目、大准电气化重载单线铁路工程、托克托电厂专用线工程、岱海电厂/新丰电厂铁路专用线工程、伊泰阳湾沟煤矿60万吨/年技改工程、伊泰酸刺沟煤矿1200万吨/年建设工程、酸刺沟至周家湾铁路专用线工程、满世集团罐子沟煤矿300万吨/年建设工程、神华哈尔乌素露天煤矿及选煤厂2000万吨/年建设工程、南坪铁路专用线工程、内蒙古大唐国际胜利东二号露天煤矿一期1000万吨/年建设工程、神华北电胜利能源有限公司胜利一号露天煤矿1000万吨/年建设工程和铁路专用线工程、北方联合电力魏家峁煤电一体化项目露天煤矿600万吨/年建设工程、黄玉川煤矿选煤厂1000万吨/年建设工程、神华巴彦淖尔能源有限公司选煤600万吨/年、焦化120万吨/年建设工程、伊泰集团凯达煤矿及选煤厂600万吨/年建设工程、神华准能黑岱沟露天煤矿及选煤厂1000万吨/年扩能改造工程、大同至准格尔线增二线二道河至点岱沟段改建铁路工程、神华北电胜利能源有限公司胜利一号露天煤矿700万吨/年块煤生产系统建设工程、神华北电胜利能源有限公司胜利一号露天煤矿二期2000万吨/年建设工程、内蒙古锦泰能源(集团)有限公司长滩煤矿及选煤厂300万吨/年建设工程。

正在实施监督的项目分别是:内蒙古大唐国际胜利东二号露天煤矿二期2000万吨/年建设工程、神华准能维修中心改扩建工程、准能公司矸石电厂一二期炉外脱硫及二期脱硝工程、神华准能黑岱沟选煤厂矸石排弃输送系统520万吨/年项目。监督项目中有4项荣获煤炭行业"太阳杯"和"优质工程"奖。

煤炭工业大雁矿区建设工程质量监督站。设立于1985年11月,隶属大雁矿务局,设站长1人,主任工程师1人,专职质量监督员3名。2012年，随大雁矿务局改制，现在隶属神华大雁集团公司。矿区站设站长1人，技术负责人1人，下设综合办公室、矿建科、土建科、机电科，员工16人，其中具有高级职称3人、中级职称8人。员工来源为公司内部调配。

截至2015年底，监督项目11个，完成11个，分别是：雁南煤矿、雁北水源、雁北电厂、雁中电厂、雁南电厂、内蒙古通大煤业有限责任公司煤矿300万吨/年建设工程、呼伦贝尔呼盛矿业有限责任公司呼盛煤矿120万吨/年升级改造工程、内蒙古牙克石五九煤炭（集团）有限责任公司胜利煤矿120万吨/年产业升级改造工程、内蒙古大雁矿业集团有限责任公司扎尼河露天煤矿600万吨/年建设工程和伊敏河东矿区第一煤矿500万吨/年建设工程、大雁矿区沉陷区综合治理工程。

煤炭工业神华内蒙古煤焦化建设工程质量监督站。原名煤炭工业神华巴彦淖尔建设工程质量监督站，设立于2012年6月，隶属神华巴彦淖尔能源有限责任公司，设站长1人，技术负责人1人，下设综合部、监督部两个职能科室，现有员工8人，具有中级职称6人，高级职称2人。

图3-3-9　神华包头能源公司阿刀亥煤矿

截至2015年底，监督项目6个，分别是：神华巴彦淖尔能源有限责任公司焦化一期1200万吨/年项目、神华巴彦淖尔能源公司焦化及选煤铁路专用线项目、神华巴彦淖尔能源有限责任公司一期12万吨/年焦炉气制甲醇项目、内蒙古甘其毛都港务发展有限公司疏港公路项目、巴彦淖尔市蒙源水务公司甘其毛都口岸加工园区自来水供水项目、巴彦淖尔市蒙源水务公司甘其毛都口岸加工园区自来水供水项目。

煤炭工业神华包头矿区质量监督站。设立于1990年，隶属包头矿务局。1998年，随包头矿务局改制，更名为煤炭工业建设神华包头矿区质量监督站。矿区站原有员工8人，近几年由于监督任务的减少，编制精简，现有员工3人，即：站长1人，技术人员2人。

截至2015年底，完成监督项目6个，分别为：小柳塔煤矿建设工程、万利一井煤矿建设工程、阿刀亥煤矿60万吨/年技术改造工程、包头煤业公司煤气厂建设工程、包头煤业公司瓶子厂建设工程、神华李家壕煤矿600万吨/年建设工程。

神华宝日希勒矿区建设工程质量监督站。原为宝日希勒矿区建设工程质量监督站，设立于1986年，隶属宝日希勒第一煤矿。2002年12月改制后隶属宝日希勒煤业有限责任公司，2005年12月随公司并入神华集团公司，隶属于神华宝日希勒能源有限公司。现有员工9人，其中站长1人、副站长（技术负责人）1人，专业监督师（监督员）7人；具有高级职称2人，中级职称5人，初级职称2人。

截至2015年，完成监督项目为：宝日希勒露天煤矿的60万吨/年建设工程及180万吨/年→500万吨/年→1000万吨/年→3500万吨/年改扩建工程。

神华乌海矿区建设工程质量监督站。成立于2009年11月，其前身为煤炭工业神华乌达矿区建设工程质量监督站和煤炭工业神华海勃湾矿区建设工程质量监督站，因原神华乌达矿业公司、原神华海勃湾矿业公司、神华乌海煤焦化公司、神华蒙西公司4公司合并成立神华乌海能源有限责任公司，两个矿区质监站因此合并更名为神华乌海能源建设工程质量监督站。

原乌达矿务局工程质量监督站、原海勃湾矿务局质监站依据内蒙古煤炭厅《关于设立矿区煤炭工业建设工程质量监督站的通知》（内煤基〔1988〕第4号）要求，于1988年分别设立。1991年，依据原能源部文件（能源基〔1991〕1043号）《关于确认第一批煤炭工业工程质量监督站的通知》，两站名称分别改为"能源部统配煤矿乌达矿区工程质量监督站""能源部统配煤矿海勃湾矿区工程质量监督站"。1998年，乌达矿务局、海勃湾矿务局划归神华集团。依据神华集团公司文件（神华人字〔1999〕第452号）《关于各级工程质量监督站更名的通知》要求，两站分别更名为"煤炭工业神华乌达矿区建设工程质量监督站""煤炭工业神华海勃湾矿区建设工程质量监督站"。2009年，煤炭工业建设工程质量监督总站同意两站合并并更名为神华乌海能源建设工程质量监督站，并颁发了建设工程质量监督站证书（证书编号：MJD字第02605号）。

神华乌海能源建设工程质量监督站是神华乌海能源有限责任公司单独设置的一个部门，业务受神华乌海能源有限责任公司和煤炭工业神华中心站双重领导。

截至2015年，站内职工15人，职能划分为矿建监督、设备安装监督、土建监督、综合事务。设置站长1人，副站长1人，主管3人，助理主管3人，业务员7人。矿建专业监督人员2人，设备安装专业监督人员3人，土建专业监督人员8人，综合事务2人。大专及以上学历12人，先后有13人取得监督工程师资格证书。

神华乌海能源建设工程质量监督站负责本公司各类资金计划内新建、改建、扩建建设工程质量监督。先后监督乌达矿务局黄白茨矿斜井工程、乌达矸石发电厂一期、二期，乌达矿业公司凯鸿煤化公司工程、乌达矿业公司大漠发电厂工程的新建，乌达矿业公司五虎山选煤厂、苏海图选煤厂的改扩建，海勃湾矿务局平沟煤矿、西来峰煤化工公司焦化一期、二期、西来峰煤化工公司公辅项目，蒙西公司焦化一期、二期及附属工程，棋盘井煤矿，骆驼山煤矿（含选煤厂），西来峰引黄河水工程等新建工程，棋盘井煤矿东区升级项目，老石旦煤矿安全技改，利民公司煤矿技改工程以及各类专项资金计划内建安工程。

3）业务上属于中煤集团中心站管理的矿区站

煤炭工业中煤鄂尔多斯矿区建设工程质量监督站。设立于2010年11月，隶属中国中煤能源股份有限公司鄂尔多斯分公司，业务由煤炭工业中国中煤能源集团建设工程质量监督中心站管理。矿区站现有员工9人，其中：站长1人，技术负责人1人，专业监督工程师（监督员）6人，具有中级职称4人，高级职称3人。

截至2015年底，监督项目10个，完成4个，正在实施监督6个。完成监督的项目分别为：山不拉煤矿及选煤厂120万吨/年技术改造工程、图克工业项目区合成氨尿素项目（土建工程）、工程塑料项目（土建工程）、甲醇醋酸系列深加工及综合利用项目（土建工程）；正在实施监督的项目分别是：葫芦素矿井及选煤厂1300万吨/年建设工程、门克庆矿井及选煤厂1200万吨/年建设工程、母杜柴登矿井及选煤厂600万吨/年建设工程、纳林河二号矿井及选煤厂800万吨/年建设工程、中煤呼吉尔特矿区铁路专用线、大海则矿井及选煤厂1500万吨/年建设工程。监督的项目有2项荣获煤炭行业"太阳杯"和"优质工程"奖（其中系统工程1项、单位工程1项），2项荣获项目"优质工程"奖。

4）业务上属于总站直接管理的矿区站

煤炭工业伊敏煤电建设工程质量监督站。设立于1985年3月，隶属华能伊敏煤电有限责任公司，业务由煤炭工业建设工程质量监督总站管理。矿区站设站长1人，技术负责人1人，专业监督工程师9人，其中具有中级职称6人，高级职称5人。

截至2015年底，监督项目3个，完成3个。分别为：华能伊敏露天煤矿一期500万吨/年项目、华能伊敏露天煤矿二期1100万吨/年项目扩建工程、伊敏煤电三期1600万吨/年扩建工程，监督的项目有2项荣获煤炭行业"太阳杯"和"优质工程"奖（其中项目工程1项、系统工程1项）。

自治区煤炭行业建设工程质量监督管理工作经过多年发展，从无到有、从弱到强，依据有关法规的要求和市场经济的规律，角色从宏观管理到微观管理转换，通过现场实践，监督管理人员素质和知识结构也有较大的提高。各矿区站按照总站及中心站的有关规定，完善了组织机构，建立健全了监督管理责任制，完善了各项规章制度；并按总站对各类专业人员数量的规定要求（矿、土、安专业技术人员不少于70%，具备监督工程师资格人员的比例不少于50%），配齐了各类监督技术人员。

随着国家对建设工程质量监督标准的进一步完善和规范，新标准规范不断推陈出新，各专业质量监督人员通过加强学习，勇于实践，不断提升自己的业务素质，来适应煤炭行业对建设工程质量监督新的要求。

(三) 监督检验技术手段与制度建设

各质量监督站成立初期，工程质量监督检验的技术手段主要采用一般性简易的检测工具（例如：对墙体、柱的外观质量检测使用自制的简易靠尺加线坠和钢板尺进行）和简单的检测仪器（例如利用经纬仪、水准仪等对建筑物、构筑物进行放线定位及标高复测）对建设工程实体质量进行实测实量检查。

随着科学技术的发展，各种工程质量检测设备不断涌现，工程质量监督技术手段逐步更新。各矿区站均配备便携手持激光测距仪、钢筋位置测定仪和数字混凝土回弹仪等先进设备。各质量监督站管理技术手段也朝着多样化、高科技化的方向发展。另外，对个别存在工程质量缺陷的工程，委托具有相应资质的检测机构进行第三方检测鉴定，并出具检测报告，给质量监督部门对问题工程的处理提供科学、合理、公正的依据，使工程质量保持在"良好"的受控状态中。

各矿区站建立健全的规章制度有：《矿区站站长岗位责任制》《各职能科室管理办法及责任制》《工程质量监督管理办法及工作质量责任制》《工程质量监督手续办理及单位工程质量认证制度》、神华大雁矿区站的《建设工程质量监督管理办法》《工程管理办法（试行）》《装饰装修管理办法》及中煤鄂尔多斯矿区站《工程质量监督方案的制定与审批制度》等。这些规章制度保证了各质量监督站有序开展监督工作。

四、建设工程质量奖评选

(一) 全区煤炭行业建设工程获优工程

20世纪90年代初期，煤炭工业部设立了煤炭行业建设工程质量奖，即："优质工程""太阳杯工程"奖。经中心站及各矿区站的大力宣传、积极引导、热情服务，在全区范围内全面推动开展了"创精品工程"活动，工程质量"创优"得到了建设单位和各参建单位的认同。

2007年，内蒙古北联电能源开发有限公司吴四圪堵煤矿副斜井井筒工程首获煤炭行业"优质工程"奖，是内蒙古煤炭建设行业建设工程质量"创优"的开端，随之全区煤炭项目建设工程部分陆续获得行业"优质工程"和"太阳杯"奖及"国家优质工程金奖"和"鲁班奖"。获得行业"优质工程"和"太阳杯"奖项的工程逐年增加（表3-3-3）。

2008年以来，全区建设工程共获得国家优质工程金奖2项、鲁班奖1项、国家改革开放35年百项经典暨精品工程奖1项；获煤炭行业"优质工程"奖的建设工程共41项，同时获得行业"太阳杯"奖的有23项；行业获奖项目中，项目工程奖5项、系统工程获奖15项、单位工程获奖21项（表3-3-4）。

图3-3-10　内蒙古蒙泰不连沟煤业有限公司不连沟煤矿及选煤厂工程
分别获国家优质工程金奖和鲁班奖

表3-3-3　内蒙古煤炭建设项目获国家奖项工程统计表

工程名称	国家奖项	年度
内蒙古大唐国际胜利东二号露天煤矿一期工程	国家优质工程金奖	2011—2012年
内蒙古蒙泰不连沟煤业有限公司不连沟煤矿及选煤厂建设工程	国家优质工程金奖	2011—2012年
	鲁班奖	2012—2013年
	国家改革开放35年百项经典暨精品工程奖	2014年

表3-3-4　内蒙古煤炭建设项目获煤炭行业奖项工程统计表

工程名称	工程类别	煤炭行业奖项	年度
华能扎赉诺尔煤业公司灵东矿井建设工程	项目工程	优质工程"太阳杯"工程	2009—2010
内蒙古蒙泰不连沟煤业有限公司不连沟煤矿及选煤厂建设工程		优质工程"太阳杯"工程	2010—2011
华能伊敏煤电公司煤电三期扩建工程（煤矿部分）		优质工程"太阳杯"工程	2010—2011
神华准能黑岱沟露天煤矿选煤厂改扩建项目		优质工程"太阳杯"工程	2014—2015
内蒙古新汶鄂托克前旗长城煤矿改扩建工程		优质工程	2008—2009

表3-3-4（续）

工程名称	工程类别	煤炭行业奖项	年度
内蒙古大唐国际胜利东二号露天煤矿一期工程		优质工程"太阳杯"工程	2009—2010
华能伊敏煤电二期工程（煤矿部分）露天采煤半连续工艺及地面生产系统建筑安装工程		优质工程"太阳杯"工程	2009—2010
神华准格尔能源公司哈尔乌素露天煤矿选煤厂安装工程		优质工程"太阳杯"工程	2009—2010
内蒙古蒙泰不连沟采煤、运输及井下辅助系统设备安装工程		优质工程"太阳杯"工程	2009—2010
内蒙古汇能集团弓家塔宝平湾煤矿接续井地面生产系统工程		优质工程"太阳杯"工程	2011—2012
华能内蒙古北联电能源公司高头窑煤矿大巷及硐室工程		优质工程"太阳杯"工程	2011—2012
神华北电胜利一号露天煤矿二期工程地面储装系统工程	系统工程	优质工程"太阳杯"工程	2011—2012
内蒙古盛邦选煤有限公司选煤厂土建工程		优质工程"太阳杯"工程	2011—2012
国电建投内蒙古能源有限公司察哈素煤矿井下二期工程		优质工程"太阳杯"工程	2011—2012
扎赉诺尔煤业有限责任公司灵露煤矿地面生产系统土建及安装工程		优质工程"太阳杯"工程	2013—2014
伊泰集团酸刺沟矿选煤厂改扩建安装工程		优质工程	2010—2011
神华亿利能源公司黄玉川煤矿副立井机电设备及井筒设备安装工程		优质工程	2010—2011
内蒙古双欣矿业有限公司杨家村煤矿胶带输送系统配套建工程		优质工程	2012—2013
国电建投内蒙古能源有限公司察哈素煤矿副立井提升系统建安工程		优质工程	2012—2013
国电建投内蒙古能源有限公司察哈素煤矿副斜井生活广场、主斜井井口房及矿井水处理站土建及安装工程		优质工程	2012—2013
华电内蒙古不连沟矿主斜井、副斜井井筒工程		优质工程"太阳杯"工程	2008—2009
神华万利布尔台矿原煤仓及产品仓工程		优质工程"太阳杯"工程	2008—2009
华能扎赉诺尔煤业公司铁北煤矿水处理厂工程		优质工程"太阳杯"工程	2009—2010
内蒙古赛蒙特尔煤业公司赛蒙特尔煤矿副斜井井筒工程		优质工程"太阳杯"工程	2009—2010
神华准能哈尔乌素露天矿选煤厂煤仓工程		优质工程"太阳杯"工程	2010—2011
内蒙古伊泰凯达选煤厂原煤仓、块精煤仓及矸石仓工程		优质工程"太阳杯"工程	2013—2014
内蒙巴彦高勒煤矿副立井井筒冻结掘砌工程		优质工程"太阳杯"工程	2014—2015
内蒙中天合创葫芦素煤矿主井井筒掘砌工程		优质工程"太阳杯"工程	2014—2015
神华集团塔然高勒煤矿主、副井井塔建筑工程		优质工程"太阳杯"工程	2014—2015
内蒙古吴四圪堵煤矿副斜井井筒工程		优质工程	2007—2008
华电内蒙古不连沟矿进风立井井筒工程		优质工程	2008—2009
内蒙古鄂尔多斯棋盘井矿回风斜井工程	单位工程	优质工程	2008—2009
神华万利布尔台矿器材库、大型设备车间、物流中心配件库及材料棚工程		优质工程	2008—2009
内蒙古蒙泰不连沟煤业公司不连沟煤矿办公楼工程		优质工程	2009—2010
大唐国际胜利东二号露天煤矿后勤基地二期公寓工程		优质工程	2009—2010
神华准格尔能源公司黑岱沟露天煤矿选煤厂新建产品仓钢结构工程		优质工程	2009—2010
国电建投内蒙古能源有限公司察哈素煤矿综采设备库、维修车间及材料库工程		优质工程	2010—2011
内蒙古新能矿业王家塔煤矿主井井筒工程		优质工程	2011—2012
内蒙古上海庙矿业公司榆树井煤矿选煤厂产品仓工程		优质工程	2011—2012
华能内蒙古北联电能源公司高头窑煤矿选煤厂原煤仓、产品仓工程		优质工程	2011—2012
神华杭锦能源塔然高勒煤矿食堂、文体中心及灯房浴室联合建筑工程		优质工程	2011—2012

（二）部分区外施工单位获奖工程

（1）中煤第七十二工程有限公司承建的扎赉诺尔煤业公司灵东矿井建设项目获"太阳杯"工程等奖项（表3-3-5）。

表3-3-5 中煤第七十二工程有限公司在内蒙古施工获奖工程统计表

项目工程名称	获奖工程名称	获奖时间	奖项名称	颁奖部门
华能扎赉诺尔煤业公司灵东矿井建设工程	副井井塔	2009-11	创国内高寒地带冬季井塔施工速度新纪录	中国企业联合会 中国企业家协会
		2011-09	国家一级工法	住房和城乡建设部
		2011-10	2010年度全国建设工程优秀项目管理成果二等奖	中国建筑业协会
		2011-10	科学技术奖技术创新成果二等奖	中国施工企业管理协会
	华能扎赉诺尔煤业公司灵东矿井建设工程	2010-12	2009—2010年度优质工程、"太阳杯"工程（项目工程）	中国煤炭建设协会
内蒙古银宏公司泊江海子煤矿建设工程	主井井塔	2011-03	部级工法	中国煤炭建设协会
		2011-10	科学技术奖技术创新成果二等奖	中国施工企业管理协会
神华北电胜利一号露天煤矿二期工程	煤仓	2011-10	2010年度全国建设工程优秀项目管理成果三等奖	中国建筑业协会
	地面储装系统工程	2012-12	2011—2012年度优质工程"太阳杯"工程（系统工程）	中国煤炭建设协会
鄂尔多斯永煤矿业投资有限公司马泰壕煤矿建设工程	原煤仓（二期）	2014-10	科学技术奖技术创新成果一等奖	中国施工企业管理协会

（2）中煤第六十八工程有限公司承建的扎赉诺尔灵露煤矿改扩建项目地面生产系统土建及安装工程获"太阳杯"工程等奖项（表3-3-6）。

表3-3-6 中煤第六十八工程有限公司在内蒙古施工获奖工程统计表

项目工程名称	获奖工程名称	获奖时间	奖项名称	颁奖部门
华能扎赉诺尔煤业公司灵东矿井建设工程	华能扎赉诺尔煤业公司灵东矿井建设工程	2010-12	2009—2010年度优质工程、"太阳杯"工程（项目工程）	中国煤炭建设协会
内蒙古盛邦选煤有限公司选煤厂建设工程	内蒙古盛邦选煤有限公司选煤厂土建工程	2013-12	2012—2013年度优质工程"太阳杯"工程（系统工程）	中国煤炭建设协会
扎赉诺尔煤业有限责任公司灵露煤矿改扩建工程	地面生产系统土建及安装工程	2014-12	2013—2014年度优质工程"太阳杯"工程（系统工程）	中国煤炭建设协会

表3-3-6（续）

项目工程名称	获奖工程名称	获奖时间	奖项名称	颁奖部门
中天合创能源有限责任公司葫芦素矿井建设工程	主井井塔	2014-10	科学技术奖技术创新成果一等奖	中国施工企业管理协会
中天合创能源有限责任公司葫芦素选煤厂建设工程	煤仓	2015-10	科学技术奖技术创新成果一等奖	中国施工企业管理协会

（3）中煤第三十三工程处承建的内蒙古蒙泰不连沟煤业有限公司不连沟煤矿及选煤厂项目获"太阳杯"工程等奖项（表3-3-7）。

表3-3-7 中煤第三十三工程处在内蒙古施工获奖工程统计表

项目工程名称	获奖工程名称	获奖时间	奖项名称	颁奖部门
内蒙古蒙泰不连沟煤业有限公司不连沟煤矿及选煤厂建设工程	主斜井、副斜井井筒工程	2009-12	2008—2009年度优质工程、"太阳杯"工程（单位工程）	中国煤炭建设协会
	办公楼	2010-12	2009—2010年度优质工程（单位工程）	中国煤炭建设协会
	内蒙古蒙泰不连沟煤业有限公司不连沟煤矿及选煤厂建设工程	2011-12	2010—2011年度优质工程"太阳杯"工程（项目工程）	中国煤炭建设协会
	内蒙古蒙泰不连沟煤业有限公司不连沟煤矿及选煤厂建设工程	2013-12	2012—2013年度中国建设鲁班奖（国家优质工程）	中华人民共和国住房和城乡建设部 中国建筑业协会
	内蒙古蒙泰不连沟煤业有限公司不连沟煤矿及选煤厂建设工程	2014-12	2014年荣获国家改革开放35年百项经典暨精品工程	国家改革开放35年百项经典暨精品工程评委会
内蒙古伊泰凯达选煤厂建设工程	原煤仓、块精煤仓及矸石仓	2014-12	2013—2014年度优质工程"太阳杯"工程（单位工程）	中国煤炭建设协会
神华集团塔然高勒煤矿建设工程	主、副井井塔建筑工程	2015-12	2014—2015年度优质工程、"太阳杯"工程（单位工程）	中国煤炭建设协会

（4）兖矿新陆建设发展有限公司承建的华能扎赉诺尔煤业公司灵东矿井主、副、风立井井筒冻结工程获"太阳杯"工程等奖项（表3-3-8）。

表3-3-8 兖矿新陆建设发展有限公司在内蒙古施工获奖工程统计表

项目工程名称	获奖工程名称	获奖时间	奖项名称	颁奖部门
华能扎赉诺尔煤业公司灵东矿井建设工程	主、副、风立井井筒（冻结部分）	2010-12	2009—2010年度优质工程、"太阳杯"工程（项目工程）	中国煤炭建设协会
黑梁煤矿建设工程	主副斜井冻结工程	2014-06	实用新型专利：《一种冻结管特殊注浆装置》	中华人民共和国知识产权局

（5）中煤第三建设集团机电安装工程有限责任公司承建的华能集团扎赉诺尔煤业公司灵东矿井安装工程获"太阳杯"工程等奖项（表3-3-9）。

表3-3-9　中煤第三建设集团机电安装工程有限责任公司在内蒙古施工获奖工程统计表

项目工程名称	获奖工程名称	获奖时间	奖项名称	颁奖部门
华能扎赉诺尔煤业公司灵东矿井建设工程	矿井安装工程	2010-12	2009—2010年度优质工程、"太阳杯"工程（项目工程）	中国煤炭建设协会
神华亿利能源公司黄玉川煤矿建设工程	副立井机电设备及井筒设备安装工程	2011-12	2010—2011年度优质工程（系统工程）	中国煤炭建设协会

（6）中煤矿山建设（集团）有限责任公司承建的内蒙古吴四圪堵煤矿副斜井井筒工程获优质工程等奖项（表3-3-10）。

表3-3-10　中煤矿山建设（集团）有限责任公司在内蒙古施工获奖工程统计表

项目工程名称	获奖工程名称	获奖时间	奖项名称	颁奖单位
内蒙古吴四圪堵煤矿建设工程	副斜井井筒工程	2008-12	2007—2008年度优质工程（单位工程）	中国煤炭建设协会
内蒙古新能矿业王家塔煤矿及选煤厂建设工程	主井井筒工程	2012-12	2011—2012年度优质工程（单位工程）	中国煤炭建设协会
鄂尔多斯永煤矿业投资有限公司马泰壕煤矿建设工程	马泰壕矿深长（440米）斜井冻结法凿井关键技术	2012年	中国煤炭工业科学技术一等奖	中国煤炭工业协会

（7）中煤建安集团七十三处承建的神华准能哈尔乌素露天矿选煤厂项目煤仓工程获"太阳杯"工程等奖项（表3-3-11）。

表3-3-11　中煤建安集团七十三处在内蒙古施工获奖工程统计表

项目工程名称	获奖工程名称	获奖时间	奖项名称	颁奖部门
神华准能哈尔乌素露天矿选煤厂建设工程	煤仓工程	2011-12	2010—2011年度优质工程、"太阳杯"工程（单位工程）	中国煤炭建设协会

（8）中煤第五建设有限公司第三工程处承建的内蒙古黄陶勒盖煤炭有限责任公司巴彦高勒矿井副立井井筒冻结掘砌工程获"太阳杯"工程等奖项（表3-3-12）。

表3-3-12　中煤第五建设有限公司第三工程处在内蒙古施工获奖工程统计表

项目工程名称	获奖工程名称	获奖时间	奖项名称	颁奖部门
内蒙古黄陶勒盖煤炭有限责任公司巴彦高勒矿井建设工程	副立井井筒冻结掘砌工程	2015-12	2014—2015年度优质工程、"太阳杯"工程（单位工程）	中国煤炭建设协会

（9）中煤第五建设有限公司第五工程处承建的国电内蒙古能源有限公司察哈尔煤矿及选煤厂项目副立井提升系统建安工程获优质工程等奖项（表3-3-13）。

表3-3-13　中煤第五建设有限公司第五工程处在内蒙古施工获奖工程统计表

项目工程名称	获奖工程名称	获奖时间	奖项名称	颁奖部门
国电内蒙古能源有限公司察哈素煤矿及选煤厂建设工程	综采设备库、维修车间及材料库工程	2011-12	2010—2011年度优质工程（单位工程）	中国煤炭建设协会
	副立井提升系统建安工程	2013-12	2012—2013年度优质工程（系统工程）	中国煤炭建设协会
	副井工业场地地面工程	2013-05	第三批全国建筑业绿色施工示范工程	中国建筑业协会
	副立井提升系统安装工程	2014-12	2013—2014年度中国安装工程优质奖（中国安装之星）	中国安装之星
神华亿利能源有限责任公司黄玉川煤矿建设工程	副井井塔施工	2009-11	中国企业创新纪录（第十四批）证书	中国企业联合会

（10）中煤第一建设有限责任公司机电安装工程处承建的内蒙古蒙泰不连沟煤业有限公司不连沟煤矿及选煤厂建设工程获"太阳杯"工程等奖项（表3-3-14）。

表3-3-14　中煤第一建设有限责任公司机电安装工程处在内蒙古施工获奖工程统计表

项目工程名称	获奖工程名称	获奖时间	奖项名称	颁奖部门
内蒙古蒙泰不连沟煤业有限公司不连沟煤矿及选煤厂建设工程	深立井井筒装备工程	2009年	中国中煤能源集团公司科学技术进步二等奖	中国中煤能源集团公司
	并列式双桅杆半翻转法吊装大型箱式井架施工工法	2010年	2009—2010年度煤炭行业（部级）工程	中国煤炭建设协会
	采煤、输送及井下辅助系统设备安装工程	2010-12	2009—2010年度优质工程、"太阳杯"工程（系统工程）	中国煤炭建设协会
	土建、安装	2013-12	2012—2013年度中国建设鲁班奖（国家优质工程）	中华人民共和国住房和城乡建设部 中国建筑业协会

（11）宁夏煤炭基本建设有限公司承建的神华万利煤炭分公司布尔台煤矿原煤仓及产品仓工程等获"太阳杯"工程等奖项（表3-3-15）。

表3-3-15　宁夏煤炭基本建设有限公司在内蒙古施工获奖工程统计表

项目工程名称	获奖工程名称	获奖时间	奖项名称	颁奖部门
神华万利煤炭分公司布尔台煤矿建设工程	原煤仓及产品仓工程	2009-12	2008—2009年度优质工程、"太阳杯"工程（单位工程）	中国煤炭建设协会
	器材库、大型设备间、物流中心配件库及材料棚工程	2009-12	2008—2009年度优质工程（单位工程）	中国煤炭建设协会

（12）江苏南通六建建设集团有限公司承建的伊泰广联红庆河煤矿及选煤厂项目宿舍楼工程获全国工程建设优秀QC小组活动成果二等奖（表3-3-16）。

表3-3-16　江苏南通六建建设集团有限公司在内蒙古施工获奖工程统计表

项目工程名称	获奖工程名称	获奖时间	奖项名称	颁奖部门
内蒙古伊泰广联煤化有限责任公司红庆河煤矿及选煤厂建设工程	宿舍楼工程	2015-06	2015年全国工程建设优秀QC小组活动成果二等奖	中国建筑业协会

（13）华煤集团有限公司承建的银宏泊江海子煤矿及选煤厂项目主井井筒工程获优质工程等奖项（表3-3-17）。

表3-3-17　华煤集团有限公司在内蒙古施工获奖工程统计表

项目工程名称	获奖工程名称	获奖时间	奖项名称	颁奖部门
内蒙古银宏泊江海子煤矿及选煤厂建设工程	主井井筒工程	2011-08	2010年度在内蒙古银宏泊江海子煤矿主井井筒施工优质工程	中国煤炭建设协会工程统计委员会
乌海能源公司老石旦煤矿建设工程	副斜井井筒工程	2014-09	2013年度在乌海能源公司老石旦煤矿副斜井井筒施工中月进度350米创全国第二名	中国煤炭建设协会中国煤炭建设协会工程统计委员会

（14）中煤第九十二工程有限公司承建的准格尔黑岱沟煤矿选煤厂安装工程等获优质工程等奖项（表3-3-18）。

表3-3-18　中煤第九十二工程有限公司在内蒙古施工获奖工程统计表

项目工程名称	获奖工程名称	获奖时间	奖项名称	颁奖部门
准格尔黑岱沟煤矿选煤厂建设工程	选煤厂安装工程	2002-12	2001—2002年度优质工程（系统工程）	中国煤炭建设协会
神华准格尔能源公司哈尔乌素露天煤矿选煤厂建设工程	选煤厂安装工程	2010-12	2009—2010年度优质工程、"太阳杯"工程（系统工程）	中国煤炭建设协会
内蒙古大唐国际胜利东二号露天煤矿一期工程	地面生产系统安装工程	2010-12	2009—2010年度优质工程、"太阳杯"工程（系统工程）	中国煤炭建设协会
华能伊敏煤电公司煤电三期扩建工程（煤矿部分）	华能伊敏煤电公司煤电三期扩建工程（煤矿部分）	2011-12	2010—2011年度优质工程、"太阳杯"工程（项目工程）	中国煤炭建设协会
伊泰集团酸刺沟煤矿选煤厂改扩建工程	选煤厂安装工程	2011-12	2010—2011年度优质工程（系统工程）	中国煤炭建设协会
扎赉诺尔煤业有限责任公司灵露煤矿改扩建工程	地面生产系统土建及安装工程	2014-12	2013—2014年度优质工程、"太阳杯"工程（系统工程）	中国煤炭建设协会

内蒙古煤炭工业志（1991—2015）

第四篇 煤 炭 生 产

综合机械化采煤现场

- ○ 生产管理
- ○ 井工开采
- ○ 露天开采
- ○ 选煤

1991年，自治区有各类煤矿1049处，其中年产3万吨以上原煤生产能力的矿井和露天煤矿96处，生产能力为3605万吨/年。属国家统配煤炭企业的41处井工矿，生产能力为3117万吨/年。该年度全区原煤产量达到4923万吨，位居全国第八位。

在国家"西部大开发战略"的推动下，经过25年的快速发展，特别是经过艰巨的整顿关闭小煤矿、关井压产、产业升级改造等一系列重大产业政策的实施下，至2015年，全区共有煤炭生产企业336家，煤矿588处，总产能11.5亿吨。全区在籍千万吨级生产煤矿23处，其中世界最大规模井工矿补连塔煤矿（核准生产能力2800万吨/年）与全国最大规模的露天煤矿哈尔乌素露天煤矿（核准生产能力3500万吨/年）均在内蒙古境内。全区煤矿数量与产能均位居全国第一位。2015年，全区原煤年产量为9.1亿吨，约占全国原煤总产量的23.5%。

1991年以来，全区煤矿使用的机械化装备经历了从引进到国产化，以及到发展引领的过程，国产综采技术装备在现阶段生产中已占据主导地位。2005年以后，以神东矿区为代表的神华集团各国有重点煤矿采煤机械装备开始向大功率、大运力、自动化方向发展。补连塔煤矿电牵引采煤机割煤高度可达8.8米、总装机功率达到2500千瓦以上，牵引速度达到30米/分，最大生产能力达到6000吨/时，并装备了以计算机技术为基础的智能监测、监控、保护系统，采用先进的信息处理技术和传感技术，实现了机电一体化。

2011年以来，在2010年的基础上，着力提升煤矿的技术面貌，以实施综合机械化开采为目标，继续稳步推进煤矿技术改造，煤矿的单矿规模和采煤机械化程度等指标又有提高。2015年，全区煤矿单矿平均规模由2010年的127万吨/年提高到196万吨/年，增幅达48%，是全国单矿平均规模36万吨/年的5倍多。在此期间，建成年生产能力在1000万吨以上的煤矿23处，1000万吨以下120万吨以上的煤矿235处，分别占全区总产能的36.5%、48.6%。年产120万吨及以上的煤矿产能占到总产能的85.1%，年产30万吨以下的煤矿全部退出市场。形成了神东、准格尔2个亿吨级特大型煤炭生产基地，霍林河、白音华、平庄、呼伦贝尔4个千万吨级以上大型煤炭生产基地。

"十五"（2001—2005年）以来，全区露天煤矿剥采工艺与设备快速发展，吊斗铲连续倒堆工艺、自移式破碎机等相继被引入大型露天煤矿，与露天煤矿产能规模相配套的大型、集约、连续、绿色的生产工艺得到推广与发展。露天煤矿单矿最大产量达到3500万吨/年。2011—2015年，通过大力淘汰落后产能和机械化改造，全区矿井采煤机械化程度由2010年的90%提高到2015年的95%，采煤机械化程度位居全国前列。资源回收率由60%提高到65%以上，全员效率达到20吨/（工·日），矿井水利用率达到85%以上。各项指标均居全国前列，奠定了产煤大省（区）的基础地位。

1991年初，全区共有选煤厂7处，处理原煤能力为795万吨/年，约占全区原煤生产能力的16.59%。2000年，全区原煤入选率达到35%。2001年以来，实行以设计为龙头的工程总承包建设模式，选煤设备大型化、成套化、自动化得以大规模应用。全区最大选煤厂规模达到4000万吨/年。2015年底，全区原煤洗选加工能力7.98亿吨，原煤入选率达到88%，居全国中等偏上水平。

1991年以前，全区统配煤矿的通信设备主要是调度总机及单功能和双功能的对讲机。1991年10月，大雁矿务局生产调度中心率先建成较先进的无线移动通信网系统。2004年，神东矿区率先启用小灵通无线通信专网系统和入井人员车辆安全考勤定位系统。在随后的十余年间，全区煤矿的通信系统有了质的变化，截至2015年，全区大中型煤矿都安装了调度通信系统、生产自动化监控系统、安全监控系统、人员检身定位系统、GPS卫星定位系统等，煤炭生产管理实现了信息化、数字化管理。

第一章 生 产 管 理

第一节 煤矿数量、产量及标准化

一、煤矿数量与规模

（一）煤矿数量

1991年初，全区有各类煤矿1049处，其中国有统配煤矿44处、地方国营煤矿73处、乡镇企业开办煤矿932处。到1997年，全区登记在册的地方煤矿3746处，其中，国有统配煤矿开办小井219处，地方国营煤矿92处，其他部门所属42处；乡镇、集体、个人煤矿3393处，其中绝大多数是1万~2万吨/年的小煤井。1991年、1995年、1997年全区3万吨/年及以上煤矿生产能力见表4-1-1。

表4-1-1 1991年、1995年、1997年全区3万吨/年及以上煤矿生产能力统计表

	1991年 煤矿数（处）	1991年 产能（万吨）	1995年 煤矿数（处）	1995年 产能（万吨）	1997年 煤矿数（处）	1997年 产能（万吨）		1991年 煤矿数（处）	1991年 产能（万吨）	1995年 煤矿数（处）	1995年 产能（万吨）	1997年 煤矿数（处）	1997年 产能（万吨）
全区生产能力合计	96	3605	126	4436	136	4863	2. 国有地方煤矿	55	491	88	813	99	972
1. 国有重点煤矿	41	3117	38	3623	37	3891	呼和浩特市	—	—	—	—	3	12
包头矿务局	4	111	5	135	5	135	包头市	6	51	7	57	10	57
乌达矿务局	4	510	4	460	3	410	乌海市	2	13	10	60	9	48
海勃湾矿务局	5	450	5	390	5	390	阿拉善盟	4	30	5	51	8	66
平庄矿务局	11	620	8	502	7	397	巴彦淖尔盟	3	33	6	42	5	36
扎赉诺尔矿务局	8	690	7	607	7	620	伊克昭盟	10	73	25	282	42	513
大雁矿务局	5	245	3	294	3	295	乌兰察布盟	2	12	—	18	—	—
宝日希勒一矿	1	45	1	45	1	45	锡林郭勒盟	4	42	7	72	4	57
霍林河矿务局	1	300	1	1000	1	1000	赤峰市	8	87	10	99	6	75
伊敏煤电公司	1	100	1	100	1	100	哲里木盟	2	6	3	15	2	9
东胜煤田开发经营公司	1	60	2	90	4	480	兴安盟	1	3	1	3	1	3
							呼伦贝尔盟	13	141	11	114	9	96

截至1999年底,全区实际关闭矿井1737处,压产1789万吨,其中关闭矿井1510处,压产1526万吨;取缔矿井227处,压产263万吨。2000年,关闭矿井880处,其中关闭单证矿井498处(包括国有井田之内及发生重大安全事故的矿井);关闭国有井田内持有"双证"的矿井119处;关闭自1999年以来发生重大事故的"双证"矿井6处;关闭"双证"俱全,单井井型小于1万吨的矿井257处。截至2000年底,全区煤矿数量已从1997年的3746处减至2009处。2006年,全区一批大中型高产高效矿井先后建成投产,煤炭企业结构显著优化。全区共整合关闭小煤矿899处,淘汰落后产能5012万吨。2011年,内蒙古自治区政府颁发《关于印发自治区煤炭企业兼并重组工作方案的通知》(内政发〔2011〕32号),成立专门机构领导煤炭企业兼并重组工作,并确立了工作目标。至2015年,全区煤矿数量已控制在600处以内(表4-1-2)。

表4-1-2　2001—2015年全区煤矿数量统计表　　　　　处

年度	煤矿数量	年度	煤矿数量	年度	煤矿数量	年度	煤矿数量	年度	煤矿数量
2001	1890	2004	1530	2007	525	2010	551	2013	585
2002	1740	2005	890	2008	525	2011	564	2014	586
2003	1650	2006	566	2009	501	2012	563	2015	588

(二)煤矿规模

2000年以前,受资源条件、设备能力等条件制约,全区煤矿规模普遍偏低,其中地方煤矿生产能力低下,单井平均产量仅2.2万吨/年,资源回收率仅为15%~30%。此后,根据自治区政府规定,从2005年开始,对矿井规模有了明确的要求:新建井工煤矿规模不得低于120万吨/年,新建露天煤矿规模不得低于300万吨/年,整合、技改煤矿必须达到30万吨/年以上的规模。至2006年6月,全区已全部淘汰了10万吨/年以下的小煤矿,在提前实现国务院规定的煤矿整顿关闭目标的同时,大幅度提高了煤矿生产建设规模。

2010年,全区30万吨/年以下的小煤

图4-1-1　2005—2015年全区煤矿数量及产能

矿一律淘汰关闭退出市场，年产60万~120万吨的煤矿由2000年的9处，增加到174处；年产120万~500万吨的煤矿由2000年的11处，增加到135处；年产500万~1000万吨的煤矿由2002年的2处，增加到15处；年产1000万吨以上的煤矿由2005年的2处，增加到15处。单井（坑）平均产能达到120万吨/年，煤炭资源回收率达到65%以上。全区120万吨/年及以上煤矿产能占总产能的70%，比"十五"（2001—2005年）末期提高了30%。

2015年，全区1000万吨/年及以上的煤矿23处，500万~1000万吨/年的有29处，120万~500万吨/年的有206处，60万~120万吨/年的有170处，30万~60万吨/年的有160处；单井（坑）平均产能达到196万吨/年。

二、原煤产量

1991—1997年，全区除8个国有统配煤矿外，地方所属煤矿多数是小矿井，产量小。1991年、1995年、1997年全区各统配煤矿和各盟市3万吨/年及以上原煤产量统计见表4-1-3。2001—2015年，全区原煤产量呈直线式提升，其产能构成也有显著变化（表4-1-4、表4-1-5）。

表4-1-3　1991年、1995年、1997年全区各统配煤矿和各盟市3万吨/年及以上原煤产量统计表

万吨

	1991年	1995年	1997年		1991年	1995年	1997年
全区产量合计	4927.14	7042.60	7818.50	伊克昭盟	247.32	273.94	542.68
1. 国有重点煤矿	2885.83	2812.82	3303.76	乌兰察布盟	7.73	14.13	—
包头矿务局	155.01	151.99	185.74	锡林郭勒盟	78.83	75.49	87.47
乌达矿务局	442.19	284.05	365.27	赤峰市	90.76	102.30	122.38
海勃湾矿务局	189.01	169.38	254.17	哲里木盟	18.51	5.22	2.20
平庄矿务局	654.06	694.39	663.09	兴安盟	3.08	4.98	3.84
扎赉诺尔矿务局	517.23	405.79	420.64	呼伦贝尔盟	117.92	215.97	203.04
大雁矿务局	346.22	339.21	372.58	3. 乡镇集体煤矿	1297.19	3294.42	3252.90
宝日希勒一矿	45.01	42.17	58.55	呼和浩特市	—	—	12.42
霍林河矿务局	407.10	452.87	464.57	包头市	248.50	487.56	411.82
伊敏煤电公司	130.00	160.11	171.82	乌海市	103.44	221.47	253.63
东胜煤田开发经营公司	—	112.86	230.41	阿拉善盟	94.24	130.13	101.70
				巴彦淖尔盟	6.85	48.82	38.60
万利一井	—	—	8.00	伊克昭盟	453.60	1583.35	1441.90
准格尔煤炭公司	—	—	108.92	乌兰察布盟	7.73	14.13	
2. 国有地方煤矿	744.12	935.36	1261.84	锡林郭勒盟	8.87	14.43	13.88
呼和浩特市	—	—	12.42	赤峰市	248.03	427.33	535.40
包头市	95.28	83.41	83.41	哲里木盟	1.73	124.86	161.80
乌海市	18.80	78.25	93.56	兴安盟	—	14.07	34.59
阿拉善盟	40.11	53.82	80.84	呼伦贝尔盟	124.20	228.27	247.16
巴彦淖尔盟	25.78	27.85	30.00				

表4-1-4 2005—2015年全区分盟市原煤产量统计表 亿吨

地区	2005年	2006年	2007年	2008年	2009年	2010年	2011年	2012年	2013年	2014年	2015年
全区	2.56	2.98	3.54	4.73	6.04	7.87	9.79	10.62	10.31	9.94	9.10
1. 西部地区	1.76	2.03	2.32	2.98	3.90	5.23	6.70	7.25	7.06	7.05	6.67
呼和浩特市	0.01	0.04	0.07	0.05	0.05	0.06	0.05	0.06	0.05	0.04	0.04
包头市	0.05	0.02	0.02	0.02	0.15	0.22	0.20	0.22	0.20	0.20	0.19
鄂尔多斯市	1.53	1.76	1.99	2.65	3.39	4.49	5.88	6.40	6.31	6.31	6.17
巴彦淖尔市	0.00	0.00	0.01	0.01	0.01	0.01	0.01	0.01	0.00	0.00	0.00
乌海市	0.14	0.13	0.18	0.19	0.19	0.30	0.33	0.39	0.36	0.34	0.15
阿拉善盟	0.07	0.08	0.06	0.07	0.10	0.15	0.18	0.16	0.14	0.15	0.13
2. 东部地区	0.80	0.94	1.22	1.75	2.14	2.63	3.09	3.37	3.25	2.89	2.43
呼伦贝尔市	0.26	0.31	0.33	0.44	0.53	0.64	0.84	0.92	0.92	0.87	0.83
兴安盟	—	—	—	—	—	0.005	0.01	0.01	0.02	0.01	0.01
通辽市	0.25	0.34	0.45	0.58	0.60	0.63	0.64	0.62	0.55	0.53	0.51
赤峰市	0.16	0.18	0.23	0.26	0.29	0.29	0.32	0.34	0.35	0.27	0.24
锡林郭勒盟	0.07	0.11	0.21	0.47	0.72	1.08	1.28	1.47	1.41	1.21	0.84

表4-1-5 2000年、2005年全区煤炭生产统计表

规模分类	2000年						2005年					
	矿井数（处）	产能（万吨）	占全国或全区比重（%）	产量（万吨）	比上一年增长（%）	占全国或全区比重（%）	矿井数（处）	产能（万吨）	占全国或全区比重（%）	产量（万吨）	比上一年增长（%）	占全国或全区比重（%）
全国	33200	180353	—	138400	8.13	—	24813	226431	—	235000	19.12	—
全区	1474	12854	7.13	6964	5.18	5.03	890	23467	10.36	25560	20.30	10.88
央企	37	5026	39.10	4465	24.06	64.12	57	12605	53.71	13694	24.33	53.58
其中：神华集团	17	3815	29.68	2195	35.16	31.52	30	7513	32.02	8445	23.13	33.04
地方企业	1437	7828	60.90	2499	-17.28	35.88	833	11362	48.42	11866	13.75	46.42
其中：伊泰集团	23	150	1.17	255	3.6	3.66	14	843	3.59	1010	12.6	3.95
东部地区	316	3523	27.41	2909	-1.46	41.77	172	6883	29.33	7938	23.87	32.46
西部地区	1158	9331	72.59	4055	10.52	58.23	718	16584	70.67	17622	17.87	67.54
露天煤矿	33	2937	22.85	2696	58.4	38.71	29	6283	26.77	6822	21.3	26.69
井工煤矿	1441	9917	77.15	4269	-10.51	61.30	861	17184	73.23	18738	28.6	73.31
1000万吨以上煤矿	2	2200	—	1595	—	—	3	5000	—	5961	—	—
500万~1000万吨煤矿	—	—	—	—	—	—	3	2100	—	2349	—	—
120万~500万吨煤矿	11	1700	—	1604	—	—	25	4491	—	5078	—	—
60万~120万吨煤矿	9	695	—	505	—	—	12	933	—	1312	—	—
45万~60万吨煤矿	5	230	—	296	—	—	6	280	—	300	—	—
30万~45万吨煤矿	10	300	—	580	—	—	38	1310	—	927	—	—
30万吨以下煤矿	1437	7729	—	2384	—	—	803	9353	—	9633	—	—

2006—2010年，全区设计新建技改煤矿总规模达到61425万吨/年，新增生产能力51360.5万吨/年；国家投资建设的生产能力超过千万吨级的矿井4个，生产能力超过千万吨级的露天煤矿5处。2009年，全区原煤产量首次超过山西省，位居全国首位。2010—2015年，全区煤炭生产构成情况也发生较大变化（表4-1-6至表4-1-8）。

表4-1-6 2010年、2011年全区煤炭生产统计表

规模分类	2010年					2011年				
	矿井数（处）	产能（万吨）	占全国或全区比重（%）	产量（万吨）	比上一年增长（%）	占全国或全区比重（%）	矿井数（处）	产能（万吨）	占全国或全区比重（%）	产量（万吨）	比上一年增长（%）	占全国或全区比重（%）
全国	11000	330000	—	323500	8.81	—	11317	350000	—	352000	-2.50	—
全区	551	74707	22.64	78665	26.30	24.32	564	78363	22.39	97926	25.12	27.82
央企	75	35591	47.64	28718	11.16	36.51	77	37531	47.89	39408	18.18	40.24
其中：神华集团	32	18890	24.11	21840	18.51	22.30	35	27215	23.66	20378	-14.88	20.50
地方企业	476	39116	52.36	49947	21.10	63.49	487	40832	52.11	58518	29.70	59.76
其中：伊泰集团	13	3520	4.71	6329	57.54	7.34	13	3520	4.49	5112	-11.51	5.22
东部地区	128	21229	28.42	26334	-6.37	33.48	134	21679	27.66	30943	18.46	31.62
西部地区	423	53478	71.58	52331	29.71	66.52	430	56684	72.34	66983	28.45	68.38
露天煤矿	211	34093	45.64	37668	41.61	47.88	220	35130	44.83	45182	19.95	46.14
井工煤矿	340	40614	54.36	40997	22.53	52.12	344	43233	55.17	52744	28.65	53.86
1000万吨以上煤矿	15	22960	—	23060			16	24100		31800		
500万~1000万吨煤矿	15	8600	—	8214			17	9900		12400		
120万~500万吨煤矿	135	24038		27256			150	25495		32700		
60万~120万吨煤矿	174	12054		12488			175	11944		13900		
45万~60万吨煤矿	46	2070		2360			49	2205		2300		
30万~45万吨煤矿	166	4985		5287			157	4719		4826		
30万吨以下煤矿	0	0		—			0	0		0		

表4-1-7 2012年、2013年全区煤炭生产统计表

规模分类	2012年						2013年					
	矿井数（处）	产能（万吨）	占全国或全区比重（%）	产量（万吨）	比上一年增长（%）	占全国或全区比重（%）	矿井数（处）	产能（万吨）	占全国或全区比重（%）	产量（万吨）	比上一年增长（%）	占全国或全区比重（%）
全国	14000	380000	—	365000	3.69	—	12526	420000	—	368000	0.82	—
全区	563	89827	23.64	106194	12.30	29.09	585	100476	23.92	103030	0.73	27.85
央企	81	42469	47.28	47013	8.85	44.27	84	43476	43.27	44525	0.75	43.32
其中：神华集团	34	19990	22.25	23624	18.51	22.30	34	20695	20.60	25189	3.12	24.45

表 4-1-7（续）

规模分类	2012年						2013年					
	矿井数（处）	产能（万吨）	占全国或全区比重（%）	产量（万吨）	比上一年增长（%）	占全国或全区比重（%）	矿井数（处）	产能（万吨）	占全国或全区比重（%）	产量（万吨）	比上一年增长（%）	占全国或全区比重（%）
地方企业	482	47358	52.72	59181	14.66	55.73	501	57000	56.73	58505	0.71	56.78
其中：伊泰集团	13	3520	3.92	5997	17.31	5.65	14	3565	3.55	5398	-10.49	5.21
东部地区	136	25319	28.19	33728	9.88	31.95	136	27736	27.60	32460	-3.15	31.51
西部地区	427	64508	71.81	72466	13.46	68.05	449	72740	72.40	70570	2.61	68.45
露天煤矿	225	40045	44.58	49377	9.28	46.50	239	45555	45.34	47490	0.59	46.09
井工煤矿	338	49782	55.42	56817	7.72	53.50	346	54921	54.66	55540	0.32	53.91
1000万吨以上煤矿	17	27600	—	33280	—	—	20	32500	—	35520	—	—
500万~1000万吨煤矿	19	11000		14600			22	12700		13600		
120万~500万吨煤矿	186	33765		37200			203	37690		37880		
60万~120万吨煤矿	172	11734		14500			173	11944		12400		
45万~60万吨煤矿	43	1935	—	2150			52	2335		2200		
30万~45万吨煤矿	126	3793		4464			115	3307		1430		
30万吨以下煤矿	0	0	—	—	—	—	0	0	—	—	—	—

表 4-1-8 2014年、2015年全区煤炭生产统计表

规模分类	2014年						2015年					
	矿井数（处）	产能（万吨）	占全国或全区比重（%）	产量（万吨）	比上一年增长（%）	占全国或全区比重（%）	矿井数（处）	产能（万吨）	占全国或全区比重（%）	产量（万吨）	比上一年增长（%）	占全国或全区比重（%）
全国	11017	420000	—	386906	-2.50	—	11017	420000	—	387000	-2.50	—
全区	586	110429	26.29	99391	0.30	25.69	588	115004	26.29	90957	-8.50	23.50
央企	90	54144	49.03	44133	-0.88	44.40	88	54849	47.69	38057	-13.77	41.84
其中：神华集团	35	27095	24.54	23941	-4.95	24.09	35	27215	23.66	20378	-4.88	20.50
地方企业	496	56285	50.97	58258	-5.55	55.60	500	60155	52.31	52900	-4.27	53.22
其中：伊泰集团	14	3565	3.23	4346	-19.04	4.37	16	5785	5.03	3459	-20.41	3.48
东部地区	135	31384	28.42	28930	-10.87	29.11	132	31939	27.77	24273	-16.10	24.42
西部地区	451	79045	71.58	70461	-0.15	70.89	456	83065	72.23	66684	-5.36	67.09
露天煤矿	239	21580	46.71	41220	-13.20	41.47	240	52685	45.81	36234	-12.10	36.46
井工煤矿	347	58849	53.29	58171	4.74	58.53	348	62319	54.19	54723	-5.93	55.06
1000万吨以上煤矿	23	41400	—	35472	—	—	23	42000	—	—	—	—
500万~1000万吨煤矿	24	13900		13271			29	16690				
120万~500万吨煤矿	203	37670		36599			206	39200				

表4-1-8（续）

规模分类	2014年						2015年					
	矿井数（处）	产能（万吨）	占全国或全区比重（%）	产量（万吨）	比上一年增长（%）	占全国或全区比重（%）	矿井数（处）	产能（万吨）	占全国或全区比重（%）	产量（万吨）	比上一年增长（%）	占全国或全区比重（%）
60万~120万吨矿	173	11944	—	11057	—	—	170	11704	—	—	—	—
45万~60万吨矿	51	2290	—	1969	—	—	50	2245	—	—	—	—
30万~45万吨矿	112	3225	—	1023	—	—	110	3165	—	—	—	—
30万吨以下煤矿	0	0	—	—	—	—	0	0	—	—	—	—

截至2015年底，全区有合规煤矿588处，总产能115004万吨，平均单井产能195.59万吨；其中，央企所属88处，矿井平均产能340.45万吨/年；地方企业所属500处，矿井平均产能120.31万吨。

全区有井工煤矿348处，产能62319万吨，平均单井产能179.08万吨，占总产能的54.19%；有露天矿240处，产能52685万吨，平均单矿产能219.52万吨。

2015年，全区有未批先建煤矿23处，核定产能16480万吨，其中井工煤矿18处，核定产能12080万吨；露天矿5处，核定产能4400万吨。这些违规建设的煤矿中，央企8处，核定产能8000万吨，地方企业15处，核定产能8480万吨。截至2015年底，全区煤矿基本情况见表4-1-9。

三、质量标准化与高产高效矿井

（一）质量标准化矿井

20世纪90年代初，东北内蒙古煤炭联合公司和中国统配煤矿总公司分别在本系统内开展质量标准化矿井评审活动。1992年，平庄矿务局五家矿、古山矿、红庙矿、风水沟矿，扎赉诺尔矿务局灵泉矿、灵北矿，大雁矿务局二矿、三矿入选东北内蒙古煤炭联合公司系统1991年度特级质量标准化先进矿。

乌达矿务局五虎山矿、海勃湾矿务局公乌素露天煤矿入选中国统配煤矿总公司系统1991年度特级质量标准化矿井。海勃湾矿务局老石旦矿入选一级质量标准化矿井。

1993年，平庄矿务局五家矿、古山矿、西露天煤矿，扎赉诺尔矿务局灵北矿，大雁矿务局一矿、二矿，霍林河矿务局南露天煤矿入选东北内蒙古煤炭联合公司系统1992年度特优级质量标准化先进矿。平庄矿务局元宝山矿、红庙矿、风水沟矿，扎赉诺尔矿务局西山矿、灵泉矿、灵北露天煤矿，大雁矿务局三矿入选东北内蒙古煤炭联合公司系统1992年度特级质量标准化先进矿。

乌达矿务局五虎山矿入选中国统配煤矿总公司系统1992年度特级质量标准化矿井。包头矿务局阿刀亥矿、海勃湾矿务局公乌素矿入选一级质量标准化矿井。

煤炭工业部恢复建置后，质量标准化矿井的评审工作，分为国有重点煤矿部特级、部级质量标准化矿井和地方煤矿部特级、部级质量标准化矿井（执行国有重点煤矿部级标准）评选工作。1993—2000年国有重点煤矿和地方国有重点煤矿入选质量标准化矿井（露天）情况见表4-1-10、表4-1-11。

表4-1-9 2015年底全区煤矿基本情况统计表

项目	总数量（处）	总产能（万吨/年）	按隶属关系分				按采矿方式分				按生产与建设类型分								按产能规模分							
			央企所属		地方企业所属		井工矿		露天矿		生产煤矿				按改煤矿		新建煤矿		1000万吨/年及以上		500万(含)~1000万吨/年		120万(含)~500万吨/年		30万(含)~120万吨/年	
			数量（处）	产能（万吨/年）	数量（处）	产能（万吨/年）	数量（处）	产能（万吨/年）	数量（处）	产能（万吨/年）	数量（处）	产能（万吨/年）	已登记公告 数量（处）	已登记公告 产能（万吨/年）	数量（处）	产能（万吨/年）	数量（处）	产能（万吨/年）	数量（处）	产能（万吨/年）	数量（处）	产能（万吨/年）	数量（处）	产能（万吨/年）	数量（处）	产能（万吨/年）
合计	588	115004	88	54849	500	60155	348	62319	240	52685	403	81094	349	74289	152	12080	33	21830	23	42000	29	16690	206	39200	330	17114
一、西部地区	456	83065	50	29960	406	53105	257	54945	199	28120	296	56195	269	53340	135	11300	25	15570	15	24500	21	11890	175	32920	245	13755
1.呼和浩特市	3	180			3	180			3	180	2	120	2	120	1	60									3	180
2.包头市	17	1065	2	210	15	855	3	120	14	945	12	765	12	765	5	300							2	240	15	825
3.鄂尔多斯市	335	75125	34	27900	301	47225	184	50365	151	24760	241	51735	222	49150	70	7970	24	15420	15	24500	21	11890	149	29270	150	9465
4.巴彦淖尔市	5	255			5	255	4	195	1	60	3	135	1	45	2	120									5	255
5.乌海市	51	4685	10	1685	41	3000	24	2705	27	1980	29	3020	25	2900	21	1515	1	150					22	3110	29	1575
6.阿拉善盟	45	1755	4	165	41	1590	42	1560	3	195	9	420	7	360	36	1335							2	300	43	1455
二、东部地区	132	31939	38	24889	94	7050	91	7374	41	24565	107	24899	80	20949	17	780	8	6260	8	17500	8	4800	31	6280	85	3359
1.呼伦贝尔市	39	11419	17	10039	22	1380	30	3859	9	7560	27	9169	23	8704	9	450	3	1800	2	5700	4	2300	12	2480	21	939
2.兴安盟	5	165			5	165	5	165			5	165	5	165											5	165
3.通辽市	21	5515	5	4600	16	915	7	360	14	5155	20	5485	18	5425	1	30			2	3600			6	1420	13	495
4.赤峰市	39	3155	7	1840	32	1315	36	2105	3	1050	34	2705	19	2255	2	90	3	360			1	800	7	1270	31	1085
5.锡林郭勒盟	28	11685	9	8410	19	3275	13	885	15	10800	21	7375	15	4400	5	210	2	4100	4	8200	3	1700	6	1110	15	675

表 4-1-10　1993—2000 年国有重点煤矿入选质量标准化矿井（露天）统计表

年度	级别	煤矿名称
1993	部特级	伊敏煤电公司一号露天煤矿
	部一级	包头矿务局阿刀亥矿、乌达矿务局黄白茨矿、苏赫图矿、海勃湾矿务局老石旦矿
1994	部级	平庄矿务局古山煤矿一井、古山煤矿二井、古山煤矿三井、红庙煤矿二井、风水沟矿、西露天煤矿
1995	部级	包头矿务局阿刀亥矿，平庄矿务局古山煤矿一井、古山煤矿二井、古山煤矿三井、红庙煤矿一井、红庙煤矿三井、元宝山煤矿二井、元宝山煤矿三井、风水沟煤矿，扎赉诺尔矿务局铁北煤矿、灵泉煤矿、灵泉露天煤矿，大雁矿务局一矿、二矿，霍林河矿务局西露天煤矿、伊敏煤电公司一露天煤矿
1996	部级	包头矿务局阿刀亥矿，平庄矿务局古山煤矿一斜井、古山煤矿二斜井、古山煤矿三斜井、红庙煤矿二斜井、风水沟平硐，扎赉诺尔矿务局灵泉皮带井、灵北胜利井、西山南斜井、西山北斜井、灵泉露天煤矿，大雁矿务局一矿、二矿、三矿，霍林河矿务局西露天煤矿
1997	部级	包头矿务局阿刀亥矿，宝日希勒煤炭集团公司一矿，平庄矿务局元宝山煤矿三井、古山煤矿一井、古山煤矿二井、古山煤矿三井、红庙煤矿一井、红庙煤矿二井、风水沟煤矿、西露天煤矿，扎赉诺尔矿务局灵泉皮带井、灵北胜利井、灵泉露天煤矿，大雁矿务局一矿、二矿、三矿，霍林河矿务局南露天煤矿，伊敏煤电公司一露天煤矿
1998	部级	平庄矿务局元宝山煤矿一井、古山煤矿二井、古山煤矿三井、风水沟煤矿、西露天煤矿，霍林河矿务局南露天煤矿，伊敏煤电公司一露天煤矿，大雁矿务局一矿、二矿、三矿，扎赉诺尔矿务局铁北矿、西山南斜井、灵北矿胜利井、灵北矿十二井、灵泉露天煤矿，宝日希勒煤炭集团公司一矿
1999	部级	平庄矿务局元宝山煤矿三井、古山煤矿一井、古山煤矿二井、古山煤矿三井、风水沟煤矿、红庙煤矿二井，霍林河矿务局南露天煤矿，大雁矿务局一矿、二矿、三矿，扎赉诺尔矿务局铁北矿、灵北矿胜利井、灵北矿十二井、灵泉露天煤矿，宝日希勒煤炭集团公司一矿，伊敏煤电公司一露天煤矿
2000	部级	神华集团补连塔矿、马家塔矿、准格尔黑岱沟露天煤矿，平庄矿务局古山煤矿一井、古山煤矿二井、古山煤矿三井、风水沟煤矿、红庙煤矿二井，霍林河煤业（集团）公司南露天煤矿、北露天煤矿，大雁矿务局一矿，扎赉诺尔矿务局灵泉矿、铁北矿、灵北矿胜利井、灵北矿十二井、南露天煤矿，宝日希勒煤炭集团公司一矿，伊敏煤电公司一露天煤矿

表 4-1-11　1995—2000 年地方国有重点煤矿入选质量标准化矿井（露天）统计表

年度	级别	煤矿名称
1995	部级	呼伦贝尔盟五九煤矿一号井、二号井、三号井，呼伦贝尔盟林雁公司一号井，赤峰市四龙煤矿、赤峰市大风水沟煤矿，赤峰市塔布花煤矿，伊克昭盟棋盘井煤矿
1996	部级	赤峰市四龙煤矿，赤峰市大风水沟煤矿，赤峰市塔布花煤矿，呼伦贝尔盟拉布达林煤矿，呼伦贝尔盟五九煤炭实业有限责任公司一号井、二号井、三号井，锡林郭勒盟乌兰图嘎煤矿
1997	部级	赤峰市四龙煤矿，赤峰市大风水沟煤矿，赤峰市塔布花煤矿、满洲里煤矿，呼伦贝尔盟五九煤炭实业有限责任公司一号井、二号井、三号井
1998	部级	赤峰市四龙煤矿、赤峰市大风水沟煤矿
1999	部级	赤峰市四龙煤矿、赤峰市大风水沟煤矿
2000	部级	呼伦贝尔盟五九煤炭公司一号井

（二）高产高效矿井

1992年7月12—14日，能源部在大雁矿务局召开煤矿改革现场会。会议充分肯定了大雁矿务局改革取得的一系列成果，推广了大雁矿务局一矿高产高效矿井建设的成功经验。

1993年4月，煤炭工业部恢复建置后，做出加快建设高产高效矿井的决定并印发《建设高产高效矿（井）暂行管理办法》，根据评审标准，高产高效矿井分为特级、一级和省级3个等级。各矿务局响应号召，积极挖掘内部潜力，依靠自己的力量加快高产高效矿井建设的步伐。入选1994—2001年全国各等级高产高效矿井（露天）情况见表4-1-12。

表4-1-12　入选1994—2001年全国各等级高产高效矿井（露天）统计表

年度	级别	煤矿名称
1994	部级	大雁矿务局一矿
	省级	大雁矿务局二矿、包头矿务局阿刀亥矿
1995	部级	包头矿务局阿刀亥矿，大雁矿务局一矿、二矿
1996	部级	包头矿务局阿刀亥矿，大雁矿务局一矿、二矿，霍林河矿务局西露天煤矿，伊敏煤电公司一露天煤矿
1997	部级	包头矿务局阿刀亥矿，大雁矿务局一矿、二矿，霍林河矿务局西露天煤矿，伊敏煤电公司一露天煤矿
1999	特级	神东公司补连塔煤矿
	行业级	神东公司马家塔露天煤矿、包头矿务局阿刀亥矿、大雁矿务局一矿、二矿、伊敏一露天煤矿
2000	特级	华能伊敏煤电公司第一露天煤矿、神华神东补连塔煤矿、神华神东公司马家塔露天煤矿
	行业级	神华准格尔黑岱沟露天煤矿、霍林河矿务局南露天煤矿、大雁矿务局第一煤矿
2001	行业级	神华神东公司补连塔矿、上湾矿、马家塔露天煤矿、准格尔黑岱沟露天煤矿、包头矿务局阿刀亥矿、伊敏煤电公司露天煤矿、霍林河煤业集团南露天煤矿、大雁煤业集团一矿、二矿

2003年，中国煤炭工业协会将高产高效矿井评定标准分为国家级、行业级和省级3个标准。2004年，中国煤炭工业协会制定《煤炭工业高产高效矿井（露天）标准及评审办法》，将国家级改为特级。

2005年，中国煤炭工业协会在全国共命名高产高效煤矿196处，其中特级59处、行业级103处、省级34处。全区只有8处煤矿进入特级高产高效矿井行列，其中神华集团所属煤矿5处；8处煤矿进入行业级高产高效行列，其中神华集团所属煤矿4个，其余入选高产高效矿井（露天）的煤矿也是国有统配重点煤矿。内蒙古地方所属煤矿无一达到入选标准（表4-1-13）。

表4-1-13　入选2002—2005年全国高产高效矿井（露天）统计表

年度	级别	煤矿名称
2002	国家级	神华神东煤炭公司上湾矿、补连塔矿、神华准能公司黑岱沟露天煤矿，伊敏煤电公司露天煤矿
	行业级	神华神东煤炭公司哈拉沟矿、乌兰木伦矿，大雁煤业集团一矿、二矿，霍林河煤业公司南露天煤矿，扎赉诺尔煤业公司灵北矿、灵泉矿露天煤矿
2003	国家级	神华神东煤炭公司补连塔矿、准能公司黑岱沟露天煤矿、霍林河煤业集团南露天煤矿、伊敏煤电公司露天煤矿
	行业级	神华神东煤炭公司上湾矿、乌兰木伦矿、马家塔露天煤矿、大雁煤业公司一矿、二矿，扎赉诺尔煤业公司灵北矿、灵泉矿，宝日希勒煤业公司露天煤矿

表 4-1-13（续）

年度	级别	煤 矿 名 称
2004	特级	神华神东煤炭公司上湾矿、补连塔矿、乌兰木伦矿、准能公司黑岱沟露天煤矿
	行业级	包头矿业公司阿刀亥煤矿，扎赉诺尔煤业公司灵泉矿，大雁煤业公司一矿、二矿
	省级	扎赉诺尔煤业公司铁北矿
2005	特级	神华神东煤炭公司补连塔矿、乌兰木伦矿、上湾矿、马家塔露天煤矿、准能公司黑岱沟露天煤矿，宝日希勒煤业公司露天煤矿，大雁煤业集团公司一矿、霍林河煤业集团南露天煤矿
	行业级	神华神东天隆集团公司武家塔露天煤矿、包头矿业公司阿刀亥矿、海勃湾矿业公司露天矿、北电胜利公司露天煤矿，扎赉诺尔煤业集团公司铁北矿、大雁煤业公司二矿、平庄煤业集团公司风水沟矿、六家矿
	省级	扎赉诺尔煤业集团公司灵泉矿、灵北煤矿十二井、平庄煤业集团公司古山煤矿三井

（三）安全高效矿井

2007年2月，中国煤炭工业协会制定下发《煤炭工业安全高效矿井（露天）标准及评审办法》，在《煤炭工业高产高效矿井（露天）标准及评审办法》的基础上，增加了安全的权重值，将级别改为特级、行业一级、行业二级。

评审方式与评高产高效矿井相同：各煤矿根据《煤炭工业安全高效矿井（露天）标准及评审办法》中所规定的条件进行申报，各省自治区煤炭工业局推荐，中国煤炭工业协会审查。

全国获得2007年度安全高效矿井命名的矿井（露天）268处，内蒙古有3处地方煤矿首次入选，其中神东天隆公司武家塔露天煤矿、内蒙古伊泰集团纳林庙煤矿二号井达到特级标准，内蒙古伊东集团窑沟扶贫煤矿达到行业一级标准，全部是非公有制煤炭企业的矿井。

随着地方煤矿技术改造和新矿井的建成，内蒙古非公有制煤炭企业煤矿入选高产高效矿井（露天）的数量到2009年增加到12处，其中入选特级标准煤矿4处，详见表4-1-14。入选2010—2011年全国安全高效矿井（露天）情况见表4-1-15。

表4-1-14 入选2006—2009年全国高产高效矿井（露天）统计表

年度	级别	煤 矿 名 称
2006	特级	神华神东煤炭公司补连塔矿、乌兰木伦矿、上湾矿、平庄煤业集团公司风水沟矿
	行业一级	神华海勃湾矿务局露天煤矿、神华包头矿业公司阿刀亥矿、平庄煤业集团公司六家矿、扎赉诺尔煤业公司灵泉矿
	行业二级	神华乌达矿业公司黄白茨矿、平庄煤业集团公司古山煤矿三井、扎赉诺尔煤业公司铁北矿、大雁煤业集团公司一矿、二矿
2007	特级	神华神东煤炭公司补连塔矿、乌兰木伦矿、上湾矿、马家塔露天煤矿、神华金烽煤炭分公司唐公沟矿、万利一矿、柳塔矿、准能公司黑岱沟露天煤矿、神华北电胜利能源有限公司露天煤矿、神华宝日希勒能源有限公司露天煤矿、华能伊敏煤电公司露天煤矿、平庄煤业集团公司元宝山露天煤矿、霍林河煤业公司南露天煤矿、神东天隆集团公司武家塔露天煤矿、内蒙古伊泰集团有限公司纳林庙煤矿二号井
	行业一级	神华海勃湾矿业公司露天煤矿、神华包头矿业公司阿刀亥矿、神华乌达五虎山矿业公司，扎赉诺尔煤业公司灵泉矿、铁北矿、大雁煤业公司一矿、二矿、南矿，平庄煤业公司风水沟煤矿、红庙煤矿二井、六家矿，内蒙古伊东集团窑沟扶贫煤矿
	行业二级	平庄煤业集团公司古山煤矿三井，神华乌达黄白茨矿业公司

表 4-1-14（续）

年度	级别	煤矿名称
2008	特级	神华神东煤炭公司补连塔矿、上湾矿、万利一矿，神华包头矿业公司阿刀亥矿，扎赉诺尔煤业公司铁北矿，内蒙古伊泰煤炭股份公司纳林庙煤矿二号井、宏景塔一矿，神华准能公司黑岱沟露天煤矿，神华宝日希勒露天煤矿、神东天隆公司武家塔露天煤矿，华能伊敏煤电公司露天矿
	行业一级	神华乌海能源公司黄白茨矿、五虎山矿，大雁煤业公司一矿、二矿、雁南矿，内蒙古伊泰集团有限公司大地精煤矿
	行业二级	平庄煤业集团公司古山煤矿三井、红庙矿
2009	特级	神华神东煤炭公司补连塔矿、乌兰木伦矿、上湾矿、万利一矿、寸草塔矿、唐公沟矿，神华准能公司黑岱沟露天煤矿，神华乌海能源公司露天煤矿、神华宝日希勒露天煤矿、华能伊敏煤电公司露天煤矿，扎赉诺尔煤业公司铁北矿，平庄煤业集团公司老公营子矿、六家煤矿、红庙煤矿、元宝山露天煤矿，大雁煤业公司一矿、二矿、雁南矿，内蒙古伊泰集团纳林庙煤矿二号井、宏景塔一矿，内蒙古伊泰集团东圪堵煤矿，神东天隆公司武家塔露天煤矿
	行业一级	神华神东煤炭集团公司金烽寸草塔矿、神华乌海能源公司棋盘井矿，神华包头能源公司阿刀亥矿，神华北电胜利能源公司露天矿，内蒙古伊泰集团纳林庙煤矿一号井、丁家渠矿、大地精煤矿、宝山煤矿，内蒙古伊东资源集团窑沟扶贫煤炭公司、沙咀子煤矿
	行业二级	平庄煤业集团风水沟矿、古山煤矿三井，扎赉诺尔煤业公司灵泉矿，内蒙古伊东集团宏鑫煤矿、宏测煤炭公司

表 4-1-15　入选 2010—2011 年全国安全高效矿井（露天）统计表

级别	煤矿名称
特级	神华神东煤炭集团有限责任公司寸草塔煤矿、乌兰木伦煤矿、补连塔煤矿、上湾煤矿，神华乌海能源乌海市露天矿业有限公司、乌达黄白茨矿业有限责任公司、蒙西煤化有限责任公司棋盘井煤矿，神华北电胜利有限责任公司胜利露天煤矿，神华哈尔乌素煤炭分公司露天煤矿，神华准格尔能源有限责任公司黑岱沟露天煤矿，扎赉诺尔煤业有限责任公司五牧场煤矿、灵泉煤矿，内蒙古平庄煤业有限责任公司老公营子煤矿、风水沟煤矿、红庙煤矿、元宝山露天煤矿，华能伊敏煤电有限责任公司露天煤矿，冀中能源张家口矿业集团鄂尔多斯市张家梁煤炭有限责任公司，内蒙古伊泰煤炭股份有限公司宏景塔一矿、纳林庙煤矿一号井、纳林庙煤矿二号井，内蒙古伊泰京粤酸刺沟矿业有限责任公司酸刺沟煤矿，内蒙古伊泰集团有限公司大地精煤矿、宝山煤矿、丁家渠煤矿
行业一级	内蒙古平庄煤业有限责任公司六家煤矿，内蒙古大雁矿业集团有限责任公司第一、第二、第三煤矿，扎赉诺尔煤业有限责任公司铁北煤矿、灵东煤矿，神华集团包头矿业有限责任公司水泉露天煤矿
行业二级	神华乌海能源有限责任公司苏海图煤矿、五虎山矿业有限责任公司，神华乌海能源有限责任公司公乌素煤矿，内蒙古平庄煤业有限责任公司古山煤矿，内蒙古伊泰煤炭股份有限公司凯达煤矿

2011 年以来，自治区政府在进一步加大淘汰落后产能的力度，提高新建煤矿门槛的同时，对全区煤矿的安全高效生产也加强了管理力度。入选 2012—2013 年全国安全高效矿井（露天）情况见表 4-1-16。在中国煤炭工业协会发布 2014—2015 年煤炭工业安全高效矿井（露天）名单中，全国共有 763 处矿井（露天）入选，其中特级 338 处，行业一级 329 处，二级 96 处。自治区共有 171 处矿井（露天）入选，占全国总数的 22.41%，其中特级 93 处，占全国入选特级煤矿总数的 27.51%；

行业一级47处，行业二级31处。全区入选的171处矿井（露天）中，国有重点煤炭企业（央企）31处（特级27处），占入选总数的18.13%；非公有制煤矿140处（特级66处），占入选总数的81.87%，其中鄂尔多斯市116处（表4-1-17）。

表4-1-16 入选2012—2013年全国安全高效矿井（露天）统计表

级别	煤矿名称
特级	神华神东补连塔煤矿、布尔台煤矿、万利一矿、神华乌海能源公司有限责任公司利民煤矿、露天煤矿，神华蒙西煤化股份有限公司棋盘井煤矿，扎赉诺尔煤业有限责任公司灵东煤矿、灵泉煤矿、铁北煤矿，内蒙古通大煤业有限责任公司，内蒙古平庄能源股份有限公司风水沟煤矿、古山煤矿，内蒙古平庄煤业（集团）有限责任公司红庙煤矿，内蒙古平庄能源股份有限公司老公营子煤矿、六家煤矿，准格尔旗云飞矿业有限责任公司串草圪旦煤矿，内蒙古蒙泰不连沟煤业有限责任公司不连沟煤矿，内蒙古伊泰宝山煤炭有限责任公司宝山煤矿，内蒙古伊泰京粤酸刺沟矿业有限责任公司酸刺沟煤矿，内蒙古伊泰煤炭股份有限公司大地精煤矿、宏景塔一矿、纳林庙煤矿二号井、纳林庙煤矿一号井，内蒙古伊泰同达煤炭有限责任公司丁家渠煤矿，内蒙古伊东煤炭集团有限责任公司宏测煤矿，准格尔旗纳林沟煤炭有限责任公司孙家壕煤矿，内蒙古伊东集团炭窑渠煤炭有限责任公司，神华宝日希勒能源有限公司露天煤矿，神华北电胜利能源有限公司胜利露天煤矿，华能伊敏煤电有限责任公司伊敏露天煤矿，内蒙古平庄煤业（集团）有限责任公司元宝山露天煤矿，鄂尔多斯市张家梁煤炭有限公司，内蒙古霍林河露天煤业股份有限公司南露天煤矿，扎鲁特旗扎哈淖尔煤业有限公司煤矿
行业一级	神华神东上湾煤矿、神华集团包头矿业有限责任公司阿刀亥矿、神华大雁集团公司第三煤矿、神华乌海能源有限责任公司平沟矿、神华集团乌达黄白茨矿业有限责任公司煤矿、神华集团乌达五虎山矿业有限责任公司煤矿、呼伦贝尔蒙西煤业有限公司煤矿、内蒙古伊泰煤炭集团窑沟扶贫煤炭有限责任公司煤矿、内蒙古伊东集团宏鑫煤炭有限公司煤矿、内蒙古伊东集团沙咀子煤炭有限责任公司煤矿、准格尔旗荣祥煤焦化有限责任公司山不拉煤矿、神华集团包头矿业有限责任公司水泉露天煤矿、神华准格尔能源有限责任公司黑岱沟露天煤矿
行业二级	神华乌海能源公司有限责任公司公乌素矿、内蒙古伊泰煤炭股份有限公司凯达煤矿

表4-1-17 入选2014—2015年全国安全高效矿井（露天）统计表

级别	煤矿名称
特级	神华神东公司补连塔煤矿、乌兰木伦煤矿、上湾煤矿、寸草塔二矿、寸草塔煤矿、布尔台煤矿，神华宝日希勒能源有限公司露天煤矿，神华亿利能源有限责任公司黄玉川煤矿，神华准能公司哈尔乌素露天煤矿、黑岱沟露天煤矿，神华蒙西煤化股份有限公司棋盘井煤矿，神华北电胜利能源有限公司胜利露天煤矿，神华包头能源有限责任公司李家壕煤矿、万利一矿，扎赉尔煤业有限责任公司灵东煤矿、灵泉煤矿、铁北煤矿、灵露煤矿，神华大雁集团公司第三煤矿，内蒙古霍林河露天煤业股份有限公司北露天煤矿，华能伊敏煤电有限责任公司伊敏露天煤矿，内蒙古平庄能源股份有限公司风水沟煤矿、古山煤矿三井、六家煤矿，平庄煤业集团公司白音华一号露天煤矿、红庙煤矿，内蒙古伊泰大地精煤矿、纳林庙煤矿二号井、宏景塔一矿、酸刺沟煤矿、宝山煤矿，内蒙古伊东煤炭集团窑沟扶贫煤炭有限责任公司、宏鑫煤炭有限责任公司、宏测煤炭有限责任公司、炭窑渠煤炭有限责任公司、孙家壕煤炭有限责任公司，内蒙古汇能煤电集团羊市塔煤炭有限责任公司二矿、羊市塔煤炭有限责任公司一矿、泰山煤矿、巴隆图煤炭有限责任公司、富民煤炭有限责任公司，神东天隆有限责任公司武家塔露天煤矿，鄂尔多斯市乌兰煤炭（集团）有限责任公司温家塔煤矿、温家梁三号煤矿、荣恒煤矿、后温家梁煤矿、特拉布拉煤矿，乌海市路天矿业有限责任公司，内蒙古北联电能源开发有限责任公司高头窑煤矿，北方魏家峁煤电有限公司，陈巴尔虎旗天顺矿业有限公司，内蒙古蒙泰不连沟煤业有限责任公司不连沟煤矿，张家口矿业集团有限公司官板乌素煤矿，准格尔旗云飞矿业有限责任公司（串草圪旦煤矿），内蒙古双欣矿业有限公司（杨家村煤矿），新能矿业有限责任公司王家塔煤矿、内蒙古李家塔煤矿，准格尔旗公沟煤炭有限责任公司，鄂托克旗建元煤焦化有限责任公司，准格尔旗弓家塔宝平湾煤矿有限责任公司，内蒙古准格尔旗力量煤业有限公司

表4-1-17（续）

级别	煤矿名称
特级	大饭铺煤矿，准格尔旗弓家塔布尔洞煤炭有限责任公司，准格尔旗永智煤炭有限公司，内蒙古蒙泰满来梁煤业有限公司满来梁煤矿，内蒙古聚祥煤业集团有限公司阳塔煤矿，伊金霍洛旗东博煤炭有限责任公司，鄂尔多斯市东辰煤炭有限责任公司（唐公塔煤矿），内蒙古锦泰能源（集团）有限公司，呼伦贝尔呼盛矿业有限责任公司（呼盛煤矿），鄂尔多斯市民达煤炭有限责任公司，鄂尔多斯市巴音孟克纳源煤炭有限公司，准格尔旗昶旭煤炭有限责任公司，内蒙古鄂尔多斯市潮脑梁煤炭有限公司，鄂尔多斯市和泰煤炭有限责任公司，鄂尔多斯市嘉信德煤业有限公司，内蒙古源源能源集团有限责任公司（露天煤矿958采区），内蒙古白音华海州露天煤矿有限公司，鄂尔多斯市大源煤炭有限责任公司柳林沟煤矿，呼伦贝尔蒙西煤业有限公司（蒙西一井），鄂尔多斯市蒙泰范家村煤业有限公司，鄂尔多斯市昊华精煤有限公司（高家梁煤矿），扎鲁特旗扎哈淖尔煤业有限公司，内蒙古白音华蒙东露天煤业有限公司（白音华三号露天煤矿），内蒙古锡林郭勒白音华煤电有限责任公司露天煤矿（白音华二号露天煤矿），铁煤集团内蒙古东新煤炭有限责任公司（敬老院煤矿），内蒙古兴隆能源集团有限公司黑岱沟煤矿，准格尔旗美日煤炭有限公司，鄂尔多斯市瑞德煤化有限责任公司瑞德煤矿，鄂尔多斯市华兴能源有限责任公司（唐家会矿），鄂尔多斯市中北煤化工有限公司（色连二矿），内蒙古三维集团小鱼沟煤炭有限公司煤矿，内蒙古棋盘井矿业有限责任公司
行业一级	准格尔旗荣祥煤焦化有限责任公司山不拉煤矿，神华包头能源有限责任公司水泉露天煤矿，内蒙古平庄煤业（集团）有限责任公司元宝山露天煤矿，鄂尔多斯市正丰矿业有限公司鄂托克旗双欣煤矿，内蒙古蒙发煤炭有限责任公司呼和乌素煤矿，兖州煤业鄂尔多斯能化有限公司安源煤矿，鄂尔多斯市乌兰煤炭（集团）有限责任公司满来壕煤矿、武家塔煤矿、满来梁煤矿、石圪台煤矿，内蒙古油房渠矿业有限公司，达拉特旗苏家沟煤矿有限责任公司，内蒙古裕兴矿业有限公司，准格尔旗神山煤炭有限责任公司乌兰哈达煤矿，鄂尔多斯市金阳煤炭有限责任公司，鄂托克旗乌仁都西煤焦有限责任公司，鄂尔多斯市东胜区平梁张大银煤矿，鄂尔多斯市金运煤炭有限公司，鄂尔多斯市兴盛达煤业有限公司，乌海市天裕工贸有限公司，伊金霍洛旗新庙三星煤矿，神东天隆集团有限责任公司霍洛湾煤矿，鄂尔多斯市裕隆富祥矿业有限公司，内蒙古鄂尔多斯煤炭有限责任公司煤矿，内蒙古上海庙矿业有限责任公司榆树井煤矿，伊金霍洛旗呼氏煤炭有限责任公司（漳尔壕煤矿），准格尔旗云凯煤炭有限公司，科尔沁左翼中旗宝龙山金田矿业有限公司，内蒙古宝丰矿业有限责任公司，伊金霍洛旗育才煤炭有限责任公司，内蒙古燎原煤业有限责任公司，伊金霍洛旗昊达煤业有限责任公司，鄂尔多斯市宏丰煤炭有限责任公司，鄂尔多斯有限公司阿尔巴斯二矿，内蒙古鄂尔多斯煤炭有限责任公司白云乌素矿区11～15线煤矿，内蒙古维维能源有限公司（白云乌素煤矿），内蒙古蒙西矿业有限公司（库里火沙兔煤矿），准格尔旗神山煤炭有限责任公司敖家沟西梁煤矿，鄂尔多斯市闫家沟鑫木煤炭有限公司，内蒙古恒东集团宏亚煤炭有限公司，内蒙古恒东集团恒博煤炭有限责任公司，鄂尔多斯市准格尔旗聚能煤炭集团有限公司壕赖梁煤矿，内蒙古蒙西煤炭有限责任公司（蒙西煤矿），鄂尔多斯市永顺煤炭有限责任公司，内蒙古准格尔旗如意苏家沟煤矿有限责任公司，鄂尔多斯市巴音孟克纳源煤炭有限责任公司，伊金霍洛旗兴隆煤矿
行业二级	乌海市乌化矿业有限责任公司、神华集团乌达黄白茨矿业有限责任公司、神华集团乌达五虎山矿业有限责任公司、鄂尔多斯市巴音孟克刘家渠煤炭有限公司、呼伦贝尔市牙星煤业有限公司一号井、内蒙古源源能源集团金源里井工矿业有限公司、准格尔旗金正泰煤炭有限公司、鄂尔多斯市恒泰煤炭有限公司碾盘梁煤矿一井、伊金霍洛旗华能井煤矿有限公司、鄂尔多斯市神伊煤矿有限公司、鄂尔多斯市振兴煤业有限公司、鄂尔多斯市聚鑫龙煤炭有限公司、准格尔旗金利煤矿有限公司、内蒙古满世煤业集团四道柳煤炭有限公司、鄂尔多斯市亿宏煤矿、陕西宇佳投资置业有限公司达旗羊场煤矿、伊金霍洛旗兰家塔富源煤炭有限公司、达拉特旗益阳煤炭有限责任公司高头窑（露天）煤矿、赤峰市建昌营煤业有限公司、达拉特旗高头窑李三兴煤矿、达拉特旗物华煤炭有限责任公司、鄂尔多斯市巴音孟克煤炭有限公司、内蒙古嘉烨煤业有限责任公司兴恒煤矿、内蒙古满世煤业集团点石沟煤炭有限公司、内蒙古三鼎煤炭有限责任公司、伊金霍洛旗忠华煤炭有限责任公司、准格尔旗神山镇永利煤炭有限公司（永利煤矿）、准格尔旗神陶煤炭运销有限责任公司营沙壕煤矿、准格尔旗羊市塔正泰煤矿、准格尔旗羊市塔乡乌拉素煤炭有限责任公司、内蒙古伊金霍洛旗乌兰煤矿

第二节　生产调度管理

一、管理机构

（一）神华神东煤炭集团有限责任公司

1991年3月，东胜精煤公司总调度室成立，为公司独立处室，下设调度科和综合科，设置主任1人。所属乌兰木伦煤矿、武家塔露天煤矿、上湾煤矿、补连塔煤矿均设置了调度室。总调度室对各矿调度室、运输分公司调度中心、机电分公司调度室及其他二级单位或部室进行综合调度。总调度室配备10人，设置主任1人。

1997年，由于公司压缩机构，调度室与生产技术处、基建处合并，成为生产建设部下设机构，除补连塔煤矿调度室为独立科室外，其他4处矿的调度室均归矿生产办管理。总调度室设主任1人（兼职），副主任1人、调度组长1人、调度员4人。全公司专职调度员39人、兼职调度员10人。

1998年8月，神华集团建立煤炭公司、矿（厂）处三级调度指挥系统：共设置一级生产调度中心1个，二级总调度室8个，其中内蒙古地区6个。东胜精煤公司归入神华集团管理改称神华神东煤炭集团公司后，总调度室就成为神华集团二级总调度室。

随着公司产业扩大，总调度室成为全公司安全生产运行中枢和指挥中心，对集团公司安全、生产、选煤、装车、煤质、检修、后勤整个生产系统施行综合平衡和综合调度。总调度室对集团公司所属18处煤矿（矿区）、集团生产服务中心、生产准备处、设备维修中心、选煤加工中心等10个生产辅助部门（中心）和安监局、规划发展部、机电管理部、工程管理部、生产管理部、规划发展部6个机关部门有业务指导的义务和定期监督检查的职责。集团公司授权总调度室，根据生产需要和领导指示，有权调动人力、物力，各单位必须坚决服从命令。

2015年底，总调度室设主任1人、副主任3人、主任助理2人，内设调度科、综合科，调度主管22人。

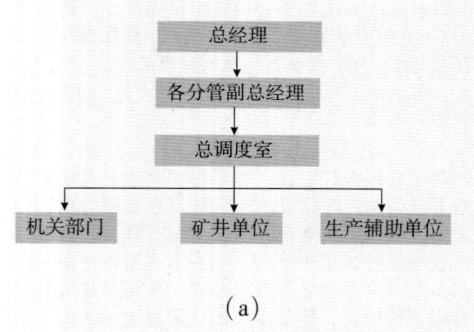
（a）

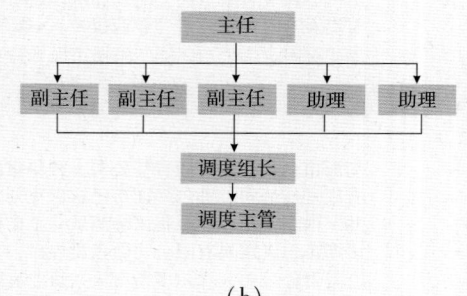
（b）

图4-1-2　2015年神华神东煤炭集团有限公司生产指挥系统示意图

（二）神华准格尔能源有限责任公司

准格尔煤炭工业公司调度室成立于1990年3月，主要负责基本建设调度。1993年3月，增设总调度室。1994年3月，总调度室隶属新设置的生产管理处，主要负责准煤公司供水、供电的协调工作，筹建准煤公司的生产调度系统。1999年7月，总调度室实现与神华集团通信信息中心的汇接，成为神华集团一级生产调度中心指导下的二级调度机构。总调度室隶属准格尔能源公司新设置的生产技术部，为科级编制，设主任1人、值班调度4人、日勤调度1人。至此，准煤公司的生产调度系统全部形成。

（三）神华乌海能源有限责任公司

1991—1998年8月，乌达矿务局、海勃湾矿务局调度工作设在生产处，按照生产计划对各矿下达生产任务，各矿生产科对生产任务进行分解，下达到各采、掘生产单位。并入神华集团后，乌达矿业公司、海勃湾矿业公司成立调度室，在分管生产副局长的领导下开展工作。各生产单位调度室接受局调度室的业务指导和调度指令。2008年10月，神华乌海能源有限责任公司组成后，乌达矿业公司、海勃湾矿业公司合并成立新的总调度室，是负责协调乌海能源公司各业务板块日常生产运营的管理机构，也是乌海能源公司的安全生产指挥及生产安全数据采集、整理中心。2014年，为建立统一、高效的调度系统，规范调度工作业务标准，强化调度执行力度，公司总调度室更名为生产指挥中心。

截至2015年，全公司生产运营调度工作实现全覆盖，形成了"统一领导，集中调度，分级管理"的生产调度管理体制。

（四）神华包头能源有限责任公司

公司设立总调度室，各生产和基建单位设立二级调度室。总调度室配置人员11人，其中调度主任1人、副主任或主任助理1人、调度科长1人、计划统计1人、调度值班人员5人、调度会议视频系统2人（负责日常视频会议系统管理和维护）。

（五）神华宝日希勒能源有限公司

1984年9月，宝日希勒一矿成立调度室。2002年3月，宝日希勒煤业有限责任公司成立总调度室，下设生产调度科、信息中心。2006年9月底，信息中心从调度室分离，隶属公司管理。

2006年12月，组建总调度室，实现与神华集团通信信息中心的汇接，在神华集团一级生产调度中心指导下，行使煤矿建设、生产指挥、组织、协调、平衡的职权。公司有二级调度1个，三级调度4个（其中煤矿调度1个）。

2007—2015年，公司调度系统有露天煤矿调度室、煤炭销售公司调度室、筛分厂调度室、机电设备维修公司调度室、水电公司调度室5个二级调度。

（六）神华大雁集团有限公司

1989年，大雁矿务局总调度室与信息中心合并，成立了局总调度信息中心，下设生产调度科和微机通信管理科。

2001年8月，大雁煤业公司总调度室从生产调度处分离，成为煤业公司独立的职能处室，并于2003年1月将值班调度员定为副科级岗位，增设1名副科级统计员。2013年1月，神华大雁集团公司总调度室增设了监测科，设有调度科和监测科两个科室。截至2014年末，神华大雁集团公司总调度室共有9人。

自1998年神华集团公司建立三级生产调度指挥系统以来，内蒙古地区有二级调度中心（总调度室）7个、三级调度中心（煤矿、选煤厂调度室）36个。

（七）中电投蒙东能源集团有限公司

2002年1月，公司在生产技术部成立调度室，负责露天煤矿生产组织、协调及销售管理，各露天煤矿先后成立了调度中心。2008年3月，生产技术部分成两个部，即生产部和技术部，调度中心属生产部；5月，生产部更名为安全生产部，负责公司的生产计划、组织、协调和指挥。

图4-1-3 霍林河露天煤业股份有限公司调度指挥中心

（八）扎赉诺尔煤业有限责任公司

1988年，扎赉诺尔矿务局总调度室与计算机中心合并为生产经营总调度室，下设生产科、经营科、综合科、计算机中心（科级）。调度室成为多功能的生产指挥系统。1998年3月，扎赉诺尔煤业公司计算机中心划归供电部，经营科划归财务处，总调度室只保留了生产科。同时，各矿调度室均实现了二级管理。

截至2000年底，总调度室定编8人，全公司生产调度人员为59人。根据生产需要，调度人员的知识结构发生了变化，其中大专文化程度有39人，占人员总数的70%。

2001年以来，扎赉诺尔煤业公司总调度室对所属各生产矿、各二级单位进行统一调度，形成信息反馈网。2001—2007年，总调度室下设生产科，2007年底，总调度室定编8人。同年，总调度室并入安全监察部，2011年至今，总调度室定编6人。

（九）华能伊敏煤电有限责任公司

1991年，伊敏露天煤矿在生产科设调度室，设1名主任，5名调度员。1994—1996年，地面生产系统竣工投入使用，为强化调度指挥工作，调度室由5人调度员增加到9人，其中生产调度4人、带式输送机运输集控调度4人、经营调度1人。1997年，调度室升格为独立机构。

（十）内蒙古平庄煤业（集团）有限责任公司

1994年10月，平庄矿务局调度室与生产处合并，合并后的生产处下设调度室。调度室直接联系各矿调度室，负责平庄煤业的生产调度指挥工作，根据煤炭市场要求和各单位生产状况，对日常生产进行调度指挥。各矿井成立调度室，在公司调度室统一指挥下负责煤矿生产调度工作。

（十一）内蒙古伊泰集团有限公司

2001年3月，伊克昭盟煤炭集团公司成立总调度室，统一负责公司所属煤矿的生产调度工作。2006年10月，随着公司技改煤矿的陆续投产，每天8时，集团公司领导和各部门负责人在集团公司总部召开生产调度视频会议，先听取各煤矿汇报昨日煤矿生产及安全情况，然后布置当天的生产任务。2012年9月，公司生产运营指挥平台建成投入运行。2013年7月，公司成立生产调度指挥中心，负责全集团公司的生产调度工作。

二、平台建设

（一）神华神东煤炭集团有限责任公司

1991年，东胜精煤公司总调度室没有程控调度交换机，只有4部值班电话、传真机、586计算机、打印机、速印机、电话会议机各1台。1993年6月，华能精煤公司建立了矿区调度通信网，矿（厂）处三级调度室不断增加和完善调度通信装备，并将现代化、自动化设备引入矿区调度系统，建立了一级会议电话汇接系统。各级调度室相应配置了计算机、传真机、录音电话、大屏幕投影电视、电视会议电话、移动电话等调度通信设备，基本实现了对生产、抢险救灾等各个环节及时、准确、可靠的调度和指挥。调度监测监控功能和网络覆盖了神东煤炭公司、运销分公司、自备电厂、供电通信处、物资库和各矿（厂）等，其中补连塔等煤矿安装了CRT大屏幕工业监控电视和安全监测监控系统，通信采用移动通信系统，数据采用计算机管理，并实现了计算机内部联网。1994年，公司加大对驻矿区调度中心通信网络的投入和建设力度，配置行政电话、数字程控调度电话、闭路电视、电视监控系统、图文显示屏等设备。

图4-1-4　神东煤炭集团有限公司现代化调度系统

1996年，神华集团公司对本部的调度计算机网络系统、软件功能、建库方案、综合调度指标体系、外部信息往来及接口等进行了详细规划。1998年以后，随着神府精煤公司和东胜精煤公司的合并，神东矿区调度通信系统按照煤炭部和神华集团建设标准化调度室的要求，全部安装了CRT大屏幕工业监控电视、安全监测监控系统、移动通信系统，数据采用计算机管理，并实现了计算机内部联网。

2001年，神东煤炭公司通信局域网建成投入运行。2002年，神华集团对神东通信专网内大部分设备进行了更新改造，更换了交换机、传输和电源设备，扩大了神东专网的传输能力，提高了交换性能及容量，成为神华集团的通信信息汇接中心；神东信息中心对专网内的通信交换机、传输设备和电源设备进行了更换，使神东专网的传输能力进一步扩大，交换性能及容量进一步提高。准格尔能源公司、乌达矿业公司、海勃湾矿业公司、包头矿业公司和金烽煤炭公司等单位的通信信息系统与神东通信实现专网汇接，并开通了视频会议系统。

2004年初，依托神华集团通信网络，实现了神华集团公司、各煤炭分公司、矿（厂）处通信系统一体化；利用神华集团公司的局域网，实现了与包头和鄂尔多斯等地的数据传输。2005年11月，神东矿区率先启动了小灵通无线通信专网系统和入井人员车辆考勤定位系统。2009年5月，神华集团公司对本部和各子（分）公司的视频会议系统进行了重新规范和升级改造，提高了网络处理性能，优化了网络架构，增加了网络设备，实现了所有办公和生产区域信息点的网络互联，具备了桌面千兆、核心千兆的数据传输能力。

截至2010年底，神华集团公司煤炭板块调度通信系统实现了矿井上下调度指挥与行政办公通信互联、互通和互操作，具有一键通、来电显示、选呼、群呼、强插、强拆和强接等多种调度功能。公司各级生产调度管理系统实现了生产接续计划、设备配套计划、人力资源计划、生产报表统计的计算机联网，生产动态监测系统实现了数字化、可视化和网络化管理，动态图形、文本配合动态数字、动态坐标曲线等形式反映了生产系统和设备的行动状态、各类控制指标及技术参数。通过工业自动化监控系统，在地面调度中心对采掘、运输、选煤、装车的全过程集中监控，实现了井下各系统无人值守和矿井的管控一体化；通过安全监控系统，对矿井上下环境参数及矿井各主要生产环节的主要设备进行采集、传输、加工处理，加强了调度管理。

（二）神华准格尔能源有限责任公司

1995年以前，准煤公司调度室靠两台普通电话进行调度联系，1995年5月1日安装并开通1台20门会议机，开始召开每日调度会议。1999年10月，调度室新购置1台80门会议机，并在所有生产单位设置了会议分机，总调度和各二级调度大部分装备了程控调度台、计算机、传真机等设备，通信实现了有线和无线两种方式。在软件建设上均实现了微机管理，各类报表计算机化，数据网络传输。

2002年，公司投资100多万元建成了调度视频会议系统，并且由信息中心研制开发了调度报表系统，基本实现了调度数据的微机化管理。2006年进行了一次升级，2009年9月启动了调度系统标准化、信息化建设工作，2010年完成了公司总调度室、黑岱沟露天煤矿调度室、哈尔乌素露天煤矿调度室等单位调度室的装修和办公设备的配置，主要生产环节安装了工业视频监控系统，调度室安装了三星液晶显示屏，主要生产单位的调度室配置了美能达283复印机、HP5200NA3打印机、松下338传真机、HP1606打印机、ThinkM8000t等办公设备。2011年完成了准能公司生产调度专网、生产主要数据上传及公司主要生产现场工业视频监控等建设项目。2012年，调度视频会议系统正式更新为数字视频会议系统。

（三）神华乌海能源有限责任公司

2000年，神华乌达矿业公司、神华海勃湾矿业公司按照神华集团统一要求，开展了调度标准化建设，使调度管理实现了规范化和标准化，并对生产调度通信系统和装备进行了升级改造。2003年5月，海勃湾矿业公司建立中心机房，购进300兆交换机，采用网通100兆光纤专线接入互联网，并通过ISDN方式联通了海勃湾矿业公司所有生产矿、厂，为各生产矿、厂制作门户网站，中心机房设有专用WEB服务器、MAIL服务器与数据库服务器等，初步形成覆盖全公司的计算机网络，奠定了神华海勃湾矿业公司的信息化建设基础。2005年购进思科4500交换机，完成海勃湾矿业公司主干千兆、百兆到桌面的局域网络系统，建设成了煤矿安全监测三级联网系统，开发了生产调度信息管理系统，初步形成了公司信息化平台。

截至2015年，全公司生产运营调度工作实现了煤矿井上下调度指挥与行政办公通信互联、互通和互操作，汇接平台具有一键通、来电显示、选呼、群呼、强插、强拆、强接等多种调度功能，同时有录音、回放功能（录音数据保持一年以内）和线路静音超时催挂功能。

（四）神华宝日希勒能源有限公司

2005—2006年，公司划入神华集团，已经形成了比较完善的调度通信网络系统。2007年1月，公司投入64万元，建设总调度室大屏幕监控系统，实现安全监测信息由生产单位至公司总部的三级网络化运输，促进企业生产管理信息化。2009年5月，神华集团对公司的视频会议系统进行重新规范和升级改造，提高了网络处理性能，优化了网络架构，增加了网络设备，实现了所有办公和生产区域信息点的网络互联，具备了桌面千兆、核心千兆的数据传输能力。

图4-1-5　神华宝日希勒能源有限公司生产调度指挥中心

2010年底，公司调度通信系统实现了矿井上下调度指挥与行政办公通信互联、互通和互操作，具有选呼、群呼等多种调度功能。生产调度管理系统实现了计算机联网，生产动态监测系统实现了数字化、可视化和网络化管理，动态图形、文本配合动态数字、动态坐标曲线等形式反映了生产系统和设备的行动状态、各类控制指标及技术参数。通过工业自动化监控系统，在地面调度中心对采掘、运输、装车的全过程集中监控，实现了系统无人值守和坑下管控一体化；通过安全监控系统，对坑上下环境参数及各主要生产环节的主要设备进行采集、传输、加工处理，实现历史数据记录、分析和分类别、分时间段的多条件查询。

（五）华能伊敏煤电有限责任公司

1991年，华能伊敏煤电以具有双重功能的GDT综合调度通信总机为中心，并配有111门小程控机。对测量人员、矿主要领导配备了单功能对讲机，部分车铲配备了双功能无线电话。1992年，机修厂厂内通信，安装了DT-20调度总机，可实现厂调度室对班组的直接通信联系。对外联系仍采用敖区中心局电话分机联系。1994年，淘汰GDT综合调度通信总机，新安装200门程控会议调度机系统，无线通信新增1套六信道集群系统，生产指挥车辆和大车大铲配备了无线集群双工车载台。1995年，陆续改造和增设了单功能无线基站4个，购置大量对讲机。

1997年，露天煤矿GPS卫星定位卡车调度系统投入使用。调度系统通过计算机网络分析计算，把采掘现场车铲位置和状态信息反映到计算机屏幕上，计算机分析计算后可人工优化配车，也可由计算机自动调配车辆。该系统的投入，从根本上改变了调度指挥的工作方式，提高了调度指挥的科学性、合理性和计量的准确性，结束了人工计量的历史，使露天煤矿在国内矿山高新技术应用方面处于领先地位。1998年，露天煤矿完善了露天煤矿至中心局敷设的光缆，30路出入PCM数字终端，形成等位拨号，较好地解决了模拟通信造成的接通率低，音质差等缺点。该光缆频带宽，不仅可以传送语言信号，还可以传送数据信号、图像信号，为MIS系统、GPS系统的发展创造了条件。

2004年，公司露天煤矿依据《数字化露天煤矿总体规划方案》，开发完成了矿床地质模型系统和生产计划优化系统，同时完成了通信系统软件的升级工作。2009年2月，伊敏露天煤矿数字化矿山建设项目在北京通过了由中国煤炭工业协会技术委员会组织的成果鉴定，认为该项目填补了国内空白，处于世界先进水平。通过数字化露天煤矿建设，初步实现了采矿设计的方案优化、测量采集信息的快速传递、地理信息的及时更新、卡车调度与排供水等自动控制系统智能化，生产经营信息共享、安全可靠、及时准确，进一步提升了露天煤矿现代化管理水平。卡车卫星定位调度系统的投入，增加了差分基站。

（六）神华大雁集团有限公司

1991年10月，大雁矿务局的生产调度系统建成了无线移动通信网，该通信网由一级网（局级网）和二级网（矿级网）组成，其中一级网由720基台、145接口、固定台、车载台和手持机组成；二级网由720基台、145接口和手持机组成。这一通信网的建立，可在矿区范围内实现无线用户与有线用户的直接拨号通话。1993年，大雁矿务局总调度室形成并开通使用了第一煤矿、第二煤矿、第三煤矿调度传真网，并于1994年安装直拨电话1部，开通了与国内外的传真业务。

1995年6月，大雁矿务局开通了第一个计算机网络系统，由总调度室、第一煤矿、第二煤矿、第三煤矿、运销公司5个单位组成，实现了对大雁矿务局的煤炭生产和销售信息的采集、加工、发布。

图4-1-6 神华大雁集团有限公司
敏东一矿调度室

2001年11月，公司总调度室安装使用了KJF-2000型矿井安全监测系统，实现了对第一煤矿、第二煤矿的井下环境进行实时监测。2004年2月，大雁煤业公司总调度室将原有的Q-80型调度通信机更新为KFNW-720型程控调度机，并于12月研发了新的调度系统软件，由公司调度室、一矿、二矿、运销分公司、热电总厂、机电总厂、矿建公司7个调度室组成，实现了记录无纸化办公和当班情况直接查询等功能。

2012年8月，大雁矿业集团公司总调度室将原有KFNW-720型程控调度机改为DH-2000型，会议机具备电话录音、放音、电话录音查询以及与基层生产及生产辅助的单位直通等功能，并于12月研发了神华大雁集团公司调度信息软件，由公司总调度室、雁南矿、扎尼河露天煤矿、敏东一矿、运销公司、热电总厂、机电总厂、矿建公司8个调度室组成，在实现了无纸化办公的基础上，系统建立了总调度室综合情况、调度日志、调度日志查询、生产信息时段查询、交接班记录、值班领导、当班及历史情况直接查询等功能，工作更加便捷。2013年10月，神华大雁集团公司建立了安全监测监控（安全监测、人员定位）联网系统，11月与神华集团生产指挥中心联网运行，实现了对公司所属矿井的实时监测与人员定位管理。

（七）中电投蒙东能源集团有限公司

2009年7月，公司南露天煤矿GPS生产调度系统完成全部软硬件安装和调试，南矿生产指挥从人员现场直接指挥过渡到运用GPS自动调度指挥，新的GPS系统开始承担设备优化调配、设备状态管理、产量运距记录及最佳路径指引等任务，降低了生产成本，提高了生产组织效率。

（八）内蒙古平庄煤业（集团）有限责任公司

2007年5月，平庄各井工矿安全监测系统设在公司网络机房，分主、备机，公司调度终端实时监测各矿井下环境状态和设备状态，公司端服务器由信息中心管理维护。2011年4月，各矿矿压监测系统集成设在信息中心机房，各井工矿矿压动态信息实时上传，应用和数据库安装在同一台服务器，在公司调度终端可以实时监测各矿压力状态，由信息中心负责设备和系统管理与维护。2011年8月，人员定位系统设在网络机房，应用软件和数据库安装在同一服务器上，信息中心负责管理硬件设备和软件，各矿井下人员动态数据实时上传到服务器，公司调度在线监测井下人员状态信息。

（九）内蒙古伊泰集团有限公司

2008年，公司各矿陆续建成数据中心及机房，建立了服务器虚拟化系统、集中存储系统、本地磁带库及异地存储两套备份系统；主要系统平台采用双机热备，网络链路采取负载均衡、双回路方式，保证公司信息系统的安全、可靠、稳定运行。2011年8月开始建设传输通信网络，2012年6月建成投用，投资1190万元。通过完善和优化网络结构，建成了覆盖公司所有生产煤矿及大部分经营单位的一个主干、两环网、六支链的自主产权传输通信网络系统（MSTP）。

生产调度指挥中心大厅配备有36块DLP拼接大屏，用于接入近500路标高清图像和高清视频的实时影像显示，同时配备LED演示屏1块、面积54平方米电子沙盘、12套调度台、2台调度机和12部电话机等设备设施；视频会议室音视频配备有108英寸夏普显示器、30个博世话筒、3台高清摄像机、视频会议终端以及二楼接待室的音视频系统等，所有装备均采用国内最先进的技术。

图4-1-7 2012年2月9日，伊泰集团有限公司新建成的生产调度指挥中心

（十）内蒙古伊东资源集团股份有限公司

集团成立总调度和所属煤矿调度两级调度指挥中心，实行分级管理，集中统一指挥。2010年，伊东集团公司9处煤矿建成监测监控视频集中调度系统，初步实现了安全生产24小时人、机实时监测。各煤矿形成了以生产副矿长为首，调度主任为辅的调度机构。各调度中心配备4~7名调度工作人员，制定了煤矿值班、带班、交接班管理制度，生产调度管理制度与应急调度管理制度，统计资料管理制度。

三、方式方法

（一）井口班前会或坐台指挥方式

20世纪90年代初，全区煤矿生产信息化管理的设备投入与管理、信息联网互通、专业技术人员培训等均处于起步阶段，受国家通信网络发展的规模限制，全区大部分矿（厂）处调度通信均未形成系统，煤矿通信装备比较简单，只以调度电话为主。煤矿生产调度工作相对简单、粗放，生产调度的主要任务为及时了解、协调生产过程中出现的问题，对重大问题及时向主管部门和领导汇报。生产调度的主要形式以井口班前会或坐台指挥为主。

1991年，伊敏露天煤矿调度室采用坐台指挥的方式，对生产各环节出现的问题进行协调平衡。1992年，运销处铁路运输及外销工作划归露天煤矿管理，调度工作增加了煤炭生产与铁路外运的协调工作。1993年，调度工作建立了外运车皮在矿运行时间记录、外运完成情况记录和年度煤炭生产及外运销售完成情况统计图表。1994—1996年，调度指挥方式由坐台指挥变为与输煤走廊运行监控相结合的方式。

1992—2004年，伊泰集团的煤炭生产调度以井口调度为主，生产井口每班开班前会，布置当班生产任务；下班后，井口安检员或技术员向井口值班主任汇报井下安全生产整体情况，值班主任根据汇报及其他情况填写值班记录；出现井口难以解决的问题，向矿长汇报，矿长根据问题严重程度决定是否向公司汇报，主要汇报形式为电话汇报或专程汇报。

（二）组织、协调、平衡、指挥方式

随着生产调度的专业化，众多集团、矿务局、煤炭公司、矿（厂）均独立设置生产调度机构，生产调度工作的职能也由协调为中心内容，转向为组织、协调、平衡、指挥。

随着高产高效矿井的建设，神东煤炭公司的调度中心和各矿调度室工作职能发生了较大变化，将主要职能转向负责指挥日常生产和运输销售，以生产为中心，以作业计划为依据，全面、均衡地按班、日、月完成生产任务和重点工程计划，确保抓好采掘工作面的正规循环作业和矿井的安全生产工作，做好上情下达、下情上报和专题调度与重点调度，掌握采掘接续，指挥做好事故处理和抢险救灾工作，同时肩负"三防"指挥与领导职责。调度工作的重点在矿（处）、区（队），实行三班负责制，矿调度人员每班实行下井巡回检查，把问题解决在现场。2006—2010年，随着宝日希勒煤炭公司并入神华集团，调度业务不断扩大，各级生产调度在神华集团公司副总经理（主管生产）和总调度室的领导下，不断优化管理和加强信息化建设，提升调度管理水平，各级调度形成了组织有力、运行协调、管理标准、信息共享的调度网络体系。

（三）调度工作标准化建设

1998年，华能精煤公司制定下发了调度工作条例。各级生产调度机构建立和完善了基本调度制度和各种记录、台账、图表及牌板等。调度工作制度主要包括调度基本工作职责、各级人员岗位责任制、调度汇报制度和调度例会制度；调度班日汇报、交接班、调度通知、通报、事故汇报、专题汇报制度、深入现场及各种会议记录；逐日、逐月、逐年原煤、洗精煤、库存、开拓和掘进进尺完成情况台账及报表，伤亡与非伤亡事故统计台账；日、月、年主要生产指标完成情况、采煤工作面接续、初采初放、收尾、掘进巷道贯通及8项经济技术指标等牌板；生产交换图、采掘工程平面、通风、排水、供电、设备布置图、通信系统图、事故汇报程序图及矿井灾害预防处理计划等。

2000年以后，根据上级统一要求，神华集团在三级调度系统开展了调度工作标准化建设，经过调度业务竞赛和达标活动，各煤矿、厂（处）调度管理达到规范化和标准化。

第三节　资源储量与"三量"管　理

一、储量管理

（一）管理机构

全区煤矿资源储量管理多归于各矿地测部门，但由于企业管理体制的不同，国有大型煤炭企业与民营企业的资源储量管理机构、设置方式及重视程度有很大差异。

以神华集团下属各煤炭企业为代表的国有煤矿的煤炭资源储量管理方式，基本沿袭了原煤炭工业部制定的规程或规定，从2014年开始改用新的《煤矿地质工作规定》，实行每年年末进行煤矿资源储量计算，掌握煤矿资源储量动态。其管理机构健全，制度严格。而民营企业中，除内蒙古伊泰集团有限公司等少数企业的煤矿资源储量管理方式方法有新增外，其他各煤矿企业的随机性较大，甚至空白。

（二）管理原则

全区重点煤矿资源储量管理的基本原则是：合理开采煤炭资源，努力提高采出率，严禁违反开采程序乱采乱据、任意丢煤，保持"三量"（开拓煤量、准备煤量、回采煤量）平衡，保证采掘合理接续，严格检查、验收、考核和奖罚，保证煤炭资源的合理开发和采掘的合理接续。

1992年，内蒙古煤炭工业厅制定的《内蒙古自治区地方煤矿地测工作标准》中对储量管理做了详细规定，矿井储量要具备矿井储量计算图、工作面损失量计算图、分煤层损失量计算图；要有矿井储量动态台账、逐月采出量台账、各种损失分析及损失率计算基础台账、开采期末的工作面、采区、全矿井损失率台账及开采结束后重新核算的损失率台账、各种永久性煤柱台账、报损煤量台账。

1998年，内蒙古自治区召开全区煤炭工业工作会议，拟定《内蒙古自治区煤炭管理暂行规定》，其中对采出率的管理做出详细要求：设计生产能力9万吨/年以上煤矿矿井的采区采出率，执行标准为薄煤层不低于80%；中厚煤层不低于75%；厚煤层不低于70%。设计生产能力9万吨/年以下3万吨/年以上煤矿矿井的采区采出率，不低于60%；设计能力小于3万吨/年的煤矿矿井，采区采出率不低于50%。对采区采出率实行逐级检查和考核制度，自治区人民政府煤炭主管部门负责对全区煤炭企业采区采出率的监督管理，盟行政公署和市人民政府煤炭主管部门负责对乡镇煤矿采区采出率的监督管理，每半年对采区采出率完成情况检查一次，并将检查结果报上级人民政府煤炭管理部门。

1998年3月，煤炭工业部出台《生产矿井煤炭资源回采率暂行管理办法》，要求煤矿矿井的储量及采区采出率计算执行《生产矿井储量管理规程》，按规定建立健全各类图纸及台账。违反开采程序丢弃的煤层、零星块段、中厚及厚煤层的顶底煤，按不合格损失处理；储量注销、转出、地质及水文地质损失、报损，必须按照相关规定的权限审批，不经批准丢弃不采的，按不合格损失处理；计算采区采出率时，采出量和损失量应采用实测数据，并有实测采掘工程平面图。1998年，伊克昭盟行署根据国家规范，明确规定了鄂尔多斯地区可采煤层标准（表4-1-18）。

表4-1-18 1998年伊克昭盟可采煤层标准一览表

项目	开采方式	倾角（度）	炼焦用煤	长焰煤、不黏煤、弱黏煤、贫煤	无烟煤	褐煤
最低可采厚度（米）	矿井开采	<25	0.7	0.8	0.8	1.5
		25~45	0.6	0.7	0.7	1.4
		>45	0.5	0.6	0.6	1.3
	露天开采	—	—	1.0	—	—
最高可采灰分 A_d（%）			—	40.0	—	—
最低可采发热量 $Q_{net,d}$（兆焦/千克）			—	17.0	22.1	15.7

（三）薄煤、边角煤、煤柱复采

2005年，鄂尔多斯市煤矿进行技术改造，通过改变采煤方法提高采出率，全市煤矿由原来的房柱式开采全部改造为长壁式机械开采，同时各煤矿还通过改变开拓布置、开采顺序提高煤炭资源采出率。

针对以往"挑肥拣瘦"的掠夺式开采造成丢失薄煤、边角煤，以及"房柱式"开采工艺造成的煤炭资源浪费情况，鄂尔多斯市部分重点集团公司纷纷实行边角煤回收、开采薄煤层、提高采出率的科研试验。2006年，山东新汶矿业集团提出对准格尔和东胜两大煤田的残余煤炭资源进行复采的方案，对弓家塔联营、刘家渠、大庙沟等煤矿进行试点开采。针对准格尔煤田已采矿井过去采掘巷道沿底板布置、采煤工作面沿底板推进的情况，采用复合充填材料将已采矿井的工作面及主、副井煤巷全部充填实，待复合充填材料完全稳定、凝固后，沿已采矿井的原采掘巷道、工作面顶板重新布置采掘巷道和采煤工作面进行复采。由于准格尔煤田煤层较厚，采用放顶煤技术，使煤炭采出率由不足30%提高到75%以上。

针对东胜煤田煤层较薄的情况，以往采用的方法是一次采全高，井下残留的煤炭资源主要是煤柱，采用复合充填材料将采煤工作面的"房"充填实，再用特种综掘或综采设备将"柱"复采完。2007年，煤炭科学研究总院为鄂尔多斯编制了《鄂尔多斯市地方煤矿采空区调查报告》，报告调研结果显示，鄂尔多斯市井工煤矿共有采空区面积213.12平方千米，占全市井工煤矿总面积的23.5%。

2008年，汇能集团申请对集团所属技改煤矿实施边角煤回收，将弓家塔宝平湾、弓家塔布尔洞、公沟、泰山、富安5处煤矿的边角煤进行回收，回收采煤工艺采用残柱式回采工艺，留8米×8米的煤柱支护顶板，采出8米×8米的煤。是年，乌兰集团、满世集团、伊东集团等部分地方煤矿纷纷申请边角煤回收，鄂尔多斯煤炭资源采出率明显提高。

2009年之前，神东煤炭集团公司即

成立了煤炭资源管理机构和由总工程师负责，地测、生产技术、调度、设计、各矿井等部门、单位组成的储量管理机构，并制定了矿井资源储量管理制度，明确了各部门、各单位的职责。2009年5月，该公司又下发了《神东煤炭集团资源回收率管理办法》。同年9月，哈尔乌素露天煤矿对西端帮残煤进行回收。其中，剥离量13.0149万立方米，煤量34.8808万立方米（52.32万吨）。至2010年5月，哈尔乌素露天煤矿对北端帮残煤进行回收。剥离量27.8875万立方米，煤量84.1822万立方米，126.27万吨。为安全回收非工作帮残煤，哈尔乌素露天煤矿采取了一系列相应措施。编制了《非工作帮残煤回收安全技术措施》，规划了非工作帮具体剥离、采煤范围及运煤路线，详细制订了非工作帮岩石及煤的爆破计划。加强北端帮、西端帮边坡稳定监测工作，合理布置非工作帮剥离、采煤工作面，作业现场设置专人指挥，保证了残煤回收顺利进行。

2010年底，鄂尔多斯市地方煤矿资源采出率由2005年整合技改前的不足30%提高到75%，露天煤矿采出率达到95%以上。矿井的单井生产能力由之前平均不足9万吨/年提高到81万吨/年，矿井服务年限较过去延长1倍以上。布尔台煤矿建立了资源储量管理技术档案，建立生产矿井储量管理基础台账，根据地测标准化要求和矿区实际情况绘制了储量计算图纸，随技术革新、采出率变化情况实行超长超宽工作面布置，综合机械化开采全部垮落法管理顶板，一次采全高，最大限度回收煤炭资源。

2011年11月，神东煤炭集团公司储量管理工作由生产管理部负责，并对此前下发的《神东煤炭集团资源回收率管理办法》和2010年11月下发的《神东煤炭集团矿产资源管理办法（试行）》进行了整合修订，次年，又下发《神东煤炭集团矿产资源管理办法（试行）》。

2012年，哈尔乌素露天煤矿邀请中国矿业大学露天采矿专业教授、专家对南端帮经过稳定性分析，认为1060端帮路与煤层底部高差大于100米时，南端帮的稳定性则不能保障。矿技术人员结合专家的分析，根据煤层底板等高线确定了1025端帮路开始形成的新位置，相比年计划中位置可以多回收端帮残煤长度为525米，按照平盘宽度40米、煤层厚度30米计算，南端帮多回收残煤89万吨。2013年，露天煤矿对煤台阶的"五煤"进行回收，同时在穿孔上做出相应的改变，取一次穿孔到位，避免二次穿孔爆破的发生，提高了资源回收率。

2015年，神东煤炭集团企业管理部组织相关技术人员对资源管理办法进行了统一审核并提出修改建议。生产管理部根据提出的修改建议对《神东煤炭集团煤炭资源管理办法》进行了重新修订，并下发执行。

2010年，平庄煤业集团公司引进地理信息系统进行储量数据的记录及管理，各个生产矿由专人进行储量月报、季报、年报；局机关矿产资源部地测科对储量月报、季报、年报进行收集、整理、把关、分析，形成一整套综合的储量数据收集整理分析模式，方便高效率地进行储量管理。

2012年，平庄煤业集团公司确定煤矿采区采出率、原煤入选率、矸石与共伴生矿产资源综合利用率指标要求，其中，井工煤矿：薄煤层（小于1.3米）不低于85%，中厚煤层（1.3~3.5米）不低于80%，厚煤层（大于3.5米）不低于75%；对于采用水力采煤技术的井工煤矿，薄煤层、中厚煤层和厚煤层的采区采出率分别不低于80%、75%和70%；露天煤矿：薄煤层（小于3.5米）不低于85%，中厚煤层（3.5～10.0米）不低于90%，厚煤层（大于10.0米）不低于95%。截至2014年底，平庄煤业集团公司控制的煤炭资源总储量为564843.6万吨，控制的可采储量为312443.5万吨，其中公司本部（赤峰地区）资源储量为92588.1万吨，可采储量为55053.6万吨。

扎赉诺尔煤业公司的储量管理工作由勘测公司总体负责，各矿分片管理。各矿设1名储量管理人员，以储量管理台账及图纸的形式对矿井生产动态、损失量等分析、总结，尽量减少煤炭资源损失。各矿每月以报表形式报勘测公司进行审核，年终年度报表上报上级主管部门。1991年，公司下发"储量管理奖惩办法"。1994年，自治区煤管局下达采出率指标后，公司根据各生产矿实际情况下达年度采出率指标。1991—2015年扎赉诺尔煤业公司采出率见表4-1-19。

表4-1-19 1991—2015年扎赉诺尔煤业公司采出率统计表

年度	井工开采						露天开采		
	矿井			采区					
	动用储量（万吨）	采出量（万吨）	采出率（%）	动用储量（万吨）	采出量（万吨）	采出率（%）	动用储量（万吨）	采出量（万吨）	采出率（%）
1991	517.60	302.70	58.50	432.80	274.70	63.50	141.40	132.50	93.90
1992	642.80	332.00	51.60	459.50	305.80	66.60	93.50	87.90	94.00
1993	800.00	244.70	30.60	346.10	227.10	65.60	144.40	135.00	93.50
1994	461.90	252.00	54.60	373.80	236.60	63.30	135.00	126.30	93.60
1995	432.30	224.60	52.00	368.60	211.60	57.40	131.70	123.20	93.50
1996	595.10	374.80	63.00	510.20	327.50	64.20	132.60	123.60	93.20
1997	478.00	256.10	53.60	409.00	251.40	61.50	134.20	122.60	91.40
1998	325.70	191.30	58.70	273.80	180.90	66.00	114.70	105.60	92.10
1999	278.40	164.40	59.10	231.40	157.30	68.00	115.60	104.00	90.00
2000	263.10	150.00	57.00	217.10	144.10	66.40	108.90	96.30	88.40
2001	324.20	196.30	60.50	258.80	175.20	67.70	131.30	114.30	87.10
2002	416.20	228.70	54.90	307.20	205.20	66.60	156.80	137.40	87.60
2003	461.20	263.20	57.10	365.86	246.92	67.50	101.10	88.90	87.90
2004	585.86	304.12	51.90	452.78	288.50	63.30	141.40	124.50	88.10
2005	727.35	399.11	54.90	588.90	388.20	65.90	226.60	199.50	88.20
2006	781.40	411.90	54.70	622.70	399.00	64.20	227.90	201.20	88.30
2007	779.10	458.20	58.80	618.30	433.20	70.10	198.50	175.10	88.20
2008	687.30	371.80	54.10	545.60	354.10	64.90	259.60	229.60	88.40
2009	1120.20	586.80	52.40	878.20	540.90	61.60	296.70	262.80	88.60
2010	1594.00	861.50	54.00	1573.30	922.70	58.60	154.30	137.70	89.40
2011	2237.40	1250.40	55.90	1955.20	1201.40	61.40	205.50	192.00	88.30

表 4-1-19（续）

年度	井工开采						露天开采		
	矿井			采区			动用储量（万吨）	采出量（万吨）	采出率（%）
	动用储量（万吨）	采出量（万吨）	采出率（%）	动用储量（万吨）	采出量（万吨）	采出率（%）			
2012	2134.65	1278.81	59.91	2056.72	1257.96	61.16	130.53	123.69	94.76
2013	2060.32	1233.89	59.89	1828.54	1210.44	66.20	68.17	65.40	95.94
2014	1869.21	1111.38	59.46	1672.95	1102.94	65.93	—	—	—
2015	1639.45	1022.11	62.34	1319.37	1022.11	77.47			

二、"三量"管理

1992年，内蒙古自治区煤炭工业厅制定的《地方煤矿地质测量工作试行标准》中要求，为保证矿井采、掘的正常接续，矿井的开拓煤量、准备煤量与回采煤量应满足规定的可采期限。计算"三量"动态统计台账，数据要准确，可采期限为开拓煤量3~5年、准备煤量1年、回采煤量4~6个月。伊克昭盟规划到1995年，通过建立健全储量管理机构，"三量"达标的矿井达到18处。具备井田区域地质地形图、井上下对照图、采掘工程平面图、通风系统图、工业广场平面图、井筒及主要巷道断面图、避灾路线图7种矿图的矿井达到18处。矿图绘制达到部级标准的矿井1处，达到自治区先进标准的矿井5处。

2010年，为了保证煤矿采掘接续合理，鄂尔多斯市大多数地方煤矿实行每半年或一年对矿井"三量"统计一次。随着开采技术的革新，矿井采出率逐年升高。李家壕煤矿对矿井"三量"实施动态管理，通过神华集团资源管理系统，采损信息、生产指标及"三量"报表逐月上报，半年进行一次资源量情况汇总，并上报集团公司。

截至2010年底，神华集团各煤炭生产子（分）公司及下属煤矿都建立健全了资源储量管理机构和管理制度，保证了煤炭资源合理开采、"三量"平衡和采掘合理接续，详见表4-1-20。扎赉诺尔煤业公司的"三量"管理由勘测公司总体负责，各矿地测科分片管理，每月以报表、图纸形式上报勘测公司审核，使采掘比例协调，达到开拓煤量、准备煤量、回采煤量可采期分别不少于3年、1年、4~6个月的要求。

表4-1-20 2001—2010年神华集团公司部分内蒙古地区公司煤矿"三量"和"采出率"统计表

公司与项目	2001年	2002年	2003年	2004年	2005年	2006年	2007年	2008年	2009年	2010年
开拓煤量（万吨）										
神东煤炭集团公司	26176.00	27993.00	29659.00	56520.00	94258.00	125541.00	119322.00	121024.00	172950.00	179238.00
乌海能源公司	—	—	—	—	—	—	—	7061.1	9077.4	10802.8
包头矿业公司	402.06	535.70	696.63	701.97	335.62	593.77	5804.41	886.79	702.10	259.62
神宝能源公司					283.90	402.50	476.00	522.74	982.68	783.00

表 4-1-20（续）

公司与项目	2001年	2002年	2003年	2004年	2005年	2006年	2007年	2008年	2009年	2010年
开拓煤量可采期（年）										
神东集团公司	6.01	6.43	6.81	7.43	9.94	11.53	10.21	9.71	9.79	9.92
乌海能源公司	—	—	—	—	—	—	—	5.50	7.00	7.30
包头矿业公司	3.62	3.70	3.70	4.30	3.80	11.20	7.26	10.40	8.30	5.48
神宝能源公司	—	—	—	0.00	1.58	1.61	0.60	0.75	1.09	0.49
准备煤量（万吨）										
神东集团公司	10518.30	11738.10	12687.90	29100.30	42051.60	91474.50	92556.60	86309.30	124523.00	129549.90
准格尔能源公司	120620.00	119755.01	118637.60	117222.96	115618.16	113879.10	111858.52	109922.85	107168.10	104951.17
乌海能源公司	—	—	—	—	—	—	—	3207.40	3773.80	5764.30
包头矿业公司	154.71	198.99	212.81	304.29	144.39	151.51	578.31	886.79	702.10	259.62
准备煤量可采期（月）										
神东集团公司	28.98	32.34	34.95	45.92	53.21	100.80	95.06	83.09	84.60	86.07
准格尔能源公司	—	—	—	—	—	—	—	—	—	—
乌海能源公司	—	—	—	—	—	—	—	30.00	35.00	52.40
包头矿业公司	27.50	17.50	13.90	21.90	5.60	36.94	86.71	125.20	99.10	65.80
回采煤量（万吨）										
神东集团公司	2631.80	2683.00	3206.70	7598.90	9086.70	9985.30	13376.70	15732.00	18217.30	19913.60
乌海能源公司	—	—	—	—	—	—	—	1370.20	2433.90	1831.50
包头矿业公司	68.16	85.57	109.60	131.37	81.43	58.58	58.73	29.95	53.11	31.46
神宝能源公司	—	—	—	—	84.30	95.29	218.00	269.85	111.79	228.00
胜利能源公司										
回采煤量可采期（月）										
神东集团公司	7.25	7.39	8.83	11.99	11.50	11.0	13.74	15.15	12.38	13.23
乌海能源公司	—	—	—	—	—	—	—	12.70	22.60	15.00
包头矿业公司	7.90	7.90	7.10	9.40	8.40	15.48	12.90	4.20	7.50	10.89
神宝能源公司	—	—	—	—	5.62	4.60	3.27	4.66	1.49	1.71
采出率（%）										
神东集团公司	57.80	64.70	64.80	65.00	64.00	65.90	71.40	75.80	78.40	79.60
准格尔能源公司	98.35	98.22	99.66	98.92	98.00	99.42	98.55	98.30	98.53	98.25
乌海能源公司	—	—	—	—	—	—	—	86.00	87.00	87.56
包头矿业公司	83.20	74.80	65.40	76.60	84.00	79.00	88.10	77.50	75.30	77.03
神宝能源公司	—	—	—	—	97.71	97.89	97.90	97.57	97.58	97.61

截至 2011 年底，扎赉诺尔煤业公司开拓煤量 19511.85 万吨，可采期为 12.7 年，准备煤量 3073.9 万吨，可采期 20.24 个月；回采煤量 1289.3 万吨，可采期为 9.58 个月。

2005 年之前，伊泰集团公司各矿采用房柱式开采，"三量"管理缺乏系统管理和数据支撑。2005 年之后，公司各矿整合技改完成，基本实现机械化开采，"三量"管理由驻矿地质人员计算统计。公司各矿"三量"满足煤矿核定生产能力，大中型矿井开拓煤量可采期满足3~5年接续需要，准备煤量满足可采期1年以上生产需要，回采煤量满足可采期4~6个月回采需要；小型煤矿开拓煤量可采期满足2~3年接续需要，准备煤量满足可采期8~10个月以上生产需要，回采煤量满足可采期3~5个月回采需要。

2005年，公司各矿平均开拓煤量6084万吨，准备煤量730万吨，回采煤量487万吨。2010年，"三量"分别为31681万吨、3802万吨、2534万吨（表4-1-21）。

表4-1-21 2005—2015年伊泰集团公司"三量"统计表　　　万吨

年度	开拓煤量	准备煤量	回采煤量
2005	6084	730	487
2006	7386	886	591
2007	11006	1320	880
2008	16283	1954	1303
2009	35265	4232	2821
2010	31681	3802	2534
2011	27536	3304	2203
2012	26349	3162	2108
2013	29620	3554	2370
2014	30596	3672	2448
2015	23687	2842	1895

第四节　机电设备管理与维修

一、设备管理

20世纪90年代初，机械化开采在全区还未得到全面推广，煤矿机电设备少，管理相对粗放，缺少规章制度依循，机电设备管理职能多归口于煤矿机电技术部门。随着煤矿开采机械化水平不断提高，各种采掘专业化机电设备快速发展，原煤矿机电设备的管理体系已不能适应。2007年，自治区政府下发《加强煤矿安全基础管理的实施意见》的通知，要求煤矿加强矿井机电管理，设置以机电矿长为领导的机电运输管理机构，配齐机电专业人员，建立设备定期检测、监测、维护、保养和检修制度，保证设备完好。定期检修供电线路、设备，保证矿井安全供电。

（一）管理体系

2000年前后，以集团或矿区为单位，开始成立矿区设备租赁站、设备管理中心、机电设备动力部等专业职能部门，专门负责机电设备的管理、运行与维护，使煤矿主要设备开机率得到有效保障，提高了煤矿生产效益。

1. 神东煤炭集团有限责任公司

1991年7月，华能精煤公司开始在神东矿区筹建矿区设备租赁站。1997年8月，设备租赁站建成并投入运行，负责神东矿区进口设备配件的运输和引进特种车辆的管理工作。1998年8月，撤销华能精煤公司设备租赁站，成立神东煤炭公司设备租赁中心，负责神东矿区进口设备到货验收、配件仓储及设备搬家倒面管理工作。2002年1月，神东煤炭公司按照EAM管理模式，在设备租赁中心基础上成立了神东煤炭公司设备管理中心，负责神东矿区井下设备的前期选型、运输、技术、配套、国产化开发、设备有偿使用、设备大修、设备报废。设备管理中心推行扁平化管理模式。经过几年的磨合，现下设9个部门，即运行部、计划管理部、设备调剂部、技术部、国产化部、调度室、检测实验室、经营部、综合部，建立了精干高效的组织机构。2005年3月，神东煤炭公司创建了矿井设备信息化点检系统，全公司设备管理实现了信息化点检。

2. 神华准格尔能源有限责任公司

1991年，准煤（准能）公司机械动力部负责贯彻执行国家及上级主管部门关于设备管理工作的方针、政策和法规。结合公司实际组织制定完善设备管理各项规章制度及各项规程，并监督检查各单位对设备管理有关制度、办法和规程执行情况，负责建立健全公司机电设备管理的有关规章、制度和办法。

3. 神华乌海能源有限责任公司

2001年8月，神华乌达矿业公司设置机电管理中心，为公司的直属单位。2005年1月，神华乌海煤焦化有限责任公司成立机电管理中心。

4. 扎赉诺尔煤业有限责任公司

1991年，扎赉诺尔矿务局设置机电处，1999年7月，矿务局改制为扎赉诺尔煤业公司后改为机电装备处，下设机电总厂，负责公司机电设备维修、制造任务。

5. 神华大雁集团有限公司

1991年，大雁矿务局已经设置机电处，2001年设置机电装备部。

6. 内蒙古平庄煤业（集团）有限责任公司

公司设有机电动力部，负责全公司的机电技术及设备管理。各矿及二级单位设有机电专业管理部门。公司所有机电设备的所有权、处置权归平庄煤业所有，各单位有使用权、维修和保养义务以及设备保值增值的责任。非租赁设备由使用单位管理，租赁设备由租赁站统一管理，实行租赁使用。

7. 内蒙古伊泰集团有限公司

1990—2005年，伊泰集团所属煤矿井下使用的设备较多，机电设备管理薄弱，各矿自行制定管理办法，没有形成统一的管理。2006年，随着煤矿技术改造全面展开，陆续购置和安装了大批先进的机电设备，集团公司成立机电设备管理中心负责设备管理。2008年，机电设备管理中心整建制划归煤炭生产事业部，统一煤炭板块设备管理，下设技术、调剂、运行、供电、计划、维修管理6个专业组。2013年，公司机构改革，设备管理中心撤销，成立机电设备管理中心、机电设备运行维护中心。

（二）管理制度建设

1. 神华准格尔能源有限责任公司

1991—2000年，准格尔煤炭工业公司先后制定并修订了《机电设备管理暂行办法》《设备大修理暂行管理办法》和《车辆管理暂行办法》《设备管理暂行办法》《进口设备配件国产化管理办法》《设备管理办法》《闲置及报废设备处理规定》《机电设备外委修理招标管理办法》《供用电管理办法》《固定资产大修理管理办法》等制度。2001—2015年，公司制定下发《神华集团准格尔能源有限责任公司设备用油管理办法》《神华集团准格尔能源有限责任公司机电设备内部租赁管理办法》《神华准能公司机电设备外委修理招标管理流程》《神华准能资源综合开发有限公司设备、配件及材料试用管理办法》《神华准能集团有限责任公司机电设备封存启用管理办法》《神华准能集团公司设备厂商考核评价管理流程》等。

2. 神华乌海能源有限责任公司

公司不断理顺机电管理流程，强化内部业务管理，以系统化的观点、精益化的理念、规范化完成机电管理的制度体系建设，形成一套包括设备管理、供用电管理、技术管理等管理制度在内的较完整的内部管理标准体系，使各项管理工作有据可依，各项工作迈向程序化、规范化。

3. 内蒙古平庄煤业（集团）有限责任公司

2007年，平庄煤业提出了"有效占

用、有偿使用、集中管理、合理调剂、定点检修、保证质量"的设备管理原则。对"四机一架"（采煤机、掘进机、大型刮板输送机、乳化液泵和液压支架）由租赁站集中管理，调剂使用，统一定点检修。检修定点为风水沟煤矿检修区和红庙煤矿机厂。风水沟煤矿检修区制定的检修标准《设备检修质量标准操作程序手册》，统一了设备检修的操作程序和检修标准，提高了设备的有效利用率和设备运转率，降低了设备储备。

2008—2015年，平庄煤业集团公司机电设备运用微机管理，实现了管理手段的现代化。公司先后制定了《技术管理规定》《设备检修管理办法》《润滑油脂管理办法》《机动车辆管理办法》等。2012年，公司修订了《机电设备管理办法》《特种设备管理办法》《节能管理办法》。2013年制定了《煤矿井下安全避险"六大系统"管理办法》。2014年，平庄煤业集团公司6处井工矿完成了井下安全避险"六大系统"。

4. 华能伊敏煤电有限责任公司

1991—1993年，伊敏露天煤矿在完善各种管理制度的前提下，狠抓机电质量标准化建设，建立健全质量标准化检查考核标准。完善了设备档案，对主要生产设备在使用前建档。1994年，建立了机电月份统计报表，对设备"三率"、检修计划完成情况、设备数量及完好情况每月统计汇报。1995—1998年，重新组织完善和编制了主要生产设备检修技术规程，完成设备台账，对生产设备重新编号。2000—2013年，公司制定、修订了《供用电管理办法》《空调管理办法》《设备检修管理办法》《设备缺陷管理制度》《设备可靠性管理制度》《露天煤矿重型自卸汽车轮胎管理办法》《半连续检修规程》。2013年通过"主体设备可靠性考核""检修工艺流程考核"及"设备点检制度"挖潜增效，实现设备检修流程标准化。2014年，公司修订《机电设备管理手册》，开始执行《主体设备可靠性及流程化检修管理规范》《预防性检修管理办法》《设备缺陷管理办法》。

5. 神华大雁集团有限公司

大雁集团公司成立以来，先后修订、更新、下发了《设备管理办法》《机电运输管理办法（试行）》《机电工程管理办法》《设备检修工程管理办法》《机动车管理办法》《综采工作面末采设备管理和废旧配件处置办法》《防雷装置检测及维护管理实施细则》《供电线路附近树木修剪及砍伐有关规定》《计算机及办公自动化设备管理办法》等。

6. 神华宝日希勒能源有限公司

公司逐年完善和修订机电设备管理制度，制定了从设备前期工作开始，涵盖设备调研、选型、购置、安装调试、维修、改造、更新和报废全过程的综合管理制度。设备管理工作做到了技术上先进、经济上合理、措施上有效，保证设备高效率、生产安全，实现了经济效益最大化。1993年，公司修订下发第一套规范、全面的《机电设备管理办法》。1997年制定下发《机电工作标准汇编》《机电管理标准汇编》《机电运输规章管理制度汇编》。2002—2005年，制定实施《机动车辆、油料消耗及配件消耗管理办法》《各种机动车辆管理办法》《防雷减灾管理办法》《内部机械加工、修理、运输台班价格体系管理办法》《计量器具管理办法》《特种设备管理办法》《加强露天煤矿运输车辆强制性保养规定》。

2006—2011年，公司新增或修订《机电设备管理办法》《机电工作总结上报制度》《特种设备管理办法》《机电专业技术档案管理办法》《设备到货及工程安装、验收、交接、试运行、调拨管理办法》《机电工作例会制度》《机电设备抢修制度》等14项制度。2013年制定下发《水、电、暖审批和电量收费率考核管理办法》《行政车辆管理办法》《机电设备安全操作规程管理办法》，同时，将与《机电设备管理办法》中内容重复的14项管理制度进行整合，统一更名为《机电设备及器材管理办法》。2014年制定下发《水、电、暖审批和电量收费率考核管理办法》。2015年制定下发《生产区域供、用电管理办法（试行）》。

7. 内蒙古伊泰集团有限公司

伊泰集团在机电设备管理中心成立后，先后出台了《机电设备管理办法》《设备前期管理办法》《设备验收管理办法》《设备有偿使用管理办法》《设备调剂管理办法》《设备运行管理办法》《设备大修、项修管理办法》《设备报废管理办法》《设备更新改造管理办法》等。2011—2012年，制定、修订《煤矿综、连采设备及主运输设备润滑图表》《设备供电系统图册》《煤矿防爆车辆运输管理制度》《机电设备管理制度汇编》《煤炭板块机电设备检查考核标准汇编》《煤矿设备大型部件管理办法（修订）》《煤矿井下现场闲置设备和材料回收管理制度》《闲置设备对外租赁管理办法》等。2013—2015年，中心重新完善了《机电设备管理制度》《煤炭板块设备内部租赁管理办法（试行）》《煤炭板块设备社会租赁管理办法（试行）》《备件计划与仓储管理制度》等管理文件；编制了各煤矿《2014年、2015年综采工作面设备配套计划》；在数字化矿山机电管理板块定期更新《设备运输系统图册》《设备供电系统图册》。根据机电设备管理中心、机电设备运行维护中心岗位编制调整情况，重新修订完善了岗位责任制及业务流程。

（三）运行检查

神华集团设备管理中心建立健全了设备租赁、管理、维护、大修等一系列管理制度，同时投入资金近1000万元，引进世界先进的EAM系统，通过信息化手段合理安排维修计划及相关资源与活动，实现了日常检修工作的程序化管理。

图4-1-8　神东物资供应中心自动化立体仓库

1. 神华神东煤炭集团有限责任公司

2002年，公司设备管理中心先后引进了ZC2000型点检仪、手持测振仪、手持测温仪、电机绕线故障检测仪、无损检测焊缝裂纹探伤仪、超声波测厚仪、光电式转速表、电缆检测试验设备、油液分析专家系统和铁谱分析系统。2005年3月，设备管理中心创建了矿井设备信息化点检系统，全公司实施了信息化点检管理制度。同年8月，上湾煤矿ACE3×375千瓦运输巷输送带实现了设备管理中心自主调试。

2006年1月，公司开启综采工作面信息传输技术，研究解决各厂家设备通信接口不兼容问题。同年8月，更新了点检系统应用分析软件（数据存储依然依靠EAM服务器），通过EAM平台获取设备的名称、编码、地理位置、所属MRC（维修责任中心）、责任人、功能位置、维修记录和使用时间，建立起标准维修体系和故障管理体系，由事后维修变为有计划地预测性和预防性维修，提高了设备日常维修保养、预防性检修质量和效率，降低了设备故障率。

在矿区产量每年千万吨速度增长、工作面增加、设备总量增加、运行状态逐步老化、高强度满负荷开采的情况下，全公司万吨煤设备故障停机时间由2002年的0.88小时降至2010年的0.07小时；设备重特大机电事故由2002年的12次减少到2008年的0次，避免了120多起机电、运输事故，挽回经济损失5000万余元；设备利用率提高了15%。同年9月，设备管理中心调度室成立，在调度室实现了对各矿井主运输设备、选煤筛分系统和装车系统的远程监测监视。

2007年4月，公司补连塔煤矿调度室成功显示32206综采工作面设备信息。2008年底，数据上传存储系统中可以显示17个工作面的数据，基本实现了各矿25个工作面的数据整合显示。同年5月实施了MES系统（制造执行管理系统）试验，并于12月在上湾矿正式启动。

2010年底，神东设备管理中心累计引进综采、连采及配套设备18900余台（件、套），承担各生产和辅助单位2万台（件、套）设备、15万种备件的库存管理，设备资产从2002年的38.6亿元增加到2010年的149亿元；与国内外知名科研院所合作进行设备国产化研发，完成78项技术创新成果，开发研制了7.0米、6.3米、5.5米大采高支架，6千米双点驱动运输巷带式输送机、井下连运系统和部分特种车辆等设备，创经济效益30多亿元。综采"三机"驱动等关键部件、采煤机、泵站正在研发过程中，其他设备全部实现国产化；建成了EAM资产管理系统、MES制造执行管理系统和远程监测系统，实现了设备管理、设备监造、运行监测监控、设备维修和故障排除的信息化处理。

2. 神华准格尔能源有限责任公司

公司设备投入严格按生产计划执行，保证生产设备的合理匹配，最大限度发挥设备效率。根据生产单位及岗位专业特点，实行包机制管理，将操作、维修人员捆在一起，对单机或分段设备承包。人员、设备保持相对稳定，将产量、质量、安全、设备状态、消耗结合在一起进行考核。包机制的有效实施，既保证了设备正常运行，又降低了运行成本。

为加强对各二级单位设备管理工作的考核力度，考核工作采取日常考核与定期检查相结合的方式，公司机械动力部每季度对各单位机电设备管理工作进行考评。2001年制定机电设备管理考核标准及考评办法，考核的重点内容是：机电技术档案建立健全工作；设备完好率、出动率，设备运行管理和检修管理的总体水平；设备日常保养和检修质量；封存设备管理工作；设备运行管理，正确操作与精心维护设备。经过一年的考核检查，对二级单位机电管理工作起到一定的促进作用，管理水平有所提高，对存在的问题如个别设备完好率、出动率低，封存设备手续办理不及时、缺件，基础工作的技术档案、报表不规范等，都有进一步改善和提高。

根据神华集团公司质量标准化标准及

考核评级办法，结合公司实际情况，每月二级单位自评，每季度公司对二级单位考评，使各项机电管理工作按质量标准化要求达标升级，调动了二级单位及职工的积极性，机电管理工作向标准化、规范化方向发展。

3. 神华乌海能源有限责任公司

1991—2006年，公司机电管理执行煤矿安全质量标准化，2006—2014年执行神华本质安全管理体系，2015年开始执行神华风险预控管理体系。为了加强对设备全寿命、全周期管理，2008年开始使用设备信息管理系统，定期对所有在用设备进行点检，降低了设备的事故率。2009年1月，乌海能源公司成立了设备租赁中心，负责各生产单位租赁设备的选型、配套、租赁、调剂、监督、检查及设备报废，对所有大型设备实行统一管理，有偿服务。

公司机电安全实行现场管理。2006年开始，在实施月检查的基础上，每季度增加一次机电运输专项检查。2006年之前各矿机电设备综合完好率平均在95%以上，设备待修率在4%左右，事故率在1%以下。通过开展设备的点检、预防性检修、3+X柔性检修等工作，到2015年，各矿机电设备完好率平均在98%以上，设备待修率在2%以下，事故率在0.8%以下。

公司学习借鉴神东经验，实施设备专业化管理，推行集团公司机电岗位标准作业流程工作，开展"十个一"规范达标活动。加强供用电管理工作，严格执行"两票制度"，严格保护定值的管理，抓好对供电系统的预防性试验工作。

4. 内蒙古伊泰集团有限公司

2006年以前，伊泰集团对煤矿机电设备的运行检查，以煤矿自查为主，集团公司主要通过安全检查的方式进行。2006年开始，在煤矿机械化改造及新建矿井建设过程中，集团从强化设备技术管理，优化设备选型、配置入手，由机电设备管理中心对各煤矿设备的选型、配置进行审核，有效地解决了设计与各矿井现场实际不符等问题。公司指定专职人员深入煤矿现场，对设备的型号、技术参数、出厂编号、使用地点等进行登记，并与煤矿现场机电工作人员配合，对设备进行编码、贴牌，使每一台设备都有唯一的编码，做到账、卡、物、编码4对应。2008—2010年，公司各矿机电设备综合使用率最高达到99%、最低为80%，完好率平均在95%以上，设备待修率在2.20%以下，事故率在1.80%以下。

2011年开始，公司先后开展了机电设备完好标准、电气设备三大保护、带式输送机综合保护、油脂润滑、乳化液、输送带、电缆管理及设备列车防跑车装置等专项检查整治活动。2012年，公司机电设备万吨煤故障停机时间、设备故障率、机电故障累计影响时间都处于行业领先水平。2013年，公司对各选煤厂、生产服务中心和13处煤矿的设备进行普查，累计罚款102万元；对7644个设备点位进行油脂取样化验分析，发现隐患180条，全部得到整改。2014年，机电设备运行维护中心加强机电运输质量标准化管理，组织机电检查168（矿）次，排查设备隐患1822条，整改率100%。强化设备润滑管理，组织完成公司所属煤矿及选煤厂设备油脂和部分煤矿水质化验工作，共计形成检测报告7317次，发出警告并及时处理928次，有效避免了机电事故的发生。公司各井工煤矿机电故障停机时间2199.6小时，万吨煤故障停机时间为0.47小时，比计划时间0.51小时降低了0.04小时。2015年，全年平均设备故障停机率1.88%，同比下降了0.92%。

二、设备维修

20世纪90年代以前，全区各统配煤矿都成立了专门从事机电设备维修的机构。如乌达矿务局机修厂、扎赉诺尔煤矿机电总厂、大雁矿务局机电公司、霍林河露天煤矿机电修配厂。神东天隆集团有限责任公司机械维修加工中心的前身是神东多经矿山机械配件材料制造厂。

1. 神华神东煤炭集团有限责任公司

20世纪90年代以前，神东各公司煤矿的机械设备的维修、管理基本沿用煤炭工业部管理模式进行，由矿区的机修总厂和各煤矿机修厂负责维修。1990年以后，神府煤炭公司将总机厂和各矿机修厂合并成立了维修中心，负责矿区矿井和选煤厂机电设备及综采、综掘设备的大中修任务。

2002年1月，公司按照EAM管理模式，依据扁平化管理模式优化了维修中心，主要负责神东矿区矿井机电设备的大修和项修任务，提供设备零配件加工和制作，向各煤矿提供专业化维修服务，开发研制新产品，为周边煤炭公司维修设备。维修中心坚持"以我为主、借助外力、合理分工、逐渐消化"的方针，围绕"质量、工期、成本"三要素，根据设备厂家和型号确定设备维修工艺流程，实现了设备在一个维修部门就能完成的新型工厂化维修模式。以"精细化管理"为突破口，推动安全风险控制，采用风险矩阵法，从人、机、环、管4个方面进行等级分类和排序，推动现场质量标准化工作；实行设备维修责任制和包机制，开展师带徒岗位练兵活动，先后选派管理和技术人员赴美国、德国、瑞士、英国、澳大利亚等国家学习，培养了一批高素质的专业化维修人才；制定了清晰的设备大（项）修流程，编制了标准的大（项）修工艺大纲，统一了维修工单；配备了先进的三坐标测量仪、数控火焰切割机、数控镗铣床和珩磨机等设备，建立了设备3D模型档案库。

2007年，神东煤炭公司在伊金霍洛旗开工建设机电设备专业化维修中心和数控车间，于2008年竣工投用。服务规模扩大到对周边神华集团所属独资或控股的包头矿业公司、杭锦能源公司、新街能源公司等提供生产设备维修专业化服务；设备维修由"外方为主、我方为辅"转变为"自主修复"，自主修复率达到90%以上。同时，维修中心开展外部技术协作，对自动化控制、蓄电池和防爆车辆等非核心业务实行专业化服务外包。高、精、尖业务则与科研院所联合攻关，改变了企业"大而全、小而全"的传统做法。

2. 中电投蒙东能源集团有限公司

公司设备大中修任务由机电修配厂承揽。机电修配厂共承修51种、7类矿山设备检修与维护工作，2007年，机修厂明确了"检修管理现代化、检修技术专业化、检修体制承包化"的生产检修模式，提出了"清洗、检测、润滑、密封、坚固"的生产设备检修的十字方针，使生产检修车间和所要维护的生产设备全部前移，对故障设备做到及时、准确维修。组装220吨、108吨、45吨自卸车等设备40台，同时组装27立方米电铲3台，并创出了机修厂建厂以来只用13天就完成了3台27立方米电铲组装任务，用4天组装3台220吨苏制自卸车的历史新纪录。

3. 神华大雁集团有限公司

集团公司所属煤矿主要生产设备的维修由机电安装公司承担，机电管理部负责维修设备的过程管理，机电管理内设驻站质量监督员监督维修过程中的质量问题。设备检修开工前,必须由机电管理部、发展计划部组织承修单位和使用单位对检修设备共同验收,属不合理使用、人为造成部件或零件损坏或丢失,由原使用单位支付此部分检修费用。井工单位综采面入厂设备执行《综采工作面末采设备管理和废旧件处置办法》的有关规定。维修过程中,隐蔽工程由施工单位提出申请,由机电管理部组织使用单位、发展计划部等有关部门验收合格后方可进行下一道工序。维修进度验收由施工单位提出申请,机电管理部主持,发展计划部、财务部、使用单位等有关部门参加,维修进度经主管部门审批后报发展计划部批准,然后到财务部结算。设备检修竣工后,由检修单位以书面形式通知机电管理部和发展计划部业务人员到现场对检修设备及检修技术资料进行验收。验收合格后,检修单位按机电管理部、发展计划部的顺序审批竣工报告,机电管理部组织检修单位与使用单位办理设备交接手续。公司设备大中修任务由机电总厂承担。2005年以来,年设备检修能力达到600台(架)。

图4-1-9 神华大雁集团技术人员检修综采设备

4. 扎赉诺尔煤业有限责任公司

该公司生产设备大中修任务由机电总厂承揽。2004年,机电总厂成为内蒙古首家获得安标资质的企业,具有SGB刮板输送机、MG300/755-WD型采煤机、离心式水泵、挖掘机、外注式单体液压支架、窄轨架线式电机车等13种产品的《煤矿设备检修资质证书》。2015年,全年完成工业总产值4905.00万元,其中设备大修3521.64万元、设备中修530.44万元。

图4-1-10 伊敏露天煤矿工人抢修重型矿车

5. 华能伊敏煤电有限责任公司

1991—1995年,公司露天煤矿由机电科负责安排全矿设备的检修,下达年、季、月的设备检修计划,机修厂作为生产单位,按照计划对设备进行检修。1996年11月,新机厂划归露天煤矿,机修厂改为机修作业部。2000年,机构改革后撤销机电科,成立生产技术部负责机电设备维修管理工作,维修由机修部承担。

6. 神华宝日希勒能源有限公司

2007年5月17日,神宝公司成立神宝机电设备维修公司,处级建制。2007—2008年,机电设备维修公司累计完成车辆检修12540台次,其中完成车辆大修4台次,实现车辆维修返修率为零。2008年,采取"集中储备、集中保养、集中检修"的工作方式,最大限度提高设备利用率。2010年,完成装车站集控自动配煤系统的升级改造、生产照明自动控制系统部分改造；一级破碎机、二级破碎机、快速装车系统、10套除尘器、3台除铁器等主要设备的大修等任务。2011年，完成了21号刮板输送机系统机头驱动轮彻底的补齿、加固及链条的缩链工作。2013年，完成了203号、304号、306号带式输送机和布料机输送带的更换，同时对204号、206号、208号、301号、302号带式输送机输送带多处磨损严重的部位进行了硫化、修补等工作。2014年，完成筛分栈桥带式输送机跑车减速器的改造工作。

7. 内蒙古平庄煤业（集团）有限责任公司

平庄煤业维检修采用的方式是内部维检修制、外部指导检修制和外部检修制，内部维检修制执行设备日常维护保养和计划维修相结合的管理制度，推行故障诊断和状态监测技术，实现对设备的预防性检修和专业检修，提高检修质量，降低检修费用，缩短检修停机时间，确保机电设备安全经济运行。设备检修执行《中国国电公司设备检修管理办法》和《内蒙古平庄煤业（集团）有限责任公司设备检修管理办法》，设备检修按不同的检修内容和工作量，分为日常检修和大修理两种。

检修计划编制之前，各相关单位上报设备检修计划，由平庄煤业主管部门进行摸底落实，经公司有关部门组织会议确定检修计划并按计划实施。中小型设备原则上由使用单位自行修理，大型设备由平庄煤业主管部门安排定点修理。外部指导检修制：由设备原厂家或部件生产厂委派技术人员到现场指导使用单位检修人员进行检修。外部检修制：属于公司外部检修的项目，按招标、询价、会审等程序确定承修单位和价格，实施过程中，根据不同情况分类安排检修。2012年，平庄煤业露天煤矿部分大型设备维检修工作和进口部件的大修理自行无能力承担的检修任务，通过招标将设备的维检修工作承包给外部检修单位。

8. 内蒙古伊泰集团有限公司

2006年以前，伊泰集团各煤矿仅有少量的小型机电设备，设备维修主要委托就近的村镇维修门店负责，电机一般送到本地或外地维修。2007年，为适应煤矿技改完成后对设备维修的新需求，集团公司与北京天地科技股份有限公司、郑州煤矿机械集团股份有限公司、内蒙古伊东煤炭集团有限责任公司共同出资，成立了鄂尔多斯市天地华润煤矿装备有限责任公司，由天地华润公司承揽公司煤矿综采设备的大修业务，提供驻矿维修及国内知名品牌煤机零配件及标准件配送服务，并提供煤矿设备选型、配套等相关技术咨询及人员培训。同时，设备油缸的维修，与大同市恒岳煤机有限责任公司、陕西大洋机械设备有限公司签订长期维修协议；运输系统输送带硫化接头的维修，长期委托鄂尔多斯市普发机电维修有限责任公司承担。

图4-1-11 伊泰集团酸刺沟矿检修设备列车

公司严格控制维修质量，派专人现场监督管理，检查监督维修工艺的执行情况，鉴定各类大修设备的损坏情况并做好记录，对维修过程中出现的问题提出整改意见，并做好修理设备（部件）的出厂验收工作。

至2010年12月，天地华润公司共为伊泰煤矿维修采煤机5台、综采工作面三机（刮板输送机、破碎机、转载机）5套、液压支架225架、其他设备20台。2011年，集团公司根据年初煤炭计划产量和设备使用情况，制订了全年的设备维修计划，并监督检查各项计划的实施完成。全年集团公司各煤矿共发生设备大修、项修费12378万元，其中大修设备13套，主要包括液压支架、采煤机、搬运车等。

2013年，公司各煤矿、选煤厂主要实施了采煤机、液压支架、四壁锚杆机、雷波泵站等大项修理。2014年，对一些已过大修周期还没有替换的设备进行分批次有针对性维修，有效控制了成本，节省了维修时间；主要进行了酸刺沟矿MG650/1620型采煤机、装车站、ZY15000/26/42型液压支架、JOY刮板输送机及宏一矿ZY13000/28/63D型液压支架修理等，并根据设备大修质保期内故障原因分析向厂家索赔363万元，维护了公司利益。同时，大力开展修旧利废活动，降低设备成本。

9. 神东天隆集团有限责任公司

该公司大中型设备维修任务由鄂尔多斯市神东天隆矿山机械有限责任公司承担。2008年1月，神东天隆集团、中煤装备集团、IMM国际煤机集团三方携手投资4.8亿元，按6∶2∶2的比例出资，在伊金霍洛旗神东天隆工业园建设西部地区规模最大的煤机维修企业。

第二章 井 工 开 采

第一节 开拓与掘进

20世纪90年代初，内蒙古新建矿井的开拓方式多以斜井、平硐为主，少数为立井。采用立井开拓方式为主的煤矿具有典型的地域分布特征，或受制于特殊的地质条件。1991年以来，自治区西部鄂尔多斯、乌海等地大规模开发建设的矿井主要针对浅埋煤层资源区，无须采用立井开拓方式。通辽市、赤峰市等东部区，因软岩和冻土层的存在限制了长斜井的施工，立井在该条件下与斜井相比具有优势，因此，应用较为广泛。随着矿井设计要求的机械化程度不断提高，2001—2005年，在神东矿区出现的斜井－平硐和斜井－平硐－立井的综合开拓方式显示出了其独有的优势，并且在西部地区的各主要矿区内得到较广泛的应用。

一、开拓

（一）平硐开拓

1991年初，自治区原统配煤矿开拓方式中属平硐开拓的有平庄矿务局古山一井、风水沟一井、包头矿务局白狐沟矿平硐等5对，占原统配煤矿总井数38对的13.16%，设计生产能力381万吨/年，占原统配煤矿总设计生产能力的20.45%。

受煤层赋存条件限制，平硐开拓在全

区使用比例较低，但平硐开拓的矿井煤炭运输及辅助运输系统简单、效率高，因而在自治区西部地区平硐开拓常作为矿井的前期开拓方式，当开采煤层埋深增加或煤层赋存倾角增大时，矿井后期多改为斜井开拓、立井开拓或综合开拓。平硐开拓应用最为成功的是神东矿区。

1998年，上湾与乌兰木伦煤矿为了建设高产高效集约化生产的特大型矿井，必须突破传统副斜井的开拓方式，1999—2002年，神华神东公司提出采用斜硐（负坡度平硐）开拓方式，废除各矿的副斜井井筒，将原有的轨道绞车提升变为无轨胶轮车运输，取消了井底车场和矿井轨道线路，井筒与大巷直接相连，矿井的材料、设备和人员实现无轨连续运输。

2004年，伊泰集团煤矿采用平硐开拓的有：纳林庙煤矿（一号井、二号井、三号井、四号井）、安家坡煤矿、白家梁煤矿、垴木图煤矿（南井、北井）、苏家壕煤矿。2005年以后，公司原利用平硐开拓的井口，都进行了资源整合与机械化技改，不再利用平硐进行开拓。在此期间，一定数量的民营煤矿在技改前也广泛采用平硐式开拓方式。

（二）斜井开拓

1991年初，自治区统配煤矿开拓方式中属于斜井开拓的有29对，占原统配煤矿总井数38对的76.32%，设计生产能力1332万吨/年，占统配煤矿总设计生产能力的70.96%。

从1991年至今，斜井开拓一直是全区应用最为广泛的开拓方式。随着大倾角强力带式输送机的发展，允许的主斜井最大倾角已达到26°~28°，使得相当数量的新建或技改扩建矿井均采用斜井集中开拓方式，强力带式输送机提升，斜井串车辅助运输。

1991—2015年，西部地区的阿拉善盟境内煤矿数量由300余处减少至32处，除新西井（主立井箕斗提升，2013年变更为露天开采）、常山一号井、东沙沟井、阿右旗老山头北岗煤矿、阿右旗顺达煤矿、百灵煤矿6处煤矿采用斜井-立井综合开拓外，其余各井工矿，包括太西煤集团所属11对矿井均采用斜井开拓。

乌海地区除利民、华资等少数矿井采用主立井或副立井外，其余矿井主副井均采用斜井形式，开拓方式仍划分为斜井开拓。1998年划转神华集团的包头、乌达、海勃湾3个矿务局的黄白茨、五虎山、公乌素、老石旦、阿刀亥等煤矿，以及神华集团神东矿区共21处煤矿的24对矿井均采用斜井开拓。

1991—2010年，鄂尔多斯地区煤矿数量由最多的1369处减少至321处，采用斜井开拓的最大比例占井工矿的72.6%。2010年，锡林郭勒盟统计井工煤矿18处，采用斜井开拓的矿井有16处，占88.9%。呼伦贝尔市辖域内国有重点煤矿中，全斜井开拓的有13处，地方煤矿采用斜井开拓的矿井约20处，占呼伦贝尔市在籍井工矿数量的86.8%。

（三）立井开拓

立井开拓在自治区境内采用较少，主要有两个原因：一是全区大部开采煤层埋深浅（平均埋深小于400米），斜井或平硐开拓即可满足开采需要；二是非流砂层、冻土层、软岩层、强含水层等特殊地质条件下斜井施工易于立井。

1991年初，自治区统配煤矿开拓方式中立井开拓的仅有4处，分属包头矿务局、平庄矿务局，均采用箕斗提升。2010年以前，受提升装备限制，立井开拓多用于中、小型矿井或300万吨/年以下的大型矿井，同时，受井筒施工条件及煤层埋深等条件影响，立井开拓多分布于自治区东部。

2001年10月，平庄煤业集团公司六家煤矿正式移交投产，历经两次产能核定，核定为180万吨/年。2008年11月，公司所属老公营子煤矿正式移交投产，设计产能为120万吨/年，2012年4月核定为180万吨/年。赤峰市以平庄煤业为代表，采用立井开拓的有老公营子煤矿与六家煤矿。

2006年6月，内蒙古通大煤业有限责任公司五牧场煤矿设计生产能力300万吨/年。矿井内布置主立井、副立井和回风立井3条井筒。主井井筒净直径6米，井筒内布置一对25吨箕斗，担负全矿煤炭提升任务。副井井筒净直径6米，井筒内布置一宽一窄双层四车罐笼，担负全矿人员、材料、设备、矸石等提升任务，同时作为入风井。回风立井井筒净直径5米，担负全矿的回风任务。

2008年以来，随着大功率、大容量提升装备及大直径井筒施工工艺的发展，自治区涌现一批设计生产能力500万吨/年及以上的矿井，其中大雁集团公司敏东一矿，2008年开工建设，2014年底建成投产，设计生产能力500万吨/年，矿井采用立井开拓方式，工业场地内布置主井、副立井、回风立井。

2010年以来，自治区开始建设采用立井开拓的千万吨级矿井，如经国家发改委核准的呼吉尔特矿区葫芦素煤矿项目，建设规模为1300万吨/年，由中煤邯郸设计工程有限责任公司设计，主立井井筒直径为9.6米，装备2套进口的卷筒直径为5米的6绳摩擦式提升机，每套提升机配套电动机功率为1×8000千瓦，提升4个50吨箕斗，是迄今为止国内立井提升系统提升能力最大的现代化矿井。

2011—2015年，自治区西部的上海庙矿区、纳林河矿区、塔然高勒矿区因煤层埋藏垂深达500米以上，而成为自治区使用立井开拓最为集中的地区，截至2015年，榆树井、长城煤矿等老生产矿井；新建的纳林河二号矿井、母杜柴登煤矿、长城三号井、长城五号井、营盘壕煤矿；在建的上海庙一号井、麻黄煤矿（长城二号井）、巴彦高勒煤矿、葫芦素煤矿、门克庆矿井、塔然高勒煤矿等均采用立井开拓。

鄂尔多斯市营盘壕煤矿设计生产能力1000万吨/年，主井装备2套直径4.5（米）×6（绳）塔式多绳摩擦式提升机，提升速度14米/秒，提升载荷40吨/钩。配用功率6500千瓦、转速59.4转/分的交流同步电动机，采用交直交变频器驱动，全数字控制。副井装有2套提升设备，其中1号提升机为直径5.5（米）×6（绳）落地式多绳摩擦式提升机，配用功率4000千瓦、转速34.1转/分的低速交流同步电动机，提升速度10米/秒。1个特制双层大罐笼和平衡锤，采用交直交变频器驱动，系统全自动运行。2号提升机型号为JKMD-2.25×4ZI，配用功率355千瓦，转速740转/分的高速直流电动机，最大提升速度7.5米/秒，1套交通罐带平衡锤提升。

新街矿区红庆河煤矿项目矿井建设规模为1500万吨/年，采用主井、副井、一号风井、二号风井4条立井开拓方式。主井井筒净直径9.5米，设计装备2对50吨箕斗；副井井筒净直径10.5米，设计装备1个非标特大罐笼和1个平衡锤；一号风井净直径7.6米，担负矿井南翼回风任务，设计井筒内装备有6.0米层间距密闭型玻璃钢梯子间，二号风井净直径9.5米，担负矿井北翼回风任务，设计井筒内装备有6.0米层间距密闭型玻璃钢梯子间。

截至2015年底，全区500万吨/年及以上立井开拓矿井见表4-2-1。

表4-2-1 截至2015年底，全区500万吨/年及以上立井开拓矿井统计表　　万吨/年

矿井名称	所在地区	设计产能
扎赉诺尔煤业有限责任公司灵东煤矿	呼伦贝尔市满洲里市	500
神华国能大雁集团有限公司伊敏河东矿区第一煤矿	呼伦贝尔市鄂温克旗	500
杭锦旗西部能源开发有限公司红庆梁煤矿	鄂尔多斯市达拉特旗	600
伊泰广联煤化有限责任公司红庆河煤矿	鄂尔多斯市伊金霍洛旗	1500
鄂托克旗建元煤焦化有限责任公司建元煤矿	鄂尔多斯市鄂托克旗	500
中天合创能源有限责任公司葫芦素矿井	鄂尔多斯市乌审旗	1300
中天合创能源有限责任公司门克庆矿井	鄂尔多斯市乌审旗	1200
神华乌海能源有限责任公司塔然高勒煤矿	鄂尔多斯市杭锦旗	1000
中煤集团纳林河二号矿井	鄂尔多斯市乌审旗	800
中煤集团母杜柴登煤矿	鄂尔多斯市乌审旗	600
鄂尔多斯市营盘壕煤炭有限公司营盘壕煤矿	鄂尔多斯市乌审旗	1000
长城三号煤矿	鄂尔多斯市鄂托克前旗	500
石拉乌素煤矿	鄂尔多斯市伊金霍洛旗	1000

（四）综合开拓

1. 斜井－立井综合开拓

斜井－立井综合开拓常见形式有两种，第一种为主、副井为斜井，回风井为立井的综合开拓方式，其中回风立井无提升装备，仅布置梯子间、黄泥灌浆管路、瓦斯抽采管路等，井筒断面小，易于施工。伊泰集团的阳湾沟、酸刺沟、宏景塔、纳林庙、丁家渠、白家梁、苏家壕、塔拉壕等9处煤矿，鄂尔多斯市华兴能源有限责任公司唐家会煤矿、鄂尔多斯市国源矿业开发有限责任公司龙王沟煤矿均采用斜井－立井开拓方式。第二种为主井采用斜井，副井采用立井的综合开拓方式，其中主斜井装备带式输送机，煤炭从工作面至地面连续化运输。副井采用立井，装备提升机，提升容器采用罐笼，井下辅助运输采用轨道运输或无轨胶轮车运输。

黄玉川煤矿位于内蒙古准格尔煤田西南部，是神华亿利能源公司4×200兆瓦煤矸石电厂的配套煤矿，由神华神东电力公司与亿利资源集团公司按照51∶49的比例共同出资建设。项目于2007年2月13日由国家发改委正式核准，是国家"十一五"（2006—2010年）发展规划中2007年西部新开工10项重点工程之一、神华集团2009年和2011年十大重点工程之一，同时也是我国第一个一次设计施工建设的千万吨立井。根据煤层赋存特征，矿井采用斜井－立井混合开拓方式，水平大巷条带式开采（分4、6煤两个水平），其中4煤采用一次采全高综采工艺、6上煤采用一次采全高综采放顶煤采煤工艺，根据煤层开采技术条件，其采掘设备以引进综、连采设备为主（其中支架为国产）。矿井设计生产能力为年产1000万吨，矿井服务年限为68年。项目概算为41.7亿元。

在项目建设中，黄玉川煤矿克服了项目管理力量薄弱、无立井建设管理经验等困难，先后取得了3项中国企业新纪录，即副立井2007年11月成井进尺118.5米，主斜井2008年1月进尺186

米、2月24日日进8.4米，创国内同型井建井3项新纪录。在2010年1月12日建成了中国最大的副立井提升系统，开创了国内立井全无轨辅助运输的先例，并在提升能力、大罐笼柔性结构和容积方面开创了国内的3个第一。

截至2015年底，全区产能500万吨/年及以上主副斜井回风立井开拓矿井共8处，分别位于鄂尔多斯市东胜区、伊金霍洛旗和准格尔旗，见表4-2-2。全区产能500万吨/年及以上主斜副立井开拓矿井有：鄂尔多斯市华兴能源有限责任公司唐家会煤矿（500万吨/年）、内蒙古能源有限公司察哈素煤矿（1000万吨/年）和神华亿利能源有限公司黄玉川煤矿（1000万吨/年），分别位于鄂尔多斯市伊金霍洛旗和准格尔旗。内蒙古白音华海州露天煤矿有限公司白音华四号井工矿（500万吨/年）位于锡林郭勒盟西乌珠穆沁旗。

表4-2-2 2015年全区主副斜井回风立井综合开拓矿井（产能500万吨/年及以上）统计表

万吨/年

矿井名称	设计产能	矿井名称	设计产能
内蒙古伊泰煤炭股份有限公司塔拉壕煤矿	600	昊华精煤有限责任公司高家梁煤矿	600
内蒙古双欣矿业有限公司杨家村煤矿	500	伊泰煤炭股份有限公司纳林庙煤矿二号井	500
色连一号煤矿	500	内蒙古伊泰煤炭股份有限公司宏景塔一矿	500
新能矿业有限公司王家塔矿井	680	内蒙古京粤伊泰酸剌沟矿业有限责任公司	1200

2. 斜井-平硐-立井综合开拓

采用斜井-平硐-立井综合开拓的矿井均集中在神东矿区，自治区内采用综合开拓方式最具代表性的矿井为神华集团上湾煤矿、布尔台煤矿与补连塔煤矿。煤矿副井采用平硐或缓坡斜井实现辅助运输无轨化，机械设备、辅助材料及人员运输全部实现无轨化运输，从地面直接运输至采煤工作面。主井采用斜井，铺设大功率带式输送机，其中布尔台煤矿主斜井敷设带宽2.2米、提升能力为7000吨/时的大功率带式输送机，是主提升能力世界第一的特大型高产高效现代化井工矿井。风井采用立井，在不同采区布置回风立井，实现分区式通风。

3. 斜井-平硐综合开拓

采用斜井-平硐综合开拓方式的煤矿有神东矿区的乌兰木伦煤矿、柳塔煤矿、寸草塔一矿、寸草塔二矿，万利矿区的万利煤矿，同时取消井底车场和矿井轨道线路，井筒和大巷直接相连。井田面积较大的矿井，采用分区开拓方式将井田分为若干分区域，每个分区有各自的辅助井筒，分区内采用大巷条带式布置。

二、掘进

（一）岩巷掘进

全岩巷道掘进普遍采用炮掘工艺，局部软岩巷道与半煤岩巷道使用综合机械化掘进。炮掘采用爆破落岩，装岩采用耙斗装岩机。岩巷掘进支护采用U形钢支架喷混凝土或锚网、U形钢支架、喷混凝土联合支护。

鄂尔多斯煤矿的硬岩掘进多数沿用钻爆法，打眼采用液压凿岩机，爆破下来的岩块，采用各种装岩机、装入矿车，用四轮车、自卸式汽车等将掘进矸石运往地面。1992—2004年，伊泰集团煤矿的岩巷掘进均采用爆破方式掘进。利用炮掘的岩巷工效，随矿井地质条件的不同而不同，其中纳林庙煤矿掘进工效为0.15米/（工·日）、新庙煤矿为0.18米/（工·日）、酸刺沟煤矿为0.12米/（工·日）。岩巷实现机械化掘进后，纳林庙煤矿掘进工效提升为0.31米/（工·日）、新庙煤矿为0.24米/（工·日）、塔拉壕煤矿为0.2米/（工·日）、酸刺沟煤矿为0.14米/（工·日）、红庆河煤矿凿井工效为0.014米/（工·日）。

1991—2005年，呼伦贝尔盟（市）地方9处煤矿岩巷全部采用炮掘方式掘进，并延续至今。尽管各矿购置了综掘机和采用了机械化掘进，但因地质条件限制，部分矿井不利于使用机械掘进的地方，仍然采用炮掘。

1998年，包头矿务局、乌达矿务局、海勃湾矿务局炮掘工作面分别占总工作面的74%、67%、59%，装运设备为耙斗机和装煤机。2003年，神华海勃湾矿业公司在炮掘工作面使用13台耙斗机，神华乌达矿业公司在炮掘工作面使用8台耙斗机，神华包头矿业公司在炮掘工作面使用4台耙斗机和1台装煤机。

（二）煤巷掘进

1. 国有重点煤矿煤巷掘进

国有重点煤矿引入机械化掘进设备较早，1990年前后，神东矿区建设的大型机械化矿井已逐步淘汰炮掘工艺。2000年以来，全区煤矿掘进巷道中煤巷约占总掘进巷道工程量的70%。其高效掘进方式主要有3种：第一种是悬臂式掘进机与单体锚杆钻机配套作业线，即煤巷综合机械化掘进；第二种是连续采煤机与锚杆钻车配套作业线，主要掘进机械为连续采煤机在多巷掘进，交叉换位施工；第三种是掘锚机组掘锚一体化掘进，此种方式仅在少数矿井使用，处于试验阶段。

图4-2-1 扎赉诺尔煤业公司采用综掘机掘进

国有重点煤矿煤巷综合机械化发展大致分为两个阶段：

（1）综合机械化的引进与试用阶段（1991—2002年）。随着补连塔和上湾等煤矿的开工建设，神东矿区正式引入掘进机，主要采用较成熟的国产 AM-50 型小功率掘进机和 EBZ-90 型、EBZ-110SH 型掘进机。1992 年，由于小功率掘进机不能适应快速掘进的需要，煤矿逐步投入的掘进机机型有 AM-50 型、EBZ-90 型、EBZ-110SH 型、EBZ-132TP 型、EBZ-135A 型、EBZ-150J 型、EBZ-160TY 型和 EBJ-160SH 型。在此期间，神华集团投入资金对所属各矿井进行技术改造，装备了综掘设备。机械化掘进主要向综合作业线发展，即掘进机+桥式带式转载机+可伸缩带式输送机（刮板输送机）作业线。

1991 年 7 月，扎赉诺尔矿务局在灵泉矿五采区上了第一套综掘机，机组型号为 S-100 型。1995 年灵泉矿上了第二套综掘机，机组型号为 M-50 型。为了适应综放开采的要求，掘进巷道断面尺寸不断加大，综掘机相应地进行了更换。

1991 年，平庄矿务局铲斗装岩机平均开动台数为 0.42 台，耙斗装岩机平均开动台数为 7.77 台，蟹爪装煤机平均开动台数为 1.02 台，综掘机平均开动台数为 0.09 台，掘进装载机械化程度为 47.85%，综掘机程度为 0.28%，综掘机效能为 158 米/（月·台）。2004 年，该企业铲斗装岩机平均开动台数为 1.15 台，耙斗装岩机平均开动台数为 8.33 台，蟹爪装煤机平均开动台数为 3.58 台，综掘机平均开动台数为 1.25 台，掘进装载机械化程度为 77.31%，综掘机程度为 8.16%，综掘机效能 279.2 米/（月·台）。这期间，掘进机械化水平发展最快的是 2003 年，掘进装载机械化程度达到 85.24%，综掘机程度达到 14.84%。

1998 年，包头、乌达、海勃湾矿务局和万利煤炭公司掘进机械化率分别为 26%、33%、41% 和 30%。2004 年，乌达矿区苏海图煤矿淘汰 EBZ-90 型掘进机，陆续投入了 EBZ-132TP 型掘进机和 EBZ-135A 型掘进机，配套了桥式带式转载机+可伸缩带式输送机（刮板输送机）作业线，至年底乌达矿区苏海图煤矿全矿装备了 3 台 EBJ-120TP 型掘进机。

（2）综合机械化的全面发展阶段（2003—2015 年）。主要体现在综合机械化掘进效率的提升与掘进装备的提升方面。

2003 年，神东煤炭集团公司引进 1 台 JOY12CM15-15DDVG 型掘锚机组，在乌兰木伦矿 3-1 煤 63112 运输巷和 63114 回风巷的掘进工作面使用。两巷道断面形状均为矩形，其中 63112 运输巷断面 5.4 米×3.4 米。月掘进进尺 1200 米，锚杆支护数量 4020 套。生产小班最少进尺为 26 米，日进尺最高为 45 米。

2004 年，神华集团与北京煤炭科学研究总院共同研制开发了适合矿区地质条件和生产工艺的 EBJ-120TP 型掘进机。该综掘机及机械化连续运输作业线由辽源煤矿机械厂组织生产，在整体技术性能方面达到国际先进水平，以中型和重型机为主，能截割硬度为 6~8 的岩石。上湾煤矿掘进工作面引进了 12CM15-10D 型连续采煤机和连续运输系统，使用澳大利亚生产的 ARO 四臂锚杆机（功率为 90 千瓦，可同时操作 4 根锚杆支护）进行支护。连采一队使用单机三巷掘进，月完成进尺 4656 米，创全国掘进纪录。2004 年 3 月，上湾煤矿连采二队使用 12CM27-11D 型连续采煤机，掘进进尺 29388 米（包括支巷 4895.4 米），双巷月进尺 3070.2 米，日掘进 163 米，均创国内煤矿单机大断面（断面为 6 米×4.4 米）掘进新纪录。

2004年，神东矿区首次引进2台美国久益公司生产的12CM15-15DDVG型掘锚一体化设备。掘锚一体化施工技术在煤巷快速掘进中成巷速度提高到65%以上，施工循环时间在30分钟之内，日进尺40~50米，锚杆在顶板暴露后能及时安装，施工巷道成型好，能够全面改善锚杆支护作业环境和安全。8月，首台掘锚一体化设备在乌兰木伦煤矿63112回风巷开始进行单巷掘进工业性试验，月掘进1200米，支护锚杆4020套；小班最少26米，日最高进尺45米。

2005年1月，补连塔煤矿引进了1台12CM15-15DDVG型掘锚机，在西31301工作面运输巷施工，巷道断面为19.44平方米，一次成巷。锚杆排距为1.2米，每排4根，铺杆直径为16毫米，长1.8米，循环进尺为10米。后配套运输设备使用移动仓储式刮板转载机和北京煤炭科学研究总院太原分院生产的重叠式连续运煤系统。施工中根据存在的不足，对掘锚机进行了技术改造，加装了除尘风机，增高了中间刮板输送机的高度，提高了煤炭通过能力。随着工人操作技能的提高，煤矿月成巷600~700米，最高达860米。同年，补连塔煤矿用连续机在31306主辅回撤通道做了两次切槽采垛成巷工艺试验，因其交叉作业的特点，经济技术指标虽优于国产掘进机，但不能达到连续采煤机组的掘进水平，仅适用于底板松软、单巷施工的条件。

2006年3月，补连塔煤矿引进2台奥地利奥钢联公司生产的ABM20型掘锚机，首先在32206工作面回风巷投入使用。32206工作面回风巷设计断面为19平方米，采用直径16毫米、长1.8米的树脂锚杆支护，间排距为1.0米×1.0米，煤层平均厚度为6.26米，沿底单巷掘进。

截至2015年底，神华集团公司共有进口和国产连续采煤机32台，主要应用于神东矿区的9处矿井内。各矿井掘进机则主要选用国产半煤岩巷悬臂式综掘机，其中EBJ-120TP型、EBZ-160TY型和S-150J型掘进机占半煤岩掘进机使用量的80%以上，在整体技术性能方面达到国际先进水平，年进尺可达6000~8000米，满足了煤巷高效掘进的需要。2000—2010年自治区境内神华集团煤矿掘进工作效率见表4-2-3、2003—2010年自治区境内神华集团煤矿掘进工作面机械化程度见表4-2-4。

表4-2-3 2000—2010年自治区境内神华集团煤矿掘进工作效率统计表

米/(工·日)

单位	2000年	2001年	2002年	2003年	2004年	2005年	2006年	2007年	2008年	2009年	2010年
神华集团	0.219	0.341	0.364	0.459	0.392	0.375	0.280	0.285	0.306	0.33	0.320
神东煤炭集团	0.885	1.529	1.997	1.592	1.766	1.528	1.382	1.318	1.382	0.947	0.900
万利煤炭公司	—	—	0.189	0.183	0.186	0.202	0.189	0.239	0.336	0.947	0.900
金烽煤炭公司	—	—	—	—	—	—	0.245	0.272	0.379	0.947	0.900
乌达矿业公司	0.128	0.111	0.126	0.111	0.103	0.124	0.121	0.117	0.129	0.133	0.130
海勃湾矿业公司	0.136	0.144	0.147	0.160	0.113	0.100	0.106	0.120	0.136	0.133	0.130
包头矿业公司	0.148	0.155	0.117	0.100	0.074	0.112	0.137	0.153	0.146	0.099	0.140

表4-2-4 2003—2010年自治区境内神华集团煤矿掘进工作面机械化程度统计表

年份	期末实有台数（台）	期末在用台数（台）	平均开动台数（台）	总进尺（米）	掘进进尺（米）	机械效能[米/（月·台）]	机械化程度（%）
2003	397	346	32.87	325909	284928	710.57	87.43
2004	110	103	28.59	415659	340419	984.81	81.90
2005	547	431	52.11	511488	425754	679.78	83.25
2006	758	588	141.41	705652	584790	343.80	82.87
2007	662	524	149.36	757638	664175	368.84	87.50
2008	585	448	167.60	786059	711201	351.11	90.48
2009	414	256	157.91	839998	759825	400.98	90.46
2010	389	280	450.64	806503	698395	129.15	92.63

2009年11月，扎赉诺尔煤业公司综掘机大部分已更换为EBZ-135型或EBZ-160型。铁北煤矿掘进队创下综掘[3.4米×3.6米（宽×高）]月进尺1035米的扎赉诺尔煤业公司最高纪录。2004—2011年呼伦贝尔市国有重点煤矿掘进进尺及掘进机械化程度见表4-2-5。

表4-2-5 2004—2011年呼伦贝尔市国有重点煤矿掘进进尺及掘进机械化程度统计表

年份	总进尺（米）	开拓进尺（米）	机械化进尺（米）	机械化程度（%）	年份	总进尺（米）	开拓进尺（米）	机械化进尺（米）	机械化程度（%）
2004	18329	6599	15343	83.71	2008	29326	3894	24408	83.23
2005	16903	1094	14101	83.42	2009	26385	1293	24195	91.70
2006	19322	2128	15878	82.18	2010	22191	4905	20047	90.34
2007	26835	4533	22061	82.21	2011	31627	6205	28505	90.13

2. 地方煤矿煤巷掘进

1991—2004年，多数地方煤矿煤巷掘进以炮掘为主，破煤采用煤电钻、钻眼爆破，多数煤矿采用瞬发电雷管和煤矿许用二级粉状乳化炸药爆破，均采用反向爆破。落煤采用人工或各种装岩机装入矿车，然后使用四轮车、自卸式汽车等将煤炭运至井底煤仓或者直接运往地面。

煤巷炮掘工效根据作业条件和巷道断面的大小，一般在0.25~0.5米/（工·日）。例如1992—2004年，伊泰集团公司纳林庙煤矿煤巷掘进工效为0.48米/（工·日）、新庙煤矿为0.43米/（工·日）。

2005年以后，各地方煤矿陆续实施技术改造，巷道掘进由过去的炮掘逐步转变为机械掘进，其中鄂尔多斯市的大中型煤矿企业均推广使用综掘机（表4-2-6），综掘机截割落煤后，可直接通过刮板输送机将煤炭转载到紧随的固定带式输送机上外运，平均月进尺300~500米。例如，唐公沟煤矿使用北方重工132掘进机掘进，800带式输送机运输，单体液压锚杆机支护。北联电吴四圪堵煤矿在建矿期间采用双巷机械化掘进，每300米掘进一个联络巷，工作面配备EBZ-160型掘进机、QZP型桥式转载机、DSJ-80/20型带式输送机、MQS50/1.9型锚杆钻机、激光指向仪、顶板离层观测仪等设备，采用锚杆、锚索、金属网、钢筋梯、喷浆联合支护方式支护。

表4-2-6 1991—2010年鄂尔多斯市部分地方煤矿掘进情况统计表

地区	年份	掘进面（个）	平均月进度（米/月）	平均日进度（米/日）	工效［吨/（工·日）］	万吨掘进率（米/万吨）	巷道支护方式	机械化程度（%）
鄂托克旗	1991	441	130	4.3	3.3	650	木支柱	40
	1995	1092	130	4.3	3.6	650	木支柱	40
	2000	284	300	10	5	625	木支柱	50
	2005	233	200	6.6	6	100	锚喷、锚杆	70
	2010	50	420	14	11.2	100	锚网喷或锚网	80
达拉特旗	1991	220	70	2.5	6	4000	木棚架	5
	1995	250	70	2.5	6	4000	木棚架	5
	2000	140	70	2.5	6	4000	木棚架	10
	2005	130	90	3.0	7	4000	木棚架	10
	2010	12	300	12	35	1400	锚网喷浆	90
伊金霍洛旗	1991	250	85	3	6	3800	木棚架	5
	1995	420	85	3	6	3800	木棚架	5
	2000	280	110	4	10	3400	木棚架	15
	2005	220	160	6	18	2000	木棚架或锚网喷浆	40
	2010	160	400	14	32	1100	锚网喷浆	90

2005年，呼伦贝尔市五九煤矿首先使用EB255型综掘机。2006—2011年，该市6处地方煤矿相继购进了不同型号的综掘机12台。新成立的呼盛煤矿等购进了7台综掘机。截至2015年，全市地方煤矿共购进31台综掘机，基本实现了煤巷的机械化掘进。

由于地质条件不同，掘进速度各不相同，连采机的掘进进度平均为900米/月，综掘机的掘进进度平均为400米/月。煤巷综掘工效根据不同作业条件，一般在0.57~1.14米/（工·日）之间。2008年底，鄂托克旗长城煤矿逐步推进机械化掘进作业，投用2台EBZ135型综掘机，形成了综掘机、DSS100/63/125型带式输送机为主体的综掘系统。

2010—2015年，伊泰集团酸刺沟、伊东集团孙家壕等地方高产高效矿井相继投入使用连续采煤机掘进，平均每月进尺900米。连续采煤机是具有较大截割宽度的集落煤、装运及行走为一体的综合机械化掘采设备，在截割落煤后，通过自身刮板输送机转运到移动仓储式刮板转载机或紧跟的固定带式输送机上外运，然后将煤炭转运至与主井相联系的固定带式输送机外运，实现了连续作业。

第二节 采煤方法与工艺

1991—2000年，全区煤矿的采煤方法与采煤工艺呈现多样化，房柱式、巷柱式、壁式采煤方法皆有，炮采、普采、高档普采、综合机械化开采工艺并存，其中神东矿区虽然已开始使用走向长壁全部垮落采煤法，综合机械化开采工艺，但此时长壁式采煤方法、综合机械化开采工艺仍处于起步阶段，全区范围内仅有少数矿井采用，绝大多数矿井仍以炮采、普采或高档普采为主。2000年以后，随着机械化开采的不断推广，壁式采煤法的普采、高档普采工艺开始在全区快速推广。

2010年以后，普采或高档普采工艺已退出，综合机械化开采工艺已在全区范围内推广。

一、采煤方法

1991—2000年，全区井工煤矿中，除水力采煤方法外，多种采煤方法并存。主导的采煤方法有单一走向长壁与单一倾斜长壁，两种采煤方法约占全区井工煤矿的54%。其次为倾斜分层长壁下行垮落与上行充填开采，两种采煤方法约占全区井工煤矿的23%。再次为近水平（缓倾斜）放顶煤长壁开采与急倾斜厚煤层水平分段放顶煤，两种采煤方法约占全区井工煤矿的13%。在有特厚煤层赋存的准格尔煤田，诸多矿井开始采用分层放顶煤采煤方法，合计采高与放顶煤高度可达20~25米。刀柱式、房柱式、旺格维利采煤法在长壁采煤法未全面推广前，曾是自治区内地方煤矿主要的采煤方法之一。其余仓储式、台阶式、柔性掩护支架采煤法也曾在自治区局部地区（阿拉善与赤峰）的急倾斜煤层应用。

20世纪90年代末期，国有重点煤矿率先推广壁式采煤方法、综合机械化开采工艺。2005年以后，柱式体系的采煤方法已逐渐退出，壁式采煤方法成为主导。

2007年，国家安全监管总局及国家七部委局相继发布了《关于加强小煤矿安全基础管理的指导意见》（安监总煤调〔2007〕95号）和《煤炭工业小型矿井设计规范》（GB 50399—2006）及《关于在小煤矿推行专用回风井、壁式采煤方法和支护方式改革的通知》（安监总煤行〔2007〕216号），提出了在全国小煤矿推行专用回风井、壁式采煤方法和支护方式改革的意见。要求强制推行壁式采煤法，并按照采用壁式采煤方法进行设计、审批与施工。凡地质条件适宜的矿井应采用机械化开采或综合机械化开采，壁式开采工艺设计或整改施工必须在2009年底完成。

（一）柱式采煤方法

20世纪90年代初，全区部分地方国营和绝大部分乡镇煤矿基本采用柱式采煤方法，大多数煤矿以掘代采。工作面一般采用两采一准、单循环作业方式，资源浪费严重，矿井实际采出率为15%~30%。

1998年，部分地方乡镇煤矿进行改扩建，原小型煤矿在扩能改造的同时，陆续由原有的手工装运、柱式采煤向壁式采煤法转变。经济条件稍好的煤矿直接设计为壁式采煤、矿车运输、绞车提升、机械通风方式。

地方煤矿的柱式采煤法沿用时间长，直至2006年前后，全区范围内实现技术改造后被淘汰。1991年以前，神府东胜矿区开发建设初期，也多采用平硐开拓、房柱式开采，在井下大巷两侧布置盘区，1个盘区由5个煤房、房间煤柱及盘区间煤柱构成。1990年以后，全区包括神东矿区在内的绝大多数国营煤矿实现了半机械化开采。开采工具以煤电钻、截煤机取代了刨锤、炮钎，开采方法实现了由"残柱式""巷柱式""房柱式"改进为"短壁式""长壁式"。在此期间，技改和新建矿井均采用长壁式开采。

（二）壁式采煤法

1. 国有重点煤矿

1991年以后，自治区全面推广走向长壁全部垮落采煤法，已取得成效，大部分矿井均采用了长壁综合机械化一次采全高顶板全部垮落采煤法。

1991—1998年，补连塔、上湾、乌兰木伦等大型矿井开始建设并投产，各煤矿均采用走向长壁一次采全高全部垮落后退式综合机械化采煤法。1998年，万利煤炭公司部分矿井采用走向长壁后退式全部垮落采煤法。2001年之后，扎赉诺尔煤业公司各生产矿采用走向长壁采煤方法。其特点是采煤工作面沿煤层倾斜方向布置，沿走向方向推进，工作面长度较长，一般为100~150米，短的有30~40米，长的超过200米。在采煤工作面的上方和下方沿走向分别布置回风平巷和运输平巷，构成采煤工作面和采区巷道之间的通风、运输和行人通道。2003年，上湾煤矿采用倾斜长壁后退式全部垮落综合机械化采煤法，采用单向割煤和双向割煤两种割煤工序。

2004年，神东矿区积极探索一次采全高长壁式综合机械化采煤方法，同年，补连塔煤矿为适应2000万吨/年的生产能力，设计采用全部垮落、一次采全高长壁式综合机械化采煤法。由于回采的1-2煤、2-2煤煤层平均厚度不相同，所以1-2煤选用5.0米大采高液压支架，采高为4.6~4.8米，2-2煤选用5.5米和6.3米大采高液压支架，采高分别为4.8~5.2米、5.8~6.2米，并作为工业性试验的成功经验推广到有条件的各煤矿。

2009年8月，神华乌海能源公司平沟煤矿将10煤炮采工作面改为第一个薄煤层综采工作面，工作面采用走向长壁后退式一次采全高全部垮落法管理顶板的综合机械化采煤方法。公司所属矿井大部分采用走向长壁采煤法，其中公乌素、老石旦等煤矿厚煤层采用综采放顶煤采煤法，在其他煤矿的薄煤层及中厚煤层则采用一次采全高采煤法。大雁集团新建敏东一矿采用走向长壁后退式放顶煤开采。

2. 地方煤矿

1991年以来，全区大部分国营煤矿实现了半机械化开采，开采方法逐步由"残柱式""巷柱式""房柱式"改进为"短壁式""长壁式"。地方国营煤矿在多方面取得了良好业绩。

1991年，准格尔旗煤炭工业公司引进技术投资145万元，在纳林沟煤矿试验壁式采煤法，并在井下使用刮板输送机、液压泵、滑移顶梁液压支架，进行特厚煤层炮采放顶煤开采，使工作面采出率由10%提高到75%，矿井服务年限延长了59年，矿井达到半机械化水平。

1995年，伊克昭盟地方国营煤矿正规采煤工作面达到12个，其中实现普采工作面达到5个。

2001年，鄂尔多斯市开始全面改进煤矿生产条件，改革采煤工艺，重点对地方煤矿进行技术改造，并且在有条件的骨干矿井实现机械通风，在3~5处煤矿试验"区段前进、工作面后退式"采煤工艺。2002年，壁式工作面回采工艺迅速推广，部分煤矿引进推广新型割煤机，在煤层厚度在3米以下矿井推行摩擦式金属支柱支护开采的普通机械化采煤工艺。同时，在全市广泛推行"区段前进、工作面后退、中央边界式通风"的采煤方式。同年底，鄂尔多斯市550处保留煤矿中近200处矿井完成了采煤工艺的变革，实现了"区段前进、工作面后退"的采煤工艺。

截至2003年12月底，鄂尔多斯市共有382处煤矿实现了"区段前进、工作面后退、中央边界式通风"的采煤工艺，占生产煤矿的85%。采煤方式的变革将采出率提高了25%~30%，矿井服务年限平均延长8年。

（三）其他采煤方法

鄂尔多斯地区部分煤矿在短壁柱式采煤法的基础上，首次应用履带行走式液压支架掩护采煤机回收煤柱，采煤工作面采出率达到82.3%，使每一个煤房的煤柱采出率达到85%，采空区的残留煤柱不足以支撑顶板，直接顶随工作面自行垮落，解决了采空区顶板大面悬空的问题。

2000年，内蒙古太西煤集团别立沟等矿井采用柔性掩护支架采煤法、仓储式采煤法等。近年该集团又在积极探索急倾斜中厚－厚煤层的走向长壁开采。

2002年，阿刀亥煤矿借鉴新疆能源公司的成功经验，在急倾斜特厚煤层中采用了水平分段综采放顶煤采煤法。

2002—2010年，神东万利矿区补连塔、上湾、乌兰木伦、万利一矿、布尔台、柳塔、寸草塔、金烽寸草塔、唐公沟等16处矿井均曾采用短壁柱式法（旺格维利采煤法）。

充填开采在全区也有应用，如2012年5月，随着鄂托克前旗长城煤矿首个矸石充填综采系统成功投入生产，内蒙古自治区首个矸石充填矿井正式建成，这标志着自治区在煤炭开采方式实现了重大变革，向洁净生产、绿色开采又迈出了重要一步。

二、采煤工艺

1991—2015年，全区采煤工艺发展按其机械化程度经历了3个阶段：炮采、普采（高档）与综合机械化开采阶段。20世纪90年代前期，全区煤矿资金投入少，普遍采用炮采工艺。90年代后期至21世纪初，国有重点煤矿陆续实现了机械化采煤技术，采、掘、运、支等采矿设备机械化程度100%，达到当时世界先进水平。民营煤矿则视地区、资金充裕情况其机械化程度有所不同。

2003年，根据煤炭工业"十五"（2001—2005年）发展规划中提出的"提高矿井安全生产技术水平，制止低水平重复建设"精神，全区开始煤矿"整合资源、重组资产、关小上大、联合改造"工作，对煤矿企业采取收购、兼并、联合、重组、股份制改造等形式进行整合，产量以30万吨为下限，技术以"普采"为下限。全区民营煤矿纷纷使用新型采煤机、可弯曲刮板输送机、金属摩擦支柱、单体液压支柱和金属铰接顶梁配套的普通、高档普通机械化开采设备；部分国营煤矿采用综合机械化开采设备，厚煤层井田采用放顶煤支架开采。该次技术改造使全区民营煤矿技术水平整体提高，形成了全区范围内综合采煤机械化、高档普通采煤机械化和普通采煤机械化、房柱式炮采工艺4种不同层次的采煤技术共存的局面。

截至2015年底，除个别薄煤层外，全区煤矿已全部实现综合机械化开采。

（一）炮采

1. 国有重点煤矿

1991—1992年4月，呼伦贝尔盟国有重点煤矿炮采工作面主要采用爆破落煤、人工装煤、人工使用推移装置推移刮板输送机。运煤采用400T型、150型刮板输送机。1992年5月以后，各矿务局取消炮采，但由于煤炭市场低迷，煤矿企业对于机械化开采的投入有限。2004年，扎赉诺尔煤业公司二矿在回采五盘区30号煤层煤柱时再次使用炮采采煤。2009年，呼伦贝尔市（盟）国有重点煤矿炮采工作面全部退出。

1995年以前，神东矿区大部分煤矿采用爆破落煤、人工装煤、矿车运输的采煤方法。1998年，包头、乌达、海勃湾矿务局和万利煤业（集团）有限公司划转神华集团后，18处煤矿中仍有50%的采煤工作面采用钻爆法落煤，人工和机械相互配合的方法进行装煤。

1999—2003年，神华集团公司投入资金对各煤矿进行了技术改造，并购置采煤装备，采煤机械化率大幅度提高，炮采工作面及产量的比重逐年下降。

平庄煤业集团公司的炮采工作面，在1991年有9个、1995年有8个、2000年有11个、2005年有10个。2013年4月，平庄煤业集团公司煤矿全部取消炮采方式。1991—2010年国有重点煤矿炮采工作面回采工效见表4-2-7。

表4-2-7　1991—2010年国有重点煤矿炮采工作面回采工效统计表　吨/(工·日)

年度	1991	1995	2000	2001	2002	2003	2004	2005	2006	2007	2008	2009	2010
工效	5.069	7.790	7.640	7.976	7.622	8.924	8.287	9.664	3.876	15.23	11.148	8.934	10.983

2. 地方煤矿

1991年，地方国有、民营煤矿的采煤方法均沿用传统的房柱式和残柱式采煤法，回采工艺为爆破落煤、人工装煤、刮板输送机运煤、绞车提升、摩擦式金属支柱支护顶板，人工回柱放顶。工作面一般采用两采一准、单循环作业方式。以鄂托克旗棋盘井煤矿为代表，把当时较先进的技术向乡镇煤矿辐射，提高了一批乡镇煤矿的技术装备水平。例如鄂托克旗的东方红煤矿、阿尔巴斯苏木煤矿、碱柜煤矿、自来水煤矿、雀儿沟煤矿、兽药厂煤矿，杭锦旗的亚斯图煤矿等，均实现了半机械化生产，达到"五消灭"水平，装备"小四件"——小绞车、水泵、煤电钻、局部通风机，安全状况普遍较好，成为当时全盟小型煤矿的示范矿井。

2005—2008年，全区煤矿技改期间，各民营煤矿的采煤工艺由炮采向综采逐步过渡。2008年鄂尔多斯市部分地方煤矿炮采工作面技术指标见表4-2-8。

表4-2-8　2008年鄂尔多斯市部分地方煤矿炮采工作面技术指标统计表

矿名	产量（万吨）	机械化程度（%）	工作面技术指标			
			平均个数（个）	平均月进尺（米）	平均月产（吨）	回采工效[吨/(工·日)]
准格尔旗城坡煤矿	8.5	30	4	180	1970.8	2.0
准格尔旗乌素沟煤矿	1.1	5	5	65	917.0	1.8
东胜酸剌沟煤矿	9.5	30	9	120	879.6	2.2
达旗高头窑煤矿	4.6	25	4	10	479.2	2.4
达旗罕台川煤矿	22.5	20			18750.0	2.1
伊金霍洛旗忽吉图煤矿	13.5	5	30	45	12273.0	2.5
伊金霍洛旗石圪台煤矿	9.0	15	45	25	8200.0	2.3
鄂托克旗棋盘井煤矿	6.1	0	1	26	5515.0	3.8
后温家梁煤矿	2.2	10	4	128	2000.0	2.5

(二) 普通机械化开采与高档普通机械化开采

1. 国有重点煤矿

普采及高档普采在国有重点煤矿应用推行较地方煤矿早，工艺成熟。1991年末，平庄矿务局高档普采队达到11个，其中元宝山煤矿二井、三井、四井各1个，五家煤矿四井1个，古山煤矿三井1个，红庙煤矿一井1个、二井2个，风水沟煤矿3个。这是平庄煤业高档普采工作面最多的一个时期。采煤机使用170型或150型，刮板输送机使用SGB-150型或SGW-150型，单体支柱使用DZ22-30/100型外注式，铰接顶梁使用0.6米，但高档普采在各矿使用的效果并不好。1995年末，平庄全局高档普采队还有5个，其中元宝山煤矿三井1个，古山煤矿三井1个，红庙煤矿一井、二井各1个，风水沟煤矿1个。截至2005年底，平庄矿务局综合机械化开采全面取代高档普采。

1997年2月，神东矿区乌兰木伦煤矿改造工程竣工投产后，恢复了高档普采工作面。1998年1月，在2209工作面安装完成，年生产能力达到120万吨。同年，包头、乌达和海勃湾矿区有50%的矿井采用了高档普采。2003年，乌达矿区苏海图煤矿和黄白茨煤矿有3个采煤队采用高档普采，占采煤机械化程度的34.56%。海勃湾矿区公乌素、老石旦和平沟煤矿分别装备1个高档普采工作面，占采煤机械化程度的47.9%。同年，金烽、万利公司所属煤矿部分仍采用高档普采，占采煤机械化程度的7.28%。2010年，海勃湾矿区公乌素煤矿仍安排1个高档普采。扎赉诺尔煤业公司井工矿采煤方法从半机械化采煤过渡到机械化采煤，即由炮采、高档普采过渡到2000年以综采为主。

截至2013年5月，扎赉诺尔煤业公司只有灵北矿532采煤队为高档普采。

1991—2015年全区煤矿高档普采工作面平均工效指标见表4-2-9。

表4-2-9 1991—2015年全区煤矿高档普采工作面平均工效指标统计表

吨/(工·日)

年度	工效指标	年度	工效指标	年度	工效指标	年度	工效指标	年度	工效指标
1991	5.559	1996	9.830	2001	9.119	2006	13.765	2011	17.595
1992	8.631	1997	12.860	2002	7.690	2007	13.474	2012	17.091
1993	6.755	1998	11.452	2003	7.636	2008	15.833	2013	14.900
1994	7.574	1999	8.426	2004	11.143	2009	18.130	2014	12.280
1995	8.666	2000	8.747	2005	9.826	2010	17.508	2015	14.110

2. 地方煤矿

1991—1994年，大批地方煤矿采煤工艺处于变革的准备期，普通机械化开采及高档普通机械化开采始于各新兴矿区。1995年，伊克昭盟地方国营煤矿正规工作面达到12个，实现普采工作面达到5个。全盟地方国营煤矿全部实现"五消灭"，百万吨死亡率考核指标为4.5。乡镇煤矿实现"五消灭"的矿井达到50处，装备"五小件"和实现半机械化生产的矿井达到50处，百万吨死亡率控制指标为13。

从2003年开始，根据国家计委、国家经贸委第7号《当前国家重点鼓励发展的产业、产品和技术目录》文件中关于"重点支持主要产煤地区、煤炭出口基地和西部开发地区的大中型煤矿，采用综采综掘、电液控制等先进技术，实施煤矿采掘、运输系统的高效机械化改造"的政策。全区适时调整了技术政策措施，例如：2004年，根据鄂尔多斯采煤机械化程度参差不齐、部分小型乡镇煤矿依然使用旧式房柱式采煤法开采、采出率低下的情况，鄂尔多斯市煤炭局组织编撰了《鄂尔多斯市地方煤矿推行机械化开采提高回采率实施方案》，要求地方煤矿在2010年以前实现以综采为主、普采为辅的机械化壁式开采方式。同年，全市在煤层厚度在3米以下的煤矿推广了摩擦式金属支柱支护的普采工艺，提高了资源采出率和煤矿的技术装备水平与科技含量。

（三）综合机械化开采

1. 综合机械化开采设备

20世纪90年代初，自治区国有重点煤矿开始推行机械化采煤，采煤装备已基本立足国内，国产采煤机形成了MG、MXA、AM三大系列。以液压牵引为主（部分AM机组为机械牵引）总功率达750千瓦，理论生产能力可达800吨/时；工作面输送机以SGZ730和SGZ764两种机型为主，装机功率264～400千瓦，中部槽过煤量（1～1.5）兆吨，采用直径24～30毫米圆环链，机头采用端卸方式，运输能力达700～1000吨/时；液压支架种类繁多，主要应用的是掩护式支架（ZY系列，共6个类型）和支撑掩护式支架（ZZ系列，3个类型）。

2005年以后，国有重点煤矿采煤机械装备开始向大功率、高运力、高强度方向发展，例如：神华神东矿区千万吨矿井群使用ZY12000/28/64型电液控制液压支架，寿命达到5万次工作循环以上，移架速度6～8秒，大修周期为产煤2000万吨以上。MG2500-WD型大采高电牵引采煤机，装机功率2500千瓦，最大采高6.3米，牵引速度25米/分，牵引力1000千牛，生产能力3500吨/时，采用了记忆截割和变频调速。使用的SGZ1200/3X1000重型刮板输送机及转载设备，刮板输送机运量达到3750吨/时，设计长度300米，实现重载软启动及多机驱动功率平衡；破碎机破碎能力4000吨/时；转载机装机功率达到525千瓦、生产能力4000吨/时；自移机尾适合于1.6米的带式输送机。

图4-2-2　汇能煤电集团有限公司尔林兔煤矿机械化采煤

2012年，补连塔煤矿开采22304工作面时，采煤机械设备采用进口与国产相结合的方式：工作面液压支架使用的为国产的ZY18000/32/70D型重型支架；采煤机选用进口SL1000型。该采煤机具有装机功率大，一次采煤高度大，生产能力大，远距离遥控操作，运行平稳等特点；22304工作面回风巷采用一组国产的ZFDC3000/26.5/47型超前支架；选用进口生产的DBT3×1600/2.05型刮板输送机，DBT700/350型千瓦转载机，DBT700/350型千瓦破碎机；S500型乳化泵，S300型喷雾泵。

2. 工作面参数变化

采煤工作面参数包括工作面长度、采高和推进度等。2005年，全区综采工作面开始阶段其长度仅为80～100米。截至2015年，高产高效综采工作面已达360米（大采高综采）、300米（综放）、215米（刨煤机综采）等。近5年内，全区高产高效矿井发展高端综采，其工作面长度提高到 250 米、300 米和 360 米，有的甚至考虑将其加长到 400 米。综采工作面采高主要取决于煤层赋存条件、回采工艺和综采设备及管理水平。大采高一次采全厚的适用范围越来越广，神华补连塔煤矿已将采高提高至 7.2 米。在综采工作面采高、工作面长度确定的条件下，月推进度快慢是综采工作面产量高低的决定性因素，是反映综采工作面设备和管理水平的尺度。从 1991 年综采工作面平均推进度为 51.75 米/月，至 2007 年已加快到 87.64 米/月，到 2010 年，综采工作面和综放工作面月推进最快已超过 200 米。

3. 不同煤层赋存条件采煤工艺

1）大采高综采工艺

7 米左右的厚煤层是自治区西部国家大型煤炭基地的主采煤层。而引进的成套综采装备只能完成 6 米以下煤层的开采，留有 1 米多的煤无法采出，造成很大的资源浪费，迫切需要在提高资源采出率和实现 7 米厚煤层安全高效开采之间开拓出最佳的技术途径。天地科技股份有限公司与神华集团、陕西煤业化工集团等企业合作，在调研国内外综采技术装备发展形势和趋势基础上，结合全区综采生产现状和发展需求，研发了 7.2 米超大采高综采成套装备，在世界上首次实现了以神华神东上湾煤矿、补连塔煤矿 8.8 米以上煤层超大采高一次采全高技术。

2）放顶煤综采工艺

20 世纪 90 年代初，部分国有煤矿引进综采放顶煤开采工艺。1991 年，平庄矿务局有 4 套开天窗中位放顶煤设备，其中古山煤矿二井 2 套、三井 1 套，风水沟煤矿一区 1 套。工作面主要设备有 MD-150 型（单滚筒）采煤机，前后部工作面刮板输送机采用 SGW-150 型，液压支架采用 ZFS3000-16/26 型双铰支撑掩护式开天窗中位放顶煤支架；截深 0.6 米，采高均为 2.4 米；古山煤矿水平分层平均面长 47 米，走向长 113 米；风水沟煤矿缓倾斜分层面长平均 109 米，走向长 252 米。但综采放顶煤开采工艺因缺乏生产实践经验，三机配套不合理等因素，放顶煤工作面的功效一直未能释放。

1991—1997 年，采用双铰支撑掩护式开天窗中位放顶煤支架的放顶煤工作面陆续退出，也是初期放顶煤综采工艺在全区受阻的一个缩影。2005 年以后，随着低位放顶煤的发展，综采放顶煤的功效优势得到全面释放。自治区主要煤炭基地赋存有大量 14~20 米特厚煤层，解决这类煤层的安全高效开采技术和装备是煤炭工业发展中面临的重大难题，为攻克这一难关，"十一五"（2006—2010 年）国家科技支撑计划将"特厚煤层大采高综放成套技术与装备"列为重大项目。

针对自治区 14~20 米特厚煤层条件，开展了大采高综采放顶煤开采工艺、工作面装备、巷道支护、辅助设备、安全保障及技术标准化等成套技术与装备研发，使用工作阻力 15000 千牛、最大高度 5.2 米的大采高放顶煤液压支架，实现了 14~20 米特厚煤层大采高放顶煤工作面采放均衡生产，达到年产量 1000 万吨的目标；使用新型大采高可放煤过渡液压支架和放顶煤端头液压支架，实现了过渡段放煤；使用 MG750/1915-GWD 型采煤机，DSJ140/350/3×500 型大运量长距离巷道带式输送机，SGZ1200/2×1000 型后部刮板输送机，55 吨支架搬运车等辅助设备。

内蒙古伊东煤炭集团有限责任公司窑沟扶贫煤矿采用综采放顶煤工艺，解决了特厚煤层综采放顶煤开采的技术难题，成为鄂尔多斯市采煤机械化发展的表率。伊泰集团公司阳湾沟等煤矿也淘汰了原有悬移支架炮采放顶煤采煤法，改为综采放顶煤。

3）薄煤层综采工艺

薄煤层作为主采煤层的矿井在自治区分布不多，薄煤层的综采工艺在全区应用虽有却不广泛。2005年10月，平庄煤业在1.5米较薄煤层推广综合机械化采煤技术。

4）急倾斜煤层综采工艺

2002年，神华包头矿业公司阿刀亥煤矿借鉴新疆能源公司的成功经验，在急倾斜特厚煤层中采用了水平分段综采放顶煤采煤法。2009年6月4日至2010年4月30日，在复杂地质条件下，平庄煤业集团公司古山煤矿大倾角综放开采取得成功。该工作面煤层倾角在24~36度之间，局部最大倾角达到40度，装备MG250/600-WD型采煤机、ZF4600-17.5/28型放顶煤液压支架、SGZ-764/200型工作面刮板输送机。开采时采取了有效的防倒防滑措施：前3部支架之间用防滑防倒油缸连接、伪斜开采角度控制在5~8度，工作面位置稍高于运输巷，及时应用侧护板和底调千斤顶调整支架。2000年，内蒙古太西煤集团别立沟等矿井采用柔性掩护支架采煤法、仓储式采煤方法等。近年该集团又在积极探索急倾斜中厚-厚煤层的走向长壁综合机械化开采。

5）短壁柱式连采工艺

1999年，神东公司上湾等煤矿在边角煤的回采过程中成功应用了短壁柱式采煤法，取得了较好的效果，单面最高年产量达到60万吨以上。当年10月，开始在3-1煤采用短壁柱式采煤法开采。2000年9月，在2-2煤开始采用短壁柱式单翼采煤法回采。工作面长1000米、宽190米，布置两条巷道，分别为带式输送机巷和辅助运输巷，两巷煤柱间距为15米，后配套使用移动仓储式刮板转载机和运煤车。上湾煤矿运用这种采煤方法在不到5个月的时间内共生产原煤200多万吨，工效达到30吨/（工·日）以上，在实践中创建了具有上湾煤矿特色的双翼对拉前进式短壁柱式采煤法，取得了较好的经济和社会效益。

2001年，补连塔煤矿采用短壁柱式连采工艺，配备1台12CM15-10DVG型连续采煤机、1套LONG-AIRDOX-2000型连续运煤系统、1台AR0-40REL型四臂锚杆机、1台UN488型铲车、2台XZ7000/24/45型线性支架、1部DSP-1040/800型带式输送机（带速为3.15米/秒），连续运煤系统运力由15万~16万吨/月提高到最高22.75万吨/月，运煤车由7万~8万吨/月提高到最高11.5万吨/月。

2002年，上湾煤矿两套连采机组实际完成产量317.9万吨，其中单套连采机组年产量达到224.5万吨，打破了178万吨的世界最高纪录，最高日产达13788吨，最高月产达343000吨，创历史最高纪录。全员工效从2001年的28.6吨/（工·日）提高到2002年的54.07吨/（工·日），回采工效达174.07吨/（工·日）。2008年1月，上湾煤矿在51203BL工作面采用2台线性支架配合连续采煤机进行试验顶板全部垮落法回采，后配套为运煤车，2台线性支架配合双翼回采，回采方法为支巷后退式，2000—2008年，实现安全生产原煤7600万吨。寸草塔煤矿采用短壁柱式采煤法，原煤生产效率达到每工35吨，被中国煤炭工业协会评为特级安全高效矿井。2010年神华集团煤矿主要采掘装备与参数见表4-2-10。

表4-2-10 2010年神华集团煤矿主要采掘装备与参数统计表

单位	综采工作面（个）	综放工作面（个）	工作面编号	采高（米）	工作面长度/推进长度（米）	主要设备（型号、规格）			
						液压支架	采煤机	刮板输送机	主运设备
补连塔煤矿	3	—	12418-1	3.5	261/2596	平煤 ZY12000/20/40	JOY7LD6C	JOY3×700	西北 DTL160/300/3×500+3×500
			12405	4.6	305/3592	北煤 ZY12000/25/50	EKFSL1000	JOY3×1000	
			22303	6.8	301/4966	郑煤 ZY16800/32/70	JOY7LSL	JOY3×1000	
上湾煤矿	1	—	12205	6.0	308/4343	郑煤 ZY10800/28/63	EKFSL1000	DBT3×1000	沈阳 SSJ160/300/6×500
乌兰木伦煤矿	2	—	12402	2.6	300/1991	DBT8638/17/35	JOY7LS2A	JOY3×855	唐冶 TDL150/140/2×710S
			31403	4.4	308.7/1517	北煤 ZY9000/24/50	JOY7LS6	JOY3×1000	
柳塔煤矿	—	3	12106	采3.9 放3.1	247/660	平煤 ZF10200/22/42	JOY7LS6	JOY2×2×1050	上海 DSJ140/250/3×400
			12109	采3.4 放3.1	275/1211	神坤 ZF8800/22/45	JOY6LS5	JOY3×700	
寸草塔煤矿	1	2.4	22111	2.4	224/2048	郑煤 ZY10200/14/28	EKFSL300	奔牛2×700	上海 DTL140/250/3×630
布尔台煤矿	3	—	22102	3.1	300/4658	神坤 ZY8820/17/35	EKFSL750	张家口3×1000	上海 DTL220/700/3×1500
			22103-1	3.1	334/4158	DBT8638/17/35	JOY7LS2A	DBT3×1000	
			42101-2	3.3	321/1311	北煤 ZY9600/22/45	EKFSL750	张家口3×1000	
金烽寸草塔煤矿	1	—	22111	2.8	300/3496	平煤 ZY8824/17/35	JOY7LS2A	奔牛3×700	上海 DSJ140/250/3×400
万利一矿	2	—	42212	4.8	225/1750	郑煤 ZY8600/24/50	EKFSL500	奔牛3×700	上海 DTL160/350/4×1000
			31上202	2.0	269/1240	北煤 ZY8000/12/24	EKFSL300	奔牛2×855	
阿刀亥煤矿		2	E1193	采2.2 放13.8	43/362	包头 ZF1800/15/23	辽源 MGD150N	张家口 SGB630/75	上海 SJ1000/220
			W1203	采2.2 放13.8	24/497	包头 ZF1800/15/23	辽源 MGD150N	张家口 SGB630/75	
黄白茨煤矿	1	—	1094	2.6	206/300	包头 ZZ4000/17/35	无锡 MWG250/600	西北 SGZ764/630	衡阳 DX-2500
苏海图煤矿	2	—	1250	3.8	190/850	包头 ZZ4800/22/42	鸡西 MG300/730	山西 SGZ764/400	电机车运输
			258	1.7	190/840	四维 ZY2400/11/22	上海 MG200/456	张家口 SGZ764/500	
五虎山煤矿	2	—	1201	3.8	145/1352	北煤 ZZ4800/22/42	鸡西 MG300/700	张家口 SGZ764/630	沈阳 CD-100/2×200
			905	3.4	170/1500	郑煤 ZZ5200/22/42	鸡西 MG300/730	西北 SGZ764/630	

表 4-2-10（续）

单位	综采工作面（个）	综放工作面（个）	工作面编号	采高（米）	工作面长度/推进长度（米）	主要设备（型号、规格）			
						液压支架	采煤机	刮板输送机	主运设备
平沟煤矿	3	—	0910	2.7	251/840	郑煤 ZY6000/17/35	太原 MG300/700	山西 SGZ764/630	
			1002	1.5	148/820	郑煤 ZY2600/08/16	太原 MG100/238	山西 SGE630/320	上海 DTL120/69/2×450
			1606	2.8	260/930	郑煤 ZY6000/17/35	太原 MG300/700	山西 SGZ764/630	
老石旦煤矿	—	1	16402	采3.2 放4.8	180/720	平煤 ZF6000/17/35	天地 MG450/1020	西北 SGZ764/400	西北 DTC100/90/335
公乌素煤矿		1	1604	采3.0 放5.5	312/1688	平煤 ZF6000/17/35	天地 MG450/1020	西北 SGZ960/1140	大青山 DTL120/450/2×340
路天煤矿		1	1604	采2.7 放5.3	282/1450	兖矿 ZFS5000/18.5/28.5	太原 MG300/700	山西 SGZ764/800	山西 DTL100/90/53/2×1200
利民煤矿	1		9113	3.1	206/940	北煤 ZZ5600/17/35	上海 MG300/700	山西 SGZ764/630	上海 DTL120/120/2×1200
棋盘井煤矿	1		0912	3.2	255/2330	三一 ZY6000/20/40	三一 ZY500/1180	三一 SGZ900/1050	上海 DTL140/150/3×1600

4. 综合机械化开采方法的推行

1）国有重点煤矿

20世纪80年代中期，内蒙古统配煤矿开始推行综合化采煤技术。至1987年底，全区煤矿共有综采工作面6个。1991年初，全区共有综采设备12套：乌达矿务局4套、海勃湾矿务局1套、扎赉诺尔矿务局4套、平庄矿务局3套，实现综合机械化开采的程度为37.6%。乌达矿务局五虎山煤矿有综采设备3套，全矿机械化程度达96%，全员工效2.022吨/（工·日），其中综采二队位列全国上百万吨采煤队第15名。

从总体上看，全区统配煤矿综合机械化采煤设备效能都比较低，这些设备未做到三机配套，设计结构等方面不够完善，当时国产设备基本都处于这种情况。例如：1991年，平庄矿务局仅有1套综采，在风水沟煤矿一区5123采煤队使用，当年产量27万吨。综采工作面主要设备最初采用MLS3-170型双滚筒采煤机、SGD-630/180型刮板输送机、QY200-14/31型掩护式轻型液压支架。1990年底内蒙古自治区统配局综采工作面综合技术经济指标见表4-2-11。

表4-2-11 1990年底内蒙古自治区统配局综采工作面综合技术经济指标统计表

单位	产量（万吨）	平均个数（个）	平均单产[吨/（个·月）]	回采工效[吨/（工·日）]	套产[万吨/（年·套）]	支架在籍数
乌达矿务局	165.9700	2.48	55733	24.730	苏海图矿20.46 五虎山矿48.02	630架
扎赉诺尔矿务局	67.9728	2.72	20825	5.557	24.99	495架
平庄矿务局	39.0239	1.99	16348	6.880	19.61	3套

1997年，神东公司补连塔煤矿首采工作面引进美国JOY公司生产的大功率电牵引采煤机和配套设备，顺利通过了试生产，建成了一井一面年产300万吨的高产高效矿井。但是，由于这个时期煤炭滞销、资金短缺，采煤机械化设备及附属材料投入少，综采机械化推行速度缓慢。

2002年，全国煤炭企业经济开始复苏，为采煤机械化发展提供了经济动力，综采设备得到更新。通过采煤机械设备一系列的更新换代，三机配套基本上合理，采煤机械化设备初步朝大功率、高运力、高强度方向发展。以神东矿区千万吨级矿井为代表，诸多综采工艺达到世界领先水平。

图4-2-3 神东矿区上湾煤矿综采现场

2004年，上湾煤矿在大采高综采工作面的生产技术和实践方面进行了大胆尝试，布置了倾斜长240米、走向长3500米、采高达5.4米的综采工作面，选用德国艾柯夫生产的SL500型电牵引双滚筒采煤机，装机功率为1815千瓦，滚筒直径为2.7米，截深865毫米，生产能力为3000吨/时。工作面配套美国久益公司生产的AFC17型刮板输送机，装机功率为3×855千瓦，运输能力为3500吨/时。综采工作面全年原煤产量达到1075万吨，创建了世界上第一个千万吨综采工作面。

2005年，万利一矿引进并推广了加长综采工作面开采工艺，根据煤层赋存及开采技术条件，在特厚煤层选用6.3米液压支架布置一次采全高综采工作面。同年，上湾煤矿建成国内第一个300米加长大采高综采工作面，全矿生产原煤1223万吨，其中综采单面完成原煤1048万吨，全员工效达160吨/（工·日），回采工效达808吨/（工·日）。

2007年，神东矿区上湾煤矿建成了世界上首个6.3米大采高重型加长工作面，全矿生产原煤1268万吨/年，其中综采队生产原煤1160万吨，创全国综采队年产最高纪录，并创造了一个综采队生产连续4年超千万吨的世界纪录。

2009年，乌海能源公司老石旦煤矿首次采用综合机械开采，选用MG-475型液压牵引机组，生产原煤118万吨，年产量首次突破百万吨大关。同年8月，乌海能源公司平沟煤矿将10煤炮采工作面改为薄煤层综采工作面，采煤机械化达到100%，平均月增产5000吨。2009年12月，神华补连塔煤矿7米大采高工作面投产，该工作面走向长4966米、倾斜长301米，设备配套立足国际先进水平，兼顾国内煤机制造发展方向，液压支架由郑州煤机厂生产，支架宽2.05米，支护高度达7米，"三机"为中西结合，工作面每刀产量2235吨，比6.3米工作面提高了235吨，采出率比6.3米工作面提高了9.5%，年增产约135万吨。2009年6月4日至2010年4月30日，平庄煤业集团公司古山煤矿在复杂地质和开采条件下，大倾角综放开采取得成功。该工作面煤层倾角在24~36度之间变化，局部最大倾角达到40度，装备MG250/600-WD型采煤机、ZF4600-17.5/28型放顶煤液压支架、SGZ-764/200型工作面刮板输送机。采取了有效的防倒防滑措施：前3部支架之间用防滑防倒油缸连接、伪斜开采角度控制在5~8度，工作面层位稍高于运输巷层位，及时应用侧护板和底调千斤顶调整支架，确保了生产安全。

2012年，平庄煤业集团公司首次在风水沟煤矿二采区6-1C西二片综采工作面采用电液控制系统薄煤层开采设备，国产新型MG2X160/710-AWD（1.14千伏）型电牵引采煤机和ZY4600/13/28D型掩护式电液控支架（Y161），创造了1.5~1.8米中厚煤层开采最高月产达86700吨的好成绩。完成了二采区松软顶底板较薄褐煤开采技术科研项目，并获得国电科技进步一等奖。2013年，平庄煤业首套ZY6800/19/42型大采高液压支架在风水沟矿使用，该套设备有效地提高工作面采出率及单产水平。

截至2015年，鄂尔多斯建成千万吨级煤矿9处，包括世界规模最大的井工煤矿年产2000万吨的布尔台煤矿、伊泰集团年产1200万吨的酸刺沟煤矿等。内蒙古蒙泰不连沟、神东黄玉川煤矿等一批千万吨级综合机械化煤矿陆续开始筹建。

2）全区地方煤矿

20世纪90年代，全区地方煤矿由于规模小、技术力量薄弱、地方政府投资少，无力推行综采技术，一直采用房柱式采煤工艺。2005年，鄂尔多斯市政府组织地方煤矿进行"整顿关闭、资源整合和技术改造"为内容的"三年攻坚战"。煤矿技术改造期间，自移式液压支架开始在井下广泛使用，使工作面的控顶工序机械化。液压自移支架连同采煤机和可弯曲刮板输送机一起，组成综合采煤机组，使落煤、装煤、运煤、支护和控顶主要生产工序实现连续的、协调的综合机械化。

2005年，唐公沟煤矿实现综合机械化顶板全部垮落法采煤。2006年，综采工作面投入试生产，配套设备为MG-TY300/700-1.1D型采煤机、ZZ5400/17/35型四柱支撑掩护式液压支架、SGZ830/500型刮板输送机、SZZ830/200型转载机、PCM132型破碎机，煤机截深70厘米，每刀割煤400吨，工作面长度180米，平均采高3.5米。2006年10月，伊泰集团公司建成公司内第一个大采高机械化矿井——纳林庙煤矿二号井，联合试运转一次成功，并投入试生产。2007年，鄂尔多斯市保留煤矿全部淘汰了传统采煤方式，实现了机械化、自动化。全市实现综采的煤矿46处，高档普采的煤矿65处，普采、综采联合采煤的煤矿108处。

2008年底，鄂尔多斯市有163处煤矿完成了技术改造，约占地方煤矿总数的60%。伊泰集团公司创建了一矿一面，13处所属煤矿全部使用综合机械化生产技术，单井生产能力由18.9万吨提高到158.84万吨，回采工效由2吨提高到58吨；矿井采出率提高到75%以上，其中纳林庙煤矿一号井实施机械化开采后，设备综合使用率达98%以上，设备完好率达96%以上，设备待修率在1.80%以下，设备事故控制在0.6%以下。

2015年底，鄂尔多斯市采煤机械化综合程度由整合技改前的不足10%提高到75%以上，实现了综合化、机械化、正规化生产。其他盟市地方煤矿全部实现综合机械化采煤。

第三节 通风与排水

20世纪90年代初，全区仍存在单眼开采的非正规开采煤矿，矿井通风方式采用自然风压通风或机械压入式通风。1995年前后，取缔了单眼生产的非正规矿井，矿井回风多由主井或副井兼任。2000年，全区推广采用专用回风井，井下设专用回风大巷,矿井采用机械抽出式通风方法。随着矿井产能的提高,采区规模与尺寸不断扩大,分区式通风的强制推广进一步提高了矿井通风系统的稳定性与安全性。

一、通风

(一) 国有重点煤矿

1. 神华神东煤炭集团有限责任公司

从2000年开始,公司开始对矿井通风系统进行改造,采用大断面、多通道方式布置巷道,降低矿井通风阻力;采用大功率、对旋式主要通风机,提高矿井通风能力;减少盘区布局,简化生产系统,减少角联通风;根据矿井延伸和采掘接替的变化,及时调整并不断简化、优化,减头减面,淘汰落后和非正规采煤方法、工艺,做到系统合理、设施完好、风量充足、风流稳定,使通风阻力和阻力分布比例等达到《煤矿井工开采通风技术条件》的规定;各采掘工作面、机电硐室实现了独立通风;矿井各水平、盘区、采掘工作面、硐室均达到《煤矿安全规程》规定的通风设计。完成了各井工煤矿矿井通风阻力测定、主要通风机性能测试、矿井通风能力核定、矿井通风系统评价与优化工作。提出了技术改造设计方案,应用以三维扭曲正交弯掠组合叶片技术为主的BDK系列高效节能环保主要通风机,并提出8项改进意见,均被西北工业大学和山西安瑞风机制造公司采纳,使风机性能特性与各井工矿井风网特性相匹配。

2002年以后,神东矿区在对补连塔等煤矿通风系统进行技术测试和实践的基础上,总结出神东矿区通风系统的主要特征和技术参数,选择了国产矿用通风机的新生代产品BDK类矿用通风机。并先后在补连塔、上湾、乌兰木伦煤矿使用。

2004年,补连塔煤矿进行第4次扩能改造,矿井生产能力由年产800万吨扩建为年产2000万吨,对原南风井两条井筒进行并联回风改造,通风方式为中央分列式,选用2台BDK60-10-№28型通风机(1台工作,1台备用)。同年,上湾煤矿扩能改造,采用辅运平硐、主井、副井、齿轨车斜井、北进风井5个进风井和1个回风立井,通风方式为中央分列式。同年,乌兰木伦煤矿扩能改造工程竣工投入生产,通风方式为中央并列式。为满足矿井"一综两连"布局的风量需求,对矿井通风系统进行了改造优化,选择安装了2台最先进的BDK42-8-№22型通风机,主斜井、辅运平硐、副斜井进风,回风斜井回风。

2005年以后,神东矿区为落实国家产业升级政策,对部分产能落后、机械化程度较低的矿井进行技术改造的同时进行了通风系统改造。金烽寸草塔煤矿扩能后生产能力达到300万吨,布置了4条井筒,选用国产BDK-№20型轴流式通风机。万利一矿矿井扩能后,年生产能力达到800万吨,通风系统也进行了全面改造和调整,安装2台国产FBCDZ-8-№26型对旋轴流式通风机。唐公塔煤矿扩能改造后,年生产能力达到300万吨,布置了主斜井和辅运平硐两个进风井筒和1个回风井筒,安装了2台防爆对旋轴流式通风机,风机通过反转直接进行反风,反风风量大于正常通风风量的40%。柳塔煤矿技术改造扩能后,年生产能力达到300万吨,工业场地布置的1号、2号回风井,各安装2台FBCDZ-№23-8型对旋轴流式通风机。寸草塔煤矿技改扩能后,年生产能力达到240万吨,选用2台FBCDZ-№28型通风机。

2. 神华乌海能源有限责任公司

1998年以前,海勃湾、乌达矿务局

的井工矿中大部分为高瓦斯矿井，各矿井均已形成完备的通风系统，采用机械抽出式分区通风，安装2台同等能力的主要通风机。掘进工作面全部实现了双风机、双电源、自动切换。从2000年开始，神华集团加大了对老矿区通风系统的软硬件设施建设，对矿井通风系统进行了技术改造。2006年，神华集团按照"减头、减面、简化系统、减人、提效和合理定产"方案，开始对海勃湾矿业公司、乌达矿业公司高瓦斯、煤与瓦斯突出矿井实施矿井通风系统改造。

公司各生产矿井都建成完整的独立通风系统。各采区设有专用回风巷，井下各区域均实现了独立通风；采煤工作面采用U形通风方式，矿井采掘工作面风量均达到设计要求，不存在不符合规定的串联通风、扩散通风、采空区通风等违反《煤矿安全规程》规定的通风方式。

3. 神华大雁集团有限公司

第一煤矿、第二煤矿、敏东一矿、雁南煤矿通风方式均为中央分列式，通风方法为抽出式，进风井为主、副井，回风井为风井，矿井采用机械通风。其中，第一煤矿东四风井的主要通风机为对旋轴流式，型号为BD-Ⅱ-6-№18，1台工作、1台备用，矿井反风采用风机反转进行反风，每年进行反风演习，反风效果符合要求。全矿设置1个采煤工作面，回采方式为长壁后退式，采煤工作面采用U形下行式通风。

雁南煤矿主要通风机为对旋轴流式，另配2×15千瓦对旋轴流式局部通风机保证局部供风要求。局部通风机全部实现风电、瓦斯电闭锁和风筒开停传感器；当掘进巷道瓦斯浓度超过3%时，能自动切断局部通风机的电源。采煤工作面采用U形上行式通风，矿井实际总进风量在3400~3500立方米/分之间，矿井等积孔为2.82平方米。

图4-2-4 大雁集团一矿轴流式主要通风机

4. 扎赉诺尔煤业有限责任公司

灵东煤矿、灵北煤矿、通大公司、光明公司煤矿、红庙煤矿一井通风方式为中央并列式，通风方法为抽出式，由主、副井进风，立井回风。其中，灵东煤矿矿井有2个进风井即副井和主井，副井进风量3660立方米/分，主井进风量300立方米/分。风井回风总排风量4000立方米/分。主要通风机型号BD-Ⅱ-8-№29，1台工作、1台备用，配备型号YBF630S2-8/2×400的电动机2台，采用变频调速装置调节风量。风机叶片安装角度20度，最大额定风量11340立方米/分，最大额定风压2524帕，采用反转反风。

灵泉矿矿井通风方式为中央边界式，通风方法为抽出式，共有4条井筒进风、1条井筒回风。副井进风1657立方米/分、主井进风614立方米/分、新风井进风1101立方米/分、三斜风井进风122立方米/分、三号风井回风3563立方米/分、矿井有效风量率88.5%。主要通风机型号BD-Ⅱ-6-№21，1台工作、1台备用，配备型号YBF400M-6/2×280的电动机2台，风机叶片安装角度一级18.5度、二级21.3度，最大额定风量7500立方米/分，最大额定风压3300帕，采用反转反风。

铁北煤矿矿井通风方式为中央边界式，通风方法为抽出式。矿井有2个进风井，即1副井及1主井，1副井进风量2559立方米/分，1主井进风量249立方米/分。三号风井为回风井，回风量2871立方米/分，矿井负压56帕。主要通风机型号BDK60C6－№19.5，1台工作、1台备用，配备型号YBF315M3－6/2×132的电动机2台，采用变频调速装置调节风量，风机叶片安装角度为30度，最大额定风量6780立方米/分，最大额定风压2640帕，采用反转反风。

5. 神华宝日希勒能源有限公司煤矿

1985—1998年，矿井通风方式为中央并列式，通风方法为负压抽出式通风。1998年10月至2006年8月，矿井通风方式由中央并列式改为中央并列式与中央分列混合式，矿井总风量1800立方米/分。BK56－№16型主要通风机，运转最大风量2886立方米/分。2002年10月，边界风井由原离心式改为轴流式，安装BK56－6－№16型主要通风机2台，电动机功率55千瓦，风量2886立方米/分，负压1051帕。进行风硐改造，通风能力得到提高。2006年，通风系统为：副井→井底车场→绕道→轨道大巷→集中运输巷→运输巷→工作面→回风巷→集中回风巷→总回风巷→新风井→地面。

（1）采煤工作面通风。宝日希勒一矿矿井通风方式为混合式。由主、副井筒进风，经各硐室、各采区由中央风井和辅助水平边界风井抽出。采用机械负压通风。生产矿井长壁采煤工作面进、回风巷道的布置方式为U形，采用全风压上行通风方式。

（2）掘进工作面通风。巷道掘进中常有独头巷道易聚集瓦斯，掘进爆破中产生的有害气体，须新鲜风流予以淡化，防止爆炸事故。1997年，宝日希勒一矿使用JBT－52型系列局部通风机，掘进工作面采用矿用隔爆局部通风机和正压柔性胶质风筒供风，通风方式为压入式通风。局部通风机送风距离达500米。长距离掘进时，采取接力式通风法间隔串联通风方式，送风距离达到1000米。

（3）风量调节。1985—2006年8月，公司矿井风量调节分为全矿井风量调节及局部风量调节。矿井风量调节以调整主要通风机工况点和增阻调节为主，以降阻调节为辅。各矿井的局部风量调节普遍采取增阻调节。

（4）风量测定。公司各生产矿井在每年第三季度安排下年生产计划，根据产量核定矿井的通风能力。按照《煤矿安全规程》要求，矿通风区（队）每月底制订下月的矿井配风计划，对各用风地点的风量进行配备和调节。每旬用风表采取"六线法或八线法、定点法"进行一次全面测风，采掘工作面及特殊地点根据需要随时测定，按测定结果分析全矿风量分配情况，并及时进行风量调节。

6. 平庄煤业集团公司煤矿

五家煤矿一井、二井通风方式为对角式，通风方法为抽出式。其中一井由主斜井和副井平硐进风，前山风井和后山风井回风。两风井分别安装2台4－72－11№16B型离心式主要通风机，风机风压分别为1420帕和1666帕，排风量分别为1800立方米/分和1300立方米/分。1992年由于五采区报废，后山风井报废，由前山的主要通风机担负全矿井通风任务，通风方式改为中央并列式。由于一井资源枯竭，1998年1月将主要通风机的电动机功率改为55千瓦，风机风压3000帕，排风量900立方米/分。2001年6月，将该主要通风机更换为 YBK-56-No10 型主要通风机，电机功率15千瓦，此时风机风压160帕，排风量420立方米/分。2002年3月矿井因资源枯竭关闭。

五家煤矿三井、四井、六家煤矿、老公营子煤矿矿井通风方式为中央并列式，通风方法为抽出式。其中四井风井安装 CT1-B-B011-16B 型离心式主要通风机2台，风机风压320帕，排风量900立方米/分。1992年10月，四井更换 4-72-11No16B 型离心式主要通风机2台，风机风压550帕，排风量1320立方米/分。1994年2月，四井主要通风机更换电动机2台，风机风压600帕，排风量1600立方米/分。2006年，四井对该主要通风机进行移址扩建。12月，将该风井离心式通风机更换为 2K58No20 型轴流式主要通风机2台，风机风压1146帕，排风量1949立方米/分，采用变频调速调节矿井风量。2012年，四井对矿井进行系统改造，在采区边界施工风井1条，由原来中央并列式改为对角式通风，将原 2K58No20 型通风机更换为 BD-Ⅱ-8-No20 型对旋轴流式通风机服务于全矿井，风机工作风压680帕，排风量2286立方米/分。

风水沟煤矿通风方法为抽出式，主、副平硐入风，一采区风井、二采区风井回风。一采区风井安装 4-72-11No20B 型离心式主要通风机2台。二采区风井安装 4-72-11No20B 型离心式主要通风机2台。1995年，两风井主要通风机采用变频调速器调节矿井风量。2002年，一采区进行通风系统改造，建设1条工程量为208米的回风井，并将一风井的离心式主要通风机更换为 2K58No28D 型轴流式主要通风机2台。2005年，一采区再次对入风系统进行改造，建设1条辅助运输平巷，工程量627米。2008年，一采区建设1条5煤专用回风巷，工程量218米，使通风系统由原来1进1回，调整为2进1回。2009年，二采区建设专用风井1条，工程量326米，进一步完善了矿井通风系统。

2006—2015年，公司投入8000多万元用于通风系统改造。一方面根据矿井生产、通风网路、通风设施和矿井长远生产布局等情况，对通风系统进行优化和简化，新开拓专用风井5条。开拓专用风巷2150米，简化巷道8560米，增加并联风路11条，减阻扩巷11640米，减少了矿井内的通风设施数量，降低通风阻力，提高矿井风量，使矿井通风系统达到安全、稳定、可靠；另一方面，对地面主要通风机进行了改造，更换旧式离心式主要通风机，其中采用2k58型轴流式主要通风机、BD-Ⅱ型对旋轴流式主要通风机，使主要通风机的工况始终处于高效、经济、稳定的工作区域运行，通风系统达到矿井通风压力分布均衡，矿井通风动力与网路匹配适宜，矿井通风设施布局合理，矿井中风流、风量、风速、风质符合《煤矿安全规程》要求，矿井有效总风量富裕系数达到1.8倍以上，采区风量富裕系数达到1.5倍以上，提高了矿井防灾抗灾能力。

在局部通风管理中，公司全面改造局部通风系统，2006—2015年，投入1420万元对各矿井使用的局部通风机进行改造，淘汰了JBT系列局部通风机，改用高效节能的FBDY系列对旋式局部通风机，并实现了双风机双电源自动切换和"三专、两闭锁"，保证了掘进工作面的连续供风，杜绝了无计划停风现象。平庄煤业集团公司矿井通风情况见表4-2-12。

部分国有重点煤矿企业矿井通风系统见表4-2-13。

表4-2-12 平庄煤业集团公司矿井通风情况统计表

矿井名称	入风井		回风井		计划风量（立方米/分）	矿井通风方式	矿井通风方法	主要通风机		备用通风机	
	名称	入风量（立方米/分）	名称	回风量（立方米/分）				型号	电动机功率（千瓦）	型号	电动机功率（千瓦）
瑞安矿业公司	主、副井	2238	风井	2286	2177	中央并列式	抽出式	2K58№20	2×132	2K58№20	160
			东风井	1325				G₄-73-11№25D	210	G₄-73-11№25D	210
红庙煤矿二井	主、副井	4568	北风井	2275	4324	对角式	抽出式	2K58№22.4	250	2K58№22.4	250
			南风井	1184				FBCDZ-Ⅱ-8№20	2×132	FBCDZ-Ⅱ-8№20	2×132
古山煤矿三井	主、副井	2117	风井	2217	2074	中央并列式	抽出式	2K58№20	110	2K58№20	110
风水沟矿一区	主、副平硐	4431	一风井	4640	3828	中央并列式	抽出式	2K58№28	280	2K58№28	280
风水沟矿二区	轨道井、副平硐	701	二风井	737	552	中央并列式	抽出式	4-72-11№20B	55	4-72-11№20B	55
六家煤矿	主、副井	4127	风井	4244	4092	中央分列式	抽出式	BD-Ⅱ-10№26	2×200	BD-Ⅱ-10№26	2×200
老公营子煤矿	主、副井	4062	风井	4129	4022	中央并列式	抽出式	BD-Ⅱ-10№24	2×110	BD-Ⅱ-10№24	2×110

表4-2-13 部分国有重点煤矿企业矿井通风系统统计表

矿名	通风方法	通风方式	通风设备及矿井通风				
			型号	功率（千瓦）	总排风量（立方米/分）	负压（帕）	等积孔（平方米）
补连塔煤矿	机械抽出式	中央分列式	BDK60-10-№28	2×800	13016	1960	7.36
上湾煤矿	机械抽出式	中央分列式	FB-CDZ-№30	200	9582	1520	4.74
乌兰木伦煤矿	机械抽出式	中央并列式	BDK42-8-№22	75	3160	1054	2.99
金烽寸草塔煤矿	机械抽出式	中央并列式	BDK-№20	2×75	3781	920	2.41
万利一矿	机械抽出式	中央并列式	FBCDZ-8-№26	2×250	5932	1700	2.69
唐公沟煤矿	机械抽出式	中央并列式	FBCDZ 系列	2×132	4461	700	3.34
柳塔煤矿	机械抽出式	中央分列式	FBCDZ-8-№23	2×90	5723	1234	3.20
寸草塔煤矿	机械抽出式	中央并列式	FBCDZ-№28	2×250	4020	420	3.80
五虎山煤矿	机械抽出式	分区对角式	BD-Ⅱ-8-№26	2×315	—	—	—
大雁一矿	机械抽出式	中央分列式	BD-Ⅱ-6-№18		2200		1.70
大雁二矿	机械抽出式	中央分列式	BD-Ⅱ-8-№23				
敏东一矿	机械抽出式	中央并列式	BD-Ⅱ-8-№23	2×200	6500		4.25
雁南煤矿	机械抽出式	中央分列式	BD-Ⅱ-6-№18	2×185	3500		2.82
东灵煤矿	机械抽出式	中央并列式	BD-Ⅱ-8-№29	2×400	4000		
灵泉煤矿	机械抽出式	中央边界式	BD-Ⅱ-6-№21	2×280	3563		
铁北煤矿	机械抽出式	中央边界式	BDK60C6-№19	2×135	2871		
灵北煤矿	机械抽出式	中央并列式	FBCDZ-№18	2×160	2286	110	
通达公司煤矿	机械抽出式	中央并列式	BD-Ⅱ-8-№26	2×350			
光明公司煤矿	机械抽出式	中央并列式	KBZ-10-15	2×60			

（二）地方煤矿

1991年，全区地方煤矿的机械化装备水平低，机电设备陈旧老化，伊克昭盟12处地方煤矿实现机械通风的仅有3处，其余都是自然通风。1991年，全盟达到"五消灭"矿井仅占17.4%，独眼井占17%，自然通风占82.6%。达到"五消灭"的矿井只有鄂托克旗棋盘井煤矿和准格尔旗纳林沟煤矿。之后，伊克昭盟煤炭工业处要求各煤矿要配备至少3人对巷道进行维护管理，主要负责通风与清理浮煤工作，较之前有了很大改观。1996年，全盟国营煤矿通风基本达到机械化水平，煤矿广泛使用主要通风机、局部通风机等机械通风设备，新办地方煤矿推广使用BK54A-6-№13型新型节能风机，电动机功率为15千瓦。

1997年，伊克昭盟为首批50处骨干重点矿井统一配备了新型节能风机，其中东胜区、达拉特旗各5处，伊金霍洛旗10处，准格尔旗10处，鄂托克旗20处。10月，伊克昭盟的90处矿井进行机械通风技术改造，并在12月底完成了技改工程，包括准格尔旗27处煤矿、达拉特旗27处煤矿、伊金霍洛旗10处煤矿、东胜9处煤矿、鄂托克旗17处煤矿。这次技改主要是针对乡镇煤矿落后的通风方式，实现主要通风机机械通风系统改造，各矿增加了风硐、石门，扩大了回风平硐及回风副井，并完善了通风设施，配备了新型主要通风机，实现了通风系统的技术改造，关闭了独眼井煤矿。2000年，全盟双证（采矿许可证、煤炭生产许可证）矿井都实现了双井口与机械通风，除个别煤矿的特殊情况没有及时安装风机外，机械通风率达到97%以上，双井口率达到100%，满足国家规定的"五消灭"要求。2004年，鄂尔多斯市合法保留矿井496处煤矿实现了中央边界式通风，占保留煤矿的90%，矿井通风条件得到明显改善。

2005—2007年，鄂尔多斯市煤矿"三年技改攻坚战"时期对矿井通风系统进行全面改造。2007年，国家安全监管总局及国家七部委局相继发布《关于加强小煤矿安全基础管理的指导意见》《煤炭工业小型矿井设计规范》《关于在小煤矿推行专用回风井、壁式采煤方法和支护方式改革的通知》，提出了在全国小煤矿推行专用回风井、壁式采煤方法和支护方法改革的意见，简称"三推行"。在国家安全监管总局及相关部委的若干要求下，自治区制定了《内蒙古自治区加强煤矿安全基础管理的实施意见》，要求矿井必须建立完整的独立通风系统，优先选择分区式通风方式；掘进巷道要采用矿井全风压通风或局部通风机通风。矿井主要通风机的反风设施、局部通风机的安装和使用以及风流、风量、风速、风质符合《煤矿安全规程》要求，高瓦斯矿井及低瓦斯矿井的高瓦斯区域的煤和半煤岩掘进工作面，必须安放并正常使用"三专两闭锁"装置；低瓦斯矿井掘进工作面供电要与采掘分开，并使用风电闭锁装置。矿井总回风要安设2台通风能力相同的主要通风机，在风机控制室内安装风机正反转启动柜，设置空运转系统，通风机的给风量不小于正常风量的40%，在井口设反风设施，可以迅速实现全矿井反风。

2009年10月，伊泰集团公司的矿井全部形成了完整的通风系统，通风方式由原有的中央边界式逐步增加了中央分列式、对角式。通风方法采用抽出式，并采用风机反转进行反风。各矿井都建有专用的回风巷道，井下中央变电所和水泵房都实现了独立通风，采煤工作面采用全风压U形通风方式，掘进工作面局部通风机实现了风电闭锁、瓦斯电闭锁。

2010年,鄂尔多斯地方煤矿全部实现正规机械化循环通风系统,成立了相应的通风管理机构,井筒布置有进风井及多个回风井;巷道布置有进风大巷、回风大巷以及采区进回风巷;矿井设有主要通风机、备用通风机、局部通风机、风门、风桥、风站及瓦斯、一氧化碳、温度等空气质量传感器。全区部分地方煤矿通风系统及通风设备见表4-2-14。

表4-2-14 部分地方煤矿通风系统及通风设备统计表

矿名	通风方式	主要通风机		备用通风机	
		型号	功率(千瓦)	型号	功率(千瓦)
唐公沟矿	中央并列式	FBCDZ-8-No25	2×132	FBCDZ-8-No25	2×132
吴四圪堵煤矿	中央并列式	FBCDZ-8-No25	2×132	FBCDZ-8-No25	2×132
长城煤矿	中央并列式	BDK618Ⅱ-8No22	2×185	BDK618Ⅱ-8No22	2×185
罐子沟煤矿	中央并列式	FBCDZ-8-No23(B)	2×200	FBCDZ-8-No23(B)	2×200
四道柳煤矿	中央并列式	BD-Ⅱ-6-No20	2×75	BD-Ⅱ-6-No20	2×75
东圪堵煤矿	中央分列式	FBCZ-6-No19-90KW	90	FBCZ-6-No19-90KW	90
纳林庙二号井	中央并列式	FBCDZ-No26	2×315	FBCDZ-No26	2×315
公沟煤矿	中央并列式	FBCDZ-6-No19A	2×90	FBCDZ-6-No19A	2×90
棋盘井二号井	中央并列式	FBCDZ-6-No15 A	2×45	FBCDZ-6-No18A	2×45
李家壕煤矿	中央并列式	FBDZNo30	2×355	FBDZNo30	2×355
布尔台煤矿	分区式	FBCDZ-8-No26	2×280	FBCDZ-8-No26	2×280
呼和乌素煤矿	中央并列式	FBCDZ-8-No20B	2×90	FBCDZ-8-No20B	2×90
石圪台煤矿	抽出式通风	FBCDZ-6-18	2×75	FBCDZ-6-18	2×75
柳塔煤矿	中央并列式	FBCDZNo30-10	2×315	FBCDZNo30-10	2×315
霍洛湾煤矿	中央并列式	BD-Ⅱ-8-No-24	185	BD-Ⅱ-8-No-24	185

二、排水

(一)国有重点煤矿

1. 神华神东煤炭集团有限责任公司

20世纪90年代初,神东矿区上湾、补连塔、乌兰木伦等新建矿井井下生产用水全部由地面加压泵房提供。由于矿区处于干旱缺水的毛乌素沙漠东部,受供水不足的制约,有限的地下水资源被开采破坏,地下水资源成为矿井污水。针对这种情况,1995年,神东矿区各重点煤矿开始使用先进的技术对矿井水、露天采坑污水、生活污水进行处理,并用于矿区生活用水和井下生产用水。1997年5月,补连塔、上湾等煤矿供水水源采用了2套系统,即泵房和矿井污水厂净化水池系统,井下分别建有1~2个主排水泵房。

2004—2005年,万利煤炭公司和金烽煤炭公司在矿井的技术改造中,对寸草塔、金烽寸草塔、万利一矿、柳塔、唐公沟等煤矿扩建了符合矿井生产要求的井底和盘区中央水泵房及水仓,分别建有1200立方米、1400立方米、1600立方米、8600立方米不等的水仓,安装了配套的排水系统,满足了最大涌水量的需要。

截至2015年底,神东集团各矿井排水系统均按《煤矿安全规程》规定配置了完善的排水设施，装设了多用泵和检修泵，各煤矿均铺设有2趟主排水管路，井下排水系统设有主副水仓，每年雨季前均对排水主要设施进行检修，对水仓进行清理，确保主排水系统完好。

2. 神华乌海、包头能源有限责任公司

1991年，乌达、海勃湾井工矿全部形成了完善的供水和排水系统，两矿区依托丰富的地下水资源，由地下水源向矿区地面和井下供水，各矿在井底和主要盘区建设了不同规格的水泵房，布置了容量为1000~2800立方米的水仓，经多级排水泵提升到地面水池，经沉淀后，部分水用于井下生产、地面洒水、绿化，剩余水直接排放。公司各矿相继完成了矿井水处理站的建设，处理后的矿井水主要用于生产和洒水灭尘，部分达标排放。

1998年，乌达、海勃湾、包头矿务局的井工矿全部形成了完善的排水系统。所属黄白茨、苏海图、五虎山、老石旦、平沟、公乌素、阿刀亥等煤矿根据各煤矿不同特点，在井底和主要盘区建设了不同规格的水泵房，布置了容量为1000~2800立方米的水仓。

3. 神华宝日希勒能源有限公司

1991年，宝日希勒一矿井下排水使用中央水泵房，泵房安设150D-30×3型水泵，扬程90米，电动机功率75千瓦，涌水直接排往地面。矿井井工矿排水由机运队负责。1999年12月，投入使用辅助水平100水泵房。泵房安设D155-30×5型水泵，扬程150米，电机功率110千瓦，2趟排水管路，1趟使用、1趟备用。井下排水系统为530辅助水平，有2套排水系统，涌水直接排往地面。2002年，增设D155-30×5型水泵2台，电动机功率110千瓦，排水能力155立方米/时，1台使用、1台备用。2005年4月，投入使用辅助水平300水泵。泵房安设MD280-43×5型水泵，电机功率为315千瓦，2趟排水管路，1趟使用、1趟备用，将涌水直接排往地面。

4. 扎赉诺尔煤业有限责任公司

公司铁北煤矿建矿初期，矿井涌水量为560立方米/时，最大涌水量为860立方米/时。中央水泵房安装5台MD450-60C×5型主排水泵，2台使用、2台备用、1台检修。敷设2趟325毫米×10毫米的主排水管路，1趟使用、1趟备用，全长2262米。中央泵房设2个水仓，其中甲仓容积2977.6立方米、乙仓容积2092立方米，排水能力900立方米/时。1997年10月，铁北矿对中央泵房的MD450-60C×5型主排水泵进行了无底阀排水试验，并获得成功。2008年，新二采区水泵房安装8台MD450-60×8型水泵，2趟直径426×13毫米主排水管，长度690米。2个水仓中，甲仓容积3544立方米、乙仓容积3314立方米，排水能力1350立方米/时。

公司下属通大公司五牧场煤矿正常涌水量360立方米/时，最大涌水量489立方米/时，井底中央水泵房共设主、副水仓各1个，主水仓容量2030立方米、副水仓容量1400立方米，水泵房安装3台MD500-57×8型矿用离心式水泵，排水量500立方米/时，扬程456米，涌水量大于矿井最大涌水量489立方米/时。排水管路为325毫米×12毫米的无缝钢管两趟，安设在副井井筒内。正常涌水量时使用1台水泵、1趟管路；最大涌水量时，2台水泵、2趟管路同时工作。每条管路全长786米。2007年7月30日投入使用。

（二）地方煤矿

1991年，伊克昭盟部分地方煤矿排水设备及涌水量情况见表4-2-15。

表4-2-15　1991年伊克昭盟部分地方煤矿排水设备及涌水量情况统计表

矿名	排水设备			排水管道		日排水时间（时）	日排水量（立方米/时）	全矿涌水量（立方米/时）	
	名称	台数（台）	型号	趟数（趟）	直径（英寸）			正常值	最大值
酸刺沟矿	离心泵	18	3B-33	1	2	3	—	4	6
唐公沟矿	水泵	2	KSB20×75-7.5	1	2.56	3	60	30	60
后温家梁矿	水泵	12	200QJ-25	2	2，4	3	100	4	5
石圪台矿	潜水泵	1	200QJ		3	3	240	10	
准格尔旗纳林沟矿	多级潜水泵	2	200QJ80×5	1	2	6	140	5	5
城坡矿	油浸式潜水泵	2	QY-2	1	1.5	2	5	0.25	0.3
棋盘井矿	水泵	1	4GC-8×3	1	6	12	180	7.5	10
忽吉图矿	潜水泵	40	QY-25	2	2，4	4~6	1000	40	55
乌素沟矿	潜水泵		JO2-159			18		0.75	0.8
高头窑矿	油浸水冷式潜水泵	4	QY-50/QY-15	2	2	8	480	16	20
罕台川矿	离心式水泵	3		6	3，2，2	6	100	4	5
达旗纳林沟矿	潜水泵	1	QY-15	4	3，2，4	20	—	50	50
乌仁都西矿	水泵	2	QY-37			24	80		

2000年以后，自治区煤炭工业安全监管部门要求各煤矿每年要对矿井水文地质、采空区、相邻矿井及废弃老窑积水的检测与抽排工作情况、防排水设备和设施的完好情况、雨季"三防"工作的安排情况进行全面排查；雨季为防止地表水倒灌井下，要求煤矿采取对填埋废弃井口及井田内采矿塌陷区、煤系露头等部位有漏水现象的进行基底防漏加固处理。

各地方煤矿按要求做了不同程度的工作，其中伊泰集团公司各煤矿按照自治区、鄂尔多斯市关于矿井排水标准的要求，改进了原排水系统。根据矿井设计的井下正常涌水量和生产实际测量数据，确定井下涌水量；根据矿井水质特点以及排放标准和生产回用水水质的要求，改进矿井水处理站，满足矿井水处理的要求。处理后的水全部回用，主要为生产用水和洒水灭尘。

2009年，鄂托克前旗榆树井煤矿采用先进的ETS生态污水处理工艺，将工业场地生活污水及生产废水、井下污水分别通过生物接触氧化法、过滤处理等，使处理后的水重新用于生产或养殖。

2010年，鄂尔多斯市煤矿全部使用机械化排水系统。全市矿井井下水吨煤排放量为0.09立方米，日排放量为61644立方米；生活污水吨煤排放量为0.03立方米，日排放量20548立方米。2015年鄂尔多斯市部分地方煤矿排水情况见表4-2-16。

表4-2-16　2015年鄂尔多斯市部分地方煤矿排水情况统计表

矿名	排水设备			排水管道		日排水时间（时）	排水量（立方米/天）	全矿涌水量（立方米/天）	
	水泵种类	在籍台数（台）	扬程（米）	趟数（趟）	直径（英寸）			正常值	最大值
长城煤矿	多级离心泵	4	360	2	12	12.8	240	240	460
唐公沟煤矿	主排水泵	3	135	2	6	12	70	750	990

表 4-2-16（续）

矿名	排水设备			排水管道		日排水时间（时）	排水量（立方米/天）	全矿涌水量（立方米/天）	
	水泵种类	在籍台数（台）	扬程（米）	趟数（趟）	直径（英寸）			正营值	最大值
吴四圪堵煤矿	离心泵	3	301	2	6	18	165.95	144.5	187.4
四道柳煤矿	卧式离心泵	3	120	2	6	5	500	80	100
东圪堵煤矿	耐磨离心泵	3	45	3	4	4	0.5	0.98	0.98
纳林庙二号井	潜水泵	3	126	2	5	16	2500	1800	3100
公沟煤矿	多级离心泵	3	73	2	5	6	140	10	20
呼和乌素煤矿	卧式多级离心泵	5	120	4	5	4	300	300	1200
石圪台煤矿	离心泵	3	90	2	6	4	200	54	110
天隆公司煤矿	离心泵	4	90	2	8	9	1395	—	—

第四节 提升与运输

一、提升

（一）斜井提升

1991年前后，绝大多数煤矿的主斜井提升以轨道串车或斜井箕斗为主。1995—2000年，带式输送机在斜井提升得到推广，主运系统的串车、箕斗提升改为强力带式输送机提升，解决了提升运输制约煤炭生产的问题。矿井采用缓坡斜井或平硐开拓时，副井提升采用无轨胶轮车代替轨道串车。

1. 神华神东煤炭集团有限责任公司

1991年前后，神东矿区乌兰木伦等煤矿投产，主运输提升系统全部采用钢丝绳芯带式输送机，辅助运输采用无轨胶轮车，井下运输采用带式输送机，淘汰了轨道矿车运输。1995年开始，矿区先后从美国、德国、英国等8个国家引进大批采煤和运输设备。上湾煤矿、补连塔煤矿等矿井主运输采用进口大功率带式输送机，带宽逐渐从1.0米增加到1.6米。投产和简易投产的矿井，全部实现了无轨胶轮车运输。1997年，补连塔煤矿一井一面年产300万吨矿井建成投产，主运输系统选用美国久益公司生产的大功率、单点多电机CST软启动。

2001年，神华集团投资1.3亿元对神东煤炭公司乌兰木伦煤矿进行改扩建，采用平硐-斜井混合式开拓，实现了主运带式化。主井带式输送机全长840.5米，提升高度为133.785米，输送机倾角为15.8度，带宽1.4米，运输能力为2200吨/时。2003年，进行了扩能改造，主井提升系统改造后采用DX-1000型钢丝绳芯带式输送机，倾角为16度，带宽1.0米，敷设长度为301.2米，运输能力为800吨/时。

2004年，万利一矿对万利一井、二井、昌汉沟井、韩家村井、乔家渠井、田家梁一井和二井进行了合并整合，实施改扩建改造，选用XHKJ/3×1120/1600型带式输送机，带宽1.6米，敷设长度为2820米，运输能力为3500吨/时，采用CST软启动。同年3月，神东集团上湾煤矿第2次扩能改造工程竣工投产，设计年生产能力为800万吨。为满足矿井生产需求，首先对主运输系统进行了改造。主井选用 STJ-1600/2×560 型钢丝绳芯带式输送机，带宽1.6米，运量为3000吨/时，带速为4.0米/秒，最大倾角为15度，驱动功率为2×560千瓦，当年生产煤炭1335万吨，成为神东矿区当年度5处千万吨矿井之一。同年4月，补连塔煤矿第3次800万吨/年改扩建工程竣工。改造后的主运输系统安装2套带式输送机，1号主井安装带宽为1.4米的钢丝绳芯带式输送机，运输能力为2200吨/时；2号主井安装带宽为1.6米的钢丝绳芯带式输送机，运输能力为3500吨/时。

2005年，神华集团根据产业升级政策，对柳塔、万利一矿、寸草塔、金烽寸草塔、唐公沟5处煤矿实施了技术改造，各矿主运输系统由原绞车提升、矿车运输全部改造为带式输送机运输，辅助运输系统改造为无轨胶轮车，彻底解决了矿井的运输难题。其中，柳塔煤矿改造后主运输系统安装了 DTL120/150/2×560 型带式输送机，铺设长度为1360米，带宽1.2米，带速为4米/秒，倾角为15度，提升高度为75.5米，输送能力为1500吨/时；寸草塔煤矿改造后，运输系统主提升机安装了 DSL140/250/3×630 型带式输送机，倾角为16度，带宽1.4米，带速为4米/秒，敷设长度为904米，输送能力为2500吨/时；唐公沟煤矿改造后主运输系统安装了 DSJ120/80/2×315 型带式输送机，带宽1.2米，运量为800吨/时，带速为3.15米/秒，长度为976米。金烽寸草塔改造后，主斜井安装了 DTL140/180/3-560 型带式输送机，带宽1.40米；主运输大巷安装了 DTL140/180/2-630 型带式输送机，带宽1.40米，运输能力为1800吨/时，工作面运输巷安装了 DSJ140/250/3-400 型可伸缩带式输送机，带宽1.40米，运输能力为2500吨/时。

2. 神华乌海能源有限责任公司

1998年，海勃湾、乌达矿务局井工矿中，主提升系统、副提升系统全部为滚筒缠绕式绞车。从2000年开始，神华集团先后对乌海地区路天、公乌素、平沟、老石旦、五虎山、黄白茨、利民、天荣8处井工矿进行了技术改造，将主运系统的串车、箕斗提升改为强力带式输送机提升，解决了多年来提升运输制约煤炭生产的问题。部分有条件的矿井辅助运输改为无轨胶轮车运输。天荣煤矿主斜井改造后安装了 DTL80/20/200（355）型和 DTL80/17/400 型大倾角强力带式输送机，副井运输安装了 JK-2-1.8 型绞车提升。利民煤矿主运输系统改造后安装了 DSJ100/160 型、DSP1080/1000 型带式输送机各1台，辅助运输采用2套无级绳牵引矿车运输。黄白茨煤矿主运输系统改造后安装了 DX 型钢丝绳芯强力带式输送机。五虎山煤矿主运输系统改造后安装了 GD-1000 型钢丝绳芯强力带式输送机，辅助运输采用 SQ-90 型无极绳绞车提升，井下运煤系统全部用带式输送机。老石旦煤矿主运系统改造后安装了运输能力为400吨/时的 DTC100/40/355 型大倾角带式输送机，辅助运输采用 JK—2.0/30 型带式输送机。平沟煤矿主运系统改造后安装了 DTL120/69/2×450 型带式输送机，中组煤主输送巷道安装了 DTL120/69/2-400 型强力带式输送机。苏海图煤矿大巷运输采用10吨架线电机车牵引3吨底卸式矿车，盘区运输采用带式输送机。

2000年，神华苏海图煤矿对原主井4部接力带式提升机进行了技术改造，安装了1部 GD-1000 型运煤兼乘人带式输送机，在4煤运输巷、反斜井分别安装了 TDL100/50/160 型和 TDL100/90/2×160 型带式输送机，解决了因运输环节多、机械事故多而影响正常生产的问题。2006年，神东集团公司布尔台煤矿开工建设，设计年生产能力为2000万吨，矿井采用国产化设备，主斜井选用DTL220/700/3×1500型带式输送机，带宽2.2米，带速为4.7米/秒，铺设长度为675米，电动机功率为3×1500千瓦，运输能力为7000吨/时。

3. 神华包头能源有限责任公司

1998年，包头矿务局井工矿中，主提升系统、副提升系统全部为滚筒缠绕式绞车。从2000年开始，神华集团先后对包头矿业公司井工矿进行了技术改造，将主运系统的串车、箕斗提升改为强力带式输送机提升，解决了多年来提升运输制约煤炭生产的问题。

4. 扎赉诺尔煤业有限责任公司

1991年，铁北煤矿主井安装钢丝绳芯强力带式输送机，设备型号DX1200型，运输距离645米，倾角16.7度，输送带宽度1.2米，输送带型号GX-2500，运输能力680吨/时，电动机型号JR148-6，电动机功率2×310千瓦，控制方式为转子串电阻，电压6000伏，减速器型号ZZL-70-10-逆型，速比21。副井安装提升机，设备型号2JK-3/20型，运输距离780米，牵引力90千牛，巷道倾角16.7度，提升方式为斜井串车提升，提升容器载荷1吨，一次提升容器数量8台，2010年8月进行节能改造，由串电阻调速改为变频调速并更换电动机。灵泉矿副井安装使用2.5米单滚筒缠绕式提升机，设备型号JK-2.5/30型，运输距离1250米，牵引力90千牛，巷道倾角15度，提升方式为斜井串车提升，提升容器载荷1吨，一次提升容器数量10台，2009年3月进行节能改造，由串电阻调速改为变频调速。

1991年6月，扎赉诺尔矿务局灵泉矿11号井主井停止使用串车提升煤炭，井下煤炭全部由三斜主井强力带式输送机提升。1992年4月，11号主井延伸至270大巷，为此将功率310千瓦的XKT2×3×1.5B-30型提升机进行改造。将双滚筒改为单滚筒，11号主井承担辅助提升。1998年5月，灵泉矿成功改造了强力带式输送机驱动装置，解决了由于输送带折返频繁和张力过大造成接头损坏量大的问题，并减少了1台380千瓦电动机。在满足运输能力的基础上，带宽由1.2米改为1.0米，减轻了输送带自重形成的张力，年节约电费和输送带粘接费用100万元。1998年5月4日，11号主井发生火灾，11号主副井被封闭，三斜副井承担辅助提升任务。2009年9月，进行第2次改造，把带宽1米又改回到1.2米，变频调速，输送带型号ST-4000型，运输能力850吨/时。灵北煤矿安装了JS115-4型带式输送机，运输距离670米，倾角15度，输送带宽度0.8米，输送带型号GX-1600型，运输能力200吨/时。2008—2010年，公司对该带式输送机中间架上下托辊进行改造。副井采用提升机提升，提升方式为斜井串车提升，设备型号JK-2.5/20型，一次提升容器数量9台，运输距离730米，牵引力90千牛，巷道倾角17度。

5. 内蒙古平庄煤业（集团）有限责任公司

公司五家煤矿（瑞安公司）于2012年在副井安装JK-2.5CX2E型单绳缠绕式矿井提升机，提升方式为单钩串车提升。提升机滚筒宽度2米、滚筒直径2.5米，天轮直径2000毫米。电控系统为变频提升机电控装置。2013年，五家煤矿主斜井安装了DTC100/45/2×315S型带式输送机，带式输送机带宽1000毫米、带速2.5米/秒、输送能力450吨/时、输送距离 715 米、提升高度 247 米、倾角 24 度、尾部液压拉紧。驱动装置采用双滚筒传动，配液压张紧装置 1 套等。驱动部由电动机、减速器、逆止器、调速型液力偶合器组成。配置了输送带液压自动张紧装置、制动器等输送机保护装置；公司的风水沟煤矿、红庙煤矿、古山煤矿、兴山矿业公司、瑞安矿业公司的辅助提升，均为副斜井单绳缠绕提升机。

（二）立井提升

2001—2005 年，随着自治区矿井生产规模增大、开采深度增加和提升系统安全可靠性的提高，立井提升设备得到快速发展，各种新技术得到广泛使用，提升系统装备水平已达到国际先进水平。副立井提升从罐笼轨道运输，或罐笼与轨道和无轨并存运输发展到罐笼全无轨运输。神华亿利黄玉川煤矿在国内副立井提升系统首次采用大罐笼、全无轨立井运输系统，解决了长期以来立井大型设备必须采用轨道换装的问题，优化了系统环节，提高了生产效率。

随着矿井生产规模的扩大，主井提升箕斗容量不断增大，葫芦素、门克庆和红庆梁的主井箕斗容量已达到 50 吨，并且为双套提升，立井箕斗提升能力可达 1500 万吨/年。提升安全保护技术也得到大力发展，如锁罐技术、过卷过放缓冲技术、零速制动技术等。由于箕斗提升自动化水平不断提高，使许多矿井的主井提升实现无人值守运行。

根据《煤矿提升系统工程设计规范》规定：对于井深超过 700 米或生产能力在 500 万吨/年及以上的矿井，提升人员的副立井只有 1 套提升设备时，宜增加交通罐提升设备。例如，神华黄玉川煤矿在副立井提升系统设计中，为适应井筒要求，采用了 JKM2.4×2 型塔式摩擦轮提升机来提升交通罐笼，塔然高勒等矿井也采用了这个规格；伊泰红庆河等煤矿的主井提升采用了 5×6 内装电机式塔式摩擦轮提升机，超出了国家标准的拖动方式要求。提升机液压制动系统的可靠性将对矿井的提升安全起到重要影响，神华黄玉川、塔然高勒等矿井为年产 1000 万吨的特大型矿井，副立井采用特大罐笼，每次提升 300 人。为了防止在提升结束时液压站故障而造成的跑车事故，在设计中采用了单泵双站恒减速液压站，正常工作时 2 套液压站设置独立的进回油管道，各负责一半的制动器，两套液压站同时工作，减少了提升终了的跑车事故，提高了提升系统的安全可靠性。

1995 年，大雁矿务局雁南煤矿采用国际招标方式选中西马格、西门子公司生产的主井提升机，引进了当时最先进科技水平的内装电动机式 4 绳摩擦式矿井提升机。井筒内装备侧卸式 1 对 25 吨箕斗。主井绞车选用德国 SIEMAG 公司生产的内装电动机式 4 绳摩擦轮式提升机，采用 SIEMENS 公司提供的电气控制系统。低速同步电机拖动，交变频供电，额定功率 2750 千瓦，最大提升速度 10 米/秒；小时提升能力大于或等于 1000 吨。于 2005 年 10 月 1 日正式投产。2008 年 10 月，雁南煤矿主井增加 1 套备用 S7 系统，使得 2 套系统可以切换使用。副井绞车选用 4 绳摩擦轮式提升机，型号为 JKM-4×4（Ⅲ）。提升容器为 1 对 1.5 吨双层 4 车罐笼，罐笼 2 台，担负全矿井矸石、升降人员、下放材料及大型设备等主要辅助提升任务。2012 年 8 月，增加 1 套备用 S7 系统，使得 2 套系统可以切换使用。在 2013 年 5 月经现场调试完毕运行。2014 年 1 月，副井提升机又对原有电控系统进行升级改造，传动由 6RA23 升级到 6RA70，由机电安装公司安装，在 2014 年 5 月调试完毕运行。

大雁公司敏东一矿提升方式为立井提升机提升。主井内装备1对32吨多绳提煤箕斗，采用1台JKM-4.5×4（Ⅲ）型井塔式多绳提升机，并采用变频同步电动机直联，主井提升高度为355米。副井提升机装备1宽1窄双层4车（1.5吨矿车）多绳罐笼，1台JKM-4×4（Ⅲ）型井塔式多绳提升机，拖动采用功率为1500千瓦的ZKTD型低速直流电动机，副井提升高度为371米。

2010年3月，扎赉诺尔煤业公司灵东矿主井安装使用多绳摩擦式矿井提升机，设备型号JKM-4.5×6（Ⅳ）型。摩擦轮直径4.5米，钢丝绳根数6根，钢丝绳最大直径48毫米，提升高度435米，提升速度11.54米/秒，电动机功率2×2600千瓦，配备40吨提升箕斗，箕斗型号JDG40/250×6型。2009年9月，副井安装使用多绳摩擦式矿井提升机，设备型号JKM-4×4（Z）型。摩擦轮直径4.0米，钢丝绳根数4根，钢丝绳最大直径44毫米，提升高度351.9米，提升速度8.79米/秒，电动机功率1500千瓦，罐笼型号GDG1/6/ZK型。

扎赉诺尔煤业公司通大公司煤矿，主井采用立井箕斗提升，提升高度394.2米。配备1对25吨箕斗，设备型号JDG-25型。主井提升设备型号为JKD-4×4（Z）型多绳摩擦式提升绞车，最大提升速度8米/秒，2007年7月1日投入使用。副井采用立井双层罐笼提升方式，提升运送人员、设备物料。1吨双层4车罐笼1对（1宽1窄），设备型号GDG-1/6/2/4型，提升设备型号为JKD-3.25×4（Z）型多绳摩擦式绞车，最大提升速度8米/秒，2007年7月1日投入使用。

2009年，神华杭锦能源公司塔然高勒煤矿开工建设，设计为立井提升，年生产能力为1000万吨，主运输提升安装2对42吨箕斗，提升机为2台JKM-4.6×6型塔式多绳摩擦轮提升机，配6000千瓦变频同步交流电动机，提升速度13.01米/秒。副立井提升设备选择JKM-4.6×6型塔式多绳摩擦轮提升机，配2500千瓦变频同步交流电动机，提升速度为9.88米/秒。交通罐选用JKM-2.4×2型塔式多绳摩擦轮提升机，提升速度9.74米/秒。

平庄煤业集团公司老公营子煤矿主副井直流提升机为JKM-2.8×4（Ⅲ）E型、JKM-3.25×4（Ⅲ）型井塔式多绳摩擦式提升机，提升机与ZKTD型直流低速电动机转子采用直联悬臂式结构，电动机转子悬挂在提升机主轴的端部，省去了通常机械传动中的减速机，故障少且维护简单方便。主井提升机提升容器为JDG-9型箕斗，自重13吨，载重9吨，最大提升速度7.03米/秒。副井提升机提升容器为单层罐笼，主罐笼型号GOG1K型，自重9.18吨；副罐笼型号为GOG1型，自重8.975吨，最大提升速度8.16米/秒。操作部分为西门子公司的S7-300系列可编程序控制器。传动部分为西门子公司的6RA70系列全数字调速装置。监控部分为上位计算机，实现对S7可编程序控制器的编程、调试，以及完成对系统的监控功能。网络化操作台和主控PLC采用了网络通信技术，提高了系统运行的安全可靠性。

六家煤矿主副井提升系统为立井提升，1999年正式投入使用。主井绞车为JKM2.8×4（Ⅱ）C型提升机，配备电动机功率2×630千瓦，提升高度600米，最大提升速度8.3米/秒。使用SGY型液压螺杆拉紧式钢丝绳罐道，提升容器为JDSY-9/110×4型箕斗。2004年8月，提升箕斗更换为JDG-9型箕斗；2005年5月，装备了GHT型过卷缓冲托罐装置及 NB 型防墩罐装置，组成了整体过卷过放保护系统。2006 年 1 月，绞车由原来的 JKM/J-E 型电气控制设备更换为 TKD-NT 型绞车电控系统。同时，采用了 ZDA 型提升信号自动定量装载综合控制系统。井底井口采用 LED 显示，提升机房使用计算机界面显示，采用了 PLC 可编程控制器管理系统，对装载设备实施适时监护，使提升机真正达到恒载运行。副井主要提升人员和物料，为 JKM3.25×4（Ⅱ）C 型绞车，配备哈尔滨电机厂生产的 2×500 千瓦电动机，提升高度为 524 米，组合钢罐道，提升容器为 GDG1/62/4 型多绳罐笼。2006 年 1 月，绞车电控系统改造为 TKD-NT 型电控系统，采用数字化的动力制动装置，使提升机运行更加平稳。

近年，自治区开始建设采用立井开拓的千万吨级矿井，如经国家发改委核准的呼吉尔特矿区葫芦素煤矿项目，建设规模为 1300 万吨/年，主井井筒直径 9.6 米，装备 2 套进口的卷筒直径为 5 米的 6 绳摩擦式提升机，每套提升机配套电动机功率为 1×8000 千瓦，可提升 4 个 50 吨箕斗，是迄今为止国内立井提升系统提升能力最大的设备。

鄂尔多斯市营盘壕煤炭有限公司营盘壕煤矿，设计生产能力 1000 万吨/年，主井装备 2 套 4.5×6 塔式多绳摩擦式提升机，提升速度 14 米/秒，提升载荷 40 吨/钩。配功率 6500 千瓦低速交流同步电动机，采用交直交变频器驱动，全数字控制。副井装有 2 套提升设备，其中 1 号提升机为 5.5×6 落地式多绳摩擦式提升机，配用功率 4000 千瓦低速交流同步电动机，提升速度 10 米/秒，1 个特制双层大罐笼和平衡锤，采用交—直—交变频器驱动，系统全自动运行；2 号提升机为 JKMD-2.25×4ZI 型，配用功率 355 千瓦的高速直流电动机，最大提升速度 7.5 米/秒。

鄂尔多斯市新街矿区红庆河煤矿，矿井建设规模为 1500 万吨/年，采用主井、副井、一号风井、二号风井 4 条立井开拓方式。主井井筒净直径 9.5 米，设计装备 2 对 50 吨箕斗；副井井筒净直径 10.5 米，设计装备 1 个非标特大罐笼和 1 个平衡锤；一号风井净直径 7.6 米，井筒内装备有 6.0 米层间距密闭型玻璃钢梯子间，二号风井净直径 9.5 米，井筒内装备有 6.0 米层间距密闭型玻璃钢梯子间。黄玉川煤矿在 2010 年 1 月 12 日建成了中国最大的副立井提升系统，开创了国内立井全无轨辅助运输的先例，并在提升能力、大罐笼柔性结构和容积方面开创了国内的 3 个第一。2015 年神华集团矿井提升设备见表 4-2-17。

表 4-2-17　2015 年神华集团矿井提升设备统计表

单位	主运设备	提升设备	
		材料设备	人员
补连塔煤矿		防爆无轨胶轮车	防爆无轨胶轮车
上湾煤矿		防爆无轨胶轮车	防爆无轨胶轮车
乌兰木伦煤矿		防爆无轨胶轮车	防爆无轨胶轮车
柳塔煤矿		防爆无轨胶轮车	防爆无轨胶轮车
寸草塔煤矿		防爆无轨胶轮车	防爆无轨胶轮车
布尔台煤矿		防爆无轨胶轮车	防爆无轨胶轮车
金烽寸草塔煤矿		防爆无轨胶轮车	防爆无轨胶轮车
万利一矿		防爆无轨胶轮车	防爆无轨胶轮车
阿刀亥煤矿	带式输送机	轨道矿车	人车+架空乘人装置
黄白茨煤矿		轨道矿车	架空乘人装置
苏海图煤矿		轨道矿车	斜井人车
五虎山煤矿		轨道矿车	架空乘人装置
平沟煤矿		轨道矿车	架空乘人装置
老石旦煤矿		轨道矿车	人车+架空乘人装置
公乌素煤矿		轨道矿车	架空乘人装置
路天煤矿		轨道矿车	架空乘人装置
利民煤矿		轨道矿车	罐笼
蒙西棋盘井		无轨胶轮车+轨道矿车	人车+架空乘人装置

二、运输

(一) 主运输系统

1. 神华神东煤炭集团有限责任公司

神东矿区现代化煤矿综采工作面年产量达千万吨，推进速度快，工作面走向长度大，系统运输距离长。神东矿区运输巷道中，典型的主运输系统均采用与桥式转载机配合的大运量、长运距、大功率、高速带式输送机运煤，实现了从井下工作面到地面的连续运输。

神东矿区采用的转载机装机功率375千瓦，链速2.18米/秒，输送能力为刮板输送机的1.2倍左右。采用整体自移，实现了快速推进。桥式转载机接收工作面刮板输送机运出的煤流，经破碎机将大块煤破碎后，转运装载到可伸缩带式输送机。随着采煤工作面的推进，桥式转载机与工作面刮板输送机机头部整体推移，转载机悬桥水平段与可伸缩带式输送机机尾段的搭接重叠长度增大，达到极限值时，带式输送机则需要前移机尾、缩机储带。

神东矿区采用的带式输送机，最大单台运输距离达到6800米，最大运输能力达到7000吨/时，最大带宽2.2米，装机总功率4×1000千瓦。带式输送机随着运距、运量和装机功率的增大，全部实现了软启动、软停机。当前，广泛应用的可控装置主要为CST可控传输系统和变频调速软启动系统。带式输送机的监测、监控和安全保护系统，实现了自动顺序开停机、全机分段通信系统和紧急停机，并配备了防输送带跑偏、打滑、断裂、堵塞和自动洒水降尘等装置，输送带纵向撕裂及接头强度监控系统等。这些均通过电子计算机进行数据采集、处理、显示、存储、传输，形成了一套包括故障寻查和诊断功能的完整的自动监测监控系统，可实现远程监测、调控。

2. 神华乌海能源有限责任公司

1998年，海勃湾、乌达井工矿中，主提升系统、副提升系统全部为滚筒缠绕式绞车。从2000年开始，乌海矿区先后对路天、公乌素、平沟、老石旦、五虎山、黄白茨、利民、天荣8处井工矿进行了技术改造，将主运系统的串车、箕斗提升改为强力带式输送机提升，解决了多年来提升运输制约煤炭生产的问题，将部分有条件的矿井辅助运输改为无轨胶轮车运输，提升运输能力由80万~90万吨提升至200万~300万吨。

3. 神华宝日希勒能源有限公司

1992年，公司第一煤矿在1211工作面运输巷增设SD-80P型电动机，电动机功率40千瓦，运输能力400吨/时，长度580米。井下集中带式输送机运输巷为DSP-1063/1000型电动机，电动机功率125千瓦，运输能力630吨/时。其中1号输送带长1033米、2号皮带长945米。主井带式输送机为DX-80型，电机功率115千瓦，运输能力250吨/时，全长371米。副井提升绞车为JDK-1.2/0.8型，斜井提升绞车为JD-55型、JD-25型。2000年，SGW-150C型刮板输送机取代SGW-40T型刮板输送机。增设1261工作面DSP-1063/1000型巷道带式输送机，电动机功率为125千瓦，运输能力630吨/时，长度200米，工作面长120米。工作面铺SGW-150C型刮板输送机1台，电动机功率150千瓦。运输能力为250吨/时。运输巷铺SGW-40T型刮板输送机1台，电动机功率40千瓦；PEM1000/650型破碎机1台，电动机功率55千瓦。

2002—2008年，煤矿经技术改造和设备更新，建矿设计生产能力由45万吨/年提高到60万吨/年，工作面运输达到自治区发展水平。

4. 扎赉诺尔煤业有限责任公司

1992年3月，扎赉诺尔矿务局灵泉煤矿工作面运输采用SGD-630/180型刮板输送机，运输上山安装使用了SQP-1063/1000型强力带式输送机运输，运输长度730米，巷道倾角4～11度，带速4.5米/秒，带宽1米，带型GX-2000型，运输能力1200吨/时（2009年改为变频调速）。2007年，七采二段新增1台DTJ1000/71.5/2×800型强力带式输送机，装机功率2×800千瓦，运输长度1480米，巷道倾角6度，带速4.2米/秒，带宽1米，2010年改为变频调速。

图4-2-5 铁北煤矿现代化矿井运输巷

2009年9月，煤业公司灵东煤矿井下安装完成强力型带式输送机，设备型号DTL160/300/2×560型，运量3000吨/时，带宽1600毫米，带速4米/秒，带强1250牛/米。同时安装完成采区运输设备为可伸缩式带式输送机，设备型号DSJ140/300/2×560型，整机长1750米，运量3000吨/时，带宽1.4米，带速4米/秒。综采工作面使用2台刮板输送机，于2009年10月安装完成，型号SGZ1000/2×700型，长度170米，配套转载机型号SZZ1200/700型。2011年5月，南一综采工作面安装2台刮板输送机，型号SGZ1000/2×1000型，长度266米，转载机型号SZZ1200/700型。

铁北煤矿按照综采、高档两个工作面的生产格局，分别安装了为两个采区服务的一采运输上山带式输送机、二采运输上山带式输送机及衔接一采运输上山的105集中带式输送机，设备为DSP-1000/1080型带式输送机。2007年，工作面运输供电电压由1140伏升压改造到3300伏。2008年，矿井运输能力进行提速改造，带速由2.5米/秒提到3.15米/秒，带宽1米。带型ST2000型，装机功率由2×400千瓦改造为2×500千瓦，电动机型号YB400-6型，减速器型号PSF90型，速比16.08，运输能力656吨/时。2009年，对新二采转载机进行改造，由普通带式输送机改造为1台STJ1000型强力带式输送机，运输长度132米，带速3.15米/秒，带宽1米。带型ST1600型，运输能力691吨/时。是年进行延伸改造，带型GX2500型，运输能力656吨/时。

5. 内蒙古平庄煤业（集团）有限责任公司

1991年8月，平庄矿务局风水沟煤矿一采区一水平第一次安装强力带式输送机，长度为560米，运输能力400吨/时，1998年9月改为STJ-1000/320X型，2000年10月输送带再次延伸，达到910米。一采区开拓延伸后，陆续安装使用6条强力输送带运输。二采区的井下主运输带式输送机为4台SD80型带式输送机，输送量400吨/时。1997年5月改为3台SD80型主运输带式输送机。2005年2月，带式输送机更换为ST-800型钢丝绳芯强力带式输送机。由于二采区缓采，2014年5月将二采区的井下所有设备全部撤出。

平庄矿务局六家煤矿井下运输主要使用STJ-800/132×2型和SDJ-150型带式输送机各1台。1993年，元宝山煤矿

（兴山矿业公司）主提升设备改用 STJ-800/132×2 型带式输送机，运输能力 226 吨/时，运输长度 500 米，上山倾角 16 度。三井、四井带式运输为 SD-80 和 SDT-800 型带式输送机。2013 年，瑞安公司煤矿四井井下主要运输采用 DTL100/80/2×90 型带式输送机 3 台及 DSJ100/80/2×132 型带式输送机 1 台，采用 ST2500 型钢丝绳芯阻燃输送带，带宽 1 米，总运输长度 2140 米，运输能力 800 吨/时。老公营子煤矿 5 号煤层运输巷使用 DTL120/3X200 型带式输送机 1 台。红庙煤矿井下主要使用 DX2500 型带式输送机。

图 4-2-6　平庄矿务局六家煤矿井下辅助运输大巷

6. 全区地方煤矿

2005 年以前，全区大部分地方煤矿井下煤炭运输仍采用非连续运输方式。各煤矿大巷主要采用三轮车、四轮车或自卸式汽车运输。2005 年以后，全区大部分地方煤矿进行技术改造，井下运输大多采用以带式输送机为主的连续运输方式。如伊泰集团 2008 年完成了 13 处煤矿的技术改造工作，各煤矿井下主运输系统均使用集中控制的带式输送机，形成了工作面刮板输送机→转载机→巷道带式输送机→主运大巷带式输送机→主井带式输送机→地面的主运输系统，具备连续性、高效率、高度自动化等优越性能。至 2015 年，该公司拥有 DTL180/420/4×1400 型、DTL140/250/2×400 型、DTL120/120/2×560 型等大功率带式输送机 50 多部，总运输能力达到 10038.6 吨/时，为矿井的安全、高效生产提供了保障。

（二）辅助运输

1. 神华神东煤炭集团有限责任公司

神东矿区是国内最早引进无轨胶轮车并推广使用的矿区，也是国内首家成功地将无轨胶轮车作为矿井主要辅助运输装备的矿区。从 1994 年以来，先后引进的车型主要有：英国 EIMCO 公司生产的 912X 型支架搬运车、912E 型客货两用车、913 型人车、912DE 装载车；美国 LONG-AIRDOX 公司生产的 VTC630 型支架搬运车；澳大利亚 DOMINO 公司生产的 MYNEPET6 型客货两用车、MYNETRUK4 型客货两用车、MYNELOADER 型多功能铲车、MYNETAXI4R 型指挥车；澳大利亚 BOARTLONGTEAR 公司生产的

LSC350型支架搬运车；南非BIRD公司生产的MK3-STRONGBIRD型客货两用车、工具车等，辅助运输实现无轨胶轮化后极大地提高了矿井生产的技术经济效益。

由于引进设备费用昂贵，配件组织周期长，维修困难，矿井生产成本很高。神东煤炭公司与煤炭科学研究总院太原分院合作，自行研制开发了防爆低污染无轨胶轮车。公司研制与开发了一系列井下防爆无轨胶轮产品，全部通过了井下工业性试验，并投入批量生产。

图4-2-7　神华神东煤炭集团公司矿工乘坐无轨胶轮车下井

TY6/FB型井下防爆低污染中型客货胶轮车和TY3061FB型井下防爆低污染轻型自卸胶轮车，作为创新工程填补了我国矿井没有国产无轨胶轮辅助运输设备的空白，居于国内领先地位，在国际上也处于先进水平。通过在矿区推广应用，上述两种产品在晋城、兖州等矿区得到应用，为我国有条件的矿区应用无轨胶轮化运输、全面提高矿井产量和劳动效率起到了示范作用。

TY6/20FB井下防爆低污染中型客货胶轮车主要由柴油机及进排气防爆装置、驾驶操纵装置、传动装置、前机架、后机架及快换机构、铰接转盘、后轮总成及客货箱、液压系统、气动及安全保护系统和电气系统组成。

截至2008年底，公司已全面实施了矿井辅助运输无轨胶轮化技术，彻底改变了传统辅助运输方式的弊端，极大地提高了运输效率，支撑了工作面长距离推进，解放了矿井生产能力，为矿井大型化创造了条件；实现了减人提效，减轻了工人劳动强度；改善了安全环境，降低了辅助运输成本。

2. 神华乌海能源有限责任公司

1991年，乌达矿务局、海勃湾矿务局所属矿井运输人员、材料设备全部采用轨道串车运输，辅助运输系统复杂，人员、物料使用同一方式运送。2004年，公司对老石旦煤矿、平沟煤矿、公乌素煤矿、黄白茨煤矿、五虎山煤矿进行技改，采用专用行人斜巷装设架空乘人装置，实现了行人与行车的分离，保障了职工的人身安全。2013年，开始对老石旦煤矿、利民煤矿、骆驼山煤矿辅助运输系统进行改造，减少辅助运输环节，保障安全，提高工作效率。

3. 扎赉诺尔煤业有限责任公司

1999年3月，灵泉矿大巷开始用CXT-5型蓄电池电机车运送人员。2005年，投入2台CXT-8型蓄电池电机车，主要用于270巷道水平运输工作。七采区一段安装1台JK2.5-20型提升机，运输长度1350米，提升方式为串车提升。2007年改为变频调速，同时更新液压站。2006年，运输平巷架线式电机车改造为CTY8/6蓄电池电机车。2008年，七采九面和七采二段轨道下山首次安装SQ-80型无极绳牵引车，运输距离分别为500米和1100米。2009年7月及2010年4月，七采一、二段回风下山首次安装RYJ22/4/680型架空乘人装置，运输距离分别为1280米和450米。

铁北煤矿新一采区上下山采用JTPB-1.6矿用提升机、新二采区采用JK-2.5/20矿用提升机牵引串车轨道运输方式，2006年改为变频调速。2008年，井下车场及主要运输大巷采用CTY8-6防爆型蓄电池电机车牵引。2009年，安装2台架空乘人装置，淘汰架线式电机车。次年，地面采用CTY8-6型电瓶车牵引串车轨道运输方式。取消架线式电机车牵引。轨距均为600毫米。

2009年，灵东煤矿井下车场采用8吨、12吨矿用防爆型CTL8/6/8蓄电池电机车运输。回风巷采用1台SQ-80/110型无极绳绞车运输。同年3月，通大公司煤矿井下轨道大巷SQ80/600型无极绳绞车投入使用，运输倾角为10度。5月，回风巷内安装1台RJY55-10/1450型架空乘人装置，长度为1650米，最大运行速度1.1米/秒，最小运行速度0.5米/秒。2011年8月，通大公司煤矿井下主要辅助运输采用JW-132BJ型无极绳绞车，其他辅助运输采用蓄电池电机车运输。采煤工作面下料采用两段绞车运输，副井绞车型号JK-2.5/20型、暗井绞车型号JK-2/20型。

4. 内蒙古平庄煤业（集团）有限责任公司

公司煤矿的架线（蓄电池）电机车运输主要用于辅助运输，全公司共有45台，其中架线电机车26台，大部分是ZK10-6/550型和ZK10-6/250型，蓄电池电机车19台，其中风水沟煤矿平硐二采区、红庙煤矿井下、六家煤矿大巷架线电机车均用于运煤，其他各矿主要用于运材料、配件、矸石等；老公营子煤矿2007年投入使用4台CCG20/600YF型防爆柴油机普轨机车。地面2台用于运输矸石和各种材料设备，井下2台分别用在+256米水平和+160米水平，主要承担井下材料、设备备件、煤矸石及液压支架和机组的运输。柴油机普轨机车重量8吨，牵引吨位50吨，与架线电机车相比，具有方便快捷、使用灵活的特点。

5. 内蒙古伊泰集团有限公司

2008年以前，集团公司各煤矿大巷辅助运输主要采用三轮车、四轮车或自卸式汽车。2008年技改结束后，除阳湾沟煤矿外，其他13处煤矿大巷辅助运输都采用防爆型无轨胶轮车，实现了从地面到井下工作面的直达运输。阳湾沟煤矿大巷辅助运输采用轨道，副斜井铺设30千克/米钢轨，利用绞车提升。提放材料用平板材料车，升降人员用人车。大巷采用无极绳绞车运输。

第五节 供配电与通信

2000年以前，全区煤矿高压供电多采用6千伏系统，在运行上已积累了丰富的经验，且各种电气产品种类较多，质量和性能都能很好地满足要求。但是，随着煤矿高产高效技术的发展，大量重型采掘设备、大功率提升设备被广泛应用。6千伏供电系统已不能满足矿井的生产需要，最优解决方式就是提高供电电压，即在煤矿采用10千伏供电系统，将10千伏电源直接送到井下。经过技术创新改造，10千伏井下开关设备、电动机、变压器、电缆等电气设备的各项指标已能够满足《煤矿安全规程》井下10千伏的供电要求。

2006年以前，全区部分矿井尚未实现双回路供电。2006年4月30日，内蒙古自治区人民政府印发《关于全区地方煤矿建设双回路供电系统的通知》（内政字〔2006〕103号），要求各地区各有关部门要高度重视，全力支持，确保该项工程建设顺利实施。自治区人民政府同意内蒙古电力（集团）有限责任公司编制的《煤矿双回路供电规划》，自治区电网供电的煤矿双回路供电工程110千伏及以上项目，由内蒙古电力（集团）有限责任公司负责投资建设，110千伏以下项目由煤矿用户投资建设。煤矿企业投资建设电力设施，本着"谁投资、谁建设、谁使用、谁维护管理、谁负责安全"的原则进行，产权归煤矿企业所有。2007年底，全区已基本完成矿井双回路供电系统的改造工程。

一、供配电

（一）国有重点煤矿

1. 神华神东煤炭集团有限责任公司

1991年11月，上湾煤矿地面建成35千伏变电站为全矿井供电。变压器为SZ10-M-12500/35/6.3千伏，备用变压器为SZ10-M-10000/35/6.3千伏。1994年，补连塔煤矿工业场地建设35千伏变电站，安装3台容量分别为8000千伏安变压器。1996年初，新建补连塔煤矿南风井35千伏变电站，并先后改造了3处35千伏变电站。该煤矿双回路电源分别引自松定霍洛110千伏变电站和柳塔110千伏变电站。乌兰木伦煤矿35千伏双回路电源线路分别引自松定霍洛110千伏变电站和布尔台110千伏变电站。煤矿地面设35千伏变电站两处，分别为乌兰木伦35千伏变电站和35千伏箱式变电站。上湾煤矿井下供电引自地面35千伏变电站，选用双回路由电缆将10千伏电源送至井下3盘区变电站，主要承担采掘工作面及回风立井主要通风机的供电，并为1－2煤其他负荷提供备用电源。

1998年，神东矿区各矿井已形成比较完善的地面和井下供电系统，井下供电基本采用6千伏。矿井开采初期采用从地面变电站通过电缆至盘区变电站，再由盘区变电站通过电缆至采煤工作面的传统供电方式。但随着矿井工作面总装机容量的大幅度增加，6千伏供电常因电压波动和中低电压保护动作影响采煤机正常开机，已不能满足生产的需要。2000年以后，在矿区内东胜—松定霍洛110千伏输变电工程开工建设，线路全长50.9千米，变电站单台主变压器容量为1000千伏。之后松定霍洛—马家塔35千伏输变电工程与松定霍洛—大柳塔110千伏送电线路工程相继建成，神东矿区供电系统已形成。

2004—2005年，神东公司根据国家对煤矿企业进行产业升级的政策，在对矿井进行技术改造的同时，先后对万利一矿、柳塔、寸草塔、金烽寸草塔等煤矿供电系统进行改造。

万利一矿地面设35千伏变电站1处，安装SZ11-M10000/35/10千伏变压器2台，一回路电源引自东胜东郊110千伏区域变电站35千伏侧，二回路电源引自万利110千伏变电站。井下供电由6千伏铠装电缆分别供给1－2煤、3－1煤中央变电站，由中央变电站送至移动变电站和用电地点。

寸草塔煤矿双回路10千伏电源均引自布尔台110千伏变电站，通过架空线路到寸草塔煤矿地面10千伏配电室，供全矿用电，双回路采用分列运行方式。井下供电采用双回路10千伏交联聚乙烯电缆通过钻孔入井。

金烽寸草塔煤矿地面35千伏变电站一回路引自布尔台110千伏变电站35千伏侧，二回路引自松定霍洛110千伏变电站35千伏侧，地面35千伏变电站安装2台SZ10-12500/35型主变压器和2台KS9-250/10/0.69型变压器。

截至2015年底，神东矿区共建设35千伏和6千伏变电站32处，架设35千伏输电线路175千米，6千伏输电线路80千米，形成了可靠的神东电网，并与华北电网、西北电网实现联网。神东集团所属各个生产及在建矿井全部实现了双回路供电。神东矿区内各矿井实现了10千伏向井下供电，并独创了从地面用钻孔方式向井下供电的新模式，大容量箱式移动变电站成为矿区地面和井下供电系统新的组成部分。

2. 神华准格尔能源有限责任公司

1989年，黑岱沟露天煤矿建矿初期，为解决施工用电问题，矿区利用已形成的薛家湾中心区变电站至黑岱沟露天煤矿的1回110千伏供电线路临时代用10千伏输电线路。随着矿建工程不断加快，用电负荷不断增加，1990年，该矿临时变电站采用1台2000千伏安-35/10变压器供电至施工现场。1991至1992年，投入2台国产移动变压器供矿建施工与剥离施工，形成了采场北区1回35千伏线路。之后，黑岱沟露天煤矿相继投入3台进口变压器，供采场设备用电。

1993年，准能公司电力建设的装机容量为2×100兆瓦机组的公司自备坑口发电厂建成运营。1995年，黑岱沟露天煤矿110千伏变电站正式启用。变电站采用两回进线，来自公司发电厂电网，地面系统为6.3千伏供电，采掘场为35千伏供电。

3. 神华乌海能源有限责任公司

1998年，海勃湾矿务局、乌达矿务局划转神华集团，对部分矿井仍采用单回路供电。黄白茨、苏海图、五虎山等有条件的煤矿借鉴神东矿区的成功经验，采用电缆经地面钻孔向井下供电。其中，黄白茨煤矿自地面35千伏变电站通过8路架空线给主要通风机和瓦斯抽放站供电，并由35千伏变电站通过钻孔方式向井下南盘区3号变电站和912轨道上山2号变电站供电，并由箱式移动变电站供采煤设备；五虎山煤矿供电引自五虎山原有35千伏变电站供给地面变压器、地面清水泵、副井提升绞车和地面压风机房，井下供电采用地面35千伏变电站经2台8000千伏安主变压器降压至6千伏安后，采用电缆通过钻孔入井的方式进入采区变电站，井下共设有变电站3处。

图4-2-8 蒙西煤矿井下电气室

4. 神华包头能源有限责任公司

李家壕煤矿工业场地建有35千伏变电站1处，双回路35千伏电源均引自高家梁110千伏变电站，输电线路长4.27千米，双回路电源同时工作，互为备用；

35千伏变电站安装3台主变压器，型号为SF11-12500/35型，电压为35/10千伏，运行方式为2台分列运行；地面建有10千伏配电所9处，井下供电按照分煤组进行分区供电，10千伏高压电缆入井，设2处变电站，即2-2中煤盘区和3-1煤中央变电站。

5. 神华大雁集团有限公司

1991年12月，伊敏河东海拉尔自备电厂至大雁矿区110千伏输变电工程建成。敏雁110千伏线路全长62.27千米，其中杆塔381处。110千伏变电所总容量为2×20000千伏安。1992年5月，老二矿变电所所有6千伏馈出线全部改接到110千伏变电所供电，老二矿变电所落后设备退出运行。1993年6月，为形成大雁电力网35千伏主网架，由矿建处安装工区施工的三矿变电所至三矿大井单回35千伏输电线路建成，线路长2千米，导线型号LGJ-120型。1998年12月，为形成大雁电网35千伏主网架，由矿建处施工的110千伏变电所至三矿大井单条35千伏输电备用线路建成（雁南电厂35千伏2号线），线路全长8千米，导线型号LGJ-150型。1999年5月，由于一矿东二采区资源枯竭，电务厂东二配电所退出运行拆除。

2001年3月26日8时20分，东海拉尔电厂受呼伦贝尔盟电力公司命令，停止向敏雁110千伏供电线路供电，大雁矿区的供电改由电务厂独立网供应，独网的运行给矿井安全生产带来隐患，给居民生活带来极大不便。为防止发生电网系统瓦解事故，6月，电务厂陆续为一矿变电所、110千伏变电站、三矿变电所及局址配电所安装了大雁矿区电力系统低周波减载装置，并投入运行，保证了大雁电网的安全可靠供电。2002年11月，由于一矿西四采区煤炭全部采完，为其供电的西四配电所退出运行并拆除。

2004年10月，大雁煤业公司批准热电总厂雁南电厂成立，发电直供雁南矿工业场地及井下用电。2004年，公司有变电站4处。一矿变电所，主变压器容量SL1-6300千伏安/35/6.3千伏2台。110千伏变电所，主变压器容量SFSZ7-20000千伏安/110/35/6.3千伏2台。三矿变电所，主变容量SJ6-3200/35/6千伏。局址配电所：电压等级6千伏，KYN28-12高压开关柜20台。2006年4月，大雁集团自备电网与呼伦贝尔电网联网工程启动。

2006年11月，110千伏变电所联网改造工程竣工。该工程在矿区110千伏变电所配置了1套进线间隔，安装了1面纵差保护屏、1面微机综合测控屏、1组SF6型断路器和2组GW5-110/630型电动隔离开关，通过该断路器（152）并入呼盟电网，结束了大雁电力独网运行的历史。本月，矿山电网综合自动化改造工程开工，该工程将使一矿变电所、110千伏变电所实现微机监控操作，提高了供电的可靠性，减轻了员工的劳动强度。

2013年7月，敏东一矿变电站划归热电总厂管理，该变电站电压等级为110/10千伏，容量为2×20000千伏安，2回110千伏电源分别取自伊敏一次变和伊敏变电所。该变电站的110千伏侧设备为室内布置GIS全封闭（绝缘介质为SF6气体）组合电器，也是热电总厂所辖首个具有微机自动化GIS全封闭组合电器的变电站，提高了矿井供电的可靠性。

2014年9月，随着大雁一矿关井，一矿变电所退出运行并拆除。拆除后4条6千伏线路负荷（医院甲乙、630箱变及四中加压泵站）改接到矿区110千伏站供电，3回35千伏电源进线将重新改接。为了保证电网的经济稳定运行，热电总厂对大雁电网35千伏主网架进行了重新规划，3处发电厂各馈至矿区110千伏变电所2回35千伏线路，分别配送至35千伏Ⅰ、Ⅱ段母线。形成了以矿区110千伏变电站为电力输配中心、中西南北四区域互联供电格局，即雁中区负荷由矿区110千伏变电站6千伏母线供电，西区由露天煤矿变电所35千伏、10千伏母线供电，雁南区由三矿变电所和雁南电厂6千伏母线供电，雁北区由局址配电所6千伏母线供电，发生事故情况下可以快速启动备用联络供电，确保电网供电安全。

6. 扎赉诺尔煤业有限责任公司

公司供电系统由10处110千伏、35千伏变电站（所）构成，其中35千伏站主变容量121200千伏安、110千伏站主变容量50000千伏安。所有变电站（所）均担负着向矿山和地面配电的任务。年转供电量2亿千瓦时左右。电信公司电力调度科负责对供电系统运行及操作进行调度指挥。

110千伏供电系统电源由呼伦贝尔变电站送至灵东变电所，为扎赉诺尔煤业公司灵东煤矿供电。110千伏输电线路2条11.4千米。35千伏供电系统由3回电源组成，其中一回、二回电源由呼伦变电站供至扎赉诺尔煤业公司的枢纽变电所——总控变电所，三回电源由灵泉发电厂供至灵泉变电所。形成了以总控变电所为枢纽、煤矸石热电厂为保安电源和其他8处变电所（前哨、铁北、东站、二水源、二采、七采、风井、灵泉）为节点的35千伏输电系统，构成3个完整的环形输电网络。35千伏输电线路有19条，总长93.6千米；6千伏配电线路有58条，总长280千米；低压线路总长约600千米，配电变压器有230台。

1988年3月，矿务局将电话通信与供电系统合并成立供电部。1990年，将十二列电站划归供电部管理。供电部成为集发电、转供电、电话通信于一体的技术密集型生产辅助单位。1991年3月12日，铁北变电所投入运行，1992年5月，灵泉矿风井变电所建成。1992年10月，二水源变电所投入运行，供电系统变配电能力达到58900千伏安，拥有8处变电所，完全能够满足煤炭生产和居民生活需要。供电系统的供电线路遍布扎赉诺尔矿区，形成60.467千米、以35千伏主干线、6千伏线路为分支的外线主干网络，供电系统232台自管变压器正常运行，形成强大的供电网络。同年，各矿供电队归供电部管理，供电范围进一步拓宽。1996年，供电部电力调度安装使用微机监测指挥系统，实现微机对各变电所、各分支线路运行情况的监控。

扎赉诺尔煤业公司的电能源于呼盟岭西电网，年转供电量1亿千瓦时，负责100%的煤炭生产用电和70%以上的工商业用户和矿区居民用电。供电网络由供电部负责管理，下辖运检车间、供电车间、稽查大队、电力调度和社服中心。各部门分工负责，组成完整的供电管理网络。扎赉诺尔煤业公司在岭西电网设立1313、1312两个环形出口与各变电所连接，能够保证在任何情况下电力的可靠供应，增强供电的连续性。

1998年10月，公司供电部首处无人值守远距离变电所——二水源变电所投入运行。2007年，扎赉诺尔煤业公司投入172万元安全资金，对电力调度自动化系统进行了升级改造，并将部分变电所的35千伏多油开关及6千伏少油开关更新为真空开关，电磁保护装置更新为微机保护，使各变电所的设备运行更加可靠。2008年11月，煤矸石热电厂正式发电，2条35千伏输电线路（矸铁线、矸前线）分别并入铁北变电所、前哨变电所。2009

年12月，灵东变电所落成，电源来自呼伦变110千伏变电所。扎赉诺尔煤业公司通大公司煤矿变电所位于海拉尔南部伊敏地区，主变2×20000千伏安、35千伏双回电源分别取自伊敏一次变电站、五牧场变电所。

7. 华能伊敏煤电有限责任公司

伊敏露天煤矿建有220/110/35千伏一次变电所1处，电源引自呼伦贝尔岭西电网110千伏线路一回，导线型号LGJ-240型，线路长度81.94千米。引自东北电网220千伏一回，导线型号LGJQ-300型，线路长度5.277米；建有发电厂220/35千伏2号输变电所1处，电源引自伊敏发电厂2回架空线路，导线型号LGJ-120型，一回长度676米，一回572米。220/110/35千伏一次变安装3台主变，1台90000千伏安（型号SFPS7-9000/220型），1台63000千伏安（型号SFL7-63000/110型），1台31500千伏安（型号SFL7-31500/110型）。发电厂220/35千伏输变电所安装2台主变，1台63000千伏安（型号SF10-6300/220型），1台31500千伏安（型号SFL7-31500/110型）。

8. 内蒙古平庄煤业（集团）有限责任公司

从2006年开始，平庄煤业投入资金，对地面供电系统进行改造，以解决设备老化、功能落后、电损过大、安全无保障等问题。改造项目为：红庙煤矿变电所，古山煤矿变电所，六家煤矿变电所，风水沟煤矿变电所，元宝山露天煤矿西部变电所，元宝山露天煤矿东部变电所，西露天煤矿变电所，三牵引变电所的66千伏系统、6千伏系统、继电保护系统、无功补偿装置、主变压器、直流电源操作系统等。元宝山露天煤矿西部变电所于2008年12月改造完毕。红庙煤矿变电所、古山煤矿变电所、六家煤矿变电所、风水沟煤矿变电所于2009年9月开始改造，2010年底前全部改造完毕。元宝山露天煤矿东部变电所、西露天煤矿变电所、三牵引变电所于2011年9月开始改造，2013年底前全部改造完毕。全公司井工矿有5处变电所、10台变压器，主要用于井工矿生产和生活供电。

（二）地方煤矿

1991年，自治区大部分地方煤矿均为单回路供电，其中地方煤矿最多的伊克昭盟，供电线路均T接于农村供电线路上。从当地变电所10千伏线路树枝式分布，一路T接。每处煤矿仅此一条线路供电。但也有少数地方煤矿实现了双回路供电，如1991年，城坡煤矿供电一回取自清水河县城湾电厂，另一回取自薛家湾变电所10千伏电力线；忽吉图煤矿武家塔斜井从大柳塔35千伏变电所引入6千伏线路，从武家塔露天煤矿引6千伏架空线1.5千米，也形成双回路供电。

从1994年开始，为满足伊克昭盟准格尔矿区、神东矿区、万利矿区及西部煤矿用电需求，由政府出资，兴建了高压供电干线和多处变电站，其中，东部的准格尔矿区自呼包电网引入一回110千伏供电线路至薛家湾，建立110千伏变电站1处，该供电系统电压等级设计为220千伏；东胜煤田北部区内，建东胜东郊110千伏变电站1处，电源引自包头（呼包电网）；在东胜煤田东南部，建松定霍洛110千伏变电站1处，110千伏电源分别接自华能神木自备电厂和经东胜接入的呼包电网；在桌子山矿区建棋盘井110千伏变电站。1996—2000年，伊克昭盟境内基本形成110千伏供电系统，但煤矿尚未全面实现双回路供电。2000年，煤矿井下电网基本具备，全盟乡镇煤矿纷纷淘汰电石灯、煤油灯照明，使用节能灯照明，但是井下明电、明火现象比较普遍。多数煤矿供电系统简单，采用变压器中性点接地为井下供电，开关采用熔丝保护。准格尔旗还有个别煤矿沿用原始的电石灯下井，且矿井明刀闸使用普遍，安全隐患极大。

2006—2007年，根据自治区政府对全区地方煤矿完善双回路供电系统的要求，煤矿双回路供电与采煤机械化进行了同步改造。自治区政府为保证大中型煤矿的技改和建设以及安全供电，筹资10亿元，解决煤矿双回路电源建设问题。至2007年底，自治区通过两年技改攻坚战，完成了煤矿双回路供电系统工程，其中鄂尔多斯各旗区根据煤矿分布情况和实施机械化开采的电力需求，分别编制了本地区的规划，其中准格尔旗编制了《全旗矿区电网改造建设总体规划》，建设110千伏输变电站4处，投资9046.55万元，建设35千伏输变电站17处，投资2.99亿元。另外，在13处煤矿所在地分别建设110千伏输变电工程，投资1.08亿元；伊金霍洛旗建设1处110千伏和6处35千伏变电站；东胜区对煤矿的已有供电线路进行保留改造，作为煤矿双回路供电方案的备用供电电源，建设2处110千伏、3处35千伏变电站作为煤矿双回路供电方案的主供电源；鄂托克旗规划建设110千伏区域变电站1处，35千伏变电站2处，总投资7554万元。

2005年以前，重点地方煤矿中，伊泰集团煤矿用电作业仅限于井下打眼爆破、排水、辅助生产和照明，设备简单，数量少，矿井供电电源主要以附近农用供电线路为主。农电供电距离长，线径偏小，电压损失大，供电质量低，并为单回路供电，停电频繁，事故率高，供电安全缺乏有效保障。整合技改后，伊泰集团井下采掘分开用电，掘进工作面的局部通风机使用专用电缆、专用变压器、专用开关及风电闭锁、瓦斯电闭锁装置。2006—2008年，在对各煤矿进行整合技改的同时，公司各煤矿对输变电系统进行了改造。至2008年底，各生产煤矿形成了合理的供电系统，均按《煤矿安全规程》规定实现了双回路电源供电。35千伏及以上线路同杆架设避雷器防雷系统，10千伏线路两端装设避雷器，变电站、变电所、油脂库、储煤仓、筛分楼、锅炉房、井口房等场所屋顶装设避雷装置，通过接地引下线与接地极连接。至2015年，公司煤矿共有110千伏输电线路4条，35千伏输电线路12条，10千伏输电线路16条，地面10千伏及以上输电线路总长95.42千米。

截至2015年底，全区煤矿全面实现双回路供电，一回路运行、一回路备用。

二、通信

（一）国有重点煤矿

1991年，经邮电部批准的华能精煤公司通信网建成并开通运行。1996年底，在神华集团接手后建成并开通神东矿区数字通信网。2001年，神东煤炭公司通信局域网建成投入运行。2002年，神东信息中心对专网内的通信交换机、传输设备和电源设备进行了更换，使神东专网的传输能力进一步扩大，交换性能及容量进一步提高，成为神华集团的通信汇接中心。准格尔能源公司、乌达矿业公司、海勃湾矿业公司、包头矿业公司和金烽煤炭公司等单位的通信信息系统与神东通信实现专网汇接。2006年，神宝能源公司通信网络与神华集团公司通信信息中心实现联网。2010年底，神华集团公司以神东通信信息网络为汇接中心，实现了神华集团公司总部、准格尔能源公司、乌海能源公司、神宝能源公司、包头矿业公司的通信信息汇接,实现了煤矿井上下调度指挥与行政办公通信互联、互通和操作,汇接平台具有一键通、来电显示、选呼、群呼、强插、强拆、强接等多种调度功能,同时有录音、回放功能(录音数据保持一年以内)和线路静音超时催挂功能。

1998年8月,扎赉诺尔煤业公司通信系统改造一次割接成功,高质量的电话通信系统正式投入运营,矿区通信公网与扎局通信专网实现联网。2010年11月,将交换机硬件主控柜进行升级,延长了交换机使用寿命,确保了煤矿通信畅通。扎煤专网与中国联通、中国移动、中国电信、中国铁通开展了无线通信与固定通信通道联网业务。2011年,公司总调度室更换了20台欧帝牌监视器,并通过局域网对灵泉煤矿、灵北煤矿、铁北煤矿、灵东煤矿等进行视频监控。同时,通过局域网对灵泉煤矿、灵北煤矿、铁北煤矿、光明公司、通大公司进行瓦斯监控。视频监控系统的形成,使调度人员组织指挥生产更直接、更便捷。

灵东煤矿通信系统现使用XR-324-12M型2台主交换系统,分别形成5个工作站,可分析数据、打印报表,形成地面工业环网、井下工业环网、视频会议系统、摄像头监控系统,现井下安装电话18部、井上安装电话22部,井上下各主要生产场所及生产调度指挥部门、视频会议系统均进入矿内通信专网,该系统性能先进,具有速度快、通话质量高、适应性好,并有多种特殊功能,在紧急情况下,可同时呼叫井下各用户,以采取应急措施。灵泉煤矿通信系统现使用JSY-2000HB型程控电话交换系统,由三斜主井铺设2趟通信电缆(型号HUYY30×2×0.8型和HUYY20×2×0.8型)到电机车充电硐室总接线盒,铺设长度均为1750米,并由此分别供到十采区和七采区各用户。现井下安装电话25部、井上安装电话26部,井上下各主要生产场所及生产调度指挥部门均进入矿内通信专网。铁北煤矿使用JSY2000-20型数字程控交换机,主线路100对入井,能够满足井下要求。灵北煤矿通信系统网络由电信公司通信四分局至矿井两级各办公室,共设置电话97部。在十二井区设置HJD-256型内部程控交换机1台,用于十二井区井下各机电硐室及采掘工作面的通信,并且在矿井两级调度室设置直拨井区井下的直通电话,通信网络覆盖较全,信息畅通。光明公司交换机与电信公司市站接网2部,内部电话交换机容量为80部,其中井下6部、井上74部。

2014年11月,平庄煤业与中国联通赤峰分公司签订驻地网通信服务框架合作协议,决定在平庄煤业集团公司所辖元宝山区的平庄、古山、六家、五家、西露天、西城、红庙、元宝山、风水沟9个基站所覆盖的住宅小区内合作经营中国联通互联网接入业务。矿区用户上网方式由ADSL技术逐步向FTTH光纤到户接入技术过渡。2015年6月,平庄联通传统的固定电话交换机全部升级到软交换系统,对联通电话出口全部中继线成功切换到联通软交换平台。随着数据业务和移动业务爆炸式增长,电话语音业务市场正逐渐萎缩,平煤专网电话用户装机也同样逐年减少。平煤通信以固话业务发展为主的模式正在向为煤炭信息化服务方向转变。

(二)地方煤矿

20世纪90年代,全区地方国营煤矿基本实现对外联络与井上下通信,但部分乡镇煤矿依然处于无通信状态。1992年,新建碾盘梁煤矿矿井在东胜市邮电局设两条中继线,采用纵横式自动电话交换机,容量270门,行政总机180门,调度总机90门。1997年,伊东集团东坑堵煤矿建设时，由于生产、生活条件简陋，地面通信主要依靠固定电话联系，地面和井下联系的唯一方法是开车下井。矿井不设置通信机构，没有通信管理人员，通信管理制度不健全。

2002年之前，伊泰集团各煤矿主要采用固定电话、手机、小灵通通信。2002年以后，随着煤矿安全监测监控、人员定位、调度通信、井下小灵通、束管监测及工业视频监控等系统和综合自动化系统的建立与完善，各煤矿井下与地面调度、煤矿与公司的通信完全实现网络化、自动化。

2005年，东坎堵煤矿安装DDK-6型矿用多媒体数字程控调度系统，容量108门，通信交换机设置在矿调度室，矿井通信交换机与羊市塔镇邮电所汇接，集行政、调度交换合一，采用6芯光缆中继线，架空敷设线路长5千米，对矿井地面、井下各用户进行行政、调度通信。副斜井井口房与井底等候室之间设直通电话。煤矿地面变电所，地面通风机房与矿调度室之间设直通电话，矿山救护队与矿调度室之间设直通电话。矿井变电所至上一级变电所设专用的通信设施。唐公沟煤矿技改后在原有地面固定电话、井下调度电话的基础上，给矿井人员增配了小灵通，并配有专业维护通信人员。

2007年，《国家安全监管总局、国家煤矿安监局关于所有煤矿必须立即安装和完善井下通信、压风、防尘供水系统的紧急通知》（安监总煤行〔2007〕167号）对井下通信系统做出详细要求，煤矿主副井井底车场、运输调度室、变电所、上下山绞车房、水泵房、带式输送机集中控制硐室等，主要机电设备硐室和采掘工作面等，必须安装通信设施，并能与矿调度室等部门直接联系。

2007年，北电公司吴四坎堵煤矿成立了通信班，负责处理通信联络系统的日常管理与维护，并投入使用DDSK型通信联络系统与无线通信系统，结束了井下采用临时通信的历史。DDSK型调度主机采用双机热备的方式提供地面调度信号，地面的通信信号经安全耦合器耦合后，将本安型信号送入井下；无线通信信号经光缆传输送至井下后，在井下基站控制器的控制下，将无线信号覆盖至各生产现场。

2008年，伊泰集团选用PHS制式煤矿专用综合移动通信系统，系统集成了话务、调度等多种附加功能和增值业务，便于各级煤矿生产管理人员、电机车司机、带式输送机维修工以及其他流动人员与指挥调度中心之间的相互联系，便于井上和井下人员之间实时便捷通信，提高了安全管理水平，也为井下人员自救提供了条件。

2009年，伊泰集团煤矿安全监测、监控等六大系统及自动化系统开始采用专业化服务的方式管理，其中阳湾沟、酸刺沟、宏一、纳二、纳一、凯达等煤矿聘请北京华安普惠矿山高新技术有限公司负责日常维护管理，富华、丁家渠、宝山、大地、白家梁、诚意、苏家壕等煤矿由山东潍坊华光通信股份有限公司进行维保，安家坡煤矿在井工生产停产前聘请鄂尔多斯市盛凯矿业工程有限责任公司对安全监测监控、人员定位、束管监测、程控调度等系统进行维护保养；同时，各煤矿机电动力部设专人对专业化服务队伍进行监管。集团公司煤炭生产事业部设立安全监控及自动化组对煤矿六大系统及自动化系统运行情况进行检查考核，保证了煤矿各系统的安全稳定运行，为伊泰集团公司各煤矿安全生产提供了有力保障。

2010年，长城煤矿各个采面、掘进面、泵房、配电所等都安装了KTH-1型防爆电话机，实现了地面和井下的实时通信，并且在泵房和地面降压站安装了直通电话，实现了专线联系。榆树井煤矿在调度室配备两套 DM-1 多媒体通信调度系统，可实现来电录音等多种调度功能。全矿办公电话达到 98 部，井下电话达到 56 部。为班组长以上管理人员及特殊工种，配备 200 多部无线手机。

第六节 矿井地质与测量

一、机构与装备

（一）神华神东煤炭集团公司

1. 机构队伍

1998 年以前，东胜精煤分公司生产处设地测科和地测队，煤矿设地测科，地测业务由各矿地测科负责。1998 年 8 月，神东地测公司成立，为神东煤炭公司下属的处级建制的辅助性单位。公司将各矿的地测科划归地测公司集中管理。公司在神东所属矿井均派驻机构，负责神华神府东胜煤炭有限责任公司矿井地质地面工程测量、控制测量、地形测量、陀螺测量、地下管网测量、线路测量、剖面测量；负责井田周边小窑监测工作和神东矿区地质及水文地质补充、生产勘探孔、防治水工程孔、顶板预裂孔、瓦斯抽放、井上下电缆孔、强排孔、反井钻等各类钻探工程的施工任务。公司装备地测空间管理信息系统、储量管理系统、GPS 定位系统和陀螺全站仪等设备，用于万米以上特大型工程贯通业务。

2008 年底，地测公司内设经营办、考核办、设备办、工程办、技术办、综合办等部门，拥有在册职工 183 人，劳务人员 315 人，总计 498 人；下设综合办、测量队、钻探队及 12 个地测站共 20 个部门。公司专业化服务与管理主要体现在建立地测保障体系。该体系通过采用地质及水文地质月报、临时性预报、部分地质测量工程实施等方式运作。地测保障体系还包括建立领导机制，完善相关制度及报表会审程序等。对各矿的地质及水文地质预报均由编制人、地测站长、技术办、总工、矿总工及生产处会审签字后报神东煤炭公司总工程师。

截至 2015 年，地测公司机关设党政、经营、生产技术、安管、设备 5 个部门，下设 23 个站、队，拥有在册职工 298 人，其中研究生 5 人，占 1.68%；本科 135 人，占 45.3%；大专 98 人，占 32.9%。

2. 主要装备

地测公司仪器设备先进齐全，有世界先进的全球导航卫星系统 GNSS 和全球定位系统 GPS 共 22 台，奥地利进口三维激光扫描仪 1 台，德国陀螺仪 1 台，全站仪 66 台，高精度水准仪 29 台，拥有大型自动绘图仪 3 台（套），微机等电子办公设备 260 台（套）。

（二）扎赉诺尔煤业有限责任公司

1. 机构队伍

20 世纪 90 年代初，扎赉诺尔矿务局地质勘测处内设地质科、测量科、绘资科、地勘队，职工总数约 150 人。1995 年 11 月，矿务局将地测处更名为地质测量勘探处，内设综合地质科、地勘队、工会、开发办、小井管理科、测量队，职工总数 135 人，其中勘探队职工人数为 76 人。

2000 年 12 月，地质测量勘探处改制成立满洲里新世纪工程勘查测绘有限公司，实行"一个机构、两块牌子"的管理体制，对内完成扎赉诺尔煤业公司下达的各项地质勘探任务，对外实行创收。公司内设综合办、财务科、劳资科、供应科、采石场、开发办、测绘科、测量队、勘探队、车队、机修车间、工会，职工总数 130 人，其中勘探队职工人数为42人。

2007年5月，满洲里新世纪工程勘查测绘有限公司进行人力资源整合，内设党政工作部、地质工作部、测绘工作部、经营管理部、勘探队、机修车间、车队，职工总数84人，其中勘探队职工人数为41人。

2010年5月，满洲里新世纪工程勘查测绘有限公司组织机构优化为勘探队、综合科、经营科、技术科，职工总数为86人，其中勘探队职工人数为40人。

2015年底，满洲里新世纪工程勘查测绘有限公司下设机构为勘探队、综合科、经营科、技术科，职工总人数为78人，其中勘探队职工人数为40人。

2. 主要装备

截至2015年底，勘测公司地质勘探的主要技术设备有各类钻机3台、空气压缩机1台、泥浆泵4台、柴油发电机组3部、物探测井仪器1套、汽油发电机1台、测井专用车1辆，并配有水泵、潜水泵、随车吊等设备。

满洲里新世纪工程勘查测绘有限公司改制以后，测绘仪器设备不断更新。2014年，经内蒙古自治区测绘资格审查，取得乙级测绘资格。2015年，经内蒙古国土资源厅审查，取得地质灾害防治治理施工资格。

（三）神华大雁集团有限公司

1. 机构队伍

1991—2015年，大雁矿务局、大雁煤业公司等分别设有各矿地测科，负责矿山测量、矿山地质、微机操作3类业务，总定员43人，其中矿山测量31人、矿山地质10人、微机操作2人。

2. 主要装备

公司购置装备有：三鼎GPS卫星接收机3套、尼康DT米全站仪5台、索佳全站仪2台、水准仪4台、陀螺仪1台、流速仪6台、绘图仪2台、微机18台。

（四）神华宝日希勒能源有限公司

1. 机构队伍

1991年，宝日希勒煤矿建设指挥部第一煤矿地测科人员编制13人，其中高级工程师1人、助理工程师2人、技术员4人、技术工人6人。1994年，宝一矿地测科人员编制12人，其中高级工程师1人、工程师2人、助理工程师3人、技术员3人、技术工人3人。1997年，地测科人员编制7人，下设宝一矿、宝雁矿、宝祥矿3个地测组，人员归各矿管理；中级职称2人、初级职称5人。

2002年4月，宝日希勒煤业公司成立地质测量处，人员编制7人，下设地质科、测量科，各矿技术科设地测组，其中中级职称2人、初级职称4人。2006年，地质测量处人员编制11人，其中大专以上学历10人；中级职称4人、初级职称7人。2008年，地测处人员编制7人，设正处级1人、正科级2人；下设测量科、地质科、绘图室、数据管理室；高级工程师3人、工程师1人、助理工程师3人。

2. 主要装备

2002年以后，公司累计投入资金150余万元，装备国内较先进的GPS资料接收机2台（套），全站仪3台、台式计算机13台、笔记本2台、扫描仪1台、大幅面彩色喷墨绘图仪2台等先进的技术装备。

（五）平庄煤业集团公司

1. 机构队伍

平庄煤业公司各生产矿井（露天）下设地质测量科，内设地质组、测量组。在日常工作中，外业主要利用精密的测量仪器，精确测绘各类地理信息和地质采矿信息；内业则对野外采集的各种数据进行加工和存贮，并根据工程需要即时绘制各类专题图纸，为设计、规划、决策指挥提供基础图件。

2. 主要装备

1991—2014 年，公司相继引进购置了 GPS 全球定位系统、全站仪、水准仪、电子经纬仪、激光指向仪、工程复印机（OCE75）、ContexG60 型彩色图纸扫描仪（表 4 - 2 - 18）。

表 4 - 2 - 18　2015 年平庄煤业集团公司煤矿主要测绘仪器配备情况统计表

仪器名称	仪器型号	生产厂家	购置时间	精度指标	使用单位
全站仪	TOPCON GTS302	日本托普康（TOPCON）株式会社	1995 年	2″3 + 3PPM 单棱镜测程 1.5 千米	古山立井项目部
全站仪	LEICA TC905L	瑞士徕卡集团	1997 年	2″3 + 2PPM 单棱镜测程 2.5 千米	赤峰弘科测绘有限责任公司
全站仪	NIKON DT 米 532C	日本尼康（NIKON）测量仪器株式会社	2005 年	2″2 + 2PPM 单棱镜测程 2.4 千米	风水沟煤矿
全站仪	LEICA TCR802	瑞士徕卡集团徕卡测量系统股份有限公司	2007 年 2009 年	2″2 + 2PPM 单棱镜测程 3.0 千米	风水沟煤矿、红庙煤矿、瑞安矿业公司、六家煤矿、运输部
全站仪	NIKON DT 米 332	日本尼康（NIKON）测量仪器株式会社	2007 年	2″2 + 2PPM 单棱镜测程 2.4 千米	兴山矿业公司
全站仪	TOPCON GTS5	日本托普康（TOPCON）株式会社	2007 年	5″3 + 2PPM 单棱镜测程 2.2 千米	古山煤矿一井、三井
全站仪	SOKKIΛSET510	日本索佳株式会社测机舍（SOKKIΛ）	2007 年	5″3 + 2PPM 单棱镜测程 1.5 千米	古山煤矿

（六）内蒙古伊泰集团有限公司

1. 机构队伍

21 世纪初，公司煤矿生产规模小，不设地测机构，地测工作多数采取外委等方式进行。2011 年，集团公司煤炭生产事业部设置地测中心，配备矿井地质、水文地质、储量管理、物探技术及测量人员，按照各煤矿地测情况驻矿进行地测业务技术管理与服务。2015 年，公司实行管理改革，地测技术人员编制划归各煤矿，成立地测科负责煤矿地测技术业务，地质情况相对复杂矿井配备地质副总工程师。

2. 主要装备

公司备有井下瞬变电磁仪 1 台、无线电坑道透视仪 2 台、流量仪 4 台、钻孔测斜仪 2 台；各矿配备手持 GPS、激光测距仪等地质勘测常用设备，其中酸刺沟煤矿、红庆河煤矿配备井下水文地质监测系统和地面水文地质钻孔水位观测系统。相继配备天狼星无人机 1 架、解放军 1001 陀螺仪 1 台、全站仪 27 台、GPS30 台、水准仪 6 台、IST - HDS8810 型三维扫描仪 1 台、电子经纬仪 7 台。

二、测量

（一）控制测量

1. 神华神东煤炭集团公司

神东地测公司完成的主要任务有：1999 年以来每年完成近 50 万米的测量放线、导线测量、剖面测量等任务，完成 100 余项大小型贯通测量工作，其中万米以上特大型贯通测量工程在全国煤炭行业居领先水平。2008 年以前，已完成的 50

项特大型贯通测量工程，精度均符合设计要求。

2002年以前，地测公司受各矿委托进行了一些零星地物调查。2002年，地测公司受神东煤炭公司委托完成了五年规划的地物调查，调查总面积97平方千米。2004—2008年，地测公司共完成了54229.6万吨原煤产量验收。进行了煤矿GPS控制点的测量工作；统一了矿区的控制系统，形成完整的国家等级控制网；完成了补连塔、马家塔、上湾、乌兰木伦煤矿等地区的地形图测量及管网测量。

地测公司先后完善了各矿井工作面岩移观测站的建立及观测，进行了地物变形测量。地测公司承担了神东煤炭公司所有煤矿的大中小型比例尺测图，如各矿的工业场地平面图，道路施工图及各项平整场地工程的土方施工图，以及其他改扩建工程所需要的平面图。

2009年10月，地测公司测量队重新测定了原金烽、万利煤炭分公司各矿井近井点，完成、测量E级GPS控制点36个。

2012年5月，地测公司测量并验收了自治区境内外大柳塔井、活鸡兔井、补连塔矿、榆家梁矿、上湾矿、乌兰木伦矿、石圪台矿、保德矿、哈拉沟矿、柳塔矿共计10处矿井，合计1190平方千米区域进行1∶5000航测数字化地形图测绘任务。分别完成了平面控制测量C级控制点28个；D级控制点110个；高程控制测量三等水准373千米；四等水准2026千米；数字线画图（DLG）、数字高程模型（DEM）、数字正射影像图（DOM）各1190平方千米；单矿权正射影像挂图10幅，为矿区生产建设提供了科学、可靠的基础数据。

截至2015年底，地测公司已将地面等级控制网（C/D级）均匀地分布于矿区各处，基线边长5~10千米，是矿区测量控制的骨干网。

为提高井下平面控制测量的精度，满足矿井生产和贯通测量的需要，符合《煤矿测量规程》的规定和后续井巷工程掘进精度的需要，加测陀螺边。根据《神东地测公司测量管理办法》巷道每掘进1.5~2千米时必须加测陀螺定向边。所采用的仪器为3″级德国GYROMAT3000型和1″级莱卡1201型全站仪。2009—2015年底，地测公司已累计施测陀螺定向边354条，全部符合测量规程精度要求。

地测公司每年完成100余项大小型贯通测量工作，其中万米以上特大型贯通测量工程在全国煤炭行业居领先水平。2009—2015年，地测公司共完成了111项万米特大型贯通测量工程，精度均符合设计要求。例如，上湾矿西二盘区1－2煤集中大巷与补连塔矿31306综采工作面巷道贯通，贯通闭合导线全长26.7千米。上湾煤矿51102综采工作面对向贯通，导线全长15.8千米。

2. 神华乌海能源有限责任公司

2000年以前，乌达矿务局和海勃湾矿务局各煤矿都有三、四等地面矿区控制图覆盖各矿区。后各控制点（水准点）破坏殆尽。2005年前后，蒙西公司棋盘井矿、利民矿、天荣公司、骆驼山矿在建井期间测设了GPS D级和E级控制网级（三、四等水准网）。2012年，由神华乌海能源公司在原乌达矿业公司所属五虎山、黄白茨、苏海图矿又补测了8个E级GPS控制点及水准点，平沟矿、公乌素矿及露天煤矿根据各自需要也补测了数量不等的GPS控制点，各矿GPS点及原有的三、四等控制点能满足测量的实际需要。

通过联系测量建立了井上、下统一的

测量系统。新建的矿也都把导线点（同时作为水准点）引到了井下。随着工作面的延深，其基本控制Ⅰ级、7″导线都及时布设在主要大巷中（集中上、下山，带式输送机运输巷等），完全满足井下采区测量的要求。

3. 扎赉诺尔煤业有限责任公司

（1）平面控制。1989—1990年12月，地测处测量队与阜新矿业学院地测系合作完成了控制面积为200平方千米的矿区四等三角网及四等导线网的重建和改造工作，布设控制点51个。1996年，为满足露天煤矿带式输送机运输巷道贯通工程的需要，测量队为该工程建立了4个四等控制点。

2010年，为灵露煤矿建设了3个近井点并完成了斜井联系测量。

（2）高程控制。1989年4月至1990年12月，地测处测量队与阜新矿业学院地测系合作完成了以国家一等水准点满哈9为起算点的扎赉诺尔矿区三、四等水准网的重建及改造工作。建点41个，控制面积75.4平方千米。

2008年，完成了灵东煤矿立井导入高程测量。2010年，完成了灵露煤矿斜井导入高程测量。

4. 神华大雁集团有限公司

2007年，雁南矿北二采区三五〇石门基本控制±7″级导线测量；2009年，敏东一矿立井定向、井下机轨大巷基本控制±7″级导线测量。

5. 神华宝日希勒能源有限公司

（1）平面控制测量。1980—1991年，公司共建各类三角点126个。随矿区规模的扩大，建矿初期的宝一、宝二、宝三矿控制网大部分控制点已遭到破坏，不能满足矿区生产建设需要。

从1991年开始，公司对矿区5″加密网改造，采用1954年北京坐标系，以原有3个国家四等点干校3、干校5、干校6为起始数据，重新布设矿区5″小三角加密网。观测使用蔡司010BJ2型经纬仪，采用方向观测法，6个测回。此次改造控制网图形总点数26个，改造后的5″点23个，三角形31个。三角形最小闭合差最大11秒，最小2秒；测角中误差3.6秒，最大点位中误差34毫米，最小点位误差18毫米；边长相对误差最大1/37000，最小1/140000；控制面积30平方千米。

2005年，随露天煤矿千万吨改扩建项目的实施和露天煤矿、宝三矿接续区的批准，原有矿区控制点已不能满足公司发展需要。2006—2008年，公司委托大雁勘测规划设计公司对矿区平面控制网重新布设。

（2）高程控制测量。1991年，公司重新建立矿区高程控制网。起算点仍采用干校3点，观测使用瑞士产NO30型水平仪，精度等级S3级，水平尺为木质双面3米尺，按四等水平测量要求施测，布设成闭合路线4条，水平点27个，水平路线总长28千米；点间平均距离1.1千米，控制面积30平方千米，闭合环最大闭合差12毫米，最小2毫米，每平方千米高差中数偶然中误差1.8毫米，单位权中误差1.6毫米。

2006—2008年，神宝公司委托大雁勘测规划设计公司对矿区高程控制网进行重新布设。

6. 内蒙古伊泰集团有限公司

2001—2005年，伊泰集团在下发煤矿有关区块内，对矿区地面控制采用三角网、边角网、测边网和导线网等布网方法建立。2005年以后，公司进行了区块内首级平面控制网的升级改造。在国家一、二等控制网基础上利用GPS静态测量布设GPSD级点129个，其中准旗地区55处（酸刺沟煤矿16处、阳湾沟煤矿8处、纳林庙煤矿二号井10处、宏景塔一矿6处、纳林庙煤矿一号井3处、凯达煤矿12处）、伊旗地区布设49处（丁家渠煤矿9处、宝山煤矿10处、富华煤矿8处、白家梁煤矿7处、大地精煤矿8处、诚意煤矿7处）、东胜地区4处（塔拉壕煤矿）。

（二）工程测量

1. 神华神东煤炭集团有限责任公司

（1）井下。自1999年以来，神东煤炭公司在每年一个千万吨跨越，地测公司每年要完成近50万米的测量放线、导线测量、剖面测量等任务，未出现任何放线上的错误造成矿井生产的无效进尺，有力保证了生产任务的顺利完成。

2002年以前，经各矿委托，地测公司进行了一些零星的地测调查。2002年，地测公司受神东煤炭公司委托完成了五年规划的地物调查，调查总面积97平方千米。

公司通过每旬、每月的验量及时准确上报集团公司总调，为其准确提供各矿采掘真实情况，加强煤矿和工程进度及产量的管理。2004—2008年，地测公司共完成了54229.6万吨原煤产量验收任务。

（2）地面。地测公司先后完成了神东矿区各大井田GPS控制点的测量工作，统一了矿区的控制系统，形成了完整的国家等级控制网。

地下管网属隐蔽工程，地测公司先后完成了区内外补连塔、马家塔、上湾、武家塔、石圪台、乌兰木伦、哈拉沟等煤矿的地形图测量及管网测量，通过对整个矿区的管网探测，为今后各项施工提供了方便。

公司先后完善了各矿井工作面岩移观测站的建立。2014年9月，由地测公司与相关单位在补连塔煤矿12411工作面建立地表移动监测站，作为煤制油沉降观测的配套工程，获得本区各项岩移参数，如边界角、移动角、超前影响角、最大下沉速度、滞后角以及地表移动变形预计参数等。神东地测公司负责地表监测，采用四等水准测量方法，水准路线长16.7千米。

2014年10月，神华煤制油二期项目拟在补连塔煤矿采空区实施，地测公司负责该项目的测量任务。为掌握补连塔煤矿采空区沉降规律，给煤制油二期建设提供基础资料，确保项目建设的安全，按《三下采煤规程》要求对规划区进行地表沉降监测，项目为期3年；按D级GPS网和三等水准的要求与国家网联测，以保证精度；使用测量仪器为莱卡DNA03型数字水准仪、天宝GPS接收机，累计水准线路65千米。

地测公司还承担了神东煤炭集团公司所有的大比例尺测图，如各矿的工业场地平面图，道路施工图及各项场平工程的土方施工图，以及其他改扩建工程所需要的平面图。2012年，公司建立测量连续基准站，2013年6月，基准站圆心半径由原来的35千米扩大到55千米范围内（可以包括整个中心矿区），一次性使用区域内30余个GPS C、D级控制点对中心矿区测量系统进行拟合取得参数，从而保证流动站在中心矿区内测得的任何一个点位坐标都统一在矿区坐标系统框架内。基准站改正信息利用联通3G无线网播发，有手机信号的地方就能正常接收改正信息。2013年6月，公司购置奥地利瑞格公司的VZ1000 3D型扫描仪是当今测绘型扫描仪中性能最为成熟的，地形扫描最大距离1.4千米，完成了2013年9月布尔台的新建排矸场、2014年4月补连塔矿呼和乌素沟条带图测量、2014年6月煤制油水源地置换地形图、布尔台煤泥坑测量，环境综合治理项目、各场区工业场地地形图测量工程等。

2. 扎赉诺尔煤业有限责任公司

地质测量勘探处测量队1991年完成大雁矿区230平方千米的航测外业工作，1998年完成了5处生产矿工业场地1:500的数字化测图任务，测图面积2.5平方千米，并首次把计算机数字化新技术应用到测图中。

截至2011年底，勘测公司微机室用微机数字化绘图工艺完成的主要工作有：扎赉诺尔矿区1:2000地形图300幅，灵泉煤矿、铁北煤矿、灵北煤矿井上下对照图及采掘工程平面图，扎赉诺尔区、满洲里市各类工程地质勘查报告15件。此外，还绘制了伊敏矿区26.25平方千米（1:1000）地形图、东明煤矿30平方千米（1:2000）地形图及灵东矿区、铁南矿区、东山矿区共计145平方千米（1:2000）地形图。

截至2015年，勘测公司完成的主要地形测图有：铁道北水源给水工程5平方千米（1:5000）条带地形图；伊敏煤电公司26.25平方千米（1:1000）地形图；沈阳市55.25平方千米（1:500）地形图补测及数字化成图；东明煤矿30平方千米（1:2000）地形图；满洲里西郊机场5平方千米面积高程地形图；灵东煤矿及后备区48平方千米（1:2000）地形图；铁南煤矿45平方千米（1:2000）地形图；东山煤矿52平方千米（1:2000）地形图。同时，完成大雁矿区230平方千米航测外业工作。

3. 神华大雁集团有限公司

2009—2013年，公司地测科完成矿山地质环境恢复治理1~7期工程测量；2011年完成雁南矿雁中区采暖管路测量工程；2012年完成雁南矿北二采区地表岩层移动测量工程；2014年完成呼伦贝尔地区所属矿山井田区域勘界测量工程。

4. 神华宝日希勒能源有限公司

1991—2003年，公司测量队完成工作量见表4-2-19。

表4-2-19 1991—2003年宝日希勒煤业公司测量队测绘情况统计表

年份	项目名称	年份	项目名称
1991	宝一矿扩建1:2000地形图测量	1997	露天煤矿控制网建立
1992—1993	海宝铁路专用线勘测施工放样	1998	露天煤矿1:2000地形图测量
1994	宝日希勒镇地籍调查	2002—2003	露天铁路勘测施工放样
1996	宝矿区小煤井分布调查		

5. 内蒙古伊泰集团有限公司

1991—2005年，公司各煤矿采用罗盘、经纬仪或全站仪（全公司仅1台）等测量设备完成测量作业。2005年以后不断更新测量设备，增购了全站仪23台，先后购置了电子水准仪2台、陀螺仪2台、三维扫描仪1台、GPS37台等先进设备，建设了GPS参考站3处（红庆河、大地、纳二各1处），提高了测量精度和工作效率，实现了测量作业的数字化。在地面建（构）筑物和井巷、露天煤矿工程测量中，严格按照已批准的各种施工设计图纸资料，将施工工程的设计位置标定于现场，并进行检查测量。

2012年，公司委托内蒙古煤田地质局151队，对宏景塔一矿综采工作面地表建筑物、电线塔（杆）等进行了准确测量与标注。

2013年，委托西域矿业开发咨询有限公司对纳林庙一号井综采工作面地表建筑物、电线塔（杆）等进行测量标注；对纳二矿掘进6-2煤、4-1煤、4-2煤巷道进行测量，共测设导线点392个，测量40752米；完成6000米以上的大型贯通工程1项；及时对所有资料进行填图。委托呼和浩特市汇金源矿产资源勘查开发咨询服务有限公司对富华矿神山采区地表地形、地物地貌进行勘测，并绘制了神山采区地质地形图。对宏景塔二矿进行地质地形测绘，绘制了地形图等。

2014年，委托西域矿业开发咨询有限公司对纳林庙一号井综采工作面地表建筑物、电线塔（杆）等进行测量上图。宏景塔一矿地测人员对综采工作面地表建筑物、电线塔（杆）等进行了测量，将测量数据标于采掘工程平面图。

（三）测量验收

1. 神华乌海能源有限责任公司

通常情况下，公司每月上、中、下旬进行3次验收测量。采煤工作面测量出回风巷、运输巷的推进长度，量出采高，标出该（旬）月度产出量。掘进工作面根据导线点量出推进量。地面碎部测量，2004年以前一般用全站仪（经纬仪）测出地形，用相关的软件计算出煤或土方量的库存量，2004年以后，有的单位开始用GPS（RTK）和激光盘煤仪盘煤。

2. 扎赉诺尔煤业有限责任公司

1991—2008年，扎赉诺尔煤业公司勘测公司完成的工程验收任务见表4-2-20。

表4-2-20　1991—2008年扎赉诺尔煤业公司勘测公司完成的工程验收任务统计表

年份	完成工程验收项目名称
1991	扎赉诺尔矿务局验收工程、三斜井改扩建工程、竣工工程11项，辅助设施竣工工程23项。完成二水源工程验收，完成35千伏输电线路7281米（50平方毫米钢芯铝绞线）、6千伏输电线路13427米，厂区动力照明网工程1项，土建工程共5项
1992	扎赉诺尔煤业公司完成竣工验收工程铁北氧化塘工程590米，灵泉三斜井竣工单位工程5项，十一井至解放路水泥路面工程10000平方米，二水源综合楼工程竣工面积918.88平方米，同时竣工验收的还有加压泵房和深井泵房水泵安装
1993	扎赉诺尔煤业公司完成竣工验收工程、竣工单位工程3项
1994	扎赉诺尔煤业公司完成竣工验收工程二水源净化车间3600平方米
1995	扎赉诺尔煤业公司完成竣工验收工程6项
1996	扎赉诺尔煤业公司完成竣工验收工程10项
1997	扎赉诺尔煤业公司完成竣工验收工程，完成露天煤矿端帮系统工程竣工工程3项，完成商品住宅楼3栋及七中教学楼扩建工程540.14平方米，完成二水源加压泵房192.3平方米，建成2000立方米水池1处
1998	扎赉诺尔煤业公司完成竣工验收工程，完成露天煤矿端帮系统改造工程，共竣工工程29项
1999	扎赉诺尔煤业公司完成竣工验收工程3项
2008	扎赉诺尔煤业公司铁南井田勘探工程；勘查历经6个月，施工钻孔60个，完成工程量26864.17米。其中地质孔41个，工程量19698.98米；工程孔10个，工程量4533.15米；水文孔4个，工程量1818.04米；抽水观测孔5个，工程量814.00米。此次施工的60个钻孔，有55个孔进行了钻孔质量评级验收，其他5个抽水观测孔没有评级

3. 神华大雁集团有限公司

公司地测科完成雁南矿月度、年度掘进测量验收，煤炭采出量测量验收；敏东一矿月度、年度掘进测量验收，煤炭采出量测量验收；扎尼河露天煤矿月度、年度土方剥离测量验收，煤炭采出量测量验收。

4. 内蒙古伊泰集团有限公司

1991—2005 年，公司采用拉钢尺测距的方式完成巷道进尺验收。2005 年以后，配备了先进的全站仪，将原来拉钢尺测距改为现在的光电测距，提高了测量精度和效率。2005—2009 年，采用全站仪测量地面工程的土石方工程量。2009—2013 年，采用 GPS + 全站仪模式测量地面土石方工程量。2013 年以后，采用 GPS + 三维扫描仪的模式测量地面土石方工程量，极大地提高了测量精度，测量效率是 GPS + 全站仪模式 5～7 倍。

（四）建筑施工验线与变形监测

1. 神东煤炭集团有限责任公司

为了满足神东矿区各项基本建设的需要，地测公司承担了神东煤炭公司所有的大中小型比例尺测图，如各矿的工业广场平面图、道路施工图及各项平场工程的土方施工图，以及其他改扩建工程所需要的平面图等。

2. 神华大雁集团有限公司

2013 年，完成雁南矿自备铁路下沉变形监测工程；2014 年，完成敏东一矿主、副井筒变形监测工程；扎尼河露天煤矿地表建筑物变形监测工程。

3. 内蒙古平庄煤业（集团）有限责任公司

协助施工单位对皮带走廊、各皮带支架施工中心和位置进行标定、放样工作，保证了连接煤仓及主井的空中皮带走廊能一次性组装到位。对矸子山绞车房、机电区维修车间的大型吊车的安设进行测量标定。

4. 内蒙古伊泰集团有限公司

1991—2005 年，公司采用经纬仪 + 钢尺的测量方式完成建筑施工验线。2005—2009 年，采用全站仪测量的方式完成建筑施工验线和变形监测。2009—2013 年，采用 GPS + 全站仪的方式完成建筑施工验线和变形监测。2010 年，采用全站仪 + 水准仪的测量方式完成酸刺沟煤矿和纳林庙煤矿二号井综采工作面的岩移变形观测，为井下生产留设保护煤柱提供准确可靠的岩移变形参数。

三、矿井水文地质预测及探放水管理

（一）神东煤炭集团有限责任公司

神东地测公司承担着神东矿区地质及水文地质补充、生产勘探孔、防治水工程孔、顶板预裂孔、瓦斯抽放、井上下电缆孔、强排孔、反井钻等各类钻探工程的施工任务。2004—2008 年，累计完成钻探工程 512 项，钻探总进尺 31.2 万米。

图 4-2-9　神东地测公司人员现场服务

（二）神华乌海能源有限责任公司

1991—2009 年，乌海能源公司所属各矿在地质预测预报中包含了水文地质预

测内容，没有进行单独的预报。2009年，国家安全监管总局、国家煤矿安监局的《煤矿防治水规定》发布实施后，各矿开始编制专门的水情水害预测预报，对各生产、掘进工作面进行水害评价。

1991—2009年，公司各矿尚没有形成系统的探放水工作，也没有专门的探放水钻机和完整的设计，只是对存在水害异常区域临时布孔进行打钻探查。2009年，公司对探放水工作重视程度提高，有了严格的要求。2011年5月，中煤科工集团西安研究院为公司编制了《各煤矿"十二五"（2011—2015年）矿井防治水规划》。2012年，西北矿井水文地质研究院编制了《神华乌海能源有限公司矿井老空水威胁程度评价报告》。报告中对各矿老空水、地表露采坑积水情况进行评价。

2012年，乌海能源公司成立地测防治水管理部，有10名专业人员负责11对矿井的地测防治水工作。各矿基本都成立了专业的探放水队伍，探放水工作都有探放水设计和安全技术措施，并委托中煤科工集团西安研究院进行煤矿防治水工作的规划、设计、预测、探放水施工及技术指导。对于重点探放水工程，都要经过乌海能源公司审核后方可施工。

2015年，公司编制了矿井"十三五"防治水规划。两次规划报告根据矿井充水因素及采掘计划制定了翔实可行的防治水措施，有效指导了矿井防治水工作。完成了煤矿《矿井水害防治评估报告》。

（三）神华大雁集团有限公司

公司地测科负责雁南矿月度、年度水情水害预测预报，敏东一矿月度、年度水情水害预测预报；2014年，完成雁南矿北一风井泄水巷探放水工程；2014年，完成敏东一矿南一盘区采煤工作面探放水工程。

（四）内蒙古伊泰集团有限公司

伊泰集团公司煤矿井下探放水钻探工作委托具有固体矿产勘查甲级资质的内蒙古西域矿业开发咨询有限责任公司进行；对酸刺沟煤矿、大地精煤矿、红庆河煤矿等水文地质条件复杂的矿井，委托中煤科工集团西安研究院有限公司长期服务，包括进行煤矿防治水工作的规划、设计、预测、探放水施工及技术支持。

2012年，委托内蒙古西域矿业开发咨询有限责任公司，完成大地矿4101工作面探放3-2煤老空水放水钻孔10个，总进尺665米，放出3301、3302工作面老空水19.2万立方米；完成3304工作面探放2-3煤老空水钻孔16个，总进尺867.5米，放水量5.76万立方米；合计投资30万元。

2013年，委托西域矿业开发咨询有限公司对凯达矿井下$6^{-2}302$工作面实施探放上层采空区积水作业，施工完成6孔，共76米；对$6^{-2}303$工作面上层采空区探放积水，完成16孔，共649米；对$6^{-2上}304$采空区积水探放，施工7孔，共313米。在大地矿4101工作面施工3-2煤老空水放水钻孔30个、总进尺2508米，探放3301、3302工作面老空水18.2万立方米，费用50.16万元；在4309工作面施工3-2煤老空水探水钻孔16个，总进尺1100米，放水量24.14万立方米，费用22万元；在4308工作面施工3-2煤探放水钻孔27个，总进尺1987米，总费用39.74万元，放水量25.92万立方米。全年完成地质编录及巷道写实11766米，工作面地质说明书5份，掘进地质说明书4份，探放水设计3份，进一步完善了16种防治水台账与必备的5种图纸和各项管理制度。

2014年，委托西域矿业开发咨询有限公司对凯达矿井下$6^{-2}304$工作面实施探放上层采空区积水，共计施工10孔，468米；对 $6^{-2}304$ 工作面预裂孔施工，共计施工33孔，428米；完成 $6^{-2}305$ 工作面主运巷上层探放水工作，共计施工9孔，385米；对 $6^{-2}305$ 开切眼预裂孔施工，施工34孔，共计436米；对 $6^{-2}305$ 工作面辅运巷的上层采空区积水探放，施工6孔，共计275米。在大地矿井4307工作面探放3-2煤老空水放水钻孔32个，总进尺2283米，费用45.66万元；在4308主回撤通道施工放水孔3个，总进尺198米，费用3.96万元；在3-2煤大巷煤柱回收工作面放水孔10个，总进尺373.5米，费用7.47万元；施工4402工作面放水孔36个，总进尺2470.5米，费用49.41万元；施工4307辅运巷探放4308采空区水钻孔4个，总进尺81米，费用1.62万元；完成4402工作面主运巷补充放水孔13个，总进尺1021.5米，费用20.43万元。对纳林庙二号井工作面采空区进行探放水，共计施工钻孔41个，累计施工2386米，放出水量26100立方米。

四、矿图及储量管理

（一）扎赉诺尔煤业有限责任公司

1991年，扎赉诺尔矿务局全局所有矿图延续传统工艺绘制。1995年，矿务局地质测量勘探处成立了微机室，配有2名工作人员和1台计算机，仅可承担报表、简单的文件和图件制作业务。1998年，矿务局为微机室配备了数字化仪、彩色打印机、扫描仪及微机等成图设备。2000年，扎赉诺尔煤业公司微机室的技术装备和工作能力都发生了重大变化：6名工作人员中4名具有大专以上学历，有制图设备11台，其中计算机6台，A1幅面以上绘图仪2台，A3彩色打印机1台，宽幅影像扫描仪1台，A3扫描仪1台，可绘制各类图件。包括地质勘查报告附图、各种比例的地形图、井下采掘工程平面图、井上下对照图等。微机制图业务的开展，不仅提高了工作效率及成图精度和成图美感，而且节省了人力、物力，增强了勘测公司在地勘行业市场上的竞争能力。

（二）神华大雁集团有限公司

1991年，大雁矿务局有手工绘制的矿井地质和水文地质图、井上下对照图、采掘工程平面图等20余种矿图。1998年以后，各矿绘制矿井地质和水文地质图、井上下对照图、采掘工程平面图等20余种管理矿图均实现机制作业。2009年，扎泥河露天煤矿地形地质图、采剥工程平面断面图、边坡监测系统平面断面图等10余种矿图全部使用微机制图。

（三）内蒙古平庄煤业（集团）有限责任公司

地质测量处原有的制图设备主要包括天津产飞星系列有氨晒图机、阜新矿务局产翻板机、上海产植字机、美国施乐（Xerox）2550型工程复印机、美国SU毫米AGRAPHICS（胜马）公司产Ⅲ型数字化仪和美国休斯敦公司1994年生产的D米P-162型笔式绘图仪。以上的制图设备有的购置于20世纪80年代，个别购置90年代，其中的复印机和晒图机曾为地测处的制图工作发挥了很大作用，缩短了成图周期，使测绘图纸和地质资料的交流使用快而全面。

2002年，公司购置了荷兰产奥西工程复印机（OCE75型）。2003年，生产处购置了美国惠普公司生产的HP800型喷墨绘图仪。2007年，总工办购置了丹麦产Contex G60型彩色图纸扫描仪。公司的计算机软件硬件由此正式迈向图形处理时代。

（四）内蒙古伊泰集团有限公司

公司各矿井在生产中主要依据井田地

质地形图、采掘工程平面图、井上下对照图、工业场地平面图、主要巷道平面图、主要保护煤柱图、井筒断面图、井底车场平面图、整个矿区的综合平面图等矿图进行施工管理，其中各矿采掘工程平面图每月填绘交换一次，半年更新一次；图纸在每月末收回，月初将交换后的图纸发还各矿测量组。井上下对照图每季度填绘一次，半年更新一次。各矿测量组交换图由组长负责检查并签字，并按照《煤矿测量规程》第231条要求仔细对照检查。其他测量图件严格按《煤矿测量规程》填绘。

第三章 露天开采

内蒙古自治区露天煤矿发展较早，改革开放后举全国之力建设的五大露天煤矿中有4处在内蒙古境内。1991—2002年，准格尔、伊敏河、元宝山、霍林河等露天煤矿引入美国、德国的露天设备和生产工艺技术，大斗容机械（液压）挖掘机与大型矿用自卸卡车组合的间断工艺、大斗容机械挖掘机—大型自卸卡车—破碎站（机）—带式输送系统组合的半连续工艺、轮斗—带式输送机—排土机组合的连续工艺大量应用。中小型液压挖掘设备开始替代斗容5立方米以下的机械挖掘机；单独采用单斗—卡车间断工艺基本成为中小型露天煤矿的特点；混合生产工艺在大型露天煤矿得到普遍应用。此阶段使用的装备：机械挖掘机斗容达到35立方米级，液压挖掘机斗容达到16立方米级，载重卡车达到200吨级，轮斗挖掘机理论小时能力达到3600立方米，半固定破碎站理论小时能力达到3500吨，带式输送机小时输送能力达到7800吨。

2003—2015年，自治区露天采掘工艺与设备快速发展，吊斗铲无运输倒堆工艺、自移式破碎机相继被引入大型露天煤矿，与露天煤矿产能规模相配套的大型、集约、连续、绿色的生产工艺得到推广与发展。其代表性的露天煤矿主要有：哈尔乌素露天煤矿（3500万吨/年）、黑岱沟露天煤矿（3400万吨/年）、伊敏河露天煤矿（2200万吨/年）、霍林河一号露天煤矿（1800万吨/年）、扎哈淖尔露天煤矿（1800万吨/年）、大唐胜利东二号露天煤矿（2000万吨/年）等，露天煤矿单矿最大产量达3500万吨/年以上。此阶段使用的装备：机械挖掘机斗容达到60立方米级，液压挖掘机斗容达到40立方米级，载重卡车达到360吨级，自移式破碎机小时能力可达9000吨，神华准能公司吊斗铲斗容达到90立方米，理论生产能力达到2250万立方米/年。

第一节 穿孔与爆破

穿孔与爆破的主要对象是开采煤层上覆坚硬顶板及坚硬煤层，其使用范围在自治区有较强的地域性分布特征，使用最为广泛的是鄂尔多斯市地区，其所属露天煤矿可采煤层盖层多以较为坚硬的砂岩、砂泥岩为主，如神华准格尔能源黑岱沟露天煤矿与哈尔乌素露天煤矿，华能魏家峁露天煤矿等国有重点煤矿，准格尔旗昶旭、潮脑梁等地方露天煤矿在剥离前都必须经过岩层的松动爆破或抛掷爆破。

自治区东部如呼伦贝尔市宝日希勒露天煤矿、伊敏煤电露天煤矿、扎泥河露天煤矿，锡林郭勒盟神华北电胜利能源煤矿、白音华各露天煤矿，中电投蒙东能源有限公司南露天煤矿、北露天煤矿、扎哈淖尔露天煤矿、白音华二号矿、白音华三号矿第四系表土属于软岩，采掘设备可以直接剥离的部分一般无须穿孔爆破工序，第四系地层以下岩层以及煤层均需穿孔爆破工序，但是软岩在冬季受低温影响，硬度增加，已超过电铲挖掘能力时，仍需穿孔爆破工序。

一、穿孔

1996年，准能公司黑岱沟露天煤矿拥有穿孔设备DM-H型英格索兰钻机2台、KY-250A型钻机2台、YZ-35B型钻机1台、KY-200A型钻机1台、KY-150A型钻机1台。2015年，黑岱沟露天煤矿拥有穿孔设备DM-H型英格索兰钻机2台、DM-H2型阿特拉斯钻机4台、DM-45型阿特拉斯钻机3台、CDM-75型阿特拉斯钻机2台、1190E型山特维克钻机1台（表4-3-1）。

表4-3-1 2015年黑岱沟露天煤矿穿孔设备统计表　　　　台

设备名称	制造厂家	规格型号	设备台数	设备名称	制造厂家	规格型号	设备台数
牙轮钻机	英格索兰	DM-H	2	牙轮钻机	山特维克	1190E	1
牙轮钻机	阿特拉斯	DM-H2	4	地质钻机	英格索兰	TH-100	1
牙轮钻机	阿特拉斯	DM-45	3	地质钻补给车	英格索兰	RTT	1
牙轮钻机	阿特拉斯	CDM-75	2	地质钻机	山特维克	T25KW	1

2015年，哈尔乌素露天煤矿拥有穿孔设备共12台，其中1190E钻机4台、CDM-75钻机5台、D245S钻机2台、DM-45钻机1台（表4-3-2）。

表4-3-2 2015年哈尔乌素露天煤矿穿孔设备统计表　　　　台

设备名称	规格型号	制造厂家	设备台数	设备名称	规格型号	制造厂家	设备台数
牙轮钻机	1190E（311毫米）	美国山特维克	4	牙轮钻机	CDM-75（250毫米）	美国阿特拉斯	5
牙轮钻机	D245S（187毫米）	美国山特维克	2	牙轮钻机	DM-45（200毫米）	美国阿特拉斯	1

平庄煤业集团公司下属的西露天煤矿和元宝山露天煤矿采用穿孔、爆破式采煤方式。由于煤层硬度不大，因此爆破方法为垂直深孔松动爆破。爆破器材为2号岩石乳化炸药、非电导爆管和瞬发导爆管。根据煤层性质、煤层节理裂隙发育程度及炸药性能等，确定爆破参数为孔距7米，行距7米，孔深12米，底盘抵抗线6.7米。布孔方式为多排方形布孔，起爆方式为微差起爆。

2008年，鄂尔多斯市昶旭露天煤矿穿孔、爆破购进双螺杆移动式空压机，配套CM358A型履带式液压潜孔钻机等。2009年，昶旭露天煤矿进入试生产与综合验收阶段，穿孔、爆破主要设备有XAVS900CD7型空压机，配套高风压潜孔钻机CL351型等。2010年，煤矿通过综合验收，进入正式生产，新购置山河智能一体化液压式潜孔钻机SWDB120型、SWDB165型各2台，达到除尘要求。

鄂尔多斯市宏丰露天煤矿穿孔使用6台KQG-80型的小型潜孔钻机，2010年，煤矿扩产后穿孔设备更新为12台KQG-150型潜孔钻机。通过设备更新，孔径和穿孔深度增大，调整了孔距，岩石爆破效果比以前增强，减少了炸药用量。

二、爆破

(一) 神华准格尔能源有限责任公司

1. 岩石台阶松动爆破

黑岱沟露天煤矿与哈尔乌素露天煤矿6煤及上部所赋存的岩石均需穿孔、爆破。采用的爆破方法是多排垂直深孔微差松动爆破，用铵油炸药混装车运送和装药，填塞机充填炮孔。炸药采用多孔粒状铵油炸药为主爆药，2号岩石炸药为起爆药，部分孔内有水的炮孔采用乳化炸药。

1998年以前，黑岱沟煤矿采用初步设计确定的参数施工，爆破质量差，主要表现是大块发生率高，拉底严重，影响单斗挖掘机装车，使生产成本增加，经济效益降低。1998年3月，爆破孔网参数由原来的8米×7米调整为12米×8米，取得了明显成效。增大孔网参数后，穿爆成本降低，爆破质量提高，年节约费用112万余元。

2000年5月，在爆破工程中引进空气间隔器，降低了爆破成本，提高了爆破质量。为了提高松动爆破质量，减少根底的产生和降低大块率，增加爆破的安全性，提高电铲的采掘效率，黑岱沟煤矿与哈尔乌素露天煤矿分别在2004年与2009年在穿孔、爆破作业中实施了《露天煤矿穿孔作业任务单》和《露天煤矿爆破作业任务单》，实行两个任务单，增加了科学技术在露天爆破工程的含量，使凭经验实施爆破的事情成为了历史。2006年实施了《神华准能黑岱沟露天煤矿爆破设计》，使露天爆破工程真正纳入了科学管理的轨道。2008年，黑岱沟露天煤矿制定了《黑岱沟露天煤矿松动爆破作业管理程序》，从爆破设计、布孔、验孔、火工品使用、装药、联线、警戒、起爆、爆区检查、爆破效果分析、资料整理等12个方面对爆破作业的程序进行了规范。

2009—2012年，哈尔乌素露天煤矿先后制定了《松动爆破作业管理程序》《爆破作业煤台阶松动爆破管理办法》《哈尔乌素露天煤矿穿孔作业管理办法》，从制度规章的角度对爆破作业流程进行了规范，确保爆破作业安全。2015年6月，卡调系统应用于松动爆破设计及穿孔中，实现了炮孔智能定位及穿孔功能，摆脱人工布孔方式，降低了劳动力，提高了钻机定位、穿孔精度及作业效率，为设计人员优化孔网参数、降低炸药单耗提供有利条件。

2. 煤台阶松动爆破

2007年3月，吊斗铲工艺改造后，采煤台阶的爆破是由澳大利亚澳瑞凯公司设计的一次穿孔到煤底板，爆破后分两个台阶开采的爆破方案（以下简称一爆两采），该爆破方案的缺点是煤底板经常出现拉底，特别是用992G型和L1350型前装机开采时，常需要进行二次爆破。黑岱沟露天煤矿爆破工程技术人员根据实际情况将爆破方案改为两次爆破、两次开采（以下简称两爆两采），将孔网参数从9米×11米，超深1米，改为8米×(9~10)米、超深2~3米；将不分段装药改为分段装药；后排孔距高台阶坡底线6米，改为10米。解决了电铲、前装机开采时出现拉底的问题。

2015年4月，为增大煤层块度，提高优质煤筛选率，露天煤矿根据煤层厚度及煤层分布情况对爆破设计做出调整，将孔网参数由8米×10米，调整为8米×9米。分两段装药，充填高度由7米调整为6米。

3. 抛掷爆破

吊斗铲工艺改造后，需对煤层以上40米岩层进行抛掷爆破，这是一项技术含量高并由多个环节组成的工作，抛掷爆破的效果直接关系到下一步吊斗铲作业的效率。为此，2007年1月，黑岱沟露天煤矿特制定并实施了《抛掷爆破设计、作业流程》。露天煤矿6煤上部所赋存的岩石普氏硬度系数在3.4～6.0之间。煤岩均需穿孔爆破。煤层上部26～54米厚的岩层采用的爆破方法是多排倾斜超深孔斜线逐孔起爆的抛掷爆破，高台阶作业面上30～52米厚的岩层和煤层采用的是多排垂直深孔微差松动爆破，用铵油和重铵油炸药混装车运送和装药，填塞机充填炮孔。炸药采用多孔粒状铵油炸药和重铵油炸药为主爆药，起爆具和2号岩石炸药（煤台阶用）为起爆药，个别孔内有水的炮孔采用乳化炸药。

图4-3-1 2007年3月，国内首次矿山抛掷爆破在准能黑岱沟露天煤矿实施，被称为"中国第一爆"

2007年2月，煤矿开始实施高台阶抛掷爆破试验，因抛掷爆破在国内尚属首次，无经验可以借鉴，故委托澳大利亚澳瑞凯公司进行抛掷爆破设计，黑岱沟露天煤矿负责施工，先后进行5次抛掷爆破试验，爆破效果质量较差，主要表现为侧、后冲大，高台阶边坡部分失稳、产生片帮。造成的危害主要是对后一幅高台阶产生严重的侧、后冲，钻机在有后冲的区域打孔，易出现夹杆，穿孔困难。从2008年开始，黑岱沟露天煤矿在消化、吸收国外先进经验的基础上，根据矿坑实际地质情况，对高台阶抛掷爆破进行自主设计。通过对爆破方案的改进，减少了侧、后冲和片帮，有效抛掷率提高到33%。

2007年11月至2012年12月，黑岱沟露天煤矿共进行了88次抛掷爆破。2011年，在哈尔乌素露天煤矿采场西南部靠近端帮500米工作线区域进行了抛掷爆破处理采空区，有效抛掷率达到21%，25.2万立方米剥离物直接进入内排土场，节约了大量剥离成本；剩余剥离物通过工作面与内排土场间的排土桥直接进入内排土场排弃，缩短运输距离1500米；释放内排空间，使更多的剥离物能够实现内排。

2010年7月，中国矿业大学与准能公司合作开发的爆破数字化综合处理系统（KSBP）开始在黑岱沟露天煤矿试用，使用中发现的问题由中国矿业大学修改、完善，至2012年11月，爆破数字化综合处理系统经过数次的修改、完善，已能较为方便精确地进行抛掷爆破设计，共完成抛掷爆破设计22次。

2011年12月14日、2012年11月2日，在抛掷爆破区西区进行山西壶关化工集团有限公司数码雷管抛掷爆破试验共2次，成功爆破。2015年4月，数码雷管应用于抛掷爆破中，与高精度雷管相比，有效抛掷率提高了4.68%，爆后沉降高度增加4~6米，预裂面整齐，破碎效果好。

（二）华能伊敏煤电公司

伊敏露天煤矿矿区围岩较软，除覆盖层中的永冻土和冬季剥离台阶的冻顶、冻帮外，一般情况下不经爆破，单斗挖掘机可直接挖掘。煤层也可以直接挖掘，但为了提高设备效率采取了冬季进行松动爆破。根据设计要求，煤层钻孔选用KX-150型钻机，冻顶、冻帮选用KXL-150型钻机，冻顶和永冻层采用垂直钻孔松动爆破，冻帮采用倾斜深孔松动爆破。

1991—1998年，使用2号岩石炸药，采用导爆索瞬时起爆方法起爆。1999—2004年，使用3号露天硝铵炸药，采用导爆索、继爆管微差方法起爆。2005—2009年，采区的穿爆工作仍针对季节冻层和夹矸，采用导爆索、继爆管微差方法起爆，使用导火索、导爆索、继爆管、火雷管和3号露天硝铵炸药爆破。

2010—2015年，露天煤矿采用瞬发延时导爆管、导爆雷管方法进行逐孔微差起爆，使用瞬发延时导爆管、起爆导爆管和岩石粉状乳化炸药爆破。2012年开始，露天煤矿现有人员、设备最大穿爆能力为120万立方米，无法满足穿爆工作要求，拟通过外委方式解决穿爆能力不足的问题，并对穿爆外委模式做进一步探询以降低穿爆成本。

（三）中电投蒙东能源集团有限公司

南露天煤矿、扎哈淖尔露天煤矿、白音华二号矿由于采用大型采装设备，大部分岩石需要穿孔爆破。表土层、冻帮冻顶、二次剥离物、煤层在冬季也需要穿孔爆破。

钻机穿孔孔径有150毫米、175毫米和225毫米3种，布孔参数见表4-3-3。

表4-3-3 露天煤矿钻机布孔参数统计表

钻机孔径	孔深（米）	孔网（米×米）
150毫米	2~4	3×3（硬岩、中硬岩），4×3（软岩）
	5~6	4×3（硬岩、中硬岩），5×4（硬岩、中硬岩），6×4（软岩）
	7~8	5×4（硬岩），6×5（中硬岩），7×6（中硬岩），7×5（软岩），8×6（软岩）
	>9	6×5（硬岩），8×7（中硬岩），9×7（软岩），10×7（软岩）
175毫米	6~10	5×4（硬岩），7×6（硬岩），8×7（中硬岩），9×7（中硬岩）
	>10	7×6（硬岩），8×7（中硬岩），9×7（中硬岩）
225毫米	2~4	3×3（硬岩、中硬岩），4×3（软岩）
	5~6	4×3（硬岩、中硬岩），5×4（硬岩、中硬岩），6×4（软岩）
	7~8	5×4（硬岩），6×5（中硬岩），7×6（中硬岩），7×5（软岩），8×5（软岩）
	9	7×6（硬岩），8×7（中硬岩），10×8（软岩）
	>10	8×7（硬岩），9×7（中硬岩），12×10（软岩）

为响应国家爆破一体化要求，从2009年开始，5处露天煤矿陆续由专业爆破公司承担爆破一体化施工项目。爆破方法采用垂直深孔台阶松动爆破，急倾斜煤层采用急倾斜煤层混合穿孔爆破技术。起爆方式一般采用反向起爆。2013年以前使用导爆索和电雷管起爆网络，2013年开始全部使用非电导爆管起爆网络。为达到较好爆破效果，减小地震波效应，设计中孔深超过8米的钻孔采用分段装药、排间或斜切微差起爆，复杂环境使用高精度逐孔起爆网络。春、冬两季爆破冻顶采用深孔套浅孔布孔方式。对于段高超过12米的台阶，爆破时采取降段措施。采用炸药种类有辽宁鞍山、东风化工有限公司、辽源卓力化工有限公司、阜新圣诺化工有限公司、抚顺化工十一厂、内蒙古吉安化工有限责任公司生产的改性铵油和乳化炸药；内蒙古吉安化工有限责任公司霍林河分公司、白音华分公司生产的混装铵油及混装乳化炸药。

北露天煤矿由于采用小型液压反铲，挖掘能力大，部分岩石需要穿孔爆破。采用的炸药种类有辽宁东风化工有限公司、辽源卓力化工有限公司、阜新圣诺化工有限公司、抚顺化工十一厂、赤峰吉安化工有限责任公司生产的改性铵油和乳化炸药；赤峰吉安化工有限责任公司霍林河分公司生产的散装铵油、乳化炸药。起爆方式一般采用正向起爆。全年使用导爆索起爆；岩石在6—10月使用非电导爆管，在2—5月以及12月使用导爆索。为达到较好的爆破效果，减小地震波效应，设计中孔深超过6米的钻孔全部采用分段装药、延发雷管排间微差起爆方式；春、冬两季冻顶采用深孔套浅孔方式；对于段高超过12米的台阶，爆破时采取降段措施。

图4-3-2　南露天煤矿爆破

第二节　剥离、采煤与运输（开采工艺）

一、开采工艺

20世纪90年代起，国有露天煤矿开采工艺向单斗—汽车工艺、半连续生产工艺、连续生产工艺多样化、现代化和大型化发展。除原有的单斗—汽车、单斗—铁道工艺两种间断工艺之外，还采用了轮斗—带式输送机连续工艺、单斗—汽车—破碎机—带式输送机半连续工艺和几种工艺结合的综合工艺。

1990年4月21日，准格尔1200万吨/年现代化露天煤矿项目全面开工，1996年9月投入生产，当时准煤公司设备设施先进，现代化程度高，有世界最先进的德国进口轮斗系统，美国产154吨自卸车、美国产单斗电铲、奥地利产捣固机，以及可直接与国内外通话的现代化程度较高的通信系统。1992年，伊克昭盟各旗市集资建设的首个后补连露天煤矿正式生产，设计开采工艺为单斗—汽车，生产能力30万吨/年。

图4-3-3 黑岱沟露天煤矿吊斗铲
黄土剥离作业

2006年，鄂尔多斯市煤矿全面进入技术改造和扩建阶段，部分煤矿井田位于煤田的浅部地区，上部煤层埋藏浅，覆盖比较薄，井工开采容易引起地表沉陷、矿井水灾、火灾等自然灾害。部分井工煤矿陆续转为露天开采，民营露天煤矿生产能力多为30万～60万吨/年，个别地方企业所属煤矿生产能力在120万～240万吨/年之间。露天开采工艺全部为单斗—汽车工艺。

随着全国露天煤矿的开采规模和工艺发生剧变，自治区不仅建成了多个千万吨级的特大型露天煤矿，各种先进的开采工艺系统在区内露天煤矿也一一实现。从1991年至2015年，全区露天煤矿开采工艺的主要特点是由远去的单一单斗铁道工艺为主，转为以单斗汽车、半连续、综合工艺方向全面发展。两种半连续开采工艺应用广泛、技术上都比较成熟，两者的共同点是少用或不用卡车，以带式输送机运输替代或部分替代卡车运输，从而达到降低生产成本和减少环境污染的目的。

露天煤矿引进大型拉斗铲用于煤层上部岩石的直接倒堆，节省了大量汽车及油耗，简化了开采工艺系统，减少了辅助设备用量，因而可以降低开采成本，其中最具代表性的矿山为准格尔矿区黑岱沟露天煤矿，几乎汇集了世界上大型露天煤矿各种现存的开采工艺系统：上部黄土采用了轮斗—带式输送机连续工艺系统，单斗汽车工艺辅助作业；中部岩石初期以单斗汽车工艺为主。

2007年11月，国内引进的第一台大型迈步式拉斗铲投入试运行，露天煤矿首次实现倒堆剥离内排工艺系统；采煤以单斗汽车—坑边半固定破碎站—带式输送机将煤炭运至地面选煤厂。整个矿山的综合开采工艺系统既包括了间断工艺系统、连续工艺系统、半连续工艺系统，又包含了独立式的拉斗铲直接倒堆开采工艺系统。

霍林河露天煤矿煤炭生产采用单斗汽车—半固定式破碎站—带式输送机半连续工艺；剥离生产采用单斗汽车间断工艺、单斗挖掘机—自卸汽车—破碎机—带式输送机—排土机半连续工艺。2013年，公司在剥离生产方面引入了亚洲最大的轮斗连续工艺。

2015年内蒙古自治区采用单斗—汽车开采工艺的大型露天煤矿见表4-3-4，2015年底内蒙古自治区采用连续和半连续开采工艺的大型露天煤矿见表4-3-5。

表4-3-4 2015年内蒙古自治区采用单斗—汽车开采工艺的大型露天煤矿统计表

单位名称	行政区划	企业性质	煤矿性质	设计生产能力（万吨/年）	核定生产能力（万吨/年）	井田面积（平方千米）	煤种	剩余可采储量（万吨）
神华宝日希勒能源有限公司露天煤矿	呼伦贝尔市	央企	生产	1000	3500	43.7151	褐煤	130066
华能伊敏煤电有限责任公司露天煤矿	呼伦贝尔市	央企	生产	2200	2200	42.3557	褐煤	214000
大雁矿业集团扎尼河露天煤矿	呼伦贝尔市	央企	新建	600	600	8.1700	褐煤	23057
内蒙古宝日希勒矿区谢尔塔拉露天煤矿	呼伦贝尔市	央企	新建	700	700	44.4000	褐煤、长焰煤	38831
内蒙古霍林河露天煤业公司北露天煤矿	通辽市	央企	生产	140	1000	33.9964	褐煤	91197
扎鲁特旗扎哈淖尔煤业有限公司露天煤矿	通辽市	央企	生产	1500	1800	30.5177	褐煤	94900
神华北电胜利能源有限公司一号露天煤矿	锡林郭勒盟	央企	生产	2000	2000	2.1484 34.3608	褐煤	50 142212
内蒙古西乌旗白音华一号露天煤矿	锡林郭勒盟	央企	生产	700	700	19.9154	褐煤	73525
内蒙古锡林郭勒白音华煤电有限责任公司露天煤矿	锡林郭勒盟	央企	生产	500	500	30.1894	褐煤	90416
西乌珠穆沁旗白音华煤田四号露天煤矿	锡林郭勒盟	国有	生产	500	500	25.0475	褐煤	64509
大唐国际发电股份有限公司胜利东二号露天煤矿	锡林郭勒盟	央企	一期生产二期在建	1000 2000	1000 2000	49.6319	褐煤	382198
内蒙古白音华蒙东露天煤业有限公司白音华煤田三号露天煤矿	锡林郭勒盟	央企	新建	1400	1400	46.5660	褐煤	87200
内蒙古吉林郭勒二号露天煤矿有限公司二号露天煤矿	锡林郭勒盟	区外国有	新建	1800	1800	48.1163	褐煤	132822
鄂尔多斯市巴音孟克纳源煤炭有限责任公司	鄂尔多斯市	民营	生产	300	500	29.0790	不黏煤、长焰煤	5526
鄂尔多斯市民达煤炭有限责任公司煤矿	鄂尔多斯市	民营	生产	120	500	20.7069	不黏煤、长焰煤	10469
内蒙古鄂尔多斯市潮脑梁煤炭有限公司	鄂尔多斯市	民营	生产	400	400	25.1145	不黏煤	15752
准格尔旗昶旭煤炭有限责任公司煤矿	鄂尔多斯市	民营	生产	120	400	12.2558	不黏煤	16250
魏家峁露天煤矿（一期）	鄂尔多斯市	央企	生产	600	600	52.5932	长焰煤	68165
神华准格尔能源集团有限公司哈尔乌素露天煤矿	鄂尔多斯市	央企	生产	3500	3500	57.7244	不黏煤	148900

表4-3-5 2015年底内蒙古自治区采用连续和半连续开采工艺的大型露天煤矿统计表

单位名称	行政区划	企业性质	煤矿性质	设计生产能力（万吨/年）	核定生产能力（万吨/年）	井田面积（平方千米）	煤种	剩余可采储量（万吨）	开采工艺
内蒙古霍林河露天煤业股份有限公司一号露天矿（南露天煤矿）	通辽市	央企	生产	1500	1800	33.9964	褐煤	91197	半连续工艺
平庄煤业（集团）有限责任公司元宝山露天煤矿	赤峰市	央企	生产	500	800	12.8574	褐煤	25640	连续工艺
神华准格尔能源集团有限责任公司黑岱沟露天煤矿	鄂尔多斯市	央企	生产	3400	3400	50.3339	长焰煤、不黏煤	114479	连续工艺

二、剥离

（一）轮斗挖掘机连续工艺

黑岱沟露天煤矿上部黄土层的平均厚度为49米，采用轮斗挖掘机—带式输送机—排土机的连续开采工艺。1998—2003年，该矿先后从德国克虏伯公司引进4台轮斗挖掘机和卡车运输作业线，在采场共同形成采掘运输系统，使采场形成4个台阶开采，最大采高达15米，台阶高9米，采掘带宽20米，最小工作平盘63米，工作线长1000~1200米。1998年，1号、2号轮斗系统投入生产，2003年，2号、3号轮斗系统投入生产，采场采高达到47米，剥离黄土排弃至内排土场，形成1255个台阶。轮斗作业系统为轮斗挖掘机采掘的物料通过转载机至工作帮带式输送机、端帮带式输送机和排土带式输送机3次转载，通过排土机把物料卸载至内排土场。这种作业形式在神华集团10处露天煤矿中，只有黑岱沟露天煤矿采用。

截至2010年底，露天煤矿轮斗挖掘机已累计排土12600万立方米。露天煤矿转向进入二采区后，黄土层厚度较大，初期为30~70米，平均厚度50米，年黄土剥离量3000万~5000万立方米，适宜轮斗作业，但由于地形和第四系黄土层底板起伏较大以及黄土层底部硬质结核较多，适合轮斗作业的黄土量占该段黄土总量的30%~40%。初期采用单台阶单机一线的系统布置方式，后期当黄土层厚度减小时，改用单台阶双机一线的系统布置方式。二采区推进方向沟壑纵横，黄土分布不连续，难以保证轮斗挖掘机的工作效率及工程量。经研究，轮斗挖掘连续工艺于2014年1月停用。

1998年，黑岱沟露天煤矿连续工艺（轮斗）系统主要设备全部由德国克虏伯公司生产（表4-3-6）。

元宝山露天煤矿采用综合开采工艺，其表土层采用轮斗挖掘机—带式输送机—推土机的连续开采工艺；煤、岩层采用单斗挖掘机—自卸卡车—半固定破碎站—带式输送机的半连续开采工艺；部分剥离物采用单斗挖掘机—卡车开采工艺。煤矿现有两套连续工艺系统，第一套的采掘对象为表土与第四系剥离物；第二套的作业对象为第四系剥离物和部分第三系剥离物及极少量风化岩。元宝山露天煤矿剥离工作面参数见表4-3-7。

两套轮斗生产系统从2000年试运转时期的每套年剥离量267万立方米，到2015年的两套年剥离量1024万立方米，其系统生产能力有了很大的提高。

表4-3-6 1998年黑岱沟露天煤矿连续工艺（轮斗）系统主要设备统计表　　　　台

设备名称	规格型号	到货时间	台数	设备名称	规格型号	到货时间	台数
履带搬运车	T355	1993年	2	工作面带式输送机	B=1400	1993年	4
带式输送机		1993年	1	端帮带式输送机	B=1800	1993年	5
端帮漏斗车	B=1.8m 滑橇式	1993年	2	电缆车	B=1.4m 轨道车	1993年	4
轮斗机	SchRs710/1×15	1993年	4	漏斗车	B=1.4m 轨道车	1993年	4
皮带车A	BRs1400(23+33.8)×10.5	1993年	4	卸料车	B=1800	1993年	2
皮带车B	B1400/(23+33)×19.5	1993年	2	排土机	ARs1800/(50+50)×22	1993年	2

表4-3-7 元宝山露天煤矿剥离工作面参数统计表

参数名称	轮斗	单斗		参数名称	轮斗	单斗	
		剥离	采煤			剥离	采煤
台阶高度（米）	1号 24 2号 12	12	12	爆堆伸出宽度（米）	—	8	8
工作平盘宽度（米）	70	70	70	路面宽度（米）	—	19	18
非作业平盘宽度（米）	—	26	26	安全距离（米）	—	9	9
工作面个数（个）	2	2	3	台阶坡面角（度）	50	70	70
工作线长度（米）	4900	2000	1000	台阶稳定坡面角（度）	50	55	55
采掘带宽度（米）	30	30	30	开段沟底宽（米）	—	30	30

连续生产工艺比半连续生产工艺单位剥离成本低36.2%，在平均运距多2倍的情况下，连续工艺比间断生产工艺单位剥离成本降低82.3%，详见表4-3-8。

表4-3-8 2006—2010年元宝山露天煤矿各种开采工艺单位剥离成本统计表

元/立方米

年度	间断工艺	半连续工艺	连续工艺	年度	间断工艺	半连续工艺	连续工艺
2006	16.03	9.69	8.40	2009	14.84	11.56	8.11
2007	15.43	11.87	8.50	2010	14.86	11.62	8.26
2008	15.67	12.68	8.87	平均值	15.37	11.48	8.43

（二）单斗—卡车间断工艺

单斗—卡车间断开采工艺是自治区露天煤矿应用最为广泛的开采工艺。该工艺具有基建工程量小、占地面积小、建设速度快、矿山工程延伸速度快、生产机动灵活、效率高、产量大等优点。针对全区煤炭需求量大，而资金又比较缺乏的情况下将单斗—卡车工艺用于露天煤矿前期生产，可以获得初期投资低，建设速度快、基建工程量小等效果，从而取得较高的前期效益。

1991年，华能精煤公司东胜矿区马家塔露天煤矿选用2台WD-400型1立方米电铲用于剥离，1993年增加到4台，

1996年，增加1台WK-4A型电铲、1台DH220LC-7型液压挖掘机和1台ZL50C型装载机，1998年投入1台4立方米电铲进行采掘作业。

2006年，神山煤矿改为露天开采后，随着产量的增加，剥离作业配备了3台WK-4型电铲、2台装载机、1台液压反铲，采用TL3400型自卸卡车运输。同年2月，胜利能源公司西一号露天煤矿先后投入2台WK-10B型单斗挖掘机、8台100吨自卸卡车，保证了剥离和煤层开采的正常进行。

2008年10月，包头矿业公司水泉露天煤矿正式投产。由于采场工作线比较短，产量比较低，采掘设备共投入5台斗容为4.6立方米单斗挖掘机、4台斗容为1.5立方米液压反铲和2台斗容为3立方米前装机进行采掘，8台40吨自卸卡车、13台20吨BJZ3420型自卸卡车进行运输。

2002年，黑岱沟露天煤矿随着剥离量的增加，投入5台395-BI型和1台2300XP型单斗挖掘机进行岩石层剥离，当年先后有9台单斗挖掘机进行岩石层剥离。2003年，煤矿投入2台992G型装载机参与剥离和采煤作业。同年，引进5台美国小松公司生产的730E型（载重185吨）电动轮自卸卡车并投入生产，同时投入1台2300TZ型单斗挖掘机配合作业。2007年12月，煤矿扩帮完成后，将原6个岩石台阶改为3个岩石台阶，并增加抛掷爆破高台阶配合剥离和煤层开采，使剥采现场更加合理科学。2008年，增加1台WK-35型单斗挖掘机、1台L1350型装载机参与采煤作业。2010年，随着产量的增加，该露天煤矿先后投入WK-35型单斗挖掘机、EX3600型液压反铲、WK55型电铲、WK-10B型电铲、WK35型电铲，引进美国小松公司生产的830E型（载重220吨）自卸卡车10台，同时增加国产SF33900型（载重220吨）电动轮自卸卡车8台。黑岱沟露天煤矿单斗—卡车间断工艺系统部分设备见表4-3-9。

表4-3-9 黑岱沟露天煤矿单斗—卡车间断工艺系统部分设备统计表　　　　　　台

设备名称	规格型号	制造厂家	到货时间	台数	设备名称	规格型号	制造厂家	到货时间	台数
单斗挖掘	395-BI	美国BE公司	1994年	5	电动轮自卸卡车	SF3102	湘潭电机股份有限公司	1991年	24
单斗挖掘	2300XP	美国PH公司	1995年	1	电动轮自卸卡车	730E	美国小松	2005年	5
单斗挖掘	WK-10B	太原重型机械厂	1992年	4	电动轮自卸卡车	830E	美国小松	2010年	10
单斗挖掘	2300TZ	太原重型机械厂	2005年	1	履带式推土	D375A2	日本小松	1992年	8
单斗挖掘	WK-35	太原重型机械厂	2007年	1	履带式推土	D10N	美国卡特彼勒	1992年	8
单斗挖掘	WK-35	太原重型机械厂	2010年	1	履带式推土	D8N	美国卡特彼勒	1995年	3
装载机	992G	美国卡特彼勒	2003年	2	履带式推土	D11T	美国卡特彼勒	2009年	2
液压反铲	EX3600-6	日本日立	2010年	1	履带式推土	D475A-5	日本小松	2004年	4
电动轮自卸卡车	630E	美国小松	1993年	58					

2008年12月，哈尔乌素露天煤矿正式投入生产，先后配备4台HR495型单斗挖掘机，2台395B型单斗挖掘机进行岩石剥离。引进37台美国TereX公司生产的5500B型（载重326吨）自卸卡车和18台4400AC型（载重236吨）自卸卡车，并租用黑岱沟露天煤矿2台SF33900型（载重220吨）自卸卡车进行

剥离和采煤，当年产量达到676.5648万吨。2009年，准格尔能源公司哈尔乌素露天煤矿又投入1台WK-35型单斗挖掘机进行剥离岩石。2010年，哈尔乌素露天煤矿先后投入主要采掘设备12台，其中HR495型单斗挖掘机4台、WK-35型电铲2台、395B型挖掘机2台、L-2350型前装机2台、L-950型前装机2台；投入运输设备68台，其中MT5500型自卸卡车37台、MT4400型自卸卡车18台、SF33900型自卸卡车13台。

截至2010年底，神华宝日希勒能源公司露天煤矿先后投入的主要剥离设备包括73台美国小松公司生产的360型液压挖掘机、516台20吨自卸卡车。主要采煤设备包括2台35立方米电铲、4台10立方米电铲、2台4立方米电铲、2台4立方米液压挖掘机。

神华北电胜利能源有限公司西一号露天煤矿采煤生产工艺采用单斗—卡车—地面破碎站+带式输送机半连续工艺；剥离采用单斗+卡车间断工艺，5煤以上的剥离物全部外委，5~6煤之间的剥离物及5、6煤的开采采用单斗—卡车工艺，采用的设备主要有：斗容49立方米、37立方米的电铲挖掘机，载重91吨、220吨的自卸卡车，小时能力为2500吨和3500吨的地面破碎运输系统。因此，试生产期间的剥离生产采用14立方米电铲+TR100（91吨）卡车进行。2007年5月，完成原煤生产考核工作后及时投入剥离生产，经6—8月的生产考核，电铲实际生产能力39.1万立方米/（台·月），超设计能力1.6万立方米/（台·月）。卡车实际生产能力6.8万立方米/（台·月），超设计能力1.9万立方米/（台·月）。2008年12月，西一号露天煤矿正式投产，在原设备基础上投入1台HR495型单斗挖掘机、1台WK-35型单斗挖掘机、2台EX2500型电动液压正铲、2台365CL型液压反铲。先后投入大型采掘设备12台、运输设备47台，其中内蒙古北方重型设备有限公司生产的TR100-C型（载重91吨）自卸卡车30台、美国Tere×公司生产的MT4400-AC型（载重220吨）自卸卡车8台、美国小松美洲公司生产的830E-AC型（载重220吨）自卸卡车9台。

2007年以前，伊敏露天煤矿剥离工艺主要采用单斗—卡车间断工艺。伊敏露天煤矿采剥主要设备配备了126台，其中WK-10B型12立方米电铲5台、WD-400型4立方米电铲6台、108吨电动轮自卸汽车11台、77吨自卸汽车6台、85吨自卸汽车15台、推土机8台、疏干泵80台、平路机2台、前装机2台。大型挖掘和运输设备投入生产的时间分别为：12立方米电铲是1993年（1台）、1996年（1台）、1998年（3台）；108吨载重车是1995年（6台）、1997年（3台），2002年（2台）。

大雁集团公司扎尼河露天煤矿剥离采用单斗挖掘机采装，自卸汽车运输，推土机完成平整、清扫工作面和运输通路等辅助作业。剥离设备：2.5立方米液压铲配30吨级自卸卡车，220HP推土机完成工作面平整等辅助作业。剥离量：露天煤矿设计生产能力为600万吨/年，年剥离量为2112万立方米。

扎赉诺尔煤业公司灵泉露天煤矿剥离设备：1991—2009年10月，剥离设备为WK-4电铲、准轨蒸汽机车、自翻车；2009年10月以后，采用WK-4电铲、钩机、特雷克斯自卸车。

中电投蒙东能源有限公司南露天煤矿剥离以单斗—卡车间断工艺为主，采装工作采用12立方米、27立方米斗容挖掘机，运输工作采用45吨级、108吨级、

220吨级自卸卡车;另有两套单斗卡车—岩破碎站—带式输送机—排土机半连续工艺;北露天煤矿剥离采用单斗—汽车间断工艺,采用2.5立方米以下的液压反铲采装,20吨级自卸卡车运输,近年来逐步实行设备大型化;扎哈淖尔露天煤矿剥离以单斗—卡车间断工艺为主,采装工作采用12立方米、16立方米斗容挖掘机,运输工作采用90吨级、108吨级、130吨级自卸卡车;另有一套单斗卡车—岩破碎站—带式输送机—排土机半连续工艺;拥有一套剥离连续工艺系统;白音华二号矿采用单斗—卡车间断工艺,采装工作采用20立方米斗容挖掘机,运输工作采用130吨级自卸卡车;白音华三号矿剥离采用单斗—汽车间断工艺,采用2.5立方米、3立方米的液压反铲采装,20吨级自卸卡车运输,近年来逐步实行设备大型化。

图4-3-4 霍林河煤业公司露天煤矿土层剥离作业

（三）单斗—卡车—破碎站—输送机半连续工艺

伊敏河露天煤矿是全国煤炭生产企业中第一家采用世界先进半连续生产工艺系统的露天煤矿,整个系统以电代油,以带式输送机运输代替卡车运输,实现了节能降耗的目的,两套半固定破碎站入坑布置,降低了卡车运距,充分发挥了带式输送机运输的低成本优势。

元宝山露天煤矿的剥离方式包括单斗电铲—自卸汽车—半固定破碎站—带式输送机—排土机的半连续式开采工艺以及单斗电铲—自卸汽车—推土机的间断式开采工艺在内的综合开采工艺。

2006—2007年,北电胜利露天煤矿初期所有剥离采用单斗—卡车开采工艺和外包方式,2008年,在5煤以上投入第一套剥离半连续系统,2010年在5煤以上再投入第二套剥离半连续系统。

中电投蒙东能源有限公司南露天煤矿拥有两套、扎哈淖尔露天煤矿拥有一套单斗卡车—岩破碎站—带式输送机—排土机半连续工艺。

（四）吊斗铲倒堆作业

2003年,黑岱沟露天煤矿根据其优越的地质条件,引进美国比塞洛斯公司生产的S8750-65型迈步吊斗铲。吊斗铲斗容为90立方米,自重达4900吨,是世界上最大的单斗挖掘设备,可每周7天、每天24小时运转,挖掘深度可达79.8米,斗容最高达到116.2立方米,倒堆半径可达100米,设备运转平均寿命达到40年,是露天煤矿生产效率最高、用途最广的设备之一。

2007年2月,吊斗铲组装完成。3月1日,首次抛掷爆破成功实施,S8750-65型吊斗铲开始对煤层上部40米岩石层进行倒堆作业。7月28日,露天煤矿日剥离33.25万立方米,创历史新高。煤矿采用吊斗铲倒堆工艺后,生产能力由1200万吨/年扩大到2000万吨/年,2009年达到2500万吨/年。经过几年的运行,黑岱沟露天煤矿在高台抛掷爆、吊铲倒堆作业等方面取得了丰富的经验,2010年煤炭产量达到2631万吨。截至2015年底,只有神华准格尔能源公司黑岱沟露天煤矿使用吊斗铲,并且仅此1台。吊斗铲倒堆总量达到433.77万立方米,日最高倒堆量达到10.6万立方米。

三、采煤工艺

(一) 穿孔、爆破式采煤

采用穿孔、爆破采煤方式的露天煤矿较少,主要应用于20世纪90年代初期。

1991年,华能精煤公司神东矿区马家塔露天煤矿建成投产,其主采煤层为3煤,采用倾斜钻孔,起爆方法为双排孔微差爆破,炸药采用防水铵梯炸药,导爆索配3段毫秒继爆管,实现斜间微差爆破。钻机采用1台KX-150型回转钻机、5台KQ-150型潜孔钻机、1台WZD200Ah型液压潜孔钻机。

2008年6月,包头矿业公司水泉露天煤矿开始试生产,煤岩台阶均采用2台KQG150型潜孔钻机穿孔,松动爆破,主爆炸药选用铵油炸药,辅助炸药选用乳化炸药,起爆炸药选用2号岩石炸药,均采用多排垂直深孔微差松动爆破。

平庄煤业集团公司下属的西露天煤矿和元宝山露天煤矿采用穿孔、爆破采煤方式。西露天煤矿开采范围为走向平均长3.8千米、倾向平均宽1.4千米、最大开采深度376米。矿区可采煤层自上而下有2煤、2-1煤、1煤,主采煤层1煤、2煤。矿田不进行采区划分,整个矿田为一个采区进行开采。煤层开采顺序为2煤、2-1煤、1煤,即自上而下分台阶顺序开采。采煤设备为WK-4型电铲、沃尔沃EC460BLC型液压反铲。1991—2014年,西露天煤矿总计开采原煤4313.62万吨。由于煤层硬度不大,因此爆破方法为垂直深孔松动爆破。爆破器材为2号岩石乳化炸药、非电导爆管和瞬发导爆管。根据煤层性质、煤层节理裂隙发育程度及炸药性能等,确定爆破参数为:孔距7米、行距7米、孔深12米、底盘抵抗线6.7米。布孔方式为多排方形布孔,起爆方式为微差起爆。

中电投蒙东能源有限公司南露天煤矿、北露天煤矿、扎哈淖尔露天煤矿采煤除煤层露头之外的煤层均采用穿孔、爆破的方式,煤层经松动爆破后,利用电铲采装、自卸卡车运输或卸载至破碎站,通过半连续系统运输至储煤仓。

元宝山露天煤矿由于煤层硬度不大,因此爆破方法为垂直深孔松动爆破。爆破器材为2号岩石乳化炸药、改性铵油炸药、非电导爆管和瞬发导爆管。根据煤层性质、煤层节理裂隙发育程度及炸药性能等,确定爆破参数为:孔距7米、行距5米、孔深13.5米、底盘抵抗线7米。布孔方式为多排三角形布孔,起爆方式为微差起爆。

(二) 单斗—卡车间断工艺

单斗—卡车间断采煤工艺在自治区应用最为广泛,地方露天煤矿均采用单斗—卡车间断工艺,除部分国有重点煤矿外,其余国有煤矿也均采用该种工艺。1993年,马家塔煤矿购进2台WD-400电铲,1996年购进1台WK-4A电铲,1998年调运武家塔露天煤矿 1 台 4 立方米电铲、15 台工程车。煤层开采依据开采设备规格及作业方式，将煤层划分为独立的倾斜分层进行开采，煤炭采用爆破后装载车采装。1993 年，马家塔露天煤矿成功探索陡帮开采工艺，最大限度地实施了边角煤回收，使煤炭采出率始终保持在 97% 以上。

图 4-3-5　神东天隆集团武家塔露天煤矿生产场景

黑岱沟煤矿表层软质黄土剥离，采用轮斗挖掘机，采煤采用单斗、汽车分采分运。1998—2003 年，公司引进德国 4 台轮斗挖掘机进行剥离。1996 年，使用 395-BI 型单斗挖掘机采煤，1997—1999 年共投入 4 台 WK-10B 型单斗挖掘机进行采煤。

1996 年，武家塔露天煤矿开采工艺为单斗—汽车，剥离设备最初仅有 2 台 4 立方米 WK-4 型电铲，通过购买与租赁相结合的方式不断引进设备。2005 年，该矿存在露天开采工作线长度不足，剥离、采煤失衡，各个生产环节不能适应产量增长要求的问题，开始改善生产工艺，扩大露天开采规模，对煤矿进行年产 300 万吨技改扩建。2010 年底，该矿已有 WD-400 型电铲 12 台，斗容均为 4.6 立方米。根据本地区赋存条件，采场自然分层由最初的 4 个台阶已发展到五六个台阶，台阶高度均为 10~12 米，采掘带宽度为 20~30 米。

神东天隆集团武家塔露天煤矿采煤为单斗—卡车开采工艺。由自卸卡车从采煤工作面经中部运煤干线运输至南部筛选场地，经破碎筛分后，拉至储煤场分别堆放，由长途卡车运输至黑炭沟站外运。

锡林郭勒盟境内的白音华一号露天煤矿、胜利西二露天煤矿和乌煤公司锗煤露天煤矿采用单斗—卡车汽车工艺，其中白音华一号露天煤矿各可采煤层采用自上而下分台阶顺序开采。采煤设备为 WK-12C 型电铲、WK-4 型电铲、卡特彼勒 RH40E 液压反铲、沃尔沃 EC460BLC 型液压反铲。

神华胜利能源公司胜利西一号露天煤矿 5 煤、6 煤的开采采用单斗—卡车工艺，采用的设备主要有：WK-10B 型、WK-35 型电铲挖掘机，EX2500 型液压正铲，91 吨、108 吨、220 吨的自卸卡车，小时能力为2500吨和3500吨的地面破碎运输系统。主要设备采用世界上先进的斗容37立方米、49立方米的单斗挖掘机，载重91吨、220吨的自卸卡车。胜利西一号露天煤矿主要采、运、排设备见表4-3-10。

表4-3-10　胜利西一号露天煤矿主要采、运、排设备统计表

类别	设备名称（国别）	设备型号	数量（台）	单价（万元）	总价（万元）	设备制造厂家
采掘设备	14立方米电铲（国产）	WK-10B	2	1537	3074	太原重型设备制造股份公司
	49立方米电铲（进口）	495HD	1	14500	14500	美国比塞洛斯公司
	37立方米电铲（国产）	WK-35	1	6876	6876	太原重型设备制造股份公司
	15立方米电动液压正铲（进口）	EX2500	2	1225	2450	日本日立公司
	3.6立方米液压反铲（国产）	365CL	2	444	888	美国CAT公司
	小　计		8	—	27788	
运输设备	91吨自卸卡车（国产）	TR100-C	30	562	16860	北方重型设备有限公司
	220吨交流电传动自卸卡车（进口）	MT4400-AC	8	1840	14720	美国TEREX公司
		830E-AC	9	1918	17262	小松美洲公司
	小　计		47	—	48842	
工程设备	580HP履带推土机（进口）	D10T	8	560	4480	美国CAT公司
	498HP轮式推土机（进口）	834H	2	445	890	美国CAT公司
	294HP平地机（进口）	14M	2	286	572	美国CAT公司
	240HP平地机（进口）	14H	1	240	240	美国CAT公司
	165HP平地机（进口）	140H	1	87	87	美国CAT公司
	4.5立方米轮式装载机（国产）	CLG888	2	183	366	柳州工程机械股份公司
	80吨越野轮胎起重机（进口）	RE890E	2	557	1114	美国格鲁夫公司
	小　计		18	—	7749	—

2007年以前，伊敏露天煤矿采煤工艺主要采用单斗—卡车间断工艺。

（三）单斗—卡车—破碎站—输送机半连续工艺

该作业方式是自治区国有重点露天矿原煤采掘的主要工艺。自治区引进半连续开采工艺较早，早在20世纪80年代后期至90年代初期，霍林河南露天煤矿、伊敏河一号露天煤矿、准格尔黑岱沟露天煤矿等均在不同程度上采用了半连续开采工艺。半连续工艺呈现出应用范围广，开采形式多样化和设备大型化、国产化的趋势。

1. 黑岱沟露天煤矿

（1）单斗挖掘设备。1996年，煤层采掘采用WK-10B型单斗挖掘机与395-BI型单斗挖掘机采煤，1997年投入3台WK-10B型单斗挖掘机，1999年投入第4台WK-10B型单斗挖掘机。随着原煤产量的增加，2008年投入1台WK-35型单斗挖掘机、1台L1350型装载机参与采煤作业；2008年、2009年各报废1台WK-10B型电铲；2010年只有1台WK-10B型电铲参与采煤作业。由于设备老化生产能力下降，生产效率低，2010年3—10月，露天煤矿停用已有的3台WK10B

电铲。3号WK-35电铲于2010年8月初组装完毕，8月13日投入采煤生产。截至2015年6月，黑岱沟露天煤矿采煤主要设备有：2台WK-35型电铲、1台L1350型装载机。

（2）运输卡车。1996年投入630E型自卸卡车17台、SF3102型自卸卡车5台，1997年SF3102型自卸卡车增加至9台，1998年630E型和SF3102型自卸卡车投入数量分别为27台和14台，1999年分别为36台和17台，2000年分别为34台和16台，2001年分别为36台和16台，2002年分别为46台和17台。2003年分别为57台和23台，2004年分别为58台和24台，2005年又投入了5台730E型卡车，2010年投入了10台830E型卡车。

黑岱沟露天煤矿扩能改造期间108吨级卡车报废，补充进290吨级卡车。2010年2月，投入第一批830E型自卸卡车（220吨）10台（更新已报废24台108吨卡车）。2010年10月，投入第二批SF33900型自卸卡车6台（220吨）。2011年6—10月，先后投入930E型自卸卡车14台（290吨）。2012年5月，投入SF33900型自卸卡车3台。2012年6月，投入2台SF33900型自卸卡车；租赁哈尔乌素露天煤矿2台SF33900型自卸卡车。2015年5月，租赁哈尔乌素露天煤矿7台930E卡车。截至2015年6月，黑岱沟露天煤矿共有154吨卡车58台、185吨卡车5台、220吨卡车23台、290吨卡车21台。

（3）破碎站。为保证自卸卡车在合理的运距范围内运行，破碎站应根据开采工作面向前推进作业的实际情况，在适当的时间不断移设，为保证移设方便快捷，尽量减少其移设工作量，确保露天煤矿生产作业时间不受影响，同时考虑到其移设周期较长等因素。煤矿采用半固定式破碎站，移设方式采用履带运输车进行搬迁移设，可满足生产要求，经济可靠。

（4）输送机。原煤经2台大型半移动式破碎站处理至-300毫米后，通过原煤带式输送机运往毛煤仓或储煤场。

2. 哈尔乌素露天煤矿

（1）单斗挖掘设备。2007年投入1台495HR型电铲；2008年投入3台495HR型电铲、1台395BI型电铲、1台395B型电铲（租用黑岱沟露天煤矿）；2009年投入1台WK-35型电铲、1台WK-10B型电铲（租用黑岱沟露天煤矿）、2台L950前装机；2010年投入2台WK-55型电铲、1台WK-35型电铲、2台L2350型前装机，2010年10月停用2009年投入的1台WK-10B型电铲；2011年起扩能设备陆续投入使用，当年投入1台495HR型电铲、1台WK-55型电铲；2012年投入1台495HR型电铲、1台EX1900型液压反铲。2008年投入的395-B型电铲于2012年6月归还黑岱沟露天煤矿，2012年12月尚有1台WK-55型电铲正在组装。2014年，哈尔乌素露天煤矿引进1台495HD型电铲作为采煤设备，1台EX3600型液压反铲作为辅助设备。截至2015年7月，哈尔乌素露天煤矿投入使用的采煤设备有2台WK-35型电铲、1台495HD型电铲、2台L2350型前装机、1台EX1900型液压反铲。

（2）运输卡车。2007年投入16台MT5500B型自卸卡车，2008年投入21台MT5500B型自卸卡车、12台MT4400-AC型自卸卡车。2009年投入6台MT4400-AC型自卸卡车。2010年投入13台SF33900型自卸卡车（其中2台租用黑岱沟露天煤矿）。从2011年开始，扩能设备陆续投入使用，2011年投入21台930E型自卸卡车。2012年投入9台930E型自卸卡车，2010年投入的2台

SF33900型自卸卡车于2012年6月归还黑岱沟露天煤矿。同时还借给黑岱沟露天煤矿2台SF33900型自卸卡车。截至2012年12月，哈尔乌素露天煤矿投入使用的采煤自卸卡车有18台MT4400-AC型自卸卡车。

（3）破碎站。露天煤矿破碎站位于露天煤矿出入沟口地面1127标高处。该站采用半固定式，移设方式采用履带运输车进行搬迁移设，可满足生产要求，经济可靠。破碎后的毛煤分别由M11、M12和M21、M22带式输送机输送至储煤场。

（4）输送机。设计两套带式输送机系统，与破碎站组成两套破碎输送系统。每套系统由3台带式输送机组成。

3. 华能伊敏煤电公司露天煤矿

2007年以前，伊敏露天煤矿采煤工艺主要采用单斗—卡车间断工艺。2007年9月，购进德国克伯庑公司包括破碎机、A转、B转及工作面带式输送机在内的半连续系统。采煤工艺主要采用半连续和单斗卡车两套工艺。以一套半连续高效采煤系统，43立方米、35立方米、20立方米、12立方米电铲，220吨、172吨、108吨、85D、TR100型矿山自卸卡车，推土机、前装机、平路机、挖掘机等设备为主。机械化水平已达到100%，且生产设备正逐年向大型化发展。

4. 中电投蒙东能源集团有限公司

南露天煤矿、北露天煤矿、扎哈淖尔露天煤矿、白音华二号矿、白音华三号矿采用单斗—卡车—半固定破碎站—带式输送机—储煤仓共4套半连续工艺；白音华三号矿另拥有单斗—自移式破碎机—带式输送机—储煤仓1套半连续系统。

5. 内蒙古平庄煤业（集团）有限责任公司

元宝山露天煤矿、胜利西二露天煤矿、乌煤公司锗煤露天煤矿的采煤工艺均为单斗电铲（液压反铲）—自卸汽车—半固定破碎站—带式输送机的半连续式开采工艺。白音华一号露天煤矿原来的采煤工艺为单斗电铲—自卸汽车的间断式开采工艺，2014年原煤储运系统建成后，采煤工艺变为单斗电铲—自卸汽车—半固定破碎站—带式输送机的半连续式开采工艺。

6. 神华北电胜利能源有限公司

2009年12月，设计能力为年产1000万吨的西一号露天煤矿一期工程通过国家能源局竣工验收，正式移交投产。该矿运煤系统为：5煤运煤卡车由工作面经工作帮采煤台阶及移动坑线，通过标高为+960米水平的平盘和南端帮出入沟至破碎站卸载平台卸载，破碎后经带式输送机运至储煤仓；6煤运煤卡车由工作面经工作帮采煤台阶，通过标高为+900米水平的平盘和南端帮及非工作帮的出入沟到达破碎站卸载平台卸载，破碎后经带式输送机运至储煤仓。

原煤运输主要是220吨卡车从坑下采煤区运送到坑上破碎站，由自卸卡车将煤卸入受料斗，板式给料机将煤送入破碎机，破碎机将煤破碎到粒度300毫米以下，并通过破碎机排料带式输送机给入M101、M102半固定式带式输送机，经M201、M202、M301固定带式输送机将煤运往缓冲仓或经过2号平板闸门将煤转载到M303带式输送机直接通过机头溜槽下落料塔自然堆储进入储煤场。取煤时，由布置在储煤场下的振动给料机向暗道内M304带式输送机给煤。M304带式输送机将煤运至转载站，转载至M302带式输送机（将机尾延长）后运往装车站装车外运。胜利一号露天煤矿至锡林浩特站段（包括站场）改建，全线长6千米，总投资1.2亿元，运输能力1000万吨/年。

（四）其他开采工艺

1. 单斗电铲—自卸汽车的间断式开采工艺

图4-3-6 扎赉诺尔煤业公司露天煤矿举行F4汽运开工仪式

元宝山西露天煤矿原来的采煤工艺为北区单斗电铲—准轨铁道电机车、南区局部单斗电铲—自卸汽车—转载站—准轨铁道电机车的间断式开采工艺，2008年实施横采内排开采方法后，采煤工艺变为单斗电铲—自卸汽车—转载站—准轨铁道电机车的间断式开采工艺，2012年运输系统改造后，采煤工艺变为单斗电铲—自卸汽车的间断式开采工艺。

2. 以铁道开采工艺为主、汽车开采工艺为辅的联合开采工艺

扎赉诺尔煤业公司露天煤矿采用单斗电铲采装、准轨蒸汽机车牵引翻斗车运输的开采工艺。开拓方式为工作帮移动坑线与端帮固定坑线及端帮巷道强力带式输送机联合运输系统。采煤方法是沿煤层顶板拉沟露煤，从上向下水平分层推进。

2005年，煤矿对F4煤壁及深部采煤工作面采用汽车开采工艺进行开采，形成以铁道开采工艺为主，汽车开采工艺为辅的联合开采工艺形式，开拓方式为工作帮移动坑线与端帮固定坑线及端帮巷道强力带式输送机联合运输系统。采煤方法为沿煤层顶板拉沟露煤，从上向下水平分层推进，剥离采用10米台阶水平分层，沿煤层倾向推进。

2009年9月末，汽车开采工艺系统改造完成，露天煤矿采用单斗电铲采装—汽车运输开采工艺，即剥离采用单斗—汽车工艺，采煤采用单斗—汽车固定式破碎站—斜井带式输送机半连续工艺。采煤方法选择工作线沿煤层倾向布置，沿走向推进的开采程序，即"横采内排"的开采程序，并将采掘场内全部铁道线路拆除，形成公路运输系统，剥离采用10米台阶水平分层沿煤层倾向推进。

第三节 运 输

一、排土场与岩土运输

（一）黑岱沟露天煤矿

1998年6月，黑岱沟露天煤矿在开采地下煤炭的同时，提出了"开采地下煤炭，还地面一片绿洲"的环境保护措施，边开采、边回填、边治理。排土场形成两个系统，西排土场从1163米水平最低标高开始沿原地面排弃，到1185米水平标高形成平台，排到1245米水平标高分4个台阶，每个台阶高差为15米。从美国卡特彼勒公司引进8台D10N型履带推土机进行摊平作业。1999年，露天矿区部分实现内排，内排土场从1155米标高开始排弃，分6个台阶，排到1270米水平标高。1号、2号轮斗挖掘机剥的黄土用带式输送机全部输送到内排土场1270台阶。3号、4号轮斗挖掘机剥离的黄土用带式输送机输送到内排土场1255台阶。从美国卡特彼勒公司引进的3台D8N型履带推土机进行摊平作业。

2000年初，煤矿的东排土场主要用于卡车排弃和排土机转入内排土场之前的

排弃。卡车排弃1240米水平以下矸石，排土机排弃1260米、1275米水平的黄土，排土机下排高度为20米。随着采场向西南方向的逐年推进，卡车到东排土场排弃的运距也逐年增加到4.5千米左右，已超出卡车排弃的合理运距范围。技术人员经过边坡稳定分析，将排土机外排时下排高度增加到40米，卡车只排弃1220米以下水平，从而减少了东排土场的排弃量，缩短了卡车的综合排弃运距。西排土场主要用于排弃黄土和选后矸石，设计西排土场境界与采场境界最近为460米。为节省运距，对西排土场的境界进行了修改，排土场向采场移动了280米，采用多出入沟排弃方式，缩短卡车排弃运距500米，减少征地面积69.47公顷。

2004年，露天煤矿对扩帮区1155米水平端帮排土道路系统进行了优化，内排增加1155台阶。对扩帮区部分煤台阶暂不开采，剥离物从煤顶板运至内排，比绕工作面道路去内排土场运距减少了1000米左右。2005年12月，露天煤矿阴湾排土场启用，阴湾排土场从1200米标高形成平台，排到1260米标高分5个台阶，每个台阶高差为15米。2006年，露天煤矿采场出现断层及陷落柱构造，矿方提出中间桥方案，下部岩石台阶运输卡车直接通过中间桥运至内排土场，综合运距减少1500米，此方案使用至2008年。

2011年10月，露天煤矿制定了转向期间内排土场东部半留沟的排弃方式。2012年9月，露天煤矿采用内排土场东部半留沟条件下启用搭桥方案，在采场东部的剥离物通过东端帮运输通道行至桥后进入内排土场，缩短了剥离运距。2013年10月，为节省运距降低成本，开始向哈尔乌素内排土场排弃，截至2014年底，共排入1232.8万立方米，平均运距2274米。

（二）哈尔乌素露天煤矿

2010年，露天煤矿通过现场踏勘、地形测绘，方案可行性比选，最终确定将原有的排土场西部运输系统进行优化，将原有约1500米直进式斜坡道，改为500米折返斜坡道，将原有直进斜坡道所在处改为排土场，通过测算增加排弃空间1500万立方米，节省运距2000多米，降低运输爬高60米。

露天煤矿剥离物排弃经自卸卡车运至排土线直接排弃或场地排弃后由推土机进行处理。排土场边缘设连续的安全挡墙，其高度大于车轮直径2/5，排土工作面向坡顶线方向留设3%的反坡。2012年2月，经技术人员测算，剥离物排弃具备了全部内排的条件，外排土场停止使用并开始一系列的覆土绿化工程，剥离物排弃实现全部内排。

2012年11月，在采场中部6煤顶板搭设一条通往1025内排土场的排土桥，使995、1010、1025剥离台阶前往1025排土台阶的运输距离缩短520米、减少爬高20米，优化了采场底部的开拓运输系统，取得了良好的经济效果。露天煤矿自2013年以来，在采场中部6煤顶板搭建了一条通往内排土场的排土桥，即从6煤顶板处直接排弃，桥面选择从煤顶板通往内排土场的排弃台阶，该标高的选择可合理衔接运煤通道、保证煤顶板岩石台阶正常推进、拆除中间桥后可顺利采出搭桥位置的煤量，还具备均衡内排土场南北排弃空间不均衡等优点。该排土中间桥搭建后，5煤顶板1010剥离台阶、5和6煤之间的夹矸剥离台阶的剥离物可直接通过该中间桥排弃到1060台阶及以上内排土场。此部分剥离物运输距离较原双环系统缩短0.6千米。截至2012年末，煤矿共有内排土台阶7个，分别为995、1025、1060、1095、1130、1165、1200台阶，每个台阶排土高度为35米，台阶坡面角38度。

2014年开始，露天煤矿东扩帮上部受征地问题影响，致使东扩帮上部台阶无法正常推进，上煤主干道无法向东移设，各平盘剥离量严重不足，电铲工作线短，移设频繁，效率下降，电铲即将面临无量可采局面。针对现实情况，将上煤主干道移设至内排土场，优化了上煤运输系统，缩短上煤综合运距200米。

（三）扎尼河露天煤矿

露天煤矿剥离台阶水平分层，台阶高度12米。剥离台阶采用端工作面正铲上挖平装车方法，采掘带宽20米；由单斗挖掘机采装，"之"字形作业，适应采宽，自卸汽车运输，推土机完成平整、清扫工作面和运输通路等辅助作业。剥离运输通路采用工作帮移动坑线。

自卸汽车自剥离工作面经工作平盘运输通路、工作帮移动坑线，升坑到地面矿山公路去往外排土场排弃，或经两侧端帮去内排土场排弃。剥离设备：2.5立方米液压铲配30吨级自卸卡车，220HP型推土机完成工作面平整等辅助作业。剥离量：露天煤矿设计生产能力为600万吨/年，年剥离量为2112万立方米。采剥比为3.52立方米/吨。剥离物内、外排土场排弃方式采用边缘排弃方式，采用汽车—推土机分层排土方式，排土台阶边缘做成3%~5%的反坡并设挡车堤（土堆），汽车靠近台阶坡顶排土。剥离物由30吨级自卸汽车运至排土场各个水平后，靠近台阶坡顶线安全线以内翻卸，剥离物大部分由汽车翻卸，剩余物由480HP型履带推土机推下坡面。排土场占地531.60平方千米，总排弃高度85米，最终排弃标高为+729米水平，排土场容量19853万立方米，综合排弃运距为5.05千米。

（四）华能伊敏煤电公司

2009年，露天煤矿总排土量3620万立方米（其中120万立方米灰渣）。基本实现全部坑内排土，外排只能容纳90万立方米的淤泥（西排土场北部），3530万立方米由内排土场容纳，其中695米水平容纳630万立方米，设计内排土台阶6个，排土台阶高度20米，排土平盘宽度95米。根据汽车运输工艺和岩性特点，采用汽车运输和推土机联合作业的排弃方式，排弃时采用场地排弃和沿帮排弃相结合的灵活方式进行。2010年，总排土量4260万立方米（其中130万立方米灰渣）。

2010年，露天煤矿全部实现内排；设计内排土台阶6个，排土台阶高度20米，排土平盘宽度95米。同年4月，内排土场完全合并，实现全线内排。2011年，总排土量5288万立方米（其中220万立方米灰渣）。内排土场695水平根据采区过渡方案研究结果不安排跟进；设计内排土台阶6个，排土台阶高度20米，排土平盘宽度95米。2012年，总排土量6030万立方米（其中120万立方米灰渣）。内排土场695水平根据采区过渡方案研究结果不安排跟进，内排土场680水平在全年跟进。形成580水平排土平盘；设计内排土台阶7个，排土台阶高度20米，排土平盘宽度95米。内排土场跟随采煤工作线同步进行转向。加快内排土场660米、680米水平的跟进。2013年，总排土量7260万立方米（其中60万立方米灰渣），其中剥离排土7200万立方米由露天煤矿完成，60万立方米灰渣由盛达公司完成。设计内排土台阶7个，排土台阶高度20米，排土平盘宽度95米。内排土场跟随采煤工作线同步进行转句。2014年，总排土量7635万立方米，其中剥离排土7540万立方米、灰渣95万立方米。

2014年，因内排土场680米水平以下排土空间仅可满足4300万立方米的排土需要，因此，全年排土容量差额部分排弃至内排土场695米、710米水平，内排土场695米水平排土场全年跟进，并将602带式输送机南侧排土场排弃至710米水平。设计内排土台阶9个，680米水平以下排土台阶高度20米，排土平盘宽度95米，695米、710米水平排土场排土台阶高度15米，排土平盘宽度95米。内排土场跟随采煤工作线同步进行转向。年初开始对内排土场排弃标高按照设计进行调整。

2015年，露天煤矿总排土量7995万立方米，其中剥离排土7900万立方米、灰渣95万立方米。因内排土场695米水平以下排土空间仅可满足6400万立方米的排土需要，排土容量差额部分排弃至内排土场710米水平。设计内排土台阶9个，680米水平以下排土台阶高度20米，排土平盘宽度70米，695米、710米水平排土场排土台阶高度15米，排土平盘宽度70米。内排土场跟随采煤工作线同步进行转向。9月，2号破碎站完成移设，移设后对东端帮留沟区域进行内排。

（五）中电投蒙东能源集团有限公司

北露天煤矿一采区与二采区外排土场已经连接在一起，并建立了内排土场，三采区外排土场与南露天煤矿沿帮排土场以及西排土场连接在一起；扎哈淖尔露天煤矿现有4处排土场，分别为南排土场、北排土场、东排土场和内排土场；南露天煤矿拥有5处排土场，分别为东排土场（2010年停止使用）、南排土场（2012年停止使用）、西排土场、沿帮排土场和内排土场；白音华二号矿拥有3处排土场，分别为南排土场和内排土场、北排土场；白音华三号矿拥有3处排土场，分别为南排土场和内排土场、北排土场。间断工艺系统时，卡车将剥离物运至排土场边缘举斗排卸，然后由推土机向外推送，留有2%~3%的反坡和不小于卡车轮胎直径3/5的安全挡墙，排弃高度20~24米，台阶坡面角35度，最小平盘宽度50米。剥离半连续系统排土场排弃时，利用排土机排弃，下排段高30米、上排段高17米，排弃后利用推土机整平；连续系统排弃时下排段高33米、上排段高17米，排弃后利用推土机整平。

（六）扎赉诺尔煤业有限责任公司

灵泉露天煤矿排土场分为外排土场和内排土场两部分。外排土场包括长脖岭排土场（含原东排土场南侧）、南出入车沟西侧排土场、南出入车沟东侧排土场、南出入车沟北侧排土场，均通过南出入车沟与坑下进行联系；内排土场主要利用非工作帮及坑内南侧到界采空区进行排土。排土工艺采用电铲排土。排土方式采用水平排土、直进式配线、推进式进车。排土段高10~12米，排土宽度22~24米。排土作业是每幅排土带一般分两次完成，第一次是前进时作业排高5~6米，到路端后再往回作业，补填到规定的10~12米段高完成全幅排土。

1997年，露天端帮运输系统改造时，由于废除了北出入车沟、东剥离站及东排土场557站、570站等站场，因此，对长脖岭排土场的555站进行了改造，使之变成一个分流站，通过该站将两排土场连通，两排土场均使用这套运输系统。内排土场利用非工作帮的采空区进行排土，从1979年开始，前后分4个排土期。1989年，煤矿第3期进行多段内排，分别在518米、536米、552米水平各建一个排土场，到1993年共计排土约767万立方米。1997年，第4期开始进行多区段多部位排土。2000年末，全矿共有排土线10条，排土电铲10台。

2001—2009年，露天煤矿排土采用外排、内排同时进行。随着露天煤矿生产发展，2006年，露天煤矿结束了东排土场、南排土场的排土作业，2006—2009年，在露天煤矿坑东部进行部分外排和坑下内排。2009年9月末，停止电铲排土作业方式。汽车运输方式：露天煤矿主要采剥工程量位于采掘场的下部，采剥工作由南向北沿走向推进，具备良好的内排条件，不但运输距离短，而且内排剥离土方对采空区进行及时回填，对东帮边坡进行了压脚，有利于边坡稳定。因此，排土场选在采空区内，排土线与采掘线平行布置，自南向北发展。

排土工艺采用汽车翻土，推土机推送的方式，排土场高度为20米，排土场设有安全挡车墙及反坡，可保证排土作业的安全进行。汽车运送剥离土方至排土工作面卸载，70%沿排土台阶坡面排弃，30%在排土台阶上部，由推土机推至台阶下部。2009年末，露天煤矿全部实现内排，内排土场按工作面水平分为470内排土场、450内排土场、430内排土场。2011年末，仅使用430内排土场。2011年末，露天煤矿排土设备有320HP型履带推土机3台。

（七）内蒙古平庄煤业（集团）有限责任公司

1991—2014年，平庄煤业下属露天煤矿总计开采剥离量84601.11万立方米，剥采比为3.45立方米/吨；西露天煤矿总计开采剥离量13597.61万立方米，剥采比为3.15立方米/吨。1998—2014年，元宝山露天煤矿总计开采剥离量24744.77万立方米（1998年投入试生产），剥采比为2.39立方米/吨。2004—2014年，白音华一号露天煤矿总计开采剥离量30672万立方米（2004年被平庄煤业集团公司收购），剥采比为4.81立方米/吨。2011—2014年，胜利西二露天煤矿总计开采剥离量12631.71万立方米（2011年被平庄煤业集团重组并购），剥采比为5.62立方米/吨；乌煤公司锗煤露天煤矿总计开采剥离量2955.02万立方米（2011年被平庄煤业集团重组并购），剥采比为2.42立方米/吨。

图4-3-7　平庄煤业集团公司元宝山露天煤矿排土机作业

（1）按运输方式与排土设备划分。1991以来，公司下属露天煤矿的排土方式包括铁路运输—排土犁排土、汽车运输—推土机排土、带式输送机运输—排土孔排土和铁路运输—电铲排土4种。西露天煤矿原来的排土方式为铁路运输—排土犁排土和铁路运输—电铲排土，2008年，实施横采内排开采方法后，排土方式变为汽车运输—推土机排土。元宝山露天煤矿的排土方式为汽车运输—推土机排土和带式输送机运输—排土机排土。白音华一号露天煤矿、胜利西二露天煤矿、乌煤公司锗煤露天煤矿的排土方式均为汽车运输—推土机排土。

（2）按排土线发展方式划分。1991—2015年，平庄煤业露天煤矿的排土方式包括平行排土和扇形排土两种。西露天煤矿、白音华一号露天煤矿、胜利西二露天煤矿、乌煤公司锗煤露天煤矿的排土方式均为平行排土。元宝山露天煤矿的排土方式为平行排土和扇形排土。根据排土场设计，西露天煤矿有3个排土场，即南排土场、北排土场及内排土场，其中南排土场采用铁路运输—电铲与铁路运输—排土犁联合排土方式，北排土场采用铁路运输—电铲排土方式，内排土场采用汽车运输—推土机排土方式。南排土场排弃面积684公顷，排土容量为12019万立方米，平均运距22千米，已经排弃到界。北排土场排弃面积688公顷，排土容量为20014万立方米，平均运距28千米，已经排弃到界。内排土场排弃面积68公顷，排土容量为2101万立方米，平均运距1.3千米。

元宝山露天煤矿有4个排土场和2个土地整治项目区，即西排土机排土场、西排土场、南排土场、内排土场、长胜土地整治项目区、南荒土地整治项目区，其中西排土机排土场和长胜土地整治项目区的大部分采用带式输送机运输—排土机排土方式，西排土场、南排土场、内排土场、南荒土地整治项目区及长胜土地整治项目区的一部分采用汽车运输—推土机排土方式。西排土机排土场与长胜土地整治项目区排土机排土场最终连为一体，总排弃面积1093公顷，总排土容量为5857万立方米，平均运距7.5千米，正在进行排弃。南排土场排弃面积88.7公顷，排土容量为330万立方米，平均运距4.5千米。西排土场排弃面积77.2公顷，排土容量为230万立方米，平均运距4.7千米。内排土场排土容量为86.88万立方米，平均运距2千米。南荒土地整治项目区排弃面积105.3公顷，排土容量为970万立方米，平均运距4.5千米。长胜土地整治项目区汽车排土场排弃面积85.7公顷，排土容量为300万立方米，平均运距11.4千米。平庄煤业集团公司隶属露天煤矿主要运输设备与辅助设备的型号、数量明细见表4-3-11。

图4-3-8　平庄煤业集团公司西露天煤矿于2008年8月实施横采内排生产工艺

白音华一号露天煤矿有3个排土场，即南排土场、北排土场及内排土场，都采用汽车运输—推土机排土方式。南排土场排弃面积141公顷，排土容量为4557万立方米，平均运距3千米。北排土场排弃面积1325公顷，排土容量为80070万立方米，平均运距5.8千米。内排土场排土容量为249159万立方米，平均运距2.1千米。

胜利西二露天煤矿有2个排土场，即西排土场及内排土场，都采用汽车运输—

推土机排土方式。西排土场排弃面积203公顷，排土容量为8818万立方米，平均运距3千米。内排土场排土容量为136528万立方米，平均运距2.3千米。

表4-3-11 平庄煤业集团公司所属露天煤矿主要运输设备与辅助设备的型号、数量统计表

台

单位名称	设备名称	型号	台数	单位名称	设备名称	型号	台数
西露天煤矿	矿用自卸车（28吨、32吨）	TEREX 3304	20	白音华一号露天煤矿	矿用自卸车（108吨）	SF31904C	11
		TEREX 3305	5		带式输送机	B=1400毫米、1600毫米	4
	液压反铲	沃尔沃 EC460BLC	4		液压反铲	沃尔沃 EC460BLC	4
	推土机	SD22	5			CAT330C	2
		SD16	2		推土机	375H	2
	洒水车	TEREX	2			834H	2
	平地机	CAT140H	2			MD23	2
元宝山露天煤矿	矿用自卸车（91吨）	TR100	26		洒水车	TTW100	2
		TR100C	8			TTW50	1
	带式输送机	B=1200毫米、1400毫米、1600毫米	32			BJZ5364GSS	2
	液压反铲	沃尔沃 EC460BLC	4	胜利西二露天煤矿	矿用自卸车（91吨）	TTM100A	10
		CAT330D	2		带式输送机	B=1400毫米、1600毫米、2000毫米	9
		CAT385CL	1		洒水车	DFL1311A4	2
		D375A-6	3			EQ1208GJ5	4
		WD600-6	1	乌煤公司锗煤露天煤矿	带式输送机	B=1400毫米	7
	推土机	SD32	6		洒水车	YJ5320GSS	2
		CAT824H	1			SX5314GSS	1
		TTM100A（91吨）	1				
	洒水车	LN-392改造（68吨）	3				
		3307W	1				

乌煤公司锗煤露天煤矿有2个排土场，即南排土场及内排土场，都采用汽车运输—推土机排土方式。南排土场排弃面积64.05公顷，排土容量为1609万立方米，平均运距2.6千米。内排土场排土容量为25035万立方米，平均运距1.8千米。

（八）神华神东煤炭集团有限责任公司

2001年6月，神东矿区马家塔露天煤矿将外排土场确定在露天煤矿北部境界50米外的河床地带，初期排高为7米，第二个台阶排高为20米，最低标高为+1124米，最高标高为+1157米，排土平盘宽度为25米，采用推土机推土的排土方式。2008年，神东矿区马家塔露天煤矿的1127、1138工作台阶高度为12米，所有平盘间的联系由移动出入沟完成。移动出入沟平行于工作线布置，剥离任务完成之前，在东部非工作帮处形成煤底至1150排土场的主干道通道。为了达到复垦造田的目的，对剥离物的排放做了结构性的规划，实行分层排放的办法。

（九）神华北电胜利能源有限公司

2004年4月，胜利能源公司露天煤矿基建剥离开工，外排土场分别有南排土场、41排土场、排土机排土场和北沿帮排土场，一采区内排土场坡度仅为3~5度，具备良好的内排条件。卡车运输由推土机推排，采用边缘式排弃。排土台阶

做成不小于3%的反坡,坡顶处由推土机推成安全挡墙,其高度不低于卡车轮胎2/5。设计排土工作采用D10T型推土机排土。试生产的3个月的考核中,推土机排土能力达到78万立方米/(台·月),仅达到推土机正常负荷的87%,完全能保证排土工作。

二、原煤生产与运输系统

(一)神华准格尔能源有限责任公司

黑岱沟露天煤矿的煤、岩石和部分黄土采用单斗挖掘机采装和大型自卸卡车运输的间断性开采工艺,即主要运输任务由自卸卡车来完成。

1996年投入630E型自卸卡车17台、SF3102型自卸卡车5台,1997年SF3102型自卸卡车增加至9台,1998年630E型和SF3102型自卸卡车分别为27台和14台,1999年分别为36台和17台,2000年分别为34台和16台,2001年分别为36台和16台,2002年分别为46台和17台,2003年分别为57台和23台,2004年分别为58台和24台,2005年又投入了5台730E型卡车。2010年2月投入830E型自卸卡车(220吨)10台(更新已报废24台108吨卡车)。2010年10月投入SF33900型自卸卡车6台(220吨)。2011年6—10月投入930E型自卸卡车14台(290吨)。2012年5月投入SF33900型自卸卡车3台。2012年6月投入2台SF33900型卡车;租赁哈尔乌素露天煤矿2台SF33900型卡车。2015年5月租赁哈尔乌素露天煤矿7台930E型卡车。截至2015年6月,黑岱沟露天煤矿共有154吨卡车58台、185吨卡车5台、220吨卡车23台、290吨卡车21台。

哈尔乌素露天煤矿剥离物及煤的运输均由自卸卡车完成。剥离物运输系统由坑内工作帮移动坑线及通往各排土场的道路组成。剥离物一部分经煤底板至内排土场排弃,另一部分经采场两侧端帮至内排土场排弃。原煤运输在2010年之前采用外包形式,从2011年开始原煤运输改为自营形式,原煤运输系统由煤底板至端帮1130破碎站的一系列上煤道路组成。

图4-3-9 神华准能黑岱沟露天煤矿汽车运煤

2007年、2008年分别投入16台、21台MT5500B型自卸卡车,12台4400AC型自卸卡车;2009年投入6台4400AC型自卸卡车;2010年投入13台SF33900型自卸卡车(其中2台租用黑岱沟露天煤矿);从2011年开始扩能设备陆续投入使用，投入21台930E型自卸卡车；2012年投入9台930E型自卸卡车；2010年投入的2台SF33900型自卸卡车于2012年6月归还黑岱沟露天煤矿；同时还借给黑岱沟露天煤矿2台SF33900型自卸卡车。

截至2012年12月，哈尔乌素露天煤矿投入使用的剥离自卸卡车有37台MT5500B型自卸卡车、30台930E型自卸卡车、9台SF33900型自卸卡车；投入使用的采煤自卸卡车有18台MT4400AC型自卸卡车。

（二）华能伊敏煤电公司

露天煤矿根据1991年开采布局的以北、端帮为重点，辅以南帮搭配开采的实际情况，北、端帮共用一个系统。端帮煤通过北帮运输通道经出入沟和新建运煤干线与卸煤站台建立运输联系，北帮煤直接由出入沟和新建运煤干线去卸煤站台；南帮运输系统，煤经初始出入沟和运煤干线去卸煤站台。运输汽车有LN392型75B和贝拉斯两种车型：LN392型75B载重汽车，斗容33.64立方米，载重量68吨；贝拉斯540A型载重汽车，载重量27吨。

1992年，北帮煤经东帮原出入沟及新开辟的一、二号出入沟和地面公路与卸煤站台建立运输联系，端帮煤经南帮出入沟和地面运煤干线与卸煤站台建立运输联系。车型仍采用LN392型75B和贝拉斯540A型两种。1993年，北侧底板煤和西帮煤，经运煤干线直接运至破碎站或经地面运煤干线运到原煤台；南帮和西帮靠近南侧煤经出入沟运至原煤台或经地面干线运至破碎站。南帮采空到界后，实行内排。

1994年，北帮与端帮交界处煤炭共同经运煤干线运至破碎站或原煤台，空车经地面一号矿山公路返回工业广场。临时储煤外运系统形成后，坑下煤通过运煤干线经加水泵站外部道路和破碎站台北侧运到临时储煤台。

南帮煤经南帮出入沟运往破碎站台、原煤台或临时储煤台。贝拉斯540A型27吨汽车退役后，新增108吨电动轮自卸汽车，载重量108吨。

1995年8月，皮带输煤走廊调试运行，坑下煤经移动坑线和运煤公路运至破碎站或经加水泵房外部道路和临时运煤线路运至临时装车站。

1996年，采煤工作面均设在端帮，各平盘的煤均经运煤公路运至破碎站，空车经1号矿山公路返回工业广场。

1997年，各平盘煤通过移动坑线均经运煤公路运至破碎站，空车经1号矿山公路返回工业广场。

1998年，端、北帮各平盘的煤通过移动坑线均经运煤公路运至破碎站。

1999年下半年，在露天煤矿采区内形成了2号破碎系统，端帮煤经端帮移动坑线、运煤公路运至2号或1号破碎站。

2000年，端帮煤经端帮移动坑线、运煤公路运至2号或1号破碎站；北帮煤经北帮移动坑线、运煤公路运至2号或1号破碎站。

2001年，北帮煤经北帮移动坑线运至2号破碎站或经运煤公路运至1号破碎站。

2002年，完成采煤运输512.06万吨，同比增长3.85%。煤炭通过二次破碎的升坑沟道和运煤公路分别去2号、1号破碎站。

2003年，完成采煤运输550.92万吨，同比增长7.42%。煤炭通过2号破碎站的升坑沟道及运煤公路分别去2号、1号破碎站。本年度煤炭开采开始转向，少量煤炭发生折返逆向运输。

2004年，采煤形成新运煤干线，完成2号破碎站移设，汽运高程降低7米，起到了节油作用。调整地面一次破碎来煤道弯道，煤炭增产88万吨，同比增长

15.97%。2009年，完成采煤运输1500万吨（其中有600万吨由带式输送机系统运输），煤炭运输主要是汽车运输部分煤炭升段后进入2号破碎站或1号破碎站，半连续系统承担600万吨的运输任务。

2010年，汽车运输部分煤炭升段后进入1号破碎站和2号破碎站，半连续系统承担900万吨的运输任务。1号破碎站移设完毕，重新建立去往1号破碎站和2号破碎站的道路。去往2号破碎站的煤炭运输通过东端帮出入沟绕3号公路，已形成新的运煤干线。

图4-3-10 伊敏露天煤矿半连续运输系统

2011年，汽车运输部分煤炭升段后进入1号破碎站和2号破碎站，半连续系统承担900万吨的运输任务。去往1号破碎站，通过东端帮出入沟提升至剥离660米水平到达破碎站。去往2号破碎站的煤炭运输通过东端帮出入沟绕3号公路到达破碎站。

2012年，半连续系统承担1000万吨的运输任务。去往1号破碎站，通过东端帮剥离半干线和运煤半干线提升至剥离660米水平到达破碎站。去往2号破碎站的煤炭运输在2号破碎站移设前，煤炭通过东端帮剥离半干线和运煤半干线提升至3号公路，通过3号公路到达破碎站；同年7月，2号破碎站进行移设，移设后通过东端帮剥离半干线和运煤半干线提升至616米水平到达破碎站，去往2号破碎站的煤炭运距缩短1.6千米。2013年，半连续系统承担900万吨的运输任务。煤炭通过东端帮剥离半干线和运煤半干线到达破碎站。

2014—2015年，半连续系统承担1000万吨的运输任务。煤炭通过东端帮剥离半干线和运煤半干线到达破碎站，在1号破碎站移设至西端帮后，部分煤炭通过西端帮运煤半干线进入1号破碎站。

（三）神华宝日希勒能源有限公司

2005年，露天煤矿1000万吨地面生产系统工程于5月16日开工建设，12月8日竣工，正式投产试运行，可满足日装车500节和实行铁路大列配车的需要，筛分能力1000万吨/年。

该系统主要包括：破碎粒度在300毫米以下、能力为2000吨/时的一级1号破碎筛分站、2号破碎筛分站；长2.2千米的封闭式皮带输煤栈桥，电厂供煤分流站；破碎粒度在50毫米以下、能力为2000吨/时的二级破碎站；仓储能力为1.6万吨的2个储煤圆筒仓；50秒装一节车皮的定量装车站；10套复合型脉冲喷吹式除尘系统及一次可匹配70节车皮的长4.25千米的铁路装车线。

2006年，煤炭筛分厂坚持"集中破碎、集中储煤，集中检修"的工作原则，保证储煤仓中的煤量，装车时间控制在"1分钟装1节车皮"。通过快装系统实现一列车最短矿停2.8小时,压缩站停6个多小时,创日装车609节的新纪录,彻底解决露天煤矿大块煤的破碎和外运煤装车延时问题。当年完成一级破碎煤炭量440万吨,快速装车站外运装车二级破碎煤炭380万吨,一级破碎筛分落地煤炭60万吨。煤炭资源回收率达到97.89%。2009年初,公司总投资近3亿元修建二期2000万吨地面生产系统。该系统主要包括:储煤能力为20万立方米的穹顶仓1个,一级破碎站1套,二级破碎机2台,11条配套的带式输送机以及配套的给煤机、变配电室等。该系统的破碎运输能力为3000吨/时,具备15万吨的煤炭仓储能力,可为1号装车站、2号装车站供煤,为国华电厂供煤。该系统还可以向水平输送带输送二级破碎后的煤炭,进行落地储存并利用装载机铁路装车。

(a) (b)

图4-3-11 宝日希勒煤业公司露天煤矿20世纪90年代(a)与21世纪初期(b)采煤现场

2010年,完成了2000万吨地面生产系统的土建施工、设备安装调试、系统空重载联动试生产及系统消缺、完善工作。一级破碎煤炭日最高破碎量达到7.6万吨、二级破碎入筒仓量日最高达到4.85万吨、块面筛分量日最高达到2.45万吨、装车站铁路装车量日最高达到851车;同时,夜间装车最高达到569车,小班8小时装车最高达到342车。

2013年,煤矿完成一级破碎煤炭2893万吨,铁路装车2279万吨,为国华电厂供煤261万吨;创下日一级破碎11.33万吨、小班装车531车、圆班装车1374车的新纪录,本安体系保持集团三级水平。2014年,完成一级破碎煤炭2936万吨、铁路装车2406万吨、为国华电厂供煤280万吨,创下了日一级破碎量11.9万吨、快装装车量小班640车、圆班1470车的历史新纪录。

图4-3-12 宝日希勒煤业公司露天煤矿破碎站

在4号系统室外输送带推广使用防冻粘技术,在4号一级破碎站破碎口和

1号、2号装车站溜煤槽四周安装了3套干雾抑尘装置;在204号、207号、302号带式输送机机尾,推广使用无动力除尘技术;在破碎腔、溜煤槽、导料槽、转载点、皮带廊道合理位置安装100余套全自动喷雾降尘装置;在筛分栈桥正在建造大型抑尘罩棚;装车站、破碎站操作室玻璃屏安装自动湿式清洗装置;装车站塔楼各平台安装地面吸尘扫灰装置;在穹顶仓四周新建750米环形消防检修通道。储装中心达神华集团本安体系二级单位。

(四)扎赉诺尔煤业有限责任公司

1996年之前,灵泉露天煤矿改扩建工程投产时形成了南、北两区各自独立的生产运输系统。1996年,运输系统再次进行改造,在北端帮坑下470米水平新建1处受煤坑,在北端帮新建1条426米长的倾斜巷道,巷内安装强力带式输送机与地面选煤厂相连;废除东剥离站,改造555站形成一个分流站,与东排土场相联系。

图4-3-13 灵泉露天煤矿冬季蒸汽机车运输

1999年,公司对南出入车沟进行了移设改建,至此运煤列车不再升坑,而直接运到坑下北端帮受煤坑,通过斜井强力带式输送机运到地面选煤厂。剥离列车一部分经过工作帮折返运输系统→南出入车沟→南剥离站→555站分别运往长脖岭排土场、东排土场及南出入车沟东、西、北侧3个排土场;还有一部分经过坑下运往非工作帮及南侧采空区内排土场。剥离列车由1台蒸汽机车连挂10辆载重60吨的自翻车组成,将土方运送至排土场进行排弃。运煤列车由1台蒸汽机车连挂8辆载重60吨自翻车组成,其中机车次位3辆自翻车为隔离车,尾部5辆自翻车为装煤车辆,将原煤运至坑下北端帮受煤坑,由170碎煤机进行初次破碎后,经斜井强力带式输送机运往地面选煤厂。在改造运输系统的同时,还逐步对坑下及地面的各站场信集闭工程进行自动化改造,缩短了列车会让时间,提高了列车通过能力。

2005年,露天煤矿开始采用汽车运输工艺,对F4煤壁进行开采,并配合开采工作帮端头工作面。露天煤矿新设立了汽采段,配备了专业管理人员,对矿山汽车运输实行专业化管理。增建了汽车维修保养设施、坑下汽车加油设施、工业广场有关设施。在南区采场西帮由深部至地面设置对外联络道路,承担材料、人员和设备由采掘场至地面的运输任务。在坑下修建了汽车运输道路,剥离土方全部内排,原煤由工作面汽车运至铁路线附近,经二次装车运到北端帮受煤坑卸载。2006年3月,北站台汽车装车系统投产运行,为北站台输送二次破碎煤炭。输煤系统全长4.6千米,破碎运输能力为1200吨/时,设计年生产能力450万吨。

2009年4月,露天煤矿对铁道开采工艺进行改造。改造工程内容主要包括:购置部分开采、运输、排土及辅助机械设备;修建采场底部工作面至北端帮受煤坑运煤道路,工作帮至内排土场土方运输道路,北、中、南部工作帮与非工作帮、底部的联络道路,矿调度楼西侧地面至北区坑下联络道路(矿山道路技术标准:矿山道路设计为Ⅱ级，设计时速30千米/时，最小曲线半径15米；路面宽度11米，路基宽度16米，最大纵坡重车上坡8%、重车下坡7%，会车视距60米）。9月，全部工程完工并投入使用，至此，露天煤矿全部采用汽车运输开采工艺。为配合灵露煤矿施工需要，地面选煤厂、坑下受煤坑及端帮斜井强力带式输送机运输系统在2012年5月末结束运行、报废拆除。届时坑内剩余煤炭开采后运到北区地面破碎站破碎，全部转入本地销售。

（五）神华北电胜利能源有限公司

2009年12月，设计能力为年产1000万吨的西一号露天煤矿（也称胜利西一露天煤矿）一期工程通过国家能源局竣工验收，正式移交投产。该矿运煤系统为：5煤运煤卡车由工作面经工作帮采煤台阶及移动坑线，通过标高为+960米水平的平盘和南端帮出入沟至破碎站卸载平台卸载，破碎后经带式输送机运至储煤场；6煤运煤卡车由工作面经工作帮采煤台阶，通过标高为+900米水平的平盘和南端帮及非工作帮的出入沟到达破碎站卸载平台卸载，破碎后经带式输送机运至储煤场。

原煤运输主要是220吨卡车从坑下采煤区运送到坑上破碎站卸入受料斗，板式给料机将煤送入破碎机破碎到粒度300毫米以下，并通过破碎机排料带式输送机给入M101、M102半固定式带式输送机，经M201、M202、M301固定带式输送机将煤运往缓冲仓或经过2号平板闸门将煤转载到M303带式输送机直接通过机头溜槽下落料塔自然堆储进入储煤场。取煤时，由布置在储煤场下的振动给料机向暗道内M304带式输送机给煤。M304带式输送机将煤运至转载站，转载至M302带式输送机（将机尾延长）后运往装车站装车外运。胜利一号露天煤矿至锡林浩特站段（包括站场）改建，全线6千米，总投资1.2亿，运输能力1000万吨/年。

（六）内蒙古平庄煤业（集团）有限责任公司

1991—2015年，各露天煤矿的原煤运输方式包括铁路运输、汽车运输、带式输送机运输和联合运输4种，其中西露天煤矿的原煤运输方式经历了铁路运输、铁路—汽车联合运输、汽车运输3个阶段，1991—1996年，为铁路运输，主要运输设备为EL-2/23型电机车、KF-60型自翻车；1997—2011年，为铁路—汽车联合运输，主要运输设备为EL-2/23型电机车、KF-60型自翻车、TERE×3304型矿用自卸车、20吨奔驰自卸车；2012—2015年，为汽车运输，主要运输设备为TERE×3304型矿用自卸车、TERE×3305型矿用自卸车。

元宝山露天煤矿、胜利西二露天煤矿、乌煤公司锗煤露天煤矿的原煤运输方式均为汽车—带式输送机联合运输，主要运输设备为TR100（TR100C）型矿用自卸车、TTM100A型矿用自卸车、外委自卸车（标定载重25吨以上）、1200~2000毫米的带式输送机。

白音华一号露天煤矿的原煤运输方式经历了汽车运输、汽车—带式输送机联合运输两个阶段，1991—2014年为汽车运输，主要运输设备为外委自卸车（标定载重20吨以上），2015年为汽车—带式输送机联合运输，主要运输设备为SF31904C型矿用自卸车、1400~1600毫米的带式输送机。

（七）中电投蒙东能源集团有限公司

霍林河煤业下属3处大型露天煤矿共建立有3套独立原煤生产系统：第一输煤生产系统建立于1994年，厂区位于霍林郭勒市沙尔呼热镇，占地面积约96690平方米。系统全长4.8千米，是我国最大的现代化露天煤矿配套工程之一。该系统主要由中心控制、破碎、储运、输煤、煤质监控、外运装车等系统组成。采用先进的 PLC 自动化控制，26 个流程全部实现网络化、微机化控制，重点关键部位实现了电视监控。外运装车系统引进世界先进的美国 KSS 的精准动态定量装车设备，是国际上装车最先进设备之一，装车能力 5000 吨/时，称重精度是 ±0.1%。2006 年又建成了一条地面生产系统复线，2008 年，煤矿又增设了一条一次破碎系统。现阶段设计年生产能力 1500 万吨。

白音华二号矿 2 煤组开采工艺为电铲—自移式破碎机—带式输送机的半连续开采工艺，3 煤组开采工艺为液压挖掘机—卡车—端帮半固定破碎站—带式输送机的半固定式工艺。半连续式原煤系统全长约 4500 米，破碎运输能力为 3000 吨/时；半固定式原煤系统全长约 2700 米，破碎运输能力为 2500 吨/时。

地面储运系统基本处于固定安装状态，由于向电厂的输煤带式输送机系统要求可靠性高，为此，配置了 Siemens 冗余控制器 AS414-4-2H 作为中央逻辑处理单元，利用两套环网冗余的 PROFIBUS DP 光纤环网构成可靠的通信网络，每套光纤环网布置在每套输煤带式输送机系统的两侧，当任何一点发生故障时光纤网络照常工作，在光纤网络故障点得到排除时环网光纤网络可以自动恢复冗余状态。光纤环网采用 OLM 光纤链路模块 OLM G12-1300 系列模块，可以连接单模光纤，构成环网，单模光纤的距离可以连接 15 千米间距的 OLM G12-1300 模块，因此可以满足长距离带式输送机系统之间的连接。其中任何带式输送机或 AS414-4-2H 中的一套 CPU 等出现故障均可以切换到另一套通信及处理系统中。白音华二号矿设计产能为 500 万吨/年。

白音华三号矿采煤工艺为液压挖掘机—卡车—端帮半固定破碎站—带式输送机半固定式工艺，原煤经破碎后由带式输送机运输至地面。采装、运输环节（液压挖掘机、卡车）采用外包方式经营。白音华三号矿现有两套原煤生产系统：第一套系统全长约 2000 米，第二套系统全长约 2500 米，两套系统的破碎运输能力均为 2500 吨/时。第一套系统的一级破碎站位于采场东端帮 +930 米平盘，第二套系统的一级破碎站位于采场东端帮 +880 米平盘。三号矿地面系统首先在坑下将煤进行一次破碎（破碎后原煤粒度≤300 毫米），经位于二级破碎车间（破碎后原煤粒度≤50 毫米）及转载点后进入储煤场，产品煤可存储或直接由带式输送机经上仓 1、2 转载点送至装车缓冲仓，最终上快速装车站装车。

因三号矿地面生产系统基本处于固定安装状态，系统位置距调度楼较近，且系统流程相对简单，因此系统的控制结构分两层，即主控层及现场工作层。在主控层工作站设操作员客户机（PCS7）2 台，采用 profidus-DP trailing cadle 总线电缆与设在转载楼内的现场控制站 PCS7 机进行通信。对系统下的带式输送机、堆取料机、给煤机等设备进行控制。白音华三号矿设计生产能力为 1400 万吨/年。

图 4-3-14 霍林河露天煤矿半连续运输作业

第二输煤生产系统为电厂输煤生产系统，电厂输煤系统包含自备电厂输煤系统和坑口电厂输煤系统两部分。自备电厂输煤系统于2004年4月13日组建，同年12月26日投产，主要负责向二期自备电厂供煤。坑口电厂输煤系统于2006年开工建设，2008年6月投产。坑口电厂输煤系统一期工程主要承担中电投坑口电厂装机容量为2×600兆瓦+2×300兆瓦发电机组煤炭的破碎、储存和输送任务。在自备电厂输煤系统破碎出现故障的情况下，还承担向霍煤鸿骏公司发电机组供煤的任务，设计年生产能力750万吨。

第三输煤系统为扎哈淖尔地面生产系统，位于扎鲁特旗境内，设计年生产能力1500万吨，一期设计750万吨，2006年8月1日一期投入使用。一期地面生产系统全长970米，为全封闭带式输送机运输，具有环保、无污染的特点。采用先进的PLC自动化控制，流程全部实现网络化、微机化控制，重点关键部位实现了电视监控。外运装车系统引进世界先进的美国KSS的精准动态定量装车设备。

2010年二期工程通过验收，设计能力达到1500万吨。

第四节 疏干与排水

一、疏干

露天煤矿疏干方式的选择与区域水文地质条件相关，相同煤层赋存条件下疏干方式往往相同，因自治区东、西部矿床水文地质条件相差悬殊，疏干方式的选择也有明显区别，整体规律为在以松散含水层为主，水文地质条件简单的西部地区，疏干方式以明沟、集水坑等为主；在水文地质条件复杂的东部地区疏干方式以疏干井、疏干井—集水坑、疏干井—集水坑—排水巷道综合疏干方式为主。

（一）明沟、集水坑疏干

在水文地质条件简单、埋深较浅、厚度较小且产状稳定的松散含水层一般均采用该种疏干方式。如鄂尔多斯地区黑岱沟露天煤矿、哈尔乌素露天煤矿、马家塔露天煤矿煤系地层及第四系覆盖层含水性弱，疏干工程与采剥推进及开拓降段工程同步进行，无须布置预先疏干工程，在采坑底部设置集水沟和集水坑，由坑下移动泵房水泵排出。又如满世金阳露天煤矿地处干旱山区地表水缺乏，采掘场水源主要来自降雨集水，采用在采场最低处设集水坑，坑下采用移动泵站的排水方式。宏丰露天煤矿坑内排水在采坑最低点建20米×20米×9米的集水坑收集涌水、采用半固定泵站排水，半移动泵站随着采区移动而移动。

（二）疏干井（孔）垂直降水孔法

自治区中、东部地区含水层富水性强，渗透系数一般均大于2米/日，因此，疏干井（孔）垂直降水孔法应用广泛。

2007年，对胜利能源公司一号露天煤矿开采有影响的含水层主要为第四系孔隙潜水含水层、煤系顶板砾岩段裂隙、孔隙承压含水岩组、5煤裂隙承压含水岩组、6煤裂隙承压含水岩组。第四系含水层涌水量约为7800立方米/日，5煤含水层涌水量约12000立方米/日。通过采用降水孔预先疏干与采掘场平行疏干的联合疏干方式，经过155个降水孔预先疏干第四系水和5煤地下水，利用集水坑、集水沟和排砂泵将残余水排至地面疏干排水管路，降低了采场涌水量，保证了生产的正常进行。2008年，煤矿安装了疏干排水集中控制系统，全矿140多口疏干井全部实现了无人值守自动集中控制。

伊敏露天煤矿从投入疏干井排水工程以来，地下水疏干工程主要以环形疏干井排列布置实施截排水,局部采用超降坑或超降井来增加降深强度,同时辅以挖沟放水排除浅部残留水和煤层底板残留水措施。1991年,煤矿生产能力500万吨扩建工程开始,开始施工直径800毫米基建疏干孔。1992年,除正常生产疏干工作外,基建疏干工程全面开工,全年施工17口疏干井,并建成A、B、C、D、E 5条总长度为25.5千米排水管路,形成了环采区封闭的疏干系统,为达500万吨/年生产能力提供了保证。1993—1994年,疏干系统初步实现集中控制,满足了500万吨/年生产能力的最低采煤底板的要求。1995年,经多年的生产建设共施工了101口疏干井,为加速地下水位下降,在环内又增加了8口疏干井,因疏干集控失去作用,现场恢复了人员看守。1998年,疏干水输往电厂,作为发电循环补给水;6月,改造疏干集控系统,年末现场又实现了无人看守。为治理东端帮台阶渗水,2014年露天煤矿在东端帮地表剥离边界以外设置40口第四系地层降水孔,用于疏干东端帮台阶渗水。

扎赉诺尔煤业公司灵泉露天煤矿在工作帮地面沿走向布置了第四系地层疏干孔,目的是为了切断第四系地层向坑内补给,减少坑内涌水量,每个疏干孔的疏干半径约100米、孔深14~16米、日排水总量2000~2400立方米。1995年以前,煤层疏干主要采用在坑内煤层顶板直接打临时性疏干孔,每年需施工3~4个疏干孔,工程量200~300米,日排水总量约3000立方米。此工艺需每年打疏干孔,工程量大,成本费用高,疏干效果较差。

(三) 疏干井—集水坑疏干

大雁煤业公司扎泥河露天煤矿采用疏干降水孔结合坑内集水坑排水对第四系涌水进行疏干处理的方法,第四系疏干排水工程排水设备采用20台200QJ50-65/5型($Q=50$立方米/时、$H=65$米、$N=15$千瓦)潜水疏干电泵,经排水支线、主线最终排弃至露天煤矿北部海拉尔河。采用在采坑周围布设疏干降水孔同时结合坑内集水坑排水对煤系地下水进行疏干处理的方法。煤系疏干工程采用60台250QJ100-126/7型($Q=100$立方米/时、$H=150$米、$N=55$千瓦)潜水疏干电泵,经排水支线、主线最终排弃至露天煤矿北部海拉尔河。

霍林河煤业公司扎哈淖尔露天煤矿根据特定的水文地质条件,采用的矿床疏干方式主要有疏干降水孔、疏干浅孔及明水明排等。扎哈淖尔露天煤矿从2004年开始,在布置的3个采区西侧设计施工了ZS、LN、LH、ZW、LB、LD6排疏干水孔,水位降深满足了采矿生产。另外,在3个采区位置较低处铺设明排水泵及配套管路,采用明水明排的方式排水。另外,根据水文地质条件的变化及采矿生产的需要,在3个采区还分别设计施工了疏干浅孔,取得了较好的疏干效果。

(四) 疏干井—集水坑—排水巷道综合疏干方式

1. 中电投蒙东能源集团所属露天煤矿

南露天煤矿根据特定的水文地质条件,主要采用疏干降水孔、疏干巷道、大孔径浅孔及明水明排等矿床疏干方式。南露天煤矿有3个采区,即南采区、北采区和配采区。南采区是最早建成的采区,形成了比较完善的疏干排水系统。1987—1992年,设计并施工E、S、B、C、F5排降水孔;2007—2008年,新形成了W1线疏干降水孔排,水位降深基本满足了采掘要求。随着采剥工程的延深及向西推进,大部分疏干井已报废。疏干巷道于1998年分段完成了东部疏干巷道,并于2001年实现巷道全部贯通,东部疏干巷道全长 2337 米，设主、副两个水仓。另外，在上述 3 个采区位置较低处铺设明排水泵及配套管路，采用明水明排的方式排水。在南采区和北采区，根据水文地质条件的变化及采矿生产的需要，设计施工了大孔径浅孔，取得较好的疏干效果。

北露天煤矿根据特定的水文地质条件，采用的矿床疏干方式主要有：疏干降水孔、大孔径浅孔及明水明排等。北露天煤矿有 3 个采区，其中一采区于 2003—2009 年逐步形成了 1S、1S″、1A、1B、1C 5 条疏干降水孔，水位降深满足了采矿生产。随着采剥工程的延深及向西推进除 1C 线外其余降水孔均报废或被切割。二采区于 2001—2009 年逐步形成了 2S、XC、2S″、2A、2C 5 条降水孔，水位降深满足了采矿生产。随着采剥工程的延深及向西推进除 2C 线外其余降水孔均报废或被切割。

2006—2007 年，由内蒙古东蒙农牧业股份有限公司、内蒙古煤田地质局 472 勘探队、内蒙古霍林河露天煤业股份公司地质勘探公司在北露天煤矿一、二采区外施工 W 线疏干降水孔，累计施工疏干降水孔 35 个。在上述 3 个采区位置较低处铺设明排水泵及配套管路，采用明水明排的方式排水。根据水文地质条件的变化及采矿生产的需要，在上述 3 个采区分别设计施工了大孔径浅孔，也取得较好的疏干效果。

2. 扎赉诺尔煤业公司灵泉露天煤矿

露天煤矿范围内的地质条件主要由砂岩、泥岩、砂质泥岩和煤层陆相地层组成，加之地表水丰富，煤层中含水较多，煤层风化带垂深 90 米以上区域是井田主要的补给水源。在地面采用疏干孔进行疏干的同时，在坑内部分平盘设置了若干水圈，利用各平盘排水沟将水统一引到各水圈，然后再用水泵将水统一排到地面指定地点。1991 年，煤层疏干工程采用较为先进的自动集中控制系统，减少看泵人员，降低排水费用。

1995 年以前，煤层疏干主要采用在坑内煤层顶板直接打临时性疏干孔，此工艺需每年打疏干孔，工程量大，成本费用高，疏干效果较差。为改变这种状况，在多方论证的基础上，决定采用巷道加疏干孔联合疏干的办法进行疏干，即在坑内布置 4 条巷道，每条巷道均沿煤层倾斜方向布置，巷道长度均在 60 米以上。疏干孔布置在巷道里部上方并与巷道贯通。1996 年，先后在北区和中部区施工了 1 号、2 号、3 号等 3 条疏干巷道，巷道断面 2 米 × 2 米；支护形式采用锚杆支护。1998 年，在南区施工了 4 号疏干巷道，4 条巷道的日排水总量约为 3840 立方米，效果很好。随着工作面推进，每年进行 1～2 条巷道的延深，以满足疏干的要求。

2001—2003 年，煤层疏干采用巷道加疏干孔联合疏干的方法进行疏干，先后在坑内施工了 1 号、2 号、3 号、4 号 4 条疏干巷道。2004 年，1 号疏干巷道废除。2008 年，随着开采推进，煤层水量减少，先后废除了 2 号、4 号疏干巷道，仅剩 3 号疏干巷道，疏干排水效果良好，满足疏干要求。3 号疏干井与 3 号巷道用立井贯通，主要疏干煤层水，桃花水和雨季大量水涌入巷道时，3 号疏干井也同时起排水作用。疏干井水夏季用于采煤工作面洒水及日常坑下防火，当坑下用于采煤工作面洒水，水源不足时利用平盘水圈水向坑下返水，实现水资源的综合利用。2001—2011 年，露天煤矿采用水圈集水，利用各平盘排水沟，将水统一引到各水圈，利用水泵抽水的方式解决第四纪地层涌水问题。

2001—2005 年，露天煤矿设有 508 水圈、528 水圈、498 水圈、468 水圈。

2009年，随着生产推进，废弃了498水圈，在非工作帮建立F4小水圈，4个水圈一直使用至今，满足了第四纪地层疏干问题。528水圈主要截流第四纪地层水和528米水平以上的雨水，经排水管路排到南排防洪沟。508水圈主要截流第四纪地层水、岩层渗水和508米水平以上的雨水。468米水圈主要截流非工作帮水和468米水平以上工作帮岩层渗水、雨水。508水圈、468水圈的水经排水管路排到北端帮地面积水塘，经大桥泵排到国铁北防洪沟。

3. 平庄煤业集团公司元宝山露天煤矿

元宝山露天煤矿靠近英金河，地下水源十分丰富，是罕见的大水矿床。其第四系含水层的疏干排水，采用群井疏干的办法处理，顺利通过。但进入第三系和侏罗系基岩地层时，延用这一办法，却无法解决。剥离作业时严重陷镐陷车，剥离物含水量大，粘车粘输送带，剥离工程效率低下，进度缓慢。经组织相关部门研究，生产处提出用井巷工程泄水疏水方案。详细设计批准后，建设处负责工程管理工作，委托元宝山煤矿承建此项工程。施工组织设计经审查通过后，2000年5月正式开工。施工中发生多次透水，最大一次涌水量达到200立方米/时。施工中还遇到露天剥离爆破影响等很多困难。

2000年3月，元宝山露天煤矿基岩疏干工程开工建设，2001年4月，泄水疏水工程按设计全部完工，在基岩疏干中发挥重要作用。2001年5月11日开始放水，共完成工程量1329米，巷道采用木支护，断面为5.98平方米。通过水位观测，疏干区域整体水位最大降深达11.96米，最小降深为3.6米，基岩疏干为元宝山露天煤矿剥离创造了良好的作业条件。2004年2月，平庄煤业下发《关于元宝山露天煤矿二期基岩疏干设计审查的会议纪要》认为，采用巷道放水孔疏干基岩含水层方案切实可行，要求充分利用一期疏干工程，如一期疏干工程不能利用，应及时更改设计。2009年、2010年，煤矿又分别通过基岩巷道疏干了工作面。

二、排水

（一）采掘场排水

1. 神华准格尔能源公司黑岱沟露天煤矿

露天煤矿采坑内的防排水集中在秋季且量小，从1996年投产以来，采用坑下最低处挖坑汇积雨水，用2台37千瓦、1台22千瓦电动机带6英寸高扬程水泵进行排水。到2000年，由于内排的需要，坑下防排水采用煤底板最低处挖掘深坑进行防排水，取得了很好的效果，从未受到洪水的危害。

2. 马家塔露天煤矿

1990年12月，华能精煤公司马家塔露天煤矿建成投产，矿坑排水分坑外围排水和矿坑内排水，基保，矿坑排水采用强排形式，在采坑底部设置集水沟和集水坑，由坑下移动泵房水泵排出。1997年，马家塔露天煤矿对原排水系统进行改造，沿平盘四周布设排水沟网络，疏水汇集到集水箱后排出地表，降低了平盘煤水分。2008年，马家塔露天煤矿进入小井采空区作业。小井区内巷道纵横交错，并位于河畔。经估算，本采区巷道内的静态水为21.26万立方米。因此，在开采过程中首先进行探排水，排放动态补水约260立方米/时。

3. 神华宝日希勒能源有限公司露天煤矿

宝日希勒露天煤矿疏干防排水工作的主要任务是降低采掘场地下水位，防排地表水，使其不能汇入露天采掘场，满足露天安全生产需要。露天煤矿在满足采掘降深的同时，把疏干水部分作为露天煤矿的生产用水，其余全部供给国华电厂，作为电厂循环冷却水，实现废水全部复用达到零排放、零污染的标准。根据露天开采工艺、开采程序及矿床水文地质条件，综合考虑疏干排水系统构成，在采场内设截水沟、导水沟，在12煤底板最低处及3煤采场最低处设集水坑，采用移动泵站的排水方式沿端帮铺设排水管线到地面，经污水处理厂处理后利用，2015年，3煤采场新增设1条426管路直排至地面，减少水的二次倒运，降低疏干排水费用。主排水设备有MD450型耐磨多级离心泵4台，电动机功率为500千瓦，排水量为450立方米/时；1台KL450-35型矿用立式排沙泵，电动机功率90千瓦，排水量450立方米/时，用于坑下土方作业时倒水使用；3台BQ550-306/8-710/W-S型潜水泵，电动机功率710千瓦，排水量550立方米/时，用于3煤排水使用；2台ZL200QW300-35潜水泵，电动机功率为55千瓦，排水量为300立方米/时。

（二）地面防排水

1. 神华准格尔能源公司黑岱沟露天煤矿

黑岱沟露天煤矿地面工业设施的防排水，随着主体工程的竣工而相应配套完工。地面排水系统主要由1~7号排水沟组成。

2. 神华神东煤炭集团公司马家塔露天煤矿

马家塔露天煤矿地面排水主要为矿田西部坡地汇集的降雨地表径流，通过西部排水明渠，将地表水分别从南、北两个方向排至乌兰木伦河。2002年，马家塔露天煤矿在采区西铺设混凝土排水管线，为了达到环保要求，在公路东侧修建了2处4000立方米的串联沉淀池。

3. 扎赉诺尔煤业公司灵泉露天煤矿

露天煤矿经过了50余年的开采，建立了相对完善的地面防排水系统。露天煤矿有东排土场、长脖岭排土场、南排防洪沟、沿帮排土场、国铁北防洪沟，将露天煤矿四面包围。因此，外部的暴雨汇水对露天煤矿的威胁较小，但露天煤矿境内的暴雨汇水对露天煤矿的安全生产有较大的威胁。露天煤矿境内有汇水面积12平方千米，这些汇水一部分汇入木得那亚河，另一部分直接汇入采场内，为此，在北端帮外侧设置了北端帮地面积水塘，将坑内508水圈、468水圈汇集的雨水、地下水排至北端帮地面积水塘，再经大桥泵排到国铁北防洪沟，528水圈汇集的雨水、四纪层水排到南排防洪沟，汇入人工河，保证了采场防洪安全需要。

4. 华能伊敏煤电有限责任公司露天煤矿

露天煤矿采区地处南有台地、西有丘陵的地面径流区，为防止暴雨流入采区，1991年修建了端帮防洪堤，动用土方量3036立方米。1992年，对沿帮排水沟堵塞和漏水地段进行清理和修补，开始施工4号排水沟，动用土方量15.25万立方米，完成了全长160米的矿工业广场防洪堤工程，使之与端帮防洪堤相接。1993年，4号排水沟投入使用，同时，对南帮排水沟进行拓宽、加深，有效地控制了西南台地地表径流水对矿坑的威胁。1994年，工业场地防洪堤加高延深与西排土场相接，形成第二条防洪系统。1995年，实现防洪堤与4号排水沟对接，解决了西侧59号泵房一带低洼处向坑下灌水的问题。南帮排水沟和扎木特沟滚水坝经过改扩建竣工移交。1996年，堵死露天煤矿南大门对应的工业广场防洪堤缺口处和老排土场南侧防洪堤缺口。1997年，因采场推进需要排干伊和诺尔湖，采用渗入法将伊和诺尔湖内积水渗入煤层中,并与煤层中疏干的地下水一起排出。1998 年,对南帮排水沟局部地段进行清淤。

1999—2001 年,通过多年工作,地面防排水系统完成了南帮排水沟拓宽加深工作,工业广场防洪堤发挥了挡水作用,4 号排水沟可将采掘场西北侧地表水排入伊敏河。另外,采场周围的疏干管路土堤,也不同程度地阻止了地表水进入露天坑。在储煤场院墙外西南侧,挖一条排水沟,减缓了地表水顺着院墙下部空隙灌入储煤场隐患。在输灰皮带走廊南侧、3 号起吊间以西挖了一条排水沟引地表水入南帮排水沟,减缓了地表水直接冲击输灰走廊的隐患。

2002—2003 年,地面防排水主要加强对南帮排水沟、4 号排水沟的维护、清理,同时在伊和诺尔湖区修筑一条 800 米长的临时挡水堤,在湖底筑堤 700 米,防止地表径流流入坑下。2004 年,清理南帮排水沟 1200 米,维护堤坝 800 米,清理 4 号排水沟 2450 米,维护堤坝 550 米。到 2009 年,伊敏露天煤矿已形成了一套完整的地面防排水系统,可以抵御 50 年一遇的洪水,在不发生特大洪涝灾害的情况下,可以保证露天煤矿采掘场汛期的安全生产。2009 年,南帮排水沟是将西、南台地的地表水排到伊敏河,减少南部地表水灌坑的可能性。4 号排水沟将采掘场西侧的地表水排入伊敏河。另外,采掘场周围的疏干管路土堤,也不同程度地阻止了地表水进入露天坑。2010 年,对南帮排水沟进行加高、加宽、加固处理。2011 年,为满足采掘场的防洪要求,在坑下 16 煤底板较低点安装防洪泵;同年 5 月,完成管路安装并达到防洪能力。

2012 年,煤矿对南帮排水沟进行清淤、加固处理。4 号排水沟主要是将采掘场西侧的地表水以及矿坑内的底板残余水排入伊敏河。另外,采掘场周围的疏干管路土堤,环疏干泵群的防水沟,也不同程度地阻止了地表水进入采场。在采场推进方向边界以外设置一条北帮防洪坝,主要拦截推进方向上的地表水,防止回灌采场,影响采掘作业。

2013 年,在原有基础上,采掘场周围的疏干管路土堤,环疏干泵群的防水沟,也不同程度地阻止了地表水进入采场,雨季前在采场推进方向边界以外设置一条防洪坝,拦截推进方向上的地表水,防止回灌采场,影响采掘作业。受剥离台阶推进影响,2015 年安排 4 号排水沟改线,要求 8 月末前完成。1991—2014 年伊敏露天煤矿疏干排水特征见表 4-3-12。

表 4-3-12 1991—2014 年伊敏露天煤矿疏干排水特征统计表

年份	日排水量（万立方米）	年排水量（万立方米）	降深（米）	水位标高（米）	年份	日排水量（万立方米）	年排水量（万立方米）	降深（米）	水位标高（米）
1991	9.10	3331.16	3.96	645.03	2006	6.00	2190.00	—	—
1995	13.00	4767.65	5.30	612.73	2009	5.89	2149.85	—	—
2000	10.80	3955.32	1.92	596.98	2010	5.60	2044.00	—	—
2001	5.10	1856.75	1.96	595.04	2011	4.50	1642.50	—	—
2002	4.61	1681.64	1.54	593.50	2012	4.50	1642.50	—	—
2003	5.04	1839.54	5.60	587.90	2013	5.50	2007.50	—	—
2004	4.90	1795.54	4.00	583.90	2014	6.30	2299.50	—	—

第五节 供配电

一、供电

（一）神华准格尔能源有限责任公司

黑岱沟露天煤矿建矿初期，为解决施工用电问题，矿区利用已形成的薛家湾中心区变电站至黑岱沟露天煤矿的1回110千伏供电线路临时代用10千伏输电线路。1990年，黑岱沟露天煤矿临时变电站采用1台2000千伏安－35/10型变压器供电，由薛家湾到露天煤矿供电线路电压升为35千伏，配出线路采用架空方式。同时，矿区内部永久线路正逐步建设。1993年，神华准能公司电力建设装机容量为2×100兆瓦机组的公司自备坑口发电厂建成运营。1995年10月，黑岱沟露天煤矿110千伏变电站正式启用。2回110千伏线路形成。薛家湾至黑岱沟露天煤矿的供电线路电压升至110千伏，变电站采用2回进线，来自公司发电厂电网。

哈尔乌素露天煤矿与黑岱沟煤矿紧邻，供电电源引自自备电厂110千伏变电站和黑岱沟露天煤矿110千伏变电站。

（二）华能伊敏煤电有限责任公司

伊敏露天煤矿建有220/110/35千伏一次变电所1处，电源引自呼伦贝尔岭西电网110千伏线路1回，导线型号LGJ－240型，线路长度81.94千米。引自东北电网220千伏1回，导线型号LGJQ－300型，线路长度5.277千米；建有发电厂220/35千伏2号输变电所1处，电源引自伊敏发电厂2回架空线路，导线型号LGJ－120型，1回长度676米，1回长度572米。220/110/35千伏一次变安装3台主变，1台90000千伏安（型号SFPS7－9000/220）、1台63000千伏安（型号SFL7－63000/110）、1台31500千伏安（型号SFL7－31500/110）。发电厂220/35千伏输变电所安装2台主变，1台63000千伏安（型号SF10－6300/220）、1台31500千伏安（型号SFL7－31500/220）。

露天煤矿采掘场周围建有2处固定35/6千伏二级变电所（露天变电所和工业场地变电所）；1处固定35千伏配电所，承担全矿生产电力分配任务。两变电所电源分别有3回进线，2回引自220/110/35千伏一次变电所，1回工作，1回热备用；1回引自发电厂220/35千伏2号输变电所作为冷备用电源；35千伏配电所电源2回引自发电厂220/35千伏输变电所，1回工作，1回热备用。露天变电所引自220/110/35千伏一次变电所的2回进线导线型号LGJ－150型，线路长度8.432千米；引自发电厂220/35千伏2号输变电所1回导线型号LGJ－150型，线路长度分别是6.029千米和4.356千米；35千伏配电所电源2回进线导线型号为LGJ－2×185型，线路长度4.341千米。

露天变电所和工业场地变电所各安装2台主变，容量为4×8000千伏安（型号SFL7－8000/35），共馈出1回35千伏线路和17回6千伏线路向采掘场、地面生产系统和工业场地供电；35千伏配电所馈出3回35千伏，其中有采掘1号环坑线和采掘2号环坑线通过6台35/6千伏移动变电站（总容量为33600千伏安）向采掘场环形供电（开环工作），1回生产系统线路通过2台35/6千伏移动变电站（总容量为14000千伏安）向地面生产系统（扩建部分）供电。

（三）扎赉诺尔煤业有限责任公司

1991年，扎赉诺尔局灵泉露天煤矿全矿用电线路30千米，坑下南北贯通6条、地面7条、排土场10条。2001年，露天煤矿生产用电及辅助生产用电由扎赉诺尔煤业公司南站变电所和东站变电所供电。坑上供电线路由电信公司管理，露天煤矿排土场及坑下供电由露天煤矿机修厂负责日常管理。共有排弃线高压线4条（555排土场1条、536排土场2条、407内排线1条），坑下采场高压线3条（488平盘1条、468平盘1条、南站613平盘1条），共计15千米。2009年10月，铁路运输工艺改为汽车运输工艺后，排弃线高压线全部拆除，坑下采场保留3条采场高压线。2011年7月，南站变电所拆除，南站613平盘供电线路拆除。2014年末，共有6千米高压供电线路。截至2015年底，扎赉诺尔煤业公司露天煤矿地面、坑下供电分别由东站变电所、前哨变电所和灵北变电所提供电源，供电高压为6千伏、低压为380伏。

图4-3-15 供电工人检修变压设备

（四）神华大雁集团有限公司

2011年4月，大雁热电总厂对自备电厂及矿井变电所安装了小电流接地装置，该装置能够在运行线路故障时报警，提高了判断处理故障线路的准确率，保证了矿井线路的安全可靠运行。同年9月，热电总厂接管扎尼河露天煤矿变电所运行管理工作，该变电所电压等级为35千伏、容量为2×6300千伏安，2回35千伏电源进线分别取自海拉尔氯碱厂和大雁矿区110千伏变电所。该变电所是一处较先进的微机自动化变电所，担负着露天煤矿的疏干、生产、输送、筛分、装车及办公采暖等用电。

（五）神华宝日希勒能源有限公司

露天煤矿生产用电来自露天煤矿变电站双回路35千伏供电系统，地面采用6千伏系统，其中采掘用电正常35千伏双母线分段运行，经312线和321线向坑下5台6300千伏安移动箱变供电。地面工业广场采用引自露天煤矿变电所的6千伏625线路为地面照明、段队班组等供电。采掘场每台移动箱变馈出3路6千伏线路，采取放射式结构向采场电铲及主排水泵供电。

（六）中电投蒙东能源集团有限公司

霍林河煤业供电部所辖66千伏变电所6处：66千伏珠南变、66千伏东帮变、66千伏南工变、66千伏西南变、66千伏输岩1号站及新建66千伏扎矿变。2011年新建两处，一处为扎矿输岩1号站，另一处为南矿输岩2号站；66千伏供电线路15条，109.5千米；2500千伏安移动变电站25台。66千伏系统电源取自霍林河一次变（电压等级220/66千伏；主变容量2×120000千伏安）；66千伏珠南甲、乙线为66千伏珠南变供电；66千伏霍东甲、乙线为66千伏东帮变供电；66千伏南工甲、乙线由东帮变配出为66千伏南工变供电；由南工变66千伏南工乙线T接出去的66千伏西南线为66千伏西南变及扎矿环坑1号线供电；2010年新建66千伏扎矿变由扎哈淖尔66千伏变电所经66千伏扎矿甲、乙线供电。66千伏珠南变设3台10000千伏安变压器，1主2备，电压等级66/6.3千伏，2回66千伏电源引自220/66千伏霍林河一次变，输出电压 6.3 千伏。霍林河煤业供电部所辖 6.3 千伏配电线路 31 条, 125.5 千米。

扎哈淖尔露天煤矿 66 千伏西南变电源引自南工变, 内设 2 台 10000 千伏安变压器, 两台同时运行, 电压 66/6.3 千伏, 以 6.3 千伏电压向扎哈淖尔露天煤矿供电。

(七) 内蒙古平庄煤业（集团）有限责任公司

从 2006 年开始, 平庄煤业投入资金, 对地面供电系统进行改造, 以解决设备老化、功能落后、电损过大、安全无保障等问题。

2008 年 12 月, 元宝山露天煤矿西部变电所改造完毕。2011 年 9 月至 2013 年 12 月, 元宝山露天煤矿东部变电所、西露天煤矿变电所、三牵引变电所完成改造。此次改造, 变电所均采用了先进的设备和技术。66 千伏断路器采用 ZW35-72.5 型真空断路器, 电流互感器采用 LZW-66 型, 电压互感器采用 JZW-66 型, 避雷器采用 HY5WZ-84/221 型氧化锌避雷器。66 千伏设备全部采用真空型设备, 故障率低, 维护方便。6 千伏开关柜采用金属铠装中置式手车柜, 内配 VHP 型真空断路器, 采用自动分组投切式电容补偿装置, 降低电压波动幅度, 提高供电质量。通过改造, 采用变电所综合自动化系统, 充分利用计算机及网络技术系统, 实施监控、监视变电所一次设备, 能更好地实施无人值守或少人值守, 实现上级调度对变电站实现遥测、遥信、遥控、遥调的功能。最终达到变电站精简高效, 极大地提高了供电可靠性, 同时降低了电网运行风险, 有效控制了变电运行事故率。

二、配电

(一) 神华准格尔能源有限责任公司

1. 黑岱沟露天煤矿

1991 年 6 月, 公司投入 1 台 2500 千伏安-35/6 型国产移动变电站供矿建施工用电, 配出线路采用架空方式。1992 年 5 月, 投入 1 台 3150 千伏安-35/6 型国产移动变电站供剥离现场施工用电, 从移动变电站到用电设备采用 6 千伏电缆线路敷设。此时, 采场北部 I 回 35 千伏线路已经形成。1992 年 8 月, 投入第 1 台进口的移动变电站（3150 千伏安-35/6 型）, 用敷设电缆方式向设备供电。

1993—1994 年, 相继投入另外 3 台进口移动变电站, 供采场设备用电, 以满足逐步投入的采、钻设备的用电需求。同时, 逐步完成矿区内办公及检修用电线路由 10 千伏向 6 千伏供电线路的改造。1996 年 8 月, 露天采场轮斗挖掘机设备开始试运行, 同时投入 5 台 5000 千伏安进口移动变电站, 以满足设备用电需求, 形成环绕采场的南、北各 2 回 35 千伏线路。

图 4-3-16 供电工人进行鸟窝拆除和杆塔检修工作

黑岱沟露天煤矿采掘场供电方式是选用加拿大进口移动变电站（35/6 千伏）采用辐射方式向设备供电。移动变电站电源来自环绕采场的 35 千伏架空线路, 配出线路采用矿用 6 千伏安电缆经过移动式开关柜向设备供电。移动变电站继电保护系统采用西门子电子技术。黑岱沟露天煤矿110千伏变电站设计容量2×40000千伏安-110/35/6变压器（并且预留1台40000千伏安变压器位置）。配出线路：35千伏4回，采用架空方式分南、北各2回环绕采场；6千伏4回，出口采用电缆引接，线路采用水泥电柱架空，供黑岱沟露天煤矿检修及办公用电，重要部门（矿本部、检修中心、矿调度楼、炸药库、四级加压站、供应处油库）采用双回互备方式供电。黑岱沟露天煤矿110千伏变电站另有6千伏电缆线路6回供选煤厂破碎及选煤设备用电，架空线路1回供铁路机务段及点岱沟车站用电。

1997—2004年，黑岱沟露天煤矿相继投入7台5000千伏安-35/6.3移动变电站，其中进口移动变电站5台、国产移动变电站2台，用于满足采、钻设备的用电需求。

2005年8月至2007年10月，吊斗铲开始组装调试，为满足该设备用电需求，1台25000千伏安-35/22加拿大进口移动变电站投入使用，该移动变电站也是黑岱沟矿专为吊斗铲供电的唯一1台配出为22千伏电压等级的特殊移动变电站。

2007年8月至2008年4月，黑岱沟矿投入2台5000千伏安-35/6.3加拿大UEE公司生产的进口移动变电站，用于为生产现场电铲、钻机供电。2012年，由于生产能力扩能，黑岱沟矿新购置了3台6300千伏安-35/6.3加拿大进口移动变电站和3台6.3千伏高压开关柜，并于同年6月完成安装调试投入运行。同时，黑岱沟矿110千伏变电所也相应进行了增容，110/35/6.3千伏变压器增容为了2×50000千伏安-110/35/6.3并列运行，备用1台63000千伏安-110/35变电站作为临时检修替换用，并对4条环坑架空线路部分段进行了延伸和改设，有效保障了采掘场转向期间的可靠供电。黑岱沟露天煤矿采掘场供电方式是选用加拿大进口移动变电站（35/6.3千伏）采用辐射方式向设备供电。移动变电站电源来自环绕采场的35千伏架空线路，配出线路采用矿用6.3千伏电缆经过移动式开关柜向设备供电。移动变电站继电保护系统采用西门子电子技术。

2. 哈尔乌素露天煤矿

2008年1月，哈尔乌素露天煤矿投入1台移动变电站供剥离现场设备用电，35千伏架空线路由黑岱沟露天煤矿变电所35千伏333号环坑架空B线供电，T接引至移动变电站后，采用6千伏矿用拖拽电缆线路敷设至设备供电。同时，投入使用2台加拿大泰克诺进口电缆卷放车。2008年3月至2009年3月，相继投入9台6300伏安-35/6进口加拿大UEE公司移动变电站供剥离现场设备用电，以逐步满足投入的电铲、钻机设备的用电需求，9台随着采场采掘的进行投入使用并移设待用，使用移动变电站5台。同时逐步完成矿区办公楼及检修用电线路敷设及供配电工作。2008年6月，投入使用2台广东康盈公司制造的移动发电车，容量1800千瓦。哈矿变电所有3回6千伏电缆线路为矿办公楼和区队办公楼供电，线路编号为6512、6610、6503。5月，对2台1800千瓦移动发电车进行电容补偿改造，以满足坑下电铲、钻机行走设备需要。

2009年3月，哈尔乌素露天煤矿变电站投入使用，当月对333号环坑架空B线进行了切换，切换后由哈矿变电站366号南部环坑架空干线供电。同年对333号环坑架空A线进行切换，切换后由哈矿变电站354号北部环坑架空干线供电。

2011年5月，35千伏环坑架空354

号北部干线影响到西排土场正常排弃,对其进行了打断拆除,并将北端帮354号北部干线未拆除架空线路接入333号环坑架空线路上供电。至此,哈尔乌素露天煤矿形成3条环坑线路。扩能改造之前,哈尔乌素露天煤矿10台移动变电站相继投入运行,平均8台同时使用,2台移动变电站在移设间隔期间使用,共16台箱裸变为地面供配电,使用14台。使用主要工程车辆4台,其中电缆卷放车2台、1800千瓦发电车2台,以保障哈尔乌素露天煤矿坑下设备27684千伏安容量正常使用。

2011年8月,哈尔乌素露天煤矿购回扩能移动变电站6台,均与之前移动变电站配置、型号、厂家相同,同年11月,购回扩能新增电缆车2台。12月,安装2台移动变电站。2012年3月、8月,分别投入2台新购置的移动变电站。5月,366号环坑新架设线路投入运行。8月,购回扩能新增2000千瓦发电车1台。

图4-3-17　胜利一号露天煤矿
110千伏变电所

2013—2014年,露天煤矿新购置的另外2台移动变电站相继投入运行。2014年8月,哈尔乌素露天煤矿变电所增设2回6千伏电缆线路为哈尔乌素露天煤矿新四队办公楼和供电队办公楼供电,线路编号为6511、6519。2015年哈尔乌素露天煤矿共有16台移动变电站,同时运行移动变电站14台,2台移动变电站在移设间隔时间内使用,共21台箱裸变为地面供配电,使用15台。主要工程设备8台,其中电缆卷放车5台,1800千瓦发电车2台,2000千瓦发电车1台,以保障哈尔乌素露天煤矿坑下设备40549千伏安容量正常使用。

(二) 神华北电胜利能源有限公司

在胜利一号露天煤矿工业场地南西部建一处110千伏变电所,内设2台SSZ9-40000/11040000千伏安110±8×1.25%/38.5±5%/6.3千伏变压器,作为露天煤矿永久电源。露天煤矿110千伏变电所电源取自西郊110千伏变电站。露天煤矿110千伏变电站的负荷率为0.64,保证率为0.78。露天煤矿110千伏变电站35千伏侧引两回架空线路至采掘场,构成采掘场环坑线,以35千伏向露天煤矿采掘场设备供电,以6千伏向露天煤矿疏干排水、地面生产系统和工业场地供电。胜利一号露天煤矿一期规模1000万吨/年达产时用电负荷有功功率27377千瓦,年电耗103.78×10^6千瓦时,吨煤电耗10.4千瓦时;二期规模2000万吨/年达产时用电负荷有功功率50176千瓦,年电耗186.72×10^6千瓦时,吨煤电耗9.3千瓦时。

(三) 中电投蒙东能源集团有限公司

霍林河煤业供电部所辖6.3千伏配电线路31条,共125.5千米,其中66千伏珠南变馈出8条,主要为北矿、运五输煤系统、运三电厂上煤系统、机修总厂供电;66千伏东帮变馈出3条,主要为南矿及加工公司一号破碎站供电;66千伏南工变馈出12条,主要为加工公司、机修分厂供电;66千伏西南变馈出8条,主要为扎矿生产供电。

扎哈淖尔露天煤矿 66 千伏输岩 1 号站位于南矿南排土场，电源引自东帮变电所，内设 16000 千伏安变压器 1 台，电压 66/6.3 千伏，主要为南矿第一套剥离系统供电。

（四）神华宝日希勒能源有限公司

宝日希勒露天煤矿遵照公司电网运行要求，2015 年，露天煤矿生产用电采用来自露天煤矿变电站双回路 35 千伏供电系统，地面采用 6 千伏系统。采掘场使用 35 千伏双母线分段运行，经 312 线和 321 线向坑下 5 台 6300 千伏安移动箱变供电。地面工业广场采用引自露天煤矿变电所的 6 千伏 625 线路为地面照明、段队班组等供电。采掘场每台移动箱变馈出 3 路 6 千伏线路，采取放射式结构向采场电铲及主排水泵供电。

（五）华能伊敏煤电有限责任公司

伊敏河露天变电所和工业场地变电所各安装 2 台主变，容量为 4×8000 千伏安（型号 SFL7－8000/35），共馈出 1 回 35 千伏线路和 17 回 6 千伏线路向采掘场、地面生产系统和工业场地供电；35 千伏配电所馈出 3 回 35 千伏，其中有采掘 1 号环坑线和采掘 2 号环坑线通过 6 台 35/6 千伏移动变电站（总容量为 33600 千伏安）向采掘场环形供电（开环工作），1 回生产系统线路通过 2 台 35/6 千伏移动变电站（总容量为 14000 千伏安）向地面生产系统（扩建部分）供电。

（六）扎赉诺尔煤业有限责任公司

露天煤矿现地面、坑下供电分别由东站变电所、前哨变电所和灵北变电所提供电源，供电高压为 6 千伏，低压为 380 伏。坑下供电线路有 3 条，灵北总控 625 盘架空线型号 LJ35，长度 1.7 千米，供三号井使用变压器 100 千伏安、Ⅱ3 水圈使用变压器 20 千伏安、F4 水圈使用变压器 200 千伏安、407 看守点使用变压器 10 千伏安、地面南采办公室使用变压器 100 千伏安、汽运广场办公室使用变压器 50 千伏安、403 和 409 电铲；612 盘架空线型号 LJ35，长度 0.4 千米供汽运段办公室使用变压器 100 千伏安；前哨变电所 627 盘架空线型号 LJ35，长度 1.3 千米，供大桥泵水圈使用变压器 100 千伏安、采掘段和矿办公大楼 500 千伏安、坑下 510 煤台使用变压器 630 千伏安、420 电铲；606 盘架空线型号 LJ35，长度 0.6 千米，供坑下 468 煤台使用变压器 315 千伏安、500 千伏安两台，415、416 电铲；607 盘架空线型号 LJ35，长度 0.5 千米，供坑下 510 水圈使用变压器 200 千伏安和 412 电铲。

1991 年，蒸汽机车运输南站变电所高压供排土场电铲使用；2009 年，由于煤炭储量减少南北区合并，取消南排舍场、南站车辆段，拆除南站变电所电源；2012 年，选煤厂拆除，616 盘只有露天煤矿新厂房负荷使用变压器 100 千伏安，2013 年 624 盘由于无负荷取消 536 站电源。2015 年，露天煤矿新厂房、电源 616 盘划拨灵露矿管理。

（七）内蒙古平庄煤业（集团）有限责任公司

元宝山露天煤矿建有东部变电所和西部变电所，于 1990 年使用，均设有 2 台主变压器，1 备 1 用。西部变电所容量为 31500 千伏安，供电电压等级为 25 千伏和 6 千伏，主要为露天坑下连续工艺设备、电铲、钻机及地面生产系统供电。东部变电所原先容量为 16000 千伏安，供电电压等级为 6 千伏，2012 年根据生产负荷变化将变电所容量变更为 12500 千伏安，主要为元宝山露天煤矿疏干排水系统及工业广场设备及设施供电。

西露天煤矿变电所原有主变压器 2 台，1 备 1 用，其中 1 台 16000 千伏安、

1台10000千伏安，供电电压等级为6千伏；2012年，根据生产负荷变化将西露天变电所原容量为10000千伏安主变更换为12500千伏安。原有3处牵引变电所：一牵引4台变压器，容量为40000千伏安，供电电压等级为1140伏，2备2用，于2014年拆除；二牵引和三牵引变电所各有变压器3台，容量为4000千伏安，供电电压等级为1140伏，处于闲置状态，二牵引变电所于2009年拆除，三牵引变电所于2013年升级改造后主要用于瑞安公司井工矿生产和生活供电。

（八）神东天隆集团有限责任公司

公司武家塔露天煤矿由陕西李家畔35千伏变电站以10千伏线路供电，线路编号为158，供采坑10千伏变电站和6千伏配电室用电，6千伏线路2条双回供电至武家塔煤矿6千伏开闭所；采区由10千伏变电站、10千伏变6千伏线路5条，供采坑西部及南部主排水用电，线路编号为6701、6702、6703、6704、6705；6千伏开闭所供采坑线路3条，线路编号为6202、6203、6103，主要供北部采区用电；6104为10千伏变电站备用回路，6102供办公楼及工业广场用电，6204供机修车间及职工宿舍楼餐厅用电。

第六节 露天煤矿地质测量

一、机构与装备

（一）神华准格尔能源有限责任公司

准能公司成立初期，测量队伍全部集中在黑岱沟露天煤矿。1991年10月，成立了地测处，从黑岱沟露天煤矿分离出一部分技术人员，组成了地测处测量队，2000年又组建了华准工程监理有限责任公司测量队，2005年华准工程监理有限责任公司与准能公司分离成为独立企业。2007年，组成了哈尔乌素露天煤矿测量队。

截至2015年，准格尔能源公司有两支测量队伍。一支为黑岱沟露天煤矿生产技术部测量组，测量组由8人组成，设组长1人，专职司机1人，主要以露天煤矿生产测量为主；另一支为哈尔乌素露天煤矿生产技术部测量组，测量组由6人组成，设组长1人，主要以露天煤矿生产测量为主。

2010年以来，准格尔能源公司地测技术装备不断更新，截至2015年，黑岱沟露天煤矿和哈尔乌素露天煤矿生产技术部测量组技术装备情况见表4-3-13、表4-3-14。

表4-3-13 黑岱沟露天煤矿生产技术部测量组技术装备统计表

名称	型号	生产厂家	数量	标称精度	购置时间
全站仪	TPS1200	瑞士徕卡	1套	$1''3$毫米 $\pm 2 \times 10^{-6}$	2010年9月
GPS	Viva GS15	瑞士徕卡	6套	水平10毫米 $+ 1 \times 10^{-6}$ 垂直20毫米 $+ 1 \times 10^{-6}$	2012年8月
三维激光扫描仪	MAPTEK I-Site 8810	澳大利亚MAPTEK	1套	$20''8$毫米/200米	2014年7月
三维扫描数据处理	MAPTEK I-Site Studio5.0	澳大利亚MAPTEK	1套	—	2014年7月

表4-3-13（续）

名称	型号	生产厂家	数量	标称精度	购置时间
神华 CAD	中望 2017 简体中文版	中望龙腾软件有限公司	4 套	—	2018 年 3 月
南方 Cass	Cass10.0	南方测绘	4 套	—	2018 年 3 月

表4-3-14 哈尔乌素露天煤矿生产技术部测量组技术装备统计表

名称	型号	生产厂家	数量	标称精度	购置时间
全站仪	TCRA1201	瑞士徕卡	1 套	1" 1 毫米 + 1.5×10^{-6}	2009 年 11 月
水准仪	DNA03	瑞士徕卡	1 套	1 毫米/千米	2009 年 11 月
激光测距仪	DISTOTM D5	瑞士徕卡	1 台	测距（10 米内）± 1.0 毫米倾角 ± 0.3 度	2013 年 10 月
三维激光扫描仪	I-Site 8810	澳大利亚 MAPTEK	1 套	10 毫米（200 米处）0.01 度	2014 年 6 月
应用软件	I-Site Topo	澳大利亚 MAPTEK	2 套	—	2014 年 6 月
GNSS	i80	上海华测	6 套	水平 8 毫米 + 1×10^{-6} 垂直 15 毫米 + 1×10^{-6}	2015 年 12 月

（二）神华北电胜利能源有限公司

公司生产技术部下设地测科，负责地质测量等工作，定编 6 人，实际 5 人。

截至 2015 年底，地测科使用仪器为天宝 R8 共 4 套、徕卡 GPS6 套（其中露天煤矿 3 套）。2013 年，公司建立 CORS 基站。

（三）华能伊敏煤电有限责任公司

1991 年 1 月，伊敏煤电公司设立地测处，露天煤矿成立地测科；1992 年 11 月，公司将地质测量处并入科技处，并撤销露天煤矿的地测科。

工程测量主要采用 GPS、RTK 及经纬仪极坐标方式。

（四）中电投蒙东能源集团有限公司

2002 年，公司成立地质勘测公司，下设 4 支勘测队。2007 年，将 4 支测量队整合为 3 支测量队，提高了测量仪器使用的效率，同时加强了各队的技术力量。

测量技术人员：高级工程师 2 人、工程师 6 人、助理工程师 5 人、技术员 6 人、高级技师 4 人。

测量装备：美国天宝 GPS13 套、美国天宝全站仪 2 台、瑞士徕卡全站仪 1 台、日本托普康全站仪 1 台、索佳全站仪 2 台等。

勘探装备：水文钻机 3 台（GD-1500、T3W-DH50、SPC-300D）、探煤钻机 3 台（XY-5、XU-1000、DPP100-5D）、数字测井仪 2 台（JGS-1B、JGS-2）、空压机 2 台（BV-6/7）、移动螺杆 LGFYD-10/7-X 柴油发电机组 1 台（XFJ27）。

（五）神华大雁集团有限公司

勘测公司有矿山测量 31 人，其中高级工程师 1 人、工程师 3 人、助理工程师 12 人、工人技师 15 人；矿山地质 10 人，其中高级工程师 1 人、工程师 2 人、助理工程师 7 人；微机操作员 2 人，其中高级工程师 1 人、工程师 1 人。

主要装备：三鼎 GPS 卫星接收机 3 套，尼康 DTM 全站仪 5 台，索佳全站仪 2 台，水准仪 4 台，陀螺仪 1 台，流速仪 6 台，绘图仪 2 台，微机 18 台。

（六）内蒙古平庄煤业（集团）有限责任公司

各露天煤矿均设地测科。主要测绘仪器配备情况见表 4-3-15。

表 4-3-15　内蒙古平庄煤业（集团）有限责任公司生产和建设矿主要测绘仪器配备情况统计表

仪器名称	仪器型号	生产厂家	购置时间	精度指标	使用单位
全站仪	SOKKIΛSET2B	日本索佳株式会社测机舍（SOKKIΛ）	1999 年	$2''3+2\times10^{-6}$ 单棱镜测程 2.7 千米	西露天煤矿
全站仪	SOKKIΛSET210	日本索佳株式会社测机舍（SOKKIΛ）	2004 年	$2''3+2\times10^{-6}$ 单棱镜测程 2.2 千米	西露天煤矿、白音华露天煤矿
全站仪	LEICATC1201	瑞士徕卡集团徕卡测量系统股份有限公司	2005 年	$1''2+2\times10^{-6}$ 单棱镜测程 3.5 千米	西露天煤矿
全站仪	LEICATCR1201	瑞士徕卡集团徕卡测量系统股份有限公司	2006 年	$1''2+2\times10^{-6}$ 单棱镜测程 3.5 千米	元宝山露天煤矿
GPS	LEICA GPS 一体机 GPS RTK1+2	瑞士徕卡集团徕卡测量系统股份有限公司	2008 年 2009 年	动态平面精度 10 毫米 $+1\times10^{-6}$ 高程精度 10 毫米 $+1\times10^{-6}$	元宝山露天煤矿、白音华一号露天煤矿
测量机器人	Leica TM30	瑞士徕卡集团徕卡测量系统股份有限公司	2010 年	$0.5''、6$ 毫米 $+1\times10^{-6}$ 单棱镜测程 3.0 千米	西露天煤矿
GPS	Trimble GPS 一体机 GPS RTK 1+2	美国天宝公司	2012 年	动态平面精度 10 毫米 $+1\times10^{-6}$ 高程精度 10 毫米 $+1\times10^{-6}$	白音华一号露天煤矿
雷达	IBIS-FM	意大利 IDS 公司	2013 年	测量精度 0.1 毫米 监测距离 4 千米	西露天煤矿、白音华一号露天煤矿
3D 扫描仪	Maptek I-Site8810	澳大利亚 MAPTEK 公司	2013 年	扫描距离≥2000 米精度 ≤20 毫米（1000 米） 角度精度≤0.01 度	白音华一号露天煤矿

二、测量及验收

（一）神华准格尔能源有限责任公司

1. 控制测量

黑岱沟露天煤矿为了便于生产测量，1998 年，露天煤矿测量组在矿坑非工作帮上布设了 3 个 $10''$ 导线点，直接埋设长 3 米、直径 14 厘米的钢管，埋入地下 1.5 米，上部焊接一块加工后的钢板，在钢板上直接安置仪器，以提高工作效率。该网采用 1954 年北京坐标系，1956 年黄海高程基准，中央子午线为 111 度，3 度带第 37 带高斯克吕格投影。

2008 年 11 月，哈尔乌素露天煤矿委托准格尔旗北方测绘公司布设了首采区四等三角网。该网包含 28 个控制点，其中设钢标控制点 9 个，普通埋石点 19 个。该网采用 1954 年北京坐标系，1985 年国家高程基准，中央子午线为 111 度，3 度带第 37 带高斯克吕格投影。

2013 年 5 月，黑岱沟露天煤矿在东沿帮旧调度楼顶安装了徕卡 GR10 CORS 单基站，作为 GPS-RTK 测量的连续运行基准站，采用 2000 年国家坐标系，1985 年国家高程基准，中央子午线为 111 度，3 度带第 37 带高斯克吕格投影。因单基站使用时间较长，老化严重，导致信号接收不顺畅，2018 年 5 月对单基站进行了升级改造。

2014年12月，哈尔乌素露天煤矿在所属的工务队办公楼顶安装了托普康公司生产的 NET–G3A CORS 单基站，作为 GPS–RTK 测量的连续运行基准站，采用1980年西安坐标系，1985年国家高程基准，中央子午线为111度，3度带第37带高斯克吕格投影。因单基站使用时间较长，老化严重，导致单基站发射的信号不能完全覆盖露天煤矿作业的区域，信号接收不顺畅，2017年5月对单基站进行了升级改造，平面坐标系变更为国家2000年坐标系。

2. 测量验收

测量验收主要是指测量并计算每月剥离单斗挖掘机、装载机的产量，并绘制采剥工程平面图、各排土场工程位置平面图、填报采剥工程验收报表、剥离运距表。测量验收是矿山测量工作的重中之重，此项工作每月进行1次，每月22—30日完成，其中外业测量需4~5天，内业工作需2~3天。测量验收计算的原始数据来源主要有两方面：一是通过测量验收外业获取各台阶的坡顶、坡底及平盘散点数据；二是将原地形图进行矢量化处理，将数据提取一部分出来，与现有的坑下采剥工程平面图合并到测量验收数据库中，供绘制采剥工程平面图、计算工程量使用。

外委剥离工程工程量计量：2016年以前，公司委托内蒙古华准工程监理有限责任公司承担外委剥离工程的验工计量及外委施工管理。2016年3月，根据公司安排由公司生产技术部牵头，与两露天煤矿一起履行验工计量职能，负责外委各标段的月度工程量测量、年度工程量验收、运距核定工程质量监理，工程进度款预审和工程施工安全监管及外委剥离穿孔作业的月度进米测量、年度进米验收、工程质量监理，工程进度款预审和工程施工安全监管。

3. 施工测量

标定工作主要有：推进方向各台阶每月及年终位置；各台阶左右端帮位置；坑内和排土场斜坡道起坡、终了位置，斜坡道坡度；测量组需每周一测定各剥离单斗挖掘机的位置和标高；实地标定爆破预裂孔的位置；放样环坑输电线路的电线杆位置；标定轮斗系统的移设位置和延长位置等。

4. 变形监测

（1）边坡雷达监测。黑岱沟露天煤矿边坡监测分为抛掷爆破高台阶监测和排土场边坡监测两部分。自2009年10月开始与沈阳研究院达成协议，租用1台边坡稳定性雷达对该矿抛掷爆破高台阶进行监测，截至2012年12月底，雷达系统已成功监测到26次片帮。2013年1月，从澳大利亚 GROUNDPROBE 公司引进的 SSR 边坡监测雷达正式投入使用，投入使用至今，雷达系统成功监测到15次片帮，并且在片帮发生之前的几个小时内提前发出预警。黑岱沟露天煤矿所有的外排土场均设有 GPS 位移监测系统与应力监测系统，全矿共有固定的 GPS 地表位移监测点82个，其中排矸场8个、东排土场6个、西排土场12个、北排土场30个、阴湾排土场21个，南帮9个，基准站2个。应力监测点4个，位于排矸场。

2012年9月，哈尔乌素露天煤矿从北京博泰克机械有限公司引进了边坡雷达监测系统，边坡雷达设备于9月下旬到货，10月进行组装试运行，2013年1月验收完毕，开始正式运行。边坡雷达对采场端帮进行了实时监测，成功监测到端帮片帮，能够在片帮即将发生前2小时内提前预警。哈尔乌素露天煤矿排土场到界边坡和采场南北端帮设有 GPS 监测系统，全矿共有固定 GPS 监测点 26 个，其中排土场到界边坡 25 个、电缆场地集水坑 1 个；移动 GPS 监测点 6 个，其中南端帮 4 个、北端帮 2 个，实现了外排土场边坡、采场端帮边坡的全覆盖。

（2）沉降观测。定期对哈尔乌素露天煤矿西排土场进行沉降观测。测量人员在可能受到西排土场挤压作用的电线塔塔基设立 2 个观测点，在铁路桥桥墩上设立 2 个观测点，定期对每个点进行观测，分析其位移和沉降变化情况。在春季解冻期及雨季适当增加观测次数，以便适时掌握其变化情况。定期对观测数据进行汇总分析，发现问题及时上报。

5. 地形图测量

1975—1985 年，根据准格尔煤田地质勘探和开发建设的需要，在矿区范围内测绘了各种大比例尺地形图（表 4-3-16）。

表 4-3-16　准格尔矿区各种大比例尺图测绘统计表

比例尺	面积（平方千米）	测图方法	等高距（米）	内业、外业单位	作业时间
1:5000	1720	航测	5	煤炭部航测大队	1975—1977 年
				内蒙古煤勘公司勘测队	1978—1979 年
	140	平板仪测图	2	内蒙古测绘局	1976 年
	655	航测	2	煤炭部航测大队	1978—1979 年
				内蒙古煤勘公司勘测队	
1:2000	160	航测	2	煤炭部航测大队	1979 年
				内蒙古煤勘公司勘测队	
	240	航测	2	煤炭部航测大队	1983 年
				内蒙古煤勘公司勘测队	
	20.618	缩绘	2	指挥部委托内蒙古煤勘公司	1985 年
1:1000	20.618	缩绘	1	指挥部委托内蒙古煤勘公司	1985 年
	1.2	平板仪测图	1	准煤公司露天煤矿测量组	1987 年 10—12 月
1:500	10.438	平板仪测图	1	指挥部委托内蒙古煤勘公司	1984 年 12 月—1985 年 4 月
	10.18	平板仪测图	0.5	指挥部委托内蒙古煤勘公司	1985 年 5—3 月

（二）神华北电胜利能源有限公司

1. 工程、工程控制测量

矿区中央子午线为 117 度，1954 年北京坐标系 3 度带第 39 带成果，1985 年国家高程系统。1993 年，内蒙古煤矿设计勘测队施测，2004 年，内蒙古地质测绘院补充测量采用 3 个国家 II 等三角点起算测绘面积 22 平方千米，2013 年初采用 4 个国家 II 等三角点起算建立 CORS 基站。

每月进行剥离、采煤位置与排土场测量并更新采剥工程平面图，进行爆破测量与剥离、采煤运距测量工作。

2. 测量验收

负责北电公司的测量验收计算工作，测绘软件采用 3DMne 矿业工程软件与南方 CASS 成图系统软件相结合方式。

3. 水文地质与边坡观测

边坡观测采用 2012 年购置边坡监测雷达 24 小时连续监测（意大利 IDS 公司名称，IBIS-FM）与人工监测相结合方式进行。

（三）神华大雁集团有限公司

2009 年 5 月，公司勘测公司在扎尼河露天煤矿矿区范围内布设了控制点 12 个；2010 年，露天煤矿进行了 3 个进井点；2013 年 8 月，勘测公司重新布设了控制点 20 个；同年，完成了扎尼河露天煤矿三角网基本控制测量和煤矿月度、年度土方剥离测量验收，煤炭采出量测量验收。

(四) 华能伊敏煤电有限责任公司

露天煤矿工程测量包括一般性工程测量及设计和重要工程测量及设计。一般性工程测量采用 GPS RTK 及经纬仪极坐标方式，并进行必要的检核；测量记录要留存半年，工程设计要由技术负责或相关专业人员签字。重要工程测量及设计要对放样数据会同主要工程技术负责进行校对审核，对工程图纸要组织图纸会审；工程测量采用 GPS RTK 及经纬仪极坐标方式，必要时进行等级控制测量；必须对放样点进行检核，并给定起算数据。测量记录要留存至工程竣工验收以后半年或根据需要存档；工程设计由技术负责，科长、总工程师签字。

(五) 中电投蒙东能源集团有限公司

2001 年，地测公司承担南露天煤矿地面生产系统建设的测量工作及其他测量任务。2002 年，承担霍林河铝厂建设的测量工作及其他测量任务。

2003 年，承担霍林河电厂建设的测量工作及其他测量任务。

2004 年，承担霍宁碳素厂建设的测量工作，同时进入白音华地区开展控制测量和地形测量工作，为白音华露天煤矿的建设打下基础。同年，引进了先进的动态 GPS 测量技术，实现了测量技术的重大变革，从本质上提高了测量外业的作业效率，并开始与辽宁工程技术大学合作开发地测软件中的测量子系统。

2005 年，开始承担白音华二号矿、三号矿的剥离验收及其他矿山测量工作。完成了鲁霍公司至白音华 109 千米公路测量任务，鲁霍公司地面生产运输系统放线及复测工作等工程测量任务，并开始进行霍林河电厂至北矿三采输煤系统建设的测量工作。经过一年的验证和试用地测采软件开始全面使用，实现了测量内业工作的革命性变革，提高了测量内业效率。

2006 年，完成霍林河电厂至北矿三采输煤系统放线及复测工作和其他测量任务。

2007 年，矿山测量累计完成南露天煤矿、北露天煤矿、鲁霍公司、白音华二号矿、白音华三号矿测量验收量 1.7 亿立方米。完成了霍林河电厂地面排灰系统建设的测量工作、南矿输煤带式输送机控制的测量工作等 50 余项测量任务。

2008 年，矿山测量累计完成南露天煤矿、北露天煤矿、鲁霍公司、白音华二号矿、白音华三号矿测量验收量 2.2 亿立方米。完成南矿带式输送机道中心测量、鲁霍高压线路放线测量、南露天煤矿、北露天煤矿、鲁霍公司边坡岩移监测等 50 余项工程测量任务。同年，对地测采用的测量子系统功能进行了改进，并引进中继站技术，实现了矿区 GPS 测量信号的全覆盖。

2009 年，矿山测量累计完成南露天煤矿、北露天煤矿、鲁霍公司、白音华二号矿、白音华三号矿测量验收量 2.7 亿立方米。开始进入巴其北地区进行地形测量工作，并承担鲁霍公司工业广场建设的测量工作，南露天煤矿西排土带式输送机、南排土带式输送机、鲁霍公司输煤带式输送机建设的测量工作等 40 余项工程测量任务。

(六) 扎赉诺尔煤业有限责任公司

1991—1996 年，扎赉诺尔煤矿完成了 200 平方千米的矿区四等三角网及四等导线网的重点改造工作，露天煤矿带式输送机运输巷道贯通工程运输四等控制点。

(七) 神华宝日希勒能源有限公司

控制点布设：在露天采场周边布设了周密的控制点，实现了对现场测量的全局掌控，做到无死角。

测量放线：在露天煤矿的生产过程

中，按照设计计划，根据露天煤矿采剥作业流程及时进行放样，保证露天煤矿生产顺利进行。

边坡监测：对于边帮的变动情况，在各个边帮设置了监测点，每天、每周进行测量并记录数据，时时刻刻掌握变动情况。

土方量验收：每月对外委施工单位进行土方量验收，利用 GPS-RTK 测量仪（基站、电台模式）进行测量，得到数据使用 SMCAD 计算软件采用三维建模，实体求交的方式进行土方量计算。

排土场及煤层现状测量：利用 GPS-RTK 测量仪进行测量并成图，使其直观地呈现现场状态，并以所得数据为基础用于将来的设计和计算。

铁板砂爆破及煤层爆破验收：利用 GPS-RTK 测量仪进行测量，采用 SMCAD 计算软件实体求交的方法进行计算。三维面投影深度为爆破深度，爆破深度以实际量取爆破范围内钻孔数量的 10%~20% 的平均深度值计算。

第四章 选 煤

第一节 选煤厂数量与规模

一、国有重点煤炭企业

（一）选煤厂数量

1991年初，统配煤矿只在乌达矿务局、海勃湾矿务局、平庄矿务局有选煤厂6处，入选原煤420万吨，选出量126万吨，产出率30.00%，其中焦煤51.61万吨，动力煤74.39万吨。同年底，乌达矿务局苏海图选煤厂生产精煤45.95万吨，海勃湾矿务局老石旦小选煤厂生产精煤5.66万吨。东北内蒙古煤炭联合公司所属的扎赉诺尔、大雁等矿务局煤矿均设有井口选煤厂，产出的原煤全部使用螺旋筛及单轴单层吊式振动筛进行筛选。

1995年，自治区统计口径的5处选煤厂产能630万吨，入选原煤531.71万吨，选出量为173.89万吨，产出率为32.7%。其中焦煤68.71万吨，动力煤105.18万吨。1995年部分国有重点煤矿生产选煤厂基本情况见表4-4-1。

表4-4-1 1995年部分国有重点煤矿生产选煤厂基本情况统计表

选煤厂名称	投产日期	煤种	核定产能（万吨/年）	入选量（万吨）	选出量（万吨）	产出率（%）	灰分（%）	水分（%）
乌达矿务局苏海图选煤厂	1986年	肥煤	120	101.82	54.28	53.31	9.15	8.97
海勃湾矿务局平沟选煤厂	1994年	焦煤	120	63.26	14.43	22.81	12.00	9.80
平庄矿务局古山选煤厂	1983年	褐煤	120	134.82	16.98	12.59	14.51	19.91
平庄矿务局西露天煤矿选煤厂	1967年	褐煤	150	147.64	50.18	33.99	17.85	26.12
平庄矿务局红庙矿选煤厂	1989年	褐煤	120	84.17	38.02	45.17	19.53	25.56

1996年，海勃湾矿务局老石旦选煤厂投产。1997年，选煤能力1000万吨/年的补连塔矿选煤厂投产。1999年，乌达矿务局黄白茨矿选煤厂投产；同年，神华准格尔煤炭公司选煤厂投产。2000年，神华海勃湾矿业公司建成公乌素选煤厂，神东煤炭集团公司上湾煤矿选煤厂投产。

2000年底，全区国有重点煤矿选煤厂15处，产能2110万吨/年；共入选原煤966.36万吨，选出量为797.74万吨，产出率为82.55%。其中，入选焦煤255.74万吨，选出量172.73万吨；入选动力煤710.62万吨，选出量625.01万吨。2002年，神华乌达矿业公司五虎山选煤厂投产。2003年，神华海勃湾矿业公司路天选煤厂投产。2003—2004年，神华包头矿业公司北能选煤厂和阿刀亥选煤厂（扩建）相继建成投产。2003年，神华神东煤炭集团公司乌兰木伦选煤厂投产。

2005年底，自治区国有重点煤矿统计口径的选煤厂18处，产能6983万吨。其中生产选煤厂15处，产能6755万吨。2005年共入选原煤6903.05万吨，选出量6199.22万吨，产出率89.80%；其中入选炼焦煤1243.54万吨，选出量796.66万吨，产出率64.06%；入选动力煤5659.71万吨，选出量5402.56万吨，产出率95.46%。2005年部分国有重点煤矿生产选煤厂基本情况见表4-4-2。

表4-4-2　2005年部分国有重点煤矿生产选煤厂基本情况统计表

选煤厂名称	投产日期	煤种	核定产能（万吨/年）	入选量（万吨）	选出量（万吨）	产出率（%）	灰分（%）	水分（%）
神华乌达矿业公司苏海图选煤厂	1986年	1/3焦煤	165	171.72	80.01	46.59	9.53	5.35
神华乌达矿业公司黄白茨选煤厂	2005年	焦煤	150	90.26	53.50	59.27	7.78	9.89
神华乌达矿业公司五虎山选煤厂	2005年	1/3焦煤	90	129.41	62.12	48.00	9.95	6.64
神华海勃湾矿业公司平沟选煤厂	1994年	焦煤	120	162.76	121.32	74.54	23.00	10.00
神华海勃湾矿业公司老石旦选煤厂	2005年	焦煤	160	183.86	154.12	83.82	23.00	11.00
神华海勃湾矿业公司公乌素选煤厂	2003年	焦煤	210	237.23	180.99	76.29	24.00	8.00
神华海勃湾矿业公司路天选煤厂	2004年	焦煤	165	147.22	110.46	75.03	26.00	7.00
神华包头矿业公司北能选煤厂	2003年	焦煤	50	50.77	15.11	29.76	11.13	8.18
神华包头矿业公司阿刀亥选煤厂	2004年	焦煤	90	70.31	19.03	27.07	9.50	8.93
神华准格尔能源公司选煤厂	1999年	长焰煤	2000	1983.66	1977.35	99.67	24.00	11.00
神华神东煤炭公司补连塔选煤厂	2005年	不黏煤	2000	1886.20	1775.40	94.13	7.00	16.00
神华神东煤炭公司上湾选煤厂	2004年	不黏煤	1000	1222.90	1148.70	93.93	7.00	16.00
神华神东煤炭公司乌兰木伦选煤厂	2003年	不黏煤	300	485.20	436.50	86.96	7.00	17.00
平庄煤业集团公司古山矿选煤厂	1983年	褐煤	120	44.91	34.43	76.66	13.67	22.74
平庄煤业集团公司西露天选煤厂	1967年	褐煤	180	36.64	30.18	82.37	21.49	24.49

2008年底，全区国有重点煤矿统计口径内选煤厂24处，产能10335万吨/年；其中生产选煤厂21处，产能9785万吨；2008年共入选原煤10184.51万吨，选出量7822.63万吨，产出率76.80%；其中入选炼焦煤1940.19万吨，选出量

699.46 万吨,产出率 53.06%;入选动力煤 8244.32 万吨,选出量 7123.17 万吨,产出率 86.40%。2008 年部分国有重点煤矿选煤厂基本情况见表 4-4-3。

表 4-4-3 2008 年部分国有重点煤矿生产选煤厂基本情况统计表

选煤厂名称	投产日期	煤种	核定产能（万吨/年）	入选量（万吨）	选出量（万吨）	产出率（%）	灰分（%）	水分（%）
神华包头矿业公司北能选煤厂	2003 年	焦煤	50	34.33	6.83	19.90	9.80	8.05
神华包头矿业公司水泉选煤厂	2008 年	瘦煤	290	106.61	14.91	13.99	10.00	8.75
神华乌达矿业公司苏海图选煤厂	2006 年	炼焦煤	165	187.48	88.83	47.38	9.63	19.59
神华乌达矿业公司黄白茨选煤厂	2005 年	焦煤	150	175.70	118.23	67.29	7.12	9.40
神华乌达矿业公司五虎山选煤厂	2006 年	炼焦煤	210	186.85	113.11	60.54	7.07	15.66
神华海勃湾矿业公司海多焦化厂	2006 年	1/3 焦煤	—	4.57	2.32	50.77	19.5	8.90
神华海勃湾矿业公司平沟选煤厂	2006 年	焦煤	120	171.60	46.30	26.98	10.67	13.44
神华海勃湾矿业公司老石旦选煤厂	2005 年	焦煤	160	187.90	70.30	37.41	10.40	11.94
神华海勃湾矿业公司公乌素选煤厂	2008 年	焦煤	210	235.00	57.27	24.47	10.6	10.15
神华乌海焦化公司兴荣选煤厂	2006 年	焦煤	90	88.51	24.64	27.84	7.79	7.51
神华乌海焦化公司天信选煤一厂	2007 年	焦煤	150	151.53	38.10	25.14	7.23	7.75
神华乌海焦化公司天信选煤二厂	2007 年	无烟煤	60	4.59	2.73	59.48	4.06	6.00
神华乌海焦化公司利民选煤厂	2003 年	焦煤	120	128.09	33.98	26.53	7.50	7.95
神华乌海焦化公司棋盘井选煤厂	2007 年	1/3 焦煤	400	282.00	84.00	29.93	10.00	23.46
神华准格尔能源公司选煤厂	2004 年	长焰煤	2250	2933.26	2837.51	96.74	25.55	11.25
神华神东煤炭公司补连塔选煤厂	2008 年	不黏煤	2200	2338.53	2219.12	94.89	9.01	15.07
神华神东煤炭公司上湾选煤厂	2007 年	不黏煤	1300	1329.65	1250.04	94.01	8.41	16.47
神华神东煤炭公司乌兰木伦选煤厂	2007 年	不黏煤	660	526.35	500.36	95.06	12.20	18.60
金烽韩家村选煤厂	2007 年	不黏煤	800	1009.57	235.26	23.30	15.49	27.10
平庄煤业集团公司西露天选煤厂	2006 年	褐煤	200	36.49	28.85	79.06	28.53	21.23
平庄煤业集团公司古山选煤厂	2006 年	一般烟煤	150	65.90	49.71	75.43	13.18	22.32

2010 年,神华神东煤炭集团有限公司的补连塔、煤制油公司、上湾、乌兰木伦、布尔台 5 处选煤厂生产能力达 7460 万吨/年。神华准格尔能源有限公司黑岱沟、哈尔乌素选煤厂生产能力达 4449.24 万吨/年。神华乌海能源有限公司五虎山、公乌素、骆驼山、棋盘井等 12 处选煤厂生产能力达 2345 万吨/年。

神华包头矿业有限公司水泉选煤厂生产能力达 290 万吨/年。神华胜利北电能源有限公司露天煤矿筛选厂生产能力达 2000 万吨/年。神华宝日希勒能源有限公司露天煤矿筛选厂生产能力达 1000 万吨/年。

2010 年 2 月,随着灵东煤矿选煤厂投入使用,扎赉诺尔煤业公司所属各矿配套建设同等规模的选煤厂以及工艺设备改造升级全部完成,井下生产原煤（≤300 毫米）通过齿辊式滚轴筛进行筛分,筛分颗粒 50 毫米。50 毫米以下产品装车外销,大于 50 毫米产品进行人工检查性手选后,地销或部分外销。

内蒙古大雁集团有限公司、霍林河露天煤业公司、伊敏煤电公司一号露天煤矿筛分系统相继投入使用，生产原煤全部经过筛选。

截至2015年，全区竣工投产的选煤厂296处，年处理原煤能力7.98亿吨，单厂平均能力270万吨。选煤能力比1990年的795万吨增长了100倍，其中，煤矿配套选煤厂148处，处理能力4.8亿吨；群矿型选煤厂148处，处理能力3.18亿吨。全区原煤入选率达到88%。

（二）部分选煤厂建设

1. 神华神东煤炭集团有限责任公司

（1）补连塔选煤厂。设计能力2200万吨/年，主要承担补连塔煤矿2000万吨/年和马家塔露天煤矿外购煤（200万吨/年）的加工任务。1991年，单段跳汰选煤系统开工建设，设计能力30万吨/年。1997年10月重介选煤系统建成投产，选煤能力1000万吨/年。2001年4月，开工建设旁路筛选系统，设计入选能力1000万吨/年。2001年9月建成投产，同时跳汰选煤系统停产。

图4-4-1 1997年10月选煤能力1000万吨/年的补连塔选煤厂建成投产

2002年6月，设计能力200万吨/年的外来煤选煤系统扩建工程开工，2005年6月，选煤系统改扩建工程建成投产，全厂总原煤设计规模达到2000万吨/年。2010年5月进行新一期改扩建工程建设，改扩建增加1套块煤洗选系统、1套末煤洗选系统，对现有的块煤洗选系统进行扩建，投产后全厂原煤设计处理能力达2200万吨/年，原煤煤种为长焰煤、不黏煤。外来煤处理能力500万吨/年。

2010年，全入选技术改造已基本完成，可实现两种煤源中的一种25毫米分级全部入选，另一种可以实现+25毫米块煤洗选。原煤设计处理能力达2200万吨/年。+25毫米块煤均采用重介浅槽选煤，-25毫米末煤使用重介旋流器选煤，煤泥采用分级旋流器分级，粗煤泥采用煤泥离心机脱水，细煤泥经浓缩后采用加压过滤机和板框压滤机回收。矸石用汽车外排。2013年，补连塔选煤厂设计产品煤主要用于出口和供给华东地区沿海大型火力发电厂，外运产品为特低灰、特低硫、特低磷和中高发热量的优质动力煤及汽液化用煤，洗水实现国标一级闭路循环。

（2）上湾选煤厂。初期设计300万

吨/年筛选系统，洗选上湾煤矿生产的原煤。1997年5月开工建设，2000年6月建成投产。2003年2月，开始进行第一次改扩建，选用重介质浅槽分选系统，2004年1月建成投产，设计选煤能力达到1000万吨/年。2006年4月，开始进行混煤上仓带式输送机扩能改造，2007年1月建成投产，设计选煤能力1300万吨/年。2008年4月，开工建设新增块煤洗选车间，2010年12月建成投产，设计选煤能力达1400万吨/年。

(3) 乌兰木伦选煤厂。是乌兰木伦煤矿配套工程，为矿井型选煤厂。该厂初期选煤设计能力300万吨/年，采用重介浅槽洗选系统，2003年1月开工建设，同年3月建成投产，完成投资6601.36万元。

2006年5月，选煤厂对运输系统进行改造，2006年6月完成。扩能改造后，原煤处理能力达到600万吨/年。2007年对块煤重介浅槽洗选系统进行改造，洗选25~200毫米块煤，小于25毫米末煤不洗选直接上仓；两次技改共完成投资10800万元。改造后，原煤处理能力达到660万吨/年，主要产品为洗混煤。

(4) 煤制油公司选煤厂。该厂是一处特大型矿井、用户兼有型现代化选煤厂，主要加工补连塔煤矿的原煤，先期工程设计规模600万吨/年，拥有主要生产车间2处（筛分破碎车间、主厂房），直径为30米浓缩车间2处（1用1备）。全厂现有主要生产设备121台（套）。其中主要设备由澳大利亚、美国、英国等国家引进，其他辅助设备选用国内外知名企业的优质产品。该厂采用30~1.5毫米末煤重介旋流器选煤工艺，原煤全部选前破碎。产品计划为4个，分别为洗精煤（液化用煤）、末原煤（原煤分流所得、制氢用煤）、中煤（矸石与部分原煤混合、自备电厂用煤）、粗煤泥和细煤泥（自备电厂用煤）。

(5) 布尔台选煤厂。始建于2006年3月，2009年8月投产。该厂承担着布尔台矿、柳塔矿、寸草塔一矿和寸草塔二矿4处矿井的原煤加工及装车外运任务，总设计能力为3000万吨/年。该厂选煤系统分为块煤选煤系统和末煤选煤系统。块煤选煤系统工程一期于2006年3月开工建设，设计洗选能力为950万吨/年，2007年2月建成投产。二期于2007年2月开工建设，设计洗选能力为950万吨/年，2007年8月建成投产。末煤选煤系统一期工程于2008年8月开工建设，设计选煤能力为550万吨/年，2009年4月投产。二期于2009年8月开工建设，设计选煤能力为550万吨/年，2010年建成投产。

该厂生产工艺为+13毫米块煤重介浅槽分选，13~2.0毫米两产品有压重介旋流器分选，2.0~0.2毫米TBS分选，煤泥采用加压过滤机、沉降过滤式离心机和板框压滤联合处理。全厂实际能力为3100万吨/年。末煤生产工艺为：200~13毫米块煤重介浅槽分选后，-13毫米两产品有压重介旋流器与TBS配合入选，煤泥采用加压过滤机、沉降过滤式离心机和板框压滤联合处理。

(6) 黄玉川选煤厂。设计规模1000万吨/年，主要加工黄玉川煤矿生产的原煤，于2011年4月开工建设，2013年6月建成并投产。该厂主要有4种生产方式：一是原煤经过手选，不入选；二是+25毫米块煤全部洗选，末煤不洗选；三是+25毫米块煤全部洗选，末煤6毫米脱粉后洗选；四是块、末煤全部洗选。

2. 神华乌海能源有限责任公司

乌达矿务局和海勃湾矿务局1998年

划归神华集团时,有6处生产选煤厂和1处在建选煤厂。2002年以后,神华集团公司对乌达矿业公司和海勃湾矿业公司7处选煤厂进行了集中扩建和技术改造。乌海煤焦化公司和乌海蒙西焦化公司成立后,新增加了利民选煤厂、棋盘井选煤厂、天信选煤厂和兴荣选煤厂。2008年乌海能源公司成立后,续建了骆驼山选煤厂。截至2010年底,乌海能源公司拥有12处选煤厂,总生产能力达2055万吨。主要产品为精肥煤、精焦煤和1/3焦煤。2014年,受煤炭行业萧条影响,公司先后关停苏海图选煤厂、兴荣选煤厂、骆驼山选煤厂、平沟选煤厂、天信选煤厂。2010—2015年神华乌海能源有限责任公司选煤生产情况见表4-4-4。

表4-4-4 2010—2015年神华乌海能源有限责任公司选煤生产情况统计表

年度	入选原煤 (万吨)	选炼焦用煤 (万吨)	选中煤 (万吨)	煤矸石 (万吨)	回收率 (%)	年度	入选原煤 (万吨)	选炼焦用煤 (万吨)	选中煤 (万吨)	煤矸石 (万吨)	回收率 (%)
2010	2055.40	718.27	829.13	508.00	75.29	2013	1993.64	660.43	835.45	497.76	75.03
2011	2030.54	683.63	873.98	472.93	76.71	2014	1751.40	596.02	665.59	489.79	72.03
2012	1991.07	668.37	832.84	489.86	75.40	2015	1064.17	377.38	299.73	387.06	63.63

(1)苏海图选煤厂。为苏海图煤矿的配套工程,分老厂和新老厂。老厂始建于1959年,设计选煤能力为30万吨/年,主要生产精肥煤,1997年因原煤硫高停产。新厂建于1978年,1980年停工,1983年复建,1986年竣工投产,建设选煤能力为120万吨/年。

2002—2003年,神华乌达矿业公司在选煤厂原有跳汰选煤工艺的基础上,增设了重介选煤系统,并进行了浮选机改造,实现了浮选给药自动化。2004年对浮选机、跳汰机自控系统进行了改造,2005年增设了1处尾煤压滤车间及2台ZKG250/1500型快开式隔膜压滤机,2006年核定生产能力为165万吨/年。

选煤厂主要洗选苏海图煤矿生产的12号、13号和15号原煤,并与五虎山煤矿生产的高硫低灰原煤进行配选,以满足客户对灰分、硫分的要求。精煤产品主要有1/3焦煤和肥煤两个品种,属于紧缺稀有煤种。

(2)平沟选煤厂。为平沟煤矿的配套工程,设计选煤能力120万吨/年,总投资8000万元,1991年11月开工建设,1994年6月建成投产。2004年,选煤厂进一步对煤泥水系统进行改造,实现了洗水闭路循环。2006年10月至2008年8月,选煤厂对重介洗选系统渣浆泵、旋流器和重介系统振动筛进行了更新改造。更新改造工程共完成投资1895万元,其中土建工程完成投资217万元,设备购置完成投资954万元,安装工程完成投资724万元。平沟选煤厂所用原料煤全部来自平沟煤矿,产品有焦煤和动力混煤2个品种,2006年核定产能为160万吨/年。

(3)老石旦选煤厂。为老石旦煤矿的配套工程,1995年开始兴建,设计生产能力为60万吨/年,1996年12月投产,主要洗选本煤矿生产的原煤。

2002年增加了重介选煤工艺,年选煤能力由60万吨增为120万吨。2005年进行了扩建,年选煤能力达到160万吨,主要产品为精焦煤和混煤。选煤厂扩能改造工程共完成投资5293万元,其中土建工程完成投资1689万元,设备购置完成投资2623万元,安装工程完成投资736

万元，其他费用为 245 万元。

（4）路天选煤厂。1997 年建厂，为路天煤矿的配套工程，主要加工路天煤矿生产的原煤，设计生产能力为 120 万吨/年，2003 年以前最高选煤能力仅为 60 万吨/年。2003 年，该厂实施政策性破产，2004 年重组后由海勃湾矿业公司控股，更名为乌海市路天煤炭加工有限责任公司，2004 年核定选煤能力为 165 万吨。主要产品为 1/3 焦煤，属于国内炼焦用优质稀缺煤种。

选煤厂基本建设和技改累计完成投资 5469 万元，其中土建工程完成投资 1441 万元，设备购置完成投资 2886 万元，安装工程完成投资 968 万元，其他费用为 174 万元。

（5）凯鸿选煤厂。原为黄白茨选煤厂，始建于 1997 年，1999 年建成投产，设计生产能力为 60 万吨/年。投产后由于主选的黄白茨煤矿生产原煤含硫高、煤质不稳定和市场需求严重萎缩等而无法正常生产，于 2000 年停产。2003 年 8 月，该选煤厂实行了政策性破产，改制后更名为乌海市凯鸿煤化有限责任公司，由乌达矿业公司控股。2006 年更名为神华乌达凯鸿煤化有限责任公司。2005 年，新扩建了 60 万吨的跳汰选煤系统，设计能力由 60 万吨/年扩大到 120 吨/年，核定生产能力为 160 万吨/年，主要产品为精肥煤和混煤。

选煤厂扩能改造工程累计完成投资 5893 万元，其中土建工程完成投资 1283 万元，设备购置完成投资 1306 万元，安装工程完成投资 423 万元，其他费用为 2881 万元。

（6）五虎山选煤厂。原为五虎山煤矿矿井型选煤厂，1965 年开工建设，1970 年建成投产，1999 年 12 月与五虎山多经公司惠丰选煤厂合并，成立乌达矿务局五虎山选煤厂。

图 4-4-2 技术改造工程竣工后的五虎山选煤厂

2002 年对煤泥水回收系统进行改造，实现煤泥水闭路循环。2003 年对旋流器、管路、重介等系统进行了改造，采用重介分选、浮选和压滤联合工艺。主要加工原料煤是五虎山煤矿生产的 9 号、10 号、12 号原煤。2005 年将原 80 万吨/年跳汰选煤工艺改造为 90 万吨/年重介选煤工艺，并在整个工艺系统基础上增建了 120 万吨重介车间和浮选车间的运输系统，技改完成后入选能力达到 210 万吨/年，主要产品为高硫肥煤、中硫肥煤和洗混煤。2005 年底，技术改造工程竣工，累计完成投资 8014 万元，其中土建工程完成投资 2724 万元，设备购置完成投资 2395 万元，安装工程完成投资 2319 万元，其他费用为 576 万元。

（7）公乌素选煤厂。为公乌素煤矿的配套工程，由新、老两个厂组成。老厂建于 1998 年 4 月，由海勃湾矿务局投资兴建，设计生产能力为 60 万吨/年，1999 年 12 月 23 日试生产，2001 年 7 月 18 日正式通过竣工验收。新厂于 2003 年 10 月由海勃湾矿业公司投资兴建，设计生产能力为 150 万吨，2004 年 10 月 1 日建成进入试生产阶段。次年 4 月，该选煤厂实行了政策性破产,重组后更名为乌海市公乌素煤炭加工有限责任公司,由海勃湾矿业公司控股。2005年7月,在原煤仓上新建一套筛分破碎系统。2006年8月投资95万元对煤泥水系统进行改造,2008年7月交付使用。

2009年10月,该厂将4台板框压滤机更换为快开式压滤机,解决了煤泥回收速度缓慢的问题。同时将原有捞坑脱泥方式改为有压脱泥工艺,进行单台大直径三产品重介旋流器工艺改造,并将新、老两个厂衔接,实现洗水闭路循环,年设计生产能力达到210万吨。主要产品有低硫精煤、高硫精煤、高热值混煤和混煤。

选煤厂改造工程累计完成投资12257万元,其中土建工程完成投资3864万元,设备购置完成投资5353万元,安装工程完成投资1879万元,其他费用为1161万元。

(8)利民选煤厂。原为乌海市民营企业利民煤焦有限责任公司选煤厂,设计生产能力为120万吨/年,总投资3300万元。投资主体为企业自筹。2003年4月建设,同年12月投产。2005年8月被神华乌海煤焦化有限责任公司整体收购。2008年10月乌海能源公司成立后,成为乌海能源公司管辖的独立企业,并更名为乌海能源公司利民选煤厂。洗选的精煤全部用于焦化厂炼焦,混煤外销。2009年10月,神华乌海能源公司对其进行改造,工艺仍为重介—浮选联合工艺,2010年12月完成技改,洗选能力达到240万吨/年,采用不脱泥、不分级混合无压给料三产品重介旋流器选煤工艺。

(9)天信选煤厂。原为民营企业乌海市天信精选煤有限公司选煤车间,为用户型选煤厂。设计生产能力150万吨/年,投资670万元,2003年5月开工,2004年8月竣工投产,采用重介选煤工艺。2005年被神华乌海煤焦化有限责任公司整体收购。2008年10月乌海能源公司成立后,成为乌海能源公司独立的选煤厂。2009年12月,选煤厂技术改造工程竣工,累计完成投资2434.7万元,其中土建工程完成投资1365.43万元,设备购置完成投资1043.14万元,其他费用为26.13万元。2010年核定选煤能力为150万吨/年,产品为精焦煤和混煤。

(10)兴荣选煤厂。原为民企,属于群矿型选煤厂,原设计能力为60万吨/年,核定能力为80万吨/年。2006年8月由神华集团并购,为神华乌海能源公司西来峰煤化工分公司焦化厂的生产车间,主要产品为精煤和混煤。

(11)棋盘井选煤厂。为蒙西棋盘井煤矿的配套项目,设计生产能力为400万吨/年。2006年4月开工建设,2007年10月建成投产,采用重介选煤工艺,主要产品为精煤和混煤。

(12)骆驼山选煤厂。为骆驼山煤矿的配套项目,设计生产能力为300万吨/年,分两期建设,一期150万吨/年,采用重介浮选生产工艺。工程于2006年5月18日与骆驼山煤矿同时开工建设,2007年9月完成设备单机调试和系统调试,10月试生产;二期工程于2008年3月开工建设。截至2010年底,一、二期工程共完成投资11037.98万元,其中土建工程完成投资5270.46万元,设备购置完成投资2642.1万元,安装工程完成投资2196.71万元,其他费用为928.71万元。主要产品为灰分10.5%以内的精焦煤和混煤。

3. 神华准格尔能源有限责任公司

(1)黑岱沟选煤厂。为黑岱沟露天煤矿的配套工程,主要选露天煤矿生产的原煤。1992年7月1日,选煤能力为

1200万吨/年的跳汰系统开工建设，1996年9月28日建成投产。工程实际完成投资56841万元。2001年，三产品重介旋流器系统建成投产，设计能力为250万吨/年。2004年8月，生产能力为800万吨/年的重介浅槽系统和产品仓及装车站开工建设，2006年5月建成投产。新建选煤系统完成投资11253.92万元，产品仓及装车站完成投资176708万元，主要产品为精煤和混煤。黑岱沟选煤厂建成的跳汰和重介浅槽2套选煤系统总设计生产能力为2250万吨/年。

图4-4-3 1996年建成投产的神华准能公司黑岱沟选煤厂

（2）哈尔乌素选煤厂。为哈尔乌素露天煤矿的配套工程，主要选该煤矿生产的原煤。设计生产能力为2000万吨/年，分为两个相对独立的生产系统，装备4套重介浅槽洗选系统，配有国内先进的煤质自动采样检测和自动配煤系统。该厂2006年5月18日开工建设，2008年12月建成投产，主要产品为精煤和混煤。

哈尔乌素选煤厂累计完成投资62463.37万元，其中土建工程完成投资27770.70万元，设备购置完成投资26332.03万元，安装工程完成投资6254.37万元，其他费用为2106.27万元。

4. 神华包头能源有限责任公司

（1）水泉选煤厂。水泉选煤厂于2008年1月12日由原阿刀亥选煤厂和正在建的水泉选煤厂筹备处合并组建。该厂共有两个相对独立的选煤车间，其中选煤一车间即原阿刀亥选煤厂，主要选阿刀亥煤矿生产的原煤，设计生产能力为30万吨/年，投资4425.50万元，1993年4月1日开工建设，1994年1月建成投产后又新建一套生产能力为90万吨/年的生产系统，2006年核定生产能力为90万吨/年；二车间即水泉煤矿选煤厂，设计入选能力为200万吨/年，主要选水泉露天煤矿生产的原煤。2007年9月开工建设，2008年7月1日投产，共计投资13000万元，主要产品为精煤和混煤。

（2）李家壕选煤厂。为李家壕煤矿的配套项目，设计生产能力为600万吨/年，采用重介浅槽分选系统，产品为洗精煤、混末煤、块精煤，主要供应神华集团包头煤制烯烃项目用煤。

5. 神华北电胜利能源有限公司露天煤矿筛选厂

筛选厂设计规模2000万吨/年，主要

工艺为筛分破碎。

图4-4-4 神华包头能源公司水泉选煤厂

6. 神华大雁集团有限公司煤矿筛选系统

公司所属第一、第二、第三煤矿和雁南煤矿都在坑口建有与矿井同等生产规模的筛选厂,分别称第一、第二、第三筛选厂、雁南筛选厂和露天煤矿选煤厂。

7. 扎赉诺尔煤业有限责任公司

扎赉诺尔煤业公司所属各矿均设有井口选煤系统,井下生产原煤(小于300毫米)通过齿辊式滚轴筛进行筛分,筛分颗粒50毫米。50毫米以下产品装车外销,50毫米以上产品进行人工检查性手选后,地销或部分外销。地销或外销量较小时,进行一级破碎至50毫米以下装车外销。

8. 神华宝日希勒能源有限公司

2004年,公司在露天煤矿厂区内建立破碎能力300吨/时的筛选厂,为提高破碎量,在煤场又安装2台原井下使用的腭式破碎机,外雇1台液压挖掘机配合破碎超标准大块煤,但无法满足煤炭销售市场的需求。

2005年,公司通过招商引资、扩股融资和自筹资金的方式,实施露天煤矿千万吨地面生产系统改扩建工程。同年5月16日,正式开工建设。同年12月8日,该工程竣工投产试运行。可满足日装500节车皮和实行铁路大列配车的需要。其中包括4.25千米铁路装车线工程、2.2千米主输送带、露天煤矿一级破碎站、2.2千米输送带运输长廊过原铁路专用线涵洞工程、露天煤矿快速装车系统、储煤能力为1.6万吨(直径22米、高51米)的2个储煤圆筒仓。

2007年,筛分厂主体设备设施进一步完善,2008年投资300万元,完成破碎系统的移设改造工程(包括土建、施工、设备拆移安装费)。2009年初,修建一级破碎站1套,二级破碎机2台,11条配套的带式输送机以及配套的给煤机、变配电室等,破碎运输能力为3000吨/时。

9. 内蒙古平庄煤业(集团)有限责任公司

1991—2010年,平庄煤业集团公司投入大量资金对各煤矿选煤设备、设施和选煤加工工艺进行更新改造,提高了煤炭加工能力,增加了商品煤品种。

(1)五家煤矿(瑞安公司)筛选厂。1965年,该厂建成投产,最大产量曾达150万吨/年。2006年9月,五家煤矿破产重组改制为赤峰瑞安矿业有限责任公司,核定该厂生产能力为150万吨/年。2015年7月,机构被撤销,成立西露天煤矿技改项目部。

(2)西露天煤矿选煤厂。1967年建成投产,2006年核定能力为200万吨/年。输送能力:原煤上仓带式输送机输送能力为214万吨/年,入选原煤带式输送机输送能力为183万吨/年,精煤上仓带式输送机输送能力为168.5万吨/年。选煤能力:动筛跳汰机能力为50万吨/年,筛分破碎能力为232.3万吨/年,煤泥池处理能力为253万吨/年。

(3)古山煤矿选煤厂。1983年建成投产,设计能力为120万吨/年。2006

年,核定生产能力为150万吨/年,其中,筛分能力为200.6万吨,斜轮分选机年选煤能力为105.6万吨。

(4)六家煤矿筛选厂。1997年建成投产时处理能力为30万吨/年。2006年核定生产能力为130万吨/年,其中带式输送机运输能力为234万吨/年;筛分处理能力为132万吨/年;风选配备1套FGX-Ⅲ型复合式风力选煤设备,处理能力为60吨/时,对应选煤厂年入厂原料煤为136万吨。

(5)风水沟煤矿选运区。1985年建成投产,设计生产能力为90万吨/年,2006年核定选煤能力为240万吨/年。

(6)红庙矿选煤厂。1989年建成投产,设计处理能力120万吨/年,2006年核定为180万吨/年,上仓、带式输送机运输能力为408吨/时,筛分能力为215万吨/年。

(7)元宝山煤矿选煤厂。1991年,平庄矿务局投资300万元对二井、三井手选车间进行了技术改造,2006年11月,煤矿破产重组改制为兴山矿业公司。选煤厂2006年完成防尘系统技术改造。2010年随着煤矿关井,选煤厂关闭。

(8)老公营子煤矿选运区。2007年核定生产能力为120万吨/年。

(9)元宝山露天煤矿选煤厂。属于矿井型动力煤选煤厂,原设计年处理能力为毛煤556.8万吨,年入选量为212.7万吨。2006年核定能力为580万吨/年,入厂毛煤输送能力为600万吨/年,毛煤转载输送能力为671万吨/年,2台18平方米预先分级筛输送能力为734万吨/年,块煤入选输送能力为596万吨/年,煤泥池总沉淀面积为920平方米,处理能力为632万吨/年。

(10)平西白音华煤业公司选煤厂。2006年开始分二期建设,一期设计生产能力700万吨,二期为1500万吨。

二、地方煤炭企业

(一)"八五"至"九五"期间(1991—2000年)

在此期间,国营地方煤矿选煤厂有伊克昭盟伊西焦化公司选煤厂(1984年投产,产能30万吨/年)、鄂托克前旗选煤厂(1988年投产,核定产能30万吨/年)、棋盘井选煤厂(1995年投产,产能30万吨/年)。1992年,伊克昭盟地方企业生产洗精煤23.3万吨,完成年计划的155%。1993年,伊克昭盟在海勃湾矿区内有地方选煤厂近20处,年入选原煤能力110万吨,精煤产品除供当地或配套焦化厂做炼焦用煤外其余外销。

1994年,设计年入选能力120万吨的唐公塔选煤厂,获国家批准立项,1995年开工建设。

1995年,伊克昭盟地方煤炭的洗选以广源选煤厂、棋盘井煤矿选煤厂和鄂托克旗乡镇企业选煤厂为主的一些煤炭选煤加工企业,年入选原煤能力250余万吨。同年,伊克昭盟精煤产量24.9万吨,完成年计划70万吨的35.5%。同年,东胜煤田的悖牛川区建设简易筛选分级系统,根据用户需要对原煤进行筛选分级。

1996年9月,伊克昭盟广源焦化有限公司选煤厂技术改造扩建项目获煤炭部批准。入选原煤能力扩至30万吨/年,新增20万吨/年,采用原煤混合跳汰、煤泥直接浮选工艺。年产精煤16.05万吨(吨精煤成本102.20元),其中4万~5万吨供广源公司焦化厂自用,剩余供矿区内的小焦化厂和包钢、宁钢等企业加工冶金焦或化工焦;年产中煤10.36万吨,主要供当地化工厂及电厂用;年产煤泥1.93万吨,主要地销。

1997年4月,伊克昭盟煤炭局向全盟

转发《优质高效选煤厂试行标准》,并协助内蒙古煤炭工业管理局在全盟范围内组织检查验收,每2年一次。同年,阳湾沟煤矿建设选煤厂,后因选煤成本高而停止运行。1998年,唐公塔煤矿建成移动式风选厂,开工后因设备损坏严重,于1999年停止生产。1999年5月,广源煤焦铸造有限责任公司投资4090万元建设的45万吨/年重介质选煤厂试生产。同年4月,伊泰集团投资建设纳林庙煤矿1号井、2号井选煤厂的热风气流干燥脱水系统项目,不久,由于技术和市场原因停建。

1991—2000年,乌海市地方选煤厂情况见表4-4-5。

表4-4-5 1991—2000年乌海市地方选煤厂情况统计表　　　　万吨/年

选煤厂名称	生产规模	跳汰	重介	跳汰+重介	风选	主要选煤设备
乌海市信远焦化有限责任公司选煤厂	60	√	—	—	—	2台4.8平方米跳汰机
乌海市铁鑫煤矿选煤厂	60	—	√	—	—	—
乌海市天成煤炭有限责任公司选煤厂	10	√	—	—	—	4.8平方米跳汰机
乌海市融鑫焦化有限责任公司选煤厂	60	√	—	—	—	10平方米跳汰机
乌海市三金煤制品有限责任公司选煤厂	60	√	—	—	—	跳汰机
乌海市发展煤业有限责任公司选煤厂	60	√	—	—	—	9平方米跳汰机

(二)"十五"至"十一五"时期(2001—2010年)

2001—2005年,由于钢铁行业的迅猛发展,炼焦精煤需求量增大,乌海地区煤种主要以焦煤为主,因此,乌海地区的选煤厂增加数量较多,全区地方煤矿选煤厂数量增加为47处。2006—2010年,全区地方煤炭企业新增选煤厂65处。

截至2010年底,鄂尔多斯市已投产和在建的选煤厂共有75处(含国有重点煤炭企业选煤厂),总能力为38275万吨/年,其中已建成46处,能力为24705万吨/年;在建29处,能力为13570万吨/年。2010年鄂尔多斯市选煤厂情况见表4-4-6。

表4-4-6 2010年鄂尔多斯市选煤厂情况统计表

地点	已建成选煤厂 总数(处)	已建成选煤厂 能力(万吨/年)	在建选煤厂 总数(处)	在建选煤厂 能力(万吨/年)	地点	已建成选煤厂 总数(处)	已建成选煤厂 能力(万吨/年)	在建选煤厂 总数(处)	在建选煤厂 能力(万吨/年)
准格尔旗	12	10150	10	4730	伊金霍洛旗	7	8300	4	1480
鄂托克旗	19	3165	2	450	东胜区	6	2850	3	1450
乌审旗	1	60	2	180	达拉特旗	0	—	5	4100
鄂托克前旗	1	180	3	1180	—	—	—	—	—

2001—2010年,全区新增选煤厂112处,其中采用跳汰工艺的22处,重介工艺的81处,跳汰+重介工艺的6处,风选工艺的3处,其中乌海地区新增61处选煤厂中,采用跳汰工艺的选煤厂20处,重介工艺的选煤厂36处,跳汰+重介工艺的选煤厂4处,风选工艺的选煤厂1处。

鄂尔多斯地区新增51处选煤厂中,采用重介工艺的选煤厂44处,跳汰工艺的选煤厂3处,跳汰+重介工艺的选煤厂4处。2001—2010年内蒙古部分地方(民营)企业新建选煤厂基本情况见表4-4-7。

图4-4-5 新奥集团股份有限公司王家塔煤矿及选煤厂

表4-4-7 2001—2010年内蒙古部分地方(民营)企业新建选煤厂基本情况统计表

万吨/年

选煤厂名称	生产规模	选煤工艺				主要选煤设备
		跳汰	重介	跳汰+重介	风选	
乌海市宏达煤焦有限责任公司选煤厂	90	√	—	—	—	6.8平方米、6.2平方米跳汰机
乌海市大地精选有限责任公司选煤厂	90	√	—	—	—	4.8平方米跳汰机
乌海市乌达区通元煤炭发运站选煤厂	30	√	—	—	—	8平方米跳汰机
乌海市千钢焦化厂配套选煤厂	60	—	√	—	—	三产品旋流器100/700A型
乌海市东兴公司选煤厂	60	√	—	—	—	跳汰机
乌海市运兴选煤厂	60	√	—	—	—	跳汰机
乌海市白永强选煤厂	40	√	—	—	—	跳汰机
乌海市巩实选煤厂	60	√	—	—	—	跳汰机
乌海市明星焦化公司选煤厂	60	—	√	—	—	三产品旋流器750/600型
乌海市鑫型煤焦化有限责任公司选煤厂	60	√	—	—	—	6.8平方米、4.2平方米跳汰机
乌海市神华建安煤炭有限责任公司选煤厂	60	√	—	—	—	6平方米跳汰机
乌海市凯鸿煤化有限责任公司黄白茨选煤厂	120	√	—	—	—	跳汰机+浮选机
乌海市海明煤焦化公司选煤厂	90	—	√	—	—	三产品旋流器850/600型
内蒙古乌海市拉山煤业公司选煤厂	60	√	—	—	—	8.5平方米跳汰机
乌海市梁柱能源化工公司选煤厂	60	—	—	√	—	
乌海市欣泰煤业公司选煤厂	60	—	√	—	—	

表 4-4-7（续） 万吨/年

选煤厂名称	生产规模	跳汰	重介	跳汰+重介	风选	主要选煤设备
乌海市中进煤业公司选煤厂	60	—	√	—	—	三产品旋流器 800/650A 型
乌海市温明矿业公司选煤厂	45	—	√	—	—	三产品旋流器
乌海市金航焦化公司选煤厂	60	√	—	—	—	20 平方米跳汰机
乌海市伟祥洗选有限责任公司选煤厂	60	√	—	—	—	6 平方米跳汰机
乌海市榕鑫焦化公司选煤厂	90	—	√	—	—	三产品旋流器 1000/700 型
乌海市星海选煤有限责任公司选煤厂	60	√	—	—	—	8 平方米、6 平方米、4 平方米跳汰机
乌海市五福煤焦化有限责任公司选煤厂	70	—	√	—	—	无压三产品旋流器 800/600 型
乌海市宏阳焦化公司配套选煤厂	160	—	√	—	—	无压三产品旋流器 1200/850 型
乌海市华资煤焦化公司配套选煤厂	180	—	√	—	—	无压三产品旋流器 1000/700 型
乌海市正丰选煤有限责任公司选煤厂	120	—	√	—	—	无压三产品旋流器 1200/850 型
乌海市海融煤焦化公司选煤厂	45	—	√	—	—	三产品旋流器 850/600 型
乌海市星鑫煤业公司选煤厂	45	—	√	—	—	
乌海市鑫润煤炭销售有限责任公司选煤厂	60	√	—	—	—	9 平方米跳汰机
乌海市友谊精煤公司选煤厂	105	—	√	—	—	直径 1000 毫米旋流器
乌海市公乌素煤业加工有限公司选煤厂	90	—	—	√	—	三产品旋流器 1100/780A 型、900/600A 型
乌海市俊明煤制品有限责任公司选煤厂	60	√	—	—	—	6.8 平方米跳汰机
乌海市中正工贸公司选煤厂	70	√	—	—	—	
乌海市宏阳焦化公司选煤厂	30	—	√	—	—	
乌海市温明煤焦有限公司选煤厂	45	—	√	—	—	三产品旋流器 + 浮选机
神华乌海能源公司骆驼山选煤厂	300	—	√	—	—	无压三产品旋流器 + 浮选机 + 压滤机
乌海市华西焦化厂选煤厂	90	—	√	—	—	三产品旋流器
乌海市民信选煤有限公司选煤厂	120	—	√	—	—	无压三产品旋流器 700/500 型
乌海市久丰煤焦化公司选煤厂	80	—	√	—	—	旋流器
乌海市荣康商贸有限公司选煤厂	50	√	—	—	—	
乌海市岳佳焦化厂配套选煤厂	120	—	√	—	—	旋流器 3DGMC-1100/900A 型
乌海市铭志物资有限公司选煤厂	60	√	—	—	—	9 平方米跳汰机
乌海市三强煤化有限公司选煤厂	120	—	√	—	—	无压三产品旋流器 900/650 型
乌海市树天焦化公司选煤厂	120	—	√	—	—	3JDMC1200 型
乌海市凯源煤焦化公司选煤厂	90	—	√	—	—	直径 1100 毫米旋流器
乌海市万方选煤有限公司选煤厂	120	—	√	—	—	旋流器 2×1000/800 型
乌海市银海煤业公司选煤厂	160	—	√	—	—	旋流器 850/600 型、1000/700 型
乌海市三阳工贸有限公司选煤厂	120	—	√	—	—	有压两产品旋流器 900-700 型
乌海市矿友选煤厂（原乌海市泰和煤焦化有限公司）	300	—	√	—	—	无压三产品旋流器 + 煤泥旋流器 + 浮选机 + 压滤机
乌海市亨荣贸易有限责任公司选煤厂	120	√	—	—	—	8/8/2 平方米跳汰机
乌海市温明矿业有限责任公司卡布其煤矿选煤厂	300	—	√	—	—	无压三产品旋流器 + 煤泥旋流器 + 浮选机 + 压滤机

表 4-4-7（续）　　　　　　　　　　　　　　　　　　　　　　　　　　　　　　　万吨/年

选煤厂名称	生产规模	选煤工艺				主要选煤设备
		跳汰	重介	跳汰+重介	风选	
乌海市天信精选煤公司选煤厂	120	—	√	—	—	有压两产品旋流器
乌海市公乌素煤炭加工有限责任公司选煤厂	210	—	√	—	—	三产品旋流器＋浮选机＋玉滤机
鄂尔多斯市西达选煤有限责任公司选煤厂一期	120	—	√	—	—	三产品旋流器＋煤泥旋流器＋浮选机
鄂尔多斯市西达选煤有限责任公司选煤厂二期	120	—	√	—	—	三产品旋流器＋煤泥旋流器＋浮选机
鄂尔多斯市昊华精煤有限责任公司高家梁煤矿选煤厂	600	—	√	—	—	浅槽＋旋流器
内蒙古伊泰京粤酸刺沟矿业有限责任公司酸刺沟选煤厂	600	√	—	—	—	动筛跳汰（+35毫米）＋煤泥加压过滤机
上海庙矿业公司（原临沂矿业集团公司）榆树井选煤厂	300	—	√	—	—	动筛＋有压两产品旋流器＋离心机＋加压过滤机
伊泰酸刺沟矿业有限责任公司酸刺沟选煤厂	1200	—	√	—	—	浅槽＋旋流器＋煤泥加压过滤机
鄂尔多斯杭锦旗神华集团塔然高勒选煤厂	1000	—	√	—	—	—
鄂尔多斯正丰矿业有限责任公司选煤厂	120	—	√	—	—	三产品重介旋流器＋浮选机＋压滤机
内蒙蒙泰不连沟煤业有限责任公司不连沟选煤厂	1500	—	√	—	—	块煤浅槽＋加压过滤机
内蒙古珠江投资有限公司青春塔煤矿选煤厂	600	—	√	—	—	浅槽＋加压过滤机
鄂尔多斯杭锦旗神华集团塔然高勒选煤厂	1000	—	√	—	—	—
内蒙古博源煤化工有限责任公司湾图沟矿井选煤厂	300	—	√	—	—	浅槽＋压滤机
内蒙古宇生能源有限责任公司选煤厂	120	—	√	—	—	浅槽＋重介旋流器＋压滤机
鄂尔多斯市西达选煤有限责任公司选煤厂三期	120	—	√	—	—	三产品旋流器＋煤泥旋流器＋浮选机
内蒙古伊泰集团有限公司准格尔召选煤厂	1000	—	√	—	—	浅槽＋旋流器＋压滤机
伊金霍洛旗振兴煤炭有限责任司振兴煤矿选煤厂	90	—	√	—	—	无压三产品旋流器＋煤泥重介旋流器＋压滤机
内蒙古伊东煤炭集团有限责任公司忽沙图二矿选煤厂	120	—	√	—	—	无压三产品重介旋流器＋螺旋＋压滤机
鄂尔多斯市乌兰煤炭集团有限责任公司武家梁煤矿选煤厂	300	—	√	—	—	浅槽＋重介旋流器＋螺旋＋压滤机
内蒙古双欣矿业有限公司杨家村煤矿选煤厂	500	—	√	—	—	浅槽＋煤泥旋流器＋压滤机
内蒙古满世煤炭集团敖包梁点石沟煤矿选煤厂	500	—	√	—	—	浅槽＋重介旋流器＋螺旋＋压滤机
内蒙古满世煤炭集团有限责任公司罐子沟一矿选煤厂	300	—	√	—	—	浅槽＋压滤机
鄂尔多斯市恒泰煤炭有限公司碾盘梁选煤厂	300	√	—	—	—	跳汰＋压滤机
鄂尔多斯市乌兰煤炭集团温家塔煤矿选煤厂	120	—	√	—	—	浅槽＋重介旋流器＋螺旋＋压滤机
内蒙古三维资源集团小鱼沟煤炭有限责任公司煤矿选煤厂	300	—	√	—	—	浅槽＋两产品重介旋流器＋螺旋＋压滤机
鄂尔多斯市西达选煤有限责任公司选煤厂四期	120	—	√	—	—	三产品旋流器＋煤泥旋流器＋浮选机
内蒙古伊东集团窑沟扶贫煤炭有限责任公司选煤厂	300	—	√	—	—	—
内蒙古伊东集团宏测煤矿选煤厂	300	—	√	—	—	—

(三)"十二五"期间(2011—2015年)

全区新增生产的选煤厂中采用跳汰工艺的选煤厂22处,重介工艺的选煤厂67处,风选工艺的选煤厂1处,合计选煤厂数量为90处。2011—2015年内蒙古部分地方(民营)企业新建选煤厂基本情况见表4-4-8。

(1)乌海地区。采用跳汰工艺的选煤厂1处,重介工艺的选煤厂7处。

(2)巴彦淖尔地区。采用重介工艺的选煤厂3处。

(3)鄂尔多斯地区。采用跳汰工艺的选煤厂15处,重介工艺的选煤厂54处,风选工艺的选煤厂1处。

2010—2012年,伊泰集团公司投资13.67亿元,相继建成投产酸刺沟选煤厂、准格尔召选煤厂、凯达选煤厂,合计年选煤能力达到2800万吨。其间,开始建设塔拉壕、红庆河选煤厂,选煤能力分别为600万吨/年、1500万吨/年;各选煤厂全部采用重介选煤工艺及粗煤泥螺旋分选、细煤泥压滤回收工艺。通过洗选加工,酸刺沟选煤厂主要产出热值大于20934千焦/千克(5000大卡/千克)的块精煤与大于18003.24千焦/千克(4300大卡/千克)的低热值末精煤;准格尔召选煤厂主要产品热值为大于20934千焦/千克(5000大卡/千克)的块精煤;凯达选煤厂主要分选出大于23446千焦/千克(5600大卡/千克)的块煤和大于23027.4千焦/千克(5500大卡/千克)的末煤产品。2015年,伊泰集团公司原煤入选率达到62.56%。

图4-4-6 伊泰集团公司准格尔召选煤厂

(4)呼和浩特地区。采用跳汰工艺的选煤厂1处。

(5)乌兰察布地区。采用跳汰工艺的选煤厂2处。

(6)锡林郭勒盟地区。采用重介工艺的选煤厂2处。

(7)通辽地区。采用重介工艺的选煤厂1处。

(8)呼伦贝尔地区。采用跳汰工艺的选煤厂3处。

表4-4-8　2011—2015年内蒙古部分地方（民营）企业新建选煤厂基本情况统计表

万吨/年

选煤厂名称	生产规模	选煤工艺				主要选煤设备
		跳汰	重介	跳汰+重介	风选	
乌海市蒙鑫煤焦化公司选煤厂	240	—	√	—	—	旋流器850/600型、GDMC100/780A型
内蒙古博源煤化工有限责任公司湾图沟矿井选煤厂	300	—	√	—	—	浅槽+压滤机
新奥集团股份有限公司王家塔矿选煤厂	500	—	√	—	—	浅槽+加压过滤机（玉滤机）
准格尔旗柏树坡煤炭有限责任公司煤矿选煤厂	120	√	—	—	—	跳汰+压滤机
鄂尔多斯市伊化矿业资源有限责任公司母杜柴登选煤厂	600	—	√	—	—	浅槽+煤泥旋流器+玉滤机
内蒙古伊东煤炭集团纳林沟煤炭有限公司沙咀子煤矿选煤厂	300	—	√	—	—	
内蒙古伊东煤炭集团宏鑫选煤厂	300	—	√	—	—	浅槽+压滤机
内蒙古伊东煤炭集团孙家壕煤矿选煤厂	500	—	√	—	—	浅槽+压滤机
内蒙古伊东集团炭窑渠煤矿选煤厂	150	—	√	—	—	浅槽+重介旋流器+螺旋+压滤机

第二节　工艺与设备

一、工艺

自治区西部地区各选煤厂的选煤工艺主要采用筛分、跳汰、重介、浮选等。各厂根据市场需要和入选煤的特点，选择采取单一或联合工艺流程。

东部地区的褐煤产区选煤厂大多采用筛分工艺。

（一）筛分工艺

从1989年开始，各煤矿陆续建设的矿井型选煤厂，均把破碎筛分作为选煤第一道工序，使用破碎机和二级或三级振动筛进行破碎分级分选，并除去杂质。进入90年代中后期，新建或技改的选煤厂大都采用联合工艺，筛分仅为原煤炭初选的第一道工艺。

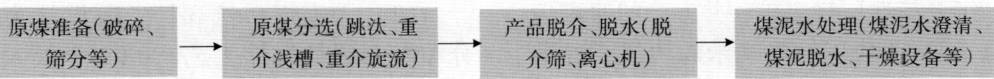

图4-4-7　选煤基本工艺流程

1. 扎赉诺尔煤业有限责任公司

1991年，矿务局各矿地面筛选系统主要使用螺旋筛及单轴单层吊式振动筛进行筛选。2002年，公司铁北矿对单轴单层吊式振动筛进行了更新，更新后使用齿辊式滚轴筛，处理能力500吨/时。齿辊式滚轴筛处理能力较大、效率较高，降低了事故率。2003年，公司对灵泉矿螺旋筛进行了更新，更新后使用齿辊式滚轴筛，处理能力800~1000吨/时。2008年，铁北矿进行产业升级，由原设计150万吨/年升级到300万吨/年，经核定筛分能力不足从而更新齿辊式滚轴筛，处理能力达到1000吨/时。2010年4月，灵东矿试生产筛分系统使用XCG-25/14型齿辊式滚轴筛，筛分效率大于90%，处理量1000吨/时。2013年新建的灵露矿井选煤厂选用XCG50/24型齿辊式滚轴筛，筛分效率大于90%，处理量达到1000吨/时。

2. 神华大雁集团有限公司

大雁矿务局第二筛选厂将生产的原煤经带式输送机进入振动筛，将块煤、混煤分开，在手选带式输送机上对直径50毫米以上的块煤进行人工手选，然后将经过人工选矸后的块煤与混煤混合，由带式输送机送到上仓的振动筛选块后，将筛上直径50毫米以上的块煤与筛下混煤分开，块煤、混煤分别由各自的带式输送机送入块煤仓、混煤仓及地面煤场。选出的25~50毫米之间的中块煤送入地面煤场，由汽车运出。煤仓中的块煤及地面煤场的混煤最后经主装车带式输送机装入车皮，完成了原煤生产及装车外运的全过程。

第三筛选厂将三矿一井生产的原煤送进振动筛，将直径50毫米的块煤、混煤分开，分别由手选带式输送机（人工选矸）及粉煤带式输送机送入地面煤场，经装车带式输送机完成装车外运。

雁南矿生产的原煤由主井2101→2102原煤带式输送机输送到缓冲仓，缓冲仓原煤经过2201带式输送机进入振动筛筛选，块煤进入2205、2206手选输送，筛选出的块煤可以通过2260带式输送机进行外运，落入煤台，也可以通过2234块煤带式输送机到2402上仓带式输送机输送到2403、2404可逆带式输送机进行回仓；手选选出的矸石经过2213、2214矸石带式输送机输送到2236排矸带式输送机→2501矸石带式输送机排矸。经过振动筛筛选出的末煤可以通过2222、2228带式输送机输送到2233末煤带式输送机进行外运，落入煤台，也可以通过2237末煤带式输送机到2401上仓带式输送机输送到2403、2404可逆带式输送机进入末煤仓。煤台混煤可以通过回仓东翼带式输送机或回仓西翼带式输送机输送至2235末煤回煤带式输送机，之后可通过2237末煤带式输送机到2401上仓带式输送机输送到2403、2404可逆带式输送机进入末煤仓，也可以通过2261→2238→2239带式输送机输送到2417、2418装车带式输送机直接装车。

3. 内蒙古平庄煤业（集团）有限责任公司

（1）古山选煤厂。在一、三井建有分井口煤炭加工筛分系统，在矸二井建有重介选煤系统。选煤工艺为预先筛分，末煤落地，块煤进入重介分选机分选加工，矸石脱介后排入矸石山，块煤脱介后再进行分级，分别进入不同的储煤仓。工艺流程为：+13毫米块煤重介质分选；煤泥回收系统采用耙式浓缩机及煤泥沉淀池。

（2）六家煤矿选煤厂。原设计为筛分和风选两种选煤工艺，1997年投入生产使用。风选设备自安装后，一直没有投入使用。主要工艺为筛选加工，毛煤经一级筛分、二级筛分产出3种产品。技术改造后,毛煤由主井箕斗提升至缓冲仓,经给煤机给料、带式输送机转载至一级筛分机(YAH1848型、50毫米分级)进行筛分。筛上煤经两条手选带拣矸除杂后入商品煤仓,矸石经带式输送机转载至矸石仓。筛下煤经二次筛分机(YAHg1842型、18毫米分级)进行筛分,筛上物入中块仓,筛下物经带式输送机转载至三级筛分机(BHS4075型、10毫米分级)进行筛分,筛上煤入粒煤仓,末煤至煤场。粒煤、中块煤可经带式输送机转载至风选机进行风选加工。

2005年,煤炭加工采用重介分选和跳汰分选系统,2006年以后为动筛跳汰、手选、筛分工艺。主要工艺流程为:毛煤经铁路运输至选煤厂原料煤仓,+50毫米原料煤经动筛跳汰机排矸,再经直径50毫米分级后,+50毫米进入大块仓,-50毫米进入中块仓;-50毫米原料煤优煤经概率筛分级后,13~50毫米煤炭进入混中块仓,-13毫米煤炭进入末煤仓;-50毫米原料煤劣煤经配入优煤达到用户合同要求的质量标准后,进入电煤仓。

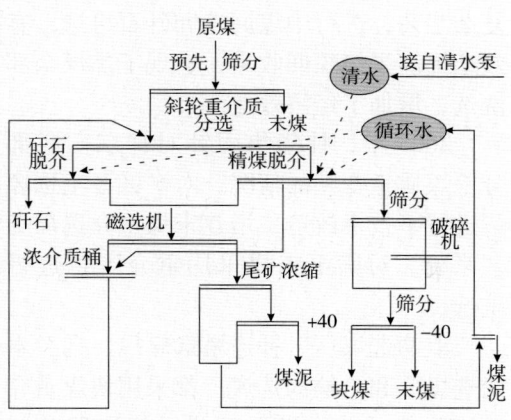

图4-4-8 古山选煤厂选煤工艺流程图

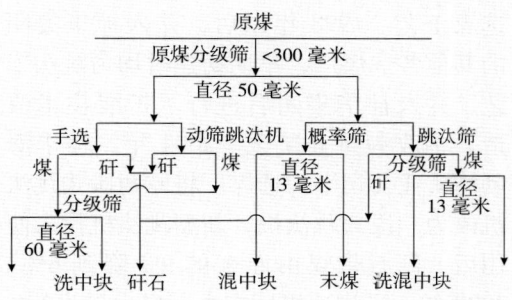

图4-4-9 西露天煤矿选煤厂选煤工艺流程图

(3)红庙煤矿选煤厂。1990—2002年为水洗加工,2002年改为风选加工,具有筛分和风选两种工艺。选煤分原煤系统、筛分系统、水洗系统、装车系统,主要工艺流程为:矿井毛煤经主带式输送机直接输送到选煤厂,经50毫米圆振动筛分级,筛上物经人工拣矸入破碎机破碎后再入块煤仓,筛下物经13毫米圆振动筛分级后,13~50毫米中块煤入中块仓,-13毫米末煤入末煤仓,产品仓下设装车运输带式输送机,直接装铁路车皮。

(4)西露天煤矿选煤厂。1991—

(5)元宝山露天煤矿选煤厂。加工方式为分级入选,选煤方法为+50毫米级块煤重介选矸,选煤粒限为200~50毫米。1999年11月,块煤重介选矸系统带负荷试运转后封存。选煤工艺流程为:毛煤在破碎站预先破碎至小于200毫米,通过带式输送机运输系统进入选煤厂毛煤仓,再入产品仓外销。2010年恢复重介选煤工艺后,根据用户情况,煤炭加工流程既可按原工艺组织生产,又可对+50毫米粒级煤进行重介分选排矸,-50毫米为混煤产品,具体选煤工艺为预先筛分出0~50毫米级的混煤,作为最终产品;200~50毫米级块煤进入重介质分选机进行选矸,矸石经脱介后进入矸石仓,用汽车排至排土场;精煤经脱介筛分后,筛上大于60毫米级煤经破碎后与筛下煤混合进入块煤仓，作为60~20毫米级产品，也可不破碎。

4. 其他选煤厂

神华宝日希勒能源有限公司和神华北电胜利能源有限公司露天煤矿生产的原煤经破碎筛分后装车，不进行洗选，所采用的筛分工艺和设备大体相同。

（二）跳汰选煤工艺

2000年以前，神东矿区采用传统的跳汰选煤工艺，其中，1993年建设的补连塔选煤厂和1994年开工建设的上湾选煤厂，初期均采用跳汰工艺，后改为重介选煤工艺。1998年以后，并入神华集团的其他各选煤厂，早期初建时均为跳汰工艺，并入神华集团后进行了扩能技术改造，多改为重介工艺。2004年，神华海勃湾矿业公司平沟选煤厂将原两段式跳汰机改为一段式跳汰机，新型跳汰机投入使用后，矸石带煤由原来的9%降到6%。2008年，平沟选煤厂在主厂房内增设2台KM-350/1600型快速隔膜压滤机，减少了尾煤损失。

（三）重介选煤工艺

经过几十年的生产实践和科学研究，重介选煤技术日趋成熟。传统的重介分选技术强调分级、脱泥入选，而新技术却可以有条件地实现不分级、不脱泥入选，从而简化工艺系统、方便生产管理、降低基建投资。耐磨材料的应用，延长了设备和管道的使用寿命。自动化水平的提高使生产操作更加简单，同时也降低了介质消耗。重介选煤方法已不再像以前那样难以驾驭，而是和跳汰选煤方法一样为人们所熟悉。且重介选煤的基建投资及生产成本已经和跳汰选煤接近，而分选精度却高于跳汰，因此重介选煤方法在矿区各选煤厂已占主导地位。

1994年，包头矿务局阿刀亥煤矿投资550万元，率先建成选煤能力30万吨的重介选煤厂，该厂选用唐山选煤院生产的三产品重介旋流器的分选工艺，取得了很好的效益。

2002年以后，神东矿区各新建选煤厂普遍采取了重介选煤工艺，并陆续对已建的跳汰选煤厂进行了工艺改造。2003—2005年，神华集团针对精焦煤市场紧缺的状况，投入大量资金对乌达矿业公司和海勃湾矿业公司所属6处选煤厂的选煤工艺进行了改造。新建的选煤厂均采用重介分选联合工艺，根据煤种特点，分别采用二产品重介旋流器和三产品重介旋流器等复杂工艺，进行中煤回选和矸石再选，有效地提高了精煤回收率，实现了焦煤全部洗选，增加了经济效益。

2005年，神华集团针对神东矿区部分毛煤质量变差的情况，对矿区各主选煤厂进行了技术改造，增建末煤重介选煤工艺系统，对筛下末煤采用重介工艺进行洗选。

上湾选煤厂、补连塔选煤厂、乌兰木伦选煤厂和哈拉沟选煤厂都采用块煤重介浅槽分选工艺，煤泥经分级旋流器分级后，粗煤泥采用煤泥离心机处理，细煤泥经过浓缩机浓缩后，采用加压过滤机回收。

煤制油选煤厂采用块煤重介旋流器分选工艺，分选出两种产品。轻产物（精煤）经脱水脱介筛脱水后，筛上物进入离心机二次脱水，通过带式输送机运往煤液化工程；重产物经脱介脱水筛后与末煤混合供矸石电厂。煤泥水由水力旋流器分级后，分别采用煤泥离心机、高效浓缩机和加压过滤机脱水处理，实现了全厂洗水闭路循环。

（四）浮选工艺

神华乌海能源公司对加工焦煤的各选煤厂先后采用浮选工艺，即对原料煤进行跳汰或重介工艺分选后，对混合于选煤水中的极细焦煤末用柴油作为扑集剂进行分离回收。

2005年，平沟选煤厂成功实施了极难浮煤种浮精煤降灰脱水工艺项目改造，该项目获得了中国矿业杯首届中央企业青年创新奖。同年，选煤厂进一步对煤泥水系统进行改造，实现了洗水闭路循环。

2009年10月，神华乌海能源公司投资1.13亿元对其进行了技术改造，工艺仍为重介—浮选联合工艺，2010年12月完成技术改造项目，选煤能力达到240万吨/年。采用不脱泥、不分级混合无压给料三产品重介旋流器选煤工艺，分选设备选用无压给料三产品重介旋流器、煤泥重介旋流器和喷射式浮选机，+0.25毫米级粗煤泥由重介系统回收，仅-0.25毫米级煤泥进行浮选。浮选精煤采用沉降过滤离心机和压滤机联合脱水回收，浮选尾煤经浓缩机浓缩后，采用沉降过滤离心机和压滤机联合脱水回收，洗水闭路循环。

（五）风选工艺

1997年、2020年平庄矿务局（煤业集团公司）六家煤矿、红庙煤矿分别建成风选工艺系统选煤厂。

1998年，伊克昭盟煤炭集团公司唐公塔煤矿建成移动式风选厂，开工后因设备损坏严重，1999年停止生产。1999年4月，公司投资建设纳林庙煤矿一号井、二号井选煤厂的热风气流干燥脱水系统项目，不久，由于技术和市场原因停建。

2005年，神东金烽煤炭分公司建成韩家村选煤厂500万吨/年风选系统。

自治区已建成的风选系统选煤厂大部分因技术、环境及市场等原因而停用或进行技改选用其他选煤工艺。

（六）智能干法分选工艺

2013年6月，伊泰集团大地精煤矿建设了智能干法分选系统，通过γ射线分辨煤和矸石，实现分选。智能干法分选采用两套GDRT-100型煤矸智能分选机，使煤和矸石按顺序在带式输送机上排队，通过γ射线分辨煤和矸石，再经传感器将信号传给脉冲执行机构将煤和矸石分开。处理物料30~110毫米，年处理能力18万吨，总投资1800万元。2013年以后，大地精煤矿通过智能干法分选设备分选30~110毫米块煤，选精煤热值23027.4千焦/千克（5500大卡/千克）；2013—2015年，累计入选原煤21万吨。

（七）联合选煤工艺

在以上选煤工艺的基础上，许多选煤厂根据煤质情况和市场需要，采用多种选煤工艺相结合的联合选煤工艺。如神华准格尔能源有限公司黑岱沟选煤厂共有3套选煤系统，分别为跳汰系统、三产品旋流器重介系统和重介浅槽系统；主要工艺为块煤跳汰煤泥过滤、三产品重介及块煤重介浅槽系统；块煤跳汰、重介浅槽，末煤重介旋流器、煤泥浓缩过滤等联合工艺流程。

神东煤炭集团公司黄玉川选煤厂200~25毫米块煤使用引进的T26060型重介浅槽分选机分选工艺；-25（50）毫米末煤部分脱粉或全部入选不脱泥无压三产品重介旋流器（国产ϕ1400毫米）分选工艺；粗煤泥回收采用分级旋流器+煤泥离心机+高频筛的联合工艺，细煤泥采用浓缩后快开隔膜式压滤机+沉降离心机联合回收工艺；稀介质回收采用单段直接磁选工艺。2010年底神华集团各选煤厂主要选煤设备及参数见表4-4-9。

神华乌海能源平沟选煤厂的选煤工艺由原来单一的跳汰浮选工艺改进为跳汰粗选—重介精选—煤泥浮选工艺，选煤能力由120万吨/年提高到2015年的240万吨/年。

表4-4-9　2010年底神华集团各选煤厂主要选煤设备及参数统计表

名称	选煤厂名称	设计能力（万吨/年）	2010年选煤能力（万吨）	选煤工艺	选煤参数（毫米）
神东集团公司	补连塔选煤厂	2200	2200	重介浅槽	−13（25）~200
	煤制油选煤厂	600	300	无压三产品重介旋流	−30
	上湾选煤厂	1400	1200	重介浅槽	−13（25）~200
	哈拉沟选煤厂	1000	1400	重介浅槽	−13（25）~200
	乌兰木伦选煤厂	600	660	重介浅槽	−25（50）~200
	石圪台选煤厂	1200	1200	重介浅槽、有压二产品重介旋流	浅槽：13~200 旋流：1.5~13
	布尔台选煤厂	3000	3100	重介浅槽	13~200
准格尔能源公司	黑岱沟选煤厂	2000	2553	跳汰、重介浅槽	跳汰：13~100 浅槽：13~200
	哈尔乌素选煤厂	2000	1896	重介浅槽	13~200
乌海能源公司	五虎山选煤厂	210	210	有压三产品重介旋流、无压三产品	−50
	公乌素选煤厂	210	260	有压三产品重介旋流	−50
	路天选煤厂	165	165	有压三产品重介旋流	−50
	平沟选煤厂	120	160	跳汰粗选、有压二产品重介旋流精选	跳汰：−50 旋流：−50
	老石旦选煤厂	120	160	跳汰粗选、二产品重介旋流精选	跳汰：−50 旋流：−50
	黄白茨矿选煤厂	160	160	跳汰	−50
	苏海图选煤厂	120	120	跳汰粗选、无压三产品重介旋流精选	跳汰：−50 旋流：−50
	骆驼山选煤厂	300	300	无压三产品重介旋流	0~50
	棋盘井选煤厂	400	460	无压三产品重介旋流	0~50
	天信选煤厂	150	150	有压二产品重介主、再选旋流	0.5~50
	利民选煤厂	120	120	无压三产品重介旋流	0~50
	兴荣选煤厂	60	80	无压三产品重介旋流	0~50
包头矿业公司	水泉选煤厂	290	290	有压（无压）三产品重介旋流	0~50
胜利能源公司	胜利露天煤矿筛分系统	2000	1800	破碎筛分	—
神宝公司	神宝公司筛分系统	1000	1000	破碎筛分	—

二、主要设备

选煤厂规模的大型化依赖于选煤装备和设施的大型化，大型设备的优势是：系统简单、投资降低、操作人员少。在选煤厂建设方面，随着设备的模块化发展，装配式选煤厂以"缩短建设工期、降低基本建设投资、降低运营成本、提高生产效率、提高经济效益"为目的,从系统工程的角度出发,研究、创新和集成了一系列高效选煤技术,取得了良好的效果。经过进一步改进和完善,装配式选煤厂成为未来选煤厂的发展方向。

为使产品的质量稳定、最大限度地提高产品产率和高产高效工作,新建设的选煤厂大多设置各种参数的在线检测,并通过计算机系统对选煤过程进行自动控制。随着信息技术的发展,选煤厂自动化已逐渐发展为以网络为支撑、信息管理为核心、信息技术为手段,生产与管理一体化的"集成应用系统"。

(一) 神华神东煤炭集团有限责任公司

从1995年开始,神东矿区新建的选煤厂设备大都从美国、澳大利亚、英国和德国等国家引进。块煤跳汰机、浓缩机、加压过滤机、计量和检测设备等主要设备均从国外知名厂家引进,实现了生产控制、电力遥控、工业电视监控、管理办公、计量和质量检测的自动化。

图4-4-10 选煤厂洗选车间

1. 补连塔选煤厂

1995年,补连塔选煤厂采用两套选煤系统。一套分级筛选系统,处理补连塔2-2煤,生产50毫米以上块煤及50毫米以下混煤;一套采用重介浅槽分选系统,处理补连塔1-2煤,生产25毫米以上块煤及25毫米以下混煤。现有主要生产设备715台(套),其中主要设备由英国、美国、澳大利亚等国家引进。

2. 上湾选煤厂

现有主要生产设备198台(套)。其中主要设备由英国、美国、澳大利亚等国家引进,其他辅助设备选用国内外知名企业的优质产品。

3. 布尔台选煤厂

主要生产设备有重介浅槽分选机、振动筛、离心机、破碎机、浓缩机、加压过滤机、刮板输送机、带式输送机、各种水泵、快速装车系统、配电设备等,共计503台(套)。输送带运输走廊15条,总运输长度4270米。主要工艺设备全部从德国、澳大利亚、英国、奥地利、荷兰等国外知名厂家引进。

(二) 神华准格尔能源有限责任公司

1. 黑岱沟选煤厂

主要设备大部分为引进国外的先进设备,生产能力大,性能可靠。厂内其他筛选设备、运输设备和煤泥水处理设备均为国产大型设备,性能较为可靠,能够满足选煤厂各生产环节需要。

(1) 破碎站。4台半移动式破碎站设备均由英国MMD公司引进,其中2台破碎机为MMD1250型,2台为MMD1000型。

(2) 破碎机。重介浅槽系统由英国MMD公司引进的2台MMD500型破碎机,跳汰系统由英国MMD公司引进4台MMD707型破碎机,分别承担原煤的二次破碎任务。该系统还有1台MMD625型精煤破碎机。

(3) 筛子。跳汰系统的原煤筛分设备为4台2YAHS2460型圆振动分级筛、2台SLG3100×8250型香蕉分级筛(申克公司),1台KXS3191型香蕉分级筛,

1 台 ZXF3085 型香蕉分级筛。跳汰系统还包括 4 台精煤脱水直线振动筛（2 台为 DZK3675 型、2 台为 DZS3675 型），4 台 2USL2460 型中煤直线脱水筛，4 台 2USL1.8X4.2 型双层直线振动矸石筛。重介浅槽系统的原煤筛分设备为澳大利亚申克公司的 2 台 SLD3073 型双层香蕉筛、2 台 SLO3673 型单层香蕉筛。重介浅槽系统的 4 台脱泥筛（SLG2436 型单层直线筛）、2 台精煤脱介筛（SLD3061 型双层香蕉筛）、2 台矸石脱介筛（SLK2448W 型双层直线筛）、2 台弧形筛。

（4）跳汰机。由德国 KHD 公司引进的 4 台 BATAC 型筛下空气式块煤跳汰机，是黑岱沟选煤系统的主要选煤设备之一。跳汰机处理物料的入料上限为 150 毫米，最大 200 毫米，处理能力一般为 500 吨/（时·台）。

（5）鼓风机。与跳汰机配合的 6 台罗茨鼓风机是由德国艾珍公司引进的。单台鼓风机排风量为 15 立方米/分，风压 1.55 帕，吹风温度 89 摄氏度，最大极限 135 摄氏度。

（6）快速装车站。由美国 KSS 公司引进，能适应多种规格的车皮的快速装车。每装一节车皮的周期为 60～65 秒，装载能力每小时 5000 吨。装车站位于环行铁路装车线上。

（7）集中控制系统。由美国莫迪康公司引进，该系统用于控制和监视厂内生产设备，其中毛煤仓下、筛分车间、矸石仓、跳汰车间和产品仓上由 1 台 984-784 系统控制。压滤车间、浓缩泵房由 1 台 984-785 系统控制。

（8）加压过滤机。由奥地利安德里兹公司引进的 2 台 HBF-S120/10 型加压过滤机，产品水分为 21%～22%，连续卸料，处理能力为 70～80 吨/时。煤泥水处理为 1 台 HBF-S120/10 型加压过滤机。

（9）浅槽分选机。2 台 W22F54 型浅槽分选机为美国赛吉满公司生产，入料粒度 3～200 毫米，最大处理量 589 吨/时。

（10）其他设备。彼德斯公司引进的浅槽分选机、美国艺利公司引进的磁选机、克莱博斯公司引进的旋流器、英格索兰公司引进的空压机等。

2. 哈尔乌素选煤厂

选煤系统主要机械、电气设备为国际引进的大型高效设备，同时也结合本选煤厂生产系统平行布置的特点，保持各系统的完整性。除关键设备从国外引进外，其他设备均采用经生产实践考验并经过国家鉴定的国内先进设备，性能稳定，能够满足生产需要。

（1）破碎站。3 套半移动式破碎站由英国 MMD 公司引进。该破碎站共分为二级破碎，其中一级筛分破碎机入料粒度≤1800 毫米，出料粒度≤350 毫米；二级筛分破碎机入料粒度为 350 毫米，出料粒度≤200 毫米。该破碎站还包括有效容积大于 560 吨的钢结构受料斗，装机功率为 250 千瓦的板式给料机，运力 3500 吨/时的排料带式输送机。

（2）破碎机。4 台德国蒂森克虏伯公司制造的 DRS500×1500 型破碎机，承担着精煤的 3 次破碎任务。单台生产能力为 400 吨/时，入料粒度≤200 毫米，出料粒度≤50 毫米。2 台 MMD500 型精煤破碎机，单台处理量 500 吨/时，入料粒度≤200 毫米，出料粒度≤50 毫米。

（3）筛子。筛分系统使用的 22 台筛子全部由澳大利亚申克公司制造，其中包括 4 台筛孔为 13 毫米，处理能力≥1396 吨/（时·台）的原煤一次分级筛；4 台筛孔为 13 毫米，处理能力≥1050 吨/（时·台）的原煤二次分级筛；8 台筛孔为 3 毫米，处理能力≥350 吨/（时·台）的原煤脱泥筛；4 台上层筛孔 30 毫米、下层筛孔 2 毫米，处理能力＞505 吨/（时·台）的块精煤脱介筛；2 台处理能力＞527 吨/（时·台）的矸石脱介筛。8 台振动筛由天津奥瑞生产，其中包括 4 台 AHS3048 型单层直线筛，2 台 ABD3673 型双层香蕉筛，2 台 ABD2461 型双层香蕉筛。4 台振动筛由美卓公司生产，其中包括 2 台 MF3661-2 型原煤一次分级筛，2 台 MF3673-1 型原煤二次分级筛。2 台 SHF2200 型弧形筛由鞍山捷东制造。

（4）重介浅槽分选机。6 台 MZC26F60 型重介浅槽分选机承担主要选煤任务。

（5）加压过滤机。3 套 GPJ-120 型盘式加压过滤机由山东莱芜机械厂制造。过滤面积 120 平方米，处理量 60.94～70.08 吨/时，工作压力 0.3～0.35 兆帕，入料粒度为-0.5 毫米，入料浓度为 200～500 克/升，产品外水分小于 18%，槽体最大储液量 17 立方米。

（6）装车站。由山东泰安机械厂制造的 2 套快速定量装车型装车站，单套能力为 5000 吨/时，装车速度小于或等于 40 秒/节（C62）。

（7）其他设备。带式输送机总长达到 7.67 千米、4 台精煤离心机和 4 台煤泥离心机，2 台 FLL-1400W 型精煤离心机，2 台 FLL-1200L 型煤泥离心机，6 台 HMDA-6 型湿式磁选机，2 台斗轮式堆取料机，4 组旋流器组，5 台风冷式空气压缩机，4 台 ML300-2SA/C 型压缩机等。

（三）扎赉诺尔煤业有限责任公司

1991 年，扎赉诺尔矿务局各矿地面筛选系统主要使用螺旋筛及单轴单层吊式振动筛进行筛选，但该设备有处理能力小、效率较低、事故率高、影响生产时间长等缺点。2002 年，公司的铁北矿对单轴单层吊式振动筛进行了更新，更新后使用 XCG-25/16 型齿辊式滚轴筛，处理能力 500 吨/时。该设备处理能力较大、效率较高，降低了事故率。2003 年，公司对灵泉矿螺旋筛进行了更新，更新后使用 XCG-50/20 型齿辊式滚轴筛处理能力 800～1000 吨/时。

2008 年，铁北矿进行产业升级，由原设计 150 万吨/年升级到 300 万吨/年，经核定筛分能力不足从而更新了 XCG-20-5 型齿辊式滚轴筛，处理能力 1000 吨/时。2010 年 4 月，灵东矿试生产筛分系统使用 XCG-25/14 型齿辊式滚轴筛，筛分效率大于 90%，处理量 1000 吨/时。2013 年，新建矿井灵露煤矿选用 XCG-50/24 型齿辊式滚轴筛，筛分效率大于 90%，处理量 1000 吨/时。

2009 年，安装澳大利亚约翰芬雷公司重介浅槽分选系统设备。风选系统采用唐山神州选煤设备有限公司生产的 FGX-48A 型风选机。

（四）内蒙古平庄煤业（集团）有限责任公司

西露天煤矿选煤厂主要设备有：筛下空气室跳汰机、动筛跳汰机、筛分机等。2005—2006 年，取消 2 套原重介质分选机、1 套筛下空气室跳汰机系统，增加 1 套动筛跳汰机系统和 1 套手选系统，采用动筛跳汰机排除矸石。2008 年新建落煤场地，增加洗选煤生产的缓冲能力，安装了现代化的监控系统，生产能力由 150 万吨/年提高到 200 万吨/年。

风水沟煤矿选运区主要设备有：2005 年引进博后筛，2006 年对块煤筛分系统进行改造，2008 年上 1 套 FGX24A 型复合干选机，进行复合干法选煤，每小时选煤 240 吨，排除了煤中大于 13 毫米的矸石。2008年扩建铁西煤场。2010年建成大块煤手选系统,解决了大块煤的含矸问题,并实现选后大块入仓。

古山煤矿选煤厂主要设备有1台Z-20型斜轮分选机,1台2ZD2056型振动筛;厂外煤泥沉淀池5个,总沉淀面积为7525平方米;辅助设备有螺旋筛、脱介筛、磁选机、介质泵、振动筛及带式输送机等。

六家煤矿选煤厂主要设备有FGX-6A型干法选煤机1套;选煤辅助设备有:YAH1848型一级筛分机,筛分孔径50毫米;GXS1630型(后改为YAH1842型)二级筛分机,筛分孔径18毫米;BHS4075型三级筛分机。

元宝山煤矿兴山矿业公司选煤厂1991年对二井和三井手选车间进行技术改造,由滚轴筛筛分系进统改造为1235振动筛筛分系统;同年,还对筛分选矸系统进行了技术改造。2006年完成防尘系统技术改造。

元宝山露天煤矿选煤厂主要设备有LZX-4.0型槽宽4米的斜轮分选机2台,YK3.0×6.0型筛分面积18平方米的分级筛2台,4PGC-380×350×1000型入料粒度300~50毫米的破碎机2台。2006年对产品煤仓设备进行改造,2008年使用了块煤手选系统,2010年更新BHS40100型和BHS40750型2台博后筛。

(五)内蒙古伊泰集团有限公司

公司建成投产酸刺沟选煤厂、准格尔召选煤厂、凯达选煤厂和在建的塔拉壕、红庆河2个选煤厂的主要设备均为进口:分级筛、脱泥筛采用申克澳大利亚有限公司产品,块煤分选采用美国彼德斯设备公司重介浅槽分选机,末煤分选采用美国克莱博斯工程公司的二产品重介旋流器,脱水设备采用荷兰天马有限公司离心机,其他设备均选用国内先进产品。采取综合、全面的措施,实现选煤厂生产自动化,实现了用工少、效率高、成本低的目标。

图4-4-11 伊泰集团公司准格尔召选煤厂主车间

2012—2015年,准格尔召选煤厂共计完成工艺系统设备改造30余项。主要包括原煤分级弹性筛、浅槽分选机、带式输送机防纵撕、耐磨溜槽、浓缩池与循环水管网、扫地泵出料管、冲洗水管网、块精煤脱介筛辅助设施等改造项目,通过改造提高了处理能力与产品质量。

内蒙古煤炭工业志（1991—2015）

第五篇　煤炭运输与销售

伊泰集团公司准格尔召发运站

- ○　煤炭产品及流向
- ○　煤炭运输
- ○　煤炭销售

内蒙古丰富的煤炭资源，为我国经济建设和社会生活提供了品种齐全、品质优良的煤炭产品。内蒙古主要煤种有褐煤、烟煤（主要为不黏、弱黏、长焰和1/3焦煤等）和无烟煤。西部地区以烟煤和无烟煤为主，产品主要用于发电、炼焦、冶金和煤化工。中东部地区以褐煤为主，产品主要用于发电、煤化工和一般工业与民用。

25年来，内蒙古煤炭调出区外销量从1991年的0.27亿吨，增加到2015年的5.04亿吨，占到全国跨省煤炭交易量的近30%。调出区外量从1991年的全国第7位，跃升到2015年全国第1位，为我国的经济社会建设做出了巨大贡献。内蒙古煤炭产品区外主要销往京津唐、华东、西北、东北、华南等地区。其中，蒙西地区主要销往京津唐和我国东南沿海地区；蒙中东部地区（锡林郭勒、赤峰、通辽、呼伦贝尔）主要销往东北地区，部分销往河北及山东沿海地区。

内蒙古煤炭进出口贸易相对较少。煤炭进口始于2003年，主要经蒙、俄边境的策克、甘其毛道、满洲里等陆路口岸进口蒙古国和俄罗斯的煤炭产品。截至2015年底，共进口俄罗斯煤炭862万吨，进口蒙古国煤炭1.23亿吨。煤炭出口始于20世纪60年代，至60年代末停止；1984年恢复，至2009年再次停止。出口煤品种主要为古拉本地区的无烟煤，后增加了鄂尔多斯地区的优质烟煤。出口地区主要为欧洲和日韩等地，1991—2009年，全区地方煤炭企业共出口煤炭约1200万吨。

内蒙古煤炭外运全部依靠铁路和公路。其中销往沿海省区的煤炭，通过铁路或公路运至环渤海相关港口（主要为秦皇岛港、天津港、京唐港、黄骅港等港口），再经海运至南方港口到用户。20世纪90年代后，国家煤炭需求的大幅增加，促进了内蒙古铁路、公路建设的大发展。经过20多年的建设，内蒙古境内已形成以国铁线为主，地方铁路、企业运煤专线为辅的煤炭运输铁路网络；以国道、省道、专用运煤公路与矿区公路相连接的煤炭运输公路网络。截至2015年底，全区铁路运营里程达13500千米，货运总运力达到9.50亿吨，发送煤炭5.46亿吨；公路总里程达到17500千米，全区公路的"三横九纵十二出口"主骨架基本建成。外运网络为煤炭运输销售提供了便利，为自治区将煤炭资源优势转化成经济优势创造了条件。

1991年以来，国家煤炭销售管理完成了由计划向市场的转化。1993年以前，国家实行煤炭销售数量和价格的双重计划管理体制；1993年国家开放了部分电煤价格，实行价格双轨制；之后逐步放开煤炭销售价格和数量，到2010年全面放开。国家煤炭销售制度的改革和市场的开放，大大促进了内蒙古煤炭市场的拓展，自治区煤炭跨省重点运量由1998年的2447万吨，增加到2015年的5.04亿吨，增加了20多倍。

25年间，自治区积极推动煤炭销售市场的有序管理，从1999年4月开始，实行煤炭经营企业资格审查制度。制度施行前，全区经营煤炭的企业有7600多户，其中注册企业2366户、个体经营5240多户。经过近3年的集中整顿，全区经营煤炭企业减少到1795户，全区经营煤炭的企业基本做到持证经营。到2013年底，全区共有煤炭经营企业2427户。2014年7月，国家将煤炭经营许可证审批制改为备案制后,截至 2015 年底,全区备案的煤炭经营企业共 1435 户。

在管控市场秩序、调控煤矿产量、加强税费征收等方面,部分盟市出台了相关管理办法,取得了一定成效。如鄂尔多斯市实行的准销票管理办法,有效地调控了区域煤炭产量,减少了税费流失,很好地维护了煤炭市场的有序竞争。

第一章 煤炭产品及流向

第一节 主要产品

内蒙古的煤炭资源不仅储量丰富,而且品种齐全、煤质优良。主要煤种有褐煤、烟煤(主要为不黏、弱黏、长焰煤和 1/3 焦煤等)和无烟煤(表 5-1-1)。

内蒙古西部地区以烟煤和无烟煤为主,产品主要用于发电、炼焦、冶金和煤化工。知名的商品煤有低灰、低硫、低磷、高发热量的阿拉善盟古拉本地区的无烟煤,统称"太西煤",和有特低灰、特低硫、特低磷、中高发热量的鄂尔多斯地区的不黏煤,通称"乌兰煤"或"东胜精煤"。

表 5-1-1 内蒙古分煤类产量统计表 万吨

年度	合计	褐煤	烟煤 长焰(弱黏)煤	烟煤 焦煤	无烟煤	年度	合计	褐煤	烟煤 长焰(弱黏)煤	烟煤 焦煤	无烟煤
1991	4923	2792	1209	806	116	2004	20155	5260	12050	2587	258
1992	5039	2878	1222	828	111	2005	25560	7174	14980	2913	493
1993	5514	2919	1625	817	154	2006	29760	9428	16587	3287	458
1994	6052	3282	1774	824	173	2007	35438	12151	19537	3365	385
1995	7055	3307	2929	667	153	2008	47270	17519	25753	3621	377
1996	7317	3358	2992	776	190	2009	60375	21562	33953	4425	435
1997	7909	3605	3433	685	186	2010	78665	25565	47300	5200	600
1998	7614	3332	3410	682	190	2011	97926	44767	47496	4369	1294
1999	6621	2953	2803	680	185	2012	106194	50476	49335	5314	1069
2000	6964	2880	2586	1310	188	2013	103029	32460	63820	6000	749
2001	8162	3150	3282	1540	190	2014	99391	39467	55440	3773	711
2002	11454	3580	5816	1856	202	2015	90957	35557	52068	2561	771
2003	15014	4246	8157	2376	235						

多年来,"太西煤"和"乌兰煤"以其优良品质和绿色环保享誉国内外市场。其他煤类也均为良好的动力、化工、炼焦用煤。部分企业的知名商品煤品牌有:"伊泰煤""蒙泰洁净煤""乌兰煤"等被誉为绿色环保煤。神华准格尔能源公司(准能公司)的商品煤,2002年被评为"国家权威检测达标品牌""国家质量检测连续合格产品""国家质量信得过产品"。2006年"伊泰"煤商

标被国家工商行政管理局认定为"中国驰名商标"。内蒙古中东部地区以褐煤为主，产品主要用于发电、煤化工和一般工业。

煤炭企业根据用户的需求，研制配煤方案，通过配煤提高煤的灰熔融性，降低水分，用户和销售量明显增加。煤炭企业根据各发电厂不同设计，研究确定不同的个性化配煤方案，煤的销售覆盖面和销售量显著扩大。

一、褐煤

内蒙古褐煤主要分布于自治区中东部地区的锡林郭勒、霍林河、呼伦贝尔地区，是自治区储量最多的煤类。1991—2015年，该煤类产量合计为354743万吨，占自治区煤炭总产量的39.8%。

自治区褐煤主要生产矿区有扎赉诺尔、宝日希勒、伊敏、大雁、霍林河、平庄、白音华、胜利等，上述矿区2006年被纳入国家规划的蒙东（东北）煤炭基地。主要生产企业的商品煤情况如下。

（一）扎赉诺尔煤业有限责任公司

生产原煤为褐煤，商品煤平均灰分低于15%、发热量在15.49兆焦耳左右，详见表5-1-2。其中，南斜井原煤灰分18%，挥发分45%，全硫0.45%，发热量21.84兆焦耳；灵泉煤矿原煤灰分7.24%，挥发分40.36%，全硫0.25%，发热量15.07~17.59兆焦耳。

表5-1-2 扎赉诺尔煤业公司商品煤品种、质量指标统计表

年度	产品名称	煤类	全水分M_t（%）	灰分A_{ar}（%）	挥发分V_{ar}（%）	全硫$S_{t,ar}$（%）	低位发热量$Q_{net,ar}$[兆焦耳/千克（千卡/千克）]	灰熔融性ST（摄氏度）	粒度（毫米）
2015	商品煤	褐煤	31.10	14.24	23.36	0.15	15.49（3670）	1100	25

（二）神华宝日希勒能源有限公司

煤炭产品为优质褐煤，低位发热量平均在14.65兆焦耳/千克以上，全水分低于34%，硫分低于0.5%，灰分小于20%，挥发分小于38%，灰熔融性高于1080摄氏度；混煤颗粒度在0~80毫米，块煤颗粒度在80~200毫米之间，商品煤品种、质量指标详见表5-1-3。

表5-1-3 神华宝日希勒能源有限公司商品煤品种、质量指标统计表

年度	产品名称	煤类	全水分M_t（%）	灰分A_{ar}（%）	挥发分V_{ar}（%）	全硫$S_{t,ar}$（%）	低位发热量$Q_{net,ar}$[兆焦耳/千克（千卡/千克）]	灰熔融性ST（摄氏度）	粒度（毫米）
2005	（单一混煤）	褐煤	32.30	11.14	24.88	0.16	15.32（3659）	1070	0~50
2010	（单一混煤）	褐煤	31.90	11.86	24.74	0.18	15.16（3621）	1080	0~50
2015	（单一混煤）	褐煤	33.33	10.06	25.05	0.19	15.27（3647）	1080	0~50

（三）华能伊敏煤电有限责任公司

露天矿生产的优质褐煤，主要开采煤层为第15和第16两个煤层。商品煤发热量在15.07~16.33兆焦耳/千克，灰分8.36%~19.52%，水分1.75%~18.35%，焦油产率为5.34%，灰熔融性为1220摄氏度。商品煤品种、质量指标详见表5-1-4。

表5-1-4　华能伊敏煤电有限公司商品煤品种、质量指标统计表

年度	产品名称	煤类	全水 M_t (%)	灰分 A_{ar} (%)	挥发分 V_{ar} (%)	全硫 $S_{t,ar}$ (%)	低位发热量 $Q_{net,ar}$ [兆焦耳/千克(千卡/千克)]	粒度 (毫米)
2005	商品煤	褐煤	38.90	9.88	26.88	0.11	12.68（3029）	150
2010	商品煤	褐煤	39.40	9.00	27.34	0.12	12.67（3025）	150
2015	商品煤	褐煤	39.30	8.81	27.24	0.10	13.14（3139）	150

（四）神华国能大雁集团有限公司

生产的原煤商品煤煤质：自用及供热用煤发热量12.14～13.40兆焦耳/千克、灰分26.00%～28.00%、全水30.9%；供鄂温克电厂用煤发热量12.14～13.40兆焦耳/千克、灰分12.80%、全水41.3%。

（五）中电投蒙东能源集团有限责任公司

生产原煤煤质牌号为褐煤2号，亦称老年优质褐煤。平均发热量12.98兆焦耳/千克，具有低硫、低磷、高挥发分、高灰熔点"两高两低"的环保特点，享有"绿色燃料"的美誉。

（六）内蒙古平庄煤业（集团）有限责任公司

生产的煤类为老年褐煤，商品煤主要指标：发热量11.72～16.75兆焦耳/千克、硫分1.5%以下，商品煤品种、质量指标详见表5-1-5。

表5-1-5　平庄煤业（集团）公司商品煤品种、质量指标统计表

年度	产品名称	煤类	全水 M_t (%)	灰分 A_{ar} (%)	挥发分 V_{ar} (%)	全硫 $S_{t,ar}$ (%)	低位发热量 $Q_{net,ar}$ [兆焦耳/千克(千卡/千克)]	粒度 (毫米)
1991	粒级煤	褐煤	25.28	23.63	42.76	1.29	15.25（3642）	1260
	混煤	褐煤	23.04	28.74	42.53	1.27	14.92（3563）	1240
1995	粒级煤	褐煤	25.64	23.92	42.23	1.38	15.62（3731）	1220
	混煤	褐煤	22.80	29.52	42.69	1.31	15.19（3628）	1260
2000	粒级煤	褐煤	25.75	20.77	43.10	1.27	15.92（3802）	1250
	混煤	褐煤	22.49	26.52	42.56	1.23	14.92（3563）	1210
2005	粒级煤	褐煤	24.37	25.73	41.98	1.02	15.01（3585）	1250
	混煤	褐煤	24.04	23.79	42.44	1.14	15.60（3726）	1230
2010	粒级煤	褐煤	24.30	23.18	43.06	1.06	16.68（3984）	1270
	混煤	褐煤	26.45	24.86	42.31	1.04	14.73（3518）	1240
2015	粒级煤	褐煤	23.87	19.35	42.84	0.79	17.03（4068）	1250
	混煤	褐煤	26.28	27.26	44.39	0.96	14.39（3436）	1260

（七）神华北电胜利能源有限公司

胜利一号露天矿产品以发电和供热用煤为主。神华北电胜利能源有限公司商品煤品种、质量指标详见表5-1-6。

表5-1-6　神华北电胜利能源有限公司商品煤品种、质量指标统计表

年度	产品名称	煤类	全水 M_t (%)	灰分 A_{ar} (%)	挥发分 V_{ar} (%)	全硫 $S_{t,ar}$ (%)	低位发热量 $Q_{net,ar}$ [兆焦耳/千克(千卡/千克)]	灰熔融性 ST（摄氏度）	粒度（毫米）	哈氏可磨指数 HGI
2005	混煤	褐煤	33.97	22.90	44.57	0.88	13.12 (3134)	—	0~300	66
2010	混煤	褐煤	37.75	21.48	41.24	0.79	13.31 (3179)	1245	0~300	66
2015	混煤	褐煤	37.33	18.19	42.45	0.74	13.53 (3231)	1250	0~300	66

二、烟煤

（一）弱黏、不黏、长焰煤

内蒙古烟煤中的弱黏、不黏、长焰煤主要分布于自治区西部的鄂尔多斯地区。1991—2015年，这3类品种总产量为477403万吨，占自治区煤炭总产量的53.4%。其产品主要用于电力、冶金、煤化工等行业。

1. 神华神东煤炭集团有限责任公司

生产原煤经过洗选出混煤（伊盟混）和块煤两种商品煤，2008年神华神东煤炭集团有限责任公司商品煤指标见表5-1-7。

表5-1-7　2008年神华神东煤炭集团有限责任公司商品煤指标情况统计表

名称	煤炭品种	全水分 M_t(%)	灰分 A_{ar}(%)	硫分 $S_{t,ar}$(%)	发热量 $Q_{net,ar}$[兆焦耳/千克(千卡/千克)]		超降
					年计划	完成	
补连塔选煤厂	2-2煤混煤	15.2	10.19	0.44	23.53 (5620)	23.49 (5610)	-0.04
补连塔选煤厂	1-2煤混煤	17.2	13.57	0.78	21.77 (5200)	21.77 (5200)	0
补连塔选煤厂	1-2煤选块	16.3	8.08	0.55	23.53 (5620)	23.53 (5620)	0
上湾选煤厂	混煤	16.0	8.14	0.47	23.57 (5630)	23.78 (5680)	0.21
上湾选煤厂	选块	15.4	7.03	0.31	24.07 (5750)	24.07 (5750)	0
乌兰木伦选煤厂	混煤	18.4	13.28	0.58	21.60 (5160)	21.14 (5050)	-0.46

2. 神华准格尔能源有限责任公司

商品煤为低硫、低磷、高灰熔融性、较高挥发分和中—高发热量的长焰煤，经过洗选配煤后，形成准（格尔）混（合煤）2-4900、准混4-4500、准混5-4300、准混6-4000四个商品煤品种，主要为发电用煤，产品质量指标详见表5-1-8。

表5-1-8　神华准格尔能源公司煤炭产品质量指标统计表

产品名称	产品现用名称	煤炭分类	全水 M_t(%)	灰分 A_{ar}(%)	挥发分 V_{ar}(%)	全硫 $S_{t,ar}$(%)	发热量 $Q_{net,ar}$[兆焦耳/千克(千卡/千克)]	灰熔融性 ST（摄氏度）	粒度（毫米）	哈氏可磨性指数 HGI
神华准混-4900	神华准混2-4900	长焰煤	<13	<21.3	22.7~26.2	≤0.8	≥20.16(4900)	≥1500	0~100	50~60
神华准混-4500	神华准混4-4500	长焰煤	<13	<26.2	21.3~24.5	≤0.8	≥18.84(4500)	≥1500	0~100	50~60

表 5-1-8(续)

产品名称	产品现用名称	煤炭分类	全水 M_t (%)	灰分 A_{ar} (%)	挥发分 V_{ar} (%)	全硫 $S_{t,ar}$ (%)	发热量 $Q_{net,ar}$ [兆焦耳/千克 (千卡/千克)]	灰熔融性 ST(摄氏度)	粒度 (毫米)	哈氏可磨性指数 HGI
神华准混-4300	神华准混 5-4300	长焰煤	<13	<30.5	19.8~22.8	≤0.8	≥18.00 (4300)	≥1500	0~100	50~60
神华准混-4000	神华准混 6-4000	长焰煤	<13	<33.1	18.9~21.7	≤0.8	≥16.75 (4000)	≥1500	0~100	50~60

3. 内蒙古伊泰集团有限公司

商品电煤主要有："伊泰3号"末煤、"伊泰4号"末煤、"伊泰7号"末煤。集团公司根据客户不同需求,科学配煤,冶金用煤主要为"伊泰2号"喷吹煤与"伊泰3号"末煤。2005年,"伊泰"煤被评定为自治区"名牌产品"。电力和煤制油用煤品种质量指标详见表5-1-9,冶金煤质量指标详见表5-1-10。

表 5-1-9 伊泰集团公司供电力和煤制油用煤品种质量指标统计表

产品名称	全水 M_t (%)	干燥基水分 M_{ad} (%)	干燥基灰分 A_d (%)	收到基灰分 A_{ar} (%)	收到基挥发分 V_{ar} (%)	干燥基挥发分 V_d (%)	干燥基全硫 $S_{t,d}$ (%)	收到基全硫 $S_{t,ar}$ (%)	低位发热量 $Q_{net,ar}$ [兆焦耳/千克(千卡/千克)]	高位发热量 $Q_{gr,ad}$ [兆焦耳/千克(千卡/千克)]	灰熔融性 ST(摄氏度)	粒度 (毫米)	哈氏可磨指数 HGI
"伊泰3号"末煤	16~22	6~12	<14	<12	25~30	29~35	<0.7	<0.6	21.78~23.87 (5201~5700)	23.03~27.63 (5500~6600)	≥1200	<50	57
"伊泰4号"末煤	16~24	6~12	<22	<18	22~30	25~33	<1	<0.8	19.68~21.77 (4701~5200)	20.93~25.96 (5000~6200)	≥1200	<50	61
"伊泰7号"末煤	10~15	4~8	<24	<20	25~33	28~37	<1	<0.8	19.68~21.77 (4701~5200)	20.93~25.96 (5000~6200)	≥1350	<50	—

表 5-1-10 伊泰集团公司冶金煤质量指标统计表

产品名称	全水 M_t (%)	干燥基水分 M_{ad} (%)	干燥基灰分 A_d (%)	收到基灰分 A_{ar} (%)	收到基挥发分 V_{ar} (%)	干燥基挥发分 V_d (%)	干燥基全硫 $S_{t,d}$ (%)	收到基全硫 $S_{t,ar}$ (%)	低位发热量 $Q_{net,ar}$ [兆焦耳/千克(千卡/千克)]	高位发热量 $Q_{gr,ad}$ [兆焦耳/千克(千卡/千克)]	灰熔融性 ST(摄氏度)	粒度 (毫米)	哈氏可磨指数 HGI
"伊泰2号"喷吹煤	15~18	6~12	<8.5	<7	26~32	32~37	<0.5	<0.4	22.61~24.28 (5400~5800)	25.12~28.47 (6000~6800)	≥1150	<50	57
"伊泰3号"末煤	16~22	6~12	<14	<12	25~30	29~35	<0.7	<0.6	21.78~23.87 (5201~5700)	23.03~27.63 (5500~6600)	≥1200	<50	57

4. 内蒙古满世投资集团有限公司

商品煤品种主要为低灰、低硫、低磷、高发热量的"环保型"动力煤,有满世3号煤、满世4号煤、满世5号煤、满世6号煤、满世7号煤5个品种,其质量指标详见表5-1-11。

表5-1-11 内蒙古满世投资集团有限公司商品煤品种质量指标统计表

产品名称	全水 M_t (%)	灰分 A_{ar} (%)	挥发分 V_{ar} (%)	全硫 $S_{t,ar}$ (%)	发热量 $Q_{net,ar}$ [兆焦耳/千克] (千卡/千克)	灰熔融性 ST (摄氏度)	粒度 (毫米)	哈氏可磨性指数 HGI
满世3号煤	≤17	≤13	≥24	≤0.8	23.03 (5500) 左右	≥1150	≤50	—
满世4号煤	≤23	≤14	≥24	≤1.0	20.10 (4800) 左右	≥1150	≤50	—
满世5号煤	≤14	≤20	≥24	≤1.0	21.77 (5200) 左右	≥1350	≤50	—
满世6号煤	≤25	≤14	≥26	≤1.0	18.84 (4500) 左右	≥1150	≤50	—
满世7号煤	≤14	≤20	≥24	≤0.8	21.77 (5200) 左右	≥1350	≤50	—

5. 内蒙古蒙泰煤电集团有限公司

商品煤为高发热量、低硫、低灰、低磷"三低一高"的优质煤,被誉为洁净煤、绿色环保动力煤。其"蒙泰洁净煤"原煤发热量18.00~18.84兆焦耳/千克之间,灰分17.20%,平均硫分0.94%~1.25%。

（二）焦煤

内蒙古烟煤中的炼焦煤主要有贫瘦、肥、焦、1/3焦煤等(以下简称炼焦煤),分布于自治区西部的鄂尔多斯鄂托克、包头石拐、乌海和阿拉善地区。

1991—2015年,炼焦煤产量合计为47971万吨,占自治区煤炭总产量的5.37%。其产品主要用于冶金、电力、煤化工等行业。炼焦煤主要生产矿区有石拐、桌子山、海勃湾、乌达和百灵等,主要生产企业商品煤情况如下。

神华乌海能源有限责任公司,其产品主要有焦煤、1/3焦煤、肥煤,以及焦炭和煤焦油为主。其中,混煤有海混2、海混3;精煤有高灰中硫1/3焦煤、中硫肥煤、中硫主焦煤、高硫肥1号;焦炭有二级冶金焦Ⅰ、二级冶金焦Ⅱ、三级冶金焦。炼焦煤产品质量指标详见表5-1-12。

表5-1-12 神华乌海能源公司炼焦煤产品质量指标统计表

品种	全水分 M_t (%)	灰分 A_d (%)	挥发分 V_{daf} (%)	全硫分 $S_{t,d}$ (%)	黏结指数 (G值)	胶质层厚度 (Y值)
中硫肥煤	≤10	≤10.5	≤32	≤2	≥85	≥25
中硫主焦煤	≤9	≤10.5	≤28	≤2	≥80	≥17
中硫1/3焦煤	≤10	≤10.5	≥28	≤2	≥80	≥18
高灰中硫1/3焦煤	≤10	≤11.5	≥28	≤2	≥80	≥18
高硫1/3焦煤	≤10	≤10.5	≥28	≤2.8	≥80	≥18
高硫肥煤2	≤10	≤10.5	≤32	≤2.8	≥90	≥24

三、无烟煤

内蒙古无烟煤主要分布于自治区西部的阿拉善地区,1991—2015年,该煤类产量合计为12406万吨,占自治区煤炭总产量的1.39%。其产品主要用于冶金、煤化工等行业。

自治区无烟煤主要生产矿区有古拉本

等矿区。阿拉善盟古拉本地区无烟煤统称"太西煤",该煤质具有低灰、低硫、低磷、高发热量、高块煤率、高机械强度、高比电阻、高精煤率、高化学活性("三低六高")的特优品质,与世界著名的越南"鸿基煤"齐名。主要生产企业的商品煤情况如下。

内蒙古太西煤集团股份有限公司。为充分发挥无烟煤煤质优势,强化"太西煤"精深加工,大力发展"太西煤"系列产品,"太西煤"质量特征指标详见表5-1-13。

2003年4月,公司开工建设"太西煤"煤化产品项目,选定了超低灰精煤、煤基活性炭及工业型煤等作为煤炭精深加工实施项目。

表5-1-13 "太西煤"质量特征指标统计表

产品名称	煤类	全水 M_t (%)	灰分 A_{ar} (%)	挥发分 V_{ar} (%)	全硫 $S_{t.ar}$ (%)	低位发热量 $Q_{net.ar}$ [兆焦耳/千克 (千卡/千克)]	灰熔融性 ST (摄氏度)	粒度 (毫米)
洗精末	无烟煤	7.5	7.85	8.23	0.18	29.64(7080)	1250	0~25
洗粒煤	无烟煤	4.5	5.98	7.85	0.17	32.07(7660)	1280	10~30
6-9块	无烟煤	2.5	14.45	8.58	0.21	27.26(6510)	1280	60~90

第二节 产品流向

一、产品地区流向

多年来,内蒙古煤炭在保证区内用煤的同时,相当部分(约占55%)销往京津唐、华东、西北、东北、华南等地区。

2006—2015年全区煤炭销售地区流向统计情况见表5-1-14。各主要产煤区由于其煤质、所在经济区域和运输条件的不同,其产品流向有较大区别。

从具体区域看,锡林郭勒盟以东包括呼伦贝尔市、通辽市、赤峰市主要销往东北地区,少部销往河北省。西部地区主要销往京津唐和东部沿海地区。

表5-1-14 2006—2015年全区煤炭销售地区流向统计表　　　　　　万吨

年度	2006	2010	2011	2012	2013	2014	2015
总销售量	29100	78000	97500	107100	105000	100260	91400
区内销售	12964	33000	37000	40966	43000	42890	41000
区外销售	16136	45000	60500	66134	62000	57370	50400
华北地区	2840	7850	12902	14087	13200	12200	10730
华东地区	5073	19634	24905	27246	25500	22500	19770
西北地区	150	190	303	331	310	280	253
东北地区	5005	11536	12932	14153	13300	13620	11760
华中地区	—	—	609	661	620	570	516
华南地区	3068	5790	8849	9656	9070	8200	7371

二、产品行业流向

内蒙古商品煤主要供应电力行业,其次为建材(水泥等)、冶金、化工、民用等行业。区外主要供应电力行业以及其他工业与燃料用煤;随着自治区基本建设快速发展,区内电力、建材、化肥等行业用煤量增长显著(表5-1-15)。

表5-1-15 2000—2015年煤炭产品区内销售行业流向统计表　　　　万吨

年度	2000	2005	2006	2008	2010	2011	2012	2013	2014	2015
总销售量	7100	25500	29100	46500	78000	97500	107100	105000	100260	91400
区内销售	3432	11347	12964	21900	33000	37000	40966	43000	42890	41000
电 力	1397	7200	8772	13500	16500	18473	20686	21300	20400	20450
冶 金	685	1100	1495	1400	3010	2203	2043	2100	2050	2250
化 工	150	230	1607	300	3250	6047	6576	7600	8300	8300
建 材	320	850	250	1100	875	1827	2631	3000	3400	2950
其 他	880	1867	840	5600	9365	8450	9030	9000	8740	7050

20世纪90年代,自治区政府提出"煤从空中走"发展战略,大力发展电力工业,变输煤为输电,大大提高了煤炭就地转化的能力。截至2015年底,全区火电装机已经达7260万千瓦,为全国第4位。此外,坑口电厂、煤电联营企业发展迅速,发电用煤已从2000年的1397万吨,增加到2015年的2.05亿吨。

煤化工产品的多样化,决定了对原煤品种需求的多样化。内蒙古所产原煤都可以成为各种煤化工产品的原料。随着煤化工技术的不断突破,内蒙古所产煤炭产品在煤化工领域的应用范围不断扩大,由传统煤化工转向新型煤化工。内蒙古地区普遍气温低,冬季取暖期长,尤其是东部地区,由于气候寒冷,冬季取暖期最长可达7个月,其他地区取暖期也有6个月。城市集中供热和单位、居民取暖用煤占较大比例,其次全区广大农村牧区和小城镇居民生活用煤也占一定比例。

三、部分重点煤炭企业产品流向

(一)神华准格尔能源有限责任公司

商品煤区内流向:主要销往国华、托克托等电厂。区内国华电厂平均年用量350万吨左右;丰镇电厂平均年用量130万吨左右;托县电厂平均年用量550万吨左右;岱海电厂平均年用量590万吨左右;新丰电厂平均年用量120万吨左右;京隆电厂平均年用量160万吨左右。

商品煤区外流向:主要通过大秦铁路运往华北地区电厂,或经秦皇岛港口,再经海运销往华中、华南地区的电厂。区外华北地区直达电厂平均年用量500万吨左右。

(二)神华乌海能源有限责任公司

1991—2015年,煤炭产品流向一直以电力行业为主,少量流向冶金、化工行业。企业电煤主要用户有自治区西部的乌海热电厂、内蒙古蒙电华能热电股份有限公司、包头第二热电厂等电力企业。

区外主要供应甘肃酒泉地区冶金企业,京津唐地区冶金、电力企业,吉林地区钢铁企业。2013—2015年,受煤炭市场持续低迷影响,煤炭销售主要以唐山市场为主,酒泉及区内次之。

化工用煤主要供应神华集团西来峰煤化工基地,部分供京津唐地区的煤化工

（三）神华宝日希勒能源有限公司

煤炭产品为优质褐煤，发热量在14.65兆焦耳/千克以上，全水低于34%，硫分低于0.5%，灰分小于20%，挥发分小于38%，灰熔融性高于1080摄氏度，混煤颗粒度在0~80毫米，块煤颗粒度在80~200毫米。

产品主要有工业用煤、发电用煤、化工用精煤，2004—2015年神华宝日希勒能源有限公司主要产品销售量详见表5-1-16。

表5-1-16　2004—2015年神华宝日希勒能源有限公司主要产品销售量统计表　万吨

年度	工业用煤	发电用煤	化工用精煤	合计	年度	工业用煤	发电用煤	化工用精煤	合计
2004	157.37	163.18	4.53	325.08	2010	1544.5	182.70	24.53	1751.73
2005	213.94	264.48	21.72	500.14	2011	2108.24	483.57	22.83	2614.64
2006	361.76	225.34	18.06	605.16	2012	2055.1	877.93	100.62	3033.65
2007	424.87	286.81	22.67	734.35	2013	2161.48	849.22	124.96	3135.66
2008	488.78	386.25	42.25	917.28	2014	1995.15	762.13	111.22	2868.50
2009	866.99	402.16	42.39	1311.54	2015	1192.56	1082.41	54.39	2511.46

产品销售流向以黑龙江、吉林、辽宁和内蒙古四省区为主（表5-1-17）。2013年后，由于铁路运费上涨，下水煤失去价格优势，辽宁省销量大幅下滑，基本退出。

表5-1-17　2007—2015年神华宝日希勒能源有限公司主要产品地区流向统计表　万吨

年度	黑龙江省	吉林省	内蒙古	辽宁省	河北省	本地区	合计
2007	350.59	93.05	26.59	118.68	—	145.46	734.37
2008	472.02	71.06	46.17	81.26	—	246.76	917.27
2009	496.81	102.59	72.68	245.70		393.77	1311.55
2010	846.47	104.02	98.58	45.16		657.49	1751.72
2011	1285.82	185.58	116.50	280.03		746.72	2614.65
2012	1797.08	268.25	172.06	191.91	13.65	590.69	3033.64
2013	2018.27	278.48	206.62	8.39		623.91	3135.67
2014	1629.02	513.93	187.31	4.32		533.93	2868.51
2015	1379.84	490.89	174.34	—		466.39	2511.46

（四）扎赉诺尔煤业有限责任公司

主要电煤用户为富拉尔基发电厂、亚电鑫宝热电厂、大庆电厂、宏伟电厂、长山电厂、双辽电厂；主要非电煤用户为扎兰屯民用、林区各林业局、乌兰浩特电厂、海拉尔铁路、通辽发电厂、黑龙江黑化集团、扎赉诺尔灵泉电厂等。部分煤炭销售扩大到吉林省的长春、松原、长山屯、梅河口地区及黑龙江的哈尔滨、阿城、富裕、林源地区等。

2008年，扎赉诺尔煤业公司归属华能集团公司以后，煤炭销售流向和煤炭用户结构发生了较大变化，华能集团公司内部电厂成为其煤炭销售的主供方向，除保留国家重点电煤用户外，主要以华能国际燃料、营口电厂、大连电厂、长春热电厂、九台电厂、新华电厂等华能集团公司内部电厂为主。

1994—2015年扎赉诺尔煤业公司煤炭销售地区及行业情况详见5-1-18。

表5-1-18　1994—2015年扎赉诺尔煤业公司煤炭销售地区及行业情况统计表　万吨

年度	调往区外	区内电力企业	区内其他行业	年度	调往区外	区内电力企业	区内其他行业
1994	407.91	—	—	2009	641.13	52.41	20.03
1995	385.60	—	—	2010	828.06	82.49	33.08
2000	210.43	—	37.17	2011	1241.59	77.95	35.46
2005	535.78	34.07	34.05	2012	1260.93	126.18	29.64
2006	555.95	29.73	36.39	2013	1179.47	169.55	35.74
2007	533.62	46.43	29.94	2014	1303.00	166.92	24.73
2008	559.04	41.98	25.39	2015	413.34	64.69	7.13

（五）神华国能大雁矿业集团有限公司

煤类为褐煤，产品为块煤、混煤。主要用于民用（发热量在12.14~13.40兆焦耳/千克、灰分为26%~28%，全水为30.9%）、发电用（发热量12.14~13.40兆焦耳/千克、灰分26%~28.00%、全水30.9%，鄂温克电厂用煤发热量12.14~13.40兆焦耳/千克、灰分为12.80%、全水为41.3%）和供热用（发热量11.72~13.40兆焦耳/千克、灰分26.11%~28.00%、全水30.9%）。

1991—2015年，共计销售煤炭2495.5万吨，其中自治区内销售煤炭1576.6万吨，本企业自用煤炭918.9万吨。

（六）神华北电胜利能源有限公司

产品主要流向为正蓝旗上都电厂，年用量约1200万吨；锡林浩特市区锡林热电公司发电及供热用煤80万吨/年；坑口地销煤主要用于周边小型企业及供热，年用量约50万吨。大唐煤制气公司在赤峰市克旗境内，年用量约200万吨。

（七）内蒙古平庄煤业（集团）有限责任公司

20世纪90年代，公司周边地区民用或企事业单位取暖用煤占公司主要销量。随后公司产品扩大销售范围，主要销往辽宁南部和西部，吉林、内蒙古东部、河北、山东、江苏、安徽等。

平庄煤业集团公司主要产品有工业用煤、发电用煤和化工用煤。1991—2000年，由于平庄矿务局生产的煤种属于低热褐煤，主要是民用、企事业单位取暖、发电锅炉用煤，工业用煤所占比例很小。2011年后，随着国家经济发展加快，有少数企业开始逐渐把发热量14.65~16.75兆焦耳/千克、含硫1%以下的煤炭用于工业用煤。工业用户主要有北京大唐燃料有限公司、锦州金地纸业有限公司、葫芦岛锌业股份有限公司、冀东水泥公司。

发电用煤主要供给元宝山发电厂、朝阳发电厂、赤峰热电厂等企业。2010年以来，又开拓了辽宁大唐国际锦州热电有限公司、盘锦华润热电厂、北京京能热电燃料有限公司、朝阳宏文热电有限公司、锦州节能热电股份有限公司等电厂用户，所用煤炭主要为发热量11.72~16.75兆焦耳/千克、含硫1.5%以下的品种煤。

煤类为老年褐煤,由于煤种和煤炭加工条件所限,没有发热量较高的化工精煤。从2011年起,国电赤峰化工有限公司等化工企业启用该公司发热量13.82～14.65兆焦耳/千克、含硫1.5%以下的混煤。

1991—2015年平庄煤业销售流向情况统计见表5-1-19。

表5-1-19　1991—2015年平庄煤业销售流向情况统计表　　　万吨

年度	合计	发电用煤	化工用煤	工业及其他	年度	合计	发电用煤	化工用煤	工业及其他
1991	526.44	355.91	—	170.53	2004	1113.42	604.68	—	508.74
1992	547.09	367.80	—	179.29	2005	1183.39	686.27	—	497.11
1993	558.26	387.78	—	170.48	2006	1344.17	771.88	—	572.29
1994	603.15	422.83	—	180.32	2007	1759.69	456.66	—	1303.03
1995	569.64	385.93	—	183.71	2008	1979.05	408.68	—	1570.37
1996	618.29	395.53	—	222.76	2009	2117.97	1120.64	—	997.33
1997	630.37	445.12	—	185.26	2010	2636.61	691.06	—	1945.55
1998	607.33	445.18	—	162.15	2011	3259.35	2026.85	11.07	1221.42
1999	558.06	400.85	—	157.20	2012	4612.11	1789.02	52.75	2770.33
2000	568.38	469.87	—	98.51	2013	4583.81	1700.73	116.76	2766.32
2001	621.69	509.17	—	112.51	2014	4447.20	1949.04	53.45	2444.71
2002	655.48	546.59	—	108.89	2015	1787.63	705.83	77.44	1004.37
2003	663.79	578.70	—	85.09					

(八) 内蒙古伊泰集团有限公司

1988—2015年,企业煤炭销售一直以电力行业为主,少量供应冶金、化工行业。电煤主要用户有大唐、国电华润电力、华能等大型央企,以及浙江、上海、广东、深圳、江苏等省市电力企业。冶金用煤主要用户包括宝钢、首钢、江苏沙钢、鞍钢及葫芦岛锌厂等。

煤炭产品主要流向自治区内、环渤海地区、长三角地区及珠三角地区,涉及全国12个省、市、自治区。2012年,该公司共计向前20名重点客户销售煤炭1957万吨;其中,华东地区销售1013万吨、占51.76%,华南地区销售583万吨、占29.79%。

2013—2015年,受煤炭市场持续低迷影响,企业煤炭销售主要以华东市场为主,华北、华南及区内次之。其中,2014年在华东地区销售1932万吨,在华北地区销售933万吨,在华南地区销售1101万吨,自治区内销售946万吨。2015年在华东地区销售2432.1万吨,在华北地区销售914.12万吨,在华南地区销售1079.7万吨,自治区内销售824.47万

图5-1-1　2013年3月21日,伊泰集团与国电电力集团签订战略合作协议

吨。产品流向的主要市场为电力行业，2014年销售出的6795.1万吨商品煤中，电煤为4974.74万吨，占销售总量的73.21%；2015年销售出的6124.08万吨商品煤中，电煤为4995.1万吨，占销售总量的81.56%。

2015年，企业累计完成调运4874.20万吨。其中，矿调运2501.44万吨（含酸刺沟外运及销售），社会矿调运2372.76万吨。累计完成销售6124.08万吨，包括外运销售4456.20万吨、区内销售1667.88万吨（其中，煤矿地销843.41万吨）。

1991—2015年伊泰集团各地区市场销量统计见表5-1-20。

表5-1-20 1991—2015年伊泰集团各地区市场销量统计表　　　　万吨

年度	华南市场 用户	销量	华东市场 用户	销量	华北市场 用户	销量	东北市场 用户	销量	华中市场 用户	销量	西南市场 用户	销量	西北市场 用户	销量	内蒙古区内销量
1991	—	—	2	60.65	3	1.16	—	—	—	—	—	—	—	—	—
1995	—	—	7	122.15	2	36.06	1	17.27	—	—	—	—	—	—	257.97
2000	5	38.29	12	147.24	13	50.48	2	43.89	—	—	—	—	—	—	—
2005	7	163.51	36	519.71	16	130.12	3	40.32	—	—	—	—	—	—	652.80
2006	8	237.54	19	737.03	17	138.67	4	57.22	—	—	—	—	—	—	910.54
2007	9	348.59	21	731.54	12	175.72	2	72.66	—	—	—	—	1	0.50	1702.98
2008	17	638.03	29	1265.96	19	314.31	2	46.78	1	5.99	—	—	—	—	1248.92
2009	17	367.33	37	718.61	16	372.81	2	16.83	—	—	—	—	1	2.85	2676.57
2010	13	646.79	32	1083.93	16	639.97	5	108.67	1	34.19	—	—	1	20.80	1760.20
2011	13	653.78	36	1158.51	13	593.48	5	135.26	—	—	—	—	—	—	4604.44
2012	14	735.58	40	1209.57	7	351.99	3	49.61	2	4.81	—	—	—	—	3903.38
2013	17	1038.28	67	2133.03	13	375.25	3	54.27	1	4.16	—	—	—	—	2087.10
2014	21	1256.02	58	2654.34	13	472.15	2	26.57	1	4.39	—	—	1	3.02	2268.80
2015	19	1243.89	47	2424.97	32	709.49	7	49.51	4	18.87	—	—	1	1.77	1667.88

（九）内蒙古满世投资集团有限公司

煤炭产品一直以供应电力行业为主，少量流向冶金、化工行业。

2009—2014年，煤炭主要流向区内、环渤海地区、长三角地区及珠三角地区，涉及全国12个省、市、自治区；其中华东地区销售占80%以上。

2015年，受煤炭市场持续低迷影响，企业煤炭销售主要以华东市场为主，华南及区内次之。其中，2015年在华东地区销售500.28万吨，华南地区销售61.62万吨，自治区内销售1106.64万吨。

图5-1-2 2007年8月19日，满世集团公司与泰州发电公司签订五年长期供煤协议

电煤主要用户有大唐、国电、华润电

力（中国）等大型央企，以及张家港、上海、广东、江苏、安徽等省市电力企业。

（十）内蒙古蒙泰煤电集团有限公司

生产的"洁净煤""绿色环保动力煤"主要销往河北承德、秦皇岛、遵化、北京，天津，上海，江苏南通、江阴、镇江、南京、常熟、常州，山东莱州、德州、济南，浙江，广东，福建，湖南，湖北等省市地区，以及区内包头、乌海、棋盘井等地。

企业所产焦炭、焦油产品主要流向化工企业。

（十一）内蒙古太西煤集团股份有限公司

产品地区流向：区外：主要是天津（静海、港口）、唐山和东北地区；区内：主要是包钢、苏尼特右旗。产品行业主要流向。冶金行业：主要是包钢；化工行业：主要是锡林郭勒苏尼特碱业有限公司、包钢（集团）公司物资供应分公司；煤炭行业：宁夏博宏煤业有限公司。

（十二）锡林郭勒地区煤炭企业

2014年，锡林郭勒地区各煤炭企业产品分行业流向主要是发电厂和煤化工企业，详见表5-1-21。

表5-1-21　2014年锡林郭勒地区主要煤炭企业分行业产品流向统计表

煤矿名称	煤类	发热量[兆焦耳/千克（千卡/千克）]	产量（万吨）	销售目的地	销售量（万吨）	销售用途
神华北电胜利能源有限公司	褐煤	13.19（3150）	1700	盟内	150	取暖
				上都电厂	750	发电
				东北电厂	600	发电
内蒙古大唐国际锡林浩特矿业有限公司	褐煤	4号煤：8.37（2000） 5号煤：9.20~11.72（2200~2800） 6号煤：11.72（2800）以上	1030	克旗煤制气（到站白音库伦）	160	煤制气
				多伦煤化工	28	煤制聚丙烯
				张家口电厂	140	发电
				梅花生物（到站哲里木）	65	发电
锡林郭勒盟乌兰图嘎煤炭有限责任公司	褐煤	13.19（3150）	334	上都电厂（盟内）	200	电煤
				张家口地区	120	电煤
胜利西二露天矿	褐煤	13.40（3200）	711	多伦方向	405	动力煤
				通辽方向	180	动力煤
				其他方向	130	电厂燃料煤
胜利西三露天矿	褐煤	13.40（3200）	395	锡林浩特市	315	发电
				张家口地区	50	发电
				天津地区	30	发电
中铁资源芒来矿业有限公司	褐煤	11.96（2856）	160	碱业公司	30	制造、供暖
				盟内	50	供暖
				乌兰察布市电厂	110	发电
内蒙古平西白音华煤业有限公司	褐煤	14.24（3400）	1112	东北及赤峰、锡林郭勒盟地区	495	发电取暖
				东北各大电厂	525	发电取暖
				南方电厂	145	发电

表 5-1-21（续）

煤矿名称	煤类	发热量[兆焦耳/千克（千卡/千克）]	产量（万吨）	销售目的地	销售量（万吨）	销售用途
内蒙古锡林郭勒白音华煤电有限责任公司	中热值电煤	13.61（3250）	725	赤峰地区	65	物流地销
				朝阳地区	105	电煤
				大板地区	35	电煤
				辽中地区	510	电煤及港口
				乌丹地区	15	供热
	低热值电煤	12.56（3000）	210	赤峰地区	210	电煤
	原煤	13.19（3150）	98	白音华地区	10	民用及供热
				赤峰地区	40	民用及供热
				通辽地区	45	民用及供热
内蒙古白音华蒙东露天煤业有限公司	中热值电煤	13.61（3250）	625	朝阳地区	205	电煤
				大板地区	130	电煤
				辽中地区	55	电煤及下水煤
				通辽地区	105	电煤
				吉林及辽宁省	110	电煤
				赤峰地区	35	物流地销
	低热值电煤	12.56（3000）	110	赤峰地区	100	电煤
	原煤	13.19（3150）	305	白音华地区	80	民用及供热
				赤峰地区	60	民用及供热
				通辽地区	100	民用及供热
				吉林、辽宁省	58	民用及供热
内蒙古白音华海州露天煤矿有限公司	褐煤	13.40（3200）	1588	吉林中电投电厂	300	发电
				辽宁国电电厂	390	发电
				辽宁华电电厂	450	发电
内蒙古锡林河煤化工有限责任公司贺斯格乌拉露天煤矿	褐煤	13.19（3150）	1755	河北	12	电力或供热用煤
				吉林	720	电力或供热用煤
				辽宁	1023	电力或供热用煤
合计			10858		9646	

第二章 煤 炭 运 输

内蒙古地处内陆，煤炭运输全部依靠铁路和公路。销往华北地区主要依靠铁路、公路运输，东北地区主要靠铁路运输，沿海地区主要通过铁路或公路运至环渤海相关港口下水转运至南方港口。西部区煤炭出海港主要是天津港、秦皇岛港、黄骅港、曹妃甸港、京唐港、国投京唐港；东部区煤炭出海港主要为锦州港、鲅鱼圈港。

铁路建设的蓬勃发展始于20世纪90年代后期，经过20多年的建设，内蒙古境内的铁路已形成以国铁线为骨干线，地方铁路、企业运煤专线为辅的铁路运输网络。

西部区:以东西走向的包兰线、大(同)准(格尔)线、东乌线,南北走向的包(头)西(安)线为骨干,集通线将自治区西部与东部连接起来,东乌铁路、大准线、包神线等众多地方铁路将矿区与国铁主干线连接起来。

东部区:以东西走向的通霍线、滨州线成为骨干,以及东四局(大雁矿务局、扎赉诺尔矿务局、宝日希勒煤矿、伊敏煤电公司)、胜利矿区和白音华矿区铁路专用线形成煤炭运输网络。

截至2015年底,全区铁路线长度达13500千米,为煤炭运输提供了便利。1991年以来,全区建成通车的煤炭企业自建铁路(专用线)共28条,通车里程约4300千米。

25年来,随着内地煤炭需求量的迅速增长,对全区公路建设起到强劲的推动作用。主要产煤盟市和煤炭企业为增加煤炭销售量,纷纷投资建设公路。2015年,全区公路总里程达17.5万千米。

第一节 铁路建设与运输

一、运煤铁路(专用线)建设

"八五"以来,为适应煤炭外运的需求,自治区及主要产煤盟市在积极配合国家铁路建设的同时,鼓励和推动企业建设铁路工作。这些自建铁路(专用线)大多分布在鄂尔多斯、锡林郭勒、乌海和呼伦贝尔地区。

(一)鄂尔多斯地区

20世纪80年代初,鄂尔多斯地区煤炭资源密集的东西部地区只有包(头)兰(州)线过境铁路62千米。1989年5月,由华能精煤公司、自治区政府、陕西省政府合资建设的包神铁路建成通车,其中鄂尔多斯市境内143千米。2000年以来,迅速发展的煤炭工业对当地的铁路建设起到巨大的推动作用,煤炭企业成为铁路建设的主力军。鄂尔多斯地区铁路网规划建设"三横四纵"格局,外运通道和集疏运系统的建设全部围绕这一基本格局展开。

图5-2-1 大准铁路公司增二线点岱沟至二道河段工程铺架现场

一横:沿河铁路,由巴拉贡—独贵塔拉—大塔—何家塔铁路构成。全长476千米。

二横:中部铁路,由准东铁路、东乌铁路、巴准铁路和大准铁路构成。其中准东铁路(周家湾—活蚕沟)鄂尔多斯市境内全长124.4千米;东乌铁路(活蚕沟—拉僧庙)鄂尔多斯市境内全长322千米;巴准铁路(巴图塔—周家湾)全长128.8千米;大准铁路(丰镇—薛家湾)鄂尔多斯市境内全长34千米。

三横:南部铁路,由新上海庙—嘎鲁图—新街红进塔—龙口镇(马栅)构成。鄂尔多斯市境内全长454.1千米。

一纵:东部的大马铁路[大路—周家湾—大饭铺—龙口镇(马栅)],其中大路—周家湾段属既有呼准铁路,周家湾—大饭铺段属既有周酸铁路专用线，所余大饭铺—龙口镇（马栅）段鄂尔多斯市境内全长71千米。

二纵：由中部的既有包神铁路、包西铁路构成。其中包神铁路（单线）鄂尔多斯市境内全长143千米，包西铁路（包头西—大保当段）鄂尔多斯市境内全长164千米。

三纵：西部乌靖铁路［乌拉山独贵塔拉—嘎鲁图—靖边（陕）］，鄂尔多斯市境内全长393.7千米。

四纵：西部蒙宁铁路［蒙西镇（碱柜）—三北羊场—新上海庙—宁东（宁）］，鄂尔多斯市境内全长272.3千米。

上述铁路中，包神铁路、包西铁路、准东铁路、东乌铁路、巴准铁路、南部铁路等为通过东胜矿区的干线铁路，而其他支线和煤矿铁路专用线均在不同位置与其接轨。

图5-2-2　2013年7月，伊泰集团准东铁路公司工人抢修被洪水冲毁路段

截至2015年底，鄂尔多斯地区规划建设的"三横四纵"铁路布局基本完成。已建成包神、包西、包兰、东乌、三新、准东、呼准、大准、巴准、南部、沿河（大马段）、塔韩等干线铁路和周酸、乌审召、蒙西、大路园区等专用线，境内铁路总里程1887千米，路网密度216.9千米/万平方千米，复线率29.7%，电化率98%，基本形成了京包、包兰线围绕周边，大准、准东、东乌铁路横穿东西，包神、包西铁路纵贯南北的铁路"十"字形主骨架，详见表5-2-1、表5-2-2。这些铁路的建成通车，为内蒙古西部地区加快实施煤炭资源开发战略提供了强大的运力支持，对促进沿线煤田大规模综合开发利用及经济发展，加快区域工业化进程，保障西电东送和能源供应安全具有重要意义。

表5-2-1　鄂尔多斯主要既有铁路概况及主要技术标准统计表

序号	线路名称	铁路等级	线路长度（千米）		技术标准		备注	
			全长	境内	正线数目	牵引种类	运营时间	隶属性质
1	包兰铁路	I级	990	62	双线	电力	1958-07	国铁
2	包西线（包头—大保当段）	I级	236	164	双线	电力	2010-12	国铁

表 5-2-1（续）

序号	线路名称		铁路等级	线路长度（千米）		技术标准		运营时间	备注
				全长	境内	正线数目	牵引种类		隶属性质
3	包神铁路	万水泉南—东胜段	工企Ⅰ级	36	36	单线	电力	1989-04	神华集团
		东胜—神东段	工企Ⅰ级	156	156	双线	电力		
4	准东铁路（准格尔召—周家湾）	准东一期（周家湾—虎石）	Ⅰ级	73	73	双线	电力	2000-12	伊泰集团
		准东二期（虎石—准格尔召）	Ⅰ级	77	77	单线	电力	2010-10	
5	巴准铁路	巴图塔—海勒斯壕南段	Ⅰ级	128	128	单线	电力	2014-11	神华集团
		海勒斯壕南—点岱沟段	Ⅰ级			双线			
6	大准铁路		Ⅰ级	302	34	双线	电力	1995-03	神华集团
7	呼准铁路		地铁Ⅰ级	125	36	双线	电力	2006-09	伊泰集团
8	东乌铁路（海勒斯壕—公乌素段）		地铁Ⅰ级	330	317	单线	电力	2008-01	地方合资铁路
9	三北羊场—上海庙铁路		地铁Ⅰ级	136	136	单线	电力	2010	地方合资铁路
10	南部铁路新街—恩格阿娄段			90	90	单线	电力	2010-12	地方合资铁路
11	沿河铁路大塔—马场壕段		Ⅰ级	59	59	单线	电力	2014	—
12	塔韩铁路		—	78	78	单线	电力	2014-12	神华集团
13	东铜铁路		—	22	22	单线	电力	2011-12	昊华能源
14	酸刺沟煤矿铁路专用线			27	27	单线	电力	2008-11	
15	神华棋盘井铁路专用线			11	11	单线	内燃		
16	不连沟铁路专用线			—	—	单线	电力		华电公司
17	大路南工业园区铁路专用线			—	—	单线	电力		
18	乌审召生态化工园区专用线			17	17	单线	电力	2008-12	
19	点岱沟至南坪专用线			18	18	单线	电力		神华集团
20	蒙西专用线			17	17	单线	电力	2005-07	
合计	路网干线里程（千米）		—	1445		电化率	100.0%		
	路网密度（千米/万平方千米）			166.1		复线率	45.2%		

表 5-2-2 鄂尔多斯市既有主要集疏运系统汇总统计表

线名	集疏运系统（物流中心/集运站/专用线）	运输需求特点		集疏运系统规模（10^4 吨）
		吸引范围	主要货物	
周酸铁路	酸刺沟集运站	准格尔矿区酸刺沟井田	煤炭	600
呼准铁路	何家塔不连沟铁路专用线	准格尔矿区孔兑沟、不连沟井田	煤炭	1400
	官牛倶集运站	准格尔煤田	煤炭	400
大准铁路	点岱沟集运站	黑岱沟及哈尔乌素井田	煤炭	1950
	点岱沟点南支线	准格尔煤田	煤炭	
准东铁路	准格尔召集运站	准格尔资源中部整合区	煤炭	800
	西营子集运站	准格尔资源中部整合区	煤炭	800
	虎石集运站	准格尔资源中部整合区	煤炭	800

表 5-2-2（续）

线 名	集疏运系统（物流中心/集运站/专用线）	运输需求特点		集疏运系统规模（10^4 吨）
		吸引范围	主要货物	
巴准铁路	暖水集运站	准格尔资源中部整合区	煤炭	1500
呼准铁路	何家塔大路煤化工基地铁路专用线	大路工业园区	化工	450
巴准铁路	纳林川伊东循环经济产业基地铁路专线	准格尔经济开发区	化工	330
包西铁路	响沙湾集运站	周边煤矿	煤炭	600
	罕台北集运站	周边煤矿	煤炭	2000
包神铁路	朝脑沟专用线	万利矿区和高头窑矿区乡镇煤矿	煤炭	350
	达拉特专用线	万利矿区和高头窑矿区乡镇煤矿	煤炭	200
包西铁路	东胜西东铜铁路专线	万利矿区	煤炭	1200
包神铁路	韩家村集运站	周边煤矿	煤炭	200
	敖包沟李家壕集运站	李家壕煤矿	煤炭	300
	敖包沟满世集运站	包神线敖包沟站周边煤矿	煤炭	
巴准铁路	巴图塔集运站专用线	周边煤矿	煤炭	2000
包西铁路	新街集运站	新街及陕西周边煤	煤炭	1100
包神铁路	沙沙圪台集运站	万利矿区和高头窑矿区乡镇煤矿	煤炭	400
	巴图塔集运站	周边煤矿	煤炭	300
	小柳塔集运站	伊旗乌兰木伦镇周边煤矿	煤炭	300
	石圪台集运站	神东公司石圪台煤矿	煤炭	200
	布尔台集运站	神东公司布尔台煤矿	煤炭	500
	哈拉沟集运站	神东公司哈拉沟煤矿	煤炭	300
	隆集集运站	神东公司乌兰木伦煤矿	煤炭	300
	补连塔集运站	神东公司上湾煤矿	煤炭	800
	李家塔集运站	内蒙古内蒙古李家塔煤矿	煤炭	300
	上湾集运站	神东公司补连塔煤矿	煤炭	300
东乌铁路	海勒斯壕集运站	周边煤矿	煤炭	3000
包神铁路	乌兰木伦集运站	乌兰木伦工业园区	煤炭	200
南部铁路	乌兰陶勒盖集运站	周边矿区	煤炭	1190
东乌铁路	浩勒报吉乌审召生态工业园铁路专用线（博源甲醇集装站）	乌审召工业园	化工品（甲醇）	44
东乌铁路	棋盘井专用线	棋盘井煤矿	煤炭	400
包兰铁路	碱柜蒙西鑫诺物流专用线	蒙西工业园区	PVA/PVC 及相关产品、冶金、煤化工	2600

在建铁路项目概况。截至 2015 年底在建项目包括呼准鄂、沿河、准神、准朔、东胜—机场铁路等 11 个项目，鄂尔多斯市内总里程 824.12 千米，总投资 427.2 亿元（表 5-2-3），各在建项目主要技术标准见表 5-2-4。

表5-2-3 2015年鄂尔多斯市在建铁路项目统计表

序号	建设项目	线路长度（千米）		投资（亿元）		技术标准		进度概况
		全长	境内	总投资	境内	正线数目	牵引种类	
1	沿河铁路（乌拉山—锡尼）	93.0	93.00	24.1	24.1	单线	电力	具备通车条件
2	沿河铁路（大塔—四眼井段）	96.2	96.20	12.5	12.5	单线	电力	铺轨已完成
3	沿河铁路（马场壕—大院东）	74.9	74.90	16.2	16.2	单线	电力	2009—2016年
4	沿河铁路高关支线	66.0	66.00	16.1	16.1	单线	电力	2009—2016年
5	呼准鄂铁路	232.7	125.80	219.5	113.8	双线	电力	2013—2017年
6	东乌与包西铁路联络线	47.3	47.32	20.6	20.6	双线	电力	2012—2016年
7	准朔铁路	215.0	63.00	58.5	28.0	单线	电力	2008—2016年
8	准神铁路	62.0	18.00	16.0	16.0	单线	电力	2008—2016年
9	大路西—马栅铁路（大饭铺—马栅段）	82.0	82.00	44.0	44.0	单线	电力	2013—2016年
10	陶上铁路（陶利庙—鄂托克前旗段）	105.0	105.00	70.0	70.0	单线	电力	2014—2017年
11	东胜—机场铁路	52.9	52.90	75.9	75.9	双线	电力	2013—2018年
	小计	1127.0	824.12	573.4	427.2			

表5-2-4 鄂尔多斯市铁路在建项目主要技术标准统计表

线别	区段	铁路等级	正线数目	限制坡度（‰）	最小曲线半径（米）	牵引种类	机车类型	牵引质量（吨）	到发线有效长度（米）	闭塞类型
沿河铁路	乌拉山—锡尼	Ⅰ级	单线	6/13	800	电力	HXD	10000	1700	半自动
	大塔—四眼井	Ⅰ级	单线	6/13	800	电力	HXD	10000	1700	半自动
	马场壕—大院东	Ⅰ级	单线	6/13	800	电力	HXD	10000	1700	半自动
呼准鄂铁路	鄂尔多斯—呼西	Ⅰ级	双线	6/13	2000、困难1600	电力	HXD	10000	1700	自动
东乌与包西铁路联络线	格德尔盖—桃林	Ⅰ级	双线	9	1600	电力	HXD	10000	1700	自动
准朔铁路	红进塔—马栅	Ⅰ级	单线	6/13	800	电力	HXD	10000	1700	半自动
准神铁路	红柳林—红进塔	Ⅰ级	单线	6	800	电力	HXD	5000	1050	半自动
大马铁路	大路西—马栅	Ⅰ级	单线	6	800	电力	HXD	5000	1050	半自动
陶上铁路	陶利庙—鄂托克前旗	Ⅰ级	单线	6/13	1200	电力	HXD	10000	1700	半自动
东胜—机场铁路	东胜—机场	城际	双线	30	1200、困难800	电力	动车组	—	450	自动控制

在建项目全部建成后，路网总里程达2269千米，电化率达100.00%，路网密度达260.8千米/万平方千米，复线率38.72%，鄂尔多斯铁路网进一步完善，路网覆盖面显著扩大。

1. 专用铁路建设与运营

（1）大准铁路。大准铁路是神华准格尔能源有限责任公司运煤专用铁路，为Ⅰ级干线单线电气化铁路。线路东起山西省大秦铁路湖东编组站，西至内蒙古准格尔旗薛家湾镇，途经山西省大同市、内蒙古境内的丰镇市、凉城县、和林格尔县、清水河县，经浑河河谷西下，在岔河口跨黄河，进入准格尔旗，至该线终点薛家湾。正线全长264.647千米（不含湖东至大同东21.6千米，属北京铁路局管辖范围）。年运量为4000万吨，总投资17.15亿元。

图5-2-3 2006年3月25日，大准铁路万吨列车开始运行

工程于1990年7月17日开工建设，1997年6月28日全线建成通车。铁路采用继电半自动闭塞方式，按重载路基单线电气化Ⅰ级干线标准建设。交接站确定于大同东站，并以大同东站西段进站信号机为界。交接站全长52千米，设计劳动定员784人，概算投资4.28亿元。

2004年4月，大准铁路扩能改造工程开工，将沿线原有9个站的到发线有效长从1050米延长至1700米，打开5个预留的车站。改造沿线各站之间形成的三角线路，总投资6.67亿元，2006年7月竣工。扩能改造后，本线牵引定数可提高至10000吨（部分5000吨），通过能力达到4500万吨/年。

1990年7月17日丰（镇）准（格尔）段开工，1996年竣工运营。铁路正线全长216.454千米，按重载路基单线电气化Ⅰ级干线标准建设，最小曲线半径400米，限制坡度9‰，牵引质量5000吨和10000吨（双机），到发线有效长1050米，部分1700米，采用继电半自动闭塞方式。初期开行普通列车，年运量为1500万吨；后期开行单元重载列车，年运量增至4000万吨。设计劳动定员为4105人。批准的概算投资为12.86亿元，千米造价589.59万元。丰准线直接引入大秦线的湖东站。

2008年5月，大准铁路二道河至点岱沟段增建二线工程与既有线路并行，东起二道河站，向西经王桂窑、清水河县、龙王渠，终点至点岱沟站，正线全长58.66千米，总投资14.7亿元。铁路等级为国铁Ⅰ级，设计运输能力近期为2.19亿吨/年，正线数目为双线，牵引种类为电力，牵引质量采用双机牵引10000吨、单机牵引5000吨，到发线有效长1050米，部分1700米。

2012年4月，九苏木至二道河段增二线工程开工建设，并于2014年6月24日建成通车。截至2015年底，大准铁路沿线主要有燕庄、黍地沟、丹洲营、大红城、二道河、唐公塔、南坪、肖家沙塌和点岱沟等集装站和煤台。

1995—2015年大准铁路生产经营主要指标汇总见表5-2-5。

表5-2-5 1995—2015年大准铁路生产经营主要指标汇总统计表

年度	运量（万吨）	其中煤炭（万吨）	换算周转量（万吨千米）	总收入（万元）	总支出（万元）	利润总额（万元）	税金及附加（万元）
1995	68.02	68.02	14966.95	1657.75	3588.68	-1930.93	53.71
2000	865.46	850.37	195774.23	28611.37	18022.69	10588.68	238.24

表5-2-5（续）

年度	运量 （万吨）	其中煤炭 （万吨）	换算周转量 （万吨千米）	总收入 （万元）	总支出 （万元）	利润总额 （万元）	税金及附加 （万元）
2005	3102.36	3079.06	609100.84	101648.32	64159.95	37488.37	3023.02
2010	7129.28	7100.87	1623741.48	261096.69	158529.83	102566.86	10341.43
2011	7652.66	7624.40	1754100.00	283391.58	169631.11	113760.47	11149.66
2012	7769.08	7740.21	1817238.19	293977.80	181555.12	112422.68	11616.40
2013	8407.08	8371.38	1967064.95	320254.61	196936.76	123317.85	9414.69
2014	9551.92	9524.20	2253994.08	331435.78	198397.02	133038.76	4260.60
2015-05	4199.36	4192.09	1003500.72	141395.88	86059.94	55335.94	1977.67
合计	48745.22	48550.60	11239481.44	1763469.78	1076881.10	686588.68	52075.42

（2）准（格尔）东（胜）铁路。1998年10月，由伊克昭盟煤炭集团公司（伊泰集团前身）发起并控股、内蒙古创业集团公司参股组建的"内蒙古准东铁路有限责任公司"在准格尔旗薛家湾镇正式注册成立；公司总股本为1.7亿元，其中伊克昭盟煤炭集团公司出资1.19亿元，占总股本的70%；内蒙古创业集团公司出资0.51亿元，占总股本的30%。

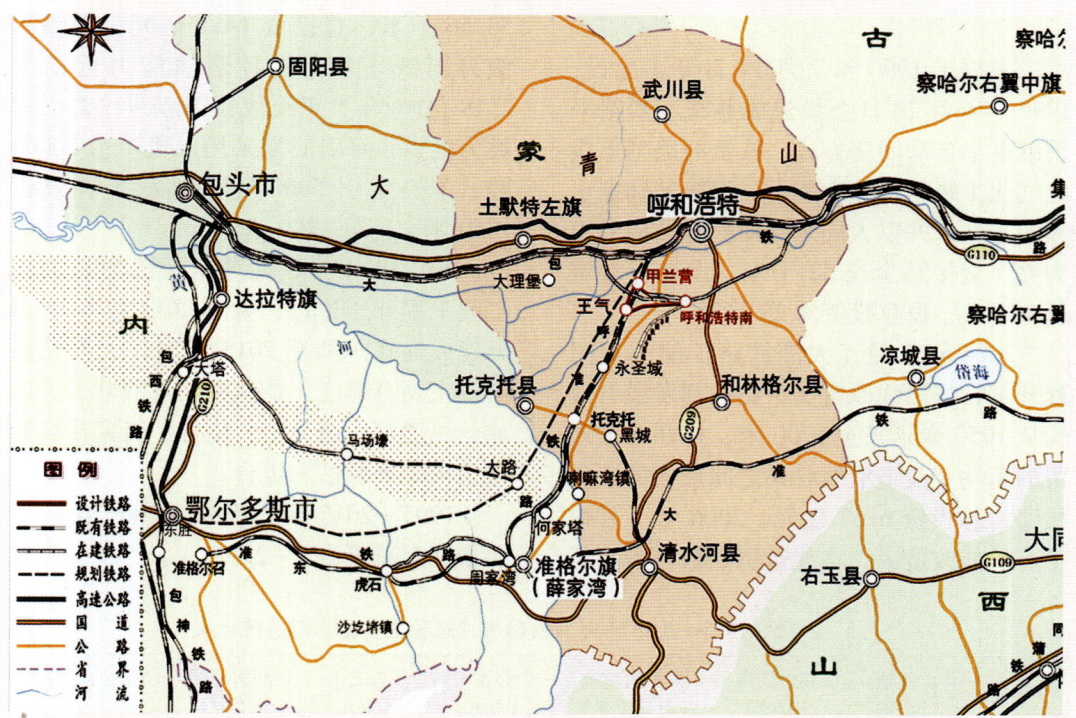

图5-2-4 准东铁路、呼准铁路走向图

2001年8月，中铁建设开发中心成为新股东，公司将注册资本由1.7亿元变更为2.94亿元。2003年3月，注册资本金调整为3亿元，其中内蒙古伊泰集团有限公司的出资由1.826亿元调整为1.86亿元，并全部转让给内蒙古伊泰煤炭股份有限公司持有，占总股本的62%；中铁建设开发中心的出资额由0.4亿元调整为0.6亿元，占总股本的20%；内蒙古创业集团公司的出资额由0.714亿元调整为0.54亿元，占总股本的18%。2003年8月，内蒙古创业集团公司向内蒙古如意实业股份有限公司转让本公司的3亿元股权。

2004年7月，内蒙古准东铁路有限责任公司变更为内蒙古伊泰准东铁路有限责任公司（准东公司）。12月29日，内蒙古伊泰准东铁路有限责任公司的股本由3亿元增加到4.4亿元，各股东持股比例不变。2008年2月，中铁建设开发中心退股，内蒙古伊泰煤炭股份有限公司调整为4.224亿元，占总股本的96%；内蒙古如意实业股份有限公司出资0.176亿元，占总股本的4%。

2010年6月10日，内蒙古准东铁路有限责任公司注册资本金增加到10.38亿元；6月23日，内蒙古如意实业股份有限公司将其所持4%的股权转让给内蒙古伊泰煤炭股份有限公司，准东公司成为内蒙古伊泰煤炭股份有限公司的全资子公司；至2010年底，公司注册资本金增加到14.96亿元。

1998年11月8日，开工建设准东铁路一期工程，年运输能力达1000万吨。铁路从大准铁路薛家湾站接轨引出向西至准格尔旗西营子，共设有周家湾、海子塔等7个站，正线全长72.6千米，总投资8亿元。2000年12月16日，工程建成并投入试运营，当年发运煤炭1.5万吨。

2003年9月，准东铁路一期工程开始电气化扩能改造建设；2004年底，完成了电气化改造，年输送能力提高至3300万吨。

图5-2-5 伊泰准东铁路海子塔铁路桥

2007年5月，开工建设准东二期电气化铁路工程。铁路东起一期工程的西营子站，向西经狮子岭站、暖水站、公沟站至终点准格尔召站，正线全长60.10千米，总投资18.65亿元；2010年10月，准东二期电气化铁路开通并投入试运营，年运输能力为6600万吨。2010年，准东铁路公司运量达到3467.68万吨。

2009年下半年，公司开始一期工程复线，即电气化重车线建设。线路从周家湾站西端引出，途经塔哈拉川、达连沟、西黑岱沟、布尔洞沟、纳林川、虎石沟，西行至终点虎石站，正线全长59.35千米，总投资22.63亿元。至2012年5月1日，一期复线顺利开通运营；当年，完成煤炭外运3900.26万吨，完成计划运量的105.27%，实现运营收入100840.90万元，利润38960万元。

2001—2015年，准东铁路发运37384.74万吨，实现利润336886.72万元。2001—2015年准东铁路运量、利润统计情况见表5-2-6。

表5-2-6 2001—2015年准东铁路运量、利润统计表

年度	发运量（万吨）	利润（万元）	年度	发运量（万吨）	利润（万元）
2001	163.50	-144.04	2009	3218.18	21281.33
2002	216.64	-182.75	2010	3467.68	18566.27
2003	457.34	1023.26	2011	3598.69	34044.07
2004	650.68	3800.47	2012	3900.26	38960.00
2005	912.61	3003.92	2013	4448.03	69560.00
2006	1336.55	7650.36	2014	5369.46	78165.22
2007	1715.48	7456.66	2015	5518.00	37770.00
2008	2411.64	15931.95			

（3）呼（和浩特）准（格尔）铁路。2003年1月，内蒙古伊泰煤炭股份有限公司参股10%与中铁路桥集团有限公司、呼和浩特铁路局等单位在呼和浩特市成立内蒙古呼准铁路有限公司，建设北起京包铁路呼和浩特西站、南接准东铁路周家湾站、正线全长124.18千米的呼准铁路，总投资16.23亿元。2003年4月，呼准铁路开工建设，2006年11月建成并投入试运营，年运输能力2670万吨。

2008年8月，呼准铁路投资1.80亿元，完成电气化改造，年运输能力提高至3300万吨/年；2009年6月，完成万吨列车到发线改造，工程总投资为6527.70万元。注册资本增至9亿元，其中内蒙古伊泰煤炭股份有限公司持股75.67%，鄂尔多斯市国有资产投资公司持股21.33%，呼和浩特铁路局持股3%。

图5-2-6 2006年11月12日，呼准铁路举行开通庆典

2012年5月18日，内蒙古呼准铁路有限公司更名为内蒙古伊泰呼准铁路有限公司。公司注册资本增至13.6亿元，其中内蒙古伊泰煤炭股份有限公司（出资10.40亿元）占注册资本的76.46%、内蒙古蒙泰不连沟煤业有限责任公司（出资2.93亿元）占注册资本的21.56%、呼和浩特铁路局（出资2700万元）占注册资本的1.98%。

2013年10月，公司注册资本金增加至20.75亿元，其中内蒙古伊泰煤炭股份有限公司占76.99%、蒙泰不连沟

煤业有限责任公司占16.67%、呼和浩特铁路局占1.30%、大唐电力燃料公司占5.03%。

呼准铁路北起京包铁路呼和浩特西站，向南途经呼和浩特市回民区、玉泉区、土默特左旗、托克托县，过黄河进入鄂尔多斯市准格尔旗，南接准东铁路周家湾站，正线全长124.18千米，总投资16.23亿元（未含电气化改造投资）。工程于2003年4月开工，2006年11月建成并投入试运营；2008年8月，完成电气化改造，工程总投资为1.80亿元，设计输送能力由2670万吨/年提高至3300万吨/年。2008年5月至2009年9月，实施电力贯通线改造工程，投资1202.02万元。2009年6月，完成万吨列车到发线改造，工程总投资为6527.70万元。

表5-2-7 2007—2015年呼准铁路运量、利润统计表

年度	发运量（万吨）	利润（万元）
2007	7.77	-8771.13
2008	280.33	-16369.96
2009	1222.20	-2649.22
2010	2124.77	6746.57
2011	2323.46	11989.22
2012	2569.16	13836.76
2013	2925.41	19524.70
2014	3660.92	25944.09
2015	2833.00	12000.00
合计	17947.02	62251.05

2010年1月，完成呼准线K2+452.8—K67+883.0段轨枕加密施工与补碴工程，满足了全线直通万吨大列要求，总投资1478.9825万元。2010年3月，呼准铁路托克托至周家湾段增建第二线项目启动，正线全长55.21千米，概算总投资32.07亿元；2014年8月8日，托周段正式通车并投入试运营。2010年10月，启动呼准铁路甲兰营至托克托段增建二线项目，正线长度58.76千米，概算总投资120882.50万元。2014年12月9日，正式开通试运行，开通当日顺利开行万吨列车，实际投资19.0063亿元。至此，呼准铁路年运输能力由4750万吨提升至7200万吨，王气至呼和浩特南上、下行双线直接引入呼和浩特南站后，呼准铁路将全面实现复线贯通运营，年运输能力可达1.5亿吨。

2006年10月，呼准铁路委托呼和浩特铁路局运营管理，并负责铁路运输设施、设备的日常使用管理和养护维修，采取"据实清算"的结算方式；呼准铁路有限公司负责呼准铁路的资产管理。2007年10月，内蒙古伊泰煤炭股份有限公司控股后，改变"据实清算"模式，改为按吨千米清算方式。2009年8月，内蒙古呼准铁路有限公司与呼和浩特铁路局重新签订《呼准铁路委托运输合同》，将清算模式由"据实清算"改为"按吨千米单价清算"，呼准铁路运量快速提升，2010年扭亏增盈，实现利润6746.57万元。

2007—2015年，呼准铁路累计发运17947.02万吨，实现利润62251.05万元（表5-2-7）。

（4）新包（头）神（府）铁路。新包神铁路有限责任公司由中国铁路总公司、神华集团等10家单位于2006年4月合资组建。股份结构为：中国铁路总公司占35%、神华集团占24%、内蒙古伊泰煤炭股份有限公司占15%、鄂尔多斯电力冶金公司占6%、内蒙古汇能煤电集团占5%、内蒙古伊东煤炭集团占4%、北京昊华能源股份公司占4%、内蒙古满世煤炭集团占3%、内蒙古西蒙科工贸集团

占2%、内蒙古三维资源集团占2%。2015年，公司注册资本35.52亿元，实收资本32.25亿元。公司股份结构不变，中国铁路总公司的股权改由呼和浩特铁路局持有。

新包神铁路由包兰铁路包头站西端引出，向南跨黄河、穿越库布齐沙漠及鄂尔多斯高原，终至陕北大保当（接神延铁路大保当站）。

2013年，新包神铁路货物发送量1859万吨，通过量448万吨，旅客发送量9万人次；营业总收入7.71亿元，营业总成本7.64亿元，利润总额732万元。2014年，货物发送量2321万吨，通过量633万吨，旅客发送量68万人次；营业总收入8.96亿元，营业总成本8.48亿元，利润总额4849万元。2015年，货物发送量1171万吨，通过量675万吨，旅客发送量89万人次；营业总收入6.15亿元，营业总成本6.97亿元，利润总额-8200万元。

（5）包（头）西（安）铁路。包西铁路是全国《中长期铁路网规划（2008年调整）》中南北大通道包柳通道的重要组成部分，新建包西铁路通道内蒙古段位于内蒙古中南部，线路呈南北走向，北起京兰铁路通道包头枢纽，向南经包头市、鄂尔多斯市达拉特旗、东胜区、伊金霍洛旗，终到省界，线路全长177.08千米。工程主要技术标准：国铁Ⅰ级，双线电气化，速度目标值为160千米/小时，预留200千米/小时条件。项目投资概算为54.39亿元，其中黄河特大桥投资5.77亿元，包头至省界段投资4.86亿元。2007年12月6日开工建设，2009年竣工，2010年投入运营。新建包头南、达拉特西、大塔、罕台川北、罕台川、东胜西、鄂尔多斯、新街8个车站，其中7个万吨列车站；设计年运量1.6亿吨，客车30对/日。

（6）大（饭铺）马（栅）铁路。2010年7月8日，内蒙古伊泰煤炭股份有限公司与准格尔旗政通铁路投资有限公司、鄂尔多斯市鑫铁物流有限责任公司、呼和浩特铁路局、内蒙古汇能煤电集团有限公司及内蒙古蒙泰煤电集团有限公司共同出资组建鄂尔多斯大马铁路有限责任公司，建设大马铁路，增加鄂尔多斯东部区煤炭的铁路外运通道。

线路起自准东铁路重车线大饭铺西，终点至在建准朔铁路的马栅站，线路全长58.89千米，是准朔铁路和呼准铁路的联络线，也是鄂尔多斯"三横四纵"铁路网的组成部分。蒙泰公司煤炭向北可通过呼准线、大秦线到港，由南可通过准朔铁路进大秦线。预算总投资32.95亿元，6家公司出资分别占总投资的50.5%、30%、10%、4.5%、3.5%及1.5%。

图5-2-7　大马铁路走向图

因审批立项及资金等原因，项目推进缓慢。2012年5月18日，内蒙古伊泰煤炭股份有限公司正式接手大马铁路有限责任公司的管理，推进项目设计、评估与立项审批工作。至2013年，先后获得核准建设、项目选址、土地占用与环境评估等批复。2013年6月30日，项目全面开工建设。

2014年，鄂尔多斯大马铁路有限责任公司注册资本金调增至10.92亿元。各股东出资额分别为：内蒙古伊泰准东铁路有限责任公司出资5.2978亿元，准格尔旗政通铁路投资有限公司出资3.276亿元，鄂尔多斯市鑫铁物流有限责任公司出资0.15736亿元，呼和浩特铁路局出资0.7082亿元，内蒙古汇能煤电集团出资0.3822亿元，内蒙古蒙泰煤电集团出资0.1638亿元。

图5-2-8　2013年6月30日，大马铁路开工庆典

2015年11月27日，鄂尔多斯大马铁路有限责任公司注册资本调增为10.92亿元，其中，呼和浩特铁路局和内蒙古蒙泰煤电集团已完成100%出资额，内蒙古伊泰准东铁路有限责任公司、准格尔旗政通铁路投资有限责任公司、内蒙古汇能煤电集团有限公司分别进行增资。公司股权结构调整为：内蒙古伊泰准东铁路有限责任公司出资69671.46万元，占63.8017%；准格尔旗政通铁路投资有限责任公司出资19503.12万元，占17.86%；呼和浩特铁路局出资0.7082万元，占6.4853%；内蒙古汇能煤电集团出资12493.57万元，占11.441%（含鄂尔多斯市鑫铁物流有限责任公司转让的1.441%股权）；内蒙古蒙泰煤电集团出资450万元，占0.412%。

2014年，完成工程投资44049.39万元，占概算投资的13.37%。其中线下路基、桥梁、涵洞与隧道工程完成投资2.62亿元，完成线下工程合同招标价款14.80亿元的17.69%。

2015年，根据调整建设进度的安排，暂缓办理土地报批手续及工程建设，妥善处理了施工单位阶段性结算工作。截至2015年底，项目累计完成投资4.90亿元，占概算投资32.9亿元的14.87%，其中工程累计完成投资3.03亿元。

（7）准池铁路。2007年5月，神华集团准池铁路工程项目进行预可行性研究。该铁路位于内蒙古中部及山西省北部，北起大准铁路外西沟车站，南至朔黄铁路神池南车站，线路全长182.315千米。2008年11月，神华集团完成准池铁路工程预可行性研究。2010年12月，国家发展改革委核准准池铁路项目。该铁路由中国铁道部第五设计院设计，为Ⅰ级双线电气化铁路，是大准铁路与朔黄铁路的联络线。项目投资估算总额132.14亿元，设计最大货运量近期1.05亿吨/年、远期1.40亿吨/年，项目总工期为4年。2014年9月29日，准池铁路全线铺通。

（8）新准铁路。新街至准格尔铁路为地区性煤炭运输主干线，东端与大准线相连，西端与包神线和东乌线相接，并通过大准线及规划中的准池铁路，经朔黄铁路直达黄骅港，在路网上形成一条横贯内蒙古西部的煤运新通道，设计正线全长

89.229千米，概算投资69.29亿元。2009年8月，鄂尔多斯市人民政府组织专家对预可行性研究报告进行审查。

2010年4月25日，神华新准铁路有限责任公司在东胜区正式挂牌成立。该公司由中国神华股份公司和鄂尔多斯市国有资产投资经营有限责任公司共同出资成立，注册资本10亿元，主要经营范围为铁路及配套项目建设、铁路运输及其延伸服务、物流基地的建设和运营。截至2010年底，累计完成前期费用32.07万元。2013年7月1日，新准铁路实行监管运营。

（9）准（格尔）朔（州）铁路。准朔铁路有限责任公司是由太原铁路局作为铁道部出资代表与内蒙古珠江投资有限公司、内蒙古伊泰煤炭股份有限公司等11家企业（其中9家民营企业）共同发起设立的合资公司，于2006年11月20日在山西省太原市注册登记，注册资本3.5亿元。2014年，准朔铁路有限责任公司注册资本调整为27.5亿元。

图5-2-9　2008年12月1日举行准朔铁路奠基仪式

股东单位持股比例：太原铁路局持股18.06%，内蒙古珠江投资有限公司持股17.16%，内蒙古伊泰煤炭股份有限公司持股16.25%，深圳珠江铁路发展有限公司持股14.45%，北京利瑞投资有限公司持股7.23%，大同煤业股份有限公司持股6.45%，内蒙古汇能煤电集团有限公司持股5.42%，内蒙古满世煤炭集团股份有限公司与广东韩江建筑安装工程有限公司各持股4.52%，内蒙古蒙泰煤电集团有限公司持股3.23%，内蒙古伊泰准东铁路有限责任公司持股2.71%。

准朔铁路有限责任公司负责新建准格尔至朔州段铁路、新建北同蒲铁路韩家岭至应县段增建四线、新建北同蒲铁路应县至原平段取直线3个铁路项目的策划、资金筹措、建设经营管理。

图5-2-10　准（格尔）朔（州）铁路走向图

准朔铁路东起山西省朔州市北同蒲线大新站，经新店坪、平鲁西、偏关，跨黄河进入鄂尔多斯市准格尔旗，经马栅、五字湾，终点到达红进塔。新店坪至红进塔正线全长218千米，改造利用平朔线店坪至大新站既有上行线9.65千米、下行线10.23千米，其中鄂尔多斯市境内新建正线74千米。铁路等级为国铁Ⅰ级，正线数目为单线，牵引种类为电力，牵引质量10000吨，限制坡度上行6‰、下行14‰，一般最小曲线半径800米，到发线有效长1700米，自动站间闭塞。上行初期输送能力2800万吨/年，远期输送能力5000万吨/年，估算投资58亿元。

2007年12月18日开工建设，截至2010年，土石方累计完成2944.05万立方米，占设计总量的87.57%。北同蒲取直线正洞累计完成5868.6折合米，占总量的41.5%。准朔线三遂正洞累计完成25625.85折合米，占总量的66.27%；其他隧道累计完成6876.7折合米，占总量的31.1%。黄河铁路特大桥完成7989.32折合米，占总量的70.98%；大桥11836.28折合米，占总量的76.8%。

准朔线（新建铁路朔州至准格尔线工程）：正线全长214.495千米，初步设计批复概算总投资76.5亿元。2008年12月1日开工，截至2015年末，累计完成投资821476万元，预计总投资952109万元。全线路基、桥梁下部工程除征地拆迁影响的地段外已全部完成；3条控制性长大隧道及23条中小隧道已贯通，剩余1条隧道剩余123米未贯通；铺架工程已于2014年9月1日开始，目前正线铺架12.9千米；站房工程自2013年起开始施工，主体完成6159平方米。

准朔铁路山西省境内的韩原线大同韩家岭至原平线工程：2007年11月开工建设，2014年3月建成并投入运营，线路全长153千米；北同蒲取直线（应县至原平新建取直工程）：线路全长86.35千米，2007年11月开工，2014年3月开通运营；朔山线（朔州至山阴新建联络线工程）：线路长度46.15千米，2015年6月开工建设，于2016年底建成通车。

（10）鄂尔多斯南部铁路。位于鄂尔多斯伊金霍洛旗、乌审旗、鄂托克前旗境内，由新包神铁路的新街站引出，向西南至乌审旗的陶利庙。南部铁路分新恩、恩陶、陶鄂、鄂上4段，全线约360千米。鄂尔多斯南部铁路有限责任公司于2008年成立，注册资本24.8亿元，实收资本19.41亿元。公司由9家股东组成，其中呼和浩特铁路局持股45%，中国中煤能源股份有限公司持股10%，内蒙古黄陶勒盖煤炭有限责任公司持股10%，国电建投内蒙古能源有限责任公司持股10%，内蒙古伊泰煤炭股份有限公司持股10%，乌审旗国有资产投资经营有限责任公司持股5%，内蒙古昊盛煤业有限公司持股5%，鄂尔多斯电力冶金股份有限责任公司持股1%，新矿内蒙古能源有限责任公司持股为4%。

新恩陶段：线路全长174.757千米，概算投资29.78亿元，实际投资30.30亿元，2009年开工建设，2013年开通运营。

陶鄂段：线路全长97.73千米，批复项目总投资为19.89亿元。全线是大秦、张唐、蒙西华中通道主要的煤炭装车基地，是该地区煤化工产品外运的重要运输通道，是鄂尔多斯中部、东部煤炭向西部电厂、煤化工企业重要的煤炭调剂通道。2014年12月10开工建设。

鄂上段：线路全长90千米，项目总投资约为22.99亿元，尚未批复。

2015年1月，乌兰陶勒盖专用线全部开通。

（11）蒙（西）华（中）铁路。蒙西至华中地区铁路煤运通道起自内蒙古鄂尔多斯市浩勒报吉，途经内蒙古、陕西、山西、河南、湖北、湖南、江西7省（区），共经过13市28县（旗），终至江西省吉安市，线路全长1806.5千米，总投资1930.4亿元，其中内蒙古境内线路全长172千米，总投资约150亿元。

项目连接蒙陕甘宁能源"金三角"地区与湘鄂赣等华中地区，是"北煤南运"新的国家战略运输通道，是衔接多条煤炭集疏线路、点网结合、铁水联运的大能力、高效煤炭运输系统和国家综合交通运输系统的重要组成部分。

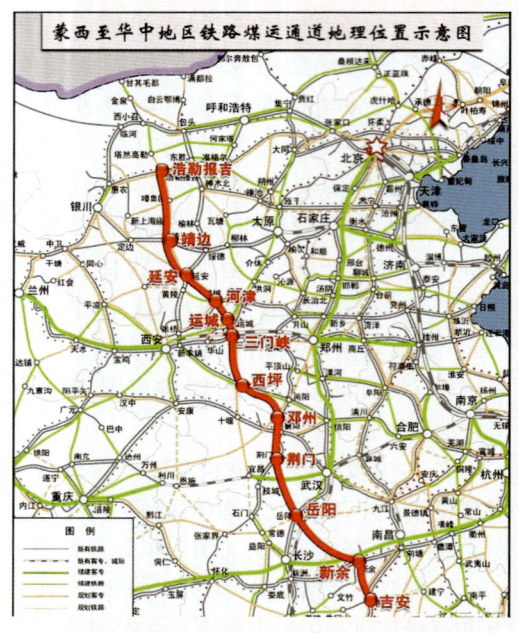

图 5-2-11 蒙西至华中铁路走向图

蒙华铁路公司注册资本金为10亿元人民币,公司由16家股东组成,其中中国铁投持股20%,中国神华持股10%,中国中煤持股10%,国投交通持股10%,陕西煤化持股10%,淮南矿业持股10%,内蒙古伊泰集团持股10%,河南铁投持股3.5%,湖北铁投持股3.3%,内蒙古蒙泰持股3.2%,榆林统万持股2.5%,湖南铁投持股2.1%,华能持股1.4%,中电投持股1.4%,山东能源持股1.4%,江西铁投持股1.2%。

根据公司2015年第一次股东大会决议,2015年资本金出资应达到80亿元,即在6月15日前、9月15日前分别按50%出资到位。截至2015年底,资本金实际到位41.2亿元,占应到位资本金的51.5%。其中,中国铁投、陕西煤化、河南铁投、湖北铁投、湖南铁投、中电投、江西铁投7家股东已全额出资到位,中煤能源、国投交通2家股东50%资本金到位;中国神华、淮南矿业、内蒙古伊泰集团、内蒙古蒙泰、榆林统万、华能、山东能源7家股东资本金尚未到位。

公司在沿线设立的蒙陕、晋豫、湖北、湘赣4个指挥部组建完成,主要管理和技术人员已到位,并开展了理论和业务学习培训。各指挥部研究制定了相关管理细则和规定,开展了质量安全管控体系、工程管理体系和工程技术体系建设,提升了现场建设管理水平,开工前各项工作已准备就绪。2013年6月,公安长江公路铁路两用特大桥和岳阳洞庭湖特大桥批准开工建设。截至2014年底,累计完成投资12.8亿元。

2015年6月,蒙华铁路崤山等7处重点控制隧道工程开工,10月实现全线开工;全年完成投资169亿元。2015年12月3日,先期开工建设的公安长江公铁两用大桥顺利合龙,实现了首个重点工程节点目标。

(12)蒙冀铁路。2015年,蒙冀铁路公司注册资本221.80亿元,实收资本302.30亿元。公司由11家股东组成,其中基金公司持股11%,呼和浩特铁路局持股25%,北京铁路局持股15%,国投交通有限公司持股12.33%,大唐国际发电股份有限公司持股9%,内蒙古伊泰煤炭股份有限公司持股9%,河北建投交通投资有限责任公司持股5%,中国中煤能源股份有限公司持股5%,能源产业控股有限公司持股4%,鄂尔多斯市铁路投资有限公司持股3%,华电煤业集团有限公司持股1.67%。

蒙冀铁路由张家口至集宁铁路、集宁至包头增建第二双线、张家口至唐山铁路组成。

张家口至集宁铁路:线路全长158千米,投资概算57.23亿元,已完成投资73.68亿元。项目于2006年开工建设,2011年6月开通运营。2011年货物通过量完成 2016 万吨，2012 年货物通过量完成 3930 万吨，2013 年货物通过量完成 4547 万吨，2014 年货物通过量完成 5093 万吨，2015 年货物通过量完成 4897 万吨。

集宁至包头增建第二双线：线路全长 308 千米，投资概算 161.89 亿元，已完成投资 161.53 亿元。项目于 2009 年 4 月开工建设，2012 年 12 月开通运营。2013 年货物通过量完成 1.42 亿吨，2014 年货物通过量完成 1.16 亿吨，2015 年货物通过量完成 8094 万吨。

张家口至唐山铁路：铁路全长 525 千米，于 2010 年 9 月开工建设，2015 年底开通运营。

（13）东（胜）乌（海）铁路。东乌铁路东起包神线沙沙圪台站东侧的活蚕沟集运站，经伊金霍洛旗、乌审旗、鄂托克旗、乌海市海南区，与海公线公乌素站接轨，向西跨黄河与包兰线石嘴山站接轨。线路全长 360 千米，其中鄂尔多斯市境内 322 千米，总投资 30.4 亿元。铁路等级为地方铁路 I 级，线下工程预留国铁 II 级条件，单线电气化铁路，限制坡度 12.5‰，最小曲线半径 800 米，牵引种类为电力，牵引质量为 5000 吨（棋盘井以东）。到发线有效长：棋盘井以东 1080 米，棋盘井以西 880 米。设计输送能力：初期货运量 1780 万吨/年；近期货运量 2520 万吨/年；远期货运量 2980 万吨/年。项目于 2004 年 11 月开工建设，2007 年 4 月底竣工，2008 年 1 月通车。

（14）塔（然高勒）高（头窑）关（碾房）铁路。杭锦旗塔然高勒至达拉特旗关碾房铁路，原设计东起达拉特电厂四期专用线 K35+583.71 处，向南经关碾房东站后，沿罕台川右岸并行包神线行进，之后跨包神线、罕台川向西，经前沙坝子，穿郁家沟隧道，至吴圪堵站，再向南沿柳沟东岸并行解柴公路至高头窑站，终点到高头窑煤矿装车站，线路全长 78.20 千米。铁路等级为国铁 I 级，正线数目为单线，限制坡度上行 6‰，下行 13‰，最小曲线半径为 800 米，牵引种类为电力，牵引质量上行 10000 吨、5000 吨，下行 2700 吨、1500 吨，到发线有效长度 1050 米，部分 1700 米，闭塞类型为继电半自动。工程总投资为 18.49 亿元，先由内蒙古北联电能源开发有限公司组织建设，后交给沿河铁路公司组织建设。项目于 2008 年 10 月 13 日开工建设，2009 年铁道部工程设计鉴定中心对线路进行了优化。2012 年，根据环境保护部要求，项目重新开展环境影响评价工作，2015 年 11 月完成了《新建铁路塔然高勒经高头窑至关碾房铁路工程变更环评报告》。

（15）准（格尔）神（木）铁路。准神铁路北起准朔铁路红进塔车站，沿悖牛川南下，经新庙，终点至陕西省神木县神延铁路红柳林站。铁路等级为线下国铁 I 级、线上国铁 II 级标准，正线数目为单线，牵引种类为内燃，牵引质量为 4000 吨。正线全长 61.7 千米，其中鄂尔多斯市境内 17 千米，总投资约 11.52 亿元，设计运输能力近期为 1000 万吨/年，远期为 1500 万吨/年。项目建议书已由内蒙古自治区和陕西省发改委批复，于 2008 年开工。2015 年底，线下工程基本完工，2 个 1000 万吨自动化集装站前端工作已与线路一体完成。

（16）三（北羊场）新（上海庙）铁路。三新铁路北起东乌铁路三北羊场站，经鄂托克旗赛乌素、鄂托克前旗陶利嘎查至鄂托克前旗上海庙车站，与宁东铁路相连。线路全长 137.3 千米，总投资 16.7 亿元。线路为单线电气化铁路，按地方铁路 I 级建设，线下工程国铁 II 级，电力机车牵引，货运输送能力近期 1600 万吨/

年，远期 3000 万吨/年，全线设 1 个调度指挥中心，6 个站区。项目于 2007 年开工建设，2010 年 1 月 8 日建成通车。

（17）巴（图塔）准（格尔）铁路。巴准铁路自包神铁路巴图塔站引出，沿公涅尔盖沟，经准格尔召、束会川、纳林陶亥、四道柳、暖水川、纳林川、十里长川，沿塔哈拉川，修建新线接入大准铁路点岱沟站，正线长度为 134.59 千米。巴准铁路项目于 2009 年 2 月获得国家发展改革委核准，由中国神华能源股份公司和鄂尔多斯国有资产经营公司共同筹资建设，总投资约 90 亿元，设计标准为国铁 I 级干线，双线电化，牵引质量 10000 吨，2009 年 2 月开工建设，2012 年建成。

（18）沿（黄）河铁路。沿河铁路线路等级为国家铁路 I 级，单线电气化铁路，设计能力 3700 万吨。包括马场壕至何家塔铁路：自沿河铁路马场壕站东端引出，向东经准格尔旗布尔陶亥乡、大路乡，沿乌兰格尔矿区和沙圪堵勘查区北缘行进，以隧道穿越大路新区南侧，而后向北引入呼准铁路何家塔站。大塔至马场壕铁路：自新包神铁路大塔站北端疏解引出，跨越新包神铁路、包神铁路后向东北方向行进，以隧道穿越包茂高速、国道G210 后，沿三垧梁工业园区南缘向东南沿乌兰格尔煤田北侧经马场壕乡至马场壕矿区。乌拉山至锡尼铁路：位于内蒙古鄂尔多斯西北部，自包兰线乌拉山站东端引出，南跨黄河后沿毛不拉昆对沟行进，经杭锦淖尔、四眼井、昌汗沟，顺塔然高勒矿区西侧边界南行至杭锦矿区锡尼站。吴四圪堵站至四眼井铁路：自高头窑至关碾房支线吴四圪堵站引出，向西跨越水多胡川后沿塔然高勒矿区北侧行进，经元宝湾、宿亥图、石里霍图至米地不拉后折向西北引入乌锡铁路四眼井站。

（19）塔然高勒至韩家村铁路。塔然高勒至韩家村铁路专用线主要服务于塔然高勒矿区和万利矿区，线路自塔然高勒煤矿装车站引出，沿线设油坊壕站、泊江海子站、李家村站、青达门站，在高家渠横穿色连一、二号井田向东南走，跨越大步庐沟、罕台川引入包神线韩家村站，线路全长 77.19 千米。投资估算总额为 21.86 亿元。由神华集团负责建设运营。项目于 2011 年开工，2015 年建成运营。

（20）东（胜）铜（匠川）铁路。东铜铁路从包西铁路东胜西站双线疏解引出至铜匠川，于 2011 年 12 月底建成通车。总投资 10.007 亿元，项目资本金 3.5 亿元，北京昊华能源股份有限公司持股 59%、新奥集团股份有限公司持股 21%、鄂尔多斯市国有资产投资经营有限责任公司持股 10%、鄂尔多斯市华研经贸有限责任公司持股 6%、内蒙古特弘煤电集团有限责任公司持股 2%、内蒙古蒙泰煤电集团有限公司持股 2%。项目通车后，2014 年实现盈亏平衡，到 2015 年底累计发运煤炭 1100 万吨。

（21）西（小召）甘（其毛都）铁路。该铁路北起中蒙国界口岸的甘其毛都，南至包兰铁路的西小召站接轨，于 2014 年 1 月 20 日建成通车。总投资 30 亿元，项目资本金 6.63 亿元。项目股东股份为：呼和浩特铁路局持股 62%、内蒙古蒙泰煤电集团有限公司持股 10%、内蒙古浩通能源股份有限公司持股 10%、巴彦淖尔市亨通物流国际有限责任公司持股 10%、上海万业企业股份有限公司持股 5%、乌拉特中旗隆富源投资发展有限公司持股 2%、内蒙古伊东集团持股 1%。目前运营亏损。

2. 煤矿到集装站（车站）运煤铁路专线建设与运营

（1）伊泰酸刺沟煤矿铁路专用线。该线为酸刺沟煤矿至准东铁路周家湾车站的运煤专线。经自治区发展和改革委员会核准，项目工程于2005年10月18日开工建设，正线全长26.85千米，配套建设筒仓装车环线一处，年装车能力1200万吨，总投资5.12亿元；2008年7月初，专用线顺利贯通，8月7日投入试运营，并于9月20日实现电气化开通；2008年10月交付使用。

图 5-2-12　伊泰集团公司酸刺沟铁路专用线煤矿后曲线半径200米环线装车线路

为提高运输效率，2009年4月由伊泰准东铁路有限责任公司负责运营管理，当年外运煤炭近400万吨。2012—2015年，专用线分别装车发运煤炭815.09万吨、810万吨、1013.25万吨、1161.4万吨。

（2）铜匠川铁路专用线。专线起于包西铁路东胜西站，终点至高家梁煤矿工业广场，正线全长23.4千米，总投资10.007亿元。办理煤炭集运和货运业务的车站有铜匠川、高家梁车站，其中铜匠川站由鄂尔多斯东铜铁路物流有限公司负责建设，高家梁站由新奥集团有限公司负责建设。铁路等级为工业企业Ⅰ级，正线数目为单线，限制坡度上行6‰、下行13‰，最小曲线半径600米，牵引种类为电力，牵引质量5000吨。采用交直交电力机车，继电半自动闭塞类型，到发线有效长度1050米。煤炭货运量初期（2015年）运量1000万吨，近期（2020年）运量1900万吨，远期（2030年）运量2500万吨，投资总额为8.92亿元，2010年3月1日开工建设，于2011年12月底建成通车。

（3）乌审召生态化工园区铁路专用线。专线是一条衔接东乌铁路的支线铁路，是鄂尔多斯市规划的重要纵线乌靖线（乌拉山—塔然高勒—浩勒报吉—嘎鲁图—靖边铁路）中的一段，位于乌审旗境内，线路自东乌线浩勒报吉站西咽喉南侧引出，沿东乌线南侧向西并行延伸，折南上跨新西公路后引入乌审召生态化工园区，线路全长16.7千米，总投资1.7亿元。铁路等级为工业企业Ⅰ级，单线电气化铁路于2008年建成。设计输送能力为近期（2011年）为500万吨/年，远期（2016年）1000万吨/年。

（4）蒙西工业园区铁路专用线。该专线南起包兰铁路乌海北站，向东北方向进入经鄂托克旗蒙西高新技术工业园区，西北至包兰铁路碱柜站，正线全长16.7千米，其中乌海北至蒙西段5.9千米，蒙西至碱柜段10.8千米。2005年7月建成运营，线路技术标准为工业企业Ⅰ级，单线，最小曲线半径350米，限制坡度6‰，内燃机车牵引，到发线有效长850米，半自动闭塞，设计输送能力上行440万吨/年，下行540万吨/年。

（5）神华蒙西棋盘井专用线。专线北起棋盘井煤矿工业广场装车站，南与东乌铁路田盖素站接轨，全长10.8千米，铁路等级为工业企业Ⅰ级，正线数目为单线，内燃机车牵引，总投资2.42亿元，2008年6月10日开工建设，2010年建成。

（6）点岱沟至南坪专用线。专线是神华准格尔能源公司哈尔乌素露天煤矿的配套工程。线路自大准铁路点岱沟支线点岱沟站引出，沿黑岱沟南岸向西南方向行进，经肖家沙堰隧道后，沿大好赖沟西侧向南跨过黑岱沟、酸刺沟，终点为哈尔乌素露天矿南侧的南平车站。正线全长17.8千米，总投资7.96亿元，为国铁Ⅰ级单线电气化铁路，2006年12月4日开工建设，2008年建成。线路设计输送能力近期（2012年）2500万吨，远期（2017年）3500万吨。

（7）大路煤化工铁路专用线。该专线从呼准线何家塔车站新建何家塔Ⅱ场北咽喉引出，折向西在大路新区纬四路和工业厂区之间穿过，终止于经三路东边缘，正线全长7.992千米。铁路等级为工业企业ⅠA级。工程项目总投资为1.5263亿元，2009年9月开工建设，预计2016年底竣工。

（二）乌海地区

乌海地区专用铁路主要为乌达矿务局、海勃湾矿务局（现为神华乌海能源公司）建设的铁路专用线。2008年，神华集团的4家公司（乌达矿业公司、海勃湾矿业公司、乌海煤焦化公司、蒙西煤化公司）整合前，铁路专用线情况分别为：乌达铁路专用线，全长35.2千米，产权归乌达矿务局所有；天信铁路专用线，全长4.1千米，产权归众兴公司所有（民企）；老石旦洗煤厂铁路专用线，线路长约1.7千米，产权归海勃湾矿务局所有；平沟洗煤厂铁路专用线，线路长5.8千米，产权归海勃湾矿务局所有；路天矿业公司铁路专用线，线路长约36千米，产权归海勃湾矿务局所有；西来峰铁神物流专用铁路（股份铁路），线路长约16.7千米，其中西来峰一厂专用线：乌海煤焦化公司占40%股份、呼和浩特铁路局占50%股份、海南区占10%股份，西来峰二厂专用线神华乌海能源公司独资。

2008年，4家公司整合后，原4家公司的铁路专用线产权划入神华乌海能源公司所有，继续委托呼和浩特铁路局管理和维修。内蒙古鑫诺蒙西物流有限公司专用铁路（股份铁路），线路长度约为5.6千米，其中蒙西公司以一厂1.676千米铁路专用线入股鑫诺物流公司，占20%的股份。二厂3.924千米铁路产权归内蒙古蒙西公司；蒙西煤化公司棋盘井铁路专用线，线路长约13千米，产权归蒙西煤化公司。

另外，海拉线、黄公线是海勃湾矿务局与呼和浩特铁路局的合资铁路，海勃湾矿务局占43.25%的股份，线路全长76千米。铁路专用线总长度约194千米，委托呼和浩特铁路局管理。

2014年，乌海能源专用铁路公司成立，乌达、天信、路天、棋盘井、老石旦及平沟等铁路专用线均改由专用铁路公司自主经营和维修，但合资铁路暂未并入。

（三）锡林郭勒盟地区

1991年以前，锡林郭勒盟境内由国家投资修建的铁路只有1955年通车的集宁至二连浩特铁路（在锡林郭勒盟境内211千米）和由自治区政府投资建设的集（宁）通（辽）铁路（在锡盟境内194千米）。随着锡林郭勒盟煤炭工业的快速发展,以运输煤炭为主营业务的铁路建设也得到迅速发展。1991—2015年,全盟境内新修建铁路总里程1901千米,其中有9条铁路已投运,总里程1479千米;有3条铁路具备通车条件,总里程422千米,2015年底前实现通车。

图5-2-13 中电投蒙东能源集团白音华2号露天矿首列火车启运

(1) 锡（林浩特）多（伦）铁路。该铁路由锡多铁路公司（集通）经营管理,线路全长253.7千米;线路等级为国铁Ⅰ级,近期运力5400万吨,远期运力8250万吨。锡林浩特至桑根达来段于2002年通车运营,桑根达来至多伦段于2008年通车。锡林浩特至多伦铁路复线工程中锡林浩特至正蓝旗段线路全长210千米,于2013年通车运营。

(2) 赤（峰）大（板）白（音华）铁路。该铁路由白音华煤电公司铁路分公司（中电投）建设经营管理,线路全长331千米,锡林郭勒盟境内54.8千米;线路等级为地铁Ⅰ级,近期运力1500万吨,远期运力3500万吨。2005年开工建设,2008年通车。

(3) 东（乌旗）霍（林郭勒）干线铁路。该铁路由蒙霍铁路公司（沈铁局）建设经营管理,线路全长255千米,锡林郭勒盟境内243千米;线路等级为地铁Ⅰ级,线下国铁Ⅱ级,近期运力1530万吨,远期运力2690万吨。珠斯花至贺斯格乌拉段于2009年通车,贺斯格乌拉至东乌旗段于2010年通车。

(4) 伊（图塔）白（音华）铁路。该铁路由霍（林河）白（音华）铁路公司（沈铁局）经营管理,线路全长78千米;线路等级为工企Ⅰ级,设计运力2000万吨。2010年8月通车。

(5) 郭（尔本敖包）白（音芒来）铁路。该铁路由郭白铁路公司经营管理,线路全长140千米;线路等级为地方铁路Ⅰ级,线下基础设施比照国铁Ⅱ级;近期运力600万吨,远期运力1000万吨。2007年开工建设,2009年通车。

(6) 白（音库伦）浩（来呼热）铁路。该铁路由锡多铁路公司（集通）经营管理,线路全长73千米,锡林郭勒盟境内35千米;线路等级为地铁Ⅰ级,设计运力2700万吨。2009年开工建设,2011年通车。

(7) 锡（林浩特）乌（兰浩特）铁路。该铁路由锡乌铁路公司投资建设,线路全长651千米,锡林郭勒盟境内365千米;线路等级为国铁Ⅰ级,设计运力5000万吨。2008年开工建设,2013年底锡林浩特至霍林河段具备通车条件。

(8) 多（伦）丰（宁）铁路。该铁路由锡多铁路公司投资建设,线路全长163千米,锡林郭勒盟境内21千米;线路等级为国铁Ⅰ级,近期运力950万吨,远期运力2047万吨。2007年开工建设,2013年底多伦至上黄旗段具备通车条件。

(9) 蓝（旗）张（家口）铁路蓝旗至黑城子段。该铁路由蓝张铁路公司投资建设,线路全长36千米;线路等级为国铁Ⅰ级,设计运力2000万吨。2010年开工建设,2013年底具备通车条件。

(10) 胜利一号露天煤矿铁路专用

线。起于胜利一号露天矿装车站,在锡桑线终点站锡林浩特站接轨,线路全长6千米,装车环线长2.9千米,总投资1.2亿元,运输能力1000万吨/年。胜利一号露天煤矿的商品煤主要供应正蓝旗上都电厂,专用线将胜利煤田与锡桑线及桑蓝线连接起来,形成了一条直接贯通煤矿和电厂的铁路通道。线路于2005年8月9日正式开工,11月31日实现简易通车,2006年4月12日开通运营。

胜利一号露天煤矿铁路专用线委托集通公司锡林浩特站代管、代维修模式运营,到2008年底,锡林浩特站向一号露天矿装车站共派驻管理、技术和操作等岗位人员30人。神华北电胜利能源有限公司运销公司负责资产管理,并代表神华北电胜利能源有限公司对所委托业务进行监督、检查和协调运力。2006—2015年神华北电胜利一号露天煤矿铁路专用线完成运力情况见表5-2-8。

表5-2-8　2006—2015年神华北电胜利一号露天煤矿铁路专用线完成运力统计表　万吨

年度	2006	2007	2008	2009	2010	2011	2012	2013	2014	2015
运量	136.48	387.73	950.32	946.02	1220.47	1999.96	2111.5	1567.92	1434.64	—

(四) 呼伦贝尔地区

1. 扎赉诺尔煤业有限责任公司

现有专用铁路线88千米。围绕矿区呈半环形分布,沿线有9个车站,分别为一号站、大桥站、胜利站、十一井站、灵泉站、铁北站、灵东站、红旗线路所、电厂站。一号站为路企直通站,向东与国铁滨州线扎赉诺尔车站接轨。2012年,投资1400万元和215万元对铁北车站和原东方红9、10线进行了改造,提高了运输能力。

2. 神华大雁集团有限公司

有自建铁路运输专线两条,分别为大雁专用线和扎尼河露天矿专用线,大雁专用线设计外运能力680万吨/年,扎尼河露天矿专用线设计外运能力540万吨/年。2011年10月,扎尼河露天矿专用线建成并开通,线路全长26.8千米,投资4.1亿元。2012年10月,扎尼河露天矿专用铁路建成并投入试运用,铁路等级为国铁Ⅰ级。

2013—2015年,企业为节省维修费用,拆除线路7.413千米,主要有一、二矿装车线,矿建材料线,二木厂线,北河煤场线,八单元煤场线及二井站4股站线。

截至2015年,企业有铁路线路全长64延长千米,车站4个。其中,路企直通站2个,分别接轨于滨州线海满站和扎罗木得站,道岔79组,其中有连锁道岔66组,桥梁5处,涵洞43个,平交道口10处。

1995—2015年神华大雁集团公司铁路外运量情况见表5-2-9。

表5-2-9　1995—2015年神华大雁集团公司铁路外运量统计表

年度	发运量(万吨)	煤类	运往地区	年度	发运量(万吨)	煤类	运往地区
1995	295.45	褐煤	黑龙江省	2010	359.00	褐煤	吉林省、黑龙江省
2000	189.39	褐煤	吉林省、黑龙江省	2015	717.00	褐煤	吉林省、黑龙江省
2005	316.93	褐煤	区内、吉林省、黑龙江省				

3. 神华宝日希勒能源有限公司

1992年，宝一矿成立自营铁路筹建指挥办公室。1993年，铁路筹建。1998年，公司铁路专用线铺轨总长度23.177千米。7月28日，自备铁路试运营。线路等级为工企Ⅱ级，与国铁在海拉尔东站接轨，正线铺轨18.4千米。建设初期，设计运输能力240万吨/年。

图5-2-14 万吨大列在神宝公司铁路专线试开成功

2003年，公司铁路专用线由集配站延长至露天矿装车站，并新建露天矿车站。2004年初，集配站至露天站铁路线路竣工，全线长10.5千米，企业自营铁路总长达到33.177千米。2005年，按高标准、高质量、高效率原则，对集配站、交接站、露天站站场站线进行改造，使3个车站站场到发线长度延长至1050米，企业自营铁路全长达41.342千米。

2007年3月14日，哈尔滨铁路局首次万吨大列在公司铁路专用线试开获得成功。之后又投资1200万元对线路翻江冒泥地段进行大修，同年底，企业铁路专用线顺利通过神华质量标准化验收组的验收，达到神华铁路一级标准；同年12月，哈尔滨铁路局首列直通车在神华宝日希勒能源有限公司铁路专用线试开取得成功，创下日取送车699辆，站停最短时间3.5小时的成绩。

2008年，企业投资1600万元对上年未完成的线路及大、中、小桥进行维修，保证行车安全。企业铁路专用线铺轨总长度达到47.362千米。同年7月，销售公司自行组织设计、施工完成公司交接站地销煤场300米铁路线的铺设工作，为公司节约资金50万元，是铁路运营以来首次自行设计、施工的工程。同时投入专项资金1700万元，用于铁路专用线的质量标准化达标建设工作。

1998—2015年，公司自建铁路煤炭总运量达15486.6万吨。

4. 华能伊敏煤电有限责任公司

自建露天矿煤炭外运铁路运输系统设有二号、一号站两个车站，一个快装线调车区，正线长17千米，全线总长27.9千米，其中二号站与国铁伊敏站接轨。伊敏站是两伊铁路起点，连通沈阳铁路局，铁路交通十分便利。煤炭外运主要在伊敏露天矿储煤场装车，由1604、1530号两台上游型和一台5699号建设型蒸汽机车牵引，经铁路运输处二号站过轨至国铁伊敏站输往各煤炭用户。

二、煤炭储、运站建设

煤炭集装（发运）站建设主要集中在鄂尔多斯地区。区内煤矿星罗棋布，为解决煤炭储、运问题，各有实力的煤炭生产或营销企业都在（北）京包（头）线、包（头）兰（州）、包（头）神（木）线、大（同）准（格尔）线和准（格尔）东（胜）线、呼（和浩特）准（格尔）线等铁路沿线修建吞吐量达百万吨以上的煤炭集装站，将附近煤矿生产出的原煤用汽车运至集装站，统一装火车运出。

（一）国有重点煤炭企业集装（发运）站建设

1991年，全区大型国有统配煤矿都建

有容量2000~3000吨的滑坡式煤仓，煤炭装入煤仓后可直接装车待运。各大煤企除建有铁路专用线与国家铁路干线相连，还建有1万~5万吨的储煤场，落地煤用推土机通过地下漏斗经带式输送机装车。因此，不需要建设大型煤炭集装（发运）站。但随着矿区的快速发展，以及煤矿数量和煤炭产量的增加，鄂尔多斯地区的神华神东煤炭集团公司、神华准格尔能源公司等国有重点煤炭企业开始建设原煤集装（发运）站。集装站除储、运本企业所产煤炭外，也储运附近其他煤矿的煤炭。

图5-2-15　神东公司现代化装车外运系统

1. 神华神东煤炭集团有限责任公司

1999年，运销处有10个装车站点，其中有8个是以露天储煤、装载机装车的集装站，年装车能力不足4000万吨。经过不断改造挖潜和结构调整，先后将6个集装站撤并新建成自动化装车站。2002年后，公司陆续将石圪台、沙沙圪台、黑炭沟、巴图塔等7个集装站进行撤并、改造、移交天隆公司。

2008年底，企业逐步建成了适应亿吨矿区商品煤装车外运的8个自动化装车站和12套自动化快速装车系统。装车量由1998年的669万吨增至2008年的11151万吨，实现了连续9年千万吨递增，创造了日装车84列35.72万吨的历史纪录。全员装车工效由1998年的43万吨/工增至2008年的945吨/工，吨煤装车成本从1998年的1.5元/吨下降到2008年底的0.48元/吨，2008年的设备故障停机率0.005%，与公司考核指标0.24%相比降低了80%，设备完好率为99.1%。

（1）补连塔装车站。1997年，补连塔装车站建成投产，安装两套国产装车系统，分别于1997年、2004年11月安装调试成功，承担着补连塔矿和马家塔露天矿商品煤的装车外运任务。2004年12月，补连塔站建成第二套快速装车系统，设计能力1200万吨/年，系统为有给料钢结构塔楼快速装车系统。年装车能力达2200万吨。其中，日最高装车外运纪录19列、7.8万吨，月装车量突破209万吨。

（2）上湾装车站。2000年7月，上湾装车站建成投产，负责上湾煤矿的煤炭装车外运。该站主要装车设备包括从南非引进的一套快速装车系统以及国产的一台带式输送机和16台给料机，设计生产能力1000万吨/年。同年10月，环线装车站增建另一套装车系统,设计能力 1200 万吨/年。经过几年的优化改造,自 2004 年以来,生产能力连续 6 年达到 1200 万吨/年。

(3) 乌兰木伦装车站。该站是设计能力 1000 万吨/年的自动化装车站,2002 年 7 月投产。安装了美国 AB 公司的电控系统和山东泰安机械厂生产的旋转摆动式装车溜槽组成的快速装车系统。该套系统设计装车能力为 5300 吨/小时,装车速度为单节车皮 45 秒,整列车 55 分钟/66 节,定量仓称重精度能达到 0.1%,装车精度单节 0.3%、整列车 0.1%。2006 年 3 月,神东煤炭分公司将原乌兰木伦矿煤场交神东天隆集团公司发运煤炭。在乌兰木伦煤矿铁路专用线东侧增建一条铁路专用线,以便神东天隆集团公司发运霍洛湾的特种煤炭和周边的收购煤炭。扩建乌兰木伦集装站的发运能力按 200 万吨/年设计。

2. 神华准格尔能源有限责任公司

神华准格尔能源公司已建成煤炭集装站 3 个,在建集装站 1 个。已建成的 3 个集装站分别为:准格尔旗天和煤炭储运有限责任公司、内蒙古王桂窑煤炭储运有限公司、神华准能肖家沙塔煤炭集运有限责任公司。

(1) 准格尔旗天和煤炭储运有限责任公司(天和煤台)。位于准格尔旗张家圪坦村,注册资本为 821 万元,由神华准格尔能源公司占股 45%、内蒙古满世煤炭集团占股 45%、准格尔旗汇伊贸易有限责任公司占股 10% 共同出资建设。该集装站于 2001 年 10 月建成并投入运营,拥有一个站台和一股铁道。根据市场和股东单位煤炭发运的需要,2007 年对该站进行了扩建,扩建工程于 2010 年 7 月底完成。扩建后的集装站拥有 3 个站台和 3 股铁道,最大可存储煤炭 32 万吨,日装车能力约 2 万吨,年均装运 350 万吨左右。

(2) 内蒙古王桂窑煤炭储运有限公司(二道河煤台)。位于清水河县宏河镇二道河村,由神华准格尔能源公司占股 40%、鄂尔多斯市中煤煤电工业有限公司占股 30%、内蒙古青煤运销有限责任公司占股 30% 共同出资组建,注册资本为 200 万元。于 2004 年 12 月建成并投入运营,占地面积 9 万平方米,最大可存储煤炭 20 万吨,设有一条铁路专用线从大准铁路二道河站接轨。煤台年装运能力 400 万吨,2014 年以前年发运量约为 45 万吨。

(3) 神华准能肖家沙塔煤炭集运有限责任公司(肖家集运站)。位于准格尔旗薛家湾镇南 13 千米处,行政区划隶属于准格尔旗哈岱高勒乡,由神华准格尔能源公司占股 55% 和内蒙古准格尔旗力量煤业有限公司占股 45% 共同出资建设,注册资本为 6500 万元。于 2013 年 8 月部分工程建成并投入使用,最大发运能力为 500 万吨/年;后期配套的 500 万吨地面储煤系统建成后,可以收购、发运周边其他企业煤炭,远期发运能力 1000 万吨/年。

正在建设的煤炭集装站为内蒙古准能龙王渠煤炭集运有限责任公司(龙王渠集装站),位于大准铁路龙王渠站,由神华准能资源综合开发有限公司占股 70%、内蒙古伊东资源集团股份有限公司占股 20、张家浩占股 7%、内蒙古恒源瑞华实业有限责任公司占股 3% 共同出资建设,注册资金为 19030 万元。集装站设计规模 1000 万吨/年,铁路装车能力 5600 吨/小时,工程项目分成煤炭储装系统和铁路装车系统两部分进行建设,工程于 2014 年 3 月正式开工,截至 2015 年底尚在建设中。煤炭储装部分主要采用直径 30 米的圆筒仓3个，仓体高度49米，可以同时储存6万吨3个品种的煤；铁路装车部分主要包括3.32千米铁路线、两处共计320米的桥梁和3个共985米的隧道。

3. 神华包头能源有限责任公司

图5-2-16 包头矿业公司萨拉齐铁路集装站

神华包头能源有限责任公司萨拉齐铁路集装站位于包头市土右旗萨拉齐镇二环路立交桥以东，大包铁路750千米+850米处与大包铁路755千米+100米处。东西全长4.25千米，辅轨里程5.309千米。有两条可以满足万吨列车一批装车的1600米装车线。装车线两侧各建25~30米宽、1600米长的装车站台，共计4块装车站台。设计规模为年运发煤炭500万吨。

2007年11月和2009年5月，神华集团与自治区发展和改革委员会分别作出了《关于包头矿业公司萨拉齐煤炭集装站及铁路专用线核准的批复》，之后相关部门也分别对设计、环保、建设用地、工程规划、质量监督等项目给予了批复。2008年8月，中铁二十一局集团有限公司中标开工建设，2010年2月竣工。2010年3月2日从装车站开出的第一列万吨列车开往港口，填补了神华集团在内蒙古地区无万吨列车装车线的空缺，截至2010年5月底，实现外运29列万吨列车，外运煤炭23.6万吨。

4. 扎赉诺尔煤业有限责任公司

（1）扎矿一号站（原东方红集配站），位于国铁滨州线908千米处南侧，灵东露天煤矿选煤厂北侧。扎赉诺尔煤业公司所生产的外销煤炭在东方红集配站集结后进入国铁扎赉诺尔车站，通过滨州铁路东运。2008年6月，东方红站进行站场改造，工程总投资为6977.11万元。站内采用国内先进的双机热备计算机连锁系统、微机监测系统、调监系统、整体防雷系统、电码化设备、TDCS列调指挥系统及红外线车号识别系统。

图5-2-17 扎赉诺尔煤业公司运煤火车
在集配站待发

全站共有10条作业线（1~10线），其中3、4、5、6线有效长均达到1050米，能够满足直进直出列车的要求。2009年5月，经哈尔滨铁路局批准，实现了路企直通运输，同时车站更名为"扎矿一号站"。站内3、4、5、6线可以接发铁路直进列车，缩短了列车在扎赉诺尔站的调车作业时间，加快了货运列车周转。同年9月，承建露天联络线正线1.4千米，实现了露天煤矿与扎矿一号站的顺利接轨。经过一年多的运行，为进一步缩短货运车辆在扎矿一号站内的经停时间，经哈尔滨铁路局同意，2011年6月，又对站内7、

8线改造成到发线,实现了7、8线铁路列车直进直出。至此,扎矿一号站实现了东对国铁扎赉诺尔站,西对大桥站,南对红旗线路所的集列车编组、到达、始发为一体的现代化集配站。

(2)灵东站,位于国铁扎赉诺尔站东南约5千米处,于2009年10月灵东站建成运行。站内设正线1条、到发线3条、坏车停留线1条、牵出线1条、机待线2条。正线及到发线有效长均达到1050米,能够满足重载列车的开行。坏车停留线有效长140米。车站设计为尽头式车站,站中心里程位于DK7+133.7处。灵东煤矿专用线在扎赉诺尔站既有16号道岔前插入一组12号道岔,侧股引出后(直股接扎矿一号站方向),线路折向南方向,在DK0+900设灵东线路所一处,连接扎赉诺尔、灵东煤矿、扎矿一号站及露天煤矿4个方向。灵东煤矿专用线路总长为8.7千米。灵东站通过红旗线路所同扎赉诺尔站接轨,待哈尔滨铁路局全面验收后,可实现路企直通,届时,由灵东煤矿生产的外销煤炭将不经过扎矿一号站,而直接经红旗线路所到达扎赉诺尔站,将大大缓解扎矿一号站的压力,缩短铁路车在矿的停留时间,提高运输效率。

(3)新电厂站,位于距扎赉诺尔站10号分岔首起13.245千米处,2010年,新电厂站交付使用,由十一井站罐头厂道岔南端与灵泉电厂线接轨。该站是为达赉湖2×20万千瓦热电厂运输煤炭专门设计的卸车站。站内共设股道7条,其中,卸车线2条,分别为1线有效长363.4米,2线有效长337.1米;空车线2条,分别为3线有效长373.3米,4线有效长487.2米;牵出线有效长183.8米;机待线有效长48米;安全线有效长50米。新电厂站采用国内先进的双机热备计算机连锁系统、微机监测系统、调监系统、整体防雷系统、电码化设备和TDCS列调指挥系统。新电厂站的投入使用提高了矿内自备车的周转率。

5. 神华宝日希勒能源有限公司

公司煤炭发运集配站设于交接站至集配站下行方向17千米处,是神宝公司铁路上的咽喉车站。集配站负责路车空车到达解体、编组、计量任务,准确迅速地把空车配送到各装车线,及时编组重车发往交接站,保证神宝公司煤炭外运任务的发送。集配站设站台式煤场装车线1条,到发线3条,公司一矿煤炭由输送带运输装车,小井煤炭在站台煤场铲车装车。2005年7月10日,该公司内小井全部关闭后,站台煤场停用。

图5-2-18 神华宝日希勒能源有限公司露天矿铁路环线

2003年,铁路专用线由集配站延长至露天装车点,新建露天车站。改造原集配站手动道岔为电气集中连锁设备,各站之间的闭塞方式均为64D型半自动闭塞。同年12月中旬,公司铁路信号闭塞工程竣工使用。铁路段所需"对讲机"落实到位。完成轨道衡和吊车的安全操作规程、作业规程、岗位责任制的编制。

2004年春,集配站至露天站铁路线路竣工。全线长10.5千米,总计自营准轨铁路长33.177千米;同年7月,公司电子轨道衡安装车号自动识别系统投入使用。2004年,销售公司每月25—27日对全线各工区进行检查;每月29日召开全段班组长以上干部管理人员安全工作会议,解决生产问题76项。修改铁路应急救援预案,将原有综合性预案改为专项应急救援预案。神华宝日希勒能源有限公司露天集配站股道设置见表5-2-10。

表5-2-10 神华宝日希勒能源有限公司露天集配站股道设置表

线路编号	有效长（米）	有效长起止点	有无轨道电路	最大容车数（辆） 11（米）	最大容车数（辆） 14.3（米）	坡度（‰）	线路用途
1	750	S1-D4	有	68	52	1.5	到发线
2	750	S2-D6	有	68	52	1.5	正线
3	890	S3-D8	有	80	62	1.5	到发线

2005年,集配站改造后,把5、6线延至1050米,满足开行大列69辆存车的需求。该站可同时容纳390车,主要用于装车及上下行空、重车汇让通过。集配站机车整备停留线1条,有效长225米,1台位机车库1处,设有内燃机车加油等机车整备设备。该站8线（一矿装车线）设电子轨道衡1台;5线（会越线）设电子轨道衡1台,龙门吊1架。

2005年,公司按高标准、高质量、高效率原则,对集配站、交接站、露天站站场站线进行改造。2006年,为解决站场有曲线调车作业瞭望不好的实际情况,公司投资60万元,购置平面调车设备,解决作业安全隐患。

2007年3月14日,哈尔滨铁路局首次万吨大列在公司铁路专用线试开获得成功。公司投资1200万元,对线路翻江冒泥地段进行大修,填补路肩、补充碴石、加密轨枕,路肩达到400毫米,轨枕配置由1520根/千米增至1760根/千米,将D13+000~D15+000非标准轨换为50千克的标准轨,清刷边坡达到1:1.5,更换扣板扣件为弹条扣件,路堑地段排水沟疏通;同年7月,宝雁二组手动道岔经改造纳入露天站电气连锁控制内。DK1.68km~DK6.65km线路大修,主要为帮宽路基至0.8米,轨枕加密至1760根/千米,原扣板扣件更换为弹条扣件,抬高道床至枕下250毫米。同年底,公司铁路专用线顺利通过神华质量标准化验收组的验收,达到神华铁路一级标准;同年12月,哈尔滨铁路局首列直通车在神宝公司铁路专用线试开并取得成功,创下日取送车699辆,站停最短时间3.5小时的好成绩。

2008年1月,公司组织专业技术人员编制铁路系统的本质安全管理体系,共辨识出危险源333项,制定管理标准和管理措施。

截至2014年,累计外运煤炭13441.6万吨。

6. 华能伊敏煤电有限责任公司

1991—1994年，煤炭外运主要在伊敏露天矿储煤场装车，由1604、1530号两台上游型和一台5699号建设型蒸汽机车牵引，经铁路运输处二号站过轨至国铁伊敏站输往各煤炭用户。1995年后，伊敏电厂地面生产系统移交，装车仓投入使用，一般情况下煤列在装车仓装煤外运，在地面生产系统检修停运时，煤列开进伊敏露天矿旁路系统装车线装煤外运。增开大列时，由伊敏电厂装车仓、露天矿装车线同时装煤外运。

图5-2-19 伊敏露天矿储煤场铁路
外运快装系统

企业露天矿煤炭外运铁路运输系统设有二号站、一号站两个车站，一个快装线调车区，正线17千米，其中二号站与国铁伊敏站接轨，伊敏站是两伊铁路起点。

7. 神华北电胜利能源有限公司

煤炭装车站位于锡林浩特市北郊5千米处，该站于2006年11月投用，有装车站1个和铁路正线1条，与集通铁路接轨，项目建设投资12052.71万元，煤炭装车站主要承担胜利西一号露天煤矿的煤炭外运任务。根据市场煤炭发运的需要，2011年对该站进行了扩建，扩建工程于2011年底完成。扩建后的集装站拥有2个装车站和正线1条、到发线10条，最大存储煤炭18万吨，日装车能力约5万吨，年均装运能力达1800万吨左右。

（二）自治区重点民营煤炭企业集装（发运）站建设

1. 内蒙古伊泰集团有限公司

1988年，公司开始在乌海市建设发运站，设计发运能力为15万吨/年；1989年7月底在包头召潭建立发运站；1990年，通过扩建增加铺设专用线，满足整列装车条件，总投资709.77万元。1991年，公司先后在呼和浩特市土默特左旗台阁牧乡、包神铁路伊金霍洛旗纳林塔乡沙沙圪台村建发运站并运营；1992年1月，东胜发运站建成并投入运营。

1993年6月，借国家建设大准铁路的机遇，伊泰集团开始建设唐公塔集装站，1995年3月投入营运。1995年3月，在大准线与京包线接口处建设丰镇发运站，年发运能力达30万吨，总投资326.75万元，1996年12月建成运行。1995年底，在乌海、唐公塔、包头、东胜、包神铁路、台阁牧与丰镇共建有7个发运站，年发运能力达650万吨以上；除唐公塔发运站采用自动装车系统外，其他发运站均采用装载机装车。

2000年8月，在准东铁路建设西营子发运站，采用装载机装车，设计发运能力为300万吨/年，同年12月投产运营。运营煤炭发运站增加到8个，年发运能力达2000万吨以上。

2002—2004年，对西营子发运站进行扩能改造，发运能力达到1500万吨，共计投资1.6亿元。2005年春，利用大秦线扩能增量之机，投资约1.4亿元筹建西营子发运站虎石站台，于当年12月开始试运营。截至2005年底，伊泰集团运营的煤炭发运站年发运能力接近3000万吨。

2007年5月，在准东铁路二期配套建设准格尔召发运站，投资3.9亿元，分两期建设2个装车站，设计发运能力初期为1250万吨/年，最终达到2500万吨/年。装车通过4台斗轮取料机和输送带输送到装车站，2个装车站可同时装两列火车；2010年7月建成试运行，2011年1月正式运行。2008年8月，在呼准铁路附近、呼和浩特市甲兰营建设集原煤筛分、成品煤堆放与销售及外运为一体的综合性转运站，总投资8219.53万元，2010年2月建成试运行。

至2010年底，伊泰集团共有酸刺沟、东兴、西营子、包神线、准格尔召、甲兰营、官牛犋7个运营发运站，年发运能力可达6300万吨以上；另有唐公塔集装站进行扩能改造，包头发运站停止运营。

2011年3月，伊泰集团成立伊泰兴和煤炭运销分公司并建立兴和发运站；11月，分公司租用呼和浩特铁路局多种经营公司专用线开始中转销售煤炭；年底，撤销包神线发运站。2012年初，在新包神铁路罕台北站租赁联创集团站台，成立罕台北发运站并开始发运。同时，东兴发运站正式停止运营。2013年4月，在山西忻州市租赁山西巨奥煤炭运销公司站台，建立发运站开展经营活动；5月，公司撤销官牛犋发运站；9月，控股与金泰集团共同出资在准东铁路暖水站筹建暖水集装站，设计发运能力为1000万吨/年，预留远期2000万吨/年能力；2015年1月底投产试运营。

图5-2-20 2014年，伊泰集团西营子发运站吞吐量达到5000万吨。来自公司和周边煤矿的运煤汽车排成长龙

至2015年底，伊泰集团共有运营发运站7个，包括酸刺沟、西营子、准格尔召、暖水、甲兰营、罕台北发运站及山西运销分公司；并在筹建红庆河煤矿装车站。红庆河煤矿装车站建成后，各发运站年发运能力可达8500万吨以上。

1989—2015年，伊泰集团各发运站累计调运、购进上站煤44840.97万吨，其中，乌海发运站74.47万吨，包头发运站709.29万吨，包头万水泉发运站131.39万吨，台阁牧集装站184.62万吨，包神线发运站947.3万吨，东胜发运站33.13万吨，唐公塔集装站1157.23万吨，丰镇发运站136.65万吨，东兴发运站4056.94万吨，西营子发运站22620.77万吨，苏吉发运站16.57万吨，暖水集装站21.47万吨，酸刺沟发运站4586.3万吨，准格尔召发运站8456.08万吨，甲兰营煤场801.35万吨，官牛犋发运站120.88万吨，兴和发运站293.46万吨，罕台北发运站227.71万吨，山西运销分公司95.73万吨。

2. 内蒙古蒙泰煤电集团有限公司

2002年开始在包头、东胜、唐公塔、敖包沟、西营子、西召、官牛犋、响沙湾等地建设、租赁多个集装站。萨拉齐、官牛犋、敖包沟和唐公塔集装站均具备万吨列的装车条件，年发运能力达2000万吨。公司与华电集团在大路工业园区建设鄂尔多斯规模最大的煤炭物流园区，并在准朔铁路上建设红进塔万吨列集装站，储装运设计能力为1000万吨/年，在新包西铁路上入股建设的罕台川集装站，专用线长1050米，装载机装车，煤场储煤有效使用面积为61750平方米，储装运设计能力为2000万吨/年，在东铜铁路上拟建设1500万吨/年的集装站。上述集装站建成后，公司将具备4000万吨/年的煤炭储装运能力。

唐公塔集装站站台长约700米、宽约50米，储煤量约10万吨。占地及铁路均属神华准格尔能源公司所有。内蒙古蒙泰煤电集团公司从2005年开始租用，2007年开始陆续扩建，在2014年11月4日前，一大列车（105节，8400吨）分4批次装车，11月4日后经过与神华准格尔能源公司协商，一大列车分2批次装车，分别为51节和54节，大大缩短了装车时间，现年发运量可达600万吨。

3. 内蒙古伊东资源集团股份有限公司

伊东集团建有大红城、西召2个煤炭发运站，主要负责组织站台装车及铁路外运任务。

2008年10月，伊东集团与呼和浩特铁路局合作，在京包线包头管段古城湾建成全国一流的现代化、全封闭、环保型万吨煤炭装车基地并投入使用。

图5-2-21 2008年10月21日，内蒙古呼铁伊东古城湾战略装车基地投入使用

4. 鄂尔多斯市乌兰煤炭（集团）有限责任公司

公司建有巴图塔集装站和新街集装站，其中巴图塔集装站原隶属于神华集团，1992年建成投入运营。2002年，因神华集团煤制油项目占用乌兰集团白石头煤矿，故神华集团将巴图塔集装站置换给乌兰集团。该集装站在包神线K140处，凭借优越的地理位置，十余年来，发运量不断增加，成为包神铁路线上的核心集装站，发

运量从最初的120万吨提高到改造前的600万吨。为完善巴图塔集装站的基础设施建设，2013年，企业投资2亿元改建快速装车系统，并于2015年7月建成运行。技改后的系统不仅提高了装煤速度，铁路年运力也由600万吨提高至1200万吨。

5. 蒙发能源控股集团有限责任公司

公司是以煤炭销售起步的企业，先后建有总发运量1500万吨/年的煤炭集装站6处，其中黑炭沟铁路集装站于1999年8月修建，集装站集装煤、场储于一体，货位总长1.2千米，正常年发运量为200万吨。货场总占地66669平方米，是当时包神铁路线内最大的煤炭集装站。站台总投资1080万元，其中基础设施投资650万元、配套机械投资430万元。除公司自己发运外，自治区内的伊泰、集通、铁鑫等公司均在该集装站内进行煤炭装车发运。集装站也是中煤进出口公司出口煤的发运基地。

6. 内蒙古满世投资集团股份有限公司

点岱沟（天和公司）煤炭集装站，位于准格尔旗友谊街道办事处张家圪旦社区村，由神华准格尔能源公司、内蒙古满世煤炭集团、汇伊贸易公司共同出资建设，注册资本300万元，内蒙古满世煤炭集团占股45%。点岱沟煤炭集装站于2001年10月建成投入运营，有站台1个和铁路正线1条，与大准铁路接轨，项目建设投资563万元。主要承担罐子沟煤矿、薛家湾周边煤矿的煤炭外运任务。根据市场和股东单位煤炭发运的需要，2007年对该站进行了扩建，扩建工程于2010年7月底完成。扩建后的集装站拥有3个站台和正线1条、到发线3条，最大存储煤炭400万吨，日装车能力约2万吨，年均装运520万吨左右。项目扩建投资4000万元。

三、国铁运输

20世纪90年代，国家铁路运力严重不足，国铁运煤计划是根据每年召开的全国煤炭订货会议确定的。乡镇（个体）煤矿因全国煤炭订货"户头"，基本得不到国铁运煤计划，就连地方国有煤矿也很难获得国铁运输计划（指标）。

2000年以后，在强化市场订货、弱化计划订货和铁路建设里程大幅增加的大背景下，运力紧张局面开始缓解，铁路运输计划逐渐与市场合同相匹配，内蒙古的铁路外运环境得以宽松，京包线的古店口等几个铁路瓶颈开始畅通。特别是2010年以后，国家运输计划逐步向重点煤炭企业及用户和长期订货合同的大用户倾斜，以保证国民经济的稳步运行。2005—2015年自治区境内铁路运输煤炭情况见表5-2-11。2002—2015年各铁路局调出区外煤炭数量见表5-2-12。

表5-2-11　2005—2015年自治区境内铁路运输煤炭情况统计表　　　万吨

项目	2005年 货物发送量	其中:煤炭发送量	2006年 货物发送量	其中:煤炭发送量	2010年 货物发送量	其中:煤炭发送量	2011年 货物发送量	其中:煤炭发送量	2012年 货物发送量	其中:煤炭发送量	2013年 货物发送量	其中:煤炭发送量	2014年 货物发送量	其中:煤炭发送量	2015年 货物发送量	其中:煤炭发送量
一、全国	268349	129038	244395	112034	308209	156020	391852	227026	389215	226175	396700	232200	381000	229000	336000	200000
二、全区	27963	20517	33143	24693	61705	52284	68328	58338	68289	59721	72873	63568	72765	64036	62775	54563
（一）呼和浩特铁路局	8683	4628	9875	5304	16904	12119	16978	11093	16085	11287	18154	12881	17083	11581	12358	7064
（二）沈阳铁路局内蒙古境内	3539	2790	4045	3388	10600	9342	13624	12455	13382	12352	13194	11791	12191	11221	9661	8963

表 5-2-11（续） 万吨

项目	2005年 货物发送量	其中:煤炭发送量	2006年 货物发送量	其中:煤炭发送量	2010年 货物发送量	其中:煤炭发送量	2011年 货物发送量	其中:煤炭发送量	2012年 货物发送量	其中:煤炭发送量	2013年 货物发送量	其中:煤炭发送量	2014年 货物发送量	其中:煤炭发送量	2015年 货物发送量	其中:煤炭发送量
（三）哈尔滨铁路局内蒙古境内	4070	1690	4878	1922	6728	3660	8024	5324	8834	6346	8584	6267	8291	6306	7226	5179
（四）神华包神铁路公司	7198	7122	8184	8127	13663	13619	14245	14201	14697	14635	16782	16697	17321	17263	14236	14179
（五）神华大准铁路公司	3192	3079	4138	4104	7129	7101	7653	7624	7769	7740	8407	8371	9552	9524	11162	11138
（六）内蒙古伊泰准东铁路公司	913	913	1337	1337	3476	3476	3599	3599	3476	3476	4448	4448	5370	5370	5519	5519
（七）内蒙古集通铁路公司	368	295	686	512	3206	2967	4205	4042	4046	3885	3304	3113	2958	2772	2614	2521

表 5-2-12　2002—2015年各铁路局调出区外煤炭数量统计表 万吨

年度	呼铁局	太原局	沈阳局	哈尔滨局	兰州局	包神线
2002	1900	1100	—	—	10	—
2003	2250	1400	—	—	50	—
2004	2300	1743	—	—	50	—
2005	3580	2336	—	—	100	—
2006	4564	2907	—	—	50	—
2007	5006	3313	3122	1906	191	4640
2008	7122	3943	4722	2291	185	5409
2009	8743	5228	5715	2925	139	7020
2010	11366	5554	7278	3407	112	7277
2011	11046	6000	11321	5035	113	7481
2012	9352	6252	11101	5848	90	7873
2013	11104	6506	10697	5628	118	9004
2014	10156	7622	10123	5522	133	10148
2015	5269	8507	7835	4442	83	8557

（一）部分重点煤炭企业商品煤运输情况

1. 神华北电胜利能源有限公司

公司煤炭产品主要经集通铁路的支线锡多线，发站锡林浩特，达正蓝旗上都电厂和多伦大唐煤化工；经白浩线至大唐克什克腾煤制天然气公司，经集通正线，西至贲红站（接入呼局国铁），运至蒙西地区各电厂，继续向南可途经大秦线至秦皇岛、曹妃甸等港口；东达哲里木站（接入沈局国铁），可延伸至辽宁、吉林等地的用煤企业，也可至东北地区的港口，如锦州、葫芦岛、营口等南下至沿海用户（表 5-2-13）。

表 5-2-13　神华北电胜利能源公司2004—2015年煤炭销售、运输情况统计表

年度	经铁路调往区外		区内消费						合计
			电力		化工		其他		
	数量（万吨）	比例（%）	数量（万吨）	比例（%）	数量（万吨）	比例（%）	数量（万吨）	比例（%）	数量（万吨）
2004	—		88.59	80.69			21.2	19.31	109.79
2005	—		128.21	78.63			34.85	21.37	163.06
2006	—		244.97	90.66			25.23	9.34	270.20

表5-2-13（续）

年度	经铁路调往区外		区内消费						
			电力		化工		其他		合计
	数量（万吨）	比例（%）	数量（万吨）	比例（%）	数量（万吨）	比例（%）	数量（万吨）	比例（%）	数量（万吨）
2007	—	—	603.78	96.85			19.63	3.15	623.41
2008	—	—	1024.16	94.95			54.43	5.05	1078.59
2009	94.08	8.95	864.07	82.19			187.22	17.81	1051.29
2010	37.65	2.59	963.34	66.24			491.05	33.76	1454.39
2011	651.16	26.95	1097.40	45.42			1318.70	54.58	2416.10
2012	487.90	19.74	1366.85	55.30	19.99	0.81	1085.08	43.90	2471.92
2013	147.13	8.08	1308.50	71.88	0.73	0.04	511.07	28.08	1820.30
2014	8.38	0.49	1470.93	86.50	69.00	4.06	160.49	9.44	1700.42
2015	0	0	1078.06	89.39	107.75	8.93	20.19	1.67	1206.00

2. 扎赉诺尔煤业有限责任公司

煤炭产品主要通过铁路外运。1995年铁路外运达385.6万吨，占外运煤炭总量的100%；2000年铁路外运210.43万吨，占外运总量的84.99%；2010年铁路运量为555.95万吨，占外运总量的93.86%；2015年铁路外运413.34万吨，占外运总量的98.30%。

3. 神华大雁集团有限公司

2007年，公司集配站完成了扩能技术改造，实现了路企直通功能（表5-2-14）。

表5-2-14　1995—2015年神华大雁集团公司铁路外运煤炭统计表　　万吨

年度	外运量	煤炭种类	运往地区	年度	外运量	煤炭种类	运往地区
1995	295.44	褐煤	黑龙江省	2010	359.00	褐煤	吉林省、黑龙江省
2000	189.39	褐煤	吉林省、黑龙江省	2015	717.00	褐煤	吉林省、黑龙江省
2005	316.93	褐煤	内蒙古、吉林省、黑龙江省				

4. 华能伊敏煤电有限责任公司

1998年，公司发电厂建成之前，生产的煤炭除少部分自用和地销外，全部通过国铁运往东北地区电力企业。1994年，公司自用、地销煤炭只占全年销量的9.38%，外运煤炭占全年销量的90.62%。电厂一号机组建成发电后，公司露天煤矿生产的煤炭主要供应电厂，剩余部分外运到东北地区。2004年，公司外运煤炭只占全年销量的26.43%。

1991—2015年华能伊敏煤电有限责任公司铁路外运煤炭情况见表5-2-15。

表5-2-15　1991—2015年华能伊敏煤电有限责任公司铁路外运煤炭情况统计表　　万吨

年度	外运量	年度	外运量	年度	外运量	年度	外运量
1991	127.35	1998	151.66	2005	267.28	2012	930.21
1992	96.58	1999	133.09	2006	290.50	2013	799.79
1993	117.40	2000	124.72	2007	372.65	2014	881.70
1994	129.75	2001	128.26	2008	478.87	2015	806.84
1995	151.72	2002	131.37	2009	429.95		
1996	154.61	2003	136.96	2010	468.53		
1997	157.15	2004	168.64	2011	781.51		

5. 神华宝日希勒能源有限公司

多年来，公司根据本地区煤炭行业与铁路系统相辅相成的特殊性，结合企业实际，与哈尔滨铁路局互相支持，友好协作，不断深化战略合作伙伴关系，探索出一条互利双赢、共同发展的特色化路企合作形式——铁路辅业代理销售模式。

通过与铁路系统多层次、多元化的合作经营，拉动了神宝公司产销规模的快速提升。2002—2004年，公司煤炭销量年均增长率为22.5%；2005—2010年，公司煤炭销量年均增长率为28.5%。尤其是2010年，煤炭销量完成1750万吨，比上年同期增加440万吨，其中全年铁路外运煤炭完成1162.82万吨，较2005年增加793.73万吨，增长215.05%。

2011年，神宝公司铁路运量完成1896.05万吨，同比增加733.23万吨；呼伦贝尔地区总运量完成4985.3万吨，同比增加1549.6万吨，神华宝日希勒能源有限公司占到总增量的48.34%，增量效果显著；2012年，神宝铁路运量完成2503.84万吨，同比增加607.79万吨；呼伦贝尔地区总运量完成5808.9万吨，同比增加924万吨，神宝公司占到总增量的62.26%，神宝铁路运输总量占市域总运输量的42.06%。

哈铁辅业2009—2014年分别完成销量157万吨、529.18万吨、1319.94万吨、1214.52万吨、1508.82万吨、950.89万吨，成为神宝公司外运销量的重要组成部分。

1998—2015年神华宝日希勒能源有限公司铁路外运情况见表5-2-16。

表5-2-16　1998—2015年神华宝日希勒能源有限公司铁路外运情况统计表　　万吨

年度	铁路运量	年度	铁路运量	年度	铁路运量
1998	104.74	2004	194.28	2010	1162.82
1999	83.39	2005	369.09	2011	1896.05
2000	89.21	2006	472.52	2012	2503.84
2001	110.24	2007	588.90	2013	2320.92
2002	137.06	2008	670.51	2014	2483.32
2003	150.15	2009	1052.78	2015	2045.07

6. 中电投蒙东能源集团有限责任公司

2004年7月1日，霍林河露天煤业公司与通辽铁路分局经营开发总公司共同出资设立通霍铁路运输有限责任公司，注册资本3000万元，经营范围：运输、装卸。霍林河露天煤业公司持股55%，通辽铁路分局经营开发总公司持股45%。通霍铁路运输有限责任公司负责煤炭运输业务。至11月17日2时20分，露天煤业外运销售煤炭1000千万吨。

2006年4月10日，沈阳铁路局局长到露天煤业公司就通霍线铁路运输组织方式、试行开通"百辆长列万吨重载"、装车线改造等事宜进行现场调研。6月1日，露天煤业煤炭加工公司600万吨装车站铁路环线正式投入使用，年外运能力可提高300万吨左右。9月22日，沈阳铁路局正式开通"百辆长列、万吨重载"，极大地提高了通霍线运能，使公司日均外运量达到了1000多车。

图 5-2-22 满载霍林河露天煤业公司原煤的万吨长龙行驶在科尔沁草原上

7. 平庄煤业集团公司

煤炭产品以叶赤线铁路外运为主,少部分经京通线外运。公司铁路运输部有平庄、元宝山两个运输段,在平庄南、马林、元宝山、安庆沟 4 个站与国铁叶赤线及集通线接轨,实现煤炭的铁路外运。

平煤白音华露天矿（位于锡林郭勒地区）煤炭外运,利用汽车运至白音华东站站台,白音华东站铁路与国铁珠斯花站接轨,运往各煤炭用户。其站台拥有 3 条装车线,最大日装车能力为 10 列。2012 年外运量为 752 万吨,2013 年外运量为 663 万吨,2014 年外运量为 881 万吨,2015 年截至 7 月末,外运量为 263 万吨。

8. 内蒙古伊泰集团有限公司

1991—2004 年,公司煤炭以自备车运输为主,国铁车运输为补充。1991 年,公司首先在包神线筹建东胜发运站,利用国铁返空车向京、津、唐地区发运煤炭。1992—1993 年,在东胜发运站利用国铁车发运煤炭 5.61 万吨。1994—1997 年,公司在东胜、包头等发运站通过铁路外运煤炭共计 1067.23 万吨;其中利用国铁发运 34.49 万吨,占铁路外运总量的 3.2%。

图 5-2-23 1989 年,伊泰集团公司首列自备车专列开通

2000 年以后,公司使用国铁车发运的比重逐步增大。2001—2003 年,公司煤炭发运总量为 1563.44 万吨;其中使用国铁车发运 672.22 万吨,占总发运量的 43.01%。2004 年 5 月,铁道部收回自备车后,公司煤炭全部通过自建铁路或公路再经国铁输送至港口转运或直达用户。

2004—2015 年,公司共发运煤炭 3.19 亿吨,其中 2005 年铁路外运煤炭 1183.31 万吨,2010 年实现铁路外运 2959.6 万吨,其中经呼铁局外运 1274.1 万吨、经太原局外运 1685.5 万吨。2014

年，公司铁路外运量达到4010.7万吨，其中经呼铁局外运1786.9万吨、经太原局外运2223.8万吨；2015年，铁路外运4456.2万吨，其中经呼铁局外运1068.22万吨、经太原局外运达3235.57万吨。

9. 内蒙古汇能煤电集团有限公司

公司利用各煤矿便利的铁路运输条件发运煤炭（表5-2-17）。

表5-2-17　2005—2015年汇能煤电集团铁路外运煤炭统计表　　　　万吨

年度	2005	2006	2007	2008	2009	2010	2011	2012	2013	2014	2015
发运量	32	150	170	230	270	295	300	320	350	330	249

10. 内蒙古满世投资集团有限公司

企业煤炭产品主要经呼和浩特铁路局、太原铁路分局外运。2010年成为铁道部运输大客户。2005—2015年，企业煤炭铁路外运量达到4502.11万吨，其中经呼铁局外运2098.6万吨、经太原局外运2403.51万吨。

（二）自备车运输

随着国家西部大开发战略的实施，铁路运输成了经济发展的瓶颈。内蒙古主要产煤地的西部地区，煤炭外运主要依靠京包线、包兰线。煤炭是大宗货物，运输量大，需要铁路运输车皮多。但由于内蒙古经济欠发达，承担自治区西部区煤炭运输的呼和浩特铁路局既是小局，又是铁路运输的相对末端，以运输能源和原材料为主，货物到达少、运出多，装车量远大于卸车量，管内空车严重不足，货车车辆不足问题主要靠北京铁路局排空车来解决。

20世纪80年代后期，各铁路局从自身经济效益考虑，向外局排空车越来越少。因此，处于运输末端的呼铁局缺车局面越来越严重。在此情况下，呼铁局鼓励企业购买自备车，提出"谁买车拉谁的货，谁买车谁受益"。从1986年开始，自治区部分煤炭企业开始购置自备车拉运煤炭。例如，包头矿务局率先购买了14辆铁路自备车，点对点给包钢拉运煤炭；1988年，内蒙古电管局购置自备车300辆从"西三局"（包头、乌达、海勃湾矿务局）定点为蒙西地区各电厂拉运煤炭。

1988年，伊克昭盟煤炭公司（伊泰集团前身）购置自备车10辆，在呼和浩特铁局辖内运输；1989年，上海和浙江电力局垫资购买自备车290辆组成专列，定点拉运西三局煤炭到秦皇岛港，转港海运到两局的电厂。1989年，伊克昭盟煤炭公司再次购置一列自备车出区运输，为上海电力局和浙江电力局的自备车补轴（补充成整列）。

由于买自备车的企业大大提升了发运能力，效益明显提高，促使其他企业争相买车，呼铁局管内企业自备车短期内陡增。截至2000年1月底，内蒙古西部区在国铁线上运营的自备车达到10510辆。其中，呼铁局9960辆、北京局550辆。1995—2002年呼和浩特铁路局自备车发运煤炭数量详见表5-2-18。自备车90%以上在拉运煤炭，成为呼铁局煤炭运输的主力。

截至2003年5月底，全区共有67家企业，拥有自备车9974辆。其中，敞车9496辆、棚车29辆、平车10辆、罐车439辆。

自备车上线运营，大大缓解了呼和浩特铁路局空车严重不足的矛盾，为自治区货物外运和经济发展做出了贡献。但随着自备车上线数量大幅增加，北京铁路局给呼和浩特铁路局的国铁车也随之大幅减少，逐渐形成恶性循环。自备车大量上线运营，也引发了许多新的矛盾。

表5-2-18　1995—2002年呼和浩特铁路局自备车发运煤炭数量统计表

年度	自备车发运量（万吨）	占发运总量（%）	年度	自备车发运量（万吨）	占发运总量（%）	年度	自备车发运量（万吨）	占发运总量（%）
1995	1657	38.8	1998	1662	38.8	2001	2255	42.5
1996	1908	41.8	1999	2022	46.1	2002	2372	41.0
1997	1881	40.6	2000	—	—	平均	2292	41.4

一是扰乱了铁路正常的运输秩序。自备车运输管理自成体系，与国铁车运输形成矛盾，过口、抢线、占道等问题越来越突出。

二是运营效率低、成本高。大量空车返回，浪费了铁路运力，运输效率低下。企业除了购车费用外，铁路收取的自备车管理费用、过轨费、回空费、各种检修费和服务费、铁路建设基金等，仅运输费用，使用自备车运输煤炭就比国铁车到秦皇岛港平均增加41元/吨左右（1997年数据），再加上企业投入的大量人力、物力在自备车运行沿线的管理费用等，大大增加了运输成本。在煤炭市场疲软、季节性淡季时，自备车的大量停运、占道停放等问题，更加重了自备车企业的负担。

三是造成了货物运输新的不公平。大量没有能力购买自备车的货运单位，由于没有自备车，严重影响到其的货物运输，也加大了其的货物运输成本（点装费等），不利于自治区整体经济的发展和公平竞争。

从2000年5月起，自治区煤炭行业管理部门就自备车大量上线运营凸显出来的问题，报告自治区政府及国家相关部委，引起了自治区政府的高度重视。2003年4月，内蒙古自治区政府分管副主席赴铁道部进行汇报和沟通，按照铁道部要求，在调研的基础上形成四点意见函告铁道部：原则上同意铁道部按有关规定收购自备车；自治区政府按国家有关政策，配合铁道部分离所办中小学；同意集通公司纳入国铁统一管理；建议铁道部加快集北铁路、丰沙大改造项目列入计划建设。

2003年5月，铁道部致函国家发展改革委：到2002年底，全路自备车注册登记企业460多家、自备车总数123348辆，其中敞车46986辆，其他车种76362辆。认为企业自备车存在以下问题：价格双轨，收费繁多，大大增加了货主（企业）负担；分散经营、单向使用，造成线路和车辆能力双重浪费；投入不足，超限使用，严重威胁行车安全。为此，提出从7月1日起对企业自备敞车进行一次性收购，由铁道部统一管理使用，在现有的46986辆企业自备敞车中，除神华集团拥有的8656辆由于在自有铁路上独立运营不收购外，其余38330辆全部收购。依据有关法规，聘请具有法定资格的资产评估机构，对收购范围内的自备敞车进行综合评估，铁道部统一付款收购。对于不愿意转让的自备敞车，从2004年起铁道部将不再为其办理国铁过轨手续。

2003年6月，内蒙古自治区经贸委就铁道部收购企业自备车进行调查，形成书面材料报告自治区政府领导，提出相关建议。7月，铁道部下发《关于统一收购铁路所属企业自备敞车有关事项的通知》，铁路所属企业的自备车铁道部统一收购，工作从7月1日起至7月31日结束。8月，铁道部下发《关于收购企业自备敞车有关问题的通知》，除神华集团自有产权外，所有企业自备敞车经评估后，由铁道部统一收购，从2003年8月10日开始至 9 月 30 日结束。

2003 年 8 月，内蒙古自治区政府与铁道部签署《关于加快发展内蒙古自治区铁路运输企业的协议》，就加快内蒙古自治区铁路建设步伐，不断增加内蒙古中西部地区的铁路外运量、逐步解决铁路企业办社会问题、收购企业自备敞车事宜达成一致意见，内蒙古自治区政府同意在呼和浩特铁路局注册的企业自备敞车（不包括神华集团在包神线装车经京包线运营的自备敞车）有偿转让给铁道部统一管理。内蒙古自治区政府积极组织开展自备车转让的基础工作，实现顺利交接。企业自备车经评估后，铁道部给予合理补偿。保证原自备车企业的原有运量（以 2002 年实际水平为基数），根据重点订货合同、市场需求等因素安排运量。重点保证和优先满足自治区重点企业、重点国有矿、重点物资和口岸运输需要。确保呼和浩特铁路局货物发送量 2005 年达到 8000 万吨，以后每年以 10% 的速度增长，在总量增长的同时，要确保重点和急需物资的运输。

2003 年 11 月 20 日 18 点，在呼和浩特铁路局注册的 5040 辆企业自备（敞车）全部完成收购。1988—2003 年，自治区主要购置自备车企业购置、使用自备车情况如下。

1. 内蒙古伊泰集团有限公司

1988 年 8 月，伊克昭盟煤炭公司首次购置 10 辆自备车在呼和浩特铁路局管内运输，向乌拉山化肥厂和土左旗焦化厂运送焦炭；当年公司共发运销售焦炭 1.9 万吨。在自治区政府支持下，公司在呼和浩特铁路局建立了"户头"。之后，公司先后在乌海卡布其车站、包头车站的物资专用线建设煤炭发运站，利用自备车向区外市场发运煤炭。1989 年，公司自备车增至 55 节，并与内蒙古煤炭运销公司、中国人民解放军总政治部的自备车组成"呼"字底标记运煤专列，开始从包头发运站发往秦皇岛港口，向上海、浙江等地供煤。至 1990 年底，公司的自备车皮达到 185 节。

1991 年，公司利用国铁车进入包神线的机遇，增购自备车 40 辆。1992 年，为进入丰准—大秦铁路运输煤炭又购置自备车 88 辆，自备车总数达到 313 辆。

1993 年 3 月，经铁道部和呼和浩特铁路局批准，公司自备车以"伊"字底标记单独组列运行，分别从乌海、包头、台阁牧发运站向锦州、秦皇岛、天津等地发运煤炭；7 月，再次增购自备车至 780 辆（18 列）。1994 年 8 月，该企业发运站与铁路专用线建成并投入试运行。1995 年 3 月，企业自备车先于准煤公司进入丰准铁路运营，新增运煤通道；7 月 1 日，该企业"蒙"字底标记自备车进入包神铁路运输煤炭，当年共发运煤炭 267 万吨，自备车月周转率为 3.79 次，节约检修费用 470 万元。

1996 年 1 月，伊克昭盟煤炭公司与集通铁路公司等单位合资成立"西蒙煤炭有限责任公司"，利用集通铁路组织西煤东调，开辟东北煤炭市场；铁道部批准伊克昭盟煤炭公司在大准线新增 1000 辆自备车，6 月先在呼和浩特铁路局购置了 250 辆；至年底，公司自备车总数达到 1321 辆。

1997 年 1 月，公司新购置 200 辆自备车，在包神线拉运内蒙古自治区在包神线 10% 的切块运量；同年 9 月，公司利用伊煤 B 股成功上市募集的资金再次购买 550 辆自备车上线运营，企业自备车总数达到 1871 辆，可编成 41 列，成为自治区拥有自备车最多的地方煤炭企业。

自 1998 年开始，全国煤炭市场疲软，企业销售困难，自备车闲置严重。2001

年，全国煤炭市场开始止跌回暖，自备车周转率达到了每月3.9趟次；全年共发运煤炭421.39万吨，其中使用自备车发运303.40万吨。2002年，为了扩大、占领区内市场，伊泰集团抽调3~6列自备车，在包头和苏吉站循环拉运煤炭；全年公司共发运煤炭504.79万吨，其中使用自备车发运299.14万吨，全年收入自备车使用补偿费3831万元，节约使用自备车返回费194万元。

2003年9月，公司与铁道部达成有偿收购所有1871辆自备车协议；2004年5月，完成车辆交接。自备车运输终止。

2. 神华乌海能源有限责任公司

自1991年起，公司煤炭以自备车运输为主，国铁车运输为补充；2005年起，神华集团公司货车公司负责组织自备车向区内外包括秦皇岛、天津、唐山等地发运煤炭。公司利用国铁返空车向京、津、唐地区发运煤炭。2016年，神华集团公司货车公司改制重组，自备车运输终止。

2009—2015年神华乌海能源公司用自备车运煤炭数量详见表5-2-19。

表5-2-19 2009—2015年神华乌海能源公司用自备车发运煤炭数量统计表　　　　万吨

年度	发运总量	自备车发运量	年度	发运总量	自备车发运量
2009	1880.16	1677.14	2013	1746.72	740.84
2010	1929.33	831.27	2014	—	—
2011	1900.45	671.59	2015	987.34	179.37
2012	17653.93	708.56			

3. 内蒙古蒙晋物流股份有限公司

公司于2010年成立，注册地为呼和浩特市，注册资金6.342亿元，由蒙发公司管理经营。蒙发煤炭运销公司占股35%。主营业务为3000辆C80B自备车运营，运量在2000万吨/年以上。主要承接内蒙古地区重点煤炭企业的中转发运业务。

第二节　公路运输

一、主要运煤公路建设

尽管公路建设的快速发展缓解了煤炭工业的快速发展的需求，但2008年前后，在市场需求旺盛时，不论国道还是新建运煤专线，堵车仍较严重。因此也拉动了全区公路建设的速度，通过公路出区的原煤由2002年的200万吨猛增到2011年最高时的1.95亿吨。公路建设速度最快的是产煤量最大的鄂尔多斯市和锡林郭勒盟。2002—2015年自治区公路调出煤炭数量统计情况见表5-2-20。

（一）鄂尔多斯市公路建设

20世纪80年代后期，东胜煤田南部精煤区和准格尔黑岱沟露天矿等国家重点能源建设项目陆续开工建设，与煤田开发项目配套的包头—府谷、呼市—大饭铺等公路也陆续开工建设并投入使用。

表5-2-20 2002—2015年自治区公路调出煤炭数量统计表　　　　万吨

年度	2002年	2003年	2004年	2005年	2006年	2007年	2008年
数量	200	800	2500	900	900	1200	1800
年度	2009年	2010年	2011年	2012年	2013年	2014年	2015年
数量	4200	10000	19504	19154	14743	11568	15707

"九五"（1996—2000年）期间，全市煤炭行业投资近9亿元，陆续建成壕羊公路、曹羊公路、边贾公路及悖牛川大桥、黄天棉图至包府公路、纳林塔至包府公路、西营子集装站配套公路等。"十五"（2001—2005年）期间，规划修建矿区运煤公路23条，总长度610千米，路面等级为二级油路，总投资6.4亿元。

2002年，修建了棋盘井—乌仁都西矿区运煤专线，2003年8月1日建成通车。通过BOT方式修建乌仁都西—蒙西40千米运煤专线，同年10月底建成通车。投资738万元的鄂绒集团硅电联产项目13千米运煤专线同年9月18日通车。2004年，全市投入1.05亿元用于运煤公路建设，完成274千米的原煤专线建设。

截至2010年底，全市公路总里程达17682千米，按行政等级分：国道1369千米，省道1200千米，县道2783千米，乡道4749千米，村道7210千米，专用公路371千米。按技术等级分：高速658千米，一级公路395千米，二级公路2065千米，三级公路4050千米，四级公路8616千米，等外公路1898千米。

全市境内有国道5条，分别为：国道109线（G109线）北京—拉萨公路（G6）、210线（G210辅道）包头—南宁公路，国家高速公路荣成—乌海（G18，荣乌高速）、包头—茂名（G65，包茂高速）。有省道6条，分别为：省道103辅道呼市—河曲公路（SF103线），省道高速公路城壕—大饭铺公路（S103线）；省道214线东胜—神木公路（S214线）、215线乌拉山—靖边公路（S215线）、216线察汗淖—靖边公路（S216线）、313线府谷—深井公路（S313线）。运煤专用公路有21条，分别为：达拉特旗16千米（4条），准格尔旗169.6千米（10条），伊金霍洛旗63.56千米（7条）。

鄂尔多斯规划到2020年实现"八横十二纵十一个省际出口"的公路框架网。

八横包括：G18荣乌高速公路十七沟（鄂呼界）至棋盘井（鄂乌界）、大路至巴拉贡一级公路、国道109线小沙湾至棋盘井一级公路、兰家梁至水洞沟（蒙宁界）一级公路、喇嘛湾至巴拉贡二级公路、万家寨至伊和乌素二级公路、榆树湾至巴拉贡二级公路、大柳塔至千里沟二级公路。

十二纵包括：G65包茂高速九小渡口至苏家河畔（蒙陕界）高速公路、德胜泰至杨家坡（蒙陕界）即包东第二高速公路、海生不浪至龙口镇高速公路、210国道九小渡口至苏家河畔（蒙陕界）一级公路、巨合滩至大昌汉沟（蒙陕界）一级公路、蒙西至棋盘井至芒哈图一级公路、独贵塔拉（奎素）至掌高图一级公路、吉格斯太（召吃梁）至庙沟门一级公路、昭君坟（山岔口）至毛盖图（蒙陕界）一级公路、恩格贝（东河头）至呼吉尔特（蒙陕界）、察汗淖至付家峁子、呼和木独至补浪河（蒙陕界）一级公路。

十一个省际出口：敖镇至盐池（蒙宁界）、五字湾至哈镇（蒙陕界）、阿镇至大柳塔（蒙陕界）、新街至牛定壤（蒙陕界）、乌兰陶勒盖至打拉石（蒙陕界）、嘎鲁图至雷龙湾（蒙陕界）、城川至村条梁（蒙宁界）、珠和至白泥井（蒙陕界）、纳林至龙口（蒙晋界）、布拉格至陶乐（蒙宁界）、阿尔巴斯（查布）至陶乐（蒙宁界）。

截至2015年，鄂尔多斯市规划建设的"八横十二纵十一个省际出口"的公路框架网大部已经建成通车。

1. 210国道

210国道自包头黄河公路大桥进入鄂尔多斯境内，经达拉特旗、东胜区，在伊金霍洛旗苏家河出境，境内全长201.1千米，为二级柏油路面，其中包头东胜段为鄂尔多斯主要运煤公路之一。1975年10月12日，全线通车，之后逐渐对各路段进行油路改造。1993年，对国道包头至东胜段进行改造，1995年完成竣工。"十五"期间又投入13.28万元完成国道210线霍洛小桥的新建。

2. 109国道

109国道自呼和浩特清水河县下城湾黄河公路大桥进入鄂尔多斯境内，经准格尔旗、东胜市、杭锦旗、至鄂托克旗乌珠尔镇出境，境内全长576千米，是鄂尔多斯境内主要运煤公路之一。1994年9月1日，国道109线东胜—大饭铺改建工程开工，按一般公路山岭重丘区二级标准修建，路基宽8.5米，路面宽7.0米，沥青次高级路面。桥涵设计荷载汽-20、挂-100。小桥涵与路基同宽。路线起点为准格尔旗大饭铺村，经海子塔、纳林沟桥、马家圪卜、敖包梁、潮脑梁、神山、塔拉壕，终点与包府公路106K+200处相接，主线全长110.39千米，支线长17千米。1997年6月底竣工，批准预算20025万元。"十五"期间，政府投资460万元对国道109线察汗淖—棋盘井段23千米油路进行翻修；投入7万元完成国道109线边家塔大桥的维修改造；投入59.72万元完成国道109线塔拉壕4处小桥的维修改造；投入30万元重点对国道109线喇嘛湾黄河大桥进行维修加固。

3. 边贾公路

伊金霍洛旗边贾壕至准格尔旗贾家湾公路起点位于包府公路K151+695处，终点为曹羊线K46+000处，路线全长35.7千米，其中包括悖牛川大桥1处，长度565米。公路建设标准是山岭重丘二级，是1998年鄂尔多斯市悖牛川矿区路桥有限责任公司投资1.5亿元建成的；1999年开始又连续5年投资1.06亿元修建了8条矿区支线，里程58.7千米。

1995年底，一期边家壕—弓家塔公路9.7千米竣工。二期边家壕—贾家湾公路26千米于1998年10月5日开工建设，1999年10月16日竣工，包括悖牛川公路大桥。2000—2001年，按山岭重丘区三级公路建设的边贾公路三期开始施工，2004年再投资4980万元对公路部分路段进行了改线重修。公路主、支线总里程达96.2千米，总投资3.058亿元。

4. 精煤公路

精煤公路的前身为小霍洛—忽吉图线，是伊金霍洛旗境内的主要运煤道路，该路原为大马车道。1985年，中国精煤公司伊克昭盟分公司投资504万元，改建为三级油路，并建小桥一处。同年10月17日竣工。2002年初，按平原微丘区三级油路改造小霍洛—忽吉图35千米公路，年底建成通车，投资2450万元，千米造价70万元。同年，完成总长34.5千米运煤专线15千米的路面铺油工作，完成投资1000万元。

5. 羊指公路

羊指公路起点为准格尔旗羊市塔乡，终点为准格尔旗的指雨房，相距82千米。1993年底，伊泰集团公司决定实施西煤东调的战略。集团公司与准格尔旗人民政

图5-2-24 汇能公司在边贾公路上建桥

府达成意向性协议，双方共同投资修筑羊指公路，年底前完成羊指公路的羊乌段26.042千米的砂石路，与旧沙大线相接，工程投资预算1440万元。1994年9月10日，羊指公路羊乌段修路工程正式开工。工程分各施工管理段，共投入132台推土机进行施工，经过4个月的奋战，年底羊乌段基本完成，与旧沙大线接通。1995年初，纳林庙地区的原煤开始通过羊指公路运到唐公塔集装站，由集装站通过丰准线发运到内地。煤炭外运的紧张状况得到很大的缓解。但由于经费短缺，公路全部为砂石路面。途经三段大的河槽，只架设了一处石桥，有两个较大的河床遇到山洪不能通车，加之有的路段坡度大，装运11吨煤的汽车（一主一挂）从煤矿到集装站往返一趟需要3天。1996年底，新修的109国道与曹羊公路全线贯通，唐公塔集装站的运煤车辆经过109国道与曹羊公路，不再经过羊指公路。

6. 曹羊公路

1994年，为解决纳林庙矿区各煤矿煤炭外运的问题，伊泰集团公司开始建设准格尔旗暖水乡曹家石湾至109国道、全长58千米的曹羊公路。曹羊公路东起准格尔旗暖水乡曹家石湾，与109国道K70+850处连接，公路途经暖水乡、西营子乡、大路峁乡、乌日图高勒乡、羊市塔乡，全长58千米，分为"曹大线"与"羊沙线"两段。其中，曹大线设计为山岭重丘区二级公路，路基宽8.5米，路肩宽0.75米，路面宽7米，路面黏土封闭30厘米，后上砂石20厘米，桥涵设计荷载为汽车-20，挂-100。羊沙线设计为山岭重丘区三级公路，砂石路面。平曲线半径小于350米时进行超宽设计，平曲线半径小于250米时进行超高加宽设计；桥涵设计荷载为汽车-20，挂-100。曹大线总投资共计2998万元，平均造价为64.75万元/千米；羊沙线总投资2954万元，平均造价113.44万元/千米。修路资金全部为伊泰集团公司自筹。

（1）曹羊公路复线。2002年，伊泰集团公司开工建设总长64千米的曹羊公路复线，标准为山岭重丘区二级公路。路线起于准格尔旗敖包梁村，经天棉沟、暖水、西营子，止于羊市塔。途经4个乡镇，其中，贾家湾至纳林庙8千米为旧路加宽改造，路基宽12米，路面宽11米。其余路段为新建，路基宽8.5米，路面宽7米。桥涵设计荷载标准为汽车超-20级，挂车-100，小桥涵与路基同宽。路面采用沥青混凝土高级路面。2005年建成通车，该段公路建设总规模为64千米。

图5-2-25 曹羊公路上运煤汽车首尾相接的长龙

2004年，开工建设纳虎公路支线，标准为山岭重丘二级公路，全长8.7千米，2005年建成通车，总投资5329.93万元。

（2）曹羊公路改造工程。2006年

4月,伊泰集团投资8196万元再次实施曹羊公路改造工程。至2010年底,累计投资约3.9亿元,曹羊公路复线和改扩建运煤专线全面贯通并投入运营。

曹羊公路纳户塔至纳林庙段改造工程。公路全长27千米,技术标准采用旧路挖补改造并修建复线方案,为山岭重丘区二级公路,路基宽8.5米,路面宽7米。其中K50+000至K58+000段旧路拓宽为路基宽12米,路面宽11米。桥涵设计荷载为汽车-20,挂-100,桥涵与路基同宽;总投资8196万元,资金来源为自筹;2006年4月开工,2007年建成通车。

曹羊公路暖水至纳户塔段改造工程。全长16.45千米,起点为暖水,途经广生壕、查干素西、杨家塔,终点为曹羊公路与纳户公路的交叉点;技术标准采用山岭重丘区二级公路,沥青混凝土路面,路基宽8.5米,路面宽7米。

曹羊公路敖包梁至暖水段改造工程。全长22.6千米,起点为109国道K741处,途经天棉沟、莫勒黑图,终点为暖水;技术标准采用山岭重丘区二级公路,沥青混凝土路面,路基宽8.5米,路面宽7米,桥涵与路基同宽。

7. 纳虎公路

路线起点位于曹羊公路31.5千米处的纳户塔,途经尔林兔梁、乌素沟、高家圪台、张家圪堵,终点位于虎石沟发运站,全长17千米。公路为重丘区二级公路,路面采用沥青混凝土结构,路基宽10米,路面宽9米,桥涵设计荷载为汽车-超20,挂车-120。桥面净宽为-9.0+2×0.5;主要工程量:路基土石方50万立方米,排水及防护工程量3000立方米,路面15.3万平方米,涵洞15处,大桥100米/1处,中小桥180米/4处。工程全部投资估算为2997万元,平均每千米造价176万元,工程于1999年开工,2000年建成,资金通过伊泰集团公司自筹与银行贷款解决。

纳虎公路支线起点为曹羊公路K31+500处,终点为原纳虎公路K8+300处;建设标准为山岭重丘二级公路,路基宽10米,路面宽9米,桥涵设计荷载为汽车-20级,挂车-100,桥涵与路基同宽;公路全长8.7千米,总投资5329.93万元,资金来源为企业自筹。2004年开工建设,2005年通车。

8. 阿新公路

阿新公路西起阿镇,东至新庙镇,全长75千米,为平原微丘三级公路。1991年初,由华能公司和伊金霍洛旗旗政府共同投资建设,当年建成通车。2005年,伊金霍洛旗旗人民政府将阿新公路经营、管理养护权划归乌兰集团。

9. 阿四公路

阿四公路东起伊金霍洛旗阿镇,西至杭锦旗四十里梁,全长90千米,伊金霍洛旗境内66千米,杭锦旗境内24千米,是实现乡乡通油路的主干线,也是鄂尔多斯境内精煤西运的重要通道。公路于1991年开工建设,是伊金霍洛旗第一条以"贷款修路、收费还贷"方式修建的旗县公路,经过多次拓宽改建,于1999年完工。根据《内蒙古自治区公路养护改革实施意见》,2005年,乌兰集团通过招投标方式取得阿四线公路的经营、管理、养护权。2007年后,乌兰集团对阿四线公路进行改扩建,按二级路标准建设,里程66千米,累计投资19160万元。

10. 边府公路

公路从伊金霍洛旗的边家壕、途经准格尔旗纳日松镇,到陕北府谷县。主线全长68.78千米,为二级运煤专线。同时修建了羊市塔区至纳林庙支线公路、布尔洞至边府线的连接公路、大昌汗至边府线的连接公路、三界塔至边府线的连接公路等12条支线公路，条条支线与边府线相通，主线及支线总计200余千米，其中与榆林地区的出区通道达3处。

（二）锡林郭勒盟运煤公路建设

1. G207线锡林浩特—海安段

公路起点位于锡林浩特市，途经桑根达来镇、哈毕日嘎镇、宝昌镇，止于三号地（蒙冀界），在锡林郭勒盟境内长307千米，技术等级为二级公路，2002年建成。

2. S101线苏右旗—乌兰浩特段

该段起点位于苏尼特右旗与乌兰察布市交界处，途经赛汗塔拉镇、锡林浩特市、乌里雅斯太镇，止于浑迪罕乌拉（锡林郭勒盟和通辽市交界），在锡林郭勒盟境内长877千米，技术等级为二级，2005年建成。

3. S307线林东—锡林浩特段

该公路在锡林浩特地区内，途经巴彦花镇、巴拉嘎尔高勒镇、吉仁高勒镇，止于锡林浩特市，在锡林郭勒盟境内长233千米，技术等级为一级，2011年建成。

二、部分重点民营煤炭企业汽车运输与管理

20世纪90年代初期，煤炭的汽运主要以生产企业自有车队（或企业购车、个人承包、统一管理）为主，特别是生产规模较大的煤炭企业都成立运输车队；进入90年代后期，社会化运输形式逐渐被煤矿企业普遍接受，社会车辆逐步替代煤炭企业自有车队而成为运煤主力。

汽车运输方式：一是从煤矿将商品煤拉运到各铁路集装站装火车外运；二是从煤矿将商品煤直接送达用户（适用于短距离内用户）。运输路径一般为：经煤矿自建公路，再经省道、国道到达目的地。

（一）内蒙古伊泰集团有限公司

1990年5月，伊克昭盟煤炭集团公司（伊泰集团前身）成立第一汽车运输公司，购置16辆东风141带挂车，负责上集装站煤运输；1992年9月，购置25辆解放牌"142"车，组成3个车队。

图5-2-26　伊泰集团公司向运煤司机发放安全知识传单

初期采用承包制经营模式：公司购进汽车交给承包司机，司机按汽车价格一定比例缴纳风险抵押金后，按照公司指定路线运送煤炭，24~26个月完成承包任务后，汽车归司机所有，成为社会车辆。司机与公司为合作关系。

1994年11月，伊克昭盟煤炭集团公司设立第二劳动服务公司，下设4个车队，共经营143辆运营货车，主要从准格尔旗哈岱高勒乡城坡境内装煤运至唐公塔集装站。纳林庙煤矿投产后，第二劳动服务公司的承运车辆从纳林庙煤矿装煤，途经准格尔旗沙圪堵、长滩等地经109国道运至唐公塔集装站。在此期间，公司修建曹羊公路，第二劳动服务公司所有车辆给包头发运站运煤。

1996年底，第一汽车运输公司承运车辆有350辆，1999年，第二劳动服务公司营运车辆达到220多辆。2001年

3月,集团公司撤销集团汽车运输公司,公司的3个承包车队分别划归东兴发运站、唐公塔集装站、西营子发运站运调科管理。

2004年,集团公司成立鄂尔多斯市伊泰汽车运输有限公司,注册资本500万元;2007年3月,注册成立内蒙古伊泰汽车运输有限责任公司,注册资本500万元,与鄂尔多斯市伊泰汽车运输有限公司设置一套管理人员。2004年9月至2008年6月,伊泰汽运公司先后购进运煤车892辆,分为10个承包车队,资产总值为3.24亿元。2007—2008年,西营子和东兴两大发运站运输车辆实现完全自卸化,提高了运量和周转率。2009年2月,为严格控制违章、违规及途中倒卖煤等现象,伊泰汽运公司营运车辆开始试行GPS定位系统。

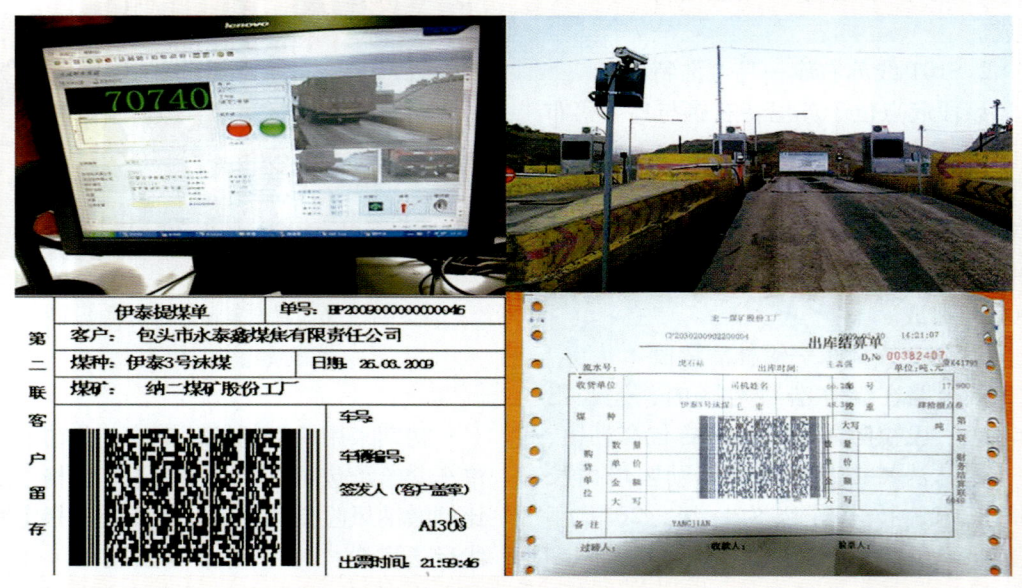

图5-2-27　伊泰集团采用GPS定位系统全程监控运煤车辆

2010年起,公司逐步减少自购车辆,尝试引入物流公司调运煤炭。2011年,伊泰汽运公司共有承运车辆1350台,分为8个车队,其中4个社会(个人)车队、4个物流公司车队。引入的物流公司分别是蒙凯集团公司、高峰集团公司、飞龙集团公司、巴盟运输集团公司。全年汽运公司共调运煤炭3275.4万吨。

2012年8月,汽运公司新购30台带挂车并上线运营,为制定运价提供了可靠的调运成本数据,并对物流公司在运价体系构建上具有引导性;4月,伊泰汽运公司在准格尔召发运站引进6家物流公司进行合作运营、承担调运业务,物流公司包括准格尔旗蒙凯汽车运输有限责任公司、准格尔旗浩辰汽车运输有限责任公司、鄂尔多斯市飞龙汽车运输服务有限公司、准格尔旗峰泰汽车运输有限责任公司、内蒙古巴运汽车运输有限责任公司、万基天然气公司。其中,罕台北发运站招用社会车辆进行上煤。年底,伊泰汽运公司共有合作运营车辆914台(含自有车辆30辆),其中西营子站运营车辆有322台、准格尔召站运营车辆有386台、罕台川北站运营车辆有 206 台。

2013 年，公司正式推行引进物流公司合作运营的模式，共有合作运营车辆 1293 台，其中西营子发运站运营车辆 600 台、准格尔召发运站运营车辆 477 台、罕台北发运站 216 台。2013—2014 年，共调运煤炭 7617.73 万吨。针对一些生产、销售环节的管理人员及运煤车司机通过偷煤、以次充好、套票、逃票等非法手段牟取私利的现象，伊泰集团运销事业部于 2006 年 7 月 1 日成立稽查队，通过明察暗房，严厉打击各种违规违法经营活动。

（二）内蒙古满世投资集团有限公司

所属煤矿集中在鄂尔多斯市的准格尔旗境内，主要通过汽车短途运输，将煤炭运往点岱沟、西营子、西召、敖包沟、罕台北等集运站，或直接运输至鄂尔多斯、包头周边的电厂及化工园区，也有部分煤炭经过长途运输运往北京、天津及唐山市。在鄂尔多斯境内，公路运输主要经过曹羊线、薛魏线、包府公路、109 国道、G18 荣乌高速等公路外运。

1992 年，内蒙古满世煤炭运销有限责任公司成立"八一"煤矿运输车队，公司采取购置车辆承包给司机、统一安排运量、每月从运费中扣还投资本息的经营管理模式。当时拥有 8 辆汽车，主要负责拉运包头方向的煤炭运输业务。1997 年成立准格尔旗满世煤炭运销有限责任公司，自有 20 辆"142"拉煤车，2000 年自有车辆增加到 70 台。2001—2006 年分别成立"世通""汇通""祥通"3 家运输公司，自有车辆 400 余辆，挂车 1000 余台。2012 年初，成立内蒙古满世联合物流有限责任公司，将原来的 3 家公司合并，仍沿用原来承包经营的管理模式，公司年产值达 2 亿元。截至 2015 年，公司共有自有车辆 225 台，社会挂靠车辆 900 台。

（三）内蒙古太西煤集团股份有限公司

2012 年，注册成立内蒙古太豪国际物流有限公司，在阿拉善盟额济纳旗策克口岸从蒙古拉运进口煤炭。截至 2014 年，内蒙古太豪国际物流有限公司拥有大型运煤车辆 260 辆，在策克口岸建成了海关监管场所、员工生活区、商服区、办公区等共计 65 万平方米、建设规模达 1000 万吨/年运量的太豪国际物流园区。

三、部分重点民营煤炭企业自建公路管理

（一）内蒙古伊泰集团有限公司

伊泰集团有限公司成立公路管理办公室和养路工区，负责自建公路养护管理。

图 5-2-28　2013 年 9 月，曹羊公路加铺柏油面施工

2000 年开始，曹羊公路全线 152.49 千米的公路日常排水、清扫、小型修补等养护工作外包给准格尔旗养护工区负责，公司养路工区主要承担道路护坡挡墙砌筑、公路改造、采空塌陷区修复、加铺油面、路面大型修补及对外包养护的监督检查等工作。

2009 年 4 月，增设路政稽查队、公路建设项目办等科室，全面负责公司公路的建设、养护、收费与运输稽查等工作，

确保公路畅通，保证集装站煤炭的正常调运。2010年，经鄂尔多斯市行业管理部门评审验收，曹羊公路主干线路容路貌良好率达到97%，支线良好率达到98%。

2012年，根据曹羊公路所在地区灾害性天气频发、路面维修养护量增加的问题，路政管理开始执行沿线全天候巡检制度，查处各类偷逃费车辆，堵塞收费漏洞，保障公路畅通。

截至2014年，伊泰集团公司公路管理办先后实施公路维修改造工程11项，总投资11950.3万元，包括曹羊公路2.8千米采空塌陷区修复、曹羊公路1.1千米改线、西营子入场公路维修、纳虎重车道防护、曹羊路路面加铺、纳虎线空车道防护、曹羊公路33千米空车道塌方修复、神山公路水毁路段修复及纳虎线、西虎线油面加铺等工程。

1998年，经自治区政府批准，伊泰集团公司成立"曹羊公路收费所"，配备员工39名，负责曹羊公路过往车辆的费用征收工作，当年收费10万元，2010年达到1.40亿元。1998—2010年底，收费站累计收费6.31亿元。2010年9月，曹羊公路32千米收费站在自治区公路收费站率先采用ETC不停车公路收费系统，使单车通行效率提高了5~6倍。收费所自动化收费与监控系统维修维护，整体委托承包给鄂尔多斯市新宏达技贸有限责任公司，由承包方自行采购常用备件并维护。

2011—2015年，伊泰集团公司累计收费6.24亿元。

(二) 鄂尔多斯市乌兰煤炭集团顺达路桥公司

2005年，鄂尔多斯市乌兰煤炭集团成立顺达路桥公司，经招投标承担了阿新公路、阿四公路的经营、养护等管理工作，下设阿新线收费站和阿四线收费站及路政管理大队。

2005年，伊金霍洛旗人民政府为煤转油项目入驻伊金霍洛旗而关闭了乌兰集团白石头煤矿，为了弥补对乌兰集团造成的损失，同意将阿新公路经营、管理养护权划归乌兰集团。经过多年的运行，道路已经破烂不堪，乌兰集团投入1.80亿元对阿新公路进行旧路改造，按二级标准改造了54千米，使其成为内蒙古自治区与陕西地区联系的主要纽带。

(三) 内蒙古汇能煤电集团有限公司

伊金霍洛旗边家壕至准格尔旗贾家湾段公路项目以政府收费还贷的形式投资建设，后经内蒙古自治区政府同意，参照BOT方式管理该公路。

图5-2-29 汇能集团悖牛川公路收费站

边贾公路于1999年成立养护所，此后主要负责边贾、边府线包括支线在内共计169千米的公路养护、绿化及公路交通隐患排查治理工作。

公路1999年建成通车后，经过10年时间的运行，不同程度地出现了油面网裂、基层损坏等公路病害问题。为此，鄂尔多斯市悖牛川矿区路桥有限责任公司于2009年重新对边贾公路路面进行了加宽改造，同时对边府全线存在病害的路面进行挖补修复，保证了公路安全技术指标，确保了车辆通行安全。

第三节 港口转运

一、秦皇岛港

内蒙古的商品煤主要经此港中转,水运到南方各用户。特别是黄骅、曹妃甸等港口未建设运营前,该港是内蒙古西部区煤炭中转到南方的最重要通道。

图5-2-30 秦皇岛港装煤码头,鄂尔多斯市优质煤由此运往华东、华南地区

为提高转运效率、衔接港铁环节,内蒙古主要煤炭转港企业在港口均设有办事机构,办理相关业务,如报计划、接车、卸货、装船、管理、监测等,以及单堆的煤炭质量等。

(一)内蒙古伊泰集团有限公司

1990年,伊泰公司开始在秦皇岛港开展计划内煤炭转运销售业务,1992年成立秦皇岛办事处。发展初期,受铁路运力总体不足的制约,公司在秦皇岛港的煤炭中转销售量较少,1996年仅为12万吨。1997年3月与港务局签订"乌兰"煤单堆协议,结束了"乌兰煤"混堆的历史,解决了煤质、数量、结算等问题。

随着公司自备车上线数量增多,到港煤炭数量大大增加。2006年,公司进港煤炭突破1000万吨;到2008年底,公司业务已遍及秦皇岛港5个煤炭作业公司,年发到港煤炭1727.27万吨,与全港煤炭中转总量2.18亿吨的7.9%;在秦皇岛港供货企业中,中转规模位列第三,与中煤集团、神华集团、同煤集团本部并称"四大主力"供货企业。

1996—2015年,伊泰公司在秦皇岛港累计中转煤炭21334.83万吨。其中,2006年进港煤炭突破1000万吨;2013年的煤炭调进、中转量均首次突破2000万吨,分别达到2131.5万吨与2144.2万吨;2015年,调进2025.3万吨,中转销售2095.8万吨。2010—2015年内蒙古伊泰集团有限公司通过秦皇岛港口中转情况详见表5-2-21。

表5-2-21 2010—2015年内蒙古伊泰集团有限公司通过秦皇岛港口中转情况统计表 万吨

年度	中转量	年度	中转量	年度	中转量
2010	1926.90	2012	1993.20	2014	2506.51
2011	1844.10	2013	2144.20	2015	2095.80

(二)神华准格尔能源有限责任公司

1997年7月,原准格尔煤炭公司在秦皇岛港设立办事处,并建立自己的堆煤场。1998年3月24日,公司首批下水煤"沧州"号货轮发往浙江。2000年3月,为方便办理销售业务,公司在秦皇岛注册了秦皇岛准格尔诚信储运有限公司,属于准格尔煤炭公司运销公司的下属企业(与准格尔煤炭公司运销公司驻秦皇岛办事处一套人马两块牌子),具有独立法人资格,承担秦皇岛办事处所有煤炭销售业务,2001年11月撤销。2005年2月

1日，因神华集团公司整合煤炭销售业务，神华准格尔能源公司秦皇岛办事处成建制划归神华运销集团公司管理。

公司通过秦皇岛港口向上海高桥石化、浙江富兴电力、利港电厂、丹东电厂、长兴电力、潮州亚太、三茂公司、江苏谏壁电厂、上海成瑞、盐城悦达、上海永鑫、嵩屿电厂、上海宝钢、准兴公司、廊坊大华、金山石华、秦皇岛宏利、诚信公司、海南东汇、上海耐力轮胎、中勤公司等企业供煤。装运的煤炭有"准混1号"（22.19兆焦耳/千克）、"准混2号"（20.52兆焦耳/千克）、"准混4号"（18.00兆焦耳/千克）3种商品煤，到2004年转运量约3940万吨左右。

（三）**内蒙古满世投资集团有限公司**

2005年，公司成立秦皇岛办事处，开始在秦皇岛港开展煤炭下水中转业务，当年完成销售47.95万吨。由于铁路计划流向的制约，公司煤类只能发运到秦港三公司（秦南），三公司港口作业条件有限，当年销量较少。经多方协调，2006年底进入秦港二公司（秦东），企业发运量大幅增加，2007年在秦港中转销售煤炭达到319.15万吨。2009年初，进入秦港九公司（煤炭装卸作业现代化程度高）。2005—2015年，公司在秦皇岛港累计中转煤炭2585.05万吨。

（四）**内蒙古蒙泰煤电集团有限公司**

2004年，公司在秦皇岛市成立港口办事处。2010年开始拓展港口业务，负责煤炭在港口的流转及与港务局对接，职责包括铁路接车入库管理、港口菜单管理、报港装船管理和煤场库存管理等。同时配合并参与经营活动分析、预测，市场变化时及收集外部相关信息资料，并及时反馈主管部门。

2010年至2015年1—6月，通过秦皇岛港口中转煤炭合计17823887吨（表5-2-22）。

表5-2-22　2010—2015年内蒙古蒙泰煤电集团有限公司通过秦皇岛港口中转情况统计表

万吨

年度	中转量	年度	中转量	年度	中转量
2010	287.42	2012	216.49	2014	487.88
2011	232.63	2013	295.73	2015（1—6）	262.24

二、京唐港

京唐港是内蒙古西部区煤炭下水中转的重要中转港，鄂尔多斯地区的煤炭在该港中转量最大。

（一）**内蒙古伊泰集团有限公司**

1996年4月，公司设立京唐港办事处，开始发展煤炭下水中转的销售业务。1998年，全国煤炭市场大幅下滑，销售困难。1999年，企业13万吨港存煤炭大面积高温着火，煤质严重下降。1999—2003年，因铁路运输不畅，该企业停止在京唐港中转。2003—2007年，发生少量中转，业务由秦皇岛办事处代管。

2007年4月，公司重新启动京唐港办事处；11月正式恢复中转煤炭，成为该港口首列、首航用户；至2008年底，共中转煤炭695.3万吨，成为该企业煤炭下水转运的第二大中转港，并始终保持京唐港煤炭第一大用户的位置。2009年，办事处与华润常熟、江苏镇江、海港大唐的3条准班轮签订协议，保证了办事处每月30万吨的煤炭中转量；同时充分利用港口优势拓宽中转渠道，采取"汽运出港"销售，降低了个别煤类的库存；并对到港伊泰3号末煤进行筛分，块煤与末煤分开装船，增加销售利润。2010—2015年，公司共计中转销售煤炭5551.31万吨，详见表5-2-23。

表5-2-23　2010—2015年内蒙古伊泰集团有限公司通过京唐港口中转煤炭统计表　万吨

年度	中转量	年度	中转量	年度	中转量
2010	748.35	2012	602.40	2014	1127.00
2011	621.06	2013	868.50	2015	1584.00

（二）内蒙古满世投资集团有限公司

2008年，公司在京唐港设立办事处，开展煤炭下水中转销售，当年下水中转量235.3万吨，后逐年增加，2009—2012年累计中转下水煤炭1080.4万吨，2013年完成412.4万吨，成为国投京唐港煤炭中转第三大用户。2013年底，由于全国煤炭市场开始疲软，办事处开始主要在国投中煤同煤京唐港口有限公司发运煤炭。2014—2015年，办事处共计中转销售煤炭842万吨。

（三）内蒙古蒙泰煤电集团有限公司

2010年至2015年6月，公司通过京唐港中转煤炭632.54万吨，详见表5-2-24。

表5-2-24　2010—2015年内蒙古蒙泰煤电集团有限公司通过京唐港口中转煤炭统计表

万吨

年度	中转量	年度	中转量	年度	中转量
2010	7.42	2012	139.75	2014	183.13
2011	148.01	2013	94.55	2015（1—6）	59.68

（四）神华集团煤炭运销公司

1998年3月，神华集团煤炭运销公司京唐港办事处成立，2002年2月，公司撤销京唐港办事处，神华煤退出京唐港办事装船业务。2009年2月，神华集团重新开通京唐港的煤炭下水装船业务，业务协调由秦皇岛办事处负责，5月，正式组建京唐港办事处，全面负责京唐港神华煤下水装船业务。

三、曹妃甸港

曹妃甸港区是应国家西煤东运、北煤南运的需求而建设的专业化煤炭中转码头。内蒙古西部区煤炭在该港的年中转量逐年上升，成为又一下水中转的重要通道。

图5-2-31　伊泰煤炭股份公司货轮首航剪彩仪式

（一）内蒙古伊泰集团有限公司

2009年2月，伊泰集团在国投曹妃甸港设立办事处，开始进港发展业务。

3月7日,首列煤炭运营车进港开始中转业务。2009年4月8日,公司供给广东省电力工业燃料有限公司伊泰3号末煤由6万吨级货轮"粤电1号"首航;当年完成煤炭中转销售136.6万吨。

2010—2015年,伊泰集团在曹妃甸港共计完成煤炭进港中转销售2450.85万吨,详见表5-2-25。

表5-2-25　2010—2015年伊泰集团有限公司通过曹妃甸港口中转煤炭统计表　　万吨

年度	中转量	年度	中转量	年度	中转量
2010	192.47	2012	267.59	2014	763.00
2011	257.59	2013	437.40	2015	532.80

(二) 内蒙古满世投资集团有限公司

满世煤炭自2009年开始从曹妃甸港发运,下水中转量为15.7万吨,未设办事处,由京唐港办事处负责。2010年,公司成立曹妃甸港办事处后,煤炭下游销售顺畅,主要发运的是"满世4号"煤和金阳煤,渐渐形成了满世煤炭的品牌效应。2010—2014年,公司累计中转煤炭308.8万吨。

(三) 内蒙古蒙泰煤电集团有限公司

2010年至2015年1—6月,公司通过曹妃甸港中转煤炭521.47万吨,详见表5-2-26。

表5-2-26　2010—2015年内蒙古蒙泰煤电集团有限公司通过曹妃甸港口中转煤炭统计表

万吨

年度	中转量	年度	中转量	年度	中转量
2010	172.75	2012	90.28	2014	56.72
2011	79.07	2013	62.98	2015 (1—6月)	59.67

(四) 神华北电胜利能源有限公司

2011年,公司经曹妃甸港口转运煤炭513.4万吨,2012年转运172.8万吨。

四、天津港

天津港(也称天津新港)不仅是内蒙古煤炭中转下水的重要港口,也是内蒙古煤炭出口的主要离岸港。

(一) 神华神东煤炭集团有限责任公司

1988年7月,华能精煤公司成立天津办事处,主要负责天津港的煤炭装船业务。2004年4月,神华集团公司与天津港(集团)公司合资成立神华天津煤炭码头公司,负责天津港南疆港区神华天津煤炭码头的建设及运营管理。2005年1月,国家发展改革委核准天津港煤炭码头项目建设。项目建设规模为新建年装船能力3500万吨煤炭码头1处,拥有15万吨级泊位1个,7万吨级泊位2个。项目于2006年6月竣工并投入使用,工程决算为30.8亿元。2006年8月,神华天津港码头开始接卸神华神东煤炭,煤炭转运量为230.34万吨,2007年达到1905.26万吨,2010年达到2288.76万吨。

(二) 内蒙古伊泰集团有限公司

1992年11月,公司成立天津办事处,当年销往天津煤介公司原煤1万吨。1994年,公司第一船煤(约1.5万~2万吨)销往广州水泥厂,并向福州散客销售约4万吨。1995年,天津港中转销售煤炭近20万吨,主要客户为浙江椒江燃料公司、上海国电、上海虹桥电厂。1996年9月,天津办事处更名为天津转运站,当年销售煤炭约30万吨,并实现通过天津港向计划内的上海宝钢、上海电厂中转供煤。1994—1997年,共中转销售煤炭85万吨。

1998年,因全国煤炭市场极度疲软,伊泰在天津港5个存煤点最高港存达60多万吨。2000年后,伊泰充分利用鄂尔多斯煤的低硫优势与大同煤的高硫劣势,按一定比例掺配,满足客户对煤质(低硫、低水分、高热值)的要求,逐步打开煤炭市场,销售数量最高达100万吨,达到国家分配给该企业年运输计划的5倍多。2008年,随着伊泰在秦皇岛港煤炭中转销量的逐年增加,天津转运站停运。

(三)神华准格尔能源有限责任公司

1998年2月24日,公司设天津办事处,隶属于准煤公司运销公司驻秦皇岛办事处。2005年2月1日,随秦皇岛办事处划归神华运销集团公司。天津办事处成立期间,主要为中煤东华物流公司、天津晋塘有限公司、天津国力等少量零散用户供煤。

(四)内蒙古满世投资集团有限公司

2004年,公司设立天津港办事处,当年下水中转量为19.2万吨。2005年,公司逐步打开市场,年中转销售数量最高达41.6万吨。2006—2014年,公司在天津港口的煤炭中转量累计为281.9万吨。

(五)鄂尔多斯市乌兰煤炭(集团)有限责任公司

乌兰煤炭集团公司天津公司承担着乌兰集团煤炭的外销任务,负责协调天津港、秦皇岛港、京唐港、曹妃甸港4个港口的煤炭运销,截至2014年底,共销售煤炭600万吨。

五、黄骅港

黄骅港是1997年8月经国务院批准建设的专业煤炭中转港,主要为神华集团公司煤炭下水中转。部分内蒙古煤炭企业的商品煤也通过该港下水中转。

图5-2-32 黄骅港全景

(一)神华神东煤炭集团有限责任公司

2001年10月,朔(州)黄(骅港)铁路全线开通,神华集团第一个自营港口黄骅港建成并投入使用。神东矿区煤炭经自营铁路神朔线、朔黄线从神东矿区直达黄骅港，经航运至东南沿海用户。

（二）内蒙古伊泰集团有限公司

2015年，全年煤炭市场下行，伊泰集团公司运销事业部曹妃甸办事处主动开展黄骅港汽运中转业务，从煤矿调运到黄骅港储煤场，打破铁运集港的单一运输方式，调进煤炭36万吨，中转35万吨（其中港口自销2.3万吨），实现净利润40余万元。同时，12月31日，伊泰准东铁路发出首列去往黄骅港的万吨列车。

图5-2-33 2015年12月31日，伊泰准东铁路发出首列去往黄骅港的万吨列车

六、锦州港、葫芦岛港

锦州港位于渤海的西北部，是中国通向东北亚地区最便捷的进出海港口。作为内蒙古东部煤炭资源的唯一出海口，年吞吐能力近亿吨。

葫芦岛港位于葫芦岛西南的渤海辽东湾内，为不冻良港。年货物吞吐量超过3000万吨，正在建设柳条沟港区和绥中港区，远期吞吐量可达3亿吨。是内蒙古东中部煤炭南下的中转港之一。平庄煤业（集团）公司等企业的商品煤从21世纪初开始通过上述港口下水南下。

（一）内蒙古平庄煤业（集团）有限责任公司

2001—2002年，平庄煤业公司抓住港口企业扩大营运下水煤的时机，开辟了广州珠江电厂等新用户，经锦州港首次销售下水煤，所发品种为6家煤矿商品煤。2010年8月31日，企业首船1.2万吨在锦州港发往安徽铜陵电厂，并陆续远销山东、江浙、福建、安徽、湖北、辽南等沿海沿江电厂，当年平仓80余万吨，实现了国电集团内部沿海、沿江电厂自有煤炭直供。

2011年，公司与锦州港签订了战略合作框架协议，至2014年，下水煤量连续保持在300万吨/年以上，连续保持锦州港、葫芦岛港最大煤炭客户（表5-2-27）。

表5-2-27 平庄煤业销售公司驻港分公司接煤、平仓量统计表　　　　万吨

年度	接煤量	平仓量	年度	接煤量	平仓量
2010	28.56	25.39	2013	304.60	321.46
2011	289.23	260.90	2014	362.80	341.50
2012	306.33	302.22	合计	1291.52	1251.47

（二）神华北电胜利能源有限公司

2009年，公司经锦州港转运煤炭24.1万吨，2010年转运煤炭19.4万吨，销售至东北地区电厂。

（三）中电投蒙东能源集团有限责任公司

2010年，公司在锦州港修建煤炭专用码头，开辟海上煤炭运输渠道。

第二章 煤炭运输 663

图 5-2-34 2010 年 6 月，中电投霍林河煤电集团公司举行煤炭码头一期工程奠基仪式

七、海轮运营

（一）秦伊船务公司

1996 年，伊煤集团公司与秦皇岛港务局共同投资 2500 万元设立秦伊船务公司。秦皇岛港务局投资 1275 万元、占投资总额的 51%，伊泰集团投资 1225 万元、占投资总额的 49%，注册资本 888 万元。公司主营沿海货物运输业务。

图 5-2-35 "秦伊 1 号"在秦皇岛港口整装待发

1996 年 4 月，秦伊船务公司从江苏海运集团购入一艘 1.68 万吨级轮船，命名为"秦伊一号"，船员整体采用租赁方式。1996 年 7 月，"秦伊 1 号"经山海关船坞整修后，开始在秦皇岛港装船运营，至年底维持煤炭运输量约 30 万吨。1997 年运输量约为 69 万吨，实现盈利，1998 年运输量约为 47 万吨。

自 1998 年 6 月开始，因中海集团与国内各大电力用户直接签订海运合同，从而垄断了国内沿海的煤炭海运市场，使秦伊船务公司的运输量急剧下降，"秦伊 1 号"改为装运杂货至华南地区，当年经营亏损。2000 年，秦伊船务公司将船舶外租，至 2001 年 4 月，船舶出售，6 月底秦伊船务公司清算。

（二）神华中海航运公司

2001 年 9 月，由神华煤炭运销公司与中海发展股份有限公司共同出资组建珠海新世纪航运有限公司，股本各为 50%。2005 年，神华煤炭运销公司将其所持有的股份全部转让给中国神华股份公司。2010 年，公司注册资本增加至 10 亿元，其中神华集团公司持有公司 51% 的股权。同年，公司更名为神华中海航运有限公司。截至 2010 年底，神华中海航运有限公司拥有船舶 11 艘、载重 49.12 万吨。

神华神东煤炭集团内蒙古地区煤矿销售到沿海地区电厂的煤炭均由该公司承运。

第三章　煤　炭　销　售

第一节　煤炭销售监管

一、订货与计划管理

在长期的计划经济体制下，煤炭作为国民经济战略物资，一直由国家统一计划、统一调配，铁路运输计划是核心。每年的"产、运、需"计划由国家相关部门在上年组织召开的全国煤炭订货会（以下简称订货会）上确定。1993年前，订货会延续计划经济时期的全计划管理模式，会议以平衡"供运需"三方数量为主的订货方式；1993年，国家放开了部分电煤价格，实行"计划煤"与"市场煤"价格双轨制，订货会从"订数量"增加了供需双方"定价格"的内容；2006年，国家将"马拉松"式（一般为一周，多时近二周）的订货会改为仅一天的视频会议，以及一周的煤炭合同汇总会；从2010年开始，国家正式终止一年一度的煤炭订货会，煤炭"供运需"平衡通过网络汇总。

煤炭运输部门（铁路、港口、海运等）根据国家下达的运输计划，承运列入计划的煤炭生产、经销企业的商品煤。除当地市场用煤的短途汽车运输外，大多数煤炭是通过以上运输方式实现销售的，因此煤炭运输计划是煤炭企业实现销售的最重要的环节。

1997年，内蒙古西部地区列入国家计划量899万吨。其中，乌达矿务局、海勃湾矿务局、包头矿务局、万利矿区共536.6万吨，伊盟煤炭公司（伊泰集团前身）等16家地方煤炭企业共363万吨。

1998年，呼和浩特铁路局（以下简称呼铁局）列入国家煤炭订货计划1156.4万吨，包括国有重点矿、神华集团、陕西榆林煤炭公司、内蒙古地方矿及其他相关煤矿。

1999年，内蒙古西部区煤炭订货量为682万吨。其中京包线462.5万吨，大准线220万吨。出口煤订货量为177万吨。内蒙古东部区列入国家计划2205万吨，比上年减少361万吨。其中铁路运量1899万吨，比上年减少8万吨。

2000年，在全国煤炭订货会上自治区确定：全区从事煤炭运销的企业分为区内地销和出区销售两类。出区煤炭销售的企业条件：一是国家计委、经贸委确定的重点企业；二是全国煤炭订货会安排分配计划的其他企业，东部四盟市可择优推荐2~3家地方国有煤矿从事出区销售业务；三是持有煤炭经营许可证的企业，由自治区计委会同自治区经贸委、煤管局和铁路运输部门，根据国家下达的内蒙古煤炭订货量计划，结合企业经营条件、业绩和区外煤炭订货合同数量情况，确定其出区煤炭铁路运量。当年，内蒙古西部区煤炭订货、交易量达1344万吨。

2001年，内蒙古西部区煤炭重点订货、交易计划控制量1044.5万吨，东部区重点煤矿订货量2263万吨、地方煤矿订货量107万吨。自治区同意满世公司等4家公司在呼铁局"立户"（被允许在铁路提报运输计划的单位，下同）。

2002年，内蒙古西部区国家煤炭重点订货、交易量达1127.5万吨，东部区重点煤矿订货量2573.05万吨、地方煤矿订货量104.5万吨。新增重点订货合同量47万吨。当年，全区有订货户头的地方煤炭企业35家，其中西部区24家、东部区11家。

2003年，内蒙古西部区区外煤炭订货达1128万吨，东部区重点煤矿订货量达2432.25万吨、地方煤矿订货量达110.5万吨。大准线新增户头1个，京包线新增户头3个。自治区同意伊金霍洛旗安治煤炭公司等10家企业在呼铁局"立户"。

2004年，内蒙古西部区区外煤炭订货、交易计划控制量1128万吨，东部区重点煤矿订货量3057.85万吨、地方煤矿订货量108.9万吨。内蒙古西部地区新增计划70万吨。当年，自治区同意为集通铁路神通煤炭公司等17家企业在呼铁局"立户"；铁道部同意满世公司在大准线煤炭运输"立户"。自治区致函呼铁局，为伊东集团等3家公司"立户"。

2005年，内蒙古西部区区外煤炭重点计划2214万吨，东部区1655万吨。国家安排重点煤炭产运需衔接框架意见：哈尔滨铁路局（以下简称哈尔滨局）安排480万吨，沈阳铁路局（以下简称沈阳局）安排1175万吨，呼铁局安排1799万吨，太原铁路局（以下简称太原局）安排3774万吨。在秦皇岛全国煤炭订货会上，自治区为上缴了自备敞车的企业分配重点订货量154万吨。

国家发展改革委公布2005年度重点煤炭产运需衔接企业名单和衔接框架意见，全区共有平庄煤业等6家国有重点煤炭企业及伊泰等5家地方煤炭企业。

2006年，国家发展改革委下发《关于做好2006年全国重点煤炭产运需衔接工作的通知》，要求突出企业市场主体地位，严格重点煤炭供需衔接资格，凡不具备安全生产条件，不符合国家产业政策和发展规划、违规建设投产的项目，一律不纳入重点煤炭衔接范围，年度实际发运量低于20万吨的，不纳入重点衔接范围。全区11家企业和内蒙古煤炭工业局列入重点煤炭供需衔接企业名单。

当年，内蒙古西部区煤炭重点计划1655万吨，东部区1665万吨。安排内蒙古煤炭铁路运输计划10600万吨，其中，哈尔滨局安排630万吨、沈阳局安排1320万吨、太原局安排5380万吨、呼铁局安排3270万吨。自治区为上缴自备敞车的企业在2005年分配量的基础上，新增126万吨重点订货量。

太原局同意特弘公司在大准线立户。自治区致函铁道部，商请为牛煤蒙发公司在太原局立户。自治区同意为鄂尔多斯市电力冶金公司在呼铁局立"户头"。

2007年，国家发展改革委印发了《关于做好2007年跨省区煤炭产运需衔接工作的通知》，召开2007年全国煤炭产运需衔接视频会议，确定年度全国跨省区煤炭铁路总运量7.38亿吨。简化了铁路运力配置框架方案，按铁路局、按限制口、按重点用煤行业下达，不再具体分解到煤矿和用户。各铁路局和省（区、市）不再向煤矿或用户分配运力指标。任何部门、机构和单位不得非法干预企业自主签订合同，除供需双方企业和铁路、交通部门外，一律不得在合同上签字盖章。

自治区经济委员会下发《关于进一步规范申请设立煤炭运输户头和增加运输计划工作的通知》明确："对于符合立户条件的申请，在提出立户申请时，必须同时提出取消本盟市1~2个小企业户头的意见；凡不符合立户条件的，各盟市不得提出申请，对于不符合立户条件的申请，自治区经委一律不予受理和答复。各盟市经委对在本盟市的自治区重点煤炭生产企业要求增加运输计划的问题要统筹协调一并上报。今后，自治区经委将不再受理各盟市为单个企业提出的增加运输计划的申请。"

2008年，国家发展改革委印发《关于做好2008年跨省区煤炭产运需衔接工作的通知》，召开2008年全国煤炭产运需衔接视频会议，确定了本年度全国跨省区煤炭铁路总运量7.85亿吨，并重复强调了上年度的要求。

由于煤炭市场萧条，全国煤炭订货会出现了"有量无价"的尴尬局面，以煤炭和电力为代表的煤炭供需双方在价格上博弈较激烈，价格双轨制的矛盾越来越突出，煤电供需双方谈判破裂。内蒙古煤炭企业签订了只有供货数量没有价格的"合同"。

2009年，国家发展改革委印发《关于做好2009年跨省区煤炭产运需衔接工作的通知》，确定本年度全国跨省区煤炭运力配置调控目标为8.46亿吨。为增强运力配置框架方案对煤矿和用户衔接的指导性，框架方案将运力落实到矿点。自治区蒙东地区在哈尔滨局运力1150万吨，在沈阳局运力2630万吨；蒙西地区在北京局运力2045万吨，在呼铁局运力4820万吨（不含神华集团在北京局的4900万吨、在呼铁局的2110万吨运力；以及司法部和部直属在呼铁局的分别130万吨、450万吨运力）。继续要求任何部门、机构和单位不得非法干预企业自主签订合同，除供需双方企业和铁路、交通部门外，一律不得在合同上签字盖章。同时终止了一年一度的煤炭订货会，改为网络汇总。要求煤炭价格由供需双方企业协商确定，鼓励供需企业之间签订5年及以上的长期购销合同。同时，要完善煤电价格联动机制。

2010年，国家发展改革委下发《关于完善煤炭产运需衔接工作的指导意见》，要求进一步强化企业的市场主体地位。参考国际通行做法，尽快建立和完善电煤市场价格指数。对购销数量、质量、价格等内容齐全、明确的长期电煤合同，可按电煤意向框架总量的50%落实长期运力，在合同期内保持不变，不再逐年安排。内蒙古列入全国跨省区煤炭运力配置框架的意见数量为：哈尔滨局1520万吨、沈阳局2760万吨、太原局7830万吨、呼铁局10370万吨。

2011年，国家发展改革委下发《关于做好2011年煤炭产运需衔接工作的通知》，要求重点电煤合同价格维持上年水平不变，不得以任何形式变相涨价。内蒙古列入全国跨省区煤炭运力配置计划为：哈尔滨局2020万吨、沈阳局3400万吨、太原局7395万吨、呼铁局13575万吨。

呼和浩特铁路局、内蒙古自治区经济和信息化委员会联合印发《呼和浩特铁路局煤炭运输户头管理办法》，就煤炭运输立户、变更、资格取消等作出明确规定。

2012年，国家发展改革委下发《关于做好2012年煤炭产运需衔接工作的通知》，要求坚持供需、自主衔接，依法签订购销合同，落实价格调控政策，稳定发电用煤价格，优化煤炭运力配置，保障重点用煤需求。内蒙古列入国家跨省区煤炭运力配置计划为：哈尔滨局3600万吨、沈阳局3200万吨、太原局7725万吨、呼铁局10930万吨。

2013年，国务院颁发《关于深化电煤市场化改革的指导意见》，规定从2013年起，取消重点合同，取消电煤价格双轨制，国家发展改革委不再下达年度跨省区煤炭铁路运力配置框架。煤炭企业和电力企业自主衔接签订合同，自主协商确定价格。

自此，国家不再下达跨省区煤炭运力配置计划。

2014年，国家发展改革委下发《关于指导做好2014年煤炭产运需衔接工作的通知》，规定凡依法生产经营的煤炭、用户企业，均可自主参与煤炭产运需衔接，支持供需双方签订2年以上的中长期合同。坚持供需双方自主协商定价，加强衔接事中事后监管。

从当年8月20日起，中国铁路总公司决定，各铁路局取消任何形式的铁路运输立户管理，不得以立户管理限制货运敞开受理。铁路大宗货物运输实行了几十年的"户头"管理模式自此画上了句号。呼和浩特铁路局、内蒙古自治区经济和信息化委员会联合下发了《关于取消大宗物资运输立户管理的通知》，取消内蒙古自治区经济委员会下发的《关于进一步规范申请设立煤炭运输户头和增加运输计划工作的通知》、呼和浩特铁路局与内蒙古自治区经济和信息化委员会联合下发的《呼和浩特铁路局煤炭运输户头管理办法》，对有大宗物资运输需求的企业或个人，可通过12306电子商务系统等6种受理方式提报运输需求。从此，铁路大宗货物"户头"管理成为历史。

二、煤炭准销票证与管理

自治区部分盟市为加强煤矿产量监控和煤炭市场管理，以及税费的征收，从1991年以来，陆续出台了相关管理办法，并取得了一定成效。

（一）鄂尔多斯市煤炭销售票管理

从1985年9月1日开始，伊克昭盟地区售煤发票由旗市税务机关统一印制，各煤炭销售点（站）、煤矿向当地税务机关购买。运往盟外的煤炭在达拉特旗大树湾、昭君坟，准格尔旗喇嘛湾、城坡，杭锦旗巴拉贡等路口实行票证查验。凡无票证和没有按价出售的煤炭，由检查站补收煤款（包括维简费和管理费），上交所在旗煤炭管理部门。

1991年，伊克昭盟煤炭工业管理局制定并印发《伊克昭盟煤炭市场管理暂行办法》。规定凡本盟境内的煤矿（包括盟外企事业单位、军队和劳改部门办的煤矿）、煤炭经销单位、用户和承运人均应服从本地区煤炭运销管理。在公路干线之外的一些必要路口设立开票结算点，按规定收取和上缴各项费用。严格执行国家物价政策，实行煤矿坑口外镶保护价格。保护价格由盟物价、工商部门同煤炭主管部门研究决定。在全额缴纳国家核定的煤炭税收和费用后，经盟以上物价工商、煤炭主管部门批准，允许煤炭销售价格适当下浮，严格执行税费收取的标准和规定，不得任意超收或欠收。全盟地方煤炭的销售要使用统一票证、统一发运单。凡通过铁路外运的地方煤炭由经销单位盖章出具发运煤票，再分别由盟、旗市煤炭主管部门加盖印章后使用。对通过公路外运和当地销售的地方煤炭，属合同煤的，其票证管理程序同上；属零售煤的，一律使用"煤炭销售专用发票"，由煤管站加盖印章使用，严禁自行印制、转让、倒卖票证，违者依法惩处；所有拉煤车辆驾驶人员需服从管理，接受检查站的监督、检查。

1997年4月，为使全盟煤炭产、运、销平衡发展，根据内蒙古自治区计划委员会和煤炭工业管理局的要求，伊克昭盟煤炭工业管理局编制完成了《伊克昭盟煤炭工业销、运、产情况调研报告》，如实反映全盟"八五"以来煤炭的产、运、销状况，预测1998—2010年各年度煤炭产、运、销形势，并提出要加强票证管理，全盟地方煤炭的销售要使用统一票证、统一发运单。凡通过铁路外运的地方煤炭，由经销单位印制发运煤票，分别由盟、旗市煤炭主管部门加盖印章后使用。对通过公路外运和当地销售的地方煤炭，属合同煤的，其票证管理程序同上；属零售煤的，一律使用"煤炭销售专用发票"，由煤管站盖章使用。严禁自行印制、转让、倒卖票证，违者要依法惩处。

同年11月3日，为贯彻煤炭工业部推行的对煤炭生产总量和库存量实行"双控制"的精神，以及内蒙古自治区政府《关于依法整顿煤炭生产流通秩序的通知》和内蒙古煤炭工业管理局下发的《关于蒙陕交界地区煤炭销售管理的意见》的精神，伊克昭盟行政公署发布《关于全盟煤炭销售实行准销证管理办法的通知》，并制定《伊克昭盟煤炭市场实行准销证制度的暂行办法》，决定在全盟范围内实行煤炭销售准销证管理措施。规定"凡伊克昭盟境内从事煤炭经营的单位和个人必须执行准销证管理办法。对陕西省神木县销往我区市场的煤炭，立即由过去的收费管理比照伊克昭盟相邻旗市核定销售份额，按现有准销证管理办法统一进行管理。对于盟内非法、违法生产煤矿企业和流通环节的非法经营者，一律不予发放准销证。任何单位和个人未取得准销证，不得从事煤炭销售活动。"

1999年6月1日，伊克昭盟煤炭工业管理局出台《关于在全盟范围内实行煤炭准销证管理办法的通知》，要求从发布之日起，将准销证的发放严格限定在持有"两证"（采矿许可证和煤炭生产许可证）的煤矿范围内。煤炭市场管理坚持统一管理、统一票证、统一收费项目及标准的原则。

为规范煤炭运销市场，保证道路安全，2000年，伊克昭盟煤炭管理部门将之前主挂运煤车辆最高限载标准13吨、18吨的限载标准调整为22吨。对限载设施建设、拉煤车统一加盖篷布、限载监督检查等措施作了全面部署。在伊金霍洛旗阿会沟、包府线苏家梁、大饭铺、敖德线等重要出地区公路建立限载计量站，安装6台电子衡，确保了限载政策稳定顺利地贯彻执行。

2000年，鄂尔多斯市煤炭销售协会和各旗区的区域煤炭销售协会成立，对煤炭价格进行宏观监督，实施最低保护价，打击低价竞销和低价倾销的不正当竞争行为。

2001年，经自治区政府批准，鄂尔多斯市投入300多万元在主要运煤通道上安装电子汽车衡，建立限载计量站点，全市限载站点增加至8处，安装电子汽车衡10台。

2005年，鄂尔多斯市煤炭局颁布《超载超限运煤车辆从煤矿源头进行治理的意见》，要求全市境内所有煤矿、合法煤炭经营场所都要在2005年7月1日前安装符合国家技术质量标准的电子汽车衡。各煤矿企业、合法煤炭经营场所必须对其出售的煤炭及煤炭产品，按过磅吨位足额为煤炭运输车辆开具规范的煤炭销售票据。煤炭运输车辆驶出装车煤矿或装车煤炭经营场所的过磅站必须带本矿过磅单和煤炭销售票据。市内所有煤矿、煤炭经营场所都要严格执行运煤车辆最高载荷标准，严禁为拉煤运输车辆超标装载。

2008年，根据交通部、公安部、发展改革委员会联合下发的《关于进一步加强车辆超限超载治理工作的通知》以及自治区下发的《关于〈2008年内蒙古自治区治理超限超载工作要点〉和〈内蒙古自治区集中整治55吨以上非法超限超载车辆和严厉打击扰乱治超秩序违法行为专项行动实施方案〉的通知》中规定，严禁非法超限超载车辆特别是车货总重超过55吨的非法超限超载车辆行驶公路和桥梁。执法人员在公路上对经检测后认定为非法超限超载的车辆立即扣留，严格按要求卸载到位，并足额收取补偿费。对于情节恶劣的严重超限车辆，处以3万元罚款。对所卸载的货物按规定予以罚没。

2009年5月，鄂尔多斯市煤炭局印发《关于全市煤（井）田火区治理工程煤和煤矸石销售票证暂行管理办法》，规定鄂尔多斯市境内的煤（井）田火区治理工程煤和煤矸石销售使用专用票证，严格按照"一证、一票、一车"的原则执行。工程煤资源税由各旗区煤炭管理部门代扣代缴，其他税种按实际销售价格按账征收。煤矿生产的煤矸石增值税按实际销售价格计征，所涉及的各项规费减半征收。票证实行分级负责管理，由鄂尔多斯市煤炭局负责监督管理。旗（区）煤炭局负责票证的领用、发放、缴销等日常监督管理。同时，鄂尔多斯市煤炭局为煤矿企业搭建煤炭产销服务平台，各旗区煤炭局和煤矿企业在鄂尔多斯市煤炭局官方网站每日填写前一日《鄂尔多斯市煤矿产销情况表》，建立全市煤炭产销信息库，及时反映煤炭产销情况、价格等相关信息，及时调整市场营销策略，运用现代科学技术进行煤炭运销管理。

2012年，鄂尔多斯市煤炭局印发关于《矸石票煤泥票管理和使用规定》，进一步规范煤矸石煤泥票使用管理，规定煤矸石票煤泥票严格执行"总量控制、分批供应"和"五要素"原则；各煤炭生产经营企业要如实上报其矸石、煤泥量，专票专用，如有虚报、套票、串票等行为，一经查实，停止供票，取消其申领资格，并追究相关人员的责任。

2013年，鄂尔多斯市人民政府印发《关于改进煤炭销售票证管理工作的意见》，要求保证对煤炭生产经营企业的票证供应，严格禁止压产限票，对煤炭销售票证的保管、发放、使用、查验、回收等各个环节进行跟踪管理，严禁各单位借助煤炭销售票证进行"搭车"收费；取消神府地区过境煤炭票证，规范煤炭市场，加强区域合作。

由于全国煤炭市场持续疲软，为帮助企业扩大销售，市政府成立煤炭销售服务工作领导小组，组织煤炭供需企业对接洽谈，帮助企业开拓市场，增加销量。引导企业成立了北部区煤炭销售联盟，建立了南部区价格联动机制，实施区域联动，稳定市内煤价。带动企业建立营销团队，转变营销模式，实施"走出去"战略，成功召开了恳谈会和煤博会。恳谈会期间，该市10家重点煤炭生产企业与国内35家终端用户达成新的合作意向，新增煤炭合同量4053万吨。

图5-3-1 伊泰集团公司代表在鄂尔多斯第二届煤炭产运需恳谈会上发言

2015年，市煤炭局继续执行涉煤费用减免和暂缓征收涉煤企业规费政策，强化煤炭纠察支队建设，加大对市场纠察和票证稽查的工作力度，通过接受举报、不定期巡查、加大夜查等措施，严厉打击无票、套票等违法违规行为，防止税费"跑冒滴漏"。

经过30多年的发展，鄂尔多斯市煤炭销售票证由传统的纸质票证发展成"二维码"电子票证，并向5G智能化票证发展。煤炭销售票证具体属性与过去相比也发生了变化，不再具有收费的作用，继而转变成为煤炭安全生产监管、煤炭资源税费收缴和规范煤炭生产经营秩序的手段。它既是煤炭产品销售计量专用凭证，同时也为煤炭生产销售数量统计、煤炭生产企业产能监管提供依据，从而构建一个公平有序、管理科学、可持续高质量发展的煤炭市场体系。

（二）乌海市煤炭销售征费管理

1. 乌海市煤炭征费稽查总站建设

1993年，乌海市机构编制委员会办公室下发《关于经贸委下属事业单位机构设置的通知》（乌机编办字〔1993〕5号），乌海市矿产品销售联合管理总站定为事业性质。核定编制55名，科级领导职数3名，经费性质为自收自支。该机构专门负责全市煤炭等矿产品市场的管理。1996年，乌海市机构编制委员会办公室下发《关于市矿产品管理总站更名的批复》（乌机编办字〔1996〕1号）文件，乌海市矿产品销售联合管理总站更名为乌海市煤炭征费稽查总站。乌海市煤炭征费稽查总站机构规格为正科级，人员编制144名，科级领导职数3名。经费性质是自收自支。

2006年，乌海市机构编制委员会下发《关于印发乌海市煤炭局事业单位"五定"方案的通知》（乌机编发〔2006〕48号），二级单位乌海市煤炭征费稽查总站机构规格相当于正科级，机构类别为完全公益类，核定编制144名。

2. 地方煤矿维简费和发展基金征收

乌海市煤管局成立后，加强了征费管理，充实了二级单位乌海市煤炭征费稽查总站领导班子，加强了征费稽查力度。根据《内蒙古自治区地方煤矿维简费和发展基金管理办法》（内政发〔1995〕145号）文件规定，结合乌海实际，收费标准为：出市煤焦每吨征收维简费7.5元、发展基金5元、管理费0.5元，合计每吨征收13.1元。1995—1997年，征费收入分别为707万元、1000万元、1377.49万元。

1998年，乌海市煤管局为了制止行业不正之风，建立了勤政廉政制度，完善并推行了《工作人员守则》《岗位责任制》，制订"三优一满意"活动方案，实行政务公开。公开《煤炭生产许可证》发放标准、资料内容和申办程序。公开申请煤矿扶持资金返还煤矿的条件、程序。同年，乌海市煤管局成立了由煤管局和煤管总站联合管理的稽查大队，使征费秩序有了明显好转。在地方煤矿大面积停产的情况下，实现两费征收1273.73万元（包括收取管理费108.24万元，代收物价调节基金51.10万元），完成了计划任务。

1999年，在煤炭市场疲软、各种减收因素不断增多的情况下，全年完成征费额1230万元，超额280万元，完成了乌海市政府下达的950万元的征费任务。2000年，继续加大现场管理力度，征费秩序好转，征费额大幅度上升，首次突破1500万元，达到了1511万元，创历史最高纪录，比上年增收近300万元。

2001年，在煤炭市场下行等各种减收因素不断增多的困难情况下，靠抓管理、堵漏洞、增创收，煤炭征费秩序持续好转，征费额稳步增长，全年完成征费额1440万元，超额完成责任目标490万元，完成了市委、市政府下达的年度征费任务。2002年，在煤炭市场秩序好转的情况下，全年完成征费额1410万元，超责任目标460万元，完成了市委、政府下达的年度征费任务。

2003年，煤炭征费工作遇到了防控"非典"（传染性非典型肺炎）、治理运煤车辆超限超载及109国道改造工程等不利因素，乌海市煤炭局及时采取相应对策，想方设法从各方面挖掘征费潜力，调动全体工作人员的积极性，查漏堵缺，提高征费率。同时，抓制度建设，强化监督，使煤炭征费秩序继续好转，全年完成征费额1744万元，超责任目标734万元。

2004年，煤炭征费工作受到多方面不利因素的影响：一是"4·30"事故后煤矿停产整顿，煤源不足，运煤车辆大幅度减少；二是正值全国整治公路超限工作全面开展，承运车辆坐等观望，放弃外运煤焦产品的运输，致使在一段时间内外运车辆大减。为此，市煤炭局及时采取相应对策，挖掘征费潜力，全年上缴财政1718.27万元，超额完成了市政府下达的年度征费任务。

2005年，由于全市地方煤矿长时间停产整顿，导致费源减少，截至年底，征费1750.49万元。2006年，乌海市煤炭局不断完善和严格征费制度，从各方面挖掘征费潜力，全年征费额达1445万元。

2007年，乌海市煤炭局对过去的路站联合收费体制进行改革，实行坑口验票征费，煤炭检查站点由原来的17个站20个点增加到23个站27个点。同时，加强了征费现场管理，整顿煤炭征费秩序，严格监管，规范票证管理。全年实现征费2960万元，比去年增加一倍，创历史新高。2008年，通过加强班子建设，整顿煤炭征费秩序，煤炭征费上缴1.28亿元。

2009年，乌海市煤炭征费稽查总站按照《乌海市煤炭征费改革实施方案》要求，践行"执政为民"征费理念，进一步强化征费现场管理稽查力度，整章建制，严格监管，全年煤炭征费上缴3.06亿元，为进一步改善煤矿安全生产条件，加强矿山基础设施建设提供了强有力的资金支持。

2010年，针对乌海市煤炭征费工作的特点，通过细化措施，加大稽查力度，强化现场管理，竞争上岗、优化站点等措施，在原有征费工作的基础上，结合本年度运煤专线开通的实际情况，组织调研，重新布置检查站点，抓基础建设工作，推动了煤炭征费工作的健康平稳发展。是年，征收规费9亿元，同比增收5.95亿元，增长195%。

2011年，通过加强征稽队伍建设、合理规划征费站点、加强征费现场管理、建设监控系统等措施，有效提高了煤炭征费管理水平。全年完成征费9.8亿元。

2012年，乌海市煤炭征费稽查总站深化管理体制改革：一是征费科学管理，账务有章可循。面对煤炭市场不景气的严峻形势，征稽总站干部职工共同努力，有序管理，全年完成各项收入8.7588亿元，上缴财政9.02亿元（含上年度结余），完成了年度征费任务；二是人员制度化管理，成绩量化考评。2012年，在贯彻落实《乌海市煤炭局2012年纪律作风教育整顿活动实施方案》的过程中，征稽总站结合工作实际，制定了《征费稽查专项整治活动实施方案》，开展了为期百日的煤炭征稽专项整治活动。通过此次整治活动，煤炭管理费逃漏现象得到遏制，工作人员违规违纪行为明显减少，达到了专项整治的预期效果。同时制订了《征费稽查绩效考核实施办法》，重点考察总站机关科室、各片区检查站点人员的"德""能""勤""绩""廉"5个方面，确保总站各项任务和目标的圆满完成；三是票证领用有序，按政策服务企业。总站将各分站点、每班的日报、台账做回收记录，仔细核准每月各分站站长业务报表的核算，及时报送每月煤炭外用数据指标，

2012年共印制各类票据90160本，共出库票本86140本，回收票据存根74765本，为经营企业核减准销证存档1239袋。其中，发放准销证16715本，回收15741本，发放准运证35190本，回收32887本，发放（矿）字准销证19569本，回收17742本。在发放票证中无一出现错票、少票现象，使总站年度收费成绩显著，较好地完成了市政府下达的收费任务。同时审核确认了104家领用准运证的企业信息、32家领取准销证企业信息和2家领用煤炭市场票的企业法人资质和企业授权人的身份信息，对逃费企业进行停票处罚。

按照乌海市（政办〔2012〕64号）文件精神，对六证齐全的煤矿按实际销售量（井工5%、露采20%）进行计提享受6元/吨的优惠政策，认真做好对主体企业领取准销证及领取准运证退回押金的扶持工作，允许企业先用票，并根据实际用量给予交费的优惠政策。同时免除并返还煤管费核换票证押金，为企业排忧解难。

2013年，市煤炭征费稽查总站不断健全追缴逃漏处罚程序，通过优化稽查人员配置、完善违规车辆处理程序，使煤炭征费工作中偷逃税费、违规违纪行为和现象得到进一步遏制，追缴逃漏案件的处理更加科学有序。稽查人员24小时不间断巡回检查，共处理追缴逃漏案件302起，较好地维护了地区煤炭经营秩序。完成征费任务5.8亿元。总站先后4次对煤炭经营企业进行调研，深入了解煤炭企业的生产经营状况，分析企业在销售、用煤需求等方面存在的困难，并及时将调研情况反馈至市政府。

2014年，煤炭市场持续低迷，全年累计征收煤管费2.6亿元，比去年同期的5.8亿元降低3.17亿元，降幅54.5%。

12月1日，乌海市政府决定，征收了多年的煤炭维简费与各项基金等费用全部终止。同时撤销乌海市煤炭征费稽查总站。

（三）阿拉善盟煤炭征费体制

1. 煤炭征费机构

1998—2008年，阿拉善盟境内设立煤炭产品征费站共15个。阿拉善盟煤炭征费总站下设1个收费站；阿拉善左旗煤炭管理局下设10个收费站；阿拉善右旗煤炭管理局下设3个收费站；额济纳旗经济局下设1个收费站。

2009年1月，阿拉善盟煤炭征费总站下划阿拉善左旗，与阿拉善左旗煤炭管理局合并，原阿拉善盟煤炭征费总站职能划归阿拉善左旗煤炭管理局，下设收费站有：炭井沟收费站、塔尔岭收费站、大岭收费站、宗别立大桥站、呼鲁斯太岔路口站、呼鲁斯太陶斯沟站、呼鲁斯太塔塔沟站、新建上邑收费站和黑山收费站；乌素图联合收费站移交阿拉善盟经济开发区，新井收费站移交腾格里经济技术开发区。

2009—2015年，阿拉善左旗形成的盟、旗合并征费体制一直维持未变。阿拉善右旗煤炭管理局征费体制及下设的收费站一直维持未变。额济纳旗征费主体由额济纳旗经济局变更为额济纳旗经济与信息化局。1998—2008年，阿拉善盟煤炭征费站主要负责征收无烟煤维简费、矿产资源补偿费、水土流失防治费、排污费、矿山救护基金。

2. 征费标准

根据《内蒙古自治区人民政府关于征收地方煤矿维简费和发展基金的通知》（内政发〔1992〕144号）、《内蒙古自治区地方煤矿维简费和发展基金管理办法》（内政发〔1995〕145号）文件规定，结合阿拉善盟实际，1998—2000年，收费标准为：煤焦每吨征收维简费10.5元；2001—2015年，依据内蒙古自治区政府关于印发《内蒙古自治区地方煤矿维简费提取和使用管理规定的通知》（内政发〔2001〕37号）文件规定，内蒙古自治区内除国有煤矿以外的所有乡镇煤矿（包括集体、个体煤矿，嘎查村及联办煤矿），每销售1吨煤炭最高缴纳乡镇煤矿维简费（以下简称维简费）10.5元（不分煤类、品种），并计入成本。设有洗煤厂或焦化厂的煤矿，销售时以最终产品（精煤、中煤、焦炭）按上述规定缴纳维简费。国有煤矿收购乡镇煤矿煤炭产品，视为乡镇煤矿销售量。

2008年12月27日，阿拉善左旗人民政府关于印发《阿拉善左旗煤炭产品税费征收管理办法》的通知（阿左政发〔2008〕160号）文件规定，煤炭产品税费征收按照"票证分离、源头控管、数据共享、据实征收"的原则，实行《煤炭准销证》和《煤炭产品运销票》《煤炭产品税费稽核票》管理方式。按照国家有关法律法规的规定，对阿拉善左旗煤炭企业煤炭产品征收的规费种类和标准如下：

（1）维简费。根据《内蒙古自治区地方煤矿维简费提取和使用管理规定的通知》（内政发〔2001〕37号）文件精神，每销售一吨煤炭缴纳维简费10.5元（不分煤类、品种），其中2.5元即征即返，专项用于煤矿安全投入，维持简单再生产（露天矿除外）。设有洗煤厂或焦化厂的煤矿，销售时以最终产品（精煤、焦炭）按上述规定缴纳维简费后，再返还2元。对企业在就地进行初级加工或资源转换过程中产生的煤泥等煤炭副产品，按每吨4元征收。

（2）排污费。根据《中华人民共和国大气污染防治法》、《排污费征收标准管理办法》（国家发展改革委、财政部、国家环保总局、国家经贸委第31号令）规定，原煤按每吨1.51元计征。

（3）水土流失防治费。根据《内蒙古自治区水土流失防治费征收使用管理办法》规定，露天矿按每吨1元计征，井工矿按每吨0.5元计征。

（4）矿产资源补偿费。根据《矿产资源补偿费征收管理规定》（国务院第150令）规定，按矿产品销售收入的2%计征。

（5）草原植被恢复费。根据《中华人民共和国草原法》《内蒙古自治区草原管理条例》和《内蒙古自治区政府关于进一步加强草原监督管理工作的通知》（内政发〔2007〕116号）规定，按每年每平方米2元标准收取。矿区和生活工作区已办理国有土地使用权出让手续的不征收。

（6）矿山救护基金。根据阿署决字〔2008〕2号和阿经贸安全字〔2003〕71号文件规定，按每吨0.3元征收。

2014年8月20日，阿拉善左旗煤炭征费总站停止征收煤炭企业维简费、矿山救护基金和矿产资源补偿费。2015年3月，阿拉善左旗煤炭征费总站再停止征收煤炭企业草原补偿费和减免征收水土流失防治费。额济纳旗从2014年起不再征收煤矿各项规费。

3. 征费管理

维简费由煤炭行政管理部门负责征收，执行收支两条线管理，不准挪用、挤占、截留规费收入"修改为"执行收支两条线管理，不准挪用、挤占、截留规费收入。排污费、水土流失防治费、矿产资源补偿费、草原植被恢复费、矿山救护基金等规费纳入煤炭税费统一征收范围，由环保、水利、国土、草原、安监等部门委托煤炭行政管理部门统一依法征收。由煤炭行政管理部门按月分部门、企业结算后，全额缴入非税收入管理局非税收入汇缴专户，由非税收入管理局分别划转国库或财政专户，纳入综合预算管理，按规定用途使用。

规费征缴单位、煤炭生产企业、煤炭收费站要自觉接受税务、纪检、监察、财政、审计等部门的监督稽查。规费征缴单位要全面推行政务公开，对煤炭税费的征收依据征收程序及收支情况进行公示，增加透明度，接受社会监督。

建立和完善举报奖励制度，做好群众来信来访工作。对于社会公众的举报，纪检、监察、税务、审计、财政、煤炭等部门要按照各自的法定职责，查明事实，依法做出处理，并为举报人保密。执行收支两条线管理，不准挪用、挤占、截留规费收入。不得擅自增加收费项目或变更收费标准。建立征费稽查队，昼夜对收费站工作进行稽查；建设收费信息化系统，利用信息化网络平台实现远程监控管理。对《煤炭准销证》和《煤炭产品运销票》《煤炭产品税费稽核票》执行领购、使用、缴销制度，形成征缴单位、企业、税务相互监督、相互制约的管理方式。

第二节 煤炭质量管理

20世纪90年代初，自治区各煤矿的煤质管理职能多设在煤矿销售部门。2000年前后，以集团或矿务局为单位单独设置煤质处、煤质科、质检中心等机构，使煤质管理趋于专业化、制度化、常态化、精细化。

一、管理体系

1. 神华神东煤炭集团有限责任公司

1991年4月，华能精煤公司制定了第一个煤质管理文件——《关于加强煤质管理的若干规定》，对神东矿区的煤质管理进行全面的规范。1993年6月，华能精煤公司全面实行以灰分-水分为基础的煤炭计价办法，煤炭售价直接与各单位的煤炭质量挂钩。1997年4月，《神华集团煤质管理暂行规定》正式下发，同年在神华集团煤质化验中心开发了煤质化验数据库系统，首次实现了煤质化验数据的微机处理。1998年，神华神东煤炭集团公司成立了运销煤质处，负责矿区、厂、站的煤质管理、采、质、化、收购外购煤及装车工作，其中煤质现场管理实行蹲点驻矿的模式。

截至2010年底，神华集团公司由1名副总经理负责煤质管理工作，煤炭生产部作为煤炭质量管理职能部门负责全集团的煤炭质量管理工作，对各子（分）公司煤炭生产、洗选质量进行业务管理。各子（分）公司煤炭质量管理由分管副总经理和生产部负责，神东煤炭集团公司、神华乌海能源公司设立了煤炭洗选中心，对所属选煤厂洗选质量进行统一管理。各子（分）公司均设立了煤质处等煤质职能管理部门，作为煤质监督职能机构行使质量监督管理职权。各子（分）公司、煤质监管部门、原煤生产单位、洗选加工中心（洗选厂）和装车管理部门都成立了煤质管理领导小组，健全了自上而下、职责分明的煤质监督检查执行机构，形成了从原煤生产、洗选加工、运输到销售全过程的煤质管理控制体系。

2. 神华准格尔能源有限责任公司

准能公司在神华集团颁布的系列煤质管理规定大框架下，依据准能公司生产管理特点，建立准能公司的煤质管理体系。公司设立煤质科，隶属生产技术部，专职负责全公司从煤炭开采、洗选、化验、运输到用户反馈全过程的煤质管理。煤炭生产、运输相关的二级单位设立兼职煤质管理人员，负责本单位的煤质管理工作。2011年，公司先后下发了《煤炭质量控制标准》《外购煤质量管理办法》，2012年1月，修订下发了《煤质管理考核奖罚办法》和《煤中杂物管理及考核办法》；6月，下发了《煤质考核管理流程》《煤质日常管理流程》和《煤质预报管理流程》。

3. 神华乌海能源有限责任公司

1991—1998年，乌达矿务局、海勃湾矿务局的煤炭销售机构都设有专门的商品煤质量管理机构。设立运销处和煤质处，煤质处下设煤质科和中心化验室。1998年9月，公司对质量体系管理进行了改革，实行专业化管理。乌达矿业公司、海勃湾矿业公司将各矿与洗煤厂分家，各洗煤厂也成立了煤质科。2003年，神华蒙西煤化股份有限公司正式成立，设立了质计中心。2006年，神华乌海煤焦化公司成立质量管理中心。2008年10月，神华乌海能源公司成立质量管理中心。

4. 神华宝日希勒能源有限公司

2001年，宝日希勒公司（矿）煤质管理工作没有正式开展，煤质指标主要依据各用户的检验结果。2002年，公司成立由总经理任主任的煤质管理委员会，运销处、生产调度室、生产技术处、机电装备部负责人和各矿矿长及运销处化验室主任任委员。2003年2月28日，公司召开首次煤质工作会议。公司相继出台煤炭收购、考核等制度，将煤质指标和各矿的经济利益相挂钩，煤质管理工作纳入公司管理日程。提出"抓煤质、树品牌"的口号，使公司煤质管理得以有效加强。当年，煤质化验室更名为宝煤公司煤质科。2004年，煤质化验业务归属公司企业管理部，负责生产煤炭、商品煤炭、储存煤炭的煤质化验和生产煤炭质量的监测，从煤炭生产源头把好质量关。在储存、运输、销售各个环节加大检查力度，抓好质量监控和杂质清理工作。公司建立和完善科学的煤质管理考核奖惩办法，执行煤质奖惩办法，保证煤炭质量的稳定。

2008年，公司两次修订《神宝公司煤炭质量管理办法》，建立完善的管理组织和管理制度及考核办法。通过准确检测、有效配采、配运等手段，从生产源头控制煤质，从破储装环节提高煤质，从外销环节保证煤质，最大限度地满足客户的要求。企业为加大煤质检测监管力度，提前钻探取样，露天矿根据煤层赋存情况，合理进行生产工作面布局。在破储装环节，露天矿、煤炭筛分厂等加强现场管理，控制杂物混入煤中。外运时，煤炭销售公司及时与生产单位沟通，根据用户需要，合理配煤，满足用户要求。公司建立煤质管理考核制度，考核结果每月通报，年终一次性严格奖罚兑现。2011年5月，煤质化验业务归属公司筛分厂，成立筛分厂煤质科。2014年1月，煤质化验业务从筛分厂煤质科划归到公司生产技术部，更名为煤质化验室。

5. 神华国能大雁集团有限公司

1992年，大雁矿务局各矿的煤质科划归运销公司管理。2002年3月，大雁煤业有限公司成立了煤质科，2002年、2005年、2013年重新修订完善了《大雁集团公司煤质产品质量管理办法》。运销公司煤质监测中心是大雁公司唯一煤质监测部门。

6. 扎赉诺尔煤业有限责任公司

1992年，扎赉诺尔矿务局制定下发了《扎局煤炭采样、制样、化验管理实施细则》和《扎局煤炭质量、数量管理办法》。2005年，扎赉诺尔煤业公司根据用户对煤炭质量的要求，修订了《扎赉诺尔煤业有限责任公司煤炭质量管理暂行办法》。2010年，公司再次对《煤炭质量管理办法》进行了修订，落实质量责任制，使煤炭质量保持相对稳定。2011年，公司加强了采、制、化作业标准，对原有制度重新进行了补充和修订。公司对各矿生产的煤炭进行合理配装，保证了外运商品煤质量的相对稳定。

7. 内蒙古平庄煤业（集团）有限责任公司

原平庄矿务局设立煤质管理领导小组，成员由局领导及有关部门人员构成，办公室设在市场营销部，负责煤质管理日常工作。1998年，矿务局下发了《平庄矿务局煤质管理办法》。2000年和2006年，公司对《平庄矿务局煤质管理办法》进行修订。依据修订后的《平庄矿务局煤质管理办法》相关规定，集团公司与各矿签订不同品种煤质量的《煤质保证协议书》。销售公司依据该协议，对各矿煤炭产品质量进行抽查，并将抽查结果与协议进行对比，根据不同煤质指标的超欠情况，对被抽查煤矿进行奖罚。

2009年，平庄煤业（集团）公司对《平庄矿务局煤质管理办法》进行了第三次修订，明确了煤质管理工作的主体部门及其相应的责任，首次将平庄煤业生产管理部门、各煤炭生产矿和煤炭销售部门同时确立为煤质管理主体单位，规定煤质管理工作从采掘工作面设计开始抓起，贯穿于煤炭运输及地面加工、煤炭销售的全过程，形成全员、全过程抓好煤质管理工作的局面。2011年，公司再次对《平庄矿务局煤质管理办法》进行了修订，进一步明确有关部门在煤质管理工作中的职责，确定主要煤质指标，完善了煤质监督抽查和煤质管理奖罚措施，并将在线煤质监测作为重要的煤质管理手段纳入煤质管理措施中，将煤质管理纳入公司质量标准化检查和年度绩效考核体系。

8. 内蒙古伊泰集团有限公司

1991年9月，伊克昭盟煤炭公司单独设立化验室，负责煤质检验，主要从销售的角度控制煤炭质量。1993年2月，公司成立经营部质检科，下设化验室。1994年5月，更名为质量检测中心。1999年7月，内蒙古伊泰煤炭股份有限公司成立质检部，下设质量管理科、中心化验室及唐公塔化验站。2001年，质量管理部下设综合办公室、质量监察科与质量标准化管理办公室，开始建立质量认证体系；2月，质量认证体系通过了北京新世纪有限公司质量管理体系的认证，体系适用范围包括原煤采掘、洗煤、销售及运输的辅助服务。2003年7月，集团公司撤销质量管理部，其工作职能及人员划归企业管理部。2009年2月，集团公司恢复质量管理部，2012年8月，质量管理部与安全监察部合并。

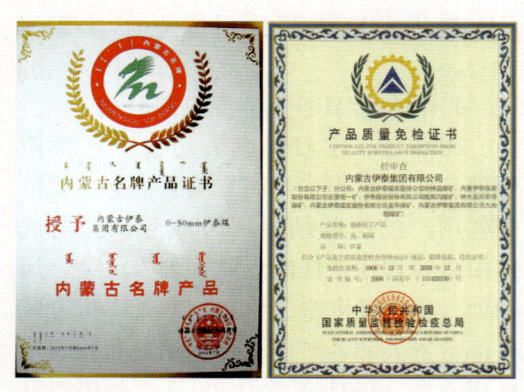

图5-3-2　伊泰煤获评自治区名牌和国家免检产品

自1999年开始，集团公司不断修订、完善煤炭质量管理制度，依据《伊泰集团煤质管理办法》《煤炭产品质量考核方案》，每月对公司自办矿、发运站的煤炭产品进行实地检查、抽样，并加强对煤矿生产各环节的质量管理与考核，及时了解、掌握生产环节煤质变化情况；各港口通过质量管理员对进、出港煤质的监督与评价，准确及时地实施各项配煤方案，确保交给用户合格的煤炭产品。同时，建立煤炭质量信息通报反馈制度，由各港口质量管理员、各基层化验室每日整理上报当日的各类质量数据，机关质管人员每日将收集到的产、运、销各环节的煤质数据、信息汇总，及时编制《质量日报》与《质量简报》，严格执行奖惩考核。此外，每年持续开展"质量月"活动与质量知识竞赛活动，普及质量知识，不断提升集团公司质量管理水平。

2009年，公司成立质量管理部，主要负责公司质量管理体系的建立、实施与改进，开展体系运行的检查、审核等工作，实施公司进货检验、成品质量检验，进行质量监督、计量器具管理等措施，保障并提高公司产品质量，满足客户需求。2011年5月，公司在完成质量管理体系内部审核的同时，顺利通过了北京新世纪认证公司审核小组对ISO9001：2008质量管理体系的外部监督审核。

9. 内蒙古太西煤集团股份有限公司

1994年，阿拉善盟古拉本地区煤炭联合公司成立质量管理科。1997年，公司成立营销公关部，负责煤炭质量管理。1999年，内蒙古太西煤集团公司成立质量管理部负责监督和管理煤质工作。2006年成立质检中心由集团公司直接管理，负责各生产单位的煤炭质量化验工作，监督销售公司，调运生产单位的原煤进行加工销售，提样化验，提供煤炭质量数据，反映各生产单位的煤炭质量问题，并将ISO9002国际质量体系认证工作的管理划归企业管理部。

各生产矿煤炭质量实现责任制，生产矿长是煤炭质量管理工作的第一责任者，对本单位煤质量管理负全面领导责任，对煤炭生产环节的煤炭质量负责；负责主持召开月度煤质管理分析会。销售科对原煤质量验收考核、商品煤质量检验负直接管理责任。机电矿长、总工程师及各生产环节负责人都有明确的职责。

10. 内蒙古伊东资源集团股份有限公司

公司成立由生产副矿长任组长的煤炭质量管理小组，并制定管理制度，严格对客户要求的煤质进行控制，矿煤质化验科每天进行采样化验，及时报送煤质化验报表，发现问题及时调整控制，煤质控制由采煤工作面采煤、运输到地面存储各个环节都由区队煤质管理专职人员进行操作管理，工作面采煤严格控制煤层顶板、底板截割深度，严格控制矸石量，控制水分；煤炭运输系统由专人负责矸石清理；地面筛选、入仓、存储同时也安排专人负责杂物矸石的清理，整个过程严格控制煤炭质量，确保良好煤质。

11. 内蒙古满世投资集团有限公司

2007年，公司成立煤炭稽查队，负责公司煤炭质量管理、运输途中合规性稽查等工作，2008年6月之前，各煤矿煤质检验委托内蒙古伊泰集团煤质化验中心，2008年6月，集团公司成立化验室，负责各煤矿煤质检验。2013年，各煤矿陆续成立化验室，方便各煤矿对煤质及时检验，各化验统一由稽查队负责。

二、煤质检测措施

1. 神华神东煤炭集团有限责任公司

2000年，神华集团成立了煤质处，负责矿区内各矿、厂、站及港口的煤质管理、采制化工作，建立了完善的煤质预测预报工作体系、全过程的监督检查体系和质量控制评价体系。2003年，煤炭运销公司开发了煤质信息化系统，并与神东煤质化验数据系统相连接，实现了矿区与销售之间商品煤化验检测结果、流向等数据的共享，是神华集团公司第一个煤质管理的信息化平台。2005年，神华集团公司下发了《中国神华煤质管理办法（试行）》，将中国神华股份公司所属涉及煤运销环节的铁路、港口、口岸等销售纳入煤质管理范畴。

图5-3-3 神东煤炭公司产品获全国质量奖

2007年5月，神华集团公司提出了煤质"稳定化、均质化、优质化和零杂物"的工作目标。2008年，神华集团建成煤质信息网，形成四大煤质管控体系，即煤质现场管理体系、煤质检测和预测预报体系、煤质信息网体系、煤炭加工体系。

2009年，神华集团开展产品结构优化和燃料结构优化活动，制定颁布了《神华集团公司煤炭质量管理办法（试行）》。该办法在原有基础上将神华自备电厂燃料用煤质量管理纳入其中，各分（子）公司根据质量管理办法，推行全面质量管理，建立事前原煤预测预报、生产加工过程控制、事后产品信息反馈的煤炭质量管理运行机制，进一步完善质量管理体系。2010年，神华集团组织开展低煤泥选煤工艺研究，进一步提高全集团选煤工艺效率和煤质；开始编制外购煤质量管理办法，并在全集团开展煤炭质量控制标准编制工作。

2. 神华准格尔能源有限责任公司

准能公司设有两个煤质化验室，行政隶属选煤厂，负责原煤来样化验、煤炭洗选、商品煤装车的煤炭采制化工作。2000年，黑岱沟露天煤矿选煤厂煤质化验室增加了灰熔融性和氢的测定及重介介质的测定，并且开始接受国家的能力验证工作。2008年3月取得内蒙古自治区质量技术监督局认证证书，其所出具的化验结果具有法律效力；8月，煤质化验室具备承担国家第三方检测任务的资格，所出具的检验结果在国内及国际上都具有法律效力。

2008年12月，哈尔乌素洗选系统煤质化验室成立，2009年1月取得中国合格评定国家认可委员会认可证书。其所出具的化验结果具有通用性，体系运行走上正轨。

各选煤厂下设煤质管理领导小组，负责制订选煤厂煤质管理年度计划，配合准能公司煤质管理领导小组制定煤质发展规划；负责煤质管理措施的制定、执行监督、质量考核、事故分析、研究解决存在的问题。

煤质化验室对露天矿各个采煤点每日进行跟踪采样化验，准确及时地为生产技术部提供采坑煤质情况，调度根据现有仓储情况和装车配煤所需优、劣煤比例安排或协调露天矿上煤，以确保准确及时按目标热值配煤装车。煤质化验室对采、制、化仪器设备按国标要求进行定期校验和核准，并遵照CNAS管理体系严格把控采样、制样、化验的每一环节，保证煤质化验结果的准确度。

3. 神华乌海能源有限责任公司

1991—1998年，原乌达、海勃湾矿务局主要执行煤炭部下发的煤矿采样、制样、化验管理暂行办法。各矿煤质科负责各矿、厂的采制化验日常工作（包括煤层煤样、生产检查煤样、商品煤样、月综合煤样、可采煤样）。局运销处下设的中心化验室承担本矿区煤层煤样、生产综合煤样、商品煤综合煤样分析，组织本矿区生产煤样的筛分、浮沉试验，每3年进行1次煤层可采煤样、生产煤样和商品煤样的整理和汇编，有计划、系统、全面地积累煤质资料，随时了解和掌握各煤层煤质变化规律，并为用煤单位和有关部门提供煤质资料。

乌达矿业公司成立后，在质量体系管理上进行了改革，将各矿与洗煤厂分家，煤质科和中心化验室主要负责对内各矿、厂的煤质管理和业务考核；另一部分划归公司运销处，公司运销处成立了质检科，负责对外运销售煤质管理的全部工作。海勃湾矿业公司各矿与洗煤厂分家，洗煤厂也成立了煤质科。生产处下设煤质科，负责生产矿井原煤质量。运销处也设立煤质科，负责对外商品煤的采样和监督管理。

1991—2007年，各企业除执行煤炭部下发的《煤矿采样、制样、化验管理暂行办法》和《神华集团煤质管理办法》外，本企业均有自己的管理制度。

2008年，神华乌海能源公司成立后，将过去散建在各生产单位及销售部门的煤质化验机构组建成"乌海能源公司质量管理中心"，主要职责是下达并执行全公司质量计量管理控制体系文件，考核生产单位的落实情况；负责全公司采购、销售产品的质量计量工作。各矿厂及分公司仍然保留质检部，隶属各生产单位，负责进厂原料、生产工艺以及出厂产品的质量检测和监督检测工作。

中心在神华集团公司煤质管理办法的基础上制定并执行神华乌海能源公司《关于加强质量计量管理、统一质量计量标准的通知》《神华乌海能源公司质量计量管理办法》《关于加强外购煤煤质管理补充办法的通知》《关于加强煤质管理，统一质量检验程序的通知》《关于统一乌海能源公司质量计量网络系统流程和产品品种规格的有关规定》和《神华乌海能源公司产品质量控制管理及考核办法》等主要管理办法。

4. 神华宝日希勒能源有限公司

1997年12月，神宝公司重新组建公司煤质化验室，隶属公司运销处（原销售科）调运科，选配具有一定文化水平的采、制、化人员，设主任1名。1999年，公司投入20余万元，购进当时国内先进的仪器设备。2000年，化验室正式投入使用。

化验人员每月到各矿井下采取煤层煤样，对其全水分、干基灰分、发热量等相关指标进行化验。商品煤炭质量的监测按国家《商品煤采样方法》采取商品煤样，对商品煤的工业分析、发热量等相关指标进行化验检测。对储存煤炭质量的监测，化验室每天入场以各矿当天入场煤量按批量采样进行化验。企业管理部煤质科对煤质化验室存查煤样进行抽检工作，并对抽检率、合格率做好记录。

2005年11月，公司组建露天矿化验室并投入使用。主要设备有101-3EB型电热鼓风干燥箱，SP101A型电热鼓风干燥箱，SDAVM-Ⅱ型灰、挥测定仪，CDP-GA100型灰、挥测定仪，SDCM5000量热仪，SDCM2000量热仪，SOSM-Ⅳ智能定硫仪，KZCH-Ⅱ快速自动测氢仪，METTLERAE100电子分析天平。

2005年，公司制定施行《〈煤炭质量、购、销管理办法（试行）〉的补充规定》。明确规定公司内部实行煤炭以质论价的收购制，确定各矿煤质考核指标及考核方法。公司加大煤质监督、检测和抽查力度，煤炭产品实行全面质量管理，从采掘、运输、筛选到外运装车，实行全方位、全过程、全员参与的管理和控制。煤质科采、制、化人员按规定检测操作。公司内部形成模拟市场运行机制，采用吨煤标价收购制，以年初制定的各矿吨煤单位变动成本为基本价格，来收购各矿的标准煤。公司与各矿之间的奖罚结算：奖罚煤量×单位变动成本＝奖罚金额。商品煤质量须批批检测，采样率达100%。对各矿销售的商品煤实行质量日报，按灰份、全水份实测数据，以日各批量累计月加权平均值作为当月煤质奖罚考核依据。

奖罚煤量的计算：奖罚煤量＝｛商品煤量×[（指标灰分－实际月加权平均灰分）＋（指标全水－实际月加权平均全水）]／100｝×50%。煤质奖罚年终公司按40%一次性与各矿兑现奖罚。对煤炭灰份超过30%的，煤炭销售公司有权拒绝配备外运车皮，采取减灰措施达标后方能配车，由此发生的一切费用由各生产矿自行承担。煤炭灰份小于30%的，有相应质量需求的用户时，应优先考虑生产需要配备车皮，不影响生产。

图5-3-4　宝日希勒能源公司质检员对即将启运的煤炭进行检测

煤炭销售公司调度室按用户对煤质的不同要求，结合各主要用户关于煤质的合同约定及企管部煤质科提供的煤质化验数据，以实现公司经济效益最大化为原则，统筹安排组织车皮配备。因严重煤质问题被用户拒付煤款的，第一批拒付金额全部由当事生产矿承担。接到煤质指标超标化验数据反馈后，仍造成损失的，一切损失由煤炭销售公司自行承担，并对煤炭销售公司调度室有关责任人给予罚款200元/人·次。车皮表面发现矸石及杂物，煤炭销售公司储运段平车人员要及时清除，发现不予清除的处罚当班责任人200元/次。煤质科采样员采样时发现大量矸石及杂物时应及时向煤炭销售公司调度室汇报。发现少量矸石及杂物时，采样工作完成后应主动给予清除，维护公司的整体利益。

5. 扎赉诺尔煤业有限责任公司

1991年，扎赉诺尔矿务局根据产品质量认证要求，各矿化验室配有完整的监测化验设备，负责各矿煤层煤样、生产检查煤样、商品煤煤样的采制化验。局中心化验室开展商品煤综合煤样全项分析，煤层煤样、生产综合煤样、商品煤综合煤样的煤质分析。局中心化验室定期对各矿化验室的化验结果进行抽查，保证商品煤的质级相符。

2005年，铁运公司质检中心作为扎赉诺尔煤业公司煤炭质量的检测部门，每年5—6月定期对采、制、化人员进行业务培训和岗位练兵，严格按国标规定对商品样采集化验，规范操作程序，全面提高采、制、化队伍的综合素质。2004年起，企业逐步对新老化验设备进行了更新换代。中心抽检组每天对各矿采样情况和装车质量进行检查。中心化验员每天对各矿级化验室所送煤样进行全项测定，保证商品煤的质级相符。

6. 神华国能大雁集团有限公司

2003年、2009年、2012年，在国家煤炭质量检测能力验证中，公司煤质检测中心共有23个化验项目参加了验证，其中11项达到一类化验标准，3项达到二类化验标准，5项达到三类化验标准。

2015年4月，国家煤炭质量监督检验中心对改制后的神华国能大雁集团公司第三煤矿动力煤小于50毫米的混煤进行质量抽查，反馈结果是8项检测项目全部合格，煤炭质量得到认可，第三煤矿、运销公司煤质监测中心化验室等单位连续多年被中国煤炭加工利用协会授予煤质管理先进矿井和煤质管理先进化验室。

图5-3-5　神华国能大雁集团有限公司化验室

7. 内蒙古平庄煤业集团有限责任公司

公司2010年开始，将生产管理部门、各煤炭生产矿和煤炭销售部门同时确立为煤质管理主体单位，规定煤质管理工作从采掘工作面设计开始抓起，贯穿于煤炭运输及地面加工、煤炭销售的全过程，形成全员、全过程抓好煤质管理工作的局面。在线煤质监测仪全面投入使用，对公司所属各矿进行煤质管理标准化检查，并将煤质管理纳入公司质量标准化检查和年度绩效考核体系。

8. 内蒙古伊泰集团有限公司

1990年3月，伊克昭盟煤炭公司成立了专门的化验室对煤炭质量进行管理。1996年后，公司陆续成立了基层化验室。各化验室承担的煤质检测任务主要包括对公司自有煤矿的考核煤样、公司各发运站上站结算煤样、发运站调研煤矿煤样、洗煤厂生产煤样、公司其他部门送检煤样的检测。2011年9月，公司中心化验室所属西营子、准格尔召、酸刺沟、唐公塔、甲兰营5个基层化验室正式取得了国家实验室认可资质；中心化验室成为鄂尔多斯地方企业中第一家获得认可资质的企业实验室。2013年，为满足煤质监督管理的需要，公司先后在准格尔召发运站、西营子发运站配置了7台机械化采样设备，强化抽样检查监督。

图5-3-6　伊泰集团化验室获自治区"三八红旗集体"称号

1999年前，伊泰集团主要通过强化各发运站、港口的煤质检验、及时调整煤炭调运、煤炭配比等管理对策，控制煤炭质量。2006年后，公司加强对井下煤层煤样与煤矿地销煤基础数据的采集工作及质量管理，并依据基准热值加强了对井工煤矿的考核，即在综采工作面每前进100米采取一个煤层煤样，每月根据生产进尺确定基准热值，修正煤质考核标准。同时，实行煤质预测预报考核。当井工煤矿遇到特殊地质结构时，必须向安全质量管理部预报并提出特殊采掘时期煤质保障措施。

2011—2015年，中心及各化验室累计检测煤样约133409个，其中中心化验室共检测煤样16905个、东兴化验室检测煤样1673个、酸刺沟化验室检测煤样18996个、西营子化验室检测煤样31788个、唐公塔化验室检测煤样2595个、准格尔召化验室检测煤样38714个、甲兰营化验室检测煤样1552个、兴和化验室检测煤样943个、凯达化验室检测煤样9911个。

第三节 煤炭进出口贸易

一、煤炭进口

内蒙古进口煤炭始于2003年，均经陆路口岸进口。主要进口煤炭的陆路口岸有策克、甘其毛都、满都拉、珠恩嘎达布其、满洲里口岸等，进口煤炭来源为蒙古国和俄罗斯。

（一）从蒙古国进口

1. 策克口岸

策克口岸位于阿拉善盟额济纳旗境内，距额济纳旗府达来呼布镇77千米，与蒙古国南戈壁省西伯库伦口岸对应。对外辐射蒙古国南戈壁、巴音洪格尔、戈壁阿尔泰、前杭盖、后杭盖5个畜产品、矿产品资源较为富集的省区，蒙古国那林苏海图煤田的煤炭产品经过该口岸进口。纳林苏海特的无烟煤灰分低、硫分低，反活性高，适合加工成超低灰无烟煤，用于制造优质碳素材料。焦煤发热量在29.3～34.7兆焦耳/千克之间，硫0.89%，挥发分32.7%，黏结指数69。其1/3焦煤低灰、低硫、低磷，是良好的炼焦原料煤。

2004年，为了改善矿区运输及生产生活条件，庆华-马克公司投资修建了策克口岸至那林苏海特矿区80千米运煤专用公路，建设了5000平方米的办公区、员工宿舍和配套设施。2005年投资1600余万元，架设了策克口岸至矿区35千伏高压输变电线路；投资约155万元为敖包图部队架设了6.3千伏输电线路；投资约208万元为古尔班特斯县架设了6.3千伏输电线路，现均已竣工并投入使用。

策克口岸不仅是西部地区对外经济贸易和对外交往的重要通道，也是我国西北地区煤炭进口的重要通道，发展潜力大，现已建设成为现代化的口岸体系和多功能国际大通道。随着中蒙两国关系友好的常态化，策克口岸进口煤炭逐年增加，煤炭经营流通更趋活跃，煤炭初加工能力增强。截至2015年底，策克口岸累计实现进口煤炭5329万吨，其中2009—2015年，分别进口原煤386万吨、862万吨、1016万吨、872万吨、625万吨、806万吨和762万吨。

2. 甘其毛都口岸

甘其毛都口岸位于巴彦淖尔市乌拉特中旗境内，与蒙古国南戈壁省汉博格德县嘎顺苏海图口岸对应。南戈壁省塔本陶勒盖煤矿的煤炭产品经过该口岸进口，其产品主要为焦煤。该原煤水分0.6%，灰分22%，硫分0.5%～0.8%，发热量20.93～23.03兆焦耳，煤炭品质优良。截至2015

年底，从该口岸进口原煤总计6752.58万吨。

3. 满都拉口岸

满都拉口岸位于包头市达茂旗境内，与蒙古国杭吉口岸对应。对外辐射蒙古国矿产资源丰富的东戈壁省、南戈壁省。蒙古国的煤炭产品经过该口岸进口，其产品主要为无烟煤和炼焦煤。

4. 珠恩嘎达布其口岸

珠恩嘎达布其口岸位于锡林郭勒盟东乌旗境内，与蒙古国资源丰富的苏赫巴托省相对应，辐射蒙古国东方省和肯特省。是继满洲里、二连浩特后内蒙古第三个国际性常年开放的陆路口岸。2015年被国务院确定为61个沿边国家级公路口岸之一，2016年被列为自治区重点开发开放试验区。从2008年开始，从该口岸进口的蒙古国煤炭逐年递增，到2018年达到51.66万吨。进口煤炭产品主要为褐煤。

与蒙古国接壤的上述口岸，进口的煤炭主要为蒙古国的动力煤和焦煤，进口企业主要为央企（神华集团等）及庆华集团等在蒙古国开采煤炭的企业，区内相关煤类市场紧张时，部分民营煤炭贸易企业也有参与采购进口该国煤炭产品。进口的煤炭主要在自治区就地洗选加工利用和炼焦等。

（二）从俄罗斯进口

俄罗斯优质动力煤和冶金用煤因其低灰、低硫较受国内企业欢迎。进口煤炭历年来以动力煤为主，其余为冶金用煤、无烟煤和其他烟煤，早期进口褐煤数量也较多。

进口企业主要以央企（中煤及神华集团等）及黑龙江省国有企业、哈尔滨铁路局外经公司等国有大企业为主，国内煤炭市场紧张时，部分民营煤炭贸易企业也有参与。进口渠道以满洲里铁路口岸为主，少量经满洲里公路口岸进口。进口的煤炭除少量在呼伦贝尔地区销售外，主要在我国东三省销售。

2003—2015年内蒙古各口岸煤炭进口量统计见表5-3-1。

表5-3-1　2003—2015年内蒙古各口岸煤炭进口量统计表　　　　　万吨

年度	合计	策克口岸	甘其毛都口岸	满都拉口岸	珠恩嘎达布其口岸	满洲里
2004	7.90	—	3.60	4.30	—	—
2005	39.40	—	37.60	1.80	—	—
2006	63.28	—	63.28	—	—	—
2007	196.70	—	196.60	0.10	—	—
2008	217.90	—	205.50	0.20	12.20	—
2009	724.90	386.00	327.00	3.90	8.00	—
2010	1704.50	862.00	816.00	11.10	15.40	—
2011	2102.31	1016.00	1023.00	16.90	39.00	7.41
2012	2379.40	872.00	1213.00	42.20	18.01	234.19
2013	2128.57	625.00	1058.00	29.20	0.89	415.48
2014	2164.91	806.00	1184.00	21.10	0	153.81
2015	1462.22	762.00	625.00	23.90	0	51.32
合计	13191.99	5329.00	6752.58	154.70	93.50	862.21

二、煤炭出口

20世纪60年代末，自治区每年出口古拉本地区无烟煤（也称"太西煤"）2万吨。60年代末，由于种种原因停止出口。1984年恢复了出口业务，由内蒙古五矿进出口公司收购出口。由于体制不顺，到1991年共出口煤炭60万吨，品种仅为太西无烟煤。

为理顺自治区煤炭进出口体制，经自治区政府同意和外经贸部批准，1992年成立了内蒙古自治区煤炭进出口公司，与内蒙古煤炭供销公司一套人马，两块牌子。公司成立后，在各级政府的大力支持下，几年间在单一无烟煤出口的基础上又增加了优质动力煤的出口，出口业务逐年扩大，煤炭出口计划逐年递增，从公司成立时的1992年的23万吨增加到1998年的172万吨。1992—1998年，公司共组织出口煤炭270万吨，创汇11150万美元。1995年收购或代理方式逐步放开后，部分企业开始自主委托代理出口，内蒙古自治区煤炭进出口公司不再下达计划组织其他企业出口。

内蒙古煤炭出口主要为"太西煤"和动力煤。"太西煤"以高发热量、特低硫、特低灰、特低磷而闻名于国际，与越南著名的鸿基煤齐名。该煤类出口业务从1984年开始，主要面向欧洲的比利时、英国和法国，少量进入泰国和中国香港。主要用于冶金工业用煤和民用壁炉取暖。动力煤出口煤类主要选自鄂尔多斯地区的优质烟煤。

按照国家煤炭进出口管理制度，内蒙古煤炭企业均无直接出口煤炭的权限。早期出口大多由中国煤炭进出口总公司下达组织货源出口的计划（任务），由企业按照合同的指标要求组织货源经铁路运输发到转海运的出口中转港口；后期，部分主要出口企业根据市场需求自我寻求客户，签订供货合同，由有出口权限的企业代理出口，增加了企业的自主出口权限。2000年，神华集团获得进出口经营权，不再委托代理企业出口。

2007年，国家取消了出口煤退税政策，开始征收5%～10%的出口关税。2009年，煤炭出口企业均停止了"太西煤"的出口业务。动力煤出口由于国际煤炭市场价格的变化，以及国内煤炭价格的走高和出口成本的增加，出口量也逐年递减。1991—2009年，全区地方煤炭企业共出口煤炭约1200万吨。

（一）出口煤质量特征指标情况

1. 出口"乌兰煤"质量特征指标

乌兰煤质量特征指标见表5-3-2。

表5-3-2 乌兰煤质量特征指标统计表

项目	原煤	精煤	元素分析	
			元素	指标
灰分 A_d（%）	4.75~15.28	2.96~5.38	碳 C_{daf}（%）	78.88~81.83
水分 M_t（%）	2.48~10.24	2.77~8.45		
硫分 S_{td}（%）	0.11~0.89	0.05~0.22	氢 H_{daf}（%）	4.04~5.24
磷分 P_d（%）	0.002~0.055	0.009~0.054		
挥发分 V_{daf}（%）	31.76~36.47	32.16~38.24	氮 N_{daf}（%）	0.86~0.97
发热量 千卡/千克 $Q_{net,ar}$（兆焦耳/千克）	6122~7148 25.59~29.88	6880~7215 28.76~30.16	氧+硫 O+S（%）	10.60~15.06

2. 出口"太西煤"质量特征指标

"太西煤"质量特征指标见表 5-3-3。

表 5-3-3 "太西煤"质量特征指标统计表

项目	原煤	精煤	元素分析	
			元素	指标
灰分 A_d（%）	5.38~11.76	2.38~4.19	碳 C_{dal}（%）	93.38~94.37
水分 M_t（%）	0.38~0.79	0.22~0.67		
硫分 S_{td}（%）	0.13~0.62	0.18~0.39	氢 H_{dal}（%）	3.64~4.04
磷分 P_d（%）	0.0054~0.041			
挥发分 V_{daf}（%）	6.20~9.83	5.41~8.50	氮 N_{dal}（%）	0.72~0.96
发热量（千卡/千克）$Q_{net.ar}$（兆焦耳/千克）	7467~8412 31.3~35.2	7800~8750 32.6~36.6	氧+硫 O+S（%）	0.78~1.75

（二）部分重点煤炭企业出口情况

1. 内蒙古煤炭进出口公司

内蒙古煤炭进出口利用自治区许多煤炭产品达到国际标准、部分品种在国际上具有良好的声誉和较强的市场竞争力的优势，与国际用户建立了较密切的业务联系。并经过多年的煤炭进出口工作实践，积累了丰富的进出口工作经验，培养了一支掌握进出口业务的队伍。内蒙古煤炭进出口公司 1992—2008 年销售情况统计详见表 5-3-4。

1992—2008 年，内蒙古煤炭进出口公司向欧洲各国出口无烟煤 174.86 万吨，销售金额 7.24 亿元，详见表 5-3-5。1999—2002 年内蒙古煤炭出口完成情况详见表 5-3-6。

表 5-3-4 内蒙古煤炭进出口公司 1992—2008 年销售情况统计表

年度	数量（万吨）	金额（万元）	年度	数量（万吨）	金额（万元）
1992	12.08	3641.02	2001	7.69	2425.25
1993	17.29	5648.18	2002	2.44	866.17
1994	3.51	6408.44	2003	2.16	124.40
1995	17.18	7096.85	2004	8.91	3340.67
1996	14.84	4769.29	2005	9.15	508.88
1997	22.09	7610.44	2006	9.20	4041.86
1998	16.89	6081.72	2007	25.49	11824.21
1999	14.51	5286.93	2008	19.53	13072.61
2000	12.14	3543.02			

表 5-3-5 内蒙古煤炭进出口公司 1992—2008 年向欧洲出口无烟煤统计表

年度	数量（万吨）	金额（万元）	年度	数量（万吨）	金额（万元）
1992	12.08	3677.79	2000	12.14	3543.02
1993	11.72	3660.85	2001	6.77	2255.11
1994	3.51	6408.44	2002	1.76	618.51
1995	17.18	7096.85	2004	7.28	2785.08
1996	14.84	4769.29	2005	8.06	4664.00
1997	22.09	7610.44	2006	1.17	839.76
1998	16.89	6081.72	2007	20.15	9496.55
1999	14.51	5286.93	2008	4.71	3648.30

表5-3-6　1999—2002年内蒙古煤炭出口完成情况统计表

年度	煤　种	品　种	数量（万吨）	创汇额（万美元）	年度	煤　种	品　种	数量（万吨）	创汇额（万美元）
1999	无烟煤		14.00	639.00	2001	无烟煤		6.40	272.00
	不黏结煤	伊泰2号	34.51	924.76		动力煤		10.00	300.00
	无烟煤	块煤	5.40	328.60		不黏结煤	伊泰2号	108.41	2938.75
	无烟煤	末煤	12.30	407.80		无烟煤	块煤	7.50	402.90
						无烟煤	末煤	16.31	574.60
2000	无烟煤		10.00	370.00	2002	无烟煤		4.00	203.00
	动力煤		1.00	26.00		动力煤		5.90	165.00
	不黏结煤	伊泰2号	60.34	1553.42		不黏结煤	伊泰2号	99.94	2701.73
	无烟煤	块煤	4.70	191.20		无烟煤	块煤	9.20	504.60
	无烟煤	末煤	17.30	556.10		无烟煤	末煤	13.80	455.40
					合计	—		441.01	13514.86

2. 内蒙古太西煤集团公司

内蒙古太西煤集团股份有限公司自1991年开始出口煤炭，主要出口地区有德国、法国、美国、荷兰、英国、韩国、日本、中国香港。1998年6月11日，内蒙古太西煤集团股份有限公司与中国煤炭工业进出口集团公司签订《备忘录》："根据内蒙古自治区计划委员会1998年5月11日《关于内蒙古太西煤集团公司"太西煤"出口计划单列的复函》（内计字〔1998〕334号），并应内蒙古太西煤集团公司的要求"尊重内蒙古自治区计委的意见，同意内蒙古太西煤集团公司出口计划单列，时间从1998年6月1日开始执行。该备忘录成功实现了出口煤计划区内单列，变中煤公司和内蒙古煤炭进出口公司两级代理为中煤公司一级代理，减少了中间环节，便利了出口煤工作，降低了出口煤成本，是"太西煤"出口工作上的一个重大突破。

2008年底，公司停止出口煤销售。1991—2008年"太西煤"出口煤炭数量及用途见表5-3-7。

表5-3-7　1991—2008年"太西煤"出口煤炭数量及用途统计表　　　　吨

年度	品种	数量	用途	年度	品种	数量	用途
1991	中块煤	22695.00	烧壁炉	2005	末煤	58976.98	冶金
1991	末煤	36027.00	冶金	2006	中块煤	57619.42	烧壁炉
1994	中块	19825.00	烧壁炉	2006	末煤	61756.26	冶金
1994	末煤	32521.10	冶金	2007	中块煤	51750.00	烧壁炉
2000	中块煤	13137.00	烧壁炉	2007	末煤	46531.00	冶金
2000	末煤	48850.00	冶金	2008	中块煤	778.30	烧壁炉
2005	中块煤	60688.00	烧壁炉				

3. 内蒙古伊泰集团有限公司

1992年1月，国家给伊克昭盟下达80.7万吨的出口煤任务，其中伊泰公司承担了7万吨煤炭出口计划，出口煤主要流向日本、韩国等国。自1992年开始，公司成立出口经营科，委托中国煤炭进出口总公司与神华集团、中国五矿集团代理煤炭出口业务，销往东南亚地区。1996年9月，公司改制设立进出口公司，开展煤炭出口及转内销的经营工作。2001年，公司撤销进出口公司，煤炭出口业务继续委托中煤集团、神华集团、中国五矿集团代理，主要出口销售至日本、韩国等国。2005年，伊泰集团通过与国外用户直接协调、谈判，在增加出口煤价的基础上，拓展了印度、土耳其等市场；并在提高合同兑现率、满足老用户的同时，尽量组织计划外高价煤销售，煤炭销售量开始大幅增长。1992—2006年底，公司累计出口销售煤炭897.81万吨。

2007年初，国家取消了出口煤退税政策，开始征收5%~10%的出口关税，企业调整销售策略，停止出口煤销售。

4. 神华集团公司

华能精煤公司时期（1991—1995年），煤炭出口主要依靠中国煤炭进出口总公司代理，出口规模较小。

1995年8月，神华集团公司成立后，由神华国贸公司负责煤炭出口，国家赋予其煤炭出口权。1996年，按照企业"跑步占领国际市场"的出口战略，确立"以韩国、日本、东南亚为基础，逐步扩展到南美洲和欧洲市场"的方针，理顺了出口计划申报、申领许可证到海关放行等10多个环节，先后与10多家客户建立了稳定的商务关系。1996年4月28日，第一船出口煤发出，独立进入国际市场。全年出口煤炭90.5万吨，其中自营出口40.1万吨。

1997年，企业投资200万元新建添加剂厂，通过配煤达到日本企业提出的煤质要求，成功打入日本市场。在国际煤炭市场下滑的情况下，采取自销出口、集中配煤等办法，完成出口煤炭98.36万吨；1998年，与10余个国家和地区的30多家企业建立了贸易关系，全年共出口煤炭109.5万吨；1999年，企业利用国家出口煤政策增加出口。保证出口合同兑现，全年出口煤炭212.05万吨，比1998年增长97%，加上代理出口煤20万吨，全年完成出口232万吨；2000年5月，经国家外经部批准，神华煤炭运销公司获得煤炭进出口经营权。全年煤炭出口量增加到753万吨。签订合同：韩国310万吨、日本100万吨、菲律宾65万吨、印度40万吨，以及中国的香港160万吨、台湾250万吨。另外，代理无烟煤出口53万吨。

2001年，公司新开发出口市场486万吨，新增用户21家。神华煤在日本新日铁、钢管、神户制钢等钢厂和东曹电厂，以及美国东北电力公司、意大利电力公司试烧、配烧成功，全年完成煤炭出口1702万吨，代理出口105万吨；2002年，在中国煤炭对韩国出口下降的情况下，神华煤保持较高的发展势头，韩电1750万吨招标中，神华集团中标率达34%，居第一位。继续开发日本电力和冶金喷吹市场，对日本全年完成煤炭销售302万吨，比2001年增加两倍。与日本东北电力公司签订150万吨合同，神华煤进入日本电力市场。

2002年，出口客户分布在7个国家和地区，用户达44家，比2001年增加10家。2002年全年出口完成2000万吨，比2001年增长11%；2003年，国际煤炭市场价格波动较大，动力煤现货澳煤BJ指数（亚洲市场动力煤现货价格指数）最高价与最低价相差13.15美元/吨，中国煤现货价波动在15美元/吨左右（年初最低时为24.5美元/吨，年底达到40美元/吨）。2003年，长期协议价格除无烟煤上涨 0.5 美元/吨外，其余均普遍下降，其中动力煤下降 4%~7%，焦煤下降 2 美元/吨，与国内动力煤、焦煤的价格形成反差。2003 年在韩电、台电、菲电的中标率大幅提高，菲电达到 86%。全年共开发 11 个国家和地区的 48 个用户，是截至当年神华集团新增用户最多的一年。煤炭运销公司还成功开发了煤炭新品种，向韩电推出了低热值的活鸡兔混煤。2003 年，全年出口完成 2640 万吨（不含代理出口）。

2004 年 5 月 1 日，国家停止执行对出口煤炭运价的优惠措施，恢复经大秦线等四线 0.033 元/（吨·千米）的铁路建设基金的征收，对通过秦皇岛港、天津港等港口的出口煤炭恢复征收 7 元/吨的港口建设费，装船费由 13 元/吨恢复到 1999 年的 18.7 元/吨的水平。神华集团公司当年增加转运成本支出 46631 万元，相对应的是国内煤炭价格开始持续走高。自 2006 年开始，国外煤炭神华集团公司出口煤炭数量逐年减少。2006—2010 年，公司出口煤炭数量分别为 2389 万吨、2377 万吨、2102 万吨、1359 万吨、1024 万吨。

截至 2010 年底，神华煤除销往日本、韩国、中国香港和中国台湾 4 个主要市场外，还曾零星销往美国、意大利、土耳其、菲律宾、印度等国。

第四节 煤炭经营企业

一、全区煤炭经营企业

20 世纪 80 年代末至 90 年代初，在国家加快煤炭资源开采政策的鼓励下，煤炭资源丰富且容易开采的鄂尔多斯和乌海地区数以千计的小煤矿产出的大量煤炭无序进入市场。这些煤炭无法进入国家销售计划，只能通过各种非主流渠道进入市场。煤炭盲目生产，催生了大批经销煤炭的企业和个体摊贩，导致煤炭经营市场非常混乱。

1990 年，自治区政府制定了《清理整顿煤炭生产流通秩序暂行规定》，1999 年 4 月，自治区政府印发《内蒙古自治区煤炭管理暂行规定》（内政发〔1999〕43 号），规定在内蒙古自治区境内设立煤炭经营企业实行资格审查制度。

1999 年，经调查统计，截至 1998 年底全区经营煤炭的企业及个体户有 7600 户，其中注册企业 2366 户，个体户 5240 户。注册登记的 2366 户煤炭经营企业中，主营煤炭的企业 1526 户、兼营煤炭的企业 840 户；主要经铁路运销煤炭的企业 580 户；供电力、冶金等主要用户的企业 428 户；国营企业 420 户、集体企业 580 户、私营企业 780 户、其他类型企业 586 户（表 5-3-8）。

1999 年 9 月，自治区煤炭工业局制定并印发《内蒙古自治区煤炭经营资格审查暂行管理办法》（内煤发〔1999〕2 号）；11 月，自治区煤炭工业局与自治区工商局联合印发了《关于开展煤炭经营资格审查整顿煤炭经营秩序的工作方案》。经过清理整顿和煤炭经营资格审查，截至 2000 年 11 月底，全区已取得煤炭经营资格证的企业 683 户。其中，经营企业 417 户（经铁路运销的煤炭经营企业 152 户，非经铁路运销的煤炭经营企业 265 户），生产企业 266 户（煤炭加工企业 35 户，煤矿企业 231 户）。

2000 年，自治区第一次确定煤炭经营企业原则控制在 745 户以内，其中，经铁路运销的经营企业 181 户、非经铁路运销的经营企业 564 户。为鼓励煤炭就地加工增值，煤炭加工企业未做数量限制。

表 5-3-8　1998年底自治区登记注册的煤炭经营企业调查情况统计表　　　户

区域	登记注册煤炭经营企业			企业性质				其中		
	合计	主营煤炭	兼营煤炭	国营	集体	私营	其他	经铁路经销的	供电力冶金等主要用户	有分支机构的
呼盟	246	152	94	60	72	69	45	15	12	5
兴安盟	46	32	14	3	13	19	11	4	3	—
通辽市	184	127	57	42	46	77	19	83	54	15
赤峰市	462	254	208	36	133	143	150	40	74	7
乌盟	167	123	44	21	43	67	36	36	29	
锡盟	25	21	4	5	16	—	4	—		
呼市	123	77	46	23	26	42	32	13	8	10
伊盟	327	267	60	20	70	120	117	35	31	
包头市	635	383	252	194	113	187	141	289	182	51
巴盟	23	19	4	—	9	11	3	5	3	
乌海市	96	51	45	10	30	36	20	22	18	8
阿盟	32	20	12	6	9	9	8	16	14	6
合计	2366	1526	840	420	580	780	586	558	428	102

2002年底，全区持证经营煤炭企业749户。其中，经铁路经销煤炭的企业185户、非经铁路经营煤炭的企业564户。另外，为煤炭加工、生产企业分别发放经营资格证63户、308户。

2003年6月，自治区煤炭工业局再次对煤炭经营企业基本情况进行全面调查。调查结果见表5-3-9。

表 5-3-9　2003年6月全区煤炭经营企业基本情况调查表　　　户

调查项目		全区	巴盟	呼市	乌海市	包头市	阿盟	呼伦贝尔市	通辽市	锡盟	乌盟	鄂尔多斯市	兴安盟	赤峰市
到2003年6月底本盟（市）煤炭经营企业		1357	135	150	63	355	29	96	119	22	60	133	56	139
领取煤炭经营资格证书情况	1. 领取煤炭经营企业资格证书企业	882	9	68	43	245	14	58	110	14	53	73	56	139
	2. 未领取煤炭经营资格证书企业	475	126	82	20	110	15	38	9	8	7	60		
按主、兼营构成	1. 主营煤炭业务企业	1135	96	150	59	305	29	49	106	22	60	133	56	70
	2. 兼营煤业务企业	222	39	—	4	50		47	13					69
按企业性质构成	1. 国有	75	—	1	4	20		20			4	8		14
	2. 集体企业	101		2	4	50		12	9					24
	3. 股份合作企业	87				60		7				9		2
	4. 联营企业	23				20							3	
	5. 有限责任公司	423	20	63		100		37	16	12		66	14	37
	6. 股份有限公司	143			31	50		29		23		1	9	—
	7. 私营企业	462	115	84	2	40		20	52	2	6	49	30	62
	8. 其他企业	43	—		22	15								

表 5-3-9（续） 户

调查项目		全区	巴盟	呼市	乌海市	包头市	阿盟	呼伦贝尔市	通辽市	锡盟	乌盟	鄂尔多斯市	兴安盟	赤峰市
按经营方式构成	1. 煤炭批发经营企业（经铁路运销）	194	—	23	10	84	6	8	6	1	16	9	—	31
	2. 煤炭零售经营企业（非经铁路运销）	1020	132	117	4	205	18	88	113	21	44	116	54	108
	3. 民用型煤加工、经销企业	143	3	10	49	66	5	—	—	—	—	8	2	—
按经营规模构成	1. 1 万吨以下	641	135	90	5	121	5	80	84	16	5	20	50	30
	2. 1 万~10 万吨	464	—	55	38	160	23	16	30	6	15	50	4	67
	3. 10 万~50 万吨	195	—	5	15	60	—	—	3	—	40	30	2	40
	4. 50 万~100 万吨	39	—	—	4	10	1	—	2	—	—	20	—	2
	5. 100 万~500 万吨	15	—	—	1	4	—	—	—	—	—	10	—	—
	6. 500 万~1000 万吨	3	3	—	—	—	—	—	—	—	—	—	—	—
	7. 1000 万吨以上													
按注册机关构成	1. 在省级工商管理局登记的煤炭经营企业	15	—	3	1	10	—	—	—	—	—	—	—	1
	2. 在市级工商管理局登记的煤炭经营企业	381	11	49	13	200	1	4	10	5	10	30	8	40
	3. 在县级工商管理局登记的煤炭经营企业	783	28	16	49	145	28	92	109	17	50	103	48	98

注：有 178 户无营业执照。

截至 2005 年底，全区持证经营煤炭的企业 1795 户，其中，批发经营企业 192 户，零售经营企业 1455 户，煤炭加工企业 148 户。2007 年，全区实际发证企业 1960 户，其中，批发企业 218 户，零售企业 1601 户，洗选加工企业 141 户。

2010 年，全区持证经营煤炭企业 2020 户，其中，批发经营企业 1319 户、零售经营企业 659 户、煤炭加工企业 42 户。2011 年，自治区共有煤炭经营企业 2276 户。其中，批发经营企业 1441 户、零售经营企业 787 户、煤炭加工企业 48 户。2013 年 11 月，国务院发布"关于取消和下放一批行政审批项目的决定"（国发〔2013〕44 号），再取消和下放 68 项行政审批项目中，取消煤炭经营许可证审批项目。

截至 2013 年底取消煤炭经营许可证审批事项前，全区共有煤炭经营企业 2427 户。其中，批发经营企业 2008 户，零售经营企业 389 户，煤炭加工企业 30 户。

2014 年 7 月，国家发展改革委修订的《煤炭经营监管办法》（2014 年第 13 号令）发布，经营煤炭企业进行工商注册后，要向所在地的同级煤炭经营监督管理部门进行告知性备案。

截至 2015 年底，全区各级煤炭经营企业监管部门备案的煤炭经营企业共 1435 户（不再区分批发、零售和加工类别）。

二、部分重点煤炭营销企业

（一）神华内蒙古煤炭运销有限责任公司

1. 运销管理体制

1984 年 11 月，中国精煤公司筹备处下设包头办事处、东胜办事处、神木办事处三个分支机构，包头办事处负责煤炭销售工作。1985 年 5 月，包头办事处更名为华能精煤运销分公司，主要负责煤炭、落实，日常运销调度、自备车管理和包神铁路的协调等工作。1996年9月，神华集团公司成立神华煤炭运销公司（简称煤炭运销公司），主要负责神东矿区的煤炭销售工作。2001年9月，为了统一协调神华集团的煤炭运销工作，煤炭运销公司、海勃湾矿业公司、乌达矿业公司、包头矿业公司、准格尔能源公司、金烽煤炭公司、万利煤炭公司组建国有资本股份制公司，在内蒙古呼和浩特市注册成立了神华内蒙古煤炭运销有限责任公司。

2005年2月，中国神华股份公司筹备上市，准格尔能源公司、万利煤炭公司、金烽煤炭公司三个煤炭公司作为上市企业，其煤炭销售划归神华煤炭运销公司统一管理。

上市企业煤炭运销主营业务由新设立的中国神华股份公司煤炭销售中心（简称煤炭销售中心）承接。煤炭销售中心属于中国神华股份公司的职能部门，主要负责神华煤的内销业务。

未上市企业的神华煤炭运销公司属于神华集团，主要承担神华煤的出口业务，并负责协调非上市企业的销售工作。煤炭销售中心与神华煤炭运销公司一套机构、两块牌子，主要职责是：负责神华集团煤炭市场的开发，协调未上市企业的煤炭销售及煤炭出口，制订年度订货方案；负责商品煤质量、定价、计量和售后服务工作；负责神华集团商品煤运输组织、管理，以及商品煤资源的调配工作；代表神华集团公司对外签订煤炭销售、运输合同，并组织履行；负责煤炭商品货款的回收、结算和陈欠款的清收工作。

2005年5月，神华宝日希勒能源有限公司成立，煤炭运销由自己的销售机构负责。

2007年6月，内蒙古运销公司与神华煤炭运销公司呼和浩特办事处合并，成立了新的内蒙古运销公司。

2009年8月，中国神华股份公司注销了神华内蒙古运销公司，设立了中国神华股份公司煤炭销售中心呼和浩特办事处，神华乌海能源公司的煤炭销售业务由原内蒙古运销公司划归新成立的神华煤炭运销公司乌海分公司。至此，神华集团的煤炭销售除神宁集团公司、新疆能源公司、神宝能源公司、胜利能源公司、国华能源投资公司柴家沟煤矿自产自销及包头矿业公司自己负责地销外，其余全部由中国神华股份公司煤炭销售中心统一组织销售。

2010年3月，神华乌海能源公司供销总公司成立，主要负责神华乌海能源公司的铁路装车及产品销售等业务，是神华乌海能源公司生产经营的龙头单位。

2. 煤炭订货

1985年为30万吨，1995年增至430万吨，煤炭订货执行国家部委确定的国有重点煤矿指导性价格。

自1996年起，神华煤炭运销公司开始全面负责神华集团煤炭销售订货，通过开拓市场，煤炭订货量大幅增长。1999年全年订货量达到2000万吨，订货价格在遵守国家确定的价格原则下逐年提高。

2000年，企业签订2417万吨合同，加上后石电厂订货量和包头地销，总量达到2572万吨。合同构成较1999年有较大改善，其中，国内电煤为1450万吨，占签订合同总量的60%；冶金用煤为172万吨，占签订合同总量的7.1%；石化用煤为135万吨，占签订合同总量的5.6%。出口煤占签订合同总量的17%。在合同价格方面，神华集团公司确定了"1999年的合同量价格不变，新增量价格适当下调"的原则，达到预期目的。铁路运输方面落实了包神线、神朔线、朔黄线2330万吨的外运计划。

2001年，根据国务院关于关井压产、

优化煤炭工业结构、严格控制总量的决定，神华集团的重点订货和运量计划为2671万吨。煤炭价格仍执行国家规定的电煤价格政策。

2002年，神华集团公司在全国煤炭订货会上采取灵活策略，按照国家订货指导意见，与上海、浙江、广东等电力企业和后石电厂等重点用户签订了3~5年的中长期供煤协议。共落实国铁运输计划3290万吨，安排黄骅港、秦皇岛港、天津港下水煤4128万吨。2003年，神华集团签订内销合同4500万吨，其中，下水煤签订合同3421万吨，直达煤签订合同979万吨，包头地销100万吨。

2004年，神华集团公司充分利用国家政策，直达煤和下水煤一律提价为12元/吨。1000万吨特低灰和块煤吨煤价格达310元，上调幅度超过40元/吨。在乌达、海勃湾、包头矿业公司签订的1200万吨的合同中吨煤平均涨价41.92元，其中400万吨精煤吨煤涨价95元/吨。6月，国家为解决电力迎峰度夏问题又出台了新的电价政策，神华集团公司在得到国家发展改革委同意后，每吨电煤上调30元，两次共提高42元/吨。

2005年，神华集团重点电煤合同价比2004年每吨提高45元。

2006年，对重点电煤价格进行了调整：2006年长期协议基数部分由360元/吨调整为386元/吨，上调26元/吨；长期协议新增量部分及其他非长期协议重点量由390元/吨调整为405元/吨，上调15元/吨。

2008年，实现重点电煤价格并轨，上调至458元/吨，吨煤平均提高66元，高于订货方案确定的目标。

2009年，以23.03兆焦耳电煤每吨540元的价格为基数，按照"优质优价、低质低价"的原则，分别进行价格调整，加权综合计算上调价格38.28元/吨（不含税）。对冶金、化工、建材、水煤浆用煤，依据市场形势，延续采用随行就市、季度定价的方式，适当进行了价格下调。

2010年，经过调整，年度价格用户由106个缩减到40个，年度价格订货量由上年的1.63亿吨缩减为13909万吨。在年度价格持续低于月度价格的情况下，提高了企业的经济效益。将冶金、化工、建材等用户的价格由上年的季度定价改为月度定价，销售价格更加贴近市场变化。

2010年，企业月度定价合同量为8217万吨，占调出销量的45%，较2009年提高了23.8%。全集团2.47亿吨电煤年度价格加权平均涨幅为25.78元/吨。

2001—2010年神华集团各地区市场销量统计见表5-3-10。1985—2010年神华集团商品煤销量构成详见表5-3-11。

表5-3-10 2001—2010年神华集团各地区市场销量统计表

年度	华南市场		华东市场		山东(胶东)市场		华北市场		内蒙古自治区	年度	华南市场		华东市场		山东(胶东)市场		华北市场		内蒙古自治区
	用户(个)	销量(万吨)	用户(个)	销量(万吨)	用户(个)	销量(万吨)	用户(个)	销量(万吨)	销量(万吨)		用户(个)	销量(万吨)	用户(个)	销量(万吨)	用户(个)	销量(万吨)	用户(个)	销量(万吨)	销量(万吨)
2001	4	416	15	925	6	43	35	595	134	2007	32	2664	37	6036	9	681	100	4114	4105
2002	9	767	16	1600	5	78	54	741	218	2008	40	2975	40	7539	9	988	110	3213	5400
2003	12	1162	17	2225	5	78	55	918	28	2009	48	3682	54	6852	20	1348	260	6055	5545
2004	18	1560	19	2890	5	179	150	1736	367	2010	48	3625	56	7331	31	1360	175	7350	6763
2005	23	2010	22	4720	5	258	180	2050	1705	合计		21340		46254		5478		29407	26570
2006	26	2479	34	6136	9	465	175	2635	2305										

表5-3-11　1985—2010年神华集团商品煤销量统计表　　　　　　　　　　　万吨

项目		1985—1995年	1996—2005年	2006年	2007年	2008年	2009年	2010年	累计
集团合计		2601.61	63263.87	23867.15	29046.19	32396.15	35943.78	45122.82	232241.57
商品煤销量	合计	2601.61	63115.87	23638.01	28722.44	32152.20	35578.81	39717.35	225526.79
	内销量	2321.69	50508.77	21249.10	26319.41	30036.56	34214.89	38684.60	203335.02
	出口量	279.92	12607.10	2388.91	2403.03	2115.64	1363.92	1033.25	22191.77
焦炭销量		—	148.00	229.14	323.75	243.95	364.97	541.94	1851.75

注：集团合计包括外购煤销量。

（二）神华准格尔能源有限责任公司

1. 煤炭运销体制

1994年4月，黑岱沟露天煤矿设置供销公司，是准煤公司运销处的前身。1995年9月，准格尔煤炭工业公司（以下简称准煤公司）运输销售处、准格尔煤炭工业公司运输销售公司成立，一套机构两块牌子，下设销售煤质科、综合管理科。1996年6月，增设调运科、财务科。1997年7月，增设计划统计科、大同办事处、秦皇岛办事处；将原销售煤质科更名为煤炭销售部、原调度运输科更名为调度运输部，撤销丰镇办事处，归属大同办事处。1998年2月24日，增设北京办事处、天津办事处。

2001年3月，准格尔煤炭工业公司运输销售（处）公司更名为神华准格尔能源有限责任公司（以下简称准能公司）运输销售（处）公司，下设销售部（内设销售一部、销售二部、信息部）、计划部、财务部、调运部（内设三联办、唐公塔煤台、点岱沟煤台）、综合办、秦皇岛办事处（下辖天津办事处筹备组）、大同办事处（下辖丰镇办事组）。

准煤公司运输销售（处）公司于1998年11月在广州组建准格尔动力煤华南（广州）销售有限公司（合资），2001年10月撤销。

准煤公司运输销售（处）公司于2000年3月在秦皇岛组建秦皇岛准格尔诚信储运有限公司（与运销公司驻秦皇岛办事处一套人马、两块牌子，具有独立法人资格），2001年11月撤销。

2004年底，根据中国神华煤炭销售业务整合的需要，原准能公司运销处划归神华煤炭运销公司管理，煤炭销售业务由神华煤炭运销公司准格尔分公司负责。准能公司与神华销售集团签订协议，准能公司只负责生产到装车，装车后即确认销售。

2005年1月10日，准能公司设立煤炭经销公司，负责外购煤经营业务，包括外购煤收购、储装、结算等业务工作，下设综合部、经销部。2006年2月24日，设立储煤场，准科级建制，隶属经销部管理。2009年2月18日，撤销综合部、经销部，设立综合办公室、经营管理部、生产安监部；撤销储煤场，设立露天储煤站、天和储煤站、矸电燃煤供应站、二道河储煤站，4家基层单位均为准科级建制。

2010年3月12日，露天储煤站、天和储煤站、矸电燃煤供应站、二道河储煤站4家基层单位由准科级建制调整为科级建制。2012年6月7日，成立呼和浩特储运站，科级建制。

2. 营销与管理

2000年以来，准能公司大力推进营销创新和制度创新，把营销理念和准格尔"绿色煤炭"品牌战略纳入企业文化建设之中，使公司员工牢固树立"唯有销售活，才能全局活"的思想和"企业的生命在于市场，市场的生命在于品牌，品牌的生命在于质量和服务"的观点。

（1）坚持"进入市场没有先后；用户是我们的衣食父母，送满意给用户；创造用户，创造市场；以信誉为生命，以产品为依托，以质量为保证，以服务为先导，以价格为杠杆，以利润为中心"的营销理念。

（2）坚持"立足电煤、辐射石化、抓好直销、搞活联销、规范代理"的销售原则。

（3）坚持"优先确保高价位用户、直达用户、重点大用户，与重点大用户培育结成长期互惠共益的战略性合作伙伴关系，追求利润最大化、结构最优化、关系最佳化"的销售指导思想。

（4）构建"巩固扩大华北、华东市场，加大东北市场和出口煤炭市场开拓，全面开展天津港、京塘港、集通线运销业务"的多层次、多渠道、多元化的运销格局。

（5）树立"以销售为龙头，变单一销售为整体销售，在销售产品煤的同时，销售服务、销售感觉、销售希望；变单纯营销为系统营销，在营销准格尔'绿色煤炭'品牌的同时，营销准能公司的形象、声誉、理念、实力、未来"的营销观。

（6）树立"诚信、务实、高效、竞争"的运销职业精神。

准能公司运输销售（处）公司的调运组织是一个完整的系统。运销（处）公司在建处的1996年就设立了调运科，负责运输的组织调度，后又于1997年7月21日更名为调度运输部。运销（处）公司调运部下设"三联办"（即露天矿、铁路运输部、运销公司3家联合办公室，设在点岱沟车站、唐公塔煤台、点岱沟煤台）。上面直接受准能公司生产技术部总调度室指挥。

煤炭从准格尔发出后，经由大准铁路，运到燕庄车站（与国铁大秦线接口站），由运销（处）公司驻大同办事处办理完相关手续后上国铁大秦线，运到秦皇岛港务局准能公司租用的码头垛位上，再由运销（处）公司驻秦皇岛办事处办理完相关手续后，装船出海运抵各用户（称为下水煤用户）；或者由运销（处）公司驻大同办事处办理完相关手续后，上大秦线直接运到沿线各发电厂；或由京包线北上集宁或向东北走集通线运到沿线各零散小用户，或继续北上集二线，运到沿线各零散小用户。

（三）神华乌海能源有限责任公司

1. 管理机构

1991—1998年，乌达矿务局、海勃湾矿务局的产品营销由本企业的销售团队负责，均设立运销处。1998年，乌达、海勃湾矿务局划转至神华集团，乌达、海勃湾矿务局更名为乌达矿业公司、海勃湾矿业公司。煤炭销售工作依托中国神华股份公司神华内蒙古运销公司管理，具体工作仍由各单位的销售机构负责。

2008年10月，乌达矿业公司、海勃湾矿业公司、乌海煤焦化工公司、蒙西煤化工公司整合，成立神华集团乌海能源有限责任公司。2009年8月，中国神华股份公司注销了神华内蒙古运销公司，设立了中国神华股份公司煤炭销售中心呼和浩特办事处，乌海能源公司的煤炭销售业务由原内蒙古运销公司划归新成立的神华煤炭运销公司乌海分公司。乌海能源公司生产的煤化工产品仍由公司的煤化工专业分公司负责销售。

2010年3月，乌海能源公司供销总公司成立，主要负责乌海能源公司的铁路装车及产品销售等业务，是乌海能源公司生产经营的龙头单位。2015年4月，神华集团公司调整乌海地区销售管理体制，将销售集团乌海地区的销售业务划归乌海能源公司管理。

截至2015年底，乌海能源公司基本形成了由乌海能源公司的运销部门组成的煤炭、电力、煤化工产品销售管理体系。

2. 管理制度

划归神华集团后，神华集团提出"大销售"战略，加大煤炭贸易工作。乌海能源公司严格执行集团公司《神华煤炭购销业务管理办法（试行）》，对购销业务做了具体规定。截至2015年底，乌海能源公司结合实际情况，制定了《煤炭销售管理办法》《煤炭质量管理办法》《销售工作监督考核制度》《运销绩效考核细则》等20多项煤炭营销管理制度。

3. 销售

2001年9月18日，神华集团公司在内蒙古呼和浩特市注册成立神华内蒙古煤炭运销有限责任公司，负责协调乌达矿业公司、海勃湾矿业公司的运输计划和销售工作。

2008年2月，神华煤炭运销公司乌海分公司成立，负责乌海能源公司煤焦产品在区内的市场开拓、汽运市场用户合同签订、煤源组织、销售、结算等全过程管理工作。4月和10月，分别开始向丰镇京隆电厂和中国神华煤制油化工公司、包头煤化工分公司供煤。8月，原神华内蒙古煤炭运销有限责任公司部分煤炭销售职能划归新成立的神华煤炭运销公司乌海分公司。到2010年底，完成煤炭销售1929.33万吨；2011年共销售发运煤炭1900.45万吨，2012年共销售发运煤炭1765.93万吨，2013年共销售发运煤炭1746.72万吨，2014年共销售发运煤炭1784.20万吨，2015年共销售发运煤炭987.34万吨。神华乌海能源公司1991—2015年煤炭企业产值、利润、税收情况见表5-3-12。

表5-3-12 神华乌海能源公司1991—2015年煤炭企业产值、利润、税收情况统计表

年度	煤炭产量（万吨）	产值（万元）	利润（万元）	税收（万元）	年度	煤炭产量（万吨）	产值（万元）	利润（万元）	税收（万元）
1991	600	32886	-11055	33	2004	890	236315	3321	22672
1992	507	37222	-8301	511	2005	1044	345670	60582	46830
1993	382	47528	-4944	544	2006	1055	553579	22429	57522
1994	358	51096	4579	3239	2007	1213	649710	-53617	97892
1995	335	61362	-4449	2302	2008	1452	1012567	119453	79009
1996	363	76913	5015	4785	2009	1587	1224300	62391	221701
1997	433	84715	7791	5781	2010	1503	1782853	57492	182533
1998	406	83257	-2382	6961	2011	1489	2014937	-11847	183709
1999	384	74813	-1971	6148	2012	1790	1632305	-81466	144693
2000	493	768087	-2029	5489	2013	1908	1625375	-96926	145118
2001	497	67288	-8762	6216	2014	1726	1067655	-277335	89435
2002	654	81808	-568	8082	2015	1080	538612	-346238	50727
2003	816	109192	45	10864					

(四) 神华宝日希勒能源有限公司

1. 煤炭运销体制

1985年，宝日希勒煤矿矿建指挥部运销处成立，1987年矿建指挥部运销处与宝一矿合并组建销售科，1997年成立宝日希勒煤炭集团公司运销处，2002年撤销运销处，成立煤炭销售公司。同年6月，为适应神华集团公司实施"大销售"战略，公司煤炭销售业务由神华销售集团海拉尔能源销售有限公司负责，业务整体并入神华销售集团。

2. 煤炭运销及管理

1985—1993年，企业生产商品煤统配部分的销售由自治区煤炭工业厅统调，其余部分由企业自主销售。1994—1997年，宝一矿开发市场以电煤为主、非电煤为辅，加强与铁路部门沟通。

2001年，公司完善销售工作程序和管理制度，加强小到站和非电煤外运管理，强化地销市场管理，提高块煤率，优质优价。2002年，公司调整销售策略，销售重点放在开发新市场和周边中小用户上，推出"绿宝"品牌煤炭。2003年，公司在内部实行产品收购制。本着以质论价、公平交易的原则，与各生产矿井形成买卖关系。开展"抓管理、树品牌、增效益"活动。2004年，公司以市场为导向，开发新用户，以"品牌煤"创立新市场，以优质服务扩大市场份额。

2005年，公司确定"巩固重点用户，抓住大用户，不放过小用户"的煤炭销售战略。2006年，针对外运煤炭亏吨，积极采取相应措施，成功研制出一套装车碾压系统，实现盈吨34987.50吨，为公司创出一定的经济效益。2006年后，根据本地区煤炭行业与铁路系统相辅相成的特殊性，结合企业实际，与哈尔滨铁路局互相支持，友好协作，不断深化战略合作伙伴关系，探索出一条互利双赢、共同发展的特色化路企合作形式——铁路辅业代理销售模式。通过与铁路系统多层次、多元化的合作经营，拉动了公司产销规模的快速提升。

2007年，煤炭销售实现734.35万吨，同比增加135.87万吨，增幅达22.7%，完成销售计划的148.29%，其中外运煤炭完成588.9万吨，同比增加116.38万吨，增幅达24.61%；地销煤炭完成134.83万吨，同比增加8.87万吨，增幅达7.04%；自用煤完成10.63万吨，同比增加3.95万吨，增幅达59.17%。

2008年，煤炭销量完成917.3万吨，超计划237.3万吨，同比增加182.9万吨，增幅为24.9%。其中：外运计划660万吨，实际完成670.5万吨，超计划10.5万吨，同比增加81.61万吨，增幅为13.86%。地销计划20万吨，实际完成246.8万吨，（含铁路辅业装车）超计划226.8万吨，同比增加81.4万吨，增幅为69.67%。创造了日、月销售煤炭6.8万吨和126.49万吨的历史新高。特别是在公司开展"地销会战60天"活动中，创出了日地销煤炭1.37万吨的最高水平及日地销量28天突破万吨的好成绩。

2009年，煤炭销量突破千万吨大关，完成1311.5万吨，同比增加394.26万吨，增幅为42.9%。并创出单日地销煤炭1.62吨；单日铁路装车812车；单日销量6.1万吨；单月销售煤炭137.3万吨；单季度销售煤炭381.3万吨的历史新高。

2011年，全年煤炭销售总量突破2000万吨大关，完成2614.64万吨，同比增加862.9万吨，增幅高达49.3%。创单季度销售煤809.71万吨的历史新高。2012年，全年煤炭销售总量超过3000万吨，达到3033.65万吨，销量、外运量、售价均创历史新高。2013年，全年煤炭销售总量完成3135.67万吨。2014—2015年,受全国煤炭市场疲软影响,全年煤炭销售总量开始下降。2014年完成2868.51万吨,同比减少267.16万吨。2015年完成销量2511.46万吨,同比减少357.05万吨。

2007—2015年神华宝日希勒能源公司计划销售情况见表5-3-13。2009—2015年神华宝日希勒能源公司商品煤销售价格见表5-3-14。

表5-3-13 2007—2015年神华宝日希勒能源公司计划销售情况统计表　　万吨

年度	订货量	计划销量	实际完成	其中		计划超欠
				区外	区内	
1991	—	—	39.49	30.06	9.43	—
1995	—	—	39.23	39.00	0.23	—
2000	—	—	156.68	89.21	67.47	—
2005	—	—	489.64	369.09	120.55	—
2006	—	—	598.48	472.52	125.96	—
2007	1527.25	495.00	734.35	588.90	145.46	239.15
2008	1829.20	680.00	917.28	670.51	246.76	237.28
2009	2616.85	961.00	1311.54	1052.78	258.76	350.54
2010	4279.15	1405.00	1751.73	1094.23	657.49	346.73
2011	3492.00	2290.00	2614.64	1867.93	746.72	324.64
2012	4308.10	2905.00	3033.65	2442.96	590.69	128.65
2013	5160.50	3068.00	3135.67	2511.76	623.91	67.67
2014	4066.10	2818.00	2868.51	2334.58	533.93	50.51
2015	3606.90	1090.00	2511.46	2045.07	466.39	1421.46

表5-3-14 2009—2015年神华宝日希勒能源公司商品煤销售价格统计表　　元/吨

年度	平均售价		年度	平均售价	
	区外	区内		区外	区内
2009	154.51	122.82	2013	164.37	146.10
2010	151.07	128.98	2014	147.53	139.77
2011	160.24	141.68	2015	146.22	140.23
2012	165.51	143.09			

注:1. 区外销售商品煤为混煤,区内销售商品煤为大垛混煤、大垛块煤、精选混煤和精选块煤。
　　2. 上述售价为含税平均销售价格。

(五) 扎赉诺尔煤业有限责任公司

1. 运销管理体制

1992年2月,根据东北内蒙古煤炭公司的要求,扎赉诺尔矿务局为适应企业升级的需要,运销处对外称"扎赉诺尔矿务局铁路运输部",对内仍称运销处,实行"一个机构,两块牌子"的管理机制。1994年4月,运销处设煤款结算科。1995年1月,各矿化验室划归运销处管理。是年4月设清欠办公室。1999年

9月，清欠办公室划归法律事务处，同时成立销售科。

2002年1月，运销处成立五部（销售一部、销售二部、销售三部、销售四部、销售五部）和销售科（计划调运科与市场开发部合并更名为销售科）。2005年4月，撤销产品科和煤质科，成立运销处产品质检总站。2006年9月，撤销对外5个销售部和销售科，成立内部销售部；销售部下设派驻经理，分区域负责；财务科、结算科合并更名为财务部。

2008年1月，根据华能集团公司的要求，华能呼伦贝尔能源公司成立煤炭销售公司，扎赉诺尔煤业公司运销处的销售部划归呼伦贝尔能源公司管理，运销处更名为"扎赉诺尔煤业公司铁路运输公司"。2009年7月，质检中心和化验中心合并更名为煤质检测中心。

到2014年底，铁运公司有生产段、子公司8个，职能科室5个；共有员工817人，其中，工人741人，干部76人。

2. 销售与管理

1991年，由于全国性的能源紧张，扎赉诺尔矿务局煤炭供不应求，煤炭销售量呈现出强劲的上升势头。销售量实现511万吨，达到有史以来的鼎盛时期。1992年，煤炭市场由于新增资源和用户库存量的增多，又趋于饱和状态。是年，满洲里被批准为沿边开放城市，随着口岸过货量的与日俱增，铁路进矿车皮极度紧张，制约了煤炭销售。1993年，东北地区统配矿指令性煤炭价格全方位开放，开始由计划经济向市场经济过渡，煤炭企业被推向市场。受铁路运力不足，用户频繁限装和车流不畅等因素的交替影响，到1997年末，企业煤炭年均销售量保持在400万吨以上。

1998年，煤炭市场持续疲软，地方小煤矿无序竞争，铁路空车兑现率低，以及矿区连降暴雨，部分矿井被淹，滨州线铁路部分线路被冲毁，导致扎赉诺尔矿务局煤炭停产停运，仅销售326万吨。2000年销售量跌至247.6万吨。

2001年后，全国煤炭销售形势有所好转，但东北地区煤炭销售形势仍较严峻，煤炭销售形势的复苏经历了较长时期。在此期间，扎赉诺尔煤业公司抢抓机遇，加大公关力度，广泛发动，全员促销，取得了一定成效。2001—2003年，销售量分别完成304万吨、355万吨和364万吨，环比增长22%、17%和2%。主要市场为黑龙江省的富拉尔基、齐齐哈尔、大庆、龙凤等地，以及吉林省的前郭、双辽、洮南、白城等地的电煤用户：富拉尔基发电厂、亚电鑫宝热电厂、大庆电厂、宏伟电厂、长山电厂、双辽电厂；主要非电煤用户为扎兰屯民用、林区各林业局、乌兰浩特电厂、海拉尔铁路、通辽发电厂、黑龙江黑化集团、扎赉诺尔灵泉电厂等。

图5-3-7 扎赉诺尔公司煤炭装车待运

2004年后，随着全国经济形势的好转，煤炭销售形势基本摆脱了需求不振、供给过剩的局面，呈现出供求两旺的态势。在此后的两年中，扎赉诺尔煤业公司煤炭销售总量以每年100余万吨的销量增长。2004—2007年，煤炭销售呈现供销两旺的态势。扎赉诺尔煤业公司除巩固原有煤炭用户外,新开发或销售量增长的用户有长春大成玉米开发公司、吉林化纤股份公司、九龙兴安股份公司、吉军贸易公司、黑龙江岁宝热电、梅河口电厂、长山化肥厂、哈尔滨华能集中供热等。煤炭销售去向扩大到吉林长春、松原、长山屯、梅河口地区及黑龙江哈尔滨、阿城、富裕、林源地区等。

2007年,扎赉诺尔煤业公司划归华能集团公司后,华能集团内部煤炭供应为扎赉诺尔煤业公司煤炭销售带来了发展机遇,但由于初始阶段合同量较少,煤炭销售量较上年变化不大。2009年以后,华能集团公司内部供应合同量增加,加之国家经济高速发展,全国各地对煤炭的需求量较大,公司煤炭销售量逐年递增。

2008—2015年,扎赉诺尔煤业公司煤炭销售流向和煤炭用户结构发生了较大变化,华能集团公司内部电厂成为扎赉诺尔煤业公司煤炭销售的主供方向。煤炭销售除保留国家重点电煤用户外,主要以华能国际燃料、营口电厂、大连电厂、长春热电厂、九台电厂、新华电厂等华能集团公司内部电厂为主。

1991—2015年,扎赉诺尔煤业公司产量、产值、利润、税收情况详见表5-3-15、表5-3-16。

表5-3-15 1991—2015年扎赉诺尔煤业公司产量、产值、利润、税收情况统计表

年度	产量		产值		利润		税收	
	产量(万吨)	同比(%)	产值(万元)	同比(%)	利润(万元)	同比(%)	税收(万元)	同比(%)
1991	484	1	23047	18	-1266	87	914	19
1992	463	-4	23947	4	-2041	61	837	-8
1993	400	-14	28435	19	-2922	43	960	15
1994	420	5	33499	18	-3198	9	2617	173
1995	386	-8	32034	-4	157	-105	1502	-43
1996	402	4	36329	13	550	250	3682	145
1997	404	0	42220	16	2640	380	2489	-32
1998	315	-22	30615	-27	-4240	-261	2722	9
1999	277	-12	26129	-15	-3341	-21	2299	-16
2000	245	-12	20404	-22	50	-101	2175	-5
2001	304	24	26995	32	168	236	3371	55
2002	350	15	30484	13	677	303	3362	0
2003	358	2	33171	9	706	4	4045	20
2004	453	27	42629	29	-3765	-633	4855	20
2005	597	32	65128	53	1232	-133	8869	83
2006	625	5	72752	12	1508	22	12110	37
2007	644	3	85478	17	220	-85	13217	9
2008	686	7	92700	8	-386	-275	15209	15
2009	880	28	124545	34	-8390	2074	21540	42
2010	1101	25	170471	37	-12098	44	25341	18

表 5-3-15（续）

年度	产量		产值		利润		税收	
	产量（万吨）	同比（%）	产值（万元）	同比（%）	利润（万元）	同比（%）	税收（万元）	同比（%）
2011	1617	47	272670	60	5201	-143	56706	124
2012	1661	3	296070	9	-8165	-257	66127	17
2013	1567	-6	264270	-11	-138799	1600	60558	-8
2014	1629	4	244695	-7	-88956	-36	61312	1
2015-05	525		76014		-54653		28073	—

表 5-3-16　1991—2015 年扎赉诺尔煤业有限公司商品煤价格情况统计表

年度	发热量[兆焦耳/千克/（千卡/千克）]	出矿价（元/吨）	年度	发热量[兆焦耳/千克/（千卡/千克）]	出矿价（元/吨）	年度	发热量[兆焦耳/千克/（千卡/千克）]	出矿价（元/吨）
1991	15.58（3722）	44	2000	15.41（3681）	105	2009	15.41（3681）	144
1992	15.45（3690）	46	2001	15.47（3695）	110	2010	15.36（3668）	161
1993	15.44（3687）	85	2002	15.58（3720）	112	2011	15.37（3672）	172
1994	15.53（3710）	90	2003	15.55（3714）	115	2012	15.29（3651）	180
1995	15.60（3725）	92	2004	15.58（3720）	120	2013	15.39（3675）	185
1996	15.48（3697）	103	2005	15.45（3689）	125	2014	15.35（3667）	164
1997	15.45（3690）	102	2006	15.54（3711）	132	2015	15.47（3695）	146
1998	15.59（3724）	104	2007	15.50（3702）	135			
1999	15.56（3717）	104	2008	15.40（3679）	140			

（六）华能伊敏煤电有限责任公司

1. 煤炭运销体制

1991—1992 年，煤炭外销由公司运销处负责，主要业务科室有财务科、销售科等，主要生产车间是铁路运输科。1992 年 8 月，原运销处撤销，煤炭外销划归伊敏露天矿管理，成立煤电公司销售公司，与伊敏露天矿一个单位、两块牌子，下设销售科和铁运科，实行产、运、销一条龙管理。1998 年，伊敏露天矿成立运输销售部，煤炭外销划归运销部管理。

2001 年 3 月，伊敏露天矿成立综合科及燃除部，煤炭销售业务由综合科及燃除部负责。2002 年 2 月，公司成立铁路运销处。煤炭销售管理全部由铁运处负责，下设综合科和铁运段。2006 年，公司成立燃料供应部，即铁路运销处。煤炭销售管理全部由燃料供应部负责，下设综合科和铁运段。2009 年，公司成立铁路运输处。煤炭销售业务划归煤炭销售分公司管理，煤炭运输任务划归铁运处负责，下设综合科和铁运段。

煤炭外运的车辆配给主要根据全年煤炭订货合同量由呼伦贝尔公司煤炭销售分公司按月分解后，国铁哈尔滨铁路局根据煤炭销售分公司月度和日请车皮计划配给。

2. 销售与管理

近年来，随着公司的快速发展，煤炭外运量也大幅度提高，从 2009 年的 476 万吨/年运量攀升到 2011 年的 900 万吨/年运量以上。以创建一流煤电企业为目标,以安全生产管控为基础,本质安全建设为核心,加强安全管理,加大科技投入,全面实施横班管理,推行一次乘务标准化作业、精细机车燃油管理、优化生产组织,推动横班小指标竞赛活动,激发职工工作积极性,工作效率不断提高,实现了公司煤炭外运工作质的飞跃。

2011—2015 年,5 年间共计完成煤炭外运量 4569.79 万吨,年平均外运量达 913.96 万吨,人均外运工效达到 8.68 万吨/年,与 2002—2010 年 9 年间煤炭外运情况(外运量 4213.29 万吨,年平均外运量为 468.14 万吨,人均外运工效为 3.07 万吨/年)相比,煤炭外运量多完成 356.5 万吨。同时,创造了 2012 年外运总量 1031.50 万吨、2013 年日装车 729 节和 2014 年单月外运 108.83 万吨的历史纪录,连续 13 年实现安全运输无事故。1991—2015 年华能伊敏煤电有限责任公司煤炭销售、运输情况见表 5-3-17。

表 5-3-17　1991—2015 年华能伊敏煤电有限责任公司煤炭销售、运输情况统计表

年度	调往区外		区内消费		总销量(万吨)	销售流向
	数量(万吨)	比例(%)	数量(万吨)	比例(%)		
1991	127.35	82.86	26.34	17.14	153.68	
1992	96.58	80.37	23.59	19.63	120.17	
1993	117.40	84.68	21.24	15.32	138.64	
1994	129.75	90.62	13.42	9.38	143.17	
1995	151.72	94.51	8.82	5.49	160.53	
1996	154.61	93.08	11.50	6.92	166.11	
1997	157.15	91.41	14.77	8.59	171.92	
1998	151.66	68.97	68.24	31.03	219.90	
1999	133.09	42.27	181.74	57.73	314.82	
2000	124.72	27.30	332.10	72.70	456.82	黑龙江省、吉林省
2001	128.26	25.80	368.91	74.20	497.17	
2002	131.37	25.43	385.33	74.57	516.70	
2003	136.96	25.00	410.75	75.00	547.71	
2004	168.64	26.43	469.34	73.57	637.98	
2005	267.28	100.00	—	—	267.28	
2006	290.50	94.34	11.03	3.66	301.53	
2007	372.65	96.67	12.85	3.33	385.50	
2008	478.87	93.87	31.26	6.13	510.14	
2009	429.95	90.40	45.64	9.60	475.59	
2010	468.53	82.08	102.32	17.92	570.86	
2011	781.51	83.27	157.05	16.73	938.56	黑龙江、吉林省及呼伦贝尔地区华能集团内部用户
2012	930.21	90.18	101.30	9.82	1031.50	
2013	799.79	92.48	65.03	7.52	864.83	
2014	881.70	97.56	22.08	2.44	903.78	
2015	806.84	97.08	24.28	2.92	831.12	

(七)内蒙古平庄煤业(集团)有限责任公司

1. 煤炭运销体制

1991 年,平庄矿务局设立煤质销售处,设管理科、煤质科、财务科、销售科、化验室 5 个科室。1993 年 5 月,成立煤炭销售公司,与煤质销售处一个机构、两块牌子,对内行使地销煤销售业务管理职能,对外开展电煤、路销市场煤市场营销业务。

1995年5月,矿务局成立清欠办公室,业务靠挂在煤炭销售公司。1997年5月,煤质化验室划归技术监督处。1999年12月,煤质化验室划回销售公司。2001年,煤炭销售公司机构调整,设9个部门,即计划部、市场部、调运部、财务部、结算部、清欠办公室、煤质选煤部、煤质检测中心(下设煤质化验室和联合采制化站)、综合办公室。

2006年12月,煤炭销售公司划入平庄能源(上市公司),更名为"内蒙古平庄能源股份有限公司煤炭销售分公司"。平庄煤业委托平庄能源股份有限公司全权代理煤炭销售,平庄能源煤炭销售分公司与平庄煤业煤炭销售公司为一个机构、两块牌子,管理职能不变。

2010年末,平庄能源煤炭销售分公司(平庄煤业煤炭销售公司)下设市场开发部、调运部、煤质管理部(煤质检测中心)、财务部、政工部、综合管理部6个职能部门,同时设驻锦州港分公司(下设鲅鱼圈港和葫芦岛港两个办事处)、驻白音华煤业分公司。

2014年,平庄煤业决定煤炭销售管理体制由"分级管理、两级销售"到"集中管理、统一销售"的历史性跨越,企业营销资源得到了整合,以一个整体面对市场,企业综合抗风险能力和整体竞争能力明显提高。同时由销售公司网管中心团队自主研发覆盖各矿的统一营销网络平台,经过半年的试运行,正式投入使用。

同年4月,平庄煤业公司决定成立市场营销部(销售公司兼),负责全公司煤炭销售布局、政策制定、煤质考核与监督、地销煤最低限价管理与监督、煤炭销售业务指导与协调等工作。本埠各矿负责本单位市场开发、地销煤销售、依照最低限价对煤炭产品定价、煤质管理等工作;白音华分公司销售划归平西白音华煤业公司管理。销售公司负责平庄本埠各矿电煤、路销市场煤及平庄、白音华下水煤销售工作,协调全公司市场开发,统一管理平庄本埠及白音华煤炭购销合同签订、"平庄煤业煤炭销售网络系统"管理与维护、平庄本埠货款结算业务。

2. 营销与管理

2004—2010年,平庄煤业煤炭营销更加适应市场经济的要求。期间,以全国"煤炭产运需衔接会"为平台,与主要电煤用户签订供需合同,煤炭价格实行双轨制,即在电煤销售方面,有的执行国家发展改革委规定的指导价,也有的可以实行"一口价";在市场煤销售上,根据各矿煤炭生产、煤质变化、煤炭行情等情况调整煤炭价格。2006—2008年,平庄煤业煤炭销售执行国家"保电煤"政策,销售策略主要是"以电煤为主,市场煤为辅"。2009—2010年,销售策略采取"电煤、市场煤并重"的方针。

图5-3-8 2011年3月17日,平庄煤业召开销售工作会议

2011年7月起,平庄煤业对煤炭销售实行"统一市场开发、统一合同管理、统一计划管理、统一价格管理、统一煤质管理、统一货款管理"的"六统一"的销售管理体制。以"和谐营销、互惠共赢"营销文化理念和"把市场脉、打煤

质牌、抓铁路线、念港口经、走国电路、唱和谐歌"的总体营销思路，构建形成了以国电系统内电厂和大客户为保障、以直供户为支撑，以中小客户为补充的总体布局和以铁路运输为主、以公路为支撑、以港口下水为补充和调节的销售渠道，拓展入关市场，部分煤炭经铁路远销河南、山东、安徽等地。

2012年，煤炭市场持续下行，平庄煤业以适应、转变、调整、创新为工作主线，理顺体制，健全机制，规范秩序。大力发展直供户、大客户，取得了销量和经济效益双丰收。

2013年，围绕"保煤质、稳售价、抢市场、提销量、调结构、增效益"六大任务，大力推进煤电协同互保，积极运作长协，推行了"保量、保质、保价、保运、保服务"的五保措施和按量从优等优惠政策。

2014年，围绕"提质稳价、保运增量"总体思路，按照"效益优先"和"同质同价、优质高价"原则，制订地销煤最低限价。

2015年，坚持"开发新市场、拉户提销量"策略和"做足销量、价格合理"的原则，制定煤炭售价按量阶梯优惠办法、大客户年度优惠政策、直供户优惠政策及相应实施办法，推进区域市场开发，扩大了煤炭销量。1991—2015年平煤公司商品煤销售价格情况见表5-3-18。

表5-3-18 1991—2015年平煤公司商品煤销售价格情况统计表

年度	发热量 [兆焦耳/千克/ (千卡/千克)]	出矿价 (元/吨)	年度	发热量 [兆焦耳/千克/ (千卡/千克)]	出矿价 (元/吨)	年度	发热量 [兆焦耳/千克/ (千卡/千克)]	出矿价 (元/吨)
1991	15.13（3613）	—	2000	15.42（3683）	102.65	2009	14.93（3566）	228.23
1992	14.92（3563）	—	2001	15.50（3702）	102.77	2010	14.90（3558）	248.20
1993	14.93（3566）	—	2002	15.40（3678）	110.31	2011	14.71（3513）	239.36
1994	15.60（3726）	—	2003	15.27（3647）	110.02	2012	14.84（3544）	191.71
1995	15.96（3812）	—	2004	15.12（3611）	128.85	2013	15.01（3585）	160.80
1996	15.87（3790）	—	2005	15.31（3656）	176.52	2014	14.89（3556）	145.42
1997	16.36（3908）	—	2006	15.63（3733）	184.08	2015	14.87（3551）	103.35
1998	16.18（3865）	—	2007	15.25（3642）	183.63			
1999	15.69（3747）	—	2008	14.81（3537）	227.77			

（八）内蒙古怡和能源集团有限公司

1. 机构与管理体制

内蒙古怡和能源集团有限公司（以下简称"怡和能源集团"）由原内蒙古煤炭供销总公司、内蒙古煤炭进出口公司、内蒙古煤矿设计院、内蒙古煤炭科学研究所和内蒙古溢源煤炭公司5家自治区煤炭行业直属企业，经内蒙古自治区经委《关于内蒙古煤炭供销总公司改制方案的批复》批准，通过以内蒙古煤炭供销总公司为母体进行增资扩股，调整所有制和经营结构，吸纳煤炭资源储备优势企业入股，实施整体改制设立，重组为国有相对控股、社会法人参股、员工持股多元投资的混合所有制下的有限责任公司，于2008年5月26日在呼和浩特市工商行政管理局登记注册。截至2014年底，公司注册资本25000万元。集团（母公司）

办公驻地设在呼和浩特市新城区新华大街395号煤炭大厦。公司业务范围主要是煤炭生产、运输销售；铁路车皮营运及代办运输服务；有关科研、设计、工程和生产技术服务；矿山设备和建材经销等。公司主营煤炭批发经营、储运和销售服务。

公司拥有三家全资子公司，分别为内蒙古怡和煤化进出口有限公司、包头怡和能源有限责任公司、土默特右旗怡和煤炭运销有限公司；9家控股公司和两家参股公司。2013年，公司又重点对产权结构进行了调整，使所辖参控股公司的产权结构更加优化。2014年，经自治区国资委批准，怡和能源集团国有股从自治区经信委无偿划转至内蒙古交通投资有限责任公司，并于年底成为交投公司的子公司。

图5-3-9　内蒙古煤炭供销总公司
成立三十周年庆典会场

截至2014年底，公司在岗760人，其中中高级管理技术人员占30%左右。

内蒙古煤炭供销总公司成立于1974年，是内蒙古自治区煤炭工业厅（局）下设机构，主要承担内蒙古自治区西部国有统配煤矿供应管理和煤炭运输销售管理工作。公司成立之初，有员工40多人，设置有经营管理科、设备科、材料科、分配科、办公室、仓库等部门，主要负责自治区统配煤矿的煤炭运输销售、物资供应、物资管理和物资中转工作。物资供应主要包括钢材、木材、水泥、火工品、配件、设备等矿用物资的计划审核编报、指标分配、组织订货、调剂余缺等工作。20世纪80年代，为了适应国家经济体制由计划经济向市场经济的转变和公司进一步发展的需要，公司开始由单纯的管理向自主经营的方向转变，先后成立了物资经销部、内蒙古裕达材料公司、晨旗公司等多个实体，分片承包，灵活经营。经营范围由矿用物资扩大到水泥、建材、钢材等多个领域。

1992年，公司抓住自治区煤炭出口需求上扬的有利时机，经自治区政府同意，国家外经贸部批准，成立了煤炭进出口公司，采取和总公司一套班子、两块牌子、单独核算的运营管理模式。

2006年，公司完成了企业改制的前期工作。2007年企业国有资产处置方案获自治区经委批准和自治区国资委核准。2008年，公司顺利完成了自治区经委（煤炭工业局）关于煤炭二级企业实施整体改制的任务，正式组建内蒙古怡和能源（集团）有限公司。

2. 煤炭销售业务

1988年，在自治区煤炭厅领导的支持下，公司采取和上海电力局、浙江电力局协作的方式，共同筹集资金购置了自备车皮。在1988—1990年，公司购置290节自备车组成6列运煤专列，在乌海至秦皇岛运输西三局的煤炭，极大缓解了华东电网煤炭紧张的局面。为了达到自备车的高速运转，公司在乌海、包头、大同、北京、秦皇岛等地设立了办事处，投入了大量的人力、物力、财力，负责协调和办理自备车运行沿线各环节的工作。为保证货源充足并有效地把好质量关，在呼铁局包头沼潭车站，由公司牵头联合几家矿务局共同组建了发运站，年发运煤炭百万吨，开创了煤炭旺销的良好局面。经过短短几年的运营，公司不仅还清了自备车贷款，还形成了2000多万元的固定资产，同时还积累了大量资金。

1992年7月，经自治区政府同意，国家外经贸部批准，公司成立了煤炭进出口公司，迅速打开了煤炭进出口工作的新局面。煤炭进出口公司成立当年即出口煤炭23万吨，创汇1245万美元，创造了自治区煤炭出口历史的最好水平。1995年，公司被自治区授予"出口创汇先进企业"称号，名列全区第五。1999年再次获此殊荣，并跃居第二。

进入21世纪，为保证煤炭销售合同准时兑现，公司着手建立自己的煤炭生产基地。2001年，公司投资500多万元，在鄂尔多斯市准格尔旗境内，收购了年生产能力30万吨的准旗栗家塔煤矿，同年还取得了伊金霍洛旗益民煤矿的生产经营权。通过这一系列举措，公司不仅扩大了可控资产的规模，更为主要的是形成了属于自己的煤炭生产基地。此外，公司采取股份制的方式，分别在乌海和包头地区组建了新鑫煤炭有限责任公司和内蒙古友恒煤炭有限责任公司，分别承担出口"太西煤"和出口乌兰煤的货源组织、洗选加工和发运任务。2002年，总公司又筹集资金，建设了一处年产能力5万吨的焦化厂，作为煤矿的配套项目。至此，总公司产、运、销一条龙的经营格局形成，为公司今后发展奠定了良好的基础。

1998—2008年5月内蒙古煤炭供销总公司煤炭销售量统计见表5-3-19。2008—2015年内蒙古怡和能源集团煤炭销售量统计见表5-3-20。

表5-3-19　1998—2008年5月内蒙古煤炭供销总公司煤炭销售量统计表

年度	销售数量（万吨）	不含税销售金额（万元）	年度	销售数量（万吨）	不含税销售金额（万元）
1998	1597.32	—	2004	4.63	1296.89
1999	2313.41	—	2005	19.62	7070.69
2000	2031.66	—	2006	32.86	12498.10
2001	7.39	1813.65	2007	32.21	13219.02
2002	10.13	2264.60	2008（1—5月）	17.09	8551.21
2003	7.16	1409.61			

注：1998—2000年销售量含包头、乌达、海勃湾矿务局和万利公司销量。

表5-3-20　2008—2015年内蒙古怡和能源集团煤炭销售量统计表

年度	销售数量（万吨）	不含税销售金额（万元）	年度	销售数量（万吨）	不含税销售金额（万元）
2008（6—12月）	8.95	7010.48	2012	171.11	85457.13
2009	16.73	8301.53	2013	153.37	63283.76
2010	34.78	20476.72	2014	178.16	57011.31
2011	127.94	83509.84	2015	36.61	8373.19

2010年，公司被列为自治区重点煤炭企业，2011年，又率先被确定为"十二五"期间自治区煤炭企业兼并重组主体，并入围自治区政府"双百亿工程"。

截至2014年，该集团现有控股煤矿3处，分别为聚源煤矿、闫家沟煤矿和何家堡煤矿，煤炭总储备量达1.5亿吨，煤炭生产规模达到年产500万吨。所属煤矿采煤机械化程度和掘进装载机械化程度为100%，实际采区回采率约80%。企业从煤炭生产、采购、储存、加工、运输到销售服务的供应链管理的各个节点已基本实现了煤炭动态流转的流程化管理，企业煤炭供应链管理体系已基本搭建完成，煤炭生产、煤炭购销、煤炭运输、煤炭储配、煤炭交易等网络已基本形成，具备一定的实体基础、客户资源、运行经验和市场潜力，一站式煤炭供应链服务平台初具规模。2015年9月，内蒙古怡和能源集团注册成立土默特右旗怡和能源煤炭运销有限公司。

（九）内蒙古伊泰集团有限公司

1. 煤炭运销体制

1991年8月，伊克昭盟煤炭公司成立销售科，1993年2月改设为经营部，下设销售科、出口煤管理科、天津办事处（天津开发区经营部）。1994年11月增设上海办事处；1996年7月，以经营部为基础注册设立经营公司，下设包头、包神线、唐公塔、乌海、台阁牧等发运站与京唐港、天津、秦皇岛转运站及上海办事处、锦州办事处、秦皇岛经营开发公司。1998年，集团公司将经营公司改为分公司，取消法人资格；下设京唐港、天津、秦皇岛三个转运站及上海、锦州、秦皇岛、山东、江阴、南京、广州、台州、镇海、华北、东北、福州、南通等办事处、销售分公司与各发运站。

为实施自治区政府"西煤东运"资源转换战略，打开"东胜煤"在东北三省的销售市场，1995年11月，集团公司与呼和浩特市如意开发区物资公司、内蒙古集通铁路公司共同出资200万元，组建"内蒙古西蒙煤炭公司"。1996年1月18日，西蒙煤炭公司向东北发出首列运煤专列，进入集通铁路运营煤炭。自治区党委书记刘明祖为运煤专列开通剪彩。

2000年7月，经伊盟盟委、行署批准，内蒙古西蒙煤炭公司与伊克昭盟煤炭集团公司脱钩，组建内蒙古西蒙集团有限公司。

图5-3-10　1996年1月18日，自治区党委书记刘明祖（前右四）为西蒙公司首列发往东部地区的煤车启动仪式剪彩

2001年3月，伊泰集团经营公司改称经营部；先后撤销或合并区外各销售分公司，改设华东、华南、华北及锦州销售分公司，增设区内销售分公司。2003年7月，增设呼和浩特销售分公司。2006年11月，经营部改称营销事业部，下设京唐港、天津、秦皇岛、锦州办事处与华东、华南、华北及区内销售分公司、汽车运输公司及发运站等。2007年8月撤销华北销售分公司。2009年3月，营销事业部与运输事业部合并，成立煤炭运销事业部，下设各发运站、汽运公司、综合管理部门及华东、华南、华北及区内销售分公司。

截至2015年底，集团公司共有28个销售机构，包括综合办、稽查管理中心、动力煤期货中心、煤炭贸易公司、北京运销分公司、上海销售分公司、江苏销售分公司、华南销售分公司、呼市销售分公司、福建销售分公司、浙江销售分公司、华中销售分公司、山东销售分公司、东北销售分公司、区内销售分公司、薛家湾办事处、呼市办事处、太原办事处、秦皇岛办事处、京唐港办事处、曹妃甸办事处、黄骅港办事处、西营子发运站（运调科）、准格尔召发运站（运调科、西召选煤厂）、暖水发运站（运调科）、罕台北发运站、铁东储运公司、公路管理办。

2. 销售业务

1988年5月，企业制定依托伊盟、乌海丰富的煤炭资源，以煤炭运销作为公司主业的发展战略。首先决定在乌海市开辟煤炭运销基地并成立办事处。在自治区的帮助下，1988年公司购置自备车10节，在呼铁局上线运营。8月22日，自备车从乌海卡布其站向乌拉山化肥厂运送第一批焦炭，从此走上稳定发展之路。为了出色完成伊盟盟委、行署提出的"尽快把煤炭销售出去，将能源优势转化为经济优势"的重托，企业克服重重困难，到1997年共购置近1871节自备车，为公司的快速发展奠定了坚实基础。同时，企业修公路、建铁路，不断开拓国内外市场。2010年，企业销售煤炭6075.8万吨，销售收入达256.66亿元，实现利税144.34亿元，连续8年纳税位居鄂尔多斯市地方企业之首，连续两年位居自治区利税第一大户。20多年来，集团公司煤炭运销事业经历了4个阶段：

第一阶段（1988—1997年）：积极争取国家煤炭调运计划、努力扩大与保证运输时期。在此期间，伊克昭盟地区小煤窑遍地开花，受运力与计划所限，原煤产量大于销量的矛盾十分突出。公司抓住时机，努力争取煤炭外运计划与购置自备车上线运营。在内蒙古自治区和伊盟党政领导的支持下，董事长张双旺多次进京协调"三部、两委"加大对边疆少数民族地区的支持力度。在1989年全国煤炭订货会上，公司首次获得20万吨铁路运输计划。至1997年，公司铁路运输计划达到近500万吨，自备车达到1871节（41列）。同时，相继修建了唐公塔、包头、东胜、台阁牧发运站，设立了天津港、秦皇岛港转运站，成立汽车运输公司，修筑了羊指公路、曹羊公路，重点解决煤炭运输问题。煤炭销售量从1988年的2万吨上升到1997年的294万吨，销售收入从1988年的158万元上升到1997年的77393万元。

图5-3-11　2010年11月2日，伊泰集团有限公司与大唐国际股份有限公司签订战略合作框架协议

第二阶段（1998—2002年）："经营围绕市场转，运输围绕营销转"时期。受亚洲金融风暴的影响，又恰逢国家实行产业结构调整，大批高能耗产业被关停，全国煤炭市场极度疲软，90%以上的煤炭企业亏损。公司为摆脱困境，从运输、生产系统抽调骨干力量充实煤炭销售力量，成立京唐港转运办、南京办事处及锦州、山东、江阴、浙江、广州、福州、华北等销售分公司，实施销售环节成本包干与有奖销售管理办法，调动一切积极因素，面向全国开拓市场。同时，采取抓质量争市场、抓销售带效益、抓发运保营销、抓结算清欠款、抓管理降成本诸项措施，消除煤炭市场疲软带来的不利影响。公司煤炭销售量从1998年的379万吨上升到2001年的599万吨；销售收入由10.08亿元上

升到11.77亿元,实现了稳中有升;货款回收率从1998年的74.4%逐步上升到2001年的95.1%。

第三阶段(2003—2012年):煤炭市场"黄金十年",也是公司煤炭运输、销售量快速增长时期。争取国家运输计划和提高销售煤炭计划兑现率成为煤炭运销的中心任务。2004年底,集团公司遵照铁道部的决定,将自备车全部交原铁道部。2005年,公司被铁道部列入首批百家运输重点大客户行列,全年争取国家计划784万吨,国家重点煤炭调运计划实际达到1510万吨。2010年,公司与包括"五大电力"在内的22家重点客户签订了"五年长期战略协议",煤炭供应量为2.913亿吨。至2012年,公司销售煤炭7810万吨,约为2001年销售量的13倍;煤炭销售收入303亿元,是2001年销售收入的25倍。

第四阶段(2013—2015年):应对煤炭市场下滑、深化管理改革时期。从2012年下半年起,国内煤炭市场需求疲软,煤价开始大幅下跌。公司煤炭运销板块主动压缩编制,核减用工,委外部分业务实现降本增效。通过"保量降价"的策略降低社会矿采购成本,筛选优质客户建立战略合作关系;响应"物流总包"政策,与呼和浩特铁路局签订"管内一口价"协议,在降低运输成本的同时,为公司进一步拓展市场、增加销量开启了新通道。在秦皇岛港、京唐港、曹妃甸港等港口争取到场地堆存、泊位、港杂费等方面诸多优惠政策。2013年9月,公司成为全国首批动力煤期货交割厂库单位,顺利完成中国第一单动力煤期货交割与期转现业务。期间,公司煤炭销售量和销售收入都有所减少。2015年,公司煤炭销售量达6124万吨,销售收入约171亿元,比2012年少132亿元。

截至2015年,公司累计发运5.1亿吨,销售煤炭6.2亿吨,实现销售收入超过2000亿元(表5-3-21)。

表5-3-21 伊泰集团1991—2015年煤炭产销量、销售收入及上缴税费统计表

年度	煤炭产量(万吨)	煤炭销量(万吨)	销售收入(亿元)	上缴税费(亿元)	年度	煤炭产量(万吨)	煤炭销量(万吨)	销售收入(亿元)	上缴税费(亿元)
1991	—	60.2	0.92	0.18	2004	767	1200	26.43	6.57
1992		91	1.53	0.27	2005	1010	1895	51.10	8.86
1993		116	2.46	0.33	2006	1183	2081	76.54	11.37
1994		178	2.98	0.32	2007	1768	3032	102.16	15.57
1995	—	267	4.79	0.37	2008	2568	3520	163.18	33.56
1996	40	282	6.27	0.66	2009	3667	4155	161.45	43.43
1997	83	400	7.74	0.68	2010	5527	6076	248.48	74.01
1998	210	573	10.08	0.42	2011	6027	7257	297.70	89.12
1999	324	585	10.58	0.24	2012	5399	7960	337.99	91.20
2000	308	547	11.04	0.75	2013	4824	6526	272.88	70.35
2001	502	599	11.77	1.42	2014	4345	6626	273.36	43.74
2002	554	900	14.37	1.41	2015	3460	5809	207.67	32.07
2003	701	1091	26.18	1.96	总计	43267	61826	2329.63	528.85

企业长期坚持"诚信经营、互惠互利"的原则，牢固树立"产品零缺陷、满意百分百"的客户意识，制定并实施品牌战略，全力维护"伊泰"商标声誉。"伊泰煤"2001年被评定为自治区"名牌产品"。集团公司根据客户不同需求，科学配煤，"伊煤混"和高炉喷吹煤很受欢迎。1996年，负责大半个上海市用电任务的吴泾电厂发生煤荒，仅靠清扫煤场来维持发电用煤。企业领导得知情况后，立即采取果断措施，不到两天时间，2万吨电煤运抵上海港，解了电厂燃眉之急。同年，又组织50辆汽车往天津港运送6000吨高质量高炉喷吹煤，保证了上海宝山钢铁公司生产所需。2008年春，南方遭受冰冻灾害，公司每天以低于市场200元/吨的价格向南方电力企业供煤8万余吨，受到广泛赞誉。

2015年，运销事业部员工720人。其中，在册合同工443人、劳务用工267人、非全日制用工10人。

（十）内蒙古蒙发煤炭运销有限责任公司

内蒙古蒙发煤炭运销有限责任公司为蒙发能源控股集团控股子公司，成立于2005年，注册地址为伊金霍洛旗，注册资金5000万元。主营业务为煤炭运输、销售、煤炭进口与洗选加工，是具有铁路运输计划和铁路运输自备车的综合物流企业。在鄂尔多斯、山西五寨、额济纳策克建有总发运能力为1500万吨/年的煤炭集装站；在包头、呼和浩特、北京、天津、京塘港、曹妃店、秦皇岛、南通、广州等地设有销售联络处。公司按照集团实现煤炭营销集约化、规模化、产业化的发展战略，以集团为依托，积极走出去，引进来，做大做强煤炭运销企业。公司下设煤炭运销企业主要有：

（1）山西蒙发煤炭运销有限责任公司。公司成立于2006年，注册地址为山西五寨，注册资金5000万元，隶属于内蒙古蒙发煤炭运销有限责任公司。山西蒙发煤炭运销有限责任公司在大秦线拥有年铁路运力计划200万吨。2007年在太原铁路局开立铁路发运"户口"，并每年与太原铁路局签订重点发运合同计划查定表，主要向港口中转发运神木、府谷特低灰煤，并代发各企业煤炭。

（2）额济纳策克煤炭运销有限责任公司。公司为蒙发煤炭运销有限责任公司的控股子公司。成立于2008年，注册资金5000万元，总资产为3亿元，注册地为阿拉善盟额济纳旗，位于我国第七大陆路口岸即额济纳旗策克口岸，该口岸是内蒙古自治区第三大陆路口岸，是阿拉善盟唯一对外开放的国际通道，辐射蒙古国南戈壁、巴彦洪戈尔、戈壁阿尔泰、前杭盖、后杭盖5省区。公司在蒙古国拥有总计280平方千米的两个探矿权。

公司具备煤炭进口许可证、煤炭经营资格证等中国及蒙古国煤炭进口及销售所需的各种资质。公司主营业务为开发蒙古国煤炭资源和焦煤进口，拥有超百吨大型运煤车辆145台，年煤炭进口量约350万~400万吨，拥有占地面积46.67公顷的煤炭物流园区（海关监管），是策克口岸首批通过呼和浩特海关验收的4家海关监管场区之一，在蒙古国口岸保税区拥有占地面积60公顷的煤炭中转场区。公司建有完善的办公及生活服务区近万平方米，正式员工68人，中国和蒙古车队管理人员及司机200余人。

公司下设3家分公司：蒙凯煤炭有限公司，成立于2011年；在蒙古国注册成立两家公司，分别为蒙古德金策克公司，经营范围为煤炭经营和服务业；蒙古脑音公司，经营范围为探矿和煤炭经营。在蒙古国距策克口岸 15 千米处建有保税物流园区 25 公顷，公司在蒙古国拥有 2 个探矿权，总计面积 280 平方千米。

（3）内蒙古蒙晋物流股份有限责任公司。公司成立于 2010 年，注册地为呼和浩特市，注册资金 63420 万元。蒙发煤炭运销公司占股 35%。蒙晋物流铁路运量达 2000 万吨/年以上，主营业务为 3000 辆 C80B 自备车运营。公司主要承接内蒙古地区重点煤炭企业的中转发运业务，是内蒙古煤炭外运至港口的主要铁路通道。

图 5-3-12　公司用自备车给客户运送煤炭

公司以构建现代煤炭物流贸易为主线，突出"做强传统煤炭贸易，做大供应链金融业务"三大主题，致力打造煤炭贸易核心地位。初步构建起山西、陕西、内蒙古等国家重点煤炭生产基地及调入地区煤炭贸易中心节点，形成与蒙发煤炭运销公司配套的一体化运营模式。

（4）内蒙古华远现代物流有限责任公司。公司成立于 2011 年，注册资金 74200 万元，为蒙发煤炭运销公司的参股公司。内蒙古华远现代物流有限责任公司在呼和浩特铁路局、北京局、济南局运营，主营业务为 3300 辆 C70 自备车运营。华远现代物流始终遵循"大经营、大物流、大服务"指导方针，秉承蒙发集团精神，以创建跨行业、跨地区的现代化大型物资流通企业为方向，把握市场动向，紧盯用户需求，实施现代管理，加快市场开拓，全力推动企业科学、健康、高效发展。

（十一）内蒙古伊东集团煤炭运销有限责任公司

内蒙古伊东集团煤炭运销有限责任公司成立于 2002 年 4 月，注册资本 2060 万元，并获准煤炭批发经营资格，2004 年 4 月获准在呼和浩特铁局立户。2010 年，伊东集团与呼和浩特铁路局合作，在京包线包头管段建成全国一流的现代化、全封闭、环保型万吨煤炭装车基地，成为铁道部直管的大客户之一。原煤销售渠道更加畅通。

图 5-3-13　2018 年 10 月 21 日，呼铁伊东煤炭装车基地举行运营剪彩仪式

2011 年，随着集团公司改制，运销公司成为内蒙古伊东资源集团股份有限公司的全资子公司。2012 年 10 月，公司名称由原"准格尔旗伊东煤炭运销有限责任公司"变更为"内蒙古伊东集团煤炭运销有限责任公司"。公司主要负责伊东资源集团煤炭产品的销售、运输业务，是伊东资源集团对外销售的窗口，公司总部设在内蒙古准格尔经济技术开发区。

2015年，集团公司再次机构改革，将伊东东昊公司并入运销公司名下，合并后公司下设综合部、财务部、销售业务部、大红城发运站、西召发运站5个职能部门，2家分公司，3个驻外办事处（驻秦皇岛港、京唐港、曹妃甸港办事处）。

运销公司的主要业务是煤炭产品的区外销售、资源组织、质量控制、运输协调、售后服务等。公司产品主要有优质精煤、动力煤等，主要销往华北、华南等地区。2002—2015年内蒙古伊东集团煤炭销售统计见表5-3-22。

表5-3-22 2002—2015年内蒙古伊东集团煤炭销售统计表

年度	销售煤炭（万吨）	销售收入（万元）	实现利润（万元）	年度	销售煤炭（万吨）	销售收入（万元）	实现利润（万元）
2002	6.69	443.19	10.45	2009	892.81	305489.54	1830.24
2003	7.18	873.08	7.69	2010	1049.99	411483.21	4096.36
2004	13.95	2491.39	285.98	2011	677.76	293621.97	6083.91
2005	78.09	20207.49	1333.24	2012	1719.35	477555.67	22249.79
2006	252.08	54092.00	1380.55	2013	1229.82	260620.77	-287.04
2007	592.59	134103.45	1620.13	2014	743.29	134525.79	1213.81
2008	611.85	254653.61	8291.84	2015	1643.64	168297.96	-37361.06

（十二）内蒙古满世投资集团有限公司

1991—1993年，公司煤炭主要在自治区内销售。2004—2007年，公司煤炭主要流向华东上海、浙江、江苏及北京、天津地区。2008年，公司各煤矿陆续成立销售科，负责煤矿坑口销售。2009—2014年，公司煤炭在全国12个省、市、自治区销售，其中华东地区销售占80%以上。2015年，受煤炭市场持续低迷影响，公司煤炭销售主要以华东市场为主，华南及区内次之，其中，2015年在华东地区销售500.28万吨，华南地区销售61.62万吨，自治区内销售1106.64万吨。

2013年，公司启动了煤炭进口销售业务，2014年12月分别从俄罗斯和印度尼西亚购进6.21万吨和3.97万吨。2006—2015年，公司累计经铁路外运区外销售煤炭6578.43万吨。

1995—2015年满世煤炭集团股份有限公司煤炭销售统计见表5-3-23。

表5-3-23 1995—2015年满世煤炭集团股份有限公司煤炭销售统计表

年度	煤炭产量（万吨）	煤炭销量（万吨）	销售收入（万元）	上缴税费（万元）	年度	煤炭产量（万吨）	煤炭销量（万吨）	销售收入（万元）	上缴税费（万元）
1995	11.10	11.10	632	44.20	2001	105.88	105.88	3822	373.00
1996	28.23	28.23	1305	75.03	2002	108.68	108.68	5186	623.00
1997	40.95	40.95	1633	171.00	2003	69.27	69.27	8676	721.00
1998	28.19	28.19	964	17.10	2004	149.88	149.88	30839	3745.00
1999	27.06	27.06	2502	48.30	2005	281.54	281.54	86050	11387.00
2000	68.27	68.27	2638	83.50	2006	322.02	322.02	134200	17573.00

表 5 – 3 – 23（续）

年度	煤炭产量（万吨）	煤炭销量（万吨）	销售收入（万元）	上缴税费（万元）	年度	煤炭产量（万吨）	煤炭销量（万吨）	销售收入（万元）	上缴税费（万元）
2007	196.35	196.35	228160	17814	2012	1792.61	1590.27	297140	114220
2008	419.08	419.08	408660	39750	2013	1964.79	1750.85	302270	103990
2009	935.35	935.35	369720	57870	2014	1710.28	1525.93	244530	76532
2010	1441.81	1441.81	284090	99557	2015	1598.56	1668.54	—	—
2011	1972.76	1972.76	410870	156270					

（十三）内蒙古太西煤集团股份有限公司

其前身是阿拉善盟古拉本地区煤炭联合公司，成立于 1986 年。2003 年 9 月改制为国有股出资控股，社会法人股参股，职工募股的内蒙古太西煤集团公司。公司现已发展成为地跨京、苏、甘、宁、蒙五省区，形成煤、煤（焦）化、冶金、物流、建材、自动化控制等六大行业，产品有 30 多个品种，包括无烟煤、超低灰精煤、增炭剂、碳素、活性炭、工业型煤、焦煤、焦炭、兰炭、长焰煤、多元合金等系列产品，其中"兰山牌"太西无烟煤、"兰山牌"煤基活性炭被评为内蒙古自治区名牌产品，"兰山牌"太西无烟煤被评为全国用户满意产品。

1991—2015 年内蒙古太西煤集团公司煤炭销售、运输情况见表 5 – 3 – 24。

表 5 – 3 – 24　1991—2015 年内蒙古太西煤集团公司煤炭销售、运输情况统计表

年度	调出区外 数量（万吨）	调出区外 比例（%）	区内销售 数量（万吨）	区内销售 比例（%）	年度	调出区外 数量（万吨）	调出区外 比例（%）	区内销售 数量（万吨）	区内销售 比例（%）
1991	6.30	61	4.07	39	2004	6.76	23	23.28	77
1992	4.23	60	2.82	40	2005	22.35	50	22.66	50
1993	6.00	42	8.31	58	2006	24.29	53	21.65	47
1994	11.35	82	2.52	18	2007	11.32	19	47.67	81
1995	0.78	6	117.98	94	2008	14.09	24	44.77	76
1996	10.75	63	6.43	37	2009	9.41	16	49.75	84
1997	4.55	25	13.61	75	2010	19.13	19	79.32	81
1998	7.37	53	6.52	47	2011	20.17	10	182.11	90
1999	6.30	38	10.22	62	2012	28.81	13	199.07	87
2000	3.67	23	12.47	77	2013	31.94	21	120.63	89
2001	0.00	0	0.16	100	2014	31.86	47	35.41	53
2002	3.17	20	13.02	80	2015	81.00	18	329.00	82
2003	4.96	30	12.78	70					

内蒙古煤炭工业志（1991—2015）

第六篇　煤　矿　安　全

矿山救护队进行防治瓦斯救护演练

- ○　安全生产监管与监察
- ○　煤炭企业安全管理
- ○　矿山救护
- ○　煤矿生产安全事故

20世纪90年代，全区各地小煤矿（窑）遍地开花，1997年，全区登记在册的煤矿（窑）有3746处，还有许多无证开采的黑煤窑。由于多数小煤矿（窑）不具备安全生产条件，生产安全事故频发，1991—1995年，全区因矿难死亡1515人，百万吨死亡率为5.30；1996—2000年，全区因矿难死亡1643人，百万吨死亡率为4.51。

1991年以来，自治区政府和煤炭行业管理部门认真贯彻落实国家安全生产的政策和法规，并及时出台了一系列相关文件和地方性法规，如：自治区政府先后印发2004年的《关于进一步加强煤矿安全生产工作的实施意见》《关于进一步强化煤矿安全生产专项整治关闭不具备安全生产基本条件煤矿的决定》，2005年的《内蒙古自治区安全生产条例》，2010年的《关于进一步加强煤矿安全生产工作的紧急通知》《内蒙古自治区煤矿安全质量标准化标准及考核评级办法》《关于集中开展安全生产隐患排查治理和督促检查工作的通知》等。自治区煤炭工业局也先后印发《关于进一步加强煤矿安全生产工作的紧急通知》《关于落实国务院开展联合执法打击煤矿违法生产活动的通知》等文件。这些文件的下发和落实有力地保障了全区煤矿的安全生产。

与此同时，神华神东煤炭集团有限责任公司、神华准格尔能源有限责任公司、内蒙古平庄煤业（集团）有限责任公司、扎赉诺尔煤业有限责任公司、伊泰集团有限公司等自治区重点煤炭企业积极响应并制订实施了本企业全面完整的安全生产规章制度及细则。

长期以来，自治区煤矿安全监管、监察部门对全区各级安全监管、监察机构建设和各工种技工的培训工作十分重视。除内蒙古煤矿安全培训中心、内蒙古东部煤矿安全培训中心承担着全区煤炭企业各类人员的培训任务外，国有重点煤炭企业都有专职培训机构和队伍。全区煤炭行业自上而下形成了完善的安全生产教育培训体系，从业人员持证上岗率达100%。由于各企业严格的安全管理制度和灵活多样的宣传教育，促使职工的自我保护意识明显增强，生产安全事故随之减少。

2004年11月，国务院办公厅下发了《关于完善煤矿安全监察体制的意见》，明确了煤矿安全监察监管职责、煤矿安全监察监管工作机制和监察执法责任追究制度等内容，进一步完善了"国家监察、地方监管、企业负责"的煤矿安全工作格局。根据《国务院办公厅关于印发煤矿安全监察管理体制改革实施方案的通知》《内蒙古自治区劳动保护监察办法（试行）》，全区局（公司）、矿、井、队"四级"劳动保护及安全生产监督检查委员会（组）建制已形成，煤炭企业自上而下建立了严密的安全监督管理网。

1991年，自治区管辖的统配煤矿全部建有矿山救护队，共有3支救护大队、9支中队、37支小队。其中有3支特级、2支甲级、1支省级救护队。共有救护队员452人，救护车辆38台。2010年6月，国家安全监管总局在鄂尔多斯市建立国家矿山救援基地。2010年9月，内蒙古煤矿安全监察局成立救援指挥中心。各重点煤炭企业都建立和扩大了救护队规模，提升了救护质量。截至2015年底，全区共有29个单位建立了矿山救护队，其中有救护大队8支、中队47支、小队147支。其中有特级3支、一级10支、二级5支、三级11支；另建有187支兼职救护队、

2个救援物资储备基地。各级矿山救护队共有专兼职人员5877人。救援力量无论是数量还是能力，都有质的飞跃。

截至2015年底，全区生产煤矿总数已锐减至588处，随着采掘设备的机械化、集约化和自动化水平大幅提高，煤矿井下安全避险"六大系统"的投入使用，全区煤矿生产的百万吨死亡率由2000年的3.590降至2015年的0.013，达到世界领先水平。全区煤炭生产形成了"两高一减三下降"（即产量高，机械化、集约化程度高；煤矿有序减少；事故起数、死亡人数、百万吨死亡率逐年下降）的良好局面。

第一章　安全生产监管与监察

第一节　煤矿安全监管监察体系

一、煤矿安全监管体系

（一）自治区煤矿安全监管体系

1991年初，内蒙古自治区煤炭工业厅下设安全监察处，具体负责全区煤矿的安全监督管理职能。1994年，内蒙古自治区煤炭工业厅改为内蒙古煤炭工业管理局后，将安全监察处改称为安全监察局（处级），各盟市、旗县煤炭工业局下设安全监察科。1995年8月，内蒙古煤炭工业管理局根据煤炭工业部《关于省级煤炭管理机构设置安全监察局的通知》要求，将安全监察局升格为副局级。2000年5月，内蒙古煤炭工业管理局改组为内蒙古煤矿安全监察局，与自治区煤炭工业局为一套机构、两块牌子，强化了煤矿安全监管、监察职责。

2002年5月，自治区政府将自治区煤炭工业局转隶于自治区经济贸易委员会（处级建制），不设安监处，但可以在煤矿安全监管方面独立行文。2005年，自治区政府批准自治区煤炭工业局增设安全监管处。2014年8月，自治区政府批准设立内蒙古自治区煤炭安全生产监察总队，进一步加强了自治区煤矿安全监管力量。

（二）地方煤矿安全监管体系

2005年以来，自治区政府加强盟市、旗县煤矿安全监管机构，增加编制，充实人员，赋予职能，基本形成了全区统一的煤矿安全监管体系。全区11个产煤盟市58个旗县区配备专职安全监管人员647人。

全区煤矿建立了安全监管到矿、责任到人的监管体系。自治区要求区内重点产煤旗县年产30万吨以上的煤矿（国家管理的国有重点和露天煤矿除外）设立煤矿安全监督管理站，全区共设立了32个事业单位性质的煤矿安全监督管理站。各站对所管煤矿实行分片包干、包矿到人、责任到人、奖惩严明的监管办法。安全监督管理站负责监督煤矿安全生产制度的具体落实、安全隐患的排查和对停产整顿矿井的监管、监督整改工作，杜绝只查不纠、整改不落实问题。

二、煤矿安全监察体系

（一）矿山安全监察

1991年，自治区劳动人事厅在全区

建立劳动安全卫生监察检验站12个，矿山（煤矿）安全监察站40个，锅炉压力容器检验站21个，配备专兼职安全生产监察人员704人，劳动安全监察、检查、检验形成网络化管理格局。自治区矿山（煤矿）监察工作的重点是预防和处理乡镇煤矿恶性事故，对乡镇煤矿矿长进行安全生产知识培训，配套考核、发证工作。

2000年，自治区矿山安全监察劳动保护管理机构从劳动行政部门分离出来，划归自治区经济贸易委员会。同时，矿山安全监察机构的煤矿安全监察职能划归内蒙古煤矿安全监察局。

（二）煤矿安全监察

2000年，国家建立煤矿安全监察制度，全国设立煤矿安全监察机构，实行垂直领导体系。2000年5月，成立内蒙古煤矿安全监察局，是对内蒙古自治区所属煤矿行使国家煤矿安全监察职能的行政机构。内蒙古煤矿安全监察局同时挂内蒙古自治区煤炭工业局牌子。内蒙古煤矿安全监察局受国家安全生产监督管理总局直接领导，国家煤矿安全监察局负责业务指导管理。内蒙古煤矿安全监察局实行垂直管理体制，下设乌海、鄂尔多斯、赤峰、呼伦贝尔4个处级建制的监察分局和锡林郭勒监察站。各监察分局负责各自辖区内的煤矿安全生产监察工作。

2002年5月，内蒙古煤矿安全监察局与内蒙古自治区煤炭工业局分设。2003年10月，内蒙古自治区安全生产监督管理局成立，与内蒙古煤矿安全监察局合署办公；2005年7月，两局分设。

第二节 煤矿安全执法检（督）查

一、执法检（督）查种类

煤矿安全生产检查分为日常检查（定期）、专项检（督）查和重点检（督）查。

（一）日常检查

由煤矿所在地安全生产监管部门和驻矿安全监察人员对管辖煤矿进行不定期和随时检查、巡查。2001—2005年，内蒙古煤矿安全监察局监察矿井次数平均每人每年50矿次（入井检查35矿次），下达执法文书1500份，查处安全隐患1万余条，及时发现和处理安全隐患。

定期检查主要有元旦、春节期间和节后复工安全生产检查，春季煤矿安全隐患排查治理、全国"两会"期间安全大检查督查、"雨季三防"安全检查，安全生产月及"百日安全生产"大检查，中秋、国庆节日期间煤矿安全生产大检查，冬季煤矿安全生产大检查等。

（二）专项检（督）查

专项安全大检查主要有新建煤矿、技改矿井安全监管、井下火工品隐患排查、煤田火区治理工作专项督查、"一通三防"、井下安全避险"六大系统"建设检查、机电运输安全、超能力生产、瓦斯和水害防治、"打非治违"和专项整治、机械化换人自动化减人、科技强安专项行动等。如2013年4—6月，自治区煤炭工业局与内蒙古煤矿安全监察局联合对全区煤矿井下空气压缩机和紧急避险系统建设进行专项安全检查。专项检（督）查由国务院安全生产委员会、国家煤矿安全监察局、自治区政府及煤炭工业局和内蒙古煤矿安全监察局组织进行。

（三）重点检（督）查

由内蒙古煤矿安全监管、监察部门组织专人对发生重、特大生产安全事故、安全隐患较多，特别是未按期达标和滑坡倒退不达标的煤矿进行重点检（督）查。

二、执法检（督）查组织

（一）国家级检（督）查

20世纪90年代，煤炭部、能源部等有关部委领导到内蒙古煤矿视察工作时，都很重视安全生产工作，尤其是关井压产工作。如，1999年1月22日，由国家工商局副局长韩新民为组长，国家煤炭工业局、国家经贸委等部委组成的煤炭行业关井压产西部检查组到乌海市检查指导工作。

图6-1-1 2005年5月23日，全国人大常委会副委员长李铁映（中）到神东上湾煤矿进行安全生产检查

2000年以来，全国人大常委会、国务院加强对煤矿安全生产的监察力度，经常派出安全生产检查组到自治区进行煤矿安全生产大检查。如，2005年5月20—26日，全国人大常委会副委员长李铁映率领的全国人大安全生产法执法检查组到内蒙古自治区进行《中华人民共和国安全生产法》执法大检查。检查组听取了自治区煤矿安全生产监管工作的汇报，先后深入赤峰市平庄煤业集团公司六家煤矿、神华集团神府东胜煤炭有限责任公司上湾煤矿，下井检查煤矿安全生产情况。8月30日至9月5日，中纪委委员、中纪委驻司法部纪检组组长岳宣义率领国务院联合执法检查组一行8人，到自治区就打击煤矿非法开采和违法生产、小煤矿"五整顿、四关闭"工作开展情况进行全面检查。自治区煤炭工业局、内蒙古煤矿安全监察局有关领导全程陪同检查。2006年3月14日，以国家煤矿安全监察局副局长王树鹤为组长，由国家安全生产检查专员和国家煤矿安全监察局、中国煤炭工业协会有关人员组成的煤矿安全督查组到鄂尔多斯市就煤炭生产结构调整和煤矿安全生产工作进行督促检查。2010年12月7—11日，国务院安委办副主任、国家安全生产监督管理总局副局长孙华山带领国务院第14督查组到包头市、鄂尔多斯市进行安全督查。同年12月6日，由国家安全生产监督管理总局副局长付建华带队，代表国务院安委会来自治区开展安全生产督查。

（二）自治区级检（督）查

1991年以来，自治区政府根据国务院关于开展煤矿安全生产大检查和专项检查活动的通知精神，组织由自治区煤炭工业厅（局）、内蒙古煤矿安全监察局、自治区国土资源厅、自治区工商行政管理局等部门领导组成的安全检查领导小组，由自治区分管领导任组长。自治区煤炭工业厅（局）和内蒙古煤矿安全监察局局长任领导小组办公室主任，统一组织协调安全生产执法检（督）查活动。

图6-1-2 自治区煤炭工业厅厅长廉宝纯（右一）到海勃湾矿务局进行安全生产检查

2005年8月，自治区政府组织自治区煤炭工业局、内蒙古煤矿安全监察局、自治区国土资源厅、自治区工商行政管理局联合执法打击煤矿违法生产活动，重点对195处停产整顿乡镇煤矿明确执法要求。

2006年9月，自治区安全生产委员会组织自治区相关部门领导采取"分片包干"和"联合督查"等方式就落实《国务院关于预防煤矿生产安全事故的特别规定》和《国务院办公厅关于坚决整顿关闭不具备安全生产条件和非法煤矿的紧急通知》两个重要文件的精神开展督查。

分片包干的具体分工为：自治区政府工业办负责人负责督查包头地区；自治区煤炭工业局副局长负责督查阿拉善地区；自治区国土资源厅副厅长负责督查鄂尔多斯（除鄂托克旗）地区；内蒙古煤矿安全监察局2位副局长分别负责督查乌海、赤峰、呼伦贝尔、鄂尔多斯市鄂托克旗地区；其余5盟市由自治区煤炭工业局与内蒙古煤矿安全监察局联合负责督查。

各督查组从9月15日开始到12月15日，按上述分工赴各盟市督查国务院两个重要文件的落实情况。督查落实的重点是：全区149处关闭煤矿关闭进展情况；254处停产整顿煤矿证照暂扣情况、整改方案、安全技术措施落实情况和工作进度；瓦斯综合治理工作的进展情况；生产安全费用使用提取情况；盟市、旗县贯彻落实《国务院关于预防煤矿生产安全事故的特别规定》《国务院办公厅关于坚决整顿关闭不具备安全生产条件和非法煤矿的紧急通知》情况。

2007年7月，根据《内蒙古自治区人民政府办公厅转发国务院办公厅关于在重点行业和领域开展安全生产隐患排查治理专项行动的通知》，按照2007年6月18日自治区安委会第二次会议对煤矿安全生产隐患排查治理工作的要求，自治区经信委、自治区煤炭工业局、内蒙古煤矿安全监察局、自治区监察厅、公安厅、自治区总工会、自治区工商行政管理局、自治区电力总公司等部门组成联合检查组开展安全生产隐患排查治理专项检查。检查组下分3个组：第一组由自治区经信委主任任组长，负责包头、鄂尔多斯（除鄂托克旗外）、呼和浩特、巴彦淖尔地区；第二组由内蒙古煤矿安全监察局局长任组长，负责呼伦贝尔、兴安盟、通辽、赤峰、锡林郭勒地区；第三组由自治区煤炭工业局局长任组长，负责乌海市、阿拉善盟、鄂尔多斯市鄂托克旗地区。截至9月30日，自治区安全检查组累计查出煤矿隐患6113条，已整改治理6107条，整改率为99.9%；其中重大隐患988条，已整改治理986条，整改率为99.8%。列入治理计划的重大隐患2条，落实整改资金77万元。

2014年11月，自治区安全生产委员会成立由自治区政府分管秘书长任组长、煤矿安全监管监察、国土资源、能源开发部门领导为成员的煤矿隐患排查治理行动工作领导小组，办公室设在自治区煤炭工业局，负责指导、协调、推动此次隐患排查治理行动。各产煤盟市、旗县安委会要成立分管领导为组长的煤矿隐患排查治理行动领导小组负责制定方案、确定参与人员，组织好本地区的排查治理行动，落实本地区隐患排查治理工作任务，督促辖区内企业落实整改。

排查分工。全区成立329个排查小组，每组配备3名救护队队员、2名机关工作人员、2名企业工程技术管理人员。国有重点煤矿企业的排查，由内蒙古煤矿安全监察局和自治区煤炭工业局熟悉煤矿业务的处级以上干部带队实施；其他煤矿企业的排查由盟市、旗县有关部门熟悉煤矿业务的干部带队实施。

(三) 自治区煤炭工业局、内蒙古煤矿安全监察局联合执法检查

内蒙古煤矿安全监察局成立之前，全区煤矿安全生产检查活动全部由自治区煤炭工业厅（局）组织实施。安全检查的重点在地方国有煤矿和乡镇小煤矿。2000年5月，自内蒙古煤矿安全监察局成立开始，均与自治区煤炭工业局联合组成检查组共同进行安全大检查。

图6-1-3　内蒙古煤矿安全监察局局长曹安雅（左二）深入井下开展安全检查

2000年7月27日，按照自治区政府、自治区安全生产委员会的部署，自治区煤炭工业局、内蒙古煤矿安全监察局组织人员对全区范围内煤矿进行"拉网式"安全大检查。

2005年，自治区煤炭工业局恢复设置煤矿安全监管处后，加强了煤矿安全监管力度，继续与内蒙古煤矿安全监察局联合开展执法检查。

2006年2月14日，自治区政府工业办、自治区煤炭工业局会同内蒙古煤矿安全监察局组成东、西部两个联合检查组，在各盟市开展煤矿安全专项检查的基础上，对呼伦贝尔、赤峰、鄂尔多斯、乌海、阿拉善等地区的煤矿整顿关闭、国有重点煤矿瓦斯综合治理等工作情况开展督查检查。重点督查：生产煤矿主要负责人下井带班制度等安全措施的落实情况和煤矿企业瓦斯监测监控的安装使用情况，以及节日期间停产检修放假的煤矿在恢复生产时是否落实了安全措施。各盟市整合技改矿井的工作进展情况，各盟市是否严格按照自治区下达的煤矿关闭任务，对已关闭的矿井是否组织"回头看"，对关闭不严不实的井口是否采取补充措施，是否达到《国务院关于预防煤矿生产安全事故的特别规定》要求的关闭标准。

2007年10月15—25日，自治区煤炭工业局会同内蒙古煤矿安全监察局组成4个督查组对全区120万吨/年以上煤矿的安全生产隐患排查治理工作开展专项督查，共查出隐患201条，整改治理192条，整改率为96%，其中重大隐患25条，整改治理16条，整改率为64%。列入整改治理计划的重大隐患9条（11月15日前全部整改完毕）。2008年8月北京举办奥运会期间，自治区煤炭工业局、内蒙古煤矿安全监察局联合组成检查组对全区煤矿进行安全生产大检查。

图6-1-4　2010年4月14日，内蒙古煤矿安全监察局局长杨泽余（左二）到扎赉诺尔煤业公司检查指导工作

2009年7月15—30日，自治区煤炭

工业局、内蒙古煤矿安全监察局联合组成督查组，对全区煤矿安全生产隐患排查治理情况开展督查，其中第一联合督查组对呼伦贝尔市、兴安盟的8处煤矿开展督查，共发现隐患80余条，提出整改建议50余条，下达执法文书8份。同年9月，各地组织庆祝中华人民共和国成立60周年活动期间，自治区煤炭工业局、内蒙古煤矿安全监察局组成联合检查组对全区煤矿进行安全生产大检查。

2010年，自治区煤炭工业局与内蒙古煤矿安全监察局联合组织3次煤矿建设项目安全大检查：一是2月下旬至3月上旬，开展春节后建设项目复工验收与安全隐患排查治理大检查；二是3月1日，神华集团乌海能源公司骆驼山煤矿发生特大透水事故后，按照自治区政府《关于进一步加强煤矿安全生产工作的紧急通知》要求，开展煤矿防治水、火、瓦斯、顶板、煤尘等灾害的安全大检查；三是4—5月，开展煤矿建设项目和煤矿安全质量标准化的大检查。

三次检查都是在企业自查、盟市旗县煤矿监管部门逐矿检查的基础上，由自治区煤炭工业局、内蒙古煤矿安全监察局两局局长带队组成4个督查组开展重点督查。督查中发现各类隐患820余条，下达执法文书612份，实施行政罚款662万元，责令停止生产或建设25处。

2011年3月5—30日，自治区煤炭工业局、内蒙古煤矿安全监察局联合组成督查组对全区煤矿进行春季安全督查。第一督查组负责通辽市、赤峰市、锡林郭勒盟三地煤矿的督查。第二督查组负责呼伦贝尔市、兴安盟两地煤矿的督查。第三督查组负责包头市、鄂尔多斯市、呼和浩特市和巴彦淖尔市等地煤矿的督查。第四督查组负责乌海市、阿拉善盟、鄂尔多斯市鄂托克旗、鄂托克前旗等地煤矿的督查。

2012年10月15—30日，由自治区煤炭工业局、内蒙古煤矿安全监察局主要领导亲自带队，抽调有关专家，组成4个督查组分赴各盟市开展煤矿安全生产重点督查。督查中，现场抽查煤矿24处，发现安全隐患173条，下达整改、罚款、停产整顿指令书21份；最后召开了有关煤矿企业、有关部门参加的座谈会，交换意见，通报督查情况。

2013年6月5日至9月30日，自治区煤炭工业局、内蒙古煤矿安全监察局和自治区安全生产监督管理局联合开展全区煤矿安全生产大检查。按照"全覆盖、零容忍、严执法、重实效"的煤矿安全大检查总体要求，自治区检查组对区内中央企业所属72处煤矿100%检查，对其他煤矿重点抽查；同时要求各盟市对辖区国有重点煤矿100%检查，对辖区内乡镇煤矿重点抽查。全区共检查煤矿1157矿次，其中旗县（区）级共检查煤矿554矿次；盟市级共检查煤矿385矿次；自治区级共检查煤矿218矿次；检查覆盖率超过100%。

图6-1-5　2010年5月13日，自治区煤炭工业局局长王旺旺（左二）到太西煤集团煤矿灭火施工现场检查

2014年6月4—30日，自治区煤炭工业局和内蒙古煤矿安全监察局组成两个

联合督查组，分别由煤炭工业局局长和内蒙古煤矿安全监察局总工程师带队，对赤峰市、通辽市、锡林郭勒盟、鄂尔多斯市、巴彦淖尔市、乌海市、阿拉善盟7个盟市、10个旗县（市、区）、15处煤矿进行重点检查，共查处各类隐患113条，并责令相关盟市、旗县对发现的重大隐患进行了挂牌督办，促进安全生产形势持续稳定好转。

2015年3月9日到4月16日，内蒙古煤矿安全监察局和自治区煤炭工业局在全区范围内组织开展了春节后和全国"两会"期间煤矿安全隐患排查治理专项督查。内蒙古煤矿安全监察局和自治区煤炭工业局累计抽调安全监察、监管人员50名，共分为9个督查组，分别由两局领导带队在全区共检查各类煤矿40处，查出问题和隐患213条，其中重大隐患1条，责令停止建设煤矿1处，停产整顿煤矿1处，行政罚款128万元。11—12月，内蒙古煤矿安全监察局和自治区煤炭工业局在全区开展安全生产大检查"回头看"和"打非治违"专项整治工作。各煤矿安全监察分局（站）首先对辖区煤矿开展了全面的专项检查。

（四）内蒙古煤矿安全监察局执法检查

内蒙古煤矿安全监察局自成立以来，每年联合自治区煤炭工业局，或单独按监督执法计划完成专项监察、重点监察、定期监察，年检查覆盖率均在95%以上，执法计划完成率均为100%。

2003年，共监察各类矿井1297处，监察11028矿次，人均监察矿井102矿次，查出事故隐患28339条，制作各类监察文书14408份，其中责令关闭矿井决定书50份，制作加强和改善安全管理建议书82份，移送吊销煤炭生产许可证1份，移送吊销采矿许可证1份。

2004年，累计监察矿井1289处，监察覆盖率达99.31%，人均监察矿井127矿次，查处事故隐患19079条，应该完成整改16550条，实际完成14327条，整改率达86.57%。制作各类执法文书11032份，收到举报电话或信件48件，全部落实处理。

2005年，共监督监察各类矿井1378处，监察覆盖率达100%。共监察各类矿井4768矿次，共查处各类事故隐患17414条，整改率达92.7%。对各类煤矿不安全生产行为处罚982次，其中生产经营单位884次，生产经营单位主要负责人98次，行政处罚金额687.53万元，其中：生产经营单位626.21万元，生产经营单位主要负责人61.32万元；实际收缴491.61万元，其中生产经营单位468.52万元，生产经营单位主要负责人23.09万元，罚款收缴率达71.5%。

2006年，共监察各类矿井2542处，监察覆盖率达95.80%，其中：国有重点煤矿93.75%，国有地方煤矿97.53%，乡镇煤矿95.79%。查出各类事故隐患10228条，应完成事故隐患整改9963条，实际完成隐患整改9531条，整改率达95.66%。查出重大隐患345条，应完成重大事故隐患整改339条，实际完成隐患整改315条，整改率达92.92%。下达执法文书6728份。

2007年，共监察各类矿井2057处，监察覆盖率达97%，其中国有重点煤矿81.8%，国有地方煤矿95.2%，乡镇煤矿99.4%；查出事故隐患7866条，期限内应完成事故隐患整改7693条，实际完成整改7497条，整改率达97.5%；查处重大事故隐患214条，期限内应完成重大事故隐患整改210条，实际完成隐患整改188条，整改率达89.5%；下达执法文书6828份。

2008年，共监察各类矿井2450处，监察覆盖率达100%，其中：国有重点煤矿100%，国有地方煤矿100%，乡镇煤矿100%；查出事故隐患9718条，期限内应完成事故隐患整改9469条，完成隐患整改9078条，整改率达95.9%。查出重大事故隐患132条，期限内应完成重大事故隐患整改131条，实际完成隐患整改128条，整改率达97.7%。下达执法文书8192份。

2009年，共监察各类矿井571处，监察覆盖率达96.2%，其中：国有重点煤矿100%，国有地方煤矿100%，乡镇煤矿95.5%；查出事故隐患9357条，期限内应完成事故隐患整改9162条，完成隐患整改8982条，整改率达98%；查出重大事故隐患58条，期限内应完成重大事故隐患整改55条，实际完成隐患整改54条，整改率98.1%。下达执法文书6583份。

2010年，共监察各类煤矿587处，监察覆盖率达97.5%，其中，国有重点煤矿100%，国有地方煤矿100%，乡镇煤矿96.6%；查出事故隐患6445条，期限内应完成事故隐患整改6371条，完成隐患整改6282条，整改率达98.6%；查出重大事故隐患47条，期限内应完成重大事故隐患整改45条，完成整改40条，整改率达88.8%。下达执法文书4321份。

2011年，共监察各类矿井615处，监察覆盖率达100%，共查出事故隐患5791条，期限内应完成事故隐患整改5718条，完成隐患整改5675条，整改率达99.2%；查出重大事故隐患55条，限期整改44条，整改率达100%；下达执法文书6027份。

2012年，共监察各类矿井607处，监察生产经营单位1560矿次，矿井监察覆盖率达100%；使用各类执法文书5529份；查出隐患6560条，其中重大隐患40条，全部整改。

2013年，共监察各类矿井595处，监察生产经营单位1342处，监察覆盖率100%；下达执法文书4812份；查出一般隐患4321条，期限内应完成整改4272条，整改率达100%；查出重大隐患50条，限期内应完成整改47条，整改率达100%。

2014年，共监察4893人次，监察各类煤矿584处，监察覆盖率达100%；查出一般事故隐患4427条，完成整改4358条，按期整改率达98.6%。查出重大事故隐患37条，整改率达100%。下达执法文书3896份。实施经济处罚5400万元。

2015年，共现场监察4621人次（其中入井2703人次），监察煤矿583处，覆盖率达100%，实施经济处罚5267万元（其中监察罚款3488万元，占66%），暂扣安全生产许可证29个，责令停产整顿20矿次。

三、安全生产检（督）查形式与项目

（一）检查形式

国家组织的检查活动是由国家安全生产委员会、国家煤矿安全监察局组织的检查组先听取自治区有关部门领导的汇报，然后深入矿井进行现场检查。检查结束后，将检查结果和整改建议通报自治区政府。自治区政府组织的检查活动一般采取企业自查自纠、旗县全面检查、盟市定期抽查、自治区重点督查等形式进行；也采取以地方政府为主，各级煤矿安全监管部门牵头、煤监机构和有关部门参加、聘请专家检查的形式进行检查。严格落实"全覆盖、零容忍、严执法、重实效"和"四不两直"要求，实施安全大检查、专

项检查、明察暗访等系列活动。

自治区煤炭工业局、内蒙古安全监察局组织的检查则采取明察与暗访相结合的方式进行。如2015年3月，内蒙古煤矿安全监察局和自治区煤炭工业局在全区范围内开展春节后和全国"两会"期间煤矿安全生产专项督查时，要求每个督查组按照要求做到"四个结合"，即：与"两会"期间煤矿安全隐患排查相结合，与隐患大排查集中复查相结合，与节后煤矿复工复产验收相结合，与煤矿安全监管监察执法计划相结合。每次检查采取不发通知、不打招呼、不听汇报、不用陪同和接待，直奔煤矿、直插现场的"四不两直"方式进行。

2008年，自治区煤矿安全监管和安全监察落实了安全监察员驻矿承包责任制，对煤矿进行定期、不定期检查。对查出的问题和隐患跟踪落实整改，对重大隐患进行挂牌督办，有效地遏制了重特大事故的发生。

（二）检查项目及要求

安全大检查的主要项目有：①煤矿整顿关闭进展情况；②对高瓦斯和"双突"矿井瓦斯治理利用情况；③煤矿安全质量标准化建设动态达标情况；④进行安全培训情况；⑤煤矿井下安全避险"六大系统"建设完善情况；⑥违法违规建设、生产（包括手续不全、"三超"、边技改边生产等）情况；⑦应急救援情况；⑧曾发生重大生产安全事故、有重大安全隐患的煤矿等。

煤矿隐患集中排查过程中，突出"准、全、细、严"4个特点：一是制订方案准，按照煤矿生产的实际情况"一矿一案"，突出排查的重点内容和针对性；二是做到全覆盖、无盲区、无死角，还加强对煤矿生产全过程的跟踪检查，从参加早调度会、班前会到煤矿生产循环过程全部跟踪；三是排查内容细，细致检查煤矿对国家法律法规政策文件的贯彻落实是否到位，各类安全措施、作业规程、规章制度编制及落实情况，各类图纸的填绘是否规范、及时、准确；四是处理严格，对排查过程中发现的隐患和问题都依法进行了严肃处理。

四、煤矿安全生产奖惩措施

（一）表彰奖励

1. 国家级表彰

按照《国家煤矿安监局关于评选安全生产监管监察先进单位和先进个人的通知》要求，自治区煤炭工业局严格按公开、公平、公正原则，经基层煤炭行业管理、煤矿安全监管部门自下而上逐级推荐公示，并广泛征求组织人事、纪检监察、计划生育等部门意见，综合考虑处级干部比例、候选人身份、事迹、工作经历等要素，评选推荐安全生产监管监察先进单位和先进个人。评选推荐先进个人严格控制领导干部所占比例。

2004年1月7日，人事部、国家安全生产监督管理总局授予内蒙古煤矿安全监察局包头办事处安全监察二科科长乔俊峰、内蒙古自治区安全生产监督管理局监督管理二处处长戈壁"全国安全生产监督管理和煤矿安全监察系统先进工作者"称号；授予张永生"2003年度全国优秀煤矿安全监察员"称号。

2007年1月22日，人事部、国家安全生产监督管理总局授予内蒙古自治区安全生产监督管理局危险化学品监管处、内蒙古煤矿安全监察局包头监察分局"全国安全生产监管监察系统先进集体"称号；授予金成（自治区煤炭工业局安全监管处处长）、王海术（内蒙古煤矿安全监察局呼伦贝尔监察分局局长）"全国安全生产监管监察系统先进工作者"称号。

2010年1月15日，国家安全生产监督管理总局、国家煤矿安全监察局授予内蒙古自治区安全生产监督管理局非煤矿山监督管理处、内蒙古自治区安全生产监督管理局危险化学品管理处、内蒙古自治区包头市安全生产监督管理局、内蒙古自治区乌海市乌达区安全生产监督管理局、内蒙古自治区鄂尔多斯市鄂托克旗安全生产监督管理局、内蒙古自治区通辽市奈曼旗安全生产监督管理局、内蒙古煤矿安全监察局呼伦贝尔监察分局、内蒙古煤矿安全监察局乌海监察分局8个单位"安全生产监管监察先进单位"称号，授予钢巴特尔等71人"全国安全生产监管监察先进工作者"称号（表6-1-1）。

表6-1-1 2010年自治区获"全国安全生产监管监察先进工作者"称号人员统计表

姓　名	所在单位及职务	姓　名	所在单位及职务
钢巴特尔	内蒙古自治区安全监管局综合处处长	李晓辉	赤峰市松山区安全监管局副局长
张　耀	自治区安全监管局执法监督和综合监管处处长	杨景军	赤峰市元宝山区安全监管局局长
李　勇	呼和浩特市安全监管局副局长	陈　涛	锡林郭勒盟苏尼特右旗安全监管局局长
韩丹彤	呼和浩特市安全监管局副科长	苗世明	锡林郭勒盟正蓝旗安全监管局副局长
潘玉凤	呼和浩特市玉泉区安全监管局局长	武法强	锡林郭勒盟东乌珠穆沁旗安全监管局监察员
乔文杰	呼和浩特市回民区安全监管局局长	张国林	锡林郭勒盟锡林浩特市安全监管局监察员
赵　斌	呼和浩特市清水河县安全监管局局长	徐　磊	西乌珠穆沁旗安全监管局监察大队大队长
哈　斯	包头市安全监管局局长	陈永胜	乌兰察布市安全监管局局长
吴永宽	包头市固阳县安全监管局局长	毕庆江	乌兰察布市安全监管局科长
魏玉刚	包头市土默特右旗安全监管局局长	兰明芳	乌兰察布市集宁区安全监管局局长
王晓晖	包头市东河区安全监管局局长	仝永平	乌兰察布市卓资县安全监管局局长
于明双	呼伦贝尔市安全监管局局长	翟金平	乌兰察布丰镇市安全监管局副局长
吉日木图	呼伦贝尔市新巴尔虎右旗安全监管局副局长	高林智	鄂尔多斯市安全监管局局长
韩春永	呼伦贝尔市扎兰屯市安全监管局局长	赵永盛	鄂尔多斯市伊金霍洛旗安全监管局局长
张有全	呼伦贝尔市陈巴尔虎旗安全监管局局长	高利荣	鄂尔多斯市东胜区安全监管局局长
孙建军	呼伦贝尔市鄂温克族安全监管局科长	任建国	鄂尔多斯市准格尔旗安全监管局局长
张铁成	兴安盟安全监管局局长	刘东奎	巴彦淖尔市安全监管局监察支队支队长
付海青	兴安盟安全监管局科长	杨成明	巴彦淖尔市临河区安全监管局局长
魏国东	科尔沁右翼中旗安全监管局局长助理	吴贵忠	巴彦淖尔市乌拉特后旗安全监管局局长
王继春	兴安盟乌兰浩特市安全监管局股长	崔立新	巴彦淖尔市乌拉特中旗安全监管局局长
刘云泉	通辽市通辽经济技术开发区安全监管局局长	张俊平	巴彦淖尔市杭锦后旗安全监管局监察员
肖国忠	通辽市开鲁县安全监管局局长	孟培云	乌海市安全监管局局长
赵　峰	通辽市科尔沁左翼中旗安全监管局局长	王天佐	乌海市安全监管局执法监察支队副支队长
刘　平	通辽市科尔沁左翼后旗安全监管局局长	宋茂盛	乌海市海南区安全监管局局长
鲍　瑞	赤峰市安全监管局副局长	陈树武	乌海市海勃湾区安全监管局局长
卢　肖	赤峰市安全监管局科员	马奇峰	乌海市乌达区安全监管局局长
侯宝玉	赤峰市敖汉旗安全监管局副局长	田军利	阿拉善盟安全监管局科长

表6-1-1（续）

姓 名	所在单位及职务	姓 名	所在单位及职务
段志涛	阿拉善盟阿拉善左旗安全监管局股长	韩俊庆	内蒙古煤矿安全监察局呼伦贝尔监察分局副局长
高 前	阿拉善盟阿拉善右旗安全监管局副局长	刘玉臣	呼伦贝尔监察分局监察一室主任科员
胡生华	阿拉善经济开发区安全监管局副局长	赵跃飞	内蒙古煤矿安全监察局赤峰监察分局党总支书记
关图儒	内蒙古煤矿安全监察局副局长	田瑞民	内蒙古煤矿安全监察局赤峰分局监察二室主任
金淑梅	内蒙古煤矿安全监察局人事培训处主任科员	王学铭	鄂尔多斯监察分局综合室副调研员
都兴娣	内蒙古煤矿安全监察局财务处主任科员	王忠喜	鄂尔多斯监察分局事故调查室副主任
贾庆明	内蒙古煤矿安全监察局监察二处主任科员	张爱萍	乌海监察分局副处级监察专员
范明盛	内蒙古煤矿安全监察局监察一处主任科员	张宗亮	乌海监察分局综合室主任科员
张秀贵	内蒙古煤矿安全监察局纪检监察室副调研员		

2012年1月6日，国家安全生产监督管理总局、国家煤矿安全监察局授予内蒙古自治区包头市青山区安全监管局、内蒙古自治区鄂尔多斯市东胜区安全监管局、内蒙古自治区乌拉特后旗安全监管局、内蒙古自治区赤峰市元宝山区安全监管局、内蒙古自治区兴安盟安全监管局、内蒙古自治区扎兰屯市安全监管局、内蒙古煤矿安全监察局呼伦贝尔监察分局、内蒙古煤矿安全监察局安全监察一处8个单位"安全生产监管监察先进单位"称号，授予钢巴特尔等72人"全国安全生产监管监察先进工作者"称号（表6-1-2）。

1月10日，人力资源和社会保障部、国家安全生产监督管理总局授予内蒙古煤矿安全监察局鄂尔多斯监察分局"全国安全生产监管监察系统先进集体"荣誉称号，授予高广增（内蒙古自治区鄂托克旗安全监管局局长）、赵学隆（内蒙古煤矿安全监察局乌海监察分局综合室主任）"全国安全生产监管监察系统先进工作者"称号。

表6-1-2 2012年自治区获"全国安全生产监管监察先进工作者"称号人员统计表

姓 名	所在单位及职务	姓 名	所在单位及职务
钢巴特尔	内蒙古自治区安全监管局综合协调处处长	高林智	鄂尔多斯市安全监管局局长
王日诚	内蒙古自治区安全监管局应急处干部	李 军	鄂尔多斯市安全监管局监察支队副支队长
刘向民	呼和浩特市安全监管局办公室主任	任建国	准格尔旗安全监管局局长
马毅勇	呼和浩特市安全监管局职业卫生科科长	孙志刚	伊金霍洛旗安全监管局局长
苗志明	托克托县安全监管局局长	任俊杰	达拉特旗安全监管局局长
石荣岗	清水河县安全监管局科长	王 强	巴彦淖尔市安全生产监察支队副支队长
潘玉凤	呼和浩特市玉泉区安全监管局局长	吴贵忠	乌拉特后旗安全监管局主任科员
哈 斯	包头市安全监管局局长	郜炳信	磴口县安全监管局局长
郭 涵	包头市昆都仑区安全监管局局长	刘峥嵘	五原县安全监管局局长
魏玉刚	土默特右旗安全监管局局长	任作明	杭锦后旗监察大队队长
武喜乐	包头市安全生产执法监察支队	鲍 瑞	赤峰市安全监管局副局长
周玉玲	包头市稀土高新技术产业开发区安全监管副局长	王占才	赤峰市安全监管局副科长

表6-1-2（续）

姓　名	所在单位及职务	姓　名	所在单位及职务
侯宝玉	敖汉旗安全监管局副局长	高　前	阿拉善右旗安全监管局局长
庄振东	克什克腾旗安全监管局局长	何建军	阿拉善左旗安全监管局副局长
王国辉	赤峰市松山区安全监管局局长	徐　莉	额济纳旗安全监管局局长
尹　斌	通辽市安全监管局科长	胡生华	阿拉善盟经济开发区安全监管局局长
孔繁星	通辽市安全监管局科长	孙　健	牙克石市安全监管局局长
孙艳玲	奈曼旗安全监管局局长	祝清珍	额尔古纳市安全监管局局长
白玉林	扎鲁特旗安全监管局局长	李广宏	新巴尔虎左旗安全监管局局长
张耀宝	通辽市科尔沁区安全监管局科长	刘晓江	呼伦贝尔市安全监管局副局长
宋　禾	乌海市安全监管局危化科长	刘攀长	根河市安全监管局局长
李凤光	乌海市海勃湾区安全监管局主任	梁洪利	呼伦贝尔监察分局综合室主任
王天佐	乌海市执法监察支队支队长	孙晓强	呼伦贝尔监察分局监察三室主任
陈永胜	乌兰察布市安全监管局局长	王平峰	鄂尔多斯监察分局监察二室主任
杨　宏	察哈尔右翼后旗执法监察大队队长	韩应柱	鄂尔多斯监察分局综合室主任科员
胡　廷	凉城县天成乡安监站长	史文奎	赤峰监察分局监察一室主任科员
张新权	凉城县安全监管局局长	谢雨志	赤峰监察分局事故调查室主任科员
乔建华	商都县安全监管局局长	李振博	乌海监察分局事故调查室主任
贾志宏	兴安盟安全监管局办公室主任	张宗亮	乌海监察分局监察三室副主任
矫立松	兴安盟安全监管局副局长	赵春祥	内蒙古煤矿安全监察局办公室主任科员
李振彤	阿尔山市安全监管局局长	贾庆明	内蒙古煤矿安全监察局监察二处主任科员
王　彦	锡林郭勒盟安全监管局副局长	刘　海	内蒙古煤矿安全监察局机关服务中心科长
李富河	太仆寺旗安全监管局局长	高文丽	内蒙古矿山安全与职业危害检测检验中心科长
李景良	锡林郭勒盟乌拉盖管理区安全监管局局长	杨成峰	内蒙古煤矿安全培训中心设备检测员
孙　万	多伦县安全监管局副局长	李金义	内蒙古煤矿安全监察局监察一处处长
王宝忠	苏尼特左旗安全监管局局长	雷晓明	内蒙古煤矿安全监察局政策法规处副处长

2015年1月21日，国家安全生产监督管理总局、国家煤矿安全监察局授予内蒙古自治区包头市安全监管局、内蒙古自治区呼伦贝尔市安全监管局、内蒙古自治区通辽市安全监管局、内蒙古自治区赤峰市松山区安全监管局、内蒙古自治区鄂尔多斯市西部安全生产培训中心、内蒙古煤矿安全监察局安全监察二处、内蒙古煤矿安全监察局鄂尔多斯监察分局、内蒙古自治区鄂尔多斯市东胜区煤管局等8个单位"安全生产监管监察先进单位"称号，授予李永奇等75人"安全生产监管监察先进工作者"称号（表6-1-3）。

表6-1-3　2015年自治区获全国安全生产监管监察先进工作者称号人员统计表

姓　名	所在单位及职务	姓　名	所在单位及职务
李永奇	内蒙古自治区安全监管局职业安全健康监督管理与应急救援处主任科员	张　伟	内蒙古自治区安全监管局职业安全健康监督管理与应急救援处主任科员

表 6-1-3（续）

姓名	所在单位及职务	姓名	所在单位及职务
侯 亮	内蒙古自治区安全监管局综合协调处工作人员	秦 晖	通辽市安全监管局副局长
张爱贤	内蒙古自治区安全监管局监察专员	王立达	霍林郭勒市安全监管局局长
王学威	自治区安全监管局安全监管二处副主任科员	孙宝山	扎鲁特旗安全监管局副局长
白景林	自治区安全监管局安全监管三处副处长	郝俊峰	赤峰市安全生产监察支队科员
丁 淼	内蒙古自治区安全监管局执法处主任科员	宋玉娟	赤峰市安全生产信息调度中心高级工程师
杨俊林	内蒙古自治区安全监管局安全监管一处专家	刘志军	赤峰市元宝山区安全监管局副局长
张喜明	内蒙古自治区安全监管局应急处专家	李晓东	赤峰市红山区安全监管局执法大队队长
池树刚	呼和浩特市安全监管局监察二科科长	武秀杰	赤峰市克什克腾旗安全监管局副局长
郝俊杰	呼和浩特市交通运输局安全监督科科长	张卫东	锡林浩特市安全监管局局长
张 敬	呼和浩特市新城区中山东路街道办事处安监站长	包梦杰	锡林郭勒盟安全监管局副局长
尹太平	呼和浩特市回民区安全监管局监察二科科长	巴特尔	西乌珠穆沁旗安全监管局局长
史建忠	呼和浩特市托县安全监管局局长	刘守峰	多伦县安全监管局局长
赵丹奇	包头市安全监管局副局长	张 磊	苏尼特右旗安全监管局副局长
武喜乐	包头市安全生产执法监察支队支队长	运才龙	阿拉善左旗安全监管局局长
胡国柱	包头市青山区安全监管局局长	杨 晨	阿拉善经济开发区安全监管局执法大队负责人
夏晓晨	包头市土默特右旗安全监管局副局长	李建仁	阿拉善右旗安全监管局副局长
张占岭	包头市固阳县安全监管局局长	张铁成	兴安盟安全监管局局长
张永军	鄂尔多斯市安全监管局副局长	付海青	兴安盟安全监管局副局长
刘小平	鄂尔多斯市东胜区安全监管局局长	李建军	乌兰浩特市安全监管局副局长
冯世平	鄂尔多斯市康巴什新区安全监管局局长	翁占臣	内蒙古煤矿安全监察局安全监察二处处长
满都呼	鄂尔多斯市乌审旗安全监管局局长	范明盛	内蒙古煤矿安全监察局安全监察一处主任科员
刘瑞德	鄂尔多斯市杭锦旗安全监管局局长	田 健	内蒙古煤矿安全监察局纪检组（监察室）主任科员
牛学军	鄂尔多斯市伊金霍洛旗安全监管局局长	王东明	内蒙古煤矿安全监察局呼伦贝尔分局副局长
张鹏程	乌海市安全监管局安全生产执法监察支队科员	李俊峰	呼伦贝尔监察分局监察三室副主任
孙建筑	乌海市安全监管局非煤矿山科科长	田洪奇	赤峰监察分局事故调查室主任
张彦跃	乌海市乌达区安全监管局局长	韩俊庆	内蒙古煤矿安全监察局鄂尔多斯监察分局局长
陈 富	乌海市海勃湾区安全监管局副局长	李文清	鄂尔多斯监察分局监察一室主任
高 莉	巴彦淖尔市安全监管局综合监管科科长	李东生	乌海监察分局监察二室主任
李 山	巴彦淖尔市矿山救护队队长	赵秀英	内蒙古煤矿安全监察局统计中心办公室主任
兰 桐	乌兰察布市安全监管局办公室主任	荀巨虹	内蒙古煤矿安全培训中心办公室主任
刘根柱	乌兰察布市四子王旗安全监管局局长	刘歧耀	呼伦贝尔市经信委煤矿安监科科长
张晓东	根河市安全监管局安委办主任、副局长	赵治江	锡林郭勒盟煤炭局煤矿安监科科长
张子祥	额尔古纳市安全监管局副局长	乔世怀	鄂尔多斯市鄂托克旗煤炭局局长
李守峰	鄂温克旗安全监管局副局长	张立其	鄂尔多斯市煤炭局安监科科员
孙 健	牙克石市安全监管局局长	唐 蒙	乌海市煤炭局安监科科员
闫国相	扎兰屯市安全监管局监察大队大队长	李 勇	阿拉善盟煤炭局瓦斯监控中心主任
李忠臣	通辽市安全监管局副局长		

2. 自治区级表彰

2009年以来，自治区煤矿安全生产状况一直处于全国领先水平。为激励全区煤矿安全生产监管人员的工作积极性，自治区人民政府列支专项奖励资金，用于奖励煤矿安全生产目标管理、煤矿安全质量标准化建设的先进集体和个人。自治区政府根据各盟市煤矿安全管理水平和监管难度，在充分征求盟市煤炭行业管理和煤矿安全监管部门意见的基础上，研究决定每年对煤矿瓦斯治理利用、煤矿安全质量标准化建设、煤矿安全生产目标管理等安全基础工作成绩突出的10个先进单位和30名先进个人进行表彰奖励。

截至2015年，自治区煤炭工业局对40个先进单位和110人（次）先进个人进行表彰奖励。

3. 内蒙古煤矿安全监察局表彰

内蒙古煤矿安全监察局每年对局机关、各监察分局和直属事业单位先进集体和个人进行表彰。2008—2015年，全局共表彰优秀公务员187人（次）、记三等功50人（次）、优秀工作者169人（次）。

（二）惩罚处置

安全生产检查组对存在重大安全隐患整改不到位的单位，下达执法文书，依法责令停产整顿、停止建设及行政罚款等处罚。对非法开采和生产布局不合理、乱采滥挖的各类小煤矿，采取强行毁闭矿井井筒、拆除地面生产设备等措施予以关闭。自治区、盟市、旗县组织联合督查组开展5轮大范围的联合执法行动，组织和现场督查关井行动160余次。

对在安全生产大检查中发现的安全隐患，依法实施行政罚款、停产整顿、停止建设等处罚措施。如，2010年，在督查中发现各类隐患820余条，下达执法文书612份，实施行政罚款662万元，责令停止在建项目25处；2011年，自治区督查组4次大检查共抽查煤矿216处，发现隐患和问题1136条，责令停产整顿煤矿9处，罚没款537余万元；2013年，查处隐患4.8万余条、重大隐患630余条、非法违规建设生产煤矿87矿次，下达停产停建指令110余矿次；2014年，排查隐患12000多条，重大隐患34条，下达停产停建指令34次。

第三节 煤矿安全质量标准化管理

一、煤矿安全质量标准化标准制定

按照《国家煤矿安全监察局关于印发〈煤矿安全质量标准化标准及考核评级办法（试行）〉的通知》要求，2006年7月，自治区政府成立以副主席赵双连为组长，自治区安全生产监督管理局、内蒙古煤矿安全监察局、自治区煤炭工业局局长为成员的煤矿安全质量标准化评级工作领导小组。8月4日，自治区政府召开全区煤矿整顿关闭总结暨部署煤矿安全质量标准化工作大会，自治区政府分管副主席到会并对全区开展煤矿安全质量标准化工作进行部署。

自治区煤炭工业局组织有关科研设计单位专家分别在2006年8月和2008年3月编制了《内蒙古自治区煤矿安全质量标准化标准及考核办法》和《内蒙古自治区露天煤矿安全质量标准化标准及考核办法》。经过三年多煤矿安全质量标准化建设工作的实践，各地各企业在执行《标准及考核办法》中发现一些问题，提出修改意见和建议。2009年4月，为贯彻落实国家和自治区在此期间出台的一些新的政策规定，修改完善原有《标准》，重新编制《内蒙古自治区井工煤矿安全质量标准化标准及考核办法》，主要修改的内容：一是完善补齐瓦斯治理示范矿井30条标准；二是对存在瓦斯、一氧化碳、火灾等重大安全隐患的，一律不予评级认证的26条限定标准；三是增加视屏监控、人员定位、井下通信、生产能力计量等信息化管理系统；四是修改增设各大系统可操作性、实战性内容；五是由原900分调高到1000分，增大机电安全管理内容和分值；六是去掉落后或已淘汰章节。

为使全区煤矿始终处于安全质量标准化动态达标状态，自治区煤炭工业局、内蒙古煤矿安全监察局、自治区安全生产监督管理局组织有关专家，通过反复研讨，对《内蒙古自治区井工煤矿安全质量标准化标准及考核办法》逐一进行量化、细化、具体化，广泛征求基层监管部门和煤矿企业意见后，联合制定印发《内蒙古自治区煤矿安全质量标准化建设动态达标工作实施细则》，同时将相关材料编撰成册，印发了《内蒙古自治区煤矿安全质量标准化建设动态达标工作实施细则实用手册》，使《内蒙古自治区井工煤矿安全质量标准化标准及考核办法》更加符合内蒙古地区煤矿实际，更具操作性。

二、煤矿安全质量标准化考核评级

（一）自治区级煤矿安全质量标准化考核评级

《国家煤矿安全监察局关于印发〈煤矿安全质量标准化标准及考核评级办法（试行）〉的通知》下发后，自治区煤炭工业局组织自治区、盟市、旗县（区）煤矿安全监管部门和煤矿设计、科研机构以及煤矿企业负责人，分3批次220余人参加国家煤矿安全监察局举办的专项培训班，并依托国家局代培人才在全区先后组织5次830余人参加的专题培训班，打造一支集行业管理、业界专家和企业骨干为主体的专业团队，为高标准启动达标工作夯实基础。

为加快推进煤矿安全质量标准化的建设进度，提高安全生产保障能力，自治区出台了3项重大政策措施：一是新建、整合、技改等煤矿建设工程与安全质量标准化同时设计，同时施工，同时达标，同时竣工；二是列入达标的煤矿未按期达标，停产整顿限期达标，到2011年底前仍未达标的，按落后生产能力淘汰关闭；三是达标工作与煤炭生产许可证发放、年检紧密结合，未达标煤矿不予办理申领或年检煤炭生产许可证手续。

截至2009年底，全区有211处煤矿达标，其中达到一级、二级和三级标准的煤矿分别有94处、79处和38处，并有50余处煤矿申报国家级安全质量标准化煤矿。

截至2014年12月，全区已有225处煤矿通过自治区安全质量标准化新标准达标考核考评，其中一级122处（央企37处、地方85处），二级74处（央企1处、乡镇73处），三级29处（央企1处、地方28处）。另有神华集团海勃湾矿业有限公司公乌素煤矿三号井等12处煤矿因发生死亡1人事故，停产整改后经自治区和盟市安全质量标准化主管部门验收考核，专业（部分）得分均达到三级以上，煤矿已达标，但未评级。

（二）国家级煤矿安全质量标准化考核评级

自2010年开始，国家安全生产监督管理总局、国家煤矿安全监察局按年度对上年度达到国家级安全质量标准化煤矿进行评定。2009年，全国有242处煤矿达到国家级安全质量标准，其中内蒙古有41处（央企19处）入选（表6-1-4）；2010年，全国有319处煤矿达到国家级安全质量标准，其中内蒙古有59处（央企23处）入选（表6-1-5）；2011年，全国369处煤矿达到国家级安全质量标准，其中内蒙古有78处（央企30处）入选（表6-1-6）；2012年，全国358处煤矿达到国家级安全质量标准，其中内蒙古有63处（央企25处）入选（表6-1-7）；2013年，全国427处煤矿达到国家级安全质量标准，其中内蒙古有100处（央企42处）入选（表6-1-8）。

表6-1-4 自治区入选2009年度国家级安全质量标准化煤矿统计表

煤矿名称	煤矿名称
神华神东上湾煤矿	内蒙古伊泰宝山煤炭有限责任公司宝山煤矿
神华神东煤炭集团补连塔煤矿	内蒙古伊泰同达煤炭有限责任公司丁家渠煤矿
神华神东煤炭集团乌兰木伦煤矿	内蒙古伊泰集团有限公司大地精煤矿
神华神东煤炭集团柳塔煤矿	内蒙古伊泰集团有限公司白家梁煤矿
神华神东煤炭集团寸草塔煤矿	内蒙古伊泰集团有限公司诚意煤矿
神华集团乌达五虎山矿业有限责任公司	内蒙古伊泰煤炭股份有限公司宏景塔一矿
神华乌海能源有限责任公司路天矿业有限责任公司	内蒙古伊泰煤炭股份有限公司富华煤矿
神华乌海能源有限责任公司老石旦煤矿	内蒙古伊泰煤炭股份有限公司凯达煤矿
神华乌海能源有限责任公司平沟煤矿	内蒙古伊泰煤炭股份有限公司阳湾沟煤矿
扎赉诺尔煤业有限责任公司铁北煤矿	内蒙古伊泰煤炭股份有限公司纳林庙煤矿一号井
扎赉诺尔煤业有限责任公司灵泉露天矿	鄂尔多斯市鸿森矿业有限责任公司贾家渠煤矿
内蒙古大雁矿业集团有限责任公司第一煤矿	鄂尔多斯市金阳煤炭有限责任公司
内蒙古大雁矿业集团有限责任公司雁南煤矿	鄂尔多斯市乌兰煤炭集团有限公司温家梁三号煤矿
内蒙古平庄能源股份有限公司西露天煤矿	鄂尔多斯市乌兰煤炭集团有限公司石圪台煤矿
内蒙古平庄能源股份有限公司老公营子煤矿	内蒙古北联电能源开发有限责任公司吴四圪堵煤矿
内蒙古平庄能源股份有限公司古山煤矿三井	内蒙古满世煤炭集团罐子沟煤矿
内蒙古平庄煤业（集团）有限责任公司六家煤矿	准格尔旗昶旭煤炭有限公司（露天煤矿）
内蒙古平庄煤业（集团）有限责任公司红庙煤矿二井	准格尔旗云飞矿业有限责任公司串草圪旦煤矿
	准格尔旗永智煤炭有限公司
内蒙古平庄煤业（集团）有限责任公司元宝山露天煤矿	伊金霍洛旗纳林陶亥镇安源煤矿
内蒙古伊泰煤炭股份有限公司纳林庙煤矿二号井	内蒙古伊东集团宏鑫煤炭有限责任公司

表6-1-5 自治区入选2010年度国家级安全质量标准化煤矿统计表

煤矿名称	煤矿名称
神华准格尔能源有限责任公司黑岱沟露天煤矿	扎赉诺尔煤业有限责任公司灵泉煤矿
神华北电胜利能源有限公司胜利露天煤矿	扎赉诺尔煤业有限责任公司灵北煤矿
神华乌海能源乌海市路天矿业有限公司	扎赉诺尔煤业满洲里光明煤业有限公司
神华乌海能源乌达五虎山矿业有限公司	中电投内蒙古霍林河露天煤业公司北露天矿
神华乌海能源有限责任公司平沟煤矿	国家电网内蒙古大雁矿业集团有限公司第一煤矿
神华乌海能源乌达黄白茨矿业有限公司	国家电网内蒙古大雁矿业集团有限公司雁南煤矿
华能伊敏煤电有限责任公司露天矿	内蒙古平庄煤业（集团）有限责任公司元宝山露天煤矿

表6–1–5（续）

煤矿名称	煤矿名称
国电内蒙古平庄能源股份有限公司西露天煤矿	内蒙古伊泰同达煤炭有限责任公司丁家渠煤矿
国电内蒙古平庄能源股份有限公司风水沟煤矿	内蒙古伊泰宝山煤炭有限责任公司宝山煤矿
内蒙古平庄煤业（集团）有限责任公司红庙煤矿二井	内蒙古伊泰煤炭股份有限公司纳林庙煤矿一号井
国电内蒙古平庄能源股份有限公司老公营子煤矿	内蒙古伊泰集团有限公司诚意煤矿
国电内蒙古平庄能源股份有限公司六家煤矿	内蒙古伊泰煤炭股份有限公司阳湾沟煤矿
国电内蒙古平庄能源股份有限公司古山煤矿三井	内蒙古伊泰煤炭股份有限公司凯达煤矿
国电内蒙古平庄能源股份有限公司古山煤矿一井	内蒙古伊泰煤炭股份有限公司富华煤矿
华电内蒙古鄂尔多斯市金通煤炭有限责任公司	内蒙古伊泰集团有限公司白家梁煤矿
大唐内蒙古华银锡东能源开发有限公司额吉露天煤矿	准格尔旗昶旭煤炭有限公司
鄂尔多斯市闫家渠煤炭有限责任公司闫家渠煤矿	内蒙古满世煤业集团罐子沟煤炭有限责任公司
鄂尔多斯市正丰矿业有限责任公司双欣煤矿	内蒙古准格尔旗特弘煤炭有限公司官板乌素煤矿
鄂尔多斯市裕隆富祥矿业有限公司裕隆富祥煤矿	内蒙古北联电能源开发有限公司吴四圪堵煤矿
鄂尔多斯市乌兰煤炭有限责任公司满来壕煤矿	准格尔旗云飞矿业有限公司串草圪旦煤矿
内蒙古伊东集团宏鑫煤炭有限责任公司	内蒙古赛蒙特尔煤业有限责任公司赛蒙特尔煤矿
内蒙古伊东煤炭集团窑沟扶贫煤矿有限责任公司	内蒙古宝丰矿业有限公司煤矿
内蒙古伊东集团沙咀子煤炭有限责任公司	内蒙古李家塔煤矿
内蒙古伊东煤炭集团有限责任公司东圪堵煤矿	内蒙古伊丰矿业有限责任公司煤矿
内蒙古伊金霍洛旗新庙镇敬老院煤矿	内蒙古鄂尔多斯煤炭有限责任公司阿尔巴斯二矿
内蒙古伊金霍洛旗纳林陶亥镇安源煤矿	内蒙古鄂尔多斯煤炭有限责任公司阿尔巴斯一矿
内蒙古伊泰京粤酸刺沟矿业有限责任公司酸刺沟煤矿	达拉特旗苏家沟煤炭有限责任公司苏家沟股份制井
内蒙古伊泰煤炭股份有限公司宏景塔一矿	内蒙古特弘煤电集团有限公司来叶沟煤矿
内蒙古伊泰煤炭股份有限公司纳林庙煤矿二号井	内蒙古兴通煤业有限公司兴通煤矿
内蒙古伊泰集团有限公司大地精煤矿	

表6–1–6 自治区入选2011年度国家级安全质量标准化煤矿统计表

煤矿名称	煤矿名称
神华准格尔能源有限责任公司黑岱沟露天煤矿	神华大雁集团公司雁南煤矿
神华北电胜利能源有限公司胜利露天矿	华能伊敏煤电有限责任公司露天矿
神华蒙西煤化股份有限公司棋盘井煤矿	扎赉诺尔煤业有限责任公司灵泉煤矿
神华神东天隆集团有限公司武家塔露天煤矿	扎赉诺尔煤业有限责任公司铁北煤矿
神华乌海能源公司乌海市公乌素煤业有限责任公司	内蒙古平庄煤业（集团）有限责任公司元宝山露天煤矿
神华乌海能源公司乌海市路天矿业有限责任公司	内蒙古平庄煤业（集团）有限责任公司红庙煤矿二井
神华乌海能源公司乌达五虎山矿业有限公司	国电内蒙古平庄能源股份有限公司西露天煤矿
神华乌海能源公司平沟煤矿	国电内蒙古平庄能源股份有限公司风水沟煤矿
神华乌海能源公司苏海图煤矿	国电内蒙古平庄能源股份有限公司老公营子煤矿
神华内蒙古利民煤焦有限责任公司煤矿	国电内蒙古平庄能源股份有限公司六家煤矿
神华大雁集团公司第一煤矿	国电内蒙古平庄能源股份有限公司古山煤矿三井

表6-1-6（续）

煤矿名称	煤矿名称
中电投内蒙古霍林河露天煤业公司扎哈淖尔露天煤矿	新能矿业有限公司王家塔煤矿
中电投内蒙古霍林河露天煤业公司南露天煤矿	内蒙古满世煤炭集团罐子沟煤炭有限责任公司
中电投内蒙古霍林河露天煤业公司北露天煤矿	准格尔旗云飞矿业有限责任公司串草圪旦煤矿
中电投内蒙古锡林郭勒白音华煤电有限公司露天煤矿	鄂尔多斯金阳煤炭有限责任公司露天煤矿
华电集团内蒙古蒙泰不连沟煤业公司不连沟煤矿	内蒙古赛蒙特尔煤业有限责任公司赛蒙特尔煤矿
华电集团内蒙古蒙能金通煤业有限公司	内蒙古伊金霍洛旗新庙镇敬老院煤矿
大唐国际锡林浩特矿业有限公司胜利东二号露天煤矿	内蒙古伊金霍洛旗纳林陶亥镇安源煤矿
大唐华银锡东能源公司特根召井田露天矿	内蒙古准格尔旗特弘煤炭有限公司官板乌素煤矿
鄂尔多斯市昊华精煤有限责任公司	内蒙古宝丰矿业有限公司
内蒙古伊泰京粤酸刺沟矿业有限责任公司酸刺沟煤矿	内蒙古李家塔煤矿
内蒙古伊泰煤炭股份有限公司宏景塔一矿	内蒙古蒙发煤炭公司呼和乌素煤矿
内蒙古伊泰煤炭股份有限公司纳林庙煤矿二号井	内蒙古聚祥煤业集团有限公司阳塔煤矿
内蒙古伊泰集团有限公司大地精煤矿	内蒙古三鼎煤炭有限公司煤矿
内蒙古伊泰集团有限公司诚意煤矿	鄂尔多斯市闫家渠煤炭有限公司闫家渠煤矿
内蒙古伊泰宝山煤炭有限责任公司宝山煤矿	鄂尔多斯市正丰矿业有限公司双欣煤矿
内蒙古伊泰煤炭股份有限公司纳林庙煤矿一号井	内蒙古伊丰矿业有限公司煤矿
内蒙古伊泰同达煤炭有限责任公司丁家渠煤矿	内蒙古鄂尔多斯煤炭有限责任公司阿尔巴斯二矿
内蒙古伊泰煤炭股份有限公司阳湾沟煤矿	达拉特旗苏家沟煤炭有限公司苏家沟股份制井
内蒙古伊泰煤炭股份有限公司凯达煤矿	鄂尔多斯市裕隆富祥矿业有限公司裕隆富祥煤矿
内蒙古伊泰煤炭股份有限公司富华煤矿	内蒙古特弘煤电集团有限公司来叶沟煤矿
内蒙古伊泰集团有限公司白家梁煤矿	内蒙古鄂尔多斯煤炭有限责任公司阿尔巴斯一矿
内蒙古伊东集团有限公司孙家壕煤矿	赤峰宝马矿业有限责任公司煤矿
内蒙古伊东集团宏鑫煤炭有限责任公司	赤峰市建昌营煤业有限公司煤矿
内蒙古伊东集团窑沟扶贫煤炭有限责任公司	伊金霍洛旗新庙柳塔村杨湾煤矿
内蒙古伊东集团沙咀子煤炭有限责任公司	乌海市裕隆利胜矿业有限公司煤矿
内蒙古伊东集团有限责任公司宏测煤矿	鄂尔多斯市乌兰煤炭有限公司满来壕煤矿
内蒙古伊东集团有限责任公司东圪堵煤矿	内蒙古汇能煤电集团弓家塔宝平湾煤炭公司煤矿
内蒙古双欣矿业有限公司杨家村煤矿	内蒙古维维能源有限公司白云乌素煤矿

表6-1-7　自治区入选2012年度国家级安全质量标准化煤矿统计表

煤矿名称	煤矿名称
神华集团准格尔能源有限责任公司黑岱沟露天煤矿	神华集团内蒙古利民煤焦有限责任公司煤矿
神华集团哈尔乌素煤炭分公司哈尔乌素露天煤矿	扎赉诺尔煤业有限责任公司铁北煤矿
神华集团北电胜利能源有限公司胜利露天煤矿	扎赉诺尔煤业有限责任公司灵泉煤矿
神华集团蒙西煤化股份有限公司棋盘井煤矿	扎赉诺尔煤业有限责任公司灵东煤矿
神华集团大雁集团公司第三煤矿	华能集团北联电能源开发公司铧尖露天煤矿

表6-1-7（续）

煤矿名称	煤矿名称
华能集团扎赉诺尔煤业有限责任公司灵北煤矿	内蒙古伊东集团窑沟扶贫煤炭有限责任公司
中电投内蒙古霍林河露天煤业公司北露天煤矿	内蒙古伊东集团有限责任公司东圪堵煤矿
中电投内蒙古霍林河露天煤业公司南露天煤矿	内蒙古伊东集团宏鑫煤炭有限责任公司
中电投内蒙古霍林河露天煤业公司扎哈淖尔露天煤矿	赤峰宝马矿业有限责任公司煤矿
国电内蒙古平庄能源股份有限公司老公营子煤矿	赤峰市建昌营煤业有限责任公司煤矿
国电内蒙古平庄能源股份有限公司六家煤矿	乌海市裕隆利胜矿业有限公司煤矿
国电内蒙古平庄能源股份有限公司古山煤矿三井	内蒙古维维能源有限公司白云乌素煤矿
国电内蒙古平庄能源股份有限公司古山煤矿一井	准格尔旗云飞矿业有限责任公司串草圪旦煤矿
国电内蒙古平庄煤业公司红庙煤矿二井	内蒙古鄂尔多斯煤炭有限责任公司阿尔巴斯一矿
内蒙古平庄煤业（集团）有限责任公司元宝山露天煤矿	内蒙古鄂尔多斯煤炭有限责任公司阿尔巴斯二矿
国电内蒙古平庄能源股份有限公司西露天煤矿	新能矿业有限公司王家塔煤矿
中电投内蒙古锡林郭勒白音华煤电公司露天煤矿	内蒙古蒙发煤炭公司呼和乌素煤矿
华电内蒙古蒙泰不连沟煤业公司不连沟煤矿	内蒙古赛蒙特尔煤业有限公司赛蒙特尔煤矿
华电内蒙古蒙能金通煤业有限公司	内蒙古双欣矿业有限公司杨家村煤矿
大唐华银锡东能源公司特根召井田露天矿	内蒙古聚祥煤业集团有限公司阳塔煤矿
内蒙古伊泰宝山煤炭有限责任公司宝山煤矿	内蒙古准格尔旗特弘煤炭有限责任公司官板乌素煤矿
内蒙古伊泰煤炭股份有限公司纳林庙煤矿一号井	内蒙古宝丰矿业有限公司煤矿
内蒙古伊泰煤炭股份有限公司纳林庙煤矿二号井	鄂尔多斯市裕隆富祥煤矿
内蒙古伊泰京粤酸刺沟矿业有限责任公司酸刺沟煤矿	内蒙古李家塔煤矿
内蒙古伊泰煤炭股份有限公司阳湾沟煤矿	鄂尔多斯市闫家渠煤炭有限责任公司闫家渠煤矿
内蒙古伊泰煤炭股份有限公司凯达煤矿	内蒙古伊丰矿业有限责任公司煤矿
内蒙古伊泰煤炭股份有限公司宏景塔一矿	鄂尔多斯市巴音孟克刘家渠煤炭有限责任公司煤矿
内蒙古伊泰集团有限公司大地精煤矿	鄂尔多斯市乌兰煤炭有限公司武家塔煤矿
内蒙古伊泰集团有限公司诚意煤矿	内蒙古多伦协鑫矿业有限公司
内蒙古伊泰同达煤炭有限责任公司丁家渠煤矿	鄂尔多斯市乌兰煤炭有限公司满来壕煤矿
内蒙古伊泰集团纳林沟煤炭有限公司孙家壕煤矿	鄂托克旗建元焦化有限责任公司建元一矿
内蒙古伊东集团有限责任公司宏测煤矿	

表6-1-8　自治区入选2013年度国家级安全质量标准化煤矿统计表

煤矿名称	煤矿名称
神华集团海勃湾矿业有限公司平沟煤矿	神华神东煤炭集团万利一矿
神华集团海勃湾矿业有限公司老石旦煤矿	神华神东煤炭集团寸草塔煤矿
神华集团海勃湾矿业有限公司露天煤矿	神华神东煤炭集团寸草塔二矿
神华集团海勃湾矿业有限公司公乌素煤矿三号井	神华神东煤炭集团乌兰木伦煤矿
神华集团乌达矿业有限公司黄白茨煤矿	神华神东煤炭集团柳塔煤矿
神华集团乌达矿业有限公司五虎山煤矿	神华神东煤炭集团布尔台煤矿
神华神东煤炭集团补连塔煤矿	神东天隆集团有限公司霍洛湾煤矿

表 6-1-8（续）

煤矿名称	煤矿名称
神东天隆集团有限公司武家塔煤矿	内蒙古伊泰煤炭股份有限公司凯达煤矿
神华集团蒙西煤化股份有限公司棋盘井煤矿	内蒙古伊泰煤炭股份有限公司诚意煤矿
神华集团北电胜利能源有限公司胜利露天煤矿	内蒙古伊东集团宏测煤炭有限公司
神华集团宝日希勒能源有限公司露天煤矿	内蒙古伊东集团宏鑫煤炭有限公司
神华集团准格尔能源公司哈尔乌素露天煤矿	内蒙古伊东集团窑沟扶贫煤炭有限公司
中煤集团准格尔旗荣祥煤焦化有限公司山不拉煤矿	内蒙古伊东集团纳林沟煤炭有限公司孙家壕煤矿
华能集团内蒙古通大煤业有限公司伊敏五牧场煤矿	内蒙古满世煤炭集团罐子沟煤矿
华能集团伊敏煤电公司露天煤矿	内蒙古满世煤炭集团四道柳煤矿
华能集团扎来诺尔煤业有限公司铁北煤矿	内蒙古满世煤炭集团永智煤炭有限公司
华能集团扎来诺尔煤业有限公司灵泉煤矿	内蒙古满世煤炭集团特弘煤炭有限公司官板乌素煤矿
华能集团扎来诺尔煤业有限公司灵东煤矿	内蒙古汇能煤电集团巴隆图煤炭有限责任公司
华能集团扎来诺尔煤业有限公司灵北煤矿	内蒙古汇能煤电集团富民煤炭有限公司
内蒙古平庄煤业（集团）有限责任公司红庙煤矿二井	内蒙古汇能煤电集团富安煤炭有限公司
内蒙古平庄煤业（集团）有限责任公司元宝山露天煤矿	内蒙古汇能煤电集团泰山煤矿
国电集团平庄能源股份公司风水沟煤矿	内蒙古蒙泰不连沟煤业有限公司不连沟煤矿
国电集团平庄能源股份公司老公营子煤矿	内蒙古赛蒙特尔煤业有限公司赛蒙特尔煤矿
国电集团平庄能源股份公司六家煤矿	内蒙古双欣矿业有限公司杨家村煤矿
国电集团平庄能源股份公司古山煤矿三井	内蒙古新能矿业有限公司王家塔矿井
国电集团平庄能源股份公司古山煤矿一井	内蒙古维维能源有限公司白云乌素煤矿
国电集团平庄能源股份公司西露天煤矿	内蒙古友恒煤炭有限公司益民煤矿
国电集团乌兰图嘎煤炭有限公司锗煤露天矿	内蒙古庆华集团阿拉善百灵煤炭有限公司煤矿
中电投集团霍林河露天煤业公司扎哈淖尔露天煤矿	内蒙古聚祥煤业集团有限公司阳塔煤矿
中电投集团霍林河露天煤业公司南露天矿	内蒙古宝丰矿业有限公司煤矿
中电投集团霍林河露天煤业公司北露天矿	内蒙古裕兴矿业有限公司煤矿
中电投集团锡林郭勒白音华煤电有限公司露天煤矿	内蒙古鄂尔多斯昊华精煤有限公司高家梁一号矿
华电集团陈巴尔虎旗天顺矿业有限公司天顺煤矿	内蒙古鄂尔多斯乌兰煤炭集团有限公司温家塔煤矿
神华大雁集团公司第三煤矿	内蒙古鄂尔多斯乌兰煤炭集团有限公司温家梁三号煤矿
大唐国际锡林浩特矿业公司胜利东二号露天煤矿	内蒙古鄂尔多斯乌兰煤炭集团有限公司石圪台煤矿
呼伦贝尔蒙西煤业有限公司蒙西一井	内蒙古鄂尔多斯乌兰煤炭集团有限公司满来壕煤矿
内蒙古李家塔煤矿	内蒙古鄂尔多斯乌兰煤炭集团有限公司特拉布拉煤矿
内蒙古伊泰煤炭股份有限公司大地精煤矿	内蒙古鄂尔多斯乌兰煤炭集团有限公司武家塔煤矿
内蒙古伊泰煤炭股份有限公司宏景塔一矿	裕隆矿业集团裕隆富祥煤矿
内蒙古伊泰京粤酸刺沟矿业有限公司酸刺沟煤矿	内蒙古鄂尔多斯煤炭有限公司煤矿
内蒙古伊同达煤炭有限责任公司丁家渠煤矿	鄂尔多斯市闫家渠煤炭有限公司闫家渠煤矿
内蒙古伊泰煤炭股份有限公司纳林庙煤矿一号井	鄂尔多斯市巴音孟克刘家渠煤炭有限公司煤矿
内蒙古伊泰煤炭股份有限公司纳林庙煤矿二号井	鄂尔多斯市巴音孟克纳源煤炭有限公司煤矿
内蒙古伊泰宝山煤炭有限责任公司宝山煤矿	鄂尔多斯电力冶金股份有限公司一矿

表6-1-8（续）

煤矿名称	煤矿名称
赤峰宝马矿业有限公司（煤矿）	鄂托克旗阿尔巴斯一矿
赤峰市建昌营煤业有限公司（煤矿）	鄂托克旗阿尔巴斯二矿
准格尔旗云飞矿业有限公司串草圪旦煤矿	呼伦贝尔呼盛矿业有限公司呼盛煤矿
准格尔旗昶旭煤炭有限公司（露天）煤矿	伊金霍洛旗昊达煤炭有限公司煤矿
鄂托克前旗长城煤矿有限公司长城煤矿	伊金霍洛旗东博煤炭有限公司东博煤矿
鄂托克旗新亚煤焦有限公司煤矿	裕隆矿业集团裕隆利胜矿业有限公司

根据《国务院关于进一步加强企业安全生产工作的通知》《国务院安委会关于深入开展企业安全生产标准化的指导意见》，2013年，国家安全生产监督管理总局、国家煤矿安全监察局制定《煤矿安全质量标准基本要求及评分办法（试行）》，自2014年开始，将国家级安全质量标准细化为3个等级：年度内煤矿安全质量标准化考核评分达到90分以上，且年度内无死亡事故为一级；考核评分达到80分为二级；考核评分达70分为三级。

2014年，全国达到安全质量一级标准的煤矿有646处，内蒙古有78处煤矿入选，其中央企28处（表6-1-9）。

表6-1-9　自治区入选2014年度国家一级安全质量标准化煤矿统计表

煤矿名称	煤矿名称
神华神东煤炭集团上湾煤矿	内蒙古鄂尔多斯乌兰煤炭集团有限公司特拉布拉煤矿
神华集团海勃湾矿业有限公司平沟煤矿	内蒙古鄂尔多斯乌兰煤炭集团有限公司后温家梁煤矿
神华集团海勃湾矿业有限公司老石旦煤矿	内蒙古鄂尔多斯市乌兰煤炭集团有限公司满来梁煤矿
神华集团乌达矿业有限公司五虎山煤矿	内蒙古鄂尔多斯煤炭有限公司白云乌素矿区11-15线煤矿
神华神东煤炭集团寸草塔二矿	鄂尔多斯市荣恒矿业有限公司
神华神东煤炭集团布尔台煤矿	鄂尔多斯市嘉信德煤业有限公司
神东天隆集团有限公司霍洛湾煤矿	鄂尔多斯市东胜区平梁张大银煤矿
神华集团蒙西煤化股份有限公司棋盘井煤矿	华能集团北方魏家峁煤电有限公司魏家峁露天煤矿
神华大雁集团公司第三煤矿	国电集团平庄能源股份有限公司西露天煤矿
神华集团神东天隆集团有限公司武家塔煤矿	内蒙古平庄煤业（集团）有限责任公司红庙煤矿二井
神华集团北电胜利能源有限公司胜利露天煤矿	国电集团平庄能源股份有限公司风水沟煤矿
神华集团宝日希勒能源有限公司露天煤矿	国电集团平庄能源股份有限公司六家煤矿
神华集团准格尔能源公司哈尔乌素露天煤矿	国电集团平庄能源股份有限公司古山煤矿三井
中煤能源集团荣祥煤焦化有限公司山不拉煤矿	国电集团平庄能源股份有限公司古山煤矿一井
华能集团扎赉诺尔煤业有限公司铁北煤矿	中电投集团霍林河露天煤业公司扎哈淖尔露天煤矿
华能集团扎赉诺尔煤业有限公司灵泉煤矿	大唐国际锡林浩特矿业公司胜利东二号露天煤矿
华能集团扎赉诺尔煤业有限公司灵北煤矿	内蒙古多伦协鑫矿业有限公司
华能集团内蒙古北联电能源开发有限公司高头窑煤矿	内蒙古伊泰京粤酸刺沟矿业有限公司酸刺沟煤矿
华能集团伊敏煤电公司露天煤矿	内蒙古伊泰煤炭股份有限公司纳林庙煤矿二号井

表6-1-9（续）

煤矿名称	煤矿名称
内蒙古伊泰煤炭股份有限公司凯达煤矿	鄂尔多斯市闫家渠煤炭有限公司闫家渠煤矿
内蒙古伊东集团宏鑫煤炭有限公司煤矿	鄂尔多斯市正丰矿业有限公司鄂托克旗双欣煤矿
内蒙古伊东集团窑沟扶贫煤炭有限公司	鄂尔多斯市闫家沟鑫东煤炭有限公司
内蒙古伊东集团炭窑渠煤炭有限公司	鄂尔多斯电力冶金股份有限公司一矿
内蒙古满世煤炭集团四台柳煤矿	内蒙古鄂尔多斯煤炭有限公司
内蒙古满世煤炭集团准格尔旗永智煤炭有限公司	赤峰宝马矿业有限公司
内蒙古满世煤炭集团鄂尔多斯市金阳煤炭有限公司	鄂托克旗新亚煤焦有限公司
内蒙古汇能煤电集团巴隆图煤炭有限公司	内蒙古鄂尔多斯煤炭有限责任公司阿尔巴斯一矿
内蒙古汇能煤电集团富民煤炭有限公司	内蒙古鄂尔多斯煤炭有限责任公司阿尔巴斯二矿
内蒙古汇能煤电集团富安煤炭有限公司	呼伦贝尔呼盛矿业有限公司呼盛煤矿
内蒙古蒙泰不连沟煤业有限公司不连沟煤矿	裕隆矿业集团裕隆利胜矿业有限公司
内蒙古双欣矿业有限公司杨家村煤矿	准格尔旗金正泰煤炭有限公司
内蒙古维维能源有限公司白云乌素煤矿	准格尔旗云飞矿业有限公司串草圪旦煤矿
内蒙古友恒煤炭有限公司益民煤矿	内蒙古准格尔旗美日煤炭有限公司
内蒙古聚祥煤业集团有限公司阳塔煤矿	内蒙古准格尔旗力量煤业有限公司大饭铺煤矿
内蒙古裕兴矿业有限公司	内蒙古恒东集团宏亚煤炭有限公司煤矿
内蒙古鄂尔多斯乌兰煤炭集团有限公司温家塔煤矿	内蒙古棋盘井矿业有限公司煤矿
内蒙古鄂尔多斯乌兰煤炭集团有限公司温家梁三号煤矿	内蒙古三维集团小鱼沟煤炭有限公司煤矿
内蒙古鄂尔多斯乌兰煤炭集团有限公司石圪台煤矿	达拉特旗苏家沟煤炭有限公司苏家沟股份刮井
内蒙古鄂尔多斯乌兰煤炭集团有限公司满来壕煤矿	乌海市乌化矿业有限公司煤矿

2015年9月，国家安全生产监督管理总局、国家煤矿安全监察局对已申报2014年度一级安全质量标准化，但存在管理滑坡、发生死亡事故、违规超能力组织生产、未报送评审材料等问题的113处煤矿，取消其2014年度一级安全质量标准化等级考评资格。10月18日，自治区煤炭工业局、内蒙古煤矿安全监察局根据国家安全生产监督管理总局、国家煤矿安全监察局"相关煤矿安全质量标准化主管部门对上述煤矿安全质量标准化等级作出相应调整"的要求，决定取消神华神东煤炭集团公司补连塔等49处煤矿一级安全质量标准化考评资格，并降级为二级等次，其中违规超能力组织生产的有35处（表6-1-10），未报送评审材料的14处（表6-1-11）。

表6-1-10　自治区2014年度因超能力组织生产被取消国家一级安全质量标准化
等级考评资格煤矿统计表

煤矿名称	煤矿名称
神华神东公司补连塔煤矿	神华神东柳塔煤矿
神华神东公司寸草塔煤矿	神华集团海勃湾矿业有限公司路天煤矿

表6-1-10（续）

煤矿名称	煤矿名称
内蒙古平庄煤业（集团）有限责任公司元宝山露天煤矿	内蒙古新能矿业有限公司王家塔矿井
国电集团乌兰图嘎煤炭有限公司锗煤露天煤矿	内蒙古鄂尔多斯昊华精煤公司高家梁一号矿
中电投霍林河煤业公司南露天煤矿	内蒙古鄂尔多斯乌兰煤炭集团有限公司武家塔煤矿
中电投霍林河露天煤业公司北露天煤矿	内蒙古鄂尔多斯市巴音孟克纳源煤炭有限公司
中电投锡林郭勒白音华煤电有限公司露天煤矿	内蒙古鄂尔多斯市巴音孟克刘家渠煤炭有限公司
内蒙古李家塔煤矿	内蒙古鄂尔多斯市东辰公司准格尔唐公塔煤矿唐公塔井
内蒙古伊泰煤炭股份有限公司大地精煤矿	内蒙古鄂尔多斯伊金霍洛旗昊达煤炭有限公司
内蒙古伊泰煤炭股份有限公司宏景塔一矿	内蒙古鄂尔多斯伊金霍洛旗东博煤炭有限公司东博煤矿
内蒙古伊泰宝山煤炭有限责任公司宝山煤矿	内蒙古鄂尔多斯准格尔旗弓家塔布尔洞煤炭有限公司
内蒙古伊泰煤炭股份有限公司诚意煤矿	内蒙古鄂尔多斯准格尔旗弓家塔宝平湾煤炭有限公司
内蒙古伊东集团宏测煤炭有限公司	内蒙古鄂尔多斯准格尔旗昶旭煤炭有限公司
内蒙古伊东集团纳林沟煤炭公司孙家壕煤矿	内蒙古博源煤化工有限公司湾图沟煤矿
内蒙古满世煤炭集团罐子沟煤矿	内蒙古鑫泰煤炭开采有限公司文玉煤矿
内蒙古汇能煤电集团泰山煤矿	内蒙古杨家梁煤炭有限公司杨家梁煤矿
内蒙古汇能煤电集团羊市塔煤炭有限公司一矿	内蒙古蒙发煤炭有限公司呼和乌素煤矿
内蒙古赛蒙特尔煤业有限公司赛蒙特尔煤矿	

表6-1-11 自治区2014年度因未提供评审资料被取消国家一级安全质量标准化等级考评资格煤矿统计表

煤矿名称	煤矿名称
神华神东煤炭集团万利一矿	内蒙古油房渠矿业有限公司
内蒙古伊泰同达煤炭有限责任公司丁家渠煤矿	内蒙古华电蒙能金通煤业有限公司
内蒙古伊泰煤炭股份公司纳林庙煤矿一号井	内蒙古赤峰市建昌营煤业有限公司
内蒙古特弘煤炭公司官板乌素煤矿	内蒙古鄂托克前旗长城煤矿有限公司长城煤矿
内蒙古汇能煤电集团公沟煤炭有限责任公司	内蒙古裕隆矿业集团裕隆富祥煤矿
内蒙古宝丰矿业有限公司煤矿	内蒙古准格尔旗光裕煤矿有限公司
内蒙古伊丰矿业有限责任公司煤矿	内蒙古准格尔旗山贵煤炭有限公司煤矿

国家安全生产监督管理总局、国家煤矿安全监察局确定2015年度一级安全质量标准化煤矿789处，其中内蒙古有94处煤矿（央企32处）（表6-1-12）。

表6-1-12 自治区入选2015年度国家一级安全质量标准化煤矿统计表

煤矿名称	煤矿名称
神华神东煤炭集团布尔台煤矿	神华神东煤炭集团补连塔煤矿
神华神东煤炭集团柳塔煤矿	神华神东煤炭集团上湾煤矿
神华神东煤炭集团寸草塔煤矿	神华神东煤炭集团乌兰木伦煤矿

表 6 – 1 – 12（续）

煤矿名称	煤矿名称
神东天隆集团有限公司霍洛湾煤矿	内蒙古鄂尔多斯乌兰煤炭集团武家塔煤矿
神东天隆集团有限公司武家塔露天煤矿	内蒙古鄂尔多斯乌兰煤炭集团石圪台煤矿
神华集团准格尔能源公司哈尔乌素露天煤矿	内蒙古鄂尔多斯乌兰煤炭集团温家塔煤矿
神华集团宝日希勒能源有限公司露天煤矿	内蒙古汇能煤电集团富民煤炭有限公司
神华集团北电胜利能源有限公司胜利露天煤矿	内蒙古汇能煤电集团巴隆图煤炭有限公司
神华集团乌达矿业有限公司五虎山煤矿	内蒙古满世煤炭集团准格尔旗永智煤炭有限公司
神华集团海勃湾矿业有限公司老石旦煤矿	内蒙古满世煤炭集团四道柳煤矿
神华大雁集团公司第三煤矿	内蒙古伊东集团窑沟扶贫煤炭有限公司
神华集团蒙西煤化股份有限公司棋盘井煤矿	内蒙古伊东集团宏鑫煤炭有限公司煤矿
中煤能源集团准格尔旗荣祥煤焦化有限公司山不拉煤矿	内蒙古伊东集团炭窑渠煤炭有限公司煤矿
华能集团扎赉诺尔煤业有限公司灵北煤矿	内蒙古伊泰煤炭股份有限公司纳林庙煤矿二号井
华能集团扎赉诺尔煤业有限公司铁北煤矿	内蒙古伊泰京粤酸刺沟矿业有限责任公司酸刺沟煤矿
华能集团扎赉诺尔煤业有限公司灵东煤矿	内蒙古维维能源集团白云乌素煤矿
华能集团伊敏煤电公司露天煤矿	内蒙古怡和聚源煤炭有限公司
华能集团北方魏家峁煤电有限公司魏家峁露天煤矿	内蒙古准格尔旗力量煤业有限公司大饭铺煤矿
华电集团黑龙江华电天顺矿业公司天顺煤矿	内蒙古棋盘井矿业有限公司煤矿
国家电投集团内蒙古白音华蒙东露天煤业有限公司	内蒙古恒东集团宏亚煤炭有限公司煤矿
国家电投集团内蒙古白音华煤电有限公司露天煤矿	内蒙古杨家梁煤炭有限公司杨家梁煤矿
国家电投集团霍林河露天煤业公司北露天煤矿	内蒙古油房渠矿业有限公司
国家电投集团霍林河露天煤业公司南露天煤矿	内蒙古博源煤化工有限公司湾图沟煤矿
内蒙古平庄煤业（集团）有限责任公司红庙煤矿	内蒙古鄂尔多斯煤炭有限公司煤矿
国电集团平庄能源股份公司西露天煤矿	内蒙古鄂尔多斯昊华精煤公司铜匠川矿区高家梁一号矿
国电集团平庄能源股份公司六家煤矿	内蒙古裕兴矿业有限公司
国电集团平庄能源股份公司风水沟煤矿	内蒙古宝丰矿业有限公司煤矿
大唐国际锡林浩特矿业公司胜利东二号露天煤矿	内蒙古友恒煤炭有限公司益民煤矿
内蒙古白音华海州露天煤矿公司白音华四号露天煤矿	内蒙古蒙泰不连沟煤业有限公司不连沟煤矿
内蒙古李家塔煤矿	内蒙古蒙发煤炭有限公司呼和乌素煤矿
达拉特旗苏家沟煤炭有限公司	内蒙古聚祥煤业集团有限公司阳塔煤矿
内蒙古鄂尔多斯煤炭有限公司阿尔巴斯二矿	内蒙古双欣矿业有限公司杨家村煤矿
内蒙古鄂尔多斯煤炭有限公司阿尔巴斯矿	鄂尔多斯市东辰煤炭有限公司
内蒙古鄂尔多斯煤炭有限公司白云乌素矿区 11 – 15 线煤矿	鄂尔多斯市闫家沟鑫东煤炭有限公司
内蒙古鄂尔多斯乌兰煤炭集团荣恒煤矿	鄂尔多斯市裕隆矿业公司裕隆富祥煤矿
内蒙古鄂尔多斯乌兰煤炭集团特拉布拉煤矿	鄂尔多斯市东胜区平梁张大银煤矿
内蒙古鄂尔多斯乌兰煤炭集团后温家梁煤矿	鄂尔多斯市嘉信德煤业有限公司煤矿
内蒙古鄂尔多斯乌兰煤炭集团满来梁煤矿	鄂尔多斯市正丰矿业有限公司鄂托克旗双欣煤矿
内蒙古鄂尔多斯乌兰煤炭集团满来壕煤矿	鄂尔多斯电力冶金股份有限公司一矿

表6-1-12（续）

煤矿名称	煤矿名称
鄂尔多斯市闫家渠煤炭有限公司闫家渠煤矿	乌海市乌化矿业有限公司煤矿
准格尔旗金正泰煤炭有限公司	乌海市裕隆利胜矿业有限公司煤矿
准格尔旗光裕煤矿有限公司	伊金霍洛旗呼氏煤炭有限公司淖尔壕煤矿
准格尔旗云飞矿业有限公司串草圪旦煤矿	伊金霍洛旗东博煤炭有限公司东博煤矿
准旗神陶煤炭运销有限公司营沙壕煤矿	呼伦贝尔蒙西煤业有限公司蒙西一井
内蒙古准格尔旗美日煤炭有限公司煤矿	呼伦贝尔市牙星煤业有限公司一号井
赤峰宝马矿业有限公司	呼伦贝尔呼盛矿业有限公司呼盛煤矿
赤峰市建昌营煤业有限公司	鄂托克旗新亚煤焦有限公司煤矿

第四节 安全培训

一、培训机构与设施

（一）内蒙古煤矿安全培训中心

1. 机构与管理体制

1990年，内蒙古煤矿安全培训中心（以下简称培训中心）由事业单位改为企业，事业编制全部撤销，由自治区煤炭工业厅管理，实行自主经营、自负盈亏的管理模式。2000年，培训中心由内蒙古煤矿安全监察局、自治区煤炭工业局管理，承担全区煤矿安全生产技术培训职责。2001年，培训中心取得国家级煤矿和非煤二级安全培训资质，承担煤矿和非煤企业"三项"岗位（煤矿安全评价、咨询、检测检验）人员、注册安全工程师和安全培训机构教师、煤矿安全生产相关专业技术人员培训和市、县级煤矿安全监管部门执法人员培训等工作，并承办上级交办的其他培训任务。

2009年10月，《中央机构编制委员会办公室关于国家煤矿安全监察系统事业单位机构编制的批复》同意内蒙古煤矿安全培训中心为财政补助事业单位，核定编制20人。

2012年，培训中心获准为国家安全生产监督管理总局和国家煤矿安全监察局首批15家"煤矿安全培训示范基地"，自治区人社厅高技能人才培训基地；具有矿山职业技能鉴定资质和人社部"煤矿特有工种职业技能鉴定站"资质，鉴定工种95个。2014年，培训中心下属的安科公司与职业危害中心组成内蒙古煤矿安全监察局安全技术中心，与培训中心分设，独立运行。截至2015年底，培训中心内设13个科室、4所分校（分别是鄂尔多斯市分校、锡林郭勒盟分校、乌海市分校和阿拉善盟分校）。

为解决工学矛盾，培训中心根据内蒙古自治区煤炭企业实际情况，探索开发远程教育培训课程，开设网络学院，将远程教育、实操技能练习、专题讲座和主题研讨等多样化培训方式贯穿教学过程，方便煤矿企业安全培训；增加学员网上报名系统，方便学员预报名、查询考试成绩、证书发放，提高中心整体管理水平。同时，培训中心采取与高等院校、大型企业联合办学的发展模式，解决中心教学实践基地的难题，实现了优势互补、资源共享的目的。培训中心与鄂尔多斯职业学院、中煤职业技术学院、内蒙古北方重工业集团有限公司、内蒙古伊泰集团有限公司等多个院校、企业开展合作办学。

培训中心相继成立内蒙古安科矿业中

等职业技术学校、内蒙古嘉信安全科技服务有限公司和国家职业技能鉴定所，具备大中专、本科、研究生学历合作办学资质、煤炭开采业和煤炭洗选业的安全评价资质、影视动漫与平面设计能力以及煤矿生产能力核定等资质，是自治区"三项岗位"人员指定理论考试点。

2015年9月，培训中心获得非煤考试点资格，可以开展对非煤企业主要负责人、安全管理人员和特种作业人员的计算机考试工作；11月，在鄂尔多斯新庙地区建立计算机考点和实操基地。

2. 师资队伍

1991年，培训中心已具备同时培训500人以上的教学能力。2015年，培训中心教师结构基本涵盖煤矿及非煤矿山相关的各类专业，并具有向其他领域给予安全技术支撑的能力。培训中心在册职工198人，其中事业编制20人（实际在编人数18人）；专职教师42人；正高级职称2人，副高级职称8人，中级技师28人；硕士研究生17人，本科生112人。形成以包头为核心，以鄂尔多斯、锡林郭勒、乌海、阿拉善、赤峰5个基地为主干，辐射全区的安全培训教育网络体系，构建短期快速安全技能培训与学历教育相结合的安全培训新体制。

3. 校舍、设备建设

培训中心于1985年11月竣工移交，总面积为13646平方米，包括教学实验综合楼、学院宿舍楼、食堂、家属楼住宅、车库、变电所、锅炉房、菜窖等配套设施。2005年，培训中心完成实验室初级建设，能够进行瓦斯煤尘爆炸、风电闭锁等多项煤矿安全技术应用实验，为煤矿安全生产培训奠定了坚实的基础。2007年，经内蒙古煤矿安全监察局、自治区煤炭工业局批准，培训中心自筹资金购置2.46公顷土地及地上建筑11000多平方米。培训中心搬迁至包头九原区建华路，经过改建、改造原有设施，基本保障安全培训任务的完成。2009年，培训中心自筹资金新建综合教学楼1栋，建筑面积为2732平方米。

图6-1-6 培训中心教室与计算机室

2014年，在容纳500人的大教室里安装集电脑、幻灯为一体的多媒体教学中控台和16平方米的LED电子屏，解决了教室后排学员无法清晰看清演示课件的问题；购置"煤矿安全技术可视化仿真培训系统"；2015年11月，在鄂尔多斯新庙地区建立计算机考点和实操基地。为加强特种作业人员实操能力，培训中心在鄂尔多斯分校建立实践基地，装备采煤机、掘进机、提升机和探放水等模拟实操考核设备。

内蒙古煤矿安全培训中心自成立以来，已为全区煤矿及非煤企业培训"三项岗位"人员近60万人次，其中2011—2015年培训人员219189人次。

（二）内蒙古东部煤矿安全培训中心

内蒙古东部煤矿安全培训中心（以下简称东部中心）是在内蒙古工程技术学校（前身为海拉尔煤校）的基础上，经国家煤矿安全监察局同意、内蒙古煤矿安全监察局批准成立的二级培训机构。东部中心管理人员3人，教师7人，并于2001年7月开始对呼伦贝尔市所辖各煤矿企业的安全管理人员及特种作业人员进行安全培训。同年9月，东部中心通过国家煤矿安全监察局组织的评估验收，12月底获得二级煤矿培训机构的资质证书。同年12月，东部中心与内蒙古工程技术学校合为一个机构、两块牌子。

2003年12月，东部中心与内蒙古工程技术学校同时并入呼伦贝尔学院工程分院。合并后，学院继续保留煤矿安全培训基地和机构。2012年3月，东部中心从工程分院独立出来，属于呼伦贝尔学院的二级机构，独立开展安全培训工作。2015年6月，随着呼伦贝尔市的机构改革，东部中心被划归矿业学院（原工程分院）管理。

东部中心并入呼伦贝尔学院后，学院拨专款建成培训综合楼，扩大培训规模，办学经费由学院划拨，财务收支单列。东部中心内设培训综合部，承担综合管理、策划、培训教学、教研、后勤管理等职能工作。东部中心有职工16人，其中专职管理人员6人、专兼职教师10人，其中教授5人、副教授2人、高级讲师1人、讲师1人、工程师1人、注册安全工程师2人、硕士研究生6人。东部中心现有多媒体教室2个，考试平台1个，标准实验、实训室10个，图书资料室1个、阅览室1个，档案室1个，安全展览室1个，研讨室3个，大小餐厅2个及6个单间，标准客房70个，教学、生活设施齐全，可供200人同时进行培训。

二、培训范围

安全培训中心的培训范围包括：煤矿、金属和非金属矿山、危险化学品、烟花爆竹等行业安全生产管理人员及特种作业人员；煤矿安全评价咨询机构技术人员、煤矿职业卫生咨询机构技术人员、注册安全工程师、安全培训机构教师；旗县级安监部门执法人员；安全生产领域相关专业技术人员。

（一）煤矿各级管理人员培训

1. 矿级管理人员培训

矿级管理人员培训的范围包括："一通三防"安全管理，有关安全生产方面的法律、法规、国家标准、行业标准、规程和规范，煤矿"六大系统"建设，煤矿事故调查处理与案例分析及煤矿职业卫生等相关知识。

2. 矿井安全监控系统管理人员培训

矿井安全监控系统管理人员培训的范围包括：煤矿安全生产法律法规与煤矿安全管理，监控系统报警及井下紧急情况的处置与应对措施，煤矿在用安全监控系统主要技术特点，煤矿生产技术与主要灾害事故防治，煤矿应急预案与演练，煤矿"一通三防"基本知识，煤矿防治瓦斯基本知识，自救、互救与创伤急救，矿用传感器、分站、电源、断电仪、甲烷风电闭锁装置、主站和系统软件等常见问题及检修方法，监控系统安全技术标准及管理规定，煤矿安全监测监控系统原理、构成和性能、日常维护、故障诊断与排除等，安装、使用与维护安全技术，煤矿安全监控系统软件操作，调度（监控）岗位相关人员的基本条件和主要工作职责等相关知识。

（二）特种作业人员培训

特种作业人员培训的范围包括：煤矿安全生产方针与法律法规，有关安全生产方面新的国家标准、行业标准、规程和规范，"一通三防"基础知识，自救、互救与创伤急救，职业病防治，特种作业人员安全生产职业规范与岗位职责，有关煤矿生产的新技术、新工艺、新设备和新材料及其安全技术要求等有关知识。

安全培训中心采用煤矿安全管理人员在安全培训中心本部办班，特种作业根据煤矿实际情况到矿培训，授课教师全部采用PPT教学模式授课，结合实际事故、视屏案例为学员讲授安全生产知识。2013年，引进实操模拟设备，进行理论与实践结合教学。2014年，为解决工学矛盾，方便企业培训，在鄂尔多斯地区对有网络条件的煤矿实行网络教学，为煤矿开工复产提供便利条件。

（三）煤炭行政执法人员培训

1997年5月，内蒙古煤炭工业管理局在内蒙古煤矿安全培训中心举办煤炭行政执法人员培训班，培训的主要内容是《中华人民共和国煤炭法》和有关行政法律、法规。参加培训的人员有各盟市、旗县煤炭管理部门的负责同志和有关职能科室的工作人员84人。经培训成绩合格者，获得国家煤炭工业部统一印制的《全国煤炭行政执法证》。

三、安全培训方式、方法

（一）内蒙古煤矿安全培训中心

安全培训中心在始终坚持标准化培训教学的基础上，按照《煤矿企业主要负责人安全培训大纲》和《煤矿企业安全生产管理人员安全培训大纲》的要求，坚持理论与实际相结合，注重安全意识、安全技术理论和安全管理能力的综合培养。为适应煤矿发展的需要，创新培训模式，对煤矿主要负责人及安全生产管理人员采取分层次培训方式，对特殊工种采取分工种培训方式，注重实践操作能力的考核。在培训过程中，把理论和实际紧密结合起来，充分利用实验室及现场使用的设备，采取针对性较强的教学方法，提高学员对事故的判断能力和动手处理能力，充分利用电视片等电教手段进行直观教学，取得明显的效果，2000年拥有了多媒体教学手段。

2009年，在矿级管理人员培训班中实行分层次教学，并分为研讨班和普通班。组织摸底考试，合格者进入研讨班，其余学员实行基础班模式教学。研讨班则采取研讨教学的模式，参培人员提前准备研讨题目，把实际工作中遇到的问题在课堂上与教师及其他学员交流、互动。大家从不同的角度，广开言路，多方面、宽角度地对各个问题进行剖析、解决，使每个研讨的题目得到最优处理，让各参培学员从研讨过程中获得新知识，达到共同学习、同时提升的目的。

安全培训中心还为每期矿级管理人员班聘请3~4名国内知名教授进行现场授课，讲授国内外先进技术及安全理念。2010年，在煤矿矿级管理人员研讨班上开设煤矿重大事故"应急救援演练"推演教学课程。此课程大大加深了学员对事故救援程序的印象，提高了学员及时、正确处理突发事件的能力。

2010年，安全培训中心根据煤矿发展要求和教学大纲的调整，完成95个特种作业人员考试试卷和露天、井工各一套题库，满足了安全培训的新要求；2013年编制完成国家局通用教材：《煤矿提升机操作作业》《防爆胶轮车》《井下电钳工》；2014年完成自治区煤炭工业局要求编制的教材11种：《电机车司机》《电气防爆检查工》《煤矿空压机司机》《煤矿水泵工》《煤矿用防爆柴油机无轨胶轮车司机》《乳化液泵站工》《煤矿输送机操作工》《煤矿通风机操作工》《煤矿液压支架操作工》和职业危害及相关法律法规。同年，完成13类特种作业人员考试题库：《煤矿提升机操作作业题库》《煤矿提升机操作作业技能考核题库》《防爆胶轮车题库》《井下电钳工技能考试题库》《电机车司机题库》《电气防爆检查工题库》《煤矿空压机司机题库》《煤矿水泵工题库》《煤矿用防爆柴油机无轨胶轮车司机题库》《乳化液泵站工题库》《煤矿输送机操作工题库》《煤矿通风机操作工题库》《煤矿液压支架操作工题库》。

（二）内蒙古东部煤矿安全培训中心

2001年，东部中心成立之初，首先对培训对象进行调研，了解培训对象的实际情况，组织教师进行研究，并根据教学大纲进行课程设置，制订切合实际的教学计划，选派专业能力强、实践能力强、综合教学能力强的骨干教师授课，并在此基础上制定有针对性的培训方案，切实保证培训教学质量和教学计划的有效实施。

在教学组织实施方面，每期培训班都配备专职班主任，加强培训机构与企业、学员和安全监管部门的沟通和联系。东部培训中心要求每期培训班班主任都要听课，监督学员听课和督导教师授课，切实保证教学质量。针对学员的安全培训，严格选用国家统编适用性教材。教学过程中要求教师一定要按教学计划进行授课，保证教学时数，教师可以根据学员的实际情况和听课情况采取不同的教学方法，让教师自己灵活掌握，但必须完成教学计划任务。特种作业人员培训必须做到理论与实践的双重考核。

东部培训中心按培训要求，建立矿井通风模型室、采掘机械实验室、采矿模型室、现代化矿井模型室、矿压实验室、安全技术演示实验室、仿真实验室、电工电子四合一实验室、电工技能实训室和实习工厂10个标准实验、实训室。2001年7月至2015年7月，培训中心共举办各类培训班360期，培训各类学员46471人次，其中主要负责人及安全管理人员4534人次、特种作业人员41937人次、师资689人次（表6-1-13）。

表6-1-13 2001—2015年东部煤矿安全培训中心煤矿从业人员培训情况统计表　　人次

年度	矿级及以上领导	管理人员	特殊工种培训	培训总数	年度	矿级及以上领导	管理人员	特殊工种培训	培训总数
2001	14	67	438	519	2009	17	126	3361	3504
2002	22	120	789	931	2010	56	347	3108	3511
2003	34	156	1734	1924	2011	138	278	4481	4897
2004	28	225	2345	2598	2012	109	472	3175	3756
2005	36	183	2786	3005	2013	124	436	3801	4361
2006	27	169	3150	3346	2014	117	523	4325	4965
2007	24	156	3697	3877	2015	35	274	1418	1727
2008	38	183	3329	3550	合计	819	3715	41937	46471

(三) 各盟市煤炭工业局组织培训

乌海市、鄂尔多斯市、锡林郭勒盟煤炭局按照"装备、管理、培训"并重原则，督促各煤矿企业健全三级培训制度，通过多种形式开展安全培训工作。如乌海市煤炭局2007年委托内蒙古煤矿安全培训中心和海勃湾矿业公司职教处进行培训，全年共举办培训班22期，培训矿长157人次、特种作业人员1115人次，所有矿长和特种作业人员全部达到持证上岗；2009年，组织地方煤矿法人代表和矿长分别到神华五虎山矿、乌海市裕隆利胜煤矿和神隆煤矿进行参观学习和安全互检。该局全年举办煤矿法人代表、矿长、特殊工种、监测监控系统操作人员等9个培训班，培训人员1076人次。

2010年，乌海市煤炭局全年举办各类培训班28期，培训各类人员2563人，其中培训矿领导440人次、特种作业人员人数1891人次、安全管理人员232人次、煤炭行业管理专业人员127人次。4月10日，邀请中国矿业大学白海波教授作煤矿防治水专题讲座，培训132人。8月13日、27日，乌海市煤炭局在北京中国煤矿安全技术培训中心举办"煤矿安全监管人员及煤矿矿长知识更新"培训班，每期10天，共培训118人，请国家安全监管总局3位司长及华北科技学院6位博士授课。9月29日，组织全市煤矿矿长、总工程师120余人集中学习《国务院关于进一步加强企业安全生产工作的通知》。

四、培训管理

(一) 制度建设

2007年，自治区经委、内蒙古煤矿安全监察局、自治区煤炭工业局、自治区总工会联合印发《关于加强煤矿安全培训工作的通知》后，自治区煤炭工业局先后编制、印发《内蒙古煤矿安全培训考试考核机构建设标准及实施要求》《内蒙古自治区煤矿"三项岗位"人员安全资格考试中心建设实施方案》《关于加强我区煤矿主要负责人、安全生产管理人员安全资格和特种作业人员操作资格培训考务工作的意见》《内蒙古自治区煤矿安全生产资格考试与证书管理实施细则》《煤矿特种作业人员网络考试平台用户端发放和管理使用实施方案》等文件，进一步规范了培训内容，简化了考核程序，理顺了培训工作。

(二) 教材建设

结合自治区煤炭工业发展实际，充分考虑全区露天煤矿较多、建矿条件较好和各地煤矿的差异性，组织区内培训考务机构、科研院所、煤矿企业等单位，成立煤矿特殊工种补充培训教材编写组，在充分调研、讨论、征求意见的基础上，编写了无轨胶轮车、露天采剥、排土等九大类30个工种的培训教材，逐步实现培训大纲、教材、标准"三统一"。

内蒙古煤矿安全培训中心教师参加国家煤矿安全监察局和自治区煤矿"三项岗位人员"培训统编教材和题库建设工作。承担并完成国家煤矿安全监察局《煤矿提升机操作工》等8个工种统编培训教材的编写工作；承担并完成内蒙古自治区煤矿特种作业人员21个工种的安全培训教材和题库编写工作。编写教材32个工种，其中国家煤矿安全监察局统编教材8个工种，内蒙古自治区煤炭工业局统编教材21个工种，其余教材为应急救援教材等。

(三) 考试与发证

1. 教学与考试分离

自治区煤炭工业局认真执行煤矿培训考核"教考分离"制度，培训由安全培训机构开展，考试考核由管理部门组织进行。煤矿培训考核"三项岗位人员"指煤矿主要负责人、安全管理人员、特种作业人员。对主要负责人和安全管理人员只培训、考核理论知识,对特种作业人员培训、考核理论知识和实际操作能力。2015年,全区有22个考试点建设了网络考试平台,考核发证程序得到了进一步简化。通过现场监考、随机抽考、自动阅卷,规范了考试程序,严格了考试纪律,有效排除人为干扰因素。2013年,矿长资格证、矿长安全资格证已实现计算机考试,露天煤矿的计算机考试也已试运行,效果较好。

2. 考试题库建设

初步建立完善了自治区级煤矿特殊工种和露天煤矿培训考试题库。有针对性地开展培训考试,按照煤矿培训考试大纲的要求,结合自治区新编制的特殊工种培训教材,对应编制了无轨胶轮车、露天采装、排土等九大类30个特殊工种考试试卷,初步形成了国家级试题为主、自治区试题为辅的培训考试题库。

3. 增加考试点

结合自治区煤矿企业点多面广、高度分散的特点,为便于煤矿企业就近考试,自治区煤炭工业局编制印发了《内蒙古自治区煤矿"三项岗位"人员安全资格考试中心建设实施方案》,在全区规划建设了5处煤矿主要负责人和安全生产管理人员考试点,20个特种作业人员考试点。

4. 发证

2008—2012年,全区共培训矿长7580人次、煤矿安全管理员14445人次、特种作业人员203645人次。2013年共组织宣讲96场次,培训人员11339人次。2013年,按照简政放权的总要求,主动将煤矿特种作业人员操作资格证考核发证权限下发各盟市,大幅提升培训效率。2014年1—11月,共发证54288人次,其中安全资格证10378人(主要负责人447人、安全管理人员9931人),特种作业人员操作资格证42510人次,班组长1400人。

2015年,全区共培训特殊工种作业人员37077人次,煤矿主要负责人、安全管理人员安全资格培训9354人次,班组长1311人次,煤矿从业人员安全意识和业务素质得到大幅提升。

第二章 煤炭企业安全管理

第一节 安全管理体制与机构

一、煤矿安全管理体系

20世纪90年代,自治区煤炭企业安全管理工作及安全生产水平的差别主要在于企业的性质和煤矿的生产规模。在国内煤炭市场萧条、企业效益差、安全生产资金投入严重不足的情况下,国有统配煤矿企业安全工作能够按照国家确定的"安全第一,预防为主"的方针开展煤矿安全生产管理,安全机构规格高配,执行派驻制管理企业的安全生产工作。在机构设置、人员配备、职能职责、规章制度、经营管理、教育培训、监督检查、责任追究、质量标准、灾害治理等方面基本到位。

地方国营煤矿由于井型小、安全监管

力量薄弱，安全措施不够完善，安全投入不足，管理水平与专业人员层次偏低，对安全管理工作重视不够，管理机构与人员严重缺失，普遍不单独设置安全管理部门，或者只是设在生产技术部门之中，安全管理通常由部分技术员与老工人凭经验进行。

乡镇个体煤矿由于数量多、正规设计少，煤矿建设与开采极不规范，安全设施差，既无安全机构，更无安全管理人员，只凭矿主"一言堂"式的传统管理，所以发生的生产安全事故较多。1991—1999年，全区煤矿共发生较大以上事故160起，其中乡镇煤矿为138起，占86.25%，其中重大事故12起，特大事故1起。

进入21世纪后，在国家出台严格的安全法律、法规及各级地方政府的高压政策强制下，区内各类煤炭企业承担起安全生产主体责任，认真扎实地开展安全生产管理工作。做到企业不分性质、不论大小、不区分效益好坏，都无条件地在企业建立起安全生产管理体系：设立专职的安全管理机构，严格按照规定与标准配备各类管理人员，全部实行企业安全生产委员会→安委会办公室或安监局（部）→驻矿（公司）安监处→安监科→区队安监员的组织机构，完善以安全生产责任制为核心，以责任追究为主要手段，谁主管谁负责，一把手负总责，全员参与的安全生产管理体系，促使煤炭企业在思想认识上警钟长鸣，制度保证上严谨有效，技术支撑上坚强有力，资金投入上保障有力，监督检查上严格细致，事故处理上严肃认真，实现煤矿企业安全生产的形势稳定向好。

二、自治区国有重点煤炭生产企业

（一）神华神东煤炭集团有限责任公司

公司安全监察局负责有关安全法规贯彻落实、安全技术管理、质量标准化建设、煤矿采、掘、机、运、通及抢险救灾、事故追查分析及安全仪器仪表的检验校准工作。全公司基层安全生产管理机构、人员实行集中统一管理，各单位的安监人员是公司安监局的成员，实行派驻式管理。安全监察与生产矿井形成网络化管理体系。

1998年前，东胜精煤公司（今神华神东煤炭集团有限责任公司）成立安全生产委员会，由公司董事长任主任，分管生产和安全的副总经理任副主任，成员不仅有生产、安全、基建等部门的主要负责人，同时有党、政、工、团、公安等部门的主要负责人。安全生产委员会定期召开会议，分析研究当前安全生产情况，解决安全生产中存在的问题，提出改进措施，安排部署下一步安全生产工作，安委会是安全工作的决策机构。所属矿井也相应成立安全生产委员会。为了在公司全面系统地开展"质量标准化，安全创水平"活动，公司成立"质量标准化管理委员会"。另外，各矿工会、团委还分别建立群众安全监督网和青年安全监督岗，各矿组织矿工家属成立"家属协管会"，协助煤矿对矿工进行安全后勤保障，公司形成完善的安全生产管理网络。

1998年以后，公司坚持沿用之前已建立的安全生产管理网络，根据领导调整和业务部门撤并，对人员做了实时调整，使安全管理网络在实践中逐步得到完善。公司逐步开始在年初工作会上与矿井和各生产辅助单位签订安全生产责任状，以协议的形式来规定安全管理的责任和义务，同时实行领导年薪风险抵押金制度，加大安全绩效与薪酬待遇的挂钩比例，强化领导干部的安全责任意识。在员工工资分配中设立安全绩效奖，促使广大员工重视安全，不断提高保安意识和能力，确保安全生产。

2009年，公司各生产单位安全管理部门由过去的安全监察局垂直管理变为各矿（厂、处）直接管理，成立安全管理办公室，落实安全副矿长和安全管理办公室安全责任，由过去的安全监督变为安全管理。同年9月，公司重新组建安全生产委员会。2010年，公司组建安全专家委员会，建立重大隐患排查、诊断常态化机制。专家组成员在籍公司安全监察局，业务归属公司分管安全领导管理。至2011年底，神东煤炭集团健全完善以安全生产责任制为核心，以安全生产责任追究为主要手段，谁主管谁负责，行政正职负全面领导责任，分管副职负具体领导责任，党、工、团组织负责安全教育培训和群防群治的安全生产责任保障体系，形成了党、政、工、团齐抓共管安全管理机制。

2012年，神东煤炭集团公司将安全风险抵押制度的应用范围拓展到区队长、班组长，分解落实安全责任。2013年，神东煤炭集团全面实施生产和主要辅助单、矿井承包商全员风险抵押金制度。2014年，神东煤炭集团实施"安全生产一票否决"制度，推行煤矿"一把手"安全生产特别奖励、安全风险抵押金、安全承包管理等制度。

至2015年，神东煤炭集团安监局下设安全监察一、二、三处、本质安全体系综合管理处、应急管理办公室、救护消防大队等6个处队（室），现有安全管理人员96人，平均年龄43岁，本科以上学历57人，大专学历35人，大专以下学历4人，其中23人获高级专业技术职务任职资格，17人已取得注册安全工程师资质。

（二）神华准格尔能源有限责任公司

公司结合自身实际情况，建立了党委抓督查和宣教、行政全面抓安全管理、分管领导和安监部门抓业务保安与监督检查、总工程师抓技术安全、工会抓群网、团委抓青岗、纪检抓效能督查、女工委抓家属协管、员工互相监督的"九位一体"安全监督检查管理体系。

公司设立安全生产管理委员会，公司董事长任主任，总经理任常务副主任，分管副总经理、总工程师、工会主席任副主任，成员由公司各单位行政正职、公司主要业务保安部门负责人组成。准能公司设安全监察局，分专业配备安全管理人员，公司所属矿（厂）等单位均建立健全安全组织机构，设安监站并按规定配备安全管理人员，科队（车间）配备安监员。公司安监局对下级安全监察机构实行业务领导，对各单位的安全生产进行监督检查和考核。

图6-2-1　准能公司通过制作历年来事故案例图板开展安全教育

公司各级工会、共青团组织是群众安全监督网、青安岗的组织与领导机构，组织开展群众性的安全生产、劳动保护监督检查等活动。公司还组建了由安全监察、工会、生产、动力、劳资、共青团、消防等部门参加的安全检查组。

（三）神华乌海能源有限责任公司

公司安全监管体制为：安全生产管理委员会→安监局→安监分局→驻矿安监处→安监科→安检员，2015年有安全监察员790人。公司所属单位均实行安监局直接监督指导和各派驻安监处负责现场安全的管理方式。安监局每月进行一次安全大检查，各安监分局有针对性地分片不定时抽查；驻矿安监处负责现场跟班检查。1994—1997年，海勃湾矿务局生产自救小井及井田周围私人小煤窑发展到鼎盛时期。全局井田周边小煤窑204处，小煤窑开口582处。从1994年开始为了保护国家资源，乌达矿务局和海勃湾矿务局全力配合乌海市清理整顿小煤窑，并先后出台一系列安全规章制度。

2001—2008年，公司在以往规章制度的基础上强化法制建设，坚持以法治矿，完善安全生产相关规章制度，规范自己的行为，使安全生产规章制度和安全生产各项工作纳入法制轨道，特别是内部的安全监督检查。

图6-2-2 神华乌海能源公司蒙西煤矿矿工在下井前接受"我不想成为教训"的安全教育活动

（四）神华包头能源有限责任公司

公司成立安全生产委员会，公司主要领导任主任委员。公司设有安监局，各矿、厂安全副矿长（厂长）为公司派驻各单位的安全监察处处长，安检科为本单位安全监察职能科室。

根据神华集团公司部署，公司本质安全体系建设工作于2007年下半年启动，经过努力，2010年第三季度阿刀亥井工煤矿、水泉露天煤矿、水泉选煤厂等生产矿本质安全管理体系正式实施；新建的李家壕煤矿本质安全体系于2011年第二季度实施；李家壕煤矿选煤厂于2012年第一季度实施。公司、各二级生产单位都设置专门的安全监督管理机构，公司设置安全监察局、各生产单位设置安检科对生产现场实行24小时监督检查。

（五）神华北电胜利能源有限公司

公司设分管安全的副总经理1名，分管安全的职能部室设在生产与安全部，设副经理1名，安全管理人员1名，分管安全工作。2005年5月成立生产安全部，负责公司生产、机电、调度、技术、资源、总图、安全、质量管理、科技信息等工作。

胜利露天矿设分管安全副矿长1名，专职安全管理部门安全监察站设站长1名，专职安全监察员5名，内业管理人员1名。各基层单位每单位设专职安全员1名。运销公司设分管安全副经理1名，专职安全监察员 1 名，装运部设安全员 1 名。物业供应公司设分管安全副经理 1 名，仓储部设安全员 1 名。

公司安全生产实行党政工团齐抓共管，工会、团委组织成立群监网与青安岗，在各基层班组设群监网员、青安岗员，同时动员家属开展联保活动。

（六）神华宝日希勒能源有限公司

1991 年，宝日希勒第一煤矿设有安全科、安监处（科级），负责全矿安全生产监督管理工作，逐步建立完善安全生产管理体制。1997—2002 年，宝日希勒煤业公司设立安监局，下设安全监察小分队、2 个驻矿安监站，负责公司的安全生产监督管理工作，进一步完善安全生产管理体制。2003—2005 年，宝日希勒煤业公司安监局下设安全监察小分队，3 个驻矿安监站，负责全公司的安全生产监督管理工作。2011—2015 年，安监局人员编制 10 人，设局长 1 人、副局长 1 人，综合科、监察科、本安科科长各 1 人，科员 5 人。

（七）神华大雁矿业集团有限责任公司

1991 年，大雁矿务局安监局机关设综合办公室、安全质量标准化办公室、安全监察处、安全培训处、通风救护处、安全抽查小分队，下设驻第一煤矿安监处、驻第二煤矿安监处、驻第三煤矿安监处、驻煤炭处安监处、驻矿建公司安监处、驻机电安装修配厂安监处、驻电务厂安监处、驻运销公司安监处、驻呼建集团安监处、驻多种经营总公司安监处、驻生产福利处安监处、驻房地产处安监处 12 个派驻机构。

1992 年，安监局有安监人员 154 人；1996 年安监局有工作人员 142 人，1998 年有安监人员 92 人，其中局长 1 人、副局长 1 人、总工程师 1 人；2006 年有安监人员 51 人，其中公司副总经理 1 人、正处级干部 4 人、副处级干部 5 人；2012 年有安监人员 62 人，其中公司副总经理 1 人、正处级干部 2 人、副处级干部 5 人；2015 年有安监人员 75 人，其中正处级干部 1 人、副处级干部 7 人。

2001 年 8 月，公司对安监局机构进行整合，撤销监察处、培训处、综合办公室。安监局机关设监察一处、监察二处、综合处，下设驻一矿、二矿、三矿、电务厂安监处，其余改称安监站。2012 年，公司按照"管业务必须管安全、管生产必须管安全"和分级管理的原则，建立"层次分明、各有侧重"的安全管理体制。公司主要负责贯彻落实国家和神华集团公司安全生产方针政策和工作部署，深入推进安全风险预控管理体系和安全质量标准化建设，监督指导与考核各子分公司安全管理工作。

2014 年 4 月，安监局机关成立本安体系部。2014 年末，安监局机关设综合部、安全监察部、本安体系部、安全抽查小分队，下设驻敏东一矿、三矿、工程建设公司安监部 3 个副处级单位和驻扎尼河露天矿、机电安装公司安监站 2 个科级单位。各子分公司是安全管理的责任主体，在抓好日常性安全管理工作的同时，突出加强风险预控、体系"落地"、现场管理、安全基础、教育培训、标准执行、制度落实等工作。

公司安全监督检查工作主要由安监局和各子分公司安全管理机构负责。

（八）扎赉诺尔煤业有限责任公司

扎赉诺尔矿务局的安全监督工作由下设的安全监察局承担。1991 年 10 月，矿务局企业质量管理处的质量标准化工作职能划归安监局，并下设质量标准办公室。2001 年，公司成立安全生产委员会，公司总经理任主任，主管安全副总经理任副主任，下设办公室，办公室设在公司安监察局。2003年2月，公司安全监察局改为安全监察部，设主任1人、副主任2人，内设监察一处、监察二处、综合管理处。2007年2月，公司撤销监察一处、监察二处、综合处，设矿井监察科、地面监察科、综合科。

由公司安监部协同各级工会在全公司建立了矿（处、厂）、队（段、车间、车间）、班组三级安全监察网络，由在岗职工、技术人员、工会积极分子组成。对本单位每班进行安全检查。公司团委建立了以青年、团员为主体的群众性安全监督组织，对本单位的安全生产进行不定期检查。

公司成立安全生产检查团，团长由公司总经理担任，副团长由公司副总经理、总工程师担任。检查团成员由公司党、政、工、青负责人，有关职能科室负责人，相关技术人员，安监部人员按有关专业组成。同时，二级单位都组建了检查团，团长由第一责任人担任。检查团对本单位每月进行一次安全大检查。

（九）华能伊敏煤电有限责任公司

矿长是本矿的安全责任第一人，对本矿的安全生产及各级、各部门安全生产责任的建立、健全与贯彻落实负全面领导责任。安全副矿长在矿长的领导下，对露天矿的生产安全负直接领导责任，同时对本单位的安全技术管理工作负领导责任，主要职责在于监督各项制度、措施、方案的执行。

在职能机构方面，1991年，伊敏露天矿设立分管安全工作的安检科，2003年安检科改为安全监察科，安全监察科设科长1人，专职安全管理人员2人。2010年，露天矿生产部、维修部、供电疏干部设专职安全管理人员，车间（段）、班组设兼职安全管理人员，形成全矿三级安全监察体系。2012年，露天矿设立安全监察科，专职安全管理人员3人。2013年安监科成员由3人增至7人。

1995年之前，公司由生产部负责各矿的安全检查，各矿由安全副矿长与专职安检员负责日常检查。1995年后，相继成立公司安委会与安全监察处，对各生产经营单位的日常安全检查，由各分子公司、煤矿、发运站及各驻站安监站负责；月度、年度、节假日与专项安全检查活动，由集团安委会、监察处（部）组织实施。至2015年底，集团公司安全监察部下设煤炭生产系统安监站6个，储运系统安监站3个，共有专职安全检查人员54人。

（十）内蒙古平庄煤业（集团）有限责任公司

公司及下属各单位都成立了安全生产委员会，两级党委和行政主要负责人是安全生产委员会负责人，两级领导班子成员是安全生产委员会成员。集团公司和各单位行政主要领导是安全生产第一责任人，党委书记是安全思想教育第一人。

1991年1月至1995年5月，矿务局成立安全监察局，设局长（由矿务局副局长兼任）、副局长，下设安监处和综合处。1995年12月，矿务局将企管处、通风处划归安监局，安监局内增设通风处。2003年12月，平庄煤业集团公司将安监局更名为安全质量管理部（处级），设正副部长，下设安全监察科和综合科，同时将通风处划出。2007年4月至2008年8月，安质部与生产技术部合并，成立安全生产管理部，下设安监察科、生产技术科、综合科、调度室，定员18人。2008年9月，安质部与生产技术部分开，分别恢复原设置。2010年10月，平庄煤业集团撤销安质部，恢复成立安监局，人员编制为11人。安监局设正、副局长，为处级、副处级；下设安全监察处、综合处，机构级别由原来的科级变为副处级。

图6-2-3　平煤集团公司矿工家属安全宣誓

各矿和主要辅助生产单位设分管安全工作的副职（由驻本单位安全监察处处长兼任），设安全监察科；各矿和主要辅助生产单位在下属的各井（区、段）设安全检查站。公司各单位均设立安全思想教育工作组织机构，组织开展有特色的安全思想教育工作。公司纪委、工会参与对生产安全事故责任者责任的调查、追究。公司还在基层建立群众安全监督网、青年安全监督岗；在采煤、掘进、机电、运搬、通风等生产和辅助队职工中，分别设立群众安全监督网网员、青年安全监督岗岗员。

（十一）中电投蒙东能源集团有限责任公司

霍林河矿务局安全生产工作由安监局负责。2002年，矿务局改制为内蒙古霍林河露天煤业股份有限公司后，公司成立安全生产委员会，公司总经理任主任委员。委员会下设质量标准化领导小组、事故追查领导小组、"三违"检查领导小组、雨季"三防"领导小组、安全培训领导小组、防火指挥部。2009年，中电投蒙东能源集团公司对安全生产委员会及安全生产组织机构也进行了调整。

三、自治区重点民营煤炭生产企业

（一）内蒙古伊泰集团有限公司

集团公司实行垂直管理的安全管理体制。

1995年4月，伊盟煤炭公司成立由14人组成的安全生产委员会，董事长任主任，下设办公室，负责具体安全生产管理工作。至2008年，随着集团经营范围的拓展与变化，安全生产委员会组成人员先后进行12次调整；2008年，集团安全生产委员会由集团主要领导与各分（子）公司总经理及安全监察部、人力资源部负责人共15人组成；安委会办公室与集团安全监察部合署办公。同时，集团各分（子）公司及所属生产经营单位均设有相应的安全生产委员会与办公室。2015年，集团安委会由17人组成。集团公司坚持"宁可少产100万吨煤，也不死一个人；宁可多投入1000万元，也不死一个人"的安全理念，坚持"管理、投入、培训"并重的原则，将"安全是企业最大的政治，安全是员工最大的福利，安全是企业最大的效益"作为各项安全管理工作的最高行为准则，不断完善管理制度、强化技术管理、构建长效机制。

从1991年开始，公司在各煤矿配备主管安全副矿长及3~5名专职安全管理员，负责煤矿日常的安全检查与管理。1996年，公司成立安全监察处，配备3名专职安全监察员，负责监督、检查各生产经营单位的安全生产工作，实行安全生产分级管理。从1998年开始，公司按各煤矿的分布区域划片设置煤矿安全监察站，配置专职驻站安全监察员负责现场监督管理。公司直属专职安全监察员达到10人；百万吨以上产能的各煤矿相应配备15~20名安全管理员。2006

年3月，集团公司改变1个驻矿安监站监管几处煤矿的安全监察模式，共在各煤矿设立10个驻矿安监站。年底，集团公司有驻外安监站17个，专职安全监察员56人，其中煤炭生产系统设置12个安监站。2010年，公司共下设19个安监站，其中煤炭生产系统设置15个安监站、储运系统设置4个安监站。2015年，公司共计下设6个煤矿安监站、3个煤炭储运安监站。

2010年9月，公司着手建立职业健康安全管理体系，2011年6月，获得中国安全生产科学研究院颁发的认证证书；管理体系包括集团公司煤炭开采、煤炭储运、准东铁路运输、煤制油生产等作业活动和作业范围以及其他相关的服务。通过认证，集团公司形成一套以危险源辨识和风险评估为基础、以风险预控为核心、以不安全行为管控为重点的安全管理方法，为集团公司实现安全发展提供有效的管理手段。

图6-2-4　伊泰集团公司矿工下井前在井口检身房观看安全教育视频

（二）内蒙古蒙泰煤电集团有限公司

2004年11月，蒙泰公司成立安全生产管理委员会，由公司董事会和总裁直接领导。董事长任安委会主任，总裁负责安委会安全生产日常管理工作。安委会下设生产技术部为安委会办公室，生产技术部成立煤矿安全领导小组，负责煤矿安全管理工作，同时明确领导小组组长为煤矿安全生产管理的第一责任人，对煤矿的安全生产管理全权负责，并承担安全生产的直接责任。2006年3月，公司对安委会人员进行调整，同时成立各生产单位安全领导小组，负责各生产单位安全生产的具体日常工作。

2007年起，集团公司及所属各煤矿通过健全安全生产责任制，逐渐建立和完善由集团董事会和总裁直接领导，集团安委会日常监督、检查，各煤矿负责安全生产各环节安全监管的管理体制。2012年，集团对安委会成员进行调整，将安委会办公室设在集团安全生产技术中心，在各重点生产单位设立安全生产领导小组。

2015年6月，公司深化企业内部管理改革，将安委会办公室设在集团总裁（党委）办公室，负责安委会日常工作管理。煤炭生产本部、热电生产本部具体负责相应板块安全、环保日常监督、检查、指导工作。自此，煤矿安全管理工作形成由安委会领导，煤炭生产本部监督、指导，各煤矿安全领导小组负责日常安全管理工作的安全管理系统，共同对煤矿安全生产过程中存在的问题进行监督、检查、研究、解决。

（三）内蒙古伊东资源集团股份有限公司

公司成立安全环保管理委员会，负责研究、指导全公司的安全生产环保工作；公司下设安全质量环保部，具体负责所属煤矿安全、质量、环保监督检查工作。所属煤矿设安检科，配有专职安全员、瓦检员，负责本单位的安全检查工作。各区队班组专门设立了安全员，负责班组抓好现场安全工作。安监科是负责全矿安全生产的主要部门，对采煤、掘进、机电、运输、"一通三防"等安全生产管理工作全面负责。

（四）内蒙古棋盘井矿业有限责任公司

集团公司设有专门的安全生产副总经理，负责监督和协调各生产单位的安全生产工作。各生产单位均设有安全矿长并配备安全监督员，负责在一线监督和检查安全生产工作。

从 2006 年开始，公司在各厂矿配备安全主管副（厂）矿长及 3~5 名专职管理员，负责各厂矿日常安全检查与管理。同年 6 月，公司成立安监部，并配备安全专职部长 1 人、副部长 2 人，负责监督、检查各生产经营单位的安全工作，并建立相应的管理制度与奖罚办法。公司自 2006 年开始实施《煤炭生产安全风险抵押金办法》及《安全管理标准》，同时开始编制完善《重大事故应急救援预案》；各厂矿消防机构成立并进行每年一度的应急演练。自 2006 年以后，公司共下设 5 个安全管理分支机构，专职及兼职安全人员达 40 余人。

（五）神东天隆集团有限责任公司

2004 年前，神东煤炭集团多种经营经公司向公司所属各矿、地面厂及生产辅助单位派驻安全监察站，对矿上的安全监察科进行合并整编，形成独立的安全监察队伍，实行双轨制管理，在安全监察局及派驻单位的双重领导下，公司行政安全监督、检查网络已全部形成并趋于完善。2004 年 7 月，神东天隆集团公司安监部成立，11 月安全质量技术部成立，2008 年 12 月成立安全管理委员会办公室。

截至 2015 年，集团公司先后设立了安全生产管理委员会、安全质量环保部、煤炭分公司安监处、各地面单位安技科、煤炭分公司调度监测监控中心。由安全质量环保部、煤炭分公司管理地面及井工矿井各单位。拥有 112 名安检人员，其中集团机关 6 人，驻煤矿安检处 10 人，驻地面单位 50 人，煤矿安监人员 46 人，其中高、中级职称占 95%，学历全部为大中专毕业生；公司有 5 人已取得国家注册安全工程师证书。

第二节　安全规章制度建设与宣教

一、安全管理规章制度建设

（一）神华神东煤炭集团有限责任公司

1998 年以前，东胜精煤公司制定的安全管理制度有《煤矿安全规程》（包括露天）、《煤矿工人技术操作规程》《煤矿作业规程》《东胜精煤公司安全生产管理办法》《东胜精煤公司安全目标管理方案》《东胜精煤公司安全生产奖罚办法》《东胜精煤公司各级安全生产责任制》《东胜精煤公司安全生产管理标准》《东胜精煤公司交通安全管理办法》《东胜公司消防安全管理办法》《东胜精煤公司安全、质量奖罚办法》《东胜精煤公司质量标准化标准实施细则汇编》等。

1998—2003 年，神东煤炭公司先后制定印发《安全生产责任制》《安全质量标准化考核办法》《安全质量标准化动态检查考核记分标准》《安全监察处罚办法》《"一通三防"管理实施细则》《强化班组建设管理办法》《矿井自然发火防治管理规定》《事故报告抢险调查处理规定和职业病防治管理办法》等 9 项安全管理制度。

2008 年，公司又陆续制订或修订了《安全生产责任制》《安全会议制度》《安全目标管理办法》《安全投入保障管理办法》《煤矿安全质量标准化管理办法》

《安全教育培训管理办法》《安全生产事故隐患排查治理制度》《安全监督检查管理办法》《安全技术措施审批管理办法》《矿用设备器材使用管理办法》《矿井主要灾害预防管理办法》《安全生产事故应急救援预案管理办法》《入升井车辆及人员管理规定》《安全生产举报管理办法》《各级管理人员深入现场管理办法》《安全操作规程管理制度》《安全生产问责制》《安全责任区管理和步行检查管理办法》《安全生产事故报告、抢险救援和调查处理规定》《外委工程安全管理办法》《火工品管理办法》《安全风险评估管理办法》《安全管理奖惩办法》《消防安全管理办法》《安全技术措施专项资金管理办法》《员工工伤保险实施办法》《事故统计报表管理办法》《安全绩效工资考核管理办法》《"一通三防"责任制》《应急救援管理办法》《矿井瓦斯等级鉴定细则》《安全装备使用管理办法》《安全监督管理办法》《本质安全管理信息系统运行管理办法》等制度,安全管理涉及的业务领域基本实现了全覆盖。通过"五型企业"绩效考核和安全专项检查考核督促各矿井和地面单位严格落实相关制度。

截至 2015 年底,神东煤炭集团根据党和国家出台颁布的相关法律法规,结合煤矿实际工作,对 23 项管理制度进行了修订:《本质安全型单位建设达标考评管理办法》《安全风险管理办法》《本质安全管理信息系统运行管理办法》《许可作业管理办法》《安全生产监督管理办法》《安全生产奖惩管理办法》《员工不安全行为管理办法》《安全风险抵押管理办法》《安全目标管理办法》《生产安全事故报告和调查处理办法》《安全生产隐患排查治理与重大隐患挂牌督办管理办法》《安全生产举报管理办法》《煤矿井下安全避险"六大系统"建设完善管理办法》《基层管理人员安全承包管理办法》《安全技术措施审批管理办法》《安全教育培训管理办法》《神东煤炭集团应急管理办法》《神东煤炭集团入井检身和出入井人员清点管理办法》《作业场所职业危害防治管理办法》《作业场所职业危害防治管理办法》《安全会议管理办法》《消防安全管理办法》《安全生产责任制》等。

(二)神华准格尔能源有限责任公司

准能公司安全管理规章制度分为五大类:

(1)安全生产责任制。1997 年 7 月,公司下发《准格尔煤炭工业公司安全生产责任制》,将其视为企业安全管理制度的核心,是各级领导干部在安全生产中应负责任的准则,包括公司各级领导及岗位工人 400 余种。

(2)安全会议制度。公司从 1993 年以来,每年初召开一次大型安全工作会议,对上年度的安全工作进行总结表彰、制定下一年度的安全考核奋斗目标,必要时签订安全生产责任状。

(3)安全活动制度。将"安全活动月""安全活动周""安全活动日"制度化。

(4)安全检查制度。将公司层面、安全监察部及各生产单位每年开展安全大检查的机构、人员、时间、内容及措施形成制度。

(5)安全奖惩制度。公司从 1995 年正式颁发《准格尔煤炭工业公司安全工作奖惩暂行办法》,明确规定对安全生产中成绩突出的单位与个人给予奖励,对"三违"人员和事故责任者给予处罚。1999 年 7 月,对该办法进行修改完善。公司于 2000 年在全公司推行安全风险抵押奖罚办法,并逐级向下制订考核办法。

图6-2-5　2011年6月12日，准能公司召开"安全生产月"活动动员会

2012年10月，准能公司安监局在原有制度的基础上进行了认真梳理，修订完善了《安全生产管理规定》《安全生产目标管理办法》《安全例会制度》《安全技术审批制度》《安全监督检查、奖罚制度》《安全生产考核与风险抵押奖罚办法》《本质安全管理体系考核奖罚办法》《事故隐患排查制度》《安全生产举报制度》《职业安全健康管理制度》《职工安全培训管理办法》《机动车辆、驾驶员安全管理办法》《危险化学品重大危险源检测、评估、监控管理办法》《承包商安全管理办法》《事故报告调查处理办法》《生产安全事故应急预案管理办法》《重大安全生产事故应急救援预案》《露天矿区交通安全管理规定》《安全生产、重大隐患排查治理与挂牌督办暂行规定实施办法》《特种设备安全管理》《安技措项目管理》《环境保护管理制度》《重大危险源管理制度》《危险源辨识和风险评估管理规定》等25项管理制度和规定。

2015年，公司修订完善了准能集团《安全生产监督检查管理办法》《生产安全事故隐患管理办法》《本质安全管理体系考核奖罚办法》《安全生产考核与风险抵押奖罚办法》等22项安全管理制度和规定。

（三）神华乌海能源有限责任公司

1994—1997年，乌达矿务局和海勃湾矿务局先后出台了《自救小井安全检查办法》《自救小井安全管理规定》《关于加强井田范围内小煤窑管理的决定》《海勃湾矿务局关于进一步加强清理整顿小煤窑工作的规定》等一系列规章制度。2002年，公司推行干部持卡下井制度。2004年，公司试行安全结构工资制，制定了《安全结构工资考核发放办法》及其实施细则。2005年，针对当年平沟煤矿综采工作面的上隅角、老石旦煤矿北三9号右六顺槽掘进、北一轨道下山、运输下山掘进、北一16号掘进瓦斯涌出异常现象，公司出台了《神华海勃湾矿业公司瓦斯管理规定》。2006年，对照七部委联合下发的《关于加强国有重点煤矿安全基础管理的指导意见》和公司的实际情况，公司新出台了海矿公司隐患检查、管理、处罚办法（试行）、调度会制度、安全质量标准化管理制度。

2007年"5·11"事故发生后，公司强制推行9项制度：每名入井领导强制实行安全信息卡制度；每月进行两次隐患排查、考核制度；继续在各生产矿井中强制实行职工的安全结构工资；生产单位每天下午必须召开安全生产碰头会；公司每日召开安全生产调度会制度；在生产矿井中完善了督查制度；继续推广班组责任联保制，起到互相监督、互保安全的联保体系；班组安全建设；风险预控。同时从下半年开始，公司拿出1200万元专项安全奖励资金兑现奖励。

2009年，神华乌海能源公司安全监察局在梳理过去行之有效的安全管理办法、制度的基础上，重新制定出台《神华乌海能源公司矿井、焦化厂、煤化工厂、洗煤厂、发电厂安全考核办法》《安全结构工资考核实施办法》《工伤管理监督办法》《矿、厂主要安全隐患处罚管理规定》《安全生产奖罚办法》《神华乌海能源公司员工教育培训暂行办法》《乌海能源公司安全生产品管理条例》等一系列安全管理制度。

（四）神华包头能源有限责任公司

2010年以来，神华包头能源有限责任公司先后新建、修改、补充和完善了22项安全管理制度：《安全目标管理制度》《安全生产责任制度》《安全投入保障制度》《风险管理制度》《人员不安全行为管理制度》《安全管理奖惩制度》《安全文化建设制度》《安全技术审批制度》《安全监督检查制度》《安全操作管理制度》《安全矿用设备器材管理制度》《安全管理公开制度》《事故应急救援制度》《安全会议制度》《安全教育与培训制度》《矿井主要灾害预防制度》《入井人员管理制度》《安全举报制度》《管理人员下井及带班制度》《班组建设制度》《职业卫生健康管理制度》《环境保护管理制度》。

图6-2-6　包头矿业公司对李家壕煤矿进行冬季安全生产检查

公司把上述安全管理制度纳入每月的安全生产大检查，制度贯彻落实情况和单位经济效益挂钩，制度实施以来，效果明显，"三违"现象明显减少或杜绝。

（五）神华北电胜利能源有限公司

2005年6月，神华北电胜利能源公司编印《安全管理制度汇编》，涵盖职工安全守则、安全教育与培训制度、安全检查制度、安全奖惩制度等14项主要制度。2010年1月，制定印发《调度管理制度及业务标准》涵盖《生产调度管理制度》《安全调度管理制度》《应急调度管理制度》等15项管理制度。2010年3月，胜利露天矿编制完成《胜利露天煤矿本质安全管理体系管理制度汇编》，共包括有关安全管理的57个制度。2010年4月，运销公司编制完成《运销公司本质安全管理体系管理制度汇编》，共包括有关安全管理的33项规章制度。

（六）神华宝日希勒能源有限公司

自宝日希勒第一煤矿投产以来，逐步制定完善了《安全生产委员会工作规定》《安全目标管理办法》《安全隐患排查治理管理办法》等19项安全生产管理规章制度。

图6-2-7 宝日希勒公司安全宣传
奏响"安全乐章"

(七)扎赉诺尔煤业有限责任公司

公司自1997年以来,制定和修订了《扎赉诺尔矿务局安全生产奖罚办法》《扎赉诺尔矿务局领导安全生产责任制》《扎赉诺尔煤业公司安全奖励发放办法》《扎赉诺尔煤业公司安全生产奖罚和考核办法》《扎赉诺尔煤业公司关于推行"两票"管理制度的指导意见》《扎赉诺尔煤业公司关于编制修订安全生产责任制有关事宜的通知》《扎赉诺尔煤业公司关于加强重大危险源监测监控管理的通知》《扎赉诺尔煤业公司关于印发安全隐患排查治理效果评价管理办法的通知》《扎赉诺尔煤业公司关于印发推进"五好班组"建设实施方案的通知》等19项安全生产方面的规章制度。

(八)神华大雁矿业集团有限责任公司

自1991年以来,公司按照国家及行业相关规定,除推行以"生产质量标准化"为核心的《安全生产责任制》《安全目标考核制度》等17个制度外,还相继出台了《安委会例会制度》《安全生产奖惩办法》《安全风险抵押与奖罚管理办法》《领导干部下井带班管理办法》《"五型企业"建设生产本安绩效考评细则》《安全质量标准化标准及评分细则》《安全生产事故隐患排查治理与

重大隐患挂牌督办管理办法》等多项安全管理规章制度,逐步形成了规范化、系统化、制度化的安全管理体系。2001年,公司根据《安全生产法》《煤矿安全规程》规定,分三部分重新编制了涵盖公司所属24个部门、465个岗位的安全生产责任制。

2015年,为进一步强化安全生产主体责任落实,构建"党政同责、一岗双责、齐抓共管"的安全生产责任体系,公司结合推行实施安全风险预控管理体系,并按照国家安全生产监管总局《企业安全生产责任体系"五落实五到位"规定》要求,将所有管理和操作岗位的安全生产责任制进行了重新修订,明确企业所有人员在安全生产方面所应承担的职责,并建立健全了配套的考核机制,确保责任制落实到位。

(九)华能伊敏煤电有限责任公司

1992年,煤矿结合露天矿生产建设实际情况,制定了露天矿安全生产管理制度15章108条,主要内容包括安全目标、安全活动、安全培训等。1999—2002年,公司就可靠性管理制度和缺陷管理制度分别修改了5次和4次。2003年,露天矿根据原国家电力部颁发的《各级领导人员安全生产职责规定》和本矿实际,组织相关人员对安全管理制度进行了修改完善,其中对新投入设备的操作规程、新增工种的岗位规程进行了完善,制定了94个工种的岗位规程。2007年,露天矿组织相关人员编制了《安全管理制度汇编》,包括露天矿安全生产职责规定、露天矿各级人员隐患排查治理和监控责任制、安全用具使用规定等13个方面的内容。

2012年6月,由于煤矿三期工程的投产,露天矿管理机构、设备工艺、煤炭产能、人员配置等方面都产生了巨大变化,为适应新的发展变化需要,根据华能

集团《安全生产工作规定（试行）》第三十三条第三款的规定，露天矿组织相关人员对《安全管理制度汇编》（2007年）进行了全面修订，并于2012年7月1日发布实施。

（十）内蒙古平庄煤业（集团）有限责任公司

公司依据《中华人民共和国矿山安全法》《煤矿安全监察条例》《煤矿安全规程》等煤炭行业的法律法规，相继制定或修订、完善了《安全生产责任制度》《安全办公会议制度》《安全目标管理制度》《安全投入保障制度》《安全质量标准化管理制度》《安全培训管理制度》《隐患排查管理制度》《安全监督检查制度》《安全技术审批制度》《安全操作规程管理制度》《矿井主要灾害预防管理制度》《事故应急救援制度》《安全奖罚制度》《入井检身制度》《出入井人员清点制度》《管理人员下井带班制度》《劳动定员管理制度》《生产安全事故及工伤管理制度》《安全举报制度》《爆炸材料管理制度》《爆炸材料管理制度》《停产复产管理制度》《诚信档案管理制度》《事故警示教育制度》《消防安全管理制度》等28项管理制度和规定。

图6-2-8　2010年5月31日，平庄煤业集团公司召开安全生产活动月职工班前誓师大会

（十一）内蒙古伊泰集团有限公司

1995年4月，公司正式印发《伊克昭盟煤炭公司煤矿安全管理制度》。之后，相继制定颁布了《安全生产目标管理考核办法》《煤矿安全技术操作规程》与《对煤矿安全生产管理人员执行安全奖罚的规定》等，通过考核对煤矿安全生产管理人员实行经济奖罚。1997年，制定了《伊盟煤炭集团公司安全生产奖惩办法》《伊盟煤炭集团公司交通安全管理办法》。此后，公司依据年度的生产经营目标，每年制定并下达年度《安全生产奖惩办法》，强化对各生产环节的考核管理。1998年，颁布《伊盟煤炭集团公司事故报告和处理规定》，并在年度《安全生产奖惩办法》中增加了《煤矿安全风险抵押金实施办法》；同时，为保证煤矿安全技术改造经费的落实，制定了《伊盟煤炭集团公司安全技措专项经费管理办法》。

2001—2002年，公司修改补充完善原有的《安全奖惩办法》《煤矿安全管理处罚细则》《安全生产责任制》等规章制度，制定出台了《煤炭生产安全风险抵押金办法》《月安全奖惩办法》《责任事故处罚办法》。2003年，公司开始编制完善《重大事故应急救援预案》，要求各生产经营单位同时编制实施《事故应急救援预案》及《灾害预防和处理计划》，严格实行《安全工作例会制度》和《煤矿管理人员下井日调月报制度》。2005年，公司再次修订与完善《安全管理标准》，并印发《内蒙古伊泰集团有限公司煤矿出入井检身及清点制度》《煤矿（井口）和驻矿安监站安全状况评分标准及奖惩办法》，其中《煤矿安全风险抵押金实施办法》规定，煤矿矿长抵押金基数为3000元，副矿长为2250元，井口主任为2000元，产量每增加30万吨加1000元；煤矿当年无死亡事故，按抵押金3倍返还；2006年，公司将风险抵押改为按煤矿抵押，即集团公司按年产量（或责任大小）给每处煤矿（或单位）一个总数，抵押金如何分配，由各单位按照自己的实际情况来划分。各煤矿矿长（部门负责人）的抵押金数额不等，无死亡事故，年底按抵押金额的4倍返还，发生事故扣罚抵押金。

自2008年以来，公司制定了《伊泰集团有限公司生产安全事故报告和调查处理条例》，建立健全了煤炭与非煤产业的各项安全管理制度、办法与流程标准，明确了集团公司安全生产的奖惩原则、考核指标、责任事故处罚办法等奖惩激励机制，建立完善了隐患排查治理工作责任体系、安全监督检查和责任追究体系、安全隐患治理资金保障体系；同时建立了隐患排查治理报告制度、隐患排查治理验收和销号制度、隐患排查治理奖罚制度。

（十二）内蒙古伊东资源集团股份有限公司

公司依据国家有关安全生产法律法规、国家有关部委对安全生产的指示精神，参照国家和行业标准，参考其他大型企业的煤炭产业安全管理制度，结合煤炭公司安全管理实际，制定并不断修订《内蒙古伊东资源集团股份有限公司安全管理制度》，主要包括《安全会议制度》《安全目标管理制度》《安全投入保障制度》《安全质量标准化管理制度》《安全教育与培训制度》《事故隐患排查与整改制度》《安全监督检查制度》《安全技术审批制度》《矿用设备器材使用管理制度》《矿井主要灾害预防制度》《生产安全事故应急救援制度》《管理人员下井及带班制度》《煤矿入井人员管理制度》《企业安全生产举报制度》《煤矿安全奖惩制度》《煤矿安全操作管理制度》《安全生产例会制度》《生产安全事故责任追究制度》《安全隐患整改闭合管理制度》。公司所属各煤矿根据《安全生产管理制度》编制了符合本单位实际情况的安全管理制度，并根据本单位实际，每年进行修改、完善。

（十三）内蒙古汇能煤电集团有限公司

根据安全生产管理的要求，在矿井安全生产的基础上，汇能集团所属煤矿细化了各项关于安全生产的规章制度，其中包括《安全目标管理制度》《安全奖惩制度》《安全技术措施审批制度》《安全隐患排查制度》《入井检身制度和出入井人员登记制度》《矿领导值班制度》《安全信息管理制度》《作业规程、操作规程、安全技术措施审批制度》《煤矿事故应急救援制度》《矿井主要灾害预防管理制度》《事故隐患举报奖励制度》《事故分析处理报告制度》《矿井安全监控系统管理制度》《新工人培训教育制度》《综合防尘管理制度》《防灭火及火区管理制度》《瓦斯检查管理制度》《巷道贯通管理制度》《井下爆破管理制度》《主要通风机管理制度》《井下电器设备防爆管理制度》《停、送电管理制度》《瓦斯日报表审查签字制度》《安全投入保障制度》《风险辨识评估分级管控制度》《职业病防治管理办法》等40多个和生产各方面有关的安全管理措施。

（十四）内蒙古蒙泰煤电集团有限公司

自 2008 年起，公司先后制定了《安全生产组织制度》《安全生产教育培训制度》《安全生产责任制度》《安全保护制度》《安全生产目标及考核制度》《安全生产从经营生产成本中提取安全奖励基金和安全技措经费制度》《安全风险抵押制度》《煤矿"五大灾害"防治管理规定》。2014 年制定印发了《蒙泰集团安全管理制度》，要求各办、公司确实加强落实煤矿安全管理工作。逐渐建立和完善由集团董事会和总裁直接领导，集团安委会日常监督、检查，各煤矿负责安全生产各环节安全监管的管理体制。2012 年，集团对安委会成员进行调整，将安委会办公室设在集团安全生产技术中心，在各重点生产单位设立安全生产领导小组。

2015 年 6 月，公司深化企业内部管理改革，将安委会办公室设在集团总裁（党委）办公室，负责安委会日常工作管理。矿安全管理工作形成由安委会领导，煤炭生产本部监督、指导，各煤矿安全领导小组负责日常安全管理工作的安全管理系统，共同对煤矿安全生产过程中存在的问题进行监督、检查、研究、解决。

二、宣传教育内容

1. 学习国家的安全生产法律法规

各煤炭企业认真宣传贯彻执行党和国家"安全第一，预防为主，综合治理，总体推进"的安全生产方针，以及一系列法规、条例、指令等。如《中华人民共和国矿山安全法》《中华人民共和国劳动法》《特别重大事故调查程序暂行规定》《企业职工伤亡事故报告和处理规定》《国务院关于加强安全生产工作的通知》《煤炭工业部安全监督员管理暂行规定》《煤炭工业企业职工伤亡事故报告和统计规定》《煤炭工业安全监察暂行规定》《煤矿局、矿长安全培训考核发证的规定》《煤矿职工安全技术培训规定》等。

自 2010 年以来，国家陆续颁布了《关于修改〈煤矿安全规程〉部分条款的决定》《特种作业人员安全技术培训考核管理规定》《煤矿领导带班下井及安全监督检查规定》《金属非金属地下矿山企业领导带班下井及监督检查暂行规定》《安全生产法》、安全生产行政法规、安全生产部门规章、《矿产资源法》和《煤炭法》《矿山安全法》《劳动法》和《劳动合同法》《煤矿安全监察条例》《生产安全事故报告和调查处理条例》和《工伤保险条例》《特种作业人员安全技术培训考核管理办法》和《特种设备安全监察条例》等法律、法规。

2. 宣传贯彻行业及各地方政府行政法规文件

自 1991 年以来，自治区煤炭工业局、各盟市政府（行署）为规范发展本地区的煤炭工业，都制定了一系列规章和制度，要求认真宣传、落实。

3. 宣传、落实各煤炭生产企业制定的规章制度

自 1991 年以来，随着国家有关安全生产的一系列法规、条例、指令的陆续颁布，各煤炭生产企业加大安全生产规章制度的制定力度，各企业安全生产规章制度涉及面之广、各项条款内容之细都是空前的。2002 年，煤炭市场回暖，煤炭生产规模迅速扩张，职工队伍整体素质不高，

宣传、落实各煤炭生产企业制定的规章制度成为各企业的重要任务。

三、宣传教育方式、方法

各企业利用报纸、电视、板报、标语、条幅、安全演讲、安全知识竞赛、案例展示等宣传手段，大力开展安全管理规章制度的宣传和教育活动。

安全生产知识图片，让职工每天下井都能接受安全文化教育。

有的煤矿在入井口安装电视机，反复播放安全生产录像。有的煤矿经常性地组织下井工人进行安全宣誓活动，强化他们的安全意识。乌海能源公司组织职工家属到井口，向职工发放安全生产宣传单。

图6-2-9 乌海市正兴白云乌素煤矿职工在井下安全宣誓

图6-2-10 伊泰集团宝山煤矿下井工人经过安全文化长廊

（一）日常性宣传教育

为便于职工日常学习、遵守《中华人民共和国劳动法》《中华人民共和国矿山安全法》等有关法律，一些企业给员工购买《中华人民共和国劳动法》《中华人民共和国矿山安全法》单行本，编印《煤矿职工安全手册》，员工人手一本。

乌海市煤炭局印发《企业文化手册》《煤矿职工安全知识手册》和《煤矿安全生产知识读本》2600本，印发宣传单4000余份，免费发放。包头矿务局编印并给职工发放《安全生产教育每日一题手册》。

各煤矿注重在矿区营造浓厚安全生产的文化氛围，在醒目处张贴、悬挂安全生产标语、横幅，在员工每天必经之处设立宣传安全知识专栏。伊泰集团公司宝山煤矿在入井通道上建立文化长廊，两侧都是

神华包头能源公司要求各单位在公共场所开辟的宣传专栏应常换常新，要有遵章表扬栏和违章亮相台，制作安全周期警示牌板。每周的安全学习活动必须由"三大员"之一亲自主持，坚持集中学习，不能用班前会代替，时间在一小时以上，并有资料备查。班前会讲安全的时间应占二分之一以上。

扎赉诺尔煤业公司除开展安全征文、演讲、知识竞赛、悬挂标语、安全漫画、安全板报展，设立宣传栏等多种形式进行"反违章"教育警示宣传外，还在队（段）、班组设立"反违章"专栏，通报栏、宣传栏、违章黑名单栏、违章曝光栏，通过井口电子显示屏、公布上墙等形式对违章行为进行曝光，并在每个岗位工作现场把违章点公布上墙，以此遏制违章行为。

神华北电胜利能源公司2007年11月

实施班组安全绩效考核,将每位员工工资总额的20%或30%与安全挂钩,月末进行安全业绩考核;2008年2月,实行班组全员安全生产风险抵押制度,开展"班组评优""我做一天安全员""我当一天班组长""亲情呼唤安全"等活动。

（二）开展"安全生产周""安全生产月""安全生产宣传咨询日"活动

1991年,按照煤炭部的要求印发《关于开展"安全生产周"活动安排的通知》,各国有统配煤矿将每年5月的第二周作为"安全活动周",组织开展"安全生产周"活动。

图6-2-11 大雁矿务局开展安全生产宣传咨询活动

准能公司从1993年开始,每年在9月中旬前后开展"百日安全"活动。公司直属生产单位的一线班组每周一为安全活动日,在安全活动日期间,班组长组织本班组职工通过事故预想、事故案例教育、讲解规程、召开座谈会等形式对职工进行安全教育。

2002年,根据中共中央宣传部、国家安全生产监督管理局、全国总工会、共青团中央联合印发《关于开展2002年"全国安全生产月"活动的通知》精神,从2002年起,各煤炭企业将每年5月开展的全国"安全生产周"活动改为"全国安全生产月"活动,并在每年6月进行。

安全生产（活动）周（月）期间,各公司及各生产单位成立活动领导小组,使活动做到有领导、有组织、有计划、有内容,启动电视、矿报等宣传媒体,采取安全漫画、安全专栏、黑板报、标语、传单、宣传车、安全文艺会演等形式,宣传国家《中华人民共和国劳动法》《中华人民共和国矿山安全法》与自治区政府、行业主管部门的相关制度、规定与安全生产理念,同时结合实际开展全方位的安全生产大检查。

2002—2014年,在全国"安全生产月"活动期间,准煤公司与矿区所在地政府连续13年开展"安全生产宣传咨询日"活动。"咨询日"当天,公司各矿（处）级单位沿主要街道两侧摆放宣传牌板、悬挂安全旗、安全标语和条幅,设立咨询台、发放宣传单,向矿区居民和职工及家属宣传安全法律法规和企业规章制度。宣传教育活动的范围由最初的矿务局职工扩大到全矿区的职工和群众。

伊泰集团有限公司1991—2001年,分别举行了以"遵章守纪、保障平安""加强管理、保障安全""落实责任、保障安全""安全、生命、稳定、发展""掌握安全知识、迎接新的世纪""落实安全规章制度、强化安全防范措施"等为主题的"安全生产周"活动11次。公司及所属单位召开员工大会、座谈会200余次,共计张贴标语、宣传画2000多条（幅）,巡回放映安全录像80多场次,表彰奖励先进集体14个、先进个人300多人次。

（三）举办安全生产知识竞赛和安全生产知识演讲比赛及征文活动

各国有重点煤炭企业将举办安全生产

知识竞赛和安全生产知识演讲比赛及征文活动作为"安全生产月""百日安全生产无事故"等安全教育活动的重要组成部分,认真组织实施。

神华包头矿业公司规定:各部门今后凡举办安全演讲、安全知识竞赛之类的活动,其中生产工人、井下工人必须保持在80%以上的比例。各种活动都要克服形式

图6-2-12　霍林河露天煤业公司举行安全知识竞赛会场

主义、教条主义,要注重效果。

伊泰集团公司在2005—2015年期间,每年举行不同主题的"安全生产月"活动中,均举办一次安全知识竞赛活动。公司所属煤矿也经常性地举办安全生产知识竞赛和安全生产知识演讲比赛活动。截至2015年,伊泰集团公司共举办14届安全知识竞赛活动。

图6-2-13　2007年6月20日,国家安全监管总局宣教中心、自治区安监局领导观摩伊泰集团公司第六届安全知识竞赛

(四)其他宣传教育方式

一些企业开展亲情安全教育。如,乌海能源公司组织职工家属将安全知识送井口,平庄煤业集团公司组织开展"亲情杯"安全家书演讲活动。扎赉诺尔煤业公司组织开展"反违章百日整治活动",从反"管理性、装置性、操作性、指挥性、环境性"违章入手,编制了《"反违章"实施细则》,制定了"反违章"工作实施方案,对"反违章"工作进行了专

项整治。公司还请因公致残的老职工以现身说教的方式对年轻矿工进行安全教育。

图6-2-14 扎赉诺尔煤业公司公残老职工倾情现身说教会场

第三节 煤矿安全培训

一、培训机构

国有重点煤炭企业都设有安全培训机构。各非公有制煤炭生产企业不设专职安全培训机构，职工安全培训主要由内蒙古煤矿安全培训中心和企业所在地煤炭行业管理部门组织培训。

1. 神华神东煤炭集团有限责任公司

自1998年以后，公司逐步建立了"公司—矿（处）—区队—班组"四级培训网络，加大了员工操作规范规程及操作技能的培训。公司成立了教育培训中心，主要负责对公司员工的管理培训、技能培训、安全培训、网络培训和职业技能鉴定等的实施工作。各矿（厂、处）通过班前会、班后会、调度会等方式开展安全培训。在员工培训中采取点名考勤制度、培训奖罚制度、培训考试制度。

2005年12月，公司教育培训中心由国家安全生产监督管理总局授予煤矿安全二级培训资质，指定由教育培训中心承担煤矿安全培训的业务，培训业务范围包括公司所属煤矿安全监察人员，煤矿"三项岗位人员"（主要负责人、安全生产管理人员、井下特种作业人员）的安全资格培训和取证；生产辅助单位的地面特种作业人员安全技术培训及取证；公司全员综合安全培训；公司所属生产单位及生产辅助单位科队长、班组长安全管理能力培训及取证；并有严格的认证体系，培训后进行考试，通过者才能取得相应的岗位资格证。公司安监局负责监督检查各单位员工的安全技术培训工作，各安监处（站）负责监督检查所在单位的安全技术培训工作。公司人力资源部是员工安全培训工作的业务指导部门，指导和协调安全培训工作。教育培训中心既是公司安全培训工作的职能部门，又是公司安全培训的组织实施单位。

2. 神华准格尔能源有限责任公司

1995年7月，公司安全监察局成立了安全技术培训中心，并建立专门的职工安全培训基地，使安全培训工作走向正规化，其主要培训对象是基层科队级干部、班组长、特种作业人员。普通作业人员由各单位自行培训，矿（处）级干部和安监人员由国家有关部门负责培训。1999年，公司将安全技术培训中心更名为安全培训中心，同时出台了《准煤公司职工安全培训管理办法》。2001年，准能公司安全培训中心通过了内蒙古自治区经贸委培训资格审查，成为自治区特种作业人员培训（三级）定点单位。2006年、2011年通过了自治区安全生产监督管理局复检。

2011年3月，公司将隶属于准能公司安监局的安全培训中心调整为准能公司直属机构，与准能公司培训中心合署办公。准能公司在黑岱沟露天煤矿、大准铁路公司等单位建立了安全培训室，配备安全培训管理人员和必要的安全培训装备，并根据特殊专业培训需要设"安全培训实验室"和"安全教育展览室"，接受准能公司安监局、安全培训中心的业务指导。安全培训室负责各直属单位班组长和一般工种的安全培训，负责新工人的厂级安全教育，并对新工种、新工人的车间级和班组安全教育进行监督检查；采取多种形式进行安全知识宣传教育；负责对职工进行安全生产方针、政策、法律、法规、标准及安全技术知识、设备性能、操作规程、安全制度、严禁事项及本工种的安全操作规程等应知应会的安全知识的培训教育；组织开展经常性、群众性的安全宣传教育活动；负责完成安全培训中心安排的安全培训、教育任务。

3. 神华乌海能源有限责任公司

2008年，乌海能源公司成立前，乌达矿业公司和海勃湾矿业公司各有一家安全培训中心。两家培训中心都具有内蒙古煤矿安全监察局颁发的煤矿三级安全培训机构资质。乌海能源公司成立后，两家培训中心合并成立乌海能源公司职工培训中心，成为乌海能源公司职工特别是井工人员安全培训的重要基地，乌海能源公司所辖企业职工的脱产安全教育培训都由培训中心来完成。

自2009年以来，公司先后向职工培训中心投资42万元，治理校院环境、改善办公条件，增加先进教学设备，使职工培训中心面貌显著改观，并按照"全员覆盖、面上普及、岗位强化、突出重点、注重实效"的原则，做到组织机构、负责人、资金"三落实"。

4. 神华包头能源有限责任公司

2000年，矿务局成立职工培训中心。2001年，根据《神华集团公司职工教育培训工作管理规定》的要求，决定成立神华包头矿业公司职工教育培训工作管理委员会。职工教育培训工作管理委员会主任由公司主要领导兼任。公司职工教育培训管理委员会办公室设在公司职工教育培训中心。公司要求各生产区队（车间）都要配备专（兼）职安全宣传员，因地制宜地开展好日常安全宣传教育工作。

5. 扎赉诺尔煤业有限责任公司

1995年2月，矿务局职工安全技术培训任务由安监局培训处划归培训中心，培训中心培训科负责具体工作。2004年，经内蒙古自治区劳动和社会保障厅批准，培训中心成立国家职业技能鉴定所，开展维修电工、焊工、车工、钳工等9个工种的初级工、中级工、高级工、技师和高级技师5个等级的职业技能鉴定工作。

2005年6月，经国家劳动和社会保障部批准，培训中心成立煤炭行业特有工种职业技能鉴定站，开展采掘电钳工、矿井通风工、液压支架工、采煤机司机、巷道掘砌工、主提升机操作工等24个工种的初级工、中级工、高级工、技师和高级技师5个等级的职业技能鉴定工作。2010年，扎赉诺尔煤业公司职业技能鉴定所在内蒙古自治区职业技能鉴定所评估检查中获得职业技能鉴定工作"优秀鉴定所"称号。截至2015年末，培训中心共由综合科、培训管理科、电教科、后勤服务科等科室组成，设有技工学校、广播电视大学、职工中专3所直属学校，拥有专职培训教师27人。

6. 华能伊敏煤电有限责任公司

公司露天矿安全教育培训工作实行矿、部两级管理，具体工作由两级"安委会"和"职工培训委员会"负责落实，其中矿"安委会"的办事机构为矿安监科，矿"职工培训委员会"的办事机构为矿人力资源科。2008年，伊敏露天矿安全培训除"两票""三种人"资格考试、各工种安规考试采取业余培训形式外，其他均为脱产形式。

2012年，露天矿安全培训由各单位车间（段）分工种进行培训，由取得《安全培训教师资格证书》的教师担任授课教师。各工种按教材内容编写教案，培训前填报《培训开班计划》，培训结束进行考试，填写《煤矿从业人员培训考试成绩单》和《培训结业报告》，与试卷同时上报存档。

2014年，按照上级要求，切实落实好煤矿从业人员安全培训，保证20学时以上培训课时。强化"师带徒"培训，稳步推进新老交替，开展以同类露天矿各种事故案例为内容的安全教育活动。

7. 神华大雁矿业集团有限责任公司

1991—2000年，公司安监局机关设安全培训处。2001年8月，公司对安监局机构进行整合，撤销培训处，在综合处下设培训科。

1992年4月，大雁矿务局将第一煤矿、第二煤矿安全教育室合并，组建了矿务局培训教学机构——职工安全教育培训学校，科级建制，隶属职工培训中心，教职工33人，其中专职教师24人。2004年，学校有教职工12人，其中校长、副校长各1人，教师10人；本科学历3人，大专学历8人；2010年有教职工13人，其中教师10人；2015年有教职工27人，其中教师20人。

2001年12月，大雁矿业集团公司安全技术培训中心被内蒙古煤矿安全监察局授予三级煤矿安全培训机构。2005年8月22日，通过内蒙古煤矿安全监察局三级煤矿培训机构复审。

8. 神华宝日希勒能源有限公司

2002年12月，公司成立在岗职工培训中心和再就业综合服务公司，下设煤业公司职工培训考核小组。2005年8月，公司将政研室、劳动人事部再就业中心合并成立职工培训中心，一个机构、三块牌子，即业余党校（业余党校未移交，仍由党工部负责）、矿山安全技能培训中心、企业内部人才交流中心。下设职工教育培训科（政研科）、人力资源管理科。培训师资聘请东部煤矿培训中心、呼伦贝尔质量技术监督局等专业人员。2012年，培训中心划分了培训科及技能鉴定科两个科室。2015年1月，与神华集团有关部门合并，并入公司人力资源部，但仍保留了培训科及技能鉴定科两个科室。

9. 中电投蒙东能源集团有限公司

2002年，公司成立以总经理为主任委员的安全生产委员会，下设安全培训领导小组，负责组织制定年度安全培训计划，监督安全培训的过程管理，监督安全培训的考核验收工作。

10. 内蒙古平庄煤业（集团）有限责任公司

公司安全培训机构与队伍由职能部室、培训中心、基层队伍3部分构成，其中安全监察局负责宣贯国家、地方安全生产方面的综合性法律和行政法规；组织、指导并监督企业主要负责人、安全管理人员、特种作业人员的安全培训工作和资格考核工作；监督检查企业所属各单位的安全培训工作；制定、下发年度安全教育培训计划。

教育培训部负责根据企业发展战略安全生产工作要求，协调、组织各单位、各部门制定员工中长期教育培训规划，编制年度培训计划；负责制定公司员工教育培训管理办法及相关规章制度，管理公司教育培训工作；组织、监督、指导、评估、考核基层单位及相关职能部门员工培训工作；编制公司年度教育培训经费预算，负责公司教育培训经费的管理、使用；负责监管公司远程教育培训设施。

培训中心是国家煤炭安全生产三级培训站和国家职业技能鉴定站，负责落实平庄煤业集团安全培训任务以及公司内部的干部教育、员工技术等级培训和职业技能鉴定工作；负责编制教学计划、选聘师资、课程设计、下发通知；负责培训期间学员管理、结业考核、资格证办理等工作。培训中心有教职工138名，其中高级职称38名，设有3个计算机室，5个多媒体教室，有PLC自动化控制、电力拖动、矿山电工、运输机、采煤机、液压、通风与安全、电工仪表、钳工、普通车工、数控机床及数控编程、电子技术、电焊（火焊、二氧化碳气体保护焊、氩弧焊）等13个实习工艺室，实习工位达600个。

2010年，平庄煤业集团有限责任公司被中华全国总工会、国家安全生产监督管理局授予"全国安全生产督导人员培训先进集体"称号。

二、培训内容与方式

（一）培训内容

1991年以来，各煤炭企业安全培训的内容主要包括国家、自治区及地方行业主管部门有关煤矿安全生产的法律法规、办法，安全入井、有毒有害气体监测、应急救援、安全操作知识等公司安全生产规章制度及《煤矿矿长资格证书》《安全资格证书》《特种作业操作证》的取证、换证培训，其中，根据强制性培训或准入式培训要求，煤矿矿长、副矿长、总工程师必须取得《煤矿矿长资格证书》和《安全资格证书》，其他煤矿安全生产管理人员必须取得《安全资格证书》，特殊工种必须取得《特种作业操作证》。

2005年以后，强制培训要求更为严格，《煤矿矿长资格证书》3年一换证，1年一复训；《安全资格证书》3年一换证，2年一复训；《特种作业操作证》6年一换证，2年一复训。2014年，根据国务院规定，取消了《煤矿矿长资格证书》及其复训与换证培训。

（二）培训方式、方法

各企业开展安全培训主要采用脱产培训、在岗培训、委托培养、外出参观学习等方式，针对不同的培训内容、培训对象采取的方式也不同。

强制培训主要指矿级管理人员、其他安全生产管理人员、煤矿特种作业人员执业资格证的取证、换证培训，一般进行脱产培训，其中公司矿级管理人员《煤矿矿长资格证书》等执业资格证取证、换证的初训、复训工作一般在内蒙古煤矿安全培训中心进行，采取脱产方式培训，初训15天，复训8天；煤矿其他安全生产管理人员及特种作业人员的培训工作一般委托有资质的培训机构到矿区进行培训，初训13天，复训7天。

对一般工种作业人员的培训一般进行在岗培训。职工正常出勤，利用业余时间在本单位接受本单位技术人员的安全技术培训。培训结束后，由各矿（处）级单位上报安监局，按规定学时组织自培，统一进行闭卷考试，由安监局各驻在处（站）进行监考，合格者由安监局发放统一制定的《安全资格证》；另一种在岗培训形式是新工人在工作中依靠老工人现场传、帮、带。

（三）重点企业安全培训方式、方法

各重点煤炭企业也不断创新安全培训方式、方法，以增强职工安全意识和预防事故的能力。

1. 神华神东煤炭集团有限责任公司

在实际培训过程中，培训中心每年制订详细的培训计划，并结合实际，按照缺什么培训什么、需要什么培训什么的原

则，特种作业人员一律实行脱产 1~2 周，聘请现场的技术骨干讲授安全及专业知识，培训结束后，要进行严格的考试。考试合格者，报经自治区审批后发给《特种作业人员操作证》。

为使安全培训达到理论联系实际，露天矿、铁路运输部等单位在现场建立了安全展室，定期为职工展出安全法规、事故案例、安全知识等，同时利用模拟台（盘）进行模拟操作。普通作业人员由各生产单位自行培训，一般采取短期培训和现场培训相结合的办法，力求做到结合实践，同时还适时举办"三违"人员培训班。

2005—2015 年神东煤炭集团煤矿从业人员培训情况统计详见表 6-2-1。

表 6-2-1　2005—2015 年神东煤炭集团煤矿从业人员培训情况统计表　　　人次

年度	培训矿级及以上领导	培训管理人员	培训特殊工种人员	培训总数	年度	培训矿级及以上领导	培训管理人员	培训特殊工种人员	培训总数
2005	60	162	5294	—	2011	102	157	9218	33782
2006	51	108	—	—	2012	86	200	7419	23598
2007	63	163	3175	—	2013	83	102	5587	31476
2008	82	148	2977	—	2014	115	116	4553	32175
2009	79	201	4734	25998	2015	118	87	2458	—
2010	91	123	8896	43871					

2. 神华准格尔能源有限责任公司

各主要生产单位建立了安全展览室，定期为职工展出安全法规、事故案例、安全知识等，同时利用模拟台（盘）进行模拟操作。黑岱沟露天煤矿制作了操作规程多媒体教材，方便员工掌握操作技能。作业人员由各单位自行培训，一般采取短期培训和现场培训相结合的办法，力求做到结合实践，同时还适时举办"三违"人员培训班，实现了全员培训。

培训中心坚持"全面教育、整体提高"的原则，突出"需要什么、培训什么"的特点。建立了校企联合培训机制，每年选送科队长、班组长外出学习，聘请专家对班组长进行培训教育。从 2001 年开始，准能公司每年组织中层及以上管理人员到北京大学、清华大学进行工商管理培训。截至 2012 年 10 月底，共培训人员 229 人次。从 2009 年开始，准能公司每年选送中青年科级干部到山西省煤炭管理干部学院、中国（北京）矿业大学、天津中德职业技术学院学习现代企业安全生产、经营管理知识，每年 3~5 期，每期 40 人。从 2007 年开始，准能公司每年安排班组长去天津中德职业技术学院学习，每年 4 期，根据生产任务情况安排学员，每期 30~40 人。从 2011 年 8 月开始，按照安全培训相关文件的要求，开班前培训中心将培训工种、班次、人数、教师、授课内容、课时等进行初次审核后，报鄂尔多斯市考务中心进行审批，严把开班审批关。

2011 年，公司共培训特种作业人员及特种设备作业人员 3528 人次，安全管理人员办证培训 817 人次，共培训 4345 人次。2012 年，共培训特种作业人员及特种设备作业人员 2739 人次，其他各类培训共计 1465 人次。2013 年，公司共举办特种作业人员培训班 61 期，其中煤矿特种作业人员培训 28 期，非煤类特种作业人员培训 25 期，特种设备作业人员外出培训 8 期，操作证办证人数共计 1946 人次。特种作业人员、管理人员等各类培训累计 92 期 4281 人次。2014 年共举办特种作业人员培训班 65 期，其中煤矿 39 期 1239 人次，非煤类特种作业人员 26 期 952 人次，特种设备作业人员办证培训 7 期 710 人次，进网电工培训 1 期 33 人，办证培训共计 2934 人次。安全管理人员及班组长培训 26 期 3306 人次，共计 6240 人次。

3. 神华乌海能源有限责任公司

培训中心教育培训方式灵活多样，特殊工种作业人员在公司培训中心集中培训，考试合格，取得特殊工种作业人员资格证，持证上岗；普通职工经培训合格，取得上岗证；新工人经岗前三级教育培训合格，方可上岗。全公司井工人员持证上岗率达到 100%，特殊工种培训率达到 95%。

图 6-2-15 神华乌海能源公司对职工进行灭火培训

2008—2010 年，培训中心两地教学区分别举办了井下区队长、班组长、各类特殊工种培训班，对爆破工、安检员、瓦斯检查员、绞车工、采煤机司机、液压支架工、井下电钳工、煤矿特殊工种等 24 个工种 6030 人次进行了脱产安全培训，全公司井工人员持证上岗率达到 100%，特殊工种培训率达到 95%。各生产单位还高度重视班前教育工作，在班前会开展每日一题、每周一考、每月一评的日常安全教育培训，结合本质安全管理体系建设，危险源辨识、风险评估、掌握防范措施的安全教育培训，根据各自实际情况自行组织岗前安全教育培训及安全生产技能培训。2009 年共培养操作人员 1039 人次，在岗安全教育培训 24181 人次。

图 6-2-16 神华宝日希勒能源公司进行消防演练

4. 神华宝日希勒能源有限公司

公司将安全教育与培训工作人员分成五类：第一类为公司安全管理人员的安全教育培训；第二类为公司主要负责人的安全教育培训；第三类为公司普通员工的安全教育培训；第四类为公司管理层的安全教育培训；第五类为公司特种作业人员的安全教育培训。对前四类人员，安全培训由具有资质的安全教育培训机构培训；对第五类人员，安全教育与培训由各二级单位负责。对普通员工安全教育培训的内容包括：方针政策教育、安全法规教育、生产技术、专业知识教育、一般安全生产技术教育、专业安全知识教育、安全生产技能教育、安全生产意识教育及事故案例教育等。

5. 华能伊敏煤电有限责任公司

伊敏露天矿安全培训主要内容包括：非特种作业人员安全再培训、管理人员安全资格培训、"两票""三种人"资格考试、各工种安规考试等19项培训项目内容。2008年，伊敏露天矿安全培训除"两票""三种人"资格考试、各工种安规考试采取业余培训形式外，其他均为脱产形式。

2011年，煤矿通过板报宣传、漫画展览、安全例会等多种形式对职工进行广泛教育，重点抓好有关安全技术方面的专题培训和有针对性的模拟事故演习，真正提高对事故分析、判断、处理和解决的能力，实现安全生产。安全技术培训更加注重对转岗和新上岗人员的操作技能、防事故和应变能力的培训，严细安全技术培训和考核。进一步提高全员"四不伤害"、反习惯性违章和排查身边隐患的能力，重点提高工程机械操作技能、三期新投设备的检修技术、供电与通信系统可靠性。

2012年，伊敏露天矿以国家煤矿安全监察局组织编写的"露天煤矿安全技术培训统编教材"为主要培训内容，并以"露天煤矿从业人员安全培训教材"为内容进行培训。安全培训由各单位车间（段）分工种进行培训，由取得《安全培训教师资格证书》的教师担任授课教师。各工种按教材内容编写教案，培训前填报《培训开班计划》，培训结束后进行考试，填写《煤矿从业人员培训考试成绩单》和《培训结业报告》，与试卷同时上报存档。

2014年，对转岗和新上岗人员的操作技能、防事故和应变能力进行培训，严细安全技术培训和考核，不合格不上岗；加强全员"四不伤害"、反习惯性违章和排查身边隐患能力的培训；开展以同类露天矿各种事故案例为内容的安全教育活动，避免同类事故的发生，在职工中树立"安全就是效益"的观念。安全培训保证20学时以上，强化"师带徒"培训，稳步推进新老交替，开展以同类露天矿各种事故案例为内容的安全教育活动。

6. 神华大雁矿业集团有限责任公司

脱产培训。1991年以前，矿务局职工脱产培训地点主要集中在技工学校及各矿（处）级单位安全教育室，教师以临时聘任为主。1993年，培训中心探索实施了"四三一"调学法，即井下作业人员按四班编制，每月始终有3个班的人员正常下井作业，1个班的人员脱产培训，3个月轮换上岗作业，解决了多年来工学之间的矛盾。培训中心配备了电视机、录放机、幻灯机等教学设备；组建了电教室，配置水泵、小绞车、电机、馈电开关、变压器等设备；组建了井下机电模拟操作实验室，购置了综采、井下排水、通风、瓦斯抽放、掘进运输等教学实验模型；组建了采掘通风实验室，并推广模块教学、讲议式教学等方法，改进技术培训方式。2005年，建成多媒体教室，对六大工种进行课件教学。2012年底，建成了安全展室。2013年，建成煤矿安全资格网络考试平台。2014—2015年，特殊工种教学内容中增加了安全思想教育课和案例教学，并组织学员观看典型事故警示教育片。

在岗培训。2002年，第二煤矿开展了"职工家庭作业"活动，每星期向职工布置一道安全技术题，职工利用业余时间做完后定时交回单位。2005—2009年，职工利用业余时间接受所在单位技术人员和安培教师共同完成的安全技术培训，培训结束后，由矿（处）级单位自行组织考核。2014年，公司根据《神华集团公司员工教育培训管理规定（试行）》制定了《神华大雁集团公司员工培训兼职教师管理办法》。

外委培训。1995年，矿务局3个生产矿井矿长通过外培先后取得《矿长资格证》。2002年《安全生产法》实施后，安监局综合处培训科按照相关要求组织煤业公司主管生产领导、总工程师，安监局各局长、处长，各矿矿长、总工程师及副总工程师以上安全生产管理人员等参加外培。按照国家安全监察局安全资格培训统一教学大纲学习国家安全生产方针、政策及相关法律法规、矿井瓦斯防治、"一通三防"管理、灾害预防及重大事故抢救等知识。2004年经考核，所有参学人员均获得了国家统一颁发的《安全资格证》。

1992—2004年，培训中心共组织安全生产管理人员外培140余次。

7. 内蒙古平庄煤业（集团）有限责任公司

自主培训。各单位根据各自培训需求自主组织各类培训，如班前安全教育、事故案例分析、技师讲堂、比武练兵、导师带徒等。

集中调学。由培训中心承担的安全生产管理人员、特种作业人员安全培训，管理人员培训，技术技能培训等采用集中调学形式。

网络培训。集团公司利用远教网、"平煤教育频道"、多媒体课件等形式开展管理人员、技术技能人员、班组长培训等。

外派培训。公司结合生产经营实际，按照国家安全监管总局、内蒙古安监局、国电集团、中国煤炭工业协会等要求，协调、选派各级管理人员和专业技术人员外出培训。

8. 内蒙古伊泰集团有限公司

集团公司每年都自行组织各类安全培训，强化安全管理。1991—1994年，公司先后组织煤矿安全生产技术人员50人参加了安全入井、瓦斯监测等培训。

2000年，集团先后与准格尔旗、伊金霍洛旗煤炭管理局、盟经贸局联合组织了4期安全培训班，培训150人，内容涉及通风、顶板、爆破、机电、消防、职业卫生等。2002年，集团公司分两批组织了由各矿矿长、生产技术部、安监部有关人员组成的考察组，到神东煤炭集团公司布连塔矿、上湾矿、大海则矿和山东淄博张店煤矿、葛亭煤矿、济宁市许厂煤矿、岱庄煤矿进行了考察调研与学习。

2005—2009年，公司先后派出320人次赴山东淄博矿业集团岱山煤矿、兖州矿业集团济宁二号井等煤矿、西山煤电集团宫地矿、山西官地煤矿和晋城矿务局寺河煤矿考察学习安全生产经验。2010年，集团组织参加各级行业主管部门举办的各类技术业务交流、政策法律法规学习、外出参观考察等41人次；内部集中培训完成防治水培训1期50人，完成机电业务培训、水处理及制氮装置相关知识培训87人次；邀请内蒙古煤矿安全培训中心教师到矿区或集团举办煤矿三项人员培训班20期、培训1702人；分期分批派出1334人参加在包头或东胜举办的三项人员培训班；安全监察部先后5次派出66名安全监察人员参加业务培训。2013年，组织煤矿安全管理培训1次，培训108人；举办内部安全培训班1期，培训118人；外派培训17人。

9. 内蒙古蒙泰煤电集团有限公司

2008年以来，公司矿级管理人员的初训、复训工作都在培训机构所在地采取脱产方式培训；鄂尔多斯市境内的煤矿领导一般在内蒙古煤矿安全培训中心进行培训，初训15天，复训8天；煤矿其他安全生产管理人员及特种作业人员的培训工作一般由煤炭生产管理部邀请有资质的培训机构到矿区进行培训,初训13天,复训7天。

2008—2015年集团相关人员培训情况详见表6-2-2。

表6-2-2　2008—2015年蒙泰煤电集团相关人员培训情况统计表　　　　次

年度	矿长级培训	工程师级培训	员工级培训	年度	矿长级培训	工程师级培训	员工级培训
2008	4	4	25	2012	9	7	41
2009	4	7	36	2013	12	15	75
2010	4	5	30	2014	18	14	104
2011	4	4	28	2015	17	13	97

自集团公司成立以来,职工教育培训工作一直由人力资源中心负责。煤矿安全培训工作以强制培训为主,以外出参观学习、矿内组织各级人员进行安全及业务培训为辅,其中外出参观学习共200余人次。除强制培训外,加强了岗前教育、转岗教育和"煤矿、区队、班组"三级教育,通过"走出去、请进来"的办法,请进各类专家、同行等举行以演讲、探讨等形式的学习20多次,参加学习人数达600余人次,加强了前沿学术和先进技术的探讨和交流,日常举办的安全知识竞赛、技术比武、全员培训、救灾演习等培训教育活动,巩固了专业知识,提高了实操技能。在集团公司提倡建设学习型组织的氛围中,全体员工的自学意识也在不断加强。

第四节　企业安全检查与处罚

一、自治区国有重点煤炭企业

（一）神华神东煤炭集团有限责任公司

公司按照《国务院关于预防煤矿生产安全事故的特别规定》中认定的煤矿15种重大隐患,建立了隐患排查工作责任制,制定了隐患排查整改方案,定期对公司各单位存在重大事故隐患的作业场所、设施设备、重点环节、重点部位进行隐患排查,对排查出的事故隐患进行评估、分级和登记,明确隐患整改的期限和质量要求,实行动态管理。公司加大隐患治理投入力度,按照分级分期的原则,确保排查出的事故隐患得到及时有效的整改,对矿井通风系统、瓦斯抽采系统和采空区等存在重大事故隐患的设施、场所重点治理,做到"项目、资金、设备材料、责任人、进度"五落实。及时淘汰危及安全生产的落后设备、设施和工艺,提高安全生产技术水平和安全装备水平。

公司安监局和各单位强化对重点时期和重点工程的动态检查力度,仅2006年就组织大型检查24次,动态检查780多人次,查出各种隐患1270多条,复查整改率达98%。同时加大了处罚力度,全年查处"三违"266人次,累计罚款202.96万元。公司各基层安监处（站）建立健全了现场巡检记录制度,编制下发了《安监员工作手册》,要求各矿安监、通风、瓦斯管理人员必须做到井下交接班。安监局坚持对基层安监处（站）进行月度业务工作考核,考核结果与工资挂钩。组织全体安监人员开展了专业知识培训,并进行了闭卷考试和实际操作考核。

2008年,公司制定了《煤矿生产安全事故隐患排查治理实施细则》,认真开展了隐患排查工作。上半年,配合集团公司春季安全大检查查出隐患174条，整改率达98%；秋季安全生产大检查查出隐患536条，整改率达99%。公司主要业务安监部门先后开展专项检查28次，查出安全隐患和问题1600条，整改率达97%。安监局增加了小分队活动频率，加大了中、夜班动态检查力度。各矿井、地面辅助生产单位管理干部认真执行了下井带班和下现场巡查规定，各矿井推行了科级以上管理人员信息卡填报和现场作业人员工作票制度。公司纪委、总调度室、安监局三个部门对干部跟班和下现场情况进行每月现场检查统计，并在神东网站和《神东煤炭报》进行公布，增强了安全工作执行力和现场隐患整改的力度，坚持对重点矿井、重点环节实行重点监控。

2009年，公司安监局突出预控管理，全面开展隐患排查和专项整治活动，出台了《动态检查管理制度》，动态检查机制已初步形成。日常检查、专项检查、小分队检查全部实行动态，对检查中发现的问题和隐患进行跟踪督查，对未按时整改或整改不到位的单位进行了通报和处罚。安监局对各矿本安管理体系实施和安全质量标准化进行分片负责制度，按照国务院和两级公司关于领导干部下井带班的有关规定，各生产单位落实了管理人员深入现场跟班工作负责，对"一通三防"、循环作业、搬家倒面、过破碎带、盲巷贯通、采空区监控等重点安全工程进行了严防死守。每月组织一次外委施工队伍专项安全检查，对制度措施落实情况进行监察督查。

2010年，安监局成立了两个常态化的安全生产督查队，重点加强了中夜班的安全检查力度，有公司领导亲自带队检查各单位领导干部跟班带班规定在现场的执行情况，全面排查各矿井存在的安全隐患和问题。

2015年，公司围绕安全生产梳理出33条问题，按照立行立改的原则进行了整改，修订下发了《安全生产监督检查管理办法》，优化了检查组织，提升了检查效果。将本安运行、动态达标、重大隐患治理和专项整治结合起来，组织开展了月度安全管理综合考核，对隐患未及时整改或重复出现、不安全行为连带处罚不到位的单位进行了考核、通报、问责。

（二）神华准格尔能源有限责任公司

公司每年组织两次全面的安全大检查，原则定在每年5月上旬和10月下旬，由行政领导组织安全监察、工会、生产、动力、劳资、共青团、公安消防等部门参加。同时，公司安全监察部门每季（月）进行全面的安全检查，检查内容包括：查思想、查制度、查设备、查"三违"、查安全教育等。对查出的问题和隐患限期整改，定期复查。直属单位每月进行一次安全大检查，检查内容同上。另外，公司与各生产单位分别成立"三违"检查小分队，定期或不定期深入生产一线进行安全检查。随时检查、纠正现场存在的"三违"现象。

公司采取定期检查与不定期检查相结合，综合检查与专项检查相结合的形式，开展安全检查工作，准能公司季度检查、各单位月度检查，同时根据季节特点和安全生产实际，开展春季、秋季安全大检查、雨季防洪检查、消防检查等，检查内容涵盖规章制度执行及上级文件的传达落实和现场安全管理等方面。对查出的问题和隐患，通过《安全监察意见书》或《隐患整改通知书》等形式通知被检单位及时落实整改，并跟踪复查，做到闭环管理。检查考核的结果与安全结构工资、风险抵押季度安全奖、安全质量标准化及本安体系奖励挂钩，提高了安全生产积极性。

（三）神华乌海能源有限责任公司

海勃湾矿务局、乌达矿务局自1998年划归神华集团后，仍按原组织形式进行检查。检查的重点是：高瓦斯矿井的瓦斯管理，低瓦斯矿井仍然是违章作业、违章指挥、违反劳动纪律，以及岗位责任制、安全责任制落实情况；职工培训、岗位应知应会及持证上岗情况、重要部门的管理制度执行情况和防火措施、作业规程的编制、执行以及环境安全、文明生产情况；安全活动的开展、隐患自查和整改情况。2004年，神华集团要求乌达矿业公司、海勃湾矿业公司加大安全投入，并对所辖单位或区域实施经常性的、全系统、全方位的安全监督检查；对事故多发部位、事故重点单位实施重点检查。监督检查做到日常检查、专项检查与综合检查相结合；自检、互检和重点抽查相结合；定期与不定期检查相结合；明察和暗访相结合等方式，及时消除事故隐患。

2008年，乌海能源有限责任公司成立后，成立了安全监察局，其中乌达分局负责乌达地区煤矿和选煤厂，海勃湾分局负责海勃湾地区煤矿和选煤厂，煤化工分局负责所有煤化工板块。安全检查的重点是防止瓦斯事故、煤与瓦斯突出和本安体系（即制度落实规程和措施的闭环管理）。每月进行一次安全大检查，召开一次安全例会；每季度进行一次本安体系审核验收，召开一次安全形势分析会。

2010年，骆驼山矿发生透水事故后，安全检查的重点在原来的基础上增加了防治水内容、机电运输专项检查和"一通三防"专项检查。同时还对操作人员的应知应会、施工人员所从事工种的本安知识进行提问，检查结果中对该矿的安全知识培训和教育作出评价。公司制定《神华乌海能源有限责任公司安全生产中、夜班督查工作管理办法》，由总经理全面负责，由分管安全、生产、机电、技术、经营的副总经理及纪委书记和安全监察局、生产技术部、机电动力部、地测防治水管理部、生产指挥中心部门相关人员组成7个督查组。督查小组负责人出发前临时决定到哪个单位，事前不予通知。督查的结果在第二天早调会通报。督查的重点为：矿级值班、带班制度的执行情况；区队夜间班前会和交接班情况；井下工作地点的安全生产状况、安全隐患、管控及其整改、落实情况；督查各级监督、检查部门提出的主要隐患的整改、落实情况；重点部位、关键环节的管理，"三违"的管控及处罚。

2015年，公司安全监察局成立了煤矿处、体系处和地面处后（体系处负责公司各个板块的风险预控体系的研究、策划、指导监督。地面处负责对洗选、发电、救护、专用铁路公司），公司的安全检查和风险预控体系检查、安监局各专业处室对自己分管的板块都采用"四不两直"形式对公司各个板块进行检查，检查的重点由过去的结果管理变成了过程控制管理（即PDCA的检查模式）。

（四）神华包头能源有限责任公司

公司、各二级生产单位都设置安全生产职能部门，同时设置安全监督管理专职机构，公司设置安全监察局、各生产单位设置安检科，对生产现场实行24小时监督检查。

公司安监局牵头组成"安全督察检查组"对各单位安全隐患排查和整改落实情况不间断进行督察和检查，对各单位存在的安全隐患进行现场办公，督促各单位按照"五定"原则逐一落实整改，对于限期不整改的单位领导班子、区队干部取消当月安全结构工资，提高隐患整改的执行力。突出重点，主要排查安全生产规章制度的建立情况、安全教育培训情况、安全风险预控体系建立、班组建设、"一通三防"、采掘顶板管理、火工品及爆破管、机电运输管理。

阿刀亥矿重点排查治理瓦斯和火区；水泉露天矿重点排查治理穿爆、火工品储存、使用、防火，煤场煤尘飞扬等问题；李家壕矿重点抓好顶板支护和工程质量。

全公司建立重大隐患和一般隐患排查登记台账，分类型进行详细登记。实行安全隐患图牌板化，查出的隐患整改1例在牌板中销号1例。

（五）扎赉诺尔煤业有限责任公司

公司采取安全监察、隐患排查和专项检查的方式进行安全检查，认真落实呼伦贝尔煤监分局《关于开展煤矿专项监察活动的通知》要求，按照安全工作的统一安排部署，开展多种形式的专项检查，深化安全专项整治工作。每月组织开展一次专项检查工作，每季度组织相关部门开展一次安全质量标准化检查和隐患排查。

在节日期间，在健全组织机构、完善各项制度的基础上，有针对性地组织开展工作面安装回撤专人盯守监察；强力带式输送机、副井人车专项整治；井下小绞车、地面设备、设施，员工操作行为专项整治；井下防自然发火专项整治；矿井提升运输系统及"一通三防"专项整治；井下防治外因火灾及火工品安全管理使用专项整治；井下"防治水"及地面"防洪度汛"专项整治；斜井人车、立井罐笼、井下乘人装置专项整治；"井下小绞车管理"和"特殊作业岗位持证上岗"专项整治；外包工程施工和井下防自然发火等专项检查和隐患排查。对检查中存在的问题，制定专项防范措施，按照隐患治理措施、责任、资金、时限和预案"五落实"的原则进行整改，预防和减少事故发生。

公司根据华能集团公司"反违章"工作重点，从管理性、装置性、行为性、外包工程违章整治入手，研究、制定了《"反违章"百日整治活动实施方案》，向各二级单位传达贯彻华能集团公司"反违章百日整治活动"，从反"管理性、装置性、操作性、指挥性、环境性"违章入手，编制了《"反违章"实施细则》，制定了"反违章"工作实施方案，对"反违章"工作进行了专项整治，内容增加了责任落实机制、检查监督管理机制、违章行为与现象分类、教育培训管理与考核管理，进一步细化违章责任考核机制，将违章罚款与违章扣分有机结合，将违章教育与下岗培训相互结合，将违章统计表与违章行为处罚单统一结合。

各基层单位与职工全员签订《安全承诺保证书》，发放违章行为卡片，由专职教师对"三违"人员进行培训，经过严格考试合格后方可恢复工作。开展安全征文、演讲、知识竞赛、悬挂标语、安全漫画、安全板报展，设立宣传栏等多种形式进行"反违章"教育警示宣传。在队（段）、班组设立"反违章"专栏，通报栏、宣传栏、违章黑名单栏、违章曝光栏，通过井口电子显示屏、公布上墙等形式对违章行为进行曝光，并在每个岗位工作现场把违章点上墙，有效地遏制了违章行为。

（六）内蒙古平庄煤业（集团）有限责任公司

2005年5月，全国人大副委员长李铁映到平庄煤业集团公司进行安全生产执法视察，对此，国家专家组对平庄煤业集团进行了安全技术"会诊"。对于领导和专家组提出的问题，平庄煤业集团公司和各矿井分别制定了整改方案和措施，明确了整改责任人和整改时间，各基层单位还探索并推行了先进的安全管理方法。风水沟煤矿推行质量—职业健康安全一体化管理体系，安全检查实行查找隐患菜单制，对干部下井的次数、时间、地点都做出了严格的规定。

2006年，公司组织有关生产技术人员、安全管理人员组成"会诊"组，对8个生产矿井、12个生产系统进行了一次"会诊"，主要查找安全管理存在的漏洞、员工工作细节隐患、习惯性违章做法长期得不到整改的隐患。同时，吸取全国近年来一些煤矿发生的重大、特大瓦斯爆炸事故教训，开展矿井瓦斯专项整治工作，加快了"一通三防"装备和技术改造，加强了监督检查力度。

2008年，各专业分阶段、有侧重地开展专项治理工作，实行"一票否决"制度。机电部门对刮板输送机、带式输送机、轨道运输、接地保护、"一坡三挡"、矿车连接装置、地面6千伏供电系统等进行专项整治；生产部门针对液压泵站乳化液不按规定配比、炮崩柱窝等现象进行专项整治；通风部门在通风瓦斯管理方面进行专项治理。各项整治工作均取得了明显效果。按照隐患分级管理和闭环整改方式，督促各单位对生产作业场所进行隐患排查治理，按"三定"（定措施、定时间、定责任人）原则整改落实。对瓦斯超限、质量标准化存在问题较多的矿井进行重点督查。针对瑞安矿业公司回采工作面、红庙煤矿二井六区综采工作面、古山煤矿三井综采工作面瓦斯超限问题，采取凝胶、注氮、抽放瓦斯系统等措施，消除了矿井瓦斯和煤层自然发火的隐患。

2010年，公司加大检查力度，及时消除隐患，改善作业环境。发挥专（兼）职安检员作用，对专职安检人员每月进行绩效考核，保证其对各生产作业场所实施有效监督管理。制定了《平庄煤业安全生产隐患排查与生产安全事故责任追究办法》和《平庄煤业各矿领导带班下井（坑）及安全监督检查规定》。各矿分别制定了管理人员带班下井（坑）、交接班、带班公示、档案管理等制度，保证矿副总以上领导、井（区、段）级管理人员每个班次都有人在现场带班，与工人同下、同上，强化现场安全监督检查，及时发现和消除隐患。

2015年，总结近年来在安全生产工作中一些成功经验，改进和完善安全管理方式、方法，公司印发了星级班组建设、"五勤一线"工作法、正规循环作业和"6S"管理法、"手指口述"、现场安全确认、导师带徒7个安全指导意见，将7个指导意见的推进落实贯穿始终，不断提高现场安全管理水平。

二、自治区重点民营煤炭企业

（一）内蒙古伊泰集团有限公司

公司对各生产经营单位的安全检查主要采取定期检查、经常性检查、季节性及节假日前后检查、专业（项）检查和综合性检查相结合的方式，其中集团公司安委会每月对各煤矿进行一次安全生产大检查，每季度对非煤矿单位进行一次安全生产大检查，同时开展春季安全大检查、秋季安全大检查、雨季"三防"、冬季"四防"等专项检查；各煤矿及安全生产重点单位每月至少进行4次安全生产大检查，区队、段坚持日检，班组班班检查；公司安监部驻外安监站进行日常监督检查。安全生产大检查与安全责任制考核由公司主要分管领导带队，组织各专业部门、安监部门及现场管理干部、工程技术人员参加。安全检查主要内容包括：各单位贯彻落实国家安全生产方针、政策、安全法规和规章制度情况；各级干部安全生产责任制、工人岗位责任制落实情况；"三大规程"和安全技术措施兑现情况；工作现场事故隐患和违章行为；工程质量、设备和设施质量、文明生产等情况。

公司对于检查出的问题，根据隐患的严重程度，采取立即停产整顿、限期整改、停止作业、立即撤人与罚款等相应措施，定措施、定日期、定责任人进行解决，逾期未改正的，追究有关责任人的责任。

2000—2008年，集团公司安委会累计进行现场安全检查近9000多人次，查处各类安全隐患55379项，下达现场处理决定书13200份、复查意见书5733份，执行安全罚款434.02万元。

2009—2010年，查处各类安全隐患13119条，下达现场处理决定书7814份，下达复查意见书1290份，对违反《伊泰安全管理标准》的各类违章行为实施罚款442.33万元；《安全生产责任状》考核奖励26万元。

2011—2015年，公司开展定期安全检查60次，进行专项安全检查24次，查处各类安全隐患11140条，下达处理决定书11868份，复查意见书1011份，对各类违章作业行为罚款647.48万元；对先进单位奖励166万元。

（二）内蒙古蒙泰煤电集团有限公司

2011年10月，集团试运行安全、质量、环境三大管理体系，委托中国安全生产科学研究院负责对集团及各生产经营单位各项安全、环保、质量方面的工作进行全面评审、提出整改意见，整改完成后进行体系认证。除三大体系评审外，煤矿安全检查方式以定期检查、经常性检查、季节性及节假日前后检查、专业（项）检查、综合性检查和安全隐患买卖、重大危险源辨识评估相结合，集团公司安委会安全检查方式包括每月对各煤矿单位进行一次安全生产大检查，同时开展春季安全大检查、秋季安全大检查、雨季"三防"、冬季"四防"等专项检查，各煤矿单位及安全生产重点单位每月至少进行4次安全生产大检查，区队坚持日检，班组班班检查。

安全生产大检查由集团公司主要领导带队，组织各专业部门和安监部门以及现场管理干部、工程技术人员参加，安全隐患制度和重大危险源辨识评估则调动了煤矿全员的隐患排查积极性，实现了安全隐患"专管群治"。

主要检查内容有：各单位贯彻落实国家安全生产方针、政策、安全法规和规章制度情况；各级干部安全生产责任制、工人岗位责任制落实情况；"三大规程"和安全技术措施落实情况；工作现场事故隐患和违章行为；工程质量、设备和设施质量、文明生产等情况。对于检查出的问题，根据隐患的严重程度，采取立即停产整顿、限期整改、停止作业、立即撤人和罚款等相应措施，定措施、定日期、定责任人进行解决。逾期未改正的，追究有关责任人的责任。

（三）内蒙古伊东资源集团股份有限公司

集团每季度组织一次安全大检查，由分管副总经理负责，安全质量环保部组织实施，由安全质量环保部下达整改通知单，限期整改复查。所属各煤矿每月至少组织一次全面的安全生产综合大检查。由矿长负责，安全副矿长组织，分管生产、机电副矿长和总工程师以及安检科、技术科、调度室、机电科及被检单位负责人配合，对井下现场的工程质量、顶板管理、提升运输、"一通三防"、防治水、环保和地面设施等全面检查，查出问题由安检科下发整改单，并做好定时复查，确保安全生产。

安全质量环保检查采取定期和不定期相结合、全面检查与重点抽查相结合的原则。井下安全检查根据各煤矿实际情况，不定期开展专项检查和季节性检查，几种检查可以结合进行，由各分管负责人组织实施。

（四）内蒙古满世投资集团有限公司

公司安全检查主要采取定期检查、经常性检查、季节性及节假日前后检查、专业（项）检查和综合性检查相结合的方式，其中，集团安全生产部每月对各煤矿、每季度对非煤矿单位进行一次安全生产检查，并按时开展雨季"三防"、冬季"四防"等专项检查。对检查出的问题，根据程度采取立即整顿、限期整改、停止作业、立即撤人与罚款等相应措施；逾期未改正的，追究有关责任人的责任，对煤矿和责任人进行考核。集团公司对安全管理人员按每吨煤1元进行安全激励。

2002—2015年，集团累计查处各类安全隐患1812项，并下达整改意见书453份、复查意见书213份。2014年，各煤矿成立安全监察专家组，每天对一线安全巡查一次，各煤矿矿长或安全副矿长每周组织安检、调度、生产、通风和机电部门进行1次安全大检查，区队坚持日检，班组班班检查。

1997—2015年，公司各煤矿共计发生一般安全生产事故3起，死亡4人，轻伤12人。事故发生后，由满世集团安全生产部负责调查，包括事故的经过、原因、责任、损失等。发生死亡事故时，上报地方政府主管部门介入调查。所有安全生产事故经地方政府主管部门及满世集团安全生产部调查后予以严格处理；根据事故责任大小与损失程度，分别给予相关责任人免职、降职处分及经济处罚。

（五）神东天隆集团有限责任公司

集团公司安全质量环保部是公司矿山及地面安全、消防、救护等业务的综合性管理与监督检查机构，负责公司安全法规贯彻落实、地面安全检查、安全技术管理、质量标准化建设、煤矿采、掘、机、运、通及抢险救灾、事故追查分析及安全仪器仪表的检验校准监督工作。

集团公司安全质量环保部重点对《安全操作规程》执行情况，"三违"情况进行检查，在班次上重点加大夜班的突击检查。通过开具整改通知单，罚款等多种方式，督促干部员工抓好安全管理工作。2014年后，集团公司加大内业资料的整改力度，实现隐患整改的闭环管理，每月对地面单位进行定期不定期巡回和专项检查，严格执行、贯彻政府安监、消防文件精神。

第五节　企业安全生产质量标准化建设

一、安全生产质量标准化单位（矿井）创建

（一）神华神东煤炭集团有限责任公司

1996年，东胜精煤公司组织部分人员到大雁矿务局参观学习安全质量标准化后，公司的乌兰木伦煤矿借鉴大雁矿务局安全质量标准化先进经验，开始安全质量标准化工作。同年12月，东胜精煤公司在乌兰木伦矿召开安全质量标准化现场会议，开始了本矿区安全质量标准化创建工作。

1997年10月，补连塔煤矿实现投产时就开始达标工作，同时在东胜精煤公司组织下到大雁矿务局参观学习安全质量标准化先进经验，加强了神东矿区的安全质量标准化工作。

2003年，结合矿区实际，公司修订完善采掘机运通等各个系统的质量标准和考核办法，对工作要求、责任划分、考核

奖罚进行详细规定，按月检查，按季考核验收。在全公司开展以上湾煤矿为"标杆单位"的达标创建活动，形成"比、学、赶、超"的良好局面，建成了一批高水准的质量标准化单位。安全质量标准化工作向纵深发展，呈现出"三个转变"，即由动态达标向持续达标转变，由形象达标向本质达标转变，由局部达标向全方位、全过程达标转变。上湾矿被集团公司树为安全质量标准化样板单位，公司被神华集团命名为特级质量标准化公司。12个单位达到和保持了神华特级质量标准化水平。同年12月，神东煤炭公司上湾煤矿提升了安全质量标准化工作，神东煤炭公司号召学习上湾煤矿安全质量标准化创建工作。

2004年6月，神华集团公司在上湾煤矿召开安全质量标准化现场会，再次号召学习上湾安全质量标准化。上湾煤矿从此成为神华集团公司"安全质量标准化样板煤矿"，并号召全集团公司的各处煤矿从形式到内容都要学习上湾煤矿安全质量标准化精神。当年，中共中央政治局常委、国务院副总理黄菊，国务院副总理曾培炎等党和国家领导人来矿区视察工作时，对神东煤炭公司的安全质量标准化工作和现代化建设给予了很高评价。

2005年4月，公司通过国家安全生产监督管理总局组织的全国煤矿企业安全质量标准化公司验收。

2008年，公司深入推进本质安全管理体系实施，扎实开展了危险源辨识和风险评估工作，制定了相应的预控措施，12个生产单位全部达到年初本质安全管理体系建设规划目标。开展"操作规范年"活动，修订了岗位操作规范，组织了安全规程专题培训，员工违章现象得到了扭转。加大隐患排查、机电运输、"一通三防"、火工品管理等专项整治力度，主要业务保安部门先后开展专项检查28次，查出安全隐患和问题1600条，整改率达到97%。推进班组建设，开展"明星班组"创建活动，全公司80个班组达到"明星级"。加大安全设施投入，全年安排安技措资金9.2亿元，优化了矿井通风系统，完善了矿井防治水等安全生产系统，对安全欠账分批进行了整改，进一步改善了作业环境，提高了矿井防灾抗灾能力。

2009年，上湾煤矿、补连塔煤矿、寸草塔煤矿、乌兰木伦煤矿、柳塔煤矿成为首批被国家安全生产监督管理总局评定的国家级安全质量标准化煤矿。

（二）神华准格尔能源有限责任公司

准能公司于2000年正式开展安全质量标准化工作，公司及各直属单位成立了以行政一把手担任主任、各分管副职为副主任的安全质量标准化管理委员会。基层车间、段队成立了相应的领导小组。公司及时对安全质量标准化标准进行了细化分解，明确岗位职工应该"做什么""怎么做""做到什么标准"，使每个车间（队）、每个班组、每个岗位的工作都有标准可供遵循，都在标准的指导和约束下进行。同时，根据各单位的实际情况，本着"适用、可操作"的原则，分别规定了建立各项安全管理、机电管理等制度、规程、档案、记录的明细，形成完善的安全质量标准化制度体系。每年对各类规章制度进行审核，查漏补缺，及时修改完善。公司领导班子及基层各级领导干部，坚持高起点、高标准、严要求、细考核、重质量，把安全质量标准化当作做好安全生产的核心工作来抓。

2009年，准能公司纳入神华集团公司统一考核的单位（黑岱沟露天煤矿、选煤厂、大准铁路公司、准能发电厂等）严格执行《神华集团公司质量标准化考核办法》《神华集团公司质量标准化考核评级办法》。为使质量标准化工作全面铺开，准能公司制定了未纳入集团公司统一考核的单位（公用事业公司、多经总公司、电信公司（通信）、物资供应处）的质量标准化标准，出台了《神华准格尔能源有限公司安全质量标准化工作管理办法》《神华准格尔能源有限公司责任安全质量标准化工作管理与奖惩办法》。

黑岱沟、哈尔乌素两处露天煤矿依据《国家级安全质量标准化煤矿考核办法（试行）》规定，进行安全质量标准化达标申报工作。2010—2012年，黑岱沟露天煤矿连续3年被评为国家级安全质量标准化煤矿，2013—2014年被评为内蒙古自治区安全质量标准化煤矿二级达标单位。2012年，哈尔乌素露天煤矿被评为内蒙古自治区安全质量标准化煤矿一级达标单位，2013—2014年连续两年被评为国家级安全质量标准化煤矿。

（三）神华乌海能源有限责任公司

1991—1998年，乌达矿务局、海勃湾矿务局执行煤炭工业部颁发的《国有重点煤矿生产矿井质量标准化标准》，全面开展了"质量标准化、安全创水平"活动。2000年，矿务局划归神华集团后，按照神华集团下发的《神华集团公司质量标准化管理办法》，制定了采煤、掘进、机电、运输、通风等10项专业质量标准化标准和考核评分办法。2005年，神华集团在乌达、海勃湾两家矿业公司召开安全质量标准化现场会，要求"质量标准化、安全创水平"活动向纵深发展，促进高瓦斯矿井瓦斯灾害防治。

2008年，乌海能源公司成立后，按照神华集团公司统一部署，全面实行本质安全管理体系建设，按照"安全质量标准化占60%，本安体系占40%"的标准进行考核验收。2009年9月，公司所属五虎山煤矿、路天煤矿、老石旦煤矿、平沟煤矿成为首批被国家煤矿安全监察局评定为国家级安全质量标准化煤矿。截至2015年，公司有5个生产单位达到一级质量标准。

（四）神华包头能源有限责任公司

2010年，公司阿刀亥井工煤矿、水泉露天煤矿、水泉选煤厂开始实施本质安全体系建设工作。李家壕基建井工煤矿本安体系于2011年二季度运行实施，李家壕煤矿选煤厂于2012年一季度运行实施。2015年，经过神华集团检查验收，水泉选煤厂、水泉露天煤矿、李家壕煤矿选煤厂达到本安二级标准，阿刀亥煤矿、李家壕基建煤矿达到本安三级标准。

（五）神华大雁矿业集团有限责任公司

1989年，大雁矿务局制定了《大雁矿务局"质量标准化，安全创水平标准及考核评级与奖励办法"实施细则》；1990年，在各井工矿严格执行国家煤矿安全质量标准化标准的同时，矿务局制定了地面各单位的质量标准化工作标准；1992年，修订了《大雁矿务局"质量标准化，安全创水平标准及考核评级与奖励办法"的实施细则》，至1995年，又进行了3次修订。1996年修订了《大雁矿务局基本建设施工企业质量标准化，安全创水平标准及考核评级与奖励办法》《大雁矿务局小井质量标准化，安全创水平标准及考核评级与奖励办法》《煤炭工业标准化安监局、处、站质量标准化及考核评级办法》；2001年，制定了《大雁煤业公司"质量标准化，安全创水平"工作管理办法》。

2002年，公司对地面辅助生产、基本建设、物资供应单位的质量标准化标准及考核评级办法进行修订并装订成册，形成了比较完善的《大雁煤业公司质量标准化标准》。2005年，修订下发《大雁煤业集团公司安全质量标准化奖惩办法》，同时对生产矿井以外其他单位的标准进行了修订，形成了《大雁煤业公司安全质量标准化标准及考核评级办法（试行）》。2006年，公司下发《关于进一步完善安全质量标准化考核验收工作有关事宜的通知》《关于进一步做好安全质量标准化工作的通知》，对排名第一的井工单位和地面排名前三名单位进行特殊奖励。

2014年，公司根据煤炭工业协会制订的《煤矿安全质量标准化基本要求及评分办法（试行）》和神华集团《风险预控管理体系评分标准》，修订《关于印发安全质量标准化考核评级办法（试行）的通知》《神华大雁集团公司"五型企业"建设生产本质安全绩效考评细则》。

（六）扎赉诺尔煤业有限责任公司

1995年7月，扎赉诺尔矿务局党委扩大会议通过了《关于全面开展质量标准化建设的决议》，组织各单位在供电部列车发电厂参观学习，并召开现场会，对全局质量标准化工作进行了进一步动员。

1999年，扎赉诺尔煤业公司成立后，建立了从公司、厂（矿）到区（队）三级煤矿安全质量标准化管理网络，结合国家和内蒙古自治区《煤矿安全质量标准化标准及考核评级办法》，对达标标准进行了细化和量化，相继出台了《扎赉诺尔煤业公司安全质量标准化考核、评比办法》《扎赉诺尔煤业公司安全质量标准化工作管理办法》《扎赉诺尔煤业公司安全质量标准化检查实施细则》等规章制度。公司每月组织技术、机电、运输、通风、地测等专业部门，对各生产矿、在建矿及地面生产辅助单位安全质量标准化工作进行动态抽查。每季度由安全、生产副总经理或公司总工程师带队，各专业部室组成检查组，对各矿分采、掘、机、运、通等13个专业检查组，检查各矿井下作业现场和内业资料。检查人员按照"谁检查、谁签字、谁负责、谁复查"的原则，形成了安全检查、整改、复查、考核"闭合"式管理模式，检查结束后当场打分定级、通报存在的问题，并将检查通报结果在扎赉诺尔煤业公司办公系统上进行公布。

公司每年组织1~2次各矿之间的互检互学活动，由各生产矿选派资深专业人员参加公司专业检查组的检查，相互学习，取长补短，促进工作，增强创新意识。公司把安全工作考核作为标准化工作的重要内容，通过签订《安全生产工作目标责任书》和《安全联保、互保合同书》，将安全控制指标层层分解到各单位，将标准化责任层层落实到各岗位。根据《扎赉诺尔煤业公司安全质量标准化奖罚办法》，公司对各生产矿及各生产辅助单位进行年度安全质量标准化考核评比。对评比获得前三名的单位分别给予奖励，将考核结果在全公司范围内进行通报。公司上下形成了"要安全、先达标"的核心理念，深入开展以岗位达标、专业达标和企业达标为主线的安全生产标准化建设活动，按照"动态化管理、本质化提升、精细化达标"的要求，坚持将隐患排查、专项检查、班组建设、岗位风险评估、反违章专项整治、安全性评价与安全质量标准化工作有机结合，推进了质量标准化工作的有序协调发展，始终保持煤矿安全质量标准化行业一级标准水平。

（七）内蒙古平庄煤业（集团）有限责任公司

2004年，公司制定下发了《关于进一步开展安全质量标准化活动的通知》。7月初，公司在古山煤矿召开现场会，推广古山煤矿等单位安全质量标准化工作的做法。10月末，组织各矿分管安全质量标准化工作的副矿长、井（区）长及有关人员到七台河、大雁、扎赉诺尔等煤业公司学习考察安全质量标准化先进经验和做法，促进了集团公司安全质量标准工作的深入开展。

自2007年以后，平庄煤业集团提出安全质量标准化努力实现主动达标、动态达标和全面达标的目标。平庄煤业集团及各单位从规范方案设计、材料采购、施工工艺、安全行为、操作程序、检查验收、考核评比入手，注重细节管理，树立"规程是最低标准"的理念，提升标准化水平。安全质量标准化实行"一票否决"制度。

从2003年开始，平庄煤业集团及各单位不断加大安全质量标准化的资金投入，更换淘汰落后设备，推广使用先进设备、设施，提高矿井装备水平，加强矿井设备的检验、检测，严把设备质量准入关。各级管理人员和员工的工作质量与经济利益挂钩，增强了干部员工抓好安全质量标准化的责任意识和危机意识。同时借鉴先进经验，对照标准持续开展各专业专项整治活动，不断提升标准化水平。

（八）内蒙古伊泰集团有限公司

2005年，伊泰集团所属煤矿在技改过程中，根据国家煤矿安全监察局关于《煤矿安全质量标准化考核评级办法（试行）》和《煤矿安全质量标准化基本要求及评分方法（试行）》的通知精神，组织制定了《安全质量标准化管理实施办法》《建设矿井安全质量标准化标准及考核评级办法》《选煤厂安全质量标准化标准及考核评级办法》，要求所有基建和技改煤矿必须开展安全质量标准化达标工作。同时，以企业达标、专业达标、岗位达标为内容，通过系列举措推进安全质量标准化建设，包括进一步优化安全管理机构，配足安全生产管理人员；完善安全生产管理制度；加大安全投入；加强从业人员安全生产教育和培训；有针对性地加强重大危险源管理等方法，深入开展安全质量标准化建设。公司每季度组织开展一次煤矿安全质量标准化检查、评比工作，评比结果和月度绩效奖金、安全月奖、年终风险抵押金挂钩；并对公司季度安全质量标准化考核排名第一的煤矿授予流动红旗，排名末位且低于规定分值的煤矿挂黄旗。同时，各煤矿通过加强安全管理、安全设施、作业现场、操作过程的标准化来保证安全生产。

2013年12月，经自治区煤炭工业局、内蒙古煤矿安全监察局验收，公司大地精煤矿、宝山矿、丁家渠矿、宏一矿、纳林庙矿一号井、纳林庙矿二号井、酸刺沟煤矿、诚意煤矿、凯达煤矿9处煤矿全部达到国家一级安全质量标准化矿井标准。2014年，公司纳林庙矿二号井、酸刺沟煤矿、凯达煤矿被评为国家一级安全质量标准化矿井。

（九）内蒙古棋盘井矿业有限责任公司

公司实施"培育煤矿安全文化，塑造本质安全型人"工程，重点围绕提高职工素质。在各生产矿井尝试推行了按规范设计、按设计施工、按标准验收的"三按"管理机制。按照细化、量化、标准化要求，参照国家和行业安全标准、技术规范，针对企业实际，修订了回采、掘进、机电、运输、通风等各个系统设计规范标准，完善了规程措施编制、会审、贯彻流程，把按设计施工列为精细化管理和走动式管理的主要内容，实施了施工过程中达不到设计标准限期整改，以及由下一道工序追偿等硬性措施，实现了安全质量标准化动态达标。

（十）鄂尔多斯市乌兰煤炭集团有限责任公司

公司精心组织，扎实开展《安全质

量标准化建设动态达标》自查自评工作，在原有工作的基础上严格按照新安全质量标准化基本条件和要求进行建设，目前各个系统运行正常，组织机构健全，人员配备齐全。2014年，温家塔煤矿被评为自治区级和国家级质量标准化一级矿井。

二、煤矿井下安全避险"六大系统"建设

为按时完成《国务院关于进一步加强企业安全生产工作的通知》中关于建设完善煤矿井下"六大系统"的规定任务，2010年7月16日，自治区煤炭工业局召开健全完善煤矿井下紧急避难系统等"六大安全避险系统"工作会议。2011年5月，自治区政府制定了《内蒙古自治区煤矿井下安全避险"六大系统"建设完善实施方案》。总的目标：在对已有监测监控、压风自救、供水施救、通信联络、人员定位五大系统进一步建设完善的基础上，全面推进"紧急避险系统"的建设，并实现和其他"五大系统"的有效衔接。到2013年6月底，全区所有井工煤矿全部完成安全避险"六大系统"的建设和完善工作。

总体要求：自治区境内所有井工煤矿均须按照时限要求建设完善井下避险"六大系统"，并达到"系统可靠、设施完善、管理到位、运转有效"要求。未按照相关时限建设完善井下避险"六大系统"的煤矿，责令停产，进行"六大系统"专项建设整改，同时暂扣煤矿安全生产许可证。生产煤矿必须在2014年6月底前建设完善井下安全避险"六大系统"。

（一）"五大系统"建设

2011年5月22日至6月2日，自治区煤炭工业局与内蒙古煤矿安全监察局组成东、西部两个督查组，对全区煤矿井下安全避险"五大系统"建设完善情况进行了督查。检查了5个主要产煤盟市、10个重点产煤旗县、19处井工煤矿。这些井工煤矿井下安全避险"五大系统"建设完善进展情况为：①安全监测监控系统全部建设完毕，大部分进行了升级改造；②供水施救系统全部建成，正在完善减压管路、供水阀门等设施，达到在紧急情况下随时供应井下人员饮用的要求；③压风自救系统基本建设完毕，正在完善减压、呼吸器等设施，达到在紧急情况下为井下受困人员供氧的目的；④通信联络系统全部建设完毕，有的除矿用电话外，还安设了小灵通移动电话，对原系统按照新的标准进行改造，增加录音、广播等功能；⑤人员定位系统约70%以上的矿井都安装完毕，有的对原系统还进行了完善，增加了井下分站的数量，减少了搜索盲区，其他30%的矿井在2011年底前全部建设完毕。

1. 神华神东煤炭集团有限责任公司

2004—2006年，公司先后完善了6个矿井的安全监控系统，新建了3个矿井的安全监控系统；2005年底，实现了各矿安全监控系统的联网管理（瓦斯监测联网系统）。2008年初，安监局监控中心开始进行9个生产矿安全监控系统的升级改造，并于5月完成。瓦斯监测联网系统的升级改造也于同年4月开始，6月完成。同年洗选中心、运销处下属的3个洗选厂、装车站也安装了安全监控系统，并完成联网。

2008年12月，神东煤炭分公司9个生产矿井及3个洗煤厂、装车站共装备了4个厂家的12套安全监控系统，系统共装备分站314台，各类传感器累计1506台；模拟量传感器安装946台，其中瓦斯传感器495台、一氧化碳传感器176台、风速传感器38台、温度传感器211台、

负压传感器14台；开关量传感器安装560台，其中风机开停传感器194台、风门传感器50台、烟雾传感器122台、断电传感器113台、馈电传感器78台；铺设监测电缆538千米；自2007年以来，已安装机载式甲烷断电仪218台，至2008年12月，车载式甲烷断电仪已安装246多台；按照《煤矿安全规程》要求，系统装备率达100%。

矿井安全监控系统联网（瓦斯监测联网系统）是以公司局域网为基础，在9个生产矿井及3个洗煤厂设立数据采集服务器，将各矿安全监控系统实时数据采集传输到公司安全监控中心服务器，由服务器存储、分析、处理后，通过公司局域网以Web的格式发布。

2010年，神东煤炭集团升级改造了监控系统，保证了监控有效；外聘专家会诊矿井安全监控系统软、硬件及管理，形成会诊报告，制定了矿井监控系统环网改造、KJ126N监控系统更换、洗煤厂监控系统安装方案；为监控值班室及各矿井监控服务器安装了网络防火墙，该设备安装后，监控联网系统可有效抵御网络袭击或病毒的困扰，保障了监控数据网络传输的安全性；采取形式多样、内容丰富的监测工技能培训和技术比武工作，提高了监测工的业务能力和责任心。

截至2012年底，公司各矿井"六大系统"中，监测监控系统、供水施救系统、压风自救系统、通信联络系统、人员定位系统已建设完成。

2. 扎赉诺尔煤业有限责任公司

（1）安全监测监控系统。主机型号为KJ83N，地面中心站设在矿调度室内，中心站装备2套主机，1套使用、1套备用，配有UPS电源，确保系统24小时不间断运行。分别在地面和井下主要地点安装了18台分站和65个模拟量传感器、59个开关量传感器，实现了对井下瓦斯、一氧化碳、温度、风速、风门、主要通风机、局部通风机、水泵等进行全面的动态监控，做到了装备齐全、数据准确、监控可靠、处置迅速，为煤矿安全管理提供了重要的依据。

（2）井下人员定位系统。使用KJ271型人员定位管理系统，地面中心站安设在调度室，井上下共安设人员定位分站和电源箱23台，配备人员定位识别卡1200块，对各个区域的人员进行动态反映，定位信号已经覆盖井下所有采掘工作面和主要巷道，实现了对入井人数、重点区域人员定位轨迹查询和动态分布的监测功能，为生产管理提供第一手数据。

图6-2-17 国家安全生产应急救援指挥中心主任王德学到扎赉诺尔煤矿井下紧急避难硐室检查

（3）矿井压风自救系统。采用地面集中供气方式，在地面压风机房内安装4台DLG—132型单螺杆式空气压缩机，其中3台工作，1台备用，单台额定流量为21米/分钟。每台空压机配备2立方米储气罐，分别配有安全阀、释压阀，主送气管路中安装了集水放水器，保证了系统正常使用和压缩空气安全。全矿目前共铺设压风管路14000米，管路上每100米设置供气阀门，在综采工作面两巷及掘进工作面各安设一组压风自救装置，压风管路遍布井下所有的巷道和采掘工作面，形成了完备的压风自救系统。

（4）矿井供水施救系统。在地面设有1000立方米日用消防水池、600立方米井下消防洒水水池和水泵房各1处，水源来自满市二水源。共铺设供水管路14000米，主供水管路经副井专用管路引至井下西翼轨道大巷、西翼带式输送机运输大巷，再由主供水管路引至各作业地点。为满足采掘工作面人员自救及消防、防尘工作要求，主要带式输送机大巷、辅助运输大巷每间隔50米、100米分别安装有三通阀门和消防装置。在综采工作面回风巷、运输巷和掘进工作面安装了供水自救装置，形成了完善的主干分支供水系统，各管线通达各个地点，确保紧急情况下实施供水施救。

（5）通信联络系统。共安设固定式通信系统、移动式通信系统和井下语音广播系统3套通信系统。固定式通信系统主机型号为SH-3000D型，铺设入井通信线缆2路，在井上、下各作业地点配备KTH矿用本安型电话机100部。移动式通信系统主机型号为KT110型，安装井下基站43台，地面基站2台，配备给井下各级管理及流动人员小灵通200部。井下应急语音广播系统采用KTK113井下本安型广播系统，井下设置终端65台。该系统集成整合了灵东矿综合自动化平台和工业环网，具有生产调度指挥、应急避险联络、井下广播系统与调度通信系统联动、分区广播、紧急呼叫录音、区域系统对讲、报警联动等大功能。

3. 内蒙古平庄煤业（集团）有限责任公司

（1）供水施救系统。各井工矿供水施救系统完善，地面均设有200立方米专用水池，采取了防冻和相应防护措施后，通过管路直接输送至井下，按照要求在矿井主要运输道、采区回风道、带式输送机运输巷、上山与下山、采煤工作面上下两道、掘进巷道均敷设了供水管路和饮水管，带式输送机运输巷每隔50米设置一处供水阀门，其他巷道每隔100米设置一处供水阀门。在距采掘工作面不大于50米处安装KGS-2型供水施救装置。

（2）监测监控系统。从2004年开始，公司不断加大安全投入，先后对11个生产矿井进行了安全监测监控系统的安装和升级改造，对矿井中的甲烷、一氧化碳、风速、风压、氧气、温度、烟雾、粉尘、风门开关、局部通风机开停等环境参数进行连续监测，并可实现远程断电，保证矿井安全。

（3）通信联络系统。2008年，公司开始对各井工矿通信系统进行了升级改造，更换了调度台、交换机、电话等，增设了通信双线路。采用和配备了DDK-6型数字程控调度通信系统，该系统集合现代计算机技术和多媒体通信技术，实现了多媒体数字程控调度指挥系统，2010年底全部改造完成，在主要硐室、重点区域以及采掘工作面等地点均安设了本质安全型防爆调度电话；2012年10月，六家矿投入使用了KT130型矿用无线通信系统；2014年，老公营子矿、风水沟矿、六家矿安装使用了KT130型矿用无线通信系统，各矿井通信联络系统的配套设备均符合标准。

（4）压风自救系统。各矿井压风系统建设完善。2009年开始建设，2011年底建设完成，在地面建设了压风机房，空气压缩机配备安全阀、压力传感器、压力表和温度传感器等，压力表定期校准，安全阀动作可靠，安全阀动作压力小于额定压力的1.1倍。各矿井压风机能力满足井下使用和救灾供气要求，所有采区避灾路线上均敷设了压风管路，主管路直径不小于100毫米，采掘工作面及避灾路线上的管路直径不小于50毫米，并设置了供风阀门，间隔不大于200米。在距采煤工作面、综掘工作面不大于50米范围的巷道内设置了压风自救装置［ZYJ(C)型］。

（5）人员定位系统。公司各矿井人员定位系统符合《煤矿井下作业人员管理系统通用技术条件》（AQ 6210—2007）要求。2009年，老公营子矿首先安装了KJ236型人员定位系统；2011年，其他5个井工矿安装完成了KJ236型人员定位系统，并投入使用。矿井调度室设人员定位系统地面中心站，配备显示设备并执行24小时值班制度。井下巷道分支处、重点区域出入口、人员出入井口等地点均设置分站，每一入井人员均携带识别卡，确保准确掌握井下人员动态分布情况和采掘工作面人员数量。

4. 内蒙古伊泰集团有限公司

从2002年开始，公司陆续投资5200余万元，在各煤矿建立了与煤矿生产安全相关的安全监测监控、人员定位、调度通信、井下小灵通、束管监测及工业视频监控等系统，其中，安全监测监控系统主要用于井下瓦斯等有毒有害气体的监测。从2007年开始，又逐步在酸刺沟煤矿、纳林庙煤矿二号井、宝山煤矿、大地精煤矿、丁家渠煤矿、凯达煤矿、宏景塔一矿成功安装使用了矿井综合自动化系统。

截至2012年底，公司累计投资近3500万元完成了各矿矿井综合自动化系统的建设。并通过自动化检测监控设备集成，对井上、下主要生产环节的各种生产参数和重要设备的运行状态参数，如煤仓煤位、水仓水位、供电电压、供电电流、功率等模拟量，以及水泵、提升机、局部通风机、主要通风机、带式输送机、采煤机、开关、磁力起动器运行状态和参数等进行在线监测，实现数据异常报警及历史数据查询。系统的建成使用实现了从生产一线、调度、管理科室和领导办公室的层层联网及信息共享，保证了整个煤炭生产系统的安全可靠运行，其中煤矿安全监测系统以煤矿采掘工程平面图为基础，实时显示各安装地点需监测的甲烷、风速、压差、一氧化碳、温度等模拟量及馈电状态、设备开停、风筒开关、烟雾等开关量状态，并按照设置要求实现气体浓度超限声光报警和断电/复电控制，并自动统计生成报警测点信息统计报表、曲线、柱状图、模拟图等功能。

图6-2-18 伊泰集团创建安全高效本质安全型矿井宣传标语

5. 内蒙古汇能煤电集团有限公司

（1）压风自救系统。在地面设空气压缩机房，为矿井及选煤厂提供压缩空气，选用LU250-8.5型螺杆式空气压缩机11台，排气量为42立方米/分钟，排气压力为0.85兆帕，电机功率为250千瓦。其中3台供矿井使用，2用1备。永久避难硐室、临时避难硐室设DN150供气专用主管路，压风主管路接入地面压风主管路。矿井压风主管路选用$\phi194 \times 6$毫米无缝钢管，沿主斜井井筒敷设至井下。大巷采用$\phi133 \times 4$毫米无缝钢管。采掘工作面煤巷内每50米设置一组三通、阀门及压风自救装置。大巷内每隔 200 米安设一组三通、阀门及压风自救装置。大巷采用 $\phi 108 \times 4$ 毫米无缝钢管，工作面巷道采用 $\phi 76 \times 4$ 毫米无缝钢管，井下所有避灾路线上均设有压风管路。井下大巷、综采工作面巷道、掘进工作面均设 ZYJ 型压风自救装置。

（2）供水施救系统。采用专用供水管路的方案，水源引自地面 2 处 600 立方米复用水池，沿主斜井敷设入井，井筒和运输大巷采用 DN50 高压软管接入永久避难硐室。工作面巷道管路采用 $\phi 108 \times 4$ 毫米无缝钢管，临时避难硐室的供水就近接入消防洒水管路。

（3）安全监测监控系统。尔林兔煤矿设计选用 KJ95N 型煤矿安全监测监控系统 1 套，中心站设监控主机 2 台，设监测分站 19 台、甲烷传感器 34 台、一氧化碳传感器 15 台、温度传感器 8 台、氧气传感器 13 台、二氧化碳传感器 13 台、风速传感器 3 台、风门开关传感器 10 台、设备开停传感器 16 台、负压传感器 1 台、水位传感器 2 台、风筒传感器 7 台、粉尘传感器 10 台、馈电传感器 32 台、煤位传感器 2 台。永久避难硐室及临时避难硐室环境监测系统传输线路通过专用线路接入地面安全监控传输线路。

（4）人员定位系统。选用 KJ69J 型井下人员管理系统，井下设置 KJF80 型无线数据监测分站 12 个及 KJF80.2A 型无线接收器。永久避难硐室、临时避难硐室内设人员监测分站，对避难硐室人员实时监测。永久避难硐室和临时避难硐室人员管理系统传输线路采用专用传输线路接入地面传输线路。

（5）通信系统。选用 KTJ4H 型（256 门）调度总机 1 台。入井通信线路选用 MHYA32-100×2×1/0.8 型通信电缆 2 条，分别沿主斜井井筒两侧敷设；选用 KT28 型井下无线通信系统及广播通信系统。避难硐室内设本安型电话机。永久避难硐室、临时避难硐室有线通信线路采用专用传输线路接入地面通信系统。

（二）煤矿井下紧急避险系统建设

紧急避险设施主要包括永久避难硐室、临时避难硐室、可移动式救生舱。永久避难硐室是指设置在井底车场、水平大巷采区（盘区）避灾路线上，具有紧急避险功能的井下专用巷道硐室，服务于整体矿井、水平或采区，服务年限一般不少于 5 年。临时避险硐室是指设置在采掘区域或采区避灾路线上，具有紧急避险功能的井下专用巷道硐室，主要服务于采掘工作面及其附近区域，服务年限一般不大于 5 年。可移动式救生舱是指建设可通过牵引、吊装等方式实现移动，适应井下采掘作业地点变化要求的避险设施。

1. 煤矿井下救生舱试点工作

2010 年 9 月，内蒙古自治区煤炭工业局下发《关于下达 2010 年煤矿井下救生舱试点矿井名单和后 3 年煤矿井下救生舱建设有关工作的通知》。自治区煤炭工业局经与盟市煤炭行业管理部门、煤矿安全监管部门及重点煤炭企业研究，确定神华乌海能源公司黄白茨煤矿等 19 处煤矿（国有重点煤矿 8 处，民营煤矿 11 处；其中：高瓦斯煤矿 2 处，煤与瓦斯突出矿井 1 处；技改未完成煤矿 3 处，生产矿井 16 处）为全区煤矿井下救生舱避险系统建设试点煤矿（表 6-2-3），并要求试点煤矿于 2010 年底前完成井下救生舱避险系统安装工作。未按期完成的，按国发〔2010〕23 号文件和国务院《特别规定》，由煤矿所在盟市煤炭生产许可证监管部门和煤矿安全监察分局依法暂扣煤矿安全生产许可证、煤炭生产许可证，责令停产整改，直至井下救生舱避险系统安装完毕，并通过验收为止。

表6-2-3　煤矿井下救生舱试点矿井名单

煤矿名称	煤矿名称
神华乌海能源有限责任公司黄白茨煤矿	内蒙古太西煤集团股份有限公司新兴泰一号井
神华乌海能源有限责任公司五虎山煤矿	内蒙古满世投资集团有限公司罐子沟煤矿
内蒙古平庄煤业（集团）有限责任公司六家煤矿	内蒙古满世投资集团有限公司永智煤矿
内蒙古平庄煤业（集团）有限责任公司风水沟煤矿	内蒙古伊泰集团有限公司酸刺沟煤矿
神华神东煤炭集团有限责任公司布尔台煤矿	内蒙古伊泰集团有限公司同达煤炭公司丁家渠煤矿
神华大雁集团有限公司第二煤矿	内蒙古汇能煤电集团有限公司羊市塔煤炭有限责任公司
扎赉诺尔煤业有限责任公司铁北矿	准格尔旗公沟煤炭有限公司煤矿
神华包头能源有限责任公司阿刀亥煤矿	内蒙古伊东资源集团股份有限公司窑洺扶贫煤矿
内蒙古神隆矿业有限公司煤矿	内蒙古伊东资源集团股份有限公司宏测煤矿
内蒙古庆华集团有限公司百灵公司180万吨矿井	

2. 井下紧急避险系统建设进度

截至2013年底，全区正常生产矿井有216处，其中不用建设紧急避险系统的6处。应于2013年6月底前建成井下紧急避险系统的210处煤矿中已经完成紧急避险系统的有145处（29处央企煤矿全部建成），剩余煤矿正在建设、设计等阶段。建设进度较快的企业有：

（1）神华神东煤炭集团有限责任公司。2010年，公司先后完成紧急避险系统方面第一批实施的布尔台矿等8矿10个避难硐室，另外12个避难硐室开工建设。2012年，公司建成布尔台煤矿井下永久避难硐室，被称为自治区第一个高标准的样板工程。当年的《人民日报》《中国煤炭报》相继作了报道，引来全国多家同行业人士到此参观。截至2015年，公司先后完成了紧急避险系统方面第一批实施的布尔台矿等8矿10个避难硐室，启动了另外12个避难硐室的施工工作。

（2）神华乌海能源有限责任公司。2009年4月，公司开始筹建各生产煤矿井下紧急避险系统，至2013年3月，各生产煤矿全部完成了井下紧急避险系统建设。共计建成永久避难硐室8个/960人，临时避难硐室8个/240人，其中公乌素煤矿南采区、北采区各建成1个永久避难硐室，可同时容纳200人；其他煤矿各1个。建成临时避难硐室8个，容纳184人，其中公乌素煤矿1处、容纳24人，黄白茨煤矿1处、容纳30人，五虎山煤矿1处、容纳30人，利民煤矿1处、容纳24人，棋盘井煤矿2处、容纳40人，平沟煤矿1处、容纳12人。各矿井井下紧急避险系统模式均为"永久避难硐室+临时避难硐室"，硐室内设置了供氧、相变降温、人员定位、环境监测、供电、供水施救、通信联络、气幕和喷淋等系统，并配备了个体防护装备、食品及其他设施。截至2013年底，公司所属8对生产矿井均通过了内蒙古煤矿安全监察局组织的专项验收。

（3）内蒙古平庄煤业（集团）有限责任公司。2012年4月，公司对红庙矿、古山矿、瑞安公司、老公营子矿紧急避险系统进行建设，赤峰高达设计院对红庙矿、古山矿、瑞安公司井下安全避险"六大系统"进行设计，内蒙古煤矿设计院对老公营子矿井下安全避险"六大系统"进行设计，红庙矿五采区、六采区各设置一个能容纳100人的永久避难硐室;古山矿一井、三井各设置一个能容纳100人的永久避难硐室;瑞安公司在350轨道斜巷和二台带式输送机运输大巷之间设置一个能容纳100人的永久避难硐室;老公营子矿160水平5-1进风联络巷设置一个能容纳100人的永久避难硐室。至2013年6月,平庄煤业集团公司投资1350万元,完成了红庙矿、古山矿、瑞安公司、老公营子矿的永久避难硐室建设和设备安装工程,并于2013年8月30日通过了赤峰市安全生产监督管理局的验收。

(4)扎赉诺尔煤业公司。公司于2011年11月开始施工,12月末移动救生舱安装完成。2012年5月,永久避险硐室建设完成并投入使用。配备45分钟压缩氧自救器1400台,满足人员短距离避险自救需要。在距回采工作面1000米距离内安设KJYF-96/10(A)型可容纳10人的移动式救生舱2个。舱体为分体式组装结构,分为过渡舱、生存舱和辅助舱,内设有座椅、照明、通信、供氧、自救器、急救箱、必需的食品和饮用水及有毒有害气体处理装置、非电力驱动除湿降温系统。可为避险人员连续提供96小时的生存保障。紧急避险硐室位于副井井底车场附近,室内设计可容纳100人。硐室分过渡仓、生存硐室、辅助硐室、配电室、卫生间及两个安全出口。室内配备有完善的供氧装置、一氧化碳、二氧化碳吸收装置和除湿降温空调系统及供水压风系统、安全监测监控系统、人员定位系统、通信系统。该硐室对外具有抵御高温烟气,隔离有毒有害气体和防水功能;对内提供氧气、食物和水,依靠避险硐室内部储备,可保证为避险人员连续提供96小时以上生存环境,为应急救援创造条件、赢得时间。扎赉诺尔煤业有限责任公司各煤矿建设永久避难硐室、移动救生舱情况详见表6-2-4。

表6-2-4 扎赉诺尔煤业有限责任公司各煤矿建设永久避难硐室、移动救生舱统计表

煤矿名称	建设时间	避难硐室数量(个)	容量(人/个)	移动救生舱数量(个)	容量(人/个)	煤矿名称	建设时间	避难硐室数量(个)	容量(人/个)	移动救生舱数量(个)	容量(人/个)
灵东矿	2011-10	1	100	2	10	灵北矿	2012-03	1	100	3	10
五牧场矿	2011-10	1	100	2	10	铁北矿	2012-03	2	50	5	10
灵泉矿	2012-03	1	100	2	10	灵露矿	2013-07	1	100	2	10

(5)鄂尔多斯市乌兰煤炭集团有限责任公司。截至2013年底,公司在下属温家塔煤矿共设置永久避难硐室1个,容纳规模为100人;2个临时避难硐室,容纳规模均为20人;项目建设总投资544.66万元。公司在满来壕煤矿、石圪台煤矿各建成一个可容纳70人的永久避难硐室,在武家塔煤矿建成一个可容纳60人的永久避难硐室。

(6)内蒙古特弘煤电集团有限责任公司。2012年9月,公司分别在6号煤层和6-1号煤层各施工建设一个永久避难硐室,在6煤下山施工建设两个临时避难硐室。2013年5月完成紧急避险系统的验收,矿井"六大系统"健全。

(7)内蒙古伊泰集团有限公司。2011—2013年,伊泰集团投资796万元建设了宝山、丁家渠、酸刺沟6煤、酸

刺沟4煤、宏二矿、纳二矿4煤、纳二矿6-2煤、纳一矿、宏一矿、大地精煤矿永久避难硐室。根据《关于印发〈煤矿井下安全避险"六大系统"建设完善基本规范(试行)〉的通知》精神，自治区煤炭工业局、内蒙古煤矿安全监察局对已经建成的井下安全避险"六大系统"进行验收。截至2015年7月，全区已经基本建成"井下紧急避险系统"的煤矿共163处，其中阿拉善盟7处、乌海市11处、巴彦淖尔市1处、鄂尔多斯市107处、锡林郭勒盟1处、赤峰市16处、通辽市2处、兴安盟1处、呼伦贝尔市17处，有107处煤矿通过验收、42处煤矿等待验收、14处煤矿需要整改。

图6-2-19　伊泰集团宝山煤矿工人进入新建成的永久避难硐室体验环境

第六节　煤矿灾害防治

一、瓦斯灾害防治

1991年，全区统配煤矿有低瓦斯矿井12处，高瓦斯矿井8处。随着原煤产量的增加，瓦斯矿井数量增多。截至2015年，全区现有井工煤矿320处，其中煤与瓦斯突出煤矿5处、按突出管理煤矿3处、高瓦斯煤矿9处、瓦斯矿井303处。按规定应建设瓦斯抽放系统的煤矿17处，实现抽放的煤矿10处，其他7处长期处于停建状态。煤与瓦斯突出、高瓦斯煤矿主要分布在阿拉善盟的古拉本、呼鲁斯太矿区，乌海市的乌达矿区和包头市的石拐区。

1991—1999年，全区煤矿发生的160起较大生产安全事故中瓦斯事故106起，其中重大事故6起，特大事故1起。进入21世纪以来，自治区各级煤矿安全监管部门和煤矿企业一直将瓦斯灾害防治作为煤矿灾害防治工作的重中之重。

（一）治理机构体制与队伍

20世纪90年代初，各统配煤矿都设置防治瓦斯机构，制定《关于加强瓦斯检查的几项规定》《瓦斯管理制度》，并建立瓦斯检验队伍和"一炮三检""一班三检"岗位责任制。1991年，乌达矿务局有瓦斯检验员195人，包头矿务局有瓦斯检验员600多人，平庄矿务局有瓦斯检验员154人，大雁矿务局有瓦斯检验员

91人、测风员11人。

1998年8月，乌达、海勃湾、包头、万利、金峰等矿务局划归神华集团，由于其所属煤矿均为高瓦斯矿井，因此神华集团为各矿配备了专业技术人员，建立了责、权、利相统一的瓦斯治理体制和机制，制定了瓦斯治理有关责任制和管理制度，在高瓦斯、煤与瓦斯突出的矿井设立专职通风副总工程师。各矿井配足瓦斯检验员，实行瓦斯检验员分区域、分片负责制，定人、定区域、定路线、定检查地点、定检查次数。同时对没有进行的生产工作面，列入检查范围，杜绝漏查现象。变化异常的采掘工作面和重点区设专人定点定时检查。每个检查点设瓦斯检查牌板，标明瓦斯检查情况。

图6-2-20　2015年7月15日，内蒙古煤矿安监局检查组到寸草塔二矿开展瓦斯防治专项检查

2000年开始，各煤炭企业采取引进区外先进专业队伍和自我培育队伍相结合的办法，提高煤矿生产一线人员的业务素质和安全操作水平。各地高瓦斯煤矿采取"走出去，引进来"的瓦斯抽采队伍培养方式，鼓励所属企业组织职工走出去学习，请进来讲课、传授经验，努力培养自己的专业队伍和人才。

2005年2月，自治区成立以分管副主席为组长、煤炭工业局、内蒙古煤矿安全监察局领导任副组长的煤矿瓦斯整治领导小组。按照自治区《关于印发煤矿瓦斯综合治理工作实施方案的通知》要求，各盟市相继都成立了以分管盟市长任组长、有关部门参加的煤矿瓦斯整治工作领导小组，结合当地实际情况，制定了《煤矿瓦斯整治工作实施方案》，把有关职责和任务层层分解到有关部门和煤矿企业，并签订了责任状，落实到责任人。各煤炭企业又根据在晋城、南昌召开的全国煤矿瓦斯治理和利用会议精神，修订和完善了《煤矿瓦斯综合治理工作方案》，增加了瓦斯抽采和利用的工作目标和要求。

为加强煤矿安全和瓦斯整治监管力度，自治区各级政府和煤监机构都制定了严格的督查工作制度。自治区煤矿瓦斯整治领导小组向重点地区和煤矿派驻督导小组，并组织以整治瓦斯为主的安全督查行动。盟市煤矿安全管理部门和煤矿安全监察分局每月至少对所辖地区煤矿逐个进行一次安全检查，旗县煤矿安全管理部门每旬至少对本地煤矿进行一次安全检查。

（二）瓦斯治理原则与方法

1. 防治原则

自治区政府明确规定，在所有矿井进行瓦斯鉴定的基础上，高瓦斯矿井必须进行煤与瓦斯突出鉴定，鉴定出的煤与瓦斯突出矿井必须按规定重新进行设计、施工和评估验收，突出矿井必须按照两个"四位一体"的要求，制定切实有效的防突措施；井工煤矿必须补做井田内外水文地质、采空区、老窑等勘探报告，绘制出准确、翔实的地质勘探图；采掘作业必须坚持"先探后掘、先探后采、有掘必探"的原则。

瓦斯防治应坚持"瓦斯超限就是事故"的管理理念和"先抽后采、监测监控、以风定产"的治理方针。严格落实各级领导"一通三防"责任制,加强"一通三防"机构队伍建设,提高队伍素质,坚持"管理、装备、培训"并重的原则,依靠科技进步、完善技术装备,不断提高"一通三防"现代化水平,努力提高抗御灾害的能力。

2006年6月,国家明确提出了一系列瓦斯防治新理念。"瓦斯事故是可以预防和避免的""瓦斯是资源和清洁能源",煤矿瓦斯防治要"高投入、高素质、严管理、强技术、重利用",要"可保尽保、应抽尽抽、先抽后采、煤气共采""系统是基础,抽采是重点,防突是关键,监控是保障"等先进理念正渗透到各个层面,煤矿瓦斯治理正由防治为主向防治与利用并重、利用优先转变。

2. 防治方法

(1) 加大防治经费投入,加快"一通三防"装备和技术改造。自2001年以来,全区煤矿企业都加大了安全专项资金投入,从改善安全生产条件和提高安全装备水平入手,实施了通风系统改造、支护方式改革、瓦斯抽采和安全监测监控系统建设等工程。对现有矿井通风系统进行了改造,巷道支护方式进行了锚杆支护改革,建立了井下注氮灭火系统,大大改善了矿井安全条件和装备水平。全区大部分地方煤矿在技术改造和资源整合中,改革了采煤方法,扩大了生产规模,安装了安全监测监控系统,部分煤矿还建设了瓦斯抽采系统。乌海市、鄂尔多斯市、阿拉善盟、赤峰市还在进行煤矿安全监控系统的远程集中控制。

截至2015年,各级地方政府和煤矿企业先后投入约10亿元,在所有井工煤矿建立了瓦斯监测监控系统,其中阿拉善盟、乌海市、鄂尔多斯市等重点产煤盟市实现了煤矿、旗县、盟市瓦斯监测监控远程联网。各高瓦斯煤矿和煤与瓦斯突出煤矿建设了地面瓦斯抽放系统,严格贯彻先抽后采、抽采达标规定,如太西煤集团累计投入1792.45万元与澳大利亚威利郎沃钻井公司合作,在哈沙图煤矿开展了远距离千米定向瓦斯抽放钻孔施工,累计钻进8589米;神华乌海能源公司累计投入1.66亿元,委托中澳公司为五虎山、黄白茨和平沟煤矿开展区域性瓦斯治理。

图6-2-21 乌海能源公司五虎山煤矿瓦斯抽采设备

(2) 政、院、企合作,推进瓦斯防治研究。阿拉善盟、阿拉善左旗投入1200万元,与华南理工大学、西安煤科院共同开展了古拉本矿区、呼鲁斯太矿区瓦斯综合治理方案与措施研究;内蒙古太西煤集团公司与中国矿业大学共同组织实施了"内蒙古太西煤集团兰山煤业公司瓦斯抽采治理与利用规划"研究;神华集团包头矿业公司也与科研机构开展了合作,编制了《阿刀亥煤矿瓦斯抽采利用项目可行性研究报告》;神华集团乌海能源公司与重庆煤科院合作,开展了《瓦斯地质动态分析系统的研究及应用》研究,全面分析瓦斯赋存规律和瓦斯抽采可行性方案,为瓦斯治理提供了技术支撑和可靠依据。

(3) 煤矿瓦斯治理工作体系示范县和示范矿井建设。根据煤田瓦斯赋存和矿井瓦斯治理工作情况，自治区煤炭工业局将阿拉善盟阿左旗、乌海市乌达区、包头市石拐区和鄂尔多斯市鄂托克旗、东胜区、满洲里市6个旗区列为煤矿瓦斯治理工作体系示范县；将阿拉善盟太西煤公司、阿拉善左旗福泉公司、庆华公司、鄂托克旗棋盘井矿业公司、伊西运销公司、伊东集团公司、乌兰集团公司、正丰矿业公司、伊泰集团等企业所属的33处地方煤矿，以及神华天荣公司、神华乌海能源公司和大雁矿业集团、扎赉诺尔煤业公司等所属的13处国有煤矿列为瓦斯综合治理体系建设示范矿井。这些示范旗（区）和示范矿井经过旗县、盟市和自治区的验收，已达到国家规定的基本要求。

（三）自治区重点煤炭企业防治措施

2011年以来，各重点煤炭企业深入贯彻落实《关于进一步加强煤矿瓦斯防治工作若干意见的通知》《关于进一步健全煤矿瓦斯综合治理工作体系建设工作机制的通知》和全国煤矿瓦斯防治现场会、全国安全生产电视电话会议、全国安全生产工作会议要求，进一步健全工作体系建设工作机制，按照"十二五"期间工作体系建设的总体要求，加快建设"通风可靠、抽采达标、监控有效、管理到位"的瓦斯综合治理工作体系，建立健全工作体系建设责任制，明确工作体系建设职能部门，配备相应人员，在政策、技术、资金等方面加大支持力度，瓦斯爆炸事故明显减少。

2012年比2007年全区煤矿瓦斯事故起数减少85%、死亡人数减少22%，瓦斯死亡人数占煤矿事故死亡总人数的比例减少6.3%，煤矿瓦斯综合防治能力明显提高。

1. 神华神东煤炭集团有限责任公司

1998年前，公司各矿瓦斯治理工作由通风处负责。从2000年起，对高瓦斯和煤与瓦斯突出矿井通风系统进行改造，采用大断面、多通道方式布置巷道，降低矿井通风阻力；采用大功率、对旋式主要通风机，提高矿井通风能力；减少盘区布局，简化生产系统，减少角联通风；根据矿井延伸和采掘接替的变化，及时调整并不断简化、优化，减头减面，淘汰落后和非正规采煤方法、工艺，做到系统合理、设施完好、风量充足、风流稳定，使通风阻力和阻力分布比例等达到《煤矿井工开采通风技术条件》的规定；各采掘工作面、机电硐室实现了独立通风；矿井各水平、采区、采掘工作面、硐室均达到《煤矿安全规程》规定的通风设计要求。各煤矿为瓦检员、爆破员配备了光学瓦斯检查仪、便携式瓦检仪；建立了地面瓦斯抽采系统，逐步实现了瓦斯积聚区域和煤与瓦斯突出区域先抽后采；严格按照AQ 1029标准装备和完善瓦斯监测监控系统，运用现代化检测仪器，对各局部通风地点、综采工作面回风及盘区和矿井总回风的瓦斯浓度进行24小时集中连续监测，超限报警，并能切断被监控区域的全部非本质安全型电气设备的电源并闭锁；形成了预测预报、防瓦斯突出措施、效果检验和安全防护的"四位一体"综合防突出体系。

2005年，神东煤炭公司各高瓦斯和煤与瓦斯突出煤矿根据国家发展改革委1137号文件精神和集团公司有关规定，制定了《瓦斯治理与利用方案》。同时，按照神华集团公司"瓦斯超限就是事故"的安全理念，加大了瓦斯监测和管理力度，严格矿井通风管理，严禁随意停电停风，对无计划停电停风，不论是否造成瓦斯积聚，均按照未遂事故追查处理。2008年10月，神华集团公司下发《神华集团公司瓦斯治理指导意见（试行）》，对矿井瓦斯治理遵循的原则、瓦斯治理工作目标、瓦斯治理组织机构、《瓦斯治理三年滚动规划》和年度实施计划、通风系统、防治煤与瓦斯突出、瓦斯抽采、监测监控、责任保障及投入和奖罚作了详细规定。

图6-2-22 瓦斯检测员现场检测

公司所属各矿配备了专业技术人员，建立了责、权、利相统一的瓦斯治理体制和机制，制定了与瓦斯治理有关的责任制和管理制度；在高瓦斯、煤与瓦斯突出矿井设立专职通风副总工程师，煤与瓦斯突出矿井还设有专职地测副总工程师。各矿井根据集团公司有关文件精神，配齐配足瓦斯检查人员，实行瓦检人员分区域、分片负责制，定人、定区域、定检查路线、定检查地点、定检查次数。同时对没有进行生产的工作面，列入检查范围，杜绝漏查现场。变化异常的个别采掘工作面和重点区设专人定点定时检查。每个检查点设瓦斯检查牌板，标明瓦斯检查情况。

2011年，根据国家安全生产监督管理总局、国家煤矿安监局印发的《煤矿瓦斯防治工作"十条禁令"》的规定，神东煤炭集团各矿井组织通风科和相关部门，对照《禁令》中各条内容，结合工作实际进行自查，针对寸草塔二矿"7·12"瓦斯事故，开展了重大安全隐患、"一通三防"和防治水三项专项治理活动。2013年，布尔台煤矿在瓦斯涌出量相对较小的22201工作面使用钢圈风筒替换螺旋焊管埋入采空区进行抽放，累计回收3500米焊管。集团公司要求各矿井必须执行瓦斯治理"一矿一策""一面一策"制度。瓦斯治理工程在做到"两超前、三同时"（瓦斯治理要超前预测、超前防范，瓦斯治理工程与采煤工作面同时设计、同时施工、同时投入使用）时，还要在所有综采（放）面投产前经现场验收，瓦斯治理具有一票否决权。

2. 神华包头能源有限责任公司

2006—2015年，公司投入8000多万元用于通风系统改造。一方面，根据矿井生产、通风网路、通风设施和矿井长远生产布局等情况，对通风系统进行优化和简化，新开拓专用风井5条。开拓专用风巷2150米，简化巷道8560米，增加并联风路11条，减阻扩巷11640米，减少了矿井内的通风设施数量，降低了通风阻力，提高了矿井风量，使矿井通风系统达到安全、稳定、可靠；另一方面，对地面主要通风机进行了改造，更换旧式离心式主要通风机，其中采用2K58型轴流式主要通风机、BD-Ⅱ型对旋轴流式主要通风机，使主要通风机的工况始终处于高效、经济、稳定的工作区域运行，通风系统达到矿井通风压力分布均衡，矿井通风动力与网路匹配适宜，矿井通风设施布局合理，矿井中风流、风量、风速、风质符合《煤矿安全规程》要求，矿井有效总风量富余系数达到1.8倍以上，采区风量富余系数达到1.5倍以上，提高了矿井防灾抗灾能力。

2010年底，阿刀亥矿井共建立独立抽放系统4套，分别为东部采空区抽放系统、东部瓦斯煤层预抽系统、西部采空区抽放系统，西部瓦斯煤层预抽系统，瓦斯抽放系统运行平稳、高效，有力地保障了矿井瓦斯抽采效率，为矿井的瓦斯治理提供有力的保障。阿刀亥矿瓦斯抽放采用水平长钻孔和倾斜钻孔进行抽放，其中水平长钻孔主要进行瓦斯预抽，倾向钻孔在采面开采不同时期分别进行预抽和采空区瓦斯抽放，为阿刀亥矿瓦斯治理的主要措施，约占总抽放量的70%以上。

2006—2015年，公司投入1420万元对各矿井使用的局部通风机进行改造，淘汰了JBT系列局部通风机，改用高效节能的FBDY系列对旋式局部通风机并实现了双风机双电源自动切换和"三专、两闭锁"，保证了掘进工作面的连续供风，杜绝了无计划停风现象。

3. 神华大雁矿业集团有限责任公司

公司防治瓦斯灾害首先把好检测关。1991—2000年，使用比长式检定管检测一氧化碳。比长式检定管按其量程分为三种类型，即Ⅰ型：0.0005% ~ 0.005%；Ⅱ型：0.001% ~ 0.05%；Ⅲ型：0.01% ~ 0.5%。2001年以后使用便携式一氧化碳检定报警仪，其量程为$0 \sim 1000 \times 10^{-6}$；使用光学瓦斯检定器并辅以甲烷监测报警仪检测甲烷。光学瓦斯检定器按其量程分为三类：低浓度光学瓦斯检定器量程为0 ~ 10%；高浓度光学瓦斯检定器量程为0 ~ 100%；便携式甲烷检测报警仪其量程为0 ~ 4%；主要使用光学瓦斯检定器检测二氧化碳。1997年，煤业公司购进A-4700型气相色谱分析仪，用于矿井有害气体检测。2004年，购进换代新产品GC4000A型气相色谱分析仪。该仪器能精确分析混合气体中各组气体成分的含量。

瓦斯防治措施有：①通风治理瓦斯，主要措施有加强矿井通风、搞好掘进面、采煤工作面等主要生产环节的通风瓦斯治理，使矿井通风系统达到稳定、合理、可靠运行；②采用移动式瓦斯抽放泵处理采空区瓦斯涌出；③各矿均设专职瓦检员跟班检查矿井有毒有害气体，实行日汇报制度。瓦斯日报由矿总工程师审查。特殊地点设专职瓦检员随时抽查。采取通风稀释瓦斯浓度的方法防止瓦斯积聚。对于暂时处理不了的地点设置警标、栅栏或岗哨，防止人员误入，然后请救护队进行处理。井下除个别地点外，全部使用防爆设备，风筒、运输胶带及橡胶电缆等均使用阻燃型。井下严禁使用明火，火药、雷管的存放、爆破作业等严格按火工品管理规定执行。严禁作业人员携带烟、火入井，严禁在井下拆卸矿灯等。

4. 扎赉诺尔煤业有限责任公司

2002—2013年，各矿使用的瓦斯监测监控系统主要有：北京煤科院研究生产的KJ83N型、煤炭科学研究总院抚顺分院生产的KJF2000N型、KJ333型，北京瑞赛长城测控公司生产的KJ2000N型。

2008年8月，公司所属内蒙古通大煤业有限责任公司安装KJ333型安全生产综合监控系统，井下安设监控分站6台，安装各类传感器27台，对井下各地点有毒有害气体浓度、风门、开关、风速、温度、水位等参数进行实时监测。2009年1月，井下瓦检员等相关管理人员配备了CJB-4型甲烷报警仪20台，使瓦斯管理更加完善、数据更加可靠。

2010年6月，根据瓦斯的涌出情况，矿井安设了两台移动式瓦斯抽放泵，型号为 ZWY-85/110 型水环式真空泵，瓦斯抽放泵站设在中一采区轨道上山与回风上山联络川瓦斯抽放硐室内，对综放工作面采取两种抽放工艺，一种是在综放工作面运输巷向工作帮每隔 50 米打 3 个钻孔下管与抽放管路连接 24 小时连续抽放，预抽综放工作面煤体内的瓦斯；另一种是采用下隅角式预埋管路抽放瓦斯。抽放泵的型号及相应配套电机、型号均符合设计要求，并满足矿井的需要。抽放管路沿综放工作面运输巷铺设，排至回风立井，抽放管路长 3500 米，每天 24 小时进行抽放。

截至 2011 年 12 月，全矿共安设安全监控电源箱 15 个、分站 15 台，安全监测监控系统覆盖整个矿井。

5. 内蒙古平庄煤业（集团）有限责任公司

公司各生产矿井均为瓦斯矿井，历年瓦斯相对涌出量鉴定结果在 0.79~6.14 立方米/吨。2004 年以前，矿井内通风系统较为复杂，通风瓦斯管理不善，曾几次发生瓦斯事故，造成人员伤亡。从 2004 年起，公司贯彻落实"通风可靠、抽采达标、监控有效、管理到位"的方针，对各矿井逐步进行系列技术改造，加强瓦斯治理，推进通风系统优化改造工程，建立长效久安的保障体系。

自 2005 年以后，公司相继印发了《平庄煤业煤矿瓦斯综合治理工作实施方案》等规章。公司分管副总经理每月组织通风、机电、生产、安监、地测等有关部门对各井工矿进行一次瓦斯治理工作检查和督导。通风管理部、安全监察局对各井工矿进行不定期抽查。各井工矿每月进行 3 次专项瓦斯治理检查。督导组以瓦斯治理为重点，对所督导的矿井进行全面督查，对存在重大隐患的矿井责令停产整顿，督促各生产矿井努力改善安全生产条件，确保矿井安全生产。

2009 年，根据自治区瓦斯治理体系建设工作会议要求，公司在各井工矿开展了瓦斯治理体系示范矿井建设。5—12 月，老公营子煤矿、风水沟煤矿、红庙煤矿二井、六家煤矿、古山煤矿一井、古山煤矿三井相继达到瓦斯治理体系示范矿井建设标准。2010 年 11 月，瑞安矿业公司、兴山矿业公司、古山煤矿二井、红庙煤矿一井达到瓦斯治理体系矿井建设标准。

2012 年，公司通风管理部牵头督促各矿建立并认真落实瓦斯重大隐患排查制度，深入排查治理瓦斯隐患，做到整改措施、责任、资金、期限和预案"五落实"。对一时整治不到位的重大隐患实施挂牌督办，督促煤矿企业认真落实瓦斯"零超限"目标管理制度，进一步完善通风系统和设施，强化局部通风管理，持续做到通风系统合理可靠、监测监控系统有效。同时，公司还将工作体系建设基本要求细化、分解、落实到安全质量标准化建设指标体系之中，结合煤矿安全质量标准化考核验收标准和办法，制定和完善工作体系建设评估考核标准和办法，进行量化评估考核。明确每年达标任务和工作措施，按照要求逐年完成任务，确保"十二五"期间工作体系建设任务的完成。各井工矿瓦斯治理体系建设工作达到采掘部署合理、通风可靠、抽采达标、监控有效、管理到位、实现安全生产目标 6 项基本要求，实现瓦斯"零超限"目标，杜绝瓦斯事故。

自 2005 年以来，平庄煤业六家煤矿、红庙煤矿、瑞安矿业公司由于回采工作面采空区瓦斯涌出量较大，工作面上隅角经常出现瓦斯超限，影响安全生产。平庄煤业和各相关矿井采取有效措施进行治理。2005 年 8 月，六家煤矿安装两套 ZWY85/110 型瓦斯抽放系统，2005 年 10 月投入使用，至 2010 年末，累计抽放瓦斯量 605.5 万立方米。2008 年 5 月，瑞安矿业公司安装了 ZWY85/110 型瓦斯抽放系统，至 2010 年末，累计抽放瓦斯量 486 万立方米。2008 年 10 月，红庙煤矿安装两套 ZWY85/110 型瓦斯抽放系统，至 2010 年末，累计抽放瓦斯量 848.4 万立方米。抽放方法采用钻孔抽放、采空区埋管抽放等，抽放效果显著，杜绝了采煤工作面瓦斯超限，保证了矿井安全生产。

(四) 瓦斯抽采利用

"十一五"（2006—2010 年）时期，全区只有少数瓦斯抽采矿井，瓦斯大部分直接向大气排放，没有进行有效的利用，完成瓦斯抽采量 1.95 亿立方米，利用量仅 0.07 亿立方米。"十二五"（2011—2015 年），全区有 4 个瓦斯发电项目建成运行。截至 2014 年，全区共完成瓦斯抽采量 5.5 亿立方米，瓦斯利用量 0.95 亿立方米；2015 年 1—10 月，完成瓦斯抽采量 1.4 亿立方米，利用量 0.25 亿立方米。2011—2015 年，瓦斯抽采量达 7.3 亿立方米，利用量达到 1.29 亿立方米。瓦斯利用量比"十一五"（2006—2010 年）增长了 18 倍。

二、水害防治

(一) 矿井水防治

针对随着矿井开采深度及年限加长、自然灾害耦合叠加的实际，自治区煤炭工业局要求煤矿企业要对本井田和相邻井田的地质灾害情况进行补勘详查，绘制反映现实情况的地质勘探图，特别是受奥灰水威胁的井工煤矿在 2010 年完成补勘工作。

神华乌海能源有限公司 1991—2009 年，所属各矿在地质预测预报中包含了水文地质预测内容，但没有进行专门的预报。2009 年的《煤矿防治水规定》发布实施后，各矿开始编制专门的水情预测预报，对各生产、掘进工作面进行水害评价。各矿没有形成系统的探放水工作，也没有专门的探放水钻机和完整的设计，只是对存在水害异常区域临时布孔进行打钻探查。自 2009 年后，公司对探放水工作的重视程度有所提高，有了严格的要求。2010 年 3 月 1 日，公司骆驼山矿发生透水事故后，安全检查的重点在原来的基础上增加了防治水、机电运输专项检查和"一通三防"专项检查。2012 年，公司成立地测防治水管理部，有 10 名专业人员负责 11 处矿井开展地测防治水工作。各矿基本都组建了专业的探放水队伍，探放水工作都有设计和安全技术措施，并委托中煤科工集团西安研究院开展煤矿防治水工作的规划、设计、预测、探放水施工及技术指导。对于重点探放水工程，都要经过公司审核后方可施工。2011 年 5 月，中煤科工集团西安研究院编制公司各矿"十二五"（2011—2015）矿井防治水规划。2012 年，西北矿井水文地质研究院编制了《神华乌海能源有限公司矿井老空水威胁程度评价报告》，报告中对各矿老空水、地表露天采坑积水情况进行了评价。

神华包头能源公司各矿根据预先测定的各采掘工作面上覆煤层采空区积水情况及水文地质情况说明书，结合各采煤工作面导水裂隙高度，确定是否受水害威胁。健全井下排水管路系统，做到"有掘必探、先探后掘、先治后采"，并制定相应的"探、放、堵、截、排"等综合防治措施，达到防治水的目的。

扎赉诺尔煤业公司 2008 年，灵东煤矿安装了综合水情动态遥测及报警系统（CPPD-Smsma，rtdata 水文长观孔遥测及报警系统 V5.0）。2009 年，铁北煤矿安装了 YHS2-Z（DQ-II）矿用水文监测系统；2012 年，灵露煤矿安装了水文参数监测系统（主站型号 KJ11）。针对井下水害，公司各矿每年初对井下水害进行预测分析，制定采掘工作面水害分析预测表、水害预测分析图。落实水害防治岗位责任制、水害防治技术管理制度、水情水害预测预报制度、水害隐患排查治理制度、雨季水害重点部位巡视检查制度、探放水制度等各项管理制度。另外，各矿均建立了水害应急救援预案，详细说明了水害应急救援的具体实施办法和措施，着重加强了井下探放水工作和隐患排查及涌水量观测工作，对井下可能造成的水害进行实时监测与防治。各矿都按照防治水规定打探放水孔进行疏干降压工作。截至 2015 年底，灵东煤矿探放水孔已打 325 个，总探进工程量 15735 米；灵泉煤矿探放水孔已打 105 个，总探进工程量 3564.2 米；灵北煤矿探放水孔已打 50 个，总探进工程量 2225 米；通大公司探放水孔已打 78 个，总探进工程量 2890.3 米；铁北煤矿探放水孔已打 212 个，总探进工程量 8919.66 米。

平庄煤业集团有限责任公司规定，矿长是矿井防治水工作第一负责人，总工程师是防治水工作技术负责人，地测科（总工办）是矿井防治水管理部门，每年初根据本矿实际情况编制水害预防及处理计划，汇入年度矿井灾害预防和处理计划，经集团公司批准后按计划贯彻落实。地测部门负责编制防治水工程方案设计、施工设计及探放水设计，负责编制水情水害年度预报，并检查采区编制水情水害季预报、月预报和临时预报。公司每年 4 月末成立"防洪、防汛、防雷电"领导小组，对各矿的"三防"工作进行全面检查及部署。制定雨季防治水措施，储备足够的防洪抢险物资。雨季前对井下水仓进行清挖，保证水仓的设计容量，地测部门负责矿区、井田内小煤窑的监督管理，尽可能掌握小煤窑的开采情况及水文地质情况，并及时填绘在采掘工程平面图上。

（二）地面水防治

神华包头矿业公司各矿井采用地面防治和井下监控的综合方法开展防治水害工作。在做好地面雨季"三防"工作的同时，对大气降水的流径和去向作全面跟踪监测。

1998 年 7 月上旬至 8 月上旬，扎赉诺尔矿区遭受极端暴雨天气，引发山洪，致使扎局 4 处井工矿井、1 处北露天矿被淹报废，灵泉露天煤矿受淹停产，4 处主要防洪坝体毁坏严重，2 条铁路干线和 4 条主要公路毁坏严重，部分地区供电、通信线路毁坏严重，过水的职工住宅 3100 户，受灾人数 10080 人；房屋倒塌 770 户，受灾人数 2695 人，水灾造成直接经济损失 1.93 亿元。在抢险救灾过程中，共投入编织袋 30 多万条，草袋 15 万条，石料 2000 多立方米，木材 720 立方米，水泥 650 吨，出动各种救灾车辆 3420 多台次，调配、增加大功率水泵 68 台，铺设排水管路 15 千米，累计投入人力近 7 万人次。

三、矿井火灾防治

（一）内因火灾防治

神华神东煤炭集团所属井工矿各主采煤层均为容易自燃或自燃煤层，自然发火期为 1~3 个月、3~6 个月，最短为 18 天。神东矿区煤层埋藏较浅，存在地表漏风，内因火灾防治难度相对较大问题。20 世纪 80 年代末，各煤矿主要采用注浆、喷洒阻化剂、均压通风和堵漏风等综合技术措施预防自燃发生。各矿采取火灾早期预测预报工作，建立火灾预测预报管理台账；选择合理的采煤方法，提高煤炭采出率；不留或少留顶煤，及时清理综采工作面浮煤，减少采空区遗煤；加快综采面推进速度，缩短密闭封闭时间；采用均压通风，回填地表漏风地表裂隙，在与采空区相连的联络巷中设置防火墙、黄泥注浆等综合防火措施。

自1991年起，集团公司各新建煤矿在完善注浆系统的同时，建设了地面注氮车间，采取注氮和注浆相结合的方法防止内因火灾发生。自2000年起，各煤矿先后安装了束管监测系统，对综采工作面采空区进行不间断监测，并适时进行注浆、注氮气防灭火。

神华包头能源有限责任公司措施为：

（1）采区设计中回采巷道的布置要有利于防治煤层自然发火的要求，严格执行《煤矿安全规程》的有关规定。

（2）不断完善矿井消防洒水系统、防灭火灌浆注胶系统、氮气防灭火系统、束管监测系统等，保证系统正常运行，提高矿井抗灾能力。

（3）开采自燃煤层的矿井，必须编制矿井防治自然发火措施，采掘工作面必须有防治自然发火的专门措施，并严格执行。自然发火煤层必须采取预防性灌浆、氮气防灭火、阻化剂等综合防灭火措施。

（4）回采工作面要坚持正规循环，加快回采速度，不得随意丢煤、提高采出率。

（5）认真开展火灾的预测预报工作，做好采空区气体分析、"三带"划分、煤层自然发火标志性气体确定等工作，及时准确地预报工作面采空区自然发火情况。完善防灭火监控系统。矿井实现风门开关、局部通风机开停、温度、一氧化碳等全方位监测和有效监控。

（6）加强采煤工作面采后封闭工作，提高封闭质量，杜绝密闭漏风。定期检查密闭质量和温度、一氧化碳浓度变化，加强矿井永久密闭的检查和维修工作，提高密闭的整体质量和防灾抗灾能力。

扎赉诺尔煤业公司所属各矿2009—2013年。分别购置ZS15及SG-2003型火灾预报束管监测系统，各矿火灾束管监测系统均正常使用至今。

伊泰集团2002年之前，各煤矿主要依靠人工监测的方式进行火灾防治工作。2002年以后，集团各煤矿配有SG-2003型火灾束管监测系统用于采空区火灾监测。生产现场主要采用黄泥注浆、注氮气（或液氮）、喷洒阻化剂相结合的综合防灭火措施；在采面设计和设备选型及回采时尽量避免采空区留有浮煤，放顶煤工作面制定专门的防灭火措施；采煤工作面结束后及时封闭，对地面采空区上部的裂隙进行封堵，防止漏风；加强井下采空区密闭质量的检查、管理，避免漏风；定期检查、检测采空区气体；煤矿每周进行自然发火预测预报；确保束管系统每天至少运行8小时以上，并对采煤工作面和封闭一年以内的采空区进行监测；采面上下隅角喷洒阻化剂，漏风严重时设密闭沙袋墙；合理使用局部增压通风技术。

神东天隆集团有限责任公司从2007年起，各煤矿先后安装了束管监测系统，对综采工作面采空区进行不间断监测。2009年，各煤矿主要先后采用注浆、注氮、喷洒阻化剂、均压通风和堵漏风等综合技术措施预防自燃火灾发生。各矿在严格执行煤炭分公司有关规定的基础上，采取火灾早期预测预报工作，建立火灾预测预报管理台账，选择合理的采煤方法，提高煤炭回采率，不留或少留顶煤，及时清理综采工作面浮煤，减少采空区遗煤；采用均压通风，回填地表漏风地表裂隙，在与采空区相连的联络巷中设置防火墙、黄泥注浆等综合防火措施。

（二）外因火灾防治

神东煤炭集团公司各个矿井机械化程

度高、机电设备多、分布范围广、电压等级高，井下大巷、盘区、采掘工作面运输方式均为带式输送机运输，输送带数量多且距离长。为防止外因火灾发生，各处煤矿主要采取以下防灭火措施：井下采用阻燃风筒、阻燃输送带、阻燃支护材料等各种阻燃材料，各主要机电硐室均装设防火铁门；机电硐室及机头机尾、变电所、配电点按规定配备灭火器材；矿井供电线路按《煤矿安全规程》设计和架设，各类电器均采用煤矿安全防爆器材，加强日常维护检查和巡回检查，定期进行预防性电气试验，确保灵敏可靠；完善井下消防系统，保证消防水源，定期检查消防管路系统，确保系统可靠；加强井下工人防灭火知识培训和对入井人员的检查，严禁携带烟火入井，让所有井下工作人员熟悉灭火器材的使用方法，并熟悉本职工作区域内灭火器材的存放地点。

自2000年起，各煤矿在带式输送机安装了防滑保护、防纵撕、堆煤保护、防跑偏装置、温度、烟雾保护和自动洒水等防灭火保护装置，并对保护装置定期检查和日常巡查，确保可靠运行；各煤矿均安装监测监控系统，在综采工作面回风巷、总回风巷、煤仓、带式输送机运输巷等容易发生火灾的地点的下风侧均安装温度、烟雾传感器，对火灾进行实时监测。

2012年，神东公司重点落实补连塔煤矿三、四盘区采空区防灭火工作，落实地面钻探、地表注浆等工作。其他公司采取的措施可概括为：

（1）严格入井检身制度，入井人员严禁携带火种。

（2）严格井下机械、电气设备管理，井下使用的机械和电气设备以及供电线路必须符合《煤矿安全规程》要求，并按规定检查维修，保证完好正常，各种安全保护装置设置齐全，确保正常使用。

（3）严格井下爆破作业管理，采掘工作面生产作业时必须按照爆破作业说明书进行爆破作业，杜绝爆破引发的火灾。

（4）加强带式输送机运输系统的管理，完善带式输送机安全保护装置，严格按照《煤矿安全规程》规定配齐消防器材，各硐室、带式输送机运输机头机尾必须采用不燃性材料支护，严禁使用非阻燃输送带。

（5）严格执行《煤矿安全规程》，加强井下电焊、气焊、喷灯焊接等工作的管理。加强井下机电硐室的管理。

神东天隆集团有限公司各矿井下采用阻燃风筒、阻燃胶带、阻燃支护材料等各种阻燃材料，各主要机电硐室均装设防火铁门；机电硐室及机头机尾、变电所、配电点按规定配备灭火器材；完善井下消防系统，保证消防水源，定期检查消防管路系统，确保系统可靠；加强井下工人防灭火知识培训和对入井人员的检查，严禁带烟火入井，使所有井下工作人员熟悉灭火器材的使用方法，并熟悉本工作区域内灭火器材的存放地点。随着煤矿自动化程度的提高，各煤矿陆续在带式输送机安装了防滑保护、防纵撕、堆煤保护、防跑偏装置、温度、烟雾保护和自动洒水等防灭火保护装置，并对保护装置定期检查和日常巡查，确保可靠运行；各煤矿先后均安装监测监控系统，在综采工作面回风巷、总回风巷、胶带运输巷等容易发生火灾地点的下风侧均安装温度、烟雾传感器，对火灾进行实时监测。

四、煤尘防治

神东矿区建井初期（20世纪80年代末），井型规模小，大部分煤矿采用炮采、炮掘采煤方式，为防尘，采掘工作面采用湿式钻眼、冲刷巷帮、使用水炮泥、爆破喷雾、装岩（煤）洒水和净化风流等综合防尘措施。各矿制定了防止煤尘聚集和爆炸的制度、措施和规程，坚持测尘月报制度，配备测尘仪，定期对煤尘、粉尘进行测定，根据存在的问题采取措施，提高防尘效果。

2010年，神华神东煤炭集团公司各矿井进一步完善了消防洒水管路，按规定上齐三通及阀门；规范了净化风流水幕、隔爆水袋的吊挂标准并可靠使用；坚持使用采煤机内外喷雾、架间喷雾、风流净化水幕及个体防护，安装、试验除尘效果更佳的新型底喷雾；及时清理巷道、联巷、硐室、煤仓上口、机头机尾等处的浮煤，坚持岩粉撒布，强化消尘制度的执行，最大限度地降低粉尘浓度。

神华包头能源公司采取的预防措施主要是依靠洒水灭尘的综合防尘系统，采取风流净化、设置水幕和喷雾、人工洒水、冲洗灭尘、使用水炮泥、采掘机械内外喷雾以及移架喷雾方法和刷白巷道等方法，降低和控制煤尘事故；另外，依靠合理通风和规范的生产过程，降低产尘量，达到防尘目的。

扎赉诺尔煤业公司采取的措施主要有：①井下掘进工作面爆破时必须使用水炮泥，严格执行爆破制度，严禁放明炮、糊炮，爆破前、后必须洒水降尘；②掘进巷道贯通时，必须制定专门措施；③井下人员必须配备自救器，严禁井下明火作业及吸烟，防止摩擦火花引燃煤尘；④完善井下防尘系统，运输巷道每隔50米设置三通阀门，其他巷道每隔100米设置三通阀门；⑤带式输送机运输巷每台带式输送机机头处要设20米水龙带，由运输机司机负责清洗机头处的煤尘。带式输送机运输巷中的煤尘由防尘人员进行清扫，定期洗尘，各转载点的喷雾设施齐全灵敏、可靠，并经常喷雾，其他巷道定期清洗，消除煤尘堆积；⑥按规定在掘进巷道及主要进、回风巷道设置隔爆水槽（袋）；⑦加强煤尘的检测工作，掌握井下作业地点的煤尘浓度，发现煤尘超限及时处理；⑧加强防尘队伍的建设，开展防尘教育，明确防尘工作责任制，定期对矿井进行检查，发现问题及时解决。公司所属各矿2010—2013年间分别购进自动喷雾降尘装置，除通大五牧场煤矿已回撤外，其他矿自动喷雾装置均正常使用；2013—2014年，各矿分别安设在线式粉尘浓度监测系统。各矿现安装在线式粉尘浓度监测系统均正常使用。该系统能够直读粉尘颗粒物质量浓度，并实现井下粉尘浓度在线检测，实时传输，对扎赉诺尔煤业公司矿井粉尘管理和防治起到重要意义。灵东矿、灵泉矿、铁北矿、灵北矿于2013年引进KTH-F101新型井下环保防尘设备。

平庄煤业集团公司2006年起，在各矿井开展粉尘综合专项治理工作，健全完善了防尘系统和煤尘测定装置，矿井内安装了触控、声控、光控、红外自动喷雾除尘装置，安装了综采（综放）自动喷雾装置。主要防治措施有：一是做好产尘点防尘，包括综采、炮采、掘进工作面防尘，原煤转载点防尘和通风防尘；二是净化风流；三是定期冲刷巷道积尘；四是安装防爆设施。

2010年，平庄煤业集团公司在各井工矿开展了煤矿井下粉尘测定及煤矿作业场所粉尘危害治理专项行动。经过治理，同年底测定公司12个采煤工作面的粉尘深度达标12个，最大粉尘浓度9.80毫米/立方米，最小粉尘浓度0.20毫米/立方米，达标率为100%；掘进工作面22个，粉尘浓度全部达标，最大粉尘浓度9.88毫米/立方米，最小粉尘浓度0.21毫米/

立方米，达标率为100%。

神东天隆集团有限公司各煤矿陆续安装完善了防尘洒水管路系统，主要进、回风巷设置净化水幕；综掘、综采、连采掘进工作面在采煤机上安装内、外水喷雾装置；综采工作面支架上安装自动喷雾系统，合理设定喷雾时间，自动喷雾系统随煤机移动，自动喷雾降尘；工作面运输巷道各转载点、溜煤眼上口及破碎机处进行封闭、安设水幕降尘；及时冲洗或清扫巷道中的积尘，并清理浮煤，防止浮煤堆积；在矿井所有巷道都安设隔爆水棚（槽），防止煤尘爆炸；制定防止煤尘聚集和爆炸的制度、措施和规程，严格执行，提高防尘效果。

五、顶板灾害防治

（一）防治措施

20世纪80年代末90年代初，东胜矿区各煤矿的顶板支护采用锚网等支护形式，严禁空顶作业，保证支护具有足够的强度；加强顶板观测，编制专门的防顶板事故安全技术措施；工作面作业时，严格执行安全技术规程和"敲帮问顶"制度，及时处理可能引发生产安全事故的隐患；根据工作面顶板情况，及时采取合理的支护措施，严禁空顶作业。

神东煤炭集团公司各煤矿自1992年起，随着综采、综掘装备的运用，加强对综采工作面的矿压观测，利用顶板动态观测法做好顶板来压强度、顶板断裂等情况的预报，对回采巷道进行顶板离层监测、顶底和两帮移近量监测、锚杆和锚索载荷监测，并定期分析监测结果；根据对检测数据和结果的分析，制定作业规程和措施，合理选择工作面推进方向和支护强度，确定支护参数和支架的类型、数量、初撑力等；引进采用开采工艺可视化、信息管理智能化等方面的关键技

术，形成矿井高技术装备保障体系；以优化巷道施工工艺和支护参数为核心，研究煤层不同赋存条件巷道快速成型与维护关键技术，引进、研制并整合现有回采、准备巷道掘进与支护装备；采用大断面综合掘进系统，强力锚杆、锚索、锚网与多介质耦合法结构支护系统；建立巷道矿压实时监测系统，确保工作面安全快速掘进。自2007年起，公司各煤矿陆续安装了矿压智能观测系统，实现了对矿井压力的智能观测和分析，为控制矿压、确定支架的合理参数、加强顶板管理提供了有力保障。

神华包头能源公司重点对阿刀亥煤矿和李家壕煤矿顶板进行管理，严格按《煤矿安全规程》作业，采用顶板管理新技术，掘进巷道锚网喷联合支护，短掘短支，严禁超控顶作业，对掘进过构造、顶板破碎、淋水大、交叉点和大断面巷道掘进时，必须制定特殊措施加强支护。同时和中国矿大支护所、山东矿院和煤科总院开采所等院所加强合作，不断探索合适可靠的支护方式。

扎赉诺尔煤业公司1991年以来，井工矿采煤方法从半机械化采煤过渡到机械化采煤，即由炮采、普采、高档普采过渡到2000年以综采为主。截至2013年5月，扎赉诺尔煤业公司只有灵北矿532采煤队为高档普采，其他矿均为综采放顶煤开采，采煤机械化程度达到100%，实现了高产高效。随着采煤方法的不断改进和机械化程度不断提高，顶板管理措施也相应进行改变和完善，经过多年的经验总结，进行修改、完善和补充，现顶板管理措施已成熟。具体措施体现在两个方面，即综采工作面顶板管理措施和综放工作面放顶煤的管理。

伊泰集团有限公司2008年之前，煤矿主要通过安检员跟班检查、检测顶板变

化情况，遇有离层片帮等隐患及时处理。2009年，公司及各煤矿成立顶板管理小组，明确了各级领导和有关部门的管理责任。各矿由责任区队每天安排专人巡查在用巷道的完好情况，发现问题立即处理或整改；严格落实《施工工程质量检查及跟踪处理制度》《事故隐患排查治理制度》《"敲帮问顶"和"安全确认"制度》《安全技术措施制定、审批制度》等，组织所有作业人员学习贯彻规程和措施，熟悉掌握施工、操作安全步骤；成立公司矿山救护大队与煤矿成立辅助救护队，并配备了相关器材。公司在不断提高支护设计和规程措施的严密性和可操作性方面，注重对采、掘、修巷作业点的作业规程（施工安全措施）进行严格审查，特别是工作面遇到应力集中区、顶板松软或破碎、过断层、采空区、过煤柱或冒顶区以及初次放顶等情况时，重新制定或补充完善专项安全技术措施；掘进有问题的地段坚持有掘必探，先探后掘的原则，防患于未然；各部门结合作业工作面的实际情况，有针对性地将顶板管理和预防措施细化、量化到每一个环节，制定出相应的顶板管理和预防措施，定人员、定时间、定责任，抓好落实；确保锚杆支护技术安全可靠应用。

图6-2-23 伊泰集团公司领导深入井下安全检查

神东天隆煤炭分公司根据各煤矿不同开采技术条件，选用适宜的液压支架，所用支架工作阻力在8000~12000KN，但在不同的特殊情况下也存在顶板事故隐患，仍须依据成熟的矿压理论来指导顶板管理工作。

（二）监测技术设备

平庄煤业集团公司为了防止顶板事故，经过论证和试点，先后在风水沟煤矿、六家煤矿、古山煤矿、红庙煤矿的采煤工作面及重点掘进工作面装备了煤矿顶板动态在线监测系统，其中，风水煤矿用于监测综采工作面和掘进工作面顶板，六家煤矿用于监测综放工作面和掘进工作面顶板，古山煤矿用于监测三井综放工作面和掘进工作面顶板，红庙煤矿用于监测二井综放工作面和掘进工作面顶板。KJ216煤矿顶板监测系统集网络设备、计算机、通信站、压力监测分机、应力传感器等于一体，实现了在各级调度室实时监测其在线部位支架工作阻力、顶板离层量、锚杆（锚索）支护应力。此系统于2009年8月15日通过了公司组织的验收，系统运行状态良好，并在各矿井采掘工作面推广使用，推进了矿山信息化建设，有力保障了矿井安全生产。

内蒙古伊泰集团有限公司2008年综采技改后，各煤矿采煤工作面均采用长壁采煤法一次采全高，顶板管理方法为全部垮落法。各矿采煤工作面均安装了矿压在线监测系统，实现连续自动监测工作面液压支架的工作阻力并实时传输，软件与人工相结合，分析掌握工作面顶板来压状态，做出预测预报；掘进工作面均安装了顶板离层仪，沿空留巷段巷道实施"110"工法，并增设顶底板移近量测量仪、单体液压支柱压力测量仪，由技术人员定期观测分析巷道顶析离层、顶底移近量、支柱压力数据，监测巷道顶板离层情况及沿空留巷段巷道顶底板移近量、巷道加强支护单体液压支柱支撑力。

扎赉诺尔煤业公司所属各矿1995—2014年间每年都购置更新矿压检查表对顶板进行监测。

第三章 矿 山 救 护

第一节 煤矿应急救援体系建设

1991年，全区统配煤矿全部建立矿山救护队。其中，大队3支，中队9支，小队37支，救护队员452人。地方国营煤矿有4个中队、19个小队，救护队员188人，详见表6-3-1。

表6-3-1 1991年内蒙古自治区统配煤矿矿山救护队情况统计表

单位名称	大队（个）	中队（个）	小队（个）	人数（人）	级别	单位名称	大队（个）	中队（个）	小队（个）	人数（人）	级别
包头矿务局	—	—	3	30	省级	扎赉诺尔矿务局	1	2	6	93	特级
乌达矿务局	—	1	5	56	特级	平庄矿务局	1	2	15	190	甲级
海勃湾矿务局	—	1	4	47	特级	大雁矿务局	1	2	4	36	甲级

随着煤炭行业的快速发展，煤矿生产规模不断增大，国家在赤峰市和鄂尔多斯市相继建立国家矿山救援基地。各重点煤炭企业也及时扩大和充实救援队伍与装备，初步形成了国家—内蒙古煤矿安全监察局—煤炭企业的矿山救援体系。截至2015年底，全区有29个单位建立了矿山救护队，共有大、中、小救护队202支；另建有187支兼职救护队，2个救援物资储备基地。各级专兼职救护队共有救护人员5877人，救援力量稳步增强，应急处置能力进一步提高。

一、内蒙古煤矿救援指挥中心

2000年以来，内蒙古煤矿安全监察局不断加强矿山救护队伍建设。2010年6月4日，国家矿山救援鄂尔多斯基地在神东矿区建成。

图6-3-1 国家矿山救援鄂尔多斯基地大楼

2010年9月，根据《国家安全监管总局办公厅转发中编办关于国家煤矿安全监察系统事业单位机构编制批复的通知》《国家安全监管总局办公厅关于制定国家煤矿安全监察系统事业单位主要职责机构设置和人员编制规定有关工作的通知》，内蒙古煤矿安全监察局成立了救援指挥中心。中心主要职责是：承担内蒙古煤矿安全监察应急管理工作，参与事故抢险救援协调指挥；参与或承办煤矿安全监察应急救援体系建设工作，编制应急救援工作规划及应急预案；承担煤矿安全监察应急救援资源管理和标准化建设、救护技术培训和宣传教育工作；承担救护队伍资质管理工作；承担煤矿应急救援新技术、新装备的推广应用工作，组织、参加矿山救援比武及技术交流活动等工作。

救援指挥中心核定编制14人，下设3个职能科室。中心运行经费由中央财政统筹保障，2015年，中心收入为119.19万元，其中国家财政110.32万元，内蒙古煤矿安全监察局补助8.87万元，支出为119.19万元。

二、各煤矿企业应急救援机构

内蒙古煤矿救援指挥中心自成立以来，进一步加强和完善了全区煤矿应急救援体系建设，截至2015年12月，全区共有8支煤矿救护大队与21支独立煤矿救护中队，救护队指战员总计1549人。

（一）神华神东集团煤炭有限责任公司

公司救护消防大队由1989年10月成立的神府矿区救护队（中队建制）和1990年成立的东胜矿区救护消防队（中队建制）组合而成。1997年1月20日，神府公司救护队和东胜公司救护消防队整合为神华神东集团公司救护消防队（中队建制），隶属于神华集团公司矿区安全救护中心。1998年，"神华集团公司矿区安全救护中心"撤销，救护队归属神东分公司安监局管理，更名为神东煤炭分公司救护队（中队建制）；2004年1月，救护消防队由独立中队升格为救护消防大队（副处级建制）。

2007年10月，救护消防大队被国家批准为国家级鄂尔多斯矿山救援基地，主要承担神东煤炭分公司矿山救护和神东矿区地面消防及其他抢险救灾任务，同时肩负陕西省榆林市、内蒙古自治区鄂尔多斯市、山西省忻州市境内与公司签订救援服务合同的地方煤矿等应急救援职责。为配合救援工作，神东矿区总医院被确定为国家安全监管总局矿山医疗救护神东分中心。2009年，神东矿区四公司整合成立神东煤炭集团公司，将万利救护中队划归神东救护大队，神东煤炭分公司救护消防大队更名为"神东煤炭集团公司救护消防大队"。大队升格为正处级建制，编制221人，有指战员172人。大队下设上湾中队、布尔台中队、东胜中队等5个中队。截至2015年底，神东救护消防大队另组建18支辅助救护队，共有辅助救护人员390名。

2000—2015年部分年份神东煤炭公司救护消防大队组织情况见表6-3-2。

表6-3-2　2000—2015年部分年份神东煤炭公司救护消防大队组织情况统计表

年度	救护大队（支）	救护中队（支）	救护小队（支）	专职人员（人）	年度	救护大队（支）	救护中队（支）	救护小队（支）	专职人员
2000	—	1	4	45	2010	1	5	15	145人，其中大队19人
2005	1	2	2	62	2015	1	8	21	249人，其中大队30人

（二）神华乌海能源有限责任公司

救护大队始建于1962年。当时为辅助矿山救护队；1971年扩建为乌达、海勃湾矿务局2个矿山救护中队；1989年晋升为内蒙古自治区乌达、海勃湾区域的2个矿山救护大队；1998年，企业归属神华集团公司管辖，改隶乌达矿业公司、海勃湾矿业公司；2008年1月，经国家矿山应急救援指挥中心认证为国家二级矿山救护大队；2008年10月26日归属神华乌海能源有限责任公司；2010年1月合并为神华乌海能源公司消防救护大队。2015年，公司矿山救护大队设大队长1人，政委1人，副政委兼工会主席1人，副大队长、总工程师1人，副大队长2人（其中副处级1人，正科级1人），副总工程师1人（正科级），下设战训科、后勤装备科、综合办公室。救护大队下设3支中队，乌达中队37人，公乌素中队39人，拟建的卡布其中队37人。救护大队现有指战员143人，其中管理人员26人、技术员7人，后勤及司机8人，救护队员102人，辅助救护队员103人。

自1978年开展创甲级救护队活动以来，连续10年被煤炭部评为甲级救护中队，1990年以来，又连续7年被中国煤炭总公司评为质量标准化救护大队，同时被煤炭部授予"六五、七五"期间抢险救灾先进集体，2004年以来被神华集团公司评为质量标准化一级救护大队。2007—2009年被神华集团内蒙古应急救援中心评为质量标准化特级救护大队。

（三）神华包头能源有限责任公司

1991—1996年，救护队连续获得自治区煤炭工业厅授予的"一级标准化矿山救护队"称号。当时是独立中队规模，下设3支救护小队，配有4名司机，共有指战员28人，其中管理人员4人。1992年7月1日，经自治区煤炭工业厅检查验收，包头矿务局救护队达到国家特级标准。1997年，经自治区批准变更为包头矿区救护大队；2004年，又被批准为自治区级应急救援基地。2007年4月，神华包头矿业公司救护大队整建制划归神东煤炭集团公司。

2004年11月，神华包头矿业公司在阿刀亥煤矿设立一支兼职矿山救护队，有兼职救护队员17人，其中中队长1人、副队长2人、兼职救护队员14人。2007年，水泉露天矿建矿初期，与包头市区域矿山救护大队签订矿山救护协议，由对方承担水泉矿抢险救灾任务。2009年3月，成立了水泉露天煤矿消防救护队。2009年，阿刀亥煤矿兼职矿山救护队重新编队，设2支小队，共26人。设有队长1人，队员中有7人为脱产，18人为半脱产。半脱产人员来自矿级负责安全、生产、工程技术人员及区队级从事安全管理及工程技术的人员。2010年4月，阿刀亥矿成立了救护中队，共18人，分两个小队，均取得"四级救护资质证书"，担负矿山事故应急救援任务。2010年5月，露天矿与神华包头矿业公司阿刀亥煤矿救护队签订矿山救护协议，由对方承担水泉矿抢险救灾任务。

2013年3月，包头矿业公司矿山救护队开始筹建，按照独立中队规模组建。截至2014年7月，矿山救护队共有救护人员29人，其中队长1人、副队长2人、工程技术人员1人、救护队员22人、司机3人。救护队计划组建4支小队，目前已组建3支小队，每小队平均7名队员。队员一部分来自原阿刀亥矿兼职救护队员，另一部分来自阿刀亥煤矿及李家壕煤矿从事矿井下工作的年轻职工和退伍军人。

（四）神华大雁矿业集团有限责任公司

1991年，大雁矿务局救护大队隶属通风救护中心。2003年增设战训科，2004年，矿山救护队伍由2支中队、4支小队扩编为2支中队、6支小队。大雁集团公司矿山救护大队所在地被原国家安全生产监督管理局、国家煤矿安全监察局批准为内蒙古东部区矿山救援基地。同年4月，原归属大雁公安处管理的消防队整建制划归矿山救护大队管理。至此，大雁公司矿山救护大队在承担企业内部和基地所辖区域内矿山抢险救灾和技术服务工作的同时，又担负起大雁公司企业内部及大雁矿区管辖区域500多平方千米、8万多人口的地面及森林草原火灾扑救这一重大社会责任。

图6-3-2 大雁集团公司救护队整装待发

2015年，公司救护大队有2支矿山救护中队（6支救护小队）和1支消防中队（4支消防小队），签订救援协议的矿山企业有22家。

（五）扎赉诺尔煤业有限责任公司

1992年1月，扎赉诺尔矿务局将驻灵泉矿救护中队改为独立中队，归灵泉矿所辖，服务于灵泉矿及周边乡镇煤矿。1995年11月，通风处和救护队合并成立通风救护处。1998年7月，灵泉救护中队按照归口管理的规定，迁回局救护大队，隶属局通风救护处管理。

2000年，内蒙古煤矿安监局决定将扎赉诺尔煤业公司救护大队列为全区6个区域救护大队之一，除负责扎赉诺尔煤业公司所属煤矿的安全救护外，还要担负周边其他煤矿的援外救灾任务。当年，大队编制为：大队长1人，下辖两支中队，其中一中队长1人，副队长3人，下设4支小队，每支小队10人；二中队长1人，副队长3人，下设3个小队，每个小队10人。全大队共计95人。

2007年10月，通风救护处更名为通风救援指挥中心。2009年2月1日，救护大队由原来的2支救护中队扩编为3支救护中队，其中一支救护中队驻通大公司煤矿。2011年12月，救护大队组织机构进行整编，大队编制为：大队长1人、常务副大队长1人、总工程师1人、副大队长1人、副总工程师1人，下辖两个科室，3支救护中队。2015年，救护大队在编人数152人，其中各级指战员105人，后勤人员44人。

（六）内蒙古平庄煤业（集团）有限责任公司

1993年，平庄矿务局救护大队与通风处合并，成为通风救护处。2004年11月，救护大队与通风救护处分设，更名为平庄煤业集团公司矿山救护大队；2005年3月，被国家矿山应急救援指挥中心命名为国家矿山应急救援平庄基地；2004年4月，五家煤矿改制，更名为瑞安公司，矿救护队被取消；2006年12月，元宝山矿改制，更名为兴山公司，矿救护队被取消。2006年10月，平庄煤业救护大队对古山矿救护中队、红庙矿救护中队、风水沟矿救护中队进行直管，取消驻矿中队。救护大队直管的中队为 4 支。

2007 年，平庄煤业集团公司内部体制改革，消防大队职能交由救护大队，剥离了消防社会职能，地方火灾扑救及社会抢险救援任务交由元宝山区公安现役消防大队。救护大队只负责平庄煤业公司内部的消防灭火工作。2009 年 1 月，救护大队对所属的 4 支救护中队进行更名：原六家中队更名为一中队、原古山中队更名为二中队、原红庙中队更名为三中队、原风水沟中队更名为四中队。

救护大队自建队以来，所有日常工作及财政开支均由平庄煤业集团公司管理和配发。自 2002 年国家应急救援指挥中心及内蒙古应急救援指挥中心相继成立后，救护大队部分行政管理、抢险救灾、训练考核、资格培训及装备配备等工作均由国家及省级救援指挥中心负责管理，人员开支及正常工作运转资金由公司支付和管理。2005 年，国家矿山应急救援指挥中心统一为 14 家国家级矿山应急救援队配备救援装备、仪器及车辆，并扩大救援范围。因此平煤公司救护大队同时肩负锡林郭勒盟、通辽市、赤峰市境内的矿山应急救援工作。

2015 年，平庄煤业集团公司救护大队在编人数 179 人，其中各级指战员 145 人（不含正、副小队长）、后勤人员 31 人；专业工程技术人员 8 人，其中高级职称 2 人、中级职称 2 人、初级职称 4 人。救护大队设大队长 1 人、党委书记 1 人、总工程师 1 人、副大队长 3 人；下设科室有：战训科、技术装备保障科、消防科、政工科、经营管理科和综合办公室 6 个职能科室；下属 4 支整编救护中队，一中队 39 人、二中队 37 人、三中队 32 人、四中队 35 人，4 支中队均按《矿山救护规程》规定配备人员，设中队长 1 人、副中队长 2 人、技术员 1 人。每支中队设 3 支小队，每支小队由 9 人组成，配有仪器修理工、氧气充填工、值班车司机。各中队（包括驻矿中队）实行 24 小时值班、待机工作制度。

（七）内蒙古伊泰集团有限公司

2006 年 8 月，集团公司成立矿山救护队，科级建制，隶属集团安全监察部。队内设队长、副队长、工程师、队员、司机、医生等岗位，有队员 27 人，司机 1 人，医生 1 人，合计 31 人。2007 年 8 月末，救护队撤销，人员分流。2009 年 3 月，成立酸刺沟救护中队、纳林庙救护中队；8 月，公司成立矿山救护大队。11 月，酸刺沟救护中队经内蒙古煤矿安全监察局验收取得国家三级救护队资质后，公司的阳湾沟煤矿、酸刺沟煤矿的矿山救援任务由酸刺沟救护中队承担。

2011 年 9 月，内蒙古伊泰煤炭股份有限公司在煤炭生产事业部组建矿山救护大队，下设战训科、技术科、装备科、办公室、化验室及酸刺沟救护中队、纳林庙救护中队，共有指战员 70 人。当年，公司各煤矿在鄂尔多斯矿山救护大队培训辅助救护队员 70 人。2012 年，救护大队增设灭火队，定员 9 人。2015 年，矿山救护大队设大队长 1 人、总工程师 1 人、副大队长 2 人（兼中队长），内设战训科、装备科、技术科、化验室、灭火队、酸刺沟救护中队和纳林庙救护中队，定员 77 人，其中，酸刺沟救护中队、纳林庙救护中队各 32 人，包括副中队长 4 人、技术员 2 人、队员 54 人，司机 4 人。

截至 2015 年，全区共有 29 个单位建有专职矿山救护队，其中大队建制 8 支，中队 47 支（其中大队直属/驻矿中队 26 支、独立中队 21 支）、小队 147 支；共有人员 1804 人，其中指战员 1549 人（表 6-3-3）。

表6-3-3　2015年内蒙古专职矿山救护队情况统计表

救护队名称	建队时间	独立法人单位	队伍建制（支）			队伍编制（支）			人员情况（人）									质量标准化等级				2015年对救护队投入（万元）	服务矿井数量（处）	
									数量情况			年龄结构		文化结构									本企业矿井	签协议矿井
			大队	独立中队	其他	中队数直属	小队数驻矿	直属	编制总人数	现有总人数	指战员	后勤	45岁及以下	45岁以上	大专及以上	高中	特级	一级	二级	三级			
国家矿山应急救援平庄队	1979	否	1	0	0	1	3	3	9	179	176	145	31	143	33	101	21	1	0	0	0	2886.00	9	110
国家矿山应急救援华能扎赉诺尔队	1954	是	1	0	0	3	0	9	0	152	149	105	44	113	36	68	8	1	0	0	0	72.11	4	6
大雁矿山救护大队	1974	否	1	0	0	2	0	6	0	91	91	69	22	74	17	55	36	0	1	0	0	63.88	2	4
鄂尔多斯市矿山应急救援指挥中心	1989	是	1	0	0	2	0	6	0	75	63	57	6	45	18	35	19	0	1	0	0	0	0	80
神东救护消防大队	1997	否	1	0	0	8	0	21	0	316	261	244	17	227	34	162	99	1	0	0	0	8137.53	13	11
内蒙古太西煤集团股份有限公司矿山救援大队	1982	否	1	0	0	1	4	3		90	80	62	18	53	27	18	21	0	0	1	0	550.59	14	38
乌海能源公司矿山救护大队	1962	否	1	0	0	2	0	10	0	97	96	90	6	87	9	62	34	0	1	0	0	1800.00	11	23
伊泰集团公司救援大队	2012	否	1	0	0	1	2	3	6	113	112	103	9	108	4	83	29	0	0	0	0	1800.00	9	1
内蒙古北联电能源开发有限责任公司矿山救护中队	2008	否	0	0	1	0	1	0	3	33	31	31	0	31	0	21	10	0	1	0	0	0	1	0
东胜区矿山救护队	2009	是	0	1	0	1	0	3	0	14	52	35	17	25	27	42	10	0	0	0	1	0	0	1
神华包头能源有限责任公司矿山救护队	2013	否	0	1	0	1	0	4	0	53	53	36	17	41	12	21	32	0	0	1	0	93.87	4	6
色连二矿救护中队	2015	是	0	1	0	0	1	3	0	31	29	28	1	26	3	11	18	0	0	1	0	488.00	1	0
内蒙古庆华集团矿山救护队	2010	是	0	1	0	1	0	3	0	38	20	18	2	17	3	15	5	0	0	1	0	203.05	1	0
锡盟西乌旗白音华矿山救护中心	2009	是	0	1	0	1	0	3	0	29	32	26	6	31	1	23	9	0	0	0	1	200.00	0	23

表 6-3-3（续）

| 救护队名称 | 建队时间 | 独立法人单位 | 队伍建制（支） | | | 队伍编制（支） | | 人员情况（人） | | | | | | | 质量标准化等级 | | | | 2015年对救护队投入（万元） | 服务矿井数量（处） | |
| | | | | | | | | 数量情况 | | 年龄结构 | | 文化结构 | | | | | | | | | |
			大队	独立中队	其他	中队数直属	小队数驻矿直属	编制总人数	现有总人数	指战员	后勤	45岁及以下	45岁以上	大专及以上	高中	特级	一级	二级	三级		本企业矿井	签协议矿井
亚泰集团宝龙山救护中队	2013	否	0	0	1	0	1	0	3	31	31	31	0	30	1	0	0	0	0	1	30.00	1	0
神华宝日希勒能源有限公司后勤服务中心救护消防中队	1984	否	0	1	0	1	0	4	0	38	38	29	9	14	24	35	3	0	0	0	1	130.00	0	0
东林公司救护中队	2014	是	0	1	0	0	1	0	3	31	33	33	0	8	25	4	29	0	0	0	1	5.30	1	0
多伦协鑫救护中队	2009	是	0	1	0	0	1	0	3	31	30	30	0	29	1	9	21	0	0	0	1	42.00	1	0
鄂托克旗矿山救护队	2009	是	0	1	0	1	0	0	3	32	30	23	7	28	2	25	5	0	0	0	1	0	0	77
鄂托克前旗矿山救护中队	2009	否	0	1	0	1	0	0	3	33	33	28	5	2	33	14	29	0	0	0	1	130.00	0	6
鄂尔多斯市昊华精煤有限责任公司	2009	是	0	1	0	1	0	0	3	31	31	31	0	30	1	15	9	0	1	0	0	300.00	1	0
华电内蒙古蒙泰不连沟煤矿救护中队	2010	是	0	1	0	1	0	0	3	32	32	31	1	27	5	25	7	0	1	0	0	339.00	1	0
通辽市兴塔矿山救护队	2010	是	0	1	0	1	0	0	3	39	39	31	8	29	10	6	33	0	1	0	0	224.00	0	10
王家塔煤矿救护中队	2010	是	0	1	0	0	1	0	3	31	31	30	1	30	0	7	24	0	1	0	0	330.00	1	0
乌审旗矿山安全应急救援队	2011	是	0	1	0	1	0	0	3	30	43	30	13	40	3	36	7	0	0	0	1	993.63	0	4
五九煤炭（集团）矿山救护队	2006	是	0	1	0	0	1	0	3	30	30	30	0	30	0	8	16	0	1	0	0	38.67	2	1
内蒙古兴通投资集团公司矿山救护队	2010	是	0	1	0	1	0	3	1	41	41	41	0	36	5	28	13	0	0	0	1	2	0
内蒙古伊东集团矿山救援中队	2005	否	0	1	0	1	0	3	0	41	41	34	7	41	0	22	19	0	0	0	1	120.00	9	1
准格尔旗矿山救护队	1976	是	0	1	0	1	0	1	3	29	76	68	8	64	12	25	51	0	0	0	1	90.90	0	86

第二节　救护队质量标准化建设

一、救护队员职业技能培训

（一）培训机构与设施

2011年4月，内蒙古煤矿安全培训中心根据内蒙古煤矿安全监察局、内蒙古自治区安全生产监督管理局的要求，组建矿山救护培训科，主要承担内蒙古煤矿救护队、非煤矿山救护队培训、复训工作；承担盟（市）、旗（县）级煤矿安全生产监督管理人员、全区煤矿主要负责人、安全生产管理人员、煤矿区队级管理人员、班组长、全员应急管理一体化培训教研工作。

培训中心立足于煤矿安全培训工作，充分利用自己的师资力量，开拓培训市场，针对内蒙古煤矿救护队培训需求，争取上级领导支持和自筹资金近千万元建设了训练设施、购置了矿山救护仪器装备，基本满足矿山救护队指战员的培训要求。

（二）培训主要内容与模式

培训内容主要包括国家矿山法律法规、矿山业务知识、矿山救护仪器操作、矿井灾害理论、医疗急救知识、军事化队列操作等。

内蒙古煤矿安全培训中心制订了煤矿应急培训的总体方针：应急管理工作应从上层抓起，并编制了《煤矿安全生产应急管理有关文件汇编》。针对矿级领导的岗位特性，培训中心对培训课程进行模块化设置，制定了应急管理法律法规、应急救援体系建设与发展、煤矿应急预案编制、煤矿事故调查与案例分析、煤矿事故处理原则与方法、煤矿危险源辨识与评估、教学实践内容研讨等课程。通过系统培训，让企业领导掌握政策和方法，认识应急管理培训的重要性，提高对应急管理的认识，将应急培训工作列入重要工作日程，并纳入目标管理计划，提高应急管理工作水平和应急处置能力，有效预防事故发生，减少和控制事故扩大。

（三）培训方法

内蒙古煤矿安全培训中心围绕煤矿应急预案编制、管理、演练、培训、评审、备案和衔接等内容进行系统培训，并结合企业应急预案，突出各岗位现场处置措施、避灾知识的培训，增强第一时间预防和处置突发事故的能力。按照《煤矿安全规程》第九条规定，煤矿企业每年必须至少组织1次矿井救灾演习的要求，培训中心按照《生产安全事故应急预案管理办法》（国家安全生产监督管理总局令第17号）、《生产安全事故应急演练指南》（AQ/T 9007—2011），以《煤矿安全规程》《矿山救护规程》《内蒙古自治区煤矿安全质量标准化建设动态达标工作实施细则实用手册》为依据，制定了《内蒙古煤矿应急救援演练考核办法》。

图6-3-3　救护队员参加业务考试

配合地方煤炭行业管理部门，对煤炭企业（煤矿）进行全员安全教育培训、举办应急管理专题知识讲座、现场应急技能演示，围绕重大隐患，结合煤矿"六大系统"开展演练工作。通过演练方案进行分析和审核、对演练过程进行评估、对参加演练人员采取询问等方式，使职工掌握事故发生时的应对措施和处置程序，提高职工自我防护、自救互救能力和应急处置能力。

培训中心结合实际情况，着重于"手指口述"培训方式，根据矿山救护培训内容，编制了救护队综合实战演练方案，让学员既能够单兵作战，又能够集体配合，处理各种问题。利用先进的烟热训练系统对培训队员进行佩戴氧气呼吸器适应性训练，通过设置的噪声、故障，提高队员的综合素质和抢险救灾的能力。聘请煤矿企业、矿山救护队专业技术人员对培训学员进行授课，邀请专业技术人员对矿山救护仪器装备进行疑难问题现场解决。安排煤矿、非煤救护学员到煤矿企业、非煤矿山企业熟悉情况，掌握了解矿井生产方式、生产工艺、通风方式、巷道布置等情况，把学到的知识有机地结合起来，注重理论与实践相结合，改变单一授课方式，起到相互学习、交流、共同促进、共同提高的目的，为今后的抢险救援工作奠定基础。

培训中心以真实的事故警示案例为依据制定事故模拟推演方案，用于矿级管理人员培训教学，以提高矿级管理人员的个人素质，在矿井重大灾害事故抢险救灾中能够正确决策指挥，具体步骤如下：

（1）在每期矿级管理人员培训班中，通过模拟考试，从有丰富现场工作经历的党员中选拔出一批现场经验丰富、业务能力较强的学员组成研修班，总人数控制在30人左右；研修班再分为3个小组，每个小组相当于一个抢险救灾指挥部，其中选出两名正副组长分别担任总指挥和副总指挥，其他学员作为指挥部成员。

（2）事故案例的具体情境由培训教学方预先策划完成，每个抢险救灾指挥部依据设定的情节进行判断决策，决策过程分为个人思考、集体讨论、总指挥确认，最终结果由组长公布，决策的每个步骤必须符合有关煤矿安全法律法规的要求；主持推演的评审人员对每个小组的决策结果进行点评，特别对决策不当的内容进行深入分析，指出其原因、后果及正确的处置方式。

（3）"模拟救灾推演"能让每个学员以现场指挥者的身份融入事故情境中，身临其境地感受抢险救灾的紧张性和复杂性，考验学员的专业知识、领导能力、应急处置能力和综合素质，真正明白在实际事故发生后应该采取哪些正确的应急处置方案，可生动地剖析事故发生过程中决策失误的内在原因，提高学员的素质和应急处理事故的能力。

（四）培训成果

2011年，培训中心对18家单位和矿山救护队进行了矿山救护队员培训工作，完成初训人员146人、复训人员190人，总计336人；2012年完成了6期矿山救护队培训工作，共计培训311人，完成煤矿企业主要负责人应急管理培训18期，培训人数达1330人；2013年，完成了4期83人的非煤矿山救护队培（复）训工作，举办了25期（其中井工班18期、露天班7期）区队级管理人员应急管理培训班，培训2179人；2014年，先后在乌兰察布市矿山救护队等地区开展了非煤培训工作，共68人参加培训。举办煤矿应急管理培训班33期，培训4587人；2015年上半年，在鄂托克前旗辖区举办煤矿区队级管理人员应急管理培训班，共123人，举办煤矿、非煤矿山救护队指战员培训班，52人接受培训。

二、矿山救护装备配置

（一）神华神东煤炭集团有限责任公司

截至2015年底，矿山救护队伍装备

3.5 吨水罐消防车 1 辆、5.5 吨水罐消防车 2 辆、1.5 吨五十铃消防车 2 辆、5 吨泡沫灭火车 1 辆、8 吨泡沫灭火车 1 辆、53 米登高平台消防车 1 辆、15 吨消防供水车 1 辆、BGP 高倍数泡沫灭火机 400 型 1 套、BGP 高倍数泡沫灭火机 20 型 2 套、DP 惰泡发射机 10 型 1 套、DP 惰泡发射机 00 型 1 套、YZ 压注式惰气发生装置 700 型 1 套、YZ 压注式惰气发生装置 500 型 1 套、一型喷涂机 1 台、500 立方米/分惰气灭火装置 2 套。

(二) 神华乌海能源有限责任公司

截至 2015 年底，公司救护大队主要装备包括：①车辆类：指挥车 1 辆、矿山救护车 12 辆、气体分析化验车 1 辆、队内通勤车 1 辆、装备车 1 辆；视频指挥系统 3 套、对讲机 8 部；高倍数泡沫灭火机 400 型 3 套、200 型 3 套；中倍数泡沫灭火机 2 套，惰泡发生装置 2 套，高压脉冲灭火装置 12 套，石膏喷注机 2 套，快速密闭 30 套，高扬程水泵 6 套，干粉灭火器 70 个等；②检测仪器：气体分析化验设备 2 套、热成像仪 2 套、便携式爆炸三角形测定仪 2 台、红外线测温仪 16 台、外线测距仪 4 台、电子瓦斯报警仪 10 台、电子一氧化碳检测仪 26 台、多种气体检测仪 6 台、光学瓦斯检定器 38 台（1 型 18 台）、风表 19 台、生命探测仪 1 台、采气样工具 23 套、子风表 14 台、子硫化氢检测仪 20 台、破拆工具 5 套；③个人防护：PSSBG4 氧气呼吸器 155 台、2 小时呼吸器 12 台、自救器 178 台、生器 16 台、各种校验仪共计 37 台。

(三) 神华包头能源有限责任公司

公司救护队装备有 GP-200 型高泡灭火机 1 台、DQ-150 型惰性气体发生装置 1 台、PK5080XJH 型大救护车 2 台、PK5061XJH 轻型救护车 1 台、北京 2020 型指挥车 1 台、东风 140 装备车 1 台、IC-751 型无线电台 2 部、AHG-4 型 4 小时氧气呼吸器 45 台、AJH-3 型氧气呼吸器校验仪 8 台、ASE-30 型苏生器 8 台、PSX-1 型声触电话 4 台、ADK-5A 型灾区电话 5 台、CL2 型灵敏度测试仪 1 台、BD-200 氧气充填泵 2 台、QY-25 型潜水泵 2 台、CL2 型灵敏度测试仪 1 台、BD-200 氧气充填泵 2 台、QY-25 型潜水泵 2 台、QFB2-180 型液压启动器 1 台、气相色谱仪 1 台、W8813 型手持式无线电对讲机 12 台、B25A 型车载式无线电对讲机 2 台、AYG-45 型压缩氧自救器 45 台、AGE-40 型隔绝式自救器 4 台、JBP-51-2 型局部通风机 1 台、10% AQG-1 型瓦斯检定器 8 台、100% GWJ-2 型瓦斯检定器 7 台、AQY-50 型一氧化碳检定器 8 台、QSS-81-8 型防爆开关 1 台。

(四) 神华大雁集团有限公司

1996 年，大雁矿务局为救护队装备 1 辆北京 2020 型吉普车作为矿山救护指挥车。2002 年 11 月利用国补资金为矿山救护队装备 3 辆依维柯救护车。2003 年 1 月，大雁公司矿山救护指挥车报废被收回，2 月为救护大队改善装备 1 辆三星牌吉普车为矿山救护指挥车。在仪器装备配置上，神华大雁集团有限公司先后为救护队配备近百台 AHC-4 型负压氧气呼吸器，

图 6-3-4 救护队员演示机器人探测设备

第三章 矿山救护

数十台 ASZ-30 型自动苏生器及数量不等的瓦斯检定器、一氧化碳检定仪、氧气检定仪、爆炸三角形测定仪、红外线测温仪、多种气体分析仪。

（五）扎赉诺尔煤业有限责任公司

2001 年，扎赉诺尔煤业公司救护队个人防护类仪器由原来的负压氧气呼吸器全部更新为正压氧气呼吸器，购置配备惰泡发生装置、高倍数泡沫灭火机、高扬程灭火泵、快速密闭喷涂机等大型装备。2008—2009 年，内蒙古安全生产监督管理局为扎赉诺尔煤业公司救护队投入 170 多万元资金补充技术装备，配备背负式脉冲气压喷雾水枪、破拆工具、红外热像仪、视频指挥系统、灾区电话、正压氧气呼吸器、矿山救护车等抢险救灾装备。2009 年，救护队投入专项资金建设综合性训练场地 4275 平方米，改扩建模拟实战训练场地 1750 平方米，新建装备库 30 平方米，满足救护指战员日常的学习与训练。2011 年 9 月，公司救护队被列入重点支持中央企业安全生产应急救援队伍之一，财政部、国家安全生产监督管理总局为扎赉诺尔煤业公司救护大队投资 6095 万元资金配备技术装备。

截至 2015 年底，公司救护大队配备的主要技术装备有：井下无线宽带救灾通信系统（包括信息平台终端、管理信息系统、卫星通信指挥车）、各种应急救援交通工具 10 辆、CA9000 气体分析化验车 1 辆、多功能模拟仿真与演练评价系统 1 套、液态二氧化碳气体大型灭火装置 1 套、便携式气相色谱仪 2 台、灾区有毒有害气体智能排放系统 1 套、DQP-200 型惰气高泡发生装置 1 台、BGP-200 型高位数泡沫灭火装置 2 台、井下快速成套支护装备 2 套、热成像仪 2 台、蛇眼探测仪 2 台、雷达生命探测仪 2 台以及各种气体检测仪器等装备，部分装备已经达到国内领先水平。

（六）平庄煤业（集团）有限责任公司

截至 2015 年底，平庄煤业集团公司救护大队现有矿山救护指挥车 4 辆、矿山救护车 12 辆、救护装备车 2 辆、移动救援装备车 1 辆、化验车 1 辆、移动电源车 3 辆、宿营车 2 辆、生活保障车 1 辆、消防车 4 辆、液态二氧化碳灭火装置 2 套、不同型号的救援钻机 4 台、进口起重气垫 2 套、破拆工具 2 套、液压轻便支架 40 套、救援指挥信息平台终端 1 套、卫星通信指挥系统 1 套、YJ-NET 车载视频通信系统 1 套、计算机 44 台、南非产灾区电话 2 套、国产灾区电话 8 套、便携式气相色谱仪 1 台，各种气体检测仪器配置齐全。技术装备基本能够满足抢险救灾的需要。

（七）内蒙古伊泰集团有限公司

2009 年，集团公司成立酸刺沟、纳林庙救护中队后，在进行救护队资质等级评定验收与质量标准化验收的过程中，进一步配备、完善了救护装备。2011 年内蒙古伊泰集团有限公司救护大队主要装备详见表 6-3-4。

表 6-3-4　2011 年内蒙古伊泰集团有限公司救护大队主要装备明细表

设备名称	要求及说明	单位	数量	设备名称	要求及说明	单位	数量
救援指挥车	帕拉丁	辆	2	北方奔驰牵引车	—	辆	2
东风起重运输车	5 吨小吊车	辆	2	低温液体运输半挂车	—	辆	2
液氮灭火装置	—	套	2	多种气体检测仪	CH_4、CO、O_2、H_2S	台	2

表6-3-4（续）

设备名称	要求及说明	单位	数量	设备名称	要求及说明	单位	数量
液态二氧化碳灭火装置	—	套	2	防爆数码摄像机	—	台	1
发电机组	柴油200千瓦	台	2	矿用移动式注浆装置	—	套	1
井下直柱转运储罐	cfw-108/2.5	台	3	高扬程水泵	BQS50-360-100	台	2
井下自增压调控装置	lby-800/2.5	台	1	热成像仪		台	1

三、矿山救护队质量标准化考核及资质认证

20世纪90年代，煤炭工业部、中国统配煤矿总公司及自治区煤炭工业厅（局）每年都组织对各矿山救护队考核评级工作。1991年，乌达、海勃湾、扎赉诺尔矿务局矿山救护队连续6年被中国统配煤矿总公司和东北内蒙古煤炭联合公司评为质量标准化特级救护大队，平庄、大雁矿务局矿山救护队被评为甲级救护队。1992年7月1日，包头矿务局救护队经自治区煤炭工业厅检查验收，达到国家特级标准。

2000年，内蒙古煤矿安全监察局自成立以来，根据《矿山救护队规程》《矿山救护队质量标准化考核规范》的要求，每年都对全区煤矿救护队质量标准化工作组织考核验收，现场评定救护队质量标准化等级，对考核验收的结果以及对所存在问题的整改意见进行通报，并要求煤矿企业及其所属救护队伍制定整改方案，质量标准化达不到三级的救护队伍暂停救援服务职能。

2011年，内蒙古煤矿安全监察局救援指挥中心组织完成了9支救援队的资质认证，培训了1143名救护队员、组织了750次应急演练、2800次预防性检查和24支救护队质量标准化评定工作。2012年，新建专业救护队3支，兼职救护队19支，覆盖全区的救援体系初步建成；制定了兼职救护队管理办法；开展了质量标准化达标工作；全年培训矿级应急管理人员1222人，复训救护队员323人。2015年，指挥中心对420名矿级安全管理人员和803名区队级安全管理人员宣贯《企业安全生产应急管理九条规定》。

神华乌海能源公司救护大队2006—2009年，连续4年在国家、内蒙古、神华集团质量标准化检查考核中获得质量标准化特级救护队称号。2006年、2008年、2010年代表神华集团公司参加全国第六届、第七届和第八届矿山救援技术竞赛，均取得了较好成绩。

神东煤炭集团救护大队2012年，组织救护队员备战参加"第九届全国矿山救援技能大赛"，参赛队员通过半年多的训练和层层选拔，在宁夏煤业公司举行的全国比赛中获得团体总分第五名的好成绩。2010—2013年，救护大队连续4年被评为质量标准化国家特级救护大队及神华集团本安达标三级单位。1997年，代表内蒙古自治区参加全国煤矿第三届青年岗位技术能手比赛，李刘喜名列个人第99名；2001年，代表神华集团参加全国煤矿第四届矿山救护技术比武，在参赛的28支队伍中名列第15名；2005年，参加内蒙古自治区矿山救护技术比武，在参赛的12支队伍中名列第

4名。

大雁集团公司矿山救护大队2008年1月，获得了国家二级救护资质。2010年10月至2012年，经内蒙古煤监局救援指挥中心历次质量标准化验收，矿山救护大队均达到一级质量标准化大队标准，3支救护中队达到特级救护中队标准。2013年，大雁集团公司矿山救护大队及3支救护中队均达到特级矿山救护队标准。

伊泰集团公司纳林庙救护中队2010年7月，经内蒙古煤矿安全监察局救援指挥中心验收，获得国家三级救援资质；2010年10月，酸刺沟救护中队的质量标准化建设通过了内蒙古煤矿安全监察局救援指挥中心验收，评定为一级。2012年11月，酸刺沟救护中队获得国家三级救护资质延期，有效期至2015年11月。2013年7月，纳林庙救护中队获得国家三级救援资质延期，有效期至2016年7月。

截至2015年底，全区有7支矿山救护队达到特级质量标准化等级，6支救护队达到一级质量标准化等级，8支救护队达到二级质量标准化等级，4支救护队达到三级质量标准化等级。未达到三级标准的3支煤矿救护队已暂停救援服务。

第三节 应急演练与事故救援

一、应急演练

（一）神华神东煤炭集团有限责任公司

1990年，东胜煤炭公司救护队成立，各矿山救护队每年都组织多次以矿山救护为主题的专项应急救护演练。自1995年8月起，神东煤炭公司根据实际情况和应急预案，每年都组织若干次应急演练。煤矿的演练内容主要为水、火、瓦斯、煤尘、顶板等灾害事故的应急预防和救援，反风演习，井下大型模拟救灾实战演习以及公共卫生事件、突发社会事件的紧急应对。

自2004年后，根据神华集团公司《安全生产事故综合应急预案》以及《煤矿安全规程》《矿山救护规程》的规定，结合本矿井的实际情况，进行煤矿各类专业以及自燃灾害、公共卫生事件、社会安全事件等方面的应急预案演练活动，每年至少组织6~8次地面消防和煤矿井下大型模拟救灾实战演习。

2010年，神东煤炭集团邀请国内知名专家现场指导了应急预案的编制工作，初步形成了公司应急救援演练计划方案。各矿井与救护消防大队配合，开展了不同形式的水灾和火灾事故救援演练，总结了经验，锻炼了队伍。2014年，神东救护消防大队参与组织各类演习15队次，其中井下救灾演习12队次，地面演练3队次。

（二）神华大雁集团有限公司

自1989年起，大雁集团公司矿山救护大队坚持24小时值班制度，每天有2个小队上岗，分别为值班队和待机队。待机队每天上午下井熟悉巷道，值班队上午学习业务，下午集中训练，每年夏季集中开展救护工程操作训练和军事化训练。体育训练内容以体质训练八大项内容为主，分别为哑铃、杠铃、跑步、爬绳、跳高、跳远、举重、引体向上。佩机训练每小队每月1次，每次不少于3小时，每年夏季举行万米急行军训练。

（三）扎赉诺尔煤业有限责任公司

1991—2011年，扎赉诺尔煤业公司救护大队与扎赉诺尔煤业公司所属各井工煤矿和周边非直属服务地方煤矿签订救护服务协议。救护大队有计划地对签订救护服务协议的地方煤矿开展熟悉巷道、预防性检查工作,为矿井的安全生产提供可靠保障。同时,救护大队参加扎赉诺尔煤业公司所属服务矿井每年度的反风演习和应急救援演练,参加排放瓦斯、启封火区等需要佩用氧气呼吸器的安全技术工作,协助搞好矿井安全生产和消除事故隐患的工作。

(四)牙克石五九煤炭集团公司

牙克石市五九集团设有矿山救护队,事故救援能力较强(表6-3-5)。额尔古纳市兴通投资集团有限责任公司设有矿山救护队。救护队曾参加多次煤矿事故救援,有一定的业务能力、实战经验。

表6-3-5 牙克石市五九集团矿山救护队应急演练、事故救援情况统计表　　次

年度	水火灾瓦斯救援	排放瓦斯	反风演习	出动火警	年度	水火灾瓦斯救援	排放瓦斯	反风演习	出动火警
2007	6	10	6	14	2012	6	12	6	6
2008	7	15	6	10	2013	7	8	5	7
2009	8	8	6	12	2014	6	11	5	8
2010	6	18	5	6	2015	5	6	8	—
2011	6	9	6	4					

(五)国电平庄煤业集团公司

平庄煤业集团公司救护大队的日常工作是以演习训练为主,针对救护队的工作特点,在全队采取一系列训练和测评办法,时刻以军事化的行动要求约束和指导全队的工作。

图6-3-5 平庄煤业集团公司救护队进行训练

从1997年下半年开始,大队的训练项目以季度个人达标为主展开,考核内容根据全国煤矿矿山救护技术比武内容结合本大队实际制定了达标细则,每个季度对各中队都进行了达标考核,达标合格率基本稳定在98%以上,对个别不能达标者进行处罚,并限期达标。

在保证每季度开展一次达标考核的基础上,大队每年开展一次救护技术及消防技能技术竞赛,竞技项目以贴近实战为主。组织、监督各小队每季度开展一次高温浓烟演习训练及万米耐力训练,每年开展两次矿井应急救援演练,大队每半年对各中队开展一次质量标准化考核验收,每年都接受各级主管部门的质量标准化验收,并连续20年保持国家特级质量标准化标准。

(六)伊泰集团公司

伊泰集团有限公司矿山救护队自成立以来,按照《矿山救护规程》《矿山救护队质量标准化》及矿井应急救援预案的相关规定,通过班前会、定期组织等形式,组织指战员强化学习《矿山救护规程》《煤矿安全规程》《矿山救护队质

量标准化》、矿山救援技术比武业务理论 500 题及矿井应急救援预案、灾害预防处理计划，熟悉采掘工程平面图、巷道布置图、通风系统图等，定期安排指战员熟悉各类仪器、装备的正确操作及使用方法；安排待机小队下井熟悉巷道、采掘工作面的布置及各重要地点位置，确保发生事故时救护队能够迅速到达开展救援；每月进行仪器操作训练时间累计在 32 小时以上。

救护队认真开展模拟灾害应急救援演练活动，以小队为单位每月进行不少于 4 次的医疗急救训练，每人不少于 2 小时，使指战员熟练掌握止血、包扎、固定、搬运等常识，不断提升队伍的实战能力；各中队根据《矿山救护队质量标准化考核规范》要求，按日程安排表练习打砖墙密闭、挂风障、打板闭、安装局部通风机、安装高倍数泡沫灭火机等一般技术操作，提高救护队整体素质，其中 2012 年开展应急救援演练 12 队次；2013 年，救护队参与反风及煤矿生产安全事故应急预案演练共 10 次，开展救护仪器操作训练时间累计达 384 小时以上，进行医疗急救训练 144 次。2014 年以瓦斯爆炸事故演练为主，2015 年以火灾事故演练为主，其中 2014 年，救护大队在各矿开展瓦斯爆炸救援演练 7 次，水灾事故救援演练 4 次；2015 年 6 月前，进行火灾事故救援演练 4 次，水灾事故救援演练 1 次。

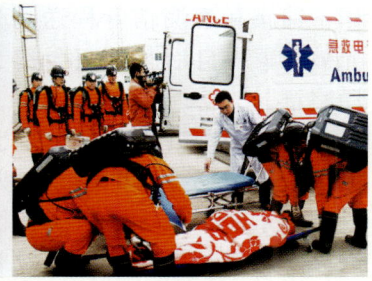

图 6-3-6　内蒙古伊泰集团有限公司组织瓦斯事故抢险救灾演练

二、事故救援

（一）神华神东煤炭集团有限责任公司

1991—1998 年，神东煤炭公司救护队共处理各类煤矿事故 40 起（其中较大事故 10 起、一般事故 30 起），搬运遇难人员 2 名，撤出设备 40 台，挽回经济损失 618 万元。1998 年，两中队合并为神东救护消防大队。当年，伊金霍洛旗新庙乡毛盖图煤矿发生火药库爆炸，立即出动紧急抢救，救出 5 名遇险人员，搬运遇难者 15 人。截至 2004 年，救护消防大队出动 336 队次。

2008 年 7 月 31 日，在赵家梁煤矿大面积冒顶事故救援中，神东救援队指战员在救灾指挥部的领导下连续奋战 123 小时，8 名遇险矿工获救。通过参与各类事故的处理，队伍的影响力不断扩大，被陕西省、内蒙古自治区人民政府分别授予"矿山救援先进集体"称号。

1998—2012 年，神东救护消防大队共处理各类事故 2040 起，其中井下救护 153 起、地面灭火 1887 起。抢救人员生命 176 人，搬运遇难者 136 人，挽回直接经济损失 1.9 亿余元。2014 年，神东救护消防大队先后参与地面抢险救援 157 次，挽救 28 人生命；井下救援 4 起，救出 13 人。

（二）神华乌海能源有限责任公司

截至 2015 年，救护大队共出动处理各类灾害事故 795 起，抢救遇难、遇险人员 989 人（其中救活 196 人），并跨区域援助包头市、鄂尔多斯市、阿拉善盟等地区处理重大瓦斯爆炸、火灾、水灾等事故 20 多起，为国家和集体挽回经济损失数亿元，圆满完成了各项抢险救灾任务。2006 年 3 月 13—15 日，在鄂托克旗荣盛煤矿发生瓦斯爆炸事故事故的抢险救援中，救护大队在乌海监察分局局长吴月光指挥下，抢救出 13 名遇险矿工。中共鄂托克旗委员会及政府特制作了锦旗和感谢信专程送到分局。吴月光被内蒙古自治区总工会授予"五一劳动奖章"。

（三）神华包头能源有限责任公司

1992 年 8 月 28 日，包头矿务局河滩沟矿东部二采区回采工作面发生特大火灾，造成瓦斯爆炸，但没有造成人员伤亡。该起事故持续了一年多，中间又发生一起爆炸事故。在处理过程中，险些造成局救护队 2 支小队 20 多人的伤亡，造成以前所做的设施和其他工作报废，前功尽弃，最后在没有补救措施的情况下不得已放水淹井。同年 11 月，杂怀沟煤矿为包头矿务局正在筹建的一处矿井因发生瓦斯爆炸事故造成 15 人死亡；当时，包头矿务局救护队的 2 支救护小队前去处理，当天抢救完毕，并对该矿实施封闭措施。

1994 年 6 月，包头市土默特右旗一处乡镇煤矿发生瓦斯爆炸事故，当时包头矿务局救护队出动 2 支救护小队，于当天抢救完毕。同年秋天，东胜一乡镇煤矿发生特大火灾事故，没有人员伤亡。

火灾事故后引起瓦斯爆炸事故。紧急情况下召请包头矿务局救护队前去处理。救护队利用 DQ-500 型惰气将火扑灭。此次成功处理灾情，赢得了东胜区政府的好评。

（四）扎赉诺尔煤业有限责任公司

1995 年 8 月 20 日，灵泉矿三斜井五采区机轨合一巷发生火灾。这次火灾破坏了采区通风、排水系统。矿务局救护队全体指战员上下一心，经过 22 天的艰苦努力，圆满完成指挥部下达的命令，使矿井在最短时间内恢复了生产。1998 年 5 月 4 日，灵泉矿十一号井主井发生火灾，造成 3 人死亡，十一号井主、副井全部封闭。这次事故由于救护队行动迅速，抢救及时，安全引导出井下人员，避免了大量的人员伤亡。在两支中队的共同努力下，控制了火情，减少了财产损失。

图 6-3-7 扎赉诺尔煤业公司救护队进行演习

（五）神华大雁集团有限公司

2000 年 11 月 25 日，大雁煤业公司第二煤矿发生瓦斯爆炸事故，造成 51 人死亡，700 多米巷道被毁。事故当天，救护队接到雁煤公司的救援电话，迅速组成两支加强小队赴大雁救援。经过 20 多天的顽强奋战，将遇难人员运出灾区，圆满完成救援任务。

2006 年 5 月 25 日，免渡河林业局三根河林场区域发生森林火灾事故。29日18时,救护队接到救援命令后,迅速组织9名救护指战员前往火灾现场参与火灾扑救工作,经过数天的奋战,完成火灾扑救任务,受到了上级领导的好评。

2011年11月20日,铁北煤矿新二采区右五片综放工作面采空区内发生火灾事故。救护大队处理此次事故采用了综合方法进行灭火(注水、注氮、端头放顶及挂风帘,调节风量,直接灭火等),每天根据综采工作面的灾情制定临时安全措施,确保队员自身和救灾人员的安全,每天分两个班次进行抢险救灾。在抢险救灾工作期间,各小队做到行动迅速、紧密配合,圆满完成了抢险救灾任务。此次救灾历时18天,共出动34队次,360人次。

(六)神华宝日希勒能源有限公司

1984—2006年,神华宝日希勒煤业公司矿山救护队共出动排放瓦斯300队次,灾区侦察106次,启封火区68队次。2003年4月10日,宝祥矿213井电缆突然着火,当时正在井下作业的5名矿工被困,救护队接到电话后立即赶到事故矿井,经过积极抢救,5名矿工全部获救。2005年1月20日,拉布达林友谊煤矿井下着火使全矿井停产,救护队接到通知后及时赶到,经过3天处理使该矿井全面恢复生产。

(七)内蒙古平庄煤业(集团)有限责任公司

1991—2014年,平庄煤业集团公司救护大队共处理各类事故1421起,抢救出遇险人员307人,抢运出遇难人员143人,恢复巷道约26310米,恢复可采煤量约1500余万吨。

1995年11月24日,赤峰市元宝山区山前镇新景村煤矿发生瓦斯爆炸事故,当时有8人被困井下,生死不明。救护队在大队长的带领下,迅速开展救援行动,经过救护大队和矿方72小时的艰苦奋斗,在井下找到8名遇难者的尸体,救护队共出动18小队次,出动救护指战员198人次。

1997年4月17日,赤峰市元宝山区哈拉卜吐乡元哈煤矿发生重大火灾事故,有12人被困井下。救护队共出动22队次,出动救护指战员205人次,在井下连续奋战了7天,成功解救了7名遇险者,抬运出5名遇难者遗体。

2005年5月19日凌晨,河北省暖儿河矿业有限公司煤矿发生特大瓦斯事故,51名矿工被困井下,生死不明,国家矿山应急救援指挥中心命令平庄煤业集团公司救护大队前去支援。救援工作历时五天四宿,共找到遇难矿工46人,并有1人生还。2006年5月10日,平庄煤业红庙矿一井采煤工作面运输巷带式输送机机头5米处发生火灾,致使顶板垮落,使整个巷道充满大量有毒有害气体,沿进风巷道进入工作面,造成25名矿工被困。救护大队出动救护小队14队次,出动抢险救灾人员135人次,经过23小时激烈奋战,营救出25名被困人员,其中24人脱险,1人遇难。

(八)内蒙古伊泰集团有限公司

2010年前后,伊泰集团酸刺沟救护中队与纳林庙救护中队先后开始独自承担各煤矿日常生产的普通监护、救护任务。2011年,伊泰救护大队累计出动85队次,出动人员累计616人次,顺利完成了酸刺沟、纳一、阳湾沟、宏一、纳二、苏家壕、丁家渠、宝山、凯达、富华、诚意等煤矿的顶板事故、老巷贯通、排放瓦斯、一氧化碳超限监护、煤矿救援演练等各项工作,抢救遇险人员6人,恢复巷道约5000米。

2012年,伊泰矿山救护大队指战员

下井预防检查196队次,1769人次;安全顺利完成酸刺沟、纳一、阳湾沟、宏一、纳二、苏家壕、丁家渠、宝山、凯达、富华、诚意、东达二矿等煤矿的老巷贯通、排放瓦斯、一氧化碳超限监护、启封密闭、地面有害气体超限普查及救援演练、反风演习等各项任务,累计出动42次,95队次,出动人员累计583人次,共计出动81天;全年共计恢复巷道约4815米,为阳湾沟煤矿开发煤炭约30多万吨。

2013年,伊泰矿山救护大队累计出动411队次,出动人员3131人次,共计211天,完成了酸刺沟矿等10处煤矿的启封密闭、一氧化碳超限监护、老巷贯通、瓦斯排放、火灾处理等工作任务,共计恢复巷道900米,解放煤炭资源50万吨。

2014—2015年,伊泰矿山救护大队先后完成了纳林庙煤矿一号井煤层自燃、李家梁煤矿老井口火区处理、诚意煤矿采煤工作面一氧化碳超限、红庆河煤矿首次揭煤、宏景塔一矿环采空区掘进、酸刺沟煤矿与丁家渠煤矿启封封闭、恢复通风、排放瓦斯及纳林庙煤矿二号井筒仓煤炭自燃、宏景塔一矿掘进工作面贯通、凯达煤矿更换主要通风机等救护工作,累计出动54次,181队次,1408人次。

图6-3-8　内蒙古伊泰集团有限公司矿山救护队待命出发

第四章　煤矿生产安全事故

第一节　事故统计与查处

一、生产安全事故统计

(一)安全生产事故类别与数量

20世纪90年代,由于没有安全保障的小煤矿(窑)大量出现,全区煤矿生产安全事故频发,一般性生产安全事故起数难以计数,煤矿行业部门只对发生较大(死亡3~9人)以上生产安全事故进行较准确统计。

1991—2015年,全区煤矿发生较大以上生产安全事故共计232起,死亡1330人,其中重大(死亡10~29人)生产安全事故21起,死亡304人;特大(死亡30人以上)生产安全事故3起,死亡113人,详见表6-4-1。

发生较大以上生产安全事故的煤矿中,国有重点煤矿有37起(含矿办小井),地方国有煤矿14起,乡镇(民营)煤矿181起。发生较大以上生产安全事故的类别中,较突出的是瓦斯事故,共145起,死亡893人,占死亡人数67.14%;顶板事故44起,死亡153人;透水事故25起,死亡199人。

表6-4-1　1991—2015年内蒙古自治区煤矿发生较大以上事故统计表

年份	事故起数(起)	死亡人数(人)	不同类别事故起数及死亡人数														国有重点煤矿		地方国有煤矿		民营煤矿	
			顶板		瓦斯		运输		爆破		水害		火灾		其他							
			起数(起)	人数(人)	起数(起)	人数(人)	起数(起)	人数(人)	起数(起)	人数(人)	起数(起)	人数(人)	起数(起)	人数(人)	起数(起)	人数(人)	起数(起)	人数(人)	起数(起)	人数(人)	起数(起)	人数(人)
1991	16	76	3	9	8	41	2	7	0	0	1	4	2	15	0	0	2	7	2	8	12	61
1992	12	58	1	4	9	47	1	3	0	0	1	4	0	0	0	0	2	8	0	0	10	50
1993	17	95	4	17	12	74	0	0	0	0	0	0	0	0	1	4	1	4	3	10	13	81
1994	16	94	4	14	8	40	0	0	1	3	3	37	0	0	0	0	3	21	1	3	12	70
1995	20	94	1	3	15	77	1	3	0	0	1	11	0	0	0	0	5	29	0	0	15	65
1996	18	59	4	14	14	45	0	0	0	0	0	0	0	0	0	0	1	3	0	0	17	56
1997	18	111	3	12	13	88	0	0	0	0	1	11	0	0	0	0	2	13	0	0	16	98
1998	23	123	7	25	11	47	0	0	0	0	2	29	1	3	1	16	3	10	3	10	17	103
1999	20	127	2	6	16	112	0	0	0	0	0	0	2	9	0	0	3	39	0	0	17	88
2000	10	92	0	0	8	85	0	0	0	0	1	7	0	0	0	0	2	54	1	3	7	35
2001	9	43	4	13	4	25	0	0	0	0	1	5	0	0	0	0	2	7	0	0	7	36
2002	7	55	1	3	4	43	0	0	0	0	1	6	0	0	1	3	1	6	2	9	4	40
2003	10	63	2	7	7	51	0	0	0	0	1	5	0	0	0	0	1	3	2	25	7	35
2004	2	21	0	0	0	0	0	0	0	0	1	15	1	6	0	0	0	0	0	0	2	21
2005	12	74	2	6	7	54	0	0	0	0	3	14	0	0	0	0	0	0	0	0	12	74
2006	3	31	1	3	2	28	0	0	0	0	0	0	0	0	0	0	0	0	0	0	3	31
2007	5	23	2	6	2	13	0	0	0	0	1	4	0	0	0	0	1	3	0	0	4	20
2008	0	0	0	0	0	0	0	0	0	0	0	0	0	0	0	0	0	0	0	0	0	0
2009	3	14	1	3	2	11	0	0	0	0	0	0	0	0	0	0	2	8	0	0	1	6
2010	1	32	0	0	0	0	0	0	0	0	1	32	0	0	0	0	1	32	0	0	0	0
2011	4	20	1	5	1	3	1	6	0	0	1	6	0	0	0	0	2	9	0	0	2	11
2012	3	16	0	0	1	9	2	7	0	0	0	0	0	0	0	0	2	7	0	0	1	9
2013	2	6	1	3	0	0	1	3	0	0	0	0	0	0	0	0	1	3	0	0	1	3

表 6-4-1（续）

年份	事故起数（起）	死亡人数（人）	顶板 起（起）	顶板 人数（人）	瓦斯 起（起）	瓦斯 人数（人）	运输 起（起）	运输 人数（人）	爆破 起（起）	爆破 人数（人）	水害 起（起）	水害 人数（人）	火灾 起（起）	火灾 人数（人）	其他 起（起）	其他 人数（人）	国有重点煤矿 起（起）	国有重点煤矿 人数（人）	地方国有煤矿 起（起）	地方国有煤矿 人数（人）	民营煤矿 起（起）	民营煤矿 人数（人）
2014	1	3	0	0	0	0	0	0	1	3	0	0	0	0	0	0	0	0	0	0	1	3
2015	0	0	0	0	0	0	0	0	0	0	0	0	0	0	0	0	0	0	0	0	0	0
合计	232	1330	44	153	145	893	9	32	2	6	25	199	4	24	3	23	37	266	14	68	181	996

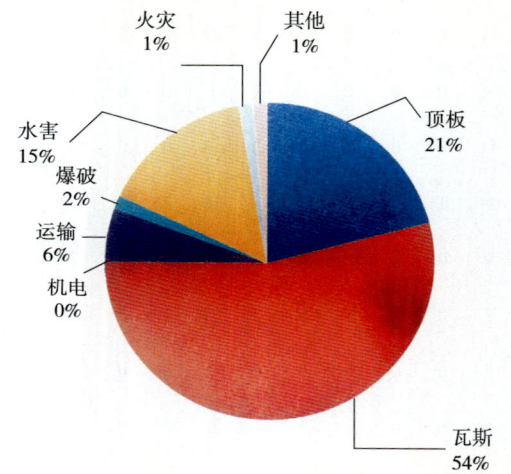

图 6-4-1 2000—2015 年全区煤矿较大以上各类别事故起数对照图

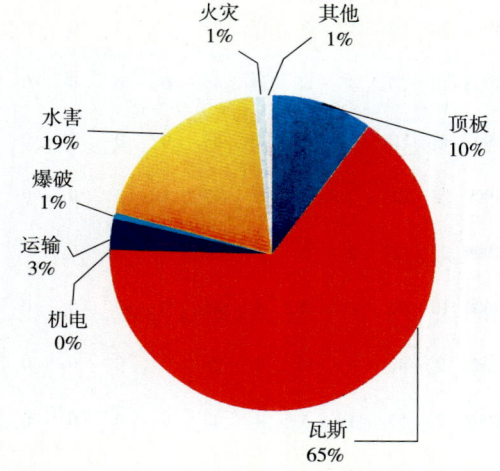

图 6-4-2 2000—2015 年全区煤矿较大以上各类事故死亡人数对照图

（二）百万吨死亡率统计

1991—1995 年，全区煤矿因矿难死亡 1515 人，百万吨死亡率平均为 5.30；1996—2000 年，全区煤矿因矿难死亡 1643 人，百万吨死亡率平均为 4.51；2001—2005 年，全区煤矿因矿难死亡 701 人，百万吨死亡率为 0.87。

21 世纪以来，随着关井压产工作的不断深入，2006 年，全区 9 万吨/年以下的小煤矿被全部淘汰，煤矿数量降至 566 处。随着煤矿采掘机械化程度的迅速提高，加之井下安全避险"六大系统"的建成和安全培训、各级政府安全监管监察工作力度的加强，2006—2010 年，全区煤矿因矿难死亡 237 人，百万吨死亡率下降至 0.09；2011—2015 年，全区煤矿因矿难死亡 151 人，百万吨死亡率为 0.03。2015 年，全区百万吨死亡率达到 0.013 的世界先进水平。

1991—2015 年全区煤矿产量、死亡人数、百万吨死亡率情况详见表 6-4-2。

第四章 煤矿生产安全事故

表6-4-2 1991—2015年全区煤矿产量、死亡人数、百万吨死亡率统计表

年度	1991	1992	1993	1994	1995	1996	1997	1998	1999	2000	2001	2002	2003	2004	2005	2006	2007	2008	2009	2010	2011	2012	2013	2014	2015
煤炭产量	4923	5039	5514	6052	7055	7317	7909	7614	6621	6964	8162	11454	15014	20155	25560	29760	35438	47270	60375	78665	97926	106194	103029	99391	90957
死亡人数	284	214	266	377	374	325	365	389	314	250	145	166	160	99	131	61	69	25	33	49	50	33	29	27	12
死亡率	5.769	4.247	4.824	6.229	5.301	4.442	4.615	5.109	4.742	3.590	1.777	1.449	1.066	0.491	0.513	0.205	0.195	0.053	0.055	0.062	0.051	0.031	0.028	0.027	0.013

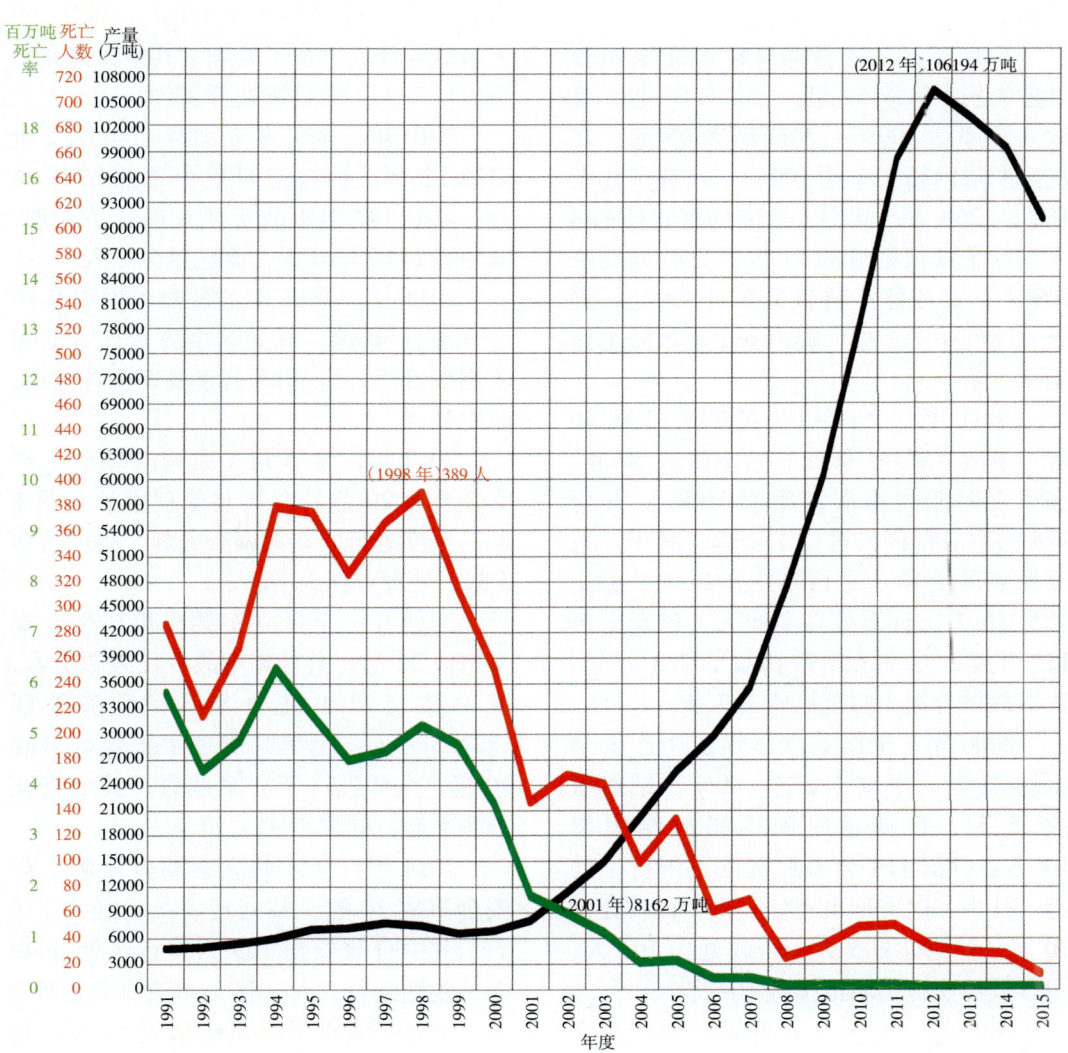

图6-4-3 1991—2015年全区煤矿产量、死亡人数、百万吨死亡率对照图

二、生产安全事故查处

2003年，全区各类煤矿应立案调查处理的伤亡事故共88起，已立案88起，事故立案率达100%。达到结案期限的伤亡事故70起，实际结案70起，在结案期限内事故结案率达100%。处理事故责任人共计377人，其中：对事故责任人建议

追究刑事责任7人，行政处分62人，党纪处分9人，行政处罚299人。对事故责任人处理中，涉及乡镇级干部行政处分4人，国有重点企业副处级以上干部行政处分的20人。对事故单位安全生产提出防范措施242条，责令停产整顿的事故煤矿37处。

2004年，全区各类煤矿应立案调查处理的伤亡事故69起，已立案69起，事故立案率达100%。实际结案65起，在规定期限内结案率达100%。处理事故责任人共268人，其中，追究刑事责任的8人，给予党纪处分的51人，行政处罚的209人，责令停产整顿的矿井13处，责令关闭的矿井2处，提出安全生产防范措施225条。

2005年，全区共立案煤矿事故56起，事故立案率100%；结案事故50起，在规定时限内事故结案率100%；共对278名事故责任人进行了处理，其中：追究刑事责任12人，行政处分44人，党纪处分16人，行政处罚206人，处罚金额122万元，对事故单位罚款207.3万元，对事故单位提出防范措施187条。

2006年，全区共立案煤矿生产安全事故25起，事故立案率100%；结案事故25起，在规定时限内事故结案率100%；共对119名事故责任人进行了处理，其中：追究刑事责任6人，行政处分10人，党纪处分5人，行政处罚103人，对事故单位提出防范措施104条。

2007年，全区共立案煤矿生产安全事故32起，结案事故27起，在规定时限内事故结案率100%。共对209名事故责任人进行处理，其中：追究刑事责任11人，行政处分54人。对事故单位提出防范措施104条。2007年，结案23起，结案率100%。移送司法机关责任人10人，判实刑2人，判缓刑8人。受党纪政纪处分镇科级10人，县处级2人。

2008年，全区共立案煤矿生产安全事故20起，事故结案率100%，共对122名事故责任人进行了处理，其中：行政处分20人，党纪处分3人。

2009年，全区共立案煤矿生产安全事故21起，事故结案率100%，共对199名事故责任人进行了处理，其中：追究刑事责任7人、党政纪处分43人。

2010年，全区共立案煤矿生产安全事故17起，在规定时限内事故结案16起。共对182名事故责任人进行了处理，其中行政处分10人，党纪处分2人。

2011年，全区共立案调查煤矿生产安全事故30起，对9名事故责任者追究了刑事责任，给予65名事故责任者党纪、政纪处分。

2012年，全区共立案调查煤矿生产安全事故20起。全年共受理事故举报8起，全部进行了立案调查处理，查证核实3起，处理责任人16人。

2013年，全区立案调查煤矿生产安全事故22起，共处理事故责任人201人，其中移交司法机关8人，经济处罚1724.5万元。全年共受理举报煤矿事故10起，全部进行了立案调查，其中查证核实1起，处理责任人13人。

2014年，全区共立案调查煤矿生产安全事故24起，共处理事故责任人214人，其中行政处罚169人，行政处分40人，党纪处分2人，移交司法机关处理3人。全年共受理举报煤矿事故11起，查实4起，处理事故责任人28人，其中行政处罚26人，行政处分2人。

2015年，全区共立案调查煤矿生产安全事故12起，共处理事故责任人152人，其中：移交司法机关处理2人。对4起瞒报事故，共处理事故责任人30人，其中：行政处罚25人，行政处分5人。

第二节 典型事故

一、煤矿重大生产安全事故

（一）包头市郊区国庆乡五当沟村糜儿沟煤矿瓦斯爆炸事故

1991年8月6日，包头市郊区国庆乡五当沟村糜儿沟煤矿发生瓦斯爆炸，死亡11人，直接经济损失14万元。

1. 事故经过

8月6日夜班，11名工人于1时许入井，值班矿长因故没有入井。井下工作正常爆破出煤，工作面瓦斯浓度为0.20%。2时37分，当从井口提出第2钩煤又往井下放第3钩空车时，突然井下一声巨响，从主井口冒出浓烟与火，主井顷刻间被摧毁50多米，井口被堵塞，11名矿工全部遇难。

2. 事故原因

采空区上部火区局部复燃，引爆采空区积聚的瓦斯，同时摧毁采空的密闭，继而引起煤尘爆炸。井口至井底无通信设施；没有任何防止事故的措施，装备简陋。主观原因：①该矿严重违反了《乡镇煤矿安全规程》第49条关于不准在火区下采煤的规定。对于采空区的密闭没有按规定进行管理，采空区复燃的火区没有采取任何措施，严重违章生产；②安全责任不清，管理混乱；③现场管理漏洞大，安全生产没有落到实处。

（二）包头市郊区国庆乡脑包沟村杂怀沟煤矿火灾事故

1991年11月9日9时50分，包头市郊区国庆乡脑包沟村杂怀沟煤矿在生产过程中发生一起火灾责任事故，死亡15人，直接经济损失达20万元。

1. 事故经过

该矿于1985年建井，1986年3月投产，开采6号煤层，斜井开拓。煤层平均厚度为3.5米；煤层倾角为70°，瓦斯相对涌出量为10立方米/（吨·日），属高沼气矿井，年生产能力为1万吨，现有从业人员65人。

2. 事故原因

事故前矿井为阶段分层炮采，人工出煤。井口和井底车场用信号联络，车场到工作面无通信设施，工作面当日瓦斯含量为0.2%，除有避灾路线图外，无其他防事故措施。

直接原因：在提升井井底车场向上30米处，因矿车掉道，撞坏电缆，短路产生电弧引起火灾。该矿机电管理混乱，电路系统无保护装置。矿工素质低，自我保护能力差。在木棚支护着火后，采取的简单方法未能扑灭，致使火势扩大，反风失败后，最后封闭井口。

（三）呼伦贝尔盟拉布达林煤矿一氧化碳中毒事故

1993年12月8日16时，呼伦贝尔盟额尔古纳旗拉布达林煤矿在撤除工作面支柱放顶时，发生重大中毒事故，造成16人死亡，直接经济损失达24万元。

1. 事故经过

12月8日16时，工人开始在1362回采工作面进行回柱工作。当时井下有26名工人。17时左右，当回柱工回撤第12根摩擦金属支柱时，采面顶板随即冒落，冒落长度达10余米，当即堵塞工作面。跟班调度立即让瓦斯检测员检测有害气体浓度，发现一氧化碳严重超限，跟班调度命令工人立即撤离。瞬间，工作面及回风巷内有16人先后晕倒。前巷道搬运工从前门口搬完支柱返回工作面取衣服时，发现工作面已被冒严，便与一起搬运支柱的其他3人沿回风巷返回工作面。刚进入回风巷20多米，走在前面的1名搬运工突然晕倒，另外3人急忙将他拉出回风巷，并升井向矿长报告。

矿长接到报告后，立即组织救护队员进行抢救，同时向上级报告，请求支援。21时30分，由旗委书记挂帅成立抢险指挥部，组成抢险、救护、事故调查、保卫、通信、后勤6个组，研究制定抢救方案。22时40分，向大雁矿务局请求救护队增援。23点向呼伦贝尔盟领导报告事故情况。盟行署副盟长、秘书长于9日凌晨2点直到井口，指挥抢险。9日6时55分，将井下最后7名遇难矿工运到井上。

2. 事故主要原因

（1）煤矿技术科制定的《回撤工作补充规定》有误。《回撤工作补充规定》规定，回柱顺序为由下而上、从里向外，但没有规定预留安全出口。由于对一氧化碳的生成、积聚、涌出的规律认识不清，《回撤工作补充规定》没有规定回柱必须留安全出口，以保持采面回柱时风流畅通，以致造成回柱时顶板冒落堵塞工作面，切断了风流。在这种情况下，局部通风机已不能及时排出大量涌入工作面的一氧化碳。

（2）井下工人没带自救器。由于煤矿从未发生过一氧化碳中毒死亡事故，全矿从干部到工人对一氧化碳的危害认识不足，煤矿虽然有自救器，但无人随身携带。

（3）装备差、水平低。煤矿没有专职矿山救护队，井下救护工作全部由通风区的职工兼职，无论从技术装备上，还是从监测手段上都很差，加之平时没有时间集训，无法承担救护重任。另外，这座年产21万吨的矿井没有1名高级工程师，仅有的1名工程师还是学畜牧专业的。这次事故就是他们对一氧化碳的生成、积聚、涌出的规律认识不清、分析不透、防范不当所致。

3. 责任分析

（1）这是一起技术管理直接责任事故。

（2）矿方没有配齐足够的自救器，煤矿技术装备差，技术监测手段不全，技术力量薄弱，职工安全意识淡薄，而企业又未进行必要的教育、培训是酿成事故的间接原因。

（3）煤矿主管生产的副矿长是《回撤工作补充规定》的审批者，又是执行者，同时还兼任1号井承包井长，负事故的主要责任。

（4）作为煤矿的行政一把手，对此次事故负有不可推卸的领导责任。

（四）包头矿务局河滩沟煤矿瓦斯爆炸事故

1994年3月21日16时40分，该局河滩沟煤矿西一采区东翼1020-1070采煤工作面采空区内发生瓦斯爆炸事故，因一氧化碳中毒死亡10人、伤26人，直接经济损失达49260元。

1. 事故经过

3月21日下午，该矿第一、第二采掘队中班职工于16时分别从副井和西风井入井上岗（早班职工已于13时全部下班升井）。第二采掘队职工到达1020工作面运输巷后，按各自分工准备生产。16时40分瓦斯爆炸发生。16时50分左右，矿调度室接到井下工人报告发生事故的电话，同时地面工作人员发现西风井主要通风机抽出一股黑烟，立即报告局调度室，通知矿山救护队组织抢救。

2. 事故主要原因

河滩沟矿为高沼气突出矿井，在采的西一采区东翼为井田西部的一块煤柱，煤层倾角为16°~70°，煤层厚9米，顶底板为灰白色含石英质细砂岩。1020-1070工作面为巷柱式（高落式）开采，发生事故时，现工作面距最初开切眼75米，采空区顶板局部冒落。

(1) 西一采区东翼为矿井的工业场地与西风井之间的实体煤，最初工作面开采时间是 1993 年 9 月，已接近该煤层的自然发火期。

(2) 根据法医提供的验尸报告，死亡人员全部是一氧化碳中毒死亡，且没有烧伤痕迹。

根据以上情况分析认定：事故的原因为采空区内顶板冒落岩石相互撞击产生火花引起瓦斯爆炸。

3. 责任分析

此起瓦斯爆炸事故为责任事故。

(1) 包头矿务局局长负领导责任。

(2) 包头矿务局总工程师负技术管理责任。

(3) 包头矿务局河滩沟矿矿长为安全第一责任人，负主要领导责任。

(4) 包头矿务局河滩矿副矿长分管安全生产，负直接领导责任。

(5) 包头矿务局河滩沟矿总工程师负直接技术管理责任。

(五) 乌海市平沟井田杭锦旗格更召煤矿南大巷透水事故

1994 年 8 月 29 日 6 时，杭锦旗格更召煤矿南大巷发生透水事故，直接经济损失达 100 万元，死亡 24 人。

1. 事故经过

1994 年 8 月 29 日 5 时 40 分，格更召煤矿有 24 名工人下井生产，其中 1 名工人在下井中途返回地面，当再次下井，行至距井口约 150 米处时，发现下部巷道全部被水淹没，随即向矿长汇报了险情。在井底煤仓附近工作的 2 名工人突然发现满巷道的水向井底方向涌来，把去斜井方向的巷道堵死，遂沿隧道跑到竖井底部，随着水位的升高，这两名工人借着水的浮力手抓钢丝绳罐道一直浮在水面。后在矿长的指挥下，用竖井箕斗将这 2 名工人提到地面。其余 21 名矿工全部丧生。与其相邻的卡布其办事处长虹煤矿因井下相互贯通，也遭遇到水害。井下有 21 名矿工，其中 18 人从平沟煤矿一公司小井（长虹煤矿相通）升井，有 3 名矿工在水害中丧生。

2. 事故主要原因

(1) 越界开采。

(2) 安全检查不到位。

(3) 相关资料不足，盲目生产，对周围采空区情况不明。

(4) 矿山测量力量不足。该矿无测量人员，只依靠平沟煤矿地测科测量。平沟煤矿地测科工作任务大时，就不对该矿进行测绘工作。

(5) 矿与矿井下互相贯通，未留设矿界保护煤柱，造成邻近矿受害。

(6) 矿领导及法定代表人法制观念淡薄，只顾经济利益，不管矿山开采活动中的安全工作。

(六) 乌海市黄河工贸（集团）公司煤矿透水（洪水）事故

1998 年 5 月 20 日 21 时 30 分，乌海市海勃湾矿区骆驼山井田黄河工贸（集团）公司煤矿透水（洪水）冲垮简易土石坝，灌入井下的透水事故，造成井下 13 人被困，其中 12 人死亡、伤 2 人，直接经济损失约 180 万元。

1. 事故经过

该矿井分两班生产，早班 5 时至 15 时，夜班 17 时至次日 1 时，事故发生在夜班。夜班共 15 人于 1998 年 5 月 20 日 17 时 10 分左右入井。此时，开始下小雨，随后雨越下越大。到 21 时，代班员升井给井下工人买食品，返回时雨下得更大了，他走进地面绞车房避雨，绞车房已漏水，绞车司机怕烧坏绞车电机，说不能干了，让代班员下井叫工人升井。代班员入井，走到距井口约 114 米、在井筒与 9 号层相通处（井筒穿过 9 号层处，中间有5.6米没有砌碹,右侧是9号层采空区的密闭,上部是木棚,左侧两石礅之间开有约5米的小水仓,事故后,经实测井筒左侧与9号层废弃巷道的距离为5.3米,说明井筒左侧处与9号层巷道是相通的),有大量的水向井下灌入,挡住了去路。代班员立即升井,将灌水事故情况报告给承包人。

承包人得知险情后,查看了透水点,立即向副矿长汇报,同时冒险带领4名工人从临矿井巷(与该井相通)通过采空区进入井下,将1名位于二级提升绞车处的挂钩工领出地面。矿长到达后,由副矿长带领10余名工人又从上述巷道进入井下,分两组在所有空巷都找了一遍,直找至水面再没找到人。这时上夜班的15名工人中,有13名仍在井下,下落不明。

2. 事故主要原因

(1) 该矿"证""照"不全,不具备安全生产条件。该矿矿长、副矿长、井口承包人及特种作业人员共24人均无证上岗。1997年"三小"清理整顿领导小组公布该矿为三类矿井,必须停产整顿。该矿有令不行、有禁不止,仍和承包人签订1998年生产原煤4万吨的合同。

(2) 在事故发生前,乌海市有关部门曾4次下达停产整顿指令书,只许整顿,不许生产,但该矿利用整改以开通一、二矿联络通风巷的名义实际在组织生产。该井开了13个工作面,仍以每天出煤200吨的产量进行生产。

综上所述,该矿无视国家法律、法规,有令不行,有禁不止,违章指挥是造成本起事故的主要原因。

3. 责任分析

(1) 矿长虽然是该矿的法人代表,但是在煤矿的任职属兼职,大部分工作在黄海公司(任黄河工贸"集团"公司下属黄海公司副经理),煤矿的管理和安全生产工作主要由两名副矿长负责。同时,事故发生前,黄河工贸(集团)公司正在做兼并乌海市千里山钢铁厂的前期准备工作,矿长是其中主要人员。另一方面,该矿1998年3月启动生产前,曾自筹资金,投入一定的人力、物力,采取了"改道河槽,打围堰、填土"等防范措施。

(2) 副矿长没有尽到生产矿长的责任,对工人不进行安全教育和岗前培训,安全生产以包代管;堆起的防洪沙土坝和疏洪渠能不能起到防洪作用没有进行论证;在当日下雨时,明知地面有塌陷区,有洪水灌井的危险,本人既不到矿,也不派人查看水情进行防洪;该矿是三类矿井,只许整改,不许生产,但拒不接受市里有关部门的指令,以整改之名实际在组织生产,对本起事故负有直接责任。

(3) 副矿长没有尽到安全矿长的责任。特种作业人员无证上岗,不对工人进行安全教育和岗前培训,安全生产以包代管;防洪沙土坝和疏洪渠既不按要求进行设计施工,又不对其防洪能力进行论证,致使沙土坝被冲垮。而河槽的洪水不但未改道反倒流灌入塌陷区;下雨当日不应安排工人下井,下雨时应亲临矿上组织防洪,矿上却不见安全矿长的人影;该井自然通风,不具备两个以上能行人的安全出口,市有关部门曾多次明令整改,但该矿既不安装地面风机,又不安装井下局部通风机,反以整改之名实际组织生产;更为严重的是不如实向事故调查组反映情况,对本起事故负有直接责任。

(4) 井口承包人不对工人进行安全教育,在有关部门要求停产整顿的情况下,继续组织生产;在下雨天仍安排工人下井生产,特别是在当班19时左右井下停电后,未及时组织工人升井,仍在矿办打扑克;事故发生后不如实反映情况,对本起事故的发生负有直接责任。

（5）黄河工贸（集团）公司总经理，以公司（97）42号文任命的煤矿矿长、副矿长均无安全资格证，对该矿的安全生产疏于管理，检查不力，对本起事故的发生负有主要领导责任。

（七）伊金霍洛旗新庙通达煤矿火药库爆炸事故

1998年11月22日5时25分，新庙通达煤矿井下火药库发生爆炸事故，死亡16人，重伤2人，轻伤7人，直接经济损失达120万元。

1. 事故经过

1998年11月22日5时20分左右，安检员郭某某在起床时看见运输工正在陆续入井。5时25分从井口传来一声巨响，郭某某意识到井下炸药库发生了爆炸，遂与谢某、郭某某、屈某、郭某某等先后4次参与抢救遇险人员。救出距副井井口120米处的运输工高某某。事故发生时，已有24名运输工陆续入井。矿长李某某、生产承包主要负责人均不在煤矿，另一生产承包人郭某某在事故发生后逃离煤矿。8时10分，新庙乡政府接到报告后向伊金霍洛旗公安局报告，同时组织有关人员赶到现场进行抢救。10时30分旗政府有关领导赶到现场成立现场抢险指挥部，组织先前赶到的旗公安局干警和神东煤炭集团公司救护队进行现场指挥救护。抢救过程前后共救出9名幸存者，其中1人救出半小时后死亡。伊克昭盟矿山救护大队接到命令后及时赶到现场，参与了井下爆炸现场勘查和死亡人员的反复搜寻工作，于11月27日上午将16名遇难人员全部找到并加以确认。

2. 事故主要原因

这次事故的直接原因是该矿违法购买、储存、使用不符合《煤矿安全规程》的火工产品，并在井下私自建造炸药库，因井下使用明火引起火药爆炸。火工产品使用管理混乱，在井下炸药库门前摊放炸药、包装炸药，黑火药洒落严重。此次事故前不久曾发生黑火药燃烧事故，没有引起煤矿领导的高度重视。该矿安全生产管理混乱，炸药库明电照明，井下吸烟和点火取暖等违章现象严重。

（八）呼盟鄂伦春旗库勒奇兴安煤矿瓦斯爆炸事故

1999年4月6日10时，兴安煤矿井下东巷掘进工作面由井下工人吸烟引起瓦斯爆炸事故，死亡11人。

1. 事故经过

1999年4月6日10时左右，兴安矿井发生局部瓦斯爆炸，当时正有14名作业人员在井下作业。事故发生后，该矿井法人代表兼矿长立即组织抢救，并先后用电缆和大绳送2人入井探查。10时30分，大杨树煤矿接到报告后，矿长等人迅速赶到事故现场，组织紧急抢救。先用大绳救出2人，然后又用吊罐救出3人。吊罐再次入井被卡在井筒内后，又迅速用大绳救上1名受伤人员，该受伤人员在送往医院途中因伤势过重死亡。此时已到下午6时，因井水太大，无法下井抢救。经初步确认，井下还有10名作业人员生死不明。

4月6日下午3时，大兴安岭农管局接到报告，3时35分至4时，4名领导及有关人员先后赶到事故现场，当即成立了事故抢救指挥小组，下设抢救组、事故调查保卫组和后勤组。制定了紧急抢救方案，一是迅速处理好被卡住的吊罐；二是准备好潜水泵、抽水管，在吊罐处理完后，立即进行抽水；三是抽水结束后，进行通风，2小时后，安检人员下井检查瓦斯及巷道情况，待符合标准后（主要指通风），抢救小组迅速入井，直至工作面救人。方案制定后，立即展开了抢救工作。

经过38小时的奋力抢救，终于在4月9日11时32分将井下遇难的10名作业人员的尸体运出地面。11时38分，抢救人员全部出井。

2. 事故主要原因

（1）井下采空区没有按《煤矿安全规程》要求进行封闭，造成瓦斯积聚。作业时没有进行瓦斯检测，通风设施不符合规程要求。

（2）煤矿有关负责人在瓦斯浓度超标的情况下违章指挥，冒险作业。作业人员违章在井下吸烟，导致瓦斯爆炸。

（3）该矿"独眼"作业，未形成完整的通风系统。风机安装位置不合理，使用的风筒不符合规程要求。没有建立瓦检制度，没有检验仪器和检验人员。

3. 责任分析

（1）井下矿工违章吸烟引起瓦斯爆炸负有直接责任。

（2）安全生产第一责任人在不具备基本安全生产条件的情况下违章冒险指挥作业，对事故的发生负有直接和主要责任。

（3）大杨树煤矿矿长全面负责煤矿所属各矿井的安全生产，对事故的发生负有主要领导责任。

（4）大杨树煤矿副矿长主管安全工作，对事故的发生负有重要领导责任。

（九）阿盟阿左旗巴彦浩特镇林场大岭煤矿一号井一氧化碳中毒事故

1999年4月11日7时30分许，阿盟古拉本矿区巴彦浩特镇林场大岭煤矿发生一氧化碳中毒事故，造成11人死亡，直接经济损失达42万元。

1. 事故经过

3月21日，该矿擅自组织生产开始延伸巷道，4月9日见煤（二层）。4月10日8时，因全区停电而停产，当晚约8时30分来电，矿方便组织大夜班（即11日零点班）5名工人上班，其中除绞车工留在地面开绞车外，其余4人全部下井到掘进工作面工作。

在整个事故过程中，原大夜班井下4人中3人遇难，准备上早班的5人救人时也全部遇难，另外井口自发救人的5名工人中有3人遇难，共计11人遇难身亡。整个事故过程中先后下井救人的人数达29人次。

2. 事故主要原因

（1）该矿管理混乱，规章制度不健全；特别是在火区附近作业，既无一氧化碳检测仪器和报告制度，又无紧急情况下的避险救灾措施，导致工人无章可循。

（2）3月21日开工前，既不按规定要求对新工人进行岗前安全培训，又不经有关部门批准擅自违章组织生产。

（3）该井为"独眼井"，自然通风，风向不稳，风路紊乱。该井的报废巷与相邻矿相通处没有密闭，由于气候的变化，使火区的一氧化碳通过塌陷区、裂隙和报废巷道涌入该井。

（4）事故抢救措施不当，盲目冒险救人，造成救人过程中死亡8人，使事故扩大。

3. 责任分析

（1）该矿承包人对新招的工人不按规定组织培训学习，对独眼井、自然通风火区附近作业的矿井违章组织生产，且事故发生时未采取有效救护和防止事故扩大的措施，而是盲目冒险组织救人，对事故的发生和事故的扩大负有直接责任。

（2）该矿管理混乱，规章制度不健全。矿长以包代管，放弃了作为安全生产第一责任人的职责，不配备一氧化碳检测仪器，未建立一氧化碳检测报告制度，未认真履行有关部门对安全生产的规定和要求，并在没有切实可行的安全措施的保证下，擅自同意恢复生产，对此次事故应负直接领导责任。

（3）该井的生产和技术负责人得知井下发生事故时，在对事故没有作出确切判断的情况下，带领工人盲目冒险下井组织救人，致使事故救护秩序更加混乱，对事故的扩大也应负直接责任。

（4）瓦检员应懂得火区附近作业必须定期检测一氧化碳的规定，虽矿上没有配备一氧化碳检测仪器，但作为瓦检员应主动向矿领导提出或要求配备这类仪器，却未向矿领导反映和要求。

（5）巴彦浩特镇林场（原治沙站）作为该矿的主管单位，虽然与矿长签订的目标责任状中明确了安全生产的考核指标，但是对该矿的安全生产监督检查不力，管理松懈，因此巴镇林场（原治沙站）主要领导人应负主要领导责任。

（十）三城湾煤矿3号井瓦斯爆炸事故

1999年4月21日1时20分左右，包头市聚福祥煤矿与国庆乡三城湾煤矿3号井之间的采空区内，由于岩石摩擦、撞击产生火花，引起采空区内瓦斯爆炸，涉及两矿，造成10人死亡。

1. 事故经过

4月20日，聚福祥煤矿跟班副矿长安排13名工人入井，分别在一水平和二水平作业，自己与棚子维修工先在地面修道。21日零时左右，13名工人先后入井。当班瓦斯检查员入井后，先去一水平回采工作面检查，甲烷浓度为0.6%~0.7%，发觉瓦斯浓度比平时明显偏大，就把风筒往高处吊了吊，然后再次检查，甲烷浓度降为0.4%，这时其他攉煤工正准备装车。接着，瓦检员又去二水平检查，回采工作面甲烷浓度为0.26%，掘进工作面甲烷浓度为0.5%（以上检查结果均无记录，据本人讲忘记带圆珠笔）。检查完甲烷后，就和爆破员一起在掘进工作面等修棚工（因当班无爆破任务，爆破员在掘进工作面等修棚工入井后一同维修棚子）。1时20分左右，忽听一声巨响，觉得事情不好，赶紧卧倒，并劝爆破员趴下，但爆破员吓得到处乱跑。此时，一水平工作的推罐工，忽觉从回采面方向吹来气浪把他吹倒；正在地面的跟班副矿长和1名工人准备从回风井入井，当打开风门时，一股黑烟从井下冲出，将其吹出数米致伤。

4月20日16时左右，三城湾煤矿3号井跟班副矿长带领当班工人入井，当班主要任务是分别在4个回采工作面出煤。整班生产过程中未发现工作面甲烷浓度有异常变化。21日0时45分左右，跟班副矿长与瓦检员、爆破员一起检查完工作面后，便吩咐其他7名出煤工提完最后两钩车下班，随即3人升井。约过10分钟后，3人看见从3号井出口冲出黑烟尘。

事故发生后，聚福祥煤矿立即组织人员入井侦察与抢救，当时发现有5名矿工死亡，另有6名不同程度的受伤和中毒，其中1人在抢救中死亡。在各级领导和救护队员的共同努力下，于22日11时之前先后又寻找到另外3名矿工尸体。三城湾煤矿在此次事故中当场死亡矿工1名，6名矿工不同程度的一氧化碳中毒。

2. 事故主要原因

通过包头矿务局救护队及事故调查组技术人员深入现场勘察分析，另外经全方位的调查、取证，判定爆源点在两矿之间的采空区。

（1）由于两井均采用高落式采煤方法，1997年7月之前，两井采煤形成的采空区大面积连通；之后，两井的边界实际上是两井的共有采空区。CU_2煤层沼气含量大，因此两井之间的采空区内积聚有高浓度甲烷。

(2) 该煤层顶板岩石稳定性较差，在大面积长时间空顶下，由于两井采动，应力发生变化，顶板冒落过程中，岩石摩擦、撞击产生火花，成为引爆甲烷的火源。

(3) 两井虽在各自井巷内有密闭与对方或与采空区隔绝，但密闭质量差。另外，高落式采煤法也使回采面与采空区相通，使采空区漏风严重。这一方面促成爆炸的供氧条件，另一方面爆炸冲击波很容易将密闭摧垮，涉及两矿。

3. 责任分析

(1) 聚福祥煤矿矿长虽与此次事故无直接责任，但没有执行上级关于在未取得"煤炭生产许可证"之前只能进行矿井改造，不得进行回采的规定，对此次事故负有间接责任。

(2) 杨圪塄煤矿小窑科科长主管矿办小井安全生产，对聚福祥煤矿在未取得"煤炭生产许可证"情况下违规生产以及安全管理混乱状况监督检查不力，对此次事故负有连带领导责任。

(3) 三城湾煤矿矿长在两矿采空区已经贯通的情况下，没有采取有效的与邻矿隔离措施而继续生产，对此次事故也负有一定责任。

(十一) 包头市石拐区河滩沟综合煤炭公司二号井瓦斯爆炸事故

1999年10月20日6时20分左右，包头市河滩沟综合煤炭公司二号井由于班长违章指挥工人用电钻电缆线明电爆破，引起瓦斯爆炸，死亡15人，直接经济损失达50万元，间接经济损失达50万元以上。

1. 事故经过

二号井有3个采掘作业点，每班作业人员有十几人不等。1999年10月20日零点班接班前，副井长主持召开了班前会，在安排当班任务的同时强调了注意事项。会后，上一个班的带班井长已经升井，在办公室与零点班带班井长交接班说："井下工作面有大块煤需要处理，其他没有问题"。然后，零点班带班井长带领15名工人陆续下井。其中8名出煤工作业地点是四横川和五横川的两个出煤口；有4人打掘进，作业地点在工作面回风巷内；采煤工作面爆破员1人，当班瓦检员1人，井下信号工1人。另外在地面还安排有3名推车工。约5时许，采煤工作面爆破员破完大块后将爆破器交给掘进头爆破员，向带班井长请示后升井，当时带班井长正在掘进头，瓦检员也随后到了掘进头。掘进头准备爆破起棚脚。在5时至6时20分之间，采煤工作面在爆破员升井的情况下又将爆破器从掘进头取回准备爆破，掘进头在放完右侧起底炮后，带班井长在没有检查瓦斯、没有爆破器的情况下，指挥工人用电钻电缆线明电爆破，引起瓦斯爆炸，造成井下15人全部死亡，井口3名推车工受伤，矿井严重破坏的特大恶性事故。

2. 事故主要原因

经过现场勘察和调查取证分析，这起事故是由于企业安全生产管理不善，对职工安全教育不够，职工安全生产意识差，违章指挥、违章作业造成的重大责任事故。导致事故发生的主要原因是：

(1) 厚煤层高落式回采，工作面采空区比较高，爆破落煤后，工作面回风口被堵，使采面通风不畅，造成大量瓦斯积聚，导致回风瓦斯浓度增高。

(2) 带班井长明知采面通风情况不好，既不设法进行处理，又不检查回风瓦斯浓度，在掘进头没有爆破器的情况下，违章指挥、爆破作业。

(3) 爆破员不严格遵守《煤矿安全规程》和操作规程，在既没有检查瓦斯，又没有爆破器的情况下使用电钻电缆线违章明火爆破，引起瓦斯爆炸。

3. 责任分析

（1）当班爆破员不遵守《煤矿安全规程》、作业规程和爆破员操作规程，在既没有检查爆破地点瓦斯浓度，又没有爆破器的情况下，直接使用电钻电缆线明火违章爆破，引起瓦斯爆炸，是这起事故的直接责任者。

（2）带班井长作为工作现场负责人，不遵守煤矿安全生产规定，违章指挥、冒险蛮干，是这起事故的主要责任者。

（3）副矿长分管矿井安全生产工作，对职工安全教育不够，安全生产管理不严。特别是在值班期间，对采煤工作面通风不畅问题没有引起重视，没有及时采取措施进行处理，对这起事故负有不可推卸的主要领导责任。

（4）副矿长作为矿井安全生产负责人之一，虽然在事故发生时公出在外，但平时对矿井安全生产管理不严，对职工安全教育不够、安全生产管理体制不健全等问题负有重要领导责任。

（5）综合煤炭公司副经理作为矿山安全生产主要负责人，对矿井安全管理松散，安全管理工作不到位，安全技术管理内容不落实，"以聘代管"的问题比较突出，特别是对各级安全生产管理体制不健全负有重要责任，对这起事故负有主要领导责任。

（6）公司经理作为企业安全生产第一责任人，在主持公司行政管理工作以后，对煤炭行业的特殊性认识不够，没有尽快建立和完善企业的安全生产和技术管理体制，放松了对企业的安全生产管理，在各级安全生产管理机构不健全、技术和安全管理力量差、矿井不安全隐患明显和各级安全生产责任制落实不到位的情况下，组织煤矿生产长达3个多月，对这次事故负有不可推卸的领导责任。

（7）包头矿务局在集体企业改制中，对煤炭行业管理存在的特殊性认识不够，在企业改制分离时，没有妥善处理好与地方对企业安全生产管理、监督的衔接，致使该公司在长达3个多月的时间里处于安全管理监督失控状态，应予以追究领导责任。

（十二）包头矿务局白狐沟煤矿煤运科福水渠联办煤矿瓦斯爆炸事故

1999年12月13日11时10分，在福水渠联办煤矿回采工作面附近与采空区相通的一条长约18米的盲巷内，由于工人井下吸烟，引起盲巷内瓦斯爆炸，造成井下工作的18名工人死亡，地面井口附近冲击波致死2人，直接经济损失达70万元，间接经济损失达27万元。

1. 事故经过

12月13日早，当班21名工人陆续到矿，7时40分，值班副矿长主持召开了班前会，讲了一些注意事项，并对工作做了布置。会后，带班班长安排了各组工作，具体分工是：井上绞车工1名，翻罐工2名；井下二部绞车工1名，一部井底车场挂钩工1名；井下爆破员1名，瓦检员1名，推车工4名，维修工3名；两个工作面出煤工各3名。

8时许，副矿长和井下作业人员一同下井检查安全，到了工作面，副矿长带领瓦检员、爆破员先进入南巷和东巷两个回采工作面检查瓦斯，浓度分别是0.2%和0.3%，见两个工作面煤都很多，而且没有石头和大块煤卡口，不用爆破作业，就安排出煤工出煤，待出了七、八钩煤，副矿长又来到回风巷维修点检查瓦斯，浓度是0.1%，查完瓦斯后，就安排工人维修棚子。副矿长参与换完一个棚腿后，约10时10分升井。刚到地面，接到井下工作面通知要炸药，大约是10时30分，副矿长安排将领取的4包炸药放到矿车上送入井下。11时30分，副矿长在矿办公室听到一声巨响，赶到井口时，见主井口被炸塌，在井口附近准备接车的两名翻车工被冲击波和飞出的钢梁致死；但风井口及主要通风机运转正常，随即向在包头市联系业务的矿长和白狐沟矿报告。

白狐沟矿接到报告后，有关人员立即赶到现场，并采取3项措施进行抢险救灾：一是立即切断井下全部电源，继续保持主要通风机运转；二是立即调度救护队参加抢险，并通知矿卫生所参加救护，调矿公安科维持秩序；三是临时成立以白狐沟矿矿长为组长的事故抢险指挥部。包头市、神华集团总公司、自治区人民政府各级领导赶到现场后，又对事故抢险指挥部做了几次调整和充实。截至2000年2月28日，已挖寻出遇难工人16人，另外4名遇难工人的挖寻工作继续进行。

在整个抢险过程中，指挥部制定的各套方案切实可行，防止了事故进一步扩大。

2. 事故主要原因

经过现场勘察和调查取证分析，这起事故是由于企业安全生产管理不善，对职工安全教育不够，违章指挥，违章作业，违反劳动纪律而造成的重大责任事故。主要原因是：

（1）在盲巷内又多处布置独头采煤工作面，废弃后也不进行封闭，形成与生产系统直接相通的有害气体积存区。

（2）违反《煤矿安全规程》规定，在没有采取任何安全措施的情况下，长期在废弃巷道里存放爆破器材，并作为爆破准备工作的场所和避炮地点。

（3）采煤工作面在出煤时，严重违反安全规程扎风带口，使盲巷的通风严重不足，致使盲巷内的另一条废弃巷道口附近（爆破器材存放地点和爆破准备地点）的瓦斯得不到排除。

（4）爆破员违反《煤矿安全规程》、操作规程和劳动纪律，在不具备安全生产条件的场所作业，并私自在井下吸烟。

3. 责任分析

（1）爆破员是经过培训的特种作业工人，不遵守《煤矿安全规程》和爆破员操作规程，在不具备安全生产条件的场所作业，并在井下吸烟，引起瓦斯爆炸，是这起事故的直接责任者。

（2）带班班长作为工作现场负责人，不遵守煤矿安全生产规定，违章指挥，冒险作业，且对爆破员违章行为不及时制止，是这起事故的主要责任者。

（3）矿长虽然只分管运销，且事故发生时公出在外，但是作为企业安全生产第一责任人，平时不注重矿井安全生产管理，在矿井明显存在安全隐患，技术和安全措施不到位的情况下，违反国家停产整顿要求，继续组织生产，对这起事故负有不可推卸的主要领导责任。

（4）副矿长作为该矿的主要安全生产管理者之一，在组织生产中不按技术规程布置采煤工作面，没有及时组织封闭废弃巷道，对这起事故负有重要领导责任。

（5）白狐沟煤矿作为该矿管理单位，在执行矿务局集体企业改制和挂靠小井脱钩中，管理职责交接不明确，安全生产管理存在空挡，致使该矿存在的重大不安全隐患得不到及时纠正。而且在上级要求停产整顿期间继续组织生产，对这起事故负有主要管理责任。

（6）包头矿务局在企业改制过程中，对所属企业的管理存在一定漏洞，特别是没有很好吸取"10·20"事故教训，再次发生重大事故，负有重要的管理责任。

（十三）包头市杨圪塄矿业有限公司聚福祥煤矿"5·8"重大瓦斯爆炸事故

2001年5月8日15时20分，包头市杨圪塄矿业有限公司聚福祥煤矿发生一起特大瓦斯爆炸事故，造成11人死亡，5人受伤，直接经济损失达60万元。

1. 事故经过

5月8日8时，早班20名工人先后来到井口，没有开班前会就按各自分工上岗，分散在一个采煤工作面出煤、两个掘进工作面打掘进。11时30分，地面高压突然断电，全矿井停电。11时45分，2名矿井负责人与井下部分作业工人升井，之后，电工先将井口总闸拉下。12时10分左右地面恢复供电，并立即开启主要通风机，5分钟后给井下送电。随后出煤班长带领停电期间升井的12名工人（其中爆破工1人、瓦检员1人）入井。14时30分，杨圪塄矿业有限公司技术科测量技术员在井下看到采煤工作面4人装车、2人推车。南三楼掘进巷2名爆破工正在斜巷攉煤，北平巷掘进工作面有5人（其中包括当班瓦检员、爆破工、跟班班长、两个棚工）。14时40分，测量技术员升井。15时20分，电工首先发现在主井口喷出黑烟和煤尘，随后又发现主扇排出黑烟，并听到了爆炸声。他立即切断井下电源，地面主要通风机仍保持正常运转。

15时30分，矿负责人打电话将事故情况向杨圪塄矿业有限公司做了报告，16时30分，公司董事长等公司领导先后赶到出事井口，立即成立了杨圪塄矿业有限公司救灾指挥部，制定了救灾方案。16时30分，公司救护队分三个组第一次入井抢险。19时，内蒙古煤矿安全监察局接到事故报告，23时20分，内蒙古煤矿安全监察局副局长带领有关人员赶到事故现场指导抢险救灾。经多方努力，在5月12日16时，将最后1名遇难职工找出，抢险救灾工作结束。

2. 事故主要原因

事故调查组经过两次井下事故现场勘察和两次地面勘察，先后调查了聚福祥煤矿及相邻有关矿井等相关单位。经分析论证，认定事故原因如下：

（1）由于采用巷道高落式采煤方法，基本顶为硬质石英砾岩，岩石硬度普氏系数为10，基本顶不易冒落，形成采空区大面积空顶，CU_2煤层瓦斯含量较大，采空区聚积大量的瓦斯。

（2）高落式采煤方法工作面对采空区有足够的氧气补给条件。

（3）随着采空区空顶面积的增大，受自然空顶面积限制和采煤活动的影响，顶板在错动冒落过程中，岩石相互摩擦、撞击产生火花，引燃瓦斯。

（4）杨圪塄矿业有限公司安全生产管理漏洞严重，在企业改制后未健全安全生产责任制，未将"一通三防"责任落实到人。在聚福祥煤矿纳入杨圪塄矿业有限公司直接管理后，未明确落实该井的安全生产责任，而且委派不具备矿长资格的人员对仍按独立生产单位管理的聚福祥矿进行管理。同时，杨圪塄矿业有限公司对该井的生产、技术、安全管理不到位。4月29日和5月1日，包头市煤管局及市政府领导针对杨圪塄矿业有限公司生产井（全市各类小煤矿已全部停产整顿）安全生产问题进行了两次专项检查。就生产井的安全生产提出了明确要求，但是杨圪塄矿业有限公司没有引起高度重视，继续采用具有特大事故隐患的采煤方法进行生产。

3. 事故性质的认定

因安全管理认识不足，未制定相应技术防范措施而导致的瓦斯爆炸事故。因此这是一起责任事故。

4. 责任分析及处理建议

事故调查组经过勘察事故现场、调查取证，查明了事故发生的经过和原因，明确了事故性质和主要责任，并对8名有关责任人提出了处理意见。

（1）矿生产负责人作为事故的直接责任者，根据《内蒙古自治区违反矿山安全法规罚款办法》第五条规定，处以8000元罚款，并建议司法机关追究其刑事责任。

（2）跟班副矿长胡某某、张某某、李某某三人作为安全生产管理负责人，对生产过程中存在的违章行为不予制止，负有主要领导责任。依法分别处以三人各8000元罚款，并吊销矿长资格证。

（3）杨圪塄矿业有限公司董事长、总经理、党委书记郑某某作为杨圪塄矿业有限公司安全生产第一责任人，安全生产管理不严，未建立健全企业安全生产责任制，未将矿井"一通三防"责任落实到人，未明确落实聚福祥煤矿的安全生产管理责任，致使该井安全生产混乱，对这起事故负有直接领导责任。依法对其处以10000元罚款，吊销矿长资格证。杨圪塄矿业有限公司董事会应依据相关规定撤销其杨圪塄有限公司总经理职务；建议给予郑某某撤销杨圪塄矿业有限公司党委书记职务处分。

（4）杨圪塄矿业有限公司副总经理王某某分管安全生产管理工作。按总经理指示对聚福祥煤矿安全检查时对该井没有采煤作业规程下组织生产，并且对仍然采用存在重大安全隐患的采煤方法采煤不予制止。对事故发生负有主要领导责任。依法对其处以8000元罚款，并建议给予党内警告处分。

（5）杨圪塄矿业有限公司聚福祥煤矿在事故发生过程中存在如下违法事实：一是矿井采煤工作面通风、采煤、防治瓦斯等安全设施和条件不符合国家安全标准，经责令改正仍未达到要求；二是没有采煤作业规程；三是矿井负责人不具备安全生产专业知识，特种作业人员没有操作资格证书就上岗作业。因此，依法对杨圪塄矿业有限公司处以15万元的行政罚款。

（6）由自治区行业管理部门依法吊销聚福祥煤矿煤炭生产许可证。

（十四）呼伦贝尔盟牙克石市矿产资源开发总公司红旗煤矿一号井"2·11"重大一氧化碳中毒事故

2002年2月11日9时40分，牙克石市矿产资源开发总公司（国有企业）红旗煤矿一号井发生一起一氧化碳中毒事故，造成14人死亡，直接经济损失达80万元。

1. 事故经过

2002年2月4日，牙克石市煤炭行业管理部门按照上级和市政府安全工作要求，向红旗煤矿一号井派驻矿区节前安全检查组，检查放假期间停产。放假期间，检查组又两次到矿检查煤矿值班情况。到2月11日，除打更、值班和部分领工资的人员外，其他工人全部离矿回家。

2002年2月11日早晨，该矿矿长到矿巡查和处理煤矿事务时，发现主井井口有烟气，9时40分，矿长带领副矿长、5名工人和1名外单位人员在未经安全监察部门批准，又不研究制定任何安全技术措施的情况下就安排工人下井打封闭。副矿长明知主要通风机已经停运，不采取任何安全防范措施，贸然带领6名工人从自然通风后已经变成出风井的主井口入井作业。入井时，其中1名工人因回住所取靴子未一同下井，当他赶到井口后，发现井下涌上来的空气有异常味，向井下走了10米左右，感觉头晕便摔倒在地，努力爬回地面后，立即向矿长报告险情。矿长随即向大雁矿山救护队求援，然后带领李某、王某在没有采取任何安全技术防范措施情况下下井救人。这时，与矿长相识买菜归来的崔某也同矿长一起下井救人。过了20多分钟，矿长的弟弟席某（非本矿职工）不见哥哥升井，便又找到两名在矿工人下井救人，并率先进入井下。随后又有5名非本矿职工也相继入井救人。李某、王某和另外几个人都晕倒在井口附近，又被其他人救出，在送医院抢救时，李某、王某已死亡。在本次下井作业和抢险救灾过程中，先后有22人入井，其中有7人入井打封闭（6人死亡，1人生还），15人进入主井抢救人员（8人死亡，7人生还），共造成14人死亡，其中有5人为非本矿人员。

2．事故主要原因

（1）2002年1月初，该矿已发现副井有火区隐患，虽然制定了安全技术措施，但未引起矿长的重视和支持，治理工程进展缓慢。由于处理隐患不及时、不彻底，导致火区迅速蔓延、扩大。

（2）主要通风机停止运转后，矿井自然通风，风流方向在自然风压的作用下反向，风量减小，温度升高，加速了煤层自燃的速度，导致一氧化碳等有害气体大量产生。

（3）出现火情后，矿长安全素质差。在组织处理火区时，没有按安全技术措施组织实施，严重违章指挥，冒险蛮干，强令工人入井封闭火区作业，导致中毒事故发生。事故发生后，仍然没有引起警觉，继续冒险蛮干，在没有采取任何安全技术措施的情况下，矿长亲自违章冒险带领人员进入灾区救人，造成了事故的扩大。在矿长遇险无人指挥的情况下，抢险工作一片混乱，一些闲杂人员无组织、无措施地随意冒险进入灾区救人，造成灾害进一步扩大。

（4）红旗煤矿一号井安全生产管理混乱，矿井承包人重生产、重效益、轻安全的思想严重，在放假前火区危害还不严重时，工程技术人员对火区灾害已提出处理措施和建议，但是矿长不予重视，也不向有关管理单位报告事故隐患情况，致使危及安全生产的重大火灾隐患没有得到及时纠正和处理。

3．事故性质的认定

是由于矿井承包人安全素质差，重效益、轻安全思想严重，在组织处理火区时，没有研究和制定安全技术防范措施，违章指挥工人下井作业，在发生事故后，仍然没有引起重视，继续冒险蛮干而导致的一起灾害扩大性责任事故。

4．责任分析及处理建议

（1）矿长席某某是该矿安全生产第一责任者，重效益、轻安全，对重大安全隐患不重视，处理不及时、不彻底，发生事故后矿井抢险工作一片混乱，因此认定其为本起事故的直接责任者，建议追究其刑事责任，但因其在事故中死亡故不予追究。

（2）副矿长陈某某作为该矿安全生产管理者，对矿长的违章指挥不但不予以纠正和制止，反而在没有任何安全措施的情况下带领工人冒险作业，对事故负有直接责任。但因其在事故中死亡，故不予追究。

（3）牙克石市人民政府对全市煤矿预防和消除重大安全隐患等安全生产管理工作虽有安排、部署，但监督检查不够细，应对本行政区域的煤矿安全监督管理负责。建议给予牙克石市人民政府分管副市长通报批评，牙克石市人民政府主要领导作深刻检查。

（4）红旗煤矿一号井安全生产管理混乱，没有按照国家煤矿安全生产规定制定相应的防范火灾重大安全隐患的技术措施，在井下火区危害严重时，违反安全生产管理规定，不向有关管理单位报告事故隐患情况，在矿井通风和井下作业环境不符合《煤矿安全规程》规定的情况下，安排工人冒险作业，严重违反了国家煤矿安全生产法律法规，依法对牙克石市免渡河红旗煤矿处以10万元罚款。

（5）红旗煤矿一号井应严格按照事故调查组提出的防范措施和市行业主管部门批准的矿井灾害处理技术措施，进行停产整顿。整顿结束后，应向呼盟行业管理部门和海拉尔煤矿安全监察办事处申请验收，验收合格后，方准恢复生产。

（十五）包头市石拐区国庆乡脑包沟村常胜煤矿"10·31"重大瓦斯爆炸事故

2002年10月31日8时55分，包头市石拐区国庆乡脑包沟村常胜煤矿发生一起重大瓦斯爆炸事故，造成14人死亡，直接经济损失达61万元。

1. 事故经过

2002年10月31日8时55分，工人听到井下轰鸣声，随即主井口喷出黑雾。救护队接到报警后立即赶到，根据指挥部命令，救护队6次进入灾区侦查与抢救。抢救出3名遇难工人后，井下有害气体含量不断增加，灾情不断加重。指挥部决定采取隔绝灭火措施，并于11月8日封闭井口。

2. 事故主要原因

（1）常胜煤矿在工作面老顶为特厚石英质砾岩的特殊地质赋存条件下，采用短壁后退式方法采煤，造成采动后采空区基本老顶迟迟不能垮落，致使采空区顶部瓦斯积聚。

（2）在开采中又使东西采空区连通，造成采空区大面积空顶垮落，形成强大的冲击波，使之与过去形成的可能有自然发火的采空区相通，大量的瓦斯涌入造成瓦斯爆炸。

3. 事故性质的认定

通过调查分析，这是一起责任事故。

4. 责任分析及处理建议

（1）矿长姜某作为事故的主要责任者，建议吊销其矿长安全资格证并移交司法机关追究其刑事责任。

（2）技术副矿长李某某违章指挥应负直接责任。因其在事故中死亡，故不予追究。

（3）石拐区人民政府今年以来虽然对煤矿安全生产管理采取了很多措施，但是对辖区内煤矿企业违反安全生产规定组织生产、发生特大伤亡事故负有一定责任，建议对分管副区长进行全市通报批评，区政府主要负责人向包头市人民政府作出深刻检查。

（4）该矿不严格按设计要求开采，回采作业没有按照《煤矿安全规程》的规定管理顶帮，工作面瓦斯积聚问题严重，采空区管理差，并且不执行《煤矿安全规程》关于开采煤柱的规定，造成事故。常胜煤矿必须严格落实事故调查组提出的防范措施，并严格按照市行业管理部门批准的矿井开采安全隐患处理技术措施进行整顿，整改结束后，应向包头市行业管理部门和包头煤矿安全监察办事处申请验收，验收合格后，方准恢复生产。

（5）国庆乡煤矿管理部门对该矿不严格按设计的采煤方法进行开采不予纠正，对该矿的安全监督管理不到位负有主要管理责任。建议撤销乡经委主任杜某职务，撤销郝某某乡经委副主任和乡煤矿安检东站站长职务；给予分管煤炭安全生产副乡长姜某某行政记过处分，给予乡长侯某某行政警告处分。

（十六）牙克石市牙克石煤矿一号井"7·4"重大瓦斯爆炸事故

2003年7月4日8时30分，牙克石市牙克石煤矿（牙克石煤炭有限责任公司）一号井右六片回采区工作面轨道巷与工作面切眼联络川交叉点发生一起瓦斯爆炸事故，造成22人死亡，6人受伤，直接经济损失130万元。

1. 事故经过

2003年7月4日8时，一号井通风队6名工人下井，由于右六片回采工作面涌水量大，为把该回采工作面涌水经已准备好的右七片回采准备工作面导入井下水仓，准备在右六片回采工作面轨道巷与工作面联络川交叉2米处打一道挡水墙。事故发生的前一天（7月3日），该矿井右六片工作面切眼与轨道运输巷联络川中部打了一道砖闭，使右六片回采工作面轨道运输巷巷尾形成盲巷。7月4日8时30分左右，当通风队3名工人到达作业地点准备打水墙时，发生瓦斯爆炸。当时井下作业人员共97人，其中，右六片工作面区域有43人，左一片工作区域有54人。

7月4日9时30分，海拉尔煤矿安全监察办事处，呼伦贝尔市市委、市政府和牙克石市市委、市政府接到事故报告后，主要领导立即赶到事故现场，成立了牙克石市抢险救援指挥部组织抢险救灾。在抢险救灾人员和救护组织共同努力下，左一片作业的54名工人全部安全撤到地面；右六片作业的43人，其中21人在井下遇难，1人被抢救出地面后医治无效死亡，6人受伤，15人安全撤出。至4日16时30分，遇难工人全部运出地面，抢险工作结束。

2. 事故主要原因

（1）由于右七片准备工作面的顶板漏风，致使各工作面巷道内积聚的瓦斯泄出，在右六片工作面切眼到轨道联络川于7月3日打密闭后，形成右六片轨道接90米的盲巷，造成瓦斯积聚。

（2）通风队工人在右六片回采工作面轨道巷与工作面联络川交叉点抽烟时，引发瓦斯爆炸。

（3）牙克石煤矿（牙克石煤炭有限责任公司）一号井在改变矿井通风系统时，未采取安全技术措施，违章指挥工人作业。一号井安全管理混乱，安全管理制度不落实，瓦斯检查制度和入井检身制度形同虚设。违章安排特殊工种人员无证上岗作业。

3. 事故性质的认定

经分析论证，认定这起事故是一起严重违章指挥、违章作业造成的责任事故。

4. 责任分析及处理建议

（1）通风队工人孙某某、一号井通风队队长兼技术员孟某某、一号井井长李某某三人违章指挥违章作业导致事故发生，是这起事故的直接责任者。除孙某某在事故中死亡不予追究外，对上述二人建议司法机关依法追究其刑事责任。

（2）一号井瓦检员汪某某、耿某某，不认真执行瓦斯检查制度，对事故地点的瓦斯不检虚报，应对这起事故负主要责任。建议吊销二人瓦斯检查员资格证并解除劳动合同。

（3）安全科科长张某某对特殊作业人员无证上岗、工人井下吸烟等违章现象制止不力，应对这起事故负重要责任。建议给予党内警告处分并处以3000元罚款。

（4）总经理毛某某作为公司安全生产主要负责人，对该公司安全生产责任制不落实，安全管理不到位，对井下重大隐患不闻不问，应对本起事故负主要领导责任。建议该公司董事会撤销其职务并给予留党察看一年处分。

（5）依法对该矿处以20万元行政罚款。

（6）牙克石政府虽然制定了相应的事故预案，并与该矿签订了安全生产责任状，又组织开展了全市生产大检查，但对煤炭行业管理部门的工作督促检查不够，应对本行政区域的煤矿安全工作负责。依法对牙克石市人民政府主要领导进行通报批评，并向呼伦贝尔市市委、市政府作深刻书面检查。

（十七）乌海市海南区鑫源煤矿"4·30"重大透水事故

2004年4月30日，乌海市海南区鑫源煤矿发生一起透水事故，造成13人死亡，2人失踪，直接经济损失达287.5万元。

1. 事故经过

2004年4月30日早班，带班班长带领31名工人（安全工1名，爆破工2名、三轮车司机16名、装车工12名）入井作业，分布在8个工作面。约9时20分，2名爆破工在西巷工作面爆破时，发生透水事故。在距透水点30米处躲炮的三轮车司机和在附近工作面作业的工人，在听到爆破声的同时发现有水涌入他们的工作面，他们立即向地面逃生，17名矿工跑出地面，并向该矿负责人报告了事故。至此，井下其余15名矿工被困。

事故发生后，该矿及时向有关部门报告了事故，乌海市政府、海南区政府、乌海煤矿安全监察办事处领导带领有关人员立即赶到事故现场，成立了事故抢险救灾指挥部，制订了具体抢险救灾方案，立即展开抢险工作。指挥部根据事故现场情况，及时成立了事故抢险救灾专家组，在专家组的指导下，不断调整救灾方案，从神华海勃湾矿业公司抽调专业技术人员负责井下排水；调动大功率水泵投入排水，加大排水量；为了防止排出地面的水再次渗漏到井下，组织人员在地面开挖防渗漏导流渠5千米；抽调108地质队20名工程技术人员和兰州军区及内蒙古军区给水团51名官兵，负责从地面向井下积水区打3个排水钻孔，安设深井水泵，以加快排水进度。经多方努力，至2004年6月8日，抢险工作进行了38天，找到了13名遇难矿工，还有2名遇难矿工下落不明。2004年6月8日上午，事故抢险指挥部组织有关部门人员再次下井对剩余2名遇难矿工搜寻，但仍未找到。抢险指挥部研究决定，抢险工作可以结束，认定2名遇难矿工下落不明。已找到的13名遇难矿工和2名下落不明矿工的善后事宜均已妥善处理完毕。

2. 事故主要原因

（1）该矿越界进入季节性河槽下开采，自然涌水量大，矿井南部有多处原公乌素煤矿二号井16号煤层积水采空区。

（2）该矿矿长违章指挥工人越界开采，巷道越界248米，冒险进入积水采空区下作业。

（3）在未采取有效探放水技术措施的情况下，工人在掘进工作面爆破时与积水采空区打透，导致透水事故发生。

（4）鑫源煤矿2003年安全评价为D类煤矿后，有关部门给该矿下达了停产整顿指令，该矿在不具备安全生产的条件下，拒不执行有关部门下达的停产整顿指令，擅自恢复生产，违章冒险作业

3. 事故性质的认定

经调查取证和分析论证，认定这起事故是因鑫源煤矿拒不执行有关部门下达的停产指令，违法组织生产，越界开采，违章指挥、冒险作业造成的一起责任事故。

4. 责任分析及处理建议

（1）董事长魏某拒不执行有关部门下达的停产指令违法组织生产，越界开采，强令工人冒险作业，是事故的直接责任者。建议司法机关追究其刑事责任。

（2）矿长刘某某拒不执行有关部门下达的停产指令违法组织生产，越界开采，强令工人冒险作业，是事故的直接责任者。建议司法机关追究其刑事责任并吊销其矿长安全资格证。

（3）生产承包人孔某某没有履行安全生产管理职责，是事故的直接责任者，建议司法部门追究其刑事责任。

（4）带班班长何某某对重大隐患不

及时采取措施，违章指挥工人冒险作业，是事故的直接责任人。建议司法机关追究其刑事责任。

（5）鑫源煤矿 2003 年安全评价为 D 类煤矿后，有关部门给该矿下达了停产整顿指令，该矿在不具备安全生产条件下，拒不执行有关部门下达的停产整顿指令，擅自恢复生产，违章冒险作业，导致特大透水事故发生。建议由煤炭行业管理部门吊销其煤炭生产许可证，国土资源主管部门吊销其采矿许可证。吊销证照后，海南区政府对该矿实施关闭。

（6）乌海市政府虽然召开了全市安全生产会议，又开展了全市安全大检查，但对市煤炭行业管理部门和市国土资源管理部门的工作监督检查不够，要求乌海市政府向自治区党委和自治区政府作深刻书面检查。

（十八）乌海市海南区康海煤矿"4·26"重大瓦斯爆炸事故

2005 年 4 月 26 日，乌海市海南区康海煤矿发生一起重大瓦斯爆炸事故，造成 12 人死亡，直接经济损失达 300 万元。

1. 事故经过

2005 年 4 月 26 日 16 时，康海煤矿中班共有 15 名工人入井作业。其中，二采区有 13 名工人，入井后，分别在 3 个掘进工作面作业。约 20 时 40 分，安检员在井下巡检结束后开始升井，大约走到一、二采区贯通立眼附近时（约距最后检查地点 340 米远），突然身后涌来一股热浪，并伴有巨大的爆炸声，此时约为 20 时 50 分。安检员立即向地面逃生，升井后，立即向该矿负责人报告了情况。接着，在一采区工作的两名工人安全逃出地面。但是，在二采区工作的其他 12 名工人没有升井，生死不明。

事故发生后，矿方一边自行组织抢救，一边电话通知海勃湾矿业公司救护大队，同时也向当地有关部门报告了事故。乌海市政府及有关部门、乌海监察分局接到事故报告后，先后赶到事故现场，立即启动了应急救援预案。海勃湾矿业公司救护大队于 23 时赶到事故现场，立即下井侦察和搜救。由于矿井破坏严重，井下瓦斯浓度和一氧化碳浓度较高，抢险救灾工作十分艰难，现场抢险指挥部随即调动乌达矿业公司救护大队增援。

神华集团海勃湾矿业公司和乌达矿业公司救护大队先后十几次下井搜救。4 月 30 日，挖掘出 6 名遇难矿工尸体并运出地面。由于 2 号竖井内的钢丝绳和管线在事故发生后坠入井筒内，且井下巷道冒落严重，有害气体浓度严重超标（掘进巷内的瓦斯含量达 80%），恢复系统和清理巷道及搜寻遇难矿工的工作难度很大，之后，恢复竖井提升能力和清理冒落巷道的工作一直在矿山救护队的直接参与和监护下进行，遇难矿工陆续被找到。直到 6 月 15 日，最后 1 名遇难矿工被找到，至此抢险工作结束。

2. 事故主要原因

（1）该矿二采区（技改系统）东二集中运输巷及南一探巷、北一联络巷 3 个掘进巷道都一次或几次穿过地质变化构造带，瓦斯涌出异常。二采区技改新系统与一采区旧系统贯通后，没有及时建设通风设施、进行合理配风，由于二采区通风距离较长（技改系统通风距离长约 1340 米，旧系统通风距离约 682 米），其间巷道断面多处较小，拐弯较多等原因，造成系统在一采区侧短路通风，技改新系统区域内的风量严重不足。同时二采区井下 3 个掘进工作面 3 台局部通风机串联运风。

（2）东二集中运输巷三次穿越地质构造变化带，且在巷道中段出现了一个褶曲，使巷道在中段出现了一个向上的过渡段，而该巷供风局部通风机设置仅距回风口约5~6米，且大部分风筒是非阻燃的、漏风严重的塑料编织袋加涂料材料制作，工作面通风不仅风量不足，而且拉循环风；并且当班工人在接中部槽时，使靠掘进头一侧的刮板输送机以里风筒通风受阻（该巷内设有两部刮板输送机，转载点位于巷道上凸处），造成巷道内无风，瓦斯大量积聚。

（3）东二集中运输巷刮板输送机控制开关失爆，当班工人在接中部槽时频繁启动开关产生火花，引爆积聚的瓦斯。

（4）北一联络巷扩帮采面、南一探巷掘进面内有长距离无风巷，在矿井风量不足的情况下串联通风，且使用塑编袋材料风筒，局部通风机风筒又不到位，致使该两处作业地点瓦斯积聚，参与爆炸。现场瓦斯检查人员没有检查发现瓦斯超限。

（5）间接原因。该矿安全生产管理存在严重漏洞。管理部门对该矿的安全管理、监督、检查不到位，对该矿存在的特种作业人员无证上岗、井下通风系统不完善及安全生产管理等问题未能及时发现并予以纠正。

3. 事故性质的认定

通过对事故原因的分析，认定这是一起重大责任事故。

4. 责任分析及处理建议

（1）装煤工杨某在风筒受阻、掘进头没有正常通风的情况下，违章操作电器开关，引起瓦斯爆炸，是事故的直接责任者。因在事故中死亡，故不予追究。

（2）瓦检员魏某某不懂瓦斯检测技术和有关规定，无证上岗作业，在东二集中巷掘进工作面没有正常进行通风的情况下，没有对现场工人违章操作电器进行制止，更没有发现井下多处瓦斯集聚超限，并及时组织工人撤离现场，导致事故发生，对事故发生负有直接责任。因在事故中死亡，故不予追究。

（3）二采区安全生产总负责人王某某作为技改项目总负责人，安全生产管理严重失职。不仅对该建设区域内几支包工队的安全生产以包代管，而且对包工队长期安排不懂专业安全知识、没有经过规定的安全教育培训的无证特种作业人员上岗不予制止，甚至亲自安排不懂专业技术的瓦斯检查员等无证上岗。特别是在技改系统与原系统贯通后，在系统风量严重不足时，安排多头掘进作业，形成多次串联风、循环风，造成井下多处重大事故隐患，导致事故发生，对事故发生应负直接管理责任。建议依法追究其刑事责任。

（4）康海煤矿主要投资人之一李某某作为该矿法定代表，安全生产第一责任人，没有履行法定的管理职责。对全矿生产与技改系统没有履行统一管理，更没有建立统一的安全管理体系，两个区域各自管理、各行其事，协调配合不及时，不能有效落实全矿安全生产责任制，不能保障矿井的安全生产，应对事故的发生负有主要管理责任。建议依法追究其刑事责任。

（5）公司股东代表、投资方现场监管人员夏某某没有严格履行监管职责，应负有主要管理责任。建议依法追究其刑事责任。

（6）安全副矿长陈某某作为技改项目安全负责人，在技改区与原生产系统贯通后，对二采区在风量明显不足且没有采取相应的技术措施情况下，继续组织施工不予制止；特别是在自己不懂瓦斯检测技术的情况下，教授工人错误读取瓦斯检测数据等，造成重大安全隐患，导致事故发生，事故发生后擅自逃匿（后又投案）。建议依法吊销陈某某《瓦检员作业操作证》，处以行政罚款6万元，并处以15日拘留。

（7）承包队长、安全生产主要负责人金某某安全管理不实、不严，安全管理制度形同虚设，违章指挥、违章作业问题严重，导致事故发生，对事故发生负主要管理责任。依法处以行政罚款6万元。

（8）生产副矿长高某某工作严重不到位。在二采区与一采区贯通后，没有按规定采取相应的技术措施，造成二采区风量严重不足，且井下多头掘进作业，串联风、循环问题严重，使矿井在不安全状况下组织施工，导致事故发生，应对事故发生负主要管理责任。建议依法处以行政罚款5万元。

（9）二采区机电负责人李某某技术管理不严、不细，不仅井下电器设备存在失爆问题，而且对井下瓦斯监测探头不起作用不予及时纠正，造成重大安全隐患，应对事故发生负有主要管理责任。建议依法吊销《电工作业操作证》，并处以行政罚款5万元。

（10）投资人代表许某某没有有效监督煤矿管理人员严格依照法律、法规规定组织生产建设，忽视煤矿的安全生产监管，矿井出现重大隐患，导致事故发生，负有管理责任。建议依法处以其行政罚款20万元。

（11）对海南区煤管局区域安监负责人王某某、海南区煤管局副局长贾某某、海南区分管区安监局、煤管局副区长丁某分别给予行政记大过、记过、警告处分。对相关责任人给予全市通报批评处分。

（12）建议海南区安全生产第一责任者、区长向市政府作出深刻的书面检查，市煤管局局长向市政府作出深刻的书面检查，乌海市人民政府向自治区人民政府作出深刻的书面检查。

（13）康海煤矿建设项目变更设计安全篇未经批准组织施工；电器设备使用不符合国家标准行业标准规定，对入矿工人未按规定进行规定时间和内容的安全教育和培训，安排未经过专门培训取得相应安全技术资质的特种作业人员上岗。以包代管，没有按照规定设立安全生产管理机构和配备足够的安全生产管理人员；与承包队签订的安全生产管理协议没有明确各自的安全生产管理职责；使用不符合《煤矿安全规程》规定的火工品。未给井下工人提供自救器。该矿一、二采区违法违规生产。建议依法对康海煤矿处以40万元行政罚款。

（十九）兴安盟突泉县万隆煤矿"5·5"重大瓦斯爆炸事故

2005年5月5日，兴安盟突泉县万隆煤矿发生一起重大瓦斯爆炸事故，造成12人死亡，3人受伤，直接经济损失达295万元。

1. 事故经过

2005年5月5日约16时，当班副井长、班长带领19名工人领灯入井，其中4人在+50米水平北翼回采工作面作业，8人在+50米水平北翼水平巷作业，其他7人分别在主井巷道接煤推车在+50～+30米掘进巷道作业。在工作面下溜煤口作业的工人等4人乘第一罐入井，到+50米北翼工作面后，他们先清理溜煤口处运输巷道，第二车刚装了一半时，工人在设于运输巷的瓦斯探头前喊："瓦斯高了，别干了"，几名工人从运输巷往主井井口门方向走，溜煤口作业工人在运输巷瓦斯探头处发现探头显示瓦斯浓度为3.26%，探头正在报警。几名工人走到主井井口门附近，正好遇到在+50～+30米下山掘进巷检查上来的带班井长。工人向带班井长报告说+50米上山工作面瓦斯超限了。约2分钟后，发生瓦斯爆炸。事故发生时，井下共有19名作业人员，其中在+50～+30米掘进巷作业的人员和在主井运输巷作业的人员共7人分别从主、副井自救升井。矿方组织在矿的副井长等12人分3批到井下抢救人员，17时50分技术副矿长也赶到井口下井抢险。

18时5分,突泉矿山救护队赶到现场,迅速入井抢险。救护队行至+50米水平运输巷梯子上方处,发现万隆煤矿的4名抢险人员,其中副矿长与1名工人已被熏倒昏迷,被救护队救至地面,救护队同时对矿方组织下井救护人员强制升井,避免了灾害扩大。

救护队在救灾指挥部领导下,架设风筒、排放瓦斯,经过连续奋战,于5月6日6时10分将12名遇难矿工全部运至地面。经盟、县、乡和煤矿企业共同努力,抢险救灾工作于6日早7时30分结束。

2. 事故主要原因

(1) 该矿瓦斯涌出量相对较大,回采工作面布置在独头探巷上山内。即在上山巷内沿煤层走向开了3条煤巷,在3条煤巷内又分别做了3条上山,然后做联络川分别进行回采。回采方式为沿巷道后退高落式采煤,一次采全高,在150多米长的探巷顶头形成了几个长10多米、宽7米多、高约4米且互相贯通的空区大窑。由于该工作面没有形成全负压通风系统,采用两台局部通风机直接供风,而且风筒口常常只是拉到距大窑口4~5米处,大窑内长期集存的瓦斯得不到有效排除,造成瓦斯大量积聚。

(2) 4点半上班后,由于上一个班没有留下存煤,该班爆破工准备在溜煤眼附近的两个大窑内打眼落煤,将风筒向窑口拉去吹风,顶出窑内积存的瓦斯,导致作业地点及回风道内瓦斯超限,回风道内瓦斯断电仪探头报警。由于工作面打眼人员不知道下边情况,且瓦斯断电仪没有实现瓦斯电闭锁功能。在瓦斯检查员未到现场检测瓦斯的情况下,打眼工人违规作业,因电钻失爆引起瓦斯爆炸。

(3) 万隆煤矿安全生产管理机构不健全,矿长、井长、瓦检员、安检员一身兼多职,不能保证有效履行职责,安全生产问题不能及时解决,安全管理严重不到位。在特种作业人员严重缺员,生产作业场所不符合安全生产条件的情况下违规组织生产。

3. 事故性质的认定

通过对事故原因的调查分析,认定这是一起责任事故。

4. 责任分析及处理建议

(1) 爆破员陈某、跟班副井长王某某二人违章作业导致瓦斯爆炸发生事故,均负有直接责任。因上述二人在事故中死亡,故不予追究。

(2) 常务副矿长刘某某未能纠正重大安全隐患,对事故发生应负有直接管理责任。建议吊销其矿长资格证和矿长安全资格证,由司法机关追究其刑事责任。

(3) 矿长赵某某作为该矿安全生产第一负责人,未严格履行法定的安全生产管理职责。安全生产管理严重不到位,对本起事故负有直接管理责任。建议吊销其矿长资格证和矿长安全资格证,由司法机关追究其刑事责任。

(4) 井长毕某某不仅不抵制矿领导违章指挥,而且自己也违章指挥冒险蛮干,对事故负有直接管理责任。建议吊销其矿长资格证并追究其刑事责任。

(5) 安全副矿长甄某某负有主要管理责任。建议处以6万元行政罚款。

(6) 万隆煤矿法人陈某某长期不履行职责,对事故发生负有管理责任。建议依法处以陈某20万元罚款。

(7) 依法对该矿处以40万元行政罚款。

(8) 对突泉县煤管站站长刘某某、突泉县经贸委副主任宗某某、突泉县经贸委主任王某某、突泉县副县长修某某依法分别给予其行政记大过、记过、警告处分。

(二十) 乌海市乌达区巴音赛煤焦有限公司13层小井"11·11"重大瓦斯爆炸事故

2005年11月11日16时05分,乌海市乌达区巴音赛煤焦有限责任公司13层井发生一起重大瓦斯爆炸事故,事故波及13^{上2}层井,造成16人死亡,3人受伤,直接经济损失达406.7万元。

1. 事故经过

2005年11月11日15时左右,巴音赛煤焦有限责任公司13层井的11名工人和13^{上2}层井的13名工人在越界区域内的煤层中作业。约16时05分,13^{上2}层井安全工在井下突然感到一股气浪冲过来将他吹倒,巷道内煤尘飞扬,他感到呼吸非常困难,意识到发生了事故,便立即向井口方向逃生,途中遇到了另外4名工人,他们一同升井脱险,其余19名矿工被困井下。升井后,安全工向矿井管理人员汇报了事故情况。同时,地面的工人也看到了两个井口冒出的黑烟尘。

事故发生后,乌达矿业公司救护大队于当日18时20分接到电话,19时到达事故现场,立即进入13^{上2}层井进行侦察,在作业区域内发现有5名矿工遇难,有3名矿工呼吸微弱,将这3名矿工救出后送往乌达矿业公司医院抢救,全部生还,5名遇难矿工被运送到地面。

19时,乌海煤矿安全监察分局,乌海市、乌达区政府及有关部门相继接到报告,有关领导陆续赶到事故现场,启动了应急救援预案,成立了抢险救灾指挥部,立即调动海勃湾矿业公司救护大队进行增援,对13层井下进行搜寻,由于巷道冒落严重,几支救护小队交替在井下清理巷道搜寻被困矿工,至12日17时,13层井下11名遇难矿工全部找到,抢险工作结束。

2. 事故主要原因

(1) 13层井、13^{上2}层井原为两套独立的通风系统,由于超层越界开采,两系统在越界区域的13^{上2}煤层中相互贯通,共用13^{上2}层回风井回风,造成两矿井通风系统混乱。由于13^{上2}层井的回风巷多处冒落,回风流受阻,造成13^{上2}层井作业区域风量不足,局部通风机拉循环风,导致作业区域内瓦斯积聚并达到爆炸界限。13层井井下煤电钻负荷端电缆有"鸡爪子"接头,工人在向工作面拉动电缆的过程中,电缆被拉断,造成短路产生电火花引爆积聚的瓦斯。

(2) 巴音赛煤焦有限责任公司及其所属的13层井和13^{上2}层井拒不执行政府及监管部门、乌海煤矿安全监察分局下达的停产整顿指令,擅自扒开永久密闭,超层越界开采,并相互贯通。在停产整顿期间,明停暗采,违法组织生产,特别是2005年7月13日以后,仍然强行组织生产。

3. 事故性质的认定

这是一起矿井在停产整顿期间,拒不执行停产整顿指令,违法组织生产,超层越界开采造成的重大责任事故。

4. 责任分析及处理建议

(1) 13层井承包人康某拒不执行停产整顿指令,非法越层越界贯通,非法组织生产,指挥工人违章冒险作业,对这起事故负主要责任。建议吊销其矿长安全资格证,5年内不得担任任何煤矿的法定代表人或矿长,由司法机关追究其刑事责任。

(2) 13层井承包人潘某某非法越界组织开采,置重大安全隐患于不顾,强令工人冒险作业,对这起事故负有主要责任。建议吊销其矿长资格证和矿长安全资格证,5年内不得担任任何煤矿的法定代表人或矿长,由司法机关追究其刑事责任。

(3) 董事长周某某对公司所属煤矿安全生产工作以包代管，对矿井存在的重大安全隐患不予排查和处理，纵容矿井承包人越界开采，对这起事故负主要责任。建议吊销其矿长资格证和矿长安全资格证，5年内不得担任任何煤矿的法定代表人或矿长，由司法机关追究其刑事责任。

(4) 副经理吴某某对井下存在的非法组织生产的行为不予制止，矿井安全管理混乱，对这起事故负有主要责任。建议吊销其矿长资格证和矿长安全资格证，5年内不得担任任何煤矿的法定代表人或矿长，由司法机关追究其刑事责任。

(5) 公司技术负责人毕某某，没有将井下实际生产状况反映在图纸上，提供虚假材料应付检查，对这起事故负有主要责任。建议由司法机关追究其刑事责任。

(6) 吊销巴音赛焦煤有限责任公司有关证照，对矿井予以关闭，没收违法所得77万元，并处以385万元罚款。依照《内蒙自治区煤矿整顿关闭工作实施方案》的规定，对巴音赛焦煤有限责任公司处以1600万元罚款。

(7) 乌达区煤管局聘用的煤矿专职安全监督员郝某某，作为煤矿专职安全监督员没有认真履行职责，对非法组织生产的违法行为监督检查不力，工作严重失职，对这起事故负有主要责任。依法解除其劳动合同。

(8) 乌达区煤管局负责人王某某，主持乌达区煤管局全面工作，在矿井停产整顿期间，虽然安排煤矿安全监督员对辖区内停产整顿矿井进行了监督管理，但未认真督促煤矿制定整改方案并实施，对煤矿长期以来普遍存在超层越界非法生产的违法行为没有采取有效措施制止，监管工作不到位，对这起事故负有主要领导责任。建议依法给予其行政降级处分。

(9) 乌海市乌达国土资源分局矿产开发股股长，负责矿产开发股全面工作，对该矿监督检查不力，没有及时发现并采取有效措施制止，对这起事故负主要责任。建议依法给予其行政撤职处分。

(10) 乌海市乌达国土资源分局党支部书记王某、乌海市乌达国土资源分局局长王某某、乌海市煤炭局安监科科长张某某、乌海市煤炭局副局长吕某某、乌海市国土资源局执法科科长张某某、乌海市国土资源局副局长于某某、乌达区人民政府副区长王某某、乌海煤矿安全监察分局监察一科科长冯某某等，建议依法分别给予其行政记大过、记过、警告处分。

(二十一) 鄂尔多斯市鄂托克旗荣盛煤矿"3·13"重大瓦斯爆炸事故

2006年3月13日3时25分，鄂尔多斯市鄂托克旗荣盛煤矿左一片采煤工作面（1601工作面）发生一起瓦斯爆炸事故，造成21人死亡，13人受伤，直接经济损失达861万元。

1. 事故经过

2006年3月13日零点班，代班副矿长带领34名工人入井。当班工人均未佩戴自救器。1时左右，左二16号层掘进巷与矿井左翼总回风巷道打通，3时左右，在左一16号层回采工作面打开切眼的胡某某（班长）等8名工人在切眼安装好刮板输送机后，装炮准备出煤，发现刮板输送机不能启动，于是班长带领工人在机头处检修开关，仍未启动后，安排工人去找代班副矿长来帮助检修。3时25分左右，找副矿长的工人返回工作面途中听到爆炸声，并被冲击波吹倒。当时，正在井下左一片16号层掘进工作面架棚的4名工人听到一声闷响，接着有巨大的气浪向他们吹来。他们感到呼吸非常困难，开始慢慢向井口方向逃生，升井脱险。事故发生后，矿方立即向有关部门作了报告。

接到事故报告后，鄂托克旗人民政府、鄂尔多斯市人民政府、乌海煤矿安全监察分局等有关部门人员立即赶到事故现场，启动了应急预案。5时29分，鄂尔多斯市救护大队驻棋盘井中队赶到事故现场，立即下井侦察，并搜救出遇险人员6名，几支救护队交替入井搜救，不断有生还工人被救出，13日12时30分，有4名工人自救逃出，有8名矿工被救护队抢救生还，井下发现12名遇难人员尸体。指挥部组织力量继续加大清理巷道和搜救力度。3月14日7时，又有1名矿工被救出生还，其余9名遇险矿工尸体陆续被找到，到3月15日19时，遇难矿工尸体全部被运出地面。抢险工作全部结束。

事故发生后，鄂托克旗人民政府组织成立了善后处理组，事故善后处理工作也有序进行。据了解，鄂尔多斯市将要求矿主按照地方规定，给予遇难矿工家属不少于20万元的赔付金。

2. 事故主要原因

（1）左二16号煤层掘进巷与总回风大巷贯通后，没有及时进行风量调节，风流短路，造成左一16号煤回采工作面区域风量不足，瓦斯积聚并达到爆炸界限，采煤工作面工人带电检修电器设备产生火花，引爆积聚的瓦斯。

（2）荣盛煤矿主要领导重效益、重生产、轻安全，在单井技改期间，拒不执行《国务院关于预防煤矿生产安全事故的特别规定》（446号令）中关于煤矿改扩建期间不得在改扩建区域内组织生产的规定，借矿井改扩建之机，不仅违反规定组织回采技改已经布置好的采煤工作面，而且违法越界盗采废弃煤矿残留煤柱，给整个技改矿井造成重大安全隐患，并且不服从政府有关部门管理，采取造假等手段欺骗监督检查。是事故发生和扩大的主要原因。

3. 事故性质的认定

这是一起技改矿井在技改区域内违法组织生产和越界盗采煤柱造成的重大责任事故。

4. 责任分析及处理建议

（1）安全副矿长韩某、当班班长胡某某违反《煤矿安全规程》和作业规程，带领工人违章作业，在瓦斯积聚区带电检修机电设备造成本起瓦斯爆炸事故，应负直接责任。因以上二人在事故中死亡，故不予追究责任。

（2）瓦检员张某某没有按规定检查瓦斯造成事故发生，对事故负有直接责任。建议有关部门吊销其《特种作业人员安全资格证》并移交司法机关追究其刑事责任。

（3）矿长李某某在矿井技改期间拒不执行改扩建矿井相关安全生产法规，违法组织生产。对隐患不重视、不处理导致事故发生，对事故负有直接责任。建议吊销其矿长资格证和矿长安全资格证，5年内不得担任任何煤矿的法定代表人或矿长，并建议移交司法机关追究其刑事责任。

（4）生产矿长吴某某作为煤矿生产负责人，参与了违法组织井下工作面越界盗采残留煤柱，安全措施不落实，安全规程不执行，违章指挥违章作业，对本次事故负有主要责任。建议移交司浍机关追究其刑事责任。

（5）总工程师蒋某某作为煤矿技术和通风管理负责人，对井下违法违章行为不予制止，没有制定安全措施，对事故发生负有主要责任。建议移交司法机关追究刑事责任。

（6）依法对荣盛煤矿处以行政罚款，合计2165万元罚款，并吊销相关证照关闭矿井。

二、煤矿特别重大生产安全事故

（一）乌海市海南区巴音陶亥乡通达煤矿特大瓦斯煤尘爆炸事故

1997年5月19日17时40分，乌海市海南区滴沥帮乌素矿区通达煤矿上山掘进头发生瓦斯爆炸事故，死亡30人，其中1人下落不明，直接经济损失达165万元。

1. 事故经过

1997年5月19日上午下班后，爆破工入井爆破落煤。下午16时许，班长带领31名工人入井。16时30分左右，运输工因畜力车损坏升井。17时10分，瓦检员、安全员穿上工作服准备下井，将要走到斜井时，突然一声巨响，从井口喷出黑烟，伴有煤块、矸石等杂物，距井口50米处绞车房玻璃震碎。副矿长在工人宿舍处也看见从竖井井口冒出黑烟。井下1名工人由井下连同箕斗、水管、钢丝绳等杂物一起被抛出地面，当时为17时40分。

事故发生后，17时50分煤矿有关人员向海南区有关部门作了报告。海南区又及时报告了市有关部门。市煤管局立即派人调请海勃湾矿务局救护队进行抢救。海勃湾矿务局救护队于19点20分赶赴现场，指挥部商定抢救方案后，20点10分第一支救护小队入井侦察。为了增加救援力量，又及时调请了乌达矿务局救护队紧急赶赴现场，到达的救护队员共达50多人。20日6时，已先后有3批5支救护小队下井，共发现死者6名，畜力车9辆，井下部分巷道顶板冒落，巷道内有煤粉结焦，一氧化碳浓度达1.5%。

21日晚，17具尸体运出井外；23日晚又有9具尸体运出井外；24日和29日又分别将2具尸体运出井外，1名工人下落不明。21日，国家煤炭部、劳动部、农业部等有关部门负责人赶到乌海市，帮助进行抢险和"5·19"事故调查。

2. 事故主要原因

（1）该矿采用自然通风，井下巷道交错，总长度近10000米，又多头掘进形成独头、盲巷30多个，造成瓦斯积聚。

（2）井下多头掘进，多处打眼爆破；18名运输工装卸煤，18辆骡子车不停拉运煤；巷道长期不进行清理，又无任何防尘措施。煤尘在局部巷道积存厚达5～10厘米。

（3）7号遇难者所在巷道存在明刀闸，电气设备和电缆线失爆，验尸发现7号遇难者身上携带有6支香烟。从爆炸威力看，事故发生后救护队测得的井下空气成分、温度，现场发现煤壁和巷道的结焦与悬挂"落落尘"等分析认定，这是一起瓦斯煤尘爆炸事故，爆炸地点在7号遇难者所在巷道。

（4）该矿"证照"手续不全，不具备基本安全生产条件（未达到"五消灭"），建井和投产未经有关部门"三同时"设计审查及竣工验收，矿井无设计、采掘无计划、作业无规程，井下工人无证上岗。

3. 责任分析

（1）通达煤矿安全生产第一责任人矿长、分管煤矿安全生产的副矿长，负责井下安全管理工作的生产组长、安全员兼瓦检员对此次事故的发生负直接领导责任。

（2）分管巴音陶亥乡乡镇企业并兼任该乡乡镇企业组组长兼通达煤矿董事会董事长的副乡长、协助分管巴音陶亥乡乡镇企业并兼任乡镇企业站站长的副乡长对此次事故的发生负主要领导责任。

（二）内蒙古呼伦贝尔煤业集团大雁煤业公司二矿五盘区28号煤层高档采煤工作面瓦斯爆炸事故

2000年11月25日14时20分，内蒙古呼伦贝尔煤业集团大雁煤业公司二矿五盘区28号煤层高档采煤工作面发生一起瓦斯爆炸，当时灾区作业人员63人，造成51人死亡，12人受伤（其中重伤2人），直接经济损失277.47达万元。

1. 事故经过

2000年11月25日14时20分，井下305变电所人员听到盘区里面有爆炸声，同时看到盘区下部305水平大巷风门毁坏，当即电话报告矿调度室。矿调度接报后立即通知井下所有作业人员撤出，同时报告矿长、总工程师和大雁煤业公司调度室。公司组成救灾指挥部，制订了救灾指挥方案，在305变电所建立井下救灾指挥基地。14时50分，矿总工程师、矿安监处主任工程师到达井下，现场指挥救护队与二矿井下人员进行抢救工作。救护队分成两组探查搜索灾区，至22时15分，从灾区抢救出23人（其中11人死亡，12人受伤），查明灾区内有40人下落不明。

11月26日上午，自治区政府副主席、国家煤矿安全监察局副局长赶到事故现场，对事故抢险和善后工作提出了要求并于11月28日上午带领事故抢救组下井勘察，明确了抢救重点和安全防范措施，并决定井下抢救指挥部向前移，加强井下抢救指挥，确保安全，加快抢救进度。至2000年12月18日，51名遇难矿工全部找到，抢救工作结束。

2. 事故主要原因

（1）事故的直接原因是：由于五盘区28号煤层623队高档采煤工作面收尾时顶板冒落通风受阻，致使工作面回风巷风量减小且负压增加，报废回风巷和采空区内积存的瓦斯大量涌出，造成该工作面回风巷瓦斯积聚，达到爆炸界限；回风巷里端废巷内绞车电机接线盒的"喇叭嘴"压线不紧严重失爆，现场移撤绞车的作业人员违章操作造成电缆抽脱，产生火花引起瓦斯爆炸。

（2）瓦斯检查制度不落实。高档工作面回风巷上部报废巷道绞车窝及里端板闭处未设定瓦斯检查测点，不能及时掌握该处的瓦斯浓度；在工作面收尾、通风状况发生变化、瓦斯超限的情况下仍然作业，瓦斯检查员在现场也没有及时检查瓦斯，停止作业，撤出人员。

3. 事故性质的认定

主要是安全管理不到位、管理责任不落实，导致工人违章作业引起瓦斯爆炸。这起事故是一起责任事故。

4. 责任分析及处理建议

按照事故责任者的责任分析，对22名事故有关责任人提出了处理意见。其中：建议给予开除公职，移交司法机关依法追究其刑事责任的有1人，其余21人按其承担的事故责任分别给予开除留用察看、行政撤职、降级、记大过、记过、警告等不同处分，对受处分人员中的党员同时给予了相应的党纪处分。

（三）神华集团乌海能源有限责任公司骆驼山煤矿"3·1"特别重大透水事故

2010年3月1日7时20分，神华乌海能源有限责任公司（以下简称乌海能源公司）骆驼山煤矿发生特别重大透水事故，造成32人死亡，7人受伤，直接经济损失达4853万元。

1. 事故经过

2010年3月1日零点半，共有66人入井作业。5时50分，榆林宏泰公司施工队副队长发现16号煤层回风大巷施工的工作面有一个炮眼突然喷水，喷出距离约4米、持续时间约5秒钟。6时许，他向矿值班调度员报告工作面炮眼出水，并向榆林宏泰公司骆驼山项目部队长汇报了工作面出水的情况。

6时20分，工作面出现左帮片帮、

出水以及底鼓等情况。6时25分，副队长又向矿调度室及队长汇报了上述情况，队长仍安排1名工人继续排水，矿调度室未作出停工撤人指令。随后，矿方井下当班安检员将此情况又向矿值班调度员进行了报告，并建议该工作面断电，但矿调度室未向值班领导报告，也未下达断电指令。6时30分，工作面多处炮眼往外淌水，耙斗机后出现底鼓。6时40分许，副队长又一次将此情况向调度室汇报，并建议该工作面立即断电。约1分钟后，调度员请示调度室主任，并告知可以断电，但未下达撤出井下全部人员的指令。7时20分，井下发生透水。但直至7时30分，矿方才通知井下各施工队撤人。透水发生时，共有31人被困井下。

事故发生后，有关企业和部门及时成立了事故抢险指挥部，确定了打钻、排水、封堵"三管齐下"的工作方案，先后调集12台高性能钻机和8台大功率排水泵进行打钻、排水和注浆堵水。自3月5日到4月28日，施工救援钻孔9个、工程量达3948米，堵水注入骨料102立方米、水玻璃95立方米、水泥6502吨，累计排水144万立方米。截至5月7日5时，井下积水基本排干，被困井下的31名矿工遗体陆续找到，搜救工作结束。本次事故共造成32人死亡（其中1人在升井后抢救无效死亡）。

2. 事故主要原因

（1）骆驼山煤矿16号煤层回风大巷掘进工作面遇煤层下方隐伏陷落柱，在承压水和采动应力作用下，诱发该掘进工作面底板底鼓，承压水突破有限隔水带形成集中过水通道，导致奥陶系灰岩水从煤层底板涌出。

（2）探放水措施不完善，防治水工作不到位。在发生事故的16号煤层回风大巷掘进过程中，建设单位、施工单位和监理单位均存在探放水措施不完善、防治水工作不到位等问题。

（3）应急处置不当，贻误撤人时机。自3月1日5时50分许井下发现透水征兆，至7时20分井下大量透水，历时1个半小时，建设单位和施工单位判断错误、应急处置不当。

3. 事故性质的认定

经调查认定，这是一起责任事故。

4. 责任分析及处理建议

（1）给予榆林宏泰建设公司骆驼山项目部经理郝某开除党籍处分。

（2）给予中煤五建公司一处处长吴某某行政撤职、撤销党内职务处分。

（3）给予中煤五建公司总经理李某某行政降级、党内严重警告处分。

（4）给予骆驼山煤矿矿长田某某行政撤职、撤销党内职务处分。

（5）给予乌海能源公司总经理孙某某行政降级、党内严重警告处分。

（6）给予乌海能源公司董事长李某某行政记大过处分。

（7）依法对乌海能源公司处以300万元罚款，对中煤五建公司处以200万元罚款，对辽宁诚信建设监理有限责任公司处以25万元罚款。

（8）建议责成内蒙古自治区人民政府向国务院作出深刻的书面检查；中国中煤能源集团公司、神华集团公司向国务院国资委作出深刻的书面检查。

中国煤炭工业志

· 省级志系列

内蒙古煤炭工业志

（1991—2015）

（下册）

《内蒙古煤炭工业志》编纂委员会

煤炭工业出版社

·北 京·

中国煤炭工业志

· 特辑志系列 ·

内蒙古煤炭工业志

(1991—2015)

(下册)

《内蒙古煤炭工业志》编纂委员会

煤炭工业出版社

目　　录

（上册）

总序 …………………………………………………………………………………… I
序 ……………………………………………………………………………………… V
凡例 …………………………………………………………………………………… VII
概述 …………………………………………………………………………………… 1
大事记 ………………………………………………………………………………… 21

第一篇　煤炭行业管理

第一章　煤炭行业管理体制 ………… 88
　　第一节　自治区煤炭行业主管
　　　　　　部门 ……………………… 88
　　第二节　盟（市）煤炭行业管理
　　　　　　部门 ……………………… 95
第二章　煤矿安全监察机构 ………… 100
　　第一节　内蒙古煤矿安全
　　　　　　监察局 …………………… 100
　　第二节　派出机构 ………………… 102
　　第三节　直属事业单位 …………… 104
第三章　煤炭企业改革 ……………… 106
　　第一节　国有煤炭企业改革 ……… 106
　　第二节　重点煤炭企业 …………… 114
第四章　政策实施 …………………… 139
　　第一节　关井压产 ………………… 139
　　第二节　煤矿整顿关闭 …………… 142
　　第三节　产业升级改造 …………… 150
　　第四节　煤炭资源配置 …………… 154
　　第五节　煤炭企业兼并
　　　　　　重组 ……………………… 157
　　第六节　煤炭经营秩序
　　　　　　整顿 ……………………… 163

第二篇　煤炭资源与勘查

第一章　煤炭资源分布 ……………… 176
　　第一节　成煤时代 ………………… 176
　　第二节　含煤地层 ………………… 176
　　第三节　含煤盆地 ………………… 180

第四节 主要煤田（矿区）分布及特征……190
第五节 煤炭资源的区位分布……257

第二章 煤田勘查……262
　第一节 机构与队伍……262
　第二节 勘查工作……264
　第三节 勘查成果……282
　第四节 勘查经济技术指标……289

第三章 煤层气勘查……292
　第一节 机构与队伍……292
　第二节 勘查工作……292
　第三节 勘查成果……294

第四章 煤炭资源储量及共、伴生资源……296
　第一节 煤炭资源储量……296
　第二节 共伴生资源……304

第三篇 矿区建设

第一章 矿区规划……310
　第一节 规划管理与实施……310
　第二节 主要新兴矿区开发建设……318

第二章 煤矿工程设计……326
　第一节 设计机构与队伍……326
　第二节 采矿工程设计……350
　第三节 选煤厂工程设计……375

第三章 煤矿施工与工程质量监管……385
　第一节 煤矿施工……385
　第二节 工程质量监管……396

第四篇 煤炭生产

第一章 生产管理……418
　第一节 煤矿数量、产量及标准化……418
　第二节 生产调度管理……432
　第三节 资源储量与"三量"管理……441
　第四节 机电设备管理与维修……447

第二章 井工开采……456
　第一节 开拓与掘进……456
　第二节 采煤方法与工艺……465
　第三节 通风与排水……477
　第四节 提升与运输……487
　第五节 供配电与通信……497
　第六节 矿井地质与测量……506

第三章 露天开采……517
　第一节 穿孔与爆破……517
　第二节 剥离、采煤与运输（开采工艺）……522
　第三节 运输……535

第四节	疏干与排水……549	第四章	选煤……567
第五节	供配电……555	第一节	选煤厂数量与规模……567
第六节	露天煤矿地质测量……561	第二节	工艺与设备……583

第五篇　煤炭运输与销售

第一章	煤炭产品及流向……596	第三节	港口转运……657
第一节	主要产品……596	第三章	煤炭销售……664
第二节	产品流向……602	第一节	煤炭销售监管……664
第二章	煤炭运输……609	第二节	煤炭质量管理……674
第一节	铁路建设与运输……610	第三节	煤炭进出口贸易……682
第二节	公路运输……648	第四节	煤炭经营企业……688

第六篇　煤　矿　安　全

第一章	安全生产监管与监察……716		处罚……773
第一节	煤矿安全监管监察体系……716	第五节	企业安全生产质量标准化建设……779
第二节	煤矿安全执法检（督）查……717	第六节	煤矿灾害防治……791
第三节	煤矿安全质量标准化管理……729	第三章	矿山救护……805
		第一节	煤矿应急救援体系建设……805
第四节	安全培训……740	第二节	救护队质量标准化建设……812
第二章	煤炭企业安全管理……746		
第一节	安全管理体制与机构……746	第三节	应急演练与事故救援……817
第二节	安全规章制度建设与宣教……754	第四章	煤矿生产安全事故……822
		第一节	事故统计与查处……822
第三节	煤矿安全培训……765	第二节	典型事故……827
第四节	企业安全检查与		

（下册）

第七篇　矿区环境治理

第一章　管理体制与机制……856
　　第一节　环境保护管理体制与机制……856
　　第二节　矿区水土保持监管与监测……866
　　第三节　节能减排……872
第二章　矿区污染防治……882
　　第一节　大气污染防治……882
　　第二节　水污染防治……890
　　第三节　固体废弃物污染防治……897
　　第四节　噪声污染防治……899
第三章　煤田（煤矿）灾害治理……900
　　第一节　煤田（煤矿）火区治理……900
　　第二节　矿区复垦与绿化……922
　　第三节　煤炭矿山地质环境治理……938

第八篇　煤化工

第一章　炼焦与干馏……952
　　第一节　炼焦……952
　　第二节　干馏……968
第二章　煤制油……973
　　第一节　神华集团煤直接液化制油示范工程项目……973
　　第二节　神华集团煤间接液化示范项目……996
　　第三节　伊泰集团煤间接液化制油示范项目……1001
　　第四节　伊泰集团新建煤间接液化项目……1018
第三章　煤制天然气……1025
　　第一节　大唐国际克旗煤制天然气及其配套输气管线示范项目……1025
　　第二节　汇能集团煤制天然气示范项目……1032
第四章　其他煤化工项目……1037
　　第一节　煤制甲醇……1037
　　第二节　煤制烯烃……1044
　　第三节　甲醇制芳烃轻烃……1056
　　第四节　煤制化肥……1058
　　第五节　二甲醚、乙二醇与聚氯乙烯项目……1072

第九篇　科　技　工　作

第一章　企业科技管理及研发 …… 1080
　第一节　科技管理 研发
　　　　　机构 ………………… 1080
　第二节　科研规划与制度
　　　　　建设 ………………… 1087
第二章　科技研发 ………………… 1093
　第一节　煤炭生产技术 ……… 1093
　第二节　煤化工技术研发 …… 1118

第三章　科技成果 ………………… 1128
　第一节　知识产权成果 ……… 1128
　第二节　获奖科技成果 ……… 1145
　第三节　科技成果推广
　　　　　应用 ………………… 1149
第四章　科技合作与交流 ………… 1157
　第一节　科技合作 …………… 1157
　第二节　学术交流 …………… 1167

第十篇　多　种　经　营

第一章　发电 ……………………… 1174
　第一节　火力发电 …………… 1174
　第二节　瓦斯及光伏发电 …… 1195
第二章　煤矿机械与矿用
　　　　器材 ……………………… 1199
　第一节　机械制造与维修
　　　　　装配 ………………… 1199
　第二节　主要矿用产品
　　　　　生产 ………………… 1209
第三章　服务业 …………………… 1216
　第一节　商贸与服务 ………… 1216

　第二节　物业与物流 ………… 1226
第四章　金融业 …………………… 1230
　第一节　发行股票 …………… 1230
　第二节　投资与放贷 ………… 1242
第五章　其他产业 ………………… 1246
　第一节　农林业 ……………… 1246
　第二节　建筑材料 …………… 1252
　第三节　房地产业 …………… 1259
　第四节　铝加工业 …………… 1266
　第五节　化工产品 …………… 1268
　第六节　通用航空业 ………… 1273

第十一篇　教育·医疗卫生

第一章　教育 ……………………… 1278
　第一节　基础教育 …………… 1278
　第二节　中等专（职）业
　　　　　教育 ………………… 1289
　第三节　职工培训 …………… 1298

　第四节　高等教育 …………… 1311
第二章　医疗卫生 ………………… 1333
　第一节　医疗 ………………… 1333
　第二节　卫生 ………………… 1358

第十二篇　企业党群工作与文化建设

第一章　中国共产党组织 …………1372
　　第一节　组织建设 …………1372
　　第二节　思想建设 …………1388
　　第三节　纪律检查 …………1395
　　第四节　信访维稳工作 …………1411
第二章　工会（职代会）、共青团、社团组织 …………1414
　　第一节　工会（职代会）工作 …………1414
　　第二节　共青团工作 …………1466
　　第三节　社团组织 …………1476
第三章　文化建设 …………1480
　　第一节　文明单位创建 …………1480
　　第二节　企业文化建设 …………1491
　　第三节　社会公益活动 …………1515

人　物

一、人物传略 …………1529
二、人物简介 …………1530
　　（一）内蒙古自治区煤炭行业主管部门 …………1530
　　（二）内蒙古煤矿安全监察局 …………1532
　　（三）内蒙古自治区国有重点煤炭企业 …………1533
　　（四）受中共中央、国务院表彰的先进人物 …………1565
　　（五）受国家部、委、办表彰的先进人物 …………1585
　　（六）内蒙古自治区劳动模范、先进工作者 …………1615
三、人物表 …………1637
　　（一）内蒙古自治区煤炭工业厅（局）副职领导 …………1637
　　（二）内蒙古煤矿安全监察局副职领导 …………1638
　　（三）内蒙古自治区煤田勘探公司（内蒙古自治区煤田地质局）正职领导 …………1638
　　（四）内蒙古自治区部分重点煤炭企业、区直企事业单位正高级专业技术职称人员 …………1639

附　录

一、重要文件 …………1647
二、企业名录（2015年底） …………1695
三、1947—2018年内蒙古煤炭行业管理机构沿革一览表 …………1730
四、2015年自治区部分重点煤炭企业名称一览表 …………1732

编纂始末 …………1733

内蒙古煤炭工业志（1991—2015）

第七篇　矿区环境治理

神华宝日希勒能源有限公司煤炭储装中心实现全封闭

- ○　管理体制与机制
- ○　矿区污染防治
- ○　煤田（煤矿）灾害治理

内蒙古自治区煤矿环境保护工作是在《内蒙古自治区环境保护条例》(1991年)和《国家环境保护局关于进一步做好建设项目环境保护管理工作的几点意见》出台之后逐步规范的。此时，作为自治区煤炭行业主管部门的自治区煤炭工业厅，其职责是监管煤炭工业基建项目建设程序是否满足环保政策方面的要求，并参与国家或自治区对基建项目环境影响评价报告的审查；核实项目建设场地方案、技术方案的环境条件；帮助识别和分析拟建项目影响环境的因素；评述报告提供的治理和保护环境措施，以及资源综合利用方案。

随着国家对环境保护工作重视程度的不断提升，以及各级政府环境保护组织机构的设置和完善，自治区的煤矿环境保护工作也逐步从煤矿建设拓展到生产、加工等各个环节，并有组织、有计划、有监督地展开。受机构编制限制，全区煤矿环境（包括水文和地质环境）保护工作，主要在自治区各级环境保护、国土和水利部门的指导和监管下开展工作。自治区煤炭行业主管部门则主要侧重于煤矿基本建设和矿区灾害防治等阶段的环保工作。

2010年6月，自治区政府批准煤炭工业局设立煤矿灾害治理处。之后，全区开展了煤田（煤矿）火区的三年治理攻坚战。截至2012年底，全区238处火区已完成治理231处，完成率97%；完成治理面积9219.87万平方米；回填复垦绿化面积5169万平方米，占应复垦绿化面积的56%。累计完成投资211亿元，其中自治区政府补贴9亿元，盟市政府配套30多亿元，企业自筹170多亿元。抢救煤炭资源2亿多吨，解放压覆资源近10亿吨。自治区煤田（煤矿）火区治理任务基本完成，标志着破坏煤田（煤矿）安全建设生产、破坏矿区生态环境、浪费资源等重大隐患基本消除。

按照《内蒙古自治区人民政府办公厅关于切实做好煤田（煤矿）火区治理和煤矿采空区灾害综合治理工作的通知》，自2013年起，全区有序转入煤矿采空区灾害治理工作。截至2015年12月，自治区煤炭工业局已批复盟市煤矿采空区灾害综合治理总体规划6部、采空区灾害综合治理工程项目初步设计20部。

2014年7月，自治区政府批准自治区煤炭工业局设立煤炭资源与矿区环境保护处，赋予其"监督指导矿区生态环境恢复和保护及生态治理工作；统筹和监督全区煤矿火区、采空区、沉陷区等灾害的综合治理，以及煤矸石等废弃物的利用和无害化处理工作"等职能，强化自治区煤炭工业局在煤矿环境保护、治理和监管等方面的工作职责。

21世纪初以来，全区各类煤矿及加工企业通过技术改造、更新设备设施等，在大幅度减少污染物（包括有害气体、污水、固废物等）排放和回收利用、降低噪声等污染方面，取得了巨大成效，已全部达到自治区环保标准。2015年底，全区煤矿建设（包括新建、技改和配套）项目，全部在建设项目审批阶段完成环境影响评价报告、水土保持方案的审批，以及竣工后的相应验收工作。项目在实施过程中，还为煤矿自身及周边地区生态环境保护做了大量恢复、治理和开拓再造工作，其成果已成为当地极有成效的生态工程典范。

截至2015年底，全区有12家煤炭企业入选"绿色矿山"试点单位。全区先后建成 4 处国家级矿山公园，其中 2008 年 8 月 30 日开园的扎赉诺尔国家矿山公园是区内唯一的以露天煤矿采后遗迹景观为主体的地质公园。煤炭矿山的复垦绿化综合治理在部分重点矿区和煤矿取得了突出的成绩，其中神东矿区马家塔露天矿闭坑后的复垦率达 100%，被列为全国生态建设示范基地。

第一章　管理体制与机制

第一节　环境保护管理体制与机制

一、环境保护监管机构

20 世纪 90 年代早中期，根据内蒙古自治区人大常委会颁布的《内蒙古自治区环境保护条例》、国家环境保护局颁布的《关于进一步做好建设项目环境保护管理工作的几点意见》，自治区煤炭工业厅依托内蒙古煤田地质局科学研究所组建自治区煤炭环境质量监测中心，开展全区煤炭生产建设企业的环境质量监测、评价工作。截至 90 年代末，区内所有重新核实换发生产许可证的煤矿，全部进行环境质量监测、评价工作。同期，在自治区煤炭工业厅的监管下，各煤炭生产建设企业内部也相继设立具有环境保护职能的部门。

较长时期以来，经历改制后的自治区煤炭行业管理部门受限于职能和编制，并无专门的煤矿环境保护监督管理机构和职责，煤矿环境保护工作主要受自治区各级政府环境保护机构指导和监管。煤炭生产建设单位的环境影响评价、环境保护方案、土地复垦方案、地质环境治理方案等工作委托有资质的技术咨询机构完成，经相关环境保护、土地资源管理部门审查后，交由相关部门监管其实施及效果，其中土地复垦、生态修复、地质环境划归土地资源管理部门监管；水土保持划归水利部门监管；采空区灾害治理则由当地政府主持，多部门合作监管。

2010 年 7 月，自治区政府批准自治区煤炭工业局设立灾害治理处，职责明确，负责制定实施全区煤矿灾害治理总体规划及治理项目初步设计审批和验收工作；统筹和监管煤矿火区等灾害的综合治理，以及煤矸石等废弃物的利用和无害化处理工作。

2014 年 7 月，内蒙古自治区人民政府办公厅印发《内蒙古自治区煤炭工业局主要职责内设机构和人员编制规定》，首次在自治区煤炭行业管理部门单独设立煤炭资源与矿区环境保护处，并明确其职能为：研究拟订并组织实施全区煤矿灾害治理总体规划及治理项目初步设计审批和验收工作；负责矿区煤炭资源合理开发利用、煤炭资源利用率监管；监督指导矿区生态环境恢复和保护及生态治理工作；统筹和监管全区煤矿火区、采空区、沉陷区等灾害的综合治理，以及煤矸石等废弃物的利用和无害化处理工作。

二、环境保护监测机构

（一）自治区级煤矿环境保护与监管机构

1. 内蒙古自治区煤炭环境质量监测

中心

2001年，自治区环境保护局为早期成立的自治区煤炭环境质量监测中心颁发环境影响评价乙级资质证书。是年，国家环保总局也为内蒙古自治区煤炭环境影响评价中心（前称煤炭环境质量监测中心）颁发环境影响评价乙级资质证书。环境质量监测中心不仅可以对区内外煤矿建设项目进行符合等级的环境影响评价工作，也可以为自治区煤炭生产建设企业的环境保护工作提供监管的资质保证。

2. 内蒙古煤炭建设生态环境研究院

内蒙古煤炭建设生态环境研究院成立于2005年8月，前身为内蒙古煤田地质局科研所应用研究室。1993年，自治区煤炭环境影响评价中心成立（与内蒙古煤田地质局科研所应用研究室一套人马两块牌子），同年获得由自治区环境保护局颁发的《环境影响评价证书（016号）》。1999年12月，国家环保总局为该环评中心颁发《环境影响评价资格证书（1413号）》。环评中心的业务范围包括地表水、地下水、气、声、生态、固体废物等环境要素；采掘、建筑、市政公用工程，区域开发、建筑材料等行业。环评中心为内蒙古煤田地质局科研所的一个科室，配有7名管理及技术人员。除上述业务外，环评中心还从事配合煤矿生产许可证发放工作。

据不完全统计，其间主要完成7份涉及生产能力500万吨/年以内的环评报告（表7-1-1）。

表7-1-1 2005年以前内蒙古煤炭环评中心完成主要环评项目统计表

项目名称	备注
内蒙古自治区宝日希勒露天矿（30万吨/年）环境影响报告书	
内蒙古自治区宝日胡硕露天矿（30万吨/年）环境影响报告书	
内蒙古蒙西高新技术集团库里火沙兔矿区一期（45万吨/年）煤矿及（450万吨/年）选煤厂建设项目环境影响报告书	
乌海新达有限责任公司三号露天煤矿15万吨/年扩建项目环境影响报告书	
内蒙古准格尔旗宏丰煤炭运销公司榆树湾煤矿（500万吨/年）建设项目环境影响报告书	
内蒙古鄂尔多斯市汇能煤业投资有限公司羊市塔二矿（120万吨/年）建设项目环境影响评价报告书	
鄂尔多斯电力冶金有限责任公司桌子山煤田阿尔巴斯矿区北部一井（30万吨/年）、二井（60万吨/年）及南部一井（60万吨/年）建设项目环境影响评价报告书	

随着业务范围的不断扩大，环评中心于2005年8月从自治区煤田地质局科研所划出，独立组建内蒙古煤炭建设生态环境研究院。业务范围除环境影响评价外，扩大至土地复垦方案编制、水土保持方案编制、地质灾害评估等。至2015年底，全院有职工38人，其中技术人员27人。2005—2015年，该院累计完成煤矿环评项目13项，涉及生产能力3655万吨/年；编制自治区农村土地整治重大工程环评实施方案1项；编制土地复垦方案42项（表7-1-2、表7-1-3）。

表7-1-2 2005—2015年内蒙古煤炭建设生态环境研究院完成煤炭建设项目环评情况统计表

项目名称	备注
神华集团金烽煤炭有限责任公司唐公沟煤矿（45万吨/年）改扩建项目环境影响报告书	
神华集团金烽煤炭有限责任公司寸草塔煤矿（210万吨/年）改扩建项目环境影响报告书	

表 7-1-2（续）

项 目 名 称	备注
中国神华能源股份公司万利煤炭分公司寸草塔煤矿（500 万吨/年）改扩建项目环境影响报告书	
内蒙古伊泰煤炭股份有限公司纳林庙煤矿二号井（300 万吨/年）建设项目环境影响评价报告书	
神华集团包头矿业有限责任公司李家壕煤矿（600 万吨/年）建设项目（含选煤厂）环境影响评价报告书	环保部审
内蒙古伊东煤炭集团有限公司西乌素煤矿（60 万吨/年）整合改扩建项目环境影响报告书	
内蒙古伊泰集团有限公司大地精煤矿（120 万吨/年）扩建项目环境影响报告书	
内蒙古伊泰煤炭股份有限公司宏景塔一矿（300 万吨/年）技术改造环境影响报告书	
内蒙古伊泰煤炭股份有限公司纳林庙煤矿二号井（300 万吨/年）建设项目环境影响评价报告书	
内蒙古伊泰集团有限公司丁家渠煤矿（120 万吨/年）整合项目环境影响报告书	
满洲里热电厂供热扩建工程环境影响评价报告书	
鄂尔多斯市银河鸿泰煤电有限公司沙拉吉达矿井及洗煤厂（600 万吨/年）项目环境影响报告书	
鄂尔多斯市荣程能源化工有限公司尔林滩矿井及洗煤厂（500 万吨/年）项目环境影响报告书	
内蒙古自治区农村土地整治重大工程环境影响评价实施方案	环保部审

表 7-1-3　2005—2015 年内蒙古煤炭建设生态环境研究院完成矿山地质环境治理与土地复垦项目统计表

项 目 名 称	备注
神华集团李家壕矿井开发项目土地复垦方案	环保部审
内蒙古三维资源集团有限公司小鱼沟煤矿项目土地复垦方案	环保部审
神华蒙西煤化股份有限公司棋盘井煤矿产业升级项目土地复垦方案	环保部审
神华亿利能源有限责任公司黄玉川煤矿土地复垦方案	环保部审
内蒙古白音华四号露天矿二期工程（井工矿）土地复垦方案	环保部审
内蒙古二连盆地宝勒根陶海油田开采项目土地复垦方案	环保部审
内蒙古二连盆地乌里雅斯太宏博油田 212 区块开采项目土地复垦方案	环保部审
内蒙古黄陶勒盖煤炭有限责任公司巴彦高勒矿井项目土地复垦方案	环保部审
内蒙古银都矿业有限责任公司拜仁达坝银多金属矿（90 万吨/年）扩建项目土地复垦方案	环保部审
中国神华能源股份有限公司神东煤炭分公司寸草塔二矿（270 万吨/年）改扩建项目土地复垦方案	环保部审
神华神东煤炭集团有限责任公司柳塔煤矿（300 万吨/年）项目土地复垦方案	环保部审
内蒙古福城矿业有限公司麻黄煤矿（120 万吨/年）建设项目土地复垦方案	环保部审
中国神华能源股份有限公司金烽煤炭分公司万利一矿技改项目土地复垦方案	
中国神华万利煤炭分公司布尔台矿区开发项目土地复垦方案	环保部审
内蒙古伊东煤炭集团有限责任公司忽沙图煤矿采空区灾害综合治理工程土地复垦方案	环保厅审
乌海市温明矿业有限责任公司卡布其煤矿技术改造（变更开采方式）项目土地复垦方案	环保厅审
内蒙古伊东集团古城煤炭有限责任公司煤矿技术改造（变更开采方式）项目土地复垦方案	环保厅审
内蒙古自治区鄂伦春自治旗八岔沟西矿区（鄂伦春自治旗国金矿业有限公司）铅锌矿矿山地质环境保护与恢复治理方案	环保厅审

表7-1-3（续）

项 目 名 称	备注
扎兰屯市国森矿业有限责任公司二道河银铅锌矿2000吨/日采选工程矿山地质环境保护与恢复治理方案	环保厅审
内蒙古伊东煤炭集团有限责任公司西乌素煤矿采空区灾害综合治理工程土地复垦方案	环保厅审
准格尔旗路鑫聚煤炭有限公司煤矿（120万吨/年）整合改造项目土地复垦方案	环保厅审
准格尔旗鸿鑫纳户沟煤炭有限责任公司煤矿技术改造（变更开采方式）项目土地复垦方案	环保厅审
内蒙古棋盘井矿业有限责任公司煤矿整合改造项目土地复垦方案	环保厅审
乌海市中科宝诚煤业有限公司白云乌素煤矿改扩建工程土地复垦方案	环保厅审
内蒙古阿荣旗临时起降点（通用机场）项目土地复垦方案	环保厅审
扎兰屯市国森矿业有限责任公司二道河银铅锌矿2000吨/日采选工程土地复垦方案	环保厅审
鄂伦春自治旗国金矿业有限公司八岔沟西铅锌矿3000吨/日采选工程一矿段土地复垦方案	环保厅审
鄂尔多斯市乌兰煤炭集团有限责任公司温家塔煤矿矿山地质环境分期治理及土地复垦方案	环保厅审
内蒙古自治区集宁煤田马莲滩矿区矿山地质环境治理方案	环保厅审
鄂尔多斯市乌兰煤炭集团有限责任公司温家塔煤矿采空区灾害综合治理工程矿山地质环境保护与恢复治理及土地复垦方案	环保厅审
内蒙古伊东煤炭集团有限责任公司忽沙图煤矿采空区灾害综合治理工程土地复垦方案	环保厅审
内蒙古伊东煤炭集团有限责任公司沙咀子矿采空区灾害综合治理工程土地复垦方案	环保厅审
内蒙古伊东煤炭集团有限责任公司石湾子煤矿采空区灾害综合治理工程土地复垦方案	环保厅审
内蒙古伊东煤炭集团有限责任公司东圪堵煤矿采空区灾害综合治理工程土地复垦方案	环保厅审
准格尔旗蒙祥煤炭有限责任公司露天矿工程土地复垦方案	环保厅审
奈曼旗中蒙矿业有限公司大房身铁矿采选工程项目土地复垦方案	环保厅审
内蒙古特弘全盈煤炭有限责任公司全盈煤矿改扩建工程土地复垦方案	环保厅审
内蒙古清水河县城关镇北山矿区水泥灰岩矿（15万吨/年）露天采矿工程土地复垦方案	环保厅审
内蒙古鄂尔多斯市大源煤炭有限责任公司柳林沟露天煤矿修改（优化）项目土地复垦方案	环保厅审
鄂尔多斯市乌兰煤炭集团有限责任公司通富煤矿（60万吨/年）（整合）技改项目土地复垦方案	环保厅审
神华蒙西煤化股份有限公司棋盘井煤矿铁路专用线项目土地复垦方案	环保厅审
中国神华能源股份有限公司神东煤炭分公司寸草塔煤矿改扩建项目土地复垦方案	国土资源部 国土资源厅

（二）重点煤炭企业环境保护体系

1. 神华神东煤炭集团有限责任公司

环保绿化管理委员会。1998年8月，公司成立环保绿化管理委员会。1999年，公司在安监局设立环保管理处，负责公司环保业务。同年，公司成立环保绿化委员会，形成环保管理处、相关部门、专业化服务单位三级环保绿化管理体系。公司所属各矿井、厂（处）、中心设立环保绿化组织机构，配备专（兼）职环保管理人员，共同负责公司的环保工作。

2002年，公司将环保处管理从安全监察局分离出来，成为独立的处级建制单位，全面负责神东矿区的环境保护和生态建设各项工作。

2005年6月，神东煤炭公司将环保管理处变更为独立业务管理部门，下设环境监测站、水土保持监测站，负责对矿区的环境治理和生态建设工作进行统一规划、设计、组织管理、数据监测和监督检查。

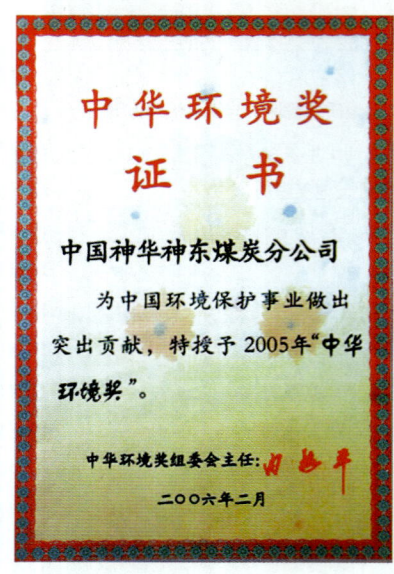

图7-1-1 2006年，神华神东煤炭分公司荣获中华环境奖

环境监测站。1999年4月，公司建立环境监测站，隶属环境保护管理处，定编8人。监测站仪器设备配置齐全，是全国煤炭行业一级环境监测站。站内设综合技术室，全站员工6人，全部为大专以上文化程度的各类专业技术人员，其中助理级以上工程师2人。

2001年7月，监测站首次通过计量认证，根据国家《环境监测管理办法》和《环境监测技术规范》规定，该站具有监测地表水、废水、环境空气、废气、噪声5大类60多个监测项目的能力。

2007年，公司根据国家新建站标准，由神东煤炭公司投资165万元，按照国家三级站实验室配置，建设监测实验楼。2008年，监测实验楼正式投入使用，总面积为778平方米。监测站拥有原子吸收分光光度计、双光束分光光度计、常规分析仪、红外分光测油仪、环境空气监测系统等多种大型仪器共35类、75台（套）。监测站具备同时开展矿井水、生活污水、锅炉烟尘、烟气、环境噪声等环境要素和各种污染源监测的能力。

1994年，公司被内蒙古自治区绿化委员会授予"绿化先进单位"称号；1996年，先后被煤炭工业部、国家环境保护总局授予"环境保护优秀企业"和"全国环境保护先进企业"称号；2005年被国家环境保护总局、全国妇联、共青团中央等部门颁授全国第一批"绿色社区"奖牌；2006年获全国环保领域最高奖项——中华环境奖。

2. 神华准格尔能源有限责任公司

1991年8月，公司设立环境保护办公室，科级建制；1995年设立环境监测站，副科级编制；1997年4月，准煤公司成立环境保护委员会办公室，为机关处级编制，定员8人，下设综合科和环境监测站；1999年4月，准煤公司将环保办、精神文明办公室、行政处及公用事业公司环卫队、绿化队合并，成立行政环保处，下设房产管理所、土地管理所、环境监察监测站和环卫城管所等；2001年12月，撤销行政环保处，环境保护业务及人员划归生产技术部管理，下设环保监测站。

公司环境监测站占地面积300多平方米，设有分析室、仪器室、天平室和库房等。站内配置监测分析仪器112台件，承担着公司大气、水质、噪声等污染源监测工作，监测项目37项。环境监测站除承担公司内部污染源监测工作外，还与准格尔旗环保局联合成立准格尔旗环境监测站，将监测工作范围扩大到对全旗的环境质量和污染源例行监测、污染源监督性监测；环境污染事故、纠纷的仲裁监测；建设项目环境影响评价的现状监测、评价结论验证和建设项目执行"三同时"验收监测，以及限期治理项目污染防治设施运转效果的监测。

2003年3月，公司将环境监测站、

文体部、档案馆、机关事务部、车队、宾馆、招待所合并成立服务中心，环境监测站负责公司环境监测工作，环境保护管理职能仍由准能公司生产技术部承担。2005年3月，公司将服务中心更名为行政环保处，承担准能公司环境保护管理职能，下设环境监测站，定员10人。

2011年3月，公司环保管理与土地管理职能合并，成立土地环保处。环境监测站划归到土地环保处，承担污染源和职业卫生监测工作。2003年底，环境监测站通过内蒙古自治区技术监督局和鄂尔多斯市环保局的计量认证，监测人员全部持证上岗，水、气监测能力扩大到82项。监测人员除监测任务之外，还兼职环境保护管理工作，包括：

（1）污染源监督监测。主要监测点位为准能污水厂排放口，监测频次为每月1次，每次采样1天，分早中晚各1次，取样地点为污水排放口。

（2）大气污染监测。主要是对采暖锅炉所排烟气进行监测。公司共有采暖锅炉120台，其中10吨以上的采暖锅炉8台，多用于露天煤矿工业场地集中供热点，其余锅炉分布在大准铁路沿线、公用事业公司等单位。锅炉监测每个采暖期1次，监测对象主要是1吨以上的锅炉。

（3）粉尘监测。主要监测地点是露天矿采掘场、选煤厂装卸、破碎和转载点等场所。粉尘每月监测1次。

（4）噪声监测。监测点为露天矿作业场所机械设备操作室内和选煤厂各生产车间，噪声一般每半年监测1次。

（5）空气质量监测。主要监测薛家湾居民区空气质量，确定空气质量中的首要污染物和质量等级，每季度进行1次监测。该项工作主要在2008之前开展。2008年后，准格尔旗环保局在薛家湾地区实施大气污染物自动监测。

2012年3月，公司增设土地环保处环保管理科，人员编制为3人，属于准能公司机关编制。环保管理科负责准能公司环境保护监督管理。环境监测站定员编制为7人，负责公司污染源与职业卫生监测工作。

2015年4月，公司成立环境保护部，人员编制为10人，属于准能公司职能部门，负责准能公司环境保护、节能减排和生态管理的工作。环境保护部下设环境监测站，人员编制5人，负责公司污染源与职业卫生监测工作。

3. 神华包头能源有限责任公司

1988年，包头矿务局筹建环保工作监测站，由矿领导直接管理。1996年1月，矿务局科技处和计划处合并，成立局科技规划处，环境保护工作移交到科技规划处。

1998年8月，矿务局移交给神华集团公司初期，面临着大部分矿井衰老、报废，部分矿井在建或移交，环保机构处于工作暂停状态。1999年10月，矿务局科技规划处更名为企业管理规划发展部，环境保护工作同时移交到该部。2001年10月，公司企业管理规划发展部更名为企业计划部，环境保护工作一并带入。

2003年9月，公司环保工作恢复，仍归企业计划部负责，并成立以行政一把手为组长的环境保护领导小组，配备专兼管理人员。领导小组成员按照各自分工，明确责任，抓好落实，管理人员负责环境保护工作的统计、计量、分析和监督检查。

2007年11月，公司成立以董事长为组长、总经理为常务副组长、其他公司领导为副组长、有关处室和基层领导为成员的节能减排和环境保护领导小组，配备人员开展工作。2012年8月，公司成立环境保护部，设置节能管理科和环保管理科。

4. 神华北电胜利能源有限公司

公司环境保护工作按照统一规划，分级实施开展。公司生产与安全部是公司水土保持和环境保护的业务主管部门。露天矿、物业供应公司是公司水土保持和环境保护措施具体实施单位。

5. 神华大雁集团有限公司

（1）环境保护管理。1991年，大雁矿务局设立环境保护办公室，隶属于卫生处；1995年划归矿务局科研所，1998年2月，重新划归卫生处；2001年8月，划归建设处。2014年2月，公司将科技信息部与环保管理部合署办公，环保管理部负责公司内各生产建设单位的环境保护监管工作。

（2）环境监测。1991年，大雁矿务局设立环境监测站，隶属于卫生处；1995年划归矿务局科研所，1998年2月重新划归卫生处；2001年8月划归建设处；2002年4月划归技术中心。环境监测站在矿区设置6个大气监测点，对矿区大气总悬浮颗粒物、二氧化硫、氮氧化物等进行监测。

6. 中电投蒙东能源集团有限公司

（1）环境保护工作委员会。1999年，霍林河矿务局改制为公司后，组建公司环境保护工作委员会，具体管理部门设在发展规划部，并配备专职环保工作人员。2008年，在原来管理体系的基础上，蒙东公司对重点环保单位配备环保兼职工作人员。截至2015年，公司共有环保专兼职人员18人，其中管理人员12人、监测人员6人，中级以上职称15人，占从事环保人员总数的83.3%，高级职称1人。

（2）环境监测站。霍林河矿务局环境保护监测站于1989年7月1日成立后，先后更名为霍林河矿区环境保护监测站、霍林河煤业集团环境保护监测站、中电投霍煤环境保护监测站、中电投蒙东能源集团环境保护监测站。2008年1月，企业变更为现名称后，监测站成为公司环境保护监测站。

监测站办公场所建筑面积750平方米，具备先进的实验室和实验设施，拥有紫外分光光度计、原子吸收分光光度计、电子天平、生化和化学需氧量测定仪、烟尘自动测定仪、激光微电脑粉尘测定仪、噪声自动统计测定仪等多种性能先进的监测仪器。

7. 华能伊敏煤电有限责任公司

（1）环境保护科。1991—1993年，伊敏煤电公司在建设处设立环境保护科，1994年划归科技处，1998年划归生产处，2001年环境保护科与环境监测站合并，划归安全生产部。

（2）环境监测站。1991—1993年，伊敏煤电公司在露天矿中心化验室设立环境监测站，1994年划归科技处，1998年划归生产处，2001年环境保护科与环境监测站合并，划归安全生产部。2002—2004年，公司在策划部设立环境监测科。

8. 扎赉诺尔煤业有限责任公司

2007年，公司成立以公司总经理为组长的环境保护工作领导小组和节能减排工作领导小组，科技环保处负责公司整体的新、改、扩建项目的环保、水保工作，建设期负责项目的监督工作，严格执行"三同时"制度，运营期负责协调地方环保部门进行监测及日常管理工作。各生产矿由矿总工负责，下设环保专职或者兼职人员，负责各矿的日常环保管理工作及配合地方监测部门进行监测等工作。

9. 神华宝日希勒能源有限公司

2011年以前，公司在企划部设基建环保科；2012年，公司成立以董事长为组长、总工程师为副组长、各所属单位及相关部室一把手为成员的节能环保工作领导小组,并在公司生产技术部设立节能环保科及节能环保工作办公室,明确由生产技术部门负责管理、协调公司节能环保和生态绿化建设工作。2011年5月,公司成立土地复垦绿化公司,负责露天煤矿土地复垦绿化实施工作。由于公司未设环境监测机构,2012年以来,公司一直委托呼伦贝尔市环境监测中心站代为监测。

10. 内蒙古平庄煤业(集团)有限责任公司

1991年3月,平庄矿务局成立节能处和环保处,一个机构两块牌子。节能处和环保处下设环保管理科、节能科和环境监测站。工作人员20人,其中管理岗位9人、监测岗位11人。1993年5月,矿务局撤销局节能环保处,分别成立局"四节"办公室和环保处。环保处下设一科一站,即管理科、环境监测站。环保处有环保工作人员23人,其中管理岗位12人、监测岗位11人。1995年6月,矿务局决定撤销"四节"办公室和环保处,成立节能环保处,职能不变。1998年6月,矿务局撤销节能环保处,节能与环保业务分别划归动力处和技术监督处,技术监督处设立技术监督环保科。1998年12月,技术监督处重新设立环保科、环境监测站。环保科定员1人,环境监测站定员3人。

2000年8月,技术监督处环境保护管理科与环境监测站合并,共有6人。2003年6月,技术监督处决定环境保护管理科与环境监测站分设,环保科3人、环境监测站3人。2015年,技术监督处环境保护管理科与环境监测站合并,共有4人。

11. 内蒙古伊泰集团有限公司

公司于2008年10月成立环境治理部,11月更名为环境监察部,开始建立环境管理体系。2010年3月,环境管理体系正式开始运行。11月,经北京中经科环质量认证有限公司审核,集团公司ISO14001环境管理体系完成认证注册。体系范围涉及公司的煤炭开采和洗选业务、铁路货物运输、公路经营服务、甘草类颗粒剂和滴丸剂生产和服务、煤化工产品(液化气、石脑油、柴油)生产和服务、房地产开发和销售、太阳能光伏发电等七大经营板块。2012年12月,公司设立伊金霍洛旗地区、准格尔旗东部区和准格尔旗西部区监察站等3个基层环境监察站。

图7-1-2 2011年11月6日,伊泰集团公司举行ISO环境管理体系获证颁证仪式

12. 神东天隆集团有限责任公司

公司于2004年5月从神东煤炭集团公司分离出来并改制为非国有控股股份制企业,其所属伊金霍洛旗环保工程分公司承担着所属企业和部分矿区的生态绿化、防沙治沙、复垦区管理等工作。2007年,天隆集团将其整合为胜源建安公司,环保职能保留。

非公有制煤炭企业除少数企业外,一般不设专门的环境保护与监测机构,环境保护与监管主要由地方行政主管部门负责监督性监测。

三、部分重点煤炭企业环境保护与监测制度

(一) 神华神东煤炭集团有限责任公司

2000年起，公司根据《中华人民共和国环境保护法》及水污染、固体废物污染环境防治法等法律法规，并结合神东矿区实际陆续制订十多项管理制度，涵盖监督、监测、管护、考核等方面，其中，2000年公司制订实施《神华神东煤炭公司环保绿化管理办法（试行）》，2003年公司制订实施《神东矿区垃圾管理办法》，2008年公司制订实施《神东矿区环境保护设施运行管理办法》《神东矿区环境保护设施运行管理细则》《神东矿区环境保护设施运行管理的补充规定》《神东煤炭分公司废旧油品管理办法》等。

2008年之后，公司陆续制订下发《神东煤炭集团环境监测管理办法》《神东煤炭集团现场环境风险处罚管理办法》《神东煤炭集团煤矸石污染防治管理办法》《神东煤炭集团放射性污染防治管理办法》《神东煤炭集团危险废物污染防治管理办法》《神东煤炭集团清洁生产审核管理办法》《神东煤炭集团绿地管护管理办法》及《神东煤炭集团环境统计管理办法》等制度。

(二) 神华准格尔能源有限责任公司

1998年，公司制订《准格尔煤炭工业公司环境保护暂行管理办法》，经过两次修订，2009年形成《神华准格尔能源有限责任公司环境保护管理办法》。2012年制订《神华准格尔能源有限责任公司放射性污染防治管理办法》。公司根据相关制度对企业环境保护工作实行统一管理，分级负责体制。

(三) 神华包头能源有限责任公司

1992年1月—2003年9月，包头矿务环境保护制度方面基本以中国统配煤矿总公司签订的《环境保护指标考核责任书》为准，涉及10项内容，企业内部规章制度的建设直到2003年9月才开始起步。数年间，陆续出台《神华包头矿业公司节能减排和环境保护的管理办法》《神华包头矿业公司节能减排领导小组的职责》《神华包头矿业公司主要污染物总量减排统计办法》《神华包头矿业公司节能减排目标考核办法》《神华包头矿业公司能源统计管理制度》等。绘制《神华包头矿业公司锅炉分布图》《神华包头矿业公司主要污染源分布图》《神华包头矿业公司节能减排组织机构图》和《神华包头矿业公司二级单位节能减排组织机构图》。2011年，公司出台《神华包头矿业公司节约能源管理办法》《神华包头矿业公司节约用水管理办法》《神华包头矿业公司2011年节能环保考核办法》《神华包头矿业公司能源计量器具配备及管理制度》《神华包头矿业公司计量器具周期检定制度》。2012年，公司出台《神华包头矿业公司节能和环保风险管控暂行管理办法》《神华包头矿业公司节能环保工作例会制度》和《神华包头矿业公司"十二五"节能环保规划》，并把公司的10项主要制度和神华集团公司、国家有关节能环保制度、政策法规汇编成册。2013年，公司出台3个环境风险管控文件：《神华包头矿业公司突发环境事件信息报告管理办法》《神华包头矿业公司环境安全事件处罚办法》《神华包头矿业公司环境污染事故综合应急预案》。

(四) 神华北电胜利能源有限公司

2008年，公司制订下发《神华北电胜利能源有限公司水土保持及环境保护管理办法》。

(五) 神华大雁集团有限公司

1991年，大雁矿务局制定《环境保

护管理制度》《建设项目"三同时"管理制度》《环境统计制度》，对环保管理部门和基层单位的环境保护工作提出具体要求，并将有关环境保护的内容纳入建设项目的立项、设计和建设过程中，同时对环保审批手续的办理作了明确规定。同年，环保办化验室参与企业升级环境保护达标工作，对矿务局各单位进行专业指导、定期检查，对发现的问题及时帮助解决。当年，矿务局通过东煤公司企业升级环保专项检查，达到国家二级企业环境保护标准。

2006年，企业改制为公司后，组织编制完成《大雁矿业集团公司放射性污染防治监督管理办法》《大雁矿业集团公司环境污染事故应急处理预案》，并发文至基层单位执行。2014年，集团公司制订《神华大雁集团公司环境保护管理办法》，并于2014年8月6日下发实施。

（六）中电投蒙东能源集团有限公司

公司逐步制订和完善《环境保护管理办法》《环境污染防治实施方案》《水土保持工作管理办法》《露天煤业股份有限公司扬尘污染的防治方案》等规章制度，2008年完成整体的ISO14001环境管理体系认证工作。2010年，公司对原有的环保相关制度进行系统的整合和完善，编制《内蒙古霍林河露天煤业股份有限公司环境保护管理制度》。

（七）神华宝日希勒能源有限公司

2010年，神华宝日希勒能源有限公司编印《国家法律法规和集团节能环保制度汇编手册》，制订并实施《节约能源管理办法（试行）》《环境保护管理办法（试行）》。

（八）内蒙古平庄煤业（集团）有限责任公司

2004年，集团公司制订《环境保护工作管理暂行办法》，2006年结合环保工作的实际情况，进一步完善《环境保护工作管理暂行办法》。2007年，集团公司编制环境保护工作"十一五"规划，开始对废水、废气、噪声污染和固体废物进行治理，对塌陷区生态进行修复，总投资达10486.8万元。2013年改制后的平庄煤业（集团）公司编制了《大气污染防治方案（2013—2017年）》。

（九）内蒙古伊泰集团有限公司

2010年3月，公司发布《环境管理手册》《环境程序文件》，正式开始运行环境管理体系；5月，印发《内蒙古伊泰集团有限公司环境管理办法（试行）》。2011年，公司修订完善《内蒙古伊泰集团有限公司环境管理办法》，并下发《内蒙古伊泰集团有限公司环境管理办法考核细则》。

2013年，公司完成《环境管理体系手册》的定稿、印刷与发放工作，并全面梳理、修订、更新《管理制度汇编》中的各项制度与记录清单、表格等。2014年，公司更新各工序和新建项目的环境因素、法律法规，共更新环境因素295项，重要环境因素21项，法律法规44项。2015年，根据环保工作实际，公司制定《内蒙古伊泰集团有限公司2015年环境保护检查考核奖惩办法》。

2011年和2014年，公司分别通过ISO14001环境管理体系和ISO50001能源管理体系认证，减少公司的环境风险，提升企业的核心竞争力。各煤矿在做好日常"三废"处理工作的基础上，均编制完成《矿山生态恢复规划》，并按照批复意见逐年规划实施。2013年4月，集团公司被全国绿化委员会评为"全国绿化模范单位"。

四、环保知识宣教与培训

自2011年起，伊泰集团公司在每年

的"6·5世界环境日""节能宣传周"集中开展环保和节能宣传教育活动,包括制作节能宣传周宣传短片,印制下发"6·5世界环境日"宣传图,张贴节能节水标识牌,悬挂"6·5世界环境日"与"节能宣传周"宣传条幅等,宣传环保知识、环保理念,提高全员环保意识;对各生产经营单位与相关职能部门负责人进行"环保核查法规政策"、环境统计、清洁生产、环境管理体系等环保知识的培训。

图7-1-3 2009年6月19日、2010年10月20日,伊泰集团举办首期、第二期环保知识培训班

2012年6月,伊泰集团公司组织首届环保征文活动。2013年,在组织开展"6·5"宣传教育、培训活动的同时,制作播放"同呼吸共奋斗"公司环保工作回顾宣传片;要求各单位组织开展"世界环境日"与"节能宣传周和低碳日"宣传活动。2014年,开展"践行绿色发展,创建百年伊泰,我们在行动"全员签名活动,签名活动涉及26个基层生产经营单位,共向员工发放2000余份环保倡议书和环保知识手册,倡导全体员工积极参与环保,以实际行动践行绿色发展。

伊泰集团公司在《内蒙古环境科学》《内蒙古政报》《煤炭科学技术》杂志发表以环境保护、碳汇林、矿区循环技术为题材的报道。2015年6月,公司邀请中国环境管理干部学院朴光洙教授开展环保大讲堂,解读"史上最严新环保法";制作环保宣传视频,在公司楼宇电视循环播放并下发各基层单位观看学习;通过OA系统进行环保知识答题,收集大家最关注的环保问题。

华能扎赉诺尔煤业公司每年6月5日环境保护日期间,积极配合地方环保部门对环境保护工作进行宣传,有张贴海报、板报等方式。2015年新环保法实施以来,积极组织员工对新环保法进行学习,并下发环保法宣传手册,进一步增强员工及其家属的环境保护意识。

第二节 矿区水土保持监管与监测

一、矿区水土保持方案制订与实施

1990年,准格尔旗黑岱沟露天煤矿建设项目率先编制《准格尔旗黑岱沟露天煤矿水土保持方案》,该项目成为自治区首个编制水土保持方案的煤炭建设项目。随后,霍林河露天煤矿及平庄矿区的元宝山、风水沟、红庙子、五家、西露天、古山、六家煤矿编制的《水土保持方案》陆续通过审批。

1999年7月23日，水利部、国家煤炭工业局《关于加强煤矿生产建设项目水土保持工作的通知》要求，"在煤矿生产建设过程中应采取保护水土资源的措施，防止造成人为的水土流失；因开发建设造成的水土流失由建设单位负责治理。建设项目的水土保持设施，必须与主体工程同时设计、同时施工、同时投产使用，建设项目竣工验收时，应同时验收水土保持设施""山区、丘陵区、风沙区的煤矿建设项目，必须在项目可行性研究阶段编报水土保持方案，作为环境影响报告书的重要组成部分单独成册，专项审批。建设项目的初步设计中应有水土保持设计的内容"。由此，煤炭建设项目水土保持方案编报、审批进入常态化管理轨道。

（一）神东矿区

神东矿区位于黄河中游粗沙多沙区，是黄土高原水土流失最为严重、生态环境最为脆弱的地区之一，也是国家计委和水利部（1988年）1号令确定的国家级水土保持重点监督区。1999年，委托国家林业局等编制《神华集团神府东胜矿区生态建设工程规划》，规划时段为1999—2008年，经国家计委批准实施。神东煤炭公司在煤炭开采过程中，始终坚持开发与治理并重的原则，采前进行大规模水土保持和风沙治理，采后营造生态经济林。在内蒙古境内开采面积68平方千米，治理面积108平方千米，吨煤提取环保生态建设资金1.8元，累计投入资金6亿元。经水利部验收，矿区植被覆盖率由开发初期的11%提高到60%，取得显著的生态效益、经济效益和社会效益。

图7-1-4 神东煤炭公司治沙工程初见成效

神东煤炭分公司根据矿区开发建设与自然环境特点，将水土保持生态建设布局划分为"三圈一水"治理：以生产生活区为"中心美化圈"，以周边山地为"周边绿化圈"，以外围大面积风沙及水土流失区为"外围防护圈"，以生态建设灌溉系统及水景建设为"一水"。对矿区水土保持生态建设采取工程措施和生物措施相结合的办法，对白敖包、红石圈渠、饮马泉、沙沟4条小流域进行治理，在沟口筑坝拦洪，在沟沿植树，在坡面修挖高标准的水平沟、鱼鳞坑，坑内植树种草，共完成治理面积255.69公顷。

公司围绕"三圈"布局，采取以下

措施：①实施大面积常规防风固沙工程，确定了157平方千米流动沙区作为治理重点；②实施多项小流域水土保持防洪护矿综合治理工程，完成治理面积255.7公顷；③实施水源保护治理工程，对生产生活用水水源地采取工程措施与植物措施相结合的办法进行专项治理，共完成治理面积820公顷；④开展矿区专用公路全线绿化工程；⑤狠抓生物护岸与各生活小区的绿化美化工程；⑥实施乌兰木伦河局部护岸工程，保证了两岸矿井、露天采坑和生活小区的安全；⑦与中科院合作，开展土地复垦试验和垦区开发工程，在露天矿首采回填区进行种草和农作物种植试验获得成功；公司按照建设高标准复垦区的目标，对147.9公顷复垦区进行全面规划和治理。

（二）准格尔矿区

神华准能公司水土保持工作围绕基本建设项目，强化水土保持三同时管理，着力落实水土保持方案，加强水土保持设施运行管理。在项目可研阶段，在自治区率先委托相关单位编制建设项目水土保持方案，并通过国家和地方水土保持行政主管部门的审批，对已竣工项目及时组织申请验收。黑岱沟露天矿吊斗铲倒堆工艺技改工程，主要围绕新增东沿帮排土场，采掘场，治理面积245.7万平方米。哈尔乌素露天矿主要围绕采掘场、排土场、工业广场、选煤厂、坝系工程等，建设期间防治范围为653.39万平方米，运营期为1049.96万平方米。准能矸电公司二期2×30万千瓦项目，水土流失防治责任范围面积共计156.66万平方米，其中项目建设区122.68万平方米，直接影响区33.98万平方米。

大准铁路扩能改造工程建设扰动地表面积110.63万平方米，防治责任范围面积110.63万平方米，全部为项目建设区面积，无直接影响区；水土保持措施面积71.80万平方米，可绿化面积53.36万平方米。点岱沟至南坪支线工业广场专用线水土保持方案责任面积197.25万平方米，根据水土流失地貌类型及主体工程施工生产特点，将工程建设责任范围分为路基防治区、站场防治区、辅助设施防治区3个防治区。净水厂扩能项目，防治责任范围为工程建设区和直接影响区，面积合计35.17万平方米。

准能公司水土流失治理采用整体包围、分层阻拦泥沙和有序排水的原则，及时采取生物措施，构筑水土保持工程的宏观防御体系。黑岱沟露天矿在一期工程的基础上进一步加固原有坝体20处，在东沿帮排土场下游修筑永久性挡水拦沙坝1处。哈尔乌素露天矿筑坝8处，土地复垦102公顷，水土流失控制程度90%以上，水蚀流失模数已从本底值13000吨/（平方千米·年）下降到2015年的1500吨/（平方千米·年）。减少地表径流量65.43万吨/年，减少水土流失量72%，矿区范围内的水土流失基本上得到治理。哈尔乌素露天矿外排土场周边设挡水围埂，采掘场周边设防洪堤，工业场地边坡浆砌防护，道路两侧设浆砌排水沟，防洪工程采用生物措施防护。生物措施实施面积151.99公顷。扰动土地整治率90.47%，水土流失总治理程度87.38%，林草植被恢复率95.04%，植被覆盖率26.28%，拦渣率99%，土壤流失控制比约0.68。

准能矸电公司二期工程主要治理区为贮灰场、弃土场、运灰道路及厂区。贮灰场为防止沟壑进一步发育，采取沟头防护工程，并修建沟边埂12207米。弃土场弃土前修建挡土坝，边坡修建浆砌石网格防护2400平方米，同时修建排水渠、消力池等。运灰道路边坡采用浆砌防护。并对厂区及各控制区实施生物措施，种植植物126.12万平方米。扰动土地治理率95%以上，水土流失总治理程度90%以上，水土流失控制比为1.5以下，拦渣率98%以上，植被恢复系数90%以上，林草覆盖率45%以上。灰场形成平台后进行覆土重建植被，实现土地资源的可持续发展。

（三）包头石拐矿区

截至2010年，包头矿业公司水土保持工程累计投资92.87万元，其中主体工程具有水保功能，工程投资13.95万元，新增水保措施投资78.92万元。新增措施投资中，工程措施投资13.25万元，植物措施投资4.03万元，临时工程投资1.39万元，独立费用54.42万元，基本预备费2.19万元，水土保持设施补偿费3.64万元。扰动土地治理率98%，造成水土流失面积的治理度达到97%，水土流失模数的控制比为0.5，拦渣率95%，植被恢复系数为95%，林草植被覆盖度为21.73%。水泉露天矿2010年修筑护坡面积900平方米，2011年投资155万元修筑护坡364平方米，投资35万元硬化工业广场1173.5平方米。2013年投资50万元进行土地复垦的覆土工程，覆土7.1万立方米，覆土面积14.2万平方米。阿刀亥矿2012年投资100万元在矿区砌筑一个防洪涵洞和200平方米防洪墙；疏通采空区水沟200米。

（四）胜利矿区

根据《内蒙古自治区水土流失重点防治区划》通告，胜利矿区属水土流失重点预防保护区。矿区所在区域位于锡林河流域下游，属缓坡丘陵草原草地及非地带性平原盐化草甸草地，水土流失类型以风力侵蚀为主，水力侵蚀为辅。依据《土壤侵蚀分类分级标准》，确定该区的土壤侵蚀强度为轻度侵蚀。

2003年9月，神华胜利能源有限公司委托内蒙古水利科学研究院编制《神华胜利能源有限公司胜利矿区一号露天煤矿工程水土保持方案报告书》，2004年3月通过水利部技术评审。2005年11月，国家水利部对该方案报告书正式审批通过，作为建设项目水土保持工作的依据。水土保持工程总投资4769.85万元，列入主体工程中的投资1454.26万元，方案新增水土保持措施投资3315.59万元。

外排土的水土保持工程措施主要包括：①终期渣堆顶面平台及各阶台面、边坡坡面覆土；②顶面平台外缘周边和底部边坡边缘围埝，围埝顶宽0.4米、高0.5米，断面为梯形；③渣堆顶面平台及各阶台面排水沟，排水沟挖深0.8米、底宽1米，断面为梯形；④排土场边坡采用沙障防护，根据批复的水土保持方案，列入采场防治区的主要工程措施为场区周边网围栏。工业场地区的主要工程是场内排水设施。该区水土保持工程措施主要包括建设地面防洪堤。主体工程设计的运输系统水土保持工程措施包括铁路和矿区联络道路路基排水沟和边坡防护。

植物措施范围主要在工业广场、排土场、运输系统和管线区。①排土场。排土场植物措施面积130.8公顷，种植沙棘27.2万穴，其中南排土场植物措施面积37.21公顷，主要为土场边坡植物措施和周围植物措施，北排土场植物措施面积93.59公顷，植物物种包括红柳、榆树绿篱、沙米、披碱草等。②工业厂区。工业厂区植物措施主要树种包括：乔木树种——杨树、国槐、垂枝榆、馒头柳、云杉、樟子松，灌木树种——榆叶梅、珍珠梅、丁香、榆树绿篱、地柏串红、沙棘、欧李等；草本植物包括：万寿菊、马尼拉草等。工业广场植物措施面积31.26公顷。③运输系统及管线区。铁路环线植物措施树种为杨树和沙棘，植物措施面积20.29公顷。道路两侧采用灌木柳、云杉等植物措施树种，面积10.97公顷。

2008年8月，北京水保生态工程咨询有限公司对胜利矿区一号露天煤矿水土保持设施进行专项评估验收，在提交的《胜利矿区一号露天煤矿水土保持设施验收技术评估报告》中指出，胜利矿区一号露天煤矿建设扰动地貌总面积780.39公顷（不包括采场面积为448.69公顷），水土流失面积448.69公顷，完成水土保持防护措施总面积946.27公顷，扰动土地整治总面积438.3公顷，项目区的水土流失治理度为97.3%，扰动土地治理率为97.7%。根据各侵蚀单元建设期土壤流失量计算结果及防治责任范围面积调查成果，可计算各侵蚀单元建设期平均土壤侵蚀模数，进而算得各侵蚀单元土壤流失控制比，从而得出项目区综合土壤流失控制比为0.71，拦渣率为99.97%。

由于胜利矿区一号露天煤矿项目较为重视水土保持工作，在工程建设中积极履行水土保持责任，因地制宜、因害设防建设水土保持设施，有效控制水土流失，使项目区各项目标值均达到水土流失一级防治标准。2008年9月，水土保持工程通过国家水利部的验收。

（五）扎赉诺尔矿区

扎赉诺尔煤业公司遵循"预防为主、防治结合""谁开发谁保护"的原则，力求实现生态效益、社会效益、经济效益相统一。主要完成的项目有《扎赉诺尔煤业公司灵东500万吨/年建设项目水土保持方案》《伊敏五牧场矿井及选煤厂水土保持方案》《铁北矿煤炭产业升级改造工程水土保持方案》《灵泉煤矿产业升级改造工程水土保持方案》《灵泉露天矿改扩建建设项目水土保持方案》，《扎赉诺尔煤业有限责任公司水土保持方案》《煤矸石热电厂（1×12兆瓦）新建工程水土保持方案》等，均通过各级环保主管部门的审批，并全部通过了水保验收。

（六）大雁矿区

30多年来，公司始终结合本地气候干旱的实际特点，统筹规划，统一安排，落实造林任务，实施规模性植树造林活动。先后营造了北山林地、胜利沟林地、红旗沟林地等20多处人工林。2002年，公司投资100万元，全面实施了退耕还林工程。

图7-1-5 平庄煤业集团公司西露天矿水土保持工程

截至2004年，累计投资1900.68万元，营造坑木林3916公顷，实现矿区绿化总面积209.7公顷，其中成林面积100公顷，林木总蓄积量103996.8立方米；绿化覆盖率24.9%，人均占有绿地面积21.37平方米。1994年、2002年，煤业公司被评为内蒙古自治区企业绿化先进单位。

（七）平庄矿区

露天矿排土场采取的水土保持措施主要有建立排土场挡土墙、排土场周边挡水围埂、周边截水沟、排水渠等，同时在排土场种草、植树，在运输道路两侧种植乔木防护林、栽植杨树，在路堤边坡种草。

（八）伊泰集团公司煤矿矿区

公司所属煤矿远离城区，井田内没有自然保护区、文物古迹和军事设施等环境敏感点，所有煤矿区域均属于干旱、干燥的高原大陆性气候，降水量稀少，蒸发强烈；井田内地形较为复杂，地形总体趋势是西高东低，由于受水流风蚀等影响，沟谷发育、切割剧烈，属侵蚀性丘陵地貌特征；所有煤矿井田内沟谷均为干谷，无常年性水流，只有暴雨时有暂时性洪流，最终注入黄河。煤炭资源的开采可能引起的生态变化主要表现在井下采煤对地表形态的破坏，原有的地貌被改变，耕地减少，水土流失加重；矿井排污对生态环境产生一定的影响。

集团公司针对生产建设过程中扰动和破坏地表方式程度的不同，将煤矿所在区划分为重点治理区、一般治理区，因地制宜，分类治理，其中重点治理区主要指矿井塌陷区，采取回填复垦、坡式梯田、水土保持耕作、种植防护林等水土保持措施；并在生产的同时，对自然沟谷进行有规划的治理，采取沟头防护工程、沟道防护工程等措施，防止水土流失加剧。对路基、边沟等一般治理区主要进行防护治理，矿井场外公路路基填土采取水土保持措施，边坡不大于1:1.5的路基坡面种草护坡，有效控制路基产生沟蚀现象而引起水土流失；场外公路设有排水边沟，采用7.5号浆砌片石护坡，并在边沟两侧进行绿化。

矿井建设与开采的水土保持采取因害设防、防治并重、沟坡兼治措施，工程、林草、耕作三大措施相结合。工程措施重点是保护矿井场地四周，预防洪水及上游沟道对工业场地的冲刷，防止砂石经沟道排入下游，采取多种永久性防护措施和雨季应急防洪措施，如修建截洪沟、拦渣坝、急流槽，在井口处设沙袋堆场和保持泄洪渠道的畅通等；在风沙地以防风固沙林为主，采用草灌开路、乔木逐渐发展的办法，丘陵地以护坡林为主；同时针对矿井建设的特点，种植一定比重的护路林、环保林、生态林等。

二、水土保持监测与设施验收

（一）水土保持监测报告

内蒙古自治区水土保持监督执法工作始于1989年，随着1991年《中华人民共和国水土保持法》颁布实施，水土流失预防监督工作全面展开。水土保持监督管理工作重点是规范开发建设，落实开发建设项目水土保持方案编报审批规定，执行"三同时"制度，严格开发建设项目的审批管理。

2002年10月，水利部《开发建设项目水土保持设施验收管理办法》发布，强化包括煤炭矿区在内的开发建设项目水土保持设施验收工作的组织实施和监督管理，将水土保持监测报告作为生产建设项目水土保持设施验收合格的必要条件之一，并要求根据水土保持专项监测报告，提出施工期间、工程运行后水土流失量，是否达到国家规定的限值，对水系、下游河道径流泥沙影响，水土流失危害情况变化。同年，水利部还发布《水土保持监测技术规程》，为开展生产建设项目水土保持监测提供技术规范。内蒙古自治区水利厅认真贯彻水利部的有关规定，推动全区生产建设项目水土保持监测工作的开展。

2004年，神华集团准格尔煤炭工业公司黑岱沟露天煤矿工程、大唐胜利东二号露天煤矿先期补做了水土保持监测报告。平庄煤业（集团）有限责任公司风水沟煤矿、红庙煤矿、五家煤矿、元宝山煤矿工程等一批生产和建设项目相继开展水土保持监测工作，对促进全区煤炭行业落实水利部16号令发挥积极作用。水土保持监测内容主要包括水土流失动态、水土流失危害、水土保持措施实施情况、水土流失防治效果，监测方法主要有定点观测、实地调查、现场巡查和对比分析等方法。通过开展水土保持监测工作，促进水土保持方案的实施，有效控制生产建设活动中的人为水土流失。

（二）水土保持设施验收

水利部《开发建设项目水土保持设施验收管理办法》第五条明确规定："县级以上人民政府水行政主管部门按照开发建设项目水土保持方案的审批权限，负责项目的水土保持设施的验收工作。"管理办法中进一步明确开发建设项目水土保持设施验收的工作程序。由此，开发建设项目水土保持设施验收工作正式纳入各级水行政主管部门的日常管理范畴。

2003年10月，伊敏华能东电煤电有限公司煤电一期工程通过了自治区水利厅组织的水土保持设施验收。伊敏煤电工程是国家批准的国内第一家煤电联营一体化大型能源项目，其中电厂设计规模为2000兆瓦，一期工程按1000兆瓦建设，安装两台俄罗斯生产的500兆瓦超临界燃煤火力发电机组；相应露天矿设计规模为年产原煤1000万吨/年，一期建设规模为500万吨/年。

随后，2004年，大唐胜利东二露天煤矿通过了自治区水利厅组织的水土保持设施验收，2005年，神府东胜煤田乌兰木伦煤矿、上湾煤矿、补连塔煤矿、马家塔煤矿等7处煤矿的水土保持设施通过了自治区水利厅组织的竣工验收。2005年以来，全区的开发建设项目包括煤炭建设项目水土保持设施验收工作步入常态化管理轨道。2015年全区煤炭建设（包括新建、技改）项目均在项目审批阶段完成水土保持方案的编制、审批，竣工之后通过相关部门组织的水土保持的验收工作。

第三节　节能减排

一、管理体系

（一）检测机构

1990年12月，内蒙古自治区煤炭工业厅批复内蒙古自治区煤炭科学研究所设立内蒙古自治区煤炭工业厅节能技术服务站。服务站于1991年3—10月完成设备采购、人员组建、人员培训工作。1991—1993年，内蒙古自治区煤炭工业厅节能技术服务站先后完成《乌达矿务局五虎山煤矿能量平衡测试及报告》《乌达矿务局黄白茨煤矿能量平衡测试及报告》《海勃湾矿务局老石旦煤矿能量平衡测试及报告》《乌达矿务局总机厂能量平衡测试及报告》《乌达矿务建安三处能量平衡测试及报告》《包头矿务局化工厂能量平衡测试及报告》《包头矿务局武当沟煤矿能量平衡测试及报告》《包头矿务局白狐沟煤矿能量平衡测试及报告》的编写任务。

1991年9月，内蒙古自治区经济委员会向内蒙古自治区自治区煤炭工业厅节能技术服务站颁发"企业能量平衡测试许可证书",可承担煤炭行业能量平衡测试工作。1992年11月,能源部节约能源司向内蒙古自治区煤炭工业厅节能技术服务站颁发"认证书",认定其为一级节能技术服务站,有效期3年。1993年5月,内蒙古自治区技术监督局向内蒙古自治区煤炭工业厅节能监测站颁发"中华人民共和国计量认证合格证书",对检定测试能力及其可靠性评审、认证合格,有效期5年。同年8月,内蒙古自治区节能监测中心向内蒙古自治区煤炭工业节能监测站颁发"节能监测证书",准予在内蒙古自治区煤炭系统范围内开展节能监测工作,有限期5年。

1997年2月,煤炭工业部节约能源办公室向内蒙古自治区煤炭工业节能监测中心颁发"节能监测证书",准予在内蒙古自治区煤炭行业范围内开展节能监测工作,有效期5年。由于体制原因,2006年该机构撤销。

（二）煤炭企业节能机构

1. 神华神东煤炭集团有限责任公司

2007年,公司成立以公司总经理为组长、各副总经理为副组长、相关部门和各单位行政一把手为成员的"神东节能减排工作领导小组"。领导小组办公室设在科技中心,办公室下设节能、减排两个工作组,分别由科技中心和环保处负责日常管理工作。各二级单位分别成立节能减排领导小组,并设立节能、减排管理岗位。公司组建减排管理"三个体系",即统计体系、减排体系、考核体系,先后下发《神东煤炭分公司"十一五"节能减排规划》《神东煤炭分公司关于成立节能减排工作小组的通知》等管理办法,管理体系的健全,使得数据更加准确,管理更加科学,考核更加规范。

2. 神华包头能源有限责任公司

2006年5月,公司将节能减排工作交由机电运输处负责,2007年11月,公司成立以董事长为组长、总经理为常务副组长,其他公司领导为副组长的节能减排和环境保护领导小组,之后,又陆续根据人员变动随时进行调整。2007年6月,公司机电运输处撤销,划归生产技术处;节能减排从机电运输处移交至生产技术处。2009年,公司下发《关于成立节能减排管理组织机构的通知》,进一步明确公司和各二级单位节能减排管理组织机构的负责人及管理人员。2010年4月,公司将环保工作、节能减排工作延续到生产技术部。2012年8月,公司成立环境保护部,设置节能管理科和环保管理科,延续至今无变化。

3. 扎赉诺尔煤业有限责任公司

公司成立以公司总经理为组长的节能管理工作领导小组,主要负责公司整体的新、改、扩建项目的节能管理、日常的监督工作;各生产矿由矿长负责,下设节能管理小组,负责本矿的日常节能管理工作。

4. 神华大雁集团有限公司

1991年11月,大雁矿务局能源计量处与企管处合并,一个机构两块牌子。1992年9月,矿务局组建计量器具经营技术服务站,挂靠在能源计量处安全防护计量三站。1995年8月,能源计量处能源管理科、节能技术服务站、企管科合并为综合科。2001年8月,能源计量管理职能划归规划发展部,成立能源计量管理科,节能技术服务站、计量所、安全防护计量三站划归技术中心。2004年6月,发展计划部能源计量管理科有2人,大专学历,科级干部。2007年6月,计量业务划归为技术中心,设立在质量管理科。2013年1月,公司成立科技信息部,节能计量环保管理职能划归为科技信息部,成立节能环保科。2014年2月，科技信息部和环保管理部合属办公，一个机构两块牌子。

5. 神华宝日希勒能源有限公司

公司建立节能减排工作体系，组织各单位开展能源计量、统计制度、报送制度、节能规划等工作。各单位调动广大员工的创造性，通过小改小革、技术创新等手段，加强能源消耗设备的管理，提高设备的生产效率。提高机组平均利用小时数，降低供电煤耗、水耗和厂用电率。强化矿区供水、供暖系统检修维护，减少"跑冒滴漏"现象。根据神华集团整体规划要求，加强对节能减排工作的规划和管理。

6. 华能伊敏煤电有限责任公司

2010年，伊敏露天矿各基层单位成立节能环保小组，由各部门主任分别担任小组组长，开始启动创建"节能环保型露天煤矿"工作。

7. 内蒙古平庄煤业（集团）有限责任公司

1993年以前，平庄矿务局节能工作归综合利用处管理。1993年5月矿务局成立"四节"办公室，负责节能工作。1995年5月，节能工作归节能环保处节能科管理。1998年5月，节能科划归机电动力处，机电动力处节能科负责节能工作。2012年，平庄煤业集团公司调整节能工作领导小组成员，领导小组办公室设在机电动力部，由机电动力部负责全公司煤炭、电力、燃油等能源及节约用水的日常管理工作，设立专（兼）职节能管理及能源统计岗位。平庄煤业集团下属各单位均成立节能领导小组，健全相应的管理机构，完善相应的管理制度，从而使全公司上下形成协调统一的节能管理机制。

8. 内蒙古伊泰集团有限公司

2008年，集团公司成立以总经理为组长的环境保护和节能减排领导小组。2009年开始，公司各煤矿先后开展清洁生产审核工作，通过编制能源消耗统计表，掌握各生产经营单位的用能情况，积极推进清洁生产和"环境友好型企业"创建活动。

二、规章制度建设

（一）神华神东煤炭集团有限责任公司

2007年，公司制定下发《关于规范节能减排统计数据报送工作的通知》和《神东煤炭分公司节能减排工作管理办法》。2008年，公司制定施行《神东煤炭分公司节能减排管理工作考核办法》《神东煤炭分公司节能减排奖惩办法》《神东煤炭分公司节能减排培训管理办法》《神东煤炭分公司节能减排宣传工作制度》《神东煤炭集团节能工作管理办法》等制度。

《节能减排管理工作考核办法》对各单位进行半年度考核，将节能减排考核纳入"五型企业"绩效考核中，考核结果直接与各单位工资、奖金挂钩，保证权责明确、监督有力、奖罚分明。

（二）神华包头能源有限责任公司

2008年12月，公司制定《神华包头矿业公司节能减排和环境保护的管理办法》《神华包头矿业公司节能减排领导小组的职责》《神华包头矿业公司主要污染物总量减排统计办法》《神华包头矿业公司节能减排目标考核办法》《神华包头矿业公司能源统计管理度》，绘制《神华包头矿业公司锅炉分布图》《神华包头矿业公司主要污染源分布图》《神华包头矿业公司节能减排组织机构图》《神华包头矿业公司二级单位节能减排组织机构图》。

2011年，公司出台《神华包头矿业公司节约能源管理办法》《神华包头矿业公司节约用水管理办法》《神华包头矿业公司 2011 年节能环保考核办法》《神华包头矿业公司能源计量器具配备及管理制度》《神华包头矿业公司计量器具周期检定制度》。2012 年，公司出台《神华包头矿业公司节能和环保风险管控暂行管理办法》《神华包头矿业公司节能环保工作例会制度》和《神华包头矿业公司"十二五"节能环保规划》，并把公司的 10 项主要制度和神华集团公司、国家有关节能环保制度、政策法规汇编成册。

（三）神华北电胜利能源有限公司

2008 年，公司正式制定下发《神华北电胜利能源有限公司水土保持及环境保护管理办法》，同时下发《神华北电胜利能源有限公司节能减排工作暂行管理办法》。

（四）神华宝日希勒能源有限公司

公司制定《"十一五"节能规划》《节能减排管理办法》《节约用水管理办法（试行）》《"资源节约型"企业建设考核实施细则》等规章制度，推进和规范节能减排工作，做到"在规划设计中体现节能、在科研攻关中寻求节能、在生产运营中实现节能、在经营管理中贯彻节能"，提高全员环保意识，全面推动公司生产经营管理水平的提高。露天矿坚持开发与节约并举、资源与环境协调的开发建设方针，决不以牺牲环境为代价，努力实现环保与发展共赢。

（五）内蒙古平庄煤业（集团）有限责任公司

1991—1999 年，平庄矿务局先后制定《平庄矿务局节约能源管理实施细则》《节能办公室业务范围》《节能办公室岗位责任制》《能源使用管理制度》《能源统计工作管理制度》《关于下发平庄矿务局用电管理办法的通知》《关于下发节电奖励办法的通知》等，1999 年下发《平庄矿务局节约能源管理（暂行）办法》，规定机电动力处为局能源节约三管部门。

2001 年 3 月，集团公司印发《节能节水管理办法的通知》，成立节电节水领导小组，领导小组下设办公室。2006 年 8 月，公司下发《关于进一步加强节能工作管理的通知》，2012 年制定《内蒙古平庄煤业（集团）有限责任公司节能管理办法》。

集团公司根据实际情况，为各单位制定相应的节能指标，各单位又将指标细化分解，层层落实，把节能工作融入各单位日常管理工作中，并完善考核奖惩机制。各级节能主管部门设有计量、收费、监察岗位构成的专业节能队伍，经常深入基层单位了解、掌握、检查、监督节能情况。

2008 年 4 月，平庄煤业集团公司印发《机电设备安全技术节能测试管理办法》，办法规定机电设备的测试范围、测试主管部门及主要职责，测试机构（技术监督处，水电热力公司）及业务划分等。按文件要求，技术监督处和水电热力公司每年对自己测试范围内的项目进行测试，保证设备的安全、高效运行。

（六）内蒙古伊泰集团有限公司

2010 年 3 月，公司发布《环境管理手册》与《环境程序文件》，将节能减排工作纳入管理体系。2015 年，公司根据体系管理标准要求，修订集团公司《环境/能源管理手册》及程序文件；并针对各单位工作场所、作业活动变化、人员变动的实际情况，指导各生产单位识别、确认、更新环境因素；收集适用于公司的环境/能源管理方面的相关法律、法规及其他要求。在继续推进环境管理体系的同时，详细调查各单位水、电、煤、油消耗，形成能源评审报告，进一步完善体系基础管理工作。

三、宣传与培训

神东煤炭集团有限责任公司按照制定的《神东煤炭分公司节能减排宣传工作制度》展开节能减排的宣传工作。

神华包头能源有限责任公司环境保护部和新闻宣传部2013年6月5日，在李家壕煤矿开展6·5世界环境日和全国节能宣传周现场宣传活动，发放50本节能环保宣传手册、100份节能环保法律知识宣传单，制作10块宣传牌版、6条宣传条幅，张贴30份倡议书，现场对节能环保知识进行有奖问答。李家壕矿作为公司宣传活动的主会场，利用OA系统和LED电子显示屏，滚动播放节能宣传周活动图片和节能环保宣传标语；向职工发送节能环保短信，宣传节能环保法律、法规、日常节能环保小常识等；其他各二级单位也在当天开展多样的节能环保宣传活动。在这次活动中，公司还开展"践行节能低碳，建设美丽家园"为主题的征文活动，征文45篇，评选出一等奖2篇、二等奖3篇、三等奖5篇、优秀奖10篇，并召开表彰座谈会，获奖者交流心得体会。

伊敏煤电公司选用各种牌板、内部电视等，结合世界环境日、恢复生态进行多种宣传。

扎赉诺尔矿业公司每年6月5日环境保护日，积极配合地方环保部门对环境保护工作进行宣传，以张贴海报、板报等方式对环境保护工作进行宣贯。2015年，新环保法实施以来，公司组织员工对新环保法进行学习，并下发环保法宣传手册，以此增强员工及其家属的环境保护意识。

神华大雁煤业公司将矿区环保工作纳入企业的总体规划，统筹安排、统一部署，利用"环保日"及各种有效形式进行环保宣传，使环保工作的重要性逐渐为人们所认识，各单位、各部门普遍树立了清洁生产的现代工业新文明环保观念，环保工作进展顺利。

神华宝日希勒公司已建立完善环境保护法律、法规宣传教育体系，编制生态守则，以此加强环境保护及法制宣传教育，提高员工生态保护意识。

伊泰集团公司环境监察部2012年6月10—15日，围绕"节能低碳、绿色发展"的主题开展节能宣传周活动，并组织伊泰集团首届环保征文活动。为提高公司全体环保工作人员的专业技术水平，环境监察部两次深入各煤矿、发运站和公路管理办，对环保工作人员进行环境统计、能源消耗、清洁生产、环境管理体系和节能减排的现场培训和指导；多次派员外出参加培训，提高环保工作人员的业务能力。

伊泰集团公司在2013年6月5日世界环境日和节能减排周期间，组织宣传、教育、培训活动，制作"同呼吸共奋斗"公司环保工作回顾宣传片，在公司总部楼宇电视上循环播放，并将本宣传片与各监察站收集挑选的环保宣传片发放到各单位观看学习；在公司总部悬挂世界环境日宣传条幅和宣传彩旗，张贴宣传海报；向各单位发放世界环境日宣传海报。要求各单位组织开展"世界环境日"与"节能宣传周和低碳日"宣传活动。

伊泰集团公司所属丁家渠煤矿开展环境保护相关知识宣讲培训，并进行环保知识考试竞答与生活节能减排小窍门交流会；公路管理办组织全体员工观看"保护环境，文明修身""保护环境刻不容缓""保护地球和环境"等相关视频；绿野林草业分公司及碳汇林项目办开展节约用水用电、办公用纸二次利用、废旧电池回收等环保主题实践活动；纳林庙煤矿一号井开展"关灯一小时"的活动;凯达矿发出《关于开展"节约每一粒粮,保护每一寸土"活动的倡议书》;宏景塔一矿印发《环境保护宣传手册》。

图7-1-6 2014年6月5日,伊泰集团公司举办第三届环保、节能知识竞赛现场

伊泰集团公司在2014年6·5世界环境日,组织开展形式多样的宣传、教育、培训活动;举办环境知识竞赛,制作"向污染宣战"环保宣传片,在公司和各生产经营单位的楼宇电视循环播放;运用公众微信平台、海报、条幅等宣传工具,全面宣传,营造人人讲环保的良好氛围;开展"践行绿色发展,创建百年伊泰,我们在行动"全员签名活动,签名活动涉及26个基层生产经营单位,共向员工发放2000余份环保倡议书和环保知识手册,倡导全体员工积极参与环保,以实际行动践行绿色发展。

四、考核机制

2006年以来,国家发展改革委等部门先后发出《关于印发千家企业节能行动实施方案的通知》《关于印发企业能源审计报告和节能规划审核、指南的通知》《万家企业节能量考核目标》,作为各煤炭企业节能减排的总体要求。

神东煤炭集团公司2008年下发《节能减排管理工作考核办法》,对各单位进行半年度考核,将节能减排考核纳入"五型企业"绩效考核中,考核结果直接与各单位工资、奖金挂钩,保证权责明确、监督有力、奖罚分明,进一步提升矿区节能减排管理水平。

神华集团包头矿业有限责任公司2006年7月,与内蒙古自治区人民政府签订节能目标责任书,要求到2010年底实现节能5.36万吨标煤。考核单位包括两个矿(阿刀亥矿和白狐沟三采区)和两个洗煤厂(北能洗煤厂和阿刀亥洗煤厂)。公司2013年将节能减排工作纳入本质安全考核体系和五型企业管理中,并对所属相关单位的节能减排工作实行常态化检查管理,把无重大环境污染事故和无安全死亡事故作为一体化考核,节能环保指标实行一票否决。全年节能环保总投入3560.26万元,开展的节能环保项目包括基建期节能投入、生产期节能技术改造、绿化硬化工程、土地复垦覆土等。围绕节能减排和环境保护工作,制定2014—2016年节能环保滚动规划。梅林庙煤矿已经通过了《水土保持方案》《水资源论证报告》的审批,并且编制了环评总报告。

神华包头能源有限责任公司实施的考核办法：①地方政府节能目标考核办法。包头市经委按照万元产值能耗每年给公司下指标，要求万元产值能耗不大于规定数值。按照各节能主管部门的要求，公司每年制定节能减排目标，并将该目标分解到各用能单位。每月对各单位能源消耗状况进行考核、分析，并上报相关管理部门。2009年底，公司各项节能考核指标全部完成。②神华集团公司节能目标考核办法。公司在2008—2012年度按照万元产值能耗进行节能目标考核，没有节能量考核，其中综合能源消费量按照实际能耗计算，没有包括洗煤损失量；工业总产值为矿井生产及洗煤厂完成的实际工业总产值。2013年，神华集团结合"十二五"（2011—2015年）《万家企业节能量考核目标》对包头能源有限责任公司3项节能指标进行了考核。

内蒙古平庄煤业集团公司为贯彻落实国家发展改革委等部门《关于印发千家企业节能行动实施方案的通知》及国家发展改革委办公厅《关于印发企业能源审计报告和节能规划审核、指南的通知》的要求，完成自治区提出的到2010年单位生产总值能耗比"十五"（2001—2005年）期末降低25%左右的节能目标，委托内蒙古节能监测中心于2007年3月至5月进行能源审计，并完成《能源审计报告》和《节能规划》。2012年，由内蒙古中科嘉诚地理信息技术有限公司对平庄煤业集团公司完成第二次能源审计工作，并编制《内蒙古平庄煤业（集团）有限责任公司能源审计报告》和"十二五"（2011—2015年）期间的《节能规划》。

内蒙古伊泰集团公司与鄂尔多斯市东胜区人民政府签订《节能目标责任状》，并将节能目标分解到各煤矿。为全面掌握集团公司各生产经营单位的用能情况，环境监察部每月收集各分（子）公司、煤矿、发运站的能源消耗情况，汇总后按时上报主管部门。3月，顺利通过鄂尔多斯市经济和信息化委员会与东胜区经济和信息化局对公司2011年能源管理和节能目标工作完成情况的考核。

2012年，伊泰集团公司先后完成宏景塔一矿、酸刺沟煤矿、煤制油公司和阳湾沟煤矿的清洁生产审核工作，并制订《内蒙古伊泰集团有限公司节能目标责任考核实施细则》；2013年，公司组织编制《内蒙古伊泰集团有限公司节能目标责任考核规范化模板》，并且下发至各生产经营单位，深入各生产经营单位逐条逐项进行讲解和现场辅导，将节能减排工作真正落到实处。按月收集、汇总各分（子）公司、煤矿、发运站的月度能源消耗情况，按季度通过专用网络平台报送鄂尔多斯市经济和信息化委员会与东胜区经济和信息化局。

伊泰煤炭股份公司被鄂尔多斯市经济和信息化委员会评为"2013年度认真开展节能工作成绩优秀企业"。公司充分利用生产运营指挥平台能源消耗报送系统，统计、汇总各（分）子公司、煤矿、发运站2014年1—9月能源消耗情况（包括用水量、用煤量、用油量、综合能源消耗总量、单位产品综合消耗等），向生产事业部机电设备管理中心收集各单位2014年10—12月能源消耗情况，并按季度向东胜区经济和信息化局报送。公司利用内蒙古自治区节能监察平台，上报伊泰煤炭股份公司第一、二、三季度能源利用状况报告。

五、节能减排措施及成效

（一）神华乌海能源有限责任公司

2006年8月，神华集团公司根据

《国务院关于加强节能工作的决定》，制定《节能工作实施方案》。同年，神华集团公司投资3227.6万元用于节能改造，主要用于乌海能源苏海图洗煤厂对低压供电系统进行改造，五虎山矿洗煤厂对部分大功率设备进行变频技术改造，黄白茨矿4吨锅炉蒸汽管网改造。2008年，神华集团公司投资资金用于西来峰焦化厂焦炉五大车变频系统改造工程；同年，神华集团公司投资32758.76万元用于节能改造，包括乌海能源公司部分煤矿相关设备的变频技术改造。2009年，神华集团公司投资162940万元用于节能改造，主要用于乌海能源黄白茨矿4台高耗能锅炉的更新改造等其他项目。2010年，神华集团投资45807万元用于节能改造，主要用于乌海能源公司黄白茨矿主要通风机安装变频器和副井绞车变频改造、天信公司能量采集计量系统改造。

2006年，公司投资17244.8万元用于减排，包括公乌素露天矿四采区安装煤场挡风墙建设。2007年，投资19847万元用于减排，主要用于乌海矿区五虎山矿、苏海图矿、黄白茨矿新建3处污水处理站等项目。2008年8月，乌海能源有限责任公司按照国家加快关停火电机组的政策意见，关停乌达矿业公司神达电力公司。

2009年，投资89162.95万元用于减排，用于包括乌海能源西来峰焦化厂酚氰废水处理站项目、乌海能源有限责任公司各生产露天煤场挡风抑尘墙项目。2010年，投资41308万元用于减排，主要用于乌海能源有限责任公司露天煤场安装挡风抑尘墙等改造工程项目。

（二）神华包头能源有限责任公司

公司基建矿井在项目的建设过程中严格落实节能评估报告审查意见，按要求选用设备；在设备的选型上优先选用《节能节水专用设备企业所得税优惠目录》中的设备，2010及2011年公司选购2390万元的节能节水设备，共减免所得税239万元。2012—2013年，公司选用516.5万元的节能节水设备，已经向税务部门进行申请；按照《国家明令淘汰用能设备、产品目录》对全公司所有耗能设备每年进行排查，按规定对全公司所有高耗能设备进行淘汰；对照《高耗能落后机电设备（电机）淘汰目录》，对公司运行设备及电机进行排查，制定2013—2015年电机淘汰更新计划，计划总投资38.27万元，对41台电机进行有计划更换。公司严格执行GB29444—2012《煤炭井工开采单位产品能源消耗限额》、GB 29445—2012《煤炭露天开采单位产品能源消耗限额》标准，公司井工矿、露天矿和洗煤厂单耗均低于单位产品能耗限额和选煤电力单耗限额标准，同时李家壕矿和水泉露天矿单位产品能耗处于先进水平（表7-1-4和表7-1-5）。

表7-1-4　神华包头矿业公司2006—2010年节能指标完成情况统计表

年份	2006	2007	2008	2009	2010
综合能源消费量（吨标煤）	10733	10275	8382	7216	9710
工业总产值（万元）	31085	36368	44843	48330	48566
万元产值能耗（吨标煤/万元）	0.35	0.28	0.19	0.15	0.20

表7-1-5 神华包头能源有限公司2013年节能考核目标完成情况统计表

节能考核指标	2013年考核目标	2013年实际完成
采区回采率（%）	厚煤层≥75%，中厚煤层≥80%，露天矿≥95%	厚煤层85.67%，中厚煤层86.44%，露天矿97.5%
吨原煤生产综合能耗（千克标准煤/吨）	<4.95	2.74
节能量累计（吨标准煤）	48262	63595

2008—2009年，公司按照神华集团节能目标考核要求：万元产值能耗<0.42吨标煤/万元，完成集团的考核目标。2009年与2005年相比，二氧化硫减排262.43吨，下降60.97%；化学需氧量（COD）减排520.35吨，下降61.84%；二氧化硫和化学需氧量在2009年已经完成中央和集团下达的2010年减排任务。2011年10月初，内蒙古矿山安全与职业危害检测检验中心对包头煤业公司水泉选煤厂二车间原煤系统总尘浓度进行检测，平均为3.13毫克/立方米，检验结果全部合格。在神华集团"五型"企业节能环保型考核当中，包头矿业公司在全集团煤炭板块名列第四。

2011年，公司万元产值综合能耗实际完成0.21吨标煤/万元，低于神华集团节能考核目标（万元产值综合能耗<0.22吨标煤/万元），较好地完成神华集团节能考核目标。

2012年，公司万元产值综合能耗不大于0.22吨标煤/万元，达到神华集团节能考核目标（万元产值综合能耗<0.22吨标煤/万元）。

2013年，包头煤业公司原煤生产综合能耗2.74千克标准煤/吨，节能量累计完成63576吨标准煤，二氧化硫排放量461.5吨，氮氧化物排放量100.2吨，化学需氧量排放137.9吨，完成神华集团下达的节能减排考核目标（表7-1-6）。

表7-1-6 2005—2013年神华包头能源有限公司减排指标完成情况统计表

年份	SO₂排放总量（吨）		COD排放总量（吨）		年份	SO₂排放总量（吨）		COD排放总量（吨）	
	减排目标	实际排放	减排目标	实际排放		减排目标	实际排放	减排目标	实际排放
2005	—	430.40	—	841.50	2010	166	156.23	300	273.09
2006		229.60		821.50	2011	140	139.42	280	220.99
2007	192	192.00	538	538.00	2012	305	300.70	270	148.80
2008	180	179.24	527	349.29	2013	471	461.46	145	137.94
2009	170	167.97	345	321.15					

2008年7月，水泉选煤厂二车间正式投产运行；2008年10月，水泉露天矿正式投产。这两个厂矿都是新建项目，在生产设备和生产工艺方面其主要污染物的排放都达到清洁生产和环境保护的要求。

包头市政府将包头矿业公司和水泉选煤厂列入万家企业名单，并下达节能考核目标，包头矿业公司节能考核指标包括万元产值综合能耗和节能量，水泉选煤厂节能考核指标为节能量。

（三）内蒙古平庄煤业（集团）有限责任公司

2006年，集团公司被纳入全国千家重点耗能企业之列。为实现自治区"十一五"（2006—2010年）规划纲要提出的单位国内生产总值能耗降低25%左右的目标，自治区人民政府与平庄煤业集团在2006年7月6日签订《节能目标责任书》，到2010年底，集团公司要实现节能2.95万吨标准煤的节能目标。经过努力，集团公司吨煤综合能耗、吨煤生产电耗、吨煤综合电耗指标逐年降低，节能效果非常明显。

"十二五"期间，根据国家发展改革委等12个部门制定下发的《万家企业节能低碳行动实施方案》，自治区经济和信息委员会、赤峰市经济和信息委员会对此项工作进行全面部署，制定万家企业中工业企业"十二五"节能量目标。

（1）推行变频节电技术，对长期运转的绞车、皮带、水泵、主扇风机、锅炉等设备加装变频器，供水系统使用变频恒压供水装置，收到节电效果。1995年6月，风水沟煤矿一区主要通风机使用变频器控制，1996年老公营子煤矿主要通风机、锅炉房及清水泵房均使用变频器控制。1996年，古山煤矿一、二、三井主要通风机均使用变频器控制。2009年，风水沟煤矿乳化液泵、一、二区主提升绞车系统加装变频器。2010年4月风水沟煤矿二区绞车进行电控装置变频改造。2010年古山煤矿一井主副井绞车使用变频控制。2010年老公营子煤矿澡堂子使用变频恒压供水。

2012年，瑞安公司瓦斯抽放泵系统加装变频器，提升机TKD型电控系统改为变频调速。2012年3月，古山煤矿一井主皮带使用变频器控制。2013年12月风水沟煤矿一区二水平绞车升级改造为JKB2.5/2矿用防爆提升机，并使用变频控制。2013年，老公营子矿矸石山绞车使用变频器控制，对52台电机车进行斩波调速改造，节电达25%。2014年，红庙煤矿五区皮带使用变频器控制。

（2）推广使用高效率的循环流化床锅炉，2013年和2014年通过购置和改造共使用7台循环流化床锅炉，替代原有的沸腾炉。

（3）对国家明令禁止使用的高耗能设备进行更新。2006年将低压防爆开关DW80型和QC83型更换为KBZ—400/1140/660型，共25台。2007年更换变压器2台，更换低压防爆真空开关70台。2008年更换高低压防爆真空开关655台。2009年投资837.5万元，共更新高低压防爆开关、变压器、局扇、电动机等539台。平庄煤业集团公司按国家禁止井工煤矿使用的设备及工艺目录（第一批、第二批）的要求，已将规定淘汰的设备和工艺全部更新完毕。

（4）推广使用节能照明灯，2012年，井下巷道照明全部更换为LED照明灯，淘汰原来的防爆型白炽灯。地面照明使用自动控制系统，杜绝长明灯现象。

公司还具有完善的能源统计网络。煤、电、油、水消耗情况分别由销售公司、水电热力公司、物资供应公司负责建立原始记录和统计台账，汇总后报公司节能办公室，公司节能办公室将能源消耗报表按时上报各级政府主管部门，并建立能源统计台账。截至2014年末，公司累计完成节能量39025吨标准煤，完成上级规定的17776.95吨标准煤节能量的目标。

（四）神华宝日希勒能源有限公司

2003—2004年，公司投资近400万元完成矿区热电联产一期工程，减少锅炉房造成的煤耗和烟尘排放。

2005年，公司关闭严重破坏与浪费资源的最后7对小煤井。2006年，公司关停生产方式落后、能耗指标高、安全系数低的3个井工矿。公司完成矿区热电联产二期工程，实现矿区一、二电厂整体热电联产，全部关闭耗能污染高的3个锅炉房，停运锅炉10台，降低供热运行成本，实现矿区供热烟尘零排放。

第二章 矿区污染防治

第一节 大气污染防治

一、锅炉烟气脱硫除尘

（一）神华神东煤炭集团有限责任公司

2000年以来，公司所属各中心生活小区和各煤矿集中供暖、供热，所有锅炉全部安装除尘脱硫设施，除尘率达到95%以上，脱硫率达到50%以上，烟尘和二氧化硫在达标基础上，平均减排48%和67%，达到《大气污染物排放标准》中Ⅱ时段二类区要求。2008年，神东煤炭公司投资185万元对18台锅炉脱硫除尘器进行系统改造。

（二）神华准格尔能源有限责任公司

公司黑岱沟露天煤矿建有5台采暖锅炉，全部安装脉冲袋式除尘器和干法脱硫装置。

哈尔乌素露天矿建有3台SHX20—1.6A型内设循环流化床锅炉，配有PPCS96—2×6袋式除尘器3套，除尘效率为99.5%。每台锅炉建设一处脱硫系统，采用炉内喷钙干法脱硫工艺，脱硫效率为70%，烟尘指标和二氧化硫排放指标远远低于国家标准。

公司两台发电机组使用两台BC—410/100—M燃煤蒸汽锅炉，每台锅炉配有4台水膜除尘器，共计8台。在2007年、2008年，采用PXJ旋流塔板湿法除尘技术和湿式石灰法脱硫工艺，分别对2号、1号机组的锅炉除尘器进行脱硫除尘一体化改造，使烟尘和二氧化硫的平均排放浓度分别为116.78毫克/立方米和279.46毫克/立方米，满足国家排放标准。2009年10月实现烟气在线监测系统与地方环保部门的联网。

准能矸电公司一期工程采用2台循环流化床锅炉，利用炉内掺烧石灰石脱硫技术进行脱硫，脱硫效率可以达到77.4%。锅炉采用低氮燃烧技术控制措施，可将氮氧化物排放浓度控制在450毫克/立方米以下。每台锅炉配置1套型号为XLDM17700的布袋除尘器，平均除尘效率为99.4%。实现烟气在线监测并与地方环保部门联网。二期工程采用2台亚临界、一次中间再热、自然循环的循环流化床锅炉，采用炉内掺烧石灰石脱硫技术进行脱硫，根据准能公司循环经济发展规划要求，逐步实现湿法脱硫工艺，脱硫效率达到80%。锅炉采用低氮燃烧技术控制措施，每台锅炉配置1套型号为XLDM36450的布袋除尘器，平均除尘效率为99.9%。

（三）神华乌海能源有限责任公司

1998年起，公司陆续投资18836.77万元，对各矿厂燃煤锅炉脱硫除尘设施进行改造，减少二氧化硫和烟尘的排放。

2002年起，公司先后投资2.1亿元，对煤矿环境污染进行综合治理，3个选煤厂对工业采暖锅炉更新改造，配备脱硫除尘设施，经乌海市环境检测中心检测，烟尘、废气排放量符合标准。

2005年，神华乌海能源蒙西煤化股份有限公司焦化厂投入450万元用于炼焦车间消烟除尘系统改造。2009年，公司投资2730万元，建设大漠电厂脱硫工程，当年减少二氧化硫排放量8207.3吨。

2008年8月，乌海能源公司利民焦化厂投入7784万元建设2台0.6万千瓦焦炉煤气电厂，年可发电1302万千瓦时，年利用焦炉煤气1.02亿立方米，节约标准煤64185吨。同年，乌海能源公司天信焦化厂投资12952万元，采用焦炉余热发电技术建设2台1.2万千瓦余热发电项目，每年可节约标准煤约14.46万吨，机组年发电量为1.56亿千瓦时，年供电为1.42亿千瓦时，采用空冷机组，同时可节约60%的用水量。

2010年10月，公司下属的内蒙古利民煤焦有限责任公司焦化厂投入248万元改造化学产品回收车间废气回收洗涤系统。

（四）神华包头能源有限责任公司

1991年以来，水泉选煤厂投资9万元对一车间的4吨锅炉加装湿式脱硫除尘装置，降低二氧化硫和烟尘的排放。阿刀亥矿投资约20万元更换一台2吨的立式蒸汽锅炉；投资30万元完成对煤矿所有供暖线路改造，提高热效率，减少能源消耗；投资13万元，检修两台锅炉，更换炉体冷壁管、维修管网，提高锅炉供热效率，减少锅炉燃煤量。李家壕矿投资82.5万元，将原锅炉的水膜除尘改造为水浴除尘，提高二氧化硫和烟尘的脱除效率；2013年，煤矿投资68万元安装锅炉在线监测系统。

（五）神华大雁集团有限公司

1991年，大雁矿务局安排治理资金20万元，对三矿住宅锅炉除尘器进行改造，安装多管陶瓷除尘器；1993年投入资金20万元对一矿锅炉除尘器及二矿热风炉除尘器进行改造；1995年投入资金300万元进行热网改造，延长雁中电厂余热管网，取消东楼、救护队、四中及总医院的小锅炉房。

图7-2-1 大雁煤业公司雁南煤矿锅炉烟气宛如白云

2000年，大雁煤业公司投资60万元改造第一、第二煤矿的6台锅炉除尘器；2001年又投入资金300万元，对雁中热电厂锅炉除尘器进行改造，更换静电除尘器。2004年，公司内所有大气污染源实现达标排放。

2014年，公司根据国家新环保法及排放标准，开展环境风险隐患排查，确定公司污染源治理设施的优化改造实施方案，以达到国家、地方政府及环保管理部门的减排目标要求。

（六）扎赉诺尔煤业有限责任公司

1993—1998年，扎赉诺尔矿务局利用环保补助资金43.6万元更换31台除尘器。1999—2000年，公司为完成国家"一控双达标"任务，先后投资40万元，对21台锅炉除尘设施进行更新和大修，使公司锅炉烟尘排放全部达标。

2005年以来，公司先后投资6万元更换机电总厂锅炉房2台除尘设施，投资7万元更换三斜井锅炉房2台除尘设施，投资16万元更换灵泉煤矿、灵北煤矿热风锅炉房4台除尘设施，投资40万元对灵泉煤矿锅炉房、灵北煤矿热风锅炉房安装4台除尘设施，投资64万元更换铁北煤矿锅炉房4台除尘设施。

（七）神华宝日希勒能源有限公司

2001年，公司投资88万元对电厂烟尘排放系统进行改造，把原陶瓷多管除尘系统改造成水磨除尘系统，实现烟尘达标排放。2003—2004年，公司投资近400万元，完成矿区热电联产一期工程，减少锅炉房造成的煤耗和烟尘排放。2006年，公司关停生产方式落后、能耗指标高、安全系数低的3个井工矿；先后投资540万元，建设露天矿疏干排水系统，解决疏干水污染排放问题。2006年，公司完成矿区热电联产二期工程，实现矿区一、二电厂整体热电联产，全部关闭耗能污染高的3个锅炉房，停运锅炉10台，降低供热运行成本，实现矿区供热烟尘零排放。

（八）内蒙古平庄煤业（集团）有限责任公司

1991—2000年，平庄矿务局共有锅炉104台，总容量为528蒸吨/小时，2008年，平庄煤业集团公司锅炉台数开始减少，到2015年有锅炉57台，总容量为477蒸吨/小时。

从1984年开始，平庄矿务局陆续投资对锅炉烟气进行治理，到2000年，累计投资389.54万元，先后采用旋风、多管陶瓷、麻石水膜、冲击式水浴、除尘等工艺，锅炉烟尘排放达标率达到80%。

2000—2008年，集团公司投资563.6万元，对46台锅炉采用湿式除尘工艺，除尘效率达到90%以上，经赤峰市环境监测站监测，43台锅炉达到污染物排放标准。

2014年，锅炉废气污染物烟尘排放量为1705.2吨，二氧化硫排放量1902.8吨，氮氧化物排放量378吨。截至2014年底，锅炉废气治理累计投资1358万元，63台锅炉全部采用湿式除尘工艺，采用生石灰中和法脱硫，经赤峰市环境站和元宝山区环境监测站监测，烟尘、二氧化硫、氮氧化物排放浓度达到国家排放标准。

图7-2-2 平庄煤业蒙东能源锗热电厂脱硫塔

2015年，集团公司投资670余万元对风水沟锅炉房6台锅炉除尘设施进行提标改造，采用布袋除尘器除尘，利用湿法氧化镁工艺脱硫。

（九）内蒙古伊泰集团有限公司

公司各煤矿除大地精煤矿利用东方热电厂余热取暖外，其他煤矿工业场地锅炉房及采暖热风炉均燃用矿井生产的原煤，燃料煤平均硫分0.25%、平均灰分6%。各矿建矿时配套建设的锅炉烟气除尘系统，主要采用多管旋风除尘器、冲击水浴脱硫除尘器或水膜麻石除尘器，除尘后由高烟囱排放。锅炉烟囱按有关规定设置便于永久采样的监测孔及相关设施；除尘设施的除尘效率达95%左右，烟尘及二氧化硫排放浓度远低于《锅炉大气污染物排放标准》（GB13271—2001）中Ⅱ时段二类区标准浓度和格林曼黑度一级。

2009年3月，伊泰煤制油项目完成建设并投产，配套建设锅炉除尘与烟气脱硫设施。2013年，再次投资约2100万元，对2台200吨/小时锅炉进行烟气脱硫改造。各单位锅炉房均采取除尘、脱硫措施，锅炉房排烟中烟尘和二氧化硫浓度均低于《锅炉大气污染物排放标准》。

2011年，公司以伊泰煤制油公司的废蒸汽发电项目向鄂尔多斯市财政局、环保局申请2011年中央环境保护专项资金（排污费返还资金），争取到资金500万元。2012年，公司向内蒙古自治区环境保护厅争取到800万元环境保护专项资金，用于伊泰煤制油公司200吨/小时循环流化床锅炉烟气脱硫改造项目。

（十）神东天隆集团有限责任公司

公司下属的煤矿工业场地锅炉房选用1台DZL2.8—0.7/95/70—AⅡ热水锅炉和1台DZL2—7—AⅡ蒸汽锅炉，采暖季2台锅炉运行最大日耗煤量8.64吨，排放量为19700立方米/小时。配套湿式脱硫除尘器的除尘效率90%以上，脱硫效率10%。烟囱采用砌砖烟囱，高度为35米，出口直径为0.8米，烟尘排放浓度为200毫克/升，二氧化硫排放浓度为206毫克/升，符合GB13271—2001《锅炉大气污染物排放标准》Ⅱ时段二类区标准。

二、粉尘污染防治

（一）神华神东煤炭集团有限责任公司

2001年以来，公司各矿采用井下负压除尘技术、除尘脱硫技术、地面封闭防尘技术、封尘固化技术等，从源头控制煤粉尘污染。煤矿从井下开采、运输到地面储、装、运各个环节采取降尘措施，98%的煤尘得到有效控制。采取净化回风流，使井下作业环境得到有效改善。各生活小区和各煤矿集中供暖、供热，所有锅炉全部安装除尘脱硫设施，除尘率达到95%以上，脱硫率达到50%以上，粉尘和二氧化硫在达标的基础上，平均减排48%和67%，达到《锅炉大气污染物排放标准》中Ⅱ时段二类区要求。各矿145个地面原煤仓、产品仓、装车塔等环节进行全封闭存煤。封闭运煤皮带栈桥约35000米。对装车煤炭喷洒封尘固化剂，降低铁路沿线的煤尘污染，每年可减少煤炭风损60万吨，直接经济效益约2.5亿元。

（二）神华准格尔能源有限责任公司

神华准格尔能源有限责任公司（简称"准能公司"）根据各矿、厂的不同生产环节，采取不同措施治理粉尘。采掘、运输、排土作业时产生的粉尘，采用洒水措施进行控制，共配备4台100吨洒水车和2台40吨洒水车，采用四班三倒连续作业方式，年洒水量约51万吨；1号、2号破碎站是生产中产生煤粉尘的重点源，为有效控制煤尘污染，采用防风抑尘控制技术安装四面全封闭的防风抑尘网，抑尘网总长为370米，高度为15～30米不等；选煤系统物料传递均通过带式输送机，带式输送机安装防尘罩，长度3000多米；6个转载站安装26台套覆膜扁布袋除尘器及240米双密封可调弓形倒料槽，防止煤粉扬尘；选煤厂筛分破碎车间、原煤车间及毛煤仓、产品仓等处安装106台（套）覆膜扁布袋除尘器及1500米双密封可调弓形倒料槽，防止煤粉扬尘；对于排土场，一是适时碾压和洒水，二是当排土排到设计标高后复垦绿化。

图7-2-3 准能露天煤矿用洒水车为道路降尘

2004年10月，准能公司科技信息处编写《选煤厂粉尘综合治理研究与实施》项目建议书，并经神华集团股份公司科技与信息部批准立项，公司据此组织相关部门、选煤厂有关工程技术人员和现场检修运行人员，研究确定与粉尘治理目标相配套的技术要求。2005年，公司开始在"准能公司选煤厂粉尘综合治理项目"中，采用全新的粉尘治理措施。2006年12月底，项目完工。共计安装各种型号覆膜滤料扁袋除尘器74台，双密封弓形导料槽1174米，密封筛分机9套，破碎机5套，给料机72台。298处工艺尘源点全部得到治理。

2007年1月，准能公司环保处环境监测站（准格尔旗环保局指定测试单位）对露天矿原煤系统和产品煤系统48处地点进行采样测试，测试结果：原煤系统岗位粉尘浓度由原来的57～2660毫克/立方米降到2.2～18.3毫克/立方米，产品煤系统岗位粉尘浓度由原来的40～80毫克/立方米降到1.0～9.7毫克/立方米，达到原煤系统粉尘浓度不超过20毫克/立方米、产品煤系统岗位粉尘浓度不超过10毫克/立方米的治理目标。同年5月，项目通过神华集团公司的验收，8月18日，项目通过内蒙古自治区科委组织的鉴定。同年9月，固化封尘项目开始实施。

2009年，公司在装车站设计安装固化封尘喷洒设施及干雾抑尘系统，在装车结束时对车箱煤层表面喷洒封尘剂，解决了风掣煤尘污染铁路沿线的问题。在储煤场、破碎站加装防风抑尘网；在输煤系统加装密封罩，降低煤尘对环境的污染。2010年，在黑岱沟选煤厂原煤系统带式输送机的转载点，采用安装覆膜扁布袋除尘器和双密封弓型导料槽的除尘措施进行降尘，1号、2号、3号、4号4处原煤输送系统共安装除尘器42台套，总投资799万元，2011年9月投入使用。2012年，公司与北京华扬怡和科技有限公司合作，在黑岱沟选煤厂1号、2号、3号、4号4处破碎站大车卸煤口周围及破碎站排料胶带上安装化学抑尘剂喷洒装置降尘。总投资500万元，2013年5月投入使用。2014年，黑岱沟选煤厂扩能1000万吨项目中，在5号破碎站安装防风抑尘网，总长度为298.1延长米。输送系统带式输送机安装防尘罩约2800米。

2012年，哈尔乌素选煤厂扩能1000万吨项目建设时期，同步设计并安装覆膜扁布袋除尘器38台套，3号原煤输送系统带式输送机安装防尘罩3000米。二级破碎站采用密封导料槽，并安装雾化喷头。原煤仓、产品仓和主厂房筛分系统均安装微动力除尘器，其中原煤仓9套，产品仓2套，主厂房筛分系统14套，除尘效率99.5%。

（三）神华乌海能源有限责任公司

2003年，海勃湾矿业公司投资5450余万元，完成煤矿、洗煤厂的贮煤堆场整治，对采掘场、各主干道、排土场等部位实行全过程洒水，建设挡风抑尘墙11.67万平方米。2007年，内蒙古利民煤焦有限责任公司焦化厂投入656万元用于安装煤场挡风墙，以减少煤尘污染。

2009年，乌海能源公司投资4297.64万元建设抑尘挡风墙，对棋盘井洗煤厂、平沟煤矿、平沟洗煤厂等7家生产单位的煤场粉尘进行治理。

（四）神华包头能源有限责任公司

公司水泉洗煤厂和水泉露天矿共投资500.49万元对煤尘进行综合治理。水泉洗煤厂二车间对生产系统的主要产尘点、水泉露天矿对风选系统煤尘综合治理都是以干式和湿式除尘为主要技术手段，实行FZX系列粉尘综合治理负压控尘技术与设备和XFZS系列粉尘综合治理负压水雾浸融除尘技术与设备相结合的堵尘、防尘、吸尘、排尘和除尘的综合方法与措施。2010年10月开始运行，通过技术改造提高灭尘效果，改善职工作业环境。

2011年5月，公司所属萨拉齐装车站在站场和京包铁路中间区域投资150万元构筑绿色隔离区，投资1500多万元在站场修建长1663米、高度18米的挡风抑尘墙工程及覆盖全部储煤场地的自动喷淋降尘工程，抑制煤尘飞扬。

（五）神华宝日希勒能源有限公司

1994年，公司各生产矿井隔爆采用沙袋棚，将充满水的沙袋吊在主要回风巷道的棚梁上。2002年后，建立和完善矿井防尘系统，铺设供水管网路，布置矿井防尘设施。各矿井防尘系统由专门的防尘蓄水池或水仓、水泵、主供水管路、支供水管路和降尘装置构成。

图7-2-4 神华宝日希勒能源有限公司在装车站安装微米级干雾抑尘和喷淋抑尘装置

2005—2007年，公司为减少露天矿区作业区浮土、扬尘和改善作业环境，在海拉黑公路东侧分期投资184.86万元和573.35万元，修建长近4000米的挡风抑尘网。按照该工程的水土保持设计方案，公司在专用铁路12000~14000米内，距铁路路基8米处分2年种植沙棘1.2万棵、杨树0.3万棵。

公司还在装车站安装了微米级干雾抑尘装置，彻底消除了装车过程中产生的粉尘。

至2014年底，公司投资758万元，

建设露天矿防风抑尘网4200米；投资1156万元，对煤炭筛分栈桥防风抑尘网进行改造，建设封闭式抑尘罩；投资2059万元，购买100吨洒水车等大型洒水降尘设备。

图7-2-5 神华宝日希勒能源有限公司露天矿修建的4200米长的挡风抑尘网

（六）华能伊敏煤电有限责任公司

伊敏露天矿根据坑下作业环境，适时调整洒水车和加水泵站的运行台数，对运输路面定时洒水降尘，保证各运输线路及生产作业平盘的湿度，抑制剥离物运输和采场作业产生的扬尘。穿孔爆破产生的粉尘通过爆破控制技术进行抑制，排土场在排土过程中定期进行碾压，已经结束排弃的排土场平台，在不影响整个露天矿排土作业时及时覆土绿化。公司储煤场周围建筑防风防尘网，降低大风天气中的粉尘。

图7-2-6 伊敏露天矿储煤场洒水降尘

根据《伊敏华能东电煤电公司煤电三期扩建工程环境影响报告书》对矿区空气环境质量现状调查结果显示，矿区空气环境质量良好，TSP日均值达到《空气环境质量标准》二级标准，防治措施已经产生明显的效果。

（七）扎赉诺尔煤业有限责任公司

至2011年，扎赉诺尔工业广场内设2个500立方米的防尘供水静压水池。矿井供水水源来自工业广场东北方向4.1千米处的水源井，矿井现开采12号煤层，煤尘爆炸指数为42.85%。防尘管路沿副井铺设至井下，再由3条上山分至各工作面用水地点，带式输送机巷每隔50米设1个三通阀门，其他巷道每隔100米设1个三通阀门，各硐室及人员集中作业地点均安设供水阀门。防尘供水系统的管路安装规格为：主干管路为直径159×5.5毫米，采掘工作面管路为直径108×4.5毫米。井下铺设供水管路全长14000米。综放工作面及各掘进工作面均采取采煤机、综掘机内外喷雾，移架、放煤喷雾，净化水幕，隔爆水棚，喷雾降尘，冲洗巷帮，湿式喷浆，个人保护等综合防尘措施。

（八）中电投蒙东能源集团有限公司

公司下属霍林河露天煤矿为了减少生产作业过程的粉尘污染，采取以下措施：

（1）在煤炭输送过程中采用封闭皮带输送，共建封闭输送皮带长度为27千米，投资约3.8亿元，同时建成一个5万吨、一个10万吨和两个20万吨的储煤仓。

（2）一号露天矿地面生产系统堆取料场建设防风抑尘墙，抑尘墙长1200米，迎风高18米，工程投资1414.13万元，煤炭粉尘降尘率可达到85%以上。

（3）在运输道路的粉尘治理中，投资3840.68万元，配备大型洒水车13台及配套加水设施，用于生产作业区道路的洒水消尘。

图7-2-7 霍林河露天煤矿全封闭运煤长廊

（九）内蒙古平庄煤业（集团）有限责任公司

随着矿井机械化程度的大幅度提高和生产强度的加大，综采、综放、综掘工作面的粉尘浓度超过工业卫生标准，个别综采（综放）、综掘工作面粉尘浓度超标严重。2009年6月，平庄煤业集团公司在各井工矿开展粉尘综合专项治理工作，健全、完善防尘系统和粉尘测定装置，矿井内安装触控、声控、光控、红外自动喷雾除尘装置，安装综采（综放）自动喷雾装置。

煤矿作业场所粉尘危害的主要治理措施：严格执行《煤矿井下粉尘综合防治技术规范》（AQ1020—2006）、《关于开展矿井粉尘专项综合治理工作的通知》《内蒙古自治区井工煤矿安全质量标准化标准及考核评级办法》及《煤矿安全规程》的有关规定，2011年，各矿对所辖区进行责任区划分，进一步明确任务，落实责任。各井工矿的触控、声控、红外等自动喷雾降尘装置全部投入使用。在矿井两翼、相邻的采区、相邻煤层的采煤工作面之间、采掘工作面进回风巷等地点安设隔爆水棚。在煤仓、装车站、转载点安装触控自动喷雾装置，在矿井主要进回风巷及采掘工作面进回风巷安装红外自动喷雾装置，在炮采炮掘工作面安装声控自动喷雾装置，在综采综放工作面架间安设放煤、割煤自动喷雾装置，有效降低作业场所的粉尘浓度。

公司投入资金210万元，为六家矿、古山矿、红庙矿、老公营子矿、风水沟矿综采综放工作面采煤机各安装1套高压自动喷雾装置，为老公营子矿、风水沟矿综掘工作面掘进机各安装1套高压自动喷雾装置。通风管理部加大对露天矿坑下及各矿选煤厂的粉尘检查和治理力度，露天矿破碎作业采取封闭除尘措施，卸载时喷雾，主要运输道路、采掘线等定期定时洒水，防止粉尘飞扬。各矿选煤厂运输转载点喷雾装置设置齐全，皮带走廊定期洒水除尘。公司投入资金114万元为六家矿、红庙矿选煤厂运输皮带购置负压除尘设备，风水沟矿选煤厂皮带机头安装自制封闭式除尘设施。

2012年，公司为各井工矿购置粉尘传感器，实现粉尘浓度在线监测。为古山矿购置高压喷雾3套，为红庙矿购置高压喷雾1套，为瑞安公司购置高压喷雾2套。通风管理部加大对露天矿坑下及各矿选煤厂的粉尘检查和治理力度，露天矿破碎作业采取封闭除尘措施，卸载时喷雾，主要运输道路、采掘线等定期定时洒水，有效降低作业场所的粉尘浓度。

截至2015年，公司所属煤矿露天储煤场共计88611平方米，均已安装钢制防风抑尘网进行扬尘防治，抑尘网面积为29936平方米，投资794.8516万元。

各煤矿工业场地均设置围墙，起到防污、挡尘、隔声的作用。大风天气停止土方等易产生扬尘的作业。装载点、振动筛、破碎机起尘点设置喷雾降尘装置及收尘装置。公司下属各生产单位均建有封闭的原煤筛分车间和皮带走廊，采用封闭圆筒仓式储煤，并在煤炭生产过程中采取转载点喷雾降尘、巷道洒水降尘、全断面水幕降尘等措施进行煤粉尘防治。

（十）内蒙古伊泰集团有限公司

公司各矿井生产区域的煤（粉）尘主要产生于煤炭在开采、破碎、运输、转载及汽车外运时溢洒、碾压的扬尘。公司根据产生粉尘污染的原因分别采取相应的控制措施，其中工业场地内煤炭加工运输系统的各原煤转载点分别设有喷雾洒水装置，洒水抑尘。振动筛、破碎机等产生煤尘地点设置单机袋式除尘机组通风除尘；外运煤炭车辆加盖篷布抑尘，各场区配备洒水车洒水减少路面扬尘，并利用绿化带隔离吸滞煤尘；粉煤灰运输使用罐车，防止扬尘污染。整体除尘效率达到98%以上，粉尘排放符合《煤炭工业污染物排放标准》（GB20426—2006）。

图7-2-8 伊泰集团白家梁储煤场被防风网和树木紧紧包围抑制煤尘

各选煤厂建设时，分别配套配备相应的除尘、降尘装置。酸刺沟选煤厂在原煤输送、转载过程中，将所有物料输送均设在封闭的建筑体内，在易产生粉尘污染的原煤转载处设置喷雾降尘装置，厂内地面采取水泥铺砌，地面粉尘及时用水冲洗。公司所属准格尔召、凯达选煤厂，在原煤分级筛、破碎机、带式输送机上分别设置除尘、密封和降尘设施，确保粉尘不外扬。工作人员定期向排矸场和道路洒水，有效控制扬尘对周围大气环境的影响。

（十一）神东天隆集团有限责任公司

2001年以来，公司对各所属煤矿采用井下负压除尘技术、除尘脱硫技术、地面封闭防尘技术、封尘固化技术，从源头控制煤粉尘污染。从井下开采、运输到地面储、装、运各个环节采取降尘措施，98%的煤尘得到控制。采取净化回风流，使井下作业环境得到有效改善，减少大气污染。地面原煤仓、皮带栈桥、产品仓、装车塔各个环节进行全封闭运煤，共计原煤仓、产品仓6个，封闭皮带栈桥约1000米。对装车煤炭喷洒封尘固化剂，降低铁路沿线的煤尘污染，每年可减少煤炭风损2万吨。

第二节 水污染防治

一、矿井（露天）水处理

（一）神华神东煤炭集团有限责任公司

公司已建成14处矿井水处理厂，各厂采取的措施和工艺主要有两项。①回采工作面采用大采区、大工作面的设计和快速推进的装备选型，减少上覆含水层下漏，实现保水采煤。创新利用煤下采空区蓄水并通过采空区矸石过滤净化井下废水的技术，把采空区变为具有净化功能的蓄水库，实现井下生产用水自给。②地面矿井水处理：为井下排水利用余压经过管道混合器流至调节预沉池内，在管道混合器中投加混凝剂，去除原水中的部分悬浮物，出水利用余压进入油污处理装置、中间水池、无阀过滤器过滤，使出水悬浮物满足设计要求后进入复用水池。事故水进入事故浓缩池中储存，容积为 4000 立方米；生产车间地面冲洗水利用循环水，冲洗水排到浓缩车间处理后循环利用。

（二）神华乌海能源有限责任公司

公司现有 11 处煤矿中 9 处配套建设矿井水处理设施，累计投资 7688 万元。处理后的矿井水主要用于配套的选煤厂生产用水，部分回用于井下生产、灭尘、矿井地面、绿化、防尘用水，少部分达标排放；选煤厂相应建立煤泥事故池，杜绝跑、冒、滴、漏等现象，实现洗煤水闭路循环。

（三）神华包头能源有限责任公司

2007 年，公司阿刀亥煤矿投资 300 万元，在矿区内建成 1 处 65 立方米/小时污水处理厂，把原来全部排掉的矿井污水进行净化后，全部用于井下洒水灭尘，每年可节约用水 22 万吨。阿刀亥矿洗煤厂投入 286 万元，改造煤泥水处理系统，提高了水资源的循环利用，年节水 3.5 万吨。

2012 年，公司为煤矿投资 334 万元改造矿井水处理系统，其中阿刀亥矿投资 34 万元，加装二次净化装置后，水质可满足部分生活使用，年节水 8000 吨；为李家壕矿投资 300 万元，安装矿井水处理超滤系统，该系统为常温操作，不产生二次污染，能最大化地将矿井水处理干净，设备投运后出水水质可达到自来水标准，并能稳定可靠地运行，优化了水资源重复利用。2013 年，李家壕矿投资 300 万元

安装超滤设备，利用原有的井下消防洒水池作为原水池，增加原水自吸泵 3 台，最大化地将矿井水处理干净。

（四）神华北电胜利能源有限公司

露天煤矿疏干废水主要应用于矿山道路洒水、储煤场及破碎站除尘洒水及排土场、工业广场绿化等，疏干废水利用率约 15%。因水质达标，其余部分排入锡林河，补给地表，利于下游锡林河两岸草甸草原植物的生长。

（五）神华宝日希勒能源有限公司

2004 年，公司铁路投资 340 万元，建 10 眼疏干井，代替采取明渠排水。同年，公司工业废水排放量 1094.4 万吨。2005 年，公司投资 450 万元，建 15 眼疏干井。

图 7-2-9 宝日希勒能源公司污水处理厂投入使用

2006 年，公司投资 364.92 万元，铺设露天疏干水排水管路 6005.3 米，彻底解决明渠排水问题。同年，公司工业废水排放量 952.85 万吨。2007 年，公司工业废水排放量 572.6 万吨。

2008 年，公司投资近百万元，修建沉淀池及蓄水池，使疏干水沿管路排至沉淀池及蓄水池，经充分氧化、沉淀后，完全达到国家排放标准。沉淀池及蓄水池的建成可将疏干水净化后用于养殖、草原绿

化灌溉、矿区降尘等，减少对周边水域的污染。

（六）神华大雁集团有限公司

公司扎尼河露天矿矿坑水采用生物处理法处理。矿内有水处理设备6台，设计处理水量280立方米/小时，处理后的水作为生产用水、绿化和洒水。敏东一矿矿井水处理设施采用混凝—沉淀—过滤—消毒工艺处理方法，设计处理能力16000立方米/日，处理后作为电厂生产用水。2014年，公司组织实施雁南煤矿污水处理设施改扩建工程，使各项设施运行正常，污染物满足环评及排放标准要求。

（七）中电投蒙东能源集团有限公司

根据国家节能减排的总体要求，结合集团公司电力事业的发展需求，霍林河一号露天矿将疏干水作为电厂冷却用水、生产过程中的降尘洒水和复垦绿化用水。公司投资2454万元兴建疏干水处理复用工程，每年可实现向电厂输送疏干水400万吨。2010年，一号露天矿向鸿骏自备电厂、坑口发电厂输送冷却水168万吨。扎哈淖尔矿区二号露天矿疏干水利用工程已基本完成，实现疏干水的全部复用。

图7-2-10 霍林河露天矿疏干水场建成的人工湖

（八）内蒙古平庄煤业（集团）有限责任公司

2014年，公司矿井水产生总量为429.32万吨，回用量为343.46万吨，回用率为80%。现有矿井水处理站处理能力为320吨/小时，采用蜗旋混凝低脉动沉淀给水处理，经除沙、混凝、沉淀、过滤消毒等处理后，用于井下降尘、防火灌浆、工业场地绿化防尘、灌溉草场林地等。外排矿井水各污染因子浓度较低，均满足《煤炭工业污染物排放标准》(GB20426—

图7-2-11 平庄煤业集团公司老公营子矿一体化水处理系统

2006）。到 2014 年底，矿井水处理设施累计投资 696 万元。

（九）内蒙古伊泰集团有限公司

煤矿排水的主要污染物为煤粉和少量岩粉，水质中的悬浮物浓度（SS）在 400 毫克/升左右，化学需氧量（COD）200 毫克/升左右，pH 值 6.5～8.5。公司各矿在工业场地均设有矿井水处理站，采用混凝、沉淀、过滤等方法处理后用于地面生产系统、井下消防洒水、冲洗用水和绿化用水等，实现全部重复利用，矿井水复用率达 100%。酸刺沟煤矿对井下水处理后剩余的少部分煤泥水，用泵加压打入选煤厂主厂房脱泥筛进行再处理，当水质达到《工业回用水质标准》后就作为选煤厂的补充用水重复利用。

（十）内蒙古汇能煤电集团有限公司

公司的尔林兔矿井正常涌水量 4800 立方米/天，最大涌水量 6600 立方米/天，根据矿井环评报告，矿井水水质的化学需氧量（COD）为 150 毫克/升、水质中的悬浮物（SS）为 150 毫克/升。该矿井污水处理站的设计处理能力 500 立方米/小时，每天运行 8.4 小时。主要设备有提升泵、压滤机、加药装置、二氧化氯发生器、重力无阀过滤器等。经过处理后的水质可满足矿井生产用水要求，主要供井下消防洒水、地面生产生活用水、黄泥灌浆用水等，不外排。矿井水处理工艺采用"机械混凝反应沉淀重力无阀过滤器"处理工艺。矿井水回用率为 100%。

（十一）神东天隆集团有限责任公司

截至 2014 年，公司建成 2 处矿井水地面处理站。武家塔露天矿采掘坑排水量为 435 立方米/天，露天煤矿坑内积水大部分来自大气降水，经坑内各临时积水坑导入南部主水窖，经南部排水管路导入排土场沉淀池，经三级以上沉淀池沉淀后，进行绿化及洒水降尘，不外排。

2010 年，4 万平方米"天池一号蓄水池"、"S 形净化水池"等项目已建设完成。该项目全部由矿职工自己设计并施工兴建，其中"S 形净化水池"（水池水源来自采坑内部的积水）对采坑水进行处理后，用于规划区内蔬菜、树木、牧草等的浇灌。在 4 万平方米蓄水池中进行小规模的水产及家禽养殖，并在蓄水池南部地块进行山羊养殖和小松树的育苗。

图 7-2-12 鸭子在武家塔露天矿由矿坑水汇集而成的 4 万平方米水面的人工湖"天池一号"中嬉水

二、场地生产生活污水处理

(一) 神华神东煤炭集团有限责任公司

公司在地面建成18处生活污水处理厂。2009年，污水处理量5846万吨，其中用于洗煤、电厂冷却、喷雾降尘、绿化灌溉、景观用水及生活补水等4100万吨，外排1746万吨，综合利用率达到70%以上。洗煤水经过浓缩池沉淀，全部实现闭路循环。公司对各矿生产系统的煤泥冲洗水部分进行改造，保证各矿井煤泥水不直排，在原煤仓下建小型煤泥水处理系统，处理后的中水全部回收利用。

(二) 神华准格尔能源有限责任公司

黑岱沟露天矿将来自办公区和食堂的生活污水集中收集后排入准能公司污水处理厂进行处理。

图7-2-13 神华乌海能源公司污水处理厂

哈尔乌素露天矿将工业场地污废水经地下管网排至污水处理站经强化一级处理后送入水库复用。污水处理站规模为1500平方米/天，接受工业场地生活污水、锅炉排污水和预处理后的洗车间、机修车间的废水。洗车间、机修车间含油污水经油水分离器处理后排入污水处理站。污水库位于石宝兔沟，主要储存雨水及经污水处理站处理后的污水，这些水经水库沉淀后，用于矿山公路和绿化。选煤厂的煤泥水：洗煤过程中产生的洗煤水进入捞坑，经浓缩机加高效絮凝剂沉淀后，溢流液返回循环水箱循环使用，底流经加压过滤后，清水返回循环水箱循环使用。当系统出现故障时，煤泥水排入事故浓缩池处理，不外排。

(三) 神华乌海能源有限责任公司

电厂生产废水、生活废水由排水管道统一收集后用于煤场及灰场降尘洒水或绿化用水，无外排；焦化废水经生化水处理站处理达标后用于熄焦和洗煤，西来峰工业园区废水实施污水综合回收，实现闭路循环近零外排。

(四) 神华大雁集团有限公司

1990年，大雁矿务局投入资金80余万元，在雁北热电厂北部修建矿区污水处理工程——氧化塘。氧化塘面积0.7平方千米，年处理废水能力2万吨，同年初通过验收并投入使用。1999年，环保办依据长期对氧化塘的跟踪调查，经反复核实后，形成《关于雁北氧化塘水质及氧化塘处理方式问题的报告》上报煤业公司。报告建议被采纳，增修氧化塘四周堤坝，污水处理能力得到提高。2005年，新建扎尼河露天矿生活污水处理站，负责处理露天矿场区生产、生活废水。站内有污水处理设备6台，设计污水处理水量为45吨/天。新建敏东一矿生活污水处理站采用接触氧化处理工艺，设计处理能力552.55立方米/天。公司各主要生产单位工业场地生物污水处理设施均正常运行。

(五) 内蒙古伊泰集团有限公司

公司各矿矿井工业场地生活污水主要来源于办公及生活福利设施排水和部分生产废水，经化粪池简单处理。食堂、机修车间的排水经隔油池隔油，锅炉排污水经降温池降温汇集后由室外排水管网排入工业场地的污水处理站。污水处理站采用二级生物接触氧化处理工艺。处理后水质：化学需氧量（COD）≤50毫克/升，5日生化需氧量（BOD_5）≤15毫克/升，水质中的悬浮物（SS）≤5毫克/升，达到《城市污水再生利用城市杂用水水质标准》（GB/T18920—2002）要求。污水处理后主要用于道路洒水、储煤场防尘洒水、场区绿化及农业灌溉，不外排。

2011年开始，公司决定对部分不能满足要求的煤矿生活污水处理设施和矿井水处理设施进行技术改造，2012年，公司对纳林庙煤矿一号井、纳林庙煤矿二号井、宏景塔一矿、丁家渠煤矿、宝山煤矿、诚意煤矿、苏家壕煤矿、凯达煤矿等8个煤矿的污水处理设施陆续开始升级改造。2013年，公司先后投入1152万元，对宝山煤矿、诚意煤矿、丁家渠煤矿、宏景塔一矿、凯达煤矿、苏家壕煤矿的6套生活污水处理设施、5套矿井水处理设施进行升级改造，废水处理能力由19570立方米/天提高到26720立方米/天，增加复用水390万立方米，处理达标后的中水全部用于井下生产、煤炭洗选、洒水降尘、绿化，既降低原水的消耗量，又避免因水务公司断水引发的停产现象。

截至2014年底，公司包括酸刺沟煤矿在内的各煤矿污水处理设施均已完成改造，并按污水处理托管运营的模式实现专业化运营管理。凯达选煤厂煤泥水全部厂内回收，达到一级闭路循环。

（六）内蒙古汇能煤电集团有限公司

集团公司尔林兔矿井生活污、废水量为325.62立方米/日。工业场地排放的污废水经处理站处理后全部回用于选煤厂补充用水、井下防火灌浆用水，回用率100%。工业场地排放的生产生活污、废水量为199.96立方米/日。工业场地粪便污水经化粪池处理，机修、食堂等含油污水采用隔油池处理后，进入埋地式污水处理设备，进行生化处理。其出水水质满足《污水综合排放标准》中二级标准，出水可作为绿化用水或排入附近冲沟。污水处理采用地埋式污水处理设备（WSZ—AO—10一套），该设备处理工艺不产生污泥、无异味、不污染环境，设备埋设于地下，地面采用草皮绿化，既提高土地的利用率，又美化环境。

（七）神东天隆集团有限责任公司

公司各煤矿产生的工业污水经除油处理后与生活污水一并排入污水处理厂集中经二级+深度处理，处理后的污水达到《污水综合排放标准》的一级排放标准，用于农灌或绿化。截至2014年底，公司在地面共建成2处矿井水处理站，3处生活污水处理站，设计总处理能力5000立方米/天。

三、水资源利用项目

（一）神华神东煤炭集团有限责任公司

1. 处理效果

通过对污水厂处理后污水的开发利用，污水实际用量占到总用水量的62%，自来水实际用量仅占总用水量的16%，污水用量是自来水用量的近4倍。

据2008年统计数据，采空区清水全公司复用水量41500吨/天，其中井下生产用水32500吨/天，补充地面生活用水6000吨/天，生态绿化及景观用水3000吨/天，消除井下水引起的地表水体污染，减少对地表水的利用，缓解干旱地区的用水矛盾；处理后的矿井水用于工业生产42315吨/天，用于农业灌溉绿化及景观用水10380吨/天；处理后的生活污水用于生态绿化灌溉4953吨/天。经地方环境监测站监测，各项水质指标均达到国家排放标准。

2. 经济效益

水源开发形成的经济效益。公司使用污水后，节约了净水形成的价差。净水（自来水）每吨 1.95 元，污水每吨（平均处理费用约）1.3 元，二者每吨价差 0.65 元，使用污水每年可节约资金 170 万元。截至 2008 年底，全矿区矿井水复用量每天达 13580 立方米，每年 495.67 万立方米，占原来矿井日排污总量的 72%，产生的经济效益为 1586 余万元/年，节省排污费 342 余万元/年，总直接经济效益为 1928 余万元/年。

节约拉水运费形成的经济效益。灌溉管网实施后，用于灌溉的人工费与其他费用基本等同，但管网输水与水车拉水造价相差很大。以实际输水量 131 万吨计算，管网输水年费用为 105 万元；水车拉水年费用为 786 万元，每年可节约资金 681 万元。

（二）神华乌海能源有限责任公司

1998 年起，海勃湾矿业公司投资 180 万元建设蓄水池，对平沟矿和公乌素矿井外排水进行回收利用。2003 年，神华海勃湾矿业公司投资 80 万元，在公乌素矿建设 600 立方米蓄水池 2 个。2005 年，神华集团乌达矿业公司 3 个洗煤厂相继安装尾煤 ZKG—250/1500 型快开式隔膜压滤机及相关设备，实现煤泥水的闭路循环。生活废水排到自建废水回收池澄清后，用水泵抽到车间作为洗煤用水，废水全部循环利用。

2006 年，海勃湾矿业公司投资 100 万，在平沟矿建设 2 个 800 立方米蓄水池，用于矿井水回收利用。公司先后对平沟煤矿、路天煤矿、公乌素煤矿三号井南采区共投资 272 万元，新建沉淀池及供洗煤厂用水管网设施，主要用于各洗煤厂用水及井上、井下降尘，矿井水综合利用率达到 75% 以上；投资 1033 万元，将公乌素二号井存量矿井水引入西来峰工业园区，回水用于新建的西来峰焦化厂项目。2008 年，海勃湾矿业公司投资 5389.14 万元，为各生产矿配套建设污水处理设施 7 处，全部投入使用后，外排的矿井水全部处理回用。

2008 年 9 月，神华乌海煤焦化有限责任公司西来峰焦化厂投入 175 万元对排水回收系统进行检修改造，每时节约用水约 70 吨。截至 2008 年底，乌海能源公司累计投资 7340.44 万元，对各生产单位废水进行治理，主要用于矿井水处理设施、矿井水利用工程、沉淀池及供洗煤厂用水管网设施的建设，矿井水回收率达 90%。

（三）神华包头能源有限责任公司

2007 年，阿刀亥矿洗煤厂投入 286 万元改造煤泥水处理系统，提高了水资源的循环利用，年节约水 3.5 万吨。

2012 年，包头煤业公司投资 334 万元改造矿井水处理系统。其中阿刀亥矿投资 34 万元，加装二次净化装置后，水质可满足部分生活使用，年节水 8000 吨。李家壕矿投资 300 万元安装矿井水处理超滤系统，配备自清洗过滤器，根据透膜压差或按时间自动反洗，反洗期间正常产水。该过程为常温操作，不产生二次污染，能最大化地将矿井水处理干净，设备投运后出水水质达到自来水标准，并能稳定可靠地运行，优化了水资源重复利用。

（四）中电投蒙东能源集团有限公司

霍林河露天矿为使煤炭开采过程疏干水得到充分利用，在项目改扩建的过程中，根据国家节能减排的总体要求，结合集团公司电力事业的发展需求，将疏干水作为电厂冷却用水、生产过程中的降尘洒水和复垦绿化用水。公司投资 2454 万元兴建疏干水处理复用工程，每年可实现向电厂输送疏干水 400 万吨。2010 年，一号露天矿向鸿骏自备电厂、坑口发电厂输送冷却水168万吨，扎哈淖尔矿区疏干水利用工程已基本完成，实现疏干水的全部复用。

第三节 固体废弃物污染防治

一、煤矸石处理与利用

（一）煤矸石处理

乌海市煤的含矸率较高，其中洗选矸石排放量约占原煤产量的25%，采煤排矸量约占原煤产量的8%。区域内黄土贫瘠，填埋困难，除少量矸石掩埋于露天排土场外，大部分矸石露天堆积于地表。截至2015年底，全市煤矸石堆存量达1.2亿吨，形成大型矸石山22处，小型矸石山数十处，占地面积约30平方千米。

阿拉善盟煤炭产量小，产生矸石量较少，策克口岸进口部分蒙古煤洗选后外销，但总体矸石排放量不大，且大部分填埋于地表沟壑。截至2015年底，全盟形成地表大型矸石山1处，堆存量400万吨，位于呼鲁斯太矿区，责任主体为神华宁煤集团乌兰煤矿；另有小型矸石山2处，堆存量约30万吨，分别是希热哈达区20万吨，策克口岸10万吨。

鄂尔多斯市西部的棋盘井地区煤矿煤矸石排放量较大，且主要以露天矸石山堆积为主；中东部为黄土丘陵地区，煤矸石大部分填埋于沟谷地带，露天堆积量较少。截至2015年底，鄂尔多斯市地表堆积有大型煤矸石山13处，堆存量约1.45亿吨，其中棋盘井地区8处，堆存量约3300万吨；神东矿区2处，堆存量约6000万吨（布尔台和乌兰木伦）；准格尔矿区2处，堆存量5080万吨；塔然高勒矿区1处（高头窑煤矿200万吨）。棋盘井区因黄土缺乏，矸石山治理困难。

包头市石拐区、土默特右旗煤炭开发历史悠久，历史上堆积较多煤矸石，堆存量约1000万吨，特别是土默特右旗的枣沟公路金峰煤矿到大西沟两侧煤矸石堆积如山，治理效果较差。

赤峰市煤矸石露天堆存量约1200万吨，其中平庄煤业集团公司堆存量约1000万吨，地方煤矿约200万吨，尚未处理。

2000年以后，随着全区采煤机械化水平和煤炭洗选率的大幅度提高，煤矸石排放量增加较快，大量煤矸石占压土地，对矿区环境造成很大影响。各煤炭企业根据《中华人民共和国固体废物污染物环境防治法》《一般工业固体废物贮存、处置场污染控制标准》（GB18599—2001）、《煤炭工业污染物排放标准》（GB20426—2006）和企业的《环保绿化管理办法》《矿区环境保护设施运行管理办法》及《关于加强煤矸石处置场现场管理的通知》等有关规定，结合矿区实际情况，制定煤矸石处置场管理办法。

神东煤炭公司修建17处排矸场，每5米矸石厚度（一层）推平碾压后，覆土50厘米，退台式分层排放，杜绝矸石排放带来的环境污染，煤矸石综合处置率达到100%。对排到边界的区域进行复垦治理。神东矿区严格按照《一般工业固体废物贮存、处置场污染控制标准》（GB18599—2001）选择处置场址。排矸场严格执行"三同时"制度，即与主体工程同时设计、同时施工、同时投入使用。

神华准格尔能源公司矸石处置场按照排矸工程技术规定分层覆土及灭火治理。黑岱沟选煤厂排矸场整治覆土46.67万立方米。2013年以来，哈尔乌素选煤厂采用将矸石车辆拉至内排土场排弃，露天矿剥离物随后全部覆盖的工艺，排矸场无需进行治理。2014年，黑岱沟选煤厂排矸场零星灭火覆土5.6万立方米，此外，对1260水平及以下已经排矸到位的各台阶平盘及坡面进行到界覆土工作，覆土总量150万立方米。

伊泰集团公司各矿井煤矸石中各种有害元素含量很低，属于一般工业固体废弃物。根据综合利用化害为利的原则，公司各矿在建井期间的矸石全部用于回填工业场地、冲沟和作为场外公路路基材料，或复土造绿。生产期间矿井设有临时矸石周转场地，矸石主要用于回填采空区和废弃巷道，或待地面出现塌陷后，将矸石直接运往矿井塌陷区回填、压实，不存在长期堆放问题。

图7-2-14 内蒙古伊泰集团宝山煤矿治理前（左）、治理后（右）的矸石场

（二）煤矸石综合利用

煤矸石主要利用方式有发电、生产建筑材料和煅烧高岭土、采坑回填、井下填充、筑路等。

1. 煤矸石用于生产建筑材料

（1）制水泥：1980年，原包头矿务局五当沟矿曾建1处小型的土法烧制的水泥厂。到1990年，年生产能力达到2000吨。这座水泥厂在原料中掺入煤矸石30%，经土法锻炼，制成小水泥。乌海市全市现有生产水泥熟料企业3家。熟料生产能力210万吨，消耗的低热值燃料和煤矸石主要来源于乌海地区。

（2）制砖：2003年后，扎赉诺尔煤业公司进行全煤矸石空心砖项目的开发与建设。从2004年项目试生产到2014年末，煤业公司所属天成公司累计生产近5亿块全煤矸石空心砖（折标砖），共消耗露天煤矿煤矸石45万立方米，消耗井工矿过火煤矸石10万立方米。

大雁矿务局建设矸石砖厂，每年可生产多孔矸石砖3000万块，消耗矸石4.5万吨，粉煤灰20000立方米。2002年，大雁煤业公司总结多年矸石砖生产技术经验，外聘技术人员亲临指导，生产出符合标准的建筑用砖。2004年利用煤矸石9万吨，综合利用产值430万元。2009年，公司对煤矸石砖厂生产系统进行扩建改造，将生产能力提高到8500万块/年矸石砖（折标砖）。公司现有煤矸石烧结砖企业2家，年可消化煤矸石10万吨，2015年利用量3.75万吨，加上工业广场平整、筑路等，总量不超过20万吨。

2. 发电

乌海市现有神华海勃湾、君正能源、京海等3处煤矸石综合利用电厂，周边有北方电力蒙西煤低热值煤电厂和阿拉善盟乌斯太工业园区热电厂，合计装机规模3054兆瓦，按低热值煤中煤泥和矸石含量60%测算，每年可实现减排煤矸石（含煤泥）700万吨。

乌海市现有煤矸石（低热值煤）电

厂 20 处，装机 8608 兆瓦，在建矸石电厂（低热值煤）2 处，装机 1.36×10^6 千瓦，合计装机 996.8 万千瓦，其中蒙西工业园的 3 处矸石电厂（1.342×10^6 千瓦）燃用部分乌海低热值煤。经初步测算，上述电厂全部建成后年消耗低热值煤（3000~3500 大卡）3300 万吨，按低热值煤中含煤泥和矸石 40% 测算，相当于年减排煤矸石（含煤泥）1320 万吨。

鄂尔多斯市建有多处矸石机组，其中神华准能公司燃用矸石机组 4 台，总装机容量 9.9×10^5 千瓦，年消耗煤矸石 260 万吨。

赤峰市现有矸石（低热值煤）电厂 3 处，每年消耗低热值煤资源 140 万吨，相当于减排煤矸石 10 万吨。

3. 配煤再利用

神华集团包头矿业有限责任公司阿刀亥矿、水泉露天矿矸石的热值都在 6280 千焦以上，适合配煤使用，煤矸石作为煤的副产品就地销售。2009 年 7 月，水泉煤矿洗煤厂二车间投资 1400 多万元，通过技术改造，安装 1 套煤泥干燥系统，解决煤泥因水分和质量没有市场的问题，从根本上解决了大量煤泥的储存问题，一年可增加经济效益 309.9 万元。

二、生活垃圾及锅炉灰渣处理

各煤炭企业每天产生的生活垃圾与基建垃圾，主要采用填埋的方法进行全部处理。工业场地锅炉房和热风炉产生的炉渣量较少，锅炉灰渣主要用于坑洼地的填垫，多余部分与煤矸石一起处置，覆于矸石堆表面，能很好地防止矸石堆自燃，待塌陷区形成后，与矸石一起用于塌陷区回填、土地复垦。

2004—2014 年，扎赉诺尔煤业公司的全煤矸石空心砖项目，每年还可利用热电厂、供热锅炉、蒸汽机车产生的炉渣 17.5 万立方米。

第四节 噪声污染防治

一、大型设备噪声防治

全区各重点煤炭企业所属煤矿噪声污染源主要是洗煤厂、通风设备、水泵房以及井下生产过程中的机械噪声。各企业除自行治理外，多委托专业院所研究、设计治理方案并组织实施，列专项资金对噪声超标的设施进行治理，并采取应用空心建材、建隔音棚、封闭噪声源等措施降低噪声值，使其达标排放，或对产生噪声的厂房和设备安装消声器和砌隔音墙，治理效果良好。

神东公司各煤矿对振动筛等较大设备采用隔声屏和利用土建维护结构隔声的措施控制噪声；噪声较大的溜槽采用表面敷设阻尼结构方法，可降噪 7~10 分贝（A）；对采取以上方法仍难达标的地点，设置隔声值班室，隔声量为 25~30 分贝（A）。

伊泰集团酸刺沟煤矿选煤厂破碎大块物料及溜槽等除选用技术新、噪声低的进口先进设备外，还采用缓冲台的方式降噪，在溜槽内壁装衬耐磨减噪音材料，筛分机等振动较强的设备配备隔振垫；空气压缩机房使用机体用隔音吸附材料包成的空气压缩机。凯达煤矿选煤厂对筛分破碎车间和主厂房的振动筛、破碎机等设备设置密闭罩；溜槽、漏斗外壁安装阻尼材料、贴敷玻璃棉等阻尼减振处理；设隔声值班室与隔声门窗等，使噪声环境达到国家标准。

扎赉诺尔煤业有限公司利用新建、改扩建项目的机会，对噪声源进行整治，将产生噪声的主要设备均设置在厂房内部，并合理布置噪声设备分布。凡产生机械震动噪声的动力机械（如振动筛、泵类、风机等），采用基础隔震，管道软连接、消声器、吸声体、隔音罩等设施；在矿井提升机房、筛分车间、空压机房等设置隔音值班室；设置单独的泵房、风机房、坑木加工房，设全封闭式胶带输送机走廊，在运输道路两侧栽种树木隔音带。对铁路专用线两侧敏感点安装隔音墙，并进行必要的监测。

平庄煤业集团公司各矿、厂噪声防治设备由振动筛自带，环境噪声符合《工业企业厂界环境噪声排放标准》（GB12348—2008）。破碎机的噪声防治设备由振动筛自带，环境噪声符合《工业企业厂界环境噪声排放标准》（GB12348—2008）。

全区各大中型煤矿的锅炉鼓风机、引风机均集中布置在风机间里，鼓风机加阻抗复合式消声器，引风机作隔声处理；风机间采用封闭维护隔声结构，内墙面安装吸声结构吸声，排气口处加消声器，风机间门窗为隔声门窗；并设隔声值班室，可降噪25~30分贝（A）。各矿锅炉鼓风机噪声防治设备由锅炉鼓风机自带，环境噪声符合《工业企业厂界环境噪声排放标准》（GB12348—2008）。引风机噪声防治设备由引风机自带，环境噪声符合《工业企业厂界环境噪声排放标准》（GB12348—2008）。

二、其他强噪声防治

对装有精密设备的控制室，采取墙壁敷设吸声结构、吸声吊顶、隔声门窗的措施，室内噪声级控制在70分贝（A）以下。将电锯等强噪声设备分别布置在隔声操作间内，工人操作时佩带防护耳罩，采取在锯片上开消声槽、涂阻尼材料、加消声板的方法，可降噪20分贝（A），并尽量避免夜间工作。对设备维修噪声污染治理主要采用焊、液压动装置，将高噪声源在厂房内集中布置，加隔声屏及多层穿孔板吸声体。经采取综合治理措施后，厂界噪声达到《工业企业厂界环境噪声排放标准》（GB 12348—2008）中3类区标准的要求。

第三章 煤田（煤矿）灾害治理

第一节 煤田（煤矿）火区治理

一、古拉本煤田、乌达煤田火区治理

（一）阿拉善盟古拉本煤田

煤田走向长15千米，倾斜宽4.3千米，面积64平方千米，火区面积约96.32万平方米，每年烧掉煤炭资源约50万吨，释放二氧化碳等有害气体约7.4亿立方米。20世纪90年代，内蒙古太西煤集团股份有限公司成立灭火工区，专门负责灭火工程施工、决算、方案、灭火计划制定等事宜。阿拉善盟行政公署制订出台了《阿拉善盟古拉本矿区灭火费征缴使用管理办法》，在灭火经费上予以支持。盟委、盟行署多次组织召开古拉本矿区灭火现场考察会，研究制订灭火方案，现场解决灭火困难，推进灭火工作。

1998年1月，历经4年的艰难灭火，内蒙古太西煤集团股份有限公司兴泰煤矿最终有效控制火区、火点，恢复生产。发生在1998年11月9日的炭窑沟煤矿火灾，灭火工作历时两年，经评估验收，该

火区彻底扑火,这在古拉本矿区灭火史上是第一次。

2002年7月,由国家发展计划委员会国家投资项目评审中心、基础产业司等单位的8人及内蒙古自治区计委和专家组成的项目评审组,评审并通过了《内蒙古自治区古拉本煤田灭火工程初步设计》方案,报请国家发展计划委员会审批。2002年9月,德国、荷兰专家到内蒙古太西煤集团公司,与中国遥感公司合作,对古拉本煤田火区进行航测。2002年11月30日,国家发展计划委员会下达古拉本煤田灭火工程中央预算内基建投资计划。灭火工程总投资7090万元,其中国家投资4590万元,地方政府1000万元,企业自筹1500万元。国家投资列入国家财政计划,分3年下达执行。该项目批准治理标准为:熄灭面积65.78万平方米,控制面积30.54万平方米,灭火工期为3年,监测期1年,计划2006年底完工。

图7-3-1 德国灭火技术人员实地考察火区

2003—2006年,太西煤集团作为中方代表之一参加国家科技部与德国宇航中心合作开展的"中国北方煤火探测、灭火与监测新技术研究"项目。德国专家多次来古拉本煤田火区现场考察调研,双方从研究太西无烟煤的燃烧机理入手,通过实验数据与现场实际对比,提出了多管齐下的灭火方法,分别运用于火区各区段,取得了显著效果。合作期间,中德双方进行了多次技术交流,内蒙古古拉本煤田火区灭火方法及所取得的成绩得到了中外灭火专家的认可与赞同。

火区治理主要采用浅部火源煤岩剥离、深部火源灌浆的"浅剥深灌"方法。截至2005年底,完成岩石剥挖322.8万立方米,注洒水146.2万立方米,注浆44.4万立方米,灌注凝胶8.6万立方米,火区熄灭面积46.4万平方米,占批准熄火面积的74.54%,控制面积49.92万平方米。灭火工程实际完成投资9710万元,是批准投资的137%,实际到位资金8330万元,其中中央财政到位100%,自治区及阿拉善盟到位104.6%,太西煤公司到位179.6%。

2007年10月26—28日,国家发展改革委委托自治区发改委组织有关部门和专家对古拉本煤田灭火工程进行阶段性验收,国家发展改革委能源局领导亲临指导验收。专家认为:古拉本煤田火区经过4年的治理,取得较好的灭火效果,采用"浅剥深灌"灭火工艺有利于彻底清除火源,剥离过程中可回收部分呆滞煤量,弥补灭火工程资金不足。对"浅剥深灌"灭火工艺有必要进行总结、改进。专家建议:①对已达到控制标准的49.92万平方米的火区和新发现的面积约37.23万平方米的那里沟梁火区应统一规划,按熄灭标准尽快编制灭火工程方案,报国家有关部门审批。②做好已熄灭火区的管理,防止"死灰"复燃,应尽快建立火区动态监测体系,实现煤田火灾动态管理,强化灭火成果保护。③由于古拉本煤田火区和汝箕沟煤田火区相连通,国家有关部门应敦促宁夏和内蒙古加强古拉本煤田和汝箕沟煤田灭火工程协作,提高灭火效果。

(二) 乌达煤田火区治理

乌达煤田已有近50年的燃烧历史，煤田内的有1号、2号、4号、6号、7号、9号、10号、12号共8个煤层，查明的火区16个，总面积349.6万平方米，占整个煤田面积的10%，平均燃烧深度35米，最深120米。1991年以来蔓延速度加快，火区不仅燃烧掉大量煤炭资源，且严重影响矿井生产，祸及当地环境和居民生活。

图7-3-2 乌达煤田火区实景

2001年10月，乌达矿业公司领导委托神华（北京）国土资源遥感公司和宁夏煤炭地质勘查院共同完成了火区勘查，2002年2月委托内蒙古煤炭科学研究所完成了《内蒙古自治区乌达煤田灭火工程初步设计》。2002年4月，乌达矿业公司将《关于申请乌达煤田火区治理专项资金的请示》上报神华集团公司；神华集团公司将《关于申请乌达煤田灭火工程资金的请示》转报国家发展改革委，国家发展改革委随即委托中国国际工程咨询公司对项目进行评估。

2005年5月12日，中国国际工程咨询公司提交了《关于内蒙古自治区乌达煤田灭火工程初步设计的评估报告》。2006年1月6日国家发展改革委批准立项（发改能源〔2006〕18号），乌达煤田灭火工程遂列为国家专项资金项目。为有效管理，乌达矿业公司成立乌达煤田灭火工程处。2008年10月，乌海能源公司整合乌达矿业公司和海勃湾矿业公司后，灭火工程处行使项目部职能，对灭火工程实施专门管理。

按照国家发展改革委、神华集团公司的要求，内蒙古自治区乌达煤田灭火工程应采取面向社会公开招标的方式，确定有资质的施工队伍施工。灭火工程主要委托神华国贸公司进行招标，中标施工单位有内蒙古神华建筑安装有限责任公司、神华（北京）遥感勘查有限责任公司、陕西天地地质有限责任公司、中铁十九局集团有限公司、陕西工科建筑工程有限公司，工程监理单位为辽宁诚信建设监理有限责任公司，火区监测单位为宁夏煤炭勘察工程公司第二勘查院。

2008年后，古拉本煤田、乌达煤田火区治理工作统一纳入《内蒙古自治区煤田火区治理总体规划》，按照自治区统一部署和要求，开展了进一步治理工作。

二、《内蒙古自治区煤田火区治理总体规划》的制订

2005年,国家发展改革委印发《关于加快实施新疆等自治区煤田火区治理工作的通知》,要求内蒙古、宁夏、新疆加快煤田火区治理进度,在摸清火区情况的基础上,编制综合治理规划。根据国家发展改革委的要求,内蒙古自治区发改委编制《内蒙古自治区煤田火区治理总体规划》,并上报国家发展改革委。

2008年3月24日,温家宝总理、李克强副总理在《国内动态清样》(第1075期)就内蒙古煤田(煤矿)火区治理作出重要批示。内蒙古自治区政府立即召开专题会议,研究推进自治区煤田(煤矿)灭火工作,自治区政府办公厅印发《关于落实自治区领导对煤田(煤矿)灭火工作批示意见的通知》(内政办发〔2008〕26号),明确了各有关单位的职责,对加快推进煤田(煤矿)灭火工作提出了具体要求。

同时,自治区煤炭工业局组织8个火区调查小组,行程30000千米,对全区12个盟市、52个旗县进行了全面调查,形成了《内蒙古自治区煤田(煤矿)火区初步调查报告》。2009年9月,在国家发展改革委批复《内蒙古自治区火区治理方案》确定的106处火区的基础上,自治区政府出台《内蒙古自治区2009年至2012年煤田(煤矿)火区治理工作实施方案》(内政办发〔2009〕62号),明确提出到2012年全区煤田(煤矿)火区要达到熄灭标准。至此,煤田(煤矿)火区治理工作在全区范围内全面展开。

(一)治理总体目标、任务

1. 总体目标

根据自治区发展和改革委员会《全区煤田火区治理总体规划》要求,2007—2010年,古拉本煤田、桌子山煤田、乌达煤田、准格尔煤田、东胜煤田的火区治理达到控制标准,2012年末达到熄灭标准。建立和完善火区治理的长效机制,对新发现的火区做到随时发现随时治理。

2009年年底前,已完成治理的21个重点地区火区治理项目完成验收并开展监测工作;已批复的火区治理项目全面开工;火区治理要熄灭明火,达到控制标准。其他地区火区治理要完成火区勘查、灭火方案设计、灭火项目审查工作。2010年年底前,除鄂尔多斯市、乌海市和阿拉善盟外,其他盟市火区治理全部达到控制标准。2011年年底前,除国家批复治理的阿拉善盟古拉本煤田、乌海市乌达煤田火区按批复时限治理外,全区其他煤田(煤矿)火区治理全部达到熄灭标准。2012年上半年,完成全区煤田(煤矿)火区治理验收工作,2012年下半年进入监测阶段。

根据《全区煤田火区治理总体规划》,自治区按照先灭火、后技改、再生产的原则,加快灭火进度,提高灭火质量,完善火区煤田管理办法,并做好灭火成果的保护工作。根据火区燃烧状况、地域分布情况、环境污染程度等因素,分阶段开展火区治理工作,于2012年前完成1903万平方米的全部火区治理工作。

2. 各盟市任务分解

(1)鄂尔多斯市:已发现火区141处,火点470个,火区面积4878.65万平方米;已完成治理的21个项目,2009年11月底完成验收,年底前进入监测阶段;已开工的36个项目,2010年6月底前完成治理;未开工的火区治理项目,2009年年底前开工治理,2011年完成火区治理任务,达到熄灭标准,2012年年底前完成验收工作。

图7-3-3 乌海市政府召开灭火工程技术研讨会

(2) 乌海市：已发现火区34处，火点46个，火区面积754.46万平方米。经国家批准立项的乌达矿区火区治理加快治理进度，按批准的时限完成治理任务；经自治区批准灭火设计的4个灭火工程抓紧施工，2010年10月底前完成灭火工程；其余火区2009年内完成勘查、灭火方案的编制设计工作，同时熄灭明火，2010年全部达到控制标准，2011年达到熄灭标准并完成验收，2012年上半年完成火区治理任务。

(3) 阿拉善盟：已发现火区29处，火点98个，火区面积358.16万平方米。古拉本矿区加快治理进度，按批准的时限完成治理任务；其余火区2009年内完成勘查和灭火方案的编制设计，完成灭火项目审批；2010年煤矿火区达到控制标准；2011年达到熄灭标准；2012年上半年完成验收并进入监测阶段。

(4) 呼和浩特市、包头市、呼伦贝尔市、通辽市、赤峰市、锡林郭勒盟、巴彦淖尔市共发现火区26处，火点33个，火区面积390.1万平方米。上述地区于2009年底前完成火区的压覆控制工作、火区勘查和治理方案编制审批；2010年火区治理工程全面开工，当年达到控制标准；2011年上半年达到熄灭标准，年底前完成验收并进入监测阶段。

(5) 兴安盟加强关闭煤矿的监测，发现火区及时治理。

(6) 国有重点煤矿国电平庄煤业、神华乌海能源、神华准格尔能源、神华宝日希勒、中电投霍林河煤业等煤矿火区由所属企业负责治理，2010年年底前完成治理，火区治理方案按照隶属关系直接报送国家发展和改革委或自治区发展和改革委审批。

(二) 火区治理基本原则

自治区人民政府提出的火区治理的基本原则：①谁开发、谁治理，谁致燃、谁治理，谁治理、谁受益；②谁审批、谁监管，谁验收、谁负总责；③统一领导，协调联动，分级负责；④统一规划，综合治理，先易后难，科学有序，先控制后熄灭。

2009年5月，自治区人民政府办公厅《关于印发自治区2009年至2012年煤田（煤矿）火区治理工作实施方案的通知》中进一步明确火区治理基本原则：在严格遵循内政字〔2007〕234号文件确定的治理原则基础上，实行重点地区重点治理、灭火资金优先向重点工程倾斜的原则。坚持先灭火后技改，先灭火后生产，做到新火区及时发现、及时上报、及时治理，有条件进行露天开采的煤矿要与灭火治理工程统筹安排。

(三) 组织领导及职责

1. 火区治理领导机构及职责

2007年，自治区人民政府成立包括自治区发展和改革委员会、监察厅、国土资源厅、财政厅、水利厅、公安厅、环境保护局、煤炭工业局和内蒙古煤矿安全监察局等单位的火区治理领导小组；建立联席会议制度，安排实施火区治理工作，随时解决火区治理工作中出现的重大问题。各部门的职责：自治区发展和改革委员会负责全区火区治理总体规划的编制和向国家发展和改革委员会申报火区治理项目工作;自治区煤炭工业局会同自治区国土资源厅负责火区治理方案的审查、批复,对火区治理工程进行督查和验收。

2. 各盟行政公署、市人民政府职责

各盟行政公署、市人民政府负责本行政区域内火区治理的日常监督和管理工作,负责旗县上报的火区治理方案的初审和上报。盟市长为火区治理的第一责任人。鄂尔多斯市、乌海市、阿拉善盟等重点地区成立专门领导机构,明确责任,抓好火区治理工作,其他盟市明确具体的监督机构和工作人员。旗县级人民政府负责未设置采矿权范围的煤田火区治理,同时负责对本行政区内地方煤矿火区治理方案组织上报并对火区治理工程的施工进行日常监管、明确具体负责单位和项目负责人。旗县(市、区)长为火区治理直接责任人。

3. 企业(采矿权人)治理主体职责

已设置采矿权的煤矿火区治理由采矿权人负责,其中国有重点煤矿火区治理方案可按隶属关系直接报送国家或自治区发展和改革委员会审批,并由批准单位进行监管和验收。采矿权人积极实施火区治理,对未按规定时限完成火区治理工程或不按批准的方案施工的煤矿,自治区有关部门将依照有关规定暂扣或吊销相关证照,依法进行停业整顿直至关闭。对不进行火区治理或采矿权人无力治理火区的煤矿,由自治区、盟市出资治理,同时收回采矿权,火区治理工程结束后,重新配置采矿权。

(四)火区治理资金的筹措及使用

1. 资金来源

采取采矿权人出资,自治区、盟市出资,申请国家地质灾害治理项目资金和国家火区治理项目资金。煤矿火区的治理费用由采矿权人承担,煤田火区治理费用由自治区、盟市和国家的治理项目资金支付。2010年6月,自治区政府主席巴特尔在自治区西部盟市经济工作座谈会议上,就全区煤田(煤矿)火区治理工作做出指示:①已经设置矿权的煤矿火区,必须由业主出资限期完成,完不成的要按照有关规定予以处罚,必要时可以收回矿权。②未设置矿权的煤田火区,由盟市政府组织招标,明确由一家有资质的企业组织治理,治理资金以盟市出资为主,自治区适当予以补贴。火区治理中产出的煤炭由政府统一组织出售,收入用于火区治理补贴。③火区治理项目的资金主要由盟市和企业承担,自治区安排一定数量的灭火专项资金,支持集中连片火害治理。

2. 资金使用

自治区政府每年安排2亿元的灭火专项资金,支持集中连片火区治理,同时统筹考虑给予煤矿火区治理项目的补贴、奖励。自治区煤田(煤矿)火区治理工作领导小组办公室制订详细的资金使用计划。煤田(煤矿)火区治理项目的主要资金由盟市和治理企业承担,自治区、盟市投入的煤田(煤矿)火区治理资金由最终获得矿权的企业在开发时据实交回。自治区国土资源厅、发展和改革委、煤炭工业局对符合资源配置条件的项目,在考虑资源配置时,应优先配置有火区的资源,先治理后开发利用。火区治理工程完成后由自治区煤炭工业局和自治区发展和改革委组织验收,验收合格后方可按照规定申请矿山地质环境治理项目。

自治区6亿元灭火专项补贴资金一次性分配下拨后,鄂尔多斯配套火区治理专项资金46900万元。安排1900万元对火区治理推进速度较快的旗(区)和煤炭企业实行以奖代补;黄天棉图集中治理区公共设施搬迁改造13500万元;接收无业主煤田火区支付补偿资金16500万元；收取、配套环境治理保证金8000万元，专项用于煤矿环境治理；准格尔旗匹配3000万元，从市安全生产经费中匹配4000万元，用于黄天棉图集中治理区的治理。其他盟市也积极想办法，筹措配套资金，将煤田火区治理工程煤销售所得纳入财政收入，专项用于火区治理。

（五）火区治理的有关规定

火区治理中，为防止部分地区在火区治理时以采代灭、以采为主，盲目追求灭火利益；火区治理组织工作尤其是灭火工作不力，未形成整体治理格局，不利于煤炭资源整合和连片治理；火区治理投入力量不足，进度缓慢等问题，并进一步推进全区煤田（煤矿）火区治理工作，促进自治区经济社会又好又快发展，2010年5月18日，自治区人民政府办公厅下发《关于进一步推进煤田（煤矿）火区治理工作的通知》，对火区治理工作中出现的新问题做出规定。

（1）煤田（煤矿）火区治理工作中坚决禁止以采代灭、以采为主的变相采煤和追逐利益的行为；坚决禁止以灭火项目为条件进行招商引资，实施零星灭火；坚决禁止以灭火养灭火的做法，要求真正把灭火工作作为保护资源和环境的基础工作，彻底改变火区治理零散、零乱、多头管理的现状。落实国家发展和改革委的要求和自治区人民政府的决策部署，煤田（煤矿）火区治理方案由自治区煤田（煤矿）火区治理领导小组统一审批，火区治理方案必须由有资质的单位编制，方案必须明确具体的火区治理方法，包含监测监控、复垦填充、地质环境和生态治理的具体内容。火区治理工作由各盟行政公署、市人民政府统一组织实施，施工必须严格按照批准的治理方案进行。旗县（市、区）、苏木乡镇不得决定、安排和处理火区治理项目。

图7-3-4 2012年6月28日，国家能源局调研组到乌海市对火区治理工作进行调研

（2）凡是已经设置采矿权的煤矿火区，经自治区煤炭工业局和自治区发展和改革委联合审批治理方案后，继续由业主限期完成，限期完不成的按照有关规定予以处罚；凡是未设置采矿权（包括探矿权）的煤田火区，经自治区发展和改革委和自治区煤炭工业局联合审批治理方案后，按照行政区划由所在盟行政公署、市人民政府组织招标，明确一个有资质、具备承担火区治理能力的企业集中组织治

理，治理资金以盟市出资为主，自治区适当给予补贴。火区治理中产出的煤炭由政府统一组织出售，收入用于火区治理补贴。对于具备成片整合条件的，要通过政府的组织引导，整合成"一个矿权，一个法人，一个开采系统"。自治区国土资源厅要根据自治区煤炭工业局和自治区发展和改革委审批的火区治理方案，与矿山地质环境治理项目有效衔接。

（3）坚持以煤田（煤矿）火区集中连片综合治理为主，兼顾其他治理方式。在西部煤田（煤矿）火区确立7个集中连片综合治理区。哈尔乌素、黑岱沟露天矿连片治理区由神华准能公司全额出资治理；乌达矿区连片治理区由神华乌海能源公司出资治理，治理方案报自治区煤炭工业局和自治区发展和改革委审批；黄天棉图连片治理区由连片治理区域内各企业出资治理，自治区煤炭工业局和鄂尔多斯市人民政府要积极引导并研究确定黄天棉图连片治理区内煤矿进一步整合事宜；古拉本连片治理区由太西煤集团等3个主体出资治理，治理方案要体现统一规划、统一标准、统一行动、统一时限、统一地上设施改造的要求，并报自治区煤炭工业局和自治区发展和改革委审批；包头石拐矿区连片治理区由包头市人民政府负责，按照无设置采矿权的方式进行连片统一治理，治理后恢复生态、完成地质环境综合治理，不再设置矿权；阿拉善盟阿拉善左旗黑山连片治理区和阿拉善盟右旗潮水连片治理区，由阿拉善盟行政公署通过招标确定此区域内的一个企业负责综合治理，同时按照自治区有关政策整合探矿权，之后依照《内蒙古自治区人民政府关于进一步完善煤炭资源管理的意见》（内政发〔2009〕50号）的规定配置采矿权。

（4）鼓励所有煤田（煤矿）火区按照"一个矿权，一个法人，一个开采系统"的原则进行资源整合。与灭火同步实施。对于行动快、整合和灭火成效比较突出的企业，自治区人民政府用以奖代投的办法予以奖励。整合后运到300万吨/年以上的企业可以享受自治区重点企业的优惠政策。

（5）煤田（煤矿）火区治理方案必须包括生态恢复治理的内容，火区治理工作必须公开、公正，认真接受社会监督。自治区人民政府和各盟行政公署、市人民政府督查室要把煤田（煤矿）火区治理工作列为督查重点内容，每年至少督查两次，督查结果要及时向本级人民政府报告。

（6）自治区煤田（煤矿）火区治理工作领导小组办公室和各盟市要及时总结和宣传火区治理中好经验、好做法和好典型，充分发挥典型示范带动作用，积极推动煤田（煤矿）火区治理工作。同时要加大舆论监督的力度，对那些违法违规的行为要及时予以曝光，严肃查办。

（7）煤田（煤矿）火区、连片治理区达到熄灭标准后，要按照治理方案要求开展填充复垦、地貌恢复等工作。各盟行政公署、市人民政府要做好日常监管和初验工作，达到熄灭标准的火区由自治区煤炭工业局统一组织监测、监控，并严格按照治理方案的内容进行最终验收。达到综合验收标准的，由自治区国土资源厅纳入地质环境综合治理范围。

三、火区治理主要措施

（一）成立领导机构，制订工作方案

2008年，自治区成立了以自治区副主席赵双连为组长的煤田（煤矿）火区治理工作领导小组，成员单位有自治区发改委、经信委、煤炭工业局、国土资源厅、水利厅、环保厅、林业厅、公安厅、监察厅、内蒙古煤矿监察局等，负责研究

处理火区治理过程出现的重大问题。4月27日，自治区副主席赵双连召开主席办公会议，专题研究全区煤田（煤矿）灭火集中治理工作，解决煤田（煤矿）零散灭火问题。6月24—25日，自治区政府在乌海和鄂尔多斯召开全区煤田（煤矿）灭火治理现场会，赵双连副主席亲自检查了灭火工程施工现场。11月1日，自治区政府在乌海市召开西部部分盟市煤田（煤矿）灭火工作会议，重点研究解决鄂尔多斯、乌海、阿拉善及神华乌海能源公司煤田（煤矿）灭火问题，赵双连副主席到会并讲话。

自治区党委、政府高度重视，自治区党委、政府的主要领导多次就火区治理工作作出批示，自治区政府先后出台一系列政策措施，主要有自治区政府《关于加强煤田（煤矿）火区专项治理工作的实施意见》、自治区政府专题会议纪要《研究推进自治区煤田（煤矿）灭火有关工作》、自治区政府办公厅连续印发的《关于落实自治区领导对煤田（煤矿）灭火工作批示意见的通知》《关于印发自治区2009年至2012年煤田（煤矿）火区治理工作实施方案的通知》《关于进一步推进煤田（煤矿）火区治理工作的通知》《关于进一步加快推进煤田（煤矿）火区治理工作的通知》《关于切实做好煤田（煤矿）火区治理和煤矿采空区灾害综合治理工作的通知》。自治区政府及时出台的一系列科学有效、切实可行的政策措施，保证了火区治理工作的顺利推进。

自治区煤炭工业局成立由局长任组长，副局长任副组长，以及煤炭协会有关专家组成的工作组开赴火区现场开展工作。鄂尔多斯市成立由市长任组长，分管副市长任副组长的火区治理领导小组及专家咨询委员会。准旗煤炭局在黄天棉图地区设立灭火工作办公室，自治区煤炭科研所等单位进行现场勘察，现场设计，自治区及鄂尔多斯市有关部门进行现场审批。

2008年10月26日，自治区煤炭工业局召开全区煤田（煤矿）灭火治理座谈会，与有关盟市签订灭火专项资金管理及配套责任状。

图7-3-5 自治区煤炭工业局召开全区煤田（煤矿）火区治理座谈会

阿拉善盟、乌海市、鄂尔多斯市等盟市都成立了由分管盟、市长任组长，各相关部门主要负责人为成员的煤田（煤矿）火区治理领导机构，及时研究、部署本辖区的火区治理工作，制定下发了一系列切合实际的指导性文件。明确各地区行政一把手是火区治理的第一责任人。火区治理涉及土地征用、居民搬迁，管、线、路公共设施改迁等方方面面的工作，将火区治理纳入各级政府的业绩考核内容，明确盟市长是火区治理第一责任人。自治区副主席赵双连代表自治区政府与有关盟市签订了煤田（煤矿）火区治理责任状，排出了完成灭火任务的时间表，层层分解落实灭火任务。

火区治理重点盟市不断强化行政首长领导下的部门分区负责制，细化部门职责，分解落实任务，强化项目监管，严把火区治理各个关口，贯穿于火区治理全过程。阿拉善盟组织盟、旗相关部门，聘请专家对全盟29处火区进行了复查核实，详细掌握了各个火区的燃烧范围等真实情况，对1处无明显温度异常的火区予以销号，对4处燃烧较浅但蔓延迅速的火区紧急采取措施进行了控制，杜绝了小灭火大开采、虚灭火实开采的现象。乌海市建立了煤炭、公安、环保、国土、煤监、水务、防汛等部门参加的联合执法机制，定期督促检查，对工程进展缓慢或质量不达标的企业，按规定进行处罚，责令限期整改。各级政府对重点火区治理项目派专人驻矿监督，跟踪督查。通过明确部门职责，承包项目到人，加强日常巡查、督查，规范了施工程序，加快了工程进度，保证了施工安全和工程质量。

（二）火区勘查与立项审批

1. 火区勘查

图7-3-6　2008年3月9日，专家组审核昌汉沟煤矿灭火专项设计

2007年开始，火区治理单位陆续委托有资质的地质灾害勘查单位编制火区详细勘查报告，准确测定火源火区范围及危害影响程度，为编制灭火工程初步设计、施工图及现场施工管理提供可靠依据。旗县级人民政府负责煤田火区勘查，采矿权人负责本煤矿火区勘查。火区勘查单位根据《煤田火灾灭火规范》的要求，编制煤田（煤矿）详细勘查报告。

2. 审批程序

旗县级政府（或采矿权人）根据火区详细勘查报告，委托有资质的煤炭科研院所编制《火区治理方案》。《火区治理方案》由旗县级人民政府负责上报，由所在盟行政公署、市人民政府进行初审，自治区煤炭工业局会同自治区国土资源厅、环保厅、水利厅、内蒙古煤矿安全监察局等部门进行审查、批复。火区治理工程临时用地、工程用水、环境保护措施、安全措施等由盟行政公署、市人民政府组织相关部门和煤监分局审批。

自治区煤炭工业局批准立项后，治理单位委托有资质的单位编制各项目开工前的《初步设计》《安全预评价报告》《安全专篇》《水土保持方案报告书》《环境影响报告书》《临时征占用林地可研报告》《土地复垦方案》《土地勘测定界报告》等勘察设计文件，并上报自治区煤炭工业局、水利厅、环境保护厅及市国土局、林业局等行业管理部门审核。有火区治理工程的煤矿要向旗县级人民政府质押回填复垦保证金，保证金额度由盟行政公署、市人民政府确定。火区治理工程结束后，已完成回填复垦的，由旗县级人民政府退还保证金，没有完成回填复垦的，由旗县级人民政府用保证金组织实施复垦。

3. 施工要求

①火区治理工程实行招投标制度，引进有资质、有实力、有灭火经验的专业灭火队伍，参加招投标的施工队伍在投标前要到自治区煤炭工业局进行资质备案。②煤矿火区治理工程由采矿权人组织招投标；煤田火区治理工程由旗县级人民政府组织招投标。③火区治理工程的开工由盟行政公署、市人民政府批准并报自治区煤炭工业局备案。火区治理工程要严格按照批准的火区治理方案实施科学有序的灭火。

(三）推广灭火工艺，研发灭火材料

1. 灭火工艺

图7-3-7 采用剥离式灭火方法回收残留原煤

灭火方式方法主要采取"浅剥深灌"灭火工艺。

（1）在治理火区范围内按照批复设计要求采用自上而下分台阶剥离挖除着火点，在火源较浅的火区，剥离挖除在燃体。在火区范围内自上而下分台阶从地面开挖，挖除火体，回收残煤；灭火工程后期，采用内排方式进行回填，最后平整，覆盖表层土进行绿化。

（2）黄土填埋碾压：利用黄土充填覆盖火区的地表裂缝、塌陷坑，使火区达到封闭状态，从而断绝火的通风供氧通道，使火区窒息熄灭。

（3）灌浆：在火源较深的火区，通过裂缝灌浆和在地表按照一定的间隔向火区煤层打钻孔，将一定比例的泥浆灌注到着火煤层，阻断火区供氧通道，进而阻止燃烧，降低火区温度，使火区逐步窒息熄灭。

图7-3-8 采用黄土填埋碾压法治理后的火区

图7-3-9 采用灌浆钻孔灭火的工作现场

2. 灭火材料研发

内蒙古太西煤集团股份有限公司与西安科技大学合作，利用其研制的胶体复合材料和注浆制备系统，在古拉本煤田火区建设了岩石粉磨制胶系统，结合打灭火巷道用于煤田火区治理，取得了明显效果。公司申报的"岩石粉磨制胶系统在古拉本煤田防灭火工程中的应用"项目获得内蒙古自治区科学技术奖三等奖。

利用高水速凝充填材料、岩石粉磨制胶体复合材料、膏体充填材料治理煤田火区与矿井防灭火技术等，对隔离火区起到了作用。此项目虽然没有直接带来经济效益，但降低了灭火成本，提高了效率，保护了环境，其效益也是可观的。

（四）督查与考评

按照自治区《关于开展煤田（煤矿）火区治理督查和考评工作的通知》要求，2010年以来，自治区政府抽调督查室、煤炭工业局、发改委、财政厅、国土资源厅、环保厅、水利厅、煤监局、监察厅等有关部门人员，先后组织5次专项督查活

动，其中3次为年度专项督查考评活动，2次是专项督查。督查组根据自治区政府的有关政策要求，对有关盟市煤田（煤矿）火区治理工作和落实《责任书》情况进行考核考评，并形成全区煤田（煤矿）火区治理督查和考评工作报告，及时上报自治区政府。

此外，针对鄂尔多斯市煤田火区数量多、进展慢的实际情况，2011年3月进行专项督查，摸清火区治理过程存在的问题，研究解决问题的对策，推进鄂尔多斯市煤田火区治理的工作进度。针对包头市石拐集中连片治理区灭火进度慢的情况，于2011年4月进行专项督查，推动火区治理项目于当年开工。

1. 2010年全区煤田（煤矿）火区治理督查和考评

2010年底，自治区政府督查考评组对呼和浩特市、包头市、赤峰市、锡林郭勒盟、鄂尔多斯市、乌海市、阿拉善盟等7个盟市的煤田（煤矿）火区治理工作进行了督查和考评，2011年1月，向自治区政府呈送《关于对全区煤田（煤矿）火区治理督查和考评工作的报告》（以下简称《报告》）。《报告》详细汇报了各盟市煤田（煤矿）火区治理进展和完成情况、各盟市推进煤田（煤矿）火区治理采取的主要措施，在督查考评中发现的主要问题，并就解决问题提出了具体建议。

表7-3-1　2010年度自治区煤田（煤矿）火区治理督查考评表

项目盟（市）	火区数量（个）			开工情况		治理情况		生态环境恢复情况	专项资金配套到位（万元）	集中连片治理区		2011年完成任务目标（%）	考评等级
	有矿权	无矿权	小计	数量	开工率（%）	数量	治理率（%）			数量	开工情况		
阿拉善盟	20	9	29	20	69	3	10	古拉本治理区回填284万立方米，绿化55万平方米。	承诺配套	3	1	70	中
乌海市	29	5	34	34	100	16	47	乌达煤田正在平整矸石山，桌子山煤田5个项目正在回填复垦。	承诺配套	1	1	80	良
鄂尔多斯市	123	27	150	121	81	69	46	回填、复垦、绿化衔接紧，标准高，已回填复垦20处，绿化800万平方米	配套46900万元	2	1	80	良
巴彦淖尔市	2	—	2	2	100	2	100	已回填复垦，开春绿化。	不需配套	—		已完成	优
包头市	4	1	5	4	80	4	80	1个项目回填复垦	暂未承诺	1	—	100	中
呼和浩特市	3	—	3	2	67	1	33		暂未承诺			100	中
乌兰察布市	无火区	—											
锡林郭勒盟	4	—	4	3	75	2	50	1个项目已回填复垦	不需配套			100	中
赤峰市	1	3	4	4	100	2	50	1个项目锚喷后黄土覆盖	配套2300万元			100	中

表7-3-1（续）

项目盟（市）	火区数量（个）			开工情况		治理情况		生态环境恢复情况	专项资金配套到位（万元）	集中连片治理区		2011年完成任务目标（%）	考评等级
	有矿权	无矿权	小计	数量	开工率（%）	数量	治理率（%）			数量	开工情况		
通辽市	5	1	6	6	100	6	100	1个项目平整绿化	不需配套	—	—	已完成	优
兴安盟	无火区												
呼伦贝尔市	1	—	1	1	100	1	100	1个项目正回填复垦	承诺配套			100	良
全区合计	192	46	238	197	83	106	45			7	3		

备注：1. 火区治理考评分优、良、中、差4个等级。2. 此次没有督查考评巴彦淖尔市、通辽市、呼伦贝尔市，考评结果依据平时掌握情况填写。3. 鄂尔多斯市增加了8处火区。

督查考评发现的主要问题有4个。

（1）地区间进展不平衡。通辽市、巴彦淖尔市已基本完成了治理任务；有的盟市克服困难，完成了50%以上的治理任务；有的盟市重视不够，统抓统管不到位，相关部门缺乏协调配合，进展比较缓慢，火区治理开工率和治理完成率没有达到自治区确定的目标。

图7-3-10 国家能源局调研组到乌达煤田火区现场考察

（2）火区治理效果有好有差，对比悬殊。由于部分盟市工程技术人员缺乏，监管力量薄弱，监管工作不到位，没有严格按照自治区明确的政策规定和施工设计方案要求施工，工作帮平盘和台阶布置不规范，存在滑坡、片帮事故隐患；有的排土场管理混乱，随意占地排弃，矸石山自燃冒烟、扬尘等环境污染问题没有得到及时控制；一些治理项目回填、复垦进度缓慢，可能贻误植被恢复的最佳季节。

（3）集中连片治理区开工滞后。自治区规划的7个煤田（煤矿）火区集中连片治理区，是按照国家发展改革委的要求，借鉴兄弟省区火区治理经验而采取的一项重要举措，7个连片集中治理区共有火区66处，火区影响面积2620万平方米，分别占全区火区个数的28%，占治理面积37%，涉及4个盟市，是火区治理的标志性重点工作。2010年12月，除国家发展改革委规划批复的古拉本、乌达煤田2个集中治理区和鄂尔多斯市黄天棉图集中连片治理区已开工外，其余4个尚未开工。

（4）回填、复垦、绿化任务艰巨。据初步测算，截至2010年年底，全区所有火区治理项目完成回填、复垦工程量约30%，植被恢复约占10%。随着2011年火区治理全部展开，回填、复垦、植被恢复任务十分艰巨。

2. 2011年度全区煤田（煤矿）火区治理进展情况专项督查

2011年12月下旬至2012年1月中旬，由自治区人民政府督查室、煤炭工业局、监察厅、环保厅、国土资源厅、水利厅等部门组成督查考评组对鄂尔多斯市、乌海市、阿拉善盟3个火区治理重点盟市和未完成治理任务的赤峰市、锡林郭勒盟、包头市、呼和浩特市等盟市的煤田（煤矿）火区治理工作进行实地督查和考评（表7-3-2），并于2012年2月向自治区政府呈送《关于2011年度全区煤田（煤矿）火区治理进展情况专项督查考评报告》。

表7-3-2 2011年度全区煤田（煤矿）火区考评治理情况统计表

盟市	火区数量（处）	治理面积（万平方米）	完成治理（处）	治理率（%）	总工程量（万立方米）	完成工程量（万立方米）	概算总投资（万元）	完成投资（万元）	黄土灌浆量（万立方米）	回填渣方量（万立方米）	复垦绿化面积（万平方米）	回收残煤（万吨）
鄂尔多斯市	140	5845.6	112	80	313178.0	230536.2	1305000	1024990	1595.4	68031.6	2625.8	8002.2
乌海市	34	1075.2	28	82	27237.1	25040.0	291804	192654	36256.0	17850.0	10.0	3284.0
阿拉善盟	29	768.0	5	17	45221.0	32045.1	624133	401816	44.1	4988.9	121.2	375.9
巴彦淖尔市	2	1.2	2	100	15.1	15.1	494	494	0.5	4.0	1.0	—
通辽市	6	6.5	6	100	4.5	4.5	606	605	—	70.0	—	—
赤峰市	9	21.9	7	78	1474.1	1105.2	15875	8103	—	180.0	—	—
锡林郭勒盟	8	498.3	—	—	27685.0	7906.0	113298	35555	—	680.0	10.0	300.3
包头市	5	487.8	4	80	9216.1	4832.5	55420	14286	1.5	24.8	—	45.2
呼和浩特市	4	56.0	3	75	2590.0	2140.0	13380	11150	—	1568.0	38.7	45.0
呼伦贝尔市	1	38.3	1	100	607.0	587.5	3243	1159	—	445.9	—	3.6
合计	238	8798.8	168	71	427227.9	304212.1	2423251	1690811	37897.6	93843.2	2812.6	12056.2

全区煤田（煤矿）火区专项治理3年攻坚战开展以来，煤田（煤矿）火区治理工作取得了阶段性成果，实现由重点实施向全面覆盖、由浅表灭火向深度治理、由单一火区治理向综合生态环境整治的转变。矿区民生、安全隐患、生态恶化、资源浪费等一系列问题得到根本解决。火区治理带来的社会效益、环保效益、安全效益、经济效益和民生改善效益正日益显现。从督查情况看，各盟市认真贯彻落实《内蒙古自治区人民政府办公厅于关于进一步加快推进煤田（煤矿）火区治理工作的通知》精神和全区煤田（煤矿）火区治理第二次现场会议精神，不断强化组织领导力度，细化工作措施，逐级分解工作任务，明确目标责任，全区火区治理工作基本实现自治区确定的年度任务目标。

火区治理仍存在4个问题。

（1）火区治理涉及的土地征用、居民搬迁、地上地下设施改迁等问题缺乏可操作性的标准，补偿费用高，耗时费力，企业难以承受。比如，鄂尔多斯市一些地区，农牧民享受永久征用土地的补偿标准，企业得到的是临时征占土地的政策。一些企业没有在规定期限内完成火区治理，有的村民要求二次补偿，甚至阻拦施工，影响进度。

（2）一些管理部门监管不到位，措施不得力，责任不落实，协调治理企业与当地农牧民矛盾纠纷解决不力，影响了火区治理的顺利推进。

（3）火区治理过程中消除爆破、装运、排弃、渣堆燃烧冒烟等二次环境污染的措施落实不到位，对当地农牧民生产生活造成不良影响。

（4）煤田火区和集中连片治理区进

展相对较慢。到2010年底仍有15个煤田灭火项目没有开工。5个集中连片治理区中，准能黑岱沟、哈尔乌素和包头石拐集中连片治理区滞后。

专项督查考评报告对2012年火区治理工作提出6点建议。

3.2012年度全区煤田（煤矿）火区治理进展情况专项督查

按照内蒙古自治区人民政府办公厅《关于开展煤田（煤矿）火区治理考核考评工作的通知》（内政办发电〔2012〕89号）要求，由自治区人民政府督查室、纪委、财政厅、国土资源厅、环境保护厅、煤炭工业局组成考核考评组，对除乌兰察布市、兴安盟外的其他10个盟市煤田（煤矿）火区治理完成情况进行全面考核考评（表7-3-3），并于2013年2月向自治区人民政府呈送《关于全区煤田（煤矿）火区治理考核考评情况的报告》。

表7-3-3 2012年度全区煤田（煤矿）火区治理考核考评成绩统计表

盟市	主体工程完成情况得分	回填复垦情况得分	生态恢复情况得分	专项资金使用情况得分	合计	考评等级
鄂尔多斯市	69	7	4	7	87	良好
乌海市	69	6	3	—	78	良好
阿拉善盟	68	2	2	5	77	中等
巴尔淖尔市	50	20	8	7	85	良好
通辽市	50	20	8	7	85	良好
呼伦贝尔市	50	17	—	10	77	中等
呼和浩特市	47	8	—	4	64	合格
赤峰市	49	9	—	7	65	合格
锡林郭勒盟	41	—	—	7	48	不合格
包头市	36	6	2	4	48	不合格

备注：火区治理重点盟市鄂尔多斯市、乌海市、阿拉善盟治理项目完成分值占总分70%，回填复垦、生态恢复、专项资金使用各占10%；其他盟市治理项目完成分值占50%，回填复垦、生态恢复各占20%，专项资金使用占10%

《关于全区煤田（煤矿）火区治理考核考评情况的报告》认为自治区人民政府办公厅《关于切实做好煤田（煤扩）火区治理和煤矿采空区综合治理工作的通知》（内政办发〔2012〕97号）和自治区煤田（煤矿）火区治理领导小组《关于加快我区煤田（煤矿）火区治理工作的通知》下发后，各级政府、主管部门和企业顶住煤炭价格下行的压力，进一步加大组织领导力度，强化工作措施，倒排工期，逐级分解工作任务，明确目标责任，全力做好火区治理收官之年的各项工作，治理进度明显加快。截至2012年底，全区238处火区（包括7个集中治理区），已基本完成治理任务的231处，完成率97%，回填复垦绿化5169万平方米。这标志着肆虐自治区煤田（煤矿）几十年的火灾基本熄灭，影响煤矿安全生产、破坏生态环境、浪费宝贵资源的隐患基本消除，自治区人民政府确定的煤田（煤矿）火区治理3年攻坚工作任务基本完成。

鄂尔多斯市、乌海市、阿拉善盟是自治区确定的3个火区治理重点地区，火区数量占全区的85%，治理面积占全区的82%，全区规划的7个集中连片治理区中3个重点地区就占6个。3个火区重点地区把火区治理工作摆上重要位置，努力克服治理任务重、征地搬迁难度大、复垦绿化成本高、地质条件复杂、缺水少土等困难，比较好地完成火区治理任务。

报告指出治理工作存在的主要问题：包头市监管不力，煤田火区治理范围私挖盗采现象严重。检查时发现，石拐集中连片治理区的井子沟火区被一家招商引进的企业，没有办理任何审批手续，以修建国际赛车场之名私挖盗采，还在附近擅自建起洗煤厂。施工中标企业神华建安公司屡次交涉未果，无法入场施工。时至自治区考核考评组现场检查，这家企业仍在进行施工剥挖，没有撤退的迹象。

从考核考评的结果看，火区治理重点地区认识到位，组织有力，工作任务落实比较到位，鄂尔多斯市、乌海市考评结果为良好，阿拉善盟考评结果为中等，基本达到工作的预定目标。火区治理非重点地区考评结果良莠不齐，共有4种类型：良好类，有巴彦淖尔市、通辽市；中等类，有呼伦贝尔市；合格类，有赤峰市、呼和浩特市；不合格，有包头市、锡林郭勒盟。火区治理考评结果不合格的地区，工作认识不足，任务落实不到位，火区治理工程距离目标任务还存在较大差距。

4. 对鄂尔多斯市煤田火区（公共火区）治理工作专项督查

2011年3月9—11日，由自治区人民政府督查室、自治区煤炭工业局、自治区监察厅抽调人员组成督查组对鄂尔多斯市煤田火区治理工作进行了专项督查。督查组通过听取鄂尔多斯市政府专题汇报、检查煤田火区治理现场、与市旗（区）两级政府及有关部门负责人座谈，基本达到了督查的目的，并向自治区人民政府呈送了《关于鄂尔多斯市煤田火区（公共火区）治理工作专项督查的报告》。该报告对鄂尔多斯市煤田火区治理工作进展情况和主要做法进行了介绍。

鄂尔多斯市煤田火区治理工作中遇到的困难和存在的问题：①接受自治区发改委批准的火区治理项目难度较大；②征地搬迁投入大，火区治理涉及征用土地、居民搬迁、公共设施迁移重建等问题；③后续治理资金短缺。督查组与市、旗（区）政府及有关部门共同研究确定了下一步煤田火区治理工作的思路，即：强化领导，明确责任；政府主导，部门联动；先易后难，逐个破解。

5. 对包头市煤田火区（公共火区）治理工作专项督查

2011年4月26—28日，由自治区人民政府督查室、自治区煤炭工业局、自治区监察厅抽调人员组成督查组对包头市石拐区煤田（煤矿）火区治理工作进行专项督查。包头市煤田（煤矿）火区主要分布在大青山煤田石拐矿区，有煤矿火区4处、煤田火区3处和一些零星火区。包头市煤矿火区治理进展顺利，施工比较规范。无业主石拐集中连片治理区的3处煤田火区尚未开工。零星火区的详细勘察尚未开展，火区底数尚不清楚。

四、火区治理进度

（一）2007—2009年

国家发展改革委批准鄂尔多斯市煤矿火区治理工程75处，自治区煤炭工业局会同国土厅、环保局、水保局、煤监局等单位审查灭火专项工程设计72部，占计划项目的96%；其他3个治理项目先做熄灭观察工作。已批复矿井治理工程62处，占计划工作量的83.8%。批复的项目中，治理火点 244 处，治理火区面积 20.22 平方千米，解放呆滞资源量 8982.48 万吨，挽救烧损资源量 4849.16 万吨，概算投资总额 185136.43 万元。鄂尔多斯市矿井火区工程治理开工 27 处，已完成投资 3.98 亿元，解放煤炭资源 936 万吨，完成土石方剥离工程量 7492 万立方米。

受国内煤炭市场回落的影响，治理中回收的煤炭因质量较差造成销售困难；货款拖欠严重致使企业资金短缺；随着治理工程的深入，成本费用高涨，致使火区治理工程难以进行。2008 年 10 月以来，已经有 21 处治理工程停工，其余也处于半停工状态，已严重影响火区治理目标的如期实现，影响矿井技改进度，并存在一定的安全隐患。

（二）2010 年度

2010 年是全区开展煤田（煤矿）火区治理 3 年攻坚的起步之年。在各级政府、企业和科研机构的共同努力下，全区煤田（煤矿）火区治理工作取得了突破性进展。截至 2010 年 12 月底，全区 238 处活火区（自治区内政办发〔2009〕62 号文件）中鄂尔多斯市火区为 141 处，后增加了 9 处，为 150 处；乌兰察布市减少 1 处。全区火区为 238 处，已开工治理 197 处，已基本完成治理 106 处，加上已开工但尚未完工产生的工程量，从全区整体衡量，自治区确定的完成火区治理总任务 50% 的目标已基本实现。各盟市火区治理进展情况如下：

1. 阿拉善盟

全盟共有火区 29 处，有矿权 20 处，无矿权 9 处。已开工治理 20 处，达到熄灭标准的 3 处，待批复 8 处，正在编制设计方案 1 处。灭火工程累计投资 10.36 亿元，火区剥挖面积 391 万平方米，占总剥挖面积 622 万平方米的 63%。3 个集中连片治理区，古拉本连片治理区已累计投资 5.1 亿元，剥挖 170 万平方米，排渣 4397 万立方米，回填 281 万立方米，播撒草籽 5810 千克，绿化面积 55 万平方米。

2. 乌海市

全市共有火区 34 处，总面积 636.24 万平方米，有矿权 29 处，无矿权 5 处。已开工治理 34 处，达到熄灭标准 16 处，完成治理面积 327 万平方米。其中，乌达集中连片治理区有火区 18 处，面积为 475.4 万平方米，通过浅部剥挖，深部打孔、注浆、注阻燃材料，浅部 11 处火区已熄灭回填，总投资 16260 万元。深部灭火投资 9893 万元，210 万平方米得到有效控制，完成治理工程量的 48%。桌子山煤田火区 16 处，有 5 处已基本完成治理，完成治理面积 182 万平方米，剩余火区中，120 万平方米已经得到有效控制，完成总治理工程量的 52%。

3. 鄂尔多斯市

全市共有火区 150 处，总面积约 5222 万平方米，其中煤矿火区 123 处，煤田火区 27 处。有 2 个集中连片治理区（黄天棉图，哈尔乌素和黑岱沟）。123 处煤矿火区中，69 处已完成治理，进入监测监控；1 处已通过竣工验收；40 处煤矿火区正在实施治理，其余 13 处煤矿火区除 3 处因涉及文化遗址保护、工业园区暂不能开工外，10 处煤矿火区在完成征地后陆续开工。截至 12 月底，已累计投入 42.6 亿元，复垦绿化面积 800 万平方米。27 处煤田火区统一由专门成立的伊政煤田灭火工程有限责任公司组织实施。有 11 处煤田火区明火已得到控制。黄天棉图集中治理区方案已批复，由永利煤矿牵头开工治理。运煤专线、供水管道改线工程已基本完工。工程概算投资约 3.5 亿元。神华准能哈尔乌素、黑岱沟集中治理区总面积 32.8 万平方米，工程概算投资

1.6亿元。2010年自治区煤炭工业局批复治理方案。

4. 包头市

全市共有4个煤矿火区，有3个与露天开采合并治理，已基本完成剥挖工程，火区已得到控制。阿刀亥井工矿打钻灌浆，已完成50%；石拐连片治理区已基本完成勘查。

图7-3-11 神华包头矿业公司阿刀亥煤矿灭火宣传

5. 其他盟市

巴彦淖尔市有2处煤矿火区，已治理完毕。呼和浩特市有3处有业主火区，均为露天开采，其中1处已由业主治理完毕，另1处正进行勘查、设计。有部分边角煤田火区，由呼和浩特市政府制订治理方案。锡林郭勒盟有4处煤矿火区，3处已开工治理，其中1处火区已基本治理完毕，1处已批复，因天气原因暂未开工。赤峰市共有4处火区，1处有业主，3处无业主。开工治理4处，1处已治理完毕，1处火区已得到控制，另2处正在施工。通辽市有6处火区，5处有业主，1处无业主，已全部治理完毕。呼伦贝尔市有1处有业主火区，已基本治理完毕。

（三）2011年度

1. 总体情况

煤田（煤矿）火区专项治理实现了由重点实施向全面覆盖、由浅表灭火向深度治理、由单一火区治理向综合生态环境整治的转变。矿区民生、安全隐患、生态恶化、资源浪费等一系列问题得到基本解决。火区治理带来的社会效益、环保效益、安全效益、经济效益和民生改善效益日益显现。截至2011年12月底，全区238处火区（包括5个集中治理区），已完成或基本完成治理168处，完成率71%，同比增长26%；正在治理的55处火区治理工程量平均完成50%以上，其中15处火区因故未开工。

2. 火区治理重点盟市工作进展

鄂尔多斯市、乌海市、阿拉善盟3个火区治理重点盟市推进力度大，火区治理工作比较顺利，基本完成了同期火区治理任务目标。

鄂尔多斯市。自治区批复火区治理项目140个，其中煤矿火区129个（包括黄天棉图和神华准能黑岱沟、哈尔乌素集中治理区），煤田火区11个。已完成治理任务112个，占治理总数的80%，其中煤矿火区完成111个，占煤矿火区的86%，其余18个平均完成治理工程量的36%；煤田火区完成1个，其余10个明火点已按照"先控制、后治理"的原则，采取黄土覆盖、碾压等方法，使全部得到控制。累计投入资金102.5亿元，鄂尔多斯市财政配套4.1亿元，复垦绿化2625.8万平方米。

黄天棉图集中治理区已完成治理面积2.4平方千米。由伊政公司承担的供电、供水、通信线路改线工程已完成，4千米临时便道已修通，全长10千米的神公公路改线工程正在建设中。该项目剥离与回填复垦同步进行，施工标准高，植被恢复好，是全区火区治理的示范工程。神华集团黑岱沟、哈尔乌素露天煤矿集中治理区于2011年9月开工，因临时征地影响了进度，市、旗两级政府已介入协调解决。

图7-3-12　2010年9月20日，自治区煤炭工业局副局长陈泽在阿拉善盟灭火施工现场检查工作

阿拉善盟。国家发展改革委和自治区共批复火区治理项目29个，其中3个火区已完成治理，2个火区已完成剥离，正在回填，其余24个火区正在治理中，已完成治理工程总量的70.9%，累计投入资金40.2亿元。太西煤集团古拉本集中治理区灭火工程二期5个灭火项目已完成治理工程总量的80%，对排土场边坡进行了分台阶固化，施工现场规范。已投资10亿元，回填复垦30万平方米。火区面积已大幅缩小，有效地保护了珍贵的太西煤资源。

乌海市。国家发展改革委和自治区共批复火区治理项目34个，其中乌达煤田集中治理区18个，桌子山煤田16个。已完成治理任务24个（乌达14个、桌子山10个），基本完成剥离任务4个，其余正在治理中，已完成治理工程总量的累计投入资金20.9亿元。

3. 非重点治理地区工作进展

非重点治理地区的巴彦淖尔市、通辽市完成治理任务，其他盟市火区治理工作进展缓慢，没有在自治区规定的时间内完成治理任务，其中锡林郭勒盟、赤峰市受"5·11""5·15"事件影响，停工3个月，拖延了施工进度；呼和浩特市、包头市也由于主客观原因，煤田火区治理项目没有开工或开工迟缓。巴彦淖尔市有火区2处，已完成治理任务。通辽市有火区6处，已完成治理任务。

赤峰市有火区9处，已完成治理1处，基本完成剥离正在回填复垦的6处，2个新批复项目正在做前期工作。锡林郭勒盟有火区8处，受"5·11""5·15"事件影响，灭火进度迟缓，已开工的6个项目治理工程量平均不到30%。包头市有火区5处，基本完成治理2处，完成投资6714万元。石拐集中治理区共有10个火点，面积4.642平方千米，已开工治理3个，另有7个火点正在开展火区详细勘查工作。呼和浩特市有火区4处，1处已完成治理，2处基本完成治理，共完成投资11230万元，回填复垦39万平方米，有1处正在开展火区详细勘查工作。呼伦贝尔市有火区1处，已基本完成治理，完成投资2148.76万元，回填450万立方米。

（四）2012年度

2012年是全区开展煤田（煤矿）火区治理3年攻坚的收官之年，全区火区治理工作基本完成了自治区确定的3年攻坚目标任务。截至2012年底，全区238处火区已完成治理231处，完成率97%，完成治理面积9219.87万平方米，回填复垦绿化5169万平方米，占应复垦绿化面积的56%。累计完成投资211亿元，其中自治区政府补贴9亿元，盟市政府配套30多亿元，企业自筹170多亿元。抢救煤炭资源2亿多吨，解放压覆资源近10亿吨。内蒙古煤田（煤矿）火区治理任务的基本完成，标志着肆虐自治区煤田（煤矿）几十年的火灾基本熄灭，影响煤矿安全生产、破坏生态环境、浪费宝贵资源的隐患基本消除。

图7-3-13 灭火专家在施工现场指导工作

鄂尔多斯市、乌海市、阿拉善盟是自治区确定的3个火区治理重点地区，火区数量占全区的85%，治理面积占全区的82%，在全区规划的7个集中连片治理区中，治理重点地区就占了6个。

1. 鄂尔多斯市

自治区批准火区治理项目140处，已基本完成治理任务，其中采取剥挖灭火方式的107处，采取注浆、井下密闭隔离灭火方式的16处，采取地表填埋、碾压、封堵灭火方式的17处。完成复垦绿化4900万平方米，尚有少量治理项目未完成回填复垦、生态恢复工程。

鄂尔多斯市在火区治理过程中，因地制宜，探索总结出许多成功经验，打造出黄天棉图、营沙壕煤矿、常青煤矿、鄂托克旗夭斯图煤矿等示范项目。一是集中连片治理。准格尔旗黄天棉图集中治理区打破矿权界限，规划治理面积8.4平方千米，剥挖、回填、复垦绿化同步进行，减少外排土场数量，统筹治理区域内管、线、路等改迁工程，降低了治理成本，体现了集中连片治理土地复垦绿化的规模效应。神华准格尔能源有限责任公司哈尔乌素、黑岱沟集中治理区采取注浆、注阻燃材料、黄土覆盖等综合治理措施，减少了施工占地，降低了治理成本。二是循环闭坑。同一区域相邻煤矿火区治理工程采取循环闭坑的治理模式，既解决了一矿一坑现象，又大幅减少了外排土场占地，也降低了治理成本。伊金霍洛旗将相邻6处煤矿火区统一规划成2个治理区，实行循环闭坑作业方式，形成了十分壮观的千顷人造平原。三是固化排土场边坡。鄂托克旗针对当地石多土少的地质条件，用料石砌筑排土场边坡，用黄土覆盖排土场平盘表面，种植耐旱植物，有效防止了排土场边坡垮塌和排弃的煤矸石再次发生自燃而形成二次污染。

2. 乌海市

国家发展改革委和自治区共批准火区治理项目34处，已基本完成治理任务，并实现复垦绿化10万平方米。乌达煤田集中治理区有火区18处，采取浅部剥挖，深部打孔、注浆、注阻燃材料等综合治理方法，明火已全部熄灭。航空遥感显示，仍有4处高温区需继续注浆，以巩固治理效果。桌子山煤田有火区16处，主要以露天剥离方式实施火区治理，已全部完成剥挖任务。部分治理项目尚未完成回填、复垦，部分排土场有矸石自燃现象。乌海市在火区治理过程中，煤炭、公安、环保、国土等部门定期联合督查，对治理进度慢、治理不规范、治理过程污染环境的企业进行通报批评和处罚。治理区运输道路实行分段包干、洒水降尘措施，减少了运输过程的环境污染。治理现场采用捕尘钻机、架设防风抑尘网等措施，减少了施工过程的粉尘污染。沿路排土场边坡采用混凝土网格固化措施，边坡固化率达90%，种植耐旱植物达60%。

3. 阿拉善盟

国家发展改革委批准治理项目5个，自治区批准治理项目24个，包括古拉本、黑山、潮水3个自治区规划的集中连片治理区，其中26个火区治理项目采取剥挖灭火方式，完成剥挖工程量的85%；3个火区治理项目采取注浆、封堵等灭火方式，已全部达到熄灭标准。回填、复垦、生态恢复欠量较多，只完成总工程量的20%左右。阿拉善盟火区大部分处于古拉本矿区，地形和地质构造复杂，煤层赋存多为急倾斜形态，缺水少土，是国家发展和改革委员会确定的重点治理区域，治理难度大，治理条件差。针对以上情况，阿拉善盟建立了联席会议制度，完善联动机制，明确领导小组成员单位分工，加强部门间的协调配合，细化治理措施，明确各治理项目的工期和监管责任人，要求治理企业倒排工期，按年、季、月列出工程进度计划，全面推行阶段性验收，保证灭火工程的进度和质量。古拉本、黑山、潮水3个集中连片治理区，按照自治区统一规划、统一标准、统一实施、统一时限、统一复垦的要求，取得了较好的治理效果。

4. 其他盟市火区治理完成情况

其他有火区治理任务的7个非重点治理地区中，巴彦淖尔市、通辽市已完成治理，呼伦贝尔市、赤峰市、呼和浩特市基本完成治理，包头市、锡林郭勒盟未完成治理。

2010—2012年全区煤田（煤矿）火区治理情况统计表见表7-3-4。

表7-3-4　2010—2012年全区煤田（煤矿）火区治理情况统计表

盟市	火区数量（处）	完成治理（处）	完成率（%）	总工程量（万立方米）	完成工程量（万立方米）	治理总面积（万平方米）	完成复垦绿化面积（万平方米）	黄土灌浆量（万立方米）	回填渣方量（万立方米）	概算总投资（万元）	完成投资（万元）	回收残煤（万吨）
鄂尔多斯市	140	140	100	343154.0	306761.0	5859.0	4903.0	123638.0	278346.0	1204049	1051327	18002
乌海市	34	34	100	27476.8	26441.0	1075.2	131.0	36256.0	16047.0	325000	373682	3192
阿拉善盟	29	29	100	40435.6	34410.8	620.3	11.6	18.9	6709.1	559554	380181	2415
巴彦淖尔市	1	1	100	15.2	15.2	120.0	1.0	15.2	—	474	494	0
通辽市	6	6	100	27.9	27.9	7.8	38.4	11.9	22.5	1793	2315	0
赤峰市	9	8	89	3883.2	3931.9	443.8			1620.3	63805	36034	126
锡林郭勒盟	9	6	67	26984.0	24880.9	691.6			350.0	191764	159833	246
包头市	5	3	60	11469.5	4800.6	314.0		3.6	87.1	150157	81234	23
呼和浩特市	4	3	75	1965.3	1420.8	50.3	83.6		1915.2	39436	22276	27
呼伦贝尔市	1	1	100	607.0	607.0	38.2			587.4	3243	2628	6
合计	238	231	97	456018.4	403297.1	9219.9	5168.6	159943.7	305684.6	2539274	2110004	24037

五、工程验收及治理效果

（一）工程验收

2010年11月30日—12月2日，自治区煤炭工业局组织国土资源、环保、水利、林业、煤监等部门和鄂尔多斯市、鄂托克旗煤炭局及有关专家组成验收委员会，对全区首个完成治理的鄂托克旗宏斌煤矿火区治理项目进行了竣工验收。验收中，验收委员会听取了设计、施工、监理单位的汇报，组成综合、灭火工程、环境恢复治理3个验收组，经查阅档案资料、现场核查、充分讨论酝酿，最终形成了验收意见。

鄂托克旗宏斌煤矿火区治理项目业主积极主动，市、旗监管到位，报批手续齐全、证照合法；灭火范围、施工方法、剥挖工程量、施工工期符合自治区煤炭工业局批复文件要求；火区剥离坑分层回填碾压平整，表层进行黄土覆盖，治理区四周植树绿化，地貌恢复符合土地复垦要求；排土场第一台阶边坡砌筑料石护墙，第二台阶边坡黄土覆盖，铺设尼龙网，播撒了草籽，排土场水土保持符合生态环境治理要求。总体来看，灭火效果符合《煤田火灾灭火规范》熄灭标准，火区治理达到了预期目标。治理区复垦的土地纳入当地政府土地开发使用规划，永续利用。

图7-3-14 乌达矿区火区治理后的护坡植被

（二）治理效果

经过全区上下几年的共同努力，煤田（煤矿）火区治理工作取得阶段性成果，实现了由重点实施向全面覆盖、由浅表灭火向深度治理、由单一火区治理向综合生态环境整治的转变。矿区民生、安全隐患、生态恶化、资源浪费等一系列问题基本得到解决，火区治理带来的社会效益、环保效益、安全效益、经济效益和民生改善效益日益显现。主要治理效果：

（1）矿区生态环境逐步改善，实现了生态恢复与环境保护双赢。自治区把治理区复垦绿化与火区治理摆在同等重要的位置。据测算，经过火区治理，全区减少二氧化碳排放2.52亿吨，减少二氧化硫排放81.97万吨，氮氧化物排放71.4万吨。因采空塌陷造成破坏耕地、道路、水源、环境等问题，通过火区治理工程，得到根本性改善。特别是，鄂尔多斯市等盟市在火区治理中制定了严格的土地复垦绿化措施，再造农牧业和工业用地0.28万公顷；乌海市、鄂尔多斯市、包头市把火区治理与移民搬迁、棚户区改造、新农村建设结合起来，统筹解决，改善了矿区群众的生产生活条件。

（2）煤矿安全隐患得到消除。井工煤矿机械化开采过程中，因上部煤层遗留的采空区、火区等灾害因素，对开采下部及深部煤层构成重大的安全隐患，火区治理工程有效解决一氧化碳、瓦斯、采空区积水等危险源，煤矿安全生产得到保障。古拉本、乌达、桌子山、准格尔、东胜等几大煤田火区燃烧蔓延的趋势得到根本遏制，保护了大量煤炭资源；受火灾威胁的上百处井工矿因采取变更开采方式、井下密闭、灌注阻燃材料等火区治理措施，恢复了生产。

（3）呆滞资源得到回收利用。历史上无序开采形成的呆滞煤炭资源较多，剩余资源自燃造成的大气环境污染，给当地群众带来许多环保和安全问题。通过治理，不仅使大气环境污染及群众生产生活等一系列问题得到解决，而且煤炭资源也得到保护和利用。2009年以来，全区通过火区治理累计回收煤炭资源约2.4亿吨。其中，鄂尔多斯市伊政煤田灭火工程有限责任公司治理无矿权火区回收残煤4081.95万吨。

（4）建设和谐矿区初见成效。火区治理既是应急救灾工程，也是改善民生工程，实施火区治理首先要解决土地征用、居民搬迁等影响群众生产生活的民生问题，这样就既保护了群众的根本利益，又实现了土地等集体资源变现，初步实现了群众满意、企业满意、社会满意的目标。

图 7-3-15 鄂尔多斯伊政公司采用剥离式灭火方法治理火区并回收残留原煤

（5）经过几年的实践，自治区各级政府及火区治理主管部门从政策措施制订和完善、火区勘查设计审批、工程施工组织监管、灭火工艺技术手段、生态环境恢复治理、火区后期监测验收等多个方面探索和积累了宝贵的经验，为完成自治区确定的 3 年灭火攻坚任务奠定了坚实的基础。

第二节 矿区复垦与绿化

一、裂隙、塌陷区综合治理

（一）神东矿区

1. 治理措施

1990 年 2 月，华能精煤东胜公司成立东胜煤田水土保持绿化工程公司。1996 年，神华集团成立后，水土保持绿化工程公司更名为神华东胜精煤公司绿化分公司，将东胜煤田南部重点开发区内急需治理的流沙划分为马家塔、补连塔两大块治理区，进行分片、分区治理。实行乔灌草、带片网结合，人工育林、育草与封林、封草结合等措施，设置油蒿沙障，种植乔灌草固沙造林，种植果树、药材经济林，使流沙得到有效控制；对水土流失比较严重的区域，采取生物防治和工程防治相结合的治理措施，加快林草植被建设，兴建防洪、拦渣、护堤、护岸工程，兴修农田，开发利用坝地，建设稳产高产优质基本农田，提高区域生态功能，防止水土流失。

神东公司在井工采煤沉陷区连年不断地进行人工播种油蒿和其他牧草种子，不断提高沉陷区的植被覆盖率。填补空隙工程也为沉陷区的人工植被建设提供了土地复垦基础。通过采取工程复垦和生物复垦等综合整治措施，经历监测、管理、修复 3 个阶段，形成一整套完整有效的优化塌陷区生态环境、恢复提高土地生产力的技术措施，实现农田复垦，使农田达到稳产高产。

神东矿区治理总投资 9178 万元，治理面积 102 公顷。

2. 治理成果

（1）生态效益。塌陷区生态经济林建设起到遏制沙化、保持水土、减少泥沙入河的作用，同时还可以净化空气、吸滞尘土、美化矿区周边环境（表 7-3-5）。生态恢复项目的建设能在很大程度上减少采煤对地表生态的影响，稳定与优化地面生态系统。

（2）经济效益。沙棘经济效益测算：栽植沙棘15436穴（2株/穴），按每穴成活一株，沙棘进入盛果期后单株产量10千克左右，沙棘果价格2元/千克，每年可创造30.9万元产值。山杏经济效益测算：栽植山杏95382株，进入盛果期后单株产量12千克左右，山杏价格40元/千克，每年可创造1144.6万元产值。文冠果经济效益测算：栽植文冠果257015株，进入盛果期后单株产量20千克左右，文冠果价格10元/千克，每年可创造5140.3万元产值。

表7-3-5 神东公司塌陷区生态经济林建设统计表

树种	规格	单位	工程量	树种	规格	单立	工程量
樟子松	$H \geq 50cm$ 营养杯苗	株	211044	油松	$H \geq 50cm$ 营养杯苗	株	75327
文冠果	$H \geq 60cm$ 地径0.5cm	株	257015	山杏	$H \geq 100cm$	株	95382
紫穗槐	2年生	穴	27178	沙棘	2年生	穴	15436
杨柴	2年生	穴	22902	侧柏	$H \geq 50cm$ 营养杯苗	株	18870
沙枣	2年生	穴	15436				

（3）社会效益。塌陷区生态恢复项目的实施，在解决公司自身可持续发展的基础上，也为地方生态环境建设做出了贡献。塌陷区经治理后，土地利用结构日趋合理。经济林的建设，为当地农民增收奠定基础。生态林建设在改善生存环境的同时，也改变了当地群众的精神面貌。

3. 复垦绿化

神东煤炭分公司小区绿化以植物为主。小区设计上充分考虑以"煤"为核心文化，通过不同的主题区域展现和丰富人文气息及景观内涵，兼顾空间的连贯及穿透性。

图7-3-16 神华神东煤炭集团在外围绿化治理风沙效果显著

神东煤炭公司在矿区绿化方面本着"三分造林，七分管护，重点地段，重点抚育"的原则对绿化区域进行管护。公司有两支管护队伍，一支是绿化管护队，隶属于神东煤炭分公司，是专业专职管护机构（有正式管护员工14人），自2000年起，一直从事责任区域林木管护工作，主要负责矿区外围及周边林木的抚育管护，共计面积约1.2万公顷；另一支是神东多经农牧渔业公司与环保工程公司，现属于神东天隆集团公司，也是专业专职管护机构（有正式管护员工12人），2005年一直从事责任区域林木管护工作，主要负责马家塔复垦区、补连塔区域林木抚育管护，共计面积183.3公顷。矿区从2000年开始，每年都举办"3·12"植树节义务植树活动。每年参加义务植树的人数约2000人，到2008年，共计参加人数约为18914人，共栽植各种树木约140142株，完成绿化面积约为203.9公顷。

（二）准格尔矿区

2005年4月，准格尔能源有限责任公司成立绿化复垦领导小组，公司董事长任组长，环保、计划、财务、企管、法律及相关直属单位的主要领导为领导小组成员。下设办公室，办公室设在行政环保处，具体负责绿化复垦日常工作。2011年，成立土地环保处，是绿化复垦业务职能部门。2015年3月，公司成立环境保护部并设立生态管理科，专门负责绿化复垦、生态农业工作。绿化复垦资金主要来自原煤提取的基金，每吨原煤提取0.45元，用于绿化复垦，专款专用。

1. 土地复垦

公司以黑岱沟露天矿外排土场、内排土场及矿区内其他因生产建设需要造成的地表扰动区为土地复垦重点。截至2012年，公司累计完成复垦面积1656.5万平方米，北排土场、东排土场、东沿帮排土场和西排土场现已全部封场。内排土场完成复垦面积109万平方米，工业广场绿化面积212万平方米，绿化率89.47%。累计栽植各种乔灌木6156.56万株（丛），牧草1387万平方米，植物种类60多种。

2013年，黑岱沟东、西排土场共种植农作物33.33公顷。2014年，种植马铃薯等农作物33.33公顷，收获玉米50000千克、马铃薯365000千克、黄豆139000千克。对东、北排土场进行围网封闭，加强防火、防盗管理。

截至2015年，准煤公司累计投资13.9亿元，累计完成复垦面积2303.04万平方米，黑岱沟露天煤矿北排土场、东排土场、东沿帮排土场、西排土场与哈尔乌素露天煤矿外排土场已全部封场。内排土场完成复垦面积109万平方米，工业广场绿化面积212万平方米，绿化率89.5%。累计栽植各种乔灌木6439.7802万株（丛），牧草17.13平方千米，植物种类60多种。植被覆盖度比自然地貌提高3倍多；牧草产量增长5倍多，水土侵蚀量比原来减少80%以上，水蚀模数由环评的13000吨/（平方千米·年$^{-1}$）降到现在的1500吨/（平方千米·年$^{-1}$）。经过人工复垦的矿山废弃地土壤熟化后，表层土壤结构得到很好的改善，土壤生产力大大提高，植物的经济效益可观，据测投入产出比达到1∶4，复垦后的矿区人工生态系统质量明显优于原有的自然农业生态系统。

2. 矿区绿化工作

公司将中心区以及各行政办公区、生产厂区作为绿化工作重点，在绿化的基础上加强美化工作，为广大职工创造良好的生产生活环境。2012年前，累计选用植物物种60多种，乔木有油松、侧柏、樟子松、桧柏、杨树、柳树、槐树等，灌木有沙棘、柠条、丁香、榆叶梅、珍珠梅、欧李等，草类有紫花苜蓿、羊柴、草木樨、杂花苜蓿、沙蒿、沙打旺等，区内景观绿化植物种类已达40多种，引进并驯化多种当地鲜有的园林景观植物品种。建立灌草型、乔草型、乔灌型和乔灌草型4种较为科学的生态结构模式，形成不同种、不同组合类型的生物群落，从而实现矿区范围内物种的多样性和生态的多样化。

图7-3-17 准格尔能源公司中心区公园

1998年，准能公司被全国绿化委员会评为"全国部门造林绿化400佳单位"。1998年11月，全国人大常委会水土保持检查团对准能公司检查后给予充分肯定。1999年，公司被水利部指定为全国水土保持生态环境建设示范区，2005年又被自治区煤炭工业局命名为全区煤炭系统绿化造林先进单位。

(三) 包头矿区

1. 沉陷区治理

包头矿业公司沉陷区治理的主要对象是阿刀亥矿，2005—2009年该矿根据矿区特点，采取各种水土保持措施和工程措施进行防治。

工程措施：在生产区塌陷影响区建网围栏2160.62米，警示牌8块；在废石场设置挡渣墙100米。

水土保护措施：生产区空地绿化0.71公顷，种植油松134株，丁香118株，黄刺梅118株，早熟禾7.08千克。辅助生产区空地绿化0.13公顷，其中材料库空地绿化0.05公顷，种植丁香10株，珍珠梅10株，早熟禾0.60千克；污水处理厂空地绿化0.08公顷，种植丁香16株，黄刺梅16株，早熟禾0.96千克。办公生活区绿化0.17公顷，其中更衣室北侧空地绿化0.06公顷，种植丁香12株，黄刺梅12株，早熟禾0.72千克；小车库东侧空地绿化0.05公顷，其中种植丁香20株、早熟禾0.60千克；锅炉房南侧空地绿化0.06公顷，种植丁香12株，黄刺梅12株，早熟禾0.72千克。废石场周边防护林面积0.12公顷，共种植新疆杨134株。

2007以来，阿刀亥矿根据地面塌陷的程度和所处地区的特殊情况，每年投资

50万元左右，采用矸石充填法进行地表沉陷治理，治理面积0.33公顷。经过多年回填治理塌陷区，生态环境大为改善。

2013年，阿刀亥矿投资51.54万元治理塌陷区面积720平方米。2007—2013年，公司累计投资227.77万元。

2. 矿区绿化

2005—2009年，包头矿业公司绿化面积达到3万多平方米，其中种植草坪16824.5平方米，种植杨树、柳树、槐树、山棠等树木及丁香、黄刺梅等灌木5986棵，共投资228万元。2010年，阿刀亥矿投资18万元绿化场区，种植垂柳120株，松柏1200株，丁香和玫瑰500株，花草500平方米；水泉露天矿修筑长500米、宽0.8米、深0.5米的排水沟；修筑护坡面积900平方米，采用菱形钢混结构回填土，再种植草。2011年5月，矿属萨拉齐装车站在站场和京包铁路中间区域投资150万元，种植直径20毫米的杨树1800多棵，与原有的铁路绿化带、镇政府种植的绿化带形成一道阻隔煤场与京包铁路及周边村庄的绿色隔离区。

2012年，包头矿业公司种草、植树和工业广场硬化投资256万元，其中李家壕煤矿投资246万元绿化工业场地面积35300平方米；阿刀亥矿投资10万元种植花草400平方米，植树400株；水泉露天矿种植草坪4000平方米。2013年，李家壕煤矿投入环保工程2895.29万元，其中景观湖投资875万元，绿化硬化1430万元。

（四）胜利矿区

2005年7月，公司委托内蒙古自治区环境科学研究院编制的《神华北电胜利能源有限公司胜利一号露天煤矿环境影响报告书》获得国家环境保护总局批复。采取的绿化方案主要有：①对办公楼前道路进行硬化，空地进行乔灌木、草坪绿化，空地草坪绿化面积为1.0公顷，绿化植物为榆树墙、云杉、垂榆、丁香、榆叶梅；②对铁路路基边坡用混凝土和片石进行砌护，在路基两侧修筑排水沟；③对铁路专用线环线空地种树，形成防护林；④对输煤皮带走廊沿线种植沙地云杉和榆树墙，以形成防护林带；⑤对工业道路两侧种植乔木，并间隔灌木、草本植物，乔木以榆树、旱柳、垂柳、云杉、樟子松为主，灌木以丁香、榆叶梅、珍珠梅、欧李、沙地柏为主；在工业场地里主要种植草坪、绿篱、针叶树木、榆树林等；⑥对排土场采用覆土、布设沙障、接入水源、播种、浇水、补植养护等步骤和方法进行绿化；⑦在工业场地和排土场接入喷灌系统。

截至2015年底，胜利西一号露天矿区共绿化复垦面积1060.05万平方米，其中种草面积898万平方米，栽植各种乔木12.1万株，灌木1.73万丛，布设沙障241.5万平方米，铺设灌溉管53000米。水土流失总治理度达到95.78%，林草植被恢复率达到97.22%，林草覆盖率74%。

（五）大雁矿区

1. 地面沉陷及地裂缝区治理

2003年，大雁煤业公司会同内蒙古自治区地质环境监测院共同对大雁矿区存在的地质灾害进行专门研究论证，并将治理意见通过呼伦贝尔市国土资源局、财政局逐级上报自治区国土资源厅、财政厅，经国土资源部、财政部组织专家评审，将《内蒙古大雁矿区地面沉陷、地裂缝区地质灾害治理工程》项目列入国家2004年矿山环境恢复治理项目。内蒙古自治区环境监测院对大雁矿区矿山地质环境恢复进行总体规划，将矿区矿山地质环境恢复治理工程规划为1至8期，规划得到鄂温克旗人民政府批准，从此大雁矿区全面启动矿山地质环境恢复治理工作。

大雁矿区矿山地质环境恢复治理自2004年开始,到2013年9月已全部竣工,累计完成工程投资4549.33万元,其中国补3635.93万元,集团公司配套资金913.4万元,治理面积为15.08平方千米(表7-3-6)。

治理工程共清运矸石堆106个,回填废弃井口86个,治理区域房屋拆迁31户,清理房屋废墟25000平方米,地形平整324.85公顷,治理区内修建蓄水池3个,铺设管道1.7千米,修筑田间道路6.5千米,排水沟3200米,播种牧草378.93公顷,种植各类树木47037株(丛),架设网围栏3500米,建标识牌5块。通过植树、播草,治理区全部被绿化覆盖,形成以林带防风、种草固沙、降尘的生态格局,大幅度改善了矿区生态环境。

表7-3-6 大雁矿区矿山地质环境恢复治理工程进度统计表　　　　万元

年度	期别	治理内容	财政拨款	企业投资	备注
2004	一期	治理大雁二矿地面沉陷区南缘区及镇区煤矸石堆,面积0.67平方千米	(中央)200.00	137.47	已验收
2007	二期	治理大雁一矿地面沉陷区西北部、一矿农场以北地段,面积1.86平方千米	(自治区)160.93	—	已验收
2008	三期	治理大雁一矿地面沉陷区东北部地段南山路以东部分,面积1.6平方千米	(中央)200.00	60.00	已验收
2009	四期	治理大雁二矿地面沉陷区东部地段,面积1.60平方千米	(中央)500.00	255.00	已验收
2010	五期	对大雁二矿地面沉陷区西北部地段进行恢复治理,面积4.83平方千米	(中央)1000.00	300.00	已验收
2011	六期	大雁一矿南部沉陷区治理,面积为2.6平方千米	(中央)1000.00		已验收
2012	七期	对大雁三矿一井地面沉陷区Ⅰ区、三矿一井地面沉陷区Ⅱ区、大雁一矿西南部地面沉陷区地段进行治理:剥离表土33243平方米、推土整平328119平方米;搬运沉陷区内大小矸石山23处,共计清运97150平方米;回填塌陷坑76处,共计回填97150平方米;种草绿化74.67公顷,治理面积1.92平方千米	(自治区)575.00	—	—
2015	八期	治理区域有4处,主要分布在大雁一矿中部区、大雁二矿东部东四采空塌陷区、大雁三矿东部福利处小井采空塌陷区和牙克石东山煤矿采空塌陷区,矿山地质环境的主要问题有:采空区引发地面沉陷、地面塌陷、地裂缝等矿山地质灾害,排砂场、废弃矿井破坏土地资源及影响地形地貌景观等地质环境问题	(中央)1478.07	755.10	—

2. 矿区绿化

1996年春,原大雁矿务局在三矿大井至三矿办公楼种植杨树450株(丛);同年秋,农牧处第二条简易路种植杨树1800株。出动人员1200人,动用车辆12台。

2011—2015年,扎泥河露天矿栽植树木17764株(丛),厂区草坪面积170173平方米,花卉种植面积535平方米,游园硬化面积310平方米,边坡草坪播种377177.32平方米。

2013—2015年，敏东一矿栽植树木17086株（丛），场区草坪70542平方米，护坡草坪107131.03平方米。

2013年，神雁大街改造工程种植树木1001株（丛），集团公司门前绿化工程（宾馆—三托）种植樟子松234株、草坪46047.2平方米，美雁大街种植柳树50株，永安路绿化工程种植银中杨91株，一号井至铁道口南北路绿化工程种植黄槐51株（丛），雁北社区种植樟子松175株、草坪400平方米，雁龙小区与处长楼南北路种植银中杨31株，北河301国道（运销一变电所）种植樟子松187株、草坪13640平方米，供应处加油站种植树木1070株（丛）、草坪1000平方米，供应处种植樟子松548株、草坪8980平方米，雁中电厂东侧种植黄槐81株（丛），中华路种植柳树71株，清真寺道路种植黄槐122株（丛），局门口种植红端木6株（丛），供应处种植灌木22丛，街道（医院）种植灌木4丛，三中广场种植紫叶稠李10株，泰和广场种植柳树39株，三中广场绿化工程种植树木72株（丛）、草坪1600平方米，泰和广场绿化工程种植树木289株（丛）、草坪4400平方米。

图7-3-18　大雁煤业公司场地绿化工程

2014年，公司在培训中心南侧绿化栽植樟子松76株、草坪6876平方米（伐除杨树176株，移植树木230株），物资装备中心南北路绿化种植樟子松76株、草坪9800平方米（伐除杨树280株），301国道至雁海桥绿化种植树木200株（丛）、草坪20632平方米（伐除杨树180株），物流中心种植樟子松10株、草坪27613.5平方米，局车队种植云杉14株、草坪7500平方米，局车队种植树木64株（丛），交警队绿化种植樟子松49株，运销游园种植树木104株（丛），供电所种植樟子松146株、草坪22994平方米，建安公司种植樟子松30株，敬老院种植树木139株（丛）、草坪3825平方米，矿建公司门口种植草坪1500平方米，运销住宅种植草坪2412平方米，向华社区种植树木378株（丛）、草坪18600平方米。

2015年，培训中心南北路种植云杉89株、草坪3640平方米，典式楼及雁北社区种植树木125株（丛）、草坪8502平方米，雁龙广场、陶然广场种植树木106株（丛）、草坪1382平方米，新村小区种植树木116株（丛）、草坪1454平方米。

（六）扎赉诺尔矿区

1. 沉陷区综合治理

2002年开始，扎赉诺尔矿业公司根据国家对国有煤矿采煤沉陷区综合治理的有关政策，制定《扎赉诺尔矿区采煤沉陷区综合治理实施方案》，2005—2006年，共新建住宅楼51栋，2726户，建筑面积18.4万平方米，新建平房42户，建筑面积0.21万平方米，有效改善采煤沉陷区居民的居住环境。2009年，扎赉诺尔矿区出台《扎赉诺尔煤矿棚户区改造实施方案》，2011年，在扎赉诺尔新区建设9个小区，176栋住宅楼，7554户，总建筑面积61.78万平方米。扎赉诺尔矿区采煤后，地表形成塌陷区，塌陷区内有大量积水，在这些水面内养殖冷水鱼，不仅达到塌陷区治理的目的，而且创造了一定的经济效益。

2. 矿区绿化

1991—2015年，扎煤公司绿化植树累计投资773万元，种植杨树、榆树、樟子松、落叶松、黄柏、白桦、桃红、丁香、沙果、李子、杏树、银中杨、云杉、糖槭、红端木、连翘等树木1399600余株，平均成活率为82.6%，栽种绿篱68000多延长米，铺设草坪111315余平方米。

（七）伊敏矿区

伊敏露天矿遵循"采挖一片，复垦一片"的原则，因地制宜恢复矿区生态环境，构建绿色环保、和谐的现代化矿山。伊敏露天矿坚持低碳、清洁、绿色发展的原则，在排土场进行"植被复垦绿化示范区建设"，2005年之前，煤矿已复垦面积35.88公顷，已绿化面积38.75公顷，腐殖土回收量30.94万立方米。

至2011年上半年，累计投入2136.54余万元，共回收腐殖土227.79万立方米，回收的腐殖土全部用于排土场复垦绿化，种植披碱草、紫花苜蓿和沙棘等恢复原有的生态系统。2010年末，煤矿沙棘种植区约88.92公顷，樟子松种植区约10.8公顷。2011年上半年，煤矿种草11公顷，种植沙棘、樟子松等53公顷，累计完成排土场复垦521.86公顷，绿化面积461.76公顷，复垦率达到97.75%。排土场的绿化起到防风固沙、保持水土的作用，减少因开采引起的环境影响。

图7-3-19 伊敏露天矿植被恢复区

截至2015年，全矿应复垦率为98.55%，应绿化率为98.37%，沙棘种植面积135公顷。2005—2014年伊敏露天矿年度复垦绿化统计表见表7-3-7。

表7-3-7 2005—2014年伊敏露天矿年度复垦绿化统计表

项目	单位	2005年	2006年	2007年	2008年	2009年	2010年	2011年	2012年	2013年	2014年	合计
已复垦面积	公顷	42.46	51.97	71.00	100.00	156.55	147.00	123.00	63.65	56.70	14.32	826.63
待复垦面积	公顷	9.80	12.50	4.70	0	13.30	6.80	12.60	10.00	11.20	12.69	93.59
已绿化面积	公顷	42.46	44.47	71.00	104.60	95.45	93.30	65.62	135.00	63.69	14.32	729.91
待绿化面积	公顷	5.30	7.50	0	30.39	11.00	19.40	11.45	11.00	8.40	12.69	117.13
腐殖土回收量	万立方米	8.50	10.39	20.20	0	50.70	57.00	51.00	34.80	42.60	50.00	355.19
洒水降尘量	万立方米	22.27	23.03	42.00	60.00	70.00	51.60	—	—	—	—	268.9

（八）霍林河矿区

霍林河露天煤业公司针对露天矿开采过程对生态破坏的情况，按照建设项目的设计、环评及水土保持方案等各项报告书的要求，结合生产的具体情况，遵循"破坏一处，恢复一处，排土场到位一块复垦治理一块"的原则，对已到位的排土场实施生态恢复工程及水土保持工程措施。截至2010年底，公司排土场复垦已累计实施907.2公顷，复垦率达到95%

以上，达到国家环保、水保的有关要求。

公司一号露天矿的水土保持工程（复垦）严格按照国家规定编制水土保持方案报告书及初步设计报告书，并按两个报告书的要求进行具体的实施工作。截至2010年，用于矿山生态治理投资4457.88万元，实施生态环境治理907.23公顷。

图7-3-20　霍林河露天煤矿排土场绿化

（九）宝日希勒矿区

矿区开发之初，宝日希勒煤业公司按年划拨专款实施植树造林、矿区绿化和生态建设。2002—2008年，公司在工程建设中实施环境保护，改善生态环境。公司鉴于耕地面积扩大，草场植被被破坏严重，气候异常恶劣，沙尘暴天气增多的实际，动员广大员工全面启动退耕还林、植被恢复、生态移民等生态建设项目工程。截至2008年底，绿化20多万公顷。

公司露天矿改扩建项目环保措施：各种机动车辆走固定线路，禁止随意开路践踏草场、破坏植被，露天矿建立一套完整行走路线；施工挖出的表层土壤要单独存放，用于回填覆盖或外排土场的植被恢复；标明施工活动区，禁止非施工人员进入施工区域活动；在排土场、采掘场周围设排水沟，增强排水能力，对受损害的生态体系进行修复，采取表土回填、人工种草、植草皮等措施恢复植被。2002年，公司按照陈巴尔虎旗政府《关于开展秋冬季植树造林大会战的通知》精神，共栽种树木55000株，其中柳树3729株、小榆树25460株、丁香2770株、黄槐3600株、沙棘1800株、大榆树201株、杨树500株、沙果树700株。对剥离土方进行有序堆放，建防护林，以降低风力，减少扬尘。

图7-3-21　公司组织员工在公路两侧植草坪

2005年，公司在海拉黑公路东侧及排土场北侧植树5000余株；2006年投资

56.06万元在海拉黑公路东、新工业广场砂石路两侧、筛分厂路南等处栽植耐旱、耐贫瘠的樟子松6150株,栽植不飞毛的银中杨1650株;2007年投入237.804万元种植杨树、樟子松;2008年先后投入364.056万元和119.7665万元在居民区至公司公路两侧栽植樟子松;在露天矿排土场检斤房等处栽植榆树、樟子松。

生态修复一直由公司的多种经营公司营林办专业队伍承担。为减少露天矿开采时草原沙漠化,对排土场边坡进行整形。2006年,公司投资85万元,在排土场表层恢复植被3.2万平方米。2007年,投资290万元,在露天矿恢复植被13.32万平方米,并对排水沟、挡水坝进行整形治理。

2002—2005年,公司露天矿开采,铁路专用线工程项目履行建设项目"三同时"管理制度,将环境保护内容纳入建设项目的立项、设计和建设的全过程。公司环境保护接受市、旗两级政府环保部门的监管,执行当地政府的相关法律、法规。2006—2008年,公司投资718万元,建设屏蔽墙3100米,完成外排土场地貌恢复和植被3万平方米,植树7800棵。

图7-3-22　神华宝日希勒能源公司一号露天矿排土场与草原连成一片

(十) 平庄矿区

平庄矿区沉陷区总面积1509公顷,主要分布在元宝山区平庄镇各井工矿采空区。"十五"以来,国家采取国家补助和企业匹配的方式,进行地质环境恢复治理。平庄煤业集团公司抓住这一时机,于2003年7月向自治区上报《矿区地质环境保护恢复治理建议书》,得到自治区政府的重视,并将平庄矿区确定为自治区地质灾害和环境治理重点区域,主要措施为回填、整平、绿化。

2004年,平庄煤业集团公司委托自治区地质灾害环境监测院编制《矿山地质环境恢复治理项目总体规划设计》,并获批准。平庄煤业集团公司积极努力,争取自治区有关部门对矿区土地环境治理的政策支持。

2003—2009年,自治区国土资源厅、财政厅先后批准元宝山煤矿三井塌陷区、古山煤矿北塌陷区、古山煤矿二井塌陷区、西露天煤矿太平地排土场和古山矿区地质灾害恢复治理项目。在土地环境治理工作中,平庄煤业集团公司坚持"科学规划,积极治理"的方针，采取"逐年落实规划，稳步推进"的策略。经过上下共同努力，元宝山煤矿三井塌陷区、古山煤矿北塌陷区、古山煤矿二井塌陷区等地质灾害环境恢复治理项目已经完成，并经自治区国土厅验收，质量优良。

截至2015年，矿区已治理沉陷区面积660公顷。

（十一）伊泰集团公司所属煤矿矿区

1. 地面塌陷区综合治理

公司结合地表塌陷区情况，进行统一规划，分区、分期实施。根据塌陷的不同深度采用矸石填塌，上方覆盖表土复垦或使之成为坡式梯田，并采取种植防护林等水土保持措施；土地复垦与气象、土壤等条件相适应，与矿井开采计划、当地土地利用规划相结合，边开采、边复垦、边利用，使土地复垦贯穿于煤矿生产的全过程。其中，对地表塌陷比较严重的土地地表裂缝和坡坎进行充填、平整，结合地形修整成不同水平的梯田，达到农业复垦要求；对受影响的山林、植被进行扶植、移栽和重新种植，达到林业复垦要求。对地表严重塌陷破坏的土地按水土保持措施进行治理，对农田中裂缝较大、坡度高差大于1米的块段以机械平整为主。并对矿区自然沟谷进行有规划的治理，采取沟头防护工程、沟道防护工程等措施，防止水土流失加剧。因煤矿开采造成塌陷所需补偿及搬迁等费用，均按当地政策及政府部门的相关规定执行。

图7-3-23 伊泰集团酸刺沟煤矿治理后的塌陷区

矿井生产后，公司配备专职或兼职人员，对采煤后地表出现的裂缝及时充填并夯实，防止地表与井下沟通形成联系；对出现的塌陷坑、洞及时填平修复，堆置耕层土壤，用物理化学方法改良土壤，复垦塌陷区或因地制宜地整治成林地、草地等，必要时围栏封禁；留设相应的保安煤柱，或在采煤时采用矿井充填技术及时充填采空区，或采用其他有效控制地表塌陷的开采技术等，预防、防止、减轻地表塌陷的危害；建立岩移观测站，对地面变形进行经常性观测，对地表塌陷可能带来的危害，采取早预防、早处理的办法，防止事故的发生。

2011年，公司共投入6472243元治理塌陷区，当年被鄂尔多斯市委、市政府授予"林业生态建设突出贡献企业"。2013年,各煤矿共投入塌陷区治理费用645.7万元,治理塌陷区面积约672.13公顷,通过铺设网围栏,设立警示牌,回填裂缝,种植防护林,维护采空区道路、供水管路以及供电铁塔,消除了隐患,美化了矿区生态环境。

2. 碳汇林基地建设

2010年,公司响应鄂尔多斯市政府"关于煤炭企业每生产10吨煤就捐种1棵节能减碳树,营造10万亩碳汇林"的号召,主动与政府各相关部门配合,统筹资金、认真实施;全年共种植乔木48.7万株、灌木169万丛,总投资6173万元。2011年,公司各生产经营单位共计绿化种植各类树木797505株,种植面积2883.33公顷,灌木68160丛,绿化草坪2221092平方米,沙障2221092平方米,累计投资916578.06元。

图7-3-24 2013年6月18日,内蒙古生态文明建设和黄河文化经济促进会会长(自治区人民政府原副主席)周维德(右二)一行到伊泰集团碳汇林基地调研

2011年1月,公司与杭锦旗吉日嘎郎图镇格更召嘎查委员会、杭锦旗伊克乌素巴音温都尔嘎查委员会签订《五荒地承包经营权流转补偿协议》,投资27568705元,承包五荒地33916公顷;该地块位于库布齐沙漠腹地,跨域鄂尔多斯市杭锦旗伊克乌素苏木与吉日嘎朗图镇,东西长24千米,南北宽14千米。2012年,公司先后完成全长71.3千米的碳汇林基地"一横三纵"主干道(红泥路)、10千伏线路与315千伏安箱式变及断路器安装、公寓与基地新打机井、基地喷灌管网铺设、植树造林主干道及支线工程等建设项目,合计投资2143.03万元。同年底,碳汇林建设项目累计投资17462873.2元。

2012年,公司种植灌木(沙柳、沙枣、大白柠条、文冠果、钙果等)0.63万公顷,种植乔木58万株。截至2012年底,公司累计种植灌木1.26万公顷,乔木约750万株。碳汇林50万亩基地造林工程种植面积0.87万公顷;全年绿化项目实际投资1523.5万元,完成计划的71.6%。

2013年,公司(碳汇林项目办)基建工程共计投资3901万元,其中新增基建工程7项,投资2996万元。项目包括新建5千米长的西北沟基地碳汇林砂石公路,建设截伏流蓄水池主体及配套系统,新打300米深机井18眼,安装160千伏安变压器2台、125千伏安变压器4台,在西北沟基地西南边界及3号蓄水池周边新建网围栏约11000米,平整碳汇林建设用地64.67公顷等。

2014年,新增碳汇林项目基础配套工程9项,共计投资3538万元。其中新打深机井9眼,铺设配套管网约34000米,修建网围栏约40000米,平整文冠果种植示范区土地约133.33公顷。碳汇林及相关配套工程建设计划总投资9904.6万元,实际投资9851.4万元,其中碳汇林建设计划投资6313.48万元,碳汇林西北沟、赛音台基地种植樟子松3.5万余株,杨树2.7万余株,沙枣18万余株,文冠果种植面积为100公顷，共计10万余株；库布齐沙漠百万亩碳汇林基地种植杨树5万株，沙柳1000公顷。

2015年，碳汇林直接投资414万元；平整土地76.67公顷并配套供电工程1项，机井3眼，铺设管网32千米；种植樟子松、杨树等乔木11.5万株。截至2015年底，碳汇林项目已累计投资3.59亿元，种植乔木（樟子松、杨树等）750万株，种植沙柳、沙枣等防风灌木2.27万公顷，约3000万丛。

（十二）神东天隆集团有限责任公司

神东天隆集团公司严格按照《一般工业固体废物贮存、处置场污染控制标准》选择处置矿场址。煤矸石处置严格执行"三同时"制度，必须与主体工程同时设计、同时施工、同时投入使用。煤矸石处置场按照"先拦后弃"的原则，先构筑堤、坝、挡土墙和排洪渠等设施，后进行弃渣，防止流失溃坝的发生。

井下生产采用无岩巷布置和无轨胶轮化技术，使每年在生产过程中产生的近千吨煤矸石通过科学合理的开采方式滞留在井下，地表洗选产生的矸石进行集中处理，矿区地面消灭矸石山；对洗选过程中产生的矸石、中煤直接用于发电，其余用于制砖、填沟造地，剩余部分修建排矸场，按照5米矸石厚度（一层）推平碾压后，覆土50厘米，退台式分层排放，进行安全处置，杜绝了矸石排放带来的环境污染，煤矸石综合处置率达100%。对排到边界的区域进行了复垦治理。

神东天隆集团公司武家塔矿自2004年以来，累计投入1500余万元资金进行排土场的生态复垦治理。在最上部排土平盘和边坡上铺设0.5~1.5米层的土层，在此基础上，建立一个生态复垦产业园，已形成柠条、沙棘、沙柳、牧草种植的绿化区域160余公顷，在开采不可再生资源的同时，进行生态复垦，建立可再生资源的循环利用。

二、采空区灾害治理

（一）煤矿采空区灾害综合治理规划设计

2012年，自治区煤田（煤矿）火区治理3年攻坚战结束后，为巩固火区治理成果，构建煤炭矿区灾害治理长效机制，自治区人民政府根据《国务院关于进一步促进内蒙古经济社会又好又快发展的若干意见》精神，下发《内蒙古自治区人民政府办公厅关于切实做好煤田（煤矿）火区治理和煤矿采空区灾害综合治理工作的通知》，要求各盟市要高度重视煤矿采空区灾害综合治理工作，盟行政公署、市人民政府的主要领导为第一责任人，组织科研院所认真编制本地区煤矿采空区灾害综合治理总体规划，经自治区煤炭工业局审批后组织实施。通知同时明确，煤矿采空区灾害综合治理要参照露天煤矿开采管理，由各级煤炭行业管理部门牵头组织，各级国土资源、环境保护、水利、煤矿安监等部门要相互配合，根据法律法规规定，认真履行各自的职责，确保煤矿采空区灾害综合治理工作顺利开展。

据此，内蒙古自治区煤炭工业局下发《关于印发〈煤矿采空区灾害综合治理总体规划编制提纲（试行）〉〈煤矿采空区灾害综合治理详细勘查报告编制提纲（试行）〉〈煤矿采空区灾害综合治理工程项目初步设计文件编制标准（试行）〉的通知》。截至2015年12月，自治区煤炭工业局共批复煤矿采空区灾害综合治理工程项目初步设计20个（含国家能源局批准的项目4个）（表7-3-8）。

表7-3-8　获准煤矿采空区灾害综合治理设计统计表

地区	类别	项目名称	批复日期	批复文号	备注
鄂尔多斯市	初步设计	内蒙古伊泰煤炭股份有限公司纳林庙一号井老采空区综合治理	2012-02-27	内煤局字〔2012〕68号	国家能源局批准（国能煤炭〔2012〕158号）
鄂尔多斯市	初步设计	内蒙古伊泰煤炭股份有限公司纳林庙二号井老采空区综合治理	2013-01-15	内煤局字〔2013〕22号	国家能源局批准（国能煤炭〔2012〕158号）
鄂尔多斯市	初步设计	内蒙古伊泰股份有限公司凯达煤矿老采空区灾害综合治理	2013-01-16	内煤局字〔2013〕27号	国家能源局批准（国能煤炭〔2012〕158号）
鄂尔多斯市	初步设计	内蒙古伊泰煤炭股份有限公司宏景塔一矿采空区灾害综合治理	2013-01-15	内煤局字〔2013〕23号	国家能源局批准（国能煤炭〔2012〕158号）
鄂尔多斯市	初步设计	内蒙古伊东煤炭集团有限公司东圪堵煤矿采空区灾害综合治理	2013-03-05	内煤局字〔2013〕92号	自治区煤炭工业局批准（内煤局字〔2012〕368号）
鄂尔多斯市	初步设计	内蒙古伊东煤炭集团有限公司石湾子三井煤矿采空区灾害综合治理	2013-03-05	内煤局字〔2013〕91号	自治区煤炭工业局批准（内煤局字〔2012〕368号）
鄂尔多斯市	初步设计	内蒙古伊东煤炭集团有限责任公司西乌素沟煤矿采空区灾害综合治理	2013-03-01	内煤局字〔2013〕90号	自治区煤炭工业局批准（内煤局字〔2012〕368号）
鄂尔多斯市	初步设计	内蒙古伊东煤炭集团有限责任公司沙咀子煤矿采空区灾害综合治理	2013-03-05	内煤局字〔2013〕95号	自治区煤炭工业局批准（内煤局字〔2012〕368号）
鄂尔多斯市	初步设计	内蒙古伊东煤炭集团有限责任公司忽沙图煤矿采空区灾害综合治理	2013-03-05	内煤局字〔2013〕96号	自治区煤炭工业局批准（内煤局字〔2012〕368号）
鄂尔多斯市	初步设计	鄂尔多斯市乌兰煤炭集团温家梁三号煤矿采空区灾害综合治理	2013-05-10	内煤局字〔2013〕201号	自治区煤炭工业局批准（内煤局字〔2012〕337号）
鄂尔多斯市	初步设计	鄂尔多斯市乌兰煤炭集团有限责任公司温家塔煤矿采空区灾害综合治理	2013-05-10	内煤局字〔2013〕202号	自治区煤炭工业局批准（内煤局字〔2012〕337号）
鄂尔多斯市	初步设计	鄂尔多斯市汇能煤电煤化工园区煤矿采空区集中连片综合治理	2013-06-24	内煤局字〔2013〕259号	自治区煤炭工业局批准（内煤局字〔2012〕107号）
鄂尔多斯市	初步设计	内蒙古伊泰同达煤炭有限责任公司丁家渠煤矿采空区灾害综合治理	2013-06-24	内煤局字〔2013〕258号	自治区煤炭工业局批准（内煤局字〔2013〕19号）
鄂尔多斯市	初步设计	内蒙古友恒煤炭有限责任公司益民煤矿采空区灾害综合治理	2014-08-20	内煤局字〔2014〕250号	自治区煤炭工业局批准（内煤局字〔2013〕458号）
鄂尔多斯市	初步设计	鄂尔多斯市瑞德煤化工有限责任公司瑞德二矿采空区灾害综合治理	2014-08-06	内煤局字〔2014〕239号	自治区煤炭工业局批准（内煤局字〔2013〕459号）
鄂尔多斯市	初步设计	伊金霍洛旗呼能煤炭有限责任公司丁家梁煤矿采空区灾害综合治理	2014-08-21	内煤局字〔2014〕251号	自治区煤炭工业局批准（内煤局字〔2014〕80号）
兴安盟	初步设计	内蒙古自治区突泉县三星矿业有限责任公司三星煤矿采空区灾害综合工程项目治理初步设计	2014-05-28	内煤局字〔2014〕149号	自治区煤炭工业局批准（内煤局字〔2013〕230号）
乌海市	初步设计	神华乌海能源有限责任公司苏海图煤矿采空区灾害综合治理初步设计	2014-05-22	内煤局字〔2014〕145号	自治区煤炭工业局批准（内煤局字〔2013〕457号）

表7-3-8(续)

地区	类别	项目名称	批复日期	批复文号	备注
乌海市	初步设计	神华乌海能源有限责任公司公乌素二号井采空区灾害综合治理初步设计	2013-03-27	内煤局字〔2013〕122号	自治区煤炭工业局批准(内煤局字〔2012〕200号)
锡林郭勒盟	初步设计	阿巴嘎旗平安矿业有限责任公司煤矿采空区灾害综合治理初步设计	2015-06-15	内煤局字〔2015〕131号	自治区煤炭工业局批准(内煤局字〔2014〕95号)

(二)小煤窑采空区综合治理工程案例

20世纪70年代末宝日希勒矿区开发以来,由于对资源开发缺乏统一规划,在当时"有水快流"的市场环境下,矿区的小煤窑数量急剧增加,数量一度超过300多家,加上未经批准的私采乱挖小煤窑,矿区处于"乱采、乱挖、无序开采"的状况,直至2005年前后矿区内所有小煤窑全部关闭。但是,粗放经营管理和落后生产方法在浪费了大量煤炭资源的同时,产生了大量的小煤窑采空区。各采空区距地表埋深多为50~60米,地面多形成小面积的筒状塌陷坑,坑深一般15~20米。据调查,宝日希勒矿区地面塌陷涉及影响范围约20平方千米,形成塌陷坑2300余个,对草原生态造成了极大的破坏,对企业生产和居民生活造成安全隐患。

图7-3-25 神宝能源公司露天煤矿小煤窑采空区连片塌陷坑

自2010年开始,神华宝日希勒能源有限公司露天煤矿的生产位置开始进入历史遗留的小窑采空区区域。一部分的小窑采空区已经自然塌陷,并形成塌陷坑和一部分"悬而未塌"的采空区,成为露天煤矿最大的安全隐患,严重影响露天矿安全生产。2010—2015年,公司持续不断地对采空区进行综合勘察治理。

宝日希勒矿区小煤窑采空区的特点:分布范围广、数量大,无采矿资料,分布无序；埋藏浅，上覆地层松软，容易发生突发性冒落塌陷；塌陷回填及多次塌陷，空间分布及形态复杂，探测难度大。基于上述特点，采用统一规划，分期实施，持续投入和攻关的方式、方法；坚持高起点，充分引进和利用国内外先进技术，并与代表国内领先水平的各专业单位开展广泛和深入的合作。

2010—2013年，公司先后与中国科学院、中国矿业大学、中煤科工集团西安研究院、东北煤田地质局等单位合作开展采空区综合勘察，分别采用了精准遥感调查技术（INSAR）、高密度电磁法、井地地震CT法等多种物探钻探技术及钻孔三维激光扫描等多种综合勘察技术，对神宝能源公司露天煤矿采场南帮、东排土场和原六采区进行老采空区的定位勘察。3年间，公司小煤窑采空区勘察面积累计538万平方米，共查明隐伏采空区226个，累计投入考察资金1065万元。

图7-3-26　神宝能源公司露天煤矿小煤窑采空区综合勘察现场

2010—2015年，公司先后与北京中大爆破工程有限公司、中国矿业大学、中煤科工集团西安研究院等单位合作开展小煤窑采空区治理工作。根据采空区治理工程设计，采用以注沙充填法为主、以钻孔爆破冒落法为辅的综合治理方法，分别对采场南帮、东排土区进行了治理。其中充填法治理的充填材料，采用露天煤矿剥离废弃物，以第四系沙土、砂砾石和坑口电厂粉煤灰为主，实现粉煤灰、剥离土方的地下安全处置。

采空区充填工艺根据材料类型不同而不同，对于粉煤灰、粉土等，采用制浆泵送工艺充填；对于砂砾石为主材料，采用水力造旋负压和空气反抽工艺充填。同时，根据实际充填量与钻孔激光扫描参数计算设计量，实时对比判断充盈情况。充填质量采用钻孔激光扫描检测。小煤窑采空区治理面积累计538万平方米，治理采空区248个，累计投入资金4985万元。小煤窑采空区充填治理材料因地制宜、就地取材，实现粉煤灰、剥离土方等工业废料的地下安全处置，不仅对粉煤灰、土方剥离物进行了有效利用，而且减少了排土场占地和对草原生态环境的破坏，具有显著的生态环保效益。

2010—2015年，公司开展小煤窑采空区勘察治理工作累计投入已达6050余万元。项目几乎采用了目前国内煤矿采空区勘察治理的所有技术手段，并引进新技术，开发多项新技术，如采用钻孔内三维激光扫描等技术探测小窑采空区，采用液体造旋搅拌及造负压技术，使用露天煤矿剥离排弃物进行采空区充填治理等。项目初步探索出一套适用于该矿区、经济合理、安全可靠的小窑采空区治理技术。采空区治理使煤炭开采顺利通过小煤窑采空区区域，保证了露天煤矿安全生产，煤炭产量稳定在2000万~3000万吨/年。

采空区治理项目的实施基本消除了治理区域内地面塌陷及次生灾害隐患，保证了矿山安全生产，保证了牧民及牲畜的安全，促进工业及农牧业协调发展，具有良好的社会效益。

第三节 煤炭矿山地质环境治理

一、煤炭矿山地质环境调查与研究

2005年，在全区矿山地质环境调查与研究项目中，涉及煤炭矿山地质环境多有23项，涵盖宝日希勒、大雁、伊敏、扎赉诺尔、霍林河、元宝山、平庄、石拐、准格尔、东胜、万利、棋盘井、海勃湾、乌达、古拉本矿区等全区重点煤炭矿区（表7-3-9）。

表7-3-9 全区矿山地质环境调查与研究项目统计表

项目名称	类型	实施年度	项目名称	类型	实施年度
内蒙古自治区矿山地质环境调查与评估	调查	2005—2006	内蒙古自治区矿山地质环境保护与治理规划（2011—2015）	规划	2010
内蒙古自治区矿山地面塌陷调查		2008—2009			
宝日希勒矿区矿山地质环境调查	调查	2012—2013	呼伦贝尔能源矿产集中开采区矿山地质环境调查	调查	2012—2013
大雁矿区矿山地质环境调查					
扎赉诺尔矿区矿山地质环境调查	调查	2012—2013	霍林河矿区矿山地质环境调查	调查	2012—2013
元宝山矿区矿山地质环境调查	调查	2012—2013	平庄矿区矿山地质环境调查	调查	2012—2013
石拐矿区矿山地质环境调查	调查	2012—2013	东胜矿区矿山地质环境调查	调查	2012—2013
准格尔矿区矿山地质环境调查	调查	2012—2013	棋盘井矿区矿山地质环境调查	调查	2012—2013
海勃湾矿区矿山地质环境调查	调查	2012—2013	乌达矿区矿山地质环境调查	调查	2012—2013
内蒙古自治区矿山地质环境调查	调查	2013	锡林郭勒草原矿山地质环境治理模式	研究	2014
内蒙古自治区矿山地面塌陷发育规律及治理模式研究	研究	2012—2013	内蒙古自治区矿山地质环境动态遥感监测研究及信息系统建设	研究	2012—2013
鄂尔多斯（东胜矿区）矿山地质环境动态监测示范区建设	研究	2014	内蒙古自治区矿产资源集中开采区矿山地质环境动态遥感监测	调查	2014
内蒙古自治区矿山地质环境保护与治理规划（2016—2020）	规划	2015			

二、煤炭矿山地质环境治理安排

2001—2015年，为保护自治区地质环境，中央财政及自治区财政先后安排矿山地质环境治理项目295项，项目总经费221165万元，其中涉及煤炭矿区地质环境治理106项，占总项目的35.93%，项目总经费127386万元，占总金额的57.6%（表7-3-10、表7-3-11）。

表7-3-10 2001—2015年内蒙古自治区煤炭矿山地质环境恢复治理项目统计表

个，万元

时间	中央财政 项数目	中央财政 经费	自治区财政 项数目	自治区财政 经费	合计 项数目	合计 经费	时间	中央财政 项数目	中央财政 经费	自治区财政 项数目	自治区财政 经费	合计 项数目	合计 经费
2001年	1	130	—	—	1	130	2009年	5	10200	14	19900	19	30100
2002年	—	—	—	—	—	—	2010年	3	11500	7	5200	10	16700
2003年	6	1300	—	—	6	1300	2011年	1	1500	3	1740	4	3240
2004年	3	700	3	350	6	1050	2012年	1	9000	2	2371	3	11371
2005年	3	500	6	928	9	2428	2013年	—	—	5	7659	5	7659
2006年	5	1100	2	400	7	1500	2014年	—	9524	—	—	1	9524
2007年	5	3100	4	1600	9	4700	2015年	1	9524	—	—	1	9524
2008年	6	2860	19	25300	25	28160	合计	41	61938	65	65448	106	127386

表7-3-11 2001—2015年内蒙古自治区煤炭矿区地质环境恢复治理项目统计表

盟市	项目名称	承担单位	项目年份	经费（万元） 中央	经费（万元） 自治区
满洲里市	扎赉诺尔矿区地下水恢复治理	扎赉诺尔煤业公司	2003	200	—
	扎赉诺尔煤矿矿山地质环境治理	满洲里市国土资源局	2005	500	
	满洲里市扎赉诺尔矿区矿山地质环境治理	满洲里市国土资源局	2006	200	
	满洲里市扎赉诺尔矿区矿山地质环境治理	满洲里市国土资源局	2007	—	600
	满洲里市扎赉诺尔矿区矿山地质环境治理	满洲里市国土资源局	2008	220	2500
	满洲里市扎赉诺尔矿区地质环境恢复治理（四期）	满洲里市国土资源局	2009		1000
呼伦贝尔市	大雁矿区地裂缝地面沉陷区地质灾害治理	呼伦贝尔大雁煤业	2003	200	
	宝日希勒煤矿矿区地质环境治理	自治区第六地勘院	2003	200	
	鄂伦春大杨树煤矿矿山地质环境治理	大杨树煤矿	2004	100	
	宝日希勒煤业有限公司矿山地质环境治理	呼伦贝尔国土资源局	2005	200	
	鄂伦春自治旗大杨树煤矿矿山环境治理	鄂伦春国土资源局	2005	100	
	大雁矿区地面沉陷地裂缝区矿山地质环境治理	鄂温克国土资源局	2006	200	
	神华宝日希勒第三期地面塌陷恢复治理	呼伦贝尔市国土资源局	2006	200	
	牙克石免渡河煤矿一号采坑及排土场矿山恢复治理	呼伦贝尔市国土资源局	2007	600	
	莫力达瓦达斡尔族自治旗大杨树煤矿地质环境治理	呼伦贝尔市国土资源局	2007	200	
	宝日希勒闭坑矿区矿山地质环境恢复治理	陈巴尔虎旗国土资源局	2008	220	2000
	大雁矿区矿山地质环境恢复治理（四期）	呼伦贝尔市国土资源局	2008		500
	牙克石市免渡河煤矿一号采坑及排土场矿山地质环境恢复治理	牙克石市国土资源局	2008		1000
	鄂伦春自治旗大杨树煤矿（兴达煤矿）地质环境恢复治理	鄂伦春旗国土资源局	2008		300
	莫力达瓦达斡尔族自治旗利民等三家煤矿地质环境治理	莫力达瓦旗国土资源局	2008		200
	牙克石市免渡河煤矿东露天采坑及排土场矿山地质环境治理	牙克石市国土资源局	2009	1500	—
	额尔古纳市拉布大林矿区地质环境治理	额尔古纳市国土资源局	2009	1500	
	大雁矿区地面沉陷区地裂缝区矿山地质环境恢复治理（五期）	呼伦贝尔市国土资源局	2009		1000
	大雁矿区（六期）矿山地质环境恢复治理	呼伦贝尔市国土资源局	2010	—	1000

表7-3-11（续）

盟市	项目名称	承担单位	项目年份	经费（万元）	
				中央	自治区
呼伦贝尔市	宝日希勒闭坑矿区矿山地质环境治理	呼伦贝尔市国土资源局	2010	3500	—
	大雁矿区矿山地质环境治理（七期）	呼伦贝尔市国土资源局	2011	—	575
	鄂温克旗自治旗老特莫胡珠矿区矿山地质环境治理	呼伦贝尔市国土资源局	2012	—	131
	宝日希勒闭坑矿区矿山地质环境治理	陈巴尔虎旗国土资源局	2013	—	1500
	呼伦贝尔市大雁矿区矿山地质环境治理	呼伦贝尔市国土资源局	2013	—	1626
兴安盟	兴安盟牦牛海煤田一、三采区地质环境治理	兴安盟国土资源局	2007	200	—
	兴安盟牦牛海煤田矿山地质环境恢复治理	兴安盟国土资源局	2008	1500	500
	牦牛海煤矿区地质环境治理（三期）	突泉县国土资源局	2009	500	—
	突泉县长春岭煤矿地质环境治理	突泉县国土资源局	2009	—	300
通辽市	霍煤集团矿山地质环境综合治理	内蒙古霍林河煤业	2003	200	—
	通辽市霍林河煤矿矿山环境治理	中电投霍林河煤业	2004	200	—
	扎鲁特旗联合屯矿区地质环境治理	扎鲁特旗国土资源局	2005	—	200
	霍林河露天煤矿业（三期）地质环境治理	通辽市国土资源局	2005	—	150
	霍林郭勒市浑迪音区矿山地质环境治理	霍林郭勒市国土资源局	2007	—	200
	霍林郭勒市浑迪音区迎春煤矿地质环境治理	通辽市国土资源局	2008	—	500
	扎鲁特旗巨日河煤矿地质环境治理	通辽市国土资源局	2008	—	300
	扎鲁特旗联合屯矿区地质环境恢复治理	通辽市国土资源局	2008	—	300
	霍林郭勒市浑迪音区废弃采坑地质环境治理（二期）	霍林郭勒市国土资源局	2009	—	1500
	扎鲁特旗塔拉营子矿区矿山地质环境治理	扎鲁特旗国土资源局	2009	—	500
	霍林郭勒市巴河口地质环境治理区地质环境治理	霍林郭勒市国土资源局	2010	—	500
	霍煤集团公司北露天矿三采区排土场矿山地质环境治理	霍林郭勒市国土资源局	2010	—	100
	扎鲁特旗联合屯矿区兴旺煤炭有限公司矿山地质环境治理	通辽市国土资源局	2010	—	900
	霍林河露天煤业（原霍林河矿区生产建设指挥部一号露天排土场）矿山地质环境治理	通辽市国土资源局	2011	1500	—
	霍林河露天煤业股份公司原霍林河矿区生产指挥部一号露天矿南排土场矿山环境调查与治理	霍林河市国土资源局	2012	—	2240
	霍林河露天煤业股份有限公司原霍林河矿区生产建设指挥部排土场（二期）矿山地质环境治理	霍林河市国土资源局	2013	—	1940
赤峰市	平庄煤业集团公司矿区地质环境恢复治理	内蒙古平庄煤业集团公司	2003	300	—
	赤峰元宝山区古山矿区地质环境治理	赤峰市国土资源局	2005	200	—
	内蒙古平庄煤业集团公司古山煤矿二井地面塌陷区治理	赤峰市国土资源局	2007	400	—
	松山区碾坊猴头沟地区煤矿塌陷区地质环境恢复治理	赤峰市国土资源局	2008	—	300
	平庄煤业集团公司矿山地质环境恢复治理	元宝山区国土资源局	2008	—	2000
	平庄煤业集团古山矿区地质环境治理（示范项目）	元宝山区国土资源局	2009	4000	—
	平庄煤业集团公司古山矿区地质环境治理	元宝山区国土资源局	2009	—	2500
	元宝山区古山矿区地质环境治理	元宝山区国土资源局	2010	4000	—
	元宝山区平庄矿区矿山地质环境治理示范工程	元宝山区国土资源局	2012	9000	—
	赤峰市元宝山区平庄矿区矿山地质环境治理示范工程	赤峰市国土资源局	2014	9524	—
	赤峰市元宝山区平庄矿区矿山地质环境治理示范工程	元宝山国土资源局	2015	9524	—

表 7-3-11（续）

盟市	项目名称	承担单位	项目年份	经费（万元） 中央	经费（万元） 自治区
锡林郭勒盟	锡林浩特煤矿矿山地质环境治理	锡林浩特市国土资源局	2005	—	200
	锡林郭勒盟锡林浩特煤矿地质环境治理	锡林郭勒盟国土资源局	2007	400	—
	锡林郭勒盟锡林浩特煤矿三期矿山地质环境治理	锡林郭勒盟国土资源局	2008	350	—
	锡林浩特煤矿三期矿山地质环境治理	锡林郭勒盟国土资源局	2008		2000
	西乌珠穆沁旗巴拉嘎尔高勒镇废弃工业区矿山地质环境治理	西乌珠穆沁旗国土局	2010		800
	锡林浩特市南煤矿区矿山地质环境治理（四期）	锡林浩特市国土资源局	2013	—	1628
呼和浩特	清水河塔尔梁煤矿矿山环境治理	清水河塔尔梁煤矿	2004		300
包头市	石拐煤矿区矿山环境治理	内蒙古国土资源厅	2001	130	
	石拐区国庆乡磁窑沟地裂缝煤矸石治理	石拐区政府	2003	200	
	包头市石拐区大磁东梁矿山环境恢复治理	石拐区国土资源局	2006	200	
	包头市石拐区矿山地质环境治理及生态恢复治理	石拐区人民政府	2008	220	3000
	包头市石拐区沉陷区治理	石拐区国土资源局	2008		2000
	包头市石拐区矿山地质环境治理（二期）	石拐区国土资源局	2009		3000
	包头市石拐区矿山地质环境治理	石拐区国土资源局	2010	4000	—
	包头市石拐矿区矿山地质环境治理	石拐区国土资源局	2013	—	965
巴彦淖尔市	内蒙古乌拉特中旗温根煤矿矿山环境治理	乌拉特中旗国土分局	2006	300	
	乌拉特前旗营盘湾区地质环境治理	巴彦淖尔市国土资源局	2009		800
	巴彦淖尔市乌拉特前旗营盘湾矿山地质环境恢复治理	乌拉特前旗国土资源局	2011		733
乌海市	乌海骆驼山五一煤矿三号井二期地质环境治理	乌海国土资源局	2004		100
	乌海市海南区黑龙贵矿区治理	乌海市国土资源局	2007	300	
	乌达、海勃湾区沉陷区治理	乌海市国土资源局	2008		5000
	乌达区巴音赛沟煤矿矿山环境治理	乌达区国土资源局	2008		800
	乌海市乌达区红旗煤矿矿山地质环境治理	乌达区国土资源局	2009		3000
	乌海市海勃湾区卡布其矿区长洪沟煤矿地质环境治理	乌海市海勃湾区国土局	2009		1500
	巴音赛沟煤矿地质环境恢复治理	乌达区国土资源局	2010		1000
鄂尔多斯市	鄂托克旗黑龙贵煤矿矿山环境治理	鄂托克旗国土资源局	2004	200	—
	鄂托克旗白云乌素矿区卧龙岗矿山治理	鄂尔多斯国土资源局	2005	800	
	鄂托克旗白云乌素矿区黑龙贵、卧龙岗地质环境治理	鄂托克旗国土资源局	2006	—	200
	鄂托克旗白云乌素矿区棋盘井地区矿山地质环境治理	鄂托克旗国土资源局	2007	1800	
	鄂托克旗白云乌素矿区地质环境恢复治理	鄂托克旗国土资源局	2008	350	
	白云乌素矿区地质环境恢复治理	鄂托克旗国土资源局	2008	—	1500
	星光集团鄂托克旗华泰煤矿矿山环境治理	鄂托克旗国土资源局	2008		600
	鄂托克旗白云乌素矿区棋盘井矿山地质环境治理	鄂托克旗国土资源局	2009		2000
	棋盘井矿业有限责任公司矿山地质环境治理	鄂托克旗国土资源局	2009		2000
	鄂托克旗白云乌素矿区棋盘井地区矿山地质环境治理	鄂托克旗国土资源局	2011		432
阿拉善盟	阿盟古拉本矿区地质环境治理	阿盟国土资源局	2004	—	150
	新井矿区地质环境治理	阿左旗国土资源局	2005	—	78
	内蒙古太西煤集团古拉本矿山地质环境治理	阿盟国土资源局	2006	200	
	二道岭矿区西翼南段地质环境治理（代替新井二期中央项目）	阿拉善左旗国土资源局	2009	2700	
	阿右旗西大窑唐家沟矿区地质环境治理	阿右旗国土资源局	2009		500
	阿左旗红旗露天煤矿矿区地质环境恢复治理	阿左旗国土资源局	2009		300
	阿拉善左旗二道岭矿区红旗煤矿矿山地质环境恢复治理	阿左旗国土资源局	2010		900
合计	中央项目数：41 项；自治区项目数：65 项			61938	65448

三、绿色矿山试点建设

"十一五"（2006—2010年）中期，国土资源部倡导发展"绿色矿业"。2012年2月10日，内蒙古自治区国土资源厅印发《内蒙古自治区国土资源厅发展绿色矿业建设绿色矿山工作实施方案》，明确规定自治区绿色矿山的规划、申报、验收等工作。

2011年3月，国土资源部确定中国神华能源股份有限公司上湾煤矿、神华准格尔能源有限责任公司黑岱沟露天矿为首批国家级绿色矿山试点单位。

2012年3月，国土资源部确定内蒙古伊泰京粤酸刺沟矿业有限责任公司酸刺沟煤矿、华能伊敏煤电有限责任公司露天矿、内蒙古伊泰集团有限公司大地精煤矿、内蒙古神东天隆集团武家塔露天煤矿为第二批国家级绿色矿山试点单位。

2013年6月，国土资源部确定内蒙古伊泰宝山煤炭有限责任公司宝山煤矿、大唐国际发电股份有限公司胜利东二号露天煤矿、内蒙古伊泰同达煤炭有限责任公司丁家渠煤矿为第三批国家级绿色矿山试点单位。

2014年4月，国土资源部确定内蒙古平庄能源股份有限公司西露天煤矿、呼伦贝尔东明矿业有限责任公司东明露天矿、内蒙古乌中旗温明矿业集团有限责任公司温根煤矿为第四批国家级绿色矿山试点单位。

（一）神华神东煤炭集团有限责任公司上湾煤矿

绿色矿山建设项目区上湾煤矿位于乌兰木伦镇上湾村，属于上湾矿和补连塔矿采煤塌陷区，治理面积612.5公顷，投资1530万元。上湾煤矿坚持科研试验与示范推广相结合、生态治理与经济林产业化发展相结合的原则。乌兰木伦镇上湾村塌陷区生态经济林项目实施目的是治理由于煤炭开采对地表生态的影响，改善地表生态环境，保障煤炭生产顺利进行，促进地方林业经济的发展，增加当地农民收入。

依据沉陷区的生态环境特点，选择抗旱、节水、耐风蚀沙埋、具有改良土壤作用和经济效益的适宜品种，同时根据植物群落的演替规律和植物物种的自我进化演替性，上湾沉陷区选择的植物物种有以下种类：①针叶乔木树种：樟子松、油松、侧柏；②阔叶经济树种：文冠果、山杏、沙棘；③灌木树种：紫穗槐等。上湾生态园共投入资金82万元，治理面积73.27公顷，栽植新疆杨、旱柳、火炬树24436株，栽植沙枣、紫穗槐、柠条等224875穴。生

图7-3-27　国家级绿色矿山试点单位上湾煤矿小区绿化

态园内还建有1万立方米污水蓄水池1处。

上湾小区生态景观主要由街心花园、网球场和小区北入口处的景观绿地组成。3处景观由高到低，设施功能各不相同，街心花园以休闲功能为主，以绿地为主，辅之以垂柳和宽敞的人行道、休闲亭等。

（二）神华准格尔能源公司黑岱沟露天矿

黑岱沟露天矿坚持"办一处煤矿，绿一方土地"的环保理念，对塌陷区采取及时、有效的治理措施，矿山地质环境恢复治理率达到100%。煤矿每年设立财务专项预算用于矿山绿化，累计投入资金3600.32万元。矿区内种植国槐、桧柏球等林木近45000株，区内绿化率达到63%，矿区未绿化的部分全部实现硬化。场外公路两侧栽植新疆杨、垂柳等，实现护坡的全部防护。自建矿以来，煤矿绿化施工及养护累计投入3100万元。

截至2012年，公司选用植物物种60多种，乔木有油松、侧柏、樟子松、桧柏、槐树等，灌木有沙棘、丁香、榆叶梅等，草类有紫花苜蓿、羊柴、草木樨、杂花苜蓿等。景观绿化植物种类已达40多种，引进并驯化了多种当地鲜有的园林景观植物品种。建立灌草型、乔草型、乔灌型和乔灌草型4种较为科学的生态结构模式，形成不同种、不同组合类型的生物群落，从而增加了矿区范围内物种的多样性和生态的多样化。

公司将排土场治理与发展生态农业相结合。2013年，黑岱沟东、西排土场共种植农作物33.3公顷，种植马铃薯、黄豆、玉米、黄苴麻等作物，收获8万千克。2014年，种植马铃薯、玉米、黄豆等农作物，收获43万千克。同时对东、北排土场进行了围网封闭，加强了防火、防盗管理。2015年，排土场生态农业种植32.6公顷，种植马铃薯、黄豆、玉米、胡萝卜、南瓜等作物。

（三）内蒙古伊泰集团有限公司

1995—2015年，公司在各煤矿采动影响范围内，采取平面绿化与垂直绿化相结合的方式种树种草绿化场区，建设绿色矿山。公司累计投入生态绿化治理费21471.85万元，种植乔木61.7万株，灌木246.78万株，草本植物138.12万平方米，沙障249.93万平方米；各矿工业场地绿化系数达到20%以上，植被成活率达90%以上。

图7-3-28　国家级绿色矿山试点单位伊泰集团大地精煤矿

大地精煤矿投资 3500 多万元用于矿区绿化，绿化面积达到 32000 平方米。该矿将井下废水用于浇灌草木和洒水降尘，经过环境治理，大地精煤矿废弃物排放量为零，工业厂区环境优美，空气清新。矿区西侧建有占地面积 1.33 公顷的种植及养殖基地，4 处蔬菜大棚种植有西红柿、黄瓜、茄子、白菜、辣椒等各种蔬菜及苹果树等。此外，矿区针对地面塌陷制定年度塌陷区治理工作计划及实施方案，按照方案逐步解决塌陷区问题，环境恢复治理率高达 100%，土地复垦面积 100%。

图 7-3-29　国家级绿色矿山试点单位伊泰集团酸刺沟煤矿生态景观

宝山煤矿建在沟底，煤矿不但注重矿区内的绿化，而且加强矿井周边坡地的绿化，防止水土流失。内蒙古伊泰同达煤炭有责任限公司丁家渠煤矿本着"建一个矿井、绿一片土地"的理念，常年聘请专业绿化公司进行绿化规划，聘请专业绿化监理咨询公司监督煤矿的绿化工作。实施水、林、路、沟综合治理，不断完善环保基础设施，共计投入环保建设费用 1348 万元，发生专业绿化维护保养费用 39 万元。

图 7-3-30　国家级绿色矿山试点单位伊泰集团宝山煤矿远景

2013年，煤矿绿化总面积达46792平方米，达到可绿化区域的100%，被国土资源部确定为第三批国家级绿色矿山试点单位。2014年，煤矿总绿化面积达到47235平方米。

2015—2016年，煤矿负责绿化灭火工程区域，绿化面积38万平方米，共计在绿化区域内播撒紫花苜蓿草籽1850千克，种植杨树2600棵、柠条1300棵；对边坡进行沙柳网格护坡，护坡面积74667平方米。同时，加强绿化区域养护工作，保证绿化苗木正常生长，使得绿化区域的草籽覆盖率达到85%以上，杨树成活率达到98%，柠条存活率达到100%。

图7-3-31　国家级绿色矿山试点单位伊泰集团丁家渠煤矿治理后的塌陷区

（四）神东天隆集团有限责任公司

2004年以前，马家塔露天矿属于神东煤炭集团公司。公司遵循"回归自然，绿色经营"的理念，以生态恢复为基础，以生态种养殖为产业，以氧化塘污水处理及综合利用系统为纽带，累计投资1600万元，将马家塔复垦区建成了人工生态园区、绿洲宾馆AA级旅游景区；复垦区栽植各类树木29万株，种草91公顷，配套建设了复垦区管网工程、乌兰木伦河引水工程。早在2000年，复垦区就被列为全国性生态建设示范基地，生态植被恢复率比治理前提高15.8倍（现有效绿地面积/原绿地面积）。中央电视台、内蒙古电视

图7-3-32　神东天隆集团武家塔露天煤矿复垦区俯瞰

台曾做过连续性报道。

2004年，武家塔露天煤矿划归神东天隆集团后，公司累计投入1500余万元对已完成覆土区域及时复垦绿化，种植乔、灌木6万余株，牧草34.3公顷；植被覆盖率达到80%以上，比原始自然地貌提高3倍以上，期内累计投资512.4万余元，完成土地复垦66.56公顷。实施建设了绿色蔬菜基地并试种部分经济作物，完成绿色蔬菜基地建设和智能生态大棚的建设，复垦区蔬菜年产量达到30300千克。

（1）排土场在现有范围内已经进行了道路修整，地块划分，主干道的硬化（3.58千米），并在相应的道路两旁建设防风绿化带，其中道路两旁防风绿化带树木种植数量为：松树5000多棵、杨树15000多棵、育苗小松树2500多棵、垂柳5000多棵、榆树45000多棵、云杉800多棵、紫穗槐50万棵。

（2）在划分的地块内分区域种植相应植被。总共分为5个种植区域：绿色蔬菜基地、枸杞种植区、葡萄种植区、文冠果种植区、沙棘种植区。"天池一号"蓄水池东部规划依次为6666平方米种植生态园；3000平方米多功能生态园；4套1600平方米四合院，四合院中部规划一处3000平方米的会馆；四合院东部规划为2700平方米的一处综合体育馆和1200平方米射击馆；在东南部规划为神东天隆团队精神训练基地。

（3）种植区内绿色蔬菜基地面积为10余公顷。2010年，该基地产出绿色无公害蔬菜140000千克；枸杞种植区面积为8公顷，已种植枸杞3万余株；沙棘种植区面积为4公顷，已种植沙棘2.5万余株；文冠果种植区面积为15.3公顷，种植文冠果苗1.8万棵；葡萄种植区内已种植葡萄沟30条，3600多棵。

（4）生态餐厅、4万平方米"天池一号"蓄水池、"S型净化水池"等项目已建设完成。这些项目全部由矿里职工自己设计并施工兴建，其中"S型净化水池"（水池水源来自采坑内部的积水），对采坑水进行处理后，用于规划区内蔬菜、树木、牧草等的浇灌。在4万平方米蓄水池中进行了小规模的水产及家禽养殖，并在蓄水池南部地块进行了山羊养殖和小松树的育苗。

（5）其余地方也进行道路修整、地块划分及道路防风林带的建设。各地块均规划为文冠果的种植区，同时在北部一个文冠果种植区内预留空地，进行水上娱乐项目和周边项目的开发。在采坑南部边帮位置保留部分台阶并规划建设一处蓄水池，作为露天采矿现场模型进行展示。

（五）内蒙古平庄煤业（集团）有限责任公司

公司西露天煤矿恢复采场非工作帮林地面积0.985平方千米；排土场采用林地护坡工程和平台土地复垦建设，植被恢复面积7.39平方千米；工业广场和办公生活区面积3.115平方千米。经历年绿化治理，西露天煤矿累计投入治理资金9678.45万元（含国家补贴太平地排土场治理资金2000万元），绿化复垦治理面积11.58平方千米，达到了可绿化面积的80%以上。西露天煤矿排土场2008年列入自治区采矿权探矿权使用费价款项目计划。项目自治区财政补助经费2000万元，项目企业匹配600万元。治理面积614.87公顷。

西露天煤矿采场面积3.84平方千米，恢复采场非工作帮林地面积0.985平方千米，已实施绿化的区域进行树苗补种工作，进一步恢复植被，补种面积44.63公顷。

图 7-3-33 平庄煤业集团西露天煤矿坑内绿化景观

四、矿山公园建设与管理

扎赉诺尔国家矿山公园是集科考研究、科普教育、观光览胜、文化娱乐、休闲度假于一体的综合性园区，是国家首批建设的 28 个国家矿山公园之一。公园平均每年接待游客 2 万余人，增加地方收入 2000 万元。扎赉诺尔煤炭资源丰富，褐煤储量达 101 亿吨，煤矿始建于 1902 年，是中国煤炭储量非常丰富且开发较早的地区之一。煤矿先后经历了东清铁路办矿、沙俄资本家包办、中苏合办、日伪统治等

图 7-3-34 扎赉诺尔国家矿山公园大门及主碑

时期,留下了丰富的矿业遗迹,开采过程中先后发现扎赉诺尔人头骨化石、猛犸象化石及拓跋鲜卑古墓群等古代文化遗迹。

2005年3月,由满洲里市国土资源局开始组织申报国家矿山公园,7月参加了国家级矿山公园的评审,8月被国土资源部正式批准建设。公园于2006年5月开始施工,2008年7月竣工,2008年8月30日开园。矿山公园工程总投资1300万元,占地面积6.2平方千米,分为露天观景广场和矿山博物馆两个景区。

露天观景区以矿业遗迹景观为主体,即灵泉露天矿典型褶皱带、"扎赉诺尔群"煤层剖面、矿田F断层遗迹、矿田地质构造等,具有罕见性、独特性、多样性和典型性。矿山博物馆集中展示扎赉诺尔煤业开发与煤业遗迹,让游客对扎赉诺尔煤炭事业及古扎赉诺尔人的风土人情和历史变迁有更深入的了解。

图7-3-35 扎赉诺尔国家矿山公园采矿地层剖面

2012年12月14日,由自治区地矿局所属地勘院与内蒙古地质学会联合筹备组建的内蒙古地质学会地质(矿山)公园与地质遗迹工作委员会经内蒙古自治区科协、内蒙古民政厅批准正式成立。该会是国内首家负责地质(矿山)公园与地质遗迹工作的行业组织,参与扎赉诺尔国家矿山公园设计,并承担业务指导任务。

内蒙古煤炭工业志（1991—2015）

第八篇　煤　化　工

内蒙古伊泰煤制油公司场区夜景

- ○　炼焦与干馏
- ○　煤制油
- ○　煤制天然气
- ○　其他煤化工项目

20世纪90年代，自治区焦煤主产地的乌海地区除建成一大批小土焦厂生产低于三级焦水平的原煤焦、水洗焦外，只有海勃湾矿务局建有海多焦化厂，年产焦炭不足5万吨。伊克昭盟焦化厂开始用不黏煤生产铁合金焦、焦油。全区处于只有焦、没有化的阶段。

2001年，自治区政府实施了煤炭资源配置"综合开发、加工转化、高效利用、集约经营"的政策，将资源配置向煤化工、煤转电产品转化，煤电向环保型循环经济产业倾斜，在推动煤炭的深加工、配套建设煤转电、煤的气化、液化及煤炭下游产品转化项目上取得明显成就，基本形成以煤炭产品转化升级、发展循环经济为主攻方向的新产业链模式。

此间，自治区政府要求各大型煤炭企业积极推进煤制油、煤制甲醇等综合煤化工项目，构建煤电高载能产品、高附加值煤焦化的化工产品、煤气化和液化产品系列，并规划在东胜、准格尔、白音华、呼伦贝尔、胜利等国家大型煤炭基地建设5个500万吨级煤炭液化项目。伴随工业经济发展，煤焦化行业在工业经济中已经占有举足轻重的地位，自治区政府除要求在鄂尔多斯市、乌海市、巴彦淖尔市、阿拉善盟等地实施1000万吨煤焦化项目外，还促使乌海市的焦化基地地位得到显著提升。截至2015年底，乌海市已建成投产百万吨级煤焦化企业13户，形成产能1800万吨；在建项目2项，新增产能200万吨；已批复拟建项目6项，产能700万吨。神华乌海能源公司的煤化、煤化工板块中有4个下属公司形成焦炭产能580万吨/年、甲醇产能40万吨/年、煤焦油加工能力30万吨/年、粗苯加工能力8万吨/年，产品主要有二级冶金焦、高硫焦、铸造焦、硫铵、硫磺、精甲醇、纯苯、甲苯、二甲苯、工业萘、轻油、蒽油等。

锡林郭勒地区为积极推动褐煤干燥、提质项目建设进度，加快煤化工项目规划布局和开工建设，为把锡林郭勒盟建成国家重要现代煤化工生产示范基地，全盟先后建成投产有160万吨/年褐煤处理能力的锡林郭勒兴富能源公司、50万吨/年褐煤中试装置的锡林浩特市国能能源科技、中电投锡林郭勒白音华煤电300万吨/年褐煤提质等煤化工项目。由此改变了锡林郭勒盟挖煤卖煤的单一煤炭产业模式，拉开了煤化工项目和煤电结合就地转化的煤炭产业多元化的序幕。

中国神华集团、中国华能集团、大唐集团公司、中国国电集团、中国电力投资集团、中煤能源集团等国家能源企业和山东兖州煤业公司等外阜大型国有企业分别在呼伦贝尔市、通辽市、赤峰市、包头市、鄂尔多斯市、乌海市建立了大型煤电、煤化工企业，对自治区的煤炭转化和低阶煤提质等方面发挥了重要作用。

截至2015年底，全区已形成煤制甲醇产能664万吨，煤制合成氨产能468万吨，尿素产能678万吨，聚氯乙烯产能445万吨，焦炭产能5215万吨。全区还形成煤制油产能142万吨，其中神华集团108万吨煤直接液化、18万吨煤间接液化，伊泰集团16万吨煤间接液化项目。煤制烯烃形成产能106万吨，其中神华包头60万吨、大唐多伦46万吨煤制烯烃项目。煤制天然气形成产能17.3亿立方米，其中大唐克什克腾旗13.3亿立方米，汇能4亿立方米。特别是鄂尔多斯地区建设的世界级新型煤化工基地已具雏形，基本实现煤炭产业的"三个闭路循环"（原煤→洗煤→热电→高载能→新型建材，原煤→

洗煤→炼焦→焦油加工→精细化工，原煤→直接或间接液化→各类油品及化工产品）

2015年底在建的及开展前期的项目有神华集团282万吨/年直接液化二、三生产线项目和伊泰集团200万吨/年煤间接液化项目。煤制烯烃在建产能390万吨/年，其中中煤蒙大60万吨，中天合创140万吨，久泰能源60万吨，神华包头70万吨，泛海能源60万吨。中电投公司80万吨烯烃项目正在开展前期工作。煤制天然气在建产能42.7亿立方米，分别为大唐克旗26.7亿立方米，汇能16亿立方米。另外，新蒙80亿立方米、华星40亿立方米、北控40亿立方米、中海油40亿立方米、河北建投40亿立方米、内蒙古矿业40亿立方米煤制气项目正在开展前期工作。由于2013以来国际石油和煤炭市场疲软等原因，许多煤化工项目处于缓建和非满负荷运行状态。

第一章 炼焦与干馏

第一节 炼焦

内蒙古焦煤资源主要分布在西部的乌海市、鄂尔多斯市、阿拉善盟、包头市，保障区内外的冶金企业需求。20世纪90年代初，随着国家经济的快速发展，小炼铁、小电石厂数量不断增加，刺激了低品位焦炭市场的快速发展。到2004年，有数量众多小焦化厂的乌海市、鄂尔多斯棋盘井和阿拉善盟乌斯泰镇一起被称作内蒙古的"黑三角"。这些厂家只焦不化，不仅浪费大量可回收资源，还造成严重的环境污染。

2005年以后，随着国家环保力度的加大和大型工业化焦化企业的发展，逐步淘汰了小炼铁、小电石厂，小焦化厂随之退出历史舞台。在淘汰落后焦化产能的同时，乌海市、鄂尔多斯市和阿拉善盟加大招商引资的力度，全国各大企业集团纷纷在内蒙古自治区投资建厂，新建的焦炭厂产能都已达到60万吨/年以上。

截至2015年底，全区已形成焦炭生产能力5215万吨。随着煤化工技术的发展，焦炭已经不限于单一冶炼，而是向白金加工、煤化方向发展。

一、传统炼焦

（一）乌海地区

乌海地区焦化行业经历了企业规模从小到大、装备水平从低到高、产业布局从点多面广到集约经营、生产管理从粗放生产到清洁生产的多方面转变。历经3个阶段：

第一阶段，小土焦阶段。二十世纪八九十年代，伴随着改革开放，该地区建设一大批小土焦厂，炉型多为圆包炉，产品为原煤焦、水洗焦，产品低于三级焦水平。在此期间，乌海地区只有焦，没有化，焦炭年生产能力不到200万吨，企业呈现星罗棋布、遍地开花的特点。1994年，全市有200余家炼焦厂，2000余处小土炼焦炉中，除6家是机械化、半机械化或可减轻污染的改良型焦炉外，绝大部分是萍乡炉和地坑炉。

第二阶段，改良焦阶段。1995—1998

年，乌海市引进改良焦生产技术，陆续建成一批改良型焦炉企业。但当时改良焦产品多数仍达不到三级焦水平，化工产品部分只有少数企业能回收焦油，只是解决小土焦明火冒烟的问题。

第三阶段，清理整顿阶段。根据《乌海市清理整顿土法炼焦实施方案》要求，全市开展规模化的小土焦的清理整顿工作。于1996年7月31日前，完成距城区10千米范围内的整顿工作，1996年年底前，完成10千米范围以外的整顿工作。清理整顿工作始终坚持"一把尺子（坚决按规定的条件范围进行清理整顿）、三个不问（不问是哪个单位办的，不问是谁办的，不问谁在其中有股份、有利益）、一视同仁（不搞特殊照顾）"的原则。其间，全地区共强制拆除清理小土炼焦厂262家（其中属伊克昭盟的有46家），土焦炉2174处，其中"萍乡炉"873处，坑式炉1301处。

由于小土焦炉生产工艺简易，他们可以在一夜之间挖坑装煤点火开始生产，特别是海南区平沟地区的一些小土焦，主要利用大矿洗煤厂外溢煤泥不花钱的优势，采用"打游击"的办法进行坑式炉炼焦，死灰复燃现象非常严重。1997年，乌海市对小土焦炉的清理整顿，主要是巩固成果，清理死灰复燃现象。煤炭局会同国土资源局、公安局等部门，组织17次大规模的强制清理行动，清理坑式小土焦炉510处，有效遏制小土焦炉的死灰复燃。2000年，全市开始全面清理关闭小土焦行动，共铲除土焦厂262家、土窑子2684个，削减焦炭产能140万吨。

2003年，由于全市经济总量迅速增长，煤炭资源供需紧张的矛盾日趋突出，特别是焦炭行业迅猛发展，开始大量上马机焦项目，对煤→电→高载能一体化优势产业带来巨大冲击。为了缓解这一矛盾，实现经济的可持续发展，乌海市依法对境内的改良焦生产全部实施关停取缔，共关闭改良焦生产企业109户，铲除废毁改良型焦炉1178孔，削减落后生产能力200余万吨。同时，市政府提高焦炭项目的准入门槛，并要求所有炼焦企业必须进入工业园区，符合国家产业政策和环保要求。

(二) 鄂尔多斯地区

鄂尔多斯地区最早的煤焦化工业是炼土焦。20世纪80年代后期，鄂托克旗棋盘井一带逐步建起一些土焦厂。1988年，鄂托克旗生产土焦7万吨。至1989年，鄂托克旗拥有200个乡镇企业煤矿，其中30%开展土焦生产，共产土焦5.54万吨。

1992年，东胜煤田的焦粉生产仍限于土法生产，工艺落后，规模较小，不能满足市场需求。同年，准格尔旗新建川掌乡弓家塔联营煤矿和焦粉加工厂。棋盘井煤矿投资117.7万元引进2组12支山西介休焦炉，新增了2万吨的焦炭生产能力。截至1992年底，伊克昭盟地方焦炭企业计划生产焦炭30万吨，完成产量22万吨，完成年计划的73%。同年4月，伊克昭盟在西部地区推广介休焦炉技术。经市场调研论证，6月，伊克昭盟煤炭开发经营公司新建焦粉厂1处，建设规模初期为1万吨/年。生产工艺流程和设备选型采用从大同引进的简易立式碳化炉，工艺流程：选择块煤→装车提升至进料口→进料碳化→水熄灭火→出料→破碎→筛分→分别入库或装袋，主要设备有出料机2台、提升机1台，不回收煤气和煤焦油。

1993年1月，伊克昭盟煤炭开发经营公司在鄂旗棋盘井新建焦化厂1处，生产规模为1万吨/年，企业性质为集体所有制，总投资52.1万元，其中集体投资32.1万元，个人投资20万元。生产流程：建一处简易洗煤厂，自产煤和调入的原煤经洗选后形成洗精煤，再将洗精煤装炉炼成焦炭。截至1993年底，鄂尔多斯地区有各类焦化厂、点114个，全年实际生产焦炭25.8万吨，完成年计划的68%。

全盟乡镇煤矿生产焦炭11万吨，其中准格尔煤田有焦化厂12个，全年生产焦炭2.9万吨；东胜煤田南部及东部区有焦化厂14个，全年生产焦粉3万吨；桌子山煤田鄂托克旗8个矿区共有炼焦场点88处，其中平炉325个、土窑1300个、隧道炉28个、介休炉26个、机焦炉1个，年生产焦炭能力58.42万吨，年生产焦炭耗原煤157.13万吨。每年大约排放废气144亿标准立方米、二氧化硫4800吨、烟灰11.55万吨、煤粉灰12万吨、煤矸石4.5万吨、洗煤废水50万吨。"三废"排放量逐年递增，矿区环境日渐恶化，影响公路交通安全，使鄂尔多斯西部珍稀濒危植物受到严重破坏。

依照国务院关于对浪费资源和能源，以及污染环境的企业，特别是小煤矿、小土焦等乡镇企业，必须一律关闭的决定，1994—1995年，伊克昭盟行署对正在生产和建设中的各类焦炭生产企业进行全面彻底的清理整顿，并做出具体规定：①焦炭生产企业的批办条件必须符合国家环境保护标准，焦炭质量必须符合国家标准，必须有焦炭副产品回收工艺系统，必须具备与建设规模相适应的资金、生产技术和管理人员；②凡属伊克昭盟境内生产和在建的国有、乡镇、个体、联办、外办焦炭生产企业，均在整顿范围之内，并对现有改造条件的焦炉进行技术改造，将其逐步改造成为改良型环境达标焦炉，不具备改造条件的或建于水源保护区、居民聚居区的土焦炉要全部清理；③在清理整顿期间，严禁新建土焦生产企业和扩大土焦生产规模。根据伊克昭盟煤焦化基地规划发展布局，分期分批发展机械化焦炭生产和

采用改良型环保达标焦炉，对具备生产条件，积极采用先进炼焦工艺和技术，或经改造能达到要求标准的企业，给予扶持。

1994年2月，自治区政府转发国家环保总局等部门《晋陕蒙接壤地区能源开发环保检查现场会的会议纪要》，就整顿采煤秩序、清理河道障碍、改造土法炼焦、制定资源开发与环境保护规划等工作进行安排部署。伊克昭盟行政公署随即成立小煤窑小土焦清理整顿领导小组，由相关领导分别在东胜煤田补连塔矿区和鄂托克旗棋盘井地区召开现场办公会议进行落实。伊克昭盟煤炭局组织编制《伊克昭盟地方小土焦生产技术改造总体可研报告》。5月13日—6月7日，由伊克昭盟煤炭局牵头，盟矿管局、人劳处等单位抽调共17人分3组赴全盟各旗市进行安全调查，开展清理整顿小煤窑和小土焦的第一阶段工作。经过治理整顿，截至1994年底，全盟共取缔土焦厂点331个。1995年3月30日，棋盘井地区的土焦窑由1300个减少到979个，但焦炭产量并未受此影响。截至1994年底，全盟焦炭产量达到58.8万吨，完成计划30万吨的196%，同比增长147%。

1996年，鄂托克旗进一步加强对全旗小土焦场点的清理整顿工作，将旗境内及鄂托克旗与乌海市交接地带的炼焦点（包括圆室炉、萍乡炉）全部取缔，无一处重新生产。1997年，全盟焦炭产量62.8万吨，完成年计划的95%。至1997年底，全盟严重污染环境的土焦场点全部被取缔。

（三）其他地区

1983年，包头矿务局五当沟矿建起第一处焦化厂，定名为"五七"焦厂。1990年，焦炭产量达1.7万吨。

20世纪90年代初期，市场焦炭紧俏，包头周边地区修建许多土法炼焦炉，

京包公路两侧经常黑烟遮天蔽日。1994年后，包头市根据自治区政府要求，对土焦厂进行清除。

1984年，阿拉善盟阿拉善左旗百灵庙煤矿建成一处年产2500吨的炼焦厂，1987年扩建为2万吨/年。2005年，阿拉善盟将阿拉善左旗土法炼焦企业全部取缔。

二、机械化炼焦

（一）乌海地区

1995年，乌海市煤焦化进入小机焦阶段。当年，乌海市焦化厂年产20万吨机焦项目建成投产，是该市第一家正规机械化焦厂，时称"大焦化"。截至2005年底，该市已建成机焦企业49户，机焦产能达700多万吨。

国家环保总局、国家发改委、监察部、电力监管委员会四部委联合印发《关于晋陕蒙宁有关地区电石铁合金焦炭等行业清理整顿要求的通知》等一系列清理整顿政策后，乌海市政府在2005年底前全部关停取缔年产量在20万吨以下的32户焦炭企业，削减落后焦炭产能310万吨。

2006年，乌海市煤焦化转入大型机械化焦炉阶段。乌海市按照国家产业政策，通过大力推进重点项目建设和淘汰落后产能，及时调整产业结构，要求新建焦化项目必须进入工业园区，起点规模在年产100万吨及以上。

图8-1-1　乌海煤焦化公司机械化焦厂出焦现场

2007—2009年，按照《国务院节能减排综合方案》及《产业结构调整指导目录（2005）》规定的淘汰类标准和期限，乌海市政府下令拆除淘汰所有炭化室高度在4.3米以下的19户机焦企业，淘汰落后焦炭产能480万吨。

截至2009年，内蒙古又淘汰年产焦炭30万吨以下的落后产能企业20多家，产能近600多万吨（表8-1-1）。

表8-1-1　2009年乌海地区焦化行业淘汰落后生产能力企业名单

企业名称	炉型	台数（台）	产能（万吨）	企业名称	炉型	台数（台）	产能（万吨）
内蒙古沪蒙煤焦化有限责任公司	99-6型	2	35	乌海市五虎山煤焦化有限责任公司	畅翔2000型	4	40
乌海市宏阳焦化有限责任公司	99-Ⅱ型	2	22				
乌海市吉兴源煤业开发公司	66-Ⅱ型	3	35	乌海市岳佳煤焦化有限责任公司	畅翔Ⅲ型	2	40
乌海市榕鑫焦化有限责任公司	新99-Ⅱ型	2	25				

表8-1-1（续）

企业名称	炉型	台数（台）	产能（万吨）	企业名称	炉型	台数（台）	产能（万吨）
乌海市海峰煤焦化有限责任公司	99-Ⅱ型	1	13	乌海市融鑫焦化有限责任公司	JNK25-98	4	20
内蒙古万晨能源股份有限公司	70型	12	45	乌海市源通煤炭化工公司焦化厂	99-Ⅲ型	2	23
乌海市树天焦化有限责任公司	Z-87型	2	20	阿拉善左旗泰升煤炭有限责任公司	98-Ⅱ型	4	30
乌海市温明煤焦有限公司	99-Ⅲ型	2	24				
乌海市明星焦化有限责任公司	99-Ⅱ型	2	20	阿拉善盟天众红焦化有限公司	99-Ⅱ型	2	20
乌海市金航煤焦化有限责任公司	E-87型	2	20	黄河工贸集团千里山焦化厂	—	—	25
乌海市乌拉山煤化有限责任公司	新99-Ⅱ型	2	24	黄河工贸集团华西焦化公司			30

经过2006—2010年的结构调整，乌海市已经成为自治区重要的焦炭生产基地，在自治区乃至国内市场都占据一席之地。截至2014年底，乌海市共生产焦炭产品1001万吨（产能发挥率为63%），同比下降9%。其中神华能源公司生产251万吨，同比下降29%；地方企业生产750万吨，基本与同期持平。2015年乌海市已建成炼焦企业及产能统计见表8-1-2。

表8-1-2 2015年乌海市已建成炼焦企业及产能统计表　　　　万吨/年

建设地点	项目业主	批准生产能力	建成产能	竣工时间	备注
乌海市西来峰工业园区	神华乌海能源公司西来峰焦化厂	300（捣固焦）	100 226	一期2006-07 二期2009-12	已投产
乌海市西来峰工业园区	乌海市西部煤化工公司	100（焦炭）	100	2010-03	已投产
乌海市西来峰工业园区	乌海市榕鑫焦化有限公司	100（焦炭）	100	2011-03	已投产
乌海市西来峰工业园区	内蒙古泰和煤焦化有限公司	100（焦炭）	100	2009-05	已投产
乌海市西来峰工业园区	乌海市佳鑫煤焦化公司	100（焦炭）	100	2011-08	已投产
乌海市乌达区	神华乌海能源公司天信公司	60（焦炭）	60	2006-06	已投产
乌海市乌达工业园区	内蒙古美方煤焦化有限公司	240（焦炭）	一期96 二期100	一期2011-10 二期2014-12	已投产 竣工
乌海市海勃湾区千里山工业园区北区	乌海市源通煤化工有限责任公司	100（焦炭）	100	2011-10	已投产
乌海市海勃湾区千里山工业园区	内蒙古黄河能源科技集团千里山煤焦化有限责任公司（黄河工贸）	230（焦炭）	230	一期2009-03 二期2011-03	已投产
乌海市海勃湾区千里山工业园区	乌海市广纳煤焦化有限公司	100（捣固焦）	100	2011-01	已投产
	乌海市温明焦化有限公司	50（捣固焦）	50	2014-05	
	乌海市德晟实业有限公司	95（捣固焦）	100	2009-10	
	乌海市华信焦化有限公司	100（捣固焦）	100	2013-10	试生产
乌海市滴沥帮乌素矿区	乌海市华资煤焦化公司煤焦公司	100（焦炭）	100	2008-08	已投产

（二）鄂尔多斯地区

20世纪90年代，伊克昭盟引进机械化炼焦技术。准格尔旗、伊金霍洛旗采用半机械化N—74型直立炉，以不黏煤作为原料生产铁合金焦。1991年，伊克昭盟精焦生产数量8.28万吨。7月，伊克昭盟焦化厂开始用不黏煤生产铁合金焦、焦油，至1994年3月停产，生产期间一直处于亏损状态，累计生产焦炭约1.62万吨，回收煤焦油879吨。同年，鄂托克旗棋盘井煤矿将2组萍乡炼焦炉改造为山西"89型"炼焦炉，该炉型新增集中排烟系统、煤气回收系统、排放系统和煤焦油回收系统，标志着炼焦工艺由土法炼焦向机械化炼焦转变。

鄂托克旗在主要发展国有企业机焦生产的同时，也在发展乡镇企业焦炭生产。1994年8月，鄂托克旗组织旗内重点苏木乡镇、巴音陶亥农场及生产焦炭国营煤矿、炼焦厂到山西榆次、文水、孝义、介休、汾阳、龙泉考察学习，初步掌握"91型焦炉"和"龙泉型焦炉"等较先进设备的技术性能。考察后，棋盘井镇与阿尔巴斯苏木、碱柜乡、巴音陶亥乡联合新上马年产12万吨的91型焦炉改造项目；额尔和图苏木筹备新建年产3万吨洗煤炼焦厂；公其日嘎乡开展年产1.5万吨山西介休JHK—89型环保焦炉技术改造项目。改造后，全镇的焦炭生产能力由原来的54万吨增加到100万吨左右。

1994年底，伊西京蒙煤焦化总公司焦化厂（原鄂托克旗焦化厂）完成技术改造任务，形成5万吨/年的焦炭生产能力和30万吨/年的洗选能力。该厂与北京焦化厂挂靠联合，成立京蒙炼化公司，对年产10万吨焦炭的机焦炉技术改造，改造后降低生产成本300多万元，焦炭质量也达到新的等级，经济效益明显提高。10月25日，经伊克昭盟煤炭工业管理局批准，伊克昭盟广源煤焦有限责任公司焦化厂进行技术改造，技术上借鉴山西介休"91型"焦炉。

1995年4月，伊克昭盟煤炭工业局与山西省晋中开明科技开发公司小型选煤焦化研究所建立技术协作关系，成立该研究所91型焦炉技术在蒙西地区的代理机构，当年在鄂托克旗桌子山煤田煤焦化基地首次引进并推广该技术。随后，盟、旗、乡镇一级企业几方筹集资金开工建设"91型"环保达标焦炉7组，年底已投产年产焦炭3万吨的机组3组。12月16日，鄂托克旗焦化厂二期工程一次性点火成功，该工程已累计投资近3000万元，年产10万吨焦炭的机焦生产线全部进入正常运行。

1998年，伊东集团从陕西省神木三江煤化研究所引进技术，成立准格尔旗第一家机制炼焦厂。内蒙古伊西焦化集团公司有选煤厂5处，煤炭洗选能力为50万吨；有焦化厂5处，生产能力24万吨。1998年，生产精焦10万吨、机焦8.7万吨、煤焦油0.5万吨。1月初，鄂托克旗关闭萍乡炉，投资1750万元筹建改型的70型机焦炉试产成功，厂内增加100人，焦炭产量增加5.5万吨，机焦成本降低40元/吨。

1999年，鄂托克旗取缔小土焦后，全旗投资1000多万元对土焦炉进行全面改造，建成20多个达标焦炉，焦炭生产能力达到30万吨/年，另投资1亿多元建设20万吨机焦炉项目。鄂托克前旗焦化厂投入350万元对红旗三号炉进行维修改造。

2000年，伊克昭盟东部（包括在建项目）有焦炭生产能力22万吨，煤焦油产量7000吨。已建成的焦化厂有准格尔旗伊东煤炭有限责任公司焦化厂，年产焦粉 1.3 万吨，回收煤焦油 2000 吨；鄂尔多斯市乌兰煤炭集团有限责任公司马家沟焦化厂，年产焦粉 1.5 万吨，回收煤焦油 1500 吨；何家村焦化厂，年产焦粉 3 万吨，回收煤焦油 3000 吨；准格尔旗电业局柳林沟焦化厂，年产焦粉 1.5 万吨，回收煤焦油 2000 吨。规划在弓家塔地区建 5 个年产焦炭 12 万吨、回收煤焦油 8000 吨的焦化厂，总投资 6000 万元。

2002 年，准格尔旗羊市塔地区建设形成焦粉厂近 20 家，达到年产焦粉 60 余万吨、焦油 6 万吨的规模，成为准格尔旗焦粉生产基地。内蒙古伊东煤炭集团有限责任公司投资 250 万元对公司焦化厂进行二期技术改造，新建 2 处立式焦化炉，形成年产焦粉量达到 5 万吨、焦油 5000 吨的规模。

2003 年，鄂尔多斯市已建成和在建焦炉 100 多处，年产焦粉 300 万吨。伊金霍洛旗南部精煤区新建 39 家小型焦化厂，准格尔旗新建 30 家、在建 30 家小型焦化厂，实现坑口煤就地加工转化。鄂托克旗焦炭产销量以 73.8% 的速度增长。2003 年，鄂尔多斯市焦化项目共完成投资 1 亿元，全市新建一批焦化厂：新建年产焦炭 70 万吨的蒙西神华煤化工捣固焦厂、年产焦炭 40 万吨的利民煤焦有限公司焦化厂，年产焦炭 20 万吨的星光集团公司焦化厂，棋盘井煤矿焦化厂，乌仁都西煤矿焦化厂和红义荣耀煤焦公司焦化厂等，在建年产焦炭 3 万吨的焦化厂有 69 家。

2003 年 9 月，悖牛川煤电煤化工基地开工建设，一期工程规划：建设 20 家煤焦化企业，焦粉总生产能力 500 万吨/年；建设捣固焦 5～6 家，一、二级焦炭生产能力 200 万吨/年；围绕自备电厂，规划建设焦粉深加工的高载能企业电石厂、碳化硅厂、硅铁厂等 5～6 家，生产总规模达到 15 万吨/年；对排放的焦炉尾气进行研究开发；规划建设金属镁、高岭土、泡花碱等企业；对煤焦油进行提纯加工，年回收焦油 60 万～80 万吨。一期工程按年产 150 万吨焦炭计算，年耗煤约 260 万吨，可回收焦炉煤气 8 亿立方米，50% 用于炼焦燃料，50% 用于石灰窑、发电和民用。悖牛川煤电煤化工基地借鉴国内对大同不黏煤采用直立炉炼焦制气的成功经验，以及羊市塔等地区采用直立炉炼焦的实践，推荐采用大同弱黏煤炼焦用的 H75—12 型空外热式直立炉及内蒙古煤炭科学研究院推荐的 MH—03 型内热式直立炉等炉型，其单组炉年产量在 4 万吨以上。

2004 年，全市取缔 59 家改良型焦炭企业的 688 个孔窑。2005 年，共取缔 21 家 20 万吨以下的机焦企业、29 家 100 立方米以下的炼铁企业的 35 台炉，减少机焦产能约 160 万吨。2004 年，鄂尔多斯市规划西部桌子山煤田建成 2000 万吨以上煤焦化基地。2006 年，全市共取缔 190 家兰炭企业、212 家小白灰企业的 289 台炉。全市有焦炭企业 5 家（鄂托克旗 4 家，伊金霍洛旗 1 家）、炼焦企业 14 家，产能 208 万吨。2009 年，淘汰落后生产能力企业鄂托克旗隆达煤焦化有限公司（设备型号：红旗—Ⅱ型，产能：20 万吨）和伊金霍洛旗宇王焦化厂（设备型号：99—Ⅱ型，产能 20 万吨）。

2006—2010 年，鄂尔多斯市的煤炭转化产业进入快速发展的时期，大型的煤化工基地和工业园区发展起来，单炼焦型企业全部淘汰或转型升级。已经建成投产的捣固焦项目如下：

1. 建元煤焦化 96 万吨/年捣固焦项目

该项目 2008 年由内蒙古自治区发改

委备案许可，批准建设规模96万吨/年捣固焦。项目位于鄂尔多斯市鄂托克旗棋盘井109国道南侧，由鄂托克旗建元煤焦化有限责任公司负责建设经营，实际完成投资73086.64万元。

2008年7月开工建设，2011年7月竣工，炭化室高4.3米，2×72孔，生产能力为96万吨/年捣固焦及其化工产品回收，主要产品是焦炭、煤焦油、粗苯、硫酸铵。

2013—2015年，公司共生产捣固焦286.57万吨，转化原煤400.57万吨。

2. 华誉煤焦化公司70万吨/年捣固焦技术改造扩建100万吨/年捣固焦项目

2005年，内蒙古自治区发改委对项目予以备案许可。项目位于蒙西工业园区，由内蒙古星光煤炭集团鄂托克旗华誉煤焦化有限公司建设经营，实际完成投资53000万元。

2010年2月开工建设，2012年3月投产，主要生产工艺为宽炭化室、宽蓄热室、双联下喷、废气循环、单热式2×55孔TJL5550D型焦炉，炼焦采用捣固煤饼，侧装煤饼高温干馏工艺。煤气净化回收系统设有冷鼓、电捕、蒸氨、硫铵、洗脱苯、脱硫及硫回收等工序。主要产品有焦炭、焦炉煤气、同时回收煤焦油、粗苯、硫磺、硫铵等。

2012—2015年，公司共生产捣固焦203.36万吨，转化原煤284.7万吨。

3. 恒坤化工公司一期130万吨/年捣固焦项目

该项目位于鄂尔多斯市鄂托克前旗上海庙经济开发区，占地面积30.4公顷。由山东能源新矿集团内蒙古能源有限责任公司旗下的内蒙古恒坤化工有限公司建设经营，实际完成投资103758.75万元。

该项目于2009年9月开工建设，2011年9月建成投产，采用2×65孔ZHJL5552D捣固型焦炉，炭化室高度5.5米，同时建有可生产14吨/小时0.8兆帕蒸汽的烟道余热利用装置，以及170吨/小时干熄焦带25MW发电装置，主要工艺包括备煤、捣固炼焦、熄焦和化工产品回收各工序。主要产品有焦炭、焦油、粗苯、硫胺、焦炉煤气蒸汽等。

2011—2015年，公司共生产捣固焦394.87万吨，转化原煤463.52万吨。

4. 鄂托克旗红缨煤焦化有限责任公司100万吨/年捣固焦项目

该项目于2010年6月10日，由内蒙古自治区经济与信息化委员会予以备案许可。项目位于鄂尔多斯市鄂托克旗经济开发区，由鄂托克旗红缨煤焦化有限责任公司建设经营。

2011年6月开工建设，2012年开始边建设边生产，2014年5月全面建成。项目采用2×60孔JT5555D型宽碳化室结构，包括备煤、炼焦、地面除尘站、煤气净化、白灰、筛储焦、生化水处理、综合污水深度处理、焦炉烟囱废气脱硫脱硝处理等设施。公司在生产过程中，采用先进的煤焦化新工艺、新技术，原料和焦炭的运输均有封闭的皮带运输长廊输送，精煤粉碎楼、筛焦楼、转运站、装煤出焦等粉尘污染点设置布袋除尘器，除尘率达99%以上，回收的煤尘、焦粉配入精煤炼焦使用。煤气净化产生的煤焦油外销至有处置资质的企业进行深加工，焦油渣、脱硫废液、洗油残渣、焦粉、污泥等配入精煤炼焦。炼焦生产的煤气经过净化后除供焦炉、锅炉使用外，其余供给烧窑烧制白灰。该项目的主要产品有焦炭、煤焦油、硫铵、硫磺、粗苯等。

2012—2015年，公司共生产捣固焦203.36万吨，转化原煤284.7万吨。

5. 华冶煤焦化捣固焦技改项目

华冶煤焦化捣固焦技改项目位于鄂

尔多斯市蒙西高新技术工业园区，由内蒙古鄂尔多斯市华冶煤焦化有限公司建设经营，实际完成投资77118.35万元。

2005年11月，内蒙古泰发祥工贸有限公司（内蒙古鄂尔多斯市华冶煤焦化有限公司前身）获得内蒙古自治区发改委备案许可，建设70万吨/年捣固焦项目。2011年，该公司为进一步适应市场需求，顺应国家产业政策调整和行业标准化要求，在现有生产装置的基础上进行技术改造，将生产规模由70万吨/扩大到100万吨/年。是年11月9日，技改方案获得内蒙古自治区经济和信息化委员会备案许可。技改项目于2012年3月开工建设，2013年6月竣工投产。项目采用2×72孔TJL4350D型单热式捣固焦炉，设置炼焦配套的煤气净化系统。主要生产工序为转煤储运、煤破碎、配煤炼焦、焦炭储运、煤气净化回收。主要产品有焦炭、煤焦油、硫磺、硫铵、粗苯。

2012—2015年，公司共生产捣固焦70.78万吨，转化原煤98.56万吨。

截至2015年底，已经建成机械化炼焦项目11个，在建1个（蒙西矿业100万吨/年捣固焦联产10万吨/年甲醇项目）。2015年鄂尔多斯市煤焦化企业汇总见表8-1-3。

表8-1-3 2015年鄂尔多斯市部分煤焦化企业统计表　　　　　　　　　万吨/年

建设地点	项目业主	批准生产能力	建成产能	竣工时间	备注
鄂托克旗棋盘井工业园	鄂尔多斯西盛煤焦化有限公司	30（兰炭）	60	2008-06	已投产
鄂托克旗棋盘井工业园	利民煤焦化公司	60（焦炭）	60	2008	已投产
鄂托克旗蒙西工业园	星光煤炭集团鄂托克旗华誉煤焦化有限公司	100（焦炭）	100	2011-10	已投产
鄂托克旗蒙西工业园	神华蒙西煤化股份有限公司焦化一、二厂	160（焦炭）	70 100	2004-10 2008-10	已投产
鄂尔多斯乌审旗图克工业区	鄂尔多斯市神冶兰炭制品有限公司	120（兰炭）	30 30（在建）	一期2008 二期2013	建成停工
鄂托克前旗上海庙经济开发区	内蒙古恒坤化工有限公司煤焦化多联产项目二期	130（捣固焦）	130	2012 2015	部分建成

（三）阿拉善地区

2001—2005年，阿拉善盟阿拉善左旗宗别立地区多家煤炭焦化加工企业生产"土焦"50.4万吨。2005年，国家和自治区治理、取缔、关闭土炼焦生产企业，阿拉善左旗宗别立地区煤焦化企业全部被取缔和关闭，阿拉善盟全部改为机械化炼焦。2015年阿拉善盟煤焦化企业汇总见表8-1-4。

表8-1-4 2015年阿拉善盟部分煤焦化企业统计表　　　　　　　　　万吨/年

建设地点	项目业主	批准生产能力	建成产能	竣工时间	备注
阿拉善经济开发区	太西煤集团乌斯太焦化有限责任公司	60（焦炭）	60	2006-08	已投产
阿拉善经济开发区	内蒙古泰升实业集团	96（焦炭）	100	2010-10	已投产

表 8-1-4（续） 万吨/年

建设地点	项目业主	批准生产能力	建成产能	竣工时间	备注
阿拉善经济开发区	内蒙古庆华集团庆华煤化有限责任公司	310（捣固焦）	300	一期 2006 二期 2007 三期 2013	已投产
腾格里工业园区	内蒙古庆华集团腾格里煤化有限公司	100（焦炭）	100	2013-12	建成
腾格里工业园区	内蒙古金石镁业有限公司	120（焦炭）	100	2013-12	建成
阿拉善左旗	内蒙古金石镁业有限公司	120（焦炭）	120	2012-12	部分建成

（四）其他地区

1. 包头钢铁公司焦化厂

包钢焦化厂建于1958年4月，1959年5月投产，占地面积132.63万平方米。1991—2005年，有4处焦炉生产，2005—2007年，建成投产6处6米高的大型焦炉，2007年后，全厂10处焦炉同步生产，年产焦炭达到460万吨。主体设备为4处4×65孔ПВР型、2处6×50孔JN60—4型焦炉和4处JN60—6型焦炉，3套125吨/小时干熄焦系统，小时处理能力分别为10万立方米、5万立方米和8万立方米的煤气净化系统，年加工15万吨焦油及两套酚氰污水处理装置和年处理原煤能力为150万吨的全重介洗煤生产线。主要产品有冶金焦炭、焦炉煤气、工业萘、焦化苯、甲苯、二甲苯、蒽油、煤沥青、硫磺等。

2. 内蒙古包钢庆华煤化工有限公司

2010年12月9日，由包钢钢联股份有限公司和内蒙古庆华集团有限公司共同出资建设的210万吨焦化项目在巴彦淖尔市乌拉特前旗工业园区奠基。2013年6月3日，1号炉装煤，6月5日顺利出焦。6月22日，2号焦炉装煤，6月24日顺利出焦，正式与1号焦炉组成一个炉组进行生产。7月5日，4号焦炉点火烘炉。7月12日，3号焦炉点火烘炉。7月，项目深度处理系统土建工程开始施工，较好地解决了公司的水平衡问题，实现水的"零排放"（近零排放）。10月9日，4号焦炉装煤，10月11日顺利出焦。10月28日，3号焦炉装煤，10月30日顺利出焦。10月30日，3号、4号炉正式组成一个炉组进行生产。至此，包钢庆华煤化工有限公司4处焦炉全面实现投产，产出的焦炭全部供应包钢（集团）公司炼铁厂。2014年生产焦炭1618359吨（含水），2015年生产焦炭1349655吨（干焦）。

3. 呼和浩特中燃城市燃气发展有限公司

呼和浩特中燃城市燃气发展有限公司的前身是始建于20世纪70年代初的呼市焦化厂，曾是内蒙古唯一的独立型焦化厂。1982年，焦化厂利用富余煤气在职工宿舍区进行民用煤气使用试验。1985年2月，一期工程首次向市区300户居民输送煤气。企业的名称也先后由焦化厂、煤气公司变更为煤气化总公司、煤气有限责任公司。2008年10月，呼和浩特市实现天然气化，焦炉开始拆除。2010年，公司清水河焦化分公司100万吨焦炭生产线在清水河县喇嘛湾镇投产运行，延续着公司炼焦产气的项目。

2015年包头市、呼和浩特市、巴彦淖尔市、赤峰市煤焦化企业汇总见表8-1-5。

表8-1-5 2015年包头市、呼和浩特市、巴彦淖尔市、赤峰市部分煤焦化企业统计表

万吨/年

建设地点	项目业主	批准产能	建成产能	竣工时间	备注
包头石拐工业园区	包头市聚隆焦化有限公司	60（焦炭）	60	2010	已投产
包钢厂区	内蒙古包钢钢联股份有限公司焦化厂	445（焦炭）	445		已投产
包头石拐工业园区	包头经纬能化有限公司	100（捣固焦）	120	一期2013-09 二期2014-09	已投产 竣工
呼和浩特市	呼和浩特中燃城市燃气发展有限公司	100（焦炭）	100	2009	已投产
乌拉特中旗 乌不浪口工业园区	巴彦淖尔市神华能源有限责任公司	120（焦炭）	120	2012-12	已建成
乌拉特前旗 黑柳子工业区	包钢集团	210（焦化）	210	2012-12	已投产
元宝山区开发区	赤峰九联煤化有限公司	100（捣固焦）	100	2011-10	已投产
宁城县汐子工业园	赤峰市得丰焦化有限公司	100（焦化）	100	2012-06	已投产

三、煤焦油深加工

（一）乌海地区

1991—1995年，乌海市加速煤炭综合开发利用项目的建设，重点加速发展原煤的洗选、炼焦油回收及深加工产业。在乌达、海勃湾矿务局划归神华集团前，只有海勃湾矿务局建有海多焦化厂，设计年产焦炭5万吨，一直未达到设计产能。

2002年8月，以神华集团为主发起成立神华蒙西煤化股份有限公司，投资建设70万吨/年捣固焦项目生产二级冶金焦。2005年，神华乌海煤焦化有限责任公司先后收购内蒙古利民煤焦有限责任公司和乌海市天信精洗煤有限公司。2005年8月，神华集团关闭海多焦化厂。2010年1月2日，经神华集团公司同意，神华乌海能源有限责任公司将西来峰焦化厂、乌海天信精洗煤有限公司、西来峰煤焦油加工厂、西来峰公辅项目部、甲醇项目部5家单位整合，成立神华乌海能源有限责任公司西来峰煤化工分公司。

图8-1-2 神华乌海能源有限责任公司西来峰煤化工分公司

神华西来峰 30 万吨/年煤焦油深加工项目一期建设规模 15 万吨/年，2006 年 9 月建成投产；二期建设规模 15 万吨/年，2010 年 1 月建成投产。主要生产工艺及装置有槽区（含油库、酸碱库、焦油脱水脱渣、油品配制）、焦油蒸馏、洗涤脱酚和酚盐分解、萘蒸馏、精酚、改质沥青。2007 年，一期工程完成产量 45156.12 吨，2008 年完成产量 110362.54 吨，2009 年完成产量 124223.16 吨。2009 年完成销售收入 2707.40 万元。2010 年，煤焦油深加工一期和二期工程共生产 24.56 万吨，销售轻油 1362 吨、蒽油 56552 吨、工业萘 20887 吨、洗油 19306 吨、中温沥青 18701 吨、改制沥青 106733 吨、酚油 11030 吨、净酚钠 11030 吨，实现销售收入 6.5 亿元。

2009 年 7 月—2010 年 6 月，乌海黑猫炭黑有限责任公司在海南区西来峰工业园区用焦油加工 16 万吨炭黑一、二期项目分别建成投产。乌海三兴化工有限责任公司 30 万吨/年煤焦油加工生产装置建成投产，乌海宝化万辰煤化工年产 60 万吨煤焦油深加工、10 万吨苯加氢项目和综合利用沥青建设年产 20 万吨炭黑项目均已开工建设。

（二）鄂尔多斯地区

1991 年 7 月，伊克昭盟煤化工厂用不黏煤生产铁合金焦、焦油，至 1994 年 3 月停产，生产期间一直处于亏损状态，共计生产焦炭约 1.62 万吨，回收煤焦油 879 吨。

2003 年 9 月，鄂尔多斯市悖牛川煤电煤化工基地开工建设，基地拟集中建设焦化厂，并在各厂中心地带设置焦化副产品回收处理设施和煤气站汇集焦炉煤气，采用喷洒大量循环氨气、夹套式冷凝、电捕焦油等工序将焦油从煤气中分离，用循环脱硫液化回收煤气中的硫分，用循环母液连续喷淋和离心分离硫酸铵，再经洗油喷淋、蒸馏、脱水回收粗苯，脱除焦油、硫分、硫酸铵、粗苯后的焦炉煤气，供工业和民用。

焦炉气的利用发展迅速。2009 年 8 月，伊东集团东方能源化工有限责任公司建成一套以焦炉气为原料制备 10 万吨甲醇装置。2013 年 10 月，鄂托克旗建元煤焦化有限责任公司投资建设 35 万吨液化天然气装置。

（三）包头地区（包头钢铁公司焦化厂）

1991 年，包钢焦化厂焦油车间为了提高产品的含萘量，对工业萘蒸馏塔进行改造。该项工程完全由焦化厂自己设计和施工，项目于 1991 年 9 月 26 日开工，10 月 26 日完成改造。改造完成后残油含萘量达到 2% 以下，酚油含萘量在 5% 左右。

2000 年，碳素行业对高功率电极的需求增加。6 月，公司对改质沥青项目进行立项。经过一年的努力，2001 年 10 月 17 日，改质沥青工段顺利投产，开始生产改质沥青。

2002 年 4 月，精苯车间进行吹苯塔—苯塔气相串联工艺的改造。5 月 14 日进行试生产，7 月 25 日正式投入生产。经改造，每小时节约中压蒸汽 2 吨，生产稳定，产品质量可靠，三苯率有所提高，此项于 2003 年获得国家发明专利。8 月 15 日，焦油车间将原铸铁材质的泡罩式蒸馏塔改造为不锈钢材质的浮阀式蒸馏塔，改造后取得良好的效果，工业萘集中度达到 90% ~ 95%，已超过蒸馏塔设计水平。

2003 年 2 月 12—19 日，旧焦油改质沥青工段对汽化冷却器进行改造，将原汽化器冷却面积由 39 平方米增大到 62 平方米，原冷凝冷却器面积由 52 平方米增大到68平方米。该措施实施后，改质沥青冷却后温度由原来的310摄氏度降低到280～290摄氏度；生产中温沥青时，沥青温度可冷却到240摄氏度，温度的降低更利于沥青成型，并消除因高置槽温度高造成的爆炸隐患。

2004年，5万立方米/小时煤气净化系统二期工程完成后，精苯车间每月加工轻苯量增加600吨左右，原有甲苯塔冷凝器只有一组且冷却面积小，已不能满足生产需要。2月初，把气相串联改造后闲置下来的吹苯塔冷凝器代替原甲苯塔冷凝器，冷却面积增大，冷却效果提高，满足生产需要。11月10日，精苯车间经过一年多的研发，终于完成对原古马隆工段的重新改造，正式进行试生产，于11月30日下午向蒸馏工段送轻苯，古马隆工段改造后日产20吨轻苯。2005年，焦油车间将蒸馏工段长期闲置的沥青汽化器经过重新打孔，安装在改质沥青工段，以代替因严重泄露而影响正常生产的原有改质沥青汽化器。

随着产能的不断扩大，焦化厂原有的焦油精制能力已不能满足生产的需要，为此，2006年5月开始加工能力为15万吨/年新焦油系统的建设，该工程于2007年7月26日投产，10月顺利达产。

2007年，新建的15万吨/年焦油加工工艺与10万吨/年焦油加工工艺基本相同，只增加超级离心机脱水脱渣装置和粗酚精制工艺，取消提取粗蒽的工艺装置，蒽油改为从蒸馏塔底部采出。是年，焦化厂完成吹苯塔到苯塔气相串联改造，并取得专利权。

2007年7月，15万吨/年焦油加工系统投产后，焦油加工量一直上不去，焦油车间对原有的焦油蒸馏二段泵进行多次更换，拆除泵前的过滤器，最终使得二段泵的泵量达到设计值。另外，技术人员考虑到改质沥青釜容积较小，调整了各个釜的操作方式，提高前3个釜的温度，4号釜采用保温方式，以减少4号釜内的结渣量，减少改质沥青加热釜的堵塞次数，通过以上措施使焦油加工量达到设计能力。

原设计中15万吨/年焦油沥青泵置于沥青汽化冷却器之前，由于沥青温度过高，经常会在改质沥青泵内聚合堵塞泵体。因此，2008年8月，公司对15万吨/年焦油加工系统沥青工艺进行改造，将改质沥青泵置于汽化冷却器之后，并增加1台62平方米的汽化冷却器，使得改质沥青泵堵塞的次数大幅减少，保证改质沥青工段的稳产顺行。

2008年，为延长焦油连续生产运行时间，焦化厂针对生产实际运行过程中出现的问题，通过技术改造，合理安排组织生产，强化操作管理，保证了焦油生产稳定，延长设备使用寿命，不但提高焦油产品的质量和产量，而且使焦油连续生产运行时间最长达到90天。

焦化厂副产品系统在产能扩张的同时，也加快新产品开发的步伐。1991年，由于公司燃料重油出现紧缺现象，经多次试验，9月软沥青试制成功。1992年初，经市场预测，甲基萘将走俏，6月，在焦油车间工业萘精馏塔侧线提出了含甲基萘量达40%的萘油馏分，开始试生产甲基萘。1993年，由于工业萘市场行情看好，精苯车间对原古马隆工段的设备进行改造，于当年4月顺利从重洗油中提取工业萘，但由于工艺不足，产量极少，短期内已停产。2011年7月，焦化厂根据液体改质沥青比固体改质沥青市场价格高且生产工序少的情况，开始生产液体改质沥青。

2015年内蒙古自治区已建成煤焦油深加工项目见表8-1-6。

表8-1-6 2015年内蒙古自治区已建成煤焦油深加工项目统计表　　万吨/年

建设地点	项目业主	批准生产能力	建成产能	开工时间	建成时间	备注
包头土右新型工业园区	包头海汇煤化工有限公司	20万吨煤焦油深加工	20	2011	2012	已投产
乌海市西来峰工业园区	神华乌海能源公司西来峰焦油厂	30万吨煤焦油深加工	30	2005-05 2008-09	2006-10 2009-11	已投产
乌海市西来峰工业园区	乌海黑猫炭黑有限责任公司	30万吨煤焦油深加工项目	30	2010-05	2011-04	已投产
乌海市海勃湾区千里山工业园区	乌海市宝化万辰煤化工有限责任公司	60万吨焦油深加工和10万吨苯加氢	30	2013-04	2014-10	一期试车
阿拉善经济开发区	内蒙古庆华集团	16万吨煤焦油轻质化（产品10万吨）	16	2010-05	2011-12	已投产
阿拉善经济开发区	内蒙古庆华集团	50万吨煤焦油轻质化（产品40万吨）	50	2012-03	2013-12	试车
赤峰克什克腾旗	赤峰博元科技公司	年产45万吨煤焦油加氢建设续建项目	15	2012-06	2014-11	—

四、焦炭气化制液化天然气（LNG）项目

（一）乌海市源通公司焦炭气化项目

内蒙古源通乌海市源通公司在建的焦炭气化制18万吨LNG项目，焦炭气化、甲烷化、低温液化3个主要环节全部引进英国戴维公司的技术。工艺路线：将焦炭在气化炉内气化生成合成煤气（含一氧化碳40%、氢气40%、二氧化碳18%、甲烷1%），一部分合成煤气用于焦炉供热，置换回炉燃烧的焦炉煤气，另一部分合成煤气与含氢气成分较高的焦炉煤气（含氢气55%~60%、甲烷22%~24%、一氧化碳8%、二氧化碳3%）合成天然气（含甲烷99%、氮气等微量杂质气体1%），净化后，在-180℃深低温状态下液化制成液化天然气。

焦炭气化的经济性分析。集团公司焦炭制18万吨LNG项目总投资9.5亿元，其中焦炭气化环节投资3.9亿元，甲烷化环节投资3.5亿元，液化环节投资1.5亿元，其他投资0.6亿元。LNG生产能力18万吨，年可消化焦炭43万吨，即每消化1万吨焦炭可生产0.42万吨成品LNG。按2015年焦炭价格600~700元/吨计算，每吨LNG含税成本约2800元（比单纯焦炉煤气生产液化天然气成本提高350元/吨）。2015年，乌海地区液化天然气市场价格为4000元/吨，则每生产1吨液化天然气可获毛利1200元。

图8-1-3　建元煤焦公司安装20万吨苯加氢设备

(二) 鄂尔多斯市建元公司在建焦炭气化项目

建元公司建设项目的焦炭气化环节选用江西昌昱实业有限公司的富氧气化炉造气技术，将焦粒置于气化炉内气化；甲烷化环节引进丹麦托普索公司的技术；液化环节选用成都深冷液化设备公司的混合制冷剂低温液化技术。建元公司具体的工艺路线与源通公司基本相同，不同的是建元公司对既有的一台焦炉进行改造，通过调整原料焦煤配比专门生产气化用焦粒，再用焦粒在气化炉内气化生成合成煤气，参与后续焦炉煤气置换和甲烷化反应，这在很大程度上降低了气化用焦的成本。

(三) 包头钢铁公司焦炉配套10万立方米/小时煤气净化系统

1. 煤气净化系统

煤气净化系统有半直接回收氨（HPF）和直接洗氨（AS）两种脱硫工艺。原工艺采用浸没式饱和器脱除煤气中的氨，现在5万立方米/小时和8万立方米/小时净化系统采用喷淋式饱和器脱氨，10万立方米/小时煤气净化系统则将氨分解为氮气和氢气。粗苯蒸馏3个煤气净化系统全部采用一塔式管式炉加热蒸馏流程。

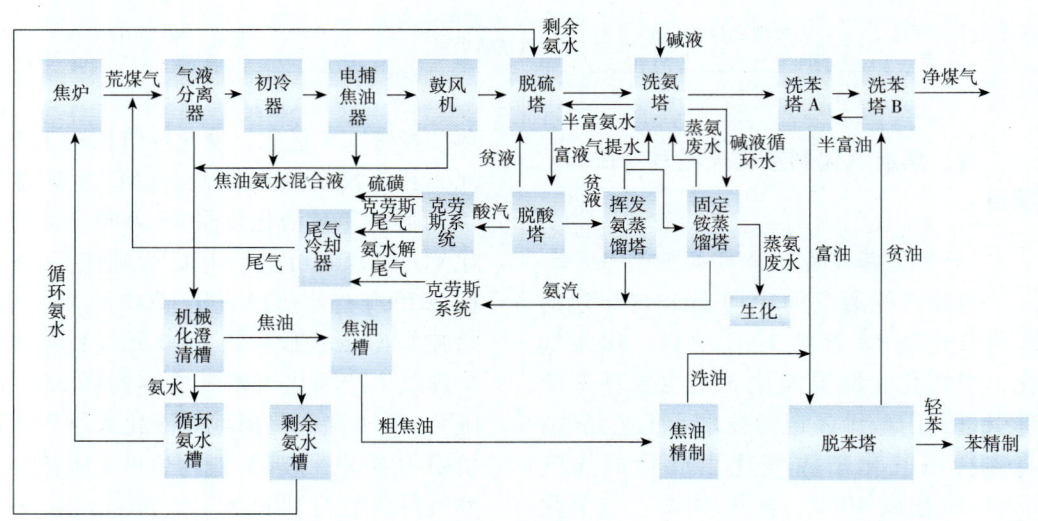

图8-1-4 包头钢铁公司10万立方米/小时煤气净化系统工艺流程图

从炭化室逸出的荒煤气，经焦炉上升管被循环氨水喷淋冷却至82℃，经气液分离后进入横管初冷器，在初冷器中分别用采暖水、工业循环水、低温水间接冷却至22℃，然后再经电捕焦油器捕集焦油后进入调速鼓风机，经鼓风机加压后的煤气经过脱硫、除氨、脱苯后送往燃气厂。

1991年后，采用过两种焦油氨水分离工艺。1995—2005年，10万立方米/小时煤气净化系统车间采用焦油氨水分离槽加除渣器对焦油氨水进行分离。2005年以后，3个煤气净化系统均采用以前的机械化澄清槽工艺。

煤气脱硫工艺主要有两种，其中10万立方米/小时煤气净化系统采用AS脱硫除氨工艺，5万立方米/小时和8万立方米/小时煤气净化系统采用小时PF湿法氧化脱硫工艺。煤气经预热器加热到

70℃左右进入喷淋式饱和器，煤气中的氨与饱和器中的硫酸反应，生成硫酸铵。当饱和器中硫酸铵含量达到一定程度时，产生结晶，用结晶泵抽出至结晶槽，经离心机分离，干燥机脱水，即成为硫酸铵。

2. 煤气生产

1995年10月27日，与5号焦炉配套的10万立方米/小时煤气净化系统鼓风冷凝工段建成投产，当时采用原处理能力为6万~7.2万立方米/小时煤气净化系统的出厂煤气对10万立方米/小时煤气净化系统鼓冷系统管道内的空气进行置换。12月25日，电捕焦油器开工，考虑到鼓风机机后压力小，所以将10万立方米/小时煤气净化系统煤气并入到原处理能力为6万~7.2万立方米/小时煤气净化系统饱和器前煤气管上，1997年，后序工段投产后，净化后的煤气改走10万立方米/小时煤气净化系统出厂煤气管。1997年8月27日，洗涤工段、氨硫工段、粗苯工段一次开工成功，洗涤及氨硫工段的开工标志着焦化厂煤气净化系统第一次有了脱硫工艺。9月18日，3号、4号焦炉的煤气进入10万立方米/小时煤气净化系统；1998年6月24日，10万立方米/小时煤气净化系统溴化锂制冷机投入运行；1999年6月，10万立方米/小时煤气净化系统氨硫工段一系开工。7月，1号、2号焦炉的煤气进入10万立方米/小时煤气净化系统，原处理能力为6万~7.2万立方米/小时煤气净化系统停产拆除。

1998年，公司要求焦化厂开始按照"以气定产"方针组织生产，当年煤气平均收率为5.6%，每吨干煤发生煤气量320.35立方米，创出当时历史最高水平。1999年原处理能力为6万~7.2万立方米/小时煤气净化系统彻底停产。

2002年5月，市场形势好转，公司开始加大钢铁产量，焦化厂转向"以焦定产"。由于鼓风机能力不足，10万立方米/小时煤气净化系统进入超负荷生产状态。

2003年10月27日，为6号焦炉配套的5万立方米/小时煤气净化系统鼓冷工段投产，1号、2号焦炉煤气和氨水全部进入5万立方米/小时煤气净化系统，但由于后序的脱硫及粗苯工段施工尚未完成，所以当时5万立方米/小时煤气净化系统出厂煤气没有进行脱硫洗苯净化，直至2004年9月才开始全面净化。

2004年，7号焦炉投产，以当时两个煤气净化系统的处理能力都无法单独接收7号焦炉的煤气，因此对煤气处理系统进行整合。2005年6月20日，3号焦炉的煤气和氨水顺利进入5万立方米/小时煤气净化系统，22日，7号焦炉煤气和氨水顺利进入10万立方米/小时煤气净化系统。

2006年3月，10万立方米/小时煤气净化系统接收8号焦炉的煤气和氨水，进入超负荷运行状态。为避免10万立方米/小时煤气净化系统长期超负荷运转，公司决定再上1套8万立方米/小时煤气净化系统。该系统一期工程于2006年6月6日竣工投产，顺利接收7号、8号焦炉的煤气。2007年4月1日，粗苯工段开工，6月10日脱硫工段开工，同时，10号、9号焦炉的煤气先后进入8万立方米/小时煤气净化系统。至此8万立方米/小时煤气净化系统工程项目全部投运。

2010年10月，8万立方米/小时焦炉煤气净化系统的导热油蒸氨工序投产运行，2012年5月28日，5万立方米/小时焦炉煤气净化系统的导热油蒸氨工序投产运行，两个导热油蒸氨工序投运后，每小时可节约10吨蒸汽和8立方米废水。

2012年，包钢焦化厂和江苏久王多铵盐科技有限公司合作的脱硫废液提盐装置投产，全面解决脱硫废液处理难题。

应国家淘汰落后产能的要求，焦化厂于2013年6月25日将3号、4号焦炉关停，10万立方米煤气净化系统的煤气处理量减少到6万立方米/小时。2013年12月18日，随着1号、2号焦炉的停产，5万立方米/小时煤气净化系统同步停用。

给予相关的政策支持，要求抓紧完备褐煤提质项目手续，适度开展工艺创新，编制褐煤提质园区规划、实施。

截至2015年底，全区已投产和在建褐煤提质项目29个（表8-1-7），其中褐煤储量居全国第一的锡林郭勒盟已备案褐煤提质及配套项目22项，项目总投资241.3亿元，生产能力达到年加工褐煤7304万吨，主要分布在锡林浩特市（9项）、西乌珠穆沁旗（4项）、乌拉盖经济开发区（4项）、东乌珠穆沁旗（2项）、苏尼特左旗（2项）、多伦县（1项）。

第二节 干 馏

一、褐煤干馏提质

（一）生产规模

国家、自治区对褐煤提质行业的发展

表8-1-7 2015年底内蒙古自治区已建成褐煤提质项目统计表　　　　万吨/年

建设地点	项目业主	核定产能	建成产能	开工时间	建成时间	备注
锡林郭勒盟	内蒙古大唐华银锡东能源开发有限公司	300	30	2009-06	2011-06	已投产
锡林郭勒盟	锡市国能能源科技有限公司	1000（一期100）	100	2009-03	2011-11	已投产
锡林郭勒盟	锡市蒙元煤炭有限责任公司	300（一期30）	30	2006	2009-11	已投产
锡林郭勒盟	内蒙古大唐国际锡林浩特褐煤综合开发有限责任公司	500	500	2010-08	2012-10	已投产
锡林郭勒盟	乌拉盖嘉润煤炭工贸有限公司	50	50	2009-08	2010	已投产
锡林郭勒盟	乌拉盖元业褐煤提质有限公司	4×50	100	2010-07	2011-06	已投产
锡林郭勒盟	西乌科达褐煤提质有限公司	50	50	2009-07	2010-08	已投产
锡林郭勒盟	西乌春城褐煤提质有限公司	300	50	2008-05	2009-04	已建成
锡林郭勒盟	锡林浩特市汇福通能源有限公司	60	15	2010-09	2011-09	已建成
锡林郭勒盟	锡林浩特市鼎华资源开发有限公司	7万吨褐煤单体干馏炉示范	3	2010-06	2011-11	已建成
锡林郭勒盟	锡林浩特市博源洁净能源有限公司	褐煤闭环闪蒸综合利用示范	20	2010-07	2011-10	已建成
锡林郭勒盟	锡林浩特市兴富投资公司	70	70	2010-04	2012-05	已建成
锡林郭勒盟	锡林浩特市创源煤化工有限公司	377	377	2011-04	2013-12	在建

表 8 - 1 - 7（续） 万吨/年

建设地点	项目业主	核定产能	建成产能	开工时间	建成时间	备注
通辽市	霍林郭勒市大福通煤炭加工有限公司	100	50	2007-04	2008	已投产
通辽市	霍林郭勒市广源热能科技有限公司	100	60	2008-05	2008-12	已投产
通辽市	霍林郭勒市兆兴褐煤提质有限责任公司	100	15	2008-10	2009	已投产
通辽市	霍林郭勒市宏胜煤炭加工有限责任公司	100	100	2008-10	2009	已投产
通辽市	霍林郭勒市效高褐煤提质有限公司	540	140	2010-09	2011	已投产
通辽市	内蒙古南澳能源开发有限公司	60	60	2008-04	2009-06	已投产
通辽市	内蒙古源源煤化工科技有限责任公司	100	100	2009-04	2010-09	已投产
通辽市	国邦集团控股有限公司	100	100	2011-07	2011-12	已投产
通辽市	扎鲁特旗比德物资经营有限责任公司	40	40	2009-04	2009-12	已投产
通辽市	鲁霍亿诚天成油电有限责任公司	一期180	180	2009-05	2011-12	已投产
通辽市	扎鲁特旗鲁蒙煤业有限公司	300	20	2011-08	2014	已建成
通辽市	霍林郭勒市嘉华能源技术开发有限公司褐煤干馏	120	120	2012	2014-08	已建成
呼伦贝尔市	呼伦贝尔神华洁净煤公司	100	50	2008	2012	已建成
呼伦贝尔市	神华宝日希勒能源有限公司	100 褐煤提质工业性试验	50	2009	2011-07	已投产
呼伦贝尔市	呼伦贝尔金新化工有限公司	100万吨/年型煤	100	2010-	2011	已投产
呼伦贝尔市	呼伦贝尔牙克石市新大洲能源科技有限公司	100	100	2012	2014	试运行

（二）生产工艺技术

1. 物理法提质工艺

物理法提质工艺基本原理是褐煤与高温热烟气充分接触，从而脱除水分和部分挥发质，在提质过程中，煤体不发生焦化和热分解等化学变化，其特点是产品种类单一，无副产品。锡林郭勒盟褐煤提质企业采用的物理法提质工艺主要有：

（1）滚筒式干燥工艺。采用该工艺的项目：锡林浩特市大唐国际450万吨/年褐煤干燥、乌拉盖嘉润煤炭工贸有限公司50万吨/年褐煤干燥、乌拉盖元业煤炭销售有限公司4×50万吨/年褐煤干燥、西乌珠穆沁旗春城300万吨/年褐煤提质、多伦永顺50万吨/年褐煤提质、东乌珠穆沁旗晓明45万吨/年褐煤提质。

（2）振动混流干燥工艺。采用该工艺的项目：西乌珠穆沁旗蒙东能源年处理1500万吨褐煤提质、西乌珠穆沁旗科达褐煤提质有限公司年处理70万吨褐煤提质两个项目。

（3）北京柯林斯达带式炉改性、炭化工艺。采用该工艺的项目：锡林浩特市蒙元300万吨/年褐煤提质、乌拉盖鲁新公司300万吨/年褐煤提质、苏尼特左旗宇创能源有限责任公司100万吨/年褐煤干燥3个项目。

2. 化学法提质工艺

化学法提质工艺又称褐煤干馏技术。其基本原理是褐煤在高温下发生轻度热解和结焦，从而脱除水分和大部分挥发质，在提质过程中煤体发生焦化和热分解等化学变化，其特点是产品多元。煤炭化学法提质工艺主要有：

（1）LCC低阶煤转化技术。采用该工艺的项目：东乌旗大唐华银30万吨/年褐煤干燥示范装置项目和西乌旗沈阳金山能源股份有限公司白音华2×850万吨/年褐煤提质项目。

（2）北京国电富通褐煤提质技术。采用该工艺的项目：大唐国能250万吨/年褐煤干燥项目。

（3）大连理工大学固体热载体干馏技术（DG煤热解技术）。采用该工艺的项目：乌拉盖国电贺斯格乌拉1200万吨/年褐煤低温热解项目和苏尼特左旗西平矿业500万吨/年褐煤提质项目。

（4）三段炉工艺。采用该工艺的项目有：锡林浩特市鼎华300万吨/年褐煤干燥项目。

（5）闭环流化床闪蒸气化技术（比克比技术）。采用该工艺的项目有：锡林浩特市博源20万吨/年褐煤综合利用项目。

（6）固体热载体法快速热解技术。采用该工艺的项目有：锡林浩特市兴富70万吨/年褐煤提质项目。

（7）创源褐煤提质工艺。采用该工艺的项目：锡林浩特市创源褐煤低温热解清洁生产技术项目。

（三）部分项目建设

截至2015年底，锡林郭勒盟有13个企业一期工程建成调试或运行，年处理褐煤754万吨。其中，4个企业采用化学工艺，年处理褐煤149万吨，分别是：东乌大唐华银锡东能源开发有限公司、锡林浩特国能能源科技有限公司、锡林浩特市鼎华资源开发公司、锡林浩特市博源洁净能源有限公司；9个企业采用物理工艺，年处理褐煤605万吨，分别是西乌白音华煤电有限公司、锡林浩特市蒙元煤炭有限责任公司、锡林浩特市汇富通褐煤干燥有限公司、西乌春诚褐煤提质有限公司、西乌科达褐煤提质有限公司、乌拉盖嘉润煤炭有限公司、乌拉盖元业褐煤提质有限公司、东乌晓明褐煤提质公司、多伦永顺褐煤提质有限公司。重点项目有以下几个：

1. 东乌珠穆沁旗大唐华银锡东能源开发有限公司年处理300万吨褐煤干燥示范项目

项目采用LCC低阶煤转化技术，项目总投资4.5亿元，已累计完成投资3.96亿元。项目分为两期建成。一期为30万吨/年褐煤净化示范装置生产线，于2009年3月通过自治区发改委批复，并于当年6月在东乌珠穆沁旗额吉煤矿工业场地奠基，当年9月正式开工建设。二期计划建设2×500吨/日生产线。2011年5月，项目开始分系统试运行，5月下旬开始热态调试，6月初开始投料试生产，共耗用原料煤4796.95吨，生产出合格的半焦（PMC）2383.99吨、煤焦油（PCT）

193.28 吨、煤粉 503.39 吨，PCT 的产率达 4.7%，PMC 产率达 50% 左右，标志着该装置工艺流程全部打通，投料试车一次成功。

2. 锡林浩特市国能能源科技有限公司年处理 100 万吨（一期）褐煤提质项目

项目采用北京国富褐煤提质工艺，总投资 9.7 亿元，2011 年累计完成投资 1.2 亿元。第一条 50 万吨/年褐煤提质生产线已投产运行，第二条 50 万吨/年褐煤提质生产线已建成。经过提质后，褐煤的热值由 12560 千焦/千克左右提高到 20934 千焦/千克以上，提质后的主产品为提质煤，副产品为焦油和煤气，煤气作为热源回炉燃烧。每 2.5 吨褐煤通过干燥提质可生产 1 吨提质煤、75 千克焦油（每吨原煤焦油含量为 3%），综合经济效益每吨比原煤多盈利 180~200 元。

3. 锡林浩特市蒙元煤炭有限责任公司年处理 30 万吨褐煤提质项目

此项目采用柯林斯达物理干燥技术，项目总投资 3 亿元，分三期建设。一期 30 万吨/年褐煤提质项目投资 1 亿元，已于 2010 年底投产运行。第二条生产线基建工程基本完成，2011 年 10 月底试生产。褐煤经提质后发热量由原来的 3520~3650 千卡/千克提高到 5100 千卡/千克以上，水分由原来的 34% 下降到 10% 左右。

4. 西乌旗科达褐煤提质有限公司年处理褐煤 50 万吨项目

项目完成投资 1800 万元，其中环保资金 552 万元，于 2011 年 9 月正式投产运行，年处理褐煤 70 万吨，采用神工低温振动混流干燥工艺，干燥后煤炭热值为 4500~5000 千卡/千克。2011 年生产提质煤 6 万吨，实现产值 2100 万元。

5. 锡林浩特市创源煤化工有限公司褐煤低温热解项目

公司具有完全自主知识产权的"褐煤低温热解技术"，首期投资 48 亿元，计划用 3 年建成年加工 377 万吨褐煤、年产 76 万吨优质动力煤、40 万吨燃料油、1.015 万吨硫磺的工厂。项目 2013 年底完工。

6. 锡林浩特市兴富投资公司年处理褐煤 70 万吨项目

项目采用南澳能源公司研发的固体热载体法快速热解技术，由陕西冶金设计研究院设计，建设 8 台 10 万吨的干馏炉，褐煤进炉前预先进行干燥，充分发挥后工序的处理能力。已完成投资 1.7 亿元，主要设备已安装完毕。

7. 神华宝日希勒褐煤提质工业性示范（HPU）项目

2008 年 4 月 11 日，由神宝公司和神华国贸公司合作开发的神华宝日希勒褐煤提质工业性示范（HPU）项目在市工商局完成公司注册，注册名称为呼伦贝尔神华洁净煤有限公司，注册资本 10000 万元。2009 年，项目一期 50 万吨/年开工建设，2011 年 7 月投产。

二、不黏煤、长焰煤干馏

（一）生产规模

鄂尔多斯地区各主要可采煤层煤质优良、发热量高、有害成分含量低，是良好的环保型动力用煤，适合作低温干馏生产兰炭的原料煤。20 世纪 90 年代，国家在治理环境、减少污染、节能降耗方面出台了一系列法律、法规，因此采用机械化炉窑生产工艺生产兰炭已被当地政府提到议事日程上来，并且已经为大多数生产者所接受并已逐渐形成规模。

截至 2015 年底，自治区批准建成不黏煤、长焰煤干馏项目 630 万吨/年（表 8-1-8）。

表8-1-8　2015年自治区已建成不黏煤、长焰煤干馏项目统计表　　万吨

建设地点	项目业主	批准生产能力	建成产能（万吨/年）	开工时间	建成时间	备注
鄂尔多斯市准格尔经济开发区	内蒙古伊东集团东方能源化工有限责任公司	年产60万吨干馏煤联产10万吨甲醇	60	2007年	2009年	已投产
鄂尔多斯乌审旗图克工业区	内蒙古远兴天然碱股份有限公司与浙江江山化工股份有限公司	年产30万吨干馏煤	30	2007年	2009年	已投产
鄂托克旗棋盘井工业园区	鄂尔多斯西盛煤焦化有限公司	60万吨干馏煤	60	2008年	2009年	已投产
伊金霍洛旗汇能煤化工园区	内蒙古汇能集团	年产60万吨干馏煤及20万吨活性炭	60	2008年	2009年	已投产
伊金霍洛旗汇能煤化工园区	鄂尔多斯中奥煤化工科技有限责任公司	年产60万吨干馏煤	60	2009年	2009年	已投产
伊金霍洛旗汇能煤化工园区	内蒙古正能化工集团有限公司	年产360万吨干馏煤	360	2010年	2012年	已投产

（二）部分重点项目建设

1. 内蒙古伊东煤炭集团东方能源化工有限责任公司年产60万吨干馏煤联产10万吨甲醇项目

该项目于2007年3月开工建设，2008年4月24日干馏煤项目4号直立炉烘炉点火，标志着公司的项目建设转入生产准备阶段。2009年8月8日投产。

公司引进北京众联盛设计院开发的MWH6000型外热式双向加热直立炉煤干馏技术。采用外热型直立炉对鄂尔多斯不黏煤、长焰煤进行隔绝空气干馏，所制取的兰炭质量稳定，其灰分的含量低于内热式焦炉生产的兰炭，尤其是所副产的焦炉煤气，不仅热值高、气质好，按其组分中碳氢比的条件，能作为直接合成甲醇的原料，而且技术可靠，焦炉气可全部回收利用，环保达标，资源利用率高。

采用煤气循环熄焦技术，在直立炉炉底注入冷煤气，充分利用出炉前兰炭的显热，增加直立炉炭化室内的有效热量，加热煤气用量由原来的33%降低到25%，每年可减少加热煤气用量3363.84万立方米。同时可节约熄焦水10万吨，有效节约了水资源，提高了焦炉的热利用效率，既保证了兰炭产品质量，又增加了焦炉气产量。

采用全自动加煤机，淘汰了手动加煤滚筒阀，解决了炉顶煤气泄露难题，将原来泄露的煤气回收利用，既减轻了工人劳动强度，改善了工作环境，又避免了环境污染。

采用自动出焦装置，淘汰水封出焦机，有效节约熄焦水，控制兰炭产品水分，降低兰炭破损率，提高了产成率，有效保证了产品质量，增强了市场竞争力。

针对焦化废水处理难的问题，公司请中科院化学所进行中试。经反复试验，成功将蒸氨废水用于熄焦，显著降低了废水排放量，达到了节能减排的目标。

2009年，该公司被工信部列为全国首家符合焦化行业准入条件的干馏法生产兰炭的企业。

2009年10月27日，鄂尔多斯市科

学技术大会上，公司回收兰炭生产中的干馏煤气联产甲醇项目获得"鄂尔多斯市科学技术进步优秀奖"。12月26日，位于准格尔旗沙圪堵的公司循环经济产业基地被内蒙古自治区列为第一批工业循环经济示范园区。

图8-1-5 位于鄂尔多斯市准格尔旗的内蒙古伊东集团循环经济示范园区

2. 内蒙古汇能集团有限公司的项目

2009年5月，公司所属新联煤焦有限公司年产60万吨干馏煤项目建成投产，主要产品为兰炭，同时联产20万吨活性炭项目建成投产。

2009年6月20日，公司所属蒙南发电有限公司将干馏煤气引入电厂锅炉掺烧，锅炉掺烧干馏煤气以来，系统运行稳定、正常，形成了循环经济产业链，实现了资源的综合利用。

第二章 煤 制 油

第一节 神华集团煤直接液化制油示范工程项目

一、项目决策

1997年8月21日，国家计委以煤代油办公室同意由神华集团与美国碳氢技术公司合作，进行神东矿区煤炭直接液化可行性研究工作。同年9月22日，美国碳氢技术公司（HTI）与神华集团和煤炭科学研究总院签订"中国神华煤直接液化厂商业化项目"可行性研究协议。根据合作协议，随后进行了神华上湾煤HTI连续液化装置（CFU）条件试验、中国神华煤（上湾煤）直接液化项目预可研报告等前期研究工作。数据显示，鉴于上湾煤储量、开采和供煤条件较好，神华集团公司确定中国神华煤直接液化厂使用神华上湾3号煤作为液化生产的原料。

1998年7月，煤炭工业邯郸设计研究院完成项目厂址选择预可研报告，在比选3个厂址方案的基础上，推荐内蒙古伊金霍洛旗乌兰木伦镇马家塔作为煤直接液化工厂的厂址。

图8-2-1 2004年8月25日，神华集团煤直接液化制油示范工程奠基仪式

2002年11月9日，国家计委正式批准建设神华煤直接液化项目，但同时指出：考虑到该项目是世界上第一套煤炭直接液化工业化生产装置，存在一定的风险，为稳妥起见，先安排一条生产线，其余两条生产线待取得经验后再行安排。

2003年1月，神华集团决定在煤直接液化项目中放弃美国碳氢技术公司（HTI）煤直接液化工艺，改用"神华煤直接液化工艺"。3月，神华集团按照"神华煤直接液化工艺"进行先期工程基础设计，并用天然黄铁矿替代美国碳氢技术公司（HTI）煤直接液化工艺所用的胶体催化剂。8月19日，神华集团向国家发展改革委上报《神华集团公司关于对神华煤直接液化项目一期工程工艺技术进行优化的请示》。

2004年1月，采用"863"高效合成煤直接液化催化剂的中国神华煤直接液化工艺已趋完善。1月19日，神华集团向上报国家发展改革委《神华集团公司关于神华煤直接液化项目一期工程开工的请示》。6月11日，神华煤直接液化工艺通过了由中国石油化工协会和中国煤炭工业协会联合组织的技术鉴定。6月15日，神华集团又向国家发展改革委提交《神华集团公司关于请求加快审批神华煤直接液化项目一期工程开工报告的请示》。8月20日，国家发展改革委以《国家发展改革委关于神华煤直接液化项目一期工程工艺优化方案有关问题的批复》（发改能源〔2004〕1743号）批准工艺优化方案，并同意项目开工建设。

二、项目管理

（一）组织机构沿革

神华集团于1997年开始筹建世界上第一个现代煤直接液化示范项目，开展项目前期工作。2003年6月，神华煤制油有限公司成立。7月7日，神华煤制油有限公司更名为中国神华煤制油有限公司。7月，神华集团公司成立煤制油发展部，负责煤制油业务的总体规划和战略研究、煤炭间接液化项目的前期工作，以及神华集团其他与煤化工和炼油有关的业务开发工作，同时撤销煤液化综合业务部、煤液化技术部、煤液化工程部，将其相关工作转入中国神华煤制油有限公司。

2002年12月10日，神华集团公司与美国ABB鲁玛斯环球（ABB Lummus）公司签订神华煤直接液化项目管理合同，组建联合项目管理团队，项目正式进入建设准备期。

2003年9月，神华集团与上海市人民政府就神华集团在上海建设煤液化实验基地和研究中心事宜签署合作协议，神华煤制油研究中心拟由中国神华煤制油有限公司、上海电气（集团）总公司和上海华谊（集团）公司共同出资组建。12月，神华煤制油研究中心有限公司成立，负责建设煤直接液化中试装置，系统地进行煤液化技术开发，为煤直接液化项目示范工程提供技术支撑。

2004年2月4日，中国神华煤制油有限公司成立煤直接液化项目主任组，取代联合项目管理团队行使项目日常管理职能。同年11月，神华集团总部成立煤制油与煤化工部，负责管理集团煤制油与煤化工项目建设及有关项目的技术开发、工程概预算、工程项目建设和安全健康环保等工作。

神华煤制油化工有限公司鄂尔多斯煤制油分公司成立于2005年，为神华煤制油化工有限公司全资分公司，隶属于神华集团有限公司，位于内蒙古鄂尔多斯市伊金霍洛旗乌兰木伦镇。分公司为神华集团公司全额投资建设。

2005年3月14日，分公司煤直接液化项目成立11个区域项目组，分别是煤液化项目组、加氢项目组、备煤及锅炉项目组、煤制氢项目组、空分项目组、辅助项目组、厂外供水项目组、公用工程项目组、罐区项目组、厂区项目组和重型设备监造组。

5月24日，煤直接液化项目组成立9个职能部门，分别是项目行政组（煤液化厂代管）、设计管理部、安全健康环保部、质量部、商务部、项目管理控制部、采购部、施工管理部、项目财务组，项目人力资源管理、外事管理、总部行政管理等工作由中国神华煤制油有限公司职能部门代管。

2006年3月16日，项目部正式开始现场办公。5月24日，根据实际工作需要，撤销公用工程项目组，其承担的第一、第二和第三循环水场由厂外供水项目组负责继续执行；污水处理场（包括生化和除盐部分）由辅助项目组负责继续执行；全长电信单元由厂区项目组负责继续执行。

分公司总经理班子由总经理、副总经理、总工程师组成，下设综合办公室、计划财务部、人力资源部、生产管理部、质量技术部、机械动力部、安全健康环保部、党群工作部等8个职能部门和煤液化中心、煤气化中心、环保储运中心、煤间接液化中心、热电中心、质检中心、检维修中心、供销中心、气防消防中心等9个中心。

2015年，分公司组织机构结构调整为综合办公室、内控审计部、纪检监察室、人力资源部、财务部、党群工作部、质量技术部、生产管理部、安健环部、机械动力部、工程管理部11个职能部门，设有煤直接液化中心、煤气化中心、煤间接液化中心、环保储运中心、热电中心5个生产中心，同时设有供销中心、质检中心、消防气防中心、综合服务中心4个辅助生产、服务中心。

（二）职工队伍

分公司人力资源主要通过社会招聘和学校招聘进行配置。社会招聘面向全国招聘，招聘的是有一定工作经验的成熟专业人才，学校招聘面向部分大中专院校，招聘企业所需的后续人力资源，重点招聘化学工程与工艺专业毕业生及与煤制油生产运行相对应的专业毕业生。

2007年末，煤制油厂共有员工1007人，管理人员137人，操作人员840人，操作人员中新毕业学生占61.3%，所有员工在入厂前全部进行安全教育培训和专业安全培训。

截至2015年底，分公司员工1746人，其中男性1468人，女性278人，女员工占15.9%；管理人员95人，专业技术人员217人，技能操作人员1408人，后勤保障人员26人。员工学历构成：硕士以上学历27人，大学本科939人，大学专科553人，中专及以下225人。全公司具有专业技术职称的1337人，其中高级职称39人，中级职称256人，初级职称1042人。年龄构成：29岁及以下684人，30至39岁788人，40至49岁255人，50岁以上19人，平均年龄33.61岁（表8-2-1）。

表8-2-1 2015年神华煤制油化工有限公司鄂尔多斯分公司职工队伍构成统计表

岗位类别	性别构成		年龄构成				学历构成			专业技术职务构成		
	男职工	女职工	29岁以下	30~39岁	40~49岁	50岁以上	硕士及以上	大学本科	专科及以下	高级	中级	初级
管理队伍	90	5	—	27	59	9	3	68	24	29	49	12
专业技术队伍	187	30	28	125	59	5	6	153	58	8	114	61
技能操作队伍	1171	237	652	621	133	2	18	705	783	2	90	964
后勤保障队伍	20	6	4	15	4	3	—	13	13	—	3	5

三、项目建设

（一）设计

2002年7月，神华集团公司委托中国石化工程建设公司、中国五环工程有限公司、齐鲁炼油设计院、化学工业第二设计院、煤炭工业邯郸设计研究院、铁道部第三设计院进行神华煤液化项目的总体设计。10月，完成项目第一版总体设计。12月，神华集团公司委托国内外10多家著名的工程公司进行神华煤液化项目的基础设计工作。

2003年3月，设计管理部组织编制完成设计统一规定，之后又进行修订。同时，神华集团公司按照新的"神华煤直接液化工艺"对项目基础设计进行修改，7月，完成项目第一版基础设计。2004年9月，完成项目基础设计的修改，并提交神华集团公司审查。12月14日，项目详细设计开始。

2005年3月，项目环境影响（补充）报告书通过国家环境保护总局批复。5月20日，神华集团公司批准项目基础设计（修改版）。7月，项目职业卫生防护设施设计通过卫生部批复。8月，项目消防基础设计通过内蒙古自治区公安消防总队审查。2006年2月，项目基础设计劳动安全专篇通过国家安全生产监督管理总局批复。

2007年6月28日，项目详细设计完成。

（二）施工

2002年8月8日，煤直接液化项目现场土方工程正式开工。12月3日，国土资源部印发《关于神华集团煤直接液化项目建设用地预审意见的复函》（国土资厅函〔2002〕392号），原则同意通过用地预审。

2003年8月20日，中国神华煤制油有限公司成立施工管理部，统一管理项目施工工作。11月26日，中国神华煤制油有限公司向内蒙古自治区伊金霍洛旗国土资源局提交《中国神华煤制油有限公司关于神华煤直接液化项目征用土地的申请》，申请煤直接液化项目一期工程建设用地400公顷。

2004年6月8日，在项目现场举行地基处理工程开工仪式，施工承包商为中国化学工程重型机械化公司。7月18日，厂前区项目正式开工，神华煤直接液化项目土建施工正式开始。8月25日，煤直接液化项目开工典礼在鄂尔多斯马家塔现场举行。8月26日，施工管理部根据项目总图编制《EPC承包商办公区规划》和《煤液化先期工程施工临时设施规划》，对预制件加工区域、大件吊装区域、施工材料存放区域、临时道路、临时大门、施工用水、施工用电、施工通信及网络进行规划。11月，完成全厂强夯地基处理工程。

2005年2月17日，施工管理部组织第一批EPC总承包商在项目现场进行实地踏勘。4月11日，厂前区项目组负责的大型设备组焊场工程开工。4月18日，煤液化及煤制氢装置桩基施工开工，世界上第一条百万吨级煤直接液化工业生产线主装置开始建设。9月20日，大型设备组焊场工程施工完成并通过竣工验收，该工程占地8万平方米，建筑面积16000平方米，包括大型设备组装厂房及其附属用房。11月16日，国土资源部《关于神华集团公司煤直接液化项目一期工程建设用地的批复》（国土资函〔2005〕1040号），批准将伊金霍洛旗农村集体农用地381.38公顷（均为草地）转为建设用地并办理征地手续，作为神华集团公司煤直接液化项目一期工程建设用地。

2006年5月13日，项目第一台煤液化反应器通过水压试验，标志着当时世界上单台最大的反应器制造成功。6月17日，在项目施工管理部组织下，荷兰玛姆特（MAMMOET）公司成功将单台2103吨的煤液化反应器吊装就位，大件吊装工作正式开始。12月11日，项目最后一台大件设备吊装就位。

2007年1月，8800千瓦增安型无刷励磁同步电机组装就位。6月，全部压缩机机械安装就位。7月20日，厂内铁路和厂外铁路中交。9—12月，项目加氢改质、轻烃回收、酚回收、含硫污水汽提、脱硫、第一套煤制氢、硫磺回收、油渣成型、第一套空分、煤液化备煤等装置陆续中交。

2008年4—5月，项目催化剂制备、煤液化、加氢稳定、第二套空分、第二套煤制气等装置陆续中交。是年11月，项目铁路专用线在铁道部"铁路专用线专用铁路名称表"上公布，接轨站为万水泉站，到达品名为重油、硫酸亚铁。12月31日，辅助装置中的除盐装置中交，煤直接液化项目施工工作全面完成。

神华煤直接液化示范项目由热电厂和54个单元装置集成，按功能可以分为公用工程单元装置、辅助工程单元装置和主要生产单元装置。2005年4月，示范项目现场开始强夯和打桩，2006年2月开始，各装置单元陆续完工并中交，2007年底，项目主体工程及机械安装竣工，2008年5月全部单元建成，12月底煤液化项目工程总体竣工。

2008年12月31日，神华鄂尔多斯煤直接液化项目先期工程投料试车成功（表8-2-2），使我国成为世界上唯一掌握百万吨级煤直接液化关键技术的国家。

表8-2-2 神华鄂尔多斯煤直接液化项目先期工程主要工程量完成情况统计表

序号	主要工程量名称	工程总量	序号	主要工程量名称	工程总量
1	设计图纸（张）	—	3	土方填挖（立方米）	11139068
	自然张	54034	4	混凝土/钢筋混凝土（立方米）	367265
	折合A1	26265	5	地下管道（千米）	170
2	设计文件（张）	—	6	钢结构（吨）	37016
	自然张	125552	7	建筑物施工面积（平方米）	161145
	折合A4	127988	8	静止设备（吨）	19948

表 8-2-2（续）

序号	主要工程量名称	工程总量	序号	主要工程量名称	工程总量
9	机械设备（台）	1493	12	防火工程（平方米）	177223
10	工艺管道（千米）	739	13	保温、保冷工程（立方米）	40522
11	防腐工程（平方米）	756126			

（三）商务

2004年3月15日，项目采取一揽子方案与荷兰玛姆特（MAMMOET）公司签署大件吊装合同。6月28日，中国神华煤制油有限公司正式发布煤直接液化项目合同包划分方案，划分了15个设计、采购、施工合同包和13个其他合同包，后根据工作实际调整为18个EPC合同包和17个其他合同包。9月3日，中国神华煤制油有限公司与中国人民财产保险股份有限公司、中国平安财产保险股份有限公司、中国太平洋财产保险股份有限公司、天安保险股份有限公司签订煤直接液化项目建筑安装工程一切险附第三者责任险保单，同时还签署服务协议及共保协议。12月14日，项目空分装置EPC总承包合同签订，这也是项目签订的第一份EPC总承包合同，采用的是国际公开招标方式。

2005年5月8日，中国神华煤制油化工有限公司与中国石化工程建设公司签订煤液化装置EPCM（设计、采购、施工、管理）总承包合同。项目各标段监理合同招标工作同时完成，中标的监理单位有齐鲁石化监理公司、华旭一辰达监理联合体、核工业四达监理公司、中平监理公司和神东监理公司。6月27日，桩基工程招标完成，施工承包商开始入场施工。

2006年7月19日，污水处理场（除盐部分）EPC总承包合同签订，项目关键装置的EPC总承包合同招标工作全部结束，项目合同进入运行时间。

（四）采购

2004年5月—2005年7月14日，所有长周期设备的采购合同签订完毕。2006年底，所有长周期设备交货，全部44台大件设备抵运项目现场。在整个项目建设阶段，共组织采购招标147次，签订合同（订单）3017个，其中业主自行采购签订采买合同358个，合同总额为227247.58万元。通过各EPC承包商和业主自行采购合同，向项目提供设备材料的国内外供货商共970多家。

项目总共采购工艺设备3721台（套），其他类设备67248台（套），电气设备74449台（套），仪器仪表51520台（套），电缆3286千米，阀门69073个，管道配件451880件，钢管37809吨，钢结构和各种板材33825吨。

（五）质量控制

2004年3月，项目按照《质量管理体系要求》（ISO 9001：2000），建立项目质量管理体系，至2004年底陆续印发质量管理手册和121份项目管理程序文件，覆盖了招评标、设计、采购、施工安装、质量检测及安全、进度、费用控制等方面。12月，根据国家发展改革委经济运行局《关于委托石油化工工程质量监督总站对"煤直接液化项目"实施质量监督的函》的要求，项目部与石油化工工程质量监督总站签订协议，委托其对项目生产装置和辅助生产装置进行质量监督，行使政府监督职能。

2005年1月，项目部与神华神东矿区建设工程质量监督站签订协议，委托其对项目工程进行质量监督，行使政府监督职能。7月，项目质量部和石油化工工程质量监督总站神华项目监督组联合对参建单位的工程质量进行检查。

2006年4月，项目质量部开展对华泰检测科技有限公司和神东矿区建设工程质量检测中心的审核工作。7月，项目质量部配合石油化工工程质量监督总站，对2006年上半年发生的工程实体质量，以及对其产生影响的过程控制管理的质量进行检查。11月，石油化工工程质量监督总站神华项目监督组、项目质量部与施工管理部对所有工程建设管理和实施主体开展年终现场质量检查活动。至此，项目形成三层五级的项目质量管理模式。

2007年7月，项目质量部配合神华集团煤制油与煤化工部对煤直接液化项目工程质量进行全面检查。10月，项目质量部对承包商的中交数据和质量评定数据进行检查。

2008年12月，项目各装置及单元工程陆续验收后，石油化工工程质量监督总站出具《工程质量监督报告》，并报国家主管部门备案；神华神东工程质量监督站出具《工程质量监督报告》，并直接向神华集团公司报告。

图8-2-2 神华鄂尔多斯分公司煤直接液化产品罐区

整个项目建设阶段，没有发生重大质量事故，安装工程焊接一次检测合格率达到97%，土建单位工程质量合格率达到100%。

（六）费用控制

2005年5月20日，神华集团公司以《关于煤直接液化项目先期工程基础设计（修改版）及概算的批复》批准项目基础设计概算。

2009年6月2日，神华集团公司以《关于神华煤直接液化项目（先期工程）基础设计概算的批复》批准项目的基础设计调整概算。

四、试生产

2008年10月，鄂尔多斯煤制油分公司专门成立首次投料试车领导小组，组长由分公司总经理担任，各专业分管副总经理任副组长，成员为生产管理部、质量技术部、机械动力部和安全健康环保部等管理部门的负责人。生产中心成立投料试车工作小组，中心经理担任组长，各装置生产副经理和设备副经理为副组长,所有工艺、设备技术人员及安全工程师为小组成员。

2008年11月12日,根据国务院总理温家宝的指示精神,国务院副总理张德江主持会议,专题研究神华煤直接液化工程试车工作。会议认为,神华煤液化项目是我国实施石油替代战略和自主创新的重大工程,要求各有关部门和单位,要充分发挥社会主义集中力量办大事的优势,从大局出发,加强协调,密切配合,全力以赴,积极支持神华集团公司做好联动试车工作。会议议定成立以工业和信息化部为组长单位、国家能源局为副组长单位的神华煤直接液化示范工程项目协调组。在协调组内,成立专家组、保障组、安全组3个专项工作组。专家组组长单位为中国石油化工集团公司,主要工作是组织专家做好技术方面的支持;保障组组长单位为国务院国有资产监督管理委员会,主要工作是动员各企业在技术力量、备品备件和维修等方面予以保障;安全组组长单位为国家安全生产监督管理总局。12月5日,神华煤直接液化工程联动试车协调指导小组第一次会议原则通过了《神华煤直接液化示范工程联动试车协调指导小组工作方案》。此后,项目协调组的3个专项工作组分别开赴工程现场进行考察调研和专项检查,多次召开协调指导会和专题会议,分别从安全、保障和专业技术等方面为示范工程投料试车提出指导意见,并为之解决技术难题,协助完善试车技术方案。

图8-2-3 神华鄂尔多斯分公司煤直接液化装置全景

2008年12月30日14时46分,神华煤直接液化百万吨级示范工程在达到设定的试车条件下,开始首次投煤试车。试车在1/3负荷下开始,至17时30分负荷增加至2/3。经过6小时的运转,煤的转化率明显增加。20时46分,反应温度升至415摄氏度。23时18分,煤浆流量达到420吨/小时,装置达到设定的负荷运转。12月31日凌晨4时30分,第一反应器出口达到设定的455摄氏度;7时,液化残渣在成型机顺利成型;14时30分,打通了全流程,生产出合格的柴油和石脑油等目标产品。

试车成功的当日，即 2008 年 12 月 31 日，国务院副总理张德江在试车成功报告上批示："报家宝总理、克强副总理批示，祝贺神华煤直接液化百万吨级装置投煤试车成功，希望继续做好试车各项工作，确保安全运行。"

试车协调指导小组专家组长、中国工程院院士曹湘洪在见证了开车全过程后指出："试车工作准备认真、组织严密、指挥得当、操作精心，实现一次投煤开车成功，打通全流程，生产出目标产品，证明工艺流程设计合理、技术可行。"

2009 年 1 月 1 日，国务院副总理李克强在试车成功报告上批示："谨致祝贺，并望扎实做好下一步稳定运行工作，请发改委、能源局阅。"1 月 2 日，国务院总理温家宝批示："确保安全稳定运行，全面掌握煤直接液化技术，并向工程建设者致以祝贺。"1 月 7 日上午，神华集团公司董事长张喜武、总经理张玉卓就直接液化项目顺利试车运行与中国中央电视台、中央人民广播电台、《人民日报》、新华通讯社、《中国日报》《中国工业报》《科技日报》《经济日报》《光明日报》、彭博新闻社、《中国石化报》《中国化工报》《中国煤炭报》等媒体见面，通报神华百万吨级煤直接液化示范装置连续投煤运行 168 小时的情况，并回答了媒体记者提出的问题。2009 年 1 月 8 日，《人民日报》在头版刊登题为"'煤制油'取得重大进展——我国成为唯一掌握百万吨级煤直接液化关键技术的国家"的报道。

2009 年 1 月 22 日，由工业和信息化部牵头组织的神华煤直接液化示范工程联动试车协调指导小组召开会议，会议要求下一步神华集团按照国务院总理温家宝提出的"安全、成功、效益"的要求，认真做好试车总结，开展优化改造，着手制订下一步开车方案。2 月 9 日，工业和信息化部向国务院提交《关于神华煤直接液化示范工程联动试车工作总结的报告》，报告分为协调指导小组开展的主要工作、投煤试车情况及总体评价、下一步工作安排及建议三大部分。2 月 17 日，国务院副总理张德江对总结报告作出批示："神华煤直接液化百万吨级示范工程一次投料试车成功，意义重大，来之不易。在试车关键时刻，协调指导小组发挥关键作用，各成员单位同心同德，通力合作，作出重要贡献，经验十分宝贵。谨向协调小组及各成员单位表示衷心的感谢！同意下一步工作建议。神华集团要再接再厉，再创佳绩。"

五、生产工艺流程及工艺技术优化

项目以神东矿区的高质量原煤为原料，经过煤液化加氢处理后再经过加氢稳定、加氢改质等过程，生产出柴油、石脑油和液态烃（LGP）产品，其核心工艺技术及催化剂采用神华自主知识产权的中国神华煤直接液化工艺技术及煤直接液化高效催化剂。煤直接液化项目由中国神华煤制油化工有限公司鄂尔多斯煤制油分公司负责生产运行。

煤直接液化先期项目自首次投煤运行后，根据取得的经验数据和暴露的问题，对生产装置进行大量的技术改造，并多次组织试生产和开展工艺技术优化工作。2008 年完成技术改造项目 122 项，2009 年完成技术改造项目 334 项，2010 年完成技术改造项目 14 项。

2010 年 7 月 27 日，依托鄂尔多斯煤直接液化项目建设的二氧化碳捕获与封存全流程项目（CCS 项目）在煤直接液化项目厂区内开工建设，此项目是从煤制油生产线中捕集二氧化碳，经过提纯、液化等环节，运送到距捕集地约 17

公里、地下约3000米的区域进行封存。一期工程总造价约为2.1亿元,每年可减少10万吨的二氧化碳排放,相当于4150亩森林吸收的二氧化碳量。12月3日,项目油系统试运行。12月26日,项目中交。12月28日,压缩区联动试车。12月30日,项目产出浓度为99.9%的液体二氧化碳。

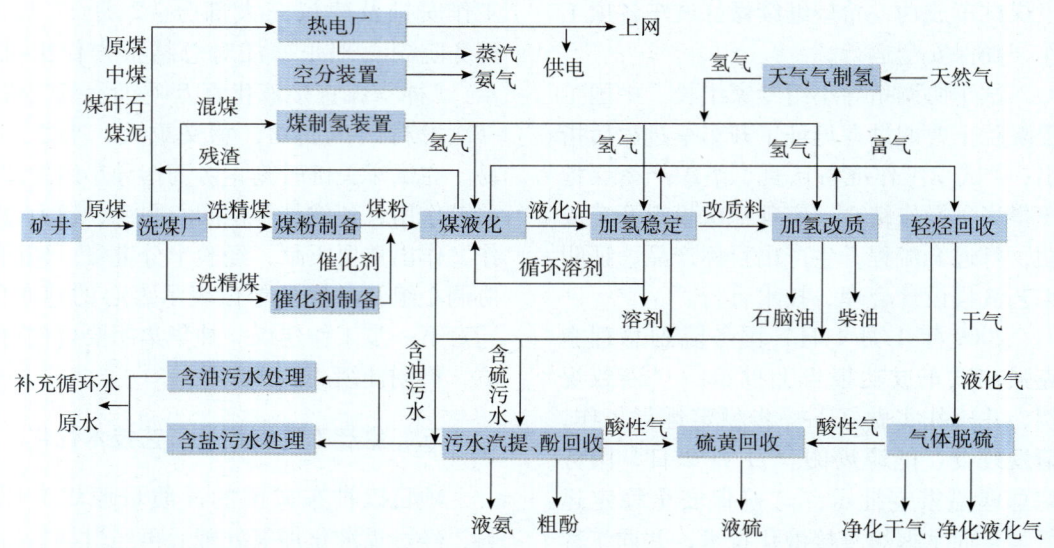

图8-2-4 神华百万吨级煤直接液化工艺流程示意图

鄂尔多斯煤制油分公司围绕试生产长周期安全稳定运行的工作目标,严格执行建设项目劳动安全、职业卫生、环境保护设施"三同时"制度,严格执行国家安全生产方针政策及有关法律法规和标准,促进安全基础工作。进入试车阶段后,工厂按照"有岗必有责"的原则完善全员安全生产责任制,并聘请5名中石化专家组成安全督导组常驻示范工程现场,加强现场安全管理,定期召开安全专题会议,督查、落实安全管理工作,同时做好各装置设备和环境因素的危害辨识工作,对识别出的重大危害制订相应的应急预案和监控方案,进行应急预案演练。通过以上措施,有效地遏制事故的发生,截至2010年底未发生重大安全事故。从2008年12月30日第一次投料试车到2010年12月31日的试生产期间,煤直接液化装置进行6次运行,累计运行5600小时,生产油品总量45.23万吨。

六、装置性能考核及竣工验收

2008年7月起,鄂尔多斯煤制油分公司对煤直接液化项目生产进行装置性能考核工作,相关情况见表8-2-3。

2009年8月,项目通过了由水利部黄河流域委员会组织的项目水土保持专项验收。

2010年4月4日,项目通过了由国家档案局组织的项目档案专项验收。

截至2010年底,项目煤液化装置、加氢稳定装置、加氢改质装置、轻烃回收装置、油渣成型装置和污水处理场部分装置的装置性能考核还未通过,安全设施、消防设施、职业卫生设施等专项验收正在进行中。在全部生产装置性能考核及竣工验收完成后，项目正式进入商业化运营阶段。

表8-2-3　神华煤直接液化项目生产装置性能考核工作情况统计表

装置/单元名称	性能考核时间	考核结论	装置/单元名称	性能考核时间	考核结论
煤液化备煤装置	2010-02-02—05	通过	第二渣场	2010-05	通过
催化剂制备装置	2010-02-02—05	通过	厂内铁路	2010-08	通过
催化剂预制单元	2010-09-02—05	通过	罐区、泵房及汽车装卸车设施	2010-06	通过
煤液化装置	2010-08	未达考核条件，未进行考核	火车装卸车设施	2010-12	通过
第一煤制氢装置	2009-10	通过	火炬及火炬气回收设施	2010-09	通过
第二煤制氢装置	2009-10	通过	给水消防加压及泡沫泵站	2010-02	通过
第一空分制氧装置	2008-07-28—30	通过	第一循环水场	2010-02	通过
第二空分制氧装置	2008-07-28—30	通过	第二循环水场	2010-02	通过
含硫污水汽提装置	2010-02-02—05	通过	第三循环水场	2010-02	通过
硫磺回收装置	2010-06-01—03	通过	凝结水站	2010-02	通过
脱硫装置	2010-02-02—05	通过	消防分站及污水提升泵站	2010-06	通过
酚回收装置	2010-02-02—05	通过	厂外供水	2010-08	通过
厂内外固体物料的输送	2010-02-02—05	通过	厂外铁路（含铁路立交桥）	2010-08	通过

七、生产运行

（一）生产管理

煤直接液化先期项目生产管理工作主要由分公司生产管理部负责，根据国家相关法律法规、地方管理规定及神华集团的相关制度文件制订公司生产管理程序和制度，分公司共有生产控制管理、节能管理、综合计划管理3大生产管理程序，以及包括生产调度管理、开停车管理、油品收付管理等在内的33个生产管理制度，部门在制度要求下开展生产管理工作，并且下设一个生产调度室，生产调度室24小时不间断有调度值班，以确保生产安全、稳定、连续运行。

生产计划管理。分公司在每年年底对当年生产工作进行分析总结，结合分公司生产现状、下一年度的检修计划、市场原材料和成品油价格等多方面因素，综合制订分公司下一年度生产运行计划，经上级公司审核批准后在年初发布执行。分公司每个月根据实际情况进行月度生产任务各项指标的分解，并持续跟踪生产情况，确保任务按计划完成。分公司每月月底组织进行经济活动分析会，对各项指标的完成情况、存在问题、下月生产计划等内容进行详细的对接分析，适时指导生产。

生产绩效考核管理。分公司对吨油能耗、吨油水耗、吨污水耗汽量及PSA产氢收率等36项小指标进行跟踪分析，将涉及生产成本和生产稳定性的关键指标纳入生产绩效考核，每月经济活动分析会分析各项指标异常情况，及时发现问题，及时纠偏，并依据指标完成情况兑现考核，提高各单位生产管理工作的主动性，通过绩效考核与经济活动分析双向引导，提高生产管理工作深度。

日常生产管理。分公司生产管理部组

织日常的生产管理工作，每天召开生产调度早会，每周召开生产调度例会，及时掌握生产装置的实时生产状态及存在的问题，对每天、每周的生产工作进行布置，及时协调解决各单位存在的问题。组织管理人员定期进行生产检查，对各单位交接班管理、跑冒滴漏管理、重大生产作业管理、生产指令执行情况等生产活动进行监督检查，确保各单位生产活动处于公司程序文件和制度要求之下。

图8－2－5　煤直接液化加氢改质装置

生产调度管理。生产调度室是分公司生产指挥和协调中心，生产调度通过倒班形式保证24小时连续工作，调度人员坚持"面向生产、面向基层、服务一线"的工作方向，努力确保各装置安全、稳定、连续、均衡生产。生产调度主要负责生产过程中物料、原料、燃料以及水、电、汽、风、氮气、氢气等的平衡调度；负责做好生产信息的上传下达工作；负责做好各类生产运行报表和生产运行日志的收集填写工作；作为分公司生产应急指挥中心，负责做好分公司生产应急协调和事故应急处理工作。

（二）安全管理

1. 机构

2003年，煤制油分公司成立安全生产部，从事安全、职业卫生及生产管理。2004年2月，建立以安环职防第一责任人总经理为主任的安全生产委员会和安环职防监督管理机构安全健康环保部。2005年，煤直接液化项目安全生产委员会成立，建立健全安全生产管理体系和安全生产责任制，形成由安全生产委员会、安全生产委员会办公室、安全健康环保部和各项目组组成的安全健康环保管理体系。安委会是安（全）环（保）职（业病）防（治）工作最高管理机构，安全生产第一责任人为安委会主任，安委会成员由相关部门组成，全面负责安环职防工作。安委会下设办公室，办公室设在安健环部，负责安委会日常工作，安健环部经理兼任安委会办公室主任。

2. 安全管理体制

分公司按照"分级管理、分线负责""谁主管、谁负责""管理生产必须管安全""谁安排工作任务、谁承担安环职防责任""党政工团齐抓共管"的原则，确保安环职防责任全员、全方位、全过程落地。各级分管领导和管理部门推行"业务保安"，对分管业务的危险源辨识和风险评价、安全检查及隐患排查治理、重大危险源管理等安环职防工作进行负责。

2006年4月，设备材料进场门禁管理系统正式投用，实现对设备材料"人、验、存、用"的全方位管理。2006年，有4家总承包商单位分别实现连续安全生产100万人工时。

2007年，项目实现累计连续安全生产728万人工时，为项目建设阶段最长连续安全生产工时。截至2008年底，项目现场安全培训共13965人，一级教育覆盖率达到100%；共组织安全检查1258次，检查出隐患2839项，整改2801项，整改率达到99%，对未能及时整改的，交由生产单位继续监控和适时整改，直到全部整改。

2008年、2015年，分公司分别对《公司安环职防责任制》进行全面修订和发布。分公司各级单位建立健全本单位岗位安环职防责任制，形成两级安环职防责任制体系。总经理是安环职防工作第一责任人，对公司的安环职防工作全面负责。各部门及中心按照"有岗必有责，有责责必清"的原则，根据公司发布的安环职防责任制建立本部门及中心岗位安环职防责任制，实行分管理领导负责制，做到"谁主管，谁负责"。各职能部门负责本部门专业管理安环职防责任、业务保安责任及区域管理直接责任。各生产中心对所属生产经营活动区域负安环职防直接责任。班组对生产经营活动区域安全生产负安环职防直接责任，员工负岗位自主保安、相互保安的安环职防责任。

安委会负责建立健全、审核、批准、发布安环职防责任制，定期召开安委会会议，听取各职能部门安全生产情况的汇报，研究决策安环职防工作重大问题，审核安环职防费用支出，保证费用投入满足企业安全生产需要，审定分公司中长期及年度安环职防工作计划、考核指标和奖惩方案，并督促计划、方案的落实。安委会负责审核分公司级事故预案、风险管控措施，督办分公司级隐患治理，审核重大安全、环保、职业卫生、消防气防技术措施和项目；负责开展对分公司级以上事故的调查、处理，落实责任追究，落实事故"四不放过"原则；制订分公司安全风险预控管理体系建立与运行的总体计划，推进安全风险预控管理体系的持续改进和落地运行。安健环部是安全生产监督管理机构，负责安环职防工作的监督管理，履行安委会办公室职责，推动风险预控管理体系的建立运行，按照法律法规配备满足管理要求的专职安环职防管理人员。各职能部门对分管工作的安环职防工作负直接管理责任，负责业务保安部门的风险预控体系的责任落实。

3. 安全措施

分公司从建厂之日起，全力策划建立以中石油、中石化为管理模板的QHSE管理体系，以体系建立运行与投料试车同步实施的理念。2007年5月，分公司发布实施A/O版QHSE管理体系，其中QHSE体系包含管理程序25个，管理规定134个。2008年9月，该体系被运用于分公司投料试车准备阶段。投料试车准备阶段后，分公司进入到试生产阶段。QHSE体系经过一年多的运行后，已经无法满足试生产阶段的实际管理需要，公司根据实际情况决定将A/O版的QHSE体系升级为B/O版的QHSE体系，最终B/O版QHSE管理体系于2008年10月发布，形成管理手册1册、管理程序35个、管理规定141个。2011年，按照集团公司统一要求和部署，将B/O版QHSE体系文件改版为B/1版本质安全管理体系，B/1版本质安全管理体系于2011年10月发布实施，形成管理手册1册、程序文件40个、管理规定182个。分公司2012年逐步进入稳定运行阶段，根据生产经营实际情况，对体系进行再次修订，将B/1版本质安全管理体系文件升级为B/2版体系文件，以适用于正常安全生产阶段。

图8-2-6 2009年4月17日，中国煤炭工业协会会长王显政（左三）到煤制油分公司对安全生产进行调研

2014年，集团公司提出安全风险预控的管理理念后，分公司也总结安全管理经验，逐步迈向精益化管理，将本质安全管理体系升级为安全风险预控管理体系C/O版体系。2015年7月，按照集团公司《关于统一规范煤化工企业安全风险预控管理体系文件的意见通知》要求，组织对已经换版升级的C/O版安全风险预控管理体系进行文本格式修订。为了及时完成文本修订。将工作制定成"五定表"，制定完成时间、落实责任人，并于10月1日完成对体系文件文本格式的统一修订，最终形成实施运行的安全风险预控管理A/O版体系。安全风险预控管理体系对安环职防职责进行细化分解落实，并在安全风险预控管理体系建立和运行中落实安环职防责任制的检查与考核，体系运行过程中按照PDCA持续改进的管理原则对安环职防责任制进行不断完善。

2007—2015年，分公司在组织危害因素辨识和风险评估的基础上进行符合性评价，对发生变更的部分，及时组织补充评价和评审，保证评估报告的准确性和有效性。2015年，分公司评估出3328项风险，其中运用JHA法评估出1472项，运用SCL法评估出1507项，发生变更的JHA风险为171项、SCL风险为178项。开展法律法规辨识和合规性评价，将辨识结果完善到安全风险预控管理体系中，重点对《化学品生产单位特殊作业安全规范》（GB30871—2014）进行辨识和评价，将规范要求的8类特殊作业完善到适用性法律法规清单文件中，同时对危化品生产单位特殊作业安全规范进行宣传和学习，对直接作业操作人员、管理人员进行专项考试，确保规范的全面实施。

分公司已经搭建完成泄漏预控、监测、预警、应急信息化管理平台，主要包含风险辨识、泄露风险预控管理、泄露监测管理和泄露应急救援4个模块。项目完成后将建成集合泄露风险辨识与分级、泄露监测与预控、泄露应急处理为一体的信息化管理平台，以实体形式进一步落实风险预控管理理念，最终形成煤制油化工泄漏预控技术指南及相关标准，为煤制油化工企业防泄漏管理打造样板。

图8-2-7 分公司举办消防气防运动会

分公司开展多项综合安全检查及专项检查，形成经纬交叉、纵横交错的方式排查隐患。分公司推行"领导带头查三违"等系列活动，生产单位及保运单位加强自我检查力度，定期报送不安全行为的检查与考核情况，同时深入开展人员不安全行为管理，持续推行"八项零容忍"禁令，人员不安全行为发生概率明显下降。分公司加大现场职业卫生监督检查力度，职业卫生管理人员每周定期深入装置现场进行职业卫生及个体防护检查，保障装置现场符合职业卫生标准要求，保护职工职业健康。分公司隐患排查工作系统、全面、可靠地展开，形成良性循环，促进安全生产持续好转。采取一系列手段为隐患治理打"强心剂"，隐患治理进度完成率100%，不断强化风险预控、隐患排查整治，确保生产安全。以标准化建设为契机，拓展隐患辨识、分级、隐患评估、隐患消除技术标准，制订治理方案。围绕车间，结合工艺，提出隐患排查的专业标准；面向文化，关注行为，提出隐患排查的流程和操作标准。由分公司安全健康环保部牵头，业务主管部门、隐患所属单位三级专业技术人员共同参与，制订隐患整改"五定表"，及时治理隐患。

分公司坚持对职工进行职业病防治的法规教育和基础知识培训与考核，聘请具有资质的职业病防治机构对职业病危害因素进行检测，同时定期委托质检中心进行日常检测。职业病危害因素检测率达100%，合格率达96%。分公司自2007年建厂以来，对装置区域内职业病危害告知与警示标识进行统计梳理。2015年，职业病危害警示标识设置率、职业病危害警示线设置率达到95%以上，同时完成对厂区内生产、使用有毒物品工作场所设置警示线工作。职工职业危害岗位受检率为100%，分公司对职工的健康状况及体检中发现的问题认真记录分析，及时建立"职工健康监护档案"，分公司尚无一例职业病或疑似职业病病例。

分公司群策群力，扎实推进安全文化建设。每年以"安康杯"系列活动和安全生产月活动为载体，开展安全生产事故警示教育及宣传咨询日活动，开展主题应急演练活动，举行"安全伴我行"演讲比赛，举办"安康杯"职业健康安全应急知识有奖竞赛活动、全员安环职防答题活动、"向污染宣战 共建绿色煤制油"主题征文活动、安全目视化管理活动等，通过开展系列活动营造公司全体人员重视安环职防工作的氛围。

（三）产品质量管理

1. 人员管理重点放在产品分析检验和质量判定相关人员上

人员管理重点在于通过宣传、教育、沟通提高员工的责任心；通过中心内部的日常培训考试和从业资格培训考试提高员工的从业能力；通过对质量管理相关人员关于分公司相关管理制度的培训和制度执行情况的检查考核，提高从业人员遵守和执行公司相关管理制度的意识和自觉性；通过对产品取样、留样、分析检验工作的检查和分析化验准确度的监督、抽查和考核，保证原材料和产品检验结果的可靠性；定期对分析样品进行外部比对，以验证公司分析化验的准确性。通过以上工作的开展，保证了进厂原材料和出厂产品分析检验计划的有效执行，分析检验做到了"三及时"（采样、分析、报结果）、"五准确"（采样、基准、分析、计算、结果）和"三检查"（自检、互检、班长检），成品出厂做到"五不许"（产品质量不符合标准要求不许出厂；分析项目不全不许出厂；没有质量合格证或检验报告单不许出厂；包装容器不符合标准规定要求不许出厂；未按规定要求留样不许出厂），从而使得入厂原材料和出厂产品质量得到有效保证。

2. 严格进行原材料进厂质量检测

化工原料质量管理主要从以下几个方面开展：制定和更新化工原料产品质量标准，使得进厂原材料能够满足分公司生产需要；制订化工原材料分析检验计划，监督检验计划是否严格执行，保证进厂的原材料能够有计划地进行常规检验，通过分析检验判定入厂原材料的质量情况；对于公司不具备检验条件的化工原料进行留样，在该批次化工原料用尽前，样品得到妥善保存，使不具备检验条件的化工原料的质量状况具备可追溯性，发生质量事故能够对事故责任人进行责任追究。

对于分公司采购量较大、供应商较多、质量情况复杂的大宗原材料进行专项管理，对大宗原材料供应商资质、供应商供货能力进行严格考察，确保供应商具备供应合格产品的能力，对于不能满足分公司质量指标的大宗原材料，按分公司相关制度进行价格考核，使得供应商能够自觉按照分公司质量指标供应大宗原材料；对于大宗原材料进厂的取样、留样、分析、卸车过程进行严格管理，不定期组织生产管理部和纪检监察部相关人员对汽车栈台大宗原材料进厂情况进行监督检查，除常规检验外，不定期对进厂大宗原材料进行抽检，使得质量管理形成高压态势，打消部分供应商试图投机取巧、以次充好的侥幸心理。

3. 检验设备管理

定期用标准样品标定检验设备。检验设备定期标定是检验设备是否能够准确测定样品和检定设备是否需要维修调校的依据。检查设备的使用状态标识是否完好准确，状态标识能够使操作员一目了然地看到设备是否具备分析检验的条件。检查设备的原始使用记录，检查操作员是否每次使用设备后均进行记录，用以跟踪设备的使用状态。检查需要由相关检测部门定期年检的设备是否按要求年检，设备定期年检能否通过是判断设备能否继续使用的标准和依据。分析用试剂的管理主要从以下几个方面着手：检查分析用试剂是否在有效使用周期内，试剂标签是否完好准确，试剂成分、浓度是否准确。

4. 生产过程工艺指标控制管理

分公司每年修订一次工艺卡片，通过对工艺卡片指标的修订和对各项生产中工艺卡片指标执行情况的检查、考核来保证生产过程操作规范，中间产品、产品质量可控。2013 年，分公司对各生产中心工艺指标超标情况上报进行规范，要求各生产装置发生工艺指标超标或中间产品、产品不合格事件后，必须在一个工作日内上报质量技术部工艺主管，使能够掌握全厂的生产运行情况，能够及时得到信息，提出处理意见。

5. 分公司将质量管理程序文件、管理制度和产品的执行标准作为员工行为规范的文件，不断进行完善。

通过以上 5 个方面工作的开展，鄂尔多斯煤制油分公司质量管理工作取得良好的效果。分公司主要产品普通柴油、石脑油、液化石油气、重整汽油、轻石脑油、粗酚质量合格率均为 100%，无质量事故和客户质量问题投诉事件发生。进厂大宗原材料、原辅材料、化工三剂严格按照分公司相关质量指标和管理制度执行，无责任事故发生。

（四）生产成本管理

煤制油企业属于多工序连续式复杂生产企业。企业根据煤制油产品连续生产、顺序进行加工的特点，按中心、装置（成本核算单元）归集分配成本，并以产品、自制半成品作为成本核算对象。副产品按定额成本确定成本，主产品成本按照技术经济系数核算并参与成本分配。

针对煤制油生产工艺的特点，从总体生产成本及各装置成本消耗入手，采用层级递进的模式，结合财务管理要求，将煤制油生产成本分为直接生产成本和间接生产成本两大类，并选取原料、主要材料、化工辅料材料、动力消耗、制造费用等项目进行逐级细化分解，达到多维度成本管理目的。

八、环境保护

（一）环境管理体系

1. 组织机构与队伍

鄂尔多斯煤制油分公司设立环境污染防治工作领导小组，由主管安全生产副总经理担任组长，带头抓环保管理工作。2005—2008 年，具体环保管理工作归口于技术监督部，设置环保主管岗位，负责建设期间落实环评要求及日常的环保管理工作。

从2008年开始，分公司设立安全生产委员会，认真贯彻执行国家《安全生产法》《职业病防治法》《环境保护法》《消防法》等法律法规和国家、集团公司有关安环职防方面的规定，负责全公司的安全环保等工作。安委会在公司总经理的领导下，对全公司安环职防工作进行全面管理和监督。2008年后，分公司成立安全健康环保部，环保管理工作划归安全健康环保部管理，下设环保副经理岗位和环保管理岗位负责全公司的环保监督管理工作。同时还设置企业环境监测站，按规定配备环境监测人员和仪器设备，满足各级部门对企业及企业自身环保监督的需求。环保管理岗位的职责是组织落实《中华人民共和国环境保护法》及相关法律法规要求，做好环保监督管理工作，提高企业环保管理水平，不断减少污染物排放总量，通过清洁生产审核和日常环保管理工作，组织建立健全环保监测、污染物排放等台账、报表，完成政府及上级公司下达的各项环保任务。

2011年起，分公司成立清洁生产组织机构，根据《中华人民共和国清洁生产促进法》及集团公司关于推行本质安全管理体系的要求，落实清洁生产节能减排工作。清洁生产领导小组由公司总经理担任组长，下设清洁生产办公室，负责全公司的清洁生产工作。

2012年起，分公司为进一步提升节能减排管理水平，按照《中华人民共和国节约能源法》《中华人民共和国环境保护法》和国务院《关于加强节能工作的决定》的要求，依据神华集团公司下发的《节约能源管理办法》《环境保护管理办法》等制度，成立节能减排工作领导小组和工作小组。公司主要领导担任领导小组组长，分管领导担任小组副组长兼任工作小组组长。同时成立节能、环保减排办公室，设置节能、环保专（兼）职岗位，明确各级机构及人员的工作职责，完善节能环保管理三级网络。

2. 设施建设

2005—2008年，分公司严格按照项目环评报告书及批复意见要求落实环保"三同时"设施及其他要求。按照环评要求配套建设污水净化处理及回用、废气净化处理、固体废物处理处置及超标噪声控制等环保装置或设施。

污水处理设施建设方面，项目建设前期，在进行大量的分析试验工作及对污水处理方案进行反复比选的基础上，设计并建设低浓度含油污水生化处理、高浓度污水处理、含盐废水处理、催化剂废水处理等4套废水处理系统。另外，建设含硫污水汽提和酚回收装置各1套。

废气污染控制及治理设施方面，建成包括气体脱硫装置、酸性气硫磺回收、自备电站锅炉烟气脱硫和各种尾气（烟气）的高效除尘及火炬气回收设施和措施等。煤粉工艺系统粉尘治理采用长袋低压脉冲喷吹高浓度煤粉袋式收尘器。

固体废弃物治理设施方面，建设有一般工业固体废弃物填埋场、废催化剂填埋场等，都进行严格的防渗处理。

煤直接液化先期工程于2008年12月30日首次试车成功，2009年9月、10月煤液化又进行开车运行。通过开车运行，暴露的出煤液化、煤气化等装置产生的污水量及水质与设计发生较大变化。针对煤液化运行初期暴露的影响污水处理及净化回用的问题，2009年以后分公司陆续通过增加污水处理设施或技改手段予以解决。如新建1套污水汽提装置，新建E2水汽提装置，含油污水增加污油回收设施，新增液化气脱硫醇装置，臭氧及预处理配套改造项目，高浓度污水流程完善项目，污水系统提高稳定性改造项目等。

3. 资金投入

2005—2009 年，煤直接液化项目试生产前，环保投资为 136153.22 万元，其中包括污水治理设施 56947.56 万元，废气治理设施 31207.15 万元，噪声治理投入 292 万元，固体废弃物处理设施 5993.26 万元，其他环保投资 41713.25 万元。2009 年试生产后，新建环保项目或技改新增环保投资为 74824.8459 万元。煤直接液化项目环保总投资为 21.0978 亿元，占先期工程总投资的 14.32%。

4. 环保宣传

分公司从 2008 年装置试生产前就开始每年举行环保宣传活动，具体活动包括每年的"6·5"世界环境日宣传工作，组织世界环境日宣传活动，搜集关于环保日的宣传资料，通过拉条幅、做展板、印传单、签名墙、下发各单位学习等形式，让活动宣传内容更加深入人心。此外，力争每年举行有奖环保征文活动，每年选定相关主题，如 2015 年分公司安健环部组织开展"学习新环保法，做环保达人"普法宣传活动，以"学习新环保法，做环保达人"为主题进行环保征文活动，并对优秀作品进行奖励。开展"保护环境，绿色生活，从我做起"主题签名活动，同时在厂区、生活区悬挂环保条幅，开设环保知识宣传橱窗，广泛宣传本次主题活动的重大意义，营造全公司员工共同参与环保行动的和谐氛围。另外，分公司每年都订阅与环保相关的报纸及书刊，如《中国环境报》等，下发各基层单位供员工阅读学习。

5. 环境监测

分公司质量检验中心组建于 2003 年，有员工 128 人，拥有实验室、办公室及辅助用房 60 多间。质检中心通过国家实验室认可，取得中国合格评定国家认可委员会颁发的 CNAS 实验室认可证书。

担任环境监测任务的环保班共有员工 23 人，其中班长 1 名，技术员 1 名，硕士研究生 2 人，大专及大专以上学历 21 人，具有 10 年以上化学检测工作经历 7 人，检测人员 23 人都通过正式的培训，考试合格后持证上岗。环保班共有各类先进分析检测仪器 110 余台，其中环境监测设备主要有直读式粉尘测量仪、Testo815 噪声仪、KM9106 烟气测定仪、IL460 红外分光测油仪、CODVAR10 COD 测定仪、UDK142 氨氮分析仪、GC2010 气相色谱仪、ORION3star pH 计等。环保班主要承担全公司环境监测，包括污水、大气、噪声等多项分析工作，平均每年完成环境监测约 4000 余项。

煤液化项目建成投运以来，鄂尔多斯分公司高度重视对环境的监控和监测。①按照项目环评要求，落实外排水、环境气、周边地下水、厂界噪声等定期与不定期监测。②对所在乌兰木伦河断面水质也进行不定期监测，确保及时掌握项目运行过程对环境的影响情况。③公司委托鄂尔多斯市环保局环境监测站对煤制油的大气、外排水、厂区周边地下水以及乌兰木伦河大柳塔断面水质等进行定期监测。④需要外委的监测项目，公司全部委托具有相关资质的单位进行监测，确保企业生产合法合规运行。

(二) 污染防治

1. 大气污染防治

在废气污染控制及治理方面，建成包括干气及液化气脱硫、酸性气硫磺回收、煤液化油灰渣成型油烟气体净化系统、自备电站锅炉烟气脱硫和各种尾气（烟气）的高效除尘及火炬气回收设施和措施等。酸性气硫磺回收装置主要处理来自干气、液化气等脱硫产生的酸性气及含硫污水双塔汽提脱出的酸性气，采用"SSR"无在线炉硫回收工艺，其中制硫部分采用克劳斯部分燃烧法处理酸性气生产硫磺。为提高总硫回收率和降低尾气二氧化硫排放浓度，装置增加尾气处理系统，尾气处理选择操作费用最低、硫回收率最高的SSR加氢—还原吸收工艺。硫磺回收装置设计年产硫磺25000吨，产出的硫磺产品全部回用到煤液化装置，装置总硫回收率达到99.89%，排放尾气中的二氧化硫浓度低于577毫克/标准立方米（国家排放标准为960毫克/标准立方米）。

自备电站燃煤锅炉建成之初就采用循环流化床喷钙（氧化钙）脱硫工艺，脱硫效率为75%，烟气二氧化硫、氮氧化物等污染物排放达标。2012年，为满足《火电厂大气污染物排放标准》（GB13223—2011）排放要求，分公司立项2013年开始对自备电厂燃煤锅炉进行脱硫脱硝改造，采用氨法脱硫和SNCR法脱硝，项目于2014年7月建成投用。改造完成后尾气排放满足新标要求（二氧化硫≤200毫克/立方米、氮氧混合物≤200毫克/立方米），项目于2015年6月顺利通过环保验收，取得验收批复。

煤粉工艺系统粉尘治理采用长袋低压脉冲喷吹高浓度煤粉袋式收尘器，具有收尘效率高、设备阻力小、喷吹压力低、设备占地小的特点，收尘器后尾气中粉尘的排放浓度低于50毫克/标准立方米，减少了对环境的污染，满足排放要求。

污水处理场无组织恶臭气体的治理采用生物滤池脱臭技术，将污水处理场各处所产生的废气经加盖密闭收集装置汇集，经引风管道、离心风机送至生物除臭装置进行处理，对恶臭气体的净化处理效率达到98%以上。

2. 水污染防治

分公司按照环评要求配套建设污水净化处理及回用环保装置或设施。污水净化治理、回收利用方面，项目建设前期在进行大量的分析试验工作及对污水处理方案进行反复比选的基础上，设计并建设低浓度含油污水生化处理、高浓度污水处理、含盐废水处理、催化剂废水处理等4套废水处理系统。

低浓度污水处理。由于污水特性与一般市政污水类似，处理技术比较成熟，故采用隔油、气浮、推流鼓风曝气、二级曝气生物流化床（3T—BAF）加过滤的处理工艺。处理后的净化水回收利用至循环水场。

高浓度污水处理。高浓度污水是某些项目特有的工艺污水，折算的COD浓度理论上可达到10000毫克/升，采用北京三泰正方生物环境科技发展有限公司的"3T"技术，其处理流程为两级气浮+调节罐+厌氧生物流化床（3T—AF）+曝气生物流化床（3T—BAF）+混凝沉淀+活性炭过滤。处理后的净化水回收利用至循环水场。

含盐废水处理。采用美国RCCI公司（2005年由GE公司收购）的降膜循环蒸发技术，其处理流程为反渗透预处理系统+循环蒸发，其中反渗透处理后的净化水拟回收利用至自备电站，作为脱盐水系统的进水，蒸发器生产的净化水根据实测的水质条件回用至自备电站，作为脱盐水系统的进水或送循环水场作补水，剩余少量高浓度含盐残液（约12立方米/小时）送厂外蒸发塘自然蒸发。

催化剂废水处理。催化剂制备单元的原料主要为水合硫酸亚铁，其产生的废水采用RCCI公司的降膜循环蒸发技术和四川自贡轻工设计院提供的结晶技术组合处理，处理流程为循环蒸发+结晶。蒸发器生产的净化水根据实测的水质条件回收利用至自备电站，作为脱盐水系统的进水或送循环水场作补水。与含盐废水不同的是，催化剂废水浓缩残液（约10立方米/

小时）通过结晶回收硫酸铵固体，可作为复合肥原料进行综合利用。

2009年，煤直接液化装置试运行后，污水处理系统暴露出一些问题：首先煤直接液化工艺属世界首套，其排放的废水不仅浓度高、色度深、水质波动大，而且难以生物降解，由于此前没有废水处理经验可以借鉴，增加了废水处理难度；其次，按照环评要求建设的污水处理设施也存在一些不足，例如含油污水及污水汽提预处理除油能力不足、含硫污水来水量超出设施处理能力、PT系统原料来水及气化废水生活污水等悬浮物含量超过设计值等等。

针对煤液化运行初期暴露出的这些影响污水处理及净化回用的问题，分公司实施多项整改措施：增加高浓度污水预处理系统，采用高效催化氧化，有效除去COD和不饱和致色物质，降低生物毒性并提高可生化性；增加臭氧深度氧化系统改善污水的可生化性。高浓度污水处理系统出水进入污水深度处理系统进行处理，并在深度处理系统中增加MBR+RO二级生化处理装置。高浓度污水经过以上处理后，出水水质符合循环水补充水的水质要求，全部回收利用作为循环水场的补充水，不外排。

同时，新建1套平流式隔油池，有效解决油含量过高影响A/O系统运行的问题；对含硫污水缓冲罐进行"罐中罐"除油技术改造，既消除了含硫污水含油量高对汽提运行的影响，又增加了污油回收量；增建1套与原装置相同工艺的100吨/小时的污水汽提装置，解决含硫污水来水水量大的问题；增设辐流式沉淀池和缓冲沉淀池，消除了悬浮物对污水净化系统运行的不利影响。

经过分公司不断实施技术攻关、技改技措及强化运行管理后，污水处理系统趋于正常。含油废水、高浓污水处理、含盐及催化剂废水等处理系统设备投运率为100%；污水处理厂出水水质满足《污水综合排放标准》（GB8978—1996）一类污染物排放标准，全厂废水回用率达到98%以上。

3. 固体废弃物污染防治

固体废物处理方面，在工业固体废物填埋处理方面，充分利用厂区附近的天然沟壑，建设远期总容积约550万立方米的一般固体废物填埋场和2万立方米的危险废物填埋池。渣场蒸发塘和危废填埋池均按环评要求进行防渗处理。煤气化灰渣送往渣场填埋，部分电站锅炉飞灰作为水泥厂原料得到利用，可回收的含贵重金属的废催化剂由厂家回收利用，污水场脱水"三泥"和不可回收废催化剂等危险废物送到具有危废处理资质的协议危废接收单位处置。

(三) 生态恢复治理

根据《煤直接液化项目水土保持方案》要求，项目区植物措施面积403.16万平方米，其中液化厂区绿化面积107.44万平方米，铁路专用线及装卸厂区绿化面积3.36万平方米，进场道路区绿化面积6.27万平方米，渣场植物措施面积45.55万平方米，水源地及输水管线区植物防护面积232.04万平方米，输油管廊区造林5.0万平方米，临时弃土场种草3.5万平方米。

2007年5月15日—2009年5月30日，公司进行生产场区和厂前区施工，选择桧柏、樟子松、新疆杨、爬山虎、丁香等植物品种，完成厂内空地及道旁造林38万平方米，厂前区造林8.74万平方米；2008年8月以后对预留场地实施植被恢复，种草44.10万平方米。沿围墙外周边包括厂区北侧的观礼台道路两侧及观礼台区域绿化工程实施于2006年12月

25日—2007年8月15日，选择樟子松、新疆杨、紫花苜蓿、爬山虎等植物品种，共完成造林面积16.60万平方米。

水源地绿化工程由乌审旗水保局组织于2007年10月15日—2008年8月20日实施，包括联络管线区、集水管线区、施工便道区，先进行布设1.5米×1.5米的网格沙障、杨柴、柠条，再进行沙蒿、羊草等草籽的撒播，完成沙障面积3万平方米，种植混交草灌面积48.20万平方米。

输水管线绿化工程由乌审旗水保局、伊旗水保局组织于2007年10月15日—2008年8月20日实施，包括施工便道区和运料便道区，先布设1.5米×1.5米的网格沙障、杨柴、柠条、沙柳，再进行沙蒿、羊草、草木犀、坡碱草、沙打旺等草籽的撒播，完成草灌植被面积148.71万平方米，沙障5万平方米；管线穿越林场恢复樟子松造林5.5万平方米。恢复农地12.57万平方米。

管理站、配水厂绿化工程由神东煤炭公司环保处于2007年10月15日—2008年8月20日实施，经过更换土壤、平整土地，栽植国槐、垂柳、爬山虎，播撒紫花苜蓿草籽等恢复植被，完成绿化面积1.63万平方米。

进厂公路绿化工程由神东煤炭公司环保处于2006年8月15日—2009年5月20日实施，道路两侧栽植樟子松、新疆杨，播撒紫花苜蓿草籽等恢复植被，面积6.27万平方米。

渣场绿化工程由神东煤炭公司环保处于2007年10月15日—2008年8月20日实施，废水区拱形植物护坡，通过播撒草种进行地表植被恢复2.35万平方米；环场道路栽植新疆杨等树种，拦灰坝坡进行穴状栽植灌木，共完成造林9.43万平方米；渣场大部分地表原地貌为林草植被，对此进行抚育更新，面积33.77万平方米。

装卸厂区植物绿化工程由神东煤炭公司环保处于2007年10月15日—2008年8月20日进行施工，厂区围墙内道路两旁栽植油松、杨树，扰动空闲地播撒紫花苜蓿草籽恢复植被，完成林草面积3.36万平方米。

输油管廊区域占地面积5.67万平方米，大部分为荒坡，植被稀疏。2009年4—5月，在设置的沙柳沙障内撒播草木犀、沙打旺等草籽进行植被恢复，完成种草地5万平方米。临时弃土场位于进场道路路旁，弃土结束后对弃土表面进行整治，撒播草籽进行绿化，边坡设置沙柳网格并撒播草籽，完成面积3.5万平方米。以上共完成人工造林89.53万平方米，种草279.86万平方米，铺设沙障8万平方米，恢复农地12.57万平方米，对原地表植被进行抚育更新面积33.77万平方米。水土保持植物措施总投资2495.12万元。

2014—2015年，公司又对渣场进行集中绿化改造，渣场绿化改造面积为6.3万平方米，治理费用46.5万元。

2015年，煤直接液化项目厂区周围、生活区需维护总绿化面积为56万平方米，各类树木3.5万棵左右。2010—2015年的绿化养护费用为996万元。

九、节能管理体系

分公司成立以总经理为节能减排领导小组组长，安全生产副总经理为副组长，职能部室、生产中心经理为组员的节能减排领导小组，并明确节能减排领导小组的职责。成立以安全生产副总经理为组长，生产管理部经理为副组长，各职能部室的副经理、生产中心生产副经理为组员的节能工作小组，明确节能工作小组的具体职责。为便于更好地开展节能减排工作，分别成立节能和减排办公室，基层各单位也成立节能减排管理组织，将具体的节能目标责任落实到人。

1. 节能考核

生产管理部建立详细的节能考核细则。从吨油品综合能耗到各单位单耗指标，将板块公司和自治区下达的年度节能指标层层分解至基层单位，确保能耗指标圆满完成。把水、氮气、风、蒸汽、电等公用物料折算为各单位吨产品单耗指标，并纳入月度、年度绩效考核，直接与工资挂钩，每月经营分析会对各单位能耗考核指标进行分析、总结并兑现考核，极大地调动全体员工对能耗关注的积极性，能耗指标逐年降低，取得很好的节能效果。每年组织各单位提报优秀节能改造项目，经过节能专家组统一考评，对节能量大、投资少的优秀节能项目给予奖励。近几年，一系列优秀节能项目均成功得到实施，并淘汰落后的产能设备，通过优化工艺流程，逐年降低能耗。

2. 能源项目审计

按《国务院"十二五"节能减排综合性工作方案》《内蒙古自治区"十二五"节能减排综合性工作方案》《关于全面开展重点用能企业能源审计和节能规划工作的通知》《关于全面开展重点用能企业能源审计和节能规划工作的补充通知》等文件的要求，公司分析查找企业能源浪费的原因和薄弱环节，挖掘节能潜力、降低能源消耗和生产成本，提高企业经济效益。北京神华中机能源环保科技有限公司于2013年4月18日开展神华鄂尔多斯煤制油分公司能源审计工作。

十、产品销售

（一）产品规划和数量

2009年3月5日，鄂尔多斯煤制油分公司正式销售柴油。8月8日，液化气出厂。9月9日，第一列石脑油专列出厂。10月1日，产品开始大批量销售。11月16日，第一列柴油专列出厂。12月28日，取得成品油批发经营资质。2010年6月10日，第一个加油站申请得到国家发展改革委批复。项目主要产品为轻柴油、石脑油和液化气。轻柴油主要销往内蒙古鄂尔多斯及周边地区；石脑油主要销往天津市、山东省、河南省、江苏省等地，液化气主要销往内蒙古、山西省、宁夏回族自治区等地。副产品油渣在原设计中是作为循环流化床锅炉燃料使用的，但经过市场开发，已经拓展出其他用途，并销往山西、河南、河北、山东、浙江、广东等省。

根据公司现有工艺条件和产品规划，神华煤制油销售主产品为柴油、汽油、石脑油、混合芳烃、稳定轻烃、液化气；副产品有粗酚、液氨、液氧、液氮、原料沥青、硫酸铵、煤泥等。2014年，共销售各类油品90.14万吨，其中主要产品为柴油、石脑油、液化气，共销售88万吨，柴油51.3万吨，石脑油26.8万吨，液化气9.7万吨，其他副产品共销售2.14万吨。2015年，公司共销售预计70.07万吨主要产品，其中柴油32.5万吨，石脑油销量为25万吨，液化气销量9.5万吨，其他副产品3.07万吨。

（二）销售方式与渠道

神华煤制油公司常年生产-35号普通柴油，公司内车辆包括客车、轿车共计40余辆均使用自产柴油，至今从未发生任何由于油品质量原因引发的故障。多年来，从集团内部、中石油、中石化及社会各单位的大量使用反馈信息来看，煤直接液化普通柴油质量优良、特点鲜明、性能可靠、经济性高，特别适用于大型工程机械、重型运输车辆，现已广泛使用于矿业开采、工程施工、汽车运输等行业，在社会上初步树立"神华煤制油"的品牌形象。销售渠道基本有以下几种：

（1）通过批发销售。经过长期的客户开发和维护，公司油品销售已形成一定的客户群体，现在公司油品基本通过批发渠道进入市场。

（2）供应神华集团内部企业用油。神华集团作为国内以煤为基础，电力、铁路、港口、航运、煤制油与煤化工为一体，产运销一条龙经营的特大型能源企业，下属企业众多，成品油需求旺盛，神华煤制油直供内部企业是出于充分利用神华集团内部资源与需求的原因，同时也充分体现集团内部相互供应、相互服务的目的。

（3）利用油品低凝点的特点销往蒙东地区市场。神华煤制油分公司柴油具有低凝点特点，而在内蒙古东部地区寒冷期偏长，一年中，负号柴油供应期较长，非常适合公司低凝点油品销售。公司先后通过神华内部企业在呼伦贝尔和锡林浩特等地区进行先期市场开发，然后逐步开发蒙东地区柴油的批发市场。

（4）通过零售终端进行销售。2015年，国内成品油的销售基本以终端出货为主，成品油零售终端网络的建立，是企业由"以产品为中心"到"以客户为中心"的重要转变。公司通过销售终端出货量偏小，因此逐步规划建设更完善的零售终端，优化销售方式，拓宽销售渠道。

图8-2-8 神华煤制油公司建成第一处加油站

（5）根据市场需求情况调整产品结构。公司一直定位于以市场为导向，产品的调整紧紧把握市场的需求，根据市场特点和产品的利润，利用神华煤制油公司现有的工艺条件对公司产品进行结构优化，增加公司产品效益。同时公司根据市场情况调研，利用现有装置工艺条件积极开发高附加值白油、基础油产品。

（6）其他产品销售。石脑油、液化气及其他副产品的销售，从2014年9月开始逐步通过神华集团的"神华煤炭交易网"网上平台进行销售。截至2015年，全部实现网上公开竞价和挂牌销售，线上产品已经完全和市场接轨，价格和市场同步。

石脑油销售：神华煤制油通过煤直接液化工艺生产出的石脑油具有低硫、低氮、高芳烃特点，是非常好的重整和芳烃抽提原料，公司现有石脑油类产品分为石脑油、混合芳烃、稳定轻烃。客户基本分布在山东、河北、天津、北京、宁夏、西安等地。

液化气销售：神华煤制油公司所产的液化气 C3 含量为 60% 左右，C4 含量为 36% 左右，主要作为公司周边地区民用液化气使用，客户基本为区域内的液化气站，用于充装，基本客户位于山西、陕西、内蒙古地区。如果区域内液化气市场出现饱和状态，公司就采取荆门配送，将一部分液化气转运至南方市场进行销售。

（三）产品收入与价格

1. 产品价格制定与调整

神华煤制油公司柴油销售价格实行窗口挂牌销售，汽、柴油定价主要参考中石油炼油厂供中石油内蒙古销售分公司的内部调拨价，根据国家发展改革委调价机制进行定期调整。对神华集团内部用户的价格是一户一价，由双方谈判确定；对其他社会客户是执行挂牌销售价格，并制定量价联动的销售政策。其他产品如石脑油、液化气等产品，完全根据市场情况进行价格浮动，定价体制根据市场产品价格和下游客户需求进行制定。

2. 销售收入

分公司 2010 年的销售收入（不含税）为 251457 万元，2012 年就增加到 603822 万元，由于市场的原因，2015 年收入 306190 万元；向国家缴纳税费由 2010 年的 32212.48 万元，增加到 2015 年的 96777.91 万元（表 8-2-4）。

表 8-2-4 神华煤制油分公司 2010—2015 年产品销售收入及上缴税费统计表

年份	产品销量（万吨）	销量同比增减（%）	产品产量（万吨）	产量同比增减（%）	销售均价（元/吨）	均价同期增减（%）	销售收入（不含税）（万元）	利润总额（不含税）（万元）	缴纳税费（不含税）（万元）
2010	43.12	570	43.85	570	5832	19	251457	-131473.23	32212.48
2011	76.23	77	79.25	81	6579	13	535417	40628.62	91326.98
2012	85.80	13	86.55	9	6641	1	603822	59035.42	126375.44
2013	88.88	4	86.62	0	6348	-4	594917	19172.90	124583.60
2014	88.03	-1	90.14	4	6251	-2	550275	-9844.34	129524.84
2015	70.06	-20	70.52	-22	4370	-30	306190	-66230.78	96777.91

第二节 神华集团煤间接液化示范项目

一、项目决策

2001 年，神华集团公司将煤间接液化科技创新项目列入集团能源发展战略，随后在煤间接液化技术引进与开发上进行一些前期工作。

2001—2015 年，在国家"863 计划"和中科院知识创新工程及山西省政府、内蒙古伊泰集团公司、神华集团公司、连顺能源公司等联合支持下，中国科学院山西煤炭化学研究所主持开发浆态床煤间接液化合成油的系统工业技术，并达到国际同类技术水平（与南非萨索公司的技术水平相当）。该技术具备合成油示范厂建设的条件，其自主开发的由煤到成品油的全流程工艺模拟软件，可用于合成油示范厂和百万吨级商业厂的工艺模拟、技术经济分析和产品方案分析。项目在国际合成油工业技术保密的情况下独立自主完成，拥有完全的自主知识产权。

2004年10月23—24日，由中国科学院主持，组织以陈俊武院士为组长的专家组，对"煤基液体燃料合成浆态床工业化技术"（合成技术）进行鉴定，鉴定认为："煤基液体燃料合成浆态床工业化技术"（合成技术）在工艺、设备及催化剂研究试验方面都已取得可靠的成果，达到预期的目标，具有自主知识产权，具备建设示范厂的技术条件，建议应不失时机地开展下一阶段合成油示范厂的建厂前期和工程设计的准备工作。

2005年8月，神华集团公司以《关于神华煤直接液化先期工程中增加费托合成装置的请示》上报国家发展改革委，提出在鄂尔多斯神华煤直接液化项目厂区内与煤直接液化项目先期工程同步建设年产18万吨级的合成油装置，增加的合成油装置与煤直接液化先期工程同期建成投产。这个单独申报的项目在神华集团内部也被称作"829项目"。

2006年，国家发展改革委经过多方周密论证，鉴于示范工程是在中国科学院山西煤炭化学研究所开发的低温浆态床费托合成技术中试基础上放大200余倍，许多技术需在示范工程中继续开发完善，因此，确定由神华集团、内蒙古伊泰集团、山西潞安矿业集团等3家国内有实力的能源企业，分别先行建设18万吨间接液化工业示范装置。这3个示范装置原料煤不同、煤气化方式不同，通过示范旨在发现存在的技术问题并进一步优化工艺，以期为我国大规模煤炭间接液化技术的建设提供基础数据支持，同时培训专业技术人员，为大规模产业化生产奠定基础。

2007年6月6日，国家发展改革委以《关于在神华煤直接液化一期工程中增加合成油品装置的复函》（发改办能源〔2007〕1302号）批准神华集团公司在煤直接液化一期工程中增加合成油品装置。

二、工艺技术开发过程

2006年底，中国神华煤制油有限公司开展铁基费托催化剂的实验室研制、表征、评价工作，主要包括开发满足放大条件的多种可选铁基费托合成催化剂配方及制备路线，并对实验室浆态床、固定床的活性、选择性、稳定性进行考察，实验室评价指标要求达到国内外先进水平。实验室催化剂配方和制备基础工艺研究工作，主要集中在催化剂活性组分第五组元的筛选、组分含量匹配和优化、加硅量和加硅方式、沉淀反应工艺条件、助剂加入的节点、焙烧温度和时间等试验。此外，实验室研发工作还包括催化剂反应动力学研究、催化剂表征分析形成和应用机制等。

2007年底，在铁基费托催化剂研发的基础上，中国煤制油有限公司在上海中试基地建设每批次5千克的催化剂制备放大中试装置，并于2008年4月完成主体建设。

2008年4月，神华集团公司相关科研人员随即投入催化剂制备工艺放大研究开发工作，要求试验运转结束并通过装置技术检修、改造后，工业试生产工艺包工艺技术和装置成功应用于催化剂评价的试验。9—10月，工业试生产催化剂在工业试生产工艺包上经过1200小时的运转试验，确定SFT418催化剂在合适的工艺条件下，一氧化碳转化率达到92%，二氧化碳选择性低于25%（占转化的一氧化碳摩尔数百分比），甲烷选择性低于3%（占转化的一氧化碳摩尔数百分比），表明新型催化剂SFT418性能满足立项的要求，同时验证工业试生产工艺包工艺技术可行。

2010年3月30日，中国煤炭工业协会在北京组织召开"煤基浆态床费托合成催化剂及工艺"成果鉴定会，专家组认为项目对合理利用我国煤炭资源、保障国家能源安全具有重要意义，建议加快建设煤基浆态床费托合成工业化示范装置，尽早形成我国具有自主知识产权的费托合成工业化成套技术。4月，中国神华煤制油化工有限公司与国内一家催化剂生产单位签署"神华低温浆态床费托合成铁系催化剂"专利技术许可合同，采用非排他，限定地域、规模和时间的普通许可方式向该催化剂生产单位授权，并在10年许可期内生产和销售"神华低温浆态床费托合成铁系催化剂"。

三、工程建设

（一）管理机构

2006年5月，中国神华煤制油有限公司成立煤间接液化项目主任组。由于项目投资相对较小，工程量不大，而且是在鄂尔多斯煤直接液化厂区内依托煤直接液化项目的公用工程系统和辅助设施及煤制氢装置的富余产能而建，所以只设置一个项目组。项目组人员分为项目经理层和项目工程师层，项目经理层包括商务合同经理、进度控制经理、费用控制经理、设计协调经理、施工协调经理、采购经理、HSE（健康、安全、环保）经理、质量经理；项目工程师层包括土建结构工程师、管道工程师、静设备工程师、动设备工程师、电气工程师、仪表工程师、弱电工程师、暖通工程师等。

（二）设计

2006年5月，煤间接液化工程项目组正式从煤直接液化项目设计管理部接手煤间接液化工程设计管理工作。9月8日，煤间接液化项目各单元的设计委托正式发出。

2007年4月26日，完成所有技术附件的签署。7月18日，神华集团公司批准煤间接液化项目组设计的承包商方案。8月，神华集团公司委托中国石化工程建设公司和中科合成油工程有限公司进行煤间接液化项目基础设计。12月，基础设计完成。

2008年1月，详细设计正式启动。8月，项目安全评价报告通过国家安全生产监督管理总局批复。

2009年3月，详细设计全部完成。6月，建设工程消防施工图设计通过鄂尔多斯消防支队批复。11月，基础设计《安全设施设计专篇》通过国家安全生产监督管理总局批复。

（三）商务

根据项目特点、实物工程量和投入项目管理力量情况，煤间接液化项目采用E+P+C（设计+采购+施工）合同模式，并以项目区域位置为界划分为两个施工作业区（A区和B区）。2008年5—6月，18万吨/年合成油品装置A区和B区建筑安装工程承包合同签订。

（四）采购

2007年9月，启动工艺设备采购工作（交货期大于8个月的）。2008年3月30日，完成8个月以上工艺设备采购合同的签订；6月30日，完成8个月以下及电气仪表主要设备采购合同的签订；8月，框架、厂房钢结构（6200吨）开始到货；9月底，工艺设备开始到货。

项目共签订采买合同（订单）379个，合同总金额8.57亿，共提供工艺设备466台（套），电气设备302台（套），仪器仪表3727台（套），电缆87.38千米，阀门24334个，管道配件50711件，管道259千米，钢结构4800吨等。

（五）施工

2007年8月29日，项目举行开工仪式。9月，开始进行项目建设地理位置地质详细勘查。9月30日，中国化学工程第一岩土工程公司提交详勘报告。10月，开始进行地基处理施工。11月8日，神华集团公司批准煤间接液化项目施工承包商方案，施工承包商采用邀请招标的形式择优选出，招标名单由施工管理部在煤直接液化项目现有承包商中优选后，经过资格预审并经项目主任组批准后确定。

该项目由中国石化集团第四建设公司、中国化学工程第十一建设公司、天津蓝巢吊装有限公司、中国化学工程第一岩土工程公司、河北水文地质勘察设计院、广东华泰检测科技有限公司负责施工，由北京毕派克建设监理公司、核工业四达建设监理公司负责监理，石油化工工程质量监督总站负责质量监督。

2008年4月20日，项目完成混凝土灌注桩施工。4月30日，开始土建基础施工。6月30日，完成主干地管施工。7月30日，完成全部土建基础施工。9月，开始大件设备吊装工作，完成全部地下工程施工及地面硬化，配电室、中控室土建交付安装。10月，14台压缩机陆续进场开始安装。12月30日，钢结构、罐区罐体、加热炉等工程同时完成。

2009年1月，完成大件设备吊装。2月20日，开始工艺配管安装。3月20日，完成全部工艺设备安装。6月20日，完成工艺管道安装。7月30日，工程机械竣工。9月20日，项目建成中交。

（六）质量控制

2007年8月，项目组启动质量管控工作，沿用煤直接液化项目质量管理体系文件管理手册和121份程序文件及三层五级管理模式。

2009年10月，石油化工工程质量监督总站出具《工程质量监督报告》，并报国家主管部门备案。项目建设未发生重大质量责任事故，土建单位工程质量100%合格，焊接质量一次检测合格率达98.26%。

（七）安全控制

2008年6月2日，项目举行安全活动月启动仪式。2009年3月20日—6月30日，开展安全生产百日督查专项行动；6月，开展安全活动月活动。

项目完成167次厂级安全培训，培训人数达7290人次；实现安全人工时累计6038615小时，连续安全生产522天，无任何安全事故发生。

（八）费用控制

2007年6月6日，国家发展改革委以《关于在神华煤直接液化一期工程中增加合成油品装置的复函》（发改办能源〔2007〕1302号）批准了神华集团公司煤直接液化一期工程中增加合成油品装置，批复投资9.8亿元。

2008年6月，神华集团公司以《关于"18万吨/年合成油品项目"科技创新项目立项的批复》，确定该项目为科技创新项目。由于项目性质及建设范围发生变化（在合成油品项目中增加了天然气制氢装置），投资从9.8亿元增加到18.7亿元。

四、试生产

（一）生产准备

2009年5月，项目生产准备工作领导小组成立，总体投料试车方案编制完成并通过审核，联动试车计划资金为6907万元。

2009年12月，项目生产准备工作完成，组织、人员、技术、安全健康环保、资金、物资、营销、信息技术和外部条件等生产准备工作到位，同时办理危险化学品试生产许可证。

（二）试车工作

2009年4—11月，鄂尔多斯煤制油分公司成立煤间接液化项目首次投料试车领导小组，机构设置及职责分工与之前煤直接液化试车领导小组相同。煤间接液化《装置联动试车方案》编制完成并通过审核，开始执行。对脱碳装置进行系统吹扫、气密、水联运、化学清洗、碱洗、系统钒化及活化剂的配置等。对油品加工装置进行系统吹扫贯通、水联运、加热炉烘炉、高压临氢气密、油联运、催化剂装填及硫化等。对费托合成核心装置进行系统吹扫、氮气气密、高压系统热氮气联运、油联运等。对催化剂预处理系统进行系统吹扫、气密、高压系统氮气联运、水汽系统联运、系统油运及催化剂的还原。对蜡精制装置进行系统吹扫、气密、水联运及系统调试。

2009年11月20日，催化剂预处理系统和吸附氢分离系统完成装剂和程序调试，轻烃提浓装置完成系统装剂及联动调试工作。11月，各装置岗位操作法、首次投料试车方案、事故预案、工艺卡片全部编制完成并下发执行。

2009年12月6日22时，项目催化剂预处理单元开始费托催化剂还原，历时55小时完成还原。12月9日9时，向费托合成单元费托反应器压入还原后的催化剂，正式开始费托合成生产，并于当天打通全流程，产出合格的石脑油、柴油及高熔点合成蜡等目标产品，神华鄂尔多斯煤间接液化项目一次投料试车成功。2009年12月18日零时，费托合成单元切断合成气进料，累计运行210小时，超额完成平稳运行168小时的任务。

（三）试生产情况

项目采用国内开发的"煤基液体燃料合成浆态床工业化技术"和神华集团自主知识产权的催化剂，以神东上湾煤矿生产的煤炭为原料，通过煤气化制合成气，合成气催化合成，合成生成的轻质油、重质油、重质蜡经加氢精制和裂化后制取柴油、石脑油、液化气等产品。项目年产液化气4.96万吨，石脑油3.57万吨，柴油9.81万吨。

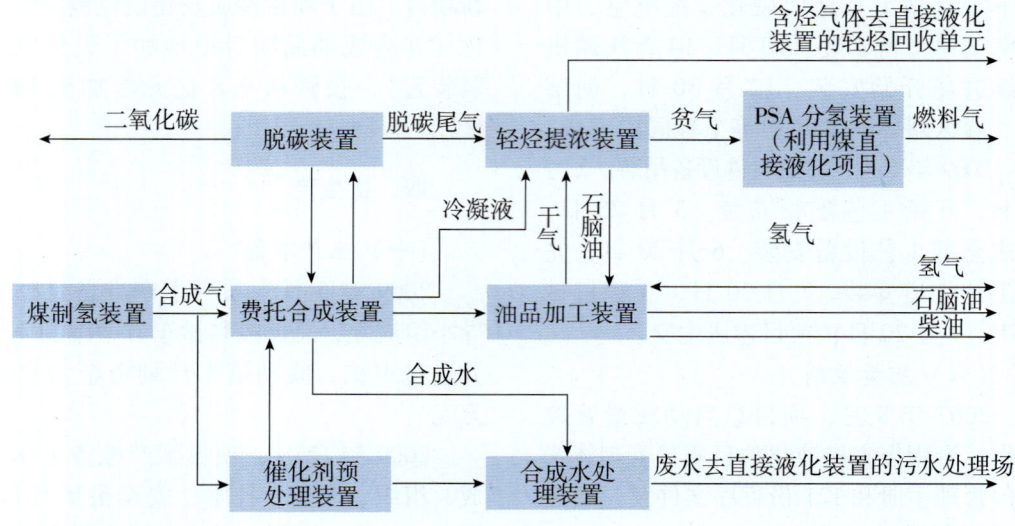

图8-2-9 神华鄂尔多斯煤间接液化示范项目工艺简图

2009年12月20日，鄂尔多斯煤间接液化项目首次打通全流程，一次性开车成功后连续运行210小时，并按计划实现正常停车。2010年3月16日，项目完成第二次试生产运行。5月1日，第二次试生产运行按计划切断进料，装置顺利停车，实现装置连续稳定运行1113小时，顺利完成2010年间接液化装置运行1000小时的全年目标。

两次试生产期间，装置运行平稳，各项工艺参数满足设计指标要求，共产出轻重质醇356吨，液化气244吨，石脑油3787吨，柴油5439吨，高熔点蜡267吨，重柴油408吨。

煤间接液化项目属于鄂尔多斯煤制油分公司的一个生产中心，所需原料合成气及公用工程配套装置全部依托煤直接液化项目生产，所有人员管理及生产组织管理统一由鄂尔多斯分公司"一体化"管理。为了确保试生产过程达到规定工作目标，鄂尔多斯煤制油分公司成立煤间接液化试生产领导小组和工作小组。机构设置及各部门职责分工与煤直接液化项目类似，只是试生产工作小组只有煤间接液化生产中心，中心经理为组长，各生产副经理、设备副经理为副组长，成员主要包括工艺技术人员、设备技术人员、专业安全工程师等。试生产工作小组主要负责煤间接液化装置试生产运行管理，听从生产调度的统一指挥，保障装置的平稳运行。

分公司在煤间接液化项目工艺技术优化方面做了大量工作。通过分析研究首次投料试车过程中暴露的问题，共提出技改项目178项，受直接液化试生产及其他诸多因素影响，在第二次投料试车前共改造完成36项。第二次试运行结束后，对两次试车过程中暴露出的问题进行分析研究，共提出专业整改项目260项。通过整改，装置达到高负荷稳定运行状态，缩短了装置的开停工时间，降低了装置生产运行成本。

（四）竣工验收

2010年5月24日，内蒙古自治区卫生厅通过该项目职业卫生验收。2011年5月19日，通过该项目档案验收。2013年内蒙古自治区安监局批复项目安全设施竣工验收合格。

该项目完成第二次试生产运行停车后，生产装置采取充氮保护措施，环保设施专项验收、项目竣工验收等待再次启动生产时完成。

第三节 伊泰集团煤间接液化制油示范项目

一、项目决策及中试

2000年，中国科学院山西煤炭化学研究所煤液化核心技术团队正在攻关煤间接液化制取石油替代品技术的信息，引起内蒙古伊泰集团公司的关注，开始对山西煤炭化学研究所的间接煤转油项目进行密切跟踪和调研。2002年5月18日，伊泰集团公司与中国科学院山西煤炭化学研究所签订《联合开发煤基合成液体燃料——浆态床技术的协议》。针对山西煤炭化学研究所的煤制油实验因资金制约难以进展的情况，伊泰集团先期投资1800万元，占有核心技术15%的股份，享有该技术的优先使用权；共同建设以中国科学院山西煤炭化学研究所为技术依托、内蒙古伊泰集团有限公司为业主的煤基合成油示范厂。

2002年8月，在伊泰集团的资助下，中科院山西煤化所完成了中试技术平台的建设和调试，9月，进行试运转并打通中试流程。2003年8月，山西煤炭化学研究所千吨级中试项目通过装置改造，进入长期稳定运转和技术优化匹配的试验阶段。9月21日，伊泰集团公司与中国科学院山西煤炭化学研究所联合开发的"煤基合成液体燃料——浆态床技术"在山西煤炭化学研究所千吨级中试装置试车成功,并获得油品大样。同时,伊泰集团委托煤炭科学研究总院北京煤化学研究所对鄂尔多斯市东、南、北部的主要煤种进行气化实验,完成《内蒙古伊泰集团有限公司煤炭加压固定床气化实验报告》。12月30日,"煤基合成液体燃料——浆态床技术"在山西煤炭化学研究所千吨级中试装置上,从粗油品中生产出无色透明的高品质柴油,具有高动力、无污染、馏分较轻、硫含量低(<5ppm)等特点,符合欧Ⅳ排放标准,其最大优点是十六烷值高达70,可以作为柴油提质组分与普通柴油(十六烷值为49)混兑,提高使用价值,适宜作为大中城市车用燃油。

2003年11月10日,自治区政府召开主席办公会议,听取中科院山西煤炭化学研究所专家关于煤间接液化项目的情况介绍,并形成《内蒙古自治区人民政府主席办公会议纪要》(内政办字〔2003〕19号),确定伊泰集团为自治区煤基合成油项目的业主单位。会议要求政府有关部门要在政策、财力、资源等各方面全力支持伊泰煤基合成油项目,并成立煤基合成油领导小组。

2004年7月,中试装置完成连续1000小时运转试验,并在浆态床反应器技术方面取得重大突破,从根本上奠定了工艺技术满负荷、长周期生产运行的工程技术基础,达到了项目执行的目标,形成先进的自主开发的铁基系列催化剂和相应的浆态床工程技术。这些标志着我国取得自主开发、具有自主知识产权的煤基合成油技术,具备进一步进行产业化示范开发的条件;其中,油品加工技术由山西煤炭化学研究所和抚顺石油研究院共同研发完成。同年8月,中科院山西煤化所有关专家、集团公司有关人员赴德国考察GSP气化炉技术设备,并与德国CHOREN公司达成合作建设煤基合成油示范厂意向。至2004年10月,煤基合成液体燃料在核心技术方面实现中试阶段技术突破,已完成1500小时中试运转,4次运转共计3500小时,为建立示范厂奠定了基础。

2004年10月23—24日,由中国科学院主持,在山西省太原市组织了以陈俊武院士为组长的专家组对"煤基液体燃料合成浆态床工业化技术(煤基合成油技术)"进行鉴定,中试装置通过了中科院专家组鉴定。鉴定意见认为:"煤基液体燃料合成浆态床工业化技术(合成技术)在工艺、设备及催化剂研究试验方面都已取得可靠的成果,达到了预期的目标,具有自主知识产权,具备了建设示范厂的技术条件。"2005年2月,鄂尔多斯市政府成立煤基合成油示范工程项目前期工作领导小组,要求准格尔旗政府对拟选厂址所在地进行统一规划,完成大路新区水资源论证,落实项目用地、用水问题,并在项目开工前达到"四通一平"。2005年8月,伊泰集团正式向自治区发改委上报《内蒙古伊泰集团有限公司48万吨/年(一期16万吨)煤基合成油项目预可行性研究报告》;8月23日,自治区发改

图8-2-10 2010年5月28日,中科院副院长李静海(右二)到伊泰煤制油公司考察

委下发《关于同意开展48万吨/年煤基合成油项目前期工作的函》；11月13日，自治区发改委在北京组织评审，通过了项目可研报告。

2005年9月，煤基合成油催化剂和浆态床反应器等核心技术通过国家科技部验收；2006年1月，通过了中国科学院重大项目验收；具备了放大生产的条件。

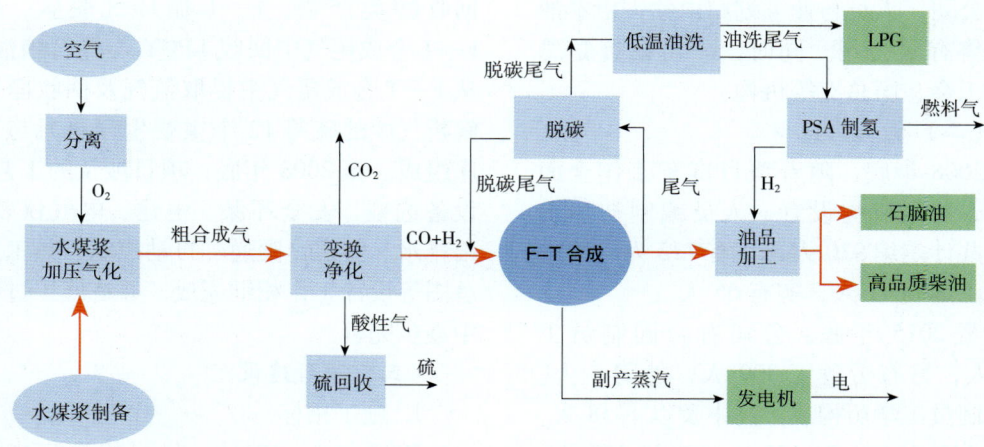

图8-2-11　16万吨/年煤基合成油工艺流程图

2005年12月，内蒙古自治区发改委下发《关于内蒙古伊泰集团有限公司年产48万吨煤基合成油项目核准的通知》（内发改工字〔2005〕1832号），正式核准项目建设。

二、项目投资及管理

（一）组织机构

2006年2月28日，内蒙古伊泰集团有限公司与内蒙古伊泰煤炭股份有限公司共同出资设立内蒙古伊泰煤制油有限责任公司，公司注册资本1.4亿元，其中内蒙古伊泰煤炭股份有限公司占80%股权，内蒙古伊泰集团有限公司占20%股权。

2007年3月，公司注册资本由1.4亿元增加到4亿元；2008年1月，公司实收资本由4亿元增加到7亿元；10月，公司注册资本由7亿元增加到8.73亿元；2009年8月，公司注册资本金由8.73亿元增加为12亿元；2011年9月，公司注册资本增至15亿元，公司股东内蒙古伊泰煤炭股份有限公司与内蒙古伊泰集团有限公司的持股比例不变，仍为80%与20%。

2013年4月，伊泰集团为投资建设二期200万吨煤制油项目，引进内蒙古矿业集团有限公司作为新股东，并将公司注册资本增至23.529亿元。其中，内蒙古伊泰集团有限公司出资2.235亿元，占注册资本金的9.5%；内蒙古伊泰煤炭股份有限公司出资12亿元，占注册资本金的51%；内蒙古矿业集团有限公司出资9.294亿元，占注册资本金的39.5%。

2006年，公司下设总经理办公室、人力资源部、工程部、技术装备部、财务部。2007年公司设立公用工程、气化、合成油、电仪运行4个车间与化验室。2010—2015年，公司下设行政部、生产管理部、机电动力部、技术发展部、工程部、财务部、人事企管部、安全质量环保部、安全监察部、质量环保部等10个管理部门与公用工程、空分、气化、合成油、油品加工、电气、仪表、储运、化验室及设备检修10个生产车间以及伊泰成品油销售有限公司。在此期间，2012年8月，公司撤销供销部与伊泰成品油销售有限公司，人员与业务划归内蒙古伊泰油品销售有限公司。同时，公司设有党总支、工会、团总支等机构。

（二）员工队伍

2008年底，随着项目试车工作全面展开，公司机构设置、人员编制初步确定，共计定编930人，实有722人，其中劳务工编制91人，实有65人。

至2015年底，公司有合同制员工931人，另有劳务工309人，外聘5人。合同制员工学历构成：高中及以下58人，中专142人，大专485人，本科227人，研究生19人，分别占员工总数的6.2%、15.3%、52.1%、24.4%和2%。专业技术人员初级341人，中级75人，高级15人。按岗位类别划分，在册各类管理人员239人，占员工总数的25.7%；化工工艺、设备、分析等各类技术人员164人，占员工总数的17.6%；操作岗位员工528人，占员工总数的56.7%。

三、项目建设

（一）建设规模

项目一期为16万吨/年煤基合成油工程，主要产品为优质柴油、石脑油和液化石油气，其中柴油10.9万吨、石脑油3.86万吨、液化石油气1.23万吨。项目一期工程概算总投资21.7637亿元，其中固定资产投资18.4851亿元。

（二）项目设计

2005年12月，公司通过招标确定中石化宁波工程有限公司、中国石油集团工程设计有限责任公司抚顺分公司分别作为煤制油项目工程设计标段一、二的中标单位，按标书所规定的内容及范围进行工程设计。项目由水煤浆制备、空分制氧、煤气化生产合成气、氢气与一氧化碳变换调整、酸性气体脱除、F—T合成烃类产物、F—T产物提质生产合成油、从F—T水相回收醇类产物、F—T循环气脱碳、从F—T合成尾气中回收LPGY与轻石脑油、从F—T合成尾气中提取氢气及回收净化解析气中的硫等12个主要生产单元与工序组成。至2008年底，项目涉及的工艺、设备选型、安全环保、土建、电气仪表、给排水、管道、暖通、自动控制、热工及总图等设计工作相继完成，并在施工过程中逐步完善。

（三）项目建设

1. 施工招标

2006年3—10月，公司相继完成厂前区、供电、供水、工程监理、工程地质勘测、桩基、地下管网、建筑安装等工程的招标工作。其中，中国石化第二建筑集团公司负责变换单元、酸性气体脱除、氨制冷、硫回收与合成气制备变电所、泡沫消防泵房、稳高压消防单元、污水处理单元、循环水泵房及变电所、全厂给排水系统、中控楼、综合楼、餐厅、成品库与材料库的施工；中国化学工程第十三建设集团有限责任公司负责煤浆制备、气化单元与渣水处理工程施工；中石化第四建设集

图8-2-12 低温甲醇洗塔器吊装现场

团公司负责安装费托合成单元、脱碳油洗单元、中间罐区、重质蜡分离单元、PSA制氢、油品加工单元及合成变电所;内蒙古众泰建筑安装有限公司负责总降压站施工;陕西化建工程有限公司承担储运与罐区泵房及变电所、成品罐区、汽车装车站、装车交易站施工;浙江省开元安装公司负责空分单元施工;江苏省苏中建设集团股份有限公司负责储煤库、成品库施工。

2. 设备、材料采购招标

2006年1月至2007年6月,公司以公开邀请招标的方式,共进行了13次国内和3次国际设备采购招标,成套设备招标合计价款为71465万元人民币+428.10万美元+5389.60万欧元,其中合成反应器委托中科合成油公司负责设计并招标,中标单位为锦化机石化装备有限公司,价格为3773万元;气化炉直接向南京化机设备公司订货,价格为3120万元。

2007年7月至2008年9月,公司分别举行了15次内容涉及阀门、电缆、灯具、控制柜、管材、型材等材料的采购招标,材料价格合计为57487.48万元。

(四) 项目施工

1. 主装置工程

2006年5月11日,内蒙古伊泰煤制油有限责任公司举行项目工程开工奠基仪式,标志着16万吨/年煤制油工程建设工作正式展开。其中,土建工程历时740天,至2008年10月完工;主装置设备安装从2007年9月15日吊装气化框架第一台气化炉开始,至2008年11月,先后完成了成品罐区、合成油系统、空风、气化、油品加工、电气、仪表及包括供电系统、给排水系统、供热系统、中央控制室及火炬系统等公用工程设备与管网桥架、防腐保温的施工安装;各装置区相继开始管道安装与设备调试。

2. 总图控制及辅助工程

在进行项目主体工程施工及主装置设备安装的同时,完成临建生活区4处,铺设道路3600米,设置供电装置5套,建设材料仓库3339平方米,堆场6000平方米、预制场18处、竖向整平24万平方米、场平52万平方米,完成投资79.85万元;土方回填80万立方米,硬化14.4万平方米,厂区绿化12万平方米;生产区混凝土道路8100米,全厂管廊42000米,于2007年10月开工,2008年9月完成。

辅助工程包括罐区、汽车(火车)装卸站、装车交易厅、综合楼、餐厅、大门、辅门、成品仓库、材料仓库等,于2006年6月开工,2008年10月完工。共完成土建17945.74平方米,安装设备21台,架设管道2800米,电缆敷设14553米,设置配电箱5台、仪表设备98台(件)、仪表电缆6350米。

3. 工艺装置完善工程

2009年,针对装置运行中存在的问题,公司组织各施工单位及车间技术人员对工程尾项问题进行了分析、研究,制订完善施工方案,先后组织施工单位完成施工尾项及设计增补项目270多项。

图8-2-13 煤制油示范项目建设厂区远景

4. 绿化及其他

绿化工程由内蒙古今牛绿化有限公司

负责施工，完成草坪 17124 平方米、种植云杉 800 棵、樟子松 388 棵、果树 1299 棵及其他树种 329 棵；其他工程主要有成品库、临建宿舍、危化品库房、消防站、气化框架封闭工程、厂区电视监控工程、综合楼扩建工程、调度实验办公大楼、职工公寓及餐厅、文体馆工程。2010 年 1 月 15 日，工程交工。

5. 单机调试

2008 年 4 月下旬开始，各单元陆续展开单体试车，检验每台设备、每条管线在制造、安装、调试过程中是否存在隐患。6 月 28 日，开始锅炉单元与部分公用工程的试车工作。2008 年 9 月，公司成立项目调试及开车指挥部，并设公用工程、合成气、费托合成、油品加工调试组与动设备问题处理组、工程组、分析测试及数据采集组、后勤协调保障组，全面开展调试及开车工作。使用临时介质进行单机试运，液体介质为水，气体介质为空气。单机试运分为 3 个阶段，即电机的单机试运转、机组无负荷试运和带负荷试运转，对于电机直联式机组则直接进行无负荷试运和带负荷试运转；EPC 合同设备、制造商供货以及安装设备的调试由合同单位实施。至 2008 年 10 月底，单机调试基本结束。

6. 项目竣工验收

2008 年 6 月至 2009 年 5 月底，根据公司工程安装合同的规定，在各工艺装置完成工程实施内容并经检验合格后，通过监理单位陆续向公司移交工程保管和使用责任，共计 34 个单元先后完成工程中间交接工作，各装置由单机试车转入联动试车阶段。

2009 年 1 月，各施工单位完成了由监理单位组织的第二次"三查四定"整改工作。2 月，公司获得了鄂尔多斯雷电灾害防御中心出具的"防雷装置验收合格证"。3 月，内蒙古自治区环境保护局出具了《内蒙古自治区环境保护局关于同意内蒙古伊泰煤制油有限责任公司 48 万吨/年煤基合成油项目一期 16 万吨/年工程试生产的意见》。8 月，内蒙古自治区安全生产监督管理局出具《危险化学品建设项目试生产（使用）方案备案告知书（试行）》，鄂尔多斯消防部门出具《关于内蒙古伊泰煤制油有限责任公司年产 16 万吨煤制油一期工程消防验收合格的意见》，内蒙古石油化工建设工程质量监督站出具《建设项目转入试生产阶段建议书》。至此，伊泰煤制油项目正式转入试生产阶段。

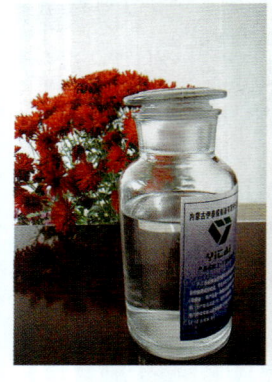 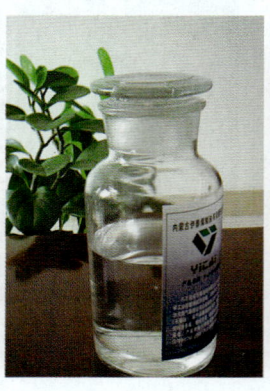 

F—T 合成柴油　　F—T 合成石脑油　　煤制硫磺　　煤制重质蜡

图 8-2-14　伊泰煤制油项目产品图片

2010年5月，鄂尔多斯市建设工程质量监督站对公司一期项目进行了土建工程验收，8月出具了各装置的《建设工程质量监督报告》，共24份；6月，内蒙古石油化工建设工程质量监督站对安装工程进行了交工验收，8月出具了《内蒙古伊泰煤制油有限责任公司48万吨/年煤基合成油（一期16万吨/年）项目交工质量监督报告》。期间，公司组织施工单位取得了锅炉、压力容器、起重机械的使用证书及全厂压力管道监检证书共14册，为公司取得安全生产许可证创造了条件。

四、生产运行

（一）试生产

2008年7月—2009年3月中旬，项目各单元先后完成联动试车工作并试车成功，进入全面试生产程序。2008年8月，从1号锅炉成功投煤并产出合格蒸汽开始，公用工程系统相继完成投料试运行。2009年1月，空分系统试运行产出并外送低、高压氮，2月空分外送氧气并建立高压氧管网；同时，气化A炉首次投料成功产出合成气，净化首次接入粗合成气生产出合格的合成气，合成车间完成氢气置换、催化剂装填及合成反应器升温，并产出轻质馏分油、重质馏分油，油品加工完成热油运行、PSA解吸气并入燃料气管网与接合成尾气、接脱碳气开车、加氢反应工序。2009年3月20日，合成装置开车成功，产出轻质馏分油、重质馏分油等中间产品。2009年3月27日，油品加工车间接入重质油，系统建立大循环，首次产出合格石脑油、柴油。

装置产出合格油品后，正式转入试生产阶段。2009年4月8日，因设计缺陷与现场操作不当，发生了中间罐区TK9904罐泄漏着火事故，生产装置被迫全面停车进行系统技改与检修；至8月中旬，共完成技改检修项目900余项，具备了二次开车的条件。2009年8月20日，生产锅炉再次点火开炉，之后，空分、气化、净化与油品加工单元陆续开车；9月11日，油品加工单元再次产出合格石脑油、柴油送成品罐区。10月8日，合成还原系统加催化剂还原，10月9日，第一次在线向合成反应器加催化剂，为装置连续稳定运行奠定了基础。9月11日—12月31日，公司生产装置连续稳定运行102天，累计生产柴油13296吨、石脑油10348吨、液化气766吨。

2010年5月11日，气化装置开双炉运行，装置最大运行负荷逐步达到87立方米/小时；合成进气量113000标准立方米/小时，达到设计负荷的90.4%。7月13日，油品加工日产成品油500吨、合成油504吨，达到单日历史最高产量。同时消耗逐渐下降，吨合成油耗精制气控制在5300标准立方米左右，吨成品油耗标煤最低达到3.6吨。7月14日0时—17日0时，内蒙古自治区发改委委托中国国际工程咨询公司，组织专家院士对伊泰16万吨/年煤制油工业化示范项目进行了72小时现场性能考核，系统综合能耗为109.86GJ/吨油品，全系统能量转化效率达40.53%。

2010年11月9日，公司试生产工作结束，正式转入正常生产阶段。截至12月31日，生产装置全年运行时间为282.93天，累计生产成品98526.4吨，其中，生产柴油（含液体石蜡）54225.0吨、石脑油35689.0吨、液化气4412吨、重柴油1777.4吨、石蜡2423吨、发电5075.29万度。

（二）正常生产

2011年，公司以《调度令》和管理规定等形式，调度协调各生产系统。装置全年累计运行330.1天，停车时间为34.9天，包括技改检修停车28.5天，因设备故障与操作原因各停车4次、6.4天。全年共生产成品151765.1吨。2012—2014年，生产装置累计运行1030.63天，停车时间65.37天，共计生产各类油品和化工品53.2万吨，其中，2012年生产17.2万吨，首次突破设计产能；2015年生产装置稳定运行364.3天，各类油品和化工品20.22万吨。

图8-2-15　左图 集团公司领导观看新生产的煤制油样品　右图 职工在样品油前照相，庆祝试验成功

（三）质量管理体系建设

2009年6月，公司质量环保部组织实施质量管理体系认证工作。9月15日，公司进行质量管理体系认证的投标报告会议。经评议确定中化联合认证公司中标，为公司进行质量体系的建立提供咨询服务与认证审核，费用标的为9.9万元。10月12日，公司召开质量管理体系认证工作启动及一期培训动员大会，认证工作正式启动。10月18日，公司成立公司质量体系认证领导小组，首先开展了《质量管理体系要求》（GB/T19001—2008）标准培训，并组织考试，全体人员成绩合格。由中化联合认证公司咨询老师进行质量认证的前期调研，通过调研对公司规章制度、部门职能及管理流程方面存在的问题进行梳理，提出了解决办法。同时，由公司各部门、车间汇总整理原有制度文件与记录并列出清单，按照《文件评审表》进行自我评审后，再由认证领导小组办公室对各部门、车间的文件、记录进行再次审核与梳理，共计收集评审了648份制度文件。

根据评审结果，对部分已经过时、重复或不符合公司实际运行情况的管理制度，通过讨论进行合并或删减，重新规范为88项各类制度文件，由各职能部门在2010年1月25日前完成修订与编写工作。2010年3月17日，编写完成了《质量管理体系国家标准理解与实施》学习资料，组织全体员工学习。6月8日，组织召开了公司ISO9001质量管理体系认证《质量手册》发布会，宣布《质量手册》正式颁布实行。6月15日，制定并下发了《内蒙古伊泰煤制油有限公司质量管理体系建立与运行考核办法》，考核工作按月进行，并纳入公司整体绩效考核中。

12月8日，公司召开质量管理体系管理评审会议，听取《质量方针和目标的贯彻实施情况报告》《质量管理体系的建立与实施情况报告》《内审实施情况报告》《产品质量分析报告》《人力配制、培训及纠正和预防措施报告》《生产过程运行及控制情况的报告》《基础设施运行及配制情况报告》等。审核组通过对报告的讨论，认为公司的质量管理体系总体上是适宜、有效和充分的。12月29—30

日，中化联合认证公司对公司进行了质量管理体系第一阶段外审，认为公司质量管理体系总体有效。

五、安全生产与环境保护

（一）安全生产

1. 安全管理体系建设

2006年9月，公司成立控制部，负责工程建设的安全与环保管理工作。2007年2月，成立安全质量环保部，主管公司的安全、环保及生产准备工作；3月，成立以总经理为主任的公司安全生产管理委员会，全面领导公司的安全生产工作，安委会办公室设在安全质量环保部；同时成立以各部门负责人为组长的安全生产领导小组9个。2008年，安全质量环保部配备了专职现场安全员7人，派驻各车间负责项目施工现场的安全巡检与管理；配备专职消防管理员，负责消防设施的维护管理；成立了215人的义务消防队，并进行了专项培训。

2009年3月，公司成立安全监察部，与安委会办公室合署办公，同时在各车间、班组分别配备专职或兼职安全员，建立健全了安全管理组织机构和安全管理网络体系。5月，正式组建了公司专职消防大队，下设两个消防中队，配备退伍转业消防官兵32人。

2010年，公司在各生产车间配置专职安全员，生产班组和职能部室配置兼职安全员；公司消防队扩编到42人；5月，成立了具有民主监督管理性质的员工安全委员会，由来自全公司各个岗位的24名代表组成，进一步加强安全监督管理。2010年年底，公司有专职安全管理人员29人，持有国家注册安全工程师执业资格证的10人，全公司持有自治区颁发安全资格证的34人。

图8-2-16 公司进行液氨泄漏事故处置演练

2011年，公司新增、修订安全生产责任制、隐患治理、风险控制、安全教育、安全检查、消防救护、作业票证技术规程等81项制度与管理规程；编制完成各车间现场处置方案；修订《生产安全事故应急救援预案》，并在自治区安监局备案；修订实施"吊装作业、高空作业、受限空间作业、动土作业、动火作业、临时用电作业、断路作业、抽堵盲板作业"等八大作业票证；完善《安全生产规章制度汇编》（2011年版）。7月，按照《企业班组安全建设指导标准》，制订公司班组安全建设工作实施方案，并下发到各车间执行。7—9月，两次聘请中国安全生产科学研究院专家进行安全标准化建设辅导培训并帮助开展自查整改。12月中旬，公司通过了自治区安全标准化评审组对公司"安全标准化二级达标"进行评审验收，达到安全标准化二级标准。2011年年底，公司持有国家注册安全工程师执业资格证19人，持有自治区颁发安全管理资格证55人。

2013年，公司制定了《安全设施考核补充规定》《"三违"考核细则》，并针对国内发生的几次特大火灾爆炸事故，制定了《安全生产六条特别规定》，预防发生重特大事故。2014年，公司修订完善了安全作业八大票证、重大危险源管理制度，制定了安全隐患专家会诊管理制度和特殊作业三项安全规定；根据人员变动情况，及时完善各级应急管理体系，设置相应的安全管理人员。

2. 安全设施建设

2008年5月，自治区安全生产监督管理局根据《危险化学品建设项目安全许可意见书》，批准了公司年产48万吨煤基合成油项目（一期）工程的安全设施设计方案，项目劳动安全卫生设施投资估算4427万元，约占项目总投资的2%。公司根据设计方案，充分考虑项目的工艺选择、设备选型、电气设计、电信系统、自动控制系统、防护措施、消防系统、事故水系统、事故火炬系统、安全设施和个人防护设计等因素，在工程建设的同时认真落实，确保安全设施符合生产需要。项目同时建设的安全设施包括安全阀、放空阀、液位计、防爆膜、呼吸阀、报警、连锁（ESD系统）、防雷接地、防静电、火灾报警、消防水、泡沫消防、消防喷淋、扩音对讲、电视监控、事故火炬、事故水等。

图8-2-17 2010年8月7日，全国人大常委会副委员长华建敏（右三）到伊泰煤制油公司考察

2009年，根据"4·08"火灾事故及安全生产中存在的问题，公司进一步完善安全生产设施的配备与建设。公司新建了医务室，配备了两名专职大夫、1名护士及1辆救护车。6—10月，投资236.64万元，建设了建筑面积达1530平方米的消防站，购置泡沫消防车与高喷消防车各2辆、干粉消防车与消防水罐车各1辆，配齐了空气呼吸器、一次性逃生器、便携式气体检测仪、防硫化氢滤毒罐、防氨滤毒罐、防甲醇滤毒罐、防一氧化碳滤毒罐、轻型防化服等应急救援设施、物资。结合停车检修，公司投资310.88万元，新增了2套泡沫系统、中间罐区隔油池、输煤栈桥雨淋系统、变电所［2300］电缆间七氟丙烷气体灭火系统及消防沙箱等安全设施；投资50万元，完成了中间罐区消防泡沫系统、输煤栈桥光纤光栅感温系统、液化气罐区喷淋系统、消防水泵房系统等安全与消防设施的技术改造工作；投入787万元，重点进行了安全设施的维修、维护、检测评价及各种安全配套装备用具的配置等工作，完善了火灾报警系统、可燃气体检测系统、扩音对讲系统、电视监控系统。全年共计投入安全设施建设资金3391.28万元。

公司在职业病易发与高发的生产场所、区域，张贴危害因素告知牌和警示标志，严格按标准为上岗员工配备了安全帽、护目镜、防静电服、雨衣雨鞋、防砸工作鞋、防寒服、防寒鞋、防寒手套、防尘口罩、耳塞、防毒面具等防护用品，每年支出300多万元。

2011—2014年，公司重点加强安全、消防、气防设施的检测、维护与保养，职业卫生检测、评价及安全设施技改技措等工作，共计投入安全设施建设费4737.47万元。

3. 安全检查

2007年，公司通过现场检查组织整改治理安全隐患20余项，下发《现场安全生产检查处理报告单》18份。2008年，共组织公司级安全检查50余次，现场纠正违章370余人次，罚款总额82850元，共查处、整改安全隐患568项。

2009年4月8日4时10分，油品加工车间中间罐区TK9904号重质油品罐发生泄漏，罐内形成爆炸性混合气体，在导油过程中产生静电发生爆燃，从而导致火灾，过火面积1400平方米，烧毁罐区内油罐、罐内油品、管线及仪表等物品，火灾未造成人员伤亡，直接经济损失450万元。4月12日，自治区副主席赵双连主持召开专题会议研究分析了火灾事故原因及下一步整改措施。公司按照会议精神进行了整改，全厂停车4个月，进行了3000余项技改检修。全年共排查治理各类隐患1068项，其中车间自行整改994项，公司协调整改74项，整改合格率100%，罚款23.98万元，奖励1.2万元。油品车间因"4·8"火灾事故被罚款10万元并扣罚当月全部奖金，其他关联部门与人员罚款2.7万元。同时，开展专项安全检查6次，共查处、整改安全隐患49项。

2010年，在坚持日常检查与专项检查的基础上，全年共排查各类安全隐患650项，整改率100%；纠正各类"三违"现象300多人次，罚款21000元，奖励4000元。2011年，纠正各类"三违"现象100多人次，罚款55800元；奖励单6份，奖励6600元；全年各车间排查治理各类隐患778项，对各车间、部室进行月度安全考核，兑现奖金60.25万元。全年公司共发生安全事故5起，包括合成车间渣蜡着火、重质蜡罐泡沫线入口法兰着火、合成车间袁永超手指砸伤、合成车间马荣茂烫伤、仪表工在合成压缩机厂房一氧化碳轻微中毒等。

2012—2015年，公司将违反安全管理规定的行为全部纳入月度安全考核。公司在此期间，共计查处各类"三违"现象122人次，罚款10.1万元；重点组织防火安全、气防设施、工艺指标、安全设施、劳动保护、电仪安全等专项检查116次；开展春季隐患排查、秋冬季安全生产大检查、综合安全检查97次，共计查处隐患3331项，累计罚款25.55万元；通过对大检修进行专项督察，严肃票证管理，共查处整改安全隐患1750项。4年间公司装置发生着火、闪爆、轻微中毒、窒息等一般安全事故11起。

图8-2-18　2013年1月22日，自治区副主席王波（左二）到煤制油公司检查安全生产工作

(二) 环境保护

1. 环保设施建设与验收

煤制油项目的主要污染物有废气、废水、废渣及噪声等。公司在工艺流程设置和设备选型上都采取了减少污染物排放的措施；废气排放前都进行洗涤、回收处理；对不能回收的废气及事故状态下排放的废气，设置了火炬系统予以处理；系统采用循环流化床锅炉，燃料煤燃烧过程添加石灰石，进一步降低二氧化硫、氮氧混合物的排放，烟气经过布袋除尘减少了排放气中灰尘的含量。对废水治理，公司设计了全厂污水收集系统，生活污水及工业污水经过污水处理装置集中处理，达到回用标准；污水回用装置将循环水、排污水、脱盐水、再生水等经过处理后达标回用，部分高浓盐水送园区污水处理系统。废渣主要为气化废渣、锅炉灰渣、废催化剂等。废催化剂送厂家回收处理；气化废渣、锅炉灰渣送园区渣场临时堆放，用于制砖、制造水泥、铺路等；污水处理产生的污泥送渣场分区填埋。2009年8月，锅炉石灰石脱硫设施完成检修，在二次开车后稳定运行，发挥脱硫作用，进一步减少了二氧化硫的排放。硫回收装置于2010年初完成调试，投入运行；在确保综合除硫效率达到环评批复要求的前提下，对硫化氢进行回收处理，降低了有害气体的排放量，同时回收硫磺具有一定的经济效益。

图 8-2-19　厂区绿化

2011年3月，根据内蒙古自治区环保厅西部督察组对公司环保应急体系的检查结果，整改气化灰水外排问题；配合鄂尔多斯市环境监察大队完成公司烟气脱硫、外排高浓盐水、污水处理出水的季度监测；完成锅炉烟气在线监测数据与鄂尔多斯市污染物在线监控中心的联网监控。11月，将气化污水直接排到园区污水处理厂，实现污水平衡，"三废"排放达到园区环保管理部门规定标准。2012年，公司先后启动外排污水净化回用项目与锅炉烟气脱硫装置改造工程。2013年11月，锅炉烟气脱硫装置改造完成，并开始试运行，脱硫效率提高至90%以上，烟气中二氧化硫的排放量减少，符合最新《火电厂大气污染物排放标准》。2014年3月9—15日，对烟气脱硫项目进行168小时测试，并形成了调试报告；12月8日获得鄂尔多斯市环保局对项目环评报告的批复。

2009年6月开始进行成品油罐区、汽车装车栈桥系统的环保验收。同时，搜集整理生产工艺参数、工艺流程等环境评估相关资料，完成了工艺变更环境评估报告编制，将总硫排放量由127吨/年变更为839.44吨/年。2010年3月，项目通过了自治区水利厅对生产建设项目水土保持设施的验收。2010年7月，内蒙古自治区环境保护厅批复通过了煤制油公司《年产48万吨（一期16万吨/年）环评变更报告》；10月，通过了内蒙古自治区环境保护厅组织相关部门和专家组成验收组对建设项目竣工环境保护的验收。2012年1月，鄂尔多斯市、准格尔旗及新区环保局现场检查公司锅炉烟气在线监测系统，该系统顺利通过验收；7月，公司通过了自治区经济和信息化委员会组织的清洁生产审核验收。

2. 环境管理体系建设

2010年4月，公司开始ISO环境管理体系认证工作，按照环境因素识别评价控制程序，对各生产工艺车间、生活区等存在的各种环境因素进行识别登记，共识别环境因素225项。9月，按照ISO14000环境管理体系认证要求，完成公司重要环境因素清单统计，制定实施目标指标及相关环保记录表格。2011年7月，公司环境管理体系运行通过了集团环境监察部的内部审核。11月，公司通过了北京中经科环认证有限公司的环境管理体系认证审核，并取得证书。

2013年，公司完成《体系管理手册》的定稿、印刷与发放工作，通过了北京中化联合认证公司二次审核；同时全面梳理、修订、更新《管理制度汇编》中的各项制度与记录清单、表格等。2014—2015年，公司更新各工序和新建项目的环境因素、法律法规，共更新环境因素400余项，通过了北京中经科环认证公司外部审核。

图8-2-20 澳大利亚维省煤炭企业代表团到公司考察

3. 环保检查和考核

从2009年开始，公司严格执行"三废"排放制度与跟踪检查，由质量环保部每天对现场各界区的环保工作进行监督检查，填写检查记录，并将存在问题在每周生产例会上通报，督促整改；根据公司质量、环保管理工作考核细则规定，每月初对各部门、车间进行月度考核，考核结果报送人事企管部兑现奖惩。同时，集团环境监察部进行季度环保考核检查。各级政府环保部门不定期进行现场检查。通过持续的检查、考核、宣传，全体员工的环保意识得到了提高，部分车间对环保知识培训学习不够、对环保管理制度不了解、不按程序执行以及乱排生产污水等问题，基本得到了解决，"三废"排放控制在园区环保管理部门规定的标准之内。

2010—2014年，公司共计签发"三废排放整改单"57份，主要集中在气化、公用工程、油品和储运等车间；接受各级政府环保部门不定期检查20多次；2014—2015年，公司环保检查的重点为雨水监控池、启闭机、污水系统、硫回收系统和烟气脱硫系统等环保设施运行情况与"三废"排放是否正常等，发现问题及时联系相关车间处理。

六、产品销售

（一）销售机构队伍

1. 内蒙古伊泰油品销售有限公司

2012年7月，内蒙古伊泰油品销售有限公司正式组建成立，是伊泰煤制油有限责任公司的全资子公司。公司下设成品油销售公司、供销部、市场部及综合办4个业务部门，同时设有企业文化建设领导小组与职业健康安全管理体系建设领导小组。截至2012年底，在册员工46人。

图8-2-21 成品油销往全国各地

2. 内蒙古伊泰石油化工有限公司

2013年3月25日，内蒙古伊泰煤制油有限责任公司与内蒙古伊泰煤炭股份有限公司、内蒙古伊泰集团有限公司在鄂尔多斯市签订股权转让协议。内蒙古伊泰石油化工有限公司由过去的煤制油全资子公司，转变为由伊泰煤炭股份公司占80%股权、伊泰集团公司占20%股权的有限公司。7月17日，根据伊泰集发〔2013〕131号文件，"内蒙古伊泰油品销售有限公司"正式更名为"内蒙古伊泰石油化工有限公司"，公司下设成品油销售公司（承接原内蒙古伊泰成品油销售有限公司职能）、供销部、市场部，均为正部级建制；下设综合办，副部级建制。

伊泰石油化工有限公司确定了"自成体系、效益优先、优化渠道、培养队伍"的指导方针，积极开展产品研发、油源调研、渠道建设、物流仓储调研、队伍建设等各项工作。截至2015年底，公司共有在册员工82人，注册30000万元。

公司下设经营管理部、成品油销售公司、供销部、内蒙古分公司、运输部筹备组、化工品业务部筹备组、伊泰清洁油品（北京）有限公司、伊泰清洁油品（天津）有限公司、西南分公司筹备组等。

（二）市场开拓

2009年9月至年底，公司采取零星销售的方式，先后销售柴油10149.72吨、石蜡196.14吨、石脑油10437.7吨、液氮827.4吨。2010年，公司依据市场供求信息，采取不同的方式，组织销售石脑油、液体石蜡、固体石蜡等产品，其中，根据国家《石脑油消费税免税管理办法》，针对公司生产的石脑油具有无硫、低密度、中烷烃含量达99%的特点，向生产调制汽油、乙烯、芳烃的厂家销售；根据液体石蜡十六烷值高、密度小的特性，将该产品作为高品质溶剂油原料，销售给南京冬馨经贸有限公司、洛阳金达石化有限公司、济南世铭科贸有限公司等单位，销售半径在500千米以上；中间产品重质蜡的销路也逐步打开，销售到了南京、山东地区。

2015年，公司在"一主多副"经营思路的基础上，梳理整合原有销售区域，逐步形成以内蒙古、京津冀等华北市场为主，华东、华中、西南市场为辅的销售布局。在达拉特旗和北京房山分别拥有库容1000立方米和6000立方米的固定成品油销售库区，在鄂尔多斯、包头、呼和浩特市、北京、上海等地区形成稳定的成品油销售渠道，在天津、河南、河北、四川、山东等地形成稳定的化工品销售渠道。

在油品市场疲软、供需严重倒挂、价格持续下跌的情形下，公司克服没有油源、缺乏仓储设施及市场容量小等诸多不利因素，通过采取集中采购降低采购成本、信用销售与客户实现互利双赢、利用调价机制合理调整库存实现节支增效等措施，加大市场拓展力度，成功进入北京、天津等市场，销售数量稳步增长。

（1）与北京中油公交公司达成柴油供应协议。2015年4月27日实现第一车供油，截至12月31日，已累计向该公司稳定供应国Ⅴ柴油37236.35吨，实现销售收入17339.54万元，正式进入北京市场。

（2）与中石油内蒙古分公司合作取得进展。7月14日实现第一车国Ⅳ柴油供应，由于受到市场以及中石油内采计划的限制，暂未形成稳定供应。

（3）通过与中石化天津分公司的多次深入沟通，天津分公司同意将伊泰石化列入石脑油供应商，并成功将伊泰煤制油公司列入国家税务总局石脑油定点直供企业目录。

（4）完成了石化产品进口业务的准备工作，选取混合芳烃为主要进口产品，与国外摩科瑞、贡渥和英腾化工等三大主流进口混合芳烃原料贸易商进行了接洽，编制完成《国际贸易业务操作手册》，对业务的开展形成指导；同时获得建设银行授信总额5亿元人民币的进口贸易信用证额度。

（5）通过长期合作培育形成优质稳定的客户群，客户总量从2013年的20家增加至2015年的109家，增幅达445%。与内蒙古中北石油、内蒙古宏大、内蒙古满世、北京中油公交、中油东浦、上海劲诚、上海兆邦、上海鲲源等客户建立了长期稳定的供需关系。以上客户的总采购量占公司全年贸易总量的70.43%，其中，中油公交全年近37500吨，中北石油全年近27000吨，两者占公司全年油品经营总量的43%。

（6）2015年与各业务单位签订产品意向性销售协议44份，总量为291万吨/年。其中，成品油意向30份，总量178万吨/年；液化气意向7份，总量36万吨/年；石脑油意向6份，总量65万吨/年；液体石蜡意向1份，总量12万吨/年。以上意向协议可满足杭锦旗项目正常开车后的产品销售需求。另外，与下游客户签订了20万吨/年的溶剂油、白油销售意向。

（7）截至2015年年底，杭锦旗精品化工项目对外引进合作方面已与4家企业初步形成合作意向，其中，涉及轻质馏分油项目1个，年需求量约20万吨；涉及煤基合成蜡项目4个，年需求量约25万吨。

（三）客户管理

2011年，公司拓展销售客户46家，并采取邀请客户竞价的方式定价。销售价格根据公司产品产量与化工品市场变化，随时进行调整。2012年，公司尽可能多地发展直接用户，适度发展中间商。至2011年年底，公司液体石蜡的中间商仅1家，其余均为直接用户；石脑油的中间商3家，其余为直接用户；液化气均为直接用户。对中间商的销售量采取一定限制，充分发挥其开拓市场和搜集反馈市场信息的作用，避免向中间商的供货厂家销售产品。2013年，公司积极践行"利益相关方合作平台"的文化精神，规范客户管理模式，制订下发了《客户管理办法》，并正式上线运行客户管理系统（CRM），包括客户准入、新客户考核、客户分级、客户主数据修改、客户回访及信息反馈、客户投诉信息等6个审批流程，规范了公司客户准入、评价、分级、回访、反馈、投诉、满意度调查及退出等客户服务性工作程序。

通过优化客户管理，公司2013年新增客户29家，包括化工品采购客户15家、供应商2家、成品油采购客户10家、供应商2家。至2013年年底，公司共有客户120家，其中化工品采购客户60家、供应商20家，成品油采购客户32家、供应商8家。2014—2015年，公司以《客户管理办法》为指导，持续推行与完善客户管理工作，每月定期对客户电话回访；每年开展两次客户满意度调查及客户评价与分级，加强客户准入与退出管控；年底全面分析、总结客户增减情况。通过不断积累改进，使客户管理工作务实、有效，真正达到为产品经营服务的目标，其中2014年新增客户60家（自营产品客户53家、煤制油产品客户7家）。2015年，面对国内经济低迷、国际原油价格走低的行情，公司加大对煤制油产品原有用户的维护力度，以各产品战略用户、重点用户为依托，以一般用户为补充，形成稳定的客户群体。

（四）清洁油品推广

2015年，按照集团公司确立的向大城市推广清洁柴油的思路，公司将伊泰清洁油品推广作为年度重点工作，全力推动清洁油品在北京、天津地区的推广。

（1）与北京怀柔区环卫中心签订2015—2017年为期3年的伊泰清洁油品供应协议，全年供应清洁油品464.55吨，反映良好。

图8-2-22 2014北京APEC会议期间工作人员向北京怀柔区环卫车加注伊泰清洁柴油

（2）推进清洁油品进入北京公共交通、环保领域。2015年3月，北京市发改委、怀柔区各委办局及相关单位根据北京市政府《关于推广使用伊泰清洁柴油有关事宜的请示》批示，讨论伊泰清洁油品在京进一步推广使用相关事项。期间，石化公司在煤制油公司的配合下编制完成《F—T合成车用柴油标准》，并完成鄂尔多斯市质监局和北京怀柔区质监局备案工作。4月，北京市发改委组织市交通委、质监局、环保局、怀柔区相关委办局及伊泰集团在中科合成油公司召开会议，讨论3月专题会议安排事项，会后，北京市质监局要求对《F—T合成车用柴油标准》制定的科学性、安全性、合理性进行论证。6月，怀柔区政府牵头负责与北京市政府对接伊泰清洁油品推广相关工作，争取年内实现伊泰清洁柴油在北京1~2条公交线路示范使用。8月,怀柔区发改委组织召开"伊泰清洁柴油论证会",并在9月9日向北京市发改委、环保局汇报,再次确认伊泰清洁柴油的环保性和动力性优势。10月,公司编制完成《伊泰清洁柴油示范使用项目实施方案》,征求区安监、质监、环保等部门意见并获得通过。12月,向北京市发改委汇报后,根据会议精神,对方案进行完善充实。

(3)解决清洁油品在京的零售终端问题,完成加油站政策文件、审批流程等资料的收集整理,并在怀柔区雁栖开发区、喇嘛沟门镇实地调研,开展加油站预选址、设计方案、投资预算编制等基础工作。

(4)7月,伊泰清洁油品正式进入天津港,合作方选取代表性车型进行动力、经济性测试后,评价效果良好,表现出合作意愿。

(五) 加油站建设

2012年,内蒙古伊泰成品油销售公司增加汽车加油站业务,除销售本公司调和成品柴油外,同时销售其他油种。公司完成对市属高等级公路服务区加油站建设规划的前期调研与加油站的整体形象设计工作,并在市属各旗区完成加油站选址39处,向各旗区规划局及商务局申报建设加油站11处,自治区商务厅核准建设加油站6处,其中准格尔旗1处、杭锦旗4处、伊金霍洛旗1处。2012年开工建设加油站3处,包括准格尔旗大路加油站、杭锦旗第二加油站及杭锦旗第四加油站。

图8-2-23 内蒙古伊泰成品油销售公司加油站

公司合理发展中间商与直接用户,尽可能多地发展直接用户,适度发展中间商。

2015年,新选址上报加油站19处、加气站2处,其中准格尔旗3处中的2处加油站于3月3日取得立项核准文件,另1处的立项材料已报送至鄂尔多斯市商务局;鄂托克旗4处中的1处报送至市商务局。

(六) 销售业绩

2010—2015年,伊泰煤制油公司生产化工品销售98.95万吨(表8-2-5、表8-2-6)。

表8-2-5 伊泰煤制油公司2010—2015年生产化工品销量统计表　　　　　　吨

化工品名称	2010年	2011年	2012年	2013年	2014年	2015年
重质液体石蜡	44280.62	68662.34	73110.26	74719.56	61514.10	66697.00
石脑油	34751.40	49170.42	52356.26	46028.98	449.80	—
石脑油（F—T合成轻质烷烃2号）	—	503.56				
煤基合成蜡	2293.36	15846.89	18902.78	19850.18	21204.30	27139.56
重质液体石蜡1号	1406.20	6437.38	9335.96	20730.98	24993.78	27551.86
F—T合成柴油	10725.58	4983.52	4489.90	1426.83	7309.85	2479.22
液化气	3250.70	6801.52	10283.75	12150.14	9787.06	13338.46
稳定轻烃				7723.88	47695.78	66656.20
粗石蜡	—	505.74	234.84	—	—	—
液氮	2806.32	2334.90		1031.22	1101.60	1701.24
F—T合成混合烯烃	—	—	298.46			
硫磺				795.60	716.16	835.50
渣蜡				40.10		
脱盐水				42.42		
小计	99514.18	155246.27	169012.21	184539.89	174772.43	206399.04

表8-2-6 伊泰煤制油公司2010—2015年产品销售收入及上缴税费统计表

年份	产品销量（万吨）	销量同比增减（%）	产品产量（万吨）	产量同比增减（%）	销售均价（元/吨）	均价同期增减（%）	销售收入（不含税）（万元）	利润总额（不含税）（万元）	缴纳税费（不含税）（万元）
2010	9.67	—	9.67	286.0	5557.56	—	149	198	2933
2011	15.17	56.8	15.17	56.8	6715.39	20.8	64955	2652	16577
2012	17.19	13.3	17.19	13.3	7070.22	5.2	122057	14147	22882
2013	18.16	5.6	18.16	5.6	6941.80	-1.8	129336	19313	32353
2014	17.83	-2.0	17.83	-2.0	4290.37	-61.7	114114	17420	10747
2015	20.20	13.4	20.20	13.4	3923.03	-9.3	91134	1087	10618

第四节　伊泰集团新建煤间接液化项目

一、内蒙古伊泰化工有限责任公司120万吨/年精细化学品示范项目

（一）项目概况

项目建设地点位于杭锦旗独贵塔拉锦泰工业园区，项目概算总投资1688026万元，其中设备采购650839万元，材料采购275242万元，安装工程152960万元，土建工程256445万元，其他352540万元。

120万吨/年精细化学品项目在费托合成技术工业化成功示范的基础上，通过自主创新和技术集成，在生产柴油、石脑油的基础上，依据市场的需求生产费托粗液蜡、正构稳定轻烃、正构费托软蜡、重质液体石蜡、费托精致蜡、优质稳定轻

烃、丙烯、低烯烃液化石油气等主产品和混醇、硫酸铵、硫磺、氯化钠、硫酸铵等副产品。项目可进一步延伸煤炭的产业链，提升煤炭－煤化工的整体经济效益。

项目产品具有芳烃含量极低、无毒、无味、无色、渗透性强等特点，多项指标如芳烃含量和硫含量远低于埃克森美孚溶剂标准，可以替代国内部分低品质低芳溶剂产品。项目解决了传统煤化工单一低端产品问题，从根本上区别于煤制化肥、焦化、电石、煤制甲醇/二甲醚等项目，可带动相关产业走向高端化，避免低端同质化的恶性竞争，主要产品具有较大的市场容量和较强的竞争力。

（二）项目建设与管理机构

内蒙古伊泰化工有限责任公司于2009年10月29日注册成立，注册资本为人民币1亿元，是内蒙古伊泰煤炭股份有限公司的独资公司，专门负责120万吨精细化学品示范项目建设工作。内蒙古伊泰煤炭股份有限公司选派执行董事任总经理。2015年，公司注册资本为人民币77000万元，其中内蒙古伊泰煤炭股份有限公司出资额69454万元，占注册资本的90.2%；内蒙古伊泰集团有限公司出资额7546万元，占注册资本的9.8%。公司下设行政部、综合部、工程管理部、设计管理部、公用工程部。

截至2015年12月，公司在职员工1042人。按学历划分：研究生21人，本科365人，大专526人，其他学历130人；按民族划分：汉族920人，少数民族122人；按性别划分：男性852人，女性190人。

（三）项目建设

1. 项目审批

2011年1月26日，内蒙古自治区发改委下发《关于内蒙古伊泰化工有限责任公司120万吨/年精细化学品项目开展前期工作的通知》（内发改产业字〔2011〕135号），同意项目开展前期工作。2012年3月27日，内蒙古自治区住房和城乡建设厅下发《关于内蒙古伊泰化工有限责任公司120万吨/年精细化学品项目选址的批复》（内建规〔2012〕148号）。2015年，项目获鄂尔多斯市政府有关部门下发的《危险化学品建设项目安全设施设计审查意见书》《鄂尔多斯市安全生产监督管理局关于内蒙古伊泰化工有限责任公司年产120万吨精细化学品示范项目职业病防护设施设计专篇的批复》《鄂尔多斯市环境保护局关于内蒙古伊泰化工有限责任公司120万吨/年精细化学品项目应急暂存池项目环境影响报告表的批复》3个终审批复支持性文件。同时，项目还在编修《环境影响评价变更报告书》《水土保持方案变更报告书》。

截至2015年12月，项目获得的终审支持性批复文件包括项目备案批复、选址批复、环境影响报告批复、节能评估报告批复、水土保持报告批复、职业病危害预评价报告批复、地震安全性评价报告批复、项目安全许可意见书、水资源论证和水权转让报告批复。

2. 项目设计

（1）总体设计。2013年6月15日，中科合成油技术公司将中国五环工程有限公司作为第二总体院对项目开展总体设计工作，项目进入总体设计阶段；设计院发布了总体设计阶段项目统一规定，包括总体设计一般规定、设备管线及仪表编号规定、总体设计文件编制规定、总体设计HSE计划、总体设计进度执行计划等12项规定，同时发布了总体设计专业统一规定。6月22—23日，总体设计审查会在京召开，会议形成总体设计审查专家组意见55条。

图8-2-24 内蒙古伊泰化工有限责任公司召开120万吨/年精细化学品项目设计审查会议

(2) 基础设计。2014年4—6月,完成中国五环工程有限公司设计范围、中科合成油工程有限公司设计范围、航天长征化学工程股份有限公司粉煤气化装置基础设计审查工作,4月14—16日,在武汉召开五环设计部分基础设计审查会,4月17—18日,在北京怀柔召开中科设计部分基础设计审查会,8月,对项目《职业防护设施设计》《安全设施设计》《消防设施设计》等专篇进行报审。

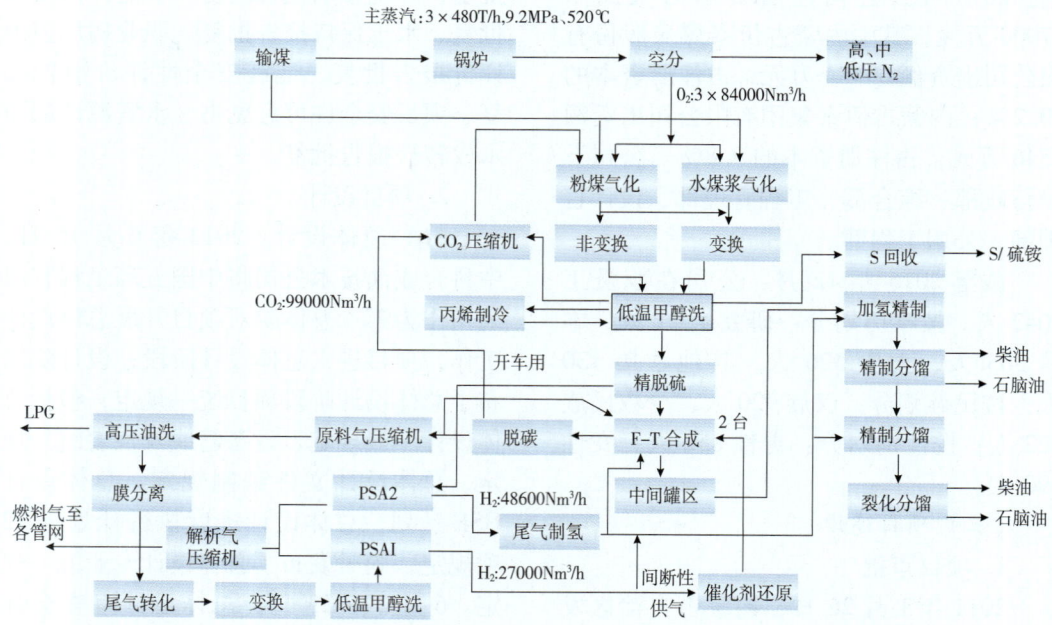

图8-2-25 内蒙古伊泰化工有限责任公司120万吨/年精细化学品示范项目生产工艺流程图

(3) 详细设计。详细工程设计工作于2014年4月展开，截至2014年12月31日，完成了项目的85%详细工程设计工作，主要设备基础、框架基础及其框架图纸已交付，完成中科60% PDMS模型审查工作、五环范围90% PDMS模型审查工作、航天干粉煤气化90%模型审查工作。发布详细工程设计基础2C版、全厂蒸汽平衡G版、全厂水平衡图C版、全厂物料平衡、燃料气平衡、项目总图2D版，完成90%装置HAZOP分析审查工作。针对项目在设计阶段出现的问题，公司组织相关部门积极协调总体院，与各装置院进行技术方案、设计条件、界区条件对接，召开各类技术协调会50余次，对重大技术方案，如粉煤气化、预干燥、闭式循环水方案、开式循环水凉水塔选型、火炬技术方案等，经组织相关单位、专家进行论证，全部予以确定。

截至2015年12月，五环、中科、航天设计范围的设计工作已基本完成，并已完成主要技术交底工作，进入详细工程设计扫尾阶段。未完成部分在计划控制范围内，可满足现场施工进度要求。

3. 设备购置与商务工作

2013年4月，公司与中航黎明锦西化工机械（集团）有限责任公司达成协议，确定采用融资回购的方式，制造67台项目超限设备，合同总价款51913.45万元。2014年，公司累计签订合同292份，签订合同金额为631220.68万元。截至2013年年底，项目累计签订合同393份，签订合同总额810684.6万元。

2015年，签订合同940份，合同金额为252003.57万元。截至2015年底，项目累计签订合同1683份，合同金额为1418598.24万元，其中，空分供气合同金额132895万元，60万吨合成氨水权转换合同金额13200万元，费托合成专利催化剂购销协议15750万元，中科EPC合同与实际对外采购设备差42715万元、材料差66357.61万元，剔除上述4项后与基本建设投资同口径合同金额为1147680.14万元（设备类合同464351万元、材料类合同162639.15万元、施工类合同374689.63万元、其他合同146000.36万元）。

4. 工程建设

2013年6月，公司全面开展了厂前区、库区及装置区各项工程的施工。2014年，项目按形象进度实际完成投资242621万元，其中设备投资37900万元、材料投资5197万元、安装投资3791万元、土建投资46827万元、其他投资98906万元。截至2014年12月31日，项目按形象进度累计完成投资295081万元；财务账面投资累计完成284067万元，实际付款累计261248万元。

厂前区工程。餐厅及室内运动馆、宿舍（1号、2号、3号、4号）二程总建筑面积为38416平方米。2013年7月6日开工，到2014年年底，厂前区4号宿舍楼交工，厂前区1号、2号、3号宿舍楼交付使用，食堂及室内运动馆安装、装修工程大部分完成。

2014年4月，陆续开始桩基工程、强夯工程、空分装置、热电装置、水煤浆气化装置、煤气化装置、净化装置等基础工程建设。截至2014年年底，化学品合成装置、化学品加工装置、液体物料储运系统基本完成。

截至2015年12月31日，项目工艺设备设计总数为4321台套，到货3441台套，到货率80%；自采工艺设备1225台套（不含辅机），到货1103台套，到货率90%；电气自采设备1488台，到货1094台，到货率74%；仪表自采设备5111台，到货4870台，到货率93.5%。超限设备83台由中航黎明锦西化工机械（集团）有限责任公司制造，已交付77台，到货率91.6%。各EPC装置设备共计3332台套，到货2565台套，到货率77%。

图8-2-26　120万吨/年精细化学品项目建设场景

2015年，项目一级进度节点共计22个，已完成节点数20个，完成率91%。项目总体施工进度完成67%，全厂土方总计243万立方米，已完成97%；混凝土总计36万立方米，已完成93%；钢结构总计5.6万吨，已完成98%。

截至2015年12月，全厂道路施工完成49%，地坪施工完成43%；管道总计248万英寸，累计完成148.7万英寸，完成率60%；设备安装3051台，累计完成68%；其中主工艺装置设备安装1945台，累计完成86%。全厂大件设备（重量80吨及以上）共计78台，累计到货72台，完成吊装70台，完成率90%。

供水工程一级泵站10千伏变电站于2015年10月14日受电，二级泵站于2015年10月22日受电。截至2015年12月，已实现单泵单管就地启停功能，水已送至高位水池并具备向南项目区消防水池输水的条件。

塔锦二级公路于2015年9月30日完成全部图纸施工内容，10月28日正式通车。

(四) 生产准备

2014年1月，公司成立生产准备部，在生产人员当中，除从伊泰新疆项目调配186名实习生外，集团人力资源部又组织招聘熟练人员33人。2014年7月，公司选派31人分两批次到大路天润公司培训学习离心压缩机操作；10月18日，从大路培训学员中选派20人到宁煤集团培训学习粉煤气化技术，另安排2人到亿鼎进行航天炉粉煤气化开车实操培训学习。剩余108名学员继续留在煤制油公司培训学习，另有15名招聘的熟练人员在煤制油公司培训学习。

2015年，公司组建了热动车间、供水车间、气化车间、净化车间、合成车间、加工车间、检修车间、电气车间、仪表车间、中心化验室10大车间，员工共计693人，开展形式多样的培训及练兵活动。截至2015年12月，编制工艺管理制度、调度及标准化管理制度及试车管理制度22项，编制各车间管理制度171项，编写各项规程128项、试车方案1548项及2016年试车费用预算。

图8-2-27 制造超限设备R大件厂房投入使用

公司按照ISO9001：2008标准要求，先后5次编制、升级30份质量管理程序/规定，建立了文件化的质量管理体系，组织编制并发布了《HSE管理手册》《职业健康安全生产责任制》，适时修订了项目建设期《HSE管理制度汇编》《重大事故应急救援预案》，新增《工作危险性分析管理规定》《冬季施工安全管理规定》等10余份安全管理制度。同时，安排组织质保监督7次，组织不定期的专项检查13次；现场过程检查累计下发不符合项整改报告21份，不定期召开质量专题会和约谈会12次。公司开展了工程质量控制点检查，其中，A级质量控制点检查7965次，合格率97.18%；B级质量控制点检查8001次，合格率95.71%；C级质量控制点检查9218次，合格率98.77%。

截至2015年底，项目累计实现安全人工时达1873万时，未发生安全、质量事故，安全、质量受控。

在技术准备方面，2014年9—10月编制完成《生产准备培训方案》《生产准备大纲》《赴宁煤学习粉煤气化培训教材》《项目试车节点计划重点控制网络图》，12月编制完成总体试车方案。

二、伊泰煤制油有限公司200万吨/年煤炭间接液化示范项目

（一）项目建设机构

伊泰煤制油有限公司200万吨/年煤炭间接液化示范项目是伊泰煤制油有限公司16万吨/年煤炭间接液化示范项目的二期工程。二期项目与一期工程同建在鄂尔多斯准格尔旗大路工业园区，因此项目简称"大路200万吨/年煤制油项目"。

2013年4月23日，伊泰煤制油有限公司引进内蒙古矿业（集团）有限责任公司作为新股东，共同投资建设二期200万吨煤制油项目，将注册资本增至23.529亿元，其中伊泰集团公司出资2.235亿元，占注册资本的9.5%；伊泰煤炭股份有限公司出资12亿元，占注册资本的51%；内蒙古矿业集团出资9.294亿元，占注册资本的39.5%。

伊泰煤制油有限公司为二期项目设立沿黄项目办、控制部、装备部、施工安全监察部、生产准备部、施工管理部、公用工程项目部、气化项目部、油品项目部、电气项目组、仪表项目组等临时机构。

2014年，由于国际原油价格不断下滑，公司决定放缓二期项目建设速度。2015年初，项目配备人员79名，之后部分人员被调回一期项目工作。截至2015年底，项目剩余人员40名，隶属伊泰煤

制油公司二期项目部。

(二) 项目前期建设

1. 项目审批

2013年5月20日，伊泰煤制油有限责任公司委托中科合成油技术公司重新编制《伊泰大路200万吨项目可行性研究报告》。8月10日，编制工作完成，并由煤制油各专业人员进行初步审核。8月28日，公司鉴于调整可研报告工艺方案，重新整理申报材料上报国家能源局；根据国家能源局要求，委托石油化工规划院组织专家审查项目可行性研究报告；9月5日，将申报材料和审查意见上报至国家发展改革委。12月16日，国家发展改革委办公厅下发《国家发展改革委员会办公厅关于支持内蒙古伊泰煤炭间接液化示范项目开展前期工作的复函》（发改办能源〔2013〕3054号），支持内蒙古伊泰煤炭间接液化示范项目开展前期工作。

截至2014年年底，公司办理完成项目备案批复、开展前期工作批复、选址批复、环境影响报告批复、水土保持报告批复、地震安全性评价报告批复、项目安全许可意见书、水资源论证和水权转让报告批复等14项前期支持性文件。

2015年，项目《职业病危害预评价报告》《水资源论证报告》和《节能评估报告》先后获得国家相关部委批复；截至年底，除《环境影响评价报告》外，其他支持性文件均已获得批复。12月14日，国家环保部评估中心在北京组织召开项目环评报告技术审查会，会后寰球公司根据专家提出的42条意见，修改完善《环境影响评价报告》。

2. 项目设计

2013年11月14日，公司在中科合成油技术有限公司召开项目总体设计开工会，确定了二期项目建设目标、设计原则、产品方案、设计进度，明确中科合成油技术有限公司为项目第一总体院，中国天辰工程有限公司为第二总体院，并建立了联络沟通机制。由于国际市场石油价格持续下跌，2015年，公司决定将项目基础设计、工艺包编制和设备采购工作全面停止。第一、第二台F—T合成反应器在设备筒节热处理后停止制造，第三、第四台F—T合成反应器停工。重点进行设计回顾与优化及修编总体设计。

自2015年8月开始，煤制油公司开始二期项目的设计回顾及优化工作，共梳理出10项需要重点研究的技术课题。经过全面考察、比对、论证，截至2015年年底，已完成了除"全厂开停车水平衡"外的9项课题报告编制。

2015年2—7月，煤制油公司会同相关设计院，修编项目《可行性研究报告》。修编之后的《可行性研究报告》通过了行业专家审查，为编制完善《水资源论证报告》《节能评估报告》和《环境影响评价报告》提供了良好保障。10月，公司开始修编总体设计，年底完成技术初版方案。

(三) 项目施工及管理

1. 项目施工

2013年11月8日开工，总土方量179万方；12月底，完成粗平。2013年12月13日开始强夯试验；12月18日，完成夯击工作；12月25日，开始强夯检测工作。检测结束后出具强夯检测报告，以作为设计院设计的依据。

2. 项目建设管理

2015年，大路二期项目完成年度投资0.91亿元；项目自实施以来累计完成投资6.55亿元，其中，建筑工程完成投资7081万元，设备及材料完成投资17501万元，项目前期费用、管理费用等其他建设投资完成40967万元。

第三章 煤制天然气

第一节 大唐国际克旗煤制天然气及其配套输气管线示范项目

一、项目决策

（1）项目审核。项目为煤炭洁净高效生产系统，是提高煤炭综合利用及其附加值的最有效、最经济的途径之一，符合国家的产业、能源和环境保护政策。以褐煤为原料生产代用天然气，副产品有焦油、酚、硫酸氨等。产品具有广阔的市场，成本具有较强的竞争力。2009年8月20日，项目获《国家发展改革委关于内蒙古大唐国际发电股份有限公司40亿立方米/年煤制天然气示范项目核准的批复》（发改能源〔2009〕2163号），是第一个由国家发展改革委核准的大型煤制天然气示范项目。

（2）产业规模。项目分3个系列建设，每个系列设计产能为13.3亿立方米/年，全部建成后产能可达40亿立方米/年。同时副产0号焦油5.73万吨/年，1号煤焦油20万吨/年，2号煤焦油16.2万吨/年，粗酚6.18万吨/年，硫磺16.5万吨/年，硫铵48万吨/年。一系列已进入正式生产阶段，二系列处于建设阶段，三系列处于准备阶段。

图8-3-1 内蒙古大唐国际克什克腾煤制气有限公司全景

（3）装置规模。项目设计主要工艺生产装置由空分（3个系列6套48000标准立方米/小时氧气）、碎煤加压气化炉（3个系列48台）、耐硫耐油变换（3个系列6套）、气体净化装置（3个系列6套）、甲烷化合成装置（3个系列3套）

及废水处理装置组成，辅助生产装置由硫回收装置（3个系列3套）、动力（3个系列七炉五机）、公用工程系统等装置组成。

（4）生产设施。项目占地面积418.93公顷。厂内设施按照生产类别分为动力、输煤、空分、气化、净化、甲烷化、环境、公用等功能界区，并设有厂前办公区和服务设施区；厂外输气管线全长320千米（管径DN900），途经内蒙古赤峰市、锡林郭勒盟和河北承德市，在承德市滦平县巴克什营计量交接站与中石油北京段管线对接，设计年输气量为40亿立方米。

二、项目建设及生产企业

项目建设经营企业为内蒙古大唐国际克旗煤制天然气有限责任公司。

内蒙古大唐国际克什克腾煤制气及其配套输气管线项目共投入资金509095万元，由大唐能源化工有限责任公司、北京市燃气集团有限责任公司、中国大唐集团公司、天津市津能投资公司共同投资建设，分别持有股份51%、34%、10%和5%。

（一）企业组织机构

1. 决策机构

大唐国际克旗煤制天然气有限责任公司实行董事会领导下的总经理负责制。总经理为公司最高行政领导，负责管理公司各职能部门及生产部门。公司根据管理需要，按企业职能进行部门分解，实行逐级负责的组织机构管理制度。

公司董事会由6名董事组成。其中，大唐能源化工有限责任公司2名、北京市燃气集团有限责任公司2名、大唐集团1名、天津市津能投资公司1名。董事的每届任期为3年，期满后可以连选连任。

2. 职能机构

管理系列设置总经理工作部、综合计划部、人力资源部、财务部、物资供应部、思想政治工作部、监察审计部、原料部、经营部、工程部、设备部、生产部、技术部、安全部、环保部、电仪部，共16个部门。生产系列设置空分分厂、气化分厂、净化分厂、环境工程分厂、甲烷化分厂、电气分厂、仪控分厂、输煤分厂、动力分厂、管输分厂、公用分厂、化验检测中心，共12个生产单位。

（二）公司职工队伍

截至2015年年底，公司共有在职员工1525人，其中管理人员127人，技术人员277人，生产一线岗位人员1121人。职工主要来源于赤峰市及周边省、市、自治区，其中，内蒙古自治区户籍人数占公司总人数的42.43%（赤峰市户籍人数占公司总人数的27.08%，其他盟市户籍人数占公司总人数的15.35%），来自河南省、河北省、山西省、黑龙江省、辽宁省、吉林省等地职工占公司总人数的57.57%。

图8-3-2 大唐公司年轻职工队伍

公司员工队伍性别构成：女工444人，占职工总数的29.11%；男工1081人。年龄构成：40岁以上218人，占职工总数的14.30%；30～40岁有255人，占职工总人数的16.72%；30周岁以下有

1052人，占职工总数的68.98%。学历构成：中专及以下52人，占职工总人数的3.41%；大专学历656人，占职工总人数的43.02%；本科学历785人，占职工总人数的51.48%；硕士研究生32人，占职工总人数的2.09%。民族构成：汉族1276人，占职工总人数的83.67%；蒙古族137人，占职工总数的8.98%；其他少数民族占职工总人数的7.35%。技术职称构成：高级32人，占职工总人数的2.09%；中级80人，占职工总人数的5.25%；初级715人，占职工总人数的46.89%。

三、项目建设

（一）厂区建设

项目于2009年8月30日开工建设，占地面积为4189300平方米，建筑面积为327650平方米。

（二）办公及辅助设施建设

为满足生产、办公和生活需要，公司建有办公楼、宿舍楼、餐饮中心、医疗中心、文体中心、宾馆等设施，占地面积144900平方米。

图8-3-3 2009年8月30日，公司举行项目工程奠基仪式

（三）设备安装调试

公司为保证大型转机设备的安装质量，从安装前的准备工作开始周密部署，严抓设备整体就位、找正以及配套管道焊接等主要施工工序，精控安装过程中的每一细节。在调试过程中，保证主蒸汽管线的吹扫质量，保证油循环质量，做好电仪调试，力争达到一次试车成功。

2012年6月，项目所有设备全部调试完成。

图8-3-4 2009年8月30日，自治区主席巴特尔参加开工仪式

(四)技术创新

公司一系列"气化炉腐蚀进行堆焊"技术申请了大唐国际的科技进步奖,满足了碱金属含量高的褐煤4.0兆帕气化炉长周期稳定运行要求。公司计划在二系列气化炉开车前完成气化炉堆焊,实现成果推广,为公司二系列满负荷运行打下基础。

四、项目生产

(一)生产工艺流程

项目主要采用的工艺技术:碎煤加压气化、粗煤气耐油耐硫变换和冷却、低温甲醇洗净化、丙烯压缩制冷、克劳斯硫回收带尾气氨法脱硫、Davy—HICOM甲烷化、废水生化处理综合利用等,其中,甲烷化技术采用的英国Davy公司HICOM工艺,是在美国大平原甲烷化工艺的基础上进行了改进和优化,通过提高大量甲烷化反应器出口温度、减少循环量,提高系统能量利用率。

动力和原料:进场煤通过备煤系统分别为动力锅炉、气化炉提供燃料煤及原料煤。动力装置通过锅炉和发电机为全厂提供用电及各种品质的蒸汽作为动力源。空分装置为气化炉提供气化所需要的氧气及全厂仪表空气、氮气等。

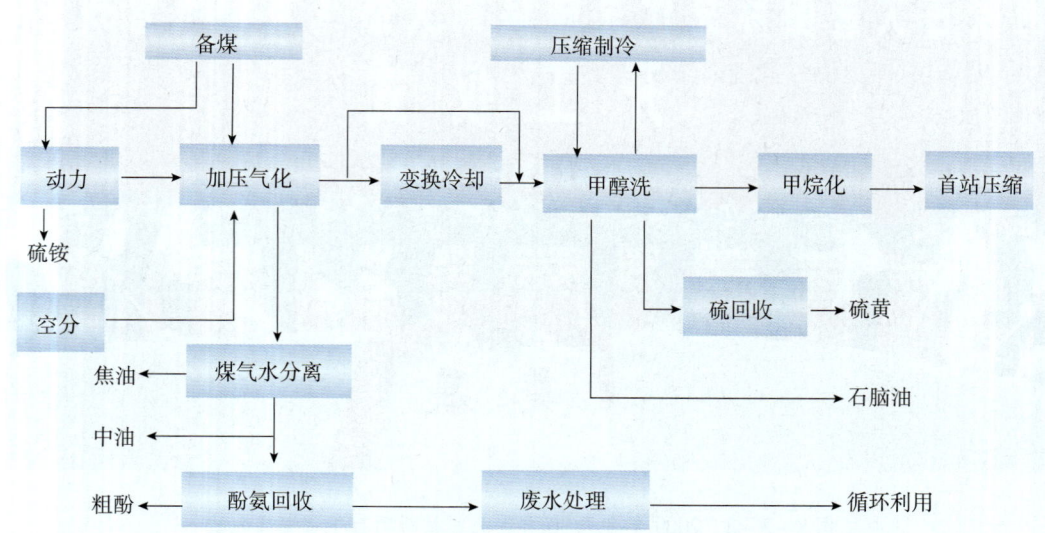

图8-3-5 全厂生产工艺流程图

1. 主工艺流程

原料煤和气化剂在4.0兆帕(g)气化炉内发生气化反应,生成主要含氢气、一氧化碳、二氧化碳、甲烷等成分的粗煤气送往变换冷却装置。一部分粗煤气在变换装置中通过耐硫耐油变换催化剂转化为氢气,另一部分粗煤气则旁路通过变换装置以调整甲烷化入口氢气/一氧化碳比。调整氢气/一氧化碳比后的变换气进入低温甲醇洗涤装置,通过低温甲醇洗涤脱除变换气中的二氧化碳、硫化氢、羰基硫、氰化氢、石脑油等对甲烷化反应和甲烷化催化剂有毒有害的物质。

通过低温甲醇洗涤处理的净化气送往甲烷化装置,在高镍基催化剂甲烷化炉内发生甲烷化反应,最终生成甲烷含量大于94%、压力为2.25兆帕的代用天然气——煤制天然气。从甲烷化出来的煤制天然气经首站压缩机提压至7.8兆帕后送出厂区,通过长输管道送往北京。

2. 辅助工艺流程

气化反应产生的煤气水、变换冷却装置及低温甲醇洗预冷系统分离的煤气水送往煤气水分离装置,经沉降、浮油、过滤等工艺回收焦油、中油和轻油后,送往气化分厂酚氨回收装置进行酚氨回收,经酚氨回收装置回收粗酚后的废水送往生化处理及深度处理装置,进一步处理后分级回用,实现循环利用。

低温甲醇洗涤装置运行过程中损耗的冷量由丙烯压缩制冷装置补充提供。低温甲醇洗装置所产生的含硫酸性气体送往克劳斯硫回收装置进行硫磺回收,回收了硫磺后的尾气再经过氨法脱硫装置脱除二氧化硫后达标排放。吸收了二氧化硫的硫铵溶液送往动力区烟气氨法脱硫装置,与动力区吸收了烟气中二氧化硫的硫铵溶液一起结晶、干燥,生成硫铵副产品。

(二)生产运行

1. 试车及试生产阶段

2011年5月4日,一系列空分装置开始单机调试,并在2011年11月28日实现一次调试开车成功,顺利产出合格氧氮气产品。

2011年8月26日,首例以褐煤为原料的4.0兆帕碎煤加压气化炉顺利实现首台气化炉(218号)炉空气一次点火成功;2012年5月18日,218号气化炉正式一次切氧投料试车成功。

2012年6月12日,变换催化剂硫化完成产出合格变换气。2012年6月15日,低温甲醇洗涤装置接受变换气投料开车一次成功,产出二氧化碳浓度<0.2%、硫化氢浓度<0.01×10^{-6}的合格净化气。2012年8月29日硫磺回收装置引主酸性气进行第一次投料试车,并顺利产出纯度达到99.97%的硫磺产品。

2012年6月,国内首套煤制天然气甲烷化装置开始单体调试;2012年7月28日0时58分甲烷化装置引入净化气,10时26分,甲烷化装置产出合格天然气,甲烷含量达到96.99%,实现国内首个煤制天然气示范项目生产流程的全线贯通。

2012年6月30日,长输管线沿线11处阀室工程全部完工并具备输气条件;2012年12月,输气管道工程深度干燥和充氮保护工作全部完成。

2. 天然气产品外送生产阶段

2013年11月,长输管线具备输气条件,公司正式试生产,并于2013年11月19日,首台气化炉点火;12月20日,巴克什营站向中石油管道送气;12月24日,中石油天然气管线开阀门向北燃管网送气。截至2015年年底,装置连续运行,期间每年度进行一次大修。

3. 天然气产量

2014年,公司生产天然气3.54亿立方米,2015年生产天然气5.50亿立方米。

五、经营管理

(一)产品销售

天然气产量为106180万立方米/年,碎煤加压气化副产的焦油0号为21293.66吨/年,碎煤加压气化副产的煤焦油1号为45111.46吨/年,碎煤加压气化副产的煤焦油2号为6264.81吨/年,碎煤加压气化副产的粗酚9743.97吨/年、硫磺22789.18吨/年、硫酸铵43389.45吨/年、含尘焦油12799.85吨/年。

销售方式:天然气、焦油0号、焦油1号、焦油2号、粗酚、硫磺由大唐能源化工营销有限公司代为销售;硫酸铵、含尘焦油由克旗公司自主销售。面对全国需求客户,根据产品的市场行情定期进行询价，招标价高者得。2015年11月1日，项目一系列装置完成预转固，2015年，公司实现销售收入33892万元，实现利润4735万元。

（二）安全生产管理

1. 管理机构与制度建设

公司建立了完善的安全管理机构，成立了安全生产委员会，负责处理协商解决安全生产重大问题及日常问题。

安全管理体系建设工作。一是在现有安全管理人员中提拔敢抓、敢管、认真务实的员工，担任安全管理各岗位的领导；二是在危险性较大、关键重要的分厂增加安全管理人员，并提拔德才兼备的安全员担任高级主管，全面负责分厂安全管理工作；三是在分厂主操以上岗位人员中，选拔优秀人才充实到公司安全部工作，增加了安全管理队伍的力量和活力。

2014年，公司安全部按照新《安全生产法》《企业安全生产责任体系五落实五到位规定》《化学品生产单位特殊作业安全规程》《危险化学品安全管理条例》《2015危险化学品名录》等国家法律、法规、标准、规范，对公司安全管理制度进行了修订，确保了安全管理制度的针对性和规范性。

一是按照国家安监总局《企业安全生产责任体系五落实五到位规定》，修订公司安全生产责任制，重点突出了一岗双责、党政同责内容，明确了党员干部在管理党务政务的同时必须管好安全工作。针对安全生产责任制建立了考核机制，层层签订了《安全生产责任状》，并严格执行奖惩政策。二是按照《化学品生产单位特殊作业安全规程》（GB30871—2014），对八大危险作业管理制度和票证进行修订，确保制度和票证的合法依规。三是按照国家《危险化学品安全管理条例》《2015危险化学品名录》等对危化品相关的管理制度和程序进行了梳理和修订，保证公司危险化学品的管理符合国家安全要求。

2. 职工安全生产教育培训

公司安全部对职工开展多种形式的安全教育活动。一是对新入厂员工进行保质保量三级安全教育，尤其重视二、三级的岗位安全应知应会的培训，保证新员工能够平安上岗，不出问题；二是对全体员工每年进行一次再教育，确保全员参加；三是对主要负责人、安全管理人员、特种作业人员、特种设备作业人员，聘请专业机构每年进行再培训，保证以上人员的安全专业知识能够胜任岗位要求，并合法依规；四是加强装置开车前和大检修前的安全教育，针对开车和检修的具体情况，结合实际进行培训，保证安全平稳开车和安全检修；五是利用公司视频、网站等媒体宣传渠道，大量发布和播放事故案例、安全学习内容，供公司各部门学习，营造良好的安全文化氛围。

图8-3-6 技术人员检查仪表运行情况

2015年，公司全员安全教育1899人次；职业卫生健康教育347人次；危险作业安全专项培训323人；能化公司"五懂五会五能"调考537人；119消防月消防专项培训1599人；气防培训1484人；医疗中心急救卫生知识培训1675人；新入职员工培训90人；对阜新煤制气支援人员培训253人；外委项目部培训1186人；对公司特种作业人员进行初训及复训取证，组织氧化工艺特种作业人员培训38人，化工自动化控制仪表作业初训14人、复训40人，高压电工作业培训25人、防爆电工培训3人，制冷与空调设备运行操作作业培训72人，维修培训6人，其他特种作业人员取证考试160人；安全管理人员资格取证培训初训24人、复训60人。2015年度通过公司网站定向学习39次。建立了全公司的安全教育档案，每名员工一个档案、一个安全作业资格证，并逐步规范安全教育档案体系建设，共建立安全档案1899份。

3. 安全检查

公司发动各级各类人员开展各种形式的安全检查和隐患排查，积极查找和消除事故隐患，截至2015年年底，公司各部门共开展联合检查537次，专项检查492次，发现隐患问题4513项，已整改完成4487项，整改率99.42%；公司安全部下发罚款单128份，整改单447份，生产区安全检查通报30余份。重视政府安监部门、上级公司安全检查发现问题并整改。对政府和上级检查发现的问题按照"五定"原则，明确责任单位、责任人、整改措施、整改资金、整改时间督办整改，对不能立即整改的问题采取有效的防控措施，对需要设计院等相关单位提供依据和方案的积极联系，协调解决。

2015年，政府安监部门对公司共检查4次，发现问题76项，完成整改61项，整改率80.2%；上级公司对克旗公司检查10次，发现问题305项，完成整改210项，整改率68.8%。重视管输线路、站场的安全检查和问题整改。自长输管线开工建设以来，共形成占压及安全距离不足隐患63处，截至2015年11月底，完成整改43处，整改率68.25%。公司采用多种措施督促安全隐患问题整改，在公司网站上建立安全环保监督台，对各类检查中发现的比较突出的问题进行曝光，把每周各专业生产部室检查发现的问题汇总挂网督办。

4. 安全设施建设

公司在生产区域设立醒目的安全警示标识及职业危害标识，有毒有害区域及设备安装自动报警装置，关键设备安装连锁、生产区域安装火自报系统等等。公司拥有独立的消防安全灭火设施，建有消防队、气防站。

截至2015年11月底，公司未发生人身伤害事故和上级规定的一般C级以上各类安全生产事故。

（三）产品质量管理

公司修订和发布质量管理制度12项；下发了《常用化工物料技术标准清单》，规范了化工原料采购执行的国家标准51项，规范了入厂原料质量分析报告单40多项，督促原料部和物资供应部建立原材料质量管理台账，对原材料进行月度合格率评价；督促各分厂建立了产品质量管理台账，并对产品合格率进行月度统计；确定每种化工原料入厂的分析项目和分析指标，确保从入厂原料到出厂产品整个过程的质量控制。

（四）生产成本管理

为使企业良性发展，公司一直注重生产成本管理工作，把低成本作为公司的核心工作，主要从以下几方面控制成本：制定年度预算计划，把预算计划指标分解到部门、分厂；成立了配煤工作小组，不断优化配煤方案，降低配煤成本；实行生产绩效考核管理规定，对产量、消耗进行绩效考核管理，不断优化考核方案，使其更能适应生产实际，真正起到降本增效的作用；加强物资采购管理，降低采购成本。

图8-3-7 2013年12月14日,中国石油和化学工业联合会副秘书长胡迁林(右二)到公司调研

(五)环境保护管理

1. 组织机构与队伍

公司成立总经理负责的三级环保管理网络,第一级总经理为全公司环保管理第一责任人;第二级由分管环保工作副总经理担任,公司设立环保部负责公司具体环保监督管理;第三级由各分厂部门负责人和环保监督员负责本界区内环保监督管理。

2. 设施建设

废气:动力锅炉除尘器、脱硫装置、脱硝装置、输煤界区转运站除尘器、煤场防风抑尘网、净化装置硫回收装置。

固体废弃物:三场一塘(灰渣场、生活垃圾填埋场、危废填埋场、蒸发塘),存放废弃物和事故废水。

3. 资金投入

克旗项目三系列预计投资327亿元,一系列实际投资180亿元,另一系列环保投资15.2亿元,用于环保设施和环保措施落实上。

4. 环保宣传

定期利用公司内网和电视对环保法规和环境事件进行宣传学习,并不定期进行环保培训和考试,加强职工环保意识。

5. 环境监测

监测工作一部分由企业成立的环境监测站负责,进行日常定期和不定期监测,动力锅炉排放依靠在线监测和环境保护部门定期在线比对,保证监测合规有效,其他部分监测工作由环境保护部门根据监管需要进行定期检测和企业自主的委托检测。

6. 污染防治

大气污染:动力锅炉脱硫脱硝除尘装置投入运行,保证二氧化硫、氮氧混合物、固体颗粒物达标排放。水污染:化工废水—煤气水分离装置—酚氨回收装置—污水处理装置—处理后水回用于生产装置(固体废弃物送危废填埋场)。固体废弃物:气化废渣、动力灰渣送到灰渣场(部分综合利用)。生活垃圾送至生活垃圾填埋场;污泥、废盐送至危险废物填埋场。

第二节 汇能集团煤制天然气示范项目

一、项目决策

(一)项目审核

2009年12月,国家发展改革委以发改能源〔2009〕3066文件《关于内蒙古汇能煤化工有限公司年产16亿立方米煤制天然气项目核准的批复》核准项目。

(二)产业规模

项目规模为16亿立方米/年,是国家首批核准的4个煤制天然气示范项目之一。后根据国家发展改革委"禁止建设年产20亿立方米以下煤制天然气项目"的产业政策,经优化设计将建设规模调整为20亿立方米/年。配套建设的12亿立方米/年液化天然气项目2010年2月经自治区发改委备案。

项目建设地位于鄂尔多斯市伊金霍洛旗汇能煤化工工业园,该园区为自治区第二批工业循环经济试点示范园区。整体项目总投资 200 亿元，分两期建设。一期工程建设年产 4 亿立方米煤制天然气及 4 亿立方米液化天然气生产线；二期工程 16 亿立方米/年煤制天然气和 8 亿立方米/年液化天然气生产线启动招标程序后，2015 年下半年开工建设。

二、生产企业及项目建设

（一）企业组织机构

内蒙古汇能煤化工有限公司成立于 2008 年，注册资金 14 亿元，是内蒙古汇能集团子公司。公司设置生产（辅助）车间 8 个，职能部室 6 个，员工 1000 人。基层员工都是各个化工院校的大中专毕业生，其中大中专以上学历人数占公司总人数的 90% 以上；技术人员和中层管理干部都是来自同类型化工企业的骨干力量，其中中级工程师 39 人，高级工程师 4 人；公司高层领导都富有几十年实践生产管理经验。

图 8-3-8　鄂尔多斯市伊金霍洛旗汇能煤化工工业园全景

（二）项目建设

一期工程年产 4 亿立方米煤制天然气及 4 亿立方米液化天然气生产线于 2010 年 4 月开工建设，2014 年 10 月实现一次性投料试车成功，产品质量达到并超过了设计标准，整条生产线连续稳定运行，在国内煤制天然气项目中创造了试车时间最短、转化催化效率最高、产量质量最稳的佳绩，填补了国内采用水煤浆气化技术生产煤制天然气的技术空白，成为鄂尔多斯市建设国家清洁能源主力输出基地的重点投产项目。项目试生产以来已累计生产液化天然气 11 万吨，完成投资 70 亿元。

三、工艺设备

（一）主要工艺技术及工艺来源

公司以当地煤为原料，采用清洁高效转化技术，生产煤制天然气（SNG）及其液化产品（LNG）。整体工艺技术成熟可靠，具备节能降耗、环保高效的特点。

主要工艺技术及工艺来源：①空分采用了法国液化空气制品公司（AL）的（90000 标准立方米/小时）技术及装备；②气化采用了西北化工研究院"多元料浆水煤浆加压气化"专利气化技术；

③净化采用了大连理工大学的"低温甲醇洗"专利技术；④硫回收采用了山东三维的"克劳斯→燃→裂→洗 SSR"专利技术；⑤甲烷合成采用了丹麦托普索公司的"甲烷合成"专利技术；⑥液化采用了德国林德公司的"混合冷剂制冷液化"专利技术；⑦中水回用采用了美国的"HERO 高效反渗透"专利技术。

（二）主要设备

1. 空分装置

空分装置采用法国液化空气制品公司（AL）的单台（套）制氧能力为 90000 标准立方米/小时的专利技术及全套设备。关键设备空气压缩机组（德国曼透平公司）、膨胀透平（美国 ACD 公司）等设备和仪表控制系统均由 AL 成套供货。装置制氧能力为 90000 标准立方米/小时，属超大型空分装置，可以最大限度地提高效率，从根本上实现节能降耗。空压机组采用蒸汽透平驱动，装置采用闭式循环水冷却系统，节水节能效果明显。冷箱精馏塔采用高效填料，传质效率高，为保证下游装置的安全稳定运行，增设了氧、氮后备系统。

图 8-3-9 精馏装置投入运行

该套装置采购阶段在全国范围内尚未有同等制氧规模的业绩。引进大型化空分装置对推动国产空分大型化发展有积极的意义，装置的超大型化对降低能耗具有重要作用。

2. 气化装置

气化装置采用西北化工研究院"多元料浆水煤浆加压气化"专利气化技术。将原料煤、水、添加剂按比例混合制成水煤浆后，与空分装置制取的氧气充分混合后进入气化炉，发生氧化反应，生产粗原料气。粗原料气经洗涤、除尘后进入变换装置，通过部分催化变换的方法，调整原料气中的氢碳比例后进入净化装置。

汇能煤制天然气项目采用 6.5 兆帕水煤浆气化技术，其显著特点是技术成熟、系统运行稳定、环保、节能、节水、运行温度高、废水处理相对容易。该技术在煤制甲醇、煤制合成氨等项目中广泛应用，在煤制天然气领域尚属首例。该技术在汇能煤制天然气项目中运行稳定，为西北水资源紧张地区实施煤制气项目创造有利条件，将影响着我国煤制气产业的布局。

3. 变换装置

采用部分耐硫变换工艺技术，主要将气化送来水煤气中的一氧化碳经变换反应生成氢气，使变换气中氢气与一氧化碳的比例满足甲烷化气体成分的要求，副产的各类蒸汽进入蒸汽管网供全厂使用。

图8-3-10 变换装置投入运行

4. 净化装置

净化采用了大连理工大学的"低温甲醇洗"专利技术，利用低温甲醇将来自变换装置的原料气进行洗涤，脱除原料气中的酸性气体和杂质，然后送入甲烷合成装置，含硫的酸性气经再生、气提、浓缩、换热后送入硫回收装置，副产硫磺。

5. 甲烷化合成装置

甲烷化合成采用了丹麦托普索公司提供的"甲烷合成"专利技术和催化剂，净化气经过精脱硫、变换、换热与甲烷合成循环气压缩机出口气混合后，进入甲烷合成塔发生甲烷合成反应，产出合格的甲烷气（CH_4 含量96.8%），经冷却洗涤后进入甲烷液化装置。

6. 液化装置

液化采用了德国林德公司的"混合冷剂制冷液化"专利技术，将进入液化装置的甲烷气经脱水、脱汞、脱碳等工艺技术净化后，经绕管式换热器预冷、深冷，制成液态甲烷送入LNG大罐贮存，LNG经潜液泵送至充装站装车外运。液化需要的冷量由混合冷剂压缩机提供。

7. 硫回收装置

采用山东三维石化工程股份有限公司SSR专利技术，该技术是克劳斯反应+尾气燃烧+氢裂解后洗涤，总硫回收效率高达99.9%，副产硫磺3048吨/年（8000小时/年）。

图8-3-11 液化储存装置投入使用

8. 公用工程系统装置

（1）给排水装置。公司通过截伏流和蓄水湖等集水工程，将当地煤矿疏干水、春季消冰水和夏季河川雨水统一汇集到4个人工蓄水湖蓄积备用。这些水经净水厂处理，年供水能力可达1000万吨以上，实现了对当地煤矿废水等各类水资源的回收、净化和充分利用。

为了降低水的消耗，循环水装置采用开、闭式相结合的方式，同时全厂共5台蒸汽透平机组全部采用空气冷却器冷却，节水效果显著。污水处理采用SBR生化处理技术，中水回用采用美国HERO高效反渗透专利技术，总回收率可达82%以上。高盐浓水采取自然蒸发结晶处理，实现了水资源高效循环利用，环保效果显著。

（2）热电装置：动力站选用循环流化床锅炉（2×220吨/小时），采用炉内脱硫、脱硝（SNCR）加炉外石灰石湿法脱硫技术及成套设备，烟气中脱硫小于100毫克/标准立方米，脱硝率可达到60%，锅炉产生的高温高压蒸汽作为空分装置动力源。公司本着"热电联产、安全可靠、节约能源"的原则，选配补汽式汽轮发电机组，高效利用化工装置变换、合成产生的废热蒸汽发电，实现资源最大化利用。

（3）煤储运装置。公司煤储运系统采用全封闭环保设计，避免了粉尘二次污染。汇能集团煤制天然气系统各装置主要设备数量及技术参数见表8-3-1。

表8-3-1 汇能集团煤制天然气系统各装置主要设备数量及技术参数

装置名称	设备名称	数量	主要技术参数	装置名称	设备名称	数量	主要技术参数
空分	空压机组	1台	蒸汽透平驱动功率：36500kW，9.8MPa，530℃过热蒸汽	甲烷化	甲烷化循环气压缩机	1台	电驱动2000kW，运行：220℃，5.3MPa
气化	气化炉	3台	3200/3800	液化	混合制冷压缩机	1台	蒸汽透平驱动功率：17900kW，4.0MPa，400℃过热蒸汽
变换	变换炉	1台	4000	动力	循环流化床锅炉	2台	220t/h，9.8MPa，530℃过热蒸汽
净化	吸收塔	1台	3800				

四、生产运行

公司主产品为煤制天然气（SNG）和液化天然气（LNG），副产品为液氧和硫磺。煤制天然气中甲烷纯度达到97%~98.16%（mol）以上，LNG中甲烷纯度达到99.2%~99.97%（mol）以上。项目公用工程及一期年产4亿立方米煤制天然气和液化生产线，于2010年4月开工建设。2014年10月17日气化3号气化炉投料成功；10月26日产出合格煤制天然气；10月29日液化产出合格的液化天然气，导入大罐。煤制天然气中甲烷纯度达到97%~98.16%（mol）以上，LNG中甲烷纯度达到99.2%~99.97%（mol）以上，12月6日气化1号气化炉投料成功，12月7日水煤气并入系统，生产系统两台气化炉开始运行至今。

截至2015年8月31日，主装置已累计稳定运行222天，平均生产负荷达到85.12%（扣除检修时间34天、外围晃电等事故停车49天、初始投料13天）。

2015年6月10日—7月4日停车检修，恢复生产后的生产负荷已经达到105%~110%，各项消耗指标较试车初期均有大幅下降，其中平均煤耗为2.26吨/千标立方米天然气，低于国家控制指标2.3吨/千标立方米天然气；最低水耗为

6.8 吨/千标立方米天然气，低于《"十二五"煤化工示范项目能效和资源目标》控制指标 6.9 吨/千标立方米；煤制天然气单位产品能耗为 1.43 千克标准煤/立方米，低于国家煤制天然气项目单位产品能源消耗限额标准 1.5 千克标准煤/立方米。

五、产品销售

公司在国家推进能源消费变革的进程中，以推广使用清洁能源为己任，主动开拓市场，着力减少流通环节，实现产品直销，投巨资建设完善销售网络，率先建立产运销一体化的清洁能源产品供应链。现已与全国 100 多家用户及经销商建立合作关系，产品远销京津冀、呼包鄂榆、府谷、山西、山东、辽宁等地。

公司规划 3 年内在京津冀、呼包鄂榆、府谷、山西、集宁、二连浩特等地建设 LNG、LCNG 加气站、油气混合站 60 处，直接向用户提供车用燃料、工业和民用气。现投运 3 处，在建 11 处。公司与河北省邢台市、天津市宝坻区等 20 多个市、县、区签订《清洁能源战略合作协议》。

六、安全生产与环境保护

公司始终坚持"安全第一"的指导思想和"严谨、细致、务实"的安全管理理念，认真贯彻落实国家和地方有关安全生产的法律法规和相关文件精神，全面做好公司内部的安全生产管理工作，建立了以总经理直接负责的安全生产委员会，同时依法设立安全环保部。

公司现已建立较为完善的 HSE 安全管理和机动生产管理体系，针对新《安全生产法》的要求制定并完善全厂各部门、各级人员的安全生产责任制。公司严抓安全隐患排查治理工作。在试生产期间认真组织安全生产大检查，对检查发现的一般安全隐患，要求当天整改；较大安全隐患列入整改计划，同时每天对隐患进行监控；对于重大安全隐患立即停车处理，坚决防范事故的发生。

安全管理方面，公司制定并严格执行安全生产会议制度，同时加大对重大危险源的管理，强化对各类作业的安全风险管控，全面做好应急体系的建设。公司领导组织协调解决安全生产过程中存在的较大、重大安全问题，保障生产装置稳定运行。

第四章　其他煤化工项目

第一节　煤制甲醇

一、项目核准

2005—2015 年，自治区通过配置煤炭资源的方式，引进国家重点大型能源企业投资煤制甲醇项目，同时，积极扶持当地煤炭企业发展煤化工项目。

截至 2015 年底，自治区发展与改革委员会核准煤制甲醇项目 19 项（表 8-4-1），核准产能 1364 万吨/年。其中，生产规模最大的是自治区发改委 2013 年 8 月核准的中天合创鄂尔多斯煤炭深加工示范项目一期 360 万吨甲醇项目。全区建成煤制甲醇产能 664 万吨/年，其中鄂尔多斯市

570万吨/年。2013年以来，受国际石油价格影响，部分项目处于停产或停建状态。

表8-4-1 2015年内蒙古自治区已建成煤制甲醇项目统计表

建设地点	项目业主	批文生产能力	建成产能（万吨/年）	开工年份	建成年份
鄂尔多斯市准格尔旗大路工业园区	内蒙古易高煤化科技有限公司（三维煤化科技公司）	20万吨甲醇	20	2006	2011
鄂尔多斯市达拉特旗三垧梁工业园	新能源公司（新奥集团）	一期60万吨甲醇	60	2006	2010
阿拉善盟阿拉善经济开发区	内蒙古庆华集团	20万吨焦炉煤气制甲醇工艺技改后为40万吨/年甲醇	20	2006 2015	2008 2016
呼伦贝尔陈巴尔虎旗	呼伦贝尔东能化工公司	20万吨煤制甲醇	20	2007	2009
鄂尔多斯乌审旗纳林河园区	乌审旗世林化工有限公司	一期30万吨甲醇	30	2008	2011
鄂尔多斯准旗沙圪堵园区	内蒙古伊东集团东方能源化工有限责任公司	60万吨干馏煤联产10万吨甲醇	10	2007	2008
鄂尔多斯市准格尔旗	山东久泰能源内蒙古有限公司	100万吨煤制甲醇	100	2008	2010
鄂托克旗蒙西工业园	神华蒙西煤化股份有限公司	160万吨焦炭联产10万吨甲醇	10	2007	2008
乌海市西来峰工业园区	神华乌海能源公司西来峰甲醇厂	30万吨焦炉煤气制甲醇	30	2008	2011
鄂尔多斯乌审旗纳林河园区	内蒙古中煤远大新能源化工有限公司	60万吨煤制甲醇	60	2008	2013
鄂尔多斯市达拉特旗三垧梁工业园	兖州煤业鄂尔多斯能化有限公司	批文180万吨煤制甲醇转烯烃，实际能力90万吨甲醇	90	2010	2013
巴彦淖尔市乌拉特中旗	神华巴彦淖尔能源有限责任公司	一期120万吨焦化、12万吨甲醇，二期120万吨焦化、12万吨甲醇	12 12	2011 2014	2013 2015
鄂尔多斯市准格尔旗大路工业园区	内蒙古东华能源有限责任公司	120万吨煤制甲醇	60	2009	2012
鄂尔多斯乌审旗图克工业区	鄂尔多斯金城泰化工有限责任公司	180万吨煤制甲醇，一期60万吨甲醇已建成，二期在建	60	2008 2014	2012 2016
鄂尔多斯市准格尔旗大路工业园区	内蒙古西北能源化工有限公司（皖北煤电与新湖合作）	一期20万吨煤制甲醇	30	2012	2014
鄂尔多斯杭锦旗独贵塔拉工业园区	北京昊华国泰化工有限公司	40万吨煤制甲醇	40	2011	2014

二、部分项目建设

（一）神华西来峰30万吨/年焦炉煤气制甲醇项目

1. 工程建设

神华西来峰30万吨/年焦炉煤气制甲醇项目位于内蒙古自治区乌海市海南区西来峰循环经济产业园内，占地面积147020平方米，总投资86210.92万元，由神华乌海能源西来峰煤化工公司负责项目建设和生产运营。项目以焦炉煤气为原料，采用西南化工研究设计院开发的焦炉气纯氧－蒸汽转化、低压合成甲醇技术，生产纯度为99.9%的精甲醇，是当时国内最大的以焦炉气为原料的制甲醇项目。

项目是神华集团为进一步发挥资源优势，形成规模效益，减少因烟气排放造成的环境污染面，为西来峰焦化厂（二期）配套的项目。主要是利用焦化厂的焦炉煤气为原料，按照发展循环经济、兼顾效益环保的要求，对产业链进行延伸。

2006年8月29日，项目获得内蒙古自治区发展和改革委员会核准，建设规模为50万吨/年焦炉煤气制甲醇，2007年6月20日，神华集团公司立项批复将建设规模核减为30万吨/年。2008年5月，乌海能源公司正式成立煤气制甲醇项目部对项目进行管理，由乌海能源公司基建部派专人驻现场协助管理。项目部设立综合、工艺、仪表电气、设备、土建概预算5个专业组。项目工程设计单位为四川天一科技股份有限公司。项目建设采用PC（即Procure—ment & Construction，缩写PC，采购和施工，施工承包模式之一）总承包形式，由中国化学工程第十四建设公司负责承建；空分成套系统由开封空分集团有限公司设计、制造、安装；建设监理单位为洛阳炼化工程监理有限责任公司；检测委托内蒙古自治区石油化学工业检验测试所进行。

2008年9月8日，项目开工建设，当年完成投资11528.424万元，累计完成投资13335.444万元。2008年，项目现场工作主要是进场道路施工、地下管道施工、主要建构筑物基础施工。2009年全年完成投资45850.4824万元，累计完成投资59012.3061万元，完成总投资的68.5%。2009年，项目现场土建工程进入收尾阶段，工艺设备安装完成97%，工艺管道安装完成94%，电气全部安装完成，电机试运行完成80%，仪表安装完成15%，气柜具备中交验收条件，空分安装工程完成90%，火炬系统投运。项目于2010年1月31日机械竣工，5月全面建成，连续安全施工508天，工程质量全部合格，安装单位工程优良率90%，焊接一次合格率98%。

2. 生产准备

项目生产准备工作从2008年7月开始。2008年9月—2010年4月，所有人员进行基础理论、专业基础知识、工厂实习、关键岗位生产操作仿真系统模拟培训等4个阶段的培训，所有岗位人员均取得上岗资格证书。同时，完成《神华乌海能源西来峰煤化工公司30万吨/年焦炉煤气制甲醇总体试车方案》；编制所有岗位安全和岗位责任制，制定安全管理制度、技术操作规程、综合应急预案和八项专项应急预案及各车间应急处理预案，所有应急预案均已审批完成并组织员工学习。

2010年4月27—28日，神华集团公司煤制油化工部组织召开《神华乌海能源西来峰煤化工公司30万吨/年焦炉煤制气甲醇总体试车方案》审查会，会议认为乌海能源公司西来峰甲醇项目装置概况及试车范围、化工投料试车原则和目标、试车组织机构、投料试车前应具备的条件、试车时间安排、投料试车程予、试车出现的问题及应急措施等方面的部署符合投料试车要求，项目总体试车方案通过审查。5月23日，神华集团公司批复项目总体试车方案，批准联动试车计划资金2942.61万元。试车用磷酸盐、氨水、烧碱、二硫化碳、甲醇等均在2010年8月底前全部完成采购并进厂。PC总承包范围以外的生产辅助材料、专业工器具、添加剂、催化剂、化学药品、润滑油、分析化验用化学药品全部到厂；生产备品备件全部到厂。项目生产所需的水、电、汽，均依托神华乌海能源西来峰煤化工公司已投运的公用辅助系统解决。外聘开车技术服务队于2010年9月25日前到厂工作。10月，项目试生产安全许可获得内蒙古自治区安全生产监督管理局备案批准。全厂消防报审验收工作全部结束；锅炉、压力容器取证工作全部完成。

3. 试生产

2009年底，神华集团公司和乌海能源公司组织的外聘专家进驻项目现场，指导试车工作。2010年5月18日，神华乌海能源西来峰煤化工公司甲醇厂成立，负责生产运营，设有综合事务部、生产技术部、安建环部3个职能部室，空分车间、净化车间、合成车间、维检修车间、锅炉车间5个车间，另设有1个化验室。甲醇厂定员280人，其中职能管理34人，生产管理32人，操作工214人。6月15日，空分装置试车一次成功，生产出合格的氧气和氮气。6月17日，合格的氮气进入装置各系统进行置换。8月10日，神华集团公司对甲醇项目进行试生产前的安全大检查。9月11日，建立西来峰煤化工公司级试车领导小组。9月25日，装置投焦炉煤气，开始化工投料试生产。10月13日，转化系统一次投氧点火成功。10月21日，打通全流程，生产出合格的精甲醇。

2011年，完成项目装置性能考核和竣工验收工作，以及在完成全部装置性能考核和竣工验收工作后进入商业化运行阶段。

（二）内蒙古东华能源有限责任公司120万吨/年煤制甲醇项目

内蒙古东华能源有限责任公司成立于2008年，注册资本金5亿元人民币，由内蒙古伊东资源集团股份有限公司和内蒙古西蒙集团有限公司共同出资组建，其中伊东集团占总股份的55%，西蒙集团占总股份的45%，是内蒙古伊东资源集团股份公司一级子公司。公司拥有职工690余人，下设4个部室、1个中心、7个车间。公司一体化项目依托当地丰富的煤炭资源，转型优势产业。

一期60万吨/年煤制甲醇项目总投资40亿元人民币，已完成投资40亿元（包括二期投资3亿元），经过历时875天的建设周期，已于2012年10月17日正式投产。装置运行正常，日产量可达2100吨。

1. 项目建设

2009年5月11日，伊东集团东华能源年产120万吨（一期60万吨/年）煤制甲醇项目正式奠基。

图8-4-1 2009年5月11日，伊东东华能源有限责任公司120万吨/年甲醇项目开工奠基仪式

2011年9月7日，气化装置区吊装第一台气化炉。2011年12月7日，净化装置658吨低温甲醇洗涤塔成功吊装就位。净化装置是公司一期甲醇项目建设的重要装置，其中，全厂最高、最重的大型设备低温甲醇洗涤塔的现场安装是一期净化装置取得阶段性成绩的标志。2012年3月12日15时，位于加压泵房及水池装置的P4104C（90kW）生产水泵电机顺利试车，标志着加压泵房电气安装工作节点按期完工，工程建设重点由设备安装转入试车调试阶段。

2012年3月7日17时，甲醇合成塔一次性成功吊装，甲醇合成塔是公司一期甲醇项目所有大型长周期设备中最后一个大型设备，该塔净重264吨。4月11日8时，锅炉主装置1号锅炉一次点火成功，为时7天的中低温烘炉阶段正式开始。10月17日11时58分，公司120万吨甲醇（一期60万吨/年）项目流程全部打通，联动试车取得成功，公司一期60万吨/年甲醇项目经过全体员工875个日夜的奋战，顺利产出合格产品。

2. 生产运行

2012年6月3日9时，2号炉一次点火成功，7月26日，气化装置A、B系列气化炉点火成功，开始正式烘炉。A、B系列气化炉烘炉成功是实现气化装置的关键进度节点，为下一步联动试车奠定基础。8月11日14时31分，空分装置B套汽轮机冲转成功，标志着重要设备试车成功，整体试车又迈进一大步。8月27日13时50分，空分装置B套汽轮机、空压机联动试车成功。汽轮机和空压机是空分装置的关键设备，也是项目投产的重要环节，试车成功使投产工作又向前推进一步。

10月4日11时38分，B套空分装置成功产出合格氧气、氮气，标志着B套空分装置成功运行。10月9日12时08分，公司一期60万吨/年甲醇项目气化装置气化A炉一次投料成功，完成项目节点目标。10月17日11时58分，公司120万吨甲醇（一期60万吨/年）项目流程全部打通，联动试车取得成功，顺利产出合格产品。10月23日11时18分，第一批甲醇产品顺利装车出厂，面向市场销售。

图8-4-2　2011年10月17日，伊东公司领导喜接第一瓶甲醇样品

2015年5月20日，在由中国氮肥工业协会组织的2015年中国甲醇产业大会上，内蒙古东华能源有限责任公司被评为"2014年全国甲醇产量30强"企业。

（三）鄂尔多斯市金诚泰化工有限责任公司180万吨/年煤制甲醇项目

鄂尔多斯市金诚泰化工有限责任公司2005年4月29日在鄂尔多斯市乌审旗工商行政管理局注册成立，首期注册资金4500万元，于2014年1月20日追加注册资金30000万元，使公司注册资本达到34500万元。

180万吨/年（一期60万吨/年）煤制甲醇项目于2007年经自治区发展改革委员会批准立项，总投资19.36亿元。

公司现有员工476人，其中，30岁以下230人，30~45岁有139人，45岁以上107人；大学本科学历52人，大学专科246人，中专及高中79人，高中及以下99人；专业技术人才62人，其中，高级6人，中级20人，助理级36人；高技能人才82人（高级技师8人，技师17人，高级工45人，中级工12人）。

1. 项目建设

2006—2009年，项目落地并完成基础建设阶段。公司征地86.67公顷，完善"三通一平"，从乌审旗图克工业园区自架110千伏双回路高压专用线，全长40.6千米，确保企业生产、生活用电。厂区内修建近8千米水泥通道，连接门前公路，出行畅通。兴建面积8000平方米、达到3星级标准的宾馆楼和20000平方米的专家楼、宿舍楼、门诊、餐饮综合楼，并已全部投入使用，同时建成14000平方米的办公楼和3000平方米的员工活动会所。整个规划区的硬化、绿化、亮化等配套工程已同步完成，形成方便生活、有利生产的新型工业园区。

企业将基础设施建设完善后，化工项目于2009年9月开工，截至2015年，公司已累计投入建设资金33亿元（包括两期的基础设施、公用工程已一次建成和二期部分投入）。

一期甲醇项目的土建工程于2011年全部完工，设备于2012年上半年安装到位，开始单机调试，2012年8月中交，2013年1月15日联动试车，5月2日顺利投料试产，到12月基本实现稳定生产。

二期工程于2014年全面铺开，后续资金约需7亿元，部分单项工程如循环水和渣水处理工程已于2013年9月开工，形象工程进度已完成60%。2015年，二期土建标段已全部招标签约，长周期设备已订购。

2. 产品销售

公司主产品为精甲醇，副产品有硫磺、液氧、液氮、杂醇油、余热发电等。产品在2014年前主要销往河北、山东、河南、天津、张家港等地，现有客户10家，月需求量在4.5万吨以上，2015年以后，基本实现就地销售。金诚泰公司地处图克镇重工业项目区，是国家级西部重化工项目区，在建和拟建的甲醇下游企业较多，如中天合创300万吨/年二甲醚项目、神华50万吨/年烯烃项目（已投产），周边已投产的烯烃项目近150万吨，对甲醇需求量可达500万~1000万吨，成为金诚泰甲醇产品实施就地销售的主要渠道。此外，项目三期自建甲醇下游产品——甲醇汽油深加工生产系统可完全实现产品就地转化。

2013年，公司主产品精甲醇平均售价2500元/吨左右，年底升至3180元，2014年价格不断下滑，2015年基本保持在1800元/吨左右。

（四）内蒙古中煤远兴能源化工有限公司60万吨/年煤制甲醇项目

内蒙古中煤远兴能源化工有限公司成立于2003年12月27日，位于内蒙古自治区鄂尔多斯市乌审旗纳林河工业园区，注册资本金10.32亿元，中煤能源股份有限公司控股75%，内蒙古远兴能源股份有限公司持股25%。60万吨/年煤制甲醇项目概算总投资35.83亿元，占地51.6公顷。项目建设内容包括气化、净化、甲醇、热电、空分等主要装置及辅助生产装置、公用工程等。

1. 工艺流程与技术

工艺流程：公司60万吨/年煤制甲醇项目以煤为原料，采用多元料浆气化工艺制备粗煤气，粗煤气经一段耐硫宽温变换、低温甲醇洗脱硫/脱碳后，再经合成压缩机增压后送至水冷合成塔、绝热－管壳气冷合成塔合成粗甲醇，粗甲醇经四塔精馏生产精甲醇产品。

工艺技术：气化采用西北化工研究院的多元料浆气化技术，变换采用耐硫变换工艺，净化采用大连理工大学的低温甲醇洗工艺，合成压缩机采用蒸汽驱动的离心式压缩机，甲醇合成采用英国Davy公司研发的一个轴流产汽式合成塔（SRC）与一个管冷式合成塔（TCC）相串联的甲醇合成工艺，精馏采用天津大学的"三塔+回收塔"精馏工艺，氢回收采用成都赛普瑞兴生产的膜分离技术，硫回收采用荷兰荷丰公司的超优克劳斯工艺，空分采用杭州杭氧股份有限公司先进的内压缩流程工艺。

2. 项目建设

2005年11月9日，场区道路开工奠基，2008年4月30日，项目场平完成，其他工程陆续开始施工；2009年受金融危机影响缓建；2010年8月5日，管理服务中心餐饮中心主体工程完工；2011年4月1日，项目工程开始复工建设；2011年8月22日，项目总变电所（301）工程主体结构封顶。

2011年9月20日，第一台电气设备进入总变电所主厂房；2013年9月30日，项目主体工程完工，进入全面调试阶段；2013年11月26日，投料试车成功；2014年10月1日，完成预转固，进入生产经营期。

公司取得项目立项、水土保持、危化品安全许可、可行性研究报告、初步设计、建设用地规划、环境保护、工业产品许可证、消防专项验收等审批手续，并于2016年通过项目竣工验收。

3. 生产与销售

公司主要产品为精甲醇，副产品为硫磺、异丁基油、液氮。设计产能为精甲醇产量60万吨/年，硫磺产量18391吨/年（干基），异丁基油产量5162.4吨/年。

甲醇、异丁基油、液氮主要销售区域为公司周边，硫磺主要销售区域为河南。2014—2015年公司主要产品产量及销售收入统计表见表8-4-2。

表8-4-2　2014—2015年公司主要产品产量及销售收入统计表

年份	精甲醇（万吨）	硫磺（万吨）	异丁基油（万吨）	液氮（万吨）	销售收入（亿元）	利润（亿元）	上缴税收（亿元）
2014	45.03	0.19	0.93	1.12	3.48	-0.03	0.23
2015	63.12	1.33	1.24	1.31	8.99	0.39	0.29

（五）中天合创能源有限责任公司鄂尔多斯360万吨/年甲醇示范项目

中天合创鄂尔多斯煤炭深加工示范项目是由中煤能源集团公司、中国石油化工股份有限公司、申能股份有限公司及内蒙古满世煤炭集团公司合资建设的世界级大型煤炭-化工联合项目。项目主体包括年开采能力2500万吨的煤矿、360万吨/年甲醇装置（中间产品）和137万吨/年聚烯烃产品的煤化工项目。项目位于鄂尔多斯市乌审旗。

煤化工部分建设以煤为原料的360万吨/年甲醇装置（中间产品）、两套180万吨/年的S—MTO装置、35万吨/年的聚丙烯装置（环管）、35万吨/年的聚丙烯装置（气相）、12万吨/年的LDPE（釜式）装置、25万吨/年的LDPE（管式）装置及30万吨/年的LLDPE（气相）装置，另外包括为工艺装置配套的空分装置（6套82000标准立方米/小时氧气）、热电装置（5台490吨/小时和1台240吨/小时的高压煤粉锅炉，2台135MW的抽凝发电机组和1台30MW背压发电机组）、储运系统等辅助生产设施，还包括厂外渣场、厂外220千伏供电线路、专用铁路线等厂外工程。

2013年6月25日，国家发展改革委下发《国家发展改革委办公厅关于中天合创鄂尔多斯煤炭深加工示范项目有关事项的通知》（发改产业〔2013〕1495号）明确要求：

（1）项目按照煤化电热一体化、多联产的模式，分两期建设。一期工程主要建设年产煤炭1300万吨的葫芦素矿井、年产1200万吨的门克庆矿井及配套选煤厂、年产360万吨的甲醇装置及配套自备热电站等辅助设施；二期工程主要建设甲醇制烯烃及烯烃下游深加工装置。

（2）委托内蒙古发展和改革委员会在条件具备的前提下，对一期工程甲醇部分进行核准，同时抓紧开展二期工程前期工作。2013年8月16日，内蒙古自治区发改委核准项目一期甲醇部分。

煤化工项目总投资387.5亿元，中国中煤能源股份有限公司、中国石化长城能源化工有限公司、申能股份有限公司和内蒙古满世煤炭集团股份有限公司投资比例依次为38.75%、38.75%、12.5%、10%。

1. 项目建设

项目于2013年开始动工建设，主厂区占地面积331.16公顷。职工办公楼、公寓楼、餐厅、活动室等辅助设施已建设完成。2015年，项目主要设备的购置、安装、调试均已完成。

2. 生产工艺流程

原煤经过煤浆制备单元制成合格煤浆后，与空分来的氧气一起进入气化炉，通过部分氧化反应生成粗合成气，其主要成分为氢气、一氧化碳、二氧化碳、硫化氢和水，然后粗合成气经激冷和洗涤后送入净化装置。在净化装置中，粗合成气首先在变换单元进行部分变换和工艺废热回发处理，然后进入酸性气体脱除单元脱除硫化氢和大部分二氧化碳，并调节氢碳比送入下游脱除有毒有害杂质。

来自净化装置的甲醇合成气与氢气回收单元返回的氢气经混合压缩后进入甲醇合成系统进行甲醇合成反应，合成后分离出的液相粗甲醇送入甲醇精馏单元分离精制。粗甲醇经预塔精馏处理后就可得到MTO级粗甲醇，直送甲醇制烯烃装置作为其生产进料。在特殊情况下，粗甲醇可送罐区缓存。同时为控制甲醇合成回路中的惰性气体含量在较低范围内并回收有效组分，合成单元连续排放一定量的弛放气并送入氢气回收单元回收氢气，然后送回合成单元与合成气混合循环利用，同时为下游烯烃装置提供高纯氢。

第二节 煤制烯烃

一、神华包头煤制烯烃项目

（一）项目决策

神华包头煤制烯烃项目是国家确定的5种新型煤化工产品示范项目之一，也是国家"十一五"（2006—2010年）核准的第一个特大型煤制烯烃工业化示范工程，为世界首套、全球最大的以煤为原料、经甲醇制取低碳烯烃的工业化装置，实现"零"的突破。项目于2004年3月启动前期工作，2006年12月获得国家发展改革委核准，2007年4月完成总体设计，2007年9月装置开工建设，2009年2月主要生产装置详细设计完成，2009年12月气化、净化和甲醇装置建成，2010年5月甲醇制烯烃、烯烃分离、聚丙烯和聚乙烯装置建成。项目设计年生产30万吨聚乙烯、30万吨聚丙烯，项目总投资约170亿元。

1992年7月，国家计委成立神府煤综合利用可行性研究领导机构。但受国家投资体制改革及世界油价低迷等因素影响，项目没有取得实质性进展。2003年后，随着世界能源市场格局的变化，石油价格不断攀升，煤化工项目迎来重大转机。2004年初，包头市为引进有实力的战略投资者而重启煤化工项目，神华集团成为首选。

经自治区政府和包头市政府的邀请，神华集团公司决定在包头市建设大型现代化煤化工基地。2004年2月8日，神华集团董事长陈必亭与包头市主要领导就在包头建设煤化工项目进行洽谈，双方达成在包头市建设煤制烯烃项目的意向。3月底，神华集团公司和包头市政府邀请国内相关行业的35位专家就煤化工技术进行研讨，初步确定煤制烯烃工艺路线。之后，神华集团公司与美国UOP公司、德国LURGI公司、英国Davy公司就大型甲醇和甲醇制烯烃等技术进行交流，研讨煤制烯烃工艺和技术问题，最终选择以煤气化制甲醇、甲醇转化制烯烃、烯烃聚合生产聚烯烃的工艺路线。6—8月，神华集团公司授权中国神华煤制油有限公司委托中国寰球工程公司编制项目可行性研究报告。9—11月，神华集团公司授权神华煤制油有限公司委托石油大学（华东）编制项目环境影响报告书。11月23日，中国神华煤制油有限公司成立神华包头煤制烯烃项目筹备组。12月27日，神华集团向国家发展改革委上报《神华集团公司关于报核中外合资神华煤制烯烃项目申请报告的请示》。

图8-4-3 神华包头煤化工有限责任公司厂区全景

2005年3月21日，国家环境保护总局印发《关于神华煤制烯烃项目环境影响报告书审查意见的复函》，从环境保护角度分析，同意该项目建设。5月，项目通过了由国家发展改革委委托中国石化咨询公司组织进行的评估论证。5—9月，在项目核准过程中，国家发展改革委认为：美国UOP公司对MTO（甲醇制烯烃）工艺只进行0.75吨/天甲醇进料规模演示装置的试验，尚无工业化业绩，也没有进行较大规模的中试或工业化放大试验验证，直接放大到工业化生产装置可能存在一定的风险，为稳妥起见，有必要进行适当规模的中试放大验证后再进行工业化设计。10月15日，神华集团公司向国家发展改革委上报《神华集团公司关于先行启动神华煤制烯烃项目煤制甲醇建设的请示》。

2006年初，由中科院大连化学物理研究所与陕西新兴煤化工科技发展有限责任公司和中国石化集团洛阳石油化工工程公司合作建设的"甲醇制取低碳烯烃（DMTO）工业性实验项目"取得突破，世界首套万吨级甲醇制烯烃工业化装置试验成功。8月23日，甲醇制取低碳烯烃（DMTO）工业性实验项目通过国家发展改革委委托中国石油和化学工业协会组织的鉴定。鉴定专家组认为，该项具有自主知识产权的创新技术，处于国际领先水平，具备百万吨级大型甲醇制烯烃生产装置的技术基础。9月，神华集团公司决定在神华包头煤制烯烃项目中采用甲醇制低碳烯烃（DMTO）工艺技术，并将《关于神华包头煤制烯烃项目采用国内DMTO技术方案有关事宜的请示》上报国家发展改革委。

2006年12月11日，国家发展改革委下发《国家发展与改革委关于包头神华煤化工有限公司煤制烯烃（MTO）项目核准的批复》（发改工业〔2006〕2772号），正式核准神华包头煤制烯烃项目，这是国家2006—2010年间核准的唯一一个煤基甲醇制烯烃项目。项目主要建设内容：180万吨/年甲醇装置、60万吨/年甲醇制烯烃（MTO）装置、30万吨/年聚乙烯装置、30万吨/年聚丙烯装置、24万标准立方米（氧气）/小时空分装置，并配套建设3台410吨/小时高压蒸汽锅炉和2台5万千瓦抽气汽轮发电机组及其他辅助设施。核准项目甲醇制烯烃装置采用国内自主开发的甲醇制低碳烯烃（DMTO）技术。核准工程建成投产后所需煤炭472万吨/年，由神华集团万利煤矿供给，生产用水量9万立方米/天，由包头市画匠营子水厂供给。

（二）项目建设机构与队伍

2005年底，神华集团有限责任公司与上海华谊（集团）公司共同出资组建"包头神华煤化工有限公司"，其中神华集团公司持股76%，上海华谊（集团）公司持股24%。公司于2005年12月31日在包头市注册成立，注册资本金45亿元。2007年12月，上海华谊（集团）公司撤回投资，神华集团公司补足其撤回的资金。神华包头煤化工有限公司成为神华集团公司全资子公司。

2006年12月22日，包头神华煤化工有限公司揭牌。2007年1月，公司更名为"神华包头煤化工有限公司"。2008年5月，神华集团公司组建煤制油化工板块公司——中国神华煤制油化工有限公司。神华包头煤化工有限公司成为中国神华煤制油化工有限公司的全资分公司。2009年6月，神华包头煤化工分公司更名为"中国神华煤制油化工有限公司包头煤化工分公司"。

2007年11月8日，神华集团公司向包头煤制烯烃工程派出项目主任组，行使项目日常管理职责。项目管理机构下设气化净化、甲醇空分、甲醇制烯烃、两聚装置（聚丙烯/聚乙烯）、热电站、公用工程、系统工程、厂外工程8个项目组，以及综合办公室、项目管理部、设计管理部、采购管理部、施工管理部、商务管理部、质量管理部、安全健康环保部、项目财务部9个综合管理职能部门，采用矩阵式管理。

2008年1月2日，神华集团公司又以《关于派出包头煤制烯烃工程项目主任组副主任的通知》，增加项目主任组管理力量。4月16日，公司对原有的公司组织结构进行调整，设立综合办公室、计划财务部、人力资源部、生产运营部、质量技术部、机械动力部、安全健康环保部、党群工作部、纪检监察审计室9个职能部门和甲醇中心、烯烃中心、热电中心、公用工程中心、机电仪中心、分析检测中心、供销中心、消防气防中心8个中心。公司定员1511人，其中职能管理126人、生产管理339人、操作工1046人。

2009年5月13日，中国神华煤制油化工有限公司对项目主任组成员进行调整。

2013年8月，中国神华煤制油化工有限公司分设神华包头煤化工有限责任公司。同年9月，公司更名为"神华包头煤化工有限责任公司"。

2015年，公司组织机构调整为下设安全生产、技术两个常设委员会、9个职能部门和9个生产及辅助中心，共有员工1500人。

（三）项目建设

1. 项目设计

2006年10月，项目工艺包设计启动。10月12日，项目总体设计启动，由天辰化学工程公司承担。2007年5月，项目基础设计启动。7月，项目详细设计启动。11月，项目工艺包设计完成。11月8日，神华集团公司批准项目总体设计。2008年3月，项目基础设计完成。2009年6月，项目详细设计完成。12月21日，神华集团公司批准项目基础设计。

2. 施工

2006年6月，完成原厂址的全厂初勘工作和厂区临时围墙施工。11月，因原厂址处在包钢尾矿库正南，地势北高南低，地下水质酸性水腐蚀严重，且处在尾矿库大坝的下游，时任公司领导班子研究决定厂址西迁2.8公里，经与包头市政府协调，得到政府的同意。

2007年5月8日，现场生活管理区开工建设。8月24日，两聚包装及成品仓库EPC总承包工程开工建设。9月1日，煤气化装置开工建设。9月23日，热电站开工建设，主装置开始打桩，煤制烯烃项目正式开工建设。12月8日，卸储煤装置开工建设。

2008年4月16日，项目主任组及神华包头煤化工有限公司迁入项目现场生产管理区办公，生产管理区投用。5月31日，国土资源部对神华包头煤制烯烃项目建设用地进行批复，同意包头市九原区将农村集体农用地185.4764公顷（其中耕地487868公顷）转为建设用地并办理征地手续，另征收农村集体建设用地24.8757公顷、未利用地20.5491公顷，共计批准230.9012公顷，作为神华包头煤制烯烃项目建设用地。12月12日气化装置首台气化炉吊装成功。2008年，项目空分装置、净化装置、甲醇制烯烃装置、聚丙烯装置、聚乙烯装置、甲醇装置、回用水装置、污水处理装置、烯烃分离装置、硫回收装置等主要生产装置陆续开工建设。

2009年3月2日，项目取得包头市规划局颁发的建设用地规划许可证。4月，项目安装工程开始。12月7日，项目设备吊装工作结束。2009年底，项目卸储煤装置、化学水单元、净水场、回用水装置、污水处理装置、硫回收装置、气化装置、净化装置和甲醇装置陆续中交。

2010年1月，热电站1号锅炉和全厂火炬中交。4月，项目获得包头市国土资源局颁发的国有土地使用证。5月，项目甲醇制烯烃装置、聚乙烯装置、烯烃分离装置、聚丙烯装置陆续中交。5月31日，"神华包头煤制烯烃项目石化装置联合中交暨项目建成仪式"在厂区举行。

从2007年9月23日装置区开工算

起，仅用32个月就完成项目的建设，实际有效工期23个月，施工高峰期有13000多名建设者参与施工建设。项目比预定建设计划提前1个月完成。

3. 商务

2006年10月16日，包头神华煤化工有限公司与美国通用（GE）公司在北京签订水煤浆气化技术许可合同。12月8日，包头神华煤化工有限公司与英国Johnson Matthey公司在北京昆仑饭店签订甲醇合成技术许可合同。

图8-4-4 2012年5月4日，美国能源部代表团参观考察煤烯烃项目

2007年2月6日，神华包头煤化工有限公司与德国Linde公司签订低温甲醇洗技术许可合同。2月8日，空分装置EPC总承包合同签订。5月9日，神华包头煤化工有限公司分别与美国DOW公司、美国Univalion公司签订聚丙烯合成、聚乙烯合成技术许可合同。6月2日，神华包头煤化工有限公司与中科院大连化物所签订DMTO技术许可和工艺包设计合同。6月13日，神华包头煤化工有限公司与美国ABB Lummus签订烯烃分离技术许可合同。至此，所有技术许可合同签订完毕。7月20日，净水场EPC总承包合同签订。8月19日，两聚包装及成品仓库EPC总承包合同签订。9月18日，中国人民财产保险股份有限公司以首席承保人的身份，与神华包头煤化工有限公司就神华包头煤制烯烃保险项目正式签约，该保险项目包括安装工程一切险和第三者责任险，总保险金额达100亿元人民币，由6家保险公司共保。9月26日，卸储煤装置EPC总承包合同签订。11月2日，热电站EPC总承包合同签订。

2008年4月16日，气化装置EPC总承包合同和净化装置EPC总承包合同签订。5月18日，聚乙烯装置EPC总承包合同签订。5月23日，甲醇装置EPC总承包合同签订。6月1日，聚丙烯装置EPC总承包合同签订。7月20日，甲醇制烯烃装置烯烃分离单元EPC总承包合同签订。9月2日，公司与中国石化集团洛阳石油化工工程公司签订甲醇制烯烃装置EPCM总承包合同。至此，所有项目总承包合同签订完毕。

4. 设备采购

2007年，项目采购部主要开展项目采购策划、工作表格编制和长周期设备的采购工作，签署合同77项（其中长周期设备89台），合计金额1885.6万元人民币。

2008年2月27日，项目采购部协助神华集团煤制油和煤化工部组织发布《神华集团煤制油与煤化工建设项目合格供货商名录》（0版）。7月4日，项目采购部又协助神华集团煤制油和煤化工部组织发布《神华集团煤制油与煤化工建设项目合格供货商名录》（01版），发布的合格厂商共3254家。

2009年6月30日前，根据国家海关税收新政策，完成进口货物减免税26批次，减免税货值6329万美元，免税金额9374万元人民币。2009年，共签署采购合同197个，其中框架协议6个。

整个项目建设期间，共签订采购合同

592份（含框架协议及设备委托采购合同），累计合同金额627708.91万元。

5. 质量控制

2007年11月，神华包头煤制烯烃项目部确立质量管理方针和质量控制总体目标，并纳入各承包商、监理合同中。神华包头煤化工有限公司与内蒙古电力建设工程质量监督中心站签订工程质量监督协议，委托内蒙古电力建设工程质量监督中心站行使政府行为的质量监督，监督范围为电站装置、卸储煤装置、化学水装置、烟气脱硫装置、总变电站。

2008年4月1日，神华包头煤化工有限公司与石油化工工程质量监督总站签订工程质量监督协议，将项目联合化工装置和联合石化装置委托石油化工工程质量监督总站行使政府行为的质量监督。10月和11月，项目质量部联合监理单位及石油化工工程质量监督总站煤制烯烃项目监督组进行两次原材料及焊接专项检查。

2009年4月，项目质量部联合石油化工工程质量监督总站进行工程质量综合检查。6月，项目质量部配合神华集团煤制油与煤化工部开展对煤直接液化项目工程质量的面检检查。8月，项目质量部联合施工部进行焊接工程质量专项检查。9月，项目质量部联合采购部及石油化工工程质量监督总站煤制烯烃项目监督组进行安装材料、设备进场检验及仓储专项检查。

9月12日，项目部确定并发布适于本项目的148个程序文件，形成覆盖参建单位选定、设计、采购、施工、检测及安全、进度、费用控制等各阶段、各方面的项目过程管理体系，形成了三层五级的质量管理模式。11月项目质量部配合神华集团煤制油与煤化工部开展对煤直接液化项目工程质量的全面检查。

2010年4月，项目质量部联合施工部对未中交的4套重要装置进行质量综合检查。

该项工程项目分项12735项、分部2230项、单位评定576项，工程质量全部合格，土建工程检测合格率99.9%，安装单位工程优良率91%，实际安装无损检测合格率98.0%，其中，无损探伤一次合格率达98%以上，比一般项目约高2个百分点。

图8-4-5　2012年5月20日，全国政协副主席陈奎元（前右二）视察公司

6. 安全管理

2007年7月10日，项目安全健康环保管理体系档编制完成，于10月21日发布实施。2008年1月，项目安全健康环保部新增3项管理规定，项目安全健康环保体系文件增加到36个。4月，制订项目月度安全健康环保大检查计划，坚持项目月度检查，并利用日检、周检、节日检查和不定期抽检等方式，加强对现场监督检查的力度。12月，项目安全健康环保部对管理体系文件重新修订。

2009年2月，在月检的基础上采用双月考评制度，对双月连续获得安全健康环保优胜杯的单位予以奖励，对表现差的单位予以通报。6月16日，在项目甲醇装置区开展火灾、脚手架坍塌、人员触电事故综合应急演练。7月，重新修订后的项目安全健康环保体系文件发布。9月10日，开展煤气泄漏、中毒、火灾事故演练。2010年5月15日，在项目聚丙烯装置区开展氮气窒息、疏散及紧急救护等综合应急演练。

项目建设阶段，最高实现4570万安全工时，连续安全生产1238天，创造当时化工石化建设行业安全生产新纪录。

7. 费用控制

2007年10月29日，神华集团公司研究同意将神华包头煤制烯烃项目空分装置转让给专业化气体公司投资建设和运营，以减少项目总投资，提高专业化运营水平。11月8日，神华集团公司印发《关于神华包头煤制烯烃项目总体设计的批复》，明确项目空分装置由第三方专业公司投资建设。

2009年6月18日，经神华集团公司批准，中国神华煤制油化工有限公司与盈德气体香港有限公司签署《神华包头煤制烯烃项目空分装置合作协议》以及配套的《神华包头煤制烯烃项目气体供应协议》等一揽子协定。12月21日，神华集团公司批准神华包头煤制烯项目基础设计概算。

2010年7月，国家发展改革委核准同意神华包头煤制烯项目空分装置投资主体由原包头神华煤化工有限公司变更为盈德气体香港有限公司，项目名称变更为"盈德气体香港有限公司包头24万标准立方米/小时空分项目"。

（四）试生产

1. 生产准备

2008年2月25日，包头煤化工分公司成立生产准备工作领导小组。2009年5月，公司级试车领导小组成立，办公自动化系统投用，当地政府建设的厂外防洪渠建成。6月，公司安全生产委员会成立，当地政府建设的供水管道投用。9月，公司建设的外部供电线路投入使用。10月，专用铁路与外部铁路接通，并投入使用。神华集团公司组织神华包头煤制烯烃项目总体试车方案审查会，会议原则通过了总体试车方案，要求方案需要根据专家提出的审查意见修改完善后实施。11月30日，实验室信息管现系统投入使用。

图8-4-6 2010年9月27日，全国人大常委会原副委员长布赫（前右二）到公司视察

2010年1—8月，公司对生产准备工作进行细化，并逐步落实。招收的所有新毕业大学生完成基础理论、专业基础知识、工厂实习、关键生产装置操作人员仿真培训系统模拟培训4个阶段的培训；神华集团公司批准项目总体试车方案，联动试车计划资金35000万元；完成《全厂化工投料试车总体方案》《甲醇装置合成催化剂还原方案》《烯烃分离装置联动试车方案》等95个技术方案，以及《煤制烯烃工厂总体介绍》《甲醇装置基础知识培训教材》《烯烃分离装置操作规程》等126个操作规程（手册）的编制工作；确定了产品包装袋样式；建立了生产指挥系统；外聘开车专家全部落实；项目试车安全许可获得国家安全生产监督管理总局的批准；当地政府建设的外排废水管道具备使用条件；原料煤、燃料煤和试车用丙烯、聚烯烃粉料、甲醇等全部签订供货合同并进厂；所

有操作人员均陆续取得规定的上岗资格证书；全部保运和检维修队伍进厂；辅助材料、催化剂、溶剂、添加剂、化学药品、润滑油、分析化验用化学药品和标准样气、专业工具及部分备品备件到厂；全厂消防报审工作全部结束，锅炉、压力容器取证工作基本完成；与客户签订《2010年度聚烯烃产品销售意向书》。公司外部供电线路由包头供电局建成，成立应急救援指挥中心。

2. 试车工作

2009年6月18日，外部供水管网通水。8月30日，开始为气化装置7台气化炉进行系统吹扫、气密、烘炉、磨煤机的试运、高压氧管线脱脂、单机试运、连锁顺控测试等工作。9月11日，电力外线送电入厂。9月22日，空压站外供压缩空气。11月18日，热电站供应蒸汽。12月5日，开始进行甲醇装置系统吹扫、工艺管道化学清洗、氮气压缩机及合成气压缩机单机试车、催化剂的装填及还原、精馏塔碱洗等工作。

图8-4-7 技术人员验收新产品

2010年1月，按照国务院领导的批示，由工业和信息化部牵头，国家发展改革委、国资委、科技部、国土资源部、财政部、环保部、安监总局、能源局、知识产权局等部委和中石化、神华集团公司、内蒙古自治区政府、宁夏回族自治区政府为成员单位，组成"国务院神华煤制烯烃项目协调指导小组"，全面协调、指导、服务、监督项目的试车工作。4月，进行净化装置低温甲醇洗一二系列气密、压缩机单机试车、水联运、碱洗、甲醇循环等工作，为甲醇制烯烃装置（MTO装置）进行系统吹扫、气密、主风机试车、反应-再生系统烘炉、MTO惰性硫化剂的装填及流化试验、急冷塔和水洗塔水联运。5月，空分装置开始供应氮气，全厂火炬点火成功，热电站发电机组发电并网，对净化装置变换一二系列进行催化剂硫化和系统气密，对聚丙烯装置和聚乙烯装置进行氮气压缩机及回收压缩机单机试车、系统吹扫、干燥床装剂、造粒机及风送系统调试，单台气化炉具备投煤条件。5月31日，年产180万吨煤基甲醇的联合化工装置开始投煤。6月12日，根据国务院领导的指示精神，神华煤制烯烃项目协调指导小组第一次会议在工业和信息化部召开，会议原则通过《神华煤制烯烃项目协调指导工作方案》。

2010年7月3日，年产180万吨煤基甲醇的联合化工装置打通流程，生产出甲醇制烯烃级甲醇。7月10日，硫回收装置生产出合格的硫磺。7月25日，联合化工装置按计划停车，进行第一次消缺整改。到7月底，全部7台气化炉全部具备投煤试车条件，甲醇装置、净化装置、硫回收装置、烯烃分离装置具备试生产条件。

2010年8月初，聚乙烯装置和聚丙烯装置具备试生产条件。8月8日10时48分，对联合化工装置的气化装置投煤，对联合石化装置的甲醇制烯烃装置投甲醇，同步开始投料试车；12时，联合石化装置生产出乙烯和丙烯，投料试车取得成功。当天，中国中央电视台、《人民日报》和《经济日报》等12家媒体报道项目试车成功的消息。

2010年8月8日，中央电视台在《新闻联播》播发题为"世界首套煤制烯烃项目在内蒙古投料试车成功"的简讯。8月9日，《经济日报》发表《首套煤制烯烃示范工程投料试车成功》的简讯，报道称："神华集团投资建设的世界首套煤制烯烃示范工程甲醇制烯烃装置投料试车成功，这标志着我国率先掌握了煤基烯烃工业化关键技术，开创了高碳能源低碳化的新途径，对我国优化能源消费结构、提高能源利用效率、保障国家能源安全具有重要意义，奠定了我国在煤基烯烃工业化生产领域的国际领先地位。"8月10日，《人民日报》刊发《神华包头"煤代油"实现突破》的消息，报道称："8月8日上午，神华包头煤制烯烃示范工程核心装置甲醇制烯烃投料试车一次成功，奠定了我国在煤制烯烃工业化产业领域的国际领先地位。"

2010年8月15日，年产60万吨煤基甲醇的联合石化装置生产出合格的聚丙烯产品。8月19日，世界第一批以煤为原料生产出的聚烯烃产品在神华包头煤制烯烃项目现场顺利出厂。8月21日，生产出合格的聚乙烯产品。至此，煤制烯烃工厂生产出全部中间产品和最终产品，在国内3个煤制烯烃项目中率先打通全流程，生产出合格的聚烯烃产品，产业化示范成功，提前40天完成神华集团公司确定的"打通煤制烯烃全流程，生产出合格的聚烯烃产品，投料试车一次成功"的目标。

3. 试生产

项目以神华自产煤炭为原料，通过煤气化制甲醇、甲醇转化制烯烃、烯烃聚合工艺路线生产聚烯烃产品，是世界首套煤制聚烯烃工业化示范项目，其核心装置采用中国自主知识产权甲醇制低碳烯烃工艺。项目年产甲醇中间产品180万吨、聚乙烯30万吨、聚丙烯30万吨，副产混合碳四、混合碳五及硫磺。

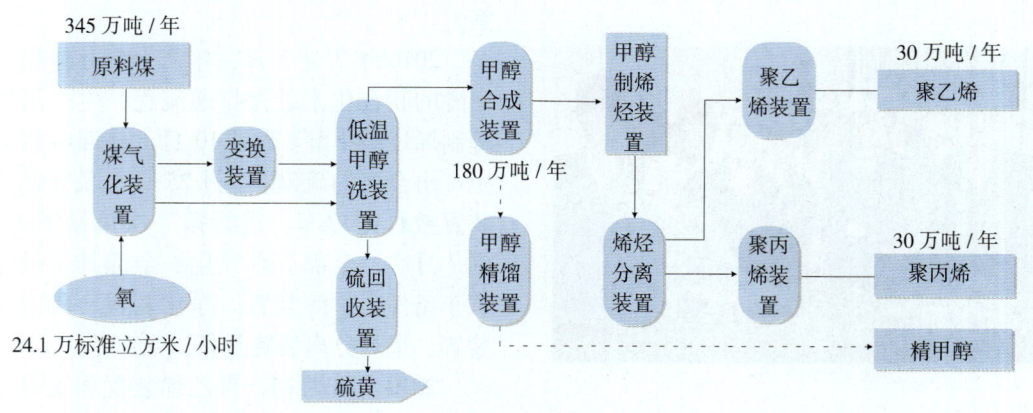

图8-4-8 神华包头煤制烯烃项目生产工艺流程简图

（五）生产运营

2010年8月8日，MTO装置首次投甲醇，10日，烯烃分离装置开车；12日和13日分别产出合格的聚合级丙烯和乙烯。8月14日，聚丙烯装置开车，15日产出合格的聚丙烯产品颗粒。8月15日，聚乙烯装置开车，21日生产出合格的聚乙烯产品颗粒。当年生产聚烯烃产品8.2万吨。

图8-4-9 新产品下线

图8-4-10 产品外运

2011年,公司正式转入商业化运营,主要生产装置实现安全、稳定、高负荷运行319天,平均生产负荷达到85%。2012年,主要生产装置累计运行341天,平均生产负荷达到90%。2013年,主要生产装置累计运行329天,平均生产负荷达到94%。

2014年,主要生产装置累计运行319天,平均生产负荷达到92%。经过试运行调整、技改和消缺工作,产量逐步提高,生产能力发挥水平逐步接近设计水平,主要装置运行良好,达到安全、稳定、高负荷运行。

2011—2014年,公司累计加工原料煤1133万吨,消耗燃料煤453万吨;累计生产甲醇中间产品698万吨,生产聚乙烯和聚丙烯产品211.5万吨;累计实现销售收入235亿元,利润总额43亿元,年平均利润约10.8亿元,累计净利润38.4亿元,年平均净利润约9.6亿元(表8-4-3)。

表8-4-3 2011—2015年包头煤化工公司产品产量情况统计表　　　　万吨

	产品名称	2011年	2012年	2013年	2014年	2015年
	合计	49.85	54.44	54.50	52.34	62.29
主产品	聚乙烯	25.07	26.67	26.97	26.00	31.47
	聚丙烯	24.78	27.77	27.53	26.34	30.82
副产品	硫黄	1.08	1.17	1.26	0.81	0.91
	混合C4	8.35	9.20	9.19	8.50	9.85
	剩余C4	—	1.52	6.23	6.23	7.19
	戊烯	3.27	3.72	3.88	3.72	4.37
	甲基叔丁基醚	—	0.14	0.60	0.69	0.87
	丁烯-1	—	0.29	1.59	1.80	2.34
	2-PH	—	—	—	0.49	2.38

2015年,公司主要生产装置实现全年安全、稳定、高负荷运行,1—7月,累计生产聚烯烃36.38万吨,完成58万吨年计划的64%;销售聚烯烃36.69万吨;累计实现营业收入32.9亿元,实现利润4.63亿元(表8-4-4)。

表8-4-4 2011—2015年包头煤化工公司生产经营指标完成情况统计表

项目	时间				
	2011年	2012年	2013年	2014年	2015年
产量（万吨）	49.85	54.44	54.50	52.50	62.34
销量（万吨）	49.51	54.53	53.03	54.32	62.20
营业收入（亿元）	56.42	59.07	59.90	59.40	53.12
营业总成本（亿元）	46.50	50.25	47.07	47.97	49.88
利润总额（亿元）	9.93	8.99	12.62	11.50	3.19
完全成本（元/吨）	8391.53	8186.62	7889.39	7909.05	7152.98

二、大唐国际多伦年产46万吨煤基烯烃项目

2005年4月4日，内蒙古自治区发展与改革委员会下发《关于同意大唐国际多伦年产46万吨煤基烯烃项目备案的通知》（内发改工字〔2005〕346号），批准立项。2006年12月23日，内蒙古自治区发展与改革委员会下发《关于大唐国际多伦年产46万吨煤基烯烃项目补充备案的通知》（内发改工字〔2006〕2227号），对项目再次核准。

项目建设单位为大唐内蒙古多伦煤化工有限公司，下设生产经营管理部门14个、生产单位14个，共28个部门（单位）。

公司在册员工1423人（男988人，女435人），来自全国18个省市自治区、4个民族（汉族、回族、蒙古族、苗族）、75家企业、76所大中专院校。年龄结构方面，平均年龄33岁；学历结构方面，研究生27人、大学本科690人、大学专科536人、中专（高中、技校）及以下170人；技术职称方面，高级职称22人，中级职称90人，初级职称533人。

（一）项目建设

项目于2005年7月8日举行奠基仪式，厂区占地面积180公顷，建筑面积40公顷。公司建有办公楼、安全环保楼、宿舍楼、职工餐厅、招待所等设施。

2005年6月6日，项目厂址开始五通一平施工，7月8日举行项目奠基仪式。9月8日开始动力车间建安施工；2007年5月1日，项目化工装置建安施工，10月1日动力车间竣工投产，11月18日PP装置二线试车成功，11月28日3套空分装置试车成功，12月23日，运煤铁路专线正式开通。

项目引进国外先进工艺技术，主生产装置大部分主要设备为国外进口，其余为国内采购。

2008—2010年为建安施工和装置中交阶段，全面展开工程建设、设备制造安装、单体调试等重点工作，于2010年10月27日实现整体装置中交，标志着整个化工区建安施工画上句号。

2010年10月18日，3号气化装置试车成功，10月27日，整套化工装置中交完成，2011年1月15日，MTP反应系统试车成功，1月17日，2号气化装置试车成功，气化-甲醇工艺流程贯通，产出合格精甲醇。

（二）试生产

2011—2012年为打通流程和试运行阶段，其中，2011年6月30日，气化至甲醇装置贯通流程生产出合格精甲醇（优级品），9月8日，MTP装置贯通流程生产出合格丙烯（纯度99.7%，优于合

格线99.6%）。2012年，项目保持连续生产，具备70%负荷生产能力。

2013年9月，公司步入正式生产经营阶段。

工艺流程。原料煤经输煤系统送至预干燥装置→干燥后的煤经气化装置发生部分氧化反应生成粗合成气→粗合成气经CO变换和低温甲醇洗装置制成合成原料气→合成原料气经甲醇合成、精馏装置制成精甲醇→精甲醇经MTP装置制成丙烯→丙烯经聚丙烯装置生产出终端产品。

（三）技术创新

公司借助项目优势，立足装置需要，与科研院所紧密合作，大力开展技术创新与应用，不断提高先进技术的引进、消化、吸收、再创新能力，稳步推进创新型企业建设。

（1）研发设计。与大唐国际化工技术研究院有限公司合作，成功开发热压成型聚丙烯新牌号H701以及大型甲醇制丙烯国产催化剂，并应用于本公司MTP工艺中。已经开展的科技项目有高钠钾褐煤在Shell气化过程中致合成气冷却器积灰的机理及防控方案研究、适用于Unipol工艺的低融抗冲共聚聚丙烯新牌号的开发、新型Unipol气相法共聚聚丙烯催化剂的开发、乙烯直接转化制丙烯（ETP）催化剂的开发。

（2）技术创新。公司结合自身工艺特点，不断通过技术创新优化生产工艺，取得显著成效。例如："Shell气化装置一体化开工烧咀的开发及应用""大型甲醇制丙烯（MTP）技术的应用及工艺优化"两项科技成果分别获得自治区科技进步三等奖，且"Shell气化装置一体化开工烧咀的开发及应用"获得锡林郭勒盟科技局科技进步一等奖。截至2015年年底，获得授权发明专利2项、实用新型专利7项，已受理获得申请号的发明专利1项、实用新型专利2项。

（四）产品销售

公司年产46万吨聚丙烯（主产品，可生产120个牌号），同时联产混合芳烃18.22万吨、LPG3.64万吨、硫磺3.8万吨。按照上级公司管理定位，由大唐能源化工营销有限公司负责多伦煤化工主产品的定价、销售及物流等工作，建立了较完备的销售网络，自主销售的产品为营销公司授权并与生产有紧密联系的副产品。主产品聚丙烯主要销售对象为拉丝用户。

公司于2013年9月正式进入生产经营期后，由于设计、设备、环保等问题，2015年尚不能达到设计产能，同时受国际原油价格下跌影响，聚丙烯价格大幅下跌，严重影响公司收入和利润的实现。2015年全年实现销售收入9.81亿元，实现利润总额-28.13亿元。

（五）安全生产与环境保护

1. 安全生产

安全管理：通过制度梳理和完善，确保各项工作行为有规范，工作有程序，考核有标准，执行有力度。严格执行《隐患排查治理规定》，持续开展日常、专项、综合检查，强化现场作业全过程监督管理，加强动态检查，发现违规行为立即上报处理。建立健全隐患排查整改机制，注重完善现场安全设施建设，把安全管理落实到每个生产环节、每个工作细节，不断夯实安全生产基础。

安全设施建设：消防供水系统设有两组消防泵组，一组为消火栓消防系统供水，另一组为自动喷淋消防系统供水，每组消防水泵设有2台稳压泵、2台电泵及1台柴油泵，可向全厂消防水给水管网、自动喷淋给水管网供水。消防泵给水系统外部设有1573个室内消火栓、118个室外地上消火栓、50门消防水炮，分布在各界区；全厂自动喷淋给水系统设有4个独立雨淋阀室以及输煤分厂和煤气化分厂的雨淋阀组,对各重点防火部位进行有效防护。公司在两个900立方米消防水池的基础上,又增建1个20000立方米的安全水池,以保证消防水最大供水量要求。设有2个泡沫站,分别供给汽车装卸站台、甲醇罐区、汽油罐区和火车装卸站台,并在周围设置泡沫消火栓和泡沫消防炮等消防设施。设置的自动喷淋系统、泡沫灭火系统等均与火灾自动报警系统联动,事故状态下所有系统可通过自动、远控、就地方式,启动消防设施进行有效灭火。

安全事故处理:公司近年来未发生重伤以上人身事故、人为责任的较大生产安全事故、较大火灾爆炸事故、电气误操作事故、重大交通事故,持续保持安全生产态势。在安全事故处理方面,严格按照国家、地方及上级公司安全管理规定,本着"四不放过"的原则依法依规处理。

2. 环境保护

公司始终秉承"对环保负责就是对自己负责"的理念,累计投入环保资金14.2亿元,为"三废"达标排放提供坚实保障。废水处理方面,成立净水分厂,建有老污水处理装置和新增污水处理装置,近年来保持废水"零排放"。废气处理方面,建有备煤工序除尘尾气处理、硫磺回收及尾气处理、火炬系统、动力装置烟气环保处理等设施,满足废气达标排放要求。废渣处理方面,建有灰渣场、结晶盐和废催化剂处置区,实现废渣安全环保处理。

公司成立环境监测站,安排专职环境监测人员7名,配备检测所需的各类仪器47台(套),满足公司内部废水、废气、噪声、废渣等监测任务。公司结合国家相关环保规定及标准,制定实施《环保脱硫监督管理规定》《环境保护设施管理规定》等14个环保规章制度,生产过程中严格执行环保工艺指标,注重环保培训和应急演练,从源头上控制"三废"排放,形成全方位的污染防治体系。

第三节 甲醇制芳烃 轻烃

一、内蒙古庆华集团有限公司20万吨甲醇制芳烃项目

(一) 机构队伍

内蒙古庆华集团有限公司成立于2000年8月,是中国煤炭百强企业和全国民营企业五百强之一,也是内蒙古自治区60户重点扶持企业和20家重点煤炭企业之一。总部设在阿拉善盟府所在地巴彦浩特镇,是一个集采矿、选矿、炼焦、煤化工、钢铁产业为一体的综合大型矿产资源开发企业。

图8-4-11 甲醇制芳烃项目厂区全景

集团下属独立法人企业15个,分布在阿拉善盟3个旗、宁夏、青海及蒙古国。现有员工10000多人,其中各类专业技术人员956人,是一个跨国、跨地区、跨行业的民营独资企业。

(二) 项目建设

项目一期工程以粗甲醇为原料,采用沸石催化剂,所得产品中轻芳烃占80%,液化气+重芳烃≤20%。与此前已经实现

工业化应用的美国 Mobil 及德国伍德公司两步法技术相比，一步法技术具有工艺流程短、甲醇转化完全、催化剂寿命长、烃类选择性高、产品收率高等优点。同时，两步法制芳烃吨产品甲醇消耗为 2.6 吨，而一步法只有 2.4 吨，具有更大的经济效益。

（三）工艺流程

甲醇一步法制芳烃（汽油）装置采用国内技术，主要由芳烃合成单元、芳烃分离单元、罐区单元等组成。合成芳烃装置由甲醇蒸发、过热、合成、粗芳烃冷却及分离、催化剂还原等部分组成。芳烃分离装置由气体脱除、液化气分离、产品分离和吸收等部分组成。

工艺流程：来自罐区的精甲醇首先经预热、蒸发和过热，送入合成反应器，反应产生的反应热通过一个完整的热回收体系加以利用。反应器出口产物的热量部分用来副产低压蒸汽，部分在甲醇气化系统内作为热介质，使反应热得到充分利用。从甲醇气化系统出来的过热甲醇蒸汽和预热的循环气混合后送往两台正在运行的合成反应器中。合成反应器是绝热固定床反应器，甲醇在此反应器中转化为芳烃、干气和水的混合物，该混合物在粗芳烃分离器中将粗芳烃分离出来，粗芳烃经气体脱除塔、液化气分离塔、产品分离塔，分离出合格的产品——重芳烃、轻芳烃和 LPG。

在合成芳烃的反应过程中，催化剂的表面会产生积炭，从而降低催化剂的活性，催化剂失活后，需要对催化剂进行再生以恢复其活性。

（四）工艺特点

（1）固定床绝热反应器一步法合成芳烃，工艺流程短。芳烃是沸点在一定范围内的混合物，将甲醇转化为芳烃和水是强放热反应。甲醇转化为芳烃的反应热约为 1400 千焦/千克甲醇，绝热温升可达 600℃，大大超过甲醇分解成一氧化碳和氢气的温度。因此，一般的固定床反应器必须采用多级式的，通常采用二级反应器，在第一级反应器中，采用氧化铝甲醇脱水催化剂生成二甲醚，在第二级反应器中，在沸石催化剂上转化成芳烃。甲醇一步法制取芳烃工艺采用高效催化剂，大大减少催化剂装填量，降低催化剂装填高度，反应热在床层的停留时间大大缩短，实现一级绝热反应器一步法合成芳烃产品。

图 8-4-12 庆华芳烃项目液化气回流装置

（2）甲醇完全转化。甲醇一步法制芳烃装置，甲醇蒸气在设计的反应温度条件下进入床层后可以在瞬间完成反应，出口的产物中只有烃类、干气和水，转化很完全，不需要再设置回收甲醇的蒸馏装置。

（3）催化剂稳定，单程寿命长。甲醇制芳烃催化剂在运行时会积炭，在装填新鲜催化剂的固定床反应器中，床层上部催化剂首先积炭而失活，并逐渐下移。甲醇一步法制取芳烃装置在实际的工业生产中，运行周期长，可达 32 天。

（4）产品选择性高。甲醇一步法制取芳烃的产品有重芳烃、轻芳烃和 LPG，主产品轻芳烃的比例越大，经济效益越高，该方法所得轻芳烃比例在80%以上。

（5）产品收率高。甲醇一步法制取芳烃的理论收率是甲醇中的乙烯全部转入烃类中，这个数值是43.75%，即每吨甲醇最多能够得到437.5千克的烃类，即2.2857吨甲醇，理论上能转化为1吨烃类。甲醇一步法制取芳烃的吨产品实际消耗在2.5吨，产品收率在95%以上。

（五）生产运行

由赛鼎工程有限公司设计的10万吨/年规模装置已于2012年2月16日一次开车成功，开车负荷60%，2012年4月1日满负荷运行，装置开车后运行平稳，2012年3月，一期10万吨/年装置投产。截至2013年底，公司生产芳烃已超过7.5万吨，不到一年已为公司创收3亿多元。

2014年，公司开始扩能技改建设，最终形成50万吨/年甲醇制烃规模。

二、内蒙古易高煤化科技有限公司14万吨/年甲醇制稳定轻烃项目

内蒙古易高煤化科技有限公司是香港中华煤气有限公司在国内从事煤制甲醇及其下游煤化工产品的全资子公司。公司位于内蒙古鄂尔多斯市准格尔旗大路新区，厂区占地面积10公顷。内蒙古易高煤化科技有限公司（原内蒙古三维煤化科技有限公司）成立于2005年6月9日。2006年4月，经内蒙古自治区发改委以内发改工字〔2006〕462号核准建设20万吨甲醇/年项目，2006年9月开工建设。2008年11月，易高环保投资有限公司收购并重组内蒙古易高煤化科技有限公司，企业注册资本为人民币86700万元。2015年，公司产品为年产20万吨甲醇转14万吨稳定轻烃。

内蒙古易高煤化科技有限公司14万吨/年甲醇制稳定轻烃工业化示范装置于2014年4月奠基，2014年11月建成投入试运行。该装置运行平稳，累计生产稳定轻烃4万余吨，产品质量得到市场认可。

由于14万吨/年煤化甲醇制稳定轻烃的成功运作，2015年内蒙古易高煤化科技有限公司投资建设25万吨/年煤化甲醇制稳定轻烃项目。项目总投资6.1亿元，以基地内兄弟企业所产甲醇为原料，主装置由甲醇制稳定轻烃、产品分离、甲醇回收及催化剂再生4个单元组成，主产品为稳定轻烃，副产品为液化气。生产过程中生产的工艺废水经生化处理后作为循环水补水，实现水资源的高效利用，延伸产业链条。

三、内蒙古丰汇化工有限公司30万吨/年甲醇制稳定轻烃项目

内蒙古丰汇化工有限公司是河北丰汇投资集团有限公司旗下的子公司。2013年7月，在乌兰察布市的丰镇市注册成立。

2013年7月11日，丰镇市人民政府与河北丰汇投资集团有限公司签订总投资30亿元的甲醇制稳定轻烃项目。项目分3期建设。一期投资3.6亿元，年产轻烃达到10万吨，年销售收入10亿元，2013年9月，一期工程举行奠基仪式，2014年7月投产。二期投资6.4亿元，年产轻烃达到20万吨，年销售收入20亿元，2015年7月开工，2016年7月建成投产。

第四节 煤制化肥

一、项目核准

2005年，随着煤炭市场转暖，煤制化肥项目纷纷上马。截至2015年底，全区经自治区发改委核准的煤制化肥项目共计20项（表8-4-5），核准合成氨1319

万吨/年，尿素 2071 万吨/年；已建成合成氨项目产能 468 万吨/年，尿素 678 万吨/年；在建合成氨项目产能 725 万吨/年，尿素 1081 万吨/年。

表 8-4-5 截至 2015 年内蒙古自治区合成氨、尿素项目统计表（已竣工及在建项目）

万吨

建设地点	项目业主	核准生产能力	建成产能		在建产能		开工时间	建成时间	备注
			合成氨	尿素	合成氨	尿素			
鄂尔多斯市	内蒙古博大实地化学有限公司	煤制 100 万吨合成氨、120 万吨尿素、120 万吨联碱	60	100	—	—	2010-04	2013-10	竣工
鄂尔多斯市	内蒙古天润化肥有限公司	一期煤制 30 万吨合成氨、52 万吨尿素	30	52	—	—	2006-08	2012-12	试生产
鄂尔多斯市	鄂尔多斯市亿鼎煤化工有限责任公司（亿利集团）	煤制 60 万吨合成氨、104 万吨尿素	60	104	—	—	2011-03	2014-04	竣工
鄂尔多斯市	中煤鄂尔多斯能源化工有限公司	煤制 200 万吨合成氨、350 万吨尿素	100	175	100	175	2010-08	2013-12	竣工 在建
鄂尔多斯市	内蒙古满世能源化工有限责任公司	煤制合成氨 200 万吨、尿素 350 万吨	—	—	200	350	2013-06	2015-10	在建
巴彦淖尔市	内蒙古五原金牛煤化有限公司	煤制 30 万吨合成氨、52 万吨尿素	—	—	—	—	2012-06	—	停工
巴彦淖尔市	内蒙古乌拉山化肥有限责任公司	煤制 30 万吨合成氨、26 万吨尿素	30	26	—	—	2004-05	2006-08	已投产
锡林郭勒盟	内蒙古大唐鼎旺化工有限公司	煤制 40 万吨硝酸铵和 30 万吨硝基复合肥（中间生产合成氨 30 万吨）	30	—	—	—	2012-04	2013-09	竣工
锡林郭勒盟	内蒙古北方华锦煤化工公司	煤制 100 万吨合成氨、160 万吨尿素	—	—	100	160	2012-08	2015-09	在建
锡林郭勒盟	内蒙古锡林河煤化工有限责任公司	煤制 46 万吨合成氨、80 万吨尿素	—	—	—	—	2008-08	2015-06	停工
赤峰市	国电赤峰化工有限公司	煤制 30 万吨合成氨、52 万吨尿素	30	52	—	—	2008-08	2011-12	试生产
赤峰市	云天化一期磷肥、合成氨项目	30 万吨合成氨、60 万吨磷肥	—	—	30	—	2014-06	—	在建
赤峰市	内蒙古辽中京化工有限责任公司	焦炉煤气年产 10 万吨合成氨、联产 100 万吨缓控释肥	—	—	—	—	2013-09	—	停工

表 8-4-5（续） 万吨

建设地点	项目业主	核准生产能力	建成产能 合成氨	建成产能 尿素	在建产能 合成氨	在建产能 尿素	开工时间	建成时间	备注
通辽市	北京龙源绿镁科技有限公司合成氨、尿素项目	30万吨合成氨、52万吨尿素、副产品1.36亿立方米天然气	—	—	30	52	2014-04	2015-12	在建
兴安盟	内蒙古兴安博源投资公司	煤制30万吨合成氨、52万吨尿素	—	—	30	52	2011-04	2015-06	在建
兴安盟	鄂尔多斯市乌兰煤集团公司	煤制135万吨合成氨、240万吨尿素	—	—	135	240	2011-05	2015-10	在建
呼伦贝尔市	呼伦贝尔金新化工有限责任公司	煤制50万吨合成氨、87万吨尿素	50	87	—	—	2009-06	2012-10	试生产
呼伦贝尔市	呼伦贝尔大唐化肥有限公司	煤制18万吨合成氨、30万吨尿素	18	30	—	—	2009-06	2012-10	试生产
呼伦贝尔市	呼伦贝尔东北阜丰生物科技有限公司	煤制100万吨合成氨、160万吨尿素	30		70		2011-04 2012-06	2012-10 2015-08	竣工 在建
呼伦贝尔市	内蒙古宏裕科技股份公司	煤制60万吨合成氨、104万吨尿素	30	52	30	52	2011-04 2013-04	2013-10 2015-12	竣工 在建

二、已投产重点煤制化肥项目

（一）国电赤峰化工有限公司

1. 项目概况

2007年4月3日，国电集团与赤峰市政府签订《关于投资建设煤电化运项目的合作协议》。10月10日，公司与赤峰市元宝山区人民政府签订《煤化工合作协议》。2007年11月，国电集团公司赤峰煤化工项目一期工程年产30万吨合成氨、52万吨尿素项目获得内蒙古自治区发改委批复。该项目是国电集团公司与赤峰市人民政府签署的重组平煤协议的一项重要内容，是国电集团煤电运化产业链上的重要环节，是国电集团实施转型企业战略的重大举措。项目以元宝山褐煤为原料，主产品为尿素、合成氨，副产品为硫磺、粗酚、中油、焦油、液氧、液氮、液氩等。

项目审定初设调整概算静态投资为36.80亿元，动态投资为37.06亿元，项目资本金按审定初设调整概算投资的25%考虑，应为9.25亿元。资本金以外所需资金通过向商业银行贷款解决。

项目实际投资额为37.46亿元，资本金为9.25亿元，由国电内蒙古能源有限公司全额投资，项目2010年、2012年分别获国家发展改革委、工信部项目扶持资金6000万元和1600万元，其余全部为融资。

2. 企业组织及队伍

2007年7月，国电赤峰煤电运化项目筹备处成立。2009年3月12日，国电赤峰化工有限公司正式注册，成为国电内蒙古能源有限公司全资子公司。2008年6月11日，国电集团公司与赤峰市政府合资组建国电内蒙古能源有限公司，其中国电集团公司持股51%，赤峰景地投资有限公司（赤峰市经委下设国有资产管理公司）持股49%。

图 8-4-13 国电赤峰化工有限公司尿素生产区全景

公司设有总经理 1 名、党委书记 1 名、主管副总经理 5 名。公司下设生产运行部、技术部、设备工程部、安全监察部、计划部、物资供应部、运输销售部、综合管理部、政治工作部、监察审计部、财务部、人力资源部等 12 个管理部门，以及供煤分场、动力分场、水汽分场、气化分场、净化分场、合成分场、尿素分场、空分分场、电气分场、仪表分场、维修分场、质检中心等 12 个生产单位。

公司现有员工 1201 人，其中正式员工 689 人，另有 512 名劳务派遣、业务外包人员，从事生产辅助岗位和后勤服务等工作。正式职工主要从系统内各企业招聘或从应届毕业生中录用。员工学历构成：硕士研究生 9 人，占总人数的 1.3%；本科生 272 人，占总人数的 39.4%；大专生 306 人，占总人数的 44.41%。专业技术职称构成：具有高级专业技术职称 33 人，中级职称 116 人，初级职称 240 人左右。年龄构成：30 岁及以下者约占全厂正式职工的 56%。

3. 项目建设

2010 年 4 月，项目主体工程全面开工，合同采用公开招标的方式签订。为完成好工程招标工作，公司制定并下发《国电赤峰化工有限公司招标管理办法》，成立以总经理为组长的公司招标领导小组。公司自开工以来，累计工程招标 72 批次 211 项，签订合同 211 项，签订合同金额 196337 万元。其中，土建工程累计招标 21 批次 28 项，签订工程施工合同 28 项，签订合同金额 71849 万元；设备累计招标 51 批次 183 项，已签订设备采购合同 183 项，签订合同金额 124488 万元。

单项工程验收。项目单项工程共计 132 个，其中建筑工程 92 个，安装工程 40 个，一次性验收合格率 100%，其中建筑工程优良率 98%，安装工程优良率 100%，据此申报化工工程优质工程奖。该工程安装大型压缩机 8 台、大型高压设备 49 台、高压电机 59 台，在单体调试及分系统调试中，均一次性试车成功。

2011 年 11 月 17 日，国电赤峰化工有限公司年产 30 万吨合成氨、52 万吨尿素项目的防雷防静电装置通过赤峰市避雷装置安全检测站元宝山分站检测验收，并颁发内蒙古自治区赤峰市防雷装置合格证。

2012年3月，赤峰市公安消防支队批复《建设工程消防验收意见书》。4月，内蒙古自治区环境保护厅下达《关于同意国电赤峰化工项目一期年产30万吨合成氨52万吨尿素项目试生产审查的意见》。2012年4月，内蒙古自治区安全生产监督管理局下达《危险化学品建设项目试生产方案备案告知书》。2013年6月，集团公司办公厅组织项目工程档案专项验收，认定项目通过档案专项验收。

4. 72小时性能考核

72小时性能考核期间，气化炉和气化变换冷却装置、气体净化装置及氨合成装置具备进一步加负荷的能力，但受以下条件制约，没有进行超负荷试验：煤气水储槽液位高，酚回收塔盘刚完成技术改造，正在试运行阶段，不具备高负荷运行条件；尿素低压系统回收不好，尿素合成装置不具备再向上加负荷的条件。

（1）主要产品产量。72小时考核期间，共生产合成氨3026.453吨，合格尿素5244.45吨，合成氨和尿素产量分别达到设计值的100.88%和100.85%（表8-4-6）。

表8-4-6 考核产品产量统计表 吨

产品项目	2012-11-20	2012-11-21	2012-11-22	合 计	平均日产	设计值
合成氨产量	1004.78	1017.47	1004.21	3026.45	1008.82	1000.00
尿素产量	1702.30	1754.90	1787.25	5244.45	1748.15	1733.33

（2）产品质量。此次考核期间共生产尿素5244.45吨，根据国家标准（GB 2440—2001），其中优等品2373.85吨，占45.26%；一等品1874.15吨，占35.74%；合格品996.5吨，占19.0%（表8-4-7）。

表8-4-7 成品尿素质量技术指标统计表 %

指标名称	优等品	一等品	合格品	指标名称	优等品	一等品	合格品
总氮含量（以干基计）（≥）	46.4	46.2	46.0	水分（H_2O）含量（≤）	0.4	0.5	1.0
缩二脲含量（≤）	0.9	1.0	1.5				

（3）主要消耗。吨尿素耗氨577.9千克，由于尿素低压系统回收不好，接近于设计值576.92千克，高于理论值567千克。吨尿素耗煤3.037吨，低于设计值3.49吨。吨尿素耗全电477千瓦时，低于设计值654.86千瓦时（表8-4-8）。

表8-4-8 吨尿素消耗情况统计表

项目	2012-11-20	2012-11-21	2012-11-22	平均值	设计值
吨尿素耗煤（吨）	4901.2	5410.4	5616.7	3.0	3.5
吨尿素耗全电（千瓦时）	826620	831492	842724	476.853	655
吨尿素耗氨（千克）	577	583	573	578	577

5. 项目生产运营

2012年4月开始投料试车，2012年8月3日打通全部流程，生产出合格尿素产品。2013年11月27日，实现单日尿素最高产量1818.3吨，达到设计值的107%。11月21—23日，连续3天尿素累计生产5244.05吨，负荷率达到100%，顺利通过72小时满负荷性能考核，整套装置的生产能力达到设计能力。但由于设备新、人员经验少等各种原因影响，全年系统开工生产过程停车次数较多，全年系统运行3724.01小时，运转率仅为42.51%。全年共生产尿素产品229620.75吨，完成年度计划的55.2%。

2013年，项目营业收入为41102.4万元，完成全年计划的49.4%；副产品及其他业务收入7776.95万元，完成全年计划的104.72%；项目营业总成本101749.63万元，完成全年计划的91.15%，实际亏损51771.12万元。2013年主副产品产量完成情况见表8-4-9。

表8-4-9 2013年主副产品产量完成情况统计表

名称	蒙能下达目标（吨）	2013年实际完成（吨）	完成比率（%）	名称	蒙能下达目标（吨）	2013年实际完成（吨）	完成比率（%）
尿素	416000	229620.75	55.20	中质煤焦油	5000	4342.98	86.86
液氧	2300	16324.58	709.76	煤焦油	8600	5277.23	61.36
液氮	4600	2627.16	57.11	轻质煤焦油	600	3398.73	566.46
液氩	5100	144.60	2.84	硫黄	5000	3370.40	67.41
粗酚	4400	4021.56	91.40	硫酸铵	14500	0	0

6. 项目技术改造

（1）变换冷却装置增加洗氨分离塔。为解决氨成分会在后续系统中形成铵盐，在管道及设备中结晶，严重影响变换冷却装置和低温甲醇洗装置的安全稳定运行问题，在变换冷却装置终冷器和第二分离器之间增设洗氨分离塔，配套增加洗氨水缓冲槽及洗氨水泵。该洗氨分离塔投用后，能够将变换气中氨含量降低，变换冷却装置和低温甲醇洗装置再也没有出现结晶堵塞现象，提高系统运行的安全性和可靠性，从而保证生产稳定运行。

（2）由于煤气化过程产生的石脑油含有硫醇和硫醚，具有难闻的臭味，严重影响厂区工作环境和周边居民的生活环境，因此采用甘肃蓝科高新装备技术有限公司轻质油品纤维液膜脱硫专利技术，有效去除石脑油中产生恶臭的硫醇和硫醚。

（3）尿素合成装置增加尿液贮槽。为解决尿液贮槽缓冲时间满足不了清洗及抢修要求，公司增加1台与原有尿液贮槽容积（340立方米）相同的尿液贮槽，新增尿液贮槽与原有尿液贮槽连通使用，延长尿素合成系统在造粒系统清洗及抢修状态下的缓冲时间，有效防止因尿液贮槽满溢造成的环保事故，避免因造粒系统清洗及抢修造成尿素合成系统被迫停车，保证系统稳定运行。

（4）动力分场增加中压废锅给水泵。国电赤峰3052煤制尿素项目动力分场原有两台废热锅炉中压给水泵，正常运行时一开一备，设计流量85立方米/小时，出口压力4.6兆帕，为化工装置中压废热锅炉供水。实际情况单台泵无法满足化工装置正常用水量，只能两台泵同时运行，没有备车，非常危险，任何1台泵出现故障时，全系统就要停车，动力分场现有两台中压锅炉给水泵在保证生产稳定运行方面存在严重安全隐患。

经过核算，化工装置中压废锅用水量共需105立方米/小时，单台泵运行确实满足不了生产要求，经研究决定增加一台给水泵，原设计两台泵作为备车，新增泵设计流量125立方米/小时，出口压力4.6兆帕。

（5）增加超级吸氨器装置。烟气脱硫系统采用"低能耗高品质硫酸铵产品回收湿式氨法脱硫"工艺，以10%的氨水做脱硫系统的吸收剂，脱硫后的烟气达到环保要求。该脱硫系统原设计需要10%的氨水来自两部分，酚回收装置回收煤气中的氨所制成的氨水和氨库球罐驰放气回收氨产生的氨水。经实际运行考核，由上述两台装置提供的氨水量只能满足脱硫系统正常运行所需氨水用量40%左右。

经多方调研、考察、论证，决定在烟气脱硫系统中增设1套超级吸氨器装置，将液氨球罐来的99%的液氨与脱盐水按比例进入超级吸氨器，配制烟气脱硫系统所缺氨水。此项目实施后，一方面可生产出副产物硫酸铵；另一方面，可以保证脱硫系统的正常运行，从而保证烟气达到环保要求。

图8-4-14 国电赤峰化工有限公司生产调度指挥中心

（6）蒸汽冷凝液管网改造。全厂外管架蒸汽冷凝液管线一直振动严重，2.5兆帕蒸汽冷凝液管网出现多处漏点，管道冲刷严重。为解决此问题，在空分装置、酚回收装置、液氮洗装置各增加1台闪蒸罐，闪蒸蒸汽回0.5兆帕蒸汽管网。0.5兆帕、2.5兆帕蒸汽冷凝液管网的立体膨胀弯改为水平膨胀弯，不能改为水平膨胀弯的改为下返膨胀弯。

（7）脱硫系统进、出口主线及副线增加速关阀。尿素生产系统采用传统二氧化碳气体提法生产工艺，二氧化碳气体经二氧化碳压缩机加压后送至尿素合成装置。二氧化碳压缩机紧急停车时，二段出口脱硫系统压力比较高的气体倒回压缩机低压缸，导致压缩机组反转，易损坏压缩机。通过与同类型厂家及沈阳鼓风机有限公司的专业人员进行沟通，决定在二氧化碳压缩机脱硫系统进、出口主线及副线增加速关阀。

（8）甲烷转化换热式转化炉管线改造。甲烷转化每次开车时，开工加热炉原料气无法控制进入一段甲烷转化炉量，致使二段甲烷转化炉炉温低，无法点燃进入二段甲烷转化炉的氧气。为了点燃进入二段甲烷转化炉的氧气，必须使加热炉氧气管线温度超过设计值（700摄氏度），现为760℃方可达到点火温度。

为解决甲烷转化装置开车点火氧气管线超温问题，需在开工加热炉去一段转化炉（a、b）入口N1管线各增加1个DN200阀门。通过新增加的阀门控制进入一段甲烷转化炉原料气量，确保进入二段甲烷转化炉有充足的热量。

（9）1~4号锅炉空气预热器增加吹灰装置。循环流化床锅炉尾部烟道受热面从上到下依次布置有高温过热器、低温过热器、一级省煤器、二级省煤器、三级省煤器，一、二、三、四级空预器。现在高温过热器、低温过热器、一级省煤器、二级省煤器都装有吹灰装置，空预器位置没有安装吹灰装置。随着锅炉运行时间的增长、负荷的增大，在锅炉停炉检查时发现空预器位置积灰比较严重，清理起来非常困难，而且空预器排管长时间在积灰的包裹下腐蚀十分严重，排管腐蚀泄漏后又造成一次风量、二次风量供给不足。烟道阻力增大，除尘器压差增大，造成引风机电机负荷增大，线圈温度及轴承温度偏高，严重影响锅炉效率。

（10）煤气水分离装置异味处理。国电赤峰3052煤制尿素项目采用碎煤加压气化技术，气化过程产生的煤气水中，除含有焦油、中油、煤尘等物质外，还含有少量的硫化氢、羰基硫等硫化物，这些硫化物在煤气水分离装置处理过程中，经由多个设备的呼吸阀释放出来，原设计汇总后直接排入大气。排入大气的气体一定程度上产生异味，严重影响厂区工作环境和周边居民的生活环境。

经采样分析，排放至空气中的硫成分含量较高，需增设排放空气碱洗装置，以除去气体中硫等易产生异味的物质，达到环保要求。

图8-4-15 国电赤峰化工公司尿素库房

（11）动力3号、4号锅炉布袋除尘器改造。国电赤峰化工有限公司3052煤制尿素项目有4160吨/小时循环流化床锅炉，每台锅炉选用1台高效布袋除尘器。锅炉除尘器自投运以来一直存在压差高、除尘器出口含尘浓度高、布袋脱落、输灰系统磨损严重、除尘效果差等问题，严重影响锅炉安全运行及脱硫系统的正常运行。针对这种情况，公司委托长春安信电力科技有限公司对 4 台锅炉进行除尘器性能测试，主要包括除尘器除尘效率、除尘器出入口烟尘浓度、本体阻力、漏风率等指标。长春安信电力科技有限公司监测结果显示，4 台锅炉使用煤种与设计煤种偏差较大，其中灰分比例偏高，除尘器入口 4 台炉烟尘浓度平均为 42.5 克/立方米，已经远远超过布袋除尘器的设计要求 24.54 克/立方米，布袋除尘器不堪负重，导致除尘器性能和效率下降，除尘器阻力增大，除尘器掉袋和漏粉现象较为严重，对引风机和脱硫的运行带来安全隐患。经研究决定，对锅炉除尘器进行增容改造。本改造项目内容主要是滤袋、袋笼安装布风器和花板制作及喷吹系统改造等。

（12）1~4 号炉气力输灰系统改造。根据动力分场煤质分析数据，现有煤质中灰分平均含量为 29.2%，设计值为 11.13%，实际最大输灰量可达到 12 吨/小时，设计值为 6.00 吨/小时。每台锅炉实际输灰量远大于设计值，在现有设备条件下，只能增加每小时输灰次数来提高设备输灰量。输灰次数调高后，输灰补气管、圆顶阀磨损非常严重，要频繁对补气管进行补漏，同时下灰的圆顶阀极大地缩短了使用寿命。通过与有经验的输灰系统厂家的专业人员进行多次沟通，决定对动力分场的输灰系统进行改造，将输灰系统单台输灰能力提高至 12.00 吨/小时，单台最大输灰能力达到 15.00 吨/小时。

（13）锅炉炉膛增加防磨梁。由于高速运动的颗粒是磨损的主要原因，因此降低颗粒速度是减轻磨损的主要手段。通过在磨损区域内布置多个凸台，使贴壁流在下降过程中和凸台发生非弹性碰撞，碰撞后颗粒速度大幅度降低。另外，由于防磨凸台的高度方向伸出水冷壁的贴壁流的边界层，使高浓度的灰粒远离受热面，降低受热面附件的颗粒浓度。由于受热面附近的颗粒浓度和速度均同时大幅度降低，从而使磨损能够大幅度减小。

（14）低温甲醇洗装置冷凝器改造。低温甲醇洗装置原设计热再生塔冷凝器（C61312）、热闪蒸气冷凝器（C61311）、共沸塔顶冷凝器（C61318）为碳钢材质，在 2013 年 7 月份开车过程中发现热闪蒸气冷凝器（C61311）出现腐蚀内漏现象，导致停车检修，系统水含量升高，脱水时间过程长，造成很大经济损失。采取的改进措施是将热闪蒸气水冷器（C61311）、再生塔冷凝器（C61312）、共沸塔顶冷凝器（C61318）更换为不锈钢内件，并在折流板底部边缘开若干槽孔。

（15）氨泵回流管线增加冷却器。尿素分场高压液氨泵启泵未投料前或低负荷减量时，有一部分液氨回流到液氨缓冲槽，液氨经液氨泵加压后温度会不断升高，长时间打循环后致使液氨气化，液氨泵无法运转，被迫停车。为了解决此问题，在液氨泵出口回流总管增加回流冷却器，用循环冷却水带走热量；换热后的液氨回到液氨缓冲槽。通过此改造，可确保液氨泵长时间打循环后液氨不气化，保证液氨泵正常运转。

（16）尿素合成低压系统增加甲铵冷凝器。在尿素合成系统负荷达到 100% 时，低压吸收系统不能将精馏塔气相的氨、二氧化碳充分地吸收下来，导致低压吸收系统气相放空阀开度大，引起系统氨耗高，造成环境污染。为了解决此问题，在低压甲铵冷凝器（C63504）前增加 1 台低压甲铵冷凝器（C63522），C63522 的冷却上水用 C63504 部分冷却回水，C63522 的冷却回水送至低压甲铵冷凝器循环水泵（J63505A/B）入口。通过改造可使尿素合成系统在100%负荷条件下，氨耗至少降低3千克/小时。

（17）回流冷却器循环水改造。提高解吸回流冷却器循环冷却水上水温度，避免因温度低结晶而造成解吸系统超压，系统操作不稳定。利用冷凝液槽检查孔的驰放蒸汽和管网0.34兆帕蒸汽进行换热，回收蒸汽。在低压框架四楼、回流冷却器循环冷却水上水管线上增加1台换热器（C63523），使循环冷却水上水与管网的0.34兆帕蒸汽及用0.34兆帕蒸汽做喷射泵抽吸的冷凝液槽出来的驰放气的蒸汽换热，换热后的循环冷却水回水送至回流冷却器（C63519）作为其上水，换热后的不凝气体从加热器一侧排入大气，换热后生成的凝液回流至冷凝液槽。通过改造可回收冷凝液槽的驰放蒸汽（5吨/小时），同时提高换热器的换热效率，保证解吸系统操作稳定。

图8-4-16 尿素生产线产品装袋

（18）低温甲醇洗增设石脑油气提装置。石脑油中含有硫化氢（占670~1490毫克/升）和硫醚、硫醇、噻吩等物质（约占10000毫克/升左右），易产生异味和形成硫化亚铁，既污染环境，又存在安全隐患。公司经与赛鼎公司协作，通过模拟计算得出，通入氮气气提后能有效降低石脑油硫含量，提高其品质，减少安全隐患，因此增设石脑油气提装置。将原石脑油除臭装置改造，将R-613a02改造为气提塔，内部填装鲍尔环，石脑油经过滤后自塔顶喷入，塔底通入氮气气提，顶部排出的气提气送入油气分离罐进行气液分离，气相出气液分离罐后进入酸性气去火炬管线。塔底成品石脑油经过滤后通过石脑油外送泵加压，送至罐区石脑油储罐，塔底液位由调节阀控制，气液分离罐分离得到的石脑油利用压差送回到石脑油气提塔，其间利用U形做液封。

（19）煤气水分离增加过滤装置。煤气水贮槽送往酚回收的煤气水中杂质多，造成酚回收换热器堵塞，影响酚回收的正常运行。改造内容：在煤气水贮槽送往酚回收的煤气水流程管线上增设过滤装置，根据过滤装置单台能力，可设多台过滤器并联操作，根据煤气水中杂质含量，过滤器运行一定时间后，进行热水反冲洗，除去过滤器中的杂物，冲洗完毕后再循环投入使用。根据过滤和反冲洗的时间，可将仪表控制阀组设定为程序控制，反冲洗后的杂质冲入泥浆液槽。

（二）呼伦贝尔金新化工有限公司

1. 机构队伍

呼伦贝尔金新化工有限公司是由云南省国资委所属云南云天化股份有限公司（简称云天化股份）控股、香港金新集团有限公司及香港金新国际有限公司参股的合资公司。公司注册资本13.8亿元，其中，云天化股份有限公司占注册资本的51%，香港金新国际有限公司占注册资本的35.58%，香港金新集团有限公司占注册资本的13.42%。

2007年9月，公司成立煤化工指挥部，2008年1月成立煤气化项目组、合成氨项目组、尿素项目组、热电项目组；

2009年10月成立各主工艺车间，12月成立电仪车间、检修车间；2012年3月成立原料车间，9月撤销煤化工指挥部；2013年10月成立资源部，12月成立液氨充装站；2014年12月原原料车间并入热电车间；2015年1月，原合成车间、尿素车间合并成立氮肥车间，撤销资源部，原资源部并入行政部。公司人员结构由正式员工、返聘员工、劳务派遣用工和实习员工组成（表8-4-10）。

表8-4-10 公司技术力量及人员结构统计表　　　　人

项目	总人数	其中			文化程度					年龄结构					
		女	少数民族	研究生	本科	大专	中专	高中	初中以下	20岁及以下	21-30岁	31-40岁	41-45岁	46-50岁	51-54岁	55岁及以上
正工员工	756	189	89	6	245	398	78	5	24	2	603	108	30	10	1	2
中高级管理人员	58	6	3	2	35	17	2	1	1	0	9	25	16	6	1	1
职能人员	65	44	7	1	32	25	5	1	1	0	46	17	2	0	0	0
技术人员	98	10	6	0	64	30	3	0	1	0	70	23	3	1	0	1
生产人员	507	127	71	2	107	306	68	3	21	0	452	43	9	3	0	0
未定岗人员	28	2	2	1	7	20	0	0	0	2	26	0	0	0	0	0
返聘员工	6	2	—	—												
劳务派遣用工	82	13	8	0	4	15	17	18	28	0	31	30	11	9	1	0
实习员工	27	1	6	0	1	26				27						

2. 5080（50万吨/年合成氨和80万吨/年尿素）项目建设

（1）液氨（5080）项目。2008年5月9日项目开工建设；2009年完成图纸设计、全厂土建施工和主要设备采购工作；2010年完成设备管道安装和公用工程试车工作；2011年9月2日，气化炉开始点火试车并产出合格粗煤气。2011年11月5日，型煤装置试车并产出型煤产品；2011年除铁路专用线外所有装置实现机械竣工，并完成中间交接开始试车。

图8-4-17　呼伦贝尔金新化工有限公司煤化工厂区（南北走向）

2012年7月3日，外购液氨生产出尿素产品；7月11日，合成氨装置打通工艺流程，顺利生产出高浓度液氨产品，至此，5080项目主工艺流程全部打通。

（2）原料及产品结构调整技术改造项目。2014年1月，项目正式启动，3月20日开工建设，12月完成土建及框架施工、设备采购；2015年4月1日安装设备，5月15日设备安装完成，9月24日管道安装完成，开展首次"三查四定"工作。

（3）输煤系统项目。项目设计生产能力500万吨/年，包含：东明露天矿2000吨/小时破碎站，5.2千米长距离曲线输送皮带，2×7500吨混煤筒仓，铁路快装系统，混煤筒仓至金新化工厂内输煤栈桥，两处筛分楼，2×3000吨筒仓等。建设用地23.81公顷。2014年8月21日开工建设；2015年8月10日土建主体竣工，8月5日开始安装设备，10月31日机务设备安装完成。截至2015年底，设备安装完成98%。

（4）公用工程。先后完成工程原水取水管7.8千米，原水处理站30000立方米/天；循环水系统60000立方米/小时（5000×12），除盐水装置500吨/小时，回用水装置400立方米/小时，生活污水处理装置80吨/小时，生产污水处理装置100吨/小时，浓盐水处理装置100立方米/小时，蒸发塘100000平方米，厂外输电线路11.5千米，厂内总降压站110千伏。

（5）工艺装置。型煤装置：年产型煤100万吨。热电装置：3台240吨/小时高压循环流化床锅炉，1台25兆瓦单抽汽轮发电机组。空分装置：装置规模为36000立方米/小时氧气、77400立方米/小时氮气、1400立方米/小时液氮。煤气化装置：煤气化、煤气水分离、煤锁气压缩、酚回收、污循环、变换。合成装置：两洗、氨合成及压缩、甲烷蒸汽转化。尿素装置：日产尿素2860吨。原料及产品结构调整技术改造项目：采用壳牌粉煤气化下行激冷流程，原煤消耗量52吨/小时，生产有效气（一氧化碳+氢气）60000立方米/小时。

（6）辅助工程及总图运输。氨罐区：两个容积为7000立方米的氨罐。成品包装储运：散装库建筑规模为240米×60米，储量约3万吨；1200米长的栈桥及总长度550米的装车站台。铁路专用线：建设内容（未包含其他不相关支线）包括哈铁局从海拉尔东北场至陈巴尔虎旗站11.7千米，公司从陈巴尔虎旗站接轨修建金新化工专用线，线路铺轨11.19千米。

（7）厂区道路及管线工程。厂内道路9620米，外管廊1800米，地下管33100米。

（8）厂前区服务性工程。厂前区总占地面积15.7公顷，办公楼、教育培训中心、室内篮球场、职工食堂、停车场、备品备件库以及5栋倒班宿舍楼等服务性工程已经投用，绿化面积18.8万平方米。

（9）项目的建设费用。5080项目已累计完成投资约68.88亿元；原料及产品结构调整技术改造项目总投资5亿元，已累计完成投资3.45亿元；输煤系统项目总投资2.13万元，已累计完成投资1.5亿元。

3. 生产运行

2013年9月25日，气化双炉连续运行30天。2014年1月27日，气化装置实现首个"百日红"，5月6日，实现"气化装置连续运行200天"。2015年3月23日，实现"气化双炉运行100天"和"合成装置首个百日红"。2013—2015年10月生产运行时间及消耗见表8-4-11~表8-4-14。

表 8-4-11　2013—2015 年 10 月生产运行时间表

2013 年		2014 年		截至 2015 年 10 月	
装置	运行时间（天）	装置	运行时间（天）	装置	运行时间（天）
热电	309	热电	351	热电	290
空分	258	空分	347	空分	288
合成氨	146	合成氨	286	合成氨	244
尿素	77	尿素	204	尿素	200

表 8-4-12　2014 年消耗指标统计表

装置	煤耗（吨）	水耗（吨）			电耗（千瓦时）	汽耗（吨）
		生产水	脱盐水	循环水		
粗煤气（kNm³ 有效气）	1.14	0.04	0.03	4.76	35.68	0.74
合成氨（吨）	—	—	0.60	740.70	261.89	6.00
尿素（吨）	—	—	—	177.00	37.10	1.60

表 8-4-13　2014 年消耗情况统计表

装置	煤耗（吨）	水耗（吨）			电耗（千瓦时）	蒸汽消耗（吨）	变动成本（元/产品）
		生产水	脱盐水	循环水			
粗煤气（kNm³ 有效气）	1.388	1.25	0.08	8.66	64.01	0.65	335.43
合成氨（吨）	—	0.61	0.48	652.46	174.79	3.62	1122.21
尿素（吨）	—	0.05	0.13	196.17	26.52	1.33	747.87

表 8-4-14　截至 2015 年 10 月消耗情况统计表

指标	煤耗（吨）	水耗（吨）			电耗（千瓦时）	蒸汽消耗（吨）	变动成本（元/产品）
		生产水	脱盐水	循环水			
粗煤气（kNm³ 有效气）	1.21	0.06	0.01	4.92	44.68	0.37	284.61
合成氨（吨）	—	0.60	0.44	427.16	157.30	2.95	845.25
尿素（吨）	—	0.05	0.07	191.11	28.01	1.42	589.49

4. 产品销售

（1）主产品：尿素年产 80 万吨。副产品：硫酸铵年产 1.7 万吨，合成氨年产 50 万吨。尿素、硫酸铵、合成氨的主要指标见表 8-4-15～表 8-4-17。

表 8-4-15　尿素的主要指标统计表　　　　　　　　　　　　　　%

	总氮	缩二脲	水分	亚甲基二脲	粒度
优等品	≥46.4	≤0.9	≤0.4	≤0.6	≥93
一等品	≥46.2	≤1.0	≤0.5	≤0.6	≥90
合格品	≥46.0	≤1.5	≤1.0	≤0.6	≥90

表8-4-16 硫酸铵的主要指标统计表   %

	氮含量	水分	游离酸含量
优等品	≥21.0	≤0.2	≤0.03
一等品	≥21.0	≤0.3	≤0.05
合格品	≥20.5	≤1.0	≤0.20

表8-4-17 合成氨的主要指标统计表   %

	氨含量	残留物	水分	油含量	铁含量
优等品	≥99.9	0.1≤（重量法）	≤0.1	≤5（重量法）、≤2（红外光谱法）	1
一等品	≥99.8	≤0.2	—	—	—

（2）产品的价格变化。硫酸铵：2014—2015年，300~350元/吨。合成氨（均价）：2014—2015年，2611元/吨。

（三）内蒙古博大实地化学有限公司

内蒙古博大实地化学有限公司是一家以发展煤化工、盐碱化工为主导产业的大型联合化工企业，成立于2009年9月26日，注册资本17.77亿元，是内蒙古博源控股集团有限公司的子公司。公司位于乌审旗纳林河矿区。该地域面积广阔，人居稀少，交通便利，是煤、天然气、岩盐、水资源的富集之地，具有发展高度产业集群化的重化工基地优势。

公司建设的年产100万吨合成氨、100万吨尿素、120万吨联碱项目总投资100.6亿元，建成后可实现年销售收入35.6亿元，年均利润总额11.3亿元。

项目（化肥部分）由五环科技股份有限公司负责总体设计和设备采购工作，由东华工程科技股份有限公司承担煤气化装置区设计；由中化二建负责全厂土建工程施工和设备安装；由中化六建负责空分装置区的工程施工；由浙江南方工程建设监理有限公司负责全厂工程监理。项目2010年4月初动工兴建，2014年1月24日建成并产出合格的尿素产品。

图8-4-18 内蒙古博大实地化学有限公司厂区（前区）全景

项目（化肥部分）采用目前世界先进的尿素生产工艺和设备：空气压缩机组采用德国曼透平设备；空分装置采用美国 AP 技术；粗煤气制备采用西北化工研究院 6.5 兆帕多元料浆气化技术；一氧化碳变换采用耐硫变换工艺；酸性气体脱除采用大连理工大学的低温甲醇洗工艺；气体精制采用法液空的液氮洗工艺；氨合成采用 KBR 低压氨合成工艺；尿素生产采用荷兰斯塔米卡邦公司的 2000＋TM 超优二氧化碳汽提工艺；硫回收采用三级克劳斯硫回收工艺；仪表控制采用当今世界先进的 DCS、ITCC、ESD 控制系统。所有关键设备技术相对成熟、可靠。

公司充分依托当地的资源优势，把煤化工和盐碱化工有效地结合起来，远景规划建设的项目：100 万吨/年 PVC、100 万吨/年纯碱；30 亿立方米/年煤制天然气；煤矸石综合利用 3×300 兆瓦热电联产；10 万吨/年有机硅单体；30 万吨/年碳酸二甲酯；8 万吨/年苯胺；150 万吨/年水泥生产线等项目。项目总投资近 500 亿元。

（四）中煤鄂尔多斯能源化工有限公司

该公司煤化工项目设计年产 200 万吨合成氨、350 万吨尿素、20 万吨液化天然气，总投资 200 亿元。

中煤鄂尔多斯能源化工有限公司是中煤能源股份有限公司的全资子公司，于 2011 年 4 月 27 日在鄂尔多斯市工商行政管理局注册成立，注册资金 397714 万元，组织形式为有限责任公司（法人独资），公司实行执行董事领导下的总经理负责制。

公司位于鄂尔多斯市乌审旗图克工业园区，主营业务为煤制尿素，副产品为液化天然气（LNG）。公司拟利用当地丰富的煤炭资源建设大型煤化工项目，项目经内蒙古自治区发展和改革委员会备案，是中煤集团打造蒙陕地区大型能源化工基地的重要组成部分。

项目主要工艺技术：碎煤加压气化、耐硫变换、低温甲醇洗、液氮洗、氨合成、尿素合成、大颗粒造粒等。

已建成投产的一期项目，设计年产 100 万吨合成氨、175 万吨尿素，副产品为液化天然气，以及混合轻烃、混合芳烃等其他副产品。项目占地 127 公顷，于 2011 年 6 月开工建设，2013 年 8 月建成，比计划提前 4 个月。2014 年 2 月 1 日项目打通全流程，产出优质大颗粒尿素，实现严寒条件下原始开车一次成功，并安全稳定连续运行，达到满负荷生产。

第五节 二甲醚、乙二醇与聚氯乙烯项目

一、二甲醚项目

（一）项目核准

截至 2015 年底，内蒙古自治区已建成煤化工二甲醚项目 90 万吨/年（表 8－4－18）。

表 8－4－18 2015 年内蒙古自治区已建成煤化工二甲醚项目统计表　　万吨/年

建设地点	项目业主	批准生产能力	建成产能	开工时间	建成时间	备注
鄂尔多斯市准格尔旗大路新区	山东久泰能源内蒙古有限公司	30 万吨二甲醚	30	2008－06	2010－10	已投产

表 8-4-18（续） 万吨/年

建设地点	项目业主	批准生产能力	建成产能	开工时间	建成时间	备注
巴彦淖尔市临河区	内蒙古天河化工有限责任公司（四川化工控股（集团）有限责任公司）	100万吨煤制甲醇、100万吨二甲醚项目	20 20	2006-08	2007-10	停产
鄂尔多斯市达拉特旗	新奥集团有限公司	60万吨/年甲醇 40万吨/年二甲醚	60 40	2006-06	2009-06	已投产

（二）建成投产项目

1. 内蒙古新奥集团有限公司

2006年4月22日，国家发展改革委员会核准新奥集团落户在鄂尔多斯市达拉特旗王爱召镇工业园区的60万吨/年甲醇、40万吨/年二甲醚项目，并于同年6月8日全面开工建设。

项目以煤为原料生产甲醇和二甲醚，主要由空分、煤气化、气体净化、甲醇合成、甲醇精馏及公用工程等装置构成。空分装置采用两套产氧量45000标准立方米/小时的内压缩流程，煤气化采用GE公司水煤浆加压气化技术，气体净化采用低温甲醇洗工艺，甲醇合成采用卡萨利合成技术，甲醇精馏采用三塔精馏工艺，项目是国内目前已建成的单套生产能力最大的煤基甲醇装置之一。2006年8月，项目获得世界银行旗下国际金融公司（IFC）1.78亿美元的贷款，12月31日，项目获得世界银行国际金融公司投资1.45亿美元，此项目是内蒙古自治区单项利用世界银行贷额最大的清洁能源项目。

2009年1月，新奥集团建成世界首条煤基清洁能源生态循环技术链，技术链通过地下气化、催化气化、甲烷化、生物质能、复合能源制氢等多项关键技术的有机组合，合理解决传统煤化工生产过程中的"三废"问题，通过"生物吸碳"和"化学固碳"2种新型固碳方式，实现煤基清洁能源的"零排放"。此生态循环技术链为新奥集团在鄂尔多斯的甲醇、二甲醚项目提供技术支持。经过3年建设，项目于2009年6月20日建成，经过约1个月的调试，于7月24日打通工艺流程，投料试车成功，生产出合格产品，随后进入试生产阶段，并于2009年底达到设计产能，投入生产。

2. 内蒙古天河化工有限责任公司（四川化工控股（集团）有限责任公司）

内蒙古天河化工有限责任公司是四川化工控股（集团）有限责任公司15个直属企业之一，2006年8月19日在临河注册成立。煤化工基地由全国最大的天然气化工和氮肥生产企业——泸天化（集团）有限责任公司投资建设。该基地位于巴彦淖尔经济技术开发区（东区），占地面积400公顷，总投资420亿元。基地分两期建设，一期工程建设项目有300万吨/年二甲醚、480万吨/年甲醇、90万吨/年合成氨、160万吨/年尿素；二期工程建设项目有100万吨/年甲醇制烯烃及下游产品，并配套建设空分装置、热电站。

一期工程首期投资4亿元，建设2×20万吨/年甲醇制二甲醚项目，项目占地24.5公顷，其中，一期20万吨/年甲醇制二甲醚项目2006年8月开工，于2007年10月建成投产。

年产20万吨二甲醚项目是内蒙古（临河）煤化工基地一期工程的首期项目，项目总投资2.3亿元。项目生产装置是当今世界单套规模最大的20万吨二甲醚生产装置。

由于市场原因，2014年，公司停产。

3. 山东久泰能源内蒙古有限公司

2007年4月1日，山东久泰化工科技股份有限公司的控股公司久泰能源内蒙古有限公司100万吨甲醇、30万吨二甲醚项目主体设备制造合同签字仪式在东胜区举行。

项目位于鄂尔多斯市准格尔旗大路新区，占地面积73公顷。项目计划总投资人民币200亿元，总规划建设规模为年产400万吨甲醇、150万吨二甲醚。一期开工建设项目为年产100万吨甲醇、30万吨二甲醚，规划建设用地86.71公顷，计划投资50亿元人民币。项目全套装置完全自行设计、自主建造，具有完全自主知识产权。一期项目于2007年8月开工建设，经过3年建设，于2010年10月建设完工，正式投产。2011年11月实现满负荷生产。

（三）在建项目

1. 中天合创能源有限责任公司

中天合创能源有限责任公司由中国中煤能源股份有限公司、中国石油化工股份有限公司、上海申能（集团）有限公司和内蒙古满世煤炭集团有限责任公司4家联合出资组建，2007年9月24日，公司在呼和浩特举行揭牌仪式。

2007年4月11日，国家发展改革委员会批准鄂尔多斯年产300万吨二甲醚项目立项，项目主要包括年产2500万吨煤矿、年产420万吨甲醇、年产300万吨二甲醚及其配套的热电联供电厂、鄂尔多斯至唐山京唐港产品输送管道和矿区铁路专用线等单项工程，是当时我国规模最大的集煤炭、电力、煤化产品生产和管道运输为一体的二甲醚项目，是我国煤化工产业中长期发展规划的示范工程。项目采用气流床连续煤气化技术等当今世界最先进的工艺技术生产二甲醚。项目水源由原巴图湾水库调整为黄河，从鄂尔多斯二期水权转换指标中配置3679.5万立方米的取水指标，已于2010年初获得黄河委员会批准。

2008年，中天合创能源有限责任公司拟规划建设由鄂尔多斯市乌审旗图克镇煤化工基地至河北省唐山市京唐港二甲醚、甲醇2条并行输送管道工程，项目建成后可年输送二甲醚600万吨、甲醇600万吨，是当时我国的第一条长距离输送液体化学品的管道工程。

2. 内蒙古蒙大新能源化工基地

2007年10月17日，内蒙古蒙大新能源化工基地120万吨/年煤制二甲醚项目在乌审旗无定河镇开工奠基，2008年通过国家环境影响评价司环保审核，2008年8月开工建设。

3. 呼伦贝尔东能化工有限公司

呼伦贝尔东能化工有限公司是东方希望集团在内蒙古投资建设的大型煤化工企业，公司于2007年初成立，注册资本4亿元。公司占地66.67公顷，位于呼伦贝尔陈巴尔虎旗煤化工产业园区。

东能化工致力于煤炭资源的开采、加工和综合利用，公司计划在5~8年内投资300亿元，在陈巴尔虎旗建设一个煤化工循环经济圈。经济圈发展规划由多个项目构成，最终形成煤化、煤电、煤开采及粗加工三大产品链。公司以当地的褐煤为原料，采用洁净煤气化技术生产300万吨甲醇，再以甲醇为原料生产二甲醚、烯烃、聚甲醛等下游高附加值化工产品。

二、乙二醇项目

（一）项目核准

截至2015年底，自治区已建成的煤化工乙二醇项目有2项。

(1) 通辽金煤化工有限公司120万吨煤制乙二醇项目，一期20万吨乙二醇、10万吨草酸，2007年8月开工建设，2009年12月建成，产能20万吨/年，部分投产；技改项目：新增乙二醇产能7万吨，草酸产量3万吨。2015年开工建设，2016年1月建成。项目所在地：通辽市经济开发园区。

(2) 西部新时代能源投资股份有限公司（新杭能源）乙二醇项目：一期60万吨/年。2011年8月开工建设，2015年部分投产。项目所在地：杭锦旗独贵塔拉工业园区。

（二）煤制乙二醇工艺和设备

煤浆和空分系统来的氧气在中压煤气化系统气化后，经废热锅炉回收其中的热量，再进入变换系统进行部分变换，经过低温甲醇洗以脱除其中多余的二氧化碳和含硫组分，经过气分甲烷洗冷箱换热以提高其温度。出甲烷洗冷箱的混合气体一部分直接进入加氢装置，在Cu-Cr催化剂作用下，进行草酸酯加氢制乙二醇 $(COOR)_2 + 4H_2 \Longrightarrow (CH_2OH)_2 + 2ROH$ 的化学反应，另一部分进入偶联反应器进行酸酯合成 $2CO + 2RONO \Longrightarrow (COOR)_2 + 2NO$ 的化学反应，经过偶联反应的草酸二甲酯物料经过中间分离脱除不需要的组分后，进入加氢装置和前部分的物料在Cu-Cr催化剂作用下生成乙二醇。生成的乙二醇物料进入乙二醇分离系统制备出产品乙二醇和相关的副产品后，残余的物料和补充甲醇进入再生器进行反应尾气再生的化学反应 $2NO + 1/2O_2 + 2ROH \Longrightarrow 2RONO + H_2O$，以循环利用。

（三）建成投产项目

通辽金煤化工有限公司120万吨煤制乙二醇项目，一期工程为20万吨乙二醇、10万吨草酸，技改项目新增乙二醇产能7万吨，草酸产量3万吨。首期投资22亿元。作为通辽市政府重点引进的大型项目之一，"金煤化工"规划总体投资约100亿元，在通辽市经济技术开发区建设百万吨级的乙二醇生产基地。

项目由中国科学院福建物质结构研究所与江苏丹化集团、上海金煤化工新技术有限公司合作，并通过了中国科学院组织的成果鉴定。经财政部和中国科学院批准，中科院福建物质结构研究所和上海金煤新技术有限公司用全部煤制乙二醇技术入股通辽金煤化工有限公司。项目是全国煤化工五大重点示范工程之一。

通辽金煤化工有限公司是一家由上海金煤化工新技术有限公司与上海金煤控股有限公司共同投资成立，以褐煤为原料生产乙二醇的高新技术企业，注册资金4.5亿元。公司坐落于东北经济圈具有相当的资源优势的通辽市，它拥有全国五大露天煤矿之一的霍林河煤矿，以及便利的铁路枢纽、几大公路干线，为"金煤化工"的生产原料供应及产品运输提供有利的条件。

"金煤化工"拥有全球首创的煤化工生产技术，即以褐煤为原料，经羰化加氢生产乙二醇的全新清洁环保工艺路线，主要技术具有完全的自主知识产权。该技术

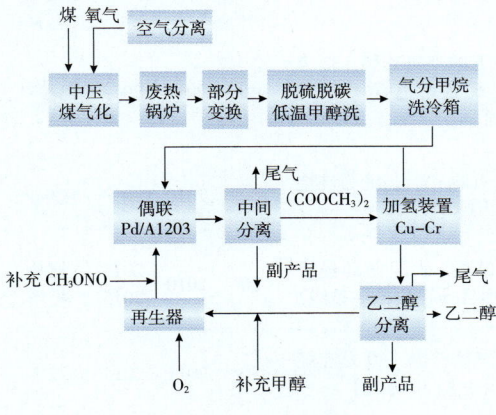

图8-4-19 煤制乙二醇工艺流程示意简图

已于 2009 年 3 月经中科院鉴定通过，并在国际领先性、化工战略与社会经济效益方面给予高度评价，2009 年 5 月 7 日，中科院还在北京人民大会堂进行技术成果新闻发布会。

2009 年 12 月 28 日，拥有完全自主知识产权的世界首创 120 万吨级煤制乙二醇项目一期工程在通辽市经济开发区完成联动试车，并成功生产出合格产品，结束了世界各国只能采用石油技术路线生产乙二醇的历史。

和煤制乙二醇联产的 10 万吨/年煤制草酸生产线于 2009 年 8 月开工，2010 年建成投产。2015 年 6 月又投产 0.8 万吨/年碳酸二甲酯生产线。

三、聚氯乙烯项目

截至 2015 年底，自治区已建成煤化工聚氯乙烯项目 12 项，产能 445 万吨/年（表 8-4-19）。

表 8-4-19 2015 年内蒙古自治区已建成煤化工聚氯乙烯项目统计表   万吨/年

建设地点	项目业主	批文生产能力	建成产能	开工时间	建成时间	备注
土左旗金山开发区	内蒙古三联化工集团	40 万吨 PVC、32 万吨烧碱	40	2004 2008	2005 2010	已投产
鄂尔多斯树林召	亿利化学公司	50 万吨 PVC、32 万吨烧碱	50	2007	2009	已投产
阿拉善盟经济技术开发区	中盐吉兰泰盐化工司	40 万吨 PVC、36 万吨烧碱	40	2005	2009	已投产
阿拉善盟经济技术开发区	内蒙古晨宏力化工有限责任公司	20 万吨 PVC（一期 10 万吨）	10	2005	2010	已投产
乌海市海南区拉僧庙	内蒙古乌海化工股份有限公司	30 万吨 PVC、30 万吨烧碱、50 万吨电石	30	—	2010	已投产
乌海市乌达区	内蒙古宜化化工有限公司	40 万吨 PVC、40 万吨烧碱	40	—	—	已投产
乌海市乌达工业园区	内蒙古君正能源化工股份有限公司	PVC 循环产业链项目	45	—	2012	已投产
包头稀土高新区	东方希望集团包头海平面高分子工业有限公司	年产 40 万吨 PVC 项目节能技术改造	40	2009	2012	已投产
乌兰察布卓资县	内蒙古伊东集团东兴化工公司氯碱化工循环经济项目	一期 40 万吨聚氯乙烯、32 万吨烧碱、60 万吨电石、3 万吨三氯乙烯	40	2011	2013	已投产
鄂尔多斯蒙西工业园区	鄂尔多斯市君正能源化工有限公司	一期 60 万吨 PVC、48 万吨烧碱、90 万吨电石	60	2010	2013	试生产
鄂尔多斯鄂托克旗棋盘井工业园	内蒙古鄂尔多斯氯碱化工公司	烧碱-PVC-水泥循环经济产业链项目（已投产一条线）	20	2010	2013 2015	部分投产
鄂尔多斯蒙西工业园区	内蒙古中谷矿业有限责任公司	60 万吨聚氯乙烯、60 万吨烧碱项目（一期 30 万吨）	30	2011	2014	竣工

内蒙古煤炭工业志（1991—2015）

第九篇　科　技　工　作

煤间接液化项目实验室

- ○　企业科技管理及研发
- ○　科技研发
- ○　科技成果
- ○　科技合作与交流

20世纪80年代末期，时为统配煤矿的扎赉诺尔、大雁、霍林河、平庄、包头、乌达、海勃湾矿务局和伊敏煤电公司均曾设立科研机构负责本单位的科技工作。准格尔煤炭工业公司、华能东胜精煤公司等央企成立之初也建有负责科技研发的机构和队伍。地方民营煤炭企业除伊泰集团和伊东集团公司外，大多都未设专门科技研发机构，多采用委托外包方式。这个时期各企业的科技工作基本围绕煤矿生产期间出现的问题展开。

1991—2015年，在国家改革开放不断深化的背景下，内蒙古煤炭工业的科技工作也发生了多重变化，管理体制更为合理，进步空间不断扩大，成效更为显著。内蒙古煤炭科技工作显现出较为鲜明的特点：一是企业作为科技研发工作的绝对主力，始终将产、学、研相结合，充分利用高等院校及科研院所的力量，解决生产中遇到的问题，同时促进科研成果转化；二是选择的科研项目、课题均与企业基本建设、生产和安全等重要环节息息相关，充分体现出科技创新对企业发展的引领作用；三是紧跟国家政策，把握行业发展方向，高度重视煤炭转化和矿山环境保护等领域的科技工作；四是科研团队和科研人才呈现出高素质化和年轻化的态势。

进入21世纪后，内蒙古各重点煤炭企业相继完成改制、兼并、重组，陆续实现了"生产规模化、设备现代化、管理信息化、队伍专业化"。煤矿安全生产"六大系统"的使用，标志着先进的数字信息技术已经应用于煤炭生产全过程。

此外，在国家大力倡导和支持下，内蒙古部分重点煤炭企业积极发展电力和煤化工产业，并推动了这些产业的科技研发和引进工作。在煤化工生产领域，中国神华煤制油有限公司、上海电气（集团）总公司和上海华谊（集团）公司共同出资组建煤液化实验基地和研究中心，为煤直接液化项目示范工程提供技术支撑，并获得煤直接液化技术的独立知识产权。内蒙古伊泰集团有限公司与中国科学院山西煤炭化学研究所煤液化核心技术团队合作成立的中科合成油技术有限公司，成功生产出高质量的柴油，并获得了煤间接液化技术的独立知识产权。

一直以来，全区煤炭行业科技研发工作以实用型研究为主，理论研究为辅；科研课题主要源自生产一线，重点解决生产中的难题。为了尽快掌握先进生产技术，各煤炭企业主动与国内外科研机构、高等院校展开合作，引进技术人才，对煤矿进行现代化改造。据不完全统计，2002—2015年，部分重点煤炭企业及大专院校累计获得国家授权发明型和实用新型专利920余项，其中发明类专利120余项；1995—2015年，全区煤炭企业8项科研成果获国家科学进步二等奖；1993—2015年，46项科研成果获国家部委及内蒙古自治区政府科技进步奖；2005—2015年，46项成果获中国煤炭工业协会颁发的煤炭工业科学技术奖。

第一章 企业科技管理及研发

第一节 科技管理研发机构

内蒙古煤炭科技研发的主体单位是各大重点煤炭企业。各单位凭借其技术实力、产业需求、资金能力及人才资源等,为自治区煤炭工业的科技研发作出了重大贡献。

一、自治区国有重点煤炭企业

（一）神华神东煤炭集团有限责任公司

1991—1997年,神华集团接续前华能东胜精煤公司成立了以总工程师为首的科技工作领导小组,组织生产技术、机电动力等部门有关技术人员对科技工作的项目、研试过程、成果应用等进行全方位管理,各级技术人员作为基层单位的科技工作负责人,组织技术能手、专业人员对现场技术难题进行实地攻关研究,形成公司领导—各单位总工程师—科室技术人员—基层单位技术人员组成的科学技术研究体制。

1998—2002年,神东公司科研项目的管理工作由生产部及各矿自行负责。2003年,神东煤炭分公司科技中心成立,是集科研项目攻关、工程设计和科技活动组织为一体的科研机构,下设工程设计公司、研究院和综合办公室,编制51人。科技中心的职责是:负责企业科技创新发展战略研究,全面研究分析自身及竞争对手的优势和劣势,确定科学合理的战略目标,并根据市场的变化适时调整;研究、制定技术创新的方向、目标和规划;推行"产、学、研"相结合的研究开发方式,加快企业技术创新和科研成果的转化;负责重大技术决策的可行性研究及新项目前期技术论证工作,负责生产过程中安全技术问题的研究,前瞻性地解决生产中的重大安全技术问题;负责公司拟建矿井的可行性研究、前期论证,对已建矿井各生产系统进一步优化、挖潜,对开拓延伸、采区接续、矿井资源的有效利用以及综采、连采合理配采等方面进行研究;围绕增加品种、改进质量、防治污染、提高效益和扩大出口进行技术改造;负责公司自主知识产权的组织、研究、协调和申报工作,负责公司科技项目的管理、组织、评审、开发工作及科技成果管理、评审工作;负责公司部分项目的设计工作,负责神东分公司科委办的日常工作;指导公司群众性小改小革与技术创新性活动,负责主办《神东科技》及进行技术交流。

2004年,公司成立科学技术委员会,是公司科技管理的最高决策机构,下设项目评审组、项目管理组、项目经费调配组、知识产权组、办公室,日常科技工作由科技中心统一管理。

2012年7月25日,公司以科技中心、总工办、煤矿安全技术专家组为基础,整合成立神东煤炭技术研究院,下设综合管理部、工程技术研发部、机电信息技术研发部、通风安全研发部、节能环保技术研发部、知识产权管理部等6个部门,专职负责公司的煤炭技术研究、技术服务和科普工作。

（二）神华准格尔能源有限责任公司

"八五"（1991—1995年）初期，准格尔煤田在开发筹建阶段已设有准格尔煤矿建设指挥部工地办公室技术科，负责科技管理工作，下设开发处技术组、基建技术办公室。准格尔煤炭工业公司成立后，负责科技工作的机构先后为技术科、技术处、总工程师办公室、技术开发处。1997年，科技管理机构名称为技术处，1999年为生产技术部。

2001年3月1日，神华集团准格尔能源有限责任公司成立，科技管理机构为生产技术部。2002年6月，公司成立科技进步奖励评审委员会，委员会下设办公室（设在生产技术部）和8个专业组（采矿组、机械组、电业组、土建组、铁路运输组、医卫组、综合组和经济组）。

2005年初，公司成立科技信息处科技部，负责全公司的科技创新管理工作。2011年3月，名称调整为生产技术部科技管理科，负责公司科技创新和日常管理工作。根据《神华准格尔能源有限责任公司科技管理办法》，公司的科技创新管理工作实行公司总工程师（或分管副总经理）负总责，各二级单位总工程师（或分管领导）对本单位负专责的管理体制。

2011年，公司细化科技创新体系，将公司和公司直属单位两级管理模式扩展为公司、公司直属单位和车间、段、队三级管理模式。

2011年，公司成立煤炭伴生资源综合利用研发及工程示范中心，开展"神华准格尔矿区煤炭伴生资源循环经济产业项目"技术研发工作。2012年5月，神华集团成立全资子公司即神华准能资源综合开发有限公司。8月，研发及工程示范中心划归神华准能资源综合开发有限公司管理，主要负责技术攻关、相关科研成果转化、知识产权管理、组织制定循环经济产业项目规划、申报国家专项资金申请等工作。

图9-1-1　2000年6月6日，准煤公司召开首届科学技术进步表彰大会

（三）神华乌海能源有限责任公司

神华集团乌海能源有限责任公司成立之前，乌达矿业公司和海勃湾矿业公司的科技工作均由公司总工程师负责，由煤炭生产技术部内设的科技项目组专人负责项目管理。各矿科技项目由各矿总工程师负

责，煤炭生产技术科进行项目管理。2010年1月，乌海能源公司成立科技信息部。

（四）神华包头能源有限责任公司

公司前身的包头矿务局及其下属各矿（厂）在较长时间内没有设专门的科研机构，煤炭资源开发和采煤技术攻关主要以矿务局为主体，包头煤炭工业学校协从。科研内容是以煤炭生产过程中出现的问题为主，由局及矿（厂）有关人员临时组成技术攻关小组解决。

1980年，包头矿务局曾成立煤炭研究所，后因无力扩充科研力量而取消。1998年，包头矿务局移归神华集团管理后，成立科技处负责公司所属各煤矿的科技管理工作。2008年，随着企业经济效益的下滑和机构改革的进行，公司将科技处与计划处合并，人员也由7人减少到2人。2009年4月，科技管理工作改由生产技术装备部管理，2010年4月，公司成立动力信息部后，科技管理工作由动力信息部承担。

（五）神华北电胜利能源有限公司

2008年，公司成立科技创新领导小组，领导小组是公司科技创新、科技攻关等技术工作的决策机构，公司总经理任组长，负责审批科技项目、资金，协调解决科技项目实施过程中出现的重大问题，同时，成立科技创新评审委员会，由公司本部职能部门负责人、各直属单位负责人、总工程师及相关专业高级技术人员组成，总工程师任主任。评委会负责科技项目的立项审核、方案初审、科技成果、学术论文的评审，参与科技项目、科技创新成果的验收审核。

（六）神华大雁集团有限公司

1991年11月，大雁矿务局将科技处和加工利用处合并，成立科研所，下设矿井室、情报室、综合管理室，共有14人。1992年6月至1993年7月，矿务局将第二煤矿的矿压监测班和多种经营总公司的电器厂划归科研所。1994年，矿务局在科研所成立专利办公室，负责局内专利工作；同年，矿务局煤炭学会、煤炭经济研究会、技术经济咨询委员会与科研所合并。1995年2月，卫生处环保办公室和环境监测站划归科研所；3月，矿务局成立地震工作领导小组、防震救灾指挥部，在科研所设立地震办公室。至此，科研所设有矿井室、情报室、综合管理室、地震办、能源计量处、环保办公室6个科室。2000年，科研所成为煤业公司机关直属处室，共58人，设矿井室、信息室、管理室、地震办、计量所、综合科和防护站。

2001年8月，公司撤销科研所，成立技术中心，成为大雁煤业有限公司的二级单位。2002年11月，公司成立科技处，与技术中心合署办公（一个机构两块牌子）。2003年8月，煤业公司成立专利产权工作管理领导小组，组长由煤业公司总工程师担任。2004年3月，煤业公司技术中心晋升为内蒙古自治区级企业技术中心。2004年末，公司技术中心设综合办、重点项目部、科技产业发展部、人才与信息中心、专利产权管理部、矿山环境保护部、机电检测站、环境监测站、安全防护计量站、节能服务站、计量所和质量管理科。

2010年，技术中心设办公室、质量管理科、科技管理科、机电检测站、环境保护办公室（环境监测站）、计量所、安全防护计量三站、节能监测站。

2013年1月，公司撤销技术中心，成立科技信息部。2014年2月，科技信息部和环保管理部合署办公（一个机构两块牌子），下设科技管理科、信息管理科、节能计量科、环境保护科、软件科、运行维护科共6个科室。科技信息部主要负责集团公司科技、信息化、节能、计量、环保、运维等工作。11月10日，公司重组技术中心，与科技信息部和环保管理部一个机构3块牌子。

截至2014年底，中心有职工43人，其中女职工19人，干部38人，工人5人；硕士研究生2人，大学本科学历17人，大专学历20人，高中学历4人；各类初级以上专业技术职称人员37人。

（七）扎赉诺尔煤业有限责任公司

1991年，扎赉诺尔矿务局撤销新技术开发处，业务划归科技环保处。2000年1月，改制后的扎赉诺尔煤业有限责任公司撤销科技环保处，成立科技开发中心，设科技管理科、煤炭综合利用科、环保科。

2000—2007年，公司的科技活动由科技开发中心负责，每年投入一定的专项资金用于科研项目，且逐年增大投资金额，确保项目的顺利开展。2007年，公司归属华能集团公司以后，科技工作由生产技术部负责，同时加大对科技项目的投入，并开展采煤技术和管理方面深度领域的研究。

2007年5月，科技开发中心与生产技术处合并，改名生产技术部；公司成立科学技术委员会。

（八）华能伊敏煤电有限责任公司

1991年，伊敏煤电公司设立科技处，内设科技科、情报科、计量节能科。1992年，地测处与科技处合并为科技（地测）处，增加咨询科、地测科2个科室。1994年，机电处撤销后的信息（计算机）业务划归科技处，建设处的环保业务也同时划归科技处。1997年11月，华能伊敏煤电有限公司科技处与生产处合并为生产技术处。1998年，安监局与生产技术处合并成立安全生产部，内设科技科。2001年，公司取消机关科室，安全生产部内设主管科技的科员1人，年底主管科技科员调出。

2002—2015年，公司科技工作无专门机构和专人管理。

（九）神华宝日希勒能源有限公司

公司未设立科技工作专职机构。

2004年，公司成立科学技术委员会，总经理、党委书记任正、副理事长，总工程师任常务理事长。科学技术委员会下设办公室和4个专业组。同年2月2日，公司召开生产技术工作会议，按照落实项目、落实完成时间、落实负责人的"三落实"原则，通过当年公司生产技术工作计划；3月20日，完成大型煤炭基地的规划编制工作，并上报呼煤集团生产技术部；4月23日，公司召开首届科技创新大会，会议通过审议有关项目，要求在落实中取得经济效益和安全效益。

2006—2008年，公司设立节能降耗领导小组，组织科技攻关。制定节能降耗措施，完善节能降耗制度，建立节能降耗工作长效机制。

（十）中电投蒙东能源集团有限责任公司

2006年前，霍林河煤业公司的科技管理工作由发展规划部科技室负责。2006—2008年，根据管理体制系统化的需要，公司将科技管理工作划归质量信息部管理。2009年，公司又将科技管理工作划归发展规划部，并成立科技环保室负责具体业务。同时，开展各基层单位的科技管理机构组建及人员的配备工作，形成了公司、基层单位两级科技管理体系，有序推进公司的科技管理工作。

（十一）内蒙古平庄煤业（集团）有限责任公司

1991年2月以前，平庄矿务局主管科学技术研究工作的职能部门科研所、技术监督处及计量检测中心合署办公。科研所设情报科、推广先进经验科、标准计量科。同年3月，科研所和技术监督处分设为独立处室，科研所标准计量科划归技术监督处。11月7日，科研所、设计处合并，成立平庄矿务局设计研究院，保留情报科、推广先进经验科。1992年1月，矿务局将设计研究院划出机关编制，为独立核算单位。1996年8月，成立科技进步奖评审委员会。1999年7月，成立科学技术委员会。

图9-1-2 2005年1月8日，平庄煤业（集团）有限责任公司召开首届科技大会

2000年7月，矿务局改制为平庄煤业（集团）有限责任公司。2003年7月，公司成立技术研究发展办公室（处级），科研业务划归技术研究发展办公室管理。同年10月，公司组建技术委员会、专家委员会。技术委员会由公司主要领导人员和技术研究、生产、销售、财务部门领导人员组成，设主任委员、副主任委员、委员及秘书长。专家委员会由具有高级技术职称或丰富实践经验的人员组成，设主任、委员及联络员。

2007年4月，平庄煤业集团公司设立总工程师办公室，撤销资源管理部、通风管理部、技术研究发展办公室，将相关职能合并到总工程师办公室。2010年10月，平庄煤业集团公司撤销总工程师办公室，将科学技术研究发展工作划归生产技术部管理。生产技术部增设科研办，负责编制公司年度科技计划和中长远期科技规划，审核各单位申报立项的科研项目，提交初审意见，对各种科技成果进行鉴定、审核、上报、评审。科研办定员2人，科长1人，科员1人。

二、自治区重点民营煤炭企业

（一）内蒙古伊泰集团有限公司

1999年7月，公司成立科技研究发展中心。2001年12月，集团公司总经理办公室下设技术中心。2004年2月，技术中心与事业发展部合署办公。2009年，集团公司成立科学技术中心，与事业发展部合署办公，主要从事科技奖项申报工作。2013年8月、9月，由科学技术中心牵头统一开展包括专利申请和授权在内的集团公司科技业务。

2015年，公司将科技管理组织机构设置为决策层、咨询层、管理层和执行层4个层级。决策层为预算与内控管理委员会，咨询层为各专业专家组，管理层为技术中心，执行层为生产经营单位科技工作领导小组。

2015年4月,公司将技术中心设立在内蒙古伊泰煤炭股份有限公司,主要职能分为科技管理和技术管理两大类。在科技管理方面,主要开展科技政策研究、技术创新体系建设、科研项目管理、科技成果管理、知识产权管理等;在技术管理方面,主要开展前瞻性、适用性技术信息的搜集和对产业重点技术、化工用煤配煤技术、新兴产业先进技术的搜集与研究等。

同年8月,内蒙古伊泰煤炭开采及煤基油基合成工业研究院在内蒙古自治区民政厅登记成立,机构类型为民办非企业,并组织召开了一届一次理事会。研究院主要面向自治区煤炭工业、煤基合成业、油化工业,从事产业技术开发和转移工作。该院是实行非企业法人管理、企业化运作的非盈利、开放型、具有独立民办非企业法人资格的研究开发机构。

(二) 内蒙古伊东资源集团股份有限公司

2001年,准格尔旗煤炭有限公司组建煤转化研发中心,开展煤炭开采技术、煤炭深加工和非金属材料的技术研究。2004年9月,集团以研发中心为依托,筹建伊东循环经济产业基地。

2007年8月,集团与中国矿业大学化工学院及材料科学与工程学院、中国科学院山西煤炭化学研究所合作,挂牌成立伊东循环经济产学研基地。同年,伊东集团被国家工信部等六部委列为国家级循环经济示范试点企业。2009年7月,伊东集团研发中心办公楼及实验车间投入使用。

2011年,集团投资2100万元新建伊东研发中心实验楼和中试生产线,建有化验室、实验室各10间;下设煤转化、蒙陶、化工3个研发室,占地1638平方米;有工作人员50名,其中博士5名、硕士12名,相关技术人员33名。

图9-1-3 内蒙古伊东集团研发中心办公楼

(三) 内蒙古太西煤集团股份有限责任公司

公司于2000年成立了技术中心,技术中心是集团公司技术创新的主管部门,主要职责有:参与制订和执行企业发展战略和技术创新、技术改造、技术引进、技术开发规划;创新信息流设计;公司新产品、新技术开发、技术改造;编制公司中长期发展规划;负责对公司已取得探矿权与采矿权的范围内矿产资源的管理;公司对外技术经营与服务及相关工作。技术中心下设生产技术部、项目开发部、质量管理部和市场调研部,同时设立技术委员会和技术咨询委员会。

2001年,技术中心被评为自治区级企业技术中心。2015年,技术中心有员工169人。

(四) 中科合成油技术有限公司

2006年4月,由内蒙古伊泰集团有限公司、中国科学院山西煤炭化学研究所、山西潞安矿业(集团)有限责任公司、徐州矿务集团有限公司、神华集团有限责任公司、连顺能源有限公司组建成立了中科合成油技术有限公司。公司注册资本5亿元,其中伊泰集团公司投资2.27亿元,占股本总额的45.4%。2008年6月,中科合成油技术有限公司注册资本增加至10亿元,伊泰集团再次投入2.27亿元,持有40.4%的股权,相对控股;

2009年，连顺能源有限公司退出，北京宏福建科科贸有限公司成为新股东。

2011年，中科合成油技术有限公司科技团队组建北京中智众合技术咨询中心，以核心技术入股，拥有32%的股份，公司股东增至7家。公司股本结构：内蒙古伊泰集团有限公司出资占40.4%、中国科学院山西煤炭化学研究所出资占12.925%、神华集团有限责任公司出资占2%、山西潞安矿业（集团）有限责任公司出资占7.44%、徐州矿务集团有限公司出资占4%、北京宏福建科科贸有限公司出资占0.935%、北京中智众合技术咨询中心出资占32.3%。

2015年，中科合成油技术有限公司股东仍由内蒙古伊泰集团有限公司、北京中智众合技术咨询中心、中国科学院山西煤炭化学研究所、山西潞安矿业（集团）有限责任公司、徐州矿务集团有限公司、中国神华煤制油化工有限公司和北京宏福建科科贸有限公司7家组成，股本结构不变。

1. 管理机构

公司总经理班子由总经理、执行总裁、副总经理（4名）、总工程师、总会计师组成。2014年，公司内设总经理办、工程部、情报部、商务部、综合部、财务部、技术质量部、审计监察部、人力资源部及工程公司、研发中心、内蒙古公司、淮南催化剂公司。

2015年，业务部门调整为研发中心（内设分析测试部、维修部、产品技术部、基础研发部、工程研究部、CTL技术部、实验室）、工程部、情报信息产权部、综合部、人力资源部、财务部（企管部）、商务部（海外项目部、物资采购部）、技术质量部、审计监察部及中科合成油工程股份有限公司（子公司）、中科合成油内蒙古有限公司（子公司）、中科合成油淮南催化剂公司（子公司）、中科合成油技术有限公司、太原分公司、合成技术美洲有限责任公司。

2. 研发及生产机构

2006年，公司成立初期至后来相继设立了技术研发中心、中科合成油工程有限公司、中科合成油催化剂有限公司等，逐步形成了从技术研究、工程设计和开发、催化剂产品生产和大型化工装备制造的产业化支撑体系。2012年，公司下设工程部、商务部、财务部、审计监察部、研发中心、淮南催化剂公司、工程公司、内蒙古有限公司等部门及分（子）公司。

图9-1-4　中科合成油技术有限公司研发设计队伍

3. 职工队伍

2010年底，公司有员工614人，其中博士41人、硕士131人、本科265人、大专102人、大专以下75人。2014年，公司共有职工918人，其中研发人员151人、设计人员415人；具有副研究员（高级工程师）及以上技术职称184人。2015年，公司有职工942人，其中工程公司426人、研发中心160人、内蒙古公司197人、淮南催化剂公司50人。

图9-1-5 中科合成油技术有限公司设在北京市怀柔区的总部大楼

第二节 科研规划与制度建设

一、科研规划

（一）神华神东煤炭集团有限责任公司

2007年5月，神东煤炭分公司根据科技发展面临的形势和公司科技现状，制定下发《神东煤炭分公司科技发展规划》（以下简称《规划》）。《规划》指出分公司科技发展面临的形势：我国经济的快速发展对煤炭需求迅速增加，煤炭工业蕴涵巨大发展潜力；煤炭洁净加工利用是我国煤炭工业的必然要求和趋势；"科教兴煤"战略的实施，煤炭工业依靠科学技术提升生产力水平的总体趋势，为神东科技发展创造了良好的外部条件。要求各部门按照《规划》做好科技项目的实施工作。

1. 《规划》重点工作内容

（1）煤炭高效集约化开采方面：煤巷快速掘进和支护技术与装备，高效长壁综采开采技术与装备，短壁开采技术与装备。

（2）煤矿安全方面：矿井瓦斯灾害防治技术，矿井火灾防治技术的研究重点，矿井粉尘防治技术，矿井水灾防治技术，煤矿安全科学管理。

（3）煤炭资源勘探与矿区环境保护方面：煤炭高效开采地质保障技术，矿区煤矸石等固体废物与水资源治理利用及保护技术。

（4）信息技术的研究重点。

2. 重点攻关内容

（1）长壁、短壁机械化回采工作面生产能力升级和采掘工艺配套。

（2）高产高效主要生产设备国产化。

（3）不同井田、不同煤层、不同围岩力学性质条件下，巷道几何尺寸、支护参数的确定，煤柱留设几何尺寸的确定。

（4）薄基岩、浅埋深、厚风积沙埋藏条件下长壁、短壁开采的矿山压力及岩石移动规律研究。

（5）各种煤柱回采技术与装备的研究与应用，有效提高资源回收率。

（6）矿区防灭火技术与装备的研发与应用、瓦斯治理与应用技术。

（7）资源开采与环境保护技术研究。

（8）矿区环境综合治理工程技术，实现循环经济。

（9）煤炭采、装、运防污染、防道路损耗技术。

（10）矿井安全生产信息化、自动化。

（11）新技术、新工艺、新装备、新材料的研发、引进、消化、推广、应用力度。

（12）继续进行矿井系统智能化、应用软件的开发利用，为矿井自动化、信息化、安全生产提供技术支持。

（13）继续开展矿山节能降耗工作，推广应用高效安全节能设备，逐步淘汰高耗能设备，实施能源生产与生产过程节能降耗相结合的生产方针。

（二）神华准格尔能源有限责任公司

1994年11月，准格尔煤炭工业公司编发《"九五"科技发展计划和2010年长期规划报告书》，确定1996—2000年科技发展计划，具体内容有：黑岱沟露天煤矿及选煤厂大型进口设备配件国产化的研究、黑岱沟露天煤矿外排土场边坡稳定的研究、黑岱沟露天煤矿选煤厂产品煤仓北部边坡稳定性的研究、黑岱沟露天煤矿计算机卡车调度系统的研究、准格尔煤炭公司管理信息系统的建设和准格尔煤田煤系高岭土开发与加工利用的研究。该报告书中拟定的2010年长期规划项目是开展"大型露天煤矿及选煤厂技术装备国产化"的研究工作。

1999年，编发《准格尔煤炭工业公司1999—2005年发展规划》，确定了工作重点：对露天煤矿并段采煤、抛掷爆破剥离等方案进行研究，实现采掘、运输、排土方案的优化动态管理，采取非工作帮残煤回收等措施，尽快实现内排和考虑就近排土方案，做到节能降耗、减员提效、最大限度降低吨煤成本；进一步加大工作力度，规划期末引进设备配件的国产化比率达到50%以上；对处理后的污水用作电厂冷却循环水及电厂除灰水用作露天煤矿洗煤、绿化、道路洒水的深课题进一步进行研究，以实现水资源的多次重复利用；对影响生产不利于降低生产成本的部分生产环节进行研究改造；进一步加强计算机管理信息系统的建设和完善工作，尽快开发物资管理等各系统的应用软件，实现管理工作计算机化。同年，《神华准格尔能源有限公司"十五"科技规划》出台。

2001年，中长期科研开发项目和发展规划初步确定。

（三）神华大雁集团有限公司

1990年3月，大雁矿务局制定《1990—1995年矿务局科技发展规划》，确立科技工作要面向生产建设，围绕生产、建设、多种经营3个主体，做好安全、高效、现代化矿井建设3件大事；集中力量解决采掘机械化、支护改革、安全生产中的关键性技术问题；发展多层次技术，积极推广量大面广、效益高的新技术、新工艺、新装备、新材料，力求获得最佳技术经济效果。1992年1月，修订《"八五"科技发展规划》。1994年10月，制定《"九五"科技发展规划》。1995年，全局《"八五"科技发展规划》基本实现。采掘机械化程度达100%。1996—2000年，公司科技发展目标是对大雁一矿进行改扩建，年产量由90万吨增加到180万吨。

2000年，矿务局规划煤炭总产量达到700万吨，全员效率突破6吨，百万吨死亡率降到1以下。继续巩固和提高采掘机械化程度，采煤机械化程度达到100%，综采机械化程度达到80%。广泛应用先进的凿掘技术，加快新井建设。继续改革巷道支护，降低支护成本。广泛使用锚喷和锚杆支护。引进煤干洗技术，解决机采煤炭含矸率高的难题，提高商品煤的质量。推广氮气防灭火新技术。初步形成矿务局的信息网络系统和环境工况监测监控系统，提高现代化管理水平。大力开发多种经营和第三产业，安置富余人员，形成以煤为主、多业并举的产业结构。

2004年11月，大雁煤业公司制定《2005—2010年科技发展规划》。紧紧围绕科技强企战略，以煤业公司发展壮大和产业结构调整为中心，发展煤电联营和煤化工为重点，加速高新技术的应用和产业化；不断增强科学技术的综合实力和转化能力，推动经济增长方式的转变，延伸产业链，实现科技和经济之间的全面发展。

（四）内蒙古平庄煤业（集团）有限责任公司

1996年8月，平庄矿务局制定下发《平庄矿务局科教发展"九五"规划》（以下简称《规划》）。《规划》明确：1996—2000年，矿务局的科技发展，要以"科学技术是第一生产力"的思想为指导，坚持"经济建设必须依靠科学技术，科学技术必须面向经济建设"的基本方针，从企业的实际情况出发，以提高科技水平、促进经济与科技协调发展为目标，切实把经济发展转移到依靠科技进步和提高劳动者素质的轨道上来，加速科技经济一体化进程，建立与社会主义市场经济相适应的企业科技体制。

《规划》确定1996—2000年矿务局科教发展面向生产的10个目标、科教发展的重点领域和技术，就科技发展的方针、政策与措施做出规划。

2005年7月，公司制定下发《平庄煤业（集团）有限责任公司科技发展规划（2005—2010年）》，进一步明确了指导思想、目标和任务。指导思想：按照科学发展观的要求，紧密结合平庄煤业"两步走"的战略目标和生产管理现状，体现"科学技术是第一生产力"和"创新是企业发展原动力"的思想，对公司科技进步进行中长期总体规划，使公司真正步入依靠科技进步求发展的轨道。目标和任务：围绕平庄煤业集团到2010年实现2000万吨煤炭生产能力和具备5000万吨煤炭生产规模，具备一定水平的煤炭自行转化能力，建设现代化高产高效、本质安全型矿井的目标，推广应用现代开采技术、开采工艺、安全技术、信息技术和煤炭转化技术等，使公司的整体技术水平达到全国同类煤矿先进水平。

2008年，公司制定《平庄煤业集团中长期科技发展规划（2009—2020年）（试行）》，其中，涉及采矿类40项，投资、机电设备类19项，边坡治理6项，洁净煤技术类3项，选煤9项，塌陷地治理及土地复垦类7项，软件类4项，其他9项。

二、管理制度建设

（一）神华神东煤炭集团有限责任公司

1992年11月，公司前身的华能精煤公司根据中共十四大提出的"振兴经济首先要振兴科技"的要求，制定并下发《华能精煤公司关于加快科技工作的通知》，对安全生产技术问题、重大设备及先进技术的引进、职工培训和技术人员的更新、技术人员的工作成果与职称评定等提出具体要求。

1998—2004年，公司的科研项目由生产部及各矿自行开展与管理。2004年，神华集团公司下发《关于印发〈神华集团公司科技创新项目管理暂行办法〉的通知》《关于印发〈神华集团公司科技创新项目招投标管理暂行办法〉的通知》后，公司科研项目由科技中心统一管理。

自2013年起，公司每年7月到基层单位调研，收集下一年度科研项目，整理后的项目经过研究院初审、复审并确定项目管理层级（100万元及以上项目由神华集团公司批复；100万元以下项目由神东公司批复）；再由公司总工程师组织专业委员会审查研究院提报的《科研项目立项建议书》，由专业委员会向总经理办公会汇报审定的科研立项建议计划，对可批复的项目进行批复；向党政联席办公会议汇报年度科研项目立项计划，对立项项目批复，同时100万元及以上项目报送神华集团公司科技发展部，履行科研项目报批流程，之后技术研究院按照两级公司下达的科研项目批复，制定并下发年度科研计划。已批复的项目按照科研项目技术方案（技术标的）编审流程、招标流程、合同管理、项目验收、资料归档、成果推广、项目后评价全过程实施。

2014年，神东煤炭集团公司修订下发的《神东煤炭集团公司科技创新管理办法》，进一步规范科研项目的管理。2015年，神东煤炭集团公司依据《中国神华科技创新项目招投标管理办法》，进一步加强科研项目管理。科研项目管理实行项目专人负责制，指定专人对每项科研项目进行全过程管理，并建立科研档案，保存项目的所有资料。科研项目按照管理权限可划分为神华集团公司项目和神东煤炭集团公司项目，按照研发方式主要分为自主研发项目、联合研发项目和外委研发项目。

1995年8月以前，华能精煤公司科技投入的资金基本上来自企业自筹资金。1996年划归神华集团后，神华集团下属公司科研经费除重大项目由神华集团公司直接投入外，主要以子（分）公司投入为主，各公司根据建设、生产、经营的实际需要，结合项目进行技术引进和攻关。科研费用基本上没有实行专项管理，而是根据项目性质分摊在各项费用中。因此，神东煤炭集团公司科研项目投入的资金全部来自企业自筹。

1998—2004年，公司每年专列300万元科研费用于解决各单位生产中存在的技术难题，每年在国产化及新设备研制方面也投入了大量的科研资金。项目经费预算，必须根据项目实施过程中的每项具体活动内容和实际情况制定。在项目实施过程中原则上不允许修改，如需修改，项目负责人须向项目委托方提出修改项目预算申请，经科委组织评估、批准后执行新的项目预算。

项目资金经项目承担单位、煤炭技术研究院、核算中心、财务部相关负责人及公司领导签字后，由核算中心支付给各承担单位。科研资金的使用必须严格按核定用途、范围和开支标准专用。

科研资金决算包括年度决算和项目决算。年度末，项目承担单位必须向神东煤炭技术研究院报送科研资金年度经费使用情况表。项目进行期间，项目承担单位应在每季度末，向煤炭技术研究院报送项目资金支出和项目进展情况的报告。2015年，神东煤炭集团公司科研经费完成14064.0万元。

（二）神华准格尔能源有限责任公司

1997年5月，准格尔煤炭工业公司出台《准格尔煤炭工业公司科技进步工作暂行管理办法》。1999年，补充制订《准格尔煤炭工业公司科技进步工作管理办法》，共 7 章 30 条，阐明科技进步管理的宗旨、内容、体制、机构、职责以及科技项目的立项与计划管理、组织实施、经费管理、奖励和成果管理办法；明确公司总工程师是科技进步工作的总负责人。2000 年，公司出台《管理制度汇编》，其中《准格尔煤炭工业公司科技进步管理办法》规定：公司科技进步工作是指科学实验、技术开发、技术革新、技术改造、技术引进和群众性合理化建议活动等；公司对科技工作实行公司总工程师（或分管副总经理）负总责，副总工程师按专业分工负专责的管理体制；公司生产技术部是科技进步的业务主管部门，负责公司科技进步的日常管理工作。

2004 年，神华集团公司下发《神华集团公司科技创新工作管理暂行办法》《关于印发〈神华集团公司科技创新项目招投标管理暂行办法〉的通知》后，准能公司先后制定《神华准能集团公司科技创新工作管理办法（试行）》和《神华准能集团公司科技创新项目管理办法（试行）》，确定公司科技项目管理的原则和目标。

公司项目管理工作遵循"统一管理、分级负责"的原则，逐步形成涵盖煤、电、路、循环经济四大板块，并拥有知识产权的科技创新目标体系、科技成果体系，充分调动职工创新积极性，全面落实创建"五型企业"发展战略，提高企业核心竞争力，充分发挥科技创新在神华准能公司"第三次创业"的技术支撑作用。

项目招投标管理根据神华集团公司及神华准能公司招投标管理办法进行。项目实施管理的原则是，有章可循、有人负责、有人监督、有人考核。项目实施目标明确，实施步骤合理可行，在项目实施过程中各有关单位职责明确、协作有序。

项目验收分类进行：国家项目由神华集团公司科技管理部门配合国家有关主管部门验收；集团公司项目由集团公司科技管理部门组织验收；子公司项目由二级公司组织验收，集团科技管理部门派人参加。验收采用专家验收会形式进行。

2006 年以前，科技研发经费由公司根据项目重要性，单列经费支持。2008年后，统一执行《中国神华科研项目资金管理的有关规定》。

（三）神华乌海能源有限责任公司

乌达矿务局、海勃湾矿务局并入神华集团公司后，科技管理执行神华集团公司 2004 年制定的《神华集团公司科技创新工作管理暂行办法》。公司科技信息部相应出台与科技业务相关的制度及管理办法，有《科技项目管理暂行办法》《科技创新暂行管理办法》《科技创新暂行办法》《科技进步奖奖励办法（试行）》《科技论文奖奖励办法（试行）》《知识产权管理暂行办法》《科技管理工作职责及岗位职责》等。

2008 年以前，公司科技研发经费由神华乌达煤业、海勃湾煤业两个公司根据项目重要性，单列经费支持。2008 年后，统一执行《中国神华科研项目资金管理的有关规定》。

自神华乌海能源有限责任公司成立之后，先后承担了多项国家重大科技支撑计划科研项目，除得到国家科研经费的支持外，也从地方政府获得科研经费补充。2009 年，海勃湾矿业公司科技活动经费 5270 万元，科技人员总数 389 人，科技投入占销售收入比重为 1.7%；乌达矿业公司科技活动经费 240 万元，科技人员总数 240 人，科技投入占销售收入比重为 0.08%；蒙西公司科技活动经费 43987 万元，科技人员总数 526 人，科技投入占销售收入比重为 16.8%；乌海煤焦化公司科技活动经费 4940 万元，科技人员总数

961 人，科技投入占销售收入比重为 1.2%。2010 年，神华乌海能源公司投入科技经费约 2000 万元。

（四）神华包头能源有限责任公司

2008 年以前，科技研发经费由公司根据项目重要性，单列经费支持。2008 年后，统一执行《中国神华科研项目资金管理的有关规定》。

（五）神华北电胜利能源有限公司

2008 年，公司编制出台了《神华北电胜利能源有限公司科技创新管理办法》，以"科技兴企"战略思想为指导，充分利用公司内外部科技资源，解决公司建设、生产、经营中的技术难题；落实了公司及二级单位两级科技管理专、兼职人员，形成了适合公司实际情况的考核、激励机制，开展了形式多样的职工技术创新活动。

（六）神华大雁集团有限公司

从 1991 年开始，大雁矿务局开展多年的撰写科技论文、提合理化建议、技术革新和优秀科技工作者评选活动。2003 年，大雁煤业公司成立技术创新工作领导小组、科学技术委员会和 10 个专业评审组，制定《大雁煤业公司技术创新管理办法》《大雁煤业公司技术创新考核办法》《大雁煤业公司技术创新成果管理工作实施细则》等，使科技管理工作走上规范化、制度化和科学化的轨道。科研管理工作由单一科研管理型向科研项目研究型、科研攻关型、技术推广型转变。

公司各单位相继成立科技攻关领导小组和科技成果评审小组，实行科技工作目标化管理，层层落实科技攻关责任制，实现了科技项目"三定"（定项目、定人员、定时间），增强科技工作者的责任感。公司的科研项目计划实行分类管理，主要包括集团项目、公司项目和矿（处）项目。公司科技信息部对各单位申报的项目计划进行初审，初审合格后，将项目分专业报送各专业评审组进行审查，拟定公司项目与矿处项目，由科技信息部整理后统一上报公司科技工作领导小组和科技委，再由科技委从公司项目中评选出优秀项目报送集团公司确立集团项目。公司总工程师组织技术委员会对各专业评审组的审查结果进行终审，确定公司级科技创新项目。

科技信息部对计划内各类科研项目的实施情况进行管理。各单位承担的项目由项目经理或课题组长按计划进度分阶段向科技信息部进行书面汇报。项目实施过程中，出现问题时，项目经理或课题组长必须及时向科技信息部反馈信息，科技信息部及时将情况以书面材料形式向公司总工程师汇报，由公司总工程师组织有关部门视实际情况对项目实施进行调整或撤销，重大问题召开技术委员会会议研究决定。大雁矿业公司总体科技创新计划的调整或撤销工作在每年 7 月份进行。要求项目完成后，及时总结，完备相关文件材料。

公司划归神华集团公司后，公司科技项目管理按《神华集团公司科技创新项目管理暂行办法》执行。

大雁矿务局各矿（处）组单位计划项目，由本单位自筹资金、自选项目经理或课题组长，自行组织实施，报科技信息部备案。公司级科技创新项目实行项目经理或课题组长负责制，对项目实施全过程负责。所有科研项目均需签订内部合同，项目完成情况与经济挂钩，奖罚对等，具体奖罚办法在合同中规定。

2012 年以前，项目科技研发经费由公司根据项目重要性，单列经费支持。2012 年后，统一执行《中国神华科研项目资金管理的有关规定》。

（七）扎赉诺尔煤业有限责任公司

扎赉诺尔矿务局的科技活动由局总工

程师领导，科技环保处负责日常管理。1991年以来，每年确立重点攻关项目并划拨专项科研经费。1991年，矿务局拨款8.5万元，重点攻关项目为新型褐煤干燥炉研制和煤矸石空心砌块的研究。2000年，公司列科技专项资金18.5万元，重点研究和推广项目有灵泉矿低位综放开采技术研究、露天矿最小采剥比的确定、矿井地质报告信息系统的开发等项目。2010年，归属华能集团后的扎赉诺尔煤业公司科研经费增加到226万元。

（八）中电投蒙东能源集团有限责任公司

2009年，公司为完善科技管理体制，成立公司科技工作管理委员会、科技项目技术成果评审委员会，建立由公司和基层各单位组成的两级科技工作管理网络。在2002年编制的《露天煤业股份公司科技工作管理规定》《露天煤业股份公司科技技术进步奖励办法》《露天煤业股份公司科技项目管理办法》等科技管理制度的基础上进行系统整合。2010年，将上述3个制度整合为《中电投蒙东能源集团股份有限公司科技管理制度》。

（九）内蒙古平庄煤业（集团）有限责任公司

2003年7月，平煤集团办公室印发了《平煤（集团）公司科技进步成果奖励办法（暂行）》，2005年7月5日印发《平煤（集团）公司科技进步评审奖励办法（试行）》（以下简称《办法》）。

《办法》规定：公司成立科技进步评审办公室，在公司技术委员会领导下负责评奖的日常工作，评审办设在技术研究发展办公室。评审办拟定专业评审组织报公司技术委员会批准后，负责科技进步评审奖励工作并提出评审结果，评审结果由评审办上报公司经理办公会议审定。

《办法》规定了表彰形式：公司对科技进步先进单位及个人每3年评奖一次，当年11月30日前开始申报、评审工作，次年1月召开科技大会进行集中表彰。

《办法》规定了单位（个人）推荐要求和申报程序，明确了奖励范围，规定了评审标准、评审程序、应坚持的原则以及奖励等级、奖励方式、奖励标准和资金来源等。《办法》还规定，获科技进步二等奖以上的项目，公司评奖办公室负责向上级科技部门推荐参评。

第二章 科 技 研 发

第一节 煤炭生产技术

一、井工煤矿生产技术研发

（一）神华神东煤炭集团有限责任公司

1. 综采配套技术研发

（1）年产1000万吨综采工作面支护设备本土化研究。该项目是2004年国家发改委重大科技创新项目。液压支架采用新的设计理念，首次应用等强度弹塑性理论和整体有限元方法计算和分析，使支架强度、稳定性、可靠性设计水平明显提高，在制造上研究开发出适用于1000兆帕（Q960）级钢板的药芯焊丝及其熔透焊接技术、1000兆帕级高强度铸钢zC28Nicrmn4、新型矩形螺纹及液压元件加工工艺和检测技术；该成果在近一年的试验运行中，工作面累计推进4928.5米，累计生产原煤1024万吨，最高日产43287吨，最高月产104.832万吨，最高工效441.7吨/工。该支架本土化与德国DBT支架共同在一个大采高综合机械采煤工作面应用，测试结果表明，整体技术性能达到同一水平。在"浅埋深""两硬"地质条件下单工作面年过煤量超过1000万吨，实现了本土化高端支架替代进口支架的目标。该项目总体技术达到国际先进水平，在立柱上柱窝等结构设计和焊材匹配等方面达到国际领先水平。

（2）回风巷超前支护支架组。支架组是神东煤炭分公司和中国煤炭科学研究总院太原研究院合作研制工作面回风巷和运输巷超前支护设备。使用超前支护支架组后，彻底取消了单体支柱支护方式，提高了支护作业的安全性，加快了超前支护速度，提高了综采面单产，取消了专门的顺槽超前支护工，每年可节省工资15万元。

（3）回撤掩护支架。神东矿区采用的"内外辅巷多通道快速回撤工艺"，要求在回撤通道和端头配置高效安全的专用支护设备，回撤掩护支架和三角区掩护支架的研制成功，构成回撤端头特种支架组。回撤掩护支架组的使用，实现了回撤巷道支护机械化、回撤巷道端头和三角区顶板的主动临时支护，提高了综采支架回撤的效率与安全性，使辅巷多通道搬家倒面工艺得到了进一步完善和发展。

（4）给料破碎机研制。给料破碎机是连续采煤机短壁机械化开采的后配套关键设备。

（5）履带行走式液压支架研制。1998年，神东煤炭公司与煤科总院太原研究院合作研制用于配套连续采煤机回采工作面的履带行走式液压支架，于2000年6月交付使用。2003年，太原研究院又对行走支架进行较大规模的技术升级改造，在可靠性、灵活性及适应性方面都有了提高，实现了短壁工作面安全高效生产以及机械化支护。

公司除进行以上综采配套技术研发外，还开展运输巷道超前支护支架、高效矿井SGZ1000/3×1000（855）型刮板输送机成套设备等技术的研发。

2. 矿井建设配套技术研究

（1）神东快速建井模式。1998年，神东矿区在自然资源条件基础上结合全新的设计思想，依靠先进的建井技术，合理布置井下各生产系统和地面设施配套系统，使整个矿井实现系统环节少、设施配套、能力匹配、建井周期短的目标。以"主斜井－副斜硐"开拓、无轨胶轮车辅助运输、连续采煤机快速掘进、矿井"无盘区"布置、长距离大断面快速掘进通风及地面箱式变电站与井下联合远程供电等关键技术群为主体，再辅以生活区集中规划布置、矿井地面非生产性设施简化布置及地面洗选系统与井下生产系统集成布置等措施，构建了快速建井的"神东模式"。

（2）神东矿区掘进巷道底板硬化技术研究。2004年，针对神东矿区掘进巷道底板泥岩问题，通过现场调研和典型矿井采样，开展底板泥岩泥化机理、高效混凝土复合剂、泥化物固化剂、土工格室固化特性等理论研究、材料配比试验、数值计算分析以及大量现场试验，提出5种底板硬化综合治理方案，包括高效混凝土复合剂方案、固化剂直接固化方案、土工格室硬化方案、固化剂＋面层硬化方案和土工格室＋面层硬化方案。新方案具有适用性广、施工速度快、综合成本低及环保等特点。

（3）新型玻璃钢锚杆或高强纤维锚杆的研发。该项目针对神东矿区回采巷道片帮严重、使用木锚杆支护失效、金属锚杆存在安全隐患一系列问题，在研究神东矿区地质技术条件和生产技术条件的基础上，采用科学合理的技术方法，研发出适合神东矿区巷帮支护的新型高强纤维锚杆。

（4）神东矿区煤矿合理煤柱宽度、巷道断面与支护技术参数研究。自2006年起，神东煤炭分公司与中国矿业大学合作，通过理论研究、计算机数值模拟、现场试验等综合研究方法，对矿区内补连塔煤矿、上湾煤矿等矿井的合理煤柱宽度、巷道断面与支护技术参数等进行深入研究和优化，为神东矿区内不同煤层条件下的巷道围岩控制与支护提供了相关的技术决策参数。

3. 煤矿生产工艺配套技术研究

（1）800万吨/年综采工作面成套技术。1998年，公司通过对神东矿区"浅埋深、薄基岩、厚风积沙"特定覆岩结构条件下采场矿压的研究，发现采场顶板以短梁破断为特征的基岩全厚沿煤壁整体切落失稳规律，建立采场顶板破断后的"短砌体梁"结构力学模型。以此为依据，研制了适合神东矿区矿压规律和生产技术条件的大采高、强力掩护式电液伺服控制液压支架，并对工作面成套设备进行优化配置；首创综采工作面辅巷多通道快速搬家新技术与工艺。

（2）连续采煤机短壁机械化开采成套技术。1999年，为解决神东矿区井田范围内存在的部分中小型井田和边角块段煤层资源回收问题，开始在矿区范围内试验推广连续采煤机短壁机械化开采技术。该技术分"单翼短壁机械化"采煤法和"双翼短壁机械化"采煤法，实现短壁工作面落煤、装煤、运煤、支护等工艺的机械化生产。同时研制开发出与之配套的履带行走式新型液压支架，用于支护短壁机械化开采回风巷、运输巷、支巷及联络巷交汇处的大断面空顶，实现短壁机械化工作面的安全高效生产。

（3）高度集中生产的安全保障技术。2000年，针对神东矿区煤层易自燃、自然发火期仅为1个月左右且实现高度集中开采后工作面推进距离长（最长已达6000米）、回采周期长（超过一年）的特点，研究开发可对综采工作面（包括采空区）和相邻巷道自然发火危险性进行监测监控的计算机可视化系统。成功研究开发出井上下移动注沙和注浆系统，配以独创的山沙胶体和三相泡沫灭火新材料，解决了西部地区在防灭火方面缺土缺水的困难。

采用大断面双巷掘进配以快速隔风技术，解决了综采工作面推进距达6000米的高度集中开采的通风问题。研究开发出适应于高产高效综采面的压气喷雾降尘技术和适应连采面的涡流控尘配合湿式旋流除尘器的降尘技术，降尘率分别达到85%和97%。综合应用多种新型物探和钻探手段，可准确探明覆岩的各种地质构造，结合计算机智能化分析，研制一套突水溃沙治理新技术，避免了重大突水溃沙事故的发生。

（4）矿区生产与管理的网络控制与信息技术。2000年，针对煤矿工作环境恶劣和安全性、可靠性要求高等特点，应用先进的异构网络集成和异构数据源采集技术，以集成化的三层网络为基础，将煤矿生产全程自动化、全方位管理信息化的各项应用统一在一个网络平台上，建成神东矿区生产与管理综合自动化系统，并研制开发出一系列自动化控制防爆设备。实现矿井生产、运输、通风、供排水、供电、矿井安全、洗选和装车等生产环节的监测与控制自动化。实现生产过程集中控制与企业数字化管理。

（5）连续运输系统研发。从2000年开始，项目组主要针对长距离、多转向、同步行走式连续运输系统总体结构、给料破碎输送机和行式刮板输送机履带行走技术、刮板输送设备紧凑型传动与运煤机构、截齿破碎机构及破碎块度控制机构、机电一体化电气控制与操纵技术、液压控制系统等一系列技术进行研究。通过近两年的研究，2002年7月，"LY1500/865-10型连续运输系统"通过了中国煤炭工业协会组织的鉴定。

（6）四臂锚杆钻车。自2002年起，项目组主要针对整机布置和稳定性技术、锚钻机构、履带行走机构、真空除尘技术、电缆自动收放系统、液压系统可靠性、自动控制及电气系统、临时支护系统等技术进行研究。2005年12月，CMM25-4型四臂锚杆钻车通过了中国煤炭学会组织的专家技术鉴定（中煤会鉴字〔2005〕第12号），该产品具有完全独立知识产权，获发明专利1项，实用新型专利5项，并形成相应的企业设计标准。

（7）长工作面、大采高、高强度开采工艺研究。神东矿区煤炭资源丰富，特厚煤层较多。2003年起逐步在神东矿区的上湾煤矿、补连塔煤矿、霍洛湾煤矿等，针对厚煤层特点，采用6~7米大采高开采工艺和技术，增加了产量，提高了煤炭采出率。

该项目以上湾煤矿为具体工程背景，着重针对长工作面（300~360米）、大采高（5.5~6米）、高强度开采（年产800万吨）工艺的矿压显现规律及设备整体配套参数展开系统的科学实测与理论研究，提出能指导神东矿区浅埋特厚煤层大采高、超长工作面开采实践的围岩控制关键技术和技术参数，认识和掌握内在的客观规律，为神东矿区的煤炭开采生产服务。

（8）短壁机械化开采成套技术研究。该项目在澳大利亚的旺格维利采煤法的基础上，根据神东矿区实际情况加以改进提高，形成具有中国特色的短壁机械化开采成套技术，其特点如下：采掘同步，随采随掘；该采煤方法对煤层赋存条件适应性强，工作面布置受构造影响小；短壁机械化采煤法顶板管理与长壁工作面相类似，不仅解决了一些小井田及不规则井田的资源回收问题，且其资源回收率是房柱式的数倍；连续采煤机及履带行走式液压支架是国产化研制。2004年，该项目获"煤炭工业十大科技成果奖"。

（9）高产高效超长综采工作面技术研究。本项目针对浅埋深、薄基岩、厚冲积沙的典型条件，进行了超长工作面快速推进的采场和回采巷道矿压显现规律研究与分析，围绕建成年产720万吨、工作面长度为360m的高产高效超长工作面，进行了以下几方面的研究：合理确定360m超长工作面支架阻力和支架架型；综采工作面设备选型和配套研究；超长工作面生产工艺和循环作业方式、工作面巷道布置及生产系统的研究。2005年，该项目获煤炭工业十大科技成果奖。

（10）采掘设备报废条件及优化配置系统研究。项目包括两个子课题，分别为采掘设备报废条件研究及报废管理系统开发和综采设备优化配置系统研究。采掘设备报废条件研究及报废管理系统开发在理论分析、实验研究的基础上，建立液压支架的寿命评价体系，开发出基于B/S模式的液压支架报废管理系统，为现场设备管理与决策提供较为便捷的工具。综采设备优化配置系统通过分析2005—2006年神东煤炭分公司开采条件、生产能力与设备配置之间的关系，完成对公司煤炭产量与设备数量配置的优化、综采工作面搬家倒面停产与不停产的对比分析以及进口设备与国产装备的对比分析研究，开发综采设备配置决策支持软件，用于指导公司设备的优化配置。

（11）自移机尾技术。项目研究适合于各种采高的自移机尾，包括中厚煤层、特厚煤层和薄煤层自移机尾，使自移机尾产品系列化、成套化，满足神华集团高速发展的需要。项目从2007年1月起开始正式实施，12月结束。共完成SDWX/JW－Ⅳ型中厚煤层自移机尾、SDWX/JW1.6－Ⅰ型1.6米带式输送机自移机尾、SDWX/JW1.2－Ⅰ型薄煤层自移机尾样机研制、井下工业性试验等工作。研制的SDWX/JW1.6－Ⅰ型1.6米带式输送机自移机尾，运力为4000吨/小时，运距达6000米；SDWX/JW1.2－Ⅰ型薄煤层自移机尾，铰接座距底板高度为715毫米。

4. 矿井辅助运输车辆研发

（1）WC2型顺槽用胶轮运输车。项目自2004年开始，与常州公司、昆山公司、山西煤机公司合作，采用先进的虚拟样机技术进行整机设计，利用有限元分析方法对主要结构件进行优化设计，对发动机防爆、液压驱动系统、两侧独立操纵互不干扰双向驾驶技术等关键技术进行攻关研究。为提高使用可靠性，其传动液压和电气系统在保证功能的情况下尽量集成化，关键部位选用进口。整车防爆盒各项性能符合国家相关规程和要求。2008年10月，项目通过中国煤炭学会组织的鉴定。2008年底，已取得国内实用新型专利授权3项。

（2）WC40Y支架搬运车。神东煤炭分公司使用的部分液压支架单架重量已达到35吨，采高为6.3米液压支架的重量达42吨。工作面长度增加到400米左右，工作面支架总重量已达到8000余吨。项目符合煤矿条件和相关防爆标准要求并具有自主知识产权，是液压支架专用搬迁设备。2005年开始与哈尔滨焊接所、航天科技集团、上海大电气、煤科总院太原分院、三一重工合作，采用先进的虚拟样机技术进行整机设计，利用有限元分析方法对主要结构件进行优化设计。对发动机防爆改造、液压驱动系统、大扭矩湿式制动器等关键技术进行攻关研究。

项目于2006年7—10月在神东煤炭公司进行工业性试验。试验期间共搬运支架325架，总行程约3300公里，实现了煤矿井下液压支架的"面到面"不间断运输，提高了煤矿液压支架搬家倒面的机械化水平。在上湾煤矿综采工作面液压支架搬家作业中，参加搬运的5台车（除WC40Y支架搬运车外，另外4台车为进口车辆）中，WC40Y支架搬运车样机共搬运29吨支架60架，占支架总数的34%，总体性能高于进口产品，在速度、结构件强度、操控性能等方面优于进口同类车型。

（3）WJ－10FB防爆柴油铲运机。神东煤炭分公司井下防爆柴油铲运机长期依赖进口。2006年起与山西煤机装备有限公司合作，开始进行WJ－10FB防爆柴油铲运机的研制，总体设计参照国外先进技术，结合国内制造技术水平、现状和使用地点的适用性进行专门设计。

（4）轻型防爆无轨胶轮车。2006年起，神东煤炭分公司对国内煤矿使用的车辆进行分析比对，借鉴各车优点，提高整车性能，关键部件和系统进行专门攻关研究。轻型防爆无轨胶轮车项目完成后形成的产品与进口同类产品相比，具有性能可靠、造价低、维护费用少、备品配件价格低及供应及时等优点，且设备价格仅为进口车辆的 1/2~1/3，可减少辅助运输人员 30%~50%，生产效率可提高 50% 以上。

（5）WC25EJ 铲板式支架搬运车。2006 年，神东煤炭分公司在 WC25EJ 铲板式支架搬运车总体设计中，参照国外先进技术，结合国内制造技术水平、现状和使用地点的适用性进行专门设计和研制，填补了国内 25 吨搬运类型车的空白，可完全代替进口同类型车辆。2008 年 10 月，项目通过中国煤炭学会组织的鉴定。

（6）CLX3 型铲车。项目自 2007 年开始实施。2009 年，样机在神东煤炭分公司井下进行工业性试验，共生产 113 天，运送大型部件 28 次，掘进巷道 4500 米，清理浮煤 271 次，各项指标符合要求，整机性能基本达到进口同类机型水平。2009 年通过了中国煤炭学会鉴定。

（7）连采设备搬运车。2007 年 9 月，设备由神东煤炭分公司与江苏天明机械集团有限公司共同开发研制，第一台样机于 2009 年 6 月正式投入使用。

（8）薄煤层防爆无轨胶轮车。项目为 2008 年度中国煤炭工业协会科学技术研究项目，项目编号：MTKJ08-202。同年 10 月，2 台材料车、2 台自卸车和 1 台人车进入榆家梁煤矿进行现场试用，试用运行良好，百公里故障率不到 0.1。

1998—1999 年，公司还开展快速建井模式形成并应用方面的研发，采用"斜硐"开拓和"矿井作为盘区（采区）"布置技术，采用无轨胶轮车辅助运输方式，应用连续采煤机快速掘进工艺以及地面洗选系统与主运输系统集成布置技术等。

神华神东煤炭集团公司 1998—2009 年确立的科研项目见表 9-2-1。2009—2015 年神东煤炭集团公司外委技术研发项目见表 9-2-2。

表 9-2-1　神华神东煤炭集团公司 1998—2009 年确立的科研项目统计表

年度	项目名称
1998—1999	神东快速建井模式形成并应用：①斜硐"开拓和矿井作为盘区（采区）"布置技术；②采用无轨胶轮车辅助运输方式；③应用连续采煤机快速掘进工艺；④地面洗选系统与主运输系统集成布置技术；⑤地面箱变与井下移变配合的远程供电技术和 10 千伏井下供电技术
2000	在上湾等矿井推广"单翼短壁机械化"采煤法；履带行走式液压支架的研制 履带行走式液压支架（与太原煤科分院合作完成）
2001	上湾矿采用连续采煤机配连续运输系统进行"双翼短壁机械化"开采 与太原煤科分院合作完成的给料破碎机、1500 型连续运输系统
2002	与长沙顺特变压器厂合作完成的 2000 千伏·安移动变压器、与太原煤科分院合作完成的轻型胶轮车、与上海煤科分院合作完成的 1.4 米顺槽带式输送机、与郑州机械研究所合作完成的 LAD 带式输送机减速器
2004	①神东矿区山砂防灭火材料及地面注浆系统研究；②上湾煤矿大采高综采矿压显现规律的实测研究；③神东矿区薄基岩浅埋煤层开采覆岩活动规律及其开采技术研究；④长工作面、大采高、高强度开采工艺、工作面矿压显现规律及设备整体配套参数研究；⑤新型玻璃钢锚杆或高强纤维锚杆的研发；⑥神东矿区掘进巷道底板硬化技术研究
2005	①神东煤炭公司神东矿区煤层自然发火综合防治技术研究（第一阶段）；②连采机电缆拖拽装置的研发；③神东矿区采煤塌陷区生态恢复技术试验与示范研究；④上湾矿 1-2 煤层回采顺槽锚杆支护方式与技术参数的优化选择；⑤乌兰木伦煤矿开采对水源地影响评价；⑥神东矿区薄基岩浅埋煤层自然发火机理及综合防治研究；⑦屈服强度 900 兆帕级高强度钢焊接工艺研究

表9-2-1（续）

年度	项目名称
2006	①神东矿区资源适应型开采工艺研究与设计；②神东矿区水资源保护性开采与综合利用技术；③神东矿区生态环境重建技术研究与工程示范；④神华矿区地下煤火预测与防治技术（神东矿区）；⑤神东矿区土地生态环境的损害及其修复技术研究；⑥采掘设备最优化配置及报废标准的研究；⑦神东矿区不同井田、煤层的合理煤柱宽度、巷道断面与支护技术参数研究；⑧提升神东矿井生产能力的成套装备技术研究；⑨神东矿区短壁连采开采技术研究；⑩神东矿区水资源综合利用技术研究；⑪神东矿区水资源保护性开采技术研究；⑫神东矿区 Quickbird 卫星数据接收及遥感卫星影像图制作；⑬神东矿区三维可视化数字沙盘系统制作；⑭浅埋综采工作面深水开采工业性实验；⑮亿吨级矿区生态环境综合治理技术；⑯浅埋综采工作面覆岩与裂隙扩展特征及深水开采条件研究；⑰马家塔露天煤矿岩层爆破参数试验研究；⑱神东矿区热电厂粉煤灰综合应用研究；⑲补连塔煤矿31401工作面矿压监测研究
2007	①补连1-2煤四盘区2-2煤三盘区矿压显现规律及关键技术研究；②自移机尾成套技术研究；③神东矿区优良乡土树种筛选培育及利用技术研究；④神东矿区中水生态应用技术研究；⑤神东洗煤厂自动化改造技术研究
2008	①特大井田浅埋藏易自燃煤层防灭火关键技术；②神东亿吨矿区生态关键技术总结；③神东矿区生态环境分析评价；④神东矿区7~9米特厚煤层开采方法研究；⑤神东矿区不同煤层条件工作面合理长度优化研究；⑥神东矿区浅煤层关键层理论及其应用研究；⑦7米采高综采支架研究；⑧上湾洗煤厂负压除尘改造试点项目；⑨水仓清挖设备配套装车刮板输送机；⑩火车皮压实装置研究；⑪垛式支架挡矸装置研究；⑫综采工作面巷道煤柱回收设备配套；⑬液压支架立柱拆解组装；⑭神东煤炭分公司物资分类研究；⑮机械化联网装置的研究；⑯柔性锚杆研发；⑰硬煤条件下厚煤层放顶煤可行性研究；⑱神东矿区矿压规律分析与支架工作阻力预测方法；⑲井下岔路口报警仪；⑳矿用本安型数字压力计；㉑乳化液浓度在线检测；㉒防爆车辆加装倒车报警装置；㉓上湾51203CL旺采工作面矿压监测系统；㉔工作面巷道简易自动风门研究；㉕工作面巷道快速密闭装置研究
2009	①神东1.7米以下薄煤层开采技术方案研究；②神东矿区过薄基岩及大断面巷道支护参数研究；③综采工作面氮气涌出控制技术；④振动筛负载工况在线智能诊断系统研发与应用；⑤综采工作面自动化技术研究；⑥井工矿井采掘设备大修规范研究；⑦万利矿区高产高效矿井瓦斯综合治理技术研究

表9-2-2 2009—2015年神东煤炭集团有限责任公司外委技术研发项目统计表

项目名称	立项年度	研究单位	完成时间
神东1.7米以下薄煤层开采技术方案研究	2009	天地科技股份有限公司	2012
神东矿区过薄基岩及大断面巷道支护参数研究	2009	山东科技大学	2012
综采工作面氮气涌出控制技术	2009	山西先导科技开发有限公司	2012
振动筛负载工况在线智能诊断系统研发与应用	2009	陕西维德科技股份有限公司	2012
布尔台煤矿原岩地应力测试和地质构造应力分布	2010	太原阁瑞矿山工程技术有限公司	2011
安全高效矿井生产新技术研究	2010	辽宁工程技术大学	2011
7米支架配套综采设备技术研究	2010	天地科技股份有限公司	2011
神东矿区综采面回风上隅角一氧化碳超限治理技术	2010	山西先导科技开发有限公司	2012
布尔台煤矿61煤开采矿压规律实测及围岩控制技	2010	太原益源煤科新技术公司	2012
神东矿区涌水量预测模型研究	2010	煤炭科学研究总院	2012
神东煤炭集团公司安全风险预控三维模拟仿真动漫系统——风险预控管理	2010	深圳市数虎图像有限公司	2012

表9-2-2（续）

项目名称	立项年度	研究单位	完成时间
安全风险预控三维模拟仿真动漫系统——事故案例再现	2010	辽宁工程技术大学	2012
安全风险预控三维模拟仿真动漫系统——灾害（事故）应急救援仿真特性模拟软件开发	2010	深圳市中视典数字科技有限公司	2012
神东矿区煤泥综合利用可行性研究	2010	中国矿业大学	2013
布尔台煤矿2盘区承压水及水文地质分布规律研究	2011	中煤科工集团西安研究院	2011
布尔台选煤厂煤泥水特性研究及新型药剂的选择	2011	太原理工大学	2012
煤矿特种车辆入井运行安全规范	2011	太原煤科院	2012
回撤通道支护质量验收规范	2011	华北科技学院	2012
矿井巷道锚杆（索）支护技术标准	2011	中国矿业大学（北京）	2012
综采设备安装质量验收规范	2011	华北科技学院	2012
设备精细化管理手持智能点检终端机	2011	上海鸣志自动控制设备有限公司	2012
神东矿区煤矸石分类利用方案研究	2011	西安墙体材料设计研究院	2014
防爆指挥车研发	2011	包头市国安工程机械有限公司 常州联力自动化科技有限公司	2014
10吨防爆工程车研发	2011	连云港天明装备有限公司	2014
迈步超前支架研制项目	2011	太原煤炭科学院	2014
井下机电安装工程车辆研发	2011	常州科试有限公司	2013
国产化交流变频拖动刮板输送机开发	2011	连云港天明装备有限公司	2013
强制放顶围岩技术标准	2011	中国矿业大学（北京）	2013
锚杆和锚索钻车研发	2011	北京理隆重工公司	2013
神东矿区现代化矿井水资源和生态建设研究	2011	中国矿业大学（北京）	2013
神东矿区综采工作面矿压规律研究	2011	中国矿业大学	2013
神东矿井新开水平和盘区支架选型设计研究	2011	山东科技大学	2013
布尔台煤矿综放工作面矿压规律研究	2012	中国矿业大学（北京）	2012
神东矿区顶板全垮落法短壁连采关键技术研究	2012	山东科技大学	2012
运输系统自动化监控及无人值守技术	2012	常州联力自动化科技有限公司	2013
自动排水系统开发	2012	南京双京电器集团有限公司	2013
掘进设备运行监控	2012	山西科达自控工程技术有限公司	2013
"一通三防"信息化技术	2012	北京东方飞龙网络技术有限公司	2013
粉尘在线监测除尘系统研究	2012	常州（天地）自动化有限责任公司	2013
触控式、红外自动喷雾装置研究	2012	兖州中煤华安机电设备有限公司	2013
防尘剂及添注设备研究	2012	科泰华（北京）环保科技有限公司	2013
采煤机、掘进机高压外喷雾装置研究	2012	陕西朗登矿业科技开发有限公司	2013
大采高采煤机、高效掘进机高压外喷雾装置研究	2012	郑州光力科技股份有限公司	2013
布尔台煤矿厚夹矸（0.5~2.0米）煤层分采分运矸石回填采空区开采技术	2012	中国矿业大学	2013

表 9-2-2（续）

项目名称	立项年度	研究单位	完成时间
神东矿区巷道支护施工技术规范	2012	天地科技股份有限公司	2014
神东设备标准化体系研究	2012	中国煤炭工业协会	2014
高效全断面掘进机研制——快速推进后配套设备研发	2012	太原煤炭科学院	2014
神东矿区近距离煤层群开采防火技术研究	2012	西安科技大学	2014
对标管理体系构建研究与应用	2013	普华永道会计师事务所	2013
神东煤炭集团公司标准体系构建研究应用	2013	中国煤炭工业协会	2013
液压支架外导向套、激光熔覆立柱研制	2013	重庆大江信达车辆股份有限公司	2015
一体化小型高效煤泥水处理装置研究	2013	科秦华（北京）环保科技公司	2015
世界一流井工矿井建设标准研究	2013	中国煤炭工业协会	2015
神东矿区矿井水文地质类型划分标准研究	2013	中煤科工集团西安研究院公司	2015
矿用固化泡沫防灭火密闭充填技术的研究与应用	2013	西安科技大学	2015
易维护采煤机摇臂研制项目	2013	中传重型装备有限公司	2014
神东矿区供电系统谐波研究与分析	2013	株洲南车时代电气股份有限公司	2014
胶带长度精确测量仪研制	2013	神东煤炭集团公司生产服务中心	2014
微震技术用于监控地方煤矿越界开采研究	2013	桂林电子科技大学	2014
工作面巷道顶板 5 米长锚杆代替索补强支护技术研究	2014	布尔台煤矿	2011
井下巷道锚杆与锚索错圆长度、错圆质量无损检测技术研究	2014	武汉长盛煤安科技有限公司	2011
煤矿采空区地表沉降变形组合预测模型研究	2014	地测公司	2011
矿区水文自动观测系统研究	2014	地测公司	2011
液压支架用高含水液压液（ME、MS）优化对比分析研究及应用项目	2014	神东煤炭集团公司设备管理中心	2011
煤矿设备综合油液监测与润滑管理技术体系建设与研究项目	2014	神东煤炭集团公司设备管理中心	2014
电气件监测平台研制项目	2014	维修中心	2011
井下变电所或重要区域门禁管理系统研发	2014	煤炭科学技术研究院有限公司	2015
业务流程信息化落地与监控方法研究	2014	上海易予	2015
浅埋藏房柱式采空区下长壁工作面采动诱发动载矿压机理及其控制技术研究	2014	煤炭科学研究总院	2015
矿井水情监测监控预警技术研究	2014	中煤科工集团西安研究院公司	2015
排水管路在线清理研究	2014	山东煤炭技术服务有限公司	2015
工作面回撤掩护支架远程操作系统研究	2014	上海高立高电子有限公司	2015
国产高压过滤站研发	2014	宁波长臂流体动力科技有限公司	2015
神东矿区综采工作面水力压裂初次放顶技术研究	2015	天地科技股份有限公司	2015

（二）神华乌海能源有限责任公司

1. 薄煤层的合理开采研究

为提高矿井回采率，公司对薄煤层进行综合机械化采煤，提高了资源的回收率和工作面的回采工效。

2. 高灰煤的优化降灰开采研究

采出高灰煤后，公司在选煤厂采用先进的重介降灰工艺，达到所需精煤的要求，从而拓宽了洗选精煤的品种，提升了精煤的质量。

3. 高硫煤的合理配煤研究

公司各矿高硫煤储量较大，经合理配煤洗选后，可提高1/3焦煤及主焦煤的数量和质量。

2004—2010年神华乌海能源有限责任公司煤炭领域科研项目见表9-2-3。

表9-2-3 2004—2010年神华乌海能源有限责任公司煤炭领域科研项目统计表　　万元

项目名称	研究单位	项目经费	承担单位
矿区资源与环境协调开采技术	神东煤炭集团公司、准格尔能源公司、万利煤炭公司、乌达矿业公司、海勃湾矿业公司、内蒙古农业大学、中国矿业大学（徐州）	1446.90	神华集团公司
乌达煤田近距离煤层（10号煤）开采技术研究	乌达矿业公司、太原理工大学	163.16	乌达矿业公司
公乌素地区16号煤层综采放顶煤技术研究	海勃湾矿业公司、太原理工大学	161.26	海勃湾矿业公司
平沟矿瓦斯防治技术研究	海勃湾矿业公司、煤炭科学研究总院抚顺分院	158.90	海勃湾矿业公司
中国北方地区煤火探测、灭火与监测新技术研究——灭火新方法（WP4000）乌达试验区	乌达矿业公司、北遥公司	450.00	乌达矿业公司
公乌素矿区高硫煤种洗精煤降硫方法研究	海勃湾矿业公司	20.00	海勃湾矿业公司
平沟矿极难浮煤种精煤降灰、脱水工艺的研究	海勃湾矿业公司	60.00	海勃湾矿业公司
乌达矿区矿井水防治技术研究	乌达矿业公司	115.00	乌达矿业公司
采区阶段窄煤柱巷道布置技术的研究	海勃湾矿业公司	160.00	海勃湾矿业公司
煤系针状焦中试生产技术研究	乌海煤焦化公司	442.00	乌海煤焦化公司
薄煤层综合机械化采煤技术研究	海勃湾矿业公司	100.00	海勃湾矿业公司
采煤工作面顺槽超前支护技术的研究	海勃湾矿业公司	110.00	海勃湾矿业公司
乌海矿区炼焦煤洗选脱硫技术方案研究	乌海煤焦化公司	72.00	乌海煤焦化公司
高应力松软破碎煤巷支护技术研究	天地科技股份有限公司	300.00	乌海能源公司
乌达矿区高瓦斯矿井瓦斯抽采技术及综合利用研究	乌海能源公司	1100.00	乌海能源公司
桌子山煤田骆驼山、棋盘井矿区奥灰水防治技术研究	西安地质矿产研究院	325.00	乌海能源公司

（三）神华包头能源有限责任公司

1. 阿刀亥煤矿防灭火、火区治理工程技术研究

2005年后，阿刀亥煤矿先后投资近3000万元进行火区的防治和灭火工作。煤矿根据生产实际情况和火区的分布状况，与山西先导科技公司联合以产、学、研方式进行灭火工作的探索和研究，采用山西先导科技公司提出的立体式综合灭火技术方案，建立专用的制氮车间，使用先进的制氮机设备对矿井采区内的两处火区进行不间断的注氮，降低火区的氧含量。井下对火区进行火源阻断，地面进行山体剥离，开辟钻场，垂直打孔注浆灭火，使

火区得到有效的治理。在降低火区对矿井安全生产的威胁的同时,解放大量呆滞资源,提高资源的利用率,也减少因煤炭的燃烧带来的环境污染,取得良好的经济效益和社会效益。

2. 梅林庙煤矿井筒施工项目技术研究

2009年8月,公司与北京中煤矿山工程有限公司(煤炭科学研究总院建井研究分院)合作,开展梅林庙矿井井筒冻结设计及井筒支护方案技术研究。优化立井井筒合理支护形式设计和井壁结构及施工工艺。同年9月,与北京科技大学合作研究围岩段相似试验。当月与中国矿业大学及北京科技大学展开深厚富含水地层超大井径竖井井壁设计研究子项目"梅林庙矿井壁高性能混凝土研究",用以提高混凝土的抗裂性能,降低大体积混凝土的原生温度和干缩裂纹,提高其抗拉强度。

(四)扎赉诺尔煤业有限责任公司

1991—2015年,扎赉诺尔煤业公司重点攻关项目及科技研究统计见表9-2-4。

表9-2-4 1991—2015年扎赉诺尔煤业公司重点攻关项目及科技研究统计表　　　　万元

年份	科研费	重点攻关项目及科技研究要点
1991	8.5	引进的单体液压支柱喷涂新工艺,灵泉矿在网采巷道推广使用锚网支护技术
1992	5.9	铁北矿疏干开采、"三带"高度、水力联系的确定;放顶煤综采,顶煤破碎方法及防灭火技术研究;灵泉矿三斜井岩石移动观测站;炮采工作面使用延时雷管新技术;褐煤改质小型试验;供水管道浅埋技术指标测试;铁北矿井下防灭火技术,西山矿在井下首次使用打钻注沙灭火技术;灵泉矿三号风井施工采用沉井法成功地通过流沙层技术
1993	9.0	铁北矿一、二含水层水力联系和导水裂隙带高度的确定;露天矿内排土场稳定性的研究;灵泉矿Ⅱ2煤层综采放顶煤试验;皮带核子称的调研与推广;微机在设备管理中的应用;带式输送机集中控制
1994	3.0	南斜井建筑物下采煤方法的研究;斜井挡水闸的研制;电动煤量计的制作;带式输送机自动除尘;金属锚杆回收机具的研制;抑制肘加工专用机床的制作;新型节能水泵底阀的制作;实用载波控制器的研制
1995	单位自筹	灵泉矿对钢丝绳芯带式输送机电机拖动进行优化改造,解决由于拖动不合理造成带式输送机损坏严重问题;机电处、机电总厂共同完成灵泉矿十一号井绞车改造工作,用两个滚筒对接,解决由于井筒延伸,绞车滚筒直径不足的问题
1996	10.0	南斜井建筑物下采煤;灵泉矿锚网支护技术;铁北矿人工河下开采技术;灵泉矿六采区含水层下开采技术
1997	10.0	Ⅱ2煤层低位综放可行性研究,南斜井建筑物下条带法开采的可行性研究,"'三下'开采技术研究"通过扎局鉴定
1998	15.0	锚杆支护及配套技术的研究和推广;铁北矿岩移观测、高效对旋节能风机、新型矿车轮对、变频调速技术、铁北矿抗磨节能剂推广
1999	10.0	露天矿非工作帮稳定性技术研究;锚杆支护技术
2000	18.5	灵泉矿低位综放开采技术研究;矿井地质报告信息系统的开发
2001	15.0	铁北煤矿过人工河开采、提高块率、降低限下率有效途径;推广应用大螺距锚杆支护、阻化剂灭火

表9－2－4（续） 万元

年份	科研费	重点攻关项目及科技研究要点
2002	20.5	含水层下使用综放开采方法研究，对十二井一采集中运输可行性进行论证；将矿井安全监控系统、变频技术分别应用于井下安全和矿井提升设备中；开发矿井储量管理软件，简化了储量核查计算
2003	25.5	围绕灵泉煤矿十采一面综采放顶煤底分层开采技术、Ⅱ2、Ⅱ3井巷围岩参数的测定及合理支护方式的确定进行研究，对铁北煤矿一采三面综采放顶煤、树脂锚杆及锚索支护技术的研究
2004	25.0	铁北煤矿中砂岩含水层下综放开采技术、灵泉煤矿综放底分层开采技术、巷道内外错布置及支护形式选择、露天煤矿F4预留煤壁开采设计及18度角以上开采方案的研究；将树脂锚杆、网梁、锚索支护应用在岩巷及断层带中；研究人车信号系统抗干扰技术和单体液压支柱大修新工艺；开发井筒防冻远程监控系统
2005	25.0	软岩深孔钻具的研究；高强度树脂锚固剂的应用；减少煤炭外在水分技术研究；悬移支架技术在灵北煤矿推广的可行性研究；综放工作面"三带"高度及地表沉陷治理的研究；落地煤环型外喷回装系统改造及选煤方法的调研；混凝土砂浆养护室技术改造；矿井地质报告编修系统软件开发；矿井火区快速密闭技术可行性研究；矿井供暖锅炉节能技术研究
2006	25.0	灵泉煤矿十采二面一次采全高综放技术、井下供水系统过滤处理装置、工作面淋水防治技术等；对露天煤矿南区11－47段工作帮单斗汽车工艺提高最终帮坡角方案进行论证，确定了综放工作面采空区煤炭自燃"三带"、研制成功缸体深孔镗专用机床
2007	30.0	灵泉煤矿七采区运输、巷道支护及长距离通风的技术研究；铁北煤矿左部区开采方案的确定；灵东煤矿山井建设"三新"技术推广应用；露天煤矿到界边坡监测方案的确定；采区矿压分布规律与合理支护方式的研究；矿井主运带式输送机运行效率监控；冲压轴承座自制生产线；矿井水处理后应用于矿井工业用水的技术研究
2008	30.0	含水层下首采面防治水技术、灵东煤矿首采面开采技术、矿井水处理利用技术、灵泉煤矿七九面采空区"三带"宽度观测的研究，确定了通大公司巷道支护及首采工艺，铁北煤矿新一采区左部首采面防治水方案及露天煤矿提高最终边坡角方案
2009	168.0	灵东煤矿开采顶板防治水技术研究、提高综放工作面单产单进技术研究、大断面一次成巷技术研究、煤巷快速掘进配套技术研究、五牧场煤矿综放开采技术研究等科技项目
2010	226.0	灵泉煤矿和铁北煤矿年产300万吨安全高效开采技术、大断面巷道优化设计与施工技术、铁北煤矿含水层下左部首采面的开采技术、灵东煤矿强含水层下采煤工作面布置与顶板含水层的处理工艺及通大公司瓦斯综合治理技术的研究
2011	178.0	对铁北煤矿含水层下左部开采防治水技术和灵东煤矿含水层下采煤工作面布置与顶板含水层的处理工艺进行研究，投资50万元对锚杆巷道支护参数进行优化设计，投资128万元对通大公司复杂地质条件下开采产量进行论证，开展锚杆巷道支护参数的优化设计，铁北煤矿左部开采防治水技术的研究，灵东矿含水层下采煤工作面布置与顶板含水层的处理工艺研究
2012		特厚煤层分层开采巷道布置的研究
2013		厚煤层大采高综采及大采高综放开采的可行性研究
2014		灵泉煤矿厚煤层下分层综放开采技术研究
2015		小煤柱开采及配套支护技术研究

(五) 神华宝日希勒能源有限公司

2002—2015年，宝日希勒第一煤矿、煤业股份有限公司及神华集团接管初期重点攻关项目工程情况见表9-2-5。

表9-2-5　2002—2015年神华宝日希勒能源有限公司重点攻关项目及科技活动统计表　　　万元

年份	经费	重点攻关项目及科技活动
2002		公司对矿井主要通风机进行改造，将原对流抽出式改为轴流抽出式，将原75千瓦电机改为55千瓦电机，每年节约电费近8万元左右；公司一矿安装KJ95安全监测系统，对井下瓦斯、风量、温度等指标进行连续性监测，为井下制定预防灾害措施提供最科学、最准确的原始数据
2003		公司对宝雁矿1110、1111工作面原计划一次性采全高方案进行改造，经开采工艺论证，以100米×400米，煤层厚度22米的采区为同比口径；一分层留2米顶煤掘采区巷道，铺设金属网假顶开采；二分层留1米底煤掘采区巷道，进行网下一次采全，此工艺比一次采全高可多生产原煤28万～30万吨；完成该矿30万吨/年改扩建设计立项工作；将宝雁矿工作面长度增加40米，降低万吨掘进率，完成分层开采铺网设计；对宝雁矿特厚煤层进行分层开采铺网设计，使矿井服务年限延长至2021年；公司对回收宝一矿地质断层外煤炭进行技术论证，设计1291工作面，增加煤炭储量，延长矿井服务年限4.8年
2004		公司一矿对原主要通风机（为国家明令淘汰的老式离心主要通风机）进行改造，使用高效、节能轴流式主要通风机，并改造风硐；对宝雁矿安装KJ2000安全监测系统，在采掘工作面等主要工作地点布置传感器，通过信号电缆将信息传送到地面监控计算机，使矿井有害气体和风量、风速、温度等指标能及时准确掌握，增强矿井预防"一通三防"事故的能力；9月，公司分别为宝一矿（3个回采工作面）、宝雁矿安设智能瓦斯抽排系统，此系统将工作面上隅角的瓦斯排放到回风总排中，解决采煤工作面上隅角瓦斯超限问题；公司对巷道贯通采用先进的测量技术，完成1261工作面巷道的贯通，贯距达4千米，是公司建矿以来最长的巷道贯通
2005		公司为一矿、宝雁矿设计专用回风巷，在保证安全的同时，节约大量资金；针对当年千万吨生产系统运煤皮带长廊与露天矿铁路交叉的实际情况，公司设计、施工装配式涵洞；原设计至少需33天，将原设计箱涵改为预制装配式后，仅用2天半完成涵洞施工，比原计划提前30天
2006		炮采工作面戗棚梁"以钢代木"的改进；使用报废单体活柱、配合制作戗棚梁，提高支护安全系数，复用率高降低成本；根据煤层实际地质条件及锚杆的锚固力试验结果，减少帮上锚杆的数量，提高效率，降低生产成本；采煤21工作面开切眼掘进支护类型的变更；将锚杆支护改为单体支柱配合π型钢支护，支护材料可直接为采场接续服务，降低掘进支护成本
2007	321.97	①露天煤矿采、排边坡研究；②露天煤矿地理信息系统研究；③建立露天矿坑下道路交通警示灯系统研究；④建立露天矿供电保护集中监控系统；⑤热电联产发电一厂栈桥改造；⑥筒仓锅炉房泵房无人职守改造；⑦采暖系统补水定压和流量平衡分配改造项目；⑧筛分厂一级破碎1号带式输送机提速改造；⑨筛分厂一级破碎2号带式输送机打滑改造；⑩车辆探测系统建立；⑪铁路运输调度指挥管理信息系统；⑫物资供应公司加油泵改造
2008	1148.28	露天矿采场水资源化利用技术研究，矿区可持续发展战略模式与应用研究，办公卷柜、更衣箱制作项目，汽车水箱维修项目，高压电机保养、维修项目，电动轮转子加工处理，龙门架制作，勾机门锁改造，3306勾机电源开关改造，天吊安全电压改造，液压缸活塞杆改造，K38发动机大修项目，露天矿边坡位移监测系统，水泵房自动化控制系统，露天矿机电设备微机化管理系统，采场三级氧化池，JGK-2路灯自动控制开关，TCK-1型铁路道岔融雪装置，水电公司一电厂、二电厂送、引风机安装变频系统改造，水电公司一电厂、二电厂送风机热风利月，储备油库智能监测系统，溜煤槽技术改造，新型清扫器的使用，消防喷淋报警系统改造，皮带机微机保护技改，光纤分布式火灾报警系统，皮带机纵向撕裂保护系统，装车站视频系统改造，系统照明改造，喷雾降尘系统改造

表 9-2-5（续） 万元

年份	经费	重点攻关项目及科技活动
2009	30.00	边帮锚索加固荷载智能检测系统及稳定性控制，储备油库清仓系统改造，露天煤矿采空区地球物理探测研究，TR100 大型自卸车注油系统改造，金属探测仪制作，400 钻机改造，平路机刮板改造，自卸车后堵改造，烤瓷熔附金属修变体制作，二级破碎机破碎齿改造，筛分皮带清扫器制作，筛分刮板机配电柜改造，热电站除尘水循环利用，二电厂凝结器除垢装置技术改造，二电厂锅炉控制室技术改造，JGK-2 路灯自动控制开关，露天站 1 号道岔表示电路技术改造，基于拉线式位移传感器和 ZigBee 无线网络的边坡裂缝位移远程自动检测系统
2010	506.12	柴油加热器设计与制作，液压拆线机设计与制作，108T 大型运输车辆继电器组技术改造，多功能移动卧式压力机设计，50 铲车变速箱改造，装车站自动配煤系统改造，照明系统改造，水泵房自动控制系统，土方验量 GPS，露天矿加油机 IC 卡管理系统，机电设备全寿命管理软件平台构建，数字化露天煤矿开采计算机辅助系统，排土场稳定分析及评价
2011	733.00	柴油加热器设计与制作，液压拆线机设计与制作，工程车辆发动机翻转支架研发与制作，小型车辆发动机翻转支架研发与制作，平车降高系统制作与安装，生产系统全自动化集中控制项目评估与技术研究设计，数字化露天煤炭开采计算机辅助系统设计开发，OA 手机办公系统软件项目开发，储油库 IC 卡定量装车控制系统，露天采空区勘测技术应用，露天煤矿加油机 IC 卡管理系统
2012	1117.90	露天煤矿采矿工程对区域水资源及生态环境影响评价恢复治理研究及实施方案，露天矿移动 GIS 数据采集系统项目，煤炭筛分厂智能供配电管控一体化系统，煤炭筛分厂输煤控制全自动化技术研究，煤炭筛分厂配电室掌纹巡检、火灾报警及视频监控系统，数字化露天煤矿开采计算机辅助系统设计开发，道岔风力清雪装置设计研发，煤炭筛分厂快速定量装车站自动配煤系统开发与研究
2013	5766.00	1. 公司项目（计划资金为 2766 万元）：露天煤矿 2013 年小窑采空区勘查与治理技术升级研究，水电公司矿区饮用水治理改扩建工程初步设计，无动力除尘系统，生产及后勤管理系统建设项目合同，煤炭筛分厂光纤式火灾报警系统项目，露天煤矿 CORS 基站系统升级改造项目，露天煤矿 3 号煤层开采可行性技术研究，露天煤矿 2013 年度边坡稳定分析评价及治理措施 2. 神华集团公司项目（计划资金为 3000 万元）：露天煤矿采剥作业规程编制标准，严酷草原区绿色生态露天煤矿建设技术研究
2014	3874.00	1. 公司项目（计划资金为 1874 万元）：露天煤矿 2014 年小窑采空区勘查与治理技术升级研究，露天煤矿供电设备远程数据采集管理系统，露天煤矿采剥系统、运输系统及地面系统优化设计，机车头灯装置改造，电缆沟火灾报警系统，储装中心 203 号带式输送机机尾张紧系统改造，储装中心装车站定量仓闸门液压控制系统改造，储装中心光纤式火灾报警系统，储装中心配电室掌纹巡检火灾报警及视频监控系统，道岔风动除雪系统，信息化工程项目，车号地面识别系统及后勤库管理系统，干雾抑尘项目，水电公司污水厂废油处理改造，带式输送机系统防冻粘项目，无动力除尘系统，自制轴销拆装机，露天煤矿 CORS 基站系统升级改造项目 2. 集团项目（计划资金为 2000 万元）：严酷草原区绿色生态露天煤矿建设技术研究项目，二号露天煤矿老窑精确探测与治理技术研究项目
2015	4415.00	1. 公司项目（计划资金为 2415 万元）：露天煤矿深部煤层开采边坡稳定性研究，储装中心堆取料机无人操作，装机改装越野型叉车研制，主发电机风毂拆卸工具，车辆检修信息化建设，销轴拆装机，CORS 基站升级改造，供暖系统热网管路除垢，铁路线路电子监控系统项目，云存储管理系统，机车头灯装置改造，储装中心 203 号带式输送机机尾张紧系统改造，道岔风动除雪系统，储装中心装车站定量仓闸门液压控制系统改造，水电公司污水厂废油处理改造，储装中心配电室掌纹巡检火灾报警及视频监控系统，露天煤矿 2014 年小窑采空区勘查与治理技术升级研究 2. 集团项目（计划资金为 2000 万元）：严酷草原区绿色生态露天煤矿建设技术研究，二号露天煤矿老窑精确探测与治理技术研究

(六) 神华大雁集团有限公司

1997年,大雁矿务局组织开展"三矿大井西二采区回风下山深部软岩巷道支护技术的研究""低位综采放顶煤工艺在缓倾斜特厚煤层褐煤矿井的应用研究";2001年,开展"岩体冲击破坏规律及其在爆破工程中的应用"项目研究,"提高厚煤层综放回采率技术研究""断裂爆破技术在特软岩巷中的应用";2002年,开展"大雁矿区地表移动观测资料综合分析"项目研究。

(七) 内蒙古平庄煤业(集团)有限责任公司

1. 1990—1995年,平庄矿务局在锚喷、锚网、锚网索方面的应用技术研究

平庄煤田的各矿井均是软岩区,永久巷道多采用料石碹或砼碹支护,回采巷道多采用工字钢支护。受软岩及采动影响,巷道变形非常严重,致使巷道返修量大,影响正常生产及安全管理。1992年,风水沟煤矿与东北大学及中国矿业大学合作,进行公司最早的锚网支护的试验与研究。试验地点是二采区的5-1C东四片风巷、5-1C东三片风巷及339辅助石门,尽管试验没有取得预期效果,但从此开创风水沟煤矿锚喷、锚网、锚网索支护的新局面。通过自主研发和不断摸索,采用锚网复合支护,基本解决永久支护问题,并在全局推广使用。

2. "矿区软岩失修巷道锚网、锚索支护技术"项目研究

2005年3月,公司根据国内煤矿处理失修巷道的经验,在风水沟煤矿一采区337反石门试用"锚杆锚索加固失修巷道技术"获得成功。与以往巷道套修支护方式相比,每年可节约巷修费用150余万元。

2006年4月,公司的科研成果"平庄矿区软岩失修巷道锚网、锚索支护技术",通过煤炭信息研究院项目查新。查新结论:本课题针对平庄典型软岩矿区深井矿山压力大、矿压显现明显、巷道失修严重的实际情况,采用锚网、锚索支护技术,解决了失修巷道加固、维修和翻修的技术难题,推动了高产高效矿井建设的进程,国内未见完全相同文献报道。主要技术要点:根据软岩物理力学性质、围岩强度、地应力测试、围岩松动圈测试结果以及巷道用途和破坏程度,对失修巷道进行分类,有针对性地采取不同的支护手段,对失修巷道进行加固、维修和翻修,用锚网、砼支护底鼓治理技术替代传统的料石碹底拱支护技术。

2009年1月,平庄煤业集团公司与煤炭科学研究总院开采设计研究分院巷道矿压与支护技术研究所合作,借鉴国内外现有软岩巷道支护的最新研究成果,借助最新的研究和观测手段,结合红庙煤矿的具体条件,进行"红庙煤矿松软煤层巷道支护技术研究"。研究成果增加产品煤的品种,并在全公司推广。

3. 沿空送巷技术应用、优化采场设计研究、地表岩移沉陷规律研究

2003年,风水沟煤矿应用沿空送巷技术。以往采场设计中,区段煤柱留15米。这种设计存在两个问题:一是煤炭资源损失较多;二是巷道处于煤柱压力集中区,巷道压力大、变形严重,维护非常困难。针对这种情况,风水沟煤矿通过学习考察,采用小煤柱沿空送巷技术,煤柱留设3~6米,在一采区四煤东三片风道实践并获得成功,之后全矿均采用沿空送巷技术。

2004年8月,风水沟煤矿完成"优化综采工作面设计"科研项目。通过查阅资料及到外地考察,研究人员提出把150米左右的工作面加长到180米,并更换工作面刮板输送机、采煤机,推广使用

转载机。

2008年，平庄煤业公司针对老公营子煤矿煤炭开采属水体下多煤层重复开采，由于煤层上覆含水层厚度较大且富水性较强，对煤炭资源开采构成严重威胁。3煤层靠近回采上限首采工作面回采时，出现涌水现象。为了保证矿井的正常回采，平庄煤业集团公司与科研部门合作，对老公营子煤矿第四系含水层下多煤层安全开采技术进行研究。在吸取国内外类似条件下矿井生产实践和研究成果的基础上，结合本矿条件，采用先进的研究、观测和实验手段展开系统研究，以保证采出煤炭资源和回采安全。直到2010年末，工作面注浆堵水仍在进行。

4. KJF-2000安全监测系统在矿井中的应用研究

平庄煤业公司通过"GIS安全信息网络监测"构建的数字化煤矿安全信息监管系统（KJF-2000），建立煤矿安全信息及基础管理数据，对通风、采掘工程等技术图纸实现动态浏览及管理，实现安全信息共享、安全隐患排查及信息发布，实现对矿井通风系统安全性分析、诊断、评价、管理的科学决策，节约了费用，降低了成本。

5. 大倾角松软特厚煤层综放开采成套技术研究

2008年8月，平庄煤业集团公司与北京天地科技股份有限公司合作，针对古山煤矿三井6-2号大倾角松软特厚煤层遭受辉绿岩破坏较严重的问题及西-西065-2号工作面的生产条件，对大倾角松软特厚煤层合理的采煤方法与工作面参数、巷道断面与支护设计、总体设备配套设计、回采工艺、设备防倒防滑措施、大倾角矿压显现规律等方面进行研究。

该项研究于2008年8月开始，2009年6月至2010年5月，在西-西065-2工作面进行工业性试验。试验期间，实现煤炭产量103.1677万吨，平均月产量8.96万吨，按同期销售平均价格476元/吨计算，增加销售收入51179.52万元。试验期间，古山煤矿平均原煤成本为35.1元/吨，按12个月产量103.1677万吨计算，产量提高实际增加成本费用总额为3621.186万元，产量提高增加的利润为47558.33万元。

由于该项目的实施，试验期增加税前利润47558.33万元，平均月增加税前利润3963.19万元，预计年增加费用3621.18万元。按33%所得税率计算，所得税额为15694.24万元，减去应缴的所得税，年净利润为31864.08万元。

2010年10月31日，自治区科技厅组织相关专家对"大倾角松软特厚煤层复杂条件下综放开采成套技术研究"项目进行鉴定。

6. 古山煤矿大倾角特厚煤层综放开采采空区自然发火规律与防灭火技术研究

2009年3月，平庄煤业集团公司与辽宁工程技术大学合作，对古山煤矿大倾角特厚煤层综放开采采空区自然发火难题选择065-2号大倾角综放工作面采空区进行系统全面的自然发火规律与防灭火技术研究，开展技术攻关，采用先进适用的理论、技术和新材料，解决采空区自然发火问题，确保工作面的安全、高效回采。

2011年1月22日，自治区科学技术厅组织相关专家在赤峰市对"火区影响下大倾角煤层综放开采自然发火规律与防灭火技术研究"项目进行成果鉴定。

7. WⅡN16-7综放工作面瓦斯与自然发火防治技术研究

2010年，平庄煤业集团公司在六家煤矿开展"WⅡN16-7综放工作面瓦斯与自然发火防治技术研究"，经平庄能源公司、六家煤矿、辽宁工程技术大学课题组共同努力，按照计划任务书和合同的要求实施研究方案。课题组运用现代采矿理论，从现场实际出发，利用先进的实验设备，结合最新的理论方法，对WⅡN16-7综放工作面瓦斯大量涌出和自然发火的防治措施等进行深入研究，完成规定的研究任务。

（八）内蒙古伊泰集团有限公司

1. 煤矿生产设备升级改造与优化

（1）凯达矿调整6-2号煤东部通风系统技改。2012年，凯达煤矿针对6-2号煤辅运大巷一段进风一段回风、通风系统不合理的问题，通过分析研究，采取先掘6-2号401、6-2号402辅回撤通道，利用辅回撤通道暂做回风巷，取消辅运大巷风门，调整通风系统，解决了隐患。同时，严格要求合作方按照规程措施的会审意见，及时修改作业规程和安全技术措施。

（2）薄煤层开采设备改造。2013年，凯达煤矿、宏二矿等将由中厚煤层开采逐步过渡到0.8~1.3米薄煤层开采，但薄煤层开采存在成本高、单产低、效益差、工人劳动强度大等不利因素。针对这些问题，设备管理中心牵头并组织50人次，考察了兖矿集团、"三一"集团等20多个国内一流煤炭生产企业及薄煤层设备生产厂家，进行技术交流和学习；开展对煤矿设备的升级改造工作，其中，纳林庙煤矿一号井通过改造煤岩分装分运、块煤系统，提高了煤质指标和出块率；生产服务中心回撤平台改变了传统设备回撤方式，提高了工作效率；宝山煤矿采用整铸耐磨中部槽替代普通中部槽，延长了设备使用寿命；酸刺沟煤矿改造上仓带式输送机驱动部后，提高了设备运输能力。丁家渠煤矿为适应井下复杂地质条件、减少运输设备、简化运输环节，安装并应用转弯带式输送机；带式输送机防纵撕保护装置改造后，灵敏可靠，有效预防输送带纵向撕裂事故，并通过与专业厂家合作，完成MG900/2245-GWD采煤机摇臂行星减速器、MG750/1915-GWD采煤机行走机构技术改造等课题研究工作，解决了影响煤矿生产的关键技术。

（3）酸刺沟矿综放工作面装备的设计优化。2013年，根据6109面装备顶梁、掩护梁、连杆、底座等结构存在问题导致设备受损程度严重的情况，通过优化ZF21000/25/45D型放顶煤液玉支架结构设计，放顶煤液压支架生产过程中无须留煤柱，6109综放工作面提高回采量97.8万吨，增加利润6847万元。

（4）酸刺沟矿上仓带式输送机驱动改造。煤矿针对上仓输送带经常被压死、人力清煤、影响时间长的问题，将原驱动电机2×800千瓦、CST2×750K更换为2台1000千瓦驱动电机、2台1000KCST；改造后未出现上仓输送带被压死现象。

（5）综放工作面运输机链条的调向利用与井下调向工艺。酸刺沟矿综放工作面后部输送机链条磨损严重，传统的调向方式不仅工程浩大，而且完成调向需要耗时60小时左右。采用机头电机配合40吨绞车吐下链、进上链，至接链环处断开底链；重复以上工序，直至链条全部完成180°调向，调向时间仅为30小时。

（6）酸刺沟矿501带式输送机提能改造。501带式输送机多次发生压带事故，通过改造，末煤输送能力由550吨/小时提升到1700吨/小时，末煤输送能力释放后，提升了选煤厂的处理能力，保障了矿井生产。

2. 在综采技改方面开展的项目

（1）综采工作面液压支架回撤措施。2012年，宏景塔一矿在回采6-2号203综采工作面回撤液压支架期间，工作面顶板周期来压、液压支架安全阀打开、顶板下沉、主回撤通道非贯通侧片帮严重，直接影响搬家倒面进度。煤矿技术人员经过分析，制定起底、在主回撤通道非贯通帮进行锚索、钢带联合支护等安全技术措施，保证搬家倒面速度，并改变主回撤的巷道断面、顶板及非贯通帮支护形式等技术参数设计，确保搬家倒面工作安全运行。

（2）综采工作面穿过平行空巷措施。2012年，宏景塔一矿针对6-2号113综采工作面穿过平行的两条空巷（6-2号109主运巷、6-2号111主运巷）时顶板压力显现明显、液压单体损耗数量大、采煤机被迫提前卧底处理的问题，通过改变空巷断面设计，对原巷道砼底板进行起底处理，保证工作面顺利安全通过空巷，确保煤矿的正常生产、销售。

凯达矿6-2^{上}号303工作面内布置有两条与工作面斜交的联巷，联巷与工作面斜交成14度角，回采时工作面在辅运巷首先揭露联巷，根据超前压力影响段为20米计算，空巷影响段为80米左右，在此段打设双排带帽点柱，并随着联巷揭露，将单体柱向主运巷侧移动支设，以保证联巷单体支护距离不小于80米；工作面每推进一刀，揭露空巷3米左右；过空巷中发现两顺后三角点为应力集中地段，并且距离上下出口15~20米范围内的压力明显强于其他地段。采取加大支护强度、机头机尾段短刀快速通过、加快推进速度、前期空巷底板补硬化、单体分段支护逐段前移、工作面调整、合理组织工序等措施，安全高效地完成工作面过空巷工作，并全部回收巷道中原支护的矿用工字钢棚。

（3）采用无腿棚支护技术。2013年，纳一矿以"多出品种煤，降本增效"为宗旨，通过反复勘察、论证6-2号煤下分层小采高开采技术及岩性后，提出架设无腿棚、不挂帮网的支护方案，并在6-2104工作面实施成功，保证了巷道支护安全，提高了掘进速度，同时节省大量钢材和其他支护材料，节约成本3000万元。

（4）辅运巷外错。2013年，纳一矿将6-2号106辅运巷由内错变为外错布置，6-2号106工作面长度由原设计的170米增加至190米，可采储量增加10万吨，增创效益1300万元。

（5）自开通道回撤综采设备。2013年，纳二矿针对4-1101工作面支架工作最大阻力不足、开采过程造成3次压架、致使工作面距回撤通道500米处提前回撤而没有回撤通道问题，煤矿派专业人员到山东兖矿集团考察，并与公司主管采掘技术专业人员多次研讨、论证，创建自开通道有轨和无轨相结合的搬家方式；在顶板严重破碎、通道空间非常狭窄、施工极其困难的条件下没有发生丢架现象，仅用10天时间将工作面支架全部安全回撤升井，为公司所属煤矿推广应用自开通道回撤综采设备积累丰富的实践经验。同时，在回采过程中发现4-1煤、6-2煤煤帮受采动影响，支护强度不够、片帮严重，采取采动前对巷道两帮打锚杆补强支护等措施，减少采动时的片帮。

（6）工作面末采聚酯纤维网推广应用。酸刺沟矿使用8号铁丝编制金属网，铺网占用时间长，工人劳动强度大，不利于安全。末采使用全长树脂纤维网后，缩短末采时间，提高贯通质量，杜绝工人频繁进入机道挂网作业。

（7）综采工作面设计优化。酸刺沟煤矿原辅运巷需要施工混凝土底板并占用工期。胶、辅运巷功能互换，原辅运巷作为胶运巷使用，不需施工混凝土底板，带式输送机机头段不需要挑顶施工。

（8）工作面自开通道应用及废巷利用。酸刺沟煤矿4117工作面爆破平推过断层时，在4117排矸巷南自开回撤通道进行回撤，将4117一号排矸巷改造成4117-2开切眼，将原4117面分割成4117-1和4117-2两个工作面，保证矿井安全，节约成本。

（九）内蒙古伊东资源集团股份有限公司

集团研发中心开展的重要课题有：煤干馏综合利用；不黏煤化工用焦；高岭土超细煅烧技术；黏土、煤矿尾矿开发建筑陶瓷；煤泥再浮选、气化利用等。取得超纯煤水煤浆授权专利1项，其中发明1项，实用新型专利1项。申报3项专利，分别为型焦项目、煤矸石中分选高岭土技术、焦油加氢制备柴油技术。

二、露天煤矿生产技术研发

（一）神华准格尔能源有限责任公司

2003—2012年，公司以解决生产中遇到的重大技术问题、建设现代化露天矿为科技创新的出发点，围绕"现代露天煤矿数字化绿色开采技术""建设本质安全型矿山""资源回收利用与循环经济""土地复垦园林化"4个方面开展18项科研项目。

2012—2015年神华准格尔能源集团露天开采科技创新项目统计情况见表9-2-6。

表9-2-6　2012—2015年神华准格尔能源集团露天开采科技创新项目统计表　　　万元

立项年度	项目名称	合同金额	研究单位	完成时间
2012	露天煤矿高台阶抛掷爆破与吊斗铲倒堆工艺技术应用	10.2	神华准格尔能源有限公司	研究中
	阴湾排土场基底水浸条件下排弃方式及边坡稳定性预控技术研究	288.0	煤炭科学研究总院	2013—12
	黑岱沟露天煤矿二条区南端帮边坡稳定性研究	190.0	中煤国际工程集团沈阳设计研究院	2018—03
	建设一流露天煤矿规划研究	80.0	中国矿业大学	2012—07
	黑岱沟露天煤矿转向期间煤炭资源回收关键技术研究	95.0	中国矿业大学	2013—11
	两矿转向期间黄土剥离工艺及松散岩体边坡优化研究	85.0	中国矿业大学	2013—11
	哈尔乌素露天煤矿5号薄煤层开采技术研究	72.0	中国矿业大学	2013—11
	露天煤矿矿坑运输道路环保抑尘剂研究	96.9	世纪汉元（北京）科技有限公司	2014—05
	露天煤矿松动爆破软件开发	83.0	华北科技学院	2014—11
	《现代化安全高效绿色露天煤矿建设技术规范》行业标准研究及编制	27.0	北京中矿信实煤炭科学技术研究院	研究中
2013	世界一流露天煤矿指标体系研究	95.3	中国矿业大学	2016—01
	选煤厂特大型槽仓工程关键技术研究与应用	346.4	北京华宇工程有限公司、中国矿业大学、中煤建筑安装工程集团有限公司	研究中
	半连续工艺在黑岱沟露天煤矿岩石剥离中的应用研究	95.0	中国矿业大学	2016—08
	哈尔乌素露天煤矿内排土场增高方案和边坡稳定性分析	65.0	北方矿山工程技术联合开发公司	2016—05
	黑岱沟露天煤矿与哈尔乌素露天煤矿两矿间的三角煤回收方案研究	95.0	中国矿业大学	2016—12

表9-2-6（续） 万元

立项年度	项目名称	合同金额	研究单位	完成时间
2013	9号煤层开采的可行性与开采技术	55.0	中国矿业大学	2016—12
	黑岱沟露天煤矿首采区西端帮煤层开采方案研究	76.0	辽宁工程技术大学	2016—12
	哈尔乌素露天煤矿内排搭桥方案研究	43.2	昆明煤炭设计研究院	2017—12
2014	神华露天煤矿绿色开采理论及应用技术研究	103.0	中国矿业大学	研究中
	黑岱沟露天煤矿组合开采工艺系统参数匹配研究	15.0	中国矿业大学	2014—11
	露天煤矿投入产出经济性实证研究	50.0	中国矿业大学	2016—01
2015	黑岱沟露天煤矿第二条区表土剥离轮斗工艺可行性研究	19.8	中国矿业大学（北京）	2016—09

（二）神华北电胜利能源有限公司

2006—2014年神华北电胜利能源有限公司主要外委科研项目见表9-2-7。

表9-2-7 2006—2015年神华北电胜利能源有限公司主要外委科研项目统计表 万元

年份	科研项目名称	合同金额	承担单位	实施效果
2006	露天煤矿开采程序和开采工艺综合优化项目	22.0	中国矿业大学（徐州）	优化采剥方案，提高生产效率
2007	露天滑坡防治技术研究	197.8	中国矿业大学	摸清边坡滑动机理，提出有效措施，确保边坡安全
2008	露天煤矿采剥生产与生态环境重建一体化基础研究	28.0	中国矿业大学	降低露天生产对环境的影响，对生态环境重建进行建议
	露天煤矿地下水治理研究	28.5	南京大学	优化疏干井布置，减少地下水对露天矿的影响
2009	南排土场扩容研究	8.5	中国矿业大学	增加排土场容量，减少征地，降低成本
	胜利一号露天矿北帮滑坡调查	13.5	内蒙古平西白音华煤业有限公司	摸清滑坡机理，提出针对性措施，加强边坡安全
2010	东南帮6号煤开采设计	220.0	中国矿业大学	增加回采6煤100万吨
	沿帮排土场扩容的勘探、研究及设计合同	219.0	中煤国际工程集团沈阳设计研究院	增加排土场容量，减少征地，降低成本
	褐煤干燥成型提质测试合同	58.0	上海泽玛克敏达机械设备有限公司	了解褐煤提质实验指标，为决策服务
2011	装车站干雾抑尘研究	94.4	秦皇岛思泰意达科技发展有限公司	减少煤炭装车环节产生的粉尘，降低运输环节途耗
	锅炉脱硫除尘改造研究	91.7	赤峰宝达锅炉设备厂	减少烟尘、SO_2排放量，改善环境
	边坡应力远程智能监测研究	49.8	辽宁工程技术大学	研究边帮滑坡机理，增加监测手段，保证边坡安全

表9-2-7（续） 万元

年份	科研项目名称	合同金额	承担单位	实施效果
2012	露天矿内排土场边坡稳定性研究	145.5	中国矿业大学	研究内排土场边坡的稳定性，保障边坡安全
	破碎站干雾抑尘工程研究	408.5	秦皇岛思泰意达科技发展有限公司、锡林郭勒盟建业建筑有限责任公司、锡林郭勒盟建筑安装有限责任公司	破碎站实施干雾抑尘技术
	地面生产系统煤尘综合治理研究	118.0	锡盟智成矿山工程机械有限公司、营口中科电力设备有限公司、吉林省创昊科技有限公司	完成单极螺杆空压机、马丁防溢裙边的采购、地面生产二系统储煤仓地面扫灰及除尘系统的安装工程

（三）神华宝日希勒能源有限公司

2003—2014年，神华宝日希勒能源有限公司露天开采主要科研（技改）项目共53项（表9-2-8）。2009—2015年，神华宝日希勒能源有限公司研发（技改）项目经费投入情况见表9-2-9。

表9-2-8 2003—2014年神华宝日希勒能源有限公司露天开采主要科研（技改）项目统计表

年份	科研（技改）项目名称
2003	更改露天矿破碎站设计，解决露天矿大块煤问题
2004	露天矿10眼疏干井设计改造
2005	进行露天矿破碎能力改造
2006	露天矿边坡治理；建立露天煤矿地理信息系统；露天矿实施"三维"建模；推广使用大螺距锚杆；送、引风机上安装变频调速系统；疏干系统安全供电及集中控制系统；露天矿采场环形供电和进行露天矿供电保护集中监控系统改造
2007	露天矿采、排边坡研究；露天矿地理信息系统等完成科技项目19项
2008	露天矿采场水资源化利用技术
2009	边帮锚索加固荷载智能检测系统及稳定性控制；露天煤矿采空区地球物理探测研究
2010	露天矿采空区综合探测；内排基底稳定性分析及治理研究；宝日希勒能源有限公司露天煤矿采空区电法勘探
2011	露天矿加油机IC卡管理系统；数字化露天煤矿开采计算机辅助系统；排土场稳定分析及评价
2012	露天煤矿采矿工程对区域水资源及生态环境影响评价和恢复治理研究及实施方案；露天矿移动GIS数据采集系统项目；严酷草原区绿色生态露天煤矿建设技术
2013	露天煤矿小窑采空区勘查与治理技术升级研究，边坡稳定分析评价及治理措施；露天煤矿CORS基站系统升级改造项目；露天煤矿3号煤层开采可行性技术研究；严酷草原区绿色生态露天煤矿建设技术；露天煤矿采剥作业规程编制标准
2014	露天煤矿小窑采空区勘查与治理技术升级研究；露天煤矿CORS基站系统升级改造；露天煤矿供电设备远程数据采集管理系统；露天煤矿采剥系统、运输系统及地面系统优化设计

表9-2-9 2009—2015年神华宝日希勒能源有限公司露天开采研发（技改）项目统计表

万元

年份	项目名称	投入经费	年份	项目名称	投入经费
2009	边帮锚索加固荷载智能检测系统及稳定性控制	374.97	2013	露天煤矿2013年小窑采空区勘查与治理技术升级研究	58.00
2009	TR100大型自卸车注油系统改造	1.88	2013	露天煤矿3号煤层开采可行性技术研究	148.19
2009	基于拉线式位移传感器和Zigbee无线网络的边坡裂缝位移远程自动检测系统	26.39	2013	露天煤矿2013年度边坡稳定分析评价及治理措施	88.40
2010	露天矿采空区综合探测	80.00	2013	严酷草原区绿色生态露天煤矿建设技术	2942.72
2010	内排基底稳定性分析及治理研究	56.20	2013	露天煤矿采剥作业规程编制标准	50.99
2010	露天煤矿采空区电法勘探	59.00	2014	露天煤矿2014年小窑采空区勘查与治理技术升级研究	58.00
2010	50铲车变速箱翻转架设计研制	0.81	2014	露天煤矿CORS基站系统升级改造项目合同	59.77
2010	108大型自卸车继电器组技术改造设计研制	0.43	2014	神华宝日希勒能源有限公司露天煤矿供电设备远程数据采集管理系统	21.28
2010	EPOCH35型GPSCORS站测量系统应用研究	105.35	2014	露天煤矿采剥系统、运输系统及地面系统优化设计	46.80
2011	水泵房自动控制系统	150.00	2014	严酷草原区绿色生态露天煤矿建设技术	1331.20
2011	土方验量GPS	130.00	2014	神宝能源公司二号露天矿老窑精确探测与治理技术研究	0
2011	露天矿加油机IC卡管理系统	40.00	2015	神宝能源公司露天煤矿深部煤层开采边坡稳定性研究	52.52
2011	机电设备全寿命管理软件平台构建	6.00	2015	储装中心堆取料机无人操作	119.68
2011	数字化露天煤矿开采计算机辅助系统	75.00	2015	前装机改装越野型叉车研制	40.00
2011	排土场稳定分析及评价	33.00	2015	储装中心配电室掌纹巡检火灾报警及视频监控系统	28.00
2012	神宝能源公司露天煤矿采矿工程对区域水资源及生态环境影响评价和恢复治理研究及实施方案	56.99	2015	露天煤矿2014年小窑采空区勘查与治理技术升级研究	316.00
2012	神宝能源公司露天矿移动GIS数据采集系统项目	37.92			
2012	神宝能源公司数字化露天煤矿开采计算机辅助系统设计开发	19.60			
2012	严酷草原区绿色生态露天煤矿建设技术	589.56			

（四）华能伊敏煤电有限责任公司

1.1991—2001年伊敏露天煤矿完成的重点技术开发项目

褐煤采场防灭火研究：褐煤容易自燃，该项目采用化学制剂喷洒采场表面，达到采场防火目的。经现场试验，此方法可行、有效。

疏干集中控制及保护研究：实现自动保护和自动控制，节省大量人力，提高控制准确性和劳动效率，增加经济效益。

地面生产系统集中控制研究：地面生产系统集中控制主要是输煤带式输送机的

集中控制，该系统采用单片机实现程序控制，提高了带式输送机控制的安全性和可靠性。

电铲、卡车自动调度系统设计项目：在线监视、自动调度、统计计量、优化生产指挥，记录车、铲运行情况，减少人工调度环节，提高调度效率，实现增产增效。

采区6千伏供电线路保护研究：对电铲6千伏供电线路单独设置保护柜，保证供电系统可靠。降低电铲故障对其他系统的影响，确保生产的顺利进行。

采矿辅助设计项目：建立地质模型数据库，并编制采矿辅助设计软件，使采矿设计实现微机化，提高了设计质量。

露天矿MIS研究：MIS将各生产环节信息分别录入计算机进行加工、处理，以得到管理信息，促进企业管理，有利于辅助决策和优化控制。

2. 半连续采煤工艺的引进

半连续采煤工艺是煤矿二期工程建设中的重要组成部分，也是露天矿煤炭生产十分重要的环节。该工艺由沈阳煤矿设计院设计，采矿系统设计及设备制造由德国蒂森克虏伯公司完成，设备主要部件均为进口，设备选型先进。该工艺设备2007年末竣工投产，2008年生产原煤412万吨，2009年1—8月生产原煤430万吨。

（1）半连续系统设备的构成及技术参数。半连续设备由WK-20电铲、自移式破碎机、A型转载机、工作面带式输送机、B型转载机、电缆车和漏斗车、履带车等设备组成，该工艺设计采煤能力为3000吨/小时。带式输送机设计带宽为1600毫米，带速为4.5米/秒。采煤工作线长度为1500米，提升高度为60米。煤炭开采工艺采用组合台阶，主台阶高度为12米，下分台阶高度为8米，合计20米。台阶坡面角确定为65°。采掘带宽度为25米，采煤工作面带式输送机实行两采一移，一次移设距离为50米。

WK-20电铲选择28.5立方斗容的铲斗与自移式破碎机实现原煤的采掘与破碎，自移式破碎机可随电铲的采掘位置的不断变化而移动。破碎后的原煤粒度小于300毫米，经过A型转载机、工作面带式输送机、电缆车和漏斗车、B型转载机转载至地面生产系统，实现向电厂供煤及外销等功能。

（2）半连续工艺技术特点。开采工艺的选择是伊敏露天矿扩建中的关键问题。单斗-卡车工艺因其灵活性与适应性强在我国的露天采煤中得到了广泛的应用与发展，成为我国现在露天采煤中最重要的一种工艺方式。但是大型汽车的高油耗问题越来越被关注，尤其是持续攀升的世界油价，将给"以油为生"的企业增加很多负担，特别在生产成本方面。为了充分的发挥伊敏煤电联营电价低的优势，优先选择少用油或不用油的开采工艺，以达到高产高效的目的。

在露天采煤中少用油或不用油的工艺有半连续工艺和连续工艺。在经过同单斗-卡车间断工艺、轮斗连续工艺的技术经济对比分析与可靠性分析后，煤矿选择了单斗挖掘机-自移式破碎机-工作面带式输送机半连续工艺系统。这套系统可以满足为电厂供煤的能力要求和可靠性要求，在降低生产成本方面也具有明显的优势。半连续开采工艺是在间断开采工艺与连续开采工艺两种基本工艺方式的基础上发展起来的，它兼具间断工艺和连续工艺的优势，能对中、硬矿岩进行开采，实现矿岩的连续运输，扩大生产规模、降低生产成本。

3. 数字化露天矿建设

公司露天矿数字化矿山建设项目总体

框架分为技术应用、工业监控、管理信息和决策分析四大部分，在总体框架下分期分批开发了矿床地质模型系统、采矿计划系统、测量验收系统、采矿模拟系统、边坡管理系统、地理信息系统、GPS卡车调度系统、疏干排水集控系统、供水监控系统、供电监控系统、电铲运行参数监控系统、管理信息系统、决策分析系统等13个子系统。这些系统涵盖了伊敏露天矿生产、维修、调度、经营、管理的各个方面，提高了伊敏煤电公司露天矿整体技术水平和管理水平，经济效益显著。其中，技术应用系统实现了露天矿地质分析、采矿、测量、生产过程的模拟，实现了数据资源的充分利用和有机结合，在优化生产设计、提高生产管理效率和质量方面发挥了重要作用。

2009年，露天矿数字化矿山建设项目科技成果通过了由中国煤炭工业协会技术委员会组织的专家鉴定。

（五）扎赉诺尔煤业有限责任公司

1992—2014年，扎赉诺尔煤业公司煤矿生产主要科研（技改）项目见表9-2-10。

表9-2-10　1992—2014年扎赉诺尔煤业公司煤矿生产主要科研（技改）项目统计表

年份	科研（技改）项目名称	年份	科研（技改）项目名称
1992	铁北矿疏干开采、"三带"高度、水力联系的确定	2003	露天煤矿提高边坡角、露天煤矿井田压煤开采、推广复合干式选煤等项目的可行性进行论证
1993	露天矿内排土场稳定性的研究	2004	露天煤矿F4预留煤壁开采设计及18度角以上开采方案的研究
1995	由沈阳煤科所、阜新矿院、露天煤矿共同立项研究的"扎赉诺尔露天矿内排土场基底边坡稳定性研究"项目（通过矿务局的验收，研究成果用于指导露天矿生产）	2005	露天煤矿南区内排边坡稳定技术研究；悬移支架技术在灵北煤矿推广的可行性研究
		2006	对露天煤矿南区11~47段工作帮单斗汽车工艺提高最终帮坡角方案论证
1996	露天矿疏干排水；露天矿运输系统改造	2007	露天煤矿到界边坡监测方案的确定
1998	露天矿非工作帮采煤方法研究	2008	露天煤矿提高最终边坡角方案，露天煤矿排土场植被恢复试验
1999	露天矿非工作帮稳定性技术研究		
2002	露天煤矿最终边坡角的重新确定及过F4断层开采方案、含水层下使用综放开采	2010	灵露煤矿未封闭钻孔调查论证
		2014	露天煤矿生态恢复关键技术与示范研究

（六）内蒙古平庄煤业（集团）有限责任公司

2006年1月，平煤公司开展"倾斜煤层露天矿深部开采技术研究"项目。项目针对西露天煤矿在2012年采场到界、露天矿服务年限到期的局面，把谋求西露天煤矿的生存和出路放在首位，对增加西露天煤矿开采深度、扩大境界内资源量、延长服务年限、提高经济效益等相关问题进行论证、考察，最终提出西露天矿深部陡帮横采内排技术改造方案。该方案不仅可增加露天开采储量，延长露天矿服务年限，提高煤炭的采出率，而且深部陡帮开采剥采比小，横采内排运距短。

三、采空区煤柱回收技术研究与实验

20世纪90年代，鄂尔多斯地区地方

煤矿全部采用房柱式开采，煤炭采出率只有30%左右，大量煤炭被当作煤柱滞留在地下，造成能源严重浪费，同时留下煤炭自燃等隐患。为彻底解决采空区煤柱造成的安全隐患和最大限度地回收煤炭资源，自2003年3月起，伊泰集团公司煤柱回收项目正式启动，并将泰丰煤矿作为回收试验场地。

图9-2-1　2007年4月28日，鄂尔多斯市政府在伊泰集团公司召开煤柱回收技术现场会议

2004年4月，由山东科技大学从事煤柱回收研究专家和集团公司技术人员共同设计，山东泰安煤矿机械制造厂制作的30套滑移式支架全部安装调试完毕，并开始首次回收煤柱试验；9月6日开始第二次试验。两次试验均因支架支撑力度不够而失败，损失支架60套。2005年9月，试验人员先后采用"三放一""二放一"方案回收煤柱；经试验人员反复钻研，2005年年底已初步掌握顶板运动规律和爆破方法，煤柱回收开始初见成效。

2006年1月15日，泰丰煤矿采空区自然发火，导致回收试验的左翼工作面被全部封闭，用于试验的9个支架全部被封闭在火区，煤柱回收试验被迫停止。同年3月，开始布置煤矿右翼工作面实验地点，9月10日开始调试安装支撑力达10000千牛的大支架，在对支架进行反复补修整改后，11月16日，按照"二放一"的方案再进行爆破试验。

截至2007年1月，试验人员成功完成4800平方米的初次放顶，并成功回收煤炭26.5万吨。2007年3月，集团公司决定成立伊泰煤柱回收科技开发有限责任公司，注册资金300万元。

2007年4月，内蒙古煤矿安全监察局受国家安监总局的委托，聘请中国煤炭工业协会及自治区煤炭工业局的11名专家对煤柱回收课题进行鉴定。4月28日，鄂尔多斯市政府组织主管部门与21家企业负责人召开现场工作会议，肯定煤柱回收工作。

2007年底，泰丰煤矿采空区再次着火，导致右翼试验工作面被全部封闭。由于泰丰煤矿全井田着火，煤柱回收试验被迫停止；同时鉴于煤柱回收项目仍存在诸如采空区自燃、局部及大面积冒顶、进入采空区爆破、回收煤装车及运输、支架等设备研制、工作面搬家等问题，回收成本高，安全隐患大，暂不具备推广条件。集团公司董事会研究决定暂停煤柱回收试验。2010年8月，注销内蒙古伊泰煤柱回收科技开发有限责任公司。

四、高校承担的相关科研项目

内蒙古科技大学矿业与煤炭学院、呼伦贝尔学院矿业学院的教师教学与科研并重，主动承担国家自然科学基金、中国煤炭工业协会、内蒙古自治区教育厅科研基金支持的煤炭生产领域科研项目，通过发表学术论文、出版学术专著和到生产一线进行科研攻关等方式，开展科技研发工作（表9-2-11~表9-2-13）。

表9-2-11 内蒙古科技大学矿业与煤炭学院教师承担科研项目（纵向）统计表

项目名称	立项部门	主持人	立项日期
扩散条件下巷道中煤层二维阴燃传播模型的研究	内蒙古自然科学基金	王文才	2009
矿井火灾中火区节流效应与通风网络风量解算的研究	内蒙古自治区教育厅	王文才	2010
矿井巷道火灾中火区温度、阻力、节流效应以及通风网络解算的研究	国家自然科学基金	王文才	2010
煤田露头火区自然通风参数及其对煤层燃烧速度影响的研究	国家自然科学基金	王文才	2014

表9-2-12 内蒙古科技大学矿业与煤炭学院教师承担科研项目（横向）统计表

项目名称	立项部门	主持人	立项日期
北方魏家峁煤电有限责任公司露天煤矿内排土场优化及排洪渠移设措施方案服务	北方魏家峁煤电有限责任公司	侯殿坤	2014-09
内蒙古铧尖露天煤矿公司铧尖露天煤边坡稳定性分析及评价	内蒙古铧尖露天煤矿公司	韩万东	2011-07
马家塔露天煤矿岩层爆破参数实验研究费用概算	神华神东煤炭分公司	韩万东	2006-09
神华集团神东煤炭公司锦界煤矿安全评价	神华神东煤炭集团有限责任公司	郝长胜	2004-09
神华集团神东煤炭公司哈拉沟煤矿安全评价	神华神东煤炭集团有限责任公司	郝长胜	2004-09

表9-2-13 呼伦贝尔学院矿业学院承担科研项目统计表

项目编号	项目名称	立项部门	承担人	立项日期
NJSY07167	煤矿液压支架高效及自动化设计研究	内蒙古自治区教育厅	谭振义	2007
NJSY01170	矿井通风仿真系统构建及应用研究	内蒙古自治区教育厅	孙志文	2007
NJZY08162	Ø108胶带输送机一次性托辊循环利用的技术研究	内蒙古自治区教育厅	卜桂玲	2008
NJZC08170	基于活化能指标的褐煤发火倾向性研究	内蒙古自治区教育厅	王 英	2008
NJ09181	综放工作面本质安全生产系统建立的可行性研究	内蒙古自治区教育厅	张建华	2009
NJ10252	呼伦贝尔市海拉尔煤矿塌陷区地质环境恢复治理研究	内蒙古自治区教育厅	王 丽	2010
NJ10253	利用露天矿GPS边坡监测数据确定开采帮坡滑动面和滑动倾角的研究	内蒙古自治区教育厅	孙海山	2010
MTKJ08-416	楔式装车平台的研制及应用	中国煤炭工业协会	任瑞云	2008
MTKJ08-415	基于活化能指标大雁二矿30号煤层发火期的确定	中国煤炭工业协会	王 英	2008
MTKJ08-416	楔式装车平台的研制及应用	中国煤炭工业协会	任瑞云	2008

第二节 煤化工技术研发

一、煤直接液化关键技术研发

"煤直接液化关键技术"课题是国家"863计划"项目。项目由神华能源有限公司牵头，北京煤炭科学研究总院、石油化工科学研究院、中国石化工程建设公司共同承担。

2003年5月至2005年12月，课题主要研究成果煤直接液化高效催化剂研究与开发、大规模煤炭直接液化基础研究、煤直接液化PDU中试项目研究、煤直接液化装置废水处理技术研究等相继完成,并运用于神华能源公司煤直接液化工业示范装置的设计和建设中。2007年1月12日,国家863计划能源技术领域办公室在上海组织召开"煤直接液化关键技术"课题验收会,课题通过验收。

图9-2-2 神华煤制油有限公司设立博士后科研工作站和工程化研究室

之后的数年间,由煤炭科学研究总院等单位陆续进行的煤基托合成反应铁系催化剂开发、煤直接液化项目特殊设备及仪表国产化研制战略研究、煤直接液化项目区域经济和工业环境影响研究、煤直接液化示范装置长期稳定运行研究等数十项课题也在2010年前后完成,为煤的直接液化工艺、设备制造、产品质量和利用提供充分的理论依据。

(一)国家项目研发

1. 煤直接液化关键技术

"煤直接液化关键技术"课题配合神华鄂尔多斯煤直接液化100万吨/示范工程建设,完成了0.1吨/天连续试验装置(BSU)的改造和6吨/天的煤直接液化工艺开发装置(PDU)建设和试验运转,进行了示范工程配套技术和关键技术的研发,完成了神华上湾煤不同条件下的液化试验和连续运转考核试验,应用"863"高效催化剂技术,开发了具有自主知识产权的神华煤直接液化工艺,完成了100万吨/年煤直接液化工艺包设计。

课题主要研究成果神华煤直接液化工艺和100万吨/年神华煤直接液化工艺设计包已经用于由神华煤直接液化工业示范装置的设计建设。课题共申请国内外专利26项。

2. 煤直接液化高效催化剂研究与开发

"煤直接液化高效催化剂研究与开发"被国家列为"863"计划项目,2002年科技部立项,由煤炭科学研究总院和神华集团公司共同承担。课题开发的煤直接液化高效催化剂为超细颗粒的水合氧化铁催化剂。课题研究成果已应用于神华煤直接液化示范工程中,对示范装置降低投资及运行成本等起到了关键作用。

3. 大规模煤炭直接液化基础研究

"大规模煤炭直接液化基础研究"被国家列为"973"计划项目。2004年9月,科技部下达项目任务,由中国煤炭科学研究院、中国矿业大学、华东理工大学、山西煤化所及神华集团公司等共同承担。通过对神东煤和北电胜利煤的BSU和PDU装置多次试验,验证了煤液化反应动力学模型和煤液化示范厂工艺设计基础的准确性，为工业化示范厂的基础设计、开车方案、操作规程和故障处理预案提供了技术支持，处于国际领先水平。2009年9月17—18日，科技部组织有关专家在北京召开了项目验收会，通过了专家组验收。

4. 煤合成燃油（CTL）汽车适应性研究

2007年4月，"煤合成燃油（CTL）汽车适性研究"被科技部批准立项。合作单位有中国汽车技术研究中心、上海交通大学、中国第一汽车集团公司、天津大学。项目分为3个子课题：子课题一为CTL柴油标准及配方研究，承担单位为神华煤制油研究中心有限公司、中国神华煤制油化工有限公司；子课题二为CTL柴油发动机台架试验研究，承担单位为上海交通大学和天津大学；子课题三为CTL柴油汽车耐久性试验研究，承担单位为中国汽车技术研究中心和中国第一汽车集团公司。截至2010年，项目完成添加剂的筛选等试验研究工作。

5. 煤液化残渣沥青类物质的萃取和利用技术开发

2009年9月，科技部批准该项目。课题协作单位有中国煤炭科学研究总院、大连理工大学、中国科学院山西煤炭化学研究所。项目分为"煤液化残渣的萃取和针状焦原料的制备""沥青质类物质制备炭素材料""煤直接液化残渣用于道路沥青改性的技术研究"3个子课题，2011年，项目完成验收。

6. 褐煤提质制取高品质气化原料新工艺及褐煤热解成套中试装备开发

该项目是神华集团2009科技创新项目，也是国家863课题"模块化褐煤提质制取高效气化原料新工艺开发及关键装备研究"的配套项目。项目建设6000吨/年褐煤热解中试装置，满足褐煤热解中试研究需求。

（二）神华集团公司项目

1. 煤直接液化PDU中试项目

2004年项目由神华集团公司批准立项，同年12月进行了第一次投煤试运转，装置的建设仅用了一年，创造了同类规模装置建设的新纪录。PDU中试装置的建设完成，为掌握在建的百万吨级示范装置的运转技术，为示范厂开停车、关键设备的操作、异常情况的处理等提供了有力的支持和可靠技术依据。

2. 煤基费托合成反应铁系催化剂研究

2006年项目由神华集团公司批准立项。2007年3月催化剂研发实验室建成。2008年5月催化剂制造中型研发装置建成；2008年12月催化剂评价中试装置建成。2009年12月开发的催化剂在工业示范装置上投料还原活化，最终获得了300吨/年规模的催化剂工业化生产定型技术，完成了工业化费托合成催化剂技术的开发。

3. 神华集团二氧化碳捕集及封存方案研究

图9-2-3 神华鄂尔多斯煤制油分公司总工程师、国家煤制油"863"课题首席专家、全国劳动模范舒歌平（中）与技术人员讨论技改方案

项目实施期为2007年7月至2009年

6月，委托清华大学协助完成。项目研究内容包括对CCS技术中的二氧化碳捕集、输送、封存以及二氧化碳利用的国内外现状和发展趋势进行综述分析；根据收集的数据，初步分析了神华集团煤炭、电力、运输、煤制油化工四大板块二氧化碳排放现状及发展趋势；根据国内外情况针对神华不同业务板块提出了二氧化碳减排建议，并讨论了神华集团利用CDM机制的思路。2009年12月项目通过验收。

4. 神华煤直接液化项目特殊设备及仪表国产化研制战略研究

2008年6月，神华集团公司批准立项。项目实施期限为2008年6月至2009年12月。结合煤直接液化装置进口设备及仪表的特点，先后与上海福思特流体有限公司、浙江超达阀门股份有限公司等十余家单位进行技术交流，合作攻关。2011年，项目已通过验收。

5. 神华煤直接液化10万吨/年二氧化碳封存（CCS）试验项目

项目为神华集团公司立项的重大试验项目。由神华煤制油化工公司管理，依靠国内自有技术、装备、人才力量，完成对鄂尔多斯煤制油厂二氧化碳封存，为神华集团各煤化工项目提供技术支持，最终形成神华独立成套的CCS技术与基础理论、关键装备，培养一批技术人才。项目由鄂尔多斯煤制油分公司与北京研究院共同开展，2010开始实施。项目计划封存二氧化碳100万吨/年，2011年5月9日，神华CCS全流程装置开始连续运行。

6. 神华低灰熔点煤气化技术开发

项目为神华集团科技创新项目，以开发拥有自主知识产权的适应神华低灰熔点煤种的气化技术为研究内容，立足于为适应现代煤化工大型化、规模化、集约化需要，为神华煤干煤粉进料加压气流床气化技术的中试建立等奠定基础。

表9-2-14　2004—2010年神华能源公司煤制油技术研究开发项目统计表　　　　　万元

年度	项目名称	承担单位	经费
	煤直接液化关键技术（"863"计划项目配套部分）	神华煤制油化工公司	11000
2004	煤直接液化PDU中试项目	上海研究院	850
	神华煤直接液化工艺在BSU装置验证试验	煤炭科学研究总院	1680
2005	煤直接液化装置废水处理技术研究	鄂尔多斯分公司	260
2006	煤基费托合成反应铁系催化剂开发	北京研究院间接液化所	5945
	二氧化碳捕集及处理方案研究	北京研究院气化研究所	90
2007	甲醇制烯烃催化剂国产化研究与开发	北京研究院间接液化所	350
	2007年上海PDU装置研发及试验运行	上海研究院	9625
	PDU装置2008年技术改造及试验运行	上海研究院	4790
	煤合成燃前（CTL）组分及汽车匹配技术研究与开发（"863"计划项目配套）	北京研究院直接液化所	545
	煤直接液化柴油（DDCL）发动机台架性能研究	北京研究院直接液化所	350
2008	神华煤分散式高效燃烧技术及装备研究与示范	北京研究院节能环保所	358
	神华煤直接液化项目特殊设备及仪表国产化研制战略研究	鄂尔多斯分公司	305
	低碳技术开发总体方案研究	北京低碳研究所	500
	18万吨级/年合成油品项目	鄂尔多斯分公司	98198

表 9-2-14（续） 万元

年度	项目名称	承担单位	经费
2009	煤炭直接液化国家工程实验室建设	上海研究院	9439（国家拨款 1500）
	PDC 装置 2009 年技术改造及试验运行	上海研究院	3973
	神华低碳熔点煤气化技术开发	北京研究院气化研究所	765
	洗油加氢生产溶剂油和柴油的研究	北京研究院直接液化所	180
	煤直接液化柴油（DDCL）的汽车耐久性试验研究	北京研究院直接液化所	340
	煤基费托合成反应铁系催化剂工业应用试验	北京研究院间接液化所	260
	褐煤提质制取高品质气化原料新工艺及褐煤热解成套中试装备开发（"863"计划项目配套）	北京研究院节能环保所	
	煤液化残渣沥青类物质的萃取和利用技术开发（"863"计划项目配套）	北京研究院直接液化所	400（国家拨款 350）
	神华 CCS 示范项目关键技术研究	北京研究院气化研究所	180
	煤直接液化项目区域经济和环境影响研究	北京研究院气化研究所	162
	SHELL 煤气化装置开工烧嘴与点火烧嘴合并研究	鄂尔多斯分公司	108
	液化油用作循环泵密封油的研究	鄂尔多斯分公司	170
	煤直接液化高差压减压阀研制	鄂尔多斯分公司	630
	煤制油残渣循环流化床燃烧工业化试验研究	西安热工研究院	350
	褐煤提质制取高品质气化原料新工艺及褐煤热解成套中试装备开发	北京研究院节能环保所	
2010	煤直接液化产品深度加氢精制研究	北京研究院	128
	T-S 催化剂失活再生技术的研究	北京研究院	252
	神华高惰质组煤液化性能试验研究	北京研究院	100
	煤直接液化特种油品技术方案研究	鄂尔多斯分公司	
	PDU 装置 2010 年维护与溶剂重质化试验研究	北京研究院	757
	费托合成油加工方案研究	北京研究院	415
	CEU 技术改造与运转试验研究	北京研究院	850
	煤制天然气甲烷化催化剂小试研究	北京研究院	116
	北京低碳清洁能源研究所创新体制机制研究	北京低碳研究所	95
	高效绿色煤基多联产和二氧化碳封存工业示范研究	鄂尔多斯分公司	58070
	煤直接液化优化氢气供应项目	鄂尔多斯分公司	42841
	百万吨级神华费托合成技术工艺包开发	北京研究院	1260
	微藻吸收二氧化碳先导技术示范研究	鄂尔多斯分公司	600
	煤直接液化示范装置长周期稳定运行研究	鄂尔多斯分公司	6685
	煤直接液化项目制氢系统技术优化研究	鄂尔多斯分公司	3929
	含低浓度氢尾气综合利用研究	鄂尔多斯分公司	9400
	煤直接液化工艺废水资源化利用研究	鄂尔多斯分公司	5429
	煤直接液化污水深度处理技术开发与应用	鄂尔多斯分公司	11083
	神华煤直接液化储运系统配套技术研究	鄂尔多斯分公司	4985

表9-2-14（续） 万元

年度	项目名称	承担单位	经费
	提高热电生产中心供汽可靠性研究	鄂尔多斯分公司	1330
	新型天然气管材和储罐材料的开发	北京低碳研究所	295
	高强轻量多层共挤材料的开发	北京低碳研究所	100
	直接液化残渣利用和离子液体的研究开发	北京低碳研究所	360
2010	新型燃烧器及气化炉烧嘴设计开发	北京低碳研究所	750
	煤基合成气直接制天然气的催化剂和工艺开发	北京低碳研究所	770
	二氧化碳分离及将二氧化碳转化为碳氢燃料的技术研究与开发	北京低碳研究所	510
	煤热解及煤焦油提质技术研究	北京低碳研究所	1665
	新型催化剂和材料的表征研究	北京低碳研究所	226

二、煤基间接液化技术研发

（一）煤间接液化成套技术研发

从2007年开始，中科合成油技术有限公司在完善煤基合成油技术与工艺的同时，深化对相关技术的优化与拓展研发。截至2011年，全面开展伊泰、潞安和神华等多家企业百万吨级煤制油项目的方案制定、过程技术论证、工艺包编制和设计，着手启动项目基础设计工作；依据百万吨级项目的工艺包设计，完善和提高了费托合成技术水平，开展了水相处理、产品加工的相关配套技术研究；通过技术开发提高催化剂的活性和稳定性，实现催化剂活性提高50%、稳定性提升1倍；开发并建成独特的乳油催化剂制备工艺和催化剂生产中试装置，建立了系统的溶剂油分离分析方法，形成完整的蜡热裂解反应工艺技术包，获得初步优化的分级液化反应工艺条件。

公司陆续开展加氢裂化、叠合、烷基化、石脑油改质以及重蜡分离等工作并取得初步进展；工程基础研究形成全面的多套系统费托合成动力学模型；采用CFD软件并结合冷态实验对一些设备设计进行模拟计算和验证，为工业反应器设计提供技术指导；重点完成淮南催化剂公司10000吨/年γ-丁内酯项目工艺包、基础设计和淮化1000吨/年琥珀酸酐工艺包设计，将精细化学品研发从实验室推广到大规模工业化应用平台；完成两项国家标准和三项企业标准的编制并获得批准，参与工业和信息化部组织的煤制油产业标准的制定。

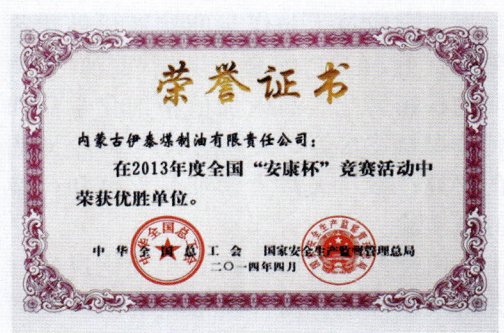

图9-2-4 伊泰煤制油公司获2013年度全国"安康杯"竞赛优胜企业奖

2012年，通过研发解决催化剂成型差和标准催化剂活性低的问题；全面分析探索煤热解过程中自由基的生成和稳定过程，提出煤炭分级液化溶剂油加工新工艺；探索LPG/石脑油改质生产汽油的最优工艺方案；琥珀酸酐技术在淮化集团1000吨琥珀酸酐项目中应用；完成以双环戊二烯为原料进行加氢、异构制备高附加值特种燃料 JP-10 的贵金属加氢工艺研发，可得到高纯度 JP-10 产品；开展催化加氢制备燃料乙醇的技术路线尝试；系统优化费托合成水综合处理方案，为伊泰煤制油厂最终水处理工艺包的确定提供丰富的技术参考资料。同时开展新型染敏材料的制备及光化学性质研究，通过对外合作开展煤干馏实验，完成反应器过滤管的清洗和再利用研究、现场吊装方案研讨、壳体监造和腐蚀研究、反应器内构件制造、费托合成过滤废渣处理装置、光催化实验装置设计研究等，为技术研发和优化进一步积累数据，为大项目的运行储备经验。

2013年，公司在完善和优化煤间接液化成套技术的基础上，开展褐煤和重油转化技术的实验和中试验证；推进费托合成油品加工工艺优化实验，深入研发费托合成汽油工艺技术；开展若干新型燃料合成技术与煤炭间接液化催化剂效能提升、工艺配套、煤炭/重油/生物质的梯级转化、高附加值精细化学品和特种燃料技术等6大方向、共26个课题的研究；参与天津大学油品混兑和台架测试实验。

通过多种条件的调变和优化提升催化剂反应性能，新开发催化剂的氢碳利用比达到1.5以上，二氧化碳选择性低至13%~16%摩尔，多个不同类型的催化剂在300小时的运行周期内 C^{3+} 时空产率平均值超过2.0克/小时；优化煤炭分级液化催化剂及反应工艺，目标原煤的转化率大幅度提升；重油加氢中试实现稳定运行，采集到较完整的工艺数据。

同时，开展新型焦油液化热解-加氢联合工艺的万吨级中试运转试验，以及费托产品加氢精制、LPG 芳构化、FT 石脑油 PAO、Pt/KL 重整和异构化、重柴异构降凝、FT 蜡加氢裂化、FT 蜡热裂解等课题研究，高附加值精细化学品和特种燃料技术有望产业化，其中，γ-丁内酯技术已在内蒙古乌审旗新型化工的1000吨/年和4000吨/年的2套工业装置应用，生产的γ-丁内酯产品达到国外同类产品质量指标；草酸二甲酯加氢制备乙二醇、特种燃料合成、燃料酒精等已达到研发指标，具备中试放大条件，优化了费托水处理的操作条件和实施工艺；初步建成200万吨/年规模煤制油装置动态仿真系统，实现在工况条件下的开车测试、指导系统设计、验证工艺参数以及后续的操作培训等目的。

图9-2-5 国家"863"工程项目专家组到伊泰煤制油公司考察

2014年，公司重点开展自主知识产权 CTL/GTL 过程核心技术研发与工程化成套技术、过程催化剂及新能源过程关键材料的研发工作。自主研发的非硫化费托合成油品加氢技术及费托蜡加氢裂化技术均实现工业放大试制，并在伊泰示范厂进行性能测试；以新疆哈密煤和澳洲褐煤为对象，试验催化剂和反应工艺对加氢液化的影响，哈密煤的液化转化率达到86.33%，净油收率达到

55.62%，煤转化率和油收率分别可以达到90%和60%以上；对内蒙古煤焦油加氢技术进行中试放大研究，生产出清洁的液体燃料，取得阶段性成果；重点开展费托合成汽油工艺技术、费托合成水处理工艺、草酸二甲酯加氢制乙二醇技术等研究。继续实施国家纵向科研项目9项，包括科技部"863"项目1项、科技部"973"项目1项、科学院重大项目煤专项2项、国家能源局配套项目1项、国家自然科学基金项目4项；开展《煤间接液化中间馏分燃料十六烷指数计算法》国家标准的研制工作。

（二）技术改造

1. 试生产技改

2009年4月，根据伊泰16万吨/年煤制油示范项目在试车过程中出现的具体问题，中科合成油技术有限公司成立技术改造领导小组；当年确定立项技改项目共235项。4月下旬，公司技改工作全面启动，并将中间罐区改造、变换单元改造、消防系统改造及气化框架封闭项目工程列为2009年技改的重点项目。其中，气化框架封闭工程由徐州中煤钢结构建设有限公司负责施工，于2009年5月15日开工，12月15日完成。

二次开车成功后，公司安排专人对各单元的技改技措效果进行跟踪统计，确定2010年的技改项目36项。2010年3—4月，公司全面实施第二次技改工作；先后完成合成尾气综合利用、合成空冷器前后管线泄漏、高精油水分离器排油困难、合成反应器后新增渣蜡处理系统、增加脱碳单元活性炭过滤器、油洗单元降低吸收剂冷却、急冷器增加脱水系统、加氢高速泵油站压力开关给定值漂移而引发联锁停车、油品单元石脑油脱水与干气脱重烃等重点改造项目。

通过改造，大幅减少合成气的排放量，解决了空分界区二氧化碳超标导致系统运行不稳定、合成空冷器前后管线泄漏、高精油水分离器排油困难、脱碳过滤器的处理量小、反应器正常停工或事故状态紧急排放废旧催化剂及油洗气相管线冻堵与急冷器冷剂液氨中含水多而降温困难等问题，增大了加氢高速泵启动时的安全系数，排除了加氢装置压力与油洗再生塔操作压力不匹配造成石脑油含水并冻堵以及油洗干气组分中低碳烃超标、造成PSA制氢装置吸附剂失活等问题。

2. 生产技改

2011—2014年，公司根据示范装置在运行中存在的问题，每年利用停产检修时间实施技术改造，先后共实施重点技改项目14项，不断提升装置的运行效益与安全性。

（1）变换提温技改。2010年9月立项，2011年3月，由中化集团第二建筑有限公司施工，在变换炉入口增加1台换热器；6月完工并通过验收。投用后效果良好，解决了净化变换系统变换率降低、合成气氢气/一氧化碳比下降、合成系统操作不正常的问题。

（2）渣蜡过滤改造。2011年5月之前，合成反应器过滤管流通面积因堵塞变小，出蜡量减少至8吨/小时左右（最高达12吨/小时），严重影响装置提高生产负荷；5月，由中化集团第二建筑有限公司开始实施渣蜡过滤管改造及更换施工，6月完成施工。通过增加过滤管管径及数量，装置重新开车后，生产负荷超过设计值。

（3）渣蜡罐系统改造。2011年1月开始施工，由公司设备检修车间完成渣蜡罐梯子平台制作及管架加高等工作，安徽淮化检修公司进行渣蜡罐管线配管，4月完成。验收投用后效果良好，解决了合成反应器在事故停工状态下催化剂无处排放或不卸出会造成反应分布器沉降堵塞等问题。

图9-2-6 中科合成油技术内蒙古有限公司煤制油催化剂项目成为催化剂研发基地

(4) 轻柴油调和及装车系统改造。2011年5月,公司根据煤基合成轻柴油的产品特点建设调和油项目,在新罐区新增加跨线、机泵等设备,采用液位计量,通过泵强制循环均匀混合,加工调节轻柴油的凝点、黏度、十六烷值等指标,生产标准柴油。项目由公司检修车间实施,10月15日完工。项目建成投产后,达到预期目标。

(5) 新增加氢布袋过滤器。2010年4月以来,合成重质油中固体含量高,易在加氢预精制与精制反应器中沉积,增加反应器出入口压差,严重影响装置安全稳定运行;2011年3月开始改造,6月完工并通过验收。通过新增布袋过滤器,解决了合成重质油在加氢预精制与精制反应器中沉积问题。

(6) 合成压缩机快速切断改造。为防止合成压缩机发生严重泄露时无法手工关闭出入口阀而造成恶性事故,设计在压缩机出入口手阀上加装30台电动头,并敷设电缆至8000中控,实现远程操作。2011年5月17日,电动头到货并验收,由公司检修车间完成所有电动头安装和调试;6月7日完工并顺利通过验收。

(7) 气化灰水降温改造。项目于2011年2月立项,5月由公司检修车间施工,7月底完成施工,项目验收合格后投入使用,解决了气化外排高温灰水导致污水处理细菌烫死问题。

(8) 烟气脱硫改造。2011年初,鄂尔多斯市环保局确定公司锅炉烟气脱硫改造为市级重点项目,公司计划投资3000万元;10月,公司与中国中轻国际工程有限公司签订设计合同。2013年11月完成施工并单体试车成功,装置进入试运行阶段。

(9) 水煤浆提浓技改。根据公司气化水煤浆浓度较低、煤耗和氧耗偏高问题,公司设计采取合理调整煤浆粒度级配方法,将水煤浆浓度提高3%~6%。2011年11月,开始技改准备。2012年9月,完成改造并试产成功,生产运行稳定,各项指标正常,共计投资879.1万元。

（10）外排污水净化回用项目。2012年2月立项；11月底，确定北京沃特尔水工程有限责任公司为中标单位，项目采取EPC模式，由中标单位建成，正常运行一年后公司付款。截至2014年9月底，项目完工开始试运行；装置投运后，基本解决公司脱盐水紧张、吨油水耗高、污水排放量大等问题，可节约原水使用费980万元/年，减少排污费210万元/年。

（11）合成水处理项目。项目主要为煤制油装置放大后对合成水处理进行工业试验，同时生产部分杂醇。2012年，由中科合成油工程有限公司审订、修改设备工艺数据、工艺流程；2013年，完成全部长周期设备招标采购与详细设计、施工单位招标及土建、设备安装工作（除设计变更外）；2014年4—10月，装置进行试生产；通过对混醇产品的提纯系统进行试验，收集相关工程数据参数，项目达到设计要求。

图9-2-7 李永旺总经理向外国专家介绍研发成果

（12）中科60平方米过滤机试验项目。2013年，公司针对二期装置过滤量增加、16万吨项目的20平方米渣蜡过滤机不能满足实际需求的问题，决定在示范装置上对中科合成油公司设计的60平方米过滤机进行试验、改进，以满足二期项目装置的生产需要；项目预算投资145万元。项目主体设备由中科公司采购，煤制油公司负责结构、部分工艺设备、管道、自控、电气的设备采购和安装等工作。2013年8月开始土建施工；11月完成过滤机主体设备安装；2014年1月，装置投用；累计运行67天后停车检修，共处理渣蜡337吨，解决了TK-9912液位高与反应器卸料处理不及时问题。通过改变过滤网目数、增加过滤蜡中间罐等试验，解决了装置运行中过滤机内介质分布不均匀与排渣离心力不足导致过滤机滤盘堵塞、过滤机卸渣时滤饼吹不干导致卸渣内清液较多造成浪费等问题，运行效果良好，二期项目拟采用此项技术。

（13）离心机试验项目。2014年，针对合成催化剂需定期补充、更换卸出的情况，为寻求渣蜡处理的最佳工艺技术，公司实施离心机试验项目。项目使用离心机对合成反应器排出的渣蜡进行一级固液分离，实现渣蜡处理的连续化过程，减少渣蜡形成的滤饼含油量，回收蜡油以提高油品收率。10月2日装置开始投用，在试验过程中出现排渣不畅的问题，装置间歇运行。通过改变滤网目数，并将装置改造成3级过滤，继续进行试验。

（14）循环水系统冷却塔节能改造项目。公司循环水系统现有4500立方米/小时冷却塔3台，系统设计总处理水量13500立方米/小时，风机电机总额定功率600千瓦。2014年，公司对系统冷却塔进行节能改造，将运行的冷却塔风机电机拆除，用混流式水轮机替代原运行风机电机，从而达到节能降耗的目的。截至2014年年底，公司已与相关厂家完成对接，开始项目前期资料的准备。

第三章 科技成果

第一节 知识产权成果

一、获国家发明专利成果

（一）煤炭生产、管理领域

2002年，神华神东煤炭集团公司"连续运输设备"（发明人：宫一棣、戴绍诚、王安等）获得实用新型专利，这是该公司获得的第一项专利。

2008年，神东煤炭分公司下发《神东煤炭分公司知识产权实施细则》，对获得国家授权的专利给予奖励。2012年7月，公司将专利指标纳入绩效考核，专利申请数快速增长。至2014年年底，公司累计获得授权专利430项，这些专利在安全、高产、高效矿区生产建设中效益显著。

据不完全统计，2002—2015年，内蒙古自治区煤炭系统获国家专利790余项。

1. 神华神东煤炭集团有限责任公司

2002—2014年神东煤炭集团公司获得授权专利发明类61项、实用新型类451项（表9-3-1、表9-3-2）。

表9-3-1 2002—2014年神东煤炭集团授权专利（发明类）情况统计表

名称	专利号	名称	专利号
连续采煤机房柱式短壁机械化采煤方法及其支护设备	ZL02129398.8	一种使矿井乏风瓦斯参与热电厂燃煤锅炉燃烧的系统	ZL200810247414.9
综采工作面辅巷多通道快速搬家方法	ZL02129399.6	三合一皮带纵撕保护器	ZL200810247346.6
煤矿井下采空区水的净化方法	ZL02129397.X	用于连续采煤机的采高仪	ZL200810247345.1
一种机械设备工况的油样铁谱检测方法	ZL02146710.2	一种用于安装综采工作面的转载机机头的举升装置	ZL200810247412.X
一种矿区水资源保护方法	ZL02146709.9		
用于矿井间贯通处的封堵方法	ZL200410050118.1	卷带机系统	ZL200810241168.6
带式输送机皮带的更换方法	ZL200410070482.4	一种回撤通道的加固方法	ZL200910078133.X
煤炭综采工作面强行过河的方法	ZL200410070480.5	用于连采设备的配套方法和系统	ZL200910093247.1
旺格维利采煤区的顶板控制方法	ZL200410058493.0	用于综采设备的配套方法	ZL200910092224.9
防止顶板大面积垮落的方法	ZL200410058492.6	一种分离瓦斯的方法	ZL201010604409.6
锚杆机集尘装置	ZL200510132310.X	用于带式输送机滚筒轴的轴颈根部或卸荷槽部的探伤方法	ZL201010620478.6
一种采煤方法	ZL200610168182.9		
重叠式连运系统跨骑式转载机	ZL200710087080.9	一种降低煤炭干燥系统的干燥器中氧气浓度的方法	ZL201010604492.7
一种固化剂组合物及其制备方法	ZL200710179316.1		
运煤车堵漏材料及其制备方法	ZL200710177909.4	用于采煤塌陷区的种植方法	ZL201010589279.3
胶带剥皮机	ZL200810246632.0	用于房柱式采煤法的平衡采掘方法	ZL201010604403.9
包胶滚筒轴拆解装置	ZL200810241169.0	电压调节装置	ZL201010602405.4

表 9-3-1（续）

名称	专利号	名称	专利号
一种利用废弃巷道贮存瓦斯的方法	ZL201010604429.3	一种防水闸门	ZL201110392046.9
二氧化碳置换矿井采空区瓦斯的方法	ZL201010609446.6	一种煤矿回采工作面上隅角瓦斯抽放方法	ZL201110410207.2
用于连采机的双梭车运煤方法	ZL201010603595.1	一种轴承拆装装置	ZL201110401774.1
利用旋转式铁谱仪的设备质量控制方法	ZL201010620457.4	装车数据采集系统和方法	ZL201110392073.6
连续采煤机双向截割方法	ZL201010589312.2	一种煤炭运输系统	ZL201310062223.6
利用四掩护支架回撤液压支架的方法	ZL201010604467.9	一种风力旋流集尘冷凝装置	ZL201310051523.4
一种液压支架立柱导向套组装机构	ZL201010602420.9	一种齿座定位装置及滚筒修复方法	ZL201210363803.4
用于带式输送机滚筒轴的全轴穿透探伤检测方法	ZL201010620459.3	薄基岩、厚松散砂层富水区域井下疏水注浆工艺	ZL201420529776.8
一种振动床混流干燥器的除尘装置	ZL201010604448.6	一种用于细粒脱水的筛分装置	ZL201310683854.X
煤矿采煤工作面回风隅角的瓦斯治理方法	ZL201110401772.2	一种多示范刀记忆割煤方法	ZL201310128882.5
		滚筒胶板压实装置	ZL201310051528.7
矿用振动筛弹簧在线监测与故障诊断装置及其方法	ZL201110392168.8	一种干燥设备	ZL201310053143.4
		井下立交巷道的施工方法	ZL201310069006.X
重物搬运装置和焊机移动架	ZL201110370123.0	一种托辊密封装置	ZL201210138026.3
一种振动混流干燥方法	ZL201110436808.0	一种半闭自惰式振动流化干燥系统	ZL201210211458.2
跳链断链保护装置	ZL201110392266.1	一种用于细粒脱水的筛分装置	ZL201310683854.X

表 9-3-2　2002—2015 年神华神东煤炭集团有限责任公司授权专利（实用新型）情况统计表

名称	专利号	名称	专利号
井下无轨辅助运输胶轮车	ZL02285016.3	斗提机断销保护装置	ZL200420072641.X
连续运输设备	ZL02285014.7	皮带故障保护装置	ZL200420072642.4
电缆推移装置	ZL200420072625.0	刮板故障保护装置	ZL200420072643.9
销轴组件	ZL200420072626.5	仓满报警装置	ZL200420085091.5
齿圈及法兰组件	ZL200420072627.X	给煤机报警装置	ZL200420085092.X
破碎机摇臂水管组件	ZL200420072628.4	照明管理系统	ZL200420085093.4
轴承外圈的拆卸装置	ZL200420072629.9	转子支撑架	ZL200420085094.9
焊接机移动车	ZL200420072630.1	电机检修梯	ZL200420084704.3
采煤机吸尘装置	ZL200420072632.0	带式输送机的胶带接头	ZL200420084714.7
采煤机摇臂电机护罩	ZL200420072633.5	破碎机润滑系统保护装置	ZL200420084705.8
联动巷道风门	ZL200420072634.X	破碎机堵转保护装置	ZL200420085095.3
给料运输降尘系统	ZL200420072635.4	改进的循环流化床锅炉	ZL200420084715.1
定量仓及溜槽系统	ZL200420072636.9	硫化床锅炉	ZL200420085096.8
具有限位装置的破碎机	ZL200420072637.3	具有单独送风机的循环流化床锅炉	ZL200420084716.6
具有活动驾驶室的连续采煤机	ZL200420072638.8	发电机转子一点接地保护装置	ZL200420084706.2
销轴的拆卸装置	ZL200420072639.2	掘进皮带和主运输皮带的自动闭锁系统	ZL200420085097.2
溜槽堵塞保护装置	ZL200420072640.5	采煤机牵引箱组装平台架	ZL200420085099.1

表9-3-2（续）

名称	专利号	名称	专利号
卷绕胶带、电缆两用机	ZL200420084717.0	运顺槽带式输送机	ZL200620166180.1
用于矿井的下井供电系统	ZL200420085100.0	独立急停控制系统	ZL200620166177.X
连续采煤机电控箱护杠	ZL200420084718.5	独立急停控制系统	ZL200620166185.4
一体式电机支撑台	ZL200420084720.2	连采机急停控制系统	ZL200620166611.4
具有弧形犁煤板的刮板机	ZL200420084719.X	连采机后退声光报警系统	ZL200620166603.X
采煤机牵引箱顶板	ZL200420084702.4	连采机瓦斯监控系统	ZL200620166183.5
导电连接杆	ZL200420084703.9	井下支架搬运车厢	ZL200620166605.9
联轴器	ZL200420085183.3	链轮检修工作台	ZL200620166191.X
滑轮组件	ZL200420085184.8	单体液压支架拆解机	ZL200620166606.3
冷却风扇联轴器	ZL200420085185.2	用于矫正板料变形的辅助装置	ZL200620166200.5
绳轮	ZL200420085187.1	单体支柱组装机	ZL200620166190.5
离心泵自动灌水、排气、抽水控制装置	ZL200420085189.0	掘锚机除尘系统	ZL200620166604.4
高压手车柜控制装置	ZL200420085190.3	连续采煤机气载喷雾除尘系统	ZL200620175421.9
带有护杠连接板的连续采煤机	ZL200420085188.6	一种电缆护层保护器	ZL200720191066.9
推移油缸位移传感器拆卸工具	ZL200520133557.9	车载多用机	ZL200720191064.X
采煤机吸尘装置	ZL200420072632.0	液压支架立柱缸筒端口的密封结构	ZL200720191061.6
带有远程限位控制系统的梭车电缆卷筒	ZL200520142356.5	拆卸装置	ZL200720191059.9
带式输送机故障检测保护装置	ZL200520142355.0	销轴拆解装置	ZL200720191057.X
刮板机溜槽连接板校正装置	ZL200520142354.6	冲剪机型钢下料辅助装置	ZL200720191069.2
液压支架立柱的组装平台	ZL200520144407.8	爬梯	ZL200720191068.8
液压支架立柱的解体和组装装置	ZL200520144409.7	剪板机工装	ZL200720191065.4
装车溜槽断电自动提升保护装置	ZL200520144613.9	隔爆型卷电缆装置	ZL200710119841.4
回撤专用支架	ZL200520142762.1	一种矿井水过滤器	ZL200720173225.2
大运量长运距带式输送机自移机尾	ZL200520037724.X	信号电缆收集装置	ZL200720173759.5
液压缸体密封性动态试验平台	ZL200520142765.5	带式输送机延伸组合装置	ZL200720173756.1
带有加强护板的采煤机	ZL2005144871.7	用于检测双向锁及液控单向阀的检测装置	ZL200720173758.0
顶梁侧护板校正架	ZL200520144870.2	自动装煤系统	ZL200720190470.4
装车溜槽断电自动提升保护装置	ZL200520144867.0	平板车刹车装置	ZL200720190513.9
溜槽堵塞的监测装置	ZL200520133556.4	煤仓保护装置	ZL200720190472.1
防止胶带纵向撕裂的保护装置	ZL200520133555.X	挡煤板维修辅助装置	ZL200720190471.9
给煤机防空转保护装置	ZL200520133558.3	液压油箱防外泄装置	ZL200720173757.6
单体液压支柱压力实验台	ZL200620175423.8	模拟负载和多功能开关测试装置	ZL200720190736.5
带有胶带撕裂检测装置的带式输送机	ZL200620168864.5	刮板机综合检测装置	ZL200720173760.8
矿井行车风门	ZL200620166182.0	一种自动喷雾装置	ZL200720191067.3
装车站防冻液自动喷洒系统	ZL200620166188.8	用于中部槽的电缆槽的维修装置	ZL200720187491.0
除尘风机	ZL200620166176.5	一种矿井巷道全断面挂网装置	ZL200720191060.1
带式输送机纵撕保护装置	ZL200620166199.6	一种户外高压空气绝缘组合电器装置	ZL200720191058.4

表9-3-2（续）

名称	专利号	名称	专利号
煤矿综采工作面闭锁系统	ZL200820233912.3	一种掘进面皮带提带装置	ZL201020658311.4
刮板机系统	ZL200820234124.6	给料破碎机堆煤保护装置和给料破碎机	ZL201020650481.8
卷带机系统	ZL200820234123.1	用于断路器的控制装置	ZL201020681432.0
一种井下运输装置	ZL200820234125.0	用于连采锚杆机的铺网辅助装置	ZL201020658290.6
一种车床刀杆	ZL200820234126.5	一种连续采煤机液压油箱结构	ZL201020650465.9
一种电机转子的取出装置	ZL200820234098.7	一种瓦斯抽放管路流量过桥装置	ZL201020650464.4
一种用于安装综采工作面的转载机机头的举升装置	ZL200820234200.3	用于破碎机的启动与停止自动报警装置	ZL201020681844.4
		一种可拆卸式移动轨道	ZL201020679007.8
液压拔套装置	ZL200820234097.2	具有缺相保护装置的梭车电控系统	ZL201020681433.5
一种用于铣床盲孔加工的刀具装置	ZL200820234065.2	一种多履带式矿用破障机	ZL201020676227.5
一种涡流式物料收集装置	ZL200820234099.1	一种通道支护装置	ZL201020676182.1
卧式立柱拆柱机	ZL200820234160.2	液压系统控制式泵站装置	ZL201020681396.8
供液管卡子	ZL200820234161.7	锚杆机顶棚升降报警装置	ZL201020681857.1
三角区液压支架	ZL200820234162.1	煤炭综采支架搬运车	ZL201020681693.2
一种电机转子的取出装置	ZL200820234098.7	连续采煤机旁路急停装置	ZL201020681675.4
推拉式弧形风门装置	ZL200920350702.7	自动洒水同时停止带式输送机的装置	ZL201020681400.0
避雷器更换装置	ZL200920350734.7	防止皮带纵向撕裂的保护装置	ZL201020681623.7
一种变频器移变运行的保护装置	ZL200920350735.1	一种控制胶带运输系统煤流量的限位挡板装置	ZL201020681905.7
一种矿井通风系统	ZL200920350736.6		
用于振动筛的振动检测装置	ZL200920110778.2	一种带式输送机防纵撕保护装置	ZL201020679019.0
一种气割割炬平衡装置	ZL200920277812.5	一种应用于卷带机的拉带装置	ZL201020681783.1
一种用于给煤机控制屉柜保护的测试电路	ZL200920278298.7	真空管同期检测仪	ZL201020667984.6
一种用于煤矿高压柜的馈电监测装置	ZL200920278299.1	一种液压支架前连杆的改造结构	ZL201020678923.X
逆止托辊	ZL200920278300.0	一种锚杆机挂网装置	ZL201020681871.1
一种采煤机先导回路	ZL200920350646.7	一种液压支架底座腔体结构	ZL201020681903.8
一种用于采空区的炮孔装药装置及炮孔孔网	ZL200920350647.1	一种气体自动采样泵	ZL201020676190.6
		采煤机搬运车	ZL201020681672.0
带式输送机清扫器	ZL200920350648.6	一种液压支架立柱导向套组装机构	ZL201020676169.6
用于翻转保护气体气瓶的翻转小车	ZL200920350737.0	一种顺槽皮带回收装置	ZL201020678921.0
非金属蘑菇头	ZL200920350801.5	托辊更换工具	ZL201020681421.2
起高装置	ZL200920350802.X	锚杆机检修平台的保护支撑杆装置	ZL201020681894.0
路灯	ZL200930128178.4	一种皮带机带面更换系统	ZL201020658287.4
弹性电缆钩和电缆钩固定装置	ZL200920278350.9	液压弯管装置	ZL201020678525.8
声光报警装置	ZL200920350733.2	一种滚筒剥胶机	ZL201020676215.2
电压调节装置	ZL201020676184.0	一种外置式液位保护装置的乳化液箱	ZL201020682679.4
一种防冻液车皮喷洒零速停喷装置	ZL201020646739.7	一种振动床混流干燥器的除尘装置	ZL201020681901.9
声光报警装置	ZL201020681760.0	一种焊机送丝机移动小车	ZL201020681658.0

表 9-3-2（续）

名称	专利号	名称	专利号
一种矿用平板车制动器和一种矿用平板车	ZL201020678922.5	一种轴承拆装装置	ZL201120502849.0
乳化液泵站自动加水配液系统	ZL201020681644.9	用于综合采煤工作面的运输机的推移角度调整装置	ZL201120503344.6
高压集流冲洗系统	ZL201020681781.2		
间隙过电压保护装置	ZL201120047975.1	综采工作面巷道贯通落差测量装置	ZL201120454190.6
用于采煤机的运输机闭锁装置	ZL201120048139.5	高压设备电气参数的监测系统	ZL201120454071.0
端头支护支架	ZL201120099264.9	一种用于更换带式输送机中托辊的装置	ZL201120452759.5
连采工作面电缆推移装置	ZL201120047974.7	一种用于漏电保护装置的漏电检测试验回路	ZL201120469865.4
一种装车可移动漏斗	ZL201120048138.0		
防冻液过滤装置	ZL201120048004.9	跳链断链保护装置	ZL201120491285.5
用于拆卸单轨吊的升降装置	ZL201120047869.3	一种用于刮板机减速箱的冷却装置	ZL201120424057.6
一种瓦斯、煤水分离装置	ZL201120513517.2	退卸装置	ZL201120496687.4
连续采煤机启动报警装置	ZL201120513516.8	用于观测浓缩池中煤泥水沉淀效果的装置	ZL201120424059.5
变压器输出设备	ZL201120513487.5		
一种矿井巷道掘进安全装置	ZL201120513518.7	自动往复运行装置	ZL201120513490.7
防过载压车报警保护装置	ZL201120513479.0	截齿型破碎机的堵转装置	ZL201120454088.6
一种皮带切割机	ZL201120413325.4	一种采空区中压力的实时监测装置	ZL201120485660.5
一种液压支架位移传感器拆装工具	ZL201120424053.8	开关模拟实验装置	ZL201120513348.2
漏电试验装置	ZL201120513502.6	小电流接地报警设备和报警系统	ZL201120509174.1
通话系统	ZL201120491345.3	一种用于变电站接地线的绕线装置	ZL201120454086.7
一种摇臂电机拆卸工装	ZL201120441762.7	稳压装置	ZL201120491601.9
齿轮传动组件	ZL201120513496.4	一种煤矿工作面主扇报警用电笛	ZL201120526372.X
重物搬运装置和焊机移动架	ZL201120462700.4	带式输送机高架处检修平台	ZL201120485676.6
一种配合车床使用的夹具	ZL201120507728.5	一种采样机转台控制装置	ZL201120537723.7
液压支架油缸拆装机	ZL201120510594.2	实验室氧弹的废气净化装置	ZL201120486441.9
堆料检测装置和堆料检测开关	ZL201120491603.8	一种连接有除尘装置的后部运输机	ZL201120526867.2
一种锚索切割装置	2012ZL20194571.X	轴承座端盖支架装置	ZL201120443256.1
卷帘门防坠装置	ZL201120464070.4	刮板机涡轮传动系统	ZL201120513093.X
多行程支架销轴拔销器	ZL201120423991.6	装车数据采集系统	ZL201120491245.0
液压支架检测装置	ZL201120508177.4	一种实现本安联锁及自动降尘的装置	ZL201120499082.0
用于拆卸电机定子绕组线圈的装置	ZL201120491427.8	一种活盘弯头	ZL201120473412.9
采煤机截割电机空载测试装置	ZL201120513498.3	一种防水闸门	ZL201120491270.9
采煤机控制光缆系统	ZL201120491168.9	测井装置	ZL201120491643.7
自动添加重介质悬浮液的系统	ZL201120490146.0	手动排水装置	ZL201120503362.4
一种放带装置	ZL201120443257.6	一种防水闸门	ZL201120491562.2
一种用于加工轴类工件径向孔的装置	ZL201120413371.4	锚索结构和具有该锚索结构的锚固装置	ZL201120491258.8
液压系统	ZL201120498923.6	一种液压支架底座腔体结构	ZL201120048005.3
一种对液力耦合器对轮螺栓进行拆卸的装置	ZL201120473265.5	铁艺品（金晶胞）	ZL201130430842.8

表 9-3-2（续）

名称	专利号	名称	专利号
一种轴类加工件在车床上的轴向定位套	ZL201220194954.7	用于皮带机的皮带跑偏调整装置	ZL201220594728.8
一种振动筛在线诊断装置	ZL201220196494.1	一种皮带机清扫装置	ZL201320099650.7
一种托辊密封装置	ZL201220200201.2	采煤机清洗及测试用水循环系统	ZL201320112681.1
一种托辊密封装置	ZL201220204034.9	梭车远程断电控制装置	ZL201320089925.9
一种合板密封滑道及立柱拆装机	ZL201220207046.7	镗刀刀具与刀杆的连接装置	ZL201320121292.5
一种预制保温管的滑动支座	ZL201220275107.3	镗床镗刀装夹装置	ZL201320112764.0
一种半闭自惰式振动流化干燥系统	ZL201220301437.5	一种干燥设备	ZL201320073902.9
一种托辊密封装置	ZL201220200076.5	滚筒胶板压实装置	ZL201320073922.6
一种新型托辊密封装置	ZL201220347070.0	一种风力旋流集尘冷凝装置	ZL201320074181.3
一种偏心装夹装置及带有偏心装夹装置的定位系统	ZL201220347661.8	一种铰接销的拆卸装置	ZL201320143205.6
		一种胶管剥胶装置	ZL201320098660.9
一种轴类工件旋转变位装置	ZL201220307068.0	锚索切割系统	ZL201320186550.8
车床卡盘用卡爪和车床	ZL201220308469.8	一种移变列车轨道搬运车	ZL201320216933.5
一种用于立柱外缸缸口环缝补焊的装夹装置	ZL201220366769.1	一种具有供取料装置的剪板机系统	ZL201320187859.9
		一种用于剪板机的供料装置	ZL201320186757.5
矿用刮板输送控制系统	ZL201220386534.9	一种带式输送机带面更换系统	ZL201320186829.6
梭车电缆缓冲装置	ZL201220396702.2	一种用于剪板机的取料装置	ZL201320186760.7
一种过滤管绕丝机	ZL201220346645.7	一种螺母构件	ZL201320251114.4
一种振动流化干燥装置	ZL201220301079.8	一种开槽设备	ZL201320245598.1
一种堆焊机用孔心定位装置	ZL201220305792.X	一种具有斜联巷的移变列车巷	ZL201320243920.7
移变列车防滑车装置	ZL201220466502.X	一种皮带防跑偏装置	ZL201320243934.9
一种隔爆水棚	ZL201220489808.7	液压支架立柱拉出装置	ZL201320311518.8
一种用于夹装缸体的四卡爪	ZL201220466534.X	一种用于张紧小车的缓冲系统	ZL201320353295.1
一种齿座定位装置	ZL201220496163.X	一种采煤机截齿的拆装装置	ZL201320477669.0
巷道支护及物料输送设备	ZL201220416194.X	瓦斯抽放系统	ZL201320477377.7
一种电缆敷设盘	ZL201220563753.X	一种纵撕拉绳固定装置及纵撕拉绳传感器设备	ZL201320417082.0
一种电缆挂钩	ZL201220559962.7		
一种多级离心泵拆解装置	ZL201220563723.9	一种带式输送机的保护装置的检测装置	ZL201320547905.1
一种挂网连接环	ZL201220467194.2	采煤机电气试验台	ZL201320547879.2
一种可升降的水幕装置	ZL201220565411.1	一种钻孔测温仪	ZL201320572886.8
一种煤矿井下通风系统	ZL201220684826.0	一种带有挡煤板的刮板输送机	ZL201320547512.0
一种废料打包机	ZL201220743010.0	一种扩孔钻杆	ZL201320547977.6
一种链轮链窝测量装置	ZL201220742209.1	用于以柴油发动机驱动的防爆车的排气栅栏自清洗系统	ZL201320566270.X
一种减速箱测试装置	ZL201220742662.2		
一种铁塔支撑组件	ZL201220742499.X	防爆柴油机排气系统	ZL201320566291.1
一种用于接地棒的起拔装置	ZL201220742017.0	立柱流水线组装装置	ZL201320717559.7
一种车载采样平台	ZL201220684753.5	综采工作面设备的远程控制系统	ZL201320627038.2

表9-3-2（续）

名称	专利号	名称	专利号
一种用于升降液压支架顶梁铰接轴的装置	ZL201320547786.X	一种管路安装装置	ZL201320851525.7
		一种掘进机	ZL201320833966.4
一种测定煤炭常温下产生一氧化碳的装置	ZL201320566207.6	用于在单轨吊上前移现场设备的单轨吊自动前移装置	ZL201320851185.8
一种刮水装置及具有刮水装置的防滑带式输送机	ZL201320547797.8	一种用于拆卸链条的断链器	ZL201320851083.6
		一种增压式调速液压系统	ZL201320839653.X
采空区束管过滤装置	ZL201320547700.3	一种皮带机控制装置	ZL201320835980.8
一种电焊机的接线装置	ZL201320774427.8	一种采煤机摇臂壳体	ZL201320851197.0
一种刮具装置	ZL201320713799.X	一种采煤机摇臂	ZL201320850728.4
一种用于采矿测试的抽气系统	ZL201320774855.0	一种测试管路	ZL201320817754.7
一种翻转装置	ZL201320817817.9	一种光干涉式甲烷测定器的光源组	ZL201420079882.0
一种矿用降尘装置	ZL201320851206.6	抽采瓦斯参混乏风瓦斯参与燃煤锅炉燃烧系统	ZL201420141927.2
一种防止溜槽堵塞的装置	ZL201320851085.5		
一种用于细粒脱水的筛分装置	ZL201320824828.X	一种带式输送机压带防跑偏装置	ZL201420194449.1
液压支架活柱	ZL201320838858.6	一种拆卸筛板的装置	ZL201420123364.4
轨道搬移装置	ZL201320850729.9	一种用于井下参观的讲解装置	ZL201420248218.4
一种防止带式输送机托辊掉落的装置	ZL201320839654.4	销排修复工装	ZL201420305471.9
一种控制重介选煤悬浮液的设备	ZL201320851209.X	一种用于带式输送机的撕带信号发生器	ZL201420271897.7
一种用于测量综采工作面的回采高度的测量装置	ZL201320834416.3	煤泥分选过滤系统	ZL201420241476.X
		离心机碟簧锁母拆卸装置	ZL201420436432.2
滚子链条拆装装置及浅槽分选机	ZL201320850807.5	油缸吊具	ZL201420376510.4
一种集气排渣放水装置	ZL201320824135.0	一种车削夹具	ZL201420377091.6
利用乏风流瓦斯的锅炉燃烧系统	ZL201320849137.5	一种横轴式截割器	ZL201420376768.4
一种便于移动的吊挂式传感器装置	ZL201320849105.5	一种用于焊接环形工件的装置	ZL201420377093.5
煤层采样机	ZL201320835930.X	一种用于煤层瓦斯含量的测量装置	ZL201420123323.5
综采设备数据上传装置	ZL201320837990.5	一种气动封孔装置	ZL201420119403.3
一种清理电机水垢的装置	ZL201320850707.2	一种测定钻孔封孔段气密性的装置	ZL201420295173.6
一种除尘用的喷雾装置	ZL201320851210.2	电能质量治理和储能一体化节能装置	ZL201420376744.9
一种采煤机装置	ZL201320850706.8	一种煤矿联络	ZL201420243110.6
乳化液泵控制系统	ZL201320851222.5	一种带式输送机智能放水装置	ZL201210444095.7
一种刮板校直装置	ZL201320850726.5	一种自动风门远程监测与控制系统	ZL201420594833.0
用于马蒂尔自移机尾装置的防护装置	ZL201320849142.6	一种矿用井下信息采集系统	ZL201420594805.9
一种液压支架排水装置的接口	ZL201320849151.5	一种采动地裂缝监测装置	ZL201420594768.1
一种用于防爆柴油机的防堵塞排气系统	ZL201320837999.6	皮带机清煤装置	ZL201420528881.X
防冻干粉喷洒装置	ZL201320851124.1	一种用于重介选煤的合介桶稀介补水系统	ZL201420528872.0
采空区气体取样装置	ZL201320850698.7		
一种可移动的超前支护装置	ZL201320851107.8	一种带式输送机的滚筒装置	ZL201420530486.5

表 9-3-2（续）

名称	专利号	名称	专利号
移动电缆用挂钩装置	ZL201420548985.7	顶梁侧护板	ZL201420802780.7
一种用于调节重介浅槽水平流的系统	ZL201420622080.X	湿式除尘箱	ZL201420854192.8
一种移动变电站的绕组绕线模具	ZL201420634197.X	可移动折叠的压风自救系统	ZL201420854023.4
一种可自动卸料的储料装置	ZL201420594803.X	一种给煤机插板控制装置	ZL201420852996.4
钢板切割装置	ZL201420531997.9	退锚器控制装置	ZL201420852974.8
一种用于混烧矿井瓦斯和天然气的装置	ZL201420642513.8	带式输送机的撕带保护装置及带式输送机	ZL201420850698.1
煤自燃升温实验罐	ZL201420620463.3	矿用平板车连接头组件及矿用平板车组	ZL201520411570.X
防爆自卸车举升保护装置及防爆自卸车	ZL201420403403.6	煤层瓦斯压力的测定装置	ZL201420655932.5
滚筒胶板压实装置	ZL201310051528.7	矿井下移动变电站远程监测控制系统	ZL201420854083.6
一种矿用监控装置	ZL201420711708.3	一种四连杆支架的架间管	ZL201520204710.6
一种用于采煤机电机的通电测试装置	ZL201420745863.7	井下掏槽施工装置	ZL201520201847.6
一种利用乏风流瓦斯的燃烧传输系统	ZL201420655931.0	刮板输送机冷却水自动抽排装置	ZL201520117443.9
一种瞬变电磁法多匝小线圈偶极探测装置	ZL201420622104.1	带式输送机拉线式防撕裂保护装置	ZL201520264744.4
测量棱镜及测量设备	ZL201420712626.0	一种带式运输机物料监测装置	ZL201420852994.5
一种手动卷板机	ZL201420720397.7	一种用于拆卸单体液压支架的装置	ZL201520201926.7
锚具夹片的硬度测量辅助装置	ZL201420802779.4	一种带式输送机的机尾	ZL201520205960.1
一种半闭自惰式振动流化干燥系统	ZL201210211458.2	用于黄土区的柳杆锚固护坡方法	ZL201110375512.2
一种用于胶带运输机的金属探测装置	ZL201420853680.7	一种用于开关柜的接地手车	ZL201520411709.0
一种用于检测带式输送机带面的装置	ZL201420746400.2	一种可移动式缓冲梁装置	ZL201520389686.8
一种皮带输送机的自动纠偏装置	ZL201420773710.5	一种带式输送机皮带带宽监测装置	ZL201520034072.8
用于拔出齿套的装置	ZL201420821868.3	一种用于更换阀门的辅助工具	ZL201520410888.6
一种螺丝刀	ZL201420822049.0	用于测量清水层厚度的装置	ZL201520415570.7
一种煤矿用自动化风窗	ZL201420807601.9	工作台	ZL201520411568.2
一种声光报警锚杆机	ZL201420851181.4	钻孔水位测量装置	ZL201520411576.7
一种锚索自动切割装置	ZL201420853084.9	梭车电缆拖拽缓冲装置	ZL201520415588.7
乏风瓦斯参与燃烧的水封传输系统	ZL201420852874.5	轻型矿井轨道	ZL201520415542.5
工作面泵站闭锁控制系统	ZL201420853081.5	刮板机断链保护装置	ZL201520476317.2
井下测量控制点保护装置	ZL201420852508.X	巷道支护网搭接处的铅丝打结装置	ZL201520475872.3
一种顺槽胶带运输机的可伸缩皮带架	ZL201420853800.3	提链器	ZL201520415523.2
液压支架下缩量监测装置	ZL201420712539.5	滤网防尘装置	ZL201520508396.0
煤耗氧速度测试装置	ZL201420851930.5	一种高压变电站开关柜	ZL201520508383.3
一种用于固定高压管线的卡子	ZL201420853012.4	具有自动卸铁功能的除铁器	ZL201520475845.6
轴承压盖等分打孔设备	ZL201420852664.6		

2. 神华准格尔能源有限责任公司

2003—2015 年，公司在煤炭板块获国家授权专利发明类 20 项，实用新型类 90 项（表 9-3-3、表 9-3-4）。

表9-3-3　2003—2015年神华准格尔能源有限责任公司授权专利（发明类）情况统计表

名称	专利号	名称	专利号
铵油炸药及其制造工艺	ZL98124310.X	刮板输送机故障检测装置、系统及方法	ZL201110392150.8
热气、泛气切换调整制粉送粉燃烧系统	ZL01112249.8		
一种超低密度乳化炸药及其制备方法	ZL201010161873.2	露天煤矿应用吊斗铲的运输道路形成方法	ZL201310326107.0
苏丹红在铵油炸药制备中应用及相应铵油炸药和制备方法	ZL201010180936.9	一种露天煤矿开采工艺	ZL201210591835.X
综采工作面端头采煤方法及其相应的端头支护支架	ZL201110086882.4	一种露天煤矿开采工艺	ZL201210585037.6
		综合检测装置	ZL201210584149.X
一种基于防洪坝系的主振动频率确定煤矿爆破方式的方法	ZL201110304723.7	一种露天煤矿煤炭开采运输工艺	ZL201410805500.2
		露天矿沙土边帮的拓帮方法	ZL201410468657.0
一种防洪坝系的安全性检测方法	ZL201110434944.6	一种露天煤矿修筑斜坡道的方法	ZL201510946579.5
用于露天采煤区爆破的防洪坝系安全监测方法和监测系统	ZL201110436394.1	一种采用吊斗铲循环作业的采煤方法	ZL201510943623.7
		一种露天煤矿及其开采方法	ZL201511018948.0
供匣间耐压测试用的可调式托架	ZL201110390896.5	露天煤矿端帮桥的拆除方法	ZL201511020546.7

表9-3-4　2003—2015年神华准能公司授权专利（实用新型）情况统计表

名称	专利号	名称	专利号
一种明桥面线路	ZL200520133559.8	矿用电缆桥	ZL201220572595.4
排土机上部结构润滑故障延时停机装置	ZL200520142759.X	一种多功能乳化炸药补给车	ZL201220543387.1
一种加强型的电铲勺杆	ZL200520144404.4	一种用于胶带输送机的监测保护装置及胶带输送机	ZL201220563831.6
一种加强型的电铲底部结构	ZL200520144614.3		
矿山运输道路喷淋洒水降尘系统	ZL200520037749.X	一种电缆托架车	ZL201220680044.X
地下岩移的监测装置	ZL200520037750.2	一种矿山运输卡车的压力传感器组件	ZL201220740729.9
用于出渣皮带机的变频调速装置	ZL200520037751.7	一种矿山运输卡车的传感器组件	ZL201220742959.9
一种现场混装炸药车	ZL200520037748.5	带有防护装置的吊斗铲撑杆及吊斗铲	ZL201220741774.6
煤炭输送及仓储系统	ZL200520037752.1	一种矿山运输卡车的传感器组件	ZL201220748138.6
一种电缆漏斗车胶带调节装置	ZL200520037753.6	一种用于拆卸活塞的装置	ZL201220741750.0
煤仓顶部除尘装置	ZL200720169865.6	一种用于拆装活塞缸的装置	ZL201220742956.5
用于矿业机械的密封装置	ZL200720149346.3	吊斗铲缆绳防护装置	ZL201220741025.3
转运点除尘系统	ZL200820080576.3	一种用于卡车液压系统的油温采集装置	ZL201320346568.X
露天矿交通车辆防撞预警器	ZL200820181073.5	一种用于车辆制动蓄能器的压力采集装置	ZL201320346379.2
一种用于露天矿区的防洪坝装置	ZL201020248522.0	综合检测装置	ZL201220745656.2
一种防洪坝装置	ZL201020248558.9	一种矿用车辆油箱的报警装置	ZL201320724357.5
一种用于露天矿区排土场的毛细渗灌装置	ZL201020248503.8	电力机车侧向摩擦减振器中摩擦片定位装置及摩擦减振器	ZL201320834747.8
用于露天煤矿区排土场的坝体装置	ZL201120016406.0		
牙轮钻机抛掷孔定位仪	ZL201120037391.6	炸药原料上料装置	ZL201320835991.6
供匣间耐压测试用的可调式托架	ZL201120491311.4	一种浅槽斗轮总成与减速机的连接装置	ZL201420013674.0
刮板输送机故障检测装置及系统	ZL201120491644.7	炸药混装车的安全锁紧装置	ZL201420004794.4

表9-3-4（续）

名称	专利号	名称	专利号
一种利用废油品生产炸药的燃料配置装置	ZL201420004925.9	一种用于移动履带链的辅助滚台设备	ZL201420822078.7
一种电动轮卡车接触器智能保护器	ZL201420006106.8	一种用于安装液力耦合器的装置	ZL201420821807.7
一种用于露天煤矿的除尘装置	ZL201320817306.7	用于更换制动卡钳的工具	ZL201520498695.0
一种矿用机械设备注油车	ZL201420006108.7	弹性旁承拆卸装置	ZL201520402285.1
一种露天煤矿的开采条幅清理装置	ZL201420363002.2	光缆防鸟害安装装置	ZL201521130045.7
漂浮式潜水泵组件	ZL201420362773.X	履带板连接销的拆除装置	ZL201521128672.7
一种加油车	ZL201420529750.3	一种用于支撑发动机的装置	ZL201521129088.3
一种液位测量装置	ZL201420689536.4	风动式上砂阀的控制开关	ZL201521130194.3
用于630E发动机保护器电路板的测试装置	ZL201420827838.3	一种变配电模拟系统	ZL201521129067.1
		移动式升降平台	ZL201521129069.0
用于630E卡车AID报警电路板的测试装置	ZL201420823605.6	一种带式输送机皮带更换装置	ZL201521052021.4
		快速测定煤炭灰分的装置	ZL201521054432.7
一种用于对装载机远程模块检测的检测仪	ZL201420826613.6	一种充气管防护装置及轮胎	ZL201521054469.X
		露天煤矿采煤运输系统	ZL201521053689.0
一种用于维修卡车前羊角的装置	ZL201420770229.9	一种胶带铺收装置	ZL201521054411.5
一种用于拆装托辊的支架	ZL201420739649.0	用于大板车的注脂集成器和大板车润滑系统	ZL201521052673.8
一种用于固定液压油箱的装置	ZL201420741392.2		
回油阀组件及回油管路系统	ZL201420827839.8	钻机驱动轮	ZL201521053458.X
一种乳化炸药供给装置	ZL201420822081.9	一种升降平台液压油路系统	ZL201521053297.4
一种卡车水箱防护装置	ZL201420821870.0	入料缓冲器及用于重介质选煤的介质桶	ZL201521055124.6
一种卡车的上车梯子	ZL201420822000.5	一种卡车相位模块测试平台及卡车相位模块测试系统	ZL201521130101.7
一种衬套镶套机	ZL201420821332.1		
一种吸盘式取垫器	ZL201420822079.1	风动架车机的自动同步控制装置	ZL201521130193.9
一种法兰撑开装置	ZL201420821903.1	用于挖掘机的甘油润滑装置	ZL201521129229.1
一种衬套分解组装压装机	ZL201420821631.5	矿用卡车的轮胎气带更换装置	ZL201521128605.5
一种用于拆卸液力耦合器的装置	ZL201420821808.1	一种对矿用卡车电源测试的装置	ZL201521126279.4
一种用于修复履带链板上的履刺的修复系统	ZL201420822076.8	一种矿用卡车设备调试平台	ZL201521129246.5
		一种卡车报警卡集成板	ZL201521126957.7

3. 神华北电胜利能源有限公司

2011—2015年公司共获得国家发明专利1项，实用新型专利57项（表9-3-5）。

表9-3-5　2011—2015年神华北电胜利能源公司获实用新型专利情况统计表

名称	专利号	名称	专利号
带式输送机就地急停保护控制装置	ZL201020681745.6	一种落料点导料槽挡皮磨损自动补偿装置	ZL201020637739.0
一种滑轮式电缆桥	ZL201020646721.7		
一种高压耦合器防水支架	ZL201020646631.8	具有带料器的板式给料机	ZL201020681827

表 9-3-5（续）

名称	专利号	名称	专利号
滚筒除冰装置	ZL201020681841	一种胶带输送机的挡皮调节装置	ZL201320424522.5
一种斗杆防错齿缓冲装置	ZL201020646655.3	带式输送机清扫器的落煤回收装置	ZL201320477511.3
电铲铲斗的斗门栓	ZL201120499275.6	一种自卸卡车的厢斗举升机构	ZL201420377044.1
液压挖掘机	ZL201220049401.2	一种电铲行走齿轮箱放油阀	ZL201420594770.9
用于带式输送机的防堵塞防撕裂综合保护装置及系统	ZL201120384423.X	矿用快速接头	ZL201520508108.1
一种刮板输送机	ZL201220005184.7	矿用自卸车厢斗及矿用自卸车	ZL201520580379.8
带式输送机粘料自清洁滚筒	ZL201220016471.8	一种用于监测电铲制动器的装置	ZL201520231978.9
胶带运输机输送带的撕裂检测装置	ZL201120490195.4	一种用于电铲提升系统的连轴装置	ZL201520228460.X
装车站初级采样装置	ZL201120493416.3	一种溜槽及具有该溜槽的带式输送机	ZL201420594778.5
用于带式输送机的非接触式胶带清扫器	ZL201220580993.0	用于装车站的火车来车提示系统	ZL201420594769.6
一种用于刮板输送机的溢料报警系统	ZL201220685123.X	一种刮板机	ZL201420615683.7
刮板输送机故障检测系统	ZL201320216860.X	一种托辊除冰装置	ZL201420635035.8
节能照明控制器	ZL201320320713.7	一种界标	ZL201520371981.0
给煤机导流装置及给煤机	ZL201220680907.3	矿用电缆爬犁车	ZL201420569952.0
一种胶带输送机转载点溜槽	ZL201220563835.4	一种用于高压耦合器的支架	ZL201520295618.5
用于带式输送机的防落煤砸拉绳托环装置	ZL201320118404.1	一种活口扳手	ZL201420635840.1
用于带式输送机的带式输送机除霜装置	ZL201320245101.6	一种刮板输送机落料口防撞装置	ZL201520231375.9
一种用于收纳硫化梁和硫化板的集装箱	ZL201320320705.2	一种胶带输送机转载站的遮挡装置	ZL201420532050.X
用于配电室的防尘装置	ZL201320216154.5	一种无尘的煤炭装车装置	ZL201520476762.9
一种刮板机	ZL201220559999.X	一种滚动式刮板	ZL201520231651.9
一种斗栓装置	ZL201320477382.8	一种无线远程排水控制系统	ZL201420635076.7
一种电铲铲斗	ZL201420041607.X	一种用于输送机的张紧装置	ZL201420773720.7
电铲铲斗的斗门栓	ZL201110396174.0	一种自动擦玻璃装置	ZL201420568589.0
一种用于更换皮带机托辊的装置	ZL201420272087.3	一种露天煤矿的排水系统	ZL201420594777.0
一种破碎站操作室的减震装置	ZL201320424438.3	装车溜槽的自动标高装置	ZL201420773743.8
一种胶带输送机尾部清扫装置	ZL201420362771.0	一种用于封闭缝隙的装置	ZL201520478080.1
		刮板机驱动链轮齿组件	ZL201420529749.0

4. 神华宝日希勒能源有限公司

2010—2014 年，公司共获得国家授权专利 19 项，其中发明专利 3 项，实用新型专利 16 项（表 9-3-6）。

表 9-3-6 2010—2014 年神华宝日希勒能源有限公司获实用新型专利情况统计表

名称	专利号	名称	专利号
用于采场水污水处理的系统	ZL201020681757.9	一种供水系统的水位控制系统	ZL201120268865.8
自动平车系统	ZL201020681457.0	一种投入式液位计	ZL201120280639.1
一种高寒地区干硬性可装配式涵洞结构	ZL201020682529.3	矿井加热保暖系统	ZL201220006943.1
一种铲车变速箱翻转支架	ZL201020682514.7	有线对讲机	ZL201220285575.9

表9-3-6（续）

名称	专利号	名称	专利号
挖掘机铲齿丢失监测装置和挖掘机	ZL201220428843.8	皮带机拉线式堵煤保护装置	ZL201320792095.6
一种线圈拆线机	ZL201220429025.X	带有传感器的装车站闸门	ZL201420363934.7
一种供水系统的水位控制方法及系统	ZL201110211974.0	一种销轴拆卸装置	ZL201420546928.5
一种用于皮带输送机的换辊装置	ZL201320821498.9	减速机冷却系统	ZL201420854249.4
地下水库的防渗方法及具有防渗功能的地下水库	ZL201210472743.X	一种露天煤矿地下水库的位置确定方法	ZL201210473331.8
		一种煤炭装车平台和煤炭装车系统	ZL201420802650.3

5. 华能伊敏煤电有限责任公司

2015年，伊敏露天矿获得国家知识产权局授权的专利共23项（表9-3-7），全部为实用新型专利。

表9-3-7　2015年华能伊敏煤电集团公司获实用新型专利情况统计表

名称	专利号	名称	专利号
一种直流给定位移电源装置	ZL 2015 2 0253187.6	一种发动机的测功机的电启动装置	ZL 2015 2 0330321.8
一种挖掘机滤器的自动清洗装置	ZL 2015 2 0275593.2	一种氮气缸或举升缸的拆装装置	ZL 2015 2 0253365.5
电铲提升卷筒的迷宫型密封结构	ZL 2015 2 0253363.6	一种发动机的曲轴轴承座的拆卸装置	ZL 2015 2 0330499.2
电铲的开底杠杆	ZL 2015 2 0253188.0	一种自卸汽车的防举升过限装置	ZL 2015 2 0373550.8
电铲行走机构边轴的防尘结构	ZL 2015 2 0253607.0	车辆发动机机油压力报警装置	ZL 2015 2 0253080.1
一种料斗溜槽或溢料刮板的防冻黏装置	ZL 2015 2 0406171.4	车辆发动机冷却系统的风扇离合器的手动控制装置	ZL 2015 2 0322393.8
电缆料斗车移设爬犁	ZL 2015 2 0253079.9	滤器回收车	ZL 2015 2 0253362.1
一种带式输送机的集料槽的清料装置	ZL 2015 2 0371496.3	多功能检修移动平台	ZL 2015 2 0290623.7
一种带式输送机下调偏装置	ZL 2015 2 0358729.6	一种洒水车水泵联轴器	ZL 2015 2 0322077.0
一种钢结构的吊装工具	ZL 2015 2 0253190.8	自卸车车厢销轴的防窜出装置	ZL 2015 2 0350270.5
电铲开底叉杆	ZL 2015 2 0252560.6	一种自卸车燃油加热装置	ZL 2015 2 0253364.0
一种空气滤清器的除霜装置	ZL 2015 2 0330322.2		

6. 神东天隆集团有限责任公司

神东天隆集团有限责任公司机械维修加工中心授权专利（实用新型）成果4项（表9-3-8）。

表9-3-8　神东天隆集团有限责任公司机械维修加工中心授权（实用新型）专利情况统计表

名称	专利号	名称	专利号
镐形截齿立式模具	ZL2670602	利用锻后余热退火履带炉	ZL 2009 2 0005940.4
镐形矿用截齿	ZL 2009 2 0003389.X	连续细长杆件淬火机床	ZL200920006936.8

7. 内蒙古科技大学矿业与煤炭学院

2011—2014年，内蒙古科技大学矿业与煤炭学院获得授权专利（实用新型）成果6项。

知识产权归属为内蒙古科技大学（表9-3-9）。

表9-3-9 2011—2014年内蒙古科技大学矿业与煤炭学院授权专利（实用新型）情况统计表

名称	专利号	名称	专利号
矿用风筒快速对接钳	2670602	新型护岸框架结构	2013111120580720
新型透水路缘石	ZL 2013 2 0154170.6	一种可伸缩柔性掩护支架	ZL 201320875188.5
两端楔形锚固式锚杆	ZL 201320874428.X	一种自密封式低阶煤及煤泥负压干燥装置	ZL 201520101899.6 CN 2044-78787 U

（二）煤化工领域获国家发明专利成果

1. 神华煤制油化工有限公司

截至2010年年底，神华煤制油化工有限公司在煤间接液化催化剂工艺技术开发过程中，共申请发明专利19项，获得授权9项，实审8项、复审2项；获得实用新型专利1项（一种新型浆态床反应器气体进料分布器，申请号：201020192680.9）（表9-3-10）。

表9-3-10 神华煤制油化工有限公司煤间接液化催化剂工艺技术专利（发明类）成果统计表

名称	申请号	名称	申请号
一种费托合成方法	ZL200610140019.1	两段式费托合成方法	ZL200610140020.4
一种分离浆态床费托合成重馏分和铁基催化剂的方法	ZL200710176863.4	一种含镍的铁基费托合成催化剂及其制备方法	ZL200810113005.X
一种费托合成用铁基催化剂及制备方法	ZL200810104515.0	一种铁、镍费托合成催化剂及其制备方法	ZL200810111974.1
一种应用费托合成反应的含钛沉淀催化剂及制法	ZL200810105891.1	一种将费托合成产物馏分从浆态床反应器抽出的方法	ZL200810225475.5
一种含钾硅溶胶的制备方法	ZL200810104279.2	一种浆态床费托合成反应器和工艺	ZL200810225473.6
一种用于费托合成浆态床反应器的蜡抽出自动过滤、反冲洗系统	ZL200810225476.X	脱除浆态床费托合成尾气所携带的铁系催化剂的方法	ZL200810225472.1
一种费托合成方法及系统（二次提交）	ZL201010514370.9	一种铁基费托合成催化剂制备方法	ZL200810106736.1
一种用于浆态床反应器中的高抗耐磨铁基催化剂及其制备方法	ZL201010034049.0	一种新型浆态床反应器气体进料分布器	ZL201010174635.5
用于费托合成反应的沉淀铁催化剂及其制备方法及其应用	ZL201010225027.2	一种费托合成反应的含钴助剂铁催化剂及其制备方法	ZL200910089326.5
一种含镁费托合成催化剂及其制备方法	ZL200810224466.4		

2. 内蒙古伊泰煤制油有限责任公司

2013年3月，公司获得内蒙古自治区科学技术厅、财政厅、国家税务局和地方税务局联合下发的"高新技术企业"认证，有效期为3年。全年，公司获得实用新专利国家知识产权局专利证书20件，申请公布6件发明专利并进入实质审查阶段。

截至2013年年底，公司共收到国家知识产权局受理的12件专利通知书。2014年下半年，通过对技术改造项目进行提炼,组织申报专利材料11项;其中发明专利4项,实用新型专利7项。

2012—2015年,公司已取得国家知识产权局授权实用新型专利证书51件(表9-3-11),发明专利证书10件(表9-3-12)。

表9-3-11　2012—2015年内蒙古伊泰煤制油有限责任公司获国家专利(实用新型)情况统计表

名称	专利号	名称	专利号
一种煤间接液化合成油的系统	ZL201220614945.9	无壳程固定管板换热器换热管泄漏检测装置	ZL201420668308.9
一种气化炉炉壁温度超温联锁保护装置	ZL201220659700.8	一种间接液化煤基费托合成水分离净化处理系统	ZL201420779585.7
一种蒸汽汽包超压安全保护装置	ZL201220618605.3	一种费托合成催化剂的还原系统	ZL201420092193.3
一种水煤浆输送泵	ZL201220659623.6	分子筛加热器冷凝液罐联锁控制系统	ZL201420784128.7
一种磨煤机设备安全运行的联锁系统	ZL201220623983.0	内外螺旋盘管换热器	ZL201420668423.6
一种预防气化炉过氧超温的联锁保护系统	ZL201220661234.7	带有脉动衰减器的空气压缩机	ZL201420865476.7
一种水激冷流程的气化炉激冷室液位保持装置	ZL201220634379.8	一种旋转式卸料装置	ZL201420668422.1
一种降低水煤浆气化浓缩黑水硬度的系统	ZL201220659517.8	导波雷达液位计	ZL201420784436.X
一种浆态床反应器气体分布器的辅助进气系统	ZL201220663554.6	一种用于浆态床反应器的过滤系统	ZL201420783860.2
		带有导波雷达液位计的渣蜡搅拌釜	ZL201420784126.8
一种费托合成气体组分快速在线监测装置	ZL201220659590.5	一种带有外置过滤器的浆态床FT合成反应器	ZL201420784264.6
浆态床反应器催化剂回收利用系统	ZL201220663540.4	一种控制阀气路系统	ZL201520616694.1
一种浆态床反应器内的过滤反吹装置	ZL201220659531.8	空气干燥控制系统及空分设备	ZL201521044151.3
一种新型浆态床反应器气体分布器	ZL201220640539.X	浆态床反应器催化剂更换系统	ZL201520826938.9
一种低温甲醇洗再吸收塔	ZL201220659615.1	一种用于防止鹤管装车泄漏的检测系统	ZL201521050622.1
低温油洗单元液氨急冷器内含氨废水回收再利用系统	ZL201220659574.6	一种用于大型设备转子维修的转动支座	ZL201520648246.X
一种降低低温甲醇洗系统中甲醇水含量的装置	ZL201220659612.8	一种低温液体泵的密封结构及密封器系统	ZL201521050624.0
引风机电机轴承座润滑结构	ZL201320616528.2	浆态床反应器分布器防堵装置	ZL201520882151.4
一种烧嘴冷却水系统	ZL201320615710.6	变电所小电流接地故障检测系统	ZL201521050623.6
一种浆态床反应器的温控保护装置	ZL201320616529.7	新型氨精馏系统	ZL201520881906.9
一种浆态床反应器停车联锁系统	ZL201320616982.8	泵启动联锁保护装置	ZL201521050578.4
装车鹤位防溢开关夹具	ZL201320616852.4	二氧化碳再吸收塔塔顶分布器	ZL201520884652.6
阀门填料密封结构	ZL201320616750.2	用于空分冷箱解冻加热器的控制电路	ZL201521044152.8
用于石灰石给料机的轴封复合填料	ZL201320616746.6	仪表气源供应系统	ZL201520884653.0
吹气式液位计	ZL201320616748.5	一种ESD系统	ZL201521050580.1
压缩机耦合器输出轴端机械密封辅助装置	ZL201320616983.2	一种高效压缩空气系统	ZL201521050621.7

表9-3-12　2012—2014年内蒙古伊泰煤制油有限责任公司授权专利（发明类）情况统计表

名称	专利号	名称	专利号
一氧化碳部分变换系统及其工艺控制方法	ZL201210484503.1	一种富氢介质复合管道焊缝修复方法	ZL201310593413.0
用于浆态床反应器过滤装置的保护联锁系统和方法	ZL201210484634.X	一种费托合成反应器内部换热列管快速降温方法及系统	ZL201310593856.X
一种费托合成废水在煤炭间接液化生产中循环利用系统及方法	ZL201210518327.9	一种防止微生物污堵反渗透膜的杀菌方法	ZL201410213995.X
一种提高煤炭间接液化工艺中气化多元料浆浓度的系统及方法	ZL201210518303.3	一种间接液化煤基费托合成水分离净化处理系统及方法	ZL201410763902.0
一种浆态床反应器工艺流程的开工方法	ZL201210518332.X	利用费托合成反应器一次还原15t以上催化剂的方法	ZL201410074416.8

3. 中科合成油技术公司研发成果

中科合成油技术公司煤基合成油技术团队在公司成立之前的2002—2005年就取得32项国家专利，涵盖国际煤间接液化的所有核心技术，实验生产出高品质的柴油批量样品。

2006年4月公司成立，2008年年底，公司针对煤基合成油技术的专利申请已达76件，其中已公开专利65件，涵盖了费托合成系列催化剂、费托合成反应器工艺系统、油品加工技术及催化剂、工艺软件技术等，形成具有自主知识产权的整套煤基合成油工业技术体系。截至2010年，中科合成油技术有限公司拥有完全自主知识产权的低温和高温浆态床FT合成技术以及包括煤炭气化与油品加工全过程的煤炭液化系统集成技术国家专利116项，并在国内外重要刊物发表相关论文300多篇，其科研成果在国际相关领域处于领先地位。

2011年，公司共申请国内专利8项、国外专利4项，并加强对涉嫌泄露技术秘密的应急处理力度。2012年，公司人员在国际学术期刊共发表论文25篇、中文核心期刊论文8篇；新授权PCT国际专利4项、国家发明专利7项，取得申请号新申请专利6项，公司实审准备提交专利14项，发布实施国家标准2项，报批国家标准1项。

2012年8月，公司向欣洋瑞知识产权代理公司提交21个专利技术交底书；11月16日，将21个专利项目提交国家知识产权局，其中实用新型专利15个，发明专利1个，同时申报实用新型与发明专利5个。

2013年，公司针对流程模拟、产品分离、反应器模拟以及相关配套工艺、理论基础和催化基础等方面，申请国内专利79项，授权56项；正在申请23项；国际申请42项，授权27项，申请中15项。

2014年，公司提交新申请专利7件，获得国内专利授权9件，获得国外专利授权3件，发表国际刊物论文24篇，发布企业标准2项。

截至2015年年底，公司已取得国家知识产权局授权实用新型专利证书39件，发明专利证书6件。2002—2015年中科合成油技术有限公司授权专利情况统计见表9-3-13、表9-3-14。

表9－3－13　2002—2015年中科合成油技术有限公司授权专利（发明类）情况统计表

名称	专利号	名称	专利号
一种费—托合成催化剂的原位再生法	ZL98106777.8	一种用于费托合成的含钴废催化剂的回收方法	ZL02130057.7
用于糠醛气相加氢制2-甲基呋喃的催化剂及其用途	ZL00120872.1	一种用于费托合成的铁/锰催化剂及其制备方法	ZL02121248.1
一种用于费—托合成的骨架铁催化剂的制法	ZL98119955.0	一种耦合制备γ-丁内酯和2-甲基呋喃的方法	ZL01141836.2
1,4-丁二醇脱氢制备γ-丁内酯催化剂及其用途	ZL00121572.8	浆态床费托合成废铁基催化剂与重质烃的分离回收方法	ZL200410012202.4
导向剂法快速合成小晶粒ZSM-5分子筛的方法	ZL00109593.5	费托合成铁/锰催化剂及其制备方法	ZL02121249.X
一种晶粒小于1μm FeZSM5沸石分子筛的制备方法	ZL98123933.1	浆态床费托合成废钴基催化剂与重质烃的分离回收方法	ZL200410012201.X
一种改质GaZSM-5催化剂及其制法	ZL00134776.4	一种费托合成用铁基催化剂及其制备方法	ZL200410012217.0
一种制备γ-丁内酯的方法	ZL00135620.8	一种微球状费托合成铁基催化剂及制法和应用	ZL200410012349.3
一种强酸型ZSM5沸石催化剂及其制备方法	ZL99124636.5	一种浆态床费托合成铁基催化剂的还原方法	ZL200410012199.6
一种微球状费托合成催化剂的制备方法	ZL01120416.8	一种铁锰费托合成催化剂及其制法	ZL200410012191.X
一种用于费托合成产物重质烃制汽油的催化剂及其制备方法和用途	ZL01111443.6	一种费托合成重质烃和/或釜底蜡加氢转化的方法	ZL200410012378.X
一种硅铝双介孔分子筛及其合成方法	ZL02155483.8	费托合成油品加氢脱氧和烯烃饱和的催化剂及制法和应用	ZL200410012436.9
一种用于费托合成重质烃制中间馏分油的催化剂及其制备方法和用途	ZL01111438.X	一种1,4-丁二醇脱氢制备γ-丁内酯催化剂及其用途	ZL200410012188.8
一种由费托合成产品蜡生产柴油的催化剂及其制备方法和用途	ZL01111439.8	用于费托合成油品加氢饱和的催化剂及其制法和应用	ZL200310109729.4
低碳烯烃合成C12-C18的ZrZSM-5分子筛催化剂及制备方法	ZL01119414.6	一种用于费托合成重质烃和/或釜底蜡加氢裂化的方法	ZL200410012380.7
Co/ZrO₂-SiO₂废催化剂中钴锆的分离方法	ZL02130066.6	费托合成重质烃悬浮床加氢裂化催化剂及其制法和应用	ZL200410012379.4
制备γ-丁内酯和2-甲基呋喃的催化剂及用途	ZL02126613.1	一种耦合法制备γ-丁内酯的催化剂及其用途	ZL200410012192.4
一种对费托合成蜡进行加氢的催化剂及制备方法	ZL02155490.0	费托合成用铁基催化剂及其制备方法	ZL200410012503.7
一种糠醛液相加氢制糠醇催化剂及其用途	ZL02140489.5	一种浆态床相费托合成工业铁基催化剂的焙烧方法	ZL200410012203.9
一种由合成气合成烃的生产方法	ZL00121013.0		
一种费托合成用铁基催化剂的制备方法	ZL01120417.6		
糠醛液相加氢制糠醇的催化剂及其用途	ZL01141837.0		
重质烷烃生产中间馏分油的低温催化剂及其制备方法	ZL02135214.3		
一种用于合成气制取重质烃的催化剂及其制备方法和应用	ZL01111583.1	一种耦合工艺制备γ-丁内酯和环己酮的方法	ZL200510048190.5
一种快速合成强酸型ZSM-5分子筛的方法	ZL02155482.X		
一种快速合成高结晶度沸石分子筛的方法	ZL02155487.0		

表 9 – 3 – 13（续）

名称	专利号	名称	专利号
一种用于催化反应研究的反应器	ZL200410038087.8	煤的溶胀自动测量装置及溶胀测量方法	ZL201010225203.2
一种分子筛催化剂及其制备方法	ZL200310109656.9	一种由费托合成油品中提纯1-辛烯的方法	ZL201010526998.0
一种用于非硫化费托合成油品加氢转化的工艺	ZL200510012800.6	一种通过醋酸乙烯制备燃料乙醇的方法	ZL201210431226.8
含铁废催化剂在费托合成重质烃加氢裂化中的应用	ZL200410012386.4	一种费托合成尾气处理的工艺	ZL201110034923.5
一种进行费托合成反应的方法及其专用催化剂	ZL200710099011.X	一种防锈蜡	ZL201110034909.5
费托合成油的加氢处理方法	ZL200710065310.1	一种挂式四氢双环戊二烯的合成方法	ZL201210433414.4
用于费托合成的气-液-固三相悬浮床反应器及其应用	ZL200710161575.1	一种费托合成铁基催化剂及其制备方法	ZL201310023332.7
费托合成油的加氢处理工艺	ZL200710065309.9	顺酐气相加氢一步法制备四氢呋喃	ZL201110034910.8
一种费托合成用铁基催化剂及其制备方法和应用	ZL200910005362.9	一种费托合成尾气的处理方法	ZL201110034922.0
一种费托合成催化剂及其制备方法	ZL200910128421.1	一种生产1,3-丙二醇的方法	ZL200810186614.8
一种连续化制备金属氧化物材料和催化剂的方法	ZL200810186615.2	一种提质重质碳氢化合物生产轻质油品的方法及其等离子体加氢反应器	ZL201210464803.3
一种用于费托合成油加氢的催化剂及其制备方法和应用	ZL200810179023.8	将费托合成产物转化为石脑油、柴油和液化石油气的方法	ZL201310089452.7
一种生产四氢呋喃的方法	ZL200910177835.3	一种将费托合成产物转化为石脑油、柴油和液化石油气的方法	ZL201310089445.7
费托合成反应废水的处理方法	ZL200910247100.3	一种临氢异构化/裂化催化剂及其制备方法与应用	ZL201310291173.9
一种用于合成气生产的非定态反应器及生产合成气的方法	ZL200810177021.5	一种费托合成水的处理方法	ZL201310424500.3
一种负载贵金属二氧化钛光催化剂及制法和应用	ZL201110032986.7	一种挂式四氢双环戊二烯的合成方法	ZL201310092313.X
一种由煤生产柴油的方法	ZL200810189226.5	一种费托合成水中的非酸含氧有机物的脱水回收方法	ZL201310368576.9
一种光催化合成频哪醇的方法	ZL201110032958.5	一种由溶剂相费托合成生产线性α-烯烃的方法	ZL201010292362.4
含碳固体燃料的分级液化方法和用于该方法的三相悬浮床反应器	ZL200910178131.8	将含碳固体颗粒从常压环境输送到高压环境中的方法及其装置	ZL201310316252.0
一种用于费托合成反应的设备系统及其应用	ZL201010146551.0	一种固定床费托合成铁基催化剂的还原方法	ZL201310043997.4
一种光催化合成3,4-乙二醇的方法	ZL201110032949.6	一种费托合成反应蜡渣的热裂解方法	ZL201310092300.2
一种热油循环和冷激式固定床费托合成反应器及其应用	ZL201010146540.2	一种费托合成水的纯化回收方法	ZL201310368540.0
一种光催化合成3,4-二甲基-3,4-乙二醇的方法	ZL201110032969.3	一种费托合成油品加氢脱氧催化剂及其制备方法和应用	ZL201110140168.9
费托合成水相中含氧化合物的催化加氢脱除方法及其应用	ZL201010268786.7	一种非硫化态催化剂及其制备方法与应用	ZL201310291316.6
一种贵金属负载纳米二氧化钛光催化合成乙二醇的方法	ZL201110032998.X	一种介孔分子筛催化剂及其制备方法	ZL201310291171.X

表9-3-14　2011—2013年中科合成油技术有限公司
授权专利（实用新型）情况统计表

名称	专利号	名称	专利号
换热分离器	ZL201020540304.4	一种水体密闭冷却循环水系统	ZL201220367087.2

二、学术论文、专著、教材

（一）内蒙古科技大学矿业与煤炭学院

2000—2015年，学院教师承担省部级以上科研项目20项（结题9项，在研11项）、横向课题39项（结题36项，在研3项）、获得专利成果7项；2005年以来，有教学（教改）立项课题65项（含重点项目8项）。

2004—2015年，教师出版专著或教材90部（2004—2006年每年1部，2007年3部，2008年3部，2009年7部，2010年12部，2011年12部，2013年19部，2014年7部，2015年11部）。

（二）呼伦贝尔学院矿业学院

2003年10月以来，学院科研立项50项，其中2006年6项，2007年2项，2008年5项，2009年1项，2010年4项，2011年2项，2014年2项；在省部级及以上刊物发表论文195篇；主编、参编教材21部。

（三）内蒙古工业大学矿业学院

2004—2015年，内蒙古工业大学矿业学院教师承担省部级以上课题18项，其中国家级课题10项；横向课题9项，获得专利成果14项。

第二节　获奖科技成果

一、获国家科技进步奖成果

1995—2014年，全区煤炭企业8项科研成果获国家科学进步二等奖（表9-3-15），其中神华神东煤炭集团有限公司4项，神华准格尔能源有限责任公司3项，神华准格尔能源有限责任公司、内蒙古霍林河露天煤业股份有限公司、华能伊敏煤电有限责任公司合作完成1项。

表9-3-15　1995—2014年获国家科技进步奖成果统计表

年度	获奖单位（个人）	科研成果名称	奖别
1995	准格尔煤炭公司	干旱半干旱的准格尔矿区深层岩溶地下水的合理开发与利用	二等奖
2008	神华神东煤炭集团有限责任公司	荒漠化地区大型煤炭基地生态环境综合防治技术	二等奖
	神华神东煤炭集团有限公司	煤炭自燃理论及其防治技术研究与应用	二等奖
2010	神华准格尔能源有限责任公司 内蒙古霍林河露天煤业股份有限公司 华能伊敏煤电有限责任公司	大型露天煤矿开采新技术与应用研究	二等奖
2011	神华准格尔能源有限责任公司	露天煤矿高台阶抛掷爆破与吊斗铲倒堆工艺技术及应用	二等奖
2012	神华神东煤炭集团有限责任公司	千万吨矿井群资源与环境协调开发技术	二等奖
2013	神华准格尔能源有限责任公司	露天煤矿高台阶抛掷爆破与吊斗铲倒堆工艺技术及应用	二等奖
2014	神华神东煤炭集团有限责任公司	生态脆弱区煤炭现代开采地下水和地表生态保护关键技术	二等奖

二、获省部级奖励成果

（一）获国家部（委）奖励成果

1994—2014 年，全区重点煤炭企业和高校获国家有关部委（办）表彰科技进步奖 16 项（表 9-3-16），其中一等奖 1 项、二等奖 4 项、三等奖 2 项，成果奖 9 项。

表 9-3-16　1994—2015 年自治区重点煤炭企业和高校获国家有关部委（办）科技进步奖统计表

年度	获奖单位	科研成果名称	奖别	颁奖部门
1994	大雁矿务局	在城镇地籍调查：工作中应用科学技术	二等奖	国家土地管理局
1995	大雁矿务局	大雁矿区地籍调查计算机辅助成图	三等奖	国家土地管理局
1997	神华大雁集团有限公司	三矿大井西二采区回风下山深部软岩巷道支护技术的研究	三等奖	煤炭工业部
1999	神华大雁集团有限公司	大雁矿井：供电系统节能技术改造	二等奖	能源部
2007	神华神东煤炭集团有限责任公司	CMM25-4 型四臂锚杆钻车	二等奖	国家安全生产监管总局
	神华神东煤炭集团有限责任公司	特大井田浅埋藏易自燃煤层防灭火关键技术研究	二等奖	国家安全生产监管总局
2010	内蒙古伊泰煤制油股份有限公司	高温浆态床煤制油关键技术研发及工业示范应用	一等奖	国家能源局
	神华神东煤炭集团有限责任公司	神东综采综放开采条件下地表移动变形与覆岩破坏高度实测规律	成果奖	国家安全生产监管总局
	神华神东煤炭集团有限责任公司	基于 GIS 和组态技术的矿山智能管控系统	成果奖	国家安全生产监管总局
	神华乌海能源有限责任公司	骆驼山煤矿特大透水灾害快速抢险堵水与水害治理关键技术研究	成果奖	国家安全生产监管总局
	内蒙古伊泰集团有限公司	冲沟发育矿区浅埋煤层开采覆岩活动规律及其控制技术研究	成果奖	国家安全生产监管总局
2015	神华神东煤炭集团有限责任公司	神东公司安全生产"八型"班组建设研究	成果奖	国家安全生产监管总局
	鄂尔多斯市乌兰煤炭集团有限责任公司	浅埋房式采空区下近距离煤层开采致灾机制及防控研究	成果奖	国家安全生产监管总局
	内蒙古平庄煤业集团有限责任公司	平庄西露天矿露井协调开采控制技术研究	成果奖	国家安全生产监管总局
	内蒙古科技大学	煤矿重大事故风险的多级控制技术及其应用系统	成果奖	国家安全生产监管总局
	神华乌海能源有限责任公司	大采深地质构造发育矿压显现剧烈区巷道围岩破裂特征及其控制技术研究	成果奖	国家安全生产监管总局

（二）获内蒙古自治区科技进步奖成果

截至 2014 年年底，全区重点煤炭企业共有 30 项科研成果获内蒙古自治区政府表彰奖励，其中一等奖 4 项、二等奖 10 项、三等奖 12 项、优秀成果奖 2 项。

民营企业不断加大科研资金投入，科研成果获一等、二等奖各 1 项、三等奖 1 项（表 9-3-17）。

表 9-3-17　1993—2014 年获内蒙古自治区人民政府颁发科技进步奖成果统计表

年度	获奖单位（个人）	科研成果名称	奖别
1993	包头矿务局	阿刀亥煤矿急倾斜特厚煤层放顶煤回采巷道矿压显现研究	成果奖
	包头矿务局	急倾斜特厚煤层滑移支架配 MGD150-N（A）型机组放顶煤工艺研究	成果奖
1997	大雁矿务局	低位综采放顶煤工艺在缓倾斜特厚煤层褐煤矿井的应用	三等奖
2001	平庄煤业集团公司	元宝山露天煤矿管理信息系统（YBS-MIS）	二等奖
2002	神华集团海勃湾矿业公司	薄层状碎裂顶板综采开切眼锚杆支护技术研究	二等奖
2005	内蒙古平庄煤业集团公司	西露天矿预应力锚索加固技术研究	二等奖
	神华大雁集公司	软岩巷道金属支架自动卸载支护方式的研究与应用	三等奖
	神华神东煤炭集团有限责任公司	神东亿吨级矿区生态环境综合防治技术	一等奖
	神华集团海勃湾矿业有限责任公司	炼焦煤选煤厂风选技术的应用	二等奖
2006	神华集团蒙西煤化股份有限公司	非炼焦煤和无主焦煤生产冶金焦的研究和开发	三等奖
	神东天隆集团有限责任公司	镐型矿用截齿生产线项目	二等奖
2007	内蒙古平庄煤业集团公司	大倾角松软特厚煤层复杂条件下综放开采成套技术研究	二等奖
	神华乌海煤焦化有限责任公司	高硫、高灰焦煤配粘结剂捣固炼焦生产一级冶金焦技术的研究及应用	二等奖
	神华准格尔能源有限责任公司	准格尔选煤厂粉尘综合治理研究与实施	一等奖
	满洲里天成建材有限公司	露天矿全煤矸石空心砖的研制与生产技术	三等奖
2008	神华准格尔能源有限责任公司	黑岱沟露天煤矿交通车辆预警系统研究开发	二等奖
2009	神华准格尔能源有限责任公司	准格尔现代露天煤矿开发重大关键技术研究与应用	二等奖
	神华神东煤炭集团有限责任公司	6.3 米一次采全厚重型综采工作面成套技术	一等奖
2010	神华神东煤炭集团有限责任公司	神东亿吨级煤炭矿区生产管理系统	二等奖
	神华乌海能源有限责任公司	乌达矿区矿井水防治技术研究	三等奖
	神华蒙西煤化股份有限公司	超大型无压给料三产品重介质选煤工艺与设备	三等奖
	扎赉诺尔煤业公司	呼伦贝尔地区白垩系地层人工冻结及强制解冻技术研究	三等奖
2011	神华乌海能源有限责任公司	浅埋深松软覆盖层条件下自燃煤层综放开采技术及其应用	三等奖
	内蒙古伊泰煤制油有限责任公司	16 万吨/年间接液化法煤基合成液体燃料成套技术开发	一等奖
2012	神东天隆集团有限责任公司	公司铁路运输封尘剂及喷洒系统	三等奖
2013	内蒙古伊泰集团有限公司	煤矿房采采空区下长臂开采技术研究	三等奖
2014	神华乌海能源有限责任公司	公乌素煤矿厚煤层大倾角超长工作面开采技术的研究	二等奖
	神华乌海能源有限责任公司	分布式光纤传感在煤矿安全检测中的研究与应用	三等奖
	神华乌海能源有限责任公司	电能消耗监测、分析及优化配置决策支持系统的研究	三等奖
	神华新街能源有限责任公司	煤炭工程造价管理平台研究与实施	三等奖
	内蒙古伊泰集团有限公司	12Mt/a 综放开采小冒采比高韧性顶板矿压控制关键技术与装备研究	二等奖

三、获中国煤炭工业协会奖励成果

（一）获煤炭工业十大科技成果奖成果

2004—2015 年，全区煤炭企业获中国煤炭工业协会颁发的"煤炭工业十大科技成果奖"3 项。

（1）短壁机械化开采成套技术研究。2004 年，由神华集团神府东胜煤炭有限责任公司完成。

（2）年产1000万吨综采工作面支护设备本土化研究。该项目是2004年国家发改委重大科技创新项目。2007年，由中煤北京煤矿机械有限责任公司、中国神华能源股份公司神东煤炭分公司、中国矿业大学（北京）共同完成。

（3）高产高效超长综采工作面技术研究。该项目是2004年国家发改委重大科技创新项目，2005年，由中国神华能源股份有限公司神东煤炭分公司完成。

（二）科学技术奖成果

2005年以来，全区煤炭企业加强与科研机构与高校及煤机设备制造企业间合作，联合开展科技攻关活动，46项成果获煤炭工业科学技术奖，其中，特等奖1项、一等奖10项、二等奖22项、三等奖13项。其中由民营煤炭企业工程技术人员积极参与科研攻关，10项成果获奖（表9-3-18）。

表9-3-18　2005—2015年获中国煤炭工业协会颁发中国煤炭工业科学技术奖成果统计表

年度	获奖单位（个人）	科研成果名称	奖别
2005	神华神东煤炭集团有限责任公司	高效短壁机械化开采成套技术研究	二等奖
	神华神东煤炭集团有限责任公司	大运量长运距胶带输送机自移机尾	三等奖
2006	中国神华股份公司神东煤炭分公司	特大井田浅埋藏易自燃煤层防灭火关键技术研究	一等奖
	中国神华股份公司神东煤炭分公司	高产高效超长综采工作面技术研究	二等奖
	中国神华股份公司神东煤炭分公司	薄基岩浅埋煤层开采覆岩活动规律及其控制研究	二等奖
	中国神华股份公司神东煤炭分公司	GP460/150型给料破碎机	二等奖
	中国神华股份公司神东煤炭分公司　神东天隆集团有限责任公司	矿山企业流程设计与ERP开发研究	二等奖
2007	中国神华股份公司神东煤炭分公司	KJZ系列矿用隔爆兼本质安全型智能真空组合开关	一等奖
	中国神华股份公司神东煤炭分公司	年产1000万吨综采工作面支护设备本土化研究	二等奖
2008	神华神东煤炭集团有限责任公司	WC40Y支架搬运车的研制	一等奖
	神华神东煤炭集团有限责任公司	新型高强度纤维锚杆研发	二等奖
2009	神华准格尔能源有限责任公司　霍林河露天煤业股份有限公司	特大型复杂矿床露天煤矿端帮靠帮开采方法及开拓运输系统优化设置	一等奖
	内蒙古蒙泰不连沟煤业有限责任公司	巨厚复合顶煤特大断面全煤大巷围岩控制技术	三等奖
2010	神华神东煤炭集团有限责任公司　神华准格尔能源有限责任公司	特大型矿区群资源协调开发技术	一等奖
	华能伊敏煤电有限责任公司	数字露天矿建设	二等奖
	扎赉诺尔煤业公司	呼伦贝尔地区（灵东矿井）白垩纪地层人工冻结及强制解冻技术研究	三等奖
2011	内蒙古平庄煤业集团公司　等	大倾角松软特厚煤层复杂条件下综放开采成套技术研究	三等奖
	扎赉诺尔煤业公司　等	综采工作面快速安装技术	三等奖
	平庄煤业集团公司　等	火区影响下大倾角煤层综放开采自然发火规律与防灭火技术研究	三等奖

表 9-3-18（续）

年度	获奖单位（个人）	科研成果名称	奖别
2012	神华神东煤炭集团有限责任公司 等	综采高压、大流量泵站及系统	一等奖
	神华神东煤炭集团有限责任公司 等	干旱半干旱区煤矸石山丛枝菌根生态重建理论与应用研究	一等奖
	内蒙古伊泰集团有限公司 等	浅埋深长壁工作面顶板灾害控制技术	二等奖
2013	神华神东煤炭集团有限责任公司	生态脆弱区煤炭现代开采地下水和地表生态保护技术	一等奖
	神华神东煤炭集团有限责任公司 等	大功率高压变频刮板输送机成套设备研究与利用	一等奖
	鄂托克旗新亚煤焦有限公司	高效、简化重介质选煤成套技术的研究	一等奖
	神华乌海能源有限责任公司	桌子山煤田矿井奥灰水综合防治技术研究	二等奖
	内蒙古上海庙矿业有限公司 等	井筒毗邻富水软岩大断面硐室变形破坏机理及修复关键技术研究	二等奖
	鄂尔多斯市昊华精煤有限责任公司	鄂尔多斯南部浅埋采场覆岩破坏规律及裂隙导通性评价	二等奖
	内蒙古伊泰有限公司 等	伊泰矿区煤巷锚杆支护技术及煤柱稳定性与合理尺寸研究	三等奖
	内蒙古鲁新能源开发有限公司 等	弱胶结含水围岩特大型井底煤仓安全快速施工技术	三等奖
	神华乌海能源有限责任公司	乌达煤田极近距离煤层开采系统与安全技术研究	三等奖
2014	神华神东煤炭集团有限责任公司 等	智能矿山建设关键技术与示范工程	特等奖
	平庄煤业集团公司 等	楔形岩床下伏短壁综放面冲击启动类型及分步防治技术	二等奖
	平庄煤业集团公司 等	基于地音监测的冲击地压前兆信息识别及预警技术研究	二等奖
	神华乌海能源有限责任公司	分布式光纤传感在煤矿安全检测中的研究与应用	二等奖
	神华乌海能源有限责任公司	公乌素煤矿厚煤层大倾角超长工作面开采技术的研究	三等奖
	神华乌海能源有限责任公司	电能消耗监测、分析及优化配置决策支持系统的研究	二等奖
	神华神东煤炭集团有限责任公司	神东煤炭集团标准体系构建研究与应用	二等奖
	鄂托克前旗长城煤矿有限公司 等	高效采煤充填留巷一体化技术	二等奖
	内蒙古福城矿业有限公司 等	急倾斜大采高综采成套技术研究与应用 等	二等奖
2015	古平庄煤业集团公司	露天煤矿滑坡精确预报与自治关键技术研究及应用	二等奖
	神华神东煤炭集团有限责任公司	采煤机直齿摇臂研究	二等奖
	内蒙古福城矿业有限公司 等	强烈采动影响下厚煤层采面区段平巷布置和支护技术研究	三等奖
	神华乌海能源有限责任公司 等	防止短路超级跳闸及电力监控技术研究与应用	三等奖
	神华乌海能源有限责任公司 等	基于机器视觉的输送带纵向撕裂在线监测关键技术的研究	三等奖
	内蒙古平庄煤业集团公司 等	高地压巷道动力荷载响应机制与卸支耦合防冲系统开发	二等奖

第三节　科技成果推广应用

一、井工开采科技成果

（一）神华神东煤炭集团有限责任公司

1. 综采配套技术

（1）运输巷道超前支护支架研制。2007年，公司开始小批量生产并进入推广应用阶段。根据不同煤层条件与配套设备特点，先后开发6种型号的系列产品，已在兖州煤业、神东煤炭分公司、陕西煤炭集团等企业推广使用。该机通过机、电、液控制可实现自动升降，随综采工作面的推进快速推移，实现超前支护机械化，简化支护程序，减轻工人劳动强度，提高安全性以及生产效率。

（2）高效矿井 SGZ1000/3×1000（855）型刮板输送机成套设备研制。2007年9月至2008年12月，刮板输送机成套设备在神府矿区昌汉沟矿15104工作面和15106工作面使用，最高月产达100.8万吨，最高日产达4.62万吨，创出国产设备一次采全高的最高记录，达到当时国际先进水平。

（3）履带行走式液压支架研制与使用。2008年1月，研制的新型 XZ7000/24.5/46 型履带行走式液压支架，开始在神东矿区上湾煤矿使用。从51203CL工作面已采的3个块段来看，煤炭回收率比原来提高8%，截至9月16日，累计使用250天，配合连采机产出煤189710吨，未发生安全生产事故。2008年7月，该机开始小批量生产并进入推广应用阶段，已有 XZ7000/17/30、XZ7000/24.5/46、XZ7000/25.5/50 三种型号16台履带行走式液压支架在神东等矿区陆续投入使用，产生了良好的经济效益。2008年10月，新型履带行走式液压支架顺利通过鉴定。

（4）短壁机械化开采成套技术研究。该项目已在神东矿区上湾、哈拉沟、补连塔等矿井全面推广，其中上湾煤矿2002年创出短壁机械化回采年产原煤224万吨的最高纪录，研究成果达到国际先进水平，取得较显著的经济效益。

2. 矿井建设配套技术

（1）神东快速建井模式及应用。应用神东独创的快速建井模式，建成800万吨/年的榆家梁煤矿仅用10个月，建成120万吨/年的大海则煤矿仅用36天，建成100万吨/年的康家滩煤矿仅用96天，与采用传统模式相比，时间大大缩短。

（2）新型玻璃钢锚杆或高强纤维锚杆的研发与应用。该项目自2004年12月试验，在锚杆结构、配方及生产工艺方面取得突破性成果。2005年11月建成新型高强纤维锚杆生产线，年生产能力达到22万根，取得矿用产品标志证书。新型高强纤维锚杆在神东矿区的上湾煤矿等8个矿应用。该项目成果解决了煤帮支护问题，已广泛应用于有瓦斯或煤尘爆炸危险的矿井。

3. 煤矿生产工艺配套技术

（1）连续采煤机短壁机械化开采成套技术应用。2000年，在上湾煤矿等推广应用该技术，全年生产原煤212.9万吨，占大井产量的11%，其中掘进工程量达79700米，采掘产量比为1∶1，矿井最高月产达114437吨，最高日产达5696.4吨，直接工效90.75吨/工·日，全员工效32.1吨/工·日。短壁工作面煤炭回收率从原来的30%提高到87%，可在不规则块段、煤柱回收及"三下"开采中得到广泛应用。

（2）连续运输系统研发成果应用。2002年7月，新研制的"LY1500/865-10型连续运输系统"用于生产一线，短壁回采工作面商品煤年产量超过220万吨，最高月产量超过25.4万吨，最高日产量超过1万吨。掘进工作面最高日掘进进尺超过200米，最高月掘进进尺达5000米以上。以上5项指标全部创造了短壁机械化开采的世界纪录。

（3）新型四臂锚杆钻车应用。研制成功的四臂锚杆钻车是适合国内煤层赋存条件并与连续采煤机配套作业的高效机械化快速支护装备。项目通过鉴定后，已经在内蒙古伊泰集团、神东煤炭集团公司、内蒙古蒙泰集团等煤矿企业推广应用35台。

（4）长工作面、大采高、高强度开采工艺研究成果应用。2005年9月28

日，全国第一个大采高300米加长综采工作面在神东煤炭集团公司上湾煤矿51104工作面投入生产。技术经济指标见表9-3-19。

表9-3-19 神东煤炭分公司上湾煤矿240米与300米工作面技术经济指标对比统计表

指 标	51103工作面	51104工作面	比较结果	指标情况
工作面长度	240米	300米	增加60米	—
每刀煤的时间	45~55分钟	55~65分钟	增加10分钟	—
每刀煤的产量	1322.9吨	1653.6吨	增加330.7吨	—
日产量	27781吨/21刀	29765吨/18刀	日增产1984吨	—
月产量	83.34万吨	89.3万吨	月增产5.96万吨	—
年产量	1000万吨	1072万吨	年增产72万吨	25920万元
回采工作面工效	790.3吨/工	849.8吨/工	提高59.5吨/工	
搬家倒面次数	1.68次/年	1.44次/年	减少0.24次/年	节约67.2万元
万吨掘进率	17.3米/万吨	14.1米/万吨	减少3.2米/万吨	445.9万元
回采率	74.30%	76.00%	增加1.7%	
减少损失	24万吨/年	—		
5.5米支架数量	177架	增加35架		598.27万元/年
三机能力	3500吨/小时	3500吨/小时	长度增加60米	
乳化液泵	三泵一箱	四泵一箱	增加一泵	
移动变电站容量	7800千伏安	7800千伏安	—	
合 计	—		增效25834万元/年	

该研究成果已在上湾煤矿（51201、51202、51204等工作面）、补连塔煤矿（31402、32301、32204、32206等工作面）等矿推广应用。

4. 矿井辅助运输车辆

（1）铰接式防爆胶轮车研制应用。项目成果除在神东矿区应用外，已推广应用到兖州立井、晋城斜井、平朔安家岭等国内多家采用无轨辅助运输系统的矿井。在运人、材料和设备的搬家倒面中发挥了重要作用，为矿井创造了显著的经济效益。

（2）WC2型顺槽用胶轮运输车研制应用。截至2008年年底，WC2型顺槽用胶轮运输车已在神东煤炭分公司、神宁集团公司、晋城无烟煤业集团赵庄矿、霍州煤电集团干河煤矿、兖矿集团济三煤矿、山西焦煤集团西山煤电、辽宁铁法集团大平煤矿等20多个企业广泛应用。

（3）WC40Y支架搬运车研制应用。该设备全面服务于神华神东、万利、宁煤，内蒙古伊泰、陕西煤业、西山晋兴，北京鲁能煤业，山西朔州、阳泉、霍州，山东兖州等煤炭企业。

（4）轻型防爆胶轮车应用。WC20R防爆胶轮车已经在神东煤炭分公司、神宁集团、中煤平朔煤炭工业公司、晋城无烟煤集团、兖州矿业集团、黄陵矿业集团、同煤集团、阳煤集团、华晋焦煤等全国各大煤矿得到广泛应用。

（5）WC25EJ铲板式支架搬运车研制应用。2006年以来，已有40余台WC25EJ铲板式支架搬运车投入使用。用户包括神东、兖矿集团济三煤矿、西山煤电斜沟煤矿、霍州煤电干河煤矿、天地王坡煤矿、陕西南梁煤矿、陕北韩家湾煤矿、鄂尔多斯昊华煤矿、天隆公司、府谷鸿宇生产服务公司等。

（6）薄煤层防爆无轨胶轮车研制应用。2008年10月，2台材料车、2台自卸车和1台人车进入神东煤炭分公司榆家梁煤矿进行现场试用，试用运行良好，百公里故障率不到0.1。2009年4月以后，陆续又有171台薄煤层防爆无轨胶轮车在神东煤炭分公司投入使用，解决了公司薄煤层的辅助运输问题。

（二）扎赉诺尔煤业有限责任公司

2003年，公司灵泉煤矿、铁北煤矿、灵北煤矿引进并推广应用瓦斯、一氧化碳、二氧化碳、温度、风速等监测监控系统，减少了井下作业人员，监测的准确性和可靠性提高，矿井安全管理水平提升。

2009年3月，公司与中国矿业大学合作，引进巷道大断面一次成巷支护技术，运输巷大断面（5.5米×4.5米）支护得到大面积应用，综放工作面具备了快速安装的条件，创造了公司回采巷道大断面的新纪录，同时也为综放工作面的安全、高强度生产提供了保障。此项技术利于设备检修与维护，降低了支护成本，工作面的安装、回撤实现了"安全、高效、快速、低耗"的目标，解决了困扰公司多年的支护难题。同年8月，公司引进并推广应用φ18等强螺纹钢树脂锚杆及W形钢带，为公司大断面巷道支护提供了坚实的基础，给综放工作面的安装及回撤提供了便利条件。

2010年，公司综放工作面引进并推广矿压在线监测系统，提高了矿井的现代化管理水平，为支架选型和支护强度的确定奠定基础，推动公司综放支架选型工作的发展，实现了综放工作面的安全、高效开采。同年，综放工作面引进并推广应用净化水装置，解决水质对综放工作面液压系统中液压元件的影响，是公司综放开采史上的一次革命，推动公司安全高效矿井建设向纵深发展。公司引进胀套式锚杆，取代了木棚支护，避免回采期间因支护强度不够而二次翻修，降低了生产成本，解决了灵北煤矿顶层巷道不能使用锚杆支护的难题。

2011年3月，公司推广压风系统，在灵泉煤矿、铁北煤矿、灵北煤矿成功地使用风动工具，使得锚杆预紧力得到了保证，巷道的工程质量明显提高。公司引进并推广应用露天煤矿边坡监控系统，能够实时掌控边坡的变化情况，便于及时发现、解决问题。

公司在推广应用节能技术领域，变频、软启动等技术设备不断推广使用，节约了大量的电能，提高了矿井本质安全管理水平，该技术在20世纪90年代引进。

（三）神华宝日希勒能源有限公司

2002年，宝煤公司对矿井主扇进行改造，将原对流抽出式改为轴流抽出式。将原75千瓦电机改为55千瓦电机，每年节约电费近8万元左右。公司一矿1261工作面优化设计后，节约巷道80米，节约掘进费用8万余元。经对宝雁矿1108工作面运输设备能力的重新核定，开切眼长度由原110米增至130米。优化设计后，减少矿井掘进量、减少工作程序、提高产量。

对公司一矿1271、1281工作面进行优化设计，缩短巷道460米，改善通风环境，节约掘进费用46万余元。对公司一矿1261、1271工作面支护进行合理优化，更改π型钢梁长度，缩小工作面控顶距，提高安全性，减少工作面运输设备，节约资金120万元。对公司一矿计量设备更新改造，采用核子秤考核2个工作面的产量，每班生产效率提高10%，提前7天完成60万吨的计划任务。

因公司一矿采煤工作面设备老化，40T刮板运输机尾摩擦引起煤炭自燃。随工作面推进，火种隐藏到采空区，发现时火势已蔓延。公司采取措施控制火势、降低有害气体浓度、撤出工作面设备、前后工作面巷道施工密闭、封闭火区、地面灌浆。因措施得力、行动及时，设备无一损失，煤炭损失也降至最小程度。

2003年，公司对宝雁矿1110、1111工作面原计划一次性采全高方案进行改造，经开采工艺论证，以100米×400米，煤层厚度22米的采区为同比口径。一分层留2米顶煤掘采区巷道，铺设金属网假顶开采。二分层留1米底煤掘采区巷道，进行网下一次采全高。此工艺比一次采全高可多生产原煤28~30万吨；宝一矿自1995年采用放顶煤开采工艺以来，工作面一直采用2台刮板输送机（煤帮SGW40、软帮回收顶煤SGW150）。根据宝雁矿开采经验，宝一矿1261工作面采用1台150输送机，π型钢梁采用1.8米，每年可节约大量的支护材料费用及电费；公司对宝雁矿技术改造。完成该矿30万吨/年改扩建设计立项工作，编制《宝雁矿储量核实报告》，将生产许可证变更为30万吨/年国有证，结束该矿隶属乡镇的历史；将宝雁矿工作面长度增加40米，降低万吨掘进率，完成分层开采铺网设计。提高了煤炭回收率，减少了资源浪费。对宝雁矿特厚煤层进行分层开采铺网设计，使矿井服务年限延长至2021年；公司对回收宝一矿地质断层外煤炭进行技术论证，设计1291工作面，增加了煤炭储量，延长矿井服务年限4.8年。

2004年，将公司一矿原主要通风机（为国家明令淘汰的老式离心主要通风机）进行改造，使用高效、节能轴流式主要通风机，并改造风硐。各项技术指标均达到要求，通过安全监察部门验收；公司对宝雁矿安装KJ2000安全监测系统，在采掘工作面等主要工作地点布置传感器，通过信号电缆将信息传送到地面监控计算机，使矿井有害气体和风量、风速、温度等指标能被及时准确掌握，增强矿井预防"一通三防"事故的能力。同年9月，公司分别为宝一矿（3个回采工作面）、宝雁矿安设智能瓦斯抽排系统，此系统将工作面上隅角的瓦斯排放到回风总排中，解决采煤工作面上隅角瓦斯超限问题；公司对巷道贯通采用先进的测量技术，完成1261工作面巷道的贯通，贯距达4千米，是公司建矿以来最长的巷道贯通。

2005年，公司为一矿、宝雁矿设计专用回风巷，在保证安全的同时，节约大量资金；针对当年千万吨生产系统运输皮带长廊与露天矿铁路交叉的实际情况，公司设计、施工装配式涵洞。原设计至少需33天，将原设计箱涵改为预制装配式后，仅用2.5天便完成涵洞施工，比计划提前30天。

（四）内蒙古平庄煤业（集团）有限责任公司

1. 沿空送巷技术应用、优化采场设计应用

2003年，沿空送巷技术在风水沟煤矿应用。2004年8月，风水沟煤矿研究的"优化综采工作面设计"科研项目成果在风水沟煤矿应用后，当年综采队煤炭产量突破100万吨，成为平庄煤业集团第一个年产百万吨的综采队。

2. KJF—2000安全监测系统的推广应用

2004年，平庄煤业集团各井工矿共出煤487.5万吨；安装监测监控系统后的2005年，煤炭自然发火、瓦斯超限等各种中断影响比上年减少85%，比2004年多出煤12.5万吨。吨煤售价按200元计算，其出煤量效益为2.5%，列为该项目

所创造的效益,则该项目一年创造经济效益为2388.8万元。

3. 品种煤加工装车系统改造成果应用

2007年11月,风水沟煤矿西煤场投入品种煤加工装车系统。改造的内容包括:306振动筛改为博后筛,安装两条带式输送机和两台振动筛,混中块和粒煤可以从储煤仓直接铁路运输和汽车运输,增加粒煤品种,块率提高。为了提高品种煤质量,增设两台YAH-1842型圆弧振动筛,解决了下线率的问题,提高了煤炭的销售价格,增加了产品煤的品种,在全公司推广。

4. 主副井绞车电控系统的技术改造和应用研究成果推广

2004年2月,五家煤矿开展"主副井绞车电控系统的技术改造和应用研究"。四井机电队电气班组人员经研究探讨,改装了陈旧的绞车电控系统,在控制组件部位安装安全监控断电系统,杜绝了绞车事故的终端影响,每年可多提升原煤1600余吨,创造价值40多万元。绞车连续安全运转5年多无事故。

5. KJ216顶板压力监测系统推广应用

2009年,平庄煤业集团于在公司范围内推广应用KJ216顶板压力监测系统,为顶板科学管理、顶板事故杜绝提供有效的数据支撑,为合理确定设计参数和支架选型提供科学的依据。平庄煤业集团通过推广应用此项技术后,顶板管理水平提高,巷道支护和回采工作面支护状况改善,杜绝了顶板伤亡事故的发生,降低了局部抽顶次数和巷道失修率,减少了生产中断影响,降低了巷道失修费用,创造了经济效益。初步估算,每年可节约巷修费用840万元,减少中断影响价值3600万元。

6. 预应力锚索锚固边坡研究、应用

2002年以后,西露天煤矿研究设计边坡预应力锚索加固技术,并被列为当年平庄煤业集团公司重点科技推广项目,平庄煤业集团公司生产技术部协作,由赤峰平安爆破工程有限责任公司进行预裂爆破工程设计,2003年7月19日项目完成。2002年6—8月,公司对项目设计成果进行工业性试验。试验区选择在锚索加固区东侧,靠近边坡顶部。试验3组即8根锚索,占总工程量的4.5%。试验保证了非工作帮464站加固区间边坡的稳定,证明锚索加固边坡的效果显著。

锚索荷载观测和地表岩移观测表明,边坡没有发生变形,滑体未产生滑移。采用锚索,可使作用力均匀地分布于需加固的岩体上,保持边坡的完整。锚索施工不需爆破开挖,对岩体基本不产生扰动和破坏,能维持滑面本身的力学性能不变。另外,施工干扰少,安全易得到保证。锚索加固边坡的深度大,最大可达60米,并且锚固的方向可在180度范围内变化,适应各种不同的地质特征,这是抗滑桩所达不到的。锚索加固工程造价低,加固每立方米边坡工程造价,锚索为49元,抗滑桩为163.28元。

二、露天开采科技成果

(一)神华准格尔能源有限责任公司

1. "现代露天煤矿拉斗铲倒堆抛掷爆破技术研究"项目成果

该项技术成果年创经济效益8000余万元,对当时即将建设的哈尔乌素露天矿、胜利一号露天矿、神东公司武家塔露天煤矿改扩建后的抛掷爆破-拉斗铲工艺具有推广应用价值;同时也对适合采用抛掷爆破-拉斗铲倒堆工艺的其他新建露天矿具有应用价值。

2. "现代化露天煤矿开采工艺技术研究"项目成果

该项技术成果创经济效益约2000万元,形成以拉斗铲倒堆工艺为主的综合开采工艺设计理论、设计方法和关键技术，填补国内露天采煤领域的一项空白，大幅提高了露天煤矿技术和装备水平及经济效益，为实现国内露天煤矿现代化及其安全高效高回收率开采提供科技支撑，使露天采煤技术达到国际先进水平，对国内有多个改扩建、新建和待建的大型露天煤矿具有采用吊斗铲倒堆剥离的起到示范作用。

3. 准能公司"抛掷爆破及其炸药生产核心技术引进消化吸收再创新"项目成果

成果形成系统的自主知识产权体系，研制开发出的新的复合油相材料、乳化搅拌器、静态制乳器样机等技术指标高于国标要求，打破国外公司在该领域的技术垄断，大大提升国内民爆行业，特别是现场混装乳化炸药的生产工艺水平与生产装备水平，改变了工业炸药原材料研究领域的落后局面，推动全国工业炸药生产技术的进步和发展，年创经济效益约1000万元。

4. "准格尔选煤厂粉尘综合治理技术研究与实施"成果

该项技术成果创造的经济效益达2360万元/年，项目成果不仅解决了长期困扰选煤厂的粉尘问题，而且消除因粉尘造成火灾的重大安全隐患，并改善了职工的工作环境。通过现场检测，原煤系统的粉尘浓度由原来的57.5毫克/立方米~2660毫克/立方米降到低于20毫克/立方米，产品煤系统的粉尘浓度由原来的40毫克/立方米~85毫克/立方米降到低于10毫克/立方米。该项技术已经推广应用到黑岱沟选煤厂二系统、哈尔乌素选煤厂、哈尔乌素选煤厂来煤系统、准能公司矸石电厂、平庄元宝山露天矿、大唐煤业集团胜利东二矿、中煤集团平朔公司煤矸石电厂及神华亿利公司煤矸石电厂。

5. "现代露天煤矿水土保持与生态环境重建方法研究"项目成果

该项技术成果创经济效益3286万元，矿区水土保持与生态重建后，明显了改善矿区的生态环境和调节小气候，减少了土壤侵蚀和大气飘尘，减轻矿区风蚀与风沙危害，减轻滑坡、泥石流的危害，促进矿区人民的身心健康，为矿区从事生产、管理、生活人员提供一个良好的生态环境和舒适的生活环境；提高了土地生产力，在矿区及周边环境影响区建设了适合的乔、灌、草人工植被，一方面控制了水土流失和土地沙化；另一方面，显著提高了土地生产率和生产力。黑岱沟露天煤矿生态重建提供了就业机会，对促进地区稳定、提高人民的生活水平、露天煤矿顺利建设提供了必要的保障。矿区的生态重建工程对本地区的经济也起到了带动作用，形成了地区经济产业链，对后续产业也产生了深远影响。

6. "黑岱沟露天矿运输车辆交通预警系统研究与开发"项目成果

该项技术成果已推广到哈尔乌素露天煤矿、元宝山露天煤矿等全国7家大型露天煤矿，创造了显著的经济、社会和安全效益。经济效益：大大提高了矿山车辆运行的安全系数。岩土运输周期和运煤周期缩短1分钟左右；年经济效益7000余万元。安全和社会效益：减少车辆相撞事故的发生，较大限度地保障驾驶人员的安全，减少家庭悲剧的发生，减少亲人的忧虑；提高矿山运输工作效率，保障生产产量的完成；减少车辆相撞事故的发生，明显提升了安全管理水平。

7. "准格尔选煤厂排矸场地稳定预控技术研究"项目成果

该成果已在黑岱沟露天煤矿的北排土场、东排土场、西排土场和阴湾排土场进行推广应用，最大限度地确保排矸场地不发生环境事故，减少对生态环境的破坏。同时，填补了国内应力、位移自动监测技术研究的空白，对煤炭科技进步做出重要的贡献。

8．"准格尔超大型镓矿床镓的分布规律、赋存状态与提取技术研究"项目成果

该项技术成果为粉煤灰中提取镓奠定理论基础。技术成果转化为工业化生产后，粉煤灰实现了资源化利用，不仅减少了资源浪费，而且为实现煤炭经济良性循环发展，为煤炭、电力行业的循环经济的可持续发展起到了积极的示范作用。同时，粉煤灰实现资源化利用后，可以保护土地资源、减少粉煤灰占地面积、延长灰场使用寿命，实现了企业的零污染、零排放，大大改善并减少了环境污染。

（二）神华宝日希勒能源有限公司

2002年，因公司露天矿原设计边坡角不适合该矿生产条件，考虑综合因素，经公司精确计算，对边坡角进行修订，确保安全高效生产。

2003年，公司通过更改露天矿破碎站设计，采购MLG560型采煤机，解决露天矿大块煤问题；同年3月3日，公司在露天矿召开现场办公会，对原方案（铺设1500米3寸消防降尘管路，投资4.5万元）变更设计路线，利用北帮闲置的6寸原排水管路，铺设700米，即可形成采场内消防降尘管路，投资仅7000元，节省3.8万元。

2004年，对公司露天矿铁路通过小井采空区的跨线方案进行详细策划。经多方比较，深孔钻探水砂充填焊砂方案得以通过，通过专家认定；当年公司露天矿施工10眼疏干井，因井间距离较远，需多人监控。经疏干井设计改造，实现联合疏干系统集中控制；公司自制炮泥机，解决生产中装炮泥难的问题。

2006年，公司建立露天煤矿地理信息系统，该项目投资66万元。对露天矿实施"三维"建模，对地层赋存情况科学分析，提供最优化的生产方案，为采、剥、排实施计算机管理，为土方剥离的计算提供精确依据。

2007年，WCNG投资20万元，建立了露天矿验收测量系统，完成矿床地质建模、CAD环境下分类算量、基础地理信息入库和影像管理。

（三）华能伊敏煤电有限责任公司

公司工业监控系统实现了矿山生产和辅助环节的自动化监控，实现了数据自动采集。系统可对生产设备和生产辅助系统的设备运行状态、工作参数、故障报警等进行实时监控，设备运行的可靠性和安全性得到进一步提高，工作流程和管理方式得到进一步优化，为减员增效提供了条件。系统投入运行后，露天矿原煤工效由2003年的42.25吨/工提高到2008年的79.72吨/工。

三、其他领域科技成果

神华宝日希勒能源有限公司2006年9月投资300万元研制的平车碾压降高装置投入使用，实现外运机车快速平整碾压，平均每节车皮减少亏吨4吨，降高效果达到国家装车标准。公司成立平车降高装置技术攻关小组，进行平车降高装置方案的设计、论证和实施。

公司改进一电厂采暖补水定压方式为自动定压补水定压，实施热网系统定压补水，防止水泵因出口流量大于入口流量发生气蚀现象，保证供热系统的压力和流量稳定。在供暖一车间和二车间安装减压稳压阀，使流量分配合理化。一车间加设分水器和集水器，铺设1条至6号楼的保温管。二车间加设分水器和集水器，铺设1条至政府住宅楼的保温管。保证供热系统的压力和流量稳定，使流量分配合理，改善公司办公楼房和住宅区供暖质量。

图 9-3-1　公司研制的平车碾压降高装置投入使用

第四章　科技合作与交流

第一节　科技合作

一、国内科技合作

（一）神华神东煤炭集团有限责任公司

公司始终坚持开放的技术创新路线，通过产学研合作模式，与科研院所专业力量联合开展科技攻关。2000年与太科院合作并成功研发用于配套连续采煤机回采工作面的履带行走式液压支架以来，先后与北京煤机厂、煤科院、太科院等137个厂家建立合作关系，成功研发包括刮板输送机、2.4~7米液压支架，连续采煤机、带式输送机、防爆胶轮车等一大批具有自主知识产权、适合高产高效开采的技术装备。

1. 振动筛负载工况在线智能诊断系统研发与应用

项目2009年立项，合作单位为陕西维德科技股份有限公司，项目经费为140万元。研发内容包括减少筛分设备故障停机带来的系统停产或生产系统能力减半运行，保证筛分设备安全运行，避免事故，最大限度地发挥设备能效。项目于2013年12月结题。

2. 神东矿区房采采空区安全隐患评估与治理技术研究

项目立项时间为2010年，合作单位为煤炭科学技术研究院有限公司，项目经费为670万元。项目研究内容包括：开发煤柱应力监测、覆岩破坏、地表位移监测为一体的房采采空区隐患实时动态监测技术；获得神东矿区旺格维利法开采条件下地表沉陷规律和概率积分法预测参数；开发了神东矿区房采采空区稳定性评估专家系统，对房采区采空区进行了评估和分级。项目于2013年12月结题。

3. 锚杆和锚索钻车研发

立项时间为2011年，合作单位为北京璟隆重工有限公司，项目经费为300万元。项目可与综掘机进行交叉配套作业，提高掘进效率；升降的前部支撑机构（临时支护机构）实现了操作人员在无空顶下作业，提高了作业安全性；设有可升降的平台，可使两套钻臂整体随平台升降，根据巷道高度情况对作业人员的工作位置进行上下调整，以适应不同巷道截面的支护作业；两套钻臂机构可独立作业，也可同时作业，可将钻孔机具转送到任何位置和旋转不同角度，从而实现巷道内的机械化作业施工；设有可左右转动和翻动的踏板装置，以满足不同巷道宽度的施工要求，方便作业人员操作。项目于2012年12月结题。

4. 设备精细化管理手持智能点检终端研制

项目立项时间2011年，合作单位为上海鸣志自动化公司，项目经费100万元。项目集温度、振动、转速测量于一体，配合抗金属射频卡，可进行设备资产和技术资料的信息化管理、设备资产盘点、设备无纸化验收及查询等。项目成果已在神东矿区14个矿井及12个选煤厂推广应用。项目于2013年12月结题。

5. 系列井下工程车研发

项目立项时间为2011年，项目经费为791万元。该项目包括4个子课题，即10吨防爆工程车、管路抓举车、管路吊运车和井下混凝土泵车，分别与连云港天明装备有限公司、常州科研试制有限公司、常州科研试制中心有限公司、莱州亚通重工公司合作完成。2011年12月9日，国内首辆WC3E管路抓举车运抵公司并通过验收。项目于2014年4月结题。

6. 浅埋深、薄基岩、安全高效沿空留巷关键技术研究

项目立项时间为2012年，合作单位为西安科技大学，项目经费为2963万元。研制的风积砂柔模泵送混凝土为沿空留巷提供了新的巷旁支护材料；柔模混凝土制备输送机组为高产高效矿井沿空留巷提供先进的装备；提出沿空留巷承载梁理论与力学模型，为浅埋与深埋各种不同条件下沿空留巷支护提供理论基础；首次在40～150米埋深的条件下成功实施沿空留巷，为浅埋深沿空留巷提供了理论及实践基础。项目于2013年12月结题。

7. 顺槽联巷密闭快速掏槽机开发

项目立项时间为2012年，合作单位为包头大成重工公司，项目经费为240万元。项目采用挂胶履带的行走方式来适应在井下巷道条件下工作点的频繁变动并能对路面保护；设计出可回转的、在巷道周边不同位置进行掏槽切割的多节变幅动臂工作机构；设计的横轴式链传动切割方式能够高效、安全、可靠地切割出符合相关规定的密闭槽；设有出气-水混合的喷雾降尘系统和照明系统。项目于2014年7月结题。

8. 全断面高效快速掘进系统

项目立项时间为2012年，合作单位为中国煤炭科工集团太原研究院、沈阳北方重工集团，项目经费为12900.6万元。该项目由神华集团公司立项，神东煤炭集团公司联合共同开发，系统总长约210米，总重量630吨，总装机功率超过2400千瓦，主要由截割系统、装运系统、行走系统和临时支护系统4部分组成，包括全断面掘进机、十臂锚杆钻车、可弯曲胶带转载机、迈步式自移机尾和自移动力站5种设备。集全断面连续切割技术、自动定位、无线遥控技术、快速装运、机载除尘、机载锚杆钻机、调车等功能于一体。2013年2月投入试用，2014年6月

进行工业性试验，运行良好。这是世界上首次把过去分步实施的煤炭采掘、运输、除尘等多道工序集于一身的掘进系统，实现了掘支平行作业、连续破碎运输和智能远程操控等高效一体化作业，是国内自主研发的煤炭行业的第一个新型成套高智能生产系统。项目于 2014 年 12 月结题。

9. 锦界数字化矿山示范工程项目

项目立项时间为 2013 年，合作单位为神华和利时信息技术有限公司，项目经费为 16697 万元。项目首次实现煤矿主要生产系统远程集中自动控制；成功研制出综合智能一体化生产控制系统，分别在神东煤炭集团公司和锦界煤矿部署上线运行；首次构建矿用万兆信息传输网络；研发成功基于 GIS 组态的煤矿综合监控平台，将煤矿采、掘、机、运、通各生产环节的地理位置信息与自动监测、控制集成在一个平台上，实现了煤矿的综合监控、多功能运行和煤矿"一张图"管理。该系统于 2013 年 12 月 27 日在锦界煤矿正式上线运行。2015 年 9 月 28 日，公司启动"神华智能矿山再提升合作研发项目"，结合实际对智能矿山做进一步的升级改造。2015 年推动 47 个项目改造工作，完成剩余 9 个项目的合同签订工作，启动应用推广工作。

10. 神东矿区新开水平和盘区的支架选型设计研究

项目立项时间为 2012 年，由山东科技大学中标，项目经费 200 万元。项目的实施有助于确定合理的支架工作阻力，保证采煤工作面顶板下沉量在可控范围内，避免了支架大面积损坏甚至被压死，对回采工作面顶板安全及矿井安全生产具有重大保障作用。2013 年 3 月 12 日，该项目通过专家组的验收。

11. "一网一站"研究项目

项目立项时间为 2013 年，合作单位为华为技术有限公司、陕西汇华数字科技有限公司，项目经费为 6871 万元。项目将万兆环网引入井下，实现了对井下无线通信、人员定位、车辆定位、工业电视、语音广播、调度指挥和工业自动化等七大系统的统一接入、承载和管理，完成了井上下一体化通信组网，终端设备可在专网、公网间无缝漫游，实现了有线和无线电话统一管理。2013 年 6 月，上湾煤矿实验试点成功验收之后，"一网一站"项目先后在上湾煤矿和锦界煤矿进行大规模实施，整体运行良好。

12. 易维护新型摇臂研制

项目立项时间为 2013 年，合作单位为中传重型装备有限公司，项目经费 720 万元。该项目取消了两级行星减速传动，改由全五级平齿传动方式取代传统摇臂的两级平齿减速加两级行星减速传动的方式，将电机的输出转速由每分钟 1490 转减速至每分钟 30 转，实现与 Eickhoff SL1000 采煤机整机的完全配套安装；设计采用 Q690 "高强度结构用调质钢板"，焊接摇臂壳体，通过优化结构提高了壳体的稳定性和抗弯扭能力，在可靠性条件下尽量减轻壳体重量；采用全新的摇臂强迫润滑方式，在保证所有轴承润滑到位的情况下，保证了对摇臂润滑油池的有效冷却，从而降低了摇臂的整体工作温度。2013 年 9 月 2 日，大采高全直齿摇臂在神东大柳塔煤矿 52305 综采工作面试生产，直齿传动易维护摇臂正式投入使用。项目于 2014 年 12 月结题。

13. 神东煤炭集团公司标准化体系构建研究与应用

项目立项时间为 2013 年，合作单位为中国煤炭工业协会，项目经费为 88 万元。项目由神东煤炭集团公司与中国煤炭工业协会合作完成，创新性地建立起具有神东煤炭集团公司特色的企业标准体系总框架，为煤炭企业标准编制提供了示范，编制了煤炭企业标准化管理办法，填补了煤炭企业标准化管理的空白，建立了神东煤炭集团公司技术标准体系、管理标准体系和工作标准体系等层次结构图和体系表。项目于2013年12月结题。

14. 掩护支架远程控制系统研制

项目立项时间为2014年，合作单位为上海高立高电子有限公司，项目经费为20万元。项目将掩护支架手动操作设计成遥控操作，实现了支架远程操作，改善了支架操作工的作业环境，提高了工作效率，降低了劳动强度，避免了手动操作发生的失误，提高了设备的安全性、可靠性，减少了支架电磁阀的损坏。项目于2015年7月结题。

15. 洗选中心煤制油选煤厂压差密度计改造

项目立项时间为2011年，合作单位为黑龙江科技大学，项目经费为9万元。项目由神东煤炭集团公司与黑龙江科技大学合作完成，通过悬浮液密度计测量悬浮液密度，精度满足选煤厂生产测量精度要求，为选煤厂悬浮液密度实现自动化控制奠定了基础。密度计已在全公司范围推广使用。项目于2012年12月结题。

（二）神华准格尔能源有限责任公司

1. 与中国矿业大学联合

1998年8月，公司与中国矿业大学签订《中国矿业大学为准格尔煤炭工业公司培养高层次专业人才协议》。协议规定：从1998年开始，中国矿业大学为准格尔煤炭公司培养29名工程硕士研究生；1999年，该大学为准格尔煤炭公司举办研究生课程进修班，培养研究生85人；2000年，该大学成立准格尔煤炭公司工程硕士培养基地，有在读工程硕士32人。2002年6月28日，中国矿业大学授予准能公司工学硕士学位4人、工程硕士学位21人。2001年3月15日，准格尔煤炭公司与中国矿业大学签订"露天煤矿扩建拉斗铲倒堆工艺研究"技术经济合同；11月19日，该研究项目通过验收。是年，准能公司初步确定了中长期科研开发项目和发展规划。

2. 与辽宁工程技术大学联合

1998年，辽宁工程技术大学招收培养准格尔煤炭工业公司以同等学历申请硕士学位人员68人。2000年12月16日，双方签署《辽宁工程技术大学、准格尔煤炭工业公司科技开发研究合作协议》，成立辽宁工程技术大学准格尔煤炭工业公司科技开发研究中心，建立了合作机制，实行产学研一体化。

辽宁工程技术大学是准格尔能源公司的科技合作依托单位，承担准格尔能源公司下达的科研课题和高层次人才的培养工作。公司也是学校的教学科研基地。双方在技术和工程方面互通信息，共享资源，优先合作，优先取得对方的工程、经济、技术信息和科研成果，实现企业利用高校的科研力量、技术成果和实验设备，高校为企业提供降低成本、增强企业发展后劲的科研成果和把科研成果转化到实践中的"双赢"。公司生产技术部和辽宁工程技术大学科研处为科技开发中心的日常管理部门。为使科技开发中心各项管理工作有章可循，制定了《科技开发中心管理办法》，该办法明确了科技开发中心的职责、工作程序和工作内容以及科研开发经费的使用规定等。

2001年6月23日，准能公司在辽宁工程科技大学召开科技开发中心第二次工作会议，举行科技开发中心挂牌仪式，首批签订7项有代表性的科研项目，科研经费合计102.32万元。11月30日，准能公司与科技开发研究中心签订《黑岱沟露天煤矿土地复垦及生态重建规划》技术服务合同。2002年3月，科技开发研究中心完成该规划，并通过准能公司验收。2002年1月，准能公司黑岱沟露天煤矿土地复垦委托北京市国土资源遥感公司编制"准格尔矿区高分辨率卫星遥感影像图"；8月，北京市国土资源遥感公司完成编图，并通过准能公司验收。2001—2012年神华准格尔能源有限责任公司横向联合研发的主要科研项目见表9-4-1。

表9-4-1 2001—2012年神华准格尔能源有限责任公司横向联合研发的主要科研项目统计表

项目名称	项目属性	签订或合作方	签订时间	结项时间
露天煤矿扩建拉斗铲倒堆工艺研究	技术合同	中国矿业大学	2001年3月	2001年11月
电力机车受电弓滑板材料优化研制	科研项目	辽宁工程科技大学	2001年6月	—
黑岱沟露天煤矿坑下6千伏供电线路压降整治技术方案	科研项目	辽宁工程科技大学	2001年6月	—
铁路运输部CA8013不落轮对车床故障诊断	科研项目	辽宁工程科技大学	2001年6月	2001年12月
选煤厂粉尘综合治理研究	科研项目	辽宁工程科技大学	2001年6月	2001年12月
露天煤矿1800毫米胶带输送机防撕裂系统诊断与修复	科研项目	辽宁工程科技大学	2001年6月	2001年12月
皮带纵向撕裂监控保护系统研制	科研项目	辽宁工程科技大学	2001年6月	
发电厂电机变频调速经济技术评价	科研项目	辽宁工程科技大学	2001年6月	
黑岱沟露天煤矿土地复垦及生态重建规划	技术服务合同	辽宁工程技术大学	2001年11月	2002年3月
准格尔矿区高分辨率卫星遥感影像图	编制影像图	北京市国土资源遥感公司	2002年1月	2002年8月
露天煤矿扩建应用吊斗铲过渡方案研究	技术服务合同	中国矿业大学	2003年1月	2004年1月
露天煤矿综合生产调度系统可行性研究与方案设计	技术服务合同	抚顺煤炭研究所	2003年3月	2004年8月
准能公司污水处理厂工艺技术改造及污水回用与露天矿生态恢复工程可行性研究	技术服务合同	辽宁工程技术大学	2003年5月	2004年8月
黑岱沟露天煤矿黄土剥离采用半连续工艺研究	技术开发合同	中国矿业大学	2003年5月	2003年9月
黑岱沟露天煤矿阴湾排土场勘察及边坡稳定性研究	技术服务合同	抚顺煤炭研究所	2003年10月	2004年8月
黑岱沟露天煤矿抛掷爆破技术研究	技术开发合同	中国矿业大学	2004年1月	—
黑岱沟露天煤矿提高轮斗系统生产能力途径的研究	技术开发合同	中国矿业大学	2004年2月	
黑岱沟露天煤矿扩建工程单斗卡车工艺向吊斗铲倒堆工艺过渡时期矿山工程合理衔接方案研究	技术服务合同	辽宁工程技术大学技术中心	2004年3月	2005年3月
黑岱沟露天煤矿内排土场边坡稳定性评价	技术服务合同	辽宁工程技术大学	2004年9月	—
露天矿剥、采、排与土地复垦综合预控技术开发项目数字化采集	技术服务合同	北京市国土资源遥感公司	2004年11月	2005年3月

表9－4－1（续）

项目名称	项目属性	签订或合作方	签订时间	结项时间
准格尔选煤厂粉尘综合治理技术研究	技术合同	无锡市华能电力机械有限公司	2005年6月	2007年2月
哈尔乌素露天煤矿排土场地质勘察与边坡稳定性评价	技术合同	煤炭科学研究总院抚顺分院	2006年5月	2007年7月
黑岱沟、哈尔乌素露天煤矿抛掷爆破与炸药配方及其生产工艺系统研究与实施	技术合同	澳瑞凯公司	2006年7月	2010年4月
黑岱沟露天煤矿运输车辆交通预警系统研发	技术合同	中国矿业大学、北京中矿华沃电子科技有限公司联合体	2006年12月	2008年12月
露天矿剥、采、排与土地复垦综合预控技术研究	技术合同	神华（北京）遥感勘查有限责任公司、辽宁工程技术大学、北京北卫新图数字科技有限公司联合体	2007年7月	2011年12月
现代露天煤矿开采工艺技术研究	技术合同	中国矿业大学	2007年11月	2009年12月
现代化露天矿设备故障诊断技术研究	技术合同	北京航天同创科技有限公司	2008年9月	—
排矸场稳定性预控技术研究	技术合同	辽宁工程技术大学	2008年11月	2010年8月
抛掷爆破及其炸药生产核心技术引进消化吸收再创新	技术合同	中国矿业大学、北京星宇惠龙科技发展有限公司联合体	2008年12月	2011年9月
神华准格尔矿区露天煤矿防洪坝系安全保障关键技术研究	技术合同	中国矿业大学（北京）	2011年5月	2012年12月
阴湾排土场基底水浸条件下排弃方式及边坡稳定性预控技术研究	技术合同	煤炭科学研究总院	2012年10月	—
黑岱沟露天煤矿二条区南端帮边坡稳定性研究	技术开发委托合同	中煤国际工程集团沈阳设计研究院	2012年6月	2012年12月

（三）神华乌海能源有限责任公司

公司在技术引进与研发方面，利用大专院校与相关学科科研院所的先进技术，合作开发并研究部分科技项目，其中，中国矿业大学、内蒙古科技大学、北京华宇公司、重庆煤炭科学研究院、煤炭科学研究总院重庆研究院、中国南车集团、中澳联合矿业公司等都与公司合作开发过科技项目。公司还与中国矿业大学（北京）合作研发了窄煤柱送巷技术及薄煤层综合机械化采煤工艺和极近距离煤层开采技术，与北京天地科技股份有限公司合作研究了高应力极破碎巷道支护技术。

（四）神华北电胜利能源有限公司

2006年，公司与中国矿业大学签订《露天煤矿开采程序和开采工艺综合优化》技术合同；2007年9月与中国矿业大学签订《胜利露天煤矿滑坡防治技术研究》技术合同，2008年先后与中国矿业大学签订《露天煤矿采剥生产与生态环境重建一体研究》《南卡车排土场扩容研究》技术合同，与南京大学签订《露天煤矿疏干井设计》技术合同；就褐煤提质干燥技术先后与唐山神州机械有限公司、长青中美（北京）能源技术有限公司、沈阳航空工业学院、北京柯林斯达电子科技发展有限公司等单位进行技术交流和煤炭提质试验分析。2009年7月，公司与内蒙古平西白音华煤业有限公司签订《胜利一号露天矿北帮滑坡调查》技术合同。

在设备选型方面，2006年与内蒙古北方重型股份有限公司、本溪北方机械重汽有限责任公司关于载重91~220吨矿用自卸卡车进行技术交流。2009年12月，与中国华电工程有限公司、衡阳运输机械有限公司、宁夏天地西北煤机有限公司、煤炭科学研究总院上海分院关于3000吨/小时平面转弯带式输送机进行技术交流。

（五）中电投蒙东能源集团有限责任公司

2002年10月，霍林河煤业公司与中国矿业大学合作，建立露天采矿技术研究开发中心；与辽宁工程技术大学合作，建立露天采矿工程与设备研究开发中心。

（六）华能伊敏煤电有限责任公司

2014年，公司与煤科集团沈阳研究院有限公司合作"伊敏露天矿生产车辆安全监控管理系统""3号加水站系统改造工程""2014年伊敏露天矿西端帮边坡稳定性评价与检测工程"等项目，由煤科集团沈阳研究院有限公司完成。2015年，公司与中国煤炭工业协会咨询中心、煤科集团沈阳研究院有限公司、中国矿业大学、中煤科工集团沈阳设计研究院有限公司合作项目："伊敏露天矿煤矿定额及技术标准评审项目"由中国煤炭工业协会咨询中心完成；"伊敏露天矿《创建世界一流露天煤矿评价体系》编制项目"由中国煤炭工业协会咨询中心完成；"伊敏露天矿卡车调度系统升级改造工程"由煤科集团沈阳研究院有限公司完成；"伊敏露天矿2015年《剥离改造与采区转向适应性关系研究》项目"由中国矿业大学完成；"伊敏露天矿剥离工艺改造初步设计和施工图设计"由中煤科工集团沈阳设计研究院有限公司完成。

（七）扎赉诺尔煤业有限责任公司

2003—2009年，扎煤公司与天地科技股份有限公司合作完成了松软砂岩含水层下综放控水采煤技术研究。该技术在前期论证、现场调查、资料获取、室内试验和电算模拟分析、数据综合分析等工作的基础上，结合铁北矿的现状，从技术可行性、安全可靠性、经济合理性等方面对铁北矿新一采区右三片应用综放控水采煤技术进行了全面、系统的研究。完成了控水采煤方案设计，制定了防治水安全技术措施；完成了新一采区右三片和新二采区右一片综放开采的现场工业性试验以及相关的现场观测研究等工作；研究探索了疏水截流的技术途径与方法。

2006—2009年，公司与中国矿业大学、兖矿新陆建设发展有限公司合作完成了白垩系地层人工冻结及强制解冻技术研究。该技术通过理论分析、数值计算和现场实测等手段，对白垩系地层中人工冻结及强制解冻相关技术进行了研究，形成了一套具有自主知识产权的白垩系地层矿井人工冻结及强制解冻的设计与施工技术，获得了2010年内蒙古自治区科技进步三等奖。

2012年，公司与北京天地科技股份有限公司合作，应用并推广了特厚煤层下分层综放开采技术，该技术通过对矿山压力的测定，确定外错布置的可行性，同时探讨防灭火相关技术，为公司后续开采巷道布置提供依据。

2014年，公司与中国矿业大学合作完成了灵泉露天煤矿闭坑安全及生态恢复技术研究。该课题重点围绕露天矿闭坑的边坡稳定、防灭火技术和生态恢复问题开展研究。首先，通过现场监测、数值模拟等方法，对灵泉露天煤矿边坡稳定性进行评价并提出稳定控制技术；针对老着火点和煤层露头，研究其自燃特征，提出可行的分区防灭火技术方案。通过理论分析、实验对比、优化设计等手段，研发与集成了高寒地区露天煤矿闭坑生态恢复的新技术，包括植被筛选与配置优化、高寒地区土壤改良等技术，对场地生态恢复进行规划设计，并建设90公顷的生态恢复示范工程。

2015年，公司与天地科技股份有限公司合作，应用并推广了扎赉诺尔矿区小煤柱沿空掘巷技术，最终获得小煤柱沿空掘巷成套技术，为小煤柱沿空掘巷技术在扎赉诺尔矿区的应用提供示范。

（八）内蒙古平庄煤业（集团）有限责任公司

1992年，平庄矿务局风水沟煤矿与东北大学及中国矿业大学合作，进行了公司最早的锚网支护的试验与研究。2005年，平庄煤业（集团）公司与北京天地公司合作，开展"软岩巷道锚喷支护技术应用"项目研究，在风水沟煤矿一采区3-2煤西五片风巷采用锚网支护取得成功。平庄煤业集团公司与煤炭科学研究总院开采设计研究分院巷道矿压与支护技术研究所合作，吸取国内外现有软岩巷道支护的最新研究成果，借助最新的研究和观测手段，结合红庙煤矿的具体条件展开研究。

2005—2007年，西露天煤矿与辽宁工程技术大学、中国矿业大学（北京）合作进行"滑坡灾害与边坡应力远程智能检测系统研制及应用研究""陡帮开采关键技术研究"等项目研究。

（九）内蒙古伊泰集团有限公司

2012年以来，公司与国内科研部门、高校合作科技交流与合作项目6个（表9-4-2）。

表9-4-2 2012年以来内蒙古伊泰集团公司与国内科研部门、高校合作科技交流与合作项目统计表　　　　　　　　　　万元

项目名称	合作单位	合作方式	合作时间	合作成果	经费
数字化煤矿安全生产技术及管理系统研究	北京龙软科技股份有限公司	联合研究	2012—2018年	煤矿安全生产技术综合管理信息系统	4880
酸刺沟煤矿综放工作面巷道支护优化及初末采技术研究	辽宁工程技术大学	联合研究	2012—2013年	酸刺沟煤矿综放工作面巷道支护技术和初末采技术	150
12Mt/a综放开采小冒采比高韧性顶板矿压控制关键技术与装备研究	山东科技大学、郑州煤矿机械集团股份有限公司、宁夏天地奔牛事业集团有限公司、北京天地玛珂电液控制系统有限公司	联合研究	2012—2014年	12Mt/a综放开采小冒采比高韧性顶板矿压控制关键技术与装备	20000
酸刺沟煤矿综放工作面采空区自然发火预测预报及综合防治技术研究	葫芦岛工大迪安科技有限公司	联合研究	2012—2013年	酸刺沟煤矿综放工作面采空区自然发火预测预报及综合防治技术	100
西部特大型煤矿立井开拓关键技术研究	天地科技股份有限公司	联合研究	2014—2017年	西部特大型煤矿立井开拓关键技术	650
红庆河矿井水文地质条件及防治水技术研究	中煤科工集团西安研究院有限公司	联合研究	2015—2017年	红庆河矿井水文地质条件及防治水技术	880

（十）内蒙古太西煤集团有限公司

集团公司阿拉善盟科兴炭业有限责任公司联合国家烟气脱硫工程技术研究中心、四川恒泰环境技术有限责任公司联合组建国家烟气脱硫工程技术研究中心碳材料研究分中心，共同开展科技攻关。

二、国际交流与合作

（一）神华神东煤炭集团有限责任公司

1986—1995年，华能精煤公司采取"走出去，请进来"的办法，先后与日本工程技术振兴协会、日商岩井株式会社、经济技术振兴协会、三井物产株式会社煤炭部、丸红公司、日本通产省、出光兴产公司、电源开发公司、煤炭开发技术协力中心、电源开发株式会社神松浦火力发电所、日本日商岩井公司环境调查部、法国道达尔公司、矿产设备公司、SAE公司、KOCH煤矿工程设备集团、英国MK公司、煤炭公司岩石力学部、TRANSMI-TYON公司、NEI采矿设备公司、长壁刮板机公司、安德森公司、联邦德国信贷银行、KHD公司、液压支架生产厂、塔克拉夫公司、艾柯夫公司、伯克瑞特公司、美国ARCO公司、久益公司、久益英国分公司、美国朗艾道公司、阿科公司、Denver Sala公司、美中互利工业公司、奥地利奥钢联公司、安得利斯公司、澳大利亚纽卡斯尔、沃克沃思、犹兰3处煤矿及煤矿设备制造厂、俄罗斯选煤设计院、以色列麦哈夫公司、瑞士ABB公司，以及中国台湾中华矿业协进会等企业和组织，对煤矿建设、煤矿采掘技术、煤田煤质、煤炭生产设备、煤炭洗选技术、矿井监控监测等方面进行了广泛交流。

1996年1月，神府东胜煤炭公司的浙江嘉兴电厂二期工程投资方——英国国家电力公司派出专家代表团赴神府、东胜矿区考察煤炭燃烧特性。10月，美国坦舍地球技术公司代表团一行4人前往神府矿区进行实地考察，并就该公司提供井下生产用土工网格用于神府矿区矿井巷道运输路基敷设进行交流。

2001年10月，由国家遥感中心与德国宇航中心共同主办、神华集团公司协办的"煤火国际研讨会"召开，会后中德双方（国家遥感中心与德国宇航中心）签署了项目合作协议。2002年9月，由国家遥感中心与德国宇航中心共同主办、神华集团公司协办的"第二次煤火国际研讨会"召开，会议讨论了"中国北方煤田火区探测、灭火与新技术开发"项目的具体实施方案。

2004年11月，神华集团公司组织神东煤炭集团公司、准格尔能源公司组团参加了在上海举办的"第13届国际煤炭研讨会暨首届中国国际煤炭展览会"。

（二）神华准格尔能源有限责任公司

1992年，准格尔矿区二期工程前期工作开始，为了寻求矿区二期开发方式及投资渠道，准煤公司与澳大利亚布罗肯希尔控股有限公司（简称BHP）经过友好协商，于1994年11月7日在北京建国饭店签订了《准格尔哈尔乌素煤矿及配套发电厂预可行性研究的意向书》。

图9-4-1 准煤公司领导与获奖归来的比尔·威廉姆斯夫妇合影

在准格尔项目二期工程预可行性研究的基础上，中澳双方就合资经营意向一重大原则问题进行了深入协商，并达成了一致性意见。合资经营综合项目内容为哈尔乌素露天煤矿、哈尔乌素发电厂及薛家湾发电厂。1995年9月10日，准煤公司与澳大利亚BHP公司签订《准格尔项目三期工程综合项目合营意向书》，总投资达37.15亿美元。准煤公司经理宋瀚峰和BHP电力集团总裁丹尼斯·劳瑞奇分别代表双方签字。煤炭工业部部长王森浩、副部长张宝明、煤炭部有关司局负责人、准煤公司领导等出席签字仪式。

由于小松德莱赛公司准格尔项目服务经理比尔·威廉姆斯先生，在准格尔矿区建设现场技术服务期间成绩卓著，1994年9月获中国政府颁发的"友谊奖"。这是中国政府向外国专家颁发的最高荣誉奖项。

2007年6月，准格尔能源公司与中国矿业大学就露天煤矿开采工艺优化、拉斗铲行走中心线、作业方式、运煤方案的选择等进行深入交流。10月，准格尔能源公司与澳瑞凯（威海）爆破器材有限责任公司、澳瑞凯澳大利亚有限公司矿山服务部就黑岱沟露天煤矿进行的抛掷爆破技术交换意见，为下一步工作提供了思路。

2009年11月，公司与英国MMD公司、澳大利亚爱邦工程公司、凯瑞斯矿业设备技术（北京）有限公司、德国哈兹马克&EPR有限公司、山特维克矿山工程机械（中国）有限公司、蒂森克虏伯散料技术设备贸易（北京）有限公司就2000~2500吨/小时他移式破碎机进行技术交流。

（三）神华北电胜利能源有限公司

2005—2008年，公司先后与德国利勃海尔矿山设备有限公司、小松（中国）投资有限公司、美国CAT公司关于5~18立方米液压挖掘机进行技术交流，与美国PH公司和美国BE公司关于49立方米电铲进行了技术交流；与德国利勃海尔矿山设备有限公司、小松（中国）投资有限公司、美国CAT公司进行技术交流；与小松（中国）投资有限公司、美国CAT公司关于520~580马力级履带推土机、480马力级轮式推土机进行技术交流；与小松（中国）投资有限公司、美国CAT公司、沃尔沃矿用设备公司关于5立方米轮式装载机和240~280马力级平地机进行技术交流；与美国KSS公司、山东泰安煤机厂、美国CAT公司、澳大利亚申克公司关于5000吨/小时装车站进行技术交流；与英国MMD公司、德国克虏伯公

图9-4-2 2007年7月30日、2009年8月27日，公司先后举行与外国企业工程设备交接仪式

司、澳大利亚约翰芬雷公司、澳大利亚爱邦工程公司关于半固定式破碎站进行技术交流。

2009年以来，公司与英国MMD公司、澳大利亚爱邦工程公司、凯瑞斯矿业设备技术（北京）有限公司、德国哈兹马克&EPR有限公司、山特维克矿山工程机械（中国）有限公司、蒂森克虏伯散料技术设备贸易（北京）有限公司关于2000~2500吨/小时他移式破碎机进行技术交流；与美国宾夕法尼亚破碎机公司、蒂森克虏伯散料技术设备贸易（北京）有限公司关于3000吨/小时环锤式破碎机进行技术交流；与中日合资三岛输送机械有限公司关于3000吨/小时平面转弯带式输送机进行技术交流；与西门子公司、ABB中国投资有限公司关于6千伏、10千伏电机变频器进行技术交流，与葆德电机（上海）有限公司关于CST进行技术交流。

第二节 学术交流

一、学术刊物

1983年3月15日，内蒙古自治区煤炭经济研究会理事会决定创办会刊《内蒙古煤炭经济》，责成研究会常务副理事长兼秘书长陈子纯进行筹备工作。1988年，经新闻出版总署批准，会刊《内蒙古煤炭经济》在国内外公开发行。这是内蒙古自治区煤炭行业唯一公开发行的学术性刊物（刊号：CN15-1115/F）。1999年，《内蒙古煤炭经济》加入清华大学中国学术期刊电子光盘版，2004年加入中国知网（CNKI）网络发行。

图9-4-3 乌海市政府邀请德国专家协助灭火

图9-4-4 《内蒙古煤炭经济》创刊30周年专刊

（四）神华乌海能源有限责任公司

2011年，乌海市政府在持续推进火区治理过程中，与德国煤田（矿区）火区治理专家密切交流，通过开展互相学习交流活动，总结经验，联系实际，加快了火区治理进度，提高了质量。

《内蒙古煤炭经济》作为内蒙古自治区煤炭经济研究会会刊，自创刊伊始，始终把坚定的政治方向放在首位，以经济建设为中心，服务于自治区煤炭行业的经济和技术工作者。1990年，已出刊29期的

《内蒙古煤炭经济》被中国煤炭经济研究会评为优秀刊物。

1992年，在中国煤炭经济研究会成立十周年庆典上被评为全国煤炭社科刊物第二名，列各省、市、自治区煤炭经济研究会会刊之首。

截至2015年12月，已连续出版202期，刊登各类论文、调查报告等10671篇，约4213万字。所刊稿源涵盖全部28个产煤省、市、自治区，稿件内容涉及理论、研究、设计、生产、运输、管理等诸多方面。

二、学术会议

（一）神东矿区中厚较薄煤层综合自动化工作面开采技术高层研讨会

研讨会由中国煤炭学会与神华集团公司共同主办，神华神东煤炭集团公司承办，2009年4月19日在神东矿区召开。煤科总院太原研究院、中国矿业大学、中国煤炭科工集团、潞安、兖州、开滦等全国煤业及矿业集团的专家参加会议。会议形成并通过了《技术评议意见》，认为榆家梁煤矿44305综采自动化开采成套技术体系为国内同行煤矿提供了系统、全面的滚筒采煤机自动化综采工作面开采成套技术，填补了国内空白。

（二）全国大型煤矿建设现场会暨推进煤炭生产规模化、现代化发展论坛

论坛由中国煤炭工业协会主办，鄂尔多斯市政府、内蒙古煤炭工业局承办，于2009年9月3日在鄂尔多斯市会议中心举行。

图9-4-5 全国大型煤矿建设现场会暨推进煤炭生产规模化、现代化发展论坛会场

（三）神东矿区上隅角一氧化碳超限治理技术研讨会

研讨会由神华集团公司主办，神华神东煤炭集团公司承办，于2010年10月在神东国际交流中心召开。来自中国矿业大学、太原理工大学、煤科总院安全分院等部门和企事业单位的专家，就国内外上隅角一氧化碳超限情况及来源、《煤矿安全规程》相关规定及如何从安全生产角度贯彻落实进行探讨。

（四）放顶煤研讨会

研讨会由神华集团公司主办，神华神东煤炭集团公司承办，于2011年10月在神东国际交流中心召开。来自煤炭科学研

究总院、山东科技大学、中煤北京煤机公司等多家院校和公司的专家,结合保德煤矿和布尔台煤矿顶板岩层结构、工作面矿压等情况就放顶煤支架的选型进行了讨论。

（五）神华集团煤矿短壁机械化开采技术研讨会

研讨会由神华集团公司主办,神华神东煤炭集团公司承办,于2011年11月在北京召开。来自国家煤矿安全监察局、中国煤炭工业协会、煤炭学会短壁开采技术委员会就短壁开采技术在神东应用的实际情况,从安全、技术、资源回收、现场管理等方面展开了交流和研讨;与北方重工集团就煤巷掘进机项目中煤巷掘进机在初步设计中存在的难题及设备达到的预期效果进行技术交流。

（六）国家煤矿安全专题研讨会

研讨会由国家煤矿安全监察局主办,神华神东煤炭集团公司承办,于2013年2月27日在神东国际交流中心召开。来自国内13家大型煤炭企业代表专题研讨煤矿安全工作。

（七）二氧化碳防灭火关键技术及装备研究项目研讨会

研讨会由神华集团公司主办,神东煤炭集团公司承办,于2015年10月在神东国际交流中心召开,来自西安科技大学、神宁煤业集团公司的专家就研发液态二氧化碳直注工艺和装备系统,针对神东、宁煤等矿区具体技术条件对优化现场实施工艺、煤矿干冰防灭火技术等重点研究内容进行了探讨。

（八）中国煤炭经济30人论坛（CCEF—30）——2013年上半年煤炭经济形势分析会

分析会由中国煤炭经济30人论坛组委会主办,内蒙古伊泰集团有限公司、中国煤炭经济研究院承办,中国煤炭报社协办,于2013年8月3日、4日在内蒙古伊泰集团公司会议中心召开。会议由原国家能源局副局长、中国能源研究会副理事长吴吟主持,中国煤炭经济30人论坛成员、《煤炭蓝皮书（2013）》作者以及煤

图9-4-6　中国煤炭经济30人论坛（CCEF—30）在内蒙古伊泰集团公司会议中心举行

炭产业上下游相关企业负责人参加论坛。鄂尔多斯市发改委、能源局、市煤炭局负责人应邀参加。

（九）煤矿用新型耐磨钢应用技术研讨会

2015年8月21日,由内蒙古伊泰集

团公司与中国矿业大学、天津威尔朗科技有限公司、宝钢特钢有限公司共同举办的"煤矿用新型耐磨钢应用技术研讨会"在伊泰集团公司总部召开。中国矿业大学校长葛世荣、中国煤炭工业协会副会长刘峰及30多家企事业单位、新闻媒体代表参加。

（十）中美内蒙古清洁煤炭交流座谈会

2014年6月25日，中美商贸联委会信息产业工作组在呼和浩特召开交流座谈会。美国商务部、美国驻华使馆有关代表、自治区煤炭工业局、能源局、国土资源厅、环境保护厅相关负责人，美国博地能源、通用电气、卡特皮勒等11家企业、国内神华集团、伊泰集团等20家企业的代表参加座谈会。

会议期间，美国商务部助理副部长钱德拉·布朗、自治区能源开发局总工程师郝大庆分别作了《中美能源合作的现状、挑战和机遇》《内蒙古能源发展战略介绍》的主题演讲。美国能源部中国办公室、美国博地能源中国运营部及神华神东煤炭集团有限公司、内蒙古大唐国际锡林浩特矿业有限公司等10家企业代表就清洁煤炭发展、煤炭开采、煤炭资源综合利用等进行座谈交流。

（十一）鄂尔多斯国际煤炭及能源工业博览会

2006年4月16日，为加强能源领域的交流与合作，推动能源产业特别是煤炭产业的创新发展，集中展示国内外煤炭行业取得的新成果、新工艺、新技术和新产品，搭建我国煤炭能源领域交流、学习、合作平台，经鄂尔多斯市人民政府批准，鄂尔多斯市煤炭局与煤炭科学研究总院、东胜区人民政府联合举办了首届鄂尔多斯国际煤炭及能源工业博览会，与会的煤炭企业与参展煤机厂商达成煤矿设备订购合同9项，意向性协议133项，煤矿技术改造"交钥匙"工程协议9项，煤矿专业技术人员引进意向协议2项，采矿技术服务意向协议16项，协议资金总额近60亿元人民币。

图9-4-7 第三届（2008年）中国鄂尔多斯国际煤炭及能源工业博览会开幕式

截至2015年，鄂尔多斯国际煤炭及能源企业博览会已成功举办10届。博览会集大型煤炭能源投融资企业形象与成果展示、招商项目推介、行业技术交流、煤炭生产企业机械化采购为一体，为全市煤炭企业与国内外大型能源企业、煤炭科研机构、煤机制造企业搭建一个互相接触、交流、合作的平台。

内蒙古煤炭工业志（1991—2015）

第十篇　多　种　经　营

华能伊敏煤电有限责任公司发电厂全景

- ○　发电
- ○　煤矿机械与矿用器材
- ○　服务业
- ○　金融业
- ○　其他产业

20世纪80年代末，根据煤炭工业部关于煤炭生产、基本建设、多种经营3个主体的要求，自治区煤炭工业厅先后发布《关于加强多种经营、集体经济管理的通知》《煤炭企业扶持集体经济建设基金使用管理办法（试行）》等文件，扶持、促进煤炭企业发展多种经营与集体经济。自治区煤炭厅设立多种经营处。各统配煤矿成立了多种经营总公司（劳动服务总公司），下属单位随之成立分公司。公司对外统负盈亏、内部单位单独核算，实施不同形式的层层承包，并引入风险机制。

1991年初，全区8个统配煤矿多种经营涉足的行业主要有煤矿机械制造与修配、建筑及建材、加工服务业、农牧林副业四大类，从业人员5.2万人，经营网点800余个，其中，包头矿务局从业人员7170人，经营网点118个，年创产值5793.76万元，利润784.32万元，上缴税金150.62万元，人均年收入4969元；伊敏河矿区建设指挥部从业人员1136人，经营网点48个，年创产值2910.66万元；霍林河矿区指挥部从业人员3006人，经营网点78个，年创产值3213.28万元，亏损242万元，上缴税金327.57万元，人均收入1667元；海勃湾矿务局从业人员2654人，经营网点124个，年创产值2314.11万元，亏损36.2万元，上缴税金94.79万元，人均年收入2517元；扎赉诺尔矿务局从业人员9722人，经营网点169个，年创产值7650.07万元，利润169万元，上缴税金261万元；大雁矿务局从业人员7633人，年创产值6760万元，利润50.67万元，上缴税金196.14万元，人均年收入2612元；平庄矿务局从业人员21307人，经营网点156个，年创产值10766万元，利润216万元，上缴税金538万元，人均年收入1530元。

进入21世纪初期，完成体制改革的统配煤矿企业对非煤炭生产主业的微利、亏损、资不抵债、发展困难的多经企业采取了破产、关闭、出售、划转、合并等措施清理、整顿、分离。2000年，神华乌达矿业公司将原乌达矿务局多种经营总公司改制为多种所有制形式并存、多元经营、产供销为一体的集团化企业——乌海市银星工贸有限责任公司。该公司拥有成员单位28个，总资产45亿元，职工5600名（主要是集体工），因经济效益差，2004年被纳入政策性破产行列。2002年，扎赉诺尔煤业公司非煤企业由过去的46家重组整合为12家，2011年只留下6家。同时妥善安置下岗的3000名集体所有制职工。截至2008年，平庄煤业集团公司将原平庄矿务局1991年设立的192家多种经营企业、厂点关闭了133家；从业人员17372名（其中全民所有制职工2412人）减少到142人（均为全民所有制职工）；集体所有制职工通过办理身份置换和退休等方式进行安置。其他煤炭企业也对非煤产业进行相应的改制，实现了主、辅业分离。

面对新的市场需求，各企业充分发挥自己的资源和资金优势，在整合原有经营项目的基础上，将发电、煤化工、房地产、金融及旅游作为重点发展的产业。

在电力生产方面，神华准格尔能源有限公司电厂发电量从1992年的0.4亿千瓦时，增加到2015年的41.1亿千瓦时；华能伊敏煤电有限责任公司从2000年的40.29亿千瓦时，增加到2015年156.1亿千瓦时；神华大雁集团公司热电总厂由

1991年的0.3亿千瓦时，增加到2015年的1.8亿千瓦时；中电投蒙东能源集团公司全资收购的霍林河坑口电厂，2015年发电量达52.4亿千瓦时。

2001年以来，内蒙古汇能煤电集团有限公司、内蒙古蒙泰煤电集团有限公司、鄂尔多斯市乌兰煤炭（集团）有限责任公司、内蒙古太西煤集团股份公司等民营煤炭企业发挥自身资源优势发展电力生产，将发电及供热作为企业的重要经营板块。

在开展资本运营方面，内蒙古伊泰集团有限公司"伊煤B股"和"伊泰H股"分别于1997年8月和2012年7月上市发行；霍林河露天煤业集团公司"露天煤A股"2007年4月上市发行。2009年12月，自治区12家民营煤炭企业以总资产243亿元组建内蒙古伊东投资集团有限公司。蒙发能源控股集团有限公司在蒙古国首都乌兰巴托市、加拿大温哥华市、中国香港开展矿产、房地产和股权投资业务。内蒙古满世投资集团有限公司、内蒙古特弘煤电集团有限责任公司、内蒙古西蒙集团有限公司等民营煤炭企业开展小额贷款业务。

21世纪以来，煤炭企业新开辟的相关产业还有房地产、旅游、物业管理、电石、电解铝加工及通用航空业等。

第一章 发 电

第一节 火力发电

一、燃煤发电（热电）

（一）神华神东集团公司上湾热电厂

上湾热电厂位于伊金霍洛旗乌兰木伦镇。该厂总投资2.3亿元，为热电联产项目，占地3.6万平方米。

1994年6月，上湾热电厂获准开工建设，主体工程由内蒙古电力建设二公司施工，截至1997年底完成投资3348万元，完成主体工程。同年，按照神华集团公司指示，电厂缓建。1998年6月，电厂复工建设。一期工程的3×35吨循环流化床锅炉于1999年12月建成试运行，2000年10月投产。二期工程的1×75吨循环流化床锅炉、2×12兆瓦汽轮机组于2005年4月投产。年发电量1.93亿千瓦时，集中供热面积近100万平方米，年供蒸汽量65万吨。三期（一、二期已关停）工程2008年4月开工建设，2009年底建成投产，规模为2×520吨/时循环流化床锅炉，配置2×150兆瓦抽凝式汽轮机组。全力打造"三优两化"一流能源企业。

（二）神华准格尔能源有限责任公司发电厂

准能公司发电厂前身是准格尔煤炭公司发电厂，是准格尔项目一期工程三大主体之一。该厂1991年5月9日开工建设，厂区占地面积62.47万平方米，建筑体积334725立方米，建筑面积22783平方米，总投资5.11亿元。1号机组和2号机组分别于1992年12月和1993年8月投入生产。1993—2002年准格尔能源公司发电厂生产情况见表10-1-1。

发电用煤选用准格尔露天煤矿劣质末

煤和洗中煤。所发电量以一回500千伏超高压输电线路经准格尔—永圣域变电站向京津唐电网送电。1993年8月，自治区电业管理局将电厂移交准煤公司管理。2000年12月之后称准能公司发电厂，装机容量2×10万千瓦。

图10-1-1 1991年5月9日，准格尔煤炭公司举行发电厂开工庆典

准能发电厂两台机组自1992年和1993年相继并入蒙西电网后，一直执行国家规定电价。面对蒙西电网供大于求的实际情况，公司通过参与电网公司的电量交易，使1号机组与2号机组设备利用平均数值分别达到5863.7时/年与5763.9时/年。

准能发电厂自1992年投产至2012年，除发电外，还承担准能公司矿区的供热、供浴任务。供热面积130万平方米，供热占比达到26.67%。2008—2012年，电厂承担薛家湾市政区供热面积180万平方米，供热占比达到71.78%。

2008年，薛家湾市政区部分供热由准能发电厂承担供热面积达240万平方米，2009年供热面积达到270万平方米。2010年，准能发电厂承担的供热面积由神华国华准电接管。同年6月，准能发电厂2号机组执行国家节能减排政策关停。

2012年12月，1号机组亦关停，准能公司采暖完全由神华国华准电承担。1993—2002年准格尔能源公司发电厂生产情况见表10-1-1，2003—2012年公司销售情况见表10-1-2。

表10-1-1 1993—2002年神华准格尔能源公司发电厂生产情况统计表

指标名称	1993年	1994年	1995年	1996年	1997年	1998年	1999年	2000年	2001年	2002年
发电量（万千瓦时）	39937.12	72808.32	108390.08	120164.16	111637.60	112052.32	114984.20	105958.56	108583.80	123065.30
供电量（万千瓦时）	35894.97	65953.20	98035.34	108908.50	101883.39	102168.77	105109.02	96764.37	99269.12	112931.40
上网电量（万千瓦时）	34701.12	64081.25	94719.83	105828.04	97785.24	93462.57	93894.53	83432.92	78803.07	84967.83
发电标煤耗率（克/千瓦时）	371.09	378.88	377.79	375.99	377.96	371.00	368.86	366.53	366.60	368.00
发电水耗（千克/千瓦时）	7.96	9.60	5.81	4.52	3.75	3.78	3.61	3.40	3.32	3.56
供热量（吉焦）	135196.00	305459.00	426978.00	766354.00	652124.00	668000.00	924065.00	969039.00	1036915.00	1155997.00
供热标煤耗率（克/千瓦时）	43.54	45.35	36.93	39.09	42.67	43.46	41.56	38.10	37.27	36.31

表 10-1-1（续）

指标名称	1993年	1994年	1995年	1996年	1997年	1998年	1999年	2000年	2001年	2002年
设备运行小时（时）	5071.00	8931.00	13608.00	14639.00	13248.00	13751.00	13585.00	13452.00	12504.00	12992.00
利润（万元）	-2218.96	-3014.26	-669.55	1835.07	1080.68	1794.77	1547.08	427.78	3159.28	3894.16
全员效率（千瓦时/人年）	393857.00	632566.00	980906.00	1125133.00	980998.00	1039446.00	1190313.00	1239276.00	1316172.00	1513718.00

表 10-1-2　神华准格尔能源公司发电厂销售情况表统计表

年份	装机容量（万千瓦）	发电量（万千瓦时）	销售电量（万千瓦时）	发电煤耗（克/千瓦时）	设备平均利用小时（时）	平均上网电价（元/千千瓦时）	售电收入（万元）
2003	20	135742.40	122520.19	367.84	6785	158.12	19420.04
2004	20	150991.90	137215.25	370.01	7550	161.21	22213.08
2005	20	147819.70	133127.89	368.57	7391	169.93	22570.19
2006	20	156078.20	141620.43	365.65	7804	171.63	24236.22
2007	20	123382.56	110654.03	362.08	6169	175.58	19431.79
2008	20	80132.80	71442.13	360.35	4007	205.44	14008.42
2009	20	94174.72	83592.19	360.37	4709	180.35	15412.49
2010	20	58032.80	51071.84	360.48	2880	180.23	9598.37
2011	10	34939.52	30579.89	356.60	3494	154.12	6058.51
2012	10	17872.80	16624.18	355.66	1787	194.44	3508.58

（三）华能伊敏煤电有限责任公司电厂

1. 机构队伍

1991年4月，能源部撤销东北电管局伊敏电厂筹建处，人财物划归伊敏煤电公司。7月，东北电管局将电厂筹建处移交伊敏煤电公司。9月，公司根据能源部《关于成立伊敏煤电公司，撤销原伊敏河矿区建设指挥部和东北电管局伊敏电厂筹建处的决定》，成立伊敏煤电公司伊敏发电厂筹建处；1994年4月撤销电厂筹建处，成立伊敏煤电公司伊敏发电厂。

2003年9月，公司决定撤销电力生产部，成立华能伊敏煤电有限责任公司伊敏发电厂，下设综合科、生产技术科、安全监察科、发电部、检修部和燃除部。

2015年末，伊敏发电厂下设综合科、政工科、生技科、劳人科、安监科及发电部、检修部、燃除部、环保改造工程部、检修公司后勤管理处。

伊敏发电厂（筹建处）自1990年开始接受大中专技校毕业生。发电厂职工1991年为313人；1995年为1152人；2000年为880人；2005年为834人；2010年为1238人；2015年为1196人，其中领导班子成员9人，生产技术管理及以上人员119人；汉族945人，其他少数民族251人；本科以上学历545人；30岁（含）以下职工339人；取得助理工程师及以上职称588人。

图 10-1-2 华能伊敏煤电有限责任公司伊敏发电厂鸟瞰图

2. 工程建设

（1）伊敏电厂一期工程。1991 年 1 月 23 日，能源部在伊敏组织伊敏煤电公司成立大会，并正式挂牌。4 月 17 日，能源部下发《关于成立伊敏煤电公司的通知》（能源人〔1991〕324 号），决定正式成立伊敏煤电公司，同时撤销了伊敏煤电公司筹备组及伊敏河矿区建设指挥部和东北电管局伊敏电厂筹建处，人财物划归伊敏煤电公司。4 月 18 日，承担伊敏电厂一期工程施工任务的黑龙江省火电第三工程公司正式进驻伊敏发电厂施工现场。9 月 15 日，电厂主厂房破土动工。

1993 年 7 月 21 日，伊敏电厂一期工程正式开工。伊敏电厂一期工程为苏联机组，由于苏联 1991 年 12 月 25 日解体，影响了设备合同的履行，从 1992 年 6 月第一列货物到施工现场，到 1999 年 9 月才供货结束，其中一号机组设备供货比合同工期滞后 28 个月，二号机组供货比合同工期滞后 20.5 个月。1998 年 12 月 2 日，伊敏电厂一期工程一号机组试生产；1999 年 9 月 19 日，二号机组移交试生产。

伊敏电厂一期工程所发电量通过 1997 年全线贯通的伊敏－冯屯甲乙 500 千伏交流输电线路送出，并入东北电网。

（2）伊敏电厂二期工程。2005 年国家发展和改革委员会下发《关于内蒙古伊敏煤电联营二期工程核准的批复》（发改能源〔2005〕362 号），核准伊敏煤电联营二期建设工程，并预留烟气脱硫场地。按照"以电定煤"的原则，在原露天矿的基础上，采用单斗－卡车开采工艺，同步配套扩建露天煤矿，达到扩采 600 万吨的生产能力，全矿生产规模达到 1100 万吨/年。

伊敏电厂二期扩建工程安装国产 2 台 60 万千瓦亚临界燃煤湿冷发电机组，工程于 2005 年 4 月 26 日开工，4 号、3 号机组分别于 2007 年 6 月 19 日、2007 年 12 月 5 日通过 168 小时试运行。

伊敏电厂二期工程所发电量通过一期工程伊敏－冯屯甲乙 500 千伏线路（加装可控串补）送出，并入东北电网。2008 年 3 月 4 日 1 时 47 分，伊敏电厂实现了首次 4 台机组同时运行。2009 年 1 月

14日8时54分,伊敏电厂首次实现4台机组同时满负荷并网发电,负荷总加达到220万千瓦,标志着伊敏电厂可控串补抑制电网次同步振荡试验获得初步成功。

(3)伊敏电厂三期工程。2008年3月14日,国家发展和改革委员会下发《国家发展改革委关于内蒙古华能伊敏煤电联营三期工程项目核准的批复》(发改能源〔2008〕694号),核准伊敏煤电联营三期工程。

相继完成了二、三期工程建设。2005年初装机容量100万千瓦,年度发电量60.36亿千瓦时,到2015年底装机容量已达340万千瓦,年度发电量156.1亿千瓦时(表10-1-3)。

表10-1-3 伊敏电厂2005—2015年装机及发电量统计表

年度	装机容量(兆瓦)	年发电量(万千瓦时)
2005	1000	603606.72
2006	1000	674128.32
2007	1364	678015.62
2008	2200	1072031.62
2009	2200	1163667.44
2010	2200	1275497.52
2011	3400	1724324.88
2012	3400	1647388.32
2013	3400	1641379.14
2014	3400	1641621.30
2015	3400	1561100.74

图10-1-3 热烈庆祝电厂6台机组同时运行

伊敏电厂三期扩建工程安装国产2台60万千瓦超临界燃煤湿冷发电机组,工程于2008年4月29日开工,6号、5号机组分别于2010年12月3日、2011年1月13日通过168小时试运行。

伊敏电厂三期工程所发电量通过呼伦贝尔-辽宁(穆家)±500千伏直流线路送出,并入东北电网。2011年4月19日1时48分,电厂首次实现一、二、三期6台机组同时运行。

3. 发电生产

伊敏发电厂一期工程2台机组相继投产后,紧抓机组的安全稳定运行,积极消除设备的各种缺陷,累计消除设备各类缺陷15700多项。2000年,伊敏电厂年度发电任务由计划的27.5亿千瓦时增加到40亿千瓦时。2005—2015年,伊敏电厂

图10-1-4 发电车间单元控制室

自开工建设至投产,电厂坚持"既环保又能降低生产成本"的原则,巩固"煤、水、灰、土"之间的典型循环经济生产模式,不断提升企业循环经济发展水平;承接国家"十五"重点科技攻关计划引导项目"数字化电厂关键技术开发"研发任务,成为国内首家数字化电厂,在

国内最早实现了风扇磨直吹式制粉系统少油点火改造，机组点火节油率达到75%。实施了一期2台俄罗斯机组锅炉干排渣技术改造，改造后灰渣含碳量由原来的20%~30%降低到10%，每年节约发电用煤3.5万吨，降低电耗325万千瓦时，单位发电用水量由2.41立方米/兆瓦时降低到2立方米/兆瓦时（表10-1-4）。

表10-1-4 2000—2015年华能伊敏电厂历年主要生产指标统计表

年度	发电量（万千瓦时）	上网电量（万千瓦时）	综合厂用电率（%）	综合供电煤耗（克/千瓦时）	发电水耗量（万吨）	发电水耗率（千克/千瓦时）
2000	1000.00	402917.00	7.13	351.09	—	—
2001	1000.00	452519.04	6.57	339.00	—	—
2002	1000.00	468112.32	6.04	332.98	—	—
2003	1000.00	495484.00	5.55	329.46	—	—
2004	1000.00	557339.83	5.48	326.71	—	—
2005	603606.72	571592.27	5.30	326.83	1452.70	2.41
2006	674128.32	638567.41	5.28	325.97	1544.50	2.29
2007	678015.62	643823.74	5.04	322.93	1439.60	2.12
2008	1072031.62	1012267.71	5.57	324.52	2134.90	1.99
2009	1163667.44	1105357.41	5.01	322.28	2323.20	2.00
2010	1275497.52	1210920.39	5.06	321.71	2496.70	1.96
2011	1724324.88	1636478.66	5.09	316.29	3343.32	1.94
2012	1647388.32	1563299.71	5.10	315.34	3037.71	1.84
2013	1641379.14	1554314.85	5.30	314.46	3156.65	1.92
2014	1641621.30	1549202.60	5.63	314.55	3279.10	2.00
2015	1561100.74	1472176.17	5.70	313.79	2938.72	1.88

4. 电力营销

2009年10月19日，国家发展改革委、电监会和能源局联合下发《关于辽宁抚顺铝厂与发电企业开展电力直接交易试点有关事项的批复》（发改价格〔2009〕2550号），批复伊敏电厂辽宁抚顺铝厂开展电力大用户直供交易试行方案，伊敏发电厂成为国家批复的首家电力大用户直供试点项目单位。同年11月6日，伊敏发电厂与华能新华发电有限责任公司发电权交易签字仪式在沈阳举行。这是国内跨省发电权交易第一单。

（四）神华宝日希勒能源有限公司

公司现有两个自备电厂，一电厂和二电厂，主设备为3机3炉，总容量为3×3000千瓦。所用燃料为本公司露天煤矿自产低热值褐煤，电站燃煤的低位发热量为12.28兆焦/千克（2936卡/克）。

一电厂发电锅炉为1台长春锅炉厂生产的SHF20-2.5/400-H型沸腾锅炉，1台青岛汽轮机厂生产的C3-2.25/0.49抽气式汽轮机，1台济南发电生建设备厂生产的QF-3-2发电机。除尘器为WMC-φ2050型水膜除尘器。装机总容量为1×3000千瓦。

二电厂发电锅炉为2台江西锅炉厂生产的SHF20-2.45/400型沸腾锅炉，2台青岛汽轮机厂生产的N3-24凝汽式汽轮机，2 台济南发电设备厂生产的 QF-3-2 发电机。2 台除尘器为 WMC-φ2050 型水膜除尘器。装机总容量为 2×3000 千瓦。

1. 项目建设

（1）一电厂。1991 年 7 月，中国统配煤矿总公司批准在宝一矿工业场地南侧建设 1×3000 千瓦汽轮发电机级和配 20 吨/时沸腾炉的坑口电厂并供热，燃烧粒度为 0~13 毫米的褐煤，年发电量 1650 万千瓦时，年供热量 105507.36 千焦（25200 百万千卡）。

1992 年 3 月，经中国统配煤矿总公司批准，成立宝日希勒第一煤矿电厂筹备处，该矿投资 1650 万元，建设 1×20 吨/时+1×3000 千瓦的自备热电厂，一期设计为 1 台 20 吨/时沸腾炉和 1 台 3 千瓦发电机组，并预留最终实现二期 2 台炉 1 台机的设计方案。1994 年 3 月，由黑龙江省农垦总局建筑三公司承担土建工程，富拉尔基电厂电力安装公司负责机电设备安装工程。

1996 年 7 月，电厂机电设备和土建工程安装完工。1 台长春锅炉厂生产的 SHF-2.45/400 沸腾式锅炉，1 台青岛汽轮机厂生产的 C3-2.25/0.49 抽气式汽轮机，1 台济南发电设备厂生产的 QF-3-2 发电机组。除尘器为陶瓷管螺旋除尘器。循环泵为 3 台 12SH-19A 型 45 千瓦循环泵，发电工业水源为矿区自来水，由宝一矿工业场地直径 300 铸铁管输入厂房。

（2）二电厂。1993 年，呼伦贝尔地方煤炭集团公司所属宝日希勒第三煤矿向呼伦贝尔煤炭局呈交《关于宝日希勒三矿自备热电站可行性研究报告》，呼伦贝尔盟计划委员会同意宝日希勒第三煤矿设计规模为 3000 千瓦汽轮发电机组 2 台，20 吨/时锅炉 2 台的配套建设。工程总概算为 700 万元，由根河林业电业局与宝三矿合资建设电厂，共同经营。

发电设备的主厂房是利用准备为宝三矿斜井及地面建筑采暖的锅炉房改造后安装。电厂设备安装为 2 机 2 炉，发电锅炉型号为 SHF20-2.45/400，燃烧煤种为褐煤，汽轮机型号为 N3-24/0.49，发电机型为 QF-3-2，除尘器为 WMC-2050 型水磨除尘器。循环泵为 3 台 14SH-28 型 75 千瓦循环泵，工业水源使用距厂房北侧 300 米的 2 处深水井，井深 105 米，深井泵为 37 千瓦，建成 30 米高、容量 60 吨的工业水塔和容量 2×300 立方米的蓄水池，工业水由深井泵房经潜水泵提升到蓄水池后，由工业泵房加压，提升至工业水塔，向电厂及厂区供水。

（3）水电公司。2002 年 7 月，呼伦贝尔市经贸委同意宝日希勒煤业股份有限公司热电联产工程立项。2003 年 3 月，热电联产项目一期工程一电厂至宝镇住宅区的热电联产项目开工建设，同年 9 月建成并投入运行。一电厂发电机组改为热电联营式，利用发电乏汽余热供热。2004 年 9 月，水电公司在二电厂建设升压站，安装 2 台 2500 千伏安变压器。2007 年 4 月，二电厂至一电厂的热电联产二期工程开始建设，2007 年 9 月投入运行。宝日希勒镇住宅区及工业厂区的供暖全部实现电厂余热供暖。

图 10-1-5　神华宝日希勒能源有限公司水电公司外景

2008年9月，二电厂对原电气设备进行改造，淘汰原使用的无"五防闭锁"的高压开关柜和少油断路器，更换为KYN28A-12型配电柜的真空断路器，高压开关柜分合闸采用就地和远方电脑微机后台控制，实现"遥信""遥测""遥控"功能。并对狭小的主控室进行改造。2014年3月，由国华电力公司向宝日希勒地区铺设Φ630毫米卷板钢管的供热管网开始建设，项目建设由大雁建筑安装公司承建，2014年12月8日建成投入试运行。

2. 生产运行

1994年12月18日，二电厂1号机组投入试运行。1995年11月12日，二电厂2号机组投入运行。1997年4月17日，一电厂竣工，发电机组调试运行，4月27日，调试合格后，同年5月，一电厂发电机组与二电厂1台3兆瓦机组并网发电运行，二电厂另一台机组以调峰方式正式向宝日希勒地区供电。3台机组在热电联产前均以纯冷凝方式运行。

2003年3月，热电联产的一期工程项目开工建设，同年9月建成投产，一电厂机组改为热电联产机组，由2台ISGB200-801A型热网循环泵供热。利用机组发电乏汽余热供暖。

2005年11月17日，一电厂、二电厂与岭西电网并网发电。

2007年4月，二电厂至一电厂热电联产二期工程开始建设，同年9月投入运行。安装2台SLB-300-250-670C型电压6千伏、流量570立方米/时、扬程83米热网循环泵供热，实现2台机组利用发电乏汽余热供暖。

2008年8月，电厂并网通过东北电力监管局的安全性评价，并颁发《安全性评价》证书。2009年2月，2个电厂的3台机组通过国家电力监管委员会的审核，颁发"电力业务许可证"。2010年8月，二电厂加装1台SLB-300-250-670C型热网泵，2011年8月，一电厂加装1台ISGB200-801A型供热循环泵，增加供热能力。

2014年12月19日，根据节能环保的需要，宝日希勒能源有限公司接入国华呼伦贝尔电力公司的热网，关停一电厂和二电厂，结束了电厂的火力发电和热电联产的历程。1997—2014年宝日希勒水电公司历年发、供电量统计情况见表10-1-5。

表10-1-5 1997—2014年宝日希勒水电公司历年发、供电量统计表　　　万千瓦

年份	发电量			供电量		
	水电公司	一电厂	二电厂	水电公司	一电厂	二电厂
1997	166.63	586.63	1080.00	1286.75	475.75	811.00
1998	2362.80	914.80	1448.00	1851.83	731.83	1140.00
1999	2713.80	1143.80	1570.00	2174.40	914.40	1260.00
2000	2882.25	1270.55	1611.70	2362.42	1066.44	1295.98
2001	3044.90	1399.65	1645.25	2502.19	1180.72	1321.47
2002	3106.31	1472.17	1634.14	2548.73	1243.27	1305.46
2003	2759.74	1333.71	1426.03	2217.44	1108.64	1108.80
2004	2998.45	1556.63	1441.82	2386.22	1262.27	1123.95
2005	3148.16	1438.55	1709.61	2540.03	1146.24	1393.79

表10-1-5（续） 万千瓦

年份	发电量			供电量		
	水电公司	一电厂	二电厂	水电公司	一电厂	二电厂
2006	5303.84	2144.68	3159.16	4605.43	1829.47	2775.96
2007	5804.30	1948.23	3856.07	5058.18	1672.19	3385.99
2007	5783.51	2238.11	3545.40	5003.99	1908.92	3095.07
2009	6188.87	2136.88	4051.99	5399.98	1831.26	3568.74
2010	6523.08	2262.48	4260.60	5790.50	1995.07	3795.02
2011	6203.46	2074.73	4128.73	5518.45	1846.47	3671.98
2012	6244.99	2246.80	3998.19	5535.72	1995.59	3540.13
2013	5901.81	2142.20	3759.41	5242.38	1901.38	3341.00
2014	6563.24	2233.38	4329.86	5836.59	1979.88	3856.71

（五）神华大雁集团有限责任公司热电总厂

1. 机构队伍

大雁集团公司热电总厂内设生产技术科、调度室等科室，下属雁北、雁中、雁南热电厂、变电所，有职工1300余人。

2. 机组发电

1989年，机组发电由雁中一电厂2台1500千瓦发电机组组成，总装机容量3000千瓦。1993年3月10日，能源部批准在雁北、雁中和雁南区各建一座热电厂，其规模为雁北热电厂装机1.8万千瓦，取代列车电站；雁中热电厂装机1.2万千瓦，在现有基础上扩建；雁南热电厂装机1.8万千瓦。同年4月，由于雁中一电厂2台10吨锅炉无法满足雁中区余热供暖需要，因此开始施工一电厂一期改扩建工程，其中1号锅炉新厂房于1993年末建成，建筑面积3396平方米；上煤除灰排烟系统1633平方米，水处理系统1723平方米，锅炉厂房540平方米。

1995年1月24日，矿区第一台35吨锅炉（编号为雁中1号锅炉）在雁中一电厂安装完毕投入运行。该锅炉主要设备参数为额定蒸发量35吨/时，主蒸汽压力3.82兆帕，主蒸汽温度450摄氏度。同年4月，雁北热电厂破土动工，土建工程于1996年末完成，建筑总面积682651平方米，其中冷却塔集水池160平方米，除尘排烟系统926平方米，上煤除灰系统947.5平方米，水处理系统967平方米，主厂房1626.56平方米，电气主楼2199.45平方米。1996年11月，哈尔滨煤炭设计研究院对雁北热电厂进行优化设计，确定选择JG-35/3.82M循环床锅炉配2台C635/5抽凝汽式汽轮机组。

1997年4月，雁中一电厂开始进行二期改扩建，安装2号、3号锅炉和1号、2号机组。土建部分于1997年末完成，建筑面积5236.86平方米，其中主控楼2214平方米，主厂房2193平方米，双曲线凉水塔占地674平方米，循环泵房155.86平方米。

1998年，雁北热电厂工程全部竣工。1月22日，2台6000千瓦抽凝式发电机组并网发电，该机组主要设备参数为主机蒸汽压力3.43兆帕，主机蒸汽温度435摄氏度，发电机功率6000千瓦，最大抽气量45~50吨/时，由3台35吨锅炉供气运行。3台锅炉均采用文丘里水膜除尘器，除尘效率达98%，2台锅炉运行可带负荷12000千瓦。同年10月，雁中一电厂2号35吨锅炉安装完毕并投入运行。

图10-1-6 大雁集团公司热电厂主控室

2002年7月，雁中一电厂2台1500千瓦发电机组由于超期服役、耗能大、出力不足、隐患多等原因，退出运行，报废拆除。12月，雁中一电厂35吨锅炉3台电除尘器投入运行，型号为HIJD2×3.5-5.2（40C-6），处理烟气量92500立方米/时，烟气流速0.8米/秒，除尘效率99%。该除尘器为首次使用，有效防止了引风机叶轮的磨损，提高了锅炉运行的安全性、稳定性和烟尘质量。

2003年1月，雁中热电厂1号6000千瓦抽凝式发电机组安装完毕，并投入运行。该机组主要设备参数为主机蒸汽压力3.43兆帕，主机蒸汽温度435摄氏度，发电机功率6000千瓦，最大抽气量40吨/时。该机组采用的微机励磁装置与同轴励磁相比，技术先进、维护量小、运行稳定。同时，3号35吨锅炉安装完毕并投入运行，型号与1号、2号锅炉相同，由富拉尔基电力工程有限公司安装。

2004年4月4日，雁南热电厂1号35吨锅炉由富拉尔基电力工程有限公司负责安装。10月1日，雁南热电厂1号6000千瓦抽凝式发电机组安装，该机组主要设备参数为主机蒸汽压力3.43兆帕，主机蒸汽温度435摄氏度，发电机功率6000千瓦，最大抽气量56.25吨/时。10月23日，雁南热电厂1号35吨锅炉安装完毕，并投入运行，正式向三矿大井热网供热。供热方式为锅炉的主蒸汽通过减温减压器后，送往换热器与热网的循环水进行换热，再由循环水将热量送往各处。该炉型号为JG-35/3.82M，由江西锅炉厂制造，额定蒸发量35吨/时，主蒸汽压力3.82兆帕，主蒸汽温度450摄氏度。雁南热电厂机、炉控制采用浙江大学中控开发的JX300X集散控制系统，电厂自动化程度得到明显提高。11月2日，雁中热电厂2号6000千瓦抽气式发电机组安装完毕，开始调试运行。该机组与1号机组型号相同。12月1日，雁南热电厂2号6000千瓦发电机组安装，由富拉尔基电力工程有限公司施工。12月2日，雁南热电厂2号35吨炉安装完毕，投入运行。

至2004年，热电总厂机组累计发电64952万千瓦时，其中1989—2004年，机组发电57624万千瓦时。

大雁矿区供电系统规模由小变大，开始建列车电站，后形成35千伏电力网主网架。有变电所3座，其中110千伏区域变电所1座，现代化配电所1座；110千伏输中线路1条，长84.5千米；低压配电线路长117.4千米；配电变压器220台。矿区不断更新各种类型发电机和提高发电机、锅炉装机容量，适应电力生产与输配电需要。

1991年以来，企业发电能力不断增强。2000年，发电10781万千瓦时。至2015年，发电达到1.78亿千瓦时，供电达到1.5亿千瓦时。1991—2015年神华大雁集团公司热电总厂生产指标完成情况见表10-1-6。

表10-1-6　1991—2015年神华大雁集团公司热电总厂生产指标完成情况表

年份	发电量（万千瓦时）	供电量（万千瓦时）	厂用电率（%）	原煤耗量（吨）	发电煤耗（克/千瓦时）	供电煤耗（克/千瓦时）	外购电（万千瓦时）
1991	6170	5195	15.81	158994	1173	1393	1323
1995	7460	6396	14.27	183786	1171	1366	1359
2000	10781	9320	13.55	217840	969	1121	121
2001	12571	10813	13.98	258522	1001	1164	40
2002	11037	9304	15.70	249543	1106	1313	53
2003	12632	10677	15.48	290363	1127	1334	80
2004	12876	10839	15.76	299852	1143	1357	12
2005	13925	11754	15.59	303072	1100	1303	0
2006	14644	12318	15.88	309303	1068	1269	75
2007	19609	17034	13.13	408378	1029	1185	116
2008	19722	17258	12.49	415635	1011	1155	26
2009	18885	16461	12.84	403616	1025	1176	384
2010	18634	16090	13.65	406338	1015	1176	65
2011	19423	16828	13.36	376856	903	1043	251
2012	16771	14149	15.63	368342	985	1168	181
2013	17719	14989	15.40	373159	945	1117	39
2014	17773	15038	15.39	363204	970	1147	62
2015	17775	14848	16.46	339545	865	1035	100

（六）神华北电胜利发电厂

电厂位于锡林浩特市东北郊，距胜利西一号露天矿12千米。发电厂设计规模为16台66万千瓦机组，一期建设2台66万千瓦超临界空冷机组。2007年7月13日，中国神华股份公司胜利能源分公司成立，负责建设胜利发电厂。

2008年7月1日，一期工程开工。项目由北京国电华北电力工程有限公司设计，天津电力建设公司、东北电业管理局第一工程公司、上海电力建设公司施工，西北电力工程监理公司负责设计监理，达华集团北京中达联咨询有限公司负责施工监理。发电主设备选用哈尔滨锅炉厂有限责任公司生产的HG-2070/25.4-HMl5型锅炉、哈尔滨汽轮机厂有限责任公司生产的CLK660-24.2/566/566型汽轮机、哈尔滨电机厂有限责任公司生产的QFSN-660-2型发电机，配套采用活性焦烟气干法脱硫技术（预留脱硝）。燃煤由胜利西一号露天煤矿通过皮带进入电厂；用水来自西一号露天矿开采过程中的疏干水，经过澄清处理后经管道输送；发电产生的灰渣回填煤矿采空区。

截至2010年底，完成投资5.93亿元。2011年因建设手续不完善停止建设。2015年电厂建设工程项目获得内蒙古自治区发展和改革委员会的核准（内发改能源字〔2015〕481号）。随后，项目恢复建设。

（七）霍林河坑口发电有限责任公司

霍林河坑口发电有限责任公司电厂位于霍林郭勒市，距市中心约2.8千米。建设2×600MW国产亚临界直接空冷凝汽式燃煤发电机组，2005年3月3日注册，2006年5月10日获得国家发改委核准，两台机组分别于2008年7月18日和7月23日投入商业运营。

2014年12月，露天煤业收购公司100%股权，在法律层面上成为其全资子公司。企业采取以"运管合一，检修维护外委"为基础的管控模式，组织机构分为领导层、职能部门（包括办公室、计划部、人力资源部、财务部、HSE部、政治工作部）、生产单位（包括运行专业部、设备专业部）。截至2015年末，员工238人。

霍林河坑口发电厂是依托霍林河露天煤矿建设的大型坑口电站，具有机组容量大、效率高、节约一次能源、生产运营成本较低的优势，机组采用直接空冷技术，节水效果显著；机组同步建设脱硫系统、静电除尘器，输煤、除灰采用封闭式带式输送方式，减少环境污染。

图10-1-7 霍林河坑口发电厂外景

投产至2015年，共进行A、B级检修4台次，完成机组脱硝改造、电袋复合式除尘器改造、脱硫增容改造、取消脱硫烟气旁路等重大环保技改项目，机组氮氧化物、烟尘、二氧化硫排放浓度满足环保达标排放要求，切实履行社会责任，实现企业与环境的和谐发展。各项经济指标逐年向好，截至2015年末，与投产初期相比，综合厂用电率下降2.74个百分点，供电煤耗下降43.56克/千瓦时，发电水耗降低0.285千克/千瓦时，发电油耗下降51.61吨/亿千瓦时，四大技术经济指标完成值均优于设计值，企业先后获得通辽市"节能工作先进单位"、自治区"节水型企业"等荣誉。

投产至2015年末，累计完成利润15.52亿元，上缴税费13.32亿元，逐步发展成为内蒙古公司电力行业的利润支撑和核心企业，多次获得中电投集团公司、蒙东能源"文明单位""先进单位"等荣誉称号。2010—2015年霍林河坑口电厂装机容量、发电量统计见表10-1-7。

表10-1-7 2010—2015年霍林河坑口电厂装机容量、发电量统计表

年度	装机容量（兆瓦）	年发电量（千瓦时）	年度	装机容量（千瓦）	年发电量（千瓦时）
2010	1200	6331470000	2013	1200	4834082000
2011	1200	5334179000	2014	1200	5315065000
2012	1200	5286455000	2015	1200	5242642000

（八）内蒙古汇能集团蒙南发电有限公司

公司位于鄂尔多斯市伊金霍洛旗境内，工程建设 2 台 60 兆瓦供热机组，配 2 台 240 吨锅炉，项目经自治区发改委批准，2004 年 5 月开工建设，1 号、2 号机组分别于 2006 年 5 月、7 月投入运行。

公司现有职工 251 人，其中技术人员 202 人。截至 2014 年底，蒙南电厂累计发电 57.6 亿千瓦时，实现销售收入 13.7 亿元，利润 1.7 亿元，上缴税费 2.43 亿元。

1. 基本建设

电厂于 2004 年 5 月 16 日破土动工，综合办公楼、综合服务楼、职工宿舍楼、职工餐厅、检修车间、材料库、燃油库、露天油库、生活污水处理设施、含煤废水处理设施、工业废水处理设施、综合水泵房、循环水泵房等单位工程的土建和安装于 2005 年底相继竣工并投入使用；化学水处理车间土建及安装工程全部完成，于 10 月 27 日制出合格水，同时，化学水系统已交付公司管理及运行；电气系统 11 月 10 日接入 10 千伏临时电源，由 1 号厂用工作变供单体设备调试。110 千伏系统于 2006 年 1 月 15 日带电，16 日完成全厂 6 千伏和 380 伏系统的反受电工作。同时，全厂的调度通信、远传通道全部开通并投入使用。该系统自 10 千伏临时电源接入即移交公司管理运行。

2006 年 4 月 3 日，1 号机组第一次冲转并网，4 月 23 日整套试运结束并移交生产，5 月 1 日进入商业化运营。2 号机组于 6 月 7 日第一次冲转并网，7 月 15 日完成整套试运并移交生产，经安全评价验收合格并批准于 11 月 15 日进入商业化运营。

图 10-1-8　内蒙古汇能集团蒙南发电厂污水处理设施

2006 年 10 月 20 日，1 号、2 号机组循环水管道、生产给排水管道、生活消防给水及排水管道、工业废水及回用管道、燃油管道、生活热水及供热管道等地下管网工程及锅炉房 1 号、2 号锅炉和换热站等供热系统全部完成，同时投入运行，并移交公司运行管理。输煤系统的土建结构工程和除灰系统设备安装及厂区道路硬化、绿化工程，厂区内设计碎石混凝土路面相继完成。

项目建设总投资 7.7 亿元，其中基本建设完成投资共计 54189.7 万元；全厂土建及安装工程约计完成投资 27931.6 万元，其中主体工程投资 14500 万元；辅助生产工程投资 4761.99 万元；水源工程投资 8999.98 万元；厂区道路投资 441.53 万元；灰场道路投资 106.8 万元；设备购置完成投资 20441 万元；各项费用完成投资 5817 万元，其中勘测设计费 1276.9 万元，监理费 240 万元，土地征用费 395.3 万元，调试费用 255 万元，联合试运转费 541.3 万元，职工培训费及培训期间人员工资 405 万元，财务费用 2174 万元，建设期间管理费用等其他费用 529.5 万元。

2. 项目工艺

原料来源。该项目投产运行后除使用本公司原煤外，还充分利用东胜矿区的煤矸石、煤场废煤、井下巷道丢弃的陈煤、矿区道路洒落的劣质煤作为燃料。

生产用水。电厂生产采用蓄积雨水、消冰水、矿井疏干水供发电用水，尤其是对矿井疏干水的回收和利用，减少了废水排放对周边地区生态环境的污染。

水耗指标。汽轮机厂家通过对通流部分技术改造，汽耗降低，已达到 100 兆瓦机组的汽耗指标。化学制水设计采用反渗透技术，全部利用循环冷却水制取除盐水。工业污水用于输煤降尘喷洒、除灰、除渣，生活污水用于绿化植被建设。机组在额定工况下运行，发电标准煤耗指标为 341 克/千瓦时。通过对冷却塔采取节水措施以及循环利用等，平均水耗指标在 220 吨/小时以下。

气、粉尘及固体废弃物。入厂原煤含硫在 0.25% 以下，锅炉设计采用低氮燃烧技术，除尘为四电场静电除尘器。二氧化硫 350 毫克/标准立方米、氮氧化合物 374 毫克/标准立方米和粉尘 56.6 毫克/标准立方米的排放浓度均低于国家允许标准。粉煤灰、炉渣全部供当地建材企业以及公路建筑等工程用作原料使用。

由美国引进烧干馏煤气技术，通过掺烧焦化尾气减少原煤的用量，实现产业升值和资源综合利用的双赢，环保效益和经济效益得到全面提升。

2012—2013 年，公司完成全厂高压电动机变频改造工程及循环水泵节能泵改造等节能减排技改工程，各项技改工程年可节约用电约 2000 万千瓦时，年可节约生产成本约 500 万元。于 2014 年及 2015 年完成废热及废水回收改造，废热回收改造年可节约标煤近 400 吨，废水回收改造年可节约用水约 50 万吨。2006—2015 年内蒙古汇能集团蒙南发电厂装机容量及发电量统计见表 10-1-8。

表 10-1-8　2006—2015 年内蒙古汇能集团蒙南发电厂装机容量及发电量统计表

年度	装机容量（兆瓦）	年发电量（千瓦时）	年度	装机容量（兆瓦）	年发电量（千瓦时）
2006	2×60	510832452	2011	2×60	727085739
2007	2×60	672043860	2012	2×60	753981850
2008	2×60	449861232	2013	2×60	772884234
2009	2×60	410695394	2014	2×60	795074676
2010	2×60	663222966	2015	2×60	842583276

3. 生产经营

（1）生产。蒙南发电有限公司主要以电力生产经营为主。2009 年 6 月 7 日，将原来高压单缸、冲动、凝汽式汽轮机改造为热电联产性抽气供热汽轮机，供给汇能煤化工有限公司工业抽气，2011 年 11 月 1 日正式投产使用。

2014年12月31日，1号机组运行时间70886小时，发电量为333287.3709万千瓦时；2号机组运行时间54321小时，发电量为242281.0374万千瓦时；共计上网电量为517915.1588万千瓦时，其中厂用电量为52110.1049万千瓦时，厂用电率为9.05%，综合厂用电率为10.05%，购电量为182.452万千瓦时；供热量为849533.74吉焦，其中供热煤耗率为39.28千克/吉焦。累计消耗干馏煤气量849533.74×10^4立方米，折合标煤296291.33吨。反平衡核算（自机组运行起核算）原煤消耗量为2426688.08吨，标煤耗量1829264.27吨，发电标准煤耗率347.45克/千瓦时，供电标准煤耗率为386.51克/千瓦时；正平衡核算（自2012年7月10日起核算）原煤消耗量为927041.67吨，发电标准煤耗量为745362.01吨，发电标准煤耗率为374.8克/千瓦时，供电标准煤耗率为411.19克/千瓦时。水量统计于2014年1月开始计量，发电水耗为2.46千克/千瓦时。

（2）销售。上网电量自2009年核算以来，平均售电价格为0.2346元/千瓦时，2010—2014年的平均售电价格分别为0.2379元/千瓦时、0.2449元/千瓦时、0.2508元/千瓦时、0.2529元/千瓦时、0.2499元/千瓦时。供煤化工蒸汽100元/吨，供焦化厂蒸汽65元/吨，供煤化工除盐水9元/吨。原煤采购平均价格120元/吨，干馏煤气价格0.02元/立方米。

4. 安全管理

公司制订并落实《安全管理制度》，做到安全目标明确，责任压力到位，并与各部门签订《安全生产责任状》，对在安全上出现的问题坚决不推诿，对违反制度造成的事故，坚决不手软、不姑息，落实责任严肃处理。提高防范意识，按照"三不放过"的原则，严格执行"两票三制"，做好事故预测和危险点分析，重新完善执行危险点控制票，进一步增强人员的安全意识和事故处理能力。

公司通过"安全月"的安全知识竞赛、反事故演习、消防演习等活动，结合安全视频教育、月报等宣传方式，提高员工防范意识，做到"居安思危、警钟长鸣"。新入厂人员必须经过三级教育，考试合格后上岗。2015年1—9月，未发生生产方面轻伤以上的生产人身事故，未发生重大及以上设备事故，未发生火灾事故。

5. 环境保护

2013年5月，开工建设2×60兆瓦发电机组全烟气脱硫（湿法）改造工程，于2014年5月底正式投运，6月13日一次性通过建设项目竣工环境保护验收，并取得相关批复文件开始享受环保电价补贴。该项目2013年底获得自治区及地方大气污染物防治奖励资金共计440万元。

2014年4月，开工建设2×60兆瓦发电机组全烟气脱硝改造工程，工程采用先进的LNB+SCR脱硝工艺，两台机组分别于2014年9月和11月建设完工并一次性通过建设项目竣工环境保护验收，并取得相关批复开始享受环保电价补贴。该项目同年年底获得自治区排污费奖励资金450万元。

一般固体废物（灰、渣）采取全封闭管理，由公司物资部部分外销处置、部分存于灰场，无外排及倾倒。废水主要由工业废水及生活污水组成，分别通过工业废水处理系统及生活污水处理系统处理后全部回用，零外排。

（九）鄂尔多斯市乌兰煤炭（集团）有限责任公司瑞丰热电公司

热电公司于2004年3月成立并建厂，

2005年10月竣工，具备发电条件，2006年6月并网试运行，7月正式转为商业运行。厂址位于伊金霍洛旗阿勒腾席热镇，阿镇－大柳塔公路东1000米处。总占地面积4.8万平方米，厂房建筑面积2524平方米，煤场面积3000平方米，渣场面积2000平方米，绿化面积3500平方米。公司共有职工126人，设厂长1人、副厂长3人，下设汽轮机车间、锅炉车间、电气车间、水化车间、换热车间和热源车间。

建设项目总投入1.2亿元，建设规模为3台35吨/时循环流化床锅炉和2×6兆瓦抽气式汽轮发电机组，采用直接空冷凝汽方式进行冷却，采用布袋除尘，除尘效率达99.8%，粉煤灰、炉渣全用于制作环保砖，汽轮机组抽气为伊金霍洛旗集中供热60万平方米。

全年约消耗原材料煤7.5万吨，消耗辅助材料尿素110吨，石灰石1600吨，全年耗电962万千瓦时，耗水34000吨。

公司的主要产品为电，副产品为热。全年运行为6500小时，发电量为5060万千瓦时，供电量为4100万千瓦时，供热蒸汽为10万吨，产废渣16177吨，全部用于制作环保砖。电价由原来的0.2247元，变为现在的脱硫电价0.2497元。2006—2015年度瑞丰热电公司装机容量及发电量统计见表10-1-9。

表10-1-9 2006—2015年度瑞丰热电公司装机容量及发电量统计表

年度	装机容量（兆瓦）	年发电量（千瓦时）	年度	装机容量（兆瓦）	年发电量（千瓦时）
2006	2×6	49309000	2011	2×6	72270480
2007	2×6	92332400	2012	2×6	65409480
2008	2×6	66326280	2013	2×6	65630760
2009	2×6	67521480	2014	2×6	62910960
2010	2×6	67105200	2015	2×6	62248680

（十）鄂尔多斯市蒙泰热电有限责任公司

鄂尔多斯市蒙泰热电有限责任公司下设两个热电公司。

1. 鄂尔多斯市蒙泰热电有限责任公司

公司成立于2006年8月，是一家集发电、供热为一体的环保型资源综合利用企业，目前已形成7炉4机的生产规模，可实现年发电量6.1亿千瓦时、上网电量4.8亿千瓦时，实现集中供热面积900万平方米；承担鄂尔多斯市东胜区近一半的供暖任务。

截至2015年底，公司总资产6.5亿元，在岗在册员工170人，其中大中专以上学历及专业技术人员占公司总人数的90%以上。

图10-1-9 蒙泰热电厂消防演练现场

公司一期工程建设规模为2×25兆瓦抽凝式汽轮机＋3×130吨循环流化床锅炉机组，于2006年8月1日投入运行试生产，10月开始向东胜城区集中供热。

公司生产主要以东胜区周边煤矿的劣质煤及煤矸石作为主要原料，实现地区资源的优化配置。公司与蒙西水泥公司合作开发100万吨水泥粉磨站项目一期60万吨工程已于2008年6月投产。

电厂生产过程中产生的灰渣全部通过管道及汽运的方式运输到水泥公司作为原料进行水泥生产，实现灰渣的全部回收利用。

公司投资近5000万元先后建设单式三电场的静电除尘器，除尘效率达99.5%以上；脱硫设施一期采用炉内喷钙+炉后半干法脱硫工艺，脱硫效率达85%以上，二期采用炉内喷钙+炉后过氧化氢（双氧水）法脱硫工艺，脱硫效率达92%以上，同时建设煤场挡风抑尘墙等设施。

2007年4月，公司自筹资金3000余万元建成日处理能力为7500吨的中水净化站。除锅炉补给水、生活用自来水以外，全部用中水作为生产用水，并通过技术改造，自来水及污水全部回收利用，基本达到水源使用的净消耗、零排放。

2008年9月，二期工程2×25兆瓦背压式汽轮机+4×130吨循环流化床锅炉机组开工建设，2010年12月投入商业化运营。该机组属于纯供热机组，实现余热的全部利用。2010年，公司装机容量为100兆瓦，发电量5.29亿千瓦时；2014年，发电量6.2亿千瓦时，上网电量4.8亿千瓦时。2015年，公司对脱硫设施进行改造升级，全年发电量5.38亿千瓦时，上网电量4.27亿千瓦时，全年利润总额926.75万元，上缴税费1987.68万元。

2. 鄂尔多斯市北骄热电有限责任公司（以下简称北骄热电公司）

北骄热电公司于2012年在鄂尔多斯市东胜区成立，是内蒙古蒙泰煤电集团有限公司的全资子公司，主要承担4×330兆瓦直接空冷供热机组的建设和运行管理工作。至2015年底，公司在岗在册员工268人，其中大中专以上学历技术人员占公司总人数90%以上。

图10-1-10 鄂尔多斯市北骄热电厂外景

北骄热电一期工程建设2×330兆瓦亚临界、一次中间再热、两缸两排汽、直接空冷抽气凝汽式汽轮发电机组，配套2×1185吨/时亚临界、自然循环的煤粉锅炉，同步建设烟气脱硫、烟气脱硝设施，机组燃煤以蒙泰煤电集团旗下范家村煤矿生产的低热值煤为主，燃煤输送采用皮带运输方式，输煤皮带长廊仅2.5千米，大大降低运输成本，并有效减少对周边环境的污染，符合国家环境保护相关政策。

由于该工程设计燃煤供应单位蒙泰范家村煤矿与北骄热电公司都隶属于内蒙古蒙泰煤电集团旗下的子公司，燃煤供应稳定且价格低廉，属于典型的低热值煤综合利用的坑口电厂，生产用水采用城市中水。该项目具有高效、节水、环保的特点，满足地区电网电力负荷的增长、解决城市供热需求，并为内蒙古西部电网提供电源支撑，提高地区供电可靠性。

一期机组工程总建筑面积约7万平方米，2012年初开工建设，10月正式进入主体建设。至2014年底，1号机组完成168小时试运行，2号机组进行168小时试运行，2015年3月底，两台机组全部具备投运条件。

机组工程采用石灰石-石膏湿法烟气脱硫工艺、采用电袋除尘器、低氮燃烧技术及同步安装选择性催化还原法（SCR）烟气脱除氮氧化物装置，充分降低二氧化硫、氮氧化合物和烟尘等烟气污染物的排放。工程产生的废污水主要有辅机循环水排污水、化学废水、输煤系统冲洗水、脱硫废水、生活污水等，废污水处理后全部回收利用，正常运行情况下厂区无对外排水。

北骄热电公司两台机组于2015年4月正式投入商业化运营，2015年全年实现发电量17.56亿千瓦时，上网电量16.16万千瓦时，全年利润总额3218.96万元，共计上缴税费1392.18万元。

（十一）内蒙古太西煤集团常山热电厂

常山热电厂是内蒙古太西煤集团常山多元合金有限公司的自备电厂。热电厂除保证多元合金公司生产用电外，主要担负巴丹吉林镇、常山工业园冬季集中供暖和园区热负荷任务。电厂下设运行部、检修部、安全生产监察部、办公室、供应科、燃料科等。2015年，热电厂生产管理机构主要设综合办公室、生技部、发电运行部、检修部、物资供应部，现有人员318人。

常山热电厂位于阿拉善右旗常山工业园区内，电厂一期工程建设安装2×50MW发电机组，二期工程建设安装2×300MW发电机组。电厂一期工程于2004年10月开工，2009年4月投入生产。2009年总供电量为17.07×10^6千瓦时，2010年总供电量为36.17×10^6千瓦时，2011年总供电量为33.837×10^6千瓦时，2012年总供电量为33.85×10^6千瓦时，2013年总供电量为40.04×10^6千瓦时，2014年总供电量为46.20×10^6千瓦时。2009—2015年常山热电厂机组历年主要经济指标统计见表10-1-10。

表10-1-10 2009—2015年常山热电厂机组历年主要经济指标统计表

指标	2009年	2010年	2011年	2012年	2013年	2014年	2015年
总发电量（千瓦时）	21.23×10^6	42.75×10^6	40.36×10^6	40.34×10^6	48.16×10^6	56.00×10^6	31.75×10^6
孤网电量（千瓦时）	0.234×10^6	0.320×10^6	0.366×10^6	0.243×10^6	0.345×10^6	0.430×10^6	0.296×10^6
厂用电量（千瓦时）	4.16×10^6	6.59×10^6	6.525×10^6	5.996×10^6	8.13×10^6	9.81×10^6	6.05×10^6
厂用电率（%）	19.60	15.40	16.17	16.09	16.86	17.51	19.04
发电标煤耗（克/千瓦时）	—	429	464	442	420	449	440
供电标煤耗（克/千瓦时）	—	507	546	529	505	544	544
原煤量（万吨）	—	39.49	39.93	41.06	46.09	55.89	32.62

表 10-1-10（续）

指标	2009 年	2010 年	2011 年	2012 年	2013 年	2014 年	2015 年
标煤量（万吨）	—	18.34	18.74	19.22	21.56	22.95	13.03
炉主气流量（万吨）	—	195.05	169.28	79.70	208.45	224.03	126.82
制水量（万吨）		19.86	22.03	15.69	23.19	22.69	19.83
补水量（万吨）		20.99	21.45	15.18	21.01	21.12	18.70
补水率（%）		10.76	12.67	12.13	10.40	9.28	13.79
酸 耗（吨）		43.18	58.41	44.77	79.00	121.60	77.20
碱 耗（吨）		53.98	57.50	47.31	89.60	138.00	85.20

二、煤矸石发电

（一）神华乌达矿业公司大漠发电有限责任公司

公司（电厂）位于乌海市乌达区苏海图北。1990 年 7 月 15 日，乌达矿务局矸石发电厂建设的 2 台 0.6 万千瓦机组并网发电；1996 年 11 月，该电厂建设的 1 台 1.2 万千瓦机组投产发电。2003 年，自治区经济贸易委员会以《关于神华集团乌达矿业公司 2×25 兆瓦煤矸石发电项目可行性研究报告的批复》核准 2 台 2.5 万千瓦机组建设项目，预算投资 2.56 亿元。

图 10-1-11 乌达矿业公司大漠发电厂

工程项目于 2004 年 8 月 20 日开工建设，由中国国际工程集团北京华宇工程有限责任公司负责设计，内蒙古第二电力建筑公司负责施工，内蒙古第一建设工程公司检修调试公司负责调试，北京中达联监理公司负责监理。主机设备选用青岛捷能汽轮机股份有限责任公司生产的 N25-3.43 型中温中压凝汽式汽轮机、济南发电设备厂生产的 QF（W）-25-2 型发电机和济南锅炉厂生产的 130 吨/时 YG-130/3.82-M7 型循环流化床自然循环锅炉。

2006 年 4 月 28 日和 7 月 15 日，1 号、2 号机组分别并网发电。项目实际投资 2.3 亿元。2007 年 2 月 8 日，乌达矿业公司下属的神达电厂和大漠电厂合并，改名为神华集团乌达矿业公司大漠发电有限责任公司。

2008 年 8 月 26 日，按照国家电力建设实行"上大压小"的政策要求，2 台 0.6 万千瓦和 1 台 1.2 万千瓦机组同时停止运营，10 月 15 日完成拆除。2015 年，大漠发电有限责任公司因淘汰落后产能停产。

（二）神华准格尔能源有限责任公司矸石发电公司

准能矸电有限责任公司于 2003 年 10 月 27 日注册成立，由神华准格尔能源有限责任公司、鄂尔多斯市国有资产投资经营有限责任公司、鄂托克旗三维铁合金有限责任公司三方按照 4:3:3 的股本比例共同出资建设。

公司的生产组织由生产经理、副总工程师和生产职能部组成。生产职能部由发电运行部、设备检修部、安监部、生产技术部组成。发电运行部是汽机、锅炉、电气、输煤、化学、除灰6个专业运行管理的职能机构，负责组织完成各项经济技术指标，掌握主辅设备的效率及合理的运行方式和经济调度方案，负责"两票三制"（即工作票、操作票、交接班制、巡回检查制和定期试验切换维护制）的审订及节能降耗工作计划的编制等工作。

二期工程于2008年6月10日开工。2×33万千瓦空冷机组工程3号机组、4号机组分别于2011年9月30日16时58分、2011年11月18日10时58分通过168小时试运行。

图10-1-13 二期2×330MW（CFB）发电项目主厂房浇注第一罐混凝二浇注仪式

图10-1-12 准格尔能源公司煤矸石发电厂

2008年1月1日，神华准格尔能源有限责任公司全额收购另外两家股东的股份，成立神华准格尔能源有限责任公司矸石发电公司，内蒙古准能矸皂有限责任公司同时注销。

1. 一期工程（2×15万千瓦）

一期工程于2004年7月3日开工，1号机组于2005年12月12日并网发电，2号机组于2006年1月23日并网发电。一期工程完成投资12.6亿元。2006年10月，矸石发电一期工程获自治区"草原杯"工程质量奖。

2. 二期工程（2×33万千瓦）

在蒙西电网长期以来供大于求的状况下，准能矸石发电公司面对售电困难的不利局面，采取积极筹划，外抓协调，内抓管理，争取上网电量。机组平均利用小时数达4359小时（表10-1-11）。

表10-1-11 2006—2015年准能矸石发电公司销售情况表

年份	装机容量（万千瓦）	发电量（万千瓦时）	销售电量（万千瓦时）	发电煤耗（克/千瓦时）	设备平均利用小时（时）	平均上网电价（元/千瓦时）	售电收入（万元）
2006	30	151044.55	134556.30	348.29	5034.00	212.16	28542.16
2007	30	162755.90	144962.28	341.56	5425.20	211.07	30596.95
2008	30	154171.12	137521.33	344.32	5139.00	226.20	31107.84
2009	30	121047.08	107543.34	344.40	4034.90	227.41	24456.42
2010	30	157094.90	139440.92	343.70	5236.50	215.07	29989.33
2011	30	140500.70	125855.10	341.11	4683.30	236.48	29761.98

表 10-1-11（续）

年份	装机容量（万千瓦）	发电量（万千瓦时）	销售电量（万千瓦时）	发电煤耗（克/千瓦时）	设备平均利用小时（时）	平均上网电价（元/千千瓦时）	售电收入（万元）
2012	96	421919.98	376113.90	332.03	4395.00	250.35	94159.71
2013	96	475702.44	425361.60	330.45	4955.20	260.33	110735.84
2014	96	432998.40	387433.80	330.26	4510.40	254.03	98430.98
2015	96	410997.06	363164.30	332.14	4281.20	236.42	85860.23

（三）神华乌海能源公司西来峰发电厂

电厂位于乌海市海南区西来峰工业园区。规划总装机容量100万千瓦，一期工程为2台20万千瓦机组，由神华乌海能源公司投资建设。

一期工程于2008年4月28日开工建设，同年获国家发改委正式核准，概算投资20.76亿元。2009年12月18日，国华电力公司与乌海能源公司签订《西来峰2×20万千瓦矸石发电项目委托承包经营合同》，西来峰发电厂管理权移交国华电力公司，由国华电力公司负责该电厂的后期建设。

经过招投标，该项工程由西北电力设计院总承包，中国电力工程顾问集团西北电力设计院负责设计，甘肃第一建设集团有限责任公司等4家负责施工，内蒙古第一电力建设工程有限责任公司等3家公司负责安装，内蒙古电力（集团）有限责任公司内蒙古电力科学研究院分公司负责调试，达华集团北京中达联咨询有限公司负责监理。

发电燃煤采用配比掺烧煤矸石的方式，掺烧比例为60%，年消耗煤矸石120万吨；发电用水以矿井疏干水作为补充水源；脱硫选用炉内烟气二次脱硫工艺，综合脱硫率达98%以上。2010年8月28日和12月5日，1号、2号机组分别完成（72+24）小时满负荷试运行，正式投入运行。项目实际投资19.77亿元。

（四）华能扎赉诺尔煤业有限责任公司煤矸石热电厂

热电厂属于新建的热电联产项目。全厂定员152人，设安全生产部、运行部、检修部和综合管理部。生产管理人员15人、综合管理人员5人、生产运行人员112人、生产检修人员20人。

煤矸石热电厂承担扎赉诺尔地区近90万平方米（其中平房11.5万平方米）供热任务。供热面积占扎赉诺尔区总供热面积的44.16%。煤矸石热电厂在采暖期按"以热定电"方式运行，非采暖期停运。采用一级网直接供热系统对外供热，供回水温度120/70℃。二级网补水由一级网供给。

2007年底，煤矸石热电厂完成"六通一平"。2008年，项目由内蒙古自治区内发改能源字〔2008〕2794号文件批复，批复总规模为2×75吨/时+1×130吨/时流化床锅炉+2×12兆瓦背压式供热机组。2008年4月开工建设，同年11月22日第一次并网发电供热。两条35千伏输电线路（矸铁线、矸前线）分别并入铁北变电所、前哨变电所。

已建成投产的一期装机规模为2×75吨/时流化床锅炉+1×12兆瓦背压式供热机组。发电能力为5000万千瓦时/年，供热能力为109万平方米。二期1×130吨/时流化床锅炉+1×12兆瓦背压式供热机组视供热市场情况择期建设。二期建成后，发电供热能力将增加1倍。

2009年12月，煤矸石热电厂脱硫自动监控系统通过自治区环保厅验收，各项指标基本达到环保标准。2010年、2011年两个检修期中，煤矸石热电厂对落煤口、室内取风、给水母管加装隔断门、调速气门解体等主辅设备进行改造，使煤矸石热电厂内各项能耗指标均有所下降。煤矸石热电厂机组自2008年11月22日投产至2015年12月22日，电厂机组已连续安全运行2565天。2008—2015年扎煤公司煤矸石电厂发电量统计见表10-1-12。

表10-1-12 2008—2015年扎煤公司煤矸石电厂发电量统计表

年度	装机容量（兆瓦）	年发电量（万千瓦时）
2008	12	495.2
2009	12	3867.6
2010	12	4644.7
2011	12	4225.4
2012	12	4277.0
2013	12	4488.8
2014	12	4458.2
2015	12	4468.2

第二节 瓦斯及光伏发电

一、瓦斯（煤气）发电

（一）神华乌海能源公司利民焦炉煤气电厂

电厂利用乌海能源公司利民煤焦公司焦化厂焦炉放散的煤气资源作为发电燃料，安装2台0.6万千瓦机组、2台35吨/时锅炉。

2006年，自治区人民政府工业办公室以《关于内蒙古利民煤焦有限责任公司焦化厂动力车间焦炉煤气发电项目核准的批复》核准该项工程，概算投资9980万元。

2007年8月31日，工程正式开工，由北京国电华北电力工程有限责任公司负责设计，内蒙古第一电力建设工程有限责任公司负责施工、安装、调试，中外建天利（北京）工程监理咨询有限责任公司负责监理，主要设备选用中国长江动力公司生产的C6-3.43/0.4型汽轮机、济南发电设备厂生产的QF-7.5-2型发电机，以及太原锅炉集团有限责任公司和泰山集团有限责任公司生产的TG-35/382-QJ型锅炉。焦炉煤气经净化处理后，通过架空管道送至锅炉燃烧，烟气经脱硫后通过高60米、出口直径为1.7米的砖烟囱排入大气。

2009年7月，2台机组相继投产试运行。项目完成投资9840万元。2015年底，利民煤气发电厂因淘汰落后产能停产。

（二）神华乌海能源公司五虎山瓦斯发电厂

2008年，乌海市发改委核准建设乌达矿业公司五虎山瓦斯发电项目，总装机容量0.7万千瓦，由14台单机容量500千瓦的低浓度瓦斯发电机组成。电厂分三期建设，一期、二期分别安装3台机组，三期安装6台机组，概算总投资5028万元。

该项工程的施工和调试由山东胜动燃气发电工程设计咨询有限公司负责，监理由乌达矿业公司质检站负责。发电所需瓦斯从五虎山煤矿原有瓦斯抽放真空泵井下抽出，经管道输送至燃气发电机。发电设备选用山东胜动动力机械有限责任公司生产的往复式12缸四冲程式、500GFl-3PW型机组，出口电压400千伏，经变压器升压至6千伏后，接入乌海能源公司五虎山变电所。发电过程排出的烟气余热通过热水交换器将冷水变为热水,每台机组每天可向浴池供应热水250立方米,冬季可供暖面积为6000平方米。

一期3台机组于2008年7月5日开工建设,2009年5月5日正式投入运行;二期3台机组于2009年10月20日开工建设,2010年2月1日投入运行。截至2010年底,项目完成投资1950万元,三期工程招投标工作完成,处于设计施工阶段,实际完成投资1950万元。

(三)神华乌海能源公司黄白茨瓦斯发电厂

2010年8月,乌海市发改委以《关于神华集团乌达黄白茨矿业有限责任公司煤层气发电站项目备案的通知》对该项目进行备案。电厂设计规模为8台1000千瓦机组,概算投资5884.86万元,资金由乌海能源公司黄白茨矿业公司自筹。

2010年8月3日,项目土建工程正式开工,项目由南车资阳机车有限公司负责设计、安装、调试,神华建安公司负责施工,乌海能源公司质监站负责监理。发电设备选用南车资阳机车有限公司生产的1200QGFA-Wgi型低浓度瓦斯发电机组。一期安装3台机组,容量为3000千瓦。截至2010年底,一期工程具备安装设备条件,实际完成投资3822.55万元。

2014年7月,黄白茨矿分两期建设的总装机容量为6.5兆瓦、8台低浓度瓦斯发电机组全部投产运行。

(四)神华乌海能源公司天信余热电厂

电厂于2007年3月立项,是乌海能源公司天信精选煤有限公司利用8×16孔QRD-2000(Ⅲ)清洁型热回收捣固式机焦炉排放的高温热烟气作为热源,通过余热锅炉生产蒸汽进行发电的项目。电厂设计规模为2台1.2万千瓦机组,配备4台35吨/时余热锅炉,项目概算总投资12950万元。

工程项目于2008年7月15日正式开工建设,由山西省电力公司负责施工,中外建天利(北京)监理工程咨询有限公司负责监理,内蒙古电力质检站负责质量监督。发电主要设备选用江苏太湖锅炉股份有限责任公司生产的QC5/900-35-3.82/450型锅炉、中国长江动力公司生产的C12-3.43/0.49型空冷式汽轮机组和QFW-12-2型发电机组。该电厂把生产焦炭过程中产生的、直排大气中的850~950摄氏度高温烟气回收用于发电,年节约原煤(折合标煤)6.5万吨;选用的空冷机组相比湿冷机组节水60%;选用一炉一塔双碱法脱硫工艺,脱硫效率达90%以上。

2010年6月5日和10月25日,1号、2号、3号锅炉投入运行,1号、2号机组分别并网发电。截至2010年底,项目完成投资13000万元,4号锅炉安装中。2015年底,天信余热电厂因淘汰落后产能停产。

二、光伏发电

(一)伊泰鄂尔多斯205千瓦聚光光伏科研示范发电站

1. 电站基本情况

内蒙古伊泰煤炭股份有限公司205千瓦太阳能聚光光伏电站位于鄂尔多斯市康巴什区。2006年8月30日,项目取得《国家发展和改革委员会办公厅关于开展内蒙古自治区200千瓦太阳能聚光光伏示范电站建设有关问题的复函》(发改办能源〔2006〕1858号)。项目是当时国家发改委首家核准的全国最大规模的太阳能聚光光伏示范电站。

项目设计经营年限25年,总投资2121.74万元,其中包括土建投资840万元与设备投资950万元及征地、拆迁等310万元。理论发电量每年598600千瓦时，总用地面积8.9万平方米，净用地面积3.33万平方米。发电站建设平板发电机组共计功率5千瓦（54台）与跟踪式漏斗发电机组共计功率5千瓦（20台）进行对比，其余为跟踪式漏斗发电机组共计功率195千瓦（1344台），总计装机容量为205千瓦。项目采用N级光漏斗的结构和准单轴跟踪技术，大幅度提高太阳光聚光集中度，实现对太阳光朝向变化适时跟踪，峰值功率不小于150千瓦，最大发电电流可以达到16安。

图10-1-14 2007年6月16日，全国人大环资委主任毛茹柏（前排右二）到光伏发电站调研

与传统的平板固定式光伏发电系统相比，新的"数倍聚光光伏发电系统"可以在同样的发电功率等级条件下，节省3/4的硅电池；或者说在使用同样数量的硅伏电池的条件下，可以将实际输出功率增加到4倍。关键技术指标达到国际领先水平。

该项目清洁、环保、无公害，填补了国内空白，是企业承担国家科研项目产业化任务，加快推进国家可再生能源战略实施的重要工程。发电站建设逆变室、工作室、实验室、办公室584平方米；发电机组基础1816个；防风墙2200延长米；共

征用和平整土地2.67万平方米；厂区绿化栽种沙地柏3万株，种苗3万平方米。建设有给水、排污、供暖等配套工程，于2007年12月18日全部建成投入使用。2008年1月25日进入商业化运营。

电站成立时，下设主任1人、财务人员2人、综合业务员2人、逆变室运行操作工6人、后勤人员2人。2015年，电站共有人员5人，其中在册员工2人、外聘维修值班人员3人。

2. 技术改造

投入运营时，电站采用的是第一代低倍聚光光伏发电技术。经过2008年1—7月的发电运行，一代技术在荒漠的恶劣环境下运行暴露出一些缺陷。技术研发单位——安徽应天新能源公司针对暴露出的问题开发出二代技术产品：将发电光漏斗集成，按50千瓦一组（即3240个发电光漏斗一组），安装在一个直径37米的转盘上。同时，跟踪机构转变为整体转盘式设计，既节省占地，又提高抗风能力和线路的集成设计水平，并解决了漏电、损耗大、跟踪机械故障等问题。2008年10月开始对太阳能电站进行技术改造，共拆除10个发电单元100千瓦发电机组，新安装50千瓦发电机组5台，使电站的装机容量达到350千瓦。2009年12月太阳能发电系统的技术改造、安装调试工作全部完成。

2012年，对5台50千瓦转盘式发电机组进行技术改造，由单体跟踪系统改造为拉杆式整体跟踪系统；电站200千瓦准单轴跟踪光漏斗机组因跟踪系统损坏、漏斗烧毁严重全部停止运行，5千瓦平板发电机组的运行正常。

2015年，电站再次进行技术改造，将3台50千瓦圆盘聚光漏斗双轴跟踪发电机组改造为55千瓦平板方位跟踪发电机组；7月完成改造后，55千瓦平板方位跟踪发电系统的有效发电功率提高近4倍。

图10-1-15 光伏发电站转盘式发电光漏斗发电设备

3. 电价与发电量

国家发展和改革委于2008年5月批复项目执行4元/千瓦时的含税入网电价，不含税电价3.419元。发电量从2008年的15.78万千瓦时，增加到2015年的40.09万千瓦时（表10-1-13）。

表10-1-13　2008—2015年伊泰鄂尔多斯205千瓦聚光光伏科研示范发电站发电量统计表

年份	2008	2009	2010	2011	2012	2013	2014	2015
发电量（万千瓦时）	15.78	27.02	32.18	23.30	24.77	22.42	13.82	40.09

（二）中电投蒙东能源露天煤业光伏电站

露天煤业20兆瓦分布式光伏电站是霍林河露天煤业股份有限公司投资建设的首座分布式光伏电站，也是蒙东能源最大的分布式光伏电站（以下简称电站）。电站场址位于霍林郭勒市，地处露天矿南排土场。

电站总装机容量为20.46兆瓦，采用分区发电、自发自用、余量上网，光伏电池组件选用峰值功率为255万千瓦的多晶硅光伏组件76032块，装机容量为19.4兆瓦；峰值功率为260瓦的单晶硅光伏组件4120块，装机容量为1.06兆瓦。

电站共建设19个发电单元，所发电力通过66千伏架空线路送至3千米以外的东邦变电所，供露天煤业两个露天矿使用。

电站总投资约1.7亿元，设计寿命25年，寿命期年发电量约2779万千瓦时。于2014年9月开始建设，同年12月30日实现了4个区并网发电，2015年5月30日，19个区全部并网发电。由露天煤业下属供电部负责电站运行、检修维护等管理工作。

图10-1-16 蒙东能源露天煤业光伏电站并网发电仪式

图 10-1-17　霍林河露天煤业光伏电站

（三）扎哈淖尔煤业 10 兆瓦光伏电站

扎哈淖尔煤业 10 兆瓦光伏电站是扎鲁特旗扎哈淖尔煤业有限公司投资建设的首座光伏电站。公司成立于 2012 年 4 月，由内蒙古霍林河露天煤业股份有限公司扎哈淖尔分公司、鲁霍公司、扎鲁特旗分公司等三家公司合并设立，其中，内蒙古霍林河露天煤业股份有限公司控股 98%。公司注册资本 10 亿元，截至 2015 年底，公司总资产为 48.08 亿元，资产负债率为 48.63%。

光伏电站位于扎鲁特旗阿日昆都楞镇境内，地处阿日昆都楞风电场升压站南侧约 500 米处，距离 304 国道 3.5 千米，距离霍林郭勒市约 40 千米，交通条件便利。

电站装机容量为 10 兆瓦，采用分区发电、集中并网方案，本电站光伏电池组件选用峰值功率为 260 瓦的多晶硅组件和峰值功率为 270 瓦的单晶硅组件各 22000 块。电站共建设 10 个发电单元，所发电力通过光伏 1 区发电单元汇集成 1 条 35 千伏集电线路接入阿日昆都楞风电场 220 千伏升压站，再通过升压站现有 220 千伏阿昆线送至 500 千伏阿拉坦变电站送出。

电站总投资 9785.58 万元，设计寿命 25 年，寿命期年发电量约 1500 万千瓦时。于 2015 年 7 月 26 日正式开工，12 月 25 日并网试运行发电。该光伏电站于 2016 年 1 月 1 日委托蒙东协合新能源有限公司负责运行、检修维护等管理工作。

第二章　煤矿机械与矿用器材

第一节　机械制造与维修装配

20 世纪 90 年代以来，随着煤炭工业系统体制改革，各统配煤矿多种经营公司（处）所辖机械（机电）修配厂均改制为独立经营的企业，但生产规模和技术仍停留在煤矿机械配件制造和机械设备维修层面。除神东天隆集团是由神华神东煤炭集团多种经营矿山机械配件材料制造厂转制为以生产煤矿机械配件和器材为主业的股份公司外，自治区其余非公有制煤炭企业均未开展煤矿机械设备加工和维修业务。

一、机械设备制造

（一）内蒙古煤矿机械厂

1. 机构队伍

1991年，属自治区煤炭工业厅管理的内蒙古煤矿机械厂划归呼和浩特市机械工业局管理。1992年底，该厂重新划归自治区煤炭工业厅管辖，1999年底，再次被划归呼和浩特市工业局。其时，该企业已处于停产半停产状态。2001年，根据呼和浩特市政府有关企业实行改革的要求，内蒙古煤矿机械厂实行全员下岗，全员进入呼和浩特市再就业中心。2004年，原企业213名职工参与工厂股份改制，成立内蒙古启发煤矿机械有限公司，剩余360多名职工下岗待业。1991—1999年，内蒙古煤矿机械厂职工人数情况见表10-2-1。

表10-2-1　1991—1999年内蒙古煤矿机械厂职工变更情况表

年度	1991	1995	1996	1997	1998	1999
职工数	501	446	573	573	430	575

2. 主要生产设备

厂区总占地面积43815平方米，其中经营性占地面积38755平方米，厂区内建筑面积10952平方米，共有各种机械加工设备146台。

该厂1991年总产值802.6万元，利润30万元；1994年，产值达到1138万元，而利润却降到5.7万元。1999年，总产值下降为65万元，全年亏损273万元（表10-2-2）。

表10-2-2　1991—1999年内蒙古煤矿机械厂生产效益统计表

年度	1991	1995	1996	1997	1998	1999
工业总产值（万元）	802.6	796.2	792.6	610.8	151	65
利润或亏损（万元）	300.68	0.68	-155	-176	-241	-273

2004年，内蒙古启发煤矿机械有限公司成立后，仍从事皮带机及矿用机械配件生产。2015年已处停产状态。

（二）华能扎赉诺尔煤业公司满洲里北星实业有限责任公司

2001年，由扎赉诺尔煤业公司与满洲里北星实业有限责任公司员工共同出资创建，下设锚杆、机加工等5个生产车间。

公司针对井工矿支护安全的需求，按照国标9001—2000《质量管理体系》要求，从淘汰水泥药卷锚杆开始，陆续研发生产螺旋式帮锚杆、端部螺纹式树脂锚杆、等强螺纹钢式树脂锚杆、无纵肋螺纹钢式树脂锚杆，配套的托盘也从铸造型改成冷压型，外部形状从方形改成圆形，使杆体与托盘的配合使用更加安全可靠，提高了成套锚杆的锚固力和安全性。这些系列锚杆产品均通过国家矿用产品安全标志中心的性能测试，并获得该中心颁发的安全标志证书。

（三）神东天隆集团公司矿山机械有限责任公司

公司的前身是神东多经矿山机械配件材料制造厂，成立于2003年3月，主厂区位于伊金霍洛旗天隆工业园区内。2004年5月，随神东多经公司整体改制，更名为神东天隆集团公司矿山机械配件材料制造厂。2005年8月，神东天隆集团公司调整产业结构，合并同类产业，在原神东天隆矿山机械配件材料制造厂的基础上，合并了神东天隆补连塔托辊厂及神东天隆机械化工公司的机械维修业务，企业更名为神东天隆集团有限责任公司机械维修加工厂，为神东天隆集团公司非法人分公司。

2013年8月，经神东天隆集团公司批准成立独资法人公司，注册资本5000万元，同时公司变更名称为鄂尔多斯市神东天隆矿山机械有限责任公司。

2015年，公司下设综合部、人力资源部、企管科、技术研发部、市场开发部、矿山机械配件材料制造厂、维修一部、维修二部、机电技术公司、液压件公司均为科级建制，职工总人数148人。

公司以生产采煤机各种型号不同的矿用截齿、齿套、齿座、钎具等产品为主，兼提供专业化维修服务和研发国产化配件。主营的"天隆牌"矿用截齿是自行开发研制的具有自主知识产权的进口产品替代品，并获得了4项国家级新型实用专利技术成果。年生产能力达到100万套，是当时西北地区生产规模最大、现代化程度最高的截齿生产基地。产品销售网络覆盖晋、陕、蒙、宁等地区的国家重点煤矿集团，并被三一重工指定为出口煤机专用截齿生产厂家，每年为国家节约大量外汇。

2006年，公司研发的镐形截齿生产线获内蒙古自治区科技二等奖；并获得政府科技进步奖专项资金44万元；同年被认定为自治区级高新技术企业，2009年认定为国家级高新技术企业并列入国家星火项目。

2012年，公司通过多方努力，引进与国际行业龙头Sandvik公司水平相近的生产设备，并对其完成了设备、工艺的优化与改造，实现了齿体的超声波清洗。矿山机械公司主要生产设备一览表见表12-2-3。

表10-2-3 矿山机械公司主要生产设备一览表

设备名称	型号	生产厂家
万能外圆磨床	M1432B×2000	上海机床厂有限公司
电火花数控切割机床	DK7740	江苏泰州东方数控机床厂
电火花数控成型机床	P60A	江苏泰州东方数控机床厂
立式升降台铣床	X5040、X5032	长征机床厂
数控车床	CJK6140A×1000 CK40（2台）	宝鸡机床厂
台车式电阻炉控制柜	RT2-75-9	新乡市鼎升炉机科技有限公司
150T、300T双盘摩擦压力机	J53-160B J55-300D	安阳锻压设备厂 汉阳锻压机
单螺杆空气压缩机	DLG-3/0.7	阜新金昊空压机有限公司
350kW中频加热炉	—	西安动化实业有限公司
全自动卧式带锯床	GZK4050 HA-250	连云港宇田工贸 连云港机床公司
履带抛丸清理机	Q3210	青岛海宇铸造机械有限公司
抛丸清理滚筒	Q3110BI	青岛华青工业集团锻造机械有限公司
130kW盐浴炉 50kW盐浴炉	RDMZS-130-10 RDMZD-50-8	兰州石油机械研究所新型节能设备厂
中频感应淬火机床	GC1080	天津第九机床厂
通过式抛丸清理机	QY10	大连第二机床厂
160kW钻头钻杆加热焊接机床	V型	自制设备
35kW钻杆挤压机床	—	自制设备
洛氏硬度计 冲击韧性机	HR-150D JBN-300B	吴忠市材料试验机有限公司
半自动花键铣床	YB6020	青海第二机床制造有限责任公司
天车	LDA-3T、LDA-5T LDA-10T	河南卫华起重设备厂

2005—2015 年，公司共为神东煤炭分公司各矿井修复整部带式输送机 300 多套（大修）、各类滚筒 2000 多个，各种型号托辊 30 多万套、国产减速机 500 多台、H 架 20 多万架、纵梁 6 万根。2006—2015 年公司经营情况统计见表 10-2-4。

表 10-2-4　2006—2015 年公司经营情况统计表

年度	产值（万元）	利润（万元）	年度	产值（万元）	利润（万元）
2006	6684.98	304.71	2011	10905.66	501.99
2007	11811.07	623.25	2012	13359.51	406.49
2008	9062.01	511.25	2013	12239.44	221.99
2009	10754.67	543.32	2014	8886.85	421.94
2010	10827.23	671.78	2015	10243.22	596.59

（四）鄂尔多斯市神东天隆液压件公司

该公司是由神东天隆集团鄂尔多斯市神东天隆机电技术有限公司出资 102 万元、上海沃饶国际贸易有限公司出资 98 万元合资的公司。注册资本 200 万元，2005 年 6 月成立。

2006 年 5 月，神东天隆集团公司将该公司全权委托神东天隆矿山机械公司代管。

图 10-2-1　神东天隆液压件公司维修车间

公司主要业务：各类采掘设备零配件的生产，主要有液压支架、煤机、乳化泵站等各类采掘设备的配件，液压胶管、过渡接头等产品。

产品销售覆盖神东矿区，其中液压胶管、过渡接头占有 95% 的市场份额，并拓展到伊泰集团公司、宁夏煤业公司等大型煤炭企业（表 10-2-5）。

表 10-2-5　液压件公司产品销售效益一览表

年度	2006	2007	2008	2009	2010
产值（万元）	236.53	635.99	778.83	1238.15	1767.00
年度	2011	2012	2013	2014	2015
产值（万元）	2040.17	2238.07	1330.08	1902.44	1331.77

（五）鄂尔多斯市神东天隆机电技术有限公司

公司于 2005 年 1 月成立，是神东天隆集团公司全资子公司，由物资供应中心代管；2006 年 5 月，神东天隆集团公司将该公司全权委托矿山机械公司代管。

公司主营业务有：机电产品、机械配件、液压元件及附件、流体连接件的开发、制造与销售；机电设备维修，水泵及配件销售。

2015 年，公司完成扭矩轴的开发及液压支架侧护板、各种不同型号的销子等开发工作，95% 的产品销售给神华神东公司，其他部分销往陕西、宁煤等煤矿（表 10-2-6）。

表 10-2-6　2006—2015 年公司产品销售情况表

年度	2006	2007	2008	2009	2010
产值（万元）	596.99	414.95	500.53	661.21	836.01
年度	2011	2012	2013	2014	2015
产值（万元）	769.54	962.68	565.34	713.80	374.16

（六）神东天隆集团矿山支护材料有限责任公司

1992年12月，神府多种经营部锚杆厂隶属华能神府多种经营总公司，更名为华能神府多种经营总公司锚杆厂；1998年8月，隶属神东多种经营有限责任公司，更名为神东多种经营有限责任公司锚杆厂；1999年7月，锚杆厂与神东多种经营公司金属构件厂合并，更名为神东多种经营公司矿山支护材料厂；2000年初，锚杆厂与神东多种经营上湾分公司合并。

2004年5月，神东多种经营有限责任公司矿山支护材料厂随整体改制为非国有控股的股份制企业，更名为神东天隆集团有限责任公司矿山支护材料厂。2008年6月，更名为神东天隆集团矿山支护材料有限责任公司，注册资本1500万元。

截至2015年底，公司共有员工138人，其中高中级职称专业技术人员22人。

公司拥有4条年生产总量达800万套的金属锚杆全自动生产线，4条具有目前国内一流水准、年生产总量达1200万支的全自动化树脂锚固剂专业生产线和检测仪器90台（套）；有万能材料试验机、锚杆拉力机、游标卡尺等专业测量设备及器具38台（件）；各种专用设备80多台（套），其中缩径机、滚丝机等一类设备67台（套），砂轮机、电焊机、钻床等二类设备20台（套），固定资产2934万元。

公司是生产锚杆、树脂系列产品的专业生产厂家，也是全国同行业中规模最大的锚杆、树脂生产企业。神东矿区及周边地区煤矿是公司产品的主要用户（表10-2-7）。

表10-2-7　2004—2015年矿山支护材料有限责任公司产品生产经营情况表

年份	锚杆		树脂锚固剂		产值（万元）	折旧（万元）	成本（万元）
	产量（万套）	销量（万套）	产量（万套）	销量（万套）			
2004	204.00	204.90	226.10	218.50	3136.00	34.00	4074.61
2005	237.00	232.00	260.60	258.30	5695.50	61.90	5279.33
2006	271.00	272.00	342.60	342.00	7865.00	54.10	4688.40
2007	279.40	283.10	339.90	339.70	8930.20	68.00	6891.08
2008	314.25	308.90	337.18	331.52	10769.00	70.08	8636.97
2009	321.19	343.76	422.33	396.04	11560.60	76.82	9319.00
2010	328.20	330.51	527.53	539.68	12428.14	252.06	10678.96
2011	217.42	244.23	661.43	652.37	10820.55	253.20	9181.16
2012	429.56	447.44	998.99	987.90	18015.34	250.65	16297.02
2013	509.07	502.71	1126.80	1117.50	19569.70	243.15	17228.70
2014	507.44	583.79	1192.88	1180.99	19919.64	249.18	16849.70
2015	537.38	587.31	627.90	733.89	11533.21	313.30	9326.34

二、矿山机械维修装配企业

（一）神华乌达矿业公司总机厂

1. 机构与队伍

1987年7月，经乌达矿务局批准，成立于1959年的局机修厂更名为乌达矿务局总机厂。1988年，矿务局根据液压支架、单体支柱修理量日益加大的实际需要，设立了综采维修中心，为煤炭工业部设在西北地区最大的综采维修基地。1990年，厂属组织机构扩编为14个科室、10个基层单位，职工总数603人，干部137人，党员106人，在职副科级以上干部48人。

1995年12月29日，小直径冷拔无缝钢管生产线建成并投入使用。钢管厂单独设制，成立"内蒙古天一无缝钢管厂"，使总机厂一厂变两厂。是年，安置部分残疾人进厂工作，遂办成社会福利企业，享受减免税待遇。后该厂进行了二期扩建。因市场原因，2002年关闭停产。

2003年，总机厂被列入黄白茨矿政策性破产单位序列，当年8月26日正式宣布破产，职工开始进行身份置换和重组工作。破产前该厂在册职工622人，破产后退休、退养和选择自谋职业者520人，参加重组102人，总机厂转制为股份制企业——乌海市精诚机械制造有限责任公司。公司占地面积7.12万平方米，固定资产2100万元，有生产设备300多台。

2003年12月25日，公司举行第一次全体股东大会，选举产生了董事会、监事会。2004年2月，公司正式登记注册。

公司成立后，技术工人大量流失，企业发展面临极度困难的局面，先后聘用技术工人80多人，并招收部分学徒工全部安置到各生产技术岗位，人员发展到180多人。该公司还着重从精简机构，压缩后勤辅助人员入手，将原领导班子9人变为6人，中层干部由原52人变为19人，生产车间由原12个合并为6个，机关科室由14个减为7个，设五部二科一办，机关工作人员由75人减至24人。

2. 主要产品

1991—2000年，总机厂先后为内蒙古第一通用机械厂加工摩托车前叉管，制作截齿、包装桶，与河南起重设备厂联合在厂建起重设备分厂，开始制作天车并外出安装。

2005—2008年，公司承揽370部液压支架、700采煤机组、375机组、120综掘机、90掘进机、630刮板输送机等大型设备的大修，机电设备的修理水平取得突破性进展；在设备的整机制作、配套出厂方面，都能高标准、高质量地按期完工。

2014年，公司完成产值1348万元，同比降低40%；销售完成1926万元，同比下降50%，亏损100万元，距实现当年拟定的3000万元目标相差甚远，欠发工资、欠缴社保金3个月。2015年，工厂主要经济技术指标完成不及上年度的60%。公司停产放假。

（二）扎赉诺尔煤业公司煤矿机电总厂

1. 机构与队伍

1992年底，机电总厂共有职工1518人，其中固定工1058人，合同制工人262人，长临工52人，干部146人。1997年，灵泉矿、灵北矿、西山矿、铁北矿4个矿机厂和露天矿车辆修配厂划归机电总厂，成立了灵泉分厂（由灵泉、灵北机厂组成）、铁北分厂（由铁北机厂、西山机厂组成）和车辆厂。

2001年，机电总厂下设架洗、车辆、灵泉、铁北、铸钢5个分厂和综机、机加、电铲、制氧、乙炔、电焊、锻铆、电修8个车间及1个劳动服务公司。厂机关设有综合办公室、劳资科、财务科、安监科、质检科、企管科、生产科、技术科、培训科、供应科、销售科等17个科室。

2004年4月，机电总厂撤销劳动服务公司。2005年根据市场需求，在制氧车间增设了医用氧生产线。2006年1月，撤销车辆和架洗分厂，成立机车分厂；撤销治安保卫办公室，成立保卫科。

2007—2013年，机电总厂多次精简机构，截至2015年末，机电总厂下设综机、电修、支架、机加、锻焊、机修、铸造、矿制、氧气乙炔9个车间；厂机关设有综合科、党群工作科、生产技术科、安质科、经营管理科、供销科6个科室。共有在岗职工443人，其中高级工程师1人、工程师10人、技术工人338人，技术工种25个。

2. 主要生产设备

1991年后，陆续购置了与制造、维修、加工业务相配套的机械、电气设备。1997年，由于企业内部结构调整，灵泉矿、灵北矿、西山矿、铁北矿机厂和露天矿车辆修配厂及其95台设备统一划归机电总厂管理。2009年，撤销机电总厂铁北分厂、灵泉分厂，其人员及设备由机电总厂统一调剂充实到厂本部各车间。2010年，机电总厂新建了3240平方米厂房，并安装了2台50吨、1台32吨双梁吊车，增大了起重吨位，提高了检修液压支架能力。2001—2011年初，总厂配备金属切削、熔炼、热处理、制氧机、乙炔发生器等设备147台。2015年底，机电总厂拥有大小设备400余台，其中"大、精、稀"设备占有较大比例（表10-2-8）。

表10-2-8 "大、精、稀"设备加工范围表

设备名称	型号	加工范围
立式车床	C5116A	直径1600毫米
普通车床	C61100	直径1000毫米、长度5000毫米
龙门刨床	B2012A	长度4000毫米、宽度1400毫米
落地镗床	T6216A	主轴中心线距工作台最大距离2800毫米、立轴横向最大距离4000毫米
滚齿机	YN31125	最大直径1250毫米、最大模数16
滚齿机	WI3J	最大直径3200毫米、最大模数20
剪板机	Q11-20×2500	最大剪板厚度20毫米、最大宽度2500毫米
2吨自由锻锤	C41-2T	最大锻压力2吨
750千克空气锤	C41-750	最大锻压力750千克
15、20、30、50吨起重吊车	15T、20T、30T、50T	最大起重量为15、20、30、50吨
淬火机床	GCK10150B	最大加热直径500毫米、最大顶尖距1500毫米
数控机床	CKA6163	最大加工直径600毫米、长度1500毫米
数控机床	CAK50186nj	最大加工直径500毫米、长度2000毫米
冲床	J21-100	公称压力100吨
冲床	200T	公称压力200吨
托辊筒皮切管机	SGQ-159	最大加工直径159毫米
托辊筒皮镗孔机	SGT-159	最大加工直径159毫米

3. 主要产品

2006年，经国家农业部、渔业船舶检验局联合认证，机电总厂获得"船长20米及以下内河钢质渔船建造资质证

书"。2009年，机电总厂设计制造的煤炭外运装车压煤辊先后在铁运公司、灵东矿、露天矿、灵泉矿等单位投入使用，缓解了公司外销运煤亏吨问题；2014年引进和推广运用氮离子耐磨熔覆设备和技术，解决刮板输送机各种构件磨损问题；2015年引进托辊下料和镗孔专用数控机床，自制完成托辊压装、托辊轴钻孔专用设备加工制造，初步形成后托辊生产线。2015年，机电总厂完成工业总产值4905.00万元，其中设备大修3521.64万元，设备中修530.44万元，设备制造143.27万元，氧气、乙炔气70.35万元；在岗员工人均劳动生产值为11.07万元。

2015年底，机电总厂拥有大小设备400余台，其中"大、精、稀"设备占有较大比例。

（三）平庄煤业公司矿山机械加工修配企业

1991年，平庄矿务局多种经营系统的机电加工企业有21家，从业人员1261人。生产规模较大的有多种经营总公司直属的机电配件厂、托辊厂、高低压开关厂、西露天煤矿多种经营公司机电制修厂、古山煤矿多种经营公司机电制修厂、六家煤矿多种经营公司机械修配厂、林业处汽车大修厂等7家企业，年产值超过100万元。

公司以生产带式输送机托辊、螺旋运输机、斗子提升机等矿山、建材设备配件为主，有铸工、加工、钳工、电气、铆焊、化验室6个主要生产和辅助车间。主打产品托辊，并被矿务局定为局内使用产品。

1997年，托辊生产从机电配件厂分离另行建厂后，机电配件厂处于半停产状态。2002年，工厂关闭。

（四）中电投蒙东能源集团露天煤业有限公司机电修配厂

1. 机构与队伍

机电修配厂位于霍林郭勒市，是通辽市霍林河地区规模最大的设备检修和配件加工制造中心。机电修配厂下设5个机关部门和13个基层单位，5个机关部门为综合办公室、安全生产办、质量技术办、人事办、财务办；13个基层单位分别是：108T车间、220T车间、采掘车间、工程一车间、工程二车间、总成车间、机加车间、焊接车间、发动机检修车间、电机检修车间、油脂检验中心、吊车队、综合服务队。

2015年，公司有936名正式员工、80名劳务员工，其中具有中高级技术职称人员55人、工人高级技师88人、技师311人、高级技术工人239人，中等专业技术人员达75%以上；青年员工519人。

机电修配厂是部级标准化单位、国家级二级计量单位，获得ISO9001—2000质量管理认证，是霍林河露天煤业主要生产单位之一。

2. 主要生产维修设备

机电修配厂机械加工主要设备有：TPX6113大型数显坐标铣镗床，M7150A平面磨床，YB6220半自动花键铣床，CQ250球面车床，BQ2010龙门刨床，Y3150E、Y3180滚齿机，GRV554波兰进口摇臂钻床，Z28滚丝机，匈牙利进口BC-10/30剪板机，Q11-20/200卷板机，C41-560B空气锤等。热处理设备有：CP-100高频淬火设备，KGPS-250/205-8中频淬火设备，GCL-2405淬火机床，气体渗碳炉、盐浴炉、箱式电阻炉等。同时建有材料化验室、金相化验室、CAD工作站等。

3. 生产加工及设备维修

机电修配厂产品有：Gcc-6A型多功能工程车，QX1600、QX1400型喷射式清洗机，JFF-750型发动机翻转综合作业机，JFB-1400、JFB-1000型发动机变速箱翻转综合作业机，矿山使用的振动筛，输煤系统给煤机，铝厂30千伏安电解槽，碳素厂的水套及露天作业区排水系统滤管和上千种设备配件等成型产品134项。

加工的主要配件有：108吨电动轮转子轴，发动机修理专用翻转架，D355推土机支重轮、加藤镐支重轮，地面运输系统转向滚筒、皮带托辊，75B矿山自卸车转向横顺拉杆、氮缸组件，WK-10B挖掘机提梁、弯刀、各种联轴器、中盘回转承重托辊等。

机电修配厂目前共承修51种，7类矿山设备检修与维护工作，其中，载重卡车6种型号、挖掘机5种型号、钻机5种型号、平路机2种型号、履带式推土机4种型号、胶轮式推土机1种型号、工程小镐3种型号、前装机5种型号。

2001年，承揽了伊敏河2台108吨自卸车大修业务，完成了伊敏河、准格尔的部分配件订货合同。在辽宁工程技术大学的指导下建立了CAD工作站，恢复完善了金属材料化验室。

2004年，机修厂把新产品开发作为技术攻关重点，完成了10个电厂汽机风扇磨、打击轮的检修，保证发电厂设备正常运行。为提高加工制作胶带运输系统中滚筒的质量，设计并试制了铸焊型滚筒，形成批量生产，保证了霍林河地区胶带运输客户运输线各类型号的生产需求。

2006年，推行了图表化精细管理模式，组装了由白俄罗斯引进的5台220吨自卸车，并整修了4台KC-10B电铲，实现利润374万元。

2007年，机修厂提出了"清洗、检测、润滑、密封、坚固"的生产设备检修的十字方针，使生产检修车间和所要维护的生产设备全部前移，对故障设备做到及时、准确维修。组装220吨、108吨、45吨自卸车等设备40台，组装27立方米电镐3台，并创出13天完成3台27立方米电镐组装的纪录。全年实现销售收入1330万元，实现利润434万元。

（五）神华大雁集团公司机电安装工程公司

1. 机构队伍

机电安装工程公司前身是成立于1992年9月的大雁矿务局机电公司。2002年，矿务局陆续将科研所节电器厂、锚杆分厂及安装修配机构划归机电公司，将其更名为机电总厂。2004年，机电总厂下设综合办、财务科等6个科室和机械、电气、液压检修分厂、加工制造分厂、综合分厂等机构。

2005年1月，总厂机关设综合办、财务科、劳资科、生产技术科、调度室、供销科；基层设机械检修分厂、电气检修分厂、液压检修分厂、加工制造分厂、综合分厂、安装队；2007年8月增设保安科。

图10-2-2 大雁集团公司工人检修液压支架

2013年1月，机电总厂更名为机电安装工程公司，矿建公司安装队划归机电安装工程公司。机电安装工程公司机关设综合部、经营部、安全管理部、生产技术部、工程部；成立安撤一队、安撤二队；

机械检修分厂并入液压检修分厂，成立矿山机电检修厂；电气检修分厂更名为洁净煤项目部；加工制造分厂更名为露采设备检修厂；综合分厂更名为矿山用品加工厂；矿建安装队分出部分人员成立疏干队。

2014年，机电安装工程公司机关设综合部、经营部、安全管理部、生产技术部、工程部；基层设安撤一队、安撤二队、矿山机电检修厂、矿山用品加工厂、露采设备检修厂、矿建安装队、疏干队、洁净煤项目部。公司有职工679人。2015年8月，疏干队划归扎尼河露天矿。

2. 主要生产设施

厂区占地面积2万平方米，主要固定设备2000多台（件），价值2000万元以上。

3. 主营业务

机电总厂业务。研制生产的综采液压支架的排头支架，填补了矿务局综采设备排头支架制造的空白；开发的Π型金属顶梁、麻药式树脂锚杆金属杆体获得"安全标志准用证"；2005年后生产锚杆、网片、金属支架等矿用支护产品30万根/片/架，年产值2亿元以上。

机电安装公司业务。2005年后，采煤工作面由综采改为综放工作面，设备不断升级。机电安装公司针对转载机、刮板机和液压支架装车、运输、卸车困难，先后发明了"坑式组合装车""专用掩护支架"、反倾角工作面安装等安撤工艺，研究制定了液压支架大流量改造工艺，改造了掩护架拉移装置，研制出钢丝绳破绳器等多种施工工艺，极大地提高了施工效率。年安撤采煤工作面能力达到5安5撤，年设备检修能力达到600台/架。

2012年后，集团所属机电安装公司先后承揽并完成中国节能减排公司呼伦贝尔褐煤大功率微波干燥系统安装项目、榆林神华能源有限责任公司郭家湾煤矿主运系统设备及配电安装工程、榆林神华青龙寺煤矿压缩空气站及配电设备安装工程、神华北电胜利能源有限公司基本建设块煤系统EPC总承包工程、呼伦贝尔工业园区铁路新建工程煤炭快速装车系统工程、神东宝德煤矿枣林地面瓦斯高、低负压抽放系统等30多项工程施工项目。

（六）内蒙古天隆煤机维修有限责任公司

1. 机构队伍

公司成立于2008年7月，由神东天隆集团公司、中国煤矿机械装备有限责任公司、佳木斯煤矿机械有限公司三方按6:2:2比例，投资亿元组建的合资企业，是晋陕蒙地区煤矿装备维修4S运营服务商，2014年1月，因另两方股东战略目标调整退出合作，变为神东天隆集团公司全资子公司。

2015年，公司有员工143人，其中管理人员14人，生产工人109人，辅助人员20人；本科学历35人，专科学历74人，高级技术职称2人，中级技术职称36人；员工平均年龄34岁。

2. 生产设施

综合维修车间主厂房为钢结构全封闭四跨联合，车间长135米、宽96米、面积为12960平方米，附跨办公室为彩钢板搭建二层，长96米、宽9米，共1728平方米，项目附带露天货场，长172米、宽65米，合计总面积25868平方米，厂房建设投资为5500万元，2008年8月建成投产。车间主要以煤矿各类综采、综掘、连采设备的项修和小修业务以及部分零小配件的制造加工为主。

液压支架维修车间主厂房为钢结构全封闭四跨联合建筑，车间长181.8米、宽

96米，总面积17456平方米，项目总投资4733万元，2010年9月29日竣工验收。车间主要以维修液压支架、油缸的大修和项修任务为主。

采掘设备维修车间主厂房为钢结构全封闭四跨联合建筑，车间长180米、宽96米，总面积17280平方米，附跨办公室为砖混二层，长96米、宽9米，合计1728平方米，项目总投资4097.52万元，2011年9月竣工验收。建设车间主要以维修液压支架和存放液压支架为主。

图10-2-3 采掘设备维修车间主厂房

三大厂房内设50T/32T/8T起重行车共16台，辅设30000多平方米的露天货场（配置50/10T大型龙门吊），共配备60多台国内一流、国际先进的大型及特种专用修造设备。

3. 主营业务

对国产及部分进口大中型采掘、支护、运输及配套设备的大修、项修；支持配套性业务有：快速抢修、井下特种车辆维修、急件测绘加工制作、大中型结构件修复、矿用产品备件供应、物流配送、技术培训、替换租赁等服务。

截至2015年，公司为自治区西部大中型煤炭企业和陕北煤业化工集团的矿井提供维修服务，累计实现维修产值4亿多元（表10-2-9）。

表10-2-9 公司产值完成情况表

年　度	2008	2009	2010	2011
产值（万元）	78.28	2283.11	6139.71	6926.37
年　度	2012	2013	2014	2015
产值（万元）	10475.44	7518.95	4505.99	2996.15

第二节　主要矿用产品生产

一、原煤输送机

（一）内蒙古煤矿机械厂产品

内蒙古煤矿机械厂产品有可伸缩各型带式输送机、通用固定式各型带式输送机、刮板输送机、各型斗式提升机、各种型号吨位矿车和绞车、专业焊接变位机、各型螺旋输送机、机械式电子可控城市停车场及各种工矿配件。1991—1999年，工厂主要以带式输送机和矿车两种产品生产为主（表10-2-10）。

表10-2-10　1991—1999年机械厂产量统计表

年度	生产总量（吨）	带式输送机（台）	矿车（台）
1991	1930	22	231
1995	1860	20	18
1996	1660	24	109
1997	1300	14	—
1998	265	3	—
1999	101	2	—

2004年，煤矿机械厂改制为内蒙古启发煤矿机械股份有限公司后，主要生产移动、固定和强力三类十余个型号的带式输送机，年产值最高达7000万元。2010年后，由于货款回收困难，加之市场低迷，公司于2016年停产。

(二) 扎赉诺尔煤业公司矿用机械设备厂产品

1991年，机电总厂生产带式输送机滚、带式输送机支架1.1万余套，实现产值160余万元；生产氧气10.2798万立方米、乙炔气48万立方米。1992年，机电总厂针对ZIILR-150型减速器轴瓦易磨损的情况，将轴瓦改为滚动轴承，提高了设备的使用寿命，减少了维修量。1993年，设计制造第一台QSP-1000型强力带式输送机。1995年，设计制造矿务局第一台STJ-100×2×200型双速钢丝绳芯强力带式输送机，安装在铁北矿使用。

1997年，研制开发了矿用高强度ϕ18×64圆环链，产品质量符合国家规定的技术标准；完成了露天矿端帮运输系统改造工程设备的设计与制造工作；自行设计、制造了STJ1200×2×310型强力带式输送机以及受煤带式输送机、配仓带式输送机、受煤钢架结构，并对破碎机进行了改造、制造。机电总厂根据用户需要，设计制造矿用刮板输送机、带式输送机、固定车厢式窄轨矿车、JD25绞车、提升机及其他专用设备。

图10-2-4 机电总厂生产的井下带式输送机

2000年，公司开始面向周边地区承揽工程，并在天津设立了机械加工点。2002年，为灵泉矿七采段设计制造了DSJ100/80/2×75型带式输送机。2006年，为铁北矿设计制造了SJ1000/2×220型、JP12型转载带式输送机。

2007年，机电总厂为铁北矿、灵泉矿、灵北矿设计制造了DSJ65/55/2×55型带式输送机，并为灵泉矿设计制造了JP15带式输送机。全年完成工业总产值7684.17万元，共完成22条各种型号带式输送机、刮板输送机的设备制造任务。

2004年，机电总厂获得DSJ65/25×55、DSJ100/80/2×75、DSJ80/40/2×75三种型号带式输送机的安全标志资质认证，成为内蒙古首家获得安标资质的企业。

二、支护材料

(一) 神东天隆矿山支护材料公司产品

图10-2-5 金属锚杆生产线

1. 金属锚杆

公司生产的金属锚杆使用Q235圆钢加工成左旋麻花端锚式杆体或用MSGLW-335、MSGLD-335左旋无纵肋螺纹钢加工成可螺纹钢杆体，与树脂锚固剂配套使用，适用于矿山、煤矿、铁路、水电工程中的巷道支护及护坡加固（表10-2-11、表10-2-12）。

表10-2-11 麻花式金属锚杆体规格表

杆体直径	长度（毫米）				
	1600	1800	2000	2100	2400
16	+	+	+	+	-
18	+	+	+	+	+
20	-	+	+	+	+

注：+号表示优先选用长度。

表10-2-12 麻花式金属锚杆技术参数表

规格	杆体出服强度（兆帕）	杆体抗拉强度（兆帕）	杆体延伸率（%）	螺纹承载力（千牛）
φ16	≥235	≥375	≥15	≥75
φ18	≥235	≥375	≥15	≥95
φ18	≥235	≥375	≥15	≥120

2. 玻璃钢锚杆

图10-2-6 全自动玻璃钢锚杆生产线

神东天隆集团矿山支护材料公司生产的玻璃钢锚杆是按照0/YSTO1—2006标准生产的，产品质量符合国家有关煤矿用玻璃钢制品的安全技术要求，具有锚固力强、易切割、重量轻、柔性好、阻燃、抗静电等特点，尤其适用于综采面开切眼处的煤帮支护，不损坏采煤机滚筒，不产生火花，安全系数高（表10-2-13、表10-2-14）。

2012年，公司取得神东煤炭公司八大矿、陕煤集团公司的产品销售权。2014年10月，公司开展对神东公司委托锚杆代加工业务，并签订了3年的委托合作协议。由神东公司供应原材料，矿山支护材料公司保证产品质量和供应量。由此巩固了神东锚杆市场，也提升了矿山支护材料公司的产值。

表10-2-13 玻璃钢锚杆体规格

毫米

杆体直径	杆体长度					适用钻孔直径
	1600	1800	2000	2200	2400	
16	+	+	+	+	+	27

注：+号表示优先选用长度。

表10-2-14 玻璃钢锚杆几何尺寸及锚固力

规格	长度（毫米）	尾部螺纹直径	尾部螺纹长度	锚固力（千牛）
φ16	1600~2200	M22	80~120	≥50

3. 树脂锚固剂

神东天隆矿山集团支护材料公司生产的树脂锚杆锚固剂具有常温凝胶速度快、粘接强度高、锚固力大、耐久性好等优良性能，与锚杆、锚索等配套，适用于矿山、铁路、水电等巷道支护工程及护坡加固建筑物抗震、设备基础及物件锚固等。该产品按凝胶时间的不同进行分类（表10-2-15）。

表10-2-15 树脂锚固剂产品分类表

类型	特性	凝胶时间/秒	等待时间/秒	有效期
CKa	超快速	15~25	10~30	
CK		25~40	30~60	3个月
K	快速	41~90	90~180	
Z	中速	91~180	480	

注：在（22±1）℃环境温度条件下测定。

2006—2008年，公司连续参加神东

煤炭分公司物供中心的锚杆公开招标，中标率分别为100%、95%、93%。2009年，公司在神东锚杆、锚固剂所占市场份额约为70%。

2010—2015年5月，树脂锚固剂占神东公司市场份额的100%。2012年前，公司主要服务神东煤炭集团、陕西煤化工集团等公司。2012—2015年，服务神东各矿井及天隆集团内部矿井，形成以神东矿区为中心，覆盖晋、陕、蒙三省的营销网络，年销量达300万~500万套。

2014年，公司与神东煤炭集团以代加工的方式签订了为期3年的锚杆加工合同，2015年6月，由于公司产品价格高于市场价格，导致中标率较低。

（二）扎赉诺尔煤业运达实业有限责任公司产品

公司编织网厂于1992年正式投产，主要产品为煤矿井下塑料网假顶带，建厂初期年产编织网16万平方米。该产品已通过国家矿用产品安全标志中心认证，取得矿用产品安全标志证书。

1992—1997年，引进第二条生产线，年产达40万~50万平方米，主要供应各井工矿井，用于工作面支护。1998年后，由于井工矿井采煤工艺陆续采用综合机械化采煤，对该产品的需求逐年递减，只有灵北煤矿的两个工作面使用该产品。2015年，灵北矿因煤炭资源枯竭而关停，编织网厂随市场需求减少而停用。

三、截齿

（一）神东煤炭分公司总机厂

1997年，总机厂组织研发截齿队伍，购置埋入式盐炉等热处理设备，并对76截齿材料进行分析选型，确定了首批U76截齿的试制。2001年，研发人员先后与西安交通大学材料学院、包头兵器部第二机厂科技人员共同对所生产产品的金相组织、材料性能检测等方面展开合作，为工艺改进提供技术指导。2002年，研发人员开始与上海煤科院、清华大学材料研究所相关技术人员进行截齿产品的技术沟通，改进截齿的热处理工艺、钎焊环节的处理方式，引进中频钎焊设备，使截齿产品的质量进一步提升。

（二）神东天隆集团矿山机械公司

2004年，截齿生产划入神东天隆集团公司。在集团公司领导的大力支持和技术人员的不断努力下，42CrMo及35CrMnSi的截齿材料工业化开始了较为成熟的生产，截齿型号也开始进入由单一连采机U76截齿，向综采机U94、U170，掘进机S200、破碎机U90等产品的多方面拓展。

图10-2-7 神东天隆维修中心截齿车间

2006年，神东天隆集团投资8000多万元，在伊金霍洛旗天隆工业园内新建了1万平方米的现代化矿用产品截齿流水线生产车间。

2008年，截齿耐磨堆焊设备设计成果实现了耐磨焊丝焊接在截齿耐磨涂层上的应用，截齿产品种类及生产规模得到大幅提升，产品种类从相对单一的种类发展成涵盖综采、掘进、连采、破碎各个国内外采煤机机型所配套需要的标准件、非标件等共计40多种柱体规格型号以及诸多异型件。

2011年，研发人员着手截齿自动化设备设计和开发，2012年创造了截齿产能达100万只、销售近70万只的历史最佳业绩。2013年，公司与盐城肯特有限责任公司合作，进行截齿自动化生产线的再投入研发，2013年8月成功开发出国内最为完善的截齿超音频自动化生产线，提高了截齿生产效率。2014年，研发人员针对当前市场国际同行业产品如BETEK、Sandvik等龙头企业截齿产品的国内冲击，开始着手齿体新材料、合金新材料、耐磨新材料的更新改进，提升截齿产品质量。

矿用截齿通过国家采煤机械质量检测中心综合性能检测结果：截齿硬度HRC>45、钎焊缝的充满度达到83%以上、焊缝剪切强度达到202兆帕、冲击韧性大于50焦/平方厘米，各项指标均超过了优质品的规定。所有产品全部通过国家采煤机械质量检测中心和全国煤矿主要设备检修资格管理委员会的性能检测，并取得专业化生产资格证。经实际使月，消耗量由原来连采万吨煤消耗量为70把左右降到2015年的30把，综采万吨煤消耗30把降到2015年的10把左右，综合性能达到或超过同类进口产品的水平，填补了国内高强度镐型截齿生产的空白。

2006—2013年，公司累计投入截齿项目研发资金3020万元。2006年，公司截齿项目被纳入"截齿生产线国家星火项目"，并获内蒙古自治区科技进步二等奖；成果"纳米晶粒合金运用"获国家发明专利，"镐型矿用截齿"获国家实用新型发明专利。2006—2015年截齿生产数量见表10-2-16、销售情况见表10-2-17。

图10-2-8 最新截齿产品

表10-2-16 机械公司2006—2015年截齿生产数量统计表

年度	2006	2007	2008	2009	2010	2011	2012	2013	2014	2015
产能（万把）	30	39	55	60	70	80	80	90	100	23.33

表10-2-17 2006—2015年截齿销售情况表

产品	使用厂家	数量	备注
截齿	神华神东煤炭集团	长期使用	专业化服务
截齿	神华金峰煤炭公司	长期使用	寄售厂家
截齿	神华万利煤炭公司	长期使用	寄售厂家
截齿	沈阳三一重工	长期使用	设备配套
截齿	神宁煤业集团建井处	长期使用	寄售厂家
截齿	中煤朔州华美奥能源有限公司	长期使用	采购使用
截齿	陕煤集团	长期使用	采购使用

四、火工品

1990年以前，自治区煤炭行业火工产品需求量不大，主要的火工产品由包头矿务局化工厂、平庄矿务局六五〇厂供应。2000年以来，随着大型露天矿开发，配套建设部分火工品生产厂，爆破作业已逐步形成了专业作业。

（一）神华准能公司炸药厂

神华准能公司炸药厂（以下简称炸药厂）原隶属于准能公司黑岱沟露天煤

矿，承担着黑岱沟和哈尔乌素两个露天煤矿炸药的生产及爆破器材的贮存、管理。2007年1月，经准能公司批准，炸药厂从黑岱沟露天煤矿分离，独立核算，成为准能公司准处级建制的直属单位；同年8月单位名称变更为：神华准格尔能源有限责任公司炸药厂。2010年1月，炸药厂调整为处级建制单位。

炸药厂年生产核准能力为：总厂生产铵油炸药4.5万吨，乳化炸药2万吨；哈尔乌素分厂生产铵油炸药4.5万吨。2012—2015年6月，准能公司炸药厂累计生产铵油炸药27.88万吨，乳化炸药5.36万吨。炸药厂生产产品主要用于本公司煤矿使用，不对外销售。

神华准能公司爆破器材库区占地面积为6.8万平方米，按照《民用爆破器材工程设计安全规范》建设有标准库房14座，存储能力为：炸药10吨、起爆具20吨、导爆索11吨、雷管45万发。库区有完善的防雷、防静电设施，配置有规范的消防灭火系统，有覆盖库区的监控预警系统，关键重点部位全部安装监控探头，库区周界有远红外线电子栅栏，保安人员24小时值班巡查，形成周密的安全监控网络。

爆破器材严格按照《民用爆炸物品生产、销售企业安全管理规程》规范管理，从购入、运输、存储到发放、清退等各环节全部得到公安、消防等相关部门的许可，存储、发放实现了条码信息采集计算机信息管理，同时与公安部门保持联网，随时可以掌握起爆器材的去向信息。

图10-2-9 准格尔能源公司炸药厂鸟瞰图

爆破器材的保管员、安全员、押运员、爆破员都熟悉产品安全性能，掌握防火防爆等知识，全部通过公安消防等相关部门的培训，持证上岗。日常管理实现五双：双人保管、双人收发、双人领料、双账本、双锁。

（二）包头矿务局化工厂

包头矿务局化工厂建于1958年，厂址位于包头市石拐区。1994年增加了一条年产6000吨乳化炸药生产线，2008年改制为"内蒙古柯达化工有限责任公司"，2011年3月与雅化集团整合为雅化集团内蒙古柯达化工有限公司。占地面积18万平方米，现有各类专业技术人员44人。

公司核定生产能力38000吨/年。生

产经营范围为：粉状乳化炸药、胶状乳化炸药和多孔粒状铵油炸药现场混装服务。服务范围为自治区和陕西、宁夏等省区。

（三）伊金霍洛旗泰威化工有限责任公司

伊金霍洛旗泰威化工有限责任公司前身为鄂尔多斯市乌兰集团泰威化工厂，始建于1997年，位于伊金霍洛旗阿镇红海子村昌汗庙五社，是由国家兵器工业部1997年批准建设的鄂尔多斯市唯一一家乳化炸药生产企业。1999年5月建成并投料试生产，核定年生产能力为4000吨。

经国防科工委批准，工厂由伊金霍洛旗阿镇红海子村昌汗庙五社迁至伊金霍洛旗纳林陶亥镇满赖村邱家梁社、杨家圪堵社。新厂址2005年动工建设，2006年底完工，距神府东胜煤田边缘仅5.2千米，具有较为理想的民爆器材生产区地形。新厂区投资5000万元，占地面积79070平方米。

2006年9月，公司与内蒙古生力资源（集团）有限责任公司整合，更名为内蒙古生力资源（集团）有限责任公司伊旗泰威化工分公司。

2014年6月，公司重新组合，更名为伊金霍洛旗泰威化工有限责任公司，下设企管办、生产办、综合办、安技科、质检科、财务科、供销科等机构，共有员工46人，其中各类专业技术人员21名，爆破器材制造专业人员8名。

公司设计生产能力为3.5吨/时。生产线采用中钢集团马鞍山矿山研究院的微机控制、连续化乳化炸药生产技术，于2007年1月7日投料试生产，生产线于同年11月4日顺利通过验收。产品有岩石型乳化炸药、煤矿许用型乳化炸药、露天型乳化炸药等3个系列8个品种，经国家民爆器材安全监督检测中心检测，各项技术指标均符合国家标准。

2010年6月，公司通过了"三标一体"（质量、环境、职业健康）管理体系认证，2013年8月通过了QES（质量、环境、职业健康安全管理体系）体系认证取证审核并顺利取证。

根据行业相关技术进步要求，公司投资600余万元，分别于2010年、2013年完成了生产线按4吨/时的生产能力的全面改造，技改后的生产线达到二期目标的要求。

公司主要产品为露天型乳化炸药，本厂为主要生产点，生产完成后统一在民爆公司入库保管，最后由民爆公司统一销售。

企业下设安全生产管理委员会，机构运行良好、安全生产责任制健全。

企业主要负责人和安全管理人员都经过中国爆破器材行业协会组织安全培训，持有安全任职资格证书，具备任职资格；特种作业人员都经过相关部门培训，均为持证上岗。

（四）圣安化工有限公司

1998年，平庄矿务局直属六五〇厂进行一次技术改造，形成4000吨/年的生产能力。炸药生产线采用辽宁省煤矿设计院的工艺技术，工艺为轮碾机混药生产工艺。

图10-2-10 650火药厂火药生产车间

2000年末，六五〇厂改制为圣安化工有限公司，2007年改制为民营企业。公司一直延续建厂以来单一的矿用粉状铵梯、铵沥蜡炸药生产。产品主要品种有铵沥蜡炸药、2号煤矿抗水炸药、3号煤矿抗水炸药、3号露天铵梯炸药、2号抗水岩石炸药等。

2003年5月，圣安公司增加乳化炸药品种生产，生产能力为5000吨/年，并将铵油炸药生产能力调整为1500吨/年。2004年12月，北京国科宏达技术开发有限公司对圣安公司民爆器材生产系统实施现状进行专项安全评价，评价结果为达标级。

2006年12月，北京中安国科安全管理咨询有限公司组织有关专家对圣安公司现有的两条民爆器材生产线及其辅助设施的安全状况进行了安全现状综合评价，评价为安全级。2005年3月，开工建设年产6000~8000吨新型乳化炸药连续化、自动化生产线工程，2007年底建成，并进行试生产。产品除满足平庄煤业生产需要外，还外销一部分。

第三章 服 务 业

第一节 商贸与服务

一、商贸餐饮

截至1991年初，全区煤炭系统计有商业网点98个、饮食网点70个，其中乌达矿务局商业网点20个，年营业额220万元；包头矿务局有11个商店，有职工115人；扎赉诺尔矿务局有商业网点11个。

（一）平庄煤业集团公司多种经营公司商场

1991年初，平庄矿务局24个商业网点共有职工2500多人，营业面积1.45万平方米，年营业额达1500多万元。持续时间较长的有以下4家。

1. 多种经营总公司矿区商场

商场于1983年7月建成使用，有职工120人。经营商品主要有五金家电类、日用百货类、日杂类、烟酒糖茶等，专营劳动保护用品，当年是平庄矿区最大商场之一。1991—1996年，年均销售额150万元。1997—2001年，年均销售额70万元。2001年营业执照注销，2002年关闭。

2. 古山煤矿多种经营公司综合门市部

该综合门市部于1985年建立，有职工51人，主要有商店、饭店、被服厂，兼营米面加工、理发等。商店经营矿山配件、日用百货、副食等。1995年由个人承包经营。2000年整体出售。

3. 红庙煤矿多种经营公司商场

商场于1992年开始营业，安排集体职工25人。1994年商场对5个组实行经营承包，每人上交8000元存货款，承包期3年。1997年5月5日停业整顿，催收货款。之后实行租赁经营，按新办法一次性交完租金，重新营业。公司为商场选派经理、副经理，从事商场日常管理和催收租赁费。2003年6月，商场交由红庙煤矿生活服务公司管理。

4. 红庙煤矿多种经营公司林山商店

1996年建成营业，由个人承包经营，经营承包者上交货款2.7万元，承包3年。1999年实行租赁经营，年租金2000元，抵押金1000元。2001年，因商业地址被占用停止营业。

（二）扎赉诺尔煤业多种经营公司商场

1991年，扎赉诺尔矿务局拥有小卖店、贸易货站、商店、商场等10家，至2001年，因网点出现欠账数额较大，以及受到个体经济商业服务的冲击，多数已关停。其中，天鹅商场营业面积2000余平方米，有职工150余人，经营十三大类3500余种商品。2001年正式关停。

（三）内蒙古满世煤炭集团每天百货都市

每天百货都市位于东胜区商业繁华地带，原址为伊克昭盟宾馆，2003年由内蒙古满世煤炭集团收购并投资兴建，名称为鄂尔多斯市每天百货都市有限责任公司，为内蒙古满世煤炭集团旗下的全资子公司。公司注册于2004年7月1日，于2004年12月25日开业。商场建筑面积45000平方米，注册资本5000万元，是集购物、休闲、办公为一体的综合性现代化商业广场。办公楼建成初期一至五层为商用，其中一至四层为每天百货商场，五层外租，六至八层为满世集团办公场所。

每天百货都市主要经营范围包括：500多个国际、国内知名品牌专卖区；负一楼为精品超市，以日用化妆、生鲜肉类、粮油副食、进口食品、特色餐饮等为主；一楼经营化妆品、珠宝首饰、国际名表、男女皮鞋；二楼经营男装、休闲装、内衣、皮具、儿童娱乐城等；三楼经营时尚女装、女包等；四楼经营淑女装、时尚内衣、休闲餐饮等；五楼经营运动品牌服装、鞋类、户外装备、童装、家电数码、床品家饰等。

图10-3-1 内蒙古满世煤炭集团每天百货都市外景

自2004年开业至2015年底，商场连续11年未发生安全事故，多次获得"年度先进单位""消防工作先进单位""青年文明号"等荣誉称号。

2006—2015年，每天百货都市经过不断改造，开设了每天百货都市精品超市康巴什分店和每天超市尚都店两个分店。2015年12月，每天百货五楼开业，新增加营业面积约5000平方米。

二、酿酒业

（一）平庄煤业集团啤酒厂、饮料厂

1. 赤峰帅威啤酒有限责任公司

1994年，平庄矿区啤酒厂更名为宝山啤酒厂，厂区占地面积3.6万平方米，厂房面积1.7万平方米；设计年生产能力5000吨，为平庄公司集体经济的骨干企业之一。

1996年5月，平庄矿务局将宝山啤酒厂升格为准处级单位。2002年3月，宝山啤酒厂改制为赤峰帅威啤酒有限责任公司，从多种经营总公司整体划出，隶属于平庄煤业，升格为处级单位。2003年11月，赤峰帅威啤酒有限责任公司改制为民营股份制企业。2006年6月，赤峰帅威有限责任公司被燕京啤酒集团重组。

公司职工最多时（1992年）有450人，其中全民职工50人，集体职工400人。

（1）产品品种。生产初期，酒品种有10°和11°普通啤酒。之后增加了12°矿泉啤酒、12°精制啤酒。1992年以后，啤酒品种增加了10°荞麦干啤酒、11°精制啤酒、11°金银花啤酒、11°螺旋藻啤酒、11°苦瓜啤酒、12°特制果味系列暖啤酒、扎啤、纯鲜啤酒等。2002年，为了适应市场需求，啤酒厂自筹资金生产葡萄酒，设计能力150吨/年，当年葡萄酒产值完成100万元。2003—2005年，葡萄酒年均完成产值150万元。

帅威啤酒除在本地区销售外，还打入辽宁、河北、自治区西部等省区的21个旗县区市场。

（2）技术改造。1996—2001年，赤峰宝山啤酒厂进行过两次大型技术改造。1997年，矿务局直属多种经营公司经请示矿务局同意，决定对宝山啤酒生产线进行技术改造。总投资1950万元，其中申请三产贴息贷款1400万元，啤酒厂自筹550万元。技术改造后，年啤酒生产能力达到2万吨。

2000年9月15日至2001年7月30日，平庄煤业立项，对宝山啤酒厂进行改扩建。改扩建工程由宝山啤酒厂进行工艺设计，由平庄煤业设计院进行土建工程设计。改扩建内容为：在原有1条生产线的基础上，再增加1条生产线，并对发酵系统冷却及滤酒系统进行改造，对糖化工段进行扩建。此次改扩建资金计划为940万元，其中宝山酒厂自筹300万元，矿务局直属多种经营公司出资100万元，再就业保障金投300万元，平庄煤业维简费安排240万元。经过改造，宝山啤酒厂的年生产能力提高到5万吨，发酵能力从2万吨提高到6万吨。

图10-3-2　帅威啤酒生产线

（3）改制情况。2003年，平庄煤业推进主辅分离、辅业改制。10月21日，平庄煤业公司同意赤峰帅威啤酒有限责任公司改制成为民营股份为主体的自主经营、自负盈亏、自我约束、自我发展的市场竞争主体。

10月31日，平庄煤业下发《关于对赤峰帅威啤酒有限责任公司股权处置的决定》，同意将股权作如下处置：①留厂员工身份置换等价股3061650元；②员工身份买断补偿金357150元；③员工配股1074461.18元；④董事会成员股权回购100万元；⑤董事会成员公司配股200万元；⑥平庄煤业持股1647911.39元。合计为9141173.19元。

改制工作于2003年11月23日完成。赤峰帅威啤酒有限责任公司员工290人中，有全民工70人、集体工220人。全民工中，参加改制27人，协商解除劳动合同5人，与平庄煤业签订待岗协议38人。集体工全部参加改制。

2. 林业处多种经营公司饮料厂

该厂于1990年8月建成投产，有职工35人，主要设备有饮料机、洗瓶机、灌装机等。生产巧克力佳槟和5种不同果味汽水，年产6万~7万箱。因销售过期饮料而产生严重经营性亏损，1997年关闭。

（二）鄂尔多斯市宏颐达酿酒有限公司

公司由鄂尔多斯市乌兰集团于2008年3月投资兴办，总投资近1.5亿元，11月竣工并正式投产。公司年产优质清香型原酒800吨，主要产品品牌有"乌兰纯粮""乌兰御液""乌兰情"几大系列白酒。现厂区占地面积20余万平方米，2014年总资产达1.7亿元。公司有从业人员100余人，其中专业技术人员15人，均为大专以上学历；有国家白酒评委1名、自治区白酒评委2名、国家一级品酒师2名、二级品酒师2名、三级品酒师7名、专业检验及化验人员8人，其中5人本科学历、3人为大专学历；同时组建了一支由10人组成的高素质、高学历的品酒队伍，严把白酒质量关。公司生产产品于2012年正式上市。

2011年，公司产品被指定为"鄂尔多斯国际那达慕大会接待专用酒"，2012年获"2012年度中国白酒国家评委感官质量奖"，2014年获"2014年度中国白酒国家评委感官质量奖"和"2014年度全国白酒专家委员会特别奖"。公司于2011年通过ISO9001：2008国际质量体系的认证及HACCP体系的认证。2013年销售收入2748.59万元，2014年实现销售收入3919.87万元；2014年实现利税1516.73万元，比2013年增长107%。

三、饭店、酒店

（一）平庄煤业集团多种经营公司

1. 红庙煤矿多种经营公司沙包饭店

公司投资28万元，1991年建成营业，安排集体职工16~18人就业，实行承包经营，盈亏正负零，1992年营业额完成21万元。到1996年，因就餐人数减少，营业额降低到13万元。此后实行新的经营承包办法，实行一年一包。2003年6月，赤峰天宇新型建材有限责任公司（空心砖厂）占用饭店场所做办公室，沙包饭店停止营业。

2. 红庙煤矿多种经营公司青年饭店

饭店于1991年开始营业。饭店前厅为红庙煤矿资产，后院小房归多种经营公司所有。前期安排集体职工12人就业，由个人承包经营，自负盈亏。1992年完成营业额16.7万元，之后年均营业额15万元。2003年6月，青年饭店随红庙煤矿多种经营公司一起划归平庄煤业多种经营管理处。

3. 红庙煤矿多种经营公司招待所

原隶属于红庙煤矿生活服务公司，1998年4月划归多种经营公司管理。招待所共有客房9间，床位20张，有服务人员4人，实行自负盈亏。2003年6月，多种经营公司划归平庄煤业多种经营管理处，招待所划归红庙煤矿生活服务公司。

（二）神华大雁集团公司所属餐饮企业

1. 大雁宾馆

1992年10月，大雁矿务局宾馆组建了中餐部。1993—2004年4月，宾馆中餐部实行个体承包经营。2004年5月，宾馆收回中餐部，7月改建为超市，安排富余人员12人。主要经营蔬菜、水果、面食、自制豆腐、熟食、糕点。宾馆设客房部、餐饮部、小卖部、面食蔬菜超市、煤海餐厅、煤城公寓。在岗职工54人，其中中式烹调技师3人。2006年8月，大雁矿业集团公司整合机构，将原五泉山旅游公司与大雁宾馆进行合并重组，大雁宾馆按处级建制逐步健全，下设五泉山景区、煤都酒店、公司宾馆、煤城公寓、矿山火锅城、煤海餐厅、联谊超市、面食蔬菜超市、大馅饺子馆、天盛酒楼等10个单位、店点，有职工192人。

2013年2月，根据雁煤公司的要求及宾馆自身经营管理需要，关闭了矿山火锅城、联谊超市、蔬菜面食超市、大馅饺子馆；由于一矿关井关闭了煤海餐厅；同年，煤城公寓交付鹤声薯业使用。2014年2月，宾馆由于房租到期，关闭了天盛酒楼。2014年6月，根据神华集团整合无效低效资产，五泉山旅游景区交由鄂温克旗政府管理。截至2015年6月，宾馆下设宾馆餐饮客房部、煤都酒店两个部门；共有职工83人。

2. 第一食堂

1992年1月，大雁矿务局食堂划归生活福利处，更名为第一食堂，投资30余万元增添餐具、桌子、椅子等，装修了2个高间。1993年，食堂实行经营承包、独立核算，制订实施了奖罚办法。1996年6月，食堂实行个人承包。

2004年2月，第一食堂成建制划归煤业公司宾馆，更名煤海餐厅，有职工9人。投资30万元，重新维修大厅、装修高级餐厅，增加了3个小餐厅，更换彩钢瓦300平方米，改建了豆腐房。

餐厅主要负责一矿井口干部、管理人员的午餐，以及企业内部各种会议和业务招待等服务工作，并对外承包宴席。

3. 煤城公寓

2004年6月，第一煤矿宿舍划归煤业公司宾馆，更名为煤城公寓。2009年6月，集团公司机关大楼维修，搬至宾馆办公。2011年11月24日至12月24日，煤都酒店接待电影《铁人》剧组4500人次。

截至2015年6月，宾馆相继完成了国家、自治区、神华集团、呼伦贝尔市、鄂温克旗各级相关职能部门以及集团公司相关部室的接待任务和集团公司下达的经营指标。

（三）扎赉诺尔煤业公司所属宾馆

1. 扎赉诺尔矿务局农工商服务公司

1991年，扎赉诺尔矿务局农工商服务公司有饭店10个、旅店2个，职工近150人，2001年随着个体经济的快速发展，陆续关停。

2. 扎赉诺尔宾馆

扎赉诺尔煤业公司宾馆始建于1979年，建筑面积5500余平方米，有客房56间，床位106张；餐厅有5个独立包间和1个宴会大厅，可同时容纳100余人就餐。宾馆设有大小会议室4个，可满足不同形式的会议需求，2楼大会议室，可以容纳200余人召开大型会议。2015年，宾馆下设餐饮部、总务部、财务部，有员工74人，其中，劳务用工30人。

扎赉诺尔煤业公司宾馆是公司办公室下设的副处级管理单位，实行独立核算。1995年，宾馆投资近10万元增添桌子、椅子等设备，对宾馆宴会大厅进行了简单装修。1999年末，由于矿务局改为公司制，扎赉诺尔矿务局宾馆变更为扎赉诺尔煤业公司宾馆。2001年，为迎接建矿百年大庆，对一楼大厅及部分楼层进行了大修改造。2005年，投资近60万元将2楼、3楼客房进行了整体装修。2009年，投资50余万元将4楼进行装修，并对餐厅3个包间进行了装修。2014年，更换了主楼近700平方米的彩钢瓦，修缮了洗衣房。截至2015年末，宾馆厨师队伍共有2名高级技师，2名技师，4名高级工。

3. 天鹅宾馆

2006年3月，满洲里庆宇房地产开发公司以产权置换的方式将天鹅宾馆拆迁，新址建设在满洲里市四道街西通联综合楼C段100号。同时，扎赉诺尔煤业公司收回天鹅宾馆经营权。2008年6月，新建天鹅宾馆开始营业，占地面积300平方米，建筑面积2800平方米，宾馆分为地下一层、地上六层，二层中餐厅7个包间，三至六层大小客房共32间，宾馆设有客房部、餐饮部、商务中心等，职工共41人。

2009年，俄罗斯在满洲里启动中国年活动，俄罗斯入境人口再一次升温，天鹅宾馆利用地下一层开设了西餐厅。2011—2015年随着国内旅游业的兴起和发展，天鹅宾馆和旅行社合作，接待各地旅游团队。

（四）中电投蒙东能源集团有限责任公司宾馆

其前身为霍林河煤矿宾馆，隶属于中电投蒙东能源集团有限责任公司，坐落在霍林郭勒市滨河路中段。宾馆始建于1992年8月，占地面积60800平方米，建筑面积23200平方米（含通辽分部）。是霍林郭勒市酒店业唯一的国家旅游三星级宾馆。

图10-3-3 霍林河宾馆外景

宾馆为露天煤业托管的处级单位。下设客房部、餐饮部、通辽分部、综合部、前厅部、办公室、财务部、人事部8个部门。共有员工253人，其中：劳动合同制员工53人，劳务用工198人。

（五）内蒙古伊泰集团酒店

1. 伊泰大酒店（呼和浩特市店）

伊泰大酒店是由内蒙古伊泰煤炭股份有限公司按四星级标准投资兴建的一座集住宿、餐饮、娱乐、商务为一体的现代化涉外旅游饭店。

酒店位于呼和浩特市东影南路1号，总建筑面积16800平方米。大楼主体9层，建筑高度36米，共有各种房间127间（套），中西餐位近600个，同时还拥有多功能厅、会议室、商务中心。

酒店于1999年5月28日试营业，于2000年8月25日正式被国家旅游局评定为四星级酒店，是呼和浩特市首家四星级酒店。

图10-3-4 伊泰大酒店夜景

伊泰大酒店开始试营业后，一直处于亏损状态。2004年前7个月，实现扭亏增盈，共完成营业收入990万元，第一次实现利润22万元。2009年4月，因经营亏损，伊泰公司将酒店对外出租给苏力德大酒店经营。

2. 准东伊泰大酒店（准格尔旗店）

酒店位于鄂尔多斯市准格尔旗薛家湾镇，占地面积774.38平方米，建筑面积4000平方米。酒店按三星级标准建设客房47间（套），大小餐厅10个（同时可容纳200人就餐），会议室2个（可接待150人规模的会议），多功能厅180平方米。酒店于2006年1月11日开始试营业，2006年5月18日正式营业。

酒店由伊泰煤炭股份公司投资，原值1625.73万元，净值1088.84万元。2009年以前，由设在呼和浩特市的伊泰大酒店管理，后改为由伊泰准东铁路公司代管。

3. 北京伊煤大酒店

伊克昭盟煤炭公司大酒店位于北京市月坛南街二七剧场路甲一号。1998年4月开工建设。酒店地下1层、地上5层，占地1680平方米，建筑面积3865平方米。伊泰集团公司投资5530万元，按三星级酒店标准配置，内设客房36间，其中套间5间；餐厅大厅可同时容纳50人就餐；雅间4个，多功能厅80平方米。

1999年10月9日试营业。酒店下设综合部、财会部、餐饮部、客房部。员工74名，管理人员（伊煤公司职工）14人。

2001年7月，伊克昭盟煤炭集团公司进行资产重组时，酒店以8500万元的价格划拨给鄂尔多斯市政府，2002年5月正式移交给鄂尔多斯市发展改革委员会。

4. 伊泰萨瓦纳大酒店

2013年6月，伊泰集团公司事务管理中心开始介入位于准格尔旗的伊泰萨瓦纳大酒店二期相关工程（包括设计、家具、装饰方案的选定）管理工作。5—6月，事务管理中心解除了与北京派雷斯酒店管理公司的合作，由事务管理中心选聘管理人员直接管理；解聘了酒店原中、西、蒙餐厨师，选择北京万邦鸿景酒店管理有限公司（诚品·美食创意），负责为酒店提供符合酒店需求的各类厨师；更换了员工餐厅工作人员与酒店安保人员，由个人承包管理员工餐厅；选择准格尔旗警卫保安服务有限责任公司负责酒店安保工作。为了缓解服务人员短缺、招聘难的问题，酒店与西安旅游管理学院合作，向酒店提供专业知识强、业务较为熟悉的实习生。

2013年，萨瓦纳大酒店共计接待18199人次，人均消费396.85元；实际收入7023939.72元。全年账面减亏268万元，实际亏损2850万元；扣除销售和业绩下滑等因素影响，减亏734万元。酒店通过各项管理变革，全年减少成本费用5281600元。

图10-3-5 伊泰萨瓦纳大酒店餐会厅

2014年，伊泰萨瓦纳大酒店主要完成了筹建客房楼3号楼、高尔夫出发台改造、人工湖放鱼苗、球场被铲后调整等工作，并着手准备酒店新增射击场、赛车场、水上世界、花卉养殖基地、滑冰场、滑雪场等项目的手续办理及方案提报工作。2014年，萨瓦纳大酒店承办自治区第十三届运动会高尔夫球运动员选拔赛。全年完成营业额779万元，较2013年增长11%，其中餐饮收入508.64万元、客房收入177.38万元、康乐收入74.46万元，专卖店全年收入16.66万元。

2015年，萨瓦纳酒店共计接待约18000人次，人均消费103.68元，实现营业收入619.75万元、营业外收入17.17万元，亏损3174.87万元。

（六）鄂尔多斯市乌兰集团下属酒店

1. 乌兰国际大酒店

酒店是由乌兰集团按五星级标准出资

打造的集客房、餐饮、会议、商务办公、娱乐、休闲为一体的大型酒店,位于鄂尔多斯市伊金霍洛旗阿勒腾席热镇北区天骄路与乌兰木伦街交汇处,北依乌兰木伦景观湖与康巴什新区隔湖相望,2012年正式建成投入使用。

图10-3-6 乌兰国际大酒店

酒店占地面积88800平方米,建筑面积5万余平方米,楼层23层,主楼建筑高度99.8米。酒店无线网络全覆盖,拥有各式客房300余间。餐饮部面积1万多平方米,设有咖啡厅、西餐厅、中餐豪华包房、中餐宴会厅等。共有大、中、小会议室(无线网络全覆盖)13间。

酒店领导机构由总经理、副总经理、分酒店总经理、人事财务总监组成,下设综合办(包括人力资源部、总经办、党工办)、财务部、工程部、餐饮部(包括中餐部、西餐部、宴会部、出品部)、房务部(包括客房部、前厅部、保安部)、销售部、采购部等部门。酒店还设立党支部、工会、团委、女工委等组织机构。酒店现有从业人员350多人。

2. 内蒙古乌澜大酒店

内蒙古乌澜大酒店按照准五星级标准投资兴建,坐落于呼和浩特市如意开发区如意大街58号、内蒙古国际会展中心北侧,是集客房、餐饮、会议、写字楼为一体的大型综合性酒店。酒店现有从业人员150多人,领导机构由总经理、副总经理、分酒店总经理、分酒店副总经理组成。

酒店下设综合办、房务部、工程部、销售部、餐饮部(西餐厅)、保安部、酒店党小组、安委会等组织机构。酒店总建筑面积6万余平方米,无线网络全覆盖,有各式客房415间。酒店餐饮建筑面积6千余平方米,可容纳1500人同时就餐。酒店设有中餐厅(包房)23间。共有大、中、小会议室16间,可同时满足1000人的会议要求。

3. 海口乌兰温泉大酒店

海口乌兰温泉大酒店位于海口市的西海岸,占地面积3.7万平方米,总建筑面积1.8万平方米,地上5层,地下1层,是具有旅游度假、商务会议、休闲娱乐、住宿、特色餐饮等多功能的四星级酒店。拥有花园式客房123间。餐饮部设有中西餐厅、纳兰吧、明月台,宴会楼可同时容纳400人就餐。酒店配套设施完善,有户外泳池、温泉鱼疗、健身房、水疗、中医按摩等,共有200个园林泊车位。

图10-3-7 海口乌兰温泉大酒店

(七) 内蒙古太西煤集团

1. 阿拉善左旗太西国际酒店

阿拉善左旗太西国际酒店是太西煤集团公司下辖五星级酒店。实行总经理负责制，下设营销部、餐饮部、客房部、前厅部、出品部、财务部、安保部、工程部、综合办公室9个部门。一线部门设有部门经理、主管、部长、员工4个层级，逐级负责管理。

截至2015年底，饭店在册职工249人，其中：高层管理3人、中层管理7人、一般管理26人、后勤辅助51人、专业技术人员3人、其他人员146人。

酒店2011年实现营业收入1299万元，2012年实现营业收入2970.81万元，2013年实现营业收入2879.38万元，2014年实现营业收入3025.76万元，2015年实现营业收入3005.65万元。

2. 阿拉善额济纳旗太豪国际酒店

阿拉善额济纳旗太豪国际酒店由内蒙古太西煤集团出资成立，是额济纳旗首家集餐饮接待、客房住宿、大型会议、康乐、体育健身、酒吧、高级会所、旅游业务、行政办公为一体的五星级涉外酒店，2012年正式营业。

太豪国际酒店采用总经理负责的管理体制，下设财务部、餐饮部、客房部、营销部、保安部、采供部、康体部、总经办。现有在职员工76人，其中管理人员12人、技术人员7人、一线工作人员49人。

四、旅游业

（一）神华大雁集团公司五泉山旅游公司

1. 机构队伍

1994年5月18日，五泉山游乐园成立，隶属大雁矿务局多种经营总公司。1995年11月，五泉山游乐园更名为五泉山管理处。1996年5月，五泉山管理处划归局办公室领导，有职工16人，设主任1人。1997年3月，五泉山管理处与局机关服务公司、局宾馆合并，成立自然保护综合管理处，处级建制，隶属局办公室。1998年1月，自然保护综合管理处解体，成立五泉山自然保护区，科级编制，隶属局办公室，有职工32人，设主任1人。

图10-3-8 大雁五泉山风景旅游区

2002年4月28日，煤业公司与呼伦贝尔百合生态旅游集团公司（以下简称百合集团）合作成立呼伦贝尔五泉山森林旅游有限责任公司（以下简称五泉山旅游公司)。由百合集团负责管理,煤业公司成为股东之一。有职工32人,设总经理1人,副总经理1人。

2004年3月12日,大雁矿区政府索伦宾馆产权、经营权划归五泉山旅游公司,更名为五泉山宾馆。8月24日,五泉山旅游公司与百合集团分离重新划归煤业公司,成为煤业公司所属单位,处级建制。设总经理1人,副总经理1人。

2004年末,五泉山旅游公司由五泉山景区、五泉山宾馆、五泉山牧业发展公司、五泉山山产品加工厂和五泉山矿泉水厂5个实体组成。有职工65人。

2006年,五泉山旅游公司划归大雁宾馆。

2. 基础设施建设

1997年8月,长11千米、造价44万元的三矿至五泉山公路正式通车。同时,11万伏输电线路架设完成,结束了五泉山用发电机发电的历史。造价13万元、长3千米的景区内简易路同期完工。1998年,24路特高频交换机落户五泉山,共分5个分机,解决了五泉山与外界通信难的问题。2002年,大雁移动通信公司在五泉山架设了通信塔,结束了五泉山移动电话没有信号的历史。

2004年5月,总投资1207万元(国补900万元,地方配套100万元,企业自207万元)的巴彦岗—五泉山旅游公路开工建设,并于8月30日开通,6月,煤业公司对五泉山景区餐、厨房进行改造,还修建了近1000平方米的休闲广场和人行道。投资修建一眼水井,解决了景区餐饮用水不足的问题;7月21日,总投资1929万元的国家二级水利工程——五泉山景区大坝开工建设。至2006年,11年间,五泉山景区共投入资金190万元先后修建了几十处人文景点及设施。

(二)满洲里天鹅国际旅行社

1995年,扎赉诺尔煤业公司在满洲里成立天鹅国际旅行社,下设旅游部、贸易部、财务部和天鹅宾馆,有职工18人。旅游部以接待出入境旅游,特别是从事经贸活动的俄罗斯和国内游客为主。

2002年,由于对外贸易业务停滞,贸易部撤销。2003年4月,经扎赉诺尔煤业公司同意,满洲里天鹅国际旅行社旅游和宾馆两部分对外承包,同时职工也由承包人负责安排工作、支付工资。2004年5月,扎赉诺尔煤业公司通过法律程序将旅游部分收回,重新安排人员自主经营,2005年3月,将满洲里天鹅国际旅行社划归运销处运达经贸公司管理,继续从事旅游业务。

2008—2015年,天鹅旅行社开展了多项草原观光游、红色教育基地及红石、后贝加尔等境外游旅游项目。

(三)内蒙古准格尔召民族文化旅游公司

内蒙古准格尔召民族文化旅游开发有限公司成立于2006年12月8日,由满世投资集团有限公司独家投资,公司注册资本500万元人民币,地址在鄂尔多斯市准格尔旗准格尔召镇。公司在册员工19人,固定资产193万元。

1. 规划建设

准格尔召是鄂尔多斯市现存规模最大,保护较为完整的佛教寺庙。原有建筑寺院39处,现存11处,是国家级和自治区级重点文物保护单位,2014年被评为国家AAAA级旅游景区。准格尔召民族文化旅游公司以准格尔召庙为核心,以南北两个敖包为制高点,并以新建大佛作为支撑,形成主干线,与相关附属景观共同构成立体层次,按照不同功能划分为八个主题园域,以道路作为轴线和连接各个区域的通路,形成"大分散、小聚集"的景区格局。规划总面积约 14.88 平方千米，预计总投资 9.98 亿元。

图 10-3-9 国家 AAAA 级旅游景点
——准格尔召

2. 项目经营

2015 年，公司与准格尔旗人民政府已投入资金 3.5 亿元，已建成佛教文化旅游景区、现代生态农业观光旅游景区，现代生态农业观光旅游景区已经启动运营，每年接待游客约 2 万人次。

佛教文化旅游景区主体已建成，内装也已完成，硬化、绿化、美化也同步进行。将于 2016 年 10 月正式接待游客。

第二节 物业与物流

一、物业

（一）神华大雁集团公司后勤服务中心

1. 机构队伍

物业管理中心于 2001 年 8 月成立，隶属于大雁煤业集团公司，由大雁矿务局房地产处与林业处合并而成，共有职工 368 人，其中干部 72 人，工人 296 人；高级职称 3 人，中级职称 15 人，初级职称 52 人；工人技师 2 人。2001 年 11 月，大雁矿务局公园成建制划归物业管理中心，2002 年 3 月，社区服务中心（含雁龙商贸有限责任公司、劳保加工厂、液化气站）成建制划归物业管理中心，共有职工 495 人。2002 年 11 月，集团将汽车运输中心卫生队划归物业管理中心。共有职工 613 人。2003 年 4 月，牧业管理处成建制划归物业管理中心，有职工 861 人，其中干部 95 人，工人 766 人；高级职称 3 人，中级职称 21 人，初级职称 57 人；工人技师 5 人。2004 年 5 月，物业管理中心成立劳务部，负责煤业公司富余人员管理。2005 年 7 月，物业管理中心成立机电科。2006 年 2 月，集团将建材总厂矸石砖厂、镇砖厂、聚苯厂、涂料厂、钢窗厂成建制划归物业管理中心。2006 年 3 月，雁洁公司更名为雁洁卫生队，作为物业管理中心二级单位。

2009 年 9 月，物业公司更名为后勤服务中心。2013 年 1 月，后勤服务中心主要业务和人员合并至建安公司，环卫大队成建制划归露采剥离公司，森林草原防火、林业、绿化业务划归露采剥离公司。3 月，大雁矿业集团后勤服务中心解体。6 月，大雁煤业公司后勤服务中心成立，集团将企管部综合科、住房公积金管理中心、房地产管理中心、矿区环境管理办公室、保安大队、海雁房地产开发公司物业管理业务、大雁矿区采煤深陷区综合治理办公室划入后勤服务中心。共有职工 73 人。

2015 年，后勤服务中心有职工 312 人，其中处级干部 2 人，科级干部 19 人，一般干部 32 人，工人 259 人。机关设综合部、经营部（包括人力资源、财务）、环卫监察部、生产技术部 4 个部室。基层下设 5 个单位，即住房公积金管理中心、房屋维修中心、物业管理中心、房地产（房屋维修专项资金）管理中心、保安大队。

2. 经营与管理

大雁煤业公司后勤服务中心主要担负公司房地产管理、房屋维修专项资金管理、环境卫生管理、物业小区管理、住房公积金管理、公司内部安保、房屋维修等重要服务职能，同时还承担沉陷区后续处置、职教幼教退休职工移交地方、职工公寓管理及住宅专项维修资金管理和使用等工作。

（二）伊金霍洛旗恒泰物业管理有限责任公司

2005年10月，鄂尔多斯市乌兰集团成立伊金霍洛旗恒泰物业管理有限责任公司，注册资本为50万元，现为三级物业服务企业。公司总服务面积15.66万平方米，共有物业服务人员34名，包括保安23名、管理人员5名、维修服务人员3名、保洁人员3名。

（三）神东天隆集团物业管理有限责任公司

1. 机构与队伍

神东天隆集团物业管理有限责任公司（以下简称物业公司）成立于2005年5月，是神东天隆集团全资子公司，独立法人企业，拥有国家物业管理一级资质，服务面积达728322.04平方米。

截至2015年12月31日，物业公司有员工277人，其中劳务工107人。管理及技术人员138人，其中持有专业技术资格证书（物业、建筑、机电、供热、给排水、污水处理、园林绿化、餐饮等）人员比例占50%以上，公司下设七部二室：综合办公室、财务科、安全质量管理部、经营管理部、职工教育培训部、天隆大厦服务部、和谐大厦服务部、工业园区服务部、商饮城管理部。

2. 经营与管理

2011年以前，公司主要从事矿区后勤综合服务，承担着神东煤炭分公司石圪台煤矿（以下简称石圪台煤矿）、石圪台小区、神东煤炭分公司小型机电修配服务处（以下简称修配处服务部）、神东维修三厂、天隆煤炭分公司、天隆煤炭运销分公司、包百商场、商饮城、大仙庙、石圪台小学、医务所、俱乐部及其综合办公楼、公寓楼、家属楼、学校、职工食堂、浴室、洗衣房、充灯房、锅炉房等场所的物业服务工作。

2011年后，承担天隆集团公司机关、煤炭分公司、煤炭运销分公司、矿建公司、工程建设公司、胜源建安公司、化工公司、东胜分公司、月牙栋水库（现称天隆水务公司）、乌兰木伦镇政府、商饮城、大仙庙、天隆工业园区及园区内企业（包括机械维修加工中心、煤机维修公司、天隆物资采购中心）、乌兰木伦集装站锅炉房、天隆公寓楼等机构及场所的物业管理、后勤保障服务工作。

2014年新增项目：引进净化水质系统，生产放心水，提供送水服务；开发种植、养殖业务，供应绿色蔬菜、放心肉食；开设便利店（经营项目有副食类、生活用品类、烟酒类、绿色蔬菜类）。

（四）和风物业管理服务有限责任公司

和风物业管理服务有限责任公司（简称和风物业）成立于2006年，公司注册资本300万元，是满世投资集团下属具备国家二级资质的专业物业服务企业，公司从业人员120人，物业服务专业人员均取得物业企业从业资格证书，专业技术人员均具有中级以上职称。

截至2015年底，公司服务的项目有满世集团办公楼、满世商务广场、满世时代广场、满世尚城、满世尚都、满世尚苑、满世水云轩、满世领域，服务总建筑面积103.59万平方米。

二、城市垃圾处理

内蒙古特弘环保科技公司由内蒙古特弘煤电集团有限责任公司于2018年12月独资成立，注册资金1000万元总投资近3亿元，占地面积为31.36万平方米。

公司主要从事鄂尔多斯市核心城区阿拉腾席热镇和康巴什新区城市生活垃圾、分辨垃圾、活性污泥和餐厨垃圾综合处理及"产、学、研"一体化研究。城市生活垃圾综合处理系统利用筛选、风选、磁选、水选等手段，将混合垃圾分成塑料、玻璃、金属等可回收物和有机物、渣土、纸浆等6类。将分选出来的有机物同旱厕粪便和污水处理厂污泥混合，以及餐厨垃圾进行厌氧发酵处理，产生的沼气用于发电，沼渣制成有机颗粒肥，沼液做成液态肥。整个系统整合了生物制肥、沼气发电等方面的技术，形成了生物有机肥销售、塑料颗粒原材料回收物综合利用、沼气发电，最大限度地实现了我国城市生活垃圾处理"减量化、无害化、资源化、产业化"的根本要求。

公司日处理伊金霍洛旗阿镇和康巴什新区生活垃圾和餐厨垃圾600吨、粪便300吨、污泥50吨、餐厨垃圾150吨。

三、物流业

截至2015年底，全区有4家煤炭企业成立了物流公司。主要经营范围：进出口相关业务、道路货物运输、加工、餐饮、住宿、房地产开发业务、各类矿产资源及水泥销售、建筑装饰材料、机械设备、日用百货、旅游业务、货运客运场站服务、货物运输代理服务、仓储服务、装卸搬运服务、配送服务、车辆租赁、停车场（出租）、货物包装、流通加工、车辆配件、建材销售、大型农副产品配送、农牧业机械化及资料供应、房屋租赁、运输信息咨询服务等。

（一）扎赉诺尔煤业公司满洲里能达国际公路联运仓储贸易公司

满洲里能达国际公路联运仓储贸易公司始建成于1993年8月，是由国投公司和扎赉诺尔煤业公司联合控股的企业。占地面积21860平方米，其经营场所为满洲里市经济合作区兴工街1号，主要经营范围为木材加工、水泥销售、运输、仓储、建筑材料、钢材、装卸、物流等。

2006年12月，划归扎赉诺尔煤业公司运达经贸公司经营和管理，2007年国投公司与扎赉诺尔煤业公司进行了股权转让，将全部股权转让给扎赉诺尔煤业公司。

2008年满洲里能达国际公路联运仓储贸易公司主要以仓储、租赁为主，2010年公司院内俄式仓库2座为内蒙古黄金集团作为仓储基地，2012年公司办公楼部分房间对外承包。2015年中国移动和中国电信公司在满洲里能达公司建立了基站。

（二）神东天隆集团有限责任公司物流配送中心

物流配送中心于2004年6月成立，设总经理、党委书记、副总经理等领导岗位，下设综合管理部、安技调度部、经营部，设备运输吊装综合车队、汽车一队、汽车二队、加油站。在册员工176人，其中劳务工96人。

公司共有设备69台，其中大吨位自卸车25辆，装载机3台，平板、拖板、箱货运输车40辆，可承运80吨以下设备及物资。3台型号不同的起重机，可吊装65吨以下设备，有固定资产4292.12万元（其中：房屋建筑物643.71万元、通用设备1.36万元、行业专用设备22.28万元、交通运输设备3415.10万元、电子产品及通信设备99.37万元、仪器仪表63.54万元、其他46.76万元），年运营能力自卸车可完成700多万吨，货物运输量可完成2.5万余台班。2005—2015年物流配送中心经济效益统计情况见表10-3-1。

表10-3-1 2005—2015年物流配送中心经济效益统计表

年度	产值（万元）	年度	产值（万元）	年度	产值（万元）
2005	4552	2009	6789	2013	10800
2006	4635	2010	7452	2014	17523
2007	6134	2011	8196	2015	24732
2008	6150	2012	10165		

（三）神华大雁集团公司物流中心

1992年，大雁矿务局从事物资管理职工1017人，其中供应处907人。1998年，供应处机关设供应部和采购部。2001年，供应处更名为物资供应分公司。2002年，物资供应分公司更名为物资供应部。2004年，物资供应部更名为物资供应中心。2005年12月末，物资供应中心职工总数161人，其中工人100人、管理人员61人。

2006年，大雁矿务局供应处物资供应中心更名为物流中心，职工总数168人，下设综合办、经营办、管理科、材料科、配件科、设备科；基层单位设有仓库、车队、火工品燃料科、露天矿供应站；职工总数148人。2013年，物流中心更名为物资装备中心。

2015年，物资装备中心机关设有计划部、采购部、集中采购科、经营管理部、综合部；基层单位有仓库、车队、火工品供应站、设备租赁站、露天矿供应站、热电总厂供应站、运销公司供应站、机电安装公司供应站、雁南矿供应站、敏东一矿供应站、水暖公司供应站。物资装备中心采购总额达27331.95万元；职工总数203人，其中男职工130人；大中专学历140人；专业技术职称78人，其中高级职称30人。2006—2014年物资装备中心采购总额统计情况见表10-3-2。

表10-3-2 2006—2014年物资装备中心采购总额统计表

年度	产值（万元）	年度	产值（万元）	年度	产值（万元）
2006	8185.56	2009	15549.92	2012	23422.46
2007	8032.56	2010	14677.17	2013	36916.53
2008	12153.11	2011	18067.04	2014	39285.44

（四）内蒙古太西煤集团物流企业

1. 机构与队伍

（1）内蒙古太西物流有限公司。公司于2007年11月成立，是内蒙古太西煤集团全资子公司，设总经理1名、副总经理1名，下设综合办公室、计统财务部、仓储物流部、营销租赁部和内蒙古太西煤集团合泽运输有限公司，从业人员39人。

（2）内蒙古太豪国际物流有限公司。公司于2012年成立，是内蒙古太西煤集团全资子公司。截至2015年底，公司拥有大型运煤车辆260辆，在策克口岸建成了海关监管场所、员工生活区、商服区、办公区等共计65万平方米、建设规模达1000万吨/年运量的太豪国际物流园区。

（3）内蒙古千万里国际物流有限公司。公司于2013年5月成立，是内蒙古太西煤集团投资的分公司。2015年初，物流公司与吉查铁路筹备处、乌达运销站进行机构、业务上的整合。公司下设铁路运输部、综合办公室、物流部及财务部，在编人员共计25人。因为土地问题，公司未运营。

2. 主要业务

物流公司主要从事道路普通货物运输、货运客运场站服务、货物运输代理服务、仓储服务、装卸搬运服务、配送服务、车辆租赁、停车场（出租）、货物包装、流通加工、车辆配件、建材销售、大型农副产品配送、农牧业机械化及资料供应、房屋租赁、进出口贸易、加工、包装、配送、机械设备、日用百货、旅游、铁路发运、流通加工、保税物流、金融物流等服务。公司经营情况见表10-3-3。

表10-3-3 2010—2015年内蒙古太豪国际物流有限公司经营情况统计表

年度	销量（万吨）	收入（万元）	利润（万元）
2010	111.08	46780.42	8326.10
2011	139.16	71864.20	7859.91
2012	104.90	44937.54	-10266.62
2013	90.08	27939.81	-2373.29
2014	56.53	10914.52	-7028.66
2015	49.53	7969.02	-9632.58

第四章 金 融 业

第一节 发行股票

一、伊泰B股

（一）"伊煤B股"上市与增持

1996年6月，伊克昭盟煤炭集团公司向自治区体改委、证监会上报了改制与B股上市申请书；9月，自治区人民政府印发《关于推荐我区伊克昭盟煤炭（集团）股份有限公司发行B股的函》；12月，国务院证券委印发《关于内蒙古伊克昭盟煤炭股份有限公司为发行境内上市外资股预选企业的通知》。

1997年1月，伊煤集团成立B股上市及改制领导小组与工作机构，开展相关准备工作，确定了B股上市发行的主承销商、国际协调人、国际会计师事务所、国内外审计机构、法律顾问单位、资产评估机构等。1997年4月，《内蒙古伊泰煤炭股份有限公司发行境内上市外资股申报材料》正式上报中国证监会；7月15日，国务院证券委员会下发《关于同意内蒙古伊泰煤炭股份有限公司（筹）发行境内上市外资股的批复》，同意内蒙古伊泰煤炭股份有限公司（筹）发行境内上市外资股16600万股，每股面值人民币1元；发行结束后，公司的总股本为36600万股，其中法人股20000万股，由伊克昭盟煤炭集团公司持有，占总股本的54.64%；境内上市外资股本16600万股，占总股本的45.36%。7月18日，最终确定发行市盈率按10.3倍计算，每股0.4073美元，折合人民币每股3.377元。

1997年8月2日，内蒙古伊泰煤炭股份有限公司成立，是伊克昭盟煤炭集团公司全资子公司。8月6日，上海证券交易所下发《关于内蒙古伊泰煤炭股份有限公司境内上市外资股（B股）上市交易的通知》，确定自1997年8月8日起在上海证券交易所交易市场上市交易；股票简称为"伊煤B股"，证券代码为"900948"。8月8日，伊煤B股首日开盘价为 0.446 美元/股，涨幅达 15.39%，当日最高价 0.474 美元/股，成交 3244.79 万股，成交金额 1352.27 万美元，折合人民币 1.19 亿元，列沪市日交金额第五位。

图 10-4-1 1997 年 8 月 8 日，伊煤集团公司总经理张双旺为"伊煤 B 股"上市鸣锣

本次公开发行 B 股募集资金净额 52414 万元，主要用于购置自备车运营专列 14 列、兴建年产 120 万吨的纳林庙煤矿、改建扩建新胜及阿汇沟煤矿与暂作公司流动资金。截至 1999 年底，实际完成项目投资总额 49316.5 万元，剩余 3097.5 万元用于补充流动资金。

1999 年与 2001 年，伊煤集团经两次国有产权划转、重组后，集团转变为不含国有股的有限责任公司。2002 年 11 月，伊泰股份在《上海证券报》刊登了《伊泰股份关于控股股东改制事项的公告》，公开披露了本公司控股股东进行改制的情况。2005 年 12 月，中国证券登记结算有限责任公司上海分公司为伊泰股份办理了股东为伊泰集团的首次托管登记，股权性质为社会法人股。2006 年 9 月，国家商务部做出《商务部关于同意内蒙古伊泰煤炭股份有限公司变更股东名称、经营期限及经营范围的批复》（商资批〔2006〕1816 号），同意伊泰股份的股东伊煤集团变更为伊泰集团，股权性质由国有法人股变更为企业法人股。

2008 年，鉴于集团公司投资价值明显被低估、伊泰煤炭的股价水平未能充分反映公司的良好经营业绩的现实，伊泰集团决定通过伊泰香港有限公司实施增持"伊泰 B 股"的方案。10 月，集团公司全资设立伊泰（集团）香港有限公司，注册资本 1000 万港币；11 月，国家外汇管理局鄂尔多斯市中心支局向公司颁发了"内蒙古自治区境外投资外汇登记证"；当月，中国证券监督管理委员会核准豁免伊泰集团因通过证券交易所的证券交易而控制伊泰煤炭 1.464 亿股股份，导致合计控制伊泰煤炭 74.64% 的股份而应履行的要约收购义务，伊泰集团根据批复由其全资子公司伊泰香港公司实施上述股份增持计划，实施期限为 12 个月。

2009 年 1 月，国家发展和改革委员会下发《关于伊泰集团有限公司向伊泰（集团）香港有限公司增资并增持内蒙古伊泰煤炭股份有限公司 B 股项目核准的批复》，同意内蒙古伊泰集团有限公司向伊泰（集团）香港有限公司增资并增持内蒙古伊泰煤炭股份有限公司境内上市外资股项目，具体外汇来源由外汇管理部门核定；2 月，国家外汇管理局同意内蒙古伊泰集团有限公司购汇 4.355 亿美元，向伊泰（集团）香港有限公司增资，专项用于增持内蒙古伊泰煤炭股份有限公司境内上市外资股；4 月，国家商务部以《商务部关于伊泰（集团）香港有限公司增资并变更经营范围的批复》，同意伊泰（集团）香港有限公司注册资本由 450 万美元增加为 44000 万美元，经营范围为投资控股，进出口贸易；5 月，集团将伊泰（集团）香港有限公司注册资本增加为 150 亿港币。增资到位后，伊泰（集团）香港有限公司开始从二级市场购买"伊泰B股"。截至2010年12月底，伊泰香港公司累计持有伊泰煤炭股份有限公司股份79730000股，占公司总股本的5.45%；伊泰集团直接以及间接持有伊泰煤炭股份有限公司60.09%的股份，实现了集团资产的证券化及保值增值。

（二）证券业务管理

1. 制度建设

"伊煤B股"发行上市后，公司设立证券部负责运行业务管理；先后制订、修订完善了《内蒙古伊泰煤炭股份公司章程》《股东大会议事规则》《董事会议事规则》《总经理工作细则》《信息披露管理制度》《独立董事工作细则》《董事会战略委员会议事规则》《董事会提名委员会议事规则》《董事会审计委员会议事规则》《董事会薪酬与考核委员会议事规则》《控股子公司管理办法》《对外担保管理制度》《内部控制制度》《募集资金管理制度》《内蒙古伊泰煤炭股份有限公司内幕信息知情人管理制度》《内蒙古伊泰煤炭股份有限公司外部信息使用人管理制度》及《内蒙古伊泰煤炭股份有限公司年报信息披露重大差错责任追究制度》。2012年，对上述制度、办法及规则进行了修订与完善；颁布了《内蒙古伊泰煤炭股份有限公司实施内部控制规范整体工作方案》《内蒙古伊泰煤炭股份有限公司非金融企业债务融资工具信息披露事务管理制度》。2013年，根据H股上市要求，修改《内蒙古伊泰煤炭股份有限公司章程》，制定《上市发行人的披露政策》《内蒙古伊泰煤炭股份有限公司关于董事及有关雇员买卖公司证券事宜的书面指引》《内蒙古伊泰煤炭股份有限公司股东通讯政策》《内蒙古伊泰煤炭股份有限公司董事会成员多元化政策》等制度。2014年，修改完善《公司章程》《内蒙古伊泰煤炭股份有限公司股东大会议事规则》《内蒙古伊泰煤炭股份有限公司总经理工作细则》。

2. "三会"运作

公司上市后，严格执行上市公司的各项规范运行规则，每年例行召开股东大会，审议公司年度董事会、监事会、总经理工作报告与财务预决算报告、公司利润分配方案以及其他需要议决的问题；并根据公司运作需要，依法召开临时股东会议，审议决定上市公司运作过程中的重大事项。同时，在召开股东会议前或根据要求及时组织召开董事与监事会议。1997年8月2日，召开上市公司创立大会、第一次股东大会及第一次董事会议与监事会议，审议通过了公司《章程》及《关于申请内蒙古"伊煤"B股在上海证券交易所上市的议案》等；选举产生了上市公司第一届董事会、监事会及总经理、副总经理。

至2010年底，伊泰煤炭股份有限公司共依法召开年度股东大会13次，临时股东会议24次，依法审议通过了216项公司运作过程中的重要事项。同时，公司一、二届董事会分别召开15次会议，第三届董事会召开17次会议，第四届董事会召开28次会议，四届董事会共计召开董事会议75次，进行了规范有效的运作管理与监督；公司第一、三届监事会各召开10次会议，第二届监事会召开11次会议，第四届监事会召开9次会议，对公司的生产经营情况、财务状况以及董事会对股东会决议的落实情况，进行了审议与检查。

2011—2015年，公司共召开年度股东大会5次，临时股东会议5次，审议通过修改公司《章程》、制度，年度工作报告，为控股子公司担保及项目投资等重要决策事项100多项。共召开董事会50次，监事会26次，其中，第四届董事会议2次、第四届监事会议2次、第五届董事会议35次、第五届监事会议15次、第六届董事会议13次、第六届监事会议9次。

3. 投资者关系管理

公司上市后，经常有股东电、函询问公司的经营业绩、投资项目、产业规划等情况；并有众多机构及个人投资者的来访、来函调研。对于投资者提出的所有问题，公司均耐心地给予解答，尽量使股东得到满意的答复；对投资者提出的可行性意见积极予以采纳，保持了良好的公司形象。同时，公司利用每次召开股东大会的机会，向投资者介绍公司情况，解答投资者疑问，把股东大会作为增进与投资者之间相互了解的桥梁，增强了投资者的投资信心。2013年，利用公司网站开通了投资者来访预约系统，实现了投资者来访预约、安排、回复的智能化，提高了投资者关系工作的效率。2011—2014年，公司共接待个人与机构重要来访调研48次、600余人。

监管建议落实。公司上市运行以来，始终积极配合中国证监会及内蒙古监管局、上海证券交易所、香港联交所等单位的监管与指导，及时上报监管部门要求报送的报告，虚心接受监管，不断规范公司的法人治理结构经营管理，完善公司信息披露程序，使公司更加规范运行。至2014年底，监管部门共计提出核查要求、整改意见、问题征询、调查统计、工作通知等33次，公司均认真落实或完成整改并予报告回复。

4. 信息披露

上市公司创立以来，严格按规范运作要求开展信息披露工作。本着对股东、对公司负责的精神，及时或定期以季报、中报、年报及临时公告的方式，将公司历次股东会、董事会、监事会的决议以及公司生产经营过程中涉及股东利益的重要事项，通过法定报刊与网站向外公布。

1997年8月6日，公司首次进行上市信息披露，在《上海证券报》《香港南华早报》与http://www.sse.com.cn网站，发布公司创立大会及第一次股东大会决议公告。《上海证券报》与http://www.sse.com.cn网站，成为公司信息披露的固定报刊与网站。2001年10月13日，将公司信息披露业务改在《上海证券报》《香港商报》发布，网站未变。2006年4月，将在《香港商报》的信息发布业务变更为《香港文汇报》负责。

至2010年底，公司共发布年报公告14次，中报公告14次，季报28次，临时公告286次。期间，公司2001年被上海证券交易所评为"信息披露优秀公司"；2007年，在《上海证券报》、北大光华管理学院举办的上市公司系列评选活动中，公司在投资者及社会公众的网络投票中名列前茅，被评为"2007年最具投资潜力的上市公司"；2009年6月16日，公司成功进入上证公司治理指数样本股板块，成为唯一进入该板块的B股上市公司。

2011年，公司共发布各类公告27次，其中年报公告1次，中报公告1次，季报公告2次，临时公告23次。2012年，公司通过《上海证券报》《香港商报》及中国证监会指定的B股信息发布网站www.sse.com.cn、香港交易所指定H股信息发布网站http://www.hkexnews.hk，及时或定期以季报、中报、年报及临时公告的方式公布公司历次股东会、董事会、监事会的决议以及公司生产经营过程中涉及股东利益的重要事项；全年在上海证券交易所发布各类公告 62 次，包括定期报告 4 条、临时公告 46 条、非公告文件 12 条；在香港联合交易所发布公告、通告、通函及上市文件等共 69 次。定期报告分别为：伊泰 B 股年报、伊泰 B 股第一季度季报、伊泰 B 股半年报、伊泰 B 股第三季度季报。2013—2014 年，在上海证券交易所发布各类公告 201 次，包括定期报告 15 条、临时公告 123 条、其他公告文件 63 条；在香港联合交易所发布公告、通告、通函及上市文件等共 228 次。

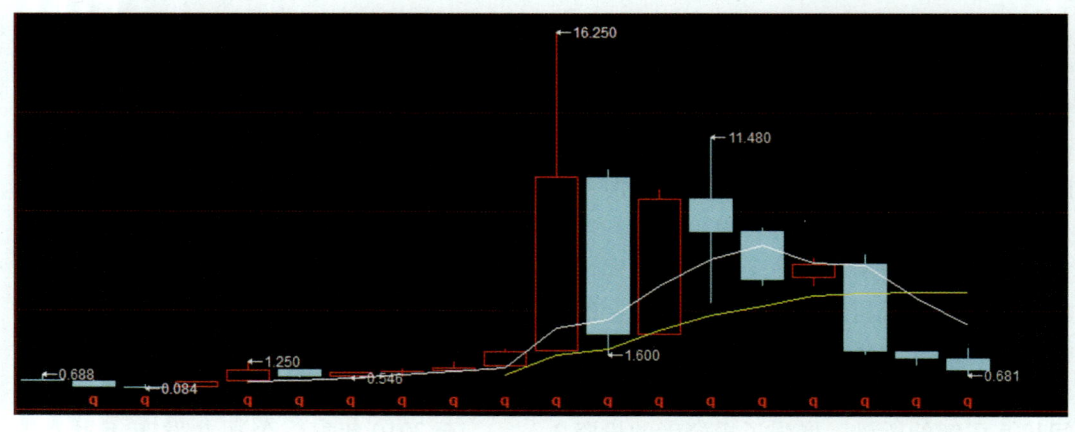

图 10-4-2　伊泰 B 股 1997—2015 年 K 线走势图

5. 股东总回报率

根据 2012 年 9 月 29 日《参考消息》报道，波士顿咨询集团的研究报告中列出了为股东创造价值的企业排行榜，该排行榜以上市公司对股东长期总回报率为指标，全球上市公司进行排名，内蒙古伊泰煤炭股份有限公司以 66% 的股东总回报率位居排行榜全球 1003 家企业之首。根据该报告，在金融危机的打击下，全球企业景气指数低迷，排行榜全球 1003 家企业整体平均股东长期总回报率仅 2.4%。内蒙古伊泰煤炭股份有限公司 2005—2011 年净资产收益率是 39.25%。

2012 年 9 月，全球权威性商业杂志《福布斯》发布了最新"亚太上市公司 50 强"，包括内蒙古伊泰煤炭股份有限公司等 23 家中国企业上榜，并以市值 88 亿美元在 50 强中排名第 28 位，以销售额 27 亿美元在 50 强中排名第 40 位。

2013 年，伊泰 B 股（900948）1 月 4 日价格为 5.743 美元，12 月 31 日价格 1.769 美元；7 月 16 日，因分红除权，股价从 4.999 美元调整为 2.403 美元。全年走势相对平缓，但总体呈下降态势，最高价格出现在 1 月 8 日，为 5.943 美元（除权前）；最低价格出现在 11 月 13 日，为 1.634 美元（除权后）。

2014 年，伊泰 B 股（900948）1 月 2 日价格为 1.76 美元，12 月 31 日价格 1.43 美元。全年波动较大，总体呈先降后升的态势，最高价格出现在 1 月 2 日，为 1.76 美元；最低价格出现在 2 月 27 日，为 1.13 美元。

2015 年，伊泰 B 股（900948）1 月 5 日收盘价为 1.51 美元，12 月 31 日收盘价为 0.912 美元。最高价格出现在 4 月 14 日，为 1.93 美元；最低价格出现在 12 月 1 日，为 0.681 美元。H 股-伊泰煤炭（03948）1月2日价格为7.03港元，12月31日价格5.42港元。最高价格出现在4月14日，为11.7港元；最低价格出现在7月8日，为4.3港元。公司股价全年波动较大，总体呈先升后降的态势。

6. 利润分配

2014年6月6日，公司做出B股、H股2013年度利润分配实施公告，按总股本3254007000股计算，向全体股东每10股派发人民币现金红利3.2元。截至2014年6月26日，所有红利发放完毕。

2015年6月18日，公司做出B股、H股2014年度利润分配实施公告，按总股本3254007000股计算，向全体股东每10股派发人民币现金红利2.08元。2015年7月15日，所有红利发放完毕。

（三）B股增持

2013年5月3日至11月2日期间，伊泰集团通过伊泰（集团）香港有限公司累计增持本公司B股股份14780000股，累计增持比例占本公司2012年度利润分配方案实施完成后总股本3254007000股的0.45%。截至2013年11月2日，伊泰（集团）香港有限公司累计持有本公司B股股份304400000股，占本公司2012年度利润分配方案实施完成后总股本3254007000股的9.35%。伊泰集团直接及间接持有本公司B股股份1904400000股，占本公司2012年度利润分配方案实施完成后总股本3254007000股的58.52%。

2013年11月7日至2014年5月6日，伊泰集团经伊泰（集团）香港有限公司共计增持本公司B股股份7600000股，占公司总股本3254007000股的0.2336%。实际增持数量未超过本次增持计划的规定。

本次增持前，伊泰（集团）香港有限公司直接持有本公司B股股份304400000股，占公司总股本的9.3546%；伊泰集团直接及间接持有本公司B股股份1904400000股，占公司总股本的58.52%。本次增持后，截至2014年5月6日，伊泰（集团）香港有限公司直接持有本公司B股股份312000000股，占公司总股本的9.5882%；伊泰集团直接及间接持有本公司B股股份1912000000股，占公司总股本的58.76%。

在本次增持计划实施期间，依据承诺，伊泰集团及伊泰（集团）香港有限公司未减持其持有的本公司股份。2013年11月7日，内蒙古伊泰煤炭股份有限公司接到控股股东内蒙古伊泰集团有限公司通知，伊泰集团已通过其全资子公司伊泰（集团）香港有限公司在上海证券交易所证券交易系统增持本公司B股股份1751337股。本次增持前，伊泰香港公司直接持有本公司B股股份304400000股，占公司总股本的9.35%；本次增持后，伊泰（集团）香港有限公司直接持有本公司B股股份306151337股，占公司总股本的9.40%。本次增持前，伊泰集团直接及间接持有本公司B股股份1904400000股，占公司总股本的58.52%；本次增持后，伊泰集团直接及间接持有本公司B股股份1906151337股，占公司总股本的58.57%。

根据后续增持计划，伊泰集团拟通过伊泰（集团）香港有限公司视市场行情，在自2013年11月7日起的6个月内以不超过每股3.5美元的价格继续增持本公司B股股份，投入金额不超过227780490美元，累计增持比例不超过本公司总股本的2%（含本次已增持股份在内）。

二、伊泰H股

（一）H股上市

2009年，伊泰集团公司为保证经营

规模不断扩展对资金的需求，决定发行H股上市。初步确定中国国际金融香港证券有限公司、中银国际亚洲有限公司为公司境外发行H股事宜的联席主承销商、联席簿记管理人、联席保荐人；委托北京立信会计师事务所就有关上市事宜作为境内审计师提供专业服务。7月，委托安永华明会计师事务所对伊泰股份公司及其下属子公司拟于香港联合交易所主板上市及收购内蒙古伊泰集团有限公司目标业务及相关资产、负债等事项提供专业服务。8月，伊泰股份公司委托世邦魏理仕为公司提供香港联合交易所上市评估咨询服务；同时与约翰.T.博德公司签署独立技术审查咨询服务建议书，委托博德公司根据JORC标准对公司12个在生产煤矿、2个在建煤矿、1个在生产选煤厂及2个在建选煤厂进行独立技术审查，用于公司在香港联交所首发上市。

图10-4-3　内蒙古伊泰集团公司总经理张东海在香港联合交易所为公司H股上市鸣锣

8月，确定高伟绅律师事务所作为公司香港及美国的法律顾问，委托北京中企华资产评估有限公司对伊泰股份公司拟收购内蒙古伊泰集团有限公司部分资产及相关负债、鄂尔多斯市伊泰储运有限责任公司股东部分权益价值等资产情况进行评估。9月，自治区人民政府向中国证券监督管理委员会发出《关于商请支持内蒙古伊泰煤炭股份有限公司发行H股并在香港联交所上市的函》，公司向中国证监会上报关于公开发行境外上市外资股（H股）并于香港联合交易所有限公司主板上市的申报材料；同时，确定德豪财务顾问有限公司向公司提供上市前内控复核服务，委托竞天公诚律师事务所担任中国法律顾问。12月22日，中国证监会审议通过了《将伊泰股份H股发行工作转发国家发改委征询意见的决定》。2010年4月，国家发改委反馈意见给中国证监会。

2010年5月，公司向中国证监会提交关于发行境外H股申请所需的28项文件；并重新确定瑞银证券亚洲有限公司、法国巴黎资本（亚太）有限公司为公司本次H股发行的联席账簿管理人及联席主承销商。6月30日，公司收到中国证监会《行政许可申请受理通知书》（100813号）；当日，公司向香港联交所报送了A1表格及相关H股发行的申请材料。7月，公司收到香港联交所受理通知函。8月，收到香港联交所与中国证监会出具的行政许可项目审查第一次反馈意见书，公司及时组织联席保荐人以及境内公司律师、境内会计师和境内资产评估师等中介机构对反馈意见所列问题进行了逐项落实并回复。9月，公司收到香港联交所第二批反馈意见及问题清单，公司同时组织有关部门对反馈意见进行回复。12月中旬，公司举行基石投资者反向路演，组织基石投资者现场了解和考察了公司煤矿、铁路运输网络以及煤制油项目。2011年2月，公司与中国信达资产管理公司、新加坡政府投资公司、新华资产管理公司、中国社保基金理事会、淡马锡、Ecofin基金、中国投资有限责任公司、中国人寿保险股份有限公司等投资者进行沟通与交流，发展基石投资者；8月，公司第二次向香港联交所重新报送发行H股并上市的A1文件及招股说明书等相关附件，并收到香港联交所关于公司H股上市申请受理函。

2012年3月，公司向中国证券监督管理委员会报送《内蒙古伊泰煤炭股份有限公司关于公开发行境外上市外资股并于香港联合交易所有限公司主板上市的申请报告（更新版）》，并第三次向香港联交所报送了H股上市申请材料。4月，公司获得中国证券监督管理委员会《关于核准内蒙古伊泰煤炭股份有限公司发行境外上市外资股的批复》，核准公司发行不超过29710.5万股境外上市外资股（含超额配售3875.2万股），并在香港联合交易所主板上市。5—6月，公司在香港、北京、深圳等地进行预路演及基石投资者反向路演。5月24日，香港联交所上市委员会举行上市聆讯，审议公司发行不超过29710.5万股境外上市外资股（含超额配售3875.2万股）并在香港联交所主板上市的申请。5月29日，公司召开五届九次董事会暨H股上市董事会，对招股说明书及资料集以及其他相关安排进行批准和确认。6月25日，公司确定本次H股发行基石投资者，并定稿、印刷红鲱鱼招股书。6月26日，公司收到香港联交所关于公司H股上市申请的无异议函，批准公司H股上市；6月29日，公司在香港刊登并派发H股招股说明书，正式确定中金香港证券、中银国际为公司H股上市的联席保荐人，确定中金香港证券、中银国际、工银国际、美银美林、瑞银投资银行、瑞士信贷、法国巴黎资本（亚太）有限公司、招商证券（香港）有限公司、麦格理资本证券股份有限公司为联席账簿管理人及联席牵头经办人。

2012年6月29日至7月5日，公司H股公开发售；7月6日，公司H股发行价确定为每股43港元。7月11日，公司公布H股发行国际配售及香港公开发售股份结果，公司H股全球共发售162667000股，占发行上市后及超额配售前总股本1626667000股的10%，其中香港公开发售1201900股，约占全球发售总数的0.74%，国际发售161465100股，约占全球发售总数的99.26%，发行价格为每股43港元；在超额配售权未获行使前，募集资金总额为6994681000港元。当日，公司收到香港联交所关于公司H股上市申请的正式批准文件。7月12日9时30分，公司H股开始在香港联交所交易。公司H股中文简称为伊泰煤炭，英文简称为YiTai Coal，H股代码为03948；公司H股在香港联交所主板成功上市，开创了中国纯B股企业及煤炭企业（B+H）上市的先河。公司H股上市首日股价收盘价43港元，开盘价41.90（-2.56%）港元，盘中最高价43港元，盘中最低价41.10（-4.42%）港元，成交274.5万股，成交金额约11700万港币。

（二）股票运行

1. 股票走势。H股·伊泰煤炭（03948）2014年1月2日价格为44.55港元，12月31日价格13.20港元；7月12日分红除权股价从36.25港元调整为17.5港元，最高价格出现在1月8日，为44.85港元（除权前）；最低价格出现在12月31日，为13.20港元（除权后）。公司H股呈下降趋势的主要原因是，2013年度煤炭价格大幅下降，煤炭行业盈利空间缩小，煤炭企业业绩均出现不同程度的下滑，煤炭股整体表现不佳。

H股——伊泰煤炭（03948）2015年1月2日价格为13.2港元，12月31日价格6.7港元。最高价格出现在1月2日，为13.2港元；最低价格出现在12月31日，为6.7港元。2014年，由于煤炭价格继续呈现下行趋势，煤炭行业盈利空间进一步缩小，煤炭企业业绩均出现较大程度的下滑；同时 B 股市场交易不活跃且估值较低，所以公司 B 股、H 股年末股价相较年初都出现了不同程度的下跌。

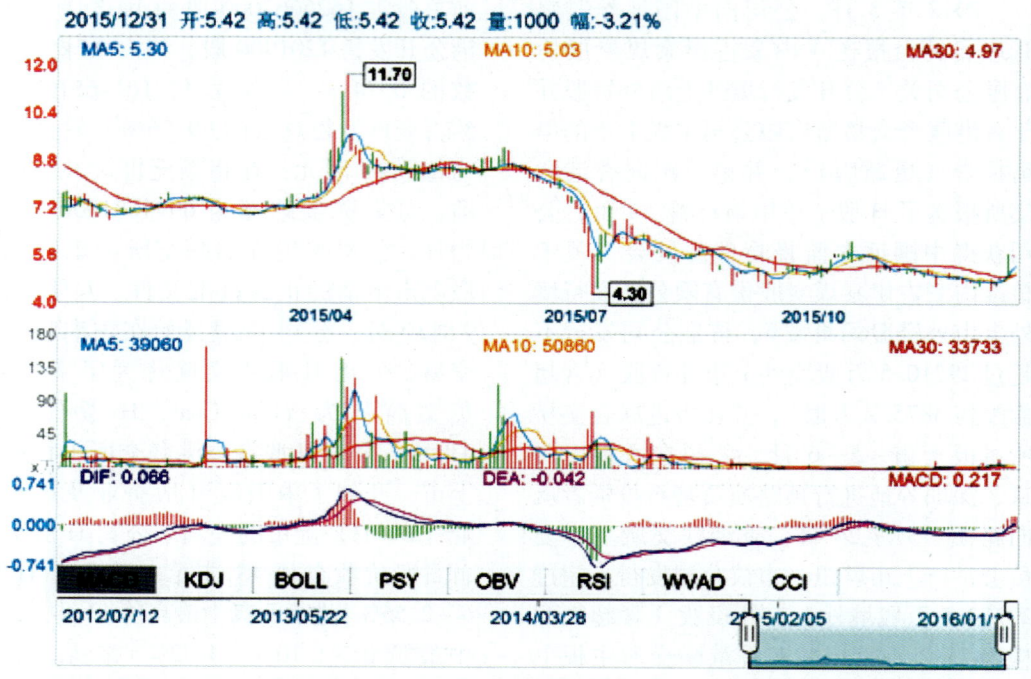

图 10-4-4　伊泰 H 股走势图

2. 利润分配。2014 年 6 月 6 日，公司做出 H 股 2013 年度利润分配实施公告，按总股本 3254007000 股计算，向全体股东每 10 股派发人民币现金红利 3.2 元。截至 2014 年 6 月 26 日，所有红利发放完毕。

2015 年 6 月 18 日，公司做出 H 股 2014 年度利润分配实施公告，按总股本 3254007000 股计算，向全体股东每 10 股派发人民币现金红利 2.08 元。2015 年 7 月 15 日，所有红利发放完毕。

三、露天煤业（002128）

（一）发起人股东

2001 年 3—5 月，经霍煤集团公司董事会和通辽市政府批准，由霍煤集团公司董事长王利民等人带队，多次到各拟发起人单位洽谈设立露天煤业、实行 A 股上市事宜，并达成初步协议。2001 年 6—7 月，对公司 A 股上市需要的券商、审计机构、律师、资产评估、储量评估、采矿权评估等中介机构进行了甄别和选定。2001 年 8 月 1 日，各中介机构正式进场工作，至 2001 年 11 月底已全部完成了露天煤业设立前的所有准备工作（包括评估、审计、各级政府批文）。2001 年 12 月 8 日，内蒙古霍林河煤业集团有限责任公司、中国信达资产管理公司、吉林省纽森特实业有限公司、大庆霍利物资经贸有限公司、沈阳铁路经济发展总公司、沈阳东电茂霖燃料有限公司、太原重型机械集团有限公司、湘潭电机集团有限公司、中煤国际工程集团沈阳设计研究院、中国矿业大学、辽宁工程技术大学为主发起人，在霍林河宾馆召开了内蒙古霍林河露天煤业股份有限公司创立大会暨首次股东大会。

（二）认购股份

根据自治区财政厅批复（内财企〔2001〕1122号），内蒙古霍林河煤业集团有限责任公司将已经评估的净资产28107.695万元投入新成立的内蒙古霍林河露天煤业股份有限公司，按65.4625比例折为18400万股，设置为国家股；内蒙古霍林河煤业集团有限责任公司从其投入露天煤业的资产中划出4000万元，抵付中国信达资产管理公司的贷款债权，并用作中国信达资产管理公司对露天煤业的出资，折为2618.5万股，设置为国有法人股；吉林省纽森特实业有限公司现金出资1500万元，折为981.937万股，设置为法人股；大庆霍利物资经贸有限公司现金出资596.924万元，折390.761万股，设置为法人股；沈阳铁路经济发展总公司现金出资300万元，折196.387万股，设置为法人股；沈阳东电茂霖燃料有限公司现金出资200万元，折130.925万股，设置为法人股；太原重型机械集团有限公司现金出资100万元，折65.463万股，设置为法人股；湘潭电机集团有限公司现金出资100万元，折65.463万股，设置为法人股；中煤国际工程集团沈阳设计研究院现金出资80万元，折52.37万股，设置为国有法人股；中国矿业大学现金出资75万元，折49.097万股，设置为国有法人股；辽宁工程技术大学现金出资75万元，折49.097万股，设置为国有法人股。

（三）股票上市

2005年7月，露天煤业根据2005年上半年审计报告和公司经营发展情况第七次补报了招股说明书。A股发行仍处于等待阶段。

2006年5月下旬，国内上市公司股权分置改革大部分工作任务已完成，证监会决定重启新股发行工作。鉴于内蒙古自治区在全国率先完成股权分置改革工作和露天煤业的优良资质，露天煤业可能成为重启IPO后的第一家发行新股的公司。自治区政府也大力支持露天煤业重启国内A股上市工作，自治区金融办、山西证券、中电投集团公司和中电霍煤集团公司经过综合分析，暂停了H股上市准备工作，并于2006年6月初重启了A股上市工作。

在自治区政府领导、相关部门、中电投集团公司、山西证券的共同努力下，露天煤业A股发行上市工作得到了证监会的支持。公司从2007年初开始倒排A股上市的一切相关工作，完成招股说明书、投资价值研究报告、财经公关机构提交宣传资料，组织承销团，编写承销团材料，并开始准备申报的相关材料。2月末，公司领导专程到证监会对证监会启动公司上市流程进行汇报沟通。3月13日，证监会通知保荐人和露天煤业公司，同意接收露天煤业公司过会以后形成的会后重大事

图10-4-5 霍煤股份公司召开股票上市推介会

项说明材料，标志着露天煤业发行上市工作在证监会内部的工作流程开始启动。3月16日，重大事项说明材料、招股说明书正式报至证监会，等待证监会发行批文。3月28日，公司首次公开发行7800万股人民币普通股（A股）的申请获中国证券监督管理委员会核准（证监发行字〔2007〕61号），在巨潮资讯网、上海证券报、中国证券报、证券时报4家公司信息披露指定媒体刊登了招股书公告。3月30日至4月5日，分别在北京、上海和深圳三地进行路演，向基金和投资机构进行询价，最终确定发行价格为9.8元/股。

图10-4-6 2007年4月18日，露天煤业股票在深圳成功上市，敲响上市宝钟

本次发行数量为7800万股，其中网下向配售对象配售数量为1560万股，占本次发行总量的20%；网上以资金申购方式定价发行数量为6240万股，占本次发行总量的80%。4月6日网下配售工作结束，本次有效申购（指参与了初步询价、申购数量符合有关规定且足额缴纳申购款的申购）的配售对象为197家，有效申购总量为277058万股，有效申购资金总额为2715168.4万元人民币，有效申购获得配售的比例为0.5630589985%，认购倍数为177.6倍。4月6日，进行了网上申购，网上定价发行有效申购户数为398768户，有效申购股数为27363337000股，发行的中签率为0.2280423619%，超额认购倍数为439倍。4月18日，在深圳证券交易所举行了上市发行仪式，标志着露天煤业成功上市。上市交易首日开盘价26元，最高28元，最低25.55元，收盘26.30元。

公司上市前发起人股本情况：

根据公司2005年12月2日第二次临时股东大会决议，公司以2005年10月31日为基准日，向全体股东以法定盈余公积金转增股本1702万股，并送红股14628万股，合计增加股本16330万股。变更后公司的注册资本为人民币39330万元。

根据公司2006年11月4日第二次临时股东大会决议，以2006年6月30日为基准日，向全体股东以法定盈余公积金转增股本，以未分配利润送红股，共计增加股本18288.45万元。变更后公司的注册资本为人民币57618.45万元。

（四）公司上市后历年股本变动情况

2008年3月26日召开的2007年度股东大会决定以资本公积金向全体股东每10股转增3股，共转增股本19625.535万股，2008年4月25日实施完毕，总股本变为85043.985万股。

2009年3月31日召开的2008年度股东大会决定以资本公积金向全体股东每10股转增3股，共转增股本25513.1955万股，2009年5月18日实施完毕，总股本变为110557.1805万股。

2010年4月13日召开的2009年度股东大会决定以可供分配利润向全体股东每10股送红股2股，共送红股22111.4361万股，2010年5月19日实施完毕，总股本变为132668.6166万股。

（五）公司资产收购

为了进一步强化本公司的煤炭主业，减少与控股股东之间的同业竞争，2009

年3月31日召开的2008年度股东大会首次审议通过了《关于收购中电投蒙东能源集团有限责任公司扎哈淖尔露天矿采矿权及相关资产和负债暨关联交易的议案》。本公司收购的标的资产为蒙东能源持有的扎哈淖尔露天矿采矿权及相关资产和负债。蒙东能源就标的资产设立了中电霍煤集团公司扎哈淖尔分公司（以下简称"扎矿分公司"），扎矿分公司成立于2006年12月8日，营业场所为扎鲁特旗扎哈淖尔开发区。经营范围为煤化工工程建设投资咨询、煤矿工程建设；机电设备租赁、房屋租赁等国家允许的业务。扎矿分公司不具有独立法人资格，财务独立核算。

标的资产位于内蒙古霍林河煤田，项目于2005年正式开工建设，目前仍为在建工程，预计建成投产后将具有年产1500万吨煤炭的生产能力。该建设项目已获得国家环境保护总局批复（环审〔2005〕720号），并已获得国家发展和改革委员会批复（发改能源〔2005〕2740号）。标的资产未设定担保、抵押、质押及其他任何限制转让的情况，也未涉及标的资产的诉讼、仲裁或司法强制执行及其他重大争议事项。

2010年，再次聘请评估机构对标的资产进行评估，根据中企华评报字（2010）第261号《资产评估报告》，截至评估基准日2010年5月31日，采用成本法评估后中电投蒙东能源集团有限责任公司扎哈淖尔分公司的总资产为294636.83万元，总负债为194928.15万元，净资产为99708.68万元。

2010年6月17日，蒙东能源扎哈淖尔露天矿采矿权转让获得政府审批通过，采矿权许可证采矿权人变更为内蒙古霍林河露天煤业股份有限公司。

2010年7月28日，公司召开了2010年第一次临时股东大会，审议通过《关于收购中电投蒙东能源集团有限责任公司扎哈淖尔露天矿采矿权及相关资产和负债暨关联交易的议案》，实施收购。

2010年10月，完成收购，成功收购后将提升公司经营规模，做强、做大煤炭主业，并逐步实现蒙东能源整体上市，减少和避免公司与控股股东的同业竞争。

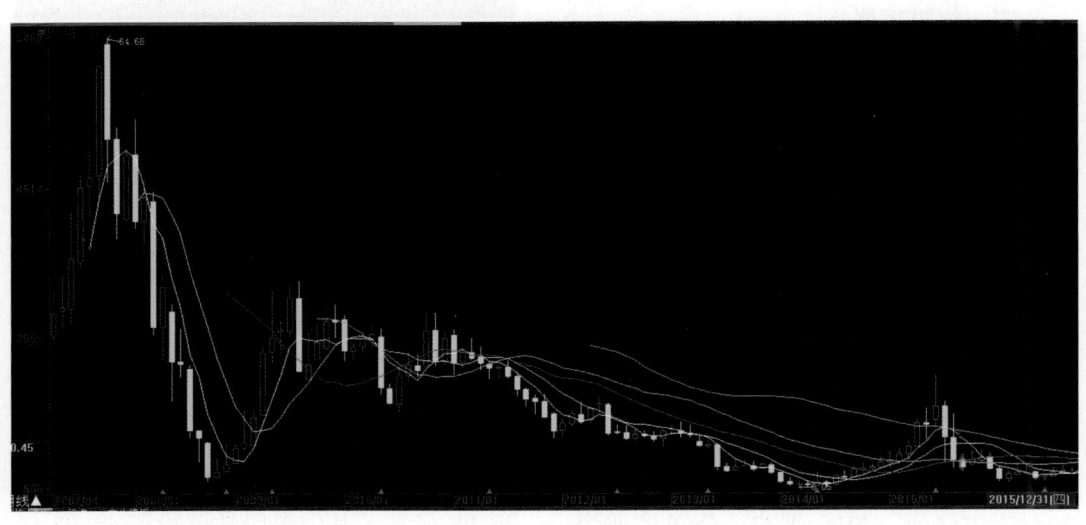

图10-4-7 露天煤业2007—2015K线走势图

（六）发行非公开发行新股

2014年12月4日，露天煤业非公开发行的307692307股新股在中国证券登记结算有限责任公司深圳分公司完成股份登记，该部分股份由中电投蒙东能源集团有限责任公司、华泰资产管理有限公司、申万菱信（上海）资产管理有限公司、广发基金管理有限公司等8家投资机构成功认购。12月11日，该新增股份实现首日上市。

本次非公开发行新增股份按照《内蒙古霍林河露天煤业股份有限公司非公开发行股票认购邀请书》规定的程序和规则，依据《上市公司证券发行管理办法》《上市公司非公开发行股票实施细则》和中国证监会关于非公开发行股票的其他规定，发行人与国信证券根据簿记建档等情况，按照"价格优先、金额优先、时间优先"的原则确定认购获配对象及获配股数。该部分募集资金用于收购通辽霍林河坑口发电有限责任公司100%股权。

第二节 投资与放贷

一、投资企业

（一）内蒙古伊泰集团有限公司

1. 内蒙古伊泰投资有限责任公司

2006年3月21日，内蒙古伊泰投资有限责任公司创立大会暨第一次股东会在集团公司总部举行，应到股东代表31人，实到31人；代表出资额5.8亿元，占公司资本总额的100%。

2007年1月30日，公司召开2006年股东会，会议决定公司注册资本增加至6.5亿元。2010年1月，公司召开2009年度股东会，会议决定公司注册资本增加至7.2亿元。2015年初，公司注册资本仍为7.2亿元；同年12月，公司开始持有集团公司99.54%的股权。

2. 鄂尔多斯市伊泰投资控股有限责任公司

公司于2010年5月6日在内蒙古鄂尔多斯市注册成立，注册资本12亿元，由符合持股条件的职工委托35名股东共同出资设立，属股份制民营企业，主要投资于内蒙古伊泰置业有限责任公司。

本次具有持股资格的人员是指截至2009年12月31日与伊泰集团各公司存在劳动关系并登记在册的人员。

2013年12月，公司注册资本由12亿元增加到15亿元。2015年12月，公司注册资本由15亿元增加至16.81亿元；股东会仍由符合条件并接受其他股东委托行使股东权利的35名股东代表组成。

图10-4-8 伊泰集团与中国银行建立战略合作关系

截至2015年12月，伊泰集团资产总额为1051.89亿元，其中，运营资产706.44亿元、在建资产345.44亿元（表10-4-1~表10-4-3）。

按产业板块分类，煤炭板块总资产290.24亿元、铁路板块总资产132.41亿元、煤化工板块总资产284.15亿元、置业板块总资产196.38亿元、对外投资76.98亿元（其中参股铁路投资43.98亿元、金融工具投资6.76亿元、其他投资

26.24亿元)、其他资产71.73亿元(其中酒店及会所13.51亿元)。

表10-4-1 截至2015年底伊泰集团在建煤矿投资统计表 万元

煤矿名称	投资概算	累计投资
红庆河煤矿及选煤厂	680489	393767
塔拉壕煤矿及选煤厂 塔拉壕专用铁路	322491	221600 19300
伊犁矿业	267430	108200

表10-4-2 截至2015年底伊泰集团在建铁路情况统计表 万元

项目名称	起止点	投资概算	累计投资
呼准甲托增建二线 王气至呼南上行线	甲兰营至托克托 王气至呼和南	190064	156375
大马铁路	大饭铺西至马栅	311914	49907
红庆河铁路专用线	红庆河至新街西	36786	13000
嘎鲁图铁路专用线	乌审旗站至嘎鲁图装车站	58802	68

表10-4-3 截至2015年底伊泰集团煤化工板块在建项目建设情况表 万元

项目	投资概算	累计投资
伊泰化工	1688026	1024330
伊犁能源	1789972	522661
新疆能源	3,195076	542322
煤制油二期	3517872	69099

(二)内蒙古伊东投资集团有限公司

2009年12月22日,自治区规模最大的民营企业联合重组完成,12家民营企业以总资产243亿元组建的内蒙古伊东投资集团有限公司召开创立大会。内蒙古伊东投资集团有限公司随即控股内蒙古伊东煤炭集团有限责任公司,成为该公司的母公司。

公司煤炭板块累计投资250多亿元,积极推进企业由煤炭向煤化工转型发展。公司按照现代化安全高效矿井标准,投资40多亿元完成矿井综合机械化改造及配套选煤厂建设。

累计投资170亿元建设沙圪堵循环经济化工园区、大路煤制甲醇化工园区和乌兰察布旗下营氯碱化工园区,实现就地转化煤炭700万吨。形成设计年产甲醇70万吨、多孔硝酸铵20万吨、兰炭60万吨、电石105万吨、烧碱32万吨、PVC40万吨(其中糊树脂10万吨)、年发电6.4亿千瓦时。非煤产业有机械加工制造、高岭土洗选和煅烧、陶瓷、包装等项目。这些项目均已投产、达产、超产,工艺设备领先于同行业。

(三)内蒙古蒙发能源控股集团有限公司

1.新雅玛格住房工程有限责任公司

新雅玛格住房工程有限责任公司位于蒙古国乌兰巴托市,注册资本为10万美元,主要从事房地产开发、安居工程建设。

公司旗下的新雅玛格住房工程建设项目位于蒙古国首都乌兰巴托西南12千米,坐落在成吉思汗国际机场与市区连接的主要公路南侧。该项目分别计划在蒙古国政府实行的"政府100000安居工程"及国会实行的"新发展"中期计划的范围内。

该项目一期投资约2.3亿美元,项目分3个阶段实施,第一、二阶段为住宅、停车场及公共基础设施建设,项目于2015年4月开始并于2016年第二季度完成。第三阶段为公共建设,项目于2016年开始并于2017年下半年完成。项目建成后,预计净销售收入将达到4.3亿美元,净利润1.2亿美元。此项目的建成将大力推动公司出口产业发展;为当地创造约1000人就业岗位;预计每年将为蒙古国缴纳各种税收金额约1400多万美元。

2. 加拿大蒙发国际资源有限责任公司

蒙发国际资源有限公司于2009年在加拿大温哥华注册成立，注册资本500万美元，现为温哥华中资企业协会成员。公司的主营业务包括投资管理北美能源矿产和房地产等项目、为国内矿业项目兼并上市提供平台、为协助国内公司进出口设备和矿业服务提供渠道和平台、处理集团公司和商业伙伴在北美的商访参展等事务。

3. 香港朗新国际投资公司

2013年，蒙发能源控股集团收购朗新国际有限公司100%股权。以现金方式购入的香港朗新国际投资公司（英文名：LONGEST DAY INTERNATIONAL LIMITED）位于香港顺丰国际中心，投资总额为360万美元，主要以开展股权投资为主。

（四）神东天隆集团有限责任公司

2013年11月，集团公司将投资战略部与资源管理委员会合并，成立投资与资源管理部，编制5人，部长1人，副部长2人。集团公司重新修订《神东天隆集团投资管理制度》，将投资定义专指为股权性投资。

截至2015年，集团公司全资投资项目24项，投资金额146288.96万元；对外控股公司6个，投资金额137706.02万元；参股公司14个，投资金额140977.10万元。

二、小额贷款企业

（一）鄂尔多斯市满世小额贷款有限责任公司

鄂尔多斯市满世小额贷款有限责任公司系由自治区金融工作办公室审批，经鄂尔多斯市工商行政管理局批准，于2010年10月11日成立，注册资本2亿元。各股东认缴注册资本和出资比例：内蒙古满世煤炭集团有限责任公司18000万元，占比90%，准格尔旗昶旭煤炭有限责任公司开发中心2000万元，占比10%。2012年初，公司股东变更为：内蒙古满世投资集团有限公司占比90%，鄂尔多斯市满世房地产开发有限责任公司占比10%。

公司主要经营范围：小额贷款和除存款以外的中间业务、资产租赁、信用担保业务等（国家法律、法规规定应经审批的，未获审批前不得生产经营）。

1. 机构队伍

公司成立后设业务部、风险部、综合部、财务部、审委会、法务部等部门。公司成立之初共10人，目前共5人。

2. 资本运营

2011年，公司总资产23923万元，其中货币资金2389万元，应收利息660万元，固定资产0.3万元；总负债10万元，所有权益23913万元。全年累计实现营业收入4118万元，实现净利润3960万元。全年累计新增发放贷款30笔28500万元，收回贷款18笔23100万元，贷款余额21400万元，共计22笔，较年初16000万元增加5400万元，2011年度贷款年周转率1.46次。无不良、展期等贷款。

2012年，公司总资产27030.27万元，其中货币资金890.43万元，应收利息2976.52万元，固定资产0.7万元；总负债2934.91万元，所有权益24095.36万元。全年累计实现营业收入2286.71万元，完成全年计划5126万元的44.61%，实现净利润2102.47万元，完成全年计划4960.76万元的42.38%。全年累计新增发放贷款18笔14730万元，收回贷款17笔10830万元。贷款余额25300万元，共计26笔，较年初21400万元增加3900万元，2012年度贷款年周转率0.55次。不良贷款5户，12000万元。

2013年，公司总资产30229.9万元，其中货币资金86.57万元，应收利息7722.95万元，固定资产0.98万元；总负债7718.51万元（全部为待转利息收入），所有权益22511.38万元。全年累计实现营业收入835万元，完成全年计划2244万元的37.21%，实现净利润678万元（计提坏账准备后净利润为-1583.98万元），完成全年计划2077万元的33%。全年累计新增发放贷款16笔12080万元，收回贷款14笔10625万元，贷款余额26755万元，共计28笔，较年初25300万元增加1455万元，2013年度贷款年周转率1.94次。不良贷款8户，18800万元。

2014年，公司总资产31375.1万元，其中货币资金1888.31万元，交易性金融资产4400万元，应收票据168万元，应收利息12277.77万元，固定资产0.98万元；总负债12295.37万元（全部为待转利息收入），所有权益20297.95万元。全年累计实现营业收入720.65万元，完成全年计划830万元的87%，实现净利润600万元（计提坏账准备后净利润为-2886.02万元），完成全年计划500万元的120%。全年累计新增发放贷款2笔230万元，收回贷款1笔130万元，贷款余额19991.52万元，共计23笔，较年初26755万元减少6763.48万元。不良贷款9户，21630万元。

2015年，公司总资产13403万元，其中货币资金1768万元，交易性金融资产3850万元，固定资产0.2万元；总负债10.87万元，所有权益13392万元。全年累计实现营业收入239.25万元，实现净利润146万元（计提坏账准备后净利润为-5675.11万元）。公司全年累计新增发放贷款9笔1240万元，收回贷款257万元，贷款余额20884.59万元，共计29笔。不良贷款12户，共25140万元。

（二）伊金霍洛旗丰银小额贷款有限责任公司

2009年，经自治区金融工作办公室批准，内蒙古蒙发能源控股集团有限责任公司成立丰银小额贷款有限责任公司，注册资本5000万元，2013年11月增资为1亿元。

公司立足于本地区农牧民、个体工商户、小型企业，采用灵活多样的贷款方式为客户服务。截至2014年10月，公司累计放款6亿余元，帮助、扶持小微企业、个体工商户和农牧民客户300余户。

（三）呼和浩特万汇隆小额贷款股份有限公司

呼和浩特万汇隆小额贷款股份有限公司于2009年2月27日在呼和浩特市新城区成立，注册资本为1.3亿元。主要经营范围为：小额贷款和除存款以外的中间业务、资产租赁、信用担保业务等。公司由3位股东组成，其中内蒙古特弘煤电集团有限责任公司以货币出资7500万元，占注册资本的57.7%；融桥中小企业信用担保公司以货币出资4000万元，占注册资本的30.8%；邬倩出资1500万元，占注册资本的11.5%。

万汇隆小额贷款股份有限公司设立股东会，由全体股东代表组成；设立董事会，由3人组成，由股东大会选举产生；并设监事1名，由股东会选举产生。公司共有员工8人，其中高管3人、财务部2人、办公室3人。

在贷款管理上，严格执行贷款的"三查制度"，坚持贷前调查、贷时审查、贷款检查。同时，公司还积极与各大商业银行、国内外知名的专业金融服务机构建立合作伙伴关系,大力构建多层次、多样化的贷前、贷中和贷后服务平台,为100多家中小企业提供了融资增值服务,降低了客户融资成本。

万汇隆公司在2009年3月1日至2014年12月31日期间,营业收入总计13994.79万元,支出总计2152.16万元,截至2014年12月31日,未分配利润5105.22万元。

（四）内蒙古西蒙集团公司小额贷款有限责任公司

1. 组织机构

内蒙古西蒙集团公司小额贷款有限责任公司成立于2008年1月,注册资本3.35亿元人民币,是经自治区及呼和浩特市两级金融办批准的小额贷款试点单位,主要从事小额贷款和除存款以外的中间业务、汇款业务、租赁业务,主要服务对象为农牧民、个体工商户和微小企业。公司总部位于呼和浩特市,下辖鄂尔多斯分公司、包头分公司和通辽市西蒙通联公司,现有员工20余人。

西蒙集团公司小额贷款有限责任公司成立4年以来,担保方式灵活,除了"房屋、土地抵押""公务员保证"等常规方式外,还尝试了设备抵押、存货质押、应收账款质押等贷款。目前是中国小额信贷联席会会员单位、内蒙古自治区小额信贷协会理事单位,是自治区诚信企业。

2. 分支机构设置情况

2009年6月,公司注册资本变更至1亿元人民币,并经鄂尔多斯市金融办批复,于2009年8月设立鄂尔多斯市分公司。10月、11月分别增资至1.5亿、2亿元人民币,与通辽市当地机构合作,于2009年12月成立通辽市西蒙通联小额贷款有限责任公司,2010年3月,西蒙集团公司小额贷款有限责任公司包头分公司开门营业。由此形成了"呼、包、鄂、通"四家机构由东至西延展式分布格局。

第五章 其他产业

第一节 农林业

1991年以前,自治区部分煤炭企业开始发展农业,主要从事农作物种植、育种、有机果蔬种植等。截至2015年12月31日,尚有5家涉农煤炭企业。

一、农业

（一）神华乌海能源有限责任公司农林开发公司

1. 机构与队伍

1993年,乌达矿务局党政提出"以产定人,减人提效"的工作方针。展开了大规模的北沙滩开发工程,用一年时间开垦土地130余万平方米,营造防护林26.7万平方米,安置矿区富余人员380多人。先后成立了苏海图农林队、黄白茨农林队、五虎山农林队和三处农林队。1994年4月,乌达矿务局将林业处与多种经营总公司的农业开发公司合并,成立农林开发公司。下属单位有6个林业分场、机务队、机电队、养鱼场、小工厂、服务站、加油站、排灌站、氧气厂。职工人数308名。1995年，农林公司推行土地补贴承包，同时成立农业综合服务站，为包地职工提供化肥种子等农用物资、农机具和技术培训服务。

至1999年共开垦耕地557.2万平方米，耕地面积占乌海市的17%。有24个基层单位2333人从事农业生产，其中职工及转岗职工1309人，农业户人员686人，外业人员338人。2013年2月，公司划归乌海能源公司后勤服务中心管理。

2. 经营与管理

1991年，乌达矿务局的农业生产由各大矿农场管理，耕地达到20万平方米。1993年，通过开发北沙滩，形成了农副业生产基地。1996—1997年，矿务局筹集资金496万元为各单位修建了温室大棚11.3万平方米、304座，并首次成功引进了黑籽南瓜嫁接黄瓜种植技术，广泛推广西红柿、辣椒、茄子的冬季栽培技术。1995年，黑籽南瓜嫁接技术荣获乌海市科技推广二等奖。

1999年6月，乌达矿务局出台了《乌达矿务局改制总体方案》，组建多经总公司。1999年，共开垦土地1040万平方米，其中耕地557.2万平方米、林地444.6万平方米、保护地12.6万平方米、鱼塘5.4万平方米。全局有16个二级单位拥有耕地和林地，有24个基层单位从事农业生产。从业人员2333人。全局粮食产量1500吨，蔬菜18900吨，农林业年产值1050万元；开通道路11.2千米，架设输电线路5470米，开挖机井3眼，铺设灌溉管路13千米；完成防护林建设72万平方米，开发土地400万平方米。

2014年3月，由于乌海市建设乌海湖的需要，拆除了水利排灌站建在黄河边的浮动泵船和一提水泵房。经协商，黄河海勃湾水利枢纽工程有关部门同意公司在一提水原位置暂建一座临时移动泵站。2014年5月，临时移动泵站建成，灌溉能力为5000亩，为农田和林地的浇灌提供了保证。

（二）大雁集团公司呼伦贝尔鹤声薯业发展有限公司

1. 机构与队伍

2004年，大雁煤业公司呼伦贝尔鹤声薯业发展有限公司（以下简称鹤声薯业公司）成立，采取"种植队伍专业化、机械作业标准化、经营管理集约化"的管理模式经营，获得了内蒙古自治区人民政府企业管理现代化创新成就奖。2006年，鹤声薯业公司撤销组培室，成立组培扩繁中心。公司职工增至232人。2007年，成立种薯种植管理中心、原料种植管理中心两个专业化种植管理机构。公司职工增至247人。2009年，公司机关内设综合部、生产部、经营部、供应部、销售部；下属淀粉厂、种植管理中心、组培扩繁中心、原料种植中心、农机队；职工204人，其中各类中级以上专业技术职称人员22人，其中高级职称2人。

2013年，蒲公英茶厂成建制划归鹤声薯业公司。利用蒲公英"清肺止咳，散疖消痛"的保健功效进行茶叶生产，取得了国家专利（专利号：ZL01133278.6）。茶厂有员工11人。2014年，公司设经理1人、总农艺师1人、书记兼工会主席1人，有员工186人。

公司成立多种经营管理中心，设主任1人，副主任2人。负责公司马铃薯外围基地、种薯储藏、设备管理等工作。截至2015年6月，公司员工186人，其中有各类初级以上专业技术职称人员56人。机关内设综合部、生产部、经营部；下属组培扩繁中心、种植管理中心（下设4个种植队）、农机队、工程检测中心、淀粉加工厂、多种经营中心、市场销售部、蒲公英茶厂。

图 10-5-1 神华大雁集团鹤声薯业公司马铃薯园区

2. 经营与管理

2004—2005 年，雁煤公司鹤声薯业公司依托较为完备的马铃薯制种体系优势，以提升马铃薯脱毒试管苗扩繁能力为基础，逐步扩大原种、原种两级核心种薯的繁育数量，培育新的种薯销售渠道，将公司种薯盈利模式从以原一种薯销售创利为主，向以核心种薯销售创利为主转型。2005 年，精淀粉厂正式投产运行，生产精淀粉 3913 吨。

2007 年，生产精淀粉 7800 吨。2008 年，马铃薯产业形成培育、种植、加工、销售一条龙发展链条，被自治区政府评为"农牧业产业化重点龙头企业"，"鹤声"牌种薯被评为自治区著名商标。

从 2014 年开始，在乌兰察布市和牙克石市等地合作种植马铃薯种薯，建立种薯扩繁外围基地。鹤声薯业公司提供种薯和技术服务，秋季回收合格种薯。为有效利用现有资源增加收入，鹤声薯业公司又与其他公司合作种植小麦、油菜等作物，公司有偿提供土地和部分设施，既解决了土地轮作倒茬的问题，又增加了企业收入。

（三）内蒙古天福祥生态农业园区有限责任公司

内蒙古天福祥生态农业有限责任公司于 2007 年在伊金霍洛旗注册成立，是集现代生态农业种植、示范、观光和绿色园林餐饮为一体的现代农业产业示范园区。

园区位于鄂尔多斯市伊金霍洛旗阿勒腾席热镇东南郊，属于阿康城市总体规划区的一部分。总占地面积 67 万平方米，总投资 3.2 亿元，隶属于蒙发能源控股集团。园区距郡王府（内蒙古地区保存最完整的王爷府之一）仅 5 千米，距鄂尔多斯飞机场 8 千米，距成吉思汗陵旅游区 25 千米，距九成宫大秦直道旅游区 28 千米，距响沙湾旅游区 60 千米，距红碱淖旅游区 65 千米，地理位置十分优越。拥有生态餐厅（"五洲国宴"接待中心）、高级商务会所（五洲会所）、连栋智能温室、人工湖等休闲旅游设施，可接待游客 30 万人次/年。

2011 年，园区被国家企业信誉机构评为"中国 AAA 级信用企业"；被农业部和国家旅游局命名为第一批"全国休闲农业与乡村旅游示范点"；被国家旅游局评为"国家级 AAA 旅游景区"；被鄂尔多斯市委、市政府命名为"科学发展教育基地"和"鄂尔多斯市农牧业产业化重点龙头企业"。

(四) 西蒙集团杭锦旗宏倡农牧林开发有限公司

1. 公司概况

西蒙集团杭锦旗宏倡农牧林开发有限公司成立于2009年8月，注册资本1亿元，是自治区农牧业产业化重点龙头企业。目前正在申请国家级资质。公司地处杭锦旗呼和木独镇，位于黄河南岸，库布其沙漠西北端，与巴彦淖尔市临河区、杭锦后旗隔河相望。紧靠沿黄一级公路，距离G6京藏高速40千米，距离临河火车站、巴彦淖尔机场50千米，交通条件十分便利。

公司经营范围包括农、牧、林开发及沙漠、盐碱地治理开发等。园区内水土光热资源丰富，适宜种养业规模化、标准化、集约化发展，与当地农牧民合作经营草牧场12000万平方米。

2. 种养殖和基础建设

公司园区内土地为沙化盐碱地。截至2015年，公司已经投资4亿多元，平整修复沙漠化土地4667万平方米，其中成功改良土地并种植苜蓿、沙打旺和杨柴等优质牧草1300余万平方米，恢复性种植梭梭、沙蒿、柠条、沙枣等沙生乔灌木2000万平方米，2015年，新改造1333万平方米土地，其中滴灌园区800万平方米、喷灌园区533万平方米。

为支持生态治理和农牧业产业化发展，园区修建了各种沥青路、水泥路及砂石路，建成110千伏安变电站1座，10千伏电线线路100千米。同时积极争取各项政府惠民工程，安装大型喷灌210套并落实可覆盖3.8万亩土地的引黄灌溉工程。

3. 技术及科研力量

公司成立以来，聘请了多位兼职或专职农牧业技术人员，公司现有专业技术人员17人，占总人数的1/6，专职科研人员5人，具备省级实验室的相当配置，为科研提供保障。2015年6月，公司获得新型"水肥搅拌罐"实用新型专利授权书。

公司积极与各科研院所、高校开展深入合作，清华大学为公司提供土壤改良的技术支持，内蒙古农业大学农牧专业教授为公司的技术顾问，包头师范学院井云、刘玲玉等教授在公司试验种植松露菌。与内蒙古农业大学合作，研究推广土壤改良、牧草优质高产、牛羊胚胎移植等方面技术；与内蒙古大学环境与资源学院深度合作，共同建设内蒙古湿地与沙地野外定位研究基地；与中国农科院合作研究推广土壤改良、牧草草种培育、优质高产及家畜育种等农牧林业项目；与中国农业大学合作进行"沙漠表层土壤生成的风洞模拟与植被恢复试验"研究。

图10-5-2 西蒙集团杭锦旗宏倡农牧林开发有限公司实施喷灌作业

4. 精准扶贫及创新农牧民利益联结机制

宏倡公司以农牧民以及周边农牧户为主要扶持和利益联结对象，以农牧民土地参与经营权入股的方式，实现当地农牧民保底＋分红的双重盈利保障；在生产经营过程中以优先长期雇佣并结合季节工、短工和临时工的形式雇佣周边农牧民，解决了部分当地农牧民的就业问题。

宏倡公司通过探索实施有效的利益联结机制,充分发挥了企业的主体作用,进一步提高了农牧民在"种养加"过程中的组织化程度,在市场结合中保障了农牧民利益,在生产经营中提升了农牧民技能,在合作共赢中改善了农牧民的生活,实现公司经营目标与社会责任的有机统一。

二、林草业

(一) 神华乌海能源有限责任公司农林开发公司

1. 机构与队伍

1991—1994年,乌达矿务局林业处下设6个林业分场、1个机务队、1个机电队、1个服务公司,职工共262人。公司先后又成立了苏海图农林队、黄白茨农林队、五虎山农林队。1994年4月,乌达矿务局林业处与多种经营总公司的农业开发公司合并成立了农林公司。2013年,农林公司划归神华乌海能源有限公司后勤服务中心管理。

2. 经营与管理

1991—1994年,乌达矿务局林业处开发林地面积573.3万平方米,营造防护林26.7万平方米。1998年,农林公司制订并实施了大片林地长期承包方案,将部分林地实行了长期承包。1999年,公司建设马堡店生态开发项目,开通道路11.2千米,架设输电线路5470米,开挖机电井3眼,铺设灌溉管路13千米,完成防护林建设72万平方米,开发土地400万平方米。

(二) 神华大雁集团公司园林公司

1. 机构与队伍

1993年,大雁矿务局苗圃从林场分离,专业育苗。1994年,苗圃重新划归林场管理。1996年,大雁二矿服务队划归林业处,同年11月,林业处升格为正处级单位。2001年8月,林业处与房地产处合并成立物业管理中心。2002年5月,森林草原管理处成立,与物业管理中心一个机构两块牌子。2002年10月,森林草原管理处增设生态办公室。2004年,森林草原管理处机关设生态办、草原管理站;基层设植物园、园林规划办、生态示范园、护林防火大队,有职工119人。

2013年2月,大雁园林绿化公司成立,内设综合部、生产部、财务部3个职能科室和5个基层单位,林场苗圃地及生态园划归园林公司管理。公司有职工77人。7月,大雁集团公司与地方政府对大雁地区森林草原防火责任进行划分,集团公司内部人工林和人工草场森林防火及管护仍归园林公司管理,其他防火职能由镇政府管理。截至2015年6月,园林公司共有职工184人。

2. 经营管理

1991—2004年,大雁矿务局林业处林场继续为本地区造林、绿化提供苗木。2004年1月,林场更名为植物园。更名后,植物园重新对苗圃育苗区域进行了规划,形成了0.53万平方米针叶播种区、0.8万平方米阔叶播种区、1.47万平方米中草药繁育区、0.28万平方米引种实验区、0.6万平方米花灌木观赏区、5.33万平方米培植大苗区。植物园从增强苗圃的观赏性入手,改善种植结构。花灌木观赏区引进文冠果、白丁香、东北山梅花等24个品种,引种实验区引种花楸、火炬树、皂角、黄菠萝等17个品种。至2004年,苗圃各区域苗木饱和,有各类苗木74个品种,总计3331187株/丛。苗圃内还配置了微型喷灌系统。2013年,林场划归园林绿化公司,有各类苗木43种195万株/丛,苗圃基地40万平方米,完成总产值4700万元,2014年完成总产值

7200万元。

（三）内蒙古伊泰绿野林草业有限公司

1. 机构与队伍

1999年2月，伊克昭盟煤炭集团公司组建股份制的"绿野林草业公司"，其中伊煤集团公司出资200万元，13名社会自然人共同出资500万元。2000年11月13日，公司更名为内蒙古伊煤绿野林草业有限公司，注册资本为833.31万元人民币；经营范围为种植业、养殖业及相关产业。2002年2月，公司注册资本改为894.91万元，更名为内蒙古伊泰绿野林草业有限公司。2003年底，13名社会自然人在公司所持的股份按评估价折算后，全部退出，公司变为伊泰集团公司的独资企业。2006年，公司更名为内蒙古伊泰集团绿野林草业分公司。

2012年底，分公司拥有合同制员工29人，其中办公室4人，碳汇林项目办10人，西北沟、赛音台、桃日木项目各5人。2013年底，拥有合同制职工25名，其中绿野林草业分公司16名，碳汇林项目办9名。2014年底，有正式职工26名，其中绿野林草业分公司1名，碳汇林项目办25名。

图10-5-3　内蒙古伊泰集团绿野林草业有限公司

2. 经营与管理

公司针对伊克乌素苏木桃日木嘎查天上无雨、地上没草的脆弱自然环境，对承包土地合理规划，种树种草，科学经营。平整土地606.67万平方米，修筑砂石路6600米；架设标准网围栏16370米，10千伏输电线路4700米，380伏配电线路8041米；安装605千伏安变压器6台；完成生活区建筑面积274.5平方米；共打机电井21眼，配套电潜水泵21台，装机容量578.5千瓦；安装喷灌管道11150米，配套卷式喷灌机10套，移动喷灌设备5套。公司向社会提供商品树苗和优质牧草，形成了"林草为主，种养结合"的产业链，使原来的不毛之地变成了一片绿洲。

截至2008年底，公司共打机电井43眼，建设防风林带42万平方米、行道树道8.4万平方米、加高标准网围栏30000米。2010年，公司种植沙枣30万株，沙柳20万穴，完成了每50米建植一条防风林带的规划性建设任务，并逐年推进，确保数量和质量双达标。至2010年底，共种植杨树、沙枣、沙柳等苗木约300万株，使基地植被覆盖率由建设初期的10%达到95%。

截至2010年底，公司已累计种植乔木1235.81万株，灌木424.07万丛；其中在西北沟、赛音台苗圃种植"常绿树"17.5万株（樟子松12.5万株、云杉2万株、油松3万株），落叶乔木19万株。累计完成种植面积1533万平方米，控制面积3667万平方米。

2011年开始,绿野林草业分公司接手集团公司碳汇林项目的管理工作,经营管理主要围绕碳汇林建设展开,同时开展饲草料、经济作物种植与牲畜养殖及其产品加工等业务。

2013年,公司实现营业收入3.76万元,利润-435.6万元;存栏羊443只,约17.5万元。

2014年,分公司引进高科技农作物种植试验项目,试验种植高蛋白农作物40万平方米,生产青储饲料60万千克;全年实现营业收入11.75万元,利润9.97万元。

2015年,分公司营业收入50.9万元,利润-24.1万元。

第二节 建筑材料

一、水泥

20世纪八九十年代,自治区各统配煤矿都建有水泥厂,由矿务局多种经营公司管理。随着矿务局改制和建材市场竞争激烈,多数水泥厂关闭或改制为具有独立法人的股份制企业。海勃湾矿务局公乌素大漠水泥厂、包头矿务局五当沟水泥厂等厂关闭。

(一)乌海市长久水泥有限责任公司

该公司前身是乌达矿务局水泥厂,1992年开始设计,1993年建厂,1994年10月正式投产。投产后,因多种原因,产量、质量、经济效益等指标均未达到预期目标。因此,被矿务局挂了黄牌。1997年2月,乌达矿务局调整了水泥厂的领导班子。截至年底,生产"长久"牌水泥4.1万吨,盈亏持平,职工年人均收入由上年度的3500元增加到5268元。同年,水泥厂先后被乌海市、自治区工商局授予"重合同守信用单位"称号。乌海市技术监督局授予水泥厂"质量计量信得过单位"称号。1999年,水泥厂生产第一次达标。水泥厂化验室被国家质检中心认定为"水泥化学分析全合格单位"。

1997—2000年,水泥厂先后进行了20多项技术改造,其中大型技改项目有回转窑、水泥磨;中小型技改项目有除尘系统、煤磨系统、回灰设备等,特别是大烟囱自然通风改造,沉降室下部灰排放系统的改造和煤磨闭路循环改造,不仅达到了环保标准,而且提高了20%的水泥产量。

2003年,乌达矿务局实施政策性破产,水泥厂进入生产自救阶段。2004年3月,企业改制重组,成立了乌海市长久水泥有限责任公司。

(二)赤峰星河水泥有限责任公司

1. 机构设置

2000年7月,平庄矿务局改制为平庄煤业公司后,将隶属于多种经营总公司的第一水泥厂、第二水泥厂合并,成立赤峰星河水泥有限责任公司(准处级单位)。同年12月,星河水泥公司从多种经营总公司中整体划出,成为平庄煤业的子公司,升格为处级单位。

公司有员工382人。机关设生产科、安检科、财务科、供应科、销售科政工部、办公室。公司基层单位有第一生产车间(原第一水泥厂)、第二生产车间(原第二水泥厂)机电队、烧成队、制成队、后勤队、化验室、车队、装载队。

2. 生产管理

第一水泥厂建于1970年,为2米×8米立窑,占地面积4.23万平方米,设计年生产能力5000吨,1993年进行第一次改扩建,至2000年,先后经过5次技术改造。1991—2006年,该厂共生产水泥46.59万吨,完成产值9915.4万元。

2007年开始停产放假。

第二水泥厂建于1985年，为2.5米×40米回转窑，占地面积9.13万平方米，设计年生产能力5万吨。1988年试生产，1990年投产。主要产品有325号、425号、525号普通硅酸盐及矿渣水泥。厂内有职工330人（其中合同制职工100人，集体职工230人）。资产总额1666.41万元，总负债1321.71万元，净资产344.70万元。

图10-5-4 星河水泥公司水泥生产系统一角

1991—1996年，年均生产水泥3.09万吨，年均完成产值690.40万元。由于未能达产，产品成本高，企业亏损。1997年进行技术改造。1997—2000年，年均生产水泥5万吨（1999年曾达到8.39万吨），年均完成产值1250万元。由于达到了设计产量，职工收入增加，企业略有盈利。2001—2006年，产量下滑，年均生产水泥3.26万吨，年均完成产值705万元，企业亏损。2007—2008年6月停产放假。

2000年9月至2003年9月，平庄煤业立项对星河水泥公司进行二期改扩建。二期改扩建工程由沈阳铝镁设计院进行工艺设计，平庄煤业设计院进行土建工程设计。硅酸盐水泥生产工艺由立窑改为旋转窑，改造后生产能力可达到18万吨/年。改扩建工程结算总工程量5145.78万元，超支2145.78万元。总工程量中，土建工程1989.841万元，设备购置2297.73万元，安装工程868.04万元，其他费用2317万元。改扩建后，一直未能达产，主要原因是设计不合理，设备及生产工艺水平落后，成本高、产能低。

2008年7月，星河水泥公司划归平煤投资公司，10月开始恢复生产。当年生产水泥1.3万吨，实现销售收入350万元。2009年，平煤投资公司对水泥生产进行技术改造，设计年生产能力为40万吨。2009年生产水泥13万吨，实现销售收入3500万元。2010年生产水泥14.49万吨，实现销售收入3900万元。

（三）内蒙古蒙西水泥有限责任公司

1. 机构与队伍

内蒙古蒙西水泥原隶属于伊克昭盟煤炭公司（内蒙古伊泰集团公司），1993年2月，自治区计划委员会正式批准蒙西水泥项目立项；11月，公司与韩国黄海开发贸易株式会社正式签订了《蒙西水泥有限责任公司中外合资经营合同》，确定合资企业全称为"中国内蒙古蒙西水泥有限责任公司"，项目总投资2950万美元，注册资本1200万美元；其中，伊克昭盟煤炭公司投资900万美元，占75%；韩方投资300万美元，占25%，生产规模为年产525号普通硅酸盐水泥和其他种类水泥 25 万吨，建设周期为 1.5 年。

图 10-5-5 蒙西水泥厂外景

1994 年 1 月，公司确定在伊克昭盟鄂托克旗碱柜乡境内合资兴建一座年产 30 万吨水泥厂；至 1999 年，蒙西公司外资方韩国黄海开发贸易株式会社原计划投入的 300 万美元，仅到位 100 万美元，剩余资金无法到位；伊克昭盟煤炭集团公司按照"产权清晰、权责明确、政企分开、管理科学"的要求，对内蒙古蒙西水泥有限公司进行股份制改革；外方同意在蒙西公司股份制改制中转让其原有股权。

1999 年 11 月，自治区人民政府批复同意设立内蒙古蒙西高新材料股份有限公司，注册资本 12000 万元人民币；其中伊煤集团持有蒙西高新材料公司 11373 万股，占 94.775%；内蒙古安装工程公司 330 万股，占 2.75%；北京化工大学 118.8 万股，占 0.99%；中国建筑材料科学研究院与内蒙古建材研究设计院各 66 万股，占 0.55%；内蒙古工业大学 26.4 万股，占 0.22%；内蒙古大学 19.8 万股，占 0.165%。

2001 年 5 月，伊克昭盟盟委和行署决定将蒙西公司从伊煤集团公司分立出去；之后，根据自治区人民政府、伊克昭盟盟委、行政公署及自治区财政厅一系列的通知、纪要、批复等文件要求，伊煤集团进行资产重组改革。2001 年 7 月，公司与伊克昭盟国有资产投资经营公司在《关于内蒙古蒙西高新技术材料股份有限公司国有股权划转资产移接交单》上正式签字，随后股权划转陆续完成，蒙西高新技术材料股份有限公司与伊煤集团正式分离。

2. 产品生产

1994 年 1 月，内蒙古蒙西水泥公司开始建厂，项目工程分 3 期完成。

一期生产。蒙西水泥公司在高质量、高水平基建工程的支撑下，应用先进的生产控制设备，3 条水泥生产线均实现了全方位自动控制。1995 年 11 月 1 日，原料磨带料试车生产出第一批合格料浆；1996 年 1 月 10 日，1 号、2 号水泥磨投入试运转，生产出第一批合格水泥；1997 年 5 月，1 号、2 号水泥磨达到设计量，1 窑达到设计产量，全厂年生产规模 30 万吨。

二期生产。1997 年 9 月 15 日，2 号窑点火投产，1998 年 1 月达到设计产量，1997 年 11 月开始向包头蒙西公司供应熟料；1998 年 1 月，2 号窑、3 号水泥磨达到设计量，全厂年生产规模 60 万吨。

三期生产。1998 年 9 月，3 号、4 号原料磨投料生产，10 月 18 日，3 号窑点火投产，次年 2 月达到设计产量。4 号水泥磨 1999 年 1 月试车，经过技改后于 2 月 5 日正式生产，5 月达到设计产量。1999 年 3 月，引进 PCF-200B 型大腔式熟料细碎机，6 月 24 日投料运转。至此，蒙西年产水泥能力突破 100 万吨，居自治区水泥行业之首，进入中国水泥生产十五强。

3. 科技创新与品牌

公司坚持"科技建企、科技兴企和

"科技强企"的发展战略,重视在综合利用资源方面的技术创新,并在煤矸石的利用、尾矿配料技术、风积沙代替黏土质原料技术等方面取得重大研究成果。一些成果达到国内先进水平。

蒙西公司生产的产品涵盖了普通硅酸盐和复合硅酸盐水泥的各种标号。1996年开始生产普通硅酸盐525号、425号两个品种的水泥,1996年4月28日,"蒙西"牌普通硅酸盐525号水泥被内蒙古技术监督局认定符合国际标准。1997年4月4日,蒙西水泥有限公司被自治区消费者协会授予"消费者信得过单位"称号。1997年9月10日,蒙西水泥有限公司普通硅酸盐525R型水泥通过了产品质量认证,同年12月取得了国家方圆标志证书。1998年生产了普通硅酸盐625号水泥和复合硅酸盐425号、525号两个品种的水泥。

1997年公司自主开发高掺煤矸石复合硅酸盐425R水泥,同年9月15日,蒙西水泥有限公司"高掺煤矸石生产复合硅酸盐425R水泥技术"获"97内蒙古新技术产品洽谈会科技金奖"。1998年9月7日,"蒙西"牌普通硅酸盐525R水泥被自治区人民政府命名为第三批"内蒙古名牌产品"。1998年11月8日,中国建材质量体系认证中心经过现场审查后,认为蒙西产品质量体系的建立与运行基本符合ISO9002标准,当场宣布一次通过。1999年9月,高掺煤矸石复合硅酸盐425R水泥被列入国家"火炬计划"。1999年10月,开始研制高掺煤矸石复合硅酸盐525R水泥。自主开发的新产品有"特低建碱水泥"和"高性能复合硅酸盐水泥",具有技术储备的特种水泥有中热硅酸盐水泥、低熟微膨胀水泥、道路水井和油井水泥。

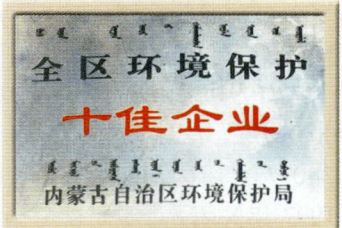  

图10-5-6 蒙西水泥有限公司被上级部门评定为自治区高新技术企业、先进企业和环境保护十佳企业

2000年3月1日,国家科学技术部火炬高新技术产业中心《关于认定2000年重点高新技术企业(集团)的通知》(国科火字〔2000〕26号),认定内蒙古蒙西高新材料股份有限公司为首批国家火炬计划重点高新技术企业。是年,蒙西公司生产水泥120.4万吨,实现利润3500万元。

4. 产品销售

根据2001年4月1日《伊煤集团报》统计,蒙西水泥公司自1995年点火生产以来,产量居全国水泥行业第14位;累计完成销售收入6.48亿元,实现利税1.41亿元,居全国水泥行业第13位;全员劳动生产率达到43万元,比计划增长了66.7%,居全国水泥行业第1位;资产报酬率达到5.8%,比计划数提高了0.8个百分点;股本收益率达到29.18%,比计划提高了13.9个百分点。

二、砖瓦

（一）平庄煤业集团公司砖瓦厂

1. 元宝山煤矿多种经营公司二砖厂

该砖厂1978年建成投产，设计年生产能力250万块。1991—1993年生产700万块，完成产值35万元。职工180人。后因原材料不足、经营亏损，于1994年关闭。

图10-5-7　工人在烧制红砖的窑中工作

2. 元宝山煤矿多种经营公司三砖厂

该厂于1988年建成投产，串窑，设计年产能1000万块，有职工330人。1991—1998年，年均生产红砖2000万块，年均完成产值100万元。因砖厂场地压占元宝山煤矿煤炭资源，于1999年关闭。

3. 红庙煤矿多种经营公司砖厂

1982年6月，红庙煤矿工程处为解决矿内用砖需要投资109万元在赤峰红卫煤矿砖厂（18门轮窑）场地重建砖厂，为24门轮窑，设计年产600万块，1984年投入生产，有职工90人。1984—1990年，砖厂生产普通黏土砖7021.9万块，1991—1997年生产4299.68万块，产值275.8万元。1997年关闭。

4. 西露天煤矿多种经营公司砖厂

该厂于1987年建成投产，设计年生产能力900万块，有职工30人。1990年，生产矸石砖679万块，完成产值30.6万元。1991—2002年，年均生产矸石砖850万块，年均完成产值40万元。2003—2004年，年均生产矸石砖900万块，年均完成产值80万元。2005年，开始实行租赁承包。后因矸石原料枯竭，处于停产状态。

5. 西露天煤矿多种经营公司矿材厂

该厂有职工1170人。1991年从矿务局多种经营总公司划归西露天煤矿，1996年从西露天煤矿划归矿多种经营公司管理，2000年又从矿多种经营公司划归西露天煤矿管理。1991—1995年，年均生产矸石砖4700万块，年均完成产值259.2万元。1996年，因原料枯竭停产。矿材厂在生产矸石砖的同时还生产矸石瓦。1991—1999年，年均生产矸石瓦30万片，年均完成产值10万元。2000年，因原料枯竭停产。

6. 元宝山煤矿多种经营公司一砖厂

该厂为两条大断面隧道窑，设计年生产能力2000万块。1991—1996年，年均生产矸石砖1900万块，年均完成产值95万元。有职工340人。后因原材料不足、经营亏损，于1997年关闭。

7. 五家煤矿多种经营公司一砖厂

该厂于1977年投产，年生产能力1800万块，有职工220人。1991—1999年，年均生产矸石砖2000万块，年均完成销售收入100万元。因矸石砖原料枯竭，于2000年关闭。

8. 元宝山煤矿多种经营公司瓦厂

1991—1993年，该厂年均生产矸石瓦40万片，年均完成产值6.4万元。因无资源，于1994年自然关闭。

9. 五家煤矿多种经营公司二砖厂

该厂于1990建成投产，年生产能力1000万块，有职工100人。1991—1998

年，年均生产矸石砖900万块，年均完成销售收入54万元。因矸石原料枯竭，于1999年自然关闭。

10. 红庙煤矿多种经营公司空心砖厂

该项目由国家建材公司本安墙体材料研究设计院设计，概算总投资2320.7万元，年产折合标准砖6000万块。资金来源：由国家贴息贷款1500万元，企业自筹资金500万元（其中红庙自筹200万元，矿务局从维简费提取300万元），矿务局在1996年井巷基金中拨付200万元，红庙煤矿从折旧费中提取130万元。决算总投资为3148.8万元。空心砖厂有职工154人。

由于设计、气候、市场、资金等原因，空心砖厂只能一条窑季节性生产，投产后没有达到设计能力。1999年生产空心砖180万块（没有折合黏土砖），产值40.5万元。2000年重新点火后到8月1日放假，共生产364万块，产值81万元。2001年，生产600万块，产值135万元；2002年，生产5个品种空心砖400万块，完成产值90万元。

2005年，红庙煤矿多种经营公司空心砖厂改制为赤峰天宇新型建材有限责任公司。

（二）神华大雁集团公司建材总厂

1. 红砖厂

1990年，大雁矿务局建材处红砖厂生产红砖1570万块，主要用于矿务局基本建设。2003年3月，建材总厂租赁承包大雁砖厂，新建一条空心砖生产线，当年生产红砖666万块。

2. 大雁矿业公司煤矸石砖厂

1997年，矸石砖厂开工建设，当年竣工，总投资5100万元。1998年2月至1999年9月，砖厂在调试生产期间，由于原料细化及生产设备挤出成型砖坯含水率达不到设计要求，并且大雁地区泥质岩石蒙脱石含量过高，造成砖坯普遍出现严重的裂纹变形，生产的多孔砖质量一直达不到标准要求。

图10-5-8　大雁集团公司矸石砖厂生产的"绿宝石"牌煤矸石空心砖

2000年，矿业公司有关部门组织人员到山东省考察，并购买了山东安环美公司的专利设备，基本解决砖坯挤出成型含水率过高的问题，但成品矸石砖整体质量仍达不到标准要求，合格率仅30%左右。2002年底，建材总厂在西安墙体材料研究设计院的技术指导下，启动矸石砖厂改扩建工程。新建16条干燥洞，翻新窑上供热通风系统，解决砖坯含水率高、裂纹变形等问题，在粉料车间增设一套破碎系统、一道滚筛、一台转载机解决原料细化等问题。

2003年5月19日，矸石砖厂改造工作全面完成，经测试所有设备运转正常。当年生产多孔砖1053万块，合格率达到90％以上。

2004年2月，矿业公司建材总厂再次对矸石砖厂进行改造，主要翻新焙烧窑预热段，在焙烧窑干燥预热段增设循环系统。4月15日投入生产，日产量达到8万块。当年，矸石砖厂生产多孔砖1546万块，合格率达到95％以上，实现产值508万元。生产的多孔砖不仅供煤业公司及矿区内部使用，还外销海拉尔、牙克石、乌奴耳等周边地区。

2006年2月，矸石砖厂成建制划归大雁矿业公司物业管理中心。

（三）鄂尔多斯市乌兰煤业集团泰安建筑材料有限责任公司

泰安建筑材料有限责任公司是乌兰煤炭集团公司下属的分公司，成立于1988年，下设：伊金霍洛旗泰安建筑材料有限责任公司、乌兰集团松定霍洛砖厂、乌兰集团曼架庙砖厂、泰安建筑建材公司永安砖厂等4家建筑材料生产企业。公司生产以黏土和煤为原料的烧结黏土砖，主要产品产能为：建筑用煤矸石烧结砖，5000万块/年；建筑用各种路面砖50万平方米/年；建筑用粉煤灰陶粒5万立方米/年；建筑用各种轻集料（粉煤灰陶粒）砌块20万立方米/年。

2015年，公司经过技改，建成了煤矸石烧结砖生产线，新建隧道烧结窑，购进全自动化码坯机，制造了烧结窑车等设备，实现了机砖生产自动化。与传统制砖工艺相比，减少了80％的人工，主要原料为露天煤矿、选煤厂的煤矸石、电厂炉渣和粉煤灰等。产品主要销售：伊金霍洛旗各乡镇、康巴什新区、神华集团神东公司各煤矿、乌兰集团各企业的工程项目，以及伊金霍洛旗、准格尔旗、乌审旗、杭锦旗的部分需求高质量建材产品的工程项目。

（四）满洲里天成建材有限责任公司厂

1990年，扎赉诺尔矿务局机制矸石砖厂共有4个矸石砖生产车间，年产矸石砖3118万块。2003年，扎赉诺尔矿务局转制后，矸石砖厂隶属满洲里天成建材有限责任公司，负责呼伦贝尔市、满洲里市、扎赉诺尔煤业公司确定的非煤产业重点项目：年产10亿块（折标砖）全煤矸石空心砖项目的开发与建设。

天成公司自2003年6月启动项目建设，先后与国内相关建筑材料科研院所协作，攻克了全部利用露天煤矿排弃的煤矸石生产全煤矸石空心砖工艺的技术难关。

图10-5-9 天成公司举行年产1.0亿块全煤矸石烧结空心砖项目投产庆典

2004年4月，在自然干燥条件下，烧结空心砖、烧结多孔砖、烧结普通砖产品试烧成功，各项技术指标达到国家建材标准，填补了完全利用露天煤褐煤伴生物

第五章 其他产业

（沉积岩）生产全煤矸石空心砖的国内空白，解决了困扰北方高寒地区烧结砖的难题。2004年7月1日，天成公司全煤矸石空心砖厂一期工程正式投产。9月，进行二期改造工程，淘汰了落后的自然干燥法，新建了人工干燥系统，达到年产5000万块（折标砖）的生产能力。

2005年5月，天成公司启动项目三期工程，新建一条年产5000万块的双隧道窑生产线，2006年7月，三期工程顺利竣工。至此，砖厂产能达到项目设计年产1.0亿块空心砖（折标砖）规模的目标。2009年1月，天成公司《露天矿全煤矸石空心砖的研制与生产》技术获得2007年度自治区科技进步三等奖。

2004—2015年，天成公司累计生产近7亿块全煤矸石空心砖（折标砖），共消耗露天煤矿煤矸石63万立方米；消耗热电厂、供热锅炉、蒸汽机车产生的炉渣24万立方米；消耗井工矿过火煤矸石14万立方米；消耗井工煤矿排弃的废水126万立方米。

截至2015年末，天成公司固定资产总值为2475万元，年产值过千万元，每年可安置富余劳动力300余人。2004—2015年全煤矸石空心砖销售情况见表10-5-1。

表10-5-1 2004—2015年全煤矸石空心砖
销售情况一览表

年度	销量（万块）	产值（万元）	利润（万元）	年度	销量（万块）	产值（万元）	利润（万元）
2004	1400	400	60	2010	6026	1538	127
2005	5000	1000	150	2011	8000	2657	526
2006	5400	1300	645	2012	6985	2034	75
2007	8116	1920	653	2013	5710	1459	0.39
2008	9178	2712	913	2014	2500	681	-208
2009	6000	1356	23	2015	3880	1059	-302

（五）内蒙古太西煤集团常山粉煤灰蒸压砖厂

常山粉煤灰砖厂隶属于内蒙古太西煤集团常山实业有限公司，作为工业园区的配套环保项目，每年可消耗电厂产生的工业废弃物粉煤灰8万吨、炉渣2万吨。厂部下设综合办公室、销售科、安监科。

砖厂于2012年8月投入试生产，年产6000万块。生产线采用国内最先进的HF-1100B型多功能液压砖机，配套使用LJ20卧式双轴强制式搅拌机、南昌海源HL2000型轮碾机、郑州锅炉有限公司的蒸压釜等辅助设备，将粉煤灰、炉渣按一定比例，加入适量的砂、电石渣经过混合、搅拌、消解、轮碾、压制成型、饱和汽蒸养护，最后达到符合国家规定的新型环保的墙体材料标准。

产品主要销售区域覆盖阿拉善左旗、阿拉善右旗、额济纳旗、民勤及金昌等周边地区。内部调配用于内蒙古太西煤集团民勤实业公司、金昌鑫华焦化有限公司、太西物流有限公司、民勤石墨矿及常山煤矿等子公司。

第三节 房地产业

一、自治区国有重点煤炭企业

自治区11个国有重点煤炭企业中，只有少数企业将房地产开发作为多种经营产业的重点项目。

（一）神华神东煤炭集团有限责任公司

1. 机构

1998年，神华东胜煤炭公司与神华神府煤炭公司合并，房地产业务整合后划归神东多经公司管理，成立神华神府东胜煤炭公司多种经营公司房地产公司。2000

年3月，神东煤炭公司实行主辅分离，将系统内的生活、服务、后勤及其他一些派生业整合、调整，成立了神东煤炭公司公共事业发展公司，神东多经房地产公司全建制划归公共事业发展公司，称为神东公共事业发展公司房地产开发公司，主要业务有房地产开发、住房公积金管理、公建住房管理。至此，房地产开发走向了真正的项目开发轨道。

房地产公司按照"抓基础、促改革、抓管理、搞开发"的要求，强化效益意识，突出服务职能，实施精品战略，确定以大柳塔北区开发为龙头，以东胜、神木及周边地区开发为两翼的开发战略。2005年，经与东胜区政府多次协商，以竞拍的形式取得天骄北路东一宗土地的开发权。

2. 建设项目

（1）神华东胜小区。东胜小区16号楼：建筑面积2980平方米，为六层砖混结构的商住一体的商住楼，一层为商900平方米，共8间，另有车库22间，计划投资188万元，2000年6月开工，2000年11月竣工。由神东多经建安公司承建。17号住宅楼：建筑面积5282平方米，为一栋6层砖混结构，2001年10月开工，2003年3月竣工。由鄂尔多斯大华集团华晨建筑公司中标施工。18号～21号楼：2001年8月开工，建筑面积6200平方米，为4栋6层砖混结构，2002年11月竣工。由鄂尔多斯市玄峰建筑公司、鄂尔多斯市远大建安公司中标施工。

（2）神华佳苑。神华佳苑是由鄂尔多斯市神华神东房地产开发有限责任公司投资开发的集住宅及综合性商业为一体的生活小区，由天津天恰建筑设计公司进行规划设计。该项目位于东胜区天骄北路东、成吉思汗路北，总用地面积约71892平方米。项目建设包括：住宅楼16栋、迎街商业楼2座、酒店1座、会所及写字楼（公建）1座、幼儿园1所、住宅车库及单层车库115个、地面停车位88个。

1～10号住宅楼，建筑面积59000平方米，236户。2005年7月开工，2006年6月竣工。商铺：建筑面积6700平方米，2005年10月开工，2006年8月竣工。新建综合楼，建筑面积5900平方米，2006年3月开工，2006年11月竣工。新建幼儿园：建筑面积1300平方米。2006年9月开工，2006年11月竣工。

（3）补连塔住宅楼。从2002年5月16日补连塔小区14号住宅楼开工至2005年10月25日21号住宅楼竣工交付使用，神东房地产公司在补连塔生活区共开发建设8栋5层砖混住宅楼，总计建筑面积23405.29平方米，总投资1397.52万元。

（4）包头神华项目。2002年由神华集团物资贸易有限公司、神华国际（香港）有限公司与神东公共事业发展公司共同出资组建包头神华房地产开发有限公司，合作开发包头国际专家公寓项目。神东房地产公司派出一名领导作为出资方代表参与了项目的建设。中途因神华集团公司统一经营方略调整撤出。

（二）神华大雁集团公司

1. 机构

海雁房地产开发公司于2013年1月31日正式成立，注册资本5000万元，是神华大雁工程建设公司全资子公司。公司现开发资质为三级。近几年房地产公司主要立足于呼伦贝尔地区开展房地产开发业务。主要开发项目包括天食组团、北河雁龙小区、神雁小区、鸿雁商业街、永安新家园D区。已开发民用房及商业房15万平方米。

公司下设工程部、营销部、经营部、综合部，现有职工38人，副科级以上管理人员16人；本科学历14人，专科学历

13人；高级职称8人，中级职称10人。

2. 产品销售

2013年，房地产公司在房地产整个行业遇冷的情况下，公司开发的住宅销售率达到98%。

2014年，是房地产公司自成立以来，开发面积最多的一年，截至年底，住宅的销售率达到93%，车库销售率为45%；鸿雁商业街的门市共销售出20957平方米，销售率达到66%。

2015年，鸿雁商业街的门市共售出3218.74平方米，完成收入2174万元。

二、自治区重点民营煤炭企业

进入21世纪，国内煤炭市场与房地产市场几乎同时热起来，有8家自治区重点民营企业通过利用销售煤炭积累的资金和向银行贷款，投资房地产开发建设。在房地产项目建设中充分依托煤炭集团公司的资金优势、品牌优势，以高起点、高速度、高质量进行项目定位和建设，树立房地产品牌形象；通过招标的方式，选择一流的设计单位、施工单位和监理单位作为项目品质的根本保证，以面对房地产行业激烈的市场竞争环境。

（一）内蒙古伊泰置业有限责任公司

1. 机构队伍

2006年4月，伊泰集团公司决定进入房地产领域，并成立伊泰置业有限责任公司，将伊泰置业定位为集团公司新的经济增长点、重点投资方向和未来的主要产业之一，明确提出了"伊泰置业要在5年内成为自治区地产界知名品牌，10年内成为国内知名地产品牌"的目标。2010年12月，伊泰置业有限责任公司在第十二届CIHAF中国住交会上荣获"2010CIHAF中国房地产名企"的称号。

2006年，内蒙古伊泰置业有限责任公司初创，股东为内蒙古伊泰投资有限责任公司、内蒙古伊泰集团有限公司两个股东单位。2010年1月28日，内蒙古伊泰投资有限责任公司将其持有的内蒙古伊泰置业有限责任公司10%的股权转让给鄂尔多斯伊泰投资控股有限责任公司。2010年6月21日，伊泰集团公司将其持有的内蒙古伊泰置业有限责任公司39%的股权转让给鄂尔多斯伊泰投资控股有限责任公司。至此，内蒙古伊泰置业有限责任公司股权结构为内蒙古伊泰集团有限公司出资25500万元，占投资总额的51%；鄂尔多斯伊泰投资控股有限责任公司出资24500万元，占投资总额的49%。

图10-5-10 2010年，伊泰置业公司进入中国房地产名企行列

2015年，内蒙古伊泰置业有限责任公司注册资本40亿元，其中内蒙古伊泰集团有限公司持股占比45.9%，鄂尔多斯市伊泰投资控股有限责任公司持股占比44.1%，鄂尔多斯市伊泰美居投资控股有限责任公司持股占比10%。

（1）职能部门。2006年，公司下设机构有行政部、综合业务部、营销策划部、工程管理部、物业管理中心；2013年，改设运营管理中心、行政人事中心、事业发展中心、设计管理中心、成本控制中心、工程管理中心、营销策划中心、客户服务中心。2015年，伊泰置业公司下属管理部门精简为4个：运营管理中心、产品技术中心、营销管理中心、成本管理中心。

（2）公司分（子）公司、控股公司。截至2015年底，公司共有全资子公司10个。

内蒙古伊泰景泰房地产开发有限责任公司。景泰项目是内蒙古伊泰集团有限公司和内蒙古兴泰置业集团有限公司于2005年3月共同出资组建，位于准格尔旗薛家湾镇。2008年5月，公司名称变更为内蒙古伊泰景泰房地产开发有限责任公司；注册资本5000万元。

鄂尔多斯市盈佳房地产开发有限责任公司。该公司是内蒙古伊泰置业有限责任公司的全资子公司，于2010年4月12日注册成立，注册资本5000万元。

伊泰置业（成都）有限公司。该公司是内蒙古伊泰置业有限责任公司的全资子公司，于2010年5月成立，注册资本金30000万元。2015年6月，增加注册资本151010万元，增资后，注册资本为181010万元。

海南伊泰置业有限责任公司。该公司是内蒙古伊泰置业有限责任公司的全资子公司，于2010年8月成立，注册资本1亿元；2015年7月3日，增加注册资本6亿元，增资后，公司注册资本为7亿元。

内蒙古大国房地产开发有限公司。该公司属内蒙古伊泰置业有限责任公司的控股公司，于2007年10月成立。公司注册资本9400.73万元。2009年4月，变更股东的出资方式，内蒙古伊泰置业有限责任公司出资比例51%，召日格图出资比例49%。公司董事长为法定代表人。

鄂尔多斯市伊泰华府世家商务会所有限公司。该公司属内蒙古伊泰置业有限责任公司的控股公司，于2010年9月成立，注册资本1000万元，内蒙古伊泰置业有限责任公司持股40%，鄂尔多斯市大兴房屋开发有限责任公司持股35%，北京东方惠然国际投资有限公司持股20%，北京华府盛世置业投资管理有限公司持股5%。公司不设董事会，设执行董事一名，即法定代表人。

图10-5-11　伊泰华府世家商务会馆

鄂尔多斯市伊泰华府实业有限责任公司。该公司属内蒙古伊泰置业有限责任公司的控股公司，于2009年5月成立，注册资本22500万元。内蒙古伊泰置业有限责任公司持股40%，鄂尔多斯市大兴房屋开发有限责任公司持股35%、北京东方惠然国际投资有限责任公司持股20%，自然人鄂俊宇持股2%，孙勇、张晓亚分别持股1.5%。公司董事会设董事长1名，董事长由3名法人股东提名的董事担任，是公司的法定代表人。

唐山曹妃甸伊泰房地产开发有限责任公司。该公司于2011年10月16日成立，注册资本15000万元，伊泰置业公司占70%股权、包头市陆合煤焦运销有限责任公司占30%股权。2013年11月19日，唐山曹妃甸伊泰房地产开发有限责任公司股东会同意包头陆合煤焦运销有限责任公司将所持30%的股权全部转让给内蒙古伊泰置业有限责任公司，内蒙古伊泰置业有限责任公司100%持有唐山曹妃甸伊泰房地产开发有限责任公司的股权。2015年9月7日，增加认缴出资7030万元，增资后注册资本总额为22030万元。

北京瑞顺鸿业投资管理有限公司。该公司于2010年9月30日达成收购协议，注册资本17100万元，伊泰置业公司占67%股权、北京华府盛世置业投资管理有限公司占33%股权；原公司股东为内蒙古伊泰置业有限责任公司（占67%股权）、北京华府惠然投资顾问有限公司（占33%股权）；2014年8月25日，北京华府惠然投资顾问有限公司将其拥有的北京瑞顺鸿业投资管理有限公司33%的股权转让给内蒙古伊泰置业有限责任公司。公司下设北京枫桥别墅项目工程建设指挥部。

新疆东悦房地产开发有限公司。该公司于2015年5月成立，注册资本35750万元。

2. 项目建设

置业公司先后在东胜、准格尔旗、呼和浩特市、唐山、北京、海南、成都及新疆等地区开发房地产项目。2006—2011年底，置业公司共运作项目30个，累计投入资金112亿元，开发面积582万平方米。

2013年，公司共有在建项目11个，停工项目1个（呼和浩特市·华府岭秀项目），实施前期准备工作的项目3个，完成施工面积1781645平方米。

2014年，公司共有在建项目8个，终止与撤出项目各1个。

2015年，公司共有缓建或停建项目3个，在建项目3个，累计完成投资49608万元。

3. 销售管理

置业公司下设营销策划部，负责项目销售方案，并予以全面管控，实现销售目标。置业的销售工作均采用外聘销售机构代理，与销售代理商签订《房屋销售代理合同》，约定合作方式和范围、合作期限、销售价格、代理佣金及支付、双方的权利与义务、违约责任的处理、合同的终止和变更等事项，取得了较好的销售业绩。至2010年12月31日，置业公司开发项目累计销售面积584601.39平方米（伊泰华府A区除外），实现销售收入316302万元。

图10-5-12 2011年，康巴什CEO国际中心项目获"全国人居经典方案综合大奖"

2011年，公司共有销售项目6个，销售面积249335.88平方米，销售金额233336万元，销售回款141321万元。2012年，公司实施销售的项目5个，完成销售面积39808平方米，实现销售额40841万元，实现销售回款27900万元。2013年，置业公司销售项目10个，完成销售面积255481.06平方米、销售金额196328.72万元、销售回款115472.44万元。2014年，置业公司在售项目共计10个，完成销售面积97103.81平方米、销售金额95084.05万元、销售回款70709.09万元。

2015年，置业公司在售项目10个，完成销售面积1057平方米，完成销售金额690万元，完成回款792万元。

2015年初，置业公司年度考核指标

的设立主要侧重于销售部分,销售指标占生产经营考核总指标的60%。同时,置业公司制定了3个"六四"绩效分解原则,即"超额部分或未完成部分的绩效奖金额,城市公司总经理班子占绝对值的60%,其他员工占绝对值的40%;经理班子内部分配时,城市公司总经理占相对值的60%,副总经理各占相对值的40%;城市公司各职能部室遵循经理班子的分配原则(负责人60%,员工40%),进行绩效分解。"通过合理的指标设定和过程中有效的监督激励措施,置业公司整体超额完成了集团公司设定的生产经营任务。

(二)满世投资集团有限公司

2005年3月,由内蒙古满世投资集团有限公司出资8000万元成立鄂尔多斯市满世房地产开发有限责任公司,具有房地产开发二级资质,负责房地产开发销售与房屋租赁。公司成立以来,依靠满世集团公司的资金支持,以"一流的设计、一流的施工、一流的监理、一流的环境、一流的物业"五个一流的开发理念科学管理,诚信经营,房地产开发规模不断上升,建设总规模达到约100万平方米。

2005—2015年,房地产公司先后在准格尔旗、东胜、康巴什、乌海、呼和浩特等地区开发房地产项目。各项目采取自销与外聘机构代理的模式进行销售。

截至2015年底,公司资产总额19.17亿元,共计运作项目11个,开发总规模120万平方米,累计投入资金23.68亿元;累计销售面积55万平方米,实现销售收入21.55亿元。

(三)内蒙古伊东投资集团有限公司

2006年5月,内蒙古伊东集团成立全资子公司——内蒙古伊东房地产开发有限责任公司,注册资本1亿元。公司下设工程部、财务部、综合部、前期开发部、合同预算部、物业管理部。2015年1月,根据集团公司改革决定,内蒙古伊东陶瓷基础设施建设投资有限责任公司、内蒙古伊东非金属有限公司、内蒙古伊东房地产开发有限责任公司3家公司进行合并。公司名称延用内蒙古伊东房地产开发有限责任公司。

2007—2015年,公司在准格尔旗沙圪堵镇和黄天棉图镇累计开发面积10.83万平方米。在薛家湾镇开发面积18万平方米。另外,储备土地17.81万平方米(其中在达拉特旗拟建11.4万平方米、准格尔旗大路工业园区拟建5.3万平方米、准格尔旗沙圪堵镇拟建1.11万平方米)。

伊东房地产开发有限责任公司开发建设的房屋主要销售给企业职工。

(四)内蒙古蒙泰煤电集团有限公司

2006年7月,鄂尔多斯市蒙泰集团成立鄂尔多斯市蒙泰房地产开发有限公司,注册资本1500万元。

公司在鄂尔多斯市东胜区开发总投资近30亿元的天玺汇房地产项目。该项目位于东胜铁西区,总建筑面积181867平方米,于2011年开工建设,2015年主体及二次结构工程完成,正进行装饰装修工程施工,项目暂未开盘。

(五)神东天隆集团有限责任公司

1. 机构

2006年11月,内蒙古新维投资控股集团股份有限公司和神东天隆集团有限责任公司共同出资,在巴彦淖尔市临河区设立巴彦淖尔市新力置业(集团)股份有限公司,注册资本7000万元,分别占51%和49%。公司经营范围:房地产开发经营、房屋租赁、城市基础设施的投资和经营。

2010年3月,神东天隆集团公司成立全资子公司鄂尔多斯市天隆房地产开发有限责任公司,注册资本8717万元,具有国家房地产开发四级资质。下设综合管理部、工程管理部、经营管理部、营销策划部、绿化事业部、装饰装潢部和吉木萨尔县天隆房地产开发有限责任公司、鄂尔多斯市昶安监理有限公司,共有员工32名。

图10-5-13 天隆房地产公司办公大楼

2. 建设项目

(1)神东天隆佳苑(一期)。位于伊金霍洛旗阿镇北区,项目建设规划:高层住宅楼5栋、小高层住宅楼3栋、多层住宅楼5栋、商业楼2座、公建楼1座,总建筑面积121315.59平方米,总投资54802.52万元。2009年7月开工,2012年10月竣工。项目2013年4月开始销售,截至2015年底,共销售住宅486套,剩余23套,实现销售收入32155.90万元;商业用房7284.6平方米,实现销售收入3582.38万元;合计销售收入35738.28万元。

(2)新力奥林国际项目。项目位于巴彦淖尔市临河区新区,占地面积294904.9平方米。2010年已开发两期,开发用地面积共计103963.6平方米。未开发住宅用地面积共计136823.4平方米,商业用地面积共计54117.9平方米,其中,奥林国际一区(一期工程)总建筑面积172800平方米,占地52258.9平方米,总投资60435.27万元;二区(二期)工程建筑面积158700平方米,占地51704.7平方米。总投资45029.02万元。

图10-5-14 神东天隆佳苑(一期)远景

截至2015年底,一、二区共计销售总额97256.98万元,回款总额93832.92万元。累计实现利润(未分配利润)2640.86万元。

(六)内蒙古蒙发能源控股集团有限责任公司

2005年,内蒙古蒙发能源控股集团在伊金霍洛旗注册成立内蒙古鄂尔多斯市伊金霍洛旗海达房地产有限责任公司,注册资本2000万元。

公司投资近13亿元在鄂尔多斯市伊金霍洛旗开发建设集商业、酒店、办公为一体的海达广场项目,该项目占地面积36590平方米,建筑面积169107平方米,是由双塔和裙楼构成的一体性综合商业建筑。已经成为伊金霍洛旗标志性建筑。

(七)内蒙古西蒙集团有限责任公司

西蒙奈伦广场位于自治区打造的"一街五区"核心,是自治区和呼和浩特市党委、政府及有关行政机构所处的办公新区。

项目总占地28.9万平方米,分三期开发:一期"总部基地"为20万平方米写字楼,二期为大型购物公园"星梦天地",建筑面积约30万平方米,覆盖业态类型全面，包括大型超市、国际五星影院、高档餐饮、儿童体验、休闲娱乐、运动健身、奢侈品等丰富业态，目前正在招商中。三期为五星级酒店、商务中心、豪华公寓。

项目总规划用地面积331006.671平方米，建设用地面积289528.771平方米，写字楼已经建成。

2015年，写字楼已有中国建设银行、华夏银行、华融资产管理公司、包商银行、蒙羊集团、内蒙古建筑规划院等行政、金融机构客户入驻或即将入驻。

（八）内蒙古太西煤集团股份有限公司

2010年11月，太西煤集团在甘肃武威注册成立了甘肃华泰地产开发有限公司，主要开发建设武威太西国际饭店和太西欣宇小区两项目。2012年10月，甘肃华泰地产开发有限公司与甘肃宏海商业管理有限公司签订了《太西欣宇小区项目全程企划及代理销售合同》，由甘肃宏海商业管理有限公司全程企划及代理销售"太西欣宇小区"项目，并于2013年5月正式开盘销售。

2014年6月5日，甘肃华泰地产开发有限公司终止了与甘肃宏海商业管理有限公司的合作，全部自行销售。

2015年，太西煤集团将该公司转让。

第四节 铝 加 工 业

一、电解铝

（一）生产企业

内蒙古霍煤鸿骏铝电有限责任公司是内蒙古霍林河露天煤业股份有限公司的控股子公司，成立于2002年11月，注册资本33亿元。

公司位于通辽市扎鲁特旗扎哈淖尔工业园区，主营电解铝生产加工，兼营发电、售电、供热等业务，2015年形成包括86万吨电解铝产能、配套20万吨碳素产能和年消耗1000万吨劣质褐煤的180万千瓦火电、40万千瓦风电及具备独立运行能力自备电网的循环经济产业集群。

公司凭借国家政策优势、地区资源优势、产业发展优势的全方位支持，霍煤鸿骏铝电公司成功打造了一条以劣质褐煤就地发电转化为主、大比例消纳风电的"煤－电－铝"循环经济产业链，形成了具有完全自主供电核心竞争力的低成本竞争优势，创造了良好的经济效益和社会效益。

2006年，公司通过"质量、环境、职业健康安全管理体系"国家标准认证，并持续保持注册证书资格。2007年，经国家发改委批准，公司获得氧化铝一般贸易进口资格。2009年，公司20kg规格"H&H"牌重熔用铝锭在上海期货交易所成功注册，具备销售、交易、投资和套期保值多种渠道。

2013年，霍煤鸿骏铝电公司取得国家冶金等工贸企业安全生产标准化二级企业资格。2014年，公司成功入选国家工信部公布的第一批符合新《铝行业规范条件》企业名单；同年，公司霍林河循环经济示范工程获得由联合国气候变化框架公约组织、中国低碳联盟、美国环保协会、中国低碳减排专委会联合颁发的"今日变革进步奖"。

2015年，电解铝项目通过国家发改委和工信部联合认定，并取得通辽市发改委和经信委项目备案，纳入环保部门常态化管理。

（二）项目建设

一期电解铝项目采用SY-300kA预焙阳极电解槽技术，产能22万吨/年，电解槽数量284台。项目原设计产能20万吨/

年，2003年4月开工建设，2004年11月开始投产，2007年2月全部达产。

二期铝合金项目采用SY-350kA预焙阳极电解槽技术，产能26万吨/年，电解槽数量276台。项目原设计产能23万吨，2007年3月开工建设，2007年12月开始投产，2010年4月全部达产。

图10-5-15 通铝生产车间

一、二期项目配套建设2×100MW+2×150MW+2×300MW热电联产火电机组，按照燃用露天开采的低热值褐煤设计施工，与铝业项目同步建设投产，在满足电解铝生产用电需求的同时，保障霍林郭勒市450万平方米的冬季供热。

图10-5-16 万祥铝板捆扎车间

三期铝合金续建项目扎铝一期采用SY-400kA预焙阳极电解槽技术，产能38万吨/年，电解槽数量358台。

项目原设计产能35万吨/年，2008年5月开工建设，2011年12月开始投产，2014年10月全部达产；2015年1月技改扩能投运3万吨/年。

配套建设20万吨碳素项目，2008年5月开工建设，2012年10月启动投运。

铝合金续建项目配套建设由2×350MW火电机组、150×2MW风电机组与局域网、调度中心组成的霍林河循环经济示范工程2014年10月全面投运，与一、二期配套热电联产火电机组构成智慧能源电网，以风、火互补发电方式满足86万吨电解铝生产全部用电需求。

（三）产品销售

内蒙古霍煤鸿骏铝电有限责任公司铝产品主要有铝锭、铝板、立中车轮，或将生产出来的铝液以原铝液的形式外销。

产品销售分为两部分：液态铝销售至霍林郭勒市及扎鲁特旗周边铝产品加工企业。铝锭销往东北重点销售区域为沈阳、营口；华北重点销售区域为秦皇岛。

图10-5-17 检测立中车轮产品质量

2005—2015年，公司累计生产及销售铝产品491万吨（表10-5-2）。

表 10-5-2　2005—2015 年铝产品销量统计表

年度	销量（万吨）	年度	销量（万吨）	年度	销量（万吨）
2005	5.42	2009	32.57	2013	72.45
2006	12.79	2010	45.38	2014	73.85
2007	20.73	2011	48.47	2015	83.09
2008	26.97	2012	69.23		

二、氧化铝

（一）生产企业

神华准能资源公司氧化铝中试厂由神华准能公司独家投资 19.5 亿元成立，并提供土地使用权。公司成立于 2011 年 8 月，有职工 290 名，设有 10 个车间、5 个职能部室。

（二）项目建设

煤炭伴生资源循环经济产业项目中型试验厂，主要开展粉煤灰提取氧化铝、氧化硅、镓以及铝的深加工等试验工作，设计能力为年产 4000 吨氧化铝。

图 10-5-18　神华准能公司氧化铝中型试验厂

2010 年 10 月，准能公司成立了 G6111 项目部，负责循环流化床粉煤灰提取氧化铝中试装置项目管理与协调工作，直接委托华准工程监理公司进行施工监理，准能公司质量监督站负责施工全过程质量监督工作。中煤建设集团公司为该项目土建工程施工单位，中铝七冶建设有限公司为该项目的设备安装单位，山东省莱州市新力复合材料有限公司为该项目玻璃钢的制作单位。

该项目于 2010 年 10 月 18 日土建工程开工建设，2011 年 8 月 19 日带料试车，8 月 25 日 5 时 37 分，粉煤灰提取氧化铝装置一次性启动成功，工艺流程全面贯通，8 月 27 日 21 时 20 分，生产出用酸法提取的第一批氧化铝。2012 年 10 月 6 日至年底，中试装置实现连续稳定运行 85 天，并连续稳定达产运行。

（三）试生产

截至 2012 年末，年产 4000 吨氧化铝的工业试验线，开辟了国内外首创的高硅铝资源生产氧化铝的新途径。该项目完成了项目计划任务书和责任书规定的研究内容，达到了预期目标，已经具备了验收条件，2013 年一季度进行项目验收。截至 2015 年底，氧化铝仍未投入正式生产。

第五节　化工产品

一、生产企业

鄂尔多斯市神东天隆化工有限责任公司成立于 2005 年 8 月，是神东天隆集团有限责任公司的全资子公司。公司位于伊金霍洛旗乌兰木伦境内，注册资本 5000 万元，有员工 258 人，年生产总值 2 亿元。

公司下设安技科（生技科）是化工公司技术创新管理职能部门，是公司技术研发领导小组常设办公室，负责公司高新技术企业申报（年审）工作；对新技术、新设备、新工艺进行调研，在公司范围内推广，组织群众性小改小革与技术创新性活动；组织重大技术决策的可行性研究、前期论证；负责公司自主知识产权的组织、研究、协调和申报工作。

2005—2010年，化工公司先后成立科研攻关小组、高新技术企业领导小组、技术研发领导小组领导新产品研发工作。2010—2013年，公司分别投入科研经费642.39万元、664.02万元、686.35万元和992.24万元。

公司集矿用化工产品研发、生产、销售、服务于一体，主要产品有：封尘剂（抑尘剂）、防冻液自动化喷洒设备和运煤列车整平压实装置三位一体设备；封尘剂、防冻粉、乳化油、岩粉、稠化砂浆、氧气、乙炔、二氧化碳、氮气及代售高分子加固材料等。已形成覆盖蒙、陕、宁、晋四省区的销售服务网络。

在为神东煤炭集团公司进行专业化服务的过程中，公司不断改进技术，最终实现封尘剂喷洒设备、防冻液喷洒设备及运煤列车整平压实装置三位一体集中控制，使煤炭外运过程中存在的种种问题和隐患得以排除。

2007年9月，化工分公司被内蒙古自治区科学技术厅认定为高新技术企业。2010年5月，喷洒封尘剂、防冻液及煤列整平压实三机联动专业化技术项目入选《当前国家鼓励发展的环保产业设备（产品）名录》。2011年8月，公司被确认为高新技术企业。

截至2015年底，公司研发成果已获得13项国家授权专利，其中发明类4项。截至2015年，化工公司完成销售收入17464.81万元，实现利润659.35万元，缴纳各项税费合计1890.42万元。

二、主要产品

（一）封尘剂

封尘剂主要针对散煤储运过程中损失严重和由此带来的粉尘污染问题，采用矿物固化技术，根据有机聚合物凝固机理和矿物表面的特性研制而成。将其喷洒在矿物散料后可以在其表面形成一定厚度和强度的固化层，达到防止矿物散料损失和抑尘目的。

封尘剂原料主要为有机物、液体，无气味、无毒性，喷洒煤表面后在60～90分钟形成有效固化层，可以满足装煤、编组发车的时间要求，所形成的固化层具有耐温性，固化层在零下30摄氏度至零上50摄氏度无变化。封尘剂无腐蚀性，对存储器材质无要求，对运煤车厢不会造成腐蚀。2007年1月，经神东天隆集团公司同意，化工分公司向太原理工大学购得封尘剂生产专利技术，并投入封尘剂项目技改和设备资金240万元。

图10-5-19　封尘剂自动化喷洒装置作业现场

1. 封尘剂自动化喷洒装置

封尘剂自动化喷洒装置符合《铁路煤炭运输抑尘技术条件第二部分：喷洒装置及方法》TB/T3210.2—2009 文件标准规定。在封尘剂自动喷洒过程中，各项技术指标都要求限定在一定范围内。该装置采用先进的变频调速技术与计算机应用技术，通过检测压力、流量、火车车厢位置、车速等物理量，实现喷洒量自动控制，保证喷洒效果。

2. 主封尘剂喷洒设备、防冻液喷洒设备及运煤列车整平压实三位一体装置

化工公司近年研制的三位一体装置，以及针对散装站台研发的移动喷洒车，已获得 13 项专利，并实现了封尘剂、防冻液喷洒及煤列整平压实三级联动作业。封尘剂喷洒主要是采用矿物固化技术，将特定制剂水溶液喷洒在煤炭表面并形成固化层，从而防止煤尘飞扬。按照神东煤炭集团 2008 年到港煤量 1 亿吨测算，在使用封尘剂后，全年可减少煤炭损失 65 万吨，创造直接经济效益 2.6 亿元。防冻液喷洒主要是预先在车厢底部及车帮进行干粉撒播或按比例配制成溶液喷洒，从而解决了冬季装车煤与车厢冻结问题。

图 10-5-20 封尘剂喷洒、防冻液喷洒及运煤列车整平压实三位一体装置

整平压实装置是通过对专用碾压整平机械的自动化控制，在保证正常装车速度并对车厢无任何损坏影响的前提下，实现装车高度、容量、重量最优化，适用于铁路现行的 C60、C64、C70、C80 等全部车皮型号。以 C80 为例，每列 C80 通过整平压实后可减亏 500 多吨，装煤列车高度可由原来的 35~45 厘米降低到 10 厘米以下，整平时间可由人工整平的 3~4 小时缩减为 1 小时，按运费 120 元/吨计算，运费可减亏 9.4 元/吨。

三位一体装置解决了煤炭在铁路运输中出现的冻车、扬尘和车辆超高、超限等问题。该技术已在神华神东集团、神华准能公司、神华宁煤集团、陕煤集团等八大公司的运煤专列上广泛应用。

3. 多功能移动喷洒车

新式多功能移动喷洒车主要由摆臂式喷洒装置、储液罐、自行运载车辆及控制系统组成，可同时满足传统装载机装煤站台对封尘剂和防冻液的喷洒要求。在使用过程中，通过手动、自动两套操作模式，灵活方便，安全可靠，适用范围广。

图10-5-21 龙门式防冻液喷洒设备

图10-5-23 公司生产旳乳化油

公司生产的奎克牌液压支架用乳化油［HFAE10-5（W）型］是以液压支架（柱）用乳化油、浓缩物及其高含水液压液（MT76—2002）为技术标准，精选低凝点、低黏度及高闪点的基础液为载体，并配以防锈剂、抗磨剂、耦合剂及杀菌剂等各类添加剂经特殊工艺调配而成。配成的乳化液具有良好的可过滤性，与系统的各种密封、金属及油漆均具有良好的匹配性和相容性。即使在低浓度及水质较差的状况下，水溶液仍具有良好的金属抗腐蚀性和较强的抗菌性能，包括各种真菌和细菌，使稀释液保持较长的使用寿命。产品主要使用于煤矿长臂工作面中的各种类型的液压支架、单体支柱及其他类似设备的液压系统。

图10-5-22 摆臂式防冻液喷洒设备

截至2015年，公司封尘剂喷洒外运煤量16734.96万吨，实现收入5733.15万元；喷洒服务部实现收入718.56万元；阻燃剂厂喷洒防冻液4548.8万吨煤，结算防冻粉1667.4吨，实现收入3816.16万元。

4. 防冻液自动化喷洒装置

防冻液自动化喷洒系统分为：龙门式防冻液喷洒设备和摆臂式防冻液喷洒设备，摆臂式防冻液喷洒设备主要用于电气化铁路。

（二）乳化油

2007年，化工分公司与奎克（中国）化学公司就合作生产事宜进行了多轮谈判，并经集团公司批准投资340万元新建了生产厂房和实验室，2008年2月正式投入生产，神东矿区的市场逐步打开。

乳化油年生产能力达1万吨，主要供天隆集团内部及周边各矿（中煤、蒙泰、高头窑等公司煤矿）使用，在神东市场的销售达40%左右。截至2015年，公司销售乳化油2510.48吨，实现收入2836.86万元。

（三）防冻粉

鄂尔多斯市神东天隆化工有限责任公司生产的防冻粉（产品规格：TF-48型）符合铁道部散煤颗粒货物运输用防冻液技术条件TB/T3208-2008。用于煤炭运输，起到防止煤与火车、汽车车体冻实，便于装卸，还可将干粉撒播于路面之上，用于道路融雪。

公司年生产能力为3万吨，在陕煤、榆神、联创、神东等地使用，其中神东市场占70%。神东天隆化工2008—2015年产销量明细见表10-5-3。

表10-5-3　神东天隆化工2008—2015年产销量明细表　　　　　吨

年度	产销量	乳化油	防冻粉	封尘剂
2008	产量	522.56	4102.97	67582.27
	销量	214.74	5279.92	封煤8039万吨
2009	产量	1387.63	6949.50	112820.10
	销量	1321.93	6011.20	封煤12448万吨
2010	产量	3117.77	11494.12	123901.42
	销量	1971.87	13053.20	封煤14213万吨
2011	产量	3533.60	18011.70	120559.93
	销量	3839.85	15403.39	封煤13937万吨
2012	产量	4277.49	32495.69	154891.01
	销量	3841.51	27196.95	封煤16786万吨
2013	产量	3338.79	34741.54	305516.87
	销量	4007.12	43918.04	封煤19090万吨
2014	产量	3037.65	42441.66	384582.55
	销量	3185.24	41966.16	封煤20573万吨
2015	产量	2619.75	37858.44	278335.69
	销量	2510.48	封煤5063万吨	封煤17147万吨

（四）稠化砂浆

2004年10月，根据神东矿区矿井防灭火形势的需要，中国矿业大学和神东煤炭公司就煤矿防灭火材料稠化砂浆项目联合开展工业性技术试验。中国矿业大学针对神东矿区山砂特征、悬砂稠化剂的结构特性与悬砂机理、山砂化剂的流变特性、山砂稠化剂的流动性等方面进行研究，研制出符合神东矿区乃至整个中国西部多砂区域的煤矿防灭火材料。

由于化工分公司阻燃剂厂附近水源、砂源充足，用电方便，配套设备齐全，且地处神东矿区，可减少稠化砂浆的运输环节，有利于稠化砂浆的稳定，因此稠化砂浆生产车间设在了天隆集团化工分公司。

稠化砂浆是神东矿区防治煤炭自燃最理想的灌浆材料，2005—2008年，公司先后在大柳塔矿活鸡兔井、补连塔、上湾矿、乌兰木伦矿、哈拉沟矿等神东煤炭分公司中心矿井建立制浆站并完成注浆，有效控制了工作面采空区的煤炭自燃，保证综采面的安全开采。

天隆集团化工分公司与中国矿业大学合作，2005年8月之前完成半工业性实验及工业性试验，同年10月获得国家发明专利证书。

2007年9月，化工分公司被自治区科学技术厅认定为自治区高新技术企业；在国家科学技术部火炬高技术产业开发中心下发的2007年度通过审核与新认定的骨干企业名单中，煤矿防灭火材料稠化砂

图10-5-24 稠化砂浆照片

图10-5-25 注砂浆过程中

浆项目位列其中。

（五）岩粉

岩粉主要用于井下防尘、预防和隔绝煤尘爆炸、防止浮煤氧化。岩粉的粒度全部小于0.1毫米，其余70%以上小于0.075毫米，可燃物含量小于5%；氧化钙含量大于45%；游离二氧化硅含量小于10%。公司年生产能力约为2万吨，占神东市场约90%。

2015年，公司岩粉实现收入42.16万元。

（六）工业气体

1. 乙炔

化工分公司生产的乙炔除占据神东煤炭公司、天隆集团100%市场外，还是神华货车公司神木北车辆段、山西天地煤机装备有限公司内蒙古分公司、榆林神华能源股份有限公司、陕西大泰矿建工程有限责任公司、郑州煤机速达配件服务有限公司、神华集团包头能源有限责任公司万利一矿的供应商。

化工公司生产的乙炔年销量在20万瓶以上。

2. 氧气

化工公司生产的工业用氧，类别为第2.2类不燃压缩性气体，5.1类氧化剂。本品不燃，但极易助燃，允许气体安全地扩散到大气中。主要用于工业冶炼、切割等。

该产品占据了神东煤炭公司、天隆集团100%市场，是神华货车公司神木北车辆段、山西天地煤机装备有限公司内蒙古分公司、榆林神华能源股份有限公司、陕西大泰矿建工程有限责任公司、郑州煤机速达配件服务有限公司、神华集团包头能源有限责任公司万利一矿等企业的供应商。年销量在20万瓶以上。

2015年，化学分公司工业气体厂销售收入970.86万元。

第六节 通用航空业

一、运营企业

鄂尔多斯市通用航空有限责任公司成立于2003年，是经国家民航局批准，由内蒙古西蒙集团公司、鄂尔多斯市国有资产投资控股集团有限公司共同出资组建的股份制企业，注册资本1.2亿元，是国内组建最早的通用航空企业之一。

公司下设运行部、机务工程部、综合保障部、安全技术部、飞行培训中心等职能部门。公司现有员工74人，其中，飞行人员14名，机务维修人员27名，航务人员6名，理论培训教员2名，安技人员3人，其中大学本科以上学历占员工总数的65%以上。

公司拥有 12650 平方米的停机坪、500 平方米的维修机库、200 平方米的维修工作间、500 平方米的航材库以及 1200 平方米的办公楼。

图 10-5-26　鄂尔多斯市通用航空有限责任公司飞机

公司现执管 4 个系列 6 种机型的飞机 18 架，其中 Y-5 型飞机 2 架、Y-5B 型飞机 8 架、Y-12 型飞机 2 架、钻石 DA-OD 型飞机 2 架、DA-42NG 飞机 1 架、钻石训练模拟机 1 架、空中国王 C90GTi 公务机 2 架，公司机队规模位居全国通用航空企业三甲。

二、主营业务

经营范围包括甲乙丙三类。

甲类：人工降水、医疗救护、航空探矿、空中游览、公务飞行、私用或商用飞行驾驶执照培训、通用航空包机飞行。

乙类：航空摄影、气象探测。

丙类：飞机播种、空中施肥、空中喷洒植物生长调节剂、空中除草、防治农林业病虫害、草原灭鼠、航空护林、空中拍照。

作业范围覆盖除青海、西藏、新疆以外的全国大部分地区。

公司于 2012 年 5 月取得 CCAR-145 维修单位资质，2011 年 10 月取得私用驾驶执照培训资质，2013 年 5 月进行 CCAR-135 运行规则的审定，开展公务飞行业务。

图 10-5-27　飞行培训中心模拟操作仓

截至 2012 年底，鄂尔多斯通航累计飞行 3 万多小时，起落 12800 多架次，连续多年被民航华北地区管理局评为安全飞行先进单位。

内蒙古煤炭工业志（1991—2015）

第十一篇　教育·医疗卫生

2010年7月，中国国电集团煤炭技术培训中心揭牌仪式在平庄煤业集团公司高级技工学校举行

- ○　教育
- ○　医疗卫生

20世纪60—80年代，自治区各统配煤矿陆续建有幼儿园、小学、中学、职工中专、技工学校，并在设施、课程、师资、医护人员等方面积极投入形成较完整的普通和职业教育体系。1991年初，自治区统配煤矿共有幼儿园51所、小学73所、中学50所。20世纪90年代以后，受教育改革、煤炭企业改革和国内经济形势的影响，全区煤炭系统教育机构有新建也有撤销，有分有合，但教育事业总体处于持续稳定的势态。

2002年，根据国家六部委《关于企业剥离社会职能，国家大型企业不办教育的有关规定》，煤炭企业主办的中小学陆续改制、撤并，移交地方政府管理。由于地方政府与企业都因经费、人员安置等问题，达不成一致意见，移交工作进展比较缓慢，煤炭企业基础教育机构向地方移交经历了一个较长的时段。至2005年底，全区煤炭系统主办的中小学和幼儿园全部移交属地政府管理。

1991年，全区统配煤矿有技工学校7所。随着煤炭企业的改制，乌达矿务局、海勃湾矿务局等国有企业所办技工学校陆续停办。2006年，鄂尔多斯市煤炭局组建了鄂尔多斯煤炭技术培训学校。2010年1月，该校被自治区劳动厅批准成为集技工教育、煤矿安全与技术培训、职业技能鉴定为一体的公办鄂尔多斯煤炭技工学校。2015年，全区尚有内蒙古平庄煤业（集团）有限责任公司高级技工学校、神华大雁集团公司技工学校、鄂尔多斯煤炭技工学校3所学校。煤炭企业职工的继续教育逐步由脱产到技工学校学习改变为以在职培训为主。

1991年，全区煤炭系统大中院校（含高等成人教育）有3所：内蒙古煤炭工业学校、海拉尔煤炭工业学校及乌达煤矿职工大学。2001年，内蒙古煤炭工业学校并入包头钢铁学院，组建为职业技术学院。2003年，海拉尔煤炭工业学校并入呼伦贝尔学院，组建为工程分院。1995年，乌达矿务局管理的内蒙古矿业职工大学改由内蒙古煤炭工业管理局直接管理。2005年，自治区政府决定撤销内蒙古矿业职工大学，在此基础上成立乌海职业技术学院，与内蒙古工业大学乌海分院一个机构、两块牌子，内设煤炭产业相关专业。2007年6月，内蒙古工业大学与鄂尔多斯市准格尔旗政府合作，在准格尔旗大路新区建立内蒙古工业大学矿业学院。9月，以培养煤炭行业专业人员为主的鄂尔多斯职业学院成立。

2011年7月，内蒙古科技大学（原包头钢铁学院）职业技术学院更名为煤炭学院。2014年，煤炭学院与矿业学院合并，更名为矿业与煤炭学院。到2015年，全区有培养煤炭人才的高等学校5所。

截至2015年，自治区设置采矿类专业的高校中，有矿业工程一级学科博士学位授权点1个，一级学科硕士学位授权点1个，二级学科硕士学位授权点3个；工程硕士学位授权点1个；地下工程与地质技术硕士点1个；本科矿业工程类专业15个，专科矿业工程类专业近20个。

1991年，自治区统配煤矿有9所局（矿区指挥部、公司）级医院、24所矿级医院、2所疗养院、91所卫生所（保健室、医务室），其规模、医疗设备及技术在当地医疗系统中均居较高水平。

从2003年开始，根据自治区政府办公厅《关于进一步推进国有企业分离办社会职能工作的意见》精神，神华准格尔能源有限责任公司、神华包头能源有限责任公司、神华乌海能源有限责任公司、平庄煤业集团有限公司陆续将所属医院移交当地政府管理。神华神东集团有限公司、神华大雁集团有限公司、扎赉诺尔煤业有限责任公司总医院和华能伊敏煤电有限责任公司职工医院仍保留在企业。

2000年前，国有重点煤炭企业的卫生防疫、职业病防治、预防保健、结核病防治、公共卫生、妇幼保健、计划生育等工作，均由企业卫生处（部分设在职工医院）管理。2000年以后，部分企业卫生防疫工作移交地方政府医疗、防疫部门。2006年，国家将职业病防治工作列入煤矿安全生产监察范围。内蒙古煤矿安全监察局设立职业病检测中心。截至2015年，各安全监察分局举办职业病防治培训班培训煤炭企业主要负责人5.1万人次。职业健康防护知识的培训率达90％以上。

第一章 教 育

第一节 基础教育

一、学前教育

1991年初，自治区统配煤矿共有幼儿园51所，建筑总面积4.05万平方米（不含平庄局），入园儿童6383人，保教人员824人（不含扎赉诺尔煤矿）。地方煤矿中，呼伦贝尔盟煤炭公司所属8座煤矿有幼儿园6所，保教人员74人，伊克昭盟纳林沟煤矿、棋盘井煤矿各有幼儿园1所，入园儿童共98人。之后，由于中央所属企业投入不断增多，其办园规模、办园水平和教育质量也得以不断扩大和提升。

2004—2005年，各国有煤炭企业和民营企业的幼儿园相继交付当地政府教育部门或停办，职工子女送当地办幼儿园。

（一）神华准格尔能源有限责任公司

公司幼儿园创办于1981年，1988年迁入准格尔旗薛家湾镇铁北区春晖里南，是公司最早的一所全日制幼儿园。1994年3月，幼儿园划归准格尔煤炭公司教育中心管理，全园占地面积5604平方米，2002年建成2000多平方米的小型运动场。园内共设大、中、小班6个，在园幼儿173人；教职工28人，其中教师11人、保育员6人、行政管理人员3人、保健医1人、总务后勤人员7人。

图11-1-1 公司幼儿园小朋友表演节目

1994年10月，公司成立第二幼儿园，1996年9月，成立第三幼儿园。1999年10月，由公司教育处转岗分流人员创办了"企有民营"的准格尔煤炭公司第四幼儿园。各幼儿园均位于公司住宅小区，占地16398平方米，共设大、中、小班10余个，在园幼儿552人，教职工72人。幼儿园均有标准的幼儿活动室、卧室、保健室和综合活动室，每班配有电视机、收录机、投影仪、幻灯机、电子琴、钢琴等电教设备，有足够数量的大、中、小型户外体育玩具和室内桌面玩具，每班均配备消毒柜、幼儿饮用水保温桶、纯净水饮水机等保育设备。

2001年3月，4所幼儿园由公司教育中心划归神华准格尔能源有限责任公司福利处管理。4所幼儿园分别在1995年、1997年、1999年、2000年被伊克昭盟教育体育局评为一类乙级幼儿园。第二幼儿园在1995年被评为盟级示范幼儿园。2002年底，准格尔能源有限责任公司在园幼儿由最初的几十人发展到1360人（其中学前班429人），教职工由原来的几个人增加到103人，其中具有大专以上学历12人，中专学历46人。

2004年2月，公司将4所幼儿园全部移交准格尔旗政府，隶属准格尔旗教育局管辖，分别更名为准格尔旗第二、第三、第四、第五幼儿园。

（二）神华神东煤炭集团有限责任公司

1991—1992年，东胜精煤公司建成4所幼儿园，其中第一幼儿园（原矿区幼儿园）于1991年4月动工，1992年9月竣工，总占地面积8069平方米，总建筑面积3195平方米，总投资225万元。建园以后，逐步增加教学及活动设备，累计投资设备购置费50多万元。1997年底，有幼儿320人，12个班，其中大、中班各4个，小班3个，托儿班1个；保教人员39人，其中教师30人。

第二幼儿园（原机关幼儿园）建于1991年，建筑面积160平方米，投资50万元。1996年因幼儿较多，公司又投资20多万元加盖一层楼房，增加建筑面积80平方米，可容纳幼儿180名；设备累计投资30万元。1997年底，有幼儿184人，5个班，其中大班2个，中、小、托儿班各1个；有保教人员25人，其中教师18人。

第三幼儿园（原上湾幼儿园）建于1992年，1993年3月交付使用。全园占地面积2888平方米，建筑面积819平方米，总投资80余万元，可容纳幼儿180余人。1997年，有幼儿173人，6个班，其中大班3个，中、小、托儿班各1个；有保教人员17人，其中教师14人。

第四幼儿园（原乌兰木伦幼儿园）建于1992年，1993年交付使用。全园占地面积2000平方米，建筑面积1600平方米，总投资50万元。1997年，有幼儿102人，4个班，大、中、小、托儿班各1个；有保教人员11人，其中教师9人。

1991—1996年，第一、第二幼儿园由公司教育卫生处直接管理，第三、第四幼儿园由所在煤矿管理，公司教卫处负责业务指导。第一、第二幼儿园于1993年被伊克昭盟教育体育局评定为一类甲级幼儿园。1997年，公司成立教育中心，4所幼儿园由教育中心统一管理。教育中心对幼儿园进行整顿和加强，将第三幼儿园与第三小学合并，第四幼儿园与第四小学合并。合并后，机构精简，教师配置更趋合理，教学设备得到充分利用。

1998年，神华神东煤炭集团公司成立，东胜精煤公司4所幼儿园划归神华神东煤炭集团公司教育培训处管理，分别改称为公司第三至第六幼儿园，其中，第三（原上湾煤矿）幼儿园晋升国家二类甲级幼儿园；第四（原武家塔煤矿）幼儿园晋升为二类甲级幼儿园；第五（原朴连塔煤矿）幼儿园晋升国家一类甲级幼儿园；第六（原乌兰木伦煤矿）幼儿园教师全部是师范院校毕业的专业教师。2000年神华神东煤炭集团公司幼儿园班级、人数及教师情况见表11-1-1、表11-1-2。

表11-1-1　2000年神华神东煤炭集团公司所属幼儿园班级、人数统计

幼儿园	班级									
	小班		中班		大班		学前班		总数	
	班级（个）	人数（人）	班级（个）	人数（人）	班级（个）	人数（人）	班级（个）	人数（人）	班级（个）	人数（人）
第三幼儿园	1	38	2	74	2	73	3	126	8	311
第四幼儿园	1	22	1	23	1	34	—	—	3	79
第五幼儿园	1	29	1	39	1	40	2	72	5	180
第六幼儿园	1	7	2	38	1	24	1	32	5	101

表11-1-2　2000年神华神东煤炭集团公司所属幼儿园教师情况统计　　　　人

幼儿园	人数			学历				职称				
	总数	男	女	本科	专科	中专	其他	中高	小高	小一	小二	其他
第三幼儿园	26	3	23	1	9	14	2	2	3	7	12	2
第四幼儿园	12	1	11	1	2	8	1	—	1	3	5	3
第五幼儿园	21	1	20	1	4	13	1	—	2	6	11	2
第六幼儿园	11	1	10	1	3	5	1	—	—	4	5	2

2001年，集团公司所属中学、小学全部移交当地政府，幼儿园仍由教育培训处管理。2010年，集团公司所属幼儿园分别委托北京中育海家和鄂尔多斯东胜家易教育机构管理。集团公司责成矿业服务公司对幼儿园进行外部监管。

（三）神华包头能源有限责任公司

1991年，包头矿务局有幼儿园12所，建筑面积2350.21平方米；入托人数684人，保教人员93人，其中幼儿教师10人。

1998年8月，包头矿务局划归神华集团后，经历了2次局部政策性破产，人员锐减，托儿所陆续关闭，仅剩余生活服务处的一个幼儿园。该幼儿园建筑面积377平方米，实现电教一体化。从1998年起，幼儿入托人数逐年增长。2002年，幼儿园雇用面包车，教师轮流接送河滩沟煤矿、五当沟煤矿的幼儿，为偏远单位的职工子女营造良好的学习环境。2007年，幼儿园开设美术、舞蹈、手工等特长课程及托管班。

2010年，因矿区棚户区搬迁，公司职工分散，部分家庭的幼儿到市里的幼儿园入托，保教人员从17人减到5人。后因剥离企业办社会职能，2010年6月，公司学前教育终止。

（四）神华宝日希勒能源有限公司

1991年，宝日希勒一矿建设筹备处的职工托儿所（后期称幼儿园），位于宝日希勒镇中心（水电公司办公楼）。1996年，园址迁到神宝公司销售公司办公楼。公司将幼儿园划归宝一矿第一小学。幼儿园有专业幼教教师2名，非专业院校毕业

教师2名，专职保育员4名，后勤人员4名。

1996年，幼儿园共有4个班级，其中大班2个，中、小班各1个，分别由1名保育员、1名教师担任日常保育教学工作。因当时由小学管理，幼儿教学体制上偏重于小学教育，教育管理与幼儿教育有所偏差。为与先进的幼儿教育接轨，幼儿园特别申请招聘2名专业教师任教，将教育内容全部改革为综合课程。

1997年5月，呼伦贝尔盟地方煤企幼儿园和宝日希勒一矿幼儿园合并，公司第一、第二小学合并，分流部分教师调到幼儿园学前班任教，教师竞聘上岗。

学前班分6个班级，14名教师，每个班学生60名，幼儿园教师3人、后勤人员7人。学前教育与小学授课同步，行政管理日趋完善。学前班由园长任命1名主任负责日常教育教学工作。各班设班主任1名。有高级以上职称教师2人、初级以上职称教师4人。幼儿园在宝二矿（后期的光明电业煤矿）设分校，招收学前班儿童，设2个班级，由4人（教师3人、后勤人员1人）负责分校具体工作。1999年，幼儿园学前班再次归属小学，学前班教师调入学校。2003年，公司适应体制改革发展要求，给予优惠政策，幼儿园进入社会自行创收。同年5月，幼儿园解体，员工分流。

（五）扎赉诺尔煤业有限责任公司

1998年，扎赉诺尔矿务局有8所幼儿园，其中，第一、第二幼儿园、俊资幼儿园由生活福利处管理，其他幼儿园隶属生产单位直接管理。1999年，幼儿园系统实行竞标、承包经营，2002年末，实行新一轮的承包运营，由于私立幼儿园不断涌现，公司所属幼儿园承包期满后无人承包，将第二幼儿园、俊资幼儿园关停，2003年将西铁幼儿园关停，2004年将第三幼儿园关停，2005年将第一幼儿园、第四幼儿园、第五幼儿园关停，至2006年第六幼儿园关停，扎赉诺尔煤业公司所属幼儿园全部关停。

（六）华能伊敏煤电有限责任公司

公司建有2所幼儿园，分别在滨河区和新源区。1993年和1997年投资450多万元，扩建、新建第一、第二幼儿园。1997年以后，公司相继为2所幼儿园投资60万元，配备钢琴、地毯、娃娃家具、幼儿桌椅、投影仪、电脑、摄像机、打印机等。

图11-1-2　公司第二幼儿园外景

2003年，公司投资583万元，对2所幼儿园进行室内装修改造，并购置碰碰车、幼儿书籍、可编程智能控制电教设备、文教设备等，更新幼儿园的全部设备及玩具、教具。

2003年，伊敏露天煤矿幼儿园共有职工63人，其中幼儿教师35人，保育员20人；大学本科学历1人，大专学历19人，中专、高中学历43人；幼教高级职称1人、一级职称13人，小教职称1人。教师专业合格率分别为83％、60％和70％，保育员专业合格率为100％。幼儿园有入园幼儿256人。

（七）神华大雁集团公司

1991年，大雁矿务局共有3所幼儿

园，总占地面积11348平方米，其中建筑面积6048平方米，总投资210万元。2002年3月，幼儿园归教育处管理，2003年9月，3所幼儿园合并为2所幼儿园，分别更名为红蕾幼儿园和童欣幼儿园。2所幼儿园均被评定为自治区一类甲级幼儿园。2004年10月，幼儿园成建制划归卫生处管理。

（八）内蒙古平庄煤业（集团）有限责任公司

1991年，平庄矿务局有标准托幼园（所）12所，保教人员267名，入托幼儿1819名。这些托幼园（所）一直隶属矿务局行政处和各矿（厂）行政科管理。1993年，均被东北内蒙古煤炭公司评定为生活福利管理、设施标准化单位。

图11-1-3　公司本部幼儿园

1995年，全局幼教职工309人，入园幼儿达到2266名。1996—2000年，由于个体幼儿园开办渐多，矿务局内幼儿园入园幼儿下降到1721名，教职工减至236人。2003年，平庄煤业集团公司入园幼儿986人，有教职工185人。

物业公司直属有3所幼儿园，第一、第二幼儿园位于平庄煤业集团公司本部员工住宅区，第三幼儿园位于古山煤矿矿工村。

2004年，第一、第二、第三幼儿园由个人承包经营，均开办学前、大、中、小4个班型。第一幼儿园有幼教职工13人，中专以上学历9人，其中大学本科2人；第二幼儿园有幼教职工15人，中专以上学历11人；第三幼儿园有幼教职工6人，均为中专以上学历。

幼儿园实行承包经营后，调动了承包者和幼教职工的积极性，3所幼儿园入园率比承包前提高45%，幼教职工收入比承包前有较大幅度提高。公司员工子女的入托费用报销政策仍然执行。

2008年末，公司所辖幼儿园幼教职工有85人，入园幼儿1110人。集团公司所有幼儿园移交地方经营管理。

（九）内蒙古伊泰集团有限公司

1993年，为解除公司员工的后顾之忧，公司投资38.1万元筹建了设施较完善的幼儿园。幼儿园岗位设置有园长、教师、保育员、保健医、炊事员、保管员、采购员等。建园初期，幼儿园可接纳幼儿90名，设有大、中、小班。

图11-1-4　公司工会主席张晨辉（右）到公司幼儿园检查工作

幼儿园遵照保、教相结合的办园方针，实施快乐教育，寓教于乐，通过游戏、讲故事等形式提高幼儿识字、思维、语言表达等能力。幼儿入园按国家二类甲级幼儿园标准收费。1998年，公司投资

250万元兴建了2100平方米的幼儿教学大楼，并配置了较先进的教学和生活设施。

2000年，因入园的职工子女减少，公司决定幼儿园面向社会开放，收费标准与本公司职工子女一样，并委托东胜市民族幼儿园进行管理，园长由民族幼儿园委派。后来由于幼儿入园率仍上不去，公司与鄂尔多斯市民族幼儿园解除托管关系，由幼儿园员工进行承包管理。员工承包后，幼儿入园率及管理水平不断提高。公司负责承包员工的工资，幼儿园实行自收自支。2004年12月，幼儿园划归集团公司后勤服务中心。2007年8月，因入园幼儿数量少，集团公司停办幼儿园。

二、小学教育

1991年初，全区有统配煤矿小学73所（表11-1-3）。此后，受煤炭企业改革和经济的影响，全区煤炭系统的小学有新建，也有学校合并或撤销。

表11-1-3 1991年初内蒙古自治区统配煤矿小学基本情况

单位名称	学校数量（所）	学生数量（人）		教职工（人）		学校建筑面积（平方米）	入学普及巩固毕业率
		班级（个）	在校生数量（人）	职工	教师		
乌达矿务局	14	266	10501	112	715	33353	合格
海勃湾矿务局	11	167	6448	73	464	20696	95.99%
包头矿务局	9	106	3714	259	289	14629	99.90%
扎赉诺尔矿务局	12	160	6324	204	230	21195	合格
平庄矿务局	11	213	8883	171	577	27590	98%
大雁矿务局	7	146	6224	39	285	19002	合格
霍林河矿区指挥部	5	119	4311	54	244	13140	100%
伊敏河矿区建设指挥部	4	28	1365	22	90	—	合格
合　计	73	1205	47770	934	2894	149605	—

从2001年开始，按照企业剥离社会职能的工作部署，全区煤炭系统小学陆续移交属地政府管理。

（一）神华神东煤炭集团有限责任公司

1. 神东煤炭公司实验小学（第一小学）

学校位于伊金霍洛旗乌兰木伦镇上湾小区，于1992年4月动工，9月交付使用。学校占地面积39705平方米，建筑面积5285平方米。1996年，学校被确定为实验小学。1997年，学校有教学班20个，学生850人；教职工46名，其中一级教师16名，教师合格率100%。

1998年，神府东胜2分公司合并后学校更名为神东煤炭公司实验小学（以下简称一小）。学校有多功能礼堂、多功能体育场，场内有篮球场、排球场、足球场、跑道等；有电脑室、语音室、医务心理咨询室、少先队活动室、自然实验室、图书阅览室、舞蹈室、音乐教室、书画教室及职工食堂宿舍等辅助设施。学校能满足24个班级约900名学生就读的需要，是一所花园式的走读制完全小学。

2. 神东煤炭公司第二小学

原名马家塔小学，由东煤马家塔煤矿

投资兴建。1989年8月，投资25万元修建简易学校，1995年，又投资10万元维修。神东煤炭公司成立后改名为神东煤炭公司第二小学。1999年，神东煤炭公司投资36万元扩建学校。学校占地面积8600平方米，建筑面积3200平方米，是一所单一班制小学，为矿工子弟和地方群众的孩子就近读书提供了方便。1998年，学校设有7个教学班，学生302人，教职工23名。有教室12间、微机房3间、多功能教室2间、藏书5000册的图书室2间、音乐室2间、实验室2间、体育器材库房2间、少先队活动室2间、实验器材室1间、乐器室1间、师生食堂2间。

3. 神东煤炭公司第三小学

原名补连塔小学，1991年1月划归东胜分公司管理。学校占地面积30712平方米，建筑面积5011平方米。1994年东胜分公司陆续投资50万元扩建成一所能容纳500名学生的完全小学。1998年，神东煤炭公司成立后又投资80多万元，增添设备设施，修建部分校舍，改名为神东煤炭公司第三小学。学校有操场、篮球场、排球场、羽毛球场，教学楼内设有仪器室、实验室、微机室、语音室、多媒体教室、图书资料室，收藏图书资料5649册。

1998—2000年，学校先后被评为"爱国基础教育全国示范学校""自治区义务教育示范校""自治区语言文字规范化示范学校""鄂尔多斯市文明单位"、东胜地区义务教育"示范学校"、旗级"文明单位标兵""交通安全文明学校"。

4. 神东煤炭公司第四小学

1991年，为解决煤矿职工子女上学问题，由乌兰木伦村出土地、乌兰木伦煤矿出资建设并兼并乌兰木伦村小学，当年建成开学。学校位于乌兰木伦煤矿北0.5千米处，占地面积5000平方米，建筑面积540平方米。当时名为乌兰木伦煤矿小学，有7个教学班，其中小学5个班、初中2个班。1992年5月，学校划归公司教育卫生处管理，其初中班并入矿区第一中学。1997年，学校有1—6年级6个教学班，在校生195人。

2001年2月，神东煤炭公司实验小学、第二小学、第三小学移交伊金霍洛旗政府管理。实验小学更名为乌兰木伦镇上湾小学，54名教师移交地方；神东煤炭公司第二小学、第三小学分别有16名、29名教师移交地方。

（二）神华准格尔能源有限责任公司

1991年，准格尔煤炭公司第一小学成立。1993年、1994年，准格尔煤炭公司分别成立第二、第三小学。1995—1998年，3所小学分别被伊克昭盟评为"义务教育示范学校"，并被煤炭部评为煤炭系统"标准化学校"。2002年底，3所小学有教学班47个，在校学生2366人；共有教职工126人，其中专任教师106人，教师学历合格率100%。

2004年，准格尔能源有限责任公司将3所小学全部移交准格尔旗政府。

（三）神华乌海能源有限责任公司

1. 乌达矿业公司所属小学

1991年初，乌达矿务局有小学14所：矿务局第一、第二小学，黄白茨煤矿第一、第二小学，苏海图煤矿第一、第二小学，五虎山煤矿第一、第三小学等。

2003年，随着神华乌达矿业公司黄白茨煤矿破产，矿务局所属第一、第二小学、黄白茨煤矿第一、第二小学移交属地政府管理，2005年，矿业公司将所属小学全部移交属地政府管理。

2. 海勃湾矿业公司所属小学

1991年，矿务局有小学11所：海勃湾矿务局小学、平沟煤矿第一、第二小学、老石旦第一、第三小学等。2005年，神华海勃湾矿业公司小学、平沟煤矿第一、第二小学、老石旦第一、第三小学等小学全部移交地方管理。

（四）神华包头能源有限责任公司

1991年，包头矿务局共有8所小学和1所中学附设小学部，其中完全小学6所，即局一小、土建处小学、长汉沟煤矿小学、五当沟煤矿小学、河滩沟煤矿小学、白狐沟煤矿小学；小学附设初中班2所。小学校舍面积14629平方米，教师284人，行政干部19人，工人49人。学校有105个教学班，在校学生达3729人。1990年，入学率99.9%，在校生巩固率99.9%，四率达到包头市指标。

2004年1月，包头市政府与石拐区政府签订协议，将神华包头矿业有限责任公司所属局一小、五当沟煤矿小学、长汉沟煤矿小学和矿六中小学部移交石拐区政府，局一小、五当沟煤矿小学、长汉沟煤矿小学共移交教职工151名，其中专职教师115名，小学班级23个，学前人数159名，小学生总数636名。

2006年，神华包头矿业有限责任公司将剩余学校化工厂小学、白狐沟小学、河滩沟小学全部移交石拐区，共移交教职工140名，其中专职教师122名。学校有15个小学班，学前人数69名，每个学校小学一至五年级各1个班，共有小学生340名。

（五）华能伊敏煤电有限责任公司

1991年，公司有第一、第二、第三小学和东海拉尔电厂自办的子弟小学。共有教学班46个，学生2090人。1993年，东海拉尔电厂自办的子弟小学撤销。2000年9月29日，第二小学移交鄂温克旗教育局管理。2002年7月，伊敏露天煤矿对所属中小学进行合并，第一小学与第一中学合并，组成公司第一学校；第三小学与第二中学合并，组成公司第二学校。第一学校、第二学校为九年一贯制学校。2005年，移交所在地政府管理。

（六）神华宝日希勒能源有限公司

1982年10月，宝日希勒第一煤矿矿建筹备处投资创办公立全日制小学，定名为矿建筹备处第一小学。小学校舍为平房，有教师13人、班级5个、学生100名。1986年3月，教学楼正式使用。校舍建筑面积2327.6平方米，占地面积28476平方米。学校建有2个篮球场、1个田径场、高低双杠、滑梯、秋千等活动设施；教学用具增加录像机、投影仪、幻灯片等；音乐教学设施有电子琴、手风琴等。学校有音体美活动室、微机室、语音室、图书室，并于1997年自筹资金购买30台电子计算机。

2003年，宝一小学更名为宝煤公司小学。学校设教导处、政教处、总务处、工会、共青团、少先队等组织机构。班级增至22个、每班60人左右；2003—2004年，学生人数达900多人。教师全部具有大专以上学历。2004年12月，神华宝日希勒煤业公司第一小学移交陈巴尔虎旗政府管理。

（七）神华大雁集团公司

1991年，大雁矿务局有7所小学、146个班级，在校学生6224名，教职工324名。2000年，学校合并为5所。2003年10月，作为自治区分离企业办社会职能试点单位，煤业公司向鄂温克旗政府移交企业办小学5所，移交资产评估确定为1248万元。经双方共同测算，分离移交后，双方费用分担额为538万元。5所小学采取"三年过渡，费用按比例分担"的方式，即第一年企业承担2/3、财政承担1/3，第二年各承担1/2，第三年企业承担1/3、财政承担2/3。

2004年12月，煤业公司与鄂温克旗政府达成接收企业办中小学补充协议，调整后公司承担小学3年的办学费用总额为298.5万元。同时，划转小学教职工260人，其中教师250人。

（八）扎赉诺尔煤业有限责任公司

1991年，扎赉诺尔矿务局有小学12所，1994年3月，位于建安处南部的第七小学解体，在校330名学生分别划归第十小学、第二小学。2003年，矿务局2所小学（第一、第九小学）与企业剥离，归地方教育局管理，到2005年，扎赉诺尔煤业公司所辖小学全部剥离地方政府。

（九）内蒙古平庄煤业（集团）有限责任公司

1990年有小学11所：西露天煤矿第一小学、红庙煤矿小学、五家煤矿小学、内蒙古平庄煤业（集团）有限责任公司直属第一小学、内蒙古平庄煤业（集团）有限责任公司直属第二小学、古山煤矿小学等。2005年，平庄煤业集团公司11所小学全部划归元宝山区政府管理。

截至2006年底，全区煤炭系统小学全部移交属地政府管理。

三、中学教育

1991年初，自治区有统配煤矿中学50所（表11-1-4）。从2003年开始，随着企业剥离社会职能政策的实施，全区煤炭系统中学开始移交地方政府管理。2005年底，全区煤炭系统中学全部移交属地政府管理。

表11-1-4　1991年初内蒙古自治区统配煤矿中学设置情况

单位名称	学校数量（所）	班级（个）	在校生人数（人）	教职工人数（人）		教师职称人数（人）				学校建筑面积（平方米）
				职工	教师	高级	一级	二级	三级	
大雁矿务局	5	90	4347	98	284	7	12	33	145	21736
霍林河矿区指挥部	3	56	2551	67	172	9	32	57	33	13758
包头矿务局	8	110	4356	155	367	14	49	116	131	21786
扎赉诺尔矿务局	7	126	5726	155	343	—	—	—	—	37050
平庄矿务局	10	188	6092	187	575	—	—	—	—	48775
伊敏河矿区建设指挥部	2	26	912	34	94	—	—	—	—	包括小学19000
海勃湾矿务局	7	105	4393	208	397	—	—	—	—	26374
乌达矿务局	7	169	8108	259	702	28	178	—	—	38497
准格尔煤炭工业公司	1	18	319	43	—	—	—	—	—	1500
合计	50	888	36804	1206	2934	58	271	206	309	228476

（一）神华神东煤炭集团有限责任公司

公司有中学1所。公司第一中学（原华能精煤东胜分公司中学）位于鄂尔多斯市伊金霍洛旗神东上湾小区，建于1990年，是由华能精煤公司投资960万元兴建的一所完全中学。学校占地面积66400平方米，建筑面积11000平方米。

学校拥有设施完善的教学办公楼、音体美综合教学楼、微机室、多媒体语音室。教学办公楼配备有多媒体集成控制系统和双向闭路电视控制系统，每个教室都配备有电视机、投影仪、录音机，实现了教学的现代化、信息化；学校还拥有环幽雅、藏书丰富的图书阅览室,有近20000册图书和上百种报纸、杂志供学生课外阅读;有供师生休息、娱乐的宿舍楼、大礼堂及占地面积17800平方米的体育活动场所,400米的环形跑道、足球场、水泥篮球场、排球场、室外乒乓球台案、联合器械活动场地等基础设施;还有团队活动室、播音室、职工之家及各种兴趣活动教室。2000年,建成盟级"绿色学校"。

2001年,公司将学校及55名教师移交伊金霍洛旗政府。学校更名为伊金霍洛旗矿区中学。

(二) 神华准格尔能源有限责任公司

1991年9月,公司子弟学校中小学分设,第一中学成立。1993年9月,准格尔煤炭公司第二中学成立。1997年,2所中学被伊克昭盟评为"义务教育示范学校",1998年又被煤炭部评为煤炭系统"标准化学校"。1999年,神华准格尔煤炭公司率先在伊克昭盟地区实现普及高中教育。2000年9月,神华准格尔煤炭公司第一中学改制为"企有民营"学校。2001年3月,准格尔煤炭公司第一中学更名为神华准格尔能源有限责任公司第一中学,准格尔煤炭工业公司第二中学更名为神华准格尔能源有限责任公司第二中学。

第二中学占地面积25385.29平方米,建筑面积4997.8平方米。学校建有闭路电视教学系统和学校教育发射系统,有设施较为齐全的物理、化学、生物实验室,有微机室、装配56座的语音室,多媒体演播室,学校有师生阅览室、美术活动室、音乐活动室、校医室。校园内有水泥硬化的篮球场3个、排球场2个、足球场1个。图书馆藏书21000册。1996年第二中学被伊克昭盟评为"环境优美学校",2000年4月被评为伊克昭盟"绿色学校"。2004年,公司的2所中学移交准格尔旗地方政府管理。

(三) 神华乌海能源有限责任公司

1991年,乌达矿务局有中学6所,其中初中5所(矿务局第一至第五中学)、高中1所(矿务局第一高级中学)。从2001年秋季起,内蒙古矿业职工大学连续2年开办高中班3个,招收学生100多人。

2003年,乌达矿业公司在处理黄白茨煤矿破产过程中,将其所属的7所中小学一并移交当地政府管理。2005年,乌达矿业公司将其余中小学连同教育机关一并移交当地政府管理。

1991年,海勃湾矿务局有中学7所:海勃湾矿务局第一中学、第二中学、第四中学等。2005年,神华海勃湾矿业公司所属中学全部移交地方政府管理。

(四) 神华包头能源有限责任公司

1991年,包头矿务局共有5所完全中学及3所高中、初中、小学合办学校。有教学班110个,中学生人数达4356人。有教职工522人,其中教学人员367人;有高级教师职称的14人,一级教师职称的49人,二级教师职称的116人,三级教师职称的131人。

2004年1月7日,包头市政府与石拐区政府签订协议,将神华包头矿业有限责任公司所属中学矿一中、矿六中移交石拐区政府管理,2所学校共有教职工129人,其中专职教师90人,有初中班20个711名学生,高中班6个200名学生;同时移交的还有长汉沟小学4个班的初中生78人,局一小初一2个班的初中生60人。此次共移交中学生1049人。

2006年,神华包头矿业有限责任公司将所属化工厂小学校、白狐沟小学校、河滩沟小学校的初中全部移交当地政府管理。

(五) 神华大雁集团公司

1991年，大雁矿务局有5所中学、90个班，在校学生4347人，教职工382人，2000年以后，学校增加至7所。

2004年7月，大雁煤业公司达成向鄂温克旗政府移交企业办中学协议，7所中学移交后，每年办学经费1198万元，企业负担4年的办学费用共计4792万元。同年12月，煤业公司与鄂温克旗政府达成接收企业办中小学补充协议，企业负担4年的办学费用调整为5116万元。同时，划转中学教职工478人。

(六) 华能伊敏煤电有限责任公司

1991年初，有2所中学，其中第二中学为完全中学（高中部是呼伦贝尔盟重点高中之一），共有教学班25个，其中初中班17个，学生729人；高中班8个，学生271人。

2001年9月，经呼伦贝尔盟教育局批准，高中部与华能伊敏煤电公司第二中学分离，成立高级中学。2002年7月，伊敏露天煤矿将第一小学与第一中学合并，组成公司第一学校；第三小学与第二中学合并，组成公司第二学校。公司中小学经合并后形成3所学校，即高级中学1所、九年一贯制学校2所。2005年，公司将学校全部移交当地政府管理。

(七) 神华宝日希勒能源有限公司

1983年，宝日希勒第一煤矿中学成立，占地24000平方米，校舍建筑面积2080平方米，设初中部和高中部。1999年，公司将中学改组为中心学校。2002年，中心学校包括中学部和小学部。学校占地64819平方米，教学楼建筑面积4807.28平方米。学校共有教学班46个，教职工222人、分流退休人员100人、学生2303人。图书室藏书2万余册。实验室设备能满足教学需要。

2004年，学校有教职工57人、专任教师52人，其中具有中、高级职称教师30人。学校设有22个教学班，有学生1000多人；少数民族学生占学生总数的30%。

2004年12月，神华宝日希勒煤业宝一矿中学和煤业公司设在宝日希勒镇的兴华中学移交陈巴尔虎旗政府管理。

(八) 扎赉诺尔煤业有限责任公司

1991年，扎赉诺尔矿务局共设7所中学，由矿务局教育处管辖。1996年8月，撤销第五中学，在校450名学生一部分划归第二中学，一部分划归第一中学，少部分划归第三中学。

图11-1-6 扎赉诺尔矿务局举行中小学运动会

2001年，经内蒙古自治区呼伦贝尔盟教育局批准扎煤公司在原职业高中的基

图11-1-5 公司高级中学语音教室

础上，招收普通高中班，学籍挂靠第七中学。2002年8月，呼伦贝尔市教育局批准原职业高中更名为晨光高中，开始独立招生，由职工教育培训中心管理。

2003年，第三、第七中学剥离到地方教育局。2005年，4所中学全部移交地方教育局，至此，扎赉诺尔煤业公司中学教育职能基本剥离完成。同年，主管普教机构教育处正式撤销。受国家规范企业办学工作要求，2010年7月，晨光高中撤销，2003（第一届毕业）—2010年，晨光高中共培养毕业生1100人。

（九）内蒙古平庄煤业（集团）有限责任公司

1991年，平庄矿务局共有10所中学。1992年，机电总厂中学、西露天煤矿第二中学撤销，这2所学校师生合并到西露天煤矿第一中学，3所学校合并为西露天煤矿中学。

2005年10月，平庄煤业集团公司所辖8所中学全部划归元宝山区政府管理。1991—2005年平庄煤业集团公司所属初中、高中（教学班、在校生、毕业生、高考录取）情况见表11-1-5。

表11-1-5　1991—2005年平庄煤业集团公司所属初中、高中
（教学班、在校生、毕业生、高考录取）情况

年份	初中					高中（教学班、在校生，未包括补习班和补习生）				
	教学班（个）	在校生人数（人）	毕业生人数（人）	中考升学人数（人）	升学率（%）	教学班（个）	在校生人数（人）	毕业生人数（人）	高考录取人数（人）	录取率（%）
1991	130	5944	1654	448	27.08	35	1367	699	187	26.75
1995	131	6074	1364	634	46.48	21	863	808	237	29.33
2000	131	5829	1142	684	59.89	26	1346	984	456	46.34
2005	133	6237	1366	1017	74.45	56	3233	1623	1106	68.14

截至2006年底，内蒙古煤炭系统中小学全部移交属地教育局管理。

第二节　中等专（职）业教育

一、中等专业教育

1991年，自治区煤炭系统中专学校有内蒙古煤炭工业学校和海拉尔煤炭工业学校。2000年，内蒙古煤炭工业学校并入包头钢铁学院（内蒙古科技大学）。2003年，海拉尔煤炭工业学校并入呼伦贝尔学院，中等专业教育的使命结束。

（一）内蒙古煤炭工业学校

其前身是建于1958年的包头煤矿学校。1972年学校易名为内蒙古燃料化学工业学校。1979年，学校更名为内蒙古煤炭工业学校，隶属于自治区煤炭工业管理局。内蒙古煤炭工业学校是在包头煤矿学校的基础上，于20世纪60年代初由内蒙古矿业学院、内蒙古建筑学校中专部、包头铁道学院中专部、内蒙古工学院采矿系先后并入，经过十几年发展而成。

1980年，自治区高教局转发教育部《关于确定和办好全国重点中等专业的意见》的通知，内蒙古煤炭工业学校被确定为全国重点中等专业学校。1993年被评为省部级重点普通中等专业学校。

1991年，学校抓住自治区中专办学水平评估的有利时机，在自治区煤炭厅的支持下，投资11万元建成液压、流体力

学、金相、镜下鉴定、通风5个实验室及电化教室；投资12.5万元充实、配套完善了计算机、力学、采机、测量、通风等近10个实验室，购置实验桌柜、椅凳500（套）件；购置计算机和物理、化学实验仪器设备；对旧实验设备进行改造和更新。

2000年，学校拥有实验室18个，实验室面积2000多平方米，实验设备的完备率和实验开出率提高。

1991年，学校设有地下采煤、露天开采、矿山机电、工程测量、煤田地质、财务会计、财务审计、数学、通风、机械化10个专业。1993年，增设煤化工专业，地质专业停办。1994年，增设计算机应用专业。1995年增设财会电算化专业。1996年增设地质测量、选煤2个专业。1997年新增机电一体化、煤炭综合利用2个专业。1998年新增企业管理、工业企业电气化、露天运输机械3个专业。1999年新增企业形象策划、汽车运用维修、应用电子技术、电厂热能动力、通讯线路、物业管理、生产管理7个专业。

图11-1-7　学生在实验室做实验

1992年，从包头矿务局调进液压支架、采煤机、调度绞车、煤岩电钻和其他各种矿用机械、电气设备17（台）件，总价值100多万元。由学校设备管理科的全体职工自行设计和施工新建270平方米采机实验室。1996年，投资80万元建成计算机中心，投资10万元建成语音教室。学校先后新建和扩建了煤化工、选煤、采煤、机电、财会模拟等实验室。

截至1999年底，学校共开设采煤工程、矿山机电、工程测量、煤炭综合利用、机电一体化、地质测量、露天运输机械、工业企业电气化、汽车运用维修、应用电子技术、电厂热能动力、通讯线路、选煤、计算机应用、财会电算化、物业管理、生产管理、企业管理、企业形象策划19个专业。2000年，由于学校从中职教育转变为高职教育，中等专业学生停招。1991—1999年内蒙古煤炭工业学校学生基本情况见表11-1-6。

表11-1-6　1991—1999年内蒙古煤炭工业学校学生基本情况

年份	专业数（个）	班级数（个）	招生数（人）	其中		毕业生人数（人）	在校学生数（人）
				国家统招人数（人）	委培人数（人）		
1991	10	18	133	133	—	193	756
1992	9	16	242	199	43	341	657
1993	6	20	202	165	37	162	797
1994	6	20	187	120	67	184	800
1995	7	20	177	106	71	176	801

表11-1-6（续）

年份	专业数（个）	班级数（个）	招生数（人）	其中		毕业生人数（人）	在校学生数（人）
				国家统招人数（人）	委培人数（人）		
1996	9	15	142	142	—	353	590
1997	11	17	209	172	37	228	571
1998	13	22	518	329	189	189	900
1999	19	37	736	566	170	143	1493
合计		185	2546	1932	614	1969	

学校注重改进课堂教学方法，支持和鼓励教师采用科学的教学方法（如启发式、讨论式）和直观的、先进的教学手段（如挂图、模型、录像、幻灯、多媒体等），要求广大教师改变传统的"填鸭式""满堂灌"等教学模式，使学生的学习方式由被动接受学习向启发学习转变。

1990年8月，自治区煤炭厅将编纂《内蒙古煤炭志》的任务交给煤炭工业学校。张孝先校长带领10名教师在《内蒙古自治区志·煤炭工业志》和《中国煤炭志·内蒙古卷》编委会的领导下，历经9个寒暑，完成编纂任务。

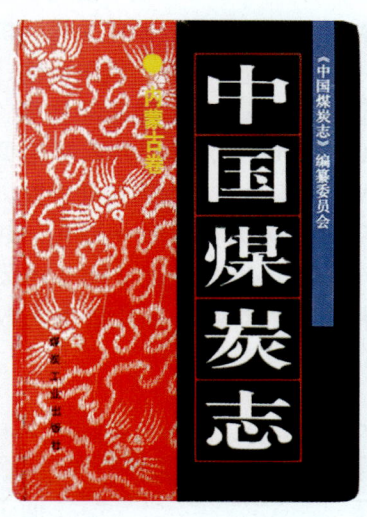

图11-1-8 中国煤炭志·内蒙古卷

1999年分别由内蒙古人民出版社和煤炭工业出版社出版。全书共1200多千字，分为《内蒙古自治区志·煤炭工业志》和《中国煤炭志·内蒙古卷》。

1992年，学校常规教学检查主要由专业科长检查任课教师的教学计划、教案的准备情况及教学进度；教务科检查日常教学秩序、任课教师教学计划、教学大纲和教学日历的执行情况，征集学生对教师教学情况的意见和建议。全校性的集中教学检查由教学副校长挂帅，教务科负责组织，会同各专业科等部门进行，每学期期中进行一次，时间为2~3周。采取听课、抽查教案、问答调查、开座谈会等形式，全面检查任课教师的备课、讲课、批改作业、辅导、考试、实验、实习等各个教学环节。通过检查，肯定成绩，总结经验，指出问题，提出改进措施。

1991年4月至1992年4月，按照自治区教育厅的部署，对煤校进行办学水平评估工作。办学水平综合评估内容是：学校的办学指导思想，贯彻执行党和国家的教育方针、政策的情况，学校思想政治工作，学校建设状况，教学管理、行政管理水平和办学质量、效益。

通过全面细致、实事求是的测评与论证，经教育厅中专复评领导小组检查验收，确定煤校办学水平达到"A"级标准，受评总得分为91.332分。1993年在内蒙古自治区中专选优评估中被评为省部级重点普通中等专业学校。

学校提倡和鼓励教师进行教学研究和学术活动。截至2000年，教师主编的煤炭中等学校通用教材《电子技术基础》由中国矿业大学出版社出版发行；在《内蒙古职教》《煤炭中专教育》《内蒙古煤炭经济》等刊物发表学术论文80余篇。内蒙古煤炭工业学校毕业生大批担任煤矿矿长，60余人担任中央所属煤炭企业主要领导和高级管理人员。

（二）海拉尔煤炭工业学校

海拉尔煤炭工业学校于1983年3月成立，1986年9月开始招生，举办中专教育。1994年3月，国务院决定撤销东北内蒙古煤炭工业联合公司后，海拉尔煤炭工业学校转隶内蒙古煤炭工业管理局管理，仍为煤炭工业部所属学校。

图11-1-9 1993年6月13日煤炭工业部副部长范维唐（右）在海拉尔煤炭工业学校调研

1993年3月，学校被能源部评为先进学校；5月，学校学生科被东北内蒙古煤炭工业联合公司评为"教育工作先进集体"，学校被呼伦贝尔盟盟委、行署授予"文明单位标兵"称号。

1998年7月，煤炭工业部撤销后，海拉尔煤炭工业学校划转自治区管理。

1998年8月1日，自治区政府以内政字〔1998〕160号文件决定，海拉尔煤炭工业学校按自治区直属学校对待，由自治区煤炭工业局管理。2000年3月，学校被确定为自治区重点普通中等专业学校。

2001年1月，自治区政府下发《内蒙古自治区人民政府关于同意海拉尔煤炭工业学校变更学校名称的批复》（内政字〔2001〕24号），批复"同意海拉尔煤炭工业学校更名为内蒙古工程技术学校。更名后，该学校原机构建制、人员编制、经费渠道和隶属关系不变"。学校内设管理机构有：党群工作部、校长办公室、财务科、总务科、教务科、函授部、太原理工大学成人教育学院海拉尔函授站、学生科、教育研究室、采煤科、机电科、基础科、实验科。

近30年来，学校开设的专业课程日益增多，有露天采煤、地下采煤、煤矿机电、露天机电、综合机械化采煤、机电一体化、机械制造与维修、汽车运输、计算机及应用、财务会计、建筑经济等。

2003年10月，学校并入呼伦贝尔学院，成立工程分院后改为矿业学院，截至2003年，学院仍在招收中专生。1991—2003年海拉尔煤炭工业学校（内蒙古工程技术学校）专业分布及招生人数统计见表11-1-7。

表11-1-7 1991—2003年海拉尔煤炭工业学校（内蒙古工程技术学校）专业分布及招生人数统计

专业	1991年	1995年	2000年	2003年	统计年专业招生人数（人）	专业	1991年	1995年	2000年	2003年	统计年专业招生人数（人）
地下采煤	192	94	2	—	288	露天采矿	24	—	—	—	24

表 11-1-7（续）

专 业	1991年	1995年	2000年	2003年	统计年专业招生人数（人）	专 业	1991年	1995年	2000年	2003年	统计年专业招生人数（人）
机械制造与修配	58	43	—	—	101	煤矿机电	197	102	—	—	299
综合机械化采煤	—	47	118	38	203	辅助设备维修	36	—	—	—	36
财务会计	—	58	—	—	58	计算机及应用	—	41	365	284	690
露天机电	—	47	—	—	47	矿山机电	—	99	—	—	99
露天开采	—	40	—	—	40	采矿工程	—	44	—	103	147
汽车运用与维修	—	—	103	133	236	机电技术应用	—	—	216	328	544
建筑经济	—	—	59	54	113	财会电算化	—	—	210	75	285
电子技术应用	—	—	66	—	66	汽车运用工程	—	—	66	—	66
家用电器营销与维修	—	—	—	2	2	汽车驾驶与维修	—	—	—	44	44
建筑装潢	—	—	—	5	5	机械制造与修配	—	—	—	120	120
焊接工艺	—	—	—	8	8	模具金属成型工艺	—	—	—	10	10
电子商务	—	—	—	25	25	采矿技术	—	—	—	37	37
汽车驾驶与机电维修	—	—	—	113	113	工业与民用建筑	—	—	—	23	23
通风与安全	4	—	—	—	4	物 流	—	—	—	2	2

（三）内蒙古矿业职工大学中专部

1991—1992 年，招收中专班 2 个、岗位培训班 7 个，开始由单纯学历型教育逐步转向以学历教育为主，岗位培训、继续教育、专业证书教育并举的轨道。1994 年，招收煤炭成人中专班 3 个，与乌海电视大学联办中专班 2 个；中专毕业 36 人。1995 年，中专毕业 13 人（地下采煤专业）。1991—1995 年，内蒙古矿业职工大学中专教育设有地下采煤、采掘通风、矿山机电、计算机、机电运输、工企管理、经济管理、企业管理、文秘、法律、计划统计等专业。

截至 1995 年，内蒙古矿业职工大学累计毕业中专生 595 人。

2005 年 1 月 1 日，撤销中专班。

（四）扎赉诺尔煤业公司职工中等专业学校

1990 年 7 月，扎赉诺尔矿务局教育委员会由实体单位改为虚设机构，职工中等专业学校恢复为局属二级单位，业务归职工教育培训处管理。1991 年 11 月，撤销职工教育培训处，其人员及业务划归教育处。1993 年 2 月，职工中等专业学校、电视大学、技工学校合并为职工技术学校，对外各校保留原名称。1996 年，开办高中毕业生免试入学中等专业班，除本企业职工外，还面向社会招生。待业青年经 3 年学习取得中专学历证书，有接收单位者，由呼伦贝尔盟劳动人事局颁发派遣证，按合同制职工安排工作。1997 年 7 月，划入职工教育培训中心管理，副处级单位。

1999 年，随着国家教育政策的调整，除招收高中毕业生免试入学外，开始面向社会招收初中毕业生免试入学，年龄、身份不限，经 3 年学习，毕业后发给国家承认学历的中专毕业证书，企业不负责分配工作。多渠道办学使职工中等教育得以在困境中生存。同年，在全盟中等专业学校办学评估检查中，获得呼伦贝尔盟教育教学管理优秀单位称号。2000年，根据呼伦贝尔盟劳动人事局要求，结合企业实际和社会对技术工人的需求，规定凡具有初中以上文化程度的毕业生，实行免试入学，毕业后公司视职工队伍缺员情况择优从技工学校毕业生中补充不再统招统分。2001年，开办初中毕业生免试中专脱产学习班（办公自动化专业、电厂热力设备运行），共举办3届中专学历班。2005—2008年因企业对学历需求层次不断提高，中专生源短缺，停止招生工作。

2009年，根据企业需要，职工中专恢复招生，举办班组长中专学历班，开设矿山机电、煤矿开采技术2个专业班，培养255名班组长。1991—2010年，共培养中专毕业生796人。2010—2015年，连续6年停止招生工作。

二、技工教育培训

1991年初，自治区统配煤矿有技工学校7所，分别是内蒙古平庄煤业（集团）有限责任公司高级技工学校、大雁技工学校、海勃湾矿务局煤炭技工学校、乌达矿务局技工学校、扎赉诺尔矿务局技工学校、霍林河矿区技工学校（东北煤田地质勘探技工学校）、伊敏河矿区技工学校，分属于平庄矿务局、大雁矿务局、海勃湾矿务局、乌达矿务局、扎赉诺尔矿务局5个矿务局和霍林河矿区指挥部、伊敏河矿区指挥部2个矿区指挥部管辖。至2010年，全区煤炭技工学校仅剩3所，分别是内蒙古平庄煤业（集团）有限责任公司高级技工学校、大雁矿务局技工学校、鄂尔多斯煤炭技工学校。

在半个多世纪的发展过程中，技工学校日益成为技工（中专）学历教育、工人技术培训、就业培训和职业技能鉴定为一体的综合型学校。

（一）乌达矿业公司技工学校

1979年4月2日由煤炭部直接投资的乌达矿务局技工学校工程破土动工，年底建成，实现了当年建设当年招生。学校占地面积75万平方米，拥有教学楼、后勤办公楼、学生宿舍楼各1座，以及水塔、采暖锅炉、实习厂、餐厅、运动场、电化教室、微机室、图书室、机电实验室等配套设施，建筑面积11200平方米，设计规模为600人，是当时乌海地区最大的一所为煤炭企业培养中级技术工人的职业学校。矿务局先后选派了一批从大、中专院校毕业分配到矿务局的专业技术人才以及从各矿、各部室抽调了一批有丰富实践经验的技术工人和工程技术人员补充到教师队伍中，使技工学校从教学设备、设施到教师队伍都得到充实。

自1979年以来，技工学校先后开办了采煤、综采、土建、地测、烹饪、井下电钳、机修、洗煤、发电、护理、水泥、管道、化工、家电维修、计算机操作等20多个专业。截至1997年，共培养各类专业技术人才3200多人，培训在职职工40多人（次）。这些毕业生经过多年的实践锻炼，已经成为企业的主要技术骨干，30多人走向矿（处）级领导岗位，180多人成为科队长。

1996年，技工学校划归乌达矿务局教委管辖。同年6月停止招生。1997年5月技工学校又划归乌达矿务局人劳处管辖，2000年，技工学校归属矿务局新成立的瑞达公司管理。1999年4月，技工学校与矿务局党校合并，更名为乌达矿务局职工培训中心，一个机构两块牌子。1999—2001年，技工教育的重点由岗前技能教育转移为在职职工的技能、技术培训，协助矿务局有关部门先后举办了通风、锅炉、化验等特殊工种培训班，与黄白茨煤矿职工学校联合举办采煤、掘进机运、机电培训班，培训在岗职工1000多人次。

2004年6月，技工学校恢复招生。为了吸引青年报考技工学校，矿业公司制定了多项优惠政策：年龄放宽至18～25岁，男性；具有高中以上文化程度，包括职高、各类专业技术学校学生或毕业生，均可报名。学费、书费、住宿费全免。学生在校学习期间，每月享受不低于150元的生活补贴。学生毕业后，矿业公司安排工作，工资不低于1500～1800元。

矿业公司从2004年开始先后投资280多万元，对教学楼、宿舍楼、办公楼、学生餐厅、水、电、暖等设施进行了全面的修缮改造，重建了5000多平方米运动场和100多平方米校园休闲花园。

从2004年恢复招生到2006年，学校共招生480人。2006年7月，162名学生完成学业。

（二）海勃湾矿务局煤炭技工学校

海勃湾矿务局煤炭技工学校于1980年5月成立。1994年以前，海勃湾矿务局设有职工教育处、党校和煤炭技工学校，这3家培训教学机构分别承担着职工技术文化教育培训、党员干部教育培训和培养技术工人职责。1994年2月，海勃湾矿务局减少机构、整合培训教学资源，将职教处、党校、海煤技校整合成为职工培训中心。3家合并时党校教职工40多人，技校教职工近200人，职教处10余人，总人数250多人。1997年3月，职培中心按照海勃湾矿务局以产定人、压缩机构、减人提效工作部署，开始精减人员，实行下岗政策。经过两次精减人员，教职工由240多人减至88人。1997年11月，职培中心实行二次合并，撤销技工学校。学校设有矿山机电、地下采煤、露天采煤等专业。1995年，招收最后一届学生，1998年，全部毕业离校。

（三）神华大雁集团公司技工学校

1. 机构与队伍

1978年5月，大雁矿务局技工学校成立，有教师10人。1993年11月，技工学校和电视大学合并成立电大技校。1997年12月，技工学校与电视大学分离，技工学校下设综合办、工会、团委、教务科、实习科、学生科。2003年7月，学生科与综合办合并；9月，实习科成建制划归机电总厂。2004年5月，实习科重新划归技工学校；10月，职业技能鉴定站、职工学校划入技工学校；年末，技工学校设综合科、教学科、职业技能鉴定站。2005年，学校有职工33人，其中教师22人。

2005年7月，技工学校与职校分离，8月，技工学校设综合科、教务科。2012年，学校设有综合科、实习科、教务科，有教职工27人。年底，由于生源萎缩，技工学校未招收学员。

2. 教学工作

1990年，技工学校强化教学管理，开展标准化教学工作，教师任课逐步实现了竞争上岗。在教学方式方法上，推广了模块教学和微格教学法。1992年，在教学中突出学生的技能训练，增加对实习设备的投入。1993年，学员参加"东煤技工学员井下矿电技术比武"取得团队第2名。在理论教学上，从实际出发，结合新设备和工艺编写实用教材。在办学模式上，走上了与市场经济接轨的联合办学道路，开办了短培班、委培班、社招班。

至2004年末，已形成了集技工（中专）学历教育、工人技术培训、就业培训和职业技能鉴定为一体的综合型学校。2005年，在办学模式上，全部走上了与市场经济接轨的联合办学道路，开办了全部社招班，毕业由学生自主就业。2006年，学校形成了以半工半读全脱产、中专为一体的办学模式。筹建了物理电工电子实习工厂，增加了对实习设备的投入。

1978—2004年，技工学校共招收26届学生，先后开设25个专业，累计培养毕业生4516人。2005—2009年，学校先后开设了10个专业，累计培养毕业生1497人。毕业生由煤业公司统一分配。

（四）扎赉诺尔煤业公司技工学校

1990年7月，扎赉诺尔矿务局教育委员会由实体单位改为虚设机构，技工学校恢复为局属二级单位，业务归职工教育培训处管理。1991年11月，撤销职工教育培训处，其人员及业务划归教育处。1993年2月，将职工中等专业学校、电视大学、技工学校合并为职工技术学校，对外各校保留原名称。1997年7月，技工学校划入职工教育培训中心管理，副处级单位。

1997年，技工学校毕业生由呼伦贝尔盟劳动人事局组织有关专家进行职业技能鉴定，鉴定分为初级工、中级工两个档次。技工学校毕业生除取得毕业证书外，还必须获得国家劳动部门颁发的技术工人等级证书，方可分配工作。2000年，根据呼伦贝尔盟劳动人事局要求，结合公司实际和社会对技术工人的需求，规定凡具有初中以上文化程度的毕业生，实行免试入学，毕业后公司视职工队伍缺员情况择优从技工学校毕业生中补充不再统招统分。

2005年，技工学校开展采掘电钳工、矿井通风工、液压支架工、采煤机司机、巷道掘砌工、主提升机操作工等24个工种的初级工、中级工、高级工、技师和高级技师5个等级的职业技能鉴定工作。2008年，职业技能鉴定工作全面展开，技工学校不再对外招生，完成由开展职业教育向安全培训及技能鉴定工作的转变。

经过几十年的发展，技工学校已由建校初期招收1个专业30多名学生，发展到15个专业，可容纳800人就读的办学规模，为煤炭生产输送了大批合格的中级技术工人，1991—2008年共培养技校毕业生2589人。2001—2015年，共培训煤矿3项岗位人员37077人次、班组长2643人次。

（五）内蒙古自治区煤炭工业技术学校

内蒙古自治区煤炭工业技术学校办公地在通辽市经济技术开发区，学校创建于1978年，校名为霍林河煤炭基本建设技工学校，隶属于煤炭工业部。1986年，根据东北内蒙古煤炭工业联合公司文件精神，学校更名为东北煤田地质勘探技工学校，隶属于东北煤田地质局。

1998年，根据国家经贸委、国家煤炭工业局与自治区政府《关于内蒙古国有重点煤矿管理体制改革问题商谈纪要》要求，学校划归内蒙古自治区，隶属于自治区煤田地质局，更名为内蒙古自治区煤炭工业技术学校。

2008年，按照《内蒙古自治区人民政府关于自治区地勘局和有色地勘局及煤田地质局推进内部企业化改革有关事宜的批复》（内政字〔2005〕93号）精神和《关于自治区地勘局和煤田地质局所属学校实行属地化管理的通知》（内国土资发〔2006〕2号）精神及通辽市政府与自治区煤田地质局签订的移交协议，学校划归通辽市，隶属于通辽市教育局，学校保留原有名称，增设通辽市职业教育中心职能。内蒙古自治区煤炭工业技术学校是通辽市直属2所中等职业学校之一。

1991年，学校有职工104人，其中在职102人，具有专业技术职称30人；1995年有职工109人，其中在职105人，具有专业技术职称41人；2000年有职工117人，其中在职100人；2005年有职工

128人，其中在职87人，具有专业技术职称41人。

2008年，学校有在籍学生1168人，有职工136人，专兼职教师95人，其中研究生学历7人、在读研究生3人、本科学历35人、专科学历10人、中高级以上职称教师32人、双师型教师35人，另聘请有实践经验专家26人担任实训教师。学校有国家级职业教育教学名师1人，自治区级专业学科带头人1人。

学校主要培养初级、中级技术人才；开设计算机平面设计、计算机网络技术、汽车运用与维修、汽车钣金与涂装、汽车装饰与营销、焊接技术应用、电气技术应用、工程机械运用与维修、报关与物流管理等专业；同时开设有汽车修理、计算机类专业对口升学班，就读3年参加全国统一高考，录取后可晋升到同类专业的专科、本科院校学习。学校设有驾校、汽车修理厂、计算机平面设计中心等实训场所30余处，各类实训设备800余台（套），设备总价值1800余万元。各专业设备生均达到5000元以上，汽车修理专业设备生均达到10000元，基本满足教学实训需要。

至2008年，学校先后被国家七部委、自治区政府、通辽市政府、通辽市教育局评为"农村劳动力转移就业先进单位""先进学校"。

（六）平庄煤业集团公司高级技工学校

平庄煤业集团公司高级技工学校于1958年成立，建校以来，先后开设有煤矿技术（综合机械化采煤方向）、矿山机电、机电设备安装与维修、机械设备维修（煤矿机械维修方向）、电气自动化设备安装与维修（煤矿电气设备维修方向）等十几个专业，其品牌专业为矿山机电，生源以本企业职工子女为主，兼顾社会，为企业培养输送技术工人8000多人。

2009年，培训中心技工学校被国家职业教育协会评为全国企业职工培训先进单位。

图11-1-10　平庄煤业集团公司高级技工学校可控制编程实验室（PLC）

2010年4月，学校被人力资源和社会保障部授予"高级技工学校"称号；7月，国电集团将学校改为国电煤炭技术培训中心。

学校占地面积6.26万平方米，建筑面积3.49万平方米；电工实训、变频实训、钳工实训及煤矿培训设备齐全；2010年，教职工141人，学生2402人。2015年，教职工142人，学生1010人。

（七）鄂尔多斯煤炭技工学校

2006年，受鄂尔多斯市委、市政府批准并委托，鄂尔多斯市煤炭局组建并管理鄂尔多斯煤炭技术培训学校，免费为本地适龄农牧业人口和城镇无业人员提供煤炭职业技能培训。2010年1月，学校经自治区劳动厅批复成为一所公办中等专业技工学校，是一所集技工教育、煤矿安全与技术培训、职业技能鉴定为一体的综合性学校。

学生免收学费、培训费、住宿费、教材费、实习费并免费提供行李和校服。学员毕业后由鄂尔多斯市煤炭局推荐到市内煤炭企业就业。学校开设采矿、机电两大专业。采矿专业主要课程有采煤概论、综采工艺、矿井通风、煤矿安全、液压传动和采掘机械、矿山测量等,培养工种为采煤机司机、液压支架工、矿山测量工、安全检查工、矿井通风工等。机电专业主要课程有采煤概论、电工基础、电子技术、电力拖动、矿山供电、电气设备、AutoCAD绘图等,培养工种为采掘电钳工、维修电工、变电运行工等。

第三节 职工培训

一、培训机构

1991年,全区重点国有煤炭企业都设有专门培训机构和队伍。培训中心既是各企业对职工进行教育培训的职能部门,又是教育培训的组织实施单位,同时具有对本单位员工职业资格认定职责。

（一）神华神东煤炭集团有限责任公司

公司职工教育培训体系由教育管理委员会、专家顾问小组、人力资源部和教育培训中心组成。具体职责是：教育管理委员会是公司职工教育培训工作的领导机构,负责制定公司教育培训方针政策；专家顾问小组由公司有关领导和国内外资深专家组成,指导教育培训中心的建设,包括培训课程体系建设、师资队伍建设、教材体系建设,以及参与部分重要课程的授课；公司人力资源部是员工教育培训工作的指导部门,指导和协调教育培训工作。

教育培训中心既是分公司教育培训工作的职能部门,又是分公司教育培训的组织实施单位。主要职能有：①负责和组织实施公司人力资源教育培训计划；②负责公司员工培训（包括煤矿安全培训）和再教育的组织与实施工作；③负责公司网络培训。

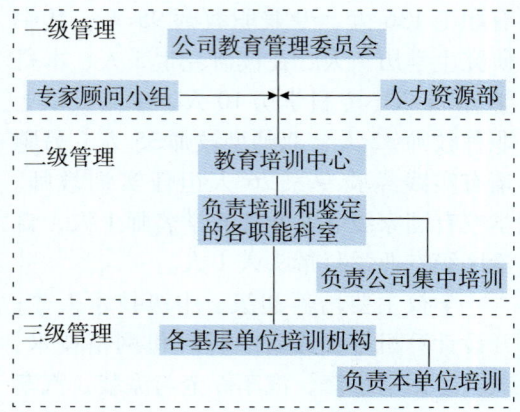

图11-1-11 分公司培训机构组织框架示意图

（二）神华准格尔能源有限责任公司

1994—1996年,公司职工培训工作由公司教育委员会负责管理。1997年成立公司人才交流中心,负责管理人员培训和职业技能鉴定,1999年成立公司再就业中心,负责职业技能鉴定、职工教育和成人教育工作。2003年,公司成立培训中心,负责职业技能鉴定、职业教育和成人教育工作。

职工培训工作在公司统一领导下实行计划管理,由公司劳动工资部统一规划、统一管理、统一组织实施,再就业服务中心在劳资部指导下,制订相关配套办法,负责管理下岗分流人员的培训工作和在职职工岗位技能培训等各种培训工作的具体实施。

2000年初,公司制定出台了《准格尔煤炭工业公司职工培训管理办法》,对职工的岗前培训（上岗、转岗、新录用人员）、各种专业技能培训（内、外培训）、职业技能鉴定培训和安全生产培训等做了详细规定。立足于岗位培训,推行持证上岗制度,规范职工在生产经营和各项工作中的行为。

2001年，公司编制了《神华准格尔能源有限公司管理干部与专业技术人员培训"十五"规划》，对管理干部，特别是对巩固现有专业技术人员队伍，实施系统培训提出明确要求。2002年初，公司制定了《神华准格尔能源有限公司职工教育培训规划》，提出总的思路和目标：构建"全员、全方位、多形式、多渠道、多层次培训，全面提升职工素质和技能水平"的人力资源开发和职工教育培训工作新格局。

2005年，培训中心进一步规范培训各项工作，制定了《职工培训管理实施细则》《职业技能鉴定年度计划及实施细则》《成人教育补充管理办法》等规章制度，在培训过程中，坚持"走出去与请进来"的原则，围绕公司生产经营目标，根据生产实际工作需要，加强新技术、新工艺的拓展培训。

2011年，培训中心升为部门经理级，设置综合科、培训科、安全培训科、职业技能鉴定科、教学管理科5个科室。公司党校培训业务也主要由培训中心承担，同时，原来由公司安监局负责的安全培训任务也划为培训中心负责。

（三）神华乌海能源有限责任公司

2008年，公司成立前，乌达矿业公司和海勃湾矿业公司均设立了具有内蒙古煤矿安全监察局颁发的《煤矿三级安全培训机构资证》的培训中心。公司成立后，两家培训中心合并成立公司职工培训中心，成为公司职工，特别是井工人员安全培训重要基地。公司所辖企业职工的脱产安全教育培训都由培训中心来完成。2009年以来，公司先后向职工培训中心投资42万元，治理校园环境、改善办公条件，增加先进教学设备，使职工培训中心面貌显著改观。

培训中心设有安全技术培训科、党员干部培训科、综合办公室、后勤服务部、工会等5个科室。培训中心占地面积43000平方米，建筑面积11400平方米。培训中心有各种教室12间，有供教学使用的安全教育展室，通风、机电和采掘实验室，钳工、焊工和维修电工实操室，计算机室，多媒体教室，图书室，并配备有投影仪，教师均配有笔记本及各式电脑等教学设施。

1. 乌达矿业公司培训中心

1999年4月，乌达矿业公司将技工学校与党校合并成立培训中心。培训中心按照矿务局党委的要求，于2000年举办了4期处级干部企业财务管理学习班，于2001年举办了4期学习贯彻中共十五大四中、五中全会学习班及党员理论培训班。

为尽快建起自己的安全培训机构，矿业公司先后向职工培训中心投资20多万元，建立了瓦斯、运输提升、井下机电、通风实验室，电化教室和安全教育图书室及案例展室，为建立煤矿安全三级站创造条件。2002年6月，培训中心顺利通过内蒙古煤矿安全监察局考核审批认证，取得煤矿安全三级站的资格证书，同年，成为矿业公司独立的二级单位。

2008年，乌达矿业公司培训中心与海勃湾矿业公司培训中心合并为神华乌海能源有限责任公司培训中心。

2. 海勃湾矿务局职工培训中心

1994—1996年，海勃湾矿务局主要培训方式是由培训中心制定全局年度职工培训计划，对各矿等基层单位下达培训指标，由各基层单位自培。技工学校的办学任务主要是完成1994年、1995年招入学生的教学和管理工作。

1997年初，海勃湾矿务局下发《关于全局职工培训及有关事宜的纪要》，培训中心筹集资金6万余元，维修改建学员宿舍，为集中脱产培训职工创造了必要的条件。同年，首次在中心集中举办两期特殊工种及区队（班组）长培训班。在平沟矿、公乌素矿和露天矿举办小井矿长、技术员、瓦检员培训班4期，共培训学员270人。1997—1999年，处于困难时期的海勃湾矿务局职工培训中心努力克服经费等方面的困难，坚持开展培训工作。

2000年9月，培训中心为了达到煤矿安全培训机构资格认证的条件和标准，加强基础建设，改善办学条件：一是维修改造办公、教学和生活设施；二是海勃湾矿务局投入10余万元购置教学实验设备和器材，建起供教学使用的采掘、机电和通风安全实验室以及安全教育展室等；三是对校园进行绿化、硬化和美化。2001年4月，培训中心被内蒙古煤矿安全监察局评定为三级煤矿安全培训机构，成为当时乌海地区唯一具备煤矿安全培训资质的机构。

2005年，培训中心出台《海矿公司职工教育培训管理办法》及《补充规定》。公司立项投入资金130万元，对培训中心办公楼、教学楼、学员宿舍楼进行装修改造。2007年，公司投资340万元建设培训中心教学宿舍综合楼，建筑面积4490平方米，可同时容纳200多人住宿，内设多功能报告厅、多媒体教室、计算机室、学员健身房等。

(四) 神华包头能源有限责任公司

公司职工教育培训中心负责全公司培训计划制定、培训人数安排。

公司各单位设有职教科，负责本单位职工安全教育培训。20世纪90年代末，进行内部机制改革，实施"三线"管理模式，撤销职教科，职工培训职能划归安检科。21世纪，随着全国煤矿安全形势的变化及国家对煤矿安全工作的高度重视，加强职工安全教育成为安全发展的重中之重。2007年，各单位成立培训科，设置教学场地，购置教学设备和教材，设专职人员负责全矿职工的日常培训和学籍档案管理，同时采取"走出去、请进来"的方式强化职工教育。

(五) 神华宝日希勒能源有限公司

2002年12月，公司成立人力资源管理委员会。劳人部为公司人力资源的主管部门，成立在岗职工培训中心和再就业综合服务公司，下设职工培训考核小组。2005年8月，公司将政研室、劳动人事部再就业中心合并成立职工培训中心。一个机构三块牌子，包括业余党校（业余党校仍由党工部负责）、矿山安全技能培训中心、企业内部人才交流中心。管委会设主任1人、副主任（兼人力资源管理科科长）1人、副科长1人；下设职工教育培训科（政研科）、人力资源管理科。培训师资为公司专业技术人员及聘请东部煤矿培训中心、呼伦贝尔质量技术监督局等外部专业教师。

2012年，培训中心分设培训科及技能鉴定科两个科室；2015年1月，因与神华集团施行相同部门对应设置的需求，并入公司人力资源部，仍保留培训科及技能鉴定科两个科室。

(六) 神华大雁集团公司

大雁公司培训中心成立于1988年。机关设办公室、财务科、培训科、教研室、总务科。下设电视大学（含职工中专）和技工学校。培训中心是集全公司特殊工种、安全技术、管理提升、学历教育及技能鉴定工作等多种培训任务为一体的教育、教学培训基地。2005年，培训中心共有6个部室，分别为综合部、培训管理部、教务部、工科教研室、文科教研室和心理服务室。培训中心主要承担全公司特种作业培训、普通工种安全资格、技术上岗培训、管理技能提升项目培训、教育教学管理、学历教育、心理服务教学、职业技能鉴定等工作。同时，负责全公司的培训管理工作，对全公司职工培训进行统一规划、安排、协调、管理监督，并负责年度考核工作。

培训中心占地面积4.1万平方米，拥有独立校园。教学用房配套，布局合理，配套硬件全部正常使用。培训中心有普通教室13个、钳工练功车间2个、汽车维修练功车间1个、采煤实验室1个、机电实验室1个、微机室1个（微机30套）、多媒体教室9个、安全展室1个、图书资料室1个、图书阅览室1个、特种作业考试中心1个（微机70套）。

截至2005年末，培训中心在册教职工83人，其中男职工33人，女职工50人；正处级2人，科级副总1人，正科级6人、副科级2人、一般干部52人、工人20人；本科41人，专科29人，高中及以下共计13人；副高级职称13人，中级职称42人，初级职称5人，无职称及工人23人。

2005年，安全培训学校从技校分离出来，职业技能鉴定站单列，与培训中心一个机构两个牌子，实现了优势互补，资源共享的目标；研究开发《大雁矿业集团培训信息管理系统》软件，实现方便、快捷查询、浏览、统计和管理培训工作的各类信息。

2011年12月，鉴定站被批准为呼伦贝尔市定点职业培训机构。2013年2月，培训中心进行机构整合，设综合部、培训管理部（技能鉴定站）、教务部、工科教研室及文科教研室。6月，培训中心设立心理服务室，编制2人，科长1人，心理咨询师1人。

2015年3月，心理服务室增置团体辅导室、个体咨询室、音乐治疗室、沙盘室、宣泄室及心理测量室，为企业的心理服务提供更专业、更科学的保障，拓展和提升心理服务内容、形式和范围。

（七）扎赉诺尔煤业有限责任公司

1993年2月，扎赉诺尔矿务局在培训科、电化教育科基础上成立职工教育培训中心，统管全局职工教育培训工作。职工教育培训中心占地面积12万平方米，建筑面积近1.2万平方米；有教学实践基地两处（铁北煤矿和机电总厂）；与生产实际1:1的机电实验室1座，多媒体教室4个（一大三小），微机教室和语音教室各1个；图书资料室藏书近5万册并设阅览室及体育活动室各1个。

1995年2月，安全技术培训由安监局培训处划归职工教育培训中心，由培训科负责具体工作。1997年7月，在职工教育培训中心、职工技术学校、教育处职业高中的基础上，重新组建职工教育培训中心，下设职工中等专业学校（含电视大学）、技工学校、职工培训学校（含职业高中），各校对外仍保留原名称。将技工学校实习工厂、文化教研室作为职工教育培训中心直属机构，为各校教学直接服务。职工教育培训中心既是管理全局职工教育培训工作的职能部门，又是集职工学历教育、职工培训、后备职工培养为一体的办学实体。

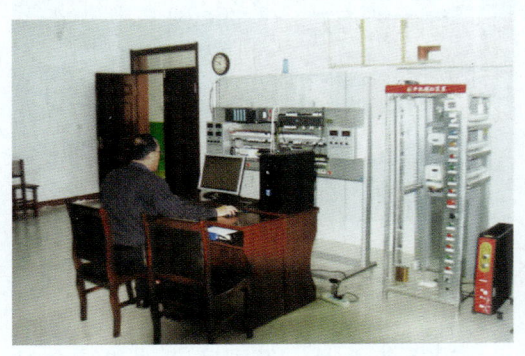

图11-1-12 培训中心可编控制器实验室

1999年12月，党校与职工教育培训中心合并，对外党校仍保留原名称。2000年5月，职业高中重新划归教育处管理。2001年，内蒙古自治区呼伦贝尔盟教育局批准在原职业高中的基础上，可招收普通高中班，学籍挂靠第七中学。2002年8月呼伦贝尔市教育局批准职业高中更名为晨光高中，独立招生，由职工教育培训中心管理。

2001年4月，职工教育培训中心被内蒙古煤矿安全监察局批准为国家三级煤矿安全资格培训基地，具备开展本企业区队长、班组长、特种作业人员、其他工种人员及上级安排的其他安全培训资质。2001年9月，职工培训学校撤销，人员及业务划归技工学校。

2004年11月，经自治区劳动和社会保障厅批准成立扎赉诺尔煤业公司职工教育培训中心国家职业技能鉴定所，开展维修电工、焊工、车工、钳工等9个工种的初级工、中级工、高级工、技师和高级技师5个等级的职业技能鉴定工作。2008年，职业技能鉴定工作全面展开。2010年，职业技能鉴定所在内蒙古自治区职业技能鉴定所评估检查中获得职业技能鉴定工作优秀鉴定所称号。

图11-1-13　培训中心电学实验室

2005年6月，经国家劳动和社会保障部批准成立扎赉诺尔煤业公司煤炭行业特有工种职业技能鉴定站，开展采掘电钳工、矿井通风工、液压支架工、采煤机司机、巷道掘砌工、主提升机操作工等24个工种的初级工、中级工、高级工、技师和高级技师5个等级的职业技能鉴定工作。

2009年7月，职工教育培训中心机关设培训管理科、综合科、电教科和后勤服务科4个科室；设有公司党校、晨光高中和技工学校，广播电视大学、职工中专3所直属学校（3所直属学校仍保留牌子，具备招生资质）。2010年7月，晨光高中撤销。2011年建立机电实验室，购置了电光六组合、低压馈电开关、调压器、西门子试验台等设备。

2012年11月，教育培训中心成立实训基地，2015年12月升级为华能煤业有限公司技能人才实训基地；同月成立扎赉诺尔煤业公司机电技能大师工作室。

2009—2015年，公司在基础设施改造、教学设备方面投入近3000万元，建成党员干部培训、职工安全培训、职工学历教育和职工技能培训基地，即"一个中心、四个基地"。

至2015年末，职工教育培训中心共设有综合科、培训管理科、电教科、后勤服务科4个职能科室，下辖公司党校、职工安全培训学校（原技工学校）、职工继续教育学校（原广播电视大学和职工中专）、实训基地，拥有专职培训教师27人。

（八）华能伊敏煤电有限责任公司

2002年9月，公司将教育培训部改为教育培训中心，负责公司的普教、职教、培训工作。作为中国华能集团公司的教育培训基地之一，培训中心还承担着华能系统部分培训任务，重点开展职工转岗培训。

（九）内蒙古平庄煤业（集团）有限责任公司

公司职业教育单位原为培训中心、技工学校，2003年合并为培训中心技工学校。

公司培训中心是国家煤矿安全生产三级培训站和国家职业技能鉴定站，负责落实平庄煤业安全培训任务及公司内部的干部教育、员工技术等级培训和职业技能鉴定工作；负责编制教学计划、选聘师资、课程设计、下发通知；负责培训期间学员管理、结业考核、资证办理等工作。2010年7月3日，国电集团在平庄煤业技工学校设立煤炭技术培训中心。培训中心有教职工138名，其中高级职称38名。培训中心设有3个计算机室，5个多媒体教室，有PLC自动化控制、电力拖动、矿山电工、输送机、采煤机、液压、通风与安全、电工仪表、钳工、普通车工、数控机床及数控编程、电子技术、电焊（火焊、二氧化碳气体保护焊、氩弧焊）等13个实习工艺室，实习工位达600个。

图11-1-14　2010年7月3日，国电集团公司煤炭技术培训中心举行揭牌仪式

（十）自治区重点民营煤炭企业

自治区重点民营煤炭企业的职工培训一般不设专门机构和专职培训人员，由人力资源部根据企业需要委托专业培训机构或高校对员工进行培训。

二、培训内容与方式

（一）神华神东煤炭集团有限责任公司

1. 管理培训

培训对象是公司的各级管理人员（分为高层、中层、基层3个层次）。培训目的是树立现代企业管理理念、完善管理知识结构、提升管理能力和领导能力，使其能够高质量、高水平、高效率地执行公司的战略，出色地完成公司的各项任务。管理培训包括管理理念、管理知识和管理技能3个部分。

（1）管理理念。管理理念是指管理者的职业道德和职业精神，包括作为"神东人"的责任心、进取心和事业心，通过企业历史、企业文化、企业制度、企业成就等介绍，培养员工的自豪感和爱岗敬业的职业精神。

（2）管理知识培训。管理知识培训是指根据各级管理岗位的工作需要，掌握现代企业管理的必备知识，不断完善管理者的知识结构，使中层干部能够胜任岗位的要求。培养内容包括：战略管理、组织行为学、领导学、战略执行力、管理沟通、人力资源管理、公司绩效管理、信息化与企业竞争力、财务报表分析、管理经济学、企业文化、危机管理、压力管理、商务礼仪等。由于知识学习具有建构性和重复性，原则上副处级以下管理干部在公司内部培训，正处级以上及重点岗位管理干部可以选送到相关高校参加系统的高级管理培训。

（3）管理技能培训。管理技能培训是指从实践的角度对管理者的能力进行开发，知识是基础，能力是核心，能力的形成是在长期工作实践中培养的，管理者应具备的能力在管理培训金字塔中体现。

2. 技能培训

（1）基础培训。基础培训是指综采、机运队、洗选、运销等整建制培训，这个层次的培训，突出理论培训，让学员们全面掌握自己所使用设备的理论知识和安全使用知识，达到应知应会的程度。

（2）提高培训。提高培训是指矿井及地面各工种、各专业分工种培训，这个层次的培训采用理论与实践相结合的培训模式，理论占50%，实践操作占50%，使学员通过学习可以熟练使用设备，并能对所使用的设备进行保养、维护和简单维修，达到高级工的水平。

（3）实践培训。实践培训是指在分工种培训的基础上，将水平较高和有培养前途的员工送到维修中心和创新基地、洗选中心维修部等单位进行现场师带徒实践培训，学员从设备进厂到出厂全程跟班学习，白天跟师傅学习，晚上进行答疑。实践培训使学员通过学习达到技师以上水平。

3. 网络培训

2004年5月，教育培训中心取得煤炭远程办学资质，开始网络培训。网络培训一是维护、管理全国煤炭行业远程教育培训网并应用其教学资源开展培训工作；二是应用神东企业网络学习平台开展各类培训工作。

4. 职业技能鉴定

神华神东煤炭职业技能鉴定站于2001年4月成立，是经神华集团职业技能鉴定指导中心申报，由国家劳动和社会保障部正式批准，在企业内部开展职业资格认证的组织实施机构；是国家职业资格管理工作组织体系的组成部分。职业技能鉴定站在国家劳动保障部有关业务部门的监管、指导下，在集团鉴定指导中心及同级人力资源部门的业务指导和教育培训中心的统一协调下开展工作，负责本单位员工职业资格认证，并参与组织技能培训与技能竞赛、制定岗位规范和编制岗位技能等级工作。

（二）神华准格尔能源有限责任公司

公司培训工作坚持内部培训和对外委托培训相结合，采取灵活多样的形式，注重实效，突出重点，向主要生产单位倾斜；在实际培训工作中，进行一专多能试点，培养复合型人才；对生产单位特别重要、关键又缺乏后续人才力量的岗位工种，选派有潜力并有技术实力的人员陆续进驻设备厂家或院校实施拔高培训；对新工艺、新技术实施特殊培训和超前培训；全面推行和落实就业准入和双证书（学历证书和技术等级证书）制度，制定相应的激励措施，鼓励职工自觉参加在岗业余学习或学历教育；利用德国政府赠款进行轮斗挖掘机系统操作维护人员培训，3年内完成，为第二套轮斗挖掘机系统投入使用奠定技术基础；根据实施资本运营战略的需要，选送部分财务骨干到辽宁工程技术大学进修深造。

在培训待遇上，实行奖学金制度。同时明确奖惩规定：职工均有接受职业技能培训的权利，同时也必须履行提高职业技能的义务；逐步实行技术要素参与分配；对以师带徒效果特别明显的，给予1000~2000元一次性奖励；外培人员必须接受资格审查，规定为公司服务年限，与公司提前解除劳动合同，或达不到培训要求，或未履行培训合同（协议）的，赔偿公司为其支付的培训费。

1988—1997年，公司共培训职工5894人。通过内部办班、岗位练兵、技术比武、师带徒等方式，共培训内部职工16411人次。1997年，人才交流中心举办计算机等级培训，有1942人参加；不断改进培训方式，引入研讨式、互动式、案例式等方式，增强吸引力和感染力，同时严格审查教师教案，进行课前试听，针对授课内容、方法等提出指导意见和建议，提高教师授课水平。

1998—2002年，公司共培训17056人次。

2003年，培训中心内部岗位培训11个工种200余人，职业技能鉴定培训18个工种700人，外部委托拔高培训4个工种76人。2004年，培训中心全年共承办各类培训班96期，培训了74个工种的从业人员2938人。

在班组长培训方面，改变历年来在内部集中培训的方法，先后在青岛、淄博举办全公司范围内的班组长培训班，参加人数达256人。公司针对15个工种举办33期培训班，共培训职工1324人，其中外培415人。

2006—2008年，培训技术人员17310人次，其中内培15720人次，外培1590人次，职业技能鉴定培训和考试45个工种，共2200人。2009年，共举办各类职工培训班97期7100人次，其中外培1152人，班组长培训15期1220人。2010年，共举办各类职工培训班101期74000人次，其中外培1200人，班组长培训班16期1300人。2011年，共举办管理人员培训30期1880人次，技能人员培训34期2055人次；2012年全年培训管理人员47期4435人次，专业技术培训班4期2353人次。

2013年，全年共培训18389人次。外出培训2261人次，其中管理人员880人次，专业技术人员340人次，技能人员900人次，执业办证141人次；内部培训331期，16128人次，其中综合内培240期12017人次，特种作业办证50期1919人次；技能鉴定培训41期2192人次，其中初级工1758人，中级工220人，高级工139人，技师75人。

2014年内外部累计培训17995人次。外部培训2862人次，其中管理人员1108人次，专业技术人员297人次，技能人员565人次，执业办证892人次；内部培训191期，15133人次，其中综合内培11455人次，特种作业办证培训2901人次，技能鉴定培训48期777人次，其中初级工371人，中级工123人，高级工123人，技师160人。

2015年全年计划培训13155人次，外部培训2935人次，其中管理人员883人次，专业技术人员268人次，技能人员687人次，执业办证1097人次。内部培训17192人次，其中包括综合内培14250人次，特种作业取证1762人次，技能鉴定1176人次。

截至2015年底，全公司特殊工种持证率达100%，职工三级培训率达100%。

随着大型设备的引进和陆续投入使用，公司先后派遣多名管理人员、技术人员到美国、德国等国参观考察，接受先进的管理和技术培训。为加快培养经营管理优秀人才，公司还多次选送处级以上干部和后备干部到中央党校、北京大学、中国矿业大学研究生部及北京煤炭管理干部学院、山西省煤炭管理干部学院接受以工商管理为主的培训，及时学习和掌握世界贸易、国际营销、国际惯例、现代科技知识和现代企业管理知识，更新知识结构和思想观念，为提高公司生产经营总体决策水平和经营管理水平，增强参与国内外市场的整体竞争力奠定了坚实的基础。

（三）神华宝日希勒能源有限公司

1. 培训方式

公司职工培训采用脱产培训和岗位培训相结合、理论学习与实际操作相结合、正规安全培训和经常性安全教育培训相结合等原则，使各岗位员工普遍掌握安全知识与操作技能。技术工种、特殊工种的操作人员须达到持证上岗要求，并建立二级单位、段（队、厂）、班组三级安全教育培训体系。由各二级单位负责建立二级单位、段（队、厂）、班组三级安全教育培训体系，通过三级培训体系定期对员工开展教育培训，做到有计划、有过程、有结果、有记录。班组各单位根据该岗位安全生产情况，适时安排安全生产活动，并利用班前、班后检查总结安全生产工作情况。班组在每天的班前会上布置生产任务的同时，开展教育培训活动；对不按规定进行培训上岗的，追究单位领导的责任。

2. 培训内容

（1）岗前培训。岗前培训内容包括露天矿概况、工作环境及危险因素，所从事工种可能造成的职业健康伤害和伤亡事故，该工种的安全职责、操作技能及强制性标准；了解应急救援预案和水害、火灾等灾害的自救互救、急救方法和避灾路线；安全生产规章制度和劳动纪律要求；安全逃生设备设施的使用和维护；运输、通信和边坡、水害、废石场区域安全知识等。培训时间不少于72学时。新工人培训考试合格后，必须在有安全工作经验的老职工的带领下工作4个月以上，并要签订师徒协议，然后经再次考核合格，方可独立工作。

（2）岗位技能培训。各单位根据各岗位的实际情况与岗位技能要求，组织内部培训工作，并建立健全培训档案，做到全员培训。对培训考核不合格者，进行转岗或待岗处理。在岗员工每年接受安全培训时间不少于20学时。坚持文化补习与安全培训相结合、针对性教育与系统知识讲解相结合、形象化培训与老工人"传、帮、带"相结合。

2010年，公司培训中心获神华集团优秀培训单位称号。

3. 职业技能鉴定

2006年，经公司同意上报神华集团职业技能鉴定指导中心与劳动部技能鉴定指导中心建立技能鉴定站申请，获得批准，在职工培训中心原有机构的基础上建立神宝公司职业技能鉴定站和劳动部特有工种职业技能鉴定站，由培训中心主任担任鉴定站站长，培训中心副主任兼管鉴定工作，独立对公司各技术工种进行职业技能鉴定工作。

2007年，鉴定站结合神华集团文件精神，编制下发《神宝公司职业技能鉴定管理办法》并于2011年进行修订，从鉴定报名、资格审核、组织考试、论文评审、考评员使用、督导员使用方面对职业技能鉴定的各个流程进行规范，同年首次完成公司4个工种279名员工的职业技能鉴定工作。

2010年，经神华集团推荐，职业技能鉴定站荣获煤炭行业先进工作者1名，优秀高级考评员2名，优秀考评员3名。

2013年，职业技能鉴定站首次与神华准能公司鉴定站合作，完成矿用重型汽车司机、露天采矿挖掘机司机共计37名员工的技师职业技能鉴定工作，合格28名，实现鉴定站成立以来技师鉴定零的突破。2007—2014年宝日希勒能源有限公司职业技能鉴定情况见表11-1-8。

表 11 - 1 - 8　2007—2014 年宝日希勒能源有限公司职业技能鉴定

年份	小计			初级工			中级工			高级工			技师		
	鉴定人数（人）	合格人数（人）	合格率（%）	鉴定人数（人）	合格人数（人）	合格率（%）	鉴定人数（人）	合格人数（人）	合格率（%）	鉴定人数（人）	合格人数（人）	合格率（%）	鉴定人数（人）	合格人数（人）	合格率（%）
2007	297	213	72	177	123	69	72	56	78	48	34	71	—	—	—
2008	380	285	75	70	52	74	112	88	79	200	145	73	9	3	33
2009	695	649	93	218	215	99	272	253	93	168	145	86	36	36	100
2010	269	244	91	142	134	94	52	44	85	75	66	88			
2011	90	75	83	17	15	88	37	31	84	36	29	81			
2012	330	280	85	51	45	88	155	129	83	124	104	84			
2013	181	145	80	1	1	100	56	47	84	87	69	79	37	28	76
2014	160	115	72	1	1	100	50	42	84	62	50	81	47	22	47
合计	2402	2006	81	677	586	87	806	690	86	800	642	80	129	89	64

（四）神华大雁集团公司

培训中心在岗培训方式有两种：一是在培训中心进行集中教学，教学工作由培训中心教师承担；二是公司各单位根据工作需要进行自培，培训工作由单位的技术主管承担，培训中心负责对其进行管理考核。

2009 年，职业技能鉴定站通过了煤炭行业质量评估检查；2010 年 9 月，经国家煤炭鉴定指导中心批准，培训中心举办考评员培训班，共计 76 人参加。

2011 年 12 月，成立"内蒙古大雁矿业集团有限责任公司培训中心国家职业技能鉴定所"，可鉴定电焊工、架子工等通用工种五级、四级、三级工种的鉴定工作。12 月 19 日，申请成立"呼伦贝尔市定点职业培训机构"，可为社会无职业人员进行车工、钳工等工种的培训工作。2012 年 11 月，定点培训机构开展农艺工培训 13 人，质检员培训 36 人，餐厅服务员培训 23 人。

（五）华能伊敏煤电有限责任公司

1991—1996 年，伊敏露天矿先后组织"董事函授学习班""市场经营战略与务实培训班"；制订《干部微机扫盲三年规划》并正式启动。至 1996 年底，共开办 5 期干部微机扫盲培训班，每期 10 天。1997 年，培训工作转移到以煤电一期工程投产前人员的上岗考核为重点，共进行 92 个工种职工的上岗考核；继续开展技能等级鉴定和技术比武活动，有 23 人获得"公司技术能手"称号。

1998 年，职工培训重点抓职工上岗考核。1998 年初对上岗的 781 名电力生产人员进行现场操作及模拟操作考核，674 人合格达到上岗要求。1999 年，开展对领导干部专业知识和专业人员的培训，建立职工培训档案 2800 份，组织 940 人参加质量体系基础知识考试。

2000—2001 年，职工培训紧紧围绕露天矿达产和完成发电任务，采取内外部培训相结合的办法，以电厂和露天矿专业技术人员为重点，开展各级各类职工培训。公司组织电力和煤炭 46 个工种 76 名工程技术人员参加自治区劳动人事厅举办的职业技能鉴定考评员资格培训与考试，还选送 243 名各级各类专业管理干部到外地参加知识更新教育，组织 96 名管理干部参加自治区组织的全面质量管理知识培训和考试。

2002年，全年公司及各单位共举办转岗培训班60期，培训各类转岗人员1300余人；选派200余名各级各类专业管理干部到外地参加培训；聘请国家电力行业职业技能鉴定指导中心考评专家来讲学，有54人取得26个专业高、中、初级国家电力行业职业技能鉴定考评员资格。

2003—2014年，职工培训工作强化一线生产人员的培训。聘请专家为电厂检修人员进行EH系统原理、气动给水泵、汽机阀门、风磨、锅炉风机、DEH电调控制等检修技术专题讲座；职工培训工作紧紧围绕公司生产经营实际，继续强化一线生产人员和职工的安全教育培训，加强对外培训脱产学员的管理，加强新毕业职工的上岗培训，举办61个项目109期培训班，培训职工6607人次。

（六）内蒙古平庄煤业（集团）有限责任公司

1. 管理人员培训

1997年5月，企业各单位党员和各级各类干部培训工作由职教处职教科管理，2003年7月由培训中心技工学校干部教育科管理。培训内容有党务培训、管理干部培训、专业技术人员培训等，方式为脱产集中培训，方法为举办专题讲座与学员自学相结合。培训后，对各类学员进行考核，考核方式有考察、考试、针对某一专项内容进行专项设计等。

2002—2006年，每年举办百名党支部书记培训班，参加学习的党支部书记达500人；举办由政工人员参加的形势任务培训班，约有400人参加培训；举办计算机培训班20期，有近1000名机关工作人员、专业技术干部接受了培训；在各矿举办培训班20期，共培训专业技术人员约1000人；举办工商管理培训班12期，近1000人参加了培训。5年共计培训2200人。

2007年，相继举办机关工作人员培训班、专业技术干部培训班、党支部书记培训班，进行办公自动化培训、Auto CAD（计算机辅助设计）培训、地测空间信息管理系统培训、劳动合同法培训、PLC（Programmable logic Controller）培训，共培训各类人员1865人，学员培训合格率在90%以上。

2. 技术人员培训

1998—2005年，技术培训以现场培训为主，培训所涉及的单位负责具体培训工作的实施。1999—2006年，培训管理部门开展职业技能鉴定工作。技术培训工作围绕鉴定工作进行；2002—2006年培训职工16940人。2007年初，各矿职教中心全部撤销，技术培训工作由培训中心直接管理，工作重点转移到集中培训上来。集中培训采取脱产、半脱产等方式，培训对象扩展到载重汽车司机、装载机司机、电铲维修电工、穿孔机维修钳工等28类人员。2000年，培训中心共举办74个培训班，培训2459人，合格率96%，2008年举办培训班86个，培训3330人，合格率97.5%。

3. 职业技能鉴定

1999—2006年，培训管理部门开展职业技能鉴定工作。鉴定工种有矿井维修电工、地面工、采煤工、巷道掘砌工、综采司机、煤质化验员、轮斗机司机、排土机司机、破碎站司机、钢缆皮带操作工、露天采剥机械电修工、选煤运转工、锅炉工等，鉴定人数达1500多人。

（七）内蒙古伊泰集团有限公司

1. 岗前培训

岗前培训内容包括：公司经营概况、公司管理制度、安全生产知识、市场营销等。1988—1992年，举办各类培训班28

期，培训职工 280 人。1994 年，公司设立职工教育科，专门负责员工的岗前培训与在岗培训。至 2001 年，累计进行岗前培训 800 多人次。之后，撤销职教科，岗前培训由各分（子）公司、生产经营单位依据各自的经营性质分别负责实施。2002 年，公司转制后，岗前培训增加了企业文化的内容。

2006—2007 年，随着酸刺沟煤矿与煤制油项目的建设，公司先后将大批新进员工选送到国内相关企业进行岗前实习培训，其中，2006 年将酸刺沟煤矿新入职的 134 名员工选送到山西西山煤矿进行为期 9 个月的实习；与兰州石油化工学校、西北工业学校签订委托培养协议，组织煤制油公司拟录用员工 258 人，进行为期 4 个多月的专业培训。

2011—2015 年，集团公司共举办 9 期新员工入职培训，培训 1169 人；培训内容主要包括企业文化、环保、安全、财务、企管等知识，授课时间为 5～7 天。

2. 岗位技能培训

1988—1990 年，公司员工培训主要以岗前培训、短期外出培训为主，岗位培训为辅。岗位培训一般实行以师带徒的方式，在实际操作中通过老员工的传帮带，提升新员工的工作技能。1998—2005 年，公司组织财会电算化系统实施应用、计算机基础知识及应用等培训 2000 多人次。

2005 年以后，根据煤矿高产高效综连采及配套设备技术含量高、培训难度大的情况，公司充分应用先进的职业教育培训技术和手段，将"模块单元式教学（MES）"方法应用在技能培训上，编写出由 23 个学习单位组成的模块教材和教学课件，采用"双元制"教学法，将企业培训与学校教育相结合开展各类培训，共计培训 18730 人次。

2011—2015 年，集团公司累计指导分（子）公司组织岗位操作技能培训 1536 期，累计培训 162557 人次，其中，从 2014 年开始，通过搭建 E-Learning 在线学习平台，举办微课程开发培训班，培训内部讲师、业务骨干、专家等活动，不断为员工创造业余网络学习与自我培训的机会与环境。至 2015 年底，共计培训内部讲师 81 人，开发新课程 104 门。

3. 管理素质及能力培训

公司管理人员素质及能力培训主要以委托培训为主，1991—2001 年，曾数次组织 239 名年轻职工到北京农垦学院、内蒙古工业大学、全区厂长（经理）培训班、内蒙古干部管理学院经济管理大专班进行深造和学习。

图 11-1-15　内蒙古伊泰集团有限公司与清华大学签订举办高级工商管理研修班协议

2002 年，集团公司与内蒙古经济管理干部学院、内蒙古财经学院合作举办工商管理专业培训班，至 2005 年共举办 4 期，累计培训副科级以上干部 250 多人。2008—2015 年，公司与清华大学联合举办了 9 期高级工商管理研修班，对中高层管理人员进行系统的素质培训。每期学制为 1 年，学习方式为半脱产，主要培训课程包括宏观经济分析、战略管理、企业运营与管控、人力资源管理等，由全国知名教授学者每月进行 3 天左右的集中授课，先后培训中高层管理人员 437 人。

图 11-1-16　内蒙古伊泰集团有限公司与内蒙古工业大学联合培训科级管理人员

2009—2013 年，公司联合内蒙古工业大学举办 6 期科级管理人员工商管理研修班，每期学制 6 个月，学习方式为半脱产，主要培训财务管理、公司法、质量管理、公文写作等内容，累计培训科级管理人员 499 人。

2015 年，举办伊泰集团深化管理改革系列课程培训。邀请国内外知名专家、学者结合公司发展实际，开展人力资源变革、组织变革和组织管控、公司治理与股权激励、投融资实务、预算管理与成本控制等专题培训，公司中高层管理人员 122 人参加。

4. 特种作业培训

1992—2005 年，集团公司煤炭发运站的部分装载机司机及办公、生活司炉工、电工等特殊工种作业人员的培训工作，均委托当地政府专业职能部门进行，取证工作由员工自己学习、争取。2000 年，准东铁路公司开始运营，并逐步开展职业技能鉴定与特种作业培训工作。

2005 年，经属地劳动和社会保障部门批准，集团公司于 4 月建立职业技能鉴定领导小组，推行职业资格证书制度，开展 400 名特种作业人员的办证与任职资格培训。从 2005 年开始，伊泰集团公司特种作业人员培训平均规模超过 2000 人次。2010 年，伊泰集团公司酸刺沟煤矿、纳林庙煤矿二号井、大地精煤矿取得四级安全培训资质。

2011—2015 年，非煤专业举办电工持证培训班 6 期，培训特殊作业电工 609 人；举办安全资格证（非煤）培训班 17 期，培训 957 人；举办职业卫生安全健康培训班 1 期，取得职业卫生证 29 人、完成复训换证 1 人。煤炭生产板块邀请内蒙古煤矿安全培训中心教师到公司各煤矿举办准入式特殊工种人员培训班 68 期，共计培训 3510 人次；利用酸刺沟煤矿、纳林庙煤矿二号井、大地精煤矿的四级安全培训资质举办煤矿从业人员安全生产培训班 13 期，培训 1597 人次；累计组织参加内蒙古安全培训中心鄂尔多斯、包头分校等各期培训 9861 人次。

1988—2010 年，伊泰集团公司累计投入员工直接培训费用 4459.76 万元；2011—2015 年，累计投入员工培训经费 4586 万元。

（八）神东天隆集团有限责任公司

1. 培训方式

培训方式主要有在岗培训和离岗培训。在岗培训主要以岗位培训、各种短期培训班、系列讲座、函授教育为主。离岗培训是由公司制定参加外委学习员工的条件和审定原则，将优秀员工送出去外委学习。参加学历教育培训（脱产、函授及半脱产培训）的员工则需要与企业签订培训合同，明确培训目标、内容、形式、期限、双方的权利和义务及违约责任。

2. 培训对象与内容

（1）基层人员培训。针对在岗员工岗位职责、专业技能、操作规程、业务流程等进行反复强化培训，使员工在充分掌握理论的基础上，能自由地应用、发挥，为提高工作质量和效率，减少工作失误，以及工作轮换、横向调整和竞争做准备。

（2）中层管理人员培训。以提高管理基本知识与技能、业务知识与技能、工作改进等能力为目的；采取"请进来、走出去"的方式；结合集团自身的业务发展，请专家讲课或到先进企业参观学习、交流经验；企业组织内部研讨活动，鼓励中层管理人员研讨集团的经营管理问题；安排优秀的中层管理人员在各管理岗位轮流任职；选送优秀的中层管理人员到高等院校进行管理培训。

（3）高层管理人员培训。重点侧重于观念、理念方面，以及市场经济所要求的系统管理理论和技能，如管理学、组织行为学、市场营销、企业经营战略、企业经营过程控制、领导科学与艺术等。培训途径包括：攻读工商管理硕士学位，有计划地安排高层管理人员参加 MBA 学习，既可全脱产，也可半脱产学习；参加高等院校为企业高层管理人员举办的总裁高级研修班等；有计划、有选择地组织高层管理人员出国考察。2005—2015 年神东天隆集团有限责任公司培训人数见表 11-1-9。

表 11-1-9　2005—2015 年神东天隆集团有限责任公司培训人数　　　人

年份	培训方式			培训内容	年份	培训方式			培训内容
	在岗培训	离岗培训	岗前培训	岗位技能培训		在岗培训	离岗培训	岗前培训	岗位技能培训
2005	75 期 2350	50	70	97 期 1854	2011	73 期 2390	157	189	76 期 2044
2006	10 期 580	60	76	11 期 1032	2012	93 期 2110	160	213	97 期 1737
2007	70 期 4540	70	80	75 期 3665	2013	118 期 2590	170	218	100 期 2202
2008	80 期 3500	120	150	65 期 2913	2014	115 期 1130	30	73	104 期 1027
2009	50 期 1530	168	180	55 期 1182	2015	81 期 730	19	20	65 期 963
2010	30 期 1647	153	173	37 期 1321					

3. 职业技能鉴定

公司于 2006 年委托神华神东煤炭职业技能鉴定站开展职业技能鉴定试点工作。当年有 95 人取得职业资格等级证书，2007 年有 80 人取得职业资格等级证书，2008—2009 年有 59 人取得职业资格等级证书，2015 年有 19 人取得职业资格等级证书。

第四节　高等教育

一、普通本专科（职业技术）学校

2015 年，自治区培养煤炭专业的普通高校（高职）：内蒙古科技大学矿业与煤炭学院、呼伦贝尔学院矿业学院、内蒙古工业大学矿业学院、内蒙古工业大学乌海学院采矿系和鄂尔多斯职业学院。

（一）内蒙古科技大学矿业与煤炭学院

1. 机构设置

2000 年 3 月，内蒙古煤炭工业学校并入包头钢铁学院，成立包头钢铁学院职业技术学院。学院为包头钢铁学院的二级学院（2000 年 7 月—2004 年 1 月）。2003 年，包头钢铁学院与包头医学院、包头师范学院合并，组建内蒙古科技大学，学院随之更名为内蒙古科技大学高等职业技术学院（2004年1月—2011年5月）。2011年7月，学院更名为煤炭学院（2011年7月—2014年7月），2014年，煤炭学院与矿业工程学院合并为矿业与煤炭学院（2014年7月—）。

图11-1-17　内蒙古科技大学矿业与煤炭学院教学大楼

2000—2015年，学院专业建设经过设置、停办、再设置多次调整，最终形成以煤炭、理工为主的专业设置格局。

学院共有66个实验室，建筑面积6200平方米，设备总价值3096万元，可开出教学实验130余个，开出率达100%，可以满足全院本专科及师生的各项试验及科研项目。学院先后在黑岱沟露天煤矿、大柳塔煤矿、白云鄂博铁矿建立实习基地，建立中国地质大学（武汉）北京周口店实习站等20家校外实习基地。

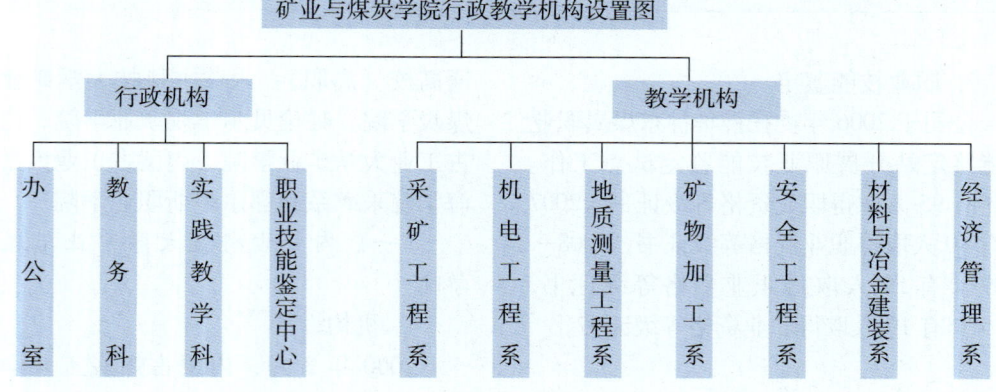

图11-1-18　内蒙古科技大学矿业与煤炭学院行政教学机构设置图

2. 专业建设

（1）专科专业。2000年7月，内蒙古煤炭工业学校从中职教育转变为高职教育，开始设置高职专业，当年开设会计电算化、文秘与办公自动化、物业管理、应用电子技术、机电一体化、计算机应用6个专业;2001年增设法律、广告学、商务英语、旅游资源开发与利用、旅游与酒店管理、旅游管理、公路与城市道路工程、机电技术应用8个专业;2002年,增设电气工程与自动化、艺术设计、电子与信息技术3个专业;2003年,增设化工工艺专业。截至2003年,学院累计新增专业18个。

内蒙古科技大学高等职业技术学院时期(2004—2010年),新增专业12个,主要增设工科类专业,而企管类专业因难以适应市场需求及时停办。2004年增设市场营销、机械工程及自动化、材料成型及控制工程、冶金工程、采矿工程、煤化工、建筑工程7个专业;2005年增设建筑装饰工程技术专业;2006年增设软件技术专业;2007年增设矿山机电、数控技术2个专业;2008年增设综合机械化采煤专业。

内蒙古科技大学煤炭学院成立后,高职教育均未增设新专业。

2005年,根据教育部《普通高等学校高职高专教育指导性专业目录(试行)》(教高〔2004〕3号)和《普通高等学校高职高专教育专业设置管理办法(试行)》(教高〔2004〕4号)的通知,学院将2005年之前开设的专业统一规范使用教育部《普通高等学校高职高专教育指导性专业目录(试行)》规定的名称。

图11-1-19 2011年9月26日,内蒙古科技大学煤炭学院举行成立庆典

2015年,学院设有煤矿开采技术、煤炭深加工与利用、综合机械化采煤、矿山机电、机电一体化技术、电气自动化技术、机械制造与自动化、工程测量技术、材料成型与控制技术、冶金技术、会计电算化、市场营销、建筑装饰工程技术13个专科专业。

(2)本科专业。2011年,内蒙古科技大学煤炭学院、高等职业技术学院期间,学院招收首届本科生,开设采矿工程、测绘工程、机械设计制造及其自动化(矿山机电方向)3个工科专业。2014年,为本科生开设机械设计制造及其自动化(矿山机电方向)、矿物加工工程、地质工程、安全工程、采矿工程5个专业。

截至2015年,矿业与煤炭学院设有采矿工程、矿物加工、地质工程、测绘工程、安全工程、机械设计制造及其自动化

（矿山机电方向）6个本科专业。

采矿工程专业。该专业是原包头钢铁学院设置的本科专业（金属矿开采）。2000年，内蒙古煤炭工业学校的地下采煤及1979年设置的露天开采专业并入该专业，形成金属矿开采和煤矿开采并重的特色专业。该专业经过几代人的努力，已成为西北地区最具规模和实力的矿物资源开采与利用的专业之一，2005年被评为自治区品牌专业；2007年入选国家第二批高等学校特色专业；2007年被批准为自治区重点学科。2014年，矿业工程学院与煤炭学院合并，使该学科的发展迈上新的台阶，同年获批自治区"本科综合改革试点专业"和校级"卓越工程师"试点专业；2015年获批自治区重点建设专业。2015年，该专业通过国家工程教育专家认证资格。

采矿工程专业分为金属矿开采（含露天开采和地下开采）、煤矿开采（含露天开采和地下开采）两个专业培养方向。有专任教师31人，其中，正高级职称教师11人，副高级职称教师12人；具有博士学位的教师6人、兼职教师15人。

支撑该专业的实验室有：爆破工程实验室、矿山测试技术实验室、煤矿地下开采模型与仿真实验室、露天矿模型与仿真实验室、金属地下开采模型实验室、通风与防尘实验室、岩石力学实验室（1）、岩石力学实验室（2）、岩石力学实验室（3）、岩石试样加工室、相似材料实验室、矿井三维虚拟仿真实验室、矿井提升运输与井巷掘支模型室、现代化综合仿真通风安全实验室等14个。

专业实习基地有神华各大煤矿，如准能集团黑岱沟露天煤矿（露天开采）、大柳塔煤矿（地下开采）；包钢集团白云鄂博铁矿及众兴集团大中矿业公司等15个矿山企业，与其建有长期稳定的合作关系。

安全工程专业。该专业是2004年建筑与土木工程学院新增设的专业，并于当年招生。2005年，学校成立资源与安全工程学院，该专业划入资源与安全工程学院，2010年，资源与安全工程学院改名为矿业工程学院，2011年，矿业工程学院获得安全技术及工程二级学科硕士学位授予权。2011年，该专业被批准为自治区品牌专业，《矿井通风》课程被评为自治区精品课程。2014年，矿业工程学院与煤炭学院合并，当年该专业被评为校级专业综合改革试点专业。2015年，该专业通过了国家工程教育专业认证资格。

安全工程专业分为煤矿安全、工业安全2个专业培养方向。有在职教师23人，其中教授6人、副教授7人；具有博士学位7人、硕士学位11人。教师队伍中获自治区"新世纪321人才工程"入选1人,内蒙古高层次科技人才专家库专家1人。

该专业已经建立矿井通风与安全、瓦斯灾害防治、矿井防灭火、粉尘与有毒有害气体防治、工业安全与危化品管理以及消防与安防工程6个实验室，在建的有安全检测与监控和安全系统工程2个实验室。

矿物加工工程专业。该专业是2006年资源与安全工程学院新增设的选矿工程专业，当年招生。2010年，选矿工程专业改为矿物加工工程专业，是学校设置的特色专业之一，2011年获得矿物加工工程二级学科硕士学位授予权。2014年，矿业工程学院与煤炭学院合并，矿物加工工程专业（本科）与煤炭学院的煤化工（高职）专业合并，新开设矿物加工工程专业。

矿物加工工程专业分为金属矿选矿和选煤2个专业培养方向。有专任教师17

人,其中正高级职称教师1人、副高级职称教师2人;具有博士学位的教师3人、兼职教师5人,在读博士3人。支撑该专业的本科实验用房面积约800平方米,拥有较先进的实验教学设备,总价值达450万元。

该专业的实践教学基地有神华神东集团布尔台选煤厂、神华乌海能源公司利民煤焦公司、包钢巴润选矿厂、东升庙矿业有限责任公司、包钢庆华焦化公司等十几个工矿企业,并与其建立长期稳定的合作关系。

测绘工程专业。该专业是内蒙古煤炭工业学校于1987年新设的煤矿地质与测量专业,招收中专生,2001年改为工程测量,开始招收高职生,是学院设置较早的专业之一。2006年,资源与安全工程学院新增设测绘工程本科专业,当年招生。2010年,资源与安全工程学院改名为矿业工程学院,2014年,矿业工程学院测绘工程专业(本科)与煤炭学院的工程测量专业(高职)合并,设置矿业与煤炭学院测绘工程专业。

图11-1-20 2014年,煤炭学院在高头窑煤矿建立地质测量实习基地

工程测量技术专业有20多年的办学历史。2006年,该专业成为高等职业技术学院建设的5个重点专业之一,主要开设的专业基本技能课程包括计算机制图(CAD)、误差理论及测量平差基础、地形测量、数字测图、工程勘测规划测量、地籍测量、摄影测量外业等;专业核心技能课程包括控制测量、工程施工测量、GPS定位测量、工程变形监测、测量平差等;拓展课程包括工程识图、工程概论、工程监理概论、城市规划原理等。教学团队以"工程测量""控制测量"课程建设为先导进行教学改革,带动相关课程建设。

2007年工程测量专业被确定为自治区品牌专业,工程测量被评为自治区精品课程;2008年控制测量被评为自治区精品课程;2009年数字化测图技术、2015年误差理论及测量平差基础被评为校级精品课程;2008年数字化测图原理与方法被评为校级重点课程。

该专业有专任教师13人,其中校级教学名师3人;正高级职称教师3人、副高级职称教师1人;具有博士学位的教师1人、兼职教师6人。

测绘工程实验室实验用房面积约1000平方米,拥有用于测绘工程教学和科研较先进的设备,总价值达300万元。该专业的实习基地同样设在自治区西部地区的各大煤矿和包钢集团白云鄂博铁矿及各大型矿山企业,确保实践教学的完成。

地质工程专业。原地质工程专业于1999年停办。2008年,资源与安全工程学院新增设地质工程本科专业,2009年招生。2010年,资源与安全工程学院改名为矿业工程学院,2014年,矿业工程学院与煤炭学院合并,重新组建地质工程专业。

该专业有专任教师7人,其中正高级职称教师2人;具有博士学位的教师1人、兼职教师6人。

地质工程实验室实验用房面积约

1000平方米，拥有用于地质工程教学和科研较先进的设备，总价值达400万元。

该专业与自治区内外不同地区和各大矿区及企业建立长期稳定的实习基地，如北京周口店实习基地、包钢集团白云鄂博铁矿和包头市石包铁矿集团有限责任公司等。

机械设计制造及自动化专业（矿山机电方向）。该专业（矿山机电方向）前身为1958年内蒙古煤炭工业学校建校时的矿山机电专业，到2015年，矿山机电专业已有57年的办学历史。2000年之前招收中专生，2000年原煤校并入包头钢院后开始招收高职生，2014年学院改名为矿业与煤炭学院后新增本科专业并当年招生。

该专业有专任教师30人，其中教授、副教授17人；具有硕士以上学历的有19人、兼职教师16人；校级名师2名。

该专业拥有电机与拖动实验室、单片机实验室、电气控制与PLC实验室、电力电子实验室、自动检测技术实验室、煤矿电气设备实验室、机械原理实验室、机械零件设计实验室、液压传动实验室、运输提升实验室、固定机械实验室、安装检修实验室、采掘机械实验室、变频器实验室等，供本、专科学生共用。实验室用房面积约1200平方米，总价值达400余万元。

（3）硕士、博士学位点建设。截至2015年，矿业工程专业有一级学科博士学位授权点1个、一级学科硕士学位授权点1个、二级硕士学位授权点3个、工程硕士学位授权点1个。

全日制学术型硕士学位授予点。矿业工程专业于1990年获得硕士学位授予权，是自治区品牌专业和教育部特色专业，是自治区重点学科。2011年矿业工程专业获得一级学科硕士学位授予权，采矿工程、矿物加工工程、安全技术及工程分别获得二级学科硕士学位授予权。采矿工程专业始建于1956年，是学校设置最早的主专业之一。

2015年，该硕士学位授予点校内在编在岗导师18人，其中教授14人、副教授4人；校外兼职导师19人，其中正高级工程师7人、高级工程师12人。

矿业工程领域工程硕士学位授予点。2004年获得工程领域专业硕士学位授予权，2005年招生。

矿业工程领域培养的专业学位硕士研究生，主要从事矿山开采、理论、技术和工艺的研究，矿山作业安全的理论、技术、监测、防护以及矿山环境管理和整治的研究，矿物分选技术及工艺的研究。

矿业工程学科博士学位授权点。矿业工程学科2013年获得博士学位授权，使研究生教育提升到一个新的层次。2014年开始招生，当年招收博士研究生3人，2015年招收4人。1991—2015年内蒙古科技大学矿业与煤炭学院招收研究生及授予学位数见表11-1-10。

表11-1-10 1991—2015年内蒙古科技大学矿业与煤炭学院招收研究生及授予学位数

年份	学位点			
	采矿工程		矿业工程	
	招生人数（人）	授予学位（个）	招生人数（人）	授予学位（个）
1991	3	—	—	—
1995	2	2	—	—
2000	2	3	—	—
2005	3	5+1	1	—
2010	24	16	21+26	1
2011	25	18	28+33	9
2012	25	27	39+49	39+26
2013	20	23	95+47	35+33

表 11 - 1 - 10（续）

年份	学位点			
	采矿工程		矿业工程	
	招生人数（人）	授予学位（个）	招生人数（人）	授予学位（个）
2014	18	24	+43	24+48
2015	18	25	25+24	6+47

注："+"后面的数字是同等学力人数。每年人数为在职工程硕士人数，凡是年份中标注"+"的，"+"之前为在职工程硕士人数，"+"之后为全日制工程硕士（专业学位）人数。

该学科以固体矿产资源开发与利用为研究对象，以矿产资源综合利用、数字矿山与绿色开采地质保障技术、矿山安全技术及工程、岩石力学与工程为现代采矿技术研究特色，解决内蒙古煤炭行业和金属矿行业的技术难题，培养矿山企业健康发展所需要的创新人才。这是自治区第一个也是迄今为止唯一的矿业与煤炭方面的博士学位点。

3. 教学团队建设

2005 年以来，学院不断加强教学、学科团队建设，2008—2015 年，先后建设 2 个高职高专校级教学团队、1 个自治区级本科教学团队及 3 个学院本科学科团队。

工程测量技术专业教学团队。2004—2009 年，该教学团队于 2005 年主持完成辽宁省自然科学基金项目和教育部博士启动基金项目各 1 项，主编和参编全国煤炭高职高专"十一五"规划教材 6 部；获得辽宁省级奖项教材的有 5 部。"测量学课程体系改革与实践教学研究"获 2006 年内蒙古科技大学校级教育教学改革研究成果二等奖。教学团队指导学生参加全国院校测量技能大赛，获团体优秀奖；参加自治区首届托普康杯大学生测量技能竞赛，获团体二等奖和 3 个单项一等奖。在公开发行刊物发表学术论文 31 篇，其中在核心刊物发表学术论文 15 篇。

2007 年，工程测量技术专业教学团队完成包头市固阳县 8 个乡镇、210 个行政村共 145 平方千米的地籍测量测绘任务。2003—2009 年，完成包头工业区规划、准格尔 1∶1000 数字地形图、包头市建委、武川铁矿等 15 个单位的测量及测绘任务；向煤炭行业和地方开展大中专、函授本科的职工继续教育培训和学院相关专业职业培训共计 944 人次；开展工程测量高、中级工职业技能鉴定 1525 人次。受包头市劳动与社会保障局委托，修订工程测量高、中、初级工国家职业技能考核标准，将测量技术的新知识、新技术、新规范、新方法融入职业技能考核，并建设职业技能考核试卷库，已在包头市职业院校和企业使用。

2008 年，该教学团队被学校评为"校级优秀教学团队"。该团队紧密与神华神东煤炭集团公司、包头市测绘院和黄河勘测规划设计有限公司测绘信息工程院等企业及国家甲、乙级测绘单位开展校企合作，建设一支"双师"结构、专兼结合的教学团队，2012 年学校推荐申报自治区级教学团队。

工程测量技术专业教学团队有 7 名教师，均获得"双师"型教师资格，其中学校专任教师 4 人、兼职教师 3 人；专任教师中教授 4 人、测量工程师 1 人、高级考评员 4 人。

电气自动化技术教学团队。电气自动化技术专业教学团队于 2012 年被学校批准成为校级教学团队（高职），该团队由具备丰富的理论与实践教学经验的"双师"型专业教师组成。其工作目标是：开展电气自动化专业教学资源建设及教学科研，提升教学质量，通过教学改革带动专业发展；拓展学生职业技能，培养技能型人才，建立完善的应用技能型人才培养教学体系。

该教学团队在开展工学结合、对外技术服务方面，利用本专业的资源优势，加强与煤炭企业的技术合作，完成了阿拉善右旗长山煤矿东沙沟矿井技术改造、准格尔煤田窑沟露天矿机电设备选型及供电设计、神华集团李家壕煤矿35千伏变电所改造等4项技术改造任务，其中2009年的阿拉善右旗长山煤矿东沙沟矿井技术改造，每年为该矿增加利润200余万元。职工培训方面，为神华万利公司、神华乌海能源公司、内蒙古博源公司、神东天隆公司等企业培训煤矿特殊工种2000余人次。

电气自动化技术专业教学团队由具备丰富的理论与实践教学经验的"双师"型专业教师构成。有11名教师，其中教授2人、副教授5人、高级实验师1人、讲师3人；有4名来自企业一线的兼职教师，均为高级工程师和高级技师。

安全工程专业教学团队。该团队是在多年的本科安全工程专业教学改革与实践中形成的由教授、副教授、讲师组成的教学团队，成员均来自教学一线，承担过多项教学任务，是一支理论和实践经验丰富、素质优良、结构合理、数量适中的教学团队。2015年，该团队入选自治区级本科教学团队。

2010年以来，整个团队承担学校教改项目8项，负责并完成全国冶金职业教育教学指导委员会2013年重点教育科研课题1项。学校教改课题"安全工程专业认证建设项目"教改研究于2015年通过了国家工程教育专业认证资格。

近几年，该团队完成国家自然科学基金项目2项；省部级科研项目2项，获准科研经费累计230万元。科研项目转化为教学资源的研究成果有5项。如国家自然科学基金项目"矿井巷道火灾中火区温度、阻力、节流效应以及通风网络解算的研究"的研究成果，在矿井通风课程教学中进行了传授，并拓展出安全工程毕业设计的一个设计方向即矿井通风网络设计及解算毕业论文。

安全工程专业教学团队有7名教师，其中教授1名、副教授2名、讲师4名；博士4人、硕士2人（其中1人为在读博士学位）、学士1人。

地下矿开采工艺与技术学科团队。该团队于2014年组建，主要研究方向为地下煤矿开采工艺与技术、矿业系统工程、矿业微机应用。团队在国内外重要学术刊物上发表论文4篇，出版教材1部。2015年，团队承担项目共4项，其中国家自然科学基金项目1项、省部级项目2项；团队有成员9人，其中教授2人、副教授2人；博士2人；硕士生导师2人。

团队共承担科研项目11项，其中国家级1项、省部级2项、横向科研项目4项、教改项目4项；出版专著1部，出版煤炭职业教育课程改革规划教材2部，出版"十二五"职业教育国家规划教材1部；发表论文15篇，其中在核心期刊发表13篇、被SCI收录1篇、被EI收录2篇。

矿山安全技术及工程学科团队。该团队于2010年组建，主要研究方向为矿井通风与安全、矿产资源合理开发与生态保护。团队成员6人，其中教授2人、副教授1人；博士3人；博士生导师1人、硕士生导师2人。

团队组建以来共承担科研项目12项，其中国家级自然科学基金项目1项；省部级项目6项；横向科研项目2项；其他项目3项；获得省部级奖项1项；出版专著2部，出版教材2部；发表论文25篇，其中核心期刊6篇、被SCI/EI/SSCI收录论文4篇；到账科研经费212万元。

露天采矿技术及应用团队。团队于2014年组建，主要研究方向为露天采矿技术及应用。团队成员7人，其中教授3人、副教授1人；硕士生导师4人。

团队组建以来，共承担14项科研、教改项目，其中国家自然科学基金项目1项、省部级科研项目4项、横向科研项目5项、学校教改项目1项、市级项目3项；到账经费178.5万元。出版专著2部、发表论文50余篇，其中在核心期刊发表16篇。

4. 教育科学研究

2005年以来，内蒙古科技大学矿业与煤炭学院（高职院）教师承担自治区教育厅教学研究项目60余项，编写（著）并出版教材33部，见表11-1-11至表11-1-13。

表11-1-11　2005—2010年内蒙古科技大学矿业与煤炭学院（高职院）教学（教改）立项项目

序号	项目名称	申请人	项目类别
JY2005003	高职教育煤炭深加工与利用专业课程体系及实践教学改革与建设的研究与实践	贾风军	—
JY2005026	电子技术课程模块化教学研究	赵青梅	—
JY2005034	高职教育"财会电算化"专业改革与建设的研究与实践	王世水	—
JY2007059	本科非测绘专业"测量学"课程教学改革与实践	陈步尚	—
JY2007060	高等教育"煤炭深加工与利用技术专业"实践教学环节建设的实践与研究	韩义军	—
JY2007061	高等教育"电气自动化技术"专业的改革与建设的研究与实践	张博	—
JY2007062	高职财会电算化专业实践教学及论文（设计）教学改革研究	李瑛	—
JY2007063	高职机电一体化专业实践教学模式创新与研究	王建国	—
JY2007064	高职教育机械制图与计算机绘图技能培养的研究与实践	张宝琴	—
JY2007065	高职教育教学质量监控体系的构建与实践	辛卫勇	—
JY2007066	高职软件专业学生B/S系统软件开发技能培养方案的研究与实践	孙英	—
JY2008010	高职教育"选矿设备"课程与实训基地建设	王建忠	—
JY2008011	高职教育"采掘机械"课程仿真教学研究	袁旭芳	—
JY2008012	高职教育煤矿开采技术专业实践性教学改革的研究	郑文翔	—
JY2008013	高职教育"控制测量学"课程理论与实践教学体系的研究	周显平	—
JY2009031	高职教育"单片机原理及应用"课程任务驱动模式教学研究	蔚彩蓉	重点
JY2009033	高职教育制图员职业技能鉴定的探索实践与网络资源建设	张宝琴	重点
JY2009113	高职教育"电气自动化技术专业"程序设计能力培养模式的探索与实践	袁涛	一般
JY2009115	高职教育"工程测量技术"品牌专业课程群建设研究	燕志明	一般
JY2009116	高职应用型人才培养与"管理经济学"教学模式创新研究	赵长海	一般
JY2009117	高职教育材料成型与控制技术专业"塑性变形金属学基础"课程整合的研究与探索	王晓东	一般
JY2009118	高职教育"矿井运输与提升设备"课程实践性教学内容及方式的改革与探索	陈炳耀	一般
JY2009188	高职教育"计算机应用基础"项目驱动教学的研究与实践	王艳艳	其他
JY2009189	高职教育"电工基础"课程案例教学法研究	亢岚	其他

表 11-1-11（续）

序号	项目名称	申请人	项目类别
JY2009190	高职教育"炼焦化产品回收与利用"课程理论与实践教学体系的研究	李文秀	其他
JY2009191	高职教育"矿山测量学"课程与实践教学体系的研究	郝福恒	其他
JY2009192	高职教育工程测量专业教学内容体系改革与实践研究	李世平	其他
JY2009193	高职教育"电子技术实验"教学的研究与实践	雷 燕	其他
JY2009194	高职教育多媒体网络教室教学方法的探索与研究	王 萍	其他
JY2009195	高职教育"特长实习、区内外采风实习"课程建设的实践与研究	侯俊峰	其他
JY2010087	机电一体化专业"煤矿机械"教学改革的研究与实践	陈炳耀	一般
JY2010084	高职电类专业"交直流调速控制系统"课程项目化教学改革研究与实践	李 宇	一般
JY2010085	关于如何实现会计电算化专业课程教学与资格考试相结合的探讨	刘丽霞	一般
JY2010086	高职教育"电气控制与PLC"实训教学改革与建设的研究与实践	魏金莲	一般
JY2010088	高职教育"选矿设备"课程的建设与研究	王建忠	一般

表 11-1-12　2011—2014年内蒙古科技大学矿业与煤炭学院（高职院）教学（教改）立项项目

序号	项目名称	申请人	所在单位	项目类别
JY2011024	高职计算机公共基础课程教学改革与实践	孙 英	煤炭学院、高职院	重点
JY2011025	高职教育"煤矿监控技术"课程教学改革的研究与实践	樊 平	煤炭学院、高职院	重点
JY2011089	"工学结合、半工半读"的高职实践教学模式探索	杨包生	煤炭学院、高职院	一般
JY2011090	高职冶金技术专业"连续铸钢"课程的改革与探究	彭继华	煤炭学院、高职院	一般
JY2011091	高职"金属学与热处理"课程工学结合的探索与实践	王晓东	煤炭学院、高职院	一般
JY2011092	高职教育"化工仪表及自动化"课程改革与建设的研究与实践	王嘉慧	煤炭学院、高职院	一般
JY2012067	高职教育"化工工艺学"课程改革研究与实践	王嘉慧	煤炭学院	一般
JY2012068	3W1H教学法在程序设计课程中的应用	王艳艳	煤炭学院	一般
JY2012069	"地理信息系统应用"课程教学改革与实践	马 凯	煤炭学院	一般
JY2012070	具有煤炭高职特色的电子技术课程教学改革研究	李洪亮	煤炭学院	一般
JY2012067	高职矿压课程之核心知识与煤矿灾害的耦合研究	孙 明	煤炭学院	一般
JY2013018	以"就业为导向"的高职计算机基础课程教学改革实践探索	杜鹏东	煤炭学院	重点
JY2013075	煤矿开采技术专业实践教学体系改革研究与实践	任仲罕	煤炭学院	一般
JY2013076	会计电算化专业教学方法的创新研究	刘丽霞	煤炭学院	一般
JY2013077	"电力电子技术"课程教学改革研究与实践	李 宇	煤炭学院	一般
JY2014021	高职机械设计基础实验新体系的研究与实践	孙建平	矿业与煤炭学院	重点
JY2014022	采矿工程专业"岩石力学"精品课程的建设与研究	李 擎	矿业与煤炭学院	重点
JY2014074	安全工程专业实践教学改革研究	任玉辉	矿业与煤炭学院	一般
JY2014075	煤矿安全课程的教材建设研究	王 超	矿业与煤炭学院	一般
JY2014076	强化过程考核的评价机制探索与改革	杨包生	矿业与煤炭学院	一般

表 11-1-12（续）

序号	项目名称	申请人	所在单位	项目类别
JY2014077	采矿工程教学团队建设的研究与实践	韩万东	矿业与煤炭学院	一般
JY2014078	煤矿安全精品课程的建设与研究	杨夺	矿业与煤炭学院	一般
JY2014079	高职教育"电子技术基础"课程教学改革研究与实践	任海霞	矿业与煤炭学院	一般

表 11-1-13　内蒙古科技大学矿业与煤炭学院（高职院）教师编（著）出版教材情况统计

教材名称	主编	出版单位	出版日期	教材名称	主编	出版单位	出版日期
煤矿采掘作业规程编制	郑文翔	煤炭工业出版社	2015年2月	选煤生产技术管理	王建忠	煤炭工业出版社	2012年1月
矿井通风学	王文才	机械工业出版社	2015年1月	粉尘与有毒有害气体防治技术	王文才	内蒙古大学出版社	2012年8月
电工与电子技术	朱东岳	吉林大学出版社	2015年12月	爆破理论与实验技术	马建兴	内蒙古大学出版社	2012年8月
现代采掘机械	李锋 刘志毅	煤炭工业出版社	2015年12月	现代软件工程方法与实践研究	王艳艳	吉林大学出版社	2012年2月
煤矿测量学	燕志明	化学工业出版社	2015年3月	露天煤矿安全技术教程	侯殿坤	内蒙古大学出版社	2011年2月
安全监测监控原理	任玉辉	煤炭工业出版社	2015年3月	选煤机械	王建忠	煤炭工业出版社	2011年6月
建筑工程测量	魏长寿	吉林大学出版社	2015年3月	炼焦工艺	贾风军	煤炭工业出版社	2011年12月
统计学原理	宋建萍	天津大学出版社	2015年1月	煤矿开采方法	郑文翔	中国矿业大学出版社	2011年8月
煤矿安全教程	赵长海	内蒙古大学出版社	2014年12月	土木工程材料学习指导	任仲罕	内蒙古大学出版社	2011年3月
煤矿安全规程	孙明	内蒙古大学出版社	2014年12月	矿井运输与提升设备	陈炳耀	煤炭工业出版社	2011年1月
矿山测量学	燕志明	煤炭工业出版社	2014年8月	煤化学	贾风军	煤炭工业出版社	2011年1月
煤矿供电及设备	李洪亮	煤炭工业出版社	2014年12月	洁净煤技术	李文秀	煤炭工业出版社	2011年4月
电工电子技术	亢岚	化学工业出版社	2014年4月	重力选煤技术	睢才小	煤炭工业出版社	2011年1月
采掘机械	陈炳耀	煤炭工业出版社	2013年4月	现代采掘机械	刘志毅 李锋	煤炭工业出版社	2007年3月
矿山机械（第二版）	陈炳耀	中国矿业大学出版社	2013年2月	电工技能实训教程	张博 雷燕 辛卫勇	内蒙古大学出版社	2011年2月
综合机械化采掘机械	袁旭芳 陈炳耀	煤炭工业出版社	2013年8月	露天采矿学	韩万东	中南大学出版社	2010年11月
井巷工程	任仲罕	内蒙古科技大学出版社	2013年12月	选煤厂设计	王建忠	煤炭工业出版社	2013年11月
建筑工程额定与预算	亢岚	哈尔滨工业大学出版社	2013年6月	测绘基础	王金山	内蒙古大学出版社	2010年7月
综合机械化采煤工艺	郑文翔 李锋	煤炭工业出版社	2013年6月	机械设计基础	孙建平	煤炭工业出版社	2010年10月
选煤厂生产技术管理	王建忠	煤炭工业出版社	2012年10月	土木工程材料学习指导	任仲罕	机械工业出版社	2010年7月
浮游选矿技术问答	荣令坤	化学工业出版社	2012年10月	机械设计基础	孙建平	煤炭工业出版社	2010年7月
炼焦化学产品回收与加工	李文秀	煤炭工业出版社	2012年12月				
煤炭加工环保概论	王嘉慧	煤炭工业出版社	2012年1月				

表 11-1-13（续）

教材名称	主编	出版单位	出版日期	教材名称	主编	出版单位	出版日期
工程测量	王金山	哈尔滨工程大学出版社	2010年8月	测绘基础	王金山	内蒙古大学出版社	2008年7月
误差理论与测量平差基础	燕志明	内蒙古大学出版社	2010年8月	露天煤矿安全生产基本知识	侯殿坤	中国矿业大学出版社	2007年4月
工程测量	郝福恒	内蒙古大学出版社	2010年8月	生产矿井测量	陈步尚	煤炭工业出版社	2007年12月
矿山测量技术	陈步尚	冶金工业出版社	2009年8月	煤矿电气设备原理及应用	张博	煤炭工业出版社	2006年8月
矿井监控系统与生产信号	张博	煤炭工业出版社	2009年1月	电机与拖动	张博	煤炭工业出版社	2005年12月
矿山开采沉陷与治理	马凯 燕志明	内蒙古大学出版社	2009年9月	矿用防爆柴油机车司机	陈炳耀	煤炭工业出版社	2004年10月

5. 师资队伍建设

2015年，学院有教职工119人，其中专任教师116人；博士4人、硕士65人；教授17人、副教授38人。内蒙古科技大学矿业与煤炭学院专任教师基本情况见表11-1-14。

表 11-1-14　内蒙古科技大学矿业与煤炭学院专任教师基本情况统计　　　　人

学院名称	年度	教职工数	专任教师	性别		年龄				民族		学历					职称			
				男	女	50~59岁	40~49岁	30~39岁	29岁以下	汉族	少数民族	博士	硕士	本科	专科	其他	教授	副教授	讲师	助教
内蒙古煤炭工业学校	1991	287	116	92	24	22	10	42	42	111	5	—	—	75	24	17	—	19	58	39
	1995	269	111	85	26	10	13	63	25	108	3	—	—	85	18	8	—	26	57	28
	2000	258	106	81	25	5	24	61	16	103	3	—	1	81	17	7	—	23	57	26
包头钢院高等职业技术学院	2000—2004	60	53	36	17	8	28	12	5	49	4	—	3	42	7	1	1	30	17	5
内蒙古科技大学高等职业技术学院	2004—2011	79	73	45	28	23	23	19	8	69	4	2	30	32	7	1	13	32	15	13
内蒙古科技大学煤炭学院、高职院	2011—2012	84	79	50	29	26	29	17	5	75	4	2	36	34	7	—	14	31	25	9
内蒙古科技大学煤炭学院	2012—2014	84	81	51	29	34	17	20	9	80	4	5	41	32	8	—	15	3	28	11
内蒙古科技大学矿业与煤炭学院	2014—2015	119	116	83	33	43	22	40	11	113	3	4	69	42	5	—	17	38	41	20

6. 人才培养

2000年以来，学院共招收专科、本科学生14100余名。2011年，矿业与煤炭学院开始招收采矿工程、测绘工程、机械设计制造及其自动化专业本科生。学院共毕业学生 12200 余人。2000—2015 年内蒙古科技大学矿业与煤炭学院基本情况见表 11-1-15。

表 11-1-15　2000—2015 年内蒙古科技大学矿业与煤炭学院基本情况

年度	专业数(个)	班级数(个)	招生数(人)	国家统招数(人)	毕业生人数(人)	在校学生数(人)
2000	21	44	545	545	283	1755
2001	26	55	837	837	366	2226
2002	24	56	996	996	264	2385
2003	19	76	1321	1321	643	3063
2004	21	85	1088	1088	541	3420
2005	23	84	1042	1042	1074	3388
2006	24	72	666	666	646	2882
2007	24	72	1164	1164	1176	2936
2008	23	72	794	794	809	2921
2009	21	85	877	877	887	3407
2010	21	63	843	843	849	2545
2011	22	63	766	766	790	2521
2012	20	55	617	617	630	2265
2013	20	54	570	570	625	2210
2014	22	81	1016	1016	1321	3378
2015	19	85	1021	1021	1365	3603

注：2014 年 4 月矿业工程学院与煤炭学院合并，学生人数增加。

(二) 呼伦贝尔学院矿业学院

1. 机构设置

2003 年 10 月 31 日，自治区政府以内政字〔2003〕361 号文件通知将内蒙古工程技术学校并入呼伦贝尔学院，成立工程分院，隶属于呼伦贝尔市政府。

2007 年 4 月，呼伦贝尔学院党委决定将工程分院更名为工程技术学院。2015 年 5 月，学院党委决定将工程技术学院改为矿业学院，是呼伦贝尔学院下设的二级学院，负责进行本专科教育，并承担内蒙古东部煤矿安全培训、煤炭专业人员继续教育工作。

为了满足实践教学的需要，建有采煤、通风、矿压、电工电子、液压、材料力学、汽车等 25 个实验室和校办实习工厂，并在神华大雁矿业集团、华能扎赉诺尔煤业公司、华能伊敏煤电公司、海拉尔蒙天机床制造有限公司、内蒙古华德牧草机械有限公司等十余家企业建有实习基地。

图 11-1-21　呼伦贝尔学院矿业学院

2. 专业建设

2006年9月，开始举办本科教育，当年采矿工程专业招生。2008年9月，开始招收机械设计制造及其自动化专业。2008年10月，根据自治区教育厅内教高函〔2008〕44号文件，煤矿开采技术专业被确定为2008年度自治区级品牌建设专业。

2011年9月，电气工程及其自动化专业招生。2012年9月，化学工程与工艺（煤化工）专业招生。2013年9月，有煤矿开采技术、机电一体化技术、机械制造与自动化、汽车检测与维修技术4个专科专业。

2015年9月，有采矿工程、机械设计制造及其自动化（机械制造方向）、机械设计制造及其自动化（机电方向）、机械设计制造及其自动化（汽车运用方向）、电气工程及其自动化、化学工程与工艺（煤化工方向）6个本科专业。

3. 教学研究

2005年以来，呼伦贝尔学院矿业学院教师承担教学（教改）项目具体情况见表11-1-16。

表11-1-16　2005年以来呼伦贝尔学院矿业学院教师承担教学（教改）项目情况

项目编号	项目名称	主持人	立项时间	项目类别
06AIJ0280025	运用现代教育技术创新课堂教学模式的研究	张建华	2006年	中国高等教育学会课题
	教育技术能力的概论、特征及其形成规律的研究	张建华	2006年	自治区高等教育科学研究"十一五"规划课题
20104007	采矿工程专业"3.5+0.5"人才培养模式研究	张建华	2010年	中国煤炭教育协会
NGZG06151	高等职业教育煤矿机械课程改革研究	赵生虎	2006年	自治区教育科学规划课题
NGZG06152	职业学校实习指导教师的培养与提高的研究	宋国岩	2006年	自治区教育科学规划课题
NGJGH08106	高职教育人才培养规划和课程体系改革的研究	任瑞云	2006年	自治区教育科学规划课题
	职业院校学生学习特点与教学模式及方法研究	齐凤英	2011年	中国职业技术教育学会

4. 师资队伍建设

2015年，学院有教职工61人，其中专任教师41人，副高级以上职称24人。基本情况见表11-1-17。

表11-1-17　呼伦贝尔学院矿业学院教职工基本情况　　　　　人

年份	教职工人数	专任教师人数	性别		副高级以上职称	年龄				备注
			男	女		30岁以下	31~40岁	41~50岁	50岁以上	
2005	47	27	34	13	13	8	18	19	2	—
2010	67	35	47	20	17	16	11	30	10	—
2015	61	41	39	22	24	5	17	19	20	—

5. 人才培养

2010年，学校在校生917人，2015年1155人。基本情况见表11-1-18、表11-1-19。

表11-1-18　2010年呼伦贝尔学院矿业学院各专业在校学生基本情况　　　　　　　　　人

年级及专业	人数	年级及专业	人数
2007 采矿工程	93	2009 机电一体化技术	52
2008 采矿工程	92	2010 机电一体化技术	43
2009 采矿工程	70	2008 机械制造与自动化技术	35
2010 采矿工程	80	2008 煤矿开采技术	49
2008 机械制造及其自动化	99	2009 煤矿开采技术	91
2009 机械制造及其自动化	75	2009 汽车检测与维修技术	34
2010 机械制造及其自动化	55	2010 汽车检测与维修技术	18
2008 机电一体化技术	31	总计	917

表11-1-19　2015年呼伦贝尔学院矿业学院各专业在校学生基本情况　　　　　　　　　人

年级及专业	人数	年级及专业	人数
2011 采矿工程	61	2011 机械制造及其自动化（汽车运用方向）	41
2012 采矿工程	51	2013 机械制造及其自动化（汽车运用方向）	23
2013 采矿工程	37	2014 机械制造及其自动化（汽车运用方向）	32
2014 采矿工程	30	2015 机械制造及其自动化（汽车运用方向）	37
2015 采矿工程	32	2011 电气工程	55
2011 机械制造及其自动化	33	2012 电气工程	52
2012 机械制造及其自动化	30	2013 电气工程	53
2013 机械制造及其自动化	50	2014 电气工程	47
2014 机械制造及其自动化	52	2015 电气工程	32
2015 机械制造及其自动化	43	2012 化学工程与工艺（煤化工方向）	46
2011 机械制造及其自动化（机电方向）	51	2013 化学工程与工艺（煤化工方向）	25
2012 机械制造及其自动化（机电方向）	53	2014 化学工程与工艺（煤化工方向）	34
2013 机械制造及其自动化（机电方向）	35	2013 机电一体化技术	48
2014 机械制造及其自动化（机电方向）	32	总计	1155
2015 机械制造及其自动化（机电方向）	40		

（三）内蒙古工业大学矿业学院

1. 机构设置

2007年6月，内蒙古工业大学与准格尔旗政府共建内蒙古工业大学矿业学院，地址位于准格尔旗大路新区。一期工程占地50万平方米，共10栋建筑和一个标准400米塑胶操场，近4.1万平方米，其中教学、实验楼6栋、服务综合楼2栋、学生宿舍楼2栋；二期规划建筑近3万平方米，建设完成2栋教师公寓、3栋学生公寓并部分投入使用，校区篮排球场已面向师生开放。

2009年，学院开始招生，经过几年的发展，日渐形成三系（采矿工程系、地质工程系、矿物加工系）、四办（学院办公室、团总支、学生工作办公室、就业指导办公室）、五中心（教务中心、实验中心、网络中心、修缮监管中心、饮食服务中心）的格局。截至2015年，有硕士研究生、本科生、专科生3个人才培养层次。

图11-1-22 内蒙古工业大学矿业学院所在金川校区教学大楼

2. 专业建设

(1) 专科。2009年,学院招收首届专科生,设建筑工程技术(矿井建设方向)、应用化工技术、煤矿开采技术、机电一体化技术(矿山机电方向)4个专科专业,2010年,随着本科采矿工程专业的招生,煤矿开采技术专业停止招收专科生。2010年以后,学院始终设建筑工程技术、应用化工技术、机电一体化技术3个专科专业。

(2) 本科。2010年,采矿工程专业招收首届本科生。2011年,煤与煤层气工程专业开始招收本科生,2013年按有关要求专业名称改为地质工程专业;2012年开始招收本科留学生。2015年,矿物加工工程专业开始招收本科生。2015年,学院有采矿工程、地质工程、矿物加工工程3个本科专业,本科生718人(含蒙古国留学生13人)。

(3) 硕士专业。2015年,学院设有地下工程与地质技术硕士专业。

学院践行"生态优先、绿色发展"理念,丰富3个本科生专业的新工科内涵,将师资引进、培养模式,扩展到多学科专业背景的师资培养和建设模式。

采矿工程教学实验室配备有矿井安全教学实验室、采煤方法教学实验室、矿井运输提升教学实验室、采矿工艺教学实验室等,拥有近百万元的实验教学设备,能够满足各专业课程教学需要。采矿工程专业已成立内蒙古准格尔旗力量煤业有限公司大饭铺煤矿和开滦集团荆各庄煤矿两个对口教学实习基地,对于完善学生的实践教学,增强学生的专业知识理解和运用,加强校企合作交流都有非常重要的意义。采矿工程专业学生先后参加第四、第五届全国高等学校采矿工程专业学生实践作品大赛,获得一等奖2项、二等奖2项、三等奖3项。

地质工程教学围绕地质勘查及地质技术,设置了煤岩及煤化学、钻井工程、普通地质学、完井工程、采煤学、沉积盆地分析、岩体力学、测量学、煤储层评价、煤及煤层气地质学、完井工程课程设计、科研训练等课程环节。

2007年,学院在西北大学建立秦岭综合实习基地。2015年3月,矿业学院与开滦(集团)有限责任公司荆各庄矿业分公司共建学生实习基地。同年5月，学院以吉林大学兴城教学基地为依托，建立矿业学院教学实习基地。学院所有实习均在校外企业完成，实习由指导教师带队，听从企业项目负责人的安排。

学院实验室面积1600平方米，能够满足3个学科实验需求，充分实现学生理论学习和实验科研的紧密联系。

3. 师资队伍建设

2007年6月，建院伊始，有教职工3人，其中院长1人、副院长1人、司机兼服务人员1人。2014年，有专任教师32人，其中采矿工程方向18人、地质工程方向14人。2015年，学院有教职工49人，其中教授4人、副教授10人、讲师17人；博士生导师2人、硕士生导师4人、国外访问学者2人；采矿工程方向专任教师18人、地质工程方向专任教师14人、矿物加工工程方向专任教师6人；具有博士学位的教师24人，在读博士教师11人。国家自然科学基金10项，省部级项目40项，发表论文204篇，其中SCI 27篇、EI 41篇，累计到位科研经费760余万元。

4. 人才培养

2014年，学院本科招生180人，其中采矿工程招生111人、地质工程招生69人。2015年，本科招生212人，其中采矿工程招生110人、地质工程招生67人、矿物加工工程招生35人。截至2015年底，学院有本科生718人（含蒙古国留学生13人）、专科生287人、研究生3人，共有学生1008人。

（四）乌海职业技术学院

1. 机构设置

2004年6月，内蒙古工业大学乌海学院经自治区政府批准成立，是国家教育部备案的全日制公办普通高等职业院校，受自治区教育厅和乌海市政府双重领导。学院被自治区教育厅确定为首批"自治区级示范性高等职业院校"立项建设单位、"自治区级现代学徒制试点院校""自治区具有单独招生资格高职院校"和"与本科院校合作试办本科职业教育高职院校"。

2005年2月6日，自治区政府发文《关于内蒙古矿业职工大学移交乌海市管理有关问题的批复》（内政字〔2005〕27号），"同意从2005年1月1日起，将内蒙古矿业职工大学整建制移交乌海市管理"。同日，又印发内政字〔2005〕28号文件，批准撤销内蒙古矿业职工大学，在其基础上成立乌海职业技术学院。

乌海学院（乌海职业技术学院）学制3年，设有矿业工程系、机电工程系、化学工程系、电力工程系、管理系、建筑工程系、基础部、电大与成人教育中心和驾驶员实训中心，开设了电厂热能动力、发电厂及电力系统、煤矿开采技术、计算机网络技术、市政工程技术、建筑工程管理、环境检测与治理技术、物流管理、酒店管理、市场营销等24个专业。原内蒙古矿业职工大学的学生分别分配到各系。

学院专业设置方面与煤炭生产关系密切的有矿业工程系的煤矿开采技术、选煤技术、安全技术与管理专业和机电工程系的机电一体化技术专业。

2. 专业设置

矿业工程系成立于2005年，开设有煤矿开采技术、选煤技术、安全技术与管理3个专业，其中现代学徒制试点专业1个、示范校建设重点专业1个。2004年学生40人，2015年发展到631人；有专兼结合双师型教师30人，校内外实训基地共19个。

（1）煤矿开采技术专业。该专业是院级重点建设专业。该专业培养德、智、体、美、劳全面发展，具有良好职业道德和人文素养，掌握煤炭开采必需的地质测量、采煤方法、通风安全等基本知识，具备煤矿建设与生产所需要的操作、运行、维护和管理采掘设备的能力，从事煤矿生产一线的采掘生产管理人员、岗位群操作工、安全管理工等技术技能人才，工作岗位适合露天开采、井工开采、矿山安全管理。

（2）选煤技术专业。该专业是国家级现代学徒制试点专业。该专业培养掌握跳汰选煤、重介选煤、浮游选煤、选煤厂设备管理和设计基本知识，具备煤质分析和检验、设备操作和维护、电气自动控制及工艺流程设计能力，从事煤炭分选工艺、生产管理、煤质检验等各种技术技能人才，工作岗位适合煤质分析化验、重介选煤、浮游选煤、选煤安全技术管理、选煤厂集中控制操作。

（3）安全技术与管理专业。该专业培养适应从事安全检查、安全监测与监控、安全设计、安全评价技术、事故预测预防、事故管理与应急处置等工作的需要，具有良好的职业道德和创新精神等素质，掌握相应行业安全技术的理论知识、应用技术和操作技能，面向安全生产企业、交通运输企业、安全教育培训机构和安全评价机构等领域的高素质劳动者和技术技能人才。

（4）机电一体化技术专业。该专业是自治区级重点建设专业。该专业针对地区经济发展需要，培养掌握机电一体化技术基本理论和专业知识，能够进行典型机电产品以及机电一体化系统设备的安装、调试、操作、维护与管理、故障诊断与维修等方面的工作，具有良好的职业道德，较强的专业能力和社会能力，能适应生产、建设、服务和管理第一线需要的全面发展的技术技能人才。

该专业所在的工程系成立于2004年，开设装备制造和电子信息两个领域11个专业，其中有自治区重点建设专业1个、自治区品牌专业2个、自治区精品课程2门、院骨干特色专业1个。2004年，学生120人，到2015年，学生753人。有专任教师28人，校内兼职教师7人，校外兼职教师64人，其中高级职称13人，硕士及以上学历教师21人，双师素质教师15人，自治区教学名师1人，教坛新秀1人，专业带头人2人。校内专业核心实训基地24个、校外实训基地15个，合作企业超过40家。

（五）鄂尔多斯职业学院

2007年4月，经自治区政府批准，鄂尔多斯市政府将鄂尔多斯教育学院、内蒙古电大鄂尔多斯分校和鄂尔多斯职业技术学校组建鄂尔多斯职业学院。学院为全日制普通高等职业院校，学制3年。学院依托鄂尔多斯地区煤炭、化工、电力、冶金、装备制造、工程建筑等优势产业，以开展高等职业教育为主，兼顾现代远程教育和社会职业培训，培养适应现代化生产、建设、管理、服务需要的高素质、技能型专业人才。

鄂尔多斯职业学院位于资源富集、环境优美的鄂尔多斯市康巴什新区，占地67.67万平方米，总建筑面积26万平方米。

2007年9月，鄂尔多斯职业学院挂靠内蒙古科技大学首次招收了煤矿开采技术、矿山开采技术、矿山机电、煤炭深加工与利用、建筑装饰工程技术、机电一体化技术、电气自动化技术等专业的高职专科生。截至2015年，学院陆续开设选煤技术、煤矿安全监控网络技术、煤炭市场营销、化学工程与工艺、化工设备与机械、热能与动力工程、工业分析与检验、矿物加工工程、安全工程、采矿工程等

26个专业。

2015年，学院设资源工程系、机械工程系、化工系、建筑工程系、自动化与信息工程系、人文系6个系部和1个国家职业技能鉴定所，可开展19个通用工种职业技能鉴定。

图11-1-23 鄂尔多斯职业学院全景

2010年，学院有教职工150多人，其中教授7人、副高级专业技术人员50多人；2015年，有教职工270人，其中，教授7人、具有副高职称人员67人，博士生2人，硕士生116人，具有高级工、技师、高级技师职业资格证书的有15人，具有工程师以上职称的有32人，"双师型"教师占专任教师的40.5%。学院还聘请企业兼职教师32人。

2007年，学校招生416人；2010年，各类在校生3776人；2015年，各类在校生7000多人。

二、成人高等职业技术教育

20世纪80年代，国家采取多种形式提高在职职工文化水平，培养大批高等专业技术人才，主要有全脱产和半脱产职工高等职业学校、函授大学、广播电视大学及高等教育自学考试等。

（一）内蒙古矿业职工大学

1. 机构设置

1975年12月27日，乌运矿务局遵循毛泽东主席的"七·二一"指示，根据煤炭工业部大同会议精神，创立"乌达矿务局七·二一工人大学"，简称"七·二一"。当时建校的目的是为本企业培养机电、采掘专业技术人才。

1980年，该校经自治区政府批准，教育部备案，改建为成人高等教育学院，并更名为乌达煤矿职工大学，办学经费一直由乌达矿务局承担。1994年11月4日，内蒙古煤炭工业管理局印发《关于改变乌达煤矿职工大学（内蒙古矿业职工大学）隶属关系的通知》，决定从1995年1月1日起将学校原由乌达矿务局管理，改变为由内蒙古煤炭工业管理局直接管理。1995年5月25日，经自治区政府批准，乌达煤矿职工大学更名为内蒙古矿业职工大学。

2005年1月，经自治区政府批准，内蒙古矿业职工大学撤销，移交乌海市政府管理，并在内蒙古矿业职工大学的基础上成立乌海职业技术学院。

学校占地近9万平方米，建筑面积1.46万平方米，其中教室面积3000平方米、学校宿舍面积3500平方米，有400米标准跑道的操场、篮球场、排球场及网球场，图书馆、资料室和阅览室，藏书3.5万册。

图11-1-24 乌达煤矿职工大学校门

学校内设有电子、电工、物理、采煤等实验室及设36座的可视语音室。学校拥有计算机100余台，其中有设备先进的多媒体教室一个，可同时容纳600人就餐的食堂，并配有浴池等生活服务设施。

2. 专业建设

学校先后开设过采矿工程、机电一体化、计算机应用、化工工艺、电力系统自动化、热能与动力工程、师资数学、师资化学、经济管理、计划与统计、财会电算化、汉语言文学、法律、师资英语、文秘与办公自动化、小学教育等专业。

学院领导班子按照"解放思想，转变观念，以改革为动力，不断改善办学条件，明确培养目标，改革教学内容，力争办出特色"的工作总思路，深入教学改革，坚持教学与科研相结合，科研与解决生产实际相结合，在学术、科研方面有多项科研成果。

3. 师资队伍建设

1984年7月，学校教职员工达158名；2003年，学校有专兼职教师55名，其中高级职称26名、中级职称25名。2001年9月，内蒙古矿业职工大学（原乌达煤矿职工大学）有教职工108人，其中专任教师48人。

4. 人才培养

截至1995年，学校累计招生3484人，先后毕业3014人，其中大专2125人。1995年底，有教学班17个，在校生470人。1996年至2001年4月，招生1000人左右。2001年9月，有在校生387人。2002—2004年，学校连续3年招生均突破千人大关，累计招生约3500人，是建校20年的招生总和。

随着我国经济体制改革的不断深入和市场经济浪潮的冲击，学校生源开始下滑，后经学校调整专业结构，面向全区各行业招生，生源有所回升，但在校生一直在500人左右徘徊。1998—2000年，在校生曾一度减至200多人。

2000年，学校除开办大专班外，还开办了"2+2"模式高中班、专升本、二学历、短期培训班。联合办学的有内蒙古财经学院、包头钢铁学院等区内本科院校。2001年，学校招收各类新生500人；2002年招收新生1000多人，创历史新高。2003年，学校设32个教学班，在校生1800余人。

截至2003年，学校有近6000名毕业生遍布全区煤炭系统及乌海市党政机关和企事业单位，他们当中大多数已成为生产技术骨干和业务能手，有的已走向县级甚至厅级领导岗位，成为中坚力量。

截至2004年，学校累计招生8000多人，其中中专595人，岗位培训和进修294人；开设大专、中专层次专业近50个。

（二）内蒙古广播电视大学大雁矿务局分校

1982年8月，内蒙古广播电视大学呼伦贝尔盟大雁教学班成立。1984年3月，矿务局电视大学成立，并日渐发展成为一所集脱产日班和函授教学及开放教育教学于一体的成人教育学校。1988年职工中专划归广播电视大学，全校有教职工65人，其中教师38人，教师大专以上学历34人；高级讲师2人、讲师5人、高级教师1人、中学一级教师5人。1993年11月，电视大学和技工学校合并成立电大技校。1994年，设立综合科、工会、团委、教务科、学生科、实习科、电教科。1997年12月，电视大学与技工学校分离，成立电视大学函授短培部。2000年，正式成为内蒙古广播电视大学分校，下设综合科、教务科。

2004年，电视大学设综合科和教务科，有教职工23人，其中研究生学历2人、本科学历10人、大专学历10人；高级职称1人、中级职称6人。2014—2015年，有教职工9人，其中本科学历7人、大专学历2人；高级职称1人、中级职称6人、初级职称2人。

（三）国电投蒙东能源集团公司广播电视大学

霍林河露天煤业公司广播电视大学于1997年成为内蒙古广播电视大学的直属电大。2001年以来，学校本科层次开设了法学、会计学、机电一体化等专业，专科层次开设了法学、会计学、数控技术、计算机信息管理、机电一体化技术等专业。为企业输送了各类专业人才近千人。2010年在校生168人。

学校采取宽进严出开放教育的办学形式和网上注册学习，有集中面授辅导及自学等多种学习形式。

（四）扎赉诺尔矿区广播电视大学

内蒙古广播电视大学呼伦贝尔盟分校扎赉诺尔矿务局教学班于1984年开始办学，至1988年形成了独立的办学体系。学校拥有教学楼1栋。1991年前后，培养了中文、矿山机械、工业电气与自动化、英语、政史、工业会计、财务会计、法律等专业毕业生。

1996年，根据内蒙古广播电视大学的有关政策和自身办学特点及所面临的生源等诸多问题，开始招收高中学历的注册视听生免试入学。通过加强管理，不断提高办学信誉，不仅为企业职工服务，而且还为地方及兄弟企业的职工及社会青年提供有偿办学，取得了一定的社会效益和经济效益。1997年7月，划入扎赉诺尔煤业公司职工教育培训中心管理。1999年9月，经内蒙古广播电视大学严格审核后，晋升为扎赉诺尔矿区电视大学，直接隶属于内蒙古广播电视大学。2000年，扎赉诺尔矿区电视大学荣获"全区广播电视大学系统先进办学单位"荣誉称号。

2001年，经内蒙古广播电视大学批准正式进行试点项目工作。2002年，安装千伏波段数字卫星接收系统。2004年7月，被中央广播电视大学奥鹏教育远程中心授予内蒙古扎赉诺尔矿区奥鹏远程教育学习中心。学习中心先后与东北师范大学、北京语言大学、四川大学、东北大学、江南大学、中国地质大学、电子科学技术大学等67家高等院校开展合作办学，共开设30余种专业。

2005年，学校安装电大在线远程教育平台，有双向视频1套，多媒体教室2个，计算机室1个，计算机、多媒体教室全部可网上教学，各专业录像、光盘齐全。同年，学校先后与长春工业大学、长春职工医科大学开展联合办学，开办采矿工程、矿山机电、煤矿开采技术、机电一体化、会计学、机械电子工程、临床医学、药剂、高护9个专业。

1988—2011年，共培养毕业生2743人，为扎赉诺尔矿区培养了大批专业人才，2011—2015年，受普教普及，共招生54人。

（五）企业与高校联合办学

1. 神华神东煤炭集团有限责任公司

公司本着"神东大业，人才为本"的原则，积极与各大院校合作办学，为职工创造各种培训机会，提高职工的学历水平。根据职工学历结构和知识水平，分批、分层次开办大专学历班和专升本学历班。

公司于1999年与辽宁工程技术大学合作办研究生班，培养研究生40名（无硕士学位）；2001年与辽宁工程技术大学合作，培养73名机电专业专科生；2002—2003年先后与烟台经济管理学院合作，培养经济管理专科生28名、本科生29名；与中央党校合作培养管理专业本科生115名，2002年与太原理工大学合作培养专科生74名；2004年与内蒙古大学合作培养工商管理专业本科生65名；2007年与西安科技大学合作培养机电一体化专业本科生22名。

2. 神华准格尔能源有限责任公司

公司在成人学历教育方面，实施企校联合办学为主的教学模式，举办专科班、专升本班和研究生班提高职工知识水平和学历层次。

1994—2002年，公司与区内外十多所大中专院校联合办学，使全公司近500名职工提高了学历层次；2002年有26人通过毕业论文答辩，取得中国矿业大学硕士研究生毕业证书；2003年与大中专院校联合办工程硕士专业学位班1个（10人）、专升本班2个（工商管理58人，通信工程39人）、大专班2个（电力系统自动化50人，工商管理27人）。2004年有49人通过论文答辩，分别取得本科、专科毕业证书；2005年与太原理工大学、哈尔滨理工大学、乌海职业技术学院联合办工程硕士学位班1个（10人）、专升本班2个、大专班2个。

2006—2008年举办工程硕士班1个、专升本班2个、大专班2个；2009年与太原理工大学、中国矿业大学、西安科技大学联合办工商管理、机电一体化、交通运输、采矿工程等专业大专班，在籍学员103名；2009年与太原理工大学、中国矿业大学、西安科技大学联合办工商管理、机电一体化、交通运输、采矿工程等专业本科、专科班，在籍学员103名。

公司鼓励职工通过参加成人高考和自学考试方式提高学历层次。1993年，准格尔煤炭工业公司报考成人自学考试的人数只有26人，所学专业只有汉语言文学、工商会计、行政管理。为了鼓励青年职工自学成才，准格尔煤炭工业公司制定了对自学职工的鼓励政策，调动了自学职工的积极性，使参加自学的职工人数有了大幅度增加。

2001年，神华准格尔能源公司培训中心组织565人次参加全国成人高考和自学考试，学习的专业增加至24个。2002年，神华准格尔能源公司培训中心组织400多人次参加全国成人高考和自学考试，并有46人取得成人自考大专毕业证书。2012届中国矿业大学38人、太原理工大学34人顺利通过答辩，共有101人参加全国成人高考。2013年，共有在籍学生193名。2013届中国矿业大学44人取得毕业证书，太原理工大学26人取得毕业证书。2014年，有在籍学生233名。中国矿业大学28人取得毕业证书；太原理工大学20人取得毕业证书；太原理工大学机械工程及自动化专业20名学生顺利通过答辩。

3. 其他企业与高校合作办学

1991年，扎赉诺尔矿务局党校与中央党校函授教育继续联合办学。2000年，为拓宽受教育面，扎赉诺尔煤业公司与内蒙古师范大学成人教育联合举办教师培训班，通过国家成人教育统一考试，录取了24名中小学教师，结业后发给国家承认的成人教育毕业证书。2001—2003年，与中央党校函授学院联合办学，共培养专科毕业生149人、本科毕业生26人。2004—2011年，与内蒙古函授学院联合办学，共培养专科毕业生432人、本科毕业生108人。2011年停止招生。1989—2015年，扎赉诺尔煤业公司培养大专以上学历人才705人。其中，本科151人、大专554人。

华能伊敏煤电有限责任公司于1996年与中国计算机函授学院联合举办计算机应用大专函授班，有90余人参加学习。

2011年5月9日，中国矿业大学鄂尔多斯工作站暨中国矿业大学鄂尔多斯高层次人才培养基地揭牌仪式在鄂尔多斯市举行。中国矿业大学和鄂尔多斯联邦集团签订"校企产学研合作基地建设协议书"。此次协议的签订是为了搭建好高层次人才培养平台，科学规划未来，明确发展目标，突出地方特色，提高教学质量，聚集生产科研教学前沿人才交流合作，逐步提高鄂尔多斯市的核心竞争力。

中国矿业大学鄂尔多斯工作站，涵盖工商管理、广告管理、煤炭工程、采矿工程、土木工程、机械工程、环境工程、机电工程等20多个硕士专业，可以满足各行业人才的需求。

内蒙古伊泰集团公司于1990年出台员工参加函授与自学考试的专项政策，鼓励员工在工作之余参加各类成人教育学习；凡取得毕业证书的员工，公司给予报销70%的学费；2003年，该政策取消。期间，公司约有164名员工通过函授学习取得了大专或本科学历。

1995—2005年，公司先后派出13名年轻职工到英国、美国等国家就读本科或硕士研究生学位，学费由公司报销，毕业后回公司上班。

第二章 医疗卫生

第一节 医 疗

一、机构与队伍

20世纪90年代以后，各国有统配煤矿职工医院科室建设较为齐备，这些统配煤矿（局）直属单位均设卫生所，这些卫生所在医疗业务上接受职工总医院的指导。地方国营煤矿也成立职工医院。呼伦贝尔盟五九煤矿、大杨树煤矿、宝日希勒一矿、巴彦淖尔盟温根煤矿、营盘湾煤矿（原卫生所）、阿拉善盟古拉本煤矿（由保健室改为卫生院，后更名为医院）、包头市杨圪楞煤矿均建有医院。

1991年初，自治区9所局级（矿区指挥部、公司）医院共设有病床2053张，职工、医务人员3640人。24所矿级医院设有病床802张，职工、医务人员2283人；有2所疗养院、91所卫生所（保健室、医务室）。6所地方国营煤矿医院设有病床216张，职工、医务人员304人。

呼伦贝尔盟地方煤矿有医院 5 所、卫生所 2 个，有医护人员 195 人。伊克昭盟地方煤矿有卫生所（保健室）9 个。锡林郭勒盟地方煤矿有卫生所 8 个，医务人员、职工 63 人。1991 年内蒙古自治区各统配矿务局职工医院基本情况见表 11-2-1。

表 11-2-1 1991 年内蒙古自治区各统配矿务局职工医院基本情况

单 位	职工 合计（人）	职工 医务人员数量（人）	病床数量（张）	门诊人数（人）	住院人数（人）	健康体检人数（人）	病床使用率（%）	住院病人出入率（%）	建筑面积（平方米）
包头矿务局医院	428	306	320	21502	3027	2300	87.80	79.00	13305
乌达矿务局医院	621	405	390	118181	4608	1351	76.60	111.20	29280
海勃湾矿务局医院	602	526	303	218432	5203	9272	63.48	—	19746
平庄矿务局医院	532	416	350	164894	7132	31	104.64	95.64	20415
扎赉诺尔矿务局医院	432	320	250	58056	5168	—	51.08	20.13	16000
大雁矿务局医院	415	338	200	220200	4915	4254	86.25	—	9695
准格尔煤炭工业公司医院	90	72	30	53745	690	12000	79.20	—	5000
霍林河矿区指挥部医院	313	197	160	69266	2303	1450	45.58	16.51	8126
伊敏河矿区建设指挥部医院	207	149	50	110748	923	3480	52.62	18.48	4771

1991—2010 年，各矿区医院医疗设备不断更新，甚至超过地方医院的配置。医疗队伍不断壮大，涌现出一批能完成高难度手术的大夫。

进入"十五"时期（2001—2005 年），国家开始为企业减负，改变企业办社会的局面。内蒙古煤炭系统职工医院按"企业分离社会职能"工作部署，神华准格尔能源公司、神华乌海能源有限责任公司、神华包头能源有限责任公司、平庄煤业集团有限责任公司陆续将医院移交属地政府或进行股份制改制。

（一）神华神东煤炭集团有限责任公司

1998 年 8 月，神东总医院建院，该院是按二级甲等医院的标准设计的，设计床位 400 张。当时，由于就诊人员少，床位仅开放 120 张，当时开展的诊疗业务有内科、儿科、妇产科、外科、五官科、急诊急救、预防保健、皮肤科、中医、临床检验、医学影像等。

神东总医院成立时，有职工 349 人，其中行政管理人员 34 名、卫技人员 263 名、工勤人员 52 名；具有高级职称人员 8 名、中级职称人员 59 名；本科学历 12 人、专科学历 62 人、中专学历 193 人。2004 年初，为了减员增效，优化人力资源配置，引入竞争机制，实行竞争上岗、转岗分流等举措，向物业处、宏泰公司等 8 个单位转岗分流 45 人，同时向社会公开招聘高级技术人员 6 名、中级技术人员 1 名，充实医疗队伍。

2005 年 1 月，神东总医院 6 个驻矿卫生所统一划归综合服务公司管理，神东总医院给予业务上的培训和指导。这时共有职工 229 人，其中行政管理人员 12 名、卫技人员 196 名、工勤人员 21 名；具有高级职称人员 15 名、中级职称人员 62 名；硕士学历 1 人、本科学历 33 人、专科学历 83 人、中专学历 97 人。

第二章 医疗卫生 1335

图 11-2-1 国家安全监管总局矿山医疗救护神东分中心

1998—2005 年，神东总医院每年选派 6~8 名医务人员外出参加为期一年的进修学习，十多人次的短期学习，参加学术交流会人均十余次，举办院内学术讲座 15 次；有 7 名中级职称人员晋升为高级职称、47 人晋升为中级职称，有 39 人取得本科学历、52 人取得专科学历。2005 年 4 月，聘请外科、骨科、职业病科 3 名退休专家长期指导技术工作，使医生技术在短期内得到提高。2005—2008 年，医院共接收 22 名大中专毕业生。同时每年派出一年以上长期脱产进修人员 2~3 名，1~3 个月短期学习十余人次，参加学术交流活动三十余人次，院内举办讲座十余次，请专家讲座 1~2 次。2007 年 12 月，公司对 73 名费用工进行重新招聘，并在以后的替补中严格审核把关，保证了医疗用工的安全和可靠的诊疗质量。

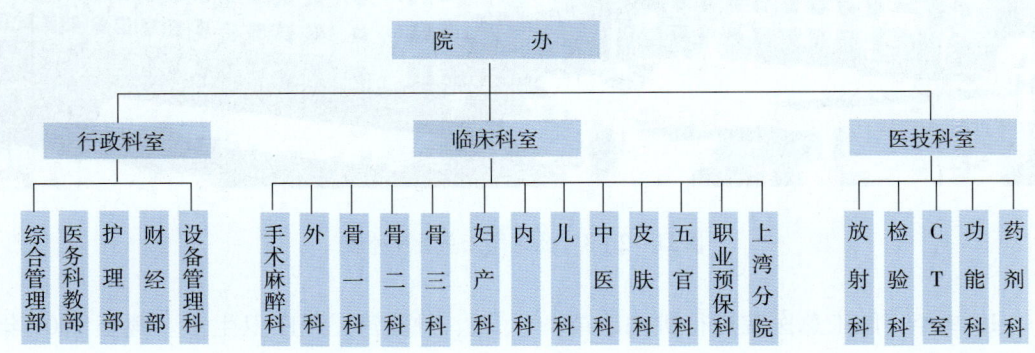

图 11-2-2 神东总医院组织机构示意图

2008 年，医院共有正式职工 227 人、费用工 82 人，其中行政管理人员 21 人、卫技人员 264 人、工勤人员 24 人；具有高级职称人员 24 人、中级职称人员 91 人；研究生学历 1 人、本科学历 68 人、专科学历 114 人。截至 2015 年，神东总医院211名职工中，有管理及工勤人员23人、卫生技术人员168人，其中副高级专业技术人员23人、主治医师21人、医师17人、医士22人、护士85人。

（二）神华准格尔能源有限责任公司

1991年，医院下设的行政机构有综合办公室、财务科、医疗组、护理组、行政后勤组，临床医疗机构有内科、外科、妇产科、儿科、五官科、手术室，医技医疗机构有检验科、放射科。

1992年，职工总医院与公司卫生处分设，成为处级建制。职工总医院下设的党政机构有政工科、工会、团支部、办公室、财务科、总务科、设备科；临床医疗机构有内科、外科、妇产科、儿科、急诊科、手术麻醉科、中医科、五官科、乌兰小区卫生所；医技医疗机构有功能科、放射科、检验科、药剂科；业务职能机构有医务科、护理科。

1993年3月，职工总医院与卫生处合并，再次合署办公。

1994年，医院设立第二门诊部，1995年5月，按照"二甲医院"的标准要求，开始调整部分机构，增设分级管理办公室、预防保健科。1996年，增设信息科、ICU病房，并把原来由神华准格尔能源公司各直属单位管理的露天矿卫生所、发电厂卫生所、大红城卫生所、凉城卫生所、丹洲营卫生所划归职工总医院管理，唐公塔保健站也由职工总医院管理。1997年，增设燕庄卫生所，外科分设外一科、外二科，分级管理办公室并入医务科。

图11-2-3 公司职工总医院外景

1999年，职工总医院进行机构改革，除党政科室、工团组织、行政科室外，其余全部并入办公室。其他临床医疗、医技医疗、业务职能机构没有缩减，还增设传染科。铁路沿线的4个卫生所更名为卫生室，取消科级建制。2001年，撤销铁路沿线的唐公塔保健站，保留大红城、凉城、丹洲营、燕庄卫生室。截至2001年底，医院科级建制的临床医疗机构有内科、外一科、外二科、妇产科、儿科、急诊科、中医科、五官科、麻醉手术科、传染病科；业务职能机构有医务科、护理部、门诊部；医技医疗机构有功能科、放射科、检验科、药剂科；社区医疗机构有乌兰小区卫生所、第二门诊部（副科级建制）。

1993年，职工总医院共有医务人员361人。其中主任医师4人、副主任医师5人、主治医师11人、医师30人、医士28人；主管护师1人、护师16人、护士37人、护理员42人；主管药师3人、药剂师5人、药剂士9人；主管检验师1人、检验师2人、检验士2人、检验员1人。2002年，医院有医务人员329人。其中主任医师7人、副主任医师21人、主治医师35人、医师49人、医士7人；副主任护师1人、主管护师10人、护师92人、护士19人；副主任药师3人、主管药师3人、药师18人；主管检验师3人、检验师7人、检验士1人。

2002年，神华准格尔能源公司撤销铁路沿线的大红城卫生室、凉城卫生室。2004年，职工总医院移交准格尔旗政府。

（三）神华包头能源有限责任公司

1991年，包头矿务局医疗机构除包头矿务局医院外，还有长汉沟矿医院、五当沟矿医院、河滩沟矿医院、白狐沟矿医院4个矿设医院，还有阿刀亥矿卫生所、土建处卫生所、机电修配厂卫生所、农林处卫生所、化工厂卫生所、大磁矿卫生所6个卫生所，这些卫生院所的行政管辖均由本单位领导，业务上由包头矿务局医院统一指导。

包头矿务局医院已基本具备综合医院的规模和能力，占地总面积17316平方米，建筑面积11555.25平方米，编制床位334张，职工400余人，其中医护专业技术人员337名。包头矿务局医院负责辖区人口的医疗、护理、急诊、急救和预防保健、健康体检等工作；承担突发性事件的医疗救治任务，承担双向转诊工作；做好医院的教学、科研工作，承担全区基层医疗单位中各类卫生人员的进修学习、培训及中等卫生学校临床教学实习等任务。包头矿务局医院能够开展骨、脑外、普外、神经、血液、内分泌、传染、妇科、产科、儿科、眼、耳鼻喉、口腔、皮肤等诊疗科目；同时可开展放射、检验、超声、病理、心电图等检查项目。

1997年，启动全局医疗卫生体制改革，将长汉沟矿医院、五当沟矿医院、白狐沟矿医院、河滩沟矿医院、机厂卫生所、土建卫生所、化工厂卫生所、大磁卫生所、阿刀亥矿卫生所等的人、才、物一并由包头矿务局医院进行统一管理。包头矿务局医院职工总人数达600余人，年开展手术300余例；1999年，包头矿务局医院内一科被授予自治区级"青年文明号"称号。

2003年，在抗击"非典"期间，包头矿务局医院是石拐区收治"非典"疑似病人的唯一定点医院。神华包头矿业公司医院为此成立发热门诊，建立隔离病房，为石拐区的防控"非典"工作做出了贡献，受到包头市石拐区、包头市、自治区的表彰，2003年，神华包头矿业公司医院被评为包头市文明单位；院长陈立荣获自治区抗击"非典"先进个人称号。

2004年1月8日，神华包头矿业公司医院随包头矿务局五当沟煤矿政策性破产后，移交至石拐区政府。按照移交协议，医院本部及长汉沟矿医院、五当沟矿医院、土建卫生所、大磁卫生所一并移交，共移交职工327人。2004年5月，包头矿务局医院更名为石拐区中心医院，是包头市和石拐区城镇职工、城镇居民基本医疗保险定点医院，包头市和石拐区职工工伤医疗保险定点医院。2005年2月，白狐沟煤矿政策性破产，煤矿医院也随之关闭，医院125人移交当地政府管理，但被拒，后由神华包头能源有限公司分流至各部门及下属单位。

2006年12月，按照石拐区委的指示精神，石拐区中心医院与石拐区人民医院进行整合，重新组建为石拐区医院，并进行功能调整，原石拐区人民医院改为医院门诊部，原包头矿务局医院改为医院住院部。

2006年以来，医院通过开展"医疗质量万里行""医院管理年""三好一满意"等活动，加强科学管理，建立健全内部运行机制，先后成立医院质控科、院感科、医保科、信息科等科室。2007年1月，医院成立石拐区120急救分站，设在医院门诊部；5月，医院门诊部变更为石拐街道办事处社区卫生服务中心，下辖五当沟卫生服务站和大磁卫生服务站。

2009年6月，包头市政府下发市长办公会议纪要《关于研究石拐区棚户区、沉陷区搬迁居民纳入属地管理有关事宜的会议纪要》明确规定：石拐区医院（原包头矿务局医院）人员整建制划入石拐区棚户区医院，由包头市稀土高新区负责接收和管理。但是，因种种因素，此方案最终未落实。

2014年4月，包头市政府市长办公会议纪要《关于研究市蒙中医院接收滨河新区医院和石拐区医院有关事宜的会议纪要》决定，2014年7月，石拐区医院（原包头矿务局医院）人员整建制划入包头市蒙医中医医院。

（四）神华乌海能源有限责任公司

1. 神华乌达矿业公司医院

乌达矿务局总医院始建于1960年5月。矿务局医疗系统由5所医院组成，即矿务局医院、第二医院、黄白茨煤矿医院、苏海图煤矿医院、五虎山煤矿医院。矿务局医院设有临床科室11个、医技科室9个、职能科室13个，开放床位306张；第二医院临床科室设有职业病科、精神病科、结核病科、传染病科和综合科，是二级乙等专科医院，开放床位150张；3个矿医院主要以门诊为主，一级医院资质，开放床位74张。医疗系统拥有职工684人，其中卫生技术人员495人，高级职称35人。

1999年4月，矿务局医院与矿务局卫生处、第二医院合并为矿务局总医院。2002年，第二医院从矿务局总医院分出，改称神华乌达矿业公司职业病防治医院。

2007年，神华乌达矿业公司总医院移交乌海市政府管理。

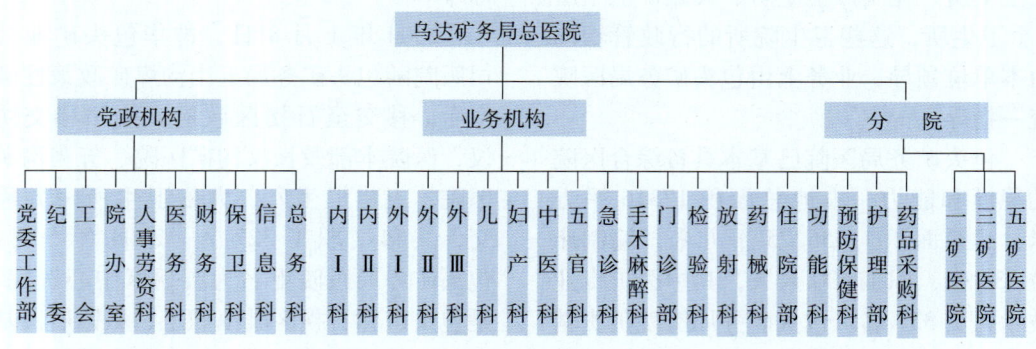

图11-2-4 神华乌达矿业公司总医院机构设置示意图

2. 神华海勃湾矿业公司医院

海勃湾矿务局医院坐落于乌海市海勃湾区新华大街东侧，为全局职工家属就医和转院治疗的综合性中心医院，占地面积

1900平方米。

1991年，医院设置业务科室10个，病床200张，设内科、外科、妇科、儿科、口腔科、耳鼻喉科、康复科、中医科、检验科、放射科，有露天矿医院、公乌素矿医院、第二基建处医院3个分院。

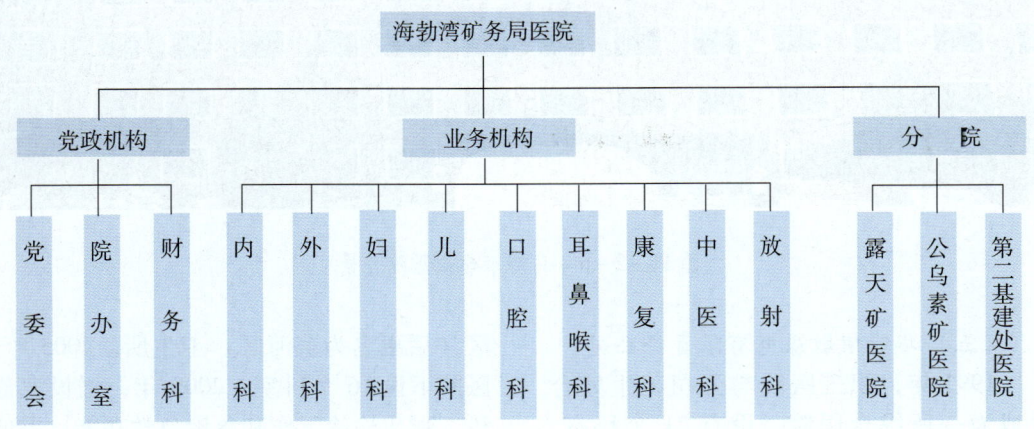

图11-2-5 海勃湾矿务局医院机构设置示意图

医院职工中：副高职称3人、中级专业人员20人、初级专业人员65人，其他工作人员12人，工人35人。

1992年，医院更名为海勃湾矿务局总医院，撤销露天矿医院、公乌素矿医院、第二基建处医院，成立公乌素医院；仍为矿务局下设处级单位。医疗资质为国家二级乙等综合性医院。

成立总医院后，医疗设施、配备配置较为齐全，具有了一定的专业优势。在为全局职工家属服务的同时，医院还面向市区广大群众开展诊疗服务，产生了良好的经济效益和社会效益。

1998年9月，医院更名为神华海勃湾矿业有限责任公司总医院。2000年后，随着公司效益的下滑，对医院的后续投入严重不足，加之机制的僵化，造成人才大量流失，医院逐渐陷入举步维艰的境地。

为了适应国有企业改革的需要，加快分离企业办社会职能的步伐，公司努力寻求对总医院进行股份制改革的路子。2003年8月，公司与日本大亚医疗器械株式会社依照平等协商、互惠互利、优势互补、共同开发的原则，就共同投资将总医院改制重组为中日合资股份制医疗机构的事项达成一致，神华集团海勃湾矿业有限责任公司出资665.30万元，日本大亚医疗器械株式会社出资480.20万元，作为股份投入，取名乌海市樱花医院有限公司（以下简称樱花医院）。

2005年6月，樱花医院与国内外享有盛誉的北京华信医院（清华大学第一附属医院）建立技术合作关系；9月，樱花医院被自治区批准为"非营利性医疗机构"，是乌海地区集医疗、科研、教学、预防、保健于一体的综合性国家二级医院，设有急诊、内科、外科、妇科、体检、手术、超声、影像、康复理疗、职业病等20多个临床和医疗技术科室。2006年3月，樱花医院与宁夏医学院附属医院建立医疗技术合作关系。

图 11-2-6 乌海市樱花医院外景

（五）华能伊敏煤电有限责任公司

1991年，职工医院与公司卫生处合并成为一所综合医院，设有21个科室，其中临床科室有内科、外科、五官科、口腔科、中医科、儿科、药剂科、检验科、放射科、卫生防疫科等11个，管理科室10个；还有敖区卫生所、露天矿山保健站、电厂卫生所、水泥厂卫生所、技校医务室、煤炭学校医务室等基层单位。1992年，医院撤销露天矿山保健站，8月27日，公司将计划生育处划归医院（卫生处）。1995年，职工医院更名为伊敏华能东电煤电有限责任公司医院。1999年5月，职工医院撤销敖区门诊部，成立小区（后更名为滨河区）卫生所。2005年，医院下设16个科室；2009年，增设急诊科，强化检诊工作和急诊急救功能，方便患者特别是重症患者就医诊疗。

2015年4月，职工医院的计划免疫站划归政府卫生院。

1991年，职工医院共有职工213人，其中卫生技术人员155人、管理人员22人、工勤人员36人；具有高级任职资格4人、中级任职资格35人、初级任职资格117人，医院具备专业任职资格156人，占职工总数的73.24%。2013年8月、2014年8月，共招聘应届毕业生18人，补充医院的医疗岗位和医技岗位。

图 11-2-7 公司职工医院外景

截至2015年，医院有在岗职工155人，其中正式职工131人、招聘人员24人；专业技术人员137人，其中高级人员12人、中级人员66人、初级及以下人员59人；非卫生技术人员18人，其中管理人员18人。

（六）神华大雁集团公司

1991年，大雁矿务局职工医院设有10个科室，即内一科、内二科、内三科、外一科、外二科、外三科、儿科、妇产科、中医肿瘤科、传染科；有职工445人。1992年，医院增设医疗预防科、一矿保健站、三矿保健站，有科室13个；有职工438人。1994年，大雁矿务局职工医院更名为大雁矿务局总医院，增设改革办、信息科、功能检查科；创建ICU、CCU病房。

1995年6月，大雁矿务局总医院与卫生处为一个机构两块牌子。"三所一站"划归医院，防疫站与预防科合并，妇幼保健所更名为职防所；结核病防治所更名为结防所；增设后勤服务大队和结算科，医院共有科室28个，职工584人。1997年1月，医院成立医疗保险结算科；3月三矿医院划入医院，更名为总医院传染科，设有传染病房。同年，在扎罗木得农牧处原址设立第四门诊部。1996年8月，大雁矿务局总医院护理业务扩大，成立特需服务大队。1998年4月，大雁矿务局总医院撤销后勤服务大队。2000年，医疗保险结算科划归煤业公司劳资处；同年撤销第四门诊部。2002年，医疗保险结算科又划归医院管理。2003年，撤销医疗保险结算科，其业务合并到财务科。

2004年6月，医院进行股份制改制，成立呼伦贝尔大雁医院有限公司。医院将儿科与中医肿瘤科合并为内儿科；器械科与药械科合并为药械科；增设感染疾病科、社区服务中心、急救中心、综合重症监护病房、公费医疗病房和策划宣传科。同年7月，卫生处从医院分离。2014年，医院设有综合办、经营办、医务科、护理部、医保办、外一科（骨外）、外二科（普外）、麻醉手术科、内一科（心血管）、内二科（神经）、内三科（消化、肿瘤）、呼吸科等24个科室。

（七）扎赉诺尔煤业有限责任公司

1991年，扎赉诺尔矿务局设置总医院、卫生处。总医院设有9个职能科室、10个临床科室、6个医技科室；1993年2月建立传染病房；1995年6月成立仪检科，同年10月将护理工作从医务科中分离出来，成立护理部；1996年6月成立感染监控科、信息科；1998年7月成立制剂室和肿瘤烧伤病房；1999年将器械管理从药剂科中分离出来，成立器械科；2000年1月成立皮肤科。

1992年，矿务局成立铁北矿医院，行政上由铁北矿领导，1994年更名为西铁医院。1994年2月，西山煤矿职工医院更名为矿务局急救中心。1996年1月，露天矿医院、灵泉矿医院、西铁医院归卫生处领导。1997年末，灵北矿卫生所从灵泉矿医院中分离出来，恢复为灵北矿医院。1999年12月，卫生处所属的西铁、露天矿、灵泉矿、灵北矿医院划归总医院管理。

卫生处负责全局医疗、卫生、计划生育、爱国卫生工作。1996年初，卫生处改为二级实体单位，设综合办公室、经营办公室、医政科、药政科、财务科、总务科、政工科、卫生防疫站、职业病防治所、结核病防治所、妇幼保健站、计划生育办公室、爱国卫生办公室、4个基层医院。2000年初，卫生处恢复为职能处室。

灵泉矿医院下设十一井保健站、三斜井保健站。灵北矿医院下设十二井保健站、胜利井保健站。西铁医院下设北斜井保健站、南斜井保健站、青年井保健站、铁北保健站。1998年，西山矿停产后北斜井、南斜井、青年井保健站撤销。1999年，各井口保健站全部撤销。

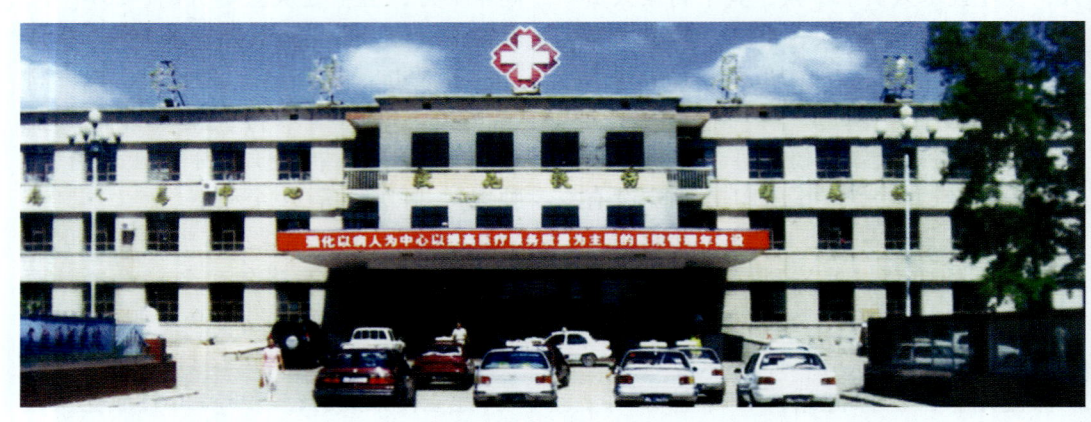

图11-2-8　扎赉诺尔煤业公司总医院外景

2001年，扎赉诺尔煤业公司医疗卫生系统由扎赉诺尔煤业公司总医院及卫生处构成。总医院设有13个职能科室、21个临床医技科室、5所分院。2002年10月，总医院增设血液透析科。

2004年5月，灵北医院划归扎赉诺尔区卫生局管理，更名为灵北社区服务站。2006年9月，总医院撤销五官科、中医科病房，保留门诊；医保科与医务科合并；腔镜室由皮肤科管理。2006年11月，卫生处与总医院合并，卫生处在职职工38人、内退职工25人划归总医院管理。职业病防治、妇幼保健工作纳入医院管理。2010年9月，总医院增设神经科；急救医院取消病房，更名为中心门诊。

2011年3月，总医院外一科、外三科合并为普外科。12月，总医院机构设置为32个科室，其中临床医技科室24个、工勤管理科室4个，下设分院门诊4个（灵泉门诊、西铁门诊、中心门诊、露天门诊）。

2014年3月，扎赉诺尔煤业公司职工加入地方医保，职工就医途径多样化。

2015年，已无患者到露天门诊就医。总医院为控制费用支出，减少亏损，决定撤销露天门诊，人员调回总医院。

（八）神华宝日希勒能源有限公司

1991年，宝一矿医院人员编制85人。医院设院长1人，副院长1人；下设内科、外科、妇产科、眼科、五官科、检验科、免疫及结核病预防、住院处、护理部、手术室、消毒供应室、收款室。

1997年1月，原二矿医院、地方矿诊所、三矿诊所划归公司职工医院，合并后人员总数110人；年内退养30人，年底在岗人数80人。2003年10月，医院实行人事机制改革，通过竞聘转岗17人，在岗医务人员63人，设院长1人、副院长1人。同年，医院成立防治非典发热门诊及观察室。截至2003年底，根据市场需要，医院先后成立10个诊所，2004年成立2个社区门诊部，并与海拉尔农垦医院建立协作医院。

2005年底，医院更名为神宝公司职工医院，科级建制，人员编制53人，设院长1人、副院长1人。同年，医院与黑龙江省医院成为协作医院。

2010年，医院人员编制38人，院长1人、副院长1人、业务人员36人，下设内科、外科、儿科、妇产科、口腔科、医保科、传染病科、药店、病房护理部、门诊护理部、检验科、心电室、彩超室、B超室、中医理疗科、放射科、手术室、收款室。2012年，公司医院与北京空军总医院成立协作医院。2014年，医院有医务人员37人，其中，副高职称8人、中级职称8人、初级职称21人。

2015年4月，医院设立3个班组，分为护士班、后勤班、医生班。医院下设内科、外科、妇产科、口腔科、心电室、彩超室、B超室、化验室、急诊护理室、药房、收款室、放射科、手术室、护理部。

（九）内蒙古平庄煤业（集团）有限责任公司

1991年初，矿务局建有医院7所，即矿务局总医院、元宝山煤矿医院、五家煤矿医院、西露天煤矿医院、古山煤矿医院、红庙煤矿医院、风水沟煤矿医院，之后又建有六家煤矿门诊所、元宝山露天煤矿门诊所。

1991年11月，平庄矿务局决定将总医院与卫生处合并，即一个机构、两块牌子、两种职能；卫生处划出矿务局机关编制。平庄矿务局原卫生处设办公室、医政科、卫生防疫站、职业病防治所、结核病防治所、妇幼保健所、爱国卫生运动委员会、计划生育办公室；各矿（厂）设卫生科或教育卫生科，行使本单位卫生行政管理职能。矿务局医疗卫生系统有职工1171人，其中，高级职称21人、中级职称275人、初级职称769人，其他人员106人。

1999年9月，矿务局决定卫生处与总医院分开办公。1992年，矿务局总医院成为华北煤炭医学院教学医院，担负来院实习本科生的带教任务。2004年2月，公司决定将卫生处与总医院机构合并，即一个机构、两块牌子。公司机电总厂改制，其门诊所划归总医院管理。

2006年，矿务局总医院成为国家安全监管总局矿山医疗救护中心平庄分中心。2007年，矿务局总医院晋升为二级甲等医院，是平庄矿区的医疗、教学、科研、抢救中心。

图11-2-9　元宝山煤矿医院外景

矿务局总医院先后设立的医疗科室有神经内科、胸脑外科、心内科、消化内科、老干部病房（呼吸内科）、骨外科、普外科、妇产科、儿科、皮肤科、耳鼻喉科、口腔科、眼科、传染科、综合科（肿瘤科）、精神心理科、中医科、理疗科、急诊科、手术室、检验科、放射线科、彩超室、CT室、磁共振室、病理科、药学室、康复中心、高压氧舱等。

公司各矿医院除普遍设有内科、外科、儿科、妇产科、五官科、中医科、口腔科、传染科、预防保健科、理疗科、急诊科、手术室等医疗科室外，还设有化验室、B超室、放射线科等辅助科室，保证了职工和家属及外部患者的诊断、治疗。

2003年9月1日，公司被下放到赤峰市管理后，赤峰市政府根据自治区政府办公厅《转发关于进一步推进国有企业分离办社会职能工作的意见》和《研究平庄煤业（集团）有限责任公司改革和发展问题》专题会议纪要精神，主导并积极推动了企业办社会职能移交工作。

2005年3月，依据国家相关部委、自治区相关厅局关于国有大中型企业主辅分离、辅业改制要求，矿务局总医院实施股份转制，对医院486名职工身份和国有资产进行了同步置换，更名为赤峰市平庄矿区医疗（集团）有限责任公司。同年，红庙煤矿医院、风水沟煤矿医院改制，参与改制人员划出平庄煤业公司；元宝山煤矿医院、五家煤矿医院划归物业公司管理。2006年，古山煤矿医院、西露天煤矿医院、六家煤矿门诊所、元宝山露天煤矿门诊所划归矿务局总医院管理。

2008年1月，赤峰市平庄矿区医疗（集团）有限责任公司在元宝山区民政局登记为"民办非企业单位"；7月，赤峰市平庄矿区医疗（集团）有限责任公司的国有股权划归赤峰平煤投资公司。

截至2008年底，矿务局总医院发展到占地面积38850平方米，建筑面积22886平方米，有病床500张，医疗科室22个、辅助科室10个，有医务人员308人。医务人员中，有卫生技术人员260人，高级职称职工45人、中级职称职工178人。2005年、2008年平庄煤业集团公司医疗卫生人数见表11-2-2。

表11-2-2　2005年、2008年平庄煤业集团公司医疗卫生人数　　　　　　　　　　　人

单位	2005年（改制前）人数	参加改制人数	退休、内退、调出人数	划归矿务局总医院人数	2008年在岗人数				
					合计	高级	中级	初级	其他
总医院	486	317	169	—	308	45	178	85	—
西露天煤矿医院	132	—	78	54	45	1	14	29	1
古山煤矿医院	104	—	35	69	32	2	15	12	3
红庙煤矿医院	87	31	56	—	31	2	16	13	—
五家煤矿医院	38	—	—	—	36	1	17	12	6
元宝山煤矿医院	137	—	—	—	114	10	35	47	22
风水沟煤矿医院	80	43	37	—	42	2	10	27	3
六家煤矿门诊所	30	—	18	12	5	2	3	—	—
元宝山露天煤矿门诊所	28	—	24	4	6	—	3	2	1
八里罕疗养院	3	—	—	—	3	—	2	1	—
机厂门诊所（2004年）	10	—	8	2	2	1	—	1	—
合计	1135	391	425	141	624	66	293	229	36

（十）内蒙古伊泰集团有限公司

1991年，伊克昭盟煤炭公司设立医务室，有医务人员13名，其中，各专科医师7名、医护人员6名。医务室除对公司职工、家属及周边居民做医疗和保健服务外，重点对公司职工进行年度健康体检和卫生保健知识的宣传工作。各科医师每年至少深入各煤矿、集装站进行半个月的巡回医疗服务。医务室每年接诊患者平均450人次左右，为公司职工健康检查2500人次左右。医务室除人员工资、奖金由公司承担外，其他费用实行自收自支。2004年12月，医务室划归集团后勤服务中心。

图11-2-10 医务人员为矿工做健康检查

2006年，公司撤销医务室，将所有医务人员分配到各个部门从事其他工作。公司与鄂尔多斯市中心医院建立对口医患关系，在鄂尔多斯市中心医院扩建时，公司向医院捐赠5000万元。

二、医疗设施设备

（一）神华神东煤炭集团有限责任公司总医院

1998年，公司建立总医院。医院比照二级甲等医院的标准设计，设计床位400张，当时因就诊人员少，仅开放120张床位。当时最先进的医疗设备是1台彩超，后来又增加1台螺旋CT和检验设备。

1998—2005年，引进先进的大型医疗设备31台（件）。2008年，有床位230张，可以开展二级甲等医院的全部诊疗项目及三级医院的部分诊疗项目。

医院先后引进高压氧治疗、64非螺旋CT、胃肠数字造影、核磁共振成像、自体血液回输、法国鹰眼系统、全自动各类检验设备等先进的诊疗设施。1998—2005年医院主要医疗设备情况见表11-2-3。

表11-2-3 1998—2005年医院主要医疗设备情况

设备名称	型号	数量	产地	设备名称	型号	数量	产地
螺旋CT机	TOMOSCAN AV	1台	荷兰	X光机	800mA	1台	北京万东
彩超	HDI-3000	1台	荷兰	全自动洗片机	117x-y-0000	2台	德国
生化分析仪	BT2000	1台	意大利	腹腔镜+宫腔镜+关节镜	蛇牌	1套	德国
X光机	100mA	1台	上海				
全能麻醉机	2800A	1台	美国	麻醉机	ZY9500	1台	江苏无锡
C型臂X光机	100-2N	1台	荷兰	膀胱镜	MAJ-891	1台	日本
病人监护仪	M3046A	1台	美国	阴道镜	SRW668	1台	广州三瑞
普通手术床	液压手动	2张	上海	自动肺功能分析仪	ST-320		
呼吸机	纽邦E-100M	1台	美国	高压氧舱	6人舱	1台	山东烟台
消毒锅	0.8m³	1台	山东新华	小型制氧系统	YGO-5	1台	山西埃尔
消毒锅	0.4m³	1台	山东新华	电脑验光仪	RM8000	1台	日本
电子胃镜	EG-2901	1台	日本	眼科手术显微镜	OMS-90	1台	上海

表11-2-3（续）

设备名称	型号	数量	产地	设备名称	型号	数量	产地
高频电刀	GD350-B	1台	上海	全自动生化分析仪	BT3000	1台	意大利
牙科综合治疗台	F1 E unit	1台	上海	移动式X光机	HF-110	1台	德国
中草药煎药机	YFY13/2A	1台	北京	便携式呼吸机	Bi-level System	1台	德国
新生儿蓝光治疗台	EKS-02	1台	上海四菱	多参数监护仪	MP1000	2台	韩国

（二）神华准格尔能源有限责任公司职工总医院

1992年4月，医院开工建设，1994年11月竣工，1995年8月投入使用。2001年，医院拥有医疗专用救护车2台，价值10万元以上的大中型高精尖设备30台，其中包括具有世界先进水平的美国GE公司生产的GEprospeed全身CT机、多功能彩色多普勒B超诊断仪和自治区范围内第一大医用高压氧舱。医院可开展诊疗项目250余种，设备总价值2301万元。

1996年，为了配合临床医疗的需要，建成面积869平方米的制剂楼1座，购置多效蒸馏水机、空气净化程控机、灭菌柜以及日本岛津1600A型紫外分光光度仪、微粒检测仪、旋光仪、1/10000电子分析天平等高精检测仪器。医院拥有先进的输液生产流水线，能生产灭菌输液制剂、胶囊剂、软膏剂、洗剂、滴鼻剂、漱口液等多种剂型。

（三）神华乌海能源有限责任公司总医院

1. 神华乌达矿业公司总医院

1991年，医院占地面积193682平方米，建筑面积42161平方米，业务用房30370平方米，资产总额2749万元。

1994年，医院占地60000平方米，其中住院楼10800平方米，门诊楼5800平方米，编制床位306张；固定资产1500万元。1998年9月，乌达矿务局划归神华集团公司管理后，公司投入资金购置医疗设备，2000年医院达到国家二级甲等医院标准。

2. 海勃湾矿务局总医院

1991年，医院已购置手提X光机、内窥镜图像显示仪、八导脑电图机等先进医疗设备48台（件），见表11-2-4。

表11-2-4 1991年海勃湾矿务局总医院医疗设备情况　　　　台（件）

设备名称	型号	生产厂家	数量	设备名称	型号	生产厂家	数量
塔式蒸馏器	—	—	1	牵引床	2025-900×60	—	5
手提X光机	JFX5MA	—	1	组装显微镜	YM-1	北京	1
内窥镜图像显示仪	FNT300A	—	1	纤维内窥12指肠镜	TF-2720	—	1
医用电冰箱	—	长峰	2	纤维内窥结肠镜	CF-P2010	—	1
放免仪	FJ2021	西安	1	激光治疗仪	JZZ-30CD2	长春	1
八导脑电图机	—	—	1	酶标仪	MBⅠⅡ	北京	1
12孔冷光无影灯	MED-5	汕头	2	综合手术床	ys-2t-80	广东新会	2
吊式12孔冷光无影灯	300W	汕头	1	显微镜	波兰 pzo		1
电疗仪	K8832-T	北京	1	综合床	Zc-i	—	1

表11-2-4（续） 台（件）

设备名称	型号	生产厂家	数量	设备名称	型号	生产厂家	数量
医用冷窥箱	—	—	1	血流图	RG-2B	上海	1
微波治疗仪	Mtc-3	—	1	心律诊疗仪	TP-2	—	1
光量载体治疗仪	EXL-II	长春	1	膀胱镜	欧林巴斯	—	1
婴儿早产培养箱	Y2k-6g	上海	1	尿八项分析仪	MA-4210	日本	1
病理切片机	—	上海	1	半自动生化仪	BT-224	意大利	1
麻醉机	—	—	1	便携式B超	SAC-32B	日本	1
同步呼吸机	Jd-3a	鞍山	1	美容仪	S003	—	1
全功能麻醉机	Ma-110	日本	1	牙科X射线机	JYF-10	青岛	1
妇科微波治疗仪	Mtc-3	南京	1	心电图机	XD-7100	上海	1
心电图机	—	—	1	消毒蒸饭车	K200	山东	1
胃镜	XE-4（A）	—	1	显微镜	Ym-1042	中日合资	1
综合产床	—	—	1	电动离心治疗仪	—	—	1

（四）神华包头能源有限责任公司医院

1996年，医院采用"借鸡下蛋"的办法，引进多普勒彩色超声仪和电子胃镜仪，成立彩超室和胃镜室，开展相关检查项目；1996年，医院被评为二级乙等医院和爱婴医院；1997年采用同样办法引进CT，成立CT室，开展相关检查项目。

（五）华能伊敏煤电有限责任公司职工医院

1997年，经自治区医疗卫生机构评审验收，晋升为二级乙等医院。1998年4月，伊敏煤电公司在敖区（新源区）卫生所地带投资扩建医院主体大楼，12月交付使用。新院总建筑面积6852.74平方米，总投资2347.4万元。2003年，医院重新装修，更换所有办公物品。2个医院共有固定资产5481万元；拥有房屋建筑面积12000平方米，其中业务用房面积7162平方米；设病床130张。

1991—2004年，医院设备不断更新完善，医疗技术手段逐年提高，共引进大型医疗设备95台（件）。2006年，为完善信息系统工程建设，更换HIS系统程序，添置相应软件、硬件设备，进一步提高医院管理水平。2012年，建成285平方米的血液透析病房。2013年，建成1347平方米的64排CT室及病房。

2005—2015年，共引进20000元以上的医疗设备37台（件）。

（六）神华宝日希勒能源有限公司职工医院

2003—2015年，医院医疗设备设施情况见表11-2-5。

表11-2-5 2003—2015年医院医疗设备设施情况 台

设备名称	型号	购买时间	数量	设备名称	型号	购买时间	数量
麻醉机	WHL-3B（上海）	2003年	1	床头监护仪	KM605C（深圳）	2003年	1
麻醉呼吸机	SC-M5（上海）	2003年	1	乳腺诊断仪	VLH-C-6100	2004年	1

表11-2-5（续） 台

设备名称	型号	购买时间	数量	设备名称	型号	购买时间	数量
微波红外治病仪	CDYW(3100)	2004年	1	洗胃机	DXW-A（上海）	2005年	1
尿分析仪	BAYER50（美国）	2004年	1	药物导入治疗仪	LF-2（上海）	2005年	1
CEB超	LOGIQQ50（美国）	2002年	1	电脑康复治疗仪	C2T-8A（沈阳）	2005年	1
24小时动态心电图	LAB-H-A（北京）	2004年	1	触摸屏	CLK001（北京）	2006年	1
心电综合分析系统	LAB-H-A（北京）	2004年	1	彩超工作站	8000LEYE	2008年	1
24小时动态血压仪	MGY-ABP1（北京）	2004年	1	便携式肺功能测定仪	AS-505（日本）	2007年	1
牙科综合治疗机	YJZ-3（上海）	2005年	1	彩超	SA-8000IIVE	2007年	1
X线自动洗片机	申贝260C（上海）	2005年	1	低速离心机	KDC-1042	2009年	1
胃肠透视机	F51-5C（北京）	2005年	1	柯达影像工作站（套）	POCCR260（北京）	2009年	1
母婴监护仪	FM800（进口）	2005年	1	全自动血液分析仪	KX-21（希森美）	2010年	1
心电监护仪	GC-4（进口）	2005年	1	雷兰动态葡萄糖分析仪	TA-DR	2010年	1
冷光手术无影灯	KL12LD（上海）	2005年	1	高频移动式手术X射线机	PLX-112B（北京）	2011年	1
眼科裂隙灯	Y25F1（苏州）	2005年	1	超短波治疗仪	UWM-02（北京）	2011年	2
高频电刀、电凝	YM-2000（天津）	2005年	1	磁振热治疗仪	YS2002（北京）	2011年	1
电动腰椎治疗牵引床	RXPC（张家口）	2005年	1	便携式呼吸机	750P（飞利浦）	2012年	1
生物波治疗仪	HK-D2（广州）	2005年	1	便携式心脏除颤仪	Defi-b（德国）	2012年	1

（七）神华大雁集团公司总医院

2006年，总医院引进设备15台（件），主要有口腔综合治疗机、肛肠综合治疗仪、裂隙灯工作站等。2007年，引进手术室装备、监护仪等设备12台（件）。2008年，引进西门子黑白B超、德国麻醉机、日本奥林巴斯电子胃肠镜、外科楼医用电梯等设备44台（件）。2009年，引进深圳蓝韵DR、日本东芝B超、德国德尔格呼吸机、德国氩气刀等设备37台（件）。2010年，引进日本光电全自动血液分析仪、上海迅达全自动尿沉渣分析系统、法国梅里埃微生物鉴定及药敏分析仪、日本捷特肺功能测试仪、日本奥林巴斯全自动生化分析仪等设备28台（件）。2011年，引进西门子16排螺旋CT、西门子彩色超声诊断仪等设备12台（件）。2012年，引进美国产腹腔镜、动态心电分析系统等设备15台（件）。2013年，引进通用电气彩色超声诊断系统、日本西门子发光免疫分析系统、华润万东数字胃肠系统、内科楼医用电梯等设备36台（件）。2014年，引进通用电气数字化医用X线摄影系统、通用电气便携式彩色多普勒超声系统、西门子血液分析仪、美国雅培手持式血液分析仪、德国万曼呼吸机、德国耶格肺功能仪、美国强生超声刀等设备29台（件）。

（八）扎赉诺尔煤业有限责任公司总医院

1991—2000年，公司投资588万元用于医院医疗设备的更新和引进。医院陆续购入CT机、彩色多普勒超声诊断仪、全自动生化分析仪、日本F-82105型血球计数仪、日本11项尿分析仪、多功能监护仪等较为先进的医疗设备。

2001—2010年，公司投资1824.5万元用于医院医疗设备的更新和引进。医院陆续购入德国西门子欢星+螺旋CT机、美国GEL7型彩色超声诊断仪、奥林巴斯AU400大型全自动生化分析仪、DR数字拍片机等大型设备。

2011年，医院购入日本abb-27型血透机2台、美国GE多功能麻醉机1台、日本光电心电图机3台、全自动电解质分析仪1台、迈瑞多参数监护仪5台、丹麦兹达XETA听力测试仪1台。2012年，医院购入日本HI-101肺功能仪1台、肠镜器械超声清洗机1台、北京（500MA）X光机1台、美国GE64排128层CT机1台、德国贝朗血透机2台、DD-2增强型高频电刀2台、牙科综合治疗机2台。2013年，医院购入高压氧舱（4×2）1台、新生儿辐射保暖台1台、电脑输液泵3台、电脑双通道注射泵1台、双通道振动排痰机1台、牙科综合治疗机1台、迈瑞多参数监护仪5台、托普康裂隙灯1台、全自动洗片机1台、心电图机1台、尿11项分析仪1台、全自动化学发光检测仪1台。2014年，医院购入尤利特200型尿11项分析仪、托普康非接触眼压仪1台、胎心监护仪1台、经皮黄疸测试仪1台、迈瑞监护仪5台、美国GE全自动生化分析仪1台。

2011—2015年，公司累计投资1944.9万元，先后为医院购置了较为先进的医疗设备。

（九）内蒙古平庄煤业（集团）有限责任公司总医院

1991—2008年，医院逐步淘汰原有落后医疗设备，逐年增加大型先进医疗设备。1992年10月，从日本引进的4500TE全身CT投入使用，之后又购置了美国GEProspeedAL螺旋CT机、HDI5000型彩超，意大利数字减影X光机、贝克曼全自动生化分析仪、高智能钼钯X光机、电子胃镜、肠镜、支气管镜，德国4008B血液透析机、2012A体外冲击波碎石机、运动平板、计算机全波血磁治疗仪。

2010年，医院引进先进的腹腔镜、宫腔镜、阴道镜等，建起全国一流的现代化手术室。2008年医院主要医疗设备基本情况见表11-2-6。

表11-2-6 2008年医院主要医疗设备基本情况　　　　　　　　台

设备名称	型号	数量	设备名称	型号	数量
X光机	BJ-500MA	1	多功能麻醉机	CWM-301	2
X光机	KC-400MA	1	腹腔镜	—	1
X光机	300MA	1	超广角30°宫腔镜	德国	1
头颅CT	SCT-10KVA	1	B超机	SSD-1100	1
B超	ATDK-256	1	彩超	HDI5000	1
血气分析仪	ABL-4	1	医用中心供氧中心吸引设备（套）	—	1
超声波诊断仪	CTS16	1	螺旋CT	GEProspeedAI	1
半自动生化仪	FDR	1	柯达激光相机	8150	2
纽邦呼吸机	E-100I	1	齿科全景X线机	普兰梅卡	1
岛津CT	4500TE	1	DR	Deray100	1
C型臂X射线机	DG3310B	1	尿样分析仪	AM-4290	1
移动式X光机	CY110	1	全自动血球技术仪	东亚KX-21	1
呼吸机	PB-Achjeva	1	贝克曼全自动生化分析仪	DX5	1
婴儿高压氧舱	YLCO.5/1.2	1	四通道血凝仪	M4	1

表11-2-6（续） 单位：台

设备名称	型号	数量	设备名称	型号	数量
全自动生化分析仪	奥林巴斯 AV640	1	血液透析机	4008B	2
免疫化学发光测试仪	美国雅培	1	除颤起搏监护仪	Cardioserv	1
全自动五分类血球分析仪	C3200	1	医用高压氧舱	—	1
全自动血黏度分析仪	—	1	磁共振	0.4T	1
奥林巴斯电子内窥镜	—	1			

三、医疗技术

（一）神华神东煤炭集团有限责任公司总医院

医院成立时，只能开展二级甲等医院要求的大部分基本诊疗项目。为了提升医院的医疗技术水平，医院与鄂尔多斯中心医院建立技术协作关系。有疑难病人时，随时请市中心医院来院协助会诊治疗，医院也定期派医务人员到市中心医院进修学习，逐步提升整体医疗技术水平。

2000年8月，医院开展"创百佳医院"活动，规范服务标准，首次开展整体化护理，2002年开展 ISO 9001：2000 质量管理体系的认证工作，同年顺利通过外部审核，获得认证资格。2005年10月，医院被国家安全监管总局指定为负责神东矿区及周边地区矿山医疗救护的分中心，取得了内蒙古、山西、陕西三省（区）职业病检查的筛查资质。医院由过去的整体医疗模式定位转变为以矿山救护为中心，以职业病防治为基础，全力保障矿区周边地区群众的基本医疗救治。为加强医院的技术力量，医院扩大技术协作范围，分别与北京西山医院、首钢医院、协和医院、西京医院、西安交大附院、内蒙古医学院附属医院、包头医学院附属医院等建立技术协作关系，定期请这些医院的专家来院进行技术指导。

随着医疗队伍及技术力量的不断提高，截至2008年，医院实有床位230张，可以开展二级甲等医院的全部诊疗项目及三级医院的部分诊疗项目。

医院平均每年开展68项新的诊疗技术项目，年平均住院人次达3200人次，年平均门诊、急诊接诊量达10万人次，年手术950台次，年体检18000人次。在配合公司及地方抢险救灾中，医院多次出色地完成任务，并多次受到公司及地方的表彰。

（二）神华准格尔能源有限责任公司职工总医院

1. 内科治疗

自1995年开始，医院内科逐渐发展，能开展二级甲等医院必备项目的诊断与治疗，主要有心脏骤停的抢救、心肺监护（ICU）、超声心动图、24小时动态心电监护、肺功能检查、肺源性心脏病、成人呼吸窘迫综合征（ARDS）、大咯血、纤维支气管镜检查、呼吸衰竭、心肺复苏术、黄疸的鉴别诊断、上消化道出血、肝功衰竭、肝昏迷、早期胃癌的发现、急性弥漫性腹膜炎、再生障碍性贫血诊治、白血病诊治、甲状腺功能亢进诊治、糖尿病诊治、肾病综合征、脑血管病对症治疗、内高压对症治疗初步病因检查等。全身CT机和高压氧舱的使用，为内科疾病的诊断与慢性病、适应证的治疗提供了更为科学、便利的治疗手段。

到2001年底，内科利用高压氧成功地抢救一氧化碳重度中毒患者19例。

2. 外科治疗

1993年，外科成功地完成断指再植手术。医院开展短节段椎弓根螺钉内固定治疗胸、腰椎不稳定性骨折、股骨头坏死等手术，食道癌中上1/3切除术、胃食管吻合术、食道贲门癌切除术及腹部各脏器较复杂的常见手术。自1994年开始，外科开展了食道癌、贲门癌、脑出血、脑瘤切除等手术，成功完成了血管神经移植手术。

1996年11月，外科除能完成"二甲"医院必备项目外，骨科部分项目已达到三级医院水平。1997年，医院开展保留幽门的胰十二指肠切除术及BAK腰椎融合术新项目。1998年，外一科首例"电视腹腔镜下胆囊切除术"成功完成，并开展了经腹会阴联合直肠癌根治术及甲状腺癌根治术。1999年，医院成功开展胃近端癌根治间置空肠食道胃吻合术及脾部分切除术，广泛开展胆总管总引流病人的胆汁回输及肿瘤病的介入治疗。2000年，医院开展小切口胆囊切除术、甲亢手术治疗、直肠癌超低位吻合术。

3. 妇产科治疗

1992年初，妇产科开展无痛分娩，采用硬膜外麻醉。1993年，医师将胎心监护仪应用于临床，在胎心监护仪的观察下，可以及时发现胎儿宫内窘迫及潜在的胎儿宫内窘迫，使新生儿窒息率及死亡率明显下降。医院将二氧化碳激光仪应用于临床，使慢性宫颈炎的治疗取得良好效果。

1994年，医院开展腹膜外剖宫产，正式采用产程图，使产程的处理更加规范化，引进胎心监护仪、腹腔镜等设备，妇产科的医疗水平有了较大提高。1995年，妇产科建立独立的护理单元，在医疗、护理方面都从内、外科独立出来，还相应地在产房、人流室开展阴式子宫切除术、半腹膜外子宫切除术，到1996年末，腹膜外子宫切除术已达到熟练程度；1997年成功开展宫颈癌根治术，1999年开展新式剖宫产手术。

4. 儿科

1992年，儿科能成功地进行小儿结核性脑膜炎、化脓性脑膜炎、感染性休克、血小板减少性紫癜的诊断治疗，还开展了腰椎穿刺、足三里封闭、超声雾化吸入疗法等新项目。同年，儿科从综合病房分离出来，但仍与内科合属开诊，住院病人也在同一病区内统一护理。1993年，儿科开展了股静脉穿刺项目。

1995年，儿科独立建科，并建立了独立的儿科护理单元，开始按"二甲"医院标准加强业务建设。儿科开展了肾炎、肾病综合征、肝炎、缺氧缺血性脑病、迟发性维K缺乏症、风湿热、手足口病、伤寒、脑出血、脑瘫等诊断治疗；与此同时，还开展了硬脑膜下穿刺光疗等项目。

1996年，儿科开展了感染性多发性神经根炎（格林—巴利综合）医疗项目；1997年开展了支原体肺炎的治疗；1998年开展了白血病、瑞氏综合征、传染性单核细胞增多症的诊断治疗；2000年开展了静脉留置针穿刺桡动脉穿刺、颞动脉穿刺及心电监护仪监测等项目；2001年成功完成了糖尿病酮症酸中毒昏迷及川崎病抢救治疗新项目。

5. 检验、放射、功能科治疗

1994年，放射科开始使用美国生产的全身CT机、800毫安造影机等大型设备开展全身CT扫描、特殊造影等项目。1995年，医院放射、检验、功能科所需主要设备配置齐备，可做心血管、冠状动脉等其他各个系统的造影以及口腔体层摄影等项目。到1995年底，病理检验、诊断也开展起来，主要项目为恶、良性肿瘤的分析鉴别等。检验科可开展的检验项目达130多项。

1996年以后,引进先进的彩色多普勒超声诊断仪,开展乳腺检查,腹部各脏器、心血管、浅表器官、胃肠道多种疾病的诊查。同年,高压氧舱的投入使用,为多种疾病的治疗提供了新途径,填补了本地区医疗医技的空白。病理科配置电脑切片机、进口显微镜等设备,能开展神经系统、泌尿系统、骨组织、良恶性肿瘤的鉴别与诊断,开展尸体检剖、脱落细胞检查及几种特殊染色方法和病理快速冰冻切片等项目,提高了临床诊断率。

1997年,检验科陆续增加血凝仪、CO_2分析仪、血沉仪、血液流变仪等设备,增开凝血酶测定等30余项检验项目,并为建成达到国家认证标准的实验室做准备。1998年,放射科开展肝动脉化疗栓塞、脑血管造影、囊肿硬化等介入诊疗项目,临床疾病治疗进入新的发展阶段;2001年开展内窥镜检查、十二导心电图全自动分析诊断、B超快速显像诊断、心脑电多项信息鉴别诊断、超声对甲状腺占位病变诊断、超声对乳腺占位病变诊断、超声引导下介入诊断等特检项目。

1990—2002年,检验、放射、功能科共参与抢救危重病人1692人次,平均抢救成功率90.73%。2000年12月8日和2001年8月25日,完成抢救25人以上的重大医疗抢救任务。在执行这些医疗抢救任务的过程中,充分发挥了医院先进设备的作用。

(三) 神华大雁集团公司总医院

1991年,大雁矿务局总医院外科利用强力带治疗锁骨骨折;11月18日,医院外科为矿工家属吴淑贤进行首例断肢再植术,共吻合动脉2根、静脉6根、肌腱10根、神经2根。术后再植体成活并逐渐恢复功能。1993年,医院成功抢救了一例呼吸心搏骤停患者;1994年,引进结肠镜并应用于临床治疗;外科成功实施巨大脑膜瘤切除;妇科成功实施老年妇女无痛性取环术。1995年,医院主要医疗技术有内科的乙亚胺和乙双吗啉治急性白血病7例分析;外科的腰椎间盘脱出症手术治疗;妇科的首次子宫全切术。

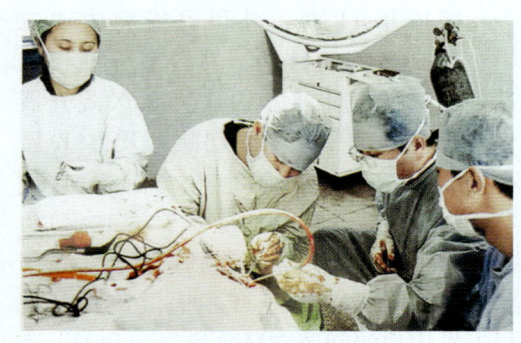

图11-2-11 医务人员为病人做手术

1996年8月,医院护理业务扩大,成立特需服务大队。大雁矿务局总医院外科实施断指再植术;麻醉科引进复合麻醉机,实施A、V穿刺置管术;妇科实施腹壁切口腹膜外剖宫产术和卵巢囊肿剥离成形术;内科利用尿激酶实施心梗的溶栓治疗。1997年12月,对危重病人的抢救成功率达95%,CCU、ICU等病房的护理人员能够熟练掌握各种仪器(心电图器、监护仪器)操作和使用方法,开展急性心肌梗死溶栓康复护理等。外科开展重度颅脑损伤的急救研究,成功实施肝硬化门静脉高压脾肾静脉分流术;妇科成功抢救1例子宫外妊娠致失血性休克患者;检验科利用MI-921型电解质分析仪开展工作,填补了生化检验的空白。

1998年,医院开展的医疗技术主要有外科的肺叶切除和全肺切除治疗肺癌、介入＋肾癌根治性切除术和肾上腺肿瘤切除术、全髋关节置换术；内科的床头血糖测定治疗糖尿病酮症酸中毒、临时人工心脏起搏器安装；妇科的子宫内膜炎根治术；检验科的血清酸性磷酸酶测定；放射科的首次CT检查扫描技术。大雁矿务局总医院被呼伦贝尔盟卫生局评为护理管理先进集体。

1999年，医院医疗技术有外科的肠系膜血管平滑肌肉瘤肝转移右半肝切除术，大肝癌、肾癌介入治疗手术；内科的临时人工心脏起搏器安装；妇科的阴式子宫切除术；放射科的介入肝癌药物灌注治疗技术；耳鼻喉科开展阻塞性呼吸睡眠暂停综合征的手术治疗；口腔科的腭裂修补术、唇裂修补术；麻醉手术科的手术后镇痛泵自控镇痛法。大雁矿务局总医院根据呼伦贝尔盟卫生局《关于二级甲等以上综合医院开展整体护理试点工作》的通知，制定整体护理方案，成立领导小组，在内三、外三科成立试点病房，开展整体护理工作，病人满意度98%。

2000年，医院内科开展腹腔注射化疗药物治疗癌性胸腹水、电击除颤治疗心室颤动导致的心脏骤停、钻颅萃吸术治疗脑出血、24小时动态心电图的临床应用；骨科实施先天性髋关节脱位手术；耳鼻喉科进行全喉切除术、双侧功能性颈廓清术、鼻中隔矫正术、上颌窦根治术。

2001年，医院内科利用尿激酶溶栓治疗脑梗死，外科成功治疗1例严重胸腹联合重伤心搏骤停患者，胸外科开展肺叶切除治疗肺占位病变、介入疗法治疗食道癌食管狭窄的支架技术。2002年，医院主要医疗技术有外科的下肢多发性骨折的治疗、R3式胃癌根治术、支气管肺泡灌洗术、肝癌导管介入治疗方法，以及与放射科联合进行的介入治疗股骨头坏死融通术；检验科的钾、钠、氯电解质分析仪在临床的应用。

2003年，医院开展的医疗技术主要有外科的肺叶、肺段切除术，高位颈椎椎间盘突出髓核摘除术及骨水泥颅骨成形术；内科的风湿性疾病免疫疗法、彩色超声心脏检查，以及面瘫病人的手法治疗康复术；妇科的米索前列醇配伍米非司酮药物联合人工流产；放射科的椎体压缩成形术。

2004年，医院开展的医疗技术主要有外科肛肠疾病术后长效止痛技术，内科无创通气治疗呼吸衰竭技术，检验科心肌梗死实验室快速诊断新技术。截至2004年底，医院已开展麦肯基技术治疗颈腰病、肛肠科疾病术后长效止痛技术、患者自控镇痛技术临床应用推广、过敏源快速检测、卒中单元的建立、心肌梗死实验室诊断新技术、监护仪除颤的临床应用、骨水泥颅骨成形术、无创通气治疗呼吸衰竭、脑室-腹腔分流术等项目的探索与研究。

2005年，外科成功开展首例心包剥脱术、尿毒症动静脉瘘修补术、首次手术治疗重症胰腺炎获得成功；先后开展甲状腺次全切除术、食道癌根治术、输尿管切开取石术、肺癌根治术、乳腺癌改良根治术等多项手术。内科开展血液透析技术应用与研究。2006年，医院成功应用改善微循环理论治疗重症胰腺炎1例、成功抢救肝静脉破裂致严重休克1例。2007年，医院成功开展第一例肋缘下小切口胆囊切除术和首例高位胆管癌根治术。五官科开展睡眠呼吸障碍诊断与治疗技术。2008年，医院开展首例横切口、美容缝合技术行阑尾切除术、首例胰头十二指肠切除术和首例无张力疝修补术。2009年，医院成功开展首例食管裂孔疝修补术、胃底折叠术、胰十二指肠切除术，壶腹部肿瘤及髋臼骨折的手术治疗。

2010年,医院开展肾癌根治术和首例小直切口肺癌根治术。2011年,医院开展股骨颈骨折全髋关节置换术,完成首例脾修补术。2012年,医院开展胫骨平台骨折合并韧带损伤,骨折复位内固定、韧带修补术,完成第一例腹腔镜胆囊切除术、首次开展神经阻滞术治疗颈源性疼痛,将液氮冷冻技术应用临床。2013年,医院成功完成首例腹膜透析置管术。2014年,医院开展老年人股骨粗隆间骨折DHS钢板内固定术、多节段间盘突出、小切口治疗间盘摘除椎体内固定术,完成首例腹腔镜阑尾切除术。功能科开展彩色多普勒血流成像技术对乳腺内占位性疾病的血流动力学分析。2015年,医院完成首例经中心静脉泵入10%氯化钾治疗难治性低钾血症、首例吻合器痔切除术、首次应用超声刀行甲状腺手术、首例胸腔镜下行全食道切除+胃食管颈部吻合术。

(四)华能伊敏煤电有限责任公司职工医院

1997年,职工医院经内蒙古自治区医疗卫生机构评审验收,晋升为二级乙等医院;2001年顺利通过了内蒙古自治区医疗机构等级医院的复审。同年12月,职工医院与哈尔滨医科大学附属第一医院远程医学中心建立远程医学网络,开展远程医学会诊、咨询。截至2003年底,医院已经有31例病人接受网络会诊和咨询。2005年、2008年和2014年,医院顺利通过了内蒙古自治区医疗机构等级医院的复审。

2005年,医院在公司的支持下邀请黑龙江省医院专家组来公司为职工和家属进行义诊;外科完成了带锁髓内针内固定治疗四肢骨折、锁骨钩钢板治疗患者7例;妇科成功抢救了宫外孕失血性休克患者;儿科成功抢救了癫痫大发作、哮喘持续、高热惊厥、食物及药物中毒等危重病患者。

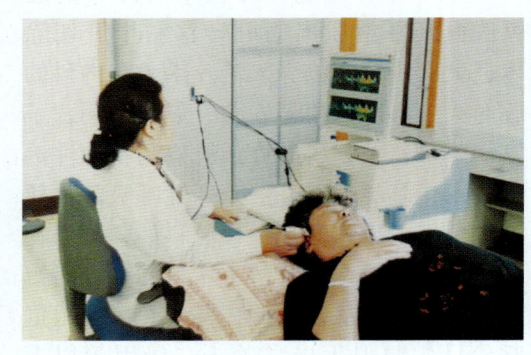

图11-2-12 医务人员为病人做脑彩超检查

2006年,医院通过与哈尔滨医科大学、黑龙江省医院等上级医院进行合作医疗,完成腰椎间盘突出手术5例、三叉神经撕脱术1例。2010年,医院内科、外科、妇产科等科室完成了动态血压监测、纤维结肠镜下肠息肉切除术、宫颈锥切术等技术项目。2014年,医院开展了64排冠脉CTA高危人群筛查工作,帮助心血管疾病患者得到了及时的诊断和治疗。

(五)神华宝日希勒能源有限公司医院

1993—2014年,医院完成主要治疗及手术情况见表11-2-7。

表11-2-7 1993—2014年医院完成主要治疗及手术情况统计

年份	完成主要治疗及手术项目名称
1993	妇产科第一例子宫切除术,外科第一例胃癌根治术,第一例肠梗阻切除术、粘连剥离术
1994	第一例"B超"下行输卵管通术

表 11-2-7（续）

年份	完成主要治疗及手术项目名称
1995	外科实施胃大部切除术，内科、外科成功实施多发性骨折急救治疗，改良的新式剖宫产术，妇产科实施了腹壁切口、腹膜外剖宫产术，内科老年慢性支气管炎的冬病夏治
1996	外科实施甲状腺肿瘤大部切除术并行全身麻醉术
1997	心律失常及高血压病人的坐标治疗、肝硬化合并糖尿病酮症酸中毒治疗
2000	米司酮配伍米索前列醇中期妊娠引产术、肾切除术、外科实施肾结石切开取石术及肾切除术
2003	卵巢囊肿削离成形术、外科肝破裂整合术及脾破裂切除术、妇产科卵巢囊肿削离成形术及实施 DTC 患者抢救，成功抢救一例产后 DAC 患者
2004	首例陈旧会阴断裂伤整修术、外科下肢多发性开放性骨折治疗，胃、肠、穿孔手术，妇产科陈旧性会阴破裂伤修补术
2006	妇科成功实施无痛性取环术，设立康复、理疗科，面瘫病人的手法治疗，妇科米索前列醇配伍米非司酮药物联合人工流产，外科肛肠疾病术后长效止痛技术、陈旧性肛瘘切除术，老年自发性气胸 128 例临床分析，老年患者头孢唑啉钠血药浓度测定临床应用
2007	烤瓷牙、铸造冠、隐形义齿、光固化等技术应用，康复、理疗科面瘫病人治疗
2008	乳腺癌根治术两例，开展癌症化疗，彩超技术应用，完善检验科设备及技术应用
2010	口腔显微镜根管治疗术
2011	上腹部彩超：诊断肝、胆、胰、脾及肾等器官的病变；前列腺彩超：诊断前列腺增生、前列腺瘤、囊肿、结石等
2012	乙肝病毒标志物定量测定（HBsAg、HBsAb、HBeAg）
2013	长程（24~168 小时）记录心电情况、心律变异性、窦性心律震荡、连续心律减速力
2014	无菌技术与隔离技术、清洁护理技术、生命体征测量技术、静脉输液和输血技术、抢救技术

（六）扎赉诺尔煤业有限责任公司职工医院

1991 年以来，医院外科相继开展了门静脉高压断流及分流术、膜十二指肠切除、肝左右中叶规范性切除术、食道癌、肺癌、肾癌、膀胱癌、肾上腺肿瘤、纵隔肿瘤、恶性胸腺瘤等根治术；前列腺摘除、心脏外伤手术；多功能轧皮机的应用，大创面拉网植皮、严重烧伤治疗与整形；TPN 的临床应用；急性重症坏死性膜腺炎个体化治疗方案的实施、脑出血手术与微创技术的应用；小脑肿瘤、颅底肿瘤、脑内肿瘤、脑膜瘤等切除术；人工股骨头置换术、先天性髓脱位截骨术、儿麻矫形术、骨肿瘤根治术、断肢（指）再植术、各种皮瓣的临床应用等，先后填补了本地区的空白。

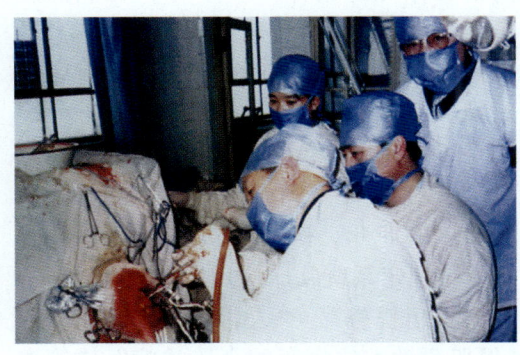

图 11-2-13 医院大夫做开颅手术

在内科诊疗方面，血管扩张剂及多巳盼丁胺用于治疗顽固性、充血性心衰。急性心肌梗死溶检疗法；大剂量复方丹参治疗慢性肾功能衰竭；免疫抑制用于肾病综合征的治疗；光量子血液透析治疗缺血性脑血管疾病及肺心病；大剂量去甲肾上腺素冰盐水及三腔二囊管压迫治疗上消化道出血；建立 ICU 和 CCU 病房。

急诊科承担着本地区工伤、交通事故及突发事件的抢救任务。1994 年 2 月，医疗急救中心成立，使急救系统组织结构更加健全完善。在创伤休克、中毒、心梗、脑出血、急性肾衰等病症的抢救方面积累了较为丰富的经验。医院急诊科年接诊患者数千人，抢救成功率在 89% 以上。

2000 年 1 月，医院组建皮肤、性病、理疗、美容科，相继开展了皮肤活组织检查，真菌直接镜检及培养。医院引进日本 TAMMDIL-UP 型全电脑多媒体检测仪，使泌尿生殖系统传染病得到及时诊断。传染科是扎赉诺尔矿区唯一的传染病专业科室，对各类传染病有规范系统的治疗方法。医院利用中西医结合疗法治疗肝炎、肝硬化腹水取得良好的疗效，同时开展结核病防治和普查工作。

2000 年，医院被满洲里市评为结核防治工作先进集体。2007 年，在满洲里市南区水污染事件中较好地完成了应急救援任务，被满洲里市政府授予"南区水污染事件实绩突出单位"称号。

2001—2011 年，全院有 400 余篇学术论文在公开发行刊物上发表，其中：2002—2008 年，医务人员完成"脊柱骨折复位固定系统临床应用""糖耐量异常及糖尿病普查""人工髋关节置换术""肝脏囊性占位病变的介入治疗""等离子气化电切治疗前列腺、膀胱肿瘤"等煤业公司级科研项目；2003 年，医院积极应对非典型性肺炎的爆发流行，抽调专人成立发热门诊，建起专用病房，完善了各项措施，全力以赴进行备战；2009 年，甲型流感病毒在全国爆发流行，医院设立了发热门诊及病房，有效治疗 32 名疑似患者及 1 名重症患者；2010 年"膝关节人工置换术"、2011 年"双侧人工膝关节置换术"、2012 年"卒中单元""颅内血肿微创清除术治疗脑出血""内瘘针穿刺股静脉技术"、2013 年"宫颈妊娠 FOLEY 导尿管临床应用"均获满洲里市科研成果奖。

医院先后被呼伦贝尔市、满洲里市授予"文明标兵单位""思想政治工作优秀单位""行风建设先进单位"等荣誉称号。

（七）内蒙古平庄煤业（集团）有限责任公司

总医院与各矿医院在医疗上分工。各矿医院主要承担常见病、多发病的诊治和一般外伤急诊抢救及外科手术；总医院除承担常见病、多发病的诊治外，还主要承担局内职工和家属及周边地区疑难危重病人的抢救治疗。

总医院和各矿医院年门诊接诊量 33.45 万人次，其中，总医院 15 万人次，五家矿医院 1.75 万人次，红庙矿医院 1 万人次，古山矿医院 3.9 万人次，元宝山矿医院 4.3 万人次，西露天矿医院 2.4 万人次，风水沟矿医院 5.1 万人次。

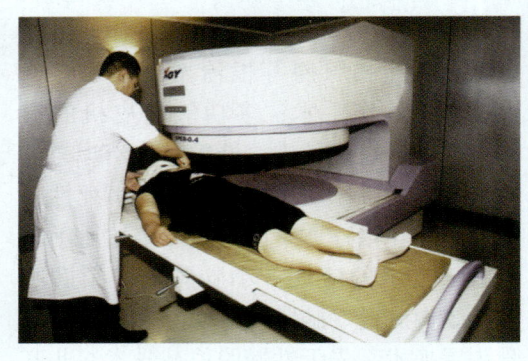

图 11-2-14 总医院使用鑫高益永磁类磁共振仪诊断病情

总医院和各矿医院年住院患者22836人次，其中，总医院17000人次，五家矿医院650人次，红庙矿医院400人次，古山矿医院300人次，元宝山矿医院1600人次，西露天矿医院2450人次，风水沟矿医院4369人次。

医务人员结合工作实践进行理论探讨和学术交流，多篇学术论文在《中华现代医学》《中国实用内科杂志》《中国煤炭医学杂志》《内蒙古医学杂志》《中国心血管病研究杂志》《中华病例杂志》等公开发行医学刊物上发表。例如2005—2008年，总医院在上述杂志上发表医学论文的医疗工作者有18人。

1991—2010年，各医院除承担内外患者的常见性、多发性疾病的诊治外，还加大对疑难病症的诊治力度。期间，总医院多次攻克医疗难关，有胰腺肿瘤切除术、股骨干骨折内固定术等2项20例手术填补了建院到1998年的空白；有前列腺电切术、膀胱镜下肿物切除术、腹腔镜下卵巢肿物切除术、阴式子宫切除术、胸腺切除术、白内障超声乳压人工晶体植入术、鼻中隔偏曲矫正术、鼻窦镜下鼻息肉摘除术、鼻窦镜下上颌窦口开大术、小脑肿物切除术、腹腔镜下胆囊切除术、宫腔检查术、下颌骨折内固定术等13项346例手术填补了建院以来的空白。1990年、1999年、2008年总医院各种手术数量见表11-2-8。

表11-2-8　1990年、1999年、2008年总医院各种手术数量　　　　例

手术名称	1990年	1999年	2008年	手术名称	1990年	1999年	2008年
胃大部切除术	30	30	25	胆囊切除术	20	31	33
甲状腺全切除术	10	20	30	甲状腺瘤切除术	20	24	36
脾切除术	14	19	11	白内障超声乳压人工晶体植入术	—	—	185
脾切门奇断流术	7	10	10	胃癌根治术	10	15	35
脾破裂行修补术	4	10	10	小脑肿物切除术	—	—	6
乳腺癌根治术	3	19	29	膀胱肿物切除术	20	23	21
结肠癌切除术	2	7	20	结节性甲状腺肿物切除术	30	36	29
胆肠吻合	2	5	10	剖腹探查胰腺被膜减压术	2	1	3
右半结肠切除	2	10	10	双眼青光眼手术	10	17	11
直肠癌切除术	4	9	21	胸腺切除术	—	—	5
肛门闭锁成形术	1	20	20	肺叶切除术	10	2	8
肾癌行肾切除	5	10	10	脑膜瘤切除术	5	2	9
肾癌行肾及肾上腺切除	2	5	5	胶质瘤切除术	3	1	5
膀胱癌行部分切除	5	10	10	颅内血肿清除去骨瓣减压术	10	7	17
膀胱癌行全膀胱切除术	2	2	2	颅脑外伤清创缝合术	10	10	13
膀胱破裂修补	3	3	3	脑内血肿清除、气管切开术	10	10	15
尿道会师术	5	5	5	脑硬膜下血肿清除术	10	13	12
股骨干骨折内固定物术	10	20	25	卵巢肿物切除术	20	19	11
肱骨骨折取内固定物术	10	16	11	子宫肌瘤切除术	20	20	22
股骨头置换术	5	5	19	胰腺肿瘤切除术	—	1	5
膀胱镜下肿物切除术	—	—	21	盆腔肿物切除术	20	41	11

表11-2-8（续） 例

手术名称	1990年	1999年	2008年	手术名称	1990年	1999年	2008年
大隐静脉高位结扎术	30	40	21	肠梗阻剖腹探查术	20	20	21
肾切除术	5	2	9	输尿管切开取石术	10	5	5
肝破裂修补术	10	11	9	膀胱切开取石术	20	36	35

第二节 卫 生

内蒙古境内国有重点煤矿（公司）的卫生防疫、职业病防治、预防保健、结核病防治、公共卫生、妇幼保健、计划生育等工作，均由企业卫生处（有些企业与职工医院合一）管理，2000年以后，部分移交地方管理。地方煤矿和非公有制煤矿的卫生防疫工作均由地方政府医疗、防疫部门负责。

一、传染病防治

（一）神华准格尔能源有限责任公司

公司职工总医院下设防疫保健总站，专职负责传染病防治工作。

1992年，准格尔煤炭公司第一中学发生流行性甲型肝炎，经防疫保健总站及时采取措施后得到控制。1994年，大（同）准（格尔）铁路沿线的凉城站流行麻疹，经神华准格尔能源公司职工总医院防疫保健总站长达3个多月的诊治，麻疹得到控制。1995年，准格尔煤炭公司2所小学、3所幼儿园发生流行性腮腺炎，经防疫保健总站及时采取措施，得到有效控制。

2000年4月，传染病房正式建立，收治的传染病种类有：甲型病毒性肝炎、乙型病毒性肝炎、丙型病毒性肝炎、肝炎后肝硬化、肝癌、自身免疫性肝炎、各型肺结核、细菌性痢疾、传染性单核细胞增多症、麻疹、风疹、性病、流行性感冒、流行性腮腺炎、支原体肺炎15种传染病。

2002年，传染病房共收治住院病例52人，其中各类肝炎22人，各类肺结核21人，细菌性痢疾8人，传染性单核细胞增多症1人。治愈好转率达93%，无1人死亡。传染科门诊全年共诊治患者1400人次，上报给地方卫生行政部门传染病卡9张。

2004年，医院移交当地政府后，传染病防治工作由当地防疫部门负责。

（二）华能伊敏煤电有限责任公司

1991年，公司职工医院发现一例伤寒病人，防疫科及时到疫区流调，采取相应的防疫措施，控制了伤寒病的流行。

2000年10月，炭疽病在公司辖区内五牧场爆发流行，先后有7人发病，医院方面及时流调，采取防范措施，使炭疽病得到有效控制。

2003年春，非典型肺炎防治工作形势严峻，公司制定《预防和控制非典型肺炎实施方案》，各单位制定紧急预案。医院建立昼夜值班制度，设立防非典专用电话。公司投入专项资金400万元，用于防治非典和改善医疗环境、设备，为防疫需要购置各类防治非典用药、消毒药品以及防护用品，捐助30万元用于呼伦贝尔市非典防治工作。公司腾空旧办公楼、物业公司办公楼、离退休第三活动室作为发热门诊、隔离病房和留观室，24小时有医护人员和专车值守，隔离病房可容纳140多人。公司配备医疗设施和器具，新购置1台救护车、1台X光机，治疗药物准备充足，为医护人员配备充足的防护用品。

2005年，公司开展预防和诊治禽流感活动，组织职工学习预防和诊治禽流感的知识，并制订伊敏煤电有限责任公司禽流感预防的应急预案。2007年，组织专业技术人员学习诊治"猩红热"知识，同时抽调人员、建立病房，有效控制了年初"猩红热"传染病的爆发流行，治愈了"猩红热"病人87例。

2009年，接种乙肝和甲型H1N1流感疫苗900人次。公司认真落实《华能伊敏煤电公司甲型H1N1流感疫情防控应急方案》，组织医务人员学习和落实卫生系统甲型流感防治工作标准，开设发热门诊，建立隔离病房，加强预检分诊管理，实行首诊负责制，强化感染控制措施。公司积极做好筛查与监控工作，在甲型H1N1流感流行期间居家隔离监控治疗88人，未发第二代病人，较好地完成医院承担的甲型H1N1流感防治工作，得到上级卫生行政部门的好评。医院积极开展手足口病防治工作，诊治患者70余例。

2005—2015年，公司职工医院组织开展"灭鼠灭蟑"活动和爱国卫生月活动。

（三）扎赉诺尔煤业有限责任公司

1988—2011年，扎赉诺尔地区没有大范围的传染病，也没有甲类传染病和脊髓灰炎病发生。在报告的乙类传染病中，肝炎占首位，其次为菌痢和肺结核。从整体上看，传染病发病率呈下降趋势。

1988年，矿区遭受百年未遇的洪灾，部分生活饮用水受到污染。为防止传染病的流行和爆发，矿务局拨出专项资金用于防疫。卫生防疫人员昼夜在灾区开展疾病预防宣传和药物投放工作，对饮用水进行消毒，每月报告一次疫情，随时掌握可能发生的疫情，保证大灾后无大疫。

从1992年开始，淋病开始出现，给卫生防疫工作带来新的课题。

通过加强疾病预防与健康宣教工作和国家免费治疗相关疾病等措施，公司职工传染病发病率呈下降趋势。

2003年，非典型性肺炎在全国爆发，防疫部门积极配合总医院及地方卫生行政部门工作，做好传染病的流行性调查、预防和应对工作。2008年以后，卫生防疫工作移交地方卫生行政部门管理。

（四）神华大雁集团公司

2003年4月16日，公司成立"防非指挥部"，成立各专业组。"防非指挥部"制定了工作预案，将三矿门诊楼改造为发热门诊和疑似病房，将原三矿传染病房改造成"非典"救治病房。在建立健全发热门诊、疑似病房和救治病房工作制度的同时，公司对疫情实行日报告和零报告制度。

在"非典"防治期间，公司拨专款50万元、鄂温克旗卫生局捐款8万元、总医院投入171.5万元，购置防非所需药品和器械。发热门诊共收治139名发热病人，没有出现"非典"病例和疑似病例。大雁矿区无疫情输入，疫情报告为零。

2009年9月，呼伦贝尔市甲型H1N1流感疫情严峻，医院及时启动大雁集团公司医院传染病防控工作应急预案，集中力量全力开展甲流防控工作。9月23日，医院重症呼吸科停诊，医务人员全部转战传染病房，积极开展不明原因肺炎和发热患者的救治工作。

至10月2日，甲型H1N1流感疫情得到有效控制。公司医院共留观和治疗发热病人28人，其中甲型H1N1流感确诊病例2例，疑似病例6例，发热留观治疗病例8例。按照上级卫生部门要求，重症患者转牙克石林业医院治疗4人，轻症患者转巴雁镇医院治疗6人，大雁集团公司医院疫情解除。

(五)神华宝日希勒能源有限公司

自公司传染科成立至2015年底,共发现猩红热30余例、手足口病70余例、水痘7例。公司医院对发现的传染病及疑似传染病病例按照当地疾控要求进行上报处置。1991—2008年、2009—2014年宝日希勒煤业公司传染病发病情况见表11-2-9、表11-2-10。

表11-2-9　1991—2008年宝日希勒煤业公司主要传染病发病情况　　　例

年份	病毒性肝炎	细菌性病	年份	病毒性肝炎	细菌性病	年份	病毒性肝炎	细菌性病
1991	29	142	1994	42	196	2006	41	143
1992	26	135	2004	57	98	2007	35	0
1993	30	162	2005	63	132	2008	5	9

表11-2-10　2009—2014年宝日希勒煤业公司主要传染病发病情况　　　例

年份	猩红热	手、足、口	水痘	年份	猩红热	手、足、口	水痘
2009	7	11	2	2012	5	8	2
2010	8	21	1	2013	3	11	1
2011	5	9	1	2014	2	10	—

(六)内蒙古平庄煤业(集团)有限责任公司

卫生处设有结核病防治所,各单位配备1~2名专职结核病防治人员,负责本单位结核病普查、结核卡介苗接种、结核病患者协助治疗。公司为提高结核病治愈率,1997—1998年每年筹集资金18万元,1999—2003年每年筹集资金27万元,作为购买治疗结核病辅助药品的专项资金,使结核病患者所服药品全部免费。

公司建立结核病防治人员与结核病患者直接联系制度,将药品直接发放到患者手中,并定期回访,掌握服药及治疗效果。由于治疗及时,新结核患者服药3~5个月后得到康复,新老结核病患者治愈率达到90%以上。2004年,平庄煤业集团公司结核病患病率已从原来的890人/10万人降至176人/10万人。

二、计划免疫

(一)神华准格尔能源有限责任公司

1992年,神华准格尔能源公司卫生处加强计划免疫工作,增设计划免疫科,相继增加新生儿乙肝疫苗和狂犬疫苗的接种。1993年以后,职工家属人数不断增加,疫苗种类也不断增加。公司相继开展流行性脑脊髓、甲型肝炎、流行性腮腺炎、风疹、水痘、流行性感冒等多种疫苗接种工作。计划免疫工作广泛、普遍开展,使疫苗可预防的相应传染病的发病率大幅度下降。

2004年以后,防疫工作由当地卫生防疫部门负责。

(二)神华大雁集团公司

1995年初,大雁矿务局总医院计划免疫工作由卫生处防疫站流行病科负责,下设6个防疫保健站,承担矿区范围内30个居委会、1.9万户、5.8万人的计划免疫及传染病防治工作。6月,流行病科划归总医院预防保健科。1998年,大雁矿区发现一例霍乱患者,由于发现及时,防治得当,受到上级卫生行政部门的表扬。2000年,大雁矿务局总医院预防保健科被鄂温克旗卫生局评为计划免疫先进集体。

2004年7月，大雁矿务局总医院计划免疫工作由卫生处预防科负责，并对大雁矿区计划免疫辖区重新划分。12月，预防科负责大雁矿区6个社区、17个居委会、1.4万人的计划免疫接种工作。

2008年9月18日，自治区卫生厅召开"食用含三聚氰胺配方奶粉婴幼儿泌尿系结石排查诊疗工作"专题电视电话会议，总医院立即成立排查诊疗专项工作领导小组，制定医院与食用含三聚氰胺婴幼儿配方奶粉相关婴幼儿泌尿系结石排查诊疗工作实施方案，实施日报告和零报告、免费排查诊疗、先行救治费用由医院垫付。9月18日至10月31日，总医院累计排查食用问题奶粉儿童737人，尿检复查19人，B超复查13人，共查出患儿11人，收住院治疗患儿1人，共计发生费用77949.75元。

2009年12月，大雁矿务局总医院计划免疫工作正式移交大雁镇永安社区卫生服务中心。

（三）华能伊敏煤电有限责任公司

公司医院把消灭脊髓灰质炎强化免疫工作作为防病工作的重点列入日程。1993年11月，从医院抽调部分人员和防疫科的全体人员一起，历时1个月，深入16个居民区（含流动人口），逐门逐户对0~4岁儿童进行调查摸底，确定应接种人数为1180人。

1994年，公司医院防疫站开始在儿童和青少年中开展甲乙肝疫苗的免疫普种工作，接种率达到80%以上。2001年，公司医院防疫科完成7次14轮的"全国消灭脊灰强化免疫日"工作。

2005—2015年，公司医院在儿童和青少年中开展甲乙肝疫苗普种工作，接种率达到100%。

（四）神华宝日希勒能源有限公司

1982—1998年，公司医院承担着矿区内计划免疫及传染病防治工作。1994年"四苗"接种任务由陈巴尔虎旗防疫站接管，1999年，公司计划免疫工作由陈巴尔虎旗防疫站接管。

公司医院根据温度、季节等自然环境变化情况，认真做好"流行性感冒""流行性脑膜炎"等流行性疾病的防范和治疗工作，自2003年开始，传染病救治工作由陈巴尔虎旗疾控中心负责。

（五）内蒙古平庄煤业（集团）有限责任公司

卫生处设有卫生防疫站，各矿（厂）卫生科设专职预防保健人员。卫生防疫站负责传染病预防管理、计划免疫、食品卫生、公共卫生等业务管理；负责对本企业内食品加工企业从建设审批、投产验收到产品抽查化验、不合格产品销毁等全过程进行监督；负责对本企业所属食堂、饭店、食品加工人员进行定期体检；负责对本企业食堂、中小学、幼儿园、浴池、水源等重点场所、部位进行季度检查，发现问题，提出防范措施并监督整改；配合各单位卫生防疫人员，对0~7岁儿童全部建立免疫卡、接种证，计划免疫率达到100%。

三、职业病防治与监察

（一）职业病防治

1. 神华神东煤炭集团有限责任公司

2003年，公司总医院成立职业病防治科，业务包含健康体检、职业病体检和预防保健工作，随后开始给全矿区职工进行职业病健康检查；2003年12月到山西忻州市、内蒙古鄂尔多斯市、陕西榆林市三地防疫站进行属地职业病鉴定，共2800余份职业病体检档案，筛选出Ⅰ期煤工尘肺95名、Ⅱ期煤工尘肺10名、Ⅲ

期煤工尘肺1名。

2004年，公司总医院陆续获得陕西省、内蒙古自治区职业健康监护机构批准证书。2005年以前，神东总医院体检项目为内科、外科、五官科、妇科、皮肤科、心电图、B超、透视常规检查项目。从2005年7月开始，公司总医院新增胸部X光片、肺功能测试、听力筛查等几项体检项目，对已发现的尘肺人员及尘肺观察期人员及时上报公司，让其脱离污染的工作环境，使患尘肺职工的病情得到有效控制。2005—2007年公司总医院职业病筛查结果见表11-2-11。

表11-2-11 2005—2007年公司总医院职业病筛查结果

年份	诊断病例（份）	新增Ⅰ期煤工尘肺（人）	维持原Ⅰ期煤工尘肺（人）	Ⅱ期煤工尘肺（人）	Ⅲ期煤工尘肺（人）
2005	526	34	113	2	—
2006	241	6	112	10	3
2007	269	19	85	1	—

2007年，公司总医院疾病预防控制中心送326份职业病体检病历到榆林市疾病预防控制中心进行诊断。2008年6月11日，得出诊断结果：326例病例中，单耳听力异常者有138例，双耳听力异常者有188例。依据噪声性听力损伤发病规律和特点，对188例初诊为双耳听力异常者作为重点观察对象，并连续3年进行病例动态观察。双耳听力异常者有：双耳高频听力下降89例，单耳听力下降，单侧耳4000赫兹有切迹13例，双侧耳4000赫兹有切迹52例，双耳混合聋31例，双耳高频听区下降，双耳4000赫兹有切迹2例，重度耳聋1例。

2007年3月，榆林市卫生局批准公司总医院预防保健科为神东医院疾病预防控制中心，机构下设体检中心、职业病科、食品卫生科、计划免疫科、传染病科、接种门诊、冷链室、职业病危害预评价、环境学校卫生科，工作人员在原有人员的基础上逐步完善。

2. 神华准格尔能源有限责任公司

1994年3月—1995年8月，在自治区卫生厅、卫生防疫站的支持下，公司医务人员对公司发电厂等6个生产单位的993人进行劳动卫生调查及职业健康检查，发现异常检出率较高的是尘肺病，尘肺病的观察对象和拟定对象共130人，占拍片人数的27.8%；还有听力损伤97人，占体检人数的15.9%；角膜改变27人，占体检人数的23.9%。

1999年初，公司防疫保健站根据卫生部《职业性健康检查管理规定》拟定出职业性健康体检项目。2000年，防疫保健站对露天矿等8个生产单位79个工种2047人进行职业性健康体检。体检出受职业损害人员587人，异常检出率为28.68%。公司防疫保健站根据《职业病范围和职业病患者处理办法的规定》，在受检人员中确定21人患有职业病。其中尘肺病5人、噪声性耳聋16人。2002年，公司防疫保健站为各生产单位有关工种1283人进行两年一次的职业病健康体检，发现疑似尘肺病4例。

2004年7月，公司委托鄂尔多斯市和准格尔旗两级卫生防疫部门对所属主要生产单位和部分辅助生产单位工作场所生产性粉尘、噪声及其他有毒有害岗位进行全面、系统监测，为从源头上加大治理提供科学依据。

预防职业病主要采取除尘降噪工程措施及个体防护措施。2004年9月，公司下发《关于进一步加强职业卫生管理和员工劳动防护工作的通知》，要求树立保护员工就是保护企业资源和财富的新观念，形成人人自我管理、自我保护的良好风气。公司职业卫生和劳动防护监督管理领导小组每周至少两次深入作业现场进行监督检查，采取整治环境与加大个体防护监管力度同步进行，标本兼治，有效防止、控制和减少对员工的职业危害。当年及次年重点对选煤厂、煤气厂、准能发电厂、污水处理厂、小沙湾水厂等1100多名生产一线职工进行体检，并建立健全职业健康监护动态管理档案。

2005年，公司选煤厂被列为神华集团科技改造项目，投入2000多万元开展大规模粉尘和噪声治理，通过两年半的治理，有效降低了职业病发病率。2006年，公司对选煤厂近500名操作运行工、检修工和黑岱沟露天煤矿100多名重型卡车司机进行职业健康检查。

2007年7月，公司制定《神华准格尔能源有限公司职业健康监护管理办法》，每年对全员（含被派遣劳动者）进行1次健康检查，对存在职业危害的岗位员工按照国家规定增加职业病体检项目，同时健全员工岗前、岗中和离岗时检查制度，员工职业健康监护档案制度，每年一次作业场所职业危害因素监测制度。2007年，公司在职业病防治方面共投入1018.1万元。

2008年，公司下发《关于开展作业场所环境监测和职业病危害申报工作的通知》，完善和增设隔音室、更衣室及洗浴设施，改进相关防护措施，有效改善职业健康与劳动安全卫生条件。当年体检人数10362人，其中重点对存在职业危害因素的黑岱沟露天煤矿、选煤厂和炸药厂的2200多名员工增加职业病体检项目。公司全年用于职业病防治总投入2297.4万元。

2009年，公司体检人数达12000人，其中重点对存在职业危害因素的准能发电厂、准能矸电公司、选煤厂及公用事业公司的1100多名一线员工增加职业病体检项目，投入经费280多万元。同年还对劳务派遣新入职的人员进行岗前体检780人。公司聘请天津市和自治区疾控中心对黑岱沟露天煤矿及选煤厂800万吨扩能改造项目进行职业危害因素控制效果评价，投入费用86万元。全年增设挡风抑尘墙2964平方米，投入597万元；安装除尘器、干雾抑尘装置及输送带防尘罩等，先后投入709万元。公司全年用于职业病防治总投入达到1848.66万元。

2010年，公司开展环境有害因素监测，完善企业内部日常监测制度。下发《神华准格尔能源公司关于开展作业场所职业危害申报的通知》，各单位按照文件要求进行申报。2011年，公司组织开展"创建自治区职业安全健康典型示范企业"活动，参加此次活动的矸石发电公司等6家单位均被评为职业安全健康典型示范企业。公司全年用于职业病防治的投入达到2937万元。

2012年，公司对黑岱沟露天煤矿、哈尔乌素露天煤矿、选煤厂、大准铁路公司等单位存在职业卫生风险的场所开展现状评价，对公用事业公司、物业公司、物资供应处等单位开展职业危害检测。联系包头检测检验中心委托专业机构对黑岱沟露天煤矿、哈尔乌素露天煤矿所有从业人员进行职业健康培训。

2013—2015年，公司完成职业病健康检查分别为7108人、7400人和7720人，均未发现新增病例。

3. 神华乌海能源有限责任公司

1980年7月，乌达矿务局建立职业病防治所。1987年与矿务局医院的传染病科、精神病科合并成立矿务局第一分院；1991年更名为乌达矿务局第二医院。1999年4月与卫生处、医院合并为乌达矿务局总医院，2002年12月又从总医院析出，称职业病防治医院。

图11-2-15　公司开展职业病防治宣传活动

职业病防治医院占地999平方米，有病床100张，设有职业病科、劳动卫生科、传染病科、精神病科、结核病科、门诊部、放射科、药械科、检验科、总务科等。它是一所主要治疗尘肺病，兼收传染病、精神病患者的专科医院，也是当时西北地区唯一的一所职业病防治医院。

职业病防治医院建立后，立即展开煤矿工人尘肺普查工作。当时设备缺乏，没有资料、没有临床经验可参考，医生们就到处查阅、反复研究，希望能为这些尘肺病人减轻痛苦。1994年，中医主任医师刘跃武、医师关晓彬提出"自拟加味玉屏风散"，预防硅尘肺病人冬春季节患感冒。经106例临床试验，老尘肺病患者安然越冬，对提高病人肌体免疫力、降低死亡率有显著效果。1996年，职业病防治医院通过自治区医院分级管理的评审，达到二级医院标准。

公司在全体员工中普及《中华人民共和国职业病防治法》，把职业卫生培训工作纳入各单位培训工作。公司职业病防治所每年对各生产单位的接毒、接害工人进行岗中职业健康检查；对公司所有的在职尘肺病人、观察对象进行复查。坚持上岗前职业健康检查、在岗职业健康检查、离岗前检查制度。每月对各单位进行职业卫生检查，并对每个单位的作业场所、有害因素（粉尘、噪声及毒物）进行检测评价。

4. 神华大雁集团公司

1991年9月，大雁矿务局卫生处成立劳动卫生与职业病防治所。1992年，职业病防治所对矿务局存在职业危害作业岗位进行全面调查。1993年，矿务局下发《大雁矿务局劳动卫生与职业病防治暂行管理办法》。1995年，矿务局下发《关于进一步加强全局工业劳动卫生工作管理的通知》。

2001年8月，大雁煤业公司劳动卫生与职业病防治所更名为职业病防治所。2002年，公司修订并下发《大雁煤业公司职业病防治管理办法》，成立职业病防治管理领导小组；引进并开展高千伏摄影技术，成功应用于接触粉尘作业职工的职业健康监护工作。2003年，公司将职业病防治所划归安监局，修订并下发《大雁煤业公司职业病防治监察管理办法》，将职业病控制指标列入安全考核指标；12月，公司开展大规模"职业病防治教育宣传月活动"，下发宣传教育手册700余份、宣传单2万余张，培训3877人次；存在有害作业因素的基层单位成立以主管领导为组长的职业病防治工作领导小组，并建立完善了相关管理制度。

2004年6月，公司职业病防治所划归卫生处。同年，职业病防治所有3人取得自治区级职业病诊断资质。2005年，公司卫生处解体，职业病防治所整体划归医院，成为独立科室。2006年12月，职业病防治所通过自治区卫生厅评审，取得"职业健康监护工作服务资质"，并于2010年12月、2014年8月顺利通过4年1次的复审。

2007—2010年，公司组织尘肺病患者到北戴河尘肺病治疗康复中心进行尘肺灌洗治疗61人，取得良好效果。2008年，开展"高千伏X线摄影技术与低千伏X线摄影技术在接尘职工职业健康监护工作中的应用对比研究"。

2012年，职业病防治所有2人取得国家级尘肺病诊断资质；2014年11月，职业病防治所职业危害作业现场监督管理职能划归通救处职业病防治管理科，只保留接触职业危害作业职工的职业健康监护职能。2014年，神华大雁集团公司职业病防治所有1人被自治区卫生厅聘为职业病诊断与鉴定专家。

1991—2014年，神华大雁集团公司职业病防治所累计职业健康检查37438人次，查出尘肺病患者264人。

5. 扎赉诺尔煤业有限责任公司

1991年，新建铁北矿井建成投产，各项防尘设施达到国家规定标准，从根本上遏制职业病的发生。职业病诊断小组和劳动能力鉴定委员会根据《中华人民共和国尘肺病防治条例》规定，有计划、有组织地做好职业病诊断和职工劳动能力鉴定工作。1991年，为新入矿的3000多名职工进行健康体验。1993年，对井下退休老工人进行职业病检查，并邀请东煤公司尘肺诊断组协同对职业病患者进行定诊和复诊。1994年，对矿务局新招收的工人进行上岗前健康检查。1995年，对全局各生产矿从事粉尘作业的职工进行全面摸底调查。

1999年，矿务局由主管局长、安监局、工会、通风救护处、卫生处、各生产矿等单位组成综合防尘组织网络。综合防尘组织成员单位各尽其职，各负其责。职业病防治所负责对井下粉尘作业环境的监督、监测工作。在井下设立291个尘、毒监测点，随时掌握井下粉尘浓度、游离二氧化硅含量、分散度等变化情况，定期做出粉尘和有害物质的卫生学评价，提出改善作业环境综合性防尘、防毒规划。在井下综合防尘方面，积极推广"革、水、密、风、护、管、查"防尘措施，加强接触粉尘职工的防尘知识培训，提高职工防范意识，减少作业环境中有害物质对职工造成的危害。

2000年，医院对全公司采掘生产第一线1120名工人进行尘肺普查，年底，全公司有29名煤矿工人为尘肺病患者，其中，Ⅰ期尘肺病患者22名，Ⅱ期尘肺病患者7名，职业病患者通过公司劳动能力鉴定委员会的鉴定，根据有关法规，得到相应待遇和康复治疗。

职业病防治所2001—2006年隶属公司卫生处管理，2006年11月，职业病防治所归属总医院管理。2009年成立职业病防治领导机构，明确主要领导对职业病防治管理工作全面负责。2015年12月根据工作需要，公司成立职业卫生科，隶属公司社会保障部管理，负责公司涉及职业危害因素单位的职业卫生管理工作，各单位也相应成立了职业病防治工作领导机构。

2009年以来，扎赉诺尔煤业公司每年依法组织接触职业危害因素的员工进行上岗前、在岗期间、离岗时职业健康体检，体检率达到100%。

6. 神华宝日希勒能源有限公司

1982—1996年，宝日希勒第一煤矿职工医院共发现褐煤尘肺病患者5人。自2002年开始，公司修订《宝日希勒煤业公司职业病防治管理办法》，将职业病控制指标列入安全考核指标，成立职业病防治管理领导小组。公司医院每年对公司有害作业现场进行监测、评价，在每年夏秋两季，集中2个月对公司从事有害作业的员工进行健康体检，对患有职业病的员工及时治疗。公司指导存在有害作业环境的单位成立以主管领导为组长的职业病防治领导小组，并建立完善管理制度和操作规程。2005年，公司成立职业病防治领导小组。

7. 内蒙古平庄煤业（集团）有限责任公司

1991年，矿务局共有硅肺病患者504人。其中：Ⅰ期376人、Ⅱ期116人、Ⅲ期12人。1995年，矿务局共有硅肺病患者711人。其中：Ⅰ期578人、Ⅱ期121人、Ⅲ期12人。2000年，共有硅肺病患者750人。其中：Ⅰ期590人、Ⅱ期146人、Ⅲ期14人。2004年，共有硅肺病患者626人，其中：Ⅰ期473人、Ⅱ期141人、Ⅲ期12人。

公司卫生处设立职业病诊断审定小组和职业病防治所，各矿医院设有职业病防治科。职业病防治所的主要职责有：负责组织医疗卫生人员对各单位接触粉尘人员每2年进行1次体检、普查诊断；负责对硅肺病的诊断定级；负责组织劳动卫生工作人员定期到井下采掘工作面、选煤厂、砖厂等作业场所进行粉尘浓度、毒物浓度测定，并把测定结果及时汇报给被测单位和本企业有关领导，为制定防尘措施提供依据。总医院设立职业病病房，各矿医院设立职业病病床，职业病病房配备专职医生和药品，保证职业病患者得到及时有效治疗。

（二）职业病监察

2006年，国家将职业病防治工作列入煤矿安全生产监察范围，成为煤矿安全监察部门的一项工作。内蒙古煤矿安全监察局由一名局领导专门负责职业健康日常领导工作，局执法监督处负责日常管理工作，各监察分局（站）负责职业健康工作的日常监察。内蒙古煤矿安全监察局将职业危害防治工作纳入"三项"监察执法工作的重要内容，列入"三项"监察执法工作计划，与煤矿"三项"监察同步进行，定期开展职业健康专项监察。

2006年以来，内蒙古煤矿安全监察局先后制定《内蒙古煤矿安全监察局煤矿作业场所职业卫生监察指导意见》《内蒙古煤矿作业场所职业病危害项目申报管理办法》《关于规范煤矿职业危害因素申报审查工作的通知》《关于对全区煤矿企业负责人进行职业危害防治培训的通知》《关于将煤矿作业场所职业危害申报工作纳入煤矿安全生产许可证颁发管理的通知》《关于发放内蒙古煤矿作业场所职业危害申报（报告）回执的通知》《内蒙古煤矿安全监察局关于印发煤矿建设项目职业卫生"三同时"审查规定（试行）的通知》等文件，规范职业病防治工作。

2006年以来，内蒙古煤矿安全监察各分局举办职业病防治培训班352期，培训煤炭企业主要负责人51300余人次、安全管理人员6000余人次、粉尘监测人员5万余人次、作业场所职工上岗前及在岗期间培训24万余人次。

截至2015年底，内蒙古煤矿安全监察局共受理职业危害申报矿井348个，占全区正常生产矿井总数的90%。全区生产矿井粉尘、噪声等危害因素的日常监测率90%以上，生产矿井的危害因素每年检测率达95%以上，煤矿作业场所职业危害告知率、警示标识设置率达95%以上，职业健康防护知识培训率达90%以上。国有煤矿作业人员职业健康体检率达100%，乡镇煤矿作业人员职业健康体检率达95%以上。

四、妇幼保健

(一) 神华准格尔能源有限责任公司

1991年，准格尔煤炭工业公司卫生处成立妇幼保健科。1992年，卫生处领导带队赴包头市青山区医院妇幼保健所参观学习。学习结束后，公司总医院以青山区医院妇幼保健所各方面业务为范例，结合公司具体情况制定妇幼保健工作职责：降低孕产妇死亡率、出生儿缺陷率、危产儿死亡率；对儿童进行健康体检、疾病普查、降低儿童的四病发病率；对托幼机构进行卫生指导、对托幼工作人员进行健康检查；对全公司范围内的女职工、儿童进行调查摸底、建档建卡；对孕产妇进行产前检查、产后访视、高危妊娠病普查普治；对产前、产后妇女进行"五期"保健。

1992—2002年，妇幼保健站同有关部门每2年组织一次全公司女职工的妇女病普查，每年组织职工子女的儿童体检。1999年，妇幼保健站为孕产妇产前建卡433张，为孕妇体检1931人次，检出高危妊娠123人，胎位异常率为25.9%，为历年异常率最大值。面对这种情况，妇幼保健站除采用常规矫正方法外，还根据有关资料，利用力学原理，采取多种方法进行矫正，矫正成功率达到100%。同年，居住在准煤公司中心区范围内的分娩产妇有172人，妇幼保健站对这些产妇进行产后访视共436人次。2002年，妇幼保健站建立的工作制度有《围产期保健制度》《高危妊娠管理登记制度》《儿童营养评价标准》《体弱儿童登记制度》《托幼机构和散居儿童定期体检制度》等。

2006—2009年，公司通过购置生殖健康丛书、在各单位巡回播放生殖健康系列片、举办生殖保健和妇女更年期保健知识讲座，增强育龄妇女掌握生殖系统疾病预防与治疗的能力。

(二) 华能伊敏煤电有限责任公司

1991—1996年，公司职工医院防疫保健部门在儿科医生的配合下，每年进行"421"体检，即1周岁之内的儿童每年检4次，2周岁的儿童每年检2次，3岁的儿童每年检1次。体检人群是幼儿园的儿童。体检项目主要有检查生长发育，重点检查寄生虫感染、贫血、传染病。

1992—2015年，公司职工医院妇幼保健部门每年为公司女职工进行1次妇女病普查，发现病兆，随查随治。在此期间，2000年3月，公司职工医院进行"爱婴医院"创建工作，成立"爱婴医院"领导小组。4月17日，医院向呼伦贝尔盟卫生局请示申报"爱婴医院"，并开展一系列的培训、投入和创建工作。7月，向呼伦贝尔盟卫生局申请验收"爱婴医院"。10月，"爱婴医院"验收合格。

(三) 神华大雁集团公司

1989年，矿务局医院妇幼保健所开设儿科门诊，主要负责儿童体检、独生子女体检、儿童入托体检。2004年5月，公司启动"关爱女孩、关怀女性"活动，为全公司506户特困女孩家庭建立档案。7月，妇幼保健所举办"新婚夫妇学习班"，88对新婚夫妇参加学习；8月，举办"准妈妈"学习班，50位准妈妈参加学习。

2011—2013年，公司每年利用两个月的时间对全公司已婚育龄妇女进行生殖健康检查，共有5223名已婚育龄妇女参加检查。2012年6月，公司举办优生优育知识学习班，医院妇产科主任、主任医师李桂芝授课，公司所属各单位新婚、待孕、孕期的已婚育龄职工和职工家属100余人参加学习。

（四）扎赉诺尔煤业有限责任公司

扎煤公司妇幼保健工作由妇幼保健所统一制定计划，提出具体实施方案。每年定期对各矿医院预防保健工作进行指导、检查。各医院设预防保健科，配备专职妇保医生、儿保医生以及计划免疫人员。妇幼保健所对医疗区域内的妇女、儿童、孕产妇进行预防保健，定期体检。妇幼保健所每年举办1期基层妇幼卫生专业技术人员培训班及托幼机构保育员培训班，对专业技术、理论知识进行系统培训。

1991年，全局女职工5075人。在女职工多且比较集中的基层单位，建立女职工卫生保健室。妇幼保健所利用广播、板报、录像等形式，开展女职工保健知识宣传，坚持每年对全局女职工开展妇女病普查普治，年普查80%以上，2年完成100%。

1995年，矿务局总医院、灵泉医院妇产科相继增设母乳喂养咨询室。防疫保健科设健康教育组织，定期举办婚前儿童、孕产妇保健内容讲座。废除传统的婴儿室，建立母婴休养室、温馨休养室、健康宣教室、新生儿童症监护室、人工奶库。为促进母乳喂养，开展新生儿喂养新技术，降低了孕产妇、儿童两个死亡率，使"优先母亲安全"的宗旨得到保证。妇幼保健所由取得自治区《母婴保健专项技术合格证书》的专职人员负责婚前检查工作。2000年，妇幼保健所通过婚前检查规范化管理验收，成为呼伦贝尔盟婚前医学检查指定单位，取得《母婴保健专项技术服务业执业许可证》。2001年，妇幼保健所先后加入满洲里市小儿疾病防治协作组和孕产妇及5岁以下儿童死亡评审组，进行学术交流，有效控制了死亡率。

2006年11月，妇幼保健所归属总医院管理。围产保健职责：实行孕妇妊娠3个月建立围产保健卡，筛除高危孕妇，设专案管理，及时转诊治疗。儿童保健工作职责：为0~6个月婴幼儿建立儿童保健管理系统。预防接种范畴，免费向0~6岁适龄儿童提供12种一类疫苗接种服务。同时，完成公司女职工健康普查工作。

2008年2月，按照扎赉诺尔区卫生局总体工作部署，孕期检查保健工作全部由扎赉诺尔区妇幼保健站承担，总医院继续承担儿童保健及预防接种工作。

（五）内蒙古平庄煤业（集团）有限责任公司

卫生处设有妇幼保健所，各单位配备专职妇幼保健员。妇幼保健所负责妇女病普查普治、围产期保健、儿童保健等业务管理，每年组织女职工进行妇女病普查1次，普查率达到100%。对女职工检查出的宫颈炎、阴道炎、盆腔炎、子宫肌瘤、卵巢良性肿瘤等常见病进行及时治疗，治愈率达到100%；女职工乳腺检查率100%，发病率80%，治愈率60%；儿童体检率达到100%，检查出的儿童贫血、佝偻等常见病、多发病治愈率达到90%以上；孕妇检查率100%，检查出的疾病治愈率达到100%；孕妇住院分娩100%；产后42天孕妇、婴儿检查率100%，发病率40%，治愈率100%。

内蒙古煤炭工业志（1991—2015）

第十二篇　企业党群工作与文化建设

2011年12月，伊泰集团获"全国文明单位"称号

- ○　中国共产党组织
- ○　工会（职代会）、共青团、社团组织
- ○　文化建设

1991年以来，根据中共十三届三中全会确立以经济建设为中心，加强社会主义物质文明与精神文明建设的精神，自治区煤炭企业各级党组织发挥在企业物质文明和精神文明建设中的政治核心、战斗堡垒和先锋模范作用。在抓企业发展的同时，不断强化精神文明建设。

1995年，《中华人民共和国公司法》《中共中央关于进一步加强和改进国有企业党的建设工作的通知》颁布后，全区国有重点企业陆续改制为有限责任公司，明确公司党委、董事会、经理班子的关系，企业党组织得到加强。期间，转制为非公有制的地方国有煤炭企业的党组织坚持将党建工作与生产经营工作紧密结合，形成党建工作与生产经营相辅相成、同步发展的互动格局。

自治区各重点煤炭企业党组织坚持"党要管党""从严治党"的方针和解放思想、实事求是、与时俱进的思想路线，紧紧围绕企业改革、发展、稳定的大局，提高各级党组织的凝聚力、战斗力，为企业的改革发展保驾护航；努力建设一个党纪工团、文明单位创建、企业文化、社会治安综合治理等多位一体的大党建格局；不断加强党的组织、思想和作风建设，健全各级党组织，完善党建工作的各项制度，积极改进和创新党建工作的思路和方法，以实施党建工作"三级目标管理"，以"创先争优"活动为载体，结合各个不同时期的形势和任务，通过开展学习科学发展观、建设学习型党组织等活动，增加各级党组织和广大党员坚持党的基本路线、贯彻党的方针政策的自觉性和坚定性，提高党组织的凝聚力和战斗力，充分发挥党组织和广大党员在企业两个文明建设中的政治核心、战斗堡垒和先锋模范作用。

各企业党组织把全心全意依靠职工群众办企业的思想有机地融入企业的各项中心工作中，健全和完善职工代表大会制度和厂务公开制度；维护职工参与企业管理的权利，建立并实施职工民主评议企业各级领导干部制度，将领导班子及其成员的工作作风、生活作风置于群众的有效监督之下。

各企业党组织注重发挥各级二会联系群众的纽带作用，组织开展劳动竞赛、劳动保护、文体活动、建设职工之家、职工书屋，以及进行扶贫济困等活动，维护女职工权益，关心职工身体健康。定期召开职工代表大会，让职工参与企业管理已经形成制度；关心青年职工的成长进步，积极支持共青团组织青年突击队、志愿者活动和大龄青年联谊交友活动，同时，团组织不断地向党组织输送新鲜血液。

各企业党组织坚持社会主义精神文明和物质文明一起抓。通过组织开展文明单位创建活动，提升企业文明程度，通过开展创先争优活动，涌现出大量先进单位和个人。

进入21世纪，各煤炭企业党组织加大对企业文化建设的投入，通过企业文化建设统一员工的思想，形成一种氛围、一种理念、一种追求、一种精神。自治区国有重点煤炭企业相继成立企业文化建设领导机构、专职机构和文化宣讲队伍。各企业党组织把企业文化建设列为"三大建设"之首，制定《企业文化建设实施方案》，紧密结合公司的实际情况开展企业文化活动。用先进管理文化的成果再造企业管理新模式，提升企业凝聚力、形象力和竞争力。

自治区国有重点煤炭企业党组织按照

"深化依存，合作共赢"的原则，认真履行政治、社会、经济三大责任。在矿区的建设、发展过程中，始终坚持维护好关系、履行好义务、开展好合作的原则，努力争取地方政府的最大支持，建立互利互惠、合作共赢的机制，为企业发展赢得和谐的外部空间；积极参与周边地区的扶贫帮困工作和公益事业，把反哺地方、扶贫帮困、履行社会责任作为一项义不容辞的使命；开展新农村建设、安置就业、绿化环境、参与各类赈灾、扶老、助残、救孤、济困、助学，以及支持文化体育事业；通过大面积建设网障固沙与林草绿化相结合治理风沙危害，建设矿区绿色外套，形成"外围防护圈"。

自治区重点民营煤炭企业坚持"办企为民"的信念，长期支持社会公益事业、倾情回报社会；安置就业、结合矿区治理建设新农村、种植碳汇林保护环境、支持教育卫生事业、赞助体育文化事业、赈灾、给当地农民赠送"暖心煤"诸方面发挥重要作用。

第一章　中国共产党组织

第一节　组织建设

一、机构与队伍

（一）全区国有重点煤炭企业党组织

按照国有重点煤炭企业的党组织关系属地化管理原则，受上级企业党组和所在地市（盟）级党组织双重管理。

1991年初自治区煤炭工业厅（局）直属的内蒙古煤田地质勘探公司、内蒙古煤矿设计研究院、内蒙古煤矿机械厂党委和内蒙古煤炭供销公司、内蒙古煤炭科学研究所党总支隶属自治区煤炭厅党委（党组）领导。1991年初内蒙古自治区煤炭工业厅直属单位及统配煤矿党组织状况见表12-1-1。

表12-1-1　1991年初内蒙古自治区煤炭工业厅直属单位及统配煤矿党组织状况表

党组织名称	下属党组织数（个）			党员数（人）			机构设置
	党委	党总支	党支部	总计	女性	少数民族	
中共扎赉诺尔矿务局委员会	16	21	313	3125	442	107	党委办公室、组织部、宣传部、纪律检查委员会、统战部、文明办、思想政治工作研究会
中共平庄矿务局委员会	17	56	517	6444	229	605	党委办公室、组织部、宣传部、纪律检查委员会、统战部、政研室、团委、公安处、老干部处、矿工报社、武装部
中共大雁矿务局委员会	11	9	259	2333	330	148	党委办公室、组织部、宣传部、纪律检查委员会、统战部、武装部、矿工报社、电视台
中共包头矿务局委员会	11	4	175	2564	216	78	党委办公室、组织部、宣传部、纪律检查委员会、人事监察处、公安处、武装部、审计处

表12-1-1（续）

党组织名称	下属党组织数（个）			党员数（人）			机构设置
	党委	党总支	党支部	总计	女性	少数民族	
中共乌达矿务局委员会	17	2	270	3435	351	177	党委办公室、组织部、宣传部、纪律检查委员会、武装部、矿工报社
中共海勃湾矿务局委员会	12	8	236	2534	206	104	党委办公室、组织部、宣传部、纪律检查委员会、思想政治工作研究会、武装部、党干校、矿工报社
中共霍林河矿区指挥部委员会	9	5	162	2161	304	261	党委办公室、组织部、宣传部、纪律检查委员会、思想政治工作研究室、武装部、报社、史志办
中共伊敏矿区建设指挥部委员会	12	5	117	1327	173	177	党委办公室、组织部、宣传部、纪律检查委员会
中共宝日希勒第一煤矿委员会		1	27	229	20	33	党委办公室、宣传部、组织部、纪律检查委员会、武装部
中共准格尔煤炭工业公司委员会			14	540	62	50	党委办公室、组织部、宣传部
中共内蒙古自治区东胜煤田开发经营公司委员会	4	5	52	671	51	34	党委办公室、组织部、宣传部、纪律检查委员会
中共内蒙古自治区煤矿机械厂委员会	—	—	7	100	12	9	组干科、宣传科、纪律检查委员会
中共内蒙古自治区煤矿设计研究院委员会	—	—	6	70	7	8	党委工作部
中共内蒙古自治区煤田地质勘探公司委员会	5	3	46	658	72	45	党委办公室、纪律检查委员会、老干部处
中共内蒙古自治区煤炭工业学校委员会	—	—	8	101	17	5	党委办公室、纪律检查委员会
中共内蒙古自治区煤炭供销公司总支委员会	—	—	2	31	5	4	办公室
中共内蒙古自治区煤炭科学研究所总支委员会	—	—	2	29	7	3	政工科

截至2015年，自治区境内有中央所属煤炭企业13个，其中神华神东煤炭集团有限责任公司、神华准格尔能源有限责任公司、神华乌海能源有限责任公司、神华包头能源有限责任公司、神华北电胜利能源有限公司、神华宝日希勒能源有限公司、神华大雁集团有限责任公司、神华新街能源有限责任公司、神华杭锦能源有限责任公司9个党委受神华集团党组和属地党委双重管理。

扎赉诺尔煤业有限责任公司党委、华能伊敏煤电有限责任公司党委受中共呼伦贝尔市委员会和华能集团公司党组双重管理；内蒙古平庄煤业（集团）有限责任公司党委受中共赤峰市委员会和中国国电集团公司党委双重管理；中电投蒙东能源有限公司党委受中国电力投资集团党组和中共通辽市委员会双重管理。

1. 中共神华神东煤炭集团有限责任公司委员会

1993年，内蒙古东胜煤田开发经营公司更名为华能精煤东胜分公司，机构、人员不变，新成立生活服务公司党委。公司直属企业党委6个、党总支7个、党支部97个。公司有党员718人，占在岗职工总数的13.98%，其中女性60人、大专及以上学历173人、35岁以下192人、少数民族40人、离退休41人。公司有党员干部528人，其中技术干部158人。公司有一线党员工人231人。党员总数中有少数民族党员40人，副处级以上党员干部97人（其中副地级以上党员干部6人），新发展党员41人。

1995年1月，国务院批准成立神华集团有限责任公司，东胜精煤公司并入神华集团有限责任公司，成立新一届党委。华能精煤东胜分公司更名为神华东胜煤炭有限责任公司。

公司党员发展到1135人，其中女性321人，占在岗职工总数的19.11%；大专及以上学历464人，35岁以下580人，少数民族53人、离退休82人。公司有党员干部789人，其中技术干部183人、一线工人338人。部门级以上党员干部108人（其中公司级以上党员干部7人）。党员年龄构成：25岁以下51人，26～35岁392人，36～45岁327人，46～55岁310人，56～60岁64人，61岁以上85人；学历构成：大专以上331人，中专222人，高中294人。

1998年8月，神华神府煤炭有限责任公司和神华东胜煤炭有限责任公司合并，成立神华神府东胜煤炭有限责任公司，同时成立中共神华神府东胜煤炭有限责任公司委员会，公司党委下设直属党委13个、8个党总支。

2001年，神华神府东胜煤炭有限责任公司党委下设直属16个党委、10个党总支，有党员3016人，占在岗职工总数的29.10%，其中女性466人、少数民族67人、大专及以上学历847人、35岁以下1016人、离退休180人。

2005年5月，中共神华神府东胜煤炭有限责任公司委员会更名为中共中国神华能源股份有限公司神东煤炭分公司委员会，下设基层党委18个、党总支11个，共有党员2053人，占在岗职工总数的21.49%，其中女性255名、大专及以上学历756人、35岁以下973人、少数民族43人、离退休137人。

2009年5月，成立中共神东煤炭集团有限责任公司委员会。公司党委下设直属党委32个、党总支12个、党支部477个。

2011年，公司党委下设党委30个、党总支17个、直属党支部21个、基层党支部522个。公司党委下设党委工作部、工会、纪检监察部、人力资源部、团委5个职能部门，专职工作人员600人，共有党员6572人，占在岗职工总数的14.41%，其中女性1032人、大专及以上学历5534人、35岁以下2868人、少数民族56人、离退休党员555人。

2. 中共神华准格尔能源有限责任公司委员会

1991年，准格尔煤炭公司党委下设公司机关党委、露天煤矿筹建处党委、铁路运输部筹建处党委3个党委、12个党总支、31个党支部。1991—1996年，公司发展党员526人，其中35岁以下365人，占党员总数的69%；生产一线工人、专业技术人员361人，占新党员总数的69%。

2001年，公司党委下设直属党委10个、直属党总支9个、直属党支部2个、基层党支部165个，全年共发展党员118人，党员总数达到2443人。

2005年，公司党委下设直属党委10个、党总支8个、党支部5个、基层党总支（党支部）168个。公司共有党员2267人，其中预备党员79人、女性289人、少数民族185人、离退休420人，全年发展党员64人。

2011年，公司党委下设直属党委13个、党总支10个、党支部4个、基层党总支（党支部）205个，全年发展党员122人，党员总数3187人，占在岗职工总数的21.62%，其中女性456人、少数民族279人、35岁以下749人、大专及以上学历2148人、一线工人1376人、离退休478人。

3. 中共神华乌海能源有限责任公司委员会

（1）神华乌达矿业公司。1991年初，乌达矿务局党委下设17个党委、2个党总支、270个基层党支部。1995年党委下设纪律检查委员会、党委办公室、组织部（含机关党委）、宣传部（含广播电视站）、武装部5个职能部门，有直属单位2个，有17个直属党委、18个直属党总支、5个直属党支部。

2000年，按照切块管理模式，党委分为6个直属党委管理，分别为煤炭公司党委（下辖3个矿党委和3个选煤厂党总支），机电公司党委（下辖总机厂、发电厂党委2个、水电处等党总支3个、直属党支部1个），银星公司党委（下辖多经企业党委4个、多经党总支7个），瑞达公司党委（下辖后勤服务单位党委7个、党总支3个），供销公司党委（下辖党委2个），建筑安装总公司党委（下辖党委3个）。

2005年，公司党委下设直属党委、党总支10个，控股单位党委、党总支5个，参股单位党委、党总支6个，基层党支部178个。公司设党工部、纪委、工会3个职能部门。

2007年，公司党委职能部门精简后设纪律检查委员会（含监察处）、党委工作部（含团委）、新闻中心（含报社、电视台）。公司有直属基层党委、总支10个，控股单位党委、党总支5个，参股单位党委、党总支6个，基层党支部178个。公司整合前有党员4344人，其中在职党员2520人，离退休党员2315人、在职党员占职工总数的26%。

（2）神华海勃湾矿业公司。1991年初，海勃湾矿务局党委下设12个党委、8个党总支、236个基层党支部。2001年改制为神华海勃湾矿业公司党委。

2005年，公司党委有直属党委15个、直属党总支2个、基层党支部192个，其中，生产一线党支部96个，生产辅助单位党支部35个，机关党支部21个，离退人员和社区服务党支部40个。2008年8月，公司党员发展到2847人，其中在职1489人、离退休1341人、返聘17人、生产一线1028人、少数民族121人、女性380名、35岁以下236人、中专以上学历的党员897人。

（3）乌海煤焦化有限责任公司。乌海煤焦化有限责任公司党委于2005年1月成立，有直属党委5个、直属党总支1个、直属党支部3个，有基层党支部35个，党员356人，占在岗职工的12.8%。

（4）神华蒙西煤化股份有限公司。

中共神华蒙西煤化股份有限公司临时委员会于2004年4月成立，隶属神华集团党组，下设党群工作部为党委职能部门，2个直属党总支，3个直属党支部，有党员53人。

2008年10月，上述企业合并后，中共神华乌海能源有限责任公司委员会成立，下设党委工作部和纪检监察部2个职能部门，有直属单位新闻中心1个、直属党委31个、直属党总支15个、直属党支部5个，有基层党支部417个，党员总数7388人，其中离退休党员3259人。

4. 中共神华包头能源有限责任公司委员会

1993年12月，包头矿务局下设13个党委、4个党总支、184个党支部，有正式党员2631人。1994年，包头矿务局下设13个党委、4个党总支、126个党支部，有正式党员2711人。

1998年8月，包头矿务局归属神华集团时，矿务局党委下设二级单位党委、党总支共28个，基层党支部153个，党员总数3283人。

2006年底，神华集团包头矿业公司下设直属党委、党总支16个，党支部53个；共有党员2998人。2009年，公司党委将1300余名离退休党员的组织关系转入包头市五当沟退管中心党委，分属8个党支部。年底，公司党委下设党委5个、党总支10个、直属党支部1个、基层党支部64个，到12月底，公司在册党员减少到757人。

2013年底，神华包头能源有限责任公司党委有党员956人，2014年12月有党员983人。

5. 中共神华北电胜利能源有限公司委员会

2003年10月，成立胜利煤田筹备处临时党支部。2004年10月，成立神华北电胜利能源有限公司党委。

公司党委下设2个党委、1个党总支、8个基层党支部；有党员107人，占在岗职工总数的22.38%，其中女性10人、少数民族13人、40岁以下35人、大专及以上学历79人、一线工人45人。

2011年，公司党委下设2个党委、1个党总支、11个党支部，有党员256人，占在岗职工总数的20.82%，其中女性26人、少数民族28人、35岁以下250人、大专及以上学历205人、生产一线工人168人。

6. 中共神华宝日希勒能源有限公司委员会

1991年，宝日希勒第一煤矿党委下设5个党总支、4个直属党支部，有党员210人，占在岗职工总数的7%，其中女性45人、少数民族35人、40岁以下165人、大专及以上学历80人、生产一线工人151人、离退休190人。

2001年，宝日希勒煤业股份有限公司党委下设6个党总支、5个直属党支部、28个基层党支部，有党员280人，占在岗职工总数的9%，其中女性63人、少数民族50人、40岁以下250人、大专及以上学历130人、生产一线工人170人、离退休党员201人。

2005年12月，中共宝日希勒煤业有限责任公司委员会更名为中共神华宝日希勒能源有限公司委员会，下设基层党委1个、党总支5个、直属党支部5个、基层党支部28个，有党员318人，占在岗职工总数的10%，其中女性70人、少数民族56人、40岁以下313人、大专及以上学历143人、生产一线工人182人、离退休212人。

2011年，公司党委下设党委工作部、工会、纪检监察部3个职能部门，有专职工作人员16人；下设党委2个、党总支

4个、直属党支部6个、基层党支部26个，有党员489人，占在岗职工总数的17%，其中女性126人、少数民族100人、40岁以下270人、大专及以上学历380人、生产一线工人253人、离退休203人。

7. 中共神华大雁集团有限公司委员会

1991年—1994年4月，大雁矿务局党委隶属东北内蒙古煤炭工业联合公司党委。1994年4月，东北内蒙古煤炭工业联合公司党委撤销，大雁矿务局党委隶属呼伦贝尔盟盟委。1999年7月，大雁矿务局党委更名为大雁煤业有限责任公司党委，隶属呼伦贝尔煤业集团公司党委。2004年7月，呼伦贝尔煤业集团公司党委撤销，大雁煤业公司党委隶属呼伦贝尔市委。2006年7月至2012年4月，随着大雁煤业有限责任公司先后与山东鲁能集团公司、国网能源公司和神华集团重组，大雁煤业有限责任公司党委先后更名为内蒙古鲁能大雁能源集团有限公司党委、国网能源内蒙古大雁矿业集团有限公司党委和神华大雁集团有限公司党委，均隶属呼伦贝尔市委。

1995年，公司党委下设12个直属企业党委、17个党总支、6个党群部门。2001年，公司党委下设12个直属企业党委、12个党总支、1个党支部，有党群部门7个；有党员3170人，占在岗职工总数的26%，其中有女性752名、少数民族239人。

2005年，公司党委下设基层党委12个、党总支11个、党支部1个，在岗党员3912人，占在岗职工总数的31%，其中女性822人，少数民族270人，35岁以下920人、大专学历以上1022人、生产一线926人、离退休1007人。

2011年，公司党委下设直属基层党委12个、党总支11个、党支部1个，有在岗党员3167人，占在岗职工总数的24%，其中女性578人，少数民族332人、35岁以下557人、大专学历以上1022人、生产一线695人、离退休1432人。

1991—2015年，公司共发展党员3924人。

8. 中共扎赉诺尔煤业有限责任公司委员会

1995年，公司党委下设17个党委、16个党总支、7个直属党支部、260个基层党支部，有党员4055人。

1999年7月，中共扎赉诺尔煤业有限责任公司委员会隶属中共呼伦贝尔煤业集团公司委员会。

2001年底，公司党委下属党委18个、党总支18个、直属党支部6个、基层党总支14个、基层党支部280个，职能部门有组织人事部、政工部、纪委、工会，有党员5134人。

2004年8月，呼伦贝尔煤业集团公司撤销后，中共扎赉诺尔煤业有限责任公司委员会隶属中共呼伦贝尔市委员会。2005年，公司党委下设15个党委、15个党总支、5个直属党支部、261个基层党支部，有党员5250人。

2007年1月，公司党委隶属中共华能呼伦贝尔公司委员会。2011年，公司党委下设党委16个、党总支5个、直属党支部4个、基层党支部199个，有党员5811人。

2001—2011年，公司党委发展党员1637人。

9. 中共华能伊敏煤电有限责任公司委员会

1995年，经中共呼伦贝尔盟委员会批准，成立伊敏华能煤电有限责任公司党委，同时撤销伊敏煤电公司党委，下设基层党委（党总支）15个、基层党支部123个，有党员1764人。

1999年1月，公司党委决定，将组织部、宣传部、党委办公室、机关党委、团委合并，成立公司党委政治工作部；有党员2072人。

2004年，公司党委下设10个基层党委（党总支）、89个基层党支部，有党员1683人。

2008年，公司党委决定成立露天煤矿党委，下设5个党支部；2013年，露天煤矿党委下设2个党总支和11个党支部，有党员254人。

10. 中共内蒙古平庄煤业（集团）有限责任公司委员会

1995年，公司党委下设19个党委、58个党总支，共有648个党支部；有党员5430人，占在岗职工总数的17.00%，其中女性541人、少数民族712人、40岁以下1357人、大专及以上学历1248人、生产一线2877人。

2001年，公司党委下设26个党委、72个党总支，共有695个党支部；2005年下设22个党委、62个党总支，共有623个党支部，有党员6472人，占在岗职工总数的21.00%，其中女性593人、少数民族776人、40岁以下1635人、大专及以上学历1485人、生产一线3312人。

2005年，公司有党员4984人，占在岗职工总数的21.00%，其中女性557人、少数民族690人、40岁以下1383人、大专及以上学历1706人、生产一线2642人、离退休3675人。2007年，公司党委将组织部、宣传部、纪委、办公室合并为政治工作部。

2011年，公司党委下设19个党委、39个党总支、301个党支部；有党员4246人，占在岗职工总数的22%，其中女性362人、少数民族590人、40岁以下1231人、大专及以上学历1917人、生产一线2332人。

11. 中共中电投蒙东能源集团有限公司委员会

2001年12月，内蒙古霍林河露天煤业股份公司党委下设二级党委5个、直属党总支3个。2005年，公司党委下设二级党委4个、党总支8个、直属党支部10个、基层党支部63个，有党员1001人，占在岗职工总数的20.49%。

2011年，公司党委下设二级党委4个、党总支10个、直属党支部1个、78个基层党支部，有党员1057人，占公司在岗职工总数的23.3%。

2015年，中电投蒙东能源集团有限公司有党员1142人，占在岗职工总数的25.75%，其中女性160人、40岁以下458人、大专及以上学历862人、少数民族329人、生产一线469人。

2015年自治区国有重点煤炭企业党群组织机构设置见表12-1-2。2015年自治区国有重点煤炭企业党员人数见表12-1-3。

表12-1-2 2015年自治区国有重点煤炭企业党群组织机构设置一览表

单位名称	基层党委（个）	党总支数（个）	直属党支部（个）	基层党支部（个）	职能部门	专职人员（人）
神华神东煤炭集团有限责任公司	30	7	6	613	党建工作部、宣传部、工会工作部、团委、纪检监察部、人力资源部、治安保卫部	390

表12-1-2（续）

单位名称	基层党委（个）	党总支数（个）	直属党支部（个）	基层党支部（个）	职能部门	专职人员（人）
神华准格尔能源有限责任公司	13	7	6	213	党建工作部、纪检监察部、工会、新闻中心、治安保卫处	—
神华乌海能源有限责任公司	29	9	1	424	党工部、工会、纪委	1041
神华包头能源有限责任公司	5	11	—	84	党政办公室、组织部、宣传部、纪检监察处、团委、工会	45
神华宝日希勒能源有限公司	2	5	4	36	党工部、纪委、工会	41
神华北电胜利能源有限公司	2	2	4	18	党群工作办公室	12
神华大雁集团有限公司	13	8	0	159	纪检监察部、党政办公室、工会（含信访办）、团委（含武装部、政工部）	240
扎赉诺尔煤业有限责任公司	17	5	4	209	党工部、工会、监察审计部	—
华能伊敏煤电有限责任公司	10	2	1	89	党建部、纪检部、工会	—
内蒙古平庄煤业（集团）有限责任公司	23	32	—	323	综合办公室、政工部、工会、纪检监察部	345
中电投蒙东能源集团有限公司	6	5	6	62	政治工作部	3

表12-1-3 2015年自治区国有重点煤炭企业党员人数统计

单位名称	在岗党员总数（人）	占在岗职工总数的百分比（%）	女性党员（人）	少数民族党员（人）	40岁以下党员（人）	大专以上学历党员（人）	一线党员（人）	离退休党员（人）
神华神东煤炭集团有限责任公司	8036	22.77	1268	72	3919	6930	—	746
神华准格尔能源有限责任公司	3850	23.70	596	344	1373	2713	1715	556
神华乌海能源有限责任公司	5287	23.90	1032	308	1700	3351	2532	—
神华包头能源有限责任公司	1023	26.98	48	313	315	324	455	1582
神华宝日希勒能源有限公司	594	22.00	158	288	152	521	340	219
神华北电胜利能源有限公司	386	24.26	46	61	216	365	233	1
神华大雁集团有限公司	2245	23.00	438	469	428	1228	725	1728
扎赉诺尔煤业有限责任公司	3333	24.93	1016	224	669	2121	1791	2817
华能伊敏煤电有限责任公司	1323	33.00	274	274	488	576	1033	516
内蒙古平庄煤业（集团）有限责任公司	5065	23.00	538	792	1400	2571	2577	4330
中电投蒙东能源有限公司	1142	25.75	160	329	458	862	469	—

（二）区直企事业单位

1991年，自治区煤矿机械厂党委隶属呼和浩特市机械局党委，1992年底，重新隶属自治区煤炭工业厅党委领导，1994年，隶属自治区煤炭工业局党组，1999年底，隶属呼和浩特市工业局党委。

1992年，内蒙古自治区煤田地质勘探公司党委更名为内蒙古自治区煤田地质局党委，仍隶属自治区煤炭工业厅党委，1994年6月以后隶属自治区煤炭工业局党组；2002年以后，先后隶属自治区经济贸易委员会、自治区推进工业化办公室、自治区经济和信息化委员会党组；2005年隶属自治区国土资源厅党组。

1992年7月内蒙古煤炭供销总公司、内蒙古煤矿设计研究院、内蒙古煤炭科学研究所党总支隶属自治区煤炭工业厅党委，1994年6月后，隶属自治区煤炭工业局党组；2002年以后，先后隶属于自治区经济贸易委员会、自治区推进工业化办公室、自治区经济和信息化委员会党组。

2008年7月，内蒙古怡和能源（集团）有限公司正式组建，并成立中共内蒙古怡和能源（集团）有限公司委员会，隶属自治区经济和信息化委员会党组。改制后成立的中共内蒙古煤矿设计研究院有限责任公司委员会和中共内蒙古煤炭科学研究院有限责任公司委员会隶属中共内蒙古怡和能源（集团）有限公司委员会。

（三）自治区重点民营煤炭企业党组织

1. 中共内蒙古伊泰集团有限公司委员会

1991年7月，中共伊克昭盟委员会批准成立伊克昭盟煤炭公司党委，公司党委书记任总经理。公司党委下设办公室，是党委唯一的职能部门，承担着党委会组织、宣传、统战、文秘等工作；公司有党员70人。

1996年9月，中共伊克昭盟委员会决定撤销伊克昭盟煤炭公司党委，成立伊克昭盟煤炭集团公司党委；党员达到464人，占职工总数的30%。1998年6月，集团公司党委决定将党委办公室、总经理办公室、伊泰煤炭股份有限责任公司总经理办公室合署办公，其各部门组织机构、工作职能不变。

2001年11月，中共鄂尔多斯市委员会批准中共伊克昭盟煤炭集团公司委员会改名为中共内蒙古伊泰集团有限公司委员会，党委下设5个党总支、45个党支部。

2002年，集团公司由国有控股、职工持股转为职工全员持股的非公有制企业后，经中共鄂尔多斯市委员会直属机关工委批准，组成新一届党委。公司新一届党委仍坚持党对企业的领导体制，书记任集团公司董事长，党委委员全部进入集团公司董事会。党委下属3个党总支、35个党支部，有党员531人。

2006年，集团公司有党员700人，占职工总数的25%，其中青年党员占党员总数的80%以上，女性党员占12%，生产一线党员占70%。

2010年，公司党委下设4个党总支、45个党支部；有1161名党员，占职工总数的20%以上，其中，青年党员占总数的80%以上，女性党员占12%，生产一线党员占70%。

2015年底，集团公司党委共下设4个党总支、76个党支部，共有1936名党员，占在岗职工总数的26%，其中，少数民族195人、女性334人、40岁以下1232人、大专以上学历1653人、生产一线1471人。

2. 中共内蒙古伊东资源集团股份有限公司委员会

1988年，准格尔旗煤炭工业公司成立党委，1998年，公司转制为国有控股、职工参股，改名为准格尔旗煤炭有限责任公司。公司党委书记任副董事长，党委副书记任公司董事、总经理。

集团实行董事局、监事会、党委会、经营班子的"四位一体"经营管理模式，即集团公司工作由党委会、董事局、监事会、经营班子协同开展，董事局管决策，监事会管监督，经营班子管生产经营，党委管思想政治、企业文化、考核验收。根据企业发展在不同层面发挥各自的作用，保证公司沿着正确的方向稳定发展。

2008—2012年，公司累计发展党员198人，其中30%是公司中层管理人员，70%是一线技术骨干。

2015年，集团公司党委下设职能机构3个，专职工作人员10人；下设12个党总支、41个党支部；有党员547人，占在岗职工总数的5.47%，其中，少数民族25人、女性102名、40岁以下245人、大专以上学历155人、生产一线203人。

3. 中共鄂尔多斯市乌兰煤炭集团有限责任公司委员会

1995年12月，中共伊金霍洛旗委员会决定组建中共伊金霍洛旗煤炭集团公司委员会，设书记、副书记、纪检书记，公司经理任副书记。党委下设5个党支部，职能部门有办公室、团委、工会，共有4名工作人员。

1999年9月，公司由国有企业改组为国有控股、职工持股的乌兰煤炭集团有限责任公司。2000年，集团公司董事长当选党委书记。2001年，公司党委下设党支部13个，2005年，党支部发展到18个，2011年发展到25个。

4. 中共内蒙古蒙泰煤电集团有限公司委员会

2005年2月，中共鄂尔多斯直属机关工作委员会批准成立中共鄂尔多斯市蒙泰煤电有限责任公司委员会。公司总经理任党委书记。党委下设5个党支部，有党员68人。2007年，公司党委召开扩大会议，决定设立办公室作为职能机构，承担组织、宣传、统战等各项党建工作任务。2015年，公司党委由6人组成，均为公司董事会成员。党委下设8个党支部，有党员75人。

5. 中共内蒙古汇能煤电集团有限公司委员会

内蒙古汇能煤电集团有限公司于2007年5月成立党委，2011年，公司党委下设6个党支部。2015年，集团公司有党员170人，其中少数民族3人、女性32人、40岁以下86人、大专以上学历130人、生产一线85人。

6. 中共内蒙古棋盘井矿业有限责任公司委员会

内蒙古棋盘井矿业有限责任公司党委经上级批准于1995年成立，有党员30多人。2005年，党员人数达60人。2011—2015年，公司发展新党员11人，培养发展对象18人，入党积极分子7人。新党员中妇女3人，大专以上学历8人，生产一线7人，30岁以下4人。2012年以后，煤炭市场形势下滑，二级单位逐步停产、关闭，员工逐年减少，党员转出较多。2015年底，党委下设4个党支部，有党员54人，占员工总数的0.7%，其中女性党员占29%，在岗党员占59%，生产一线党员占27%。

7. 中共神东天隆集团有限责任公司委员会

公司党委成立于2004年5月，下设基层党组织25个，其中党委6个、党总支10个、党支部9个；党员总人数795人，占员工总数的1/3。2008年12月，公司党委下设基层党组织22个，其中党委6个、党总支8个、直属党支部8个；共有党员1032人。2013年10月，集团公司完成换届，新一届党委共有基层党委11个、党总支10个、党支部4个，党员人数1285人，占员工总数的30%。

8. 中共满世投资集团有限公司委员会

2005年，公司被批准成立党委，集团党委下设8个党支部。2011年，公司党委下设8个党支部，有党员34人，占员工总数的0.017%。2015年，集团公司共有共产党员64人，占在岗职工总数的0.034%，其中少数民族1人、女性10人、40岁以下52人、大专以上学历64人、生产一线17人。

9. 中共蒙发能源控股集团有限责任公司委员会

2006年3月，经中共伊金霍洛旗乌兰木伦镇委员会批准，内蒙古蒙发煤炭有限责任公司成立党支部，隶属伊金霍洛旗经济与信息化局党委。2015年，集团公司有党员43人，占在岗职工总数的14%，其中少数民族1人、女性12人、40岁以下41人、大专以上学历35人、生产一线11人。

10. 中共内蒙古西蒙集团有限责任公司委员会

2002年12月，内蒙古西蒙集团有限责任公司成立，隶属于中共内蒙古自治区直属机关工作委员会。公司党委下设2个党总支、6个党支部，共有党员59人，其中女性党员12人、工作在一线党员48人。党员人数占职工总数9%。2010年党员发展到85人，2015年党员有98人。

11. 中共内蒙古太西煤集团股份有限公司委员会

1987年12月，经阿拉善盟委批准，成立中共阿拉善盟古拉本地区煤炭联合公司委员会。1990年，公司党委下设15个党支部，有党员166人。1996年，公司党委下设3个党总支、18个党支部；设党委办公室、组织部、宣传部、团委、计划生育办公室5个职能机构。1997年12月，公司改制后，更名为中共内蒙古太西煤集团股份有限公司委员会。1999年，公司党委下设1个二级党委、3个党总支、19个党支部；下设党委工作部、工会、人力资源部、治安保卫部、团委5个职能部门，有专职工作人员7人；有党员205人，占职工总数的13%。2005年，公司党委下设1个党委、4个党总支、22个党支部，有党员228人，占职工总数的9%。2010年，公司党委下设6个党总支、32个党支部，有党员277名，占职工总数的3%。

截至2015年底，公司党委下设党委工作部、工会、人力资源部、治安保卫部、团委5个职能部门，有专职工作人员5人；下辖6个党总支、25个党支部，有党员308人，占职工总数的3%，其中，少数民族24人、女性46人、40岁以下82人、大专以上学历67人、生产一线72人。

二、基层党组织目标化管理

从1991年起，各企业党委在推行党支部目标管理和党员目标管理的基础上，全面推行党委（党总支）、党支部和党员三级目标管理，并下发《党建三级目标管理考核细则》。各基层单位党委（党总支）根据党委要求，分别成立考评委员会和考评领导小组，加强对基层党建三级目标管理的考核。各单位党委（党总支）结合本单位实际情况，普遍制定本单位的《党建三级目标管理实施办法》和《党员目标管理考核细则》，建立党建目标管理责任制等一系列制度。

（一）国有重点煤炭企业党组织

华能精煤公司党委自1991年以来，先后下发《关于在全局开展党支部工作目标管理和党员目标管理的通知》，并制定《党支部目标管理考核细则》和《党员目标管理细则》，在公司各基层党组织开始全面推行党支部目标管理和党员目标管理。各基层党组织认真坚持"三会一课"、民主生活会等制度,组织生活正常有序,效果明显。围绕安全生产、经营管理等重点工作,精心打造的"一单位一典型、一支部一亮点"的党建工作模式初见成效,全面开展党建管理提升和"三亮三比三评"活动,提升基层党组织"达标、升级、创优"活动的质量,有效推进党建示范工程建设。

神华准格尔能源有限责任公司党委自2003年以来,按照第一次党代会提出的"党建工作重心下移,要在抓基层、打基础上下工夫"的要求,组织开展"八个一"活动,即开展一次党支部工作调研;购买、发放一批党支部工具书;出一本党支部工作专辑;举办一期党支部书记培训班;组织一次党支部书记学习考察活动;召开一次党支部工作经验交流会;推出一批党支部工作先进典型;表彰一批先进党组织、优秀党员和优秀党务工作者。各基层党组织还坚持开展"五好党支部""红旗责任区""党员先锋岗""党员献计献策"和"党员义务奉献"等贴近实际、贴近生产、贴近群众的创建活动,有效发挥基层党支部的战斗堡垒作用和广大党员的先锋模范作用。"八个一"活动的开展,提高基层党组织的创造力、凝聚力和战斗力,克服党建工作主要在上边循环而下边落实不够的问题,有效地推进基层党建工作。

神华乌海能源公司黄白茨矿业公司党委与基层党支部签订《党委九大项目标考核管理责任状》,列入基层领导班子绩效考核中,考核情况占基层科(队)领导年薪的6%;苏海图洗煤厂制定出台《党群工作月考核办法》,党群部门各项工作负责人每月对各党支部相关硬性指标的完成情况做好统计、考核,总分值与各单位正职工资挂钩,月累计积分值占党支部年终检查总分值的40%,实现党群工作由年度检查到逐月检查,年底对评选出的党支部按照分数高低给予6000~4000元不等的奖励,做到党群工作与生产经营工作接轨,用经济手段调动基层党务与行政干部的积极性。各单位加强对党支部工作的指导、检查和督促,创新党支部工作的内容、活动方式,党支部建设不断规范。苏海图洗煤厂基层党支部建设做到"六有":有场所、有制度、有设施、有学习资料、有竞赛评比、有工作记录,使党支部的各项工作达到"五化":组织活动经常化、制度建设系统化、阵地建设标准化、台账记录规范化、电教设备现代化。

图12-1-1　2012年9月6日,神华包头能源有限责任公司"创先争优"工作交流会现场

神华包头能源有限责任公司党委每年初与基层党委、党总支、直属党支部签订当年"三书一状":《党建工作责任书》《党风廉政建设责任书》《维稳工作责任状》;并坚持和制定一系列制度与措施:《公司党委常委会议事制度和常委会扩大会议事制度》《公司党委听取提交职代会审议的重大问题讨论制度》《关于加强和改进包头矿业公司党的建设的实施办法》《党建工作目标管理考核实施细则》《神华包头矿业公司党委关于"四好班子"建设及对各级领导班子、班子成员、领导

干部考核实施办法》，修订《关于搞好党员发展、教育、管理和入党积极分子队伍建设的规定》《关于建设学习型党组织的实施办法》《关于坚持好党委中心组学习的规定》等。公司党组织在参与企业重大问题决策时，坚持执行《公司各级党委参与企业重大问题决策的制度》《神华包头矿业公司党建工作责任制度》《神华包头矿业公司党员发展、教育、管理工作实施细则》；2013年12月，修订《神华包头矿业公司党的建设工作考核评价办法》《神华包头矿业公司党员领导干部民主生活会制度》。

平庄煤业集团公司各级党组织探索改革开放新时期和企业由计划经济向市场经济转变形势下搞好基层组织建设的有效途径、方法。开展基层组织和党员目标化管理，健全各项基础工作制度和原始记录，使党的基层组织建设不断向系统化、规范化、制度化方向发展。开展一年一次的民主评议党员活动，通过进行不同格次的评定和群众监督，增强广大党员的党性意识、责任意识，促进部分落后党员发生积极的思想转变。加强新经济体制下党的组织建设和党员管理，加强对离退休党员、流动党员、下岗党员的教育管理。坚持举办党员培训班，推进学习型党组织建设，开展"赠书促学"活动，提高党员队伍素质。2008年以后，平庄煤业集团公司党委着力建设"四强"党组织，构建"融入型党建"工作机制，开展领导班子创"四好"、共产党员争"四优"、广大员工做"四有"活动，党建工作全面融入安全生产、经营管理。各级党委每年都在"七一"前后召开大会，命名表彰先进党组织和优秀党员、优秀党务工作者。2008年以后，党委完善了基层党内信息管理系统，实现党内信息管理科学化和规范化。

图12-1-2　2010年，内蒙古平庄煤业（集团）有限责任公司党委被国务院国资委授予先进基层党组织称号

神华宝日希勒能源有限公司党委以"强组织、增活力、创先争优迎十八大"为主题，在全公司各基层党组织中开展"基层组织建设年"活动。对部分基层组织机构设置进行调整，建立健全各基层党组织，选拔配备一批党性强、懂政治、业务硬的党总支、党支部书记。不断丰富基层组织创建活动载体，基层党组织开展"书记上党课""重温入党誓词""忆党恩献爱心""安全生产我先锋、我是党员向我看齐"等活动，深入开展"达标、升级、创优"等活动。公司党委通过举办各党总支、党支部书记和党务工作者党建基础知识培训班；邀请集团专家为公司党员和入党积极分子上党课，组织部分党务人员进行"井冈山斗争和井冈山精神"的实地教育等途径进行拓展教育培训。深入开展"找、抓、促"活动，对照先进单位，并结合"管理提升"活动，从完善制度、加强基础管理入手，围绕党建、企业文化、精神文明、政治本安、综合治理、反腐倡廉、新闻宣传和工会共青团工作，从业务素质、履职能力、工作作风、管理制度和执行力等方面认真找差距、查短板、抓整改，为提升党建管理科学化水平打下坚实基础。

华能伊敏煤电有限公司党委于1992年开展创建"五好"党支部活动，即党

支部班子建设好、组织建设好、生产经营任务完成好、思想政治工作好和精神文明建设好。"五好"党支部的标准为5项30条，实行百分制考评，达到90分以上的为"五好"党支部。党支部季度自检，党委（党总支）半年抽查，年度党支部申报，各直属单位党委（党总支）全面检查验收并命名。1994—1995年，修改和完善"五好"党支部标准，突出生产经营这个中心词。公司基层党支部有130个，有71个达到"五好"标准。按照自治区企业党建标准，全公司提前两年实现达到二类以上党组织的目标。

1996—1997年，公司党委进一步充实和修订"五好"党支部的内容和标准，加大生产经营任务完成好和精神文明建设好在"五好"中的比重，并召开党支部建设经验交流会。

图12-1-3　华能伊敏煤电有限责任公司召开党支部建设经验交流会会场

2001年，公司党委重新组建77个党支部，除26个离退休党支部外，在岗党支部全部实行党政一肩挑。重新修订完善"五好"考核标准，增加"双达标"考核标准。这一年，公司的党支部书记队伍出现新人多、党政工作"一肩挑"的人多、兼职做党务工作的人多和过去从事党务工作的人员少、党建理论知识掌握少、党务工作经验少的"三多三少"现象。

2003—2004年，公司党委以抓好"五好"党支部建设为目标，深入开展"党员先锋岗"和"党员责任区"活动。基层单位党组织结合实际情况制定"岗、区"考核标准，坚持季度考核把"岗、区"活动与本单位的生产经营任务紧密结合起来，与"创先争优"表彰结合起来，促进本单位生产经营任务的完成。

扎赉诺尔煤业有限责任公司党委围绕建设一批"政治引领力强、推动发展力强、改革创新力强、凝聚保障力强"的基层党组织和培育一支"政治素质优、岗位技能优、工作业绩优、群众评价优"的党员队伍的工作目标，丰富活动内容，创新活动方式，拓宽活动途径，强化党支部在安全、生产、经营、班组建设等工作中的作用，增强党组织的凝聚力。2000年，公司党委根据《内蒙古自治区基层党组织分类标准》要求，一类党支部252个，占党支部总数的90%；二类党支部28个，占党支部总数的10%，消灭了三类党支部。基层党委一类占100%。

神华大雁煤业公司党委确立以理论作先导，以组织作保证，以工作为动力，构建"六大工程"（加强理论学习，构建思想灵魂工程；开展思想教育，构建导向工程；坚持以人为本、标本兼治的原则，构建育人工程；领导和支持群团工作，构建桥梁纽带工程；加强党的组织建设，构建核心、堡垒、先锋工程；加强党风廉政建设，构建形象工程）。以各种扎实有效的活动为载体，加强基层组织建设和党员队伍建设，采取内培外学相结合的方法，充分发挥党校和基层业余党校的阵地作用，对党员和入党积极分子进行培训，不断提高其政治素质；严格按照民主评议党员的工作步骤，深入开展民主评议党员工作，并把此项工作当作加强党内监督、严肃党纪、提高党员领导干部执行能力的重要工作来抓，按期召开民主生活会，真正做到整改结合，强化指导，完善监督，增强民主生活会的民主性和实效性；建立领导班子考核制度，对副处级以上干部的"德、能、勤、绩、廉"5个方面做出客观、公正的评价。

（二）自治区重点民营煤炭企业党组织

内蒙古伊泰集团有限公司党委的前身——伊克昭盟煤炭集团公司党委自1992年开始，建立党组织目标化管理制度，加强党员评议、考核管理，1997年，公司印发《伊克昭盟煤炭集团公司1997—1999年党组织建设规划》，根据公司迅速发展、点多面广、人员流动性大的特点，公司党委将党支部建在项目工地上和市场最前沿，凡是有3名以上党员的项目工地，全部建立党支部或党小组。1996年7月1日，伊克昭盟煤炭集团公司党委先后被自治区党委和中共中央组织部授予先进基层党组织称号。

图12-1-4　1996年伊克昭盟煤炭集团公司党委被评选为自治区（右图）和全国先进基层党组织（左图）

1999年，在进行股份制改制后，伊泰集团公司党委坚持"复合型"党政领导交叉任职体制，积极改善班子结构，促进班子的年轻化、知识化、专业化，加强党组织的自身建设。各党支部坚持"三会一课"和"环节中心组"制度，开展党员教育、民主评议等形式多样的活动。2007年，召开集团公司党建工作经验交流研讨会。2008年以后，集团公司党委对各个党总支、党支部和党员实行目标管理量化考核制度，考核结果与本党总支、党支部的年中、年终奖金、效益工资挂钩。党委办公室每年利用2个月的时间，深入各个党总支、党支部进行验收。

内蒙古伊东资源集团股份有限公司党委努力创新党建工作的模式与方法，经过多年的探索，创立"四位一体"党建工作模式和"五有"工作法。2010年，这一模式被鄂尔多斯市委组织部作为典型经验在全市学习推广。中共中央组织部调研组一行专门到集团公司对"四位一体"党建工作模式和"五有"工作法进行考察调研，并给予高度评价，将其列为全国19家非公有制企业党建先进典型之一。

四位一体工作模式就是公司工作由党委会、董事局、监事会、经营班子协同开展，董事局管决策，监事会管监督，经营班子管生产经营，党委管思想政治、企业文化、考核验收，公司党委将党组织的战斗堡垒作用和党员的先锋模范作用作为连接4个轮子的传动轴，实现4轮驱动，将4个轮子紧密地结合在一起，根据企业发展在不同层面发挥各自的作用，保证公司沿着正确的方向稳定发展。

五有，即有位、有为、有人、有保障、有平台。有位：即党建工作有地位，全面实行"四位一体"党建工作模式。在"四位一体"模式下，集团董事局、监事会、党委会、经营班子工作同部署、同落实、同考核。领导层实行"双向进入、交叉任职"。

有为：即参与决策和考核，党建工作在引领企业文化、构建和谐企业、履行社会责任上有作为。集团公司党委把参与重大问题决策作为发挥党组织作用的切入点，发挥组织网络全覆盖的优势，动员各级党组织做好宣传工作，统一全体员工的思想和行动，保障集团公司重大改革平稳过渡，推动企业健康发展。

有人：即集团公司所属的各产业全部成立党总支，在矿区、车间、班组等生产一线成立党支部和党小组。党委下设专门的党群事业工作部，配备8名专职工作人员，下属企业也有对应机构，共有127名专职党务工作者。建立三培养制度，着力把职工骨干培养成党员，把党员培养成骨干，把党员骨干培养成中高层管理人员，在所有中层以上干部选任过程中，集团公司党委全程参与考核把关。2012年，公司高管中党员比例为89%，中层管理人员中党员比例为73%。

有保障：即制度保障方面。公司党委单独行文，保证党的声音能及时准确地传到到各党总支、党支部、党小组，让基层党组织活动有方向、有制度。健全党内机构，完善党政联席会、"三会一课"、党委会等制度，实现党组织活动规范化、常态化。集团公司党委书记和董事局主席的工资待遇一样；矿长、经理和党支部书记的工资待遇一样。从制度上保障党务工作者的权益，没有后顾之忧。党组织教育培训、设备购置、企业文化建设、宣传等需要足额核拨经费，每个党支部核拨45万元。集团公司上下全年安排党务费89万元。党群事业工作部每年安排40万元工作经费。党务工作者的工资福利由财务统一标准、统一发放，待遇和经营管理人员一样，公司每年为专职党务工作者支付的报酬总额在800万元以上。

有平台：即创新党组织活动载体，促进生产经营。公司党委把党组织活动与技术攻关、节能减排、产品研发、安全生产、环境保护等结合起来，搭建"党员先锋岗""党员责任区""一名党员一面旗""党员身边无事故"等活动载体，鼓励引导党员发挥先锋模范作用。把党支部建在一线。在下属的产业集团全部成立党总支，并把党支部建到矿区、车间、班组等生产一线，使党组织成为推动企业生产经营的中坚力量。近年来，公司党组织和党员深入贯彻学习科学发展观，累计提出技术创新和管理创新成果200多项，其中15项被推广应用。

公司党委以党建文化交流为载体，实现抓党建促经济的目标。2012年3月21日，集团公司党建工作作为全国19家之一、自治区唯一一家非公党建先进典型，在全国非公有制企业党的建设工作会议上作书面交流。会后，集团公司党委组织企业高管赴山西潞安集团、河南义煤集团、安徽联华集团、上海携程公司、江苏宇迪公司等知名党建企业进行考察学习。考察中，公司党委与上述非公有制企业组建非公有制企业党建文化联盟。

2012年6月25日，《非公企业党的建设、文化发展、项目合作友好兄弟企业联谊协议书》由集团公司起草，并分别与这些知名企业达成协议。通过联谊，企业之间党建文化交流有了平台，企业间定期进行座谈和互访，并通过交流实现项目合作。集团公司党委通过党建文化交流，提升集团公司的党建工作水平，塑造伊东品牌，营造良好的招商引资环境，整合联谊企业的行业资源优势并形成项目合作，直接拉动企业的经济建设，营造抓党建、促经济的双赢局面。

神东天隆集团有限责任公司党委根据《中共中央关于在非公有制经济加强党建工作的指导意见》的有关精神，坚持将党建工作与生产经营工作紧密结合，形成党建工作与生产经营工作相辅相成、同步发展的互动格局。集团公司党委为提高党建工作整体水平，根据党建和企业文化建设的理论内涵以及各基层党组织工作实际情况，按照单位特点分类建立示范点，开展形式多样富有成效的示范点工作，实行先试点，后推广，以点带面。各基层党组织紧密结合企业改革和生产经营实际，深入开展"一个支部一座堡垒、一名党员一面旗帜""党员身边无事故""党员岗位创一流""党员先锋岗""党员责任区"等具有企业特色的活动。

第二节 思想建设

中共十五大召开以来，自治区国有重点煤炭企业党委认真贯彻落实中共中央《关于国有企业加强和改进国有企业党的建设的通知》要求，从组织、思想和作风等方面加强企业的党建工作，强化党对企业的领导。神华集团公司党组下发《关于加强党建工作的通知》，要求所属企业党委从集中学习、组织领导、贯彻落实、活动载体等方面落实好中央文件精神。

中共中央组织部《关于推进学习型党组织建设的意见》和国资委党委《关于推进中央企业学习型党组织建设的实施意见》下发后，自治区各重点煤炭企业党委建立健全学习型党组织的制度，明确学习教育的时间、内容、目标、责任以及相关的考勤、交流、通报等要求，推进党员干部学习教育的科学化、制度化、规范化。

一、学习型党组织建设

神华神东煤炭集团有限责任公司党委中心组坚持"一个带头、三个结合、一个原则"深入学习邓小平理论。"一个带头"即要求各级领导干部在理论学习中起带头作用。"三个结合"即自学与集体学习相结合，学习与讨论相结合；一般辅导与导师报告相结合。"一个原则"即理论联系实际的原则。

图12-1-5 准能公司党委召开中心组扩大学习会暨解放思想大讨论成果研讨会

神华准格尔能源有限责任公司党委制定《关于加强和改善公司两级中心组学习的实施意见》，保证用科学理论武装党员领导干部的任务在企业落实。

2012年以后，公司党委在抓好两级中心组学习的基础上，拓展高层研讨会、准能大讲堂、专题讲座、学习研讨等载体，恢复准能公司党委党校培训工作，举办中层管理人员、党支部书记和入党积极分子培训班、创办《党建工作动态》和《中心组学习》电子专刊。中共十八大召开后，及时制定《学习贯彻党的十八大精神工作方案》，举办培训班，征集学习十八大精神体会文章；启动学习型组织创建工作，形成了学习力、创新力、培训力测评分析报告、团队学习指导手册等一系列研究成果。

神华乌海矿业公司党委每年制定中心组学习计划，从学习的目的、内容、方法、时间、要求等方面做出明确规定，中心组学习做到"七有"，即有组织领导、有学习计划、有集体学习记录和个人笔记、有学习时间、有总结交流、有检查考核、有必要的学习经费，增强中心组学习的实效。

神华乌海能源有限责任公司党委出台学习型组织创建规划，坚持两级中心组学习制度，举办党的十八大及十八届三中、四中、五中全会精神培训班，每年组织副处级以上干部学习班、党工干部、党支部书记培训班。

大雁矿务局党委1996年，通过中心组学习的方式，加大领导班子成员的理论学习力度，做到"三严"（严格要求、严格纪律、严格管理），"四有"（有安排、有记录、有考核、有检查），"三保证"（保证、时间保证、人员保证）。2006年，公司制定并印发《大雁公司两级党委（党总支、党支部）中心组2006年理论学习计划》《集团公司党委中心组理论学习制度》，重点系统地学习《"十一五"中国经济社会发展若干问题分析读本》、中共中央总书记胡锦涛"七一"重要讲话，并注重将形势任务教育与理论学习结合起来。2015年，公司党委进一步完善《公司党委（党总支）中心组学习制度》，组织举办公司中心组学习扩大会，传达中央及神华集团党风廉政建设相关要求。

内蒙古伊泰集团有限公司于2001年由国有控股企业转为非公有制全员持股的民营企业后，中心组针对企业面临的理论问题和实际问题，贯彻落实公司党委提出的"四个不变"的治企原则，给全体党员做出表率。

图12-1-6 内蒙古伊泰集团有限公司党委举办非公有制企业党建专题讲座

2008年以来，集团公司党委中心组以解决问题为出发点，将理论学习当作改进作风的"试验场"，倡行"少说多做、埋头苦干"，把理论学习的重心放在实践上，多次组织中心组成员深入重点项目建设工地及基层一线，进行开放式学习和现场办公，有力地促进学用结合和作风转变；积极外请专家开设专题讲座，在《伊泰集团报》上开设学习、交流专栏，实现学习方式的优化；把理论学习纳入班子建设的目标管理、年终考评和选任干部的重要内容，做到时间、经费、人员、组织"四落实"，全力打造学习型党组织、学习型单位。

二、党员思想教育

20世纪90年代，各统配煤矿党委和地方国营煤矿党委坚持党的解放思想、实事求是的思想路线，组织各级党员领导干部和广大党员学习、贯彻党的十四大、十五大精神，学习《中共中央关于国有企业改革和发展若干重大问题的决定》，加快企业的改革发展步伐，把全体员工的思想统一到中央的决策和部署上来，统一到公司改革发展的大局上来。

例如，1992 年准格尔煤炭公司党委举办"学习十四大文件培训班"，公司各直属单位相应地对全体党员进行轮训，轮训面达 95% 以上；1993 年开展社会主义市场经济理论教育；1995 年组织开展社会主义市场经济大学习大讨论活动。

从 20 世纪末开始，党中央先后在全党组织开展"三讲""三个代表""保持共产党员先进性教育""八荣八耻""学习和实践科学发展观""党的群众路线教育实践活动""三严三实"等专题教育活动。全区各重点煤炭企业党委紧跟中央部署，在开展各项专题教育活动中，创新工作方法，注重实效，不断提高党员的思想理论水平。

（一）"三讲""三个代表"重要思想学习活动

从 1998 年开始，全区各级煤炭企业党委积极组织党员、干部学习江泽民"三个代表"重要思想，江泽民在庆祝建党 80 周年大会上的重要讲话。在处级以上党员干部中开展以"讲学习、讲政治、讲正气"为内容的"三讲"教育。在全体党员中深入开展学理论、学党章的双学教育。

神华包头能源有限责任公司党委由组织人事部、宣传部牵头，组成"三个代表"重要思想宣讲团，在全公司进行宣讲。公司党委要求各级党组织和广大共产党员做到"三个带头、三个到位""一个保证"（即带头积极宣传党和政府的有关政策和要求，引导全公司职工家属坚定战胜困难的信心；带头维护大局，遵纪守法，不信谣、不造谣、不传谣；带头做好群众工作，积极为群众排忧解难，自觉维护正常的工作、生产、生活秩序。

2001 年 4 月，平庄煤业集团公司党委成立"三讲"学习教育活动领导小组；7 月，向基层单位派驻 3 个"三讲""三个代表"重要思想学习教育活动检查组，检查指导基层单位学习教育活动。该学习教育活动取得积极成果，得到自治区党委的充分肯定。

2002 年，神华宝日希勒能源有限公司党委在公司各党总支、党支部中开展民主评议党员工作。各党总支、党支部坚持实事求是、民主公开、平等的三原则。在评议党员的过程中，重点检查每个党员落实岗位责任、发挥表率作用情况，使评议工作真正解决党员队伍中存在的实际问题，增强评议工作的实效性和针对性。2005 年 8 月，神华宝日希勒能源有限公司党委召开保持共产党员先进性教育活动动员大会、保持共产党员先进性教育活动总结暨分析评议阶段动员大会、教育活动整改提高阶段动员大会。

（二）保持共产党员先进性教育活动

2005 年，神华神东煤炭集团有限责任公司党委组织开展"做一流员工、创一流业绩"为主题的标准化党支部、党员示范岗和党员责任区"三创建"活动，取得成效。

图 12-1-7　神华包头矿业公司党委举行庆祝建党 90 周年暨表彰大会

2005年7—11月，神华包头矿业公司开展先进性教育活动，制定公司级、矿处级、科级党员干部，普通党员、离退休党员等六类党员保持先进性的具体标准；建立公司各级党组织、党员保持先进性的长效机制。

2005年，神华大雁集团有限公司党委组织开展保持共产党员先进性学习教育工作，撰写公司党委中心组理论学习经验汇报材料《加强政治理论学习 提高执政本领 倾力构建和谐企业》，上报到自治区党委宣传部。公司党委组织开展以"做一流员工，创一流业绩"为主题的党员先锋岗创建活动。各单位坚持开展"争先创优""党员责任区""党员先锋岗""为党旗添光彩"等主题实践活动，注意提炼和创新，不断增强党员主题实践活动的针对性和感召力。政工部分别举办公司两级中心组党的十七届五中全会精神、弘扬传统文化、发挥党员先锋模范作用专题讲座，公司党校举办党员干部理论培训班7期，培训1022人次。

2010年，扎赉诺尔煤业有限责任公司党委以"党员示范行动"为载体，大力开展党员责任区、党员先锋岗、党员品牌工程、党员攻关项目等主题实践活动，推动"党员示范行动"常态化。公司党委印发《2009—2013年党员教育培训工作计划》，注重把优秀生产班组长、生产经营骨干和技术能手培养发展成党员，把党员培养成企业生产经营骨干和管理骨干，做到重要岗位有党员、主要骨干是党员、关键时刻见党员，使党员成为企业的优质人力资源，为职工群众树立良好的榜样。

2005年6月，平庄煤业集团有限责任公司党委成立保持共产党员先进性教育活动领导小组。各级党组织结合公司改革发展和党建工作实际，围绕"提高党员素质、加强基层组织、服务人民群众、促进各项工作"的目标要求，精心组织，创新载体，分类指导，加强督查，推动整个教育活动健康开展。全公司党组织先进性教育活动覆盖面达到100%，参加活动党员9795人，受教育面达到95%以上。群众对先进性教育活动满意度达到95%以上。

图12-1-8 2005年1月27日，平庄煤业集团公司党委召开保持共产党员先进性教育活动动员大会

2009年，中电投蒙东能源有限公司党委以创建"党员先锋标准岗、党员责任标准区"为活动载体，全面强化党组织和广大党员"创先争优"意识，并以此作为保持共产党员先进性、发挥党员先锋模范作用、促进企业生产经营的重要手段和长效机制。截至2010年末，已创建集团级党员责任标准区2个、党员先锋标准岗4个，公司级党员责任标准区19个、党员先锋标准岗54个。

（三）学习和实践科学发展观活动

2008年，神华准格尔能源有限责任公司党委认真组织学习科学发展观活动，并组织两级党组织召开以"学习和实践科学发展观"为主题的民主生活会。公司党委举办"学习党的十七大知识大赛"。在全公司范围内组织向共产党员优秀代表窦铁成、冯理达学习活动。

2010年，准格尔能源有限责任公司党委制定印发《关于加强党员教育培训工作的实施意见》，分别从基本要求、培训内容、培训形式、培训时间和组织措施等方面对党员培训教育工作做出具体要求。公司党委在基层党组织和党员中开展"三进三送"和"五个一"主题实践活动。"三进三送"是指"进班组、送安全、争效益；送安全、争效益；进家庭、送温暖、办实事"。"五个一"是指：围绕公司安全生产、经营管理、党的建设等各项工作积极献计献策，提一项合理化建议；结合本单位本部门安全工作实际，查一项安全隐患；身处一线的党员要立足本岗位努力钻研技术，搞一项技改技革；围绕增产节支、增收节约工作，积极开展节能降耗、修旧利废等活动，抓一个双增双节项目；党员要带头服务职工群众，要想职工所想、急职工所急，为职工群众做一件好事实事。

2009年3月，神华包头能源有限责任公司党委通过开展学习实践科学发展观活动，公司在资源储控、基本建设、生产经营、维稳工作、企业改革、党的建设、民生实惠等各方面都取得实践成果。公司"一个战略""三大任务""十大工程""百亿投资"发展战略得到又好又快地贯彻实施。

2009年，在开展学习实践科学发展观活动中，中电投蒙东能源有限公司党委紧紧围绕"党员干部受教育、科学发展上水平、人民群众得实惠"的总体要求和露天煤业"强基固本、崇尚科学发展；强化执行、尊重市场规律"的主题，认真落实"学习调研、分析检查、整改落实"三个阶段各项任务，做到组织措施、工作部署、活动开展"三个到位"。公司党委开展以"科学实践从我做起"为主题的"小改小革""技术创新创效""小指标竞赛"等活动，通过活动将学习实践活动引向深入。在公司班子专题民主生活会上，班子成员按照科学发展观的要求，紧扣公司发展实际，深入查找个人和班子在贯彻落实科学发展观方面存在的突出问题，深刻分析原因，对员工提出的公司战略、管理模式、安全生产、人才队伍建设问题进行逐一细致地讨论，并责成相关部室尽快解决落实，并建立企业科学发展的长效机制。该活动得到中电投集团党组的充分肯定。

2009年3月，扎赉诺尔煤业有限责任公司党委深入开展学习实践科学发展观活动，确立"攻坚克难、增产增收、调整优化、科学发展"的总体目标，圆满完成学习调研、分析检查、整改落实3个阶段的各项任务，进一步提高科学发展的能力，厘清公司发展过程中存在的主要问题，并制订整改方案。全年共完成整改落实项目22项，完成率为100%。活动期间，为员工群众办好事、实事共七大类299件，达到科学发展上水平，员工群众得实惠的总体要求。学习实践活动群众满意度为100%。

2009年3—6月，平庄煤业集团有限责任公司党委成立学习实践活动领导小组，按照"党员干部受教育、科学发展上水平、人民群众得实惠"目标要求，制定企业发展、体制机制、安全生产、经营管理、惠民工程、党建思想政治工作和企业文化建设7方面共31条整改措施，确立"跨越式发展""精细化管理""本质上安全""融入型党建""融合文化"的工作思路，确定"以安全生产为基础，以经济效益为中心，以市场营销为龙头，以强化管理为手段，以做大做强为目标，实现企业又好又快发展，把平庄煤业集团公司建设成为安全型、效益型、开拓型、创新型、和谐型的一流煤炭企业"的指导思想,确立原煤产量的战略发展目标,制定整改项目分解表,建立项目推进情况月报制、工作点评制和考核激励制,保证整改方案有效落实,十大"惠民工程"取得初步成效。科学发展观学习实践活动开展情况的群众满意度达到92.97%。国电集团学习实践活动领导小组对平庄煤业集团公司党委的工作给予高度评价。

伊泰集团公司党委按照科学发展观的目标要求,制定党委中心组学习安排意见;学习分为4个专题,每个专题安排一次集中讨论。

2010年,内蒙古太西煤集团股份有限公司党委在全公司范围内开展"你在为谁工作"读书活动,2011年制定《关于开展党的群众路线教育实践活动实施方案》,扎实开展教育活动。

图12-1-9 内蒙古太西煤集团股份有限责任公司召开党的群众路线教育实践活动动员部署会会场

2011年,神华准格尔能源有限责任公司党委举办建党90周年系列活动,进行"七一"表彰,开展纪念建党90周年主题文艺调演活动,组织"牢记宗旨做表率,创先争优促发展"征文、"我身边的榜样"征文暨主题演讲活动,举办"创先争优在准能暨建党90周年摄影书画作品展",组织"红色旋律·唱响准能"千名红歌大赛等。6月27日,公司召开纪念建党90周年暨创先争优活动阶段总结表彰大会。7月,举办"创先争优在神华"纪念建党90周年职工摄影书画展暨"聚焦神华、走进准格尔"采风活动。

（四）党的群众路线教育实践活动

2013年,公司党委开展以"为民务实清廉"为主要内容的党的群众路线教育实践活动,成立党的群众路线教育实践活动领导小组,制定活动实施方案和推进表,确定"聚焦反'四风',汇集正能量,打造'七彩'新准能"的活动主题。

公司党委成立党建研究会,开展党建和职工思想政治工作课题研究,1项成果获神华集团职工思想政治工作优秀成果二等奖;制定学习型组织创建规划,举办学习中共十八大、十八届三中全会精神培训班,组织开展中共十八大精神网络答题和现场知识竞赛活动。

2014年,扎赉诺尔煤业有限责任公司党委紧紧围绕为民务实清廉,开展党的群众路线教育实践活动,为党员领导干部订购学习资料5种2600册。各级党组织共召开专题民主生活会和组织生活会共计230余次,集中收看专题视频讲座5次,集中上党课2000余次,完成心得体会理论文章59篇,在公司自办媒体开班专栏57期,切实把教育实践活动成果转化为提高做好新形势下群众工作的能力和搞好企业发展的能力。

2013年,神华宝日希勒能源有限公司党委开展党的群众路线教育实践活动,活动紧紧围绕保持和发展党的先进性和纯洁性,以为民、务实、清廉为主要内容,按照"照镜子、正衣冠、洗洗澡、治治病"的总要求,自上而下在全公司各级党组织、党员中深入开展。同时明确教育活动指导思想是为民、务实、清廉。切入点是贯彻落实中央八项规定。党的群众路线教育实践活动第二批活动于 2014 年 9 月开始进行，这次活动更为贴近基层。

图 12-1-10　2014 年 3 月 7 日，平庄煤业集团公司召开党的群众路线教育实践活动动员大会

平庄煤业集团有限责任公司党委按照中央统一部署，在国电集团公司党组的坚强领导下，平庄煤业集团公司党委高度重视，周密部署，精心组织，紧密围绕"为民、务实、清廉"主题，紧密结合公司深化改革和"双提升"工作实际，坚持"五注重、五确保"，扎实开展党的群众路线教育实践活动，党员干部宗旨意识得到强化，"四风"突出问题得到有效整治。

内蒙古伊东资源集团股份有限公司党委在党的群众路线教育实践活动中，将教育实践活动和创先争优活动相结合，促使全体干部党员政治素质有新的提高，业务能力有新的增强，工作作风有新的转变，各项工作有新的进步。尤其是项目建设取得快速推进。例如，总投资 95 亿元的东华能源公司，把党支部建在车间和工地，组织生产一线党员创先争优，组建 7 支"青年突击队"，带头开展"百日大会战"活动，提前一年完成工程建设。投资 75 亿元的东兴化工项目也依托党组织的战斗堡垒作用和党员的先锋模范作用，开展创先争优活动，缩短建设周期、减少投入，实现节能增效。

内蒙古伊泰集团有限公司党委深入学习党的群众路线教育实践活动相关内容，并结合集团公司工作实际，研究制定并出台《内蒙古伊泰集团有限公司深入开展党的群众路线教育实践活动实施方案》。

图 12-1-11　2011 年 6 月 30 日，内蒙古伊泰集团有限公司党委开展党建知识竞赛现场

（五）"三严三实"专题教育

扎赉诺尔煤业有限责任公司党委开展以副处级以上干部为重点的"三严三实"专题教育。以严抓中心组学习为切入点，公司党委进一步强化各级中心组学习制度。公司党委制定《扎赉诺尔煤业公司"三严三实"专题教育实施方案》，采取重要情况及时报告、领导点评、专项调研、下发工作提示、季度政工例会及不定期检查等方式，确保专题教育扎实推进。

各级党员干部对照"三严三实"要求，围绕公司年度目标任务，不断加强党性修养，着力解决"不严不实"问题。结合巡视整改工作提出的问题，进一步改进工作作风，全面落实做政治坚定的"明白人"，减亏控亏的"开路人"，群众信赖的"贴心人"，领导班子的"带头人"要求，进一步增强党员干部践行

"三严三实"的思想自觉和行动自觉，有效发挥引领、带动和示范作用，营造守纪律讲规矩的良好政治生态。期间，公司及二级单位领导班子成员共讲党课195人次。

神华宝日希勒能源有限公司党委组织开展"三严三实"专题教育，公司党委书记、董事长张维世带头讲党课，认真落实两级中心组学习制度，深入学习党的十八大及十八届三中、四中全会精神和习近平系列讲话精神，系统掌握理解贯彻讲话的立场、观点和方法，增强贯彻落实中央决策部署的思想自觉和行动自觉，真正做到认识上一致、政治上同心、思想上统一、行动上同步。

神华大雁集团有限公司党委制定下发《大雁公司"三严三实"专题教育实施方案》，召开神华大雁集团有限公司"三严三实"专题党课暨专题教育动员会议，启动神华大雁集团有限公司"三严三实"专题教育，公司处级以上干部陆续进行讲党课专题工作。

第三节 纪律检查

一、反腐倡廉体系制度及建设

（一）组织体系建设

1. 神华神东煤炭集团有限责任公司

1998年10月，公司纪委的日常办事机构与监察、审计合称纪检监察审计办公室。公司先后在补连塔等煤矿设立党委的基层单位，在设备管理中心、煤质处、监理公司、质监站等设有党总支（党支部）的基层单位设置纪律检查委员，各单位配备专兼职纪检干部。2008年底，全公司设有纪委的17个基层单位都配有兼职纪委书记。

公司纪委下设纪检监察审计办公室，主要负责公司党的纪律检查、企业监察和内部审计工作。1998—2001年，是公司内部审计的起步阶段，审计人员从开始的2人增至3人，主要以配合集团公司开展离任经济责任审计为主。2008年底，办公室共有工作人员13人，其中纪检监察人员5人、审计人员8人。

2. 神华准格尔能源有限责任公司

1991年，中共准格尔煤炭工业公司纪律检查委员会配备专职副书记1人，下设党纪教育科、纪检科，专职干事7人；1992年5月，准格尔旗人民检察院在准格尔煤炭工业公司设立准格尔旗人民检察院煤田检查室，与公司纪检委一套人马，两块牌子，设兼职助理检察员5人。1993—1995年，公司纪委改设内部机构为监察室、审理室，由公司党委副书记分管纪检工作，设专职副书记1人、专职干事7人。1996年8月，公司纪委在原设置监察室、审理室的基础上增设办公室，推进党风党纪的宣传教育、接待处理来信来访等工作；1997年设副处级室主任2人、科级纪检员5人。

2001年3月，中共准格尔煤炭工业公司纪律检查委员会更名为中共神华集团准格尔能源有限责任公司纪律检查委员会（监察审计部），编制10人，其中纪委4人、副书记1人、副处级纪检员1人、工作人员4人。

2002年2月，公司监察部与公司纪律检查委员会合署办公，一个机构两块牌子，设副书记（监察部长）1人、副部长1人、工作人员2人。在公司所属21个矿处级单位中，设党委的单位都相继成立党的纪律检查委员会（以下简称纪委）；未设党委的单位，也设立兼职纪检工作人员，全公司共有专兼职纪检监察干部55人。

2005年3月，纪检监察部设纪委副

书记（监察部长）1人、副部长1人、副处级纪检员1人、主任科员1人。2006年2月，纪检监察部设纪委副书记（监察部长）1人、副部长1人、专职纪检员（部门副经理级）2人、主任科员1人。2009—2012年，纪检监察部设纪委副书记（监察部长）1人、专职纪检员3~4人。

2015年3月，纪检监察部设部长（兼任纪委副书记）1人、副部长1人、专职纪检员3人（副处级）、专职纪检监察员2人（科级）。准能公司直属单位中，设党委的单位都成立党的纪律检查委员会；未设党委的单位，也设立兼职纪检工作人员，准能公司共有专兼职纪检监察干部56人。

3. 神华乌海能源有限责任公司

1992年，乌海市人民检察院和乌达矿务局联合成立驻矿检查室，重点查办党员领导干部违法、违纪案件。1993年，海勃湾矿务局人事监察处的监察业务划归纪委统一管理。1999年以后，实行派驻纪检组管理。公司规范建立各项干部管理制度和党风廉政建设制度。

1999年，神华海勃湾矿业公司对全公司纪检监察管理体制进行尝试性的改革，按地域设置4个纪委垂直管理的派驻纪检组。每个组都有财会、经营、审计等专业人员。2004年11月，公司合并原纪检监察处、审计部，成立纪检监察审计部。2008年10月，中共神华乌海能源有限责任公司纪律检查委员会成立。公司纪检监察部与审计部分设。

2013年7月，公司纪委换届选举产生新一届纪律检查委员会，设纪委书记1人、副书记1人、纪委委员5人。9月，公司纪委统一纪检监察管理体制和机制，下设纪检监察部，内设宣教室、综合办公室、案件检查室、案件审理室，分区域设立7个派驻纪检监察组，由公司纪委垂直管理。

4. 神华包头能源有限责任公司

1995年，包头矿务局党委从党政部门抽调年富力强、具有大专以上文化程度的骨干力量充实到纪委，增编为10人；设置纪委的二级单位至少增加到3人，不设纪委的单位，必须设专职或兼职纪检员。矿务局党委保证办案经费和交通运输工具，除特殊情况外，随时用随时配，同时为专职纪检人员增发办案补贴费每人每月24元。

公司成立后，纪律检查委员会、监察处合署办公，一个机构两块牌子。纪委监察处下设办公室、纪律检查室、信访接待室、行政监察室和效能监察科。纪委设书记1人、副书记（监察处长）1人、科级纪检监察干部5人。公司下属单位设立党委的5个单位设立纪委，设立党总支的11个单位设立兼职纪检委员。

2013年，纪委监察处撤销纪律检查室，增设案件审理室，增设处长助理1人。下属单位设立党委的4个单位设立纪委，设立党总支和直属党支部的11个单位设立兼职纪检委员。

5. 神华北电胜利能源有限公司

2004年10月，公司成立神华北电胜利能源有限公司纪委。纪委按照惩防体系实施办法的要求，在各党支部都设立兼职纪检员，落实纪委工作人员巡查制度。

6. 神华大雁集团有限公司

1991年10月，大雁矿务局纪委设控申室，11月，纪委与监察处合署办公，设办公室、检查室、审理室、控申室，人员10人。1992年，矿务局纪委、监察处的4室合并为2室，控申室和办公室撤销，业务划归审理室和检查室，人员由10人减至5人。1997年，设纪委的基层单位配备纪委副书记和监察科长（由1人担任);未设纪委的基层单位配备纪检委员和监察科长(由1人担任)。2004年,矿务局纪委、监察处设审理室、检查室(办公室),设书记1人,副书记、监察处处长1人,审理室主任1人,检查室(办公室)主任1人。其中副局级1人、处级1人、科级2人,设有纪委的基层单位配备纪委书记和监察科长各1人,未设纪委的基层单位设兼职纪检、监察员各1人。

2010年,纪委、监察审计部设监察科,人员4人。2011年,公司成立以党委书记任主任、纪委书记任副主任,相关部门负责人参加的公司协同监督工作委员会。2012年成立公司纪检监察系统"三大本质安全体系"效能监察领导小组,并在科(区)级单位设立91名兼职纪检监察员,增设3名专职人员。2013年,监察审计部的审计、纪检监察职能分离,纪检监察部独立开展工作。

2015年6月,纪检监察部设案件检查科、效能监察科、综合科,人员6人,其中纪委书记(副局级)1人,部长(处级)1人,科级副总、部长助理各1人,科级1人。

7. 神华宝日希勒能源有限公司

1986年,宝日希勒第一煤矿设同级副职专职纪委书记。1989—1997年,宝日希勒煤炭集团公司纪委设科级专职纪律检查员2人。2001—2002年,公司纪委、监察室(科级)共2人。2004—2005年,公司纪委、监察室设书记1人,监察室副主任1人。其中副地级1人、副处级1人,本科2人,高级政工师2人。2005年10月13日,公司党委将公司纪委进行调整,纪委委员5人。2007年,监察室与审计法律事务处合并,成立法律审计察部。2011年5月,公司成立纪检监察部,设纪委书记1人、纪检监察部副经理1人、监察科副科长1人、专员2人。

8. 扎赉诺尔煤业有限责任公司

1990年5月,扎赉诺尔矿务局各二级单位都设立监察科。1991年11月,满洲里市人民检察院驻扎局检察室划归扎赉诺尔矿务局纪委。1992年9月,满洲里市人民检察院驻扎局检察室(副处级)隶属矿务局纪委和满洲里市人民检察院领导。1995年11月,满洲里市人民检察院驻扎局检察室归局党委直接领导,设综合科、法纪科、反贪污贿赂侦查科。1998年6月,满洲里市人民检察院驻扎赉诺尔矿务局检察室撤销。2001—2007年,扎赉诺尔煤业公司纪委、监察处下设办公室、检查室、审理室。2007—2009年,公司纪监审部下设纪检监察处、审理处、审计处。

2015年,公司纪委、监审部下设纪检监察科、审理科、审计科。

9. 内蒙古平庄煤业(集团)有限责任公司

1991年初,平庄矿务局纪委设办公室、检查室、审理室、党风党纪教育室。1992年1月,矿务局监察处与局纪委合并,一个机构,行使两种职能。合并办公后,组建监察专员办公室,作为行政监察工作机构,原监察处撤销。监察专员办公室由纪委正副书记、纪委专职委员或专职常委组成,职务名称为监察专员、监察副专员、处级副处级监察员。该机构负责人在党内是纪委书记,对本级党委和上级纪委负责;行政是监察负责人,对本级行政和上级监察部门负责。1993年10月,矿务局党委决定恢复元宝山煤矿、西露天煤矿、古山煤矿、风水沟煤矿、红庙煤矿、五家煤矿等8个单位的纪委、监察科,矿务局纪检监察工作形成完整的工作系统。1995年9月,矿务局党委决定成立反腐败斗争领导小组、反腐败斗争督查组。

1992年，矿务局党委选聘信息员、监督员904人，1996年在生产一线聘任党风廉政监督员280人、信息员341人，并明确他们的职责任务，拓展职工群众参与党风廉政监督的渠道。

2007年8月，公司纪委监察部科室数量由4室精简为2室，即检查室和综合室，管理岗定员5人，室由副处级变为科级。2010年10月，公司党委决定成立监察部（纪检办），内设综合室和检查室，室升格为副处级。监察部（纪检办）定员6人。

图12-1-12　2010年12月，中共内蒙古平庄煤业（集团）有限责任公司第一次代表大会会场

2010年12月，中共平庄煤业集团公司第一次代表大会召开，大会选举产生中共平庄煤业集团公司第一届纪律检查委员会。各单位纪委、监察科配备专职纪委副书记、监察科长和纪检员。

10. 内蒙古伊泰集团有限公司

1991年7月，中共伊克昭盟委批准成立公司党委，纪检工作由党委委员分管。1992年7月，党委设立纪律检查委员会，至2015年底，共有4任纪委书记。公司纪委主要工作是结合公司生产经营实际开展推行厂务公开及党风廉政建设活动，对公司招投标、人员招聘与竞聘等工作进行监督。

（二）制度体系建设

1. 神华神东煤炭集团有限责任公司

公司党委不断改革经营管理体制机制制度，从易于滋生腐败现象的部位入手，合理配置权力，建章立制，改进管理，抓源治本。

（1）建立健全贯彻执行民主集中制、规范领导人员从业行为、加强领导人员自身建设等反腐倡廉基本制度，如《党政联席会、党委会、总经理办公会议事规则》《领导人员廉洁从业若干规定》《关于严禁领导人员大操大办婚丧喜庆事宜的规定》《诫勉谈话提醒制度》和《党员领导干部民主生活会制度》等，公司重大决策、重要干部任免、重大项目安排和大额度资金的使用，都要提交有关会议按民主集中制原则集体研究决定。

（2）建立健全人、财、物等源头上防治腐败的制度。在管理人员选拔任用方面，严格执行民主推荐、考察、酝酿、讨论决定和任职程序；在财务管理方面，全面推行集中核算、会计委派制；在建设工程、物资采购等方面，全部实行公开招投标管理，程序、办法严格执行国家和集团公司有关规定；在报废物资处置方面，一律采取公开拍卖的方式处理。

（3）建立健全行之有效的监督制度，如《领导人员述职述廉制度》《招投标监督办法》《效能监察实施细则》《任期经济责任审计制度》《厂务公开工作制度》和《招待费使用情况向职代会报告制度》等，为各监督主体行使监督职权提供制度依据。

（4）严格贯彻落实反腐倡廉各项制度，把制度的落实情况纳入党风廉政建设责任制，严格考核并兑现奖罚，维护制度的严肃性。通过加强制度建设和强化制度执行力，逐步实现用制度来管人、管权、管事，形成坚强有力的制度保障体系。

2. 神华准格尔能源有限责任公司

1999—2002 年，公司党委制定《关于实行党风廉政建设责任制的实施办法》《领导干部廉政建设制度》《党风廉政目标化管理考核细则》《调查研究制度》《深入基层工作制度》。公司党委从加强廉政建设入手，积极推进厂务公开工作。针对生产、经营、分配、劳动人事等方面存在的问题，先后推行"八项公开"，即工资奖金分配明细公开，住房分配全过程公开，废旧车辆设备竞价处理公开，商业房屋竞价招租公开，大宗物资设备采购竞价公开，基建工程招投标公开，部分管理岗位竞聘公开，机构改革和竞争上岗公开，取得很好的效果。2002 年，公司被中央企业工委评为"厂务公开先进单位"。

2008—2010 年，公司党委把构建惩防体系和完善内部管理有机地结合起来，按照《神华准能公司内控管理实施方案》的要求，从年初开始着手内控体系建设，把建立完善内控管理体系作为反腐倡廉建设融入生产经营管理的一个切入点，全面修订《管理制度汇编》，涵盖党务、行政、工程、设备、安全等 25 个方面，148 项制度，建立起一套全面、规范、有效的风险管理和内控体系。

2013 年以来，公司深入学习和贯彻中共十八大会议精神、十八届中央纪委历次全会精神、神华集团公司政治工作会议要求，健全完善党风廉政建设和反腐败工作规章制度。

3. 神华乌海能源有限责任公司

1991—1998 年，乌达矿务局党委先后建立企业负责人廉洁承诺制度，完善企业负责人重大事项报告、收入申报、诫勉谈话、领导班子成员述职述廉、监督检查等 49 项反腐倡廉制度，编印《乌达矿业公司反腐倡廉法规制度新编》，制定出台《乌达矿业公司效能监察暂行办法》等制度。

1991—1998 年，海勃湾矿务局制定《关于党政干部在建房住房中违纪违法纪律处分的若干规定（试行）》《海勃湾矿务局纪委监察处派驻纪检组监察室工作任务及职责权限（试行）》《纪检人员岗位责任制》《中共神华海勃湾矿务局委员会关于党风廉政建设责任制的实施细则》《党风廉政建设责任制考核办法》《关于对违反〈关于实行党风廉政建设责任制的规定〉行为实施责任追究的办法》。

乌达矿务局、海勃湾矿务局并入神华集团公司后，按照神华集团公司党组的统一要求，完善党风廉政建设责任制方面的相关配套制度，建立职代会民主评议和民主测评领导干部及领导干部廉洁自律述职制度、领导干部诫勉谈话提醒制度、党风廉政建设报告制度、领导班子和领导干部年度考核制度、招待费使用情况定期向职代会报告制度、定期研究党风廉政建设工作制度、领导干部重大事项报告及收入申报礼品登记制度等，这些制度的建立健全，基本形成以责任制为主干，以相关配套制度为分枝的制度体系。

截至 2015 年，公司纪委先后制定出台《神华乌海能源公司党风廉政建设责任制考核标准及评分办法》《乌海能源公司"三重一大"事项集体决策实施细则》《乌海能源公司对党员领导干部进行诫勉谈话和函询实施办法》《乌海能源公司党员领导干部述职述廉实施办法》《乌海能源公司党风廉政建设责任制及构建惩防体系考核标准评分办法》等规范性的反腐倡廉制度文件。

4. 神华包头能源有限责任公司

1992—1997 年，包头矿务局党委制定《党政干部保持廉洁的规定》《关于惩治腐败狠刹不正之风的规定》《包头矿务局加强廉政建设搞好奖金分配的暂行规定》《关于干部住房分配的规定》《关于领导干部廉洁自律的实施办法》《关于加强对企业内部承包和建筑工程项目监督检查的通知》《全局纪检监察工作系统目标管理暂行办法》7个文件。

1998—2010年，公司党委制定和修订《神华包头矿务局关于实行党风廉政建设责任制规定的实施办法》《关于推行厂务公开，加强民主管理工作的实施意见》《关于对"两个一把手"履职过程中监督制约的规定》《党风廉政建设目标管理考核细则》《纪检监察信访工作制度》《贯彻落实国有企业领导人员廉洁自律七项要求工作实施方案》等10个文件。

2011—2015年，公司党委建立和完善29项规章制度，并汇编成册。

5. 神华北电胜利能源有限公司

2006年以来，公司党委制定《神华北电胜利能源有限公司建立健全教育、制度、监督并重的惩治和预防腐败体系实施办法》及任务分解表等，《关于元旦、春节期间严格遵守廉洁自律规定的紧急通知》等21项有关的规章制度。2007年，公司纪委按照惩防体系实施办法的要求，在各党支部都设立兼职纪检员，落实纪委工作人员巡查制度。

6. 神华大雁集团有限公司

1991—2000年，大雁矿务局党委先后制定关于各级领导干部保持廉洁和关于建立厂务公开、民主监督制度的实施方面的规章制度9个。2001—2010年，公司党委先后制定《大雁煤业公司矿（处）长任期经济责任审计暂行办法》《关于加强党风廉政建设的几项规定》《党风廉政建设责任制实施办法》《大雁煤业公司廉政文化建设活动方案》。

2011—2013年，公司党委建立协同监督工作机制和配套制度，制定下发《大雁公司反腐倡廉教育工作实施意见》《关于进一步加强廉洁文化建设的工作意见》《党风廉政建设责任制考核实施办法》等制度15个，保留3个，修订3个，废止16个。

2014—2015年，公司党委修订完善《党风廉政建设责任制考核实施办法》等4项制度，新增《神华大雁集团公司公车私用责任追究暂行规定》等4项制度；修订《神华大雁集团公司党风廉政建设责任状》，下发《关于在"两节"期间严格遵守廉洁自律有关规定的通知》《关于狠刹中秋国庆期间公款送礼等不正之风的通知》《神华大雁集团公司管理人员选拔任用监督办法》。

7. 神华宝日希勒能源有限公司

1999年，公司党委下发《纪委纪律检查工作要点》，贯彻落实《关于实行党风廉政建设责任制的规定》。2005年，公司纪委建立完善各项规章制度，制定下发《中共宝日希勒煤业有限责任公司纪律检查委员会工作规则（试行）的通知》等规则、规定5项。2006年，公司将构建惩防体系纳入公司发展规划和企业管理体系中，制定下发《神宝公司建立健全教育、制度、监督并重的惩治和预防腐败体系总体规划的通知》等10个文件，制定《神宝公司建立健全教育、制度、监督并重的惩治和预防腐败体系、党风廉政建设和反腐倡廉工作中（长）期工作计划》等各项制度18项。

2007—2011年，公司党委制定下发《神宝公司效能监察暂行办法》《党风廉政建设责任制考核细则》等6项制度。2012年，公司补充修订《公司效能监察暂行办法》《公司招投标监督办法》《公司领导干部述职述廉制度》《公司诫勉谈话制度》。2013—2014 年，公司出台《关于落实党风廉政建设主体责任和监督责任的意见》等 4 项规章制度。

8. 扎赉诺尔煤业有限责任公司

1994—1999 年，扎赉诺尔矿务局党委先后制定下发《扎赉诺尔矿务局纪检监察机关案件管理办法（试行）》《禁止领导干部婚丧嫁娶严禁大操大办、自建房申报制度》《领导干部个人收入申报制度》《领导干部工作中严格执行用餐标准的规定》《关于贯彻执行深入调查、严肃查处非正常亏损企业领导干部违纪违法问题的意见》《效能监察工作程序细则》《效能监察实施方案》《扎赉诺尔矿务局反腐败斗争及专项治理责任制》和《关于处级领导干部实行谈话、回复和诫勉制度的规定》等制度。

2000—2015 年，公司党委印发《扎赉诺尔煤业公司关于贯彻党风廉政建设责任制的实施办法》《扎赉诺尔煤业公司纪检监察信息工作目标化管理实施办法》《推进廉洁文化建设活动实施方案》和《"小金库"专项治理工作实施方案》等 12 个文件。

9. 内蒙古平庄煤业（集团）有限责任公司

1991—1999 年，平庄矿务局党委制定对党政干部在建房住房中违纪违法、领导干部申报收入和个人重大事项，以及《关于实行党风廉政建设责任制的实施办法》等 8 项规章制度。

2000 年以来，公司党委制定《关于进一步加强和改进党的建设工作的实施意见》《关于加强自身建设的工作制度》《关于党员领导干部廉洁自律"二十一不准"的规定》《建立健全惩治和预防腐败体系 2008—2012 年工作规划》等 6 项规章制度。

二、反腐倡廉教育

（一）党风廉政法规制度学习教育活动

1. 神华神东煤炭集团有限责任公司

公司党委把各级领导人员和重要岗位的管理人员列为教育的重点对象，利用中心组学习会、经营分析会、政治工作会等机会广泛开展反腐倡廉教育；利用电视、报纸、局域网、宣传牌匾、工作简讯等新闻媒介扩大宣传教育的覆盖面和影响力，并经常播放、刊登正面典型事迹、反面警示案例、廉政故事、廉政漫画和廉政警言；定期向全公司助理级以上领导的手机发送廉政短信；举办反腐倡廉教育和预防职务犯罪专题讲座，强化纪律意识；开展学习贯彻《党章》和社会主义荣辱观、治理商业贿赂、作风建设等专项活动，促进廉洁从业；组织反腐倡廉知识竞赛和有奖征文活动，普及党纪条规，提高参与的积极性；印发反腐倡廉教育手册和廉政台历，提供学习便利，鞭策秉公用权。

在重要传统节日期间，向全公司各级领导人员及其家属致廉政公开信，倡导勤俭节约，守好廉洁"关口"；运用张贴廉政公益广告、举办廉政歌咏比赛等广大职工喜闻乐见的形式，宣扬廉洁核心理念，营造廉洁文化氛围，增强员工道德修养和行为约束力，推进廉洁文化建设，使反腐倡廉变成人们的自觉行动。形式多样的宣传教育活动，使各级领导和重要岗位的管理人员受到不同程度的熏陶和"净化"，有效促进廉洁从业意识和拒腐防变能力的提高，为公司的反腐倡廉建设发挥教育的基础性作用。

2. 神华准格尔能源有限责任公司

1991—1998 年，公司纪委与组织部、宣传部、党校等部门配合，以中共十一届三中全会、中纪委历次全会精神为基本内容，对公司全体党员干部进行党的基本路线、反腐倡廉教育，组织多次专题讲座和知识竞赛考试。

1999—2002年，公司党委一直把《时代风纪》《中国监察》《党风与党纪》等党刊作为党风党纪教育的必备教材，订阅到各基层党支部进行学习。公司党委先后开展学习孔繁森、李国安等先进典型的活动；通过正面典型教育鼓舞人、感染人，利用反面教材教育广大党员干部引以为戒、吸取教训。

《中国共产党纪律处分条例》颁布实施后，纪委专门订购与之配套的10盘录像带讲座进行播放学习，全公司共播放26场次，5000人次受到教育。同时，在全公司副科级以上干部中开展"反腐倡廉党纪政纪条规及法律法规知识竞赛"活动，共发出试卷480份，收回456份。公司发生"物资供应处贪污案""10·29"特大火灾事故案及"骗官案"等典型案件后，纪委及时组织有关部门进行讨论，提出整改意见，增强防范意识。

2003—2007年，公司纪委组织广大党员干部特别是党员领导干部认真学习中纪委历次全会精神、中纪委对党员领导干部和国有企业领导人员廉洁自律提出的"四大纪律八项要求"和"三个不得"要求，学习《"三个代表"重要思想反腐倡廉学习纲要》，广泛开展"四个模范"教育活动、"学习党章、遵守党章、贯彻党章、维护党章"学习活动和以"八荣八耻"为主要内容的社会主义荣辱观学习教育活动及"唱响正气歌"主题活动。

公司纪委为全公司中层以上管理人员发放国有企业廉洁从业教育读本——《境鉴》，利用《准格尔能源报》、准能电视台等媒体和张贴宣传图板、建立宣传橱窗等形式，大力宣传廉洁理念，积极倡导和发扬"想干事、干成事、干好事、廉洁干事"的作风，教育和引导广大党员干部树立社会主义荣辱观，强化反腐倡廉意识，做到不想腐败、不能腐败、不敢腐败。

2013—2015年，公司纪委共开展廉洁理论下基层活动8次，受教育党员干部800多人。公司开展的会员卡清退工作中，3464名党员干部上交会员卡零持有报告；对干部公务接待、公车私用、劳动纪律及涉足娱乐场所情况、各单位租用社会车辆、7项费用使用等情况明察暗访8次，发现问题16个，处理参与赌博的科级干部2人、一般管理人员2人；对公司部门副经理级以上管理人员举办婚丧宴席实施登记审批监督19人次。2014年较2012年同期，招待费下降70.26%、会议费下降73.24%，两年连续减少各类会议26.8%、文件39.4%。通过强力监管，有效防止"四风"问题的发生。

3. 神华包头能源有限责任公司

1998年，公司党委举办"党政纪条规"试题知识竞赛活动，开展以学唱《廉政歌》为主的"唱廉政歌曲做廉政干部"的活动；举办包头市企业纪检监察工作研究会第十次年会，由纪检监察干部等人撰写的3篇论文分别获得一、二、三等奖；2001年组织开展以《廉政教育读本》为内容的试题测试3次；2002年举办迎接中共十六大召开党风廉政建设知识有奖竞赛活动；2003年编印《干部廉洁自律思想教育读本》，开展处级以上领导干部廉洁从业知识学习测试活动；2004年开展党风廉政建设责任制知识学习测试活动；2005年召开学习贯彻《建立健全教育、制度、监督并重的惩治和预防腐败体系实施纲要》（以下简称《实施纲要》）大会，纪委书记对《实施纲要》的学习作专题辅导；组队参加神华集团公司党委主办的《实施纲要》、"学习纲要"和

《国有企业领导人员廉洁从业若干规定（试行）》知识试题竞答活动，公司3名队员分别获二、三等奖。

2011年，公司举办反腐倡廉理论研讨会和承办包头企业纪检监察工作研究会2011年年会。公司纪委编印《企业领导人员廉洁从业有关制度汇编》，并向全体党员领导干部分发。李家壕煤矿纪委制作印有"清似莲花不染尘、为民常怀律己心"廉洁教育口号的鼠标垫500个，发放到干部职工中。公司纪委组织纪检监察干部观看廉政教育片《警察日记》，给党员干部发放《贯彻落实党的十八大反腐倡廉精神读本》《党的十八大反腐倡廉精神学习辅导》等学习资料。

在开展思想教育的同时，公司纪委监察处坚持监督检查：①清理通信工具等"三项工作"；②参与各类安全生产事故的调查处理；③在干部管理方面，推行民主推荐、民主测评、任前公示、任前谈话等制度；④开展"小金库"专项治理工作；⑤围绕"双增双节"开展效能监察；⑥围绕物资采购招投标方面进行监督检查；⑦对工资二次分配进行检查整改，取消区队、科室的二次分配权，统一收回矿财务管理；对职工医院、学校、公安、安监、供销等部门的收费情况进行监督检查；⑧招待费使用实行纪委书记签字，纪委办公室审核盖章，财务单独列项，并向职代会报告的制度；⑨对破产单位的人员安置、资金发放、资产处置进行监督检查；⑩对企业领导人员参与煤矿投资入股情况进行清理登记。

4. 神华北电胜利能源有限公司

2005—2007年，公司党委组织党员领导干部学习中央《关于国有企业领导人员廉洁自律的各项规定》，严抓"五项规定"落实；组织100余名党员干部职工观看牛玉儒、任长霞教育片；开展大型设备和物资采购、工程、项目招投标制度，业务招待费和大额资金调度使用情况的效能监察，组织党员特别是领导干部学习《国有企业领导人员廉洁从业规定》《党内监督条例》等文件，112名党员参加书面廉洁自律知识测试，开展反面典型教育和在全公司唱响正气歌等活动。公司纪委4次深入各单位就党风廉政建设工作进行检查、调研，帮助基层解决工作中遇到的问题，接待信访3次，处理落实3件。公司纪委组织领导干部和广大党员积极参加神华集团公司纪检组组织的廉政建设征文比赛，连续举办3期廉政教育培训班，公司机关全体干部、各直属单位主管以上共241人次参加培训学习。

2008年，公司纪委举办纪检监察干部培训班、廉政教育培训班。公司机关全体干部、各直属单位主管以上共240余人次参加培训，观看党风廉政教育专题片，十七大辅导讲座；学习典型案例剖析材料。2009年，加强党风廉政建设和效能监察工作，组织学习《中共中央纪委关于严禁利用职务上的便利谋取不正当利益的若干规定》和集团关于加强廉政建设预防和惩治腐败的一系列重要文件，为主管以上人员发放《国有企业领导人员廉洁从业若干规定》《关于实行党政领导干部问责的暂行规定》《从政党员干部不能做的150件事》学习读本。

2010年，公司组织学习干部选拔任用"四个"监督文件，对惩防体系和工程领域突出问题进行自查并撰写整改报告，完成转变干部作风加强效能监察征求意见活动；设立反腐倡廉举报接待处意见箱，建立投诉记录本，组织观看勤政廉政教育专题片。

2012年以来，公司组织学习贯彻中共十八会议精神，开展多种形式的反腐倡廉教育活动。

5. 神华大雁集团有限公司

2003年，大雁煤业公司纪委利用半年时间在党员干部和主管人、财、物的管理人员中开展大规模的党风廉政建设教育活动，基层22个单位组织学习154次；组织观看警示教育片《共和国反贪风云》36次。公司纪委为162名副处级以上干部、703名科级干部建立廉政档案。2004年，公司纪委与组织部、宣传部联合在全体党员干部中开展历时半年的学习贯彻《中国共产党纪律处分条例》《中国共产党党内监督条例（试行）》活动；2005年，公司纪委、监察处先后组织全公司党员干部特别是领导干部及管理人员观看《内蒙古第一贪》《建立健全教育、制度、监督并重的惩治和预防腐败体系实施纲要》辅导报告电教片。在全公司23个矿（处）级单位和公司机关22个部室的1533名党员干部中开展《建立健全教育、制度、监督并重的惩治和预防腐败体系实施纲要》和《"三个代表"重要思想反腐倡廉理论学习纲要》知识学习竞答活动。

2011—2013年，公司党委组织全公司党员干部学习《廉政中国》《警钟长鸣》警示教育片以及能源公司网上反腐倡廉教育基地学习资料等18次；组织公司人、财、物关键岗位的人员观看反腐倡廉影片《忠诚与背叛》，对公司20个基层党委、党总支，重点围绕活动内容的"五个方面"查找问题90余项。公司纪委、纪检监察部紧扣"为民、务实、清廉"主题，开展党风廉政学习教育进基地、进课堂、进厂矿、进网络的"四进"活动；对公司所属22个单位采取"听、查、谈、评、访"的方式进行督查；制定千人考试计划，统一印发950本学习手册，组织全公司管理人员共计1008人进行集中考试；修订、完善《神华大雁集团公司党风廉政建设责任状》，与22个直属党委、党总支分别签订《党风廉政建设责任状》。132名处级干部向公司党委递交《领导干部廉洁自律承诺书》，106名从事人、财、物等重要岗位的人员递交《关键岗位人员廉洁从业承诺书》。

2014—2015年，公司纪委、纪检监察部组织拍摄4部廉政公益广告和1部微电影。邀请呼伦贝尔市廉政教育巡讲团到公司及二级单位进行5场专题讲座。公司纪委、纪检监察部举办1期纪检监察业务知识培训班，聘请呼伦贝尔市纪委的专家和培训中心的老师进行授课，公司各单位69名从事纪检监察工作的专兼职人员参加培训。公司纪委、纪检监察部派出4名专职纪检监察干部参加上级举办的纪检监察干部培训班。按照主动监督、关口前移的要求，公司纪委书记分别与21个基层单位党政负责人、17名机关部室负责人进行廉政谈话。

公司纪委、纪检监察部在全公司范围内开展大规模的党风廉政法规制度学习教育活动，共3000余人参加。按照神华集团在党委会议室悬挂《国有企业领导人员廉洁从业若干规定》的要求，制作23块牌板，悬挂在公司总部及各直属党委会议室内。公司纪委、纪检监察部印制500本学习手册发至处级以上干部和每个科级单位。公司纪委、纪检监察部与各子分公司、机关各部门分别签订监督责任状。按照财务、人力资源、机电、节能环保、法律物资、内控审计等专业分工，公司纪委、纪检监察部分别制定17个机关部门的监督责任状。4月，组织全公司各单位党政正职和机关各部门正职召开"公司党委中心组学习（扩大）会议"，对"两个责任"和反腐倡廉工作有关内容进行学习，并就落实"两个责任"进行部署。

6. 神华宝日希勒能源有限公司

2000—2006年，公司党委组织各单

位领导学习《中国共产党纪律处分条例》《中国共产党党内监督条例（试行）》《国有企业领导人员廉洁从业若干规定（试行）》15次，参加学习1080人（次）；各基层单位开展共产党员先进性教育活动和党风廉政教育活动学习24次，参加学习1270人（次），组织观看"警示"教育片10次，受教680人。公司纪委编印《神宝公司党风廉政建设文件汇编》和《警钟长鸣》等300册企业廉洁文化教育读本，发至各单位党员干部中学习。

2007年，公司开设公司"廉政建设""反腐倡廉"网页，宣教共计41项，读者点击2842人次；在公司科级以上干部中开展廉洁清政"廉政承诺书"签名活动，签名干部152人；在公司党员、干部中开展《实施纲要》知识测试活动，参加知识测试315人次；开展党员干部观看《忏悔》《中国特大案件》反腐倡廉教育活动，受教368人次。2008年公司累计向各级管理人员发送廉洁短信300余条。

2011年10月，公司党委组织开展以"加强作风建设、促进廉洁从业"为主题的党风廉政建设宣传月活动。在公司内网《党建之窗》中设立《永葆先锋》《廉政建设》《党建专题》等专栏，共播放有关党风廉政建设方面的新闻稿件和宣传专题116条（部）。2012年，公司党委组织党员、干部利用公司内网收看《党建之窗》播放的《拒腐防变每月一课》《保持党的纯洁性》等反腐倡廉教育视频，点击观看人数达612人次，教育宣传面达到95%以上。公司党委编印《反腐倡廉典型案例汇编》100本，下发各党总支、党支部学习。

2013—2015年，公司党委认真贯彻中共十八大会议精神，以党的群众路线教育实践活动为契机，组织召开践行教育实践活动诫勉警示专题会，观看《"蚁贪"之祸》。在公司内网设立"廉洁文化"专栏，每周更新刊载两篇廉政文摘。播出《拒腐防变每月一课》等音像教材，点击观看人数达到643人次。6月，组织全体党员干部清退会员卡活动。9月，举办"落实八项规定、加强作风建设"专题讲座。公司党委举办新提任管理干部廉政教育座谈会，19名新提任的管理干部参加会议。在春节、五一、中秋、国庆等重要节日期间，公司下发《关于节日期间严格落实中央八项规定精神坚决纠正四风问题的通知》，公布查处违反八项规定举报电话。同年，公司党委开展治理会所问题专项承诺活动。

7. 扎赉诺尔煤业有限责任公司

1992—1999年，扎赉诺尔矿务局党委在西山矿召开治理"三滥"现场会，1993年召开全局反腐倡廉工作会议，全局副处级以上干部405人参加会议；出台《效能监察工作程序细则》和《效能监察实施方案》。此项工作逐步走上经常化、规范化、制度化的轨道。

2000—2010年，公司纪委组织开展对克扣职工工资奖金的专项治理和中小学乱收费的专项治理，在中小学实行"两公开""两报告"制度。公司纪委开展医药购销不正之风的专项治理；2003年建立处级以上干部廉政档案（195人）；实行纪委负责人同下级党政主要负责人谈话制度；举办副处级以上领导干部"党风廉政建设知识答题"活动；开展调查研究和理论研究有奖征文活动，编印《纪检监察工作优秀论文集》和示范教育读本《时代先锋》1500余册；举办廉政文化建设书法、板报展；举办"党风廉政建设专题报告会"；制定《扎赉诺尔煤业公司关于开展小金库自查自纠工作的通知》，在公司范围内开展小金库自查自纠工作；印发《扎煤诺尔煤业有限责任公司建立健全惩治和预防腐败体系 2008—2012 年工作细则》《扎煤诺尔煤业有限责任公司"三重一大"决策制度实施细则》；编辑出版《扎赉诺尔煤业公司廉洁文化手册》1000 册，发给公司高管人员和各单位基层党支部；订购《中国共产党党员领导干部廉洁从政若干准则》和《国有企业领导人员廉洁从业若干规定》单行本各 300 本发至各单位。

入工作日程，以增强教育的广泛性为基础，以增强教育的预防性为目的，对各级党员领导人员和党员进行理想信念教育、艰苦奋斗教育、廉洁从政教育，促进党风根本好转。

图 12-1-14　2011 年 4 月 8 日，平庄煤业公司召开党风廉政建设学习会

图 12-1-13　扎赉诺尔煤业公司纪委监察处举办"廉政之歌"活动

2011—2015 年，公司纪委建立廉政教育基地和基层廉洁文化展厅，为廉洁文化教育提供平台；针对专项资金、项目建设、招投标等工作开展效能监察和审计，营造和谐清正的经营环境。公司纪委深入学习贯彻集团公司转变作风 30 项规定，在精简会议、规范职务消费等方面，制定 19 项具体措施，全年职务消费、用车费用同比分别下降 3% 和 5%；确定廉政建设重点防控风险点；加大专项资金、项目建设、招投标工作的效能监察，为公司营造风清气正的发展环境；加强"三重一大"决策与执行的监督检查，开展招投标管理等效能监察。

8. 内蒙古平庄煤业（集团）有限责任公司

公司各级纪检部门把党风党纪教育列

（1）开展《中国共产党纪律处分条例（试行）》《中国共产党党员领导干部廉洁从政若干准则（试行）》教育。公司各级纪委购买《中国共产党纪律处分条例（试行）》《中国共产党党员领导干部廉洁从政若干准则（试行）》等学习材料 15078 册，为党员学习提供必备的教材。各级纪检干部讲党风党纪教育课 574 场（次），党员听众 25653 人（次），受教育面达 97.5%。全局有 5267 人（次）的党员参加党规党法知识答题，参与率达到 95.7%，成绩普遍达到良好。

各级纪委组织开展《中国共产党纪律处分条例（试行）》《中国共产党党员领导干部廉洁从政若干准则（试行）》的答题竞赛，全局有 540 多名副科级以上党员干部参加答题。纪检监察系统共购买和复制党风党纪教育录像带 30 多部，共 49 盘，播放 436 场（次），观看的党员干部达到 81570 人（次）。《平庄矿工报》、平煤电视台长期进行党风廉政建设宣传教育，促进党风廉政建设。

（2）先进人物事迹教育。各级党组织开展向孔繁森、汪洋湖、戴成均等先进人物学习的活动，利用正面典型事迹对党员干部进行世界观、人生观教育。1995年，全局树立以元宝山煤矿运销科党支部书记吴吉昌等为代表的47名廉洁勤政拒腐防变的先进典型，组织全局共产党员向他们学习。

9. 内蒙古伊泰集团有限公司

2001年以来，公司党委认真贯彻《中国共产党党内监督条例》《中国共产党党员纪律处分条例》《中国共产党党员权利保障条例》，深入开展党性党风党纪教育活动，进一步建立和完善与党风廉政建设责任制相配套的监督、考核、警戒、追究于一体的管理机制和保证机制；按时召开半年、年终民主生活会，加强对党员领导干部的监督。2007年以后，集团公司党委进一步落实《建立健全教育、制度、监督并重的惩治和预防腐败体系实施纲要》，加强反腐倡廉制度体系建设。

截至2015年，集团公司无一名党员干部和普通党员受到刑事或党纪惩处；党员在公司的改革发展中切实发挥先锋模范作用，成为公司改革发展的主力军，年度评选出来的各类先进工作者90%以上是共产党员，集团公司所属各党总支、党支部的考核结果全都是优秀，达标率为100%。

（二）开展警示教育

神华神东煤炭集团有限责任公司党委对新提拔的助理级以上干部开展任前集体廉政谈话教育，并组织他们观看反腐倡廉警示教育片和勤政廉政典型影片，到附近监狱和革命根据地零距离地进行反正两方面教育，触动思想灵魂，坚定理想信念。

神华准格尔煤炭公司纪委1998—2000年，陆续订购《胡长清案件警示录》《广东湛江特大走私受贿案纪实》《厦门特大走私受贿案纪实》等录像片、VCD片共计14种35盘，在公司各单位进行巡回播放，观看人数达8339人次；陆续订购《警示教育学习材料汇编》《党风廉政学习辅导材料》共计560册。

扎赉诺尔矿务局1997年，开展清理领导干部多占住房和以权谋房不正之风工作，对全局1574名副科级以上干部进行自查自纠，对领导干部占用及购买公房情况进行登记。扎赉诺尔矿务局查出出租1户、转借17户、私自交换1户、调出后未交住房19户，并分别做了处理。2000年，扎赉诺尔煤业公司纪委编印《警示教育读本》1350册，发至科级以上干部；订购《中国共产党纪律处分条例》单行本800本发至各单位及其所属党支部。2011—2015年，公司纪委组织观看《共和国反贪风云》《痛悔》《忠诚》等警示与示范教育片，每年约1500余名党员干部受到教育。

2011年，神华大雁集团有限公司纪委组织各单位党政主要负责人和人、财、物等岗位的管理人员50人到呼伦贝尔市警示教育基地观看警示教育图片展览，邀请呼伦贝尔市检察院领导来公司开展反腐倡廉警示教育讲座。

1998年，平庄矿务局纪检监察部门针对干部选拔任用中存在的不正之风和少数人利用职权和职务上的影响为亲友及身边的工作人员谋取利益的问题，先后下发"坚决禁止用公款大吃大喝""党员领导干部要遵守纪律不要以权谋私""领导干部要令行禁止遵纪守法""振奋精神严守纪律打胜两个决战"共4个违纪典型案件通报，在全局党员干部中引起很大的反响。2000年，平庄煤业公司纪委下发

《关于利用胡长清、成克杰等重大典型案件在全平庄煤业范围内对党员干部开展警示教育的实施意见》。

2002—2007年,平庄煤业公司纪委先后购买警示教育片48部,组织各级干部和党员观看《贪者戒》《高墙内的钟声》《铁窗下的忏悔》《内蒙古第一贪》等专题片,观看中纪委编辑的《反腐要案纪实》《忏悔录》《被黑贪毁掉的企业家》《廉政中国》等专题片,还组织党员领导人员观看《苏共亡党启示录》的政论片以及重大革命历史题材片《井冈山》等,受教育人数达3536人(次)。期间,平装煤业公司还召集公开处理党员违纪案件大会3次,发通报13次,下发纪检简报67期1125份,通报情况,警示广大党员引以为戒。

从2007年开始,平庄煤业公司纪委对一些员工群众反映的存在问题但又构不成违纪案件的部分领导人员进行警示谈话,对平庄煤业公司新提拔到领导岗位的副处级领导人员30人进行上岗前的廉政谈话,并签订党员领导人员党风廉政建设责任状,进一步规范领导人员的从业行为,做到警钟长鸣。

三、案件查处

(一) 神华神东煤炭集团有限责任公司

2004年,一名矿长兼矿党委书记因该单位虚列工程款和运费套取资金、出售废旧物资和工程煤不入账,用于不合理支出,被处以党内严重警告、行政记大过和免去党内外职务处分。2006年,有一名核算中心报账员因利用工作之便挪用单位资金,给予留用察看两年处分。除这两起案件外,全公司实现连续5年副处级以上干部"零"违纪、连续3年助理级以上干部"零"举报。

(二) 神华准格尔能源有限责任公司

1992年以来,公司纪检系统共受理来信来访341件,根据反映问题和情节内容,分别进行核查。对反映经核实确实有经济问题的,移送司法机关处理;对反映经核实确有违纪问题的,给予立案查处;对反映经核实失实的,予以了结澄清;对反映虽有错误但情节轻微的,谈话提醒。几年来,信访工作一直坚持受理、转办、督办、催办的有关规定,对来信署名的信件,坚持回复制度。

1991—2002年,公司纪委分别对涉及破坏通信设备、贪污受贿、组织人事舞弊和私设小金库等类案件进行查办,对51人给予党纪政纪处分,其中厅级干部2人、处级干部9人、科级干部21人,8人受司法处理,挽回经济损失1907.7万元。2003—2009年,公司纪委通过对各类违法违纪案件的查办,对19人给予党纪政纪处分,其中厅级干部2人、处级干部12人、科级干部5人,较好地发挥查办案件的警示和威慑作用。

2010年,公司纪检监察部门受理信访举报5件,查结5件。受理来电来访15人次,并就有关问题及时督促相关部门落实,对犯有轻微错误的党员干部进行诫勉谈话6人次。2012—2015年,公司纪委共受理来电来访55人次,收到信访举报26件(其中集团转办9件)、查结21件,有5件正在调查过程中;处分管理人员20人,其中处级管理人员14人、科级管理人员3人、一般工作人员3人;挽回经济损失29.8万元。

(三) 神华包头能源有限责任公司

1992—1994年,包头矿务局纪委收到来信来访52件,符合立案的9件,全部查处;受处分党员9人,其中,开除党籍2人、留党察看1人、严重警告2人、警告处分4人。矿务局纪委和各单位纪检部门会同有关部门，对全局副科级以上干部和职工的建房、分房、住房问题进行彻底清查，共查出空锁、转让、多占住房160多户，并及时收回重新分配。

1995年，公司纪委共受理群众来信来访30件，反映经济类的23件，占来信来访总数的76.6%；道德类问题的1件，违纪问题类的2件，其他类问题的4件；涉及正处级干部6人、副处级干部7人、正科级干部8人、副科级干部2人，涉及2个处级领导班子、4个科级领导班子。党委决定，给予1名正科级干部党内警告处分，行政降级处分；2名副处级干部党内警告处分，1名行政记过处分；5名科级干部党内警告处分，1名科级干部党内严重警告处分，2名科级干部行政记过处分。同时，为国家和集体挽回直接经济损失445343.06元。

1996—1997年，全局通过查办案件挽回经济损失36.45万元。1998—2003年，公司纪委共查处各类违纪违法案件25件，处分党员、干部29人；2011—2013年，公司纪委共接待职工群众来访44人次，来信来电11件，其中管辖范围外2件，通过耐心细致地解释说服，转到相关部门处理。市纪委转办案件2件，神华集团转办案件5件，都已初查了结；查办率100%，无违纪违法案件发生。

2003年，纪委信访室被包头市纪委监察局评为"信访举报目标管理工作优秀单位"。2006年以来，公司未发生包头市以上的举报处级党员领导干部案件。

(四) 神华宝日希勒能源有限公司

1984—2008年，宝日希勒煤矿纪委共查处违纪案件2起，立案2起，查处违纪人员34人，其中处级干部8人、科级干部26人，挽回经济损失38余万元。2008—2012年，共查处违纪案件1起，立案1起，党纪处分4人。2013年，查处案件1起，立案1起，党纪处分1人。行政处分3人。2014年，查处案件1起，立案1起，党政纪处分1人，行政处分1人。2015年，查处案件2起，立案2起，纪律处分1人，行政处分3人。

(五) 神华大雁集团有限公司

1991—2004年，公司纪委、监察处共查处案件433件，立案159件，处分违纪人员239人，其中处级43人、科级123人，见表12-1-4。

表12-1-4 1991—2004年神华大雁集团有限公司纪委、监察处案件查办情况表

年份	来信来访（件）	其中		查处各类案件（件）	立案（起）	处分违纪人员（人）	其中				
		来信（件）	来访（件）				党纪（人）	政纪（人）	处级（人）	科级（人）	其他（人）
1991	53	53	—	30	30	34	10	24	3	15	16
1992	41	37	4	7	7	16	4	12	1	4	11
1993	89	74	15	14	14	34	13	21	1	26	7
1994	76	70	6	45	16	16	2	14	1	6	9
1995	106	106	—	74	18	20	12	8	2	8	10
1996	90	90	—	15	15	13	6	7	4	7	2
1997	116	104	12	115	19	45	28	17	11	23	11
1998	42	30	12	15	10	16	11	5	2	9	5
1999	24	20	4	24	3	2	2	—	—	2	—

表12-1-4（续）

年份	来信来访（件）	其中		查处各类案件（件）	立案（起）	处分违纪人员（人）	其中				
		来信（件）	来访（件）				党纪（人）	政纪（人）	处级（人）	科级（人）	其他（人）
2000	18	12	6	9	3	9	3	6	2	7	—
2001	21	14	7	11	4	16	8	8	8	8	—
2002	25	25	—	18	10	4	2	2	2	2	—
2003	42	42	—	29	4	7	4	3	4	3	—
2004	33	32	1	27	6	7	6	1	—	4	3
合计	776	709	67	433	159	239	111	128	43	123	73

2005—2010年，公司纪委、监察处共收到群众举报信108件（重复信件5件），其中受理69件；在受理的信件中查实28件，共处分违纪党员干部43人，其中处级3人，对3名矿处级主要领导干部进行诫勉谈话；与检察院联合对运销分公司工作人员在销售煤炭过程中的违纪行为进行调查，并移交检察院。

2011年，公司纪委、监察处共收到各类举报信9件，受理7件，查实1件。按照查实结果，对1名科级干部给予党内严重警告、行政降职处分，对1名管理人员给予行政记大过处分，以上2人分别调离原工作岗位。2012年来访9件，其中：受理8件，查实1件，共处分违纪党员干部2人，一般管理人员1人。

2013年，全年共收到各类举报信件35件，受理20件，其中：责成基层查办10件，直接受理10件，查实3件，共处分违纪党员干部4人，诫勉谈话6人，批评教育7人，责成大会做检查4人。纪委对1个单位因出现违法问题取消参加市级文明单位复检资格，对1个单位因发生群体事件责令其4名领导班子成员在职工大会上做检查，并对发生群体事件所在单位的领导班子进行调整。

2014年，各类举报信件31件，受理23件，其中：初核了结22件，转立案1件。处分违纪党员干部2人，诫勉谈话11人，谈话函询3人，下发问题整改建议书3份，经过跟踪督察，已全部得到落实。

2015年，公司纪委、纪检监察部共收到各类举报信件63件，受理63件，其中：初核了结56件（转立案3件），正在办理7件。处分违纪党员干部4人，诫勉谈话8人，谈话提醒1人，组织处理2人。5月，公司纪委、监察处配合神华集团公司党组第一巡视组开展巡视工作，组织公司125名副处级以上领导干部进行例行谈话，组织113人进行个别谈话。公司纪委、监察处调阅各类资料130余项，接到巡视组转办信访举报信件50件，已办结45件（其中与巡视组共同办理7件）。经公司党委会议研究决定，对1家二级单位领导班子通报批评，给予3名党员干部党纪政纪处分，给予1名退休党员党纪处分，对8名党员干部进行诫勉谈话，对2名党员干部进行组织处理。

（六）扎赉诺尔煤业有限责任公司

1990—2000年，群众来信来访678件，立案69件，处分违纪人员94人，移送司法机关2件。

2001—2010年，公司收到群众来信267件，立案11件，结案11件，处分违纪人员6人，党内警告2人，移送检察机关 2 件，开除矿籍 1 人。

2011—2015 年 5 月，公司收到群众来信 71 件，立案 2 件，结案 2 件，处分违纪人员 2 人，党内警告 1 人。

（七）内蒙古平庄煤业（集团）有限责任公司

1991—2015 年，公司共受理群众来信来访 2600 件，对违纪案件初查 1194 件，立案查处案件 308 件，473 人受到党纪政纪处分，8 人移送司法机关处理，其中，涉及副处级以上党员干部 42 人、科级党员干部 147 人、一般党员干部 120 人、工人党员 15 人、其他人员 149 人。罚没款 0.4 万元，收缴各种违纪款 200.34 万元，为企业挽回经济损失 1263.82 万元，避免经济损失 169.98 万元。1991—2015 年，纪检监察部门共开展执法监察 117 项，提出监察建议 117 条，发现案件线索 68 个（大要案 3 个），全部移交检察机关立案查处。纪检监察部门共查处违纪金额 198.8 万元，为企业避免经济损失 463.79 万元，共协助相关部门和单位建章立制 85 项。

（八）神东天隆集团有限责任公司

2014 年初，某矿在手续不齐全的情况下，违规向客户发运 13637.2 吨煤炭。事后，该矿和煤炭分公司、煤炭运销分公司紧急向客户催收煤款，并全部收回。经公司纪委核查后，对具体经办人该矿调度发运站站长王某某给予党内严重警告处分，并撤销其站长职务，同时罚款 20000 元。

第四节 信访维稳工作

一、信访接待机构设置

20 世纪 90 年代中后期，国内煤炭市场持续疲软，乌达、海勃湾、包头、大雁、扎赉诺尔、平庄矿务局经营严重亏损，个别矿务局连续十多个月发不出工资，加上国家对少数资源枯竭的煤矿实行政策性关闭从而出现大批下岗职工群访事件。为及时平息群访事件，维护社会稳定，各企业相继成立信访机构。

（一）神华包头能源有限责任公司

1992 年，包头矿务局综合信访处及接待室配备 4～7 人，设处长和副处长各 1 人，隶属局党委领导。局属各二级单位设信访科（或信访接待站），共有专兼职工作人员 25～30 人，均隶属本单位党委、党总支领导。

2003 年，随着五当沟煤矿实施政策性破产，文教、卫生、公安、水电暖成建制移交地方，历史遗留问题与现实矛盾相互交织，导致各类信访问题处理难度进一步增大。为加大对信访维稳工作的领导力度，充实维稳工作队伍，公司于 2004 年 6 月 3 日召开党政联席会议，会议决定：将综合信访处、武装部及未移交的公安处人员合并成立公司治安保卫部，设部长 1 人，政委 1 人，副部长 2 人，下设办公室、政保科（包括信访接待室）、治保科（包括治保队）共 29 人，隶属公司党委领导。公司所属各二级单位设治安保卫科，共有专兼职工作人员 130 余人，均隶属各单位党委、党总支领导。

2009 年 9 月，公司整合信访维稳工作机构，将五当沟煤矿、白狐沟煤矿、河滩沟煤矿 3 个破产工作留守处、两个社保机构移交后成立的善后事宜处理机构维稳办及治安保卫部共 5 个单位合并成立社会事务综合部，设一、二、三、四、五处，并作为公司所属的二级单位，标志着公司形成大信访格局。2012 年 6 月，社会事务综合部机构再次整合，撤销二、三、四、五处，成立信访一处（包括治安保卫部、武装部）、信访二处、公司政策性破产办公室。该部党政领导为公司总经理助理级，在册人员共 108 人，其中 18 人为处长助理以上领导干部。

（二）神华乌海能源有限责任公司

1991—1993 年，乌达矿务局信访处作为行政处室单独设立，各基层矿（厂）也设立相应的信访机构，配备专（兼）职信访工作人员。1996 年 6 月，信访处和人事劳资处合并，1999 年重新设立信访处。

海勃湾矿务局自 1991 年 1 月开始单独设立信访处，各基层矿（厂）分别设立信访办。1995 年 5 月信访处撤销，信访工作归口党政办管理，下设信访接待科。2002 年 1 月，神华海勃湾矿业公司成立。2 月 19 日信访保卫处成立，原归海勃湾矿务局党政办公室管理的信访科，划归信访保卫处，设为信访科。

2008 年 10 月 26 日，经过"四公司"重组整合后成立神华乌海能源有限责任公司，公司将原乌达矿业公司信访处与原海勃湾矿业公司信访保卫处的信访科合并后，设立信访办公室。信访办公室设主任 1 人、副主任 4 人，设信访接待科（乌达区 1 个、海勃湾区 1 个）、办信科、督查科、综合办公室。公司同时建立以董事长和党委书记为组长的信访维稳工作领导小组，负责研判公司信访形势，解决处理大规模群体性上访事件和协调解决历史遗留疑难复杂信访问题。基层各矿（厂）也设置信访工作机构，配备专（兼）职信访工作人员。2015 年 6 月，信访办公室撤销，与保卫中心合并成立信访保卫中心，负责公司安全保卫、治安消防及信访接待工作，按公司下属二级单位管理，下设信访接待科、办信科、督察科、综合科，信访工作人员 10 人。

（三）扎赉诺尔煤业有限责任公司

1990 年 7 月，扎赉诺尔矿务局成立信访处，设处长 1 人、副处长 1 人、工作人员 6 人。1995 年 11 月，矿务局将信访处并入行政办公室，一个机构两块牌子。由 1 名行政办副主任专职负责信访工作，工作人员 3 人。1999 年 12 月，信访办从党政办公室划出，成立信访处，设处长 1 人、副处长 1 人、工作人员 2 人。

2007 年，公司党委组织部与政工部、信访处、团委合并，成立党委工作部，下设组宣处、信访处、综合处。2008 年末，公司撤销组宣处、信访处、综合处，成立组宣科、信访科和综合科。2015 年公司党委工作部信访科划归保卫部，保卫部更名信访维稳部。

（四）神华大雁集团有限公司

1992 年 10 月，大雁矿务局压缩机构，将信访处等 5 个机构合并，对外保留信访处名称。

2001 年，公司成立信访工作领导小组，由公司党政领导及基层单位主要领导共计 19 人组成。同时，基层单位也相应建立信访工作网络，网员由各单位办公室主任兼任。2002 年，信访处成为独立处室，设处长 1 人、科长 3 人、科员 1 人。2004 年，信访处与法律事务部合署办公，一个机构两块牌子。同时，信访处改为信访办公室，主任由法律事务部部长兼任。

（五）神华宝日希勒能源有限公司

2005 年 3 月，公司决定在党政办公室内设信访科。公司与相关部门签订《2005 年党政领导信访工作责任状》和《信访工作目标管理责任状》；开展法制宣传月活动，强化学习《信访条例》，对信访工作采取一把手负总责制度，设立总经理信箱，实行公司领导信访接待日制度，确立"零上访"奋斗目标。

（六）内蒙古平庄煤业（集团）有限责任公司

2001 年，面对"11·25"事故引发的一系列上访、群访事件，公司确定"为企业扭亏脱困创造良好治安环境"的指导思想，成立公司维护稳定工作领导小组和信访工作领导小组，各单位也成立相应的组织机构，并组织开展矛盾纠纷排查调处活动。

二、主要措施

（一）神华乌海能源有限责任公司

2001年4月，海勃湾矿务局信访科根据《信访条例》和神华集团公司《关于分级受理群众来信来访问题的暂行办法》要求，制定《海勃湾矿务局关于分级受理群众来信来访问题的暂行办法》和《关于加强局机关门卫及信访工作秩序的暂行办法》。

2012年，公司制定《乌海能源公司信访工作管理办法（试行）》《乌海能源公司处置大规模群众集体上访突发事件应急预案》《乌海能源公司开展矛盾纠纷排查化解工作实施方案》《乌海能源公司处置在公司、赴区、进京群体性上访事件应急预案》；2013年制定《乌海能源公司重要疑难信访问题领导干部包案管理办法（试行）》《乌海能源公司重大事项信访稳定风险评估实施办法（试行）》《乌海能源公司信访信息渠道建设工作规定》；2016年制定《乌海能源公司信访稳定网络舆情工作预案》等14项信访规章制度。

（二）神华包头能源有限责任公司

1. 信访维稳管理体系建设

公司坚持"两结合，六定责"，即集中排查、清查与经常性排查、清查相结合；一般性排查、清查与重点排查、清查相结合。严格"定责任单位、定责任领导、定责任人、定责任目标、定处理方案、定办结期限"，形成从上到下责任管控体系。公司领导班子成员在日常工作中分工负责，有半数领导负责稳定工作，并完善维护稳定工作领导小组职能，把维护稳定工作列入重要议事日程，按照稳定工作责任制，建立以维稳工作为重点的干部考核机制，签订信访维稳工作责任状，并与干部的政治前途和经济利益挂钩。实施领导干部"一岗三责"，一级抓一级，层层抓落实。公司形成每周一次的维稳工作例会，认真分析一周来排查出的信访突出问题和隐患，集中处理，责任到人；建立每周一次的公司党政主要领导接待职工群众来访日，各相关部门领导参与接待，集体"会诊"，及时处理上访问题。

2. 从源头上减少和化解矛盾

公司做到超前防范，关口前移，从源头上减少和化解矛盾，对两批3座矿政策性破产、伤残鉴定、企业改制、社保移交、大病返贫、协解人员、棚户区搬迁等容易引发社会矛盾的利益群体和矛盾问题逐项登记，建立台账，把排查出的信访苗头和因素作为重点，彻底查清排查化解，从根本上控制各类社会矛盾的产生。

3. 畅通信息渠道

公司在日常和重要节点的工作中，做到信息渠道畅通，及时发现，及时报告，迅速建立相应的工作预案，及时启动突发事件应急机制，从源头上及时预防及时化解；建立24小时值班制度，严格报告制度，杜绝迟报、漏报、瞒报等情况的发生；加强信息预警和群体性事件的处置工作机制，建立信息情报为主导的群体性上访和非上访事件的预测、预防、预警、化解、控制机制，及时了解和掌握各种妨碍企业及公共秩序和安全工作的信息情报，抓住工作主动权，超前做好稳控和处置工作。

4. 建立风险防范管理机制

针对公司信访维稳实际，本着第一时间预警，第一时间处置，第一时间化解，集中力量解决源头性、基础性、根本性问题，建立健全风险评估机制，在风险源的识别、分析预测等环节进行科学管控，从源头上控制和防范信访矛盾的滋生和蔓延；凡涉及信访事项的重大决策，都进行合理性、合法性和可行性的风险评估，并保持和利用多渠道、多方位、多层次、多方式的有效措施遏制大的群体聚集上访事件发生，推进信访积案的矛盾化解工作，最大限度地降低和减少信访积案的存量和增量。

5. 信访问题复查复核

对各类信访案件，按照答复、复查、复核程序，实行信访件三级终结制，务求所办信访案件，经得起上级复核，经得起听证。目前，公司已完成在国务院国资委挂号的6件案件的备案终结，完成在中联办的31件案件的备案终结工作（其中包括石拐区棚户区搬迁分房诉求的25件、协解人员诉求的6件）。

6. 建立干部包案和责任追究制度

以党的群众路线教育实践活动为契机，严格落实干部包案和责任追究制度，做到包思想、包疏导、包动态、包稳控。坚持"四重四抓"，即重点人群重点抓，重点隐患重点抓，重点时段重点抓，重点访户重点抓，对于老访户、缠访户、闹访户责任到人，有针对性地制定包案稳控措施；以"敞开大门大接访，领导干部去家访"的工作态度改进工作方式和方法，使其落地生根，同时，创新"六步工作法"，变上访为主动"下访、走访、家访"的"三访"实践活动，建立"特殊困难职工家中走访日"等制度，带着真情、加强沟通、增进理解、赢得互信，实现"事要解决""息诉息访"的工作目标。

7. 推进信访信息化建设进程

公司不断完善信访群众的信息资料和基本诉求，建立信访人员信息档案。为进一步跟进国家信访信息化建设总体要求和集团公司的有关要求，逐步形成和完善信访人员的网络化信息管理体系，把政策法规运用与信访事项调处紧密结合起来，把信访核实取证与依法、依规解决问题紧密结合起来，积极推进信访疑难案件网络联动办案的科学化进程，使信访工作逐步进入规范化、程序化、有序化发展轨道，努力构建公司大信访格局。

第二章　工会（职代会）、共青团、社团组织

第一节　工会（职代会）工作

一、工会组织机构

（一）内蒙古自治区煤炭工会

1991年，内蒙古自治区煤矿工会为自治区总工会驻会煤炭产业工会，机构编制统属自治区总工会，定编7人。其职责是在自治区总工会党组和总工会的领导下，负责全区煤炭系统的工会工作。全区11个统配煤矿企业和内蒙古煤矿机械厂、内蒙古煤矿设计研究院、内蒙古煤炭科学研究所、内蒙古煤炭供销公司、内蒙古煤田地质勘探公司、内蒙古煤炭工业学校、内蒙古煤矿安全技术培训中心等7个直属单位工会共下设201个基层工会、2005个车间工会和9975个工会小组；会员达177075人，其中女性49546人，少数民族10472人，专职工会干部936人。

1995年，为更好地做好煤炭行业工会工作，经自治区批准，内蒙古自治区煤矿

工会整建制划归内蒙古自治区煤炭工业局，业务上接受自治区总工会的指导。

2002年，鉴于中央撤销了挂在省级煤矿安全监察局的省（区、市）煤炭工业局牌子，自治区煤炭工业局转隶到自治区经贸委；又考虑到自治区所属重点煤炭企业在改革中，隶属关系、管理体制已发生重大变化等实际。内蒙古自治区总工会决定撤销设在自治区煤炭工业局的煤炭产业工会（内蒙古煤矿工会）。经自治区批准，内蒙古煤矿工会的机构编制及人员纳入自治区煤炭工业局机构编制。

2016年，内蒙古自治区能源化学地质工会成立，设在自治区总工会内，负责指导全区煤炭、电力、石油化工、新能源、化学医药、国土资源、地质等企业工会开展工作。

（二）自治区国有重点煤炭企业工会

1. 神华神东煤炭集团有限责任公司工会

东胜公司于1993年初召开公司首届工会会员代表大会，审议通过《公司工会几年来工作报告》，选举产生公司首届工会委员会、工会经费审查委员会，选举产生工会主席、副主席。

1995年1月，东胜精煤公司成立劳动争议调解委员会，各级企业也在年内成立劳动争议调解委员会，并对一些劳动争议问题开展有效的调解和处理工作。1997年3月，神华东胜精煤公司首届一次工会会员代表大会召开。大会选举产生第一届工会委员会。1999年1月，在各基层工会成立的基础上，召开中国神华神东煤炭公司第一届会员代表大会，选举产生第一届工会委员会。公司工会成立后，又先后组建了26个基层工会。2009年5月，神东煤炭分公司工会设有工会委员会、工会经费审查委员会、女职工委员会等机构。工会设主席、常务副主席、副主席各1名；下设组织宣传部、劳动保护（保障）部、女工部、文体部、工会办公室，并设28个基层工会和3个工会直属小组。

2. 神华准格尔能源有限责任公司工会

1990年5月，准格尔煤炭工业公司工会委员会成立，下设维护职工权益部、文体部、女工部、组宣部。1992年，工会下设办公室、组宣部、生产劳保部、生活保险部、女工部、财务部、体育部、文艺部、文化活动中心。

1999年6月，准格尔煤炭工业公司召开首届工会会员代表大会，并进行机构改革，取消工会各部室建制，聘任主任科员、副主任科员和科员；同时，成立文体中心。2012年，公司工会设办公室、组织宣传部、劳动保护部、生活保障部、女工部，工会主席1人，副主席2人，科长4人，副主任科员1人，科员1人。2015年，公司工会设女工与综合管理部、组织宣传部、劳动保护部、生活保障部、财务部，26个直属工会，工会小组138个，工会主席1人，副主席2人，科长4人，科员2人。工会会员总数16579人（包括劳务派遣制职工会员），入会率达99.05%，其中女会员人数3032人。工会干部总数329人，其中专职工会干部32人，兼职工会干部297人，女干部90人。

3. 神华乌海能源有限责任公司工会

1991年，海勃湾矿区工会有直属基层工会12个，工会小组1090个，会员19845人。1996年，工会下设二级工会16个，工会小组830个，会员22704人。2001年，下设二级工会21个，工会小组640个，会员19379人。

2007年，乌达矿业公司有工会会员9508人，其中女会员2695人，职工入会率达98%。公司工会设5部1室、直属单位建立工会共17个、分工会153个、工会小组461个、专兼职工会干部165人。

2008年10月，神华乌海能源有限责任公司工会成立，下设二级工会36个，工会小组1256个，会员26670人，其中女性6499人，少数民族1091人，职工入会率达99.60%，专职工会干部104人，兼职干部405人。2014年4月，公司工会下设组宣部、生产部、生活部、女工部、财务部、办公室和乌达职工文体活动中心。

4. 神华包头能源有限责任公司工会

1992年，包头矿务局工会设组织宣教部、劳动保护部、生活保障部、女工部、财务部、办公室，另外，在工会委员会下设女职工委员会，并且代管公司计划生育工作。1996年，包头矿务局工会建立以"五会一社"为中心的扶贫帮困救助网络，形成适合各类困难群体需求的帮困渠道。2005年，在"五会一社"扶贫帮困救助体系的基础上形成"五大"扶贫帮困体制。同时建立信访接待室，完善劳动争议调解委员会。2009年，经过几次机构改革，工会各部室进行合并、撤销。

截至2015年底，公司工会设有组织宣教部、劳动保障部、财务部、办公室以及女职工委员会和代管计划生育办。公司工会设主席1人、副主席1人、副处级部长1人、正科级副部长4人、副科级副部长1人、干事2人。全公司有43名工会干部，其中女干部21人。

5. 神华北电胜利能源有限公司工会

2004年2月，成立神华蒙电胜利能源有限公司工会委员会，10月，成立神华北电胜利能源有限公司工会委员会。

2015年，公司工会有二级工会5个，会员712人。

6. 扎赉诺尔煤业有限责任公司工会

1988—1995年，扎赉诺尔局工会机构设置为6部1室，即财务部、组宣部、生产部、生活部、女工部、体育部、办公室。公司二级单位工会29个，井区（车间、队）级分会254个，工会小组158个，拥有会员34647人，职工入会率达100%。1997年，成立职工文化活动中心。2000年，三级单位工会25个，井区（车间、队）级分会215个，工会小组135个，拥有会员23172人，专兼职工会干部215人。公司有15个三级单位配备同级副职工会主席。2005年12月9日，扎赉诺尔煤业公司工会召开第九次会员代表大会。

2007—2015年，扎赉诺尔煤业公司工会机关设综合科、经济科、权益保障科、文体科、财务科、计划生育办公室。设有24个基层单位工会，现有专职工会干部62人，兼职工会干部155人，15个具备条件的单位配备同级副职工会主席。工会机关干部16人，其中工会主席1人、副主席2人。

7. 神华宝日希勒能源有限公司工会

1991年，工会设主席1人，下设办公室、组宣部、生产部、财务部、女工部。1996年9月19日，宝日希勒一矿召开首届职工代表大会暨第二届工会会员代表大会。2001年，公司工会设正、副主席各1人，下设办公室、组宣部、生产部、财务部、女工部。2005年8月，公司工会专职干部9人，设主席正职1名、副职2名，下设综合部、生产生活部、女职工委员会，下辖基层工会7个，基层工会干部30名全部兼职，工会会员2860人。2008年3月，公司工会委员会召开首届一次会员代表大会。2011年开始，公司工会专职干部6人。设主席正职1名、副职1名；下设组织宣传部、职工权益部、女工部。

8. 神华大雁集团有限公司工会

1990年，大雁矿务局工会设办公室、宣传部、组织部、生活部、生产部、女工家属部和体育部。配备主席1人（副局级），副主席2人（正处级），主任、部长（副处级）5人，副部长（科级）4人，一般干部10人。1991年，矿务局劳动争议调解委员会办公室划归矿务局工会管理，调解委员会主任由矿务局工会主席担任，调解办公室设主任（副处级）1人，工会机关干部增至25人。所属矿（处）级工会增至24个，科（区）级工会166个，工会小组1003个。矿务局工会系统专职干部154人，会员26958人。1995年12月，矿务局工会机关设生产部、组宣部、女工部、财务部、办公室、劳动争议调解办公室、体育协会办公室、工会公司；下设俱乐部、图书馆、文工团。配备主席1人、副主席2人、部长（主任、经理）10人。1996年，工会文工团成建制划归广播电视处。

2004年，煤业公司工会设办公室、生产生活部、组宣部、女工家属部、体育部、劳动争议调解办公室、计生办、财务部；有职工38人，其中女职工19人；干部26人，其中副局级1人、正处级3人、副处级3人、科级13人。

9. 华能伊敏煤电有限责任公司工会

1991年1月，工会下设组织民管部、宣教部、生产保卫部、生活女工部、体育部、办公室等6个准处级机构，部长为副处级。基层有9个单位配备同级副职工会主席，其他单位配备科级工会主席。1995年，组织民管部与生活女工部合并成组织民管女工部，宣教部与体育部合并成宣传教育体工部。1999年，公司党委决定，公司工会撤销各部室，设委员制。

2001年，公司工会与公司政工部合署办公，为公司政工部（工会）。11月，工会下设生产部、组织文体部、生活女工部、综合部。

10. 中电投蒙东能源集团有限责任公司工会

2005年，霍林河露天煤业股份公司工会成立，日常工作由公司党群工作部负责。工会下设南露天矿、煤炭加工公司、机修厂、北露天矿、扎哈淖尔露天矿、煤炭运销公司、设备物资公司、地质勘探公司、供电部、职工培训中心、中企时代公司、蒙东能源宾馆和公司机关13个基层工会，共有会员4236名。

11. 内蒙古平庄煤业（集团）有限责任公司工会

1991年，平庄矿务局工会建立基层工会16个、工会小组1145个。1995年，矿区工会内设机构为办公室（财务部）、组织宣传部、生产保护部、生活女工部、体育部、机关工作部。至2000年，矿区工会新增生活保险部，工会会员人数达31150人，基层工会委员会28个，直属工会小组1365个。2005年，矿区工会成立法律保障部，共有基层工会25个，工会会员数达27157，工会专职干部109人、兼职262人。

2010年至今，矿区工会内设机构为生产工作部、组宣文体部、综合（女工）部，各部长按副处级配备。2015年自治区重点国有煤炭企业工会组织状况见表12-2-1。

表12-2-1　2015年自治区国有重点煤炭企业工会组织状况表

单位名称	工会组织		工会会员（人）			入会率（%）	工会干部	
	二级工会	工会小组	总人数	女性	少数民族		专职	兼职
神华神东煤炭集团有限责任公司	28	376	9650	1247	26	100	5	56
神华准格尔能源有限责任公司	25	365	13171	2739	—	95	35	200

表12－2－1（续）

单位名称	工会组织		工会会员（人）			入会率（%）	工会干部	
	二级工会	工会小组	总人数	女性	少数民族		专职	兼职
神华乌海能源有限责任公司	38	1802	23226	5319	1355	100	104	397
神华包头能源有限责任公司	18	188	2788	806	—	94	22	21
神华宝日希勒能源有限责任公司	10	30	2875	474	—	100	6	16
神华北电胜利能源有限公司	5	10	712	128	—	100	0	4
神华大雁集团有限公司	21	347	11192	1765	—	100	62	100
扎赉诺尔煤业公司	24	489	13660	1182	683	100	62	155
华能伊敏煤电有限责任公司	10	128	6073	979	807	100	5	75
内蒙古平庄煤业（集团）有限责任公司	23	813	22145	2452	2458	100	90	192
中电投蒙东能源集团有限责任公司	13	—	4236				—	—

（三）自治区重点民营煤炭企业工会

自治区重点民营煤炭企业工会一般仅设工会办公室，负责工会具体工作，各级工会实行委员（主管）工作制。工会主席大多数由集团公司党委副书记兼任，二级工会的主席基本上是兼职。工会专职工作人员少，工会举办公司大型活动时，公司总经理办公室、团委等部门协助完成。

1. 内蒙古伊泰集团有限公司工会

1991年，经伊克昭盟工会批准，公司工会委员会正式成立，至1999年底，建立基层工会7个、工会小组43个。2000年，集团公司工会会员人数达2914人，建成基层工会委员会8个、直属工会小组43个，并设有女工委员会2个、女工小组43个。同时，公司工会经上级工会批准更名为工会联合会。至2004年，集团公司共有工会专职干部16人、兼职173人。2010年，集团工会下设基层工会委员会5个、工会分会7个、工会小组59个。

2015年，集团公司工会联合会下设8个工会委员会，实现工会组织全覆盖，职工入会率达100%。会员7396人，其中男职工6196人，少数民族714人。

集团公司工会下设工会经费审查委员会、女工委员会、老年体育协会、职工文联、职工困难救济基金会、伊泰象棋队、关心下一代工作委员会等机构，工会专职干部7人，兼职307人。

2. 内蒙古伊东资源集团股份有限公司工会

1985年，准格尔旗煤炭公司成立工会委员会，至1991年底，建立基层工会委员会8个，公司工会会员人数达350人，其中女性会员51人，少数民族会员35人，公司设专职工会干部2人，兼职干部24人。至2005年，建立基层工会委员会14个，工会会员人数1800人。2010年，公司工会下设基层工会委员会12个，工会会员人数6500人，设专职工会干部1人，兼职工会干部12人。2015年，公司下设7个基层工会，未设专职工会干部，兼职人员21人，会员人数达6800人。

3. 内蒙古蒙泰煤电集团有限公司工会

2004年9月21日，经理办公室会议研究决定，于2004年9月25日在公司总部召开蒙泰公司第一次职工代表大会。

2004年9月30日，鄂尔多斯市总工会同意鄂尔多斯市蒙泰煤焦有限责任公司成立工会组织。会员人数247人，做到工会组织会员全覆盖，职工入会率达到100%。2006年，原鄂尔多斯市蒙泰煤焦有限责任公司变更名称为鄂尔多斯市蒙泰煤电集团有限责任公司，至2008年8月，下设基层工会小组5个，共有工会专职干部32人。

2012年，蒙泰煤电集团有限责任公司工会委员会召开三届一次会员代表大会，经全体会员代表民主选举产生第三届工会委员会，集团公司工会委员会下设7个工会小组。2015年，公司会员人数为1292人，其中少数民族104人，女职工人数197人。

4. 蒙发能源集团控股有限责任公司工会

2002年8月，内蒙古中煤蒙发运销有限责任公司工会委员会成立（后变更为内蒙古蒙发煤炭有限责任公司工会），建立初期，共有会员108名，其中女性会员为30名。2005年4月，公司先后举行第二次工会会员代表大会第一次会议。2006年，公司召开第三次工会会员代表大会第一次会议，选举产生由13人组成的委员会，下设工会经费审查、女职工工作、劳动保护监督检查委员会，设专职工会主席1人。2015年3月，公司召开第五届工会委员会换届选举暨2015年第一次职工代表大会，选举产生新一届工会委员会，并增设宣传教育与文体委员会和职工安全和劳动保障检查委员会。

5. 神东天隆集团有限责任公司工会

公司工会是在原神东多种经营有限责任公司工会委员会的基础上建立的，现在基层工会委员会和集团公司工会委员会共有25个。下设的工会常设机构与党委工作部合署办公，同时，负责集团公司女工及计划生育工作。

6. 内蒙古棋盘井矿业有限责任公司工会

棋盘井煤矿工会委员会于1974年成立，至2015年底，工会会员达600人。工会委员会由7人组成，下设女工委员会、经费审查委员会和4个工会小组。工会主席由党委书记兼任。

7. 满世投资集团有限公司工会

2006年，公司开始尝试性地设立工会组织的雏形，当时规模小，人员也少，工会和综合事务部交叉办公。2014年3月，满世集团工会正式在东胜区总工会和准格尔旗总工会备案。工会设立主席1名，工作人员2人，工会主席由集团公司党委副书记担任。

8. 内蒙古西蒙集团有限公司工会

内蒙古西蒙煤炭有限责任公司工会成立于2000年5月，并召开第一次职工代表大会，选举产生工会委员会，工会下设9个工会小组，主席由集团公司领导兼任。2015年，集团公司工会下设7个小组，有会员528人，专职工会干部1人，兼职干部4人。

二、职工民主管理

1991年以来，全区煤炭企业工会以职工代表大会为中心的民主管理形成网络，各企业依法定期召开职工代表大会，依法选举职工代表，保障职工参与企业重大决策的权力；利用厂务公开民主管理制度保障职工的知情权和监督权；坚持职工代表巡视制度，对广大职工关注的焦点、热点问题进行巡视；建立劳动争议调解委员会和信访接待室，接待来信来访职工，倾听他们的心声，维护他们的合法权益，尽力化解矛盾，同时也维护企业稳定。

（一）职工（会员）代表大会

由于职代表是在工会会员中选举产生，因此，代表具有双重身份（既是工代会代表也是职代会代表），有少数企业工会会员代表大会与职工代表大会单独召开。

1991年以来，自治区国有重点煤炭企业和地方国有煤炭企业基本能够根据有关规定，适时召开职工代表大会。

1. 神华神东煤炭集团有限责任公司

根据公司职代会工作条例每年召开两次职代会，3年进行换届。

1999年1月25日，中国神华神东煤炭公司召开第一届职工（会员）代表大会，大会共产生156名代表。大会选举产生第一届工会委员会和经费审查委员会。按程序大会首先召开工代会，然后召开职代会。2001年1月，中国神华神东煤炭公司召开第二届职工代表大会，选举产生职工代表171名。2003年7月25日，神东煤炭公司召开第三届职工代表大会暨第二届会员代表大会，选举产生职工（会员）代表165名。其中，工人代表占总代表人数的51%；管理人员和领导干部代表占总代表人数的38%；女职工和少数民族代表占总代表人数的11%。

2005年7月，神东煤炭分公司成立后召开第一届职工代表大会暨工会第一届会员代表大会，共选举产生职工（会员）代表131名。2008年7月24日，神东煤炭分公司召开第二届职工代表大会暨工会第二届会员代表大会，选举产生职工（会员）代表179名，其中工人代表66名，占代表总人数的36%；公司级以上劳模或先进19名，占代表总人数的11%；技术人员代表10名，占代表总人数的6%；管理人员代表74名，占代表总人数的41%；女职工和少数民族代表10名，占代表总人数的6%。由于劳务工不是公司工会会员，不能成为正式代表，只能作为列席代表参加会议，名额为20名。截至2015年，公司已召开8届职工代表大会。

2. 神华准格尔能源有限责任公司

1991年11月，准格尔煤炭公司召开首届职工代表大会第一次会议、1996年3月，准格尔煤炭公司召开第二届职工代表大会第一次会议。1999年6月，公司召开第三届职工代表大会第一次会议。自此，公司形成制度，坚持三年一届、一年一次职代会制度。职工代表大会主要任务是听取公司行政工作报告，审议公司经营方针、中长期发展规划、年度计划、财务预决算等重要事项的报告；听取公司生产经营方面的重大问题、制定重要规章制度情况的报告，审议提案征集处理落实情况的报告。截至2015年，公司已召开8届职工代表大会。

3. 神华乌海能源有限责任公司

1996年2月，海勃湾矿务局召开六届一次职工暨五届一次工会会员代表大会，并建立和坚持职代会每年召开1次的制度。2009年2月，合并后的神华乌海能源有限责任公司召开一届一次职工暨工会会员代表大会，参加会议正式代表332人，占职工总数的1.25%。自成立乌海能源有限责任公司后，2009年职代会、工代会从一届一次算起，至2015年，共召开7次职工代表大会。

4. 神华包头能源有限责任公司

1998年1月，召开神华包头矿务局第十四届一次职工代表大会，也是包头矿务局并入神华集团公司的第一次职工代表大会。1999年2月，召开神华包头矿务局第十四届二次职工代表大会。2000年1月，神华包头矿务局召开第十五届一次职工代表大会。2001年2月，神华包头矿务局召开第十五届二次职工代表大会。

2002年1月，神华包头矿务局召开第十六届一次职工代表大会。2003年1月至2005年1月，矿务局相继召开第十六届二次至四次职工代表大会,并建立"平等协商集体合同"制度,形成每年职代会签订《集体合同》的制度,审议通过《包头矿务局五当沟煤矿关闭破产职工安置方案》、签订《生产经营责任状》。

图12-2-1　2011年3月1日,包头矿业公司召开2010年度工作实绩考核暨职代会民主评议领导干部大会

2006年2月,神华集团包头矿业公司召开第一届一次职工代表大会。此次大会是第一次以神华集团包头矿业公司的名称召开的职代会,标志着公司制改革的圆满完成。11月,公司一届一次职工代表大会第四次主席团团(组)长联席会议审议通过白狐沟矿和河滩沟矿政策性《关闭破产实施方案》和《关闭破产人员安置方案》两个议案。

2008年2月,神华集团包头矿业公司召开第二届一次职工代表大会。大会选举公司二届一次职代会各专门工作委员会组成人员和神华包头矿业公司平等集体协调委员会职工代表委员名单,续签《集体合同》。2009年2月,公司召开第二届二次职工代表大会。2009年11月,神华集团包头矿业公司召开第二届三次职工代表大会。大会议题只有一个:听取审议讨论通过《包头市石拐区棚户区住户搬迁工作实施方案》(讨论稿)。经过与会代表激烈讨论,整理出19条意见,并以工会文件形式呈报反馈给包头市石拐区棚户搬迁办公室。大会原则通过《实施方案》。

2010年1月27—28日,神华集团包头矿业公司召开第三届一次职工代表大会。大会选举公司三届一次职代会各专门工作委员会组成人员和神华包头矿业公司平等集体协调委员会职工代表委员名单,续签《集体合同》,形成大会决议。

5. 神华北电胜利能源有限公司

2005年,公司组织召开首届职代会、首届二次职代会,2007年,组织召开首届五次、六次、七次、八次职代会,2009年组织召开首届十三次职代会。2010年,公司组织召开第二届一次职代会,与会职工代表55人,完成职工代表的换届选举,召开首届职工职代会总结会。

6. 神华大雁集团有限公司

1991—2015年,大雁矿务局和神华大雁集团有限公司共召开22次职工代表大会,其中大雁矿务局召开5届9次职工代表大会,大雁煤业公司召开3届8次(每届3次,2010年,由于受鲁能公司重组的影响,公司没召开)职工代表大会,国网能源内蒙古大雁公司召开1届1次职工代表大会。

2000年2月23—24日,大雁煤业公司召开第十届职工代表大会。大会审议通过《大雁煤业公司集体合同》,公司经理与公司工会主席分别作为行政方首席代表和工会方首席代表共同签订《大雁煤业公司集体合同》。公司决定,每3年召开1届职工代表大会。在每年召开的代表大会上,除审议行政工作报告、财务工作报告、职工提案解答报告和民主评议煤业公司副经理以上党政领导干部外,公司总经理与工会主席共同签订《大雁煤业公司集体合同》。

2011年3月8日，集团公司召开国网能源内蒙古大雁公司一届一次职工代表大会暨2011年工作会议。会议审议通过公司董事长、总经理赵启昌所作的行政工作报告和公司总会计师马安勇所作的财务预决算，赵启昌代表集团公司，何洪民代表集团公司职工签订《国网能源内蒙古大雁集团有限公司集体合同》。

2013年3月9日，神华大雁集团有限公司召开第十四届一次职工代表大会暨2013年工作会议。公司总经理和工会主席分别作为行政方首席代表和工会方首席代表共同签订《神华大雁公司集体合同》《神华大雁公司劳动安全卫生专项集体合同》《神华大雁公司女职工特殊权益保护专项集体合同》。公司决定职代会每两年进行一次换届选举，每年召开一次工作会议。大会的任务基本相同。

7. 神华宝日希勒能源有限公司

1996年9月19日，宝日希勒第一煤矿召开首届职工代表大会暨第二届工会会员代表大会。大会讨论通过《宝日希勒第一煤矿民主管理工作条例》。

2003年1月27日，宝日希勒煤业公司召开首届职工代表大会，2004年1月18日，召开公司首届二次职工（股东）代表大会。2006年2月7日，神华宝日希勒能源有限公司召开首届职工代表大会。

2009—2015年，公司在年初都组织召开职工代表大会，听取公司行政工作报告，财务预决算报告等。对征集的职工代表提案进行逐条逐项的解答，并跟踪具体落实情况。根据实际需要，公司工会还不定期召开职代会团组长及职工代表会议。

8. 扎赉诺尔煤业有限责任公司

公司实行三级职工代表大会管理制度的民主管理形式，即：公司级职工代表大会制、矿（处）级职工代表（职工）大会制、（段队、车间）职工代表（职工）大会制，班组设民主管理员。扎赉诺尔煤业公司职工代表大会制度同扎赉诺尔煤业公司总经理、矿（处）长负责制同步协调运行。充分体现行政生产经营指挥权威性和民主参与的群众性。按照《中国工会章程》《工会法》《企业工会工作条例》的规定，扎赉诺尔煤业公司所属21个单位全部建立职代会制度。同时，有4个职工在100人以下的单位实行职工大会制度。

1996年5月，公司召开第六届职工代表大会。2006年1月，公司召开第九届一次职工代表大会，2015年2月召开第九届十五次职工代表大会。

9. 内蒙古平庄煤业（集团）有限责任公司

1991年1月31日，平庄矿务局第八届六次职工代表大会同平庄矿区工会第七届四次会员代表大会合并召开。1992年1月—1995年3月，平庄矿务局召开第九届一至四次职工代表大会。1996年2月9日，平庄矿务局召开第十届一次职工代表大会，至2000年1月共召开5次年度职工代表大会，全部与年度行政工作会议合并召开。

2001年1月5日，内蒙古平庄煤业（集团）有限责任公司召开首届一次职工代表大会，至2010年1月，共召开10次职工代表大会，全部与同年度行政工作会议合并召开。其间，根据需要，公司职代会不定期召开代表团（组）长联席会议。如，2010年10月26日，首届职代会第十九次代表团（组）长联席会议审议通过提高员工住房公积金缴存比例。

2011—2015年，公司共召开5次平庄煤业集团公司职工代表大会，全部与同年度行政工作会议合并召开。期间，召开代表（团）组长联席会议，商讨并审议职代会涉及的相关事项。

10. 中电投蒙东能源集团有限责任公司

公司从2008年开始，每年召开一次职工代表大会。会议采取与公司工作会议、党委扩大会议合并召开的形式，听取并审议公司经理层工作报告、职代会工作报告；审议公司经营计划、发展规划、财务预决算、职工培训、安全保障、工资分配、职工奖惩等议案，选举职工董事、职工监事等。

11. 内蒙古伊泰集团有限公司

1990年7月，伊克昭盟煤炭公司召开首届一次职代会。1993年9月，伊克昭盟煤炭集团公司召开第二届职工代表大会第一次会议。1998年5月，集团公司召开第三届职工代表大会第一次会议。大会通过《伊煤集团公司民主评议干部工作的实施办法》，讨论通过《伊煤集团实施企务公开细则》。公司总经理与工会主席分别代表企业法人和工会签订《集体合同》。2001年12月，集团公司召开四届一次职代会暨一届一次股东代表大会。2004年8月，集团公司召开五届一次职工代表大会暨2004年度临时股东代表大会。

图12-2-2 伊泰集团公司七届一次职代会会场

12. 内蒙古伊东资源集团股份有限公司

2008年3月，内蒙古伊东煤炭集团有限责任公司二届四次股东代表大会暨四届一次职工（会员）代表大会在集团多功能会议厅举行。2009年2月，集团公司召开六届一次职代会暨工会会员代表大会。2012年3月，内蒙古伊东资源集团股份有限公司召开五届一次职工（会员）代表大会。2015年2月，集团公司召开七届一次职代会。

13. 神东天隆集团有限责任公司

集团公司2004年成立后，按照《工会法》《职工代表大会条例》等有关法律法规，建立健全集团公司和各二级单位的工会组织，现有基层工会委员会和集团公司工会委员会25个，职工代表138名。

2013年10月，集团公司第三届董事会、监事会换届后，于2014年1月19日召开职工（会员）代表大会，成立新一届工会委员会、女职工委员会，并选举产生新领导班子。

截至2015年，集团公司共召开职工代表大会11次，审议通过《神东天隆集团公司中层管理干部管理办法》《神东天隆集团公司员工调资方案》《神东天隆集团公司员工补充管理办法》和《神东天隆集团公司中层及以上管理干部提前离职（岗）管理办法》（讨论稿）等一系列方案和办法。

14. 内蒙古太西煤集团股份有限公司

自1991年以来，公司共召开4次职工代表大会，每年召开职代会年度会议，审议通过公司总经理的《工作报告》和关系公司发展的重大决定。1996年12月召开的公司第二届三次职代会暨第三届三次工代会正式确立阿盟煤联公司"团结、务实、进取、奉献"的企业精神和"员工可信、质量可靠、效益可观、信誉可贵"的企业经营理念。2010年5月，公司召开第三届三次股东代表大会和第四届三次职代会、工代会，选举产生集团公司新一届总裁班子。2011年、2012年分别召开第五届一次会议和五届二次会议，主要内容是：坚持以科学发展观为指导，明确企业发展战略，使企业能够在面对纷繁复杂的国内外形势变化和行业政策调整时，有条不紊地推进公司六大园区的项目建设和发展，加快实现自治区双百亿企业目标。

15. 内蒙古西蒙集团有限公司

2000年，集团公司召开第一次职工代表大会。2003年、2006年、2009年和2013年，集团公司先后召开第二届至第五届职工代表大会。2013年1月，集团工会被自治区总工会评为"工会工作先进集体"。

（二）厂（企）务公开制度

1999年6月，中纪委、国家经贸委、中华全国总工会下发《关于推行厂务公开制度的通知》后，神华集团公司制定并下发《神华集团公司〈关于实行"厂务公开，民主管理"制度实施意见〉的通知》，在内蒙古地区的煤炭企业陆续推行厂务公开制度。

1. 神华神东煤炭集团有限责任公司

2000年，神东煤炭集团首先成立厂务公开领导小组，制定《厂务公开考核办法》《厂务公开实施细则》《厂务公开追究办法》等规章制度，举办厂务公开研讨会、座谈会、经验交流现场会等，为厂务公开工作创造良好氛围。建立"党委为第一责任人，行政为第一执行人，纪检为第一监督人，工会为第一实施人"的运行机制。

在公开内容上，从业务招待费的使用到物资采购、工程招投标，从三项费用的控制到人事调配、竞争上岗，从人员工资奖金的分配到生产任务、材料消耗，从公司到厂处以及到区队（班组），公开内容不断充实；确定上湾煤矿、乌兰木伦煤矿、马家塔煤矿、物供中心、核算中心、信息中心、洗选中心等7个单位为试点单位。

在《厂务公开手册》制订上重点抓5件事：①公开内容、时间、形式、责任人。明确单位、科队、班组各应公开什么、什么时间公开、用什么形式公开、谁去公开。②抓闭环链。按照PDCA原则，形成提出、立项、审定、公开、评议、整改、监督等环环紧扣的闭环链。③抓责任追究办法的制定。对不公开、不按时、不彻底的人有处理办法。④突出职代会这一民主管理的主要载体。⑤将与职工利益息息相关的问题作为公开的重点。在运行上，重点抓"按写的做，按做的查，按查的究"。

2008年3月31日，召开"神东煤炭分公司借鉴ISO9000国际质量标准规范厂务公开工作经验交流会"，对推广工作进行全面部署。通过一年的运行，大家普遍反映，这样做有利于克服厂务公开的随意性，实现规范化，促进经常化；有利于克服不了了之的毛病，提高职工群众的满意率。

公司对民主管理、厂务公开工作制定3年规划并提出要求：①继续借鉴ISO9000国际质量标准，规范民主管理、厂务公开工作，将民主管理、厂务公开作为"产品"，把职工的满意程度作为"产品质量"，通过有组织地对各个环节和操作过程的控制，把民主管理、厂务公开的内容、形式、范围、程序、监督、责任等以标准的形式确定下来；②坚持"全面系统"原则，整合公开体系，把厂务公开工作标准定位在"人人有责任、事事有程序、时时有控制、环环有考核、奖惩有规定、不良有纠正"上，力求从根本上解决厂务公开工作随意性的问题；③坚持"领导作用"原则，实施"一把手"工程，明确规定各级党、政、纪、工主要领导的管理职责和管理权限，力求从根本上纠正"工会热、其他凉"的问题；④坚持"过程控制"原则，强化监督体系，确保规范运作；⑤坚持"持续改进"原则，将厂务公开、职工评议、意见收集、整改纠正、信息反馈等各个环节组成一个相互联系、相互制约、往复循环的闭合链，运用PDCA循环改进的机理和模式，对持续改进实施的过程、纠正措施、预防措施做出详细的规定；⑥坚持"职工满意"原则，立足真实有效，将"职工满意不满意、高兴不高兴、答应不答应"作为检验厂务公开、民主管理优劣的标准。

2. 神华准格尔能源有限责任公司

1999年6月，公司第三届一次职工代表大会审议通过《准格尔煤炭工业公司关于推行厂务公开制度的实施意见》，公司成立由党委书记任组长的厂务公开领导小组，明确"党委是第一责任人，行政是第一执行人，纪检是第一监督实施人，工会是第一组织协调人"厂务公开制度的工作机制。

2000年10月17日，准格尔煤炭工业公司召开厂务公开工作会，总结交流工作经验，总结出实施厂务公开制度的基本内容和基本秩序规范，即"八项公开""六项制度"。"八项公开"：精简机构、转岗分流情况公开；干部选拔使用公开；住房分配、奖金工资分配公开；物资供应采购公开；招待费使用公开；商业用房出租公开；处理废旧车辆公开；建筑工程招投标公开。"六项制度"：目标责任制度；定期报告制度；职工评价制度；效能监察制度；考核奖励制度；责任追究制度。准格尔煤炭工业公司提交的《推行厂务公开、促进企业发展》总结材料被中央企业工委主办的《内部通讯》全文登载。

3. 神华宝日希勒能源有限公司

2000—2002年，公司召开职代会，推行厂务公开制度，使厂务公开率达70%以上；完善平等协商，签订集体合同工作。

2003—2005年，依据《关于在国有企业，集体企业及其投股企业深入实行厂务公开制度的通知》文件要求，由工会主抓，制定公司厂务公开考核标准，在各二级单位推行厂务公开工作。从上至下建立领导机构，公司党政主要领导任组长，办公室设在各级工会。公司工会建立监督机构和工作小组，每季部署1次厂务公开工作，制定施行《神华宝日希勒能源有限公司推行厂务公开制度的实施方案》《神华宝日希勒能源有限公司厂务公开工作考核办法》《神华宝日希勒能源有限公司厂务公开考核目标细则》。公开的内容、范围、考核办法符合上级要求，年底综合考核，将厂务公开纳入考核领导干部内容。

2006—2010年，公司厂务公开工作坚持"先上车、后补票""先推行、后完善"的原则，边建制度，边解决认识问题。公司建立和完善企业内部监督制约机制管理和民主监督，成立企务公开监督小组，监督小组组长为党委副书记。将员工群众对企务公开工作意见反馈给有关部门，并督促落实。对职代会做出的决定、决议督促落实。建立例会制度，企务公开领导小组每半年召开1次会议。企务公开领导小组办公室每季召开会议，总结"企务公开、民主监督、民主管理"工作。公司规定，各基层单位员工收入情况要在厂务公开栏中公示，并由该单位核算员负责周知。机关员工工资收入情况由劳动人事部负责每月在内部 OA 办公系统中予以公示。公司厂务公开检查指导小组每季集中检查一次，并在公司内部网上及时通报。各基层单位每月自检 1 次。由于销售公司、后勤服务公司、水电公司乔迁新办公楼，工会对其硬件建设投入经费近 14 万元，安装厂务公开栏，使各单位职工耳目一新，既了解了实情和真情，又调动了广大职工参与本单位民主管理、经济管理的积极性。

2011—2015 年，在原有工作的基础上，公司及所属各基层单位全部建设厂务公开工作领导小组，由主要领导任小组组长。公司工会严格按照厂务公开检查评比制度，坚持每季度对基层单位厂务公开工作进行检查，并将检查结果在公司内网公示，每年底进行评比，奖优罚劣，形成赶一流、学先进的良好氛围。公司工会还以建设职工之家为载体，投入资金约 30 万元，支持基层单位建设职工之家及加大厂务公开硬件设施建设力度。2015 年，公司所属单位全部建立厂务公开栏，并延伸到基层段队、班组。同时，随着企业的不断发展，厂务公开内容不断丰富，对涉及职工切身利益的收入分配、社会保险费缴纳、劳动保护措施、企业规章制度等情况进行公开，充分保障广大职工的知情权、参与权和监督权，增加企业各项工作的透明度，确保各项工作在阳光下操作。

4. 神华大雁集团有限公司

2003 年，大雁煤业公司第十一届二次职工代表大会讨论通过《大雁煤业公司厂务公开工作实施方案》，并依据方案相继制定下发《大雁煤业公司厂务公开工作实施细则》《大雁煤业公司厂务公开工作考核办法及标准》，在煤业公司范围内健全和完善厂务公开组织领导体系，形成自上而下由党委、行政、纪委、工会负责人组成的厂务公开制度体系，对厂务公开内容、公开形式、公开时间及责任部门和职责予以明确规定，使厂务公开工作制度化、规范化；健全完善厂务公开监督考核体系，建立起由纪委、工会有关人员和职工代表组成的厂务公开监督组织机构，制定相应的考核标准和办法，定期进行监督考核。

2004 年，在呼伦贝尔市厂务公开工作现场观摩暨表彰会议上，大雁煤业公司被评为全市厂务公开工作先进单位，公司总经理国汉斌被评为全市厂务公开工作先进个人。

5. 扎赉诺尔煤业有限责任公司

扎赉诺尔矿务局自 1999 年 6 月建立厂务公开制度，积极拓展公开渠道，规范操作程序，建立起良好的运行机制。历经 12 年的工作实践，扎赉诺尔煤业公司各二级单位已全部建立厂务公开制度，覆盖率达 100%，其中绝大多数单位此项工作已延伸到班组，拓展以职代会为基本形式的民主管理和民主监督空间，并且在实施厂务公开民主管理工作中做到"三个公开"，即凡是依靠职工民主管理的事项必须公开、凡是依靠职工民主参与的事项必须公开、凡是依靠职工民主监督的事项必须公开。

6. 内蒙古平庄煤业（集团）有限责任公司

1999 年，平庄矿务局成立企务公开领导小组，制定《企务公开实施细则》，决定在古山煤矿、元宝山露天煤矿、红庙煤矿、物资供应公司、总医院进行企务公开试点。召开职工代表团长会议，审议通过《企业改革与发展方案和公司章程》。召开第十届职工代表大会代表团（组）长会议，审议通过矿务局房改方案。民主评议局级干部 12 名、处级干部 169 名、科级干部 424 名。组织职工代表安全视察 28 次，查出安全隐患 1030 条，当即整改

960处。

2007年，在组织职工代表视察的基础上，征集合理化建议，516名职工代表提出448条合理化建议，归纳为122条，其中生产建设经营16条，职工培训、提升职工素质9条，企业民主管理、构建和谐劳动关系、保护职工合法权益17条，开展劳动竞赛、练兵比武、技术创新、班组建设15条。这些合理化建议针对性强，解决问题的措施具有建设性。组织职工代表对集体合同执行情况进行检查，对各矿进行为期8天的安全大检查，查出178条安全隐患和问题，并提出可行的整改建议。

2010年初，职工代表大会讨论通过薪酬制度改革的决议，修订员工劳动保护用品标准。10月26日，首届职代会第十九次代表团（组）长联席会议审议通过提高员工住房公积金缴存比例。企务公开制度进一步完善，层层设置公开栏，做到职工关注的热点事项及时公开。公司组织职工代表到各生产单位视察"安康杯"竞赛开展情况和优秀班组创建情况，就提升职工素质、改善劳动条件、提高劳动待遇等问题向企业提出意见和建议，绝大部分得到落实。派出职工代表到自治区和国电集团就有关扩大资源占有、提高员工收入、加强企业文化建设等问题争取相关政策方面的帮助，大部分问题得到较为满意的答复或支持，加快平庄煤业"走出去"和跨越式发展的步伐。

平庄煤业被中华全国总工会授予"全国企务公开民主管理工作先进单位"称号。

7. 内蒙古伊泰集团有限公司

1999年开始，公司成立"企务公开"工作监督领导小组，制定出台《伊泰集团有限公司企务公开工作规则》，监督、检查、领导各部门、各单位的企务公开工作。特别是2001年公司转为非公有制全员持股企业以后，公司党委始终把公司发展的难点、职工关心的热点、焦点问题作为厂务公开向纵深推进的重点，不回避、不掩盖，通过让员工积极参与，突出公开的实效。包括推行物资采购的公开招投标制度，公司工会主席、纪检委相关人员进入招标委员会，参与招标、投标、竞标全过程；坚持将年度总经理工作报告、财务预决算报告和重大项目投资方案、利润分配方案以及每项政策的出台，先提交职代会讨论审议通过，再经党委、董事会决策后执行，并将公司改革、减员增效、待岗分流、工资分配、各项社保费用的缴纳、困难职工补助等职工关心的热点纳入公开的内容，保证公司改革的顺利进行；同时，坚持干部聘任考核的公开化，工会先后多次组织和参与全公司的竞聘上岗工作，对公司所有岗位全部实行竞聘上岗。

2007年，公司被全国厂务公开协调小组评为"全国厂务公开民主管理先进单位"。

2013年，公司制定下发《伊泰集团公司厂务公开民主管理实施办法》，明确规定公开内容、公开程序和具体形式。对企业发展规划、实施决策方案、制定目标任务、重大建设投资等涉及公司经营管理的重点问题以及职工子女招聘、专业职称评定等涉及职工利益的热点问题均采取不同的方式公开，并积极建设内部公开平台，畅通厂务公开渠道，除发挥好职工代表大会这一"主渠道"作用之外，还积极探索创新适合公司特点的其他厂务公开形式，将公司内网主页建设成落实厂务公开的"主阵地"，通过内网及时发布公司最新管理动态及与职工利益息息相关的制度机制。

2011年开始，公司总经理办公室编辑出版《伊泰集团年鉴》，职工通过《年鉴》即可全面、准确地了解公司本年度生产、经营、管理各项工作的信息（每部《年鉴》60万字）。公司每月定期编发《月度考核会议纪要》《党群工作通报》《人力资源管理通报》《二期项目建设通报》《机电安全例会简报》《物供部物资库存分析简报》等各类工作简报，及时公开发布涉及部门调整、岗位变动、薪酬变化等热点问题及各类规章制度办法，使公司内网成为传递公司重要管理动态、反映工作信息的有效平台，使职工享有充分的知情权。

（三）签订《集体劳动合同》

1. 神华神东煤炭集团有限责任公司

2003—2006年，根据国家法律法规，公司工会积极组织各相关部门对集体合同执行情况进行检查，保证集体合同制的健全和完善，提高合同质量。

2007年，公司工会组织相关部门开展对集体合同执行情况和员工个人劳动合同的签订情况的检查，从而保证合同制度的健全和完善。

2. 神华准格尔能源有限责任公司

2000年3月，准格尔煤炭公司第三届二次职代会审议通过《集体劳动合同》。在职工代表大会上，企业法人代表与全员劳动合同制职工代表，分别在集体劳动合同上签字，表示共同履行合同的权利和义务。7月，公司工会组织部分职工代表组成职工代表巡视团，对露天煤矿等9个生产单位的集体劳动合同履行情况进行巡查。通过巡查发现，企业对职工在加班延点、带薪休假、劳动保护等待遇方面存在需要解决的问题。2002年底，公司根据集体合同在执行过程中劳动关系、分配方式等方面的变化情况，依据国家、自治区、全国总工会下发的有关法规、条例、办法对准格尔能源公司的集体合同进行修改。修改后的集体合同由原12章43条改为12章51条，使集体合同得到充实完善。

2011年1月，准格尔能源公司第七届一次职代会上，工会主席与公司董事长签订《神华准格尔能源公司集体合同》，集体合同重点从劳动报酬、工作时间和休息休假、保险和福利、劳动安全卫生、女职工保护、职业培训、纪律与奖惩、职工民主管理、合同期限、监督检查、合同的争议处理11个方面对合同主体的权利义务做了详细规定，深化维权机制，增加女职工保护条款，强化准格尔能源公司工会对集体合同执行情况的监督检查力度。从源头维护职工合法权益，为准格尔能源公司的和谐稳定发展提供有力的保障。2014年1月10日，在公司第八届一次职代会上，公司董事长与工会主席签订公司2014—2016年度《集体合同》。

3. 神华包头能源有限责任公司

1998年，神华包头矿务局建立《集体合同》制度。在全局开展推行平等协商签订集体合同工作，部分基层单位签订以劳动保护为主的单项《集体合同》，加强对局属股份合作制企业民主管理工作，制定神华包头矿务局股份合作制企业民主管理（试行）办法；2004年2月颁布与实施《神华包头矿务局关于全员劳动合同制的实施方案》《神华包头矿务局集体合同》，自此建立平等协商集体合同制度，形成每年的职代会签订《集体合同》的制度。

4. 神华宝日希勒能源有限公司

公司工会于2000年按《企业法》要求，开始实行平等协商和签订集体合同工作。2002年开始，公司坚持职代会制度，定期与员工签订劳动合同，提高集体合同履约率。2006年，公司本着企业、员工双赢的原则，依照法律法规，发挥劳动仲裁委员会职能，实行全员合同制。2007

年、2008年连续2年被呼伦贝尔市授予劳动关系和谐单位称号。

2012年，经全体职工代表讨论修改，并经职工代表大会通过，公司工会每两年代表全体职工与公司签订《神宝能源公司集体合同》，并坚持全心全意依靠职工办企业的指导思想，坚持以职工代表大会为基本形式的民主管理制度和厂务公开制度，支持工会依法独立自主地开展工作，推进公司集体合同、劳动合同的签订和履行，维护职工的合法权益。

5. 神华大雁集团有限公司

1996年11月28日，大雁矿务局依据《中华人民共和国劳动法》《中华人民共和国工会法》等相关政策、法律、法规，建立矿务局《平等协商制度》。12月16日，矿务局八届二次职工代表大会讨论通过矿务局第一份《大雁矿务局集体合同》，由矿务局行政方首席代表何福林局长与工会方首席代表鲍运顺主席共同签订。《集体劳动合同》共分12章59条，期限为1年，即1997年1—12月，在自治区煤炭系统属最先开始运作《集体合同》。1999年，煤业公司工会开展"履行集体合同模范矿（处）长评比表彰活动"，对1998年度模范履行集体合同的19名矿（处）长进行表彰。同年8月，全国煤炭行业厂务公开、集体合同工作研讨会在大雁煤业公司召开。

6. 扎赉诺尔煤业有限责任公司

根据劳动部《关于订立劳动合同有关问题的通知》，公司自1996年12月1日起，实施全员劳动合同制，2002年，公司进一步规范劳动合同管理。2007年6月，公司人力资源管理系统上线运行，实现职工劳动合同管理从签订、续签、变更到终止、解除等环节的微机化管理。

7. 内蒙古伊泰集团有限公司

1998年5月18日，伊泰集团公司召开第三届职工代表大会第一次会议。会上，张双旺总经理与工会主席分别代表企业法人和工会签订《集体劳动合同》。公司积极推行平等协商集体合同制度，《集体合同书》由工会制定并代表公司员工与公司法定代表每3年签订1次，用工手续符合法定程序，用工过程严格执行《劳动法》《工会法》等有关法律法规的规定；并及时修订伊泰集团有限公司《劳动用工管理制度》等一系列人事、劳资、社会保险等管理制度。员工的《劳动合同书》每年签订1次，保证员工择业自由的权利。公司凡签订劳动合同或终止、解除劳动合同，均要征求工会意见，到属地劳动行政部门办理合同签证手续，自觉接受工会与属地政府监督。

三、群众技术创新

各煤炭企业工会以推动企业发展为目的，积极组织广大职工深入开展多种形式的合理化建议、技术革新、发明创造、岗位练兵、技术比武等群众性经济技术活动，引导和帮助广大职工树立创新意识，提高创新技能。

（一）生产技术创新

1. 神华神东煤炭集团有限责任公司

公司将创新视为企业改革发展不竭的动力，也是神东公司立潮头、争第一的根本。2001年以来，公司及各基层单位大力提倡创新创效、"五小"成果活动，并制订和完善一套完整有效的管理制度，从创新及"五小"成果活动的组织管理、经费落实、激励政策、推广应用等各个方面进行明确，截至2015年，公司共组织由职工自行创新和小改小革项目达2000多个，创造直接经济效益上亿元。

2. 神华准格尔能源有限责任公司

2001年2月，公司工会调整职工技

术协会组织，规范职工技协的工作职责和基本任务，使这一活动制度化、规范化。同年，职工技术创新活动以"五个一"为主要内容，即"提一条新建议、学一门新技术、创一项新成果、改革一项新工艺、刷新一项新纪录"，全公司经济技术创新活动小组达到69个，共有10项技术成果分别被中国煤矿地质工会、中国煤矿技协评为一、二、三等奖。

在自治区总工会、内蒙古职工技协召开的表彰大会上，准能公司有2项获得技术创新成果奖，有10人获技术创新奖章，有1个班组被评为先进班组，铁路运输部被评为技术创新活动先进单位。2002年2月，准能公司工会在上一年开展"五个一"技术创新的基础上，增加了"争当技术创新能手"和"争当技术创新示范岗"的活动内容。

2012年，准能公司继续围绕生产经营中心任务，全面开展职工经济技术创新活动。组织评选第四届职工经济技术创新成果一等奖18个、二等奖7个、三等奖12个、优秀奖29个以及47条优秀合理化建议，并成功举办第四届职工经济技术创新成果展览。同时，将评选出的优秀经济技术创新成果和优秀合理化建议参加集团公司、中国能源化学工会的职工优秀合理化建议和经济技术创新成果评选活动。同年，准能公司被评为中国能源化学工会煤炭企业群众技术工作先进集体，有两人分别荣获技协先进个人和技术创新能手（表12-2-2）。

表12-2-2 神华准能公司2001—2012年职工技术创新成果统计

年度	技改技革（项）	创经济价值（万元）	合理化建议（条）	采纳（条）	年度	技改技革（项）	创经济价值（万元）	合理化建议（条）	采纳（条）
2001	1516	486.37	2581	—	2008	1015	556.50	1393	1376
2003	1231	509.18	1637	1129	2009	125	130.48	271	—
2004	1107	698.18	1626	1126	2010	971	419.25	337	126
2005	1218	413.16	1997	1989	2011	391	1131.57	183	125
2006	1518	413.26	1297	1290	2012	523	450.00	515	436
2007	1217	456.52	1993	1976					

2013年，公司制订《神华准能公司职工创新工作室实施方案》，建立职工创新工作室10个，确定攻关课题48项，当年完成30项。魏建雄创新工作室被评为"国家级技能大师工作室"，杨进京劳模创新工作室被评为"内蒙古自治区级、神华集团级创新工作室"。组织推荐两项职工创新成果参加2013年纽伦堡国际发明展览会，分别获得银奖、铜奖。

2014年，各单位完成技术革新项目296项，有2项成果分别荣获中国能源化学工会组织评选的2014年度职工技术创新成果二等奖和三等奖。推进劳模工作室和职工创新工作室的建设和管理，新增职工创新工作室11个，2014年完成上年度课题11项，新增立项课题48项，当年完成28项。

2015年，开展公司第五届职工优秀合理化建议和经济技术创新成果评选活动，共征集合理化建议44条，经济技术创新成果674项，并将优秀成果上报参加神华集团、中国能源化学工会、自治区的评选活动。深化"我为节能减排做贡献"和"工人先锋号"创建活动，开展以"比创新、比技能、比管理、比降能耗和排放"为主要内容的节能减排达标竞赛活动。

3. 神华包头能源有限责任公司

公司工会组织开展技术创新工程竞赛活动，职工积极参与技术革新、"五小"发明创造。2010年以来，公司职工合理化建议、技术革新成果104项，有20多项成果荣获神华集团三等奖、二等奖和一等奖。李家壕煤矿杨国秀的井下移动电缆槽电缆钩的设计被全国能源化学工会授予"全国技术能手"称号。

4. 神华宝日希勒能源有限公司

2001年，公司青年职工姜玉俊、郭洪武创造13项技术革新成果获国家专利。2009—2011年，神华宝日希勒能源有限公司工会获自治区级"经济技术创新先进工会"，二级单位露天矿、水电公司分别获得自治区级"经济技术创新先进单位"称号。2012—2015年，公司工会成立以董事长为组长的技术创新领导小组。各单位组织开展多种形式的技术革新、发明创造、岗位练兵、技术比武等群众性经济技术活动，引导和帮助广大职工树立创新意识，提高创新技能。公司职工自主研发的"自动平车系统"和"用于采场水污水处理系统"被国家知识产权局授予实用新型专利。

2011—2015年，公司先后在露天煤矿和维修中心打造"钟志波劳模创新工作室"和"吴险峰职工技术创新工作室"，两个工作室通过科技创新、小改小革减轻了工作强度，提高了工作效率，为企业安全生产、提高经济效益等工作起到积极的促进作用，在神华集团广泛推广。公司工会成立以董事长为组长的技术创新领导小组，各二级单位成立以主要负责人为组长的技术创新领导小组，公司工会用专项经费开展劳动竞赛，各单位组织开展多种形式的技术革新、发明创造、岗位练兵、技术比武等群众性经济技术活动，引导和帮助广大职工树立创新意识，提高创新技能。

5. 内蒙古平庄煤业（集团）有限责任公司

1999年，公司开展采煤、掘进、露天包机组创水平上纲要和创先争优"三个一"竞赛活动。发动职工围绕挖潜增效，开展群众性的增产节约活动，提合理化建议1432条，被采纳390条。1996年，西露天煤矿青工杨旭广成功研制出电机车逆转机"研磨器"，提高工效两倍。1995年，以内部挖潜扭亏增盈为主线，开展以"保勤、保产、保安全、保效益"为主要内容的矿际竞赛，在各井（区、段）之间开展流动红旗竞赛。深入开展"三个一"（节约一元钱，提一条合理化建议，创一项技术革新成果）竞赛活动，促进生产任务和扭亏指标的完成。活动中，红庙煤矿机修厂职工孟祥虎、夏青山成功地研制出大钻孔直径摇臂钻用镗床。2003年，职工提"双增双节"建议672条，被采纳实施49条，创造经济效益1120万元。2006年，在"经济技术创新工程"活动中，申报市级以上创新成果25项，创效益4272.6万元，平庄煤业被自治区政府命名为"经济技术创新活动优秀单位"。

2007年，平庄煤业围绕建设高产高效矿井，开展劳动竞赛、"双增双节"竞赛和"经济技术创新工程"活动，创效益数百万元。2008年，公司开展以提高经济效益为中心的"经济技术创新工程"活动，被自治区评为"经济技术创新工程"先进单位。在开展创建"工人先锋号"活动中，有14个集体被命名为赤峰市、自治区、国电集团"工人先锋号"。

图12-2-3 平庄煤业六家煤矿赵辉在全国示范性劳模创新工作室为党员演示

多年来，平庄煤业引导班组员工在提高工作效率、降低劳动强度、节约生产成本上大胆探索、勇于创新，2008年到2015年共完成技术革新300多项，征集合理化建议2000多条，收集职工创新成果500多项，很多项目获得总经理奖励基金，为企业创造了可观的经济效益。同时将具有推广价值的优秀成果编辑成册，印发《平庄煤业公司职工优秀技术创新成果》图书。

2011年，平庄煤业六家煤矿依托全国煤炭行业技能大师、全国劳动模范赵辉，创建平庄煤业第一个劳模创新工作室，成为平庄煤业"学习型企业"建设的一个窗口。赵辉劳模创新工作室2013年11月被中国煤炭工业协会命名为煤炭行业技能大师工作室；2013年11月被自治区总工会命名为自治区职工创新工作室；2014年11月被中国能源化学工会命名为全国能源化学系统示范性劳模创新工作室；2014年11月，被中华全国总工会命名为全国示范性劳模创新工作室；2015年11月，被自治区党委组织部命名为"草原英才"工程内蒙古自治区高技能人才团队；2015年

12月，被中国国电集团公司命名为集团公司首批劳模创新工作室。

2014年平庄煤业元宝山露天矿创建以全国煤炭行业技能大师、全国劳动模范、轮斗挖掘机司机长谢金龙为代表，由专业技术骨干、高级技师、技师组成的"谢金龙大师工作室"。

2015年，平庄煤业实施职工"首席技师"评聘工作，制定《员工"首席制"建设实施办法》，打通人才成长通道。37名员工被评为公司级"首席技师"，在国电集团2015年首席师评选中，公司有8名员工被聘为"首席技师"，占国电集团首席技师总数的近1/3。培养了"全国煤炭行业技能大师""感动中国的十大杰出矿工"等一批先进模范人物。

6. 内蒙古伊泰集团有限公司

2011年1月，公司经过对各生产经营单位上报的技术革新项目严审把关，最终对《纳林庙煤矿一号井主运系统改造工程》等17个技术革新项目予以表彰奖励。

2012年6月，根据自治区职工"经济技术创新工程"活动领导小组《关于推荐申报内蒙古自治区职工技术创新成果的通知》，推荐申报各公司及生产经营单位上报的28个项目，荣获2个一等奖、7个二等奖、4个三等奖、8个优秀奖。10—12月，根据自治区、市总工会要求，集团工会与事业发展部联合开展职工技术创新项目评比活动，共有10个单位的82项技术革新项目参加评审，经过评审委员会最后审定，公司《大地精煤矿综采工作面切眼调斜技术项目》等28个技术创新项目获得奖励。

（二）岗位练兵与生产技能大比武

1991年起，各企业工会把开展社会主义劳动竞赛作为工会直接参与企业经济建设，在企业中心工作中发挥作用的重要

途径。开展"三个一"竞赛、"双效"工程、"安康杯"竞赛,并与双增双节、合理化建议、技术攻关、技术协作等活动有机结合,提高企业经济效益。

1. 神华神东煤炭集团有限责任公司

从2002年起,公司共集中组织10次技能大赛,其中2004年承办"神华杯"全国煤炭系统综采司机技能大赛(全国煤炭系统第一届职工技能大赛);2003年、2004年、2006年分别承办神华集团公司第二届、第四届、第六届职工技能大赛;2002—2008年,组织公司1~6届职工技能大赛。同时,2005年组织参加"阳煤杯"全国煤炭系统矿灯维修工技能大赛;2007年组织参加"阳煤杯"第二届全国煤炭系统(矿井维修电工、安全仪器监测工)技能大赛;2008年组织参加中央企业职工叉车工技能大赛。这些大赛共涉及工种23个,参赛人员1600多人次。通过大赛涌现出全国劳模和中华技能大奖获得者张文斌,五一劳动奖章获得者贺掌良,"三八红旗手"顾秀花、贺樊,全国煤炭系统优秀女职工周秀丽、武德宏等7位全国技术能手。

2. 神华准格尔能源有限责任公司

2000—2015年,公司工会举办了8次技术大比武活动,每次大赛参赛者6000人左右。2005年,承办了神华集团公司第六届职工技能大赛铁路系统比武工作,并取得1金、1银、5铜和总成绩第二名的成绩。2009年,组织完成神华集团公司第九届(煤炭板块)职工技能大赛露天工种竞赛。2010年,选拔24名选手组队参加神华集团公司第十届(电力)职工技能大赛,参赛选手杨俊峰在330兆瓦循环流化床机组集控运行值班员工种比赛中取得第三名。在"神华杯"采煤技能国际邀请赛中,有6名选手获得金牌,3名选手获得银牌。2011年,开展创建"工人先锋号"活动,大准铁路公司选拔出80名选手组队参加神华集团公司第十一届(路港)职工技能大赛,并组织650余名职工观看第十一届(路港)职工技能大赛获奖选手巡回表演。

图12-2-4 2014年11月,"神华杯"采煤技能国际邀请赛在神东矿区举行开赛仪式

2012年,黑岱沟露天煤矿开展以"技术创新显能手,岗位建功当标兵"为主题的竞赛,创造了日产原煤13.11万吨的新纪录和一季度完成原煤生产882.5万

吨的业绩。大准铁路公司开展"百班"竞赛、"百趟安全值乘"竞赛和"万辆检修无漏检，安全优质无事故"竞赛等群众性安全劳动竞赛，刷新安全运输纪录。

2013年，准能公司获得"中国梦·劳动美"内蒙古自治区300兆瓦级火电机组集控运行值班员比赛优秀组织奖。开展以"比工作效率、比工作质量、比成本控制、比技术创新、比科学管理、比安全生产"为主要内容的竞赛活动。黑岱沟露天煤矿开展"保安全，促生产"劳动竞赛，10月自营剥离总量1106万立方米，实现单月剥离上千万吨煤，创建矿以来最高纪录。大准铁路公司"万辆检修无漏检，安全优质无事故"竞赛，涌现出89位精检细修4万辆车以上无事故隐患的优秀检车员。

2014年，公司组队参加"中国梦·劳动美"2014年全区职工职业技能竞赛卡车司机、电铲司机、电焊工、煤质化验工的比赛和神华集团第十四届职工技能大赛，并取得较好成绩。在公司承办的"神华准能杯"第二届全国煤炭行业露天专业职业技能大赛中，5名选手列居各工种前十名。中国神华哈尔乌素露天煤矿代表队荣获团体成绩第一名，准能公司代表队荣获团体成绩第二名，准能集团公司荣获"特别贡献奖"；设备维修中心梁勇、董荣强、刘伟，哈尔乌素露天煤矿石慧君、李孝峰获"全国技术能手"荣誉称号。

2015年，组队参加2015年内蒙古机电职业技能比赛，共有14名选手参加4个工种的比赛，获得焊工一等奖2个、二等奖2个，钳工一等奖1个、三等奖1个，电工三等奖2个，计算机应用团体三等奖，公司工会获优秀组织奖。

3. 神华乌海能源有限责任公司

1995—2000年，海勃湾矿务局通过开展"三个一"劳动竞赛"降成本增效益"、提合理化建议、技术改造等活动，共节约和创造价值5119万元。从2003年开始，海勃湾矿业公司及各生产单位每年组织开展技术比武活动，到2008年，共组织8届，并多次选派技术能手参加神华集团技术比武活动，取得较好名次。神华乌达矿业公司每年围绕企业生产经营分别举办钳工、焊工、井下维修电工、地面维修电工、瓦检员、采煤机司机、支护工等具有鲜明企业特征的适应性岗位技能竞赛，2000—2007年，组织各具特色劳动竞赛49场次，参加竞赛职工年均达3000余人次。

2009年，合并后的乌海能源公司组织举办首届职工技能大赛。截至2015年底，公司已举办7届。大赛涉及公司生产经营范围内的煤炭、化工、电力等板块的30余个工种，参加人数达1800多人次。公司对大赛的前三名选手分别给予金额不等的奖励，并给予每人每月100元技术津贴纳入工资，为期一年。公司还择优选派选手参加神华集团和自治区的煤炭、化工、电力等行业的职工技能大赛。

4. 神华包头能源有限责任公司

图12-2-5 2012年8月，包头矿业公司进行岗位练兵技术比武采煤机司机岗位描述比赛

1997年，包头矿务局举办规模最大、工种最多的一届职工技术比武竞赛活动，

参加比赛的工种13个,参赛职工人数1800人。2000年以后,神华包头矿业公司连续参加由神华集团公司组织的技术比武竞赛,涌现出一大批技术人才。

5. 神华宝日希勒能源有限公司

1991—1994年,宝日希勒一矿工会组织开展群众安全活动和劳动竞赛。1995—2001年,工会将竞赛范围扩大到医院、中学、小学,实行月检查、季奖励、半年总结、年终奖励。奖励形式有流动红旗、班(队)组发放奖金。

1991—2008年,公司参加劳动竞赛1700人次;参加双增双节、合理化建议、技术创新、技术比武2000人次;参加"安康杯"竞赛2200人次。公司每年举办岗位练兵、技术比武,每年参加人数平均达450人次。2011—2015年,公司各单位坚持举办岗位练兵、技术比武,每年参加人数平均达450人次,同时,公司还组织职工参加神华集团公司第十四届职工技能大赛,铁运公司职工吴英翔获内燃机车司机三等奖。

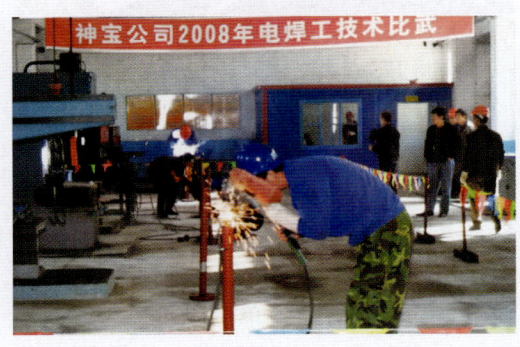

图12-2-6 神宝公司电焊工技术比武

6. 神华大雁集团有限公司

1991—1995年,大雁矿务局工会组织开展以"上纲要、创水平"为龙头的社会主义劳动竞赛。在技协活动中涌现出矿务局级技术能手28名(每人奖励一级工资),矿(处)级技术能手120人(每人浮动晋升一级工资)。在重点采掘队"上纲要、创水平"活动中,第二煤矿625采煤队(炮采)以年产42.5万吨,打破全国纪录。1992年,矿务局对荣获矿务局级技术标兵称号的技术能手奖励一级浮动工资,浮动2年,并一次性奖励100元奖金。

1996—1997年,在矿务局范围内开展采煤机组司机、掘进工、地质钻探工、铁路运输调车员、财务会计人员五大工种的技术比武劳动竞赛活动,并对先进个人、先进集体的前三名进行表彰奖励。对技术能手第一名获得者给予500元奖励。1998—2000年,矿务局开展汽车驾驶员、井下电钳工、瓦工、计算机操作员、财会珠算五大工种的技术比武和劳动竞赛活动,有5346人参加比赛,对获得个人第一名的选手及先进单位分别奖励500元和1000元。公司还开展厨师、维修电工、采掘电钳工、煤质化验员、通风工、建筑木工8个工种的岗位培训考核和技术练兵比武活动,共有1576人参加竞赛活动。

2001—2003年,煤业公司所属各单位开展岗位练兵技术比武65次,参加人员2487人,经过层层选拔,共有200名优秀选手参加煤业公司级的岗位练兵技术比武活动。2004年,煤业公司、煤业公司工会在全公司范围内开展"百个工种大比武、万人岗位竞成才"活动。基层各单位共开展岗位练兵技术比武76次,参加人员2000多人,经过竞赛选拔,共有310名优秀选手参加煤业公司级岗位练兵技术比武活动,66名选手荣获煤业公司级技术能手称号。

2010年,全公司各单位共举办17个不同岗位工种的技术比武,参赛419人次,举办培训班26期,培训4117人次。为激励全员职工学技术、练本领的积极性，分别对技术比武第一名、第二名、第三名给予2000元、1500元、1000元的奖励；对活动中优胜单位和优秀培训单位分别给予4000元和3000元的奖励。2010年全公司共提合理化建议1975条，采纳211条，有7项"经济技术创新成果"被中国能源化学工会、中国职工技术协会评为二等奖、三等奖和优秀奖。

2011—2013年，公司每年组织开展10余个岗位工种的技术比武活动。2011年，公司对比武前三名选手分别给予2000元、1500元、1000元的奖励；对比武优胜单位和优秀培训单位给予4000元、3000元的奖励。2012年，公司拨款25.1万元，分别对荣获比武前三名的技术能手给予3000元、2500元、2000元的奖励，同时对涌现出来的优秀组织单位、优秀培训单位、优秀工作人员进行表彰奖励。2013年岗位练兵技术比武活动总计有8个工种的80名参赛选手参加理论和实际操作的考试，为职工提供一个展现自我的平台。

2014年，公司技术比武活动创新选手选拔方式：参加公司级比武的3名选手中，有1名是公司工会通过计算机软件随机在职工人员库中抽取的；同时，创新理论考试方式，理论考试的试题设计上增加试题数量，降低试题难度，全体参赛人员一小时考试时间，答200道题。同时在奖金设置上也有大幅度提高，前三名能手的奖金由过去3000元、2500元、2000元提高到5000元、4000元、3000元。

7. 扎赉诺尔煤业有限责任公司

1991年，矿务局每年组织"兴局富民杯""优胜杯"双杯竞赛和以双增双节、合理化建议、发明创造为主要内容的"三个一"创优争先劳动竞赛。2000年以后，扎赉诺尔煤业公司各单位工会一是开展"学技术，赛技能，培养复合型"人才竞赛；二是开展比创新，赛"五小"经济技术创新工程竞赛；三是开展"比节能降耗、赛争当节支能手"节能减排竞赛；四是开展"综合治理、保障安全"为主要内容的"安康杯"竞赛；五是开展增强团队竞争力，创建"五好班组"竞赛；六是开展以创建"工人先锋号"活动为主题的"比奉献、争先进、创一流"岗位立功竞赛；七是各单位深入开展以节能降耗、修旧利废、合理化建议、五小成果、推广应用先进技术和先进操作法等为载体的"降本增效"劳动竞赛活动。各单位精心组织、积极投入，使劳动竞赛更具科学性、实效性。

图12-2-7　扎赉诺尔煤业公司职工技术比武现场

2009—2015年，公司在6个生产矿深入开展"乌金杯"生产竞赛活动，参赛矿按照"乌金杯"生产竞赛的规定和要求，积极配合。各单位以班组为评比单位，制定各自的考核细则，从贯彻"公司大发展、生产创水平、职工得实惠"的高度，宣传在开展"乌金杯"生产竞赛中涌现出来的先进人物和模范事迹。归属华能集团公司（2007）至2015年，共开展5届42个专业职业技能竞赛，表彰122名优秀选手。

8. 内蒙古平庄煤业（集团）有限责

任公司

1995年,平庄矿区工会以内部挖潜扭亏增盈为主线,开展以"保勤、保产、保安全、保效益"为主要内容的矿际竞赛,在各井(区、段)之间开展流动红旗竞赛。2003年,公司发动职工开展经济技术创新和"双增双节"劳动竞赛,参赛范围达76个工种12个专业,参赛人数1.2万人,职工提"双增双节"建议672条,被采纳实施49条,创造经济效益1120万元。2008年1月,平庄煤业公司首届八次职工代表大会审议通过《开展"建功杯"职工技术大比武活动的决议》。

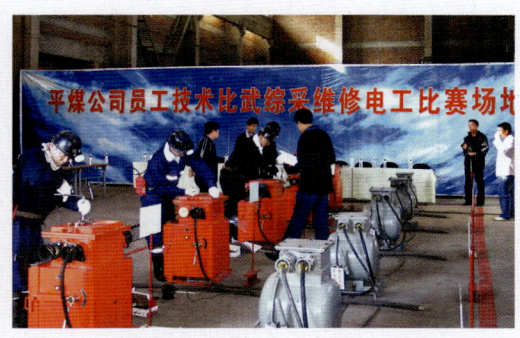

图12-2-8 平庄煤业公司开展综采维修电工技术比武

2008年以来,平庄煤业坚持开展两年一届的"建功杯"职工技能竞赛,每一届均有一万多名职工参加岗位练兵,开辟了职工初级工、中级工、高级工,技师、高级技师的成长通道。初步形成普遍参与、层层选拔、赛前培训、表彰奖励的工作机制,培养一大批技能型人才,提升了职工队伍的整体素质。2012年,平庄煤业在组织开展第三届"建功杯"职工技能竞赛的同时,成功承办赤峰市职工职业技能比赛活动;2012年,平庄煤业承办国电集团煤矿瓦斯检查工技能竞赛;2014年,承办国电集团煤矿安全仪器监测工和井下电工技能竞赛。同时派遣选手参加全国行业类技能竞赛,平庄煤业均取得优异成绩。截至2015年,公司通过技能竞赛晋升技能等级的职工共281名,其中,116名职工晋升为高级工,135名职工晋升为技师,30名职工晋升为高级技师。

9. 内蒙古伊泰集团有限公司

2009年,集团公司组织首届全公司职工技术比武活动,技术比武项目中的煤矿类含:测量工、制图工、锚杆机司机、井下电工、电焊工、瓦检员、测风工、掘进机司机;铁路类含:值班员(大站)、调车员、值班员(小站)、电力副司机、内燃副司机、桥梁工、探伤工、线路工、通信工、信号工、检车员、变配电工、供电工。比赛设团体奖、个人奖和优秀组织奖,其中,团体奖3个单位、优秀组织奖7个单位,颁发奖杯和证书;个人奖取前五名分别给予5000元、3500元、2500元、1500元、1000元现金奖励。2010年,集团工会要求公司各基层工会组织积极开展以"职工技术比武""经济技术创新"为主题的劳动竞赛实践活动,其中技术比武项目分为煤矿、铁路、煤制油3个类别、11个工种;比赛团体奖3个单位、优秀组织奖4个单位,颁发奖杯和证书;个人奖取前六名分别给予6000元、5000元、4000元、3000元、2000元、1000元现金奖励。2011年,由集团工会与团委联合举办第三届全公司职工技术比武活动,来自准东铁路公司、煤制油公司、各煤矿、质量管理部中心化验室、供电管理部共计15个工种的438名员工参加选拔,经理论和实操两个部分的竞赛,最终102人获得名次。

2012年6月,集团工会联合团委组织"2012年伊泰集团公司职工技术比武"活动;各公司、煤矿13个工种的568人参加岗位技术比武。2014年,集团公司选派11名选手参加"中国梦、劳动美"全区职业技能比赛中的矿井维修电工、综采维修电工、连采维修电工、瓦斯监测工4个项目的比赛；其中综采维修电工岳志新、瓦斯监测工田中华均获得第二名。

图12-2-9 伊泰集团公司举行2012年度技术大比武理论考试

至2015年，集团公司共组织煤矿类（瓦斯检查员、救护队员等）、铁路类（值班员、网电工、线路工、信号工等）、煤化工类（空分工艺、净化工艺、焊工、化验员等）及生产调度、外线电工、煤质化验等72个工种的比武，参与人数超过2500人。

四、群众生活工作

（一）职工之家建设

1. 神华神东煤炭集团有限责任公司

公司工会积极开展职工之家建设，主要矿井和专业化服务机构都建立职工之家，配备了图书、台球、乒乓球以及健身设备、棋牌游戏等，通过职工之家开展学习培训、文艺活动、职工风采展览等，为员工提供良好的学习、休闲、娱乐的场所。马家塔露天煤矿和上湾煤矿第三建井队分别被伊克昭盟工会命名为模范职工之家和模范职工小家。

2. 神华准格尔能源有限责任公司

1995年3月，准煤公司工会下发《关于开展建设"职工之家"活动的规划安排》，要求各直属工会按照全国总工会的决定，用3年时间，逐步把基层工会建成"职工之家"。1998年2月，工会制订《准煤公司职工之家建家细则》。1999年，准煤公司工会被自治区总工会命名为全区"模范职工之家"。2004年，准能公司工会被全国能源化学工会评为"全国煤炭系统模范职工之家"。2010年5月，黑岱沟露天煤矿工会被中华全国总工会评为"全国模范职工之家"。

2012年12月，大准铁路公司工会被自治区总工会评为"自治区模范职工之家"，哈尔乌素露天煤矿工会、设备维修中心工会、矸石发电公司工会三家基层工会被自治区总工会直属企事业工会评为"全区直属企事业工会模范职工之家"，大准铁路车务段分会、物资供应处铁路供应站分会被自治区总工会直属企事业工会评为"全区直属企事业工会模范职工小家"。2013年8月，公司工会被中华全国总工会评为"全国模范职工之家"。

准能公司两级工会投入大量财力和物力，高标准建设"职工书屋"，使"职工之家"建设内容更加丰富。建立和修缮职工活动室、阅览室。截至2015年底，公司设立"职工书屋"86个，"职工书屋"面积2240平方米，藏书量35592册。

3. 神华宝日希勒能源有限公司

2002年，宝日希勒公司工会在"职工之家"创建活动中，基层各单位在办公室、会议室、作业设备上悬挂班队组"全家福"、岗位规章制度。公司工会为原退休职工活动中心购置健身器材、台球桌、乒乓球桌、麻将桌、阅览室等，实现"二位一体"的职工之家。2004年，公司工会被自治区总工会授予"模范职工之家"称号；水电公司第二发电厂被全国能源化学工会授予"职工小家"称号。2007年，公司工会被全国总工会授予"模范职工之家"；被能源化学工会、神华集团授予先进工会；煤炭销售公司工会被自治区总工会授予"模范职工小家"，被神华集团授予模范"职工小家"称号。

2008年，公司工会被全国总工会授予"职工书屋"援建试点单位。第一批赠书1260册。4月21日，公司工会被中华全国总工会、国家安全生产监督管理总局联合授予"模范职工之家"称号；9月，鄂尔多斯市图书馆与公司工会联合，将公司"职工书屋"列为图书分馆，增加流动借书500册。2009年，公司工会为职工之家购置健身器材8组、乒乓球桌2张、乒乓球发球机1台、台球案4个、沙弧球桌1张，室内总面积1900平方米。工会还在职工之家室外新建一个水泥篮球场并对工人文化宫进行维修。同时为居民区内的活动中心购置4套健身器，每天都有100余名老同志在活动中心健身活动。

2013—2015年，工会在宝日希勒镇新建的神宝嘉园小区投资200余万元建设面积900平方米的职工活动中心，内设阅览室、棋牌室、活动室，并配置台球桌、乒乓球台、棋牌、健身器等设施，环境整洁明亮，设施功能齐全，活动项目丰富。截至2015年，公司工会管理的主要公共设施有：工人文化宫1座，职工体育馆1座，职工之家3个，室外健身场1个，室外舞场1个，篮球场1个、基层职工之家6个。

4. 神华大雁集团有限公司

1991年，大雁矿务局工会在各单位广泛开展"争创先进、模范职工之家"活动，并制定下发竞赛方案。在开展建家活动中，涌现出第一煤矿工会等13个矿（处）级模范职工之家。1992年，矿务局工会制定下发《在试验矿、队、班组工会开展建小家竞赛方案》《高产高效矿工会小组长和工会小组五大员职责》，使建家工作得到广泛、深入、健康发展。矿务局工会被评为全国煤矿系统"建小家"先进单位及自治区模范职工之家，二矿625采煤队工会被评为全国煤炭系统工会模范职工小家。

1993年，矿务局工会对建家方案和竞赛评比细则以及验收办法进行重新修订，把每年两次检查验收改为上半年基层工会自检、年终矿务局工会验收、3年表彰一次，从而增强基层工会自我管理、自觉建家的积极性。2000年，公司制定下发《工会工作实绩及建家工作考核验收标准和评比办法》，使建家工作更富于实效性。第一煤矿工会、生活福利处二会被评为全区煤矿工会系统先进基层工会。培训中心职工学校工会等3个科（区）级工会被评为呼伦贝尔盟先进职工小家。2002年，煤业公司工会制定下发《新时期职工之家（职工小家）建设方案》，赋予建家工作新的内涵。2004年，煤业公司工会被中国能源化学工会授予全国煤矿系统"模范职工之家"称号，运销公司机辆段工会、二矿机运队工会被评为全国煤炭系统模范职工小家。

5. 扎赉诺尔煤业有限责任公司

1998年10月，扎赉诺尔矿务局工会被中华全国总工会授予"全国模范职工之家"称号。2000年以来，公司各单位突出"建家"工作重点，努力创建一流的"职工之家"和"职工小家"。各二级单位工会根据自身实际，逐步加大建家投入，在硬件建设上狠抓落实，改善职工之家的环境。

公司党委以"安康杯"竞赛为载体，通过丰富多彩的安全思想教育活动，塑造安全之家新形象；以提高职工素质为宗旨，以"创建学习型企业、争当知识型职工"活动为依托,开展技术学习和练兵,创建学习型职工之家;以情系职工为使命,做好日常困难职工群众的帮扶工作,营造职工温暖之家。每年扎赉诺尔煤业公司工会都对各二级单位的职工之家和职工小家进行抽检,及时指导基层单位职工之家和职工小家建设,各单位从建立和完善长效机制入手,从制度和领导工作职责上保证创建各项工作落到实处,巩固建家活动的成果。

6. 内蒙古伊泰集团有限公司

公司自成立以来,就以创建"模范职工之家"为己任,围绕"全国模范职工之家"的奋斗目标,深入开展建设"模范职工之家"活动,力争把工会建设成组织健全、维权到位、工作规范、作用明显、职工信赖的职工之家,逐步形成"党委重视、行政支持、工会牵头、各方配合"的工作格局。

2005年5月,集团公司工会被中华全国总工会授予"全国模范职工之家"荣誉称号。

图12-2-10 伊泰集团公司工会被中华全国总工会授予"模范职工之家"

2006年9月,集团工会被中华全国总工会基层组织建设部确定为"全国模范职工之家、全国双爱双评先进单位、企业工会工作信息联系单位"。在公司党政的积极推动下,工会把健全员工业余文化活动组织、设施、开展经常性文体活动作为塑造企业优良形象的大事来抓,先后投入300多万元建设室内篮球、网球馆和职工活动中心。投资50多万元购置体育健身活动器材,建立职工图书室,为员工活动提供一流的学习、活动场所。至2015年底,集团公司已有全国"模范职工之家"1个,全国"模范职工小家"1个;自治区"模范职工之家"2个,"模范职工小家"2个;市级"模范职工之家"2个,"模范职工小家"2个。

(二)扶贫解困工作

1. 神华神东煤炭集团有限责任公司

2009年底,神东煤炭集团有序开展春节慰问贫困职工工作,对公司上报的贫困职工进行申报、审核,分类制定慰问标准,对246名贫困职工和662名离退休职工进行慰问,累计发放救济金1838600元,使困难职工家庭充分感受到神东大家庭的温暖。

2010年,集团建立困难职工帮扶基金,制定《神东煤炭集团困难职工帮扶基金管理办法》,使帮扶工作制度化、规范化;根据基金的筹集渠道,组织各单位积极捐款,截至5月25日,共收到72个单位(部室)5030585元捐款,捐款人数达25543人,其中正式工17388人,劳务工8155人,初步建立困难职工档案。基金的建立为扶贫帮困长效机制的建立发挥有力的保障作用。

2. 神华准格尔能源有限责任公司

1995年2月20日,准煤公司党委下发文件成立准煤公司扶困工作领导小组。领导小组办公室设在工会生活保险部。是年,准煤公司和工会共同筹资110万元,作为扶困基金的本金存入银行,为今后的扶困工作提供资金保障。1996年,准煤公司工会用扶困基金,为教育处的一名特困户发放无息贷款5000元，帮助其实施生活自救。9月，工会为公用事业公司考入内蒙古师范大学化学系的职工子女资助助学金1000元。

1997年10月，准煤公司制定下发《准煤公司"九五"期间扶贫解困工作规划》的通知。该规划明确准煤公司扶贫解困的指导思想、帮扶对象、工作目标、主要措施、优惠政策、组织领导等有关政策。12月，准煤公司工会在伊克昭盟职工消费合作社和准煤公司行政的大力支持下，开办"准煤公司职工消费合作社"。合作社开业的第二年，全年营业额达113万元，总计向职工让利16.9万元，受到广大职工的欢迎。是年，按照准煤公司的安排，各直属单位工会都相应建立扶困工作机构。1996年7月至1999年7月，各级工会共安排解困转岗、再就业人员277人，相继有234名困难职工的子女被安排临时就业。

2000年1月，准煤公司出台的《准格尔煤炭工业公司工会生活保障工作制度》主要包括：困难户档案制度、领导干部联系困难户制度、"送温暖工程"半年一次逐级统计报表制度、经常性走访送温暖工作制度、对基层工会的考核管理制度、扶贫基金管理制度、实施优惠政策制度等，使准煤公司的扶贫解困工作走上制度化、经常化、规范化。

2001年12月，"准能公司城镇居民最低生活保障工作领导小组"成立。准能公司工会主席任组长。全公司工会系统共成立储金会14个，储金总额20.57万元，储金借款人数154人，借款额17135元，储金会的储金总额比1998年增加5倍。2001年，准能公司有4户14人享受到准格尔旗城镇居民最低生活保障待遇，企业的扶贫解困工作同地方政府的最低生活保障工作正式接轨。2003年，准能公司100人以上的单位都建立储金会，200人以上的单位建立困难职工救急金，共储资金64万元。同年，有22户困难职工家庭享受到准能公司最低生活保障金28680元。

2006年11月，帮困基金管理领导小组决定，修订《神华准格尔能源有限责任公司帮困基金管理办法》，扩大救助范围，提高救助标准。当年有9户困难职工家庭享受到帮困基金2.4万元。2009年11月，准能公司本着"三不让"（不让一个患病职工家属因困难放弃治疗，不让一个职工子女因困难失学，不让一个职工家庭生活在最低生活保障线以下）的原则再次对《神华准格尔能源有限责任公司帮困基金管理办法》进行修订，提高救助标准。当年，有18户困难职工家庭享受到帮困基金15万元。2014年，公司对《神华准格尔能源有限责任公司帮困基金管理办法》进行修改完善，有30户困难职工家庭享受到帮困基金368800元，有105户困难职工家庭享受到低保金218030元。

3. 神华乌海能源有限责任公司

1995年，海勃湾矿务局建立8个扶贫领导小组和扶贫基金会。先后为选中经济开发项目的两个单位和58户困难职工贴息贷款84万元，帮助其走上生产自救和经营自救之路。1995年10月，公乌素煤矿办起全乌海市第一家扶贫市场，当时选择38户困难职工进入市场经营自救。随后，平沟矿、老石旦矿扶贫市场相继建成。至1999年，先后有180多户困难职工进入市场经营自救，有75%的经营户取得较为理想的经营效果，其中有几户还发展成为专业个体经营户。1997年1月15日，时任自治区政府主席的云布龙在参观公乌素扶贫市场后题词，"向公乌素矿工会学习全心全意为职工解决困难的精神"。

从1996年开始，海勃湾矿务局每年为困难职工子女7000余人免去学费50余万元。神华集团公司从2001年开始在"西三局"实施"神华圆我大学梦"活动。2001—2003年，海勃湾矿业公司受资助的学生共有662人次，资助资金达132万元，1995—2008年累计筹集扶贫资金2025.625万元，为困难职工46500人次发放困难补助1625.36万元，为1012人次大学生补助171.45万元，为其他扶贫项目提供无息贷款680万元。

神华乌达矿业公司自1996年以来，累计筹集送温暖慰问款1463万元，走访慰问困难职工、病残、待岗、受灾、离退休、科技工作者、劳模等家庭共8.12万人次；连续14年开展扶贫助学活动，共发放助学金525万元，扶助贫困大专院校学生1840人次，为15490人次中小学生减免学杂费，减免金额约90万元；乌达矿业公司工会于1993年成立职工特殊困难基金会，有6000余名职工入会，基金总额最高时达83万元，共召开15次兑现会，累计兑现955人次计571050万元。

神华乌海能源有限责任公司成立后，各级基层工会干部每年组织一次职工家庭生活入户调查，逐户填写《入户调查表》，准确掌握公司各类职工基本生活状况和基础数据。每年元旦、春节期间，都对包括军烈属、劳模、副厅以上离休干部、退休干部、新中国成立前参加工作的工人在内的各类慰问对象和困难职工发放慰问金和生活困难补助款。2013—2015年，公司共救助患大病职工67人，救助总金额1793298元。2013年为24名符合救助条件的职工子女发放神华集团救助金共计12万元，发放乌海能源公司救助金共计12万元；2014年为57名符合神华集团救助条件的职工子女发放救助金共计28.5万元，为60名符合乌海能源公司救助条件的职工子女发放助学金共计30万元；2015年为89名符合救助条件的职工子女分别发放神华集团救助金共计44.5万元，发放乌海能源公司救助金共计44.5万元。

4. 神华包头能源有限责任公司

1998年划归神华集团时，包头矿业公司还处于非常艰难的时期。有14个基层单位拖欠职工工资，拖欠最多的单位累计达14个月，困难职工最多时达7530多人。为了解决职工的基本生活问题，党政工想办法、找出路，努力开拓思路，寻求各方支持，兴办以"五会一社"为主体的扶贫济困网络。在1996年建立的职工特殊困难互助基金会基础上，工会建立帮困助学基金会、应急资金、临时救助资金、储金会和职工消费合作社，形成"五会一社"扶贫帮困救助体系，截至1998年底，共为特困职工资助26万元，为15户困难职工贷款2.4万元，其中11户已脱贫。

同年，包头矿务局特困职工互助基金已上升到105万元，1998年先后五次为106人补助特困基金6.8万元，还资助18名贫困学生进入大中专院校深造。全局副处级以上领导干部资助特困职工173户，已经有31户脱贫。

图12-2-11　2012年1月11日，神华集团公司工会主席孙文健到神华包头矿业公司慰问困难职工

1998年春节，公司共为3880人补助57万元。职工特殊困难互助基金会成立以来共分22批补助困难职工837人次，累计发放补助金44.47万元。帮困助学基金会累计资助困难职工子弟762人次，补助学费144.73万元。应急资金有4128多人使用过，借用资金近60万元。临时救助资金和储金会保持在10万元左右的运行资金，以解决职工的一时之急。

职工消费合作社广泛地为困难职工赊供生活必需品，降低职工的生活支出。建社以来固定资产10万元，资金流转最高峰时达到35万元/年，向职工让利30万元。"五会一社"这种依靠职工自身力量进行互助的活动，使扶贫济困工作既做到快、稳、迅，又增强职工队伍的凝聚力，也为扶贫济困工作的开展奠定扎实的基础。

2005年，工会组织经过广泛的调研、学习，适时停止职工特殊困难互助基金会和职工消费合作社活动，并把其他几项基金会进行分化和整合，形成扶贫济困"五大"帮扶机制，即：两节期间集中慰问补助"送温暖"机制；特困职工子女、工亡遗属子女考入大学金秋助学机制；副处级以上领导干部与特困职工连心结对帮扶机制；单亲困难女职工救助和患重、特大疾病职工住院慰问补助机制；日常分别救助帮扶机制。五大机制的建立，从根本上保障了各类困难职工群体的基本生活，解决他们遇到的实际问题。由于成绩突出，"五会一社"扶贫济困工作曾被中央电视台经济半小时栏目报道，包头矿业公司工会因此多次被自治区总工会、包头市总工会评选为工会工作先进单位。

5. 神华宝日希勒能源有限公司

2000—2005年，公司各级工会组织以第一责任人的身份做好稳定工作，落实"五突破一加强"。对特困职工实行帮扶解困，并建立特困职工档案，实行动态跟踪帮扶，做好下岗职工的教育培训和再就业工作。互助金和二次互助补充保险参加率达90%以上。公司党政工领导到特困职工家中慰问，送慰问金或慰问品。每年公司拨款10万元用于困难户补助。

公司成立困难员工子女助学基金会。基金由工会经费、行政出资和员工捐款3部分组成，计22万元。采取借款的方式，缓解困难职工子女上大学难问题。公司工会建立互助储金会，对员工急难事情给予借款。当年助学贷款人数31人，共计贷款15.2万元。公司出资10万元，补助困难员工295户，为困难员工子女减免学费135名。增加通勤大客车2台。公司出资60多万元购置医疗设备和医药用品，为包括离退休员工在内的全体员工进行1次免费体检。

2002—2005年，公司安置员工子女146人，新聘用大学毕业生12人，净增就业岗位181个，彻底解决原企业职工就业难问题。

2006年，公司制定困难员工标准为：一类是1980年前后退休的职工月退休金为400~500元；二类是工资较低的内退人员；三类是工伤员工及病保职工；四类是公亡和非因公死亡家庭遗属；五类是患有重病和大病的员工。当年，补助困难员工290人，发放补助金10万元；呼伦贝尔红十字会为公司2名困难大学生补助共计4000元；助学贷款13人，共计贷款7.9万元。2007年补助困难员工298人，补助金额共计13.4万元；助学贷款24人，贷款共计13万元；呼伦贝尔红十字会为公司3名困难大学生补助共计6000元。

2008年，公司工会健全和完善困难员工档案管理。年底为大重病员工、特困员工、伤残员工、一般困难员工共补助金额15万元；为困难员工子女助学贷款12户，共计6.4万元；两节期间为困难员工补助共计251户，其中非因工死亡遗属70户、工伤员工17户、工亡员工遗属20户、在职员工50户、退休、内退、病保员工（大重病）94户。经公司工会与市红十字会联系，当年为5名考上大学的困难员工家庭每户补助2000元，解决困难员工子女上大学难问题。在公司领导的大力支持下建立大重病基金，使患大重病的员工及时得到治疗。

2009—2011年，公司工会不断完善和改进"二级走访"工作长效机制，站在讲政治的高度，履行工会第一责任人的职责，每年公司在两节期间为困难职工补助款平均在20万元以上。困难职工子女助学基金会每年资助上大学困难职工子女30余人。在公司领导的支持下，划拨工会经费成立职工大重病基金，使患大重病职工及时得到治疗。仅2010年初，工会在两节期间为困难职工补助30万余元，其中神华集团领导走访2家特困户，公司领导走访4家特困户，工会干部共走访260余户。为20户困难职工减免水电费共计4000元；大重病11户，借款20万元。

2012—2015年，公司帮扶资金来源于呼伦贝尔市总工会、神华集团和企业自筹。公司工会在档退休职工及遗属等困难人员年龄偏大、收入较低且患有慢性病，生活比较困难，工会不断加大帮扶力度，减轻他们的压力。公司出台《职工子女考取大学奖励办法》，协调解决困难职工家属和子女的就业问题，加强职工大重病基金的借款及返款工作，为困难职工家庭购买生活必须品、维修住房，投入十多万元为工伤残疾职工配备交通工具。仅2014年度，公司工会春节一次性送温暖资金就达90万元，日常补助22万元，惠及700多个困难家庭。

6. 神华大雁集团有限公司

1995年，矿务局工会启动建立扶贫基地、设立扶贫专项贷款、免除特困职工部分费用、建立实施送温暖和"二帮一"工程、帮助特困职工就业五个方面共12项扶贫措施；经矿务局工会与矿务局协商，利用土地资源优势，为有种植愿望和耕种能力的贫困职工申请耕地1200亩，无偿提供给80户特困户耕种；在东安市场设立30个扶贫摊位，经与地方工商、税务部门沟通协商免收50%的各种税费。1996年，矿务局工会在实施平等协商集体合同制度中，将特困工亡职工子女考入大、中专院校每人一次性补助助学金500元写入集体合同。为12名特困工亡职工子女发放助学金6000元。

2000年，煤业公司共有下岗职工5687人，人均不足100元的特困职工1604户（下岗职工1098人、退休特困职工506人）。特别是11月25日，煤业公司第二煤矿发生重大瓦斯爆炸事故后，煤业公司各级工会组织积极参与事故的善后处理工作，为遇难职工送去米、面、油、煤等生活必需品，全力帮助解决实际困难。

2004年，煤业公司工会与鹤声薯业公司为193户特困户无偿提供128.67公顷耕地，提供种子、技术、负责收购，特困职工每户获利1128元，累计458户职工脱贫。同年，煤业公司启动帮助考入大专以上院校的特困职工子女完成学业的"助学工程"，共收到助学基金35.44万元，其中煤业公司拨款10万元；有1202名干部职工捐款25.44万元。全年共资助特困职工子女96名，总金额28.4万元。

7. 扎赉诺尔煤业有限责任公司

扎赉诺尔煤业公司是一个具有百年开采历史的国有大型煤炭企业，社会负担大，包袱沉重。2015年，公司有退休职工17076人，工、死亡遗属2627人。

1996年，扎赉诺尔矿务局成立扶贫基金会，筹措110万元，其中，矿务局拨款60万元，工会拨款10万元，职工捐款42万元。1996—2000年为职工两节送温暖共计拨款216.75万元。

2001年以来，公司工会制订《2001—2005年扎赉诺尔煤业公司扶贫解困五年工作规划》，建立由华能集团公司拨款500万元，公司筹款100万元的扶贫救助专项基金，成立扶贫救助理事会，制定《扎赉诺尔煤业公司困难职工专项救助基金使用管理办法》。基金使用范围是困难职工子女助学基金150万元、困难职工补助基金250万元、困难职工大病救助周转基金200万元。

自2006年开始，工会每年向公司党政领导汇报并召开基层工会主席专题会议，每年7—9月，开展"金秋助学"活动，对考上大中专以上院校的困难职工子女发放2000元、1500元、1000元、500元等不同标准金秋助学金。2005—2015年，为困难职工家庭子女700余名学生发放助学金达35万余元。

2011—2015年，公司以日常困难职工帮扶为重点，建立完整的帮扶体系，把有限的钱用在刀刃上，从源头上保证工会送温暖活动的经常化、制度化。对困难职工档案实行动态管理，公司工会有效利用大病周转基金借款，关心患大病的职工。每年"两节"期间，扎赉诺尔煤业公司拿出送温暖资金，由公司领导带队分十个慰问组在节前深入各基层单位困难职工家庭，走访慰问困难员工、退休劳动模范、离退休老干部、离退休老干部遗孀、转复军人、住院员工，把企业和组织的温暖送到千家万户。期间，帮扶困难职工4079人次，发放困补金378万元。

8. 内蒙古平庄煤业（集团）有限责任公司

（1）扶贫基金。1997年十届二次职工代表大会通过《关于做好扶贫解困工作的决议》和《平庄矿务局扶贫基金章程》。行政拨款50万元，矿区工会筹资20万元，职工募捐29.9元，建立百万元扶贫基金。矿区工会制订扶贫解困方案，对特困户进行定期补助。

（2）"送温暖工程"基金。2002年，平庄煤业采取行政拨款、工会出一部分、职工捐一部分的办法，建立了"送温暖工程"基金，解决了扶贫解困资金不足问题。

（3）帮扶基金。2008年1月10日，平庄煤业首届八次职工代表大会审议通过了《关于建立平庄煤业（集团）公司"帮扶基金"的议案》。"帮扶基金"以行政划拨、工会出资、职工捐献、社会赞助等方式筹集，逐年积累。当年4月，"帮扶基金"筹集工作完成。平庄煤业出资100万元，各级工会组织出资50万元，职工捐款50万元，总计200万元。

图12-2-12 2008年1月14日，平庄煤业组织员工为平庄煤业困难职工帮扶基金捐款

平庄煤业制定了《帮扶基金使用管理办法》，规定"帮扶基金"由矿区工会筹集和管理，由基层单位责成本单位工会

负责管理和使用,主要用于对在岗困难职工的帮扶。

(4)创办职工消费合作社。1999年,矿务局煤炭滞销,职工工资不能正常发放,很多职工生活遇到困难。矿区工会协助7个基层单位办起了职工消费合作社。全年按低于市场价6分钱的价格销售给职工大米14万斤、面粉86万斤;按低于市场价4角钱的价格销售给职工植物油52万斤;免去了756户特困职工赊欠的粮款。职工消费合作社为保证工亡、病亡职工遗属的基本生活,对457户505名病亡职工家属发放补贴,支出补贴总额6.608万元;对351户559名工亡职工家属发放补贴,支出补贴总额9.17万元。

9. 内蒙古伊泰集团有限公司

伊泰集团公司工会成立后,始终对因患重病导致生活困难的职工和家属给予关心帮助,除向集团公司反映、建议公司进行资助外,还号召公司职工捐款,帮助病困职工。

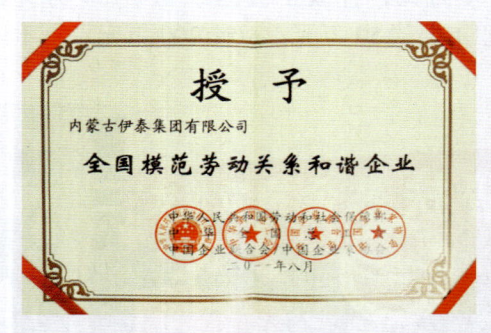

图12-2-13 伊泰集团获全国模范劳动关系和谐企业称号

2005—2008年,集团公司工会牵头组织为5名职工捐款372045元,为4名职工患病家属(3人妻子患病,1人儿子患病)捐款266593元。2007年,公司被自治区总工会、自治区工商业联合会评为"内蒙古自治区双爱双评先进企业";被劳动和社会保障部、中华全国总工会、中国企业联合会、中国企业家协会联合授予"全国模范劳动关系和谐企业"等荣誉称号。

2009年,集团公司有8名一线职工因为天灾人祸和重大疾病而无力负担巨额医疗费用。集团公司第一时间在公司医疗风险基金中为他们支付28万元,并号召全体员工为他们捐款献爱心,共募得捐款近60万元,及时送到他们手中。2010年春节前,集团工会慰问了公司患重病特病的10位职工及家属,分别送去3万~10万元不等的慰问金共70万元。

2011年,伊泰集团制定了《内蒙古伊泰集团有限公司职工困难救助基金管理及实施办法》,建立了"职工困难救助基金",基金以定期或不定期职工捐助的方式筹集;通过该基金对因病或天灾人祸发生意外而导致职工无力承担巨额费用、造成生活困难进行救助。工会健全和完善了特困职工档案,并实行动态管理,根据特困职工申请,经核实后报基金会研究,列出重点给予救助。全年共救助55人,发放救助金20余万元,使困难职工真正体会到"我的伊泰,我的家"的大家庭温暖。至2015年底,共有89人申请使用医疗风险基金,累计报销医疗费242.32万元。

五、职工文化体育活动

(一)职工文化艺术活动

1. 神华神东煤炭集团有限责任公司

自2000年以来,公司每年组织文化下乡(矿)活动,内容有:文艺演出、电影、秧歌、讲座、演讲、展览等。2003年10月9—14日,神华集团首届职工歌手大赛在矿区举行。2004—2008年每年公司组织"安全文艺汇演",以处级单位自编、自导、自演一场,公司从中选拔优秀节目汇演。2006年6月，神华集团公司"唱响正气歌"在神东矿区举行。截至2008年，公司工会组织文艺演出23场。

图12-2-14 2006年6月28日，神华集团公司"唱响正气歌"在神东矿区举行

公司总工会经常邀请文艺团体到矿区演出。2001年1月6日，团中央、全国青联志愿者艺术团赴神东矿区慰问演出。2001年12月13日，神华集团邀请总政歌舞团赴神东矿区慰问演出。2007年9月14日，由中央电视台《精彩中国》栏目组、神东煤炭分公司、神东煤炭公司、神东天隆公司联合在神东体育场举办"精彩中国·魅力神东"大型文艺演出。2002年以来，中国煤矿文工团连续7次到矿区演出。

2. 神华准格尔能源有限责任公司

准格尔煤炭工业公司工会每年都组织开展歌咏比赛，如庆"七一"歌咏比赛、企业精神歌咏比赛、纪念中国工会成立70周年"准格尔之声"歌咏比赛、"祖国在我心中"歌咏比赛等；1993年5月4日，公司团委组织了首届青年文化节，至1999年共组织4届；6月，团委在各中小学组织首届校园文化节，至2001年共举行了8届。

2013年，公司举办以"七彩准能、幸福员工"为主题的公司首届职工文化节，共设置13个单项活动176个奖项。活动既有自行车拉力赛、职工家庭厨艺比赛、钓鱼比赛等竞技性活动，又有职工演唱会、广场舞、书画、摄影、手工作品展览和诗歌、散文征集及图书展示等文化活动，近万名职工、家属、离退休职工和观众参与活动。

图12-2-15 2004年6月25日，"神华准能杯"首届全国航拍摄影大赛开拍

公司文联在春节前赴生产一线为职工送春联3000余副，组织职工参加自治区、鄂尔多斯市举办的各类书法大赛。举办了为期3个月的书法培训班，200多名书法爱好者参加培训。编辑出版了4期《火神》杂志。公司文联被评为全国煤矿先进集体。

2014年，公司文联在春节前赴生产一线为职工送春联4000余副。编辑出版了4期《火神》杂志。举办了为期两个月的书法、绘画等各类培训班，共计有400名职工参加。2015年，举办职工书法、绘画培训班，近300名职工参加，组织参加鄂尔多斯市工会举办的全市书画大赛，两个作品获奖。

3. 神华乌海能源有限责任公司

1994年，海勃湾矿务局共有俱乐部4个，专职工作人员19名；歌舞厅3个；

图书馆 8 个，专职工作人员 7 人，藏书 32735 册；业余文艺团体 7 个，文艺骨干近 80 人。1995 年 5 月，工会在公乌素煤矿职工俱乐部举行了庆祝五一和中华全国总工会成立 70 周年职工文艺演出；1996 年 5 月，乌达矿务局文学艺术联合会宣告成立，并于同年组织举办了"煤与火"全局职工文艺演出；1996 年 8 月 23 日至 9 月 3 日，海勃湾矿区工会组织了"情注矿山"职工文艺汇演，12 个业余文艺队参演，演职人员 253 人，演出节目 102 个，其中自编节目 71 个。汇演结束后，又精选了 17 个节目在各矿区及乌海市进行巡回演出，并为困难职工子女募捐到部分学费。1997 年，乌达矿务局工会举办了"庆回归、迎七一"大型歌咏演唱会。

图 12-2-16　2009 年 9 月 30 日，公司举办歌咏大赛

1997 年以来，乌达矿务局邀请中国煤矿文工团、阿拉善盟歌舞团、宁煤集团公司艺术团、乌海市文工团等文艺团体为矿区职工演出。同时，每年春节都组织大型街头文艺、游艺活动和元宵灯会以及大型新春焰火晚会。

海勃湾矿务局职工书法、美术作品获得国家级奖项 4 人 6 件次，获得自治区级奖项 9 人 12 件次，乌达矿务局工会邀请乌海市部分著名书法家和矿区书法爱好者举办了 6 届"新春书法笔会"。海勃湾矿务局邮协被评为全国煤矿集邮先进集体，1 人被评为全国煤炭系统集邮先进个人。

截至 2008 年底，全公司共有舞厅 2 个、职工书屋 6 个、健身房 8 个，图书室藏书近 4 万多册，基层文艺骨干 160 多人。从 2004 年开始，海勃湾矿业公司工会每年至少组织 1 次大型文体活动，工会组织部分摄影爱好者深入矿井、选煤厂开展摄影采风活动，选送部分书法、美术、摄影作品参加"全国煤矿艺术节书法、美术、摄影展"，2 幅作品入选。

2009 年 2 月，乌海能源公司成立文学艺术联合会，建立文学、美术、书法、摄影、音乐舞蹈、集邮 6 个协会，并于同年开展安全文化进矿区、职工歌咏比赛、职工书画摄影展等系列活动。2010 年，公司工会组织由 60 名书法家和书法爱好者组成的书法表演队，在自治区第十二届运动会开幕式上进行书法表演；2011 年，公司工会于"三八"妇女节期间举办"巾帼建功展风采，创先争优建和谐"首届女职工才艺作品展；纪念中国共产党成立 90 周年红歌大赛；并承办神华集团"创先争优在神华"职工书画摄影作品展。2012—2014 年，公司工会每年与北京中视飞翔文化艺术团联合深入矿区举办"安全伴我行"文艺下基层大型演出，2014 年，承办乌海市总工会、乌海市文化局的第十八届广场文化艺术节"中国梦·劳动美——神华乌海能源公司专场文艺演出"，共有 17 个节目在乌海市滨河文化广场进行表演。

4. 神华包头能源有限责任公司

自 1997 年春节开始，包头矿务局决定每两年举办一届元宵灯火晚会，共举办 5 届，晚会有摄影、书法作品展，演讲、朗诵、大合唱等内容。2009 年 7 月，公司举办党员干部及新闻写作通讯员培训班；8月，组织以"庆祝新中国成立60周年我为企业做贡献""我与包头矿业的变革创新""包头矿业兴亡，我有责任""信心、战略、变革、责任"等为主题的征文竞赛活动。

图12－2－17　2011年4月12日，包头矿业公司水泉选煤厂举办新闻写作座谈会

5. 神华宝日希勒能源有限公司

1997年，公司团委配合党政工在中学运动场举办"庆七一、迎香港回归"篝火晚会；11月，小学和幼儿园团支部开展以"迎香港回归"为主题的诗歌朗诵会、美术作品展等活动，共创作诗歌、儿歌150首，创作美术作品240幅，受到团中央表彰。2002年开展"学雷锋、树新风、做文明青少年"活动；7月，在职工医院举办健康知识竞赛。

2003年，公司团委组织开展"党在我心中"纪念活动，组织公司医院青年志愿者为80名离退休职工义诊。2006年10月，公司团委在呼伦贝尔市纪念红军长征胜利70周年文艺汇演中，3个节目获优秀表演奖。2007—2008年，公司团委在销售公司铁路运输段举办安全演讲赛，联合工会组队参加全国劳动保护杂志社举办的"全国劳动安全防护知识竞赛"，2400名员工参赛；选派7名选手参加神华团委举办的"安全生产、青年当先"演讲比赛。

2012年以来，工会坚持每季度举行1次文体活动，工会先后组织为职工和家属分别举办以2012"喝彩神宝、和谐之春"为主题的文艺演出。6月的"安全生产月"活动中，工会组织开展一系列丰富多彩的活动，举办"以'找、抓、促'活动为契机，促进安全生产、经营管理上水平"征文和演讲比赛，组织获奖人员到各单位进行巡回演讲；举办职工书法、漫画展，展出来自各单位职工的150余幅作品。9月，举办"创佳绩、铸辉煌，神宝人喜迎党的十八大"大型室外文艺演出，公司干部职工、矿区家属有3000余人到场观看，为党的十八大胜利召开献上厚礼。

6. 神华大雁集团有限公司

2005年2月，公司工会在体育场举办"元宵焰火晚会暨第二届群众文化艺术节"。2006年2月12日（元宵节），公司工会在第四中学院内举办"元宵焰火晚会暨第三届群众文化艺术节"。2008年8月，集团公司工会举办"讲文明 树新风 做贡献"书画摄影大赛，共征集书画摄影作品260余幅，并将评选出的部分优秀作品报送到自治区进行参评，其中侯晓平的《楷书》获优秀奖。2009年2月9日，公司在体育场举办元宵焰火晚会暨第四届职工文化艺术节。9月30日，举办"火热矿山"红歌演唱会。

2011年5月，公司举办庆祝中国共产党建党90周年"颂党恩、忆成就、展风采、促和谐"职工书法、美术、摄影作品大赛；2012年11月举办首届职工书画摄影展，共收集职工及家属作品70余幅。2012年6月，公司工会举办"劳动美托起中国梦"演讲比赛，共有来自公司19个单位的20名选手参赛。2014年4—7月，公司开展工会理论征文评选活动，共征集论文 70 余篇，获神华集团工会颁发优秀作品二等奖、三等奖各 1 篇；在自治区总工会评选中，获得三等奖 1 篇。5—6 月，公司举办神华大雁集团有限公司首届歌手大赛，公司在职职工、退休职工、矿工子女 120 余名选手参赛。8 月，公司工会举办"中国梦·大雁美"文艺汇演，100 余人参加演出。

图 12－2－18　庆祝公司第 24 个矿工节慰问演出现场

2013 年 9 月，公司工会在职工俱乐部连续举办 3 天"祝福祖国"庆十一文艺晚会。2014 年 7 月 17 日是公司的第 24 个矿工节，公司工会与社保中心联合举办 3 场纪念中国共产党建党 93 周年暨庆祝公司第 24 个矿工节文艺汇演。

7. 扎赉诺尔煤业有限责任公司

1991—2015 年，扎赉诺尔煤业公司投入大量资金先后建设工人文化宫（2008 年改建成扎赉诺尔煤业公司体育馆）、青少年宫、老干部活动中心、新闻中心、世纪广场等。后与满洲里市联合在露天矿建设国家矿山公园，在少年宫筹建扎赉诺尔国家矿山博物馆等。1991 年，成立文化工作委员会，1997 年又成立职工文联，2007 年组建职工文联"金马鞍合唱团"。截至 2015 年，公司职工文联已进行 3 次换届，下设 8 个协会和一个金马鞍艺术合唱团，有文学、美术、书法篆刻、摄影、音乐、舞蹈、戏曲曲艺、奇石协会、合唱团等，这些协会经常开展活动，在文化活动中发挥了重要作用。

1991 年起，公司共举办 6 次春节电视联欢晚会，每两年举办一次青年歌手比赛，不定期举办职工文艺汇演或调演，公司每年都举办大合唱比赛，每两年举办一届大型职工书法、美术、摄影展览。

图 12－2－19　2010 年 2 月，灵泉矿职工家属舞蹈队在元宵佳节表演扇子舞

2002 年，为庆祝扎赉诺尔煤业公司建矿百年，在工人文化宫举办两场专场演出，在工人体育场举办有万人参加的大合唱比赛。

2003—2005 年，公司工会连续在夏季举办广场文艺演出，共演出 40 余场、500 多个节目。从 2003 年起，工会每年春节都举办迎新春团拜会，元宵节举办灯展、猜谜比赛和焰火晚会、秧歌比赛。公司工会组队参加由中国煤矿文联举办的第三届中国煤矿艺术节全部 8 项文化展演赛事，共获得 15 个奖项，并获得本届艺术节组织奖；专场演出《劳动者之歌》获得"淄博矿业杯"职工文艺汇演铜奖；自制的电视片《王老先生》被评为"临沂矿业杯"纪实电视片展播人物类三等奖；姜龙年的书法获三等奖，李炳文的书法获优秀奖等。

2006—2013年，公司与扎赉诺尔区政府联合举办扎赉诺尔文化艺术节和矿工节。每逢重大节假日，工会都组织各单位举办大型文艺演出，融草原特色、民族特色、地方特色之精华，培养了一大批文艺战线的优秀人才，被兄弟单位誉为"歌舞之乡"。

图12-2-21　2013年12月25日，伊敏煤电公司举办综合文艺演出活动

图12-2-20　2011年8月15日，公司举行2011年矿工节广场文艺晚会

2006—2015年期间，每年5—10月，公司工会组织各单位在世纪广场及社区每个星期五晚上都举办"激情广场大家唱"演出活动。每年8月15日，在世纪广场举办矿工节专场文艺晚会，形成制度化管理，活跃矿区职工群众的业余文化生活，充分展示扎赉诺尔煤业公司丰厚的企业文化底蕴，对外提升了公司的知名度。

8. 华能伊敏煤电有限责任公司

1991—2004年，伊敏露天矿以"唱响时代主旋律，推动企业文化建设"为主题，开展放映优秀影片、读书会、图片展、节日文体娱乐等活动；组织召开职工文学作品研讨会，支持弘扬煤电建设主旋律的艺术创作。2004年，公司派员参加华能集团代表队进行全国电力职工"手拉手"文艺调演并获得二等奖。

9. 内蒙古平庄煤业（集团）有限责任公司

1986年6月，矿务局成立"平庄矿区文学艺术联合会"，下设文学、音乐、美术、书法、摄影5个协会。此后，历届矿区文联带领下设的各个协会，在群众性文学艺术活动中，发挥了团结、组织、提高的作用。

图12-2-22　平庄煤业编排的煤炭主题文艺演出

1991—2010年，矿区群众性文化活动丰富多彩，主要特征是突出群众性、多样性，坚持分散与集中相结合、普及与提高相结合，活跃了职工群众的业余文化生活，陶冶了职工情操，促进了精神文明和企业文化建设。

平庄煤业公司自办发行文艺刊物《黑海潮》。《黑海潮》由矿区工会和矿区文联于1992年初联合创办，为矿区文艺爱好者发表作品提供了园地。《黑海潮》以"立足矿山、怀抱煤海、直面人生、放眼未来"为办刊宗旨，以"为矿工服务 为社会主义服务"为办刊方向，弘扬平煤公司深化企业改革和生产建设主旋律，歌颂煤矿工人奉献精神，反映矿山现实生活。截至2010年，累计出刊60期，发表各类作品2460余篇（首）。该刊曾于1996年、2002年、2008年、2010年连续4次获得全国煤炭系统优秀文艺期刊称号。

2000年，矿区工会被中国煤矿地质工会、中国煤矿文联、中国煤矿文化宣传基金会评为"全国煤矿先进文化工作单位"。2009年古山煤矿、风水沟煤矿、西露天煤矿被授予"全国煤矿群众文化工作先进单位"称号。

图12-2-23 平庄煤业公司员工进行文艺演出

平庄煤业公司的群众文化娱乐活动，包括元旦、春节、五一、七一、十一等重要节日组织开展的文化娱乐活动，日常进行的班前或社区文艺节目表演活动，或围绕企业重大主题开展的文艺活动，如歌咏比赛、秧歌表演、元宵灯会、文化夜市、安全文艺节目表演、卡拉OK比赛、文艺晚会等。退休职工组成"夕阳红"艺术团，排练、演出文艺节目，活跃、丰富了老职工的晚年生活。这些活动，以职工群众活动为主体，以职工文艺骨干和积极分子为主角，以自娱自教为主导，以满足职工自身精神生活需要为目的，以职工自我参与、自我娱乐为特点，广受职工群众欢迎。

图12-2-24 中国作家看"平煤"暨第三届煤矿中青年作家高级研讨班

1991—2010年，平庄煤业公司举行各种演唱和文艺汇演、调演16次，获赤峰市和自治区奖173项。矿区涌现出一批具有一定水平和影响的文艺人才，受到职工群众喜爱。矿区歌手李祥平、宋思娟分别获得中国能源化学工会和中国煤矿文联"郑煤杯"全国青年歌手美声唱法一、二等奖。唐树新作曲、侯文静作词的歌曲《走进我的思念》《诗情画意奔人生》和《红叶题诗寄教师》，分别获全国第四届群星奖铜奖、全国助老工程题材诗文书画歌曲作品征集评比三等奖和北京"园丁之声"创作三等奖。矿区歌手孙文彬和崔淑梅，在庆祝自治区成立50周年业余歌手大赛中，分别获民族组三等奖和成人通俗组三等奖。歌手任丽云演唱的歌曲《木兰从军》获北京市业余歌手赛二等奖。

1991—2010年，共举办大型书法摄影美术展览7届，参展作品1232件，获奖作品13件。其中刘学庚的摄影作品参加自治区艺术摄影展并赴蒙古国展出。姜鹏在自治区第四届艺术摄影"金银鹰"奖评选中获"银鹰奖"，在自治区第十九届艺术摄影大赛中获银牌奖。桑树辉的摄影作品《太阳神》和陈彦国国画作品《草原雄风》在自治区成立50周年书法摄影美术作品展中分别获二等奖和三等奖。

平庄煤业公司职工热心文学创作，出版多部作品。2004年10月28日，由中国煤矿文联和中国作家协会创研部联合举办的"平庄作家群作品研讨会"在中国作家协会会议厅举行。2009年7月31日，平庄煤业举办中国作家看"平煤"暨第三届煤矿中青年作家高级研讨班。

10. 内蒙古伊泰集团有限公司

1999年，伊泰集团公司工会组队参加伊克昭盟工会举办的"祖国在我心中"职工演讲赛，在公司内部组织以"热爱党、热爱祖国、热爱企业、投身改革、岗位奉献"为主题的"伊煤杯"读书演讲赛。2003年8月，集团公司工会组队参加自治区"亿利杯"演讲比赛，获三等奖。2013年5月，集团职工牧人题为《劳动者之歌》的演讲在自治区总工会举办的全区职工"劳动美托起中国梦"主题演讲比赛中获二等奖。

2004年11月，集团公司选送的舞蹈《沸腾的草原》、歌曲《运煤的小伙》《六十棵榆树》在自治区企业文艺调演活动中分别获得一、二、三等奖和优秀组织奖。2006年，公司选送的歌曲《奉献我们的热和光》在自治区职工文联举办的"内蒙古自治区首届企业、行业歌曲大赛中获二等奖。

2008年8月，工会组队参加鄂尔多斯市廉政歌曲合唱比赛和广场舞大赛，分别荣获一等奖、二等奖以及优秀组织奖；10月，参加自治区职工文联"第一届产业（企业）报纸文艺副刊评奖"活动，获三等奖，集团公司被评为全区企业文艺建设先进单位。

图12-2-25 2009年9月，伊泰集团合唱队参加鄂尔多斯市庆祝新中国成立60周年"歌唱祖国"歌咏比赛获奖

2009年9月，公司合唱团在鄂尔多斯市组织的庆祝新中国成立60周年"歌唱祖国"歌咏比赛中获金奖，同时被推选参加在呼和浩特举行的"内蒙古自治区迎国庆群众大合唱"活动，并夺得第一名。

2011年元旦期间，集团工会组织职工参加庆祝中国共产党建党90周年全国职工书法作品展活动；4月，组织职工参加全区第三届"呼铁·铁马杯"职工文学创作评奖活动，获二等奖、优秀奖各1项；5月，由120人组成的伊泰合唱团参加鄂尔多斯市直企业纪念中国共产党建党90周年"大华杯"红歌大赛，获得一等奖。

2012年4月，在自治区职工文联举办的书法摄影绘画比赛中，公司选送的美术作品《醉春》、2幅摄影作品在"北重杯"第四届全区书法、美术、摄影作品大赛中获优秀奖；同月，中国国家画院卢禹舜工作室10位画家在集团公司会展中心举办书画展，自治区总工会、职工文联及鄂尔多斯市工会、文联负责人等出席开展仪式并为"伊泰书画院"揭牌；10月，《伊泰职工文化报》创刊发行；12月，伊泰职工文联正式成立"伊泰书画院"。2013年5月，集团工会组织职工参加自治区安全生产监督管理局举办的书法摄影绘画征文比赛。

图12-2-26 中国国家画院画家为伊泰书画院揭牌

2014年6月，邀请中国煤矿文工团赴公司进行两场专场演出。同时，伊泰职工文联报送新疆公司王新民的作品《风中有朵雨做的云》小说参加第四届自治区职工文学创作奖评奖活动获三等奖；7月参加自治区文联举办的"情系中国梦－庆祝新中国成立65周年全国产（行）业文联展演活动"，集团公司报送书法、剪纸、摄影绘画等20余幅作品，2幅作品获优秀奖，伊泰职工文联获优秀组织奖。

（二）职工体育活动

1. 神华神东煤炭集团有限责任公司

（1）举办职工运动会。2000年9月举办第一届神东矿区职工运动会（田径），2003年8月举办第二届神东矿区职工运动会，2006年9月举办第三届神东矿区职工运动会。2008年8月举办的第四届神东矿区职工运动会设排球、羽毛球、乒乓球、健美操、田径竞赛项目。公司39个处级代表团，1956名运动员参加比赛，其中，有1300多名运动员参加田径比赛。运动会开幕式上有500人仪仗队伍、200人老年太极、100人青年健美操、200人少儿健身操的文体表演获得几万名观众的好评。

（2）参加省级以上体育活动。2000年10月参加神华集团职工篮球赛获第一名，2002年参加全国煤炭第十五届"乌金杯"职工篮球赛获第三名，2004年8月参加全国煤炭第十六届"乌金新汶杯"职工篮球赛获第三名，2005年8月承办全国煤炭第十七届"乌金神东杯"职工篮球赛获第二名，2008年4月参加全国煤炭"乌金杯"第六届领导干部篮球赛获第四名。

2003年10月，公司健美操代表队在自治区首届妇女健身活动展示大赛获一等奖，2003年11月获全国亿万职工健身活动暨健美操大赛一等奖，同时获组织推广奖（国家体育总局体操运动管理中心），2004年10月获全国万人健美操大众锻炼标准大赛总决赛规定动作一等奖，自选动作二等奖（国家体育总局体操运动管理中心）；2005年10—12月，分别获"浩沙杯"2005全国万人健美操锻炼标准大赛，"好家庭杯"内蒙古分区赛一等奖（内蒙古体育总会）和规定动作获一等奖、自选动作获一等奖和最佳编排奖（国家体育总局体操运动管理中心、中国健美操协会）；2006年9月，第二届全国"四进社区"优秀体育健身项目展演活动获优秀节目奖。2008年10月参加全国第二届"肥矿杯"嗒嗒球比赛获女子团体第二名、男子团体第四名。

2. 神华准格尔能源有限责任公司

准格尔煤炭工业公司成立后，各基层单位相继建成篮球场、乒乓球室、游艺室等设施。2013年，准能公司为部分直属工会修建篮球场、羽毛球场地、乒乓球场地、修缮活动室、购置活动器材和图书等共计185万余元，2014年为部分直属工会修建篮球场、羽毛球场，修缮职工活动场地和购买活动器材等下拨专项经费131万余元。

1996—2011年，先后举行第三届至第八届职工田径运动会，运动会除田径项目外，还设拔河等比赛项目。每届运动会都有来自直属20多个单位的近700名职工参加比赛。

2013年，公司承办和参加神华集团第五届"路港杯"乒乓球比赛，举办准格尔能源有限责任公司第六届职工排球比赛和公司第十四届职工乒乓球赛，组队参加全国煤矿第18届"乌金冀中能源杯"乒乓球比赛、第24届"乌金阳煤杯"篮球比赛和准格尔旗"工会杯"乒乓球比赛等赛事。2014年举办准能集团公司第九届职工运动会、第九届职工篮球和第十九届职工羽毛球等赛事。组队参加全国煤矿第25届"乌金杯"男子篮球赛，神华集团工会组织的"神朔杯"篮球比赛、第三届职工桥牌比赛。

图12-2-27　2006年6月，准能公司第六届运动会开幕式

3. 神华乌海能源有限责任公司

1992年8月，乌达矿务局工会组织举办首届职工全运会，比赛共设6大项、43小项，有25个单位、1017名运动员参赛。1994年，海勃湾矿务局有篮、排球场19个，田径场（兼足球场）3个，游泳池1个。2007年，乌达矿业公司投资近800万元建设总面积7000多平方米、配备相应活动设施的职工文体活动中心。截至2008年底，全公司共有篮、排球场地13个，台球、乒乓球室14个。

2009年，神华乌海能源公司成立体育协会，两级工会组织广泛开展职工篮球、排球、乒乓球比赛，广场舞、中国象棋、围棋等职工喜爱的活动。

2014年，工会组队参加神华集团在神朔举办的"神朔杯"职工篮球运动会，乌海能源公司男、女代表队分获第五名和第三名；12月，组队参加乌海市体委和乌海市乒协举办的"我乒乓、我快乐"全市乒乓球混合团体比赛，乌海能源公司首次获得团体第一名。2015年组队并参加乌海市总工会举办的全市职工足球联赛，获得第四名。

4. 神华包头能源有限责任公司

1991年以来，包头矿务局坚持开展篮球、排球、羽毛球、乒乓球、登山等体育比赛。2002年以前，矿务局工会每年都举办职工篮球赛，后因职工人数减少以及职工队伍年龄偏大等原因，从2002年开始由职工排球赛取代，到2010年，共举办9届职工排球赛。

5. 神华宝日希勒能源有限公司

2002年以来，宝日希勒公司工会与团委每年联合举办庆五一职工春季接力赛、乒乓球赛、羽毛球赛、拔河比赛。

2009—2011年，工会坚持每季度组织开展一次职工体育比赛（台球、羽毛球、乒乓球），参加人次180余名。2012

年5月，工会举办首届职工排球比赛，是宝日希勒建矿以来继1985年之后27年的第二次排球比赛。2013年8月举办神宝能源公司首届职工运动会，结束了16年没有召开运动会的历史。

2014年，公司工会将每季度举办一次文体活动延伸到每月举办一次，先后举办离退休职工迎新年体育比赛、乒乓球比赛、庆五一职工趣味运动接力比赛、台球比赛、"安康杯"羽毛球比赛、篮球赛、排球赛等。

6. 神华大雁集团有限公司

2005年以来，集团公司体育协会、工会体育部经常性地组织开展排球赛、篮球赛、拔河赛、乒乓球赛等体育活动。2006年7月20日，公司承办全煤十五届"乌金杯"女子篮球赛和领导干部篮球赛，并组队参赛，获第三名和优秀组织奖。

2010年8月8日是第二个全民健身日，公司举办2010年全民健身日呼伦贝尔市万人乒乓球健身活动启动仪式。2011年4月29日，公司体协举办国网能源大雁公司庆祝中国共产党建党90周年"全民健身和谐发展"主题活动启动仪式暨迎五一职工环城赛，共有20个单位200人参赛。

2014年4月，公司工会举办首届职工台球赛，公司所属20家单位的42名队员参赛；8月，举办神华大雁公司"第六个全民健身日"职工环城赛，来自20个单位的120名职工参加；12月，举办迎新年职工扑克赛，共有基层20家矿处级单位的42组84名职工参赛。

7. 华能伊敏煤电有限责任公司

1996年，公司投资2000万元建设的文体活动中心投入使用，总建筑面积6319平方米，其中多功能体育馆1304平方米，并设有舞厅、棋牌室、健身房等设施。

图 12-2-28 华能伊敏煤电公司文体活动中心外景及室内篮球场

公司工会经常性组织羽毛球、篮球、排球、乒乓球、门球、台球、青年职工环城跑及桥牌、钓鱼等比赛。自1996年开始，每二年举办一次职工学生运动大会。

8. 扎赉诺尔煤业有限责任公司

2003年，扎赉诺尔煤业公司工会在悠然园、新兴小区职工家属广场安置体育健身器材、修建多处职工社区娱乐广场。2008年4月，扎赉诺尔煤业公司对工人文化宫进行改造，建成扎赉诺尔煤业公司体育馆，对公司宾馆东侧的锅炉房进行改造，建成公司职工活动室。在硬件上，为职工提供优雅的体育健身活动环境。

公司中小学移交呼伦贝尔市教育局以前，每两年举办一次全公司职工中小学运动会，在田径项目上，多次刷新自治区和黑龙江省中学生运动会纪录。

篮球、排球、乒乓球、羽毛球、嗒嗒球、自行车公路越野、象棋、围棋等各种体育比赛连续不断，使参加体育活动的人数达到公司职工总数的30%以上。2005年8月，公司工会举办全国煤矿系统象棋、围棋比赛，公司象棋代表队获团体第5名、男子个人第5名。

图12-2-29　2002年扎赉诺尔煤业公司举办建矿百年千人长跑活动开幕式

2007年，公司代表队参加全国煤矿工会举办第四届职工运动会钓鱼比赛获得体育道德风尚奖，田径比赛获得男子400米第三名，男子铁饼、铅球两项第五名，并获得体育道德风尚奖和精神文明队称号。

自2009年以来，公司工会每年年末都召开全公司文体系列活动总结表彰会，表彰公司各单位在活动中获得优秀成绩的文体人才。

2007—2015年，公司多次荣获全国煤矿体协全民健身活动优秀组织奖；有16个单位荣获全国煤矿体协全民健身活动先进集体称号，有50余人获得全国煤矿体协全民健身活动先进个人称号。

9. 内蒙古平庄煤业（集团）有限责任公司

公司工会设有体育协会，负责职工体育工作的管理；矿区工会设立体育工作部，与体育协会办公室一个机构、两块牌子，负责职工体育工作的开展。

1991—1997年，矿务局举办第十一至十四届职工田径运动会。2007年，举办第二届矿区大型运动会；2009年举办"双庆杯"（国庆60周年，建企50周年）职工运动会；2010年举办矿区第三届大型运动会。2011年，公司举办第二届"和谐杯"职工运动会。

截至2015年，公司共举办全员性的单项比赛23项（次），如全局篮球赛、采矿工人象棋赛、机电工人篮球赛、掘进工人拔河赛、"团结杯"职工排球赛、健康杯"中国梦·矿山情"职工健身操舞比赛等。

图12-2-30　2009年11月，平庄煤业"双庆杯"职工运动会开幕式

1992年，矿务局职工桥牌队获自治区比赛第一名，获全国煤矿"乌金杯"大赛第一名。2007年10月，公司伤残职工董智在韩国青州举行的IPC射箭世界锦标赛中获得男子排名赛金牌和淘汰赛金牌。

自1995年起，全局各单位开展全民健身活动、群众性体育活动，并取得一系列成绩：2009年，平庄煤业和下属的老公营子、西露天、六家、风水沟、红庙煤矿工会获全国煤矿"与祖国同庆，健康同行"活动优秀组织奖。2010年，平庄矿区工会被国家体育总局授予"2010年度全民健身活动优秀组织奖"。2011年、2014年，平庄矿区工会和下属的元宝山露天煤矿、古山煤矿、红庙煤矿、平庄煤业机关等工会被全国煤矿体育协会评选为"全民健身活动先进单位"。平庄矿区工会和下属单位工会10名干部被全国煤矿体育协会授予全民健身活动先进个人称号。2015年，平庄矿区工会和下属元宝山露天矿工会、六家矿工会被授予全国煤矿体协"全民健身万里行活动先进单位"称号。

10. 内蒙古伊泰集团有限公司

1994年5月，集团公司组队参加自治区第八届运动会中国象棋比赛、伊克昭盟煤炭系统第二届"乌金杯"职工运动会暨文艺汇演活动，1995年承办全盟煤炭系统"乌金杯"职工运动会；组队参加自治区、伊克昭盟举办的民族运动会。

2002年9月，集团公司成功举办首届"伊泰杯"职工运动会。此后，公司每年组织一次职工秋季运动会，共设田径、篮球、乒乓球、羽毛球、拔河等5个大项、28个小项的比赛。公司每年组织一次青年足球赛。公司退休员工也积极报名参加比赛活动。

本着争夺体育竞赛荣誉，树立伊泰文化形象的原则，集团公司工会积极组织代表队参加由自治区、全国煤矿体协、鄂尔多斯市组织的各项体育比赛。2003年7月，集团工会组队参加"准能杯"篮球赛，并获得冠军；2005年8月，组队参加全国煤矿第十七届"乌金杯"篮球赛，取得第三名。2008年，先后组队参加鄂尔多斯市"迎奥运、庆五一"职工乒乓球、网球比赛及市直单位运动会；2011年5月，公司篮球队获全国煤矿"乌金杯"男子（B）组第二名；6月，获中国煤矿体协举办的全国煤矿第22届"潞安乌金杯"男子A组篮球赛第三名；2013年7月获全国煤矿"乌金杯"第24届男子篮球A组比赛第一名；2014年获第25届"乌金杯"男子篮球赛A组比赛第二名。公司足球队代表鄂尔多斯市参加由自治区总工会、体育局联合主办的自治区首届"主席杯"全区职工足球联赛，荣获道德风尚奖。2010—2015年，伊泰老年人体育代表队多次参加鄂尔多斯市老年人体育协会举办的老年人健身操、太极剑（拳）比赛，并获奖。

图12-2-31 中国象棋协会向公司送匾感谢对象棋活动的支持

2005年7月底，工会协同集团总办组织筹备全区"伊泰杯"中国象棋邀请赛,中国象棋国际特级大师、中国象棋协会副主席、上海棋院院长胡荣华与中国象棋女子特级大师欧阳琦琳应邀出席大会,来自自治区各盟市和各大企业的11个代表队34名棋手参加比赛;2006年6月9日,在集团公司总部举行"伊泰集团2006年中国象棋名人邀请赛"。

2007年,集团公司在呼和浩特市承办"伊泰杯2007年全国象棋锦标赛",来自全国各地的140多名棋手参加比赛;2010年5月,集团公司在鄂尔多斯市东胜区组织承办"2010'伊泰杯'全国象棋精英赛",来自全国各地的35名大师级棋手参加比赛;集团公司给予获得前三名的选手20万元、10万元、6万元的奖励。2011年5—9月,集团工会成功组织和承办了2012"伊泰杯"全国象棋甲级联赛的团体比赛。

2014年,伊泰象棋队首次参加全国象棋男子甲级赛,获得第五名,并被评为"优秀主场队";年初,伊泰象棋队代表自治区出战2014年"朱宝位杯"全国象棋锦标赛,荣获团体第一名及道德风尚奖,年末又派队员参加全国象棋个人锦标赛,一名队员晋级为象棋大师;至此,伊泰集团象棋队已为自治区培养出3位全国象棋大师。

2006年3月,集团公司工会被自治区体育局评为"内蒙古自治区2002—2005年度群众体育先进集体"。

六、女职工工作

（一）妇女权益维护

1. 神华神东煤炭集团有限责任公司

公司要求各分公司、所属单位不得以任何借口干涉产期妇女的休假权。维护妇女职工的健康权。2004年3月25日至4月25日,邀请包钢医院妇科专家为全体女职工进行妇科病免费体检。开展丰富多彩的妇女文化活动,丰富女职工生活,2001年4月19—20日,举办"跨世纪的挑战"演讲比赛,来自基层13个单位（27人）参加。5月8—10日,组织"跨世纪的挑战"演讲比赛获奖选手下基层巡回演讲。2002年9月25—26日,举办"迎国庆、展风采"大型时装歌舞晚会,有15个单位（30人）参加。

2. 神华准格尔能源有限责任公司

自1992年起,公司每两年一次的妇科病检查形成制度,一直延续至2007年。1998—2002年,公司共为女职工进行妇科病普查7193人次。期间,由自治区总工会推荐,准格尔能源公司工会邀请陕西省第一人民医院的妇科专家到公司为女职工举办7场妇女保健知识讲座。1993年,工会女工部在基层调查《女职工劳动保护规定》执行情况时,了解到单身公寓的两名服务员,一个怀孕7个月,一个正在哺乳期,两个人都向单位领导提出上夜班有困难的问题,均未得到解决。女工部了解情况后,找到单身公寓的领导,使这一问题得到较好的解决。1994年4月,多种经营总公司的一个基层单位,以合资企业为由,把一名产期女职工的工资从410元减少到200元。女工部得到这名女职工的反映后,会同准煤公司计划生育办与该单位的领导讨论协商,使他们按照有关政策,补发了少发给这名女职工的工资。1994年11月,公司工会女工部被自治区人大常委会内务司法部和自治区妇女儿童工作委员会评为"全区维权工作先进集体",被国务院妇女儿童工作委员会授予"全国维护妇女合法权益工作先进集体"荣誉称号。

从2008年开始,女工健康体检由原来两年一检改为每年一检,并增加乳腺彩超的筛查。11月,公司出台《神华准格尔能源有限责任公司内部生育保险暂行办法》，自2010年1月1日起执行。2010年，公司各级工会女职工组织都成立"反家庭暴力志愿者队伍"。工会在女职工中开展"四个一"活动，即：每人制定一个学习规划，每人谈一次学习心得，每半年读一本好书，每半年写一篇读书心得。

2012年，公司女工委为基层单位女工委发放《新婚姻法》等法律知识书籍和女职工工作相关指导书籍。2013年，邀请北京协和医院妇产科专家组针对女职工及家属开展4场女性健康专题讲座和现场咨询问诊活动；在全体女职工中开展《女职工劳动保护规定》有奖知识竞赛活动，共有2515名女职工参加答题；为基层单位女工委发放女职工法律知识书籍、工作指导书籍及优生优育优教书籍。2014年，工会编印5000册《女职工、计划生育相关政策宣传手册》发放到职工手中；举办"国策在心中，和谐准能人"女职工、计划生育知识竞赛答题活动，公司共有23个单位的13565名职工参与答题，参与率达85.97%；举办"阳光心态，健康生活"女职工专题讲座和读书征文活动，收到征文117篇。

2015年，工会组织开展"最美家庭"评选活动和"五比"活动（比在工作岗位上谁的业务技能最好、比在安全生产中谁做的贡献大、比在家庭中"母亲"和"妻子"谁做得最合格、比在团队中谁与周围同事关系最融洽、比在各项学习中谁的成绩最突出）。全公司共开展女职工岗位练兵活动17次，共有1100余名女职工参与。

3. 神华乌海能源有限责任公司

公司工会在维护女职工各项合法权益方面，以例会学习、广播宣传、问卷答题、知识竞赛、举办法律法规学习班等丰富多样的活动形式，推动女职工权益保障法律法规知识的普及，不断增强女职工知法、守法意识和依法维权能力。

1991—2011年，公司坚持每两年为全公司女职工进行一次妇科体检；从2012年以后，每年对女职工进行妇科和乳腺疾病的查治。

对女职工在孕期、产期、哺乳期的休息、工资、津贴等待遇能够按照企业制定的原岗位工资标准执行。2012年，自《女职工劳动保护特别规定》颁布实施以来，公司组织开展"学法律促和谐"女职工权益保障法律法规知识竞赛、保护健康知识讲座和权益维护书面有奖答题活动。2013年召开的公司一届五次职代会签订《女职工权益保护专项合同》；2015年召开的公司职代会对《女职工权益保护专项合同》条款进行修改完善，并重新签订。

公司女职工生育保险从2013年起实行市级统筹，各单位女职工生育医疗费报销按《乌海市生育保险实施办法》执行。女工卫生费一直执行每月在工资中补助10元。公司各级职工代表大会和工会会员代表大会中确保有一定比例的女职工代表参加，女职工的智慧在企业发展中得以展露，女职工政治权益、文化教育权益得到保证。

公司工会关注女职工困难群体，建立困难女职工档案，实行动态管理；两节期间慰问救助困难女职工；开展"三八"妇女节助单亲活动；关心困难女工家庭子女健康成长，进行帮扶救助；认真对待职工来信来访合理诉求，依法调解婚姻家庭矛盾、劳动争议等纠纷，积极解决女职工在工作、生活中遇到的困难，切实做好维权关爱工作，使各级女工组织成为广大女职工信赖的妇女之家。

4. 神华包头能源有限责任公司

公司工会设有女职工委员会，主任由

工会副主席兼任。女职工委员会承担全公司女职工的培训、教育、引导等各项工作。为了提升女职工的素质，公司工会女职工委员会开展"争三花、创十佳"巾帼建功立业竞赛活动，倡导女职工自主学习、终身学习，以适应变化的工作环境和提高参与竞争的能力。

图12-2-32　神华乌海能源有限责任公司家属安全协管员开展"井口送温暖"慰问活动

在全公司深入开展"巾帼建功立业"竞赛活动，组织女职工学习《女职工劳动保护规定》《妇女权益保护法》《劳动法》及公司职代会的精神。在抓好女职工思想教育的同时，还加强对女职工进行社会公德、职业道德、家庭美德的教育，正确处理好集体和个人关系，处理好婚姻家庭关系，争当五好文明家庭，并通过"自尊、自信、自立、自强"的四自教育，形成女职工奉献岗位、拼搏岗位、建功岗位的良好氛围。

以"安全生产月"活动为契机，公司女工委组织各基层单位的家属安全协管员深入生产单位进行"井口送温暖"慰问活动。同时将安全工作与女工工作挂钩，实行一票否决制。如本单位在本年度内发生二类以上伤亡事故，无权参与当年度的先进单位。

《女职工劳动保护特别规定》颁布以来，公司工会女工委把宣传贯彻工作作为重要工作，号召全员学习，开展女职工全员参与《女职工劳动保护特别规定》知识竞赛答卷活动。

5. 神华大雁集团有限公司

集团公司各级女工组织按照"组织起来、切实维权"的方针要求，大力加强源头参与，坚决查处纠正侵害女职工权益的违法行为。公司工会女工部还举办女职工健康知识讲座，提高女职工的健康意识，有力地维护了女职工身心健康。

1995—1997年，矿务局工会女工组织为贫困女工捐款2.1万元，捐衣物3616件，修建休息室10个；矿务局工会将女职工劳动保护和"五期"保护、妇女病普查、"三八"节放半天假等作为重要条款写入《大雁矿务局集体合同》。1998年，矿务局局长办公（扩大）会议研究决定，将女职工卫生费由原来的2元提高到5元，并以现金支付。2002年，在企业工会与行政签订《集体合同》中将涉及女职工权益及利益保护的内容以法律形式固定下来。

2005年，公司各单位进一步完善《集体合同》中女职工劳动保护和特殊权益保护，覆盖率达100%；在5月维权周之际为女职工开办法律咨询台，组织广大女职工学习《妇女权益保障法》《婚姻法》等法律法规17场。组织2977名女职工参加公司开展的妇女病普查工作，维护广大女职工的身心健康。2007—2008年，普查人数达5000余人次，通过普查查出2名女职工先兆性子宫癌变前期，得到及时救治。针对多年来妇女病普查发现的女职工妇科疾病高发的情况，在女职工中开展女职工特病保险工作。采取企业拿2/3，个人拿1/3，一次性投保三年的方式使全公司5480名女职工参加特病保险，三年保险金额达24.66万元，其中企业承担

16.44万元，个人承担8.22万元。截至2008年底，有5名患乳腺癌的女职工获得理赔金总计7.5万元。

在加强女职工劳动保护工作的同时，还举办红丝带女职工健康知识巡回大讲堂20场，使健康知识走进厂矿、机关和校园，覆盖23个单位的一千余名女职工。此外，还认真做好女职工来信来访工作。一年来，共接待和妥善处理女职工在劳动报酬、休息休假、福利待遇等方面的问题十多项。

2011年，集团公司继续为广大女职工办理特病保险续保工作，续保仍然采取一次性投保3年，个人自愿申请报名的方式进行，保险金实行企业和个人各承担一半，且保险份额增加至两份，有7264名（其中退休女职工5761人、在岗女职工1503人）女职工参加特病保险续保工作。2011年在集团公司的大力支持下，妇女病普查增加一项新的内容，即新柏氏TCT检查。由于此项检查费用较高，为减少企业和职工的负担，此项检查费用采取由公司与个人各承担50%，职工自愿选择的方式进行。企业为参检的每名职工承担103元费用。

2012年4月，根据中华全国总工会《工会女职工委员会工作条例》文件精神，落实了基层矿处级女工干部的待遇（公司各单位有女职工10名以上的建立女工委员会，其女工委主任给予同级工会副职待遇）。7月13—15日，在鄂温克旗卫生局和集团公司的大力支持下，中国癌症基金会组织全国各大医院60余名乳腺外科、B超等方面专家到公司对广大女职工和男职工家属进行大范围的乳腺癌专项义诊筛查。3天时间普查女工及家属4757人，查出存疑病例80余例。确诊乳腺癌4例，同时为一名矿区贫困患者免费做纤维瘤手术。对患病女职工公司工会女工部和总医院进行细致的跟踪随访，确保每名女职工得到及时救治。

2013年5月，公司工会女工部召开《女职工劳动保护特别规定》宣传落实年启动仪式暨《女职工劳动保护特别规定》培训班活动。在公司十四届职代会上，签订《神华大雁公司女职工特殊权益保护专项集体合同》。

2014年，公司领导在第六次经理办公会议决定：①将女职工卫生费由每月5元提高到10元，仅此一项公司每年将多支出40余万元；②在岗女职工今后每年体检1次，退休女职工每2年体检1次，费用全部由公司承担；③加大女职工特病保险投入，由公司承担65周岁以下的8425名退休、在岗女职工自2014—2017年三年的保险周期费用，约为69万元。2015年3月，公司又加大在女职工和职工家属中特病保险的宣传力度，新增办理近500份特病保险。

6. 神华宝日希勒能源有限公司

公司工会设立女工部，加强女职工素质教育，维护其切身利益，开展"四自"（自强、自重、自尊、自爱），"四有"为主题的宣教活动。公司严格贯彻落实《女职工权益保护专项集体合同》签订工作，为全体女职工购买了《团体女性特定疾病保险》，开展"巾帼文明岗"和"巾帼建功标兵"竞赛活动，每年举办1期女职工健康知识讲座和家属协管员培训班，年底对公司各单位单亲和生活困难女职工进行帮扶。各单位女职工及家属协管员在"安康杯"竞赛和"安全生产月"等活动中发挥了积极作用。

7. 扎赉诺尔煤业有限责任公司

扎赉诺尔煤业公司工会设女职工委员会。委员会设主任1名、副主任1名、委员6名。各基层单位按照《工会女职工委员会工作条例》建立女职工委员会，并配备女职工委主任。

1991—2015年，公司女工委开展以"四自"（自强、自重、自尊、自爱）、"四有"（有理想、有道德、有文化、有纪律）、"比优争先、岗位立功""争十先、创佳绩""巾帼岗位练兵""十比十赛十加强"等系列女职工素质达标活动，提高了女职工的整体素质。此外，公司女工委充分发挥女工协管作用，积极构筑安全第二道防线，每到节假日，带领协管员深入一线慰问职工，为职工送平安鞋垫、绿豆汤、白糖水、送饺子、月饼，表演各种安全小节目，成为职业道德、社会公德和家庭美德建设的核心力量，为政治文明、物质文明、精神文明建设和推进和谐矿区建设做出贡献。

8. 内蒙古平庄煤业（集团）有限责任公司

1992年，平庄矿务局工会把提高女职工素质当作突出任务来抓。在幼教、医疗系统开展"巾帼建功"活动竞赛；举办女职工技术比武128次，参赛女工达3898人。各矿女工开展大型"支煤"活动，节假日到一线为职工送鞋垫、缝补工作服等，为一线职工送物捐款折合人民币2563元；组织矿务局1992年度"三八"红旗手去西安疗养；组织职工代表就女职工劳动保护进行专题视察；1993年开展"巾帼"建功活动，举行技术比武105次，参赛女工3689人次。

1994年，家属协管会组织开展"支煤保安"活动。1995年，在女工比较集中的幼教、手选、财会、矿灯、护理岗位开展技术能手比赛活动。2008年，平庄煤业公司修订公司《集体劳动合同》，将女职工的合法权益和特殊利益单列一章，为女职工集体办理"特病保险"，增加女职工健康体检项目。实施女职工建功立业和素质提高工程，女职工100%参加活动。女职工进行岗位练兵、技术比武24场，完成技术革新、技术攻关项目52项，200多名女职工获得荣誉称号。

9. 内蒙古伊泰集团有限公司

1990年6月，伊泰集团公司工会设立女工小组；1995年3月，女工小组升格为女工委员会，并设主任岗位。1998年6月，集团公司女工委员会升格为副部级。

1991—2015年，公司先后在女职工中发展党员144人，占全集团党员总数的33%；女职工担任科级及以上干部76人，占集团公司科级及以上干部总数的13.1%；其中女职工担任公司高级管理干部3人，占全集团高级管理干部的0.015%。

公司工会成立以来，全面落实女职工劳动保护规定，维护女职工的合法权益和特殊利益。女工委每年组织集团全体女职工（包括内退、社退人员）进行健康体检，并建立体检档案，使检查出疾病的女职工得到及时医治。1998年，女工委员会开始注重女工"四期"（经期、孕期、产期、哺乳期）保护，宣传贯彻《女职工劳动保护规定》，改善女职工卫生条件，并把工亡家属作为重点救济对象，逢年过节都会组织慰问、赠送物品和救济金。为了传播女性健康新理念和新知识，提高广大女职工自我保健和预防疾病的能力，公司先后聘请知名教授、专家举办"妇女保健知识""女性健康及美容保健"等专题讲座。

2003年，公司建立妇科病一年一普查制度和健康教育制度，聘请妇科病专家深入基层举办11场女工生理保健知识讲座和现场咨询。2005年以来，在集团全体女职工中开展以"提高女职工法律素质"为主题的法律法规学习、普及活动；内容涉及《妇女权益保障法》《婚姻法》《女职工劳动保护规定》等，并组织各基层女工委参加市妇联举办的全市妇联干部培训班，加强对妇女干部的培训教育。

图12-2-33 伊泰集团工会聘请专家讲授育儿知识

2012年3月，集团公司邀请首都医科大学医疗系主任、英国伦敦大学心理学博士尹文刚为女职工举办儿童智力开发与青少年素质教育知识讲座，为广大女职工及其家庭提供发掘孩子潜力、正确教育孩子、引导孩子、与孩子沟通交流的方法。"三八"妇女节期间，集团公司举办有益女职工身心健康的特色活动，为女职工发放关注女性身心健康的书籍以及健身活动票等。

2013年3月6日，集团工会在公司总部举办迎"三八"趣味活动，为女职工发放关注女性身心健康的书籍；同时，公司各基层工会委员会也开展相应丰富多彩的活动。

（二）评比表彰活动

神华准能公司工会1991年以来每年3月8日前后，都召开纪念"三八"国际劳动妇女节表彰大会。对上年度评选出的"三八红旗手"、女工工作先进集体、先进个人、"巾帼建功十佳能手"、岗位女能手进行表彰。2006年，准能公司工会下发《关于继续开展"巾帼建功"活动的通知》，确定准能公司工会每两年对"巾帼建功标兵""巾帼建功文明班组""巾帼建功先进个人"进行评选表彰，并于2006年3月10日召开第一次巾帼建功活动总结表彰会。

2011年，公司在女职工中开展"五比"活动（比在工作岗位上谁的业务技能最好、比在安全生产中谁做的贡献大、比在家庭中"母亲"和"妻子"谁做得最合格、比在团队中谁与周围同事关系最融洽、比在各项学习中谁的成绩最突出）。

2013年3月5日，公司召开纪念"三八"妇女节100周年暨2008—2009年度巾帼建功活动总结表彰会。会议表彰了16个"巾帼建功"文明班组，4名"巾帼建功"标兵，22名"巾帼建功"先进个人，同时对女工家属安全协管工作中涌现的13名优秀协管员、9名协管安全贤内助进行表彰。哈尔乌素露天矿女工家属协管会被中国能源化学工会授予"先进协管会"荣誉称号；黑岱沟露天矿家属协管员王四被中国能源化学工会授予"优秀协管员"荣誉称号。2015年，选煤厂煤质化验室化验班被神华集团工会评为"巾帼建功先进集体"；哈尔乌素露天煤矿王晶波被神华集团工会评为"优秀家属协管员"；研发中心高桂梅被神华集团工会评为"三八红旗手"。

神华乌海能源公司工会各级女职工组织以"巾帼建功"活动为载体，以庆祝"三八"国际妇女节纪念活动为契机，积极选树在企业生产建设中涌现出的各行各业女职工先进集体、先进个人典型，弘扬她们爱岗敬业、勤奋学习、恪尽职守、积极进取、无私奉献的优良品质，展示出当代女职工的聪明才智和时代风采。公司及所属各单位有的每年表彰1次，有的两年表彰1次。1991—2015年，公司女职工荣获省部级以上的集体荣誉有5个、荣获省部级以上先进个人荣誉的有8人，2003—2015年荣获省部级各项荣誉的有39人。

神华包头能源集团公司工会在每年"三八"节期间，召开评先选优活动，同时下发本年度的工作安排。会上，评选先进女职工委员会、选树三八红旗手、女职工工作先进个人、家属安全协管员和"五好文明"家庭；组织开展女职工"双文明建功立业"竞赛活动，机关保洁班女工被自治区团委授予"青年文明号"。

神华大雁集团工会1991年以来每年召开纪念"三八"国际妇女节暨优秀女工表彰会，会上对上年度涌现的模范女职工委员会、先进女职工委员会、"三八"红旗集体、"巾帼建功"女能人、模范女职工工作者、模范家属干部、"五好家庭"标兵、模范矿嫂进行表彰。2003年5月，公司工会女工部荣获自治区"五一女职工奖状"。2008年4月，大雁集团二矿充电车间荣获自治区总工会"五一女职工奖状"。2009年11月，第一煤矿机运队充电车间荣获全国能源化学系统工会"女职工建功立业标兵岗"称号；机电总厂山春菊荣获全国能源化学系统工会"女职工建功立业标兵"称号。2010年6月，信通公司刘素静荣获自治区总工会全区"女职工建功立业标兵"称号。2011年2月，信通中心刘素静被全国总工会授予"全国五一巾帼标兵"称号。

2012年5月，大雁煤业公司女职工委员会被自治区总工会女职工委员会命名为"全区工会女职工组织建设示范单位"，公司女工家属协管会被中国能源化学工会授予"全国煤炭系统女工家属协管安全工作竞赛"先进协管会"称号，一矿于翠玲、矿建公司高光云被中国能源化学工会授予"全国煤炭系统优秀协管员"称号。2013年10月，雁岗煤矿女工家属协管会、机电安装工程公司女工家属协管会荣获全国煤炭系统女工家属协管安全工作竞赛"先进协管会"称号。热电总厂女工家属安全协管主任王华秋荣获全国煤炭系统女工家属协管安全工作竞赛"优秀协管员"称号。2014年5月，鹤声公司组培室女工小组荣获自治区总工会"五一巾帼标兵岗"称号。

平庄矿务局工会1998年表彰家属协管工作先进集体9个、六好文明家庭标兵10个，先进家属干部15人。1999年，局矿两级工会组织女工在幼教、卫生、矿灯岗位技术比武；开展创建"六好文明家庭"活动，评出六好文明家庭132户。家属协管会为一线职工做好事1500件，走访慰问安全生产人员496人次。2001年，表彰本年度"百日红"竞赛家属协管工作先进个人、先进工作者10人，优秀家属干部24人。

2007年，平庄煤业六家煤矿女职工徐红梅在全国煤炭系统"平煤'巾帼话安全'"演讲总决赛中获三等奖。矿区女工委员会连续保持"全国煤炭系统先进女工委员会""全国能源化学系统先进女工委员会"称号。10个集体被国电集团评为"巾帼文明岗"，10人被评为"巾帼建功标兵"，4个班组和1个个人分别获得"全国能源化学系统女职工建功立业岗位标兵"称号。

2009年，平庄煤业公司评出好矿嫂102人，和谐家属9户。红庙煤矿二井机电队矿灯班、风水沟煤矿吊轨司机王淑芳，被国电集团授予2010年度"十大巾帼文明岗"和"十大巾帼建功标兵"称号。

扎赉诺尔煤业公司女工组织以巾帼建

功活动为载体，不断创新活动内容，涌现了灵泉煤矿集控机房女工班、灵北煤矿女工选矸班、总医院仪检科、供电通信公司运检车间前哨变电所女工班组等先进女工班组。

伊泰集团公司工会以开展"巾帼建功"系列活动为突破口，以弘扬家庭美德建设为内容，不断开展评优选树活动，推动女职工工作。2005年3月，伊泰准东铁路公司物供部被鄂尔多斯市妇联评为"全市巾帼文明示范岗"；女职工王鲜被评为"全市巾帼建功标兵"。工会组织女职工积极参与2005年度全市"十大杰出母亲""十大敬老好儿女"评选表彰活动。2006年，曹羊公路收费所荣获自治区总工会"五一女职工奖状"。集团公司财务营业大厅作为文明窗口服务单位先后被市妇联、自治区妇联评为"三八红旗集体"。

2008年，伊泰煤炭股份公司煤检中心先后被评为全市和全区"三八红旗集体"。

图12-2-34　伊泰集团曹羊公路收费所荣获自治区总工会"五一女职工奖状"

第二节　共青团工作

一、共青团建设工作

（一）组织机构

1. 神华神东煤炭集团有限责任公司团委

1998年9月14日，神东煤炭公司成立共青团神府东胜煤炭有限责任公司委员会，基层直属团委有：大柳塔煤矿团委、补连塔煤矿团委、上湾煤矿团委、马家塔煤矿团委、乌兰木伦煤矿团委、运销处团委、多经公司团委、选煤厂团总支、热电厂团总支、总机厂团总支、物资处团委、供电处团总支、信息中心团总支、设备管理中心团总支、地测分公司团总支。随后根据公司机构变革和青年团员发展情况，成立相应的基层团组织。2005年3月，随着中国神华神东煤炭分公司成立，相应成立共青团神东煤炭分公司委员会。

2008年，公司团委下设18个基层团委、7个团总支、173个团支部，有团干部199名，其中专职团干部12名，共有团员1926名。2015年，公司团委下设10个基层团委、25个团总支、310个团支部，有团干部487名，其中专职团干部22名，共有团员3077名。

2. 神华准格尔能源有限责任公司

团委

1987年6月，准格尔煤炭工业公司党委决定成立共青团准格尔煤炭工业公司委员会。团委由5人组成，其中3名专职团干部。下设9个团支部。1990年，团委升为处级建制，下设4个职能部室。1994年调整为组宣部、文体部、少儿部。1999年7月，准煤公司进行机构改革。撤销准煤公司团委建制，将其并入党委工作部，由一名副部长兼任公司团委副书记，主持团委全面工作。党委工作部另设专职团委干事一名，团委下设直属团委6个。

2001年8月，共青团神华准格尔能源有限公司委员会成立，委员会由9人组成，下设直属团委7个。2003年12月31日，准能公司召开第一次团员代表大会，选举产生共青团准能公司第一届委员会和团委书记。2012年9月，准能公司党委将二级单位团组织调整为8个团委、6个团总支、6个团支部，其中8个团委均设专职团委副书记1名，团总支（团支部）书记或副书记原则上由所在单位党群部门负责人兼任。直属团组织均设专职团干事1名。2015年，集团公司团委下设7个团委、4个团总支、76个团支部，有团员1446名；专职团干部9人，兼职122人。

3. 神华乌海能源有限责任公司团委

1991年，乌达矿务局召开第五次团代会，1996年，乌达矿务局下设18个直属团委、10个团总支、281个团支部，团员5780人，专兼职团干部716人。2007年乌达矿务局团委下设5个团委、3个团总支、67个团支部，团员661人。

1995年，海勃湾矿务局团委下设13个团委、10个团总支、249个团支部，团员3548人，专职团干部41人。2007年，海勃湾矿务局团委下设11个团委、4个团总支、187个团支部，团员682人。

2005年，乌海煤焦化公司成立团委，下设4个团委、5个团总支、25个团支部，团员479人；蒙西公司团委下设4个团委、1个团总支、25个团支部，团员273人。

2008年，以上四公司重组整合成立神华乌海能源有限责任公司后，乌海能源公司团委随即成立，下设18个团委、12个团总支、3个青年工作委员会、260个团支部、11个青工部，40周岁以下青工7979人，团员1246人。

4. 神华包头能源有限责任公司团委

神华集团包头矿业公司团委下设3部1室：组织部、宣传部、青工部、办公室，全面负责公司团员青年思想教育、组织建设、青工队伍建设等工作。

2015年，公司团委下设5个团委、12个团总支、47个团支部，有团员180名；无专职团干部。

5. 神华北电胜利能源有限公司团委

2004年10月，神华北电胜利能源有限公司成立团委。2005年11月，公司撤销团委，成立团工委，下设露天矿团支部、公司机关团支部。2011年1月，撤销团工委，成立神华北电胜利能源有限公司团委，下设1个团总支、4个团支部。2015年，因公司机构变化，公司团委下设1个团委、17个团（总）支部，有团员405名；专职团干部1人，兼职团干部43人。

6. 神华宝日希勒能源有限公司团委

1990年，宝日希勒一矿团委下设4个团总支、20个团支部，有团员463名。1999年，公司团委设兼职委员（宣传、安全、文体、组织、学少委员）6名。2002年，宝日希勒煤业公司党委机构调整，团委与宣传部、组织部、武装部合并成立党委工作部，2004年由公司党委工作部政工科兼管共青团工作，团委下设团支部6个，有团员85人、青年410人。2005年，公司团委下设6个团总支，兼职团干部8名。2010年，公司团委下设团支部6个，有团员166人，青年职工789人。

2012年，公司党委工作部设立青工科，设专职副科长1名，负责共青团工作，成立团总支3个，直属团支部5个，有团员199人，青年740人。2015年，公司团委下设团总支3个、直属团支部5个，有青年员工811人（35周岁以下），团员176人；专职团干部1名。

7. 神华大雁集团有限公司团委

1989年，大雁矿务局团委设组宣部、学少部、办公室、生产部，设书记1人、部长3人、干事1人。1993年，矿务局团委设书记1人、部长3人。1999年7月，矿务局团委更名为煤业公司团委，设书记1人、部长1人。2004年，煤业公司团委设组宣部、学少部、办公室，设书记1人、部长1人；下设矿（处）级团委13个、总支9个，配备专（兼）职书记22人。2009年，针对青工多、团员相对少的实际，公司成立青年工作办公室，为推进露天煤业青工队伍建设提供组织保障。

2015年，集团公司团委下设10个团委、8个团总支、79个团支部，有团员452名；专职团干部2人。

8. 中电投蒙东能源集团有限责任公司团委

2005年4月，公司成立共青团露天煤业股份公司临时委员会。2005年10月，共青团内蒙古霍林河露天煤业股份有限公司第一次代表大会召开，选举产生共青团委员会领导机构。截至2010年末，露天煤业共有35周岁以下青工1081人，占员工总数的25.7%；28周岁以下团员501名，占员工总数的11.9%。

2015年，公司团委下设4个团委、2个团总支、67个基层团支部，团员589人，无专职团干部。

9. 扎赉诺尔煤业有限责任公司团委

1988年，扎赉诺尔矿务局共青团委员会下设组织部、宣传部及露天矿、灵泉矿等10个团委、团总支。1993年4月，团委组织部、宣传部合并为组宣部并设置生产部。2000年10月，共青团扎赉诺尔矿务局委员会更名为共青团扎赉诺尔煤业有限责任公司委员会。2007年5月，公司团委合并到党委工作部。截至2015年5月，扎赉诺尔煤业公司有团委4个、直属团总支4个、团支部6个、基层团支部33个，团员710名。

10. 华能伊敏煤电有限责任公司团委

1991年9月，伊敏露天矿成立伊敏露天矿团委。2012年，伊敏露天矿增设1名团委书记。2015年，伊敏露天矿团委下设生产部、维修部、供电疏干部、机关4个团支部，每个支部设有1名兼职团支部书记，有团员158人。

11. 内蒙古平庄煤业（集团）有限责任公司团委

1991年1月，平庄矿务局团委下设组宣部、生产部、学少部、办公室，定编9人。1993年5月，共青团平庄矿务局第九次代表大会选举产生第九届委员会和团委书记。1994年5月，矿务局团委下设组宣部、生产部，定编3人。2000年7月，平庄煤业公司团委下设组宣部，定编2人。2005年1月，平庄煤业集团公司团委下设综合办公室，定编2人，团委负责人为科级。2007年4月，团委合并到党委政治工作部，编制1人。2015年，集团公司团委下设15个团委、4个团总支、426个团支部，团员2255名，专职团干部2人。

12. 内蒙古伊泰集团有限公司团委

1992年4月，共青团内蒙古伊泰集团有限公司委员会成立，团委下设6个团支部，有共青团员115人。1993年5月，集团公司团委举行首届代表大会。1997年3月，公司团委下设5个团总支、7个团支部，共青团员498名。1999年5月，集团公司团委举行第三次代表大会，团委下设6个团总支、15个团支部，团员536名。2001年4月，公司团委变更为"中国共产主义青年团伊泰集团有限公司委员会"，公司团委设专职团干1人，与集团公司工会合署办公，书记职务空缺。

图12-2-35 伊泰集团第四次共青团代表大会会场

2009年8月31日，集团公司召开第四次共青团代表大会，选举产生由13人组成的新一届团委会和书记，下设11个团支部，团员共2360人。2015年，团委下设3个团总支和11个团支部，团员2600人。

13. 内蒙古太西煤集团股份有限公司团委

1993年5月，共青团太西煤炭联合公司委员会成立并召开第一届代表大会，团委下设14个团支部。2000年6月，公司成立关心下一代工作委员会，办公室设在党委工作部。2002年5月，公司党委批准组建青年工作委员会。2015年，集团公司团委下设1个团委、3个团总支、12个团支部，有团员112名；无专职团干部。

14. 神东天隆集团有限责任公司团委

2004年5月1日，共青团神东天隆集团有限责任公司委员会成立。截至2015年，公司团委共有基层团组织23个，其中团委11个、团总支3个、团支部6个，无专职团干部，兼职团干部101名。

15. 内蒙古西蒙集团有限公司团委

经共青团内蒙古直属机关工委批准，2004年6月，共青团内蒙古西蒙集团公司委员会成立，下设9个团支部。团委由7人组成，团委书记为专职，6名委员为兼职。2004—2014年，公司团委共召开5次团员代表大会。2015年，公司团委下设9个团（总）支部，有团员93名。

（二）开展活动

1. 抓党建带团建

2001年4月，平庄煤业集团公司党委下发《关于进一步加强共青团工作的意见》，坚持"党建带团建、团建抓创新"的工作方针，以共青团能力建设为统揽，以固本强基管长远为着力点，按照"组织建设强、服务功能强、创新本领强"的目标，采取"两抓一打"（抓基层、打基础、抓落实）的具体化工作措施，落实"党团建设同步进行，党团任务同步下达，党团阵地同步建设，党团教育同步布置，党团工作同步检查"的团建战略，团的建设出现新的局面。公司团委坚持"团要管团"的原则，坚持开展支部建设、团组织发展、"三会两制一课"（支部大会、支委会、团小组会，团员教育评议制度、年度团籍注册制度、团课)为内容的基础性工作。2007年以来,公司团委先后组织60余人参加国电集团、内蒙古自治区、赤峰市举办的团干部、"青年文明号"负责人培训班。在日常工作中,公司团委加强业余团校、青年之家等阵地建设,建立图书室、活动室、展览室、荣誉室等,还以QQ群、微信群为核心,发展电子团务,开通团内邮局,搭建网上信息平台,提高团干部的素质和工作效率。

2. 开展主题教育活动

神华神东煤炭集团有限责任公司团委加强青年思想引导与教育,根据新入企大中专毕业生多的特点,先后组织《奋进中的神东人》事迹报告会、《新员工新步伐》征文活动,为新员工树立扎根神东、创业神东起到积极的引导作用。

神华准格尔能源有限责任公司团委2007年4月,下发《关于加强共青团员经常性教育的意见》《关于加强和改进流动团员管理与服务工作的意见》《关于进一步加强团的基层组织制度建设的意见》和《关于充分发挥共青团员模范带头作用的意见》等4个增强共青团员意识长效机制文件,12月,公司团委开展"立足新起点,创造新业绩"、社会主义荣辱观、"与祖国共奋进,与企业同发展"主题教育实践活动。

2012年3月,准能公司团委制定下发《"找差距、抓整改、促提升,推进共青团工作科学化上水平"主题实践活动方案》,2013年组织开展"高举旗帜跟党走,科学发展创一流"学习贯彻党的十八大精神主题知识竞赛、"力争零死亡,追求零伤害"演讲比赛、"青春·责任·梦想"辩论赛,2014年开展"我的中国梦"主题征文活动、开通团委微信平台、"弘扬雷锋精神,共筑'七彩准能梦'"主题团日活动、团干部"学理论·强党性·铸信仰"活动。2015年开展"团干部如何健康成长"大讨论和"双提升"主题活动。

神华乌海能源有限责任公司团委突出创新创效,节支创效项目800多项,产生直接效益400多万元。公司团委突出文化育人,注重拓宽凝聚青年的途径,创新青年文化载体,每年各级团委组织开展各类文化活动40余场次,5000多名团员青年参加活动。

宝日希勒煤业公司团委2000年1月,开展"千禧年、比贡献"活动和"我为企业进一言、献一计、做一件好事"活动;3月,开展"学习新知识,迈向新世纪"主题读书活动。公司团委与纪委、组织等部门联合举办各种专题讲座。加强对学少工作的领导和指导,各校团组织以素质教育为核心,进行爱国主义教育、国防教育。注重培养学生的多方面能力,社会实践活动参与面达100%。

平庄煤业集团公司各级团组织通过办团训班、业余团校和组织学习小组等多种形式,对青年团员进行"双基"(党的基本路线、基本国情)教育,开展"三讲"(讲学习,讲政治,讲正气)教育,开展"三爱"(爱党、爱国、爱团)教育、集体主义教育、社会主义核心价值体系教育,用科学理论武装头脑,树立科学的世界观、人生观、价值观。结合煤矿特点和企业深化改革的实际,开展形势任务教育,开展"与祖国共奋进、与平煤同发展""科学发展上水平,我是青年我先行"主题实践活动,引导教育团员青年正确认识企业面临的形势和任务、挑战和机遇,树立市场意识、竞争意识、质量意识。1991—2015年自治区部分重点煤炭企业获"五四红旗团委(支部)、优秀共青团员(干部)"荣誉称号单位统计情况见表12-2-3。

表12-2-3　1991—2015年自治区部分重点煤炭企业获"五四红旗团委（支部）、优秀共青团员（干部）"荣誉称号单位统计表

单 位 名 称	先进称号	命名部门	时间
神华神东补连塔矿综采队团支部	全国五四红旗团支部	共青团中央	2005
神华准格尔能源有限责任公司团委	全区五四红旗团支部	共青团内蒙古自治区委员会	2011
神华包头乌审旗怡海实业公司团委	全区五四红旗团委	共青团内蒙古自治区委员会	2011
神华包头能源有限责任公司台阁收费站团支部	中央企业五四红旗团支部	共青团中央企业工作委员会	2011
神华包头阿刀亥煤矿综采队团支部	自治区共青团工作创新奖	共青团内蒙古自治区委员会	2011
神华包头矿业公司团委	工作实绩突出单位	共青团内蒙古自治区委员会	2011
神华包头阿刀亥煤矿开拓队团支部	全区五四红旗团支部	共青团内蒙古自治区委员会	2012
神华包头公司生活服务处保洁队	自治区青年文明号	共青团内蒙古自治区委员会	2012
神华宝日希勒能源有限责任公司团委	1999—2001年度全区五四红旗团委创建单位 全区五四红旗团委	共青团内蒙古自治区委员会	2001 2002
神宝公司储装中心团总支	五四红旗团支部	共青团中央企业工作委员会	2014
神宝公司露天煤矿团总支	五四红旗团支部	共青团内蒙古自治区委员会	2014
神华北电胜利能源有限公司团委	五四红旗团委	共青团中央企业工作委员会	2012
神华北电胜利能源有限公司维修中心电铲车间团支部	五四红旗团支部	共青团中央企业工作委员会	2012
大雁矿务局教育处团委	"心中有祖国、心中有他人"活动先进集体	团中央学少部、中国少年活动中心	1991
大雁矿务局团委	企业共青团工作创新奖	共青团内蒙古自治区委员会	1999
大雁矿务局团委	五四红旗团委创建单位	共青团中央	1999
大雁煤业公司第一煤矿机运队机电段	自治区青年文明号	共青团内蒙古自治区委员会	2001
大雁煤业公司热电总厂雁北电厂	自治区青年文明号	共青团内蒙古自治区委员会	2002
大雁煤业公司勘测公司地测分公司	自治区青年文明号	共青团内蒙古自治区委员会	2002
大雁煤业公司第一煤矿团委	全区五四红旗团委创建单位	共青团内蒙古自治区委员会	2003
大雁煤业公司教育处团委	全区五四红旗团委创建单位	共青团内蒙古自治区委员会	2003
大雁煤业公司第一煤矿机运队	全国青年文明号	共青团中央	2004
大雁煤业公司物业中心装饰公司	自治区青年文明号	共青团内蒙古自治区委员会	2005
大雁煤业公司运销公司机辆运转班	自治区青年文明号	共青团内蒙古自治区委员会	2005
大雁煤业公司建安公司装饰公司	全国青年文明号	共青团中央	2006
大雁煤业公司小车队	自治区青年文明号	共青团内蒙古自治区委员会	2006
大雁煤业公司物业公司环卫大队	自治区青年文明号	共青团内蒙古自治区委员会	2006
鲁能大雁能源集团公司第二煤矿团委	全区五四红旗团委创建单位	共青团内蒙古自治区委员会	2008
大雁矿业集团公司团委	全区共青团工作实绩比较突出单位	共青团内蒙古自治区委员会	2008
国网能源大雁集团公司团委	全国五四红旗团委	共青团中央	2012
华能伊敏煤电有限责任公司	全国煤炭行业五四红旗团委	全国煤炭行业共青团工作指导和推进委员会	2013
平庄煤业公司红庙矿5111青年采煤突击队	自治区青年突击队标兵	共青团内蒙古自治区委员会	1996
平庄煤业公司风水沟矿一采区综采队	全国青年文明号	共青团中央	2005

表12-2-3（续）

单 位 名 称	先进称号	命名部门	时间
内蒙古伊泰公司团委	全区共青团工作先进单位	共青团内蒙古自治区委员会	1995
	全区五四红旗团委创建单位	共青团内蒙古自治区委员会	2001
	全国五四红旗团委创建单位	共青团中央	2002
内蒙古伊泰公司曹羊公路收费站	青年文明号	共青团内蒙古自治区委员会	1999
内蒙古太西煤集团公司乌达运销站磅房	自治区青年文明号	共青团内蒙古自治区委员会	2003

二、青年工作

（一）争当"青年岗位能手""青年突击手"活动

神东煤炭公司团委紧密结合企业生产、经营、安全等中心工作，以青年人才工程和青年文明工程为主线，积极开展青年岗位能手、青年文明号青年创新创效、青年安全示范岗活动，涌现出一批先进个人和青年文明号集体。

1998年，补连塔煤矿综采队、乌兰木伦煤矿掘进队获自治区"青年文明号集体"称号。1999年，马家塔煤矿采剥段获自治区"青年文明号集体"称号。2004年，上湾煤矿连采一队获中央企业"青年文明号集体"称号。2008年，上湾煤矿综采队获"全国青年安全示范岗"称号。2006—2008年度，神东煤炭分公司上湾煤矿综采队获神华集团"青年文明号"称号。2000年，补连塔煤矿杨鹏获全国首届"创新创效活动先进个人"称号。

准格尔煤炭公司团委1992年8月召开青年突击队授旗大会，公司领导为7个青年突击队授旗。1994年7月，在全公司范围成立16个青年突击队。公司领导专程赴万家寨水利工程施工现场，为黑岱沟露天矿万家寨青年小分队颁发准格尔煤业公司第一块"青年文明号"牌匾和"青年突击队"队旗。1995年5月，公司党委召开"争当青年岗位能手"活动动员大会。10月，发电厂青年职工贺兆胜、胡惠平被团中央、煤炭工业部评为"青年岗位能手"。2000年、2001年，共青团系统通过不断探索创新，把青年岗位能手活动、青年安全监督岗活动、青工创新创效活动称为团组织的"三项主体活动"。

2001年以来，公司团委以试点经验为指导，全面推广青工创新创效活动。公司团委总结上报青工创新创效活动做法的书面材料，由神华集团推荐到中央企业工委参加会议交流。2002年9月，公司团委推选露天矿团委参加"全区百家企业青工创新创效大赛"。10月，准格尔能源公司被神华集团公司选送参评"全国青年创新创效活动示范基地"。2013年，黑岱沟露天煤矿组织开展"投身大会战，青工争第一"主题实践活动。2014年，公司团委开展"青工素质提升"活动。2015年，公司团委对青年岗位能手、青年安全监督岗、青年安全生产示范岗、青年文明号创建制度进行重新梳理下发。

宝日希勒煤业公司团委1996年开始开展"青年岗位能手"活动，以"导师带徒"签订师徒结队合同，基层团组织帮助青工拜师学艺，提高技术水平和业务能力；开展以"五小"竞赛为主要内容的青年创新创效活动，节约技改资金；开展"学习新知识、树立新形象"为主题的学习教育活动。

图 12-2-36 平庄煤业风水沟煤矿一采区综采队获"青年文明号"称号

大雁矿务局团委 1995 年组织各单位开展创建"文明号"活动。在窗口单位创建青年文明号的基础上,生产建设、多种经营、文教卫生等单位也全面开展此项工作。在服务窗口单位创建购电站、文明柜台等青年文明号共 28 个,在一矿、二矿、三矿等生产建设、多种经营单位创建青年文明号、青年钢带机房、变电所、硐室共 46 个。1997 年,矿务局团委组织千余名志愿者开展"青年志愿者绿色行动"活动,种植防风林带 6.7 公顷,种植青年林近 7 公顷,成活率达 90% 以上;对全矿区 104 栋居民楼 20 余万平方米楼道进行粉刷,受到社会各界的好评。1999 年,以"青年志愿者绿色行动"为主题,开展青年志愿者秋季植树活动,3 天时间志愿者共植树 40 公顷、13.6 万株。

平庄煤业公司团委按照自治区团委、国电团委的要求,以目标管理为抓手,以增产增效为目标,建设技术型、创新型、效益型的突击队,还以团支部为单位成立临时性青年突击队,完成企业"急、难、险、重"任务,组织各种形式的生产突击活动。各矿、井(段)都建立青年突击队,有旗帜、名册和制度,根据生产实际情况,随时组织青年突击队开展生产突击活动,如"争创优秀青年突击队""采煤、掘进、车镐青年突击队竞赛"等,涌现出西露天矿掘场的"夜战突击队"、五家矿三井 561 青年突击队等公认的过硬队伍,团委连续多年对活动中的优胜突击队进行表彰。

1996 年,红庙矿 5111 青年采煤突击队获自治区"青年突击队标兵"称号。2005 年,风水沟煤矿一采区综采队被共青团中央授予"青年文明号"称号。

(二) 青年志愿者活动

1. 神华神东煤炭集团有限责任公司

1998 年,公司团委成立公司青年志愿者工作委员会,在公司团委设办公室,负责志愿者的选拔、培训、调度、考核、激励等事宜,组建一支由 52 人组成的青年志愿者服务队伍。各基层单位相应成立青年志愿者小组,由团组织负责人兼任组长。公司团委出台《青年志愿者讲解员活动办法》,对青年志愿者的活动进行明确规定。

2008 年 9 月 6 日,青年志愿者讲解员首次亮相,成功完成在鄂尔多斯市召开的第二届中国工程管理论坛到神东的考察讲解和引导任务。2009 年 2 月,在公司"健康生活"主题活动中,120 名青年志愿者组成的宣传队徒步行走神东矿区 63 千米,沿途发放健康生活宣传单 5000 份、宣传册 1000 份,组织群众签名活动,倡导健康生活方式,推动矿区职工家属健康意识的提高。

2010 年 9 月,公司举办青年志愿者服务队成立大会暨授旗仪式。神东团委以此为契机,全面实施"提升青年志愿者队伍素质工程"。通过英语培训、礼仪培训、参观讲解大赛、知识竞赛等,不断提高志愿者队伍素质。在首届"神华杯"采煤技能国际邀请赛的筹备和赛事上,58 名青年志愿者在大赛的引导、接待、礼仪、参观讲解、文玥宣传、信息咨询、语言翻译、大赛组织协助、应急救援等 7 类 136 个岗位上,为来自

9个国家的100多名参赛选手累计志愿服务2140小时,优质高效地完成各项志愿服务工作。

2012年,在"爱心促和谐——大手拉小手""爱心促和谐——亲情陪伴"等系列志愿服务活动中,共有288名志愿者对8户困难员工家庭及子女提供志愿服务85次,累计服务288小时。2013年4月7日,300多名青年志愿者积极参与伊金霍洛旗文明办组织的"关爱农民工、爱心衣加衣"捐助活动,捐赠衣服2000余件。5月3日,1500名青年志愿者积极参与"情系雅安、爱暖万家"爱心捐衣物活动,共捐衣物近万件,并送往灾区。

2010—2015年,神东公司共有30名优秀青年志愿者获得公司表彰,有11名志愿者受到神华集团团委的表彰,有1名志愿者获得"中央企业金牌青年志愿者"荣誉,志愿者赵宏伟等3人被授予"中央企业杰出青年岗位能手",谷树伟、李桐坡等11人被授予"中央企业青年岗位能手"和"中央企业青年五四奖章"。神东志愿者服务队从事的学雷锋"爱心促和谐"项目被神华集团团委评定为共青团品牌工作。

2. 神华准格尔能源有限责任公司

1994年,准格尔煤炭公司团委在各直属团组织中组建39个青年志愿者服务队。每年3月4—6日,团委组织大型志愿者学雷锋活动。1997年,青年志愿者活动实现由内部服务型向外部服务型与社会服务型转变以及由单一服务型向多种服务型转变。7月30日,团委与公司党委组织部联合发起"领导干部心系失学儿童希望工程结对救助活动"。1998年,准煤公司团委组织开展"一号助一户""服务卡助万家"活动。团委按照党委的指示,用"领导干部心系失学儿童希望工程捐款"的部分资金,救助魏家峁乡郑峁梁村的55名失学儿童。

2001年3月,公司团委组织大型"青年志愿者益民服务宣传活动"。此次宣传活动的内容增加认识"法轮功"邪教本质的宣传,绿色煤炭为环保作贡献的宣传和《铁路法》、打假、消防等内容的宣传,并举行"共青团文明路""红领巾一条街"立牌仪式。6月20日,团委组织庆祝建党80周年"党在我心中,为奉献者奉献"主题活动。活动内容之一是组织青年志愿者为部分在准格尔创业发展历程中做出贡献的老党员、老工人、老干部上门服务,充分体现青年志愿者走近前辈,服务前辈,"奉献、友爱、互助、进步"的志愿者精神。

2010年9月,公司团委组织46名青年志愿者为"神华杯"采煤技能国际邀请赛提供志愿服务。公司团委在近600人的报名者中,经过英语、专业知识、服务能力测试,择优挑选46人组成本赛区志愿者队伍。青年志愿者为大赛提供礼宾接待、语言翻译、交通服务、沟通联络、比赛组织支持、新闻宣传支持、会议组织支持和赛前准备等方面的服务。同年底,青年志愿者服务分队被评为自治区直属机关团工委优秀青年志愿者服务团队。2014年5月,为话剧《惊天雷》演出的中国煤矿文工团、中国安全生产艺术团提供志愿服务。

3. 神华乌海能源有限责任公司

公司团委成立青年志愿者协会,下设服务队31支,青年志愿者小分队271支,注册志愿者共计1881人。协会立足于社会关注、党政关心、青年能为,服务社会、服务企业、服务青年,广泛开展精细管理、修旧利废、突击会战、美化环境等志愿服务活动。公司团委还将每年3月定为志愿服务集中行动月。2008年以来,参加志愿服务活动累计25000余人次,志

4. 神华宝日希勒能源有限公司

1996年，宝日希勒第一煤矿团委开展青年志愿者服务基地建设，基地设在矿门卫，负责公司摩托车暖库的志愿者5名，为职工提供修车、打气等服务。在每年5月的"绿色环保活动月"活动中，青年志愿者自发清理矿区白色垃圾，散发环保知识传单。2003年，公司团组织开展"党在我心中"纪念活动。组织公司医院青年志愿者为80名离退休职工义诊。2013年，公司共青团组织以"学雷锋、树新风、传承青春正能量"为主题的志愿者服务活动，清理镇区路边的积雪和垃圾。

2014年，公司团组织结合群众路线教育实践活动要求，组织机关40名青年志愿者到露天区域学雷锋做好事，开展"七彩青春绽放基层"活动；"五四"期间组织露天矿30余名志愿者开展一次以"青年梦、扬青春"为主题的路容整治活动；组织后勤服务公司青年职工进行义务劳动，清理体育馆周边杂草、垃圾，挖设排水沟渠，粉刷活动器材；响应公司义务献血号召，组织青年志愿者无偿献血。

5. 神华大雁集团有限公司

1994年，大雁矿务局团委组织2000余名青年志愿者走上社会，开展各种益民活动，深入困难户家中做好事、办实事。各单位团组织召集近万名青年志愿者佩戴统一标志走向大街小巷，维持乘车秩序，宣传文明公约，清扫路边积雪，扶老携幼；为离退休职工、军烈属、孤寡老人和伤残者送温暖，帮助他们解决生活中的实际困难；在重点地段和候车点进行义务修理自行车、维修电器、义务理发、量血压、量身高、验血型和房产管理咨询、幼儿生理咨询等便民益民活动。

2003年，矿务局团委与公司文明督查队联合开展革除陋习、清理城市"牛皮癣"志愿者活动，清理街道两侧各种小广告。2010年，神华大雁集团有限公司团委在春节期间组织青年志愿者开展慰问一线青工活动，共为一线矿工发放洗浴用品等慰问品400份，新春贺词2000份，慰问特困青工10人，并与他们签订了帮扶协议。2015年3月，组织开展以"融入社会，彰显价值"为主题的青年志愿者服务系列活动，以及"寻找身边雷锋，争做志愿青年"活动和"讲文明 行善举 重孝道 做文明有礼大雁人"活动，截至5月末，志愿者参加服务320人次，服务时间达到850小时。

6. 扎赉诺尔煤业有限责任公司

2001年3月，扎赉诺尔煤业公司团委在国际志愿者年和第二个中国志愿者服务日到来之际，开展以"做一名注册志愿者"为主题的青年志愿者服务活动，在扎赉诺尔煤业公司范围内逐步推广实施注册志愿者制度。2010年6月，扎赉诺尔煤业公司团委开展"安全生产、青年当先"青年志愿者服务活动。2011年6月，扎赉诺尔煤业公司团委组建8支青年志愿者服务队深入矿井和班组，开展"青年安全生产志愿者服务"活动。2012年，扎赉诺尔煤业公司团委开展"安全生产月"青年志愿者安全宣传服务活动。2013年，组织青年志愿者300余人次，开展"学习雷锋榜样·贡献青春力量"主题志愿服务活动，助力煤矿安全生产。

2014—2015年，全面开展"创新发展·青年担当"主题实践活动，全体青年志愿者和各级青年志愿者服务队立足服务企业、服务一线、服务基层，围绕煤矿质量标准化建设等重点工作，主动开展建言献策、环境美化、义务劳动等志愿服务活动。

7. 内蒙古平庄煤业（集团）有限责任公司

1996年，平庄矿务局成立志愿者"阳

光工程"组委会,并将"阳光工程"与"跨世纪青年文明工程"融为一体,整体推进,每年3月5日和7月1日为"志愿者奉献日",成立青年志愿者协会,把长期的志愿者服务、突击性服务和学雷锋益民服务小组纳入青年志愿者活动。当年的两个志愿者奉献日有5万多人次上街为民服务,1997年矿务局青年志愿者服务队达50个,青年志愿者服务站达24个。

近年来,青年志愿者活动又与和谐矿区建设结合起来,倡导"奉献、友爱、互助、进步"的志愿者精神,开展"青年志愿者扶贫助学""志愿者服务奉献社会""从青年志愿者做起""我为企业文化建设献良策"等活动。为吸引更多的团员青年加入青年志愿者队伍,平庄煤业团委开展志愿者招募注册工作,根据青年志愿者的个人特长、家庭住址、联系方式等分门别类,建档立卡,对青年志愿者实行统一管理,利用青年中心、社区、街道、居民区、俱乐部、公园、老年活动中心等场所,以团支部为单位,组织团员青年参加绿化美化矿区、净化周边环境活动。

8. 内蒙古伊泰集团有限公司

1998年12月,公司团委成立"青年志愿者协会",全体团员全部入会成为"青年志愿者"。此后,"青年志愿者"积极参加团委组织的"希望工程献爱心"和"一元钱跨世纪助学"活动,积极开展扶贫帮困工作,被鄂尔多斯市团委命名为"全市优秀青年志愿者服务队",两名青年被授予"优秀青年志愿者"荣誉称号。2013年4月,公司团委组织机关各支部团员与"青年志愿者"赴康巴什新区青春山,参加由市委、市政府统一组织的鄂尔多斯市2013年全民义务植树活动。

2014年3月5日,公司团委与东胜区团委联合组织举办以"弘扬雷锋精神,志

图12-2-37 伊泰集团公司青年开展"孝老爱亲 传递温暖"活动

愿服务先行"为主题的大型公益服务活动,赴东胜区健康社区慰问贫困家庭及农民工子女,并为贫困儿童捐赠学习用具。

第三节 社团组织

一、内蒙古煤炭工业协会

(一)组织机构

2005年8月23日内蒙古煤炭工业协会发起人会议在呼和浩特市召开。自治区有关部门及24家发起单位负责人参加会议。自治区工业办公室副主任王进国、煤炭工业局局长王旺旺参加会议并讲话。会议讨论通过了《内蒙古煤炭工业协会章程(讨论稿)》等文件和协会第一届理事会会长、副会长、秘书长建议名单。

2005年11月10日,内蒙古煤炭工业协会经自治区民政厅核准,完成登记注册手续,成为自治区煤炭行业企事业单位、社会团体及个人自愿联合组成的非营利性社团组织。

2007年8月27日,内蒙古煤炭工业协会在呼伦贝尔市举行首届会员代表大会,77个团体会员代表参加会议。会议选举张双旺为会长,王旺旺为第一副会长,王振林为常务副会长;王晓波兼秘书长。会议

审议通过了协会工作报告和《内蒙古煤炭工业协会章程》《内蒙古煤炭工业协会会费收支管理办法》。

图12-2-38 协会首届会员代表大会会场

协会先后内设综合部、行业协调部、专家技术咨询委员会工作部、统计信息中心、煤炭质量监督直属站、煤田火区与地质灾害调查评估中心等部门。

内蒙古煤炭工业协会的宗旨是：遵守宪法、法律、法规和国家政策，贯彻国家产业政策，参与实施行业管理，加强区内煤炭行业自律，加强会员的沟通与协作，努力为会员服务，代表会员利益，维护会员的合法权益，促进全区煤炭行业持续健康的发展。主要任务是：在企业和政府间起桥梁和纽带作用，发挥服务和自律功能，协助政府推行经济政策和法令，推动煤炭行业技术与管理进步和可持续发展，实现煤炭工业现代化。

2007年11月，经自治区煤炭工业局同意，协会组织筹建的"内蒙古自治区煤炭工业专家技术咨询委员会"正式成立。2008年3月，经自治区煤炭工业局和协会审查批准，专家技术咨询委员会首批专家由内蒙古各类煤炭企业、科研院所、大专院校和相关管理部门的27名高级专业技术人员及业内资深专家、学者组成，主任委员由内蒙古煤炭工业管理局原总工程师潘缉尧担任；2011年7月，主任委员改由国务院安委会专家咨询委员会矿山专业委员会委员、内蒙古伊泰集团有限公司副总经理翟德元教授担任，委员会由23名专家组成。专家委员会工作部设在内蒙古煤炭工业协会，接受主管部门委托组织开展自治区煤炭行业有关项目可研、初设等技术评审、咨询评价等工作。

2010年5月，内蒙古煤炭工业协会成立煤炭运销分会。8月31日，内蒙古煤炭工业协会第一届理事会召开第二次全体会员大会，会议调整了部分理事会组成人员，通过了新会员的入会申请。截至2015年底，协会有团体会员单位62个，个人会员10名。

（二）开展工作

1. 煤炭职业经理人的培训与评审

截至2007年，内蒙古煤炭工业协会先后举办3期培训班，对近300人进行职业经理人培训和中初级资格评审，同时组织申报高级煤炭职业经理人90多人。截至年底，全区通过初级、中级和高级煤炭职业经理人资格认证的分别为33人、202人和97人。

2. 提供生产技术支持

2007年6—10月，内蒙古煤炭工业局、煤炭工业协会组织专家赴阿拉善盟进行"煤层气开发与利用"调研。专家组在阿拉善盟对太西煤集团、晨宏力集团部分矿井的煤层气开发与利用情况进行实地考察，听取相关情况介绍、查阅有关资料，提出建议。

2009年6—9月，受自治区煤炭工业局委托，协会组织煤田地质领域专家，历时3个月的时间，开展了内蒙古自治区煤田（煤矿）火区与地质灾害初步调查，提交调查报告约3万余字。截至2010年底，专家技术咨询委员会受主管部门委托，先后完成煤矿新建、改扩建和技术改造等项目的可研、初设等80多项评审工作。

2012年以来，协会在配合国家及自治区有关部门做好煤炭行业去产能、脱困发展工作的基础上，立足行业脱困、淘汰落后产能，关注长远发展，深入开展调查研究，形成了1万余字的分析总结报告《对供给侧改革几个方面问题的思考》，经自治区有关领导批示，在《政策研究》（内参）刊发，为政府部门制定政策提供参考。

截至2015底，协会累计总结推广煤炭企业管理创新成果35项，培训煤炭企业职工1万人次。

3. 行业宣传

2006年9月17日，内蒙古煤炭工业局、煤炭工业协会、内蒙古日报社联合推出的"内蒙古煤炭工业企业50强"，通过内蒙古日报、内蒙古煤炭网（www.nmgmt.gov.cn）向社会公布。首次上榜的50强煤炭企业中，煤炭生产企业42家，煤炭经营企业7家，煤田地质勘探企业1家。

2007年，受自治区煤炭主管部门委托，组织全区煤炭行业评选推荐"全国煤炭工业先进集体、劳动模范、先进工作者"工作。9月28日，由张双旺会长带队参加全国煤炭工业先进集体、劳动模范、先进工作者表彰大会。全区煤炭行业勘探、科研设计、培训、生产和行业管理部门的16个先进集体的代表、26名劳动模范、3名先进工作者在北京人民大会堂受到表彰。协会请北京电视台为全区受表彰代表拍摄了专题片；在《内蒙古煤炭网》和协会会刊上开辟专栏，陆续对受表彰集体和个人进行宣传报道。

2007年6月，内蒙古煤炭工业协会会刊《内蒙古煤炭》创刊。为提高会刊编印质量，2008年会刊全面改版，提升内容编排、版式设计、印刷质量。截至2010年，累计发行2.1万余册。

2007年8月26日，自治区煤炭工业局、的煤炭工业协会与内蒙古电视台联合举办

图12-2-39 部分《内蒙古煤炭》会刊封面

《内蒙古每周煤炭产业动态》电视栏目在内蒙古电视台经济生活频道正式开播。该电视栏目是国内第一档周播、专注于煤炭产业的经济信息类栏目，每期20分钟。

2007年12月19日，协会召开全区煤炭行业首次特约通讯员会议。会议围绕全区煤炭工业发展的新形势、新特点，结合自治区党委、政府及煤炭主管部门对全区煤炭行业信息报送的有关要求，研究、交流做好煤炭行业信息工作的经验和做法，部署全区煤炭行业信息通讯工作。会议还采取以会代训的方式，聘请专业教师对聘任的特约通讯员进行了培训。并向首次聘任的50多名特约通讯员发放了聘书。

2008年3月26日，自治区煤炭工业局、内蒙古煤炭工业协会、鄂尔多斯市煤炭局在鄂尔多斯市联合主办"2008全国煤炭工业及矿业生产、安全技术装备（内蒙古）展览会暨内蒙古煤炭行业50强成就展"。展会以"引进技术设备、促进交流合作、建设煤炭强省"为主题，集中展示全区煤炭工业60年来发展成就和内蒙古煤炭工业50强企业成绩；搭建煤炭企业与煤机装备制造企业沟通与交流平台。

二、学术团体

（一）内蒙古自治区煤炭经济研究会

内蒙古自治区煤炭经济研究会成立于1983年3月15日，是中国煤炭经济研究

会的会员单位。在1990年8月的第三次会员代表大会上，选举吴彩为理事长，范影、廉宝纯、陈子纯、康振文、程玉才、张守文为副理事长，陈子纯为常务副理事长兼秘书长，李文治为常务副秘书长；理事会常务理事43名。第三届研究会共有团体会员单位58个，会员总数2114名。

1997年5月，内蒙古自治区煤炭经济研究会第四次会员代表大会在呼和浩特市召开，选举产生由135名理事组成的理事会，其中常务理事30名。选举臧海民为理事长，郭金立、王世春、宝玉、奇金山为副理事长，郭金立为常务副理事长、王永波为秘书长，陈子纯、李文龙为副秘书长，吴彩为理事会名誉理事长。常务理事会2001年6月召开第四次会议决定增补王毅、刘锦等17人为常务理事。第四届研究会共有团体会员单位59个，会员总数2466名。

2004年6月，第五次会员大会选举产生由97名理事组成的理事会，其中常务理事19名，选举臧海民为理事长，选举郭金立、王永波为副理事长；王永波兼秘书长，陈子纯为副秘书长。自第五届理事会起，内蒙古自治区煤炭经济研究会不再吸纳个人会员，第五届理事会共有团体会员单位25个。

2010年12月，第六次会员大会选举产生由107名理事组成的理事会，其中常务理事23名，选举张海旺为理事长，王永波、刘文光、莫若平、宿威俊、翟德元为副理事长，王永波为常务副理事长，陈凌霄为秘书长。第六届理事会共有团体会员单位25个。2014年10月，根据自治区党委和民间组织管理局要求，国家机关、行政事业单位理事全部退出理事会。

2015年6月，第七次会员大会选举产生由42名理事组成的理事会。会议选举陈凌霄为理事长，宿威俊、刘文光、温吉洋为副理事长，李柏杉为秘书长。第七届理事会共有团体会员单位17个。

研究会自成立以后，在协同自治区煤炭行业各系统、各部门治理、整顿、深化改革中，积极组织开展学术研究和探讨。2007年8月，研究会编辑并出版的《能源基地话煤炭》一书，阐述了国家、自治区政府发展煤炭工业的总体思路和目标，积极探索自治区煤炭工业的发展趋势。2009年9月，组织开展了"内蒙古煤矿职工艺术作品评选活动"，编辑并出版《内蒙古煤矿职工艺术作品集》，展示了自治区各大煤炭企业的精神文明建设和当代煤矿职工的时代风貌和艺术修养，弘扬了企业文化。2010年7月，研究会在鄂尔多斯市举办"内蒙古煤炭工业科学发展高层论坛"。论坛以自治区政府提出的"把内蒙古建成安全有保障，经济效益好，环境污染少，可持续发展的国家重要能源战略基地"为主题，深入探讨自治区煤炭工业发展战略，建设生态文明，促进内蒙古煤炭工业可持续发展的重要意义。

截至2015年12月，内蒙古煤炭经济研究会会员在自治区社科联主办的哲学社会科学优秀成果评选活动中获奖47个，其中二等奖4个，三等奖14个，优秀奖27个，青年奖2个；在中国煤炭经济研究会煤炭经济研究优秀论文、优秀调研报告评选活动中获奖47个，其中一等奖4个，二等奖12个，三等奖31个。

（二）扎赉诺尔矿务局煤炭经济研究会

该研究会是内蒙古煤炭经济研究会团体会员单位。1991年，以煤炭经济改革、总承包为核心，以企业经济效益为目的，围绕煤炭事业的中心工作开展煤炭经济、技术研究活动。1998年8月，研究会先后承办在扎赉诺尔矿务局召开的内蒙古煤炭经济研究会1998年年会和东煤公司煤炭经济研究会1998年年会。两次会议均以推广新经验、新科技成果，以及新的经营承包措施为重点。《煤炭经济研究会会刊》每年出版2期，每期发表十几篇学术论文和调查报告，1994年停刊。

1992年，该研究会提出13个煤炭经济研究重点课题，其中周祖发、王先辉撰写的《扎赉诺尔矿务局矿井改造的回顾与展望》在内蒙古煤炭经济研究会学术年会上获优秀论文三等奖。1998年，煤炭经济研究会的职能并入企管处。1999年7月，将煤炭经济研究会的职能划归公司政策研究室，之后每年都参加自治区煤炭经济研究会组织的会议和学术交流活动，组织基层单位搞调查研究，撰写出调查报告和学术论文，为企业的生产经营在理论上提供咨询。2000年，魏国栋撰写的调研报告《浅谈煤炭企业亏损原因及脱困途径》获得中国煤炭经济研究会2000年度优秀调研报告三等奖。

（三）内蒙古伊泰集团有限公司科学技术协会

1997年8月1日，伊克昭盟煤炭集团公司科学技术协会成立，主要工作任务是：组织开展学术和技术交流活动，推行高新技术；召集专业人才，向煤炭的深加工、高科技领域探索，致力于公司由生产经营型转变为科研、生产经营一体化企业。公司改制为内蒙古伊煤实业集团有限公司后，于2000年10月21日成立伊煤实业集团科学技术协会，选举产生协会第一届委员会，通过了《伊煤实业集团科学技术协会章程》。

第三章 文化建设

第一节 文明单位创建

一、机构设置与制度建设

（一）神华神东煤炭集团有限责任公司

2003年3月，成立以公司党委书记为组长的精神文明建设领导小组，领导小组下设办公室。2004年、2006年、2008年，由于公司主要领导调动，公司精神文明建设领导小组经过调整，公司时任党委书记担任组长，在党委工作部设办公室，制订《精神文明建设工作考核办法》等制度。

神东煤炭公司精神文明建设采取百分制考核办法，与本单位工资总额的3%挂钩进行奖罚。每半年进行一次综合考核，根据考核结果兑现奖罚。得分在90以下，取消该单位每月3%的工资总额；得分在91~95分的（含91分），工资总额按得分比例发放，每降低一分扣罚工资总额0.3%；得分在95~98分的，不奖不罚；得分在98分以上的，作为评选各种先进集体的主要依据，并适当给予奖励；得分超过100分的，每增加1分，奖励工资总额的0.5%。

考核采取听、看、查、访等方式。考核中坚持把握总体、严格标准、实事求是、注重实际的原则，体现项目考核和综合考核的结合，集中检查和抽查基层的结合，半年考核和年度考核的结合。半年考核根据阶段中心任务有所侧重,将其内容纳入相关项目;对各单位的考核也要根据其工作性质和特点各有侧重,综合考评。

公司成立考核组,由公司主管领导负责,党委工作部牵头组织,纪委、工会、团委参加,并会同企管、人劳、财务等部门共同核定得分;半年考核结果于当年7月20日前通报,年终考核结果于下一年度1月通报,并反馈给各单位。

(二)神华准格尔能源有限责任公司

1994年,准格尔煤炭工业公司精神文明建设领导小组成立,下设办公室。1995年,准格尔煤炭工业公司精神文明建设领导小组成员调整,下设综合科、环境科。1996年,准格尔煤炭工业公司精神文明建设委员会成立,下设综合科、达标科、创建科。2001年,企业改制,准格尔煤炭工业公司精神文明建设委员会更名为神华准格尔能源有限公司精神文明建设委员会。2012年,公司成立精神文明建设工作领导小组,组长由党委书记担任,副组长由总经理和党委副书记担任。

1994年以来,公司不断加强制度建设,制定《精神文明建设考核细则》《准煤公司职工守则》《准煤公司文明科室、班组考核细则》《准煤公司四有职工考核细则》《公共场所环境建设的有关规定》,编印《文明教育手册》。

1996—2001年,公司制定《双文明单位创建标准条件》《文明达标单位及文明新风活动标准条件》《准煤公司职工行为规范"十个不准"惩戒制度》《准煤公司环境建设"十个无"惩戒制度》《精神文明建设定量考核细则》《准煤公司职工社会公德规范》《关于抓好"五职工程"提高职工素质的实施意见》《关于文明职工、文明班组(科室)讲评工作的补充通知》《精神文明建设考核细则》《精神文明建设实施意见》《精神文明建设目标管理考核细则》《准能公司2001—2005年精神文明建设规划纲要》《职工行为规范》。

2002年,公司将《精神文明目标化管理考核细则》纳入《准能公司党的建设工作目标化管理考核细则》。2008年制定《精神文明建设工作制度》《环境卫生门前"五包"管理制度》,2009年制定《准能公司环境卫生考核管理办法》,2010年制定《准能公司环境建设管理考核细则》;在公司内部控制管理体系中,制定《精神文明管理流程》;2012年制定《准能公司2012年精神文明建设工作实施方案》,2014年制定《准能公司2014年精神文明建设工作实施方案》。

(三)神华乌海能源有限责任公司

1986年,乌达矿务局、海勃湾矿务局先后成立精神文明建设领导小组,乌达矿务局还专门成立了社会主义精神文明办公室(独立处级建制),同时,矿务局大力加强职工思想政治工作和精神文明建设。1991年,分别制订并实施年度《精神文明建设计划》。1997年,两局党委精神文明建设领导小组改称为精神文明建设委员会,下设文明单位创建领导小组、社会治安综合治理领导小组、爱国卫生委员会、绿化委员会等办事机构。

2003年,神华乌达矿业公司、海勃湾矿业公司分别制定《精神文明建设工作目标管理考核办法》。

2008年神华乌海能源公司为广泛、深入、持久地开展文明单位创建活动,加强对文明单位的建设和管理,推动各级党政认真贯彻"两手抓,两手都要硬"的方针,把精神文明建设工作摆到更加突出的位置。

(四)神华包头能源有限责任公司

1991年,包头矿务局成立以党委书记为组长的精神文明建设领导小组,下设办公室。

1997—2000年，包头矿务局制定《包头矿务局社会主义精神文明建设五年规划》《关于印发一九九九年全局精神文明建设工作安排的通知》《神华包头矿务局后五个月精神文明建设和宣传思想政治工作要点》《关于对全局精神文明建设第二阶段工作检查的通知》。

2002—2010年，公司制定《关于组织〈公民道德建设知识竞赛〉的通知》《关于贯彻〈公民道德建设实施纲要〉的意见》《关于印发〈2002年精神文明创建工作检查考核标准〉的实施意见》《关于认真学习贯彻胡锦涛总书记重要讲话深入开展社会主义荣辱观教育的意见》《关于开展群众性和谐创建活动的安排》等。

（五）神华宝日希勒能源有限公司

1987年，宝日希勒第一煤矿"五讲四美三热爱"活动委员会更名为精神文明建设委员会，办公室设在党委宣传部。1997年，宝日希勒煤炭集团公司成立，公司设党委宣传部，职能不变。2002年，公司进行机构改革，党委宣传部、组织部、团委、武装部合并成立党委工作部，由党工部负责精神文明建设工作。2005年12月，神华宝日希勒能源有限公司党委工作部负责精神文明建设具体工作。2012年，神宝能源公司成立精神文明建设委员会，办公室设在党委工作部，负责公司精神文明建设的统筹规划、指导协调、督促检查等。

1997年，公司党委制定实施《精神文明检查评比细则》《精神文明建设检查及奖惩办法》，将精神文明建设检查结果与基层单位奖金挂钩。2002年，公司制定实施《精神文明建设目标考评细则实施办法》《职工奖惩条例》，2004年制定施行《公司基层单位晋升旗级、市级文明单位标准》《精神文明考核细则》。

2005—2013年，神华宝日希勒能源有限公司制定《文明服务窗口单位评比管理办法（试行）》《神宝能源公司关于加强精神文明建设工作的实施意见》《神华宝日希勒能源有限公司文明单位考评实施细则（试行）》等制度。

（六）神华大雁集团有限公司

1992年3月，大雁矿务局改组精神文明建设委员会，主任委员由矿务局局长担任，副主任委员12人，委员由相关单位及部门领导等15人担任。1997年5月，矿务局成立精神文明建设督查队。督查队是常设临时机构，隶属宣传部，设队长1人，由文明办副主任兼任，副队长1人，队员4人。2002年12月，督查队重新定编为正式机构，科级建制，隶属宣传部，定编4人。2004年，大雁煤业公司成立精神文明建设委员会，主任委员由煤业公司党委书记、煤业公司总经理担任。

（七）扎赉诺尔煤业有限责任公司

2001年，公司建立健全精神文明创建领导组织机构，把精神文明创建工作列入"一把手工程"，形成"一把手抓两手"的工作格局，把两个文明建设放在同等重要的位置，同规划、同布置、同落实、同检查。

公司制定下发《精神文明建设考核验收办法》，将指标层层向下分解，采取一票否决制。将生产任务、经营管理、安全生产、党风廉政建设、综合治理、计划生育6项指标列为年度考评范围，使责任与目标相连，目标与经济相挂，保证精神文明建设的具体化和规范化。

2012—2015年，公司制定《扎赉诺尔煤业公司精神文明建设工作安排》《扎赉诺尔煤业公司创建文明单位活动考核办法》《扎赉诺尔煤业公司社会主义核心价值观宣贯方案》《扎赉诺尔煤业公司"道德讲堂"建设实施方案》等制度，作为公司加强精神文明建设的制度依据。

（八）中电投蒙东能源集团有限责任公司

2005年1月，露天煤业成立精神文明建设委员会。公司党委书记任主任，党委副书记任副主任，基层党组织负责人、公司党群工作部负责人为成员。下设办公室（设在党群工作部），负责公司精神文明建设的日常工作。

（九）华能伊敏煤电有限责任公司

1995年，伊敏露天矿制定《伊敏露天矿1995—1997年精神文明建设规划》《伊敏露天矿文明单位建设管理办法》。2002年，露天煤矿成立文明单位创建领导小组，2011年修订完善《伊敏露天矿文明单位创建管理办法》。

（十）内蒙古平庄煤业（集团）有限责任公司

1987年2月，平庄矿务局成立社会主义精神文明建设委员会，由局党委副书记任主任委员。各单位先后成立社会主义精神文明建设委员会。矿务局和各单位精神文明建设委员会下设办公室，办公室设在局和各单位党委宣传部。1997年3月，局党委决定成立精神文明建设专项工作推进领导小组，分别为党风廉政建设、机关工作作风建设、社会治安综合治理工作、医疗卫生工作、教育工作、生活福利工作、环境卫生工作、环境基础建设、群众文化生活工作、宣传教育工作等10个推进领导小组。各专项工作推进领导小组在局精神文明建设委员会领导下开展工作，日常工作由精神建设委员会办公室协调。2000年7月，由公司党委宣传部副部长兼任精神文明建设委员会办公室主任。2007年4月，平庄煤业集团党委设立政治工作部，下设精神文明建设委员会办公室，由政治工作部副部长兼任精神文明建设委员会办公室主任。2010年10月，平庄煤业调整公司机关设置及职能，不再设文明建设委员会办公室主任一职，规定政治工作部的主要职责包括负责开展"双文明"单位创建工作，推动公司系统精神文明建设。

（十一）内蒙古伊泰集团有限公司

1991年4月，伊克昭盟煤炭公司成立精神文明建设领导小组。1997年，公司精神文明建设领导小组改名为精神文明建设委员会，公司党委书记、总经理任主任。2001年7月，精神文明建设委员会下设文明小区建设、社会治安综合治理、计划生育、文明市民教育学校、基层党校、健康教育领导小组和人民调解委员会、关心下一代委员会、爱国卫生委员会、治保委员会等10个办事机构，2004年5月增设禁毒和消防领导小组。精神文明建设委员会下设办公室等13个办事机构。

1991年4月，伊泰集团公司制订出台《精神文明建设计划》。1993年3月，公司制订《社会主义精神文明建设五年规划》，2000年制定《伊克昭盟煤炭集团公司精神文明建设考核办法》；2003年颁布实施《伊泰集团有限公司精神文明建设目标管理考核办法》，每年依据工作重点，修订颁布年度《精神文明建设目标管理考核办法》，作为公司推动精神文明建设、加强目标管理的制度依据。

2007年，集团公司党委决定利用3年时间在全公司范围内组织开展争创全国文明单位活动，并成立全国文明单位工作领导小组，集团公司总经理任组长；领导小组下设办公室，集团公司党委副书记任办公室主任。1995—2015年，集团公司各部门、各分公司也相应成立精神文明建设领导小组，由各部门、各分公司主要领导任组长，并配备具体工作人员，形成一个精神文明建设的队伍网络。

二、文明单位创建活动

（一）神华神东煤炭集团有限责任公司

1998年，神东煤炭分公司成立后，制定《2006—2010年精神文明建设规划》，明确公司开展精神文明建设的指导思想、奋斗目标，并提出具体措施。

（1）大力宣传创建省级文明单位的意义，广泛宣传省级文明单位的各项标准，让职工心中有数，大力宣传身边的好人好事和先进人物、先进事迹，利用《神东煤炭报》、矿区电视台以及榆林市、陕西省等各级宣传媒体加大内外宣传力度，树立良好的企业形象。

（2）把精神文明建设与党建质量标准化工作结合起来，做到同步实施，以质量标准化工作规范精神文明建设，以精神文明建设推动质量标准化工作。各项目标要制定相应的精神文明建设工作目标，形成精神文明建设工作层层抓、人人参与的良好局面。要修订完善《2003年度精神文明建设考核办法》，加大精神文明建设工作奖罚力度，将对各单位的考核结果与工资总额挂钩进行奖罚，并专门划出50万元奖励奖金，用于奖励精神文明建设工作突出的集体或个人。

（3）做好基础性工作：

①以精神文明"十创建"活动为龙头，开展群众性精神文明创建活动。开展文明单位、文明小区、文明校园、文明机关、文明部室（科）、文明车间（区队、班组）、文明服务窗口、文明楼舍（住宅楼、职工宿舍）、文明职工、文明家庭等精神文明"十创建"活动，在矿区掀起"争创文明单位、争当文明先进"的讲文明、树新风热潮，推进精神文明建设整体工作跃上新台阶。对精神文明"十创建"单位实行届期制管理，加强对"十创建"单位的日常考核，确保其先进性。对已命名表彰的"十创建"单位要进行验收，不符合条件的坚决取消称号。

②突出加强思想道德建设。按照中央公布的《公民道德建设实施纲要》要求，大力倡导并宣传"爱国守法、明礼诚信、团结友善、勤俭自强、敬业奉献"20字基本道德规范，推进以德治企，促进物质文明与精神文明协调发展。在企业行为方面，在各基层单位深入开展以诚实守信为主要内容的道德教育，强化信用意识，积极推动道德建设，树立神东企业的良好形象。

③以提高员工基本道德素质为重点，坚持不懈地进行职业道德和家庭美德教育，大力倡导爱岗敬业、服务社会、尊老爱幼、团结邻里、勤俭持家的道德风尚，培育神东企业精神，强化员工的集体荣誉感，引导员工积极发挥主人翁作用。

（4）加强法制建设，树立依法治企思想。加强对全体员工的法制教育，实现无打架斗殴、无刑事案件、无违规上访、无腐败、无渎职、无失职的"六无"奋斗目标。

（5）以党建促精神文明建设，加强党风廉政建设工作，重点抓好对党员干部尤其是党员领导干部的廉洁自律教育。加强源头治理工作。要加大对工程、设备、物资、办公用品等招投标的管理和监督；实行领导干部述职述廉和民主评议制度，逐步推行领导干部质询制度。

（6）积极做好计划生育工作。要配合地方计生部门，定期组织职工家属进行"三查"活动，按时上报计划生育报表，实现无违反计划生育工作目标。

（7）营造良好文化氛围。抓好企业绿化、美化、硬化工作，营造良好的外部环境与生活环境。完善文化娱乐设施，购置一批文体用品，陶冶职工情操，营造良好的文化生活氛围。

1992—1997年，神东公司马家塔露天煤矿、上湾煤矿、武家塔露天煤矿、补连塔煤矿、乌兰木伦煤矿、绿化分公司矿区污水处理厂、绿化分公司矿区公路段、绿化分公司矿区苗圃、神华东胜精煤公司机关被伊克昭盟党委、行署命名为文明企业。马家塔露天煤矿、矿区污水处理厂、矿区苗圃被伊克昭盟精神文明建设委员会命名为盟级文明标兵企业。

（二）神华准格尔能源有限责任公司

1994年，公司开展"岗位学雷锋，行业树新风"活动、共建"文明街路、文明楼院"活动，组织"创三优文明杯"竞赛活动，实施细胞工程建设，年底，有4个单位被评为伊克昭盟文明单位，准煤公司被评为伊克昭盟精神文明建设先进单位。2002年，公司在载体和形式上创新精神文明创建活动取得新成效。运销处年销售煤炭突破千万吨大关，多经总公司的白云菜市场被鄂尔多斯市评为"文明市场"。截至2002年底，准能公司有自治区文明单位4个，市级文明单位5个，旗级文明单位9个，公司和发电厂被评为自治区文明标兵单位。

2003年，准能公司以培养"四有"职工队伍为目标，以文明单位创建活动为载体，以环境建设为重点加大精神文明建设力度。准能公司、准能发电厂、黑岱沟露天矿通过自治区文明单位、文明标兵单位复查验收。物业公司的水晶里被评为自治区级文明示范小区。2007年，准能公司继续保持"全国精神文明建设工作先进单位"荣誉称号。

2009年，准能公司公用事业公司迈入自治区级文明单位行列，公司8个基层单位被评为自治区级和市级文明单位。准能公司投入5200万元，大力开展文明生产整治，改善现场作业环境。先后选树全国劳动模范杨进京、武国平，自治区劳动模范张学英、赵国明、杨鹏英等一大批先进典型，在矿区掀起学习先进、追赶先进的热潮。2012年，准能公司将社会主义核心价值体系教育与"三次创业"紧密结合起来，大力培育广大职工爱国爱企、爱岗敬业、敢于奉献的精神，开展道德模范评选表彰、学雷锋活动与青年志愿服务和"做文明有礼的准能人"主题实践活动。

2013—2015年，公司广泛开展文明单位、文明科队、文明班组、文明家庭、文明职工等群众性精神文明创建活动；大力实施公民道德建设工程和道德讲堂建设活动，开展以《公民道德建设实施纲要》为主要内容的社会公德、职业道德、家庭美德、个人品德教育活动。倡导富强、民主、文明、和谐，倡导自由、平等、公正、法治，倡导爱国、敬业、诚信、友善，积极培育社会主义核心价值观，使核心价值体系要求成为广大职工的群体意识和自觉行动；在公司各机关全面推开"五型机关"创建活动，并纳入公司党建目标化管理考核内容；协助准格尔旗开展创建全国卫生城市、文明城市等工作（表12-3-1）。

表12-3-1 准能公司文明单位创建统计表

年度	全国文明单位	自治区（部）级文明单位
2003	—	大准铁路公司
2005	准能公司	大准铁路公司
2006	—	大准铁路公司
2007	—	大准铁路公司、黑岱沟露天煤矿、准能发电厂
2008	准能公司	大准铁路公司
2009	—	大准铁路公司、黑岱沟露天矿、准能发电厂、公用事业公司
2010	准能公司	大准铁路公司、黑岱沟露天矿、准能发电厂、公用事业公司

表12-3-1（续）

年度	全国文明单位	自治区（部）级文明单位
2011	准能公司	大准铁路公司、黑岱沟露天矿、准能发电厂、公用事业公司
2012	准能公司	大准铁路公司、黑岱沟露天矿、准能发电厂、公用事业公司
2013	准能公司	大准铁路公司、黑岱沟露天矿、准能发电厂、公用事业公司
2014	准能公司	大准铁路公司、黑岱沟露天矿、公用事业公司
2015	准能公司	大准铁路公司、黑岱沟露天矿、公用事业公司

（三）神华乌海能源有限责任公司

公司始终把精神文明建设工作摆在突出位置，确保精神文明建设各项工作任务落到实处，促进精神文明建设工作向制度化、规范化方向发展。

截至2015年，平沟煤矿、大漠发电有限责任公司获自治区文明单位标兵荣誉称号。苏海图洗煤厂、路天煤炭加工有限责任公司、凯鸿煤化有限责任公司获自治区文明单位称号；路天煤炭加工有限责任公司、凯鸿煤化有限责任公司、蒙西煤化公司获神华集团文明单位荣誉称号。

（四）神华包头能源有限责任公司

1997年6月，包头矿务局党委下发《包头矿务局社会主义精神文明建设五年规划》，同年，河滩沟矿、白狐沟矿、阿刀亥矿、矿一中被评为包头市文明单位，化工厂被评为自治区级文明单位。1999—2000年，矿务局党委先后下发《关于印发一九九九年全局精神文明建设工作安排的通知》《神华包头矿务局后五个月精神文明建设和宣传思想政治工作要点》《关于对全局精神文明建设第二阶段工作检查的通知》。

2003—2006年，企业每年都以宣传部或后整合的党群工作部在全年工作安排中对精神文明建设做出具体安排和部署。2005年，公司以"热爱文明企业、争做文明职工"为突破口，以"爱企如家、勤俭奉献"为主线，引导公司职工做企业的好职工、社会的好公民、家庭的好成员，大力倡导遵纪守法、勤俭自强的社会公德，用先进人物的典型事例，教育职工在平凡的工作岗位上实现人生的自我价值。

2006年5月，神华包头矿业公司下发《关于认真学习贯彻胡锦涛总书记重要讲话深入开展社会主义荣辱观教育的意见》《关于开展群众性和谐创建活动的安排》。2007年9月，神华包头矿业公司在全公司范围内组织开展包头市道德模范评选活动，阿刀亥矿进入包头市文明单位标兵行列。2008年6月，公司对精神文明建设工作进行全面总结，阿刀亥矿被评为包头市文明单位标兵。2010年，公司加大精神文明创建升级力度，运销处跨入包头市文明单位标兵行列，生活服务处、集装站、水泉选煤厂跨入包头市文明单位行列。2011年，阿刀亥矿被自治区党委、政府评为自治区级文明单位。2012年，水泉选煤厂跨入包头市文明单位标兵行列。2013年，怡海公司、运销处被评为包头市文明单位。

（五）神华宝日希勒能源有限公司

1995年，宝一矿坚持精神文明检查制度，注重宣传教育工作，全年共制作电视专题片5部。加强居民区的环境卫生治理工作，在居民区修建简易公路1条，为职工群众创造清洁、美观的居住环境。

1998年年初，按照中央文明办提出的"长期抓下去，主题不变，充实内容，拓宽范围，一抓到底，抓出成效"的要求，公司以讲文明树新风活动为重点，广泛开展群众性的精神文明创建活动。实施"双带工程"，即"机关带基层，党员干部带职工和家属"活动，重点提高广大干部职工的文明素质,改善单位的环境,倡导文明言行,从公共场所向单位、家庭延伸。各基层单位纷纷展开竞赛,窗口推行社会服务承诺制,评选文明单位、文明窗口、文明职工、文明班组。利用电视、板报等宣传工具广泛宣传各种法律知识,增强全民普法意识。7月17日,公司党委在建安公司召开精神文明建设现场会。贯彻职工文明公约为主题的"三德教育",即社会公德、职业道德、家庭美德。年底,公司召开精神文明建设表彰大会,命名表彰精神文明建设先进单位6个。公司有19个单位被评为旗级文明单位,3个单位被评为盟级文明单位。

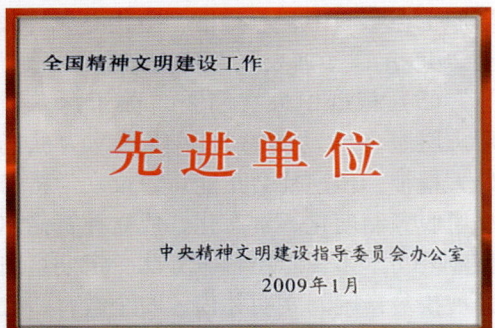

图12-3-1 神华宝日希勒能源有限公司获全国文明建设先进单位称号

2002年,公司召开"双文明"建设总结表彰大会和精神文明现场会,命名表彰精神文明先进单位3个、精神文明先进个人4名。2003年,公司制作专题片《神华宝日希勒能源有限公司精神文明建设巡礼》,通过陈巴尔虎旗、呼伦贝尔市文明委检查验收。

2005年1月,公司精神文明建设投资1800万元,全面根治脏、乱、差局面,使厂区环境和工作条件有明显改观。2009年,公司被中央文明委评为第四届全国精神文明建设先进单位。截至2015年,神宝公司有呼伦贝尔市级文明单位4个、市级文明单位标兵3个,全国精神文明建设先进单位1个。

(六)神华大雁集团有限公司

1991—1995年,矿务局开展以岗位奉献为主线,以"三优四学"为主要内容的"奉献在岗位"立功竞赛活动和创建花园式单位活动。1992年,矿务局文明办被评为全区精神文明建设工作先进集体,1995年,第一煤矿被自治区评为文明企业,二矿、供应处分别被自治区评为精神文明建设先进单位。汽运处等5个矿(处)级单位进入自治区级文明单位行列。

1996—2000年,矿务局实施《矿务局"九五"精神文明建设规划》,各单位分别与职工、家属签订《大雁矿务局职工家属文明行为合同》,党委宣传部与矿务局团委、教育处联合开展"十小"竞赛活动。选出以陆俊超为代表的一批先进人物,摄制完成反映矿务局精神文明建设成果的专题片《煤海扬帆——大雁矿务局精神文明建设巡礼》。1999年,矿务局以"育人工程"为主题,广泛开展"三观"(人生观、价值观、世界观)"三德"(即社会公德、职业道德、家庭美德)、"三主义"(爱国主义、集体主义、社会主义)教育,加大执行《职工家属文明行为合同》《考评细则》的力度,开展"文明言行,从我做起""告别不文明言行"等活动。

2003—2005年,公司制定《大雁煤业公司2003—2005年精神文明建设长远规划》,并实施精神文明建设"三个三"工程,即"三带"(先进带后进、机关带基层、领导带群众),"三争"(争做文明人、争做文明户、争做文明单位)、"三优"(优质产品、优质工程、优质服务)。在开展"公民道德宣传月"活动中,利用电视播放社会公德、职业道德、家庭美德教育公益广告；培训中心在学生中开展"文明乘车活动"；三矿掘进队党支部开展"我为社会做贡献"为民铺路活动。宣传部与雁达公司党委联合开展爱党、爱国、爱家乡、爱企业、爱岗位的"五爱杯"征文比赛。宣传部在电视台制作播放"春抓绿""夏抓红"专题片，在矿区显要位置设置3处永久性环境建设宣传标语，在各主要路段设置102块环境建设教育标语牌。摄制煤业公司精神文明建设专题片——《放飞希望》。

截至2009年，公司共有自治区级文明单位8家，呼伦贝尔市级文明单位37家。2013年4月，公司组织热电总厂等7个单位参加自治区级文明单位（标兵）复检，并通过了测评。

（七）扎赉诺尔煤业有限责任公司

公司以创建文明矿（厂）为龙头，创建文明科队为核心，以"四有员工"达标竞赛为基础，在公司、矿（厂）、员工3个层面形成一个有机的系统，相互联系，互为补充，强化基础工作，有力地推动精神文明建设。

1991—1995年，扎赉诺尔矿务局供电部、西山矿进入自治区文明单位行列；1998年，矿务局供电部被自治区党委、自治区政府命名为"自治区文明单位标兵"。

2001—2011年，扎赉诺尔煤业公司和扎赉诺尔煤业公司电讯公司晋升为自治区文明单位标兵；铁北煤矿、机电总厂、物资公司、生活服务公司晋升为自治区文明单位。2012年，扎赉诺尔煤业公司晋升为自治区文明标兵单位，电讯公司、物资公司等5个二级单位通过了自治区文明单位（标兵）的复查验收。2013年，铁北矿荣获自治区"文明单位标兵"称号，2014年，铁北矿荣获自治区"文明单位标兵"称号。

2015年公司党委为提高公司精神文明建设水平，提升整体文明程度，将以下四点工作为主要抓手：

（1）紧紧围绕培育和践行社会主义核心价值观，以文明塑企，以文化塑魂，以道德塑人，勇当文明先锋。为进一步巩固和提升企业职工素质，树立良好的企业形象，在约束个人行为方面，扎赉诺尔煤业公司制定了职工文明守则"六要""十不"。

（2）按照落实"一季度一主题"道德讲堂活动要求，以推进社会主义核心价值观建设，弘扬传统美德为主线，坚持"三贴近"原则，采取"五个一"形式，用"身边事"教育"身边人"，传播凡人善举，引发道德自觉，倡导修身养性，引导职工在参与中学习感悟、净化心灵。截至2015年，参加人数1500人次。

（3）根据中央文明委《关于深入开展志愿服务活动的意见》要求，为弘扬好人精神，传递社会正能量，推动学雷锋志愿服务制度化、常态化，成立扎赉诺尔煤业公司学雷锋志愿者服务队，定期组织开展扶贫帮困、文明礼仪、安全教育、文明交通等"三关爱"为主题的学雷锋志愿服务活动。各单位自发的组成志愿服务小队，2015年仅铁北矿组织各类志愿服务活动就达二十余次，受助者达40余人。部分职工自发加入扎赉诺尔义工团体，投身各类公益活动，形成了"雷锋精神，人人可学；奉献爱心，处处可为"的良好氛围。

（4）每年开展爱国卫生运动，积极倡导家居环境整洁卫生、身心健康、文化和谐、团结和睦；开展家庭和个人健康教育，宣传和提供健康指导服务，告别不卫生习惯，杜绝不卫生行为，提高家庭和个人健康水平；开展"健康家庭行动""新家庭计划"活动，建设示范家庭、幸福家庭、文明家庭等。

（八）内蒙古平庄煤业（集团）有限责任公司

1991—1995年，平庄矿务局精神文明建设工作坚持"两手抓"的方针，开展有本企业特点的创建文明单位活动。

在创建内容上，坚持"两个文明（物质文明、精神文明）"建设同步发展、同步考核，形成具有本企业特点的企业思想、企业道德、企业纪律、企业文化，构建"点""线""面"一体化系统工程。

在活动方式上，采用完善目标管理、落实责任制、竞争激励、典型引路、突出重点等5种方法。在活动措施上，开展矿夺文明杯、井（段）争先进牌匾竞赛，并结合有关业务系统开展"六杯"（思想政治工作优胜杯、公仆廉政杯、群众文化杯、优良秩序杯、优质服务杯、优美环境杯）竞赛，将一体化工程延伸到班组。在全局1894个生产班组中，有1266个达到"五好班组"标准。这一做法在自治区企业精神文明建设工作座谈会上得到推广。

1996—2000年，在全局开展评选"六十佳"（6种岗位，每个岗位10人）活动，组织职工参加由国家21个部委组织的社会主义精神文明建设知识大赛活动，全局有7000名职工参加答题，取得了较好的成绩，矿务局获组织奖。矿务局党委提出创建精神文明"九个一"工程，即建设一批"六好"区队、"五好"班组、"四有"职工；培养树立一批典型；建设一批文明优质服务场所；建设一批花园式小区；抓好一方平安；建设一批文体活动场所；抓好一个指标（计划生育指标）；培育一种精神（企业精神）；丰富一种生活（职工精神文明生活）。以实行"承诺制"为突破口，以深化"六杯"竞赛、推进"九个一工程"建设、评选"百佳"岗位明星为载体，制定《平庄矿务局机关各处室及局属各单位承诺目标》，在《平庄矿工报》开辟"精神文明建设承诺制追踪访谈"，在平煤电视台开设《从"窗口"看"承诺"》等栏目，通过新闻舆论监督推动承诺目标的落实。公司还开展创建文明矿活动，矿务局下发实施意见，制定千分制考核细则。为推进"百佳"岗位明星评选工作，制定实施方案。矿务局抓精神文明建设的做法，先后在自治区文明建设工作会议和全国煤炭企业党委书记会议上进行推广。

2001年，平庄煤业公司党委提出"抓党建、抓管理、抓稳定、抓生活"，丰富精神文明建设的内涵，稳步推进精神文明建设。2005年，平庄煤业以"六抓"为抓手，推进精神文明建设：①抓公民道德建设活动，贯彻落实《公民道德建设实施纲要》和《平煤员工行为规范五十条》，培养、树立、宣传"煤海之星""时代先锋"和"社会公德、职业道德、家庭美德标兵"等各类先进典型；②抓"百日三化""亮美工程"，改善员工群众的生产生活环境和条件；③抓以"三个创建"（创建学习型企业、创建企业文化、创建文明单位）为内容的群众性精神文明创建活动，把"三个创建"有机结合起来，协调推进；④抓丰富多彩、群众喜闻乐见、愉悦身心的群众性文体娱乐活动，组织有规模、有影响、有品位的大型文化活动；⑤抓典型示范，以点带面，推动风水沟煤矿、六家煤矿等典型单位继续进步，再上台阶；⑥抓住全市两个文明经验交流会在平庄召开的契机，以会促创，整体提升平庄煤业精神文明建设水平，展示平煤公司形象。2005年，平庄煤业实施公民道德建设工程，开展道德实践活动。编辑出版《平煤公司员工道德读本》，开展"在社会做好公民、在企业做好员工、在家庭做好成员"活动。

2007—2008年，平庄煤业公司以开

展道德典型评选和文明创建活动为载体，推进精神文明建设。2009—2010年，平庄煤业公司全力做好精神文明建设基础工作，选树各类道德标兵，并广泛宣传。

（九）内蒙古伊泰集团有限公司

伊克昭盟煤炭公司成立之初，就将企业精神文明建设列入承包经营管理的范围。1993年3月开始，公司进入第二轮承包经营阶段，制订《社会主义精神文明建设五年规划》。根据公司《社会主义精神文明建设五年规划》安排，1994年，集团公司进入盟级标兵文明企业行列后，要求公司内设机构有80%的办事处、部、室达到文明单位的标准；1995年，伊煤集团被自治区党委、政府命名为"自治区文明单位"。

1996年、1997年，为巩固提高公司"自治区级文明企业"的质量，公司所有的内设机构全部要达到文明单位的标准。党、政、工、团各有分工与侧重，研究确定公司精神文明建设的年度目标和相关制度措施，层层分解各项任务，开展自查、互查、考核奖惩活动；及时搜集群众的批评、意见和建议，对存在的问题及时纠正，不断改进工作方法，为职工创造一个良好的政治环境和祥和的工作、生活环境。积极组织开展学习英模活动。1997年7月6日14时，伊煤集团公司唐公塔煤矿蒙古族工人乔雄为抢救一名素不相识的落水儿童，献出自己年仅20岁的生命；9月，公司党委举行"学习乔雄舍己救人英雄事迹动员大会"，号召集团公司全体广大干部职工学习乔雄尊老爱幼、乐于奉献、舍己救人的崇高品德与优良作风；11月20日，共青团伊克昭盟委员会、伊克昭盟青年联合会授予乔雄"舍己救人好青年"荣誉称号。1998年7月，自治区民政厅追认乔雄为革命烈士。1999年9月，集团公司被自治区党委、政府命名为"自治区标兵文明企业"荣誉称号。此后，集团公司一直保持这一荣誉。

2005年，集团公司精神文明建设委员会以创建全国文明企业为目标，对公司的精神文明建设工作制定中长期规划：在邓小平理论和"三个代表"思想指导下，抓住一个根本，实施三大工程，开展两大创建，加强五项建设。即深入扎实地开展公民道德建设和爱国主义教育活动。通过节庆、公益广告等形式，利用市区报道及《伊泰集团报》，相应开设"伊泰文明与你同行""伊泰建设大家谈"等专题栏目，广泛宣传"20字"公民基本道德规范，开展"热爱伊泰、建设伊泰"演讲比赛和"家在伊泰、奉献伊泰"有奖征文与宣传教育活动；结合每年3月的诚信建设宣传月，开展诚信企业、诚信小区、诚信员工的诚信建设与"相约文明，让家园更温馨"主题活动；继续开展捐资助学、慈善助残、"青年志愿行动"等捐助活动，引导广大员工积极参与社会公益事业；开展以"弘扬伟大民族精神，全面建设伊泰小康"为主题的思想教育活动，培育"战胜自我，推进文明，实现跨越"的鄂尔多斯精神和集团公司"诚信、尽责、创新、奉献"的企业精神。2005年，集团公司被自治区精神文明办公室评选为"创建学习型组织、争做知识型职工"示范单位。

2006年，公司荣获自治区"劳动关系和谐单位""全区职工职业道德建设双十佳单位"称号。2007年，公司被劳动和社会保障部、全国总工会授予"全国模范劳动关系和谐企业"；2010年，公司被自治区依法治区领导小组授予"自治区依法治理十大优秀企业"。2011年，公司开展"做文明伊泰人"系列活动，提高全体员工的文明素养和企业的整体文明程度；并邀请当代知名应用礼仪与公共关系专家金正昆教授为集团600余名员工举行"做文明伊泰人"讲座，同时举行集团礼仪风采大赛。12月20日，公司被中央精神文明建设指导委员会授予"全国文明单位"称号。

（十）内蒙古太西煤集团股份有限公司

1999年12月，别立沟煤矿被授予自治区文明单位称号；2002年1月，别立沟煤矿被授予自治区文明标兵单位称号；2007年6月，销售公司被授予自治区文明单位称号；2011年6月，销售公司被授予自治区文明标兵单位称号。

（十一）内蒙古伊东投资集团公司

2008年，公司被授予自治区文明单位称号；2013年，公司再次获得自治区文明单位称号。

第二节 企业文化建设

一、企业文化体系建设

（一）神华神东煤炭集团有限责任公司

2001年以前，公司企业文化建设处于自发阶段，主要业务由党委工作部牵头负责。2002年，公司党委决定实施企业文化战略，要求通过2~3年时间分步实施，扎实推进，初步建成神东企业文化模式。2003年，公司成立神东企业文化战略研究课题组，负责企业文化战略策划；同时成立企业文化建设领导小组，由公司主要领导任组长，全面负责企业文化建设工作，办公室设在党委工作部。

2006年2月，公司成立以党委书记为主任的企业文化建设委员会。4月，公司党委下发《关于下发〈神东煤炭分公司企业文化理念识别体系〉的通知》。6月，成立企业文化部，与党委工作部为一个机构，两块牌子，专职负责企业文化建设工作。公司企业文化建设工作全面铺开。

图12-3-2 2006年10月，公司被中国企业文化研究会评为中国企业文化建设示范基地

2007年，公司开展"企业文化发展年"活动，完善公司企业文化体系，召开企业文化建设委员会专题会议，对公司企业文化体系方案进行审议。

2008年，公司开展"企业文化提升年活动"，召开企业文化推进会，启动企业文化研究项目，成立项目领导小组，下设项目实施组，由神东煤炭分公司和清华大学经济管理学院共同组成，具体负责项目的组织实施。

2009年，公司开展"企业文化升华年"活动，全面总结经验，在完善公司企业文化体系的基础上，注重品牌建设，推动实践创新，保证企业文化建设健康持续发展。"神东文化"主要内容体现在三个方面。

1. 企业主旨文化

（1）共同愿景：建设世界卓越煤炭企业。站在历史和时代发展的高度，依托煤田赋存条件和煤、电、路、港、油一体化开发、产运销一条龙经营的优势，坚持高产高效建设方针，通过持续创新和发展，全面提高核心竞争力和综合经济实力，在五到十年内建成充满活力和较强竞争力的世界卓越煤炭企业，实现产品高质量、生产高效率、经营高效益、科技高水平，在规模、效率、科技诸方面保持国际领先水平。

（2）战略目标：建成本质安全型、质量效益型、科技创新型、资源节约型、和谐发展型为特征的现代化大型煤炭企业。

（3）企业精神：艰苦奋斗，开拓务实，争创一流。

（4）企业员工行为规范：①职业（管理岗位、技术岗位、生产岗位），②道德规范；神东人行为准则。

2. 企业理念

（1）核心理念（核心价值观）：安全、高效、创新、和谐。

（2）经营理念：把同样的钱花出不同的效果。

（3）管理理念：①神东模式；②五高（起点、技术、质量、效益）方针；③神东使命（改变煤业形象、推动社会发展）；④神东哲学（追求主观与客观最佳结合，使团队充满活力）；⑤神东宗旨（提供绿色能源、提升生活质量）；⑥神东作风（以变应变，以快制胜）；⑦神东感恩意识（奉献社会，惠泽员工）；⑧神东人形象（团结奉献、勇于创新、超越争先）；⑨神东矿形象（现代高效、清洁安全、行业示范）；⑩神东煤形象（绿色环保、永葆诚信、用户至上）。

（4）生产理念：安全、清洁、优质、高效。

（5）质量理念：持续改进精益求精。

（6）安全理念：只有感悟不到的隐患，没有避免不了的事故，无人则安。

（7）人才理念：人尽其才，人事相宜。

（8）投资理念：把同样的钱花出不同的效果。

（9）技术理念：科技领先，不断创新。

（10）发展理念：系统思考，科学发展。

（11）竞争理念：以诚铸魂，不争善胜。

（12）节约理念：资源有限，节约无限。

（13）环保理念：产环保煤炭，建生态矿区。

（14）学习理念：不主动学习，就是放弃自己。

（15）团队理念：厚则聚众，众聚则强。

（16）企业战略：①成本领先战略；②资源储备战略；③人才发展战略；④创新发展战略；⑤环境建设战略；⑥品牌优势战略；⑦信息化战略。

3. 企业标识设计

神东煤炭分公司确立具有神东特色的形象、理念、行为三大识别系统，并完成推广；征集、编制和推广企业歌曲；从上而下建立网络智能化办公系统，基本实现办公自动化；各企业从建筑格调到室内标识、员工从精神面貌到行为举止都发生了巨大的变化。建立完善与国际标准接轨的CIA企业识别系统。根据《神东煤炭分公司视觉识别系统手册》，规范使用神东标志和视觉形象识别系统，保持神东价值理念与"神东煤、神东矿、神东人"品牌形象的高度统一。探索建立神东环境识别系统，通过环境形象建设，提高公众对神东的认识和评价。

（二）神华准格尔能源有限责任公司

2002年，公司成立以董事长为组长的企业文化建设领导小组，制定横向到各部门、纵向到各直属单位的工作机制，形成党委工作部具体抓，各部门、各单位协调配合，党政工团齐抓共管，全员参与的工作格局。公司把企业文化建设列为

"三大建设"之首,制定《准能公司企业文化建设实施方案》和《准能公司VI视觉识别系统实施方案》,紧密结合公司的实际开展企业文化活动。4月,公司派有关人员考察沿海地区企业文化建设情况;举办准能公司首届企业文化建设研讨会,有22名党政干部参加区内外的企业文化建设培训班,参加神华集团和自治区举办的企业文化建设研讨会;委托北京正邦公司设计CIS识别系统,全面导入视觉识别系统,并按照该系统的要求,规范公司各单位的名称、标识、电视台台标和《准能报》报头,规范办公用品等。

2003年,准能公司开始企业文化再造工程,先后组团前往阳泉煤业、蒙牛集团、中电投霍煤等知名企业就企业文化建设进行考察调研,结合形势发展,开展企业文化理念征集活动,对准能公司《员工手册》中部分理念条目进行修改,提炼、提升准能公司的文化理念体系。

2006年,筹建准能展览馆将公司发展历程和文化建设进行全景展示,成为准能公司全体员工接受文化熏陶的重要平台;同时完成《准能公司企业文化手册》初稿,为形成自己独特完整的企业文化体系,聘请北京仁达方略咨询公司与准能公司成立企业文化建设项目联合工作组,开始深入调研,咨询诊断,梳理原生文化,11月完成《准能公司企业文化实施方案》。

2008年,公司按照神华集团公司党组提出的所属各公司的名称、核心理念、企业标识实行三统一原则的要求,结合《神华集团公司企业文化建设实施纲要》和《视觉识别手册》,重新对准能公司MI、BI、VI三大体系进行梳理。2009年初,公司编印下发《神华准能公司企业文化手册》和《神华准能公司企业文化建设规划》,标志着公司新一轮的企业文化建设工作全面铺开,企业文化重塑之路从理念渗透、环境刷新、行为养成3个方面全面推进。

2011年,公司提出"第三次创业"的口号,确立"文化引领,战略定位,管理提升"的发展思路,企业文化建设被列入重要的议事日程。全面推进企业文化建设,是第三次创业的迫切需要。为此,准能公司从2011年7月起,启动企业文化建设项目。经过三次高层研讨和数十次专题会议,于2012年4月,提炼形成"你能,我能,大家能,准能!"为核心内涵的"准能"企业文化体系。

1. 公司企业文化核心理念

(1)企业使命:为社会发展提供绿色能源;以高度的政治责任感和社会责任感,执行国家大政方针,实施国家能源战略,为社会提供绿色、经济能源。在发展中珍惜资源,保护环境,节能减排,注重生态文明建设。

(2)企业愿景:建设具有核心竞争力的世界一流煤炭综合开发利用能源企业,以一流的管理模式、一流的技术设备、一流的人才队伍、一流的企业文化、一流的经营效益、一流的环保业绩建设具有核心竞争力的世界一流煤炭综合开发利用能源企业。

(3)企业战略:以煤为主发挥一体化优势,纵向延伸发展循环经济。以煤炭产业为基础,充分发挥煤炭开采、循环经济、铁路运输一体化区域经济的规模优势,以市场为导向,转变经济发展方式,推动产业升级,增强企业竞争力,实现企业的可持续发展。

(4)企业价值观:科学和谐,厚德思进。

(5)企业精神:艰苦奋斗,开拓务实,追求卓越。

(6)人文理念:准能是我家,员工是亲人。

2. 企业文化执行理念

（1）协同一体，降本增效，诚实守信，同享共赢。

（2）管理理念：精细、严谨、规范、高效。

（3）安全理念：以人为本，安全为天。

（4）环保理念：绿色开采，低碳发展，综合利用。

（5）执行理念：责任胜于能力，成功赢在执行。

（6）分配理念：以绩效为导向，尊重差异，兼顾公平。

（7）人才理念：人人是人才，人尽其才。

（8）学习理念：学习改变命运，知识成就未来。

（9）科技理念：博采众长，创新、创效。

（10）廉洁理念：修身慎行，恭廉守节。

3. 文化行为规范

（1）员工道德规范：胸怀仁德，有关爱心；知恩图报，有感恩心；恪守诚信，有责任心；保持谦逊，有求知心；团结协作，有互助心；追求卓越，有事业心。

（2）行为礼仪规范：包括形象礼仪、工作礼仪、日常礼仪等。

4. 企业标识设计

2008 年前，准能公司企业文化视觉标识系统，其标识和标准字组合如图 12-3-3 所示。标识释义：神华准格尔能源有限责任公司的标识由英文简称的字头"Z""N"进行有机组合，构成具有张力的方形，强烈的旋转感。同时标识的互动感象征准能公司所蕴涵的巨大能量，宛如纽带的造型体现了团队敬业合作与交流、锐意创新的企业精神。

图 12-3-3　准格尔能源公司的标识

2008 年，按照神华集团公司对企业文化"三统一"的要求，准能公司企业文化视觉标识系统执行神华集团公司视觉标识系统。

图 12-3-4　神华准格尔能源有限责任公司的标识

(三) 神华乌海能源有限责任公司

2004 年，神华乌达矿业公司、海勃湾矿业公司按照神华集团公司企业文化建设的"一年全面启动、两年升华发展、三年形成特色"的总体工作部署，把企业文化建设纳入企业整体发展战略规划，成立由企业主要领导为主任的企业文化建设委员会，建立企业文化建设工作体系，制定《企业文化建设规划》。

2008 年，神华乌海能源有限公司成立后，企业文化首先着手于文化融合，充分发挥不同企业文化优势，汲取在企业发展壮大过程中沉淀的较深厚文化底蕴，吸收和借鉴煤炭企业文化建设的优秀成果，把建设"五型"企业作为企业文化建设的基本内容。

(四) 神华包头能源有限责任公司

2004 年，公司成立以党委书记任组长的企业文化建设领导小组和企业文化建设委员会，下设办公室，有划分目标规划组、管理制度建设组、环境刷新治理组、行为规范开发组和视觉识别开发组 5 个工作组。10 月，公司党委书记宋守英带领 20 余人的考察团赴山西阳泉、汾西集团公司进行企业文化调研。企业文化建设领导小组决定把过去分散、零星的企业文化工作整理、收集起来，打造神华包头矿业公司企业文化体系，制订《关于神华包头矿业公司企业文化建设的安排意见》，明确指导思想、工作目标、总体思路，工作机构要分阶段做出具体安排。

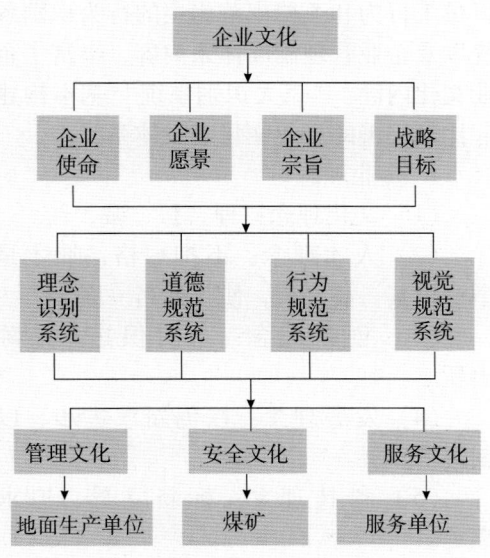

图12-3-5 神华包头矿业公司企业文化体系示意图

（五）神华北电胜利能源有限公司

2005年，公司成立以党委书记任组长的企业文化建设领导小组，制订《企业文化建设规划方案》。2006年，公司党委启动"企业文化建设年"活动，初步建立具有神华北电胜利能源有限公司特色的企业文化体系，制定企业文化建设3年规划，举办党支部书记培训班，组织参观考察伊利、蒙牛的企业文化建设，召开企业文化研讨会；各单位建立宣传橱窗，各部门将自己的文化理念贴在墙报上，每位员工将一句格言贴在自己工作岗位上。

2007年，开展"企业文化建设推进年"活动，以制订《神华北电胜利能源有限公司企业文化建设规划方案》为先导，以确立企业精神、营销理念、管理理念、安全理念、企业目标、企业战略、核心价值观等为起点，开展各类培训、研讨活动。

2008年，公司开展"企业文化建设深化年"活动，要求在制度文化建设和行为文化建设上有所突破，让每一位员工记在脑子里、落实在行动上。开展"四个一"活动，即读一本好书、学一门技术、精通一个专业、上一层台阶。

2009年，公司开展"企业文化建设提升年"活动，要求在形象文化上有所突破。深入开展企业文化精神层、制度层、行为层、物质层、形象层，确保《神华北电胜利能源有限公司企业文化建设规划方案》早日出台，制作企业文化牌匾、标语牌108块，更新观礼台、展览室的照片和展示内容，在《胜利能源》刊发企业文化建设的理论文章和心得体会。

2010年，开展"企业文化建设完善巩固年"活动，结合制订《神华北电胜利能源有限公司企业文化建设规划方案》，充实、完善公司制度文化、行为文化、形象文化建设等方面内容，融入神华集团企业文化核心理念并大力推广，使神华集团的企业文化的核心理念以及企业文化的基本内容获得全体员工的认同，形成共同的价值取向，并在此基础上构建个性鲜明又独具特色的神华北电胜利能源有限公司企业文化。

2011年，公司制订《神华北电胜利能源公司企业文化建设"十二五"（2011—2015年）规划》，委托北京中企电联企业文化发展中心编制《企业文化根植方案》《公司文化定位》《公司行为规范》《公司理念识别》等系列制度方案，完善企业文化建设工作。

2012年，公司党委制订《2012—

2014年企业文化三年滚动规划》，2013年制订《企业文化三年滚动规划（2014—2016年）》和企业战略，暨"建设管理科学、社会认可、职工幸福、生态环保，煤电一体化运营的一流清洁能源企业"的宏伟目标和战略规划；组织专人撰写胜利公司10年发展历程的《胜利事、胜利人》专辑，引导职工形成与企业管理理念相辅相成的价值观，促进企业软实力提升。

2014年是群众型企业文化总结提高阶段。公司对企业文化建设成果进行总结、宣传，推动企业文化建设的创新发展，使公司企业文化与时俱进，为公司新时期的发展提供新的价值引导、精神动力与智力支持。

（六）神华宝日希勒能源有限公司

2002年，公司启动"企业文化建设工程"，用先进管理文化的成果再造企业管理新模式，提升企业凝聚力、形象力和竞争力。2003年，公司确立"企业文化建设年"，提出企业文化建设目标是"高起点、高水平、高质量"。

2004年，公司确定该年为"企业文化推进年"，成立以董事长、总经理为组长的企业文化建设领导小组，组建4个工作组，各基层单位相应健全组织机构，使公司企业文化建设形成立体网络。企业文化组织领导工作由精神文明建设委员会负责。

2005年，公司确定该年为"企业文化攻坚年"，编制《神华宝日希勒能源有限公司礼仪文化手册》。通过学习规范员工行为，树立员工文明向上的新形象。2008年，在神华集团企业文化大框架下，在对公司企业文化精髓和内涵进行总结提炼的基础上，重新对企业管理制度进行修订并汇编成册。2009年，在高举集团"神华"一面旗，坚持名称、核心理念、标识三方面统一的前提下，神宝公司形成个性鲜明、独具特色的"神宝文化"。

《神宝文化》包括理念文化篇、道德文化篇、制度文化篇、礼仪文化篇、安全文化篇、廉洁文化篇和标识文化篇7个部分，构成神宝文化体系的核心内容。同时整合出以企业精神为主的理念识别系统、以企业徽标与旗帜为主的视觉识别系统、以员工行为和道德规范为主的行为识别系统以及企业管理制度体系内容，丰富了企业文化内涵。"三大识别系统"基本构建起比较完善的企业文化建设体系。

1. 企业理念

（1）文化理念：理、智、诚、信。

（2）人才理念：不拘一格，唯才是举；用其一技之长，使其独当一面。

（3）创新理念：与时俱进，推陈出新。

（4）发展理念：以创新求进步、以创造求发展。

（5）科技理念：标新立异、追求卓越。

（6）市场理念：适应市场、创造市场。

（7）服务理念：忠诚守信、用户至上。

（8）质量理念：精益求精。

（9）团队理念：齐心协力、同生共进。

（10）领导理念：高瞻远瞩。

（11）经营理念：以人为本，以企业文化为支撑，以科学管理为手段，以经济效益为目的。

2. 企业精神（严信廉实、创新图强）

（1）公司经营目标：一流的管理、一流的产品、一流的服务、一流的效益。

（2）公司坚信：业成于勤，行成于思，威成于廉，功成于众。

（3）公司奉行：德才兼备，唯贤是

举的能力主张。

（4）公司崇尚：严谨务实，吃苦耐劳，无私奉献的敬业精神。

（5）公司提倡：理解与尊重，信任与信誉，先做人后做事。

（6）公司注重：形象、情感、信誉的有机整合。

（7）公司作风：勤勉务实，雷厉风行。

（8）公司追求：事业感、成就感、优越感；经营规范化、企业现代化、市场全球化。

（9）公司谨记：居安思危，奋斗不已。

（10）公司质量观：质量第一、用户第一。

（11）企业哲学：创新思维、超越自我。

3. 企业发展战略的基本内涵

清洁开采、清洁利用，实现煤转电发展战略；充分利用尾矿，开发建材系列产品，实现废物利用；运用高科技手段实现管理科学、信息准确、决策正确的现代企业经营运作；面向市场，项目拉动，打造品牌，冲出国门；改写产品单一历史，以煤转电、煤化工、洁净型煤为发展方向，生产高附加值产品，实现效益最大化。

4. 企业标识标识

2004年，神宝公司建立完善的企业形象识别体系，包括企业品牌标志、标志体系、标准色彩、标志图形的各项标准组合形式、辅助图形、大型旗帜、桌旗、小挂旗、竖旗、信纸和信封、名片和胸卡、接待用品、文件夹和徽章、纸袋、礼品、桌牌、车辆的外观规范、部门导向牌、部门标识牌、指示牌、设施标识牌、大型灯箱设计。

标志形象是公司视觉识别系统的核心要素。标志图形由"M"和"花"形组成。"M"即煤，3个几何体构成1座煤山，硕大无比，象征着矿藏丰富；"绿花"象征着美丽的大草原，也象征着企业是草原上的一朵奇葩；花和"M"组合成1颗大树暗喻树木与煤的关系，即公司的煤是绿色的、无污染优质煤。

图12-3-6 宝煤公司LOGO

（七）神华大雁集团有限公司

2000年以前，大雁矿务局党委注重精神文明建设中，在塑造煤矿新形象、改善矿区新面貌、严格规范职工行为、活跃职工文化生活等多个层面进行大胆的尝试，把职工的理想、信念、道德的培育同新时期总任务、奋斗目标结合在一起，为矿务局的改革、发展、稳定提供有力保证，并总结、凝练出"大雁人的五种精神""企业标志""企业歌曲"，制定《大雁矿务局职工行为规范》、编印《大雁矿务局职工职业道德手册》等企业文化成果。

2003年，大雁煤业公司党委制订《大雁煤业公司企业文化建设实施方案》，确定2003年为"企业文化建设年"，使全公司企业文化建设工作全面铺开，逐步形成各单位独具特色的企业文化建设局面；印发《关于征集煤业公司企业精神等内容的通知》和《大雁煤业公司2003年企业文化建设工作安排的通知》，企业文化建设考察组一行9人，先后对煤炭行业和国内著名企业的企业文化建设工作进行考察。

2004年，公司成立企业文化建设工作领导委员会并拟订《煤业公司企业文化宣传教育规划》，编制《大雁煤业公司

"十一五"安全文化规划》，印发《关于做好2004年第一季度企业文化宣传教育工作的通知》《关于印发大雁煤业公司企业文化建设实施方案的通知》《关于征集大雁煤业公司标识的通知》和《关于征集大雁煤业公司企业歌曲的通知》。

2010年，公司印发《关于加强安全责任文化建设实施意见的通知》，指导各单位开展安全责任文化建设活动。2014年，公司党委政工部面向社会开展企业文化理念有奖征集活动，共征集作品180余条。公司党委召开两次企业文化研讨推进会，推进公司企业文化建设工作。

2015年，公司党委开展庆祝"企业开发建设四十五周年"系列活动；开展神华企业文化故事及大雁故事征集活动。

1. 企业精神

（1）大雁精神：团结奋斗、务实进取、开拓腾飞。

（2）大雁人五种精神：①艰苦奋斗，奋发图强，吃苦耐劳的创业精神；②质量第一，从严过细，一丝不苟的求实精神；③学习技术，尊重知识，注重管理的科学精神；④热爱大雁，建设大雁，文明高尚的献身精神；⑤团结奋斗，务实进取，开拓腾飞的进取精神。

2. 企业员工行为规范

（1）六要：要热爱祖国、建设大雁、爱岗敬业、自觉奉献；要团结友爱、助人为乐、遵章守纪、自尊自重；要家庭和睦、邻里相亲、计划生育、拥军优属；要尊师重教、敬老爱幼、相信科学、移风易俗；要讲究卫生、美化环境、义务植树、爱护花木；要钻研业务、勤奋学习、诚实守信、优质服务。

（2）十不：不粗言秽语、吵架斗殴；不随地吐痰、乱扔皮屑；不酗酒闹事、扰乱治安；不乱停车辆、挤占道路；不乱搭乱建、影响市容；不乱倒垃圾、乱堆杂物；不乱涂乱画、乱设广告；不捕杀益鸟、破坏生态；不损坏公物、破坏设施；不沾染黄、赌、毒、封建迷信。

（3）五做到：做到公共场所不吸烟，不吃带皮的食物；做到参加会议时提前五分钟到场并做好记录；做到大型活动有歌声；做到婚丧嫁娶不大操大办，人际交往不庸俗；做到班前班中不喝酒。

3. 企业标识设计

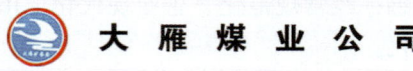

图12-3-7　大雁煤业公司的标识

大雁矿务局局徽设计。1991年，确定的矿务局局徽外形红圈象征着煤炭行业的大雁矿务局是一团火和一轮太阳，把光和热献给人间，大面积的蓝色象征着广阔的蓝天。图中的大雁展开刚劲的翅膀奋飞，标志着开拓前进的大雁矿务局。雁形下面是祥云，又是"2"的变形；雁形上的"一"是和祥云呼应的云，又是个一字，寓意矿务局在风和日丽、祥云缭绕的环境中，在实现现代化矿务局和晋升为国家二级企业，被评为自治区文明企业等荣誉和成果的基础上向更高的目标奋进。整个图形追求的爽朗、个性鲜明的形象，正是现代企业追求的形象。

（八）扎赉诺尔煤业有限责任公司

2001年12月，扎赉诺尔煤业公司将企业文化建设工作纳入公司的议事日程，确定扎赉诺尔煤业公司企业文化建设的总体框架和基本要求，标志着扎赉诺尔煤业公司企业文化建设工作启动。公司领导先后赴海尔集团、兖矿集团、内蒙古霍煤集团学习企业文化建设的经验，结合公司的实际，构建从企业发展战略、理念文化、标识文化、文化积淀展示、道德文化、礼仪文化、制度文化7个方面整体推进、系统运作、切合实际的企业文化建设体系。

2002年12月，《扎赉诺尔煤业公司企业文化建设纲要（试行）》在公司八届二次职代会三次团组长联席会议讨论通过。2003年，公司把企业文化建设作为企业解困发展、提升企业凝聚力和竞争力的重要手段，高起点、全方位打造具有本企业特点的企业文化。2005年5月，公司印发《扎赉诺尔煤业公司企业文化手册》和《扎赉诺尔煤业公司企业文化材料汇编》。

2012年，制定《扎赉诺尔煤业公司安全文化建设考评细则》，公司《"四六"安全文化探索与实践》研究报告荣获全国企业文化科研成果一等奖，内蒙古日报对公司安全文化建设情况进行报道。

2013年，扎赉诺尔煤业公司以开展"6S"管理学习教育活动为推手，不断规范现场管理和作业行为，研究制发《扎赉诺尔煤业公司创建一流煤炭企业和谐发展战略实施方案》，把铁北矿作为试点单位，扎实推进和谐企业建设。

2015年，公司根据企业形势任务和发展趋势，围绕铸魂、育人、塑形和品牌建设开展工作，不断赋予企业文化新理念、新内容和新实践。

1. 企业主旨文化

（1）企业经营目标：最大限度地满足市场对扎赉诺尔煤的需求；最大限度地满足员工及家属日益增长的物质文化需求。

（2）企业理念：时时如履薄冰。

（3）企业精神：自强不息，不断超越。

（4）企业员工行为规范：

"六要"：一要讲究卫生，公共场所禁烟；二要尊老爱幼，家庭邻里和睦；三要爱岗敬业，热心公益事业；四要艰苦朴素，厉行勤俭节约；五要助人为乐，敢于见义勇为；六要忠于职守，提倡文明办公。

"十不准"：一不准随地吐痰，乱丢烟蒂；二不准乱倒垃圾，乱堆杂物；三不准攀折花木，践踏草坪；四不准损坏公物，乱贴乱画；五不准私搭乱建，影响市容；六不准妨碍交通，违章行驶；七不准污言秽语，打架斗殴；八不准扰乱秩序，宣传迷信；九不准聚众赌博，酗酒；十不准铺张浪费，婚丧大办。

2. 企业理念

（1）核心理念（核心价值观）：追求利润最大化，回报员工、奉献社会。

（2）经营理念：资源是基础、市场是关键、人才是根本。

（3）管理理念：人尽其才，物尽其用，效益为本，科技兴企。

内涵：企业中的人力和物力是生产流程中的重要环节，通过人力资本和物力资本效用的最大发挥，实现市场开拓，管理创新，技术进步，精神文明建设等各项工作的良性运作，达到扎赉诺尔煤业公司快节奏、高质量、健康发展，实现企业市场经济竞争主体利润最大化的价值取向。

（4）营销理念：诚信、双赢。

（5）企业战略：两个满足。最大限度地满足市场对扎赉诺尔煤的需求；最大限度地满足员工及家属日益增长的物质文化需求。

（九）华能伊敏煤电有限责任公司

伊敏露天矿成立文化建设领导小组，全面负责企业文化建设的组织、策划和实施工作，形成主要领导负总责、主管领导负专责、班子成员协同抓、政工部门牵头抓、专业部门归口抓、所属单位系统抓的生动局面。

按照公司企业文化建设实施方案，伊敏露天矿围绕"建立一套适应企业发展战略要求、体现员工根本愿景、展示企业品牌形象、激励凝聚员工力量、助升企业综合实力文化体系"的目标，确立"融合认同、协调统一，服务经营、引领发展，统筹兼顾、相互拉动，与时俱进、勇于创新，以人为本、全员参与"的建设原则，形成党政工团齐抓共建，广大职工共同推进的良好氛围。

（十）内蒙古平庄煤业（集团）有限责任公司

20世纪90年代，平庄矿务局企业文化建设主要是党委宣传部、工会组织职工开展丰富多彩的文体活动。1995年1月，矿区文化宫被中华全国总工会评为"职工文化先进集体"。2000年，矿务局被自治区党委宣传部、自治区总工会、自治区文联、自治区文化厅、自治区精神文明建设办公室授予企业文化建设先进单位称号。

2003年1月，平庄煤业党委对企业文化建设提出具体目标和要求，各年度都对企业文化建设做出安排。2008年，平庄煤业以国电集团"家园文化"为统领，全面推进煤、电文化融合，提出"传承、融合、创新"的企业文化建设方针。2010年6月，平庄煤业党委政工部组织开展"国电，我的家园"文化理念创作大赛，并在全公司范围内广泛征集、提炼平庄煤业企业文化理念。平庄煤业制订出台《平庄煤业企业文化建设实施纲要》《平庄煤业企业文化建设"十二五"规划》。

2010年7月，为传承和发扬平庄煤业50多年来形成的优秀企业文化，公司党委政工部门下发《关于征集提炼平庄煤业（集团）司企业文化理念的通知》，通过对平庄煤业企业文化进行广泛盘点和深刻总结，将平庄煤业企业文化概括为"顾全大局的政治品格，艰苦创业的工作作风，忠诚奉献的崇高精神，诚实守信的职业操守"，后来又增加"扶危济困的道德情操"。

2011年7月，平庄煤业党委印发《关于宣传贯彻平庄煤业企业文化理念的通知》，并随文印发平庄煤业《企业文化理念及释义》。平庄煤业企业文化体系包含6个方面内容。

1. 公司核心理念

（1）企业核心价值观：严格、高效、正义、和谐。

（2）企业精神：永无止境、创造一流。

（3）企业愿景：家园·舞台·梦。

（4）职业道德观：诚信尽责、忠诚敬业。

2. 战略理念

（1）指导思想："两贯六以，五型一流"。

（2）工作方略：本质上安全、精细化管理、跨越式发展、融入型党建、融合型文化。

（3）战略目标：以煤为主，多元发展，建设"五型一流"综合性煤炭企业集团。

3. 管理理念

（1）安全理念：安全第一、生命至上。

（2）工作理念：规范、精细、创新、高效。

（3）营销理念：和谐营销，互惠共赢。

（4）人才理念：人人能成才、个个有舞台。

（5）责任理念：职责对等、奖惩并重。

（6）廉洁理念：廉洁从业，干净

做事。

（7）党建理念：融入中心、推动发展。

4. 平庄煤业优秀文化

顾全大局的政治品格，艰苦奋斗的工作作风，诚实守信的职业操守，忠诚奉献的崇高精神，扶危济困的道德情操。

5. 大力倡导和弘扬的 5 种新风

公平正义、规范严谨、团结友善、创新创效、令行禁止。

6. 干部作风建设要求

大兴 7 个作风，争做 7 个表率：

（1）大兴理论联系实际之风，做勤于学习、学以致用的表率。

（2）大兴团结协作之风，做团结协作、开拓创新的表率。

（3）大兴密切联系群众之风，做联系群众、服务群众的表率。

（4）大兴求真务实之风，做忠诚敬业、勤勉实干的表率。

（5）大兴艰苦奋斗之风，做戒奢以俭、勤俭办企的表率。

（6）大兴批评与自我批评之风，做严于律己、顾全大局的表率。

（7）大兴公开公平公正之风，做公平公道、正直正气的表率。

（十一）内蒙古伊泰集团有限公司

2002 年 3 月，集团公司成立以党委书记、董事长任组长的企业文化建设领导小组，下设企业文化建设办公室，配备办公室主任及 4 名专职工作人员。公司党委发出《关于在公司各级党的组织、共产党员中开展认真读书学习和积极参加企业文化建设活动的通知》，要求各级党组织和全体党员结合《公民道德建设实施纲要》认真学习企业文化建设的规范条例、要求，深刻理解企业文化建设的重要性；下发《关于企业形象识别系统实施意见的通知》，并在集团公司全面实施企业文化形象识别系统。

2005 年，集团公司出台《2005 年企业文化建设工作安排》，结合生产经营工作，深入进行企业文化传播；2006 年 9 月，集团公司邀请华点通国际咨询公司开展企业文化建设的回访、诊断、把脉，拟订企业文化提升方案与伊泰企业战略。

截至 2008 年，公司提升、提炼出伊泰新的目标文化——"家以方圆、感恩回报"，形成以伊泰发展战略为基点的企业使命、企业愿景、企业精神等理念系统，以及"百年伊泰、用心传递能量"的文化价值观和文化支撑体系；完善伊泰员工行为准则、工作规范和视觉识别系统。集团公司正式颁布《伊泰集团有限公司企业文化纲要》，集团公司企业文化体系基本形成。

1. 公司企业文化理念

（1）核心理念：诚行天下，播种未来。

（2）经营理念：以客户价值和战略协同价值为基础，创造公司价值最大化。

（3）管理理念：人本、简约、效率、适控。

（4）营销理念：需求中心、动态适应；产品零缺陷、满意百分百。

（5）企业使命：国家能源体系节点，区域及企业利益相关方合作平台。

2. 企业精神

诚信、尽责、创新、奉献。

3. 伊泰的发展目标

组织健康、专业能力、国际运营，创伊泰品牌、建卓越企业。

4. 企业员工行为规范

百年伊泰、诚信为本、企业发展、和字当先；立足社会、大局为重、自身价值、唯在奉献；保护环境、当尽义务、珍惜资源、崇尚勤俭；岗位创新、求实是基、目标责任、自我激励；团队之间、协作互助、专业流程、精益求精；职务行为、符合规范、社会交往、礼义清廉；公司内外、遵守法纪、大家庭中、传递真情。

5. 企业标识设计

2002年初，伊泰集团委托华点通国际咨询公司为公司策划企业文化实施方案；9月，颁布《企业形象识别系统规范手册》，通过建设公司CI系统，统一公司标志，用英文（victory）胜利的打头字母"YT"代表伊泰名称，其含义是胜利的意思；伊泰标志的形状像钻石，表示"持久、永恒、珍贵、坚硬无比"；标志还像一个握紧的拳头，体现伊泰的向心力、凝聚力和团队精神等。

图12-3-8 内蒙古伊泰集团有限公司的标识

（十二）内蒙古伊东资源集团股份有限公司

公司党委注重用党建引领先进企业文化，全面实施文化兴企战略；注重具有伊东特色的企业文化体系和品牌的培育，出台《企业文化建设方案》，确立具有伊东特色的形象、理念、行为三大识别系统，并完成推广；征集、编制和推广企业歌曲《我们伊东人》。

2015年4月，公司成立企业文化建设委员会，开展企业文化建设年活动。具有伊东特色的企业视觉识别系统初步形成，实现员工着装统一、企业牌版、标识统一。

（十三）满世投资集团有限公司

集团公司企业文化宣传未设专门机构，由综合部负责。

职工企业文化培训主要通过聘请专家和公司员工培训进行。2008年7月，集团公司举办中国式管理讲座，集团公司120多名员工参加讲座；8月，集团公司在和林格尔县举办"高绩效团队熔炼"体验式培训，之后又有两批次人员参加此项活动。2014年4月，公司聘请企业文化咨询专家进行培训。公司确立企业主旨文化包括

（1）经营目标：誉满全球，盛世百年。

（2）企业理念：员工能力发展最大化，企业效益增长最大化，区域经济贡献最大化，社会效应辐射最大化。

（3）企业精神：诚信、务实、拼搏、和谐、共赢。

（4）企业理念：

①核心理念（核心价值观）：员工、企业、社会三位一体、和谐发展。

②经营理念：向管理要效益，向智慧要效益，向责任心要效益，向技术创新要效益。

③管理理念：用文化凝聚人心，用制度驾驭人性，用事业成就人生。

（5）企业发展战略：按照集团公司战略转型的总体要求，继续保持企业经济效益持续稳定增长，加快企业转型升级步伐，推进企业管理法制化、科学化、规范化，着力保障职工利益需求，强化经济效益、转型升级、企业管理、员工富裕"四位一体"的企业发展新格局。力争用10年的时间，实现营业收入超500亿元、资产总额超500亿元，跨入中国百强企业行列。

2007年开始，在全集团统一实施企业形象识别系统，为全体员工统一制作员工服、司徽和领带夹；通过建设公司CI系统，统一公司标志，用汉语拼音"ManShi"的打头字母"MS"图形化，代表满世集团，并以公司标志为基础，对满

世集团的有关图案、品牌、造型特征、企业标准色及标准色系统等进行统一设计与应用;采取"分批颁布、逐步推行"的办法具体落实。

2008年,印制并下发《企业文化宣传手册》。2009年,制作企业宣传片,印制《企业VI手册》规定了信纸、纸杯、宣传页、信封、档案袋等办公用品的模板。

(十四) 神东天隆集团有限责任公司

公司于2004年成立"提升企业文化理念、打造企业竞争能力"活动委员会。公司董事长任主任。

2004年5月,公司改制成立之初提出了"开放、诚信、高效、严谨"的企业文化理念。"开放"是天隆集团发展的方向,天隆集团既立足神东矿区,又不"固守本土",立足神东是强基础,走向社会是求发展,通过开放,融入国内外市场,参与竞争,谋求合作。

"诚信"是天隆集团经营的信条,天隆集团把诚信作为企业最宝贵的无形资产,把保证质量和满足顾客要求放在首位,永远坚持质量第一,信誉第一。

"高效"是天隆集团的奋斗目标,天隆集团追求经济效益最大化,同时关注社会效益和生态效益,使企业在经济效益、社会效益和生态效益的协调发展中不断壮大。

"严谨"是天隆集团的运行原则,天隆集团崇尚规范、科学、务实、创新,以严谨的态度,脚踏实地,求真务实,依法经营,谋求长远发展。

2008年,公司提出"尚同敏行"的企业文化核心理念,意为统一思想,高效执行。主要包括:

(1) 企业使命——奉献社会 回报股东 成就员工。

(2) 企业远景——中国卓越企业 员工自豪家园。

(3) 核心价值观——同道同心 同力同行。

(4) 企业精神——开放诚信 超越进取。

(5) 企业作风——高效执行 规范严谨。

(6) 企业使命——奉献社会 回报股东 成就员工 奉献社会。

(十五) 内蒙古太西煤集团股份有限公司

1996年12月,公司二届三次职代会暨三届三次工代会审议并通过"阿盟煤联公司企业精神和企业形象"。用公司的"团结、务实、进取、奉献"的企业精神统一全公司全体员工的思想和行动,树立起"员工可信、质量可靠、效益可观、信誉可贵"的良好企业形象。

2008年3月,公司制订《内蒙古太西煤集团2008—2010年企业文化建设规划》,启动企业理念、行为、视觉识别体系工作,在《太西煤专版》开办"企业文化"专栏。2011年,公司党委制订下发《内蒙古太西煤集团公司2011—2015年企业文化建设规划》,并在全公司范围内开展"员工讲故事"活动。

内蒙古太西煤集团公司企业精神:团结、务实、进取、奉献。

二、企业文化宣传贯彻

(一) 神华神东煤炭集团有限责任公司

1. 机构队伍

公司成立了公司级、矿(处、中心)级、区队级、班组级"四级"企业文化宣贯员队伍体系,负责企业文化的宣传贯彻工作,其中公司级宣贯员8名,矿(处、中心)级52名,区队级200名,班组级350名。

公司加强神东企业文化导师和辅导员队伍建设。组织人员参加全国企业文化师职业资格认证培训，培训一批中、高级企业文化师；通过内部专题培训，有计划有步骤地培养企业文化师和文化辅导员队伍，每年至少组织4次专题培训；选派人员外出参加企业文化师、短期专题课程等方面的培训；培养一支知识丰富、业务能力精湛的企业文化宣贯队伍。

公司紧密围绕神东企业文化建设发展目标，加大企业文化的宣传力度，营造良好的宣传氛围。利用《神东煤炭报》、电视台及神东信息网等各种媒体和载体，充分发挥其导向作用，通过开办文化专栏和人物访谈节目，设立神东企业文化网页，分层举办各类培训班，开设神东文化讲堂，组织研讨会、论坛、主题征文等活动，大力宣传企业精神、核心价值观、企业基本理念等企业文化有关知识和基本理论，使员工在活动中受到教育，在参与中得到提高。修整、完善矿区公共文化设施，在主要道路和重要公共场所悬挂、张贴有关神东文化核心理念内容的标语，营造浓厚的企业文化建设氛围，使之家喻户晓，深入人心。同时加强对外宣传工作，通过以企业文化为主题的各种活动，充分展示企业的价值观念和经营成果，扩大神东文化的影响力。

神东企业文化培训内容包括企业文化与企业管理的融合、企业文化理念、行为规范、企业视觉识别系统、神东发展历史、神东故事与先进标杆等。

公司通过对班组长、新入企员工、特殊工种人员进行培训和利用班前会、道德讲堂等载体讲授神东文化理念、发展史、员工行为规范、神东故事、优秀模范人物事迹，传递文化消息，引导员工行为，培育神东精神。

（二）神华准格尔能源有限责任公司

2002年，公司组织宣讲团，为基层单位宣讲企业文化知识10场，受众达1000多人次。2012年4月，从选拔出的125名企业文化促进大使中精选14人组成企业文化主宣讲团，深入各直属单位宣讲10场次，受众人数1400多人。各直属单位也组建企业文化促进大使队伍，深入车间、站区和生产一线，积极宣讲"准能"文化，宣讲场次达100场，受众人数达1万人之多，"准能"文化普及率达75%以上；开展企业文化案例故事征集和采编活动，用典型人物和典型事例来感召广大员工。

企业文化办公室征集和采编案例故事120篇，从中精选19篇编入《准能企业文化案例集》第一集，在宣讲中宣传，鼓舞和激励了每一个准能人；明确各单位主要领导为企业文化责任大使的职责，形成党政工团齐抓共管企业文化建设工作的良好格局；丰富企业文化建设载体，深入推进"准能"文化落地。

公司通过举办高层论坛、企业文化专题培训、企业文化长廊、演讲赛，书法剪纸赛和企业文化宣传会等形式对"准能"文化强势推进，使"准能"文化入脑入心，在广大员工中引起共鸣，并自觉转化为实际行动；出台《准能企业文化建设三年规划》，对当前和今后的企业文化工作进行精心安排和布置，做到有的放矢。

建立《准能公司企业文化建设评估考核制度》，与公司党群目标化考核挂钩，形成有章可循、有据可查的局面。

（三）神华包头能源有限责任公司

2005年11月，公司开展"企业文化建设工作促进周"活动。期间，举行以"提升企业文化建设水平，促进公司实现跨越式发展"为主题的演讲比赛，来自基层11个单位的选手参加比赛；之后，组织优秀选手利用一周时间深入基层各单位进行巡回演讲；举办"企业文化建设成果展览"活动，来自基层15个单位的30余块牌板在公司机关及各单位进行巡回展览；举办以企业文化建设为主题的政研论文研讨活动，来自基层各单位的30余名政研工作者撰写了论文。

2006年3月，神华包头矿业公司召开企业文化建设表彰大会，对公司6个企业文化建设先进单位、11名理念征集采用者、《包头矿业之歌》词作者、《安全文化手册》编写人员、《企业文化专题片》制作者、公司徽章、旗帜设计者、企业文化建设论文获奖人员等给予表彰。是年，公司在全体职工中开展"同唱一首歌、同树一面旗、同挂一枚徽、同颂企业理念"活动，规范公司员工的行为，开展企业文化建设研讨活动。2007年举办"构建本质安全，共创美好明天"综合知识竞赛。

2009年，公司将企业文化建设纳入总体考核工作，开展岗位行为规范活动、企业本质安全文化的创建活动，提升员工的参与意识。加大对新建矿、厂的企业文化建设力度；举办公司党员干部及新闻写作通讯员培训班；组织以"庆祝新中国成立60周年我为企业做贡献""我与包头矿业的变革创新""包头矿业兴亡，我有责任""信心、战略、变革、责任"等为主题的征文竞赛活动。

2010年，公司制定《关于神华集团包头矿业公司企业文化建设绩效考评实施细则》，并举办企业文化建设培训班。

（四）神华宝日希勒能源有限公司

2002年后，公司开展企业形象策划工作，致力于培育员工核心价值观，树立煤炭产品品牌，履行企业社会责任，展示良好的内外部形象。

公司每年紧紧围绕中心工作，通过电视和报刊传播信息、展示企业形象、探索企业文化，用先进的思想、文化影响和带动员工，增强员工对企业的归宿感和向心力。公司及各二级单位制作户外广告牌、宣传长廊、宣传板等，将公司企业精神、企业发展战略、企业价值观、企业目标等对外展示。

企业文化框架体系建立后，公司编印《神宝文化》手册、《安全管理制度》《公司礼仪文化》等学习材料，在全公司开展全员学习、全员培训、全员考试的企业文化宣灌认知活动。颁布《职工奖惩条例》、修订《神华宝日希勒能源有限公司员工奖惩办法（试行）》、制定下发《神华宝日希勒能源有限公司企业文化建设考评办法》；为进一步了解公司职工对公司企业文化建设的认同度和参与度，并能定期准确评估公司企业文化建设现状及企业管理水平，深入分析和查找公司在企业文化建设中存在的主要问题，总结经验，推进神宝公司企业文化建设工作的健康发展，增强企业的核心竞争力，公司成立企业文化评估领导小组，制定下发《神华宝日希勒能源有限公司企业文化评估管理办法》。

（五）神华大雁集团有限公司

2003年，公司政工部组宣处组建专兼职企业文化宣传队伍，组成企业文化建设考察组到国内煤炭行业和著名企业学习考察企业文化建设工作经验。2005年，在全公司范围内竞聘15名宣传干事，充实到公司各单位，为公司宣传干部队伍增添新鲜血液。公司派人参加由清华大学举办的企事业单位高级新闻发言人培训班。

1996—1998年，矿务局举办千人大合唱晚会，实施《大雁矿务局职工行为规范》，印发《走进大雁矿务局》《路标》《煤海浪花》《大雁矿务局职工职业道德手册》。1999年3月，矿务局工会、文联联合举办"矿务局首届群众文化节"活动。

煤业公司将2003年确定为"企业文化建设年"，印发《关于征集煤业公司企业精神等内容的通知》《大雁煤业公司2003年企业文化建设工作安排的通知》，并在《大雁矿工报》上开辟"企业文化漫谈"栏目，在《矿山新闻》节目中连续进行企业文化系列报道，探讨建设企业文化的新思路。

2004年，企业文化建设委员会办公室拟定《煤业公司企业文化宣传教育规划》，编制《大雁煤业公司"十一五"安全文化规划》，印发《关于做好2004年第一季度企业文化宣传教育工作的通知》《关于印发大雁煤业公司企业文化建设实施方案的通知》《关于征集大雁煤业公司标识的通知》《关于征集大雁煤业公司企业歌曲的通知》。

2007年，各单位提炼具有本单位特色的企业文化内涵，其中第二煤矿编印《安全文化手册》和《企业文化读本——拓者》，建安公司编印《员工手册》，培训中心制作大型安全文化教育牌板。

2008年，政工部组宣处与新闻中心共同举办"煤城春笑"春节联欢会。雁南煤矿编印《企业文化手册》并投入大量人力、物力重新制作特色鲜明、系统规范的安全文化长廊；第一煤矿先后7次更换井下灯箱宣传标语；第二煤矿建设安全文化长廊，并更换厂区安全文化长廊展品，将200幅事故案例编印成安全漫画集。新闻中心举办纪念三八国际劳动妇女节暨"争当五好女工、构建和谐单位"主题演讲和朗诵会，公司其他单位也结合实际延伸企业文化和安全文化建设内涵。

2009年，公司开展"我与企业共荣辱"先进事迹报告活动、"矿山记忆"企业发展史教育活动。

2013年8月，聘请中国企业促进会李俭教授团队为公司做企业文化咨询服务和培训工作。2014年，公司党委政工部组织100余人拍摄企业形象宣传名片，下发《神华大雁集团有限公司文化宣传阵地管理办法》，规范电视、报纸、网站、电子显示屏、室外宣传栏等文化阵地建设，充分发挥各单位文化宣传阵地的教育、引导和传播功能。

2015年，公司党委开展庆祝"企业开发建设四十五周年"系列活动；开展神华企业文化故事及大雁故事征集活动。

（六）扎赉诺尔煤业有限责任公司

2002年，扎赉诺尔煤业公司提出加强有扎煤特色的企业文化建设的理念，把企业文化作为一种宝贵的资源和资产，加深对企业文化的认识，为开展企业文化建设打下思想基础。

2003年，在学习考察的基础上，系统总结、提炼具有扎煤特色的企业文化建设体系，形成《扎赉诺尔煤业公司企业文化建设实施纲要》与《扎赉诺尔煤业公司企业文化建设实施意见》，对开展企业文化建设做出总体部署和重点安排。11月，召开扎赉诺尔煤业公司企业文化建设铁北煤矿现场会。公司在301国道旁安装大型户外广告牌，一面是"自强不息、不断超越"扎煤企业精神；另一面是扎煤广告词"扎赉红煤，送无限温暖，还碧水蓝天"。这是扎赉诺尔煤业公司的第一块企业形象与产品形象广告。

2005年7月，公司通过承办呼伦贝尔市企业文化建设现场会，展示企业文化建设成果，树立企业良好形象，扩大企业知名度。

2007年初，华能集团重组扎赉诺尔煤业公司，为搞好文化融合，扎赉诺尔煤业公司按照"一个企业、一个中心、一支队伍"的融合方针，制定下发《学习宣传华能企业文化的通知》及《华能企业文化解读》，并通过立标识、树旗帜等活动，增强广大职工对华能集团公司"三色"文化的认同感和归属感，树立扎煤人讲大局、有能力、可信赖的形象，使扎赉诺尔煤业公司企业文化在融合中传承、在弘扬中发展。

2008年是扎赉诺尔煤业公司安全文化建设年。4月，公司组织人员到安徽淮南矿业集团、河北峰峰集团考察安全文化建设。在学习考察的基础上，系统提炼、总结扎赉诺尔煤业公司建矿百年积淀的安全文化成果，制订印发《扎赉诺尔煤业公司安全文化建设实施方案》。9月，召开扎赉诺尔煤业公司安全文化建设启动大会，对开展安全文化建设做出总体部署，掀起安全文化建设的热潮。10月26日，公司在铁北召开煤矿安全文化建设经验交流会。

2010年7月29日，华能集团公司党组书记黄永达一行到扎赉诺尔煤业公司专题调研安全文化建设，听取扎赉诺尔煤业公司总经理戚开生做的汇报后，对公司"四六"安全文化建设给予充分肯定。同年，华能集团公司煤炭企业安全文化建设工作交流会在扎赉诺尔煤业公司召开，来自华能集团公司系统煤炭企业的代表50余人听取扎赉诺尔煤业公司党委书记韩德明作的题为《"四六"安全文化建设的探索与实践》报告。

2012年扎赉诺尔煤业公司以打造平安扎煤、构建和谐企业为目标，深化安全文化建设。制定下发了《关于2012年安全文化建设安排的意见》，进一步加强安全文化理念和《扎赉诺尔煤业公司安全文化手册》（修订本）的学习灌输，巩固和扩大安全文化建设成果。制定下发《扎赉诺尔煤业公司安全文化建设考评细则》，加强了对各单位安全文化建设的检查与指导。公司《"四六"安全文化探索与实践》研究报告获全国企业文化科研成果一等奖。铁北矿获全国企业文化建设优秀单位称号。

2011—2015年，公司各基层单位坚持把企业文化作为企业发展的助推器、凝心聚力的重要手段，普遍制定企业文化建设规划，完善工作机制，加大软硬件投入，加强科学引导和分类指导，使扎赉诺尔煤业公司企业文化建设呈现出总体推进、重点突出、各具特色、蓬勃发展的良好态势。

（七）内蒙古伊泰集团有限公司

2002年，集团公司成立以总经理为组长的企业文化宣传贯彻领导小组，选拔宣讲人员，制定宣讲方案，深入各单位进行宣讲；公司选派9名宣讲员到华点通国际咨询有限公司参加培训。之后，公司主要通过组织企业文化专兼职人员参加各阶段的企业文化宣讲团或自学的方式进行培训提高。

2011年3月，集团公司对110名企业文化联络员进行培训，由企业文化办专职工作人员讲解集团公司2011年度企业文化考核办法、公司标识工程申请、设计、制作安装及维护流程等，并邀请北京燕捷拓展团队对所有联络员进行团队拓展训练。2012年，企业文化办对集团公司110名企业文化联络员进行业务培训，培训内容包括如何开展企业文化专项活动；组织部分企业文化工作人员和相关部门分管领导一行17人赴湖南三一重工集团、浙能富兴燃料有限公司和卧龙集团参观考察。

2013年4月，72名职工被集团企业文化领导小组聘为企业文化联络员，享受在原工资待遇基础上增加600元/月的市场工资待遇。截至2013年底，集团共有专兼职企业文化联络员 69 人。企业文化办通过视频会议和深入基层现场讲解的方式，对联络员进行工作职责与 2013 年度企业文化考核评价体系的培训学习；邀请专家对联络员开展企业文化案例写作培训。2014 年，公司组织未取得联络员资格的员工举行一次补充考试，共有 54 人参加考试，12 人通过考试加入联络员队伍。

宣讲与培训。2003—2010 年，伊泰集团通过企业文化宣讲团进行内部宣讲、利用公司内部报刊、广播、电视台、橱窗、宣传栏等伊泰视觉识别系统的推广应用渠道与举办企业文化征文比赛、文艺晚会、企业文化宣讲、评选先进等活动及健全相关管理机制体制，宣传与推广企业文化，让员工在活动中潜移默化地接受和认同企业文化，培养员工的团队精神，增强凝聚力。同时，由各分（子）公司、煤矿、发运站组织所属员工包括新入职员工，有针对性地开展企业文化培训。

2011—2015 年，由集团企业文化办集中组织对新入职员工的企业文化培训，内容涉及企业文化理念、员工行为规范、视觉识别系统及公司发展历程等方面。集中培训 9 次、1000 余人；并在集团 OA 上发布《企业文化简报》12 期，将企业文化工作的相关活动剪影、视频等内容在大屏幕滚动播放 80 余次。公司邀请应用礼仪与公共关系专家金正昆教授为 600 余名员工作《做文明伊泰人》讲座；邀请华为集团公司党委副书记朱士尧为公司员工作《华为文化的内核》的讲座，让员工感受著名企业的优秀文化。

由集团企业文化办联合党委办公室、工会、团委共同举办"2011 年伊泰集团礼仪风采大赛"，期间企业文化办通过集团报、海报、文化简报、大屏幕、《易友》杂志封页等各种平台进行广泛宣传。2012 年初，由集团公司党委副书记带队组成宣讲团，深入各单位开展"思进取、勇担当"主题宣讲 13 场，听讲员工达 3000 人。2012 年底，拍摄完成以"家以方圆、感恩回报"为主题的员工礼仪宣传片《家园》，在全公司播放。各单位积极举办"我与伊泰共成长"为主题的有奖征文、知识竞赛、演讲比赛、拓展培训等活动。集团公司开办"敬业奉献——伊泰道德讲堂"，组织开展以"价值源于责任"为主题的集团首届辩论赛，以公司核心价值理念引导员工，统一员工思想，树立正确的价值观导向。

2015 年，集团企业文化办共设计主题海报 16 版，累计下发和张贴海报 1974 张；同年 10 月，公司为文化建设树立了进取和担当的标杆与方向。全年累计发布文化信息 144 条，用户已达 5500 人，最高阅读率达 27000 余次。

进行企业文化知识及职工行为规范考核。2003 年开始，集团公司每年至少对各子公司、部、室、中心进行一次企业文化考核，内容包括组织机构、综合测试、行为规范、视觉识别系统 4 个方面。2005 年，集团公司出台并实施《2005 年企业文化建设考核办法》，开始每半年对全集团企业文化建设工作进行一次全面考核评估，将考核结果列入集团公司年度目标管理体系中，与绩效挂钩，作为集团奖罚各子公司及职能部（室）的重要依据之一；同时不定期地组织抽查各子公司和基层单位的企业文化建设情况。根据考核情况，建立伊泰企业文化建设业绩档案，作为集团评先树优的重要依据。

2011 年，在创新企业文化工作思路的基础上，开展全方位立体式企业文化传播与考核，累计对各部门抽查辅导 6 次、考核 4 次，努力实现从"考核"到"辅导、支持、帮教"工作的转变，促进企业文化建设与经营业务工作的紧密结合。对运销事业部综合办等9个2010年度企业文化建设工作先进集体给予表彰奖励。2012年，集团公司对2011年度企业文化建设先进集体和先进工作者进行表彰奖励，对所属64个部门分别在上下年度进行抽查考核。2013年，集团公司为企业文化办核定企业文化专项奖金，使考核从原来扣除奖金的负面激励，转变为正向激励；调整考核内容，以促进公司生产经营为目标，激励各生产经营单位和职能部门围绕"思进取、勇担当"的主题从优化管理、提升技术和改善服务的角度开展相关工作。2014年，考核以引导各部门提升组织和员工个人绩效为目的，营造全员进取、担当的文化氛围。

伊泰视觉识别系统采取"分批颁布，逐步推行"的办法具体落实。2003年，企业文化办连续5年对所属子公司和二级单位进行企业视觉形象的考评，并将考评内容列入企业文化建设考核细则中，严格集团各类标识牌的申报、审批、设计、造价、制作、验收等工作流程，真正实现标识工程全过程严格执行伊泰视觉识别标准；并将考核结果与各单位年终奖金挂钩。

2015年，集团公司将企业文化建设"考核"变为"评价"，根据企业文化建设长期性的特点，保持了建设方案的稳定性；遵循"公正公开、实事求是、量化考核、正向激励"的原则，依据不同的评价标准，分别设立一、二类单位奖和企业文化基础部分第一、重点工作第一、创新第一3个单项奖、1个总分奖；通过对集团公司下属各分（子）公司、职能部室进行年度企业文化抽查验收，评选奖励先进单位8个，并对本年度的优秀成果进行分享推广。

三、企业文化建设成果

（一）神华神东煤炭集团有限责任公司

1997年，神华东胜精煤公司成立以张喜武董事长为主任的《神华东胜精煤公司志》编纂委员会，聘原华能精煤公司经理、党委书记院良臣为主纂。《神华东胜精煤公司志》记述公司1984年4月至1998年8月创办及发展历程。全书除概述（综述）、大事记外，设20编、78章，共1020千字，插图47幅，1998年12月内部出版印刷。

图12-3-9 神东集团部分企业文化成果

2003年，公司开始启动企业文化建设项目，完成《企业文化建设问卷调查分析报告》《企业文化发展报告》和《企业文化战略研究报告》。2004年，公司委托上海博美广告公司录制"神东形象"宣传片，编制《神东企业文化视觉识别系统》。2005年6月28日、29日，结合建党84周年纪念活动举办《神东人之歌》首发式和大型演唱会。2006年10月，公司荣获2006年度中国企业文化优秀成果奖。

2008年，在中国企业联合会、中国企业家协会联合主办的"第八届全国企业文化年会"上，公司荣获"2008年度全国企业文化优秀成果"奖。4月，公司启动《神东志》编纂工作，成立以张子飞为主任的编纂委员会，聘张子荣、张永智为总纂，袁伟、麻葆钧为执行主纂。《神东志》记述神华神东煤炭集团公司1988年至2008年的发展历程。全书除概述（综述）、大事记外，设14篇、72章，约1300千字，插图100余幅。2012年10月内部印刷。

 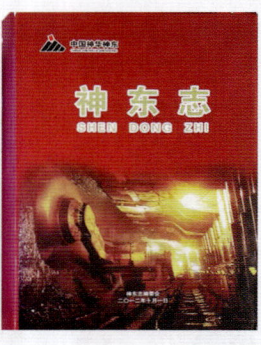

图 12-3-10 《神华东胜精煤公司志》《神东志》

（二）神华准格尔能源有限责任公司

2001年3月，成立公司董事长李东、党委书记刘子安为主任的《准格尔能源公司志》编纂委员会，聘教授级工程师吕廉任主纂。2004年5月，《准格尔能源公司志》由方志出版社出版。记述1976年5月至2002年公司创建发展的历程。全书除概述（综述）、大事记外，设22篇、94章，共计1280千字，插图100余幅。2012年，公司启动《准能公司

图 12-3-11 首部《准格尔能源公司志》

志》续修工作。2015年，向《内蒙古煤炭工业志（1991—2015）》编委会报送《神华准格尔能源有限公司志》稿。

2012年，准能公司获得全国煤炭系统企业文化建设先进单位的荣誉称号。其中介绍企业文化经验材料《三次创业，三大主题；沧桑巨变，准能"准能"》一文被《中国能源企业文化建设百佳案例汇编》收录。

（三）神华包头能源有限责任公司

2006年6月底，编辑出版《企业文化手册》，全书分12个部分：企业简介、公司领导寄语、企业文化体系、企业使命、企业愿景、企业宗旨、神华包头矿业公司战略目标、理念识别系统、基本道德规范系统、基本行为规范系统、企业视觉规范系统、包头矿业之歌，展示了包头矿业公司企业文化建设的总体情况。

2007年，组织人员编辑《员工行为礼仪手册》《公司管理制度汇编》《公司质量标准化手册》和《公司岗位责任制手册》。

（四）神华大雁集团有限公司

1991年3月，"大雁人五种精神"谱写成歌曲，定为《局歌》。1994年，矿务局编辑出版《腾飞之路》一书，并独辟章节详细阐述企业文化在两个文明建设中发挥的重要作用和取得的成果。

2004年11月，公司被自治区党委授予全区企业文化建设先进单位荣誉称号。2006年，雁南煤矿、第二煤矿、热电总厂、机电总厂、培训中心等单位相继完成企业文化手册或企业文化长廊制作工作，第一煤矿、雁南煤矿等单位还建成水准较高的安全文化长廊，图文并茂地把企业理念、安全管理观、安全常识、文明行为规范、安全法规等内容展示给职工，使思想政治工作关口前移。

截至 2014 年，公司 5 次被中国企业文化研究会授予中国企业文化建设先进单位称号；2014 年被评选为"改革开放 35 周年企业文化竞争力优秀单位。"

图 12-3-12 《大雁矿务局志》与《大雁矿业公司志》

2007—2009 年，各单位提炼具有本单位特色的企业文化内涵，其中第二煤矿编印《安全文化手册》和《企业文化读本——拓者》，建安公司编印《员工手册》，培训中心制作大型安全文化教育牌板。公司职工撰写的《推进企业发展、建塑特色文化》《立足实际、突出个性、创建具有本企业特色的企业文化》《构建安全文化"四六"模式、助推企业安全稳定发展》等论文获全国电力行业企业文化论文特等奖 2 项和二等奖 1 项。

2010 年，编撰出版《矿山记忆——大雁开发建设 40 年回忆录》，举办纪念大雁开发建设 40 周年发展历程回顾展。回顾展以照片、实物为主，内容浓缩了公司从 20 世纪 70 年代到 21 世纪从无到有、由小到大、由弱到强的发展历程和企业精神，同时也集中展示公司所属各矿处单位的发展历程，共展出 31 块展板；印发《关于加强安全责任文化建设实施意见的通知》，指导各单位开展安全责任文化建设活动。

2004 年 10 月，煤业公司党委、煤业公司决定编纂《大雁煤业公司志（1989—2004）》，作为 1990 年出版的《大雁矿务局志》的续志。公司成立编纂委员会，总经理国汉斌任主任，党委书记冯林任总纂修，聘党政办主任谢照任主纂。该志记述大雁煤业公司 1989 年至 2004 年的发展历程，全书除概述（综述）、大事记外，设 15 编、78 章，共 1350 千字，插图 266 幅，2005 年 9 月由内蒙古文化出版社出版。2015 年 10 月，向《内蒙古煤炭工业志（1991—2015）》编委会报送百余万字的《神华大雁集团公司志》稿。

（五）神华宝日希勒能源有限公司

2004 年，由公司董事长、总经理阮东平主编的《宝煤文化》由历史回眸篇、安全生产篇、岗位奉献篇、改革发展篇、文化生活篇 5 个单元构成；编入员工各种行为规范内容、企业精神理念、各种标识等内容近 10 万字，图片 200 多张，由黑龙江美术出版社出版。2006 年 9 月，公司获全国企业文化建设先进单位称号，董事长阮东平获全国企业文化建设优秀管理者称号，电视台制作的专题片《神宝人的绿色情结》获"第十一届中国行业电视节目展评专题优秀奖"。2007 年被中国

图 12-3-13 神华宝日希勒能源有限公司首部志书

企业文化促进会授予全国企业文化建设先进单位称号。

2006年8月，公司启动编纂《神华宝日希勒能源有限公司志（1990—2008）》工作，成立以公司董事长阮东平为主任的编纂委员会，聘公司档案馆馆长沈望宇任主纂。该志记述神华宝日希勒能源有限公司1990年至2008年的发展历程，全书除概述（综述）、大事记外，设22编、88章，共1120千字，插图近300幅，2010年10月由内蒙古文化出版社出版。

（六）扎赉诺尔煤业有限责任公司

2003年，扎赉诺尔煤业公司筹建的图书馆、荣誉室正式开馆，成为提高员工文化素质、对职工进行爱矿山爱企业教育的基地。2004年，公司录制完成企业文化专题片《崛起之魂》，并在全公司播放；编印下发《扎赉诺尔煤业公司企业文化手册》和《扎赉诺尔煤业公司企业文化材料汇编》。10月，在自治区企业文化建设论坛上，扎赉诺尔煤业公司做了题为《建设优秀企业文化 提高企业竞争能力》典型发言，并被自治区党委授予"全区企业文化建设先进单位"。2005年10月，扎赉诺尔煤业公司被中国企业文化促进会评选为中国企业文化建设先进单位。

2009—2013年，公司4次被中国企业文化研究会授予全国企业文化建设先进单位荣誉称号；扎赉诺尔煤业公司党委副书记张国才被自治区党委宣传部、总工会、国资委、工商联、内蒙古日报社和内蒙古企业文化建设协会联合授予"全区企业文化建设工作创新奖"。铁北矿获全国企业文化建设优秀单位称号。

2013年，公司被授予改革开放35周年企业文化竞争力优秀单位称号。2014年被评选为全国企业文化建设顶层设计与基层践行优秀单位。2015年，公司荣获全国"十二五"期间企业文化建设优秀单位和全区第二届最具社会责任感企业称号，并入选全国安全文化建设三十家标杆企业。

图12-3-14 《扎赉诺尔矿务局志》与《扎赉诺尔煤业有限责任公司续志》

2001年8月，公司为庆祝扎赉诺尔煤业公司建矿一百周年，决定编纂《扎赉诺尔煤业有限责任公司续志》，作为1991年12月由大连出版社出版的《扎赉诺尔矿务局志》的续志。公司成立以总经理朱廷海、副总经理高连生、党委副书记郑景森为主任的编纂委员会，郑景森任主纂。该志记述扎赉诺尔煤业公司1988至2000年的发展历程，全书除概述（综述）、大事记外，设14编、62章，共640千字，插图65幅。2002年5月内部印刷。

2012年5月，公司成立以总经理戚开生、党委书记韩明为主任的《扎赉诺尔有限责任公司志2001—2011》编纂委员会，党委副书记张国才担任主纂。全书记述扎赉诺尔煤业公司2001至2011年的发展历程，全书除概述（综述）、大事记外，设15编、71章，共760千字，插图近200幅。2013年9月内部印刷。

（七）华能伊敏煤电有限责任公司

确立成为中国特色社会主义服务的"红色"公司；注重科技、保护环境的

"绿色"公司；坚持与时俱进、学习创新、面向世界的"蓝色"公司的经营目标。编印完成《企业文化理念手册》，以宣贯集团公司《视觉识别系统手册》为引领，在完成视觉识别系统导入，统一标识、旗帜、徽章、色彩，规范视觉载体的基础上，追本溯源，总结提炼文化积淀和丰富内涵，确定企业文化建设方向、工作重点和基本任务。

（八）内蒙古平庄煤业（集团）有限责任公司

1995年6月，《平庄矿务局志》出版。矿务局局长李其远任编审委员会主任、矿务局档案处副处长张德印任主纂。该志记述矿务局自1958年创建到1990年的发展历程，全书除概述（综述）、大事记外，设13篇、65章、1000千字，插图120余幅。

 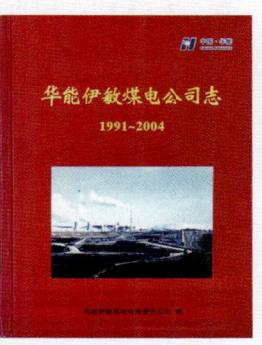

图12-3-15 《伊敏煤电公司志》与《华能伊敏煤电公司志》

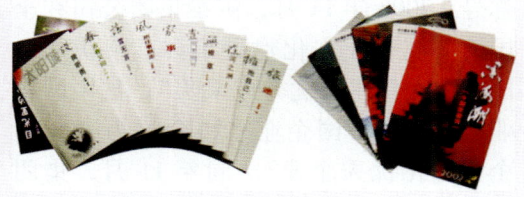

图12-3-16 公司创办的太阳城丛书和黑海潮杂志

1993年9月，由公司党委书记牛照杰任总监修，公司总经理李顺任主修，公司档案处处长、史志办主任张福林任主纂的《伊敏煤电公司志》由内蒙古文化出版社出版。该志书记述从1976年伊敏矿区开发至1990年的建设历程，全书除概述（综述）、大事记外，设17编、92章，共885千字，插图近200余幅。

作为《伊敏煤电公司志》的续志，《华能伊敏煤电公司志（1991—2004）》2006年1月内部出版，该志由公司党委书记、总经理戴为任总监修，党委副书记、纪委书记范贵任编纂委员会主任，由4人分工完成编纂工作。该志记述公司1991—2004年的发展历程，全志除概述（综述）、大事记外，设7篇、22章，共350千字，插图210幅。

2008年8月，平庄煤业成立《平庄煤业集团公司志（1991—2010）》编纂委员会，公司董事长孙国建任主任。2012年5月，公司成立第二届编委会，总经理张志、党委书记赵连陞任主任，聘徐站夫为主纂，该志记述平庄煤业公司1991年至2010年的发展历程，全书除概述（综述）、大事记外，设14篇、76章，共1850千字，插图210余幅，2012年11月由光明日报出版社出版。

图12-3-17 《平庄矿务局志》与《平庄煤业集团公司志（1991—2010）》

2009年11月,平庄煤业(集团)公司被自治区党委宣传部、自治区总工会等5部门评为全区企业文化建设先进单位;2011年8月被国电集团确定为企业文化示范基地。

(九)内蒙古伊泰集团有限公司

2000年6月、2004年11月,集团公司先后被自治区党委宣传部、自治区精神文明办公室、自治区国资委、自治区总工会等部门授予全区企业文化建设先进单位称号。2006年11月,伊泰集团公司在全国第五届企业文化建设年会上荣获"全国企业文化建设优秀成果奖",被中国企业联合会、中国企业家协会评为"全国企业文化优秀企业"。同年11月,集团公司被评为自治区企业文化建设学习示范基地。

2008年3月,集团公司成立以董事长张双旺为主任的《伊泰集团志》编纂委员会,总经理张东海,内蒙古师范大学教授韩登庸、刘成法任主纂,该志记述伊泰集团公司1988年创建至2010年的发展历程,全书除概述(综述)、大事记外,设8编、39章,共1800千字,插图800余幅,2011年11月由内蒙古人民出版社出版。

2012年8月,该志书获自治区第四届哲学社会科学优秀成果政府奖二等奖。

图12-3-19 《伊泰集团志》获自治区政府奖证书

2012年集团公司成立以董事长张双旺、总经理张东海为主任的《伊泰集团年鉴》编委会,在集团总经理办公室下设"年鉴"办公室,每年编纂出版《伊泰集团年鉴》,每部年鉴600千字左右,于下一年度5月出版。

(十)神东天隆集团有限责任公司

2015年,公司编写录制完成了《势在天隆》宣传片,使企业文化在安全生产和经营管理中的渗透作用日益明显。集团公司在总部建成企业文化展厅,展示公司推行以"尚同敏行"为核心理念的企业文化。

图12-3-18 《伊泰集团志》与2011—2015年的《伊泰集团年鉴》

图12-3-20 神东天隆集团的企业文化展厅

第三节 社会公益活动

一、自治区国有重点煤炭企业

（一）神华神东煤炭集团有限责任公司

按照"深化依存，合作共赢"的原则，公司认真履行政治、社会、经济三大责任。在矿区的建设、发展过程中，始终坚持维护好关系、履行好义务、开展好合作的原则，努力争取地方政府的最大支持，建立互利互惠、合作共赢的机制，为企业发展赢得和谐的外部空间。自1985年煤田开发建设起，特别是1998年两公司合并后，神东煤炭分公司在基础设施建设、地方矿山救援、环境治理、生态修复、扩大就业、文化教育、医疗卫生、扶贫帮困等方面，不断加大投资力度，拓展援助项目，先后投入资金25亿多元。神华集团有限公司和神东煤炭分公司历年支援地方各类项目如下：

1. 地方环保工程

2005年以前，公司投入资金21502万元。2006—2008年，公司投入内蒙古境内生态环保的资金分别为6335.62万元、14929.83万元和463.86万元。截至2008年底，矿区开采面积99平方千米，生态治理面积达到160平方千米，治理面积大大超过开采面积。公司投入生态建设资金近4亿元，矿区植被覆盖度由建设初期的11%提高到60%。

2. 新农村建设

2001—2008年，神东煤炭分公司在内蒙古伊金霍洛旗境内搬迁居民399户1298人，支付搬迁费用9120万元，结合社会主义新农村建设，兴建移民区6个。

图12-3-21 集团公司为地方援建的神华新村工程奠基

2009年，由神华集团投资4亿元在乌兰木伦镇乌兰木伦村修建伊金霍洛旗神华新村，总占地面积881公顷，总建筑面积296万平方米，建成1010套住宅和配套的基础设施和公共设施。2015年已全部结束，学校、幼儿园已投入使用，已安置采空区搬迁户和当地回迁户624户1561人。

3. 支助周边地方经济建设

2005年以前，支援鄂尔多斯市矿区食品冷库222.15万元，市矿区粮油供应站228.07万元，东胜面粉厂334.17万元，市粮食基地 209.41 万元，乌兰木伦镇过铁路天桥 18 万元，乌兰木伦镇人行道改造 13148 万元，霍洛湾煤矿（已收回）3700 万元，白石头煤矿 2 万元，纳林沟煤矿 2 万元。支援包头市包头矿务局 1015 万元。

2006—2015 年，由神华集团出资支援鄂尔多斯市石油公司 240 万元，东胜—四道柳输电工程 40 万元，市油库 310 万元，东胜区救护队 586 万元，东胜区 109 线路改造 150 万元，建设银行鄂尔多斯市东煤专业支行 205 万元，建设银行鄂尔多斯市伊克昭盟中心支行 140 万元。2007 年，支援伊金霍洛旗乌兰木伦镇道路硬化、敬老院改扩建、交通信号灯、镇区改造、王武路硬化改造、橡胶坝建设等工程 1517.12 万元；乌兰木伦寸草塔二矿道路工程 500 万元、阿大公路建设 5000 万元。神华集团出资支援伊金霍洛旗李家塔煤矿、弓家塔煤矿、温家梁煤矿、石圪台煤矿 250 万元。2012 年，神华集团捐助伊金霍洛旗小霍洛—活鸡兔公路建设 442 万元，阿镇—石圪台公路建设 440 万元，伊金霍洛旗砖厂 675 万元，伊金霍洛旗建材厂 600 万元。

4. 支助周边地方教育、卫生事业

2005 年以前，支援上湾小学教学楼防水工程 1382 万元，上湾小学操场排水工程 1676 万元。2008 年支援鄂尔多斯市中心医院工程 5000 万元，伊金霍洛旗煤炭职工培训中心 200 万元，乌兰木伦镇上湾小学改造 400 万元，赞助鄂尔多斯市工业学校 150 万元。

5. 支助周边地方文化体育事业

2009 年支持鄂尔多斯市承办亚洲文化艺术节 500 万元。2010 年赞助在伊金霍洛旗举办全国民歌节 80 万元，赞助在鄂尔多斯市举办国际那达慕 380 万元。2012 年支援第二届鄂尔多斯国际那达慕大会 500 万元。

6. 冬季集中供热、"爱心煤"工程

2008—2015 年，公司支援周边城镇、乡村冬季集中供热资金 13612 万元。2008 年支援伊金霍洛旗境内冬季集中供热 3375 万元。2009 年支援鄂尔多斯市供煤补贴 2000 万元，伊金霍洛旗境内 2009 年冬季集中供热 822 万元。2010 年，支援伊金霍洛旗境内冬季集中供热 959 万元。2011 年，支援鄂尔多斯市冬季供煤补贴 1413 万元；2013 年，支付东胜区、伊金霍洛旗、准格尔旗、东胜区村社 2012 年度供煤补贴 424.936 万元，支付伊金霍洛旗 2012 年冬季供煤补贴 1884 万元，鄂尔多斯市境内"每人 1 吨爱心煤" 1325 万元（2013—2015 年每年供给）；2014 年，支付伊金霍洛旗冬季取暖用煤 1440 万元。

7. 支援党政、事业机关

2005 年以前，支援鄂尔多斯市矿区公安局 5249 万元。2006—2015 年，支援鄂尔多斯市党委办公楼 43 万元、乌兰木伦镇社会治安防控体系建设 700 万元、伊金霍洛旗驻矿区办事处 4373 万元、矿区法院 120 万元、矿区交警队 40 万元、乌兰木伦公安局 2014 年度保安服务费用（劳务费）20 万元等。

此外，神东煤炭分公司为地方创造大量就业机会，使大量农民进入企业就业，缓解就业压力，为社会稳定做出贡献。

（二）神华准格尔能源有限责任公司

准能公司自开发建设以来，通过新建扶贫工厂、修建公路、实施饮水工程、购置农机具、为农牧民实施煤炭补贴以及各类捐赠活动等善举，累计投入近 4000 万元。2005 年被中共阿巴嘎旗委员会、阿巴嘎旗人民政府颁发"心系阿巴嘎难忘帮扶情"牌匾，2010 年被自治区党委、自治区政府授予"自治区直属机关、企事业单位定点帮扶工作先进单位"荣誉称号。

在防控非典工作中对中心区环境卫生进行大规模检查和整治。开展"讲文明、树新风、除陋习"万人签名活动；开展企地共建活动，准能公司与布尔陶亥乡耳子壕村结对共建两次，深入该村共商发展大计；公司为锡林郭勒盟阿巴嘎旗农牧民捐款75万元，为西三局四矿破产困难职工捐款60万元，防"非典"为地方赞助捐款共计达350万元，受到国家民政部表彰，被授予"献爱心奖"先进单位。

1. 内蒙古境内生态环保工程

准能公司始终坚持生态环境保护与煤炭开发并重、生态恢复"占一补一"的原则，全面落实开发建设与生态环境保护、水土保持的"三同时"制度。从建设投产至2012年底，绿化复垦面积达1200公顷，共投资10.63亿元，水保、环保投资共7.87亿元。2011年，公司投入8.11亿元用于黑岱沟露天矿、哈尔乌素露天矿矿区环境治理、生态恢复、矿区移民搬迁补助、矿区低收入家庭生活补助、农牧区居民冬季取暖用煤补贴、矿区道路改造等。此外，一次性投资600万元与地方政府共同建设北山公园，使北山公园成为当地百姓锻炼、娱乐、休闲的处所。

2. 扶贫济困

2003—2013年，准能公司向准格尔旗魏家峁乡的7个村社投入帮扶资金150多万元，从2006年开始，准能公司开始结对帮扶布尔陶亥苏木铧尖村、薛家湾镇阳塔村和宁格尔塔村、沙圪堵镇刘家渠村，每年为每个嘎查村提供5万元的帮扶资金。2011年春节期间，慰问了20户困难村民，送出价值约17000元的现金和食品。向准格尔旗薛家湾镇11个村社投入资金80万元，主要用于打井、修筑道路、资助贫困户和贫困大学生等方面。

公司积极参加锡林郭勒盟、兴安盟的定点帮扶活动。其中，2002—2005年，公司定点帮扶锡林郭勒盟阿巴嘎旗查干淖尔苏木、查干淖尔嘎查，共投入资金110万元。2006—2010年，公司定点帮扶兴安盟突泉县永安镇永乐村资金430万元，帮助建立脱水蔬菜厂1座，年产脱水蔬菜10万吨，安置当地就业120人；新建节水灌溉蔬菜基地2000亩，每亩增加收入800元。2013—2014年，公司向对口扶贫兴安盟突泉县永安镇永发村投入300万元，帮扶项目为继续扩大食用菌基地建设规模和基础设施建设及环境综合治理，提升该村农业的可持续发展能力。2013年，公司对凉城县永兴镇多纳苏村党支部帮扶11万元，清水河县城关镇韩庆坝村党支部帮扶13万元。

2013—2014年，公司投入397.5万元在铁路沿线4个市县、6个乡镇开展20项企地和谐共建工作。

准格尔旗地处干旱地区，在准格尔项目开发初期，针对该地区饮水困难实际，准能公司经过8年努力，终于找到丰富的水源，建成小沙湾黄河引水工程，解决了矿区居民的饮用水问题。为薛家湾镇提供生产、生活用水的同时，还对产生的污水进行处理。准能公司的坑口电厂还承担着生活区和薛家湾镇部分生活区的供暖任务。

3. 捐款捐赠

1998—2011年，准格尔能源有限责任公司为各类公益活动捐赠、捐助金额达3675.13万元。2003年，公司为抗击"非典"捐款127.8万元。2008年，公司职工为四川省汶川特大地震灾区捐款100.16万元；全体党员为地震灾区缴纳特殊党费37.4万元；2010年为青海省玉树地震灾区捐款114.77万元；为青海省舟曲泥石流灾区捐款64.73万元。

2006—2012年，准能公司组织全体职工为"博爱一日捐"活动累计捐款达35.2万元；全体职工及党员个人累计捐款364.3万元。

4. 赞助文化体育事业

2003年，准能公司为第十届全国运动会赞助10万元，2004年为全国少数民族运动会赞助10万元，2006年为鄂尔多斯市"一会两节"捐赠200万元、为准格尔旗艺术节捐赠50万元；2010年，准能公司为鄂尔多斯市国际那达慕大会赞助300万元，为神华公益基金会捐赠2600万元。

5. 就业安置

2002—2010年，准能公司共计接收准格尔旗籍员工3300多人。其中，接收准格尔旗籍大学本科以上毕业生500多人，提供劳动岗位，通过面向社会公开招聘安置准格尔户籍人员2800余人。2012—2015年，准能公司新增就业人员2046人，安置准格尔旗户籍就业人员913人，占新增就业总人数的近一半。按照国家的政策规定，接收安置准格尔旗籍复转退伍军人共计约300余人，并为80多名残疾人员找到工作岗位。

（三）神华宝日希勒能源有限公司

公司积极参与社会救灾、帮扶弱势群体，截至2014年，累计向社会捐资2814万元。

1. 生态环境恢复专项治理

2003—2006年，公司自筹匹配资金285万元，分三期实施矿区铁路沿线地面塌陷治理工程，治理面积1.25平方千米，填埋塌陷坑224个；2010—2012年投入资金4500万元，对小煤窑采空区进行物理勘查和治理，治理未塌采空区214个，填埋塌陷坑536个；2013年又投入资金500万元，与自治区、市、旗三级政府共筹资4000多万元，共同完成最后一期小煤窑塌陷区治理，彻底结束宝日希勒矿区小煤窑塌陷区致灾的历史。

2. 赈灾

图12-3-22　2008年5月，神宝公司共产党员向四川汶川地震灾区捐款

2008年，公司向四川汶川地震灾区和呼伦贝尔市满归灾区捐款130万元。

3. 赞助文化教育事业

2012—2013年，公司向呼伦贝尔市中小学生捐赠科普图书5万册，价值84万元；向宝日希勒镇幼儿园工程捐资300万元，用于支持地方幼教事业发展。

4. 支持当地市政建设

2006—2012年，公司投资2300多万元，用于矿区公路建设、职工住宅楼小区修缮等。

5. 安置就业

2006—2014年，公司累计提供大学生就业岗位296个，大学生村官就业岗位51个，职工子女就业岗位462个，社会就业岗位106个，其他临时性岗位246个，累计提供就业岗位超过1161个。

（四）神华北电胜利能源有限公司

2005—2015年，公司参与各类赈灾、扶老、助残、救孤、济困、助学以及支持文化体育事业，先后为盟、市发展建设赞助200.7万元。

为汶川、玉树赈灾，锡林郭勒盟红十字会、扶困中心等捐款60.2万元，缴纳特殊党费、团费5万元，捐助衣物93件；为锡林浩特市召开那达慕大会捐款100万元；参加社会各种活动赞助53.3万元。为锡林郭勒盟教育事业捐款26.5万元，为锡林郭勒盟城乡大病"爱心工程"捐款10万元，为城关苏木、白音查干苏木及社区，阿尔善镇及周边贫困农牧民赠送白面、大米、肉食品和煤炭折价10.3万元，参与慈善公益事业30余件，捐款募捐超过450多万元。

公司成立以来，按照"接收主业人员，服务社会化"的管理理念运作：一是为原乌兰图嘎煤炭公司职工402人重新安排就业岗位；二是把公司后勤工作实行社会化服务，安排人员201名；三是露天矿土方剥离、原煤运输生产、维修及服务人员1744人。截至2015年，公司直接安排锡林郭勒盟内居民就业977人，间接带动当地居民就业2790人。

（五）扎赉诺尔煤业公司

2003年，灵泉煤矿在抗击"非典"献爱心活动中，捐款2.37万元。2008年5月19日，扎赉诺尔煤业公司职工积极响应号召，为汶川地震灾区踊跃捐款，奉献爱心。共计14189人参加捐助，共计捐款449740元。为四川等地震灾区缴纳特殊党费20750元。2007年，灵泉煤矿组织职工开展"博爱一日捐"活动，捐衣物420多件，捐款1.64万元。

二、自治区民营重点煤炭企业

（一）内蒙古伊泰集团有限公司

公司始终坚持"办企为民"的信念，长期支持社会公益事业、倾情回报社会；1990—2015年，累计为赈灾与文化、教育、卫生等社会公益事业捐款近9亿元。

1. 扶贫与新农村建设

1990—2015年，伊泰集团为扶贫与新农村建设，共计投入、捐助3.8亿元，其中捐赠50万元以上的项目有：

（1）2001年，公司为纳林庙矿区修建人畜饮水工程赞助716万元；并为贫困山区捐款220.32万元。2006年，为准格尔旗纳林庙村、纳日松镇资助绿化费各200万元。2006年，为公司重点帮扶对象——杭锦旗吉日嘎朗图镇乃玛岱村全力打造一流的高标准农业综合效益示范区，制定了乃玛岱新村建设项目实施方案，前期投入100万元，至2009年，累计投资1.55亿元，在黄河南岸开发、整合了7万亩农业高效示范田，使新农村建设项目区农牧民人均增加耕地50亩。

（2）2007年，公司分别为准格尔旗纳林庙村、纳日松镇捐助荒山绿化费100万元。2009年，向杭锦旗民政局捐助水利工程建设款540万元。2010年，公司启动造林绿化减炭工程，先后投入8259万元在杭锦旗、准格尔旗种植乔木257万株、灌木42万丛，改善生态环境；4次向杭锦旗民政局捐助7020万元，用于新农村建设，捐助300万元用于水利工程建设。2011年，捐助杭锦旗民政局扶贫款680万元、水利工程建设款1800万元；捐助内蒙古防沙治沙基金会300万元。2012年，向杭锦旗民政局捐赠饮水工程款2000万元；经准格尔旗非税收入管理局捐赠扶贫款220万元。2013年，集团向泊江海子镇人民政府捐赠扶贫款43.15万元，2014年向杭锦旗民政局捐赠生态治理款53万元，为鄂尔多斯市慈善总会捐助270万元。

2. 赈灾与救济

1995—2015年，集团公司累计为社会

图 12-3-23 2008 年 5 月 13 日，中国红十字会彭珮云会长（右）接受伊泰集团为四川汶川县抗震救灾捐款（左图）；2013 年 4 月 23 日，全国人大副委员长华建敏（左二）接受伊泰集团向四川雅安地震灾区捐款（右图）并向伊泰颁发"中国红十字特级勋章"（中图）

赈灾与救济捐助近 10200 万元，其中捐赠 50 万元以上的项目有：

（1）1995 年为鄂尔多斯市达拉特旗地震赈灾捐款 200 万元；1998 年为南方发生洪水灾害捐款 330 万元；2008 年 3 月，为杭锦旗独贵塔拉镇黄河决口洪水灾害捐助现金 1000 万元和价值 128 万元的各类救灾物资，并向鄂尔多斯市红十字会捐款 660 万元。2008 年 5 月，集团公司通过自治区红十字会在第一时间向四川汶川地震灾区捐款 2000 万元，向鄂尔多斯市红十字会捐款 315 万元，全体员工自发向汶川地震灾区捐款 135 万元，全体党员交特殊党费 86 万元、捐助衣物 2000 多件。

（2）2010 年，集团公司经中国红十字会向青海玉树地震灾区捐赠 1000 万元，向内蒙古慈善总会捐助 500 万元。2011 年，向新疆察布查尔县民政局捐助救灾款 500 万元，向自治区慈善总会捐资 320 万元。2012 年，向鄂尔多斯市慈善总会捐赠公益款 400 万元，为鄂尔多斯残疾人福利基金会捐资 30 万元，为杭锦旗民政局捐助救济款 340 万元。

（3）2013 年，向四川雅安地震灾区捐赠 1000 万元，向杭锦旗民政局捐助救济款 528 万元。2014 年，经中国红十字会总会向云南鲁甸地震灾区捐款 1000 万元，向新疆莎库县红十字会捐助 500 万元，向鄂尔多斯市慈善总会捐助 200 万元。

3. 赞助教育事业

公司累计用于改善办学条件、更新教学设备和资助贫困大学生的捐款达 5300 多万元，其中，（1）1990 年，为伊克昭盟师范附属小学资助 1500 元。1995 年，为伊克昭盟师范附属小学资助 500 元，为内蒙古师范大学赞助 15 万元。1996—1999 年，公司成立"伊泰集团公司贫困大学生助学基金会"，每年固定为鄂尔多斯市一中、鄂尔多斯市民族中学、杭锦旗一中、杭锦旗民族中学提供贫困大学生助学基金，先后资助贫困大学生 90 多名，捐资 200 多万元。

（2）2001 年，为鄂尔多斯市一中赞助 50 万元。2006 年，为达拉特旗一中赞助 50 万元。2007 年，公司为杭锦旗"龙子心"希望小学捐助 50 万元。2008 年为杭锦旗林阴路小学捐资 50 万元。2009 年，公司为杭锦旗第一小学捐资 50 万元，为杭锦旗第一中学捐资 500 万元，为鄂尔多斯青少年发展基金会捐资 50 万元。

2010年，通过杭锦旗红十字会捐资助教款530万元。2011年，向杭锦旗红十字会捐资助教款100万元，为伊金霍洛旗教育局捐资助教款1000万元，经鄂托克旗财政局非税收入管理局捐资助学1000万元，向内蒙古财经大学校庆捐赠50万元。2012年，向杭锦旗教育局捐赠教育款100万元，向内蒙古师范大学60年校庆捐赠100万元，向内蒙古农业大学60年校庆捐赠50万元。

4. 赞助文化体育事业

1995—2015年，公司累计赞助各类文化与文艺演出活动近1500万元，其中，1996年，为伊克昭盟书画院捐赠50万元，为东胜市承办的全国小城市会赞助100万元。1997年，为自治区成立50周年庆祝活动赞助115万元。2001年，为伊克昭盟撤盟设市举办庆祝大会和文艺晚会赞助100万元。2005年12月，为自治区党委组织部开展党员先进性教育活动、邀请解放军总政歌剧团演出《党的女儿》捐助40万元。2009年，经鄂尔多斯市慈善总会捐助文化建设款1000万元。

1990—2015年，伊泰集团累计赞助大型纪念与出版活动近亿元，其中，（1）2005—2007年，为编著《蒙古族全史》赞助300万元；为自治区成立60周年的献礼片电视剧《我从草原来》赞助600万元；为内蒙古《蒙古学百科全书》基金会捐赠360万元；为中国内蒙古第三届国际草原文化节暨首届成吉思汗国际文化节赞助300万元。2007年，集团公司为乌兰夫基金会捐款400万元，伊泰煤炭股份公司为内蒙古《蒙古学百科全书》基金会捐赠240万元。2008年，集团公司为乌兰夫基金会捐款5000万元。

（2）2009年8月，为鄂尔多斯市承办亚洲文化节赞助2000万元。2009—2013年，集团公司每年向自治区草原文化节捐助1000万元，共计5000万元。

图12-3-24 2009年6月30日，《内蒙古商报》刊登伊泰集团赞助中国·内蒙古草原文化节5000万元的信息

（3）2010年，为鄂尔多斯国际那达慕大会捐资300万元。2012年，经鄂尔多斯市非税收收入管理局为那达慕大会捐款200万元。2014年，公司向乌兰夫基金会捐助10375万元。2015年，赞助第十届全国少数民族运动会1000万元。

5. 赞助医疗卫生事业

1995—2015年，集团公司累计为社会医疗卫生事业赞助9500多万元，其中，2003年5月，公司为抗击"非典"向鄂尔多斯市政府捐赠220万元，同时支付50万元用于公司员工防治"非典"。2005年8月，为鄂尔多斯中心医院资助5000万元，用于修建25层高的住院楼。2007年，集团公司为鄂尔多斯市红十字会捐款790万元，为杭锦旗红十字会捐款250万元，为鄂尔多斯市红十字会捐款1865万元，为杭锦旗红十字会捐款250万元。2009年，向鄂尔多斯市红十字会捐助150万元，为鄂尔多斯市东胜区红十字协会捐赠奥迪轿车20辆，价值744万元；向杭锦旗红十字会捐资50万元。2010年，为鄂尔多斯市红十字会捐助80万元。2011年，向东胜红十字会"博爱一日捐"50万元。

6. 其他赞助

1995—2015年，伊泰集团共计投入其他赞助近2450万元，其中，（1）1996年，支出其他赞助费57.68万元；1997年，为其他社团赞助86.39万元。1999年，为其他社团赞助72.38万元，伊泰煤炭股份公司赞助71.89万元。2000年，集团公司为其他社团赞助73.97万元。2001年，支出其他零星赞助40万元。2003年，集团公司为准格尔旗修建和尚湾大桥捐助300万元。2006年，集团公司为社会团体赞助53.32万元，为公安部门捐资70万元，用于购置巡逻警车。2007年，集团与股份公司分别为其他社团赞助114.5万元。2009年，向中华环境保护基金会捐助40万元。

（2）2010年5月，伊泰集团向内蒙古青年创业就业基金会、内蒙古伊泰青年创业就业基金会共捐赠400万元；同年，向鄂尔多斯市慈善总会捐助230万元，为内蒙古马业发展基金会捐资50万元。2012年，香港联交所公司发行H股募集资金公益捐赠款81.52万元，为北京绿能煤炭经济研究基金会捐助200万元。2013年，捐助内蒙古马业发展基金会50万元。

7. 安置就业

伊泰集团的煤矿、集装站、铁路、公路以及生态基地大都建在了鄂尔多斯准格尔旗、伊金霍洛旗和杭锦旗，由于煤炭、甘草产业的带动，直接和间接从业人员超过5万人，有效地解决了当地就业难的问题。

（二）内蒙古伊东资源集团股份有限公司

公司认真落实"社会支持伊东、伊东回报社会"的企业责任，截至2015年，公司在各项社会事业上累计投入8亿多元。2014年10月17日，国务院召开全国社会扶贫工作电视电话会议，伊东集团以其长期以来在扶贫中的突出表现，作为自治区惟一一家企业，荣获由国务院扶贫开发小组授予的"全国社会扶贫先进集体"荣誉奖项，也是内蒙古自治区首个获得此荣誉的企业。

1. 生态恢复与环境治理

集团累计投入资金4.1亿元用于矿区防尘、土地复垦、植被恢复、水土保持等，在鄂尔多斯煤炭企业中第一个成立绿化公司，栽种各类苗木25万余株，完成绿化面积达467公顷，恢复植被面积2835公顷。2011年，响应鄂尔多斯政府"营造10万亩减碳林"工程号召，已投资3400万元用于该工程。

图12-3-25　图为（由左至右）伊东集团投资500万元建设穿沙公路、全国社会扶贫先进集体、向准格尔旗教育基金注资200万元

2. 矿区移民新区建设

投资1980万元建设神山移民新村。安置宏测、宏鑫两个煤矿矿权范围内80户居民入住。同时又出资为新村建文化娱乐活动中心，建学校、建医院，并安排就业，使矿区居民移得出、稳得住、能致富。2014年，公司开始投资5000多万元实施窑沟矿区移民新村的建设工程。

3. 支持当地市政建设

公司累计投资650万元，建设沙圪堵伊东广场、薛家湾南山公园观景塔、伊东循环经济产业基地观景楼、火炬景观工程。公司投资53万元建设伊东扶贫路，投资500万元建设穿沙公路。

4. 赞助文教卫生事业

公司捐助3000多万元，用于改善当地办学条件和扶持贫困学生。捐助鄂尔多斯大学矿业学院1000万元、准格尔旗教育基金200万元、世纪中学200万元。董事局主席杨二喜个人捐助神山小学100万元。公司向准格尔旗人民医院捐助100万元。

图12-3-26　2008年5月18日，伊东集团向汶川地震灾区捐款200万元

5. 赈灾救济

2008年，公司向四川汶川震区捐助200万元，2013年向四川雅安震区捐款100万元。

6. 其他赞助

公司投入20万元用于赞助草原英雄小姐妹之家的建设、鄂尔多斯市"一会两节"活动的筹办、准格尔旗第四届漫瀚调艺术节等项目。

（三）鄂尔多斯市乌兰煤炭集团有限责任公司

1. 支教助学

2005年9月8日，在伊金霍洛旗召开庆祝第二十一个教师节暨优秀教师表彰大会上，集团捐款30万元。2009年6月，集团向鄂尔多斯市人民教育基金会捐款20万元。2011年8月，集团为伊金霍洛旗教育基金会捐资3000万元。2012年3月，集团出资300万元在内蒙古大学、内蒙古师范大学分别设立"乌兰集团奖助学基金"。2013年5月，集团公司再次分别为内蒙古大学和内蒙古师范大学的200名困难大学生每人颁发5000元奖助学金。

图12-3-27　2012年3月29日，内蒙古师范大学举行"乌兰集团奖助学基金"协议签字暨第一批资助款发放仪式

2. 赞助医疗卫生事业

2003年5月9日，集团为防控"非典"向伊金霍洛旗人民政府捐款30万元。2012年4月10日，集团向伊金霍洛旗人民医院捐赠了一辆价值80万元的救

护车。

3. 赈灾与救济

2008年5月，集团向四川汶川大地震灾区捐款170万元。2010年4月向青海省玉树县灾区捐款50万元，8月向遭受特大泥石流灾害的甘肃舟曲县捐款100万元。2013年4月，向四川省雅安市芦山县地震灾区捐款100万元。2012年7月8日，向巴彦淖尔市洪涝灾区捐款10万元。

4. 爱心捐助

2007年5月15日，集团为平安社区进城务工农牧民捐款5万元。2009年7月23日，向伊金霍洛旗红十字会主办的"天骄圣地，爱心飞扬"——2009年慈善募捐晚会捐款14.8万元。

（四）内蒙古汇能煤电集团有限公司

公司自2001年成立以来，为灾区及贫困地区捐资扶贫、助医助学、供电供水、供煤修路等无偿投入折合人民币3亿多元，贫困民众受益人数达8万余人。2013年，汇能集团被自治区党委、政府评为"全区履行社会责任先进企业"。

公司各产业当前提供固定就业岗位5000余个，雇佣外包劳动人员近5000人，共吸纳上万人就业，使数万家庭成员受益。

（五）内蒙古太西煤集团股份有限公司

1. 支教助学

2010年8月28日，向阿拉善盟行署与华育助学基金会合作主办的"草原之夜——秘境阿拉善原生态歌舞慈善晚会"捐款10万元；9月9日阿拉善盟支教助学费10万元；2012年4月24日，赞助西北学友会16万元；6月，赞助"安全知识进校园，我为孩子捐本书"献爱心活动8.2万元，用于订购《未成年人安全预防与自救》爱心图书6000册。

2. 赈灾与救济

2008年5月、6月，公司及干部职工先后向四川地震灾区捐款（含特殊党费）161.66万元。2010年4月，公司通过阿拉善盟民政局向青海玉树地震灾区捐款100万元。公司开展为青海玉树地震灾区献爱心募捐活动，全公司3097名员工共捐款209527元。

2005年7月，向阿盟慈善协会捐款1.5万元。2007年2月—2014年9月，公司向阿盟社会福利院捐款40万元。2008年12月—2010年1月，公司向阿拉善盟慈善协会捐赠10万元。2009年1月，赞助阿拉善左旗残疾人联合会2万元。2012年6月，公司向阿拉善盟红十字会捐款8.22万元。

3. "博爱一日捐"活动

2007—2014年，公司开展"博爱一日捐"活动，共筹集捐款73.3万元。

4. 资助文化体育事业

2005年6月17日，向阿左旗职工运动会赞助2万元；8月27日，向阿拉善奇石旅游节赞助6万元。2006年4月8日，向走进中国秘境阿拉善全国摄影大赛赞助10万元；向民运会赞助20万元。2009年7月，赞助内蒙古成吉思汗影视文化公司10万元；9月，赞助阿左旗奇石文化旅游节10万元。赞助内蒙古煤矿职工艺术作品评选活动委员会2万元。

5. 其他赞助

2009年赞助巴彦浩特镇四个清真寺40万元。2012年9月21日赞助阿拉善盟财政局综合室200万元。2013年5月20日赞助盟公安局200万元。2013年1月8日，无偿援助邯郸市政府价值近300万元的200吨活性炭。2014年8月10日阿拉善盟建盟30周年捐款110万元；向北京市企业家环保基金会捐款10万元。赞助其他活动30余万元。

第三章 文化建设

图12-3-28 2013年1月8日，邯郸市政府举行向太西煤集团授牌仪式

（六）蒙发能源控股集团有限责任公司

企业在不断发展壮大的同时牢记民营企业家使命，积极践行民营企业社会公益责任，累计捐款6189万元，捐赠物资167万元。

1. 支教助学

2011年，为伊金霍洛旗教育发展基金捐款1000万元用于伊金霍洛旗教育事业，对伊旗当地贫困生实施救助，共计资助金额为56万元，为28名贫困生圆了大学梦。

2. 赈灾与救济

在汶川地震和玉树地震期间，蒙发能源控股集团职工踊跃募捐，通过红十字会向震灾区捐款150万多元；公司也因此被自治区党委办公厅、政府办公室授予"抗震救灾捐款 捐物先进集体"荣誉称号。

3. 其他赞助

在鄂前旗昂素镇巴音乌珠嘎查累计投入资金560万元建成蒙发惠民专业合作社和嘎查农牧机械服务队，并且每年在巴音乌珠嘎查投资20万元用于解决巴音乌珠嘎查的羊肉销售难题；在伊旗红庆河镇及乌兰木伦镇修建乡村道路，投资1600万元；为伊旗红庆河镇宝林村、札萨克镇贵勒斯太村及乌兰木伦镇格丑庙村等地投入近300多万元用于村集体经济建设。

2007年，公司被自治区创建劳动关系和谐单位活动领导小组评为"劳动关系和谐单位"。2007年、2008年先后被自治区总工会和中华全国总工会授予"模范职工之家"称号。

（七）神东天隆集团有限责任公司

1. 基金会

2011年，公司基金会为陕西神木县大柳塔镇财政所建设公路捐款300万元。2012年7月，公司基金会响应少数民族定居兴牧的转型号召，为新疆伊犁哈萨克自治州苏布台村贫困户建房工程捐助60万元，为部分牧民提供了固定的住所。同年，为伊金霍洛旗红十字会捐款500万元。

2015年5月，基金会向伊金霍洛旗红十字会捐赠《关爱青少年健康成长系列丛书》1000套，价值9.85万元。

2. 救灾扶贫

2008年5月，为四川地震灾区捐赠100万元；职工个人向灾区捐助款物86万元，衣物1333件。2010年5月，公司向青海玉树地震灾区捐款100万元，员工募捐39万元。为陕西"民生神木"建设奉献爱心，捐资1500万元。

2010年7月，公司向首届鄂尔多斯国际那达慕大会赞助200万元，2012年为鄂尔多斯国际那达慕大会赞助200万元，2015年向第十届全国少数民族传统体育运动会赞助100万元。

截至2015年，天隆集团公司资助伊金霍洛旗教育局修建蒙古族小学1000万元，资助建设鄂尔多斯市中心医院500万元，出资380万元援助神木县万镇西环线公路修建，西环线的贯通，惠及万镇27个行政村近8000多人的生产、生活。为结对帮扶责任村纳林希里村、乌兰陶勒亥村、乃玛岱村共捐助帮扶金42

万元。集团公司低于成本价向伊金霍洛旗阿镇地区和杭锦旗村民低价供应燃煤,向农牧民捐出384.59万元冬季取暖费。

(八) 内蒙古西蒙集团有限公司

1. 济农扶贫

2005年3月,集团公司"真情回馈桑梓——扶贫济困富农"工程赠肥大行动暨首发仪式启动,首批赠送肥料量近600吨,价值100余万元。2006年9月,集团公司向武川县二份子乡厂汉此老村捐赠50吨价值10万元的土豆专用有机肥。截至2015年,公司共拿出价值500万元的"西蒙·蓝恩德"牌腐植酸有机复混肥料无偿赠送给农民使用,支持生态农业、实施富农工程。

图12-3-29 西蒙公司为农民捐赠肥料

2. 支教助学

2007年5月,集团公司捐资1500万元,在包头市九原区建设西蒙小学,解决了该地区2000名适龄儿童上学难的问题。2008年9月,连广明董事长一行看望内蒙古师范大学2009级入学新生,并捐赠奖学金10万元。2009年1月,集团向内蒙古电子信息职业技术学院捐赠了价值120万元的教学设备,包括50台计算机、30台投影机、30个KPS—160及一座语音教室。同时,集团下属埃伊尔科工贸有限责任公司对该校10名家庭贫困、品学兼优的大学生捐助4万元。

2011年,向内蒙古师范大学教育发展基金会捐赠300万元,并与内蒙古师范大学教育发展基金会签订合作协议,成立"连广明教育发展基金"。同年初,患有耳疾、家境较差的任大宇考入天津美术学院,公司捐助20万元使其成功进行人工耳蜗埋植手术。

图12-3-30 2011年10月29日,内蒙古师范大学举行连广明教育发展基金授牌仪式

3. 赈灾与救济

1998年8月,内蒙古西蒙煤炭有限责任公司参加自治区抗洪赈灾义演晚会,向灾区捐赠人民币1.3万元和价值20万元的煤炭。2003年5月,集团公司为抗击"非典",捐助价值25万元的两辆汽车和5万元现金。2008年,公司分别向遭受凌汛灾害的鄂尔多斯市杭锦旗灾区和四川汶川地震灾区捐赠价值120万元的物资和100万元现金。

2010年8月,集团公司向呼和浩特市慈善总会创始基金捐款50万元。2011年7月,公司注册资金600万元成立内蒙古西蒙公益基金会。该基金将用于各类社会公益事业。2013年5月,集团向四川雅安、内蒙古通辽地震灾区各捐款50万元。2013年5月22日,西蒙集团公司捐赠400万元(每年20万元)与内蒙古科技大学共建的"西蒙爱心超市"启动运营。

内蒙古煤炭工业志(1991—2015)

人　　物

2007年9月28日，在北京人民大会堂举行的全国煤炭工业先进集体、劳动模范、先进工作者表彰大会上，内蒙古受表彰的代表领奖

- ○　　人物传略
- ○　　人物简介
- ○　　人物表

一、人物传略

李 顺
（1940—2000）

男，蒙古族，1940年11月出生，内蒙古科右前旗人。

1961年考入清华大学水利工程系，1966年1月加入中国共产党，1968年8月被分配至新疆维吾尔自治区水利厅渭干河设计队任水电站专业组长；1972年任新疆哈密矿务局露天矿党支部书记；1979年8月任伊敏河矿区技术处工程师，1982年任建设处副处长；1984年10月任伊敏河矿区建设指挥部副指挥；1986年8月任指挥；1991年1月任伊敏煤电公司总经理、党委副书记；1995年7月，任伊敏华能东电煤电有限责任公司总经理兼党委副书记，1998年晋升为成绩优异高级工程师。

从1989年开始，李顺全身心地投入伊敏煤电工程的立项和前期准备工作。4年间，他30余次进北京汇报工作，在他和班子全体成员的共同努力下，终于使一个一期工程为100万千瓦装机电厂、配套工程为年产500万吨原煤的伊敏煤电工程正式立项，纳入国家"八五"计划和国家10年发展规划。1991年8月，电厂破土动工，到1994年底，煤电工程累计完成投资19亿元，1996年成立电厂工程会战指挥部，他担任总指挥，第一台50万千瓦发电机组1998年4月开始启动及满负荷试运。他坚持依靠群众办企业，认为"能否真正依靠工人阶级办企业，不仅仅是工作方法问题，而是政治立场问题，是坚持不坚持党的基本路线的试金石。"企业不断完善民主管理程序，逐步走向正常化和规范化，因此受到职工群众的欢迎。

1989年被评为内蒙古自治区少数民族优秀企业家，1992年被评为呼伦贝尔盟群众生产活动最佳领导者，1993年获全国五一劳动奖章，1994年被评为全国最佳先进人物，1995年获内蒙古自治区劳动模范和全国劳动模范称号。

文乾惠
（1939—1998）

男，汉族，1939年3月出生，辽宁省凤城县人。

1958年考入内蒙古工学院采矿系，1963年9月毕业分配至包头矿务局召沟矿任实习技术员；1965年调乌达矿务局苏海图煤矿工作，历任采煤队技术员、队长、矿生产技术员、科长、副矿长、矿长；

1986年7月任乌达矿务局副局长兼安全监察局局长;1992年10月至1998年9月任乌达矿务局局长兼局党委书记。

他担任矿务局局长期间,全国煤炭市场疲软,生产出的煤卖不出去。1992年,全局累计亏损达1.79亿元,400万吨的产能只能发挥一半的效能,企业陷入严重困难境地。他临危受命,带领全局开展"一年解困、二年持平、三年走出困境"的"二次创业"活动。1996年,全局生产原煤385万吨,外运销售320万吨,较上年增收5400余万元,实现减亏50%的目标;1997年全局实现盈亏持平的目标。

1994年获煤炭部授予的优秀局长称号。

廉宝纯(1933—2012) 男,汉族,辽宁省义县人。

1951年7月毕业于阜新高级职业学校,被分配至辽宁省北票矿务局工作,历任台吉煤矿技术员、元宝山煤矿生产技术股副股长、元宝山煤矿生产技术科副科长;1955年加入中国共产党;1961年7月至1966年10月,历任平庄矿务局元宝山煤矿二井井长、矿务局调度室副主任、生产技术处副处长,1966年11月任平庄矿务局元宝山煤矿代矿长、矿革委会常委、副主任;1973年7月任平庄矿务局元宝山煤矿党委书记、革委会主任,1977年6月任平庄矿务局党委常委兼元宝山煤矿党委书记、革委会主任,1978年5月任平庄矿务局党委常委、副局长;1983年5月任内蒙古自治区煤炭工业厅副厅长、党组副书记;1986年12月至1990年7月任内蒙古自治区煤炭工业厅党组书记;1986年12月至1993年6月任内蒙古自治区煤炭工业厅厅长。

他任职期间,认真贯彻落实自治区党委和政府的安排部署,努力做好全区的煤炭生产管理和改革发展工作,使自治区的煤炭事业得到很好的发展;1993年当选内蒙古自治区政协常委;1998年4月退休。

二、人 物 简 介

(一)内蒙古自治区煤炭行业主管部门

高守尧 男,汉族,1939年10月出生,辽宁省大连市人。

1964年毕业于阜新矿业学院,被分配至乌达矿务局苏海图煤矿任技术员;1968年1月任乌达矿务局五虎山煤矿副总工程师兼生产科副科长;1976年11月加入中国共产党;1981年2月任乌达矿务局黄白茨煤矿总工程师、副矿长;1983

年1月任乌达矿务局副局长；1983年7月任乌海市委副书记、市长；1990年7月任内蒙古自治区煤炭厅党委书记；1993年6月任内蒙古煤炭工业管理局局长、党组书记；2000年3月任内蒙古自治区政协常委；2004年10月退休。

王旺旺 男，汉族，1962年3月出生，内蒙古武川县人。

1984年7月毕业于山西矿业学院采矿工程系采煤工程专业，被分配至内蒙古煤矿设计院任技术员、设计项目负责人；1986年6月任内蒙古自治区煤炭工业厅机关党委委员、团委书记；1995年2月兼任机关工会主席；1987年加入中国共产党；1995年至1997年挂职伊克昭盟准格尔旗人民政府分管煤炭工业副旗长；1997年1月任内蒙古自治区煤炭工业厅安全监察局副局长；2000年6月任内蒙古自治区煤炭工业局行业规划管理处处长；2002年5月任内蒙古自治区煤炭工业局副局长兼内蒙古煤炭供销总公司总经理；2004年4月任内蒙古自治区政府工业办公室能源处处长、煤炭工业局局长；2005年12月任内蒙古自治区政府工业办副主任、党组成员兼煤炭工业局局长；2006年7月任内蒙古自治区经济委员会副主任、党组成员兼煤炭工业局局长；2011年4月兼任中国煤炭工业协会副会长；2011年5月调任中国华电集团公司煤炭产业部主任，2013年任中国华电集团公司总工程师（煤炭）。

庞禹东 男，汉族，1962年1月出生，山西省大同市人。1984年7月毕业于内蒙古煤炭工业学校地下采煤专业，被分配至包头矿务局长汉沟矿采煤四队任技术员；1987年11月加入中国共产党；1988年2月任包头矿务局长汉沟矿采煤四队队长；1991年1月任包头矿务局河滩沟矿、柳塔矿采煤队队长；1993年2月任包头矿务局柳塔矿副矿长；1997年2月任包头矿务局生产处处长；1998年8月任神华集团包头矿务局生产处处长；2000年2月任神华集团包头矿务局、神华集团包头矿业有限责任公司白狐沟矿矿长；2003年10月任神华集团包头矿业公司总经理助理、河滩沟矿矿长；2007年6月任神华集团包头矿业公司副总经理；2012年1月任神华包头能源有限责任公司董事、总经理；2015年10月任内蒙古自治区煤炭工业局局长。

（二）内蒙古煤矿安全监察局

臧海民 男，汉族，1943年11月出生，辽宁省阜新县人。

1966年8月毕业于阜新矿业学院，被分配至阜新矿务局新邱煤矿任主管技术员；1971年2月任阜新矿务局新邱煤矿新闻宣传办公室干事；1972年11月加入中国共产党；1977年2月任阜新矿务局新邱煤矿秘书科副科长；1979年8月任阜新矿务局新邱煤矿党委委员兼党办主任；1983年6月任阜新矿务局新邱煤矿党委副书记；1983年11月任霍林河矿区建设指挥部党委副书记；1988年1月任霍林河矿务局党委书记；1993年4月任东北内蒙古煤炭工业联合公司政治部主任（正局级）；1994年5月任内蒙古煤炭工业管理局党组副书记、副局长；2000年5月任内蒙古煤矿安全监察局党组书记、局长兼内蒙古自治区煤炭工业局局长；2003年1月任内蒙古自治区政协常委兼内蒙古煤矿安全监察局巡视员；2003年11月任内蒙古自治区政协常委；2008年3月退休。

曹安雅 男，汉族，1954年8月出生，内蒙古乌兰察布市人。

1970年8月在内蒙古生产建设兵团5师32团参加工作；1975年8月加入中

国共产党；1978年9月毕业于山西矿业学院采矿工程专业，被分配至内蒙古自治区煤炭厅劳资处任科员；1985年1月任内蒙古自治区煤炭工业厅办公室主任科员，1989年3月任煤炭工业厅办公室副主任，1991年1月任煤炭工业厅党办副主任、主任，1994年8月任内蒙古自治区煤炭工业局办公室主任；1995年1月至1996年8月挂职包头矿务局局长助理；1996年8月任内蒙古煤炭工业管理局党组成员、副局长；2000年4月任内蒙古煤矿安全监察局党组成员、副局长；2002年2月任内蒙古自治区经委党组成员、副主任兼煤炭工业局局长；2003年1月任内蒙古煤矿安全监察局党组书记、局长；2010年11月调任国家煤矿安全监察局行管司司长。

杨泽余 男，汉族，1955年4月出生，辽宁省本溪市人。

1972年12月在辽宁省本溪市下乡务农；1973年12月至1982年3月被抽调到本溪矿务局彩屯煤矿三采区当工人，先后任采煤队长、采区区长；1990年9月任本溪矿务局彩屯煤矿斜井六区区长；1988年9月至1991年3月在北京煤炭管理干部学院大专班学习；1991年3月任沈阳矿务局彩屯矿副矿长；1994年2月任沈阳矿务局本溪矿矿长兼书记；1996年11月任本溪煤炭实业公司副经理；2000年7月任辽宁煤矿安全监察局沈阳办事处主任；2004年10月任辽宁煤矿安全监察局副局长、党组成员；2010年11月任内蒙古煤矿安全监察局党组书记、局长；2015年4月任内蒙古自治区政协常委。

（三）内蒙古自治区国有重点煤炭企业

神华神东煤炭集团有限责任公司

院良臣 男，汉族，1933年10月出生，内蒙古达拉特旗人。

1950年8月参加工作，1952年9月加入中国共产党，曾任伊金霍洛旗党委组织部副科长、准格尔旗榆树湾硫磺厂党委书记、准格尔旗党委工业部部长、宣传部长、副书记、书记，伊克昭盟行署副盟长、盟党委副书记；1985年任包神铁路建设指挥部现场指挥；1987年12月至1991年9月任伊克昭盟党委副书记兼内蒙古自治区东胜煤田开发经营公司经理、党委书记；1992年5月至1996年9月任华能精煤东胜分公司经理、党委书记；1996年9月至1997年12月任神华东胜精煤公司顾问，高级经济师；1998年退休。

王世春 男，蒙古族，1941年4月出生，辽宁省人。

1961年3月参加工作；1966年10月加入中国共产党，曾任乌海市建井三队副队长、组长，海勃湾市煤炭局副局长，乌海市基建处副处长，乌海市公乌素矿区会战指挥部总指挥，内蒙古煤炭基建分公司副经理、经理兼总工，海勃湾矿务局副局长、高级工程师；1992年5月任华能精煤东胜分公司副经理兼总工程师；1993年6月任华能精煤神府分公司第一副经理；1995年1月任神华东胜精煤公司常务副经理；1996年9月至1998年8月任神华东胜精煤公司总经理、党委常委；1998年8月调离。

矫郁亮 男，汉族，1942年4月出生，黑龙江省人。

1966年8月大学基建专业毕业，被分配至鸡西矿务局建井处工作，历任技术员、助工、主任、副处长；1980年5月加入中国共产党；1984年9月任鸡西矿务局副总工程师；1993年9月任东煤公司基建局副局长；1995年12月任东煤公司党委副书记；1996年10月任神华东胜精煤公司董事、党委书记、副总经理；1998年8月任神华神府东胜煤炭公司董事、党委委员、副总经理、正高级工程师，2000年5月任神华神东煤炭分公司巡视员；2002年6月调离。

杨景才 男,汉族,1952年8月出生,吉林省延吉市人。

1968年11月至1974年9月在黑龙江嫩江山河农场插队;1977年7月毕业于辽宁阜新矿业学院被分配至鸡西矿务局工作,先后任鸡西矿务局小恒山矿技术员、主任工程师、党委组织部副部长、四区党总支书记、矿党委副书记、副矿长、东海煤矿矿长、矿务局设计院院长;1979年12月加入中国共产党;1995年12月任神华神府精煤公司副总经理兼活鸡兔矿矿长、高级工程师;1996年4月至1998年8任神华神府精煤公司副总经理兼总工程师、董事、党委常委;1998年8月先后任神华神东煤炭分公司副董事长、副总经理、董事长、党委书记;2003年7月调离。

2003年当选为第十届全国人民代表大会代表,并获全国五一劳动奖章。

王金力 男,汉族,1959年3月出生,山东诸城市人。

1976年5月至1978年4月在霍林河矿区土建处工作;1978年10月加入中国共产党;先后任辽源矿务局梅河煤矿团委副书记、工程科党总支书记、矿务局团委副书记;1984年8月至1996年4月先后任珲春矿务局蛟河煤矿党委书记、应安煤矿矿长、珲春矿务局副局长、局长;1996年4月至1996年12月任长春煤炭科技中心主任、高级工程师;1996年12月任神华港务公司副总经理;1998年8月先后任神华神东煤炭公司董事、副总经理、党委委员、总经理、党委副书记、董事长、党委书记;2005年5月调离。

2004年获全国五一劳动奖章。

郝存世 男,汉族,1950年6月出生,陕西省府谷县人。

1970年8月在海勃湾矿务局公乌素矿参加工作;1972年4月至1975年10月在四川矿业学院学习,被分配至海勃湾矿务局露天矿工作,先后任技术员、副队长,并加入中国共产党;1981年1月至1983年10月在阜新矿业学院学习;1983年10月在海勃湾矿务局生产处工作;1984年9月至1989年6月任海勃湾矿务局露天煤矿副矿长、矿长、高级工程师;1989年6月任华能精煤东胜公司马家塔露天矿矿长、党委书记;1996年9月任神华东胜精煤公司党委副书记、工会主席、纪委书记;1998年8月任神华神东煤炭公司董事、工会主席;1999年12月任公司党委副书记兼纪委书记;2005年4月任神华神东煤炭公司董事、董事长、党委书记;2009年5月调离。

周庆安 男,汉族,1956年11月出生,山东省高唐县人。

1975年5月至1983年10月在山东高唐县杨屯公社任秘书,其间加入中国共产党;1983年10月在内蒙古大雁矿务局一矿任秘书;1986年2月到大雁矿务局党委办公室工作;1987年7月任大雁矿务局一矿办公室主任;1990年10月任大雁矿务局办公室副处级秘书;1994年9月任大雁矿务局调研室主任、高级经济师、党政办公室主任;1996年9月任神华东胜精煤公司董事长办公室主任、副总经济师;1998年8月任神华神东煤炭公司副总经济师兼综合办主任;1999年7月任神华神东煤炭公司副总经理;2000年3月任神华神东煤炭公司副总经理兼神东公共事业发展公司执行董事、总经理;2005年4月任神华神东煤炭公司总经理、董事;2009年5月调离。

姜重山 男,汉族,1953年10月出生,河北省赵县人。

1972年12月为北京军区工程兵第149团5连4班战士、班长,并加入中国共产党;1975年9月至1978年7月在南京工程兵工程学院兵机械系学习;1978年7月至1983年6月在北京军区工程兵

149团历任排长、副连长、机电股长、军需股长;1983年7月至1986年7月在武汉后勤指挥学院指挥系获硕士学位;1986年7月至1990年3月在北京军区工程兵149团历任副处长、处长;1990年3月任北京军区24集团军后勤部寸草塔矿矿长;1998年12月任神华集团金烽公司副总经理、副书记;2006年1月任神华集团金烽公司总经理、党委书记;2009年5月任神华神东煤炭集团有限责任公司党委书记;2010年7月调离神东煤炭集团公司。

张子飞 男,汉族,1958年5月出生,安徽省阜阳市人。

1976年3月到鹤岗矿务局南山矿采掘队工作;1981年6月到鹤岗矿务局南山矿综掘队工作,同年10月加入中国共产党,先后任副队长、队长;1984年11月任鹤岗矿务局南山矿采区副区长;1989年3月到北京煤干院采矿工程专业学习;1991年7月任鹤岗矿务局南山矿任综采

区区长；1995年7月任神府活鸡兔煤矿综掘队队长，1997年2月任煤矿副矿长；1998年8月任神东煤炭公司开拓准备处副处长、高级工程师；1999年7月任神东煤炭公司大海则矿矿长兼总支书记，同年11月任神东煤炭公司补连塔矿矿长兼党委书记；2002年12月任神东煤炭公司总经理助理；2002年4月至2004年6月就读于太原理工大学机械工程专业，获机械工程硕士学位；2004年1月任神华神东煤炭公司副总经理；2005年4月任神华神东煤炭公司党委副书记兼纪委书记；2005年10月调任神华新疆能源有限责任公司党委书记、董事长；2008年10月晋升为正高级工程师；2011年6月任神华神东煤炭集团有限责任公司董事长、党委副书记；2014年7月任神华集团公司职工董事；2015年1月兼任神华新街能源公司董事长、党委书记；2015年11月任中国神华能源股份有限公司副总裁。

张子荣　男，汉族，1961年8月出生，陕西省榆林市人。

1981年11月到陕西省榆林市横山县樊家河煤矿任会计，1985年3月在华能精煤运销分公司任会计；1986年9月至1989年6月在吉林省舒兰矿务局职工大学就读，1989年7月任神府分公司基建处科长；1991年9月至1994年7月在北京理工大学就读土木工程系工民建专业，获本科学历；1992年10月任活鸡兔煤矿筹建处工程技术部主任；1993年9月任神府精煤公司基建处副处长；1998年9月任神东煤炭公司计划部副经理，2000年6月任基建部经理，2004年6月任公司副总工程师；2005年9月至2008年6月在中国矿业大学机械电子专业学习，并获工程硕士学位；2005年11月任中国神华神东煤炭分公司副总经理；2008年3月至2010年1月在清华大学就读高级管理人员工商管理专业，获管理硕士学位；2008年1月至2009年9月在中国神华神东煤炭分公司历任党委副书记、副总经理、党委委员；2009年5月任神华神东煤炭集团有限责任公司常务副总经理、临时党委副书记；2010年7月任神华神东煤炭集团有限责任公司党委书记、副董事长。

杨　鹏　男，汉族，1967年10月29日出生，陕西省神木县人。

1991年7月于西安矿业学院煤田地质专业本科毕业，被分配至大柳塔煤矿地测科任科员；1993年7月任大柳塔煤矿地测科主任工程师；1994年9月在西安矿业学院就读硕士研究生，1998年1月获采矿工程专业硕士学位，后在大柳塔煤矿综采队任检修钳工、司机；1999年6月任神东公司生产技术部采煤主管；2000年7月加入中国共产党，同年10月任神东公司补连塔煤矿生产副总工程师、高级工程师；2001年12月任神东公司补连塔煤矿总工程师；2004年7月任神东公司补连塔煤矿生产副矿长；2005年11月任神东煤炭分公司乌兰木伦煤矿矿长、党委书记；2006年11月任神东煤炭分公司补连塔煤矿矿长、党委书记；2007年12月任神华神东煤炭分公司总经理助理、矿长、党委书记；2009年5月起，历任神华神东煤炭集团有限责任公司总经理助理兼安全监察局常务副局长、总工程师、副总经理；2013年3月任公司常务副总经理，同年9月任总经理；2015年11月任神华神东煤炭集团有限责任公司董事长、党委副书记。

2010年享受政府特殊津贴。

赵永峰 男，汉族，1965年10月出生，内蒙古赤峰市人。

1988年7月毕业于山西矿业学院矿井建设专业，被分配至上湾煤矿工作，先后任技术员、副队长、工程技术科（基建科）副科长、科长；1991年7月加入中国共产党；1993年5月任上湾煤矿副总工兼生产办主任、调度室主任，高级工程师；1998年5月任总工程师；1999年8月先后任神东煤炭公司生产技术部副经理、经理；2002年12月任补连塔煤矿矿长、党委书记；2004年6月任神华神东煤炭公司副总工程师；2005年1月先后任中国神华神东煤炭分公司副总工程师兼总调度室主任、副总经理兼总工程师；

2008年3月至2009年10月就读于清华大学经济管理学院，获工商管理硕士学位；2009年5月任神华神东煤炭集团有限责任公司副总经理（2009年5月至2009年9月兼任总工程师）；2010年7月任神华神东煤炭集团有限责任公司总经理；2013年9月调任神华集团安全监察局常务副局长。

杨荣明 男，汉族，1965年5月出生，内蒙古固阳县人。

1990年7月在包头矿务局长汉沟矿第二采煤队为见习技术员，同年10月任包头矿务局柳塔矿技术科技术员；1995年1月任包头矿务局柳塔矿华能井采煤队第一副队长；1996年6月任包头矿务局柳塔矿通检科科长；1997年1月任包头矿务局柳塔矿矿长助理兼通检科科长，同年7月加入中国共产党；1998年5月任万利公司柳塔矿副总工程师；2001年3月任万利公司柳塔矿副矿长；2003年2月任万利公司朔州公司经理；2005年7月任万利煤炭分公司总经理助理；2006年1月任万利煤炭分公司副总经理；2008年4月至2010年6月就读于山东科技大学矿业工程专业，获工程硕士学位；2009年5月任神华神东煤炭集团有限责任公司副总经理；2011年9月至2016年1月就读于辽宁工程技术大学采矿工程专业，获博士研究生学位。2015年2月兼任神华新街能源有限责任公司董事、总经理；

2015年11月任神华神东煤炭集团有限责任公司总经理。

神华准格尔能源有限责任公司

宋瀚峰 男,汉族,1942年10月出生,吉林省大安县人。

1962年9月至1968年5月在阜新矿业学院露天采矿专业学习;1966年2月加入中国共产党;1968年5月任平庄矿务局基建处矿建队秘书;1969年1月任平庄矿务局古山矿基层党支部书记;1973年10月任平庄矿务局办公室秘书;1974年6月起历任平庄矿务局西露天矿党委副书记、党委书记、矿长;1982年1月任平庄矿务局副局长;1983年5月任内蒙古煤炭厅厅长、党组书记;1986年12月至1999年4月任准格尔煤炭工业公司党委书记、经理;1997年晋升为正高级工程师;1999年5月任神华集团生产协调部巡视员;2003年7月退休。

李 东 男,汉族,1960年1月出生,山东省泰安市人。

1978年9月至1982年7月在阜新矿业学院采矿工程专业学习;1982年7月在辽宁煤炭管理局干部处工作;1983年1月起历任东北内蒙古煤炭工业联合公司生产处副处长、秘书处处长;1989年加入中国共产党;1992年6月任中国统配煤矿总公司办公厅处长;1993年3月任煤炭工业部办公厅处长;1995年12月任

神华集团总经理办公室主任;1998年6月任神华集团公司办公室副主任;1994年9月至1997年7月在辽宁工程技术大学采矿工程专业研究生班学习;1998年12月任准煤公司副经理;1999年4月任准煤公司总经理、党委副书记;2000年10月任准能公司董事长、党委副书记;2000年9月开始在辽宁工程技术大学采矿工程专业就读博士研究生,同年晋升为正高级工程师;2002年2月任神华集团副总工程师、副总经理。

马 军 男,汉族,1959年10月出生,浙江省杭州市人。

1978年9月考入中国矿业大学露天专业,1982年7月毕业并加入中国共产党;被分配至霍林河矿区指挥部计划处工作,1985年6月任副处长;1989年1月任霍林河矿务局计划处工程处长;1993年1月任霍林河矿务局物资供应处处长兼书记;1994年1月任霍林河矿务局南露天矿矿长;1995年10月任霍林河矿务局副局长兼南露天矿矿长;1997年1月至

1999年6月任霍林河矿务局生产副局长、常务副局长；1999年6月任准煤公司副经理；2000年10月任准能公司董事会董事、总经理、党委委员；同年晋升为正高级工程师；2002年2月任神华准能公司董事长；2005年4月任神华准能公司董事长、党委书记；2010年12月任中国神华能源股份有限公司生产指挥中心总经理。

2007年被中华环保联合会评为中国节能创新先进人物。

张维世 男，汉族，1963年12月出生，内蒙古鄂尔多斯市人。

1986年7月毕业于阜新矿业学院采矿系露天采矿专业，被分配至海勃湾矿务局露天煤矿工作，历任技术员、党委组织员、党委秘书；1988年6月加入中国共产党；1989年8月在准煤公司行政办从事秘书工作；1990年5月任准煤公司黑岱沟露天煤矿行政办主任；1995年7月任准煤公司黑岱沟露天煤矿物资供应部书记、经理；1998年1月任准煤公司黑岱沟露天煤矿经营副矿长；1999年5月任准煤公司物资供应处处长；2001年12月获辽宁工程技术大学工学硕士学位；2002年2月任准能公司副总经济师兼企业策划部经理；2005年4月任准能公司副总经理；2009年1月任准能公司总经理；2010年12月任准能公司董事长、党委书记、哈尔乌素煤炭分公司总经理；2012年4月任准能公司董事长、党委书记、哈尔乌素煤炭分公司总经理、神华准能资源综合开发有限公司董事长；2000年晋升为正高级工程师、高级经济师。

1988年获"内蒙古自治区新长征突击手"称号；1989年获"自治区首届青年发展成才奖"；1991年获自治区直属机关"有为青年"荣誉称号；2012年当选神华集团公司劳动模范；2012年获中国能源化学工会全国委员会授予的"全国能源化学系统五一劳动奖章"；2013年获2012年度"草原英才"称号；2013年获"中央企业劳动模范"荣誉称号；2014年获全国五一劳动奖章并享受政府特殊津贴。

杨汉宏 男，汉族，1960年10月出生，陕西省榆林市人。

1978年7月至1981年7月在陕西煤矿学校煤矿机械化专业学习；2004年5月获太原理工大学机械工程硕士学位，2007年7月在清华大学获工商管理硕士学位；1981年7月加入中国共产党；历任陕西煤炭建设公司机电安装公司副经理、经理；1996年3月任神华神府精煤公司基建处副处长；1997年3月任神华神府精煤公司动力处副处长；1998年2月任神华神府精煤公司大柳塔矿矿长；1998年9月任神华神东煤炭公司大柳塔矿矿长、党委书记；1999年9月任神华神东煤炭公司副总工程师兼基建部经理；

2000年5月任神华神东煤炭公司副总经理；2002年3月任神华房地产公司副总经理；2004年11月任中国神华股份能源有限责任公司生产装备部总经理；2009年11月任神华集团公司、中国神华能源公司煤炭生产部总经理；2012年晋升为正高级工程师；2015年11月任神华准能集团公司董事、董事长、党委书记，准能公司董事、董事长，中国神华哈尔乌素露天煤矿总经理，神华准池铁路有限责任公司董事、董事长，神华准能资源综合开发有限公司董事、董事长。

1999年8月被评为"陕西省第六届杰出青年企业家"；2011年3月获准享受政府特殊津贴。

张智明 男，汉族，1959年5月出生，内蒙古凉城县人。

1982年7月毕业于太原重型机械学院铸造专业，被分配至霍林河矿区建设指挥部机电修配厂，历任技术员、车间副主任、车间主任；1985年加入中国共产党；1990年6月调入准煤公司黑岱沟露天煤矿工作，历任维修部副主任、生产作业部党总支书记、副矿长兼选煤部经理、书记、常务副矿长、矿党委书记；1997年2月任准煤公司副总经理；2000年10月任准能公司副总经理；2002年4月任准能公司董事会董事、党委委员、副总经理；2005年4月任准能公司总经理；2008年10月任神华澳大利亚控股有限公司总经理；2000年晋升为正高级工程师。

1996年被评为全区优秀思想工作者。

神华乌海能源有限责任公司

神华集团乌达矿业有限责任公司

赵克让 男，汉族，1934年9月出生，内蒙古五原县人。

1951年3月在中共五原县委统战部任干事；1954年2月任中共五原县二区区委书记；1958年9月任乌达矿务局二矿党委副书记；1960年2月任乌达矿务局一矿党委副书记、副矿长；1970年5月任乌达矿务局一矿革委会副主任；1974年6月任乌达矿务局一矿党委书记、革命委员会主任；1977年7月任乌达矿务局副局长、局长；1983年9月到煤炭管理干部学院学习；1985年9月任乌达矿务局党委书记；1995年退休。

于大中 男，汉族，1934年10月出生，辽宁省沈阳市人。

1954年3月毕业于抚顺煤炭学校，被分配至包头矿务局任技术员；

1958年10月任乌达矿务局黄白茨矿技术员，1981年任乌达矿务局副总工程师，晋升高级工程师职称；1984年任乌达矿务局副局长，1987年5月任乌达矿务局局长；1994年退休。

张海旺 男，蒙古族，1949年10月出生，内蒙古乌拉特后旗人。

1968年在乌达矿务局第一煤矿参加工作；先后任工人、副队长、党支部书记；1975年任乌达矿务局团委书记、生产部副主任；1978年任五虎山矿副书记；1984年任矿务局水电处书记；1989年任五虎山矿党委书记；1992年任乌达矿务局副局长；1995年任乌达矿务局党委书记、乌海市委副书记；2000年4月调入内蒙古煤矿安全监察局党组副书记（兼纪检组长）、巡视员；2012年退休。

1990年获"全国优秀民族团结干部"称号，1991年被内蒙古自治区党委授予"优秀党委书记"称号。

张官玺 男，汉族，1947年1月出生，内蒙古凉城县人。

1964年在凉城县参加"四清"工作，1967年任凉城县后营公社革命委员会主任；1969年任凉城县双山小学副校长；1970年任营盘湾煤矿四分矿革委会委员、采煤队党支部书记；1978年任乌达矿务局五虎山矿综采队书记，1986年任乌达矿务局五虎山矿纪委书记；1989年任乌达矿务局发电厂党委书记；1993年任乌达矿务局党委常委、副局长，1999年任局长；2002年任乌达矿务局巡视员；2008年退休。

乔俊杰 男，汉族，1950年10月出生，陕西省神木县人。

1971年4月在乌达矿务局五虎山矿开拓队参加工作；1975年8月任五虎山矿副矿长；1979年12月任五虎山矿开拓队队长；1982年7月到北京煤炭干部学院煤矿企业管理专业学习，同年9月加入中国共产党；1985年7月毕业后任乌达矿务局企业整顿办公室副主任；1986年10月任乌达矿务局多种经营处副处长；1988年2月任乌达矿务局多种经营总公司副经理、经理；1995年4月任乌达矿务局煤焦化开发公司经理、党总支书记；1996年12月晋升为高级经济师；1997年7月任乌达矿务局副局长；1998年8月任神华集团乌达矿务局副局长；2001年4月任神华集团乌达煤业公司副董事长（法人代表）、党委常委；2001年8月任神华乌达矿业公司副董事长（法人代表）、党委常委；2002年10月任神华集团乌达矿业公司董事长（法人代表）、党委常委；2008年10月调任神华杭锦能源公司董事长；2010年退休。

张拴定 男，汉族，1946年11月出生，山西省代县人。

1961年3月在乌达矿务局建井处任通信员，1965年3月到乌达矿务局报社政治部工作；1968年2月入伍，历任班长、事务长、副指导员；1971年9月被推荐到内蒙古大学哲学专业学习，1974年8月毕业回部队任内蒙古军区边防副指导员；1978年7月转业至乌达矿务局工作，历任政治部党办干部、矿务局党办副主任、乌达矿务局职工大学党委书记、矿务局党办主任、组织部长等职务；1997年7月任乌达矿务局纪委书记、党委常委，1998年8月任神华集团乌达矿务局纪委书记、党委常委，2000年12月至2006年11月任神华乌达矿业公司党委书记、副董事长。

温治学 男，汉族，1951年7月出生，山西省兴县人。

1970年4月到乌达矿务局教子沟煤矿当工矿工；1976年9月被推选到山西矿业学院采煤专业学习；1979年7月毕业，被分配至乌达矿务局技工学校任教；1983年8月到乌达矿务局工作，先后任生产技术处技术员、助理工程师、矿务局办公室秘书；1988年3月任矿务局黄白茨矿采煤三队队长兼党支部书记，1991年12月任矿务局办公室副主任，1995年7月任黄白茨矿矿长，1997年7月任矿务局副局长；1998年8月任神华集团乌达矿务局副局长，2001年4月任神华集团乌达矿业公司董事、常务副总经理，2001年6月任神华集团乌达矿业公司董事、常务副总经理、党委常委，2003年4月任神华集团乌达矿业公司董事、总经理；2008年10月调任神华杭锦能源公司总经理。

郝瑞明 男，汉族，1959年8月出生，内蒙古五原县人。

1975年7月到五虎山矿农场下乡插队；1978年7月考入内蒙古煤炭工业学校地下采煤专业学习，1981年7月毕业被分配至乌达五虎山矿生产技术科工作；1985年9月到乌达煤矿职工大学企业管理专业学习，1987年12月加入中国共产党；1988年7月毕业回到五虎山矿掘进四队、开拓二队工作；1993年5月任乌达矿务局多种经营总公司洗煤厂厂长；1995年6月任苏海图洗煤厂厂长、高级工程师；1997年8月任乌达矿业公司党委组织部部长；2000年12月任神华集团乌达矿业公司工会主席、副书记、纪委书记、党委书记；2008年10月至2013年3月任神华乌海能源公司党委书记。

2. 神华集团海勃湾矿业有限责任公司

刘显国 男，汉族，1942年4月出生，山东省莱阳县人。

1958年10月在包头矿务局大磁煤矿保卫科、保卫处工作；1968年任包头矿务局办公室秘书；1971年7月加入中国共产党，任包头矿务局组织部科长；1972年任包头矿务局党委办公室副主任兼矿务局机关党委副书记；1975年任包头矿务局86工程处（内蒙古煤矿建井工程处）党委书记、处长；1977年任海勃湾矿务局86工程处党委书记、处长；1980年任海勃湾矿务局党委书记；1984年到内蒙古师范大学干训部离职学习，1986年7月毕业后任海勃湾矿务局党委书记；1993年3月至1994年任乌海市副市长；1995年6月任内蒙古医药公司总经理、党委书记、董事长、局长等职；2002年7月退休。

在包头矿务局工作期间，被评为全国煤矿先进生产工作者；海勃湾矿务局工作期间，被评为内蒙古自治区优秀党员、优秀党务工作者、优秀思想政治工作者。

康广武 男，汉族，1940年10月出生。

1959年6月加入中国共产党，1967年6月毕业于西安矿业学院，1968年9月被分配乌达矿务局黄白茨矿工作，1976年6月任乌达矿务局生产处处长，

1978年8月任乌达矿务局五虎山矿党委副书记、副矿长、总工程师；1982年10月任乌达矿务局安全监察局主任工程师，1983年6月任乌海市劳动局局长，1984年7月至2000年12月任海勃湾矿务局局长、党委书记。

冯振流 男，汉族，1948年10月出生，山东省济宁市人。

1969年7月毕业于包头煤校矿山机电专业，被分配至海勃湾矿务局老石旦矿采煤队工作，历任机电科技术员、副队长、队长；1980年9月到中国矿业学院机械制造专业学习，1982年7月毕业任海勃湾矿务局老石旦矿机电科技术组组长，1984年5月任机电科科长；1985年12月任老石旦矿副矿长，1991年3月任矿长兼党委书记；1995年3月任海勃湾矿务局副局长、党委常委，高级工程师、高级经济师；1998年8月任神华集团海勃湾矿务局副局长、党委常委，2001年3月任神华集团海勃湾矿业公司董事、副总经理、党委常委；2005年1月任神华

集团海勃湾矿业公司总经理；2008年10月退休。

李怀国 男，汉族，1953年5月出生，内蒙古包头市人。

1977年7月毕业于内蒙古燃化学校地下开采专业，被分配至包头矿务局第二煤矿工作，历任掘进队技术员、采煤队队长、调度室主任；1985年加入中国共产党；1986年1月任包头矿务局二矿矿长；1990年1月任包头矿务局柳塔煤矿矿长；1992年1月任乌达矿务局副局长、党委常委；1995年晋升为高级工程师；1997年8月任海勃湾矿务局局长、党委常委，1998年8月任神华海勃湾矿务局局长、党委常委；2002年7月毕业于首都经济贸易大学（函授）硕士研究生班；2001年4月至2008年10月任神华海勃湾矿业公司董事长、总经理，正高级工程师。

1986年获全国优秀矿长称号，1989年获能源部劳动模范称号，2004年获全国煤炭工业优秀矿长、优秀企业家称号，2005年当选全国劳动模范。

董哲华 男，汉族，1945年3月出生，河北省廊坊市人。

1969年3月由部队复原到内蒙古煤矿基建工程处任副指导员；1970年3月到红旗煤矿政治处任干事，同年加入中国共产党；1972年5月先后任海勃湾矿务局老石旦煤矿团委副书记、书记；1976

年8月任海勃湾矿务局老石旦煤矿办公室主任、组干科科长；1985年11月先后任海勃湾矿务局老石旦煤矿党委副书记、书记；1992年11月任海勃湾矿务局党委副书记，高级政工师；1998年8月任神华海勃湾矿务局党委副书记；2000年12月任神华海勃湾矿务局党委书记；2001年3月任神华集团海勃湾矿业公司党委书记、副董事长；2005年退休。

李建新 男，汉族，1949年7月出生，内蒙古包头市人。

1968年8月到巴盟杭锦后旗插队，1970年3月被抽调至巴盟杭锦后旗中学任教；1972年3月到包头师范专科学校中文专业学习，1974年8月毕业后被分配至包头矿务局第一中学任教；1984年11月任包头矿务局党委办公室副主任；1987年4月任包头矿务局白狐沟矿党委书记；1989年1月任包头矿务局党委副书记、工会主席、纪委书记；1995年2月任包头矿务局党委书记、副局长，高级政工师；1998年8月任神华包头矿务局党委副书记、副局长、高级经济师；2001年5月任神华海勃湾矿业公司党委副书记，2005年8月任神华海勃湾矿业公司党委书记；2008年退休。

李来喜 男，汉族，1954年9月出生，陕西省神木县人。

1971—1980年先后在海勃湾矿务局公乌素煤矿工作，历任业务员、副科长、科长、副厂长、厂长，并加入中国共产党；1990年到中共中央党校学习，1993年本科毕业于该校经济管理专业；1995年任海勃湾矿务局副局长，兼任神海公司总经理、党委书记，高级经济师；1998年任神华集团海勃湾矿务局副总经理，兼任神海公司总经理、党委书记；2002年8月任神华蒙西煤化股份有限公司总经理、董事长、党委书记；2008年10月至2011年2月任神华乌海能源公司总经理；2015年退休。

姚 平 男，汉族，1958年9月出生，内蒙古凉城县人。

1982年1月于山西矿业学院采矿工程专业本科毕业，被分配至内蒙古煤矿职工大学任教；1983年10月调任乌达矿务局五虎山煤矿采煤队技术员；1985年1月任乌达矿务局生产处技术员；1986年12月起历任乌达矿务局通风处主任科员、副处长、处长；1998年8月任神华集团乌达矿务局通风处处长；1999年6月任神华集团乌达矿务局煤炭公司生产技术部负责人；1999年12月任神华集团乌达矿务局苏海图矿党委书记、副矿长，晋升为正高级工程师；2005年1月任神华乌达矿业公司副总经理兼安全监察局长；2008年10月起，历任神华乌海能源有限责任公司副总经理、党委委员、总工程师、党委书记、副总经理；2013年5月任神华乌海能源有限责任公司董事、副董事长、党委书记。

车仁浦 男，汉族，1956年4月出生，黑龙江省人。

1971年参加工作；1973年被推荐到阜新煤矿学院学习，1976年8月毕业分配至黑龙江省五常市参加工作，同年12月加入中国共产党；1978年10月考入阜新矿业学院学习；1982年毕业分配至煤炭工业部工作，历任副处长、处长；1988年6月到能源部工作，历任副处长、处长；1992年10月至1995年1月在煤炭工业部任党组秘书、处长；1993年于中共中央党校经济管理专业研究生班毕业；1995年1月任中国煤炭工业国际咨询公司任副总经理；1995年6月调入神华集团公司工作；2004年11月任神华乌海煤焦化公司党委副书记、总经理。

魏里阳 男，汉族，1960年1月出生，河北省蠡县人。

1983年7月毕业于西安矿业学院采

矿工程专业，被分配至宁夏石嘴山矿务局工作，历任设计处技术员、矿务局二矿综采队技术员、二矿综采队队长、矿务局调度室助理工程师、二矿生产科副科长、二矿副矿长、二矿矿长；1990年8月加入中国共产党；1998年9月任石嘴山矿务局党委常委、副局长；同期在职攻读西安科技大学矿业学院采矿工程硕士学位；2000年3月任石嘴山矿务局副书记、局长，高级政工师；2001年12月任宁夏亘元集团有限公司党委副书记、总经理，2002年12月任宁夏煤业集团公司党委常委、副总裁（正厅级）；2003年2月任宁夏石嘴山市委副书记（正厅级）、市政府常务副市长；2003年12月任宁夏回族自治区地税局党组书记、局长；2006年3月任宁夏回族自治区经济委员会党组成员、副主任、安全生产监督管理局局长；2007年9月任宁夏回族自治区安全生产监督管理局党组书记、局长，正高级工程师；2011年2月任神华乌海能源有限责任公司董事长、党委书记；2013年5月任神华乌海能源有限责任公司董事长、党委副书记。

杨吉平 男，汉族，1971年1月出生，宁夏中宁县人。

1992年7月毕业于中国矿业大学采矿工程专业，被分配至石嘴山矿务局第一煤矿工作，1993年5月加入中国共产党；1996年4月任第一煤矿副队长、党支部副书记、书记；1997年10月至2002年12月历任第一煤矿生产技术科副科长、科长、生产副矿长，代理矿长；2003年3月先后到北京大学外语学院、宁夏大学、南非金山大学语言学院学习外语；2004年12月到南非英美安格鲁公司煤矿挂职；2005年9月任神华宁夏煤业集团公司枣泉矿筹建处处长；2006年10月至2008年7月在中国矿业大学攻读采矿工程硕士学位；2006年12月任神华宁夏煤业集团梅花井煤矿筹建处处长；2007年12月任神华宁夏煤业集团石嘴山金能煤业公司经理、党委副书记；2009年11月任神华宁夏煤业集团有限责任公司副总经理；2010年8月任神华宁夏煤业集团有限责任公司副总经理兼总工程师；2010年10月至2012年5月在中国矿业大学矿业工程学院攻读采矿技术博士学位；2011年8月任神华乌海能源有限责任公司副总经理，正高级工程师；2013年4月任神华乌海能源有限责任公司总经理。

神华包头能源有限责任公司

李修海 男，汉族，1937年10月出生，河北省大名县人。

1962年6月4日加入中国共产党；1963年7月毕业于内蒙古工学院矿业系，被分配至包头矿务局召沟矿任实习生队长；1965年3月任包头矿务局干部处干事；1966年5月任包头矿务局五当沟矿二采区党支部书记；1972年5月任五当沟煤矿组干科科长；1975年4月任五当沟矿副矿长，1976年4月任矿党委副书记、书记；1980年10月任包头矿务局纪委副书记，1982年4月任五当沟矿党委书记；1984年1月任包头矿务局党委副书记兼纪委书记，1989年10月任党委书记，兼职工思想政治研究会会长；1999年退休。

1990年被评为内蒙古自治区优秀思想政治工作者。

孟来发 男，汉族，1947年12月出生，河北省安新县人。

1968年9月毕业于包头煤炭工业学校，被分配至乌达矿务局五虎山煤矿，历任煤矿生产科长、副矿长、矿长、党委书记；1984年12月加入中国共产党；1992年9月任包头矿务局副局长，1995年10月任局长；1998年10月任神华集团包头矿务局局长、党委书记；2006年3月任神华集团包头矿业有限责任公司巡视员；2007年12月退休。

曾获内蒙古自治区劳动模范称号，并获两届全国优秀矿长称号。

刘登山 男，汉族，1944年11月出生，内蒙古包头市人。

1960年7月在包头矿务局大磁矿参加工作；1964年2月到包头二冶公司工作；1965年12月在包头矿务局五当沟矿采煤三队工作，先后任五当沟煤矿采煤三队副队长、队长、支部书记；1973年12月加入中国共产党；1974年2月任五当沟矿革委会副主任、党委常委；1976年8月任内蒙古煤炭工业管理局党组成员、副局长；1980年2月任内蒙古煤炭机械厂副厂长；1984年9月离职到内蒙古师范大学干训部汉语言文学专业学习，1986年7月毕业；1990年2月任乌达矿务局党委常委、工会主席；1994年2月至2005年3月历任包头矿务局、神华集团包头矿务局、神华集团包头矿业有限责任公司党委副书记兼工会主席、党委书记、巡视员；2005年3月退休。

宋守英 男，汉族，1946年1月出生，内蒙古察哈尔右翼前旗人。

1968年12月于包头煤炭工业学校毕业后被分配至包头矿务局化工厂工作；历任秘书、办公室主任、副厂长、厂长兼党委书记、总工程师、高级政工师；1975年8月加入中国共产党；1992年11月—

1997年8月历任内蒙古海勃湾矿务局副局长、局长、党委副书记；1997年8月任内蒙古自治区煤炭工业厅巡视员；1998年8月任内蒙古万利煤业公司监事会主席，2001年5月—2006年6月历任神华集团包头矿业有限责任公司董事、党委副书记、书记；2006年6月退休。

1992年获全国煤炭工业优秀厂长称号，2004年获中国煤炭职工思想政治工作开拓创业奖。

李福胜

男，汉族，1964年7月出生，内蒙古察哈尔右翼中旗人。

1986年7月毕业于山西矿业学院采矿工程专业，被分配至包头矿务局河滩沟矿工作，历任技术员、副队长、队长、副总工程师；1991年12月加入中国共产党；1994年10月任河滩沟煤矿总工程师；1996年3月任河滩沟煤矿矿长，高级工程师；1997年12月任包头矿务局副局长兼总工程师；1998年8月任神华集团包头矿务局党委常委、副局长；2001年5月任神华集团包头有限矿业公司董事、党委常委、总经理，2006年5月任公司董事长兼党委副书记；2011年11月任中国神华国际工程有限公司董事长兼党委书记，中国煤炭行业高级职业经理人。

2010年获内蒙古自治区劳动模范称号，享受国务院政府特殊津贴。

冯巨光

男，汉族，1955年1月出生，内蒙古丰镇市人。

1974年8月任包头矿务局农林处后坝队队长；1975年6月到包头矿务局河滩沟煤矿当工人；1977年6月加入中国共产党，先后任煤矿团委代理书记、第二采煤队党支部副书记；1983年2月任局党委办公室秘书；1985年12月任五当沟煤矿党委副书记；1988年1月任河滩沟矿党委副书记；1993年3月任包头矿务局党委宣传部部长，1996年3月任包头矿务局党委常委、工会主席；1998年8月任神华集团包头矿务局党委常委、工会主席、高级政工师；2001年5月任神华集团包头矿业公司董事、党委常委、纪委书记、工会主席；2003年4月任神华集团包头矿业公司董事、党委副书记、纪委书记、工会主席；2005年5月任神华集团包头矿业公司董事、党委副书记、纪委书记，2006

年5月任神华集团包头矿业有限责任公司党委书记、纪委书记、董事；2012年6月任神华集团包头能源有限责任公司董事；2015年1月退休。

曾当选内蒙古自治区第八次党代会代表，包头市第十次党代会代表；1995年获内蒙古自治区优秀思想政治工作者；2004年被评为"全国扶残助残先进个人"受到国务院表彰，同年获内蒙古自治区优秀工会工作者称号。

杨锦峰

男，汉族，1963年2月出生，内蒙古巴彦淖尔市人。

1983年9月考入中国矿业大学采矿工程专业；1987年2月加入中国共产党；同年7月毕业被分配至包头矿务局生产处任技术员、白狐沟矿通风队助理工程师；1991年1月到包头矿务局五当沟多种经营公司任科长、副经理、高级工程师；1996年2月任白狐沟煤矿矿长；2000年2月任神鹿公司副经理；2001年6月起，历任神华集团包头矿业公司总经理助理、副总经理、总经理，2011年任公司董事长兼党委副书记；2012年6月任神华包头能源有限责任公司董事长，2015年3月任公司董事长兼党委书记。

神华北电胜利能源有限公司

王启瑞 男，汉族，1965年7月出生，内蒙古土默特左旗人。

1983年9月至1987年7月在中国矿业大学采矿工程专业学习；1987年8月—2002年2月在准煤公司露天煤矿工作，历任技术员、生产副经理、作业部副经理、经理、调度室值班主任、副矿长兼总工程师；1995年加入中国共产党；1999—2002年在中国矿业大学攻读采矿工程专业硕士学位；2002年3月任准能公司生产技术部经理；2003年7月任胜利煤田筹备处经理；2003年12月任神华北电胜利能源有限公司董事、总经理兼党委书记；2005年4月任神华北电胜利能源有限公司董事、副总经理兼总工程师；2007年7月任神华北电胜利能源有限公司董事、总经理兼总工程师，同年晋升为正高级工程师；2010年12月任神华准格尔能源有限责任公司总经理、哈尔乌素煤炭分公司常务副总经理；2012年4月—2014年10月任神华准格尔能源有限责任公司总经理，神华哈尔乌素煤炭分公司常务副总经理，神华准能资源综合开发有限公司总经理；2014年10月至2015年7月任神华准能集团公司总经理、准能公司总经理、哈尔乌素露天煤矿常务副总经理、神华准能资源公司总经理；2015年7月任晋能集团有限公司董事长、党委书记。

刘 明 男，汉族，1960年11月出生，内蒙古土默特右旗人。

1983年7毕业于山西矿业学院机电系，被分配至内蒙古乌达煤矿职工大学任

教；1988年12月加入中国共产党；1991年历任神华准格尔煤炭公司露天矿维修部副经理、副书记、选煤厂厂长、书记、露天矿副矿长；2001年历任神华准格尔能源公司机械动力部经理、维修中心经理、党委书记；2006年于南开大学高级管理人员工商管理硕士研究生班毕业；同年晋升为高级工程师；2007年任神华北电胜利能源有限公司副总经理、总经理；2010年晋升为正高级工程师；2013年4月任神华宝日希勒能源有限公司任董事长、党委书记；2015年5月兼任神华大雁集团公司董事长、党委副书记。

神华宝日希勒能源有限公司

阮东平

男，满族，1955年9月出生，辽宁省彰武县人。1972年1月任扎赉诺尔矿务局建筑安装工程处机电工区技术员；1983年4月加入中国共产党；1984年9月至1987年6月在哈尔滨建工学院企业管理系学习；1987年6月起先后任扎赉诺尔矿务局质量监督站质检员、供电部综合办公室主任、列车发电厂厂长、供电部副主任、供电部主任、信息中心主任；2002年2月任宝日希勒煤业股份有限公司总经理、党委副书记，高级经济师；2002年12月起先后任宝煤公司董事长、总经理、党委副书记；2003年5月至2004年7月兼任呼伦贝尔煤业集团公司党委委员、副总经理；2005年12月任神华宝日希勒能源有限公司董事长、党委副书记；2010年12月调出。

2004年被评为自治区人才管理先进个人，2005年获全国煤炭工业优秀企业家称号，2007年获全国煤炭工业劳动模范、内蒙古自治区优秀企业家称号，2008年享受国务院政府特殊津贴。

蒋文化

男，汉族，1962年4月出生，河南省邨城县人。1983年7月毕业阜新矿业学院露天采矿专业，被分配至准格尔煤矿建设指挥部任技术科科长；1987年5月起先后任准格尔煤炭工业公司露天矿筹备处基建办副主任、设计引进办公室综合科科长、技术处副处长；1996年12月加入中国共产党；1999年6月起先后任神华准格尔能源有限责任公司生产技术部经理、物资供应处处长、副总工程师兼物资供应处处长、总经理助理、副总经理；2005年12月任神华宝日希勒煤业公司总经理、党委委员；2010

年 12 月任神华宝日希勒能源有限公司董事长、高级工程师；2011 年 4 月任公司党委书记；2013 年 3 月调出。

田爱民 男，汉族，1961 年 4 月出生，河南省荥阳市人。

1983 年 7 月毕业于阜新矿业学院采矿工程系露天采矿专业，同年 8 月被分配至准煤公司黑岱沟露天矿工作；1987 年 6 月至 1989 年 11 月历任准煤公司黑岱沟露天煤矿筹备处技术组组长、基建办主任，1989 年 11 月任准煤公司黑岱沟露天煤矿矿建科科长，1991 年 7 月任准煤公司黑岱沟露天煤矿调度室副主任；1994 年 3 月任准煤公司总调度室主任，1995 年 9 月任生产管理处副处长；1999 年 7 月历任黑岱沟露天矿副矿长、矿长；2000—2002 年在职攻读中国矿业大学采矿学院矿业工程硕士学位；2004 年 9—12 月在北京大学学习；2006 年 2 月任准能公司总经理助理，同年 6 月任副总经理；2015 年 6 月任神华宝日希勒能源有限公司总经理。

张铁毅 男，汉族，1962 年 3 月出生，吉林省扶余县人。

1979 年 7 月至 1981 年 8 月在大雁矿务局师范学校数学专业学习，之后在大雁矿务局团委工作；1982 年 9 月—1985 年 8 月在内蒙古电视大学电子专业学习；1985 年 8 月开始，先后任大雁矿务局第三煤矿机电科技术员、生产办公室副主任、机电科副科长；1991 年 12 月加入中国共产党；1994 年 6 月起，历任宝日希勒第一煤矿副总工程师、副总经理；2002 年 12 月任宝日希勒煤业有限责任公司副经理；2005 年 12 月任神华宝日希勒能源有限公司副总经理；2007 年 3 月—2009 年 7 月在辽宁工程技术大学电气工程及自动化专业学习；2011 年 4 月任神华宝日希勒能源有限公司董事、总经理；2013 年 3 月任神华北电胜利能源公司总经理兼胜利能源分公司常务副总经理；2013 年 6 月获中国矿业大学工商管理硕士学位；2014 年晋升为正高级工程师；2015 年 11 月任神华准能集团有限责任公司董事、总经理，神华准格尔能源有限责任公司董事、总经理，中国神华哈尔乌素露天煤矿常务副总经理，神华准能资源综合开发有限公司董事、总经理。

神华大雁集团公司

何福林 男，汉族，1940 年 11 月出生，河北省沧县人。

1956 年 8 月参加工作；1961 年 11 月加入中国共产党；先后任扎赉诺尔矿务局西山矿南斜井团支部副书记、书记，南斜井机电队副指导员、党支部书记，南斜井党总支副书记、书记，西山矿党委副书记兼北斜井党支部书记、西山矿党委书记，扎赉诺尔矿务局党委常委、政治部副主任；1981 年 12 月任大雁矿务局副局长，

1983年5月任大雁矿务局局长；1988年任大雁矿务局党委书记、局长；1993年当选为第八届全国人大代表；1997年2月任大雁矿务局党委书记；1999年9月退休。

国汉斌 男，汉族，1963年5月出生，河北省黄骅市人。

1983年8月在大雁矿务局财务处工作；1986年加入中国共产党；1986年起先后任大雁矿务局汽运处财务科科长、经营办主任；1989年5月起先后任矿建处副处长、总会计师、党委副书记；1995年12月起先后任大雁矿务局矿建处党委书记、矿建处处长；1998年1月任大雁三矿矿业有限公司经理；1999年11月任呼伦贝尔煤业集团公司总会计师；2001年6月起先后任呼伦贝尔煤业集团副总经理、大雁煤业公司经理；2006年7月任山东鲁能集团公司副总裁，2008年任副总经理；2010年9月任国网能源开发有限公司党组成员、副总经理；2012年12月任神华大雁集团公司董事长、党委书记、总经理；2015年5月离任。

王国旺 男，汉族，1968年2月出生，陕西省神木县人。

1990年7月在韩城矿务局桑树坪煤矿任技术员；1992年2月在神东活鸡兔煤矿任科长；1994年7月加入中国共产党；2002年12月在神东大柳塔煤矿任副

矿长；2006年11月起，先后在神东乌兰木伦煤矿、榆家梁煤矿、大柳塔煤矿任矿长、党委书记；2010年9月至2011年5月任神东安全监察局总经理助理、副局长；2011年5月任神东公司副总经理；2015年6月任神华大雁集团公司总经理。

冯 林 男，汉族，1953年4月出生，辽宁省康平县人。

1971年参加工作；1974年7月起先后任大雁矿务局保卫处干警、科长；1980年11月加入中国共产党；1982年11月起先后任大雁矿务局保卫处副处长、公安处副处长；1989年2月任大雁矿务局党委常委、组织部部长；1995年2月任大雁矿务局纪委书记兼组织部部长；1996年12月任大雁矿务局副局长；1999年6月任大雁煤业公司党委书记、副总经理；2006年9月任鲁能大雁公司总经理、党委副书记；2010年11月任国网能源大雁公司总经理、党委副书记；2011年2月任国网能源大雁公司调研员；2013年3月任神华大雁集团公司调研员；2013年5月退休。

赵启昌 男，汉族，1959年1月出生，山东省苍山县人。

1978年3月到苍山县高岩镇小学任教，同年10月考入山东省农业机械化学校学习；1981年7月毕业被分配在苍山县供电局工作，先后任供电科技术员、供

电局副局长、局长；1999年5月任山东电力集团公司多产局副局长，同年9月任山东鲁能泰山电缆股份有限公司董事长、总经理；2006年5月任内蒙古鲁能大雁能源集团、内蒙古蒙东能源有限公司董事长兼党委书记；2010年11月任国网能源大雁公司党委书记；2011年2月任总经理；2011年12月调离。

李沛然 男，汉族，1963年2月出生，江苏省沛县人。

1983年7月参加工作；1987年9月加入中国共产党，研究生学历，高级工程师；先后任山东济宁发电厂技术员、车间副主任、总工办副总工程师、厂党委副书记、副厂长兼总工程师；1997年1月起先后任山东聊城发电厂副厂长、总工程师，山东聊城热电有限责任公司副总经理，总工程师兼管理处副主任；2002年1月任山东运河发电有限公司总经理；2004年8月任内蒙古呼伦贝尔及黑龙江双鸭山电源项目筹建处主任兼黑龙江鲁能宝清煤电化公司总经理；2005年11月任内蒙古蒙东能源有限公司董事长、总经理；2009年3月任山东鲁能集团公司规划发展部主任；2010年10月任国网能源开发有限公司发展策划部主任，2011年12月任国网能源大雁公司董事长、总经理、党委副书记，2012年12月调离。

何永海 男，汉族，1965年1月出生，内蒙古开鲁县人。

1983年6月参加工作，先后任大雁矿务局第二煤矿开拓区技术员、第二煤矿煤质科科长、运销公司筛选厂厂长；1991年11月加入中国共产党；1993年2月起先后任大雁矿务局运销公司副经理、党委书记、经理；2002年3月任大雁煤业公司副总经济师兼运销分公司经理；2005年12月任大雁矿业集团公司副总经理；2006年9月任鲁能大雁能源公司副总经理；2011年2月任国网能源大雁公司党委书记、副总经理；2012年12月任神华大雁集团公司副董事长、党委副书记；2015年6月任神华大雁集团公司党委书记、副董事长。

2011年9月当选为呼伦贝尔市第三次党代会代表，同年11月当选为内蒙古自治区第九次党代会代表，2013年1月当选为呼伦贝尔市第三届人民代表大会代表。

扎赉诺尔煤业有限责任公司

董洪刚 男，汉族，1937年12月出生，辽宁省盖县人。

本科学历，1958年8月参加工作；1979年11月加入中国共产党；历任平庄矿务局元宝山矿技术员、三井主管工程师、矿副总工程师、总工程师、副矿长、矿长；平庄矿务局副局长、局长、高级工程师；1990年9月任扎赉诺尔矿务局局长；1996年3月调离扎赉诺尔矿务局。

参加工作；1971年加入中国共产党；历任扎赉诺尔矿务局灵泉矿十一井技术员、副队长，西山矿北斜井副井长，扎赉诺尔矿务局大雁矿建指挥部计划科副科长、科长，大雁矿务局二矿矿长，计划处处长，建设处处长，大雁矿务局副局长；1995年6月任扎赉诺尔矿务局党委书记；1996年3月任局长；2000年7月退休。

司炳奎 男，汉族，1944年6月出生，河北省献县人。

1970年8月毕业于山西矿业学院采矿系，同年参加工作；1971年9月加入中国共产党；先后任技术员、矿井井长、技工学校校长、扎赉诺尔矿务局总调度室主任、副局长、局党委副书记；1992年6月任局党委书记、高级工程师；1996年调至大雁矿务局工作。

郑景森 男，汉族，1942年6月出生，河北省容城县人。

毕业于哈尔滨师范大学政教专业，1963年10月参加工作；1980年12月加入中国共产党；历任扎赉诺尔矿务局第一中学教师、教育处干事、宣传处编辑、第一中学副校长、教育处副处长、宣传部副部长；扎赉诺尔矿务局党委办公室副主任；铁北矿建工程处党委书记；1986年7月任扎赉诺尔矿务局纪委书记；1992年8月任党委副书记，1999年7月任党委书记；2002年2月任调研员；同年7月退休。

辛守存 男，汉族，1940年1月出生，河北省唐山市人。

1961年8月毕业于唐山煤校，同年

二、人物简介

朱廷海 男,汉族,1959年10月出生,辽宁省朝阳市人。

1976年7月参加工作;1984年11月毕业于内蒙古矿业职工大学采煤专业;1986年12月加入中国共产党;历任扎赉诺尔矿务局西山矿技术员、副井长、井长,铁北矿副矿长、灵北矿矿长、灵泉矿矿长、党委书记、采煤高级工程师;1997年1月任扎赉诺尔矿务局副局长;1999年7月任呼伦贝尔煤业集团副总经理、扎赉诺尔煤业公司经理;2003年8月任呼伦贝尔煤业集团总经理、党委副书记;2004年8月任扎来诺尔煤业公司党委委员、董事长;2005年4月任扎赉诺尔煤业公司总经理、党委副书记;2007年1月任呼伦贝尔能源公司副总经理兼扎赉诺尔煤业公司总经理、党委副书记;同年12月调离扎赉诺尔煤业公司。

高连生 男,汉族,1949年9月出生,河北省沧县人。

1970年9月参加工作;1973年4月加入中国共产党;1987年8月毕业于鸡西工学院企业管理专业,历任西山矿513队党支部书记、北斜井党总支副书记,西山矿副矿长、铁北矿建工程处副处长、灵泉矿副矿长、灵北矿副矿长、西山矿矿长;1996年3月任扎赉诺尔矿务局副局长、高级工程师;1997年7月任扎赉诺尔煤业公司党委委员、副经理,2002年3月—2007年12月任扎赉诺尔煤业公司党委书记;2009年9月退休。

杨德敏 男,汉族,1961年2月出生,内蒙古扎兰屯市人。

1981年7月参加工作;1986年7月毕业于内蒙古矿业职工大学地采专业;历任西山矿青年井技术员,南斜井技术员、副井长,北斜井井长,灵泉矿副矿长、矿长;1990年7月加入中国共产党;2000年4月任扎赉诺尔煤业公司党委委员、副经理、总工程师;2003年7月任扎赉诺尔煤业公司党委委员、经理;2005年4月任扎赉诺尔煤业公司党委副书记、副总经理;2008年6月调离扎赉诺尔煤业公司。

郑铁骑 男,汉族,1962年8月出生,黑龙江省哈尔滨市人。

1980年7月参加工作;1985年7月毕业于内蒙古矿业职工大学地下采煤专业;1989年7月加入中国共产党;历任生产技术处科员,灵北矿十二井技术员、技术主管、技术副井长、井长,灵北矿安

全副矿长、总工程师，生产技术处处长，灵北矿矿长；2004年4月任扎赉诺尔煤业公司副经理、总工程师；2005年4月任扎赉诺尔煤业公司党委委员、副总经理；2007年6月任呼伦贝尔能源公司总经理助理兼扎赉诺尔煤业公司副总经理、总工程师；2007年12月任扎赉诺尔煤业公司党委委员、总经理；2009年11月调离扎赉诺尔煤业公司。

韩德明 男，满族，1956年1月出生，黑龙江省哈尔滨市人。

1971年5月参加工作；1981年7月加入中国共产党；1986年9月毕业于扎赉诺尔矿务局党校政工专业，历任扎赉诺尔矿务局宣传部干事，局团委组织部副部长、部长，灵北矿党委宣传部长，局团委副书记，运销处党委副书记、纪委书记，扎赉诺尔矿务局党委常委、宣传部长，呼伦贝尔煤业集团政工部部长；2003年5月任呼伦贝尔煤业集团党委副书记、纪委书记；2004年8月任扎赉诺尔煤业公司党委副书记；2007年12月任扎赉诺尔煤业公司党委书记；2015年1月任扎赉诺尔煤业公司巡视员；2016年2月退休。

戚开生 男，汉族，1958年9月出生，山东省武城县人。

1976年7月参加工作；1984年12月毕业于内蒙古煤矿职工大学地下采煤专业，被分配至扎赉诺尔矿务局，先后在露天矿、灵泉矿、西山矿北斜井任技术员，在扎赉诺尔矿务局办公室、企管处任副主任科员；在铁北矿任综采队队长、高级工程师、总工程师，灵北矿副矿长兼总工程师、矿长，灵泉矿矿长；1987年5月加入中国共产党；2002年2月任扎赉诺尔煤业公司党委委员、副经理；2005年4月任扎赉诺尔煤业公司党委委员、副总经理；2009年12月任扎赉诺尔煤业公司党委委员、总经理；2015年1月任扎赉诺尔煤业公司党委书记。

马乡林 男，回族，1963年10月出生，山东省平原县人。

1983年考入阜新矿业学院采矿工程专业；1985年5月加入中国共产党；1987年6月毕业被分配至扎赉诺尔矿务局西山矿南斜井工作，历任技术员、北斜井副井长，西山矿北区总调度长，扎赉诺尔矿务局生产技术处副处长，西山矿副矿长，铁北矿副矿长、矿长；2008年1月任扎赉诺尔煤业公司党委委员、副总经理兼总工程师；2010年4月任扎赉诺尔煤业公司党委委员、副总经理；2015年1月任扎赉诺尔煤业公司党委委员、总经理。

2004年获全国煤炭工业优秀矿长称号，2005年获呼伦贝尔市劳动模范称号。

华能伊敏煤电有限责任公司

牛照杰 男，汉族，1934年10月出生，河北省偃师县人。

1955年1月毕业于郑州电力学校，被分配至佳木斯电厂任技术员、工程师；1973年加入中国共产党；先后任亮子河电厂副厂长兼总工程师、党委副书记，新华电厂厂长，富拉尔基电厂总厂厂长，高级工程师，黑龙江省电力工业局副局长，东北电管局伊敏电厂筹建处主任；1991年1月任伊敏煤电公司党委书记兼副经理；1995年调出。

肖玉斌 男，汉族，1942年5月出生，黑龙江省宾县人。

1962年6月毕业于哈尔滨电力学校热动专业，被分配至佳木斯发电厂工作；1981年8月任佳木斯发电厂值长，1985年4月任生产技术科科长；1986年3月加入中国共产党；1989年9月任副厂长、高级工程师；1991年3月任厂长；1992年10月任黑龙江省电力工业局生产技术处处长、副总工程师兼经理工作部主任、副总工程师兼人劳部主任，1997年2月任副局长；1998年任伊敏煤电公司总经理兼党委副书记，1999年10月任公司总经理兼党委书记；2000年8月调回黑龙江省电力公司任职。

范 贵 男，汉族，1950年12月出生，黑龙江省宾县人。

1969年3月参加工作；1973年11月加入中国共产党；1974年10月任鸡西矿务局团委办公室副主任；1976年7月任伊敏河矿区团委副书记；1986年8月任露天矿矿长；1986年8月于北京煤炭干部学院企管专业专科毕业；1992年7月于中央党校经济管理专业本科函授毕业；1993年9月任矿长兼党委书记、高级经济师；1994年10月任煤电公司副总经济师兼生产技术处处长；1995年10月任公司纪委书记；2001年6月任公司党委副书记兼纪委书记；2007年任公司党委书记；2011年退休。

苏 强 男，汉族，1956年6月出生，山西省朔州市人。

1973年10月参加工作；1980年10月加入中国共产党；1988年3月任山西神头电厂运行分场主任兼党支部书记；1985年2月毕业于华北电力学校热动专业，同年9月任山西神头电厂安监科技术员；1986年10月任山西神头电厂运行分场党支部书记；1991年11月于山西省委党校政治理论专业专科函授毕业，并获工程师职称；1992年5月任山西神头电厂二站站长兼党支部书记；1994年11月任山西华能榆社电厂厂长；1996年7月任山西榆社发电有限责任公司总经理；2000年8月任伊敏煤电公司总经理兼党委书记；2004年7月调入华能集团公司工作。

戴　为

男，汉族，1957年10月出生，吉林省德惠市人。

1975年8月参加工作；1984年11月加入中国共产党；1975年8月至1978年9月在黑龙江北安农场务农；1978年9月考入东北电力学院，1982年9月毕业被分配至富拉尔基发电厂锅炉分场，历任技术员、班长、副主任、主任；1987年7月到黑龙江省电力工业局生产部任专工、处长、副主任；1997年12月任华能黑龙江分公司副总经理兼大庆华能新华发电有限责任公司总经理，正高级工程师；2004年7月调入伊敏华能煤电有限责任公司任总经理、党委书记。

银　龙　男，蒙古族，1968年2月出生，河南省遂平县人。

1990年7月毕业于沈阳电力高等专科学校热能动力工程专业，被分配至伊敏发电厂工作；先后任见习值长、值长、发电部副主任、主任等职；1995年12月加入中国共产党；2003年4月任伊敏发电厂厂长；2004年6月兼任二期项目管理处副主任；2004年12月兼任营销部主任；2005年6月任伊敏煤电公司副总经理兼发电厂厂长；2007年8月任伊敏煤电公司总经理；2008年3月任伊敏煤电公司执行董事、总经理；2011年兼任华能呼伦贝尔能源公司副总经理、伊敏煤电公司党委书记；2012年11月调入华能呼伦贝尔能源公司工作。

2010年获内蒙古自治区劳动模范称号。

郑怀国　男，汉族，1973年10月生，山东省文登市人。

1992年毕业于大连电力学校电力系统运行专业，先后担任伊敏发电厂运行工

人、计算机班班长、计算机专工、维修部副主任、热工车间主任等职;1996年12月加入中国共产党;2003年9月任发电厂副厂长,2007年8月任伊敏煤电公司副总经理兼发电厂厂长;2008年获东北电力大学工程硕士学位;2009年6月任公司副总经理,2012年11月任公司总经理、党委副书记;2015年后到华能呼伦贝尔能源公司工作。

刘增荣 男,汉族,1963年3月出生,山西省宁武县人。

1983年7月毕业于抚顺矿务局职工工学院煤矿机械化专业,被分配至伊敏发电厂工作,先后任公司供应处计划员、设备科副科长、科长;1993年9月任供应处副处长,1997年12月任处长;1998年在齐齐哈尔大学经济管理学院获教育学学士学位;2001年4月任供应部经理;2004年12月任综合服务中心主任,2005年6月任伊敏煤电公司总经理助理、综合服务中心主任;2007年8月任伊敏煤电公司副总经理;2011年2月任伊敏煤电公司副总经理、党委副书记;2012年11月任公司党委书记、副总经理;2015年任公司执行董事、党委书记。

马振涛 男,汉族,1973年3月出生,内蒙古根河市人。

1994年7月毕业于哈尔滨电力学校热能动力专业,被分配至伊敏发电厂工作,先后任班长、专工、发电部副主任、主任;2001年9月进入东北电力大学学习(专科);2002年7月加入中国共产党;2006年4月任电厂总工程师兼发电部主任;2007年1月进入东北电力大学学习(本科);2007年9月任发电厂副厂长;2008年8月任发电厂厂长兼市场营销部主任;2010年2月任华能伊敏煤电有限责任公司总经理助理、发电厂厂长,2012年12月任煤电公司副总经理;2015年任煤电公司总经理。

内蒙古平庄煤业(集团)有限责任公司

李其远 男,汉族,1939年11月出生,湖北省大悟县人。

1964年9月加入中国共产党;1965年9月到东北工学院研究生部学习,1968年8月毕业后被分配至元宝山煤矿二井任技术员;1971年8月任平庄矿务局生产组技术员;1974年6月任古山煤矿二井井长、党总支副书记;1975年9月任五家煤矿一井副井长;1977年3月先后任

古山煤矿生产技术科科长、副总工程师、党委常委；1981年8月任平庄矿务局副总工程师；1983年6月任矿务局总工程师；1985年1月任矿务局党委书记；1990年8月任矿务局局长；1995年5月任矿务局党委书记、局长；1997年11月任矿务局局长，1999年7月退休。

1993年当选内蒙古自治区第八届人民代表大会代表；1994年当选为中共内蒙古自治区第六次代表大会代表。1999年1月获中国煤炭工业优秀企业家称号。

张俊卿 男，汉族，1950年6月出生，内蒙古喀喇沁旗人。

1969年3月到平庄矿务局五家煤矿一井541采煤队当工人；1974年9月加入中国共产党，同年12月任五家煤矿一井541采煤队党支部副书记；1975年4月任五家煤矿一井党总支副书记、书记；1984年5月任五家煤矿党委副书记；1986年8月任平庄矿务局古山煤矿党委副书记，1989年11月任副矿长，1991年6月任党委副书记，1992年9月党委书记；1994年1月任矿长兼党委书记；1995年3月任平庄矿务局党委副书记，1997年11月任矿务局党委书记；2000年7月任平庄煤业集团公司党委书记；2005年8月任赤峰市人大常委会调研员；2010年6月退休。

刘 锦 男，汉族，1952年4月出生，内蒙古武川县人。

1970年12月在内蒙古自治区巴彦淖尔盟银盘湾煤矿三分矿参加工作；1974年12月加入中国共产党；1975年9月被选送到山西矿业学院机电专业学习，1978年10月毕业分配至内蒙古自治区煤炭厅地方处工作；先后任科员、主任科员、副处长，高级工程师；1994年10月至1997年8月任内蒙古煤炭工业管理局调运处副处长、处长；1997年8月任内蒙古煤炭工业管理局副局长、党组成员；1999年5月任平庄矿务局党委副书记、局长；2000年7月任平庄煤业集团公司党委副书记、总经理；2003年4月调任鄂尔多斯市委副书记、市长。

孙国建 男，汉族，1954年5月出生，辽宁省朝阳市人。

1971年12月参加工作，先后任风水沟建井工程处掘进队队长、队党支部书记，矿务局团委组织部部长、团委副书记、书记；1984至1991年，先后在黑龙

江矿业学院和阜新矿业学院采矿系学习；1990年9月任平庄矿务局五家煤矿党委书记；1992年5月任五家煤矿矿长兼党委书记；1995年3月任平庄矿务局副局长；2000年6月任平庄煤业集团公司副总经理；2002年6月任平庄煤业集团公司党委副书记、副总经理；2003年4月任平庄煤业集团公司总经理，2007年1月任公司董事长、党委书记，平庄能源公司董事长；2009年4月调任国电集团东北分公司党委书记、副总经理。

2008年当选内蒙古自治区第十一届人民代表大会代表。

王石庄 男，蒙古族，1957年3月出生，内蒙古翁牛特旗人。

1976在赤峰市翁牛特旗海拉苏公社联合中学任教，1978年3月考入沈阳师范学院政教专业，1982年1月毕业分配至赤峰市教育局人事科工作，任科员、副科长；1984年1月加入中国共产党；1988年3月任赤峰市蒙古族中学副校长；1991年10月任赤峰市人事局副局长；1995年4月任赤峰市元宝山区党委副书记，高级政工师；1996年3月任内蒙古党委组织部组织一处副处长、处长；1999年5月任平庄矿务局党委副书记、纪委书记；2000年6月任平庄煤业集团公司党委副书记、纪委书记；2004年10月任平庄煤业集团公司党委书记；2007年1月调出。

孙金国 男，汉族，1952年9月出生，吉林省双辽市人。

1969年到吉林省双辽县茂林公社插队，1976年7月毕业于长春电力学校，被分配至浑江发电厂锅炉分场工作，并加入中国共产党；历任班长、副主任、书记；1985年任浑江发电厂运行分场主任、书记；1987年任浑江发电厂人事科科长；1991年任浑江发电厂工会主席、副厂长；1997任长春热电二厂厂长；2000年任国电电力东北公司总经理；2003年任国电集团东北分公司副总经理；2006年任国电燃料有限公司工委主任、纪检组长；2007年任国电赤峰煤电运化筹建处主任；2008年5月任国电内蒙古能源有限公司总经理、党组副书记、高级经济师；2008年11月任国电内蒙古电力有限公司党组书记、副总经理，国电内蒙古能源有限公司总经理、党组副书记；2009年4月任平庄煤业集团公司董事长、平庄能源股份公司董事长；2012年9月退休。

祝文东 男，汉族，1963年10月出生，吉林省农安县人。

1988年7月参加工作；1988年7月至1992年10月在吉林长白山热电厂汽机分场调速班任技术员；1992年10月至2004年5月在吉林双辽发电厂先后任质检员、专工、主任、副总工程师、副厂长、高级工程师，并加入中国共产党；2004年5月任国电双辽发电有限公司总

经理；2006 年 12 月任国电东北电力有限公司副总经理；2008 年 5 月任国电内蒙古电力有限公司总经理、国电内蒙古能源有限公司董事长；2013 年 9 月任平庄煤业集团公司董事长。

兼平庄能源公司董事长。

2010 年获内蒙古自治区有突出贡献的中青年专家、全国电力行业优秀企业家称号，2011 年获自治区五一劳动奖章、自治区"草原英才"称号并享受国务院政府特殊津贴。

张 志 男，汉族，1962 年 2 月出生，辽宁省建平县人。

1982 年 7 月毕业于阜新矿业学院采矿专业，被分配至五家煤矿工作，先后任煤矿地测科和计划科科员、三井技术主管、三井副井长、矿副总工程师兼生产部部长；1987 年 10 月加入中国共产党；1993 年 5 月任古山立井建井工区副主任兼主任工程师；1995 年 5 月任古山立井管理处（古山立井项目管理部）总工程师；1997 年 10 月任矿务局副总工程师；2000 年 3 月任六家煤矿矿长、党委副书记；2002 年 6 月任平庄煤业集团公司副总经理兼安全监察局局长；2007 年 1 月任平庄煤业集团公司总经理、党委副书记，正高级工程师；2011 年 8 月兼蒙东能源董事长，2013 年 4 月

赵连陟 男，汉族，1964 年 4 月出生，辽宁省朝阳市人。

1984 年 2 月在朝阳发电厂当工人，历任技术员、办公室副主任、办公室主任、副总工程师、厂长助理；1998 年 8 月任朝阳发电厂副厂长、纪委书记；2001 年 7 月任国电电力桓仁发电厂厂长；2003 年 2 月任国电宣威发电公司党委书记；2003 年 11 月任国电电力庄河发电公司总经理；2005 年 6 月任国电电力发展股份有限公司副总经济师、总经理工作部经理、企业文化部主任；2009 年 4 月任平庄煤业集团公司党委书记、副总经理，兼平庄能源公司副董事长；2013 年 12 月调任国电华北公司党委书记。

2011 年 6 月获国务院国资委全国优秀党务工作者称号。

杨向彬 男，汉族，1965 年 10 月出生，黑龙江省宾县人。

1986 年 7 月在牡丹江第二发电厂财务科工作，1987 年 12 月在黑龙江省电力局财务处工作并加入中国共产党；1998 年 2 月任黑龙江省电力有限公司财务部预

算处负责人、处长；2003年3月任中国国电集团公司财务产权部预算处副处长；2004年1月任中国国电集团公司财务产权部预算处处长、高级会计师；2006年12月任中国国电集团公司财务产权部副主任；2008年10月任中国国电集团公司财务管理部副主任；2013年12月任平庄煤业集团公司党委书记、副总经理，兼平庄煤业集团公司副董事长。

中电投蒙东能源集团有限公司

王利民 男，汉族，1950年出生，吉林省公主岭市人。

1976年毕业于阜新煤矿学院，同年被分配至霍林河矿区工作；历任霍林河矿区建设指挥部技术员，基建工程兵00449支队431大队机修营参谋，矿区指挥部党委组织部技术干部科长，南露天煤矿党委副书记、党委书记，指挥部机电处处长，矿务局机电副总工程师，矿务局党委副书记兼纪委书记、党委书记；2001年任内蒙古霍林河露天煤业股份有限公司董事长；2004年出任首任中电霍煤集团公司总经理、党委书记、并晋升正高级工程师，高级政工师；2006年3月调任中国电力投资集团公司总经济师。

2005年获全国劳动模范称号和全国五一劳动奖章。

董文学 男，汉族，1952年出生。

1982年参加工作，历任霍林河矿区机修厂调研员、副科长，霍林河矿务局机电修配厂党委办公室主任、工会主席、纪委书记，霍林河多种经营总公司机电修造厂厂长，霍林河矿务局煤炭加工公司党委书记兼副经理，霍林河矿务局机修总厂厂长；1999年5月任霍林河煤业集团副董事长、党委副书记、总经理；2008年2月任中电投蒙东能源集团公司总经理，公司第一、第二届董事会董事长。

正高级工程师，享受国务院政府特殊津贴。

王 冲 男，汉族，1960年出生，吉林省镇赉县人。

1982年参加工作；2004年历任霍林河矿务局南露天矿副矿长、矿长，霍煤集团公司副总经理、总工程师，中电霍煤集团副总经理，获博士学位；2007—2015年历任中电投蒙东能源集团公司副总经理、中电投蒙东能源集团公司总经理。

正高级工程师，享受国务院政府特殊津贴。

主任；2008—2011年，历任中电投蒙东能源集团公司总经理，董事长、党委书记。

王树东 男，汉族，1964年出生，内蒙古赤峰市人。

1986年参加工作，历任元宝山发电厂汽机分场副主任、生技处副处长、汽机分场场长；元宝山发电厂副总工程师、总工程师、副厂长；赤峰热电厂厂长；通辽发电总厂厂长；中电投东北分公司副总经理、白音华煤电公司总经理、中电霍煤集团公司副总经理；2006年3月任中电霍煤董事长、党委书记；2008年2月任中电投蒙东能源集团公司董事长、党委书记。

正高级工程师，享受国务院政府特殊津贴。

刘政权 男，汉族，1951年7月出生，湖北省武汉市人。

1968年12月参加工作；中共党员，大学学历，正高级工程师；历任湖北省武昌热电厂厂长、湖北省鄂州电厂厂长、湖北省电力公司生产技术部主任、华中电网公司副总经济师兼生产运营部主任、华中电监局副局长、中电投集团公司计划与发展部副

刘明胜 男，汉族，1969年出生，湖北省仙桃市人。

1991年7月毕业于华中工学院汉口分院，被分配至青山热电厂热工分场工作，历任技术员、班长；1997年1月任湖北省电力局办公室秘书；1999年9月任湖北省电力公司总经理工作部秘书，2000年11月月秘书科科长；2001年4月任宜昌供电局副局长；2003年11月任武汉供电公司副总经理；2004年12月任十堰供电公司总经理；2007年4月任宜昌供电公司总经理、党委副书记；2007年11月任中国电力投资集团公司办公厅综合处处长；2008年7月任中国电力投资集团公司计划与发展部副主任；2011—2015年，历任中电投蒙东能源集团公司副总经理，中电投蒙东能源集团公司董事长、党委书记，国家电投集团内蒙古能源有限公司（国家电投集团蒙东能源有限公司、内蒙古霍林河露天煤业股份有限公

司）执行董事（董事长）、党委书记、正高级工程师。

刘毅勇 男，1962年9月出生，内蒙古通辽市人。

1984年7月毕业于阜新矿业学院采矿系系统工程专业，被分配至霍林河矿务局工作，历任生产调度处主任工程师；南露天矿总工程师、副矿长兼总工程师、矿长；露天煤业股份有限公司总经理；2011—2015年，历任中电投蒙东能源集团公司煤炭总工程师、副总经理、总经

理，正高级工程师，国家电投集团内蒙古能源有限公司（国家电投集团蒙东能源有限公司、内蒙古霍林河露天煤业股份有限公司）总监。

（四）受中共中央、国务院表彰的先进人物

全国劳动模范、先进工作者
（以受表彰时间先后为序）

张双旺 男，汉族，1943年6月出生，陕西省府谷县人。

1958年10月参加工作，先后在伊克昭盟杭锦旗皮革厂、石膏厂、机械厂工作；1959年3月在内蒙古二轻工业学校统计专业学习，1960年12月毕业后

到杭锦旗手工业管理局工作；1966年2月加入中国共产党；1973—1988年2月先后任中共杭锦旗委办公室副主任、杭锦旗独贵特拉公社主任、独贵特拉乡党委书记、伊克昭盟食品公司副经理、乡镇企业处副处长；1988年3月—2015年先后担任伊克昭盟煤炭集团公司、内蒙古伊泰集团有限公司党委书记、董事长、总经理；2008—2014年兼任内蒙古自治区煤炭工业协会会长；曾任内蒙古自治区第七、第八届政协委员，伊克昭盟第十届政协副主席。

1988年3月，他主动请缨带领伊克昭盟乡镇企业处超编的20名干部凭盟财政5万元开办费和40万元银行贷款，丢掉"铁饭碗"，创办自负盈亏的乡镇企业公司。他担任伊克昭盟煤炭集团公司党委书记、总经理后，闯出一条"依托资源，开发市场，以销定产，产销结合，突出效益，快速发展"的新路子；"一面找市长，一面找市场"，克服了煤炭销售、运输上的各种困难。1993年后，公司逐步实施以煤炭为主，以水泥、甘草为辅"一主两翼"的发展战略，并试办多种非煤产业。1994年底，公司总资产由1988年3月的5万元，增加到36116万元，累计向国家上缴利税12200万元。抓生产的同时，他注重企业党的建设，1992年，公司党委被中共中央组织部授予"全国先进基层党组织"称号。

1997年8月，"伊煤B股"成功在上

海证券交易所上市,在全国煤炭市场处于低谷时期,为企业筹集到发展资金。2001年,公司转制为民营企业后,他担任内蒙古伊泰集团有限公司党委书记、董事长、总经理,首先确立"坚持加强党对企业的领导,集团公司党委是领导核心不变;合法经营,照章纳税,两个文明协调发展的方向不变;坚持依靠广大职工,充分新生广大职工主人翁地位宗旨不变;坚持为地方和国家的社会主义建设积极做出贡献的思想不变"的办企原则,确定了"资产大而优、人员少而精、获利能力强而稳"的发展目标,把伊泰集团打造成了以煤炭生产、经营为主业,以铁路运输、煤制油为产业延伸,以房地产开发等非煤产业为互补的大型现代化能源企业,同时成为内蒙古生产规模最大、上缴国家税费最多、社会公益事业最突出的地方煤炭企业。

1993年获内蒙古自治区优秀企业家称号;1995年当选内蒙古自治区劳动模范和全国劳动模范,并享受国务院政府特殊津贴;1996年以来先后获中国煤炭工业优秀企业家,内蒙古自治区优秀共产党员、民族团结进步先进个人、最具影响力十大劳模和"第三届全国非公有制经济人士优秀中国特色社会主义建设者"等称号。

张二毛 男,汉族,1946年出生,河北省平山县人。

1965年参军,1967年加入中国共产党,1969年转业到乌达矿务局黄白茨矿当采掘工。

参加工作30多年来,一直坚持在采掘第一线,组织上曾先后4次调他到地面工作,都被他一一谢绝;1975年,因工伤致残,为了不离开他热爱的岗位,忍痛将已经长住但效果不好的伤腿打断,进行二次手术,终于得以愈合重返井下;义务加班1200个,多出煤12000吨,价值20多万元,却从未领过加班费;1990年专门卖了猪为亚运会捐款3次共计1300元,据不完全统计,他为国家、为工友共捐款达5000余元。

1991年被评选为内蒙古自治区优秀共产党员,1995年当选全国劳动模范。

牛玉铭 男,汉族,1945年11月出生,内蒙古赤峰市人。

1968年7月到原平庄矿务局西露天煤矿工务段从事铁道工作;1979年8月到西露天煤矿掘场爆破队从事爆破工作。

牛玉铭曾经当过铁道工、钳工、车工、爆破工。他在工作中曾3次轻伤不下火线,曾经7天7夜吃住在煤矿,凭着一股子爱拼的精神练就一副铁打的身板。1989—2000年,他决心"地球转一圈,我上两个班",把自己的全部精力和整个生命都献给了煤炭事业。担任爆破工时,他白天下坑爬掌子扛火药打充填,越是脏、累、苦、险的活儿他越是抢先在前。扛火药时，别人扛3袋，他扛4袋，别人扛1趟，他扛2趟。3600多个日夜，矿坑下的十几个工种他干了个遍，并且连续10年的春节都是在岗位度过的，其中有3年是在坑下整宿处理故障而未能吃上除夕饺子。10年里他为班里共处理架线脱落、机车脱轨、线路滑落、倒电缆、换大绳、送件等千余次，为西露天矿生产减少中断影响2000多个小时。到1999年底，他义务献工3000多个，救助5名贫困地区的失学儿童。他不但采用地下水引流灭明火，并且还义务"承包"了矿坑南头小井废水处理，用废水消除明火，为了减少国家能源浪费奉献了自己的全部业余时间。

1994年获全国煤炭工业劳动模范、1995年获自治区和全国劳动模范称号、1996年被评选为自治区优秀共产党员、自治区"双十佳"职业道德标兵。

徐忠海

男，汉族，1960年4月出生，内蒙古赤峰市人。

1978年12月至1996年在风水沟煤矿一采区掘进一队工作；1993年加入中国共产党；1997年任风水沟煤矿一采区掘进二队队长；2002年任风水沟煤矿一采区开拓队队长；2007年任风水沟煤矿安质部副部长、一采区安全副区长；2012年任风水沟煤矿掘进四队党支部书记；2015年任察哈素煤矿掘进二队党支部书记。

在任掘进队队长、开拓队队长期间，他积极倡导开拓工程"质量第一、百年大计"的理念，细化施工要求，加强监督控制，带领员工高质量完成了一采区+200、340、225煤仓发碹工程，煤仓直径最宽5.5米，最高40米，是集团公司最大最深的煤仓。在工作中创造了半封闭人梯作业法、慢速绞车续料过卷等新经验、新办法；完成了开拓200石门、二水平贯通和系统形成。两道与切眼的交叉点一次成巷。在地质条件复杂，大断面，施工难度大的情况下，完成了变电所、绞车房的施工。为结束一采区开拓工程滞后原煤生产需要，大采场接续紧张的被动局面做出了突出贡献。他负责实施的开拓掘进工程质量高，服务时限长，后期维护量小。他在集团公司率先实施复合支护，并认真总结现场管理经验，加强员工培训，细化工艺要求，加强质量监控，保证了工程质量，减少了巷修量，为复合支护工艺在集团公司的推广积累了经验。

2000年当选全国劳动模范、内蒙古自治区劳动模范，1996年、1998年、2006年当选平庄煤业集团劳动模范，2001年获赤峰市优秀共产党员称号。

刘仲田

男，汉族，1964年10月出生，山西省河曲县人。

1983年9月考入阜新矿业学院露天开采专业，1986年11月加入中国共产党；1987年7月毕业分配至内蒙古东胜经营开发公司矿山建设处任主任科员；1991年11月开始，历任华能精煤东胜公司马家塔露天矿矿长助理、驻矿安监站站长、马家塔露天矿副矿长、矿长、党委书记、高级工程师；2000年5月至2003年1月任神华集团神东煤炭公司副总经济师兼物资供应处处长、物资供应中心主任、

党委书记；2003年1月至2010年12月任神华集团神东多种经营公司总经理、党委书记，神东天隆集团公司董事长、总经理、党委书记。

1998年9月获自治区优秀青年企业家、2000年获内蒙古自治区劳动模范、全国劳动模范称号，2007—2009年获中国企业改革发展贡献奖和中国最具影响力企业家、内蒙古十大经济人物称号。

薛景林

男，汉族，1962年5月出生。

1983年毕业于阜新煤炭工业学校露天机械化专业，被分配至霍林河矿务局南露天煤矿工作；历任技术员、南露天煤矿维修部队长、机电修配厂采掘车间主任、露天煤业机电管理部副经理、露天煤业设备物资公司经理等职务；现任露天煤业机电修配厂厂长、党委书记。

2000年获内蒙古自治区劳动模范、全国劳动模范称号。

王 勃

男，汉族，1956年9月出生，河南荥阳县人。

1975年8月参加工作；1983年7月加入中国共产党，正高级工程师；参加工作起先后任大雁矿务局生产处技术员、科长，第一煤矿安监处主任工程师、生产调度处副处长、处长，安全监察局第一副局长；2000年12月任第二煤矿矿长；2004年6月任大雁煤业公司副总工程师，并取得国家首批注册安全工程师资格。

他主持多项重大生产技术工作，取得了"综采放顶煤技术大雁矿务局的应用""大雁二矿单体液压支柱放顶煤回采工艺""提高厚煤层综放面回采率技术研究""软岩巷道封闭切护式U型金属可缩支架"等多项具有较高实际应用价值的科研技术成果，其中有4项成果填补了矿务局内煤炭生产领域的空白。他主持完成的大雁矿区回采工作面第一次矿压观测，为回采工作面支护设计提供了有力的科学依据；主持完成的"大雁矿区井巷喷射混凝土强度负荷法检测实施细则"，使大雁矿区井下喷射混凝土工程质量检测有据可依；"软岩巷道封闭切护式U型金属可缩支架"2003年获国家实用型专利；先后有《软岩巷道变形力学机制及支护实践》《大雁矿务局综采放顶煤工作面防止煤层自然发火对策》等十多篇技术论文在省级以上科技刊物发表。1997年，他的科研成果获内蒙古自治区科技进步三等奖，并被聘为联合国计划署资助项目国内培训专家；2001年获自治区总工会职工经济技术创新工程重大创新成果奖。

1996年被评为自治区煤炭科技拔尖人才和自治区总工会合理化建议和技术改造先进个人；2000年被评为全国煤炭工业科技拔尖人才，同年获内蒙古自治区劳动模范和全国劳动模范称号；2003年被评为全国煤炭工业优秀矿长。

贾克彬

男，汉族，1954年7月出生，河北省黄骅市人。

1970年12月参加工作；1978年1月毕业于鸡西职工大学；1984年7月加入中国共产党；历任设计院技术员、技工校教师、教务科长、副校长、供电局变电工区主任、生计科科长、伊敏电厂生产部副主任等职务。

1991年荣获全国合理化建议技术改进积极分子称号、1995年荣获东北电力集团劳动模范、1999年4月荣获国家电力公司特等劳动模范、2000年获内蒙古自治区劳动模范、全国劳动模范称号。

张东海 男，汉族，1970年8月出生，陕西省府谷县人。

1990年4月到伊克昭盟煤炭公司工作，同年9月入北京农垦干部管理学院工业企业管理专业学习；1992年7月毕业后到伊克昭盟煤炭公司驻北京办事处工作；1993年6月加入中国共产党；

1994—2001年先后任伊克昭盟煤炭公司驻北京办事处副主任、经营部副部长、经营公司副经理、驻北京办事处主任、伊泰煤炭股份有限公司副总经理；2001年3月任伊泰煤炭股份有限公司总经理；2003年4月任伊泰集团有限公司副总经理兼伊泰煤炭股份有限公司总经理；2003年当选鄂尔多斯市第一届政协常委；2004年6月任伊泰集团总经理；2006年11月当选为中共内蒙古自治区第八次会议代表；2008年1月当选为内蒙古自治区第十届政协委员；2010年1月至今任伊泰集团党委书记、总经理；2013年当选为内蒙古自治区第十二届人大代表。

张东海升任伊泰集团总经理后，参与制定并组织构建以建设新煤矿和技术改造老矿井为主要内容的新型煤炭工业体系：新建大型现代化酸刺沟煤矿，将27个中、小煤矿整合为13个安全、环保、高效的现代机械化矿井；不断改革探索管理模式，大力推行集中统一管理，整合生产、运输、营销、人力资源、财务、物资采购、工程、企业文化管理资源，理顺管控关系，减少管理层级，努力实现扁平、高效、集约管理；全面推行竞聘上岗，引入全员绩效考核机制；推进信息化建设，实施数字化管理项目；落实人才战略，引进、招聘煤矿、煤化工等专业人才。在总经理班子的带领下，公司实现了生产规模化、技术与装备现代化、管理手段信息化、职工队伍专业化。

2003年获自治区第九届杰出青年企业家荣誉称号，2005年获内蒙古自治区劳动模范和全国劳动模范称号，2006年获"内蒙古企业自主创新年度人物"称号；2007年获"内蒙古自治区优秀企业家"称号和"全国用户满意杰出管理者"称号，并当选为"中国十大创新英才"；2008年获中华全国铁路总工会授予的"火车头奖章"、首届"建设诚信内蒙古（15大）功臣"和"中国民营化工功勋企业家"称号；2009年获第三届内蒙古自治区优秀中国特色社会主义事业建设者和第十三届中国青年"五四"奖章，2010年当选内蒙古自治区诚信人物，2012年被授予第六届中华慈善奖（最具爱心捐赠个人）。

王书杰 男，满族，1959年5月出生，辽宁省新宾县人。

1982年7月加入中国共产党，1982年7月毕业于中国矿业学院露采专业并参加工作，正高级工程师。历任华能伊敏煤电公司团委书记、生产处副处长、企管处副处长、计划处副处长、公司副总工程师兼计划处处长、公司副总经理，发电部主任、伊敏电厂厂长，华能呼伦贝尔能源公司副总经理、党委书记等职务。

2005年获内蒙古自治区劳动模范、全国劳动模范称号。

荆向斌 男，汉族，1966年9月出生，内蒙古赤峰市人。

1985年在平庄矿务局西露天矿机厂、五家矿运销科工作；1987年9月在平庄矿务局职工中专学习；1992年加入中国共产党；1990年7月在平庄矿务局五家矿运销科工作；1992年3—9月在北京煤

炭干部管理学院学习；同年10月到元宝山露天矿培训中心工作；1993年4—10月赴德国白茨道夫露天矿学习，回国后历任元宝山露天煤矿轮斗机司机长、安质科长、工会副主席；2006年当选内蒙古自治区第八次党代会代表；2007年当选第十七次全国代表大会代表；2011年当选为内蒙古自治区第九次党代会特邀代表，并当选第九届委员会候补委员。

1995年，他出任元宝山露天矿采矿部轮斗挖掘机司机长，克服语言文字关、技术关，很快就熟练地掌握了中德联合制造的国内最先进的轮斗挖掘机的操作、维护、保养技术，并在设备运转中及时发现并总结问题。他先后提出有价值的建议几十条，大多数被采纳。他成功研发出"网格式轮斗"这一新的斗型，解决了大石块损坏设备，影响生产效率的难题。经他改造的铲斗解决了物料湿粘，而导致粘铲斗降低生产效率的难题；独创出"迈步式退采扩帮工艺"，开发出轮斗挖掘机组合开采工艺，实现了轮斗挖掘机下挖作业，从而拓宽了轮斗机的使用空间，为元宝山露天在降低剥离成本做出了贡献；推行轮斗挖掘机大工种作业方式，打破工种界限，对职工进行全方位培训，实行一岗多能，使每班的工作人员由单机单组的8人减少至5人，达到了世界上同类设备人员配置的先进水平。

1999年当选赤峰市劳动模范；

2003—2004年获全国煤炭工业优秀班长、全国煤炭工业优秀队长称号；2005年获全国劳动模范、内蒙古自治区劳动模范称号；2007年被评为感动中国十大杰出矿工，获内蒙古自治区第二届技师、高级技师突出贡献奖；2010年获全国岗位技术能手称号，并享受国务院特殊津贴；2012年当选为内蒙古自治区优秀共产党员；2013年获国电集团一级奖章、一级红旗奖章。

弥新成 男，汉族，1957年出生，甘肃省宁县人。

1974年参加工作；1997年加入中国共产党，并任采煤二队带班副队长；1998年任乌海能源公司苏海图矿综采队副队长。

参加工作30多年来，他一直工作在采煤第一线，想方设法回收采空区丢失的顶梁、排木、木楔，20多年回收坑木80立方米，价值10多万元；1997年，他任采煤二队带班副队长时，在一次处理采面冒顶事故封顶作业过程中，他让工友退后，自己一人在险情处封顶，被掉下的石块打掉门牙，他不顾钻心的疼痛，直到险情全部排除；1998年夏天，在处理一起破碎冒顶事故时，被碎石挤压造成胸椎压迫性骨折，仅治疗45天就重返井下。

2005年获全国劳动模范称号。

庄树林 男，汉族，1959年11月出生，河北省承德市人。

1981年到乌海市平沟煤矿工作，1995年加入中国共产党，曾任乌海能源有限责任公司平沟煤矿采煤队队长。

2001年，采煤二队接到开采左片生产面的任务，这个生产面在当时是出了名的老大难，地质条件复杂、采面压力大让很多人感到棘手，甚至当时有人断言这个生产面是不可能顺利完成开采的。他经过试验和论证，提出把3、4排管理顶板，改成2、3排管理，就解决了采面压力大的问题。平沟煤矿瓦斯高是个历史问题，一直得不到有效解决，他经过刻苦钻研，反复论证，2003年提出把工作面调成伪斜开采，从而增强工作面上隅角通风能力，减少工作面上隅角瓦斯的建议。这一建议很快得到领导的采纳，并运用到实际生产中，取得了很好的效果。

2005年获全国劳动模范称号。

马宝清 男，汉族，1964年5月出生，内蒙古达拉特旗人。

1985年8月参加工作，任东胜精煤公司技术处技术员、副科长、科长；1991

年12月任华能精煤东胜公司武家塔露天煤矿矿长助理；1992年12月任东胜公司武家塔露天煤矿副矿长；1997年3月任马家塔露天矿矿长、党委书记；2006年8月任神东土地矿产资源委员会副主任、主任；2009年9月任神东煤炭集团公司公共关系部总经理助理兼经理；2004年4月被借调到神华国贸公司俄罗斯项目组任副组长。

2005年获内蒙古自治区劳动模范和全国劳动模范称号，2005年11月获全国煤炭系统双"十佳"矿长荣誉称号。

张文斌 男，汉族，1973年出生，陕西省佳县人。

1990年参加工作，先后在神东大柳塔煤矿综采队、连采队工作；2000年调入神东维修中心工作，曾任班长、工长、车间生产经理、副总工程师（车间经理）、副厂长，并加入中国共产党；先后4次去美国、德国、南非考察学习采矿设备维修的技术和管理经验；2007年参加了清华大学在神东开设的高级工商管理研究生课程学习班，进行为期一年的工商管理课程学习；2009年4—6月，在清华大学高级工商管理EDP班学习；2008年获中华技能大奖。

2004年被人事部和国资委联合授予中央企业劳动模范、全国技术能手称号，2005年获全国劳动模范称号，2009年被评为国家高技能人才，享受国务院政府特殊津贴。

张 军 男，汉族，1963年出生。
2000—2015年，先后任五虎山矿高档二队队长、神华集团乌达五虎山矿业有限责任公司副总经理，并加入中国共产党。出任五虎山矿高档二队队长后，克服生产环境恶劣等困难，带领高档二队于

2002年10月创下月产72066吨的纪录，2003年又创下日产3250吨的纪录，因此被称为"猛虎队长"，高档二队被称为"猛虎队"。2004年被评为全国煤炭行业优秀采煤队长，2005年获全国劳动模范称号。

杨进京 男，汉族，1963年12月出生，辽宁省兴城市人。

1983年毕业于辽宁阜新煤炭工业学校电气自动化专业，11月被分配至准格尔能源公司露天矿从事电气维修工作；1983年11月任准格尔能源公司机电安装大队、黑岱沟露天矿采掘队电工；1996年7月加入中国共产党；2003年2月任准格尔能源公司设备维修中心穿采车间主任工程师；2007年3月任准格尔能源公司设备维修中心副总工程师；2000年10月至2003年2月任准格尔能源公司设备维修中心穿采车间主任工程师；2007年3月任神华准格尔能源有限责任公司设备维修中心副总工程师。

1993年，准格尔能源公司引进斗容32立方米的395B大型电铲，他为弄清其技术难题，几天几夜不休息；395B电铲投入生产剥离后，电铲时有走铲压电缆问题出现，美国专家一时无法解决，他提出让电铲的供电、控制电缆从行走减速箱上边通过的方案，使问题得到彻底解决；2000年，运行近6年的德国140吨吊车一直存在一个难题：在起臂或伸臂时，偶发抖动。他用两天工休时间彻底解决该难题；2004年5月美国进口的全自动氩弧焊机频繁出故障，厂家多次修理无效，他仅用十几天就排除了故障。2005年，2号395B电铲改造后推压系统运行时噪音大，美国技术员认为是机器本身的问题，看到他将运行情况一一记录，制成推压系统电机电流波形图后，才相信机器出了故障。2008年1月3号395B电铲出现推压烧保险故障，他带领的维修中心及时排除故障，电铲增运3万多小时，累计创产值15亿元。他牵头开展的技术攻关、技术创新35项，共节支增效3500多万元。1983—2004年，他主持完成油脂化验光谱分析仪、395B电铲显示器、CTO升级、140吨吊车举升系统等电气维修技术革新31项，累计节支2500多万元。2013年8月他被神华准格尔能源有限责任公司聘任为煤矿机电专业专家；他的"395BI电铲GTO及逆变器故障检修工艺"技术获准能公司第三届职工技术创新成果展一等奖。

1996年获自治区青年岗位能手、先进青年科技工作者称号，1998年被煤炭部授予全国煤炭系统青年岗位能手称号，2004年被国资委评为中央企业优秀共产党员，2005年获内蒙古自治区劳动模范、全国劳动模范称号，2009年被评为神华集团公司"感动神华十大人物"，2010年获鄂尔多斯市道德模范称号。

武国平 男，汉族，1966年9月出生，内蒙古凉城县人。

1989年7月毕业于黑龙江矿业学院矿业机械专业，同年被分配至海勃湾矿务局公乌素矿工作；1993年10月调入准格尔煤炭公司露天煤矿，历任技术员、车间副主任；1997年加入中国共产党；1997—2005年3月，历任准格尔煤炭工业公司选煤厂洗选车间副主任、主任，选煤厂厂长助理、副厂长，2005年4月选煤厂厂长；2007年9月晋升为正高级工程师；2009年在中国矿业大学获采矿工程硕士学位。

他全程参与了哈尔乌素选煤厂及黑岱沟选煤厂1000万吨扩能系统的基本建设过程，哈尔乌素选煤厂一期项目仅用了4个月就具备了达产能力，创造了大型煤炭企业建设史上试生产周期最短的纪录；哈尔乌素、黑岱沟选煤厂1000万吨扩能改造系统均一次性实现重载联合试运转，并在试运行3个月后达到设计能力，洗选成本达到同行业先进水平；环境治理工作成效显著，粉尘、噪音得到有效控制，厂区作业环境有了翻天覆地的变化；安全工作保持持续、健康、稳定发展；发表学术论文4篇，其中《浅析煤炭市场机构》2005年获神华集团首届科技研讨会三等奖；他负责的粉尘综合治理项目形成了一套完整的露天煤矿选煤厂粉尘控制与治理技术，填补了国内露天煤矿选煤厂粉尘控制与治理的技术空白；2008年，主持研制的"用于矿业机械的密封装置"获国家知识产权局颁发的实用新型专利证书；2008年，他作为项目负责人和主要技术人员参与研究的"选煤厂粉尘综合治理技术研究与实施"项目获内蒙古自治区科技进步一等奖。在他的带领下，准格尔煤炭工业公司选煤厂先后获"煤炭工业优质高效选煤厂""全国十佳选煤厂""神华集团先进单位"称号。

2000年获内蒙古自治区劳动模范，2003年获全国五一劳动奖章，2005年、2009年被评为全国十佳选煤厂厂长，2010年获全国劳动模范称号。

王以廷 男，汉族，1950年9月出生，甘肃省民勤县人。

1968年在甘肃武威民勤县运输公司工作；1971年7月加入中国共产党；1977年任阿拉善盟阿左旗运输公司队长；1985年9月至1989年4月先后任阿拉善盟阿左旗水泥厂和硝化厂党支部书记兼厂长；1990年7月毕业于内蒙古大学经济管理专业；1994年5月任阿拉善盟煤炭联合公司经理、党委副书记；1997年12月至今任内蒙古太西煤集团股份有限公司董事长；1997年、1998年先后晋升高级政工师、高级经济师职称；2001年7月在首都经济贸易大学获工商管理专业硕士学位；2004年9月至2007年10月被兰州大学聘任为客座教授。

他2002年规划并提出"以煤为主，循环发展，转化升值，突出效益"的总体思路和"立足资源优势，就地转化升值，提高科技含量，拓宽经营领域，发展循环经济，促进企业发展"的发展战略，坚定不移地走发展煤、延伸煤、超越煤之路，致力于经济、社会和环境协调发展，实施资源转化战略，促进资源永续利用，坚持开发与节约并重，发展循环经济，建设了兴泰煤化工业园、乌斯太焦化工业园、阿拉善右旗常山工业园、民勤红沙岗工业园、金昌焦化工业园、策克口岸太豪国际物流园，逐步形成了"六大工业园，六大产业群，六条产业链"的产业架构，带领公司进入自治区重点煤炭企业和全国100强煤炭企业行列。2012年以来，他依托太西煤煤基活性炭独特优势，发展空气净化和水净化等高效环保产业，对古拉本矿井中丰富的煤层气资源综合开发利用，消除安全隐患，发展瓦斯项目；制定发展物流和文化产业融入"一带一路"战略布局，为企业发展赢得先机。

2005年获内蒙古自治区劳动模范称号，2007年获全国五一劳动奖章，2010年获全国劳动模范称号，2011年被评选为全国环境保护优秀企业家。

魏孝华 男，汉族，1975年3月出生，山东省诸城市人。

1996年1月参加工作，班长、副队长、书记、队长；1992年加入中国共产党；2008年任乌海能源公司路天矿业公司综放队队长。

他任队长以来，综放队曾多次被能源公司评为先进单位，在以他为攻关小组组长的带领下，加强设备改造，利用煤电钻综保动力载波原理，自己焊接电路板，安装在采煤机电控箱内，实现了采煤机的无线控制；同时根据顶板变化，上巷支护采用交接梁3排支护方法，不仅节省了大量木材，而且减轻了员工的工作量，提高了生产效率；2010年7月综放队过断层，顶板难以维护，发生了漏顶，他在井下和大家一起连续工作了70多个小时，解决了支护难题；他每天工作十多个小时，跟班作业，现场指导检查每一道工序必须按标准去干，有不符合标准的，现场立即整改，直到达标为止，从根本上消除不合格工程；他秉承安全、高效、开拓、进取和以人为本、关爱生命与健康的工作理念，逐步探索出具有综放队特色的安全管理模式；典型引路，整体推进，从一部支架、一条皮带、一台设备等入手，实现了综放队各项工程合格率100%。

2008年获神华乌海能源公司标兵称号，2010年获全国劳动模范称号。

侯景芳 男，汉族，1963年7月出生，内蒙古赤峰市人。

1981年6月到原平庄矿务局基建公司从事土建工作；1984年5月到平庄矿务局西露天矿采掘段从事坑下电铲操作工作；先后任采掘段采掘队电铲司机、司机长、1号班倒班班长；2009年加入中国共产党；2012年7月任平庄煤业西露天煤矿采掘段副段长。

担任17号电铲包机组司机长后，总结出了"摸、闻、查、看、试"等一系列排查设备故障的方法，每年处理各种电器、机械故障50多次；经他试验、总结、推广的"高压电缆垫起法"，每年全矿减少中断影响时间达2万余分钟，减少损失80余万元；他在班组建设中提出了"班前危险性预先分析法""班中联保工作法"，并积极参与"四无三好"创品牌班组竞赛活动；电铲包机组连续多年被评为矿级"品牌班组"，实现安全生产4000余天；累计完成采煤320万吨；双增双节创效20余万元；质量标准化年年达到行业一级水平。2006年，他在内蒙古自治区组织的"百万员工技术大比武"活动中，带领17号电铲包机组夺取个人和集体两项第一名。2008年，西露天煤矿实施"横采内排"工程后，滑落区的清理工作迫在眉睫，侯景芳与员工一起摸爬滚打同上同下，一边指挥生产，一边检查维护设备，经过5个多月的奋战，累计清理滑落物达392129立方米，出色完成了滑落区清理任务。他任采掘段副段长后，积极探索班组安全管理的新方法、新途径，推行了"手指口述"安全工作确认法，组织开展了班前"安全小课堂"，季度"星级班组"和"优秀员工"评比活动，以及"人人都是安全员，安全工作人人管"等群众性安全工作；他坚持将"五勤一线"工作法和"6S"现场管理相结合，使采掘段安全生产工作迈上一个新的台阶。

2007年获全国煤炭工业劳动模范称

号，2009年被平庄煤业集团公司评为建企50周年功勋矿工，2010年获全国劳动模范称号，2013年被评为国电集团"优秀员工"，获国电集团"一级"奖章。

潘凤涛

男，汉族，1978年10月出生，河北省黄骅市人。

1997年参加工作，任扎赉诺尔煤业公司露天煤矿汽运段机电技术员；2000年毕业于中国矿业大学机电设备管理专业（本科）；2002年5月加入中国共产党。他努力钻研业务，先后提合理化建议230条，主持参与重大技改革新项目38项，为企业节省资金达1600余万元，被公司一线职工誉为"煤海技改状元"。

2008年获全国煤炭系统节能创效标兵称号，2009年评选为呼伦贝尔市"十大金牌工人"，2010年获内蒙古自治区劳动模范、全国劳动模范称号。

耿建勇

男，汉族，1968年出生，内蒙古西乌珠穆沁旗人。

1986年5月参加工作，在西乌珠穆沁旗白音华露天煤矿剥离队当电铲司机；2004年4月在平西白音华煤业公司采矿一部任液压反铲司机长；2010年6月任平西白音华煤业公司调度室调度员。

2005—2007年被平庄煤业评为劳动模范，2010年获内蒙古自治区劳动模范、全国劳动模范称号。

韩 伟

男，汉族，1973年7月出生，内蒙古准格尔旗人。

1991年参加工作；现任神华集团神东煤炭集团公司补连塔煤矿连采二队队长。

他从事煤矿井下掘进工作20多年，是公司矿井掘进工作的拓荒人，所带队伍3年就掘进巷道5万多米。他不断摸索，熟练掌握连采设备的检修、维修方面的知识和技能，参与小改小革近200项，仅对锚杆机和刮板机等大型设备的革新就节省成本400多万元。他认为"生产的欠账可以补回来，而安全的欠账永远无法弥补"，时刻将安全放在第一位，以精湛的技术、高效的管理培养出多名合格的连采技术骨干。

2011年被评选为鄂尔多斯市"职业道德建设先进个人"，2013年获中央企业劳动模范称号，2015年获全国劳动模范称号。

吴险峰

男，达斡尔族，1972年7月出生，黑龙江省龙江县人。

1992年7月毕业于海拉尔煤炭工业学校机械制造与维修专业,被分配至宝日希勒煤炭有限公司机械厂任技术员兼团支部书记、工会主席;1997年5月任神华宝日希勒能源有限公司水电公司机械厂副厂长兼工会主席;2007年5月任神华宝日希勒能源有限公司机电设备维修公司生产调度部部长;2011年11月任神华宝日希勒能源有限公司设备维修中心机加车间主任。

2006年获内蒙古自治区职工经济技术创新工程奖和先进个人奖章;2012年获全国煤炭系统经济技术工作"技术创新能手"称号;以其名字命名的吴险峰职工创新工作室2013年被内蒙古自治区总工会命名为"自治区职工创新工作室",被神华集团命名为"劳模创新工作室"。他设计制作并安装的全自动液压提升平车降高系统,2012年获神华集团科技攻关项目二等奖,2013年获内蒙古自治区职工经济技术创新项目一等奖;设计制作并安装的液压拆线机,2013获神华科技创新项目三等奖,内蒙古自治区职工经济技术创新项目二等奖;设计制作并安装的大型电机转子拆装器,2013获神华科创新项目三等奖,内蒙古自治区职工经济技术创新项目二等奖。

2013年获内蒙古自治区"金牌工人"称号和五一劳动奖章,2015年相继获呼伦贝尔市、内蒙古自治区和全国劳动模范称号。

谢金龙 男,汉族,1971年8月出生,内蒙古赤峰市人。

1991年高中毕业到中国矿业大学(徐州)培训,1993年结业后在内蒙古平庄煤业集团公司元宝山露天煤矿采矿一部从事轮斗机润滑工作;2000年加入中国共产党;2006—2009年在平庄煤业技工

学校就读机械电气自动化专业函授本科毕业;2008年任1号轮斗机司机长。

他从事轮斗润滑工作后,面对着国际上最先进的集中润滑系统,每天不厌其烦攀登40米高的设备,数十次翻看说明书,逐一查找,逐一对照,不断分析,并撰写10万字的工作日志,将轮斗润滑工艺、流程、集中润滑工作原理烂熟于胸。不管出现什么故障,他手到"病"除。工作之余他又攻读辽宁工程技术大学机械工程与自动化专业本科课程;他创新成果"轮斗机料口及1B改向滚筒防护技术改造"获内蒙古自治区职工技术创新成果二等奖。2013年,元宝山露天煤矿依托谢金龙全国煤炭工业劳动模范示范引领的平台,创建了轮斗机"创新工作室",研究推广新工艺,提高工作效率,培养后备人才。他带领轮斗机组人员编制《轮斗机工作手册》,制作作业流程视频,为后续技术力量培养提供了宝贵的培训资料,机组已成为国内第一家轮斗司机培训基地,先后为准格尔露天煤矿、霍煤集团扎哈淖尔露天煤矿、技工学校培训学员百余人。澳大利亚、越南等国采矿人员也相继来到该轮斗机组参观学习交流高寒地区轮斗机使用经验;在项目创建实施中,他带头研究并实施了轮斗机下挖工作法,拓宽轮斗机使用空间,丰富了采掘工艺,大大降低了剥离成本,使轮斗机下挖工作量提高30万立方米,节约剥离费180万元,填补了国内露天煤矿连续开采工艺的

空白。

先后被评选为平庄煤业公司劳动模范和十大杰出矿工、赤峰市优秀共产党员、中国国电集团公司优秀班组长，2012年获全国煤炭工业劳动模范称号，2014年被评为全国煤炭行业技能大师，2015年获全国劳动模范称号。

薛占军 男，汉族，1968年出生，陕西省榆林市人。

1990年在大柳塔煤矿皮带队担任检修工；1991年8月在大柳塔煤矿连采四队担任运煤车司机；2005年8月任大柳塔煤矿连采四队副队长并加入中国共产党；2006年7月在大柳塔煤矿连采三队担任副队长；2009年8月任大柳塔煤矿连采三队队长。

担任队长第一个月他就遇到煤矿最薄的薄基岩，只有2.6米，一不小心顶板破碎就会造成事故。面对刚接手的世界首套快速掘进系统及复杂的地质条件，他带领连采三队创造了大柳塔煤矿连采单月进尺1860米的历史最高纪录；有了第一套快速掘进系统运行经验暴露出来的问题，使第二套快速掘进系统得到了优化。2013年12月至2014年8月，他带领连采三队应用世界首套全断面高效快速掘进系统创下单巷单班掘进88.7米、圆班掘进158米的世界纪录，是国内普遍采用的连采工艺的4倍。

2014年被评为神华集团劳动模范，2015年获全国劳动模范称号。

于海洋 男，汉族，1985年5月出生，辽宁省昌图县人。2008年7月参加工作，大学本科学历，助理工程师；现任内蒙古霍林河露天煤业股份有限公司机电修配厂采掘车间电气技术员；2009年获扎哈淖尔露天矿技术比武电气第一名；2012年获"华能伊敏煤电杯"第一届全国煤炭行业露天专业职业技能大赛露天采剥机械电修工个人第一名。

2013年获全国五一劳动奖章，2014年获中央企业青年岗位能手，2015年获全国劳动模范称号。

享受国务院政府特殊津贴人员

焦东鹏 男，汉族，1938年9月出生，辽宁省海龙县人。

1963年8月毕业于内蒙古工学院地下采煤专业，被分配至乌达矿务局一矿担任技术员；1973—1975年任一矿生产技术科副科长；1974年7月加入中国共产党；1975年调入内蒙古自治区煤矿设计研究院采掘室从事设计工作；1983年11月至1985年6月任内蒙古自治区煤矿设计研究院副院长，1985年6月至1987年6月任院长，并晋升为高级工程师；1992年4月任总工程师，1993年10月任调研员；曾兼任中国煤矿设计专业委员会委员、中国煤炭学会内蒙古分会会员、内蒙古储委委员等职；1998年6月退休。

从事煤炭生产、设计及管理工作三十余载，负责多项科研设计，并组织领导参与审查了多项设计，由其负责的《准格尔煤田开发方案设计》和《黄白茨矿初步设计》获内蒙古自治区煤炭厅工程设计奖；1975—1992年先后在《煤矿设计》《煤炭科学技术》等国家级技术刊物上发表20多篇论文，其中《顿巴斯矿区新建和改建矿井设计》被译作俄文发表；技术论文《倾斜长壁采煤法分区长度的计算》和《巷道断面优化的探讨》受到好评，1978年被评为"内蒙古自治区基建系统科技先进工作者"。

1982年6月被中共内蒙古自治区人民政府直属机关工委评为模范共产党员，1995年享受国务院政府特殊津贴。

吕　廉　男，汉族，1938年3月出生，辽宁省朝阳县人。

1962年7月毕业于阜新矿业学院露天开采专业，被分配至阜新矿务局海州露天煤矿任技术员；1976年11月任平庄矿务局元宝山露天煤矿筹备处技术员；1978年7月加入中国共产党；1979年11月任平庄矿务局党委组织部副科长；1983年8月任元宝山露天煤矿建设指挥部技术科科长；1986年1月任六五〇厂党总支副书记，同年8月任平庄矿务局生产技术处副处长；1987年2月任准格尔煤炭工业公司露天煤矿筹备组组长；1987年8月任准格尔煤炭工业公司副总工程师；1991年8月任总工程师、副经理；1993年1月任准格尔煤炭工业公司党委委员；1995年晋升为正高级工程师；1998年9月退休。

1986—1987年在平庄矿务局组织制订全局实现质量标准化规划，贯彻落实部分标准，推广山东肥城矿务局质量标准化经验，树立古山矿为全局学习样板；1987—1992年参与准格尔项目一期工程设计审查工作和引进设备工作；1992—1994年负责准格尔项目一期工程各单项设计调整概算工作，制定逐年计划，对控制项目建设投资，"八五"向"九五"转入投资，都提供了重要依据；1992—1994年负责组织中心区设计完善工作；1987—1994年参加"准格尔矿区深层岩溶地下水的合理开发与利用"课题研究，利用供水工程实现矿区水文地质大暴露，科学采用勘采结合方法，明确了地下水补给条件，对长期稳定合理利用地下水提供了可靠保证。该项目获1994年煤炭部科学技术进步特等奖、国家科学技术进步二等奖；《煤炭工业可持续发展几个重要领域的研究》2000年获"全国煤炭科技进步奖"二等奖。

1996年获准享受国务院颁发的政府特殊津贴。

赵唱尧　男，汉族，1938年6月出生，辽宁省凌海市人。

1962年9月毕业于阜新矿业学院，被分配至平庄矿务局西露天矿任技术员；1975年9月任平庄矿务局元宝山露天筹备处工程师；1979年11月任平庄矿务局西露天煤矿工程师；1983年6月调入内蒙古自治区煤矿设计研究院从事设计工作，同年任内蒙古自治区煤矿设计研究院副总工程师；1985年11月加入中国共产党；1994年4月任内蒙古自治区煤矿设计研究院总工程师；1998年6月退休。

从煤矿生产实践到煤矿设计专家，曾先后任中国煤炭学会委员、煤炭部技术咨询委员会委员、内蒙古煤炭学会常务理事；1983年7月30日至1984年2月25日，作为中方项目负责人和代表，与美国柏克德公司在美国旧金山联合编制了《准格尔黑岱沟露天矿可行性研究》（2500万吨/年）；1985年编写了《准格尔矿区总体规划与一期工程可行性研究》；1989年获内蒙古自治区煤炭厅优秀科技管理工作者；1992—1993年和薛炎荣参与编制的《锡林郭勒盟社会经济发展战略规划》获1993—1995年内蒙科协"金桥工程"优秀项目一等奖，并获中国科协全国第五次代表大会颁发的全国"金桥工程"优秀项目二等奖；和薛炎荣在《锡林郭勒盟社会经济发展战略规划》中编写的《煤炭规划》的主要内容被刊登在《煤矿设计》（1994年第9期）；为了提升内蒙古自治区煤矿设计研究的设计能力，1994年6月率团去俄罗斯新西伯利亚煤矿设计院、圣彼得堡煤矿设计院和河间露天煤矿、红山露天煤矿进行考察调研与技术交流；他发表的多篇论文对内蒙古自治区煤矿设计研究院和内蒙古煤炭事业的发展起到积极的推动作用；2008—2009年为内蒙古煤矿设计研究院有限责任公司编制了"露天煤矿边坡稳定"计算软件，为此后的露天煤矿边坡稳定设计质量提高起到重要作用。

1996年享受国务院政府特殊津贴。

韩守让 男，汉族，1938年1月出生，内蒙古开鲁县人。

1963年7月毕业于北京地质学院大学煤田地质与勘探专业，被分配至内蒙古自治区煤田地质局117勘探队工作；1970年4月担任地质技术员，1979年8月任地质工程师；1980年7月加入中国共产党；1983年7月任地质科负责人，1984年1月任总工程师，1986年7月任代理队长兼总工程师。

1989—1994年，他先后组织、指导、提交了8个大型详查报告，其中《东胜煤田北部矿区地质资料汇编》为拟建年产5000万吨的万利矿区总体设计提供了必要的地质依据。该《汇编》通过了内蒙古自治区煤炭工业厅审查批准；《东胜煤田布尔台地质详查报告》被中国煤炭地质总局评为优质地质报告；1992年提交《鄂尔多斯盆地聚煤规律及煤炭资源评价》的报告；《鄂尔多斯盆地聚煤规律及煤炭资源评价》由内蒙古、陕西、甘肃、宁夏、山西五省份资料汇编后，1996年获煤炭工业部科学技术进步一等奖，1997年12月获国家科技进步二等奖。

1994年6月被自治区党委评为全区优秀共产党员，1995年获全国煤炭工业劳动模范和中国煤炭地质总局第三届优秀科技工作者称号，1996年享受国务院颁发的国务院政府特殊津贴。

刘贵廷 男，汉族，1938年5月出生，辽宁省北票市人。

1959年10月加入中国共产党；1958年9月考入阜新矿业学院露天开采专业学习；1962年8月被分配至平庄矿务局西露天煤矿历任技术员、副科长；1973年8月在平庄矿务局元宝山露天煤矿筹备处历任副科长、科长、平庄矿务局基建处副主任工程师等职，并晋升为高级工程师；1987年2月历任准格尔煤炭工业公司露天煤矿筹备处副处长、处长；1992年12月历任准格尔煤炭工业公司露天煤矿矿长、党委书记；1993年12月任准格尔煤炭工业公司副经理兼露天矿矿长；1995年8月任准格尔煤炭工业公司副经理、党委委员；1998年9月退休。

刘贵廷在平庄西露天矿排土段工作期间，从技术上解决了排土平盘下沉问题，通过推行"向内侧翻车移路的涨通方法"，增加了排土场容积，节省了一条排土线（约10万元），大大降低了排土成本（每年达3万元）；用向邻线临时延长路端的办法解决了尽头区排弃问题；1972—1986年在元宝山露天筹备处组织和参加了煤岩切割阻力试验；组织打了12个岩样孔，取芯、包装都满足了联邦德国专家的要求，受到了好评；在元宝山露天"三通一平"、房屋建设上，从设计到施工都亲自组织和参加，使各项工程保质保量顺利完成，同时整理了历年工程量、工作量和投资使用情况，形成了比较系统的有价值的历史资料；1987年2月调到准格尔煤炭工业公司支援新建设，狠抓露天矿筹备工作，从组织建设上、思想建设上以及提高人员素质上都做了大量工作；1988年撰写了《关于黑岱沟露天煤矿黄土层开采工艺及设备选型问题的分析》专题报告；1983年被国家民委、劳动人事部、中国科学技术协会授予"在少数民族地区长期从事科技工作"荣誉证书。

1991年被内蒙古自治区党委、政府授予"深入工农牧业生产第一线有突出贡献的科技人员"称号，1997年获准享受国务院政府特殊津贴。

薛炎荣 男，汉族，1939年8月出生，河北省涿鹿县人。

1963年9月由北京矿业学院煤田地质系毕业被分配至内蒙古包头矿务局地质处任技术员；1976年1月在包头矿务局任工程师；1981年1月调入内蒙古自治区煤矿设计研究院从事设计工作；1984年5月至1987年6月先后任内蒙古自治区煤矿设计研究院生产计划室主任和办公室主任；1990年2月至1993年8月，历任生产技术室主任、技术处处长、副总工程师；1999年12月退休；曾任内蒙古地质学会煤田专业委员会理事、常务理事，内蒙古自治区第八届政协委员。

薛炎荣在36年的职业生涯中从事过煤田地质、煤矿设计、矿区规划、矿区总体设计、课题研究与技术管理等工作；任过国家重点矿区在内的工程设计项目负责人13项；主编绘制煤田和矿区的大型专业性及综合性图件14件，参审或主审地质报告30余件，参评或主评煤矿建设项目论证、方案、可研报告、初步设计、煤矿安全专篇、煤矿灾害综合工程勘查及设计、矿业权设置方案等项目数百项，撰写各种技术性文稿约60余万字；代表性论文有：《煤田地质勘探中经济评价方法的认识》《矿井初步设计模糊优化决策法》《锡林郭勒盟煤炭资源开发研究》《依法经营是企业发展的必由之路——对国有重点煤矿全部下放的思考》《"十五"期间内蒙古煤炭工业发展趋势及对控制煤炭总量的认识》《内蒙古煤炭资源对经济社会可持续发展的支持能力研究》《解读〈煤矿地质工作规定〉和区内煤矿面临的基本任务》等；1992年、1993年以专家身份受聘承担的《锡林郭勒盟国民经济发展战略》能源部分课题研究，曾随项目一起获中国科协人"金桥工程"二等奖，内蒙古科协一等奖；总负责的《东胜煤田经济小区规划》获自治区优秀工程设计三等奖。

1997年享受国务院政府特殊津贴。

张庆功　男，汉族，1938年12月出生，上海市人。

1959年7月毕业于唐山铁道学院铁道建筑专业，被分配至平庄矿务局西露天煤矿历任秘书、技术员等职；1978年12月至1984年4月任平庄矿务局西露天煤矿设计科副科长、计划科副科长；1984年5月任平庄矿务局西露天煤矿副矿长；1985年8月加入中国共产党；1987年

2月任准格尔煤炭工业公司工程计划处长，同年8月任公司副总工程师；1991年8月任公司副经理、党委委员；1995年晋升为正高级工程师；1998年12月退休。

主持大准铁路丰准段初设、黄河特大桥单项设计、大丹段初设等各阶段设计的预审工作，提出预审书面意见，并报上级审批；大丹段的线路在初设已经完成的情况下，提出改线优化方案，由御河西改到御河东岸，节省线路工程量及大量的拆迁改移工程，节约了耕地，节省资金2500万元以上；精心组织大准铁路施工，基建速度比较快，质量较好，得到煤炭部领导的肯定；在准煤公司工作期间，还主管矿区各配套公用工程的项目建设，如黄河水源地工程、矿区公路、煤气厂、总仓库、污水处理厂、中心区住宅等；主持项目建设的招标工作，取得较好成绩，其中大准铁路（丰准段）铺架工程的招投标全过程选为典型案例，纳入中国建筑工业出版社1995年出版的《建设工程招投标工作手册》第七章；1995年11月撰写《大准铁路大段落改线专题报告》。

1998年获准享受国务院政府特殊津贴。

宋　日　男，汉族，1964年8月出生，河北省阳原县人。

1987年7月毕业于淮南矿业学院爆破器材与技术专业，被分配至准格尔煤炭

工业公司露天煤矿穿爆队工作；1992年11月任黑岱沟公司露天煤矿供应部爆破材料库主任；1996年5月任准煤公司炸药厂厂长；1998年8月加入中国共产党；2009年晋升为正高级工程师。

他主持的废机油在铵油炸药中的应用专利技术得到了推广应用；2011年主持研制成了超低密度乳化炸药和苏丹红在铵油炸药中的应用两项发明专利，并在生产实际中得到了应用；2001年2月获中国职工技术协会"科技成果奖"一等奖；2005年10月起，先后任中国煤炭工业劳动保护科学技术学会委员、中国爆破器材行业协会理事、内蒙古自治区爆破器材行业协会副理事长、内蒙古工程爆破协会理事等职务；其科研成果2010年获内蒙古自治区科学技术进步一等奖，2012年获国家科技进步二等奖；1999年6月获中国煤炭学会"露天采煤青年科技奖"。

2000年4月被评为神华集团公司先进工作者，2005年享受国务院政府特殊津贴，2011年被中共内蒙古自治区直属机关工委评为优秀共产党员。

潘永前 男，汉族，1956年出生，内蒙古土默特左旗人。

1982年毕业于山西矿业学院采煤专业，被分配至海勃湾矿务局工作；1989年7月加入中国共产党；历任队长、矿总工程师、局总工程师、公司副总经理、总工程师；2006年6月晋升为正高级工程师。

他主持完成的"薄层状碎裂顶板综采开切眼锚杆支护技术"项目获成功后，在公司各矿推广使用，累计获经济效益3214万元；获内蒙古自治区人民政府颁发科技成果二等奖、神华集团科技创新二等奖、乌海市科技进步一等奖，并被收入《煤炭工业优秀科技成果总览》；主持完成的"炼焦煤选煤厂风选技术的应用"对于保护水资源、节能、环境保护具有极大的促进作用，同时在发展洁净煤技术方面实现了较大突破，该技术应用于炼焦煤选煤厂，解决了富含泥质页岩的原料煤入洗后的泥化、洗水浓度高的问题，在地质条件相近的富含泥质页岩的煤田开发洗选具有极高的推广应用价值，该成果获内蒙古自治区科技进步二等奖、乌海市科技进步一等奖。

1998年获全国五一劳动奖章，2008年享受国务院政府特殊津贴，并入选内蒙古自治区"321"人才工程。

魏建雄 男，蒙古族，1970年12月出生，内蒙古准格尔旗人。

1991年7月毕业于阜新煤矿技工学校机修专业，1991年9月至1996年3月为黑岱沟露天煤矿穿爆队、采掘队钳工；1999年6月加入中国共产党，2003年2月任公司设备维修中心穿采车间钻机班班长，2007年3月任公司设备维修中心穿采车间副主任，并晋升为高级技师。

1993年度被评为露天煤矿优秀青年；1994年度被评为露天煤矿先进生产工作者；1996年度被评为公司安全生产先进工作者，青年"五小发明"科技标兵；1997年度被评为露天煤矿先进生产工作者，获"五小发明"奖；1998年度被评为露天煤矿"十大"生产工作者标兵，青年岗位能手，首届技术比武钳工三等奖、机动车司机二等奖、党员先锋岗；1999年获露天煤矿第二届技术比武机动车司机（管理类）一等奖、钳工一等奖、党员先锋岗；2000年获公司先进生产工作者、优秀共产党员、民族团结进步先进个人，露天煤矿第三届技改技革"五小发明"奖；2001年当选露天煤矿先进生产工作者，获第四届技术比武电动设备钳工第三名；2002年获公司露天煤矿第五届技改技革三等奖；2003年获神华集团技术比武钳工二等奖；2004年获公司技术比武钳工第二名；2005年获公司技师技能鉴定理论实践第一名。

2006年被神华集团评为技术能手、安全生产先进个人，2008年被人力资源和社会保障部评为"全国技术能手"，2009年获全国五一劳动奖章，2011年享受国务院政府特殊津贴，2012年被评为全国技能大师。

顾秀花 女，汉族，1968年4月出生，内蒙古乌海市人。

1987年9月在乌达矿业公司机电安装工程处当焊工；1996年7月加入中国共产党；1998年10月在乌达矿务局综合服务公司供热站担任副站长、高级技师；2003年7月在神东煤炭集团设备维修中心一厂一部当焊工；2012年12月任设备维修中心女子车间部门经理。

她任设备维修中心女子车间部门经理3年间，女子车间为公司节约资金1.2亿余元；2003年10月在神华集团第二届焊工技术比武中获二等奖，2006年8月荣获神华集团第六届焊工技术比武焊工组第六名；在技术攻关方面，解决了铸铁焊接的技术难题，如天车减速器壳体裂纹的焊接；提出了采掘设备结构件断丝取出工艺，并成功应用于大修实践中；将单面焊双面成型焊接技术应用在部件的焊接修复中，使焊接质量大为提高；编制了美国久益12厘米、15厘米、27厘米连采机及采煤机的焊接修复工艺及质量控制标准；编写《连采机前运输槽底部耐磨板的修复工艺》，并付诸实施，已修复近20台，节约资金400余万元；完成焊工初级、中级、高级课件的编写任务；解决了铜—钢异种材料的焊接问题；独立编写的《JOY综（连）采设备焊接修复技术》一书获神东煤炭集团公司五小成果一等奖。

2006年被全国总工会、国资委授予全国"三八"红旗手、巾帼建功标兵称号，2009年被神华集团评选为优秀共产党员，2013年享受国务院政府特殊津贴，2014年获全国技术能手称号，2015年入选内蒙古自治区第五批"草原英才"。

暴红星 男，汉族，1968年1月出生，陕西省铜川市人。

1987年9月到陕西省铜川矿务局王石凹矿当钳工；2000年7月到神东煤炭

二、人物简介　1585

集团设备维修中心一厂一部当钳工；2008年7月加入中国共产党；2010年3月在神东煤炭集团设备维修中心一厂二部担任质量经理；2010年8月至2011年10月，在设备维修中心一厂二部任技术经理。

2003年10月获第二届神华职工技能大赛钳工三等奖，2006年8月获第六届神华职工技能大赛钳工第一名，并获国资委中央企业技术能手称号，2009年9月获神华集团特级技术能手称号；2011年"一种摇臂电机拆卸工装""齿轮传动组件"两项成果获国家实用新型发明专利；2013年11月获全国煤炭行业技能大师称号，并设立技能大师工作室；2007—2015年，在《矿山机械》《陕西煤炭》等刊物发表《高铬镍合金材料再研究》《JOY采煤机大行星架轴承拆解办法》等论文8篇。

2015年1月经逐级推荐评选，享受国务院颁发的政府特殊津贴。

（五）受国家部、委、办表彰的先进人物

全国五一劳动奖章获得者

孔令宏　男，汉族，1956年出生，宁夏石嘴山市人。

1976年参加工作，任海勃湾矿务局露天煤矿火车司机；1988年加入中国共产党；全国第九、第十、第十一届全国人大代表。

为了把矿工的意见和呼声带到全国人民代表大会上，把矿工的心声传达给党中央，孔令宏每年都在会前坚持深入走访和调研；20世纪90年代中后期，煤炭产品供大于求，煤价下跌，内蒙古西三局先后陷于生产经营难以维持、职工生活难以为继的境地。面对矿工的窘境，孔令宏心急如焚。那些日子里，他在矿工家里、工厂车间、政府机关、企业学校，广泛进行调研，寻求帮助企业解决困难、摆脱困境的方法和措施。1999年，九届全国人大二次会议期间，温家宝副总理到内蒙古代表团参加《政府工作报告》审议，孔令宏边举手边大声说："尊敬的温副总理，我是一名煤矿职工代表，我要向您汇报一下煤炭企业的问题……"一桩桩事实，一个个数字，直言陈述了煤炭企业脱困中存在的问题。孔令宏还向新华社记者反映了煤炭企业的困难和职工群众急需解决的问题。中央领导在刊发他反映问题的《新华社内参》上作了批示不久，国家帮助西三局脱困的各项优惠政策、措施相继出台，西三局在生产经营中的一些突出矛盾得以缓解，出现了转机，职工的生活逐步改善。

孔令宏在任九届全国人大代表的5年时间，围绕煤炭企业脱贫解困问题，共提

出建议和议案100多件，成为内蒙古代表团中的"议案大户"，相继提出了"关于尽快落实下岗职工基本生活费""关于进一步加大关井压产力度""关于尽快解决下岗职工基本生活费按月发放"的建议，这些建议都成为代表们议论的热点，得到国务院有关部门的高度重视。国务院有关部门随后做出了关井压产、取缔非法无证开采小煤窑的决策，使全国各地小煤窑非法乱挖滥采的势头得到了遏制，下岗职工基本生活费也逐步得到解决。孔令宏递交的《关于煤炭资源的开发战略及高硫煤合理开采利用的建议》《关于剥离企业办社会职能的建议》《关于下岗职工安置问题的建议》等，都得到了有关部门的重视和采纳。在第十一届人大代表任期内，孔令宏向全国人代会提交了3个有关国计民生的大议案：一是西部大开发的政策很好，但落实到西部煤城，尤其是矿工身上的有多少？二是如何安排好下岗职工的生活问题，三是煤炭企业应不应该收增值税的问题。同时还就乌达煤田灭火治理、工业排放污染对菜农的影响、环卫工人的地位和待遇等问题提出建议。

1990年获内蒙古自治区劳动模范称号，1992年获全国五一劳动奖章。

王作先 男，汉族，1946年出生，山西省偏关县人。

1971年在五虎山煤矿参加工作，同年加入中国共产党，先后任班长、队长和支部书记；1979年任乌达矿务局五虎山矿开拓二队队长；1991年任五虎山矿劳动服务公司经理，后任黄白茨矿劳动服务公司党总支书记。

参加工作以来，在井下第一线工作20余年，任五虎山矿开拓二队队长期间，带领工友自1980—1985年连续6年上等级队标准，累计进尺35509米；任五虎山矿劳动服务公司经理后，1992年就使这个原有内外债200万元的公司扭亏为盈，创总产值650万元，被人们誉为"起死回生的能手"。

1989年被能源部授予"全国能源工业劳动模范"称号，1993年获全国五一劳动奖章。

刘俊秀 男，汉族，1961年出生，内蒙古卓资县人。

1980年招工来到乌达矿务局黄白茨矿采煤二队当采煤工；1982年被选拔为井下机电工，

后任黄白茨矿综采机电组检修班长。

他任井下机电工后，自学《机械制图》《矿山电工学》《矿山机电》等十几本技术图书，系统地掌握了整套基础理论，并把所学的知识运用到实践中去，先后改造了AM-500型采煤机行走轮和电控相自保继电器，对转载机减速底盖和SGWD320型刮板机运输机头压连器进行了改造；十几年来，他的十几项小改革，解决了煤矿生产的难题，保证了生产的正常进行；他还积极进行修旧利废，仅他修复的零部件及回收的废旧器材每年节约的材料费达2万元，每年修复机械大型配件价值七八万元。

1998年获全国五一劳动奖章。

张立生 男，汉族，1957年出生，辽宁省丹东市人。

1975年在扎赉诺尔矿务局灵泉矿参加工作；他在采煤一线工作26年，先后任灵泉矿522队包机队长、522采煤队队长、四采二区生产队长、采煤一队队长等职务。

1992年、1994年分别被东煤公司授予特等劳模、煤海功臣称号；1995年获内蒙古自治区劳动模范称号；1998年获全国五一劳动奖章。

李建章 男，汉族，1974年7月出生，河南省开封市人。

1990考入内蒙古煤炭工业学校矿山机电专业学习，1994年7月毕业分配至海勃湾矿务局平沟煤矿机电队、机运队任技术员；2000年3月在神华海勃湾矿业公司平沟煤矿动力科任技术员；2001年3月在神华海勃湾矿业公司平沟煤矿动力科任副科长；2002年7月加入中国共产党，被评定为助理工程师；2003年3月任神东上湾煤矿综采队采煤班长，后历任上湾煤矿综采队采煤副队长、党支部书记、队长；2009年11月在神华神东煤炭集团寸草塔煤矿任副矿长；2010年4月至今在神华神东煤炭集团寸草塔二矿任副矿长。

他任采煤班长后，经摸索创新，自主完成了综采工作面控制台的集中控制、综采工作面机尾自动挡风帘的制作及应用、马蒂尔自动扫煤器、综采机头红绿灯等多项小改革，获神东科技成果奖；2007年，"李建章班"创建了中国煤炭生产企业4项新纪录：首创6.3米大采高综采工作面年产、月产、日产原煤纪录；2008年，该队创年产原煤1204万吨、月产原煤116.4万吨新纪录，成为全国首个年产1200万吨的综采队，创造了一个综采队连续5年超千万吨的世界纪录；同年8月李建章自主创建并在全队推行了"综采队员工安全绩效考核储蓄（JC）管理办法"，坚持日检查、周考核、月评比制度，将安全结构工资占总工资的比例调高到50%。

2004年获全国五一劳动奖章，2008年获内蒙古自治区"工人先锋号"称号，被共青团中央与国家安全生产监督管理总局授予第六届"全国青年安全生产示范岗"称号，2009年再次获全国五一劳动奖章。

李宝山 男，汉族，1955年12月出生，河北承德人。

1971年10至1976年9月在内蒙古海勃湾矿务局工作；1976年9月至1979年9月在山西矿业学院机电专业学习；1979年9月到海勃湾矿务局平沟矿工作，任技术员、主管技术员、机电工程师、副矿长；1992年11月到神华神东煤炭公司上湾煤矿工作，历任副矿长、矿长、党委书记，高级工程师；2004年10月任神东煤炭公司副总经理兼安全监察局局长、党总支书记；2005年4月至2008年12月31日在中国神华能源股份公司神东煤炭分公司工作,任副总经理兼安全监察局局长、党总支书记。

2004年获全国五一劳动奖章。

李永旺 男,汉族,1963年4月出生,内蒙古杭锦旗人。

1984年7月毕业于内蒙古工学院化工系,被分配至青海省电化厂任技术员;1986年9月至1989年8月在中科院山西煤化所攻读硕士研究生,1990年在中科院山西煤化所攻读博士学位,1994年获理学博士学位后到中科院山西煤化所任副研究员;1995年留学比利时Gent大学和Louvai大学进行博士后研究,于1996年被比利时V.A.N.自由研究基金会授予"高级化学工程奖";1997年在中科院山西煤化所任研究员;1999年在德国Erlangen大学作访问学者;2000年7月回国,任中国科学院山西煤炭化学研究所煤转化国家重点实验室副主任;2001年全面负责煤间接液化技术项目的研究工作;2005年,合成油攻关团队获中国科学院杰出科技成就奖;先后在国内外核心刊物上发表学术论文230余篇,其中在重要国际学术刊物如《美国化学会志》(JACS)美国《物理化学学报》(JPC)等刊物发表论文120余篇,国内核心刊物发表论文100余篇;申请国家发明专利30余项,获授权专利20余项。

在煤间接液化合成油领域,以李永旺为核心的攻关项目组从催化剂基础研究到开发、围绕浆态床工艺技术的反应动力学实验和模型化、反应器的流体力学计算和验证以及模型化与模拟、全过程的模型化和过程模拟分析、关键单元技术(包括分离、产品加工技术)的开发等各方面取得了重大突破,成功实施了基于浆态床"煤间接液化技术"项目;2006年,在李永旺的协调与组织实施下,成立了国家煤间接液化产业具有强大自主创新能力的技术支撑体系——中科合成油技术有限公司,推动公司积极开展包括伊泰煤制油项目在内的3个16万吨级合成油工业示范厂的设计和建设工作;2009年,主导研发的煤基合成油技术成功应用在伊泰和潞安等三个煤制油示范厂,其中内蒙古伊泰集团和山西潞安集团年产16万吨煤制油示范厂相继运行成功,至2010年底,示范厂已实现了连续稳定生产。

2006年获山西省特等劳动模范称号,2009年获全国五一劳动奖章,2010年获鄂尔多斯市科技成果奖,并被评为全国科技先进工作者。

赵辉 男,汉族,1976年12月出生,内蒙古赤峰市人。

1997年9月毕业于平庄煤业技工学校综采电气专业,同年10月被分配至平庄矿务局六家矿机电区从事井下电气维修工作;2003年11月任绞车维护班副班长;2007年6月加入中国共产党;2007年5月任六家矿机电区电气班班长;2010

年 3 月到辽宁工程技术大学函授矿山机电自动化专业学习，2012 年 7 月毕业；2013 年 9 月任六家矿机电区电力监测班班长。

2010 年，他对主井绞车减速点进行改造。通过减速点上移 10 米，实现每个循环节省时间 36.98 秒，一年就多提升原煤近 20 万吨，年增加利润 4000 多万元。他自主研发地面压风机房的 OGFD-250 固定式单螺杆压风设备远程在线监控系统，使主扇司机随时监控压风机的温度、压力、运行的各种工作状态、故障。保证了压风机故障停机后能被及时发现，节约资金 10 多万元。2011 年，他对井下采区变电所的电气设备安设了电力监测系统，保证了井下变电所高低压供电设备进行实时监视及控制，实现了井下各个采区变配电所无人值守综合自动化信息集成控制。2012 年，他对井下中央泵房排水系统的电控部分进行自动化改造，实现了地面调度室人员远程控制、在地面调度室可以实现视频、音频在线监控，实现了井下中央排水系统无人值守。2014 年，他对六家矿主井负 25 装载系统在 PLC 程序中进行了改造，用卸货量多少控制信号的发出。现在每提升一次可节约时间 3.5 秒，每年多提升原煤 6 万吨。2015 年，他对矸石山控制液压站电磁阀部分的电控系统进行改造，工作闸制动系统更加灵敏，更加安全可靠。

2010 年被国家安全生产监督管理总局、中华全国总工会、国家煤矿安全监察局命名为"十佳班组长"，授予全国五一劳动奖章；2011 年被共青团中央授予全国煤炭工业百名优秀青年矿工称号。

马仲理 男，汉族，1974 年 3 月出生，江苏省丰县人。

2006 年 11 月到锡林郭勒盟乌兰图嘎

煤炭公司露天煤矿任电工；2007 年 2 月任露天煤矿疏干班班长；2008 年 7 月任露天矿机修工段段长；2011 年加入中国共产党；2012 年 5 月任露天矿矿长助理。

他不仅是机电修理的行家里手，还能够娴熟驾驶各种工程机械车辆，对供电线路的架设、检修更是样样精通；他在日常工作中注重经验的积累，刻苦钻研技术，在公司技术创新、降本增效活动中做出了突出贡献。公司引进破碎机后，由于是在采区首次使用，对其性能原理等都有些陌生，在配合德国工程技术人员对破碎机安装调试的那段时间里，他抓住一切时间学习掌握有关破碎机的性能原理等知识，遇到不懂的问题就立即向技术人员虚心请教，边学习边实践，精益求精，很快掌握了破碎机的相关知识，能够对出现的故障做出准确的判断并处理，已经成为这方面的行家里手。

2012 年获全国五一劳动奖章、全国煤炭工业劳动模范称号。

王志元 男，汉族，1972 年 8 月出生，河北省饶阳县人。

1991 年毕业于伊敏技校，同年到伊敏露天矿工作；2005 年加入中国共产党；现任伊敏煤电公司露天矿生产部胶带运输段段长，高级技师。

2007 年末，公司购进第一套由德国制造的集采装、破碎、胶带运输于一体的自移式破碎机半连续采煤系统。对它的操

控、使用与维护当时没有成功的经验可以借鉴、没有现成的模式可以套搬、没有成熟的技术与之匹配。他和9名一线技术骨干组成攻坚小组，集中学习系统原理，掌握技术参数，收集不同地质、天气条件下系统运行数据。3年时间里，他带领攻坚小组改造、优化、创新半连续系统达到了几十处，单是移设时把料斗车由动态移动改为静态移动一项就缩短近10天的移设工期，2010年7月的一次移设，仅用时两天就完成了移设任务，创造了系统运行以来移设时间最短的奇迹。但是，系统引进运行的第一年年产煤炭仅412万吨，远远达不到900万吨设计能力。

如何延长移设周期、增加系统服务周期、提高系统效率又成为主要矛盾。他经过反复研究和现场实地考察，决定利用A车排料臂受料臂能自由升降5米的特性，创造性的提出主台阶分层开采、降深开采、分区开采等新方法新思路，通过改变采掘方式，从而达到延长移设工期、增加产量的目的。为此，攻坚小组利用2周的时间，制定出全新的开采方案：针对正常掌子面采用主台阶分层开采和下分台阶开采两种方式，针对剥蚀区采用降深开采和分区开采方式进行作业。实践证明，这两种全新的开采方法将半连续系统在伊敏露天矿的高效应用带入了一个崭新的发展阶段。数据显示，新的开采方式使用后，系统移设周期由原来的每年6、7次减少到3、4次，移设周期缩短了一半；同时，一次降深开采可多采煤炭39.44万吨，节约成本144.16万元，煤炭年产量也由原来的412万吨提升到了1000万吨。2011年4月26日，运行一班单产达2.12万吨，创小班产量新纪录；2012年8月产118.65万吨，创月产新纪录；2011年，系统年产1105.17万吨，创年产新纪录。

他多次受到公司、呼伦贝尔市的表彰奖励，2007年获全国煤炭工业劳动模范称号，2013年获全国五一劳动奖章。

全国道德模范

朱清章

男，汉族，1950年出生。

1975年冬天，包头矿务局河滩沟矿二采区职工朱清章的母亲生火时不慎将攒下来的一千多块钱烧掉。母亲气

急攻心，突发脑溢血，成了"植物人"。为了给母亲看病，朱清章欠下4000多元钱的外债。这个时候，父亲又因工伤患了外伤性振颤麻痹综合征，后发展成半身不遂。年轻的朱清章独自撑起了家。两位老人病倒没多久，朱清章从邻居那儿得知自己被抱养的身世，但是他没有丢弃养育自己的父母。1997年，瘫痪在床14年的父亲去世了。两年后，妻子患胃癌也离开人世。朱清章坚强地挺了过来，继续悉心地照料母亲。2004年，朱清章在给母亲擦

洗身体时，奇迹发生了，母亲伸出手拉住了他，用两个手指捏起一块鸡蛋，示意要他吃进嘴里。2006年春节期间，朱清章劈柴回屋后，发现母亲奇迹般站立起来，竟然一只手拎着壶站在火炉边。2015年2月13日上午，朱清章和89岁的母亲受中央电视台春晚组委会邀请，一同赴京参加2015年央视春晚录制。之后，母亲不仅能下地行走，还能自己生火、做饭，一家人尽享天伦之乐。

2011年9月20日，在第三届全国道德模范评选中，朱清章获全国孝老爱亲模范称号。

全国煤炭工业劳动模范、先进工作者

1. 受煤炭工业部表彰人员

田世明 男，汉族，1962年10月出生，吉林省农安县人。

伊敏矿区技工学校毕业，1980年在伊敏煤电公司参加工作；1984年在露天矿机修厂当修理工，后任铲钳修理车间主任；1988年加入中国共产党；1997年毕业于海拉尔煤校技师班。

1983年以来，多次获矿区、露天矿、煤电公司劳动模范、优秀共产党员称号；1994年获全国煤炭工业劳动模范称号。

李树森 男，汉族，1964年出生，河北省沧县人。

1981年7月毕业于扎赉诺尔矿务局技工学校，被分配至机电总厂综机车间当工人、高级技师、车间副主任；20年来，提合理化建议百余条，节约材料费数万元，技术革新8项，累计为国家节约资金30余万元；先后有3项发明成果获国家专利，并获新型技术专利证书；1996年获内蒙古自治区总工会自学成才奖。

1994年获全国煤炭工业劳动模范称号，1995年被团中央、煤炭部命名为"全国煤炭行业青年岗位能手"，1996年、1999年两次被内蒙古自治区党委授予优秀共产党员称号。

朱道强 男，汉族，1953年5月出生，山东省郓城人。

1970年6月参加工作；1979年12月加入中国共产党；1981年12月在呼伦贝尔盟劳动局第三期焊工训练班学习；1987年10月到伊敏电厂工作；1988年7月先后任宝日希勒煤业公司宝日希勒第一煤矿房产科副科长、水暖队队长、神华宝日希勒能源有限公司水电公司党总支书记；2013年6月退休。

1984年组织完成电厂3000千瓦机组

配套设备安装；1987年组织完成1台散装热水采暖锅炉、3台循环水泵、6台引风机的安装，并改装3台除尘器；1995年组织完成2台热水锅炉检修工作。

1994年获全国煤炭工业劳动模范称号。

刘洪君

男，汉族，1947年出生，天津市静海县人。

1975年到扎赉诺尔矿务局西山矿青年井513采煤队工作，历任采煤队工人、班长、副队长、队长；1987年加入中国共产党；1990年受露天矿压层的影响，最大的采场储量仅一万多吨，导致513采煤队回采工作一年中就有5次大搬家。在困难面前，他积极做好稳定职工的思想工作，遇到工作面搬家、新面放顶的关键时刻，他吃住在井口，井下连勤抓生产、抓质量、保安全；期间，他连续收到3封母亲发来"父病危，速归"的加急电报，为了井下上百人的安全，他选择了坚守岗位，直到被领导知道后强迫他回家，到家后父亲已去世两天，他埋葬了父亲后立即又赶回来；井下支护改为单体液压支柱时多数工人没有这方面的经验，在管理和操作上出现了许多失误，导致全队全井一度出现欠产局面，他连续跟班一个多月和技术人员一起手把手教工人掌握操作技术，提前完成了局、矿下达的煤炭生产任务；他任党支部书记时，在队里实行了"两公开一监督"制度，增加了工资奖金分配的透明度，职工消除了疑虑，激发了干劲，他的做法受到了局矿好评，并在全局推广。

曾当选矿务局、煤矿两级劳动模范，被评为优秀共产党员、优秀兼职纪检干部，1994年获全国煤炭工业劳动模范称号。

王玉臣

男，汉族，1949年12月出生，山东省莒县人。

1977年11月到大雁矿务局第二煤矿综采队当采煤工人，1988年7月加入中国共产党；曾任二矿综采队采煤班长、副队长、队长、党支部书记等职；1998年5月退休。

从事井下工作二十年余年，他虚心学习，刻苦钻研技术业务，是一名生产骨干和技术尖兵。当采煤班长，他处处以身作则，坚持以安全促生产，狠抓采面管理，使工作面达到标准化；当采煤队长，他既是生产一线指挥员，又是战斗员，脏活累活干在前，哪里有困难，他就出现在哪里；井下工作20年，完成了25年的工作量。

1986年、1987年连续两年被评为矿务局劳动模范，1994年获全国煤炭工业劳动模范称号，1996年被评为内蒙古自治区优秀共产党员。

毛胜利

男，汉族，1952年9月出生，天津市静海县人。

1970年7月进入扎赉诺尔矿务局工作，成为南斜井一名机电工人；1976年加入中国共产党；1983年任铁北矿筹备处机电设备安装组组长；1990年先后任铁北矿机电区区长、掘进队队长、运输区区长、书记、选煤厂厂长。

不管是一名普通工人还是担任领导，

他始终身先士卒，组织成立了一帮一、一带一、师带徒学习互助组、技术攻关组，鼓励职工自学成才，搞好传帮带，使职工队伍素质有了很大的进步；铁北矿1991年投产，他的足迹遍布机电运输战线，勤学好问，勇攀科技创新高峰，攻克一个又一个难关，保证了运输机电系统的正常运转，没有出现任何事故。

多次被评为扎赉诺尔矿务局劳动模范、优秀共产党员，1994年获全国煤炭工业劳动模范称号。

副区长；2011年退休。

参加了大雁一矿、二矿、三矿的矿井建设，先后带队参加了4个国家重点工程和一个地方项目工程建设；多年对外施工中，他带领的掘进队创部级等级队4个队次，创原东煤公司等级队6个队次，创优质单位工程15个，创部级优质工程2项。

1991年被东煤公司评为优秀共产党员，同年被国家经委、共青团中央、能源部联合授予"共和国重点工程青年功臣"称号；1994年当选全国煤炭工业劳动模范。

张恒玉

男，汉族，1947年8月出生，河北省阳泉县人。1968年9月参加工作；1991年3月任内蒙古自治区煤田地质局151勘探队服务公司铁木加工组组长；1992年3月任151勘探队服务公司经理；在二次创业中，发展多种经营，安置富余人员。1993年、1994年连续两年经营收入突破50万元，安置富余人员每年达到16人以上。

1994年获全国煤炭工业特等劳动模范荣誉称号，1995年获内蒙古自治区劳动模范称号。

张培朋

男，汉族，1951年10月出生，河北省沧县人。

1975年6月参加工作；1980年任大雁矿务局矿建三区掘进队长；1990年7月加入中国共产党；1995年任矿建三区

白彦芳

男，回族，1941年8月出生，内蒙古宁城县人。1958年9月参加工作；1973年7月加入中国共产党；1958年9月起历任平庄矿务局西露天煤矿采掘段机电队队长、排土段副段长、掘场机电副主任；1990年6月任准格尔煤炭工业公司黑岱沟露天煤矿维修部主任，1992年12月任黑岱沟露天煤矿副矿长；1999年7月任调研员，高级工程师；2000年两项科研成果获准格尔煤炭工业公司重奖；2001年8月退休。

1992年被评为内蒙古自治区"双增双节"社会主义劳动竞赛先进个人，1994年12月被煤炭部授予"全国煤炭工业劳动模范"称号，被内蒙古自治区党委授予"全区优秀共产党员"称号，1995年获内蒙古自治区劳动模范称号。

裴发亮 男，汉族，1939年6月13日生，山西省平遥县人。

1958年8月参加工作，在包头建筑公司工作；1962年5月到元宝山煤矿二井工作，并加入中国共产党；1994年11月退休。

1986年被评为赤峰市劳动模范，1994年被煤炭工业部授予全国煤炭工业劳动模范称号，2009年被平庄煤业集团授予"功勋矿工"称号。

张凤祥 男，汉族，1951年12月生，内蒙古赤峰市人。

1970年9月到平庄矿务局五家煤矿当采掘工人，1975年7月到古山煤矿三井当掘进工人；1978年11月在风水沟煤矿一采区工作，曾任掘进二队队长，并加入中国共产党；1994年当选自治区第六次党员代表大会代表并出席大会；2005年退休。

1994年获全国煤炭工业劳动模范称号，2001年被内蒙古自治区党委授予优秀共产党员称号，2009年被平庄煤业授予"功勋矿工"称号。

2. 受人力资源和社会保障部、中国煤炭工业协会联合表彰奖励人物

李国志 男，汉族，1974年10月出生，内蒙古赤峰市人。

1996年毕业于内蒙古煤炭工业学校采煤专业，同年9月进入平庄能源六家煤矿工作；1997年毕业于内蒙古工业大学工业企业管理专业；1999年6月加入中国共产党；2005年3月任六家煤矿技术主管；2006年5月任六家煤矿采煤队队长并晋升为高级工程师；2008年1月毕业于辽宁工程技术大学采矿工程专业，同年8月任六家煤矿副总工程师；2010年8月任六家煤矿生产副矿长；2013年到辽

宁工程技术大学在职攻读硕士学位。

任六家煤矿技术主管后，进行两次采煤工艺的改革，为之后"一矿一井一面"安全高效矿井建设奠定了基础；任采煤队队长以来，2004年生产原煤98.7万吨，创造利润494万元；2005年生产原煤106万吨，打造了平庄煤业集团第一个百万吨综采队，创造利润6077万元；2006年生产原煤127万吨，创造利润1.2亿元；2010年任副总工程师后，主持了东一采区设计，这是六家煤矿自行设计、自行施工、自行安装的自主工程，彻底解决了大接续紧张的难题；他综合考虑六家矿煤层赋存条件、运输提升条件、生产能力、技术水平、人员素质等多方面因素，提出"均衡稳定生产、正规循环作业"生产组织方式；2009—2015年连续7年产量突破150万吨，并且杜绝了重伤以上事故。他参与革新改造的项目：改造375机组内喷雾组件，解决了内喷雾经常被煤块刮坏的问题，同比节约成本6万元/月；研制220刮桥台输送机液压扒轮器，解决了液压联轴器出现故障即报废的难题，同比节约成本15万元/年；将375机组连接装置由哑铃销连接改为板式销轴连接，延长了机组使用周期，减少了设备故障，保证了生产持续正常；研制了综放电缆索道车，解决了进入工作面数条电缆拖地，难以回缩的问题，每个工作面可节约电缆成本25万元；他有100余项科研

成果获奖,其中"块煤仓防破碎伸缩槽应用""安装综放工作面液压支架旋转机构的制作及应用"获中国国电集团公司优秀合理化建议奖,"软岩失修巷道锚注支护技术"获中国国电集团公司科技创新一等奖。

2007年获全国煤炭工业劳动模范称号。

刘凤来 男,回族,1965年10月出生,河北省孟村县人。

1982年7月进入扎赉诺尔矿务局工作;1990年加入中国共产党;1999年11月任铁北矿掘进队93小队队长,2007年4月任掘进队生产队长,2009年4月任掘进队队长;2011年毕业于中国地质大学机电一体化专业;2012年7月任副总工程师;2016年2月任铁北煤矿安全矿长。

1999年,他担任93小队长后,精抓队伍建设、质量标准、安全、生产进米;施工二采二段回风总排,面对全岩巷、坡度大、淋水大等困难,保质保量提前完成整条巷道的施工,受到矿领导及公司检查团领导的一致好评;为使综掘设备尽快投入施工运行,他组织成立了学习互助组、技术攻关组,鼓励职工岗位成才,利用业余时间搞好传帮带,使他们的业务能力有了长足的进步;2007年11月份完成月进米1016米,一举突破了千米大关,同时创下了日进米54米的好成绩,刷新了扎赉诺尔煤业公司机掘单进纪录,2009年11月以月进米1035米再次刷新了扎赉诺尔煤业公司机掘单进纪录。

2002年、2005年先后被评选为扎赉诺尔煤业公司先进生产工作者、劳动模范,2007年获全国煤炭工业劳动模范称号。

吴强 男,汉族,1965年6月出生,辽宁省抚顺市人。

1985年毕业于霍林河技校大车维修专业,被分配至霍林河露天矿机电修配厂68吨车间维修当工人,先后任68吨车间副主任、108吨车间主任等职务,1992年10月17日加入中国共产党;1991年9月—1993年12月在内蒙古广播电视大学工商管理专业学习,2011年10月—2011年11月在中国人民大学(MBA)工商管理专业学习;2006年10月晋升为机电工程师,2007年11月晋升为经济师;2007年在霍林河露天煤业"奋战60天"劳动竞赛中被评为优秀管理者。

他带领员工对108T自卸汽车进行认真剖析,提出了电动轮SF-3102、SF\3103气路改造、制动系统改造、前后轮刹车活塞改造、仪表盘改造等措施意见,仅此一项,每年为公司节约资金200多万元。

2002—2006年被评为露天煤业劳动模范,2007年获全国煤炭工业劳动模范称号。

张清玉 男，汉族，1965年2月出生，辽宁省黑山县人。

1985年毕业于阜新煤炭学校采矿工程专业，同年9月被分配至平庄矿务局元宝山矿三井采煤队任技术员；1992年加入中国共产党；1999年3月任平庄矿务局红庙矿一井采煤队队长；2005年任平庄煤业集团公司红庙矿二井技术主管，取得高级工程师职称；2007年5月任平庄煤业集团公司红庙矿生产部部长；2008年10月任平庄煤业集团公司红庙矿副总工程师；2010年10月调离公司。

任红庙矿二井技术主管后，对二井开拓部署进行大调整，这是一项科技含量高、规模庞大、系统复杂的综合性技术改造工程；他不分昼夜地查资料、定方案、搞设计、算数据，白天仍坚持下井实地勘察，通过关闭三采区，砍掉一支炮采队和两支掘进队，形成二、五区配采格局，让综采发挥大功率机组优势，同时对一、四区辅助运输系统和通风系统进行改造，生产系统的简化和优化带来了显著的经济效益，红庙二井原煤年产量由120万吨提高到156万吨，创造价值400万元，减少巷道1000多米，直接节省维修费用100多万元，减少劳动力20余人。2008年，他与科研院所联合，推广应用锚网索与圆形U钢封闭支架复合支护新工艺，经过支护工艺改革后的巷道不再返修，彻底解决了红庙矿软岩巷道支护的难题，每米巷道节省综合投入300多元，全井锚索锚杆支护巷道从无到有，已经达到2000多米，综合效益达800多万元。任生产部部长期间，他为红庙矿一井设计了1套独立的通风系统，结束了两个井口共用1套主要通风机的历史。针对煤层易燃、自然发火期短的实际，他总结摸索出了"以风防火法""易燃煤层防火经验"，为煤矿通风防火提供了宝贵的经验。他组织实施的红庙矿东风井、北风井灌浆系统改造和全井防尘系统改造，为全矿的安全生产发挥了巨大的作用，矿井的避灾防险能力显著提高，红庙矿没有出现自燃发火和瓦斯超限事故；三十多年来，他组织完成了大大小小技术革新项目230多项，累计为企业创造价值1800多万元。

2002—2006年连续5年被平庄煤业集团公司评为劳动模范，2005年被赤峰市评为劳动模范，2007年获全国煤炭工业劳动模范称号。

王海军 男，汉族，1977年7月出生，内蒙古乌兰察布市人。

1998年毕业后分配至乌达矿务局五虎山煤矿工作；2000年加入中国共产党；先后任综采队技术员、副队长、党支部书记、综采队长；2015年2月任乌海能源公司五虎山矿业公司副总经理。

"不安全，绝对不能生产"，这是王海军常挂在嘴边的一句话，为防止重大事故发生，他始终坚持宁可影响生产、宁可停产、宁可接替不上、宁可完不成任务，也必须严格按照安全规程施工作业；2006年12月一天的零时15分，突然发生停电事故，造成用于边生产边在相邻工作面进行探放水的45千瓦潜水泵排水停运，一会儿功夫水面已快漫至工作面。当送上电重新启动水泵时，发现水泵已烧坏无法使用。如不尽快更换水泵，整个工作面的设备都将被淹没。面对突如其来的险情大家一时间束手无策。在这紧急时刻，王海军二话不说，第一个趟入齐腰深的水中，在他的带动下，工友们相继入水，共同在水中奋战了40多分钟，终于将重达200公斤的水泵更换到位，恢复了正常排水，避免了一次重大经济损失。

2007年获全国煤炭工业劳动模范称号。

闫新林

男，汉族，1966年2月出生，内蒙古准格尔旗人。

1989年7月毕业于陕西煤炭工业学校钻探工程专业；1989年10月到准格尔旗纳林沟煤炭有限责任公司任技术员；1996年7月加入中国共产党；2004年4月任内蒙古伊东煤炭集团窑沟扶贫煤矿副矿长，2007年4月任矿长；2010年1月任内蒙古伊东煤炭集团有限责任公司总经理助理；同年7月于内蒙古科技大学机电一体化技术专科毕业（函授）；2011年1月任内蒙古伊东煤炭集团有限责任公司副总经理；2011年9月任内蒙古伊东集团蒙达能源有限公司总经理；2015年1月任内蒙古伊东资源集团股份有限公司董事长。

他任内蒙古伊东煤炭集团窑沟扶贫煤矿矿长后，正确处理安全、生产、建设、效益四者之间的关系，在鄂尔多斯地方煤矿中实现3个第一：第一个采月综合机械化掘进技术，第一个采用煤巷锚杆支护技术，第一个采用综合机械化放顶煤技术；采煤工作面优良率96%，回收率平均86%，轻伤以上人身事故为零，煤矿装运全部机械化。

2007年获全国煤炭工业劳动模范称号。

宋 达

男，汉族，1970年出生。1986年毕业于黑龙江技工学校，被分配至鸡西矿务局从事井下作业；1993年4月先后在鸡西市正阳矿203综掘队、182采掘队、185综掘队工作；2004年6月调入神东集团补连塔煤矿综采一队从事井下工作，2004年7月任综采一队生产一班班长；为提高班组整体素质，他给工人讲授炮采、综采两种操作方法，之后分批次组织生产骨干和普通职工一对一现场练习；他4年时间培养了12名生产骨干和技术能手；他的班共8个人，人均工效1375吨，最高班产原煤15671吨，创补连塔矿综采队班产最高纪录。2009年，宋达班分配了一些实习大学生，他安排以现场轮岗的方式使实习生尽快熟悉生产工艺以早日独立上岗。"轮岗制"使实习生认识和了解了每个岗位,他们不仅学会了工作,还很好地融入了班组,根据他们的特点安排最适合的岗位,要求必须"精一门,通两门,会三门",保证每个实习生都能适应多个岗位。在生产一线,他最注重安全,每天提前半小时上班了解上一班的工程质量及安全生产情况,接受任务后,第一个到井下了解现场,每次升井,他都组织重要岗位工种召开班会,总结本班安全生产中遇到的问题,并向队里提出预防建议,以便值班队检查落实。

2007年获全国煤炭工业劳动模范称号。

李文江 男,汉族,1968年12月出生,吉林省磐石市人。

1989年1月参加工作;1989年1月至1993年4月在吉林省镍业公司大修厂工作;1993年4月至2008年1月在神华准能公司黑岱沟露天煤矿运输队工作,2005年底被选拔为185吨卡车司机;2008年1月在神华哈尔乌素露天煤矿运输队工作;2011年7月在内蒙古工业大学机电一体化专业本科毕业(函授)。2006年,他的运输量在黑岱沟煤矿连续4年第一,拉出470万吨岩土和煤炭,从未耽误一个班,春节期间仍在拉煤;他为拉足运量,吃喝都在车上;2005年12月一个夜班,气温突降,一卡车暖风系统坏了无人愿开,为不耽误产量,他用自己有暖风系统的车交换,在严寒的情况下完成夜班作业。

李文江从事大车司机十几年,从未发生过任何事故;2006年7月17日凌晨6点,同铲组一司机因疲劳将卡车压过挡墙致左前轮腾空,需用高空车将起重工送上去拴住钢丝绳和厢斗。但卡车随时会掉下去,为了及时抢险,他果断地爬了上去。2008年8月,他成了哈尔乌素露天矿运输队唯一的注油工,每天将油脂桶推到林肯泵旁加注油脂。因林肯泵设计不合理,每桶油脂只能抽取4/5,剩余1/5只能扔掉。经研究,他找到了不再浪费的办法,每月可节省5万元。

2005年获准能公司级"生产先进个人",2006年获准能公司劳动模范,2007年获全国煤炭工业劳动模范称号。

苗喜明 男,汉族,1951年11月出生,陕西省神木县人。

1969年11月在鄂托克旗棋盘井煤矿参加工作,并加入中国共产党;历任财务供应股股长、副矿长、副书记、书记;1984年任鄂托克旗经济委员会副主任;1991年任棋盘井煤矿矿长、党委书记;1998年3月任伊西煤焦化集团公司总经理,并晋升为高级经济师。

2000年,棋盘井煤矿资不抵债,鄂托克旗委、政府决定让苗喜明以个人承包的形式接手棋盘井煤矿,自此棋盘井煤矿转制为民营企业；转制后，苗喜明仔细分析鄂尔多斯地区的煤炭资源状况，他认为桌子山煤田是内蒙古重要的焦煤基地，但长期以来煤炭企业因规模小、开采工艺落后及规划不合理等原因导致焦煤严重浪费。他从区外引进1.5亿元新建捣固式机焦炉和重介选煤厂，新建自治区首家120万吨综采机械化矿井，逐步形成"开采—洗选—焦化—煤气—煤矸石综合利用"的循环产业链，2006年，煤炭生产能力达到180万吨/年。企业转制后，他想方设法多次提高职工工资，使职工平均年收入达到2.88万元；还建起矿工住宅区，解决了600多户职工的住房问题；几年内，苗喜明将负债累累、开采方式落后的地方小煤矿发展为率先实现综采机械化的集采煤、选煤、炼焦、煤气综合利用为一体的现代化矿业集团公司，鄂托克旗棋盘井地区的人们都称苗喜明为"苗能人"。

2007年获全国煤炭工业劳动模范称号。

金霍洛旗党委组织部副部长；2003年11月任伊金霍洛旗煤炭局局长；2007年11月任鄂尔多斯市乌兰煤炭集团党委书记。

2004年，他主持完成伊金霍洛旗94处地方煤矿"区段前进工作面后退、中央边界式通风"改造；2005年3月组织开展伊金霍洛旗煤矿资源采出率三年攻坚战；2006年底，伊金霍洛旗地方煤矿减少到61处，煤炭产量达到1385万吨；之后开始技改，技改完成后，全旗地方煤矿采出率由不足30%提高到75%以上，年生产能力由933万吨提高到3155万吨。

2003年被评为鄂尔多斯市"十佳"公仆，2007年获全国煤炭工业劳动模范称号。

郝有成 男，汉族，1957年8月出生，内蒙古伊金霍洛旗人。

1976年3月至1985年8月在伊金霍洛旗公路段工作；1987年9月至2000年8月在伊金霍洛旗煤炭工业公司工作；2000年9月以后一直在内蒙古中煤蒙发运销有限公司呼和乌素煤矿做机电工。

呼和乌素煤矿年产量只有60万吨，是鄂尔多斯高瓦斯矿井之一，机电设备多达上百台；经过几年的自学和实践，他对井下的每台机电设备都一清二楚，经他解决的电气故障数不胜数，多次在设备发生故障将要影响安全生产时，都是郝有成"手到病除"；因工作出色，他被任命为队长，可井下生产离不开他，他一天仍下

李振宽 男，汉族，1956年11月出生，内蒙古伊金霍洛旗人。

1977—1987年，先后在伊金霍洛旗纳林塔淖壕学校、纳林塔中心学校、伊金霍洛旗一中任教；1986年7月1日加入中国共产党；1987年9月到伊金霍洛旗党委调研室工作；1988年8月至1997年12月在伊金霍洛旗纳林塔乡先后任副乡长、乡长、党委书记；1998年1月任伊

几次井,工友们说:"老郝是干活的命。"郝有成十几年无休息日,献出500多个节假日。

2007年获全国煤炭工业劳动模范称号。

郝志东 男,汉族,1968年出生,内蒙古乌兰察布市人。

1990年在黑岱沟露天矿参加工作;1996年加入中国共产党;2006年2月任神华北电胜利能源公司胜利露天矿生产技术部主任,后任生产与安全部副总工程师。

在黑岱沟矿时,他制定了《黑岱沟露天煤矿资源储量管理细则》《黑岱沟露天煤矿煤质管理细则》,编制了《内蒙古准格尔煤田黑岱沟露天煤矿储量复核报告》,提出了轮斗改造方案;2003至2004年,煤矿扩能改造设计出现偏差,施工困难,他首先对工程位置、施工顺序进行调整,后对道路重新设计,提出分区多铲投入方案,解决了露天矿生产接续问题;2004年对黑岱沟露天矿运煤道路做改造,改端帮道路为内排1185至1215水平斜坡道,节约运距530米,节约运输成本420万元;2005年,他又对东扩建帮区改造设计方案做改进,采取多出入沟剥离,缩短运距1200米,节约运输成本1500多万元,多采原煤80万吨;2006年,胜利矿以滑坡为主的地质灾害较严重,矿北端帮、东帮及南出入沟均出现滑塌,他及时绘制边坡位移矢量图,并对边坡监测,减少了灾害发生的频次。

2006年7月获中国煤炭学会露天开采青年科技奖,2007年获全国煤炭工业劳动模范称号。

刘玉清 男,汉族,1957年10月出生,陕西省府谷县人。

1979年毕业于内蒙古煤炭工业学校,被分配至鄂托克前旗长城煤矿工作,主要组织完成了井下车场、水仓以及其他井巷工程的施工任务,负责主提升绞车等设备安装,参与测绘了"井田区域地形图""井上下对照图"等;1983年到鄂托克旗乡镇企业局工作;1985任伊克昭盟煤矿设计院采煤室主任;2000年任内蒙古满世煤炭集团总工程师。

参与编写《伊克昭盟煤炭工业总体规划》,参与编制完成生产能力为60万吨/年《万利川矿区昌汉沟煤矿项目建议书》;完成达拉特旗罕台川后公沟煤矿的地面生产系统开采设计;还参与30多处煤矿的初步设计,完成了部分煤矿的水仓、煤仓、车场等施工图设计,参与完成10多处煤矿的可行性研究报告,其中纳林庙煤矿生产能力为120万吨/年,后布连露天煤矿接续生产能力为30万吨/年,完成50多处煤矿的技术改造方案设计。

2007年获全国煤炭工业劳动模范称号。

张海峰 男，汉族，1973年3月出生，内蒙古乌拉特前旗人。

1997年7月毕业于辽宁工程技术大学，被分配至中煤建安上海分公司；1999年5月调入伊克昭盟煤炭集团公司，先后任测量技术员、技术科科长、伊泰集团公司大地精煤矿副主任工程师。

纳林庙煤矿三号井5.7米厚的煤层中有一层约1米厚的夹矸，他担任安全技术科科长期间，由于技术所限，仅能采2.1米，看到如此低的采出率，他心里非常着急。2003年底，他取得了大量的实测数据后，与同事合作完成《纳林庙三号井改造方案》。改造后，原煤采出率提高至55%，三号井的生产能力显著提高。该方案在伊泰集团公司进行了推广。他不但自己钻研新技术，还为新职工购买有关测量书籍，经过他两年多的培训，一些年轻人已成长为技术过硬的测量骨干。

曾被评为鄂尔多斯市优秀科技工作者，2007年获全国煤炭工业劳动模范称号。

张聚国 男，汉族，1964年12月出生，河北省邢台市人。

担任神华能源股份有限公司金烽昌汉沟煤矿综采队队长后，注重以管理来调动员工的积极性。推行小班核算，实行定岗定员管理。在他的精细化管理下，全队安全生产、生产任务考核一跃成为全矿第一，他所在的综采队也获全国1996年度高档普采评比第一名。在金烽公司寸草塔煤矿任综采队长期间，小综采设备的安装进入攻坚阶段，他深入井下一线，只用了半个多月的时间，用土办法、巧技术带领综采队员工完成了综采机的安装，不但为公司节省了大笔安装费，而且还一次性试运行成功，开创了神华集团薄煤层机械化开采的先例。

曾获全国十佳采煤队长等称号，2007年获全国煤炭工业劳动模范称号。

王永军 男，汉族，1972年1月出生，内蒙古卓资县人。1992年考入阜新矿业学院采矿系露天开采专业；1995年加入中国共产党；1996年7月毕业分配至内蒙古煤矿设计院工作；2004年7月任矿山研究院矿山所副所长；2007年7月任内蒙古煤矿设计研究院露天采矿所所长；2010年兼任中国煤炭工业协会露天开采专业委员会委员。

2003—2004年担任《白音华矿区总体规划》项目负责人、2004—2010年先后担任白音华二号、四号、胜利矿区露天矿相关设计负责人。在设计任务多、设计周期短的情况下，他一方面主动放弃节假日及休息时间，集中精力做好本职工作；同时做好与其他专业的协调工作，督促各专业在质量合格的前提下按时完成设计任务。他完成的《白音华矿区总体规划》通过了国家发改委的评估，并被中国煤炭建设协会评为2006年度优秀工程咨询成果三等奖。

2007年获全国煤炭工业劳动模范称号。

杨国元 男，汉族。

担任建昌营煤业公司总经理以来，提出了"安全第一，效益为本，深化管理，稳步发展"的发展思路。他努力在管理、装备、培训三方面下功夫，在组织管理、安全生产投入、人员培训等方面做了大量细致、扎实的工作。组建强有力的安全生产班子，形成了一级对一级负责，层层抓安全的管理模式。在资金困难的情况下，他采取多种措施力保安全资金的到位。他借鉴先进企业的管理经验，通过不断探索，逐渐形成了适合企业实际情况的安全生产、销售、财务模块管理模式。经过几年来的科学经营、严格管理，公司已由2001年生产原煤30万吨提升至2006年的48.9万吨，销售收入增长了近3倍，利润增长了6倍多，位居赤峰市2005年度纳税大户第六位。

先后获赤峰市市级劳动模范等荣誉称号，2007年获全国煤炭工业劳动模范称号。

陈善富 男，汉族。

担任乌海市海南区西来峰长富煤矿采煤队队长后，每当工作中遇到困难，他总是身先士卒，冲在最前面。改扩建煤矿期间，作为现场施工的负责人，始终遵循"先安全后生产"的方针，狠抓现场管理和责任制的落实。2007年5月，煤矿进行联合试运转，他天天盯在井下第一线，和厂家技术员、矿技术人员一起努力，使联合试运转一次性获成功，煤矿顺利通过竣工验收。

2007年获全国煤炭工业劳动模范称号。

谢德利 男，汉族。

1985—2002年，他一直担任内蒙古大雁矿业集团第一煤矿采煤队采煤工长，哪个岗位人少他就干在哪里，哪里有危险，他就亲自带头处理。2001年12月6日，他带领班组小班单产原煤3800吨，创造一矿有史以来小班单产最高纪录。他带领班组在原煤生产中以产量高、安全好、工程质量优，成为公司的"龙头"班组。

曾被集团公司党委和一矿党委分别授予优秀共产党员荣誉称号，2007年获全国煤炭工业劳动模范称号。

哈　真　男，回族。

担任内蒙古庆华集团阿拉善百灵煤炭有限责任公司综采队队长后，通过不断实践和探索，掌握了综采综掘工艺的技术要领和处理各类问题的方法，综采综掘工艺投产当年，企业月产量即突破20万吨，进尺达到260米，在安全生产方面均取得了良好成绩。2002年，他组织攻关小组进行技术上的可行性论证。按照储量规模与建设规模相匹配的原则，在全盟率先推广走向长壁式综采放顶煤工艺，大大降低了职工的劳动强度，提高了现场的安全系数。在工作面正式生产过程中，他解决了综放工作面因人工清理速度慢、影响生产的问题。同时，他还对工作面上下端头支护和进刀方式进行改革，仅此一项，每年为煤矿节约资金50余万元。

多次被集团公司、矿授予安全生产先进个人称号，2007年获全国煤炭工业劳动模范称号。

陆振刚　男，汉族。

内蒙古源源能源集团958露天煤矿建矿山初期，身为西采区工长，每天吃住在现场，无论是土方剥离还是煤炭生产现场都忙碌在第一线。他带领职工大胆实践，不懈探索，通过技术创新解决了困扰煤炭生产的问题。在他的带领下，西采区机电设备的实动率均达到95%以上。

1997年被评为霍林河矿务局标兵，2006年获源源能源集团企业功臣称号，2007年获全国煤炭工业劳动模范称号。

于海清　男，汉族，1969年6月出生，山东省即墨市人。1987年7月毕业于伊敏技校，同年9月参加工作；自2002年起担任伊敏露天矿维修部汽修车间85D检修班班长、中级技师。

于海清组织技术骨干展开攻关，采用调整压力、增设注油分配器等方法，有效破解了85D车型销轴及座孔过早损坏的难题，改造后销轴使用周期大大延长，不仅控制了销轴成本支出，还降低了职工劳动强度。据统计，仅上面两个技术改造项目，就为露天矿节约资金40多万元。他还带领职工积极开展修旧利废工作，其中包括刹车踏板阀、转向机、液压缸、PTO输出装置、变速箱等总成共18件，为矿节约资金66万余元。

2002年以来多次被评为伊敏煤电公司先进生产（工作）者、劳动模范，2007年获全国煤炭工业协会劳动模范

郝利军 男，汉族，1970年7月出生，内蒙古准格尔旗人。

2001年8月到满世集团纳林庙煤矿任安全员，2004年到准格尔召电力满都拉煤矿任爆破工；2007年在准格尔旗永智煤炭有限公司任安全员班长。

2002年3月5日在纳林庙煤矿井下检查时发现3103掘进巷4联巷顶板有裂缝，他立即对井下工人下达升井命令，并在联巷100米处设了警戒，4~5分钟后，联巷顶板垮落，避免了一场顶板事故，因此得到煤矿的嘉奖。2007年来到准格尔永智煤炭有限公司担任安全员班长后，他经常能发现各种问题，在安全检查中坚持"三个不少""三快""三勤""三细"，所在班组2011年被公司评为优秀班组。

2012年获全国煤炭工业劳动模范称号。

胡培福 男，汉族，1954月3月出生，内蒙古准格尔旗人。

1977年7月毕业于内蒙古煤炭工业学校煤层地下开采专业，被分配在内蒙古

煤炭工业学校任教；1985年8月调入内蒙古煤矿安全培训中心任教；先后担任通风教研组组长、培训中心党支部书记、总务科科长、培训科科长、培训中心工会主席、教学督导室主任、主任助理兼安科职业技术学校党支部书记；2014年退休。

为了培训更多人员，他几乎走遍了内蒙古的大部分煤矿，把自己学到的知识和实践经验传授给接受煤矿安全培训的每一位学员，直到每个学员熟练掌握为止。在工作中，他不断进取，勤奋学习，努力钻研教学方法。在培训教学过程中，他利用课余时间，加班加点，结合新技术和新规定，先后编写了《矿井通风与安全》等培训教材和学习资料；组织建立和完善了试题库管理制度；建立和改革了安全培训考核考试系统，使计算机系统自动生成试卷，现场公布考核考试成绩，真正做到了公开、公平、公正，实现了培训中心教务工作中的教考分离。

曾被内蒙古自治区煤炭工业厅评为先进工作者，2007年获全国煤炭工业劳动模范称号。

李怀珠 男，汉族。

身为鄂尔多斯市乌兰煤炭集团温三号煤矿安全员，在井下艰苦的环境中，坚持出满勤、干满点，从未因家庭琐事误过工，全年累计平均出勤350多个工以上。在迎接全国煤矿技改整合现场会期间，温三号煤矿的安全与工程质量受到了与会各级领导的好评。

曾获鄂尔多斯市优秀共产党员、市级先进工作者等称号，2007年获全国煤炭工业劳动模范称号。

二、人物简介

高　鹏　男，汉族，1977年10月出生，内蒙古乌海市人。

1996年7月从内蒙古煤炭学校毕业，被分配至乌海市摩尔沟煤炭有限公司摩尔沟煤矿，先后任机电技术员、机电科长、矿长助理、机电副矿长职务；2005年5月在乌海市海勃湾区煤炭局任行业规划办主任；2009年9月调入乌海市煤炭局主要从事安全监察、行业管理工作。2012年2月，他任地方煤矿安监科科长后，全市辖区的42个地方煤矿一旦发现安全事故隐患，总是第一个赶到现场，实地勘察解决问题后又最后一个离开。2011年8月19日下午16时21分，海南区西来峰长富煤矿发生一起透水事故，当班8人被困井下工作面。接到消息后，他带领科室人员立即赶到现场，参与了市紧急救援领导小组的救援工作，1126个小时里，他与救援小组的同事们一直盯在现场，始终没敢合眼。而在此之前的两天，他女儿在上体育课时，不幸将脚摔成粉碎性骨折。每天由他70多岁的老父亲背着上学。为落实好煤矿整顿关闭政策，他先到各矿走访，坐下来与关闭对象进行心与心的交流，磨破了嘴皮子，一些矿主被他的这种精神所感动，愿意配合。在执法过程中，一些业主鼓动人对他们采取辱骂、围攻的方式。此时，也有人劝他算了吧，但他却理直气壮地回答："我的后台就是党和国家！"为了更多矿工的生命，只能如此。他顶着各方面的压力，冒着生命危险，组织关停一个个安全生产不健全和产能落后矿井。有一个矿发生了安全事故，当他到现场处理时，矿老板把他悄悄拉到一边："高科长，事也不大，求你网开一面。"说着就将事先准备好的一个鼓鼓的信封往他口袋里塞。他边推辞边说："快别这样，你知道我的性格，该怎么办我会怎么办的。"那个矿老板只好知趣地收起了信封。正因为行得正，高鹏才会挺直腰板去管理、去执法。2002年的下半年，海南区一个比较有名的矿主对他说："高科长，你到我这儿来做管理，我给你年薪30万"。说实在的，由于家属工资不高，孩子正在念书，经济上的压力时常压得他喘不过气来，妻子也经常埋怨，但为了热爱的煤管事业，他拒绝了。从事煤矿安全监管的这些年里，这样的事、这样的人，他自己都记不清遇到多少次了。为了他所热爱的煤矿安全监管事业，他守住了心灵里的那块净土。

2012年获全国煤炭工业先进工作者称号。

王钰翔　男，汉族，1968年9月出生，内蒙古鄂托克旗人。

1985年7月毕业于伊克昭盟师范学校，被分配至鄂托克旗木肯淖中学任教；1988年8月到伊克昭盟教育学院数学系进修；1990年8月至1995年12月在鄂托克旗碱柜中学任教导主任（1990年8月至1993年7月在内蒙古教育学院数学系函授本科毕业）；1996年1月任鄂托克旗碱柜镇副镇长；2002年10月任鄂托克旗棋盘井镇党委副书记；2004年9月任鄂旗经济开发区管委会棋盘井规划建设局局长；2006年12月至2013年3月任鄂托克旗煤炭局局长。

任煤炭局局长以来，不论是春夏秋冬，还是严寒酷暑，他来得最早、回得最晚，平均每天加班3个多小时。300多个节假日，从未给自己放过假，大年三十也不例外。下井200多次，主持召开了260多次安全生产例会，做了10大本笔记。受其影响，煤炭局领导下井1200多人次，安检人员下井7600多人次。2009年，鄂托克旗被国务院安委会列入煤矿瓦斯治理工作体系示范矿井和示范县（区）（简称"双百工程"），地方煤矿实现五年"零事故、零死亡"。在他带领下，鄂托克旗成为鄂尔多斯市"三年攻坚战"的排头兵，煤矿全部实现了正规化开采，矿井采出率由原来的不足30%提高到75%以上，机械化程度提高到80%以上，平均单井设计能力由不足9万吨/年提高到了64万吨/年。他率先成立了农民工合法权益保障领导小组，由纠察队牵头、安检站配合、纪检组长监督，每月都统计用工情况和工资发放情况，并由相关人员监督，首先发放矿工工资，而后再支付施工费用，切实保障了农民工的合法权益。

2010年3月被鄂尔多斯市政府评为"全市煤矿技改三年攻坚战"先进个人，2012年获全国煤炭工业先进工作者称号。

吴永刚 男，汉族，1974年5月出生，内蒙古乌审旗人。

1996年毕业于内蒙古煤炭工业学校地下采煤专业；1999年在伊泰集团王家坡煤矿、宏景塔一矿任技术员；2007—2009年在河北工程大学采矿工程专业学

习；2007年3月任主管级工程师；2008年任伊泰大地精煤矿通风队副队长；2009年任伊泰大地精煤矿井口副主任；2014年任伊泰大地精煤矿采掘副工程师。

在伊泰大地精煤矿技改工作进入紧要关头，担任大地井口主任兼任生产技术科副科长的他一边抓井口的安全生产，一边对矿井的通风系统进行全面摸底，总结出了通风系统存在的问题，并拿出了改造方案报矿领导审批后进行改造。他亲自在现场指导，用一个月时间做了风桥、挡风墙、风帘以及调节风窗，使通风系统得到了初步完善。2008年2月大地精煤矿的综合机械化改造工程基本完成，安装综采首采面时，据水文地质勘探，至少有40万立方米水压在首采面上方，如果不将水患解除，综采工作面将不能安装设备和正常生产，在矿领导的带领下，他组织调集水泵、管路，召集队伍；地面打多管井、打强放孔同时进行，每天奔波于井下和地面强排现场监督和指挥强排工作。在他的组织带领下，很快按照原定方案形成了地面和井下联合强排水系统，进行24小时昼夜不停排水，最终综采首采面如期安装。他经常深入现场观察工人打锚杆和锚索时的操作程序以及用料情况，发现顶板支护质量上不去的原因：一是工人操作不当、搅拌时间不符合要求；二是锚固剂用量不当，而且设计使用锚固剂数量与实际不符。针对以上情况，他专门编写了打锚杆和打锚索的操作规程并到现场给工人

指导。

连续6年被评选为伊泰集团先进工作者；2012年获全国煤炭工业劳动模范称号。

总工会、国家煤矿安全监察局联合评为"全国煤矿优秀安全班组"荣誉称号。

2012年获全国煤炭工业劳动模范称号。

颜丙岗 男，汉族，1978年12月出生，山东曲阜市人。

1998年7月毕业于山东曲阜技工学校，被分配至乌海市裕隆集团单家村煤矿任采出工区班长；2000年12月任裕隆集团唐阳煤矿综采工区副区长；2005年加入中国共产党，并被任命为带班队长；2009年9月任乌海市裕隆利胜煤矿综采工区区长。

他带领大家创造性地开展了锚杆缝帮治理片帮、架下捆液压支柱封顶等办法，不仅实用易行，而且安全见效，被集团公司作为先进经验加以推广。任综采队队长后，为了摸清现场的实际情况，他坚持每天下1个井，召开3个班前会，正确掌握了3个班次的职工和井下现场情况，在遇到搬家撤面、工作面过断层或设备故障时，他总是第一时间下井，现场指挥，有时一呆就是几个班；领导的率先垂范，大大鼓舞了综采队干部职工的干劲，在人员少、任务重、地质条件复杂的不利因素下，他们先后完成了9101、9102、9104工作面的采出和设备的回撤安装任务，多年来没出现一例破皮轻伤和重大设备事故。2010年12月他所领导的综采队一班被国家安全生产监督管理总局、中华全国

聂建勋 男，汉族，1957年9月出生，内蒙古和林格尔县人。

1981年7月毕业于内蒙古煤炭工业学校，被分配至乌海市摩尔沟煤矿工作，历任技术员、副科长、科长、副矿长、矿长；2008年任乌海市黄河工贸集团矿业公司副总经理、万晨能源公司总经理兼龙贵煤矿矿长。

他每周都要抽出3~5个班的时间深入到井下检查工作，每次查处的隐患少则七八条、多则十几条，交由调度室落实处理。矿领导带班下井制度公布后，他身体力行，班班下井走在职工之前，升井走在职工之后。他还在全矿管理人员和安瓦检人员当中实行了安全风险抵押金制度。2011年，他在带班检查时，发现一个掘进队探水眼打完后没有补打，继续掘进。他当即将掘进工作停下来，补打探眼，并对该队负责人给予罚款处理。正是在他的严格管理下，多年来没有发生一起重伤以上的人身事故及二类以上的非人身事故。

2012年获全国煤炭工业劳动模范称号。

董剑峰 男，蒙古族，1963年3月出生，内蒙古赤峰市人。

1978年12月在平庄矿务局五家矿四井参加工作，并加入中国共产党；1994年11月至1998年7月在五家矿历任团委副书记、经营副井长、副总经理；1998年7月至2006年4月历任平煤公司六家矿机电区党支部副书记、机电区党支部书记、采煤区区长；2003年9月在辽宁工程技术大学采矿专业全日制大专学习；2006年4月任内蒙古多伦协鑫矿业有限责任公司安全副总经理、常务副总经理；2006年9月到辽宁工程技术大学采矿专业续读本科并毕业。

2012年获全国煤炭工业劳动模范称号。

李恭利 男，汉族，1971年9月出生，山东省东平县人。

1992年7月毕业于抚顺煤炭工业学校，被分配在大雁矿务局工作，并加入中国共产党；先后任技术员、区队工会主席、党支部书记、掘进队队长、采煤队队长、内蒙古大雁矿业集团公司雁南煤矿副矿长。

2005年，身为掘进队长仅用10个月就为新组建的雁南煤矿打造了一支高素质的掘进施工队伍。他坚持现场指挥，带领全队职工克服重重困难，连续5年实现安全生产，累计完成井巷掘进进尺2万余米，工程优良品率达100%。2010年，在雁南煤矿生产困难时期，他担任采煤队长后，大胆创新，积极引用回采新工艺，安全高效地回采了大雁公司有史以来罕见的连续走向断层采煤工作面，为雁南矿煤炭产量的增长、安全生产周期的延长做出了突出贡献。

先后被评为大雁公司劳动模范、"十佳"青年岗位能手、呼伦贝尔优秀共产党员、国网能源公司先进个人；2012年获全国煤炭工业劳动模范称号。

杨劳动 男，汉族，1950年4月出生，陕西省蓝田县人。

1969年在陕西铜川矿务局参加工作；1972年加入中国共产党，1974—2004年，先后任矿务局车间主任、安全监察处副处长、生产调度室主任、机关党支部书记，2005年退休。2006年应聘到内蒙古蒙兴投资集团有限公司伊金霍洛旗振兴煤炭有限责任公司工作，先后任安全员、区队长。

他带领一支新组建的工程队严把安全质量关，切实抓好班前安全教育，按照"六必讲"要求，把每项工作布置到位，做到提前布防，有效掌控，发现矿工操作不规范及时纠正，出现安全隐患，冲在前面进行排查，因此工程队从未发生安全事故。

2012年获全国煤炭工业劳动模范称号。

王海清 男，汉族，1975年3月出生，甘肃省民勤县人。

1995年7月毕业于内蒙古煤炭工业学校，1996年4月被分配至内蒙古太西煤集团别立沟煤矿当电工，2002年2月任矿长助理，并加入中国共产党；2005年2月任别立沟煤矿机电副矿长；2006年2月任煤矿总工程师兼机电副矿长；2011年4月任内蒙古太西煤集团兰山煤业公司生产管理部副主任；2009年3月至2014年7月先后在内蒙古科技大学取得矿山机电专业（专科）毕业证书和采矿工程专业本科毕业证书。

2011年，他任太西煤集团兰山公司生产管理部副主任以来，在工程验收方面严格执行《内蒙古太西煤集团井巷工程质量标准化管理办法》中的相关要求，及时查找施工过程中存在的工程质量问题，哪怕是一颗很小的螺丝钉松动，都逃不过他的眼睛。他参与公司所属3处煤矿安全设施及条件、质量标准化、竣工验收等工作，倡导的井下"三告知"安全管理制度在公司内部推广实施，在公司各矿山企业安全生产过程发挥了积极作用。他还先后主持了兰山煤业公司别立沟煤矿的电压升级改造工作、矿井防灭火方案设计及矿井采煤方法等重大基建升级与技术改造项目，并出色完成技改项目任务。2008年，太西煤集团兰山煤业公司别立沟煤矿进行运输平巷带式输送机和主斜井大倾角皮带机安装工作。由于没有找到合适的安装队伍，他便带领本矿的工程技术人员主动承揽了这两项工作，仅此一项就为企业节约安装费用58万元。他通过运输平巷带式输送机和主斜井大倾角皮带运输设备的技术革新，改变了原来串车提升方式，与技改前相比产量提升了1.5倍，当年就为企业增加产值1600多万元。

2012年获全国煤炭工业劳动模范称号。

郭建雄

男，汉族，1973年4月出生，陕西省神木县人。1994年毕业于内蒙古煤炭工业学校，被分配至鄂托克旗兽药厂煤矿工作。2005年到新整合的鄂托克旗新亚煤焦有限责任公司工作，2008年到昆明理工大学采矿专业学习，现任鄂托克旗新亚煤焦有限责任公司总工程师。

2005年，新亚煤矿响应鄂尔多斯市政府"三年大会战"的号召，率先实行技改，郭建雄将原有的巷柱式采煤法改变为长壁式采煤法，使煤矿回采率由原先不足30%提高到75%以上。通过技术改造和人员培训，煤矿当年实现了安全、生产双丰收。同年被鄂尔多斯市政府、煤炭局评为长壁式炮采示范矿井。2007年新亚公司响应内蒙古自治区政府的号召，率先对所属的3处矿井进行15万吨变30万吨技术改造，并顺利通过了鄂尔多斯市煤炭局组织的专家验收，被评为鄂尔多斯市先进集体。2007年新亚煤矿被评为鄂尔多斯市先进集体、鄂托克旗技改先进单位、东亨煤矿被评为鄂托克旗安全生产先进集体。2008年在安全质量标准化矿井验收中，鄂托克旗新亚煤焦有限责任公司所属的新亚煤矿、东亨煤矿双双被评为内蒙古自治区安全质量标准化一级矿井，2009年成为全国瓦斯治理工作体系示范矿井。

2012年获全国煤炭工业劳动模范称号。

贺广忠 男，汉族，1972年7月出生，内蒙古呼和浩特市人。

1993年7月毕业于内蒙古地质学校煤炭专业，被分配至清水河兴安煤矿任安全员；1995年任井下生产调度员；2004年之后在清水河县天赐源煤炭有限责任公司任总调度。

他身为煤矿的总调度，紧紧围绕安全生产这个中心，严格要求员工按质量标准化要求施工，并制定了质量标准化管理制度；积极协助公司领导构建安全文化，不断提高员工的安全意识，营造安全大氛围。几年来，煤矿杜绝了轻伤以上安全事故，"三违"现象明显下降。在他的带领下，煤矿调度室两次被公司评为先进集体，清水河县天赐源煤炭有限责任公司被地方政府多次评为安全生产先进集体。他担任公司生产总调度后，矿领导采纳了他提出的露天开采建议，并于2008年底剥离出煤，成为呼和浩特市第一家露天煤炭开采企业。

2012年获全国煤炭工业劳动模范称号。

张君民 男，汉族，1972年2月出生，内蒙古呼和浩特市人。

1990年到呼和浩特钢铁厂当工人，1997至2006年8月待业；2006年9月到内蒙古伊东投资集团东圪堵煤矿工作；现任煤矿综采队二班班长。

采煤工作中，他一边学习采煤机械设备使用和维修的知识，一边向老工人请教，很快就熟练地掌握了操作技能，同时在现场解决实际问题，所在班组采煤量逐年提高。2010年10月产量达15万吨，超产幅度居全煤矿之首。

2012年获全国煤炭工业劳动模范称号。

高铁柱 男，汉族，1969年11月出生，内蒙古鄂尔多斯市人。

1993至2005年7月在鄂尔多斯市伊化集团公司工作；2005年9月在鄂尔多斯市巴龙图煤矿工作；2007年1月到鄂尔多斯市振兴煤业有限公司担任挖掘机司机。

每天他总是提前1个小时到达分工室，全面了解当班安全生产要求，并根据作业的难易程度、操作环境，合理安排相应技术水平的员工担任。五年的时间，他培养了10余名技术过硬的徒弟。他以高超的驾驶技术和耐心细致的思想工作，杜绝了"三违"现象，质量标准化处处达优，为矿井安全工作做出了突出贡献。

2012年获全国煤炭工业劳动模范称号。

张志强

男，汉族，1982年8月出生，内蒙古多伦县人。

2002年高中毕业后到锡林郭勒盟南煤矿的分矿多伦煤矿工作；2004年到多伦县小河铁矿担任生产班长；2006—2008到多伦县手套厂工作；2009年到多伦协鑫矿业公司担任综掘队生产班长。

2011年11月18日3时20分，内蒙古镶黄旗塬林煤矿井下101采煤工作面发生顶板事故，造成12名矿工被困。事故发生后，多伦协鑫矿业公司立即组建了救援队，在井下抢险现场，他作为维护救援生命通道的综掘队班长，工作在救援通道最前方，与大面积顶危险区域面对面接触。他凭着两年多现场掘进的经验，带领公司抢险救援队经过35小时20分钟的连续救援、两班救援人员不间断地循环倒班，共抢救出7名矿工，成功、圆满地完成了抢险任务。

2012年获全国煤炭工业劳动模范称号。

王兆祯 男，汉族，1966年11月出生，山东省临沂市人。

1985年7月毕业于山西大同煤炭学校机械化专业，被分配至山东新矿集团张庄皮带工区工作；1987年任技术员，1990年加入中国共产党；2000年5月到张庄机电科任工程师；2007年到内蒙古蒙泰骆驼山煤矿任工程师；2009年9月到内蒙古裕兴矿业有限公司任机电科长。

在煤矿。他每年的创新项目最多，带来的效益也最大。他创新实施了裕兴煤矿"技术蓝领"创建工程，制定了"技术蓝领"工程实施方案，职工通过系统的学习、考评、实践等环节后获"技术蓝领"称号，享受"技术蓝领"津贴。"技术蓝领"工程在裕兴煤矿综采、综放工作面初次安装投产期间起了巨大作用，使职工快速全面掌握了新技术，保证了综采综放新工艺一次试采成功；"技术蓝领"工程实施后，裕兴煤矿很多普通职工走向技术性职工行列，部分"技术蓝领"职工已成为矿井技术骨干。煤矿一"技术蓝领"班组获2010年全国煤矿优秀班组，在人民大会堂接受党和国家领导人接见。

2012年获全国煤炭工业劳动模范称号。

朱 斌
男，汉族，1968年3月出生，河北省保定市人。

1987年参加工作；曾在内蒙古嘉烨煤业有限责任公司创业煤矿主持常务工作；2011年任达拉特旗树林召兴恒煤矿矿长。

2011年，达拉特旗树林召兴恒煤矿被内蒙古嘉烨煤业有限责任公司收购，面对该煤矿多年来未能治理完成的灭火工程，公司很多管理人员都不敢接手，朱斌挺身而出，主动申请接下了矿长的重担。他坚持实施科技兴矿，夯实安全基础，在"以人为本、安全第一"的核心价值观指导下，启动"事前问责"制，实施《达拉特旗树林召兴恒煤矿安全抵押金制度》；将干部工资与安全挂钩并纳入绩效考核。

他担任矿长期间，加大安全管理培训力度，提高职工整体素质；严格落实责任，强化班组管理，坚持开展隐患排查；从细节着手、狠反"三违"，加大安全处罚力度，全面提升矿井的安全基础管理水平。他还积极推广使用新技术，把先进的管理经验、先进的机器设备应用到达拉特旗树林召兴恒煤矿，使煤矿顺利通过了有关部门的验收。

2012年获全国煤炭工业劳动模范称号。

张良库 男,汉族,1973年3月出生,吉林省长春市人。

1990年10月到长春市双顶山矿业公司工作;2008年9月到通辽市扎鲁特旗吉源煤矿从事煤炭采掘工作,任采煤二区区长。

任煤区长后,由于煤矿正值技改期间,各项任务紧迫,他和工程技术人员一道,研究工程方案,优化施工技术路线,他负责的+314主提升水平运输联络大巷工人技术水平差,各班人手不足。他3个班连续在井下作业,手把手教工人使用风动凿岩机械,亲自布置炮眼,亲自指导爆破员按炮眼功能装药。技改工程结束后,煤矿形成水平分层走向长壁采煤法,面对新的支护形式、新的采煤方式,他利用班前会讲解采法工艺流程,如何爆破,如何支护,何时窜梁、回柱,保证工人熟练上岗。他坚持现场靠前指挥,率先示范,手把手地进行帮带,为采区的安全生产奠定了基础。在安全生产方面,严格质量管理,责任分解落实到人,他负责的采区未发生轻伤以上事故。

2012年获全国煤炭工业劳动模范称号。

高 俊 男,汉族,1981年8月出生,内蒙古正镶白旗人。

2001年7月毕业于内蒙古科技大学矿业学院,应聘到鄂尔多斯市乌兰煤炭(集团)有限责任公司后温家梁煤矿任瓦斯检测员,9月任技术员;2002年加入中国共产党;2004年5月任煤矿掘进队队长;2009年12月任温三号煤矿掘进队队长。

2010年,掘进22102运输巷时,在掘进到930米左右时遇到了断层,断层处顶板比较破碎,淋水也较大,再加上得割30厘米厚的一层岩石,使得巷道内粉尘浓度加大,作业场所的环境非常恶劣。他自己走进工作面亲自动手操作锚杆钻机打锚眼,2分钟时间不到,就像刚从水里出来一样,整个生产班他都和工人们一起在水里泡着。在他的带动下全体工人鼓起干劲,30米的断层仅仅用了4个班就顺利通过,并没有因为地质条件变化使工程质量下降。在这4个班内,他在井下时间超过20个小时。

2005年被伊金霍洛旗党委组织部评为优秀共产党员,2012年获全国煤炭工业劳动模范称号。

刁志国 男,汉族,1961年4月出生,内蒙古突泉县人。

1985年9月,在兴安盟牤牛海煤矿从事采煤工作;2008年10月,在突泉县牤牛海庆业煤炭有限责任公司从事采煤工作,任采煤队长。

多年来,他几乎每天提前约半小时到调度室,了解上一班的安全生产情况,接受作业区下达的新任务,把握安全生产注意事项;每班总是第一个到达现场,了解现场情况,进行隐患排除,对发现的安全隐患坚持在第一时间内处理整改。他还加大班中动态巡查力度,每班要在3个工序的工作现场往返奔波十余趟,杜绝带着隐患生产。2010年以来,他在现场制止"三违"17余起,向作业区区汇报不安全隐患22条,现场带头整改13项。他担任采煤队队长以来,煤矿未发生过一起人身伤亡事故。

2008年以来每年都被煤矿评为劳动模范、生产标兵，2012年获全国煤炭工业劳动模范称号。

卢享通 男，汉族，1965年6月出生，甘肃省人。

1986年7月毕业于北京航空航天大学自动控制系；1986年9月到北京航空航天大学管理工程系统工程系攻读硕士学位；1989年2月被分配至伊克昭盟体制改革委员会、伊克昭盟行政公署工作；1992年11月调入伊克昭盟煤炭公司工作，历任内蒙古蒙西水泥有限责任公司总经理助理、内蒙古伊泰股份有限公司企管处副处长；2000年5月聘任鄂尔多斯市赛蒙特尔投资有限责任公司、内蒙古赛蒙特尔煤业有限责任公司董事长。

他立足企业可持续发展，从煤矿筹建初期就确定了赛蒙特尔煤矿以实现资源开发的经济、生态、社会效益高度协调统一为目标的发展战略。通过合理布置采场，最大限度提高资源采出率，煤矿采区采出率达到89%。生产方面以采煤、带式输送机、供电、排水、通风等自动化系统为基础，形成生产自动化管理平台，大幅提高矿井自动化程度，提高矿井生产效率和煤炭生产能力，降低水、电、煤、油等资源消耗，坚持循环利用，实现经济社会效益共赢。截至2012年，公司累计缴纳各类税费近15.6亿元，2010年被伊金霍洛旗人民政府授予地方先进纳税企业荣誉称号。

2012年获全国煤炭工业劳动模范称号。

徐荻薇 男，汉族，1967年4月出生，吉林省农安县人。

1991年7月毕业于阜新矿业学院采矿工程系，被分配至铁煤集团小青矿综采安装队、综采二队任技术员；1995年9月任小青矿综采准备队、综采一队队

长；1997年6月任小青矿任副总工程师、生产副矿长；2000年7月任小青矿综掘三队队长、安检处处长；2008年7月任汇能煤电集团羊市塔一矿综采队队长。

担任该队队长以来，他结合综采设备的技术性能、煤矿井下工作面煤层赋存状况以及全队人员素质，大胆探索设备的技术改造，明确检修保养采取设备定人跟踪，开机率提高和工资挂钩、机械出现故障影响生产采取责任追究管理办法，和技术工人共同解决生产中遇到的实际问题，攻坚克难，使综机设备开机率达到92%，工作面单产水平、原煤生产效率分别由2009年的168273吨/个/月、3.2吨/工，2010年的328333吨/个/月、55.8吨/工，提高到2011年的467500吨/个/月、66.6吨/工，尤其在6209采煤工作面面长190米，采高3.3米的条件下，月推进675米，最高日割煤30刀、创月产55万吨（煤容重1.3吨/米），回采工效达268吨/工的纪录。2011年，全队仅用一套综采设备，在安拆影响煤炭生产的不利因素下，全年完成原煤产量480万吨的好成绩，并做到了安全无事故。

他带领的综采队2010—2011年被鄂尔多斯市工会授予"工人先锋号"称号，2012年获全国煤炭工业劳动模范称号。

孙文亮 男，汉族，1976年11月出生，内蒙古鄂托克旗人。

1999年8月到陕西尔兔林煤矿工作，

2005年8月到鄂托克旗棋盘井矿业有限责任公司任机电班长。

他在工作中不断汲取实际经验，不断掌握新知识、新技术；坚持做到"四勤"，即勤学、勤看、勤问、勤练，总结出煤炭机电工作一套"望、闻、切、查"做法："望"即通过设备的外观有无坏损、部件有无缺失等来判断设备的完好情况和可能损坏的原因；"闻"即通过听设备运行时各部位发出的声音来判断设备的状态；"切"即通过手感受设备的温度来确定设备是否"发烧"，从而确定设备的故障原因；"查"即通过工具和仪器再通过分析和推理，准确快捷地找到病因并排除故障。煤矿每当遇到技术难题，他总是手到病除，被誉为公司的技术能手。

多次被公司评为先进工作者、安全生产标兵，2012年获全国煤炭工业劳动模范称号。

刘笃鸿 男，汉族，1968年6月出生，山东省新泰市人。

1985年9月至1988年7月在山东省新矿集团公司职工大学学习；1988年12月到山东省新矿集团汶南煤矿工作；2006年11月任山西省水帘洞煤炭公司综采一队副队长；2007年9月任鄂托克前旗长城煤矿有限责任公司综采一队队长。

担任长城煤矿公司首个采煤队和王牌采煤队队长以来，严格执行下井带班制度，自我加压，每月上班超过10小时的工作日有十几个，一个月下井26个班，主动出现在安全生产任务严峻的地点和时间；精益管理、重视创新，带领区队承担公司60%的产煤任务，实现连续安全生产1900余天，为公司安全高效发展做出突出贡献，带领区队先后获新矿集团公司"红旗区队""先进集体"、内蒙古自治区总工会"工人先锋号"等荣誉称号。

2011年获鄂尔多斯市五一劳动奖章，2012年获全国煤炭工业劳动模范称号。

孙敏玉 男，汉族，1962年3月出生，吉林省长春市人。

1985年7月毕业于阜新矿业学院，被分配至舒兰矿务局丰广五井见习；1986年9月任舒兰矿务局开拓、通风工程师；1995年10月任舒兰矿务局丰广五井技术井长；2007年5月在扎鲁特旗兴旺煤炭有限责任公司任总工程师。

他担任公司总工程师后，积极投入煤矿技改工作，使煤矿成为本地区第一家通过技改竣工验收的煤矿，为本地区煤矿技改工作带了好头。煤矿技改后，他在巷道支护方面积极推广使用杆支护、钢铁支护，使巷道维修率降低，服务时间延长，投资少；在采煤工作面先后推广使用摩擦支柱较接顶梁、单体液压支柱π型钢梁支护，保证安全生产，节省了大量木材，经济效益显著，受到当地政府的好评。这项技术于2009年获通辽市"科技进步推广新技术"一等奖。

2012年获全国煤炭工业劳动模范称号。

贾五宽 男，汉族，1953年8月出生，内蒙古鄂尔多斯市人。

1970年入伍，1976年到内蒙古锡林郭勒盟边防三团工作；1979年到内蒙古伊克昭盟军分区工作；1981年到鄂尔多斯市水利局工作；2003年在鄂尔多斯市民达煤炭有限公司任董事长。

他经过9年的艰苦奋斗，将鄂尔多斯民达煤矿从一个名不见经传的小煤矿发展成为年产500万吨的现代化大中型煤矿；在企业发展的同时，始终坚持"煤矿既要发展，也要环境"的信念，民达煤矿的绿化工作多次被评为东胜区煤矿绿化样板工程。为把煤矿产量从500万吨/年提高到1000万吨/年的目标,他身先士卒,雷厉风行,无数个日夜坚守在煤矿。为了实现这个目标,认真研究钻研煤矿开采业务,确立靠诚信谋发展,靠信誉求生存的经营理念,认真分析煤炭市场的现状,制定了既能增加效益,又能实现可持续发展的煤矿开采策略。

2012年获全国煤炭工业劳动模范称号。

吕海泉 男,汉族,1974年10月出生,内蒙古乌拉特中旗人。

1995年8月在乌拉特中旗乌梁素太乡农电站工作;2002年6月任包头市土默特右旗九峰山管委会麻地区煤矿矿长;2006年1月任土默特右旗曼巧沟矿业有限公司安全生产副矿长。

担任安全生产副矿长后,他站街对各工种、各岗位的质量标准进行了细化,并亲自参与制定了严格的质量标准化细则,指导职工在工作中有章可循,上标准岗,干标准活。其次是加大了检查监督力度,跟公司骨干及工程验收员严把工程质量关,认真对照标准要求进行逐项落实。在机电质量标准化方面,他专门聘请了高级机修技术人员,成立攻关小组,通过组织对机修职工组织授课、经验交流,培养出了一批优秀机修技术人才,进而带动公司机修质量标准化水平整体提高。煤矿整合技改以后,先后被内蒙古自治区、包头市有关部门评为优良工程单位。

2012年获全国煤炭工业劳动模范称号。

(六)内蒙古自治区劳动模范、先进工作者

温吉洋 男,汉族,1960年10月出生,辽宁省大连市人。

1983年8月参加工作;1992年9月加入中国共产党,大学学历,高级工程师;曾先后任大雁矿务局地测处测量科科长,地质勘探公司副总工程师、总工程师、副总经理;是中国煤炭工业协会、内蒙古自治区测绘学会矿山测量专业委员会委员,中国煤炭工业协会科技文献信息咨询专业委员会、第五届科普工作委员会委员,中国煤炭加工利用协会第四届理事会理事;现任大雁煤业公司技术中心主任、科技处处长。

主持和参加完成了《大雁矿区三、四等控制网改造》《1:2000大雁矿区地形图航空摄影测量》《大雁矿区地表移动观测资料综合分析》《大雁褐煤地下气化模型试验》等多项科技工作。2003年被评为内蒙古自治区第三届优秀科技工作者;2004年被煤炭工业技术委员会评为企业科技进步有功人员,获首届内蒙古科协西部开发突出贡献奖。

1995年被评为内蒙古自治区劳动模范。

冯新桥 男,汉族,1963年9月出生,四川省射洪市人。

1986年6月参加工作;2001年7月加入中国共产党;一直在大雁矿务局一线从事采煤工作,并且始终守卫着采煤工作

面的安全出口"前出口"。他在这个岗位上十几年未出现过1次责任事故,从未欠过勤,也很少休班,被人们誉为"出勤状元"。他妻子为让他休班曾多次将他反锁室内,可他醒来后将窗子撬开,大冬天骑自行车到三矿上班。他每天在完成自己的工作任务后,主动帮助采面的工友,并主动参与安全管理,排查隐患,被工友们誉为"业余安监员"。他努力学习业务知识,业务水平较高且工作任劳任怨,是身边采煤工人争抢合作的对象。他的事迹先后被《大雁矿工报》《呼伦贝尔日报》《中国煤炭报》刊发报道。

多次被大雁煤业公司和三矿授予"先进生产工作者"和劳动模范;1995年获内蒙古自治区劳动模范称号。

郑志刚 男,汉族,1950年1月出生,山东省济南市人。

1966年6月参加工作;1976年6月加入中国共产党,大专文化,工程师;曾任大雁矿务局安全监察局监察处长;2004年6月退休。

他任安全监察局监察处长期间,为提高全处人员业务水平,他带头学习安全监察业务知识,并应用于实践,指导实际工作。同时,坚持深入现场,及时发现隐患,查处"三违"行为,全面落实各项隐患整改措施,有效地促进了安全生产。尤其是矿务局的车辆监察任务划归他负责管理后,他针对大雁矿务局各车辆分布不均衡、各车队管理层次不一、大部分车辆状况较差和管理难度大的实际,和监察人员放弃了节假日休息时间对矿务局所有车辆逐车、逐单位走访登记,详细掌握矿务局所有车辆数量及状况,并加大日常监察力度,与矿区交警部门配合,上路巡检企业内部车辆,有效遏制了矿务局内部车辆的违章违纪现象。"管就要管严,抓就要抓实",他敢抓敢管的劲头和从严求实的工作作风,为全局的安全工作做出了贡献,矿务局内部车辆连续三年无轻微以上事故发生,得到了鄂温克旗交警部门的高度赞扬。

他曾被评为大雁矿务局先进生产工作者;1993年被评为大雁矿务局优秀共产党员;多次被评为东煤公司及内蒙古自治区安全监察先进工作者、模范安全监察员;1995年获内蒙古自治区劳动模范称号。

张　　龙 男,汉族,1952年10月出生,内蒙古赤峰市人。

1970—1974年在五家煤矿三井和古山煤矿二井掘进队当工人,并加入中国共产党;1995年任古山矿二井掘进副井长;2001年任古山矿环保站副站长;2004年12月退休。

他所带领的掘进队也被称为"猛虎队",十几年来,掘进8万多米,超掘2万多米;他带领的掘进队连续12年获甲级掘进队,在全局掘进竞赛中获第一名,获内蒙古自治区"高产快速奉献杯"竞赛立功队,全国煤炭系统掘进竞赛立功队;他亲自组织抢险救灾近百次,他带领的掘进队连续生产17年,工程质量始终保持最高水平;在处理正常生产、协调关系的同时,从来不摆官架子,同工人一起摸爬滚打,在处理370大冒顶中他四天三夜只升了一次井,在危险区域他亲自站在木剁顶上一层一层剁顶，肩膀和胳膊被掉落的煤块砸得又红又肿，在他的指挥下，抢险救灾工作井然有序，在不影响采煤正常生产的情况下安全地止住了冒顶。他爱矿如家，当队长十几年，每年都义务献工百余个，就连自己的父亲病故他都没休1个班，别人晚饭后上街散步，他却往井口溜达，每年过春节放假工人都回家了，他却每天都下井查看工作面的完好情况，确保节后正常开工。

1995年获内蒙古自治区劳动模范称号。

马玉良  男，汉族，1953年4月出生，内蒙古赤峰市人。1974年10月在元宝山矿三井采煤队参加工作，任班长、副队长职务；1989年12月任平庄矿务局红庙矿二井采煤队队长；1999年任平庄矿务局红庙矿二井采煤副井长；2004年任红庙矿安监科副科长、生活公司副经理；2005年12月退休。

1992年他任采煤队长期间，凭着多年的采煤管理经验，探索出高档采煤工艺新途径，带领采煤队全年生产原煤46万吨，创造了矿务局高档采煤工艺生产原煤的新纪录；1993年红庙矿上马大功率综采设备，面对队伍的转型和生产工艺的巨大反差，他带领员工强化技术理论知识学习，深入现场实践，学中干、干中学，第一年就取得了综采年产50万吨的成绩，为平庄矿务局推行综合机械化采煤工艺提供了宝贵的实践经验；他任采煤副井长期间，带领采煤队伍续写工作奇迹，红庙矿原煤产量连年攀升；2003年他同时承担了二区更新型的综采设备工作面安装、四区老综采工作面撤出和三区综采工作面采煤的管理工作，和工人们并肩奋战在千米井下，几天几夜不升井是家常便饭，正是靠着他出色的管理能力、娴熟的技术和顽强的拼搏精神，又一次高水平地完成了任务，并且实现了安全生产。

1979年被共青团中央授予全国新长征突击手标兵称号，1985年被中华全国总工会、共青团中央、全国妇联等七部委授予全国优秀边陲儿女称号，1995年获内蒙古自治区劳动模范称号，2009年被集团公司授予功勋矿工称号。

雷明军 男，汉族，1963年9月出生，山东省平原县人。

1982年6月参加工作；1995年7月加入中国共产党，高中文化；曾任呼建集团公司一区瓦工班长；现任呼伦贝尔大雁建筑安装工程有限责任公司市政公司副经理。

他先后参加了大雁公司30余栋住宅楼、第五小学、同心中学等办公楼、山东省重点建设项目——济南高架立交桥、海拉尔区胜利大桥、626大桥、五泉山公路等工程的施工。工作中，他身先士卒、以身作则，带领班组人员克服施工中的重重困难，有时为了抢进度，他常常一连几天不回家。他常说："质量是企业的生命，安全是职工的生命。"在他任呼建集团一区瓦工班长期间，他所带的班组以安全、质量、效益三大硬指标在全公司各班组中名列榜首，被矿务局授予"五好标兵班组"。他组织施工的4栋住宅楼被东煤公司评为优质工程。他带队参与施工的山东济南高架立交桥受到北京城建地基地铁市政公司的表扬，海拉尔区胜利桥、626大桥得到海拉尔市政府、海拉尔市建委指挥部的高度赞扬。

1992年获矿务局"奉献在岗位"先进个人称号；1993年获矿务局劳动模范；1995年获内蒙古自治区劳动模范称号。

陆克俊 男，汉族，1952年出生，江苏省泰州市人。

1970年参加工作；1984年加入中国共产党；现任神华集团公司内蒙古建筑安装有限责任公司董事长兼党委书记。

1987年任施工队队长期间，他带领全队职工以短工期、高质量、低成本圆满完成了乌达矿务局矸电二期工程；1991年又率领一工区职工打入东胜矿区建筑市场，成功引进了振冲、深层搅拌等新技术，创造了补连塔矿招待所等一批优质工程；1993年任处长以后，全面推行项目法施工，加大基层自主权，同时全力以赴开拓外部市场，提高企业经济效益，从而使企业一年上一个新台阶，创下了本企业产值、安全、质量、效益的最高水平。

1995年获内蒙古自治区劳动模范称号。

王凤梅 女，汉族，1960年出生，内蒙古巴彦淖尔人。

1983年到乌达矿务局苏海图矿联合公司农业二队工作，1989年7月1日加入中国共产党。

她一心扑在农业生产第一线，每天早出晚归，既踏踏实实地干活，又不断总结经验，坚持用现代科技知识武装自己，并把自己从《农业栽培技术》和《优良品种引进》等书籍中学到的知识运用到实践；1987年任农业二队组长时，运用带母土移苗技术培植蔬菜，使蔬菜提早上市；1988年运用麦草固沙技术改造黄风沙地；为了提高农工科学种田的本领，她利用冬闲时间举办多层次的科技培训班，使农工的技术有了普遍提高。她根据乌达矿务局实际情况，引进新品种40余个，特别是试验成功了"小麦套种玉米"技术和栽种棉花技术，为乌达矿务局的农业发展做出了贡献，多次受到单位的表彰奖励。

1995年获内蒙古自治区劳动模范称号。

王国兴  男，汉族，1965年出生，吉林省伊通县人。

1976年在扎赉诺尔煤业公司露天矿采掘段先后从事电铲助理工作；1989年7月加入中国共产党；1990年在露天矿采掘段机电段长，1994年任采掘段生产段长，1996年任采掘段段长，1997年任排土段党支部书记，1998年任采掘段党支部书记兼第一副段长。

他任排土段党支部书记兼第一副段长期间，从抓班子现场管理和职工队伍入手，强化质量标准化工作；利用自己娴熟的电铲操纵技术亲自给职工示范，对排弃工作面的宽度平度要求上尺上线，一丝不苟，并且在加强电铲维护保养、提高线路质量等项工作上都制定出工作标准和相应的工作措施；在不到3个月时间内，迅速扭转了排土段被动的工作局面；1995年排土段成为建矿以来唯一的免检单位,设备完好率达到部级标准,创下了408铲超3个大修修程仍保持瓦、轴、套无磨损,并节省大修费6万元的纪录。1999年6月410电铲沉铲,当时他因患急性肠炎在医院住院,得知情况后,急忙赶到事故现场,连续7昼夜没离开电铲一步,铲救上来了,他人却瘦了一圈;经过建立完善激励制约机制,使电机烧率损下降70%,每年节省修理费10万余元。他主动向矿领导提出了本段自己承担穿孔任务,改变了一直招社会人员穿孔的用工制度,收到了很好的经济效益;进入2000年以后,他大胆地在全矿率先推出了打破工资界限,实行成本倒算的经营方案,为规范全矿经营管理工作和完成全年的各项任务起到了积极作用。

曾连续7年被评为局矿先进工作者,2000年获内蒙古自治区劳动模范称号。

采九面砂岩含水层下综采开采防治水方案""灵泉矿十采二段高温火点封闭方案"和"灵泉矿地面建设万吨仓及快装系统""七采九面底分层开采设计""灵泉矿七采区右部开采设计"等项目;发表《关于个别煤矿煤层中天然赋存一氧化碳气体及其涌出规律的探讨》《我国矿井瓦斯涌出量预测方法研究现状与展望》《煤矿重大灾害防治技术与实践》及《血管几何学在矿井通风网络中应用的思考》等论文。

1998年被评为矿务局劳动模范,2000年获内蒙古自治区劳动模范称号。

段　亮　男,汉族,1957年10月出生,内蒙古察哈尔右翼后旗人。

1971年11月参加工作;先后任内蒙古自治区煤田地质局151勘探队钻工、班长、机长、工区党支部书记等职务;1979年12月加入中国共产党;1993年151勘探队组建石油勘查队伍,任石油勘查公司经理;1998年12月任151勘探队副队长,2001年4月任151勘探队党委书记。

1998年6月获全国煤炭地质系统两个文明建设先进工作者称号,2000年获古自治区劳动模范称号。

李福平　男,汉族,1963年出生,河北省景县人。

1980年参加工作;1990年加入中国共产党;1994年任扎赉诺尔煤业公司铁北矿综采队队长;2005年本科毕业于中央党校经济管理专业。

多年工作中,他组织成立了一帮一、一带一、师带徒学习互助组、技术攻关组,鼓励职工自学成才,通过传、帮、带提高职工队伍素质;曾参与设计"开切眼大切面一次成巷施工方案""灵泉矿七

张全连　男,汉族,1950年6月出生,安徽省萧县人。

1972年1月参加工作;1989年7月加入中国共产党;高级技师;曾任大雁矿

务局第一煤矿掘进队101段段长；2002年3月退休。

他任第一煤矿掘进队101段段长期间，在井下治理突发涌水、主石门翻修、大断面施工、穿流沙层、处理隐蔽工程等急、难、险、重工程中做出了突出贡献；在采用锚杆支护、推广应用锚喷新工艺的过程中，他同工程技术人员一道积极探索，不断改进，使这一新工艺、新材料在一矿成功推广运用。他带领101段率先创出月掘锚喷巷道的最高纪录，101段十几年未发生一起重伤以上事故，所负责的工程优良品率达96%以上。他所在的班组连续多年被评为"五好"班组。

先后获大雁矿务局劳动模范、先进工作者、"十佳"矿工、呼伦贝尔盟劳动模范等光荣称号，2000年获内蒙古自治区劳动模范称号。

孙敏政 男，汉族，1966年1月出生，吉林省德惠市人。

1986年7月毕业于伊敏矿区技工学校，被分配至伊敏煤电公司一露天矿机修厂当修理工；1989年7月毕业于海拉尔煤炭工业学校；1998年12月加入中国共产党；1990年任一露天矿生产作业部85D重型载重汽车司机，高级技工。

1996年被评为内蒙古自治区优秀青年；1995—1998年连续4年被评为伊敏煤电公司劳动模范；1998年被评为呼伦贝尔盟劳动模范；2000年获内蒙古自治区劳动模范称号。

乔彩霞 女，蒙古族，1973年9月出生，内蒙古准格尔旗人。

1996年3月进入伊泰唐公塔集装站机电科，从事粉煤楼捡矸石工作；2000年5月被调到伊泰汽运公司从事卫生清洁工作；2001年4月到伊泰铁东储运有限责任公司从事卫生清洁工作，2015年5月转岗为环境维护员。

她在从事机电科粉煤楼捡矸工工作期间，不因工作环境差而后退，勤勤恳恳，认认真真捡出在带式输送机上的石头和矸石，从不放过带式输送机上的每个小石头，在带式输送机旁一站就是几个小时，有时别人劝她少捡点，被她拒绝。在粉煤楼捡矸石岗位上，她总是第一个来上班，把卫生打扫完最后一个下班，因长时间站立小腿得了静脉曲张。她坚持、认真、吃苦耐劳、任劳任怨的奉献精神，始终把伊泰集团公司当作自己的家而工作。

2000年获内蒙古自治区劳动模范称号。

吴子成 男，汉族，1959年10月出生，内蒙古赤峰市人。

1977年4月通过招工到古山矿三井

二、人物简介

孔庆肽

男，汉族，1960年11月出生，吉林省柳河县人。

1982年12月加入中国共产党，1983年7月毕业于淮北煤炭师范学院，同年调入伊敏煤电公司工作，历任公司教育处第二中学高中数学教师、教学副校长、教师培训部高级中学数学教师、中学高级教师、副校长等职务。

1999年获内蒙古自治区模范教师称号，2000年获内蒙古自治区劳动模范称号。

矿建队当临时工；1982年7月任古山矿三井掘进队队长；1988年7月加入中国共产党；1992年7月任古山矿三井开拓队队长；2009年12月任老公营子矿开拓队队长。

2006年，他设计出液压旋转式抬车机，极大减少了人力，并提高了工作效率，在很多矿井得到推广应用，并获国家专利；2010年，他带着自己的队伍承担了综掘机的首次自主大修，由此完成了开拓队从传统炮掘、砌碹技术到现代化综掘、锚喷技术的真正跨越；2010年，为打通"回风大巷"，他优化劳动组织，改进了作业方法，使掘进、挂网、喷浆、打锚索等多项工艺水平显著提高；在复杂地质条件下，他实行打贴帮锚杆并挂双层锚网措施，保证了巷道成型良好、受压均匀，开拓队在他的带领下创下了平煤集团巷道开拓单孔掘锚喷加锚索月进201.5米的最高纪录。这一纪录至今未被打破。他与队友们建成的16000米巷道无一次品。矿领导评价说："吴子成的工程每一米都是优质工程，每一段都像一幅井下的艺术品。"

1986年当选赤峰市劳动模范，2000年获内蒙古自治区劳动模范称号，2006年被中国能源化学工会全国委员会、中国煤炭工业协会授予优秀掘进队队长称号，2012年被国家煤矿安全监察局等五部门授予"同煤杯·第二届感动中国十大杰出矿工"称号，2013年获中国国电集团公司"十大杰出人物"称号。

连广明 男，汉族，1953年4月出生，内蒙古杭锦旗人。

1975年3月到杭锦旗乌兰淖尔小学任教，同年8月加入中国共产党；1982年2月毕业于内蒙古师范大学生物系，被分配至伊克昭盟教育学院任教，曾任生化理科主任；1986年4月被借调到内蒙古教育学院工作，同年9月到伊克昭盟教育处工会主持工作；1988年3月协助张双旺经理共同创办伊克昭盟乡镇企业公司，任副经理；1992年任伊克昭盟煤炭集团公司副总经理；1993年7月到中央党校经济管理本科班学习；1995年受伊煤集团公司委派任内蒙古西蒙煤炭有限责任公司总经理。2000年7月，在伊煤集团、如意公司、集通铁路公司三家投资方和伊克昭盟行署的支持批准下，将西蒙公司以法人代表控股、社会法人参股、企业员工持股的形式，从伊克昭盟煤炭集团公司买回控股权，单独组建内蒙古西蒙科工贸集团有限责任公司，并出任公司董事长兼总裁，同时辞去伊煤集团公司的一切职务；同年7月入中国社科院研究生院攻读经济管理硕士研究生学位；2008年10月任内蒙古西蒙集团有限公司党委书记、董事局主席，兼内蒙古工业大学MBA导师；先后当选内蒙古自治区第十、十一届政协委员，全国工商联第十届执委、中国工商理事会常务理事、中国光彩事业促进会理事、中国腐殖酸工业协会副会长、内蒙古工商联副主席、内蒙古光彩事业促进会副会长等职务。

2002年，他提出了"煤为基础，多元发展，科技兴企，机制创新"的战略。集团通过一系列的整合收购和技改扩产，2006年，公司入选全国煤炭企业100强行列，连续9年实现安全生产无事故，连续3年被中华全国总工会、国家安全生产监督管理总局评为全国"安康杯"优胜企业。集团公司还在绿色农业、地产开发、准金融、城市客运、电子工程、煤化工等方面发展，下设13家子公司，跨越8个产业板块，总资产达50亿元，年创利税近10亿元。

他先后创设"西蒙教育基金会""连广明教育发展基金""西蒙爱心超市"等公益项目，2011年成立内蒙古西蒙公益基金会，注册资本600万元，专门用于西蒙集团开展公益事业的支出。多年来，西蒙集团累计捐款捐物上亿元。

先后获内蒙古自治区优秀共产党员、全区民族团结进步先进个人、全国关爱员工优秀企业家称号，2005年获内蒙古自治区劳动模范称号。

张国福

男，汉族，1965年6月出生，内蒙古突泉县人。1987年3月为宝日希勒第一煤矿采三区工人；1988年、1989年任宝日希勒第一煤矿采三区班长；1990—1994年任宝日希勒第一煤矿采煤一队副队长；1995—2002年任宝煤公司采煤队副队长；2003—2006年任宝煤公司采煤队队长；2007—2008年在呼伦贝尔学院进修；2008—2009年任神宝能源公司后勤服务公司安质部主任；2010年任神宝能源公司后勤服务公司配餐班长；2012年任神宝能源公司后勤服务公司工会干事；2015年任神宝能源公司后勤服务中心物业部副主任；2006年当选内蒙古自治区党代会代表。

2005年获内蒙古自治区劳动模范称号；2006年被神华集团公司授予优秀共产党员称号。

李志同

男，汉族，1958年5月出生。

1979年在扎赉诺尔矿务局参加工作，先后任露天煤矿技术员、生产副段长、段长、副总工程师、生产副矿长、矿长、采矿高级工程师、公司副总经理等职务，并加入中国共产党；制订实施弹性生产组织机制、"四位一体"成本控制体系、"三不考核"原则、"四反一防"细化管理预防体制等重大举措；主持完成了《露天矿深部开采方式改造的可行性研究》《F4断层预留煤壁回采》等多项科研成果，实施后，节省成本4600余万元；有多篇论文在《内蒙古煤炭经济》杂志上发表。

2005年获内蒙古自治区劳动模范称号。

杨二喜 男，汉族，1951年9月出生，内蒙古准格尔旗人。

1969年6月在准格尔旗陶瓷厂参加工作；1984年5月任陶瓷厂厂长；1987年12月加入中国共产党；1996年10月任准格尔旗煤炭工业管理局局长兼准格尔旗煤炭工业公司副经理；1997年11月任准格尔旗煤炭有限责任公司总经理；2000年任内蒙古伊东煤炭集团有限责任公司董事长、总经理、党委副书记。

1997年，煤炭市场极度疲软，在公司资金极度紧缺的情况下，他千方百计筹资，加强矿井基础建设，先后建成石湾子煤矿、东圪堵煤矿、栗家塔煤矿，新增原煤生产能力150万吨，使公司的原煤年生产能力由350万吨增长为500万吨；2000年，准格尔旗煤炭工业公司转制成为民营企业，他任内蒙古伊东煤炭集团有限责任公司董事长、总经理、党委副书记。2004年，他主持制定了"两翼一体"的战略，即以煤炭生产为主体，煤炭转化和非煤产业为两翼，集采煤、铁路运输、金融投资、房地产、路桥、循环经济为一体的多产业发展战略。伊东"311"工程是实现这一目标的具体举措，"311"工程是指建设3个矿区（窑沟矿区、古城矿区、神山矿区），1个循环经济产业基地（伊东循环产业基地）、1条运煤通道。

他引进北京煤科院的技术，成功建设鄂尔多斯市第一个煤基活性炭试验项目；与中国矿业大学合作，建成国内首条年产3万吨超纯煤示范生产线，以超纯煤为原料生产的精细水煤浆，可实现代油燃烧；积极进行煤矿技术改造，将扶贫煤矿建成鄂尔多斯市第一处地方综采放顶煤煤矿；与中国矿业大学合作建设产、学、研基地，合作开发研究煤炭化工和深加工的新领域。

在管理上，他以人为本，推进现代企业制度。始终把加强队伍建设，培养一支政治坚定、纪律严明、业务熟练、文明服务的经营团队作为出发点和归宿。从准格尔旗陶瓷厂到伊东煤炭集团改制之后，为使员工能从过去那种"吃大锅饭、躺安乐窝"的思想观念中转变过来，他大刀阔斧的改革人事制度，坚持"能者上、庸者下，用人唯贤"的用人机制，全面推行多劳多得、工效挂钩的薪酬制度，调动了职工的积极性。

杨二喜始终坚持以党的建设引领履行社会责任，牢固树立"社会支持伊东、伊东回报社会"的企业发展理念。在村企共建、捐资济困、生态环境建设等方面做出了积极贡献，勇担社会责任，带领当地百姓脱贫致富。

2004年被评为鄂尔多斯市劳动模范；2005年获内蒙古自治区劳动模范称号。

吕建华  男，汉族，1975年4月出生，内蒙古鄂尔多斯市人。1995年7月在内蒙古蒙西水泥股份公司工作，先后任巡检工、班长、车间主任、助理工程师、总工程师等职务；2008年4月在巴彦淖尔市团羊水泥股份公司工作，任生产技术部长兼设备总工程师；2009年5月调入伊泰集团生产服务中心工作，先后任班长、车间主任、设备主管等职务。从事水泥设备管理及维护及检修工作期间，进行了多项技术改造与创新，例如矿渣粉改造工程、DB泵改造、斗提机输送链轮改造、气振收尘器防冻改造、绞刀中间吊瓦改造、收尘器风机直联改造、称平台粉尘治理、粉煤灰改造工程等，得到公司的认可与奖励；在伊泰集团生产服务中心工作期间，用自己的专业知识和工作经验对公司特种车辆机构改进、机电设备改造、声光信号系统的推广及应用、综采工作面浓缩液（乳化液）回收技术应用、车间排风系统等改造创新做了大量工作，为公司节能减排、降低了成本，提高了生产效率。

2004年当选鄂尔多斯市劳动模范；2005年获内蒙古自治区劳动模范称号。

李玉良 男，汉族，1958年8月出生，内蒙古伊金霍洛旗人。

中学毕业后回乡当村办小学的民办教师；1978年应征入伍后，先后任班长、代理排长，并加入中国共产党；1981年，退伍后在石圪台煤矿当工人，后任管理员、销售员、车间主任、煤矿会计、副矿长；2000年任鄂尔多斯市乌兰煤炭集团有限责任公司董事长。

1983年，石圪台煤矿运营艰难，仅剩一个煤层不足2米厚的矿井，伊金霍洛旗人民政府任命李玉良为石圪台煤矿矿长。他以建新井为突破口，对石圪台煤矿进行大刀阔斧的改革。1995年，石圪台煤矿新建的3个矿井年生产能力均达到40万吨，成为伊金霍洛旗地方国营煤矿的样板、伊金霍洛旗的利税大户。同时，煤炭市场进入下滑期，一些煤矿降价倾销、采富弃贫。面对这种形势，伊金霍洛旗党委、政府提出建设煤炭龙头，实行集团化经营，走产业化发展之路，并决定以石圪台煤矿为核心组建伊金霍洛旗煤炭集团公司，李玉良被任命为总经理、法人代表，从此，他开始了二次创业。1999年，伊金霍洛旗煤炭集团公司总资产由成立初期的700万元达到1.5亿元，李玉良在实践中探索形成的"保生产、保安全、统供应、促销售、费用超支不补、成本降低有奖"的管理模式在许多企业中推广。伊金霍洛旗煤炭集团公司转为民营企业后，李玉良当选为公司董事长，在他的领导下，乌兰集团发展成为内蒙古自治区30户重点煤炭企业之一，并进入全国煤炭100强行列。李玉良注重企业文化建设，他常说："饮水思源，没有党的领导就没有我们今天的幸福生活。强化企业党的建设，就是要让员工找到家的归属感，承担起家的责任。"

1998年当选伊克昭盟劳动模范；2005年获内蒙古自治区劳动模范称号；2008年被授予中华全国铁路总工会火车头奖章；2009年被评为改革开放30年内蒙古先锋人物；2009年被评为内蒙古公益之星。

王亚民 男，汉族，1964年2月出生，内蒙古赤峰市人。

1982年7月毕业于平庄矿务局技工学校，同年8月到平庄矿务局西露天煤矿机修厂从事电机车检修（钳工）工作；1994年9月加入中国共产党；2012年10月在平庄煤业集团西露天煤矿机修厂从事坑下电铲检修（钳工）工作；2014年8月到西露天煤矿分选项目部从事钳工工作。

在一个风雪交加的深夜，他得知342号电机车坏在了主干线上，立即赶到现场，冒着零下二十几度的严寒，躺在电机车和铁轨之间的夹缝中，强忍着冻痛，用两个多小时排除故障，使线路提前14小时恢复通车。当人们把他从车底拽出来时，身体已冻得快失去知觉。在检修电机车下部工作中，最累的活是"落轮"，每年仅此类故障就有600多台次，"落轮"时吊挂的分解与组装更是一项难上加难的工作，这活需要检修人员钻进台车底盘与落轮机之间仅有400毫米高的缝隙中，蜷缩着身体工作，这活春夏季干。内衣裤瞬间就会被汗浸透，而秋冬季更是痛苦，背躺在冰凉的铁板上，一会就会弄个"透心凉"，所以谁也不愿意干，他就主动承担下来。全车间这项工作他承担了2/3以上。1996年，他身患结肠炎，也从未耽误检修工作，1999年春节的前一天，进库4台电机车待修，他带领小组成员采取"2+1穿插式"进行工作，到了班末，他的直肠剧烈地疼痛起来，用右手捂着腹部，坚持做完收尾工作。在任定检组组长期间，他克服生产环境艰苦、工作任务量繁重的困难，坚持做到"五在前"，即完成任务干在前、思想工作做在前、困难当头抢在前、执行任务走在前、团结互助搞在前，每年仅处理"落轮"一项故障就达到600多台次。从2000年以来，他没因个人的事情耽误过一个班，还义务献工400多个，排除故障700余次，工余时间修旧利废达8万余元。

2000—2003年连续4次被评为平庄矿务局劳动模范，2004年当选赤峰市劳动模范，2005年获内蒙古自治区劳动模范称号，2011年被平庄煤业集团评选为"十大杰出矿工"。

杨立均 男，汉族，1970年3月出生，内蒙古赤峰市人。

1989年毕业于赤峰平庄职高学校采煤专业，同年12月被分配至平庄矿务局红庙煤矿从事采煤工作；1990年任红庙煤矿二井采煤队班长、副队长；1992年7月加入中国共产党；2002年10月任红庙煤矿二井准备队队长；2006年3月任红庙煤矿二井综采队队长；2008年8月任国电平煤公司红庙煤矿二井生产副井长；2011年7月取得辽宁工程技术大学采矿工程专业毕业证书；2014年12月任国电平煤公司红庙煤矿生产部长。

2004年，他凭着多年的采煤管理经验，探索出炮采采煤工艺新途径，带领炮采队全年生产原煤45万吨，创造了全国炮采工艺生产原煤的新纪录；2005年红庙矿上马新型综合机械化采煤设备，面对队伍的转型和生产工艺的巨大反差，杨力均带领全队职工承担全矿大型综采、综放设备的安装、撤出及试生产工作，全力打造"一职多能"的复合型队伍；工作中他带领员工强化技术理论知识学习，深入现场实践，学中干、干中学，并在实践中摸索出了一套适应红庙矿软岩特殊条件下的安装、撤出实用技术，在他带领和精心指挥下，采煤队2005年安装、撤出8个工作面，配采生产原煤40万吨，并创出了7天撤出120部综采液压支架及配套设备的快速纪录，为红庙矿综采实现百万吨的目标做出了突出的贡献；2006—2014年，他任综采队队长和生产副井长期间，几乎天天跟班在井下，全力组织原煤生产，解决生产中的难题，在他的不懈努力下，综采队产量连年攀升，多次年产突破120万吨大关，跨入平煤公司第三个百万吨综采队行列，2012年综采队原煤产量完成187万吨，创建矿以来历史最高纪录，并且实现了安全生产。

连续三年被平庄矿务局评为劳动模范；2004年当选赤峰市劳动模范；2005年获内蒙古自治区劳动模范称号；2006年被国家能源化工地质工会授予全国煤炭工业系统"优秀采煤队长"光荣称号；2012年12月被国电集团公司评为"安全先进个人"。

刘瑞生 男，汉族，1963年2月生，河北省乐亭县人。

1983年在大雁矿务局参加工作；1986年7月毕业于内蒙古广播电视大学专科；同年12月加入中国共产党；1986年7月至1992年5月先后任大雁矿务局生活福利处、企管处工作；1992年5月任工业处机修厂厂长、书记；1997年1月任农业处工会主席；1998年2月任供应处工会主席；1999年11月任大雁矿务局工会副主席；2001年8月任大雁矿业公司物业管理中心主任，期间，先后被评为高级经济师、高级政工师；2009年9月任内蒙古鲁能大雁能源集团有限公司后勤服务中心主任；2011年2月任内蒙古鲁能大雁能源集团有限公司副总经理；2012年12月任神华大雁集团公司副总经理兼大雁建设集团董事长；2015年5月任神华大雁集团党委副书记、纪委书记、工会主席。

大雁煤业公司机构整合和产业调整工作中，他为公司压缩管理费用2700万元，安置富余人员300余人；在退耕还林670公顷工作中，植树60万株，成活率达95%以上，公司2002年被评为自治区绿化先进集体；任大雁建设集团董事长后，承揽大型土建工程20余项，创产值8000余万元；在沉陷区治理工作中使1696户灾民喜迁新居；任大雁建设集团董事长期间，带领大建集团，走出去、求发展，3年共实现产值60多亿元。

曾获内蒙古自治区优秀青年企业家称号，2004年获呼伦贝尔市劳动模范称号，2005年获内蒙古自治区劳动模范称号。

巴　图　男，蒙古族，1973年8月出生，内蒙古兴安盟人。

1993年7月毕业于海拉尔煤炭工业学校，被分配至大雁矿务局第三煤矿采煤队、掘进队任采掘技术员、技术队长、生产队长；1998年加入中国共产党；2002年4月任大雁矿业集团公司安全监察局一处采掘科长，2006年4月任安全监察局驻一矿安监部安全副总经理；2008年4月任鲁能大雁能源公司第一煤矿综采队队长；2013年7月任神华大雁集团矿建公司副总工程师、驻神东榆家梁矿项目部经理。

2008年4月，第一煤矿30号层工作面由于顶板压力大，支护设备老化等致使安全生产工作严重受阻，他连续35天吃住在单位，深入井下，盯现场、抓关键、靠前指挥，现场解决回采过程中遇到的各种问题，有效保证了回采进度和作业安全。他带领的综采队使第一煤矿提前40天完成了全年原煤生产任务。2010年3月，第一煤矿采煤工作面受断层影响准备放弃已经开掘好的开切眼，后退200米重新开切眼，巴图提出采用"刀把式"巷道布置方式，成功地解决了煤炭开采和资源浪费的两大难题。担任矿建公司副总工程师后，带领工程技术人员提前制订工作面过上山及空巷支护方案和安全技术措施，为原煤生产的顺利进行提供安全保障。

2010年获内蒙古自治区劳动模范称号，2011年、2012年先后被评为呼伦贝尔市呼伦贝尔市劳动模范和优秀青年道德模范。

陈玉文　男，汉族，1956年2月出生，内蒙古准格尔旗人。

1975年7月至1977年8月在湖南长沙中南矿冶学院采矿专业就读；1977年9月在准格尔旗房塔沟硫磺厂工作，后任生产技术科科长；1985年9月任准格尔旗油脂厂副厂长；1988年加入中国共产党；1993年3月任准格尔旗房塔沟硫磺厂副厂长；1998年，房塔沟硫磺厂转制为民营企业，陈玉文放弃了调入国家行政机关工作的机会，着手经营负债600余万元、濒临破产的房塔沟硫磺厂，1999年4月他以量化256万元的资产注册资本，成立了股份合作企业——准格尔旗蒙南煤炭有限责任公司，并被选为董事长兼总经理。

作为新型民营股份合作企业由化工业转向煤炭业，既无销售市场，生产能力也未达到20万吨。为救活公司，他将自己承包经营挣得的260余万元无偿投入煤矿的改扩建中。随着国内煤炭市场回暖，蒙南公司的生产规模、销售市场迅速扩大。在鄂尔多斯全市煤矿技术改造3年攻坚战中，他自筹资金2亿元投入技改工程，边学习考察边进行综采革新，实现生产销售与改革两不误，最后在无贷款、无资助的情况下，完成了2个所属煤矿120万吨产能的技改工程；2006年筹资兴建1座综合办公大楼和3栋住宅楼，改造了2个煤矿1580平方米的矿区办公、住宅房。他带领其他领导每年拿出一定的慰问金给公司的贫困职工，反复强调决不允许拖欠煤矿生产一线工人的工资，并累计安置社会青年就业260余人，捐款700余万元，为农村供应煤5万吨；2009年，陈玉文提出"调结构、保增长、抓项目、促投资、力推公司升级、保员工收入增长"的整体方案，把新上项目作为带动公司向纵深持续发展的基点，最终推动公司品牌升级，惠及员工。同年底，蒙南公司洗煤项目完工，朔准铁路榆树湾集装站建设项目、煤矸石煅烧高岭土项目均完成前期可行性研究。他常深入矿井检查安全生产，各个生产环节都亲自查看，创造了蒙南公司近1500天无事故的成绩。

2004年当选鄂尔多斯市劳动模范，2010年获内蒙古自治区劳动模范称号。

朱守成 男，汉族，1966年3月出生，江苏省赣榆县人。

1984年12月参加工作；1998年4月任内蒙古自治区煤田地质局109勘探队904钻机机长，同年6月加入中国共产党；2013年12月晋升为钻探专业高级技师。

他带领904钻机连年超额完成队下达的钻探任务，2010—2014年累计完成钻探工程量24万余米，以钻探效率高、质量好、安全生产无事故和文明施工著称。在生产过程中，严格按照ISO9000质量标准执行，严格按规程作业，钻场内外工具工件摆放整齐，标识清晰醒目，各项工作规范有序，实现了文明生产。他刻苦钻研钻探技术，并把其应用到生产实践中，提高了生产效率，节约了时间和材料。

多次被109勘探队评为先进工作者和优秀共产党员；2010年获内蒙古自治区劳动模范称号。

杨鹏英 男，汉族，1969年2月出生，内蒙古察哈尔右翼中旗人。

1992年7月毕业于太原铁路机械学校铁道车辆检修专业，被分配至准格尔煤炭公司铁路运输部车辆段工作；2004年1月加入中国共产党；同年5月到准能公司大准铁路公司车辆段任技术员。

在多年的检车员工作中，他共防止了各类车辆故障40多起，查出各种重大安全隐患30多起，取得了安全检车20万辆无漏检的成绩。2009年，他在推进"本安"体系实施中，梳理出危险源45条，全部被编入《大准铁路车辆段检车员危险源手册》。

2010年获内蒙古自治区劳动模范称号；2011年被评为神华集团"创先争优"标兵个人；2012年被评为内蒙古自治区优秀共产党员。

刘 国

男，汉族，1969年7月出生，内蒙古莫力达瓦自治旗人。

1990年7月于辽源煤炭工业学校煤田地质勘探与矿井地质专业；被分配至扎赉诺尔矿务局工作；2005年6月任内蒙古自治区煤田地质局231勘探队地质技术部部长；2008年1月毕业于长春工业大学（在职）；2011年1月加入中国共产党；2012年被评为矿产地质工程师。

他主编完成《内蒙古自治区五一牧场煤田详查地质报告》《内蒙古自治区呼和诺尔煤田详查报告》《内蒙古自治区牙克石市石瓦鲁区（扩大）煤炭勘探报告》《内蒙古自治区呼和诺尔煤田白音查干矿区一井田煤炭勘探报告》《内蒙古自治区胜利煤田东一号露天煤矿勘探报告》等报告。

2010年获内蒙古自治区先进工作者称号。

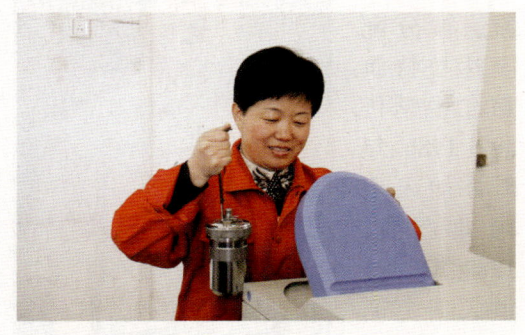

张学英

女，蒙古族，1968年11月出生，山西省右玉县人。

1991年7月毕业于辽宁阜新煤矿技工学校，被分配至准格尔煤炭工业公司维修部从事电气维修工作；在职学习，先后取得乌海市职业技术学校财会电算化专业专科毕业证书和长春理工大学应用化学专业本科毕业证书；1994年进入选煤厂煤质化验室工作；2006年7月加入中国共产党；2010年4月任煤质室副主任。

带领工作人员完成了选煤厂生产的商品煤快、慢灰的比对以及快速达到空气干燥状态等实验，实践了自动采样器返料槽的改造等，为商品煤化验质量提供了可靠的保障；参与煤质化验室CNAS认证、认可工作，所在煤质室于2009年1月取得国家资质认可证书，使选煤厂煤质化验室成为公司唯一一家具有承担国家指令性检测任务资格的化验室，所出具的化验结果在国内乃至国际上具有权威性和通用性。

2010年获内蒙古自治区劳动模范称号，2012年获全国"三八"红旗手及"巾帼建功先进个人"称号。

李成才

男，汉族，1959年4月出生，内蒙古达拉特旗人。

1981年7月毕业于伊克昭盟师范学校，被分配至达拉特旗第四中学任教；

1985年8月毕业于伊克昭盟教育学院，被分配至达拉特旗第二中学任教；1986年5月加入中国共产党，1987年8月调入伊克昭盟建材厂工作；1988年9月调入伊克昭盟煤炭公司，先后任计划科副科长、科长、计划运输部副部长、部长，运输公司副经理、经理；1997年任伊泰煤炭股份公司监事会监事；1998年任伊泰煤炭股份有限公司董事、副总经理；2001年12月任伊泰集团党委委员、董事、副总经理；2002年2月兼任伊泰准东铁路公司总经理；2003年7月晋升为高级经济师；2004年6月任伊泰集团董事会执行董事；2007年10月兼任内蒙古呼准铁路有限公司董事长；2009年取得华中科技大学高级工商管理专业硕士学位；2014年7月退居二线。

他在伊煤集团公司扩大自备车规模、自备车单独组列出区运输、自备车进入包神及大准铁路运输、煤炭外运列入国家正式计划、铁路外运计划一年上一个台阶、跻身铁道部首批百家运输大客户、实现计划单列等方面，倾注了大量心血和汗水。在准东铁路公司任总经理期间，通过积极协调国家发改委、铁道部、呼铁局、太原局和神华、准能公司，为准东铁路争取到了更多的回空车，也为伊泰集团争取到了更多的铁路外运计划。根据准东铁路的实际，并借鉴国家铁路运输指挥方案，编制了准东铁路列车基本运行图，加强了"车、机、工、电、辆"联动协作机制，压缩列车在装车站、技术作业站、机务段的作业整备时间，加强线路维护、保养，确保了线路畅通，最大限度地压缩了列车周转时间，理顺了国家铁路与地方铁路的关系。

1999年被共青团内蒙古自治区委员会授予自治区"振兴企业优秀青年厂长（经理）"称号；2004年当选鄂尔多斯市劳动模范；2010年获内蒙古自治区劳动模范称号。

那海云　女，满族，1969年11月出生，吉林省辽源市人。

1988年参加工作，同年到黑龙江矿业学院学习，1990年毕业后被分配至扎鲁特旗扎哈淖尔煤业有限公司设备维修部工作；1999年获中央电视大学财会专科文凭；2007年获会计专业本科文凭；先后在公共事业处、供电部、职工培训中心任职，2009年调入霍林河露天煤业公司扎哈淖尔分公司采掘部做综合职员。

2010年获内蒙古自治区劳动模范称号。

赵国明　男，汉族，1963年2月出生，内蒙古赤峰市人。

1984年8月在赤峰市平庄矿务局西露天采场从事电铲司机工作；1991年1月调入准格尔煤炭公司露天矿采掘队从事电铲司机工作，历任采掘队总工长、队长助理,并被评为高级技工;2002年12月加入中国共产党;2010年3月任神华准格尔能源有限责任公司黑岱沟露天煤矿采掘队副队长。

他在拉斗铲倒堆工艺方面的几项重要革新成果获准能公司科技进步奖,并广泛推广应用,主要有拉斗铲生产过程中使用的电缆拖拽方式、电缆桥形式,拉斗铲采区间行走通道的准备工作等;2013年11月"吊斗铲危险电缆桥的改造"获神华集团公司科技创新三等奖,"拉斗铲端帮挖掘程序化""拉斗铲东部区倒堆工艺的优化""拉斗铲采掘工艺技改一"获神华集团公司科技创新优秀奖。

2009年4月获神华集团公司劳动模范荣誉称号,2009年当选鄂尔多斯市劳动模范,2010年获内蒙古自治区劳动模范称号。

平行作业,安全快速"的施工方法,小班创月进250米新纪录,2009年10月又创进尺280米新纪录;参加煤矿25绞车液压戗柱的发明创造活动。

2009年获赤峰市劳动模范称号;2010年获内蒙古自治区劳动模范称号,同年9月被国资委授予中央企业先进职工荣誉称号。

张爱政 男,汉族,1957年8月出生,内蒙古敖汉旗人。

1975年高中毕业后到平庄矿务局古山矿一井掘进队工作;1978年任古山煤矿一井机电队队长;1993年任古山煤矿一井掘进队队长,并加入中国共产党;2012年12月退休。

作为一队之长,他从职工的切身利益着想,狠抓安全不放松,每天班前会布置完任务后,他都提前到井下查看工作面的情况,发现隐患立即组织当班工人清除隐患,全队连续13年实现了安全生产。在抓安全工作的同时,始终严把工程质量关。对不合格品的施工者采取处罚和教育相结合的方法,使全队职工人人干标准活、干放心活,班班工程质量达到优良标准。

2010年获内蒙古自治区劳动模范称号。

张国艳 男,汉族,1966年3月生,内蒙古赤峰市人。

1985年参加工作,就职于乃林纺织厂;1991年调入平庄矿务局五家矿四井当掘进工,1999年调入六家矿掘进一队工作;2007年任老公营子矿综掘一队副队长;2010年加入中国共产党;2013年任老公营子矿综掘一队队长。

2008年4月,平庄煤业公司综合机械采煤队提出"快速掘进"号召,张国艳带领全班人员在实践中探索快速掘进的新路子,提出"量化管理,正规循环,

许 明 男,汉族,1973年7月出生,内蒙古杭锦旗人。

1994年7月毕业于内蒙古伊克昭盟财经学校会计专业；1997年加入中国共产党；1998年进入内蒙古西蒙集团公司财务部工作；2002年3月任西蒙集团公司财务总监；2008年6月任集团公司副总经理。

担任西蒙集团公司财务总监后，他加强成本管理，提出了学习邯钢的成本倒挂法；深入挖掘资金潜力，加强内部的资金管理；推行财务改革。本着体现公司经营管理以财务为中心的原则，将全公司所有的财务人员全部纳入财务部统一管理。这些改革措施保障了公司的快速发展。

2007年被中共内蒙古自治区直属机关工委评为优秀共产党员，2010年获内蒙古自治区劳动模范称号。

姚忠岭　男，汉族，1979年10月出生，河北省沧州市人。

2003年7月毕业于河北理工大学土木工程专业；2007年11月加入中国共产党；2008年4月于河北理工大学获地质工程专业硕士学位；2008年5月在内蒙古自治区煤田地质局231勘探队参加工作，2009年4月任勘探队水文项目负责人、地质技术党支部书记。

2008—2015年，他提交了《内蒙古自治区呼伦贝尔市莫达木吉煤田中部井田北区水文地质工程地质勘查报告》《内蒙古自治区新巴尔虎左旗莫达木吉煤田芒来煤炭详查报告》《白音查干煤矿二井田煤炭勘探报告》《得尔布煤炭详查报告》，完成了《呼和诺尔煤炭详查报告》《内蒙古自治区新巴尔虎左旗五一牧场煤田煤炭详查》《内蒙古自治区额尔古纳市其洛图屯东区煤炭普查设计》《内蒙古自治区新巴尔虎左旗五一牧场煤田煤炭详查补勘报告》等水文地质、工程地质部分的编写工作。

多次被231队评为先进工作者、优秀共产党员，2015年当选内蒙古自治区先进工作者。

刘连伟　男，汉族，1969年5月出生，内蒙古包头市人。

1990年7月毕业于伊敏河技校；1991年7月被分配至准格尔能源有限责任公司黑岱沟露天煤矿工务队从事推土机操作工作，先后任工长、总工长、队长助理；2009年2月任黑岱沟露天煤矿工务队生产副队长，同年7月加入中国共产党；2012年毕业于西安科技大学煤矿开采技术专业专科，2015年毕业于长春大学机械工程及其自动化本科；2015年11

月任黑岱沟露天煤矿运输队生产副队长。

他连续6年被评为黑岱沟露天煤矿"先进生产工作者";二十多年来,他几乎没有休过一个完整的周末,凭着执著的信念和顽强的精神,身先士卒,冲在生产第一线,高标准、高质量完成各项生产任务;他把当推土机司机时积累的实践经验和理论知识全部发挥出来,对工务队工程质量的各项工艺、变化规律和各种状态做了总结并推广应用,取得了显著效果。2005年9月,他带领工程队用一个月的时间,对采场和排土场质量进行整改。黑岱沟露天煤矿被评为煤炭系统"工程质量标准化特级单位",黑岱沟露天煤矿引进吊斗铲后,他深入作业现场,研究总结出了多台设备在狭窄场地做拓展平台的方法,为吊斗铲实现安全高效生产提供了有力保障;他注重细节,管理力求精细,负责制订了一系列考核管理办法并狠抓落实。

2013年被评为神华准能公司劳动模范;2015年获内蒙古自治区劳动模范称号。

石国胜 男,汉族,1965年11月出生,内蒙古杭锦后旗人。

1986毕业于内蒙古煤炭工业学校地下采煤专业,被分配至乌达矿务局黄白茨矿工作;1989年加入中国共产党;历任煤矿采煤技术员、掘进队支部书记、综采队队长、运销科科长、生产指挥中心主任、生产副总经理、乌海能源公司煤炭生产技术部副总经理;2011年12月任神华集团乌达黄白茨矿业有限责任公司董事长、总经理、党委书记;曾当选乌海市第八次人民代表大会代表。

他在工作中言传身教,检查工作在一线,解决问题在现场,坚持跟班,与工人同上同下,每月入井次数不少于15次;他上任后,公司安全生产达到1138天,实现黄白茨矿建矿以来最好的安全水平;自2012年以来,他面对全国煤炭市场持续下行,积极与上级协商沟通,在核定的生产能力范围内安全顺利地多出煤,超额完成了上级下达的生产任务,3年间累计实现利润4862.1万元,职工工资基本做到了足额按月发放,职工生活得到了保障。他带领有关部门深入生产一线,根据煤层赋存条件及顶板的岩性,在保证巷道行人、行车及安全使用的前提下,优化巷道支护参数,取得了良好的支护效果,不仅降低了工人劳动强度,还大大降低了巷道综合成本;2014年通过加强材料管控、修旧利废、交旧领新等措施,材料费由计划的21元/吨降低至15元/吨,节约费用1116万元。

他切实把"煤矿生产过程中能够做到瓦斯不超限,超限就是事故"的理念贯穿到整个生产过程中,并按照"先抽后采、监测监控、以风定产"的瓦斯治理方针和"通风可靠、抽采达标、监控有效、管理到位"的瓦斯治理体系,不但实现了无瓦斯事故的良好局面,同时,将抽出的瓦斯进行发电,使资源得到有效回收利用,为环保工作做出了贡献。

2012—2014年连续3年被评为神华集团公司"安全生产先进个人";2015年获内蒙古自治区先进工作者称号。

马生学 男,回族,1970年7月出生。

1991年于海勃湾矿务局技工学校综采专业毕业,1992年1月在海勃湾矿务局参加工作;1997年7月加入中国共产党;2010年1月任平沟洗煤厂综合办信息化主管。

他自学信息知识,研发平沟洗煤厂内部OA系统,实现了网上审批;将公司党工团资料上传系统，实现了全厂党建工作的网上流转验收；建立了公共资料柜，将全厂各部门所有数据全部传至系统内；开发项目管理流程，将各单位的当月工作计划全部录入系统，仅网络办公系统一项就为洗煤厂节约了60万元的软件开发费用和购买成本；除了完成自己的本职工作外，他还为厂里找出路，与相关人员积极参与外部市场的拓展工作。

曾多次获公司级、厂矿级先进工作者和优秀少数民族干部荣誉称号，2015年获内蒙古自治区劳动模范称号。

乔富国　男，汉族，1981年08月生，内蒙古赤峰市人。

2000年毕业于平煤高级技工学校通风与安全专业，同年10月分配至平庄煤业六家煤矿机电区从事电气维修工作；2007年7月任电气班副班长；2011年11月加入中国共产党；2012年12月任电气班班长。

他总结出分散性和集中性漏电的快速处理方法，根据跳电故障原因编排了漏电分析口诀；围绕设备检修制定了"多想多看少动手，戒骄戒躁莫着急，故障原因未查清，切勿匆忙离现场"的设备检修四要素；煤矿推广他独创的"问、望、闻、量、触"故障判断五步法，提高了设备检修效率。他会同"技师三人小组"共同改变了过去主井绞车每年中断影响140多个小时的状态，实现了"零"中断影响；主井绞车连续四年提升能力超过180万吨，保证了矿山这条大动脉的安全畅通。

他利用业余时间搜集资料，整理教材、自学了CAD制图、PPT幻灯片，编制教案，制作课件，开设"技师讲堂"对电气班青年员工进行培训，授课范围从电气班扩展到全矿及有关单位，已培训3500多人次；2014年带队参加国电集团与平煤举办的技术比武，团队五人中四人进入了前五名；2009年获"兖矿杯"第三届全国煤炭行业职业技能竞赛优秀参赛选手称号；2014年参加中国国电集团公司举办的井下电工技术比武，获第一名，荣获"国电二级奖章"、中国国电集团公司优秀技术能手、青年岗位能手称号。

2014年被国电集团公司评为"优秀员工"，并授予"国电一级奖章"，2015年获内蒙古自治区劳动模范称号，被国务院国有资产监督管理委员会授予中央企业技术能手称号，被中央企业团工委授予中央企业青年岗位能手称号。

于　龙　男，汉族，1977年7月出生，内蒙古巴林右旗人。

2004年7月毕业于青海大学机械设计制造及其自动化专业；2004年7月到神华准格尔能源公司公用事业公司煤气厂工作；2006年2月在选煤厂原煤车间任工程师；2007年8月加入中国共产党；2008年12月任选煤厂原煤车间主任工程

师；2010 年 5 月任选煤厂原煤车间副主任。

十几年如一日，实现小改小革 52 项，技术创新 5 项，攻克了多项生产难关及课题，生产效率提高了 1.6 倍。研究出了多项设备检修工器具，大大降低了职工劳动强度，其中，"一种用于拆卸液力耦合器的装置"和"一种用于安装液力耦合器的装置"获国家专利；设计安装了破碎站自动喷雾降尘系统，为选煤厂粉尘治理、改善职工工作环境做出了突出贡献。

2012 年获神华准能公司先进生产工作者称号，2013 年当选神华准能公司劳动模范，2015 年获内蒙古自治区劳动模范称号。

每班出原煤 30000 吨计算，每年多出原煤 24 万吨。在更换时间上由原来的 18 小时缩减到 4 小时，效率提高了 4.5 倍，满足了高产高效矿井的要求。

他还先后提出并参与完成了工作面机组截盘的技术改造、后风道电缆线车的技术改造、液压支架推移框架等技术改造和关于液压支架大柱锁位置调高、超前支架与巷道不符减小工作范围等合理化建议。他带领的综采队连续多次刷新煤炭生产小班单产、日产和月产纪录，创出小班单产突破 1.2 万吨、日产突破 2 万吨的煤炭生产纪录，并在当年 6 月创出月产 60 万吨的扎煤公司最高月产煤炭纪录。

2013 年获呼伦贝尔市五一劳动奖章，2015 年先后获呼伦贝尔市劳动模范、内蒙古自治区劳动模范称号。

张启良 男，汉族，1980 年 2 月出生，河北省沧县人。

1999 年 12 月加入中国共产党；2000 年毕业于北京煤炭管理干部学院，被分配至扎赉诺尔煤业公司铁北煤矿工作；2000 年 9 月在铁北矿掘进队先后任技术员、副队长；2010 年 1 月调任扎赉诺尔煤业公司灵东煤矿通风队任副队长，2011 年 4 月调任扎煤公司灵东煤矿综采队生产副队长；2016 年 1 月任扎煤公司灵东煤矿综采队队长。

2011 年，他组织队技术人员对灵东矿综采队使用的 MG650/1560-WD 型采煤机行走轮芯轴进行改造，改造后采用快速换行走轮的方法，每年节约 840 小时，按

苏刚刚 男，汉族，1984 年 2 月出生，甘肃省庄浪县人。

2009 年 7 月毕业于兰州石化职业技术学院机电设备维修与管理专业，2015 年 7 月函授毕业于哈尔滨理工大学电气工程及其自动化专业；2009 年进入伊泰煤制油公司电气车间维修电工岗位工作；2015 年任电气车间气化组组长。

他不断加强电气高新技术学习与钻研，努力提高自身本领、练就过硬技术；2013 年在准格尔旗举办的电工比武大赛中获第一名；2013 年在伊泰集团电工比武大赛中获第二名。

2014年当选鄂尔多斯市劳动模范；2015年获内蒙古自治区劳动模范称号。

刘云杰 男，蒙古族，1978年4月生，内蒙古土默特右旗人。

1998年7月毕业于内蒙古煤炭工业学校矿山机电专业，被分配至神华集团包头矿业公司阿刀亥煤矿工作，历任掘进工、综采电工、安检科技术员，通风队副队长；2007年7月毕业于内蒙古科技大学采矿工程专业；2008年被阿刀亥矿聘为注册安全工程师；2009年加入中国共产党；2015年4月任神华包头能源有限责任公司万利一矿通风队书记兼副队长。

在矿井实施瓦斯抽采系统优化改造中，他认真查阅抽采相关资料，大胆创新、勇于探索，根据生产实际情况和瓦斯治理需求，提出了更适合矿井生产实际和瓦斯治理要求的施工设计和优化方案，先后完成东、西部瓦斯抽放系统优化改造、各生产工作面抽采优化以及工作面初放瓦斯防控措施和抽采方案，均取得了良好的效果，提升了矿井瓦斯抽采治理能力，为矿井的安全生产发挥了重要作用；2013年被神华集团公司聘为"神华煤矿岗位标准作业流程"项目编写专家。

2013年被共青团包头市委员会授予第二届"包头市少数民族十杰青年"称号，2015年获内蒙古自治区劳动模范称号。

奥 博 男，汉族，1984年出生，内蒙古伊金霍洛旗人。

2007年毕业于北京青年政治学院，并到英国桑德兰大学企业管理专业深造，2009年取得硕士学位；回国后，在内蒙古蒙泰煤电集团有限公司先后任煤矿管理员、热电调度员、技经分析员、企业管理提升专员、生产运营副科长、科长；2014年任企划运营管理中心副总监。

由他挂帅的企业管理提升工作组，内部联合各部门、各生产经营单位人员，外部借助咨询公司力量，通过5年的努力，公司完成了制度化、流程化、标准化建设，企业管理进入了规范化阶段，成功实施了全面预算管理，并开展精细化建设。2013年，他率先提出企业管理内部市场化改革，继而在煤炭、热电生产、销售及物资设备、工程建设、后勤保障等领域实施了内部市场化改革；通过内部市场化改革，划小了核算单位，将外部市场压力层层传导至每个部门、环节和个人，以此调动全体员工的主动性、积极性。2014年，他主导互联网电商及融资租赁业务开拓，在上海自贸区开展了融资租赁业务。他在开展内部生产经营工作的同时，广泛联系回馈社会，积极投身社会公益事业。

2013年获鄂尔多斯市十大杰出青年称号；2015年获内蒙古自治区劳动模范称号。

崔琰英 女，汉族，1973年出生，

内蒙古包头市人。

1991年7月毕业于包头矿务局卫校,被分配至包头矿务局河滩沟矿卫生所从事护士工作,其间到中央广播学院进修,取得大专学历;2011年3月在李家壕煤矿装车站任装车员。她从护士岗位到煤炭装运第一线,曾在一个班(工作日)完成煤炭装载4列列车,总重两万余吨,打破李家壕煤矿装车历史上班装载吨数的最高纪录,确保了公司大会战期间装运任务的完成。

曾被评为包头矿业公司"三八"红旗手;2015年获内蒙古自治区劳动模范称号。

三、人 物 表

(一)内蒙古自治区煤炭工业厅(局)副职领导

1991—2015年担任内蒙古自治区煤炭工业厅(局)副职领导表(以任职先后为序)

姓名	性别	民族	出生年月	最高学历	政治面貌	所任职务	任职时间
孙文录	男	汉	1931年8月	本科	中共党员	总工程师	1986年12月—1992年9月
潘缉尧	男	汉	1940年2月	本科	中共党员	总工程师	1992年9月—2000年2月
杨映璧	男	汉	1938年1月	中专	中共党员	副巡视员	1996年7月—1998年4月
程玉才	男	汉	1932年12月	中专	中共党员	副厅长	1986年11月—1994年10月
齐尚贤	男	汉	1942年3月	本科	中共党员	副厅长	1987年5月—1994年6月
包海	男	蒙古	1936年7月	中专	中共党员	纪检组长、副厅长 巡视员	1987年5月—1996年6月 1996年6月—1996年12月
谢京城	男	汉	1936年12月	本科	中共党员	纪检组长	1990年4月—1997年2月
李长玉	男	汉	1945年7月	本科	中共党员	副局长	1996年8月—2002年12月
刘锦	男	汉	1952年4月	大学	中共党员	副局长	1997年9月—1999年8月
特格喜	男	蒙古	1944年1月	中专	中共党员	纪检组长	1997年8月—1999年5月
王作储	男	汉	1949年9月	大学	中共党员	副局长	2002年5月—2010年2月
陈泽	男	汉	1963年12月	本科	中共党员	副局长	2010年10月—
郭银泉	男	汉	1966年11月	本科	中共党员	副局长	2010年10月—
李子义	男	汉	1962年8月	本科	中共党员	总工程师	2010年10月—

（二）内蒙古煤矿安全监察局副职领导

1991—2015 年担任内蒙古煤矿安全监察局副职领导表（以任职先后为序）

姓名	性别	民族	出生年月	最高学历	政治面貌	所任职务	任职时间
郭金立	男	汉	1940 年 9 月	本科	中共党员	助理巡视员	1997 年 9 月—2000 年 10 月
曲来运	男	汉	1954 年 1 月	大学	中共党员	副局长 巡视员	2000 年 5 月—2012 年 4 月 2012 年 4 月—2014 年 1 月
李长玉	男	汉	1945 年 7 月	本科	中共党员	副局长 巡视员	2001 年 5 月—2004 年 7 月 2004 年 8 月—2005 年 12 月
关图儒	男	蒙古	1955 年 6 月	硕研	中共党员	总工程师 副局长 巡视员	2000 年 5 月—2004 年 7 月 2004 年 7 月—2014 年 6 月 2014 年 7 月—2015 年 12 月
张海旺	男	汉	1949 年 10 月	大专	中共党员	纪检组长 巡视员	2000 年 5 月—2009 年 6 月 2009 年 6 月—2012 年 1 月
韩嘉平	男	汉	1955 年 3 月	本科	中共党员	纪检组长	2009 年 7 月—2012 年 8 月
王贵成	男	汉	1954 年 12 月	本科	中共党员	副巡视员	2009 年 9 月—2010 年 12 月
张瑞庭	男	汉	1968 年 7 月	本科	中共党员	副局长	2012 年 8 月—
于宝泉	男	汉	1959 年 11 月	本科	中共党员	副巡视员	2012 年 8 月—
贾师文	男	汉	1968 年 7 月	本科	中共党员	副局长	2012 年 8 月—2013 年 9 月
冯广存	男	汉	1963 年 1 月	本科	中共党员	纪检组长	2012 年 8 月—
汪崇鲜	男	汉	1969 年 3 月	博研	中共党员	副局长（正局级）	2014 年 3 月—
王海术	男	汉	1959 年 2 月	本科	中共党员	总工程师	2014 年 6 月—
吴月光	男	汉	1955 年 12 月	大专	中共党员	巡视员	2014 年 7 月—2015 年 12 月

（三）内蒙古自治区煤田勘探公司（内蒙古自治区煤田地质局）正职领导

内蒙古自治区煤田勘探公司（内蒙古自治区煤田地质局）正职领导人员表

姓名	性别	民族	出生年月	最高学历	政治面貌	所任职务	任职时间
何秀麒	男	汉	1937 年 8 月	本科	中共党员	经理	1990 年 12 月—1992 年 10 月
荀树藩	男	汉	1938 年 5 月	本科	中共党员	党委书记	1990 年 12 月—1992 年 10 月
王树平	男	汉	1937 年 7 月	本科	中共党员	局长	1992 年 11 月—1997 年 8 月
王振林	男	汉	1946 年 8 月	专科	中共党员	党委书记 局长	1997 年 11 月—2006 年 4 月
莫若平	男	汉	1957 年 5 月	硕研	中共党员	党委书记 局长	2006 年 4 月—2012 年 4 月

（四）内蒙古自治区部分重点煤炭企业、区直企事业单位正高级专业技术职称人员

神华神东煤炭集团有限责任公司正高级专业技术职称人员表

姓名	毕业院校	最高学历	晋升时间	姓名	毕业院校	最高学历	晋升时间
田瑞云	山西矿业学院	本科	2006年6月	崔亚仲	西安矿业学院	本科	2013年9月
翟桂武	清华大学	硕研	2009年10月	陈苏社	西安科技大学	本科	2013年9月
赵永峰	清华大学	硕研	2012年9月	杨 鹏	辽宁工程技术大学	博研	2014年9月
杨俊哲	辽宁工程技术大学	博研	2012年9月	白云峰	西安公路学院	本科	2014年9月
王 澜	中国人民大学	硕研	2012年9月	张福成	山西矿业学院	本科	2014年9月
栗建平	山西矿业学院	本科	2012年9月	陶亚东	中国矿业大学	本科	2014年9月
罗 文	山西矿业学院	本科	2012年9月	王志刚	西北工业大学	本科	2015年9月
张剑华	黑龙江矿业学院	本科	2012年9月	白枫桐	阜新矿业学院	本科	2015年9月
杨荣明	辽宁工程技术大学	博研	2013年9月	陈殿赋	黑龙江矿业学院	本科	2015年9月
贺安民	中国矿业大学	硕研	2013年9月	高卓辉	内蒙古科技大学	本科	2015年9月
张日晨	山西矿业学院	本科	2013年9月	魏永胜	内蒙古科技大学	本科	2015年9月

神华准格尔能源有限责任公司正高级专业技术人员表

姓名	毕业院校	最高学历	晋升时间	姓名	毕业院校	最高学历	晋升时间
吕 廉	阜新煤矿学院	本科	1995年9月	王启瑞	中国矿业大学	博研	2007年9月
张庆功	阜新煤矿学院	本科	1995年9月	唐开杰	阜新矿业学院	本科	2007年9月
孙德广	阜新煤矿学院	本科	1995年9月	武国平	中国矿业大学	硕研	2007年9月
赵洪勋	阜新煤矿学院	本科	1995年9月	刘福明	河北地质学院	专科	2007年9月
宋翰峰	阜新煤矿学院	本科	1997年9月	张 勇	中国矿业大学	硕研	2009年9月
马 军	中国矿业大学	博研	2000年9月	宋 日	北京交通大学	硕研	2009年9月
张智明	太原重型机械学院	本科	2000年9月	赵尹桃	山西矿业学院	本科	2010年10月
郭昭华	辽宁工程技术大学	博研	2006年9月	李金山	辽宁工程技术大学	硕研	2010年10月
赵二夫	中国矿业大学	硕研	2007年9月	张文慧	徐州师范大学	本科	2011年10月
张维世	中国矿业大学	博研	2007年9月	马蓬华	内蒙古大学	本科	2011年12月
田爱民	中国矿业大学	硕研	2007年9月	孙 彬	北京交通大学	硕研	2012年9月

表（续）

姓名	毕业院校	最高学历	晋升时间	姓名	毕业院校	最高学历	晋升时间
翟正江	中国矿业大学	硕研	2012年9月	王有仓	中国矿业大学	硕研	2013年9月
王平亮	中国矿业大学	硕研	2012年9月	李凯	阜新矿业学院	本科	2013年9月
刘建明	中国矿业大学	硕研	2012年9月	刘玉福	内蒙古科技大学	硕研	2014年9月
徐志平	太原理工大学	本科	2012年9月	姬学良	太原工业大学	本科	2014年9月
卢云峰	中国矿业大学	硕研	2012年9月	杨汉宏	清华大学	本科	2012年9月
池君洲	东北大学	硕研	2012年9月	张铁毅	中国矿业大学	硕研	2014年9月
刘蒙梧	中国矿业大学	本科	2012年9月	李东	辽宁工程技术大学	硕研	2009年9月
张香莲	内蒙古大学	本科	2012年10月	李志明	中国矿业大学	硕研	2009年10月
欧阳蒙夫	中国矿业大学	硕研	2013年9月				

神华乌海能源有限责任公司正高级专业技术人员表

姓名	毕业院校	最高学历	晋升时间	姓名	毕业院校	最高学历	晋升时间
潘永前	山西矿业学院	硕研	2006年6月	武振林	河北工学院	硕研	2013年9月
李祥	中国矿业大学	本科	2006年8月	苗继军	山西矿业学院	硕研	2015年9月
魏里阳	西安矿业学院	硕研	2013年9月	戚春前	兰州大学	硕研	2012年9月
杨吉平	中国矿业大学	博研	2010年10月	俪宗元	合肥工业大学	本科	
姚平	山西矿业学院	本科	2014年9月				

神华包头能源有限责任公司正高级专业技术人员表

姓名	毕业院校	最高学历	晋升时间	姓名	毕业院校	最高学历	晋升时间
温重恒	包头医学院	本科	2003年9月	杨光荣	中国矿业大学	博研	2014年9月
郝文光	山东理工大学	硕研	2013年9月				

神华宝日希勒能源有限公司正高级专业技术人员表

姓名	毕业院校	最高学历	晋升时间	姓名	毕业院校	最高学历	晋升时间
刘明	南开大学	硕研	2010年10月	张东风	长春工业大学	本科	2014年6月
田爱民	中国矿业大学	硕研	2007年9月	孙泽明	乌达职工大学	大专	2014年7月
任德全	内蒙古财经学院	硕研	2000年12月				

神华大雁集团公司正高级专业技术人员表

姓名	毕业院校	最高学历	晋升时间	姓名	毕业院校	最高学历	晋升时间
王 勃	黑龙江矿业学院	本科	2002年7月	金志刚	长春工业大学	本科	2008年8月
董 飞	内蒙古医科大学	本科	2005年8月	张义强	吉林大学	本科	2008年8月
温吉洋	阜新矿业学院	本科	2006年6月	李桂芝	华北煤炭医学院	本科	2008年8月
戈宝营		大专	2007年7月	王凤学	包头医学院	本科	2008年8月
于世全	阜新矿业学院	本科	2008年8月	迟 赞	阜新矿业学院	本科	2008年8月
胡建宇	长春职工医科大学	本科	2008年9月	何永江	长春工业大学	本科	2008年8月
郑忠良	包头医学院	本科	2008年9月	邓连利	阜新矿业学院	本科	2008年8月
梁 权	北京煤炭管理干部学院	大专	2009年12月	王庆华	阜新矿业学院	本科	2008年8月
王淑兰	包头医学院	本科	2009年12月	何永海	内蒙古煤矿职工大学	大专	2008年8月
洪绍蒙	吉林大学	本科	2009年12月	魏成发	公安部管理干部学院	大学	2008年8月
周立君	内蒙古医学院	本科	2010年12月	杨福军	西安地质学院	本科	2014年12月
彭 巍	山西矿业学院	本科	2011年12月				

扎赉诺尔煤业有限责任公司正高级专业技术人员表

姓名	毕业院校	最高学历	晋升时间	姓名	毕业院校	最高学历	晋升时间
董洪刚	东北工学院	本科	1992年7月	宋允敏	内蒙古医学院	本科	1993年8月
王荣贵	北京矿业学院	本科	1992年7月	王 梅	哈尔滨医科大学	本科	1993年8月
曹志余	阜新矿业学院	本科	1992年7月	于佩蓉	内蒙古医学院	本科	1993年8月
李元亨	大连工学院	本科	1992年7月	于长河	内蒙古医学院	本科	1993年8月
侯维恩	阜新矿业学院附属中专	本科	1992年11月	郑国喜	内蒙古医学院	本科	1993年8月
栾春明	包头煤矿学校	—	1992年11月	左德山	内蒙古医学院	本科	1993年8月
苏桐海	中国矿业学院	本科	1992年11月	辛守存	唐山煤校	中专	1993年12月
敖秀兰	内蒙古医学院	本科	1993年8月	范大庆	唐山矿冶学院	本科	1996年9月
白丽华	内蒙古医学院	本科	1993年8月	樊树清	唐山煤炭医学院	本科	2000年8月
乔新民	内蒙古医学院	本科	1993年8月	曾 哲	哈尔滨医科大学	本科	2002年7月

表（续）

姓名	毕业院校	最高学历	晋升时间	姓名	毕业院校	最高学历	晋升时间
丁岩	内蒙古医学院	本科	2006年7月	孟繁萍	长春职工医科大学	本科	2013年12月
李秀岭	内蒙古医学院	本科	2008年9月	万峰	黑龙江矿业学院	本科	2013年12月
娜仁其木格	内蒙古医学院	本科	2008年9月	王宝顺	内蒙古民族医学院	本科	2013年12月
张国栋	内蒙古医学院	本科	2008年9月	郑庆斌	长春职工医科大学	本科	2013年12月
白泉宝	内蒙古蒙医学院	本科	2008年11月	王双力	长春职工医科大学	本科	2014年12月
马乡林	阜新矿业学院	硕研	2009年12月	赵洪耘	锦州医学院	本科	2014年12月
张洪清	黑龙江矿业学院	本科	2010年12月	韩德明	中央党校函授学院	专科	2014年12月
王培河	内蒙古医学院	本科	2010年12月	张国才	乌达煤矿职工大学	专科	2014年12月
邢淑华	内蒙古医学院	本科	2010年12月	李淑靖	内蒙古医学院	本科	2015年12月
贾志义	内蒙古医学院	本科	2010年12月	王艳娟	长春职工医科大学	本科	2015年12月
刘振宇	中国矿业大学	本科	2011年12月	于国峰	内蒙古医学院	本科	2015年12月
王树田	内蒙古医学院	本科	2011年12月				

华能伊敏煤电有限责任公司正高级专业技术人员表

姓名	毕业院校	最高学历	晋升时间	姓名	毕业院校	最高学历	晋升时间
于幼文	清华大学	本科	1992年3月	彭传斌	哈尔滨电力学校	本科	1999年3月
朱世奇	苏州建筑工程学校	本科	1992年3月	葛洪武	清华大学	本科	1999年3月
孟宪禄		本科	1992年3月	姚常明	阜新矿业学院	本科	1999年3月
李世馨		中专	1992年3月	崔刚		本科	1999年3月
岳俊岩	阜新矿业学院	本科	1992年3月	王书杰	中国矿业大学	本科	2000年12月
郑茂隆	鸡西矿业学院	本科	1993年9月	马洪顺	哈尔滨电力工程学院	本科	2000年12月
潘景祥		本科	1993年9月	赵秀峰	阜新矿业学院	本科	2000年12月
玉林	北京矿业学院	本科	1993年9月	于沿涛	阜新矿业学院	本科	2011年12月
范明稳		本科	1996年7月	高登来	中国矿业大学	硕研	2015年12月
郭大勇		大专	1996年7月				

内蒙古平庄煤业（集团）有限责任公司正高级专业技术人员表

姓名	毕业院校	最高学历	晋升时间	姓名	毕业院校	最高学历	晋升时间
张 志	辽宁工程技术大学	博研	2002年7月	赵 宏	阜新矿业学院	本科	2009年12月
刘清文	辽宁工程技术大学	本科	2004年9月	张继文	武汉工业大学	硕研	2009年12月
吴学民	阜新矿业学院	本科	2004年9月	刘 强	阜新矿业学院	本科	2009年12月
王儒军	阜新矿业学院	本科	2004年9月	于庆波	阜新矿业学院	本科	2009年12月
张正杰	辽宁工程技术大学	硕研	2004年9月	范广臣	阜新矿业学院	本科	2009年12月
张兴文	山西矿业学院	本科	2005年6月	范振宇	阜新矿业学院	本科	2010年12月
田文明	阜新矿业学院	本科	2005年6月	王宏生	阜新矿业学院	本科	2010年12月
赵国智	西南交通大学	博研	2006年6月	宋荣普	阜新矿业学院	本科	2011年12月
齐国平	重庆大学	本科	2006年6月	郑国春	阜新矿业学院	本科	2011年12月
盛玉学	阜新矿业学院	本科	2006年6月	齐志刚	阜新矿业学院	本科	2011年12月
徐晓惠	辽宁工程技术大学	博研	2007年6月	郭景忠	中国矿业大学	本科	2012年12月
薛应东	辽宁工程技术大学	硕研	2007年6月	郑振全	阜新矿业学院	本科	2012年12月
常兴武	阜新矿业学院	本科	2007年6月	韩志明	阜新矿业学院	本科	2012年12月
王振东	阜新矿业学院	本科	2007年6月	王海春	东北大学	硕研	2012年12月
马俊强	阜新矿业学院	本科	2008年8月	杨培功	阜新矿业学院	本科	2015年12月
王晓力	阜新矿业学院	本科	2009年12月				

内蒙古自治区煤炭地质勘查（集团）有限责任公司正高级专业技术人员表

姓名	毕业院校	最高学历	晋升时间	姓名	毕业院校	最高学历	晋升时间
汤遵业	西北大学	本科	1989年11月	魏建平	山西矿业学院	本科	2009年12月
翟景锋	北京矿业学院	本科	1995年9月	杜凤玲	山西矿业学院	本科	2009年12月
范永易	北京地质学院	本科	1997年9月	周 劼	山西矿业学院	本科	2009年12月
武 文	山西矿业学院	大学	2002年7月	杜 刚	中国地质大学	博研	2009年12月
莫若平	内蒙古党校	研究生	2002年7月	李占山	郑州地质学院	本科	2010年12月
李艳秋	内蒙古党校	研究生	2003年8月	罗凤文	鸡西矿业学院	本科	2010年12月
邵显珉	阜新矿业学院	本科	2003年12月	康社庄	西安矿业学院	本科	2010年12月
潘海涛	山西矿业学院	本科	2007年8月	张志敏	中南矿冶学院	本科	2010年12月
刘俊友	长春地质学院	本科	2007年9月	段海彦	长春地质学院	本科	2010年12月
李利生	东北工学院	大学	2007年12月	王志民	山西矿业学院	本科	2010年12月
褚开智	山西矿业学院	本科	2008年7月	徐妙枝	山西矿业学院	本科	2010年12月
秦胜利	山西矿业学院	本科	2009年12月	刘文国	东华大学	本科	2010年12月
王利峰	北京煤炭干部管理学院	本科	2009年12月	臧惠凡	鸡西矿业学院	本科	2011年12月

表（续）

姓名	毕业院校	最高学历	晋升时间	姓名	毕业院校	最高学历	晋升时间
聂国印	山西矿业学院	本科	2011年12月	张 强	鸡西矿业学院	本科	2012年12月
郝胜发	山西矿业学院	本科	2011年12月	郭智峰	山西矿业学院	本科	2012年12月
张福英	山西矿业学院	本科	2011年12月	刘东林	山西矿业学院	本科	2012年12月
武 军	山西矿业学院	本科	2011年12月	王建华	阜新矿业学院	本科	2012年12月
范国强	阜新矿业学院	硕研	2011年12月	张志强	山西矿业学院	本科	2013年12月
杨文斌	山西矿业学院	本科	2011年12月	吴井军	山西矿业学院	本科	2013年12月
孟建春	山西矿业学院	本科	2012年12月	刘 刚	郑州地质学院	本科	2014年12月
马越平	中国矿业大学	硕研	2012年12月	张玉忠	中国地质大学	硕研	2014年12月
樊金云	山西矿业学院	本科	2012年12月	王虎文	阜新矿业学院	本科	2014年12月

内蒙古煤矿设计研究院有限责任公司正高级专业技术职称人员统计表

姓名	毕业院校	最高学历	晋升时间	姓名	毕业院校	最高学历	晋升时间
宿威俊	山西矿业学院	本科	2007年6月	李林魁	山西矿业学院	本科	2010年12月
徐 君	内蒙古农业大学	研究生	2007年6月	薛 军	山西矿业学院	本科	2012年12月
王 莉	山西矿业学院	本科	2007年12月	陈文明	内蒙古工学院	本科	2013年12月
张晋陶	中国矿业学院	本科	2008年11月	金丽源	内蒙古工学院	本科	2013年12月
孙 巍	宁夏大学	本科	2008年11月	高 岩	中国矿业学院	本科	2013年12月
郝庆利	黑龙江矿业学院	本科	2010年12月	苏利明	辽宁工程技术大学	本科	2014年12月
杨茂生	四川矿业学院	本科	2010年12月	苏淑阳	中国矿业大学	本科	2014年12月
王光荣	山西矿业学院	本科	2010年12月				

内蒙古煤炭科学研究院有限责任公司正高级专业技术职称人员统计表

姓名	毕业院校	最高学历	晋升时间	姓名	毕业院校	最高学历	晋升时间
高明远	阜新矿业学院	本科	2014年6月				

内蒙古伊泰集团有限公司正高级专业技术职称人员统计表

姓名	毕业院校	最高学历	晋升时间	姓名	毕业院校	最高学历	晋升时间
翟德元	中国矿业大学	博研	1998年11月	王 黎	内蒙古工业大学	本科	2013年12月
刘 剑	德国杜伊斯堡—埃森大学	博研	2006年7月	董满祥	天津大学	硕研	2013年12月
许平贵	山东科技大学	硕研	2012年12月	齐亚平	内蒙古党校函授学院	本科	2015年12月
刘 江	煤炭科学研究总院	博研	2013年12月	刘尚利	北京化工学院	本科	2015年12月
廖礼坤	西南交通大学	硕研	1996年1月				

内蒙古煤炭工业志（1991—2015）

附　　　录

山坡上阿尔巴斯白山羊的羊绒与山坡下煤矿出产的黑金共同促进鄂尔多斯经济发展

- ○　重要文件
- ○　企业名录
- ○　1947—2018 年内蒙古煤炭行业管理机构沿革一览表
- ○　2015 年自治区部分重点煤炭企业名称一览表

一、重要文件

内蒙古自治区人民政府办公厅关于印发《内蒙古自治区地方煤矿安全生产管理奖惩办法》的通知

（内政办发〔1997〕2号）

各盟行政公署、市人民政府，各旗县人民政府，自治区各委、办、厅、局，各大企业、事业单位：

自治区煤炭工业局《内蒙古自治区地方煤矿安全生产管理奖惩办法》已经自治区人民政府审核同意，现印发给你们，请认真贯彻执行。

一九九七年一月四日

内蒙古自治区地方煤矿安全生产管理奖惩办法

（内蒙古自治区煤炭工业局 一九九六年六月）

为贯彻煤矿安全生产的有关法律、法规、规章，落实各级人民政府、行业主管部门和煤炭企业主要负责人安全生产责任制，加强全区地方煤矿的安全生产管理工作，减少生产伤亡事故，促进地方煤矿持续、健康发展，特制订本办法。

一、地方煤矿安全生产实行目标管理，根据煤矿安全生产控制目标进行奖惩。自治区煤炭主管部门每年度按照国家下达的煤矿安全生产控制目标，分解下达到各地区。各地区必须层层分解，下达给各煤矿，并层层签订责任状。

二、地方煤矿安全生产管理奖惩的主要对象是：各盟行政公署和市、旗县、苏木乡镇人民政府责任人以及同级人民政府煤炭工业主管部门的责任人，办矿单位责任人和地方煤矿矿长。

三、完成安全生产控制目标，并有下列情形之一者，给予奖励，奖金数额由发奖单位根据成绩大小和工作需要确定：

（一）对地方煤矿安全生产的监督管理，机构健全、人员固定、制度完善、责权明确、安全管理费用投入充足的，给予盟行政公署和市、旗县、苏木乡镇人民政府责任人以及同级人民政府煤炭工业主管部门的责任人奖励。

（二）认真贯彻执行国家和自治区有关矿山安全生产的方针、政策、法律、法规、规章及上级有关安全生产的指令和决定；落实本单位安全生产责任制及有关规章制度，按规定组织开展安全教育和培训，合理使用安全技术措施资金，改善劳动条件，加强劳动保护，实行正规生产，加强安全监督检查，文明生产，成绩显著的地方煤矿，给予办矿单位负责人和地方煤矿矿长奖励。

四、地方煤矿具有下列情形之一的，根据情节轻重，依法给予矿长行政处分；违反有关法律、法规和规章的，依法给予行政处罚；构成犯罪的，依法追究刑事责任。

（一）没有制定安全生产责任制的；

（二）没有按国家和自治区有关规定建立职工社会保险制度，发生死亡事故，每名死亡职工抚恤和补偿金总额少于2万元的；

（三）拒绝有关主管部门入井检查的；

（四）存在重大事故隐患，不及时采取措施的；

（五）故意破坏事故现场或者拒绝、阻碍事故调查工作的；

（六）没有救护队，也没有与邻近救护队签订救护协议和按当地有关规定交纳安全救护费用的；

（七）发生死亡事故的。

五、发生重大伤亡事故并有下列情形之一的，视情节轻重，给予盟行政公署和市、旗县、苏木乡镇人民政府主要责任人，同级人民政府煤炭工业主管部门责任人及办矿单位责任人行政处分；违反有关法律、法规和规章的，依法给予行政处罚；构成犯罪的，依法追究刑事责任。

（一）没有监督有关部门和煤矿建立安全生产责任制的；

（二）不支持煤矿及其主管部门加强安全生产管理工作的；

（三）没有监督和控制所属煤矿将提留维简费的30%用于煤矿安全技术措施费用的；

（四）本地区没有建立救护队也没有督促、组织所属煤矿与邻近救护队签订救护协议和按当地有关规定交纳安全救护费用的；

（五）没有监督有关部门和煤矿对职工进行安全教育培训、分配职工上岗作业的；

（六）发现煤矿存在重大事故隐患而没有及时督促煤矿认真处理的；

（七）对煤矿乱采滥挖、超层越界行为不制止或不及时解决的；

（八）没有及时上报死亡事故或不迅速采取措施处置死亡事故的；

（九）拒绝、阻碍事故调查工作的；

（十）阻碍和不按事故处理决定处理事故有关责任人的；

（十一）放任无证或证照不全的煤矿继续生产的。

六、对旗县、盟市煤炭主管部门，按年度下达的安全生产控制目标，每多死亡一人处以罚款，少死亡一人奖励1万元。

七、各级煤炭主管部门必须建立地方煤矿安全生产奖励奖金。奖励基金来源包括上级煤炭主管部门拨款和从各级提留的发展基金中提取0.2元/吨、煤矿安全挂钩工资中提取0.4元/吨，奖励基金必须单列帐户，专项使用，按预算外资金管理，用于奖励下一级完成安全控制目标的单位、个人及安全技术措施工程。

八、对盟行政公署和市、旗县、苏木乡镇人民政府责任人的行政处分上一级煤炭工业主管部门与劳动主管部门可以提出建议；对煤炭主管部门责任人、办矿单位责任人和煤矿矿长的行政处分和行政处罚，同级人民政府或上一级煤炭工业主管部门与劳动主管部门可以提出建议。

九、自治区、盟市、旗县煤炭主管部门每年召开一次安全生产管理奖惩兑现会议。地方煤矿安全生产罚款由旗县、盟市煤炭工业主管部门与相应的劳动主管部门决定。

十、盟市旗县煤炭主管部门，可根据此办法制订全员安全生产奖惩实施细则。

十一、本办法自发布之日起施行。过去有关规定与此办法相抵触的，以此办法为准。

十二、本办法具体应用的问题，由自治区煤炭工业主管部门负责解释。

内蒙古自治区煤炭管理暂行规定

（内政发〔1999〕43号）

第一章 总 则

第一条 为加强煤矿建设、煤矿安全、煤炭生产和煤炭经营管理，根据《中华人民共和国煤炭法》，制定本规定。

第二条 本规定适用于自治区境内各类煤矿建设、煤炭生产和经营活动。

第三条 旗县以上煤炭管理部门按照各自的职责范围，负责本行政区域内煤炭行业的监督管理。

第四条 各级人民政府应当依法保障煤矿建设顺利进行，维护煤炭生产、经营秩序，制止和取缔非法煤炭生产、经营活动。

第二章 煤炭生产开发规划与煤矿建设

第五条 自治区煤炭管理部门组织实施全国煤炭资源勘查规划。

第六条 自治区煤炭管理部门根据全国矿产资源规划规定的煤炭资源和煤炭市场需求，组织编制和实施自治区煤炭生产开发规划。

第七条 煤炭生产开发规划应当根据自治区经济和社会发展的需要制定，纳入自治区国民经济和社会发展计划。

第八条 在自治区境内开办煤矿企业，必须依照《中华人民共和国煤炭法》和《开办煤矿企业审批办法》，向自治区煤炭管理部门提出申请，经审查批准后，方可进行采矿登记和煤矿建设。

第九条 开办煤矿企业，除具备法律规定的条件外，还应符合下列要求：

（一）符合国家煤炭产业政策和自治区煤炭生产开发规划；

（二）设计能力符合自治区煤炭管理部门根据有关法律、法规、政策和实际需要确定的标准；

（三）具有经有关部门批准的煤矿建设项目建议书和由具备相应资质等级的设计单位编制的煤矿建设项目可行性研究报告；

（四）符合煤炭市场需求。

第十条 自治区煤炭管理部门须在收到申请人开办煤矿企业申请材料后60日内完成审批工作。

第三章 煤炭生产与煤矿安全

第十一条 自治区境内各类煤矿在投产以前，必须依照《中华人民共和国煤炭法》规定，按照"一井一证"的原则，向自治区煤炭管理部门申请领取煤炭生产许可证。未取得煤炭生产许可证的,不得从事煤炭生产。

第十二条　办理煤炭生产许可证,必须持有自治区煤炭管理部门允许开办煤矿企业的批准文件、地矿部门颁发的采矿许可证和劳动、环保等部门的批准文件,并按照下列规定审批、发证:

(一) 国家开办的煤矿,由自治区煤炭管理部门审查,报国家煤炭管理部门批准发证;

(二) 自治区开办的国有煤矿,由自治区煤炭管理部门审查、批准并发证;

(三) 盟市开办的国有煤矿,由盟市煤炭管理部门初审后,报自治区煤炭管理部门审查、批准并发证;

(四) 旗县开办的国有煤矿,由旗县煤炭管理部门签署意见,经盟市煤炭管理部门初审后,报自治区煤炭管理部门审查、批准并发证;

(五) 其它单位开办的国有煤矿,由其上级主管部门签署意见,经盟市煤炭管理部门初审后,报自治区煤炭管理部门审查、批准并发证;

(六) 开办乡镇煤矿,由旗县煤炭管理部门签署意见,经盟市煤炭管理部门初审后,报自治区煤炭管理部门审查、批准并发证;

(七) 乡镇煤矿在国有煤矿矿区边缘开采零星煤炭资源,必须经国有煤矿同意并出具正式文件,由盟市煤炭管理部门初审后,报自治区煤炭管理部门审查、批准并发证。

第十三条　煤矿企业变更开采煤层、开采范围或在原采矿范围内重新建井时,必须提出申请,由原发证机关办理变更登记手续。

第十四条　煤炭生产许可证有效期满需要延期的,煤矿企业须提出申请,由原发证机关办理延期手续。

第十五条　煤炭生产许可证有效期满或者经批准确认开采范围内的煤炭资源已经枯竭的,其煤炭生产许可证由发证机关予以注销并公告。

煤矿企业的生产条件和安全条件发生变化,经核查不符合规定条件的,其煤炭生产许可证由发证机关予以吊销并公告。

第十六条　开采煤炭资源必须符合煤矿开采规程,执行煤炭工业技术政策,遵守合理的开采程序,达到国家煤炭管理部门规定的煤炭资源回采率。

第十七条　设计能力在9万吨/年以上的煤矿矿井采区回采率为:薄煤层不低于85%,中厚煤层不低于80%,厚煤层不低于75%,水力采煤不低于70%。设计能力在9万吨/年以下、3万吨/年以上的煤矿矿井采区回采率不低于65%,设计能力小于3万吨/年的煤矿矿井采区回采率不低于50%。

第十八条　自治区煤炭管理部门负责对全区国有煤炭企业采区回采率的监督管理,盟市煤炭管理部门负责对乡镇煤矿采区回采率的监督管理。自治区和盟市煤炭管理部门每半年对采区回采率完成情况检查一次,并将检查结果报上一级煤炭管理部门。

第十九条　旗县以上煤炭管理部门对本地区煤矿安全工作进行管理。自治区煤炭管理部门负责组织煤矿矿长、煤矿安全工作人员的培训和发证工作,也可委托有条件的下级煤炭管理部门组织进行。

第二十条　煤矿企业及其法定代表人必须遵守有关矿山安全法律、法规、规章、规程及下列规定:

(一) 建立健全安全责任制;

(二) 按照国家和自治区有关规定建立职工社会保险制度,为煤矿井下作业职工办理意外伤害保险,支付保险费;

(三) 积极配合安全检查人员入井

检查；

（四）对重大事故隐患，及时采取整改措施；

（五）保护事故现场并积极配合事故调查工作；

（六）组织救护队或与救护队签订救护协议。

第二十一条 各级人民政府和旗县以上煤炭管理部门，必须认真贯彻执行《中华人民共和国矿山安全法》等法律、法规，加强煤矿安全生产工作的管理，并履行下列职责：

（一）监督有关部门和煤矿企业建立安全生产责任制；

（二）支持煤矿企业及其主管部门加强安全生产管理工作；

（三）监督煤矿企业提取的维简费按规定比例用于煤矿安全技术措施；

（四）监督有关部门和煤矿企业对职工进行安全教育和培训；

（五）发现煤矿存在重大事故隐患后，督促企业及时处理；

（六）制止、查处乱采滥挖和超层越界开采行为；

（七）依法报告和处理煤矿企业安全事故；

（八）按照事故处理决定处理相关责任人。

第二十二条 煤矿企业职工要严格遵守煤矿安全规程、作业规程和操作规程，并有权拒绝执行违章指挥命令，有权向有关部门反映、检举和控告安全工作中存在的问题。

第四章 煤炭经营

第二十三条 在自治区境内经营煤炭的企业，必须向自治区煤炭管理部门提出申请，资格审查合格的，予以批准。

申请人凭批准文件向工商行政管理部门申请领取营业执照后，方可从事煤炭经营。

第二十四条 设立煤炭经营企业，应当具备下列条件：

（一）有固定的经营场所；

（二）有与经营规模相适应的煤炭装卸、加工等设施；

（三）有经法定检定机构检定合格的煤炭计量和质量检验；

仪器、设备，计量和质量检验人员必须取得上岗资格证书；

（四）符合国家和自治区关于煤炭经营企业合理布局的有关要求；

（五）经铁路运输经营煤炭的企业必须纳入国家和自治区煤炭铁路运输计划或有与用户签订的长期供货合同，且注册资金不得低于100万元，储煤场地不少于300平方米，有固定的发煤站台或者专用线；

（六）非经铁路运输经营煤炭的企业注册资金不得低于30万元，储煤场地不少于200平方米；

（七）法律、法规规定的其它条件。

第二十五条 申请设立煤炭经营企业，应当填报下列材料：

（一）煤炭经营企业资格审查表；

（二）注册资金证明；

（三）固定经营场所证明；

（四）专用设备证明；

（五）法定检定机构出具的计量和质量检验设备检定合格证书；

（六）计量和质量检验人员上岗资格证书；

（七）经铁路运输经营煤炭的企业需提供国家和自治区煤炭铁路运输计划文本或者与用户签订的长期供货合同。

第二十六条 煤炭经营企业的经营资格申请，由其煤炭经营所在地盟市煤炭管理部门按规定条件初审后，报自治区煤炭管理部门审查批准。

第二十七条 自治区以外的煤炭经营企业在自治区境内从事煤炭经营，须取得自治区煤炭经营资格，纳入所在地区煤炭管理部门的统一管理；

对其煤炭经营资格的审批，执行自治区煤炭经营企业经营资格审批程序。

第二十八条 自治区煤炭管理部门自接到申请人申报材料之日起，60日内完成煤炭经营资格审批工作。

第二十九条 自治区煤炭管理部门对煤炭经营企业的经营活动进行定期检查，对不具备经营条件或者从事非法经营的，取消其煤炭经营资格。

煤炭经营资格实行年检制度。

第三十条 煤炭经营企业不得收购已被责令关闭、停产整顿和进行非法生产的煤矿企业的煤炭产品。

第三十一条 煤炭用户不得销售所购煤炭产品，不得从事煤炭经营活动。

第三十二条 禁止行政机关违反国家和自治区规定擅自设置煤炭供应中间环节或加收额外费用。

第三十三条 自治区境内煤矿逐步实行煤炭准销票证制度，有条件的地区可先予试行，具体管理办法由自治区煤炭管理部门制定。

第三十四条 自治区以外煤炭企业向自治区销售煤炭（国家调入计划除外），应当与我区相邻盟市煤炭管理部门商定销售份额，协商管理办法，报自治区煤炭管理部门审批后执行。

第三十五条 铁路部门应优先安排列入国家和自治区煤炭铁路运输计划的煤炭运输。

第三十六条 禁止在煤炭经营中从事下列活动：

（一）未取得煤炭生产许可证的煤矿擅自生产、销售煤炭产品；

（二）未取得煤炭经营资格擅自经营煤炭产品；

（三）违法签订煤炭购销合同和煤炭运输合同；

（四）利用煤价进行垄断倾销，搞不正当竞争；

（五）转借、转让煤炭经营企业营业执照；

（六）违反其它煤炭经营管理规定。

第五章 监督检查

第三十七条 各级煤炭管理部门应按照各自的职责权限对煤矿企业、煤炭经营企业遵守煤炭法律、法规情况进行监督检查。

上级煤炭管理部门可以对下级煤炭管理部门负责监督检查的煤矿企业和煤炭经营企业进行监督检查。

第三十八条 加强煤炭行政执法队伍建设。

煤炭行政执法人员必须经专门行政执法培训合格，并取得自治区人民政府统一制发的行政执法证后，方可持证上岗。

第三十九条 煤炭行政执法人员在执行公务中，必须出示行政执法证件，使用统一的煤炭行政执法文书。

第四十条 凡违反本规定的，依照《中华人民共和国煤炭法》和其它有关法律、法规予以处罚。

第六章 附　则

第四十一条 本规定由自治区煤炭管理部门负责解释。

第四十二条 本规定自发布之日起施行。

1999年4月14日

内蒙古自治区人民政府
关于建立我区煤炭资源开发利用最低开采规模制度的通知

(内政发〔2003〕386号)

各盟行政公署、市人民政府，自治区各有关委、办、厅、局，各大企业：

　　煤炭资源是支撑我区经济发展的重要矿产资源之一，规范和不断完善煤炭生产的各项管理制度对促进自治区经济的发展具有特别重要的意义。近年来，我区各级政府下大力气调整煤炭产业结构，在实现煤炭资源的合理保护和有效利用方面取得了一定的成绩。但是，一些地区煤炭资源开采规模仍未能与占用矿区的资源储量规模相适应，存在着大矿小开、整矿零开、乱采滥挖和浪费资源等现象。为保障自治区国民经济稳步增长和可持续发展，根据《内蒙古自治区矿产资源总体规划》（以下简称《总体规划》）的要求，现就建立我区煤炭资源开发利用最低开采规模制度通知如下：

　　一、严格执行煤炭资源开发利用最低开采规模制度

　　对《总体规划》确定的东胜煤田、准格尔煤田、海勃湾煤田（含西桌子山煤田）、扎赉诺尔煤田、宝日希勒煤田、伊敏煤田、大雁煤田、霍林河煤田、平庄煤田、胜利煤田、白音华煤田等重点煤田，新上煤炭生产项目井工开采生产规模不得低于年产50万吨，2010年后不得低于100万吨；主产区内生产规模小的原有矿山，年生产能力未达到10万吨的，至2005年要予以关停；年生产能力未达到20万吨的，2010年底前关停。重点煤田以外的其它煤田和矿区也要执行这个标准，严格控制生产规模。

　　对林区、贫煤地区、边远地区如生产条件具备，可适当降低开采规模，但必须报自治区人民政府批准。

　　各地要按照《总体规划》要求，严格控制在大型矿床范围内为新建小型矿山进行勘查。对自治区重点煤田内尚未开发、勘查程度达到详查以上的矿区，局部需要提高勘探程度的，其探矿权的设立应符合相关规划（包括矿区整体开发规划）的要求。

　　二、全面做好区内各煤炭矿区的整体开发规划

　　自治区境内的各煤炭矿区的整体开发规划，要在《总体规划》的指导下进行编制。各级政府要抓紧落实各矿区特别是大型、特大型煤炭矿区整体开发规划的编制工作。今后，全区煤炭资源开发项目的实施要在相关规划的指导下进行，要切实维护各级矿产资源规划和矿区整体开发规划的权威性和严肃性。

　　三、进一步加强对煤炭资源勘查与开发项目的管理工作

　　加强对煤炭资源勘查与开发的管理，目的在于进一步规范和完善我区矿产资源开发利用的环境和秩序，使其成为促进经济发展、招商引资和矿山企业上规模、上档次的必要保障。各级政府要提高认识，

切实履行国家关于基本建设项目的审批程序，严格执行《总体规划》和确定的煤炭资源开发利用最低开采规模制度及相关要求，要将其作为矿业权设立、煤炭资源开发监督管理的主要依据之一。

2003 年 11 月 15 日

内蒙古自治区人民政府关于加快发展重点煤炭企业的指导意见

（内政发〔2003〕427 号）

各盟行政公署、市人民政府，自治区各委、办、厅、局，各大企业、事业单位：

为充分发挥我区煤炭资源优势，建设大型煤炭生产基地，培育大型煤炭企业集团，加快推进自治区工业化进程，将我区建设成为国家重要的能源基地，就加快发展区内重点煤炭企业提出如下指导意见。

一、自治区实施建设大型煤炭基地的能源发展战略，立足调整优化自治区煤炭产业结构并兼顾相关资源的承载能力，坚持统筹兼顾，全面、协调、可持续发展的原则。开发建设大型煤炭基地并配套建设煤炭下游产品转化项目，注重综合开发利用煤炭资源，形成煤、电、高载能产品，煤、焦、高附加值化工产品，煤气化、液化产品的综合发展格局。

二、自治区将神华集团神东煤炭有限责任公司、神华集团准格尔能源有限责任公司、霍林河煤业集团公司、呼伦贝尔煤炭集团大雁煤业公司、呼伦贝尔煤炭集团扎赉诺尔煤业公司、呼伦贝尔煤炭集团宝日希勒煤业公司、伊敏华能东电煤电有限责任公司、平庄煤业集团有限责任公司、内蒙古伊泰集团有限责任公司、神华集团乌达矿业公司、神华集团海勃湾矿业公司、鄂尔多斯汇能煤业投资有限公司、神华集团万利煤业有限责任公司、内蒙古伊东煤炭集团公司、内蒙古满世煤炭运销有限责任公司、内蒙古太西煤集团股份有限公司、内蒙古庆华集团公司、内蒙古众兴煤炭集团公司、锡林郭勒白音华煤电有限公司、神华蒙电能源有限责任公司等 20 家企业作为区内煤炭行业的龙头企业予以重点扶持。

自治区支持神华集团神东煤炭有限责任公司、神华集团准格尔能源有限责任公司、伊敏华能东电煤电有限责任公司、呼伦贝尔煤炭集团公司、霍林河煤业集团公司、内蒙古伊泰集团有限责任公司等大型企业在东胜矿区、霍林河矿区、准格尔矿区、胜利矿区、白音花矿区、呼伦贝尔地区建设成 7 个 5000 万吨级以上煤炭生产基地，支持内蒙古太西煤集团股份有限公司、内蒙古庆华集团公司及神华集团海勃湾矿业有限责任公司在阿拉善盟、乌海市建设 2 个特种煤基地；支持平庄煤业集团有限责任公司、鄂尔多斯市汇能煤业投资有限责任公司等 11 户重点煤炭企业根据本企业可供开采的资源条件，努力建设成为 1000 万吨级以上的大型或特大型煤炭企业。2004 年 20 个煤炭企业计划生产原煤 15000 万吨。占全区煤炭生产总量 70% 以上。

三、要通过大型煤炭基地的开发建设，培育和造就一批具有较强竞争能力、稳定煤炭供应的大公司和大企业集团。自治区将在资源配置、铁路运输、电力供应等方面优先扶持区内20户重点煤炭企业。20户重点煤炭企业可优先开发资源，优先在铁路单独列户，优先向国家有关部门及金融企业上报和推荐项目。

四、鼓励区内20户重点煤炭企业充分发挥自身的资金、人才、技术和设备优势，主动与电力、铁路等部门以及有资金实力的企业进行广泛的联合，以股份制形式共同参与大型煤炭基地的开发建设，实现投资主体多元化，发展混合所有制经济。鼓励20户重点煤炭企业在有条件的地方修建企业专用铁路线。

五、引导和扶持区内20户重点煤炭企业按照现代企业制度要求，加快建立和完善归属清晰、权责明确、保护严格、流转顺畅的现代产权制度。支持区内重点煤炭企业上市融资，增资扩股，施行现代法人治理结构，实施股权多元化改造，促进产权制度合理化。通过体制创新并结合大型煤炭基地的开发建设，发展和壮大区内重点煤炭企业。

六、要坚持新基地开发建设与老矿区接续相结合的原则，使老矿区逐步完成矿区转移。自治区支持帮助矿区转移的国有重点煤矿企业通过实施兼并、破产、重组，以及三至五年内由地方政府逐步接收企业办社会职能，实现主辅分离，突出主业，辅业民营，为国有重点煤矿企业创造条件参与大型煤炭基地的开发建设。

七、自治区支持赤峰、通辽、呼伦贝尔三个地区的国有重点煤矿企业借助国家振兴东北等老工业基地的历史性机遇，努力争取国家政策支持，享受有关优惠政策，积极融入振兴东北老工业基地的战略格局，在与东北老工业基地的合作和开发建设大型煤炭基地的过程中加快自身的发展。

八、鼓励区内20户重点煤炭企业采用先进的开采工艺，最大程度地提高煤炭资源回收率和相关资源的有效利用率及保护水平，鼓励20户重点煤炭企业收购、兼并中小煤矿实行联合改造，实现规模生产和集约经营，逐步取代和淘汰小煤矿开采方式。对鄂尔多斯、呼伦贝尔、锡林郭勒等富煤地区的整装煤田，原则上井工矿建设规模不低于300万吨/年，露天矿建设规模不低于1000万吨/年。九、自治区将煤制油项目列为扶持的重点，鄂尔多斯、锡林郭勒、通辽、呼伦贝尔等地区要各规划煤制油项目基地。鼓励区内20户重点煤炭企业积极参与开发煤制油高新技术产业化示范项目，支持区内重点煤炭企业与国内外科研机构及大型企业联合开发、参股建设煤制油项目，并支持企业尽快建立产业中试基地。

附件：自治区重点煤炭企业基地建设一览表（收录于第一篇表1-4-2，此处略）

2003年12月25日

内蒙古自治区人民政府关于进一步强化煤矿安全生产专项整治关闭不具备安全生产基本条件煤矿的决定

（内政发〔2004〕178号）

各盟行政公署、市人民政府，自治区各委、办、厅、局，各大企业、事业单位：

2003年以来，全区各地认真贯彻落实党中央、国务院关于加强煤矿安全生产工作的一系列指示精神，严格执行《中华人民共和国安全生产法》及相关法律法规，认真开展煤矿安全生产专项整治工作，完成了国家下达的煤矿安全控制指标。截至2003年底，全区合法保留煤矿全部完成安全程度评价工作，现有C类煤矿118处，D类煤矿243处，C、D类煤矿共计为361处。

近来，我区部分地区连续发生几起煤矿安全生产事故，尤其是2003年安全程度评价被评为D类的乌海市海南区鑫源煤矿，于2004年4月30日越界开采，打透采空区，酿成特大透水事故，这起事故暴露出我区一些煤矿仍存在重大安全生产隐患，也反映出我区部分地区及有关部门对煤矿安全生产重视不够，措施不到位。为使我区煤矿安全生产得到根本性好转，自治区人民政府决定，在2003年继续深化煤矿安全生产专项整治工作的基础上，进一步强化煤矿安全生产专项整治工作，依法坚决关闭非法和不具备安全生产基本条件的各类煤矿。

一、工作部署

（一）工作重点

实行主要领导负责制，全面开展安全生产大检查。检查重点是：2003年煤矿安全程度评价结果为C、D类且今年仍未重新评价批准升为B类以上的361个煤矿。

（二）检查验收

由各盟行政公署、市人民政府牵头，组织国土资源、煤炭管理、煤矿安全监察、工商、公安等部门，以《煤矿安全生产基本条件规定》（国家煤矿安全监察局第5号令）和《继续深化煤矿安全生产专项整治工作实施方案》为标准，对C、D类煤矿逐个进行全面检查验收。

（三）具体事项

1. 属于下列情况之一的煤矿，由各盟行政公署、市人民政府报请或通知有关部门吊（注）销各类证照，依法由盟市或旗县市区人民政府组织，在限期内一律关闭。

（1）非法建设、技改和生产的；

（2）经检查不符合前款文件规定验收标准的；

（3）技改及基建矿井不按依法批准方案实施的；

（4）水下、火下、建筑物下采煤未经旗县级以上煤炭管理部门批准的。

2. 对2003年度评价结果为A、B类的煤矿和今年重新评价批准升为B类以上的煤矿以及本次检查验收合格的煤矿，要对照《安全生产许可证条例》第六条规定立即进行整改，做好依法申办《煤矿安全生产许可证》的准备工作，凡2005年1月13日以前未取得《煤矿安全生产许可证》的各类煤矿，届时将一律依法予以关闭。

3. 为防止煤矿瓦斯事故的发生，由自治区、乌海市和煤矿企业共同筹集专项经费，率先在乌海市建设高瓦斯矿井监测监控体系。乌海市在年内对合法保留的地方煤矿全部安装瓦斯监测仪，并集中配备全天候瓦斯监控系统。

二、组织领导

自治区继续深化煤矿安全生产专项整治工作领导小组负责全区整治工作的组织领导，部门领导调整的，按照现分管职责自然更替。

各盟市、旗县市区、乡镇苏木也要明确相应的领导机构，制定切实可行的工作方案，统一组织本地区专项整治和关闭工作。

三、职责划分

（一）各级煤炭工业管理部门根据2003年煤矿安全程度评价结果，按照权限对评价为C、D类且今年未获得批准升为B类以上的煤矿收回煤炭生产许可证；负责依法吊销本次验收不合格决定关闭煤矿的煤炭生产许可证。

（二）各级国土资源管理部门按照权限负责查处煤矿超层越界开采；旗县级国土资源管理部门对2003年评价结果为C、D类且今年未获得批准升为B类以上的煤矿收回采矿许可证；依法吊（注）销验收不合格决定关闭煤矿的采矿许可证。

（三）各级工商行政管理部门负责依法吊（注）销本次验收不合格决定关闭煤矿的工商营业执照。

（四）内蒙古煤矿安全监察部门参加盟市煤矿安全生产专项整治的验收工作；对不具备安全生产条件的煤矿及时下达相应的行政执法处罚文书，同时做好合法煤矿申领安全生产许可证的评估评价等前期准备工作。

（五）各级公安部门负责依法吊（注）销本次验收不合格决定关闭煤矿的火工品储存证和使用证，并及时收缴火工用品。

（六）各级行政监察部门按干部管理权限负责对各盟市、旗县市区、苏木乡镇及相关部门主要负责人履行煤矿安全生产监督管理职责进行监督，对徇私舞弊和未按规定完成任务的相关人员依法提出行政处理意见。

四、时间安排

（一）5月26日至6月30日，全区各级政府和煤矿企业同时开展煤矿安全生产大检查。宣传进一步强化煤矿安全生产专项整治、关闭非法和不具备基本安全生产条件煤矿政策；排查各类煤矿安全生产隐患；检查各地安全生产责任制的落实情况；检查2003年被评为C、D类且今年仍未批准升级为B类以上的煤矿是否真正停产。

（二）7月1日至7月31日，以盟市为单位组成验收组，对2003年评价结果为C、D类且今年仍未批准升级为B类以上的煤矿对照标准进行逐个检查验收，确定关闭煤矿名单，依法下达关闭煤矿行政处罚决定，并通知其法人代表。

（三）8月1日至8月31日，以盟市为单位，报请有关部门吊（注）销不合格煤矿的相关证照；各有关部门履行依法吊（注）销各类相关证照手续，并将情况及时反馈各盟市。

（四）9月1日至9月30日，各盟市或旗县市区人民政府对已被吊（注）销相关证照的煤矿实施关闭。

（五）10月1日至10月10日，各盟市将检查验收和关闭煤矿情况总结报告以书面材料形式上报自治区继续深化煤矿安全生产专项整治领导小组。

五、责任追究

（一）拒不执行煤矿安全监察机构及安全生产监察员停产整顿等安全监察指令的煤矿，由煤矿安全监察机构依照《安全生产违法行政处罚办法》第三十七条第四项的规定，对其主要负责人或其他主管人员处一万元以下的罚款；构成犯罪的，依法移交司法机关追究刑事责任。

（二）决定关闭而拒绝、阻挠国家工作人员依法执行公务的，由旗县级公安部门依照《中华人民共和国治安管理处罚条例》第十九条第七项规定，处15日以下拘留；构成犯罪的，依法移交司法机关追究刑事责任。

（三）凡经验收决定关闭的 C、D 类煤矿，相关部门接到报请吊（注）销相关证照的报告或通知后，未在规定的期限内依法办理吊（注）销手续、采取关闭措施或采取措施未取得实效的，由行政监察部门依照《国家公务员暂行条例》第三十一条第二项、第三项和第三十二条及《人事部关于国家公务员纪律惩戒有关问题的通知》（人发〔1996〕82 号），给予主管部门直接负责人及相关责任人降级以上的行政处分。

（四）凡未按期依法组织实施关闭已被吊（注）销各类相关证照煤矿的地区，按煤矿的隶属关系，参照上款责任追究原则，按玩忽职守，贻误工作，分别追究盟市、旗县市区、苏木乡镇分管负责人的行政责任。

（五）检查验收中，因任务不落实、检查不到位、执法文书不下达，造成工作失误的部门，由行政监察机关对相关责任人依法予以降级以上的行政处分。

六、工作要求

（一）各地区及其相关部门负责同志，要进一步提高认识，统一思想，认真抓好此次工作。

（二）各地区、各部门主要负责同志要亲自抓，根据验收标准和时限要求，精心组织、周密安排，并严格制定责任制和责任追究制，层层抓落实。

（三）严格验收标准，认真履行职责。严格依法办事，正确履行法律程序。在验收工作中，遵循谁主管，谁验收，谁签字的原则，强化监督，杜绝徇私舞弊等违法违纪行为。

（四）关闭的煤矿必须按照"三不留一毁闭"的标准实施，做到不留设备、不留设施、不留地面建筑，毁闭井筒，严防日后死灰复燃，并注意保存相关技术资料备查。

2004 年 5 月 19 日

内蒙古自治区人民政府关于加快煤炭产业结构调整的指导意见

（内政字〔2005〕37 号）

各盟行政公署、市人民政府，自治区各委、办、厅、局，各大企业、事业单位：

为科学合理地开发利用我区煤炭资源，促进煤炭产业结构优化升级和加快经济增长方式转变，将我区煤炭资源优势转变为经济优势，切实解决煤炭行业存在的小煤矿数量过多、产业集中度低、产品结构单一、深加工和就地转化率偏低等结构性矛盾和问题，特提出以下意见。

一、产业结构调整的原则

煤炭产业结构调整坚持"保大压小"和"转化增值"的原则，运用资源整合、运力调整、优化资源配置等手段，鼓励建设亿吨级煤炭基地、千万吨级煤炭集团、120 万吨以上矿井。依法淘汰关闭不具备安全生产基本条件的小煤矿。鼓励煤炭企业加大煤炭深加工和就地转化力度，延伸产业链条，开发生产高附加值的煤炭化工产品。

二、产业结构调整的政策措施

（一）矿井规模结构调整的政策措施

1. 从 2005 年起，集中 3 年时间对现有的 900 余处年产 10 万吨以下的小煤矿（以下简称小煤矿）进行资源整合重组、扩能技术改造和依法淘汰关闭。各盟市要认真研究小煤矿布局合理性问题，做出现有小煤矿整合重组、扩能改造规划，经自治区主管部门审核后，按照规划加快实施。对列入关闭淘汰的小煤矿和未在限定时间内达到规模和安全生产要求的小煤矿，要依法收回资源，进行重新配置。

2. 对具备资源整合条件的小煤矿，就近整合煤炭资源，重组煤炭企业。鼓励重点煤炭企业收购、兼并一批小煤矿，对其进行联合改造，实现规模生产和集约经营。引导小煤矿以煤炭资源等资产为纽带，进行股份制改造，重组一批大中型煤炭企业。对井田相邻的小煤矿，可将井田之间预留和闲置的煤炭资源合理规划后配置给重组后的煤炭企业，支持其扩大生产规模，提高安全装备水平。

3. 对不具备资源整合条件但有一定发展潜力的小煤矿，通过技术改造，提升矿井生产能力，改进采煤方法，提高资源回收率。此类煤炭企业要委托有资质的煤矿设计单位制定技术改造方案，同时足额提取煤矿维简费和安全生产费，多方筹措资金，加快技改进度。

4. 对达不到安全生产基本条件的小煤矿，要通过运用法律、经济、行政等手段，坚决依法淘汰关闭。对列入关闭淘汰的煤炭企业，要收回和废止各种证照，拆除生产设施，严防明关暗开，死灰复燃。淘汰关闭小煤矿工作由盟行政公署、市人民政府和旗县人民政府组织实施，自治区有关部门督查落实。要全面落实责任制，严格监督，严肃追究，奖罚分明。

5. 各盟市要在 2005 年 3 月底前，制定出本地区整顿治理小煤矿的工作方案。要结合自治区淘汰关闭小煤矿目标，按照具备资源整合条件、不具备整合条件但可技术改造、必须依法淘汰关闭 3 种类型，对小煤矿进行分类排队，确定工作目标，提出具体的工作实施方案，彻底调整矿井规模结构。

6. 自治区将以鄂尔多斯市为试点，对参加资源整合、技术改造并达到自治区产业结构调整要求的中小型煤炭企业，在集中维简费和安全费幅度上予以优惠，并奖励在小煤矿整合重组、技术改造、淘汰关闭和煤炭产业延伸优化以及就地转化增值工作中突出的企业和个人。

7. 对林区、贫煤地区、边远地区的小煤矿，如生产条件具备，可适当降低开采规模，但必须由当地盟行政公署、市人民政府报自治区人民政府批准。

（二）煤炭产品结构调整的政策措施

1. 煤炭产品结构要由单纯生产原煤型向能源重化工型转移，加大煤炭深加工力度，特别是大型煤炭企业要加快建设煤转电项目，积极推进煤制油、煤制甲醇、煤焦化等综合利用煤炭资源的煤化工项目，形成煤、电高载能产品，煤、焦高附加值化工产品，煤气化、液化产品系列。

2. 在东胜、准格尔、白音花、呼伦贝尔、胜利煤炭基地建设 5 个 500 万吨级煤炭液化项目，在东胜、准格尔、白音花、霍林河、呼伦贝尔、胜利煤炭基地建设总规模为 6000 万千瓦左右的煤转电项目，在鄂尔多斯市、乌海市、巴彦淖尔市、阿拉善盟实施 1000 万吨煤焦化项目。

3. 新增铁路运力重点支持重点煤炭企业和符合自治区产业结构调整政策导向的企业。对煤炭铁路运销户头实行总量调控、动态管理，不再为单纯煤炭运销企业增加铁路运力。鼓励煤炭生产企业兼并煤炭流通企业。

4. 加快煤炭运输通道建设，重点建设铁路运煤专线，积极启动蒙西地区至沿海港口的高承载能力公路项目。鼓励大型煤炭企业出资参股建设煤炭专用通道和煤化工专用管道。

5. 对重点转化项目中电力装机容量达到 240 万千瓦的电厂项目和年消耗 500 万吨以上原煤的煤化工项目，可优先进行项目审批、优惠配置煤炭资源、优先调配运力、优先提供市场销售条件。

6. 已配置煤炭资源的建设项目，要加快开工建设进度。对长期圈占资源不开工和占用资源大矿小开、整矿零开、滥采乱挖的企业，自治区将收回矿权，重新配置资源。

三、产业结构调整的目标和任务

（一）经过 3 年的资源整合重组、矿井技术改造和依法淘汰关闭，到 2007 年底，我区地方煤矿矿井数量由现在的 1100 余处减少至 700 处左右，矿井数减少 40%；主要产煤地区矿井规模均在年产 30 万吨以上，矿井全部实现正规回采，矿井回采率由现在的 30% 提高到 60% 以上；煤炭百万吨死亡率下降为 0.4 以下，其中，国有重点煤矿下降为 0.1 以下，地方煤矿下降为 1.0 以下；矿井全部装备瓦斯监测监控系统，主要产煤盟市、旗县全部建立瓦斯远程监控中心，实现瓦斯联网监控。

（二）经过 3 年的煤炭产品结构调整，到 2007 年底，全区原煤就地转化率达到 50% 以上，其中鄂尔多斯市、呼伦贝尔市、锡林郭勒盟、通辽市、乌海市就地转化率达到 60% 以上，阿拉善盟、包头市、巴彦淖尔市、赤峰市就地转化率达到 40% 以上。全区原煤洗选率达到 50% 以上，其中阿拉善盟、乌海市、包头市达到 70%，鄂尔多斯市、巴彦淖尔市、锡林郭勒盟、赤峰市、通辽市、呼伦贝尔市达到 40% 以上。

附件：全区淘汰关闭小煤矿目标任务分解表

2005 年 2 月 23 日

全区淘汰关闭小煤矿目标任务分解表

盟市名称	现有 10 万吨以下小煤矿数量（处）	淘汰关闭总数（处）	淘汰关闭数（处）		
			2005 年	2006 年	2007 年
全区	931	312	97	106	109
鄂尔多斯市	382	140	40	50	50
包头市	75	25	10	10	5
乌海市	82	30	10	10	10
呼伦贝尔市	65	20	5	7	8
巴彦淖尔市	22	7	3	2	2
赤峰市	99	35	10	10	15
阿拉善盟	128	35	10	10	15
呼和浩特市	8	3	2	1	
锡林郭勒盟	18	5	3	2	
通辽市	22	7	3	2	2
兴安盟	30	5	1	2	2

内蒙古自治区人民政府
关于促进煤炭工业健康发展的意见

（内政字〔2005〕209号）

各盟行政公署、市人民政府，自治区各有关委、办、厅、局：

我区是国家第二大煤炭资源储量和生产省区，煤炭工业是自治区的支柱产业。"十五"以来，我区煤炭工业得到了快速发展，为国家和自治区经济社会发展做出了较大贡献。但在煤炭工业发展过程中还存在小煤矿数量多、资源浪费严重、安全事故隐患多等突出问题。为进一步加强煤矿安全生产，促进自治区煤炭工业持续健康发展，现提出以下意见：

一、"十一五"煤炭产业整合发展目标

（一）到2010年，全区煤炭百万吨死亡率下降到0.3以下，其中国有重点煤矿下降到0.1以下，地方煤矿下降到0.8以下；矿井全部实现正规回采，煤炭资源回收率全部符合国家要求，采煤机械化水平达到90%以上；单井采煤规模达到30万吨/年以上；矿井全部装备瓦斯监测监控系统，主要产煤盟市、旗县、苏木乡镇全部建立瓦斯远程监控中心，实现瓦斯联网监控。

（二）到2010年，全区建成2个年产1亿吨以上、4个年产5000万吨以上的煤炭生产基地，新建井工矿井生产规模不低于年产120万吨；全区煤炭生产能力达到5亿吨，煤炭洗选比重达到60%以上，煤炭就地转化率达到50%左右，建设重组4个5千万吨级、7个1千万吨级以上的大型煤炭企业集团。

（三）调整煤炭生产结构，努力提高煤炭产业集中度。到2010年，全区煤矿总数控制在600处之内，其中年产45万吨以下小煤矿控制在200处之内，年产30万吨以下小煤矿基本关闭。

（四）到2007年底，年产10万吨以下的小煤矿全部淘汰退出市场，70%的煤矿通过技术改造实现正规回采。2010年底，正规回采的矿井，工作面回采率达到90%以上，采区回采率达到75%以上，矿井资源回收率达到60%以上。

二、加强煤矿安全生产，遏制重特大事故发生

（五）强化各级政府和煤炭企业安全生产责任。各级政府和煤炭企业必须提高认识，克服对安全形势盲目乐观，特别是资源基础条件比较优越地区的安全生产麻痹思想，真正树立"生产必须安全、安全才能生产"的意识。严格履行煤矿安全监管职责，强化日常性的安全监管。本着谁主管、谁负责的原则，哪一级政府主管的煤矿，哪一级政府负责煤矿安全。企业是安全责任主体，企业的法定代表人是安全生产第一责任人，分管领导是煤矿安全的主要责任者，必须肩负起煤矿安全工作的重要责任。

（六）加强煤炭行业监管体系建设。

1. 建立全区统一的煤炭行业管理监管体系，全区煤炭行业管理和煤矿安全监管职能统一由自治区煤炭工业局承担。

2. 盟市和旗县行业管理部门已设立煤炭管理机构的,要予以保留;未设立煤炭管理机构的产煤地区,实行行业管理与安全生产监督管理一体化体制不变。

3. 重点产煤旗县年产煤炭 30 万吨以上的矿区(国家管理的国有重点和露天煤矿除外),须设立煤矿安全监督管理站。人员职数原则上按高瓦斯地区年产 10 万吨煤炭、低瓦斯地区年产 15 万吨煤炭至少按 1 名工作人员的比例配置,由矿区所在盟行政公署、市人民政府和旗县人民政府具体落实。新增人员可从撤并苏木乡镇现有在编人员中,经专业技术培训合格后择优录用。全区新增人员总数暂控制在 100 人以内,人员、经费、编制均由矿区所属同级地方政府解决。基层煤矿安全监督管理站由当地旗县人民政府负责管理。

4. 基层煤矿安全监督管理站必须对所管矿区内的煤矿实行分片包干、包矿到人、责任到人、奖惩严明的办法。负责煤矿安全生产制度的具体落实、安全隐患的排查和监督整改工作,杜绝只查不纠、整改不落实的问题。基层煤矿安全监督管理站人员下井检查,享受国家和自治区有关政策规定的补贴待遇。

(七)加大煤矿安全投入。严格按照国家要求,提足用好煤炭生产安全费,切实解决我区因安全投入不足造成的安全生产基础薄弱问题。年产 45 万吨以上的大中型煤矿中,高瓦斯、煤与瓦斯突出、自燃发火严重和涌水量大的矿井按上限吨煤提取 8 元,其中列入重点监控煤炭生产企业的平庄煤业集团公司、大雁煤业公司吨煤提取 15 元;低瓦斯矿井按上限吨煤提取 5 元;露天煤矿按吨煤提取 2 至 3 元。小型煤矿中,高瓦斯、煤与瓦斯突出、自燃发火严重和涌水量大的矿井吨煤提取 10 元;低瓦斯矿井吨煤提取 6 元。提取的安全费必须全部用于安全生产工作。2005 至 2007 年,全区煤矿安全投入要达到 35 亿元以上。2006 年底前,集中力量解决苏木乡镇煤矿使用农用电、单回路供电和治理乌海市、阿拉善盟、鄂尔多斯市火区问题。各级煤矿安全监管、监察、财政和审计部门要对安全费用的提取使用情况,每半年进行一次专项督查,并形成书面报告,报送本级政府及上一级有关部门。

(八)加强高瓦斯矿井的综合治理。瓦斯是我区煤矿安全生产治理的重点。瓦斯治理工作要严格按照自治区制定的《全区瓦斯综合治理工作方案》实施。要完成 119 个高瓦斯矿井的检查会诊。并按照专家提出的意见,进行综合整改。低瓦斯矿井曾发生过瓦斯爆炸事故的,按高瓦斯矿井管理。全区所有井工矿全部装备安全监测监控系统,乌海市、阿拉善盟、包头市、鄂尔多斯市的鄂托克旗等高瓦斯地区要建立瓦斯远程监控中心,2006 年 6 月底前实现瓦斯联网集中监控。2007 年底前,在全区范围内建成比较完备的国家救援、地方救护、企业防护相结合的救援体系。

(九)建立煤矿企业安全生产风险抵押金制度。按照核定年生产能力确定煤矿企业交纳风险抵押金的最低标准,3 万吨(含)以下 100 万元;3 万吨至 9 万吨(含)200 万元;9 万吨至 15 万吨(含)300 万元;15 万吨以上,以 300 万元为基数,每增加 10 万吨增加 50 万元;每户企业交纳风险抵押金最高数额为人民币 600 万元。

按照"管理与监管责任相统一"的原则,对风险抵押金实行分级管理。由盟市、旗县煤矿安全监管部门按照监管职责范围分别负责收取,并会同同级财政部门管理。自治区内中央企业的风险抵押金，由自治区煤矿安全监管部门和财政部门商国家安全生产监督总局及财政部确定后负责收取和管理。安全生产风险抵押金具体管理办法另行制定。

（十）建立和完善煤矿安全培训体系。按照"方便煤矿、注重实效、就近培训"的原则，完善全区煤矿安全培训体系。对煤矿负责人和特种作业人员依法实行强制性安全培训，杜绝违章指挥、违章作业、违反劳动纪律等现象。自治区煤矿安全监察、监管部门要对煤矿矿长、煤矿瓦检员和特种作业人员的培训进行监督，对持证上岗情况进行定期检查。

（十一）依法淘汰关闭不具备安全生产基本条件的煤矿。严格执行安全生产许可证的发放标准，在规定时限内未取得安全生产许可证的煤矿，要坚决依法关闭，依法收回和废止各种证照，按"三不留、一毁闭"标准关闭矿井。依法惩处拒不执行决定、以暴力或以暴力相威胁干扰破坏行政执法的有关人员，依法查处安全生产和结构调整背后的腐败行为，确保依法关闭小煤矿工作的顺利进行。要全面落实责任制，严格监督，严肃追究，奖罚分明。

（十二）规范煤矿安全管理。

1. 凡在国家确定的颁发煤矿安全生产许可证时限内未取得安全许可证的煤矿，责令停产整顿。被责令停产整顿的矿井，要提出整改方案，经发证部门审核后，严格按整改方案限期完成整改，期限内完不成整改或整改后仍不合格的，依法关闭。

2. 加强煤矿企业安全基础工作管理。各类生产矿井要编制企业安全改造规划，建立和完善矿井生产能力核定、瓦斯等级鉴定、煤尘爆炸指数和煤的自燃发火期测试、图纸交换和报废矿井资料存档等规范的煤矿安全管理制度。

3. 保障煤矿安全监管费用的落实。自治区煤矿安全生产监管费用由自治区财政列支，盟市、旗县煤矿安全生产监管费用由地方同级财政列支。

三、改革采煤方法，推进采煤机械化

（十三）推行正规采煤方法，提高资源回收率。目前，全区90%的小煤矿采用非正规采煤方法，多数矿井资源回采率不足30%，井下采掘作业地点通风差，容易积聚瓦斯并造成瓦斯爆炸事故。因此，必须下大力气改革采煤方法，要从技术改造入手，通过技术改造，淘汰残柱式等原始落后的非正规采煤方法，推广应用正规采煤方法，提高煤炭资源回收率，强化安全生产基础。

（十四）严格技改设计审批，保证正规采煤方法的实施和资源回采率达标。对实施技术改造的矿井，地质条件具备的要全部采用壁式正规采煤方法，可采工作面实现全风压通风。自治区煤炭工业局在履行技术改造审批程序时，要严把设计审批关，保证正规采煤方法的推广和普及。从本意见下发之日起，矿井资源回收率达不到30%的煤矿全部停产整顿，一年内不达标的煤矿一律关闭；矿井资源回收率在30%~40%的煤矿，国土资源部门要加一倍征收资源补偿费。

（十五）加大技术改造力度，大力推进采煤机械化。要加大小煤矿的整合力度，推广采煤机械化。通过扩能技术改造，使小煤矿生产规模达到年产30万吨及以上。到2007年，生产规模达到年产30万吨及以上的煤矿要全部实现采煤机械化，生产规模为年产30万吨和年产45万吨的矿井以高档普采工艺为主，生产规模为年产60万吨及以上的矿井以综合机械化采煤工艺为主。到2010年，采煤机

械化程度达到90%以上。

（十六）加快煤矿供电建设步伐，保障煤矿机械化采煤工艺的实施。双回路供电是煤矿企业实现安全生产的基础，也是开办煤矿必须具备的基本条件。目前，全区小煤矿基本不具备双回路供电条件，不符合安全生产的基本要求。电力部门要把矿区电网建设列入十一五规划，合理布局与煤矿企业相配套的区域变电所，加快区域变电所的建设步伐，2007年底前完成区域变电所建设工程。重点产煤地区各级政府要安排一定数量资金，确保区域变电所建设配套资金到位。区域变电所至煤矿的双回路架线由煤矿企业自己解决。

（十七）加强组织领导，建设专业技术人才队伍。各级政府要围绕调整煤炭产业结构总体目标，积极探索建立与煤矿技术改造、推广应用正规采煤方法和推行采煤机械化相适应的专业技术人才培训体系，要在充分发挥现有培训网络、就地培训煤矿特种作业人员的基础上，积极与相关高等院校和科研机构合作，设置所需专业，培养中高级专业技术人才，为我区煤炭工业的健康发展提供人才保障。

四、规范煤炭资源管理，保障矿产资源有序开发

（十八）严格按规划建设和开发。到2006年底完成全区煤矿资源总体规划，2007年底基本完成重点矿区开发整体规划。矿井建设必须严格执行规划要求，坚持无规划不设置矿业权，违规划不允许开发的原则，力争2015年基本完成我区煤炭资源的详查工作。

（十九）加大煤炭资源勘探资金支持力度，增强煤炭资源保障能力。按照"政府引导、社会参与、市场运作、企业管理"的模式，解决自治区矿产勘查资金，增强煤炭资源保障能力。采用三种勘查模式解决煤炭勘查资金：一是各级政府投资进行风险勘查；二是政府与企业联合勘查；三是需要配置资源的重点项目业主投资勘探。充分发挥中央和地方的积极性，认真执行资源一级市场国家和省级分级管理体制。矿业权市场转让收入按规定实行收支两条线管理。

（二十）加大煤炭资源整合力度，加快矿井规模结构调整。

1. 从2005年起，集中3年时间对现有的900余处年产10万吨以下的小煤矿进行资源整合重组、扩能技术改造和依法淘汰关闭。到2007年底，全区要完成关闭300余处，整合、改造600余处小煤矿的任务。各盟市要认真研究，按照矿区总体规划，将目标落实到煤矿企业，将责任落实到煤矿业主。要严格按照自治区下达的年度计划任务，在每年年初做出下一年度小煤矿整合重组、扩能改造计划，报自治区主管部门审核批准后，按照计划加快实施。

2. 对具备资源整合重组条件的小煤矿，按照批准的《煤矿煤炭资源区域或区块整合规划》，就近整合煤炭资源，重组后的小型煤炭企业要达到年产30万吨以上的规模。鼓励重点煤炭企业收购、兼并一批小煤矿，对其进行联合改造，实现规模生产和集约经营。在已批准的矿区总体规划和矿业权设置方案的前提下，可将井田范围外相邻的不宜再设置新矿业权的闲置边角煤炭资源和关闭煤矿所剩的煤炭资源划入整合区，支持整合后的煤炭企业扩大生产规模。

3. 对于已纳入煤炭资源区域或区块整合规划的小煤矿，要在限期内完成整合。对于在限期内未按规划要求完成整合以及拒不整合的，依法吊（注）销证照，并予以关闭。

4. 自治区国土资源部门和煤炭行业管理部门要加强对煤炭资源整合的领导,统筹协调煤炭资源整合重组工作。各盟行政公署、市人民政府和旗县人民政府要成立组织机构,加大对小煤矿资源整合方案实施的监督力度,保证煤矿企业在资源、人员、产权等要素整合到位,严防出现"假整合"现象。自治区每年对中小煤矿的回采率、安全生产条件及重组技改任务落实情况进行考核,并将考核工作纳入党政领导实绩考核内容。

5. 要进一步加快重点大型煤炭企业改革重组的步伐。2006 年底前全部完成现有国有煤炭企业股份制改造,鼓励实现煤电、煤化、煤运一体化,提高煤炭产业集中度。重点煤矿企业产量要达到全区产量的 80% 以上。

6. 坚决查处煤炭开发建设和生产经营中的违法和腐败行为。要依法严厉打击超层越界开采,证照不全非法开采,非法转让、出租小煤矿等违法行为。各级行政监察机关要对煤炭资源整合的全过程进行监察,对非法倒卖矿权,党政干部参股入股办矿、失职渎职和官商勾结的行为,监察、司法机关要严厉查处。

7. 由自治区国土资源厅组织调查组,对全区为重点项目配置资源建设情况进行全面调查。凡获资源而未进行有效开发,获矿业权还未按协议建设煤化工、电力等转化项目的,要限期收回资源。

(二十一)加强与俄蒙友好合作,积极开发利用境外煤炭资源。要充分利用我区特有的区位地缘优势和国家各项优惠政策,积极实施"向北开放"和"走出去"战略,鼓励和扶持有实力的企业到俄蒙投资办矿,开发俄蒙煤炭资源,与俄蒙两国发展经贸合作关系,促进双边经贸交流,拓展煤炭资源。

2005 年 8 月 20 日

内蒙古自治区人民政府关于进一步推进煤炭资源整合和有偿使用实施办法的通知

(内政字〔2005〕210 号)

各盟行政公署、市人民政府,自治区各有关委、办、厅、局:

现将《关于进一步推进煤炭资源整合和有偿使用的实施办法(试行)》印发给你们,请认真贯彻执行。

2005 年 10 月 11 日

关于进一步推进煤炭资源整合和有偿使用的实施办法(试行)

为贯彻落实《国务院关于促进煤炭工业健康发展的若干意见》(国发〔2005〕18 号)精神,合理有序开发我区煤炭资源,提高煤炭回采率,进一步完善矿业权有偿取得制度,规范煤炭矿业权价款评估办法,逐步形成矿业权价款的市场形成机制,深化矿产资源有偿使用制度改革,结合我区实际,制定本实施办法。

一、煤炭资源整合与有偿使用的目标

（一）到2007年底，通过依法淘汰关闭和整合重组措施，使全区煤矿总数由现在的1100余处减少到700余处，年产10万吨以下的煤矿全部依法关闭退出市场，资源回采率达到60%以上，采煤机械化水平达70%以上；到2010年，全区煤矿总数降至600处之内，单井生产能力达到年产30万吨以上，资源回采率全部符合国家要求，采煤机械化水平达90%以上；坚持新上煤矿单井产量最低达到年产120万吨标准。

（二）根据产业规划，今后对新设立的矿业权以市场竞争方式出让，通过招标、拍卖等市场竞争方式确立勘查、开采主体。对所有矿山企业，凡未缴纳矿业权价款的，一律实现补缴或转增国家资本金，彻底解决煤炭矿业权出让中的"双轨制"问题。建立产权归属清晰、主体权责明确、经营方式规范、管理科学合理的现代煤炭行业秩序。

二、煤炭资源整合的要求

（一）凡纳入被整合的小煤矿，整合期间不得增层扩界，不再批准新增资源量，也不得进行单井技术改造。

（二）对具备整合重组条件的小煤矿，按照批准的《煤炭资源区域或区块整合规划》，以合股、控股、兼并、收购等方式就近整合煤炭资源，形成产权明晰的年产30万吨以上的煤炭企业。在符合批准的矿区总体规划和矿业权设置方案的前提下，整合时可将井田范围外不宜再设置新矿业权的闲置边角煤炭资源划入整合区，支持整合后的煤炭企业扩大生产规模。

（三）对既不符合整合条件又不符合单井改扩建的开采边角、残留资源的小煤矿，经自治区国土资源厅批准后，严格限定其矿区范围和开采期限，逐年淘汰关闭。

（四）对于已纳入煤炭资源区域或区块整合规划的小煤矿，要按规定时限进行整合，对于在规定期限内未按规划要求完成整合以及拒不整合的，相关部门不得发放经营执照和生产许可证并依法予以关闭。

（五）鼓励和支持大型企业在国土资源管理部门指导下严格按程序评估资产，合理确定补偿标准或股份比例，通过兼并、收购、控股等途径对区域小煤矿进行整合，严禁借重组之机违法倒卖国家资源。

（六）从本办法发布之日起，凡煤炭生产企业平均回采率低于和等于30%的煤矿一律停产整顿，限期一年完成整改。达不到国家规定回采率标准的，坚决予以关闭。

三、强化煤炭资源有偿使用的管理

（一）按照《内蒙古自治区人民政府批转自治区国土资源厅关于深化矿业权有偿使用制度改革培育和规范矿业权市场意见的通知》（内政字〔2003〕343号）要求，所有未缴纳矿业权价款的矿山企业，要在办理延续、变更手续时，按现行价款标准依法补缴矿业权价款。对采矿许可证到期未实现有偿使用的，不得办理延续手续。

（二）按照《内蒙古自治区人民政府关于加快发展能源重化工业进一步推进煤炭资源优化配置意见》（内政字〔2004〕436号）的有关要求，新配置的煤炭资源经有资质评估机构对煤矿企业进行保有资源量评估后，按自治区现行价款标准确定矿业权价款。依据有关规定，经自治区国土资源厅确认后，收取矿业权价款。

（三）进一步完善煤炭矿业权市场管理。今后凡不属于国家、自治区（包括盟市）出资安排的地勘项目，以及为煤化工配置资源合作探矿的项目，一律停止行政审批矿业权，采取招拍挂的市场化方式出让。规范煤炭矿业权价款的评估办法。煤炭探矿权出让实行最低限价。对以往在空白区和预测区内设置的煤矿探矿权，办理延续时收取不低于1万元/平方公里的探矿权价款。对已有矿山，符合规划、需要扩界解决接替资源的，允许比照同类条件下的市场价协议出让。

（四）对被依法关闭煤矿的采矿权，如原矿已缴矿业权价款的，将对剩余资源进行评估，按原价款标准折算后退还原矿主；如原矿未缴矿业权价款的，剩余资源予以收回。

（五）对合并井田的煤矿整合的资源，以现有保留煤矿为基础，将关闭井田及矿间的资源划入。原井田中未缴矿业权价款的，有偿价款按其原资源（煤矿原批准的资源量）与增量资源（扩大的资源量）合并计算；原所有井田已缴矿业权价款的，有偿价款按增量资源计算。

（六）对已有矿业权要按国家和自治区的规划，依据政府调控、整合和规范矿业权市场的原则，加强对矿业权转让、分立及保留等的管理。所有矿业权的转让、重组必须进行矿业权评估、规划审查，并经国土资源部门批准后，方可进行。对私自非法转让、倒卖矿业权的，一律依法吊销或注销勘查许可证、采矿许可证。

（七）根据国务院有关要求，改革矿产资源补偿费的核收办法。从2005年9月1日起，自治区人民政府将出台政策由现在的按煤炭企业销售收入和产量为基数计征改为按煤炭企业消耗的资源储量计征；对回采率为30%~40%的煤矿，按实际消耗资源储量加一倍收取资源补偿费。

四、加强煤炭资源整合的组织实施

坚持"统筹规划、统一管理、协调运行、分步实施"的原则，稳步推进煤炭资源整合和有偿使用工作。

（一）为加强对煤炭资源整合的领导，自治区和各盟市国土资源管理部门负责对此项工作的领导、协调和落实，煤炭行业管理部门、安全生产监管部门、工商部门全力配合，各司其职。

（二）各盟行政公署、市人民政府按照煤炭资源开采现状和资源的完整性及可利用程度，以现保留的矿井为基础进行统一规划，按资源整合的原则利用2年多时间（2005年8月至2007年底）开展煤炭生产秩序的集中整治。各盟行政公署、市人民政府负责本区域内的资源整合工作，根据当地实际，制定具体的办法和措施。

（三）各有关旗县人民政府按照资源整合方案负责本区域内具体实施工作。要妥善协调各方面关系，处理好各种矛盾。明确整合后煤炭企业的产权主体，由工商部门核发营业执照，国土资源管理部门划定整合范围、核发采矿许可证，煤炭管理部门和煤矿安全监察部门审批整合技改安全设计，经验收合格后，核发煤炭生产许可证和安全生产许可证。

（四）各盟行政公署、市人民政府和各旗县人民政府要成立相应组织机构，加大对小煤矿资源整合方案实施的监督力度，严防出现"假整合"现象，依法严厉打击超层越界开采，证照不全非法开采、非法转让、出租、承包小煤矿等违法行为。各级行政监察机关要对煤炭资源整合的全过程进行监察，严肃查处领导干部、国家机关工作人员参与办矿的非法行为。各级政府和有关部门要坚持依法行政，顾全大局，统筹协调，兼顾各方，保持社会稳定，确保煤炭资源整合工作的有序进行。

（五）自治区国土资源厅和煤炭行业管理部门每年对中小煤矿的回采率和旗县关闭重组小煤矿任务的落实情况进行考核。两年完不成任务的，建议调整旗县行政主要领导的工作，并追究相应责任。

（六）自治区国土资源厅要组织调查组对全区已配置的资源开发情况进行一次调查，凡占而不开、占而不按规划开发、为项目配置资源而不如期履约建设煤转化项目的，一律依法收回资源，并依法进行处理。

（七）旗县级以上人民政府主要领导、负有管理职责的部门领导及具体工作人员，在煤炭资源整合和有偿使用工作中玩忽职守、徇私舞弊、滥用职权的，要按国家有关法律、法规规定追究相关法律责任。

（八）本办法由自治区国土资源厅负责解释。

内蒙古自治区人民政府关于印发煤矿整顿关闭工作实施方案的通知

（内政字〔2005〕280号）

各盟行政公署、市人民政府，自治区各委、办、厅、局，各大企业、事业单位：

现将《内蒙古自治区煤矿整顿关闭工作实施方案》印发给你们，请各盟市和有关部门严格按此方案要求，成立相应的工作机构，制定专门的工作方案和具体措施，按最多允许保留煤矿数量，完成煤矿整顿关闭工作。

2005年12月2日

内蒙古自治区煤矿整顿关闭工作实施方案

为认真贯彻落实《国务院关于预防煤矿生产安全事故的特别规定》（国务院令第446号，以下简称《特别规定》）和《国务院办公厅关于坚决整顿关闭不具备安全生产条件和非法煤矿的紧急通知》（国办发明电〔2005〕21号，以下简称《紧急通知》）精神，进一步加快我区煤矿整顿关闭工作进度，完成煤矿整顿关闭工作任务，制定本方案。

一、基本原则

全区煤矿整顿关闭工作坚持"安全第一、淘汰落后、整合重组、综合治理"的原则，结合我区煤矿资源赋存、布局和矿区双回路供电系统规划等实际情况，按照"分类指导、分批实施"的要求，将全区未达到《特别规定》要求的安全生产条件的煤矿，划分为停产整顿、关闭取缔、整合技改三类。

（一）停产整顿煤矿。

1. 未领取煤矿安全生产许可证的；

2. 存在《特别规定》第八条所列的十五项重大安全隐患之一的。

（二）关闭取缔煤矿。

1. 未依法取得采矿许可证、安全生产许可证、煤炭生产许可证、工商营业执照，矿长未依法取得矿长资格证和矿长安全资格证（以下简称"六证"），擅自从事生产的；

2. 未经规定程序批准，擅自进行建设的；

3. 停产整顿煤矿，无力整改或整改无望达标的；

4. 停产整顿煤矿，2005年年底前不能取得安全生产许可证的；

5. 责令停产整顿和停产技改，擅自从事生产的；

6. 无视安全监管，拒不停产整顿或明停暗采的；

7. 存在水、火、瓦斯等重大安全隐患，难以有效防治的；

8. 年生产能力在10万吨以下的；

9. 法律、法规等明确规定关闭的。

（三）整合技改煤矿。

1. 本方案下发后，经自治区、盟市重新认定或批准，并按照批准方案实施扩建、技改的；

2. 经盟行政公署、市人民政府组织有关部门鉴定认为，在批准设计的建设工期内，经停产技术改造，能排除《特别规定》第八条所列的十五项重大安全隐患和达到安全生产许可证发放标准的；

3. 经盟行政公署、市人民政府组织有关部门鉴定认为，在规定期限内，经整合技术改造能够达到《内蒙古自治区人民政府关于促进煤炭工业健康发展的意见》（内政字〔2005〕209号）要求的规模、回采率、机械化水平的。

二、工作任务

（一）2005年年底前，完成自治区已公告的149处煤矿关闭工作。

（二）2006年6月底前，完成自治区即将公告的2006年煤矿关闭任务。

（三）2007年年底前，完成2005年全区煤炭工作会议所确定的煤矿重组、技改任务。

（四）各盟行政公署、市人民政府和旗县人民政府要组织煤矿安全监管、煤炭行业管理、国土资源等部门和煤矿安全监察机构，于2005年年底前对本地区停产整顿矿井逐矿进行评价鉴定分类（关闭、整合技改）。自治区人民政府将组织煤炭行业管理、煤矿安全监察等部门进行指导。

（五）各盟行政公署、市人民政府要严格将本地区地方煤矿数量控制在最多允许保留煤矿数量之内（见附件1）。2005年年底前，将本地区技改煤矿表和关闭煤矿表（见附件2和附件3）报送自治区煤炭工业局，由自治区煤炭工业局汇总后上报自治区人民政府。

三、标准要求

（一）煤矿停产整顿的要求。

1. 颁发证照部门要暂扣"六证"；

2. 停产整顿的矿井要编制整改方案，整改方案包括整改内容、整改目标、整改时限、整改作业范围和从事整改的作业人数、火工品供应量、用电量，整改项目、内容和下井人员要挂牌明示；

3. 停产整顿期间，各盟行政公署、市人民政府和旗县人民政府及有关部门要按照批准的整改方案，从火工品供应、煤炭运销渠道、下井人数、用电量等方面强化监控，严防以整顿为名进行煤炭生产；

4. 盟市、旗县煤矿安全监管、煤炭

行业管理部门必须向被责令停产整顿的煤矿派出监督人员，组织巡回检查或者实行分片包干，督促指导煤矿按照整改方案进行整改，严禁明停暗开、日停夜开、假整顿真生产等违法行为。

（二）煤矿关闭取缔的标准。

各盟行政公署、市人民政府和旗县人民政府负责组织煤矿的关闭取缔工作，并达到以下标准。

1. 各盟行政公署、市人民政府和旗县人民政府要在主要媒体上公告关闭矿井名单；

2. 颁发证照部门要依法吊（注）销采矿许可证、安全生产许可证、煤炭生产许可证、工商营业执照；

3. 停止供应电力，切断电源，拆除供电设备设施；

4. 停止供应火工品，剩余火工品由当地公安部门按照国家有关规定进行清理和统一处理；

5. 矿井井筒完全毁闭、填实，平整井口场地，恢复地貌，矿井生产设备、通讯线路、供水管路全部拆除，遣散从业人员。

（三）煤矿整合技改的要求。

1. 鄂尔多斯地区年产30万吨至60万吨、其他地区年产30万吨至45万吨煤矿的整合技改暂由各盟行政公署、市人民政府审查批准，报自治区煤炭工业局备案；

2. 2005年年底前，具备条件应整合的煤矿，要责令其进行整合扩能改造，限期完成整合技改任务；拒不进行整合重组的，按照《特别规定》的要求依法予以关闭，将资源配置给其他进行整合重组的煤矿；

3. 整合重组扩能改造后的矿井，原则上不低于年产30万吨的规模，采煤方法、机械化水平、矿井资源回收率符合《内蒙古自治区人民政府关于促进煤炭工业健康发展的意见》（内政字〔2005〕209号）要求。

（四）验收工作要求。

1. 关闭煤矿的验收。

2005年11月底前，各盟市完成自治区已公告的149处关闭煤矿验收工作；2005年12月底前，自治区督查组对各盟市关闭煤矿进行督查并对关闭工作进行综合评价。

2006年4月底前，各盟市完成2006年关闭煤矿的验收工作；2006年6月底前，自治区督查组对各盟市关闭煤矿进行督查并对关闭工作进行综合评价。

2. 停产整顿煤矿的验收。

煤矿整改后申请恢复生产的，由各盟行政公署、市人民政府和旗县人民政府组织煤矿安全监管部门、煤炭行业管理部门和煤矿安全监察机构及时进行验收。验收合格的，由煤矿安全监管部门、煤炭行业管理部门和煤矿安全监察机构主要负责人签字，并经盟行政公署、市人民政府和旗县人民政府主要负责人签字批准，发还暂扣证照，恢复生产。验收不合格的，依法予以关闭。

四、职责分工

（一）各盟行政公署、市人民政府和各旗县人民政府、苏木乡镇人民政府负责本辖区内煤矿整顿关闭工作。地方各级人民政府主要领导是煤矿整顿关闭工作的第一责任人。地方各级人民政府要成立煤矿整顿关闭工作领导小组，制定煤矿整顿关闭工作方案，明确职责和措施，并报自治区煤矿整顿关闭工作领导小组办公室（设在自治区煤炭工业局）备案。

（二）煤炭行业管理部门负责查处未经批准擅自建设、改扩建的矿井和超能力生产的矿井；发布煤矿关闭和技改公告；对关闭、整顿煤矿依法吊销或暂扣煤炭生产许可证。煤矿安全监管部门要加强煤安全的日常监管，严肃查处煤矿生产和建设中的违法行为。此项工作由自治区煤炭工业局副局长王旺旺负责。

（三）煤矿安全监察机构要通过重点监察、专项监察和定期监察，切实加强对煤矿整顿关闭工作的监督，及时查处各种违法行为；严格安全生产许可证的审核发放，对关闭、整顿煤矿依法吊销或暂扣安全生产许可证；发布煤矿停产整顿公告。此项工作由内蒙古煤矿安全监察局副局长关图儒负责。

（四）国土资源管理部门负责整合煤炭资源，坚决查处未取得采矿许可证的非法煤矿，严厉处罚超层越界开采煤矿；对关闭、整顿煤矿依法吊销或暂扣采矿许可证。此项工作由自治区国土资源厅厅长负责。

（五）工商行政管理部门要依法查处无照经营或营业执照过期的煤矿，对关闭、整顿煤矿依法吊销或暂扣营业执照。此项工作由自治区工商行政管理局副局长吴锦凤负责。

（六）公安部门要按照煤矿整改方案，限量提供火工品；要加强对煤矿火工品购买、运输、储存和使用过程的监管；对关闭煤矿要注销爆炸物品使用许可证和储存证，停止供应和收缴剩余火工品。此项工作由自治区公安厅副厅长阿斯林负责。

（七）电力部门负责切断关闭矿井的电源，拆除电力部门的供电设备设施；对停产整顿的矿井，要按照整改方案限量供电；对确定保留的地方煤矿，各盟市、旗县电力部门要会同煤炭行业管理、煤矿安全监管等部门，制定落实双回路供电系统实施方案。此项工作由内蒙古电力（集团）有限责任公司副总经理张景生负责。

（八）劳动和社会保障部门要加强与煤矿安全生产监督管理部门的协作，认真贯彻劳动和社会保障部等三部委《关于贯彻〈安全生产许可证条例〉做好企业参加工伤保险有关工作的通知》（劳社部发〔2005〕8号）要求，确保煤矿企业为在册职工交纳工伤保险费率达到100%。此项工作由自治区劳动和社会保障厅副厅长刘建一负责。

（九）监察部门要按照国家有关法律法规，依法查处国家机关工作人员和国有企业负责人参股办矿或利用职权纵容、包庇非法违法煤矿等违法行为，严肃追究各级政府、各部门负责人及其他公职人员不严格履行煤矿整顿关闭失职渎职责任。此项工作由自治区监察厅副厅长额尔德尼负责。

五、责任追究

（一）煤矿整顿关闭工作完成和责任履行情况，纳入自治区对盟市领导班子、自治区直属机关年度实绩考核内容之中。对整顿关闭工作不力和未完成任务的盟市、部门以及主要领导、分管领导，不予评优评先。

（二）各盟市、旗县、苏木乡镇要建立煤矿整顿关闭工作目标责任制，实行"一票否决"。有下列情形之一的，本级政府当年不予评优评先。

1. 苏木乡镇辖区内有非法违法煤矿的；

2. 旗县辖区内一个月中发现有2个苏木乡镇有非法违法煤矿的，或年内发生一次死亡3人以上事故的；

3. 盟市辖区内一个月中有2个旗县有非法违法煤矿，或年内发生一次死亡10人以上事故的。

（三）对盟市主管领导和旗县、苏木乡镇主要领导及煤矿安全监管、煤炭行业管理、国土资源、工商行政管理、电力、公安等有关部门领导和煤矿安全监察机构领导，不严格履行职责或者有违纪违法行为的，按照《特别规定》的有关要求，自治区有关部门有权提请其上级人民政府或主管部门，按照有关程序给予其记过、记大过、降级、撤职或者开除的行政处分，直至追究刑事责任。

（四）自治区负责颁发"六证"的部门、机构，向不符合法定条件的煤矿或矿长颁发有关证照的；盟市、旗县有关部门不严格履行本级审查责任，给不符合法定条件的煤矿或矿长审报有关证照的；盟市、旗县有关部门、机构未按规定履行职责，未及时发现辖区内非法违法煤矿，或者发现后不及时采取有效措施并未及时向同级人民政府和上级主管部门报告的；对直接责任人和有关负责人，根据情节轻重，逐级予以追究；构成犯罪的，依法追究刑事责任。

（五）加大对非法违法煤矿的查处力度。对非法违法煤矿要没收违法所得和开采出的煤炭以及采掘设备，并处以违法所得1至5倍的罚款，依法吊（注）销各种证照；对非法违法煤矿的负责人和实际控制人，构成犯罪的，依法追究刑事责任，尚不够刑事处罚的，处以20万元罚款。非法违法煤矿造成死亡事故的，除按规定对死亡职工给予不低于每人20万元的赔偿外，每死亡1人处以100万元以上的罚款。

附件：1. 各盟市最多允许保留煤矿数量表

2. 各盟市技改煤矿表（略）

3. 各盟市关闭煤矿表（略）

附件1

各盟市最多允许保留煤矿数量表

盟市	现有地方煤矿	最多允许保留煤矿数	备注	盟市	现有地方煤矿	最多允许保留煤矿数	备注
全区合计	1161	500		锡林郭勒盟	28	15	
呼和浩特市	6	0		鄂尔多斯市	572	300	
包头市	70	7	杨圪塄矿及露天矿	巴彦淖尔市	21	3	
呼伦贝尔市	70	30		乌海市	105	40	
兴安盟	22	0		阿拉善盟	135	60	
通辽市	26	15		自治区境内的中央属煤矿企业生产能力为30万吨以下矿井也要按自治区产业政策要求，在期限内整合或关闭			
赤峰市	106	30					

注：1. 现有煤矿数量已减去2005年已公告关闭的149处煤矿；2. 现有煤矿数量为持有煤炭生产许可证的数量。

内蒙古自治区人民政府
关于加强煤田（煤矿）火区专项治理工作的实施意见

（内政发〔2007〕234号）

各盟行政公署、市人民政府，各旗县人民政府，自治区各有关委、办、厅、局：

我区煤炭资源十分丰富，但煤层赋存浅、露头多、易自燃。全区现已查明的煤田火区有64处、煤矿火点237处，主要分布在古拉本煤田、桌子山煤田、乌达煤田、准格尔煤田、东胜煤田等地，火区燃烧面积约2280万平方米，形成呆滞煤量约3.8亿吨，每年燃烧煤炭资源约4500万吨。特别是乌海市和鄂尔多斯市，火区点多、面广，对当地生态环境造成了一定的影响，给生产矿井带来了安全隐患。为保护煤炭资源和生态环境，消除煤矿生产的火灾隐患，规范实施全区煤田（煤矿）火区治理，建立火区治理的长效机制，特制定本意见。

一、火区治理的总体目标和基本原则

（一）治理目标

自治区发展和改革委员会近期要编制完成全区煤田火区治理总体规划。从2007年开始到2010年，古拉本煤田、桌子山煤田、乌达煤田、准格尔煤田、东胜煤田的火区治理达到控制标准，到2012年末达到熄灭标准。建立和完善火区治理的长效机制，对新发现的火区做到随时发现随时治理。

（二）治理原则

1. 谁开发、谁治理，谁致燃、谁治理，谁治理、谁受益。

2. 谁审批、谁监管、谁验收、谁负总责。

3. 统一领导、协调联动、分级负责。

4. 统一规划、综合治理、先易后难、科学有序、先控制后熄灭。

二、组织领导及职责

（一）自治区人民政府成立全区火区治理领导小组，成员单位包括自治区发展和改革委员会、监察厅、国土资源厅、财政厅、水利厅、公安厅、环境保护局、煤炭工业局和内蒙古煤矿安全监察局；建立联席会议制度，安排实施火区治理工作，随时解决火区治理工作中出现的重大问题。

（二）自治区发展和改革委员会负责全区火区治理总体规划的编制和向国家发展和改革委员会申报火区治理项目工作；自治区煤炭工业局会同自治区国土资源厅负责火区治理方案的审查、批复，对火区治理工程进行督查和验收。

（三）各盟行政公署、市人民政府负责本行政区域内火区治理的日常监督和管理工作，负责旗县上报的火区治理方案的初审和上报，要明确具体的监督机构和工作人员。

（四）旗县级人民政府负责未设置采矿权范围的火区（以下简称煤田火区）治理，同时负责对本行政区内地方煤矿火区治理方案组织上报和地方煤矿火区治理工程的施工进行日常监管，要明确具体负责单位和项目负责人。

（五）已设置采矿权范围的火区（以下简称煤矿火区）治理由采矿权人负责，其中国有重点煤矿火区治理方案可按隶属关系直接报送国家或自治区发展和改革委员会审批，并由批准单位进行监管和验收。

三、火区治理的有关规定

（一）火区勘查

实施火区治理前要进行火区勘查，旗县级人民政府负责煤田火区勘查，采矿权人负责自己煤矿火区勘查。火区勘查要委托专业的火区勘查队伍或地质勘查单位实施，火区勘查工作要符合《煤田火灾灭火规范》的要求，提交勘查报告，此项工作要在2007年底前完成。

（二）审批程序

根据火区勘查报告，旗县级人民政府（采矿权人）委托有资质的煤炭科研院所编制火区治理方案，煤炭科研院所接受委托前要到自治区煤炭工业局进行资质备案。火区治理方案由旗县级人民政府负责上报，由所在盟行政公署、市人民政府进行初审，自治区煤炭工业局会同自治区国土资源厅进行审查、批复。火区治理工程临时用地、工程用水、环境保护措施、安全措施等由盟行政公署、市人民政府组织相关部门和煤监分局审批，此项工作要在2008年3月底前完成。

（三）火区治理工程的施工

1. 火区治理工程实行招投标制度，引进有资质、有实力、有灭火经验的专业灭火队伍，参加招投标的施工队伍在投标前要到自治区煤炭工业局进行资质备案。

2. 煤矿火区治理工程由采矿权人组织招投标；煤田火区治理工程由旗县级人民政府组织招投标。

3. 火区治理工程的开工由盟行政公署、市人民政府批准并报自治区煤炭工业局备案。火区治理工程要严格按照批准的火区治理方案实施科学有序的灭火。

4. 现已完成火区勘查和火区前期监测的煤矿，要尽快进行灭火方案设计，火区治理工程要在年内开工。

（四）火区治理工程的监督和管理

自治区煤炭工业局等部门负责火区治理工程的监督和最终验收；各盟行政公署、市人民政府负责对火区治理工程的日常监管；各旗县级人民政府负责对施工队伍的管理。

（五）火区的监测

1. 火区监测由旗县级人民政府委托有监测技术资质的单位承担。监测单位要按照《煤田火灾灭火规范》的规定进行监测，对火区状态做出阶段和最终评价。

2. 已确定近期治理的火区，监测工作必须在施工前3个月开始并在施工期间定期监测，监测结果按规定上报，以便指导火区治理工程进度。

3. 火区治理工程验收后，要继续定期监测，监测时间不少于12个月，以考查灭火效果。

四、资金的筹措及使用

（一）资金的来源：采取采矿权人出资，自治区、盟市出资，申请国家地质灾害治理项目资金，申请国家火区治理项目资金。

（二）资金的使用：煤矿火区的治理费用由采矿权人承担，煤田火区治理费用由自治区、盟市和国家的治理项目资金支付。

五、其他事宜

（一）采矿权人要积极实施火区治理，对未按规定时限完成火区治理工程或不按批准的方案施工的煤矿，自治区有关部门将依照有关规定暂扣或吊销相关证照，依法进行停业整顿直至关闭。

（二）对不进行火区治理或采矿权人无力治理火区的煤矿，由自治区、盟市出资治理，同时收回采矿权，火区治理工程结束后，重新配置采矿权。

（三）未经批准擅自开工的火区治理工程，或以灭火为名开采煤炭资源的，按盗采国家资源处理。

（四）有火区治理工程的煤矿要向旗县级人民政府质押回填复垦保证金，保证金额度由盟行政公署、市人民政府确定。火区治理工程结束后，已完成回填复垦的，由旗县级人民政府退还保证金，没有完成回填复垦的，由旗县级人民政府用保证金组织实施复垦。

（五）新闻媒体对火区治理工程的全过程要进行舆论监督。

（六）各盟市可根据本意见精神制定具体的实施办法。

2007年11月5日

内蒙古自治区人民政府
关于进一步完善煤炭资源管理的意见

(内政字〔2009〕50号)

各盟行政公署、市人民政府，自治区各委、办、厅、局，各大企业、事业单位：

煤炭资源是我区的战略性优势资源，随着经济的快速发展和对外开放的不断扩大，科学配置管理煤炭资源已成为我区经济结构调整和又好又快发展的必然要求。根据有关法律法规以及国家和自治区关于煤炭资源管理的政策要求，结合近年来自治区经济发展的新情况，现就进一步完善煤炭资源管理提出如下意见。

一、煤炭资源配置管理的基本原则

(一)坚持规划先行、科学有序配置管理煤炭资源的原则。煤炭资源配置必须符合矿区总体规划和矿业权设置方案。

(二)坚持政府调控、市场调节、有偿使用的原则。煤炭资源和矿权由自治区人民政府在全区范围内统一管理设置。

(三)坚持依法公开、公平、公正和竞争的原则配置管理煤炭资源。

(四)坚持以调整产业布局和优化产业结构为导向，重点向符合国家产业政策和环保要求，投资规模大、技术含量高的深加工转化项目配置煤炭资源的原则。严格控制向产能过剩的行业配置煤炭资源。

(五)坚持整体布局、整装开发、集约开发、资源节约利用的原则。

(六)坚持资源开发与生态环境保护相统一，严格遵循谁利用、谁保护，谁破坏、谁治理的原则。

二、煤炭资源配置的条件、标准与要求

(一)煤炭资源配置的条件

1. 国家和自治区重点煤炭转化和综合利用项目。

2. 符合国家和自治区产业政策，经自治区人民政府确认，一次性完成固定资产投资额在40亿元以上的新建大型装备制造和高新技术项目。个别技术装备水平居全国同行业领先的项目，经自治区人民政府同意，可适当降低有关条件。

3. 经自治区人民政府批准同意通过招拍挂方式取得的矿权。

4. 自治区内矿山保有资源储量服务年限不足10年、职工安置困难大、无接续资源的资源枯竭型国有及国有控股重点煤炭企业。

5. 资源整合中需要扩大周边不宜单独设置采矿权区域的项目。

6. 现已配置的煤炭资源量超过项目实际需求的企业，新上项目可先利用已配置的煤炭资源。如果新上项目后续资源不足，可按有关规定另行配置接续资源。

7. 已获国家批准的采矿权并已配置褐煤资源，上褐煤干燥项目，可视为转化项目。但不再为新上褐煤干燥项目配置资源。

（二）煤炭资源配置的标准

1. 煤炭转化和综合利用项目，按项目有效生产期内实际用煤量1：2的比例配置煤炭资源。

2. 新建煤炭资源开发项目，井工单井规模不低于120万吨/年，露天开采规模不低于300万吨/年，且就地转化率均要达到50%以上。

3. 特殊稀缺性煤种资源配置，按国家产业政策标准执行，资源就地转化率必须达到60%以上。

4. 装备制造项目、高新技术项目固定资产投资每20亿元配置煤炭资源1亿吨，一个项目主体配置煤炭资源最多不超过10亿吨。

5. 经批准符合国家产业政策的PVC项目（包括电石），由自治区经济委员会协调组建1至2个配套兰碳合资企业，根据自治区人民政府确定的生产规模，按1：1的比例配置煤炭资源。

6. 经招拍挂获的矿权，配置煤炭资源条件可适当放宽。

（三）煤炭资源配置的要求

1. 申请配置资源的企业要在自治区内注册独立法人企业，实行属地管理。

2. 严禁非法转让矿业权。企业所配置的矿业权转让必须按照法定程序征得有关部门同意，并报自治区人民政府批准。对于未经自治区人民政府批准转让探矿权的，自治区有关部门不予办理采矿权。已经取得煤炭探矿权需转采矿权的项目，也要符合煤炭资源配置条件要求。

3. 严禁大矿小开、占而不开、越界开采等违法行为。煤炭转化或配套项目应得到国家和自治区相关部门核准或备案，必须按协议确定的条件开工建设，且建设进度要达到自治区规定的要求。未如期建设或不能开工建设的，将依法收回资源。

4. 坚持一个规划井田由一个项目主体开发的原则。一个项目主体配置的资源量未达到矿区总体规划要求的，可由批准配置资源的若干项目主体联合开发。

5. 自然保护区、重要水源涵养地、国家公园等明令禁止开发区域的煤炭资源不得配置和开发。

三、煤炭资源配置管理的审批程序

（一）自治区人民政府统一调控全区煤炭资源的一级市场勘查和管理。

（二）全区范围内统一配置煤炭资源，要充分考虑资源所在地的利益，实现地区之间共同协调发展。资源配置可以通过盟市之间相互协商提出意见，报自治区人民政府审批；个别项目的资源配置，也可以由自治区人民政府根据产业布局研究确定。

（三）自治区发展和改革委员会、国土资源厅会同有关部门根据矿产资源储量编制矿区总体规划和矿业权设置方案，经自治区人民政府同意后，分别报国家能源局和国土资源部批准后再行配置。

（四）申请配置煤炭资源的项目由各盟行政公署、市人民政府根据国家产业政策和自治区有关规定进行初审，符合产业政策、进入产业目录、具备条件的投资项目，由项目所在地盟行政公署、市人民政府报自治区人民政府审批。

（五）申报项目由自治区发展和改革委员会、经济委员会（煤炭工业局）、环境保护局、国土资源厅等有关部门根据职能职责提出审核意见。自治区发展和改革委员会、经济委员会（煤炭工业局）、环境保护局要将审核意见及时报送自治区人民政府并抄送自治区国土资源厅，由自治区国土资源厅负责汇总相关部门的意见后，报请自治区人民政府研究审批。

（六）对于预留资源区块矿业权，待项目实际开工建设后，根据开工规模测算资源配置量，按规定程序和要求办理出让、转让矿业权手续。

四、煤炭资源依法有偿使用和监管

（一）煤炭资源属于国家所有。

为维护国家所有者的权益，显化煤炭资源的资产价值，从事煤炭资源开发的矿业权人应依据有关规定缴纳探矿权、采矿权使用费和矿产资源补偿费及矿业权价款。

（二）有偿协议出让、转让的煤炭资源矿业权价款收费标准及程序要严格执行《内蒙古自治区人民政府关于印发〈内蒙古自治区矿产资源有偿使用管理办法（试行）〉的通知》（内政发〔2007〕14号）的规定。矿业权价款分配仍按该文件的有关规定执行。

（三）征收的探矿权、采矿权使用费和矿产资源补偿费及矿业权价款，纳入同级财政预算管理并实行专款专用。

（四）自治区发展和改革委员会、经济委员会（煤炭工业局）、国土资源厅要按照各自职责，对已配置资源的建设项目实施跟踪监督。审计、监察部门要对煤炭资源配置业主投资到位情况及各种规费、价款的收缴和使用进行全程跟踪审计监督。

本意见自下发之日起执行。自治区人民政府及相关部门此前下发的文件规定中与本意见不一致的，以本意见为准。

附件：煤炭资源配置管理目录

2009年6月12日

煤炭资源配置管理目录

一、煤炭转化和综合利用产业

（一）年产300万吨及以上煤制油项目；

（二）年产100万吨及以上二甲醚项目；

（三）年产60万吨及以上煤制烯烃项目；

（四）年产20亿立方米及以上煤制气项目；

（五）年产规模达20万吨及以上乙二醇项目；

（六）年产合成氨30万吨及以上的煤制化肥项目；

（七）获国家核准的30万千瓦以上的火电项目；

（八）具有一定产业化规模的创新型煤化工项目；

（九）已获国家批准的褐煤资源采矿权的褐煤干燥提质项目；

（十）经自治区人民政府同意招拍挂取得矿权的企业。

二、非资源型产业

（一）一次性完成固定资产投资规模在40亿元以上的大型煤炭、电力、化工、车辆、装备制造及配套项目；

（二）大型新能源制造及配套项目；

（三）大型发酵制药项目。

内蒙古自治区人民政府关于印发自治区煤炭企业兼并重组工作方案的通知

(内政发〔2011〕32号)

各盟行政公署、市人民政府,自治区各有关委、办、厅、局,各有关企业:

现将《内蒙古自治区煤炭企业兼并重组工作方案》印发给你们,请认真贯彻执行。

2011年3月15日

内蒙古自治区煤炭企业兼并重组工作方案

煤炭工业是我区的重要支柱产业。近年来,全区煤炭产业进行了大规模、强有力的调整、升级和优化,通过整顿关闭、资源整合,淘汰了一大批规模小、技术水平低、资源浪费严重、安全无保障的小煤矿。全区煤矿数量由2005年的1378处减少到2010年的551处,平均单井产能由2005年不足14万吨提高到140万吨,资源回收率由2005年不足20%提高到60%,机械化生产水平提升到90%以上,30万吨以下矿井退出市场,原煤百万吨死亡率由2005年的0.5稳定在目前的0.05左右,原煤产量由2005年的2.6亿吨增至2010年的7.87亿吨。煤炭工业生产、安全水平居全国前列。

为进一步提高全区煤炭工业集中度,提升煤炭工业产业化水平,促进煤炭工业健康发展,根据《国务院办公厅转发发展改革委关于加快推进煤矿企业兼并重组若干意见的通知》(国办发〔2010〕46号)精神,结合自治区实际,特制定本方案。

一、工作思路

(一)指导思想

以科学发展观为指导,以结构调整为主线,在巩固煤炭资源整合和煤矿整顿关闭成果的基础上,加快推进企业兼并重组,夯实煤矿安全生产基础,构建和发展大型煤炭产业集团,进一步促进煤炭产业结构优化升级,建立安全生产保障程度高、资源回收率和综合利用效率高、经济效益好、综合竞争力强的新型煤炭工业体系。

(二)基本原则

坚持集约发展原则。以资产为纽带,以股份制为主要方式,鼓励和支持煤炭企业兼并重组,提高煤炭生产的集约化发展水平。

坚持规划先行原则。新矿区原则上一个矿区由一个主体开发,现有矿区由大型企业兼并重组小型企业。将兼并重组和资源整合结合起来,减少开发主体,逐步实现集中开发。

坚持市场化运作原则。尊重企业意愿,兼顾各方利益。通过政策引导、政府推动、企业自愿、市场化运作的模式,推进煤炭生产企业兼并重组。兼并重组后的煤炭生产企业要形成一个法人治理结构,一个安全责任主体。

坚持积极稳妥原则。在矿区开发规划

指导下，积极稳妥推进煤炭企业兼并重组，成熟一个，发展一个，注重兼并重组实效。

坚持安全生产原则。加强以煤矿安全质量标准化建设为主的煤炭安全基础管理，认真落实安全主体责任，提高煤炭安全生产管理水平。

（三）发展目标

产能规模。"十二五"末期，全区原煤产量控制在 10 亿吨，其中 120 万吨及以上井工矿、300 万吨及以上露天矿产能占总产能的 70%。2013 年底，全区煤炭生产企业最低生产规模为 120 万吨（有条件的地区可提高到 300 万吨），生产规模在 120 万吨以下的煤炭生产企业全部退出市场。

企业数量。2013 年底，全区地方煤炭生产企业数量控制在 80－100 户（分盟市控制数见附表）；通过兼并重组，在地方煤炭生产企业中形成 1－2 户亿吨级、5－6 户5000 万吨级、15－16 户千万吨级的煤炭企业，形成营业收入超百亿元的煤炭企业 20 户，其中 2011 年底达到 8－10 户、2012 年底达到 15－18 户。

装备水平。"十二五"末期，全区煤炭生产全部实现机械化开采。

安全水平。"十二五"末期，全区原煤生产百万吨死亡率继续保持全国领先水平。

二、方法和途径

（一）兼并重组范围

注册在自治区境内，具有独立法人资格和安全生产责任主体的煤炭企业。重点鼓励和支持地方煤炭生产企业的兼并重组。其中，自治区以引进项目方式配置煤炭资源的煤炭生产企业，在参与兼并重组时，要将项目和资源一并参与兼并重组。煤炭企业生产规模要以在自治区境内已形成的产能确定。

（二）确立兼并主体

各盟市根据下达的煤炭企业控制指标，综合考虑煤炭生产企业资产状况、生产规模、管理水平和产业化发展等条件确立兼并主体。其中，原煤生产能力在 500 万吨以上的企业，或已拥有至少一处井工矿单井规模在 120 万吨及以上、露天矿单矿规模在 300 万吨及以上，且三年内未发生 10 人以上重大事故、资产优良的企业，可优先作为兼并主体。鼓励区内有条件的大型国有企业参与兼并重组。

（三）兼并重组形式

以资源为基础，以资产为纽带，以股份制为主要方式，通过并购、转让、联合、控股等多种有效形式，开展煤炭生产企业兼并重组。

煤炭企业兼并重组主要由兼并主体兼并其它企业，鼓励大型煤炭企业联合重组。兼并重组后，新形成的煤炭企业要实现资源、资本、生产、安全、经营、组织等方面的高度有机统一。鼓励自治区内跨地区兼并重组，严禁设置地区障碍，兼并主体要在被兼并对象原注册地设立子公司。

三、政策措施

（一）严格煤炭生产行业准入

一是新上煤炭生产项目必须同步建设转化项目，以及高新技术、装备制造等配套项目。煤炭转化项目原煤就地转化率必须达到 50% 以上；井工矿生产能力不低于 120 万吨，露天矿不低于 300 万吨。二是限制单一以扩大产能为主的低水平煤矿改造建设项目。三是支持参与兼并重组的煤炭生产企业进行以资源整合和产业升级为主的技术改造。四是推行煤炭生产企业资质管理制度，最低生产规模为 120 万吨。

（二）支持兼并企业提升生产水平

支持兼并重组后的煤炭生产企业进行采掘机械化改造。支持有条件的煤炭生产企业进行资源整合。考虑到兼并重组后新形成的煤炭生产企业管理、生产、安全等条件发生变化的实际，可对煤炭企业能力进行重新核定。核定的具体办法由自治区煤炭企业兼并重组工作领导小组（以下简称领导小组）办公室制定。

（三）优先安排兼并主体铁路运力

兼并重组新形成的煤炭企业列入重点运输保障范围。兼并重组后生产能力超过1000万吨，尚未设立铁路运输户头的企业，经批准赋予铁路运输户头。兼并重组后生产能力超过2000万吨的，优先满足铁路运力。按照兼并重组后煤炭生产企业的外运需求、铁路运能总量，具体制订铁路运力保障计划。率先完成兼并重组的企业，优先安排铁路运力。

（四）支持兼并企业资源配置

兼并规模超过500万吨以上，或相互兼并重组生产能力超过1000万吨的企业，可将其所属煤矿周边的空白区按不超过其现有储量总和的20%预留给新形成的煤炭企业作为后备资源；通过兼并重组生产能力超过3000万吨或营业收入超过100亿元的煤炭企业，在全区已具备开发条件的规划区内预留后备资源。兼并重组后达到"一个矿区一个主体开发"条件的煤炭企业，可将所在矿区内的空白资源预留为后备资源；优先为率先完成的企业配置资源，后续完成无资源可配的，不再配置。上述兼并重组后形成的生产能力不含通过能力核定所增部分。

（五）加大财税政策支持力度

自治区相关政策性资金向兼并主体倾斜，优先申报和争取国家煤矿安全改造项目等资金。兼并重组涉及的资产评估增值、债务重组收益、土地房屋权属转移等给予税收优惠，具体按照财政部、税务总局《关于企业兼并重组业务企业所得税处理若干问题的通知》（财税〔2009〕59号）、《关于企业改制重组若干契税政策的通知》（财税〔2008〕175号）等规定执行。兼并主体注册地与被兼并对象原注册地可在国家、自治区有关法律法规允许范围内，签订财税、地区生产总值产出等分成协议。

（六）拓宽企业投融资渠道

优先支持具备条件的兼并主体，通过上市、发行债券、股权转让等融资方式筹集发展资金。兼并主体要落实好金融债权，各类金融机构要积极支持煤炭企业兼并重组工作，在回购不良债权时要予以优惠。鼓励自治区内商业银行设立煤炭生产企业兼并重组专项贷款资金，加大信贷支持力度。

（七）建立煤炭企业退出机制

被兼并对象主动申请退出煤炭生产领域的，进入自治区矿业权交易市场，依法进行交易。对不积极参与重组的企业，不新增资源，不增加铁路运力，不审批煤炭建设项目。

（八）认真落实安全生产责任

各地区要高度重视煤炭生产企业兼并重组过程中的安全生产工作。兼并主体要切实承担起被兼并对象煤矿安全生产的主体责任。跨地区兼并重组的煤炭生产企业，按照属地监管的原则，明确安全监管、监察责任。坚决杜绝和防止兼并重组过程中因安全管理缺位、不到位发生安全事故。

四、工作要求

（一）加强领导

自治区煤矿整顿关闭工作领导小组兼自治区煤炭企业兼并重组工作领导小组，

负责全区煤炭企业兼并重组领导工作。领导小组办公室设在自治区煤炭工业局，负责领导小组的日常工作，具体包括：组织专家论证各盟市的工作方案，提出初审意见上报领导小组审批，履行兼并重组煤炭生产企业、资源整合煤矿以及产业结构调整项目方案的论证和审批职责，协调跨盟市间的兼并重组等。领导小组各成员单位要根据职责制订配套措施，依据批准的方案，履行各自职责，简化工作程序，提高工作效率，为煤炭企业兼并重组工作创造条件。

（二）明确责任

各盟行政公署、市人民政府主要负责人是本地区煤炭企业兼并重组工作的第一责任人。兼并重组工作以各盟行政公署、市人民政府为责任主体，集体民主决策本行政区域内煤炭企业兼并重组的业主选择及重组方案确定。自治区将项目审批与重组工作挂钩联动。

（三）有序实施

全区煤炭企业兼并重组工作从2011年开始，到2013年底结束。

2011年上半年为准备阶段。自治区相关部门制订配套政策。各盟市制订具体工作方案和分年度计划，确定兼并主体和被兼并对象，强化工作措施。自治区审批各盟市工作方案。

2011年下半年至2013年为实施阶段。各盟市按照自治区批准的工作方案，全面组织实施煤炭企业兼并重组工作。自治区人民政府派出指导组，指导各地区的兼并重组工作，协调解决兼并重组中存在的重大问题。凡被确定为兼并主体企业在两年内没有实质性兼并重组工作的，按程序应取消其兼并主体资格。

2014年上半年，自治区人民政府组成检查验收组，检查和验收各盟市兼并重组任务目标完成情况，总结全区煤炭企业兼并重组工作。

（四）维护稳定

各地区要切实做好职工安置工作，兼并重组主体企业要认真贯彻相关法律法规及政策规定，按照企业改组改制要求，积极稳妥处理职工的劳动关系、社会保险关系接续等相关工作，维护职工合法权益，解决好企业兼并重组中存在的问题，确保社会和谐稳定。

（五）跟踪考核

各地区、相关部门要按照本方案确定的目标和原则，认真组织实施，健全和完善规划实施的监督机制，实行日常督促、年度考核、中期评估和终期总结，将实施情况纳入地区、部门考核体系。

（六）做好宣传

各地区、各有关部门要组织开展多种形式的宣传活动，深入宣传调整煤炭工业结构，开展煤炭企业兼并重组的重要意义，明确此次整合着重于企业和煤矿做强做大，不涉及所有制结构调整的任务。宣传煤炭企业兼并重组的先进经验和成果，营造良好的舆论氛围。

附件：2013年底全区煤炭企业数量控制表（略）

内蒙古自治区人民政府
关于完善煤炭资源配置管理若干规定

（内政发〔2012〕126号）

针对全区煤炭资源配置中出现的新情况、新问题和历史遗留问题，自治区人民政府决定对《内蒙古自治区人民政府关于进一步完善煤炭资源管理的意见》（内政发〔2009〕50号）的内容进行调整。现就完善我区煤炭资源配置管理作出如下规定：

第一条　加强煤炭矿业权管理。煤炭资源国家所有权，是指地表或者地下的煤炭资源属于国家所有，不因所依附的土地所有权或者使用权的不同而改变。煤炭矿业权，是煤炭探矿权与煤炭采矿权的合称。煤炭探矿权，是指依法取得勘查许可证，并在勘查许可证载明的范围内勘查煤炭资源的权利；煤炭采矿权，是指依法取得采矿许可证，并在采矿许可证载明的范围内开采煤炭资源和获所开采煤炭的权利。

煤炭资源风险勘探统一由自治区人民政府管理，暂由自治区地质勘查基金管理中心代政府持有探矿权，并安排专项资金委托有资格的勘查单位实施勘查。风险探矿权（包括协议出让、申请探矿权）不得擅自转让（包括以股权变更、公司重组、合作等名义将探明的煤炭资源储量折算为企业资产），如擅自转让的，由自治区国土资源厅依法吊销其勘查许可证。风险探矿权的处理，依据本规定第十一条办理。

第二条　煤炭资源配置采取行政配置和市场化配置2种方式。配置煤炭资源应当坚持煤炭资源有偿使用，从严从紧、以市场价格配置；坚持符合国家产业政策和节能环保政策；坚持合同管理、动态监管、项目跟踪、合理调配；坚持保障国家煤炭调出需求与提高就地转化率相结合等原则。

煤炭资源价款的标准，按照当期市场价格确定。原则上以采用招拍挂形式形成的价格确定同区域、同类煤种的价款标准，并依据市场价格变动情况按程序进行动态调整。年度价款标准由自治区国土资源厅会同有关部门提出方案后报自治区人民政府确定，于每年1月份发布。

价款缴纳方式。行政配置的煤炭矿业权应缴价款，在《内蒙古自治区人民政府关于调整煤炭资源矿业权价款有关问题的通知》（内政发〔2011〕63号）规定的价款标准以内部分，仍按原办法缴纳；超出部分，在煤矿投产后按照吨煤收取，并与煤炭价格调节基金一并平衡考虑，具体实施办法另行制定。市场配置的煤炭矿业权价款缴纳方式，按照国家和自治区的有关规定执行。

第三条　根据国家和自治区中长期煤炭资源开发规划及矿区开发时序，由自治区发展改革委（能源开发局）会同自治区国土资源厅、经济和信息化委（煤炭工业局）拟定年度招拍挂区块、配置区块、配置总量，报自治区人民政府批准后执行。

第四条　行政配置煤炭资源必须符合

国家产业政策，配置给直接转化煤炭资源的电力、煤炭深加工等项目（配置范围详见附件）。焦炭、兰炭等低水平的转化项目，不予配置。煤炭转化项目的资源配置量按照原配置计算办法，根据项目用煤量以1:1的比例配置。自治区人民政府确定的重点支持的承接产业转移项目园区，经自治区人民政府主席办公会议研究同意，可打捆计算投资总额配置资源给园区，比照"内政发〔2009〕50号"文件有关精神，每投资20亿元配置1亿吨煤炭资源。自治区国土资源厅代表自治区人民政府与获配置资源的企业（园区）签订协议，明确其责任和要求。

对于技术含量高、带动性大的大型装备制造和高新技术产业化等项目，政府通过资源性收益建立产业发展资金，采取风险投资、资本金补贴、贴息等方式给予支持，不再配置煤炭资源。产业发展资金由自治区人民政府与相关盟行政公署、市人民政府从拍卖所得煤炭资源收益金地方留成部分，按照1:1的比例分成后分别建立，并纳入同级预算管理。自治区产业发展资金重点扶持我区没有煤炭资源的地区发展上述产业。具体实施办法另行制定。

第五条　严格按照"内政发〔2009〕50号"文件规定已配置（已拥有）煤炭资源的企业，新上煤炭转化和综合利用项目，必须先利用已有的煤炭资源，按照1:2的比例计算抵减量；如资源不足的，按照1:1的比例配置煤炭资源。

鼓励拥有煤炭资源的企业进行煤炭转化和综合利用，优先安排煤炭深加工项目。对综合利用低热值煤、煤泥、洗中煤、煤矸石等的企业，优先安排煤矸石、煤泥电厂等转化项目，但不再重新配置煤炭资源。

第六条　对焦煤（含1/3焦煤）、肥煤、富铝煤、富锗煤等特殊和稀缺煤类资源实行保护性开发，新配置的煤炭资源就地转化率必须达到100%；已配置该煤类煤炭资源的企业，要逐步提高就地转化率。自治区将适时出台保护性开发利用政策。按照1:1的比例，富锗煤炭配置给具备转化能力的企业，富铝煤炭定向配置给利用粉煤灰提取氧化铝、莫来石等高附加值、高技术含量的，未配置过富铝煤炭资源的项目，鼓励构建煤—电—氧化铝一体化项目。

第七条　应当由国家核准的煤炭转化项目，在取得国家投资主管部门同意开展前期工作的文件后，才具备配置煤炭资源的条件。自治区权限内核准的煤炭深加工项目，工程进度应当达到主设备全部订货且实际投资额完成批准投资总额的50%以上，才可配置煤炭资源。对于褐煤提质项目，其单套装置的规模和能效必须达到国家能源局颁布的煤炭深加工产业发展政策规定的标准，产业化的生产线能够实现稳定运行，才可配置煤炭资源。

为保证煤矿项目与转化项目同步推进，在转化项目立项的同时，可以预配置煤炭资源给自治区指定的国有独资公司，国有独资公司与转化项目企业签署协议，由国有独资公司持有矿权，并与转化项目企业开展煤矿项目前期工作，待转化项目进度达到相关要求后，国有独资公司将煤矿项目平价转让给转化项目企业，其间涉及的其他问题由双方协商解决。

第八条　煤矿项目申报开展前期工作及被核准必须具备以下条件：

（一）有关于煤炭矿区总体规划、煤炭矿业权设置方案的批复；

（二）有自治区人民政府同意配置煤炭资源的文件或者煤炭矿业权招拍挂成交确认书；

（三）达到自治区国土资源厅与企业（园区）所签订协议或者煤炭矿业权招拍

挂成交确认书规定的要求。

第九条　加强对已配置煤炭资源的管理。各盟行政公署、市人民政府对已配置煤炭资源的项目先行开展清查，自治区经济和信息化委（煤炭工业局）会同自治区国土资源厅、发展改革委（能源开发局）、监察厅、审计厅进行核查，并按照以下规定予以处理：

（一）对于已配置煤炭资源的转化项目，项目已开工建设或投产但建设规模未达到已配置量的，超出部分全部收回，或者由企业按照当前市场价格支付超出部分全部矿业权价款后，方可依法开采；未建且不继续建设的，要全部收回配置的煤炭资源；褐煤提质项目必须达到国家能源局颁布的煤炭深加工产业发展政策规定的标准，建成3年内不能实现稳定生产且达不到标准的，收回配置的煤炭资源。

（二）对于已配置煤炭资源的装备制造和高新技术项目，由自治区经济和信息化委委托甲级知名中介机构进行竣工审计。项目竣工决算审计报告经自治区审计厅确认后，项目投资额在20亿元以上的，按照实际完成的投资额计算配置煤炭资源量，多退少补；投资额不足20亿元的，收回配置的煤炭资源，或者由企业按照当前市场价格支付矿业权价款。

（三）凡是为转化项目配置的煤炭资源及企业掌握的煤炭矿业权，由自治区国土资源厅登记造册，建立配置煤炭资源的全过程信息档案，与自治区相关部门信息共享，并公开信息；由自治区国土资源厅牵头，各有关部门配合，按照自治区煤炭资源配置的相关规定进行全程监管。对于收回的煤炭资源，由自治区人民政府另行处置，并退还企业相应数量已缴纳的煤炭矿业权价款。自治区经济和信息化委（煤炭工业局）会同自治区国土资源厅、发展改革委（能源开发局）、监察厅、审计厅每年对已配置煤炭资源项目的建设进度进行核查，对于达不到配置标准的，按照本规定做出处理。自治区国土资源厅对已设置的煤炭探矿权进行全面调查摸底，梳理问题，提出解决对策，并健全相应的管理制度，报自治区人民政府研究决定。

第十条　煤矿项目已核准，但资源转化项目停止建设或不能投产的，自治区国土资源厅不予办理煤炭采矿权，自治区发展改革委（能源开发局）不予申报验收，自治区煤炭工业局不予办理煤炭生产许可证，内蒙古煤矿安全监察局不予办理煤矿安全生产许可证；自治区人民政府收回已配置的煤炭资源，对煤矿项目所形成的固定资产，由自治区经济和信息化委委托中介机构重新评估，评估后的资产按照1:1的比例回购，交由政府独资投资公司持有。

第十一条　风险探矿权按照以下规定处理：

（一）已获探矿权未落实资源转化项目的，自治区国土资源厅不予办理采矿权或向国土资源部出具申报意见，自治区发展改革委（能源开发局）不予核准或申报煤炭项目。

（二）已获探矿权（有效期内）未落实资源转化项目的探矿权人，自愿将探矿权退还给自治区人民政府的，自治区人民政府将比照鄂尔多斯市上海庙矿区煤炭资源开发主体整合标准（即以矿权人实际支出的地质勘查费用为基数，按照1:2的比例补偿；被整合对象可以现金方式结算，也可以补偿费入股）给予补偿，并收回探矿权。

（三）探矿权人按照本规定确定的煤炭资源配置范围落实了转化项目，并报请自治区人民政府批准同意配置该煤炭资源的，按照原办法和比例核算配置量，作为行政配置的煤炭资源。配置量占到井

（矿）田资源量70％以上的，剩余部分矿权储量可通过协商，由自治区人民政府指定的国有独资公司持有剩余部分的资源所有者股份，享有资源所有者权益，或者以探矿权人按照新标准补缴剩余部分煤炭矿业权价款等方式协议处理，方可办理煤矿项目申报、探转采等手续。

（四）受煤炭资源量、水资源条件等制约，无法落实转化项目，但对地方具有扶贫作用的小型煤矿井田，探矿权人经与地方人民政府协商，由地方人民政府持有30％的资源所有者股份，享有资源所有者权益的，报请自治区人民政府同意后，可办理煤矿建设、探转采手续。

第十二条 自治区人民政府成立独资国有公司或指定国有独资公司，代表自治区人民政府持有收回的煤炭资源权益储量，以及在规划井田中为企业配置煤炭资源量后剩余的资源权益储量；行使煤炭资源所有者权益，并承担自治区持有的煤炭矿业权、列入国家煤炭开发中长期规划的煤矿建设项目前期工作，为政府配置煤炭资源做好准备。具体运行机制另行制定。

第十三条 煤炭资源矿业权二级市场转让必须在自治区矿权交易中心进行，税务部门依法征税，自治区国土资源厅依据交易结果和纳税手续办理煤炭矿业权变更手续，工商管理部门依据煤炭矿业权变更手续办理工商变更手续。拥有煤炭矿业权的企业进行股权变更、企业兼并重组以及以增资扩股的形式增加新股东等工商登记的，工商管理部门应当就其煤炭矿业权是否属于配置资源和风险勘探事宜，征求自治区国土资源主管部门的意见。如涉及项目配置煤炭资源和风险勘探的，由自治区国土资源厅报请自治区人民政府批准同意后，由工商管理部门履行变更登记手续。

第十四条 煤炭火区灭火工程按照国家和自治区的相关规划和规定办理。

第十五条 本规定生效前，符合"内政发〔2009〕50号"文件规定的煤炭资源配置条件和标准，但尚未配置煤炭资源的项目，以及2011年已经开工在建，完成一定工程量，形成部分固定资产，但未完成投资总额的50％，可宽限至2012年底达到配置要求标准的项目，按照"内政发〔2009〕50号"文件执行。特殊项目由自治区人民政府另行研究。

第十六条 本规定自下发之日起生效。自治区人民政府及相关部门此前下发的文件与本规定不一致的，以本规定为准。本规定的解释权归自治区人民政府。

2012年11月15日

内蒙古自治区煤炭资源配置管理目录

一、年产100万吨及以上煤制油项目；

二、年产100万吨及以上二甲醚项目；

三、年产60万吨及以上煤制烯烃项目；

四、年产40亿立方米及以上煤制气项目；

五、年产20万吨及以上煤制乙二醇项目；

六、达到国家颁布的煤炭深加工产业发展政策确定的能效、规模、技术装备标准的低阶煤分级转化利用项目；

七、达到国家颁布的煤炭深加工产业发展政策确定的能效、规模、技术装备标准的煤制合成氨类项目；

八、达到国家颁布的煤炭深加工产业发展政策确定的能效、规模、技术装备标准的煤制芳烃、煤制苯胺 36 万吨以上项目；

九、单机 30 万千瓦及以上的火电项目；

十、以解决城市供热的单机 2.5 万千瓦、总装机 10 万千瓦及以上的背压式机组；

十一、规模、能效、环保达到国家产业政策规定标准的利用粉煤灰提取氧化铝（生产规模 50 万吨及以上）、莫来石（生产规模 10 万吨及以上）、锗等未配置过该煤类煤炭资源的项目。

内蒙古自治区人民政府办公厅关于进一步加强煤矿安全生产工作的实施意见

（内政发〔2014〕54 号）

各盟行政公署、市人民政府，自治区各委、办、厅、局，各大企业、事业单位：

为认真贯彻落实《国务院办公厅关于进一步加强煤矿安全生产工作的意见》（国办发〔2013〕99 号）、《国务院办公厅关于促进煤炭行业平稳运行的意见》（国办发〔2013〕104 号）精神，进一步促进全区煤矿安全生产形势持续好转，保证煤炭行业平稳运行，经自治区人民政府同意，现就进一步加强煤矿安全生产工作提出如下意见。

一、加快落后煤矿关闭退出

（一）明确整顿和关闭对象

高瓦斯和"双突"矿井达不到防治标准、超层越界拒不退回、不能实现正规开采、下达停产整顿指令仍然组织生产、达不到安全质量标准化三级以上标准的煤矿，必须停产整顿；逾期仍未整改到位的，依法实施关闭。（自治区煤炭工业局、国土资源厅，内蒙古煤矿安全监察局负责）

（二）加大政策支持力度

各盟市要研究制定 45 万吨/年以下煤矿逐步退出市场的相关政策，鼓励 120 万吨/年以下煤矿实施技术改造和产业升级。（自治区煤炭工业局、能源开发局负责）

二、严格煤矿安全准入

（三）严格煤矿建设项目核准和生产能力核定

完善自治区煤矿建设项目准入制度，严格依规依标组织煤矿生产能力核定。新建井工煤矿生产能力不得低于 120 万吨/年、露天煤矿不得低于 300 万吨/年，其中新建褐煤井工煤矿生产能力不低于 300 万吨/年、露天煤矿不低于 500 万吨/年。现有煤与瓦斯突出、冲击地压等灾害严重的生产矿井，原则上不再扩大生产能力。（自治区能源开发局、煤炭工业局，内蒙古煤矿安全监察局负责）

（四）严格煤矿生产工艺和技术设备准入。严格执行煤炭生产技术与装备、井下生产布局等政策、规范和标准，修订完善自治区相关制度，严禁使用国家明令禁止或淘汰的设备和工艺。（自治区煤炭工业局、内蒙古煤矿安全监察局负责）

（五）严格煤矿企业和管理人员准入规范煤矿建设项目（包括新建、扩建、改建等）安全核准、项目核准和资源配置程序，完善自治区煤矿建设项目管理制度。未通过煤矿安全监察机构安全核准的，不得通过项目核准；未通过项目核准的新建煤矿，不得颁发采矿许可证。开采高瓦斯、冲击地压、煤层易自燃、水文地质情况和条件复杂等地区煤炭资源的企业，在开工建设前应达到相应的开采技术水平、具备相应灾害防治能力、取得煤炭行业主管部门的认可。从事煤炭生产的企业必须配备具有相关专业和实践经历的管理团队，在自治区境内新建或并购煤矿的企业在开工建设前应具有相应的资金实力，组建专业的管理团队，经煤炭行业主管部门认定后方可从事煤矿建设或煤炭开采活动。鼓励专业化的安全管理团队以托管、入股等方式管理煤矿，提高煤矿技术、装备和管理水平。建立煤矿安全生产信用报告制度，完善安全生产承诺和安全生产信用分类管理制度，健全安全生产准入和退出信用评价机制。（自治区能源开发局、国土资源厅、煤炭工业局，内蒙古煤矿安全监察局负责）

三、维护煤矿正常生产秩序

（六）严格生产能力登记及公告制度

生产煤矿生产能力必须进行登记公告。煤矿生产能力登记公告内容发生变化的，煤矿企业应及时申请变更登记公告。煤矿应依据登记公布的生产能力合理组织生产，年度原煤产量不得超过登记的生产能力，任何部门、单位不得下达可能造成煤矿超能力生产的经济指标。建立煤矿生产能力动态核查制度，定期对煤矿生产能力进行核查。（自治区煤炭工业局、能源开发局，内蒙古煤矿安全监察局负责）

（七）严格执行生产煤矿回采率管理制度

建立健全矿山"三率"管理制度，积极采用新工艺、新技术、新装备，达到或超过国家有关部门制定的煤炭资源合理开发利用"三率"指标要求。自治区煤炭行业主管部门要建立生产煤矿"三率"年度核查和动态监管制度，对生产煤矿"三率"进行不定期抽查，抽查情况要向社会公布。（自治区煤炭工业局负责）

（八）加强煤炭生产经营秩序监管。对煤炭经营企业实行登记、公告。借鉴鄂尔多斯市煤炭流通监管经验，进一步规范全区煤炭生产经营秩序，严禁未取得采矿许可进行开工建设和煤炭开采，建设煤矿应按照核定工程煤量进行销售；严禁非法违规经营煤炭，严厉打击污染环境、影响道路交通、不在有关规划区内经营等行为。（自治区煤炭工业局、工商局负责）

四、加快煤炭产业结构调整

（九）推进煤炭企业兼并重组

按照企业自愿、市场化运作的原则，鼓励和支持煤炭企业之间、煤炭企业与配煤企业之间实施兼并重组，支持煤炭企业、配煤企业与用煤关联企业、下游企业整合，延伸产业链，推进兼并主体和被兼并企业的融合，企业兼并重组后要及时变更相关证照。（自治区煤炭工业局、内蒙古煤矿安全监察局负责）

（十）推动煤矿产业升级

制定完善煤矿现代化建设标准，新建煤矿必须按照现代化煤矿标准进行建设。煤矿要限时实现机械化生产，限时通过现代化煤矿验收，煤矿经验收后要及时变更安全生产许可证。（自治区煤炭工业局、内蒙古煤矿安全监察局负责）

五、深化煤矿瓦斯综合治理

（十一）加强瓦斯管理。认真落实国家关于促进煤层气（煤矿瓦斯）抽采利用的各项政策，高瓦斯、煤与瓦斯突出矿井必须严格执行先抽后采、不抽不采、抽采达标的规定。煤与瓦斯突出矿井必须按规定落实区域防突措施，消除突出危险性，做到不采突出面、不掘突出头。发现瓦斯超限仍然作业的，一律按照事故查处，依法依规处理责任人。（自治区煤炭工业局、能源开发局，内蒙古煤矿安全监察局负责）

（十二）严格煤矿企业瓦斯防治能力评估

进一步完善自治区煤矿企业瓦斯防治能力评估制度，提高评估标准，增加必备性指标。加强评估结果执行情况监督检查，经评估不具备瓦斯防治能力的煤矿企业，所属高瓦斯和煤与瓦斯突出矿井必须停产整顿、兼并重组，对不能达标的依法予以关闭。加强评估机构建设，提高评估水平，落实评估责任，对弄虚作假的单位和个人要严肃追究责任。（自治区煤炭工业局、内蒙古煤矿安全监察局负责）

六、全面普查煤矿隐蔽致灾因素

（十三）强制查明隐蔽致灾因素

健全隐蔽致灾因素排查机制，新建煤矿勘查程度达不到勘探的，不得批准开发利用。煤矿建设、生产期间，必须查明开拓开采范围内的瓦斯、水、火等隐蔽致灾因素和有关开采条件；未达到规定要求的，必须补勘查明，否则不得继续建设和生产。矿井、水文等地质条件发生较大变化的，应及时修编相应的地质报告并按程序报煤炭行业主管部门审批。资源储量发生重大变化的，应及时修编相应的地质报告并按程序报国土资源部门备案。（自治区国土资源厅、煤炭工业局负责）

（十四）建立隐蔽致灾因素普查治理机制

各盟市要加强区域性灾害普查治理，责令煤矿企业划定老空积水区、可疑积水区的探水线、警戒线和禁采线，报煤炭行业主管部门备案。煤炭行业主管部门应及时将相关信息通知相邻煤矿，并要求矿山企业对井田范围内的构造、导水钻孔和含水层的灾害因素提出预警性预测方案，健全完善预防性保障措施。（自治区国土资源厅、煤炭工业局，内蒙古煤矿安全监察局负责）

七、大力推进煤矿"四化"建设

（十五）加快推进煤矿机械化建设

鼓励和扶持煤矿企业推广应用先进适用的新技术、新装备、新工艺。对机械化改造提升的产能，要按生产能力核定办法予以认定。不采用机械化开采的新建、改扩建煤矿，一律不得予以核准。支持120万吨/年以下煤矿、非机械化煤矿进行技术改造。（自治区能源开发局、煤炭工业局负责）

（十六）大力推进煤矿安全质量标准化、自动化、信息化建设

健全完善煤矿安全质量标准化工作体系，深入推进煤矿安全质量标准化建设，强化动态达标和岗位达标，并将达标工作作为煤矿生产建设验收的必备条件。煤矿必须确保安全监控、人员定位、通信联络系统正常运转。积极推进信息化、物联网技术应用，加快自治区煤矿安全生产综合监管信息平台建设，实现与盟市、旗县（市、区）、煤矿企业安全生产综合调度信息平台的联网，做到视频监视、实时监测、远程控制，着力提升应急管理水平。培育发展区域性技术服务机构，为煤矿提供技术服务。（自治区煤炭工业局、内蒙古煤矿安全监察局负责）

八、强化煤矿矿长责任和劳动用工管理

（十七）严格落实煤矿矿长责任制度

煤矿矿长要严格落实安全生产责任，确保煤矿证照齐全，严禁无证照或者证照失效非法生产，切实保护矿工生命安全。必须在批准区域正规开采，严禁超层越界或者巷道式采煤、空顶作业；必须做到通风系统可靠，严禁无风、微风、循环风冒险作业；必须做到瓦斯抽采达标，防突措施到位，监控系统有效，瓦斯超限立即撤人，严禁违规作业；必须落实井下探放水规定，严禁开采防隔水煤柱；必须保证井下机电和所有提升设备完好，严禁非阻燃、非防爆设备违规入井；必须坚持矿领导下井带班，确保员工培训合格、持证上岗，严禁违章指挥，对达不到要求的煤矿，一律停产整顿、限期整改。逾期仍不符合要求的，依法提请当地人民政府实施关闭。（内蒙古煤矿安全监察局，自治区煤炭工业局、国土资源厅负责）

（十八）规范煤矿用工管理

煤矿企业应根据《中华人民共和国劳动合同法》依法与劳动者签订劳动合同，办理劳动用工备案、参加各项社会保险、优先参加工伤保险。旗县级以上人力资源和社会保障部门依法对煤矿企业的用工管理进行监督检查。严格实施工伤保险实名制，煤矿企业应按规定做好用工登记工作，依法为从业人员缴纳工伤保险费。企业从业人员发生变化时，应及时向当地社会保险经办机构申报调整人员名单。严厉打击无证上岗、持假证上岗。（自治区人力资源社会保障厅、煤炭工业局，内蒙古煤矿安全监察局负责）

（十九）切实保护煤矿工人权益

研究制定煤矿工人小时最低工资标准，逐步建立煤矿企业职工工资正常增长机制，推动企业、行业性集体合同和工资集体协商制度，提高煤矿工人收入。煤矿企业要优化劳动组织管理，严格执行国家法定节假日制度和工时制度，停产整顿煤矿必须按期发放工人工资。提高煤矿工人的福利待遇，建设标准化的食堂、澡堂和宿舍。煤矿必须依据《煤矿职业安全卫生个体防护用品配备标准》（AQ1051 - 2008），为职工配备劳动保护用品，定期组织职业健康检查，建立职业健康监护档案，开展职业卫生培训，加强尘肺病防治工作，从源头上控制和消除职业病危害。煤矿建设项目职业病危害防护设施必须与主体工程同时设计、同时施工、同时投入生产和使用。煤矿企业要加强职业病危害防治管理，加强工程防护设施，通过优化生产布局和工艺流程，使有害作业和无害作业分开，尽可能减少接触职业病危害的人数和接触时间。（自治区人力资源社会保障厅、煤炭工业局，内蒙古煤矿安全监察局负责）

（二十）提高煤矿工人素质

建立和完善区队长、班组长选拔任用和奖惩激励机制，加强煤矿区队班组建设。大力推行"招工"变"招生"模式，完善校企合作办学、对口单招、订单式培养等政策，鼓励高等院校、职业学校扩大采矿、机电、地质等专业的招生规模，加快煤矿专业技能人才培养。强化矿工实际操作技能培训与考核，煤矿从业人员必须经考试合格后持证上岗。健全考务管理体系，严格教考分离，建立统一题库和考核档案，对考核合格人员免费颁发上岗证书。将煤矿农民工培训纳入各地区促进就业规划和职业培训扶持政策范围。（自治区煤炭工业局、人力资源社会保障厅、教育厅负责）

九、提升应急救援科学化水平

（二十一）加快煤矿应急救援能力建设

地方财政要加大对矿山应急救援基地和救援队伍建设的支持力度，自治区煤矿安全生产监管监察罚没资金应优先保障矿山应急救援基地和救援队伍建设。健全完善企业投资管理、政府资金支持、救护队有偿服务三位一体的矿山救援资金保障机制。要按规定从企业提取的安全生产费用中列支煤矿救护队伍设备购置及运行维护等费用，做到专款专用。（自治区煤炭工业局、财政厅，内蒙古煤矿安全监察局负责）

煤矿企业要按照相关规定建立专职应急救援队伍。不具备单独设立专职矿山救护队条件的煤矿企业，必须建立兼职救护队，配齐救援人员和救护装备。没有建立专职救护队伍的，必须与就近的三级及以上资质矿山救护队签订有偿救护服务协议。要统一生产、通风、安全监控调度，健全安全生产调度指挥机构，加强调度队伍建设，建立快速有效的应急处置机制。严格落实矿领导带班下井制度，严格执行紧急情况停产撤人和安全调度员应急处置有关规定。煤矿每年至少组织一次全员应急演练，每半年至少组织一次现场处置方案演练。（内蒙古煤矿安全监察局、自治区煤炭工业局负责）

加强煤矿事故应急救援指挥和统筹协调

相关部门之间要建立完善煤矿应急救援协调快速反应机制，对应急救援及指挥车辆，由自治区交通运输主管部门统一配发免费快速通行证件和相关应急标志。应急救援及指挥车辆在执行救援任务时，在确保安全的前提下优先通行。发生较大及以上事故，相关盟行政公署、市人民政府主要负责人或分管负责人要按照事故处理预案要求，及时赶赴事故现场协调指挥事故救援。在煤矿抢险救灾中牺牲的救援人员，符合烈士评定条件的，按照国家有关规定申报烈士。（自治区交通运输厅、公安厅、民政厅、煤炭工业局，内蒙古煤矿安全监察局负责）

（二十二）加强煤矿应急救援装备建设

煤矿要按规定完善紧急避险、压风自救、供水施救系统，配备井下应急广播系统，储备自救互救器材。煤矿或煤矿集中的矿区要配备适用的排水设备和应急救援物资，并加强维护管理。各盟市要建立所辖煤矿应急救援物资信息库，自治区煤矿应急管理机构要建立全区煤矿应急救援物资储备信息共享制度和统一调用机制。加快研究应急救援关键技术，研制并配备能够快速打通"生命通道"的先进设备。支持重点开发煤矿应急指挥、通信联络、应急供电等设备和移动平台，以及遇险人员生命探测与搜索定位、灾害现场大型破拆、救援人员特种防护用品和器材等救援装备。（内蒙古煤矿安全监察局、自治区煤炭工业局负责）

十、提升煤矿安全监管科学化水平

（二十三）落实地方政府分级属地监管责任

各盟行政公署、市人民政府和旗县（市、区）人民政府要切实履行分级属地监管责任，定期研究煤矿安全生产工作。要强化"一岗双责"，严格执行"一票否决"，确保煤矿安全生产工作职责分明、责权统一、监管有效、保障有力。要切实加强煤炭行业主管部门能力建设，进一步强化职责、健全机构、完善机制、充实力量。要按管理权限落实停产整顿煤矿监管责任人和验收部门；中央企业煤矿由盟市煤矿安全监管部门组织验收，主要负责人签字；其余煤矿由旗县级煤矿安全监管部门组织验收，旗县级政府主要负责人签字。（自治区煤炭工业局、内蒙古煤矿安全监察局负责）

（二十四）明确部门职责

要按照管行业必须管安全、管业务

必须管安全、谁主管谁负责的要求和属地管理原则，进一步明确各部门监管监察职责。中央企业煤矿由盟行政公署、市人民政府及煤炭行业主管部门履行安全监管职责，其他煤矿由旗县（市、区）煤矿安全监管部门负责安全监管。各有关部门要严格履行安全监管职责，不得将自身的监管职责交由下级人民政府及其有关部门负责。上级煤矿安全监管部门对下级煤矿安全监管部门的工作进行监督指导。

创新监管监察方式方法，开展突击暗查、交叉执法、联合执法，提高监督管理的针对性和有效性。煤矿安全监管监察部门发现煤矿存在重大安全生产隐患和行为的，要依法责令其停产整顿；发现违规建设的，要责令停止施工并依法查处；发现停产整顿期间仍然组织生产的，要依法提请地方人民政府予以关闭。煤矿安全监察机构要严格安全准入；严格煤矿建设工程安全设施的设计审查和竣工验收；严格煤矿建设项目职业病危害预评价、控制效果评价和职业病防护设施设计审查及竣工验收；依法对地方人民政府煤矿安全监管工作进行监督检查，重点检查贯彻落实煤矿安全法律法规、煤矿整顿关闭、检查执法等情况；对停产整顿煤矿要依法暂扣其安全生产许可证。

国土资源部门要严格执行矿产资源开采登记制度，严厉打击无证勘查开采、超层越界开采、以采代探、非法采矿等违法违规行为。公安部门要对停产整顿煤矿购买民用爆炸物品停止审批。电力监管部门要督促协调供电企业对停产整顿煤矿限制供电。住房和城乡建设部门要加强煤矿施工企业安全生产许可证管理，及时组织修订煤矿设计相应标准规范，会同煤炭行业主管部门强化对煤矿设计、施工和监理单位的资质监管。投资主管部门要提高煤矿安全技术改造资金分配使用的针对性和实效性。

自治区各有关部门要按照职责分工，研究制定具体的工作措施，落实工作责任，加强行业监管监察并认真组织实施。地方各级人民政府要结合实际，制定实施办法，加强组织领导，强化煤矿安全生产责任体系建设，强化监督检查和社会监督，确保各项要求得到有效落实。

2014 年 5 月 26 日

内蒙古自治区人民政府关于进一步做好煤炭企业兼并重组工作有关事宜的通知

（内政发〔2014〕75 号）

各盟行政公署、市人民政府，自治区各有关委、办、厅、局，各大企业：

《内蒙古自治区人民政府关于印发自治区煤炭企业兼并重组工作方案的通知》（内政发〔2011〕32 号）下发后，各地区、各有关部门认真组织落实，各煤炭企业积极参与推动，全区煤炭企业兼并重组工作取得阶段性成果。为全面贯彻落实《国务院关于进一步优化企业兼并重组市场环境的意见》（国发〔2014〕14 号）精神，进一步做好我区煤炭企业兼并重组工作，现将有关事宜通知如下：

一、对在2011年3月15日至2014年6月30日期间，已按自治区相关要求开展兼并重组的煤炭企业，由盟市制定验收办法并组织验收后，报自治区煤炭企业兼并重组工作领导小组办公室备案。验收主要内容是：查看主体企业是否按要求完成兼并重组工作，以兼并企业提供的相关证明资料为准；被兼并企业是否与主体企业实现一个安全责任主体，以煤矿安全监察机构颁发的集团公司、总公司、上市公司安全生产许可证为准。

二、从2014年7月1日起，全区煤炭企业兼并重组工作转入常态化，自治区不再确定主体企业名单和指标，不再设定主体企业最低产能规模，不再设定完成时限，由企业自主按市场化原则进行兼并重组。支持和鼓励大型煤炭企业通过参股等多种方式，参与电力、化工、有色、建材等上下游产业整合的一体化发展，支持新上转化项目与现有煤炭企业联合重组，实现优势互补。

三、从2014年7月1日起，自治区煤炭企业兼并重组工作领导小组不再对煤炭企业转让、并购进行批复。《内蒙古自治区人民政府办公厅关于加快推进煤炭企业兼并重组工作的通知》（内政办发〔2011〕99号）的附件4《煤炭企业兼并重组审批工作流程》中，"盟市上报兼并重组工作实施方案"和"自治区审查批复盟市兼并重组工作实施方案"环节予以取消。煤炭企业兼并重组涉及相关证照变更的，由相关部门按照有关规定办理。

四、从2014年7月1日起，煤炭企业申请继续享受内政发〔2011〕32号文件和内政办发〔2011〕99号文件规定的支持政策时，需参照第一条要求进行备案，符合要求的可继续享受相关支持政策，其中，对符合本通知第一条要求通过验收备案的煤炭企业，被兼并煤矿周边经自治区国土资源厅确认为不宜单独设立矿权的空白区，可整合到被兼并煤炭企业统一开发，具体程序按照《内蒙古自治区人民政府办公厅关于做好煤炭资源整合工作有关事宜的通知》（内政办发〔2011〕92号）相关规定办理。

2014年6月26日

内蒙古自治区人民政府
关于深化煤炭资源市场化配置的意见

（内政发〔2015〕147号）

各盟行政公署、市人民政府，自治区各委、办、厅、局，各大企业、事业单位：

为主动适应经济发展新常态，发挥市场在资源配置中的决定性作用，增强政府宏观调控的精准性，进一步规范煤炭资源配置，促进煤炭行业提质增效，结合自治区实际，现就深化煤炭资源市场化配置提出如下意见。

一、新设置煤炭矿业权全部以招拍挂方式市场化出让

从2016年1月1日起，对《内蒙古自治区人民政府关于印发自治区完善煤炭资源管理若干规定的通知》（内政发〔2012〕126号）中关于行政配置煤炭资源的条款进行调整完善，除此前已经自治区人民政府同意配置或预配置（包括国家已批复同意开展前期工作的煤制燃料重大示范项目）但尚未办理矿业权手续的配置项目，以及使用中央、自治区地质勘查基金开展的煤炭勘查及国务院批准的重点煤炭资源开发项目外，其他新设置煤炭矿业权全部以招拍挂方式市场化出让。招拍挂的条件为：参与竞争出让的企业必须具有符合自治区煤炭资源配置政策的项目；招拍挂底价依据现行价款标准评估确定；鉴于我区整装煤田多，煤炭区块资源量往往大于单体项目需求的实际，允许符合条件的多个项目组合参与招拍挂出让煤炭矿业权；同一区块资源实施招拍挂出让后仍有剩余资源的，暂由内蒙古土地资源收储投资公司代自治区人民政府持有。

二、建立煤炭矿业权市场化出让准入申请制度

建立煤炭矿业权市场出让准入申请制度，符合自治区煤炭资源配置政策、项目达到配置条件的企业，方具备申请煤炭矿业权资格，参与煤炭矿业权市场出让。市场竞争出让煤炭矿业权参与企业应满足内政发〔2012〕126号文件规定的配置条件，配置量达到申请出让矿业权区块范围内煤炭资源量的70%以上，因特殊需要的除外。多家申请煤炭资源配置的企业自愿组合参与市场出让的，可委托其中一家企业或组建合资公司作为参与主体。

三、完善市场化配置程序

自治区发展改革委按照自治区产业发展规划与发展实际，分析预测我区煤炭资源需求，与有关盟市提出煤炭资源年度投放计划，制定相关实施办法；自治区经济和信息化委按照自治区产业政策要求，核实配置项目进展情况，核定配置资源量；自治区国土资源厅按照确定的投放计划和核定的配置资源量，与相关盟市商定出让区块、出让方式和出让条件，按照有关法律、法规和政策，评估确定出让底价，实施矿业权市场出让。申请配置资源项目在参与市场化配置资源出让前，由自治区经济和信息化委组织第三方评估机构对符合自治区煤炭资源配置政策的配置项目建设情况进行审计，项目建成达到配置条件的，核定应配置量，由盟行政公署、市人民政府报请自治区人民政府研究审定申请资源配置企业参与市场配置煤炭资源的资格。

项目主体已配置的煤炭矿业权申请转让股权或者矿业权的，由盟行政公署、市人民政府提出转让核实意见，确认受让方转化项目已完成且经核实应配置资源量与对应的煤炭资源配置量一致后，可同意其进入市场依法转让；否则，不予办理转让手续。

四、充分利用清理收回煤炭资源控制过剩产能

除大型煤炭转化项目需整装市场配置煤炭资源外，原则上不再新设置煤炭矿业权，煤炭配置项目所需煤炭资源主要从清理收回的煤炭资源中予以解决。各有关盟市要尽快完成煤炭资源清理工作，整合清理收回的煤炭资源，统筹确定配置用途。对已批准配置煤炭资源的转化项目，也要根据实际情况进行梳理、整合，尽量调配至已开发且尚有剩余煤炭资源的区块集中配置。拥有煤炭风险探矿权的企业，经自治区人民政府同意，自愿退回一半资源交由自治区人民政府按现行煤炭资源配置政策安排转化项目的，可整体办理探转采手续。要强化政策引导，鼓励下游转化企业与上游开采企业互相联合参股，实现优势互补，消化过剩煤炭产能。已配置的煤炭资源，也要根据产业规划和经济发展需求,合理确定开发时序,缓解产能过剩压力。

五、加强边角煤炭资源管理

对按照矿区总体规划和矿业权设置方案要求,现有煤矿周边不易单独设置采矿权的区域和已取得划定矿区范围的区块周边不易单独设置矿业权的边角资源,以挂牌方式出让,同等条件下周边相邻煤矿优先取得;相邻煤矿以外的其他企业竞得的,需与周边相邻煤矿或与矿业权设置方案确定的相邻企业整合,统一纳入相邻煤矿规划开采。对由于开采标高的限制,原矿区平面投影范围未划入开采范围的深部及深层煤炭资源(同一煤系),协议配置给上部开采企业,纳入已有开采系统统一规划开采。

边角资源和深部煤炭资源出让工作委托资源所在地盟行政公署、市人民政府组织实施。盟行政公署、市人民政府确定配置企业后,报自治区国土资源厅办理相关手续,或者由自治区国土资源厅报国土资源部办理相关手续。挂牌出让底价按照《内蒙古自治区人民政府关于调整煤炭资源矿业权价款有关问题的通知》(内政发〔2011〕63号)执行,竞得企业须在3年内缴清矿业权价款。

六、建立公示制度

各有关部门要根据各自职责,将煤炭资源配置的产业目录、煤炭资源配置标准与条件、产业规划和技术规范及时向社会发布,使任何企业都有公开平等参与煤炭资源市场化配置的权利。要主动向社会公布资源出让范围、地质工作程度、出让条件和出让结果;对于第三方评估机构提供的审计结果,煤炭资源配置清理的范围、企业名单、矿业权状况和清理结果,也要向社会公开,让煤炭资源配置全过程接受公众监督,实现阳光配置。

七、切实转变政府职能

综合运用产业政策、规划和行业标准等措施,公开煤炭资源配置产业目录和技术标准要求,全面向社会开放煤炭资源配置,引导企业自主决定投资取向,真正按市场规则决定资源配置。

合理制定市场准入政策。结合自治区经济社会发展实际,按照高起点、高标准的要求,明确满足市场需求、符合国家产业政策、具有战略前瞻性的煤炭资源配置产业目录,细化配置条件与标准,并根据实际情况及时进行调整。(自治区发展改革委牵头)

制定产业规划。依据煤炭资源分布、配套的水资源丰度、环境容量、周边地区产业结构、交通等基础设施建设和市场供需情况,规划煤炭深加工产业类型、布局和规模,引导煤炭等要素资源向规划建设的产业园区集中。(自治区发展改革委牵头)

制定产业标准。学习借鉴国内外先进经验,制定我区包括能源转化效率、水消耗量、节能减排、安全生产和投资效益等技术经济指标的煤炭深加工产业标准体系,形成行业技术规范,作为企业投资决策的依据。(自治区经济和信息化委牵头)

各地区、各有关部门要切实提升服务水平,改进招商引资方式,以优化投资环境为重点,加强特色园区的基础设施建设,解决深加工产业的水资源匹配和环境容量等瓶颈问题,吸引真正有实力的企业来我区建设资源深加工项目,推动我区煤炭深加工产业持续健康发展。

2015年12月31日

二、企业名录（2015 年底）

（一）驻内蒙古的央企所属煤矿

煤矿名称	运行状态	核定产能（万吨）	地质资源储量（万吨）	煤矿所在盟市、旗县市区	开采方式及瓦斯等级	采煤工艺	煤种
一、神华集团（35 处）		27215	1651679				
神华包头能源有限责任公司水泉露天煤矿	生产	120	1628	包头市土右旗	露天	单斗	不黏煤
神华包头能源有限责任公司阿刀亥煤矿	生产	90	2390	包头市土右旗	井工（高）	综采	焦煤
中国神华能源股份有限公司唐公沟斜井	生产	150	5786	鄂尔多斯市达拉特旗	井工	综采	不黏煤
神华包头能源有限责任公司李家壕煤矿	生产	600	76213	鄂尔多斯市东胜区	井工	综采	不黏煤长焰煤
神华神东煤炭集团有限责任公司万利一矿（1 号、2 号井）	生产	1000	46532	鄂尔多斯市东胜区	井工（瓦）	综采	不黏煤长焰煤
神华神东煤炭集团有限责任公司上湾煤矿	生产	1400	23629	鄂尔多斯市伊金霍洛旗	井工（瓦）	综采	不黏煤
神华神东煤炭集团有限责任公司补连塔煤矿	生产	2500	122400	鄂尔多斯市伊金霍洛旗	井工（瓦）	综采	不黏煤
神华神东煤炭集团有限责任公司乌兰木伦煤矿	生产	400	27428	鄂尔多斯市伊金霍洛旗	井工（瓦）	综采	不黏煤
神华神东煤炭集团有限责任公司寸草塔煤矿	生产	240	4850	鄂尔多斯市伊金霍洛旗	井工（瓦）	综采	不黏煤
神华神东煤炭集团有限责任公司金烽寸草塔煤矿	生产	270	15236	鄂尔多斯市伊金霍洛旗	井工（瓦）	综采	不黏煤
神华神东煤炭集团有限责任公司布尔台煤矿	生产	2000	179700	鄂尔多斯市伊金霍洛旗	井工（瓦）	综采	不黏煤
神华神东煤炭集团有限责任公司柳塔煤矿	生产	300	11600	鄂尔多斯市伊金霍洛旗	井工（瓦）	综采	不黏煤

（续）

煤矿名称	运行状态	核定产能（万吨）	地质资源储量（万吨）	煤矿所在盟市、旗县市区	开采方式及瓦斯等级	采煤工艺	煤种
神华准格尔能源有限责任公司黑岱沟露天矿	生产	3400	114479	鄂尔多斯市准格尔旗	露天	连续工艺	长焰煤 不黏煤
神华准格尔能源有限责任公司哈尔乌素露天矿	生产	3500	148900	鄂尔多斯市准格尔旗	露天	单斗	不黏煤
神华神东煤炭集团有限责任公司神山露天煤矿	生产	60	2331	鄂尔多斯市准格尔旗	露天	单斗	不黏煤
神华亿利能源有限公司黄玉川煤矿	新建	1000	150700	鄂尔多斯市准格尔旗	井工	综采	长焰煤
神华乌海能源有限公司棋盘井煤矿	技改	420	19135	鄂尔多斯市鄂托克旗	井工（瓦）	综采	1/3焦煤
神华乌海能源有限公司利民煤焦有限责任公司煤矿	技改整合	150	9500	鄂尔多斯市鄂托克旗	井工	综采	1/3焦煤 肥煤
神华集团有限责任公司塔然高勒煤矿	新建	1000	236600	鄂尔多斯市杭锦旗	井工	综采	不黏煤
神华乌海能源有限责任公司白音乌素煤矿	技改	120	10298	乌海市海南区	井工	综采	焦煤
神华乌海能源有限责任公司露天煤矿三采区	生产	45	1013	乌海市海南区	露天	单斗	焦煤
神华乌海能源有限责任公司平沟煤矿	生产	180	3839	乌海市海勃湾区	井工（高）	综采	1/3JM35 FM36
神华乌海能源有限责任公司老石旦煤矿	生产	150	6061	乌海市海南区	井工（瓦）	综采	1/3焦煤
神华乌海能源有限责任公司公乌素煤矿三号井	生产	270	12790	乌海市海勃湾区	井工（瓦）	综采、高档普采	肥煤 1/3焦煤 肥气煤
神华乌海能源有限责任公司露天煤矿	生产	210	1600	乌海市海南区	井工（低）	综采	1/3焦煤
神华乌海能源有限责任公司黄白茨煤矿	生产	200	5486	乌海市乌达区	井工（高）	综采	肥煤 焦煤
神华乌海能源有限责任公司苏海图煤矿	生产	160	1544	乌海市乌达区	井工（低）	综采	焦煤 1/3焦煤
神华乌海能源有限责任公司五虎山煤矿	生产	200	5088	乌海市乌达区	井工（高）	综采	焦煤
神华乌海能源有限责任公司骆驼山煤矿	新建	150	8241	乌海市海南区	井工	综采	焦煤

（续）

煤矿名称	运行状态	核定产能（万吨）	地质资源储量（万吨）	煤矿所在盟市、旗县市区	开采方式及瓦斯等级	采煤工艺	煤种
内蒙古阿拉善盟天荣煤炭有限责任公司煤矿	技改	30	330	阿拉善盟阿左旗	井工	炮采	无烟煤
神华宝日希勒能源有限公司露天煤矿	生产	3500	130066	呼伦贝尔市陈巴尔虎旗	露天	单斗卡车	褐煤
神华大雁集团有限公司第三煤矿	生产	300	30570	呼伦贝尔市鄂温克旗	井工（瓦）	综采	褐煤
神华大雁集团有限公司扎尼河露天矿	新建	600	23057	呼伦贝尔市鄂温克旗	露天	单斗	褐煤
神华大雁集团伊敏河东矿区第一煤矿	新建	500	70447	呼伦贝尔市鄂温克旗	井工	综采	褐煤
神华北电胜利能源有限公司一号露天矿	生产	2000	142212	锡林郭勒盟锡林浩特市	露天	单斗	褐煤
二、华能集团（15）		6499	846215				
内蒙古北联电能源开发有限责任公司吴四圪堵煤矿	生产	240	23451	鄂尔多斯市达拉特旗	井工（低）	综采	不黏煤
内蒙古北联电能源开发有限责任公司高头窑煤矿	转生产	800	100585	鄂尔多斯市达拉特旗	井工	综采	不黏煤
魏家峁露天煤矿（一期）	生产	600	97718	鄂尔多斯市准格尔旗	露天	单斗	长焰煤
内蒙古北联电能源开发有限责任公司铧尖露天煤矿	生产	300	13518	鄂尔多斯市准格尔旗	露天	单斗	长焰煤
扎赉诺尔煤业有限责任公司灵泉露天煤矿	生产	200	71	呼伦贝尔市满洲里市	露天	单斗	褐煤
扎赉诺尔煤业有限责任公司灵露煤矿	技改	300	56552	呼伦贝尔市满洲里市	井工	综采	褐煤
扎赉诺尔煤业有限责任公司灵泉煤矿	生产	300	78728	呼伦贝尔市满洲里市	井工（瓦）	综采	褐煤
扎赉诺尔煤业有限责任公司铁北煤矿	生产	300	47291	呼伦贝尔市满洲里市	井工（瓦）	综采	褐煤
扎赉诺尔煤业有限责任公司灵北矿	生产	84	4839	呼伦贝尔市满洲里市	井工（瓦）	综采	褐煤
满洲里市煤矿（满洲里光明煤业有限责任公司煤矿）	生产	45	431	呼伦贝尔市满洲里市	井工（瓦）	炮采	褐煤

（续）

煤矿名称	运行状态	核定产能（万吨）	地质资源储量（万吨）	煤矿所在盟市、旗县市区	开采方式及瓦斯等级	采煤工艺	煤种
鄂温克族自治旗特莫呼珠煤炭开发有限责任公司特莫呼珠煤矿	生产	30	852	呼伦贝尔市满洲里市	井工	炮采	褐煤
内蒙古通大煤业有限责任公司伊敏五牧场煤矿	转生产	300	89473	呼伦贝尔市满洲里市	井工	综采	褐煤
扎赉诺尔煤业有限责任公司灵东煤矿	生产	500	63960	呼伦贝尔市满洲里市	井工（瓦）	综采	褐煤
华能伊敏煤电有限责任公司露天矿	生产	2200	214000	呼伦贝尔市鄂温克旗	露天	单斗	褐煤
内蒙古益蒙矿业有限责任公司黑城子煤矿	新建	300	54746	锡林郭勒盟正蓝旗	井工	综采	褐煤
三、华电集团（6）		1995	138361				
内蒙古浩源煤炭有限公司（达旗燕家塔煤矿）	生产	120	3090	鄂尔多斯市达拉特旗	露天	单斗	不黏煤
内蒙古华通瑞盛能源有限公司兴旺露天矿	生产	60	11649	鄂尔多斯市达拉特旗	露天	单斗	不黏煤
内蒙古华电蒙能金通煤业有限公司	生产	150	3916	鄂尔多斯市东胜区	井工（低）	综采	不黏煤长焰煤
鄂尔多斯市蒙泰不连沟煤业有限责任公司不连沟矿井	生产	1500	114537	鄂尔多斯市准格尔旗	井工（瓦）	综采	长焰煤
内蒙古阿拉善盟顺舸矿业集团顺舸矿业有限责任公司二道岭煤矿	技改（扩能）	45	1174	阿拉善盟阿左旗	井工	炮采	无烟煤
陈巴尔虎旗天顺矿业有限责任公司天顺煤矿	生产	120	3995	呼伦贝尔市陈巴尔虎旗	井工	综采	褐煤
四、国电集团（10）		3660	446660				
国电建投内蒙古能源有限公司察哈素煤矿	新建	1000	279978	鄂尔多斯市伊金霍洛旗	井工	综采	不黏煤
内蒙古西乌旗白音华一号露天煤矿	生产	700	87094	锡林郭勒盟西乌旗	露天	单斗	褐煤
锡林郭勒盟乌兰图嘎煤炭有限责任公司锗煤露天矿	生产	120	9120	锡林郭勒盟锡林浩特市	露天	单斗	褐煤
内蒙古平庄能源股份有限公司西露天煤矿	生产	220	4445	赤峰市元宝山区	露天	单斗	褐煤

（续）

煤矿名称	运行状态	核定产能（万吨）	地质资源储量（万吨）	煤矿所在盟市、旗县市区	开采方式及瓦斯等级	采煤工艺	煤种
内蒙古平庄能源股份有限公司六家煤矿	生产	180	7120	赤峰市元宝山区	井工（瓦）	综采	褐煤
内蒙古平庄煤业（集团）有限责任公司红庙煤矿（二井）	生产	180	3001	赤峰市元宝山区	井工（瓦）	综采	褐煤
内蒙古平庄能源股份有限公司风水沟煤矿	生产	210	11050	赤峰市元宝山区	井工（瓦）	综采	褐煤
内蒙古平庄煤业（集团）有限责任公司老公营子煤矿	生产	180	18240	赤峰市元宝山区	井工（瓦）	综采	褐煤
平庄煤业（集团）有限责任公司元宝山露天煤矿	生产	800	25640	赤峰市元宝山区	露天	连续工艺	褐煤
内蒙古平庄能源股份有限公司古山煤矿三井	生产	70	972	赤峰市元宝山区	井工（瓦）	综采	褐煤
五、中电投集团（7）		6500	455196				
内蒙古锡林郭勒白音华煤电有限责任公司露天矿	生产	500	90416	锡林郭勒盟西乌珠穆沁旗	露天	单斗	褐煤
内蒙古白音华蒙东露天煤业有限公司（白音华三号露天矿）	新建	1400	131172	锡林郭勒盟西乌珠穆沁旗	露天	单斗	褐煤
中电投蒙东能源有限责任公司一号露天矿（南露天矿）	生产	1800	91197	通辽市霍林郭勒市	露天	半连续工艺	褐煤
中电投蒙东能源有限责任公司一号露天矿（北露天一采区）	生产	300	47511	通辽市霍林郭勒市	露天	间断	褐煤
北露天二采区	生产	300		通辽市霍林郭勒市	露天	间断	褐煤
北露天三采区	生产	400		通辽市霍林郭勒市	露天	间断	褐煤
扎鲁特旗扎哈淖尔煤业有限公司扎哈淖尔露天煤矿	生产	1800	94900	通辽市扎鲁特旗	露天	间断工艺	褐煤
六、大唐集团（6）		5180	552698				
内蒙古宝利煤炭有限公司煤矿	生产	120	2286	鄂尔多斯市达拉特旗	露天	单斗	不黏煤
鄂尔多斯市国源矿业开发有限责任公司龙王沟煤矿	新建	1000	88151	鄂尔多斯市准格尔旗	井工	综采	长焰煤不黏煤

(续)

煤矿名称	运行状态	核定产能（万吨）	地质资源储量（万吨）	煤矿所在盟市、旗县市区	开采方式及瓦斯等级	采煤工艺	煤种
内蒙古大唐华银锡东能源开发有限公司额吉煤矿露天区	生产	300	2921	锡林郭勒盟东乌珠穆沁旗	露天	单斗	褐煤
大唐国际发电股份有限公司胜利东二号露天矿	一期生产	3000	393207	锡林郭勒盟西乌旗	露天	单斗	褐煤
大唐呼伦贝尔能源开发有限公司顺兴煤矿	生产	60	1646	呼伦贝尔市海拉尔区	露天	单斗	褐煤
内蒙古宝日希勒矿区谢尔塔拉露天矿	新建	700	64487	呼伦贝尔海拉尔	露天	单斗	褐煤长焰煤
七、中煤集团（3）		2620	472074				
准格尔旗荣祥煤焦化有限责任公司山不拉煤矿	技改转生产	120	6839	鄂尔多斯市准格尔旗	井工（瓦）	综采	不黏煤
中天合创能源有限责任公司葫芦素矿井	新建	1300	236854	鄂尔多斯市乌审旗	井工	综采	不黏煤长焰煤及少量弱黏煤
中天合创能源有限责任公司门克庆矿井		1200	228381				
八、中烟集团（2）		700	83378				
内蒙古上海庙矿业有限责任公司榆树井煤矿	生产	300	34543	鄂尔多斯市鄂托克前旗	井工	综采	不黏煤
内蒙古上海庙矿业有限责任公司新上海一号煤矿	新建	400	48835	鄂尔多斯市鄂托克前旗	井工	综采	不黏煤长焰煤
九、中盐集团（2）		90	5621				
内蒙古兰太资源开发有限责任公司巴音煤矿	技改整合	60	5104	阿拉善盟阿左旗	井工	综采	烟煤
内蒙古兰太资源开发有限责任公司巴音煤矿（黄玉川煤矿）	技改整合	30	517	阿拉善盟阿拉善左旗	井工	炮采	烟煤
十、中铁集团（1）		90	983				
苏尼特左旗地方国营芒来煤矿	生产	90	983	锡林郭勒盟苏尼特左旗	露天	单斗	褐煤
十一、其他（1）		300	14454				
内蒙古李家塔煤矿	生产	300	14454	鄂尔多斯市伊金霍洛旗	井工（瓦）	综采	不黏煤

（二）内蒙古地方煤矿企业

煤矿名称	运行状态	核定产能（万吨）	地质资源储量（万吨）	煤矿所在盟市、旗县市（区）	开采方式及瓦斯等级	采煤工艺	煤种
清水河县窑沟乡永胜煤矿	技改	60	631	呼和浩特市清水河县	露天	单斗	长焰煤
清水河县天赐源煤炭有限责任公司	生产	60	796	呼和浩特市清水河县	露天	单斗	长焰煤
清水河县刘胡梁煤炭有限责任公司刘胡梁采区	生产	60	407	呼和浩特市清水河县	露天	单斗	长焰煤
包头市石拐区凯越露天煤矿	生产	45	379	包头市石拐区	露天	单斗	焦煤
包头市九原区海柳树大场新露天煤矿	生产	45	752	包头市东河区	露天	单斗	焦煤
包头市杨圪塄矿业有限公司平顶山露天矿煤矿	生产	60	867	包头市东河区	露天	单斗	焦煤
包头市杨圪塄煤矿前坝二号井	拟技改	30	354	包头市东河区	井工	炮采	焦煤
土默特右旗大青山矿业有限责任公司	生产	45	276	包头市土默特右旗	露天	单斗	不黏煤
土默特右旗金峰矿业有限责任公司金峰煤矿	生产	60	932	包头市土默特右旗	露天	单斗	不黏煤
土默特右旗四道沟矿业有限责任公司四道沟煤矿	生产	60	861	包头市土默特右旗	露天	单斗	不黏煤
土默特右旗曼巧沟矿业有限责任公司曼巧沟煤矿	生产	60	916	包头市土默特右旗	露天	单斗	不黏煤
土默特右旗三田矿业有限责任公司三田煤矿	生产	60	894	包头市土默特右旗	露天	单斗	不黏煤
土默特右旗大顺矿业有限责任公司大顺煤矿	生产	60	785	包头市土默特右旗	露天	单斗	不黏煤
土默特右旗高源矿业有限责任公司高源煤矿	生产	60	963	包头市土默特右旗	露天	单斗	不黏煤
包头市石拐区凯通露天煤矿	技改整合	90	572	包头市石拐区	露天	单斗	焦煤
包头市杨圪塄长悦矿业有限责任公司	技改扩能	60	380	包头市石拐区	露天	单斗	焦煤
包头市京鹿矿业有限责任公司	技改整合	120	3000	包头市石拐区	—	—	—
神东天隆集团有限责任公司武家塔露天煤矿	生产	300	12600	鄂尔多斯市伊金霍洛旗	露天	单斗	不黏煤

(续)

煤矿名称	运行状态	核定产能(万吨)	地质资源储量(万吨)	煤矿所在盟市、旗县市(区)	开采方式及瓦斯等级	采煤工艺	煤种
神东天隆集团有限责任公司霍洛湾煤矿	生产	300	75	鄂尔多斯市伊金霍洛旗	井工(瓦)	综采	不黏煤
伊金霍洛旗呼氏煤炭有限责任公司漳尔壕煤矿	新建转生产	120	15568	鄂尔多斯市伊金霍洛旗	井工	综采	不黏煤
伊金霍洛旗昊达煤炭有限责任公司煤矿	生产	90	2847	鄂尔多斯市伊金霍洛旗	井工(瓦)	综采	不黏煤
内蒙古伊泰煤炭股份有限责任公司塔拉壕煤矿	新建	600	85835	鄂尔多斯市东胜区	井工	综采	不黏煤 长焰煤
内蒙古伊泰同达煤炭有限责任公司丁家渠煤矿	生产	180	3200	鄂尔多斯市伊金霍洛旗	井工(瓦)	综采	不黏煤
内蒙古伊泰煤炭股份有限责任公司富华煤矿	生产	60	241	鄂尔多斯市伊金霍洛旗	井工(瓦)	综采	不黏煤
内蒙古伊泰煤炭股份有限责任公司白家梁煤矿	技改扩能	90	689	鄂尔多斯市伊金霍洛旗	露天	单斗	不黏煤
内蒙古伊泰宝山煤炭有限责任公司宝山煤矿	生产	180	2886	鄂尔多斯市伊金霍洛旗	井工(瓦)	综采	不黏煤
内蒙古伊泰煤炭股份有限责任公司大地精煤矿	生产	240	5800	鄂尔多斯市伊金霍洛旗	井工(瓦)	综采	不黏煤
内蒙古伊泰广联煤化有限责任公司红庆河煤矿	新建	1500	291801	鄂尔多斯市伊金霍洛旗	井工	综采	不黏煤
内蒙古伊泰煤炭股份有限责任公司纳林庙煤矿一号井	生产	180	1289	鄂尔多斯市准格尔旗	井工(瓦)	综采	不黏煤
内蒙古伊泰煤炭股份有限责任公司纳林庙煤矿二号井	生产	500	15473	鄂尔多斯市准格尔旗	井工(瓦)	综采	不黏煤
内蒙古伊泰煤炭股份有限责任公司宏景塔一矿	生产	500	8473	鄂尔多斯市准格尔旗	井工(瓦)	综采	不黏煤
内蒙古伊泰煤炭股份有限责任公司阳湾沟煤矿	生产	120	1245	鄂尔多斯市准格尔旗	井工(瓦)	综采	长焰煤
内蒙古伊泰京粤酸刺沟矿业有限责任公司酸刺沟煤矿	生产	1200	141095	鄂尔多斯市准格尔旗	井工(瓦)	综采	长焰煤
内蒙古伊泰西部煤业有限责任公司安家坡煤矿	技改扩能	120	910	鄂尔多斯市准格尔旗	露天	单斗	不黏煤
内蒙古伊泰煤炭股份有限责任公司凯达煤矿	技改整合	150	19834	鄂尔多斯市准格尔旗	井工(瓦)	综采	不黏煤

二、企业名录（2015 年底）　　1703

（续）

煤矿名称	运行状态	核定产能（万吨）	地质资源储量（万吨）	煤矿所在盟市、旗县市(区)	开采方式及瓦斯等级	采煤工艺	煤种
内蒙古伊泰煤炭股份有限责任公司诚意煤矿	生产	120	1865	鄂尔多斯市准格尔旗	井工（瓦）	综采	不黏煤
内蒙古伊泰集团有限公司宏景塔二矿	生产	45	700	鄂尔多斯市准格尔旗	井工（瓦）	综采	不黏煤
内蒙古汇能煤电集团巴隆图煤炭有限公司煤矿	生产	350	15959	鄂尔多斯市东胜区	露天	单斗汽车	不黏煤长焰煤
鄂尔多斯市新庙富安煤矿	生产	120	3105	鄂尔多斯市伊金霍洛旗	井工（瓦）	综采	不黏煤
内蒙古汇能集团尔林兔煤炭有限公司尔林兔矿井	新建	800	80817	鄂尔多斯市伊金霍洛旗	井工	综采	不黏煤
准格尔旗弓家塔布尔洞煤炭有限责任公司煤矿	生产	240	7731	鄂尔多斯市准格尔旗	井工（瓦）	综采	不黏煤
准格尔旗弓家塔宝平湾煤炭有限责任公司煤矿	生产	240	20556	鄂尔多斯市准格尔旗	井工（瓦）	综采	不黏煤
内蒙古汇能煤电集团富民煤炭有限责任公司煤矿	生产	180	8780	鄂尔多斯市准格尔旗	井工（瓦）	综采	不黏煤
准格尔旗公沟煤炭有限责任公司煤矿	生产	240	9979	鄂尔多斯市准格尔旗	井工（瓦）	综采	不黏煤
内蒙古汇能煤电集团有限公司泰山煤矿	生产	180	1700	鄂尔多斯市准格尔旗	井工（瓦）	综采	不黏煤
内蒙古汇能煤电集团羊市塔煤炭有限责任公司一矿	生产	240	8068	鄂尔多斯市准格尔旗	井工（瓦）	综采	不黏煤
内蒙古汇能煤电集团羊市塔煤炭有限责任公司二矿	生产	240	9059	鄂尔多斯市准格尔旗	井工（瓦）	综采	不黏煤
内蒙古伊东资源集团窑沟扶贫煤炭有限责任公司	生产	240	11340	鄂尔多斯市准格尔旗	井工（瓦）	综采	长焰煤
内蒙古伊东资源集团股份有限公司西乌素沟煤矿	生产	120	1285	鄂尔多斯市准格尔旗	井工（瓦）	综采	不黏煤
内蒙古伊东资源集团股份有限公司大庙渠煤矿	生产	60	1800	鄂尔多斯市准格尔旗	露天	单斗	不黏煤
内蒙古伊东资源集团宏鑫煤炭有限责任公司煤矿	生产	240	17528	鄂尔多斯市准格尔旗	井工（瓦）	综采	不黏煤
准格尔旗纳林沟煤炭有限责任公司沙咀子煤矿	生产	240	16680	鄂尔多斯市准格尔旗	井工（瓦）	综采	长焰煤

(续)

煤矿名称	运行状态	核定产能(万吨)	地质资源储量(万吨)	煤矿所在盟市、旗县市(区)	开采方式及瓦斯等级	采煤工艺	煤种
内蒙古伊东资源集团宏测煤炭有限责任公司	生产	240	32145	鄂尔多斯市准格尔旗	井工(瓦)	综采	不黏煤
准格尔旗纳林沟煤炭有限责任公司孙家壕煤矿	生产	300	25034	鄂尔多斯市准格尔旗	井工(瓦)	综采	长焰煤
内蒙古伊东资源集团股份有限公司东圪堵煤矿	生产	180	997	鄂尔多斯市准格尔旗	井工(低瓦)	综采	不黏煤
内蒙古伊东资源集团股份有限公司纳林庙煤矿石湾子三井	生产	120	1483	鄂尔多斯市准格尔旗	井工(瓦)	综采	不黏煤
内蒙古伊东资源集团股份有限公司栗家塔煤矿高家梁二井	技改扩能	120	517	鄂尔多斯市准格尔旗	露天	单斗	不黏煤
准格尔旗隆达煤炭有限责任公司羊市塔镇炭窑渠煤矿	生产	120	1435	鄂尔多斯市准格尔旗	井工(低)	综采	不黏煤
内蒙古伊东资源集团忽沙图煤炭有限责任公司忽沙图煤矿(一矿)	生产	150	4256	鄂尔多斯市准格尔旗	井工(瓦)	综采	不黏煤
内蒙古伊东资源集团古城煤炭有限责任公司煤矿(一矿、二矿组合)	技改整合	300	7476	鄂尔多斯市准格尔旗	露天	单斗	不黏煤
内蒙古盈源煤炭运销有限责任公司玉川煤矿	技改2	120	7307	鄂尔多斯市准格尔旗	井工	综采	不黏煤
满世投资集团有限公司敖包梁点石沟煤矿	生产	240	9674	鄂尔多斯市达拉特旗	露天	单斗	不黏煤
鄂尔多斯市金阳煤炭有限责任公司煤矿	生产	240	2291	鄂尔多斯市东胜区	露天	单斗汽车	不黏煤长焰煤
内蒙古满世煤炭集团四道柳煤炭有限责任公司煤矿	生产	150	2864	鄂尔多斯市准格尔旗	井工(瓦)	综采	不黏煤
准格尔旗永智煤炭有限公司煤矿	生产	180	8431	鄂尔多斯市准格尔旗	井工(瓦)	综采	不黏煤
满世投资集团有限公司西梁圪旦煤矿	技改转生产	90	1329	鄂尔多斯市准格尔旗	露天	单斗	不黏煤
满世投资集团有限公司川发煤矿	技改	90	938	鄂尔多斯市准格尔旗	露天	单斗	不黏煤
准格尔旗昶旭煤炭有限责任公司煤矿	生产	400	16250	鄂尔多斯市准格尔旗	露天	单斗	不黏煤
满世投资集团有限公司罐子沟一矿	生产	450	39693	鄂尔多斯市准格尔旗	井工(瓦)	综采	长焰煤

（续）

煤矿名称	运行状态	核定产能（万吨）	地质资源储量（万吨）	煤矿所在盟市、旗县市(区)	开采方式及瓦斯等级	采煤工艺	煤种
鄂尔多斯市兴盛达煤业有限公司煤矿	生产	120	3139	鄂尔多斯市东胜区	露天	单斗汽车	不黏煤长焰煤
内蒙古恒东集团汇隆煤炭有限责任公司煤矿	技改	300	10486	鄂尔多斯市准格尔旗	露天	单斗	长焰煤
内蒙古恒东集团阳堡渠煤炭有限责任公司煤矿	技改扩能	120	844	鄂尔多斯市准格尔旗	露天	单斗	不黏煤
内蒙古准格尔旗美日煤炭有限责任公司花图沟煤矿	生产	270	5662	鄂尔多斯市准格尔旗	井工（瓦）	综采	不黏煤
内蒙古恒东集团恒博煤炭有限责任公司煤矿	生产	120	3497	鄂尔多斯市准格尔旗	露天	单斗	不黏煤
内蒙古恒东集团宏亚煤炭有限公司煤矿	生产	270	14573	鄂尔多斯市准格尔旗	井工（瓦）	综采	不黏煤
内蒙古恒东集团白家梁煤炭有限责任公司煤矿	技改整合	120	986	鄂尔多斯市准格尔旗	露天	单斗	不黏煤
内蒙古伊东资源集团忽沙图煤炭有限责任公司忽沙图煤矿（二矿）	生产	120	2437	鄂尔多斯市准格尔旗	井工（瓦）	综采	不黏煤
鄂尔多斯市乌兰煤炭集团有限责任公司后温家梁煤矿	生产	180	1739	鄂尔多斯市伊金霍洛旗	露天	单斗	不黏煤
鄂尔多斯市乌兰煤炭（集团）有限责任公司石圪台煤矿	生产	90	2490	鄂尔多斯市伊金霍洛旗	井工（瓦）	综采	不黏煤
鄂尔多斯市乌兰煤炭（集团）有限责任公司武家塔煤矿	生产	60	814	鄂尔多斯市伊金霍洛旗	井工（瓦）	综采	不黏煤
鄂尔多斯市乌兰煤炭集团有限责任公司温家塔煤矿	生产	240	4815	鄂尔多斯市伊金霍洛旗	井工（瓦）	综采	不黏煤
鄂尔多斯市乌兰煤炭（集团）有限责任公司特拉布拉煤矿	生产	180	3247	鄂尔多斯市伊金霍洛旗	露天	单斗	不黏煤
鄂尔多斯市乌兰煤炭（集团）有限责任公司满来梁煤矿	生产	150	3150	鄂尔多斯市伊金霍洛旗	露天	单斗	不黏煤
鄂尔多斯市乌兰煤炭（集团）有限责任公司温家梁三号煤矿	生产	90	2108	鄂尔多斯市伊金霍洛旗	井工（瓦）	综采	不黏煤
鄂尔多斯市乌兰煤炭（集团）有限责任公司满来壕煤矿	生产	60	413	鄂尔多斯市伊金霍洛旗	井工（瓦）	综采	不黏煤
鄂尔多斯市荣恒矿业有限责任公司煤矿	生产	180	2683	鄂尔多斯市伊金霍洛旗	露天	单斗	不黏煤

(续)

煤矿名称	运行状态	核定产能（万吨）	地质资源储量（万吨）	煤矿所在盟市、旗县市（区）	开采方式及瓦斯等级	采煤工艺	煤种
鄂尔多斯市乌兰煤炭（集团）有限责任公司通富煤矿	生产	60	233	鄂尔多斯市伊金霍洛旗	露天	单斗	不黏煤
伊金霍洛旗兰家塔富源煤炭有限责任公司煤矿	生产	60	372	鄂尔多斯市伊金霍洛旗	露天	单斗	不黏煤
内蒙古鄂尔多斯煤炭有限责任公司阿尔巴斯煤矿（一井）	生产	45	1538	鄂尔多斯市鄂托克旗	井工（瓦）	综采	1/3焦煤
内蒙古鄂尔多斯煤炭有限责任公司阿尔巴斯煤矿（二井）	生产	120	2066	鄂尔多斯市鄂托克旗	井工（瓦）	综采	焦煤
内蒙古鄂尔多斯电力冶金股份有限公司一矿	生产	80	3800	鄂尔多斯市鄂托克旗	井工（瓦）	综采	1/3焦煤
内蒙古鄂尔多斯煤炭有限责任公司煤矿	生产	120	8973	鄂尔多斯市鄂托克旗	井工（瓦）	综采	1/3焦煤、肥煤
内蒙古鄂尔多斯煤炭有限责任公司白云乌素矿区11-15煤矿	技改转生产	90	7026	鄂尔多斯市鄂托克旗	井工	综采	焦煤
达拉特旗物华煤炭有限责任公司	生产	60	1451	鄂尔多斯市达拉特旗	露天	单斗	不黏煤
达拉特旗文兴煤炭有限责任公司高山沟煤矿	技改整合	120	525	鄂尔多斯市达拉特旗	露天	单斗	不黏煤
鄂尔多斯市达拉特旗蒙新煤炭有限责任公司杭盖沟煤矿	生产	30	568	鄂尔多斯市达拉特旗	露天	单斗	不黏煤
达拉特旗通瑞（露天）煤矿	生产	30	540	鄂尔多斯市达拉特旗	露天	单斗	不黏煤
达拉特旗东杨煤矿	生产	60	1459	鄂尔多斯市达拉特旗	露天	单斗	不黏煤
达拉特旗潮脑沟后阴塔煤矿	生产	90	1824	鄂尔多斯市达拉特旗	井工（低）	综采	不黏煤
鄂尔多斯市金运煤炭有限责任公司煤矿	生产	120	2499	鄂尔多斯市达拉特旗	露天	单斗	不黏煤
内蒙古嘉烨煤业有限责任公司兴恒煤矿	生产	150	2540	鄂尔多斯市达拉特旗	露天	单斗	不黏煤
达拉特旗建金煤炭有限责任公司建金煤矿	生产	30	730	鄂尔多斯市达拉特旗	井工（低）	综采	不黏煤
达拉特旗创新煤矿	生产	60	1259	鄂尔多斯市达拉特旗	露天	单斗	不黏煤

（续）

煤矿名称	运行状态	核定产能（万吨）	地质资源储量（万吨）	煤矿所在盟市、旗县市（区）	开采方式及瓦斯等级	采煤工艺	煤种
达拉特旗纳林丰胜奎煤矿	生产	60	2106	鄂尔多斯市达拉特旗	露天	单斗	不黏煤
鄂尔多斯市亿宏煤矿	生产	60	4386	鄂尔多斯市达拉特旗	露天	单斗	不黏煤
内蒙古嘉烨煤业有限责任公司创业煤矿	生产	60	5847	鄂尔多斯市达拉特旗	露天	单斗	不黏煤
达拉特旗高头窑张美厚煤矿	生产	60	3214	鄂尔多斯市达拉特旗	露天	单斗	不黏煤
达拉特旗高头窑李五兴煤矿	生产	60	2634	鄂尔多斯市达拉特旗	露天	单斗	不黏煤
达拉特旗益阳煤炭有限责任公司高头窑煤矿	生产	60	7342	鄂尔多斯市达拉特旗	露天	单斗	不黏煤
达拉特旗黑塔沟瑞光煤矿	生产	180	2640	鄂尔多斯市达拉特旗	露天	单斗	不黏煤
内蒙古鄂尔多斯市潮脑梁煤炭有限公司	生产	400	16802	鄂尔多斯市达拉特旗	露天	单斗	不黏煤
鄂尔多斯市振兴煤业有限公司	生产转技改	60	321	鄂尔多斯市东胜区	露天	单斗汽车	不黏煤长焰煤
鄂尔多斯市巴音孟克纳源煤炭有限责任公司	生产	500	5526	鄂尔多斯市东胜区	露天	单斗汽车	不黏煤长焰煤
鄂尔多斯市民达煤炭有限责任公司煤矿	生产	500	10469	鄂尔多斯市东胜区	露天	单斗汽车	不黏煤长焰煤
鄂尔多斯市东胜区鑫源煤炭有限责任公司露天煤矿	生产	60	2098	鄂尔多斯市东胜区	露天	单斗汽车	不黏煤长焰煤
鄂尔多斯市蒙泰范家村煤业有限责任公司范家村煤矿	生产	240	6843	鄂尔多斯市东胜区	井工（低）	综采	不黏煤长焰煤
鄂尔多斯市神通煤炭有限公司煤矿	生产	90	2930	鄂尔多斯市东胜区	井工（低）	综采	不黏煤长焰煤
鄂尔多斯市永顺煤炭有限责任公司煤矿	生产	120	86141	鄂尔多斯市东胜区	露天	单斗汽车	不黏煤长焰煤
鄂尔多斯市宏丰煤炭有限责任公司	生产	300	4966	鄂尔多斯市东胜区	露天	单斗汽车	不黏煤长焰煤
内蒙古亿源煤业有限公司亿源煤矿	技改整合	60	1709	鄂尔多斯市东胜区	露天	单斗汽车	不黏煤长焰煤
鄂尔多斯市聚鑫龙煤炭有限公司煤矿	生产	60	4645	鄂尔多斯市东胜区	露天	单斗汽车	不黏煤长焰煤
鄂尔多斯市东胜区平梁张大银煤矿	生产	180	2252	鄂尔多斯市东胜区	露天	单斗汽车	不黏煤长焰煤

(续)

煤矿名称	运行状态	核定产能(万吨)	地质资源储量(万吨)	煤矿所在盟市、旗县市(区)	开采方式及瓦斯等级	采煤工艺	煤种
鄂尔多斯市腾远煤炭有限责任公司	技改扩能	120	2045	鄂尔多斯市东胜区	露采	单斗汽车	不黏煤
鄂尔多斯市永恒华煤炭运销公司前进煤矿	技改整合	300	15298	鄂尔多斯市东胜区	露天	单斗汽车	不黏煤长焰煤
鄂尔多斯市东胜区酸刺沟煤炭有限责任公司煤矿	生产	60	685	鄂尔多斯市东胜区	露天	单斗汽车	不黏煤长焰煤
内蒙古八宝沟煤炭有限责任公司煤矿	生产	60	1030	鄂尔多斯市东胜区	露天	单斗汽车	不黏煤长焰煤
鄂尔多斯市一通煤化有限责任公司泰生煤矿	技改扩能	60	505	鄂尔多斯市东胜区	露天	单斗汽车	不黏煤长焰煤
鄂尔多斯市巴音孟克刘家渠煤炭有限责任公司	生产	300	15300	鄂尔多斯市东胜区	井工(低)	综采	不黏煤长焰煤
鄂尔多斯市东胜区丰荣煤炭有限责任公司煤矿	生产			鄂尔多斯市东胜区	露天	单斗汽车	不黏煤长焰煤
内蒙古伊丰矿业有限责任公司煤矿	生产	90	2390	鄂尔多斯市伊金霍洛旗	井工(瓦)	综采	不黏煤
内蒙古蒙发煤炭有限责任公司呼和乌素煤矿	生产	120	2438	鄂尔多斯市伊金霍洛旗	井工(瓦)	综采	不黏煤
内蒙古博源煤化工有限责任公司湾图沟煤矿	生产	450	16370	鄂尔多斯市伊金霍洛旗	井工(瓦)	综采	不黏煤
新能矿业有限公司王家塔矿井	生产	680	60760	鄂尔多斯市伊金霍洛旗	井工(瓦)	综采	不黏煤
鄂尔多斯市裕隆富祥矿业有限公司裕隆富祥煤矿	生产	60	330	鄂尔多斯市伊金霍洛旗	井工(瓦)	综采	不黏煤
内蒙古鑫泰煤炭开采有限公司文玉煤矿	生产	300	2942	鄂尔多斯市伊金霍洛旗	井工(瓦)	综采	不黏煤
伊旗新庙阿会沟致富煤矿	技改转生产	90	747	鄂尔多斯市伊金霍洛旗	井工	综采	不黏煤
伊金霍洛旗纳林陶亥镇南梁社办煤矿	技改整合	90	471	鄂尔多斯市伊金霍洛旗	露天	单斗	不黏煤
伊金霍洛旗振兴煤炭有限责任公司振兴煤矿	技改整合	90	1644	鄂尔多斯市伊金霍洛旗	井工	综采	不黏煤
伊金霍洛旗新庙三界沟煤矿	生产	45	276	鄂尔多斯市伊金霍洛旗	井工(瓦)	综采	不黏煤

（续）

煤矿名称	运行状态	核定产能（万吨）	地质资源储量（万吨）	煤矿所在盟市、旗县市(区)	开采方式及瓦斯等级	采煤工艺	煤种
内蒙古海神京蒙煤炭有限公司煤矿	生产	60	80	鄂尔多斯市伊金霍洛旗	井工（瓦）	综采	不黏煤
鄂尔多斯市广厦煤炭运销有限公司刘家渠煤矿	生产	60	601	鄂尔多斯市伊金霍洛旗	井工（瓦）	综采	不黏煤
伊金霍洛旗忠华煤炭有限责任公司煤矿	技改	45	325	鄂尔多斯市伊金霍洛旗	井工	综采	不黏煤
伊金霍洛旗乌兰木伦朝阳煤矿	生产	45	639	鄂尔多斯市伊金霍洛旗	井工	综采	不黏煤
伊旗乌兰木伦考考赖沟煤矿	生产	30	275	鄂尔多斯市伊金霍洛旗	井工（低）	炮采	不黏煤
伊金霍洛旗新庙三星煤矿	生产	60	668	鄂尔多斯市伊金霍洛旗	井工（瓦）	综采	不黏煤
伊金霍洛旗纳林塔纳林沟煤矿	2014年转生产	60	451	鄂尔多斯市伊金霍洛旗	井工	综采	不黏煤
伊旗机井队巴龙图沟煤矿	技改扩能	90	989	鄂尔多斯市伊金霍洛旗	露天	单斗	不黏煤
伊金霍洛旗新庙丁家梁煤矿	生产	60	759	鄂尔多斯市伊金霍洛旗	井工	综采	不黏煤
伊金霍洛旗小柳塔煤矿	2014年4月转生产	60	856	鄂尔多斯市伊金霍洛旗	露天	单斗	不黏煤长焰煤
内蒙古赛蒙特尔煤业有限责任公司赛蒙特尔煤矿	生产	300	7183	鄂尔多斯市伊金霍洛旗	井工（瓦）	综采	不黏煤
伊金霍洛旗乌兰煤矿	生产	60	2029	鄂尔多斯市伊金霍洛旗	露天	单斗	不黏煤
伊金霍洛旗常青煤炭有限责任公司	生产	60	70	鄂尔多斯市伊金霍洛旗	露天	单斗	不黏煤
伊金霍洛旗华能井煤矿有限公司煤矿	生产	60	565	鄂尔多斯市伊金霍洛旗	露天	单斗	不黏煤
内蒙古友恒煤炭有限责任公司益民煤矿	生产	120	3137	鄂尔多斯市伊金霍洛旗	井工（瓦）	综采	不黏煤
伊金霍洛旗育才煤炭有限责任公司煤矿	生产	60	526	鄂尔多斯市伊金霍洛旗	井工（瓦）	综采	不黏煤
伊旗新庙乡兴旺煤矿	2014.8转技改	30	552	鄂尔多斯市伊金霍洛旗	井工（低）	炮采	不黏煤

(续)

煤矿名称	运行状态	核定产能（万吨）	地质资源储量（万吨）	煤矿所在盟市、旗县市（区）	开采方式及瓦斯等级	采煤工艺	煤种
内蒙古燎原煤业有限责任公司煤矿	生产	90	1224	鄂尔多斯市伊金霍洛旗	井工	综采	不黏煤
伊金霍洛旗兴隆煤矿	生产	90	900	鄂尔多斯市伊金霍洛旗	露天	单斗	不黏煤
伊金霍洛旗蒙泰煤炭有限责任公司窝兔沟煤矿	技改整合	90	5138	鄂尔多斯市伊金霍洛旗	井工	综采	不黏煤
伊金霍洛旗东博煤炭有限责任公司煤矿	生产	120	4714	鄂尔多斯市伊金霍洛旗	井工（瓦）	综采	不黏煤
伊金霍洛旗纳林陶亥煤炭经营运销公司小纳林沟煤矿	技改转生产	90	730	鄂尔多斯市伊金霍洛旗	露天	单斗	不黏煤
伊金霍洛旗呼能煤炭有限责任公司丁家梁煤矿	技改整合	120	6300	鄂尔多斯市伊金霍洛旗	井工	综采	不黏煤
内蒙古蒙泰煤电集团有限公司满来梁煤矿	新建	180	15087	鄂尔多斯市伊金霍洛旗	井工	综采	不黏煤
内蒙古西蒙集团有限公司电力满都拉煤矿	生产	120	4129	鄂尔多斯市准格尔旗	井工（瓦）	综采	不黏煤
内蒙古西蒙煤炭有限公司准旗弓家塔煤矿	生产	60	932	鄂尔多斯市准格尔旗	露天	单斗	不黏煤
内蒙古特弘煤电集团有限责任公司来叶沟煤矿	生产	120	1135	鄂尔多斯市准格尔旗	井工（瓦）	综采	不黏煤
内蒙古特弘全盈煤炭有限责任公司	技改扩能	90	2347	鄂尔多斯市准格尔旗	露天	单斗	长焰煤
鄂尔多斯市瑞德煤化有限责任公司瑞德煤矿	生产	180	4379	鄂尔多斯市准格尔旗	露天	单斗	不黏煤
内蒙古聚祥煤业集团有限公司阳塔煤矿	生产	240	12303	鄂尔多斯市准格尔旗	井工（瓦）	综采	不黏煤
内蒙古鸿远煤炭集团有限公司孙三沟煤矿	生产	120	2523	鄂尔多斯市准格尔旗	露天	单斗	不黏煤
内蒙古蒙南煤炭有限公司川宏煤矿	技改扩能	150	2318	鄂尔多斯市准格尔旗	井工	综采	不黏煤
内蒙古蒙南煤炭有限公司碓臼沟煤矿	生产	120	3923	鄂尔多斯市准格尔旗	井工（瓦）	综采	长焰煤
准格尔旗经纬煤业有限责任公司煤矿	生产	180	587	鄂尔多斯市准格尔旗	露天	单斗	不黏煤
鄂尔多斯市准格尔旗聚能煤炭集团有限责任公司壕赖梁煤矿	生产	150	2300	鄂尔多斯市准格尔旗	露天	单斗	不黏煤

（续）

煤矿名称	运行状态	核定产能（万吨）	地质资源储量（万吨）	煤矿所在盟市、旗县市（区）	开采方式及瓦斯等级	采煤工艺	煤种
准格尔旗川掌李家渠煤炭有限责任公司煤矿	技改扩能	120	1111	鄂尔多斯市准格尔旗	露天	单斗	不黏煤
准旗窑沟乡厅子堰煤矿有限责任公司	技改扩能	300	3595	鄂尔多斯市准格尔旗	露天	单斗	长焰煤
鄂尔多斯市闫家沟鑫东煤炭有限责任公司	生产	120	3813	鄂尔多斯市准格尔旗	井工（瓦）	综采	不黏煤
准格尔旗蒙祥煤炭有限责任公司煤矿	技改整合	180	2529	鄂尔多斯市准格尔旗	露天	单斗	长焰煤
内蒙古怡和聚源煤炭有限公司	生产	120	1292	鄂尔多斯市准格尔旗	井工（瓦）	综采	不黏煤
准格尔旗准联煤炭有限责任公司煤矿	技改扩能	90	1389	鄂尔多斯市准格尔旗	露天	单斗	不黏煤
内蒙古特弘煤电集团有限责任公司协华煤矿	技改扩能	90	1233	鄂尔多斯市准格尔旗	井工（瓦）	综采	长焰煤
内蒙古伊东资源集团股份有限公司致富煤矿	2014年4月转生产	90	1148	鄂尔多斯市准格尔旗	露天	单斗	不黏煤
内蒙古伊东资源集团股份有限公司敖劳不拉煤矿	生产	60	1765	鄂尔多斯市准格尔旗	井工（瓦）	综采	不黏煤
准格尔旗鸿鑫纳户沟煤炭有限责任公司煤矿	转生产	120	1850	鄂尔多斯市准格尔旗	露天	单斗	不黏煤
鄂尔多斯市正丰矿业有限责任公司鄂托克旗双欣煤矿	2014年3月转生产	90	5053	鄂尔多斯市鄂托克旗	井工	综采	1/3焦煤、肥煤
鄂托克旗乌仁都西煤焦有限责任公司	生产	180	4097	鄂尔多斯市鄂托克旗	露天	单斗	不黏煤
准格尔旗准格尔矿区星达工贸有限责任公司宝通煤矿	生产	45	1519	鄂尔多斯市准格尔旗	井工（瓦）	综采	长焰煤
鄂尔多斯市大源煤炭有限公司柳林沟煤矿	生产	200	3374	鄂尔多斯市准格尔旗	露天	单斗	不黏煤
准格尔旗神山煤炭有限责任公司敖家沟西梁煤矿	生产	120	5585	鄂尔多斯市准格尔旗	井工（瓦）	综采	不黏煤
内蒙古生力资源集团富能煤炭有限责任公司崔二圪咀煤矿	技改	120	4441	鄂尔多斯市准格尔旗	露天	单斗	长焰煤
准格尔旗神山煤炭有限责任公司乌兰哈达煤矿	生产	300	5773	鄂尔多斯市准格尔旗	露天	单斗	不黏煤

(续)

煤矿名称	运行状态	核定产能（万吨）	地质资源储量（万吨）	煤矿所在盟市、旗县市(区)	开采方式及瓦斯等级	采煤工艺	煤种
鄂尔多斯市广利煤炭有限责任公司纳林庙煤矿	转生产	90	1674	鄂尔多斯市准格尔旗	露天	单斗	不黏煤
准格尔旗金利煤矿有限责任公司	生产	60	480	鄂尔多斯市准格尔旗	井工（瓦）	综采	不黏煤
鄂尔多斯市西部煤炭运销有限责任公司五圪图精煤矿	技改扩能	120	864	鄂尔多斯市准格尔旗	露天	单斗	不黏煤
内蒙古荣泰煤炭有限责任公司	生产	60	120	鄂尔多斯市准格尔旗	井工（瓦）	综采	不黏煤
准格尔旗羊市塔正泰煤矿	生产	60	457	鄂尔多斯市准格尔旗	井工（瓦）	综采	不黏煤
内蒙古宝丰矿业有限责任公司	生产	120	1200	鄂尔多斯市准格尔旗	井工（瓦）	综采	不黏煤
准格尔旗羊市塔乡乌拉素煤炭有限责任公司	生产	60	300	鄂尔多斯市准格尔旗	井工（瓦）	综采	不黏煤
准格尔旗羊市塔松树焉神洲煤炭有限责任公司	技改整合	90	534	鄂尔多斯市准格尔旗	露天	单斗	不黏煤
鄂尔多斯市万兴隆工贸有限责任公司准旗东达煤矿	转生产	90	1417	鄂尔多斯市准格尔旗	露天	单斗	不黏煤
准格尔旗羊市塔奎乌煤矿	生产	60	1620	鄂尔多斯市准格尔旗	井工（瓦）	综采	不黏煤
准格尔旗哈岱高勒乡宝昌煤矿	技改扩能	120	4150	鄂尔多斯市准格尔旗	露天	单斗	长焰煤
准格尔旗川掌镇石圪图煤炭有限责任公司	生产	120	1398	鄂尔多斯市准格尔旗	露天	单斗	不黏煤
准格尔旗云凯煤炭有限责任公司	技改转生产	120	2452	鄂尔多斯市准格尔旗	露天	单斗	不黏煤
准格尔旗尔林兔煤炭有限责任公司煤矿	生产	60	3153	鄂尔多斯市准格尔旗	露天	单斗	不黏煤
准格尔旗怀远壕赖沟煤矿有限责任公司煤矿	生产	60	797	鄂尔多斯市准格尔旗	露天	单斗	不黏煤
准格尔旗赵二成渠煤炭有限责任公司煤矿	生产	60	1050	鄂尔多斯市准格尔旗	露天	单斗	不黏煤
准格尔旗景福煤炭有限公司吴家梁股份煤矿	生产	60	1902	鄂尔多斯市准格尔旗	露天	单斗	不黏煤

(续)

煤矿名称	运行状态	核定产能（万吨）	地质资源储量（万吨）	煤矿所在盟市、旗县市（区）	开采方式及瓦斯等级	采煤工艺	煤种
准格尔旗神山镇永利煤炭有限责任公司永利煤矿	生产	180	3210	鄂尔多斯市准格尔旗	露天	单斗	不黏煤
内蒙古准格尔旗大石圈煤矿	技改整合	60	4095	鄂尔多斯市准格尔旗	露天	单斗	不黏煤
准格尔旗欣发达煤矿	生产	60	1281	鄂尔多斯市准格尔旗	露天	单斗	不黏煤
内蒙古准格尔旗如意苏家沟煤矿有限责任公司	生产	90	611	鄂尔多斯市准格尔旗	露天	单斗	不黏煤
内蒙古三鼎煤炭有限责任公司煤矿	生产	120	635	鄂尔多斯市准格尔旗	井工（瓦）	综采	不黏煤
鄂尔多斯市和泰煤炭有限责任公司和泰煤矿	生产	270	4721	鄂尔多斯市准格尔旗	露天	单斗	不黏煤
准格尔旗神陶煤炭运销有限责任公司营沙壕煤矿	生产	100	4783	鄂尔多斯市准格尔旗	井工（瓦）	综采	不黏煤
鄂尔多斯市准格尔旗蒙泰远兴煤炭有限责任公司远兴煤矿	技改转生产	120	1169	鄂尔多斯市准格尔旗	露天	单斗	不黏煤
准格尔旗准格尔召乡碾房塔纳林沟煤矿有限公司	技改	30	2947	鄂尔多斯市准格尔旗	露天	单斗	不黏煤
准格尔旗西召中兴煤矿	技改扩能	90	2087	鄂尔多斯市准格尔旗	露天	单斗	不黏煤
准格尔旗龙太煤炭有限责任公司煤矿	技改整合	60	758	鄂尔多斯市准格尔旗	露天	单斗	不黏煤
准格尔旗柏树坡煤炭有限责任公司煤矿	技改整合	120	2287	鄂尔多斯市准格尔旗	井工	综采	长焰煤
准格尔旗窑沟大伟煤矿	技改扩能	120	3045	鄂尔多斯市准格尔旗	露天	单斗	长焰煤
内蒙古兴隆能源集团有限公司黑岱沟煤矿	生产	150	7713	鄂尔多斯市准格尔旗	井工（瓦）	综采	长焰煤
准格尔旗云飞矿业有限责任公司串草圪旦煤矿	生产	240	7404	鄂尔多斯市准格尔旗	井工（低瓦）	综采	长焰煤
内蒙古锦泰能源有限公司长滩煤矿	生产	240	9949	鄂尔多斯市准格尔旗	井工（瓦）	综采	长焰煤
内蒙古蒙泰新鑫煤业有限责任公司新鑫煤矿	技改扩能	120	4090	鄂尔多斯市准格尔旗	露天	单斗	不黏煤

（续）

煤矿名称	运行状态	核定产能（万吨）	地质资源储量（万吨）	煤矿所在盟市、旗县市(区)	开采方式及瓦斯等级	采煤工艺	煤种
内蒙古准格尔青春塔煤矿	新建	600	58324	鄂尔多斯市准格尔旗	井工	综采	长焰煤
内蒙古鄂托克旗昊源煤焦化有限责任公司煤矿	技改建井筒	60	1804	鄂尔多斯市鄂托克旗	井工	综采	焦煤
内蒙古星光煤炭集团有限责任公司一号井	生产	60	1876	鄂尔多斯市鄂托克旗	井工（瓦）	综采	焦煤
鄂托克旗常洪口中山煤业有限公司	生产	30	136	鄂尔多斯市鄂托克旗	露天	单斗	焦煤
内蒙古鄂托克旗西阿煤炭有限责任公司煤矿	生产	30	253	鄂尔多斯市鄂托克旗	露天	单斗	焦煤、肥煤
内蒙古广纳煤业（集团）有限责任公司	生产	30	185	鄂尔多斯市鄂托克旗	露天	单斗	焦煤
内蒙古广纳煤业集团久丰矿业有限责任公司煤矿（原鄂托克旗久丰矿业有限责任公司）	技改扩能	60	497	鄂尔多斯市鄂托克旗	井工	综采	焦煤
鄂尔多斯市蒙泰骆驼山煤业有限责任公司骆驼山煤矿	技改	60	1343	鄂尔多斯市鄂托克旗	露天	单斗	肥煤、焦煤
鄂托克旗棋盘井利达煤焦有限责任公司利达煤矿	技改	60	1489	鄂尔多斯市鄂托克旗	露天	单斗	焦煤、肥煤
鄂托克旗夭斯图煤矿	技改	60	936	鄂尔多斯市鄂托克旗	露天	单斗	焦煤、肥煤
鄂旗阿尔巴斯骆驼山鑫源煤矿	技改	60	296	鄂尔多斯市鄂托克旗	露天	单斗	焦煤
鄂托克旗福强煤业有限公司	2014年转生产	60	783	鄂尔多斯市鄂托克旗	露天	单斗	焦煤1/3焦煤肥煤
内蒙古华武煤业有限公司	技改扩能	60	668	鄂尔多斯市鄂托克旗	露天	单斗	焦煤1/3
鄂尔多斯市蒙西鑫源煤业有限公司	技改扩能	120	1545	鄂尔多斯市鄂托克旗	露天	单斗	肥煤
鄂托克旗棋盘井呼武煤矿	生产	60	374	鄂尔多斯市鄂托克旗	露天	单斗	焦煤
内蒙古亿利能源股份有限公司宏斌煤矿（原鄂托克旗宏斌煤矿）	技改	90	1957	鄂尔多斯市鄂托克旗	露天	单斗	焦煤
鄂托克旗新亚煤焦有限责任公司煤矿	生产	60	1135	鄂尔多斯市鄂托克旗	井工	综采	焦煤
鄂托克旗东亨煤矿	生产	60	763	鄂尔多斯市鄂托克旗	井工（瓦）	综采	肥煤

二、企业名录（2015年底）　　1715

（续）

煤矿名称	运行状态	核定产能（万吨）	地质资源储量（万吨）	煤矿所在盟市、旗县市（区）	开采方式及瓦斯等级	采煤工艺	煤种
鄂尔多斯市蒙西鑫盛煤业有限公司煤矿	2014年5月转生产	60	658	鄂尔多斯市鄂托克旗	露天	单斗	肥煤
鄂托克旗巴音乌素煤矿	技改	60	530	鄂尔多斯市鄂托克旗	露天	单斗	1/3焦煤 焦煤 肥煤
鄂托克旗鑫宇煤化有限公司华宇煤矿	技改	60	286	鄂尔多斯市鄂托克旗	露天	单斗	焦煤
鄂托克旗奋达煤焦建材有限责任公司昌汉哈达矿（一井）	技改改扩建	45	811	鄂尔多斯市鄂托克旗	井工	炮采	不黏煤
鄂托克旗奋达煤焦建材有限责任公司昌汉哈达矿（二井）	技改改扩建	45	799	鄂尔多斯市鄂托克旗	井工	炮采	不黏煤
鄂托克旗千里沟卧龙煤矿	技改整合	45	679	鄂尔多斯市鄂托克旗	井工	炮采	长焰煤 弱黏煤
鄂旗早稍敬老院千里沟福利煤矿	技改改扩建	45	477	鄂尔多斯市鄂托克旗	井工	综采	长焰煤
鄂托克旗千里沟白云煤矿	技改整合	45	674	鄂尔多斯市鄂托克旗	井工	炮采	长焰煤
鄂托克旗骆驼山毛盖图煤矿	技改扩能	60	220	鄂尔多斯市鄂托克旗	露天	单斗	肥煤
鄂托克旗建元煤焦化有限责任公司建元煤矿	技改2	500	50779	鄂尔多斯市鄂托克旗	井工（瓦）	综采	1/3焦煤
内蒙古阿拉善左旗泰升煤炭有限公司鄂托克旗泰源煤矿	技改整合	120	8455	鄂尔多斯市鄂托克旗	井工	综采	焦煤
鄂旗尔格图煤矿	技改整合	30	728	鄂尔多斯市鄂托克旗	露天	单斗	1/3焦煤 肥煤
鄂托克旗金欧煤矿	生产	60	948	鄂尔多斯市鄂托克旗	露天	单斗	焦煤、肥煤
鄂托克旗东辰煤矿	生产	60	986	鄂尔多斯市鄂托克旗	露天	单斗	1/3焦煤
鄂托克旗棋盘井新胜煤矿	生产	60	123	鄂尔多斯市鄂托克旗	露天	单斗	1/3焦煤 低磷煤 肥煤
内蒙古星光煤炭集团鄂托克旗华泰煤业有限公司煤矿	技改扩能	60	445	鄂尔多斯市鄂托克旗	露天	单斗	焦煤
鄂托克旗巴音乌素六保煤矿	技改转生产	60	412	鄂尔多斯市鄂托克旗	露天	单斗	焦煤

（续）

煤矿名称	运行状态	核定产能（万吨）	地质资源储量（万吨）	煤矿所在盟市、旗县市（区）	开采方式及瓦斯等级	采煤工艺	煤种
内蒙古君平煤炭有限责任公司	生产	30	157	鄂尔多斯市鄂托克旗	井工	炮采	焦煤
鄂托克旗晨光煤焦化有限责任公司煤矿	技改转生产	60	539	鄂尔多斯市鄂托克旗	露天	单斗	1/3焦煤
内蒙古蒙西煤炭有限责任公司蒙西煤矿	技改转生产	120	664	鄂尔多斯市鄂托克旗	露天	单斗	1/3焦煤 肥煤
内蒙古蒙西矿业有限公司库里火沙兔煤矿	新建	120	7957	鄂尔多斯市鄂托克旗	井工	综采	焦煤
内蒙古乌拉特前旗兴亚煤炭有限责任公司煤矿（101井201井301井302井）	生产	30	244	巴彦淖尔市乌拉特前旗	井工	炮采	长焰煤 弱黏煤
内蒙古鑫鑫煤炭有限公司鑫鑫煤矿	技改整合	90	1067	巴彦淖尔市乌拉特前旗	井工	炮采	长焰煤 弱黏煤
内蒙古莱富矿业有限责任公司煤矿	生产	60	5300	巴彦淖尔市乌拉特中旗	露天	间断	褐煤
乌中旗温明矿业有限责任公司煤矿	生产	45	1300	巴彦淖尔市乌拉特中旗	井工（低）	综采	肥煤、气煤、1/3焦煤 弱黏煤
内蒙古棋丰煤业有限公司煤矿	生产	90	270	乌海市海勃湾区	露天	单斗	焦煤
乌海市海南区巴音陶亥乡通达煤矿	技改扩能	60	862	乌海市海南区	露天	单斗	焦煤
乌海市温明矿业有限责任公司卡布其煤矿	技改扩能	120	1668	乌海市海勃湾区	露天	单斗	焦煤
乌海市通洲煤炭有限公司煤矿	技改	45	630	乌海市海南区	露天	单斗	焦煤
内蒙古德晟实业集团有限公司二矿	生产	120	780	乌海市海勃湾区	露天	单斗	焦煤
内蒙古德晟实业集团有限公司三矿	生产	120	1350	乌海市海勃湾区	露天	单斗	焦煤
乌海市隆昌工贸有限责任公司骆驼山煤矿	技改扩能	45	303	乌海市海勃湾区	露天	单斗	焦煤
乌海市万企景华煤业有限责任公司煤矿	生产	120	1540	乌海市海勃湾区	露天	单斗	焦煤
乌海市海勃湾夭斯图煤矿	整合技改	45	481	乌海市海勃湾区	露天	单斗	焦煤
乌海市包钢万腾煤业有限责任公司煤矿	技改扩能	60	1582	乌海市海勃湾区	井工	综采	焦煤
乌海市海南区渡口双清煤矿	生产	15	44	乌海市海南区	露天	单斗	焦煤

二、企业名录（2015 年底）　　1717

（续）

煤矿名称	运行状态	核定产能（万吨）	地质资源储量（万吨）	煤矿所在盟市、旗县市(区)	开采方式及瓦斯等级	采煤工艺	煤种
内蒙古美方能源有限公司乌海市新骆驼山煤矿	整合技改	45	437	乌海市海勃湾区	露天	单斗	焦煤
乌海市新星煤炭有限责任公司煤矿	技改扩能	120	458	乌海市海勃湾区	露天	单斗	焦煤
乌海市恒实能源实业有限公司	技改扩能	120	486	乌海市海勃湾区	露天	单斗	焦煤
乌海市海南区西来峰长富煤矿（整合为内蒙古源通长富煤业有限责任公司煤矿）	整合	150	2266	乌海市海南区	井工	炮采	焦煤
乌海市永安西峰煤业有限公司煤矿					井工	综采	1/3 焦煤 肥煤
乌海市中科宝诚煤业有限公司煤矿	生产	120	1598	乌海市海南区	露天	单斗	焦煤
乌海市源通煤化工有限责任公司	技改			乌海市海勃湾区	露天	单斗	焦煤
乌海市海南区东风前矿八号井	生产	30	175	乌海市海南区	露天	单斗	焦煤
内蒙古维维能源有限公司白云乌素煤矿	生产	120	3557	乌海市海南区	井工（瓦）	综采	焦煤
乌海市乌化矿业有限责任公司一矿	生产	90	2408	乌海市海南区	井工（低）	综采	1/3 焦煤
乌海市天裕工贸有限公司煤矿	技改扩能	60	2800	乌海市海南区	井工	综采	焦煤
乌海市天誉煤炭有限责任公司煤矿	新建技改	120	3011	乌海市海南区	井工	综采	焦煤
内蒙古乌海市万源露天煤业有限责任公司煤矿	生产	90	2115	乌海市海南区	露天	单斗	焦煤
内蒙古乌海市万晨能源煤炭有限责任公司龙贵煤矿	生产	45	1734	乌海市海南区	井工（低）	高档普采	焦煤
内蒙古黄河工贸集团滴沥帮煤炭有限公司煤矿	生产	30	1684	乌海市海南区	井工（低）	高档普采	焦煤
乌海市巴音陶亥农场滴沥帮乌素煤矿三矿	技改扩能	30	772	乌海市海南区	井工	高档普采	焦煤
内蒙古广远集团宝成煤业有限公司（露天）煤矿	生产	60	510	乌海市海南区	露天	单斗	1/3 焦煤 焦煤
乌海市裕隆利胜矿业有限公司利胜煤矿	生产	60	945	乌海市海南区	井工（低）	综采放顶	焦煤 肥煤

（续）

煤矿名称	运行状态	核定产能（万吨）	地质资源储量（万吨）	煤矿所在盟市、旗县市(区)	开采方式及瓦斯等级	采煤工艺	煤种
乌海中能东方红煤焦有限责任公司煤矿	生产	45	708	乌海市海南区	露天	单斗	焦煤
乌海市海融矿业有限责任公司煤矿	生产	60	1179	乌海市海南区	井工（低）	综采	焦煤
乌海市华资煤焦有限公司滴力帮乌素煤矿	新建转生产	120	3113	乌海市海南区	井工	综采	焦煤
乌海市建安煤矿有限责任公司煤矿	技改扩能	90	686	乌海市乌达区	露天	单斗	焦煤
内蒙古太西煤集团股份有限公司兴泰煤矿（一井）	技改整合	30	189	阿拉善盟阿拉善左旗	井工	炮采	无烟煤
内蒙古太西煤集团股份有限公司兴泰煤矿（二井）	技改整合	30	197	阿拉善盟阿拉善左旗	井工	炮采	无烟煤
内蒙古太西煤集团股份有限公司兴泰煤矿（四井）	技改整合	30	456	阿拉善盟阿拉善左旗	井工	炮采	无烟煤
内蒙古太西煤集团股份有限公司别立沟煤矿别立沟井	技改扩能	30	640	阿拉善盟阿拉善左旗	井工	炮采	无烟煤
内蒙古太西煤集团股份有限公司别立沟煤矿托里沟井	技改整合	30	40	阿拉善盟阿拉善左旗	井工	炮采	无烟煤
内蒙古太西煤集团股份有限公司哈沙图煤矿	技改整合	30	5364	阿拉善盟阿拉善左旗	井工	炮采	无烟煤
内蒙古太西煤集团股份有限公司陡崖沟煤矿	技改扩能	30	117	阿拉善盟阿拉善左旗	井工	炮采	无烟煤
内蒙古太西煤集团股份有限公司长沟煤矿	技改整合	45	376	阿拉善盟阿拉善左旗	井工	炮采	无烟煤
内蒙古太西煤集团股份有限公司炭窑沟煤矿	技改整合	30	193	阿拉善盟阿拉善左旗	井工	炮采	无烟煤
内蒙古太西煤集团股份有限公司古拉本煤矿	技改整合	30	207	阿拉善盟阿拉善左旗	井工	炮采	无烟煤
内蒙古太西煤集团股份有限公司花石泉煤矿	技改整合	30	151	阿拉善盟阿拉善左旗	井工	炮采	无烟煤
内蒙古太西煤集团股份有限公司松树滩煤矿				阿拉善盟阿拉善左旗	井工	抽瓦斯	无烟煤
内蒙古太西煤集团常山煤业有限公司一号井	生产	30	340	阿拉善盟阿拉善右旗	井工（瓦）	炮采	长焰煤

(续)

煤矿名称	运行状态	核定产能（万吨）	地质资源储量（万吨）	煤矿所在盟市、旗县市(区)	开采方式及瓦斯等级	采煤工艺	煤种
内蒙古太西煤集团常山煤业有限公司东沙沟井	生产	30	893	阿拉善盟阿拉善右旗	井工（瓦）	炮采	长焰煤
内蒙古太西煤集团股份有限公司蚕特拉煤矿（贺兰山焦煤公司一矿）	技改整合	30	261	阿拉善盟阿拉善左旗	井工	炮采	焦煤
内蒙古太西煤集团股份有限公司蚕特拉煤矿（贺兰山焦煤公司二矿）	技改整合	30	418	阿拉善盟阿拉善左旗	井工	炮采	焦煤
内蒙古太西煤集团股份有限公司蚕特拉煤矿（贺兰山焦煤公司三矿）	技改整合	30	255	阿拉善盟阿拉善左旗	井工	炮采	焦煤
内蒙古太西煤集团股份有限公司蚕特拉煤矿（贺兰山焦煤公司四矿）	技改整合	30	255	阿拉善盟阿拉善左旗	井工	炮采	焦煤
内蒙古庆华集团阿拉善百灵煤炭有限责任公司百灵煤矿	生产	180	8497	阿拉善盟阿拉善左旗	井工（双突）	综采	焦煤
阿拉善福泉煤炭有限责任公司（一矿）	技改整合	60	2785	阿拉善盟阿拉善左旗	井工（瓦突）	综采	烟煤
阿拉善福泉煤炭有限责任公司（三层井）	生产	30	497	阿拉善盟阿拉善左旗	井工（高）	炮采	烟煤
内蒙古宁发矿业有限责任公司一矿	技改扩能	45	1120	阿拉善盟阿拉善左旗	露天	炮采	贫烟
内蒙古宁发矿业有限责任公司二矿	技改整合	120	963	阿拉善盟阿拉善左旗	露天	单斗	贫烟
阿拉善盟天华煤炭有限责任公司煤矿	技改整合	30	218	阿拉善盟阿拉善左旗	井工	炮采	无烟煤
阿拉善盟龙腾煤炭有限责任公司太阳沟煤矿	技改整合	30	689	阿拉善盟阿拉善左旗	井工	炮采	无烟煤
内蒙古阿拉善盟天荣煤炭有限责任公司煤矿	技改整合	30	330	阿拉善盟阿拉善左旗	井工	炮采	无烟煤
内蒙古阿拉善盟运通实业发展有限责任公司煤矿	技改整合	30	147	阿拉善盟阿拉善左旗	井工	炮采	无烟煤
阿拉善盟宏力煤炭有限责任公司煤矿	技改整合	30	207	阿拉善盟阿拉善左旗	井工	炮采	无烟煤
阿拉善左旗新西井煤炭有限责任公司煤矿	技改整合	30	916	阿拉善盟阿拉善左旗	井工	炮采	烟煤
阿拉善左旗宏魁实业八仙煤炭有限责任公司	技改扩能	30	89	阿拉善盟阿拉善左旗	井工	普采	无烟煤

（续）

煤矿名称	运行状态	核定产能（万吨）	地质资源储量（万吨）	煤矿所在盟市、旗县市(区)	开采方式及瓦斯等级	采煤工艺	煤种
阿拉善左旗青岭煤炭有限责任公司煤矿	技改整合	60	141	阿拉善盟阿拉善左旗	井工	炮采	烟煤
内蒙古阿拉善盟顺舸矿业集团顺舸矿业有限责任公司二道岭煤矿	技改扩能	45	1174	阿拉善盟阿拉善左旗	井工	炮采	无烟煤
内蒙古阿拉善右旗金鑫矿产开发有限责任公司老山煤矿	生产	30	76	阿拉善盟阿拉善右旗	井工（低）	炮采（低）	烟煤
阿拉善右旗顺达煤矿	生产	30	258	阿拉善盟阿拉善右旗	井工（瓦）	炮采	烟煤
阿拉善右旗老山头北岗煤矿	生产	30	920	阿拉善盟阿拉善右旗	井工（低）	炮采	烟煤
内蒙古额济纳旗赛汉桃来苏木希热哈达煤矿	转生产	30	178	阿拉善盟额济纳旗	井工	炮采	烟煤
锡林浩特煤矿楚古兰井	生产	30	92	锡林郭勒盟锡林浩特市	井工（瓦）	炮采	长焰煤
内蒙古宝山宝马矿业有限责任公司煤矿（原锡林浩特市锡凌煤矿）	技改扩能	45	877	锡林郭勒盟锡林浩特市	井工	炮采	褐煤
阿巴嘎旗平安矿业有限责任公司煤矿（原玛尼图煤矿4号井）	生产	45	1468	锡林郭勒盟阿巴嘎旗	井工	炮采	长焰煤
阿巴嘎旗宝润矿业有限责任公司坤宝煤矿	生产	45	852	锡林郭勒盟阿巴嘎旗	井工（瓦）	炮采	长焰煤
阿巴嘎旗玛尼图煤矿（94-5井）	技改	30	258	锡林郭勒盟阿巴嘎旗	井工（瓦）	炮采	长焰煤
阿巴嘎旗玛尼图煤矿4-5井	生产	45	927	锡林郭勒盟阿巴嘎旗	露天	单斗	长焰煤
阿巴嘎旗玛尼特矿业有限公司玛尼特庙井	技改	45	364	锡林郭勒盟阿巴嘎旗	井工（瓦）	炮采	长焰煤
内蒙古乌尼特矿业有限责任公司乌尼特煤矿	生产	45	780	锡林郭勒盟东乌珠穆沁旗	露天	单斗	褐煤
天地锡林郭勒煤业有限公司天地锡林煤矿	技改	60	263	锡林郭勒盟东乌珠穆沁旗	井工（瓦）	炮采	长焰煤
东乌珠穆沁旗国营煤矿	生产	30	637	锡林郭勒盟东乌珠穆沁旗	井工（瓦）	炮采	长焰煤
锡盟西乌珠穆沁旗跃进煤矿	生产	30	134	锡林郭勒盟西乌珠穆沁旗	露天	单斗	长焰煤

（续）

煤矿名称	运行状态	核定产能（万吨）	地质资源储量（万吨）	煤矿所在盟市、旗县市(区)	开采方式及瓦斯等级	采煤工艺	煤种
西乌珠穆沁旗哈达图煤炭有限责任公司新井	生产	45	970	锡林郭勒盟西乌珠穆沁旗	井工（瓦）	炮采	贫煤
西乌珠穆沁旗意隆煤业有限责任公司包尔呼舒高布煤矿	生产	150	8390	锡林郭勒盟西乌珠穆沁旗	露天	单斗	褐煤
西乌珠穆沁旗宝日胡硕煤矿	生产	120	3579	锡林郭勒盟西乌珠穆沁旗	露天	单斗	褐煤
西乌珠穆沁旗隆兴煤业有限责任公司哈达图煤矿三号井	技改	30	169	锡林郭勒盟西乌珠穆沁旗	井工	炮采	长焰煤
内蒙古多伦协鑫矿业有限责任公司多伦矿	生产	120	14026	锡林郭勒盟多伦县	井工（瓦）	综采	褐煤
赤峰元宝山区刘家店元通煤业有限公司通达煤矿	生产	30	351	赤峰市元宝山区	井工（低）	炮采	褐煤
赤峰元宝山区刘家店元通煤业有限公司四合煤矿	生产	30	340	赤峰市元宝山区	井工（瓦）	炮采	褐煤
赤峰泰兴煤业有限责任公司煤矿	生产	30	360	赤峰市元宝山区	井工（瓦）	炮采	褐煤
赤峰元宝山区刘家店元通煤业有限公司	生产	30	123	赤峰市元宝山区	井工（瓦）	炮采	褐煤
赤峰宝山能源（集团）铁东煤业有限责任公司煤矿	生产	30	656	赤峰市元宝山区	井工（瓦）	炮采	褐煤
赤峰市建昌营煤业有限责任公司煤矿	生产	45	3803	赤峰市元宝山区	井工（瓦）	炮采	褐煤
赤峰北山矿业有限责任公司煤矿	生产	30	237	赤峰市元宝山区	井工（瓦）	炮采	褐煤
赤峰宝马矿业有限责任公司（煤矿）	生产	45	795	赤峰市元宝山区	井工（低）	高普	褐煤
赤峰西拉沐沦（集团）公格营子煤业有限公司	生产	30	400	赤峰市元宝山区	井工（瓦）	炮采	褐煤
巴林右旗塔布花煤矿有限责任公司煤矿	生产	30	202	赤峰市巴林右旗	井工（瓦）	炮采	无烟煤
阿鲁科尔沁旗温都花煤矿	生产	45	183	赤峰市阿鲁科尔沁旗	井工	炮采	贫煤
赤峰巨森矿业有限责任公司煤矿	技改整合	45	4010	赤峰市喀喇沁旗	井工	炮采	褐煤

(续)

煤矿名称	运行状态	核定产能（万吨）	地质资源储量（万吨）	煤矿所在盟市、旗县市(区)	开采方式及瓦斯等级	采煤工艺	煤种
宁城县大城子镇四龙村北山煤矿	生产	30	27	赤峰市宁城县	井工（瓦）	炮采	褐煤
宁城县大城子镇大梁东第二煤矿	生产	30	53	赤峰市宁城县	井工（瓦）	炮采	褐煤
赤峰市宁城县四龙煤矿	生产	40	292	赤峰市宁城县	井工（瓦）	炮采	褐煤
宁城县大城子镇煤建综合公司煤矿	生产	30	93	赤峰市宁城县	井工（瓦）	炮采	褐煤
宁城县大城子镇大梁东第三煤矿	生产	30	216	赤峰市宁城县	井工（瓦）	炮采	褐煤
赤峰元宝山大黑山煤炭有限责任公司	生产	30	51	赤峰市元宝山区	井工（瓦）	炮采	褐煤
元宝山区平庄镇向阳一矿	生产	30	317	赤峰市元宝山区	井工	炮采	褐煤
元宝山区古山镇第一煤矿	技改扩能	45	77	赤峰市元宝山区	井工	炮采	褐煤
元宝山区山前镇马架子青年煤矿	生产	30	92	赤峰市元宝山区	井工（瓦）	炮采	褐煤
元宝山区五家镇房身村第三煤矿	生产	30	234	赤峰市元宝山区	露天	单斗	褐煤
元宝山区永兴煤矿	生产	30	104	赤峰市元宝山区	井工	炮采	褐煤
元宝山区风水沟镇下坎子村东山煤矿	生产	30	85	赤峰市元宝山区	井工（瓦）	炮采	褐煤
元宝山区五家镇第二联营煤矿	生产	30	132	赤峰市元宝山区	井工（瓦）	炮采	褐煤
赤峰安庆煤矿	生产	30	266	赤峰市松山区	井工（瓦）	炮采	褐煤
赤峰市松山区碾坊乡柳村第五煤矿	生产	30	109	赤峰市松山区	井工（瓦）	炮采	无烟煤
内蒙古平煤阿鲁科尔沁旗煤业有限责任公司爱民温都煤矿	新建	120	8428	赤峰市阿鲁科尔沁旗	井工	综采	2#褐煤
赤峰向阳煤业有限责任公司煤矿	新建	60	2535	赤峰市元宝山区	井工	高档普采	长焰煤

（续）

煤矿名称	运行状态	核定产能（万吨）	地质资源储量（万吨）	煤矿所在盟市、旗县市(区)	开采方式及瓦斯等级	采煤工艺	煤种
霍林郭勒市宝发煤业有限责任公司	生产	45	263	通辽市霍林郭勒市	露天	单斗	褐煤
霍林郭勒市丰阳煤业有限责任公司	生产	30	132	通辽市霍林郭勒市	露天	单斗	褐煤
霍林郭勒市巨日河煤矿	生产	30	164	通辽市霍林郭勒市	露天	单斗	褐煤
内蒙古源源能源集团有限责任公司露天煤矿958采区	生产	120	1529	通辽市霍林郭勒市	露天	单斗	褐煤
内蒙古源源能源集团有限责任公司露天煤矿968采区	生产	45	335	通辽市霍林郭勒市	露天	单斗	褐煤
通辽市通发实业有限责任公司煤矿	技改扩能	30	276	通辽市霍林郭勒市	露天	单斗	褐煤
霍林郭勒古城露天煤业有限责任公司古城露天煤矿	生产	45	1043	通辽市霍林郭勒市	露天	单斗	褐煤
霍林郭勒市满都拉煤矿有限责任公司煤矿	生产	30	231	通辽市霍林郭勒市	井工（瓦）	炮采	褐煤
内蒙古广通煤业有限公司煤矿	生产	30	861	通辽市霍林郭勒市	井工（瓦）	炮采	褐煤
霍林郭勒华兴煤炭有限责任公司华兴煤矿	生产	30	211	通辽市霍林郭勒市	露天	单斗	褐煤
扎鲁特旗兴旺煤炭有限责任公司	生产	30	120	通辽市扎鲁特旗巨日合镇	井工（瓦）	炮采	无烟煤
通辽市鲁兴煤业有限公司联合屯矿区吉源煤矿	生产	30	174	通辽市扎鲁特旗	井工（瓦）	炮采	贫煤
通辽市鲁兴煤业有限公司黄花山煤矿	生产	30	463	通辽市扎鲁特旗	井工（瓦）	炮采	无烟煤
内蒙古霍煤亿诚能源有限公司敦德诺尔露天煤矿	生产	180	8584	通辽市扎鲁特旗	露天	间断工艺	褐煤
突泉县牦牛海庆业煤炭有限责任公司煤矿	生产	30	650	兴安盟突泉县	井工（瓦）	炮采	长焰煤
突泉县吉诚矿业有限责任公司煤矿	生产	30	795	兴安盟突泉县	井工（瓦）	炮采	长焰煤
内蒙古突泉县三星矿业有限责任公司三星煤矿	生产	30	524	兴安盟突泉县	井工（瓦）	炮采	长焰煤
内蒙古兴通煤业有限公司	生产	45	9713	兴安盟科右中旗	井工（瓦）	综采	褐煤

（续）

煤矿名称	运行状态	核定产能（万吨）	地质资源储量（万吨）	煤矿所在盟市、旗县市(区)	开采方式及瓦斯等级	采煤工艺	煤种
科右中旗跃胜煤炭有限责任公司	生产	30	654	兴安盟科右中旗	井工	炮采	肥气煤
莫力达瓦达斡尔族自治旗西山煤业有限公司友谊煤矿	技改整合	30	149	呼伦贝尔市莫力达瓦旗	井工	炮采	长焰煤
莫力达瓦达斡尔族自治旗李杨矿业有限公司九峰山煤矿	技改整合	30	44	呼伦贝尔市莫力达瓦旗	井工	炮采	长焰煤
莫力达瓦达斡尔族自治旗万通石材有限责任公司利民煤矿	技改整合	45	652	呼伦贝尔市莫力达瓦旗	井工	炮采	长焰煤
莫力达瓦达斡尔族自治旗福安煤业有限公司友谊煤矿	技改整合	30	69	呼伦贝尔市莫力达瓦旗	井工	炮采	长焰煤
额尔古纳光明煤业有限责任公司光明煤矿	生产	45	173	呼伦贝尔市额尔古纳市	井工	炮采	长焰煤
额尔古纳市新兴煤业有限责任公司	生产	30	507	呼伦贝尔市额尔古纳市	井工（瓦）	炮采	长焰煤
内蒙古额尔古纳金鑫煤业有限责任公司	生产	30	710	呼伦贝尔市额尔古纳市	井工（瓦）	炮采	长焰煤
兴达矿业有限责任公司新二井	技改整合	45	442	呼伦贝尔市鄂伦春旗	井工	炮采	长焰煤
呼伦贝尔东明矿业有限责任公司东明露天矿	转生产	150	10380	呼伦贝尔市陈巴尔虎旗	露天	单斗	褐煤
呼伦贝尔呼盛矿业有限责任公司呼盛煤矿	转生产	120	9936	呼伦贝尔市陈巴尔虎旗	井工	综采	褐煤
牙克石市安兴矿业开发总公司安兴煤矿	技改整合	30	15	呼伦贝尔市牙克石市	井工	炮采	长焰煤
牙克石市东山煤矿一号井	验收合格	45	85	呼伦贝尔市牙克石市	井工	炮采	长焰煤

（三）区外企业在内蒙古投资的煤矿

煤矿名称	运行状态	核定产能（万吨）	地质资源储量（万吨）	煤矿所在盟市、旗县市（区）	开采方式及瓦斯等级	采煤工艺	煤种
包头市宝源煤焦有限公司煤矿	技改	30		包头市石拐区	井工	炮采	1/3焦煤
内蒙古鄂尔多斯永煤矿业投资有限公司马泰壕煤矿	新建	400	142597	鄂尔多斯市伊金霍洛旗	井工	综采	不黏煤

二、企业名录（2015年底）　　1725

（续）

煤矿名称	运行状态	核定产能（万吨）	地质资源储量（万吨）	煤矿所在盟市、旗县市（区）	开采方式及瓦斯等级	采煤工艺	煤种
内蒙古科建煤炭有限责任公司煤矿	生产	180	1249	鄂尔多斯市达拉特旗	露天	单斗	不黏煤
达拉特旗苏家沟煤炭有限责任公司苏家沟股份制井	生产	150	4805	鄂尔多斯市达拉特旗	井工（瓦）	综采	长焰煤
内蒙古海华煤炭有限公司江木图南井	生产	90	8863	鄂尔多斯市达拉特旗	露天	单三	不黏煤
陕西宇佳投资置业有限公司羊场煤矿	生产	90	4674	鄂尔多斯市达拉特旗	露天	单三	长焰煤为主
杭锦旗西部能源开发有限公司红庆梁煤矿	新建	600	74168	鄂尔多斯市达旗	井工	综采	长焰煤
鄂尔多斯市巴音孟克煤炭有限责任公司	生产	60	3528	鄂尔多斯市东胜区	露天	单位汽车	不黏煤长焰煤
鄂尔多斯市恒泰煤炭有限公司碾盘梁一井	生产	180	9204	鄂尔多斯市东胜区	井工（低）	综采	不黏煤长焰煤
鄂尔多斯市嘉信德煤业有限公司煤矿	生产	210	5565	鄂尔多斯市东胜区	露天	单斗-汽车间断运输	不黏煤长焰煤
鄂尔多斯市盛鑫煤业有限责任公司	技改整合	120	5929	鄂尔多斯市东胜区	井工	综采	不黏煤长焰煤
鄂尔多斯市张家梁煤炭有限责任公司	生产	60	5790	鄂尔多斯市东胜区	露天	单斗汽车	不黏煤长焰煤
内蒙古双欣矿业有限公司杨家村煤矿	生产	500	43124	鄂尔多斯市东胜区	井工（低）	综采	不黏煤长焰煤
鄂尔多斯市中北煤化工有限公司色连二号煤矿	新建	400	54913	鄂尔多斯市东胜区	井工	综采	不黏煤长焰煤
内蒙古同煤鄂尔多斯矿业投资有限公司色连一号煤矿	新建	500	71039	鄂尔多斯市东胜区	井工	综采	不黏煤长焰煤
内蒙古银宏能源开发有限公司泊江海子煤矿	新建	300	67596	鄂尔多斯市东胜区	井工	综采	不黏煤
新能矿业有限公司王家塔矿井	生产	680	60760	鄂尔多斯市伊金霍洛旗	井工（瓦）	综采	不黏煤
内蒙古油房渠矿业有限公司	生产	60	1356	鄂尔多斯市伊金霍洛旗	井工（瓦）	综采	不黏煤
伊金霍洛旗新庙镇敬老院煤矿	生产	120	3280	鄂尔多斯市伊金霍洛旗	井工（瓦）	综采	不黏煤

（续）

煤矿名称	运行状态	核定产能（万吨）	地质资源储量（万吨）	煤矿所在盟市、旗县市（区）	开采方式及瓦斯等级	采煤工艺	煤种
伊旗新庙乡石场湾煤矿有限公司煤矿	生产	60	1210	鄂尔多斯市伊金霍洛旗	井工（瓦）	综采	不黏煤
内蒙古杨家梁煤炭有限责任公司杨家梁煤矿	生产	60	619	鄂尔多斯市伊金霍洛旗	井工（瓦）	综采	不黏煤
鄂尔多斯市闫家渠煤炭有限责任公司闫家渠煤矿	生产	90	886	鄂尔多斯市伊金霍洛旗	井工（瓦）	综采	不黏煤
兖州煤业鄂尔多斯能化有限公司安源煤矿	生产	120	1738	鄂尔多斯市伊金霍洛旗	井工（瓦）	综采	不黏煤
鄂尔多斯市鸿森矿业有限责任公司贾家渠煤矿	生产	60	640	鄂尔多斯市伊金霍洛旗	井工（瓦）	综采	不黏煤
鄂尔多斯市昊华精煤有限责任公司铜匠川矿区高家梁一号矿	生产	600	55997	鄂尔多斯市伊金霍洛旗	井工	综采	不黏煤
鄂尔多斯市转龙湾煤炭有限公司转龙湾矿井	新建	500	54767	鄂尔多斯市伊金霍洛旗	井工	综采	不黏煤
内蒙古准格尔旗特弘煤炭有限公司官板乌素煤矿	生产	240	6001	鄂尔多斯市准格尔旗	井工（瓦）	综采	长焰煤
内蒙古荣达煤业（集团）有限公司荣达煤矿	生产	90	985	鄂尔多斯市准格尔旗	井工（瓦）	综采	不黏煤
鄂尔多斯市乾新煤业有限责任公司平安煤矿	生产	60	2270	鄂尔多斯市准格尔旗	井工（瓦）	综采	不黏煤
准格尔唐公塔煤矿唐公塔矿井	生产	150	18165	鄂尔多斯市准格尔旗	井工（瓦）	综采	长焰煤
准格尔旗光裕煤矿有限责任公司	生产	60	802	鄂尔多斯市准格尔旗	井工（瓦）	综采	不黏煤
准格尔旗山贵煤炭有限公司煤矿	生产	60	1630	鄂尔多斯市准格尔旗	井工（瓦）	综采	不黏煤
准格尔旗乌兰渠煤炭有限公司煤矿	生产	60	4000	鄂尔多斯市准格尔旗	露天	单斗	不黏煤
准格尔旗食联煤炭有限公司煤矿	生产	60	3498	鄂尔多斯市准格尔旗	露天	单斗	不黏煤
准格尔旗卓正煤矿有限公司	生产	60	1369	鄂尔多斯市准格尔旗	露天	单斗	不黏煤
准格尔旗聚鑫煤焦有限责任公司高西沟煤矿	生产	60	2244	鄂尔多斯市准格尔旗	露天	单斗	不黏煤

（续）

煤矿名称	运行状态	核定产能（万吨）	地质资源储量（万吨）	煤矿所在盟市、旗县市（区）	开采方式及瓦斯等级	采煤工艺	煤种
准格尔旗金正泰煤炭有限责任公司	生产	300	6863	鄂尔多斯市准格尔旗	露天	单斗	长焰煤
准格尔旗华富煤炭有限责任公司煤矿	技改	120	6124	鄂尔多斯市准格尔旗	露天	单斗	长焰煤
准格尔旗召富煤炭有限责任公司	技改	120	6273	鄂尔多斯市准格尔旗	露天	单斗	长焰煤
准格尔旗杨家渠煤炭有限责任公司煤矿	生产	60	1517	鄂尔多斯市准格尔旗	井工（瓦）	综采	不黏煤
内蒙古三维资源集团小鱼沟煤炭有限公司	技改	300	9228	鄂尔多斯市准格尔旗	井工（瓦）	综采	长焰煤
内蒙古准格尔旗力量煤业有限公司大饭铺煤矿	生产	510	36778	鄂尔多斯市准格尔旗	井工（瓦）	综采	长焰煤
内蒙古准格尔青春塔煤矿	新建	600	58324	鄂尔多斯市准格尔旗	井工	综采	长焰煤
内蒙古开滦宏丰煤炭有限公司红树梁煤矿	新建	500	80817	鄂尔多斯市准格尔旗	井工	综采	不黏煤
鄂尔多斯市华兴能源有限责任公司唐家会煤矿	新建	500	69933	鄂尔多斯市准格尔旗	井工	综采	长焰煤 不黏煤
内蒙古智能煤炭有限责任公司麻地梁煤矿	新建	500	72500	鄂尔多斯市准旗	井工	综采	长焰煤
内蒙古棋盘井矿业有限责任公司	生产	180	6200	鄂尔多斯市鄂托克旗	井工	综采	肥煤 1/3焦煤
内蒙古棋盘井矿业有限责任公司荣兴西来峰煤矿	生产	90	910	鄂尔多斯市鄂托克旗	露天	单斗	焦煤
弘业集团内蒙古宝丰煤矿有限责任公司	生产	60	1295	鄂尔多斯市鄂托克旗	露天	单斗	焦煤 1/3肥煤
鄂托克旗夏电矿业有限公司	生产	30	134	鄂尔多斯市鄂托克旗	露天	单斗	焦煤
内蒙古龙泰矿业有限责任公司	生产	30	158	鄂尔多斯市鄂托克旗	露天	单斗	焦煤
内蒙古吉祥煤业有限公司	技改	60	838	鄂尔多斯市鄂托克旗	露天	单斗	气煤 1/3焦煤
内蒙古裕兴矿业有限公司煤矿	生产	60	943	鄂尔多斯市鄂托克旗	井工（瓦）	综采	1/3焦煤
鄂尔多斯市鸿森矿业有限责任公司棋盘井安利煤矿	技改	120	1573	鄂尔多斯市鄂托克旗	露天	单斗－卡车	焦煤 1/3肥煤
鄂托克前旗长城煤矿有限责任公司	生产	60	1657	鄂尔多斯市鄂托克前旗	井工	综采	焦煤

(续)

煤矿名称	运行状态	核定产能（万吨）	地质资源储量（万吨）	煤矿所在盟市、旗县市（区）	开采方式及瓦斯等级	采煤工艺	煤种
内蒙古福成矿业有限公司麻黄煤矿（长城2号）	新建	120	20722	鄂尔多斯市鄂托克前旗	井工	综采	
内蒙古黄陶勒盖煤炭有限责任公司巴彦高勒煤矿	新建	400	102700	鄂尔多斯市乌审旗	井工	综采	不黏煤长焰煤及少量弱黏煤
内蒙古宏胜煤炭有限公司宏胜煤矿	技改	30	532	巴彦淖尔市乌拉特前旗	井工	炮采	长焰煤弱黏煤
内蒙古棋丰煤业有限公司煤矿	生产	90	270	乌海市海勃湾区	露天	单斗	焦煤
内蒙古神隆矿业有限公司煤矿	生产	60	2027	乌海市海勃湾区	井工（低）	综采	肥煤
乌海市华银煤炭有限责任公司二矿	技改	90	724	乌海市乌达区	露天	单斗	焦煤肥煤
乌海市华银煤炭有限责任公司三矿	技改	90	607	乌海市乌达区	露天	单斗	焦煤肥煤
内蒙古美方能源有限公司乌海市海鑫摩尔沟煤矿	生产	60	336	乌海市海勃湾区	露天	单斗	长焰煤
内蒙古美方能源有限公司乌海市渡口雀尔沟煤矿	技改	60	520	乌海市海南区	井工	高档普采	焦煤
乌海市摩尔沟煤炭有限公司	生产	120	989	乌海市海勃湾区	露天	单斗	焦煤
乌海市巴音陶亥滴沥帮乌素隆昌煤矿有限责任公司一矿	生产	30	879	乌海市海南区	露天	单斗	焦煤
乌海市新能源集团发展有限公司煤矿	技改	45	1063	乌海市海南区	露天	单斗	焦煤
阿拉善盟丰源煤炭有限责任公司（五矿）	技改	30	484	阿拉善盟阿拉善左旗	井工	炮采	无烟煤
阿拉善盟丰源煤炭有限责任公司三号井	技改	30	183	阿拉善盟阿拉善左旗	井工	炮采	无烟煤
阿拉善盟丰源煤炭有限责任公司一矿	技改	30	355	阿拉善盟阿拉善左旗	井工	炮采	无烟煤
宁夏前进农场煤矿	技改	30	374	阿拉善盟阿拉善左旗	露天	单斗	无烟煤
阿拉善右旗太兴实业有限责任公司太兴二号井	技改	90	2717	阿拉善盟阿右旗	井工	综采	不黏煤

（续）

煤矿名称	运行状态	核定产能（万吨）	地质资源储量（万吨）	煤矿所在盟市、旗县市（区）	开采方式及瓦斯等级	采煤工艺	煤种
青铜峡市新井煤业有限公司煤矿（清新一号井）	生产	30	459	阿拉善盟李井滩生态区	井工（低）	炮采	烟煤
青铜峡市新井煤业有限公司煤矿（西三号井）	技改1	30		阿拉善盟李井滩生态区	井工	炮采	烟煤
铁煤集团内蒙古东林煤炭有限责任公司塬林煤矿（原镶黄旗塬林煤矿）	技改	60	1632	锡林郭勒盟镶黄旗	井工	综采	长焰煤
内蒙古吉林郭勒二号露天煤矿有限公司吉林郭勒二号露天煤矿	新建	1800	177719	锡林郭勒盟西乌珠穆沁旗	露天	单斗	褐煤
西乌珠穆沁旗白音华煤田四号露天矿	生产	500	99795	锡林郭勒盟西乌珠穆沁旗	露天	单斗	褐煤
喀喇沁旗新利煤矿	生产	30	131	赤峰市喀喇沁旗牛营子镇	井工（瓦）	炮采	长焰煤
敖汉旗榆树林子矿业有限公司煤矿	生产	30	472	赤峰市敖汉旗长胜乡	井工（瓦）	炮采	褐煤
内蒙古阿鲁科尔沁旗绍根煤田阿根塔拉矿井	新建	180	12969	赤峰市阿鲁科尔沁旗	井工	综采	褐煤2#
内蒙古源源能源集团有限责任公司金源里煤矿	生产	120	2197	通辽市霍林郭勒市	井工（瓦）	综采	褐煤
科尔沁左翼中旗宝龙山金田矿业有限公司宝龙山煤矿	生产	90	4148	通辽市科左中旗	井工	高档普采	长焰煤
内蒙古牙克石五九煤炭（集团）有限责任公司三矿	生产	30	460	呼伦贝尔市牙克石市	井工（瓦）	炮采	长焰煤
内蒙古牙克石五九煤炭（集团）有限责任公司鑫鑫煤矿	生产	45	260	呼伦贝尔市牙克石市	井工（瓦）	炮采	长焰煤
内蒙古牙克石五九煤炭（集团）有限责任公司鑫鑫煤矿（下煤组）	生产	45	487	呼伦贝尔市牙克石市	井工（瓦）	炮采	长焰煤
呼伦贝尔市牙星煤业有限公司一号井	生产	150	4812	呼伦贝尔市牙克石市	井工（瓦）	综采	长焰煤
牙星煤业有限公司露天矿	技改	60	587	呼伦贝尔市牙克石市	露天	单斗	长焰煤
内蒙古牙克石五九煤炭（集团）有限责任公司胜利煤矿	技改	120	18710	呼伦贝尔市牙克石市	井工	综采	长焰煤
呼伦贝尔五九白音查干煤业有限公司白音查干煤矿	技改	60	952	呼伦贝尔市新巴尔虎左旗	井工	综采	褐煤

（续）

煤矿名称	运行状态	核定产能（万吨）	地质资源储量（万吨）	煤矿所在盟市、旗县市（区）	开采方式及瓦斯等级	采煤工艺	煤种
新巴尔虎右旗庆升热力有限责任公司新巴尔虎右旗西乌日图庆升煤矿	生产	90	412	呼伦贝尔市新巴尔虎右旗	露天	单斗	褐煤
呼伦贝尔蒙西煤业有限公司蒙西一井	生产	120	5900	呼伦贝尔市海拉尔区	井工（瓦）	综采	褐煤
呼伦贝尔市宝日希勒金源煤矿	生产	30	946	呼伦贝尔市陈巴尔虎旗	井工（瓦）	综采	褐煤

三、1947—2018年内蒙古煤炭行业管理机构沿革一览表

时间	管理机构名称	隶属关系	备注
1947年5月—1949年10月	内蒙古自治政府工商部绥远省工商局	内蒙古自治政府 民国绥远省政府	
1949年10月—1954年3月	内蒙古自治区工业局绥远省工商厅	自治区人民政府委员会 绥远省人民委员会	1949年12月内蒙古自治政府改称内蒙古自治区人民政府委员会
1954年4月—1956年4月	内蒙古自治区工业部	自治区人民政府委员会	1954年初绥远省撤销，并入内蒙古自治区
1956年4月—1958年8月	内蒙古自治区工业厅矿务管理局	自治区人民委员会	1955年4月内蒙古自治区人民政府委员会改称为内蒙古自治区人民委员会
1958年8月—1959年5月	内蒙古自治区燃料工业厅	自治区人民委员会	
1959年5月—1960年1月	内蒙古自治区煤炭工业管理局（煤炭工业局）	自治区人民委员会	
1960年1月—1965年7月	煤炭工业部内蒙古自治区煤炭工业管理局	煤炭工业部	
1965年7月—1966年5月	内蒙古自治区煤炭工业管理局	自治区人民委员会	分管地方煤矿
1965年8月—1967年10月	贺兰山煤炭工业公司内蒙古自治区分公司	煤炭工业部	托拉斯体制，与乌达矿务局一套机构两块牌子，分管西部矿务局

三、1947—2018 年内蒙古煤炭行业管理机构沿革一览表

（续）

时　　间	管理机构名称	隶属关系	备注
1967 年 11 月—1968 年 8 月	自治区"抓革命促生产"领导小组 中央直属煤炭领导小组	自治区革命委员会 煤炭工业部	1967 年 11 月成立自治区革命委员会取代自治区人民委员会。"抓革命促生产"领导小组分管地方煤矿分管中央直属统配矿务局
1968 年 8 月—1969 年 7 月	内蒙古自治区革命委员会生产建设指挥部重工业组煤炭办公室	自治区革命委员会	
1970 年 1 月—1971 年 7 月	内蒙古自治区革命委员会重工业局	自治区革命委员会	
1971 年 8 月—1976 年 5 月	内蒙古自治区燃料化学工业局	自治区革命委员会	
1976 年 6 月—1983 年 4 月	煤炭部内蒙古自治区煤炭工业管理局	煤炭工业部	
1983 年 5 月—1994 年 6 月	内蒙古自治区煤炭工业厅	自治区人民政府与煤炭工业部双重管理，以自治区为主。	统管统配煤矿与地方煤矿
1989 年 10 月—1993 年 8 月	中国统配煤矿总公司内蒙古公司	中国统配煤矿总公司	与自治区煤炭工业厅一个机构两块牌子
1994 年 6 月—2000 年 1 月	内蒙古自治区煤炭工业局内蒙古煤炭工业管理局	煤炭工业部与自治区双重管理，以煤炭部为主。	一个机构两块牌子，煤炭工业局代表地方政府管理地方煤矿，煤炭工业管理局代表国家管理国有重点煤矿
2000 年 1 月—2002 年 5 月	内蒙古自治区煤炭工业局内蒙古煤矿安全监察局	国家煤矿安全监察局与自治区双重管理，以国家煤监局为主。	内蒙古煤矿安全监察局挂内蒙古自治区煤炭工业局牌子
2002 年 5 月—2003 年 8 月	内蒙古自治区煤炭工业局	自治区经济贸易委员会	处级机构，局长高配为副厅级
2003 年 8 月—2004 年 10 月	内蒙古自治区煤炭工业局	自治区推进工业化领导小组办公室	处级机构
2004 年 10 月—2005 年 7 月	内蒙古自治区煤炭工业局	自治区人民政府工业办公室	自治区工业办能源处加挂自治区煤炭工业局牌子
2005 年 7 月—2009 年 6 月	内蒙古自治区煤炭工业局	自治区人民政府工业办公室	自治区工业办内设机构，局长由工业办副主任兼任

(续)

时间	管理机构名称	隶属关系	备注
2009年6月—2010年6月	内蒙古自治区煤炭工业局	自治区经济和信息化委员会	自治区工业办改设经信委，局长由经信委副主任兼任
2013年3月—2014年7月	内蒙古自治区煤炭工业局	自治区经济和信息化委员会	局长高配为副厅级
2014年7月—2018年12月	内蒙古自治区煤炭工业局	自治区经济和信息化委员会	部门管理机构（准厅级）
2018年10月—	内蒙古自治区能源局	内蒙古自治区政府	撤销自治区煤炭工业局，组建自治区能源局

四、2015年自治区部分重点煤炭企业名称一览表

2006年，经自治区政府批准，自治区煤炭工业局选定30家煤炭企业为自治区重点煤炭企业，其中国有重点煤炭企业13家。按照动态管理办法，到2015年，自治区重点煤炭企业为45家。由于改制、重组等原因，企业名称多次变更，以下收录了部分重点煤炭企业截至2015年使用的名称。

现用名称	启用时间	现用名称	启用时间
神华神东煤炭集团有限责任公司	2009年	内蒙古蒙泰煤电集团有限公司	2006年
神华准格尔能源集团有限责任公司	2005年	内蒙古汇能煤电集团有限公司	2005年
神华乌海能源有限责任公司	2008年	满世投资集团有限公司	2015年
神华包头能源有限责任公司	2011年	鄂尔多斯市乌兰煤炭（集团）有限责任公司	2006年
神华北电胜利能源有限公司	2004年		
神华大雁集团有限公司	2014年	蒙发能源控股集团有限公司	2012年
神华宝日希勒能源有限公司	2005年	神东天隆集团有限责任公司	2004年
扎赉诺尔煤业有限责任公司	2000年	内蒙古太西煤集团股份有限公司	1997年
华能伊敏煤电有限责任公司	2004年	内蒙古特弘煤电集团有限责任公司	2006年
中电投蒙东能源集团有限公司	2008年	内蒙古棋盘井矿业有限责任公司	2003年
内蒙古平庄煤业（集团）有限责任公司	2000年	内蒙古庆华集团有限公司	2002年
内蒙古伊泰集团有限公司	2001年	内蒙古西蒙集团有限公司	2001年
内蒙古伊东资源集团股份有限公司	2012年	鄂尔多斯市瑞德投资集团有限责任公司	2010年

编 纂 始 末

根据全国煤炭工业文献与史志工作会议精神，2014年4月，内蒙古自治区煤炭工业局和内蒙古煤矿安全监察局联合印发《关于启动〈内蒙古煤炭工业志（1991—2015）〉编纂工作的通知》，明确了工作目标、任务、组织分工、方法步骤、工作安排和要求。为了更好地推动煤炭志续修工作顺利开展，自治区煤炭工业局将此项工作列入议事日程，落实了修志经费；5月，正式委托内蒙古煤炭经济杂志社承担《内蒙古煤炭工业志（1991—2015）》编纂工作，杂志社组建了由史志学者和相关专家组成的编纂团队，展开了编修工作。

2014年8月，内蒙古自治区煤炭工业局、内蒙古煤矿安全监察局下发了《关于成立〈内蒙古煤炭工业志（1991—2015）〉编纂委员会的通知》，成立内蒙古煤炭工业志编纂委员会，下设办公室（简称编委会办公室），具体负责修志工作的统筹规划、组织协调和督促指导等工作。编委会成员由自治区煤炭工业局和内蒙古煤矿安全监察局领导及相关处室负责人、自治区重点煤炭企业及相关单位负责人组成。编委会办公室陆续制定完善了工作制度，编印《修志工作简报》，先后建立内蒙古煤炭工业志QQ群、微信工作群加强联络。9月，《〈中国煤炭工业志·内蒙古煤炭工业志（1991—2015）〉编纂大纲》（简称《编纂大纲》）在北京通过了《中国煤炭工业志》编委会的评审。根据评审意见，编委会办公室组织专家对《编纂大纲》再次修订并细化，制定任务分解表，按照"按图索骥、照方抓药"的方法分配任务、组织资料收集工作，为各入编单位整理资料提供了便利条件，以加快资料收集进度。

2015年4月24日，自治区煤炭工业局与内蒙古煤矿安全监察局联合召开《内蒙古煤炭工业志》续修工作启动暨培训会议。全区各盟市煤炭管理部门、自治区重点煤炭企和事业单位共100多人参加会议。会议邀请了《中国煤炭工业志》编委会副主任陈昌和自治区地方志办公室副主任孟秀芳等领导和专家对参编人员进行指导

内蒙古煤炭工业志续修工作启动暨培训会议会场

和专业培训。自此，《内蒙古煤炭工业志（1991—2015）》编纂工作全面展开。

内蒙古幅员辽阔，东西2400余千米，全区有煤炭企业200多家、煤矿近600座，以及多家煤化工企业，全面搜集所有单位资料很难实现，经编委会办公室研究决定，以

2006年自治区人民政府批准的30户重点煤炭企业和规模较大的煤化工企业为主要资料征集对象。主要考虑到上述30户重点煤炭企业（其中11家央企）2007年原煤产量超过全区总产量的80%，无论是企业规模、管理、技术创新、设备工艺和党群工作，还是发展历史等方面，都具有较强的代表性，能够全面反映全区煤炭企业25年的历史更迭与变化，以及自治区煤炭行业的发展历程。

2015年5月至2016年8月，编纂人员先后赴12个盟（市）煤炭行业管理部门、30家煤炭生产及相关企业、5家煤化工企业和3所涉煤专业高校进行了修志工作的辅导和培训；历时15个月，行程近万千米，共征集文字资料3000多万字、图片5000多幅，培训修志人员近300人（次）。

由于1991—2015年期间，全区煤炭企业改革、机构调整频繁，导致档案缺失严重，搜集到的资料无法达到志稿要求。如产煤重点地区的乌海市煤炭局8次搬家，大部分档案丢失。为了跟上全国煤炭行业修志工作的进度，从2016年3月开始，各篇主笔对征集到的资料去粗取精、去伪存真，并根据《编纂大纲》梳理文字，笔削成篇。编委会办公室按照"成熟一篇，审议一篇"的原则，分阶段组织专家对各篇初稿进行审读，逐篇审议，修改完善。同时，为确保志书的质量和内容的准确性，将志稿发放至各参编单位进行审核并补充材料；12月，完成《中国煤炭工业志·内蒙古煤炭工业志（1991—2015）》送审稿，寄送《中国煤炭志》编委会评审专家征求意见。

2017年1月11日，《中国煤炭工业志·内蒙古煤炭工业志（1991—2015）》评审会议在呼和浩特市召开。会议由中国煤炭工业协会副会长、《中国煤炭工业志》编委会副主任解宏绪主持。《中国煤炭工业志》副总纂陈昌、《陕西煤炭工业志》总纂宁新民担任评审专家组组长。评审组成员还有《云南煤炭工业志》总纂马全林、《中国煤炭工业志》编办副主任张素红和《中国煤矿文工团志》编办韩咏洋。时任内蒙古煤炭工业局局长、《内蒙古煤炭工业志（1991—2015）》编委会主任庞禹东致欢迎辞。时任内蒙古煤炭工业局副局长、《内蒙古煤炭工业志（1991—2015）》编委会秘书长陈泽汇报了修志工作进展情况。志稿部分篇（章）的主笔参加了评审会议。

《中国煤炭工业志·内蒙古煤炭工业志（1991—2015）》评审会议

评审专家对《内蒙古煤炭工业志（1991—2015）》稿的编纂指导思想、篇目设置、资料选用、行文规范给予充分肯定；同时，对存在的不足之处提出许多宝贵建议。评审组成员、《山西省煤炭工业志》总纂李承义虽未到会，但发来近8000字的书面评审意见。这些意见和建议，对志书的修改和完善起到了很好的指导作用。

2017年3月，编委会办公室组织各篇章主笔召开落实评审专家意见的会议，部署志稿的修改、补充和完善工作，责成各篇章主笔从篇目设置、资料选用、图表制作、行文规范对志稿逐项修改补充；主要精力放在资料搜集、补充和核订方面，注重搜集一手资料，慎用经过编辑加工过的二手资料，杜绝套话、空话。

为提高志稿质量，编委会办公室按照"以评促改"的方式，从企业和相关部门聘请10多位专家对志稿（专篇）进行会（函）审。先后聘请自治区煤炭工业局原总工程师潘缉尧两次审订《煤炭生产篇》，内蒙古煤矿设计研究院有限责任公司总经理、正高级工程师薛军审订《矿区建设篇》，内蒙古伊泰煤制油有限责任公司董事长、正高级工程师齐亚平审读《煤化工篇》等多位区内知名专家，以及内蒙古煤矿安全监察局2位局领导、4位处室负责人对《安全生产篇》进行了详细的审订。各位专家都提出了许多宝贵意见和建议。

前排左起：张素红、马全林、宁新民、解宏绪、庞禹东、陈昌、薛炎荣、刘成法；
后排左起：李柏杉、冯宪忠、王东河、张兰在、杨茂生、陈凌霄、陈泽、王晓波、李占山、刘东林、史杰、韩咏洋

2017年10月，编纂人员根据专家意见完成志稿修改，并形成征求意见稿呈交编委会审定。11月，编委会办公室组成志稿审核组，由时任自治区煤炭工业局副局长、编委会副主任兼秘书长陈泽为组长，自治区煤炭工业局原副局长王作储、编委会办公室主任王晓波、内蒙古煤矿设计研究院原副总工程师薛炎荣、内蒙古师范大学学校史志编研首席专家刘成法、内蒙古煤炭经济杂志社社长兼主编陈凌霄等为成员。采取先分别审读文稿、后集中讨论的方式对志稿逐篇逐页、逐字逐句审核，发现错漏及时修正，并再次校稿复审。通过对志稿内审与外审相结合及反复审订（有些篇章审改6次以上），志稿质量得到大幅度提高。为使志稿资料完整、准确，编纂人员反复与各企业负责提供资料的单位沟通，提出补充资料清单和核实资料具体内容，力求不冗不漏、准确无误。

2019年4月25日，《中国煤炭工业志·内蒙古煤炭工业志（1991—2015）》的第一篇至第九篇及人物篇作为《内蒙古自治区志》的专业志通过了由内蒙古自治区地方志办公室与内蒙古自治区能源局联合组成的评审委员会的评审。编委会办公室根据评审专家提出的修改建议，按照出精品的要求，再次组织专家对志稿的文字表述、表格数据、

图片选用等内容进行了精雕细琢、反复打磨。

编纂出版《中国煤炭工业志·内蒙古煤炭工业志（1991—2015）》是一项工程浩大、任务艰巨的工作，这部240多万字的鸿篇巨制能够出版面世，得益于各级政府有关部门尽职尽责、企业积极参与和编纂人员的辛勤

《内蒙古自治区志·煤炭工业志（1991—2015）》评审会议

工作。在修志过程中，各有关单位积极响应，成立修志工作领导小组，明确分管领导，指定专人负责资料收集上报工作。一年多的时间，20多家重点煤炭企业就按《编纂大纲》的要求，上报了近千万字的文字资料，并提供了大量图片。内蒙古煤田地质局抽调业务骨干，独立完成近40万字的《煤炭资源与勘查》篇初稿。编委会办公室于2018年12月，将《〈内蒙古煤炭工业志（1991—2015）〉》（征求意见稿）印发各入编单位审核修正；2020年11月，又将终校稿电子版发送各有关单位核实、补充所提交的资料，并填写志稿《内容审核确认表》。多数单位认真核查、补充所报送的资料，还对志稿的编纂工作提出了很好的建议。《内蒙古煤炭工业志（1991—2015）》面世是内蒙古自治区煤炭行业200多位同仁辛勤劳动的结晶！

本志编纂队伍由两部分人员组成：一是在煤炭行业工作多年的高级专业技术人员和管理人员，他们有丰富的煤田地质勘探、煤矿设计、建设及煤炭生产、运销、安全管理等方面的经验；二是在高校从事地方志教学和编研工作的教授、编审，他们把修志理论、原则、规范运用于志稿中。这两支队伍的强强联合，保证了《内蒙古煤炭工业志（1991—2015）》的专业性和规范性。

修志人员不辞辛苦，六易寒暑，紧紧把握志书"资料性文献"的本质特征，秉承"修志非示观美，务求实用"初衷，"广搜寻，详参订"，发扬"工匠精神"，在提高资料的全面性、系统性和准确性上下功夫，把志书打造成自治区煤炭行业实用（资料翔实）、好用（篇目设计科学）、好看（图文并茂）的百科全书。编委会办公室先后编发《修志工作简报》50多期，及时通报修志工作进展情况和外省区、外单位的修志经验，对加强工作沟通交流、促进修志工作的开展起到积极作用。

1991—2015年，煤炭企业、行业机构等单位变动较大，大都经历多次撤并、转制等变革，历史资料散失严重，大大增加了资料收集难度，严重影响到修志进度。虽然在编纂人员的不懈努力和坚守下，用时间保质量，最大限度的发掘资料，弥补不足。但志稿资料的全面性还是受到一定影响。本志稿达240多万字，表格550余个，内容及数据海量，校对工作艰巨，虽然经过编纂人员、审稿专家层层把关，但也难免出现错、漏之处，敬请各位读者批评指正。

《内蒙古煤炭工业志（1991—2015）》编纂委员会办公室
2021年6月

附：

各单位提供资料（照片）人员名单

单位名称	提供资料（照片）人员	负责人	联络人
神华神东煤炭集团有限责任公司	王岩、李丽、曹丽军、霍亚萍、穆莉、李晓凤、麻葆钧、郭蕴雪、肖峰。提供图片人员：王建平、刘长江、刘会祥、梁宝玉、徐清、艾红霞、朱萌、刘玉秀、刘军、刘娜、李小龙、李苗、张小艳、张玉军、张凯、范方栋、赵罗平、高越胡、梁晓燕、温占年	郭蕴雪	李丽
神华准格尔能源集团有限责任公司	甫阑涛、许荣、赵梓竹、戴亨	杜善周	马占一
神华乌海能源有限责任公司	赵波、吕珺、焦长青、李昕	张传利	赵波
神华包头能源有限责任公司	王俊馨、王二宽、李秀娟、谢玉琴、高拯	侯明喜	王俊馨
神华北电胜利能源有限公司	夏文娟、佘长超、尼立涛、冀盛全、李强、陆秀杰、徐博、董月飞、王鑫涛、王党朝、姜小辉、程晓雯、黄超、赵岩松	吕瑞峰 王韬琛	杨彦泓
神华大雁集团有限公司	杨静、杨峥、何永海、王家兴、王玉荣	王家兴	杨峥
神华宝日希勒能源有限公司	王家兴、王玉荣、庞伟、杨峥、李振清	王家兴	杨峥
扎赉诺尔煤业有限责任公司	刘文权、张志强、曲文龙、刘金锁、宗玲、邓海燕、裴远征	高智杰	刘文权
华能伊敏煤电有限责任公司	郑安、刘建国、崔铭、董帅、袁金祥、任兆利	崔铭	董帅
中电投蒙东能源集团有限责任公司	白露、崔振航	祖志忠	崔振航
内蒙古平庄煤业（集团）有限责任公司	刘玉廷、王丹、董超、赵丽艳、姚勇、李军、孟凡志、温树清、宋炜、郭淼淼、郭英杰、李怡、戚然、崔亮、滕庆山、王宏生、史金明、腾庆山、刘世清	刘树强	崔亮
国能包头煤化工有限责任公司	李志光、孙高攀、秦亮、田萌	吕丰	王晓迪
内蒙古伊泰集团有限公司	师和平、杨海军、宋海靖、柴芳	张东海	杨海军
内蒙古伊东资源集团股份有限公司	杨海霞、丁勇、王进榜、赵雄、张利生、王培清、胡志飞、李瑞	杨二喜	赵雄
内蒙古汇能煤电集团有限公司	赵国雄、张杰、张丽敏、马国义、王培林、许浒、沈光亮、赵辉、刘建军、张建军	杨秀东	马国义
内蒙古蒙泰煤电集团有限公司	高海宽、盛科华、张项羽、刘冉	康维戌	高海宽

（续）

单位名称	提供资料（照片）人员	负责人	联络人
满世投资集团有限公司	郭晨光、乔杰、何智	郭晨光	乔 杰
蒙发能源控股集团有限责任公司	纳荷雅、高磊	高 磊	纳荷雅
神东天隆集团有限责任公司	杨柳、周瑞、樊洁、何怀东、孟光利	布 仁	周 瑞
内蒙古西蒙集团有限公司	于凯华、袁小龙	贾智光	董桂娇
内蒙古太西煤集团股份有限公司	王以廷、王海霞、张玉清、郝华、王玉花、李金兰、刘彦堂、杨红卫、马龙、任海燕、蒙振民	李金兰	马 龙
内蒙古特弘煤电集团有限责任公司	张勇、富艳丽	张 勇	富艳丽
内蒙古科技大学矿业与煤炭学院	王建国、胡润才、陈文瑶、王雅静	王建国	胡润才
内蒙古煤矿设计研究院有限责任公司	杨茂生、王东河、巩哲、赵贺	宿威俊	冯宪忠
内蒙古煤炭科学研究院有限责任公司	焦蓬华、刘宏宇、梁连峰、刘海燕	高明源	刘宏宇
呼伦贝尔学院矿业学院	刘秀双、张巨红	卜桂玲	张巨红
内蒙古煤炭地质勘查（集团）有限责任公司	张兰在、李占山、刘东林、高军	潘金生	张兰在
内蒙古怡和能源集团有限公司	呼玄	林常春	呼 玄
中国神华煤制油有限公司	张超	王海平	段贵宝
内蒙古自治区土质环境监测站	张勇		
内蒙古煤炭建设生态环境研究院	郝云龙		
内蒙古自治区水土保持工作站	包利杰		

煤炭行业管理监督部门提供资料（照片）人员统计表

单位名称	提供资料（照片）人员	负责人	联络人
内蒙古自治区煤炭工业局	王静慧、马秀玲、曾超威、白志君、张荣、安彩霞、庞勇、吴海	孟红岩	张 荣

（续）

单位名称	提供资料（照片）人员	负责人	联络人
内蒙古煤矿安全监察局	武明、崔筠、郎红日、王飞、吕超、石宝川、赵腾、王文涵、王挨喜、张晓利、乔计平、李雷东、张宇、安莲英、吕文君、云鹏、侯畅权、申志远	贾辰明	石宝川
鄂尔多斯市煤炭局	牛珍、张小丽、张旭斌、曹云鹏、冯志权、闫奕仑、张龙、白海军、刘锐、赵彬	霍励平	牛珍
乌海市煤炭管理局	赵增继、田双平、郭松涛、崔智、雷明星、张云飞、傅敏、高鹏、李永雄、陈永亮	傅敏	张云飞
巴彦淖尔市经济和信息化委员会	图门、王丽珍、杨建生、巩飞、王世军	图门	王丽珍
锡林郭勒盟煤炭工业局	窦树林、张弘皓、王国良、孟令新、韩玉龙、娜仁花、李博、贾瑞军、李丹丹	包艳梅	窦树林
阿拉善盟经济和信息化委员会	王林旺、李凤梅、齐冬龙、裴耀武、哈斯其木格、谢庆明、马维学、张彦军、刘来强、李勇、王宝民、齐彦飞	任俊青	李凤梅
赤峰市安全生产监督管理局	石建勋、王占才、付杰、陈小禹	王淼民	石建勋
通辽市经济和信息化委员会	尹斌、李国明、李牧	钱启俊	李国明
呼伦贝尔市经济和信息化委员会	刘岐耀、韩锡文、杜春鹏、蔡文华		姜颖
内蒙古煤矿安全培训中心	陈娜、曾宪荣、荀巨虹	张春利	陈娜

图书在版编目（CIP）数据

中国煤炭工业志．内蒙古煤炭工业志：1991—2015：上下册／《内蒙古煤炭工业志》编纂委员会编．－－北京：煤炭工业出版社，2022

（《中国煤炭工业志》省级志系列）
ISBN 978－7－5020－7033－5

Ⅰ．①中… Ⅱ．①内… Ⅲ．①煤炭工业—工业史—内蒙古—1991－2015 Ⅳ．①F426.21

中国版本图书馆 CIP 数据核字（2018）第 256411 号

中国煤炭工业志·内蒙古煤炭工业志 1991—2015（上下册）
（《中国煤炭工业志》省级志系列）

编　　者	《内蒙古煤炭工业志》编纂委员会
责任编辑	史　杰　武鸿儒　赵金园　尹燕华　杨晓艳
编　　辑	杜　秋
责任校对	李新荣　孔青青　张艳蕾　邢蕾严
封面设计	王　滨　于春颖　安德馨
出版发行	煤炭工业出版社（北京市朝阳区芍药居35号　100029）
电　　话	010－84657898（总编室）　010－84657880（读者服务部）
网　　址	www.cciph.com.cn
印　　刷	北京盛通印刷股份有限公司
经　　销	全国新华书店
开　　本	787mm×1092mm $^1/_{16}$　印张 110$^1/_2$　插页 1　字数 2782 千字
版　　次	2022 年 12 月第 1 版　2022 年 12 月第 1 次印刷
社内编号	20181586　　　　　　定价 880.00 元

版权所有　违者必究
本书如有缺页、倒页、脱页等质量问题，本社负责调换，电话:010－84657880